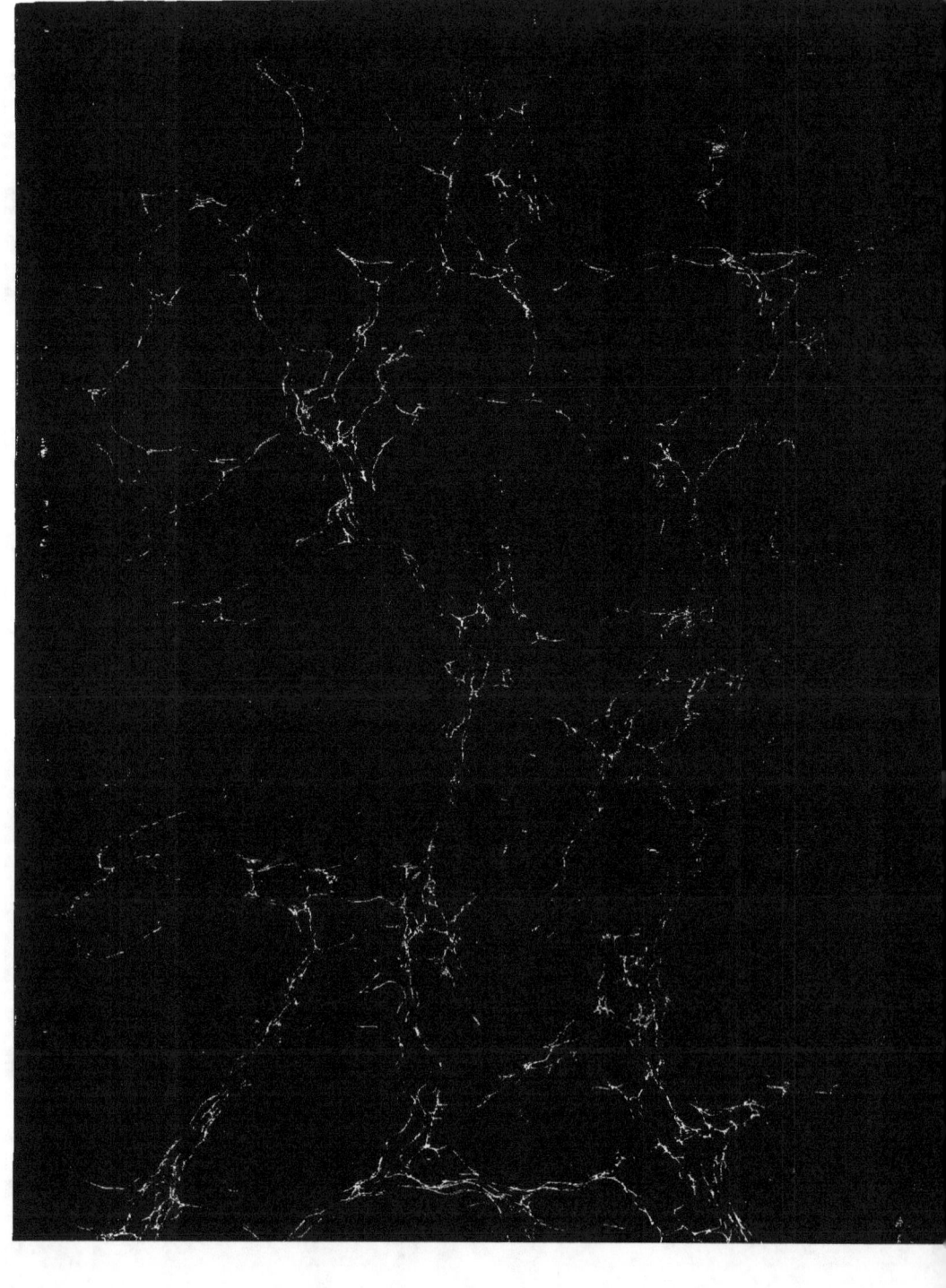

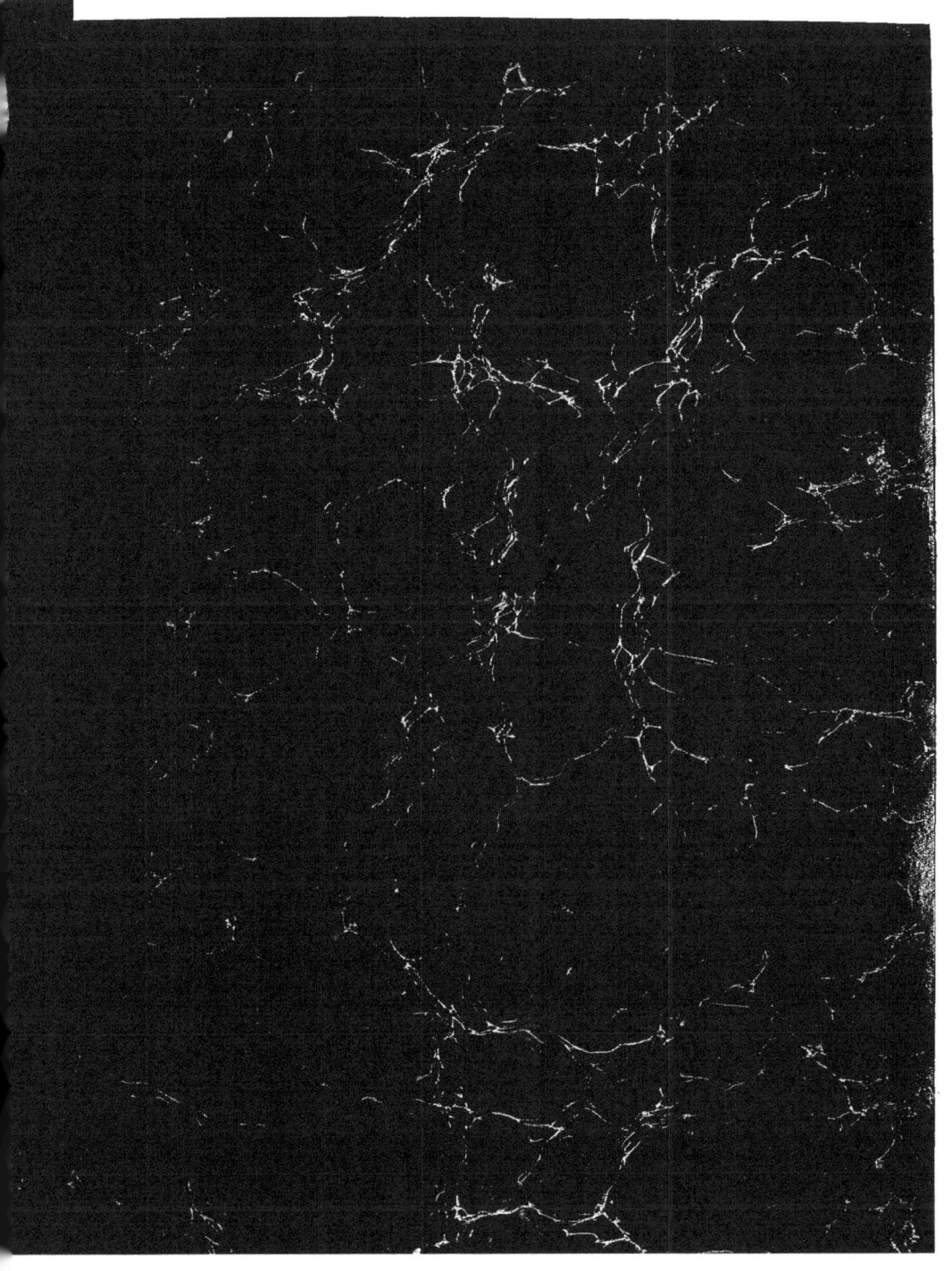

教皇必約第九位二十四年：爾往招萬民爲主之徒

# 西語譯漢

# DICTIONNAIRE
# FRANÇAIS·LATIN·CHINOIS

DE LA

## LANGUE MANDARINE PARLÉE

PAR

**PAUL PERNY**, M.A.

DE LA CONGRÉGATION DES MISSIONS-ÉTRANGÈRES

大法國京城西士傳敎 童保祿 號 文獻著

OUVRAGE DÉDIÉ

A SA MAJESTÉ L'EMPEREUR DES FRANÇAIS

PARIS
LIBRAIRIE DE FIRMIN DIDOT FRÈRES, FILS ET Cⁱᵉ
56, RUE JACOB, 56

ADOLPHE LABITTE
RUE DE LILLE, 4

ADOLPHE LAINÉ
RUE DES SAINTS-PÈRES, 19

1869
Tous droits réservés.

大法國博隆第三位十八年 古語曰以法國天謀大事

人雖言諸方及諸天使之言而無愛則如鳴銅鑼

# AVIS AU LECTEUR

Notre travail sur la langue chinoise comprend trois parties distinctes.

La première est une *Grammaire très-pratique* de la langue chinoise. Diriger le jeune sinologue dans une étude exceptionnelle, lui montrer qu'en *peu de temps* il peut se mettre en état de parler et de lire la langue chinoise, lui faire saisir le génie de cette langue, tel est le but de cette Grammaire, indispensable à ceux qui veulent étudier le chinois.

La deuxième est le *Dictionnaire* de la langue commune, usuelle, vulgairement appelée *langue mandarine*. Cette partie formant à elle seule un tout complet, nous avons pensé qu'il convenait de la publier à part.

La troisième se compose de l'Appendice faisant une suite nécessaire au Dictionnaire. La série des articles dont il se compose ne pouvait aisément entrer dans le corps d'un Dictionnaire essentiellement pratique.

La Grammaire et l'Appendice formeront également un volume in-4°, qui paraîtra à la fin du mois de janvier prochain.

15 octobre 1869.

PAUL PERNY.

---

EN VENTE CHEZ LES MÊMES LIBRAIRES

**Recueil des Proverbes chinois**, avec texte et traduction littérale.
**Prix : 3 francs.**

# DICTIONNAIRE
# FRANÇAIS-LATIN-CHINOIS

DE LA

LANGUE MANDARINE PARLÉE

教皇必約第九位二十四年：爾往招萬民爲主之徒

西語譯漢入門

# DICTIONNAIRE
# FRANÇAIS-LATIN-CHINOIS
### DE LA
### LANGUE MANDARINE PARLÉE

PAR

**PAUL PERNY**, M. A.

DE LA CONGRÉGATION DES MISSIONS-ÉTRANGÈRES

大法國京城西士傳教 童保祿 號 文獻著

OUVRAGE DÉDIÉ

A SA MAJESTÉ L'EMPEREUR DES FRANÇAIS

PARIS

LIBRAIRIE DE FIRMIN DIDOT FRÈRES, FILS ET Cⁱᵉ
56, RUE JACOB, 56

ADOLPHE LABITTE                ADOLPHE LAINÉ
RUE DE LILLE, 4                RUE DES SAINTS-PÈRES, 19

**1869**

Tous droits réservés.

大清中華國同治八年葡月　惟命不於常道善則得也

大法國博隆第三位十八年　古語曰以法國天謀大事

人雖言諸方及諸天使之言而無愛則如鳴銅鑼

# A SA MAJESTÉ NAPOLÉON III,

## EMPEREUR DES FRANÇAIS.

Sire,

La Chine, avec son antique civilisation philosophique et ses quatre cents millions d'habitants, est l'arc-boutant de l'édifice social des peuples de l'Extrême-Orient. Ces peuples n'entreront dans le mouvement de civilisation chrétienne et de rapports internationaux avec l'Occident qu'à la suite de l'Empire chinois. Ce vieil Empire, dont les barrières séculaires fermaient l'entrée à l'Evangile de Jésus-Christ, seul vrai lien des nations, lutte vainement aujourd'hui contre le mouvement qui le pousse vers l'Occident.

Le sang de l'un de mes amis et frères dans l'apostolat venait d'être versé avec un raffinement de cruauté inouïe : Nous irons en Chine, s'est écrié Votre Majesté, et nous vengerons le sang de nos missionnaires. Cette parole, Sire, digne de Clovis et de Charlemagne, a renversé les barrières séculaires de la Chine, fait flotter notre drapeau sur les murs de Pékin et sur les tours de sa cathédrale en ruines, mais surtout, chose inouïe, elle a entraîné la vieille monarchie du céleste Empire dans la voie du droit des gens chrétien. L'auguste Chef de l'Eglise catholique, l'immortel PIE IX, a justement félicité Votre Majesté. Les fastes de l'Eglise contemporaine consacreront l'une de leurs plus belles pages à célébrer les glorieux résultats d'une expédition si mémorable et sans précédent dans l'histoire.

Il convenait, Sire, que le PREMIER DICTIONNAIRE FRANÇAIS-CHINOIS fût publié sous le haut patronage de Votre Majesté, et je dépose à ses pieds ma profonde gratitude d'avoir permis qu'il parût sous ses auspices. Daigne Votre Majesté agréer, tant en mon nom qu'au nom de tous les missionnaires de la Chine, l'hommage de notre reconnaissance la plus sincère pour l'auguste protection dont Elle couvre notre ministère apostolique en Chine !

Je suis, avec le plus profond respect,

Sire,

de Votre Majesté,

Le très-humble, très-obéissant et très-fidèle

Sujet et Serviteur,

**Paul Perny.**

# PRÉFACE.

Sur la fin de la dynastie Min 明, durant les années Ouán Lý 萬曆, c'est-à-dire, vers l'an 1585, une petite colonie de missionnaires catholiques abordait en Chine. A cette époque, on ne connaissait guère en Europe la Chine que de nom. L'Évangile y avait été porté à deux ou trois époques différentes ; mais la trace du passage de ces premiers apôtres de la Chine n'existait plus que dans quelques rares monuments historiques, connus d'un petit nombre de savants. En publiant son *merveilleux ouvrage*, le célèbre Vénitien Marco Polo, qui fit un double séjour en Chine, avait excité en Europe un sourire incrédule (1).

Le fil des traditions apostoliques se trouvait entièrement rompu à l'arrivée des nouveaux missionnaires Dominicains et Jésuites du seizième siècle. Ce n'est pas à nous à raconter ici les obstacles immenses que rencontrèrent ces hommes courageux, en paraissant de nouveau, au nom de la civilisation chrétienne, sur les côtes du grand Empire de la Chine.

Aucun travail n'avait encore été publié sur la plus ancienne, la plus riche et la plus harmonieuse des langues, celle du peuple chinois. Les nouveaux missionnaires, dont la capacité et le talent ne le cédaient point aux vertus apostoliques, se mirent avec ardeur à l'étude d'une langue aussi étrange pour eux. Après deux années seulement, consacrées à l'étude du langage parlé et des signes idéologiques chinois, leurs progrès tenaient du prodige. Un préjugé regrettable, qui subsiste encore de nos jours en grande partie, a fait regarder

---

(1) Une édition remarquable du livre de Marco Polo, enrichie des notes les plus judicieuses et les plus savantes, a été publiée par M. G. Pauthier, en 1865, chez MM. Firmin Didot, à Paris.

longtemps l'étude du chinois comme inaccessible au génie européen. Et, pourtant, ces missionnaires causaient de l'étonnement aux lettrés du pays, en leur expliquant avec autant de clarté les anciens livres de la Chine, qui ne manquent point de profondeur. Observateurs judicieux, ces missionnaires surent mettre à profit toutes les circonstances du moment, pour recueillir sur les mœurs, sur le génie, sur la langue du peuple chinois des notions pleines de sagacité, que les savants d'Europe accueillirent avec empressement. Mais une de leurs justes préoccupations fut d'épargner à leurs successeurs les difficultés qu'ils avaient eux-mêmes rencontrées au début de leur étude de la langue chinoise. Des notes successivement augmentées, des cahiers manuscrits, se passaient de mains en mains. Souvent ces premiers travaux disparaissaient subitement. Une persécution locale, un incendie, un vol, privaient tour à tour les jeunes missionnaires du fruit des travaux et de l'expérience des devanciers. Les anciens ne savaient point se décourager. On recommençait avec calme et persévérance les travaux manuscrits. Dans un état si précaire, sans ressources temporelles, on ne pouvait même songer à livrer à l'impression ces travaux sur la langue chinoise. C'est ainsi qu'à l'heure où nous écrivons ces lignes, après deux siècles et demi d'apostolat en Chine, les jeunes missionnaires de nos jours se trouvent presque réduits à la condition de ceux qui pénétrèrent dans cet Empire pour la première fois. Plusieurs missionnaires ont composé d'excellents *Dictionnaires français-chinois*. De ces importants manuscrits, les uns ont péri dans les persécutions, les autres ont disparu sans qu'on sache de quelle manière. La *Notitia linguæ sinicæ* du P. de Prémare n'a paru à Malacca qu'en 1831. Ce remarquable travail est devenu si rare qu'on peut à peine se le procurer (1).

Le *Dictionnaire français-latin-chinois*, que nous offrons au public, est le premier ouvrage de ce genre qui voit le jour. Une circonstance providentielle, nous ayant amené en Europe, nous a fourni le moyen de faire cette publication. Sans l'occasion imprévue de ce voyage, notre manuscrit, fruit de longues veilles, aurait sans doute subi le sort de ceux de tous nos devanciers à la Chine. Au moment de commencer cette entreprise, les obstacles se sont présentés successivement si nombreux qu'il semblait presque impossible de la conduire à bonne fin. Mais l'espoir fondé de rendre un service signalé à toutes les missions de la Chine, ainsi qu'à nos Consulats français, à nos braves marins, aux négociants, aux savants enfin, qui veulent apprendre à parler chinois, soutenait

(1) Voir à l'Appendice du Dictionnaire, n° VI, les détails que nous donnons sur ces divers manuscrits.

## PRÉFACE.

notre courage en présence de ces difficultés renaissantes. Les frais considérables d'une semblable publication dépassaient de beaucoup les faibles ressources d'un simple missionnaire. Voulant donner à notre ouvrage une forme commode et portative, nous avions besoin de types chinois d'un format qui répondît à nos vues. La France ne pouvait nous les fournir. Mais il fallait surtout nous résigner à devenir, à notre âge, l'ouvrier typographe de toute la partie chinoise de notre œuvre et à consacrer deux années entières à ce travail matériel. Tandis que les savants les plus honorables, qui connaissaient notre projet, nous exhortaient, avec une bienveillance flatteuse, à ne pas renoncer à notre œuvre, malgré ces obstacles, nous étions combattu sourdement et entravé mesquinement dans *quelque région particulière,* que nous ne voulons pas nommer autrement. Cette dernière opposition a failli plus d'une fois nous faire abandonner notre entreprise même en cours d'exécution. Une opposition ouverte et loyale est cent fois moins difficile à supporter que l'opposition cachée et déloyale, surtout quand elle vient de ceux qui, par leur position sociale, auraient, au contraire, tout intérêt à favoriser une entreprise comme celle-ci.

Notre travail est divisé en trois parties distinctes. La première n'est autre chose qu'une *Grammaire pratique* de la langue chinoise. Nous prenons, pour ainsi dire, par la main un futur sinologue et nous l'initions graduellement à la connaissance de la langue parlée et de la langue écrite. Tout ce qu'une longue expérience, acquise au cœur même du Céleste Empire, a pu nous apprendre sur la langue chinoise, nous le livrons au jeune sinologue avec autant d'ordre et de clarté que nous avons pu en mettre en cette matière. Sans une direction de ce genre, il perdrait des années entières à se créer une méthode, à imaginer un système, à deviner, après de longs efforts et une étude opiniâtre, ce qu'une simple lecture de notre ouvrage lui apprendra en quelques heures. Un proverbe chinois dit : *En causant, durant l'espace d'une nuit, avec un sage, on apprend plus de choses que durant dix années d'études privées.* Tòng Kiūn y yé hoá chén toŭ chĕ niên choŭ, 同君一夜話勝讀十年書. Sans cette grammaire pratique, notre *Dictionnaire français-chinois* perdrait beaucoup de son utilité réelle; le but que nous avons eu en vue, en le composant, ne serait qu'en partie atteint (1).

---

(1) Outre la *Notitia* du P. de Prémare, ouvrage devenu rare et fort cher, M. Abel Rémusat, savant distingué, a donné au public les *Eléments de la grammaire chinoise,* à Paris, en 1822. On possède aussi une *Grammaire de la langue chinoise,* par M. Bazin, Paris, 1856. Ces deux ouvrages renferment de bonnes choses, mais ils ne sont pas complets dans leur genre. M. S. Julien a mis au jour, cette année, une *Syntaxe nouvelle de la langue*

La langue chinoise parlée est d'une simplicité des plus étonnantes. Elle n'a rien de tout ce bagage scientifique de nos langues modernes. Après s'être bien pénétré du génie de cette langue et des conseils que nous donnons, un jeune sinologue, *au bout de trois ou quatre mois seulement d'exercice*, pourra soutenir aisément une conversation en chinois. Quant à la langue écrite, une fois qu'il aura saisi l'esprit qui a présidé à la formation des signes idéologiques de cette langue dans leur généralité, le jeune sinologue fera des progrès quotidiens si rapides qu'il en sera le premier dans l'étonnement. Nos lecteurs peuvent juger par là s'il est vrai que la langue chinoise offre des difficultés insurmontables, comme on se plaît à le répéter dans la plupart des nombreux ouvrages écrits sur la Chine. Parce que l'on peut, en les combinant fort ingénieusement, faire monter le nombre des caractères chinois au chiffre de 80,000, on en tire la conclusion que la langue chinoise est impossible et que toute la science du lettré chinois consiste à retenir un nombre considérable de caractères. Le fait est qu'un sinologue, qui connaîtrait bien huit à dix mille caractères, serait à même de lire très-couramment tous les ouvrages chinois et jouirait d'une réputation méritée de savant. Quel est, en France, l'homme instruit qui connaisse seulement tous les mots du dictionnaire de l'Académie? En deux ou trois ans d'étude, un jeune sinologue peut aisément connaître le nombre de caractères dont nous parlons.

La deuxième partie de notre travail se compose du *Dictionnaire proprement dit de la langue mandarine parlée*. Par suite d'une erreur, que nous n'avons plus à relever ici, on a donné en Europe le nom de *langue mandarine* à la langue commune et universelle de la Chine. Il n'existe aucune langue propre à la classe des Mandarins non plus qu'à celle des lettrés chinois. Seulement les uns et les autres parlent la langue vulgaire avec plus d'élégance et de concision que la classe populaire. En nous servant de ce terme de *langue mandarine*, qui a prévalu aujourd'hui, nous ne voulons désigner autre chose que la langue commune, générale de la Chine, de laquelle, toutefois, sont exclus les dialectes ou patois en usage seulement sur le littoral des provinces maritimes de cet Empire. Nous avions plusieurs écueils à éviter dans cette partie de notre travail. Le

*chinoise*, en deux volumes; mais cet ouvrage est destiné sans doute à ceux qui savent déjà le chinois et non aux jeunes sinologues. Ces trois savants français n'ont connu la langue chinoise que *théoriquement*, c'est-à-dire, comme une langue morte. Ils n'ont jamais su ni la parler ni l'écrire ou composer en cette langue. N'ayant point vécu non plus au milieu des Chinois, nos lecteurs comprendront aisément que les connaissances de ces savants, malgré leurs mérites respectifs, ont inévitablement plusieurs côtés très-défectueux.

premier était celui d'employer dans notre traduction chinoise des expressions trop relevées, au-dessus de l'usage ordinaire. Nous avons choisi et nous donnons celles qu'on emploie dans la bonne société chinoise et qui sont les plus généralement reçues. Toutefois, nous croyons devoir avertir ici nos lecteurs que chaque province de la Chine a ses locutions favorites pour exprimer différentes idées. Il en est de même dans les plus petits royaumes d'Europe. Dans un ouvrage essentiellement pratique, comme celui-ci, il eût été impossible de faire, sous la rubrique de chaque mot, l'énumération des expressions locales de chaque province de l'Empire. La sagacité de nos lecteurs nous dispense de leur en énumérer les motifs. Le deuxième écueil à éviter consistait à ne pas multiplier trop les exemples de locutions. Nous n'avons nullement voulu faire un dictionnaire de toute la langue chinoise. Notre œuvre est spécialement destinée aux jeunes sinologues, qui veulent apprendre à parler chinois. Lorsqu'on connaît deux ou trois expressions pour exprimer une idée, cela suffit largement. L'usage apprend le reste. On ne consulte plus alors le *Dictionnaire* que pour les termes rares que l'on ignore.

Nous avons cru devoir adopter la langue française pour base de notre travail. La majorité des missionnaires, qui évangélisent la Chine, appartient à la France (1). Les récents événements, qui ont fait tomber les barrières séculaires de la Chine, donnent à la France, dans les affaires de l'Extrême-Orient, sa juste part de prépondérance. Aujourd'hui cette Nation ne compte pas moins de sept ou huit consulats pour la représenter en Chine. Son commerce avec le Céleste Empire prend un développement considérable, surtout depuis l'organisation du service régulier des *steamers* de la Compagnie des Messageries impériales. Nos nationaux se rendent plus nombreux en Chine pour prendre part à ce mouvement d'affaires commerciales, que favorisera prochainement l'ouverture du canal de Suez. Tous désirent à l'envi un ouvrage, en leur langue maternelle, qui les initie à la langue chinoise et les mette en état de traiter, eux-mêmes, sans truchement, leurs propres affaires, soit avec les

---

(1) La Congrégation des Missions étrangères, dont la Maison-mère est à Paris, rue du Bac, 128, est chargée des provinces de Kouàng-Tong, Kouàng-Sỹ, Koúy-Tcheōu, Yûn-Nân, Su-Tchuen (cette province-ci formant trois vicariats apostoliques), Mandchourie et Leâo-Tōng. — La Congrégation de la Mission, dite des Lazaristes, dont la Maison-mère est à Paris, rue de Sèvres, 95, a reçu en partage le Kiāng-Sỹ, le Tchè-Kiāng, le Pĕ-Tchĕ lỹ, formant trois vicariats apostoliques, dont deux sont confiés à M. M. de S. Lazare. — La Compagnie de Jésus, qui n'est rentrée en Chine que depuis 1845, à la demande de Mgr de Bési, est chargée des provinces du Kiāng-Soū, de Gān-Huúy et d'un vicariat récemment érigé dans la province du Pĕ-Tchĕ-Lỹ. — Les missionnaires belges, qui parlent la langue française, sont à présent chargés de la Mongolie.

autorités chinoises, soit avec les indigènes de cet Empire. Notre Dictionnaire, nous en avons l'espoir, remplira les vœux des uns et des autres; puisqu'au bout de quelques mois seulement d'étude, ils pourront parler correctement le langage des habitants de l'Empire du milieu. Toutefois, même avec le secours de notre travail, tous auront besoin, pendant quelques semaines, au moins, d'un maître, qui les exerce à la prononciation *tonique* des mots de la langue. La connaissance théorique, même la plus parfaite, des règles de ces inflexions vocales ne peut dispenser du secours pratique d'un maître intelligent et doué d'un organe très-net. A cause de ces inflexions de voix, on s'est plu à répéter que la langue chinoise était une langue *chantante*. On n'a pas fait attention que toutes nos langues si modernes d'Europe ont pareillement leurs inflexions vocales, à ce point que, comme dans la langue chinoise, l'inflexion de voix détermine alors le sens du mot. La langue chinoise étant plus douce, plus harmonieuse, plus musicale, les inflexions de voix sur chaque mot sont seulement plus saillantes que dans les autres langues. Enfin, nous ajoutons que la langue française n'est ignorée aujourd'hui d'aucun savant d'Europe. A ce titre, elle jouit d'un caractère d'*universalité*, qui répondrait seul à l'objection que l'on nous adresserait d'avoir pris pour base de notre travail la langue française. Mais, pour que nos lecteurs pussent aisément discerner les différentes acceptions des mots français, nous avons dû faire usage de la langue latine, en traduisant, en cette langue, toutes les expressions employées dans notre Dictionnaire. Au reste, l'usage de la langue latine devenait nécessaire pour tous les mots scientifiques, surtout pour ceux des sciences naturelles. Plusieurs personnes nous avaient demandé d'y mettre, en même temps, une traduction anglaise. Nous n'avons pu remplir leur désir, à cause des nombreuses variations de sens entre les mêmes mots français et anglais. Souvent, il y a déjà une dissonance légère dans notre traduction chinoise, à cause de l'emploi de la langue latine.

Tout en conservant au Dictionnaire son caractère particulier d'*exercices pratiques de langue chinoise,* nous avons cherché à en faire une espèce de petite encyclopédie sur la Chine. C'est ainsi qu'il sera facile à nos lecteurs de remarquer que nous avons pu, sans dépasser les bornes d'un format portatif, insérer en leur lieu et place un grand nombre de notions sur la Chine, très-utiles à connaître. Aux mots des arts, des sciences, des coutumes, nous donnons, en une ligne ou deux, les noms des inventeurs et la date des inventions. — Les tableaux des mots numériques chinois, des poids et des mesures, des dynasties chinoises, des fêtes chrétiennes et païennes, des anciens royaumes et principautés de la Chine actuelle, celui des instruments de musique, des génies et divinités chinoises, des titres d'honneur, des différents sceaux de l'Empereur, etc., etc., montreront à nos lecteurs que ce Dictionnaire a un caractère tout particulier. Nous avons surtout saisi toutes les occasions d'y faire entrer le plus grand nombre possible de proverbes chinois (1), qu'il est pareillement très-utile de connaître.

Nous avons adopté, pour les mots chinois, l'orthographe la plus généralement admise, parmi les sinologues, dans les diverses provinces de la Chine. Cette orthographe n'est autre que celle des anciens missionnaires, ainsi que nous avons pu nous en convaincre par la lecture de leurs vieux manuscrits. Une manière uniforme d'écrire le chinois, avec nos lettres latines, est souverainement à désirer, au moins entre les sinologues d'une même nation, car nous jugeons l'entente impossible entre les sinologues des différents royaumes d'Europe. Notre Grammaire indique la manière de prononcer les mots de notre Dictionnaire. Nous y renvoyons le lecteur.

La troisième partie de notre travail se compose d'un *Appendice*. Pour ne pas faire entrer dans le corps du Dictionnaire certains documents importants sur la Chine et d'une étendue plus ou moins considérable, nous avons préféré les réunir tous sous la forme d'un appendice. Chacun des articles qui le compose offrira de l'intérêt à nos lecteurs et leur donnera la facilité d'avoir sous la main ces documents que l'on ne peut toujours se procurer aisément en Chine. Le Tableau chronologique des Empereurs, avec les divers noms des années de règne, leur date respective, et des observations historiques, sera utile à ceux qui veulent s'occuper de l'histoire et de la numismatique chinoises. Le Tableau de tous les mandarins de l'Empire présentera d'un seul coup d'œil tout le système de l'administration du plus vaste Empire de l'univers. L'article *Académie* montrera aux savants que l'Institut chinois n'est point un Corps inactif, et qu'il pourrait entrer, avantageusement même, en concurrence avec un bon nombre d'Instituts européens. Le livre des *Cent familles* paraît ici pour la première fois avec l'origine de chaque nom patronymique. Nous avons choisi, et fait graver, pour ces noms, une forme particulière de caractères chinois, ceux qu'on met

---

(1) Voir notre Recueil de Proverbes chinois, avec texte et traduction littérale, publié à Paris, 1869, chez MM. Firmin Didot, A. Labitte, rue de Lille, 4, et A. Lainé, etc.

entre les mains des jeunes enfants chinois, qui commencent à lire et à écrire; c'est afin de les donner aux jeunes sinologues comme modèle d'exercices de ce genre d'écriture. A l'exemple des petits élèves chinois, ils s'appliqueront à les calquer de leur mieux, tant pour les graver dans leur mémoire que pour représenter leur forme d'une manière plus parfaite. — La nomenclature alphabétique des villes de la Chine sera d'un usage journalier, surtout à ceux qui font un séjour dans cet Empire. Mais le chapitre le plus important de l'*Appendice* est celui qui traite de l'histoire naturelle. Nos lecteurs remarqueront qu'il ne compte pas moins de 3,500 mots, sur les différentes branches de cette science. Pour établir une synonymie aussi considérable, nous avons dû faire de longues et patientes recherches. Toutefois, bien que cette nomenclature soit probablement la plus complète qui ait paru jusqu'à présent, nous ne la regardons que comme le premier pas vers un travail encore plus parfait.

En terminant cette Préface, nous prions MM. les Présidents et Membres des Conseils centraux de la Propagation de la foi d'agréer ici nos plus vifs et plus sincères remercîments. Si nous avons pu mettre la main à l'œuvre, c'est à leur généreux et bienveillant concours que nous le devons. La religion et la science leur seront redevables de ce service. Nous remercions également notre Imprimeur, qui a montré le plus grand zèle pour faire de ce Dictionnaire un modèle d'élégance et d'exactitude typographiques.

Notre intention avait été de réunir en un seul volume les trois parties de notre travail. Nous avons suivi le conseil qui nous a été donné par plusieurs savants honorables et distingués, de le diviser en deux volumes. La *Grammaire* et l'*Appendice* formeront un volume et le *Dictionnaire* un autre. Cette disposition sera plus commode pour le plus grand nombre de nos lecteurs.

Paris, le 15 octobre 1869.

# DICTIONNAIRE
# FRANÇAIS-LATIN-CHINOIS
DE LA
## LANGUE MANDARINE PARLÉE

**A. B. C. D**, etc. La langue chinoise n'est point alphabétique. — **A. B. C. D.** appliqués aux figures géométriques se remplacent en chinois par les caractères du cycle chinois 甲乙丙丁 Kiă ў pìn tīn, etc. Ainsi on dira l'angle 乙甲丙角 ў kiă pĭn kŏ.

**ABAISSER**, v. a. *Demittĕre, deprimĕre*. 放下 Fáng hiá, ou 押伏 Yă foŭ. ‖ — un mandarin de trois degrés. *Præfecti dignitatem à tribus gradibus imminuĕre*. 降三級 Kiàng sān kў. ‖ — un rideau de lit. *Siparium demittĕre*. 放帳子 Fáng tcháng tsè. ‖ — un mur. *Muri altitudinem minuĕre*. 剗墻 Tsăn tsiăng. ‖ — la voix. *Vocem remittĕre*. 小聲說 Siaŏ chēn chŏ. ‖ — quelqu'un. *Aliquem humiliāre*. 傷人的臉 Chāng jēn tў liĕn, ou 羞人 Sieōu jēn. ‖ Dieu — les grands. *Insignes attenuat Deus*. 天主屈尊權的人 Tiēn tchoŭ kiōu tsēn kiuĕn tў jēn. ‖ — une perpendiculaire. *Deorsum lineam deducĕre*. 吊墨線 Tiaŏ mĕ sién.

**ABAISSER (S')**. *Deprimĕre se, deprimi*. 墜下 Tchóuy hiá. ‖ La rivière —. *Decrescit amnis*. 河水消了 Hô chòuy siaŏ leào. ‖ Le vent —. *Remisit ventus*. 風停了 Fōng tìn leào. ‖ La terre —. *Desidit terra*. 地落下去 Tў lŏ hiá kiŭ. ‖ Ce mur s'est —. *Murus desidit*. 墻落下去 Tsiāng lŏ hiá kiŭ. ‖ —. *Humiliāre se*. 謙下自已 Kiēn hiá tsĕ kў. ‖ — pour se rendre intelligible. *Ad captum auditoris componĕre se*. 看人說話 Kăn jēn chŏ hoá. — par un acte indigne de son caractère. *Dignitatem labefactāre*. 不惜品 Poŭ sў pĭn, ou 降其位 Kiăng kў oúy.

**ABANDONNÉ**, s. m. *Perditus, i, m.* 壞敗的人 Hoáy páy tў jēn.

**ABANDONNÉE**, s. f. *Meretrix, icis, f.* 娼嬈 Tchāng fóu.

**ABANDON**, s. m. *Derelictio, onis, f.* 丟 Tieōu. ‖ Ce malade est à l'—. *Ægro nulla spes remanet*. 病人無望 Pĭn jēn où ouáng. ‖ Laisser tout à l'—. *In medio omnia ponĕre*. 樣樣都不管 Yáng yáng tōu poŭ kouān. ‖ — de soi. *Immemor sui*. 不顧皮 Poŭ kóu pў.

**ABANDONNER**, v a. *Deserĕre, destituĕre*. 丟○全不管 Tieōu. Tsuĕn poŭ kouān. 不要了 Poŭ yáo leào. ‖ — la ville. *Ex urbe facessĕre*. 棄城而走 Kў tchēn eûl tseòu. ‖ — la vertu. *A virtute deficĕre*. 退于德 Toúy yŭ tĕ. ‖ — l'étude. *Studia omittĕre*. 荒書 Houāng chōu. ‖ — sa profession. *Artem desinĕre*. 改行 Kày háng. ‖ — une entreprise. *A cœptis absistĕre*. 改主意 Kày tchòu ў. ‖ — ses proches. *Parentes relinquĕre*. 丟父母 Tieōu fóu moù. ‖ — une affaire à quelqu'un. *Alicui negotium permittĕre*. 全托人管 Tsuĕn tŏ jēn kouān. ‖ — sa maison à ses créanciers. *Domum creditoribus cedĕre*. 將房子拆賬 Tsiāng fáng tsè tsĕ tcháng.

**ABANDONNER (S')**, v. pron. ‖ — au hasard. *Aleam adĕre*. 隨命 Soúy mín. ‖ — à la joie. *Dăre se lætitiæ*. 大歡喜 Tá hoān hỳ. ‖ — à l'oisiveté. *Ad otium devolvi*. 空過時候 Kóng kó chĕ heòu. ‖ — à ses passions. *Cupiditatibus parēre*. 縱慾 Tsóng yŏu. ‖ — à tous les vices. *In scelera omnia prorumpĕre*. 無惡不爲 Oû ngŏ pŏu oúy. || — à la conduite de quelqu'un. *Dăre se alicui.* 佩服人 Péy fŏu jên.

**ABANNATION**, s. f. *Abannatio, onis, f.* 徒一年 Tôu ў niên.

**ABAQUE**, s. m. *Abacus, i, m.* 算盤 Souán-pán. Machine ingénieuse d'un usage universel en Chine, au moyen de laquelle on fait rapidement toute espèce de calcul. Les règles sont décrites dans l'opuscule 算法統宗 Souán fă yùn tsŏng. L'inventeur de cette machine est 首隷 Cheòu Lỷ, ministre de l'Empereur 黃帝 Hoâng tỷ, qui régnait 2,637 ans av. J. C.

**ABASOURDIR**, v. a. *Percellĕre.* 打重説 Tà tchŏng chŏ.

**ABATARDI, E**, adj. *Corruptus.* 壤敗的 Hoáy páy tỷ. || Courage —. *Degener animus.* 氣力敗的 Kỷ lỷ páy tỷ. || Fruits —. *Fructus prioris succûs obliti.* 果子黃狠了 Kò tsè houâng hèn leào.

**ABATARDIR**, v. a. *Corrumpĕre.* 壤敗 Hoáy páy. || Le vin l'a —. *Vinum depravavit eum.* 醉仙·酒醉漢 Tsóuy siên. Tsieòu tsóuy hân. || S'—. *Depravâri, in pejus ruĕre.* 更不好 Kén pŏu hào. || Ces fruits s'—. *Poma degenerant.* 菓子轉了 Kò tsè tchouàn leào.

**ABATIS**, s. m. || — d'arbres. *Arborum dejectus, m.* 砍樹子 Kàn chóu tsè. || — de maisons. *Tectorum strages, f.* 拆房子 Tsĕ fâng tsè.

**ABAT-JOUR**, s. m. *Crates fenestræ.* 簾子 Liên tsè. || Descendre l'—. *Demittĕre cratem.* 放簾子 Fáng liên tsè. || Élever l'—. *Erigĕre cratem.* 捲簾子 Kiùen liên tsè. || — de lampe. *Lampadis operimentum.* 燈罩子 Tên tcháo tsè.

**ABATTEMENT**, s. m. *Virium defectio.* 衷弱 Choāy jŏ. || — de courage. *Animi debilitas.* 胆小 Tàn siào. || — causé par la crainte. *Consternatio.* 驚嚇 Kīn hĕ.

**ABATTEUR**, s. m. *Sui jactator.* 誇獎自已 Koūa tsiàng tsĕ kỷ.

**ABATTOIR**, s. m. *Laniena, æ, m.* 宰塲 Tsày tchăng.

**ABATTRE**, v. a. *Evertĕre, dejicĕre.* 毀○拆○壓○放 Hòuy. Tsĕ. Yă. Fáng. || — un mur. *Murum demoliri.* 拆一堵墻 Tsĕ ў tòu tsiâng. || — une porte. *Portam exscindĕre.* 打破門 Tà pŏ mên. || — une maison. *Domum diruĕre.* 拆房子 Tsĕ fâng tsè. || — une statue. *Statuam evertĕre.* 毀一座像 Houỷ ў tsò siâng. || — quelqu'un à terre. *Stantem percellĕre.* 丟倒人 Tiēou tào jên. || — un cavalier. *Aliquem ex equo præcipitare.* 丟人下馬 Tiēou jên hiá mà. || — la tête. *Caput abscindĕre.* 砍頭 Kàn teôu. || — un arbre. *Arborem excidĕre.* 砍樹子 Kàn chóu tsè. || — des fruits. *Fructus ex arbore decutĕre.* 搖果子 Yâo kò tsè. || — sa robe. *Togam demittĕre.* 放衣服下來 Fáng ў fôu hiá lay. || Être — par la maladie. *Morbo debilitāri.* 害病 衷弱 Háy pín chouây jŏ. || S'—. *Corruĕre, mitigāri.* 跌倒 Tiĕ taò. || Son cheval s'—. *Equus corruit.*

馬失蹄 Mà chē tỷ. || La chaleur s'—. *Calor se frangit.* 涼退了 Leâng toúy leào. || Mon courage s'—. *Frangor animo.* 我心虛 Ngò sīn hūu, ou 失了志 Chē leào tchĕ.

**ABAT-VENT**, s. m. *Tectoriolum testudineatum, n.* 望板 Ouáng pàn, ou 天花板 Tiĕn hoā pàn.

**ABBATIAL, E**, adj. *Quæ sunt abbatis.* 修院的 Sieōu yuén tỷ. || Dignité —. *Abbatis dignitas.* 修道的職 Sieōu taó tỷ tchĕ. || Mense —. *Abbatis census.* 修道的常數 Sieōu taó tỷ chăng sóu.

**ABBAYE**, s. f. *Cœnobium, ii, n.* 修院 Sieōu yuén. || Fonder une —. *Cœnobium instituĕre.* 立一个修道院 Lỷ ў kó sieōu taó yuén. || Doter une —. *Reditus attribuĕre.* 施修院常數 Chē sieōu yuén chăng sóu. || Visiter une —. *Cœnobium invisĕre.* 朝修院 Tchâo sieōu yuén.

**ABBÉ**, s. m. *Abbas, atis, m.* 方丈 Fāng tchăng. || Élire un —. *Abbatem eligĕre.* 選方丈 Siuèn fāng tchăng. || Casser un —. *Abbatem deponĕre.* 貶方丈 Piĕn fāng tchăng. || — clerc. *Clericus.* 有神品的人 Yeòu chên pīn tỷ jên.

**ABBESSE**, s. f. *Abbatissa, æ, f.* 女院長 Niù yuén tchàng.

**ABCÈS**, s. m. *Vomica, æ, f.* 癰 Yōng. || Avoir un —. *Vomica laborāre.* 有癰 Yeòu yōng. || Percer l'—. *Vomicam aperīre.* 鍼癰 Tchēn yōng. || Il se forme un —. *Aliquid abscedit.* 生了一个瘡 Sēn leào ў kò tchouāng. || L'— a crevé. *Abcessus rumpitur.* 瘡破了 Tchouāng pŏ leào. || — à la racine des ongles. *Paronychia, æ, f.* 疔瘡 Tīn tchouāng.

**ABDIQUER**, v. a. — le trône. *Abdicāre solium regale.* 禪位 Chén oúy. || — une préfecture. *Præfecturam abdicāre.* 辭官 Tsẽ kouān. || Demander la permission d'—. *Abdicandi veniam petĕre.* 乞休致 Kỷ hieōu tchĕ. || — pour cause de maladie. *Abdicandi propter valetudinem.* 告病 Kaó pín. || — pour cause d'âge avancé. *Abdicandi propter provectam ætatem.* 告老 Kaó laò. || — pour de vieux parents. *Abdicandi causā sustentandi parentes.* 告終養 Kaó tchōng yáng.

**ABDOMEN**, s. m. *Abdomen, inis, n.* 小肚子 Siào tòu tsè.

**ABÉCÉDAIRE**, s. m. *Abecedarius, i, m.* 字母書 Tsé mòu chōu. || Être à l'—. *Elementarius.* 發蒙學生 Fă mŏng hiŏ sēn. Pour les jeunes Chinois, dont la langue est idéographique, les abécédaires sont les opuscules suivants, que l'on met, dans toute la Chine, entre les mains des enfants qui commencent à fréquenter les écoles. Le premier est le 三字經 Sān tsé kīn, ou livre de trois phrases, composé sous la dynastie 宋 Sóng, par 王溥厚 Ouâng pŏ héou. (*Voyez l'édition que nous en avons faite.*) Le second est le Traité des mille caractères, 千字經 Tsiēn tsé kīn. Il a été composé sous le règne de 武帝 Où tỷ, fondateur de la dynastie 梁 Leâng, lequel vivait de 502 à 549 de J. C. Par son ordre, un lettré nommé 周興士 Tcheōu Hín Sé, composa, en une seule nuit, ce traité élémentaire, dont aucun caractère ne se présente deux fois. Toutes les phrases se composent de deux membres dont chacun est de quatre caractères. Ce travail fatigua tellement l'auteur que, selon une tradition, ses cheveux et sa barbe se trouvaient blanchis le lendemain.

**ABEILLE**, s. f. *Apis, is, f.* 蜂子 Fōng tsè. ‖ Reine des —. *Apum regina.* 蜂王 Fōng ouâng. ‖ Essaim d'—. *Apum examen.* 蜂勒子 Fōng lĕ tsè. ‖ Bourdonnement des —. *Bombus, i, m.* 蜂叫 Fōng kiáo. ‖ Élever des —. *Apes colère.* 餵蜂子 Ouý fōng tsè. ‖ Les — essaiment. *Apes examen conduct.* 蜂子分桶 Fōng tsè fēn tŏng. ‖ Recueillir les —. *Examen colligere.* 招蜂子 Tchāo fōng tsè. ‖ Être piqué par une —. *Spiculo apis compungi.* 着蜂子錐了 Tchŏ fōng tsè tchōuy leào.

**ABÉQUER**, v. a. *In rostrum inserere.* 餵雀兒 Ouý tsiŏ eūl.

**ABERRATION**, s. *Aberratio, onis, f.* 星宿行動 Sīn siŏu hín tóng. ‖ —. *Error.* 錯 Tsŏ.

**ABÊTIR**, v. *Hebetem reddere.* 昏人 Houēn —. ‖ Le vin l'a —. *Stupet ejus mens sepulta vino.* 酒迷他 Tsiéou mý tā. ‖ — devenir stupide. *Obbrutescere.* 昏 Houēn.

**AB HOC et AB HAC**. *Confusé.* 亂 ○ Louán. 不小心 Pōu siào sīn.

**ABHORRER**, v. a. *Abhorrere.* 深恨 Chēn hén. ‖ Homme —. *Homo exosus.* 兇人恨的人 Teōu jēn hén tý jēn.

**ABÎME**, s. m. *Abyssus, i, f.* 深淵 Chēn yuēn. ‖ — de vices. *Gurges vitiorum.* 無所不為 Oû sŏ pōu oúy. ‖ Le luxe est un — pour la famille. *Per luxum familia absumitur.* 奢華敗家 Chē hoâ páy kiā. ‖ — Enfer. *Infernum.* 地獄 Tý yŏu. ‖ Les mystères sont un — pour la raison. *Latent mysteria rationi impervia.* 此理深奧莫測 Tsé lý chēn gáo mŏ tsè.

**ABÎMER**, v. a. *Demergere.* 推人下坑 Toūy jēn hiá kēn. ‖ — engloutir. *Absorbere.* 吞完 Tēn ouân. ‖ — ruiner. *Fortunam evertere.* 敗家 Páy kiā. ‖ Être — dans la douleur. *Mœrore confici.* 憂悶得狠 Yēou mén tĕ hèn. ‖ Être — de dettes. *Ære alieno demergi.* 揹賬 Kiáy tcháng.

**ABÎMER (S')**, v. r. *Demergi.* 沉水 Tchēn chòuy. ‖ — dans les lettres. *Se litteris involvere.* 一心專書 Y sīn tchouān chōu. ‖ — dans les vices. *In flagitia se ingurgitare.* 無惡不為 Oû ngŏ pōu oúy.

**AB IRATO**. *In irâ factum.* 氣頭上做的 Ký teóu cháng tsóu tý.

**ABJECT, E**, adj. *Abjectus.* 賤的 Tsién tý, ou 敝的 Pý tý. ‖ Naissance —. *Humile genus.* 出身低的 Tchōu chēn tý tý. ‖ D'une manière —. *Modo abjecto.* 卑賤的樣子 Pý tsién tý yáng tsè. ‖ Homme —. *Homo vilis.* 小人 Siào jēn.

**ABJECTION**, s. f. *Abjectio, onis, f.* 輕賤 Kīn tsién. ‖ Être dans l'—. *Contemptu laborare.* 受輕賤的人 Chéou kīn tsién tý jēn.

**ABJURER**, v. a. ‖ — la foi. *Ejurare fidem.* 背教 Péy kiáo. ‖ — l'hérésie. *Hæresim deponere.* 棄絕裂教 Ký tsuĕ lié kiáo. ‖ — tout sentiment de pudeur. *Omnem sensum pudoris exuere.* 全不要臉 Tsuēn pōu yaó lièn, ou 滅天理 Miĕ tiēn lý.

**ABLATIF**, s. m. *Sextus casus.* 除韻 Tchŏu yún, ou 從誰 Tsŏng chòuy. ‖ — absolu. *Ablativus absolutus.* 了前續後用除韻法 Leào tsiēn siŏu heóu yóng tchōu yún fă.

**ABLÉGAT**, s. m. *Legati vicarius.* 宗牧副欽差 Tsōng moû foû kīn tcháy.

**ABLUTION**, s. f. *Ablutio, onis, f.* 洗 Sý. ‖ — de la messe. *Sacra ablutio.* 祭中捧爵盟手 Tsý tchōng fòng tsiŏ kouān chéou. ‖ Prendre les —. *Ablutiones sumere.* 飲爵盟水 Ýn tsiŏ kouān chòuy.

**ABNÉGATION**, s. f. *Abnegatio, onis, f.* 棄絕自己 Ký tsuè tsé ký. ‖ Faire — de ses intérêts. *Suis renuntiare.* 不顧已利 Pōu koû ký lý.

**ABOIEMENT**, s. m. *Latratus, ūs, m.* 狗咬 Keŏu kiáo.

**ABOIS**, s. m. *In extremis esse.* 至極○凶得狠 Tchè ký. Hiōng tĕ hèn. ‖ Être aux — (se mourir). *Mori.* 要死得狠 Yáo sǐ tĕ hèn. ‖ Être aux —. *Nescire quò vertĕre se.* 打不起主意 Tă pōu ký tchòuý ý. ‖ Ville aux —. *Urbs ad extremas redacta.* 城不得已投 Tchěn pōu tĕ ký teōu.

**ABOLIR**, v. a. *Abolere.* 消滅 Siāo miĕ. ‖ — une loi. *Legem abrogare.* 除一條倒 Tchōu ý tiáo lý. ‖ — une coutume. *Morem solvere.* 改風俗 Kay fōng siŏu. ‖ S'—. *Extingui.* 不行 Pōu hín. ‖ La mode est —. *Mos exolevit.* 不興了 Pōu hīn leào.

**ABOMINABLE**, adj. *Exsecrabilis.* 可恨的 Kŏ hèn tý. ‖ — (très-mauvais). *Pessimus.* 最不好的 Tsouý pōu haò tý. ‖ — à voir. *Horrendum visu.* 醜的 Tcheŏu tý.

**ABOMINATION**, s. f. *Exsecratio, onis, f.* 恨得狠 Hén tĕ hèn. ‖ Avoir en —. *Aliquem detestari.* 恨人得狠 Hén jēn tĕ hèn.

**ABONDANCE**, s. f. *Copia.* 豐盛○多 Fōng chēn. Tō. ‖ — des fruits de la terre. *Frugum ubertas.* 豐年 Fōng niēn. ‖ Vivre dans l'—. *In abundantiâ vivere.* 用得寬餘 Yóng tĕ koūan yû. ‖ — de paroles. *Orationis flumen.* 話多 Hoá tō. ‖ Parler d'—. *Dicere ex tempore.* 隨口說 Soūy keŏu chŏ.

**ABONDANT, E**, adj. *Affluens.* 豐盛的 Fōng chēn tý, ou

多多的 Tŏ tŏ tỷ. ‖ Année —. *Annus fertilis.* 豐年 Fōng niên. ‖ Récoltes —. *Lætæ segetes.* 糧食好 Leâng chě hào.

ABONDER, v. n. *Affluěre.* 有多 Yeòu tō. ‖ — en tout. *Omnibus copiis affluěre.* 樣樣都有 Yáng yáng toū yeòu. ‖ — en son sens. *Sententiæ stāre.* 固執巳意 Koú tchě kỷ ỷ.

ABONNEMENT, s. m. *Promissio solvendi pretium.* 應酬 出銀 Ỷn tcheôu tchǒu ỷn tsè. ‖ — à un journal. *Diario accipiendo pretium promittěre.* 京報銀子 Kīn paó ỷn tsè.

ABORD, s. m. *Accessus, ùs, m.* 進○會 Tsín. Hoúy. ‖ — facile. *Facilis congressus.* 容易會 Yông ỷ hoúy. ‖ D'un — difficile. *Difficilis aditús esse.* 難會的人 Lân hoúy tỷ jên. ‖ —. *Adventus.* 踂○到○至 Lông. Taó. Tché. ‖ Au premier —. *Primo aspectu.* 一見面 Ỷ kién mién.

ABORD (D'), adv. *Primùm.* 先○頭一宗 Siēn. Teòu ỷ tsōng. ‖ — (aussitôt). *Statim.* 當時 Táng chě.

ABORDABLE, adj. *Cujus facilis est aditus.* 用易會的人 Yóng ỷ hoúy tỷ jên.

ABORDER, v. n. *Appellěre.* 踂碼頭 Lông mà teôu. ‖ — en Chine. *Sinarum oras prenděre.* 踂中國碼頭 Lông tchōng kouě mà teôu. ‖ —. *Concurrěre.* 一齊 跑來 Ỷ tsỷ pǎo laỷ. ‖ — quelqu'un. *Aliquem adire.* 會人 Hoúy jên. ‖ — une question. *Rem aggredi.* 開口說 Kaỷ keôu chǒ. ‖ Ne pas se laisser —. *Adiri non siněre.* 不許人會 Poŭ hiù jên hoúy.

ABORIGÈNES, s. m. *Aborigenes, um, m.* 本方人 Pěn fāng jên, ou 本地人 Pěn tỷ jên.

ABORNER, v. a. *Constituěre terminos.* 定界石 Tín kiáy chě. ‖ — un champ. *Agrum terminàre.* 栽界石 Tsāy kiáy chě.

ABORTIF, IVE, adj. *Abortivus.* 小產的 Siào tchàn tỷ. ‖ —. *Quod abortum infert.* 打胎樂 Tà tāy yǒ.

ABOUCHER, v. a. *Ad colloquium convocàre.* 請人商議 Tsǐn jên chǎng ngỷ. ‖ S'—. *In colloquium venire.* 滴量 Chǎng leâng.

ABOUTIR, v. n. *Terminâri.* 抵界 Tỷ kiáy. ‖ Où — ce chemin? *Quò ducit hæc via?* 這條路到那里去 Tchě tiǎo loú tao là lỷ kiú. ‖ À quoi cela — -il? *Ad quid hæc?* 這有甚麼利益 Tchě yeòu chén mǒ lỷ ỷ. ‖ Tout — à la mort. *Omnium nobis exitum affert mors.* 萬物歸末 Ouán où koúy mó.

ABOUTISSANTS, s. m. *Vicinitates, f.* 鄰界 Lǐn kiáy. ‖ Savoir les — et tenants d'une affaire. *Causas rei et consecutiones viděre.* 看前後 Kǎn tsiěn heóu.

ABOYER, v. n. *Latrāre.* 狗咬○吠 Keòu kiáo. Hoû. ‖ Chacun — après lui. *Omnes eum allatrant.* 衆人報 怨他 Tchóng jên paó yuén tā. ‖ — à la lune, c.-à-d. *in vanum. Allatrāre potentiorem.* 以坍擊石 Ỷ loàn hỷ chě. (*Prov. chin.*)

ABOYEUR, s. m. *Mordax.* 愛却薄的人 Gáy kiǒ pô tỷ jên.

ABRÉGÉ, s. m. *Epitome, es, f.* 切要○大意 Tsiě yáo. Tá ỷ. ‖ — de l'histoire ecclésiastique. *Historiæ eccles. compendium.* 聖會鑒畧 Chén hoúy kién liǒ. ‖ Faire un —. *Rem contrahěre.* 刪短 Tsě touàn. ‖ En —. *Breviter.* 一共 Ỷ hóng. ‖ Route —. *Viæ compendium.* 切路 Tsiě loú.

ABRÉGER, v. a. *Contrahěre.* 刪短 Tsě touàn. ‖ — ses prières. *Preces breviāre.* 鈌少經 Kiǔe chào kīn. ‖ — un discours. *Concionem coarctāre.* 畧說 Liǒ chǒ. ‖ — un écrit. *Scripta contrahěre.* 减筆 Kiěn pỷ. ‖ Pour —. *Brevitatis causā.* 少說 Chaò chǒ.

ABREUVER, v. a. *Adaquāre.* 喂水 Oúy choùy. ‖ — un champ. *Adaquāre agrum.* 恭田水 Tsǎn tiěn choùy. ‖ — quelqu'un de sa colère. *Acerbiùs in aliquem invehi.* 大凌辱人 Tá lîn joù jên.

ABREUVOIR, s. m. *Aquarium, ii, n.* 牲口水塘 Sēn keôu choùy tâng.

ABRÉVIATION, s. f. *Nota, æ, f.* 切要 Tsiě yáo. ‖ — en écriture. *Scripta contrahěre.* 减筆 Kiěn pỷ. ‖ Écrire par —. *Notis scriběre.* 减寫 Kiěn siǒ.

ABRI, s. m. *Locus tutus.* 穩地方 Ouěn tỷ fāng. ‖ Être à l'—. *Esse in tuto.* 在穩地方 Tsáy ouěn tỷ fāng. ‖ Être à l'— des revers. *Fortunæ non obnoxius.* 不怕 患難 Poŭ pǎ hoúan lân. ‖ Être à l'— de son innocence. *Innocentiā tectus.* 瓦心無愧 Leâng sīn où koúy.

ABRITER, v. a. *Protegěre.* 保存 Paó tsěn. ‖ — quelqu'un sous son toit. *Excipěre aliquem.* 接客 Tsiě kě.

ABROGER, v. a. *Abrogāre.* 削一條律 Tsiǒ ỷ tiǎo liù, ou 免行一條律 Miěn hîn ỷ tiǎo liù. ‖ Les anciennes lois sont —. *Pristinæ leges abrogantur.* 前頭的律廢弛了 Tsiên teôu tỷ liù feỷ chě leào.

ABRUPTO (EX). *Repenté*, adv. 忽然 Hoû jân. ‖ *Discours ex —. Dicěre ex tempore.* 隨口說 Soûy keôu chǒ.

ABRUTIR, v. a. *Mentem obtunděre.* 迷人 Mỷ jên. ‖ — par un remède chinois. *Remedio mentem obtunděre.* 用羊 踂踂迷人 Yóng yâng tchén tchoû mỷ jên. ‖ S'—. *Obbrutescěre.* 昏迷 Houēn mỷ.

ABSENCE, s. f. *Absentia, æ, f.* 不在 Poŭ tsaỷ. ‖ En votre —. *Te absente.* 你不在的時候 Ngỷ poŭ tsaỷ tỷ chě heóu. ‖ En l'— des lois. *Cùm silent leges.* 法律 不載 Fǎ liù poŭ tsaỷ. ‖ — d'esprit. *Mentis aberratio.* 心不在 Sīn poŭ tsaỷ.

ABSENTER (S'), v. r. *Absceděre.* 離開 Lỷ kaỷ. ‖ — de la maison. *Exire de domo.* 出門 Tchǒu měn, ou 出街 Tchǒu kaỷ. ‖ — de la ville. *Urbe abesse.* 出城 Tchǒu tchĕn. ‖ — d'un festin. *Convivio non interesse.* 不去喫酒 Poŭ kiŭ tchĕ tsieoŭ.

**ABSENT, E**, adj. *Absens, tis.* 不在的 Poŭ tsaý tý. ‖ — de la maison. *Non esse domi.* 不在屋裏 Poŭ tsaý oŭ lý.

**ABSOLU, E**, adj. *Supremus.* 至大的 Tché tá tý. ‖ Prince —. *Princeps dominus.* 全權大臣 Tsuĕn kiuĕn tá tchĕn. ‖ Pouvoir —. *Summa imperii.* 權衡自主 Kiuĕn hĕn tsé tchoŭ. ‖ Homme —. *Imperiosus.* 大貌人 Tá máo jĕn. ‖ Nécessité —. *Immutabilis necessitas.* 免不得 Miĕn poŭ tĕ. ‖ Ablatif —. *Ablaticus absolutus.* 了前續後用除韻法 Leào tsiĕn sioŭ héou yóng tchŏu yún fă.

**ABSOLUMENT**, adv. *Omninò certum.* 一定 Ў tín, ou 果然 Kŏ jân. ‖ — nécessaire. *Omninò necessarium.* 少不得 Chaò poŭ tĕ. ‖ — . *Haud restricté.* 全全的 Tsuĕn tsuĕn tý. ‖ — parlant. *Absoluté loquendo.* 平常說 Pîn chăng chŏ.

**ABSOLUTION**, s. f. *Absolutio, onis, f.* 赦罪 Chĕ tsouý. ‖ Donner l'—. *Absolvĕre peccata.* 放赦罪 Fáng chĕ tsouý. ‖ Refuser l'—. *Recusare absolut.* 不放赦 Poŭ fáng chĕ. ‖ Obtenir l'—. *Obtinĕre* —. 得罪赦 Tĕ tsouý chĕ. ‖ — générale. *Absolutio generalis.* 全赦 Tsuĕn chĕ.

**ABSORBANT** (t. médic.). *Absorbens.* 滲滿 Tsān chĕ.

**ABSORBER**, v. a. *Absorbĕre.*" 用完 ○ 吞 Yóng ouân. Tĕn. ‖ — son patrimoine. *Patrias opes haurire.* 敗本業 Paý pĕn niĕ. ‖ Les intérêts — le capital. *Usurae sortem mergunt.* 利比本大些 Lý pỷ pĕn tá sỷ. ‖ Être — dans une pensée. *In aliquâ cogitatione versari.* 想來想去 Siăng lây siăng kíu. ‖ La terre — l'eau. *Aquam exsorbet terra.* 地食水 Tý chĕ choŭy.

**ABSOUDRE**, v. a. *Absolvĕre.* 寬恕 Koŭan choŭ. ‖ — d'un larcin. — *furto.* 斷他無盜罪 Toŭan tă'oŭ taó tsouý.

**ABSOUTE**, s. f. *Solemnis absolutio.* 聖體公日赦之恩 Chén tý kông jĕ chĕ tchĕ gĕn. ‖ — des morts. — *absolutio defunctorum.* 祭後聖屍 Tsý heoŭ chĕn chĕ. ‖ Faire l'—. — *absolutionem peragĕre.* 念聖屍經 Niĕn chĕn chĕ kĭn.

**ABSTENIR (S')**, v. r. *Abstinĕre se.* 忌 ○ 禁止 Ký. Kĭn tchĕ. ‖ — de manger. — *a cibo.* 不喫東西 Poŭ tchĕ tŏng sỷ. ‖ — de gras. — *carne.* 忌油 Ký yeoŭ. ‖ — de violence. — *vi.* 不強勉 Poŭ kiăng miĕn. ‖ — de paraître en public. — *publico.* 不出目 Poŭ tchoŭ moŭ. ‖ — de parler de quelque chose. — *de aliquâ re tacĕre.* 不講 Poŭ kiăng.

**ABSTERGER**, v. a. *Abstergĕre vulnus.* 洗瘡 Sỷ tchoăng.

**ABSTINENCE**, s. f. *Abstinentia, æ, f.* 減期 kiĕn kỷ. ‖ Garder l'—. *Servare abstinentiam.* 守減期 Cheoŭ kiĕn kỷ. ‖ Prescrire l'—. *Jubĕre* —. 命守減期 Mĭn cheoŭ kiĕn kỷ. ‖ Dispenser de l'—. *Dispensare abstinentiâ.* 免守減期 Miĕn cheoŭ kiĕn kỷ. ‖ Vivre dans l'—.

*Continenter vivĕre.* 守貞潔 Cheoŭ tchĕn kiĕ. ‖ Les cinq — chinoises. *Quinque sinicae abstinentiae.* 五裁 Où tsăý. Savoir : *Qui jecore laborant ab acribus abstinent; qui corde, à salitis; qui stomacho, ab acidis; qui pulmone, ab amaris; qui renibus, à dulcibus.* ‖ — chinoise prescrite dans les calamités publiques. *Publica gentilium jejunia.* 禁屠 Kĭn tôu.

**ABSTRACTION**, s. f. *Sejunctio, onis, f.* 除開 Tchoŭ kaý. ‖ Évagation d'esprit. *Praesens abesse.* 心不在 Sīn poŭ tsaý. ‖ Faire —. *Tacĕre* —. 不說 Poŭ chŏ.

**ABSTRAIRE**, v. a. *Abstrahĕre.* 扯開 Tchĕ kaý. ‖ —. *Sejungĕre.* 除開 Tchoŭ kaý.

**ABSTRAIT, E**, adj. *Distractus.* 心不在的 Sīn poŭ tsaý tý. ‖ Sciences —. *Subtiles disciplinae.* 深奧的學問 Chĕn gaó tý hiŏ ouĕn.

**ABSTRUS, SE**, adj. *Abstrusus.* 難洞的 Lân tóng tý.

**ABSURDE**, adj. *Absurdus.* 不合理的 Poŭ hŏ lý tý. ‖ Dire une parole —. *Absurdè dicĕre.* 糊說 Hoŭ chŏ. ‖ Rien n'est plus —. *Nihil absurdius videri potest.* 無有更不合理的 Où yeoŭ kén pou hŏ lý tý. ‖ Tomber dans l'—. *Planè abhorrĕre.* 打糊說 Tă hoŭ chŏ.

**ABSURDITÉ**, s. f. *Absurditas, atis, f.* 不合理的事 Poŭ hŏ lý tý sé.

**ABUS**, s. m. *Abusus, ûs, m.* 冒用 Maó yóng. ‖ — (mauvaise coutume). *Prava consuetudo.* 風俗不好 Fōng sioŭ poŭ haò. ‖ Appeler comme d'—. *Ad superiorem provocare.* 告上狀 ○ 上控 Kaó cháng tchoúang. Cháng kóng.

**ABUSER**, v. n. *Abuti.* 冒用 Maó yóng. ‖ — de la grâce. — *gratiâ.* 冒用天主的恩 Maó yóng Tiĕn Tchoŭ tý ngĕn. ‖ — de son pouvoir. — *potestate.* 遇分 Kó fén. ‖ — de la patience. — *auribus.* 磨折人 Mô tsĕ jĕn. ‖ — d'une fille. — *virgine.* 敗貞女之德 Paý tchĕn niù tchĕ tĕ. ‖ — par de belles paroles. *Verbis subdolis ludĕre.* 用巧言哄人 Yóng kiaò yĕn hŏng jĕn. ‖ S'— complètement. *Decipi.* 全全錯 Tsuĕn tsuĕn tsŏ.

**ABUSIF, VE**, adj. *Abusivus.* 不合理的規矩 Poŭ hŏ lý tý koŭy kiù.

**ACADÉMICIEN**, s. m. *Academicus.* 翰林學士 Hán lĭn hiŏ sé.

**ACADÉMIE**, s. f. *Academia, æ, f.* 翰林院 Hán lĭn yuén. ‖ — de médecine. — *medicinae.* 太醫院 Tăý ỷ yuén. (Voyez à l'Appendice n° I pour les détails sur l'organisation de l'Académie chinoise à Pékin.)

**ACAGNARDER**, v. a. *Desidiosum facĕre.* 兜人懶 Teoŭ jĕn làn. ‖ S'—. *Desidiae se dedĕre.* 空過時候 Kóng kó chĕ heoú.

**ACARIATRE**, adj. *Stomachosus.* 固頭的 Koú teŏu tý.

**ACCABLANT, E**, adj. *Gravis.* 大 ○ 狠 Tá. Hèn. ‖ Chaleur —. *Calor ingens.* 熱得死人 Jǒ tě sè jên. ‖ *Molestus homo.* 嚕嗦的人 Lô sō tỳ jên.

**ACCABLEMENT**, s. m. *Afflictatio, onis, f.* 傷心 Chāng sīn. ‖ — de douleur. *Mærore premi.* 憔愁 Tsiāo tseǒu. ‖ — d'affaires. *Negotiorum moles.* 事多得狠 Sé tŏ tě hèn.

**ACCABLER**, v. a. *Opprimĕre.* 壓 Yǎ. ‖ — de coups. *Ictibus contundĕre.* 重打 Tchóng tà. ‖ — d'arguments. *Argumentis urgĕre.* 追問 Tchouỳ ouén. ‖ — de questions. *Quæstionibus* —. 追問 Tchouỳ ouén. ‖ — d'injures. *Contumeliis afficĕre.* 大凌辱人 Tá lín joŭ jên. ‖ — de louanges. *Laudibus cumulāre.* 誇上天 Koŭa cháng tiên. ‖ Être — de dettes. *Ære alieno obrui.* 揩脹 Kiáỳ tcháng.

**ACCAPARER**, v. a. *Merces coemptas supprimĕre.* 屯貨 Těn hó.

**ACCÉDER**, v. n. *Accedĕre.* 允○依 Yùn. ỳ.

**ACCÉLÉRER**, v. a. *Accelerāre.* 催人做 Tsoùỳ jên tsoú. ‖ — sa marche. — *gradum.* 趕緊走 Kàn kǐn tseòu.

**ACCENSER**, v. a. *Fundo accessionem jungĕre.* 買連界的田 Maỳ liên kiaỳ tỳ tiên.

**ACCENT**, s. m. *Vocis sonus, ùs, m.* 聲音 Chēn ȳn. ‖ — grave. *sonus gravis.* 音重 Ȳn tchóng. ‖ — aigu. — *acutus.* 音尖 Ȳn tsiēn. ‖ — circonflexe. — *inflexus.* 音平 Ȳn píh. ‖ — propre. *Peculiaris sonus.* 本音○口腔 Pên ȳn. Keǒu kóng. ‖ Avoir un mauvais —. *Vocem absonam habēre.* 口音不正 Keǒu ȳn pōu tchén. ‖ Avoir un — local. — *peregrinam vocem.* 土談 Toù tán. ‖ Parler avec —. *Concitatè loqui.* 說得清楚 Chŏ tě tsíh tsoŭ. ‖ Pousser des —. *Gemĕre.* 歎 Tán. ‖ - ' (petite marque sur les voyelles). *Apex, icis, m.* 點 Tiên. ‖ ⺄ Tsě. ‖ Les accents des signes chinois sont au nombre de cinq, savoir : Le premier est appelé 平聲 Pín chēn. On le représente sur les mots européens par le signe ‾. Le deuxième est 濁平聲 Tchǒ píh chēn. On le représente par le signe ˇ. Le troisième est 上聲 Cháng chēn. On le représente par le signe ˋ. Le quatrième est 去聲 Kiú chēn. On le représente par le signe ˊ. Le cinquième est 入聲 Joǔ chēn. On le représente par le signe ˘. Souvent les signes chinois se prononcent gutturalement. Cette aspiration est figurée par le signe ʽ sur les mots européens.

**ACCENTUER**, v. a. *Apices apponĕre.* 點平仄 Tiên píh tsě. ‖ — en parlant. *Clarè eloqui.* 說得清 Chŏ tě tsíh.

**ACCEPTER**, v. a. *Accipĕre.* 得○受 Tě. Chéou. ‖ — une condition. *Ad conditionem accedĕre.* 允約 Yùn yǒ. ‖ La refuser. *Conditionem respuĕre.* 不允約 Poǔ yùn yǒ. ‖ —une invitation à dîner. *Alicui prandium condicĕre.* 答應

去喫响午 Tǎ ȳn kiǔ tchě chaò oú. ‖ —la paix. *Pacis conditionem subīre.* 取和 Tsiǔ hó. ‖ — des présents. *Munera accipĕre.* 受禮物 Chéou lỳ oǔ. ‖ Les accepter avec politesse. *Urbanus accipĕre.* 拜領 Paỳ lǐn. ‖ Avec reconnaissance. *Cum animo grato accipĕre.* 領謝 Lǐn siè. ‖ — une charge. *Munus suscipĕre.* 領職 Lǐn tchě. ‖ — une caution. *Satis accipĕre.* 准保 Tchùn paǒ.

**ACCEPTILATION**, s. f. *Acceptilatio, onis, f.* 免債 Mièn tchaỳ.

**ACCEPTION**, s. f. *Ratio, onis, f.* 得○理 Tě. Lỳ. ‖ — de personnes. *Respectum habēre ad.* 奉人情 Fóng jên tsǐh. ‖ Dieu ne fait — de personne. *Neminem eximium habet Deus.* 天主至公無私 Tiên Tchòu tchě kōng oû sē. ‖ — des mots. *Sensus verborum.* 話的意思 Hoá tỳ ỳ sé. ‖ Ce caractère a six —. *Hæc littera sex habet significationes.* 這字有六樣講法 Tchě tsé yeǒu loǔ yáng kiáng fǎ.

**ACCÈS**, s. m. *Aditus, ùs, m.* 會 Hoúy. ‖ Donner libre —. *Aditum ad se dāre.* 許人會 Hiù jên hoúy. ‖ Avoir —. *Admitti ad aliquem.* 能會人 Lên hoúy jên. ‖ — de fièvre. *Febris accessus.* 打擺子 Tà paỳ tsè. ‖ — réglé. *Constans motus.* 打擺子對時來 Tà paỳ tsè toúy chě laỳ. ‖ — de goutte. *Podagrā cruciāri.* 得痰火脚病 Tě tǎn hò kiǒ pín. ‖ — de folie. *Phreneticus accessus.* 瘋 Fōng. ‖ — de colère. *Irarum ardor.* 發怒 Fǎ loú.

**ACCESSION**, s. f. *Accessio, onis, f.* 加 Kiā.

**ACCESSIT** (t. lat.). *Ergo.* 附錄 Foǔ loǔ.

**ACCESSOIRE**, s. m. *Adjunctum, i, n.* 外添的 Ouáy tiên tỳ, ou 另外 Lín ouáy. ‖ Le principal et l'—. *Rei caput et adjunctum.* 本末 Pěn mǒ, ou 首從 Cheǒu tsōng. L'— suit le principal. *Principali cedit accessio.* 本大末小 Pěn tá mǒ siaǒ.

**ACCIDENT**, s. m. *Casus, ùs, m.* 偶然 Ngeǒu jân. ‖ — fâcheux. — *tristis.* 事情不順 Sé tsǐn poǔ chuén. ‖ — *Accidentia.* 模樣○形像 Moǔ yáng. Hǐn siáng.

**ACCIDENTEL**, adj. *Fortuitus.* 偶然的 Ngeǒu jân tỳ.

**ACCLAMATION**, s. f. *Acclamatio, onis, f.* 應允 Ȳn yùn. ‖ Exciter les —. *Plausus movēre.* 兜人讚美 Teōu jên tsán meỳ.

**ACCLIMATER** (S'), v. r. *Cœli morem induĕre.* 服水土 Foǔ choǔy tòu.

**ACCOLADE**, s. f. *Amplexus, ùs, m.* 抱 Paǒ, ou 拜 Paỳ. ‖ Donner l'—. *Amplecti.* 抱 Paǒ, ou 拜 Paỳ. ‖ — de plume. *Lineā plura conjungens.* 一畫 Ȳ hoá.

**ACCOLER**, v. a. *Amplecti.* 抱 Paǒ. ‖ — (lier ensemble). *Aptè colligāre.* 一齊綑 Ȳ tsỳ koǔen. ‖ — la vigne aux échalas. *Ulmos vitibus adjungĕre.* 綁葡萄枝 Pàng pǒu taǒ tchē.

**ACCOMMODABLE**, adj. *Res quæ componi potest.* 可得 Kǒ

tě, ou 使得 Chě tě. ‖ Homme —. *Homo concordans.* 和衆的人 Hô tchóng tỷ jên.

**ACCOMMODAGE,** s. m. *Conditura, æ, f.* 香料 Hiāng leáo.

**ACCOMMODEMENT,** s. m. *Reconciliatio, onis, f.* 和睦 Hô moŭ. ‖ Proposer un —. *Hortāri aliq. ad componendum.* 勸人和睦 Kuěn jên hô moŭ. ‖ Entendre à un —. *Ad pacis condition. accedĕre.* 許和睦 Hiù hô moŭ. ‖ En venir à un —. *Rem componĕre.* 講和 Kiàng hô. ‖ S'en tenir à l' —. *In pacto manēre.* 守和約 Cheòu hô yŏ. ‖ Conclure un — favorable. *Tolerabili cond. transigĕre.* 講和好 Kiàng hô haŏ.

**ACCOMMODER,** v. a. *Aptāre.* 做合式 Tsoŭ hô ché. ‖ Cela m' —. *Hoc mihi quadrat.* 爲我合式 Ouý ngò hô ché. ‖ — une maison. *Domum instruĕre.* 安排一向房子 Gān pây ỷ hiáng fâng tsè. ‖ — la viande. *Cibos condīre.* 辦菜 Pán tsấy. ‖ — un festin. *Convivium apparāre.* 辦席 Pán sỷ. ‖ — des amis. *Discordias sedāre.* 勸朋友取和 Kuěn pŏng yeòu tsiù hô. ‖ — un procès. *Litem componĕre.* 和官司 Hô kouān sē. ‖ — quelqu'un. *Bené habēre illum.* 待他好 Taý tě haŏ. ‖ S —. *Ornāre se.* 打扮自已 Tá pán tsé kỷ. ‖ S'— aux dépens des autres. *Sua facĕre aliorum dispendio.* 害人利已 Háy jên lý kỷ. ‖ S'— au temps. *Tempori servīre.* 隨時 Souý chě. ‖ S'— à la coutume. *Mori obsequi.* 隨風俗 Souý fōng sioù. ‖ S'— aux circonstances. *Accommodāre se casibus.* 見景生情 Kién kìn sēn tsîn. ‖ S'— . *In gratiam redīre cum alio.* 取和 Tsiù hô.

**ACCOMPAGNER,** v. a. *Comitāri proficiscentem.* 送人 Sóng jên. ‖ — (reconduire un visiteur). *Comiter reducĕre.* 陪客 Pêy kŏ. ‖ D'un domestique accompagnant son maitre, on dira : *Serviendi causā comitāri.* 跟隨 Kēn souý. ‖ — un convoi. *Exsequias cohonestāre.* 送喪 Sóng sāng. ‖ S' — en chantant. *Vocem fidibus jungĕre.* 和樂器唱 Hô lŏ kỷ tchàng.

**ACCOMPLI, E,** adj. *Perfectus.* 全僃的 Tsuên pý tỷ. ‖ Orateur —. *Orator optimus.* 口才頂好的 Keòu tsấy tìn haŏ tỷ. ‖ Général —. *Clarissimus dux.* 出名的將軍 Tchŏu mîn tỷ tsiāng kiūn. ‖ Vertu —. *Perfecta virtus.* 全僃的德行 Tsuên pý tỷ tě hín. ‖ Un an —. *Annus completus.* 到一年 Taó ỷ nién.

**ACCOMPLIR,** v. a. *Perficĕre.* 完○滿 Ouân. Mǎn. ‖ — son œuvre. *Inchoata absolvĕre.* 完工 Ouân kōng. ‖ — ses desseins. *Cogitata implēre.* 滿意 Mǎn ý. ‖ — sa promesse. *Fidem servāre.* 不失信 Poǔ chě sín. ‖ — son devoir. *Suo munere fungi.* 滿本分 Mǎn pèn-fén. ‖ — la loi. *Legi parēre.* 守法度 Cheòu fǎ toù. ‖ Promettre ce qu'on ne peut —. *Profitēri quod non possis implēre.* 許難滿的事 Hiù lân mǎn tỷ sé. ‖ — un vœu. *Votum persolvĕre.* 還愿 Hoân yuén. ‖ — sa centième année. *Complēre centum annos.* 滿一百歲 Mǎn ỷ pě souý. ‖

S' —. *Fiĕri.* 成 Tchên. ‖ La chose s'est —. *Res evenit.* 事應了 Sé ýn leǎo. ‖ Tous mes vœux sont —. *Omnia ex voluntate mihi succedunt.* 萬事如意 Ouán sé joǔ ý.

**ACCORD,** s. m. *Concordia, æ, f.* 和睦 Hô moŭ, ou 相和 Siāng hô. ‖ Être d' —. *Concordāre.* 和睦 Hô moŭ. ‖ D'un commun —. *Uno ex ore.* 同心同意 Tōng sīn tōng ý. ‖ Tomber d' —. *Consentīre de.* 講和 Kiàng hô. ‖ N'être pas d' — avec soi. *Discors sibi.* 不和自已 的話 Poǔ hô tsé kỷ hoá. ‖ D' —, adv. *Esto, volo.* 可以○算得 Kò ý. Sonán tě. ‖ —. *Pactum, i, n.* 結約 Kiě yŏ. ‖ Faire un —. *Pacisci.* 打和約 Tá hô yŏ. ‖ Garder l' —. *Conventis stāre.* 守和約 Cheòu hô yŏ. ‖ Le violer. *Pacta exuĕre.* 犯和約 Fán hô yŏ. ‖ — Convenientia. 相宜 Siāng ngî, ou 相和 Siāng hô. ‖ Les voix sont d' —. *Voces concinunt.* 和音 Hô ýn.

**ACCORDÉON,** s. m. *Organulum, i, n.* 風琴 Fōng kîn.

**ACCORDER,** v. a. *Sonos componĕre.* 和音 Hô ýn. ‖ — des amis. *Amicos reconciliāre.* 勸人取和 Kiuèn jên tsiù hô. ‖ — un procès. *Litem componĕre.* 和官司 Hô kouān sē. ‖ — les mots selon la règle. *Apté verba construĕre.* 依規矩安話 Ý koūy kiù gān hoá. ‖ —. *Postulatis annuĕre.* 允求 Yùn kieŏu. ‖ — la grâce à quelqu'un. *Veniam dāre.* 寬恕人 Koūan choú jên. ‖ — (reconnaitre). *Concedĕre.* 認○讓 Jén. Jáng. ‖ S' —. *Convenīre.* 相合 Siáng hô. ‖ S'— avec quelqu'un. *Cum alio optimé convenīre.* 與人和氣 Yù jên hô kỷ. ‖ Chacun s' — à le louer. *Omnes cum laudant.* 衆人讚美他 Tchóng jên tsán meỷ tā. ‖ Ses paroles s'— avec sa conduite. *Oratio moribus consonat.* 他的言行相符 Tā tỷ yên hîn siāng foŭ. ‖ Les auteurs ne s'— pas. *Auctores inter se dissentiunt.* 書的意思不合 Choū ý sē poǔ hô. ‖ S'— sur le prix. *De pretio convenīre.* 價錢合式 Kiá tsiên hô ché.

**ACCOSTER,** v. a. *Adīre aliquem.* 會人 Hoúy jên.

**ACCOUCHÉE,** s. f. *Puerpera, æ, f.* 產婦○月母子 Tchǎn foǔ. Yuě moù tsè.

**ACCOUCHEMENT,** s. m. *Partus, ûs, m.* 生產 Sēn, tchǎn. ‖ L' — approche. *Partus appropinquat.* 臨產 Lîn tchǎn.

**ACCOUCHER,** v. n. *Parĕre.* 生○坐月 Sēn. Tsó yuě. ‖ — avant terme. *Non perferre partus.* 小產 Siaò tchǎn. ‖ —. *Opem in pariendo ferre.* 接生 Tsiě sēn. ‖ — d'un garçon. *Marem parĕre.* 弄璋 Lōng tchāng. ‖ — d'une fille. *Puellam gignĕre.* 弄瓦 Lōng onǎ. ‖ — de deux jumeaux. *Gemellos eniti.* 生一對雙 Sēn ỷ touý chouāng.

**ACCOUCHEUSE,** s. f. *Obstetrix, icis, f.* 接生婆 Tsiě sēn pô.

**ACCOUDER (S'),** v. n. *Cubito inniti.* 手撐腦腠 Cheòu

tchāng laò kŏ̆. ‖ — sur la table. *Mensæ cubito inniti.* 桌子上撐臘膪 Tchŏ tsĕ cháng tchāng laò kŏ̆.

ACCOUPLER, v. a. *Copulāre.* 駕牛 Kiá nieŏu. ‖ — (joindre). *Jungĕre.* 接連 Tsiĕ lién. ‖ S'—. *Coïre.* 牛交 Nieŏu kiaŏ.

ACCOURCIR, v. a. *Breviōrem rem effĭcĕre.* 做短 Tsoú toán. ‖ — un bâton. *Fustem recidĕre.* 欣短一根棍 Kăn toăn y̆ kĕn kouén. ‖ — le chemin. *Viā compendiariā uti.* 走捷路 Tseòu tsiĕ loú. ‖ Les jours s'—. *Decrescunt dies.* 天氣短 Tiēn ky̆ toăn.

ACCOURIR, v. n. *Accurrĕre.* 跑來 Paŏ laỷ. ‖ — à Pékin. *Pekīnum —.* 奔進京 Pēn tsín kīn. ‖ — au secours. *Ad auxĭlium ferendum.* 快去幫忙 Kouáy kiŭ̆ pāng máng. ‖ — en foule. *Concurrĭtur.* 多人來 Tō jēn laỷ.

ACCOUTREMENT, s. m. *Habītus insolens.* 古怪衣服 Koŭ koúay y̆ foŭ, ou 軍裝 Kiūn tchoāng.

ACCOUTUMÉ, ÉE, adj. *Assuctus.* 慣習的 Kouàn sy̆ ty̆. ‖ — au travail. *Laboribus duratus.* 慣習的活路 Kouàn sy̆ tsoú hŏ loú. ‖ Travail —. *Solĭtus labor.* 平常的活路 Pín cháng ty̆ hŏ loú. ‖ A l'—. *Ut mos est.* 猶如平常 Yeŏu joŭ pĭn cháng.

ACCOUTUMER, v, a. *Assuefacĕre.* 教慣 Kiaó kouán. ‖ S'—. *Assuescĕre.* 慣習 Kouán sy̆, ou 精熟 Tsīn choŭ.

ACCRÉDITÉ, ÉE, adj. *Gratiōsus.* 得人寵愛 Tŏ̆ jēn tchŏng gaỷ. ‖ Bruit —. *Rumor vulgatus.* 可信的謠言 Kŏ sín ty̆ yaŏ yēn.

ACCRÉDITER, v. a. *Auctoritatem dāre.* 薦舉 Tsién kiù. ‖ — des fables. *Commentitiis fidem adjungĕre.* 報假信 Paó kià sín.

ACCROC, s. m. *Scissura, æ, f.* 撕爛 Sē lán. ‖ Faire un — à sa robe. *Vestem discidĕre.* 撕衣服 Sē y̆ foŭ. ‖ — (obstacle). *Mora, æ, f.* 阻擋 Tsoŭ táng.

ACCROCHER, v. a. *Ad uncum appendĕre.* 掛上 Kouá cháng. ‖ — (saisir). *Uncum impingĕre alicui.* 鉤住 Keŏu tchoú. ‖ L'affaire est —. *Hæret negotium.* 事情縣纒 Sé tsín mién tchán. ‖ S'—. *Adhærēre.* 抓倒 Koūa taò, ou 搨倒 Tchoūa taò.

ACCROIRE, v. n. ‖ En faire —. *Verba dāre.* 哄人 ○ 假裝 Hŏng jēn. Kià tchoāng. ‖ S'en faire —. *Sibi nimium tribuĕre.* 誇獎自己 Koūa tsiàng tsé ky̆, ou 自大 Tsé tá.

ACCROÎTRE, v. a. *Augēre.* 加 ○ 長 Kiā. Tchàng. ‖ — son bien. *Opes amplificāre.* 更發甘 Kén fă tsăỷ. ‖ Les eaux se sont —. *Aquæ creverunt.* 水漲了 Choŭy tchāng leaŏ. ‖ Les jours s'—. *Dies crescunt.* 天氣長 Tiēn ky̆ tcháng.

ACCROUPIR (S'), v. r. *Absidēre.* 跍 Hŏu, ou Kŏu.

ACCRUE, s. f. *Alluvio, onis, f.* 潮泥 Tchaŏ ngy̆.

ACCUEILLIR, v. a. *Aliquem excipĕre.* 接 Tsiĕ. ‖ — honorablement. *Comĭter excipĕre.* 接得好 Tsiĕ tĕ̆ haŏ. ‖ — impoliment. *Durius recipĕre.* 拿人不打錢 Lă jēn poŭ tă tsiēn.

ACCUL, s. m. *Angiportus, ûs, m.* 禿頭路 Tŏ̆ teŏu loú.

ACCULER, v. a. *In angustias adducĕre.* 追逼人 Tchoūy py̆ jèn. ‖ — ses souliers. *Ad instar salearum calceamenta induĕre.* 撒拉鞋子 Să lă haỷ tsĕ. ‖ S'— contre un arbre. *Se ad arborem applicāre.* 靠倒樹子 Kaó taò choŭ tsĕ.

ACCUMULER, v. a. *Accumulāre.* 堆 Toūy. ‖ — crime sur crime. *Scelus scelere cumulāre.* 罪上加罪 Tsoŭy cháng kiă tsoúy.

ACCUSATEUR, s. m. *Accusator, oris, m.* 告人的 Kaó jèn ty̆. ‖ — qui intente un procès. *In jus aliq. vocans.* 原告 Yuēn kaó. ‖ — public. *Regius procurator.* 按察司 Ngán tchă sē.

ACCUSATIF, s. m. *Accusativus, i, m.* 告韻 Kaó yún, ou 到誰 Taó choúy.

ACCUSATION, s. f. *Accusatio, onis, f.* 告狀 Kaó tchoáng, ou 狀詞 Tchoáng tsé. ‖ Chefs d'—. *Criminum capita.* 案情 Ngān tsín. ‖ — verbale. *Testimonium, ii, n.* 口供 Keŏu kòng. ‖ Fausse —. *Ficta accusatio.* 妄告 Ouáng kaó, ou 諢告 Oū kaó. ‖ — anonyme. *Sine nomine accusatio.* 白狀子 Pĕ̆ teŏu tchoáng tsĕ. ‖ Intenter une —. *Accusationem capessĕre.* 告人 Kaó jèn. ‖ Y renoncer. *Accusatione desistĕre.* 悔告 Houỷ kaó. ‖ — (reproche). *Objurgatio, onis, f.* 過失 Kó chĕ̆. ‖ S'en laver. *Crimen diluĕre.* 辯明冤枉 ○ 伸冤 Piēn mín yuēn ouáng. Chēn yuēn.

ACCUSÉ, ÉE, adj. *Reus.* 犯人 Fán jèn. ‖ — en procès. *In jus vocatus.* 被告 Py̆ kaó.

ACCUSER, v. a. *Accusāre.* 告人 Kaó jèn. ‖ — quelqu'un d'homicide. *Occidisse arguĕre aliquem.* 告人行兇 Kaó jèn hīn hiŏng. ‖ — de vol. *Furti aliq. arguĕre.* 告人偷盜 Kaó jèn teŏu taó. ‖ — réception d'une lettre. *Rescribĕre.* 回信 Hoúy sín. ‖ S'—. *Culpam confitēri.* 認錯 Jén tsŏ̆. ‖ S'— en confession. *Confitēri peccata.* 辦告解 Pán kaó kiàỷ.

ACENSER, v. a. *Locāre.* 佃 Tién, ou 租結人 Tsoū kiĕ jèn.

ACERBE, adj. *Acerbus.* 苦的 Koŭ ty̆. ‖ Réprimande —. *Objurgatio severa.* 嚴責 Niēn tsĕ̆.

ACÉRÉ, ÉE, adj. *Acutus.* 尖的 Tsiēn ty̆. ‖ Traits — de l'envie. *Acuta invidiæ tela.* 恨傷了心 Hén chāng leaŏ sīn.

ACÉRER, v. a. *Acie temperāre.* 加鋼 Kiă kāng.

ACHALANDER, v. a. *Emptores alicui conciliāre.* 引人買貨 Yn jēn maỷ hó.

ACHARNÉ, ÉE, adj. *Sæviens.* 不丟的 Poŭ tieōu ty̆. ‖ — au combat. *Pugnam anhelans.* 好戰 Haŏ tcháng. ‖ — au jeu. *Totus in ludo.* 好耍 Haŏ choà.

**ACHARNEMENT**, s. m. *Pervicacia, æ, f.* 固執 Koú tchě. Persister avec — dans son avis. *Suæ sententiæ contumaciter adhærere.* 固執已意 Koú tchě kỷ ý.

**ACHARNER**, v. a. *Irritāre.* 惹人 Jě jên. ‖ S'— contre qu'un. *Vehementer aliq. insectāri.* 不丟手 Poŭ tieoŭ cheoŭ. ‖ S'— à l'étude. *In studia incumbēre.* 專書 Tchouān choū.

**ACHAT**, s. m. *Emptio, onis, f.* 買 Maỷ. ‖ Faire de bons —. *Emēre vili pretio.* 買得便益 Maỷ tě pién ỷ.

**ACHEMINEMENT**, s. m. *Via, æ, f.* 方法 Fāng fǎ, ou 門路 Mên loú. ‖ — aux charges. *Ad honores aditus.* 入流之門 Joŭ lieoŭ tchē mên.

**ACHEMINER**, v a. *Rem auspicāri.* 起頭 Kỷ teoŭ. ‖ S'— à sa perte. *Ad perniciem grassāri.* 走死路 Tseoŭ sě loú.

**ACHETER**, v. a. *Emēre.* 買 Maỷ. ‖ — de bonne foi. *Bonā fide emēre.* 忠心買 Tchōng sīn maỷ. ‖ — cher. *Cariùs emēre.* 買得貴 Maỷ tě koúy. ‖ — trop cher. *Nimiō emēre.* 買貴狠了 Maỷ koúy hèn leào. ‖ — moins cher. *Minoris emēre.* 買得更相因 Maỷ tě kén siāng ỷn. ‖ — à tout prix. *Quoquo pretio emēre.* 買不論價錢 Maỷ poǔ lén kiá tsiēn. ‖ — à la livre. *Pondere emēre.* 論斤頭買 Lén kīn teoŭ maỷ. ‖ — en bloc. *Accrvatim emēre.* 估堆堆買 Koŭ touỷ touỷ maỷ. ‖ — en détail. *Minutatim emēre.* 零買 Lîn maỷ. ‖ — comptant. *Præsenti pecuniā emēre.* 現錢買 Hién tsién maỷ. ‖ — à crédit. *Absente pecuniā emēre.* 賒買 Chē maỷ. ‖ — à vue de nez. *Conjectu emēre.* 邆買 Tèn maỷ. ‖ — moitié plus que cela ne vaut. *Dimidio cariùs quàm æstimatur.* 貴一半 Koúy ỷ pán. ‖ — le titre de mandarin. *Præfecturam nundināri.* 捐官 Kiuēn kouān. ‖ — un globule chinois. *Insignia emēre.* 買頂 Maỷ tìn. ‖ — un jugement. *Corrumpēre judices.* 進水 Tsín chouỷ.

**ACHEVÉ, ÉE**, adj. *Perfectus.* 完的 Ouān tỷ. ‖ Voleur —. *Graphicus fur.* 高手强盜 Kaō cheoŭ kiǎng taó. ‖ Il n'y a pas de mauvais sujet plus —. *Nebulo nullus ullo certior.* 無有比他更不好的 Oŭ yeoŭ pỷ tǎ kén poŭ haò tỷ. ‖ Travail —. *Perfectum opus.* 全僑的工夫 Tsuēn tỷ tỷ kōng foū.

**ACHEVER**, v. a. *Perficēre.* 做完 Tsoú ouân. ‖ — sa tâche. *Munus perficēre.* 完工夫 Ouān kōng foū. ‖ — de payer. *Persolvēre.* 開完 Káy ouân. ‖ — de parler. *Finem dicendi facēre.* 說完 Chǒ paý. ‖ — un tableau. *Tabellam absolvēre.* 畫完 Houá ouân. ‖ — en peu de mots. *Paucis absolvēre.* 少說 Chaò chǒ. ‖ — (porter le dernier coup). *Conficēre.* 打死 Tà sě. ‖ Ce coup m'—. *Nunc demùm perii.* 這一下我完了 Tchě ý hiá, ngò ouân leào. ‖ L'année s'—. *Annus conficitur.* 要滿一年 Yaó mǎn ỷ niên. ‖ S'— (se ruiner entièrement). *Conficēre se.* 家業敗完 Kiā niě paý ouân.

**ACHOPPEMENT**, s. m. *Offendiculum, i, n.* 擋 Tchoáng, ou 阻擋 Tsoù táng. ‖ Être une pierre d'—. *Alicui locum peccandi præbēre.* 誘感人犯罪 Yeoù-kàn jên fán tsouý.

**ACIDES**, s. m. *Acidi succi, orum, m.* 鬼水 Koúy chouy.

**ACIDE**, adj. *Acidus.* 酸的 Soān tỷ.

**ACIER**, s. m. *Chalybs, ybis, f.* 鋼 Kāng. ‖ — cuit. — *cocta.* 熟鋼 Choŭ kāng. ‖ — rond. — *rotunda.* 圓鋼 Toǎn kāng.

**ACOLYTHE**, s. m. *Acolythus, i, m.* 領四品的人 Lǐn sé pǐn tỷ jên.

**ACOQUINER** (S'), v. r. *Desidiæ indulgēre.* 懶惰 Làn tó.

**ACQUÉRIR**, v. a. *Acquirēre.* 找○得 Tchaò. Tě. ‖ — de la renommée. *Famam consequi.* 得名聲 Tě mǐn chēn. ‖ — la faveur de quelqu'un. *Gratiam alicuj.* 得人寵愛 Tě jên tchōng gaý. ‖ — la vie éternelle. *Vitam æternam obtinēre.* 得常生 Tě chǎng sēn. ‖ — des terres. *Agros sibi parāre.* 買田地 Maỷ tién tỷ. ‖ — des richesses. *Divitias comparāre.* 發財 Fǎ tsaý. ‖ S'— un appui. *Sibi subsidium comparāre.* 得靠處 Tě kaó tchoŭ.

**ACQUIESCER**, v. n. *Assentīri.* 依○允 Ý. Yùn, ou 許○淮 Hiù. Tchuén. ‖ Pricr d'—. *Assensum rogāre.* 求允 Kieoŭ yùn. ‖ — à un jugement. *Rei judicatæ stāre.* 具結 Kiú kiě.

**ACQUIS, E**, adj. *Acquisitus.* 得了的 Tě leào tỷ. ‖ Les biens mal — s'en vont comme ils sont venus. *Malé parta, malé dilabuntur.* 偸得利而後有害 Teoū tě lý eùl heoú yeoù haý. ‖ Avoir de l'— *Ingenio et doctrinā abundāre.* 又聰明又才學 Yeoú tsōng mǐn yeoú tsaý hiǒ. ‖ Je vous suis tout —. *Tibi sum officiis conjunctissimus.* 我與你全相好 Ngò yù ngỷ tsuēn siāng haò. ‖ Avoir de l'—. *Longo rerum usu valēre.* 有見識 Yeoù kién tchě.

**ACQUISITION**, s. f. *Adeptio, onis, f.* 得○買 Tě. Maỷ.

**ACQUIT**, s. m. *Apocha, æ, f.* 完飛○領狀○収票 Ouān feỷ. Lǐn tchoáng. Cheoū piaó. ‖ Pour l'— de sa conscience. *Causā exonerandi consc.* 爲冤良心責償 Ouý mién leáng sīn tsě pý. ‖ Par manière d'—. *Levi brachio.* 只圖繳票 Tchě toū kiaò piaó. ‖ — à caution. *Commeatus, ūs, m.* 封皮 Fōng pý. ‖ — pour sortir du port. *Tabella salvi ductùs pro exitu portùs.* 大牌 Tá paý.

**ACQUITTER**, v. a. *Eximēre.* 還 Houán. ‖ — ses dettes. *Æs alienum solvēre.* 還賬 Houán tcháng. ‖ — sa promesse. *Fidem suam liberāre.* 滿所許的事 Màn sò hiù tỷ sé. ‖ — un bien. *Fundum luēre.* 取田 Tsiù tién. ‖ — un accusé. *Reum liberāre.* 放妝告 Fáng pỷ kaó. ‖ S'— de son devoir. *Munus obīre.* 滿本分 Màn pèn-fén, ou 盡本分 Tsín pèn-fén. ǁ S'— de son vœu. *Votum solvĕre.* 滿愿 Màn yuén.

ACRE, *Acra, æ, f.* 畝 Móng, c'est-à-dire 240 pas. Le pas chinois est de cinq pieds.

ACRE, adj. *Acer.* 辣的 Lă tỷ.

ACRETÉ, s. f. *Acrimonia, æ, f.* 辣的 Lă tỷ. ǁ — de mœurs. *Morum acerbitas.* 固頭 Koú teŏu.

ACRIMONIE, s. f. *Acrimonia, æ, f.* 嚴的 Niên tỷ. ǁ — de caractère. *Morum acerbitas.* 忚忚的性情 Lă lă tỷ sín tsín.

ACROBATE, s. m. *Funambulus.* 跳索橋的人 Tiăo sŏ kiáo tỷ jên.

ACTE, s. m. *Facinus, oris, n.* 行爲⋅舉動 Hín ouý. kiù tóng. ǁ — glorieux. *Præclarum —.* 大事 Tá sé. ǁ — criminel. *Scelestum —.* 惡事 Ngò sé. ǁ — généreux. *Generosum —.* 大方事 Tá fāng sé. ǁ — humain. *Actus humanus.* 明知的事 Mín tchê tỷ sé. ǁ — de l'homme. *Actus hominis.* 不覺的事 Poŭ kiŏ tỷ sé. ǁ — Prendre — de ce qu'on dit. *Quid dictum fuerit tabulis. testificāri.* 寫保狀 Siè paó tchoáng, ou 我記得你的話 Ngò ký tẽ ngỳ tỷ hoá. ǁ — publics. *Acta publica.* 簿據 Pŏ kiú. ǁ — d'une pièce de théâtre. *Actus, ûs, m.* 一軸戲 Ỹ tcheŏu hý. ǁ Jouer un —. *Comœdiam agĕre.* 唱一本戲 Tchăng ỳ pèn hý.

ACTE CONJUGAL. (Voyez le mot *Devoir*.)

ACTEUR, s. m. *Actor, oris, m.* 戲子 Hý tsè. On divise les acteurs chinois : 1° en 生 Sēn, 2° en 正生 Tchén sēn, 3° en 武生 Où sēn. Une jeune dame actrice est appelée 正旦 Tchén tán. Une vieille dame est nommée 花旦 Hoā tán. Les sauteurs sont dits 跌旦 Tiĕ tán. Une compagnie d'acteurs 戲班 Hý pán. ǁ — fameux *Actor industrius.* 出名戲子 Tchŏu mín hý tsè. ǁ — d'une affaire. *Auctor rei.* 爲首 Ouỳ cheŏu.

ACTIF, IVE, adj. *Actuosus.* 勤快的 Kín koúay tỷ. ǁ Poison —. *Velox venenum.* 毒藥利害 Toŭ yŏ lý haý. Voix —. *Eligendi potestas.* 有椃擇選 Yeŏu kiuĕn tsẽ siuèn. ǁ Dette —. *Creditum.* 債賬 Tcháy tcháng. ǁ Verbe —. *Verbum activum.* 行言 Hín yên. ǁ Homme —. *Alacer homo.* 勤快人 Kín koúay jên.

ACTION, s. f. *Vis, is, f.* 力 Lỷ. ǁ — du feu. — *ignis.* 火性 Hŏ sín. ǁ Parler avec —. *Dictis actionem jungĕre.* 說得氣昂昂的 Chŏ tĕ ký gāng gāng tỷ. ǁ — (contenance). *Corporis habitus.* 搖脚擺手 Yaŏ kiŏ paỳ cheŏu. ǁ — (combat). *Prælium.* 仗 Tcháng. ǁ Engager l' —. — *committĕre.* 打仗 Tà tcháng. ǁ —. *Facinus.* 行爲 Hín ouý. ǁ Bonne —. *Egregium factum.* 善工 Chán kōng. ǁ — mauvaise. *Turpe factum.* 醜行 Tcheŏu hín. ǁ Intenter une —. *Actionem alicui intendĕre.* 打官司 Tà kouān sē. ǁ — (intérêt). *Ratio, onis, f.*

股分 Koú fén. ǁ Avoir dix —. *Decem rationes afferre pro parte suā.* 出十股入夥 Tchŏu chĕ koú joŭ hŏ. ǁ — de grâces. *Gratiarum actiones.* 感恩 Kàn gēn.

ACTION CONJUGALE. (Voyez *Devoir*.)

ACTIONNAIRE, s. m. *Qui rationes habet.* 有股分 Yeŏu koú fén.

ACTIONNER, v. a. *In jus vocāre.* 告人 Kaó jên.

ACTIVER, v. a. *Urgēre opus.* 摧工夫 Tsoúy kōng foū.

ACTIVITÉ, s. f. *Vis, virtus.* 力量 Lỷ leáng. ǁ — d'esprit. *Vivida vis animi.* 快性 Koúay sín. ǁ Être en — de service. *Sub signis esse.* 當兵 Tāng pīn.

ACTUEL, LE, adj. *Præsens.* 如今的 ○ 現在的 Joŭ tỷ. Hién tsaý tỷ. ǁ Le mandarin —. *Hodiernus præfectus.* 現任官 Hién jén koñan. ǁ Péché —. *Peccatum actuale.* 本罪 Pèn tsoúy.

ACUPUNCTURE, s. f. *Acupunctura, æ, f.* 箴○刺 Tchēn tché.

ADAGE, s. m. *Adagium.* 俗話 Sioŭ hoá. ǁ Un —. *Unum adagium.* 一句俗話 Ỹ kiú sioŭ hoá.

ADAPTER, v. a. *Aptāre.* 做合式 Tsoú hŏ chĕ. ǁ — à la circonstance. *Tempori aptāre.* 合時 Hŏ chĕ. ǁ Ce soulier s'— au pied. *Calceus ad pedem convenit.* 鞋子合脚 Haý tsẽ hŏ kiŏ.

ADDITION, s. f. *Adjectio, onis, f.* 加 Kiā. ǁ — (règle). *Additio, onis, f.* 加法 Kiā fă.

ADDITIONNER, v. a. *Addĕre.* 加上 Kiā cháng.

ADEPTE, s. m. *Sacris initiatus.* 洞禮 ○ 玲瓏 Tóng lỷ. Lín lóng.

ADÉQUATE, adj. *Æqualis.* 相對的 Siāng toúy tỷ.

ADHÉRENT, E, adj. *Adhærens.* 粑的 ○ 相連 Pā tỷ. Siāng liên. ǁ — à un parti. *Sectator.* 一類的人 Ỹ loúy tỷ jên.

ADHÉRER, v. a. *Adhærēre.* 結合 Kiĕ hŏ. ǁ — à quelqu'un. *Alicui studēre.* 順服人 Chuén foŭ jên. ǁ Ces deux feuilles adhèrent ensemble. *Duo folia sibi adhærent.* 那兩片章相粘 Lá leáng pién tchāng siāng nién. ǁ — à une erreur. *Errorem sequi.* 從左道 Tsóng tsò taó.

ADHÉSION, s. f. *Adhæsio, onis, f.* 依從 Ỹ tsóng.

ADIEU, *Vale.* 告辭 Kaó tsé. ǁ — pour deux jours. — *in biduum.* 辭別兩天 Tsé piĕ leàng tiēn. ǁ —, Monsieur. *Valeas, Domine.* 請坐 Tsìn tsó. ǁ En adressant la parole à ceux que l'on quitte, après avoir reçu d'eux l'hospitalité, on dit : 多謝你們 Tō siĕ ngỳ-mēn. Ils répondent, de leur côté : Portez-vous bien et marchez surtout doucement. 一路平安慢慢的走 Ỹ loú pín ngān ; mán mán tỷ tseòu. ǁ — pour toujours. *Supremum vale.* 永辭不會 Yuèn tsĕ´ poŭ hoúy. ǁ Quitter sans dire —. *Insalutatum linquĕre.* 沒有告辭就走 Mŏ yeŏu kaó tsĕ´ tsieóu tseòu. ǁ Dire — à la vertu.

*Virtuti nuntium remittĕre.* 丟德行 Tieōu tĕ́-hín. ‖ En cas de fièvre, — le malade. *Si in febrim incidat, de ægro actum est.* 若他的擺子反了〇一定不得好 Jŏ́ tắ tў́ paỷ tsĕ făn leaò ў́ tín poŭ tĕ́ haŏ.

ADJACENT, E, adj. *Confinis.* 近的〇相鄰 Kín tў́. Siāng lín. ‖ Être —. *Adjacēre.* 挨倒 Gaỷ taò.

ADJECTIF, s. m. *Adjectivum, i, n.* 加名 Kiā mín.

ADJOINDRE, v. a. *Adjungĕre.* 加〇添 Kiā. Tiēn. ‖ S'— quelqu'un. *Aliq. sibi. adjungĕre.* 添一个夥計 Tiēn ў́ kó hŏ ký́. ‖ S'— à la cause. *Ad causam —.* 顧一邊 Koú ў́ piēn.

ADJOINT, s. m. *Collega, æ, m.* 夥計 Hŏ ký́. ‖ — à quelqu'un pour l'aider. *Adjutor.* 代理 Taỷ lў́.

ADJUDANT, s. m. *Adjutor, oris, m.* 都統 Toū tchŏng. ‖ — de camp. — *præfecti castrorum.* 中軍〇牙將 Tchōng kiūn. Yắ tsiáng.

ADJUDICATION, s. f. *Adjudicatio, onis, f.* 打贏官司 Tắ ўn koūan sē.

ADJUGER, v. a. *Adjudicāre.* 斷與人 Toùan yù jĕn. ‖ — gain de cause. *Causam alicui adjudicāre.* 贏官司 Ўn koūan sē. ‖ — un prix. *Præmium decernĕre.* 覆賞 Fắ chàng.

ADMETTRE, v. a. *Recipĕre.* 接〇受 Tsiĕ. Chéou. ‖ — dans sa maison. *In domum —.* 請他到屋 Tsiǹ tắ taó oŭ. ‖ — dans son amitié. *In amicitiam —.* 與人接交 Yù jĕn tsiĕ kiāo. ‖ — quelqu'un au partage. *In partem vocāre —.* 許人分股子 Hiù jĕn fēn koú tsĕ. ‖ — auprès de soi. *Aditum alicui præbēre.* 許人入 jĕn hoúy. ‖ — vous que vous avez tort? *Agnoscisne te errāsse?* 你認不認錯 Ngỷ jén poŭ jén tsŏ́. ‖ — une opinion. *Sententiam admittĕre.* 依人的意見 Ў jĕn tў́ ў́ kién. ‖ Cette affaire n'— pas de retard. *Res non fert moram.* 這事就擱不得 Tchĕ́ sé tān-kŏ́ poŭ tŏ́.

ADMINISTRATEUR, s. m. *Procurator, oris, m.* 當家 Tāng kiā. ‖ — provincial. *Subgubernator.* 代理 Taỷ lў́.

ADMINISTRATION, s. f. *Dispensatio, onis, f.* 管事 Koùan sé. ‖ Rendre compte de son —. *Rationem reddĕre.* 算賬 Souán tcháng. ‖ Entrer dans l'—. *Ad rempublicam accedĕre.* 辦公事 Pán kōng sé. ‖ Quitter l'—. *Munus deponĕre.* 辭官 Tsĕ́ koūan. ‖ Pendant son —. *Dum ipse res gereret.* 居官時 Kiū koūan chĕ.

ADMINISTRER, v. a. *Administrāre.* 理事〇掌管 Lў́ sé. Tchăng koùan. ‖ — la justice. *Jura reddĕre.* 斷案 Toùan gán. ‖ — un malade. *Ægro sacramenta impertīri.* 付病人認跡 Foú pín jĕn pў́ tsў́.

ADMIRABLE, adj. *Admirabilis.* 奇妙的 Ký́ miáo tў́. ‖ Il nous a reçu d'une manière — *Admirabiliter excepit nos.* 欵待我們得好 Koùan taỷ ngŏ-mĕn tĕ́ haŏ.

ADMIRATION, s. f. *Admiratio, onis, f.* 驚訝 Kīn yá. ‖ Attirer l'—. *Admirationem movēre.* 兜人驚訝 Teōu jĕn kīn yá.

ADMIRER, v. a. *Mirāri.* 奇異〇見怪 Ký́ ý́. Kién koúay. ‖ On ne peut le voir sans l'—. *Ipso aspectu cuivis injicit mirationem sui.* 無有一个人看見不奇異 Oú yeòu ў́ kó jĕn kăn kién poŭ ký́ ý́. ‖ En quoi on ne peut assez — la Providence. *In quo Providentiam satis mirari non est.* 這宗事貞從是天主奇妙安排 Tchĕ́ tsōng sé tchēn chĕ́ Tiēn-Tchoù ký́ miáo gān paỷ. ‖ S'—. *Suspicĕre sc.* 自誇〇自高 Tsé koŭa. Tsé kaō.

ADMISSIBLE, adj. *Probabilis.* 可信的 Kŏ sín tў́.

ADMISSION, s. f. *Cooptatio, onis, f.* 許入 Hiù joŭ.

ADMONÉTER, v. a. *Commonēre.* 勉人 Kiuĕn jĕn. ‖ — un supérieur. — *Super.* 諫上司 Kién cháng sē.

ADOLESCENCE, s. f. *Adolescentia, æ, f.* 少年的時候 Cháo nién tў́ chĕ heóu. ‖ Dès son —. *Ab ineunte —.* 從小 Tsŏng siaò.

ADONISER (S'), v. a. *Cultui nimiŏ indulgēre.* 過愛打扮 Kó gaỷ tà păn.

ADONNER (S'), v. r. *Incumbĕre alicui.* 專一宗事 Tchoūan ў́ tsōng sé. ‖ — au commerce. *Mercaturæ operam dăre.* 專生意 Tchoūan sēn ý́. ‖ — à l'étude. *Studio vacāre.* 專書 Tchoūan choū. ‖ — aux débauches. *Voluptates consectāri.* 縱慾 Tsóng yoŭ. ‖ — à quelqu'un. *Alicui placēre.* 合人意 Hŏ jĕn ý́.

ADOPTÉ, ÉE, adj. *Adoptatus.* 義子 Ngý́ tsĕ.

ADOPTER, v. a. *Adoptāre.* 抱 Paó. ‖ — un enfant. *Ab alio puerum adoptāre.* 抱兒子 Paó eŭl tsĕ. ‖ — l'opinion. *Alicujus opinionem sequi.* 從人的意 Tsŏng jĕn tў́ ý́. ‖ — un genre. *Genus aliq. usurpāre.* 學一樣 Hiŏ ў́ yáng.

ADOPTION, s. f. *Adoptio, onis, f.* 抱 Paó. ‖ Faire l'écrit d'—. *Chirographum scribĕre.* 寫抱約 Siò paó yŏ́. ‖ — qui a lieu sans écrit. 抱兒無約 Paó eŭl oú yŏ́. ‖ Prendre le nom d'—. *Adoptivum nomen assumĕre.* 抱與人改姓 Paó yù jĕn kaỷ sín. ‖ Nom d'un fils d'—. 螟蛉之子 Mín lín tchē tsĕ. ‖ — sèche ou patronage propre à la Chine. *Aliquem patronum adoptāre.* 乾親 Kān tsīn. ‖ Celui qui fait cette —. *Adoptator.* 當保爺 Tāng paó yĕ. ‖ Celle qui fait cette —. *Adoptatrix.* 當保娘 Tāng paó niáng. ‖ Celui qui est adopté. *Adoptivus.* 乾兒子 Kān eŭl tsĕ. ‖ Celle qui est adoptée. *Adoptiva.* 乾姑娘 Kān koū niáng. ‖ Saluer son patron au moment de l'—. *Patronum salutāre.* 拜寄人 Paỷ ký́ jĕn.

ADORABLE, adj. *Venerandus.* 可敬的 Kŏ tsēn kín tў́.

ADORATEUR, s. m. *D. vrai Dieu. Veri Dei cultor.* 恭敬天主的人 Kōng kín Tiēn-Tchoù tў́ jĕn. ‖ — des idoles. *Idolorum cultor.* 敬菩薩的人 Kín pŏ́u-sắ tў́ jĕn. ‖ — de l'antiquité. *Admirator antiquit.* 好古

的人 Haó koù tỷ jên. ‖ — des femmes. *Amore mulierum perditus.* 好色的人 Haó sě tỷ jên.

ADORER, v. a. *Adorāre.* 恭敬○朝拜 Kŏng kín. Tchǎo paý. ‖ — le vrai Dieu. *Colĕre verum Deum.* 朝拜天主 Tchǎo paý Tiēn-Tchoù.

ADOSSER, v. a. *Applicāre ad.* 靠佳 Kǎo tchoú. ‖ — son camp à la rivière. *Castra flumĭni applicāre.* 河邊揢營 Hô piēn tchǎ' yûn. ‖ S'— à un arbre. *Ad arborem se —.* 靠倒樹子 Káo taò choù tsè.

ADOUBER, v. a. *Navem refĭcĕre.* 補船 Pǒu tchoǔan.

ADOUCIR, v. a. *Mitigāre.* 平息○太平 Pîn sỷ. Taý pín. ‖ — la pente. *Clivum mollīre.* 平路 Pîn loú. ‖ — la voix. *Vocem sedāre.* 低聲 Tỷ chēn. ‖ — la douleur. *Dolōrem lenīre.* 止痛○安慰 Tchè tŏng. Gān oúy. ‖ — la colère divine. *Deum flectĕre.* 息天主義怒 Sỷ Tiĕn-Tchoù ngý loú. ‖ — son naturel. *Ingenium oblenīre.* 改本性 Kaỷ pèn-sín. ‖ — le chagrin. *Mærōrem levāre.* 安慰 Gān oúy. ‖ — les couleurs. *Colōres temperāre.* 調顏料 Tiǎo yên leaò. ‖ S'—. *Mitescĕre.* 息怒 Sỷ loú. ‖ S'— à l'égard de quelqu'un. *Se alicui placāre.* 寛恕人 Koūan chóu jên. ‖ L'hiver s'—. *Mitescit hiems.* 不當冷了 Poǔ táng lèa leaò.

ADOUCISSANT, E, adj. *Mitigatorius.* 温和的 Oūen hô tỷ.

ADRESSE, s. f. *Solertia, œ, f.* 恰巧 Lîn kiǎo, ou 才行 Tsaý hín. ‖ Avec —. *Solerter.* 巧妙 Kiǎo miáo. ‖ Avoir de l'—. *Peritiam callēre.* 有才行 Yeoù tsaý hín. ‖ — (indice). *Indicium, i, n.* 號 Haó. ‖ — de lettre. *Inscriptio, onis, f.* 信皮 Sín pỷ'. ‖ Mettre cette —. *Inscriptiōnem scribĕre.* 寫封皮 Siè fōng pỷ'. ‖ Donner l'— de quelqu'un. *Alicujus domicilium significāre.* 裹貼 Pīn tiě'. ‖ — (ou supplique) au roi. *Libellus regi.* 指招牌 Tchè tchāo paỳ. ‖ Tour d'—. *Versute factum.* 做得嚴然 Tsoú tě' niên jân.

ADRESSER, v. a. *Mittĕre.* 打發 Tǎ fǎ. ‖ — une lettre. — *epistolam alicui.* 打發一封信 Tǎ fǎ ỷ fōng sín. ‖ Où m'— -vous? *Quò me tendĕre jubes?* 你叫我走那里去 Nỷ kiáo ngǒ tseoù là lỷ kíu. ‖ — la parole à quelqu'un. *Aliq. affāri.* 與人說話 Yù jên chǒ hóa. ‖ — des prières au Ciel. *Deum precāri.* 求天主 Kieòu Tiēn-Tchoù. ‖ Ses plaintes à quelqu'un. *Alicui de aliq. conquēri.* 報怨人 Páo yúen jên. ‖ S'—. *Aliquem adīre.* 會人 Hoúy jên. ‖ S'— à quelqu'un. *Aliquem lacessĕre.* 惹人 Jě jên.

ADROIT, E, adj. *Solers.* 會○巧 Hoúy. Kiǎo. ‖ — à faire. *Solers faciendi.* 會做 Hoúy tsoú.

ADULATEUR, s. m. *Adulātor, oris, m.* 諂媚的人 Tchǎn meý tỷ jên.

ADULER, v. a. *Adulāri.* 諂媚○奉承 Tchǎn meý. Fóng tchên.

ADULTE, adj. *Adultus.* 大人○成人○能分善惡之年 Tá jên. Tchên tá. Nên fēn chán ngǒ tchě niên.

ADULTÈRE, s. m. *Mœchus, i, m.* 犯姦的人 Fán kiēn tỷ jên. ‖ Commettre un —. *Mœchāri.* 犯姦 Fán kiēn. ‖ Être pris en —. *In adulterio deprehendi.* 犯姦被拿 Fán kiēn pỷ' lâ.

ADULTÈRE, s. f. *Mœcha, œ, f.* 姦婦 Kiēn foú.

ADULTÉRER, v. a. *Adulterāre.* 摻假 Tsǎn kià.

ADULTÉRIN, adj. *Adulterīnus.* 私娃 Sē oūǎ○忘八蛋 Oúang pǎ tán, ou 雜種 Tsǎ tchòng.

ADUSTION, s. f. *Adustio, onis, f.* 燒 Chaō.

ADVERBE, s. m. *Adverbium, ii, n.* 近言 Kín yên.

ADVERSAIRE, s. m. f. *Adversarius.* 對手○仇人 Toúy cheòu. Tcheôu jên. ‖ Être l'— de quelqu'un. *Alicui adversāri.* 相反人 Siāng fàn jên.

ADVERSE, adj. *Adversus.* 相對的 Siāng toúy tỷ.

ADVERSITÉ, s. f. *Adversæ res.* 患難 Hoán lán. ‖ Être dans l'—. *Adversā fortunā uti.* 受患難 Cheóu hoán lán. ‖ Secourir quelqu'un dans l'—. *Aliquem sublevāre.* 扶助受患難的人 Foǔ-tsoú cheóu hoán lán tỷ jên.

ADVERTANCE, s. f. *Advertentia, æ, f.* 明悟知覺 Mîn oû tchě kiǒ. ‖ — actuelle. — *actualis.* 現知覺 Hién tchě kiǒ. ‖ — virtuelle. — *virtualis.* 流轉的知覺 Lieôu tchoǔan tỷ tchě kiǒ. ‖ — interprétative. — *interpretativa.* 算的知覺 Soúan tỷ tchě kiǒ. ‖ — pleine. — *plena.* 全知覺 Tsuên tchě kiǒ. ‖ — imparfaite. — *imperfecta.* 不全知覺 Poǔ tsuên tchě kiǒ. ‖ Fait sans —. *Sine animo.* 不用心 Poǔ yóng sīn, ou 自出無心 Tsě tchoǔ oǔ sīn. ‖ Offenser quelqu'un sans —. *Absque animo offendĕre aliq.* 無心得罪人 Oǔ sīn tě' tsoúy jên.

ADYNAMIE, s. f. *Adynamia, æ, f.* 虛弱 Hiū jǒ.

AÉRÉ, ÉE, adj. *In perflatu esse.* 有涼風○向陽的 Yeòu leâng fōng. Hiáng yâng tỷ. ‖ Maison bien —. *Domus in aperto posĭta.* 房子有風涼 Fâng tsè yeòu fōng leâng.

AÉRER, v. a. *Auras admittĕre.* 風 Fōng. ‖ — quelque objet. 晾東西 Leáng tōng-sỷ.

AÉRONAUTE, s. m. *Follis per ăra ambulans.* 坐孔明燈的人 Tsó kŏng mîn tēn tỷ jên.

AÉROSTAT, s. m. *Follis volans.* 孔明燈 Kŏng mîn tēn.

AFFABILITÉ, s. f. *Affabilĭtas, atis, f.* 仁慈○愛情○温和 Jên tsě. Gaý tsîn. Oūen hô.

AFFABLE, adj. *Affabilis, e, adj.* 有愛情的人 Yeòu gaý tsîn tỷ jên, ou 温和的人 Oūen hô tỷ jên.

AFFADIR, v. a. *Saporem infuscāre.* 敗味 Paý oúy.

AFFAIBLIR, v. a. *Debilitāre.* 減少○衰弱 Kièn chaò. Choǎy jǒ. ‖ — l'esprit. *Animum — labōre.* 憫心 Loǔy sīn. ‖ — la vue. *Aciem oculōrum retundĕre.* 壞眼睛 Hoaý yèn-tsīn. ‖ — le courage. *Virtūtem debilitāre.*

敗氣力 Paý kỳ lỳ. ‖ — les soupçons. Suspiciones minuĕre. 減少猜疑 Kièn chaò tsāy ngỳ. ‖ — la réputation. Famam violăre. 壞名聲 Hoáy mîn chên. ‖ S'—. Debilitări. 裏弱 Choãy jŏ. ‖ Les forces s'—. vires deficiunt. 氣力不足 Kỳ lỳ poŭ tsiôu. ‖ Sa passion s'—. Amoris vires minuuntur. 慾火消息 Yòu hò siāo sỳ. ‖ Sa santé s'—. Ingravescit valetudo. 不得前頭安逸 Poŭ tĕ tsièn-teŏu gān ỳ.

AFFAIBLISSEMENT, s. m. Virium defectio, onis, f. 氣力裏敗 Kỳ lỳ choãy jŏ. ‖ — du moral. Animi infractio. 軟弱 Jouàn jŏ.

AFFAIRE, s. f. Negotium, ii, n.; res, rei, f. 事情 Sé tsîn. ‖ Une —. Unum negotium. 一宗事〇一件事 Ỹ tsōng sé. Ỹ kièn sé. ‖ — importante. Res gravis. 大事 Tá sé. ‖ — peu importante. Parva res. 小事 Siào sé. ‖ Où en est l'—? Quo loco res est? 事情如何 Sé tsîn jóu hô? Cela ne fait rien à l'—. Hoc nihil ad rem attingit. 這是格外的事 Tché ché kĕ ouáy tỳ sé. ‖ C'est une — faite. Negotium confectum est. 事情完了 Sé tsîn ouân leào. ‖ — privée. Privatum negotium. 事情 Sé tsîn. ‖ Charger quelqu'un d'une —. Negotium alicui dăre. 托人做事 Tŏ jên tsoú sé. ‖ Se charger d'une —. — suscipĕre. 管事 Kouàn sé. ‖ La conduire. — agĕre. 理事 Lỳ sé. ‖ La terminer. — conficĕre. 完事 Oûan sé. ‖ Homme d'—. Procurator, oris, m. 當家 Tāng kiā. ‖ — (commerce). Negotium, ii, n. 生意〇買賣 Sēn ý. Maỳ maý. ‖ Ses — vont bien. Res prosperantur. 他的生意好 Tă tỳ sēn ý haò. ‖ Faire de brillantes —. In rebus bené procedĕre. 他的生意紅火 Tă tỳ sēn ý hông hò. ‖ Faire une —. Pacisci. 講成 Kiàng tchên. ‖ — qui concerne. Res pertinens ad. 歸于 Kōuy yù. ‖ C'est votre —. Tua res agitur. 是你的事 Ché ngỳ tỳ sé. ‖ J'en fais mon —. Hoc in negot. habeo. 算我的 Soúan ngŏ tỳ. ‖ — (procès). Lis, litis, f. 官司 Kōuān sē. ‖ — obscure. — obscura. 案情不明白 Gán tsîn poŭ mîn pĕ. ‖ — civile. — civilis. 公事 Kōng sé. ‖ — religieuse. — religiosa. 聖事 Chén sé. ‖ — criminelle. — capitalis. 死罪的事 Sè tsoúy tỳ sé. ‖ Juger une —. Causam judicăre. 審官司 Chèn kōuan sē. ‖ Plaider une —. — dicĕre. 包告 Paō kaó. ‖ Y renoncer. — deponĕre. 悔告 Hoùy kaó. ‖ — Jugée et perdue. Causa judicata et damnata. 我的官司輸了 Ngŏ tỳ kōuan sē choū leào. ‖ — (embarras). Negotium. 害人的事 Haý jên tỳ sé. ‖ En susciter à quelqu'un. Alicui negotium facessĕre. 生事於人 Sēn sé yū jên. ‖ Se faire des —. Ultrò sibi negotia exhibĕre. 招禍 Tchāo hó. ‖ Se tirer d'—. Se expedire. 脫身〇脫難 Tŏ chēn. Tŏ lán. ‖ Tirer un malade d'—. Ægrum sanāre. 醫病人 Ÿ pín jên. ‖ — publiques. Res publicæ.

國家 Kouĕ kiā. ‖ Manier les — publiques. Regĕre res publicas. 管公事 Kouàn kōng sé. ‖ Avoir le génie des —. A naturâ habēre adjumenta rerum gerendarum. 生來就會 Sēn laý tsieóu hoúy. ‖ Être écarté des —. A republicâ removēri. 不許管公事 Poŭ hiù kouàn kōng sé. ‖ Quitter les —. A rebus publicis recedĕre. 辭公事 Tsĕ kōng sé. ‖ — (combat). Prælium, ii, n. 仗 Tcháng. ‖ Battre l'ennemi en deux —. Hostem bis profligăre. 兩仗敗敵 Leàng tchàng paỳ tỳ. ‖ S'illustrer dans une —. Pugnando sibi decus comparăre. 出陣立大功 Tchŏu tchén lỳ tá kōng. ‖ — (travail, occupation). Opus, eris, n. ‖ Avoir —. Non vacāre. 有事 Yeòu sé. ‖ — . Non vacāre. 不得空 Poŭ tĕ kōng, ou 不得閒 Poŭ tĕ hièn. ‖ Être accablé d'—. Negotiis obrui. 事情忙得狠 Sé tsîn mâng tĕ hĕn. ‖ — (nécessités corporelles). Faire ses —, c.-à-d. aller à la garde-robe. Alvum purgăre. 解手 Kiàỳ cheòu.

AFFAIRÉ, ÉE, adj. Negotiosus. 事多的人 Sé tō tỳ jên.

AFFAISSER, v. a. Deprimĕre. 壓 Yă. ‖ S'—. Desidĕre. 壓〇落下 Yă. Lŏ hiá. ‖ Les montagnes s'—. Desidunt montes. 山落下去 Chān lŏ hiá kíu. ‖ S'— sous le poids de l'âge. Annis ingravescĕre. 老了 Laò leào.

AFFAITER, v. a. Mansuefacĕre. 餵家 Oúy kiā.

AFFALER, v. a. (t. de mer). Deprimĕre. 下蓬 Hiá pŏng.

AFFAMÉ, ÉE, part. Fame pressus. 飢餓的人 Kỳ ó tỳ jên. ‖ — de plaisirs. Voluptates sitiens. 好淫樂 Haó ỳn lŏ. ‖ — de gloire. Gloriæ avidissimus. 貪高位 Tăn kaō oúy.

AFFAMER, v. a. Fame necāre. 餓死人 Ó sè jên. ‖ — un pays. Regionem fame suffocăre. 阻一方的糧 Tsoù ỳ fāng tỳ leâng.

AFFECTÉ, ÉE, adj. Affectatus. 假裝的 Kiă tchouāng tỳ. ‖ Silence —. Consultò silēre. 故意不說 Koú ý poŭ chŏ. ‖ —. Vitiosus. 壞了的 Hoáy leào tỳ. ‖ Poumon —. Vitiosus pulmo. 肺傷了 Feý chāng leào. ‖ — (touché). Commotus. 打動的 Tă tóng tỳ. ‖ — de la mort de quelqu'un. Affici morte alicuj. 哀人之死 Gaỳ jên tchē sĕ. ‖ — (destiné à). Destinatus. 歸于 Kōuy yù. ‖ — à quelqu'un. — alic. 定了爲人 Tín leào oúy jên.

AFFECTER, v. a. Affectăre. 貪〇假裝 Tăn. Kiă tchouāng. ‖ — la puissance. Potentiam consectări. 貪圖官職 Tăn-toû kouān tchĕ. ‖ — la langue de Pékin. Idioma pekinense aucupări. 裝京腔 Tchouāng kīn kiāng. ‖ — (émouvoir) quelqu'un. Commovēre. 打動人的心 Tă tóng jên tỳ sīn. ‖ — (destiner à). Aliquid addicĕre alicui. 定〇立爲 Tín. Lỳ oúy.

AFFECTION, s. f. Affectio, onis, f. 改 Kaỳ. ‖ — de l'air.

Cœli —. 天氣不同 Tiēn ky̆ poŭ tŏng. ‖ — (bienveillance. Benevolentia, æ, f.; amor, oris, m. 情 Tsĭn. ‖ Sans —. Sine affectu. 無情的人 Oŭ tsĭn ty̆ jên. ‖ Ces deux personnes ont une — mauvaise. Illæ duæ personæ sibi invicem pravam præstant dilectionem. 你思我愛 Ngy̆ sē ngò gaý. ‖ — (amour). Animi motus. 愛 Gaý. ‖ Les sept — chinoises, savoir : Gaudium, ira, compassio, voluptas, amor, odium, concupiscentia. 七情 Tsy̆ tsĭn. 喜 Hy̆. 怒 Loŭ. 哀 Gaý. 樂 Lŏ. 愛 Gaý. 惡 Oŭ. 欲 Yŏu. ‖ Témoigner de l'— à quelqu'un. Suam alicui exhibere benevolentiam. 顯自已的愛情 Hièn tsé ky̆ ty̆ gaý tsĭn. ‖ Gagner l'— de quelqu'un. Alicuj. benevol. sibi conciliare. 得人寵愛 Tĕ jên tchŏng gaý. ‖ Servir quelqu'un avec —. Toto corde alicui operam navāre. 盡情幫忙 Tsín tsĭn pāng mâng. ‖ Avec —. Ex animo, studiosē. 專心 Tchoān sīn. ‖ — (propension). Propensio ad. 好○向 Haó. Hiáng. ‖ Avoir de l'— pour la musique. Ad musicen esse propensus. 好樂 Haó lŏ.

AFFECTIONNER, v. a. Diligĕre. 重愛○向慕 Tchóng gaý. Hiáng mó. ‖ — une chose. Rei studēre. 喜歡一宗事 Hy̆ hoūan y̆ tsōng sé. ‖ — un lieu. Locum colĕre. 喜歡一个地方 Hy̆ hoūan y̆ kó ty̆ fāng. ‖ S'— à quelqu'un. In aliq. voluntatem conferre. 愛一个人 Gaý y̆ kó jên.

AFFECTUEUX, SE, adj. Comis, benignus. 大愛情的 Tá gaý tsĭn ty̆.

AFFERMER, v. a. Agros locāre. 佃田與人 Tièn tièn yŭ jên. ‖ — Ab alio conducĕre. 佃他的田 Tièn tā' ty̆ tièn. ‖ — les revenus publics. Vectigalia redimĕre. 包稅 Paō choúy.

AFFERMIR, v. a. Firmāre. 定穩 Tín oùen. ‖ — une muraille. Parietem consolidāre. 撐墻 Tchāng tsiâng. ‖ — le courage. Animos firmāre. 加胆 Kiā tàn. ‖ — sa résolution. Consilium —. 穩定主意 Oùen tín tchoŭ y̆. ‖ S'—. Solidescĕre, n. 穩 Oùen. ‖ — contre les événements. Ad omnia se confirmāre. 預防患難 Yŭ fâng hoùan lán.

AFFETÉ, ÉE, adj. Elegantiæ nimius affectator. 愛打扮 Gaý tà pán. ‖ Langage —. Apparata verba. 巧言 Kiăo yên.

AFFICHE, s. f. Libelli, orum, m. 告白 Kaó pĕ. ‖ Mettre une —. Libellus affigĕre. 貼告白 Tiĕ kaó pĕ. ‖ Enlever les —. Libellos detrahĕre. 撕告白 Sē kaó pĕ.

AFFICHER, v. a. Tabulam proscribĕre. 出告白 Tchoŭ kaó pĕ. ‖ — le bel esprit. Ingenium venditāre. 假精伶○ 逞尖 Kià tsīn lín. Tchèn tsiēn. ‖ — sa haine. Odium profitēri. 明明恨 Mîn-mîn hén.

AFFIDÉ, ÉE, adj. Fidelis. 知已的人 Tchē ky̆ ty̆ jên. ‖ — de projets. Consilii conscius. 結黨 Kiĕ tàng.

AFFILÉ, ÉE, adj. Acutus. 快的○尖的 Koŭay ty̆. Tsiēn ty̆. ‖ Langue bien —. Promptus linguā. 伶牙利齒 Lîn yâ ly̆ tchĕ.

AFFILER, v. a. Acuĕre. 磨 Mò.

AFFILIATION, s. f. Adoptio, onis, f. 抱 Paó. ‖ — (association). Cooptatio, onis, f. 兩會合爲一會 Leàng hoúy hŏ oŭy y̆ hoúy.

AFFINER, v. a. — l'or. Expurgāre aurum. 煉金 Lién kīn. ‖ — du sucre. Saccharum —. 申糖 Chēn tâng. ‖ — les métaux. Metalla excoquĕre. 煉五金 Lién où kīn.

AFFINITÉ, s. f. (liaison, rapport). Convenientia, æ, f. 相合 Siāng hŏ. ‖ — de goûts. Studiorum cognatio. 情投意合 Tsîn teŏu y̆ hŏ. ‖ — de nature. Naturæ —. 本性相同 Pĕn-sín siāng tŏng. ‖ — (alliance). Affinitas, atis, f. 外親 Ouáy tsīn. ‖ — légitime. Legitima —. 正外親 Tchén ouáy tsīn. ‖ — illégitime. Illegitima —. 不正外親 Poŭ tchén ouáy tsīn. ‖ Degrés d'—. Gradus aff. 外親之輩 Ouáy tsīn tchē peý.

Voici les personnes liées entre elles par l'—, d'après la doctrine catholique. Savoir :

1° Le beau-père. Socer. 丈人○公 Tchâng jên. Kōng.
2° La belle-mère. Socrus. 丈母○姑 Tchâng moù. Koū.
3° L'aïeul par affinité. Prosocer. 親公 Tsīn kōng.
4° L'aïeule par —. Prosocrus. 親婆 Tsīn pó.
5° Le gendre. Gener. 女壻 Niù sy̆.
6° La bru. Nurus. 媳婦 Sy̆ foú.
7° Le mari de la petite-fille. Progener. 孫女壻 Sēn niù sy̆.
8° La femme du petit-fils. Pronurus. 孫媳婦 Sēn sy̆ foú.
9° Le beau-frère. Levir. 舅子○小叔○大伯 Kieóu tsè. Siào choŭ. Tá pĕ.
10° La belle-sœur. Glos. 小姑 Siào koū.
11° La belle-sœur. Uxor fratris. 嫂子○弟婦 Saŏ tsè. Tý̆ foú.
12° Le beau-frère. Sororius. 姐夫○妹夫 Tsiè foū. Meý foū.
13° Le beau-père. Maritus matris. 後父 Heóu foú.
14° Le beau-fils. Privignus filius. 繼兒 Ký̆ eúl.
15° La belle-mère. Noverca. 後母 Heóu moù.

AFFIRMER, v. a. Asseverare. 說一定 Chŏ y̆ tín. ‖ 證實 'Tchén chě. ‖ — par deux négations est chose assez commune en Chine, par ex. : Il n'est aucun lieu où Dieu ne soit. Nullus est locus ubi Deus non sit. 天主無所不在 Tiēn-Tchoŭ où sò poŭ tsaý. Il n'est aucun homme qui ne sache. Nemo est qui nesciat. 無有一个人不知道 Oú yeóu y̆ kó jên poŭ tchē taó.

AFFLEURER, v. a. Ad libellam æquāre. 做平 Tsoú pîn.

**AFFLICTION**, s. f. *Dolor, oris, m.; mœror, oris, m.* 痛○憂○苦 Tŏng. Yeŏu. Kŏu. ‖ Être dans l'—. *In mœrore jacēre.* 憂悶 Yeŏu mén. ‖ Plonger quelqu'un dans l'—. *Luctu afficĕre.* Teŏu jên yeŏu ký́. ‖ Augmenter l'—. *Dolorem augēre.* 更加憂悶 Kén kiā yeŏu mén. ‖ Prendre part à l'— de quelqu'un. *Alteríus dolore mœrēre.* 憂人之憂 Yeŏu jên tchĕ yeŏu.

**AFFLIGÉ, ÉE**, adj. *Afflictus.* 憂愁的人 Yeŏu tsieŏu tý́ jên. ‖ Consoler un —. *Mœstum consolāre.* 安慰憂者 Gān oúy yeŏu tchĕ.

**AFFLIGEANT, E**, adj. *Molestus.* 憂愁的事 Yeŏu tsieŏu tý́ sé. ‖ Nouvelles —. *Tristes nuntii.* 不吉的信 Poŭ ký́ tý́ sìn.

**AFFLIGER**, v. a. *Aliq. contristāre.* 苦人 Kŏu jên, ou 兜人憂氣 Teōu jên yeŏu ký́. ‖ S'—. *Rem dolēre.* 憂悶 Yeŏu mén.

**AFFLUENCE**, s. f. *Copia, œ, f.* 多 Tō. ‖ — de gens. *Homĭnum concursus.* 人多 Jên tō, ou 人山人海 Jên chān jên haý̆. ‖ Vivre dans l'—. *Copiis abundāre.* 日用寬餘 Jĕ yóng koŭan yû.

**AFFLUER**, v. n. *Corrivāri.* 踴去踴來 Yòng kfu yòng laý̆. ‖ — en un lieu. *In loco affluĕre.* 流在一處 Lieŏu tsaý̆ ý̆ tchoŭu.

**AFFOLÉ, ÉE**, adj. *Insaniens.* 想瘋了 Siàng fōng leào.

**AFFOLER**, v. a. *Insanum reddĕre.* 煽惑人心 Chên hoăy jên sīn.

**AFFOURAGER**, v. a. *Pabulum prœstāre.* 餵牲口 Oúy sēu keŏu.

**AFFRANCHIR**, v. a. *In libertatem vindicāre.* 放奴 Fáng loŭ. ‖ — quelqu'un des charges publiques. *Alic. immunitatem dāre.* 免粮稅 Mièn leāng choúy. ‖ — une lettre. *Epist. vecturœ pretium prœsolvĕre.* 先開信錢 Siēn kaý́ sín tsiēn. ‖ Être — *Liberāri.* 爲奴被贖 Oúy loŭ pý́ choŭ. ‖ Être — des maux. *Calamitatibus immunis esse.* 脫患難 Tŏ́ hoŭan lân.

**AFFRÉTER**, v. a. *Navem conducĕre.* 包船 Paō tchoŭan.

**AFFREUX, SE**, adj. *Horribilis.* 嚇人的 Hĕ́ jên tý́. ‖ Regards —. *Truces oculi.* 立眉立眼 Lý́ mý́ lý́ yèn.

**AFFRIANDER**, v. a. *Palatum erudīre.* 開口胃 Kaý́ keŏu oúy. ‖ — (attirer). *Allicĕre.* 引誘 Yn yeŏu.

**AFFRONT**, s. m. *Contumelia, œ, f.* 凌辱 Lîn joŭ. ‖ — sanglant. *Insignis —.* 大凌辱 Tá lîn joŭ. ‖ Faire un —. *Aliquem afficĕre.* 凌辱人 Lîn joŭ jên. ‖ Mériter un —. *Dignus — affici.* 當受凌辱 Tāng cheŏu lîn joŭ. ‖ Recevoir un —. *Contumeliam pati.* 受凌辱 Cheŏu lîn joŭ. ‖ Ne pouvoir souffrir un —. *Contumeliœ impatiens.* 受不得凌辱 Cheóu poŭ tĕ́ lîn joŭ. ‖ Faire — à sa famille. *Suis esse dedecori.* 辱沒家聲沾辱祖宗 Joŭ moŭ kiā chēn tién joŭ tsoù tsōng.

**AFFRONTER**, v. a. *Hostem adversùm adorīri.* 推人 Toúy jên. ‖ — les périls. *Periculis obviāre.* 冒于凶險 Maò yû hiōng hièn. ‖ — la mort. *Morti se objicĕre.* 找死○冒死 Tchaò sè. Maó sè. ‖ — (tromper). *Decipĕre aliq.* 哄人 Hòng jên.

**AFFUBLER (S')**, v. n. — d'une idée. *Opinioni contumaciter adhœrēre.* 執意 Tchĕ́ ý́.

**AFFÛT**, s. m. *Ligneœ tormenti compages.* 砲架子 Paò kiá tsè. ‖ Monter un canon sur son —. *Tormentum compagibus adaptāre.* 抬砲上架 Taý́ paŏ cháng kiá. ‖ Être à l'— d'une occasion. *Occasionem captāre.* 找幾會 Tchaò ký́ hoúy.

**AFFUTÉ, ÉE**, adj. *Peritus.* 會的 Hoúy tý́. ‖ — (rusé). *Callidus.* 奸詐的 Kiēn tchá tý́.

**AFIN DE, QUE**. *Ut, causā.* 因爲○使 Yn oúy. Chè.

**AFRIQUE**, s. f. *Africa.* 里未亞州 Lý́ oúy yă tcheōu.

**AGAÇANT, E**, adj. *Dentes hebetans.* 傷牙齒的 Chāng yă tchĕ́ tý́. ‖ — (qui excite). *Procax.* 惹 Jĕ́. ‖ Coup d'œil —. *Procaces oculi.* 眉來眼去 Mý́ laý́ yèn kiŭ́.

**AGACER**, v. a. *Dentes hebetāre.* 噤牙齒 Kín yă tchĕ́. ‖ —. *Blanditiis lenīre.* 調戲 Tiaŏ hý́. ‖ — (provoquer). *Provocāre.* 惹人 Jĕ́ jên.

**AGAPES**, s. f. *Pia charistia, orum, n.* 公席 Kōng sý́.

**AGE**, s. m. *Ætas, atis, f.* 年紀○歲○世 Nièn ký́. Soúy. Ché. ‖ — de l'enfance. *Pueritia, œ, f.* 孩童的年紀 Hiày tông tý́ nièn ký́. ‖ — de la jeunesse. *Juventus, utis, f.* 少年時 Chaó niên chê. ‖ — viril. *Ætas virilis.* 壯年 Tchoŭang nièn. ‖ Fleur de l'—. *Ætatis flos.* 年青 Nièn tsīn. ‖ Feu de l'—. — *fervor.* 少年人的本性 Chaó nièn jên tý́ pèn sîn. ‖ Déclin de l'—. — *flexus.* 半身年紀過了 Pán chēn nièn ký́ kó leaò. ‖ Avancé en —. *Ætate provectus.* 老年的 Lào niên tý́. ‖ Quel avez-vous? *Quot annos natus es?* 貴庚 Koúy kēn, ou 貴甲子 Koúy kiắ tsè, ou 好大年紀 Haò tá niên ký́, ou 有多少歲數 Yeŏu tō chaò soúy soú, ou 有大年紀 Yeŏu tō tá niên ký́. ‖ Être du même —. *Ætate pares.* 同年的 Tōng nièn tý́. ‖ Les trois âges: 下壽 Hiá cheóu. 60 ans. 中壽 Tchōng cheŏu 80 ans. 上壽 Cháng cheóu. 100 ans. ‖ — (siècle chinois de trente ans). *Ætas.* 一世 Ý́ ché.

**AGÉ, ÉE**, adj. *Natus.* 有這个年紀 Yeŏu tchĕ́ kó nièn ký́. ‖ Le plus — des deux. *Natu major.* 長子 Tchàng tsè. ‖ Le moins —. — *minor.* 更小的 Kén siào tý́. ‖ Être plus — qu'un autre. *Ætate anteire alic.* 年長 Niên tchàng. ‖ — de quinze ans. *Quindecim annos natus.* 年十五歲 Yeŏu chĕ́ où soúy. ‖ — (âgé). *Senex, s, m.* 老人 Laŏ jên, ou 年高 Nièn kaō.

**AGENCE**, s. f. *Procuratio, ōnis, f.* 行 Hâng. ‖ Tenir une —. *Regĕre proc.* 開行 Kaý́ hâng.

**AGENCER**, v. a. *Componĕre.* 擺設 Paý́ chĕ́. ‖ — ses cheveux. *Crines pingĕre.* 梳頭髮 Soū teŏu fă. ‖ S'—. *Corpus colĕre.* 打扮 Tă pán. ‖ — les mots. *Verba componĕre.* 作文 Tsó ouên.

**AGENDA**, s. m. *Pugillares, ium, m.* 摺子 Tsĕ́ tsè. ‖ Écrire sur son —. *In eis aliquid exarĕre.* 上摺子 Cháng tsĕ́ tsè.

**AGENOUILLER (S')**, *Genua submittĕre.* 跪倒 Koùy taò. ‖ — d'un genou. *Uno genu —.* 下一膝 Hiá ў tsĭ. ‖ — à la manière chinoise en saluant des mains. *Sinensi more, scilicet junctis manibus caput inclinando.* 作揖 Tsó ў. ‖ — en se mettant à deux genoux et frappant la terre de sa tête. *Utrumque flectĕre genu simulque capite terram percutĕre.* 膁頭 Kŏ̕ teŏu.

**AGENOUILLOIR**, s. m. *Scabellum, i, n.* 跪的板凳 Koùy tў̆ pán-tén. ‖ — rond en paille. *Ex paleā —.* 蒲圑 Pŏu toŭan.

**AGENT**, s. m. *Curator, oris, m.* 理事的人 Lў̆ sé tў̆ jên, ou 管事的人 Koŭan sé tў̆ jên.

**AGGLOMÉRER (S')**, v. r. *Glomerāri.* 堆積 Toūy tsў̆.

**AGGLUTINER**, v. a. *Agglutināre.* 糊 Hoŭ.

**AGGRAVANT, E**, adj. *Res quæ gravitatem actūs augent.* 加增的 Kiā tsēn tў̆. ‖ Circonstances —. *Circumstantiæ aggravantes.* 加增的勢理 Kiā tsēn tў̆ ché lў̆.

**AGGRAVE**, s. f. *Pœnæ comminatio.* 棄絕前又提醒 Kў̆ tsiuĕ́ tsīen yeóu tў̆ sīn.

**AGGRAVER**, v. a. *Augĕre.* 加增 Kiā tsēn. ‖ — une faute. *Peccatum —.* 加罪 Kiā tsoúy.

**AGILITÉ**, s. f. *Agilitas, atis, f.* 輕快 Kīh kouáy.

**AGIOTER**, v. a. *negotium pecuniæ exercēre.* 作掉換生意 Tsó tchŏ hoŭan sēn ў̆.

**AGIR**, v. a. *agĕre* 做事 Tsoú sé. ‖ parler et ne pas —. *Loqui*, *non autem agĕre*. 會說不會做 Hoúy chŏ pŏu hoúy tsoú. ‖ — (produire un effet). *Effectum producĕre.* 有效驗 Yeòu hiáo-nién. ‖ — sur les esprits. *Animos commovēre.* 打動人心 Tă tóng jên sīn. ‖ — pour un autre. *Alic. operam navāre.* 爲人作事 Oúy jên tsó sé. ‖ se comporter. *Se gerĕre.* 爲人 Oûy jên. ‖ — par passion. *Libidine agĕre.* 不依理做 Poŭ ў̆ lў̆ tsoú. ‖ — à la rigueur. *Summo jure uti.* 不讓一點 Poŭ jáng ў̆ tièn. ‖ — mal avec quelqu'un. *Malè cum alio agĕre.* 待得不好 Taў̆ tĕ́ poŭ haò. ‖ — en ami. *Amicè facĕre.* 待得好 Taў̆ tĕ́ haò. ‖ — contre quelqu'un. *In jus vocāre.* 告人 Kaó jên. ‖ — (être question). ‖ Il s'—. *Agitur de.* 所講的 Sŏ kiàng tў̆.

**AGISSANT, E**, adj. *Actuosus.* 忻勤的 Hīn kīh tў̆. ‖ Remède —. *Remedium præstantissimum.* 妙藥 Miáo yŏ́.

**AGITATION**, s. f. *Agitatio, onis, f.* 搖動 Yáo tóng. ‖ — de l'esprit. *Animi —.* 心慌 Sīn hoŭang. ‖ — des poumons. *Pulmonum coagit.* 肺跳 Feў̆ tiáo.

**AGITÉ, ÉE**, adj. *Jactatus.* 搖動的 Yáo tóng tў̆. ‖ — de

pensées. *Diversùm jactatus.* 心內雜亂的人 Sīn loúy tsắ loăn tў̆ jên. ‖ — (discutée). *Res agitata.* 考過的事○講論 Kăo kó tў̆ sé. Kiàng lén.

**AGITER**, v. a. *Agitāre.* 搖 Yáo. ‖ Le vent — le riz. *Vento oryzæ horrescunt.* 風吹穀子 Fōng tchoŭy koŭ tsè. ‖ — (tourmenter). *Insequi.* 嚕唆人 Lō sō jên. ‖ — (méditer). *Aliquid molīri.* 謀事 Móng sé. ‖ — (disputer). *Disputāre de aliquā re.* 辦論 Piēn lén.

**AGITER (S')**, v. g. *Angi animo.* 憚心 Tān sīn; ‖ — dans son lit. *In lecto vertēre se.* 翻來覆去睡 Fān laў̆ foŭ kĭu choúy.

**AGNAT**, s. m. *Agnatus, i, m.* 同宗祖的 Tŏng tsōng tsoù tў̆.

**AGNEAU**, s. m. *Agnus, i, m.* 綿羊 Miēn-yâng. ‖ Un — *Unus —.* 一隻羊子 Ў̆ tchē yâng tsè. ‖ Peau d'—. *Vellus —.* 羊皮 Yâng pў̆. ‖ Pieds d'—. *Agnorum petioli.* 羊蹄子 Yâng tў̆-tsè. ‖ Revêtir la peau de l'— et avoir le cœur du loup. (Prov. chin.) *Exteriùs agnus, interiùs autem lupus esse.* 外拔羊皮內臟狼心 Oŭaў̆ pў̆ yâng pў̆, loúy tsăng láng sīn.

**AGONIE**, s. f. *Agonia, æ, f.* 臨終 Līn tchōng. ‖ Être à l'—. *In extremis esse.* 要落氣 Yáo lŏ ky̆̆, ou 要死得恨 Yáo sè tĕ́ hèn.

**AGRAFE**, s. f. *Fibula, æ, f.* 鈎子 Keōu-tsè. ‖ — en cuivre des meubles chinois. 圓光 Yŭen koŭang. ‖ — (plaque en cuivre des meubles chinois). 艾棄 Gaў yĕ.

**AGRAFER**, v. a. *Fibulāre.* 定鈎子 Tín keōu tsè.

**AGRANDIR**, v. a. *Amplificāre.* 加一些○長─申 Kiā ў̆ sў̆. Tchăng. Chēn. ‖ — une place. *Forum augēre.* 騰寬 塲垣 Tēn koŭan tchăng pá. ‖ — sa fortune. *Fortunam augēre.* 更發財 Kén fā tsăў̆. ‖ — (élever quelqu'un aux honneurs. *Honoribus aliquem decorāre.* 保舉人 Paò klu jên. ‖ S'—. *Dilatāri.* 長大 Tchăng tá.

**AGRÉABLE**, adj. *Jucundus.* 美的 Meў̆ tў̆. ‖ 中意的 Tchōng ў̆ tў̆. 合意的 Hŏ ў̆ tў̆. ‖ — à l'œil. *Oculos delectans.* 好看的 Haò kăn tў̆. ‖ — à l'odorat. *Jucundè olens.* 香的 Hiāng tў̆. ‖ — au goût. *Suaviter sapiens.* 味道好 Oúy taó haò. ‖ — à quelqu'un. *Alicui placēre.* 合人意 Hŏ jên ў̆. ‖ Avoir pour —. *Probāre.* 愛一宗事 Gaў̆ ў̆ tsōng sé, ou 喜歡 Hў̆ houăn.

**AGRÉER**, v. n. *Arridēre.* 合人的意 Hŏ jên tў̆ ў̆. ‖ 好看的 Haò kăn tў̆. ‖ — (consentir). *Sinĕre.* 允 許 Yŭn. Hiŭ. ‖ — un vaisseau. *Navem adornāre.* 預備船費 Yú pў̆ tchoŭan feў̆.

**AGRÉGÉ**, s. m. *Vices gerens.* 代辦○副的 Taў̆ pán. Foŭ tў̆. ‖ Magistrat —. *Præfectus adjutor.* 署任 Choúy jén.

**AGRÉGER**, v. a. *Aggregāre aliq.* 添一个人 Tiēn ў̆ kó jên, ou 許入會 Hiŭ joŭ houý. ‖ S'—. *Se adoptāre alic. ordini.* 打夥 Tă hŏ.

**AGRÉMENT**, s. m. *Suavitas, atis, f.* 美 Meў̆. ‖ — du visage. *Oris* —. 像貌秀俊 Siáng maó sieóu tsiún. ‖ — d'un jardin. *Horti amœnitas.* 園子青秀 Yûen tsè tsīn sieóu. ‖ — de l'esprit. *Lepor, oris, m.* 天資明敏 Tīen tsē mǐn mìn. ‖ — (approbation). *Assensus, ùs, animi, m.* 允 Yùn. ‖ Avoir l'—. — *habēre.* 得命 Tĕ mín. ‖ Demander l'—. *Veniam petĕre.* 禀命 Pǐn mín.

AGRÈS, s. m. *Interamenta, orum, n. pl.* 船具 Tchoŭan kiú.

AGRESSEUR, s. m. *Provocator, oris, m.* 先動手打人 Sīen tóng cheòu tà jên.

AGRESTE. adj. *Agrestis.* 粗鹵的○野的 Tsōu loù tỷ. Yĕ tỷ.

AGRICULTEUR, s. m. *Agricola, æ, m.* 農夫 Lông foū.

AGRICULTURE, s. f. *Agricultura, æ, f.* 莊家的事○耕田 Tchoāng kiā tỷ sé. Kēn tíen. ‖ S'adonner à l'—. *Se agriculturæ dăre.* 耕田○做莊稼 Kēn tíen. Tsóu tchoŭang kiā. Les Chinois honorent l'—. — *est in honore apud Sinas.* 在中國農為貴 Tsaý tchōng koŭě lông oúy koúy. ‖ Fête de l'—. *Festum agriculturæ.* (Au Lytchun.) 耕躬 Kēn kōng.

AGRIPPER, v. a. *Unguibus occupāre.* 抓 Tchaò.

AGUERRI, E, adj. *Armis obdurātus.* 會打仗的 Hoúy tà tcháng tỷ.

AGUERRIR, v. a. *Armis erudīre.* 敎人打仗 Kiáo jên tà tcháng. ‖ S'—. *Bello assuescĕre.* 慣習打仗 Koŭan sý tà tcháng. ‖ S'— contre la douleur. *Dolori callum obducĕre.* 不怕苦 Poù pà kŏu. ‖ S'— contre les coups du sort. *Fortunæ obdurescĕre.* 不怕患難 Poù pà hoúan lán.

AGUETS, s. m. *Speculator, oris, m.* 探信 Tǎn sín. ‖ Être aux —. *Speculāri.* 探信 Tǎn sín.

AHEURTER (S'), v. r. *Mordicus tenēre.* 固執 Koú tchĕ. ‖ — à son opinion. *Sententiæ* —. 執意 Tchĕ ý.

AHURIR, v. a. *Aures obtundĕre.* 重說 Tchóng chŏ.

AIDE, s. f. *Auxilium, ii, n.* 扶助 Foû tsóu. ‖ — de camp. *Castrorum præfecti adjutor.* 巡部 Sîun poú. ‖ Sans l'—. *Nullius adminiculis.* 無人扶助 Oû jên foû tsóu. ‖ Implorer l'—. *Auxilium petĕre.* 請人幫忙 Tsǐn jên pāng máng.

AIDER, v. a. *Adjuvāre.* 幫助 Pāng tsóu. ‖ — de ses conseils. *Consilio* —. 幫人打主意 Pāng jên tà tchoŭ-ý. ‖ — de son crédit. *Auctoritate* —. 保舉人 Paò kiù jên. ‖ Dieu aidant. *Deo juvante.* 天主保佑 Tīen Tchoù pào yeóu. ‖ S'— l'un l'autre. *Invicem sibi operam dăre.* 互相扶助 Hoú siāng foû teóu.

AIEUL, s. m. *Avus, i, m.* 公○祖 Kōng. Tsoù.

AIEULE, s. f. *Avia, æ, f.* 祖母 Tsoù moù.

AIEUX, s. m. *Avi, orum. m., pl.* 祖人 Tsoù jên.

AIGLE, s. m. *Aquila, æ, f.* 鳳凰○靈鳥 Fóng hoŭang. Lîm niào. ‖ C'est un — *Præstanti ingenio est.* 聰明人

Tsŏng mîn jên. ‖ — (enseigne). *Aquila, æ, m.* 旗子 Ký tsĕ. ‖ — Porte-enseigne. *Aquilifer.* 旗手 Ký cheòu. ‖ — (constellation). *Aquila.* 河鼓星 Hô koù sīn.

AIGREUR, s. m. *Acor, oris, m.* 酸 Soŭan. ‖ Plein d'—. *Acerbus homo.* 嚴的 Niên tỷ. ‖ Reproche plein d'—. *Acerba objurgatio.* 嚴責倨 Niên tsĕ pý. ‖ Accuser avec —. *Acerbé accusāre.* 重責 Tchóng tsĕ.

AIGRI, E, adj. *Exasperatus.* 胃火的 Maó hŏ tỷ. ‖ —. *In acorem versus.* 酸了 Soŭan leào.

AIGRIR, v. a. *In acorem facĕre.* 作酸 Tsóu soŭan. ‖ —. *Exasperāre.* 惹人 Jĕ jên. ‖ — un grief. *Crimen asperāre.* 加人的罰 Kiā jên tỷ tsoúy. ‖ — la douleur. *Dolorem exulcerāre.* 加苦 Kiā kŏu. ‖ S'—. *Acĕre.* 酸 Soŭan. ‖ — (s'irriter). *Exulcerāri.* 發怒 Fă loú.

AIGU, UË, adj. *Acutus.* 尖的 Tsīen tỷ. ‖ Son — (en musique). *Sonus acutus.* 清聲 Tsǐn chēn. ‖ Fièvre —. *Acuta febris.* 擺子利害 Paỷ tsĕ lý haý. ‖ Douleur —. *Acerbus dolor.* 大苦 Tá kŏu.

AIGUIÈRE, s. f. *Aqualis, is, f.* 水桶 Choùy tŏng.

AIGUILLADE, s. f. *Stimulus, i, m.* 牛鞭 Nieôu piēn.

AIGUILLE, s. f. *Acus, ùs, f.* 針 Tchēn. ‖ Une —. *Una* —. 一顆針 Ý kŏ tchēn. ‖ Trou d'une —. *Foramen acùs.* 針鼻子 Tchēn pý tsè. ‖ Pointe de l'—. *Cuspis* —. 針尖 Tchēn tsīen. ‖ Cachet à —. *Acicularium, ii, n.* 針筒 Tchēn tŏng. ‖ Enfiler une —. *Inserĕre in acum.* 穿針 Tchoŭan tchēn. ‖ Sur la pointe d'une —. *Pro nugis.* 為小事 Oúy siào sé. ‖ Broder à l'—. *Acu pingĕre.* 秀花 Sieóu hoā. ‖ — de tête. *Discerniculum, i, n.* 挖耳 Oūa eùl. ‖ — de cadran. *Horarum index.* 針 Tchēn.

AIGUILLÉE, s. f. *Acia, æ, f.* 一根線 Ý kēn sién.

AIGUILLETTE, s. f. *Ligula, æ, f.* 鈞帶 Keōu taý.

AIGUILLIER, s. f. *Acicularium, ii, n.* 針筒 Tchēn tŏng.

AIGUILLON, s. m. *Aculeus, i, m.* 觝 Tchĕ. ‖ — de la chair. *Stimulus carnis.* 男女之慾 Lân niù tchĕ yeŭ.

AIGUILLONNER, v. a. *Stimulāre.* 摧逼 Tsoŭy pý.

AIGUISER, v. a. *Acuĕre.* 磨○任尖 Mô. Tsó tsīen. ‖ — un poignard. *Pugionem asperāre.* 磨腰刀 Mô yāo taō. ‖ — l'appétit. *Stomachum excitāre.* 開口胃 Oūen keōu oúy. ‖ Pierre à —. *Cos, otis, f.* 磨石 Mô chĕ.

AIL, s. m. *Allium, ii, n.* 大蒜 Tá soúan. ‖ Tête d'—. *Allii caput.* 蒜瓣 Soúan pán. ‖ Gousse d'—. *Stica, æ, f.* 蒜頭 Soúan teōu. ‖ Sentir l'—. — *obolēre.* 殟蒜 Teŏu soúan.

AILE, s. f. *Ala, æ, f.; penna, æ, f.* 翅膀 Tchĕ pǎng. ‖ Une —. *Una* —. 一隻翅膀 Ý tchĕ tchĕ pǎng. ‖ Étendre les —. *Alas expandĕre.* 展翅 Tchàn tchĕ. ‖ Battre des —. *Alas quatĕre.* 撲翅 Chàn tchĕ. ‖ Réchauffer ses petits sous ses —. *Pullos pennis fovēre.* 抱巢 Paó tsaý. ‖ Couper les — à quelqu'un. *Alic. pennas incidĕre.* 砍他的翅膀 Kàn tà tỷ tchĕ pǎng. ‖ Voler de ses —. *Marte*

3

suo rem agěre. 自巳做 Tsé kỳ tsoú. ‖ Tirer à quelqu'un une plume de l'—. Corradĕre ab aliq. pecun. 籠絡別人銀錢 Lóng lô piě jên ŷn tsiĕn. ‖ Il en a dans l'—. Habet —. 彀了 Keóu leào. ‖ L'— principale d'une maison. Præcipua domŭs ala. 正房 Tchénfâng. ‖ — d'une armée. Cornu. 兵陣 Pīn tchén.

AILERON, s. m. Extrema ala. 魚翅 Yû tchě.

AILLEURS, adv. Alĭbi. 別處 Piě tchŏu. ‖ D'—. Aliunde. 到底 Taó-tỷ. ‖ — (nulle part). Nuspiam. 無有一處 Oû yeòu ў tchŏu.

AIMABLE, adj. Amabĭlis. 可愛的 Kò gaý tỷ.

AIMANT, s. m. Magnes, etis, m. 磖鐵石 Hỷ tiĕ chě. ‖ L'— attire le fer. — ad se ferrum allicit. 磖石吸鐵 Hỷ chě hỷ tiĕ chánq laỷ.

AIMANTER, v. a. Vi magneticā imbuĕre. 銜吸鐵石 Hân hỷ tiĕ chě.

AIMER, v. a. Amāre. 愛 Gaý. ‖ — plus que soi. Alios plus se —. 比自巳更愛 Pỷ tsé kỳ kén gaý. ‖ — par dessus tout. Super omnia. 爱于萬物之上 Gaý yû ouán oû tchè cháng. ‖ — sans fin. Sine fine —. 愛不斷 Gaý poŭ touàn. ‖ — la musique. Musicis capi. 愛音樂 Gaý ŷn lŏ. ‖ — quelqu'un d'une affection humaine. Pravo affectu duci (mauv. part.). 你思我愛 Ngỷ sē ngò gaý. ‖ (—) sécher d'amour impur. Amore ardēre. 害相思病 Haý siàng sē pín. ‖ — mieux. Anteponĕre. 放在先 Fáng tsaý siēn. ‖ Se faire —. In se alicuj. amorem conciliāre. 兇人愛 Teōu jên gaý. ‖ S'—. Mutuó se amāre. 相愛〇一个愛一个 Siāng gaý. Ў kó gaý ў kó.

AINE, s. f. Inguen, ĭnis, n. 腿肚交處 Toŭy toú kiāo tchŏu.

AINÉ, ÉE, adj. Natu major. 長的〇哥哥 Tchāng tỷ. Kō kō. ‖ Fils —. Primogenitus. 大兒子 Tá eûl tsè.

AINESSE, s. f. Droit d'—. Ætatis prærogativa. 長子的權 Tchāng tsè tỷ kiuén.

AINSI, adv. Sic, ita. 這樣 Tchě yáng. ‖ Les choses étant —. Quæ cim ita sint. 事既如此 Sé kỳ joŭ tsè. ‖ — soit-il. Utinam. 巴不得 Pā poŭ tě. ‖ — que. Æqué ac. 猶如 Yeòu joŭ. ‖ — Ideó. 所以 Sò-ỷ.

AIR, s. m. Aer, eris, m. 氣 Kỳ. ‖ Les deux — chinois. Duo sinica principia. 陰陽二氣 Ŷn yâng eùl kỳ. ‖ — malsain. Malignum cœlum. 天氣不好 Tiēn kỳ poŭ haò. ‖ — clair. Serenum. 清氣 Tsīn kỳ. ‖ Intempérie de l'—. Aeris vitium. 天氣不好 Tiēn kỳ poŭ haò. ‖ Respirer l'—. Auras carpĕre. 歇凉 Hiĕ leâng. ‖ Coucher à l'—. Sub dio pernoctāre. 露天 俱歇 Loù tiēn pà hiĕ. ‖ S'élever dans les —. In sublime ferri. 騰雲 Tên yûn. ‖ Au grand —. Aperto cœlo. 在門前 Tsaý mên tsiēn. ‖ Donner de l'—. Ventulum facĕre. 打扇 Tà chán. ‖ Donner de l'— à une maison. Fenestras aperīre. 開風凉 Kāy fōng leâng. ‖ Prendre un — de feu. Ad focum se applicĕre. 向火 Hiáng hò. ‖ Avoir toujours le pied en l'—. Stāre loco nescīre. 不停留 Poŭ tîh lieôu. ‖ Parler en l'—. Verba vento fundĕre. 枉自說 Ouàng tsé chŏ. ‖ — (contenance). Corporis habitus. 品格〇外面 pǐn kě. Ouáy mién. ‖ Avoir l'— triste. Tristis vidēri. 好像愛愁 Hào siàng yēou tsěou. ‖ Avoir l'— distingué. Venustæ esse formæ. 品格好 Pǐn kě hào. ‖ Avoir l'— d'un enfant. Puerili vultu esse. 娃娃形像 Ouâ ouâ hîn siàng. ‖ — (ressemblance). Similitudo, inis, f. 像 Siáng. ‖ Avoir l'— de quelqu'un. Similitudinem alicuj. ferre. 彷彿像某人 Fáng foû siáng móng jên. ‖ Avoir l'— irrité. Iratus vidēri. 像冒了火 Siáng maó leào hò. ‖ Se donner de grands —. Magnificé incedĕre. 車搖大擺 Tchěy yào tá pày. ‖ — (façon). Ratio, onis, f.; modus, i, m. 樣子 Yáng tsè. ‖ — (son). Modulus, i, m. 聲音 Chēn ŷn. ‖ Un — . Quidam concentus. 一成樂 Ў tchên lŏ. ‖ — triste. Modulus flebilis. 孝歐 Hiáo kō.

AIRAIN, s. m. Æs, æris, m. 銅 Tôṅg. ‖ Front d'—. Inverecunda frons. 厚臉 Heóu liên.

AIRE, s. f. Area, æ, f. 打粮食的揖子 Tà leâng chě tỷ pá tsè.

AIRER, v. n. Nidificāre. 做窩 Tsóu ō.

AIS, s. m. Assis, is, m. 板子 Pàn tsè, ou 一塊板子 Ў kouáy pàn tsè. ‖ Assembler des —. Coassāre. 相板子 Siāng pàn tsè.

AISANCE, s. f. Facilitas, atis, f. 容易 Yōng ý. ‖ Faire avec —. Facilé agĕre. 容易做 Yōng ý tsoú.

AISANCES, s. f. Latrīna, æ, f. 毛房 maô fâng. ‖ Les vider. Expurgāre. 掐毛房的糞 Yaó maô fâng tỷ fén.

AISE, s. f. Lætitia, æ, f. 喜歡 Hỳ hoūan. ‖ Être ravi d'—. — afferri. 大喜歡 Tá hỳ hoūan. ‖ — qui n'a rien qui le gène. Expeditus. 容易的 Yōng ý tỷ. ‖ Être logé à son —. Laxé habitāre. 坐處寬 Tsó tchóu koūan. ‖ A votre —. Commodo tuo fiat. 隨便你 Souý pién ngỳ. ‖ — de la vie. Vitæ commoditas. 肉身便益 Jôu chēn pién ỷ. ‖ Les prendre. Se molliter curāre. 愛惜自巳 Gaý sỷ tsé kỳ.

AISÉ, ÉE, adj. Facilis. 容易 Yōng ý. ‖ — à faire. Factu. 容易做的 Yōng ý tsoú tỷ. ‖ — à se fâcher. Stomachosus. 容易冒火 Yōng ý maó hò. ‖ (Riche). Dives, itis, n. 發財 Fǎ tsaý. ‖ Parler aisément. Promptus ad dicendum. 口才好 Keŏu tsǎy hào.

AISSELLE, s. f. Axilla, æ, f. 胛孔 Hiá kōng.

AISSETTE, s. f. Species cultri. 刮刀 Koǔa tāo.

AJOURNER, v. a. In jus vocāre. 提人見官 Tỷ jên kién koūan. ‖ — (fixer un jour). Diem statuĕre. 定日子

Tín jĕ tsĕ. ‖ — (remettre à un autre jour). — *procrastināre*. 就擱 Tān kŏ.
AJOUTER, v. a. *Addĕre*. 加上 Kiā cháng, ou 添 Tiēn. ‖ — la science à l'éloquence. *Scientiam eloquentiæ jungĕre*. 肚才口才都好 Toú tsăy kĕou tsăy toŭ haŏ. — foi à des contes. *Fabulas credĕre*. 信假事 Sín kià sé. ‖ — du sien. *De suo addĕre*. 自已出 Tsé kỳ tchŏu. ‖ — (dire de plus). *Subjungĕre*. 格外說 Kĕ oúy chŏ.
AJUSTER, v. a. *Ad modulum aliq. exigĕre*. 做合式 Tsŏu hô ché. ‖ — son coup. *Ictu certo destinata ferīre*. 觀的發矢 Koŭan tỳ fā chè. ‖ — ses cheveux. *Capillos componĕre*. 梳頭髮 Soŭ teŏu fā. ‖ — quelqu'un. *Reconciliāre alios*. 和睦人 Hô moŭ jén. ‖ S'— (convenir). *Apté convenīre*. 相合 Siāng hŏ. ‖ S'— (se parer). *Ornāre se*. 打扮自已 Tà pán tsé kỳ. ‖ S'— (se conformer). *Tempori servīre*. 隨時 Soŭy chĕ.
ALAMBIC, s. m. *Cucumella stillatoria*. 倒𦈢○蒸鍋 Taŏ tsén. Tchēn kŏ. ‖ Passer une chose à l'—. *Rem diù agitāre*. 等量多時 Tchĕou leáng tō chĕ.
ALAMBIQUER (S'), v. n. *Animum contendĕre*. 累心 Loŭy sīn.
ALARGUER, v. n. *Littus fugĕre*. 河中行船 Hô tchōng hīn tchŏuan.
ALARME, s. f. *Ad arma conclamatio*. 擂鼓進兵 Loŭy koŭ tsín pīn. ‖ Donner l'—. *Ad arma vocāre*. 擂鼓進兵 Loŭy koŭ tsín pīn. ‖ — (frayeur). *Trepidatio, onis, f*. 忽然怕 Foŭ jân pă. ‖ Jeter l'— dans le marché. *Forum totum commovēre*. 一塲都嚇倒了 Ỳ tchăng toŭ hĕ taŏ leaŏ. ‖ Toute la ville avait pris l'—. *Urbem circumvaserat terror*. 一城都嚇倒了 Ỳ tchén tso hĕ tào leaŏ. ‖ Vivre dans les —. *Trepidam vitam trahĕre*. 過驚恐日子 Kó kīn kŏng jĕ tsĕ.
ALARMER, v. a. *Metum injicĕre*. 嚇人 Hĕ jén. ‖ S'—. *Trepidāre*. 害怕 Háy pă.
ALCHIMIE, s. f. *Alchymia, æ, f*. 煉丹法 Lién tān fā.
ALCOOL, s. m. *Vinum ardens*. 燒酒 Chāo tsiĕou.
ALCORAN, s. m. *Alcoranum, i, n*. 回經 Hoŭy kīn.
ALCOVE, s. f. *Zetecula, æ, f*. 月亮床 Yuĕ kōng tchŏŭang.
ALÈNE, s. f. *Subula, æ, f*. 錐子 Tchŏuy tsĕ. ‖ Une —. *Una —*. 一把錐子 Ỳ pà tchŏuy tsé.
ALENTOUR, adv. *Circà*. 團轉○四面 Toŭan tchouàn. Sé mién.
ALERTE, adj. *Alacer*. 動快的人 Kīn koúay tỳ jén. ‖ — (alarme). *Subitus timor*. 小心 Siaŏ sīn. ‖ Être en —. *Animo excubāre*. 防危○守夜 Fâng pý. Cheŏu yé.
ALEVINER, v. a. *Pisces serĕre*. 放魚子 Fáng yŭ tsĕ.
ALGARADE, s. f. *Convicium, ii, n*. 淩辱 Lín joŭ. ‖ Faire une — à quelqu'un. *Aliquem conviciis obruĕre*. 責倦人 Tsĕ pý jén.

ALGÈBRE, s. f. *Per litteras computatio*. 借根方 Tsiĕ kēn fāng.
ALGUE, s. m. *Alga, æ, f*. 海黛 Hăy táy.
ALIBI, s. m. *Ex absentiā purgatio criminis*. 不在 Poŭ tsáy. ‖ — forain. *Tergiversatio, onis, f*. 推故 Toŭy kóu.
ALIÉNATION, s. f. *Disjunctio, onis, f*. 恨○厭○惡 Hén. Yén. Oú. ‖ — d'esprit. *Insanitas, atis, f*. 瘋 Fōng.
ALIÉNER, v. a. *Alienāre*. 出手○賣出 Tchŏu cheoù. Máy tchŏu. ‖ — quelqu'un de soi. A se —. 失和氣 Chĕ hô kỳ. ‖ — deux amis. *Voluntatem amicorum disjungĕre*. 刁唆朋友 Tiāo sō pŏng-yĕou. ‖ — l'esprit. *Aliquem ad insaniam adigĕre*. 膳瘋人 Laŏ fōng jén.
ALIGNÉ, ÉE, adj. *Ad lineam descriptus*. 一行一行的 Ỳ hâng ỳ hâng tỳ.
ALIGNER, v. a. *Ad lineam dirigĕre*. 排成行 Pày tchĕn hâng. ‖ — des maisons. *Ædium frontem describĕre*. 修一排房子 Siēou ỳ kó pày fâng tsĕ.
ALIGNEMENT, s. m. *Directura, æ, f*. 墨線 Mĕ sién.
ALIMENT, s. m. *Cibus, i, m*. 粮食○食物 Leâng chĕ. Chĕ oŭ. ‖ Prendre des —. *Cibum sumĕre*. 喫飲食 Tchĕ ỳn chĕ. ‖ Fournir des —. *Cibaria præbēre*. 施粮食 Chĕ leâng chĕ.
ALIMENTER, v. a. *Alĕre*. 養人 Yàng jén.
ALITÉ, adj. *Lecto affixus*. 睡在床 Choúy tsáy tchŏuăng.
ALLAITER, v. a. *Lactāre*. 餵嬭 Oúy lay. ‖ — un enfant pour la première fois. *Primogenitum lactāre*. 餵開口嬭 Oúy kăy keŏu lay.
ALLÉCHER, v. a. *Allicĕre*. 引誘 Ỳn yeŏu.
ALLÉE, s. f. *Discursus, ûs, n*. 往來 Oŭang lay. ‖ — (passage). *Mesaula, æ, f*. 巷子 Hán tsĕ. ‖ — (pour se promener). *Ambulacrum, i, n*. 走廊 Tseŏu lâng.
ALLÉGER, v. a. *Exonerāre*. 下駞 Hià tŏ. ‖ — un bateau. *Scapham —*. 下載 Hià tsay. ‖ — (soulager). *Levāre*. 安慰 Gān oúy.
ALLÉGORIE, s. f. *Allegoria, æ, f*. 比喻 Pỳ yú. ‖ par —. *Utendo —*. 用比喻 Yóng pỳ yú.
ALLÉGRESSE, s. f. *Alacritas, atis, f*. 喜歡○鬧熱 Hỳ hoŭan. Láo jĕ.
ALLÉGUER, v. a. *Proferre*. 說比喻 Chŏ pỳ yú. ‖ — un auteur. *Auctorem citāre*. 引書上的話 Ỳn chŏu cháng tỳ hóa. ‖ — la loi. *Legem proferre*. 引律例 Ỳn liŭ lý. ‖ — sa santé. *Excusatione valetud. uti*. 托病 Tŏ pín. Toŭy pín. ‖ — une fausse excuse. *Causam mentīri*. 說假綠故推諉 Chŏ kià yûen koú toŭy oùy.
ALLEMAND, s. m. *Germanus, i, m*. ‖ Faire une querelle d'—. *Jurgii amore jurgāri*. 爲小事爭論 Oúy siáo sé tsēn lén.
ALLER, v. n. *Ire*. 去○走○往 Kíu. Tseŏu. Oùang. ‖ — à pied. *Pedibus iter facĕre*. 走路 Tseŏu loú. ‖ — à cheval. *Equitāre*. 騎馬 Kỳ mà. ‖ — par eau. *Navi-*

gāre. 趕船 Kàn tchoŭan. ‖ — en litière ou en chaise. Lecticā gestāri. 坐轎子 Tsó kiáo tsè. ‖ — par terre. Terrā iter habēre. 走旱路 Tseòu hán loú. ‖ — contre le fil de l'eau. Adversā aquā vehi. 坐上水船 Tsó cháng choùy tchoŭan. ‖ — en avant. Progredi. 往前走 Oùang tsiĕn tseòu. ‖ — en arrière. Retrovre. 往後走 Oùang heóu tseòu. ‖ — devant. Præire. 先去 Siĕn kíu. ‖ — après. Poné —. 後去 Heóu kíu. ‖ — à reculons. Ex transverso cedĕre. 退走 Toŭy tseòu. ‖ — à tâtons. Manu viam explorāre. 摸起走 Mó kỷ tseòu. ‖ — en ambassade. Legatum ire: 出差○出使 Tchŏu tchăy. Tchŏu chè. ‖ — à la comédie. Ire ad scenam. 去看戲 Kíu kàn hý. ‖ — à la guerre. — militatum. 去打仗 Kíu tà tchàng. ‖ — à Pékin. Pekinum petĕre. 進京 Tsín kīn. ‖ — (se mouvoir). Movēri. 轉 Tchoŭan. ‖ On va. Itur. 就去 Tsieóu kíu. ‖ Laissez-moi —. Amitte me. 緊我去 Kĭn ngò kíu. ‖ — voir quelqu'un. Alĭq. visĕre. 去會人 Kíu hoúy jĕn. ‖ — se promener. Ire deambulatum. 去走要 Kíu tseòu choŭa. ‖ S'en —. Abire. 回去 Hoúy kíu. ‖ — (prospérer). Prosperāri. 順逐 Choŭen soúy. ‖ L'affaire ne va pas. Hæret negotium. 事情綿㯺 Sé tsíng miēn tsǎn. ‖ — de mal en pire. In pejus ruĕre. 事情更不好 Sé tsíh kén poŭ haò. ‖ Être près d'—. Non procul abesse. 臨 Lín. ‖ Il va mourir. Jamjam moriturus est. 臨終 Lín tchōng. ‖ Il va pleuvoir. Pluvia imminet. 要下雨 Yáo hiá yù. ‖ — par le haut. Evomēre. 嘔 Geòu. ‖ — par le bas. Alvo citā exercēri. 肚子瀉 Toú tsè sié. ‖ — à la selle. Alvum purgāre. 解大手 Kǎy tá cheòu. ‖ — (être juste). Decēre. 相對 Siāng toúy. ‖ Cet habit vous va bien. Decet te hæc vestis. 衫子合身 Chān tsè hŏ chēn. ‖ Le commerce ne va pas. Negotia hærent. 生意不行 Sēn ỷ poŭ hín. 不依 Poŭ ý. ‖ —. Obstāre. 不依 Poŭ ý. ‖ —. Obstāre. 鉄本分 Kiŭe pèn-fén. ‖ — (monter) à cent taëls. Hæc centum taelia conficiunt. 值得一百銀子 Tchě tě ỷ pě ýn tsè. ‖ — à son but. Propositum premēre. 得意 Tě ý. ‖ Se laisser — à ses passions. Passionibus indulgēre. 縱慾 Tsóng yòu. ‖ — rondement. Sine fuco agēre. 拍托 Piĕ tŏ. ‖ — tout de bon. Seriò —. 用心做 Yóng sīn tsoú. ‖ Le temps s'en va. Obit tempus. 時候過了 Chê heóu kó leào. ‖ Ces couleurs ne s'en vont pas. Colores elui nequeunt. 顏色不對 Yén sŏ poŭ toúy.

ALLIAGE, s. m. *Metallorum concretio*, onis, f. 相連的 Siāng lién tỷ, ou 恭五金 Tsǎn où kīn.

ALLIANCE, s. f. *Affinitas*, atis, f. 外親 Oúay tsīn. (Voyez *Affinité*.) ‖ Faire — avec quelqu'un. *Affinitatem jungĕre*. 打親家 Tà tsīn kiā. ‖ — (société). *Societas*, atis, f. 會 Hoúy. ‖ — entre deux royaumes. *Inter duo regna fœdus, eris*, n. 兩國結盟 Leàng koŭě kiĕ mín. ‖ Observer l'—. *Fœderi stāre*. 守和約 Cheòu hŏ yŏ. ‖ La rompre. *Fœdus frangĕre*. 犯和約 Fán hŏ yŏ.

ALLIÉ, ÉE. adj. (mélangé). *Mixtus*. 雜的 Tsă tỷ. ‖ — (uni d'affinité). *Affinis*. 外親 Oúay tsīn. ‖ — (uni de société). *Socius*. 夥計 Hŏ kỷ.

ALLIER, v. n. *Miscēre*. 雜 Tsă. ‖ — les métaux. *Metalla conflāre*. 恭五金 Tsǎn où kīn. ‖ S'— à une famille. *Inter se jungi*. 開親 Kāy tsīn.

ALLOCATION, s. f. *Decretus sumptus, ûs, m*. 定用費 Tín yóng feý. ‖ Fixer l'—. *Sumptus statuĕre*. 定用費 Tín yóng feý.

ALLOCUTION, s. f. *Allocutio, onis, f*. 說 Chŏ.

ALLONGE, s. f. *Additamentum, i, n*. 接的 Tsiĕ tỷ.

ALLONGER, v. a. *Producĕre*. 排寬○攤○加長一些 Páy koŭan. Tān. Kiā tchāng ỷ sỷ. ‖ — une table. *Accession. mensæ adjungĕre*. 接一張桌子 Tsiĕ ỷ tchāng tchŏ tsè. ‖ — le bras. *Brachium extendĕre*. 伸手勝 Tchĕn cheòu pàng. ‖ — un habit. *Vestem amplificare*. 接長衣服 Tsiĕ tchāng ỷ-foŭ. ‖ — (prolonger). *Protrahĕre*. 就擱 Tān kŏ. ‖ S'— en bâillant. *Pandiculāri*. 伸懶腰 Tchĕn làn yāo.

ALLOUER, v. a. *Expensum probāre*. 定用費 Tín yóng feý.

ALLUMER, v. a. *Accendĕre*. 燒○點火 Chaō. Tiĕn hò. ‖ — le feu. *Ignem conflāre*. 燒火 Chaō hò. ‖ — la lampe. *Lucernam accendĕre*. 點燈 Tiĕn tēn. ‖ — les cierges. *Cereos* —. 點黃蠟 Tiĕn hoŭang lă. ‖ — la discorde. *Discordiam excitāre*. 生恨 Sēn hén. ‖ S'—. *Accendi*. 燃 Jǎn. ‖ Le feu s'—. *Ignis succenditur*. 火燃了 Hŏ jǎn leào. ‖ La colère s'—. *Exardescit ira*. 發怒 Fă loú.

ALLUMETTE, s. f. *Sulphuratum, i, n*. 亮皮子 Leáng pỷ tsè. ‖ — chimique. *Sulphuratum, i, n*. 自來火 Tsé laý hò.

ALLURE, s. f. *Incessus, ûs, m*. 走路的樣子 Tseòu loú tỷ yáng tsè. ‖ Contrefaire l'— de quelqu'un. *Alic. gressum fingĕre*. 裝人走路 Tchoūang jĕn tseòu loú. ‖ — (habitude). *Mos, moris, m*. 規矩 Koŭy-kiù. ‖ Avoir ses — libres. *Esse liber*. 沒管頭 Mŏ koŭan teŏu. ‖ — tortueuse dans les affaires. *Per tenebras incedĕre*. 作事不明 Tsŏ sé poŭ mīn.

ALLUSION, s. f. *Annominatio, onis, f*. 指 Tchè. ‖ Faire — à une chose. *Obiter aliquid innuĕre*. 嗐指○東東 說西 Gán tchè. Tchè tōng chŏ sý.

ALLUVION, s. f. *Alluvio, onis, f*. 潮泥 Tchaǒ nỷ.

ALMANACH, s. m. *Fasti, orum, m*. 黃例○黃歴 Hoŭang lý. ‖ — des chrétiens. — *christiani*. 嚦禮單 Tchān lý, tān. ‖ Mes — sont justes. *Vera vaticinor*. 我猜 准了 Ngò tsāy tchuĕn leào.

ALOI, s. m. *Legitima conflatura, æ, f*. 銀水 Ýn choúy. ‖ Monnaie de bon —. *Nummi probi*. 漂銀 Piáo ýn. ‖

— (qualité). *Dos, otis, f.* 成色○好夕 Tchĕn sĕ. Haò taỳ. ‖ Marchandise de mauvais —. *Merces adulterinæ.* 假貨 Kiă hó.

ALORS, adv. *Tunc.* 那時 Lá chê. ‖ Jusqu'—. *Ad illud tempus.* 到那時 Taó lá chê.

ALPHABET, s. m. *Alphabetum, i, n.* 字母 Tsé-moù.

ALTÉRABLE, adj. *Quod vitiari potest.* 可壞的 Kò hoáy tỳ.

ALTÉRATION, s. f. *Mutatio, onis, f.* 改 Kaỳ. ‖ — de l'argent. *Argenti corruptio.* 假銀子 Kiă ỳn tsè. ‖ — (corruption). *Corruptio, onis, f.* 壞了 Hoáy leào. ‖ — (soif). *Arida sitis.* 口渴 Keŏu kŏ. ‖ — de la santé. *Valetudinis perturbatio.* 不自在 Poŭ tsé teáy.

ALTERCATION, s. f. *Jurgium, ii, n.* 吵架○爭論 Tchǎo kiá. Tsēn lén.

ALTÉRER, v. a. *Mutare.* 改 Kaỳ. ‖ — la santé. *Nocere valetudini.* 傷人 Chāng jên. ‖ S'—. *Vitiari.* 壞 Hoáy. ‖ Être —. *Sitim experiri.* 口渴 Keŏu kŏ. ‖ Ce fruit —. *Fructus* —. 喫這个果子口渴 Tchĕ tchê kó kò tsè keŏu kŏ.

ALTERNATIVE, s. f. *Optio, onis, f.* 選 Siùen. ‖ — *Series, ei, f.* 輪流○相輪 Lên lieŏu. Siāng lên.

ALTERNATIVEMENT, adv. *Alterna vice.* 輪流 Lên lieŏu.

ALTERNER, v. n. *Vices variare.* 輪流轉 Lên lieŏu tchoùan.

ALTESSE, s. f. *Altitudo, inis, f.* L'Empereur de Chine décerne aux membres de sa famille, selon leur mérite, l'un ou l'autre des quatorze titres d'*Altesse* suivants. Nous n'avons aucun titre correspondant dans nos langues d'Europe. Le titre chinois s'ajoute, comme tout titre honorifique en Chine, à la suite du nom auquel il est attribué. Ainsi le Prince-Régent actuel de la Chine a reçu de son frère l'Empereur défunt, le titre de Tsĭn Oûang. On le nomme donc Kōng tsĭn oûang.

Voici ces quatorze titres d'*Altesse* : 封爵十四 Fōng tsiŏ chĕ sé.

1° 親王 Tsĭn oûang.
2° 世子 Ché tsè.
3° 郡王 Kiùn oûang.
4° 長子 Tchàng tsè.
5° 貝勒 Peý lĕ.
6° 貝子 Peý tsè.
7° 鎮國公 Tchén kouĕ kōng.
8° 輔國公 Foù kouĕ kōng.
9° 不入八分鎮國公 Poŭ joŭ pă fén tchén kouĕ kōng.
10° 不入八分輔國公 Poŭ joŭ pă fén foù kouĕ kōng.
11° 鎮國將軍 Tchén kouĕ tsiāng kiùn.
12° 輔國將軍 Foù kouĕ tsiāng kiùn.
13° 奉國將軍 Fóng kouĕ tsiāng kiùn.
14° 奉恩將軍 Fóng gēn tsiāng kiùn.

Votre Altesse impériale. *Tua regia altitudo.* 殿下 Tièn hiá. ‖ Son — est morte. *Obiit regia altitudo.* 薨 Hōng. ‖ Le gendre d'une —. *Cujusdam altitudinis gener.* 郡馬 Kiùn mà.

ALTIER, ÈRE, adj. *Arrogans.* 自大 Tsé tá. 自高 Tsé kaō. 擎架子的 Lâ kiá tsè tỳ.

ALUMELLE, s. f. *Lamella, æ, f.* 錡子 Kỳ tsè.

ALUN, s. m. *Alumen, inis, n.* 白攀 Pĕ fân.

ALUNER, v. n. *Tingere aquâ aluminatâ.* 攀 Fân.

ALVÉOLE, s. f. *Alveus, i, m.* 蜂窩○蜂房 Fōng oūo. Fōng fâng.

AMABILITÉ, s. f. *Amabilitas, atis, f.* 可愛 Kŏ gaý.

AMADOU, s. m. *Ignarium, i, n.* 火草 Hŏ tsǎo.

AMADOUER, v. a. *Alicui lenocinari.* 諂媚 Tchǎn meý. ‖ — (caresser en touchant). *Leniter palpari.* 抹○捫 Mŏ. Mên.

AMAIGRIR, v. a. *Emacerare.* 瘦 Seóu.

AMANT, E, s. m. f. *Amator, oris, m.* 愛的人. Gáy tỳ jên. ‖ —. *Amasius, ii, m.* 私交○私愛 Sī kiāo. Sē gáy.

AMARRAGE, s. m. *Colligati rudentes, ium, m. pl.* 套纜 Taó tchân. ‖ —. *Anchoræ jactus, ûs, m.* 下錨 Hiá mâo.

AMARRER, v. a. *Religare navem.* 套船 Taó tchoûan.

AMAS, s. m. *Acervus, i, n.* 一堆 Y toùy. ‖ — d'herbe. *Graminis —.* 一堆草 Y toùy tsǎo. ‖ — d'ordure. *Colluvies, ei, f.* 一堆糞 Y toùy fén. ‖ — de gens. *Hominum turba.* 一群人 Y kiŭn jên.

AMASSER, v. a. *Coacervare.* 堆 Toūy. ‖ — des biens justement. *Justè sibi opes parare.* 找公道錢 Tchǎo kōng taó tsīen. ‖ — des mérites. *Merita comparare.* 立功 Lỳ kōng. ‖ — les honneurs sur quelqu'un. *In aliq. honores congerere.* 保聚人 Pào kiù jên. ‖ — des troupes. *Copias colligere.* 収兵 Cheōu pīn. ‖ S'—. *Glomerare se.* 堆一處 Toūy ý tchŏu.

AMATEUR, s. m. *Amator, oris, m.* 好 Háo. ‖ — des nouveautés. *Novitatis avidus.* 好新 Háo sīn.

AMAUROSE, s. f. *Amaurosis, eos, f.* 發時光 Fă tsīn kouâng.

AMAZONE, s. f. *Amazon, onis, f.* 女將 Niù tsiáng.

AMBAGES, s. f. *Ambages, um, n. pl.* 轉彎的話 Tchoùan oūan tỳ hóa. ‖ Parler sans —. *Missis ambagibus.* 說直話 Chŏ tchê hóa.

AMBASSADE, s. f. *Legatio, onis, f.* 差的事○使臣 Tchāy tỳ sé. Ché tchên. ‖ Chef d'—. *Legatus princeps.* 欽差 Kīn tchāy. ‖ Envoyer une —. *Legare ad.* 差人 Tchāy jên. ‖ Revenir de son —. *Redire ex legatione.* 出差回來 Tchŏu tchāy hoûy laý.

AMBESAS, s. m. *Canicula, æ, f.* 猴子 Heôu tsé.

AMBIANT, E, adj. *Ambiens.* 團的 Toûan tỳ.

AMBIDEXTRE, adj. *Ambidexter.* 左右都能 Tsŏ yeóu tōu lên.

AMBIGU, E, adj. *Ambiguus.* 雙關二意 Choūang koūan eùl ý. ‖ Mot—. *Ambigua vox.* 不明不白的話 Poŭ Mín poŭ pě tý hoá
AMBIGUITÉ, s. f. *Ambiguitas, atis, f.* 兩端 Leăng toūan.
AMBITIEUX, SE, adj. *Ambitiosus.* 貪高位 Tăn kāo oúy.
AMBITION, s. f. *Ambitio, onis, f.* 貪高位 Tăn kāo oúy. ‖ Pécher par —. *Per — delinquĕre.* 犯驕傲 Fán kiāo gáo. ‖ Toute mon — est d'étudier. *Omnis cura mea versatur in studio.* 我專想讀書 Ngò tchōuan siăng toŭ choū.
AMBITIONNER, v. a. *Ambĭre dignitatem.* 貪高位 Tăn kāo oúy.
AMBULANT, E, adj. *Nulli loco addictus.* 飄流人 Piāo lieóu jên. ‖ Comédiens —. *Comœdi errantes.* 竄鄉的戲子 Tsoūan hiáng tý hý tsě. ‖ Baptiseurs —. *Baptizatores in rure.* 竄鄉的天神會 Tsoūan hiăng tý tiēn-chên hoúy.
AME, s. f. *Anima, æ, f.* 靈魂 Lím houên. ‖ — végétative. — *vegetativa.* 生魂 ○ 陽氣 Sēn houên. Yăng ký. ‖ — sensitive. — *sensitiva.* 覺魂 ○ 神明 Kiŏ houên. Chên mín. ‖ — de l'homme. *Mens.* 精神 ○ 神氣 Tsīn chên. Chên ký. ‖ Rendre l'—. *Animam exhalăre.* 斷氣 ○ 靈魂出竅 Toūan ký. Lím houên tchòu kiào. ‖ Avoir l'— sur les lèvres. *Animam agens.* 要死得狠 Yáo sè tě hèn. ‖ — des morts. *Manes, ium, f.* 鬼 Koŭy. ‖ —. *Animus.* 心 Sīn. ‖ — vertueuse. *Vita integer.* 善人 Chán jên. ‖ Fermeté d'—. *Animi firmitas.* 剛勇的人 Kāng yŏng tý jên. ‖ Droiture d'—. *Rectitudo animi.* 心腸正直 Sīn tchăng tchén tchě. ‖ — de boue. *Homo lutulentus.* 莫志氣 Mŏ tché ký. ‖ — vénale. *Habens omnia venalia.* 要錢不要命 Yáo tsiēn poŭ yáo mín. ‖ — noire. *Abjectus animus.* 黑心子 Hě sīn tsě. — (individu). *Homo, inis, m. Caput, itis, n.* 一个人 ý kó jên. ‖ Il n'y avait pas une —. *Nemo aderat.* 莫得一个人 Mŏ tě ý kó jên. ‖ Ville de quarante mille —. *Urbs 40 capitum millia continens.* 這城內有四萬人 Tchě tchên loúy yeŏu sé oūan jên. ‖ — (moteur mobile) être l'— d'une affaire. *Caput esse rei.* 為首 Ouý cheŏu. ‖ — (expression de vie), chaleur. Parler avec —. *Loqui vehementer.* 說得昻然 Chŏ tě găng jăn. ‖ Discours sans —. *Frigidus sermo.* 死道理 Sè táo lý. ‖ — damnée de quelqu'un. *Alicuj. commodis per fas et nefas inservīre.* 賣死的人 Máy sè tý jên.
AMÉLIORATION, s. f. *Progressus, ūs. m.* 前進 Tsiĕn tsín. ‖ — dans sa conduite. *Emendata indoles.* 脾氣改得多 Pý ký kày tě tō.
AMÉLIORER, v. a. *Meliorem facĕre.* 做更好 Tsóu kén hào. ‖ La chose s'—. *Incipit res melius ire.* 事情更好 Sé tsíu kén hào.
AMEN (m. lat.), *Amen.* 巴不得 Pā poŭ tě. ‖ Dire — à tout. *Omnibus assentīri.* 耳躱軟 Eùl tò jouăn.

AMENDE, s. f. *Mulcta, æ, f.* 罰錢 Fă tsiĕn. ‖ Condamner à l'—. *Mulctam edicĕre.* 罰出錢 Fă tchŏu tsiĕn. ‖ Encourir l'—. — *committĕre.* 受罰出錢 Chéou fă tchŏu tsiĕn. ‖ Payer l'—. *Sufferre.* 出罰錢 Tchŏu fă tsiĕn. ‖ — honorable publique. *Publica confessio.* 喊堂 Hàn tăng. ‖ Faire l'—. *Ad reparandum publicȩ confitĕri.* 喊堂 Hàn tăng. ‖ — pour les mandarins; elles sont de sept degrés. 罰俸 Fă fŏng.
AMENDEMENT, s. m. *Emendatio, onis, f.* 改 Kày. ‖ Dieu veut l'— du pécheur et non sa perte. *Peccatorem emendāri, non perdi vult Deus.* 天主願罪人回頭 ○ 不願罪人死亡 Tiēn-Tchoŭ yuén tsóuy jên hoŭy-teŏu. Poŭ yuén tsóuy jên sè ouăng. ‖ Il n'y a pas d'— dans la maladie. *Non est morbi remissio.* 病人沒有好 Pín jên mŏ yeoŭ haŏ. ‖ — (engrais). *Fimus, i, m.* 糞 Fén.
AMENDER, v. a. *In melius mutāre.* 過頭人 Hoŭy-teŏu jên. ‖ — les lois. *Leges derogăre.* 損益法度 Sĕn ý fă toú. ‖ — les terres. *Agros stercorāre.* 糞田 Fén tiēn. ‖ S'— (se convertir). *Ad bonum redīre.* 回頭 ○ 改過 Houý teŏu. Kày kó.
AMENER, v. a. *Adducĕre.* 引來 Ýn laý. ‖ — quelqu'un garrotté. *Vinctum.* 解送犯人 Kăy sóng fán jên. ‖ — quelqu'un à son avis. *Ad sentent. suam adducĕre.* 勸人信自已的話 Kiuén jên sín tsé ký tý hóa. ‖ — quelqu'un à la raison. *Ad rationem.* 勸人依理 Kiuĕn jên ý lý. ‖ Un malheur en — un autre. *Aliud ex alio malum sequitur.* 禍不重來禍不單行 Foŭ poŭ tchŏng lày hó poŭ tăn hín.
AMÉNITÉ, s. f. *Amœnitas, atis, f.* 青秀 Tsīn siéou.
AMÉNORRHÉE, s. f. *Amenorrhœa, œ, f.* 閉經 Pý kīn
AMER, E, adj. *Amarus.* 苦的 Kŏu tý. ‖ Avoir la bouche —. *Os — habēre.* 口苦 Keŏu kŏu. ‖ Devenir —, *Inamarescĕre.* 苦 Kŏu. ‖ — (piquant). *Acer.* 辛 ○ 辣 Sīn. lă. ‖ Reproches — *Acerba monitio.* 重責 Tchŏng tsě. ‖ Ce qui est — à la bouche est doux au cœur. *Quod ori amarun, dulce est cordi.* (Prov. chin.) 良藥苦口而利於病 ○ 忠言逆耳而利於行 Leăng yŏ kŏu keŏu eùl lý yū pín, Tchōng yén ný eùl eùl lý yū hín.
AMÉRIQUE, s. f. *America, æ, f.* 亞默利加 ○ 花旗國 Yă mě lý kiā. Hoā ký kouě.
AMERTUME, s. f. *Amaritudo, inis, f.* 苦昧 Kŏu oúy. ‖ — d'esprit. *Animi dolor.* 憂苦 ○ 心裏苦 Yeōu kŏu. Sīn lý kŏu.
AMEUBLEMENT, s. m. *Supellex, ectilis, f.* 器具 Ký kiú.
AMEUTER, v. a. *Plebem concīre.* 把人招齊 Pà jên tchāo tsý ou 調唆人 Tiáo sō jên. ‖ — contre un mandarin. *Contra præfectum.* 成頭殺官 Tchén teŏu chă koūan.
AMI, s. m. *Amicus, i, m.* 朋友 Pŏng-yeŏu. ‖ — intime.

*Amicus intimus.* 知已 Tchĕ kỷ. ‖ — de cœur. *Fidelior amicus.* 腹心之朋友 Foŭ sīn tchē pŏng-yeòu. ‖ — en parole. *Externé amicus.* 口頭之友 Kéoŭ teòu tchē yeoù. ‖ — fidèle. *Fidelis amicus.* 忠心朋友 Tchŏng sīn pŏng-yeòu. ‖ Vivre en —. *Conjuncté vivěre.* 相好 Siāng-hào. ‖ Qui a de l'argent a beaucoup d'— (prov.). *Res amicos invenit.* 有茶有酒多兄弟。急難何曾見一人 Yeoù tchǎ yeòu tsieòu tō hiōng tỷ. Kỷ lán hŏ tsēn kién ỷ jên.

**AMIABLE**, adj. *Humanus.* 仁慈的 Jên tsē tỷ. ‖ A l'—. *Placaté.* 平和 Pǐn hŏ. ‖ S'arranger à l'—. *Rem sine pugnā conficěre.* 講和 Kiǎng hŏ.

**AMIANTE**, s. m. *Amiantus, i, m.* 火浣○石綿○石筋 Hŏ hoùan. Chĕ mién. Chĕ kīn.

**AMICT**, s. m. *Amictus, i, m.* 盖頭布 Kaý teòu póu.

**AMIDON**, s. m. *Amylum, i, n.* 粉漿 Fên tsiáng.

**AMIRAL**, s. m. *Dux classis.* 水師提督 Choùy sē tỷ toù.

**AMIRAUTÉ**, s. f. *Ducis — œdes.* 水師提督衙門 Choùy sē tỷ toù yá-mēn.

**AMITIÉ**, s. f. *Amicitia, æ, f.* 朋情○相好 Pŏng tsīn. Siāng-hào. ‖ Licr —. *Conjungěre.* 交朋情 Kiāo pŏng tsīn. ‖ La rompre. *Solvěre —.* 失朋情 Chĕ pŏng tsīn. ‖ Faites-moi l'— de. *Da mihi operam, amabo.* 我請你 Ngŏ tsǐn ngỷ. ‖ Faire mille — à quelqu'un. *Singulari in aliq. officio esse.* 欵待的好 Koùan taý tỷ hào. ‖ Faites-lui mes —. *A me illi salutem dic.* 替我拜上他 Tỷ ngŏ paý cháng tā́.

**AMNISTIE**, s. f. *Amnistia, æ, f.* 皇恩大赦 Hoăng gēn tá chĕ̀. ‖ Accorder une —. *— concedĕre.* 放皇恩大赦 Fáng hoŭang gēn tá chĕ̀. ‖ Tablette d'— (pour promettre une —); les mandarins l'érigent en temps de trouble. *Gratiosa tabella.* 立招安旗 Lỷ tchāo gān kỷ.

**AMODIER**, v. a. *Conducěre.* 佃 Tién.

**AMOINDRIR**, v. a. *Minuěre.* 減少 Kiĕn chào.

**AMOLLIR**, v. a. *Emollīre.* 做軟 Tsoú jouàn. ‖ Le soleil — la cire. *Sole emollitur cera.* 蠟晒化了 Lă cháy hoá leào. ‖ — au feu. *Per ignem aliq. mollīre.* 熦軟 Kāo jouàn. ‖ — (énerver). *Enervāre.* 敗氣力 Paý kỷ lỷ. ‖ La volupté — le cœur. *Voluptate liquescit cor.* 私慾敗壞 Sē yŏu paý houáy tā́. ‖ — (fléchir). *Sedáre iram alicuj.* 息怒 Sỷ loú. ‖ S'—. *Luxuriā diffluěre.* 敗壞 Paý houáy.

**AMONCELER**, v. a. *Acervāre.* 堆 Toūy.

**AMONT**, adv. *Sursùm, versùs.* 上水○向上 Cháng choùy. Hiáng cháng.

**AMORCE**, s. f. *Esca, æ, f.* 鈎魚的食物○ Tiáo yú tỷ chĕ̀ où. Eù̀l. ‖ — d'armes. *Igniarium, ii, n.* 火鑞 Hŏ lien.

**AMORCER**, v. a. *Hamum instruěre.* 穿魚鈎○上餌

Tchŏuan yú kĕou. Cháng eù̀l. ‖ — un canon. *Tormento igniarium imponěre.* 安火繩 Gān hŏ choŭen. ‖ — (attirer quelqu'un. *Allicĕre aliquem.* 引誘人 Ỷn yeòu jēn.

**AMORTIR**, v. a. *Restinguěre.* 打息 Tà sỷ. ‖ — un coup. *Ictum frangěre.* 擱住手 Lān tchóu cheòu. ‖ — les passions. *Motus passionum sedáre.* 斷絕私慾 Toúan tsiuĕ́ sē̆,yoù. ‖ — une rente. *Debitum sensim exsolvěre.* 少少的還賬 Chaò chaò tỷ houán tcháng.

**AMOUR**, s. m. *Amor, oris, m.* 愛情 Gaý tsīn. ‖ — paternel. *Paternus —.* 父母愛兒 Foŭ moù gaý eù̀l. ‖ — fraternel. *Fraternus —.* 弟兄相愛 Tý hiōng siāng gaý. ‖ — (vertu). *Charitas.* 愛德 Gaý tĕ̆. ‖ — propre. *Sui plenus —.* 愛自已○私心 Gaý tsé kỷ. Sē sīn. ‖ — déshonnête. *Impurus amor.* 邪愛 Sié gaý. ‖ Sans — propre. *Amore sui neglecto.* 不起私心 Poù kỷ sē sīn. ‖ Par —. *Amoris causā.* 為向他 Oúy hiáng tā́. ‖ Rendre — pour —. *Redamāre.* 以愛還愛 ỷ gaý hoŭan gaý. ‖ Inspirer l'—. *Amorem facěre.* 兜人愛 Teōu jên gaý. ‖ Sécher d'— impudique. *Flagitioso amore arescěre.* 害相思病 Haý siāng sē pín. ‖ Pour l'— de Dieu. *Pro Dei amore.* 為天主 Oúy Tiēn-Tchoù. ‖ Fleuve —. *Quoddam flumen.* 黑龍江 Hĕ̄-lóng-kiāng.

**AMOURACHER** (S'), v. r. *Amore insanīre.* 害相思 Haý siāng sē.

**AMOUREUX, SE**, adj. *Amator.* 愛的人 Gaý tỷ jên. ‖ Breuvage —. *Philtrum amatorium.* 壯陽囊 Tchoáng yáng yŏ. ‖ Regards —. *Procaces oculi.* 眼睛不端莊 Yĕn tsīn poŭ toūan tchoūang.

**AMOVIBLE**, adj. *Mutabilis.* 可改的 Kŏ kaý tỷ, ou 革退的 Kĕ̄ toúy tỷ.

**AMPHIBIE**, adj. *Amphibius.* 水旱獸 Choùy hán chéou.

**AMPHIBOLOGIE**, s. f. *Amphibologia, æ, f.* 遮盖的話 Tchĕ káy tỷ hóa.

**AMPHIGOURI**, s. m. *Inanis verborum colluvies, ei, f.* 無頭緒的話 Oū teòu sĭu tỷ hóa.

**AMPHITHÉATRE**, s. m. *Amphitheatrum, i, n.* 戲台 Hỷ taý. ‖ En —. *Per amphiteatri similitudinem.* 戲台的樣子 Hỷ taý tỷ yáng tsè.

**AMPLE**, adj. *Latus.* 寬大的 Koūan tá tỷ. ‖ Robe trop —. *Toga longior.* 衣服長狠 ỷ foù tchăng hèn. ‖ — repas. *Copiosa mensa.* 席豐原 Sỷ fōng heóu.

**AMPLIATION**, s. f. *Exemplar, aris, n.* 對票 Toúy piáo.

**AMPLIFICATION**, s. f. *Amplificatio, onis, f.* 加寬 Kiā koūan.

**AMPLIFIER**, v. a. *Augēre.* 加○做大一些 Kiā. Tsoú tá ỷ sỷ.

**AMPOULE**, s. f. *Ampulla, æ, f.* 瓶子 Pǐn tsè. ‖ — (tumeur). *Pustula, æ, f.* 疽 Tsīu.

**AMPOULETTE**, s. f. *Horologium arenarium.* 沙鐘 Chā tchōng.

**AMPUTER**, v. a. *Amputāre.* 砍 Kǎn.

**AMULETTE**, s. m. *Amuletum, i, n.* 押邪之物 Yā siě tchē oǔ, ou 保關煞之物 Paǒ konān jān tchē oǔ.

**AMUSEMENT**, s. m. *Ludus, i, m.* 要○玩 Chòa. Ouān. || —. *Ludificatio, onis, f.* 哄人 Hòng jēn.

**AMUSER**, v. a. *Detinēre.* 留 Lieǒu.||— les peines. *A dolore aberrāre* —. 安慰 Gān oúy. ||— le tapis. *Nugis immorāri.* 管細事 Kouān sý sé. || — quelqu'un (le retenir). *Detinēre aliq.* 留人. Lieǒu jēn. || S'— *Alicubi cessāre.* 在別處乩掴 Tsáy piě tchǒu tān kǒ. || S'— à la moutarde. *Nugis distinēri.* 管小事 Kouān siào sé.

**AMYGDALES**, s. f. *Tonsillæ, arum, f. p.* 氣包 Ký paǒ.

**AN**, s. m. *Annus, i, m.* 年○歲 Niēn. Soúy. (Voir le mot Année.)||— entier. *Totus* —. 一年 Y niēn.|| Au commencement de l'—. *Ineunte anno.* 上春 Cháng tchoūn. || Dès le commencement de l'— à la fin. *A principio ad finem anni.* 一年到頭 Y niēn táo teǒu. || Le premier janvier de l'—. *Prim. dies anni.* 大初一 Tá tsoū y̌. || L'— courant. *Annus vertens.* 本年 Pēn niēn. || L'— expirant. *Annus exiens.* 年尾 Niēn oúy. || A la fin de l'—. *Sub finem anni.* 年尾 Niēn oúy. || Nouvel —. *Novus annus.* 新年 Sīn niēn. || Dernier jour de l'—. *Ultima dies anni.* 歲除 Soúy tchoú. || Passer le dernier jour de l'—. *Anni seriem servāre.* 守歲 Cheǒu soúy. || Saluer la veille du nouvel —. *Anno vale dicēre.* 辭年 Tsé niēn. || Saluer le nouvel —. *Annum novum acclamāre.* 拜年 Paý niēn. || Passer le nouvel —. *Transire primam diem anni.* 過年 Kó niēn. || Espace d'un —. *Annuum tempus.* 一年之久 Y niēn tchē kieǒu. || Tous les —. *Singulis annis.* 每年 Meý niēn. || Fin de l'—. *Finis anni.* 年尾 Niēn oúy. || Matin du premier de l'—. *Mane primi diei.* 元旦 Yuēn tán. || Soir du dernier jour de l'—. *Vespere ultimi diei.* 除夕 Tchóu sý̌. || Etrennes du bon —. *Strenæ, arum, f.* 送年禮 Sóng niēn lý. || De deux — en deux —. *Alternis annis.* 每二年 Meý eǔl niēn. || Il est mort depuis dix —. *Abhinc decem annis mortuus est.* 他死了有十年 Tā sě leǎo yeǒu chě niēn. || Passer cent —. *Excedēre 100 annos.* 過一百歲 Kó y̌ pě soúy.

**ANA**, s. m. *Miscellanea, orum, n.* 雜書 Tsā chōu.

**ANACHORÈTE**, s. m. *Anachoreta, æ, m.* 獨修人 Toǔ sieōu jēn.

**ANAGRAMME**, s. f *Anagramma, atis, n.* 盤頭詩 Pān teǒu chē.

**ANALOGIE**, s. f. *Analogia, æ, f.* 相似○相對 Siāng sé. Siāng tóuy. || Il y a beaucoup d'— entre ces deux langues. *Non dissimiles sunt duæ istæ linguæ.* 兩國的話相合 Leāng kouě tý̌ hóa siāng hǒ.

**ANALOGUE**, adj. *Congruens.* 相似的 Siāng sé tý̌.

**ANALYSE**, s. f. *Analysis, is, f.* 略說 Liǒ chǒ. || — des principes. *Principiorum analysis.* 測本原 Sǒ pēn yuēn. || Faire l'— d'un remède. *Elementa remedii perpendēre.* 察藥性 Tchā́ yǒ sín.

**ANARCHIE**, s. f. *Anarchia, æ, f.* 無王國 Oǔ ouāng kouě.

**ANASARQUE**, s. f. *Anasarca, æ, f.* 水種 Choǔy tchòng.

**ANATHÉMATISER**, v. a. *Anathematizāre.* 葉絕 Ký tsiuě. || Être anathème. *Esse anathema, atis, n.* 受葉絕 Chéou ký tsiuě.

**ANATOCISME**, s. m. *Anatocismus, i, m.* 利上加利 Lý cháng kiā lý.

**ANATOMIE**, s. f. *Anatomia, æ, f.* 辯身節之文 Piēn chēn tsiě tchē ouēn.

**ANCÊTRES**, s. m. *Majores, um, m. p.* 先人○祖宗 Siēn jēn. Tsoǔ tsōng.

**ANCIEN, E**, adj. *Antiquus.* 古的 Koǔ tý̌. || Les —. *Proceres.* 古人 Koǔ jēn. || Mots — *Prisca verba.* 古文 Koǔ ouēn. || Notre — amitié. *Inveterata amicitia.* 老朋情○故交 Laǒ pōng tsīn. Kóu kiāo. || —. *Prior.* 先 Siēn. || Imiter les —. *Veteres æmulāri.* 效法古人 Hiáo fā koù jēn.

**ANCRE**, s. f. *Anchora, æ, f.* 錨 Maǒ. || Jeter l'—. *—jacēre.* 拋錨○下錨 Paō maǒ. Hiá maǒ. || Patte (dent) d'—. *Anchoræ dens.* 錨齒 Maǒ tchě. || Lever l'—. *— solvēre.* 収錨 Cheōu maǒ.

**ANCRER (S')**, *Consistēre.* 站 Tohān.

**ANDOUILLE**, s. f. *Hilla, æ, f.* 肉貫腸 Jǒu kouān tchǎng. || Faire des —. *Hillas conficēre.* 裝肉貫腸 Tchoūang jǒu kouān tchǎng.

**ANDROGYNE**, s. m. *Androgynus, i, m.* 陰陽人 Y̌n yāng jēn.

**ÂNE**, s. m. *Asinus, i, m.* 驢子 Liu tsě. || Un —. *Unus.* 一條 Y̌ tiǎo. || — (stupide). *Stupidus.* 愚人 Yu jēn. || C'est le pont aux —. *Hoc et asini noverunt.* 衆人曉得 Tchōng jēn hiáo tě.|| Pour un point, Martin perdit son —. *Ob unum punctum cecidit Martini asellus.* 下錯一步滿盤輸 Hiá tsǒ y̌ póu mān pān chōu. || Chercher son — et être assis dessus. *Asinum quærère et in asino sedēre.* 騎驢覔驢 Ký liù mý̌ liǔ.

**ANÉANTIR**, v. a. *Abolēre.* 消滅 Siāo miě. || S'—. *Humiliāre se.* 自謙 Tsé kiēn.

**ANECDOTE**, s. f. *Anecdota, orum, n. p.* 小故事 Siào kóu sé. || Raconter des —. *— narrāre.* 講故事 Kiǎng kóu sé.

**ANÉMIE**, s. f. *Anæmia, æ, f.* 血虛薄皮色白 Hiuě hiū póu pý̌ sě pě́.

ÂNERIE, s. f. *Stupiditas, atis, f.* 蠢 Tchoùen.

ÂNESSE, s. f. *Asina, æ, f.* 母驢 Moù liû.

ANÉVRISME, s. m. *Anevrysma, atis, n.* 氣血不周 ○ 脈管跳血裏 Ký hiuĕ poŭ tchēou. Mĕ̀ koŭan tiáo hiuĕ siāng.

ANFRACTUOSITÉ, s. f. *Anfractus, ùs, m.* 彎的 Ouān tỳ.

ANGE, s. m. *Angelus, i, m.* 天神 Tiēn chên. ‖ — gardien. *Custos* —. 護守天神 Foú cheòu tiēn chên. ‖ (Voyez le mot *Chœur* pour la division des anges.) Mauvais —. *Diabolus, i, m.* 鬼 Kouy. ‖ Rire aux —. *Solus silens ridēre.* 忍不佳笑 Jĕn poŭ tchóu siáo. ‖ Vivre comme un —. *Integerrimē vivĕre.* 平生無一毫過失 Pín sēn où ỳ hâo kó chĕ̀. ‖ Honorer son —. *Colĕre suum custodem angelum.* 恭敬護守天神 Kōng kín foú cheòu tiēn-chên.

ANGELUS, (mot lat.) Prière. 三鐘經 Sān tchōng kīn. ‖ Réciter l'—. *Recitāre angelicas salutationes.* 念三鐘經 Niēn sān tchōng kīn.

ANGINE, s. f. *Angìna, æ, f.* 喉癰 Heôu fōng.

ANGLAIS, s. m. *Anglus, i, m.* 英吉利人 Yn ký lý jên.

ANGLE, s. m. *Angulus, i, m.* 角 Kŏ. ‖ — droit. *Rectus* —. 方○直 Fāng. Tchĕ̀. ‖ — obtus. *Obtusus* —. 齊的○禿的 Tsý tỳ. Tŏu tỳ. ‖ — aigu. *Acutus.* 尖的 Tsiēn tỳ. ‖ — sortant. *Recedens.* 伸出外的角 Chēn tchoū ouáy tỳ kŏ.

ANGLETERRE, s. f. *Anglia, æ, f.* 大英吉利國 Tá ỳn ký lý kouĕ̀.

ANGOISSE, s. f. *Angor, oris, m.* 憂悶 Yeōu mén.

ANICROCHE, s. f. *Obex, icis, m.* 阻擋 Tsoù táng.

ANIMAL, s. m. *Animal, is, n.* 禽獸 Kín cheóu. ‖ — rampants. *Reptilia, ium, n. p.* 無脚 Où kŏ tỳ. ‖ — nageants. *Natatilia, ium, n. p.* 浮水的 Foú choùy tỳ. ‖ — aquatiques. *Aquatilia, ium, n. p.* 水內的 Choùy loúy tỳ. ‖ — volants. *Volucres, um, m.* 飛的 Feỳ tỳ. ‖ — de basse-cour. *Altilia, ium, n. p.* 畜牲 Hiôu sēn. ‖ Les six — domestiques chinois. *Sex sinica animalia domestica.* 六畜 Loù hiôu, c.-à-d. 馬牛羊鷄犬豕 Mà, nieôu, yâng, kỳ, tsiuĕ̀n, chè. ‖ Les six — des sacrifices. *Sex quæ ad sacrificia offerre licet animalia.* 六牲 Loù sēn, ou 牛馬豕羊犬鷄 Nieôu, mà, chè, yâng, tsiuĕ̀n, kỳ. ‖ C'est un —. *Bardus est.* 蠢人 Tchoŭen jên. ‖ Vic —. *Vita sensualis.* 圖樂的行為 Toû lŏ tỳ hîn ouỳ.

ANIMÉ, ÉE, adj. *Animatus.* 活的 ○ 生的 Hŏ tỳ. Sēn tỳ. ‖ Statue —. *Signum spirans.* 火氣 Hŏ ký̀, ou 那像儼然是活的 Lá siáng niĕn jàn chĕ̀ hŏ tỳ. ‖ — (excité, encouragé). *Excitatus.* 勸勉了的 Kiàng miĕn leào tỳ. ‖ — (irrité). *Alic. incensus.* 生了氣 Sēn leào ký̀.

ANIMER, v. v. *Animāre.* 回生 ○ 使活 Hoúy sēn. Chè hŏ, ou 賦靈魂 Foú lîm houĕ̀n. ‖ — (presser). *Urgēre.* 催 Tsoúy. ‖ — le soldat. *Militis ardorem accendĕre.* 催兵 Tsoúy pīn. ‖ — le peuple. *Populum concitāre.*

惹百姓 Jĕ̀ pĕ̀ sīn. ‖ S'—. *Sese adhortāri.* 相勸 Siāng kiuĕ̀n.

ANIMOSITÉ, s. f. *Odìum, ü, n.* 恨 Hén.

ANNALES, s. f. *Annales, ium, m.* 綱鑑 Kāng kién. ‖ Écrire les —. — *conficĕre.* 著綱鑑 Tohóu kāng kién. ‖ Les lire —. — *legĕre.* 看綱鑑 Kàn kāng kién.

ANNEAU, s. m. *Annulus, i, n.* 圈圈 Kiuĕ̀n kiuĕ̀n. ‖ — (bague). *Annulus.* 戒指 Kiáy tchè̀. ‖ Le porter —. *Induĕre.* 戴戒指 Táy kiáy tchè̀. ‖ L'ôter —. *Detrahĕre.* 取戒指 Tsîu Kiáy tchè̀. ‖ — nuptial. — *nuptialis.* 婚配的戒指 Hoūen pĕỳ tỳ kiáy tchè̀. ‖ Le bénir. *Benedicĕre* —. 聖戒指 Chén kiáy tchè̀.

ANNÉE, s. f. *Annus, i, m.* 年 Niĕn. ‖ L'— qui court. *Annus vertens.* 本年 Pĕ̀n niĕn. ‖ L'— passée. — *superior.* 去年 Kíu niĕn. ‖ L'— suivante. — *venturus.* 明年 Mîn niĕn. ‖ D'— en année. *In annos.* 每年 Meỳ niĕn, ou 年年 Niĕn niĕn. ‖ L'avant-dernière —. *Ferē ultimus annus.* 前年 Tsiĕn niĕn. ‖ — de stérilité. *Sterilis annus.* 荒年 Hoāng niĕn.

Le caractère de l'année a varié en Chine. Ainsi :

1° Depuis l'Empereur Hoâng Tý jusqu'au règne de Ty Kou inclusivement, on leur donna le nom de 年 Niĕn, ou révolution complète.

2° Depuis la première du règne de Ty Che, 2366 ans av. J.-C. jusqu'à la 19° de Yu, l'an 2206 on leur donnait celui de 載 Tsáy (ce qui est plein).

3° Depuis la première de Yu jusqu'à la troisième du règne de Kie Kouy, dernier Empereur de la dynastie Hiá, les années furent appelées 歲 Soúy.

4° Depuis l'an 1783 de Tchên tâng jusqu'à la 21° de Tchen Sin, elles portèrent celui de 祀 Sé (sacrifier). Les Chinois ont de tout temps partagé l'année en quatre saisons.

L'année astronomique chinoise commence au moment où le soleil entre dans le 15° d'Aquarius. Les Chinois font de ce point-là le commencement de leur printemps ; le 15° du Taureau est le point qui détermine pour eux le commencement de l'été ; le 15° du Lion, celui de l'automne ; le 15° du Scorpion, celui de l'hiver.

Leur année civile est luni-solaire ; pour eux le jour commence à minuit. Le premier jour de chaque lune civile est celui dans lequel la conjonction lunaire a lieu, quand bien même le moment de cette conjonction aurait lieu quelques instants avant le minuit qui termine ledit jour de la conjonction. Cela prémis, nous faisons remarquer que la première lune civile de chaque année civile est celle dans le cours de laquelle le soleil entre dans le signe des Poissons.

Lorsque, dans le cours d'une lune civile, le soleil

n'entre dans aucun signe, cette lune est intercalaire et l'année a treize mois.

Il est bon de savoir aussi que deux années civiles consécutives ne doivent jamais avoir treize lunes, lors même que l'on serait conduit, pour l'application de la règle précédente, à faire deux années de suite ayant chacune treize lunes. Pour le reste voir le mot *Lune*.

**ANNEXE**, s. f. *Appendix, icis, f.* 補○相聯的 Pŏu. Siâng liên tỳ.

**ANNEXER**, v. a. *Adjungĕre*. 結合○相連 Kiě hô. Siâng liên.

**ANNIHILER**, v. a. *Ad nihilum redigĕre*. 消滅 Siāo miĕ.

**ANNIVERSAIRE**, adj. *Annuus*. 週年 Tcheōu niên. ‖ — des défunts. *Defunctorum anniversaria*. 囚者週年 Ouâng tchè tcheōu niên. ‖ — de l'Empereur. *Imperatoris anniversaria*. 忌辰 Ký tchên.

**ANNONCE**, s. f. *Proclamatio, onis, f.* 出示 Tchŏu ché. ‖ Mettre une —. *Proclamationem appendĕre*. 貼告示 Tǐe kaŏ ché.

**ANNONCER**, v. a. *Denuntiāre*. 報信 Páo sín. ‖ — (prédire). — *prædicĕre*. 預言 Yú yên. ‖ — des calamités. *Calamitates nuntiāre*. 預言患難 Yú yên houàn lán.

**ANNONCIATION**, s. f. *Annuntiatio, onis, f.* 聖母領報 Chén mòu lǐn páo.

**ANNOTER**, v. a. *Annotāre*. 打記號 Tà ký háo.

**ANNUAIRE**, s. m. *Fasti gentilium*. 黃例書 Houâng lý chōu. ‖ — des chrétiens. *Fasti christianorum*. 瞻禮單 Tchān lý tān. ‖ — liste des mandarins civils et militaires. *Catalogus Imperii præfectorum*. 搢紳單 Tsìn chên chōu.

**ANNUEL, LE**, adj. *Annuus*. 一年的 Ў niên tỳ, ou 每年的 Meỷ niên tỳ.

**ANNULAIRE**, adj. *Annularis*. 四指○無名指 Sé tchè. Oû mǐn tchè.

**ANNULER**, v. a. *Abrogāre*. 折○毀 Tchĕ. Hoùy. ‖ — un jugement. *Judicium rescindĕre*. 駁案 Pô gān.

**ANOBLIR**, v. a. *Nobilem efficĕre*. 賜扁額 Tsè pién gĕ.

**ANODIN**, adj. *Anodynus*. 止痛的藥 Tchè tóng tỳ yŏ.

**ANOMALIE**, s. f. *Inæqualitas, atis, f.* 非常的 Féy chǎng tỳ, ou 奇怪 Ký kouáy.

**ANONNER**, v. a. *Hæsitāre*. 怕說 Pǎ chŏ.

**ANONYME**, adj. *Furtivus*. 曖的○無名的 Yn tỳ. Oû mǐn tỳ. ‖ Accusation —. *Sine nomine accusatio*. 白頭壯子 Pĕ′ teŏu tchouâng tsè.

**ANSE**, s. f. *Ansa, æ, f.* 耳 Eùl.

**ANTAGONISTE**, s. m. *Adversarius, i, m.* 相反的○對敵 Siâng fàn tỳ. Toúy tý.

**ANTARCTIQUE**, adj. *Australis*. 南方的 Nân fāng tỳ. ‖ Le pôle —. *Polus —*. 南極 Nân ký.

**ANTÉCÉDENT, E**, adj. *Antecedens*. 在先的 Tsaý siēn tỳ.

**ANTENNE**, s. f. *Antenna, æ, f.* 帆橫杆 Fân hông kān. ‖ La baisser. — *demittĕre*. 汉帆 Cheōu fân. ‖ — des animaux. *Corniculum, i, n.* 蛾眉 Ô meý.

**ANTÉRIEUR, E**, adj. *Anterior*. 在頭的○先的 Tsaý teŏu tỳ. Siēn tỳ.

**ANTHÈRE**, s. f. *Anthera, æ, f.* 花心 Hoā sīn.

**ANTICHAMBRE**, s. f. *Antithalamus, i, m.* 隔房 Kĕ′ fâng.

**ANTICIPER**, v. a. *Anticipāre*. 先做 Siēn tsoú. ‖ — sur les revenus. *Reditus præcipĕre*. 欨穀花 Kǎn koŭ hoā. ‖ — sur l'autorité de quelqu'un. *Alicuj. auctoritatem usurpāre*. 過分自巳的權 Kó fēn tsé kỳ tỳ kiûen. ‖ — sur le champ d'autrui. *Vicini cespitem suo solo affodĕre*. 過界 Kó kiáy. ‖ — en payant une dette. *Diem pecuniæ repræsentāre*. 先還賬 Siēn hoûan tcháng.

**ANTIDATE**, s. f. *Falsa diei assignatio, onis, f.* 先期 Siēn kỳ.

**ANTIDOTE**, s. m. *Antidotum, i, n.* 解毒藥 Kiaỷ toŭ yŏ.

**ANTIENNE**, s. f. *Antiphona, æ, f.* 對唱 Toúy tchâng.

**ANTIPHONAIRE**, s. m. *Antiphonarium, ii, n.* 對詠書 Toúy yún chōu.

**ANTIPHRASE**, s. f. *Antiphrasis, eos, f.* 將原話譏笑人 Tsiāng yûen hoá kỳ siáo jên.

**ANTILOGIE**, s. f. *Contradictio, onis, f.* 相反的話 Siāng fàn tỳ hoá.

**ANTIPATHIE**, s. f. *Antipathia, æ, f.* 性情不相合○推拒 Sín tsǐn poŭ siâng hô. Toúy kiú. ‖ Avoir de l'—. *Odio habēre aliquem*. 厭惡人 Yēn oú jên.

**ANTIPODE**, s. m. *Antipodes, um, m.* 地球下面之人○對背 Tý kieôu hiá miên tchè jên. Toúy péy. ‖ — du sens commun. *A communi sensu abhorrens*. 全不合理 Tsûen poŭ hô lý. ‖ Je voudrais qu'il fût aux —. *Eum quàm longè abesse vellem*. 巴不得他充遠點 Pā poŭ tĕ′ tā′ tchōng yûen tièn.

**ANTIQUE**, adj. *Antiquus*. 古的○舊的 Koù tỳ. Kieóu tỳ. ‖ Aimer les —. *Antiqua diligĕre*. 好古 Haŏ koù.

**ANTISPASMODIQUE**, adj. *Antispasmicus*. 安肚腹腦氣筋 Gān toŭ foŭ laŏ kỳ tsiĕ.

**ANTITHÈSE**, s. f. *Antithesis, is, f.* 相對的話 Siāng toúy tỳ hoá.

**ANTONOMASE**, s. f. *Antonomasia, æ, f.* 用總名稱人 Yóng tsòng mǐn tchēn jên.

**ANTRE**, s. m. *Spelunca, æ, f.* 峒 Tóng.

**ANUS**, s. m. *Anus, i, m.* 肛門 Kāng mên. ‖ Fistule de l'—. — *fistula*. 肛門瘻管 Kāng mên soŭ koùan. ‖ Abcès au périnée. *Perinæi abcessus*. 肛門前生膿瘡 Kāng mên tsiên sē lông tchoūang.

**ANXIÉTÉ**, s. f. *Anxietas, atis, f.* 多心○憚心 Tō sīn. Tǎn sīn. ‖ Être dans l'—. *Angi animo*. 憚心 Tǎn sīn.

**AORTE**, s. m. *Aorta, æ, f.* 總脈管 Tsŏng mĕ′ koùan.

AOÛT, s. m. *Augustus, i, m.* 洋九月 Yâng kieòu yuĕ̀.
APAISER, v. a. *Sedāre.* 息 sỹ̆. ‖ — les esprits. *Animos —.* 息怒 Sỹ̆ loú. ‖ — les querelles. *Discordias —.* 勸人息怒 Kiuĕn jên sỹ̆ fén. ‖ — une sédition. *Seditionem comprimĕre.* 招安 Tchaō gān. ‖ — un incendie. *Incendium compescĕre.* 救火 Kieóu hŏ. ‖ — Dieu. *Iram Dei placāre.* 息天主義怒 Sỹ̆ Tīen-Tchoù nỹ̆ loú. ‖ Les troubles sont —. *Consilescunt turbæ.* 太平無事 Tày p'ih où sé. ‖ S'—. *Iram remittĕre.* 息氣 Sỹ̆ kỹ̆. ‖ L'orage s'est —. *Sedata est tempestas.* 暴風停了 Paó fōng t'iŭ leàò.
APANAGE, s. m. *Apanagium, ii, n.* 長子格外的田 Tchàng tsẹ̆ kĕ̆ ouáy tỹ̆ t'iēn. ‖ —. *Appendix, icis, f.* 補 Poŭ̀. ‖ L'erreur est l'— de l'humanité. *Errāre humanum est.* 無人不錯 Où jên poŭ tsŏ́.
APARTE, s. m. *Secum loqui.* 背詠 Peý yún.
APATHIE, s. f. *Animi stupor.* 無精神 Où tsīn chên.
APERCEVOIR, v. a. *Aspicĕre.* 看 Kǎ̀n. ‖ — de loin. *Prospicĕre.* 遠看 Yŭ̀en kǎ̀n. ‖ — entre deux. *Aliq. interlucēre.* 有點影子 Yeŏù t'ièn ỹ̆n tsĕ̀. ‖ S'—. *Persentīre.* 覺得 Kiŏ tĕ́.
APERÇU, s. m. *Primus aspectus.* 一眼 Ỹ̆ yēn. ‖ Au premier —. *Primo aspectu.* 一見 Ỹ̆ kiĕ̀n. ‖ — sommaire. *Rei summa.* 一共〇一總 Ỹ̆ kóng. Ỹ̆ tsóng.
APÉRITIF, VE, adj. *Meabilis.* 開胃之物〇輕瀉 Kāy oúỹ̆ tchẹ̆ où. K'īn sié.
APETISSER (S'), v. r. *Imminui.* 做小 Tsoú siaò. ‖ — au moral. *Dignitatem labefactāre.* 不惜品 Poú́ sǐ́ p'ìn.
APHONIE, s. f. *Vocis amissio.* 失聲氣 Chĕ̆ chēn kỹ̆.
APHORISME, s. m. *Aphorismus, i, m.* 歌訣 Kō kiŭe.
APHTHE, s. m. *Aphtæ, arum, f.* 蟲牙 Tchōng yá. ‖ — de la bouche. *Oris tumor.* 口唇生白泡 Keŏù chuĕn sēn pĕ paó.
API, s. m. *Rubrum malum.* 花紅 Hoā hóng.
APITOYER, v. a. *Misericordiam movēre.* 動人心 Tóng jên sīn. ‖ S'— sur quelqu'un. — *moveri.* 可憐人 Kŏ̀ lièn jên.
APLANIR, v. a. *Complanāre.* 作平 Tsŏ́ p'íh. ‖ — une route. *Viam æquāre.* 平路 P'íh loú. ‖ — (faciliter). *Aperīre.* 改容易 Kaỹ̆ yōng ỹ̆. ‖ — les difficultés. *Rem aliq. enodāre.* 解難事 Kiàỹ lân sé.
APLATIR, v. a. *Premendo complanāre.* 厭平 Yā p'íh. ‖ S'—. *Complanāri.* 平 P'íh. ‖ La tumeur s'—. *Desidit tumor.* 腫消了 Tchòng siaō leaō.
APLOMB, s. m. *Perpendiculum, i, n.* 乎水線〇墨線 P'íh choùỹ̆ sién. Mĕ̆́ sién. ‖ Ce mur est bien d'—. *Murus recté stat.* 這堵墻直 Tchĕ̆́ toù tsī́ang tchế.
APOCRYPHE, adj. *Apocryphus, i, m.* 不正經 Poŭ́ tchên kīn. ‖ Nouvelles —. *Nuntii incerti.* 假信 Kià sín.
APOGÉE, s. f. *Apogœum, i, n.* 星隔地遠 Sín kĕ̆́ tỹ̆ yŭ̀en. ‖ Être à l'— de sa gloire. *Ad fastigium honoris pervenisse.* 得大榮華 Tĕ̆́ tá yûn hoûa.
APOLOGIE, s. f. *Defensio, onis, f.* 顧自已的話〇辯白寃屈 Koú tsé kỹ̆ tỹ̆ hoá. Pièn pĕ yūen kiŭe.
APOLOGUE, s. m. *Apologus, i, m.* 比喻 Pỹ̆ yú, ou 扮言 Pán yēn.
APOPLEXIE, s. f. *Apoplexia, æ, f.* ‖ — sanguine. 腦血中風 Laŏ̀ hiuĕ́ tchōng fōng. ‖ — séreuse. 瘋癱 Fōng tān.
APOSTASIER, v. a. *Fidem deserĕre.* 悖教 Peý kiaó.
APOSTAT, s. m. *Apostata, æ, m.* 悖教的人 Peý kiaó tỹ̆ jên.
APOSTER, v. a. *Apponĕre.* 放探子 Fáng tán tsĕ̀. ‖ — un faux témoin. *Falsum testem adornāre.* 買假干証 Maỹ̆ kià kān tchén.
APOSTILLER, v. a. *Notas apponĕre.* 打記號 Tà kỹ̆ haó.
APOSTOLAT, s. m. *Apostolatus, ûs, m.* 總督之職 Tsóng toŭ tchĕ̆ tchế.
APOSTROPHE, s. f. *Objurgatio, onis, f.* 責備 Tsĕ̆́ pỹ̆. ‖ —. *Elisæ vocalis nota.* 一點 Ỹ̆ t'ièn.
APOSTUME, s. f. *Vomica, æ, f.* 膿胞〇肚癰 Lóng paō. Toú yōng. ‖ Avoir une —. *laborāre.* 生肚癰 Sēu toú yōng. ‖ La percer. *aperīre.* 鍼肚癰 Tchēn toʻá yōng.
APOTHÉOSE, s. f. *Apotheosis, is, f.* 封神〇入孔廟 Fōng chên. Jôu kŏ̀ng miaó. ‖ Faire l'— de quelqu'un. *Nubibus extollĕre.* 贊美上天 Tsán-meỹ̆ cháng tiēn.
APOTHICAIRE, s. m. *Pharmacopola, æ, m.* 開藥館的 Kāy yŏ koùan tỹ̆.
APÔTRE, s. m. *Apostolus, i, m.* 宗徒 Tsōng tôu. ‖ Faire le bon —. *Virum probum ementīri.* 裝好人 Tchoūang haò̆ jên.
APPARAÎTRE, v. n. *Apparēre.* 顯 Hiĕn. ‖ — en songe. *In somnis —.* 夢中發顯 Móng tchōng fă̆ hièn.
APPARAT, s. m. *Ornatus, ûs, m.* 體面〇排場 Tỹ̆ mièn. Pày tchǎ̀ng. ‖ Pur —. *Merus —.* 外皮 Ouáy pỹ̆.
APPAREIL, s. m. *Apparatus, ûs, m.* 器用齊全 Kỹ̆ yóng tsỹ̆ tsŭ̀en. ‖ — funèbre. *Funebris —.* 辦喪事 Pán sāng sé. ‖ — de festin. *Epularum —.* 辦酒席 Pán tsieòu sỹ̆. ‖ Avec —. *Splendidé —.* 體面 Tỹ̆ mièn. ‖ Sans —. *Nullo apparatu.* 清清靜靜 Tsīn tsīn tsín tsín. ‖ —. *Medicamentum.* 膏藥 Kaō yŏ̀. ‖ Mettre un —. *Medicamentum admovēre.* 貼膏藥 T'iĕ́n kaō yŏ̀.
APPAREILLER, v. n. *Vela dăre.* 開船 Kāy tchoŭ̀an. ‖ —. *Pares cum paribus componĕre.* 擺成對 Paỹ̆ tchĕ̆n toúỹ̆. ‖ — (mettre à la voile). *Naves adornāre.* 起錨 開船 Kỹ̆ maó kāy tchoŭ̀an.
APPAREMMENT, adv. *In speciem.* 外面〇大半 Ouáỹ̆ mièn. Tá pán. ‖ —. *Ut verisimile est.* 多半有 Tō

pán yeòu. ‖ —. *Aperté, manifesté.* 明明的 Mín mín tỷ.

**APPARENCE**, s. f. *Species, iei, f.* 樣子○外皮○光景 Yáng tsè. Ouáy pỷ. Koñang kīn. ‖ Avoir l'— d'un brave homme. *Speciem boni viri præ se ferre.* 像好人 Siáng haò jên. ‖ Se prendre aux —. *Capi specie.* 樣子哄了我 Yáng tsè hòng leaò ngò. ‖ Avoir l'—. *Speciem exhibēre.* 像 Siáng. ‖ Sauver les —. *Decorum servāre.* 外面正經 Ouáy mién tchén kīn. ‖ Juger sur les —. *Ex specie judicāre.* 以容貌取人 Ý yŏng maó tsíu jên. ‖ Il y a — que voici quelqu'un. *Verisimile est aliquem advenire.* 彷彿有幾个人 Fàng foǔ yeòu kỷ kó jên. ‖ En —. *In speciem.* 外面 Ouáy mién. ‖ Contre l'—. *Præter —.* 無望 Oǔ ouáng. ‖ Gai en —. *Fronte lætus.* 外面喜歡 Ouáy mién hỷ-hoūan. ‖ — (probabilité). *Probabilitas.* 多半 Tō pán.

**APPARENT, E**, adj. *Apertus.* 可見的○明明的 Kŏ kién tỷ. Mín mín tỷ. ‖ — (simulé). *Fictus.* 假裝的 Kià tchoūang tỷ.

**APPARIER**, v. a. *Pares cum paribus jungĕre.* 排成對 Pày tchên toúy. ‖ S'— (s'accoupler). *Coīre.* 交 Kiāo.

**APPARITEUR**, s. m. *Apparitor, oris, m.* 小班 Siào pān.

**APPARITION**, s. m. *Visio, onis, f.* 顯形○怪狀 Hièn hỉn. Koúay tchoúang. ‖ — en dormant. *Dormienti visu occurrĕre.* 夢中發顯 Móng tchōng fă hièn. ‖ — d'un phénomène. *Visus rei portentosæ.* 出怪事 Tchǒu koúay sé. ‖ Il n'a fait qu'une — ici. *Paulisper ibi moratus est.* 在這里他犹過一下 Tsáy tchè lỷ tă tān kŏ ỷ hiá.

**APPARTEMENT**, s. m. *Ædium pars.* 一向房子 Ỷ hiáng fàng tsè. ‖ — pour les hommes. *Andronitis, idis, f.* 男客房 Nàn kŏ fàng. ‖ — pour les femmes. *Gynæceum, i, n.* 女客房 Niù kŏ fàng. ‖ Louer un —. *Ædium partem locāre.* 佃房子 Tién fàng tsè.

**APPARTENIR**, v. n. *Esse alicujus.* 是他的 Chè tā tỷ. ‖ Ce livre m'—. *Liber meus est.* 是我的書 Chè ngǒ tỷ chōu. ‖ Tout ceci m'—. *Hæc mea sunt.* 這是我的 Tchè ché ngǒ tỷ. ‖ Cette maison lui —. *Hæc domus ejus est.* 是他的房子 Chè tā tỷ fàng tsè. ‖ — (être parent de). *—sanguine contingĕre.* 有親戚 Yeòu tsīn sỷ. ‖ — (être domestique). *Esse in famulatu.* 服事人 Foǔ sé jên. ‖ — (avoir rapport). *Pertinēre.* 歸于 Kouy yù. ‖ Cela — à la religion. *Hæ religionem attinent.* 歸于聖敎 Kouy yù chén kiáo. ‖ —. *Decēre.* 可以 Kŏ-ỷ. ‖ Il vous — de. *—tuum est.* 是你的事 Ché ngỷ tỷ sé. ‖ Comme il —. *Ut par, ut decet.* 如你所當爲 Joù ngỷ sŏ tāng oúy.

**APPAS**, s. m. *Illecebræ, arum, f.* 引誘 Ỷn-yeòu.

**APPAT**, s. m. *Illex, icis, m.* 鉤魚的食子 Keōu yù tỷ ché tsè. ‖ Garnir un hameçon d'—. *Hamum escâ instruĕre.* 穿魚鉤 Tchoūan yû keōu.

**APPAUVRIR**, v. a. *Egestatem afferre.* 害窮人 Háy kiòng jên. ‖ Les procès — une famille. *Domum exhauriunt lites.* 官司打窮人 Koūan sé tà kiòng jên. ‖ — un sol. *Agrum exhaurīre.* 栽瘦田○荒地 Tsāy seóu tièn. Houāng tỷ. ‖ S'—. *Depauperizāri.* 受窮 Chéou kiòng.

**APPAUVRISSEMENT**, s. m. *Bonorum jactura.* 失財 Chĕ tsáy.

**APPEAU**, s. m. *Avis illex.* 媒子雀 Méy tsè tsiŏ. ‖ — (sifflet). *Calamus illex.* 嘯子 Siáo tsè.

**APPEL**, s. m. *Provocatio, onis, f.* 告上狀○訴冤 Káo cháng tchoúang. Sóu yuēn. ‖ Interjeter — *Appellationem interponĕre.* 告上狀訴冤 Káo cháng tchoúang sóu yuēn. ‖ — chinois, qui consiste à crier au prétoire lorsque le mandarin paraît. *In prætorio jus repetĕre.* 喊冤 Hàn yuēn. ‖ —. *Nomenclatio.* 喊冤 Hàn yuēn. ‖ Faire l'—. *Nominatim appellāre.* 點名 Tièn mǐn. ‖ Répondre à l'—. *Ad nomina respondēre.* 應名 Ỷn mǐn. ‖ — (signal). *Signum.* 吹號爲記 Tchōuy háo ouý ký. Battre l'—. *Signum tubâ canĕre.* 鳴金收兵 Mǐn kīn chēou pīn. ‖ — (défi). *Provocatio.* 叫人打架 Táo jên tà kiá.

**APPELER**, v. a. *Vocāre.* 叫 Kiáo. ‖ Comment vous — vous? *Quo nomine vocaris?* 貴姓○姓甚麼○高姓 Koúy sín. Sín chén mŏ. Kaō sín. ‖ Comment cela s'—-t-il? *Quodnam est nomen hujus rei?* 這個叫什麼 Tchè kó kiáo ché mŏ. ‖ Veuillez — un tel. *Velis vocāre talem.* 請叫某人 Tsín kiáo móng jên. ‖ — (mander). *Accersĕre.* 叫人來 Kiáo jên laý. ‖ — un médecin. *Medicum invitāre.* 請太醫 Tsǐn tấy ỷ. ‖ — le prêtre. *Sacerdotem invitāre.* 接鐸德 Tsiĕ tŏ tĕ. ‖ — à haute voix. *Inclamāre.* 大聲叫 Tá chēn kiáo. ‖ — par signes. *Nutu.* 遞點子叫人來 Tý tièn tsè kiáo jên laý. ‖ — à son secours. *Auxilium invocāre.* 請人帮忙 Tsǐn jên pāng máng. ‖ — aux honneurs. *Ad honores vocāre.* 升官 Chēn koūan. ‖ Dieu l'a — à lui. *Divino numine instinctus est.* 天主叫他的靈魂 Tièn-Tchoù cheoū tấ tỷ lǐm houên. ‖ Se sentir — à l'étude. *Ad studium invitus trahi.* 生來愛讀書 Sēn laý gáy toū choū.

**APPENDICE**, s. m. *Appendix, icis, f.* 補 Poǔ.

**APPENTIS**, s. m. *Ædium appendix, icis, f.* 一篷屋 Ỷ yēn oū, ou 廈子 Choà tsè.

**APPERT (IL)**. *Sicut apparet.* 好像 Hào siáng.

**APPESANTIR**, v. a. *Gravāre.* 嚁唆 Lǒ sō. ‖ Le temps —. *Torporem tempus provocat.* 天氣愁人 Tiēn-ký tseóu jên. ‖ S'—. *Debilitāri.* 敗力 Páy lỷ. ‖ S'— sur un objet. *Rem fusé tractāre.* 講得寛 Kiàng tŏ kouān. ‖ Son esprit —. *Mentis acies hebescit.* 明悟鈍了 Mǐn où tén leào.

**APPÉTER**, v. a. *Appetĕre.* 貪 Tān.

**APPÉTISSANT, E,** adj *Palatum acuens.* 開胃的 Kāÿ oúy tỷ.

**APPÉTIT,** s. m. *Appetitus, ûs, m.* 口胃 Keŏu oúy. ‖ Suivre son —. *Cupiditati parēre.* 隨私慾 Soŭy sĕ yoŭ. ‖ —. *Cibi appetentia.* 想喫 Siáng tchĕ'. ‖ Avóir —. *Esurire.* 餓. Ô. ‖ Cette herbe donne —. *Hoc olus aperit appetitum.* 這菜開胃 Tchĕ' tsăy kăy oúy. ‖ Perdre —. *Cibos fastidire.* 敗胃 Paý oúy. ‖ — sensitif. *Amor.* 愛慾 Gaý yŏu. ‖ —. *Libido.* 私慾 Sē yŏu. ‖ Suivre ses —. *Libidines sequi.* 縱慾 Tsóng yŏu. ‖ — des femmes enceintes. *Mollities prægnantium.* 害喜 Haý hỷ.

**APPLAUDIR,** v. n. *Plaudere.* 稱好 ○ 拍手 Tchēn haŏ. Pă' cheŏu. ‖ — (approuver). *Comprobāre.* 許 ○ 允 Hiù. Yùn. ‖ S'—. *Sibi plaudere.* 得意自已 Tĕ' ý tsé kỷ.

**APPLAUDISSEMENT,** s. m. *Plausus, ûs, m.* 稱好 Tchēn haŏ. ‖ Recevoir les —. *Plausus accipere.* 受人美讚 Cheóu jên tsán meý. ‖ Chercher les —. *— quærere.* 圖人讚美 Toú jên tsán meý. ‖ Exciter les —. *— excitāre.* 兜人讚美 Teōu jên tsán meý.

**APPLICABLE ,** adj. *Idoneus.* 合式的 Hŏ chĕ' tỷ. ‖ Amende — aux pauvres. *Mulcta pauperibus addicenda.* 罰錢濟貧 Fă tsiēn tsáy pĭh.

**APPLICATION,** s. f. *Admotio, onis, f.* 放在上 Fáng tsaý cháng. ‖ —. *Accommodatio.* 合式 Hŏ chĕ'. ‖ — d'esprit. *Intentus animus.* 用心 Yóng sīn, ou 小心 Siáo sīn.

**APPLIQUÉ , ÉE ,** adj. *Intentus ad.* 專心的 Tchoūan sīn tỷ.

**APPLIQUER,** v. a. *Applicāre.* 放在上 Fáng tsaý cháng. ‖ — des couleurs aux murs. *Parieti colores inducere.* 染墊 Jàn pỷ. ‖ — les échelles au mur. *Scalam ad murum admovēre.* 梯子靠在墻上 Tý tsè kaó tsaý tsiáng cháng. ‖ — un soufflet. *Colaphum impingere.* 打耳巴 Tà eŭl pā. ‖ — un coup de poing. *Pugnum incutere.* 打一拳 Tà ý kiuén. ‖ — les ventouses. *Cucurbitulas admovēre.* 鍼灸 ○ 打火貫 Tchēn tchĕ'. Tà hŏ koŭán. ‖ — à la question. *Reum cruciatu afficere.* 拷打 Kaò tà. ‖ — à son usage. *Ad usus suos accommodāre.* 爲自已用 Oúy tsé ỷ yóng. ‖ S'— les louanges de quelqu'un. *Laudes alienas sibi assumere.* 討好 賣乖 Taò haŏ maý koŭáy. ‖ S'— à l'étude. *Studio navāre.* 專心讀書 Tchoūan sīn toŭ choū. ‖ S'— à son devoir. *Officium diligenter obire.* 專心滿本分 Tchoūan sīn màn pĕn-fēn.

**APPOINTEMENT,** s. m. *Annua pensio.* 工錢 Kōng tsiēn. ‖ — d'un préfet. *Præfecti reditus.* 俸祿 Fóng-loŭ. ‖ — d'un maître d'école. *Magistri honorarium.* 學金 Hiŏ-kīn. ‖ — d'un ouvrier. *Merces opificis.* 工錢 Kōng-tsiēn. ‖ — d'un portefaix. *Salarium operārii.* 脚價 Kiŏ-kiá. ‖ — des soldats. *Subsidium militum.* 軍餉 Kiūn hiáng. ‖ — des médecins (si c'est par visite). *Medici merces.* 脈禮 Mĕ'-lỷ. ‖ — des médecins pour un traitement complet par prix fait d'avance. 謝禮 Sié'-lỷ.

**APPORTER,** v. a. *Afferre.* 拿來 Lâ laỷ. ‖ — du thé. *Affer theum.* 拿茶來 Lâ tchâ' laỷ. ‖ — du vin. *vinum.* 拿酒來 Lâ tsieòu laỷ. ‖ — une lettre. *Epistol. afferre.* 帶一封信來 Taý ý fōng sín laỷ. ‖ — une nouvelle. *Nuntium —.* 來說信 Laỷ chŏ sín. ‖ A qui —, la porte est toujours ouverte. *Munera benevolentiam conciliant.* 山有木工則度之 ○ 賓有禮主則擇之 Chān yeŏu moŭ kōng tsĕ' toŭ tchĕ, Pīn yeŏu lỷ tchoŭ tsĕ' tsĕ' tchĕ. ‖ — du dommage. *Nocēre.* —. 害人 Haý jên. ‖ — (employer). *Adhibēre.* 用 Yóng. ‖ — un remède à un mal. *Alicui mederi.* 補弊疾 Poŭ koŭy tsiŭe'. ‖ — une excuse. *Excusationi afferre.* 推誘 Toūy oùy. ‖ — un exemple. *Exempla afferre.* 說比方 Chŏ' pý fāng.

**APPOSER,** v. a. *Apponere.* 放在上 Fáng tsaý cháng. ‖ — les scellés. *Obsignāre.* 封 Fōng. ‖ — son cachet. *Annulo —.* 打印 Tà ýn. ‖ — une clause. *Conditionem adscribere.* 定約 Tín yŏ.

**APPRÉCIATION,** s. f. *Æstimatio, onis, f.* 量價 Leáng kiá.

**APPRÉCIER,** v. a. *Æstimāre.* 量價 ○ 估價 Leáng kiá Koù kiá.

**APPRÉHENDER,** v. a. *Apprehendere.* 拿捉 Lă tchŏ. ‖ — (craindre). *Metuere.* 害怕 Haý pă. ‖ — la mort. *— mortem.* 怕死 Pá sè. ‖ — que cela ne soit. *Vereor ne hoc sit.* 怕有那宗事 Pá yeòu lá tsōng sé. ‖ — de le dire. *Refugit animus hoc dicere.* 怕說 Pá chŏ.

**APPRENDRE,** v. a. *Discere.* 學 Hiŏ. ‖ — un métier. *Artem discere.* 學一行手藝 Hiŏ ỷ hâng cheŏu lỷ. ‖ — les langues. *Linguas —.* 學話 Hiŏ hoá. ‖ — par cœur. *Memoriæ mandāre.* 讀記的 Toŭ kỷ tỷ. ‖ — mot pour mot. *Ad verbum discere.* 一句一句的學 ỷ kiú ỷ kiú tỷ hiŏ. ‖ Le chinois est difficile à —. *Sinica lingua scitu difficilis est.* 中國話難學 Tchōng koŭĕ' hoá lán hiŏ. ‖ —. *Audire.* 聽見 Tīn kién. ‖ — de bonne part. *Certo fonte scire.* 得實信 Tĕ' chĕ' sín. ‖ — par ouï-dire. *Ex famā —.* 有人說 Yeòu jên chŏ. ‖ — une nouvelle. *Nuntium accipere.* 得信 Tĕ' sín. ‖ —. *Edocēre aliq.* 敎人 Kiáo jên. ‖ — à quelqu'un la musique. *Aliq. musicam docēre.* 敎人彈琴 Kiáo jên tăn kín. ‖ — à quelqu'un gratis. *Gratuitô docēre aliq.* 白白敎人 Pĕ' pĕ' kiáo jên. ‖ —. *Certiorem de re facere.* 報信 Paó sín. ‖ Il m'a — la mort de mon père. *De* *morte patris ille me certiorem fecit.* 聽某人說我的父死了 Tīn mòng jĕn chŏ ngò tỷ foú sè leào.

**APPRENTI, E,** s. m. f. *Tiro, onis, f.* 徒弟 Tŏu tý, ou 初手○生手 Tsoū cheôu. Sēn cheòu. ‖ *C'est un —. Parùm peritus.* 不會 Poŭ hoúy.

**APPRENTISSAGE,** s. m. *Tirocinium, ii, n.* 當徒弟的時候 Tāng tŏu tý tỷ chē heóu.‖ Mettre son fils en —. *Tradĕre filium in artem addiscend.* 送兒子學徒弟 Sóng eûl tsè hiŏ tŏu tý.

**APPRÊT,** s. m. *Apparatus, ús, m.* 預備的東西 Yú pý tỷ tōng-sỷ.

**APPRÊTER,** v. a. *Apparāre.* 預備 Yú pý. ‖ — un festin. *Convivium —.* 辦酒席 Pán tsieòu sỷ. ‖ — les peaux. *Coria concinnāre.* 消皮子 Siāo pý tsè. ‖ *S'—. Ad rem se parāre.* 預備辦事 Yú pý pán sé. ‖ *S'—* à un voyage. *Ad iter se —.* 収拾起身 Cheōu chē kỷ chēn.

**APPRIVOISER,** v. a. *Domāre.* 馴 Hiôu hiún. ‖ — quelqu'un. *Mansuetum facĕre.* 勸化 Kiúen hóa. ‖ *S'—. Mitigāri.* 馴 Hiún.

**APPROBATION,** s. f. *Approbatio, nis, f.* 稱美 Tchăn meỷ. ‖ La donner à un livre. *Librum comprobāre.* 訂書 Tín choŭ. ‖ Avec — du peuple. *Populo assentiente.* 百姓喜歡 Pĕ sín hỷ hoūan.

**APPROCHANT, E,** adj. *Rei affinis.* 像○差不多○彷彿 Siáng. Tchă poŭ tō. Făng fŏu. ‖ — de la vraisemblance. *Vero propinquior.* 多半是真 Tō pán chē tchên. ‖ — *Prépos. Circiter.* 差不多 Tchă poŭ tō. ‖ — de midi. *Instat meridiei.* 近午 Kín où.

**APPROCHE,** s. f. *Accessus, ús, m.* 近 Kín. ‖ — de la mort. *Mortis appropinq.* 臨死 Lìn sè.

**APPROCHER,** v. a. *Ad rem admovēre.* 放蹎去 Fáng lŏng kíu. ‖ — un bouquet du nez. *Ad nares —.* 聞花 Oûen hoā. ‖ —. *Aliquem adīre.* 會人 Hoúy jĕn. ‖ *S'—. Instāre.* 臨 Lìn. ‖ Le temps —. *Dies instat.* 臨時候近了 Lìn chē. Chē heóu kín leào. ‖ La mort —. *Mors imminet.* 臨死 Lìn sè. ‖ La pluie —. *Pluvia instat.* 要下雨 Yáo hiá yù. ‖ —. *Non longe abesse.* 隔不遠 Kĕ poŭ yùen. ‖ — du cristal. *Crystallis appropinquāre.* 像水晶 Siáng choŭy tsīn. ‖ Cela — de la folie. *Non multùm abesse à stult.* 像瘋 Siáng fōng. ‖ Son écriture — fort de la vôtre. *Ejus manus proximè accedit ad tuam.* 他的字像你的字 Tā tỷ tsé siáng ngỷ tỷ tsé.

**APPROFONDIR,** v. a. *Altiùs fodĕre.* 挖深點 Oūa chēn tièn. ‖ —. *Altiùs perscrutāri.* 更下細察考 Kén hiá sỷ tchă kào. ‖ — une affaire. *Diligentiùs — rem.* 更下細察考一宗事 Kén hiá sỷ tchă kaò ỷ tsōng sé. ‖ — une matière. *Rem enucleāre.* 講明一宗事 Kiăng mín ỷ tsōng sé.

**APPROPRIER,** v. a. *Accommodāre.* 做合式 Tsóu hŏ ché. ‖ *S'—* quelque chose. *Sibi vindicāre aliq.* 私取什物 Sē tsŭu chén mŏ. ‖ — le travail des autres. *Opus —.* 冒功 Maó kōng. ‖ — un bien. *Bona usurpāre.* 占別人的東西 Tchân pĭe jĕn tỷ tōng sỷ.

**APPROUVER,** v. a. *Approbāre.* 稱美允 Tchăn meỷ. Yùn. ‖ —. *Ratum habēre.* 得意他 Tĕ ỷ tā. ‖ — un livre. *Librum —.* 評○訂○批 Pĭh. Tín. Pỷ.

**APPROVISIONNER,** v. a. *Commeatus parāre.* 辦口粮 Pán keŏu leāng.

**APPROXIMATIF, VE,** adj. *Propiùs ad verum acced.* 差不多 Tchă poŭ tō.

**APPROXIMATIVEMENT,** adv. *Circiter.* 差不多 Tchă poŭ tō.

**APPUI,** s. m. *Fultura, æ, f.* 撐子 Tchăng tsè. ‖ — d'un lit. *Fulcrum.* 床架子 Tchoûang kiá tsè. ‖ A hauteur d'—. *Podio tenús.* 齊手枴 Tsỷ cheòu kouáy. ‖ —. *Præsidium.* 靠望 Káo ouáng. ‖ Être l'— de quelqu'un. *Tutari aliquem.* 顧人 Koŭ jĕn. ‖ Être sans —. *Nullo præsid. tegi.* 無靠 Oū káo. ‖ Mettre son — en quelqu'un. *In aliq. confidĕre.* 靠人 Káo jĕn. ‖ — (arc-boutant). *Anteris, idis, f.* 撐 Tchàng.

**APPUYER,** v. a. *Fulcīre.* 撐 Tchàng. ‖ — une maison. *Domum —.* 墊房子 Tsiēn fáng tsè. ‖ — quelqu'un. *Aliq. sustinēre.* 顧人 Koŭ jĕn. ‖ — sur quelque chose, en insistant. *Cum pondere dicĕre.* 這一件事要更下細說 Tchĕ ỷ kién sé yáo kén hiá sỷ chŏ. ‖ — l'opinion d'un autre. *Alic. sententiam firmāre.* 打總承 Tă tsóng tchén. ‖ *S'—* sur un bâton. *Baculo inniti.* 拄枴棍走路 Tchŏu cheòu kouáy koŭen tseòu loú. ‖ *S'—* sur le coude. *Cubitum premĕre.* 撐手枴 Tchàng cheòu kouáy. ‖ *S'—* contre un arbre. *Ad arborem se applicāre.* 靠到樹子 Káo taò choŭ tsè. ‖ *S'—* sur le crédit de quelqu'un. *Gratiā alic. niti.* 靠別人的勢力 Kaó pĭe jĕn tỷ ché lỷ. ‖ *S'—* sur l'expérience de quelqu'un. *Experientiā alicuj. confidĕre.* 靠別人的見識 Káo pĭe jĕn tỷ kién tchĕ.

**ÂPRE,** adj. *Gustu asper.* 苦的 Koŭ tý. ‖ — au toucher. *Asper.* 粗的 Tsoū tý. ‖ — (violent). *Acerbus.* 狠的 Hĕn tý. ‖ Froid —. *Acre frigus.* 冷得狠 Lĕn tĕ hĕn. ‖ Réprimande —. *Aspera objurgatio.* 重重責備 Tchóng tchóng tsĕ pỷ. ‖ — au gain. *Quæstuosissimus.* 最貪利的 Tsoúy tān lý tỷ.

**APRÈS,** prép. et adv. *Post.* 後○以後 Heóu. Ỷ heóu. ‖ — la mort. *Post mortem.* 死後 Sè heóu. ‖ — la rose, il faut placer la pivoine, *A rosis, pæoniæ honos proximus.* 除了玫瑰花牡丹在頭 Tchŏu leaò meỷ koúy hoā moù tān hoā tsaỷ teŏu. ‖ Le plus savant — un tel. *Juxtà hunc doctissim.* 除了某人他的才學更大 Tchŏu leaò móng jĕn tă tỷ tsaỷ hiŏ kén tá. ‖ Ci —. *Inferiùs.* 下頭 Hiá teŏu. ‖ Parler d'— les autres. *Audita referre.* 說聽見的話 Chŏ tĭn kién tỷ hoá. ‖ Arriver après le combat. *Pervenire post pugnam.* 戰後纔來 Tchán heóu tsǎy laỷ. ‖ — tout. *Denique.* 總之 Tsòng tchē. ‖ — dîner. *Prandio facto.* 午飯後 Où fán heóu. ‖ — coup. *Serùs.* 後頭 Heóu teŏu. ‖ Un peu —. *Non multò post.* 過後不久 Kó heóu poŭ kieòu. ‖ — que. *Postquam.* 過後 Kó heóu. ‖ — cela. *Post hoc.* 過後 Kó heóu. ‖ Être — un travail. *In opere desudare.* 正在做 Tchén tsáy tsóu. ‖ Être — quelqu'un. *Aliq. molestare.* 囉唆人 Lō sō jên.

**APTITUDE**, s. f. *Aptitudo, inis, f.* 生來會○才能○本勢 Sēn laỷ heóuy. Tsǎy lên. Pèn chē, ‖ — aux lettres. *Natus litteris.* 生來會讀書 Sēn laỷ heóuy tŏu chēu.

**APURER**, v. a. *Rationem facĕre.* 算清楚 Soúan tsĭn tsŏu.

**AQUEDUC**, s. m. *Aquæductus, ùs, m.*. 水梘○水溝 Choùy kièn. Choùy keŏu.

**AQUILIN**, adj. (NEZ) *Aduncus nasus* 鷹鼻子 Ŷn pỷ tsè.

**AQUILON**, s. m. *Aquilo, onis, m.* 北風 Pĕ' fōng.

**ARAIGNÉE**, s. f. *Aranea, æ, f.* 蜘蛛 Tchē tchòu. ‖ — qui ne fait pas de toiles. *Ad libellam collocare* 墊虎 Pỷ hoù. ‖ Toile d'—. *Tela, æ, f* 蛛蛛綢 Tchē tchŏu ouàng. ‖ Les recueillir. *Colligĕre telas.* 打蜘蛛綢 Tà tchē tchŏu ouàng.

**ARASER**, v. a. *Ad libellam collocare* 排成列 Pày tchên liè.

**ARBALÈTE**, s. f. *Balista, æ, f.* 弓 Kōng.

**ARBITRAGE**, s. m. *Arbitrium, ii, n.* 中人斷的話 Tchōng jên toùan tỷ hóa. ‖ Juger par —. *Arbitrāri.* 用中人斷事 Yóng tchōng jên toùan sé.

**ARBITRAIRE**, adj. *Arbitrarius.* 隨自巳的意 Souỷ tsé kỷ tỷ ỷ.

**ARBITRE**, s. m. *Arbiter, tri, m.* 中人 Tchōng jên. ‖ Prendre pour —. *Invitare.* 請中人 Tsĭn tchōng jên. ‖ Être —. *Esse arbiter.* 做中人 Tsóu tchōng jên. ‖ — de la vie. *Vitæ.* 保命的人 Paò mĭn tỷ jên. ‖ Libre —. *Liberum arbitrium, ii, n.* 自主 Tsé tchoù ou 主張 Tchoù tchāng. ‖ Avoir son —. *Libero frui arbitrio.* 有自主 Yeŏu tsé tchoù.

**ARBORER**, v. a. *Signum attollĕre.* 揷旗○立起來 Tchǎ' kỷ'. Lỷ kỷ laỷ. ‖ — la révolte. *Seditionem provocare.* 造反 Tsaò fàn. ‖ — l'impiété. *Impietatem jactare.* 明明不孝 Mĭn mĭn poŭ hiáo.

**ARBRE**, s. m. *Arbor, oris, f.* 樹子 Choúy tsè. ‖ Un —. *Una —.* 一根樹子 Ў kēn choúy tsè. ‖ — fruitier. *Pomifera.* 結果的樹子 Kiĕ kò tsè tỷ choúy tsè. ‖ Planter un —. *Arborem plantare.* 栽樹子 Tsǎy choúy tsè. ‖ Couper un —. — *secare.* 砍樹子 Kǎn choúy tsè. ‖ Émonder un —. — *interlucare.* 修樹子 Siēou choúy tsè. ‖ Arracher un —. — *evellĕre.* 拔樹子 Pǎ choúy tsè. ‖ Monter sur un —. — *conscendĕre.* 爬樹子 Pá choúy tsè. ‖ — de belle venue. *Procera —.* 樹子長得好 Choúy tsè tchǎng tĕ' haò. ‖ — d'un navire. *Malus, i, m.* 船桅 Tchoŭan oỷ. ‖ — d'un pressoir. *Arbor torcularia.* 千斤柞 Tsiēn kīn tchǎ. ‖ — généalogique. *Stemma, atis, n.* 宗枝 Tsōng tchē. ‖ — de la croix. *Crucis arbor.* 十字架 Chě' tsé kiǎ. ‖ — de la science du bien et du mal. *Scientiæ boni et mali arbor.* 分善惡之樹 Fēn chán ngŏ tchē choŭ.

**ARC**, s. m. *Arcus, ùs, m.* 弓 Kōng. ‖ Un —. *Unus —.* 一張弓 Ў tchāng kōng. ‖ Espèces d'—. *Arcus sinenses.* 伏弓○馬弓○步弓 Foŭ kōng. Mà kōng. Poú kōng. ‖ Corde de l'—. *Arcûs funis.* 弦 Hièn. ‖ Etui de l'—. *Pharetra, æ, f.* 弓袋 Kōng táy. ‖ Extrémité de l'—. *Extrema arcùs.* 弓弰 Kōng chāo. ‖ Tendre un —. *Arcum tendĕre.* 拉弓 Lǎ kōng. ‖ Le détendre —. *laxare.* 放弓 Fáng kōng. ‖ Tirer l'—. *Sagittare.* 射箭 Chě' tsién. ‖ Avoir plusieurs cordes à son —. *Duplici spe uti.* 兩頭有靠 Leàng teŏu yeŏu káo. ‖ — -en-ciel. *Iris, idis, f.* 天虹 Tiēn hōng. ‖ — (cintre). *Fornix, icis, m.* 捲弓 Kuĕn tóng. ‖ En —. *Arcuatim.* 彎的 Ouān tỷ. ‖ — de triomphe. *Arcus triumphalis.* 牌坊 Pǎy fāng. ‖ Un —. *Unus arcus.* 一座牌坊 Ў tsó pǎy fāng. ‖ En ériger un —. *Erigĕre.* 立牌坊 Lỷ pǎy fāng. ‖ — pour les veuves. *Pro viduabus.* 清標 紉管 Tsĭn piāo tŏng kouàn. ‖ — pour les vieilles femmes. *Pro vetulis.* 貞壽之門 Tchēn chéou tchē mên. ‖ — pour les vieux de cent ans. *Pro senibus centum annorum.* 昇平人瑞 Chēn pĭn jên choúy. ‖ — pour les familles en paix. *Pro famil. concordiâ.* 忠義孝弟 Tchōng ngý hiáo tỷ. ‖ — pour un bon mandarin, par la reconnaissance publique. *Pro grato animo ergâ præfectum.* 德政碑 Tĕ' tchén peỷ.

**ARCADE**, s. f. *Arcus, ùs, m.* 捲砪 Kuĕn tóng. ‖ — d'une porte. *Januæ —.* 懸門 Hiuēn mên. ‖ — d'une fenêtre. *Fenestræ fornix.* 懸門的窗戶 Hiuēn mên tỷ tsāng hóu. ‖ — d'un pont. *Sublicium, ii, n.* 磽空 Kiǎo kōng.

**ARC-BOUTANT**, s. m. *Anteris, idis, f.* 撐子 Tchàng tsè. ‖ — d'un pont. *Sublicium.* 磽腳 Kiǎo kŏ. ‖ — de la société. *Columen societatis* 一圓棟梁 Ў kouĕ' tóng leâng.

**ARC-BOUTER**, v. a. *Fulcire.* 撐 Tchàng.

**ARCHAL**, s. m. *Aurichalcum, i, n.* 銅絲 Tōng sē.

**ARCHANGE**, s. m. *Archangelus, i, m.* 大天神 Tá tiēn chên.

**ARCHE**, s. f. *Arcus, ùs, m.* 捲砪○拱 Kiuĕn tóng. Kòng. ‖ Ce pont a soixante-quatre —. *Hic pons 64 arcubus fulcitur.* 這座磽有六十四砪 Tchĕ tsó kiǎo yeŏu lŏu chĕ sế tóng. ‖ — d'alliance. *Fœderis arca.* 結約匱 Kiĕ yŏ koúy.

**ARCHER**, s. m. *Sagittarius, i, m.* 弓箭手 Kŏng tsiến cheòu. ‖ — impérial chinois. — *imperialis.* 御前侍衛 Yû tsĭen chế oúy.

**ARCHET**, s. m. *Plectrum, i, n.* 扯手 Tchĕ cheòu.

**ARCHIDUC**, s. m. *Archiduæ, ucis, m.* 親王 Tsĭn oŭang. (Voir *Altesse*.)

**ARCHIMANDRITE**, s. m. *Archimandrita, æ, m.* 總方丈 Tsòng fāng tchàng.

**ARCHITRAVE**, s. f. *Epistylium, i, n.* 桂頭 Tchoú teŏu.

**ARCHIVES**, s. f. *Veteres tabulæ.* 古書庫○陳案房 Koŭ choū kóu. Tchĕn gán fâng.

**ARÇON**, s. m. *Sellæ arcus.* (Devant.) 判官頭 Pǎn koŭan teŏu. ‖ — (Derrière.) 馬鞍橋 Mǎ gān kiăo. ‖ Perdre les —. *Ex equo dejici.* 跌下馬 Tiĕ hiá mà. ‖ *Idem* (au moral). *Mente dejici.* 昏 Hoŭen.

**ARCTIQUE**, adj. *Borealis.* 北方 Pĕ fāng. ‖ Pôle —. *Polus —.* 北極 Pĕ kỷ.

**ARDÉLION**, s. m. *Ardelio, onis, m.* 賣乖 Maý koŭaý.

**ARDENT, E**, adj. *Ardens.* 熱的 Jĕ tỷ. ‖ Soleil —. *Sol acer.* 太陽辣 Taý yâng là. ‖ Fièvre —. *Fervida febris.* 擺子燒 Paý tsĕ chaŏ. ‖ — (vif, passionné). *Fervidus.* 急性的 Kỷ sín tỷ. ‖ — à l'étude. *Litterarum amore flagrans.* 書獃 Choū gaý. ‖ — (zélé). *Studiosus.* 大熱烈 Tá jĕ liĕ.

**ARDEUR**, s. f. *Ardor, oris. m.* 熱 Jĕ. ‖ Travailler avec —. *Fervet opus.* 工夫快 Kōng foū koŭaý.

**ARDOISE**. s. f. *Ardosia, æ, f.* 薄石板 Pŏ chĕ pàn.

**ARDU, E**, adj. *Arduus.* 難的 Lân tỷ. ‖ Question —. *Quæstio ardua.* 難解的話 Lán kiày tỷ hoá.

**ARÈNE**, s. f. *Arena, æ, f.* 細沙 Sỷ chā. ‖ — de combats. *Arena.* 戰場 Tchán tchâng. ‖ Descendre dans l'—. *In arenam descendere.* 下戰場 Hiá tchán tchâng.

**ARÊTE**, s. f. *Spina piscis.* 魚刺 Yû tsé. ‖ Avoir une — au cou. *Faucibus hæret spina piscis.* 魚刺鯁喉 Yû tsé kĕn heŏu. ‖ La dissoudre avec le Tsĭn kŏ. *Fructus Tsĭn kŏ dissolvit spinam piscis.* 青果化魚骨 Tsĭn kŏ hoá yû koŭ.

**ARGENT**, s. m. *Argentum, i, n.* 銀子 Ŷn tsé. ‖ Un lingot d'—. — *infectum.* 一塊銀子 Ў koŭaý ŷn tsé. ‖ — mis en œuvre. *Factum —.* 花錢 Hōa tsiĕn. ‖ — épuré. *— purgatum.* 淨銀子 Tsín ŷn tsé. ‖ — en fouille. *Bracteatum, i, n.* 銀箔 Ŷn pŏ. ‖ Vif —. *Mercurium.* 水銀 Choŭy ŷn. ‖ Bon —. *Probum —.* 漂銀○紋銀 Piăo ŷn. Oŭen ŷn. ‖ Faux —. *Adulterinum.* 假銀子 Kià ŷn tsé. ‖ — (en tant que monnaie, voir *Monnaie*). ‖ — comptant. *Præsens pecunia.* 現銀子 Hién ŷn tsé. ‖ — pris à usure. *Conducta —.* 借有利的銀子 Tsié yeòu lý tỷ ŷn tsé. ‖ — mort. *Sterilis.* 空銀子 Kōng ŷn tsé.

‖ — en papier. *In nominibus.* 對票 Toúy piáo. ‖ Dissiper l'—. *Pecuniæ illudĕre.* 滇費銀錢 Lâng feý ŷn tsiên. ‖ Escroquer de l'—. *Emungĕre argento aliq.* 套哄別人銀錢 Taó hòng piĕ jĕn ŷn tsiên. ‖ Qui a de l'— a des amis. (Prov. chin.) *Res amicos invenit.* 有茶有酒多兄弟急難何曾見一人 Yeòu tchǎ yeòu tsiĕou tō hiōng tỷ kỷ lán hŏ tsĕn kién ý jĕn. ‖ Ne pouvoir voir l'— sans mauvais désir. *Divitias visas non appetĕre non posse.* 見財起意 Kién tsaý kỷ ý. ‖ Prendre tout pour — comptant. *Falsis verbis acceptor esse.* 過餘信話 Kó yû sín hoá.

**ARGENTER**, v. a. *Inargentāre.* 鍍銀 Toú ŷn.

**ARGENTEUR**, s. m. *Argentarius, i, m.* 鍍銀匠 Toú ŷn tsiáng.

**ARGILLA**, s. f. *Argilla, æ, f.* 肥泥 Feý nỷ.

**ARGOT**, s. m. *Idioma secretum.* 言子 Yĕn tsé.

**ARGUER**, v. a. *Arguĕre.* 責備 Tsĕ pỷ.

**ARGUMENT**, s. m. *Argumentum, i, n.* 憑據 Pîn kiú. ‖ — fort. *Grave —.* 大憑據 Tá pîn kiú. ‖ Serrer un —. *Astringĕre —.* 追問 Tchoŭy oŭen, ou 問窘 Oŭen kiŏng. ‖ Faire un — *ad hominem ex advers. ducĕre.* 將理辯理 Tsiāng lý pién lý. ‖ —. *Signum, i, n.* 號 Haó. ‖ —. *Argument. thema —.* 題目 Tỷ moŭ. ‖ —. *Summa.* 略說 Liŏ chŏ.

**ARGUMENTER**, v. a. *Argumentāri.* 辯 Pién.

**ARGUS**, s. m. *Argus, i, m.* 探子 Tán tsé.

**ARGUTIE**, s. f. *Cavillatio, onis, f.* 打糊說 Tǎ hoŭ chŏ.

**ARIDE**, adj. *Aridus.* 荒的 Hoāng tỷ, ou 乾的 Kān tỷ. ‖ Terres —. *Arva —.* 荒地 Hoāng tỷ. ‖ Discours —. *Sicca oratio.* 莫味道的話 Mŏ oúy taó tỷ hoá.

**ARIDITÉ**, s. f. *Ariditas, atis, f.* 乾 Kān. ‖ — de la dévotion. *Pietas arida.* 無味的熱切 Oŭ oúy tỷ jĕ tsiĕ.

**ARISTOCRATIE**, s. f. *Aristocratia, æ, f.* 諸侯弄權 Tchoū heŏu lóng kiuĕn.

**ARITHMÉTIQUE**, s. f. *Arithmetica, æ, f.* 算法 Soúan fǎ.

**ARLEQUIN**, s. m. *Mimus, i, m.* 耍把戲的人 Choǎ pà hý tỷ jĕn.

**ARMATEUR**, s. m. *Dux, ucis, m.* 船板主 Tchoŭan pàn tchoù.

**ARME**, s. f. *Telum, i. n.* 軍器 Kiūn kỷ. ‖ — à feu. *Sclopetus, i, m.* 鎗 Tsiāng. ‖ — à hampe. *Hastile telum.* 矛 Maô. ‖ Fabriquer des —. *Arma cudĕre.* 打軍器 Tǎ kiūn kỷ. ‖ Être sous les —. *In armis esse.* 當兵 Tāng pīn. ‖ Crier aux —. *Ad arma clamāre.* 招兵 Tchaō pīn. ‖ Prendre les —. *Arma sumĕre.* 拿軍器 Lâ kiūn kỷ. ‖ Rendre les —. — *tradĕre.* 投降 Teŏu kiáng. ‖ Tout est en —. *Ardent omnia.* 打大伏 Tǎ tá tchâng. ‖ Faire ses premières —. *Primis stipendiis esse.* 入營新兵 Joǔ yn. Sīn pīn. ‖ Faire des —. *Rudibus pugnāre.*

操戰 Tsao tchán. ‖ Maître en —. *Lanista, æ, m.* 教師 Kiáo sē.

Espèces d'armes chinoises :
1° Casque. *Galea, æ, f.* 盔 Koŭy.
2° Cuirasse. *Thorax, acis, f.* 甲 Kiă.
3° Grand couteau. *Ingens culter, ri, m.* 春秋刀 Tchoūn tsieŏu taō.
4° Glaive. *Gladius, ii, m.* 劍 Kién.
5° Lance. *Lancea, æ, f.* 鎗 Tsiāng.
6° Id. — 矛 Maŏ.
7° Id. — 戟 Kỷ.
8° Id., avec un croc au bout. — *incurvata.* 鈎連鎗 Keōu lién tsiāng.
9° Lance en forme de trident. — *tridens.* 攩耗 Tăng maŏ.
10° Fouet de fer. *Ferreum flagellum.* 鉄鞭 Tĭe piēn.
11° Marteau de cuivre. *Ænea massa, æ, f.* 銅鎚 Tŏng tchoŭy.
12° Hache. *Securis, is, f.* 月斧 Yŭe foù.
13° Bâton. *Baculus, i, m.* 棒 Pàng.
14° Bouclier. *Clypeus, i, m.* 藤牌 Tĕn pày.
15° Croc. *Uncus, i, m.* 撈鈎 Laŏ keōu.
16° Flèche. *Sagitta, æ, f.* 箭 Tsién.
17° Tube à poudre. *Incendiosa pulveris fistula, æ, f.* 噴筒 Feỷ tŏng.
18° Canon. *Majus tormentum, i, n.* 砲 Paŏ.
19° Fusil. *Minus —.* 火鎗 Hŏ tsiāng.
20° Flèche ardente. *Ardens sagitta, —.* 火箭 Hŏ tsién.
21° Obus ardent. 火蛋 Hŏ tán.
22° Éperon armé. *Armatum rostrum, i, n.* 脚弩 Kiŏ loù.
23° Flèche cachée. *Occulta sagitta, æ, f.* 袖箭 Sieŏu tsién.
24° Mesure ferrée. 鉄尺 Tĭe tchĕ̄.
25° Poignet de fer. *Ferreus pugnus, i, m.* 拳心 Kĭuĕn sīn.
26° Fourche de fer. *Ferrea furca, æ, f.* 釵 Tchă̄.

ARMÉ, ÉE, adj. *Armatus.* 帶軍器的 Taỷ kiūn kỷ tý.
ARMÉE, s. f. *Exercitus, ûs, f.* 兵群 Pīn kiŭ́n. ‖ — bien aguerrie. — *exercitatus.* 壯兵 Tchoúang pīn. ‖ — de vétérans. *Veteranorum —.* 老兵 Laŏ pīn. ‖ — de conscrits. *Tironum —.* 新兵 Sīn pīn. ‖ — de cavalerie. *Equestres copiæ.* 馬兵 Mà pīn. ‖ — de terre. *Terrestres —.* 步兵 Poŭ pīn. ‖ — navale. *Classis, is, f.* 水兵 Choùy pīn. ‖ La tête de l'—. *Exercitûs frons.* 前陣 Tsiēn tchén. ‖ La queue de l'—. *Extremum agmen.* 後陣 Heŏu tchén. ‖ L'aile droite. *Cornu dextrum.* 右隊 Yeŏu toúy. ‖ L'aile gauche. *Cornu sinistrum.* 左隊 Tsŏ toúy. ‖ Lever une —. *Exercit. comparare.* 叙兵 Cheōu pīn.

ARMER, v. a. *Armāre.* 發軍器 Fă kiūn kỷ. ‖ — son courage. *Animum firmāre.* 壯自巳的胆 Tchoúang tsĕ kỷ tỷ tàn. ‖ —. *Ad arma vocāre.* 催兵出陣

Tsoŭy pīn tchŏū tchén. ‖ S'—. *Arma induĕre.* 擎軍器 Lâ kiūn kỷ. ‖ S'— contre sa patrie. *Arma sumĕre contra patriam.* 叛本國 Păn pèn koŭĕ. ‖ S'— contre le froid. *Se a frigore munire.* 穿綿衣避冷 Tchoūan miēn ȳ pỷ lèn.

ARMILLAIRE, adj. *Sphera armillaris.* 渾天儀 Hoŭēn tiēn nỷ.
ARMISTICE, s. m. *Induciæ, arum, f.* 停戰 Tĭn tchán. ‖ Ériger la tablette de l'—. *Tabellam induciarum erigĕre.* 掛免戰牌 Koúa miēn tchán pày.
ARMOIRE, s. f. *Armarium, ii, n.* 衣匱 Y̆ koúy. ‖ Une —. *Unum —.* 一間衣匱 Y̆ kiēn y̆ koúy.
ARMOIRIES, s. f. *Gentilitia insignia.* 頂帶 Tĭn taỷ.
ARMURE, s. f. *Armatura, æ, f.* 軍器 Kiūn kỷ.
AROMATES, s. m. *Aroma, atis, n.* 香油 Hiāng yeŏu.
AROMATISER, *Aromatibus condire.* 調香 Tiaŏ hiāng.
ARPENT, s. m. *Jugerum, i, n.* (Ou 665 mètres.) 一畝田 Y̆ mòng tiēn. ‖ 100 — chinois font un Kĭn. 一百畝為一頃 Y̆ pĕ mòng oŭy y̆ kĭn. ‖ 900 — font un Tsĭn. 九百畝為一井 Kieŏu pĕ mòng oŭy y̆ tsĭn. ‖ 240 pas font un arpent. 二百四十步為一畝 Eŭl pĕ sé chĕ poŭ oŭy y̆ mòng. ‖ 5 pieds font un pas. 五尺為一步 Oŭ tchĕ̄ oŭy y̆ poŭ.
ARPENTER, v. a. *Metāri.* 丈量田 Tcháng leáng tiēn. ‖ — (aller à grands pas). *Pleno gradu incedĕre.* 大步走 Tá poŭ tseŏu.
ARQUEBUSE, s. f. *Sclopetus, i, m.* 鎗 Tsiāng. ‖ Une —. *Unus —.* 一門鎗 Y̆ mēn tsiāng.
ARQUER, v. a. *Arcuāre.* 做彎 Tsoŭ ouān.
ARRACHER, v. a. *Evellĕre.* 拔 Pă. ‖ — les herbes. *Herbas eruncāre.* 拔草○扯草 Pă tsaŏ. Tchĕ̄ tsaŏ. ‖ — les racines. *Radices exstirpāre.* 拔根 Pă kēn. ‖ — un secret *Arcanum subripĕre.* 探口氣 Tàn keōu kỷ. ‖ — des larmes à quelqu'un. *Lacrymas movēre.* 兜人哭 Teōu jēn kŏu. ‖ — de l'argent. *Pecuniam exprimĕre.* 催討銀錢 Tsoŭy taŏ ȳn tsién. ‖ — l'aveu de sa faute. *Culpæ confession. alic. exprimĕre.* 拷問罪情 Kaŏ ouén tsoúy tsĭ̄n. ‖ — quelqu'un des bras de la mort. *Aliq. e lĭmine mort. eripĕre.* 求人的命 Kiéou jēn tỷ mĭ́n. ‖ S'— les cheveux. *Sibi capillos evellĕre.* 扯頭髮 Tchĕ̄ teŏu fă.

ARRACHEUR, s. m. ‖ Mentir comme un — de dents. *Ampliter mentiri.* 白嘴○白話客 Pĕ tsoùy. Pĕ hóa kĕ.
ARRANGEMENT, s. m. *Ordo, inis, f.* 次序 Tsĕ́ sı́u. ‖ — des astres. *Positura stellarum.* 星熊 Sīn hiòng.
ARRANGER, v. a. *Componĕre.* 安排 Gān pày. ‖ — une affaire. *Rem componĕre.* 安排 Gān pày. ‖ — (maltraiter quelqu'un). *Male agĕre ergà aliq.* 待人赳薄 Táy jēn kĕ̄ pŏ̆. ‖ S'—. *Supellectilem ordināre.* 安排家物 Gān pày kiă oŭ̆. ‖ —. *Providĕre.* 預備 Yú pỷ. ‖ S'—. *Concordāre.* 和睦 Hŏ-moŭ.

5

**ARRENTER**, v. a. *Alic. locāre.* 佃 Tién. ‖ — (prendre à bail). *Ab alio conducĕre.* 佃 Tién.

**ARRÉRAGE**, s. m. *Reliqua.* 餘錢 Yû tsiên. ‖ Payer les —. *Solvĕre* —. 開過期的利錢 Kāy kó ký tý tsiên. ‖ Accumuler les —. *Multiplicāre usuras.* 堆利錢 Toūy lý tsiên. ‖ Recouvrer ses —. *Recuperāre sua reliq.* 収利錢 Cheôu lý tsiên.

**ARRESTATION**, s. f. *Comprehensio, onis, f.* 捉倒 Tchŏ tào.

**ARRÊT**, s. m. *Decretum, i, n.* 案 Gán. ‖ — de mort. *Judicium capitale.* 死案 Sè gán. ‖ Rendre un —. *Decret. facĕre.* 定案 Tín gán. ‖ Confirmer un —. *Confirmāre* —. 斷案 Toùan gán. ‖ Le casser. *Rescindĕre* —. 銷案 Siāo gán. ‖ C'est un — du ciel. *Itā fatis statutum est.* 有命 Yeòu mín. ‖ Mettre aux —. *Damnatum detinēre.* 罰人不出門 Fă jên poŭ tchŏu mên. ‖ Être aux —. *Domo attinēri.* 受罰不出外 Chéou fă poŭ tchŏu onáy. ‖ —. *Mora, æ, f.* 耽擱 Tān kŏ.

**ARRÊTÉ**, s. m. *Decretum, i, n.* 告示 Kaó ché. ‖ — de comptes. *Rationum confectio.* 算清 Soúan tsîn.

**ARRÊTER**, v. a. *Arcēre.* 禁革 Kín kĕ. ‖ — le voleur. *Tenēre furem.* 捉強盜 Tchŏ kiàng táo. ‖ — ses chevaux. *Equos cohibēre.* 勒馬 Lĕ mà. ‖ — (retenir quelqu'un). *Diù* —. 留人多久 Lieôu jên tō kièou. ‖ — (faire cesser). *Sistĕre.* 阻 Tsoù. ‖ — la sédition. *Sedit. comprimĕre.* 平叛亂 Pîn pán loúan. ‖ — ses yeux sur quelque chose. *Oculos defigĕre.* 下細看 Hiá sý kán. ‖ — un palanquin. *Sellam sibi provid.* 寫轎子 Siè kiáo tsè. ‖ — . *Statuĕre.* 定 Tín. ‖ — un jour. *Diem* —. 定日子 Tín jĕ tsè. ‖ — ses comptes. *Rationes conficĕre.* 算明白 Soúan mîn pĕ. ‖ — une résolution. *Consilium stat.* 打主意 Tà tchoù ý. ‖ S'—. *Sistĕre.* 站 Tchán. ‖ S'— chez quelqu'un. *Apud aliquem commorāri.* 在人戶坐一下 Tsáy jên foú tsó ý hiá. ‖ S'— à des bagatelles. *Nugis* —. 管小事 Koùan siáo sé. ‖ — à l'idée de quelqu'un. *Alicuj. sententiā agĕre.* 依別人的主意 Ȳ piĕ jên tý tchoù ý.

**ARRHES**, s. f. *Arrha, æ, f.; pignus, oris, n.* 定錢 ○ 當頭 Tín tsên. Táng toŭ. ‖ Donner des —. *Pignore se obligāre.* 交定錢 Kiāo tín tsiên.

**ARRIÈRE** (t. de marine), s. m. *Puppis, is, f.* 船梢 Tchoŭan siāo. ‖ Faire vent —. *Vento — obvertĕre.* 風從船梢來 Fōng tsông tchoŭan siāo laў. ‖ Aller vent —. *Secundo vento cursum tenēre.* 船順風走 Tchoŭan choŭen fōng tseôu.

**ARRIÈRE**, adv. *Retrorsùm.* 後頭 Heóu teŏu. ‖ En—. *Retró.* 在後 Tsaý heóu. ‖ Marcher en—. *Retró îre.* 退 Toŭy. ‖ Être en— avec un créancier. *Reliquāri.* 末曾還賬 Oúy tsên hoŭan tcháng.

**ARRIÈRE-GARDE**, s. f. *Ultimum agmen.* 尾隊 Oùy toúy.

**ARRIÈRE-NEVEU**, s. m. *Pro-nepos, otis, m.* 侄孫 Tchê sēn. ‖ — neveux. *Nepotes.* 後人 Heóu jên. ‖ — petit-fils. *Pronepos.* 孫子 Sēn tsè.

**ARRIÈRE-PENSÉE**, s. f. *Consilium occultum.* 隱意 Ȳn ý.

**ARRIÉRER**, v. a. *Ad diem non solvĕre.* 比期不還賬 Pỳ ký poŭ hoŭan tcháng. ‖ S'—. *Reliquāri.* 比期不還賬 Pỳ ký poŭ hoŭan tcháng.

**ARRIÈRE-SAISON**, s. f. *Autumni flexus, ús, m.* 秋末 ○ 季秋 Tsiēou mŏ. Ký tsiēou.

**ARRIVÉE**, s. f. *Adventus, ús, m.* 來了 ○ 到了 Laў leào. Taó leào. ‖ — par eau. *Appulsus, ús, m.* 躚碼頭 Lóng mà teôu. ‖ A mon —. *Meo adventu.* 我來的時候 Ngò laў tý chê heôu.

**ARRIVER**, v. n. *Appellĕre.* 來 ○ 躚 ○ 到 Laў. Lóng. Taó. ‖ — au port. *Portum tangĕre.* 躚碼頭 Lóng mà teôu. ‖ — à Pékin. *Pekinum devenīre.* 躚北京 Lóng Pĕ-kîn. ‖ — (survenir). *Supervenīre.* 忽來 Foŭ laў. ‖ — bien à propos. *In commodum tempus advenīre.* 來得合時 Laў tĕ hô chê. ‖ — mal à propos. *In alienum tempus* —. 來不合時 Laў poŭ hô chê. ‖ — (parvenir). *Pervenīre.* 到 Taó. ‖ — à la vieillesse. *Senectutem attingĕre.* 老了 Laò leào. ‖ — aux honneurs. *Ad honores provehi.* 得官職 Tĕ koūan tchĕ. ‖ —. *Accidĕre.* 有 Yeòu. ‖ Il — souvent que. *Sæpe accidit ut.* 多回有 Tō hoùy yeòu. ‖ Comme il —. *Ut fit.* 猶如平常 Yeôu joû pîn cháng. ‖ Quoi qu'il —. *Quidquid eveniat.* 不論邪樣事 Poŭ lén là yáng sé.

**ARROGANCE**, s. f. *Arrogantia, æ, f.* 大貌 ○ 放恣 Tá maó. Fáng tsé.

**ARROGANT, E**, adj. *Superbus.* 自大自高的人 Tsé tá tsé kaō tý jên.

**ARROGER (S')**, v. r. *Sibi arrogāre.* 覇占 Pá tchán. ‖ — les fonctions de vice-roi. *Proregis partes sibi sumĕre.* 占總督的權 Tchán tsŏng toŭ tý kiŭen.

**ARRONDIR**, v. a. *Rotundum facĕre.* 做圓 Tsoŭ yuēn. ‖ — au tour. *torno facĕre.* 鏇圓的 Suén yuēn tý. ‖ — une période. *Sententiam numeris claudĕre.* 抛文 Pāo oŭen. ‖ — sa fortune. *Ditescĕre.* 發財 Fă tsaў.

**ARRONDISSEMENT**, s. m. *Rotundatio, onis, f.* 做圓 Tsoŭ yuēn. ‖ — (division de territoire). *Præfecturæ circumscripta regio.* 屬地 Choŭ tý.

**ARROSER**, v. a. *Aspergĕre manu.* 洒水 Sà choùy. ‖ — avec la bouche. *Ore irrigāre.* 噴水 Pĕn choùy. ‖ — des légumes. *Olera irrigāre.* 淋菜 Lîn tsaў. ‖ — des fleurs. *Flores rigāre.* 淋花 Lîn hoā. ‖ —. *Fluĕre.* 流 Lieôu.

**ARSENAL**, s. m. *Armamentarium, ii, n.* 軍庫 Kiūn kŏu. 武庫 Où kŏu. 兵甲 Pīn kiă. ‖ — où l'on fabrique des navires. — *ubi naves construuntur.* 造船厰 Tsáo tchoŭan tcháng.

**ARSENIC**, s. m. *Arsenicum, i, n.* 毒藥 ○ 砒霜 Toŭ yŏ. Pỳ choūang.

**ART**, s. m. *Ars, tis, f.* 手藝 Cheòu ý. ‖ Un art. Una —. 一行手藝 Ỷ hâng cheòu ý. ‖ — libéral. *Ars liberalis.* 上九流 Cháng kieòu lieôn. Les Chinois ont six arts libéraux, savoir : la musique, 樂 Lŏ; l'arithmétique, 數 Soú; l'écriture, 書 Choū; la sagittaire, 射 Chè; les rits, 禮 Lỷ; la conduite des chars, 御 Yú. ‖ — mécanique. — *sordida.* 下九流 Hiá kieòu lieôu. ‖ — militaire. — *militaris.* 兵發 Pīn fă. ‖ Apprendre un —. — *discère.* 學手藝 Hiŏ cheòu ý. ‖ Exercer un —. *Arte versāri.* 做手藝 Tsoú cheòu ý. ‖ Quel — exercez-vous? 貴幹○你做邢樣手藝 Koúy kán. Ngỷ tsoú là yáng cheòu ý. ‖ —. *Solertia, æ, f.* 會 Hoúy. ‖ Agir avec —. *Callidè agère.* 做得奸巧 Tsoú tĕ kiēn kiăo.

Leurs arts et métiers sont au nombre de seize, savoir :

| | | |
|---|---|---|
| 1° | Ouvriers sur métaux. | 金工 Kīn kōng. |
| 2° | — sur bois. | 木工 Moú kōng. |
| 3° | — sur roseaux. | 筒工 Tŏng kōng. |
| 4° | — sur pierre. | 石工 Chĕ kōng. |
| 5° | — sur brique. | 瓦工 Oùa kōng. |
| 6° | — terrassiers. | 土工 Toù kōng. |
| 7° | — sur soie. | 積工 Sỷ kōng. |
| 8° | — tisseurs de soie. | 辮工 Pỷ kōng. |
| 9° | — sur cuir. | 革工 Kĕ kōng. |
| 10° | — sur cornes. | 角工 Kŏ kōng. |
| 11° | — en cordes. | 筋工 Kīn kōng. |
| 12° | — papetiers. | 紙工 Tchĕ kōng. |
| 13° | — en vernis. | 漆工 Tsỷ kōng. |
| 14° | — peintres. | 畫工 Hoá kōng. |
| 15° | — sur bambous. | 竹工 Tchoŭ kōng. |
| 16° | — teinturiers. | 染工 Jàn kōng. |

**ARTÈRE**, s. f. *Arteria, æ, f.* 脉絡 Mĕ loú. 血脈管 Hiuĕ mĕ koùan. 脉筋 Mĕ kīn.

**ARTICLE**, s. m. *Articulus, i, m.* 骨節 Koù tsiĕ. ‖ — d'un compte. *Expensi nomina.* 一項賬 Ỷ tùn tcháng. ‖ — d'un traité. *Pactum.* 和同的條款 Hò tóng tỷ tiāo koŭan. ‖ — de foi. *Capita religionis christianæ.* 一端當信道理 Ỷ toūan tāng sín taó lỷ. ‖ — de la mort. *Media jâm morte.* 要死得狠 Yáo sĕ tĕ hĕn. ‖ — d'un chapitre de livre. *Articulus.* — 節 Ỷ tsiĕ.

**ARTICULATION**, s. f. *Commissuræ, arum, f.* 骨節 Koù tsiĕ, ou 交節 Oūen tsiĕ. ‖ — de la voix. *Vocis impressio clara.* 聲音明朗 Chēn ỵn mǐn làng.

**ARTICULER**, v. a. *Partīri.* 分別 Fēn piĕ. ‖ —. *Dicère clarè.* 講正 Kiàng tchén.

**ARTIFICE**, s. m. *Ars, tis, f.* 手藝 Cheòu ý. ‖ — (fraude). *Fraus.* 詭計 Koùy ký. ‖ User d'—. *Fraude uti.* 用詭計 Yóng koùy ký. ‖ Feux d'—. *Ignes missiles.* 花筒 Hoā-tŏng. ‖ Faire des feux d'—. — *explodère.* 築花筒 Tchoú hoā-tŏng.

**ARTIFICIEL, LE**, adj. *Arte factus.* 工作 Kōng tsoú.

**ARTILLERIE**, s. f. *Res tormentaria.* 營鎗 Ỵn tsiāng. ‖ Faire jouer l'—. *Tormenta explodère.* 放炮 Fáng păo.

**ARTIMON**, s. m. *Artemon, onis, m.* 帆杆 Fân kān.

**ARTISAN**, s. m. *Opifex, icis, m.* 匠人 Tsiáng jên. ‖ — d'une intrigue. *Sceleris architectus.* 犯罪為首 Fán tsoúy oŭy cheòu.

**ARTISTE**, s. m. *Politus artifex.* 手藝高的 Cheòu ý kaō tỷ.

**ARUSPICE**, s. m. *Aruspicium, ii, n.* 算命○卜課 Soán mín. Pŏu kŏ. 打卦○抽籤 Tsĕou tsīen. Tă koŭa.

**AS**, s. m. *As, assis, m.* 一文銅錢 Ỷ ouên tông tsīen. ‖ — au jeu. *Monas, adis, f.* 老猴 Laŏ heôu.

**ASCARIDE**, s. m. *Ascaris, idis, m.* 胃腸小虫 Maó tchâng siào tchŏng.

**ASCENDANT, E**, adj. *Majores, um, m.* 祖人 Tsoù jên.

**ASCENDANT**, s. m. *Auctoritas, atis, f.* 權 Kiŭen. ‖ En avoir sur quelqu'un. *Pondus habère apud aliq.* 服得倒人 Foŭ tĕ taó jên.

**ASCENSION**, s. f. *Ascensus, ús, m.* 升 Chēn. ‖ — de N. S. Jésus-Christ. *Ascensio J.-C.* 耶穌升天 Yê-Soū chēn tiēn.

**ASCÈTE**, s. m. *Asceta, æ, m.* 修道人 Sieōu taó jên.

**ASCITE**, *Ascites.* 水脹 Choùy tchàng.

**ASIE**, s. f. *Asia, æ, f.* 亞細亞 Yà sý yà.

**ASILE**, s. m. *Asylum, i, n.* 逃難的地方 Taó nán tỷ tỷ fāng. L'origine des asiles pour les vieillards remonte à l'Empereur 太武 Taý oú. (1817 av. J.-C.) ‖ — pour les vieillards. — *pro senibus.* 孤老院 Koū laò yúen. ‖ — pour les vieilles femmes veuves. — *pro viduis.* 㑳節堂 Cháng tsiĕ tăng. ‖ — pour les pauvres. — *pro pauperibus.* 養濟院 Yàng tsỷ yúen. ‖ — pour les enfants trouvés. — *pro orphanis derelictis.* 育嬰堂○晋濟堂 Yŏu ỵn tăng. Pŏu tsý tăng.

**ASPECT**, s. m. *Aspectus, ús, m.* 看○面貌 Kán. Mién maó. ‖ Saisi à son —. *Vereri* —. 怕看看 Pă kán tĕ. ‖ Maison de bel —. *Ædes venustæ formæ.* 房子修得好看 Fâng tsè sieōu tĕ haŏ kán.

**ASPERGER**, v. a. *Aspergère.* 酒水 Să choùy,

**ASPÉRITÉ**, s. f. *Asperitas, atis, f.* 粗 Tsoū.

**ASPERSOIR**, s. m. *Aspergillum, i, n.* 酒水刷子 Să choùy choă tsè.

**ASPHALTE**, s. m. *Asphaltium, ii, n.* 三合土 Sān hŏ tòu.

**ASPHYXIE**, s. f. *Asphyxia, æ, f.* 斷氣死 Toúan ký sè. 人不吸生氣死 Jên poŭ hỷ sēn ký sè.

**ASPHYXIER (S')**, s. f. *Morbifico æris tractu emori.* 斷氣死 Toúan ký sè.

**ASPIC**, s. m. *Aspis, idis, f.* 七寸蛇 Tsỷ tsén chĕ. ‖

Langue d'—. *Lingua mordax.* 傷人的舌子 Chāng jên tỷ chế tsè.

ASPIRANT, s. m. (aux grades littéraires). *Candidatus, i, m.* 文童生 Ouên tóng sēn, ou 武童生 Où tóng sēn, ou 候補 Heôu pôu.

ASPIRATION, s. f. *Aspiratio, onis, f.* 吞氣 Tên kỷ. ‖ — à Dieu. *Brevis precatio.* 歸向天主 Koūy hiáng Tiên-Tchoù. ‖ — du gosier. *Aspiratio, onis, f.* 喉音 Heoû ȳn. ‖ — des pompes. *Exhaustio antliæ.* 打水銃 Tà choùy tchổng.

ASPIRER, v. a. *Aspirâre.* 呼吸 Foû hỷ.

ASSAILLIR, v. a. *Aliquem adoriri.* 攻打人 Kōng tà jên.

ASSAINIR, v. a. *Salubrem facère.* 除殃氣 Tchoû tchêou kỷ.

ASSAISONNER, v. a. *Condire.* 放香料 Fáng hiāng léao.

ASSASSIN, s. m. *Sicarius, ii, n.* 兇手劊子手 Hiōng cheòu-kó tsè cheòu.

ASSASSINER, v. a. *Occidère.* 殺人 Chă jên. ‖ — (vexer). *Vexâre.* 嚕唆 Lō sō.

ASSAUT, s. m. *Aggressio, onis, f.* 攻打 Kōng tà. ‖ Donner l'—. *Urbem oppugnâre.* 攻城 Kōng tchên. ‖ Soutenir l'—. *Sustinère oppugnationem.* 固守城池 Koú cheòu tchên tchế. ‖ Le repousser. *Impetum propulsâre.* 禦敵 Yú tỷ. ‖ Prendre d'— une ville. *Urbem expugnâre.* 破城 Pố tchên. ‖ Faire — de civilité. *Certâre officiis.* 推讓 Toūy jáng.

ASSEMBLAGE, s. m. *Compositio, onis, f.* 相合 Siāng hô. ‖ de menuiserie. *Pagmentum, i, n.* 鑲板子 Siāng pàn tsè.

ASSEMBLÉE, s. f. *Cœtus, ûs, m.* 會 Hoúy. ‖ Tenir des —. *Conventus agère.* 聚會 Tsiú hoúy.

ASSEMBLER, v. a. *Jungère.* 結合 Kiế hô. ‖ — les lettres v. g. en imprimant. *Coagmentàre litteras.* 逗字 Teôu tsé. ‖ — (convoquer). *Cogère.* 聚 Tsiú. ‖ — la garde nationale. *Comitia edicère.* 齊團 Tsý toûan. ‖ — des troupes. *Copias cogère.* 點兵 Tiên pīn. ‖ S'—. *Convenire.* 聚在一處 Tsiú tsáy ỷ tchoù.

ASSÉNER, v. a. *Certo ictu ferire.* 用力打人 Yóng lỷ tà jên.

ASSENTIMENT, s. m. *Assensus, ûs, m.* 允 Yùn. ‖ Le refuser. *Assensum negàre.* 不允 Poû yùn.

ASSENTIR, v. a. *Assentire.* 允○依 Yùn. Ỷ.

ASSEOIR, v. a. *Collocâre.* 定位 Tín oúy. ‖ — un jugement. *De re certò judicàre.* 定奪 Tín tô. ‖ — les impôts. *Describère vectigalia.* 派糧 Pǎy leâng. ‖ Veuillez vous —. *Sedeas, quæso.* 請坐 Tsīn tsó. ‖ Veuillez vous — plus haut. — *superiùs sedeas.* 請上坐 Tsīn cháng tsó. ‖ S'—. *Sedère.* 坐 Tsó. ‖ — à droite. *Ad dexteram sedère.* 坐在右邊 Tsó tsáy yeóu piên. ‖ — à gauche. *Ad sinistram —.* 坐在左邊 Tsó tsáy tsò piên. ‖ — en face. *Coràm —.* 對面坐 Toúy mién tsó.

ASSERTION, s. f. *Assertio, onis, f.* 説是一定 Chổ chế ỷ tín.

ASSERVIR, v. a. *In servitutem inducère.* 服下 Foù hiá. ‖ Se laisser — par sa femme. *Feminæ emancipàri.* 受婦人管 Cheóu fóu jên koùan. ‖ S'— à la coutume. *Mori servire.* 隨風俗 Souý fōng sioû.

ASSESSEUR, s. m. *Assessor, oris, m.* 佐貳官○侍郎 Tsó eúl koūan. Ché lâng.

ASSEZ, adv. *Satis.* 彀 Keoú. ‖ — de paroles. — *Verborum.* 話彀了 Hoá keoú leào. ‖ — de temps. — *temporis.* 多時 Tō chế. ‖ — à temps. *Satis tempore.* 合時 Hô chế. ‖ — bien. *Sat bené.* 狠好 Kèn haò. ‖ C'en est —. *Satis multa.* 彀了 Keóu leào, ou 擺了 Pā leào.

ASSIDUITÉ, s. f. *Assiduitas, atis, f.* 恒心 Hên sīn, ou 勤力 Kîn lỷ. ‖ — au travail. *Labori —.* 常做活路 Châng tsóu hô lóu.

ASSIÉGÉ, ÉE, adj. *Obsessus.* 圍了的 Ouý leáo tỷ.

ASSIÉGER, v. a. *Obsidère.* 圍 Ouý, ou 攻城 Kōng tchên. ‖ — (vexer). *Molestâre.* 追逼人 Tchoūy pỷ jên.

ASSIETTE, s. f. *Situs, ûs, m.* 地勢 Tý chế. ‖ N'être pas dans son —. *Animo moveri.* 本性不像往常 Pên sín poû siâng ouàng châng. ‖ — (vaisselle). *Orbis, is, m.* 盤子 Pân tsè. ‖ Piquer de l'—. *Alienà vivère quadrà.* 喫混頓 Tchế houên tén.

ASSIGNER, v. a. *Adscribère.* 定○分 Tín. Fēn. ‖ — à chacun sa part. *Suum cuique tribuère.* 各占一分 Kó tchán ỷ fēn. ‖ — (marquer le temps). *Diem dicère.* 定日子 Tín jě tsè. ‖ — (appeler en jugement). *In jus vocàre.* 提上堂聽審 Tỷ cháng táng tín chèn.

ASSIMILER, v. a. *Assimilâre.* 比 Pỷ.

ASSISES, s. f. *Conventus judicum.* 衆官同審 Tsóng koūan tông chèn. ‖ Tenir les —. *Conventus celebràre.* 衆官同審 Tsóng koūan tông chèn. ‖ — de pierres. *Coria, um, n.* 一層石頭 Ỷ tsēn chế teôu.

ASSISTANCE, s. f. *Præsentia, æ, f.* 現在 Hién tsáy. ‖ — (secours). *Auxilium.* 幫助 Páng tsóu. ‖ Avoir besoin d'—. *Opis indigère.* 要人幫忙 Yáo jên pāng máng. ‖ Être pris d'—. *Ope destitutus.* 無人幫忙 Oû jên pāng máng.

ASSISTANT, s. m. *Adjutor, oris, m.* 副○佐 Foù. Yeòu.

ASSISTER, v. a. *Interesse.* 在中 Tsáy tchōng. ‖ — à la comédie. — *comœdiæ.* 看戲 Kǎn hỷ. ‖ — au festin. *Convivio —.* 喫酒 Tchế tsièou. ‖ — à la messe. *Audire missam.* 聽彌撒 Tín mî-sǎ. ‖ — au sermon. *Audire concionem.* 聽道理 Tín taó lỷ. ‖ — le conseil. *In consilio adesse.* 同商量 Tông chāng leâng. ‖ — (aider). *Adjuvâre aliq.* 相幫 Siāng páng. ‖ — les pauvres. *Pauperibus opitulāri.* 周濟窮人 Tcheōu tsý kiōng jên. ‖ — un moribond. *Moribundum piè adjuvāre.* 扶助臨終 Foǔ tsoú lín tchōng. ‖ — de ses conseils. *Consiliis.* 勸人 Kiŭen jên.

ASSOCIATION, s. f. *Societas, atis, f.* 會 Hoúy. ‖ — du rosaire. *Societas rosarii.* 玫瑰會 Mêy koúy hoúy. ‖ Entrer dans une —. *Aliquam societatem ingredi.* 入會 Joǔ hoúy.

ASSOCIÉ, ÉE, adj. *Socius.* 夥計 Hò ký.‖ — d'une charge. *Muneris collega.* 同班 Tōng pān.

ASSOCIER, v. a. *Socium jungĕre.* 添夥計 Tiēn hò ký. ‖ S'—. *Societam facĕre.* 打會 Tà hoúy.

ASSOMMER, v. a. *Trucidāre.* 斬 Tchàn. ‖ — de coups *Pugnis usque occidĕre.* 以拳打死 Ỳ kiŭen tà sè.

ASSOMPTION, s. f. *Assumptio B. V. M.* 聖母蒙召升天 Chén Mòu mòng tcháo chēn tiēn.

ASSORTIMENT, s. m. *Instructus, ús, m.* 合式的事 Hò chè tý sé. ‖ Avoir un — de toiles. *Telarum instructum habēre.* 各色洋布俱全 Kó sĕ yâng póu kíu tsuèn.

ASSORTIR, v. a. *Accommodāre.* 做合式 Tsoú hò ché. ‖ — des couleurs. *Colores nectĕre.* 對顏色 Toúy yên sĕ.

ASSOUPIR, v. a. *Sopīre.* 眠 Miên. ‖ — la douleur. *Dolorem obtundĕre.* 止痛 Tchè tóng. ‖ — la colère. *Iram sedāre.* 息怒 Sý loú. ‖ — un bruit. *Rumorem compescĕre.* 禁止謠言 Kín tchè yaó yên. ‖ S'—. *Soporāri.* 打瞌睡 Tà kŏ choúy. ‖ Ses passions s'— *Defervescunt ejus passiones.* 慾火消了 Yoǔ hò siāo leǎo.

ASSOUPISSEMENT, s. m. *Sopor, oris, m.* 瞌睡 Kŏ choúy. ‖ — (négligence). *Stupor.* 懈怠 Hiáy táy.

ASSOUPLIR, v. a. *Equum domāre.* 押馬 ○ 調馬 Yǎ mà. Tiáo mà. ‖ — une étoffe. *Pannum mollīre.* 揉布 Jeôu poú. ‖ — le caractère. *Mores lenīre.* 押伏本性 Yǎ foǔ pên-sín.

ASSOURDIR, v. a. *Exsurdāre.* 做聾 Tsoú lóng. ‖ — les oreilles. *Aures obtundēre.* 傷耳躲 Chāng eùl tò.

ASSOUVIR, v. a. *Exsaturāre.* 喫飽 Tchĕ paò. ‖ — sa soif. *Sitim explēre.* 止渴 Tchè kŏ. ‖ — sa passion. *Libidines satiāre.* 滿私慾 Màn sē yŏu. ‖ Sans pouvoir s'—. *Insatiabiliter.* 無厭足 Oǔ yén tsiōn.

ASSUJETTIR, v. a. *Domāre.* 押伏人 Yǎ foǔ jên. ‖ — le peuple. *Populum subigĕre.* 服百姓 Foǔ pĕ sín. ‖ — une chose. *Rem figĕre.* 釘 Tín. ‖ S'— aux caprices de quelqu'un. *Ad nutum alic. se fingĕre.* 順服別人 Choŭen foǔ piĕ jên. ‖ S'— à la règle. *Regulam servāre.* 守視矩 Cheŏu koūy kiù.

ASSURANCE, s. f. *Certitudo, inis, f.* 知道一定 Tchē taó ỳ tín. ‖ Donner l'—. *Affirmāre.* 說一定 Chŏ ỳ tín. ‖ Avec —. *Certò.* 一定 Ỳ tín. ‖ — *Locus tutus.* 穩當 地方 Oùen táng tý fāng. ‖ En —. *Tutò.* 穩當 Oùen táng. ‖ Vivre en —. *Frui securitate.* 得穩當 Tĕ oùen táng. ‖ —. *Sui fiduciā.* 大胆 Tá tàn. ‖ Avec —. Fidenter. 大胆 Tá tàn. ‖ — (gage). *Pignus.* 當頭 Táng teôu. ‖ Donner en —. *Pignori alıq. dăre.* 丟當頭 Tieōu táng teôu. ‖ — (sauf-conduit). *Fides publica.* 路票 Loú piáo.

ASSURÉ, ÉE, adj. (garanti). *Vadatus.* 有人担承的 東西 Yeŏu jên tān tchèn tý tōng sý. ‖ — (fixé). *Tutus.* — (hors de doute). *Certus.* 一定的 Ỳ tín tý. ‖ Être assuré d'une chose. *Exploratum habēre.* 曉得 一定 Hiào tĕ ỳ tín. ‖ La chose est —. *Res certa est.* 一定的事 Ỳ tín tý sé. ‖ Homme —. *Vir probus.* 忠信人 Tchōng sín jên.

ASSURÉMENT, adv. *Certò.* 一定 Ỳ tín.

ASSURER, v. a. *Asseverāre.* 說一定 Chŏ ỳ tín. ‖ — (garantir). *Spondēre.* 許○保 Hiù. Paò. ‖ — les routes. *Vias præstāre tutas.* 開路 Kāy loú. ‖ — (encourager). *Animos firmāre.* 加胆力 Kiā tàn lỳ. ‖ — (rendre ferme). *Firmāre.* 做穩 Tsoú oùen. ‖ — un vase. *Vas rectum ponēre.* 安穩 Gān oùen. ‖ — quelqu'un de son respect. *Salutāre aliq.* 拜人 Paý jên. ‖ S'— d'une chose. *Explorāre rem.* 察考 Tchǎ kǎo. ‖ S'—. *Capĕre.* 捉人 Tchŏ jên.

ASTHME, s. m. *Asthma, atis, n.* 哮喘的病 Hiāo chuèn tý pín, ou 齁病 Heôu pín.

ASTRE, s. m. *Astrum, ou Sidus, eris, n.* 星宿 Sīn sioù. ‖ Né sous un bon —. *Sidere dextro natus.* 生在吉日 Sēn tsáy ký jĕ.

L'astrologie judiciaire joue, en Chine, un grand rôle pour les actes de la vie.

Voici le tableau des astres heureux, selon les Chinois : 吉星 Ký sīn.

| | |
|---|---|
| 天德 Tiēn tĕ. | 天德合 Tiēn tĕ hŏ. |
| 月德 Yŭe tĕ. | 月德合 Soúy tĕ hŏ. |
| 歲德 Soúy tĕ. | 歲德合 Yŭĕ tĕ hŏ. |
| 母倉 Moǔ tsāng. | 天赦 Tiēn ché. |
| 天恩 Tiēn ēn. | 天倉 Tiēn tsāng. |
| 天喜 Tiēn hỳ. | 天貴 Tiēn koúy. |
| 不將 Poǔ tsiáng. | 月恩 Yŭĕ gēn. |
| 王日 Oûang jĕ. | 晋護 Pŏu hoú. |
| 官日 Koūan jĕ. | 要安 Yáo gān. |
| 四相日 Sé siáng jĕ. | 益後 Ỳ heóu. |
| 福生 Foǔ sēn. | 三五六合 Sān où loǔ hŏ. |
| 繢世 Siŏu ché. | 天願 Tiēn yúen. |
| 天巫 Tiēn oū. | 天后 Tiēn heóu. |
| 福厚 Foǔ heóu. | 天醫 Tiēn y. |
| 生氣 Sēn ký. | 月空 Yŭĕ kŏng. |
| 玉宇 Yú yú. | 聖心 Chén sīn. |
| 金堂 Kīn táng. | |

Astres malheureux, selon les Chinois : 凶星 Hiŏng sīn.

| 血忌 | Hiŭe kỳ. | 土府 | Tŏu foù. |
| 刼煞 | Kiĕ chā. | 長短星 | Tchǎng toùan sīn. |
| 災煞 | Tsaÿ chā. | 四不祥 | Sé poù siáng. |
| 月煞 | Yŭe chā. | 四廢 | Sé feỳ. |
| 月害 | Yŭe haỳ. | 大耗 | Tá maŏ. |
| 月刑 | Yŭe hín. | 小耗 | Siào maŏ. |
| 反支 | Fàn tchē. | 大星 | Tá sīn. |
| 四窮 | Sé kíong. | 河魁 | Hô koúy. |
| 死氣 | Sě kỳ. | 天賊 | Tīen foú. |
| 遊禍 | Yeŏu hó. | 月忌 | Yŭe kỳ. |
| 天罡 | Tīen. | 天火 | Tīen hŏ. |
| 月厭 | Yŭe yén. | 重復日 | Tchóng foû jĕ. |
| 地火 | Tỳ hŏ. | 地賊 | Tỳ foú. |
| 大敗 | Tá paỳ. | 天刑 | Tīen hín. |
| 咸池 | Hân tchĕ́. | 天生 | Tīen sēn. |
| 觸水龍 | Toŭ choùy lóng. | 白虎 | Pĕ́ foù. |
| 血支 | Hiŭe tchē. | 元武 | Yŭen où. |
| 歸忌 | Koūy kỳ. | 勾陳 | Keōu tchĕn. |
| 往亡 | Oùang ouâng. | 月煞 | Yŭe chā. |
| 四離 | Sé lý. | 月建 | Yŭe liēn. |
| 四絶 | Sé tsiŭe. | | |

**ASTREINDRE**, v. a. *Astringĕre*. 强勉 Kiăng miĕn. ‖ — quelqu'un au mal. — *malo*. 强人爲惡 Kiăng jĕn oŭy ngŏ. ‖ S'— par serment. *Jurejurando se ligāre*. 賭呪做 Toŭ tcheŏu tsoú.

**ASTRINGENT**, E, adj. *Adstringens*. 止瀉的 Tchĕ sié tỳ.

**ASTROLABE**, s. m. *Astrolabíum*, *ii*, n. 天平儀 Tīen píh nỳ.

**ASTROLOGIE**, s. f. *Astrologia*, *æ*, f. 看星象 Kăn sīn siáng.

**ASTRONOME IMPÉRIAL**, s. m. *Astronomus ímper*. 欽天監 Kīn tīen kién.

**ASTRONOMIE**, s. f. *Astronomia*, *æ*, f. 天文法 Tīen oūen fă. ‖ Calculs astronomiques. *Astron. supputationes*. 步歷 Poú lỳ. ‖ Nombres —. *Numeri astronom*. 歷數 Lỳ soú. ‖ Instruments —. *Instrumenta astron*. 璇 Súen. L'auteur de l'— chinoise est 容成 Yŏng tchĕn, ministre de l'Empereur 黃帝 Hoûang tỳ.

**ASTUCE**, s. f. *Astutia*, *æ*, f. 詭○詐 Koùy. Tchá.

**ATELIER**, s. m. *Officina*, *æ*, f. 匠人鋪子 Tsiáng jĕn pŏu tsè.

**ATERMOYER**, v. a. *Protrahĕre*. 延日子 Yén jĕ tsè.

**ATHLÈTE**, s. m. *Athleta*, *æ*, m. 武將 Où tsiáng. ‖ — de la foi. *Fidei propugnator*. 熱烈傳敎 Jĕ́ liĕ tchoŭàn kiáo.

**ATHÉE**, s. m. *Atheus*, *i*, m. 不信神的人 Poŭ sín chēn tỳ jĕn.

**ATMOSPHÈRE**, s. f. *Atmosphæra*, *æ*, f. 地球周圍之氣 Tỳ kieŏu tcheōu oŭy tchē kỳ. 天氣 Tīen kỳ. 烟瘴 Yēn tcháng.

**ATOME**, s. —. *Atomus*, *i*, f. 塵埃 Tchĕn gaỳ.

**ATOURS**, s. m. p. *Ornatus*, *ūs*, m. 裝飾○打扮 Tchoŭang chĕ. Tà pán. ‖ Dame d'—. *Ornatrix reginæ*. 宮娥 Kōng ô.

**ATRABILAIRE**, adj. *Atrā bile percitus*. 黑痰的人 Hĕ́ tán tỳ jĕn.

**ÂTRE**, s. m. *Focus*, *i*, m. 灶 Tsaó. ‖ Ici l'— est froid. *Domus inhospitalis*. 不賢慧的人家 Poŭ hién hoúy tỳ jĕn kiā.

**ATROCE**, adj. *Atrox*. 惡的 Ngŏ tỳ. ‖ Injure —. *Injuria maxima*. 大凌辱 Tá lín joŭ.

**ATROPHIE**, s. f. *Atrophia*, *æ*, f. 瘵病 Laó pín. ‖ — des muscles. *Lapidibus insectāri*. 肌肉瘦 Kỳ jŏu seoú.

**ATTABLER (S')**, v. r. *Ad mensam assidĕre*. 坐席 Tsó sỳ.

**ATTACHANT**, E, adj. *Alliciens*. 引誘的 Ỳn yeŏu tỳ.

**ATTACHE**, s. f. *Vinculum*, *i*. 鍊子 Lién tsè. ‖ — (ce qui attire fort). *Studium*. 引誘的事 Ỳn yeŏu tỳ sĕ́. ‖ — à son avis. *Sententiæ obstinatio*. 固執己意 Koú tchĕ kỳ ỳ. ‖ — au jeu. *Ludi studiosus*. 好耍 Haó choàa.

**ATTACHEMENT**, s. m. *Amor*, *oris*, m. 相交 Siāng kiāo. ‖ En avoir pour quelqu'un. *In aliquem studio incensus esse*. 與人相交 Yŭ jĕn siáng kiāo. ‖ Rompre un — criminel. *Veneris nodos rumpĕre*. 斷絶私交 Toŭan tsiŭe sē kiāo.

**ATTACHER**, v. a. *Ligāre*. 綑○綁 Koŭen. Pàng. ‖ — les mains. *Manus constringĕre*. 綑手 Koŭen cheŏu. ‖ — quelqu'un. *Aliq. devincīre*. 綁人 Pàng jĕn. ‖ — du prix à une chose. *Magni facĕre*. 貴重 Koúy tchóng. ‖ —. *Detinēre*. 留 Lieŏu. ‖ — les esprits. *Animos intentos tenēre*. 兜人奇異 Teōu jĕn kỳ ỳ. ‖ — (inspirer de l'attachement). *Devincīre cor alicuj*. 得人心 Tĕ́ jĕn sīn. ‖ — les yeux sur. *Defixis oculis intueri*. 細看 Sỳ kăn. ‖ S'—. *Arripĕre*. 抓 Tchaŏ. ‖ S'— aux roches. *Saxa manibus* —. 抓倒嚴 Tchaŏ taŏ gaỳ. ‖ S'— quelqu'un. *Aliq. beneficiis devincīre*. 以德服人 Ỳ tĕ́ foŭ jĕn. ‖ S'— d'affection à quelqu'un. *Alicui addictus esse*. 愛一个人 Gaý ỳ kŏ́ jĕn. ‖ S'— à quelque chose. *Navāre*, *incumbĕre*. 專務 Tchoūan oú. ‖ S'— à l'étude. *Studüs se dedĕre*. 專務讀書 Tchoūan oú toŭ choū. ‖ S'— à son opinion: *In sentent. mordicùs stāre*. 執意 Tchĕ́ ỳ.

**ATTAQUER**, v. a. *Provocāre*, *lacessĕre*. 先動手打人 Siēn tóng cheŏu tà jĕn. 惹人 Jĕ́ jĕn. ‖ — à coups de pierre. *Lapidibus insectāri*. 用石頭打人 Yóng chĕ́ teŏu tà jĕn. ‖ — le couteau à la main. *Gladio appetĕre*. 提刀殺人 Tỳ taō chā jĕn. ‖ — une ville. *Urbem oppugnāre*. 攻城 Kōng tchĕn. ‖ — par surprise une ville. — *attentāre.* 忽然攻城 Foŭ jĕn kōng tchĕn. ‖ — l'honneur de quelqu'un. *Nocĕre famœ.* 壞人名聲 Houáy jĕn mìn chēn. ‖ Être — de maladie. *Morbo corripi.* 得病 Tĕ̆ pín.

**ATTEINDRE**, v. a. *Attingĕre.* 挨 Gaȳ. ‖ — (joindre en chemin). *Aliquem consequi in via.* 追上人 Tchoŭy cháng jĕn. ‖ — (parvenir à). *Ad rem pervenire.* 至 ○ 到 Tché. Taó. ‖ — à l'âge de cent ans. *Centum annos attingĕre.* 滿一百歲 Màn ȳ pĕ̆ souȳ. ‖ — à la vieillesse. *Senectutem consequi.* 老了 Laò leào. ‖ Être —. *Percelli.* 受打 Cheóuy tà. ‖ Être — de maladie. *Morbo tentatus.* 得病 Tĕ̆ pín. ‖ Être — de la foudre. *Fulmine tactus.* 雷打的 Loŭy tà tȳ. ‖ Être — de la goutte. *Articulorum punctiuncula.* 得痰火脚病 Tĕ̆ tăn hŏ kiŏ pín.

**ATTEINTE**, s. f. *Ictus, ūs, m.* 打一下 Tà ȳ hiá. ‖ — aux lois. *Legum violatio.* 犯規誡 Fán koŭy kiáy.

**ATTELER**, v. a. *Equos jungĕre.* 駕馬 Kiá mà.

**ATTENANT, E**, adj. *Contiguus.* 近的 Kín tȳ, ou 挨倒的 Gaȳ taò tȳ. ‖ — au champ d'un tel. *Talis agri contiguus.* 連倒某人的田 Lién taò mòng jĕn tȳ tiĕn.

‖ —, prép. *Propè.* 挨倒 ○ 近 Gaȳ taò. Kín.

**ATTENDANT (EN)**. *Interim.* 那時 Lá chĕ. ‖ Reposez-vous en. *Intereà quiesce.* 你那時可歇 Ngȳ lá chĕ kŏ hiĕ̆. ‖ —. *Dùm, donec.* 到那時 Taó lá chĕ.

**ATTENDRE**, v. a. *Exspectāre.* 等 Tĕn. ‖ — de jour à autre. *In diem —.* 一天等一天 Ȳ tiēn tón ȳ tiēn. ‖ On vous — avec impatience. *Summa tui exspectatio.* 望你得狠 Ouáng ngȳ tĕ̆ hĕn. ‖ — le beau temps. *Tranquillitatem exspect.* 望晴 Ouáng tsín. ‖ Faire —. *Aliquem morāri.* 耽擱人 Tān kŏ jĕn. ‖ Se faire —. *In morā esse.* 耽擱 Tān kŏ. ‖ S'—. *Sperāre.* 望 ○ 等 Ouáng. Tĕn.

**ATTENDRIR**, v. a. *Mollīre.* 做軟 Tsoú joùan. ‖ — les cœurs. *Movēre corda.* 打勳人心 Tà tóng jĕn sīn. ‖ S'—. *Tenerescĕre.* 長嫩 Tchǎng lén. ‖ —. *Moveri.* 哀憐 Gaȳ lién.

**ATTENDRISSEMENT**, s. m. *Miseratio, onis, f.* 仁慈 Jĕn tsé̆.

**ATTENDU**, prép. *Propter.* 特爲 Tĕ̆ oúy.

**ATTENTAT**, s. m. *Facinus, oris, n.* 大罪 ○ 凶事 Tá tsoúy. Hiōng sé̆. ‖ — à l'autorité. *Auctorit. violatio.* 犯上 Fán cháng.

**ATTENTE**, s. f. *Exspectatio, onis, f.* 等 ○ 盼望 Tĕn. Pán ouáng. ‖ Être dans l'—. *Rei exspectatione teneri.* 等候 Tĕn heóu. ‖ — (espérance). *Spes.* 望 Ouáng. ‖ Répondre à l'—. *Exspectationem explēre.* 不負人望 Poŭ foú jĕn ouáng. ‖ Contre l'—. *Præter spem.* 無望 Oŭ ouáng.

**ATTENTER À**, v. a. *Audēre.* 敢 ○ 圖 Kàn. Toŭ. ‖ — à la vie de quelqu'un. *Alicuj. vitam petĕre.* 謀殺人 Mŏng chă jĕn. ‖ — à l'honneur d'une fille. *Virginis pudicit. sollicitāre.* 調戲閨女 Tiaò hý koŭy niù.

**ATTENTIF, VE**, adj. 用心 Yóng sīn, ou 小心 Siaò sīn.

**ATTENTION**, s. f. *Attentio, onis, f.* 專心 Tchoūan sīn. ‖ Écouter avec —. *Dicenti attendĕre.* 專心聽 Tchoūan sīn tín. ‖ Partager son —. *Animo diviso audire.* 分心 Fēn sīn. ‖ — (soins, égards). *Officia.* 愛情 Gaȳ tsín. ‖ Combler quelqu'un d'—. *In aliq. esse singulari officio.* 待得厚 Taȳ tĕ̆ heóu. ‖ Ne pas faire — à quelqu'un. *Non curāre de aliquo.* 不張他 ○ 不釆他 Poŭ tchāng tă. Poŭ tsaȳ tă.

**ATTÉNUANT, E**, adj. (circonstances). *Circumstantiæ minuent.* 減罪的事 Kiĕn tsoúy tȳ sé̆.

**ATTÉNUER**, v. a. *Attenuāre.* 減 Kiĕn. ‖ — un grief. *Crimen minuĕre.* 減罪一等 Kiĕn tsoúy ȳ tĕn.

**ATTERRER**, v. a. *Prosternĕre aliq.* 打倒人 Tà taò jĕn. ‖ — (effrayer). *Metu afflīgĕre.* 嚇人 Hĕ̆ jĕn.

**ATTESTATION**, s. f. *Testimonium, ii, n.* 保擧的信 Paò kiŭ tȳ sín. ‖ Donner une — à quelqu'un. *Bonum testim. alicui præbēre.* 保擧人 Paò kiŭ jĕn.

**ATTESTER**, v. a. *Testificāri.* 証 Tchĕn. ‖ — le ciel et la terre. *Deos hominesque appellāre.* 憑天憑人 Pín tiēn pín jĕn.

**ATTIÉDIR**, v. a. *Tepefacĕre.* 做溫 Tsoú oūen. ‖ S'—. *Tepescĕre.* 溫了 Oūen leào.

**ATTIFER (S')**, v. r. *Se comĕre.* 梳頭 ○ 打扮 Soū teŏu. Tà pán.

**ATTIRAIL**, s. m. *Instrum. bellica.* 軍器 Kiūn ký.

**ATTIRER**, v. a. *Ad se trahĕre.* 扯龍來 Tchĕ̆ lŏng laȳ. ‖ L'aimant — le fer. *Magnes ferrum allicit.* 吸石暗鐡上來 Hý chĕ̆ hý tiĕ̆ cháng laȳ. ‖ — (engager). *Adducĕre.* 引誘 Yn yeoŭ. ‖ — la vénération. *Venerat. comparāre.* 得人尊敬 Tĕ̆ jĕn tsēn kín. ‖ — par argent. *Pecuniā sibi conciliāre.* 用錢買活人 Yóng tsién maȳ hŏ jĕn. ‖ — la haine sur soi. *Sibi odium conciliāre.* 兜人恨 Teōu jĕn hén. ‖ S'— la faveur. *Existimat. colligĕre.* 得人寵愛 Tĕ̆ jĕn tchŏng gaȳ. ‖ S'— de vilaines affaires. *Sibi creāre periculum.* 自招凶險 Tsé̆ tchaō hiōng hiĕn.

**ATTISER**, v. a. *Ignem suscitāre.* 搧火 Chán hŏ. ‖ — les esprits. *Iras acuĕre.* 兜人胃火 Teōu jĕn maó hŏ. ‖ — la révolte. *Bellum alĕre.* 懷叛意 Houáy pàn ý. ‖ — le feu, avec le crochet en fer. *Unco ignem fovēre.* 漏火 Leoú hŏ.

**ATTISONNOIR**, s. f. *Uncus, i, m.* 火鈎 Hŏ keōu.

**ATTITUDE**, s. f. *Habitus, ūs, m.* 品格 Pĭn kĕ̆, ou 樣子 Yáng tsé̆.

**ATTOUCHEMENT**, s. m. *Tactus, ūs, m.* 摸 Mó. ‖ — déshonnête. *Tactus impudicus.* 亂抹 Loán mó.

**ATTRACTION**, s. f. *Attractio, onis, f.* 牽引之力 Kiēn ȳn tchē lȳ, ou 引誘 Ȳn yeòu.

**ATTRAIRE**, v. a. *Allicĕre.* 引誘 Ȳn yeòu.

**ATTRAIT**, s. m. *Illecebra, æ, f.* 引誘的事 Ȳn yeòu tȳ sé.

**ATTRAPER**, v. a. *Deludĕre.* 欺哄 Kȳ hòng. ‖ — plus fin que soi. *Oculos cornicum configĕre.* (Prov. chin.) 打虎不着反彼虎傷 Tà foù poù tchŏ, fàn pȳ foù chāng. ‖ — de l'argent à quelqu'un. *Aliquem argento emungĕre.* 套哄人的銀錢 Tǎo hòng jēn tȳ ȳn tsièn. ‖ — sur le fait. *Manifestò tenēre.* 擅見人犯法 Tchoúang kién jēn fán fǎ. ‖ — (atteindre). *Assequi.* 趕上他 Kàn cháng tǎ. ‖ — le but. *Destinatum petĕre.* 得意 Tĕ ȳ.

**ATTRAPOIRE**, s. f. *Decipulum, i, n.* 套哄 Tǎo hòng.

**ATTRIBUER**, v. a. *Attribuĕre.* 歸于 Koūy yū. ‖ — un champ à l'Église. *Agrum Ecclesiæ tribuĕre.* 送田入聖會 Sóng tiēn jŭ chén hoúy. ‖ — son malheur à quelqu'un. *Adversa alic. legĕre.* 怪別人 Kouày piĕ jēn. ‖ S'—. *Sibi vindicāre.* 占 Tchān.

**ATTRIBUT**, s. m. *Proprietas, atis, f.* 本○生來有的 Pĕn. Sēn laȳ yeòu tȳ. ‖ — divins. *Attributa divina.* 天主的德能 Tiēn-Tchoù tȳ tĕ lēn.

**ATTRIBUTION**, s. f. *Attributio, onis, f.* 歸于 Koūy yū. ‖ C'est dans mes —. *Hoc me spectat.* 是我的事 Ché ngò tȳ sé. ‖ Passer ses —. *Ultrà potestatem ire.* 過分 Kó fén.

**ATTRISTER**, v. a. *Contristāre.* 兜人憂氣 Teōu jēn yeòu kȳ. ‖ S'—. *Mærēre.* 憂悶 Yeōu mén.

**ATTRITION**, s. m. *Attritus, ús, m.* 搓 Tsŏ. ‖ — (douleur de ses péchés. *Attritio, onis, f.* 不成全的痛悔○下等痛悔 Poù tchén tsuén tȳ tóng hoùy. Hiá tèn tóng hoùy.

**ATTROUPEMENT**, s. m. *Caterva, æ, f.* 人群 Jēn kiûn. ‖ Le dissiper. *Solvĕre.* 散人群 Sán jēn kiûn.

**ATTROUPER**, v. a. *Congregāre.* 聚人 Tsiú jēn. ‖ S'— autour de quelqu'un. *Aliq. circumstāre.* 圍人 Ouȳ jēn.

**AUBAINE**, s. f. *Caduca bona.* 撿得之物○入官之物 Kièn tĕ tchĕ oŭ. Joŭ kouān tchĕ oŭ. ‖ Bonne —. *Casus faustus.* 好運氣 Hǎo yún kȳ.

**AUBE**, s. f. *Aurora, æ, f.* 天明 Tiēn mǐn. ‖ — (habit). *Toga alba.* 長白衣 Tchǎng pĕ ȳ.

**AUBERGE**, s. f. *Diversorium, ii, n.* 站房 Tchán fāng. ‖ Tenir —. *Exercēre.* 開站房 Kāy tchán fāng.

**AUBERGISTE**, s. m. *Caupo, onis, m.* 店主人 Tién tchoù jēn.

**AUBIER**, s. m. *Alburnum, i, n.* 木內皮 Moŭ loùy pȳ.

**AUCUN, E**, adj. *Ullus, a, um.* 有人 Yeòu jēn. — (avec négation). *Nullus.* 無人 Oŭ jēn. ‖ — de nous. *Nemo nostrùm.* 我們中無有一个 Ngò-mēn tchōng oŭ yeòu ȳ kó. ‖ Sans aucun frais. *Nullo sumptu.* 全不用錢 Tsiuēn poŭ yóng tsièn. ‖ En aucun lieu. *Nusquàm.* 無一處 Oŭ ȳ tchoù. ‖ En — façon. *Nullo modo.* 總不 Tsòng poŭ.

**AUCUNE FOIS**, adv. (Sans négation). *Quandòque.* 有時 Yeòu chē. — (avec négation). *Nunquàm.* 總不 Tsòng poŭ.

**AUCUNEMENT**, adv. (Sans négation). *Nonnihil.* 有一點 Yeòu ȳ tièn. ‖ — (avec négation). *Minimè.* 萬不○斷不 Ouán poŭ. Toùan poŭ.

**AUDACE**, s. f. *Audacia, æ, f.* 大胆 Tá tàn. ‖ Quelle —. *Qualis —.* 好大胆 Hǎo tá tàn. ‖ Arrêter l'— de quelqu'un. — *reprimĕre.* 嚇退人 Hĕ toúy jēn.

**AUDIENCE**, s. f. *Audientia, æ, f.* 聽 Tín. ‖ Avoir — *Adire aliq.* 會人 Hoúy jēn. ‖ Donner —. *Excipĕre aliq.* 接人 Tsiĕ jēn. ‖ Refuser —. *Aditum recusāre.* 不許別人會 Poŭ hiù piĕ jēn hoúy. ‖ — (tribunal). *Forum.* 大堂 Tá tǎng. ‖ Salle d'—. *Auditorìum.* 大堂 Tá tǎng. ‖ — de l'Empereur. *Imperatoris admissio.* 皇上升殿 Hoûang cháng chén tién. ‖ En obtenir —. *Corám imper. admitti.* 朝見 Tchǎo kién. ‖ Salle d'— de l'Empereur. *Aula.* 朝廷 Tchǎo tǐn. ‖ — privée de l'Empereur. *Privatim admitti.* 燕見私宅 Yén kién sē tsĕ. ‖ Obtenir — des préfets. *Præfectum adire.* 禀見大人 Pǐn kién tá jēn. ‖ Jour d'—. *Juridicus dies.* 坐堂日子 Tsó tǎng jĕ tsĕ. ‖ Le mandarin tient —. *Præfectus audit causas.* 官審案 Kouān chèn gán. ‖ Entrer à —. *Forum ingredi.* 坐堂 Tsó tǎng. ‖ Lever l'—. *Prætorium dimittĕre.* 退堂 Toúy tǎng.

**AUDITEUR**, s. m. *Auditor, oris, m.* 聽的人 Tīn tȳ jēn. ‖ Émouvoir ses —. *Animos movēre.* 打動人心 Tà tóng jēn sīn.

**AUGE**, s. f. *Alveus, i, m.* 槽子 Tsǎo tsĕ.

**AUGET**, s. m. *Caniculus, i, m.* 雀食盃 Tsiŏ chĕ pēy.

**AUGMENTER**, v. a. *Augēre.* 加添 Kiā tiēn. ‖ — son bien. *Rem —.* 更發財 Kén fā tsǎy. ‖ Le mal —. *Ingravescit malum.* 加了病 Kiā leǎo pín. ‖ La fièvre —. *— febris.* 擺子更重 Pǎy tsè kén tchóng. ‖ Le vent —. *Increbrescit ventus.* 風更大 Fōng kén tá.

**AUGURE**, s. m. *Augur, uris, m.* 算命 Souán mín. ‖ — (art). *Augurium.* 算命之法 Souán mín tchē fǎ. ‖ — favorable. — *secundum.* 吉兆 Kȳ tchǎo. ‖ — néfaste. *Malum —.* 凶兆 Hiōng tcháo.

**AUGURER**, v. a. *Ominàri.* 猜 Tsǎy, ou 打兆 Tà tchǎo. ‖ — bien de quelqu'un. *De aliq. benè —.* 想他後來好 Siàng tǎ heóu lâỳ hào. ‖ — (conjecturer l'avenir. *Futura conjicĕre.* 占吉凶 Tchān kȳ hiōng.

AUGUSTE, adj. *Augustus.* 可尊敬的 Kò tsēn kín tỷ.

AUJOURD'HUI, adv. *Hodiè.* 今日 ○ 今天 Kīn-jĕ. Kīn tiēn. ‖ —. *His temporibus.* 如今 Joŭ kīn.

AUMÔNE, s. f. *Eleemosyna, æ, f.* 哀矜 Gāy kīn. ‖ Donner l'—. — *largiri.* 哀矜人 ○ 打發窮人 Gāy kīn jên. Tà fā kiōng jên. ‖ Refuser l'—. — *negăre.* 不打發 Poŭ tà fā. ‖ Demander l'—. — *petěre.* 叫化 Kiáo hoá. 求哀矜 Kiêou gāy kīn. ‖ Vivre d'—. *Mendicando vivĕre.* 討口過日 Tào keŏu kó jĕ. ‖ Les Táo-sé demandent l'—. 道人化緣 Táo jên hoá yuên. ‖ Les bonzes demandent l'—. 和尚化齋 Hŏ cháng hoá tchāy.

AUNE, s. f. *Ulna, æ, f.* 一尺 Ÿ tchĕ. ‖ Mesurer quelqu'un à son —. *Alios ex se judicăre.* 將心比心 Tsiāng sīn pỷ sīn. ‖ Savoir ce qu'en vaut l'—. *Jam ad damnum non esse rudis.* 上了當 Cháng leǎo táng.

AUPARAVANT, adv. *Antè.* 先 Siēn. ‖ Longtemps —. *Longè antè.* 先多久 Siēn tō kieòu.

AUPRÈS, prép. *Propè.* 近 Kín. ou 不遠 Poŭ yuên. ‖ Être assis — du feu. *Apud focum sedēre.* 向火 Hiáng hŏ. ‖ — du rivage. *Secundùm ripam.* 挨河邊坐 Gāy hŏ piēn tsó. ‖ Être bien — de quelqu'un. *Apud aliq. gratiosus esse.* 得人寵愛 Tŏ jên tchōng gáy. ‖ — de lui, il est ignorant. *Præ illo, ipse illiteratus videtur.* 比他的才學淺得多 Pỷ tā tỷ tsǎy hiŏ tsiĕn tĕ tō. ‖ — il y a une grotte. *Propè est spelunca quædam.* 不遠有個一峒 Poŭ yuên yeŏu kó ỷ tóng. ‖ Là —. *In proximo.* 隔不遠 Kĕ poŭ yuên.

AURÉOLE, s. f. *Radiatus orbis.* 雲圈 Yûn kiuên.

AURICULE, s. f. *Auricula, æ, f.* 耳門 ○ 學堂 Eùl mên. Hiŏ táng.

AURICULAIRE, adj. ‖ Doigt —. *Minimus digitus.* 小指 Siào tché. ‖ Témoin —. *Auricul. testis.* 聽見的証人 Tīn kién tỷ tchén jên. ‖ Confession —. *Confessio auricularis.* 私下告罪 Sē hiá kaó tsoúy.

AURORE, s. f. *Aurora, æ, f.* 天明 ○ 天亮 Tiēn mín. Tiēn leâng.

AUSPICE, s. m. *Auspicium, ii, n.* 先兆 Siēn tcháo. ‖ — (protection.) *Auxilium.* 仗庇 Tcháng pý.

AUSSI, conj. *Quippè.* 因為 Yn oúy. ‖ — (pareillement). *Etiam, quoque, item.* 亦 ○ 然 Ỷ. Jân. ‖ — (encore de plus). *Insuper, prætereà.* 另外 Lín ouáy. ‖ Je l'ai —. *Ego etiam habeo.* 我亦有 Ngò ỷ yeòu.

AUSTÈRE, adj. *Austerus.* 嚴的 Niên tỷ. ‖ Vie —. *Vita dura.* (Au physique). 苦命 Kŏu mín. ‖ (Au moral). 淡泊 尬苦 Tán pô. Kĕ kŏu. ‖ Homme —. *Homo severus.* 嚴今人 Niên lín jên.

AUTAN, s. m. *Altanus, i, m.* 南風 Nân fōng.

AUTANT, adv. *Tantùm.* 單單 ○ 只 Tán tán. Tchĕ. ‖ Une fois —. *Alterum tantum.* 多一般 Tō ỷ pán. ‖ Deux fois —. *Bis tantum.* 幾兩回 Tsǎy leàng hoŭy. ‖ — qu'on peut. *Pro viribus.* 尽力 Tsín lỷ. ‖ — que je puis me souvenir. *Ut memoria est.* 我好像記得 Ngò hào siáng ký tĕ. ‖ Faire seul — que trois. *Tres unus valet.* 一個當三個 Ỷ kó táng sān kó. ‖ — qu'on voudra. *Quantumvis.* 不論幾多 Poŭ lén kỷ tō. ‖ Être — qu'un autre. *Ex æquo vivĕre.* 平般人 Pîn pān jên. ‖ N'avoir qu'— qu'il faut pour ne pas mourir. *Tantùm non fame perire.* 饞饞餓喫 Tsiāng tsiāng keoú tchĕ. ‖ — de sentiments que de têtes. *Tot sensus quot capita.* 各有各心 Kó yeoù kó sīn. ‖ — vaudrait parler à du bois. *Verba ligno facĕre.* 對牛彈琴 Toúy niêou tân kîn. ‖ — en emporte le vent. *Hæc in aquâ scribantur.* 這些事不要緊 Tchĕ sỷ sé poŭ yaó kín. ‖ D'— que. *Quia —.* 因為 Yn ouý. ‖ D'— plus que. *Eò magis quòd.* 更因 Kén yn.

AUTEL, s. m. *Altare, is, n.* (Voir le mot *Temple.*) 祭台 Tsý tāy. ‖ Faire un —. — *erigĕre.* 修祭台 Sieōu tsý tāy. ‖ Orner l'—. *Ornăre —.* 舖祭台 Pōu tsý tāy. ‖ Servir à l'—. *Ministrāre.* 副祭 Foú tsý. ‖ Mériter des —. *Summo dignus honore esse.* 可尊敬 Kò tsēn kín.

AUTEUR, s. m. *Auctor, oris, m.* 為首 Ouý cheòu. ‖ — d'un crime. *Sceleris —.* 罪首 Tsoúy cheòu. ‖ — d'un ouvrage. *Scriptor —.* 做書的人 Tsoú choū tỷ jên. ‖ — digne de foi. — *Fide dignus.* 可信的書 Kò sín tỷ choū.

AUTHENTICITÉ, s. f. *Authenticitas, atis, f.* 正的 ○ 無疑的 Tchén tỷ. Oū ný tỷ.

AUTHENTIQUER, v. a. *Scripto fidem dăre.* 畫押 Hoá yă.

AUTOGRAPHE, s. m. *Autographum, i, n.* 親手寫的 Tsīn cheòu siĕ tỷ. ou 原稿子 Yuên kaŏ tsè.

AUTOMATE, s. m. *Automatum opus.* 自行椅 Tsé hîn ỷ. — (bûche). *Stipes.* 愚人 Ỷ jên.

AUTOMNE, s. m. *Autumnus, i, m.* 秋天 Tsieōu tiēn.

AUTOPSIE, s. f. *Autopsia sinica.* 驗屍 Nién chē.

AUTORISATION, s. f. *Auctoritas, atis, f.* 准 Tchuèn. ‖ Refuser l'—. *Recusăre —.* 不准 Poŭ tchuèn. ‖ La donner. *Licentiam præbēre.* 准 ○ 許 Tchuèn. Hiù.

AUTORITÉ, s. f. *Auctoritas, atis, f.* 權 Kiuên. ‖ Dépasser son —. — *supergredi.* 過分 Kó fén. ‖ S'attribuer de l'—. *Potestatem sibi arrogāre.* 借分 Tsiĕ fén. ‖ Avoir — sur quelqu'un. *Apud aliq. valēre.* 服得倒人 Foû tĕ taò jên. ‖ Les — du lieu. *Proceres loci.* 本方官 Pèn fāng kouān.

AUTOUR, adv. *Circà.* 圍轉 Touân tchouàn.

AUTRE, adj. pron. *Alius.* 別的 Piĕ tỷ. ‖ Un — jour. *Aliâ die.* 二天 Eùl tiēn. ‖ L'— en parlant de deux. *Alteruter.* 兩个中一个 ○ 或此或此 Leàng kó tchōng ỷ kó. Hoĕ tsé hoĕ pỷ. ‖ Les uns aiment ceci, les —

cela. *Alios alia delectant.* 各人所愛不同 Kó jên só gáy poŭ tŏng. ‖ Prendre un nom pour un —. *Errāre in nomine.* 錯稱人 Tsŏ́ tchên jên. ‖ Il est tout —. *Quantùm mutatus ab eo.* 本性改了 Pèn sín kày leaò. ‖ — chose est de dire, — chose de faire. *Est aliud dicĕre, aliud facĕre.* 說是說做是做 Chŏ ché chŏ tsoú ché tsoú.

AUTREFOIS, adv. *Quondàm.* 前頭 Tsïen-teŏu. ‖ Une —. *Aliàs.* 二回 Eŭl hoŭy.

AUTREMENT, adv. *Secùs, aliter, alio modo.* 不然 Poŭ jân. ‖ — qu'on le prenait. *Præter opinionem.* 不如人意 o 不由人算 Poŭ joù jên ý. Poŭ yeŏu jên souán. ‖ — qu'il ne convient. *Aliter ac decet.* 不合理 Poŭ hŏ lý. ‖ — (sans cela) *Alioquin.* 若不然 Jŏ poŭ jân. ‖ Ne pas craindre —. *Parùm timère.* 有一點怕 Yeŏu ý tièn pă.

AUTRUI, s. m. *Alius.* 他的 o 別个 Tă' tý. Piĕ́ kó. ‖ Désirer le bien d'—. *Aliena appetĕre.* 貪他人財物 Tăn tă jên tsăy oŭ.

AUVENT, s. m. *Umbraculum, i, n.* 大傘 Tá sàn. ‖ — de la maison. *Antefixum.* 簷子 Yên tsè.

AUXILIAIRE, adj. *Auxiliārius.* 扶助的人 Foŭ tsoŭ tý jên. ‖ Troupes —. *Copiæ.* 救兵 Kiéou pīn.

AVALER, v. a. *Sorbĕre.* 吞 Tēn. ‖ — d'un coup. *Uno haustu —.* 一口吞 Ý keŏu tēn. ‖ — le calice. *Tacitĕ injuriam pati.* 受盡苦楚 Cheóu tsín koŭ tsoù. ‖ — (dissiper tout). *Bona sua exhaurire.* 敗完 Paý ouân. ‖ — en silence un affront. *Tacitĕ pati.* 忍氣吞聲 Jèn ký́ tēn chēn.

AVALOIRE, s. f. *Ephippii ultima pars.* 馬屁鞦 Mà pý́ tsiĕou.

AVANCE, s. f. *Prominentia, æ, f.* 伸出外的 Chēn tchŏu ouáy tý. ‖ — de toit. *Subgrunda, æ, f.* 簷子 Yên tsè. ‖ — (espace de chemin en avant). *Progressio, nis, f.* 先走 Sïen tseŏu. ‖ — d'argent. *Pecuniæ repræsentatio.* 先還賬 Sïen houân tcháng. ‖ Faire les — pour la paix. *Prior officio pacis certāre.* 先和睦 Sïen hŏ-moŭ. ‖ D'—. *Anté diem.* 先 Sïen. ‖ Jouir par —. *Gaudium præcipĕre.* 先喜歡 Sïen hy̌ hoŭan. ‖ Faire les — pour se réconcilier. *Prior petĕre pacem.* 先求和 Sïen kieŏu hŏ.

AVANCEMENT, s. m. *Progressus, ûs, m,* 進 Tsín. ‖ — dans la vertu. *Ad virtutem.* 進于德 Tsín yû tĕ́. ‖ — en grade. *Dignitat. augmentum.* 加級 Kiā ký́.

AVANCER, v. a. *Promovēre.* 伸 Chēn. ‖ — le bras. *Brachium protendĕre.* 伸手 Chēn cheoù. ‖ — (marcher). *Progredi.* 往前走 Ouàng tsïen tseŏu. ‖ — d'un pas. *Gradum addĕre.* 走一步 Tseŏu ý́ poŭ. ‖ Ni — ni reculer. *Hærēre in vestigio.* 不進不退 Poŭ tsín poŭ toŭy. ‖ — (déborder). *Excurrĕre in.* 出外 Tchŏu

ouáy. ‖ — (proposer). *Proferre.* 說 Chŏ. ‖ — un paiement. *Repræsentāre diem.* 先開錢 Sïen kăy tsïen. ‖ — ses jours. *Mortem anticipāre.* 短命 Toŭan mín. ‖ — quelqu'un dans les honneurs. *Aliquem patrocināri.* 保人 Paŏ jên. ‖ S'—. *Accedĕre.* 走攏來 Tseŏu lòng laỷ. ‖ La vieillesse s'—. *Senectus adventat.* 要老了 Yáo laò leaò. ‖ L'ouvrage s'—. *Opus properatur.* 要成工了 Yaó tchên kŏng leaò. ‖ S'— trop. *Ultrà mandata ire.* 過餘 Kó yû. ‖ — (mûrir). *Maturescĕre.* 黃 o 老 Houáng. Laò. ‖ Le jour s'—. *Vergit dies* —. 要黑了 Yaó hĕ́ laò.

AVANIE, s. f. *Vexatio, onis, f.* 隴唆 Lŏ sō. ‖ Faire une —. *Convicium alic. facĕre.* 隴唆 Lŏ sō.

AVANT-CHIEN, s. m. *Procyon.* 天狼前星 Tïen lâng tsïen sīn.

AVANT, prép. *Anté.* 先 Sïen, ou 前 Tsïen. ‖ — et après. *Ante et post.* 前後 Tsïen heoú. ‖ — souper. *Anté cœnam.* 晚飯前 Ouàn fán tsïen. ‖ — midi. *Antemeridianus.* 上午的 Cháng où tý́. ‖ — hier. *Anté heri.* 前天 Tsïen tïen. ‖ — que de partir. *Anté discessum.* 起身前頭 Ký́ chēn tsïen teŏu. ‖ — (profondément). *Profundè, altè.* 深 Chēn. ‖ Creuser bien —. *Altiùs effodĕre.* 深點挖 Chēn tïen ouă. ‖ — (loin), aller en —. *Progredi.* 往前走 Ouàng tsïen tseŏu. ‖ Bien — dans la nuit. *Multā jam mediā nocte.* 半夜過後 Pán yé kó heóu. ‖ Mettre en — une excuse. *Excusat. præ se ferre.* 推諉 Tŏuy oùy.

AVANT, s. m. (T. de marine.) *Prora, æ, f.* 船頭 Tchŏuan teŏu.

AVANTAGE, s. m. *Utilitas, atis, f.* 利益 o 好處 Lý́ ý́. Haŏ tchoŭ. ‖ Chercher son —. *Rebus suis servire.* 圖自己的利益 Toŭ tsé ký́ tý́ lý́ ý́. ‖ Parler à son —. *De se prædicāre.* 誇奬自己 Koūa tsiàng tsé ký́. ‖ Quel — y a-t-il? *Quænam est utilitas?* 有何利益 Yeoù hô lý́ ý́, ou 有甚麼利益 Yeoù chén mō lý́ ý́. ‖ — (qualités). *Dos, otis, f.* 好處 o 才能 Haŏ tchoŭ. Tsăy lên. ‖ — naturels. *Præsidia naturæ.* 生來的能幹 Sēn laý tý́ lên kán. ‖ Avoir l'—. *Palmam ferre.* 得勝 Tĕ́ chēn.

AVANTAGEUX, SE, adj. *Utilis.* 有益的 Yeoù ý́ tý́.

AVANT-BRAS, s. m. *Lacertus, i, m.* 手肝 Cheoù kán.

AVANT-COUREUR, s. m. *Prodromus, i, m.* 前飛 o 傳牌 Tsïen féy. Foú pày.

AVANT-GOÛT, s. m. *Prægustatio, nis, f.* 先嘗的味 Sïen chăng tý́ oúy.

AVANT-HIER, s. m. *Nudius tertius.* 前天 Tsïen tïen.

AVANT-PROPOS, s. m. *Præfatio, onis, f.* 小引 Siaò ýn.

AVANT-QUART, s. m. *Tinnulus prodromus.* 報刻鐘 Paŏ kĕ́ tchōng.

AVANT-TOIT, s. m. *Subgrunda, æ, f.* 屋簷 Oŭ yên.

## AVA          AVI      43

**AVANT-VEILLE**, s. m. *Vigiliæ dies pridianus.* 前天 Tsiēn tiēn.

**AVARE**, adj. *Avarus.* 慳客人 Kiēn lín jên. ‖ — (chiche). *Tenax, parcus.* 手緊的人 Cheoù kĭn tỷ jên. ‖ — de louanges. *Avarus laudum.* 不當奉承人 Poŭ tāng fóng tchên jên. ‖ — du temps. *Parcens tempori.* 不空過時俟的人 Poŭ kŏng kó chê heoù tỷ jên. ‖ — de sa peine. *Operâ parcus.* 怕費力 Pá feỷ lỷ. ‖ D'— devenir prodigue, cela se voit, mais on ne voit jamais un prodigue devenir —. (Prov. chin.) 從儉入奢易 ○ 從奢入儉難 Tsŏng kiĕn joŭ chê ỷ, Tsŏng chê joŭ kiĕn lân.

**AVARIE**, s. f. *Jactura, æ, f.* 害 ○ 壊 Haỷ. Hoây.

**A-VAU-L'EAU**, adv. *Prono amne.* 順河下 Chuén hô hiá. ‖ Tout va —. *Res ad nihil recedit.* 枉費工夫 Ouăng feỷ kōng foū.

**AVEC**, prép. *Cum, unà cum.* 同 Tŏng. ‖ — peine. *Ægrè.* 難 Lân. ‖ — votre permission, *Pace tuâ.* 你許 Ngỷ hiù. ‖ — tout cela. *Et tamen.* 到底 Taó-tỷ.

**AVENANT, E**, adj. *Venustus.* 好看的 Haŏ kăn tỷ. ‖ —, adv. *Sí* —. 若 Jŏ. ‖ A l'—. *Æquâ proportione.* 均勻 Kiūn yûn.

**AVÉNEMENT**, s. m. *Principis initia.* 登極之日 Tēn kỷ tchê jĕ.

**AVENIR**, v. n. *Accedĕre.* 遇着 Yú tchŏ.

**AVENIR**, s. m. *Futurum, i, n.* 將來 Tsiàng laỷ. ‖ Prévoir l'—. *Futura prospicĕre.* 預算後事 Yú souán heoú sê. ‖ A l'—. *Deinceps.* 以後 Ỷ heoú.

**AVENT**, s. m. *Adventus, ús.* 將臨 Tsiāng lĭn.

**AVENTURE**, s. f. *Casus, eventus.* 偶然 Ngeoù jân. ‖ Raconter ses —. *Narrāre sua.* 談自己的事 Tân tsé kỷ tỷ sé. ‖ — (hasard). A l'—. *Temerè.* 冒失 Maó chê.

**AVENTURER**, v. a., v. g. Sa vie. *Vitæ discrimen adire.* 冒險 Maó hiĕn.

**AVENUE**, s. f. *Aditus, ús, m.* 頭門 Teŏu mên, ou 捅道 Tŏng taó.

**AVÉRÉ, ÉE**, adj. *Exploratus.* 察考的 Tchă kaŏ tỷ.

**AVERSE**, s. f. *Densa pluvia.* 大雨 ○ 陡雨 ○ 暴雨 Tá yù. Teŏu yù. Paó yù.

**AVERSION**, s. f. *Alienatio, onis, f.* 恨 Hên. ‖ — naturelle. *Naturale odium.* 本性恨 Pèn sĭn hên. ‖ Avoir de l'— pour quelqu'un. *Ab aliq. aversus.* 恨人 Hên jên. ‖ En inspirer pour un autre. *Abalienāre ab aliq.* 刁唆人 Tiāo sō jên.

**AVERTIR**, v. a. *Monēre.* 勸人 Kiŭen jên. ‖ — les supérieurs. *Superiorem* —. 諫上 Kiĕn cháng. ‖ — l'Empereur. *Imper. suadēre.* 啟奏 Kỷ tseoŭ.

**AVERTISSEMENT**, s. m. *Monitio, onis, f.* 勸 Kiŭen. ‖ — public à faire le bien que les Chinois affichent dans les rues. *Publica populo consilia.* 勸世文 Kiŭen chê oŭen.

**AVEU**, s. m. *Confessio, onis, f.* 認 Jén. ‖ — d'un crime. *— peccati.* 認罪 Jén tsoúy. ‖ — (approbation). *Assensus.* 允許 Yŭn. Hiù. ‖ Par votre —. *Te annuente.* 你許 Ngỷ hiù. ‖ De l'— de chacun. *Omnium judicio.* 衆人說 Tchŏng jên chŏ. ‖ Homme sans —. *Homo abjectus.* 無名的人 ○ 小人 Oŭ mĭn tỷ jên. Siăo jên.

**AVEUGLE**, adj. *Cæcus.* 瞎子 Hiă tsè. ‖ — né. *— natus.* 生來瞎 Sēn laỷ hiă. ‖ Devenir —. *Visum amittĕre.* 瞎 Hiă. ‖ — au moral. *Obcæcatus.* 昏迷 Hoŭen mỷ. ‖ En —. *Temerè.* 冒失 Maó chê.

**AVEUGLER**, v. a. *Aliq. cæcāre.* 打瞎 Tă hiă. ‖ — au moral. *Obcæcitate affici.* 昏迷人 Hoŭen mỷ jên. ‖ Les éclairs —. *Fulgura perstringunt oculos.* 火閃晃眼睛 Hŏ chăn hoăng yèn tsīn. ‖ S'— au moral. *Sese decipĕre.* 自哄 Tsé hòng.

**AVIDE**, adj. *Avidus.* 貪的 Tăn tỷ.

**AVIDEMENT**, adv. *Avidè comedĕre.* 貪餐 Tăn tsăn.

**AVILIR**, v. a. *Contemnĕre.* 輕慢 Kĭn-mán. ‖ S'—, v. q. Vivant mal. *Se abjicĕre.* 討賤 Taŏ tsiĕn. ‖ S'— par des actes communs. *Dignitatem in contemptum adducĕre.* 不惜品 Poŭ sỷ pĭn.

**AVILISSEMENT**, s. m. *Contemptus, ús, m.* 輕慢 Kĭn-mán. ‖ Tomber dans l'—. *Contemptui esse.* 受輕慢 Cheoú kĭn-mán.

**AVINÉ, ÉE**, adj. *Odore vini imbutus.* 殘酒 Tcheoŭ tsieòu. ‖ — *Vino assuetus.* 酒鬼 ○ 慣習醉酒 Tsieòu koŭy. Koŭan sỷ tsoúy tsieòu.

**AVIRON**, s. m. *Remus, i, m.* 船橈 Tchoŭan jaŏ. ‖ Cheville à laquelle est attaché l'—. *Scalmus, i, m.* 漿脚 Tsiāng kiŏ.

**AVIS**, s. m. *Sententia, mens, tis, f.* 意見 ○ 意思 ○ 主意 Ý-kién. Ý sé. Tchoù ý. ‖ Être d'—. *Arbitrāri.* 想 Siàng. ‖ A mon —. *Meo judicio.* 我這樣想 Ngŏ tchê yáng siàng. ‖ De l'— de chacun. *Ex omnium sententiâ.* 衆人的意見 Tchŏng jên tỷ ý kién. ‖ Dire son —. *Mentem suam aperīre.* 說自己的意思 Chŏ tsé kỷ tỷ ý sē. ‖ Changer d'—. — *Mutāre.* 改主意 Kaỷ tchoù-ý. ‖ Demander les —. *Sententiam explorāre.* 問別人的意思 Oŭen piĕ jên tỷ ý-sé. ‖ Faire changer d'—. *De — movēre.* 勸別人改主意 Kiŭen piĕ jên kaỷ tchoù ý. ‖ Son — prévalut. *Ejus sententia vicit.* 他算得是 Tă soŭan tĕ ché. ‖ Les — sont partagés. *Variant sententiæ.* 意見不同 Ý kién poŭ tŏng. ‖ — (conseil). *Monitum.* 勸人的話 Kiŭen jên tỷ hoá. ‖ Bien recevoir les —. *In bona parte audire consilia.* 善聽人勸 Chán tĭn jên kiŭen. ‖ Suivre les — reçus.

*Consilia sequi.* 聽善勸 Tĭn chán kiŭen. ‖ — au lecteur. *Præfatio.* 小引 Siào-yn. ‖ — au public. *Publica monitio.* 告白 Kaó-pĕ.

**AVISÉ, ÉE,** adj. *Cautus.* 小心人 Siào sĭn jên.

**AVISER,** v. a. *Aliq. monēre.* 勸人 Kiŭen jên. ‖ — (délibérer). *Deliberāre.* 商量 Chāng-leâng.

**AVITAILLER,** v. a. Les assiégés. *Commeatum obsessis subvehĕre.* 供給糧草 Kóng ky̆ leâng tsăo.

**AVOCAT,** s. m. *Patronus, i, m.* 主保 Tchoù-paŏ. ‖ Soyez mon —. *Patronus esto.* 願我 Koŭ ngŏ. ‖ — de procès. *Actor causarum.* 包攬詞訟 Paŏ làn tsĕ sóng. ‖ — général. *Supremus causarum actor.* 按察司 Gán tchă' sĕ. ‖ — fiscal. *Fisci patronus.* 布政司 Poú tchén sĕ.

**AVOIR,** v. a. *Habēre.* 有 Yeoŭ. ‖ — ce qu'on désire. *Sui voti compos esse.* 得意 Tŏ' y̆. ‖ J'aime mieux un tiens que deux tu l'auras. 情願得現的 Tsíŋ yúen tŏ hién ty̆. ‖ — du talent. *Ingenio valēre.* 聰明○有才能 Tsōng mîn. Yeoŭ tsăy lên. ‖ — à la main. *In manu tenēre.* 手上有 Cheoŭ cháng yeoŭ. ‖ — à se plaindre de quelqu'un. *Alic. jure irasci.* 冒火得有理 Maó hŏ tŏ' yeoŭ ly̆. ‖ L' — pour cent sapèques. *Emĕre pro centum sapecis.* 買成一百錢 Maÿ tchén y̆ pĕ tsĭen. ‖ — en haine (être brouillé avec). *Odio habēre.* 與人不和 Yù jên poŭ hŏ.

**AVOIR,** s. m. *Bona.* 財帛 Tsăy-pĕ. ‖ Ses dettes passent son —. *Debita superant bona.* 利大過本 Ly̆ tá kó pèn.

**AVORTER,** v. a. *Abortum naturaliter pati.* 小產 Siào tchán. ‖ Faire —. — *procurāre.* 打胎 Tà tāy. ‖ Pilule pour faire —. *Abortivum remedium.* 打胎藥 Tà tăy yŏ. ‖ Faire — un projet. *Consilium dissolvĕre.* 敗謀 Paý-móng.

**AVORTON,** s. m. *Abortus, ús.* 小產的 Siào tchán ty̆.

**AVOUÉ,** s. m. *Juridicus scriba.*
Les Chinois n'en ont pas dans le sens du mot français. Mais ce qui y répond un peu, ce sont les écrivains des actes publics qui portent ces noms :
Écrivains des pétitions. 寫呈子的 Siĕ tchén tsĕ ty̆.
— des accusations. 寫狀子的 Siĕ tchoâng tsĕ ty̆.

**AVOUER,** v. a. *Confitēri.* 認 Jén. ‖ — son erreur. — *crimen.* 認錯 Jén tsŏ'. ‖ — sa dette. *Æs alienum profitēri.* 認賬 Jén tcháng. ‖ S' — vaincu. *Victum se fatēri.* 認輸 Jén choū.

**AVRIL,** s. m. *Aprilis.* 洋四月 Yâng sé yŭe.

**AXE,** s. m. *Axis, is,* m. 樞○車心○車軸 Tchoū. Tcheŷ sĭn. Tcheŷ tchoŭ.

**AXIOME,** s. m. *Effatum, axioma.* 格言○俗語 Kĕ' yên. Siŏu yù.

**AXIS ET ATLAS** (terme méd.). 頸骨首節手節 Kĭn koŭ cheoŭ tsiĕ' kin.

**AXONGE,** s. f. *Axungia, æ, f.* 猪油 Tchoū yeoŭ.

**AZOTE,** s. m. *Azota.* 淡氣 Tán ky̆.

**AZUR,** s. m. *Cœruleum, i, n.* 洋青色 Yâng tsĭn sĕ. ‖ Ciel d'—. *Innubilus œther.* 青天 Tsĭn tĭen.

**AZYME,** adj. *Azymus.* 素麪餠 Soú mién pĭn.

B (Ne savoir ni A ni —). *Nescire litteras.* 一字不識 y̆ tsé poŭ chĕ.

**BABEL (TOUR DE).** *Turris Babel.* 亂話塔 Loán hoá tă.

**BABIL,** s. m. *Loquacitas, atis, f.* 話多○閒話 Hoá tō. Hiên hoá.

**BABILLARD,** s. m. *Blatero, onis,* m. 話多的人 Hoá tō ty̆ jên.

**BABILLER,** v. n. *Blaterāre.* 話多 Hoá tō, ou 糊塗 Hoŭ tôu. ‖ Ne savoir que —. *Verbis solis valēre.* 單會說話 Tān houŷ chŏ hoá.

**BÂBORD,** s. m. (t. de mar.). *Pars sinistra navis.* 船左邊 Tchoŭan tsŏ pĭen.

**BACCHANALES,** s. f. *Bacchanalia, um, n.* 吵鬧 Tchăo-laŏ.

**BACHELIER,** s. m. *Baccalaureus, i, m.* 秀才 Sieóu-tsăy. ‖ Devenir —. *Fieri.* 入學 Joŭ hiŏ. ‖ Perdre son titre de —. *Diploma amittĕre.* 革秀才 Kĕ' sieóu tsăy.
Voici les noms des différents grades littéraires chinois :

BAC  BAL  45

I. Bacheliers : 秀才 Sieóu tsǎy. Ils se subdivisent en dix degrés.

1° 附學生員 Foú hiǒ sēn yûen.
2° 虞韶生員 Lìn chán sēn yûen.
3° 增廣生員 Tsēn koùang sēn yûen.
4° 拔貢生員 Pǎ kóng sēn yûen.
5° 優貢生員 Yeôu kóng sēn yûen.
6° 副貢生員 Foú kóng sēn yûen.
7° 歲貢生員 Soúy kóng sēn yûen.
8° 恩貢生員 Gēn kóng sēn yûen.
9° 功貢生員 Kōng kóng sēn yûen.
10° 廩監生員 Yn kién sēn yûen.

II. Licenciés : 舉人 Kiù jên.

1° 解元 Kiǎy yûen.
2° 亞元 Yà yûen.

III. 進士 Tsín sé.

IV. Docteurs : 翰林 Hán lîn. Ils se divisent en :

1° 狀元 Tchoúang yûen.
2° 榜眼 Pàng yèn.
3° 探花 Tǎn hoâ.
4° 翰林 Hán lîn.
5° 主事 Tchoù sé.

BÂCLER, v. a. *Cito facĕre.* 快做 Koúay tsoú. ‖ C'est une affaire —. *Res in vado est.* 事完了 Sé oûan leào.

BADAUD, adj. *Cessator.* 遊手好閒 Yeóu cheòu haò hién.

BADIGEONNER, v. a. *Parietes dealbăre.* 拂石灰 Foù chě-hoŭy.

BADIN, INE, adj. *Nugax.* 愛說笑 Gaý chŏ siáo.

BADINAGE, s. m. *Jocus, i, m.* 笑話 Siáo hoá. ‖ Dire par —. *Pro joco dicĕre.* 說笑 Chŏ siáo.

BAFOUER, v. a. *Alic. illudĕre.* 欺笑人 Ky̌ siáo jên.

BÂFRER, v. n. *Helluari.* 強食 Kiàng chě.

BAGAGE, s. m. *Sarcina, æ, f.* 担子 ○ 軍裝 Tān tsè. Kiūn tchoūang. ‖ Porter son —. *Deferre* 挑担子 Tiāo tān-tsè. ‖ Ramasser son —. *Colligĕre* — 收拾東西 Cheōu chě tōng sy̌.

BAGATELLE, s. f. *Nuga, æ, f.* 小事 Siào sé. ‖ Perdre le temps en —. *Nugis tempus terĕre.* 混時候 Hoúen chě heóu. ‖ S'occuper de —. *Nugis detinĕri.* 管細事 Koùan sý sé. ‖ Diseur de —. *Inaniloquus.* 談空話 的人 Tǎn kōng hoá ty̌ jên.

BAGNE, s. m. *Triremis, is, m. f.* 牢房 Laô fàng. ‖ Y être à perpétuité. *Perpetuis tiremib. damnari.* 牢死在監 Laô sè tsáy kién.

BAGUE, s. f. *Annulus, i, m.* 戒指 Kiaý tchě. ‖ Porter une —. *Annulum gestăre.* 帶戒指 Taý kiaý tchě.

BAGUETTE, s. f. *Virga, æ, f.* 棍子 Koùen tsè. ‖ — odorantes. *Thymiamata, um, n.* 香 Hiāng. ‖ En brûler. *Comburĕre* —. 燒香 Chaō hiāng. ‖ — divinatoires. *Bacilli conjecturales.* 卦 Koúa. ‖ Les jeter. *Per bacillos conjicĕre.* 打卦 Tǎ koúa. ‖ — de tambour chinois. *Bacilli.* 鼓槌 Koù tchoǔy. ‖ — de fusil. *Catapultæ* —. 送鉛子 Sóng yuên tsè. ‖ Commander à la —. *Superbiùs imperăre.* 管人嚴的 Koùan jên nièn tý.

BAIE, s. f. *Sinus, ûs, m.* 海灣 Haỳ oúan, ou 海隅 Haỳ yû.

BAIGNER, v. a. *Lavăre.* 洗 Sy̌. ‖ Se —. *Uti balneo.* 洗藻 Sy̌ tsaò.

BAIGNOIRE, s. f. *Labrum, i, n.* 浴盆 Yū pěn.

BAIL, s. m. *Locatio, onis, f.* 約契 Yǒ-ký. ‖ Ecrire un —. *Locationis scriptum facĕre.* 寫約契 Siè yǒ ký.

BÂILLER, v. n. *Oscitări.* 打哈暖 Tǎ hō haỳ. ‖ — en s'allongeant. *Pandiculări.* 伸懶腰 Chēn lǎn yāo.

BAILLIAGE, s. m. *Locus jurisdictionis.* 所屬之地 Sò choǔ tchě tý.

BÂILLON, s. m. *Ori lignum inditum.* 銜口 Hân keôu. ‖ En mettre un. *Ori lignum inserĕre.* 放銜口 Fáng hân keôu.

BAIN, s. m. *Balneum, i, n.* 洗藻塘 Sy̌ tsaò tâng.

BAIN-MARIE (Ainsi appelé du nom de l'inventeur). *Baln.-Mariæ.* 蒸 Tchēn.

BAÏONNETTE, s. f. *Sica, æ, f.* 套鎗 Taó tsiǎng.

BAISER, v. a. *Oscŭlări.* 親 Tsīn. ‖ — comme les Chinois en mauvais sens. *Labda, æ, m.* 打哺 Tǎ poú, ou 以口行淫 Y̌ keôu hîn yn.

BAISSE, s. f. *Fides publica decrescit.* 銀價跌了 Yn kiá tiě leào.

BAISSER, v. a. *Demittĕre.* 放下 Fáng hiá. ‖ — la tête. *Caput inflectĕre.* 低頭 ○ 俯頭 Tȳ teôu. Maý teôu. ‖ — la voix. *Vocem remittĕre.* 低聲 Tȳ chēn. ‖ Aller tête —. *Inconsiderate agĕre.* 不小心 ○ 亂做 Poǔ siaò sīn. Loán tsoú. ‖ — (diminuer). *Deficĕre, decrescĕre.* 少 Chaò. ‖ Les eaux —. *Aquæ* —. 水消了 Choǔy siāo leào. ‖ Le jour —. *Inclinat dies.* 天氣短了 Tiēn ký̌ toùan leào. ‖ Se —. *Inclinăre se.* 彎腰 Oūan yāo, ou 鞠躬 Kiǔ-kōng.

BAL, s. m. *Chorea, æ, f.* (Mode inconnue en Chine.) 跳舞 Tiáo où.

BALAFRE, s. f. *Luculenta plaga, æ, f.* 抓傷 Tchaǒ chǎng. ‖ — (accroc). *Scissura, æ, f.* 撕爛 Sē lân.

BALAI, s. m. *Scopæ, arum, f.* 掃把 Saó pá.

BALANCE, s. f. (à deux bassins). *Libra, æ, f.* 天平 Tiēn pîn. *Una* —. 一架 Y̌ kiá. ‖ Le fléau de la —. *Lanx, cis, f.* 天平梁 Tiēn pîn leâng. ‖ Bassin de la —. *Lanx, cis, f.* 天平盤 Tiēn pîn pǎn. ‖ — à deux bassins. *Libra, æ, f.* 秤 Tchēn ‖ Une —. *Una* —.

46 BAL BAN

一把秤 Ў pà tchén. ‖ La petite —, ou la romaine. *Bilanx, cis, f.* 戥子 Tèn tsè. ‖ Une —. *Una* —. 一把戥子 Ў pà tèn tsè. ‖ Poids de la —. *Pondus, eris, n.* 馬子 Mà tsè. ‖ Peser à la —. *Aliq. trutinãre.* 稱 Tchén. ‖ On peut peser jusqu'à quatre-vingts livres à cette —. *Huic bilanci octogint. librarum pondus haberi potest.* 這把秤打得八十斤 Tchó pà tchén tà tě pǎ chě kīn. ‖ Tenir la —. droite. *Rectam tenère libram.* 稱平 Tchén píh. ‖ La faire pencher. *Libram inclinãre.* 稱得不平 Tchén tě poŭ píh. ‖ Être en —. *In ambiguo esse.* 打不起主意 Tà poŭ kỷ tchoŭ ý. ‖ — de compte. *Nomina.* 算出入的賬 Soán tchŏu joŭ tỷ tcháng.

BALANCER, v. a. *Æquãre.* 做平 Tsoú píh. ‖ — les mauvaises actions par les bonnes. *Benefactis maleficia pensãre.* 將功折罪 Tsiàng kŏng tsě tsouý. ‖ — (examiner). *Ponderãre.* 細察 Sý tchǎ. ‖ — les deux opinion. *Utramq. in partem disput.* 細察兩邊的話 Sý tchǎ leàng piēn tỷ hoá. ‖ — (hésiter). *Dubitãre.* 心不定 Sīn poŭ tín, ou 三心二意 Sān sīn eŭl ý. ‖ Sans —. *Non dubitanter.* 當時 Tāng chě. ‖ Se — en marchant. *Incedendo corpus librãre.* 搖搖擺擺 Yáo yáo paỳ paỳ.

BALANCIER, s. m. *Libramentum, i, n.* 擺針 Paỳ tchén. Un —. *Unum* 一顆 Ў kó.

Différentes espèces de balanciers en usage dans l'horlogerie.

掛擺 Koúa paỳ. 擔擺 Tān paỳ. 梳擺 Soū paỳ. 圓擺 Yūen paỳ. 管擺 Hiày paỳ. 蟹擺 Hiáy paỳ.

BALAYER, v. a. *Verrère.* 掃 Saó.

BALAYURES, s. f. *Purgamenta, orum, n.* 掃渣渣 Saó tchã tchã.

BALBUTIER, v. a. *Balbutire.* 不說明 Chŏ poŭ mín. ‖ —. *Hæsitãre.* 結舌 Kiě chě.

BALCON, s. m. *Podium, ii, n.* 遊廊 Yeŏu lãng. Tchoàn kŏ leŏu.轉角樓

BALDAQUIN, s. m. *Umbella, æ, f.* 天蓬 Tiēn pŏng. ‖ Tour du —. *Conopeum, i, n.* 天蓬簷子 Tiēn pŏng yēn tsè. ‖ Pompons du —. *Flosculi, orum, n.* 彩鬚 Tsaỳ siū. ‖ Suspendre le —. *Umbell. suspendère.* 掛天蓬 Koúa tiēn pŏng.

BALISE, s. f. *Arbor periculi latentis index.* 河望竿 Hó ouáng kān.

BALISTE, s. f. *Balista, æ, f.* 弩砲 Loù paó.

BALIVERNE, s. f. *Nugæ, arum, f.* 小事 Siào sé. ‖ En dire. *Nugas effari.* 說空話 Chŏ kŏng hoá.

BALLE, s. f. *Pila, æ, f.* 鞠○戲球 Tsiēn Hý kieŏu. ‖ Jouer à la —. — *ludère.* 打毬 Tà tsieŏu. ‖ Recevoir la —. *Facère* —. 接毬 Tsiě tsiēn ‖ La renvoyer. *Retorquère* —. 拍毬 Pě tsiēn ‖ — de marchandise. *Sarcina mercium.* 貨担子 Hó tán tsè. ‖ Une —. *Una* —. 一包 Ў paó. ‖ Porter la —. *Onus deferre.* 挑担子 Tiāo tán tsè. ‖ — (enveloppe qui couvre le grain). *Gluma, æ, f.* 麥穀 Mě koŭ. ‖ — de fusil. *Glans, dis, f.* 砲子 Paó tsè. ‖ Charger à —. *Glandes imponère.* 裝砲子 Tchoāng paó tsè.

BALLON, s. m. *Follis.* 孔明燈 Kòng mín tēn. ‖ Lancer un —. *Follem projicère.* 放孔明燈 Fáng kòng mín tēn.

BALLOT, s. m. *Onus, eris, n.* 貨担子 Hó tán tsè. ‖ Un —. *Unum* —. 一根貨担子 Ў kēn hó tán tsè.

BALLOTTER, v. a. *De re consultãre.* 辯論 Piēn lén. ‖ — quelqu'un (se jouer de lui). *Aliq. ludère.* 哄人 Hòng jēn.

BALUSTRADE, s. f. *Septum, i, n.* 欄杆 Lãn kān. ‖ Une —.

BAMBOU, s. m. *Bambusa arundinacea.* 竹子 Tchoŭ tsè. ‖ Un —. *Una* —. 一根竹子 Ў kēn tchoŭ tsè. (Voir au tableau des plantes, à l'*Appendice*, les variétés du bambou). ‖ Couper un —. *Præcidère.* 砍竹子 Kǎn tchoŭ tsè. ‖ Le fendre. *Dividère* —. 破竹子 Pŏu tchoŭ tsè. ‖ — en quatre. *In quatuor partes cædère.* 破爲四塊 Pŏ oñy sé kouáý. ‖ Le dédoubler. *Corticem detrahère.* 啟竹子 Kỷ tchoŭ tsè. ‖ Pousses de — bonnes à manger. *Germina comestibilia arund.* 筍子 Sèn tsè. ‖ Feuilles de —. *Folia* —. 竹葉子 Tchoŭ yě tsè. ‖ Enveloppe des nœuds de —. *Involucrum externum.* 筍籜 Sèn tŏ.

BAN, s. m. *Cœtus, ùs, m.* 會 Hoúy. ‖ — (exil). *Exilium, ii, n.* 充軍 Tchōng kiūn. ‖ — (annonce). *Publicatio, onis, f.* 告白 Kaó pě.

BANAL, E, adj. *Vulgaris.* 平常的 Píh chãng tỷ. ‖ Dire des choses —. *Trita dicère.* 說無益的話 Chŏ oŭ ỷ tỷ hoá.

BANC, s. m. *Scamnum, i, n.* 板凳 Pàn tén. ‖ Un —. *Unum* —. 一根板凳 Ў kēn pàn tén. ‖ long. *Longum* —. 春凳 Tchoūen tén. ‖ — carré. *Quadratum* —. 梧凳 Oú tén. ‖ — de rameurs. *Transtra, orum, n.* 一排推槳的 Ў paỷ toūy jaŏ tỷ. ‖ — de sable. *Arenaria moles.* 沙灘 Chā tān. ‖ — mouvant. *Movens* —. 一片沙 Ў piēn feỷ chā. ‖ Y toucher. *Ad vada allidère.* 船膀沙 Tchoŭan kŏ chā. ‖ — de justice. *Judicia.* 公案 Kōng gán.

BANDAGE, s. m. *Fascia, æ, f.* 氣帶子 Ký taý tsè, ou 包傷的布 Paō chāng tỷ poú. ‖ Un —. *Una* —. 一條帶子 Ў tiāo taý tsè.

BANDE, s. f. *Caterva, æ, f.* —輩 Ў kiūn. ‖ — de voleurs. *Latron. turba.* 一夥 Ў kŏ, ou 一黨賊 Ў tàng tsě tàng tsĕ. ‖ — de musiciens. *Musicorum caterva.* 一班 ў pān. ‖ Aller en —. *Catervatim īre.* 一羣一羣 的走 Ў kiŭn ў kiŭn tў tseòu. ‖ Faire — à part. *Ab aliis secedĕre.* 各走一邊 Kŏ tseòu ў piēn.

**BANDEAU**, s. m. *Fascia, æ, f.* 包頭○帶子 Pāo teŏu. Taў tsĕ. ‖ Un —. *Una —.* 一根帶子 Ў kēn taў tsĕ. ‖ Avoir un — sur les yeux (propre). *Oculos obvolutos habēre.* 眼睛蒙起了 Yèn tsīn mông kў leào ‖ Avoir un — sur les yeux (au figuré). *Mentem obcæcatam habēre.* 昏迷 Hoūen mý. ‖ Faire tomber le — de l'erreur. *Alic. cordis errorem dissipāre.* 提醒昏迷的人 Tў sìn hoūen mý tў jèn.

**BANDER**, v. a. *Fasciā ligāre.* 用布纏 Yóng poú tchăn. ‖ — les yeux. *Alic. oculos obligāre.* 蒙眼睛 Mòng yèn tsīn. ‖ — une corde. *Funem intendĕre.* 拉繩子 Lă choūen-tsĕ. ‖ — un arc. *Arcum tendĕre.* 拉弓 Lă kōng.

**BANDIT**, s. m. *Erro improbus.* 盜○流神○光棍 Taó. Lieòu chĕn. Koūang koúen.

**BANDOULIÈRE**, s. f. *Balteus, i, m.* 劍帶 Kién taў.

**BANLIEUE**, s. f. *Locus urbi contiguus.* 城外 Tchĕn ouáy.

**BANNE**, s. f. *Velum, i, n.* 布蓬 Poú pŏng.

**BANNIÈRE**, s. f. *Vexillum, i, n.* 旗 Kў. ‖ Une —. *Unum —.* 一手旗 Ў cheòu kў. ‖ Suivre la — de quelqu'un. *Partes alicuj. sequi.* 從一邊 Tsŏng ў piēn. (Voir le mot *Étendard.*)

**BANNIR**, v. a. *Exilio afficĕre aliq.* 充軍 Tchŏng-kiūn. ‖ — la crainte. *Metum depellĕre.* 不害怕 Poù haý pă. ‖ — quelqu'un dans la province. *In provinciā —.* 本省 充軍 Pĕn sĕn tchŏng kiūn. ‖ — dans le royaume. *In regno —.* 外省充軍 Ouáy sĕn tchŏng kiūn. ‖ — hors du royaume. *Extrà regnum —.* 極邊充軍 Kў piēn tchŏng kiūn. ‖ — à perpétuité. *Perpetuo —.* 永遠充軍 Yùn yuèn tchŏng kiūn. ‖ — quelqu'un de sa présence. *Aliq. à se expellĕre.* 不許人會 Poù hiù jĕn houý.

**BANQUE**, s. m. *Argentaria, æ, f.* 錢鋪 Tsiĕn poú. ‖ Tenir la —. *Argentariam facĕre.* 開錢鋪 Kāy tsiĕn poú.

**BANQUEROUTE**, s. f. *Argentariæ dissolutio, onis, f.* 倒號 Taò haó. ‖ Faire —. *Creditoribus decoquĕre.* 倒號 Taò haó, ou 卦行 Koúa hâng. ‖ — frauduleuse. *In fraudem creditores conturbāre.* 假裝倒號 Kià tchoūang taò haó.

**BANQUET**, s. m. *Convivium, ii, m.* 酒席 Tsieòu sў. ‖ Préparer le —. *Parāre —.* 辦酒席 Pán tsieòu sў. ‖ Inviter au —. *Invitāre ad —.* 請客 Tsìn kĕ. ‖ Donner un —. *Aliq. epulis accipĕre.* 做酒 Tsoú tsieòu. ‖ — impérial. *Conviv. imper.* 御晏 Yú yén.

**BANQUETTE**, s. f. *Molle scamnum, ii, n.* 坐褥椅子 Tsó ioù ў tsĕ.

**BANQUIER**, s. m. *Nummularius, i, m.* 錢販子 Tsiĕn fán tsĕ.

**BAPTÊME**, s. m. *Baptisma, atis. n.* 洗滌 sў tў. ‖ Sacrement de —. *— sacramentum.* 洗滌聖事 sў tў pў tsў. ‖ Demander le —. *— petĕre.* 求領洗 Kieòu lìn sў. ‖ Recevoir le —. *Suscipĕre —.* 領洗 Lìn sў. ‖ Donner le —. *Dāre —.* 付洗 Foú sў. ‖ — de sang. *Sanguinis —.* 血洗 Hiuĕ sў. ‖ — de feu. *Flaminis —.* 火洗 Hò sў.

**BAPTISER**, v. a. *Baptizāre.* 付洗 Foú sў. ‖ — quelqu'un d'un sobriquet. *Ludicrum nomen alic. dāre.* 取混名 Tsiù hoūen mîn.

**BAPTISTÈRE**, s. m. *Baptisterium, ii, n.* 聖井 Chén tsìn.

**BAQUET**, s. m. *Labrum, i, n.* 小桶 Siào tŏng.

**BARAGOUINER**, v. n. *Barbarè loqui.* 說不明○說不正 Chŏ poŭ mîn. Chŏ poŭ tchén, ou 打鄉談 Tă hiāng tân, ou 缺舌語 Kiuĕ chĕ yù.

**BARAQUE**, s. f. *Casula, æ, f.* 帳篷 Tcháng pŏng.

**BARATTE**, s. f. *Situla, æ, f.* 長桶 Tchâng tŏng.

**BARBARE**, adj. *Barbarus.* 夷人○野的 Ў jĕn. Yĕ tў. ‖ — (homme cruel). *Crudelis.* 惡的 Ngŏ tў. ‖ — (grossier). *Rusticus.* 粗魯人 Tsoū loú jĕn.

**BARBARISME**, s. m. *Barbarismus, i, m.* 說錯○白字 Chŏ tsŏ. Pĕ tsé.

**BARBE**, s. f. *Barba, æ, f.* 鬍子 Hoû-tsĕ. ‖ Un poil de —. *Unus pilus —.* 一口鬍子 Ў keŏu hoû-tsĕ. ‖ — longue. *— promissa.* 長鬍 Tchâng siū. ‖ — nouvelle. *— incipiens.* 纔生的鬍子 Tsáy sēn tў hoû-tsĕ. ‖ Sans —. *Imberbis.* 無鬍子的 Oû hoû-tsĕ tў. ‖ Laisser croître sa —. *Alĕre —.* 畜鬍子 Sioŭ hoû-tsĕ. ‖ Faire sa —. *— tondĕre.* 剃鬍子 Tў hoû-tsĕ. ‖ Manier, caresser sa —. *— mulcēre.* 撚鬍 Liēn siū. ‖ Faire la — à quelqu'un. *Aliq. vincēre.* 勝人 Chēn jĕn. ‖ A ma —. *Me invito.* 當面不聽命 Tāng mién poŭ tîn mîn. ‖ Rire dans sa —. *In stomacho ridēre.* 陰倒笑 Ўn taò siáo. ‖ — d'épi de blé. *Arista.* 麥鬚 Mĕ siū. ‖ — de coq. *Galli palea.* 鶏鬚 Kў sū. ‖ — de chèvre. *Aruncus.* 山羊鬍子 Chān yâng hoû-tsĕ. ‖ — de bouc. *Barbitium hircinum.* 公羊鬍子 Kōng yâng hoû-tsĕ.

**BARBIER**, s. m. *Tonsor, oris, m.* 剃頭匠 Tў teóu tsiáng.

Instruments du barbier chinois. *Arma tonsoria.*

| 剃刀 | Tў taō. | 錫刀皮 | Táng taō pў. |
| 梳子 | Soū tsĕ. | 挖耳 | Oūa eùl. |
| 筐子 | Pў tsé. | 攝子 | Niĕ tsĕ. |
| 髮盤 | Fă păn. | 絞刀 | Kiáo taō. |
| 刷子 | Mìn tsĕ. | | |

**BARBOTER**, v. n. *Cœnum agitant anates.* 鴨子噴泥 Yă-tsè hòng nŷ.
**BARBOUILLER**, v. a. *Maculāre.* 糊倒 Hoù taò.
**BARIL**, s. m. *Cadus, i, m.* 小桶 Siào tòng.
**BARIOLER**, v. a. *Variŭs colorĭb. pingĕre.* 薔彩 Hoǎ tsaỹ.
**BAROMÈTRE**, s. m. *Barometrum, i, n.* 晴雨表 Tsīn yù piǎo.
**BARONNIE**, s. f. *Baronia, æ, f.* 男爵的田 Lǎn tsiǒ tỹ tiěn.
**BARON**, s. m. *Baro, ons, f.* 男 Lǎn.
**BAROQUE**, adj. *Incompositus.* 古怪人 Koù kouáy jěn.
**BARQUE**, s. f. *Cymba, scapha.* 小船 Siaò tchoǔan. || Mettre une — . *Evertěre domum.* 拆房子 Tsě fāng tsě. || Creuser — . *Profundē fodĕre.* 挖深 Ouǎ chēn. || Mettre — les armes. *Subjicěre se.* 投降 Teǒu kiáng. || A — . *Descendite.* 下來 Hiá laỹ. || Traiter du haut en — . *Despicěre.* 輕賤 Kīn tsién. Là — . *In illā porte.* 那邊 Là piēn.
**BAS**, adv. *Démissé.* 矮的 ○ 低 Gaỹ tỹ. Tỹ. || Mettre le chapeau — . *Caput aperīre.* 揭帽子 Kiě maó tsè. || Mettre — . *Partum edĕre.* 下兒 Hiá eǔl. || Ce malade est bien — . *Ægro nulla spes salutis.* 病人無望 Pín jēn oǔ ouáng. || Être bien — (ruiné) *Res ejus inclinantur.* 差不多窮乾了 Tchă poǔ tō kiōng kān leaò. || Mettre une maison à — . *Evertěre domum.* 拆房子 Tsě fāng tsě. || Creuser — . *Profundē fodĕre.* 挖深 Ouǎ chēn. || Mettre — les armes. *Subjicěre se.* 投降 Teǒu kiáng. || A — . *Descendite.* 下來 Hiá laỹ. || Traiter du haut en — . *Despicěre.* 輕賤 Kīn tsién. Là — . *In illā porte.* 那邊 Là piēn.

Une — . *Una* — . 一隻船 Ў tchě tchoǔan. (Voir le mot *Canot.*) || Conduire une — . *Ducěre cymbam.* 寫一隻船 Siě ỹ tchě tchoǔan. || (Au figuré), conduire la — . *Clavum tenēre.* 管事 Koùan sé. || — de guerre. *Navis bellica.* 官船 Koūan tchoǔan. || — du dragon. *Draconis navis.* 龍船 Lòng tchoǔan. || — de l'Empereur. *Regia navis.* 糧船 Leāng tchoǔan. || Aller en — . *Sedēre.* 坐船 Tsó tchoǔan. || Monter en — . *Navim ascendere.* 上船 Cháng tchoǔan. || Descendre de — . *Ē navi descendere.* 下船 Hiá tchoǔan.

**BARRE**, s. f. *Vectis, is, m.* 木棍 Moù kouèn. || — de bois. *Asser, eris, m.* 鐵棍 Tiě kouèn. || — pour fermer les portes ou fenêtres. *Repagula, orum, n.* 門閂 Mēn chouāng. || — d'argent. *Argenti massa.* 一塊銀子 Ў kouáy ỹn tsè. || — (ligne). *Linea, æ, f.* 一薔 Ў hoǎ.

**BARREAU**, s. m. *Cancelli, orum, m.* 欄杆 Nán kān. || — de fer. *Ferrei.* 鐵條子 Tiě tiaò tsè. || En mettre. *Cancellos figĕre.* 上欄杆 Cháng nán kān. || — (tribunal). *Prætorium, i, n.* 大堂 Tá táng.

**BARRER**, v. a. *Vectem occludĕre.* 上門閂 Cháng mēn chouāng. || — le chemin. *Viam obstruĕre.* 阻路 Tsoù loú. || — (rayer). *Obliterāre.* 塗字 Toú tsé.

**BARRETTE**, s. m. *Biretum, i, n.* 方巾帽 Fāng kīn maó.

**BARRIÈRE**, s. f. *Septum, i, n.* 籬笆 ○ 關閘 Lỹ pā. Kouān tchǎ. || — dans les rues des villes chinoises pour la nuit. *Nocturna civitatum septa.* 城內的柵子 Tchěn louý tỹ tchá tsè.

**BARRIQUE**, s. f. *Dolium, i, n.* 酒桶 Tsieòu tòng.

**BAS, SSE**, adj. *Humĭlis.* 矮的 Gaỹ tỹ, ou 不高的 Poǔ kaō tỹ. || Lieu — . *Locus depressior.* 地方更矮 Tý fāng kén gaỳ. || Dès le — âge. *A teneris.* 從小 Tsóng siaò. || Parler à voix — . *Submissā voce loqui.* 小聲說 Siaò chēn chǒ. || Faire main — sur quelque chose. 取人之物 Tsiǔ jēn tchě oǔ. || — classe. — *plebecula.* 賤人 ○ 下流人 Tsién jēn. Hiá lieǒu jēn. || — origine. *Obscuro loco natus.* 出身微賤 ○ 小戶人家 Tchoū chēn ouỹ tsién. Siaò foǔ jēn kiā. || — (vil prix). *Vili pretio.* 便盆 Pién ỹ. || Le riz est à — prix. *Vili pretio*

emitur oryza. 米便盆 Mỹ pién ỹ. || — (vil, abject). *Abjectus.* 卑賤的 Peỹ tsién tỹ. || Actions — . *Turpia facta.* 醜事 Tcheǒu sé. || Sentiments — . *Sensus abjectus.* 莫志氣 Mǒ tchě kỹ, ou 下流子人 Hiá lieǒu tsè jēn.

**BAS**, adv. *Démissé.* 矮的 ○ 低 Gaỹ tỹ. Tỹ. || Mettre le chapeau — . *Caput aperīre.* 揭帽子 Kiě maó tsè. || Mettre — . *Partum edĕre.* 下兒 Hiá eǔl. || Ce malade est bien — . *Ægro nulla spes salutis.* 病人無望 Pín jēn oǔ ouáng. || Être bien — (ruiné). *Res ejus inclinantur.* 差不多窮乾了 Tchă poǔ tō kiōng kān leaò. || Mettre une maison à — . *Evertěre domum.* 拆房子 Tsě fāng tsě. || Creuser — . *Profundē fodĕre.* 挖深 Ouǎ chēn. || Mettre — les armes. *Subjicěre se.* 投降 Teǒu kiáng. || A — . *Descendite.* 下來 Hiá laỹ. || Traiter du haut en — . *Despicěre.* 輕賤 Kīn tsién. Là — . *In illā parte.* 那邊 Là piēn.

**BAS**, s. m. *Tibiale, is, n.* 襪子 Oǔa-tsè. || Un — . *Unum.* 一隻襪子 Ў tchě oǔa tsè. || Une paire de — . 一雙襪子 Ў Chouāng oǔa tsè. || — simples. *Simplicia* — . 單襪子 Tān oǔa tsè. || — doubles. *Duplicia* — . 夾襪子 Kiǎ oǔa tsè. || Ces — sont trop courts. *Strictiora sunt* — . 襪子短狠了 Oǔa tsè touǎn hèn leaò. || Mettre ses — . *Induĕre tibialia.* 穿襪子 Tchoūan oǔa tsè. || Oter ses — . *Detrahĕre.* 脫襪子 Tǒ oǔa tsè. || Coudre des semelles de — . *Soleas assuĕre.* 納襪底 Lǎ oǔa tỹ. || Monter les — . *Soleas aptāre.* 上襪底 Cháng oǔa tỹ. || Mettre ses — à l'envers. *Inversa tibialia induĕre.* 反穿襪子 Fǎn tchoūan oǔa tsè. || Tacher ses — . *Maculāre tibialia.* 扒臟襪子 Tǎ tsāng oǔa tsè.

**BASANE**, s. f. *Aluta, æ, f.* 熟羊皮 Choǔ yáng pỹ.

**BASCULE**, s. f. (de montre). *Tolleno, onis, m.* 泡釘 Paó tīn.

**BASE**, s. f. *Basis, is, f.* 石脚 Chě kiǒ. || — d'une colonne. *Columnæ* — . 柱磉 Tchoù sáng, ou 柱頂 Tchoù tìn. || Jeter les — de la paix. *Initia pacis agěre.* 起頭講和 Kỹ teǒu kiāng hô.

**BASILIQUE**, s. f. *Basilica, æ, f.* 大經堂 Tá kīn táng.

**BASQUE**, s. f. *Vestis sinus.* 一幅布 ○ 衿子 Ў foǔ poú. Kīn tsè.

**BASSE-COUR**, s. f. *Cohors, tis, f.* 餵牲口的坊子 Oúy sēn keǒu tỹ pá tsè.

**BASSES**, s. f. *Brevia, ium, n.* 雞心石 Kỹ sīn chě.

**BASSESSE**, s. f. *Obscuritas, atis, f.* 卑賤 Peỹ tsién. || — de sentiments. *Abjectus animus.* 無志氣 Oǔ tchě kỹ. || — (crime). *Facinus, oris, n.* 大罪 Tá tsoúy.

**BASSIN**, s. m. *Pelvis, is, f.* 盆 Pěn. || — de balance. *Lanx, cis, f.* 戥盤 Těn pǎn. || — de port de mer. *Alveus.* 馬頭 Mă teŏu. ‖ — de chaise percée. *Lasanum.* 馬桶盤 Mă tŏng păn.

BASSIN (terme médic.), s. m. *Pelvis.* 骨盤 Koŭ păn. ‖ Les bords de ce —. 骨盤上口 Koŭ păn cháng keŏu. ‖ Les issues de ce —. 骨盤下口 Koŭ păn hiá keŏu. ‖ Cavité du —, ou — pelvien. 骨盤之內 Koŭ păn tchē loúy. ‖ Côté antérieur du —. 骨盤直徑 Koŭ păn tchē kīn. ‖ Côté transversal du —. 骨盤橫徑 Koŭ păn hoăng kīn. ‖ Côté oblique du —. 骨盤邪徑 Koŭ păn sié kīn. ‖ — droit. 正骨盤 Tchén koŭ păn. ‖ — tortueux. 歪骨盤 Ouáy koŭ păn.

BASSINET, s. m. *Alveolus, i, m.* 火門 Hŏ mên
BASSINOIRE, s. f. *Ignitabulum, i, n.* 烘爐 Hōng loŭ, ou 湯壺 Tăng hôu.
BASTE! interj. *Esto, sit itâ.* 算得 Soŭan tĕ.
BASTION, s. m. *Propugnaculum, ı, n.* 城角○砲臺 Tchén kŏ. Păo tăy.
BASTONNADE, s. f. *Fustuarium, i, n.* 板子 Păn tsĕ. ‖ La donner. *Fuste percutĕre.* 用棍打人 Yóng koŭen tà jĕn, ou 打板子 Tă păn tsĕ.
BAS-VENTRE, s. m. *Abdomen, inis, n.* 小肚 Siăo toŭ.
BÂT, s. m. *Clitellæ, arum, f.* 駱駝鞍子 Lŏ tŏ gān tsĕ.
BATAILLE, s. f. *Prælium, i, n.* 仗 Tcháng. ‖ Front de la —. *Aciei frons.* 前戰 Tsiĕn tchán. ‖ Corps de la —. *Media acies.* 中戰 Tchōng tchán. ‖ Livrer la —. — *inserĕre.* 打仗 Tă tchàng. ‖ Gagner la —. *Victoriam referre.* 得勝 Tĕ chēn. ‖ La perdre. *Adverso uti prælio.* 打敗仗 Tă paý tcháng. ‖ Ranger en —. *In aciem se committĕre.* 排戰攻 Paý tchán kōng.
BATAILLER, v. n. *Contendĕre.* 爭 Tsēn. ‖ Ils sont toujours à —. *Semper in jurgio sunt.* 常常講嘴 Chăng chăng kiàng tsoùy.
BATAILLEUR, s. m. ‖ — habile. *Peritus pugnator.* 會打仗 Hoúy tà tcháng.
BATAILLON, s. m. *Agmen, inis, n.* 一隊兵 Ў tchoúy pīn.
BÂTARD, E, adj. *Nothus, i, m.* 私子○雜種○忘八羔子○忘八蛋 Sē tsĕ. Tsă tchōng. Ouáng pă kaŏ tsĕ. Ouáng pă tán.
BÂTÉ, ÉE adj. ‖ Ane —. *Stupidus.* 蠢人 Tchoŭen jĕn.
BATEAU, s. m. *Cymba, æ, f.* 船 Tchoŭan. ‖ Un —. *Una* —. 一隻船 Ў tchē tchoŭan. ‖ — de plaisance ou de prostitution, fort communs dans les villes maritimes de Chine. 花艇 Hoā tín. 沙艇 Chā tín. 青樓 Tsīn leóu.
BATELEUR, s. m. *Histrio, onis, m.* 打把勢 Tă pà chĕ, ou 戲子 Hý tsĕ.
BÂTER, v. a. *Clitellas imponĕre.* 上鞍 Cháng gān.
BÂTI, E, adj. ‖ Homme bien —. *Vir præstanti formâ.*

美貌人 Meỳ maó jĕn. ‖ Je suis ainsi —. *Sic est mea indoles.* 是我的本性 Chĕ ngò tỳ pĕn sín.
BÂTIMENT, s. m. *Ædificium, i, n.* 房子 Fāng tsĕ. ‖ — supérieur. *Ædes superior.* 上房 Cháng fâng. ‖ — (navire). *Navis, is, f.* 船 Tchoŭan.
BÂTIR, v. a. *Ædificāre.* 修 Sieōu. ‖ — une maison. *Domum* —. 修房子 Sieōu fâng tsĕ. ‖ — sur le devant. *Pinguescĕre.* (En parlant des animaux.) 肥 Feý. ‖ (En parlant des hommes). 勝 Páng.
BATISTE, s. f. *Tela subtilis.* 細麻布 Sý mâ poú.
BÂTON, s. m. *Fustis, is, f.* 棍子 Koŭen tsĕ. ‖ Un —. *Unus* —. 一根棍 Ў kēn koŭen. ‖ Donner des coups de —. *Fuste percutĕre.* 以棍打人 Ў koŭen tà jĕn. ‖ S'appuyer sur un —. *— inniti.* 拄拐棍 Tchoŭ kouày koŭen. ‖ — des augures. *Lituus, i, m.* 籤○卦 Tsiĕn. Koúa. ‖ — pastoral. *Pastorale baculum.* 棍權 Koŭen kiŭĕn. ‖ — des bonzes. *Bonziorum.* 錫棍 Sý koŭen. ‖ — de chaise à porteur. *Vectis, is.* 扁担 Piĕn tān. ‖ — d'encre. *Atramenti frustum.* 一錠墨 Ў tín mĕ. ‖ — de viellesse. *Senectutis subsidium.* 老人的靠頭 Laŏ jĕn tỳ káo teŏu. ‖ Tour du —. *Lucrum furtivum.* 喫雷 Tchĕ loúy. ‖ A — rompus. *Interrupté.* 斷 Toúan. ‖ Parler à — rompus. *Sine ordine loqui.* 說話有頭無尾 Chŏ hoá yeoù teŏu oŭ oùy.
BÂTONNET, s. m. (instrument de table pour manger en Chine). *Paxilli teretes.* 快子 Kouáy tsĕ. ‖ Une paire de —. *Unum par* —. 一雙快子 Ў choūang koŭay tsĕ. ‖ — en ivoire. *Eburneum* —. 象牙快子 Siáng yă koŭay tsĕ. ‖ — noir. *Nigrum* —. 烏木快子 Oū moŭ koŭay tsĕ. ‖ Étui de —. *Capsula* —. 快兜 Koŭay teōu.
BATTANT, s. m. *Foris, is, f.* 一扇門 Ў chān mên. ‖ Porte à un —. *Foris, is, f.* 單扇門 Tān chán mên. ‖ Porte à deux —. *Valvæ, arum, f.* 兩扇門 Leàng chān mên. ‖ — d'une cloche. *Tudicula, æ, f.* 鈴舌子 Lín chĕ tsĕ.
BATTE, s. f. *Pavicula, æ, f.* 打土棒○墻杵 Tă tŏu páng. Tsiáng tchŏu.
BATTEMENT, s. m. *Percussio, onis, f.* 打 Tă. ‖ — de cœur. *Cordis palpitatio.* 心跳 Sīn tiăo. ‖ — du pouls. *Venarum pulsus.* 脈跳 Mĕ tiăo.
BATTERIE, s. f. *Rixa, æ, f.* 口嘴 Keŏu tsoùy. ‖ — de canons. *Tormentorum series.* 排鎗 Paý tsiāng. ‖ Une —. *Una* —. 一排砲 Ў paý pào. ‖ Dresser une —. *Tormenta disponĕre.* 安砲 Gān paŏ. ‖ —. *Dolus, i, m.* 詭計 Koŭy ký. ‖ Dresser une — contre quelqu'un. *Dolum moliri.* 謀害人 Móng haý jĕn. ‖ Faire jouer toutes sortes de —. *Omnia adhibĕre media* —. 千方百計 Tsiēn fāng pĕ ký. ‖ — de cuisine. *Vasa culinæ.* 廚房器具 Tchoŭ fâng ký kiŭ.

BATTOIR, s. m. *Palmula, æ, f.* 捶衣棒子 Tchoǔy ȳ páng tsè. ‖ — pour le pavé. *Fustica, æ, f.* 栟 Hèn.

BATTRE, v. a. *Cædĕre, percutĕre.* 打人 Tà jên. ‖ — quelqu'un longtemps. *Diū cædĕre aliq.* 打他一頓 Tà tǎ ȳ tén. ‖ — le blé. *Frumentum cudĕre.* 打糧食 Tà leâng chĕ. ‖ — les cartes. *Folia miscēre.* 洗牌 Sȳ pǎy. ‖ — monnaie. *Sapecas cudĕre.* 倒錢 ○ 鑄錢 Taò tsiên. Chōu tsién. ‖ — le chien devant le loup (prov.). 指東瓜罵葫蘆 Tchè tōng koā má hôu loù. ‖ — la campagne. *Vagāri.* 亂走 Loúan tseòu. ‖ — (au figuré). *Delirāre.* 打糊塗 Tà hoû chǒ. ‖ — les œufs. *Ova miscēre.* 攪蛋 Kiaǒ tán. ‖ — le pavé. *Divagāri.* 擺涙 Pǎy lâng. ‖ — la mesure. *Numeros moderāri.* 打鼓板 Tà koú pàn. ‖ — des ailes. *Alas quatĕre.* 閃翅 Chàn tché. ‖ — des mains. *Manibus plaudĕre.* 拍掌 Pǎ tchǎng. ‖ Le pouls —. *Venæ micant.* 脉浮 Mě foû. ‖ Le cœur —. *Pulsat corda pavor.* 害怕心跳 Haý pǎ sīn tiǎo. ‖ — froid à quelqu'un. *Frigidē excipĕre.* 接得冷落 Tsiě tě lèn lǒ. ‖ Se —. *Pugnāre.* 打架 Tà kiá, ou 相打 Siāng tà. ‖ Se — à coups de poing. *Pugnis —.* 打拳 Tà kiùen. ‖ Se — les flancs. *In re desudāre.* 費力 Feý lȳ.

BATTU, E, adj. *Percussus.* 受了打 Cheòu leào tà. ‖ Chemin —. *Via trita.* 大路 Tá loú. ‖ Laisser les chemins —. *Tritam viam relinquĕre.* 做古怪 Tsoú tě koù konáy, ou 異樣人 ý yáng jên. ‖ Avoir les oreilles —. *Aures tritas habēre.* 我聽傷了 Ngò tín chāng leào.

BAUDRIER, s. m. *Balteus, i, m.* 劍帶 Kién taý.

BAUME, s. m. *Balsamum, i, n.* 香油 Hiāng yeôu.

BAVARD, E, adj. *Loquax.* 話多的人 Hoá tō tȳ jên.

BAVARDER, v. n. *Ineptē garrīre.* 說空話 Chǒ kōng hoá.

BAVER, v. a. *Salivam emittĕre.* 吐口水 Tǒu keǒu choùy. ‖ — en dormant. *Dormiendo —.* 涎夢口水 Lieôu móng keǒu choùy.

BAVETTE, s. f. (pour les enfants). *Pectoralis fascia.* 涎圍 Siên yû.

BAZAR, s. m. *Apotheca generalis.* 雜貨鋪 Tsǎ hó poú.

BÉAT, E, adj. *Falsus devotus.* 假熱切 Kiǎ jě tsiě.

BÉATIFIER, v. a. *Beatificāre.* 列入聖人弟二品 Liě joù chén jên tȳ eùl pǐn.

BÉATITUDE, s. f. *Beatitudo, ĭnis, f.* 眞福 Tchên foǔ, ou 平安 Pǐn gān.

Les huit béatitudes de l'Évangile : 眞福八端 Tchén foǔ pǎ toūan.

1° *Beati pauperes spiritu, quoniam ipsorum est regnum Dei.*
心貧者乃眞福爲其己得天上國也
Sīn pǐn tchě laý tchén foǔ, oǔy kȳ y tě Tiēn chǎng kouě yě.

2° *Beati mites, quoniam ipsi possidebunt terram.*
眞善者乃眞福爲其將得安土也
Leâng chán tchě laý tchén foǔ, oǔy kȳ tsiàng tě ngān tǒu yě.

3° *Beati qui lugent, quoniam ipsi consolabuntur.*
涕泣者乃眞福爲其將受實慰也
Tý kȳ tchě laý tchén foǔ oǔy kȳ tsiàng cheóu koùan oúy yě.

4° *Beati qui esuriunt et sitiunt justitiam, quoniam ipsi saturabuntur.*
嗜義而如饑渴考乃眞福爲其將得飽飫也
Ché ngý eùl joù kȳ kǒ tchě laý tchén foǔ oǔy kȳ tsiàng tě paǒ yù yě.

5° *Beati misericordes, quoniam ipsi misericordiam consequentur.*
哀矜者乃眞福爲其將蒙哀矜己也
Gāy kīn tchě laý tchén foǔ oǔy kȳ tsiàng móng gāy kīn kȳ-yě.

6° *Beati mundo corde, quoniam ipsi Deum videbunt.*
心淨者乃眞福爲其將得見天主也
Sīn tsīn tchě laý tchén foǔ, oúy kȳ tsiàng tě kién Tiēn-Tchoù yě.

7° *Beati pacifici, quoniam filii Dei vocabuntur.*
和睦者乃眞福爲其將爲天主之子也
Hô moǔ tchě laý tchén foǔ, oǔy kȳ tsiàng oúy Tiēn-Tchoù tchě tsè yě.

8° *Beati qui persecutionem patiuntur propter justitiam, quoniam ipsorum est regnum cœlorum.*
爲義而被窘難者乃眞福爲其將天上國也
Oǔy ngý eùl pǒ kiǒng làn tchě laý tchén foǔ oǔy kȳ tě Tiēn chǎng kouě yě.

BEAU, ELLE, adj. *Pulcher.* 好看的 Haǒ kǎn tȳ. ‖ — (en parlant des choses). *Venustus.* 美的 Meý tȳ. ‖ — jour. *Dies serena.* 天晴 Tiēn tsîn. ‖ — promesses. *Multa promissa.* 空許 Kōng hiù. ‖ — mort. *Mors sancta.* 善死 Chán sè. ‖ — (convenable). *Decens, decorus.* 合理的 Hǒ lȳ tȳ. ‖ Un — matin. *Quādam mane.* 有一早辰 Yeoǔ ȳ tsaǒ chên. ‖ Vous avez — chercher. *Frustrā quæris.* 枉然尋 Oùang jân siûn. ‖ Échapper —. *Periculo magno evadĕre.* 脱大凶險 Tǒ tǎ hiōng hièn. ‖ De plus —. *Magis ac magis.* 越更 Yǔe kén.

BEAUCOUP, adv. *Multùm.* 多○狠 Tō. Hèn. ‖ Il s'en faut — que. *— abest.* 隔得遠 Kě tě yùen. ‖ — plus. *Multō plus.* 更多 Kén tō. ‖ — mieux. *Tantō melius.* 更好 Kén haò. ‖ — moins. *Multō minus.* 更少 Kén chaò. ‖ — de gens. *Plurimi homines.* 有多人 Yeoǔ tō jên.

**BEAU-FILS**, s. m. *Privignus, i, m.* 繼父 Ký foú. ‖ — (gendre). *Gener, eri, m.* 女壻 Niù sý.

**BEAU-FRÈRE**, s. m. *Levir, iri, m.*
1° {Mari de sa sœur aînée. 老姨○連襟 Laò ý. Liên kīn.
   {Mari de sa sœur cadette. 老姨○連襟 Laò ý. Liên kīn.
2° {Frère aîné de son mari. 姐夫 Tsiè foū.
   {Frère cadet de son mari. 妹夫 Meý foū.
3° {Mari de la sœur aînée du mari. 大哥○大伯 Tá kō. Tá pĕ.
   {Mari de la sœur cadette du mari. 小叔 Siào choŭ.
4° Frère aîné ou cadet de sa femme. *Levir.* 舅子 Kieóu tsè.

**BEAU-PÈRE**, s. m. *Socer, i. m.*
1° Père de sa femme. 丈人○岳父 Tcháng jèn. Yô foú.
2° Père du mari. 公○舅 Kōng. Kieóu.
3° — (à l'égard d'enfants d'un autre lit). *Vitricus.* 繼父 Ký foú.

**BEAUTÉ**, s. m. *Pulchritudo, inis, f.* 好看 Haò kăn.

**BEC**, s. m. *Rostrum, i, n.* 雀嘴 Tsiŏ tsoùy. ‖ Donner des coups de —. *Rostro petĕre.* 啄○隊 Kià. Tchŏ. ‖ Avoir bon —. *Loquax esse.* 話多的人 Hoá tō tý jĕn. ‖ N'avoir que du —. *Lingua tantùm valēre.* 單會說話 Tān houý chŏ hoá. ‖ Faire le —. *Docēre aliq. de dicendis.* 敎人說話 Kiáo jĕn chŏ hoá. ‖ Se prendre de —. *Jurgio contendēre.* 角逆 Kŏ niĕ. ‖ Tenir à quelqu'un le — dans l'eau. *Falsâ spe detinēre.* 許假事哄人 Hiù kià sé hòng jĕn. ‖ — d'un vase. *Acumen, inis, n.* 壺嘴 Foú tsoùy.

**BÉCARRE**, s. m. (terme music.). 清聲 Tsīn chēn.

**BEC-DE-LIÈVRE**, s. m. *Labri difformitas.* 鈌嘴 Kiuĕ tsoùy.

**BÊCHE**, s. f. *Ligo, onis, m.* 鋤頭 Tchoú teŏu. ‖ Une — *Unus* —. 一把鋤頭 Y̆ pà tsoú teŏu.

**BÊCHER**, v. a. *Ligone fodĕre.* 挖土 Oŭa tŏu.

**BECQUÉE**, s. f. *Esca, æ, f.* 雀食 Tsiŏ chĕ. ‖ Donner la —. *Escam in os ingerĕre.* 饋雀兒 Ouý tsiŏ eŭ.

**BECQUETER**, v. a. *Rostro appetĕre.* 啣 Kià.

**BEDAINE**, s. f. *Abdomen, inis, n.* 大肚 Tá toú.

**BEDEAU**, s. m. *Apparitor, oris, m.* 差人○小班 Tchăy jĕn. Siaò pān.

**BÉGAYER**, v. n. *Hæsitāre.* 結舌 Kiĕ chĕ.

**BÈGUE**, adj. *Balbus.* 結舌子 Kiĕ chĕ tsĕ.

**BEIGNET**, s. m. *Laganum, i, n.* 油煎餅 Yeŏu tsiēn pĭn.

**BÊLEMENT**, s. m. *Balatus, ús, m.* 羊叫○啤 Yáng kiáo. Maý.

**BÊLER**, v. n. *Balāre.* 啤 Maý.

**BELLE-FILLLE**, s. f. *Nurus, ùs, f.* 媳婦 Sý foú. ‖ — d'un autre lit. *Privigna, æ, f.* 隨娘女 Souý leâng niù.

**BELLE-MÈRE**, s. f. *Socrus, ùs, f.*
1° Mère du mari. 姑○婆 Koū. Pŏ́.
2° Mère de sa femme. 丈母○岳母 Tcháng moù. Yô moù.
3° D'un autre lit. *Noverca.* 後母 Heoú moù.

**BELLE-SŒUR**, s. f. *Glos, oris, f.*
1° {Épouse du frère aîné. *Fratria.* 嫂 Saò.
   {Épouse du frère cadet. 弟婦 Tý foú.
2° {Sœur cadette de son mari. 姑 Koū.
   {Sœur cadette de son mari. 小姑 Siaò koū.
3° {Sœur aînée de sa femme. 大姨 Tá ý.
   {Sœur cadette de sa femme. 小姨 Siaò ý.
4° {Épouse du frère aîné du mari. 大嫂 Tá saó.
   {Épouse du frère cadet du mari. 弟妹 Tý meý.

**BELLEMENT**, adv. *Placidè.* 慢慢的 Mán-mán tý.

**BELLIQUEUX, SE**, adj. *Bellicosus.* 愛打仗的人 Gaý tà tcháng tý jĕn.

**BELVÉDÈRE**, s. m. *Locus altus.* 亭子 Tĭh tsĕ.

**BÉMOL**, s. m. (son du —). 濁聲 Choŭ chēn.

**BÉNÉDICTION**, s. f. *Benedictio, onis, f.* 降福 Kiáng-foŭ. ‖ Demander la —. *Benedict. petĕre.* 求降福 Kiĕou kiáng-foŭ. ‖ Donner la —. *Benedicĕre.* 降福 Kiáng-foŭ. ‖ — du prêtre. *Sacerdotis benedictio.* 鐸德降福 Tŏ́-tĕ́ kiáng foŭ. ‖ — nuptiale. *Nuptialis ben.* 婚姻降福 Houēn yn kiáng foŭ. ‖ La recevoir. *Suscipĕre nupt. bened.* 領婚姻降福 Lĭn honēn yn kiáng foŭ. ‖ La donner. *Matrim. bened. donare.* 降福婚姻 Kiáng foŭ honēn yn.

**BÉNÉFICE**, s. m. *Lucrum, i, n.* 利益 Lý-ý. ‖ Faire un —. *Lucrāri.* 得利益 Tĕ́ lý ý.

**BÉNIGNITÉ**, s. f. *Benignitas, atis, f.* 仁慈 Jĕn tsĕ́.

**BÉNIR**, v. a. *Benedicĕre.* 降福○聖 Kiáng-foŭ. Chén. ‖ —. *Fausta apprecāri.* 封贈人 Fōng tsén jĕn. ‖ Que Dieu vous —. *Benefaciat tibi Deus.* 天主降福你 Tiēn tchoù kiáng foŭ ngý̆. ‖ — Dieu. *Gratias Deo.* 感謝天主的恩 Kàn sié Tiēn-Tchòu tý̆ gēn. ‖ — de l'eau. *Aquam lustralem consecrāre.* 聖水 Chén choùy.

**BÉNIT, E**, adj. *Consecratus.* 聖過的 Chén kŏ́ tý̆. ‖ Eau —. *Aqua benedicta.* 聖水 Chén choùy. ‖ Prendre de l'eau —. — *uti.* 取聖水 Tsŭ chén choùy. ‖ Asperger l'eau —. *Aspergĕre.* 洒聖水 Sà chén choùy.

**BÉNITIER**, s. m. *Piscina, æ, f.* 聖水瓶 Chén choùy pĭh.

**BÉQUILLE**, s. f. *Baculum rostratum.* 桂杖 Tchoù tcháng.

**BERCEAU**, s. m. *Cunæ, arum, f.* 搖籃 Yaŏ lân.

**BERCER**, v. a. *Cunis versāre.* 搖籃 Yaŏ yaŏ lân. ‖ — (amuser). *Lactāre.* 套哄人 Táo hòng jĕn. ‖ Se —. *Spem inanem pascĕre.* 虛望 Hiū ouáng.

**BERGER, ÈRE**, adj. *Pastor.* 牧童 Moŭ tŏng.

**BERGERIE**, s. f. *Ovile, is, n.* 羊圈 Yâng kiuén.

**BERLUE**, s. f. *Caligo, inis, f.* 眼睛霧 Yĕn tsīn oú. ‖ Avoir la —. *Caligāre.* 眼睛霧 Yĕn tsīn oú. ‖ Avoir

32 BER | BIE

la —  (au moral). *Obcœcatus esse.* 不洞事 Poù tóng sé.

**BERNER,** v. a. *Ludificāri.* 欺笑人 Kỷ siáo jên.

**BESACE,** s. f. *Pera, œ, f.* 口袋 Keòu táy. ‖ Une —. *Una —.* 一根口袋 Ỷ kēn keòu táy. ‖ Être à la —. *In summâ egestate esse.* 窮乾了 Kiôung kān leaò.

**BESICLES,** s. m. *Conspicīllum, i, n.* 眼鏡 Yèn kín.

**BESOGNE,** s. f. *Opus, eris, n.* 要緊○工夫 Yaó kǐn. Kōng foū. ‖ Achever sa —. *Pensum peragĕre.* 完工夫 Ouân kōng foū. ‖ Aller vite en —. *Tempus non terĕre.* 快做 Koûay tsoú. ‖ Donner de la — à quelqu'un. *Negotia facessĕre.* 生事於人 Sēn sé yû jên.

**BESOIN,** s. m. *Opus, eris, n.* 要緊 Yaó kǐn. ‖ Avoir — d'argent. *Pecuniâ indigēre.* 缺銀子 Kiûe ỷn tsè. ‖ J'ai — de mon argent. *Meo argento opus habeo.* 我要銀子用 Ngò yaó ỷn tsè yóng. ‖ — (disette). *Penuria.* 乏 Fǎ. ‖ — naturels (nécessités). *Satisfaire aux grands —. Alvum purgāre.* 解大手 Kiaỷ tá chèou. ‖ Satisfaire aux petits —. *Mingĕre.* 解小手 Kiaỷ siào chèou.

**BESTIALITÉ,** s. f. *Bestialitas, atis, f.* 與獸姦 Yù chéon kiēn.

**BÉTAIL,** s. m. *Pecus, oris, n.* 牲口 Sēn keòu.

**BÊTE,** s. m. *Bestia, œ, f.* 獸 Cheoú. ‖ Un troupeau de —. *Unum pecus.* 一群牡口 Ỷ kiûn sēn keòu. ‖ — sauvage. *Sylvestris —.* 野獸 Yè chéou. ‖ C'est ma — noire. *Neminem pejus habeo.* 他是我的寃家 Tā ché ngò tỷ yuēn kiā. ‖ Remonter sur sa —. *Reponi undè exciderat.* 家業又臭 Kiā niè yeoú hǐn. ‖ C'est une —. *Stupidus homo.* 愚人 Yû jên.

**BÉTISE,** s. f. *Ineptiœ, arum, f.* 不合理 Poù hô lỷ.

**BEUGLER,** v. n. *Boāre.* 牛叫○吽 Nièou kiáo. Heoù.

**BEURRE,** s. m. *Butyrum, i, n.* 酥媚 Soū laỷ. ‖ Pain de —. *— massa.* 媚餅 Laỷ pìn. ‖ Battre le —. *— facĕre.* 攪媚 Kiaò laỷ.

**BÉVUE,** s. f. *Error, oris, m.* 錯 Tsò. | Faire une —. *Errāre.* 錯 Tsò.

**BEY,** s. m. *Mahumetanorum prœfectus.* 回官 Hoûy kouân.

**BIAIS,** s. m. *Obliquitas, atis, f.* 偏 Piēn, ou 邪的 Sié tỷ. ‖ — (feinte). *Simulatio.* 假裝 Kià tchoūang. ‖ — (façon). *Modus —.* 法子 Fǎ tsè.

**BIAISER,** v. n. *Obliquāri.* 走透路 Tseòu jaò loú. ‖ — (au figuré). *Non sincerè agĕre.* 用計哄人 Yóng kỷ hòng jên. ‖ — en parlant. *Fictè loqui.* 說彎曲的話 Chŏ ouān kioû tỷ hoá.

**BIBLE,** s. f. *Biblia, œ, f.* 聖經 Chén kīn.

**BIBLIOTHÉCAIRE,** s. m. *Bibliothecœ custos.* 管書的人 Kouàn choū tỷ jên.

**BIBLIOTHÈQUE,** s. f. *Bibliotheca, œ, f.* 書房 Choū fâng. ‖ — impériale de Pékin. — *imp.* 弘文館 Hông ouên

kouàn. Elle fut fondée par l'Empereur Taỷ Tsōng 太宗 de la dynastie des Tǎng 唐, en 654; elle comptait plus de deux cent mille volumes. (Voir à l'*Appendice* n° III des détails sur la Bibliothèque impériale de Pékin.) ‖ C'est une — vivante. *Eruditissimus vir.* 學富五車 Hiŏ foû où tchě.

**BICHE,** s. f. *Cerva. œ, f.* 母鹿子 Moù loù tsè.

**BICOQUE,** s. f. *Oppidŭlum, i, n.* 草房 Tsào fâng.

**BIEN,** s. m. *Bonum.* 好○善 Haò. Chán. ‖ Le — et le mal. *Bonum et malum.* 好歹 Haò taỷ. ‖ Le souverain —. *Summum bon.* 至善 Tchě chán. ‖ — naturel. *Bonum nat.* 本性的好處 Pèn sín tỷ haò tchoû. ‖ — surnaturel. *Bon. supernat.* 超性的好處 Tchaō sín tỷ haò tchoû. ‖ — (vertu). Homme de —. *Vir probus.* 善人 Chán jên. ‖ Vous faites —. *Probè agis.* 你做得好 Ngỷ tsoú tě haò. ‖ Revenir au —. *Ad frugem se recipĕre.* 回頭 Hoûy teôu. ‖ Les gens de —. *Boni viri.* 好人 Haò jên. ‖ —. *Bona,* opes. 家業 Kiā niě. ‖ — à propos. *Opportunè.* 拾好 Kiǎ haò. ‖ Augmenter son —. *Opes augēre.* 發財 Fǎ tsaỷ. ‖ Le dissiper. *Consumĕre.* 敗家 Paỷ kiā. ‖ — de la terre. *Fruges.* 粮 Leâng. ‖ — éternels. *Bona œterna.* 永富 Yùn foû. ‖ — (profit). *Utilitas.* 利益 Lỷ ỷ. ‖ — public. — *publica.* 公事 Kōng sé. ‖ — (service) *Officium.* 愛情 Gaỷ tsîn. ‖ Faire du — à quelqu'un. *De aliq. benè mereri.* 施恩○帮忙 Chě gēn. Pāng mâng. ‖ Rendre le — pour le mal. *Maleficio beneficia pensāre.* 以惡報恩 Ỷ ngŏ paó gēn.

**BIEN,** adv. *Rectè.* 好 Haò. ‖ Très —. *Optimè.* 至好 Tchě haò. ‖ Pas trop —. *Minùs benè.* 不當好 Poù táng haò. ‖ Être — avec quelqu'un. *Esse in gratiâ cum aliq.* 同人相好 Tông jên siāng haò. ‖ Faire —. *Decĕre, convenire.* 合式 Hô ché. ‖ Faire —. *Prudenter facĕre.* 小心做 Siào sīn tsoú. ‖ Cela est — vrai. *Hoc verissimum est.* 這是眞的 Tchě ché tchēn tỷ. ‖ — (beaucoup). *Multùm.* 多 Tō. ‖ Pensez-y —. *Cogita etiam atque etiam.* 細細想 Sỷ sỷ siàng. ‖ — de la peine. *Multus labor.* 工夫多 Kōng foū tō. ‖ — des gens. *Plurimi.* 多少人 Tō chaò jên. ‖ Connaître —. *Noscĕre homines.* 知人 Tchě jên. ‖ — (environ). *Circiter.* ‖ Il est — quatre heures. *差不多四點鐘* Tchā poù tō sé tièn tchōng. ‖ — que. *Quamvis, licet.* 雖然 Siū jên.

**BIEN-ÊTRE,** s. m. *Vitœ copia.* 殼用 Keoú yóng.

**BIENFAISANCE,** s. f. *Beneficentia, œ, f.* 恩惠 Gēn hoúy.

**BIENFAIT,** s. m. *Beneficium, ä, n.* 恩 Gēn. ‖ — général. *Commune —.* 公恩 Kōng gēn. ‖ — spécial. *Speciale —.* 私恩 Sě gēn. ‖ Recevoir un —. *Ab aliq. benef. accipĕre.* 得恩 Tě gēn. ‖ Accorder un —.

## BIE ... BLA

*Benefic. tribuĕre.* 施恩 Chē gēn. ‖ Reconnaître un —. *Gratum animum praebĕre.* 報恩 Páo gēn.

**BIENFAITEUR**, s. m. *Benefactor, oris, m.* 恩人 Gēn jên.

**BIENHEUREUX, SE**, adj. *Beatus.* 受福的人 Cheóu foŭ tỷ jên. ‖ — (béatifié). *Beatus.* 上二品列的 Cháng eúl pìn liĕ tỷ.

**BIENSÉANCE**, s. f. *Decorum, i, n.* 禮貌 Lỷ maó, ou 禮信 Lỷ sín. ‖ Garder la —. *— servāre.* 守禮信 Cheóu lỷ maó, ou 不失禮信 Poŭ chē lỷ sín. ‖ Cela choque la —. *Hoc indecorum est.* 這个不合禮 Tché kó poŭ hô lỷ. ‖ Être à la — de quelqu'un. *Alic. convenire.* 爲他合式 Oúy tā hô ché.

**BIENTÔT**, adv. *Brevi.* 不失 Poŭ kieóu.

**BIENVEILLANCE**, s. f. *Benevolentia, æ, f.* 仁慈 Jên tsě, ou 仁心 Jên sīn. ‖ Gagner la —. *Favorem alic. obtinĕre.* 得人的心 Tě jên tỷ sīn.

**BIENVENU, E**, adj. *Acceptus.* 接得好的 Tsiĕ tě haò tỷ. ‖ Soyez le —. *Optatò advenis.* 你來好 Ngỷ laỷ haò.

**BIÈRE**, s. f. *Feretrum, i, n.* 棺材 Koūan tsăỷ. ‖ Une —. *Unum —.* 一付棺材 Ỷ foŭ koūan tsăỷ. ‖ Mettre dans la —. *Mortuum feretro includĕre.* 入棺 Joŭ koūan. ‖ Porter la —. *Feretr. subīre.* 抬喪 Tăỷ sāng.

**BIÈRE**, s. f. *Cervisia, æ, f.* 酸酒 Soūan tsieóu.

**BIFFER**, v. a. *Expungĕre.* 塗 Toŭ.

**BIGAME**, s. m. *Bigamus, i, m.* 有兩大小的人 Yeòu leàng tá siaò tỷ jên.

**BIGARRÉ, ÉE**, adj. *Varius.* 雜色的 Tsǎ sě tỷ.

**BIGARRER**, v. a. *Variāre.* 黎顏色 Tsǎn yên sě.

**BIGLE**, s. m. *Strabo, onis, m.* 眇眼的人 Miaò yèn tỷ jên.

**BIGOT**, s. m. *Affectator pietatis.* 假熱切 Kià jě tsiě.

**BIJOU**, s. m. *Gemma, æ, f.* 寳石 Paò chě. ‖ — sans prix. *Sine pretio —.* 無價寳 Oŭ kiá paò.

**BILAN**, s. m. *Nominum codex.* 賬簿 Tcháng poŭ. ‖ Déposer son —. *Bonam copiam ejurāre.* 倒號 Taò haó.

**BILE**, s. f. *Bilis, is, f.* 黃痰 Hoûang tân. ‖ Remuer la — à quelqu'un. *Stomachum movēre.* 惹怒 Jě loŭ. ‖ Décharger sa — sur quelqu'un. *In aliq. erumpĕre.* 冒別人的火 Maó piě jên tỷ hô.

**BILIEUX, SE**, adj. *Biliosus.* 愛發怒的人 Gaỷ fǎ loŭ tỷ jên. ‖ Fièvre —. *Febris —.* 感冒○傷寒 Kàn maó. Chāng hân.

**BILL**, s. m. *Syngrapha, æ, f.* 銀票 Ỷn piaó.

**BILLET**, s. m. *Schedula, æ, f.* 片子 Piĕn tsě. ‖ — *Chirographus.* 契約 Yŏ kỷ, ou 帖子 Tiě tsě. ‖ — pour suffrage. *Suffragium.* 舉保的帖子 Paò kiù tỷ tiě tsě. ‖ Faire un —. *Scribĕre syngraph.* 寫契約 Siĕ yŏ kỷ. ‖ — de banque. *Tessera numeraria.* 銀票 Ỷn piaó. ‖ Payer un —. *Solvĕre —.* 照票對銀 Tchaò

piaó toúy ỷn. ‖ — amoureux. *Amatoriæ litteræ.* 男女私通的信 Lân niù sě tŏng tỷ sín.

**BILLEVESÉE**, s. f. *Nugæ, arum, f.* 閒話 Hiên hoá.

**BILLON**, s. m. *Improbati nummi.* 毛錢 Maó tsiên. ‖ — (monnaie de cuivre). *Æs signatum.* 銅錢 Tŏng tsiên.

**BIMBELOT**, s. m. *Crepundia, orum, n.* 玩物 Oŭan oŭ.

**BINER**, v. a. *Repastināre.* 耕土○耙土 Yeōu toŭ. Tchaŏ toŭ. ‖ —. *Bis celebrāre missam in uná die.* 一天做兩台彌撒 Ỷ tiên tsoŭ leàng tăỷ mỷ să.

**BINET**, s. m. *Candelabrum humile.* 手照子 Cheòu tchaò tsě.

**BIOGRAPHIE**, s. f. *Biographia, æ, f.* 一人行實 Ỷ jên tỷ hîn ché.

**BIPÈDE**, s. f. *Bipes, edis.* 兩脚獸 Leàng kiŏ cheóun.

**BIQUE**, s. f. *Capra, æ, f.* 母山羊 Moù chān yâng.

**BIS, SE**, adj. *Cinereceus.* 銀灰色 Ỷn hoŭy sě. ‖ Riz —. *Sola oryza.* 白飯 Pě fán.

**BISAÏEUL**, E, s. m. *Proavus, i, m.* 高祖父 Kaō tsoù foŭ. ou *Proavia.* 高祖母 Kaō tsoù moŭ.

**BISBILLE**, s. f. *Dissidium, ii.* 口嘴 Keŏu tsoùy.

**BISCORNU, E**, adj. *Abnormis.* 無法的 Oŭ fǎ tỷ. ‖ — (baroque). *Inconditus.* 非常的 Feỷ châng tỷ.

**BISCUIT**, s. m. *Panis nauticus.* 乾粮○乾麪包 Kān leâng. Kān miên paó.

**BISE**, s. f. *Aquilo, onis, m.* 北風 Pě fōng.

**BISSEXTE**, s. m. *Dies intercalaris.* 洋閏月 Yâng jouén yuě.

**BISSEXTILE**, *Bissextilis.* 閏年 Juén niên.

**BITUME**, *Bitumen.* 漉清 Lỷ tsīn.

**BIVOIE**, s. f. *Bivium, ii, n.* 兩杈路 Leàng tchǎ loŭ.

**BIVOUAQUER**, v. n. *Sub dio pernoctāre.* 露天掑歇 Loŭ tiên pá hiě.

**BIZARRE**, adj. *Morosus.* 固頭的 Koŭ teŏu tỷ. ‖ — (extraordinaire). *Insolitus.* 古怪的 Koŭ kouáy tỷ.

**BLAFARD, E**, adj. *Pallidus.* 青臉 Tsīn liên.

**BLÂMER**, v. a. *Vituperāre.* 責備 Tsě pỷ. ‖ Encourir le —. *In vituperation. cadĕre.* 受責 Cheóu tsě. ‖ Craindre d'être —. *Vituperation. timēre.* 怕受責 Pá cheóu tsě.

**BLANC, CHE**, adj. *Albus.* 白的 Pě tỷ. ‖ Espèces de —. *Species coloris albi.* 漂白○葱白○雪白 Piaò pě. Tchōng pě. Siuě pě. ‖ — de crainte. *Metu pallēre.* 臉嚇青了 Liên hě tsīn leaò. ‖ Dire — et noir. *Pugnantia loqui.* 説相反的話 Chŏ siāng fàn tỷ hoá. ‖ Linge —. *Mundæ vestes.* 乾淨衣服 Kān tsín ỷ foŭ. ‖ Papier —. *Papyrus alba.* 白紙 Pě tchě. ‖ Devenir —. *Canescĕre.* 發白了 Fǎ pě leaò. ‖ — de l'œil ou cornée. *Cornea tunica.* 眼白 Yèn pě. ‖ — d'œuf. *Albumen.* 蛋白○蛋清 Tán pě. Tán tsīn.

|| — seing. *Chirographum* —. 先畫押 Siēn hoá yă. || — bec. *Inexpers juvenis*. 無知識的少年人 Oŭ tchĕ chĕ tỷ cháo niēn jēn. || — (fard). *Fucus, cerussa*. 粉 Fèn. || Se mettre du —. — *se linire*. 抹粉 Mó fèn. || — (but). *Scopus*. 靶子 Pà tsè. || Viser au —. *Collimāre*. 正對把子 Tchén touý pà tsè. || Toucher au —. *Collimāre*. 射靶子 ○ 中了靶子 Tchĕ pà tsè. Tchōng leào pà tsè.

**BLANCHEUR**, s. f. *Candor, oris, m*. 白色 Pĕ´ sĕ´.

**BLANCHIR**, v. a. *Dealbāre*. 漂白 ○ 上白 Piāo pĕ´. Cháng pĕ´. || — une muraille. *Murum dealbāre*. 糊石灰 Hoŭ chĕ houý. || — de la toile. *Telam dealbāre*. 曝布 Piāo poŭ. || — de la cire. *Ceræ candorem inducĕre*. 曝蠟 Piāo là. || — quelqu'un. *A culpā aliq. eximĕre*. 洗冤 Sỷ yuēn. || — de crainte. *Metu exalbescĕre*. 臉青面熏 Liēn tsīn miēn hĕ´. || — de vieillesse. *Canescĕre*. 頭髮老白 Teŏu fă laò pĕ´. || — sous les armes. *In armis* —. 當兵多年 Tāng pīn tō niēn.

**BLASER**, v. a. *Sensus obtundĕre*. 傷五官 Cháng oŭ kouān. || Être — par l'usage de l'opium. *Nimiā potatione ingravescĕre*. 他噢成煙鬼去了 Tă´tchĕ tchén yēn kouý kĭu leaò. || Être — par l'usage du vin. *Vini abusu sensus obtundi*. 他噢成酒仙去了 Tă´tchĕ tchén tsieòu siēn kĭu leaò. || — de la volupté. *In voluptate bacchāri*. 淫心重狠了 Ýn sīn tchóng hèn leaò.

**BLASON**, s. m. *Insignia gentilitia*. 頂表 Tĭn piào.

**BLASPHÉMER**, v. a. *Blasphemāre*. 褻瀆 Siuĕ´ toŭ.

**BLÉ**, s. m. *Frumentum, i, n*. 麥子 Mĕ´ tsè. || Un grain de —. *Unum granum* —. 一顆黍子 Ў kŏ mĕ´ tsè. || Espèces de —. *Species* —. 小麥 ○ 大麥 Siào mĕ´. Tá mĕ´. || Semer le —. *Semināre* —. 點麥子 Tiēn mĕ´ tsè. || Couper le —. *Secāre* —. 割麥子 Kó mĕ´ tsè. || Battre le —. *Tundĕre* —. 打麥子 Tă´ mĕ´ tsè. || Moudre le —. *Molĕre* —. 碾麥子 Niēn mĕ´ tsè.

**BLÉ DE TURQUIE**, s. m. *Turcicum, i, n*. 包穀 ○ 玉麥 Paō- koŭ. Yŭ mĕ´. || — de Guinée. 稿粱 Kaò leâng.

**BLÊME**, adj. *Pallidus*. 青的 Tsīn tỷ, ou 黃的 Hoâng tỷ.

**BLESSER**, v. a. *Vulnerāre*. 傷 Cháng, ou 打傷人 Tă´ cháng jén. || — à mort. *Vulnus lethale infligĕre*. 傷了命 Cháng leaò mín. || Être — par ses souliers. *Calceis lædi*. 鞋頭跟 Haý teŏu kēn. || — la vue. *Lædĕre visum*. 傷眼睛 Cháng yèn tsīn. || — les oreilles. *Aures offendĕre*. 傷耳躲 Cháng eùl tŏ. || — les esprits. *Animos* —. 得罪人 Tĕ´ tsoúy jén. || — la conscience. *Conscientiam*. 傷良心 Cháng leâng sīn. || Se — *Vulnus sibi infligĕre*. 傷自已 Cháng tsé kỷ. || — *Abortum facĕre*. 小產 Siaò tchăn. || — (se piquer). *Offendi*. 小氣 Siaò kỷ.

**BLESSURE**, s. f. *Vulnus*. 傷 Cháng. || Une —. *Unum* —. 一條口 Ў tiáo keòu. || Recevoir une —. *Accipĕre vulnus*. 受傷 Ckeòu cháng.

**BLETTE**, adj. *Fracidus*. 耙的 Pă´tỷ.

**BLEU, E**, adj. *Cœruleus*. 藍的 Nân tỷ.
— azuré. (*Espèces*.)

天青 Tiēn tsīn.     伏青 foŭ tsīn.
元青 Yuēn tsīn.     鰕青 Hiā tsīn.

— foncé. (*Espèces*.)

一品藍 Ў pĭn nân.     毛藍 Maò nân.
深藍 Chēn nân.     月藍 Yûe nân.
二藍 Eûl nân.

— de Prusse. *Cerussia*.

洋靛 Yâng tién.     洋青 Yâng tsin.

**BLOC**, s. m. *Moles*. 堆 Toūy. || — de marchandise. *Summa*. 一碼貨 Ў mà hó. || Acheter en —. 薨買 Toùy maỷ.

**BLOCUS**, s. m. *Obsessio, onis, f*. 圍困 Oúy koŭen.

**BLOND, E**, adj. *Subflavus*. 淡黃的 Tán hoûang tỷ.

**BLOQUER**, v. a. *Obsidĕre*. 圍 Oúy.

**BLOTTIR (SE)**, v. n. *Contrahĕre corpus*. 咕倒 Koŭ taò.

**BLOUSER (SE)**, v. r. *Falli*. 受唭 Cheóu hòng.

**BLUETTE**, s. f. *Scintilla, æ, f*. 火飛 Hŏ feỷ.

**BLUTEAU**, s. m. *Cribrum, i, n*. 篩子 Chăỷ tsè. (Ou **BLUTOIR**). 羅櫃 Lô koúy.

**BLUTER**, v. a. *Incernĕre*. 打羅櫃 Tă lô koúy.

**BOBINE**, s. f. *Fusus, i, m*. 絡了 Lŏ tsè.

**BOCAGE**, s. m. *Nemus, oris, n*. 小山林 Siào chān lîn.

**BOCAL**, s. m. *Lagena, æ, f*. 玻璃罐子 Pŏ´lỵ koùan tsè.

**BŒUF**, s. m. *Bos*. 牛 Nieôu. || Un —. *Unus* —. 一條牛 Ў tiáo nieôu. || Une paire de —. *Unum par* —. 一對牛 Ў toúy nieôu. || — mâle. *Mas* —. 牯牛 Koù nieôu. || — femelle. *Femin.* —. 牸牛 Tsé nieôu. || — gras. *Pinguis* —. 肥的 Feý nieôu. || — maigre. *Macilentus* —. 瘦的 Seóu tỷ. || Étable à —. *Bubile*. 牛圈 Nieôu kiŭen. || C'est un —. *Homo stupidus*. 蠢人 Tchoŭen jēn.

**BOIRE**, v. a. *Bibere*. 飲 ○ 嗑 Ỳn. hŏ. || — d'un trait. *Uno haustu*—. 一嗑吞 Ў hŏ tēn. || Donner à —. *Pocula ministrāre*. 掛酒 Tchēn tsieòu. || — à qui mieux mieux. *Certāre mero*. 賭噢酒 Toù tchĕ´tsieòu. || Passer le jour à —. *Perpotando diem absumĕre*. 噢一天到墨的酒 Tchĕ´ ỷ tiēn taó hĕ´ tỷ tsieòu. || — en faisant le jeu de la mourre. *Bibĕre digitis micando*. 嘩拳噢酒 Hoâ kiŭen tchĕ´ tsieòu. || — comme un trou. *Bibĕre immodicè*. 飲酒過度 Ýn tsieòu kó toŭ. || Provoquer à —. *Urgĕre ad potum*. 勸酒 Kiŭen tsieòu. || Forcer à —. 強勉人噢酒 Kiàng miēn jēn tchĕ´ tsieòu. || — à la ronde. *Circulatim bibĕre*. 飲一巡 Ỳn ỷ siûn.

# BOI      BON      55

‖ — à la santé de quelqu'un. *Alicui propināre.* 擱酒 Tchēn tsieóu. ‖ — un affront. *Tacité sustinēre.* 忍受凌辱 Jèn cheóu lǐn joŭ. ‖ Faire la faute et la —. *Tu hoc fecisti, tibi omne est exedendum.* 漢子做事漢子當 Hán tsè tsoú sé hán tsè tāng. ‖ C'est la mer à —. *Rem infin. persequi.* 黃鼠狼想喫天鵝肉 Hoûang choŭ lâng siàng tchě tiēn ô joŭ.

**BOIS**, s. m. *Lignum, i, m.* 木 Moŭ. ‖ — vert. *Viride.* 生木頭 Sēn moŭ teóu. ‖ — mort. *Mortuum —.* 乾木頭 Kān moŭ teóu. ‖ Mettre du — au feu. *Ignem alĕre.* 加柴 Kiā tchấy. ‖ — de charpente. *Materia.* 木料 Moŭ leáo. ‖ —. *Silva.* 山林 Chān lín. ‖ La vigne pousse trop de —. *Sarmentis silvescit vinea.* 葡萄空枝多了 Poú táo kōng tchē tō leáo. ‖ Ne savoir de quel — faire flèche. *Re et arte destitui.* 哭天無路 Kǒu tiēn oû loú. ‖ Avoir l'œil au —. *De suo diligens esse.* 勤管巴事 Kǐn koùan kỳ sé.

**BOISERIE**, s. f. *Tabulæ coagmentatæ.* 間壁 Kân pỳ.

**BOISSEAU**, s. m. *Modius, i, m.* 斗 Teŏu.

**BOÎTE**, s. f. *Pyxis, idis, f.* 盒子 Hô tsè. ‖ — à musique. *Capsula musica —.* 八音琴 Pā ȳn kǐn. ‖ — à fard chinois. *Onyx, ychis, m, f.* 粉盒 Fèn hô. ‖ — d'artillerie chinoise. *Ænea crepitacula.* 火炮 Hŏ páo.

**BOITER**, v. n. *Claudicāre.* 跛 Paỳ.

**BOITEUX, SE**, adj. *Claudus.* 跛子 Paỳ tsè.

**BOÎTIER**, s. m. *Capsula, æ, f.* 栗毬 Lỳ kieóu.

**BOL**, s. m. *Bolus, i, m.* 丸子 Yûen tsè. ‖ — (écuelle). 盌 Oùan.

**BOMBANCE**, s. f. *Lautæ epulæ.* 大喫大喝 Tá tchě tá hô. ‖ Faire —. *Convivāri.* 大喫大喝 Tá tchě tá hô.

**BOMBARDER**, v. a. *Obsidēre.* 放炮攻城 Fáng páo kōng tchéng.

**BOMBE**, s. f. *Globus pulveris.* 西瓜砲 Sȳ koūa páo.

**BOMBÉ, ÉE**, adj. *Curvatus.* 凸的 Kòng tỳ.

**BON, NE**, adj. *Bonus.* 好的 Haŏ tỳ. ‖ Plus —. *Melior.* 更好 Kén háo. ‖ Très —. *Optimus.* 至好 Tché háo. ‖ — homme. *Vir —.* 善人 Chán jèn. ‖ *Præstans.* 超出 Tchaó tchŭ. ‖ — laboureur. *Peritus agricola.* 好農夫 Haŏ lông foū. ‖ — année. *Fertilis annus.* 豐年 Fōng nién. ‖ Trouver une excuse —. *Excusationem accipĕre.* 推得有理 Toūy tě yeòu lỳ. ‖ — œil. *Acutus oculus.* 眼睛尖 Yèn tsīn tsiēn. ‖ — oreille. *Subtilis auris.* 耳朶尖 Eùl tŏ tsiēn. ‖ — goût. *Eruditum palatum.* 胃口正 Oúy keŏu tchén. ‖ — coup. *Validus ictus.* 打得重 Tà tě tchóng. ‖ Une — partie de la nuit. *Magna pars noctis.* 大半夜 Tá pán yé. ‖ — naturel. *Proba natura.* 本性好 Pèn sín haŏ. ‖ — à tout. *Ad omnia utilis.* 樣樣都好 Yáng yáng toū haò. ‖ — à rien. *Inutilis —.* 不中用 Poū tchōng yóng. ‖ — à boire. *Poculentus.* 喫得 Tchě tě tỳ. ‖ — af-

faire. *Quæstuosa res.* 有利錢的 Yeŏu lỳ tsiēn tỳ. ‖ A quoi — tant de paroles? *Ad quid tot verba?* 話多狠 Hoá tō hèn. ‖ Tenir —. *Fidem servāre.* 不改主意 Poŭ kaỳ tchoŭ ỳ. ‖ Tout de —. *Seriō.* 當眞 Tāng tchēn, ou 果然 Kò jân. ‖ Se faire — pour quelqu'un. *Spondēre pro alio —.* 保人 Paò jèn. ‖ N'être — à rien. *Prorsus inutilis.* 不中用的人 Poŭ tchōng yóng tỳ jèn.

**BON**, s. m. *Tessera cerealis.* 糧票 Leâng piáo.

**BONACE**, s. f. *Malacia, æ, f.* 海平風息 Haỳ pǐn fōng sỳ.

**BONASSE**, adj. *Simplex.* 老實的 Laŏ chě tỳ.

**BOND**, s. m. *Saltus.* 跳 Tiáo. ‖ Faire faux —. *Fermé cadēre.* 差不多跌一交 Tchấ poŭ tō tiě̊ ỳ kiāo, (au figuré) *Promissa violāre.* 失信 Chě sín.

**BONDE**, s. f. *Obturamentum, i, n.* 梓 Tseóu tseóu.

**BONDIR**, v. m. *Subsilīre.* 跳 Tiáo. ‖ — de joie. *Gaudio exsultāre.* 喜歡得狠 Hy-koūan tě hèn.

**BONDON**, s. m. *Obturamentum, i, n.* 梓 Tseóu tseóu. ‖ Mettre le —. *Obturāre.* 梓 Tseóu.

**BONHEUR**, s. m. *Felicitas, atis, f.* 福 Foŭ. ‖ Avoir du —. *Fortunatus esse.* 有造化 Yeŏu tsaó hoá. ‖ Par —. *Feliciter.* 順隧 Choúen sùy. ‖ Obtenir le — éternel. *Vitam æternam assequi —.* 得永福 Tě yùn-foŭ. ‖ En jouir. *Felicitate æterna frui.* 享永福 Hiàng yùn-foŭ.

**BONHOMIE**, s. f. *Bonitas, atis, f.* 好○老實 Haò. Laò chě.

**BONJOUR**, s. m. *Salve.* 恭喜 Kōng-hỳ.

**BONNE**, s. f. *Nutrix, icis, f.* 嬭母 Laỳ-moŭ.

**BONNET**, s. m. *Pileus.* 帽子 Maó tsè. ‖ Un —. *Unus —.* 一頂帽子 Y̌ tǐn maó-tsè. ‖ Veuillez déposer votre — (urb.). *Pileum, quæso, deponas.* 陞冠 Chēn koūan. ‖ — d'hiver. *Pileus hiemalis.* 冬帽 Tōng maó. ‖ — d'été. *Æstivus.* 涼帽 Leâng maó. ‖ — de nuit. *Focale.* 風帽 Fōng maó. ‖ — en feutre d'hiver. *Pileus coactilis —.* 毡帽 Tchán maó. ‖ Opiner du — *Sequi alios.* 風大隨風雨大隨雨 Fōng tá soŭy fōng, Yŭ tá soŭy yŭ. ‖ Deux têtes sous un —. *Animæ duæ, animus unus.* 二人一心○共鼻子出氣 Eùl jèn y̌ sīn. Kóng pỳ tsè tchoŭ kỳ. ‖ Avoir la tête près du —. *Homo stupidus.* 愚人 Yû jèn. ‖ Prendre sous son —. *Ex se dicĕre.* 自已說 Tsě̊ kỳ chŏ. ‖ C'est un gros —. *Præcipuus loci.* 首人○紳士 Cheŏu jèn. Chēn sé. ‖ Avoir son — de travers. *Morosus esse.* 固頭人 Koŭ teŏu jèn. ‖ Porter un —. *Pileum gestāre.* 戴帽子 Taỳ maó tsè. ‖ L'ôter. — *deponĕre.* 揭帽子 Kiě̊ maó tsè.

**BONSOIR**, s. m. *Vale.* 請安心 Tsǐn gān sīn.

**BONTÉ**, s. f. *Bonitas, atis, f.* 良善 Leâng chán. ‖ — de nature. *Naturæ —.* 本性好 Pèn sín haò. ‖ — de l'argent.

*Argenti sinceritas.* 淨銀 Tsín ŷn. ‖ — du vin. *Vini generositas.* 淨酒 Tsín tsieòu. ‖ — d'une cause. *Causæ æquitas.* 公道 Kōng taó. ‖ Avoir une grande —. *Magná bonit. prædit. esse.* 賢德得狠 Hièn tĕ tĕ̀ hèn. ‖ Abuser de la — de quelqu'un. *Alicuj. benevolentiá abuti.* 得一步進一步 Tĕ̀ ў poú tsín ў poú.

BONZE, s. m. *Bonzius, i, m.* 和尚 Hô-cháng. ‖ Devenir ou se faire —. *Fieri bonz.* 出家○削髮上山 Tchoū kiā. Sio fă cháng chān. ‖ Séculariser un —. *Vitæ communi bonz. reddĕre.* 還俗 Hoân sioŭ. ‖ Les bonzes, en présence des mandarins, se donnent par modestie le nom de 囚僧 Tsieóu sèn. ‖ Les Taó-sé prennent celui de 貧道 Pín taó.

BONZESSE, s. f. *Bonzia, æ, f.* 尼姑 Ngŷ koŭ.

BORD, s. m. *Ora, æ, f.* 邊子 Piēn tsè. ‖ — de la mer, d'une rivière. *Ora maris.* 海邊 Haў piēn. ‖ — d'un puits. *Putei ora.* 井簽 Tsín yēn. ‖ — d'une robe. *Extremum tunicæ.* 衣邊 Ў piēn. ‖ Au — d'un chemin. *Secús viam.* 路邊 Loú piēn. ‖ Être sur le — de la tombe. *Jamjam moriturus esse.* 要死得狠 Yaó sè tĕ̀ hèn. ‖ — (navire). *Navis.* 船 Tchoŭ̀an. ‖ — (bâbord). *Sinistrum latus.* 船左邊 Tchoŭ̀an tsó piēn. ‖ — (tribord). *Dextrum latus.* 船右邊 Tchoŭ̀an yeóu piēn. ‖ Être en —. *Esse in navi.* 在船上 Tsaў tchoŭ̀an cháng. ‖ Aller à —. *Navem ascendĕre.* 上船 Cháng tchoŭ̀an. ‖ Virer de —. *Navem circumagĕre.* 掉轉船頭 Tiáo tchàn tchoŭ̀an teoŭ. ‖ Être du même —. *Stare ab iisdem partibus.* 同夥的人 Tōng kў tŷ jēn.

BORDÉE, s. f. *Explosio tormentorum.* 放排鎗 Fáng paў tsiāng. ‖ — d'injures. *Convicia.* 大凌辱 Tá lín joŭ.

BORDER, v. a. *Oras limbo texĕre.* 吊編○貼編 Tiào piēn. Tiĕ̀ piēn. ‖ — la côte. *Ripas stringĕre.* 順河邊行船 Chuén hô piēn hín tchoŭ̀an.

BORDURE, s. f. *Ora, æ, f.* 邊子 Piēn tsè.

BORÉE, s. m. *Boreas.* 北風 Pĕ̀ fōng.

BORGNE, adj. *Monoculus, cocles.* 獨眼 Toŭ-yèn.

BORNE, s. f. *Terminus, i, m.* 界石 Kiáў-chĕ̀. ‖ Planter les —. *Limites pangĕre.* 安界石 Ngān kiáў chĕ̀. ‖ Passer les —. *Modum excedĕre.* 過分 Kó fén. ‖ Se tenir dans les —. *Intrá fines remanēre.* 不過分 Poú kó fén. ‖ N'avoir pas de —. *Esse infinitus.* 無限無量 Oŭ hièn oŭ leáng.

BORNÉ, ÉE, adj. *Angustus.* 窄的 Tsĕ̀ tŷ. ‖ Esprit —. *Angusto ingenio esse.* 明悟淺 Mín oŭ tsièn.

BORNER, v. a. *Terminis definire.* 立石界 Lŷ kiáў chĕ̀. ‖ — ses désirs. *Moderanter optāre.* 不多心 Poú tō sīn. ‖ Se —. *Modum habēre.* 不必大 Poú sīn tá.

BORNOYER, v. a. *Rem oculo ad amussim dirigĕre.* 觀 Koūan.

BOSQUET, s, m. *Nemus, oris,* n. 小樹林 Siào choŭ lín.

BOSSE, s. f. *Gibba, æ, f.* 駝背 Tŏ̀ peŷ. ‖ — (tumeur). *Tumor.* 腫 Tchòng. ‖ — sur les arbres. *Tuber.* 樹包 Choŭ paō. ‖ Ne chercher que plaie et —. *Jurgia amāre.* 愛多事 Gaў tō sé.

BOSSU, E, adj. *Gibbosus.* 駝背子 Tŏ̀ peŷ tsè.

BOSSUER, v. a. *Vasa tuberibus depravāre.* 打鏷 Tà yĕ̀.

BOTANIQUE, s. f. *Botanica, æ, f.* 草藥的性 Tsaò yŏ̀ tŷ sín. ‖ Jardin —. *Hortus botanicus.* 藥草園 Yŏ̀ tsaò yuēn. (Voir à l'Appendice. nº II la manière dont les Chinois divisent la *Botanique*.)

BOTTE, s. f. *Fasciculus, i, m.* 一把 Ў pà. ‖ Lier en —. *In manipulum colligāre.* 綑成把 Koùen tchĕ́n tsà. ‖ Porter une — in aliq. petitionem conjicĕre. 打一下 Tà ў hiá. ‖ Porter une —. *Aliq. provocāre.* 惹人 Jè jēn. ‖ Parer une —. *Petentem vitāre.* 躲打 Tŏ tà. ‖ — (chaussure). *Ocrea, æ, f.* 靴子 Hiuĕ̆ tsè. ‖ — de cuir. *Ex pelle —.* 皮靴 Pŷ hiuĕ̆. ‖ — de soic. *Sericæ —.* 緞靴子 Toán hiuĕ̆ tsè. ‖ Une paire de —. *Unum par —.* 一雙靴子 Ў choāng hiuĕ̆ tsè. ‖ Mettre ses —. *Induĕre —.* 穿靴子 Tchoān hiuĕ̆ tsè. ‖ Oter ses —. *Detrahĕre —.* 脫靴子 Tŏ̀ hiuĕ̆ tsè. ‖ Mettre du foin dans ses —. *Rem suam miré augēre.* 發猛財 Fă mòng tsaў.

BOTTINES, s. f. *Leviores oceræ.* 半節靴子 Pán tsiĕ̀ hiuĕ̆ tsè.

BOUC, s. m. *Hircus, i, m.* 公山羊 Kōng chān yāng.

BOUCANER, v. a. *Carnes, pisces fumo siccāre.* 熉肉 Tsieóu joŭ, ou 燻魚 Hiūn yŭ.

BOUCHE, s. f. *Os, oris.* 嘴○口 Tsoùў. Keoŭ. ‖ Se laver la —. *Os lavāre.* 漱口 Seòu keòu. ‖ Ouverture de la —. *Rictus, ús.* 嘴杈 Tsoùў tchă̂. ‖ N'oser ouvrir la —. *Non audere mutire.* 不敢說 Poŭ kàn chŏ̀, ou 不敢出聲 Poŭ kàn tchoŭ chēn. ‖ Dire tout ce qui vient à la —. *Garrire quidquid in buccam venit.* 隨口說 Soúў keòu chŏ̀. ‖ Avoir toujours à la —. *Semper in ore habēre.* 重說 Tchóng chŏ̀. ‖ Dire de —. *Vivá voce dicĕre.* 當面說 Táng mién chŏ̀. ‖ Dire de sa propre —. *Proprio ore dicĕre.* 親口說 Tsīn keòu chŏ̀. ‖ Là-dessus, — close. *Hoc intrá te sit.* 不要說 Poŭ yaó chŏ̀. ‖ Faire venir l'eau à la —. *Hoc salivam movet.* 兜人想 Teoū jēn siāng. ‖ N'en pas faire la petite —. *Rectè haud dicĕre.* 明明說 Mín mín chŏ̀. ‖ Faire la petite —. *Ad mensum verecundāri.* 不好意思嗅 Poŭ haŏ ŷ sē tchĕ̀. ‖ Être sur sa —. *Duci ventre.* 將飽肚皮 Tsiāng tsieòu toú pŷ. ‖ Avoir la — aigre, amère, âcre, sèche, salée, fétide. 口酸○口苦○口甘○口辛○口鹹○口臭 Keòu soān. Keòu koŭ. Keòu kān. Keòu lă. Keŏu kăn. Keŏu tcheŏu. ‖ — (personnes). Être huit — à table. *Octo capita ad mensam assidēre.* 有八口人喫飯 Yeŏu pă keŏu jên tchĕ fán. ‖ — inutiles. (Ainsi les Chinois désignent-ils les jeunes filles.) *Sic Sinenses suas puellas designant.* 喫閒飯的 Tchĕ hiên fán tỷ. ‖ — (embouchure). *Ostium.* 口 Keŏu. ‖ — d'un canon. *Os tormenti.* 炮眼 Pǎo yèn.

BOUCHÉ, ÉE, adj. *Retusus homo.* 厚道人 Heòu taó jên.

BOUCHÉE, s. f. *Buccella, æ, f.* 一口吞之物 Ў keŏu tēn tchĕ oŭ.

BOUCHER, v. a. *Obturāre.* 塞 Sĕ̀. ‖ — les fentes. *Rimas explēre.* 塞縫 Sĕ̀ fóng. ‖ — une fenêtre. *Fenestram obstruĕre.* 閉一道牕戶 Pý ў taó tsāng tsĕ̀. ‖ — un trou (figuré). *Debitum solvĕre.* 還賬 Hoân tcháng. ‖ — un trou avec du mortier. *Luteo obturāre.* 抓坭巴跴倒 Koŭa ngỷ pá tsoŭy taò. ‖ Se — les oreilles. *Aures claudĕre.* 塞耳躲 Sĕ̀ eúl tŏ.

BOUCHER, s. m. *Lanius, ü, m.* 屠戶 Toú hoú.

BOUCHERIE, s. f. *Laniena, æ, f.* 宰場 Tsaỷ tchăng. ‖ — (carnage). *Clades.* 殺 Chă.

BOUCHON, s. m. *Obturamentum, i, n.* 煖木梓梓 Loăn moŭ tseóu tseóu. ‖ — (mauvaise), auberge. *Diversoriolum.* 鷄毛店 Kỷ maŏ tién.

BOUCHONNER, v. a. *Equum defricāre.* 刮馬 Koŭa mà.

BOUCLE, s. f. *Annulus, i, m.* 圈圈 Kiŭen kiŭen. ‖ — d'oreille. *Inauris, is, f.* 耳環子 Eúl hoân tsĕ̀. ‖ — de cheveux. *Cirrus puerorum.* 髻 Tiáo. ‖ — *mulierum.* 鬢 Pín.

BOUCLER, v. a. *Infibulāre.* 綁 Pàng.

BOUCLIER, s. m. *Scutum, i, n.* 藤牌 Tên paỷ. ‖ — de métal. *Ex cupro —.* 銅牌 Tông paỷ. ‖ — de main. *Manuale —.* 手牌 Cheòu paỷ. ‖ — formé de queues d'hirondelles. *Rotundum —.* 燕尾牌 Yèn oùy paỷ.

BOUDER, v. a. *Mussāre.* 黑臉懂嘴 ○ 篤氣 Hĕ̀ liên tóng tsoùy. Toŭ kỷ.

BOUDIN, s. m. *Caryca, æ, f.* 血貫腸 Hiuĕ chĕ̀ tcháng.

BOUE, s. f. *Lutum, i, n.* 坭 Ngỷ. ‖ Enduire de —. *Luto linīre.* 拂泥 Foŭ ngỷ. ‖ S'enfoncer dans la —. *Limo se mergēre.* 滾泥 Koŭen ngỷ. ‖ Tirer quelqu'un de la —. *Ex humilit. ad lucem vocāre.* 抬舉人 Taỷ kiù jên. ‖ Ame de —. *Stercoreus homo.* 無知識 Oŭ tchĕ chĕ.

BOUÉE, s. f. (t. de mar.) 桴浮 Feòu foú.

BOUFFÉE, s. f. *Unda venti.* 一股風 Ў koù fōng, ou — 一陣風 Ў tchén fōng. ‖ — de fumée. *Unda fumi.* 一口烟子 Ў keŏu yēn tsĕ̀. ‖ En lancer en fumant. 吐一口烟子 Toŭ ў keŏu yēn tsĕ̀. ‖ — de vin. *Odor vini.* 殠酒 Tcheŏu tsieŏu.

BOUFFER, v. a. *Buccas inflāre.* 胎氣 Koù kỷ.

BOUFFON, s. m. *Mimus, i, m.* 戲子 Hỷ tsĕ̀. ‖ Servir de —. *Alic. ludibrio esse.* 耍把戲 Choă pá hỷ.

BOUGEOIR, s. m. *Cerarium, ü, n.* 手照子 Cheòu tchaó tsè.

BOUGER, v. n. *Movēre se.* 展開 Tchèn kaỷ. ‖ Ne — pas. *Ne te moveas.* 不要動 Poŭ yaó tóng.

BOUGIE, s. f. *Cerea candela.* 蠟燭 Lă tchoŭ. ‖ Une —. *Una —.* 一隻蠟燭 Ў tchĕ̀ lă tchoŭ. ‖ Une paire de —. *Unum par —.* 一對蠟燭 Ў toúy lă tchoŭ. ‖ — qui se plie. *Filum ceratum.* 蠟把子 Lằ pà tsè.

BOUILLANT, E, adj. *Fervidus.* 滾熱的 Koŭen jĕ tỷ. ‖ — vif. *Fervidus animus.* 勤快的 Kỉ̆n koŭaỷ tỷ, ou 急性的 Kỷ sín tỷ.

BOUILLIR, v. n. *Ebullīre.* 開 Kaỷ. ‖ L'eau a —. *Aqua ebullüt.* 水開了 Choŭy kaỷ leaò. ‖ Faire — jusqu'à évaporation de moitié. *Usque ad. mediam partem minuĕre.* 羹化一半 Tchoŭ hoá ў pán.

BOUILLOIRE, s. f. *Cucuma, æ, f.* 開水壺 Kaỷ choŭy hoŭ.

BOUILLON, s. m. *Bulla, æ, f.* 水泡 Choŭy paó. ‖ Cuire à gros —. *Diù decoquēre.* 大火羹 Tá hò tchoŭ. ‖ —. *Jusculum.* 湯 Tāng.

BOUILLONNER, v. n. *Ebullīre.* 開 Kaỷ. ‖ La source —. *Fons scatet.* 冒出水來 Maó choŭy tchoŭ laỷ. ‖ — de fureur. *Irā œstuāre.* 大冒火 Tá maó hò.

BOULE, s. f. *Globus, i, m.* 球 Kieŏu. ‖ Jouer à la —. *Globos projicēre.* 打球 Tà kieŏu.

BOULET, s. m. *Globus ferreus.* 鉛彈 ○ 炮子 Yŭen tăn. Paó tsè. ‖ Lancer des —. *Globos projicĕre.* 放炮 Fáng paó. ‖ Tirer sur quelqu'un à — rouges. *Alicu. minime porcēre.* 誹謗人 Feỷ pàng jên.

BOULEVARD, s. m. *Agger, eris, m.* 壘 Loùy, ou 柵欄 Tsĕ̀ lân.

BOULEVERSER, v. a. *Evertĕre.* 毀 Hoùy, ou 亂 Loăn. ‖ — les esprits. *Aliq. de mente deturbāre.* 亂人心 Loŭan jên sīn.

BOULEVUE (À LA). *Temerē.* 冒失 Maó chĕ̀. ‖ Parler à la —. *Perperàm loqui.* 說話冒失 Chŏ hoá maó chĕ̀.

BOUQUER, v. a. *Curvāre.* 彎 Oŭan.

BOUQUET, s. m. *Florum fasciculus.* 一把花 Ў pà hoā. ‖ Flairer un —. *Flores olfacĕre.* 聞花 Oŭen hoā.

BOURBIER, s. m. *Limosa via.* 泥路 Ngỷ loú. ‖ Se mettre dans le —. *Sibi negotia facessĕre.* 自招害 Tsé tchaó haỷ. ‖ En tirer quelqu'un. *E cœno elicĕre aliq.* 脫人之害 Tŏ̀ jên tchĕ haỷ.

BOURDALOU, s. m. *Matula, æ, f.* 夜壺 Yé foŭ.

BOURDON, s. m. *Baculus, i, m.* 一根棍 Ў kēn koŭen.

BOURDONNEMENT, s. m. *Bombus, i, m.* 蒼蠅叫 Tsāng ýn kiáo. ‖ — d'insecte. *Insectorum murmur.* 啾嘟 Tsieōu tsỷ. ‖ — des oreilles. *Auris sonitus.* 耳躲響 Eùl tŏ hiàng.

**BOURG**, s. m. *Pagus*, *i*, *m*. 寨子 ○ 村子 Tchaý tsè. Tsěn tsè.

**BOURGADE**, s. f. *Vicus*, *i*, *m*. 村子 Tsěn tsè.

**BOURGEOIS**, s. m. *Civis*, *i*, *m*. 本方人 Pěn fāng jěn, ou 城裏的人 Tchěn lý tý jěn.

**BOURGEON**, s. m. *Oculus*, *i*, *m*. 花包 Hoā paŏ. ‖ — au visage. *Papula*, *æ*, *f*. 痣 Tchě.

**BOURGEONNER**, v. n. *Gemmāre*. 發花包 Fă hoā paŏ, ou 發芽子 Fă yă tsè.

**BOURRADE**, s. f. *Ictus validus*. 打得重 Tă tě tchóng.

**BOURRASQUE**, s. f. *Nimbus*, *i*, *m*. 旋風 Siûen fōng, ou 一陣暴風 Ÿ tchén paó fōng. ‖ — (vexation). *Vexatio*. 嘮嗖 Lŏ sŏ.

**BOURRE**, s. f. *Tomentum*, *i*, *n*. 絲頭子 Sē teǒu tsè. ‖ — de canon. 砲塞子 Paŏ sě tsè.

**BOURREAU**, s. m. *Tortor*, *oris*, *m*. 劊子手 Kótsè cheǒu.

**BOURRELER**, v. a. *Cruciāre*. 嘮嗖 Lŏ sŏ. ‖ Être — de remords. *Remorsus conscientiæ experiri*. 艮心責倚 Leǎng sīn tsě pý. 愧 Koúy.

**BOURRER**, v. a. *Farcire tomento*. 裝火藥 Tchoūang hò yŏ. ‖ — quelqu'un de coups. *Graviter percutēre*. 打一頓 Tă ý tén. ‖ — d'injures. *Linguā insectāri*. 大凌辱人 Tá lîn joù jěn. ‖ Se — de mets. *Se cibis ingurgitāre*. 喫飽狠 Tchě paŏ hěn.

**BOURRU**, E, adj. *Morōsus*. 固頭的 Koú teǒu tý.

**BOURSE**, s. f. *Crumena*, *æ*, *f*. 荷包 Hŏ paŏ. ‖ Tenir la —. *Res gerēre*. 當家 ○ 管事 Tāng kiā. Koùan sé. ‖ Avoir le diable en sa —. *Loculos vacuos habēre*. 手上無銀 Cheǒu sǎng oǔ ýn. ‖ — d'autel. *Bursa* —. 聖囊包 Chén lǎng paŏ. ‖ — des testicules. *Scrotum*. 腎囊 Chén lǎng, ou 卵包 Loǎn paŏ.

**BOURSOUFLAGE**, s. m. *Tumor*, *oris*, *m*. 文章花杪 Oûen tchāng hoā miáo.

**BOUSCULER**. v. a. *Turbāre*. 亂 Loúan. ‖ — (pousser). *Jactāre huc et illuc*. 拉來拉去 Lǎ laý lǎ kiǔ.

**BOUSE**, s. f. *Stercus bubulum*. 糞 ○ 屎 Fén. Chè.

**BOUSILLER**, v. n. *Opus præfestināre*. 亂做活路 Loúan tsoú loǔ.

**BOUSSOLE**, s. f. *Nautica pyxis*. 羅經 Lŏ kīn, ou 指南表 Tchè lân piáo. ‖ Aiguille de la —. *Acus* —. 針 Tchén. ‖ Il est ma —. *Dux est meus*. 是我的軍師 Ché ngò tý kiūn sē.

On attribue communément l'invention de la boussole à 周公 Tcheōu kōng, oncle et ministre de 正王 Tchén oūang, deuxième Empereur de la troisième dynastie. Cet astronome chinois était de la ville de 登封縣 Těn fōng hién, dans la province du Hŏ-nân, et vivait 1200 ans av. J.-C. Il aurait fait cadeau de la boussole aux envoyés de Cochinchine, venus pour saluer le monarque chinois.

Voici l'explication des caractères qu'on lit sur les boussoles chinoises. Ce sont les caractères du cycle qui sont appliqués aux différents rumbs ou aux trente-deux parties de la boussole.

| | | | |
|---|---|---|---|
| Ainsi le Sud est désigné par | | 午 | Où. |
| l'Est | — | 卯 | Maò. |
| le Nord | — | 子 | Tsè. |
| l'Ouest | — | 酉 | Yeǒu. |
| le Sud-Est | — | 巽 | Siûen. |
| le Nord-Est | — | 庚 | Kēn. |
| le Nord-Ouest | — | 乾 | Kân. |
| le Sud-Ouest | — | 坤 | Koūen. |

Voici le mode dont les Chinois désignent les variantes des rumbs.

| | | |
|---|---|---|
| 1° Sud. | 午 | Où. |
| 2° Sud-1/6 Ouest. | 丁 | Tín. |
| 3° Sud-1/3 Ouest. | 末 | Oúy. |
| 4° Sud-Ouest. | 坤 | Koūen. |
| 5° Sud-2/3 Ouest. | 申 | Chēn. |
| 6° Sud-5/6 Ouest. | 庚 | Kēn. |
| 7° Ouest. | 酉 | Yeǒu. |
| 8° Ouest-1/6 Nord. | 辛 | Sīn. |
| 9° Ouest-1/3 Nord. | 戌 | Où. |
| 10° Ouest-2/3 Nord. | 亥 | Haý. |
| 11° Ouest-5/6 Nord. | 任 | Jén. |
| 12° Nord. | 子 | Tsè. |
| 13° Nord-Ouest. | 乾 | Kān. |
| 14° Nord-1/6 Est. | 癸 | Koúy. |
| 15° Nord-1/3 Est. | 日 | Jě. |
| 16° Nord-Est. | 艮 | Kēn. |
| 17° Nord-2/3 Est. | 英 | Ýn. |
| 18° Nord-5/6 Est. | 甲 | Kiǎ. |
| 19° Est. | 卯 | Maó. |
| 20° Est-1/6 Sud. | 乙 | Ÿ. |
| 21° Est-1/3 Sud. | 辰 | Chén. |
| 22° Sud-Est. | 巽 | Siûen. |
| 23° Est-2/3 Sud. | 巳 | Sé. |
| 24° Est-5/6 Sud. | 丙 | Pīn. |

Ces détails sont tirés de l'ouvrage chinois : 海國問見錄 Haý koueǐ oúen kién loǔ.

**BOUT**, s. m. *Extremum*, *i*, *n*. 尾 Oùy, ou 頭 Teǒu. ‖ — du bec. *Rostri acies*. 嘴尖尖 Tsoùy tsiēn tsiēn. ‖ — du nez. *Nasi acumen*. 鼻尖 Pý tsiēn. ‖ — d'en haut. *Pars superior*. 上頭 Cháng teǒu. ‖ — d'en bas. *Pars inferior*. 下頭 Hiá teǒu. ‖ — de la mamelle. *Papilla*. 奶頭 Laý teǒu. ‖ — rimés. *Extrema rhythmica*. 詩韻 Chē yún. ‖ — du monde. *Ultimæ terræ*. 天邊 Tiēn piēn. ‖ Donner le haut —. *Primas* concedĕre. 請上坐 Tsìn ҫháng tsó. ‖ Être assis au haut —. — tenēre. 坐上席 Tsó cháng sỳ. ‖ D'un — à l'autre. Ab ovo ad mala. 從頭到尾 Tsóng teŏu taó oùy. ‖ Raconter d'un — à l'autre. Rem ordine narrāre. 一便講完 Y̌ pién kiàng ouân. ‖ Savoir sur le — du doigt. Rem percallēre. 熟一宗事 Chŏu y̌ tsōng sé. ‖ — (fin). Exitus, finis. 尾○末 Oùy. Mŏ. ‖ — de l'an. Anni finis. 年尾 Niên oùy, ou 年下 Niên hiá. ‖ Avoir le — d'une affaire. Exitum rei evolvēre. 完事 Ouân sé. ‖ Venir à — de ses desseins. Ad optata pervenire. 得意 Tĕ y̌.‖ Pousser à —. Exagitāre aliq. 惹怒 Jĕ loú.

BOUTADE, s. f. Animi impetus. 怪意 Kouáy ý, ou 高幸 Kāo hín.

BOUTEILLE, s. f. Lagena, æ, f. 瓶子 Pín tsè. ‖ Aimer la —. Vino devotus esse. 好酒 Haó tsièou.

BOUTIQUE, s. f. Apotheca, æ, f. 鋪子 Póu tsè. ‖ Ouvrir la —. Aperire —. 開鋪子 Kāy póu tsè. ‖ Fermer la —. Claudĕre —. 關鋪子 Kouān póu tsè.

BOUTOIR, s. m. (de maréchal). Cultellus, i, m. 鐵鏟子 Tiĕ tchăn tsè.

BOUTON, s. m. Gemma floris. 花包 Hoā paŏ. ‖ — au visage. Papula. 痣 Tché. ‖ — d'habit. Globulus. 鈕子 Nieŏu tsè. ‖ — Unus —. 一顆鈕子 Y̌ kŏ nieŏu tsè. ‖ Espèces de — chinois. Globulorum species —. 平光 Pín kouāng. 花扣 Hoā keŏu. 洋扣 Yâng yuĕn. 通花扣 Tōng hoā keŏu. 實心扣子 Ché sīn keŏu tsè. 蓮蓬扣 Liên pōng keŏu. 五行 Où hîn. 京元 Kīn yuên. ‖ Le — est tombé. Cecidit globulus. 鈕子落了 Nieŏu tsè lŏ leaŏ. ‖ Mettre un — à un habit. Assuĕre —. 定鈕子 Tín nieŏu tsè. ‖ — (insigne chinois). Insignis globulus. 頂子 Tìn tsè. ‖ Obtenir un —. Obtinēre globulum. 得頂子 Tĕ tĭn tsé.

BOUTONNÉ, ÉE, adj. Homo absconditus. 陰心人 Yn sīn jên.

BOUTONNER, v. a. Gemmāre. 發花泡 Fă hoā paŏ. ‖ — un habit. Infibulāre. 扣衣服 Keŏu y̌ foŭ.

BOUTONNIÈRE, s. f. Globuli fissura. 鈕門 Nieŏu mên. ‖ Placer une —. Fissuram figĕre. 定鈕門 Tìn nieŏu mên. ‖ La — est brisée. Fissura lacerata est. 鈕門壞了 Nieŏu mên hoúay leaŏ. ‖ En remettre une. Novam fissuram suĕre. 換鈕門 Houán nieŏu mên.

BOUTURE, s. f. Talea, æ, f. 一枝 Y̌ tchē. ‖ Planter des —. Taleis serĕre. 揷樹枝 Tchă choŭ tchē.

BOUVERIE, s. f. Bubile, is, n. 牛圈 Nieŏu kiuĕn.

BOUVET, s. m. Runcinæ species. 槽鉋 Tsaô paô.

BOXER, v. a. Pugno cædĕre. 打拳 Tă kiuên.

BOYAU, s. m. Intestinum, i, n. 腸子 Tchăng tsè. ‖ Un —. Unum —. 一根 Y̌ kēn. ‖ Le gros —. Magnum. 大腸 Tá tchăng. ‖ Le petit —. Parvum —. 小腸 Siaŏ tchăng. ‖ Avoir encore un — vide. Adhuc esurire. 不當飽 Poŭ táng paô.

BRACELET, s. m. Armilla, æ, f. 手圈 Cheŏu kiuĕn. ‖ Un —. Una —. 一隻手圈 Y̌ tchē cheŏu kiuĕn. ‖ — des hommes. — hominum. 藤子 Tên tsè. ‖ — des femmes. — mulierum. 手鐲 Cheŏu tchŏ.

BRACTÉOLE, s. f. Bracteola, æ. f. 金箔 Kīn pŏ.

BRAILLER, v. a. Clamitāre. 亂叫喊 Louán kiaó hàn.

BRAIRE, v. n. Rudēre. 驢叫 Loû kiaó.

BRAISE, s. f. Pruna, æ, f. 紅炭 Hông tán.

BRANCARD, s. m. Arcera, æ, f. 轎子 Kiaó tsè. ‖ — pour porter les idoles. Tensa. 亭子 Tĭn tsè. ‖ — pour porter les repas. — 抬盒 Tây hŏ.

BRAN, s. m. Securis. 鋸末 ○ 糠頭 Kiú mó. Kāng teŏu.

BRANCHE, s. f. Ramus, i, m. 一枝 Y̌ tchē. ‖ Couper les —. Secāre. 砍極枝 Kăn yā tchē. ‖ Être sur la — Incertá esse sorte. 主意不定 Tchoù ý poŭ tín. ‖ — de généalogie. Rami. 宗枝 Tsōng tchē.

BRANDIR, v. a. Hastam agitāre. 揮○舞 Houēn. Foŭ.

BRANDILLER, v. a. Jactitāre. 搖 Yaó.

BRANDON, s. m. Tæda, fax. 火把 Hŏ pà. ‖ — de discorde. Semen discordiæ. 刁唆的人 Tiaō sō tỳ jên. ‖ Allumer le — de la discorde. Seminare discordiam. 造叛 Tsaó pán.

BRANLE, s. m. Motus, ûs, m. 動 Tóng. ‖ Donner le —. Movēre. 搖動 Yaó tóng.

BRANLER, v. a. Movēre. 搖 Yaó, ou 動 Tóng. ‖ — la tête. — caput. 點頭 Tiĕn teŏu. ‖ Ne point —. Stāre loco. 站 Tohán. ‖ — (hésiter). Titubāre animo. 三心二意 Sān sīn eùl ý. ‖ Les dents —. Dentes labant. 牙齒動了 Yă tchĕ tóng leaŏ.

BRAQUE, s. m. Extraordinarius homo. 怪脾氣 Kouáy pý ky̆. ‖ — d'écrevisse. Chelæ, arum, f. 蝦蟆脚 Hiā mă kiŏ.

BRAQUER, v. a. ‖ — le canon. Librāre torment. 觀的碓 Kouān tý kiŏ.

BRAS, s. m. Brachium, ü, n. 手膀 Cheŏu pàng. ‖ — (du coude à la main). Lacertus. 手肘 Cheŏu tcheŏu. ‖ Partie du bras au-dessus du coude. 肱 Kēn pŏ. ‖ Recevoir à — ouverts. Optimé suscipĕre. 接得親熱 Tsiĕ tĕ tsīn jĕ. ‖ Avoir tout sur les —. Solus sustinēre munus —. 一个人管 Y̌ kó jên kouàn. ‖ Se jeter entre les — de quelqu'un. Ad aliq. confugēre. 簾人 Káo jên. ‖ Être le — droit de quelqu'un. Esse adjutor alicuj. 是人的勝臂 Ché jên tỳ páng peý. ‖ S'accouder sur les —. Brachio inniti. 靠倒 Káo taò. ‖ Croiser les —. Decussāre brachia. 抄手 Tchāo cheŏu. ‖ Croiser les — (au figuré). Otio indulgēre. 不管事 Poŭ koùan sé. ‖ Balancer les —. Agitāre —. 車搖大擺 Tchēy yaó tá paỳ. ‖ Étendre les —. Extendĕre brachia. 伸開膀子 Chēn kăy páng tsè ‖ N'avoir que ses — pour vivre. Cu ars sua census est. 找來噢 Tchaò laỳ tchě. ‖ — de chaise. Sellæ brachium. 椅圈 Ỳ kiẻn. ‖ — de rivière. Fluminis alveus. 河灣 Hò oūan. ‖ — de mer. Fretum. 海灣 Haỳ oūan.

BRASER, v. a. Ferrumināre. 銖銲 Tiế hàn.

BRASIER, s. m. Prunæ, arum, f. 紅炭 Hòng tản.

BRASSÉE, s. f. Brachiorum complexus. 一抱東西 Ỳ paó tōng sỳ.

BRASSER, v. a. Permiscēre. 雜 Tsă. ‖ — avec la main. Manu —. 攪 Tsǎo. ‖ — (tramer). Molīri —. 謀 Mòng.

BRAVE, adj. Strenuus. 大胆的人 Tá tàn tỷ jěn. ‖ — (honnête). Probus. 好人○正人 Haò jěn. Tchén jěn.

BRAVER, v. a. Lacessēre. 惹 Jĕ. ‖ — le péril. Periculis se objicēre. 不怕凶險 Poŭ pả hiōng hièn. ‖ — la mort. Morti se —. 不怕死 Poŭ pả sè.

BRAVOURE, s. f. Fortitudo, inis, f. 剛勇 Kāng yòng. ‖ Trait de —. Forte facinus. 奇事 Kỳ sé.

BREBIS, s. f. Ovis, is, f. 羊子 Yàng-tsè. ‖ Une —. Una —. 一隻羊子 Ỳ tchè yàng tsè. ‖ Qui se fait — le loup le mange. (Prov.) Mansuetudo in miseriam convertitur. 人善被人欺馬善被人騎 Jěn chán pỳ jěn kỳ̉, mà chán pỳ jěn kỳ̉. ‖ Donner la — à garder au loup. Ovem lupo committēre. 牽羊入虎群 Kiēn yàng joŭ foŭ kiǔn.

BRÈCHE, s. f. Ruina muri. 口子○壞處 Keŏu tsè. Houáy tchoŭ. ‖ — aux remparts. Mœnium apertura. 城牆口子 Tchén tsiàng keŏu tsè. ‖ Monter à la —. Aditum tentāre. 從口子進城 Tsŏng keŏn tsè tsín tchén. ‖ — à un couteau. Acies effracta. 刀鉠口 Taō kiǔe keŏu. ‖ — à la réputation. Famæ læsio. 壞人名聲 Houáy jěn mìn chēn.

BRÈCHE-DENT, s. m. Cui dentes deficiunt. 鉠牙齒 Kiǔe yả tchě.

BREDOUILLER, v. n. Confusé loqui. 說不明 Chŏ poŭ mìn.

BREF, VE, adj. Brevis. 短的 Toùan tỷ.

BREF, adv. Ne sim longior. 不說多 Poŭ chŏ tō.

BREF, s. m. (Littera S. Pontificis.) 宗牧詔書 Tsōng moŭ tchaō choŭ.

BRETELLE, s. m. Lorum, i, n. 一根帶子 Ỳ kēn taỳ tsè.

BREVET, s. m. Rescriptum, i, n. 降旨 Kiáng tchě. ‖ Obtenir un —. obtinēre. 奉旨 Fóng tchě.

BRÉVIAIRE, s. m. Breviarium, ii, n. 日課書 Jě kở choŭ. ‖ Le réciter. Recitāre —. 念日課 Nién jě kở.

BRICK, s. m. Navis, is, f. 兩枝桅船 Leàng tchē koŭy tchoŭan.

BRIDE, s. f. Frenum, i, n. 絡頭 Lở teŏu. ‖ Le mors de la —. Frenum —. 馬銜 Mà hán. ‖ A toute —.

Equo citato. 快快○飛跑 Kouáy kouáy. Feỳ paó. ‖ Lâcher la —. Habenas immittēre. 放韁繩 Fáng kiāng choŭen. ‖ Serrer la —. adducēre. 勤韁繩 Lẻ kiāng choŭen. ‖ Aller — en main. Cauté agēre. 小心做 Siào sīn tsoŭ. ‖ Tenir quelqu'un en —. Frenos alic. adhibēre. 管得緊 Koùan tể kìn.

BRIDER, v. a. Frenāre. 上籠頭 Cháng lòng teŏu. ‖ — les passions. Refrenāre libidines. 押伏私慾 Yă foù sē yoŭ.

BRIE, s. f. Incerniculum, i, n. 擀麪筒 Kàn mién tòng.

BRIÈVETÉ, s. f. Brevitas, tatis, f. 短 Toùan. ‖ — des jours. — dierum. 日子短 Jě tsè toùan.

BRIGADE, s. f. Caterva, æ, f. 兵群 Pīn kiǔn.

BRIGADIER, s. m. — dux. 叅將 Tsān tsiāng.

BRIGAND, s. m. Prædo, onis, m. 强盜 Kiảng taó.

BRIGANDAGE, s. m. Grassatio, onis. 打却 Tà kiě. ‖ Vivre de —. Per rapinam vivēre. 打搶過日子 Tà tsiảng kó jě tsè.

BRIGUER, v. a. Ambīre. 打幹做官 Tà kàn tsoú koŭan.

BRILLANT, E, adj. Splendens. 發亮的 Fă leáng tỷ. ‖ Mérite —. Virtute elucēre. 大有功 Yeŏu tá kōng.

BRILLER, v. a. Fulgēre. 發光○出衆 Fă koūang. Tchŏu tchóng. ‖ Les yeux —. Micant oculi. 眼睛亮 Yên tsīn leáng. ‖ —. Splendēre. 出名 Tchŏu mìn. ‖ — par ses bons mots. Salibus eminēre. 說趣話 Chŏ tsiủ hoá.

BRIN, s. m. ‖ — d'herbe. Herbula, æ, f. 禾草 Hò tsaŏ. ‖ Un —. Una —. 一根草 Ỳ kēn tsaŏ.

BRINDILLES, s. f. Cremia, orum, n. 柴 Tchảy.

BRIOCHE, s. f. Libum, i, n. 糕餅 Kaō pỉn.

BRIQUE, s. f. Later, eris, m. 塼 Tchoūan. ‖ Faire des —. — ducēre. 燒塼 Chaō tchoŭan.

BRIQUET, s. m. Pyrites, is, f. 火鐮 Hò lién. ‖ Un —. 一把火鐮 Ỳ pả hò lién. ‖ Battre —. Ex pyrite ignem elicēre. 打火 Tà hŏ.

BRISANT, s. m. Scopulus, i, m. 淺灘 Tsièn tản.

BRISE, s. f. Aura, æ, f. 凉風 Leàng fōng.

BRISÉES, s. f. Indicta repetēre. 指路碑 Tchě loú pēỳ. ‖ Retourner sur ses —. Relicta repetēre. 走原路 Tseòu yŭen loú. ‖ Aller sur les — de quelqu'un. Alic. vestigiis insistēre. 跟着人 Kēn tchŏ jěn.

BRISER, v. a. Effringēre. 打爛 Tà lán. ‖ — une porte. Januam —. 打破一道門 Tà pở ỳ taó měn. ‖ — ses liens. Vincula —. 扭斷鍊子 Nieòu toúan lién tsè. ‖ — bien menu. Comminuēre. 舂碎 Tchōng soúy. ‖ — (fatiguer). Fatigāre. 嘮嗖人 Lō sō jěn. ‖ Brisons là. Satis est. 話毃了 Hoá keŏu leảo. ‖ Tant va la cruche à l'eau qu'enfin elle se —. (Prov.) Toties incolumem ratem una frangit procella. 百年成之不足一

旦壞之有餘 Pě'niēn tchěn tchē poŭ tsiŏu, ў tán houáy tchē yeòu yŭ.

**BROCANTER**, v. n. *Emĕre et revendĕre*. 做買賣 Tsoú maỷ máy.

**BROCARD**, s. m. *Dicterium, ii, n*. 欺笑 Ký siaó. ‖ Lancer des —. *Aliq. mordēre*. 欺笑人 Ký siaó jên.

**BROCART** (étoffe), s. m. *Pannus, i, m*. 錦 Kìn.

**BROCHE**, s. f. *Veru, n*. 鐵釵 Tiě tchǎ. ‖ Une —. *Unum* —. 一把鐵釵 Ў pà tiě tchǎ.

**BROCHE**, s. f. *Veru, n*. 杈子 Tchǎ tsè. ‖ Mettre à la —. 上杈子 Cháng tchǎ tsè.

**BROCHER**, v. a. *Intexĕre*. 編金線 Piēn kīn sién. ‖ — un livre. *Suĕre librum*. 裝書 Tchoūang choū. ‖ — un travail. *Opus deproperāre*. 做得粗 Tsoú tě tsoū.

**BRODEQUIN**, s. m. *Cothurnus, i, m*. 舊鞋 Kieóu haỷ..

**BRODER**. v. a. *Acupingĕre*. 繡花 Sieóu hōa. ‖ — un conte. *Adornāre fabulam*. 添假事 Tiēn kià sé.

**BRONCHER**, v. n. *Pedem offendĕre*. 打乾秤 Tǎ kān pán, ou 幾乎跌倒 Ký hōu tiě tào, ou 踢着脚 Tiě tohǒ kiǒ. ‖ — (manquer en quelque chose). *Peccāre*. 犯罪 Fán tsoúy. ‖ Il n'est si bon cheval qui ne —. *Nullus tam lynceus quin peccet aliquandò*. 人有失錯 馬有漏蹄 Jên yeòu chě tsǒ, mà yeòu leóu tý.

**BRONCHES**, s. f. *Bronchia, orum, n*. 魚鰓 Yù saў.

**BRONCHITE**, s. f. ‖ — aiguë et chronique. *Bronchiorum chronicus morbus*. 氣管新舊炎 Ký koùan sīn kieóu tsáy.

**BRONCHOCÈLE**, s. m. *Bronchocele, es, f*. 鵝喉 ô heòu.

**BRONZE**, s. m. *Æs, eris, n*. 叅銅鉛 ○ 古銅色 Tsǎn tōng yuēn. Koú tōng sě. ‖ Ame de —. *Ferreum pectus*. 硬心人 Gén sīn jên.

**BROSSE**, s. f. *Scopula, æ, f*. 刷子 Choǎ-tsè. ‖ Une —. *Una* —. 一把刷子 Ў pà choǎ tsè.

**BROSSER**, v. n. *Detergĕre scopulā*. 刷 Choǎ.

**BROUETTE**, s. f. *Vehiculum manuale*. 手車 Cheòu tchěy.

**BROUILLARD**, s. m. *Nebula, æ, f*. 霧 Oú. ‖ Être dans les —. *Mente turbāri*. 明悟昏亂 Mīn oú hoūen loúan.

**BROUILLER**, v. a. *Miscēre*. 雜 Tsǎ. ‖ — les cartes. (Au propre.) *Miscēre folia lusoria*. 洗牌 Sỷ pǎy. — (Au figuré.) *Turbāre res*. 亂事 Loúan sé. ‖ — les amis. *Jurgia semināre*. 刁唆朋友 Tiao sō pǒng yeòu. ‖ Se — (devenir sombre). *Nigrescit cælum*. 天墨 Tiēn hě. ‖ Se — avec quelqu'un. *Ab aliq. disjungi*. 與人 不和 Yǔ jên poù hǒ.

**BROUILLON**, s. m. *Adversaria, orum, f*. 革稿子 Tsaò kaò tsè, ou 稿子 Kaò tsè. ‖ — (journal quotidien des marchands). *Liber rationum*. 流水賬薄 Lieóu choùy tcháng poú.

**BROUILLON**, s. m. *Turbator, oris, m*. 亂事的人 Loúan sé tў jên.

**BROUSSAILLES**, s. f. *Virgulta, orum, n*. 樹秧 Choú yāng.

**BROUTER**, v. a. *Gramine pasci*. 喫樹芽 Tchě choú yǎ.

**BROYER**, v. a. *Conterĕre*. 舂爛 Tchōng lán. ‖ — des couleurs. *Colores terĕre*. 磨顔料 Mǒ yên leáo.

**BRU**, s. f. *Nurus, ûs, f*. 媳婦 Sý foú. ‖ — (se marier — à la mode chinoise). 上門 Cháng mên.

**BRUINE**, s. f. *Pruina, æ, f*. 霜 Choūang.

**BRUIRE**, v. a. (de la soie). *Vaporibus sericum imbuĕre*. 練綢子 Lién tchéou tsè. ‖ — (faire du bruit). *Fremĕre*. 打響 Tǎ hiàng.

**BRUIT**, s. m. *Strepitus, ûs, m*. 響 Hiàng. ‖ — d'un objet qui tombe à l'eau. 潭的一聲 Tōng tў ў chēn. ‖ — d'un objet qui se brise. 磅的一聲 Tǎng tў ў chēn. ‖ — d'objets se frappant les uns sur les autres. *Collisio* —. 鑑鏘響 Kien tsiāng kiòng. ‖ — d'une porte. — *januæ stridor*. 闖的一聲 Pòng tў ў chēn. ‖ — (querelle. *Rixa*. — 口嘴 Keòu tsoùy. ‖ Faire bien du — pour peu de chose. *Excitāre fluctus in simpulo*. 爲小事爭論 Oúy siaò sé sēn lên. ‖ —. *Fama, rumor*. 謠言 Yaó yên. ‖ C'est un —. *Est fama*. 人人都說 Jên jên toū chǒ. ‖ Le — court. *Manat fama*. 有人說 Yeòu jên chǒ. ‖ Un — court sur ton compte. *Rumor de te spargitur*. 聽得點風聲 Tīn tě tiēn fōng chēn. ‖ Répandre des —. *Rumores spargĕre*. 造謠言 Tsaó yaǒ-yên. ‖ Selon le — commun. *Juxtà omnes*. 依道 衆人 Ў taó tchōng jên. ‖ — (renommée). *Fama*. 名聲 Mīn chēn. ‖ Avoir bon —. *Habēre famam*. 名聲好 Mĭn chēn haò.

**BRÛLÉ**, E, adj. *Adustus*. 燒焴了 Chaō foŭ leaò. ‖ Sentir le —. *Hoc adustum est*. 焴熄 Foŭ tchéou.

**BRÛLER**, v. a. *Comburĕre*. 燒 Chaō. ‖ — à l'entour. *Amburĕre*. 圍轉燒 Toúan tchoàn chaō. ‖ — par le bout. *Prærerĕre*. 燒一頭 Chaō ў teǒu. ‖ — de l'encens. *Thura incendĕre*. 燒香 Chaō hiāng. ‖ La soif — la bouche. *Sitis ora torret*. 口渴得狠 Keǒu kǒ tě hěn. ‖ — de la cire. *Ceram comburĕre*. 燒蠟 Chaō lǎ. ‖ — (être en feu). *Ardēre* —. 熱 Jě. ‖ — de chaleur. *Æstu ardēre* —. 熱得狠 Jě tě hěn. ‖ — du désir de partir. *Proficiscendi studio ardēre*. 想起身得狠 Siàng ký chēn tě hěn. ‖ — d'amour pour quelqu'un. *Ardēre amore alicujus*. 害想思病 Haý siàng sē pín. ‖ Se —. *Deflagrāre*. 湯○燒 Tāng. Chaō. ‖ — (causer sa perte soi-même). *Sibi nocēre*. 害自已 Haý tsé ký.

**BRUME**, s. f. *Nebula atra*. 黑雲 Hě yùn, ou 黑黃 Hě hoāng.

BRUN, E, adj. *Subniger*. 楼色○烏的 Tsōng sě. Oŭ tỷ. ǁ — foncé. *Feré niger*. 晴色 Gán sě.
BRUNE, s. f. *Sub vespere*. 黃昏時候 Houâng houên chê héou.
BRUNIR, v. a. *Expolire*. 磽亮牙亮 Tchǎ leáng yâ leáng.
BRUSQUE, adj. *Vehemens*. 性急的 Sín kỷ tỷ. ǁ Entrer d'une manière —. *Irrumpĕre cubiculum*. 擁進房 Yòng tsín fâng. ǁ Sortir d'une façon —. *Proripĕre se forâs*. 跑出門 Pǎo tchǒu mên.
BRUSQUER, v. a. *Offendĕre aliquem*. 得罪 Tě tsoúy. ǁ — une affaire. *Rem deproperāre*. 快做事 Kouáy tsoú sé.
BRUT, E, adj. *Asper, rudis*. 粗的 Tsǒu tỷ. ǁ Sucre —. *Saccharum crudum*. 黃糖 Houâng tâng. ǁ Discours —. *Concio impolita*. 淺淡的文章 Tsiěn tán tỷ ouên tchāng. ǁ Manières —. *Mores inconcinni*. 無禮信的人 Oŭ lỷ sín tỷ jên. ǁ — (stupide). *Stolidus* —. 愚人 Yù jên. ǁ Bête —. *Brutum animal*. 禽獸 Kín cheóu.
BRUTAL, E, adj. *Ferus*. 粗鹵的 Tsǒu lǒu tỷ. ǁ Passion —. *Effrenata libido*. 大私慾 Tá sē yoŭ. ǁ Homme —. *Iracundus homo* —. 愛發怒的 Gaỷ fǎ loú tỷ.
BRUTALEMENT, adv. *Ferociter*. 當禽獸 Tāng kĭu cheóu.
BRUTALISER, v. a. *Perperàm tractāre aliquem*. 亂冒犯人 Loán maó hò jên.
BRUYANT, E, adj. *Fragosus*. 響的 Hiāng tỷ. ǁ Le marché est —. *Fori strepitus est magnus*. 塲上鬧熱得狠 Tchǎng cháng laŏ jě tě hèn.
BUBON, s. m. *Bubo*. 魚口 Yù keŏu.
BÛCHE, s. f. *Truncus*. 樹椿 Choú tchouāng. ǁ — (lourdaud). *Stipes* —. 愚人 Yù jên.
BUFFET, s. m. *Armarium, ii, n*. 櫃子 Koúy tsè. ǁ Un —. *Unum* —. 一間櫃子 Ỷ kiēn koúy tsè.
BUFFLE, s. m. *Bubalus, i, m*. 水牛 Choŭy nieŏu.
BUISSON, s. m. *Dumus, i, m*. 荊棘 Kīn kỷ. ǁ Battre les — pour les autres. *Aliŭs leporem exagitāre*. 猫翻甑只替狗幹活 Maǒ fān tsén tchè tỷ keŏu kán tě. ǁ Faire l'école —. *Scholam fraudāre*. 逃學 Tǎo hiŏ.
BULBE, s. m. *Bulbus, i, m*. 草頭 Tsǎo teŏu.
BULLE, s. f. *Bulla, æ, f*. 水泡 Choŭy paó. ǁ — du Pape. *Decretum S. Pontif*. 宗牧制書 Tsōng moŭ tchě choŭ.
BULLETIN, s. m. *Scheda, æ, f*. 飛子 Feỷ-tsè. ǁ — de victoire. *Victoriæ schedula*. 跑紅旗 Pǎo hông kỷ.
BURALISTE, s. m. *Directorio præpositus*. 掌櫃 Tchǎng koúy.

BURE, s. f. *Pannus crassus*. 粗布 Tsoŭ poú.
BUREAU, s. m. *Mensa loculata*. 抽列桌子 Tcheǒu liě tchǒ tsè, ou 代書房 Taỷ choū fâng. ǁ Votre affaire est sur le —. *Instituitur causa tua*. 在察你的呈子 Tsaỷ tohǎ ngỷ tỷ tchēn tsè. ǁ L'air du — est bon. *Voluntas judicum perspicitur*. 官准了紙 Koūan tchoŭen leào tchě.
BURETTE, s. f. *Urceolus, i, m*. 小瓶子 Siaǒ pĭn tsè.
BURIN, s. m. *Cœlum, i, n*. 雕刀 Tiaō taō.
BURINER, v. a. *Cœlāre*. 雕 Tiaō.
BURLESQUE, adj. *Jocularius*. 兜人笑的 Teǒu jēn siáo tỷ.
BUSTE, s. m. *Statua umbilico tenus*. 半身像 Pán chēn siàng.
BUT, s. m. *Meta, æ, f*. 靶子○燥子 Pà tsè. Tò tsè. ǁ Frapper au —. — *attingĕre*. 中燥子 Tchóng tò tsè. ǁ De — en blanc. *Apertè*. 直 Tchè, ou 明明 Mín mín. ǁ Allons au —. *Ad rem ipsam veniamùs*. 不要說彎曲的話 Poŭ yáo chǒ oūan kioŭ tỷ hoá. ǁ — (fin). *Propositum, finis*. 向○主意 Hiáng. Tchoŭ ỷ. ǁ Tendre au même —. *Eodem spectāre*. 一樣的志向 Ỷ yáng tỷ tchě hiáng. ǁ Atteindre son —. *Finem assequi*. 得意 Tě ỷ.
BUTER, v. a. *Metam tangĕre*. 中靶子 Tchóng pà tsè.
BUTER (SE), v. n. *Contumaciter sententiæ adhærēre*. 固執已意 Koú tchě kỷ ỷ.
BUTIN, s. m. *Præda, æ, f*. 擄的東西 Loŭ tỷ tōng sỷ. ǁ Faire grand —. *Prædas magnas agĕre*. 擄得多 Loŭ tě tō. ǁ Partager le —. *Prædam dividĕre*. 分贓 Fēn tsāng.
BUTOR, s. m. *Hebes, etis, m*. 痴人 Tchě jēn.
BUTTE, s. f. *Tumulus, i, m*. 土堆 Toŭ toŭy. ǁ Être en — aux traits. *Telis peti*. 受害 Cheóu haỷ. ǁ Être en — à tous les maux. *Adversà fortunà uti*. 萬禍都在我身上 Oŭan hó toŭ tsaỷ ngǒ chēn cháng.
BUTTER, v. a. (v. g. un mur). *Murum fulcīre*. 撐墻 Tchàng tsiàng. ǁ — un arbre. *Arborem terræ agg. defensāre*. 壅樹子 Ōng choŭ tsè. ǁ — inconsidérément. *Temerè* —. 不小心 Poŭ siào sīn.
BUVABLE, adj. *Potabilis*. 嗑得的 Hò tě tỷ.
BUVEUR, s. m. *Potator, oris, m*. 好酒的 Haǒ tsieŏu tỷ. ǁ — de première force. *Acer* —. 酒罎飯袋 Tsieòu lâng fán taỷ.
BUVOTER, v. n. *Sorbillāre*. 慢慢喫 Mán mán tchě.
BYSSUS, s. m. *Byssus, i, m*. 夏布 Hiá poú.

# C

**ÇÀ**, adv. || Çà et là. *Passìm.* 到處 Taó tchôu. || Courir — et là. *Vagāri* —. 到處走 Taó tchôu tseòu , ou 東走西走 Tōng tseòu sỹ tseòu. || Voler — et là. *Passìm vagāri.* 東飛西飛 Tōng feỳ sỹ feỳ.

**CABALE**, s. f. *Conspiratio, onis*, f. 謀叛〇奸黨 Mòng pǎn. Kiēn táng. || Faire une —. *Conspirāre.* 謀叛 Mòng pǎn.

**CABAN**, s. m. *Pœnula, æ, f.* 雨衣 Yù ỹ.

**CABARET**, s. m. *Diversorium, ü, n.* 站房 Tchán fâng. 酒舖 Tsieòu póu. 茶館 Tchǎ kouān. || — (plateau). *Abacus, i, m.* 茶盤 Tchǎ pǎn.

**CABAS**, s. m. *Fiscina, æ, f.* 篋子 Lân tsè.

**CABESTAN**, s. m. *Ergata, æ, f.* 絞盤 Kiaò pǎn. 攪車 Kiaò tchëỳ. 錨盤 Maó pǎn. || Virer au —. *Ergat. circumagěre.* 推攪車 Toúy kiaò tchëỳ. || Lever l'ancre au —. *Anchor. ergat. tollěre.* 攪起錨 Kiaò kỹ mâo.

**CABINET**, s. m. *Cubiculum, i, n.* 臥房 Ó fâng. || — d'étude. *Museum.* 書房 Choū fâng. || — de Cour. *Consilium imperii privatum.* 內閣 Loúy kǒ.

**CÂBLE**, s. m. *Rudens, tis.* 船纜〇纜繩 Tchoǔan lân. Tchǎn choŭen. || Rouler le —. — *complicāre.* 收纜繩 Cheōu tchǎn choŭen. || Filer le —. — *explicāre.* 放纜繩 Fâng tchǎn choŭen.

**CABOTER**, v. n. *Littus circumlegěre.* 挨河邊行船 Gaỹ hô piēn hín tchoŭan.

**CABRER (SE)**, v. r. *Pectus arrigěre.* 雙腳跳 Choūang kiǒ tiaǒ. || — pour peu. *Paratioris iræ esse.* 容易發怒 Yông ỹ fǎ loú, ou 背牛 Pêỳ nieõu.

**CABRIOLER**, v. n. *Saltāre.* 跳 Tiaǒ.

**CABRIOLET**, s. m. *Volubilis currus.* 兩輪遊車 Leàng lén yeôu tchëỳ.

**CACH**, ou **CASSE** (sapèque). *Sapeca, æ, f.* 銅錢 Tông tsién. || Mille —. *Una ligatura.* — 一條錢 Ỹ tiaǒ tsién.

**CACHER**, v. a. *Abděre.* 隱藏 Ỷn tsâng. || — la vérité. — *veritatem.* 不說眞 Poǔ chǒ tchēn. || — ses sentiments. *Animum tegěre.* 隱藏自已的意思 Ỷn tsâng tsé kỹ tỷ ỹ sē. || On ne peut rien — ici-bas. *Emanant omnia* —. (Prov. chin.) 墻有縫壁有耳 Tsiâng yeòu

fông pỹ yeòu eùl. || Se cacher à la maison. *Domi* —. 不出目 Poǔ tchôu moǔ. 不現面 Poǔ hién mién. 躲身 Tò chēn.

**CACHET**, s. m. *Sigillum, i, n.* 圖章 Tôu tchāng. || Mettre son —. *Obsignāre.* 打圖章 Tǎ tôu tchāng. (Voir le mot Sceau.)

**CACHETER**, v. a. *Obsignāre.* 打圖章 Tǎ tôu tchāng.

**CACHETTE**, s. f. *Latebra, æ, f.* 隱處 Ỷn tchôu. || En —. *Occulté.* 悄悄的 Tsiaǒ tsiaǒ tỷ.

**CACHEXIE**, s. f. *Cachexia, æ, f.* 身虛血毒 Chēn hiū hiuě̆ toǔ.

**CACHOT**, s. m. *Carcer, eris, m.* 監牢 Kiēn laô.

**CACOCHYME**, s. m. *Infirm. valet. uti.* 兜病的人 Teōu pín tỷ jên.

**CACOPHONIE**, s. f. *Discordia vocum.* 聲音不和 Chēn ỹn poǔ hô.

**CADASTRE**, s. m. *Agrorum descriptio.* 田戶 Tiên foú.

**CADAVRE**, s. m. *Cadaver, eris, n.* 屍 Chē. || Exposer le — d'un condamné. *Exponěre* — *rei.* 鞾陳 Sé tchén.

**CADEAU**, s. m. *Munus, eris, n.* 禮物 Lỹ oū. (Voir Présent.)

**CADENAS**, s. m. *Sera catenaria.* 鏁 Sò. || Un —. *Una* —. 一把鏁 Ỹ pà sò. || Mettre le — à la porte. *Januam* — *occluděre.* 鏁門 Sò mên.

**CADENCE**, s. f. *Modus, i, m.* 合韻 Hô yún.

**CADENETTE**, s. f. *Cincinnus, i, m.* 辮子 Pién tsè.

**CADET**, s. m. *Natu minor.* 更小的 Kén siaǒ tỷ. || —. *Natu minimus.* 老幺 Laǒ yaō.

**CADOLE**, s. f. *Pessulus, i, m.* 門闩 Mên choūang.

**CADRAN**, s. m. *Horologii facies.* 磁面 Tsè̆ mién. || — solaire. *Horologium solare.* 日晷 Jě̆ koùy.

**CADRE**, s. m. *Tabulæ margo.* 像架子 Siáng kiá tsè.

**CADUC, QUE**, adj. *Caducus.* 容易壞的 Yông ỹ houáy tỷ. || Santé —. — *corpus.* 兜病的人 Teōu pín tỷ jên. || Maison —. — *domus.* 要倒的房子 Yaó taò tỷ fâng tsè. || Mal —. *Comitialis morbus.* 母猪瘋 Moǔ tchoū fōng, ou 羊角瘋 Yâng kǒ fōng.

**CADUCÉE**, s.m. *Caduceus, qui defertur ante præfectos.* 牌 Pâỳ.

**CADUCITÉ**, s. f. *Caducitas, atis, f.* 力弱狠 Lỷ jŏ hèn. ‖ Maison en —. *Ruinosa domus.* 將倒的房子 Tsiāng taŏ tỷ fâng tsè.

**CAFÉ**, s. m. *Cafœum, i, n.* 夏菲豆子 Ká feỷ teŏu tsè.

**CAGE**, s. f. *Cavea, œ, f.* 籠子 Lông tsè. ‖ — des prisonniers chinois. *Reorum —.* 囚籠 Tsieŏu lông. ‖ Porter un prisonnier en —. *Caveam bajulāre.* 抬籠子 Tảy lông tsè. ‖ — (supplice chinois). *Sinense supplicium.* 站籠 Tchán lông.

**CAGNARD, E**, adj. *Desidiosus.* 懈怠的 Hiáy táy tỷ.

**CAGOT**, s. m. *Fictè pius.* 詐僞的 Tchá oúy tỷ.

**CAHIER**, s. m. *Codex, icis, m.* 一貼紙 Ỷ tiĕ tchè.

**CAHOT**, s. m. *Succussus, ùs, m.* 車跳 Tcheỷ tiáo, ou 障 Tēn.

**CAHUTE**, s. f. *Casula, œ, f.* 草房 Tsǎo fâng.

**CAILLER**, v. a. *Coagulāre.* 成圑○凝 Tchĕn toŭan. Ỷn.

**CAILLETTE**, s. f. *Coagulum, i, n.* 點䱛的 Tièn laỷ tỷ.

**CAILLOT**, s. m. *Sanguinis globus.* 一團血 Ỷ toŭan hiuĕ.

**CAILLOU**, s. m. *Silex, calculus.* 小石頭 Siaŏ chĕ teŏu.

**CAISSE**, s. f. *Capsa, œ, f.* 箱子 Siāng tsè. ‖ Une — Una —. 一口箱子 Ỷ keŏu siāng tsè. ‖ — Tympanum. 鼓 Koŭ. ‖ Battre la —. *Tympanum tundēre.* 擂鼓 Loúy koŭ, ou 打鼓 Tǎ koŭ. ‖ Battre la — (au figuré). *Rem repetēre.* 找○察 Tchaŏ. Tchǎ.

**CAISSIER**, s. m. *Mensarius, ii, m.* 掌櫃 Tchǎng koúy.

**CAJOLER**, v. a. *Blandiri.* 謟媚 Tchǎn méy. ‖ — une fille. *Virgini blanditias dicēre.* 調戲女人 Tiǎo hý niù jèn.

**CAL**, s. m. *Callus, i, m.* 乾胼 Kān piĕn.

**CALAMITÉ**, s. f. *Calamitas, atis, f.* 患難 Houán lân.

**CALCINER**, v. n. *Torrēre.* 炒○煆過 Chǎo. Toúan kó, ou 成灰 Tchên hoúy.

**CALCUL**, s. m. *Computatio, onis, f.* 算 Soúan. ‖ Se tromper dans son —. *Errāre á vero.* 算錯 Soúan tsŏ. ‖ Faire un —. *Supputāre.* 算 Soúan. ‖ — juste. *Exactè supputāre.* 算清楚 Soúan tsĭn tsŏu. ‖ — ses démarches. *Præcavēre.* 小心 Siaŏ sĭn. ‖ — la maladie. *Calculus.* 淋病 Lǐn pín, ou 膀胱石 Pâng hoâng chĕ.

**CALE**, s. f. *Infimum navis.* 船底 Tchoŭan tỷ.

**CALEÇON**, s. m. *Subligāre, is, n.* 小衣 Siǎo ỷ. ‖ Un —. *Unum —.* 一條小衣 Ỷ tiáo siǎo ỷ.

**CALENDES**, s. f. *Calendœ, arum, f.* 每月初一 Mèy yuĕ tsŏu ỷ.

**CALENDRIER**, s. m. *Fasti paganorum.* 黃倒 Hoúang lỷ. ‖ — chrétien. — *christianorum.* 瞻禮單 Tchān lỷ tān. ‖ Faire ce —. *Fastos supputāre.* 推瞻禮單 Toúy tchān lỷ tān.

**CALER**, v. a. *Assulă mensam confirmāre.* 墊穩 Tié ouèn. ‖ —. *Vela trahēre.* 掛蓬 Koúa pŏng. ‖ — (baisser le ton). *Alic. se submittēre.* 順服人 Chouén foŭ jèn.

**CALFATER**, v. a. *Rimas opplēre.* 塞船縫 Sĕ tchŏan fóng ‖ — à la manière européenne. *More europæo.* 打撑 Tǎ tsìn. Les Chinois emploient pour cet usage la raclure de bambou., 竹絲 Tchoŭ sĕ et du 桐油灰 Tông yeŏu hoúy.

**CALIBRE**, s. m. *Modus, i, m.* 樣子○分兩 Yáng tsè. Fén leàng. ‖ — de boulet. *Tormenti diametros.* 砲的大小 Paó tỷ tá siáo. ‖ —. *Convenientia.* 相合 Siāng hŏ. ‖ Ils sont du même —. *Ipsi optimè conveniunt.* 他們相合 Tā mên siāng hŏ.

**CALICE**, s. m. *Calix, icis, m.* 聖爵 Chen tsiŏ. ‖ — des fleurs. *Florum —.* 花心○花瓣 Hoā sīn. Hoā pán.

**CALICOT**, s. m. *Tela xylina.* 白洋布 Pĕ yâng poú.

**CÂLINER**, v. n. *Cessāre.* 空過時候 Kōng kó chĕ heóu. ‖ Se —. *Curāre se mollitèr.* 將就自巳 Tsiāng tsiéou tsé kỷ.

**CALLIGRAPHIE**, s. f. *Calligraphia, œ, f.* 寫字之法 Siè tsé tchĕ fă.

**CALLOSITÉ**, s. f. *Callositas, atis, f.* 乾胼 Kān piĕn.

**CALMANT**, s. m. *Mitigatorium, ii, n.* 止痛的藥 Tchè tòng tỷ yŏ.

**CALMAR**, s. m. *Calami tubus.* 筆筒 Pỷ tông.

**CALME**, s. m. *Malacia, œ, f.* 海平 Haỷ pîn. ‖ — d'esprit. *Animi tranquillitas.* 心平 Sĭn pîn.

**CALMER**, v. a. *Sedāre.* 安慰 Gān ouý, ou 和平 Hŏ pîn. ‖ — les esprits. *Animos —.* 息怒 Sỷ loŭ. ‖ Se —. *Placāri.* 息怒 Sỷ loŭ.

**CALOMNIER**, v. a. *Calumniāri.* 誣頼人 Oū laý jèn, ou 妄証人 Ouáng tchén jèn. ‖ Confondre la —. *Calumniam obtundēre.* 洗寬 Sỷ yuēn.

**CALOTTE**, s. f. *Pileolus, i, m.* 小帽子 Siaŏ maó tsè. ‖ Une —. *Unus —.* 一頂帽子 Ỷ tĭn maó tsè. ‖ Espèces de — chinoises. *Species —.* 頭髮帽 Teŏu fǎ maó. 緞帽子 Toúan maó tsè. 湖綢小帽 Hoŭ tchóng siaŏ maó. 要絞帽子 絮帽 Choá siū maó tsè. Siū maó. ‖ Bouton de la —. *Pileoli globulus.* 帽結子 Maó. kiĕ tsè. ‖ Porter une —. *Deferre pileol.* 帶帽子 Taý maó tsè. ‖ L'ôter. *Auferre —.* 揭帽子 Kiĕ maó tsè.

**CALQUER**, v. a. *Picturam exprimēre.* 蒙○脫樣子 Mông. Tŏ yâng tsè.

**CALUS**, s. m. (des mains). *Callum, i, n.* 手胼 Cheŏu piĕn, ou 鷄眼 kỷ yèn. ‖ — des pieds. *Pedum callum.* 足胼 Tsioŭ piĕn, ou 脚鷄眼 Kiŏ kỷ yèn.

**CALVITIE**, s. f. *Calvities, ei, f.* 禿○無頭髮 Tŏng. Oŭ teŏu fǎ.

**CAMAIL**, s. m. *Humerale, is, n.* 馬掛 Mà koúá, ou 肩衣 Kiēn ỷ.

**CAMARADE**, s. m. *Socius, i, m.* 夥計 Hò ký. ‖ — d'étude. *Condiscípulus.* 窓友 Tchoŭang yeòu.

**CAMARD, E**, adj. *Resimus.* 片鼻子 Pién pý tsè.

**CAMBOUIS**, s. m. *Currŭlis axungia, æ, f.* 陳猪油 Tchén tchoŭ yeoŭ.

**CAMBRER**, v. a. *Cameráre.* 彎 Ouān.

**CAMÉLÉON**, s. m. *Versatĭlis homo.* 易反易覆的人 ý fàn ý foŭ tý jēn.

**CAMELOT**, s. m. *Contextum caprīnum.* — hollandais. 羽緞 Yŭ touán. ‖ — anglais. 羽紗 Yŭ chā.

**CAMP**, s. m. *Castra, orum, n.* 營 ŷn. ‖ Asseoir son —. *ponĕre.* 安營 Gān ŷn. ‖ Lever son —. — *movēre.* 拔營 Pă ŷn.

**CAMPAGNE**, s. f. *Campus, i, m.* 大垻子 Tá pá tsè. ‖ — (les champs). — *rus, uris, n.* 鄉裏 Hiāng lỳ. ‖ Être à la —. *Agĕre ruri.* 鄉裏坐 Hiāng lỳ tsó. ‖ — *Bellum.* 仗 Tchàng. ‖ Faire dix —. *Decem stipendia explēre.* 交了十仗 Kiāo leaò chĕ tchàng. ‖ Entrer en —. *Pugnam incipĕre.* 起頭仗打 Ký teoŭ tà tchàng.

**CAMPHRE**, s. m. *Camphŏra, æ, f.* 樟腦○潮腦 Tchāng laò. Tchaò laò. ‖ — purifié de Bornéo. 冰片 Pīn pién.

**CANAILLE**, s. f. *Plebecŭla, æ, f.* 下流人 Hiá lieòu jēn.

**CANAL**, s. m. *Canālis, is, m.* 水溝 Choŭy keoŭ. ‖ Un —. *Unus* —. 一條水溝 Ý tiáo choŭy keoŭ. ‖ Le grand royal. *Canalis imperialis.* 運河 Yùn hò, ou 運粮 Yùn leāng. Construit par l'Empereur Ché Tsoū 世祖 chef des Tartares occidentaux et fondateur de la dynastie Yuēn 元, qui régnait en 1260. C'est lui qui transporta à Pékin le siège de l'Empire. ‖ — médullaire. — *medullāris.* 骨之髓路 Koŭ tchē souý loŭ. ‖ — thorachique. — *thoracis.* 吸液總管 Hý yé tsōng kouàn. ‖ — le sacrum. — *sacri.* 骶骨 Mĕ koŭ. ‖ — alimentaire. — *Alimentarius* —. 飲食經過之路 ŷn chĕ kīn kó tchē loŭ. ‖ — intestinal. 小腸大腸之路 Siaò tchāng tá tchāng tchē loŭ. ‖ Le duodenum. 小腸頭曲處 Siaò tchāng teoŭ kioŭ tchŭ. ‖ Le rectum. 直腸 Tchĕ tchāng. ‖ Apprendre par le — de quelqu'un. *Ex ore alic. scire.* 我聽見他説 Ngò tīn kién tă chŏ.

**CANAPÉ**, s. m. *Accubĭtum, i, n.* 平床○炕床 Pín tchŏang. Kăng tchŏang. ‖ Coussins des — chinois. 靠枕 Káo tchèn. ‖ Tables des — chinois. 茶桌 Tchà tchŏ.

**CANARD**, s. m. *Anas, atis, f.* 鴨子 Yă-tsè. ‖ — mâle. *Mascŭla.* 鴨靜 Yă-tsīn. ‖ — femelle. *Femĭna.* 鴨母 Yă-moŭ.

**CANCER**, s. m. *Cancer, ri, m.* 毒瘡○乳癰 Toŭ tchoŭang. Joŭ yōng. ‖ — d'estomac. — *stomăchi.* 胃癰疽 Ouý yōng tsioū.

**CANCAN**, s. m. *Falsi rumōres.* 謠言 Yaò yēn. ‖ En faire. — *spargĕre.* 造謠言 Tsaò yaò yēn.

**CANDEUR**, s. f. *Candor, oris, m.* 潔淨 Kiĕ tsín. ‖ — (simplicité). *Ingenuĭtas.* 老實 Laò chĕ.

**CANDI, E**, adj. *Purus.* 清的 Tsīn tý. ‖ Sucre —. *Saccharum candĭdum.* 氷糖 Pīn-tăng.

**CANDIDAT**, s. m. *Candidātus, i, m.* 候補 Heoŭ poŭ. ‖ — aux grades. — *gradĭbus.* 童生 Tōng sēn.

**CANDIDE**, adj. *Candidus.* 厚道人 Heoŭ taò jēn.

**CANGUE**, s. f. *Supplicium sinense.* 枷 Kiā. ‖ Mettre à la —. *Huic suppl. damnāre.* 枷人 Kiā jēn. ‖ Porter la —. *Hoc suppl. subīre.* 帶枷 Taý kiā.

**CANEVAS**, s. m. *Subtēmen, ĭnis, n.* 粗麻 Tsoū mà. ‖ —. *Adumbratio rudis.* 大略畫个樣子 Tá liŏ hoá kó yáng tsè.

**CANICULE**, s. f. *Canicŭlæ dies.* 入伏 Joŭ foŭ. ‖ 中伏 Tchōng foŭ. 末伏 Mŏ foŭ. ‖ Le 20 de ce mois on entre dans la —. 本月二十八伏 Pĕn yuĕ eùl chē joŭ foŭ. ‖ — (constellation). 狗星 Keoŭ sīn.

**CANNE**, s. f. *Canna, æ, f.* 竹竿 Tchoŭ kān, ou 藤條 Tén tiaò.

**CANNELER**, v. a. *Striāre.* 挖綫 Ouă tsién.

**CANNELLE**, s. f. (robinet). *Fistŭla.* 引酒竿 Ŷn tsieòu kān.

**CANON**, s. m. *Tormentum bellicum.* 炮 Paò. ‖ Un —. *Unum* —. 一个炮 Ý kó paò. ‖ Ame du —. — *canālis.* 炮筒子 Paò tōng tsè. ‖ Bouche du —. — *os.* 炮門 Paò mēn. ‖ Lumière du —. — *Flamma receptacŭlum.* 火門 Hò mēn. ‖ Culasse du —. — *Pars postīca.* 火鎗櫊櫊 Hò tsiāng pá ră. ‖ Portée du —. — *Torment. jactus.* 炮打得遠 Paò tà tĕ yuèn. ‖ Charger un —. *Torment. munīre.* 裝火藥 Tchoŭang hò yŏ. ‖ Le décharger. — *explodĕre.* 放炮 Fáng paò. ‖ Le — éclata. *Torm. dissilŭit.* 炮炸了 Paò tchá leaò. ‖ d'une montre *Horologĭi clavis extremĭtas.* 表鑰匙嘴 Piaò yŏ chē tsoùy. ‖ — (décret). *Statuta Ecclesiæ.* 聖會定規 Chén houý tín koúy. ‖ — de la messe. *Canon missæ.* 聖祭奥密經 Chén tsý gaó mỳ kīn.

**CANONNADE**, s. f. *Explosio simultanea torment.* 一齊放炮 Ý tsý fāng paò.

**CANONICAT**, s. m. *Canonĭci munus.* 主教司爺之職 Tchoŭ kiaò sē yě tchē tchĕ.

**CANONIQUE**, adj. *Canonĭcus.* 正經的○按例○正印的 Tchén kīn tý. Gán lý. Tchén ýn tý.

**CANONISER**, v. a. *In albūm sanctōrum referre.* 列入聖品 Liĕ joŭ chén pìn.

**CANONISTE**, s. m. *Juris doctor.* 教聖會禮儀之人 Kiaó chén houý lỳ nỳ tchē jēn. ‖ *Jure callens.* 精通聖律的人 Tsīn-tōng chén lŭ tý jēn.

**CANONNIER**, s. m. *Torment. librator, oris, m.* 炮手 Paò cheoŭ.

**CANOT**, s. m. *Cymba, æ, f.* 艇 Tìn. ‖ Un —. 一隻艇 Ý tchē tìn. ‖ — plat et pointu. 尖底船 Tsiēn tý tchoŭan. ‖ — plat. 平船 Pĭn tchoŭan. ‖ — de plaisance. 花艇 Hoā tĭn. ‖ — de passage d'une rive à l'autre. 渡船 Toŭ tchoŭan. ‖ Suite de — de passage. 駁渡 Pŏ toŭ. ‖ — européen. 三板 Sān pàn.

CANTHUS, s. m. *Hirquus, i, m.* 眼角 Yèn kŏ. ‖ —. *Magnus.* 眼頭 Yèn teŏu. ‖ —. *Parvus.* 眼尾 Yèn oùy. Le grand — ou angle près du nez. 內眦 Loúy tsé. Le petit — ou angle externe. 外眦 Ouáy tsé. Caronculcs lacrymales. 內眦肉 Loúy tsé joŭ. Appareil lacrymal. 生淚之器 Sēn loúy tchē kỷ. Glande lacrymale. 淚核 Loúy kŏ. Points lacrymaux. 內眦上下小孔 Loúy tsé cháng hiá siaò kòng. Conduits lacrymaux. 淚上下管 Loúy cháng hiá kouàn. Sac lacrymal. 淚囊 Loúy láng. Canal nasal. 入鼻淚管 Joŭ pý loúy kouàn. Conjonctive oculaire. 罩睛皮卽眼胞內皮 Tcháo tsīn pý tsiĕ yèn pāo loúy pý. La cornée. 明角罩 Mĭn kŏ tcháo. La sclérotique. 眼白殼 Yèn pĕ kŏ. La choroïde ou membrane vasculaire. 血絡黑油衣 Hiuĕ lŏ hĕ yeōu ȳ. La rétine ou membrane nerveuse. 腦節衣 Laò tsiĕ ỷ. L'iris. 眼簾 Yèn liên. Procès ciliaire. 眼簾揩紋 Yèn liên tché kiāo. Lentille crystalline. 睛珠 Tsīn tchŏu. Capsule crystalline. 睛珠衣 Tsīn tchŏu ȳ. Chambre antérieure. 前房 Tsīen fáng. Chambre postérieure. 後房 Heóu fáng. Humeur aqueuse. 前後房水 Tsīen heóu fáng choùy. Humeur vitrée. 大房水 Tá fáng choùy. Membrane hyaloïde. 大房內筒明衣 Tá fáng loúy pŏ mĭn ȳ.

CANTINE, s. f. *Popina, æ, f.* 兵酒房 Pīn tsieòu fáng.
CANTIQUE, s. m. *Canticum, i, n.* 聖詠 Chén yùn.
CANTON, s. m. *Pagus, i, m.* 一鄉 Ў̌ hiāng, ou 地方 Tý fāng.
CAP, s. m. *Promontorium, ii, n.* 入海山 Joŭ haỳ chān, ou 海角 Haỳ kŏ.
CAPABLE, adj. *Capax.* 能幹○會的 Lên kán. Houý tỷ. ‖ —. *Doctus.* 有才學的人 Yeoù tsáỷ hiŏ tỷ jên. ‖ — (qui peut contenir). *Capax capiendi.* 裝得下 Tchouāng tĕ hiá, ou 放得下 Fáng tĕ hiá. ‖ — de faire. *Peritus faciendi.* 會做 Houý tsóu. ‖ — de tout. *Capax omnium* .. 無所不會 Oŭ sò poŭ houý.
CAPACITÉ, s. f. *Capacitas, atis, f.* 能幹 Lên kán. ‖ —. *Ingenium.* 明悟 Mĭn oú. ‖ Selon ma —. *Pro meo ingenio.* 盡我的明悟 Tsín ngŏ tỷ mĭn oú. ‖ —. *Eruditio.* 才學 Tsáỷ hiŏ.

CAPARAÇON, s. m. *Phaleræ, arum, f.* 馬毯 Mà tăn.
CAPE, s. f. *Cucullus, i, m.* 大風帽 Tá fōng maó. ‖ Rire sous —. *In sinu ridēre.* 陰倒笑 Y̌n taò siaó.
CAPILLAIRE, adj. *Capillaris* (vaisseaux). 小血筋 Siào hiuĕ kín, ou 徵絲血管 Oúy sé hiuĕ kouàn.
CAPITAINE, s. m. *Dux, ucis, m.* 守備 Cheoù pỷ. ‖ — de navire. *Navis præfect.* 游擎 Yeoú hý.
CAPITAL. s. m. *Sors, tis, f.* 本錢 Pèn tsĭen. ‖ Perdre son —. *Sortem amittēre.* 折本 Chĕ pèn. ‖ —. *Rei caput.* 頭一宗的事 Teŏu ỷ tsōng tỷ sé.
CAPITAL, E, adj. *Præcipuus.* 頭一宗的事 Teŏu ỷ tsōng tỷ sé. ‖ Crime —. *Capitale crimen.* 死罪 Sè tsoúy. ‖ Peine —. *Capitalis pœna.* 死刑 Sè hín.
CAPITATION, s. f. *Capitum exactio.* 照人數派粮 Tchaó jên soú paỷ leâng.
CAPITEUX, SE, adj. *Caput tentans.* 打腦膽的酒 Tà laò kŏ tỷ tsieòu.
CAPITALE, s. f. *Urbs provinciæ caput.* 省城 Sèn tchên.
CAPITULATION, s. f. *Pactum, i, n.* 投降的和約 Teŏu kiáng tỷ hô yŏ.
CAPITULER, v. a. *Transigēre.* 投降 Teŏu kiáng.
CAPOT, s. m. (au jeu). *Nullum ferre punctum.* 一塊都打不起 Ў̌ kouày toū poŭ tà kỷ.
CAPRICE, s. m. *Libido, inis, f.* 固執 Koú tchě. ‖ 私意 Sē ý. ‖ Agir par —. *Libidine agēre.* 隨自已的私意 Soúy tsé kỷ tỷ sē yŏu. ‖ Suivre le — des autres. *alior. agēre.* 順別人 Choúen piĕ jên.
CAPRICORNE, s. m. *Caper, ri, m.* 降婁宮 Kiáng leoû kōng.
CAPTER, v. a. *Captāre.* 尋 Siûn. ‖ — la bienveillance de quelqu'un. *Alic. aucupāri favorem.* 買人心○討好 Maỷ jên sīn. Taò haò maý kouàỷ.
CAPTIEUX, SE, adj. *Captiosus.* 愛哄人的 Gaý hòng jên tỷ. ‖ — (arguments). *Fallaces conclusiones.* 假憑據 Kià pĭn kiú.
CAPTIF, VE, adj. *Captivus.* 爲奴的人 Ouý loŭ tỷ jên. ‖ Faire des —. *Bello rapēre.* 擄搶人 Loù tsiāng jên. ‖ Racheter des —. *Redimēre.* 贖擄 Choŭ loù.
CAPTIVER, v. a. *Detinēre.* 留 Lieôu. ‖ — les cœurs. *Animos movēre.* 得人心 Tĕ jên sīn.
CAPTIVITÉ, s. f. *Servitus, utis, f.* 爲奴 Oúy loŭ. ‖ Sortir de —. *Servitio exire.* 脫奴 Tŏ loŭ.
CAPTURE, s. f. *Præda, æ, f.* 搶的東西 Tsiāng tỷ tōng sȳ. ‖ — de marchandises prohibées. *Merces prohibitas capēre.* 拿瞞稅的貨 Lâ mân choúy tỷ hŏ.
CAPUCHON, s. m. *Cucullus, i, m.* 風帽 Fōng maó. ‖ Un —. *Unus —.* 一頂風帽 Ỷ tĭn fōng maó.
CAQUE, s. f. *Cadus, i, m.* 清魚桶 Tsīn yú tŏng.
CAQUET, s. m. *Loquacitas, atis, f.* 話多 Hóa tŏ. ‖

Abattre le —. — *retundĕre.* 封人的口 Fōng jên tỷ keŏu..

CAQUETER, v. n. *Glocire.* 雞叫 Kȳ kiáo. ‖ —. *Garrīre.* 說空話 Chŏ kŏng hoá.

CAR, conj. *Nam, etenim.* 因為 Ȳn oúy.

CARABINE, s. f. *Parvum sclopetum.* 小鎗 Siào tsiäng.

CARACOLER, v. n. *Equum circumagĕre.* 跑馬 Păo mà.

CARACTÈRE, s. m. *Character, littera.* 字 Tsé. ‖ — antique. —. 古字 Koŭ tsé. ‖ — plein. *Plenus —*. 正字 Tchén tsé. ‖ — vide. *Vacuus —*. 虛字 Hiū tsé. ‖ — des Sóng. *Dynastiæ* Sóng. 朱字 Sóng tsé. ‖ — courant. *Cursivæ script.* —. 草字 Tsǎo tsé, ou 正字 Tchén tsé. ‖ Trait d'un —. *Ductus —* 字畫 Tsé hoá. ‖ Clef d'un —. *Clavis seu radix.* 字傍 Tsé păng. ‖ — majuscule. *Majusculus —*. 抬頭字 Táy teŏu tsé. (Dans l'écriture chinoise, il n'y a pas de majuscules; mais on y supplée en laissant un espace de deux ou trois caractères vide, ou bien en écrivant à la ligne et un peu au-dessus des autres caractères.) ‖ Oublier un trait à ce —. *Omittĕre unum ductum.* 落一畫 Lŏ ў hoá. ‖ — bien formé. *Elegans script.* 字寫得好 Tsé siè tě haò. ‖ Écrire un faux —. *Erroneum — scribĕre*. 寫白字 Siè pě tsé. ‖ Être fort en —. *Litterarum expers.* 書理好 Choū lỷ haò. ‖ Ne pas le connaître. *Illitteratus.* 不識字 Poŭ ché tsé. ‖ Graver les —. *Cudĕre —*. 刻字 Kě tsé. ‖ — mobiles d'imprimerie. *Typi mobiles.* 鉛字 Yûen tsé. ‖ Les joindre en composant une planche. *Coadunāre typos.* 逗鉛字 Teŏu yûen tsé.

**CARACTÈRES NUMÉRAUX.** *Numerales characteres.*

L'usage de ces caractères est très-fréquent dans la langue orale chinoise. Non-seulement ils ajoutent à l'élégance, mais encore à la clarté du langage. Il est important de les connaître. Nous les groupons ici par ordre alphabétique, afin qu'on puisse y recourir plus aisément. (*Voir ce que nous disons de ce genre de caractères dans la Grammaire, qui est en tête de ce Dictionnaire.*)

1° 扇 Chān. Caractère numéral des portes, des fenêtres, par ex. 一扇門 Ў chān mên : une porte.

2° 峽 Chè. Car. num. des livres.

3° 首 Cheŏu. Car. num. des poëmes de peu d'étendue, des vers, v. g. Une pièce de vers. 一首詩 ў cheŏu chē.

4° 雙 Choāng. Car. num. des choses paires, v. g. une paire de bas. 一雙襪子 Ў choāng oŭa tsè.

5° 翻 Fān. Car. num. du nombre de fois.

6° 封 Fōng. Car. num. des lettres. Ainsi : Trois lettres. 三封書信 Sān fōng choū sín.

7° 幅 Foŭ Car. num. des parties d'objets étendus en long. Ainsi : Un morceau de toile déroulée. 一幅布 Ў foŭ póu.

8° 行 Hâng. Car. num. des choses disposées en ligne, v. g. Une rangée de maisons : 一行一行的房子 Ў hâng ỷ hâng tỷ fâng tsè.

9° 下 Hiá. Car. num. des coups, des paroles, v. g. Donner un coup. 打一下 Tà ў hiá.

10° 頁 Hiě. Car. num. des pages.

11° 函 Hiên. Car. num. des lettres, des caisses.

12° 穴 Hiuě. Car. num. du site des sépulcres, des fosses.

13° 夥 Hò. Car. num. de la multitude, des associés. Ainsi : Quatre associés. 四个夥計 Sé kŏ hò ký.

14° 畫 Hoǎ. Car. num. des traits ou coups de pinceau en écrivant les caractères chinois, v. g. Ce caractère a douze traits : 這個字有十六畫 Tché kó tsé yeŏu chě loŭ hoǎ.

15° 回 Hoûy. Car. num. des circuits, du nombre de fois, v. g. Dix fois. 十回 Chě hoûy.

16° 員 Yûen. Car. num. des choses précieuses, des monnaies d'argent, des mandarins. Ainsi : 一員官 ў yûen koūan. Un préfet. 一員花錢 Ў yûen hoǎ tsiēn. Une piastre.

17° 竿 Kān. Car. num. des bambous, v. g. Un bambou : 一竿竹子 Ў kān tchoŭ tsè.

18° 根 Kēn. Car. num. des courroies, des cordons, des arbres, v. g. Un arbre. 一根樹子 Ў kēn choŭ tsè.

19° 口 Keŏu. Car. num. des bouchées, des traits de boisson, des membres d'une famille, v. g. 八口人 Pǎ keŏu jên : Huit personnes. Boire d'un trait : 一口吞 Ў keŏu tēn.

20° 架 Kiá. Car. num. des machines, des instruments.

| | | | | |
|---|---|---|---|---|
| 21° 腔 Kiǎng. | Car. num. des brebis tuées. | 38° 輛 Leàng. | Car. num. des chars. |
| 22° 介 Kiaỷ. | Car. num. des hommes familiers, des sujets. | 39° 粒 Lỷ. | Car. num. des grains, v. g. 一粒米 Ỷ lỷ mỷ : Un grain de riz. |
| 23° 間 Kiēn. | Car. num. des chambres, des maisons, v. g. 一間房子 Ỷ kiēn fàng tsè : Une maison. | 40° 連 Lièn. | Car. num. des choses liées entre elles. |
| 24° 件 Kién. | Car. num. des choses ou des affaires, v. g. Une affaire. 一件事 Ỷ kién sé. | 41° 領 Lǐm. | Car. num. des vêtements. |
| | | 42° 稜 Lìm. | Car. num. des parties éminentes dans leur tout, v. g. dans les courges. |
| 25° 局 Kioǔ. | Car. num. des fourneaux, fournaises, et des pions du jeu d'échecs. | 43° 門 Mēn. | Car. num. des canons, v. g. Un fusil : 一門鎗 Ỷ mēn tsiāng. |
| 26° 句 Kiú. | Car. num. des périodes, des paroles. 一句話 Ỷ kiú hoá. Une parole. | 44° 枚 Meỷ. | Car. num. des boules, des choses précieuses. |
| 27° 卷 Kiuén. | Car. num. des tomes ou livres d'un ouvrage, v. g. 一卷 Ỷ kiuén : Un livre. 上卷 Cháng kiuén : Le premier livre. 下卷 Hiá kiuén : Le dernier livre. | 45° 面 Mién. | Car. num. des drapeaux, des miroirs. |
| | | 46° 畝 Mòng. | Car. num. des champs. |
| | | 47° 碗 Oùan. | Car. num. des tasses, des coupes à boire. |
| 28° 科 Kō. | Car. num. des examens publics, des plantes, v. g. Un examen de lettré : 一科考 Ỷ kō kaò. | 48° 文 Oûen. | Car. num. des monnaies, des sapèques. 一文錢 Ỷ oûen tsièn : Une sapèque. |
| 29° 個 Kó. | Car. num. des choses ou des gens communs, ordinaires, v. g. 一個人 Ỷ kó jèn : Un homme. | 49° 尾 Ꝋuỷ. | Car. num. des poissons. |
| | | 50° 位 Oúy. | Car. num. des hommes qu'on honore. Ainsi, on ne dira pas : Un maître : 一个先生 Ỷ kó siēn sēn, mais 一位先生 Ỷ oúy siēn sēn. |
| 30° 顆 Kǒ. | Car. num. des grains, des fruits, des petits objets de forme ronde, v. g. Un grain de blé : 一顆麥子 Ỷ kǒ mě tsè. | | |
| 31° 角 Kǒ. | Car. num. des parties des choses matérielles. | 51° 味 Oúy. | Car. num. des espèces de mets, de remèdes, v. g. Une espèce de remèdes : 一味藥 Ỷ oúy yǒ. |
| 32° 股 Koǔ. | Car. num. des petites cordes, des parties principales d'un tout, des coups de vents, v. g. Un coup de vent : 一股風 Ỷ koǔ fōng. | 52° 把 Pà. | Car. num. des verges, des manches, des parapluies, des éventails, des hoyaux, etc., v. g. Un parapluie : 一把傘 Ỷ pà sán. |
| 33° 管 Koùan. | Car. num. des pinceaux, des roseaux, des fleurs. | 53° 版 Pàn. | Car. num. des planches, des lames de fer, d'airain, etc. |
| 34° 款 Koǔan. | Car. num. des choses de différentes espèces, comme des articles d'une convention. | 54° 盤 Pǎn. | Car. num. des bassins, des assiettes, des pions du jeu d'échecs. |
| 35° 貫 Koúan. | Car. num. de 800 sapèques enfilées. | 55° 辦 Pán. | Car. num. des portions ou quartiers de courges, et autres objets coupés en long. |
| 36° 塊 Koǔay. | Car. num. des morceaux, des fragments. 一塊銀子 Ỷ koǔay ȳn tsè : Un lingot d'argent. | | |
| | | 56° 排 Paỷ. | Car. num. des choses réunies en faisceaux. |
| 37° 兩 Leàng. | Car. num. des onces chinoises ou taëls et des chars. Ainsi : 三兩 Sān leàng. Trois onces ou trois taëls. | 57° 本 Pèn. | Car. num. des livres et des volumes d'un ouvrage, v. g. Un volume : 一本書 Ỷ pèn choū. |

| | | | | | |
|---|---|---|---|---|---|
| 58° | 匹 Pỷ. | Car. num. des chevaux et des toiles, v. g. 一匹馬 Ў pỷ mà. | 73° | 陣 Tchén. | Car. num. des bataillons, des chocs, de la pluie, du vent, des inondations, de la colère. |
| | 疋 Pỷ. | Idem, v. g. Une toile. — 疋布 Ў pỷ poú. | 74° | 乘 Tchén. | Car. num. des quadriges. |
| 59° | 篇 Piên. | Car. num. d'un feuillet de livre, des chapitres d'un livre. | 75° | 串 Tchŏan. | Car. num. des objets enfilés, comme les grains d'un collier, v. g. Un rosaire : 一串珠子 Ў tchŏan tchoù tsè. |
| 60° | 扁 Piên. | Car. num. des changements, du nombre de fois, v. g. une fois le Pater. — 一扁在天 Ў piên tsaý Tiĕn. | 76° | 轉 Tchoàn. | Car. num. du nombre de fois, des révolutions et vicissitudes. |
| 61° | 片 Piên. | Car. num. des feuillets de livre, des petits fragments. | 77° | 衆 Tchóng. | Car. num. des bonzes. |
| 62° | 部 Poú. | Car. num. des flottes, des volumes d'un ouvrage qui en contient plusieurs. | 78° | 重 Tchòng. | Car. num. des cieux, des portes. |
| | | | 79° | 床 Tchŏang. | Car. num. des couvertures de lit. |
| 63° | 旬 Siûn. | Car. num. des décades. | 80° | 束 Tchoŭ. | Car. num. des faisceaux. |
| 64° | 刀 Taŏ. | Car. num. des mains de cent feuilles de papier. Ainsi, on dit : — 刀紙 Ў taŏ tchè. Une main de papier. | 81° | 炷 Tchoú. | Car. num. des verges odoriférantes. |
| | | | 82° | 軸 Tchoŭ. | Car. num. des peintures. |
| 65° | 套 Taó. | Car. num. de cent feuilles. | 83° | 頓 Tèn. | Car. num. des repas, v. g. Un repas. — 一頓飯 Ў tèn fán. |
| 66° | 臺 Tây. | Car. num. des actes de comédies et tout ce qui se fait sur une table, v. g. Une messe : 一臺彌撒 Ў tây mў să. | 84° | 頭 Teŏu. | Car. num. des bœufs, de la fin des affaires, de bon nombre de substantifs. |
| 67° | 札 Tchă. | Car. num. des rameaux, des écailles, etc. | 85° | 排 Tiaŏ. | Car. num. des fardeaux divisés en deux parties. |
| 68° | 張 Tchăng. | Car. num. du papier, des feuilles, des choses étendues, des tables, etc., v. g. 一張紙 Ў tchăng tchè : Une feuille de papier. — 一張卓子 Ў tchăng tchŏ tsè : Une table. | 86° | 條 Tiaŏ. | Car. num. des choses longues et pendantes, v. g. cordes, routes, les lois, etc. V. g. 一條路 Ў tiaŏ loú. |
| | | | 87° | 吊 Tiaŏ. / 弔 Tiaŏ. | Car. num. des monnaies enfilées. Idem. |
| | | | 88° | 帖 Tiĕ. | Car. num. des cartes de visite, des libellés de suppliques, des cahiers de papier, v. g. 一帖紙 Ў tiĕ tchè : Un cahier. |
| 69° | 塲 Tchăng. | Car. num. des moissons, des grains étendus sur le champ, des vents, de la pluie. | 89° | 牒 Tiĕ. | Car. num. des faisceaux de papier, des écritures, des lettres. |
| 70° | 隻 Tchĕ. | Car. num. des bateaux, des chiens, des poules, des choses seules qui naturellement doivent être doubles, v. g. 一隻鞋子 Ў tchĕ haý tsè : Un soulier. | 90° | 點 Tièn. | Car. num. des points, des petites choses. |
| | | | 91° | 頂 Tìn. | Car. num. des bonnets, des calottes, des palanquins, v. g. Un bonnet. — 一頂帽子 Ў tìn maŏ tsè. |
| 71° | 枝 Tchĕ. | Car. num. des chandelles, des pinceaux, des rameaux, v. g. 一枝筆 Ў tchĕ pỷ : Un pinceau. | 92° | 紽 Tò. | Car. num. des fils de soie. |
| | | | 93° | 駝 Tò. | Car. num. des fardeaux enveloppés et placés sur les mulets. |
| 72° | 城 Tchĕn. | Car. num. des champs, des airs de musique. | 94° | 朶 Tò. | Car. num. des fleurs, v. g. Une fleur : — 一朶花 Ў tò hoā. |

| | | |
|---|---|---|
| 95° | 端 Toŭan. | Car. num. des articles d'un livre, des affaires, v. g. Un article de foi : 一端道理 Ў toŭan taó lỳ. |
| 96° | 叚 Toŭan. | Car. num. des paragraphes, des périodes, des affaires. |
| 97° | 圓 Toŭan. | Car. num. des choses rondes. |
| 98° | 對 Toúy. | Car. num. des choses paires. Ainsi : Une paire de chandeliers. — 對臘台 Ў toúy lă tăy. |
| 99° | 遭 Tsaō. | Car. num. du nombre de fois, des rencontres. |
| 100° | 餐 Tsăn. 湌 Tsăn. | Car. num. des repas. Idem. |
| 101° | 盞 Tsăn. | Car. num. des lanternes, des petits verres. |
| 102° | 次 Tsé. | Car. num. du nombre de fois. |
| 103° | 牸 Tsé. | Car. num. des quadrupèdes. |
| 104° | 層 Tsĕn. | Car. num. des étages de maison, des parties de choses superposées, v. g. les bancs de pierre. |
| 105° | 節 Tsiĕ. | Car. num. des articles d'un livre, des jointures. |
| 106° | 截 Tsiĕ. | Car. num. des parties détachées d'un objet long, v. g. d'un bambou, d'une toile, etc. |
| 107° | 座 Tsó. | Car. num. des tours, des édifices, des villes, des ponts, v. g. Un pont : 一座橋 Ў tsó kiăo. |

**CARACTÈRE**, s. m. *Indoles*, *natura*, *ingenuum*. 本性 牌氣 Pĕn sín. Pỳ ký. ‖ — audacieux. *Audax*. 大胆 Tá tàn. ‖ — timide. *Tímidus* —. 小胆 Siào tàn. ‖ — ferme. *Firmus* —. 恒容 Hên yŏng. ‖ — faible. *Debilis* —. 軟弱 Joŭan jŏ. ‖ — rusé. *Callidus* —. 奸詐 Kiĕn tohá. ‖ — simple. *Simplex* —. 老實 Laŏ chĕ. ‖ — austère. *Austerus* —. 固頭 Koú teŏu. ‖ — doux. *Mansuetus* —. 純良 Choŭen leăng. ‖ — sournois. *Tectus* —. 陰心 Ỳn eĭn. ‖ — grave. *Gravis* —. 誠重 Tchĕn tohŏng. ‖ — léger. *Levis* —. 輕狂 Kĭn koŭang. ‖ — appliqué. *Studiosus* —. 專心 Tchoŭan sĭn. ‖ — négligent. *Negligens* —. 懈怠 Hiaý taý. ‖ Changer de —. *Emendāre indolem*. 改本性 Kaỳ pĕn sĭn. ‖ Montrer du —. *Firmitatem præbēre*. 顯自巳的恒心 Hiĕn tsé ký tỳ hên sĭn. ‖ — des sacrements. *Character*. 號神 Chĕn haó. ‖ Ce — est indélébile. *Indelebilis est iste* —. 不滅的神號 Poŭ miĕ tỳ chĕn haó. ‖ Imprimer dans l'âme ce — indélébile. *Imprimĕre hunc — indelebilem*. 印刻不滅的神號 Ỳn kŏ poŭ miĕ tỳ chĕn haó. ‖ — (dignité). *Partes*, *persona*. 職 Tchĕ. ‖ Soutenir son —. *Dignitatem servāre*. 惜品 Sỳ pĭn. ‖ L'avilir. *Non servāre dignitatem*. 不惜品 Poŭ sỳ pĭn.

**CARACTÉRISER**, v. a. *Vitam depingĕre*. 講得明白人的性 Kiăng tŏ mĭn pŏ jĕn tỳ sín.

**CARAFE**, s. f. *Lagena*, *æ, f*. 瓶子 Pĭn tsŏ.

**CARAPACE**, s. f. *Squama, æ*. 團魚殼 Toŭan yû kŏ, ou 介 Kiáy.

**CARAT**, s. m. *Nativa auri coctio*. 成色 Tchĕn sĕ.

**CARAVANE**, s. m. *Manus mercat*. — 帮客 Ỳ păng kĕ.

**CARCAN**, s. m. *Collaria, æ, f*. 枷 Kiā. ‖ Un —. *Una* —. 一面枷 Ў miĕn kiā. ‖ Attacher au —. *Collar. collo alicuj. alligāre*. 枷 Kiā.

**CARCASSE**, s. f. *Ossea forma*. 皮囊 Pý lăng. 戶骸 Hoŭ koŭ. . 𩩲骨 Koŭ koŭ. ‖ — d'un vaisseau. 船筐 Tchoŭan koŭăng.

**CARDE**, s. f. *Ferreus pecten*. 弓 Kōng.

**CARDE-DE-BETTE**, s. f. *Tener caulis*. 牛皮菜莖 Nieôu pỳ tsăy hĕn.

**CARDER**, v. a. *Carmināre*. 彈 Tăn, ou 刷 Choă. ‖ — le coton. *Gossypium*. 彈棉花 Tăn miĕn hoă.

**CARDINAL**, s. m. *Cardinalis*, *is*, *m*. 宗牧宰相 Tsōng moŭ tsaỳ siăng.

**CARDINAL, E**, adj. *Præcipuus*. 頭一宗的 Teóu ỳ tsōng tỳ. ‖ Les cinq vertus — chinoises. 五常 Où chăng. Savoir : 仁 Jĕn, 義 Ngỳ, 禮 Lỳ, 智 Tché, 信 Sín. ‖ Les vertus — chrétiennes. 四樞德 Sé tchoŭ tŏ : 義 Ngỳ, 勇 Yŏng, 智 Tché, 節 Tsiĕ.

**CARÊME**, s. m. *Quadragesima, æ, f*. 四十八天大齋 Sé chĕ pă tiĕn tá tchāy. ‖ Garder le —. *Servāre* —. 守四十八天大齋 Cheòu sé chĕ pă tiĕn tá tchāy. ‖ Arriver comme marée en — comme il convient. *Tempore apto advenīre*. 來得合式 Laý tŏ hŏ ché.

**CARÈNE**, s. f. *Carina, æ, f*. 船底 Tchoŭan tỳ.

**CARESSE**, s. f. *Blanditiæ, arum, f*. 諂媚的 Tchăn meý tỳ. ‖ — d'une mère. — *matris*. 擺孩子 Paỳ hiaý tsè. ‖ Faire des —. *Blandīri*. 諂媚 Tchăn-meý.

**CARESSER**, v. a. (un chat). *Sublandīri*. 摩猫 Mà miăo.

**CARGAISON**, s. f. *Navis onus*. 船貨 Tchoŭan hó.

**CARICATURE**, s. f. *Lusoria imago*. 玩耍的像 Oŭan choă tỳ siăng.

**CARIER (SE)**, v. n. *Cariem trahĕre*. 爛了 Lăn leăo.

**CARILLON**, s. m. *Tumultus, ús, m*. 吵閙 Tchaŏ leăo. ‖ — des cloches. *Campanarum sonitus*. 鐘音相合 Tchōng ỳn siăng hŏ. ‖ Son du —. *Sonus* —. 丁瑭聲 Tĭn táng chĕn.

**CARMIN**, s. m. *Minium*, *i*, *n*. 紅黃○大紅色 Hông houăng. Tá hông sĕ, ou 金魚紅 Kĭn yû hông.

# CAR        CAR      71

**CARNAGE**, s. m. *Cœdes, is, f.* 殺人 Chǎ jên. ‖ Faire un grand —. 殺得多 Chǎ tě tō.

**CARNATION**, s. f. *Carnis color.* 赤色 Tchě sě.

**CARNAVAL**, s. m. *Hilaria sinensia.* Après la nouvelle lune. 元宵 Yuên siaō. ‖ A la 5ᵉ lune. 端陽 Touān yâng.

**CARNET**, s. m. *Adversaria, orum, n.* 摺子 Tsě tsè.

**CARONCULE**. s. f. *Caruncula lacrymalis.* 眼頭肉 Yèn teǒu joǔ.

**CARPE**, s. m. (t. de méd.) *Carpus, os.* 腕骨 Oùan koǔ.

**CARQUOIS**, s. m. *Pharetra, æ, f.* 箭包 Tsiên paō.

**CARRÉ**, s. m. *Quadratum, i, n.* 四方的 ○ 方正 Sé fāng tý. Fāng tchén. ‖ — en losange. 長方的 Tchāng fāng tý. ‖ Faire un —. — *describere.* 畫方 Hoá fāng. ‖ Scier en —. *Quadrato modo secāre.* 砍方 Kǎn fāng. ‖ — de jardin. *Pulvinus, i. Area.* 一方圜子 Y fāng yuēn tsè. ‖ — de troupes. *Agmen. quadrat.* 四方陣勢 Sé fāng tchén ché. ‖ — de cuivre que l'on place ici sur le papier en écrivant. 字圖 Tsé kiǔen.

**CARREAU**, s. m. *Later, eris, m.* 瓶 Tchoūan. ‖ Jeter sur le —. *Cœde aliq. sternere.* 打傷人 Tǎ chāng jên. ‖ — de verre. *Vitreum quadrat.* 一塊玻璃 Y koǔay pō lý. ‖ — (coussin). *Pulvinus.* 枕頭 Tchěn teǒu.

**CARREFOUR**, s. m. *Compitum, i, n.* 三权路 Sān tchǎ loú, ou 十字街 Chě tsé kǎy.

**CARRELER**, s. f. v. a. *Laterib. sternēre.* 墁石板 Mán chě pàn. ‖ —. des souliers. *Fulmenta calceis subjicēre.* 換鞋底 Houán hǎy tý.

**CARRER**, v. a. *Quadrāre.* 做方 Tsoú fāng. ‖ Se carrer. *Ansatus ambulāre.* 大搖大擺 Tá yaō tá paỳ.

**CARRIÈRE**, s. f. *Lapicidīna, æ, f.* 石廠 Chě tchǎng. ‖ Exploiter une —. *Lapides eruēre.* 開石頭 Kǎy chě teǒu. ‖ —. *Curriculum, stadium.* 校塲 Kiáo tchǎng. ‖ Entrer dans la —. — *ingredi.* 入塲 Joǔ tchǎng. ‖ Se donner —. *Vitam oblectāre.* 過快樂日子 Kó koǔay lǒ jě tsè. ‖ — (vie). *Curriculum.* 平生 Pîn sên. ‖ Sûr la fin de ma —. *Ætate feré decursā.* 年紀老了 Niên ký laò leaò. ‖ —. *Genus vitæ.* 手藝 Cheoǔ ý.

**CARROSSE**, s. m. *Currus, ús, m.* 車 Tchěy. ‖ Un —. *Unus —. Cœde aliq.* 一架車 Y kiá tchěy. ‖ Aller en —. *Currum sedēre.* 坐車 Tsó tchěy.

**CARTE**, s. f. *Charta, æ, f.* 紙殼 Tchě kǒ. ‖ — de visite. *Visitationis schedula.* 帖子 ○ 片子 Tiě tsè. Piěn tsè ‖ En porter une. *Per schedulam visitāre.* 送帖 Sóng tiě. ‖ Pérdre la —. *Mente turbāri.* 心亂 Sīn louán. ‖ Donner — blanche. *Alicui totum negotium permittēre.* 許他隨便做 Hiù tǎ soǔy pién tsoú. ‖ — (mémoire de la dépense). *Sumptus ratio.* 用費的單子 Yóng feý tý tān tsè. ‖ Jeu de —. *Foliorum lusoriorum scapus*

牌 Pǎy. Inventé par l'Empereur 宣和 Siuēn Hǒ, l'an 1102. ‖ Battre, brouiller les —. *Folia miscēre.* 洗牌 Sý pǎy. ‖ Jouer aux —. *Foliis ludēre.* 打牌 Tǎ pǎy. ‖ Couper les — avant la partie. *Separāre folia.* 端牌 Touān pǎy. ‖ Appeler une —. *Invitāre* —. 叫牌 Kiaó pǎy. ‖ Celui qui prend le plus de —. 當庄 Tāng tchouāng. ‖ Prendre une — de l'autre avec deux des siennes. 逢 Fông. ‖ Prendre une — de l'autre avec trois des siennes. 開招 Kǎy tchaō. ‖ Prendre une levée en général. 喫一塊 Tchě ý koǔay. ‖ Celui qui gagne au jeu de —. Victor. 扶了 Foǔ leaò.

Noms des différentes espèces de cartes chinoises à jouer.

千萬紙牌 Tsiēn ouán tchè pǎy.
九個萬牌 Kieòu kó ouán pǎy.
九個餅牌 Kieòu kó pǐn pǎy.
九個素牌 Kieòu kó soǔ pǎy.
十手牌 Chě foǔ pǎy.
點子牌 Tiēn tsè pǎy.

**CARTE DE GÉOGRAPHIE**, *Carta geograph.* 地理圖 Tý lý toǔ. ‖ — universelle. *Mappa* —. 萬國地理圖 Ouán kouě tý lý toǔ.

La carte de l'Empire chinois a été levée par les PP. de la Compagnie de Jésus, sous l'Empereur Kāng Hý. Le travail commença le 4 juillet 1708, c'est-à-dire le 16 de la 4ᵉ lune de l'an 47 du règne de l'Empereur. Les PP. Bouvet, Régis, Jartoux, levèrent d'abord le plan de la grande muraille.

Ils revinrent à Pékin le 10 janvier 1709, avec un travail qui plut à l'Empereur. Le 8 mai 1709, les PP. Régis, Jartoux et Fridelli partirent de Pékin pour lever la carte de la Tartarie orientale. Ces mêmes PP. commencèrent celle du Tche ly, le 10 décembre 1709, et la finirent le 29 juin de l'année suivante. Le 22 juillet 1770, ces mêmes missionnaires furent envoyés lever la carte de la Mongolie. Elle fut achevée le 14 décembre. En 1711, les PP. Régis et Cardoso furent chargés de lever la province de Chān-Tōng. Les PP. Jartoux, Fridelli, Bonjour, ce dernier religieux augustin, allèrent à Hami et mesurèrent les terres des Tartares nommés Kalka Ta Se. Les PP. Cardoso et de Tartre levèrent celle du Chān Sý et du Chēn Sý. Les PP. de Mailla, Henderer, Régis, celles du Hô-Nân, Kiāng-Nân, Tchè Kiāng, Foǔ Kién. Les PP. de Tartre et Cardoso, celle du Kiāng-Sý, Kouāng Tōng et Kouāng Sý. Le Su-Tchuen, le Yūn-Nân, virent dans le même but les PP. Fridelli et Bonjour. Ce dernier étant mort le 25 décembre 1714, sur les frontières d'**Ava** et **Pegou**, le P. Régis vint le remplacer. Ils levèrent, en outre, le **Koúy-Tcheōu** et le **Hoù-Kouàng**. Toutes ces cartes furent réunies en une seule, sous la direction du P. Jartoux, et l'ouvrage fut présenté à l'Empereur, en 1718. Ce grand prince s'en montra très-satisfait. Aucun travail de ce genre n'a été fait depuis cette époque.

**CARTILAGE**, s. m. *Cartilago, inis, f.* 嫩骨 Lén koŭ, ou 脆骨 Tsoúy koŭ. || — du nez. *Nasi* —. 鼻桂 Pý tchoú.

**CARTON**, s. m. *Charta spissior.* 厚紙殼 Heóu tchè kŏ̆. || Faire du —. *Chartam coadunāre.* 打厚紙殼 Tà heóu tchè kŏ̆.

**CARTONNER**, v. a. *Chartā involvĕre.* 書釘 Tín choŭ. || — des images à la mode chinoise. *More sinico* —. 裱像 Piaŏ siáng.

**CARTOUCHE**, s. f. *Massa pulveris.* 火藥拍子 Hŏ yŏ pĕ tsè, ou 一包火藥 Y̆ paō hŏ yŏ.

**CAS**, s. m. *Casus, ùs, m.* 韻 Yún. || —. *Eventus, casus.* 偶然的事 Geòu jàn tỳ sé. || Posons le —. *Fac ita esse.* 比 Py̆. || Il y a des —. *Contigit* —. 有 Yeŏu. || En — que. *Si* —. 若是 Jŏ ché. || En ce —. *Si res ita.* 若是這樣 Jŏ ché tchè yáng. || En tout —. *Utcumque.* 不論那樣 Poŭ lén là yáng. || En tout — (au moins). *Saltem.* 至少 Tché chaŏ. || — (crime). *Delictum.* 罪 Tsoúy. || — pendable. *Capitale facinus.* 死罪 Sè tsoúy. || — de conscience. *Casus conscientiæ.* 疑心事 Leăng sīn ngỳ sé. || Proposer un — de conscience. *Dubium proponĕre.* 請人解疑心疑事 Tsĭn jēn kiaỳ leăng sīn ngỳ sé. || Le résoudre. *Solvĕre dubium.* 解 Kiaỳ. || Se faire un — de conscience de. *Timēre peccatum.* 怕傷疑心 Pá̆ chāng leăng sīn. || — réservés au Pape. *Casus Papæ reservati.* 只宗牧所能赦的大惡 Tchè tsōng moŭ sò nén ché tỳ tá ngŏ̆. || — réservés à l'Évêque. *Casus Episcopo reservati.* 只監牧所能赦的大惡 Tchè kién moŭ sò nén ché tỳ tá ngŏ̆. || — (estime). *Æstimatio.* 貴重 Koúy tchóng. || Faire — de quelqu'un. *Pluris facĕre aliq.* 貴重人 Koúy tchóng jēn. || Faire peu de —. *Minoris facĕre.* 輕賤人 Kīh tsién jēn. || — des déclinaisons. *Declinationum* —. 座 Tsŏ, ou 韻發 Yùn fă.

**CASAQUE**, s. f. *Lacerna, æ, f.* 號褂 Haŏ koúa. || Tourner —. *Transfugĕre.* 另投一邊 Lín teŏu y̆ piēn.

**CASCADE**, s. f. *Cataracta, æ, f.* 水直倒 Choŭy tchè taŏ tỳ, ou 坑水漂 Kāng choŭy piaŏ.

**CASE**, s. f. (au jeu). *Alveus lusor.* 棋盤 Ky̆ pán.

**CASER**, v. a. *Ordināre.* 安排 Gān pày. || — au jeu. *Sedem occupāre.* 走棊 Tseòu ky̆. || Se —. *Sedem sibi constituĕre.* 擇坐處 Tsĕ tsŏ tchŏu.

**CASERETTE**, s. f. *Calathus, i, m.* 豆腐箱 Teóu foù siāng.

**CASERNE**, s. f. *Contubernium, ii, n.* 兵篷 Pīn pŏ̆ng.

**CASQUE**, s. m. *Galea, æ, f.* 盔帽 Koŭy maó.

**CASSER**, v. a. *Frangĕre.* 打破 Tà pŏ̆. || — une noix. *Nucem* —. 敲核桃 Kiaŏ hĕ̆ taŏ. || — la tête à quelqu'un (phys.). *Caput immīnuĕre.* 斬首 Tchăn cheŏu. || — (fig.). *Molestāre.* 囉唆人 Lŏ sō jēn. || — monu. *Aliq. extercĕre.* 打碎 Tà soúy. || — un mandarin. *Præfectum exauctorāre.* 貶官職 Piĕn koūan tchĕ̆. || — une loi. *Legem abrogāre.* 削一條條 Siŏ y̆ tiaŏ lý. || — un jugement. *Judicium rescindĕre.* 駁案 Pŏ gán, ou 翻案 Fān gán. || — un mariage. *Matrim. discutĕre.* 拆婚姻 Tsĕ̆ hoŭen yīn. || Se — (se rompre). *Frangi.* 打爛 Tà lán. || Se — (vieillir). *Senescĕre.* 在老 Tsaỳ laŏ.

**CASSETTE**, s. f. *Arcula, æ, f.* 小箱子 Siaŏ siāng tsè. || — d'une fiancée chinoise pour les bijoux. *Camura.* 首飾箱 Cheŏu ché siāng.

**CASSE-TÊTE**, s. m. *Res molestosa.* 僵人的事 Loúy jēn tỳ sé. || — (jeu chinois). *Quidam ludus.* 七巧圖 Tsy̆ kiaŏ toŭ.

**CASSOLETTE**, s. f. *Acerra, æ, f.* 香盒子 Hiāng hŏ tsè.

**CASSONADE**, s. f. *Saccharum crudum.* 黃糖 Hoúang táng.

**CASSURE**, s. f. *Fractura, æ, f.* 破口 Pŏ̆ keŏu.

**CASTAGNETTES**, s. f. *Crotata, um, n.* 蓮花落 Lién hoā lŏ̆.

**CASTE**, s. f. *Tribus, ùs, f.* 支派 Tchĕ pây. || Le Kouy-Tcheou contient quatre-vingt-deux — de Miao tsè. 貴州有八十二種苗子 Koúy-Tcheōu yeòu pă chĕ̆ eúl tchŏng miaŏ tsè.

**CASTILLE**, s. f. *Rixa, æ, f.* 口嘴 Keŏu tsoúy. || Chercher — à quelqu'un. *Capĕre occasionem rixandi.* 找人吵架 Tchaŏ jēn tchaŏ kiá. || Être toujours en —. *Continuò rixāri.* 常人吵架 Cháng cháng tchaŏ kiá.

**CASUEL, LE**, adj. *Fortuitus.* 偶然的 Geòu jàn tỳ. || — (revenu). *Adventitia pecunia.* 外養廉 Ouáy yàng lién.

**CATACLYSME**, s. m. *Diluvium, ii, n.* 洪水 Hŏng choúy.

**CATACOMBES**, s. f. *Catacumbæ, arum, f.* 地窖 Tý kiaó. || L'église est encore aux —. *Libertate caret Ecclesia.* 聖敎未得大行 Chén kiaó oúy tĕ̆ tá hĭn. || L'église sort de ses —. *Pace donatur Ecclesia.* 聖敎起頭大行 Chén kiaó ky̆ teŏu tá hĭn.

**CASUISTE**, s. m. *Moralis theologus.* 解疑心疑惑的人 Kiaỳ leăng sīn ngỳ houáy tỳ jēn.

**CATAFALQUE**, s. m. *Honorarius tumulus.* 假棺材 Kià koūan tsáy.

CAT          CAV      73

**CATALOGUE**, s. m. *Index, album.* 目錄○單子 Moŭ loŭ. Tān tsè.

**CATAMÉNIE**, s. f. *Catamenia, æ, f.* 徑水 Kīn choùy, ou 月水 Yuĕ choùy.

**CATAPLASME**, s. m. *Cataplasma, atis, n.* 膏藥 Kaō yŏ. ∥ Mettre un —. *Ponĕre* —. 貼一張膏藥 Tiĕ ў tchāng kaō yŏ.

**CATARACTE**, s. f. *Cataracta, æ, f.* 水灘 Choùy tān. ∥ — des yeux. *Oculi suffusio.* 瞕○眭 Tchāng. Sèn.

**CATARRHE**, s. m. *Fluxio, onis, f.* 感冒 Kàn máo, oú 傷風 Chāng fōng.

**CATARCTIQUE**, s. f. (terme méd.). 重瀉 Tchóng sié.

**CATASTROPHE**, s. f. *Catastrophe, es, f.* 凶事 Hiōng sé, ou 大禍 Tá hó.

**CATÉCHISER**, v. a. *Docēre doctrinam.* 敎道理 Kiáo taó lỳ.

**CATÉCHISME**, s. m. *Catechismus, i, m.* 問答書 Ouén tă choū.

**CATÉCHISTE**, s. m. *Catechista, æ, m.* 會長 Hoúy tchàng. ∥ Élire un —. *Eligĕre* —. 立會長 Lỳ hoúy tchàng. ∥ Le déposer. *Deponĕre* —. 貶會長 Piĕn hoúy tchàng.

**CATÉCHUMÈNE**, s. m. *Catechumenus, i, m.* 領初恩的人 Lĭn tsoū gēn tỳ jèn.

**CATÉGORIE**, s. f. *Ordo, inis, m.* 次序 Tsé siú. ∥ Être d'une —. *Esse ejusdem ord.* 順一邊 Choúen ў piēn.

**CATÉGORIQUE**, adj. *Congruens.* 合式 Hŏ ché ỳ.

**CATHOLICISME**, s. m. *Catholicismus, i, m.* 天主敎 Tiēn Tchoù kiáo.

**CATHOLIQUE**, adj. *Catholicus.* 公的 Kōng tỳ. ∥ Sectateur de la religion —. *Catholicus.* 天主敎的人 Tiēn Tchoù kiáo tỳ jèn

**CATIR**, v. a. *Nitorem inducĕre.* 刷漿 Choùa tsiàng.

**CAUCHEMAR**, s. m. *Incubo, onis, m.* 睡迷了○魔 Choúy mў leaŏ. Yá. ∥ L'avoir. *Noctu opprimi.* 睡迷了○魔 Choúy mў leaŏ. Yá. ∥ — (dégoût). Donner le —. *Nauseam provocāre.* 兜人厭惡 Teōu jèn yén ó.

**CAUSE**, s. f. *Causa, principium.* 本 Pèn, ou 根子 Kēn tsè. ∥ — efficiente. — *efficiens.* 所以然 Sò ў jân. ∥ — première. — *prima.* 最初者 Tsoúy tsōu tchĕ. ∥ — générale. — *generalis.* 公者 Kōng tchĕ. ∥ — matérielle. *Materialis.* 當然 Táng jân. ∥ — particulière. — *particularis.* 私者 Sē tchĕ. ∥ — seconde. — *secunda.* 次者 Tsé tchĕ. ∥ — formelle. *Formalis.* 固然 Koú jân. ∥ — finale. *Finalis.* 末者 Oúy tchĕ. ∥ Il est — de mon départ. *Propter illum ego profectus sum.* 我起身特爲他 Ngò kў chēn tĕ oúy tă. ∥ —. *Causa — ratio.* 緣故 Yuēn koú. ∥ Par quelle — ? *Quâ de causâ.* 爲甚麼緣故 Oúy chén mŏ yuēn koú. ∥ Sans —. *Absque causâ.* 無故 Oū koú. ∥ A — de moi.

*Propter me.* 特爲我 Tĕ oúy ngò. ∥ Détruire la — du mal. *Radicem morbi evellĕre.* 除病根 Tchoū pín kēn. ∥ Avec connaissance de —. *Datâ operâ.* 覺得 Kiŏ tĕ. ∥ Il est venu à — de moi. *Ipse mei causâ venit.* 特爲我他來了 Tĕ oúy ngò tā laў leaō. ∥ — (procès. *Lis, itis, f.* 官司 Kouān sē. ∥ Avoir une bonne —. *Æquum postulāre.* 有理 Yeòu lў. ∥ Avoir une mauvaise —. *Laborāre causâ.* 保訟無理 Paò sóng oŭ lў. ∥ Être pour la bonne —. *Stāre à causâ bonorum.* 帮有理的人 Pāng yeòu lў tỳ jèn.

**CAUSER**, v. a. *Facĕre.* 做 Tsoú. ∥ — du chagrin à quelqu'un. *Aliq. dolore afficĕre.* 苦人 Koù jèn. ∥ — de l'embarras. *Molestāre aliquem.* 懎瑣 Lŏ sŏ. ∥ — (proférer des paroles, v. n.) *Loqui.* 說話 Chŏ hoá. ∥ — tout bas. *Consusurrāre.* 小聲說話 Siaò chēn chŏ hoá. ∥ — trop. *Blaterāre.* 說得多 Chŏ tĕ tō. ∥ Perdre le temps à —. *Sermones cædĕre.* 擺龍門陣混時候 Paў lông mén tchén houén chē héou. ∥ —. *Dictis carpĕre* —. 誹謗人 Fèy páng jèn. ∥ On — beaucoup sur vous. *De te multus est sermo.* 說你的人多 Chŏ ngў tỳ jèn tō.

**CAUSTIQUE**, adj. *Adurens.* 燒人的 Chaō jèn tў. ∥ — (mordant). — *mordax lingua.* 傷人的話 Chāng jèn tў hoá.

**CAUTÈRE**, s. m. *Cauterium, ii, n.* 炙具 Tchĕ kiú.

**CAUTÉRISER**, v. a. *Cauterio inurĕre.* 炙○燒 Tchĕ. Chaō.

**CAUTION**, s. f. *Vas, adis, m.* 保人 Paò jèn. ∥ Se faire —. *Vadem se dāre.* 保人 Paò jèn. ∥ — solide. — *tutus.* 穩當保人 Ouēn táng paò jèn. ∥ — peu sûre. *Non tutus.* 不穩當保人 Poŭ ouēn táng paò jèn. ∥ — répondant. *Cautio.* 擔証 Tán tchén tў. ∥ Donner —. *Satisdāre.* 請保人 Tsìn paò jèn. ∥ Prendre —. *Satis accipĕre.* 准人保 Tchouèn jèn paò. ∥ Demander —. *Vadem poscĕre.* 要保人 Yaó paò jèn. ∥ Sujet à —. *Suspectus homo.* 信實不得的人 Sín chĕ poŭ tĕ tў jèn.

**CAVALCADE**, s. f. *Equestris procursio.* 一班騎 Ў pān kў.

**CAVALERIE**, s. f. *Equitatus, ùs, m.* 馬兵 Mà pīn.

**CAVALIER**, s. m. *Eques, itis, m.* 騎馬的人 Kў'mà tў jèn.

**CAVALIER, ÈRE**, adj. *Liber, expeditus.* 隨便自已 Soúy pién tsé kў. ∥ Procédé un peu —. *Agendi ratio licentior.* 過餘放肆 Kó yû fáng sé. ∥ Traiter quelqu'un d'une façon —. *Nimis liberé tractāre.* 待人大意 Taў jèn tá ў.

**CAVE**, s. f. *Vinaria cella.* 地窖子 Tў ўn tsè.

**CAVERNE**, s. f. *Specus, ùs, m.* 山硐 Chān tóng. ∥ — de voleurs. *Spelunca latronum.* 賊窩 Tsĕ oūo.

**CAVILLATION**, s. f. *Cavillatio, onis, f.* 譏笑○零碎 Kў siaó. Lĭn soúy.

**CAVITÉ**, s. f. *空處○孔* Kōng tchoŭ. Kòng.

10

**CE, CETTE**, adj. démonstr. — Si les personnes sont présentes, se dit par 這个 Tchě kó, v. g. Cet homme : 這个人 Tchě kó jên. Si elles sont absentes, on dit 那个人 Là kó jên. Ce projet. *Hoc consilium*. 這个主意 Tchě kó tchoù ý.

**CE**, devant qui ou que, s'exprime rarement en chinois d'une manière directe. Le plus souvent c'est par 所 Sò, qui répond à *qui, quæ, quod*. Ex. : Ce que je pense, vous ne le croiriez pas. *Quæ cogito, vix crederes*. 我所想的事你不肯信 Ngò sò siàng tý sé, ngỳ poù kèn sín.

**CE**, entre deux verbes, s'exprime par *quid* : 甚麼 Chén mô, v. g. Il demande ce que c'est. *Quid sit hæc res ipse cupit scire*. 他問是甚麼東西 Tā́ oúen ché chén mô tōng sȳ.

**CE**, avec le verbe être. — C'est lui qui le dit. *Ipsemet ait*. 他自巳說 Tā́ tsé kỳ chŏ. ‖ C'est pourquoi. *Quapropter*. 所以 Sò ý. ‖ C'est-à-dire. *Hoc est*. 就是 Tsieóu ché.

**CÉANS**, adv. (avec les verbes de repos). *Hic, intùs*. 這里 Tchě lý. ‖ Il est —. *Est domi*. 他在屋的 Tā́ tsaý oŭ tý.

**CECI**, pron. démonstr. 這個 Tchě kó. ou 那個 Là kó. ‖ — est une bonne affaire. *Bona res est*. 這個事好 Tchě kó sé haò.

**CÉCITÉ**, s. f. *Cœcitas, atis, f*. 瞎 Hiă. ‖ — morale. — *mentis*. 惛迷 Hoūen mý.

**CÉDER**, v. a. *Cedĕre*. 讓. ‖ — sa place. *Loco —*. 讓位 Ján oúy. ‖ — le haut du chemin. *Semita cedĕre*. 讓路 Jáng loú. ‖ — son droit. *Jus —*. 讓理 Jáng lý. ‖ — au temps. *Tempori servire*. 隨時 Soúy chě, ou 順時 Chuén chě. ‖ — à quelqu'un en générosité. 莫得他大方 Mŏ tě tā́ tá fāng.

**CÉDULE**, s. f. *Schedula, æ, f*. 帖子 Tiě tsè.

**CEINDRE**, v. a. *Cingĕre*. 綑 : 纏 Koūen. Tchán. ‖ — une ville. *Urbem mœnibus cingĕre*. 修城墻 Sieōu tchén tsiâng.

**CEINTURE**, s. f. *Cingulum, i, n*. 腰帶 Yaō taý. ‖ — propre aux membres de la famille impériale. *Principum tartaror*. 黃紅帶 Hoâng hông taý. ‖ Serrer sa —. *Cingěre*. 拴腰帶 Choūan yaō taý. ‖ Mettre sa —. *Stringěre*. 緊腰帶 Kìn yaō taý. ‖ L'ôter. *Discingěre*. 解腰帶 Kiày yaō taý. ‖ La lâcher. *Remittěre*. 鬆腰帶 Sóng yaō taý. ‖ Être pendu à la — de quelqu'un. *Ab ejus latere non discedĕre*. 纏人 Tchán jên.

**CELA**, pron. démonstr. 那个 Là kó. ‖ Je ne me souviens plus de —. *Illius rei non memini*. 那一件事我全全忘去了 Là ý kién sé ngò tsūen tsūen ouáng kíu leào. ‖ — est vrai. *Res certa est*. 事情是一定 Sé tsǐn ché ý tín.

**CELA**, devant un participe, s'exprime souvent par 時候 Chě heóu, qui se place après, v. g. Cela étant ainsi : 事情是這樣的時候 Sé tsǐn ché tchě yâng tý chě heóu.

**CÉLÈBRE**, adj. *Celebris*. 出名的○有大名的 Tchŏu mîn tý. Yeoù tá mîn tý. ‖ Se rendre —. *Clarescěre*. 得功名 Tě kōng mîn.

**CÉLÉBRER**, v. a. *Celebrāre*. 慶賀 Kín hó. ‖ — la messe. — *Rem divin. facěre*. 做彌撒 Tsoú mý-să. ‖ — des noces. *Nuptias celebrāre*. 做喜酒 Tsoú hỳ tieoù. ‖ — une fête. *Festum —*. 辦瞻禮 Pán tchān lý.

**CÉLER**, v. a. *Celāre*. 隱藏○隱瞞 Ỳn tsâng. Ỳn mân. ‖ — la vérité. *Veritatem —*. 不說眞 Poū chŏ tchēn. Poū kiá.

**CÉLÉRITÉ**, s. f. *Celeritas, atis, f*. 快快的 Koúay koúay tý.

**CÉLESTE**, adj. *Cœlestis*. 天上的 Tiēn cháng tý.

**CÉLIBAT**, s. m. *Cœlebs vita*. 守貞 Cheoù tchēn. ‖ Garder le —. *Vitam cœlibem agěre*. 不娶○不嫁 Poū tsiú. Poū kiá.

**CELLIER**, s. m. *Cella, æ. f*. 食物房 Chě oŭ fâng.

**CELLULAIRE**, a. (tissu) (t. de méd.). 網膏 Ouàng kaō.

**CELLULE**, s. f. *Cella, æ, f*. 小房間 Siaò fâng kiēn. ‖ — des abeilles. *Cellulæ*. 蜂勤窩 Fōng lě ō. ‖ — de boîtes. *Loculamenta*. 隔 Kě.

**CELUI**, m. **CELLE**, f. *Ille, a, ud*. 那个 Là kó, ou 的 Tý, signe de génitif, sò. ‖ — que vous protégez. *Ille quem defendis*. 你所保佑的人 Ngỳ sò paò yeoù tý jên. ‖ — du parti des rebelles. *Tchāng maó*. 長毛的人 Tchāng maó tý jên. ‖ Celui-ci. Celle-ci. *Hic-ce. Iste —*. 這个 Tchě kó. ‖ — ci même. *Hic ipse*. 那个自巳 Là kó tsé kỳ.

**CÉNACLE**, s. m. *Cœnaculum, i, n*. 飯廳 Fán tǐn.

**CENDRE**, s. f. *Cinis, eris, m*. 灰 Hoūy. ‖ Réduire en —. *In cinerem vertěre*. 碾爲末 Nièn oûy mŏ. ‖ Il y a du feu sous la —. *Obrutus cinere latet ignis*. 有烟必有火 Yeoù yēn pý yeoù hò. ‖ Mercredi des —. *Dies cinerum*. 聖灰禮儀 Chén hoūy lý ngý. ‖ Bénir les —. *Benedicěre*. 聖灰 Chén hoūy. ‖ Recevoir les —. *Suscipěre*. 領灰聖 Lǐn chén hoūy.

**CÈNE**, s. f. *Ultima Christi cæna*. 吾主耶穌建立聖體之日 Oû tchoù Yě-Soū kién lý chén Tý tchě jě.

**CÉNOBITE**, s. m. *Cœnobita, æ, m*. 隱修人 Ỳn sieōu jên.

**CENS**, s. m. *Census, ûs, m*. 國課 Kouě kó. 租子 Tsoū tsè. ‖ — de la population. *Populi recensio —*. 民籍 —. 烟戶冊 Mîn tsý. Yēn foú tsě.

**CENSÉ, E**, adj. *Habitus*. 算得的 Souán tě tý. ‖ — présent. *Censeri præsens*. 算得在 Souán tě tsaý. ‖ 如同在—樣 Joú tông tsaý ý yáng.

**CENSEUR**, s. m. *Censor imperialis*. 御史 Yú ché.

**CENSURE**, s. f. *Censura, æ, f*. 太師職 Taý sē tchě. ‖ — (blâme). *Vituperatio*. 責備 Tsě pý. ‖ Encourir la —. *Reprehensionem incurrěre*. 受責備 Cheoù tsě pý. ‖

— ecclésiastique. *Censura eccles.* 聖會之罰 Chén hoúy tchē fă.‖Les encourir. *Censuram incurrĕre.* 受聖會之罰 Cheóu chén hoúy tchē fă.

**CENSURER,** v. a. *Carpĕre.* 責倄 Tsĕ-pý. ‖ — les livres. *Librum reprobāre.* 批評一本書 Pý pĭn ў pèn choū.

**CENT,** adj. *Centum.* 一百 Ў pĕ. ‖ Deux —. *Ducenti.* 二百 Eùl pĕ. ‖ Trois —. *Trecenti.* 三百 Sān pĕ. ‖ — fois. *Centies.* 一百囬 Ў pĕ hoúy. ‖ — fois autant. *Centies tantùm.* 加一百 Kiā ў pĕ.

**CENTAINE,** s. f. *Centum.* 一百 Ў pĕ. ‖ Une — de taëls. *Centum taĕlia.* 百兩 Ў pĕ leàng. ‖ Par —. *Centuriatim* —. 一百一的 Ў pĕ ў pĕ tў.

**CENTIÈME,** adj. *Centesimus.* 第一百 Tý ў pĕ.

**CENTRAL, E,** adj. *Centralis.* 在中的 Tsaý tchōng tў.

**CENTRE,** s. m. *Centrum, i, n.* 中心 Tchōng sĭn. 本向 Pèn hiáng. 中 Tchōng. ‖ — de la terre. *Medium terrae —.* 地中心 Tý tchōng sĭn. ‖ Que ne suis-je au — de la terre. *Ima terra me dehiscat.* 巴不得我死了 Pā poù tĕ̍ ngŏ sé leào.

**CENTRIFUGE,** adj. *Centrifugium, i, n.* 離中去 Lў tchōng kiú.

**CENTRIPÈTE,** adj. *Centripes, edis, m.* 跟中行 Kēn tchōng hĭn.

**CENTUPLE,** s. m. *Centuplicato.* 一百倍 Ў pĕ péy.

**CENTURIE,** s. f. *Centuria, œ, f.* 一百人一群 Ў pĕ jên kiùn.

**CENTURION,** s. m. *Centurio, onis, m.* 百總 Pĕ tsóng.

**CEP,** s. m. *Vineæ stirps, pis, f.* 一根葡萄 Ў kēn poŭ táo.

**CEPENDANT,** adv. *Interim, attamen.* 那時 Lá chē, ou 到底 Taó tў.

**CEPS,** s. m. *Compedes, um, f.* 脚鐐 Kiŏ leáo. ‖ Avoir les — aux pieds. *Compedibus alligāri.* 帶脚鐐 Taý kiŏ leáo. ‖ Les mettre à quelqu'un. *Compedibus alligāre aliq.* 上脚鐐 Cháng kiŏ leáo.

**CERCEAU,** s. m. *Circulus, i, m.* 圈 Kiùen.

**CERCLE,** s. m. *Circulus, i, m.* 圈 Kiùen, ou 圓線 Kiùen sién. ‖ Sa circonférence. *Circuitus* —. 圓界 Kiùen kiaý. ‖ Son centre. *Centrum* —. 圓框 Kiùen kiū. ‖ Demi —. *Semicirculus.* 半圈 Pán kiùen. ‖ En demi —. *Semicirculatìm.* 周圍 Tcheōu oúy. ‖ Tracer un —. *Circumducĕre.* 畫圈 Hoá kiùen. ‖ Y médire. *Detrahĕre. Coetus.* 會同 Hoúy tóng. ‖ Y médire. *Detrahĕre.* 說人長短 Chŏ jên tchàng toùan.

**CERCLER,** v. a. *Circulis religāre.* 箍桶 Kōu tóng.

**CERCUEIL,** s. m. *Feretrum, i, n.* 棺材 Koūan tsăý. ‖ Un —. *Unum* —. 一付棺材 Ў foú koūan tsăý. ‖ — de l'Empereur. *Imp. feretrum.* 梓宮 Tsè kōng. ‖ Placer un — dans la salle. *In aulam feretrum deferre.* 抬棺入堂 Tăý koūan joù táng. ‖ Y mettre le mort.

入棺 Joù koūan. ‖ Rideaux du —. 罩棺 Koūan tchaó. ‖ — extér. antique. *Antiqua forma feretri.* 槨 Koŭe. ‖ Tablette qu'on met en avant du —. *Tabella quam ponunt anté feretrum.* 靈䫌〇祭軸 Lĭn gĕ. Tsý tcheŏu. Cette tablette porte cette inscription : 音客宛在 Ўn yŏng yùen tsaý.

**CÉRÉALE,** s. f. *Cerealis sinensis.* 粮食 Leăng chĕ. ‖ Les cinq — chinoises. *Quinque sinenses cereales.* 五穀 Où koŭ.

稻 Taó. Riz. *Oryza e spicis eruta.*
黍 Choú. Millet. *Milium.*
稷 Tsў. Id. *Species milii.*
麥 Mĕ. Blé. *Triticum.*
粟 Choŭ. Les légumes. *Legumina.*

**CÉRÉMONIAL,** s. m. *Ritus, ùs, m.* 禮節 Lў tsiĕ. ‖ Livre —. *Rituale, is, n.* 禮規書 Lў koŭy choū.

**CÉRÉMONIE,** s. f. *Ritus sacer.* 聖禮 Chén lў. ‖ Maître des —. *Designator.* 鳴贊官 Mĭn tsán koūan, ou 叫禮的人 Kiáo lў tў jên. ‖ Habits de —. *Solemnis vestis.* 袍套 Păo táo. ‖ Habits de — pour l'Empereur. 龍報 Lŏng páo. ‖ —. *Urbanitates.* 禮信 Lў sín. ‖ Sans —. *Nulla affect. comitat.* 無禮信 Oú lў sín, ou 不用禮 Pŏu yŏng lў. ‖ Faire bien des —. 講禮得狠 Kiàng lў tĕ̍ hèn.

**CERF-VOLANT,** s. m. *Milvus chartaceus.* 風箏 Fōng tsēn. Nom de l'inventeur : 張㐰 Tchāng leăng, qui vivait sous la dynastie des Hán : 漢朝 Hán tchăo.

**CERNER,** v. a. *Circumcidĕre.* 週圍砍 Tcheóu oúy kăn. ‖ — (entourer). *Circumdāre.* 圍倒 Oúy taò.

**CERTAIN, E,** adj. *Certus.* 一定的 Ў tín tў. ‖ Tenir pour —. *Pro certo habēre.* 曉得一定 Hiaò tĕ̍ ў tín. ‖ Donner pour —. *Certum facĕre.* 說是一定 Chŏ ché ў tín. ‖ Un —. *Quidam.* 某人 Mŏng jên.

**CERTAINEMENT,** adv. *Certo.* 一定的〇果然 Ў tín tў. Kò jân. ‖ — (infailliblement). Cela arrivera —. *Certè illud eveniet.* 後來有那个事是一定的 Heóu laý yeòu là kó sé, ché ў tín tў.

**CERTES,** adv. *Certo certius.* 果然 Kò jân, ou 一定 Ў tín.

**CERTIFICAT,** s. m. *Testimonium, ii, n.* 憑據〇學薦人的書信 Pĭn kiú. Hiŏ tsién jên tў choū sín.

**CERTIFIER,** v. a. *Affirmāre.* 証 Tchén.

**CÉRUMEN,** s. m. *Cerumen, inis, n.* 耳屎 Eùl chè.

**CÉRUSE,** s. f. *Cerussa, œ, f.* 鈆粉 Yûen fên.

**CERVEAU,** s. m. *Cerebrum, i, n.* 腦髓 Laŏ soùy. ‖ — creux. *Inane ingenium.* 明悟淺 Mĭn oú tsièn. ‖ Rhume de —. *Coryza, œ, f.* 傷風 Chāng fōng.

**CERVELLE,** s. f. *Cerebrum, i, n.* 腦髓 Laŏ soùy. ‖ Faire sauter la — à quelqu'un. *Cerebrum alicui excutĕre.* 殺人 Chă jên. ‖ Bonne —. *Acri esse ingenio.* 聰明

76  CES  CHA

Tsŏng mǐn. ‖ Tête sans —. *Vacuus vertex.* 明悟小 Mǐn oú siaò. ‖ Détraquer à quelqu'un la —. *Alicui cerebrum excutĕre.* 迷人 Mý jên. ‖ Avoir la — détraquée. *Sanus mente non esse.* 心昔迷 Sīn hoûen mý.

CESSE, s. f. *Intermissio, onis, f.* 歇 Hiĕ. ‖ Sans —. *Sine —.* 不斷 Poŭ toúan.

CESSER, v. a. *Desinĕre.* 停 Tǐn, ou 歇 Hiĕ. ‖ — le travail. *Opus interrumpĕre.* 停工 Tǐn kŏng, ou 歇工 Hiĕ kŏng. ‖ La pluie a —. *Imber desüt.* 雨住了 Yù tchoú leaò. ‖ Le vent a —. *Ventus posuit.* 風息了 fōng sý leaò. ‖ La peste a —. *Pestis abiit.* 瘟疫過了 Ōuēn yôu kó leào. ‖ La douleur a —. *Dolor discessit —.* 不疼了 Poŭ tóng leào. ‖ — votre travail. *Ab opere quiesce.* 你歇下 Ngý hiĕ hiá. ‖ — vos plaintes. *Desine querelarum.* 不要報怨 Poŭ yáo paó yúen. ‖ Faire — les plaintes. *Non pati querelas.* 不許人報怨 Pŏu hiù jên paó yúen.

CESSION, s. f. *Cessio, onis, f.* 讓 Jáng. ‖ Faire — de son droit. *Cedere jure.* 讓理 Jáng lý. ‖ Faire — à ses créanciers de ses biens. *Bona creditoribus linquĕre.* 將房子抵賬 Tsiāng fâng tsè tý tcháng.

CESTE, s. m. *Cestus, i, m.* 拳心 Kiûen sīn.

CÉSURE, s. f. *Comma, atis.* 股中一讀 Koŭ tchông ý toŭ.

CET, CETTE, adj. démonstr. *Hic, hæc, hoc.* 這个 ○ 那个 Tchĕ kó. Lá kó.

CHACUN, E, adj. *Quisque.* 人人 Jên jên. ‖ 个个 Kó kó. 每人 Meý jên. ‖ — en particulier. *Sigillatim.* 一个一个 Ý kó ý kó.

CHAGRIN, s. m. *Mæror, oris, m.* 憂悶 Yeōu mén. ‖ Le — le tue. *— eum lacerat.* 他憂悶得狠 Tă yeōu mén tĕ hèn. ‖ Mourir de —. *Mærore mori.* 憂死 Geōu sè. ‖ Bannir le —. *Molestiam depellĕre.* 解愁 Kiaý tseóu. ‖ Se faire bien des —. *Struĕre sibi sollicitudines.* 自討憂氣 Tsé tǎo yeōu ký. ‖ — (peau de poisson). *Squali corium.* 鮫兒皮 Tsé eŭl pý.

CHAGRIN, E, adj. *Mæstus.* 憂愁的 Yeōu tseōu tý. ‖ — . *Morosus.* 固頭的 Koú teŏu tý.

CHAGRINER, v. a. *Alic. mærorem afferre.* 磋磨人 Tsó mŏ jên. 人兜憂氣 Teōu jên yeōu ký. ‖ 難爲人 Lân oûy jên.

CHAÎNE, s. f. *Catena, æ, f.* 鍊子 Lién tsè. ‖ Une — . *Una —.* 一根鍊子 Ý kēn lién tsè. ‖ Mettre à la —. *Catenas alic. indĕre.* 拿鍊子套人 Lâ lién tsè táo jên. ‖ Chargé de —. *Vinculis strictus.* 帶鍊子的人 Taý lién tsè tý jên. ‖ — de tisserand. *Subtemen, inis, n.* 經線 Kīn sién. ‖ La monter. *Stamine tellas intendĕre.* 牽經 Kiēn kīn. ‖ — de montagne. *Montes continui.* 相鍊的山 Siāng lién tý chān.

CHAÎNON, s. m. *Catenæ annulus.* 鍊鈎 Lién keōu.

CHAIR, s. f. *Caro, nis, f.* 肉 Joŭ. ‖ — crue. — *cruda.* 生肉 Sēn joŭ. ‖ — cuite. — *cocta.* 熟肉 Choŭ joŭ. ‖ — bouillie. — *elixa.* 羹肉 Tchōu joŭ. ‖ — rôtie. — *assata.* 煎炒肉 Tsiēn tchǎo joŭ. ‖ — fraîche. — *recens.* 新鮮肉 Sīn sién joŭ. ‖ — salée. — *salsa.* 腊肉 Lă joŭ. ‖ — tendre. — *tenera.* 嫩肉 Lén joŭ. ‖ — dure. — *dura.* 老豬肉 Laò tchoú joŭ. ‖ — grasse. — *pinguis.* 肥肉 Feý joŭ. ‖ — maigre. — *macilenta.* 瘦肉 Seóu joŭ. ‖ Se nourrir de —. *Vesci carne.* 喫肉 Tchĕ joŭ. ‖ — de poissons. *Piscium caro.* 魚肉 Yû joŭ. ‖ — de fruits. *Fructuum —.* 果肉 Kŏ joŭ. ‖ — des courges. *Cucurbit. —.* 瓜瓤 Koūa jâng. ‖ On ne sait s'il est — ou poisson. *Albus an ater sit nescitur.* 埋頭漢 Maý teŏu hán. ‖ —. *Corpus.* Plaisirs de la —. *Obscenæ voluptates.* 肉身的快樂 Joŭ chēn tý kouáy lŏ. ‖ S'y livrer. *Libidini se tradĕre.* 縱慾 Tsóng yoŭ.

CHAIRE, s. f. *Suggestus, ùs, m.* 講道台 Kiàng taó tǎy. ‖ Y monter. *In concionem ascendĕre.* 上講道台 Cháng kiàng taó tǎy.

CHAISE, s. f. (siége à dos). *Sella, æ, f.* 椅子 Ý tsè. ‖ Une —. *Una —.* 一把椅子 Ý pà ý tsè. ‖ — à bras. *Bisellium.* 圈椅 Kiûen ỳ, ou 扶手椅子 Foū cheŏu ý tsè. ‖ — à dossier. 靠背椅子 Káo peý ý tsè. ‖ — roulante. *Rheda.* 自行椅 Tsé hâng ỳ. ‖ — à porteur, ou palanquin chinois. *Sella gestatoria.* 轎子 Kiaó-tsè. ‖ — à deux porteurs. *Sella —.* 對班轎 Toúy pān kiáo. ‖ — à trois porteurs. 三丁管 ○ 三人轎 Sān tīn koùan. Sān jên kiaó. ‖ — à quatre porteurs. 四轎 Sé kiaó. ‖ — impériale. *Sella imperialis.* 御輦 Yú lién. ‖ — de noces. *Sella nuptiarum.* 花轎 ○ 喜轎 Hoūa kiaó. Hý kiaó. ‖ Table de la — pour s'appuyer sur le devant. 扶手板 Foû cheōu pàn. ‖ Rayon de la — pour placer des objets. 燕窩 Yén ō. ‖ Planchette pour les pieds. 踏脚板 Tă kiŏ pàn. ‖ Voile extérieure de la —. 轎簾子 Kiaó lién tsè. ‖ Voile intérieure de la —. 涼蓬 Leâng pŏng. ‖ Bambous ou bois à porter le palanquin. 轎竿 Kiaó kān. ‖ Bâton de traverse que les porteurs ont sur l'épaule. 傅子 Tchoūan tsè. ‖ Bâton avec lequel ils changent d'épaule. 杵 Tchǒu. ‖ Nom des porteurs de —. 轎夫 Kiaó foū. ‖ Inviter ces porteurs de —. 找轎夫 Tchaŏ kiaó foū. ‖ Aller en —. *Sellà vehi.* 坐轎子 Tsó kiaó tsè. ‖ Monter en —. *Sellam conscendĕre.* 上轎子 kiaó tsè. ‖ Descendre de —. *E sellà exire.* 下轎子 Hiá kiáo tsè. ‖ Déposer la —. *Deponĕre sellam.* 落平 Lŏ pīn. ‖ Toucher la — par honneur pour l'hôte que l'on reçoit ou que l'on conduit. 扶轎子 Foû kiaó tsè. ‖ — percée. *Sella familiaris.* 穢桶 Oúy tŏng. ‖ 馬桶 Mà tŏng. ‖ 金桶 Kīn tŏng.

**CHALAND**, s. m. *Qui emĕre solet.* 主顧 Tchoù koú. ‖ Perdre ses —. *Ab emptoribus deseri.* 主顧少了 Tchoù koú chaò leào. ‖ Se faire des —. *Attrahĕre emptores.* 拉主顧 Lă tchoù koú.

**CHALEUR**, s. f. *Calor, oris, m.* 熱 Jĕ. ‖ Quelle —! *Quantus —!* 好熱 Haó jĕ. ‖ — plus grande que celle d'hier. *Major quam hesternus.* 今天比昨天更熱 Kīn tiēn pỳ tsŏ tiēn kén jĕ. ‖ — moins grande que celle d'hier. *Minor hodie quàm heri.* 今天莫得昨天熱 Kīn tiēn mŏ tĕ tsŏ tiēn jĕ. ‖ La — passe. *Æstus defervescit.* 熱過了 Jĕ kó leào. ‖ — de la fièvre. *Febris ardor.* 擺子熱 Paỳ tsè jĕ. ‖ — de l'âge. *Ætatis fervor.* 年青人性燥 Niēn tsīn jén sín tsaó. **CHALEUR**, s. f. *Animi impetus.* 火性 Hŏ sín, ou 心急 Sīn kỳ. ‖ Parler avec —. *Ardenter loqui.* 說得有勁 Chŏ tĕ yeòu kín. ‖ — vénériennne de l'homme. *Stimuli veneris.* 思婚 Sē houĕn, ou 想男人 Siàng nân jên. ‖ — des animaux. *Stimuli veneris.* 思春 Sē tchoŭen. ‖ Être en —. *Venere ardescĕre.* 思春 Sē tchoŭen.

**CHALOUPE**, s. f. *Lembus, i, m.* (Voir *Canot.*)

**CHALUMEAU**, s. m. *Culmus, i. m.* 葦 Hêu. 麥頂子 Mĕ tȉn tsè. ‖ — (flûte). *Calamus, i, m.* 笛子 Tỳ tsè. ‖ Un —. *Unus —.* 一枝笛子 Ỳ tchē tỳ tsè. ‖ En jouer. *Calamos inflāre.* 吹笛子 Tchoŭy tỳ tsè.

**CHAMAILLER**, v. n. *Jurgium habēre.* 吵嘴 Tchǎo tsoùy. 打架 Tă kiá.

**CHAMBELLAN**, s. m. *Qui est princĭpi à cubĭculo.* 近御的 Kín yú tỳ. 朝內的人 Tchaó loúy tỳ jên. ‖ 引見官 Ỳn kién kouān. 傅臚 Foù loû.

**CHAMBRE**, s. f. *Cubiculum, i, n.* 房 Fâng kiŭen. ‖ — vaste. *Amplum.* 寬房 Koŭan fâng. ‖ — peu éclairée. *Subobscurum.* 房間不亮 Fâng kiŭen poŭ leâng. ‖ — à coucher. *Dormitorium.* 臥房 Oúo fâng. ‖ — pour les visites (salon). *Exedra.* 客房 Kĕ fâng. ‖ — du procureur des prétoires. *Exedra.* 賬房 Tcháng fâng. ‖ — à manger. *Cœnaculum.* 飯廳 Fán tȉn. ‖ Femme de —. *Ancilla.* 梅香 Mêy hiāng. ‖ Garder la —. *Domi se continēre.* 不出門 Poŭ tchŏu mên. ‖ — de justice. *Curia, æ.* 亞們 Yà mên.

**CHAMP**, s. m. *Ager, gri, m.* 田 Tiēn. ‖ Un —. *Unus —.* 一塊田 Ỳ koŭay tiēn. ‖ — épuisé. — *effœtus.* 田枯了 Tiēn kŏu leào. ‖ — fertile. — *abnus.* 肥田 Feý tiēn. ‖ — ingrat. *Exilis.* 瘦田 Seóu tiēn. ‖ — qui se touchent. *Vicini.* 連界的田 Liēn kiáy tỳ tiēn. ‖ — dispersés. — *remoti.* 插花田 Tchă' hoā tiēn. ‖ — public. *Agri communes.* 公草塲 Kōng tsǎo tchâng. ‖ Cultiver un —. *iùstruĕre.* 犁田 Lý tiên. ‖ Engraisser un —. *Stercorāre.* 壯地 Tchoáng tỳ. ‖ Le défricher. — *exstirpāre.* 穮田 Yeóu tiēn. ‖ Donner le premier labour. — *novāre.* 犂板田 Lỳ pàn tiēn. ‖ Donner le deuxième labour. — *iterāre.* 二犂 Eùl lỳ. ‖ Le fumer. — *stercorāre.* 糞田 Fēn tiēn. ‖ — imposé. *Vectigalis.* 粮田 Leâng tiēn. ‖ Plaine de combat. *Campus pugnæ.* 戰塲 Tchán tchâng. ‖ Y mourir pour la patrie. *Pro patriā mori.* 陣亡 Tchén ouâng. ‖ Y mourir en se défendant valeureusement. *Fortiter succumbĕre.* 盡忠 Tsín tchōng. ‖ — (matière, sujet). *Materies, argumentum.* 題目 Tỳ moù. ‖ Sur le —. *Extemplò.* 當時 Tâng chẽ. ‖ A tout bout de —. *Passim.* 常常 Châng châng.

**CHAMPAGNE**, s. m. *Campanum vinum.* 三變酒 Sān piēn tsièou.

**CHAMPÊTRE**, adj. *Rusticanus.* 野的 Yé tỳ.

**CHAMPION**, s. m. *Pugnator.* 打伏的兵 Tă foù tỳ pīn.

**CHAMPS**, s. m. *Rus, uris, n.* 鄉下 Hiāng hiá. ‖ Être aux —. *Esse ruri.* 在鄉下 Tsaý hiāng hiá. ‖ Y demeurer. — *habitāre.* 在鄉下坐 Tsaý hiāng hiá tsó. ‖ Courir les —. *Territus esse.* 竄流 Tsouán lieôu. ‖ Battre aux —. *Profectum indicĕre.* 放炮起身 Fâng pǎo kỳ chēn. ‖ Un rien le met aux —. *Pro re minimā ipse irascitur.* 為小事他發怒 Oúy siào sè tā lă loú.

**CHANCE**, s. f. *Sors, tis, f.* 命 Mín. 焦意 Tsiāo ý. 偶然 Ngeòu jân. 造化 Tsáo hoá. ‖ N'avoir pas de —. *Adversa fortunā uti.* 命不好 Mín poŭ haò. ‖ Sur dix — il y en a six qu'il perdra. *Intrà decem casus sex sunt quod ipse victus erit.* 十分有六分他要輸 Chĕ fēn yeòu loù fēn tā yáo choū.

**CHANCELER**, v. a. *Titubāre.* 不穩 Poŭ ouèn. ‖ —. *Ex vino.* 打踮踮 Tă tsoúan tsoúan. 東倒西外 Tōng taŏ sỳ ouáy. ‖ Être irrésolu. — *animo.* 三心二意 Sān sīn eùl ý. ‖ — en répétant par cœur. *Vacillāre memoriā.* 背書打重 Peý choū tă tchông.

**CHANCELLERIE**, s. f. *Cancellaria, æ, f.* 給事中 Kỳ sé tchōng.

**CHANCELIER**, s. m. *A secretis.* 代筆 Táy pỳ.

**CHANCEUX, SE**, adj. *Sorte felix.* 運氣好 Yún kỳ haò. 有造化的人 Yeòu tsáo hoá tỳ jên.

**CHANCRE**, s. m. *Cancer, cri, m.* 多骨 Tō koŭ. 癰 Yōng.

**CHANDELEUR**, s. f. *Fête de la —, Purificatio B. V. M.* 聖母取潔 Chén Moŭ tsỳu kiĕ.

**CHANDELIER**, s. m. *Candelabrum, i, n.* 蜡台 Lă tăy.

**CHANDELLE**, s. f. *Candela, æ, f.* 蜡燭 Là tchoŭ. ‖ Une —. *Una.* 一枝蜡 Ỳ tchē lă. ‖ Une paire de —. *Unum par.* 一對蜡 Ỳ toúy lă. ‖ Faire des —. — *sebāre.* 膠蜡燭 Kiāo lă tchoŭ. ‖ Donner une — à Dieu et une au Diable. *Duarum esse partium.* 快刀打豆腐兩面都光生 Koŭay taō tă teóu foù leâng miēn toū kouāng sēn. ‖ Voir mille —. *Attonitus esse.*

眼睛晃 Yèn tsīn hoúang. ‖ La — brûle. *Maturandum est.* 要快點 Yaó koúay tièn. ‖ Le jeu ne vaut pas la —. *Fructum sumptus devorat.* 用費大過本錢 Yóng féy tá kó pèn tsiěn.

CHANGE, s. f. *Permutatio, onis, f.* 掉換 Tiáo hoúan. Lettre de —. *Syngrapha argentaria.* 銀票 Yn piáo. Prendre le —. *Errāre.* 錯 Tsŏ.

CHANGEANT, E, adj. *Mutabilis.* 可改的 Kŏ kăy tỷ. ‖ — (mobilité d'esprit). *Mobilis animus.* 主意不定的 Tchoù ý poŭ tín tỷ.

CHANGER, v. a. *Mutāre.* 換 ○ 掉 Hoúan. Tiáo. ‖ — des sapèques. *Sapecas comm.* 換錢 Hoúan tsiēn. ‖ — d'habits. *Vestes mutāre.* 換衣服 Hoúan ў foŭ. ‖ — de demeure. *Mutāre sedem.* 搬家 Pān kiā. ‖ — de couleur. *Vultus colorem non obtinēre.* 變臉色 Pién lièn sě. ‖ — à tout vent d'opinion. *Sentent. mutāre.* 易反易覆 Ý fàn ў foŭ. ‖ — de discours. *Sermonem aliò transferre.* 變話 Pién hoá. ‖ — de plume. *Pennas amittēre.* 脫毛 Tŏ maŏ. ‖ — de vie. *Mores emendāre.* 改過 Kaў kó. ‖ — de nom. *Nomen mutāre.* 改姓 Kaў sín. ‖ Le temps —. *Variat cœlum.* 天氣不同了 Tiēn ký poŭ tóng leào. ‖ Le serpent — sa peau. *Anguis vernat.* 蛇脫殼 Chě tŏ kŏ. ‖ — à l'égard de quelqu'un. *Ergà alios animum mutāre.* 變了心 Pién leào sīn. ‖ Être tout — en bien. *Alios mores prorsùs induěre.* 全全改過了 Tsiuēn tsiuēn kaў kó leáo. ‖ Qu'il est — (au physique). *Quàm mutatus ab illo!* 變得狠 Pién tě hèn. ‖ Se —. *Mutāri.* 變了 Pién leáo.

CHANGEUR, s. m. *Mensarius, i, m.* 責錢的人 Máy tsiēn tỷ jēn.

CHANOINE, s. m. *Canonicus, i, m.* 主教司爵 Tchoù kiáo sě yě.

CHANSON, s. f. *Cantilena, œ, f.* 曲子 Kiŏu tsě. ‖ Une —. Una —. 一枝 Ý tchē. ‖ Chanter des —. *cantilenas modulāri.* 唱曲子 Tcháng kiŏu tsě. ‖ Chanter des — mauvaises. *Impuras — cantāre.* 唱交情歌 Tcháng kiaó tsīn kō. ‖ — (rêverie). *Nugœ.* 虛話 Hiū hoá.

CHANT, s. m. *Cantus, ŭs, m.* 唱 Tcháng. ‖ — sacré. *Cant. sacer.* 聖詠 Chén yùn. ‖ — des funérailles. *Nœnia, œ, f.* 孝歐 Hiáo kō. ‖ — des oiseaux. *Avium concentus.* 鳥鳴 Niào mīn. ‖ — de la victoire. *Victoriœ cantus.* 凱歌 Kaў kō. ‖ Un — (division de poëme). *Cantus.* 段詠 Ý toúan yùn.

CHANTER, v. a. *Cantāre, canĕre.* 唱 Tcháng. ‖ — faux. *Absurdè* —. 唱的聲音不和 Tcháng tỷ chēn ўn poŭ hò. ‖ — agréablement. *Suaviter* —. 唱得好聽 Tcháng tě haò tín. ‖ — en fausset. *Summâ voce* —. 高聲唱 Kaō chēn tcháng. ‖ Faire — quelqu'un sur un autre ton. *Curāre ut aliquis melior fiat.* 我緊點

管他 Ngò kín tièn koùan tā'. ‖ — la gamme à quelqu'un. *Vituperāre aliq.* 責俗人 Tsě pý jēn.

CHANTERELLE, s. f. *Tenuis soni nervus.* 絀弦 Pў hiuēn.

CHANTIER, s. m. *Apotheca lignaria.* 木廠 Moŭ tchǎng. ‖ — qu'on met sous les tonneaux. *Tignum.* 酒桶架 Tsieòu tŏng kiá. ‖ — (lieu où l'on travaille). *Apotheca.* 匠人鋪子 Tsiáng jèn poú tsě. ‖ Avoir un ouvrage sur le —. *Opus in manu habēre.* 工夫沒有完 Kōng foū moŭ yeòu oŭan.

CHANVRE, s. m. *Cannabis.* 麻 Má. (Voir le catalogue des plantes à l'*Appendice.*) ‖ Macérer le —. — *macerāre.* 漚麻 Ngeòu má.

CHAOS, s. m. *Confusio, onis, f.* 亂 Loúan. 顛倒 Tiēn taò. 混沌 Koùen tén.

CHAPE, s. f. *Pluviale, is, n.* 雨衣 Yù-ў. ‖ — des bonzes. *Bonziorum* —. 袈裟 Kiā chā. ‖ Disputer de la — à l'évêque. *De alienis curāre.* 管閒事 Koùan hièn sé.

CHAPEAU, s. m. *Petasus ex arundine aut palea.* 斗笠 ○ 草帽 Teòu lý. Tsaò maó. ‖ Mettre ce —. *Deferre* —. 戴斗笠 Taў teòu lý. ‖ L'ôter. *Auferre* —. 揭斗笠 Kiē teòu lý. (Voir *Bonnet.*)

CHAPELET, s. m. *Corona precatoria, rosariŭm.* 念珠 Nién tchoū. ‖ Un grain de —. *Unum* —. 一顆念珠 Ý kò nién tchoū. ‖ Enfiler un —. *Inserěre globulos.* 穿念珠 Tchoūan nién tchoū. ‖ Faire des —. *Nectěre* —. 扭念珠 Nieŏu nién tchoū. ‖ Réciter le —. *Recitāre rosarium.* 念玫瑰 Nién meў koúy. ‖ Mon — se défile. *Rosarium dissolvitur.* 念珠斷了 Nién tchoū toúan leào. ‖ Le — se défile. *Sociï discedunt.* 拆夥 Tsě hŏ. ‖ — des bonzes. *Bonziorum* —. 素珠 Soŭ tchoū. ‖ Défiler son —. *Singula minutim narrāre.* 細細講 Sý sý kiǎng. ‖ — d'étrivière. —對馬鐙 Ý toúy mà tén. ‖ — d'eau, ou pompe chinoise. *Nœnia.* 水龍車 Choùy lóng tchēy.

CHAPELLE, s. f. *Sacellum, i, n.* 小經堂 Siaŏ kīn tǎng. ‖ — païenne le long des routes. 土地廟 Tǒu tý miaŏ. ‖ Jouer à la —. *Totus in nugis esse.* 一心專玩 Ý sīn tchoúan oŭan.

CHAPITEAU, s. m. *Capitellum, i, n.* 桂花頂 Tchoū hoā tìn, ou 桂碟 Tchoū tiě.

CHAPITRE, s. m. *Caput, itis, n.* 一章 Ý tchǎng. ‖ Ne pas tarir sur un —. *Finem loquendi non facěre.* 說不煞角 Chŏ poŭ chǎ kó. ‖ On est sur votre —. *De te sermo habetur.* 幾講你 Tsǎў kiǎng ngŷ. ‖ — de chanoines. *Canonicorum collegium.* 耆老 Kў laŏ. ‖ — général d'un ordre religieux. *Comitia ordinis relig.* 耆老商議 Kў laŏ chǎng nў.

CHAPITRER, v. a. *Objurgāre.* 責俗 Tsě pý.

CHAPON, s. m. *Capo, onis, m.* 鐥雞 Siúen kў. 閹雞 Yēn kў. 剙雞 Sén kў.

CHAQUE, adj. *Quisque.* 人人○每人 Jèn jèn. Meỷ jèn. ‖ — jour. *Singulis diebus.* 天天○每日 Tiēn tiēn. Meỷ jĕ. ‖ — cinquième jour. *Quinto quoque die.* 每五天 Meỷ où tiēn. ‖ — année. *Singulis annis.* 年年○每年 Niên niên. Meỷ niên.

CHAR, s. m. *Currus, ùs, m.* 車 Tchĕỷ. (L'inventeur est 雞仲 Kỷ tchóng.) ‖ Espèces de — : 龍車 Lông tchĕỷ. 熱車 Jĕ tchĕỷ. 飛簷的車 Feỷ yèn tỷ tchĕỷ. ‖ — de l'Empereur. 鸞駕 Loûan kiá. ‖ — de l'Impératrice. 鳳輦 Fóng lân.

CHARADE, s. f. *Ludus verborum.* 絕對 Tsiuĕ toúy. ‖ En faire. *Ludos verb. facĕre.* 出絕對 Tchŏŭ tsiuĕ toúy. ‖ Ne pouvoir les résoudre. *Non conjicĕre —.* 不絕對 Poŭ tsiuĕ toúy.

Les lettrés chinois n'ont pas de plus grands divertissements en société, à table surtout, que de proposer des charades. En voici, pour exemple, quelques-unes.

1° 童子打桐子桐子落童子樂
Tóng tsè tà tóng tsè, tóng tsè lŏ, tóng tsè lŏ.

2° 風砍雀巢二三子連料及第
Fōng tchoŭy tsiŏ tchaô eùl sān tsè liên kŏ́ kỷ tý.

3° 霜降降霜孀婦孤眠雙足冷
Choāng kiáng kiáng choāng, choāng foû koū mién choāng tsioŭ lên.

4° 關夫子廟內關夫子
Koūan foû tsè miaô, loúy koūan foû tsè.

5° 開關早關關晏放過客過關
Kāy koūan tsaô koūan yén, fáng kó kĕ́ kó koūan.

6° 出對易對對難請先生先對
Tchŏŭ toúy ý toúy toúy lán tsìn siēn sēn sēn toúy.

Nous laissons au lecteur le soin de découvrir le sens de ces jeux de mots.

CHARBON, s. m. *Carbo, onis, m.* 炭 Tàn. ‖ — ardent. *Pruna.* 紅炭 Hông tàn. ‖ — de bois. *Ligneus —.* 槓炭 Kāng tàn. ‖ — de terre. *— fossilis.* 煤炭 Meỷ tàn. ‖ — en boule pour les réchauds. 炭擊 Tàn kỷ. ‖ — cru. *Crudus —.* 生煤炭 Sēn meỷ tàn. ‖ Faire du — de bois. *De ligno carbones coquĕre.* 燒炭 Chaô tàn. ‖ Porter du —. *Deferre —.* 挑煤炭 Tiaô meỷ tàn. ‖ — (maladie). *Carbunculus.* 無名腫毒 Oû mîn tchòng toû.

CHARBONNER, v. a. *Carbone nigrāre.* 上黑 Cháng hĕ́. 染烏 Jàn oū.

CHARCUTIER, s. m. *Botularius, ii, m.* 屠戶 Tŏ́u foú.

CHARGE, s. f. *Onus, eris, n.* 担子 Tán tsè. ‖ Porter une —. *— bajulāre.* 挑担子 Tiaô tán tsè. ‖ La déposer. *Deponĕre —.* 放担子 Fáng tán tsè. ‖ Ne pouvoir la porter. *Deferre non posse —.* 挑不起担子 Tiaô poŭ kỷ́ tán tsè. ‖ Se faire aider en partie de route. *Invitāre adjutorem.* 放担子 Fáng tán tsè. ‖ Ce qui est à —. *Molestus.* 囉唆的 Lō sō tỷ. ‖ Être à — à quelqu'un. *Alicui esse oneri.* 囉唆的 Lō sō tỷ. ‖ —. *Onera, v. g. Impensa, tributa.* 用費 Yóng feỷ. ‖ Les — excèdent le revenu. *Sumptus fructus superant.* 用費比利錢更大 Yóng feỷ pỷ́ lỷ́ tsiĕn kén tá. ‖ — (ordre). *Mandatum, provincia.* 命 Mín. ‖ Donner — de. *Provinciam dare ut.* 命 Mín. ‖ — (devoir). *Munus —.* 本分 Pèn-fén. ‖ La remplir. *— obīre.* 滿本分 Màn pèn-fén. ‖ — (dignité). *Dignitas.* 任 Jén, ou 官職 Koūan tchĕ́. ‖ — achetée. *— empta.* 捐納的官 Kiuēn là tỷ́ koūan. ‖ Obtenir une —. *Præfecturam obtinēre.* 得官職 Tĕ́ koūan tchĕ́. ‖ Entrer en —. *Præfecturam inīre.* 上任 Cháng juén. ‖ Être en —. *— habēre.* 做官 Tsoú koūan. ‖ Sortir de —. *— abīre.* 辭官 Tsḗ koūan. ‖ Abdiquer sa —. *— abdicāre.* 辭官職 Tsḗ koūan tchĕ́. ‖ — (condition). *Eā lege ut.* 若有 Jŏ yeôu. ‖ — (attaque). *Impetus.* 攻打 Kōng tà. ‖ Aller à la —. *— facĕre.* 攻打仇敵 Kōng tà tcheôu tỷ. ‖ Revenir à la — (figuré). *Iterùm dicĕre.* 重說 Tchóng chŏ. ‖ — de poudre. *Mensura pulveris.* 火藥拍子 Hŏ yŏ́ pĕ́ tsè. ‖ — (exagération). *Amplificatio.* 加話 Kiā hoá. ‖ — (chefs d'accusation). *Criminatio.* 呈詞 Tchên tsḗ.

CHARGEMENT, s. m. *Onus navis.* 船上的貨 Tchoúan cháng tỷ́ hó. ‖ —. *Mercium catalogus.* 貨票 Hó piaô.

CHARGER, v. a. *Onerāre.* 上駄子 Cháng tŏ́ tsè. ‖ — trop. *Onere gravāre.* 上重担子 Cháng tchóng tán tsè. ‖ — le peuple d'impôts. *Augēre tributa.* 收重粮 Cheōu tchóng leâng. ‖ — quelqu'un de présents. *Donis cumulāre.* 送大禮 Sóng tá lỷ́. ‖ — quelqu'un d'un crime. *Culpam in aliq. refundĕre.* 怪人 Kouáy jèn. ‖ — quelqu'un d'une affaire. *Negot. alicui tradĕre.* 托人管事 Tŏ́ jèn koūan sé. ‖ — l'ennemi. *Impetum in hostem facĕre.* 攻敵 Kōng tỷ́. ‖ — un canon. *Tormentum munire.* 裝炮 Tchoūang paô. ‖ Être — d'années. *Gravis annis.* 老了 Laô leaò. ‖ Être — de famille. *Numerosā prole angustatus.* 人口多 Jèn keŏu tō. ‖ Se — d'une commission. *Mandatum recipĕre.* 自已管 Tsé kỷ́ koūan. ‖ Je m'en —. *Id. in me recipio.* 我自已管 Ngò tsé kỷ́ koūan. ‖ — de quelqu'un. *De aliq. curāre.* 我自已管 Ngò tsé kỷ́ koūan.

CHARIOT, s. m. *Currus, ùs, m.* 車 Tchĕỷ. ‖ — (constellation). *Plaustrum, i, n.* 北斗星宿 Pĕ́ teôu sīn sioŭ.

CHARITABLE, adj. *Beneficus.* 施恩的 Chē̄ gēn tỷ́.

**CHARITÉ**, s. f. *Charitas, atis, f.* 愛德 Gaý tě. ‖ Avoir de la —. — *moveri.* 有愛德 Yeòu gaý tě. ‖ Ayez la — de m'avertir. *Velis monēre me.* 請你勸我 Tsīn ngỳ kiuèn ngò. ‖ —. (aumône). *Eleemosyna.* 哀矜 Gaý kīn. Faire des —. *Stipem erogāre.* 哀矜人 Gaý kīn jên. ‖ — bien ordonnée commence par soi. *Charitas bené ordinata à seipso incipit.* 先有自已後有他人 Siēn yeòu tsé kỳ heòu yeòu tā jên.

**CHARIVARI**, s. m. *Vociferatio, onis, f.* 吵鬧 Tchǎo laó.

**CHARLATAN**, s. m. *Circulator, oris, m.* 嘴尖舌快 Tsoùy tsiēn chě kouáy, ou 哄人的 Hòng jèn tỳ.

**CHARMANT, E**, adj. *Jucundus, amœnus.* 好看的 ○ 美的 Haò kǎn tỳ. Meỳ tỳ.

**CHARME**, s. m. *Cantamen, inis, n.* 邪法 Siě fǎ. ‖ Employer des —. *Adhibēre —.* 用邪法 Yóng siě fǎ. ‖ Avoir reçu un —. *Incantari.* 佩經 Peý kīn. ‖ Lever un —. *Solvēre —.* 破邪法 Pǒ siě fǎ. ‖ — (appât). *Illecebra.* 引誘 Ỳn yeòu.

**CHARMER**, v. a. *Fascināre.* 用邪法 Yóng siě fǎ. ‖ — (adoucir la douleur). *Lenīre dolorem.* 止痛 Tchě tǒng. ‖ — ses auditeurs. *Permulcēre audientes.* 兜人聼 Teōu jèn tīn.

**CHARNEL, LE**, adj. *Voluptarius.* 愛肉樂的 Gaý tòu lǒ tỳ.

**CHARNIER**, s. m. *Ossuaria, æ, f.* 焚尸所 Fên chē sò, ou 白骨塔 Pě koǔ tǎ.

**CHARNIÈRE**, s. f. *Commissura, æ, f.* 歸界 Ché kiaý.

**CHARPENTE**, s. f. *Materia, æ, f.* 材料 Tsaý leáo. ‖ Assembler la —. *Coadunāre —.* 排扇 Paý chán. ‖ Lever la —. *Erigĕre —.* 立房子 Lỳ fàng-tsè.

**CHARPENTIER**, s. m. *Carpentarius, i, m.* 木匠 Moǔ-tsiáng.

**CHARPIE**, s. f. *Linamentum. i. n.* 布絲子 Póu sē tsè.

**CHARRIER**, v. a. *Vehĕre curru.* 車載 Tchēy taý. ‖ La rivière — du bois. *Flum. ligna vectat.* 水冲的柴 Choùy tchōng tỳ tchaýy. ‖ Charriez droit. *In officium ne claudica.* 你小心 Ngỳ siaò sīn.

**CHARRUE**, s. f. *Aratrum, i, n.* 犁頭 Lỳ teóu. ‖ Manche de —. *Manubrium.* 犁頭欛 Lỳ teóu pá. ‖ Soc de —. *Vomer.* 鏵口 Hoá keǒu. ‖ Corps de —. *Corpus aratri.* 犁頭 Lỳ teóu. ‖ Tirer la —. *Arāre.* 犁田 Lỳ tién. ‖ Tirer la — (au fig.) — (avoir de la peine). *Multú ope eniti.* 費力 Feý lỳ. ‖ Quelle —! *Quantus labor!* 好費力 Haò feý lỳ.

**CHARTES**, s. f. *Veteres tabulæ.* 老契 Laò ký.

**CHAS**, s. m. *Foramen, inis, n.* 針鼻子 Tchēn pý tsè.

**CHÂSSE**, s. f. *Theca reliquiarum.* 聖匣盒子 Chén toǔ hǒ tsè. ‖ — de lunette. *Involucrum.* 眼鏡匣子 Yèn kín kiāng tsè. ‖ — (trou dans lequel joue le fléau de la balance). *Agina.* 天平中心 Tiēn pỳ tchōng sīn.

**CHASSE**, s f. *Venatio, onis, f.* 獵 Lỳ. ‖ — des oiseaux. *Aucupium.* 打鳥 Tǎ niaò. ‖ — de l'Empereur de Chine au printemps. 蒐 Seōu. ‖ — en été. 苗 Miaó. ‖ — en automne. 獮 Siēn. ‖ — en hiver. 狩 Cheóu. ‖ Donner la — à un vaisseau. *Navi instāre.* 追船 Toǔy tchoǔan tchoǔy kàn.

**CHASSE-MOUCHE**, s. f. *Muscarium, i, n.* 蚊刷 Oûen choǔa.

**CHASSER**, v. a. *Venāri.* 打獵 Tǎ lỳ. ‖ — au fusil. *— catapultá.* 鎗打鳥 Tsiāng tǎ niaò. ‖ — au lacet. *— laqueo.* 套雀 Taò tsiǒ. ‖ — à la glu. *— glutine.* 黐雀 Tchē tsiǒ. ‖ — au filet. *— rete.* 網雀 Oùang tsiǒ. ‖ — par les oiseaux. *— illice.* 關雀 Koūan tsiǒ. ‖ Bon chien — de race. *Talis pater talis filius.* 龍生龍子虎生虎兒 Lòng sēn lòng tsè foù sēn foù eúl. ‖ — sur les terres d'autrui. *Aliena jura usurp.* 霸占 Pá tchán. ‖ Leurs chiens ne — pas ensemble. *Ipsi discordant.* 他們不和 Tā mên poǔ hǒ. ‖ —. *Expellĕre.* 赶出去 Kàn tchoǔ kiǔ. ‖ — les mouches. *Abigĕre muscas.* 赶蒼蠅去 Kàn tchoǔ tsāng ỳn kiǔ. ‖ — à coups de pierre. *Lapidibus fugāre.* 以石赶人 Ỳ chǐ kàn jên. ‖ — quelqu'un du marché. *E foro expellĕre.* 不許他在街上站 Poǔ hiù tā tsaý kaý chāng chán. ‖ — les mauvaises pensées. *Pravas cogitationes expellĕre.* 押伏邪念 Yǎ foù siě nién teǒu.

**CHASSIE**, s. f. *Gramia, æ, f.* 眼眵 ○ 眵 Yèn tchē. Tchē ‖ L'avoir. *Lippīre.* 生眼眵 Sēn yèn tchē.

**CHÂSSIS**, s. m. *Compages, is, m.* 檻杆 Nǎn kàn. ‖ — de fenêtre. *Cancelli, orum, m.* 窓戶 Tsāng hóu.

**CHASTE**, adj. *Castus.* 潔淨的 Kiě tsín tỳ.

**CHASTETÉ**, s. f. *Castitas, atis, f.* 潔淨 Kiě tsín. ‖ La garder. *Servāre —.* 守貞 Cheòu tchēn. ‖ Faire vœu de —. *Vovēre —.* 許愿守貞 Hiù yúen cheòu tchēn. ‖ Pécher contre la —. *Castimoniam violāre.* 犯邪淫 Fán siě ỳn.

**CHASUBLE**, s. f. *Casula, æ, f.* 外套 Oûaý taó.

**CHAT**, s. m. *Felis, is, f.* 猫 Maò. ‖ — mâle. *— mascula.* 男猫 Lân maò. ‖ — femelle. *— femina.* 女猫 Niù maò. ‖ A bon — bon rat. *Par pari refertur.* 以情還情 Ỳ tsín hoûan tsín. ‖ — échaudé craint l'eau froide. *Naufragus horret aquas tranquillas.* 一回着蛇咬二回不遷草 Ỳ hoùy tchǒ chě gaò eúl hoúy poǔ tsān tsaò. ‖ Vendre — en poche. *Pretium suscipĕre ante mercem ostensam.* 隔口袋買猫 Kě keǒu taý maỳ maò. ‖ Jeter le — aux jambes. *Mensāre aliq.* 歸罪於人 Koúy tsoúy yū jên. ‖ Emporter le —. *Tacitus abīre.* 悄悄出去 Tsiaò tsiaò tchoǔu kiǔ. ‖ Vivre comme chien et —. *Mutuò se odisse.* 相恨 Siāng hén. ‖ Un bon —. *Bona felis.* 猫避鼠 Maò pỳ choǔ. ‖ Les Chinois disent superstitieusement: 猫來扯孝布 Maò laý tchě hiaó poú.

# CHA    CHE    81

**CHATAIN**, E, adj. *Castaneus color.* 板栗色 Pàn Lỷ sẻ.

**CHÂTEAU**, s. m. *Castellum, i, n.* 寨子 Tcháy tsè. ‖ —. *Palatium* —. 公館 Kōng kouàn. ‖ Faire des — en Espagne. *Somnia sibi fingère.* 謀大事 Mōng tá sé.

**CHÂTIER**, v. a. *Castigàre.* 罰 Fă. ‖ — légèrement. 輕罰 Kĭn fă. ‖ — selon le crime. *Juxta crimen punire.* 照罪罰 Tchaó tsoúy fă. ‖ Être —. *Puniri.* 受罰 Cheóu fă. ‖ — un livre. *Librum limàre.* 改書 Kaỷ choū.

**CHATIÈRE**, s. f. *Felinum ostium.* 猫衕 Maŏ tóng.

**CHÂTIMENT**, s. m. *Pœna, æ, f.* 罰 Fă. ‖ — proportionné à la faute. *Pœna par delicto.* 罪罰相當 Tsoúy fă siāng tāng. ‖ — trop faible. *Minor* —. 罪重罰輕 Tsoúy tchóng fă kĭn. ‖ Se soumettre au —. — *non deprecari.* 不辭刑 Poŭ tsẻ hìn. (Voir, au mot *Supplice*, les divers châtiments.)

**CHATONS**, s. f. *Paniculæ, arum, f.* 柳絮 Lieòu siú.

**CHATOUILLER**, v. a. *Titillàre.* 兜人笑 Teōu jēn siáo. 合氣 Há kỷ. ‖ —. *Assentiri.* 奉承 Fóng tchén.

**CHATOUILLEUX**, SE, adj. *Pronus ad iram.* 容易昌火 Yòng ý maó hò.

**CHÂTRER**, v. a. *Evirare, castràre.* 劇 Chán. ‖ — un homme. *Castràre.* 閹人 Yēn jēn. ‖ 割老公 Kŏ lào kōng. ‖ — un bœuf. *Bovem* —. 宦牛 Kouàn nieòu. ‖ — les animaux. *Animalia* —. 劇畜牲 Chán hioŭ sēn. ‖ — une brebis. *Ovem* —. 羯羊 Kŏ yâng. ‖ — quelqu'un par supplice. — *per supplicium.* 宮刑 Kōng hìn. ‖ — un cheval. *Equum.* 劇馬 Chán mà. ‖ — un coq. *Gallum.* 鐵雞 Siuĕn kỷ. ‖ — un chien. *Canem.* 善狗 Chán keòu. ‖ — une femelle de porc. *Porcam.* 割母猪 Kŏ moù tchoū. ‖ — un chat. *Felem.* 淨猫 Tsìn maŏ. ‖ — une ruche d'abeilles. *Favos eximère.* 割蜂蜜 Kŏ fōng mỷ.

**CHAUD**, E, adj. *Calidus.* 熱的 Jĕ tỷ. ‖ Devenir —. *Calescère.* 發熱 Fă jĕ. ‖ Cette chienne est —. *Hæc canis catulit.* 狗要走草 Keòu yáo tseòu tsào. ‖ Pleurer à — larmes. *Lacrymas effundère.* 大哭 Tá kŏu. ‖ — (récent.) Cela est tout —. *Nova res.* 新事 Sīn sé. ‖ Battez —. *Age calidè.* 快快做 Koúay koúay tsoú. ‖ —, vif, ardent. *In iram pron.* 火性人 Hŏ sìn jēn. ‖ Ami —. *Officiosus amicus.* 愛情好的朋友 Gáy tsĭn haò tỷ pŏng yeòu.

**CHAUD**, s. m. *Calor, æstus.* 熱 Jĕ. ‖ Il fait plus — qu'hier. *Æstus major quàm heri.* 今天比昨天更熱 Kĭn tiēn pỷ tsŏ tiēn kĕn jĕ. ‖ Il fait moins — qu'hier. *Æstus minor quàm heri.* 今天莫得昨天熱 Kĭn tiēn mŏ tẻ tsŏ tiēn jĕ. ‖ Jamais il n'a fait aussi — qu'hier. *Rarò æstus tantus fuit quàm heri.* 在莫有像昨天樣那熱 Tsáy mŏ yeòu siáng tsŏ tiēn lá yáng jĕ. ‖ Avoir —. *Æstuàre.* 熱 Jĕ. ‖ Se mourir de —. *Ardore*

*torreri.* 熱如火一樣 Jĕ joŭ hò ỷ yáng. ‖ Souffrer le — et le froid. *In utramq part. dicère.* 順倒兩邊 Chouén taŏ leàng piēn.

**CHAUDIÈRE** s. f. *Caldarium, ii, n.* 鍋 Kō, ou 一口鍋 Ỷ keŏu kō.

**CHAUFFER**, v. a. *Calefacère.* 燒熱 Chaō jĕ. ‖ — le vin chinois. *Vinum* —. 煨酒 Oúy tsieòu, ou 湯酒 Tāng tieòu. ‖ Se chauffer. *Ad focum assidère.* 向火 Hiáng hò, ou 熇火 Kào hò. ‖ Se — au soleil. *Apricari.* 向太陽火 Hiáng táy yâng hò.

**CHAUFFERETTE**, s. f. *Foculus, i, m.* 烘籠 Hōng lōng. ‖ — pour les mains. *Thermospodium.* 手爐 Cheòu loŭ.

**CHAUME**, s. m. *Culmus, i, m.* 盖房草○矛草 Káy fâng tsaŏ. Maŏ tsaŏ.

**CHAUMIÈRE**, s. f. *Tugurium, ii, n.* 草房 Tsaŏ fâng.

**CHAUSSE**, s. f. *Tibialia, ium, n.* 襪子 Ouă tsè. ‖ Porter les —. *Virum gerère.* 管男人 Kouàn nân jēn. ‖ Tirer ses —. *Aufugère.* 跑○逃 Pào. Taó. ‖ —. *Saccus turbinatus.* 濾酒袋 Liú tsieòu táy.

**CHAUSSÉE**, s. f. *Agger, eris, m.* 土坯 Toŭ toùy.

**CHAUSSE-PIED**, s. m. *Cornutum segmen.* 鞋拔子 Haỷ pă' tsè.

**CHAUSSER**, v. a. *Aliq. calceàre.* 帮他穿鞋 Pāng tā' tchoüan haỷ. ‖ — au même point. *Eadem cupère.* 同心同意 Tōng sīn tōng ý. ‖ Se —. *Calceàre se.* 穿鞋 Tchoüan haỷ. ‖ — d'une opinion dans la tête. *Contumaciter sententia stàre* —. 固意 Koú ý.

**CHAUSSURE**, s. f. *Calceamentum, i, n.* 鞋子 Haỷ tsè.

**CHAUVE**, adj. *Calvus.* 無頭髮的 Oŭ teŏu fă tỷ. ‖ Devenir —. *Calvescère.* 脫頭髮的 Tŏ' teŏu fă tỷ.

**CHAUX**, s. f. *Calx, cis, f.* 石灰 Chĕ hoŭy. ‖ Faire de la —. *Calcem coquère.* 燒石灰 Chaō chĕ hoŭy. ‖ La réduire en poudre. *Calcem resolvère.* 發石灰 Fă chĕ hoŭy. ‖ Éteindre la —. *Calcem maceràre.* 合灰 Hô hoŭy. ‖ La délayer pour l'usage. *Diluère.* 調石灰 Tiào chĕ hoŭy. ‖ Blanchir avec de la —. *Calce dealbàre.* 上灰 Cháng hoŭy.

**CHAVIRER**, v. n. *Subvertère.* 翻船 Fān tchoǔan.

**CHEF**, s. m. *Caput, itis, n.* 爲首人 Oŭy cheòu jēn, ou 頭人 Teŏu jēn. ‖ De son —. *Suo nomine.* 自已 Tsé kỷ. ‖ —. *Dux.* 頭子 Teŏu tsè. ‖ — des lettrés de l'Empire. 會元 Hoúy yuên. ‖ — choisi par l'Empereur. *Status* 狀元 Tchoāng yuên. ‖ — des Kiù jên. 解元 Kiày yuên. ‖ — de quartier au palais. 首領 Cheòu lĭn. ‖ — de canton. 保長 Paŏ tchāng. ‖ — des gueux. 化子頭 Hoá tsè teŏu. ‖ — article. *Unus articulus* —. 一端 Ỷ touān. ‖ — de famille. *Paterfamilias.* 家長 Kiā tchāng. ‖ — d'accusation. *Accusat. nomina.* 案情 Gán tsín.

11

**CHEF-D'ŒUVRE**, s. m. *Artis specimen*. 好工夫 Haò kŏng foû.

**CHEF-LIEU**, s. m. *Urbs primaria*. 府 Foû.

**CHEMIN**, s. m. *Via, æ, f*. 大路 Tá loú. ‖ Un —. *Una* —. 一條大路 Ý tiaò tá loú. ‖ Grand —. *Via publica*. 大路 Tá loú. ‖ — pavé. — *strata*. 石路 Chĕ loú. ‖ — battu. — *Trita*. 慣熟的路 Laó jĕ tỷ loú. ‖ — aisé. — *expedita*. 好走的路 Haò tseòu tý loú. ‖ — détourné. — *devia*. 繞路 Jaò loú. ‖ — fermé. *Interclusa*. 不通的路 Poŭ tŏng tý loú. ‖ — droit. — *recta*. 直路 Tchĕ loú. ‖ Le — est court. *Via brevis est*. 路不遠 Loú poŭ yuèn. ‖ — plus court. — *brevior*. 路更捷 Loú kén tsiĕ. ‖ — faisant. *Iter faciens*. 路上 Loú cháng. ‖ Demander le —. — *exquirĕre*. 問路 Ouén loú. ‖ Où va ce —. *Quò via ducit*. 這條路走那去的 Tchĕ tiaò loú tseòu là kíu tỷ. ‖ Montrer le —. *Viam indicāre*. 指路 Tchĕ loú. ‖ Aller le droit —. *Rectâ viâ ire*. 直直走 Tchĕ tchĕ tseòu. ‖ Faire souvent un —. *Celebrāre viam*. 常去來 Cháng kíu laỷ. ‖ Faire bien du — en un jour. *Longum iter in uno die facĕre*. 走一天長路 Tseòu ỷ tiēn cháng loú. ‖ Se tromper de —. *Errāre à viâ*. 錯路 Tsŏ loú. ‖ Remettre quelqu'un dans le —. *In viam reducĕre*. 人走錯了指他的路 Jèn tseòu tsŏ leaò, tchĕ tá tỷ loú. ‖ Rebrousser le —. *Iter relegĕre*. 囘來 Houỷ laỷ. ‖ Les rebelles tiennent les —. *Rebelles iter insident*. 賊子阻路 Tsĕ tsè tsoù loú. ‖ Fermer le —. *Viam occludĕre*. 阻路 Tsoù loú. ‖ Rencontrer quelqu'un en —. *Alicui occursāre*. 遇著人 Yú tchŏ jèn. ‖ —. *Via, medius*. 方法 Fāng fă. ‖ Faire son —. *Honores adipisci*. 陞得快 Chēn tĕ kouáy. ‖ Suivre le — battu. *Eâd. viâ pergĕre*. 照市 Tchaó ché.

**CHEMINÉE**, s. f. *Caminus, i, m*. 煙筒 Yēn tŏng. ‖ Manteau de —. *Spiraculi lorica*. 火爐額 Hŏ loú gĕ.

**CHEMINER**, v. a. *Iter facĕre*. 走路 Tseòu loú. ‖ — bien. *Assequi finem*. 滿意 Màn ý. ‖ — droit. *Non offendĕre*. 行善 Hín chán.

**CHEMISE**, s. f. *Indusium, subula*. 汗衣 Hán ỷ. ‖ Une —. *Una* —. 一件汗衣 Ý kién hán ỷ. ‖ — qui ferme devant la poitrine. 對襟汗衣 Toúy kīn hán ỷ. ‖ — qui ferme sur le côté gauche. 琵琶襟汗衣 Pỷ pá kīn hán ỷ. ‖ — en filet, contre la sueur. 綢衣 Ouàng ỷ. ‖ — sans manches. 汗褂 Hán koúa. ‖ N'avoir pas de —. *Omnium egenus esse*. 窮得狠 Kiŏng tĕ hèn.

**CHENAPAN**, s. m. *Nebulo, onis, m*. 匪人 Feỷ jèn.

**CHÉNEAU**, s. m. *Compluvium, ii, n*. 瓦溝 Oŭa keŏu.

**CHÈNEVOTTE**, s. f. *Cannabinus calamus*. 麻莖 Mà hēn.

**CHENILLE**, s. f. *Eruca, æ, f*. 毛虫 Maò tchŏng.

**CHER, ÈRE**, adj. *Carus*. 可愛的 Kŏ gaý tỷ. ‖ — à quelqu'un. *Alicui*. —. 他愛他 Tā gaý tă. ‖ — (de grand prix. *Carus*. 貴的 Koúy tỷ. ‖ Le riz est —. *Oryza cara*. 貴米 Mỷ koúy. ‖ Acheter —. *Emĕre caré*. 貴買 Koúy maỷ.

**CHERCHER**, v. a. *Quærĕre*. 找 Tchaò, ou 尋 Siûn. ‖ — et ne pas trouver. *Quærĕre nec invenīre*. 找不倒 Tchaò poŭ taò. ‖ — sa vie. *Victum quæsitāre*. 找喫 Tchaò tchĕ. ‖ — à fuir. *Fugam* —. 逃 Taó. ‖ — les éloges. *Venāri laudes*. 圖人讚美 Toû jèn tsán meỷ. ‖ — querelle. *Jurgia nectĕre*. 刁唆 Tiaō sō. ‖ — une aiguille dans du foin. *Viribus majora tentāre*. 心大 Sīn tā, ou 蚊蚋食山 Ouèn joúy foŭ chán. ‖ Se — soi-même. *Suis servīre*. 圖自已利益 Toû tsé kỷ lỷ ỷ.

**CHÈRE**, s. f. *Victus, ûs, m*. 粮食 Leâng chĕ. ‖ Faire bonne —. *Epulāri lauté*. 喫得好 Tchĕ tĕ haò. ‖ Aimer la bonne —. *Bené victitāre*. 愛喫好的 Gaý tchĕ haò tỷ. ‖ Faire mauvaise —. *Parcé vivĕre*. 喫得淡泊 Tchĕ tĕ tán pŏ.

**CHÉRIR**, v. a. *Diligĕre*. 愛 Gaý. ‖ — comme ses yeux. *In oculis gestāre*. 拾在眼睛上 Tẩy tsaỷ yèn tsīn cháng.

**CHERTÉ**, s. f. *Annonæ caritas*. 米粮貴 Mỷ leâng koúy. ‖ La — augmente. *Annona carior*. 米價更長 Mỷ kiá kén cháng.

**CHÉRUBIN**, s. m. *Cherubim*. 格侶 Kĕ liù.

**CHÉTIF, IVE**, adj. *Vilis*. 賤的 Tsién tỷ. ‖ Vivre —. *Parcé vivĕre*. 喫得淡泊 Tchĕ tĕ tán pŏ.

**CHEVAL**, s. m. *Equus, i, m*. 馬 Mà. ‖ Un —. *Unus* —. 一匹馬 Ý pỷ mà. ‖ — jeune. — *tener*. 嫩馬兒 Lén mà eûl. ‖ — vieux. — *senex*. 老馬 Laò mà. ‖ — docile. — *docilis*. 馬脾氣好 Mà pỷ kỷ haò. ‖ — féroce. — *ferox*. 馬 Mà. ‖ Ngŏ mà. ‖ — gras. — *pinguis*. 馬肥 Mà feỷ. ‖ — maigre. — *strigosus*. 瘦馬 Seòu mà. ‖ — entier. — *mas*. 騷馬 Saō mà. ‖ — châtré. — *castratus*. 騸馬 Chán mà. ‖ — de course. *Veredus*. 文書馬 Oûen choû mà. ‖ — de poste. *Equus* — 驛馬 Ý choû mà. ‖ de rechange. — *desultor*. 驛馬 Ý mà. ‖ — de bagage. — *dossuarius*. 駝馬 Tŏ mà. ‖ — rétif. — *restitans*. 烈馬 Liĕ mà. ‖ — ombrageux. 眼差的馬 Yèn tchă tỷ mà. ‖ — isabelle. — *gilvus*. 黃馬 Hoâng mà. ‖ — qui mange bien. — *robustus*. 馬的草口好 Mà tỷ tsaò keŏu haò. ‖ — qui ne se laisse pas approcher. — *calcitrosus*. 馬護草 Mà hoû tsaò. ‖ Seller un —. *Equum sternĕre*. 佩馬 Peý mà. ‖ Monter à — — *ascendĕre*. 上馬 Cháng mà. ‖ Aller à —. *Equitāre*. 騎馬 Kỷ mà. ‖ Aller au pas. *Gressu* —. 騎馬小走 Kỷ mà siaò tseoù. ‖ Aller au trot. *Succussu* —. 騎馬大走 Kỷ mà tá tseoù. ‖

Aller au galop. *Citato equo ire.* 騎馬跑 Kỳ mà pǎo. ∥ Tomber de —. *Ex equo dejici.* 跌下馬 Tiĕ hiá mà. ∥ Ferrer un —. *Equum calceāre.* 釘馬掌 Tīn mà tchāng. ∥ Dresser un —. *Equum domāre.* 敎馬 Kiaó mà. ∥ Brider le — par la queue. *Ultim. prim. præponĕre.* 顛倒 Tiēn taǒ. ∥ Son — n'est qu'une bête. *Errāre ineptissimé.* 錯得多 Tsǒ tě tō. ∥ Fermer l'écurie quand les — sont dehors. *Remedio præpost. uti.* 亡羊補牢 Ouâng yâng poǔ laǒ. ∥ Monter sur ses grands —. *Intonāre minas.* 説大話 Chǒ tá hoá. ∥ Ecrire à —. *Superbé scribĕre.* 寫得騎泰 Siě tě kiāo taý.

**CHEVALET**, s. m. *Equuleus, i, m.* 夾棍 Kiă kouèn. ∥ Y mettre quelqu'un. *Equuleo torquēre.* 上夾棍 Cháng kiă kouèn. ∥ — de violon. *Fidium canteriolus, i, m.* 弦馬子 Hiuên mà tsè.

**CHEVALIER**, s. m, *Eques, itis, m.* 馬兵 Mà pīn. ∥ — d'industrie. *Æruscator.* 哄騙人錢的 Hòng pién jên tsiěu tý.

**CHEVELURE**, s. f. *Coma, cæsaries.* 頭髮 Teǒu fǎ. ∥ Une —. *Una —.* 一把頭髮 Ỳ pà teǒu fǎ. ∥ — qui se tresse en natte comme font les Chinois. *Cincinnus, i, m.* 辮子 Pién tsè.

**CHEVET**, s. m. *Cervical, alis, n.* 枕頭 Tchèn teǒu.

**CHEVEU**, s. m. *Capillus, i, m.* 頭髮 Teǒu fǎ. ∥ Un —. *Unus —.* 一根頭髮 Ỳ kēn teǒu fǎ. ∥ — longs. *Promissi capilli.* 長頭髮 Tchǎng teǒu fǎ. ∥ — courts. *Breves —.* 淺頭髮 Tsiěn teǒu fǎ. ∥ — emmêlés. — *horrentes.* 亂頭髮 Loúan teǒu fǎ. ∥ Peigner ses —. *Capillos componĕre.* 梳頭髮 Soū teǒu fǎ, ou 篦頭髮 Pý teǒu fǎ. ∥ Nouer ses —. *Nectĕre cincinnum.* 辮頭髮 Pién teǒu fǎ. ∥ Saisir quelqu'un par les —. *Alicuj. capillos arripĕre.* 抓頭髮 Tchaō teǒu fǎ. ∥ Rouler sa queue autour de la tête. *Volvĕre cincinnum.* 盤辮子 Pǎn pién tsè. ∥ Ouvrir sa queue. *Dissolvĕre cincinnum.* 折辮子 Tsě pién tsè. ∥ Tresser les — courts en couronne. *Breves capillos nectĕre.* 圓辮 Oûy pién. Leâng pién. ∥ Perdre ses —. *Capilli cadunt.* 脫頭髮 Tǒ teǒu fǎ.

**CHEVILLE**, s. f. *Fibula, æ, f.* 橛子 Siě tsè, ou 丁子 Tīn tsè. ∥ — du pied. *Malleolus.* 螺螄骨 Lǒ sē koǔ, ou 脚交節骨 Kiǒ kiaō tsiě koǔ. ∥ — du navire qui tient la rame. *Scalmus.* 槳 Tsiàng.

**CHÈVRE**, s. f. *Capra, æ, f.* 山羊 Chān yâng. ∥ Prendre la —. *Sine causā irasci.* 小氣 Siaò kỳ. ∥ Ménager la — et le chou. *Servāre omnem ratem.* 護倒兩邊 Foǔ taò leâng piēn.

**CHEVRON**, s. m. *Canterius, ii, m.* 桁桷 Hîn kǒ.

**CHEVROTER**, v. n. *Hædulum parĕre.* 下羊兒 Hiá yâng eǔl. ∥ — (sauter). *Saltitāre.* 逃 Tiaó.

**CHEZ**, prép. *In, apud,* à la question *ubi* s'exprime ainsi : 在 Tsáy. ∥ — *moi. In domo med.* 在我屋裏 Tsáy ngǒ oū lỳ. ∥ — à la question *quò,* — ne s'exprime pas, ainsi : Aller chez quelqu'un. *Ire apud aliquem.* 去會人 Kíu hoúy jên, ou 走他屋裏 Tseǒu tǎ oū lỳ. ∥ Avoir un — soi. *Habēre domum.* 有房子 Yeǒu fâng tsè. A la question *undè,* — ne s'exprime pas non plus. Il est de telle famille. 他是某家人的 Tǎ ché móng kiā jên tỳ.

**CHICANE**, s. f. *Jurgium, ii, n.* 口嘴 Keǒu tsoùy. ∥ — (fraude). *Cavillatio, fraus.* 敲釘鎚 Kaō tīn tchoúy. ∥ Aimer les — *dolos amāre.* 敲釘鎚的人 Kaō tīn tchoúy tý jên.

**CHICANER**, v. a. *Fraude uti.* 敲釘鎚 Kaō tīn tchoúy.

**CHICHE**, adj. *Parcus.* 簡用的 Tsiě yóng tỳ.

**CHICOT**, s. m. *Surculus, i, m.* 椿 Tchoūang.

**CHIEN**, s. m. *Canis, is, m.* 狗 Keǒu. ∥ — mâle. 呀狗 Yà keòu. ∥ — femelle. 草狗 Tsaǒ keòu. ∥ — féroce. — *ferox.* 惡狗 Ngǒ keòu. ∥ Bon — de garde. 狗驚醒 Keǒu kīn sín. ∥ — qui mord sans aboyer. *Mordens in silentio.* 縮頭狗 Soū teǒu keòu. ∥ Par superstition, les Chinois disent : 狗來富 Keǒu laý foū. ∥ Lancer un — contre quelqu'un. *Excitāre canem contrà aliq.* 嗾狗咬人 Ngaǒ keòu niaò jên. ∥ Mener une vie de chieu. *Luxuriosé vivĕre.* 放縱荒狠 Fáng tsóng tě hèn. ∥ Faire le — couchant. *Suppalpāri.* 奉承人 ○ 餂肥 Fóng tchên jên. Tiěn feý. ∥ — étoilé. *Nomen stellæ.* 天狼 Tiēn lâng.

**CHIER**, v. n. *Cacāre* (terme bas). 解大手 Kiày tá cheòu. ∥ —. *Ventrem exonerāre.* 出恭 Tchoū kóng.

**CHIFFON**, s. m. *Detritus panniculus.* 舊布 Kieóu poú. ∥ — (chose de peu de valeur). *Quisquilia.* 小事 Siaò sé.

**CHIFONNER**, v. a. *Corrugāre.* 揉皺 Jeōu tsóng.

**CHIFFONNIER**, s. m. *Collector pannorum* —. 撿紙巾的人 Kièn tchě kīn tý jên.

**CHIFFRE**, s. m. *Nota arithmetica.* 數目 Soú moǔ. ∥ Ecrire en —. *Linguā arcanā scribĕre* —. 打馬子 Tà mà tsè.

**CHIFFRER**, v. a. *Supputāre.* 算 Soúan.

**CHIGNON**, s. m. *Cervix, icis, m.* 後腦 Heóu laǒ.

**CHIMÈRE**, s. f. *Commenta vana.* 妄想 Ouáng siàng. ou 假事 Kiǎ sé.

**CHIMIE**, s. f. *Chimia, æ, f.* 煉丹法 Lién tān fǎ.

**CHINE**, s. f. *Imperium sinense.* 中國 Tchōng kouě. 華國 Hoá kouě. 天下 Tiēn hiá. (Voir à l'*Appendice* le mot *Chine,* pour les détails sur cet Empire.)

**CHINOIS**, s. m. *Sinensis.* 中國人 Tchōng kouě jên. 漢人 Hán jên. 唐人 Tâng jên.

**CHIPOTER**, v. n. *Lenté agĕre.* 做得慢 Tsoú tě mán.

**CHIQUENAUDE**, s. f. *Talitrum, i, n.* 指頭彈 Tchě teǒu

84　　　　CHI　　　　　　　　　　　　　　CI

tǎn. ‖ En donner une. *Talitro aliq. cœdĕre.* 彈別人 Tǎn piĕ jên.

CHIROMANCIE, s. f. *Chiromantia, œ, f.* 算命 Soán mín.

CHLAMYDE, s. f. *Chlamys, ydis, f.* 戰裙 Tohán kiŭn.

CHLOROSE (pâle couleur des femmes). 赤白帶 Tchĕ pĕ taý.

CHOC, s. m. *Conflictus, ûs, m.* 撞倒的 Tchoǔang taò tý.

CHŒUR, s. m. *Unus chorus, i, m.* 一班唱經的人 ý pān tchǎng kīn tý jên. ‖ Former un —. *Concentum efficĕre.* 派一班人唱 Pǎý ý pān jên tchǎng. ‖ Chanter à deux —. *Cantus per vices reddĕre.* 兩班對唱 Leàng pān toúy tchǎng. ‖ Enfant de —. *Puer addictus choro.* 蕩子 Táng tsè. ‖ — (sanctuaire). *Templi sacrarium.* 聖所 Chén sò. ‖ — (Ordres des Esprits célestes). *Chorus.* 品 Pín. ‖ Les neuf — des anges. *Novem angelorum chori,* nempè. 九品天神 Kieòu pǐn tiĕn chên. Savoir :

1° Anges.　　　*Angeli.*　　　天神　Tiĕn chên.
2° Archanges.　　*Archangeli.*　 大天神　Tá tiĕn chên.
3° Principautés. *Principatus.*　神宗　Chên tsōng.
4° Puissances.　*Potestates.*　 諸能　Tchoū nên.
5° Vertus.　　　*Virtutes.*　　諸德　Tchoū tĕ̇.
6° Dominations. *Dominationes.*　主天神　Tchoū tiĕn chên.
7° Trônes.　　*Throni.*　　 神座　Chên tsó.
8° Chérubins.　*Cherubim.*　 格侶　Kĕ̇ liù.
9° Séraphins.　*Seraphim.*　 瑟辣　Sĕ̇ lǎ.

CHOIR, v. n. *Cadĕre.* 落 Lŏ. 跌 Tiĕ. 倒 Taò.

CHOISIR, v. a. *Seligĕre.* 選擇 Siuèn tsĕ̇. ‖ — des exemples. *Exempl.* —. 用明白的比方 Yóng mín pĕ̇ tý pý fāng. ‖ Donner à —. *Optionem dăre.* 隨人選 Soúy jên siuèn.

CHOIX, s. m. *Electio, onis, f.* 選 Siuèn.

CHOLÉRA-MORBUS, s. m. 黑痰 Hĕ̇ tǎn.

CHÔMER, v. a. *Ab opere cessāre.* 停工 Tǐh kōng. ‖ — le jour de sa naissance. *Natali* —. 辦生期酒 Pán sēn ký tsieòu. ‖ C'est un saint qu'on ne — plus. *Dignitate destitutus* —. 罷職的官 Pá tchĕ̇ tý koǔan. ‖ — (manquer de besogne). *Vacāre.* 得空 Tĕ̇ kóng.

CHOQUER, v. a. *In rem offendĕre.* 撞着 Tchoúang tchŏ, ou 撞 Pǒng. ‖ — (offenser). *Offendĕre.* 得罪 Tĕ̇ tsoúy. ‖ Cela —. *Hoc indecorum est.* 不合禮 Poǔ hô lý. ‖ — la vue. *Oculos* —. 傷眼睛 Chāng yèn tsīn. ‖ Se — la tête. *Caput allidĕre.* 撞着壁頭 Pǒng tchŏ pý teòu. ‖ Se — (s'offenser). *Re minimâ offendi.* 小氣 Siaò ký.

CHORISTE, s. m. *Chorista, œ, m.* 領經士 Lǐn kīn sé.

CHOSE, s. f. *Res, ei, f.* 事情 Sé tsín. ‖ Une —. *Una —.* 一件事 Ý kién sé. ‖ — connue de tous. *Res comperta.* 明事 Mǐn sé. ‖ La — parle d'elle-même. *Res ipsa monet.* 事情是這樣 Sé tsín ché tchĕ̇ yáng. ‖ Chaque

— a son maître. *Res clamat domino.* 物蹄原主 Oǔ koǔy yûen tchoù. ‖ Sur toutes —. *Præcipuè.* 頭一宗 Teǒu ý tsōng. ‖ Toutes —. 萬物 Oúan où.

CHOYER, v. a. *Indulgēre.* 寬待 Koūan taý. ‖ — quelque chose. *Aliq. curāre.* 管一件事 Koùan ý kién sé. ‖ Se —. *Sibi nimis indulgēre.* 過將就自已 Kó tsiāng tsieóu tsé ký.

CHRÊME, s. m. *S. Chrisma.* 基斯馬油 Ký sē mà yeòu.

CHRÉTIEN, s. m. *Christianus, i, m.* 天主教 Tiĕn-Tchoù kiaó. ‖ Se faire —. *Amplecti relig. christian.* 奉教 Fóng kiaó. ‖ — fervent. *Fervidus christicola.* 熱切教友 Jĕ̇ tsiĕ̇ kiaó yeòu. ‖ — tiède. *Tepidus —.* 冷淡教友 Lèn tán kiaó yeòu. ‖ — zélé. *Zelatus —.* 熱教烈友 Jĕ̇ liĕ̇ kiaó yeòu. ‖ — nouveau. *Neophytus.* 新教友 Sīn kiaó yeòu. ‖ — ancien. *Domesticus fidei.* 老教友 Laò kiaó yeòu. ‖ La Chine compte, au plus, aujourd'hui, cinq cent mille chrétiens. *Sinarum imperio forsàn adnumerantur nunc quingenta millia christianorum, nec plures.* 如今中國恐有五十萬天主教人莫得多點 Joù kīn tchōng kouĕ̇ kòng yeòu où chĕ̇ oúan Tiĕn-Tchoù kiaó jên, mô tĕ̇ tō tièn.

CHRÉTIENTÉ, s. f. *Christianitas, atis, f.* 一塘教友 Ý tǎng kiaó yeòu. ‖ Marcher sur la —. *Esse pauper.* 受窮 Cheóu kiŏng.

CHRISTIANISME, s. m. *Christianismus, i, m.* 天主教 Tiĕn-Tchoù kiaó. ‖ Embrasser le —. *Amplecti —.* 奉天主教 Fóng Tiĕn-Tchoù kiaó. ‖ Permettre le —. *Permittēre.* 許傳天主教 Hiù tchoǔan Tiĕn-Tchoù kiaó. Le défendre. *Prohibēre —.* 禁革天主教 Kín kĕ̇ Tiĕn-Tchoù kiaó.

CHRONIQUE, s. f. *Chronica, orum, n. p.* 史記 Chè ký.

CHRONIQUE, adj. ‖ Maladie —. *Morbus chronicus.* 療病 Laò pín.

CHRONOLOGIE, s. f. *Chronologia, œ, f.* 歷代表 Lý taý piaŏ.

CHRONOMÈTRE, s. m. *Chronometrum, i, n.* 時辰表 Chê chên piaŏ.

CHRYSALIDE, s. f. *Chrysalis, idis, f.* 蠣子 Kièn tsè. ‖ — de la mante. 蠑蜋 Piáo siáo.

CHUCHOTER, v. n. *Garrĕre secretò.* 悄悄說 Tsiaŏ tsiaŏ chŏ.

CHUT! partic. *Tacete.* 不出聲 Poǔ tchǒu chên.

CHUTE, s. f. *Casus, ûs, m.* 跌○落 Tiĕ̇. Lŏ. ‖ Faire une —. *Cadĕre.* 跌倒 Tiĕ̇ taò. ‖ — (faute). *Error.* 錯 Tsŏ̇. ‖ Faire une — grave. *Gravis —.* 大錯 Tá tsŏ̇.

CI, adv. de temps et de lieu, qui se place après les pronoms et avant les adjectifs. En général, il s'exprime en chinois comme ceci : Celui-ci. *Iste —.* 這個人 Tchĕ̇ kó jên. ‖ Cette année-ci. *Hoc ipso anno.* 這個

本年 Tchḗ kó pèn niên. ‖ Par ci, par là. *Passìm*. 到處 Taó tchóu. ‖ Ci-dessus. *Suprà*. 上頭 Cháng teōu. ‖ Ci-dessous. *Infrà*. 下頭 Hiá teŏu. ‖ Ci-dessus. *Jàm jàm*. 先 Siēn. ‖ Ci-dessous. *Posteà*. 後頭 Heóu teŏu, ou 後來 Heóu laў. ‖ Ci-gît un tel. *Hic jacet talis*. 清故○○人之墓 Tsín koú ○○ jên tchē mó.

CIBLE, s. f. *Meta, æ, f.* 靶子 Pà tsè, ou 㮨子 Tò tsè. ‖ L'atteindre. — *attìngĕre*. 中靶子 Tchóng pà tsè. ‖ La manquer. — *non attìngĕre*. 不中靶子 Poŭ tchóng pà tsè. ‖ Arriver près de la —. *Fermé attìngĕre*. 幾乎中了靶子 Kў hoū tchóng leaò pà tsè.

CIBOIRE, s. m. *S. Pyxis, idis, f.* 聖體盒子 Chén tў hŏ tsè.

CIBOULE, s. f. *Cepula, æ, f.* 小蔥子 Siaŏ tsōng tsè.

CICATRICE, s. f. *Cicatrix, icis, f.* 傷痕 Chāng hên.

CICATRISER (SE), v. n. *Coalescĕre*. 生口 Sēn keōu, ou 收口 Cheōu keŏu.

CIDRE, s. m. *Cervisia, æ, f.* 李子酸酒 Lў tsè soūan tsieòu.

CIEL, s. m. *Cœlum, i, n.* 天 Tiēn. ‖ — (paradis). *Paradisus*. 天堂 Tiēn táng. ‖ Les habitants du —. *Cœlites*. 天朝諸聖 Tiēn tchaŏ tchoū chén. ‖ Aller au —. *Cœlum ascendĕre*. 升天 Chēn tiēn. ‖ Soupirer après le —. *Paradisum anhelàre*. 望升天 Oúang chēn tiēn. ‖ Les joies du —. *Gaudia Paradisi*. 天堂之福 Tiēn táng tchē foū. ‖ Elever quelqu'un au —. *Laudibus aliq. tollĕre*. 誇上天 Koūa cháng tiēn. — Remuer — et terre. *Omnia media adhibĕre*. 千方百計 Tsiēn fāng pĕ̀ kў. ‖ — (pris pour Dieu). *Deus*. 天主 Tiēn Tchoù. ‖ Le — a ordonné autrement. *Deo aliter visum est*. 是天主聖意 Ché Tiēn-Tchoū chén ў. ‖ Grâces au —. *Gratias Deo optimo*. 感謝天主 Kàn sié Tiēn-Tchoū. ‖ Fasse le —! *Utinam!* 巴不得 Pā poū tĕ̀. ‖ — (air). *Aer*. 天 Tiēn. ‖ Le — est pur. *Serenum cælum*. 天晴 Tiēn tsîn. ‖ Le — est obscur. *Obscurum*. 天黑 Tiēn hĕ̀. ‖ Le — est screin. *Serenum*. 天晴 Tiēn tsîn. ‖ — (climat). *Clima, atis, n.* 水土 Choùy toù. ‖ Ce — ne me convient pas. *Hoc cœlum non convenit mihi*. 那个水土不合我 Là kó choùy toū poū hŏ ngŏ. ‖ — de lit. *Lecti tegmen*. 床頂板 Tchoŭang tĭn pàn.

CIERGE, s. m. *Cereus, i, m.* 黃蠟 Hoúang là. ‖ Une paire de —. *Unum par* —. 一對蠟 Ў touў là. ‖ Un —. *Unus* —. 一隻蠟 Ў tchĕ̀ là. ‖ Mèche de —. *Ellychnium, i, n.* 臘心 Là sīn. ‖ Faire des —. *Cereos conflàre*. 膠臘燭 Kiaō là tchoŭ. ‖ Allumer les —. — *accendĕre*. 點臘燭 Tièn là tchoŭ. ‖ Moucher les —. — *emungĕre*. 剪臘花 Tsièn là hoā. ‖ Eteindre

les —. — *exstinguĕre*. 吹蠟 Tchoūў là, ou 夾臘 Kiă là.

CIGARE, s. m. *Tabacum glomeratum*. 榲子花烟 Tchē-tsè hoā yēn, ou 孖姑烟 Mā koú yēn. ‖ Fumer le —. *Tabaci fumum attrahĕre*. 嗅烟 Tchĕ̀ yēn.

CIL, s. m. *Cilium, ii, n.* 眼眨毛 Yèn tchă maŏ.

CILICE, s. m. *Cilicium, ii, n.* 苦衣 Koŭ ў. ‖ Porter le —. 穿苦衣 Tchoŭan koŭ ў.

CILLER, v. a. *Palpebràre*. 眨眼 Tchă yèn.

CIME, s. f. *Vertex, icis, m.* 巔頂 Tiēn tĭn. ‖ — d'une maison. 房頂 Fáng tĭn. ‖ — d'une montagne. 山頂 Chān tĭn.

CIMENT, s. m. *Arenatum, i, n.* 三合土 Sān hŏ toŭ. ‖ Mêler le —. — *miscēre*. 合石灰 Hŏ chĕ̀ hoúy. ‖ En mettre. — *ponĕre*. 拂石灰 Foŭ chĕ̀ hoúy.

CIMENTER, v. a. *Arenato connectĕre*. 拂三合土 Foŭ sān hŏ toŭ. ‖ — la paix. *Paci fovēre*. 固朋情 Koú pŏng tsîn.

CIMETIÈRE, s. m. *Cœmeterium, ii, n.* 墳山 Fên chān, ou 義園 Ngў yûen.

CINGLER, v. n. *Passis velis ferri*. 船走得快 Tchoŭan tseòu tĕ̀ koŭay, ou 順風走 Chuén fōng tseòu.

CINQ, adj. *Quinque*. 五个 Où kó. ‖ De — en — jours. *Quinto quoque die*. 隔五天 Kĕ̀ où tiēn. ‖ — fois. *Quinquies*. 五回 Où hoúy, ou 五次 Où tsè. ‖ — fois autant. — *tantum*. 加五倍 Kiā où peў. ‖ Divisé en — parties. *Quinquepartitus*. 分了五股 Fēn leaò où koŭ, ou 五分 Où fēn.

CINQUANTE, adj. *Quinquaginta*. 五十 Où chĕ̀.

CINQUANTIÈME, adj. *Quinquagesimus*. 弟五十 Tў où chĕ̀.

CINQUIÈME, adj. *Quintus*. 弟五个 Tў où kó.

CINTRE, s. m. *Arcus, ùs, m.* 懸了 Hiuēn tsè.

CINTRER, v. a. *Arcuàre*. 做彎 Tsoù oūan.

CIRCONCIRE, v. a. *Circumcidĕre*. 割損陽物頂之皮 Kŏ̀ sēn yâng où tĭn tchē pў.

CIRCONCISION, s. f. *Circumcisionis festum*. 割損禮 Kŏ̀ sèn lў.

CIRCONFÉRENCE, s. f. *Circuitus, ùs, m.* 週圍 Tcheōu oūў, ou 圖線 Kiúen sién. ‖ — du cercle. *Circuli* —. 圍界 Koūan kiáў. ‖ La — du globe est de 90,000 lў. 地球圈九萬里 Tў kieōu oūў kieòu oúan lў.

CIRCONLOCUTION, s. f. *Verborum ambitus, ùs, m.* 轉彎話 Tchoŭan oūan hoá.

CIRCONSCRIPTION, s. f. *Circumscriptio, onis, f.* 界石 Kiáў chĕ̀.

CIRCONSCRIRE, v. a. *Circumscribĕre*. 週圍畫一圈 Tcheōu oūў hoá ў kiūen.

CIRCONSPECTION, s. f. *Consideratio, onis, f.* 賢智 Hiên tchĕ̀. ‖ En avoir. *Cauté agĕre*. 有賢智 Yeòu hiên tchĕ̀

**CIRCONSTANCE**, s. f. *Circumstantia, æ, f.* 原由 Yuên yeôu, ou 勢理 Ché lý. ‖ — aggravante. — *aggravans.* 加罪的勢理 Kiā tsoúy tý ché lý. ‖ — atténuante. — *minuens.* 減罪的勢理 Kiēn tsoúy tý ché lý. ‖ S'accommoder aux —. *Temporis rationem habēre.* 隨時做 Soûy chē tsoú. ‖ Agir selon les —. *Juxtà tempus agĕre.* 見景生情 Kién kín sēn tsîn.

**CIRCONVENIR**, v. a. *Circumvenire.* 用詭計 Yóng koùy ký.

**CIRCONVOLUTION DES CIEUX.** *Cœlorum circuitus.* 天運動 Tiēn yún tóng.

**CIRCUIT**, s. m. *Circuitus, ùs, m.* 走一遍 Tseòu ý tcheōu. ‖ — de paroles. *Verborum circuitus.* 轉彎話 Tchouăn ouān hoá.

**CIRCULAIRE**, adj. *Circulatus.* 週圍的 Tcheōu ouý tý. ‖ Lettre —. *Communis littera.* 公信 Kōng sín.

**CIRCULATION**, s. f. ‖ — du sang, *Circulatio, onis.* 血脈潮 Hiuĕ mĕ tchăo, ou 血脈週流 Hiuĕ mĕ tcheōu lieōu.

**CIRCULER**. v. n. *Circulāri.* 走一轉 Tseòu ý tchoăn.

**CIRE**, s. f. *Cera, æ, f.* 黃蠟 Houâng lă. ‖ — à cacheter. *Cera signatoria.* 火漆 Hò tsý. ‖ — cire végétale chinoise. *Cera vegetalis.* 白蠟 Pĕ lă. ‖ Extraire la —. *Ceram extrahĕre.* 濾蠟 Liù lă. ‖ Couler la —. — *excolāre.* 化蠟 Hoá lă. ‖ Blanchir la —. — *dealbāre.* 漂蠟 Piāo lă.

**CIRQUE**, s. m. *Circus, i, m.* 較塲 Kiāo tchăng.

**CISEAU**, s. m. *Scalprum, i, n.* 鋥子 Tsŏ tsè. ‖ Espèces de — chinois. *Species.* 圓鋥 Yuên tsŏ. 方鋥 Fāng tsŏ. 分鋥 Fēn tsŏ. 觜角鋥 Tchoŏ kŏ tsŏ. ‖ — de tailleur (forceps). 剪子 Tsiēn tsè.

**CISELER**, v. a. *Cœlāre.* 畫○雕 Hoă. Tiáo.

**CITADELLE**, s. f. *Arx, cis. f.* 砲台 Páo tây.

**CITADIN**, s. m. *Urbis incola.* 城内人 Tchên loúy jên.

**CITATION**, s. f. *In jus vocatio.* 提人見官 Tý jên kién koūan. ‖ — d'auteur. *Scriptoris prolatio.* 引書上的話 Yn choù cháng tý hoá.

**CITÉ**, s. f. *Urbs, is, f.* 城 Tchên. ‖ Droit de —. *Insitus urbi.* 入官名之士 Joŭ kouān mîn tchē sé. = ‖ Le donner à quelqu'un. *Civitate donāre aliq.* 陞摺紳 Chēn tsin chên.

**CITER**, v. a. *In jus vocāre.* 引証 Yn tchén.

**CITERNE**, s. f. *Cisterna, æ, f.* 水池 Choùy tchĕ.

**CITOYEN**, s. m. *Civis, is, m.* 本方人 Pĕn fāng jēn.

**CIVIL, E**, adj. *Civilis.* 公的○國家的 Kōng tý. Kouĕ kiā tý. ‖ — (poli). *Urbanus.* 有禮信的 Yeôu lý sín tý.

**CIVILISER**, v. a. *Mores polīre.* 化風俗 Hoá fōng siŏu, ou 敎禮 Kiáo lý.

**CIVILITÉ**, s. f. *Urbanitas, atis, f.* 禮信 Lý sín. ‖ Traiter quelqu'un avec grande —. *Exquisitè tractāre.* 待人有禮 Taý jên yeòu lý. ‖ Monsieur Tōng vous fait ses —. 童耶拜上你 Tóng yè paý cháng ngý, ou 童耶稟安你 Tóng yè pìn gān ngý.

**CLABAUDER**, v. n. *Clamitāre.* 無故報怨 Oû koú paó yuên.

**CLAIE**, s. f. *Crates, is, f.* 間壁 Kiēn pý.

**CLAIR, E**, adj. *Clarus.* 明的 Mîn tý, ou 亮的 Leáng tý. ‖ La lune est —. *Luna lucida.* 月亮明 Yuĕ leâng mîn. ‖ Le — de la lune. *Luna radians.* 月亮 Yuĕ leáng. ‖ Chambre fort —. *Cubiculum lucidum.* 房圓亮 Fâng kiŭen leáng. ‖ Le — obscur. *Clarum obscurum.* 陰陽 Yn-yâng. ‖ Eau —. *Aqua limpida.* 水清 Choùy tsīn. ‖ Rendre —. *Lucidum reddĕre.* 磨光 Mŏ kouāng. ‖ Cheveux —. *Rari capilli.* 頭髮稀 Teôu fă hý. ‖ — (évident), cela est —. *Hoc constat.* 這是明事 Tchĕ ché mîn sé. ‖ Tirer du vin au —. *Vinum excolāre.* 澄清酒 Tên tsīn tsieŏu. ‖ Tirer une affaire au —. *Rem dilucidāre.* 分清楚 Fēn tsīn tsŏu. ‖ Y voir —. *Rem percallēre.* 熟一宗事 Choŭ ý tsōng sé.

**CLAIREMENT**, adv. *Claré.* 明明白白 Mîn mîn pĕ pĕ. ‖ Expliquer —. *Apertè explicāre.* 講明 Kiăng mîn.

**CLAIRE-VOIE**, s. f. *Clathrum, i, n.* 臕子 Tsăng tsè.

**CLAIRON**, s. m. *Lituus, i, m.* 號 Haó.

**CLAIRVOYANCE**, s. f. *Perspicacitas, atis, f.* 伶俐 Lîn lý.

**CLAMEUR**, s. f. *Clamor, oris, m.* 吶喊 Lă hàn.

**CLANDESTIN**, adj. *Clandestinus.* 私的 Sē tý, ou 暗的 Gán tý. ‖ Mariage —. *Clandest. matrimonium.* 私自成婚 Sē tsé tchên hoūen.

**CLAPIER**, s. m. *Latibulum, i, n.* 窠 Kiŏu, ou 穴 Hiuĕ.

**CLAQUE**, s. f. *Ictus, ùs, m.* 下 Hiá. ‖ Donner une —. *Ictum dăre.* 打一下 Tà ý hiá.

**CLAQUER**, v. a. *Acutè sonāre.* 打響聲 Tă hiàng chĕn. ‖ Faire — ses doigts. *Manibus crepitāre.* 撤指頭 Piĕ tchĕ teŏu.

**CLARIFIER**, v. a. *Diluĕre liquorem.* 澄清 Tên tsīn.

**CLARINETTE**, s. f. *Tibia, æ, f.* 一枝撒吶子 Ý tchē sà là tsè.

**CLARTÉ**, s. f. *Claritas, atis, f.* 亮 Leáng, ou 光明 Koūang mîn. ‖ — d'un liquide. *Limpitudo.* 清 Tsīn.

**CLASSE**, s. f. *Ordo.* 次序 Tsé síu. 等列 Tĕn liĕ. 樣 Yâng. ‖ — de collége. *Schola.* 班 Ý pān. ‖ — (flotte). *Classis.* 一幫船 Ý pāng tchoŭan. ‖ Les quatre — du peuple chinois. 四民 Sé mîn. Savoir :

Les lettrés. 士 Sé. Les cultivateurs. 農 Lông.
Les ouvriers. 工 Kōng. Les marchands. 商 Chāng.

**CLASSER**, v. a. *Ordināre.* 分別 Fēn piĕ.

**CLAUSE**, s. f. *Caput, clausula.* 約 Yŏ, ou 斷 Toúan. ‖ — pénale. *Clausula pænalis.* 定罰 Tín fă.

**CLAVETTE**, s. f. *Cuneus, i, m.* 串丁 Tchóng tīn.

CLAVICULE, s. f. *Clavicula, æ, f.* 銷柱骨 Sò tchoù koŭ, ou 肩膊骨 Kiēn pŏ koŭ.
CLAVIER D'ORGUE, s. m. *Organi pinnæ.* 橋子 Kiáo tsè. ‖ Les touches. 脾子 Pay tsè.
CLEF, s. f. *Clavis, is, f.* 鑰匙 Yŏ chê. ‖ Une —. *Una —.* 一把鑰匙 Y pà yŏ chê. ‖ Fermer à —. *Obserāre.* 上鎖 Cháng sò. ‖ — (moyen). *Via, modus.* 方法 Fāng fă. ‖ La logique est la — de la philosophie. *Logica philosophiæ initiamenta.* 辯法是格物之門 Piēn fă ché kĕ' oŭ tchē mên. ‖ — de musique. *Index musicalis.* 起經之韻點 Ky kīn tchē yún tiēn.
CLÉMENCE, s. f. *Clementia, æ, f.* 仁慈 Jēn tsě.
CLEPSYDRE, s. f. *Clepsydra, æ, f.* 水鐘 Choŭy tchōng.
CLERC, s. m. *Clericus.* 有神品的 Yeŏu chên pĭn tỷ. ‖ —. *Scriba.* 書辦 Chōu pán. ‖ Maître —. *Primarius scriba.* 師兄 Sē hiōng. ‖ Pas de —. *Erratum tironis.* 大錯 Tá tsŏ'.
CLERGÉ, s. m. *Clerus, i, m.* 教牧 Kiáo-mŏu.
CLIENT, s. m. *Cliens, tis, m.* 有保人的 Yeŏu paŏ jēn tỷ.
CLIGNER, v. a. *Connivēre.* 擠眉眨眼 Tsỷ my tchâ yēn.
CLIGNOTER, v. n. *Nictāre oculis.* 常眨眼睛 Chǎng tchâ yēn tsīn, ou 斬眼 Tchăn yēn.
CLIMAT, s. m. *Clima, atis, n.* 水土 Choŭy tŏu. ‖ Ce — ne me va pas. *Istud clima non mihi convenit.* 我不服水土 Ngŏ poŭ foŭ choŭy tŏu.
CLIMATÉRIQUE, adj. *Climactericus.* 凶年 Hiōng niēn.
CLIN D'ŒIL, s. m. *Ictus oculorum.* 傾刻 Kīh kĕ'. ‖ En un —. *In uno ictu.* 眨個眼睛 Tchâ kó yēn tsīn.
CLIQUE, s. f. *Factio, onis, f.* 癆黨 Pỷ tàng.
CLIQUETTE, s. f. *Crusma, tis, n.* 蓮花落 Liēn hoā lŏ.
CLOAQUE, s. m. *Cloaca, æ, f.* 唔溝 Gán keŏu.
CLOCHE, s. f. *Campana, æ, f.* 鐘 Tchōng. ‖ Battant de la —. *Tudicula, æ, f.* 鐘舌 Tchōng chĕ'. ‖ Fondre une —. *Campanam conflāre.* 鑄一个鐘 Tchoŭ ỷ kó tchōng. ‖ Agiter la —. *Pulsāre camp.* 擅鐘 Tchoūang tchōng. ‖ A —-pied. *In uno pede stāre.* 一隻脚站 Y tchĕ kiŏ' tchán.
CLOCHER, s. m. *Turris, is, f.* 鐘塔 Tchōng tă'.
CLOCHER, v. n. *Claudicāre.* 跸 Paў. ‖ La comparaison —. *Comparatio manca est.* 總比不像 Tsŏng pỷ poŭ siáng.
CLOCHETTE, s. f. *Campanula, æ, f.* 小鈴子 Siào lĭn tsè. ‖ L'agiter. *Agitāre —.* 搖鈴子 Yaŏ lĭn tsè.
CLOISON, s. f. *Crates, is, f.* 郎 Pỷ. 開壁 Hân pỷ. 隔斷 Kĕ' touán. 閉格 Hiēn kĕ'.
CLOÎTRE, s. m. *Peristylium, i, n.* 巷子 Háng tsè. ‖ — (couvent). *Claustrum, i, n.* 修道院 Sieōu taŏ yúen.

CLOPINER, v. n. *Claudicāre.* 跸 Paў, ou 走着費勁 Tseŏu tchŏ féy kĭn.
CLORE, v. a. *Claudēre.* 關 Koūan. ‖ — une ville de murs. *Urbem mœnibus sepīre.* 修城墙 Sieōu tchên tsiāng. ‖ — l'œil. *Oculos claudēre.* 閉眼睛 Pý yēn tsīn. ‖ — une assemblée. *Cœtum dimittĕre.* 散會 Sán hoúy. ‖ — un compte. *Rationem conficĕre.* 算清楚 Soúan tsīn tsŏu, ou 算定 Soúan tín. ‖ A huis clos. *Januis clausis.* 悄悄 Tsiaŏ tsiaŏ.
CLOS, s. m. *Septum, i, n.* 園子 Yuēn tsè.
CLÔTURE, s. f. *Claustrum, i, n.* 籬笆 Lỷ pă. ‖ — d'un discours. *Concionis finis.* 總言 Tsŏng yēn.
CLOU, s. m. *Clavus, i, m.* 釘子 Tīn tsè.
Espèces de clous chinois :
大門釘 Tá mên tīn. 二門釘 Eŭl mên tīn.
黑毛釘 Mĕ maŏ tīn. 馬掌釘 Mă tchàng tīn.
平釘 Pĭn tīn. 高釘 Kaō tīn.
Enfoncer un —. *Clavum figĕre.* 釘釘子 Tín tīn tsè. ‖ Arracher un —. *revellĕre.* 扱釘子 Pă tīn tsè. ‖ River un —. *Retundĕre.* 倒釘子 Taŏ tīn tsè, ou 蟠釘子 Păn tīn tsè. ‖ River un — à quelqu'un. *Linguam alic. retundĕre.* 封人的口 Fōng jēn tỷ keŏu. ‖ — (bouton). *Furunculus.* 火結瘩 Hŏ kiĕ tchoūang. ‖ Il s'en forme un. *— nascitur.* 生瘡 Sēn tchoūang. ‖ — de girofle. *Caryophyllum.* 丁香 Tīn hiāng.
CLOUER, v. a. *Figĕre.* 釘 Tín.
CLOUTIER, s. m. *Clavorum faber.* 打釘子的人 Tă tín tsè tỷ jēn.
CLYSTÈRE, s. m. *Clyster, eris, m.* 激桶 Kỷ tŏng.
COACTION, s. f. *Coactio, onis, f.* 强勉 Kiǎng miēn.
COADJUTEUR, s. m. *Adjutor, oris, m.* 扶助的 Foŭ tsŏu tỷ. ‖ — (évêque). *Coadj. episcopus.* 副主教 Foŭ tchoŭ kiáo.
COAGULER, v. a. *Coagulāre.* 凝 Lĭn. ‖ Se —. *Densāri.* 冷凝 Lĕn lĭn.
COALISER (SE), v. pr. *Societatem inire.* 結黨 Kiĕ tòng.
COASSER, v. n. *Coaxāre.* 田雞叫 Tiēn kỷ kiáo, ou 蛙蛙的叫 Koūa koūa tỷ kiáo.
COCHER, s. m. *Auriga, æ, m.* 車夫 Tchēy foŭ.
COCHENILLE, s. f. *Coccinilla, æ, f.* 花金與 Hoā kīn yŭ, ou 鴉藍 Yā lân.
COCHINCHINE, s. f. *Cocincinna, æ, f.* 安南 Gān nân, ou 交趾國 Kiāo tchè koŭ'.
COCHON, s. m. *Porculus, i, m.* 猪兒 Tchoū eŭl.
COCON, s. m. *Folliculus bombycum.* 蘭子 Kiēn tsè.
CODE, s. m. (civil chinois). *Codex, icis, m.* 律例書 Liŭ lỷ choū. ‖ Ce code porte aujourd'hui le titre de Tá tsīn liŭ lỷ. Un extrait seulement a été publié en 1799 par Thomas Staunton et traduit en français par Renouard de Sainte-Croix, en deux volumes in-8; Paris, 1812. Une

traduction exacte et complète de ce code est bien à désirer. La législation chinoise pourrait servir de modèle à bien des pays qui se croient plus civilisés.

**CODICILLE**, s. m. *Codicilli, orum, m.* 改遺言的字 Kaỷ ý yên tỷ tsé.

**CŒUR**, s. m. *Cor, dis, n.* 心 ○ 心腸 Sīn. Sīn tchắng. || Dans le —. *In corde.* 心裏 Sīn lỷ. || Le — me bat. *Cor micat.* 心跳 Sīn tiáo. || Le — a quatre cavités. 心有四房 Sīn yeòu sé fāng. Savoir : deux oreillettes ; 上房 Cháng fāng; deux ventricules. 下房 Hiá fāng. || —. *Animus.* 心 Sīn. || Mon petit — (terme de caresse). 我的肉 Ngô tỷ jôu. || Sans —. *Sine animo.* 無情的人 Oŭ tsín tỷ jên. || Cela me tient au —. *Hoc me urit.* 這个事苦我 Tchế kó sé kôu ngô. || Percer le —. *Dolore afficěre aliq.* 傷人心 Chāng jên sīn. || Avoir sur le —. *Ægré habēre aliquid.* 心內放不下 Sīn loúy fáng poŭ hiá. || Homme de —. *Vir animi fortis.* 剛勇的人 Kāng yòng tỷ jên. || Perdre —. *Deficěre animo.* 失望 Chê ouáng. || Donner du — à quelqu'un. *Alic. animos facěre.* 加人胆力 Kiā jên tàn lỷ. || Bon —. *Benignus homo.* 好心腸 Haò sīn tchắng. || Si le — vous en dit. *Si hoc te juvat.* 若是你喜歡 Jŏ ché ngỷ hỷ houān. || A contre —. *Invité.* 無奈 Oŭ laý. || De tout —. *Toto corde.* 全心 Tsiŭen sīn. || N'avoir qu'un — et une âme. *Uno animo vivěre.* 一心一意 Ý sīn ý ý. || —. *Mens.* 意思 Ý sě. || — partagé. *Cor divisum.* 分的心 Fēn tỷ sīn. || Avoir le — sur les lèvres. *Rectum animum habēre.* 老實的人 Laò chê tỷ jên. || Par —. *Memoriter.* 默記 Mě ký. || Dire par —. *Memoriter recitare.* 背念 Péy niên. || — (le milieu). *Medius.* 中 Tchōng. || Le — de la ville. *Media urbs.* 城當中 Tchêng tāng tchōng. || — de l'été. *Media œstate.* 伏天 Foŭ tiēn. || — de la ville. *Mediá urbe.* 城中 Tchên tchōng.

**COFFRE**, s. m. *Capsa, æ, f.* 箱子 Siāng tsè. || Un —. Una —. 一口箱子 Ý keôu siāng tsè.

**COFFRET**, s. m. (à toilette). *Arcula, æ, f.* 鏡奩 Kín liên.

**COFFRER**, v. a. *Capěre aliquem.* 捉人 Tchŏ jên.

**COGNATION**, s. f. *Cognatio, onis, f.* 親 Tsīu.

**COGNÉE**, s. f. *Securis, is, f.* 斧頭 Foù teôu.

**COGNER**, v. a. *Tunděre.* 搥 Tchoúy. || Se —. *Caput impingěre.* 以頭撞壁 Ý teôu tchoŭang pý, ou 蚊蛄負山 Ouēn joúy foŭ chān.

**COHORTE**, s. f. *Cohors, ortis, f.* 群兵 Kiŭn pīn.

**COHUE**, s. f. *Turba, æ, f.* 鬧熱 Laó jě.

**COI, TE**, adj. (tranquille). *Placidus.* 平和的 Pín hố tý.

**COIFFÉ, ÉE**, adj. *Comptus.* 打扮的 Tà pán tý. || Être né —. *Fortunæ filius.* 命好 Mín haŏ.

**COIFFER**, v. a. *Coměre.* 梳頭打扮 Soū teôu tà pán. || Être — d'une idée. *Opinione imbui.* 信一件事得狠

Sīn ý kién sé tě hěn. || Être — de quelqu'un. *Aliquem in oculis ferre.* 他狠信這个人 Tā' hèn sín tchế kó jên.

**COIFFURE**, s. f. *Pileus, i, m.* 帽子 Maó tsè. || Une —. *Unus* —. 一頂帽子 Ý tìn maó tsè.

**COKE**, s. m. *Carbo, onis, f.* 枯煤 Kōu mêy.

**COIN**, s. m. *Angulus, i, m.* 角 Kŏ. || Regarder du — de l'œil. *Limis aspectāre.* 斜眼看人 Siê yèn kản jên. || — bien retiré. *Secessus.* 靜處 Tsín tchŏu. || —. *Cuneus.* 楔子 Siuê tsè. || L'enfoncer. *Cuneāre.* 加楔子 Kiā siuê tsè. || — à marquer. *Sigillum.* 印 Ýn. || Marquer au — du prince. *Sigillo principis munire.* 印玉璽 Ýn yù sỷ.

**COÏNCIDENCE**, s. f. *Occursus, ùs, m.* 同時爲 Tōng chê oúy.

**COÏNCIDER**, v. n. *Apté concordāre.* 遇着 Yú tchŏ. || —. *Simul advenire.* 相對 Siāng toúy.

**COL**, s. m. *Amiculum, i, n.* 衣領 Ý ỉn. || — de montagnes. *Fauces.* 凹口 Ouā keôu.

**COLCOTHAR**, s. m. *Species cupri.* 燃銅 Jàn tōng.

**COLÈRE**, s. f. *Ira, æ, f.* 恣怒 Fén loú. || Emporté de —. *Iratus.* 發了恣怒 Fă leaò fén loú. || — dissimulée. *Tacita ira.* 心內冒火 Sīn loúy maó hŏ. || Mettre quelqu'un en —. *Ad iram provocāre.* 惹人冒火 Jê jên maó hŏ. || Se mettre en —. *Irasci.* 昌火 Maó hŏ. || Apaiser sa —. *Iram ponēre.* 息怒 Sỷ loú. || Qui se met aisément en —. *Pronus ad iram.* 暴性 Paó sín.

**COLIN-MAILLARD**, s. m. *Andabatæ, arum, f.* 蒙瞎摸 Mòng hiă moŭ.

**COLIQUE**, s. f. *Colica, æ, f.* 肚子痛 Toú tsè tŏng. 絞腸 Kiào tchắng. 腹疾 Foŭ tsý. 腸扭 Tchắng nieòu. || L'avoir. *Laborāre ventre.* 肚子痛 Toú tsè tŏng.

**COLLABORATEUR**, s. m. *Socius laboris.* 同事的人 Tōng sé tỷ jên.

**COLLATÉRAL, E**, adj. *Collateralis.* 同宗 Tōng tsōng. || Ligne —. *Linea.* 分支宗親 Fēn tchê tsōng tsīn.

**COLLATION**, s. f. *Merenda, æ, f.* 點心 Tiên sīn, ou 消夜 Siaō yé. || — de carême. *Cœnula.* 點心 Tiên sīn.

**COLLATIONNER**, v. a. *Merendam suměre.* 喫點心 Tchě tiên sīn. || — une copie. *Scriptum cum originali conferre.* 謄清合草稿相對 Tếh tsīn hŏ tsaō kaò siāng toúy. || — un compte. *Rationem recognoscěre.* 對數目 Toúy soú moŭ.

**COLLE**, s. f. *Gluten ex farina.* 麵漿 Mién-tsiáng. || — forte. *Taurinum.* 牛膝 Nieôu kiaô. || — de poisson. *Ichthyocolla.* 魚鰾 Yù piaŏ.

**COLLECTE**, s. f. *Collecta, æ, f.* 逗的錢 Teoú tỷ tsiên.

**COLLECTIF, IVE**, adj. *Collectivus.* 一齊的 Ý tsý tý.

**COLLÉGE**, s. m. *Collegium, ìi, n.* 學堂 Hiŏ tắng. || — national à Pékin. *Gymnasium Pekinense.* 國子監 Kouě tsè kién. || Le Sacré —. *Sacrum collegium.* 宗牧內閣 Tsōng moŭ loúy kŏ.

**COLLÈGUE**, s. m. Collega, æ, m. 同職 Tŏng tchŏ, ou 同伴 Tŏng pán. ‖ — d'étude. Studii socius. 窗友 Tsāng yeŏu.

**COLLER**, v. a. Glutināre. 粘 Niên, ou 糊漿水 Hoû tsiáng choùy. ‖ — deux feuilles ensemble. Glutināre simul duo folia. 糊兩層 Hoû leàng tsên. ‖ Avoir les yeux — sur quelqu'un. Defixis oculis intueri. 細細看 Sý sý kản. ‖ Être — sur ses livres. Libris impallescĕre. 好書得狠 Haó choū tŏ hên. ‖ Se — contre le mur. Se muro affigĕre. 靠着墙 Káo tchŏ tsiáng.

**COLLET**, s. m. Collarium, ü, n. 衣領 Y līn. ‖ Mettre la main sur le —. Capĕre aliq. 拿人 Lả jên.

**COLLETER (SE)**, v. r. Colluctāri. 按高子 Gán kaō tsĕ.

**COLLIER**, s. m. Torques, is m. 朝珠 Tchaō tchoū. ‖ Un —. Unus —. 一串朝珠 Y tchoŭan tchaō tchoū. ‖ — d'enfant. 項圈 Hiáng kiŭen. ‖ — de chien. 狗來子 Keŏu kiä tsĕ.

**COLLISION**, s. f. Collisus, ûs, m. 撞着 Pŏng tchŏ.

**COLLOQUE**, s. m. Colloquium, ii, n. 同說話 Tŏng chŏ hoá.

**COLLOQUER**, v. a. Collocāre. 放 Fáng.

**COLOMBE**, s. f. Columba, æ, f. 鴿子 Kŏ tsĕ.

**COLOMBIER**, s. m. Columbarium, ü, n. 鴿籠 Kŏ lóng.

**COLON**, s. m. Colonus, i, m. 佃戶 Tién foú. ‖ —(boyau). Colon, i. 大腸 Tá tchảng.

**COLONEL**, s. m. Chiliarchus, i, m. 副將 Foú tsiáng, ou 協臺 Hiĕ tảy.

**COLONIE**, s. f. Colonia, æ, f. 挪移的新民 Lô y tỷ sīn mîn. ‖ Fonder une —. Coloniam constituĕre. 挪移新民 Lô y sīn mîn.

**COLONNE**, s. f. Columna, æ, f. 柱頭 Tchoú teŏu. ‖ — vertébrale. — vertebralis. 脊骨 Tsỷ koŭ. ‖ — que les dignitaires chinois peuvent seuls ériger devant leurs palais. 榾子 Oly tsĕ.

**COLOPHANE**, s. f. Colophonia, æ, f. 松香 Sōng hiāng.

**COLOQUINTE**, s. f. Colocynthis, is, f. 細腰葫蘆 Sý yaō hoū koû, ou 橙瓜 Těn koŭa.

**COLORER**, v. a. Colorāre. 上顏色 Cháng yên sĕ. ‖ — une faute. Culpam obtegĕre. 推罪 Toūy tsoúy. ‖ — (déguiser). Fingĕre. 假粧 Kiả tchoāng.

**COLORIS**, s. m. Colorum ratio. 綵色 Tsaý sĕ.

**COLOSSE**, s. m. Colossus, i, m. 大像 Tá siáng.

**COLPORTER**, v. a. Merces vehĕre. 挑貨 Tiāo hó.

**COLPORTEUR**, s. m. Propola, æ, m. 背範子 Peỳ lóng tsĕ.

**COLURE**, s. m. Colurus, i, m. 南北極界圈 Lân pě ký kiáy yuēn.

**COMBAT**, s. m. Pugna, æ, f. 戰 Tchán. ‖ — naval. — navalis. 水戰 Choŭy tchán. ‖ — opiniàtre. — pertinax. 大戰 Tá tchán. ‖ Se préparer au —. Pugnæ se accingĕre. 拔掛出陣 Pěy koúa tchŏu tchên. ‖ Le commencer. — conserĕre. 交戰 Kiaō tchán. ‖ Mettre hors de —. Ad pugn. inhabilem reddĕre. 敗敵 Paý tỷ. ‖ Il y a — de vents. Confligunt venti. 風亂吹 Fōng loán tchoūy. ‖ — de civilités. Certāre inter se officiis. 遜讓 Sóng jáng.

**COMBATTRE**, v. a. Certāre. 打仗 Tả tcháng. ‖ — quelqu'un avec ses propres raisons. 將理辯理 Tsiāng lỷ pién lỷ. ‖ — ses passions. Responsāre cupidit. 約束私慾 Yŏ tsě yôu. ‖ — la maladie. Luctāri morbo. 醫病 Y pín. ‖ — le froid. Munīre se à frigore. 防冷 Fâng lên.

**COMBIEN**, adv. Quantum. 幾多 Kỷ tō. ‖ — sont-ils? Quot sunt? 有幾个人 Yeŏu kỷ kó jên. ‖ — peu ont la vraie foi! Quàm pauci verè credunt! 真實信德的有幾个 Tchēn chě sín tẻ ỷ yeŏu kỷ kó. ‖ — cela? Indica, fac pretium. 甚麽價錢 Chén mô kiá tsiên, ou 請價 Tsin kiá. ‖ — de fois? Quoties? 幾回 Kỷ hoúy. ‖ — y a-t-il que vous êtes revenu du marché? A quo ex foro rediisti? 趕場回來好久 Kản tchảng hoùy laỳ haŏ kieŏu. ‖ Dans — de jours reviendrez-vous? Quo tempore redibis? 過幾天纔回來 Kó kỷ tiēn tsảỳ hoúy laỷ.

**COMBINAISON**, s. f. Copulatio rerum. 相合 Siāng hŏ.

**COMBINER**, v. a. Disponĕre. 安排 Gān pẩy.

**COMBLE**, s. m. Cumulus, i, m. 至大 Tchế tá. ‖ — de la gloire. Gloriæ culmen. 大光榮 Tá yūn koūang. ‖ — de la perfection. Summa perfectio. 全偹的德行 Tsiŭen pý tỷ tẻ hín. ‖ Être — de ses vœux. Vota assequa. 滿意 Màn ý. ‖ — (ce qui peut tenir au-dessus des bords d'un vase). Auctarium. 剩得的 Chén tẻ tỷ. 零 Līn. 尖斗 Tsiēn teŏu. 尖升 Tsiēn chēn. ‖ — d'une maison. Fastigium. 房頂 Fâng tỉn. ‖ Détruire de fond en —. Penitùs evertĕre. 折毀 Tsẽ hoùy.

**COMBLER**, v. a. Cumulāre. 堆 toùy. ‖ — les fossés. Fossas —. 填滿坑子 Tiên màn kễn tsĕ. ‖ — quelqu'un d'honneurs. Honores alicui erogāre. 職上加職 Tchẻ cháng kiä tchẻ. ‖ — la mesure de ses crimes. Ultimum scelus admittĕre. 罪上加罪 Tsoúy cháng kiä tsoúy.

**COMBUSTION**, s. f. Combustio, onis, f. 燒 Chaō. ‖ L'État est en —. Regnum ardet. 國亂得狠 Koŭẻ loŭan tŏ hên.

**COMÉDIE**, s. f. Comœdia, æ, f. 戲 Hý. ‖ Une —. Una —. 一台戲 Y taỳ hý, ou 一出 Y tchŏū. ‖ — honnête. — honesta. 正戲 Tchên hý. ‖ — déshonnête. — Inhonesta. 花戲 Hoā hý. ‖ Jouer la —. Comœd. agĕre. 唱戲 Tchảng hý, ou 扮戲 Pán hý. ‖ Commencer la —. 開台 Kāy tảy. ‖ Jouer la —.

12

en récitant. 表白 Piǎo pĕ. ‖ Réciter la — en chantant. 唱 Tchǎng. ‖ Un entr'acte de —. *Inter actus.* 打鬧台 Tǎ laó tǎy. ‖ Finir la —. *Finire comœdiam.* 幺台 Yāo tǎy. ‖ Voir la —. *Aspicĕre* —. 看戲 Kǎn hý. ‖ Suspendre ou prohiber la — pendant vingt jours. *Prohibēre comœd. per viginti dies.* 革戲二十天 Kŏ̆ hý eŭl chĕ tiĕn. ‖ — d'action de grâces. *Comœd. gratiar. actionum.* 演戲酬神 Yèn hý tcheóu chên. ‖ — (feinte). *Simulatio.* 假裝 Kiǎ tchoūang.
COMÉDIEN, s. m. *Comœdus, i, m.* 戲子 Hý tsĕ. ‖ — en chef. *Archimimus, i, m.* 班長 Pān tchàng. ‖ — enfant. *Puer comœdus.* 科班 Kŏ̆ pān. ‖ Troupe de —. *Comœd. grex.* — 班戲 Y̌ pān hý. ‖ — (au figuré, dissimulé). *Homo dissimulatus.* 詐偽的 Tchá oúy tỷ.
COMESTIBLE, adj. *Edulis.* 噢的得東西 Tchŏ̆ tŏ̆ tỷ tŏng sỹ.
COMÈTE, s. f. *Cometa, œ, m.* 彗星 Hoúy sīn, ou 掃星 Saó sīn.
COMICES, s. m. *Comitia, orum, n.* 商議 Chǎng ný.
COMIQUE, adj. *Facetus.* 要把戲 Choùa pǎ hý.
COMITÉ, s. m. *Consessus, ús, m.* 會首商議 Hoúy cheòu chāng ný.
COMMANDANT, s. m. *Dux, ucis, m.* 首人 Cheòu jên, ou 將軍 Tsiāng kiūn. ‖ — en chef. *Generalis* —. 提督 Tỷ toŭ.
COMMANDE, s. f. *Opus imperatum.* 現做 Hién tsoŭ. ‖ Maladie de —. *Fictus morbus.* 假病 Kià pín. ‖ Larmes de —. *Jussœ lacrymœ.* 裝哭 Tchoūang kŏu.
COMMANDEMENT, s. m. *Mandatum, i, m.* 命 Mín. ‖ Sans mon —. *Injussu meo.* 我莫有命 Ngŏ mô yeòu mín. ‖ Recevoir le —. *Mandatum accipĕre.* 領命 Lĭn mín. ‖ — de Dieu. *Dei mandata.* 天主誡命 Tiēn-Tchoŭ kiǎy̆ mín. ‖ Les observer. *Divinis — parēre.* 守天主誡命 Cheòu Tiēn-Tchoŭ kiǎy̆ mín. ‖ Les violer. *Violāre mandat.* 犯天主誡命 Fán Tiēn-Tchoŭ kiǎy̆ mín. ‖ — (pouvoir). *Potestas.* 權 Kiŭen. ‖ Donner le — de l'armée. *Atiq. exerci. prœficĕre.* 派人帶兵 Pǎy jên tǎy pīn. ‖ L'ôter. *Auferre potestatem.* 摘兵權 Tsĕ̆ pīn kiŭen. ‖ — (charge). *Officium, munus.* 官職 Koūan tchĕ̆. ‖ Avoir le — d'une province. 管一省 Koùan y̆ sèn. ‖ Avoir le — d'une préfecture. 做府官 Tsoú foŭ koūan. ‖ Avoir le — d'une sous-préfecture. 做縣官 Tsoú hién koūan. ‖ A — (à volonté). *Ad libitum.* 隨便 Soùy pién.
COMMANDER, v. a. *Jubēre.* 命 Mín, ou 吩咐 Fēn foŭ. ‖ Se —. *Sibi imperāre.* 管自已 Koùan tsĕ̆ ky̆.
COMME, adv. *Ut, uti.* 猶如 Yeòu joŭ. 如同 Joŭ tōng. — 樣 Y̌ yáng. ‖ — il faut. *Recté.* 合式 Hŏ̆ chĕ. ‖ — une divinité. *Numinis vice.* 代神 Tǎy chên. ‖ — par exemple. *Exempl. grat.* 比方 Pỷ fāng. ‖

— vous voudrez. *Pro libitu.* 隨便你 Soùy pién ngỷ. ‖ —. *Quodammodo.* 有點 Yeòu tièn. ‖ —. *Quomodo.* 怎樣 Tsèn yáng.
COMMÉMORATION, s. f. *Mentio, onis, f.* 追思 Tchoūy sē. ‖ — des trépassés. *Commemoratio defunctorum.* 追思先亡 Tchoūy sē siēn ouāng.
COMMENÇANT, s. m. *Elementarius, i, m.* 初學的 Tsoū hiŏ̆ tỷ.
COMMENCEMENT, s. m. *Initium, ü, n.* 起頭 Kỷ teŏu. ‖ — du monde. *— mundi.* 開闢 Kāy pỷ. ‖ Sans — et sans fin. *Sine principio, sine fine.* 無始無終 Oŭ chĕ oŭ tchōng. ‖ — du mois. *Initium mensis.* 月初頭 Yuĕ̆ tsoū teŏu. ‖ Depuis le — à la fin. *A capite ad calcem.* 從頭至尾 Tsōng teŏu tchĕ̆ oùy.
COMMENCER, v. a. *Incipĕre.* 起頭 Kỷ teŏu. ‖ Achevez ce que vous avez —. *Perfice opus.* 你做完 Ngỷ tsoú ouān. ‖ L'abandonner. *Incœptis desistĕre.* 丟工夫 Tieōu kōng foŭ. ‖ — un discours. *Concionem ordīri.* 開口說 Kāy keŏu chŏ̆. ‖ — bien et finir mal. *Bonis initiïs ordīri, tristes exitus habēre.* 半途而廢 Pán tŏu eŭl fey̆, ou 始競終怠 Chĕ kín tchōng tǎy. ‖ — par. *Primum habēre.* 先 Siēn.
COMMENT, adv. *Quomodo.* 怎樣 Tsèn yáng. ‖ — vous appelez-vous ? *Quo nomine vocaris?* 貴姓○請教 Koúy sín. Tsǐn kiáo. ‖ — s'appelle cette plante ? 這草叫那樣 Tchĕ̆ tsǎo kiáo là yáng.
COMMENTAIRE. s. m. *Annotationes, um, f.* 註解 Tchoú kiǎy. ‖ — (interprétation maligne). *Malevola interpretatio.* 胃審斷 Maó chèn toúan.
COMMENTER, v. a. *Interpretāri.* 註書 Tchoú choū.
COMMERÇANT, s. m. *Negotiator, oris, m.* 買賣人 Maỷ maỷ jên, ou 客商 Kĕ̆ chāng.
COMMÉRAGE, s. m. *Aniles rumores.* 閒話 Hiên hoá.
COMMERCE, s. m. *Commercium, ü, n.* 生意○買賣 Sēn ý. Maỷ maỷ. ‖ Le — ne va pas. *Silet —.* 生意淡泊 Sēn ý tán pĕ̆. ‖ — frauduleux, en général. 門頭生意 Mên teŏu sēn ý. ‖ — (amitié). *Amicitia* 相與 Siāng ỳu. ‖ — (communication). *Societas.* 來往 Laỷ ouāng. ‖ Avoir — avec quelqu'un. *Familiaritate alicuj. uti.* 來往會人 Laỷ ouāng hoúy jên. ‖ Homme d'un — agréable. *Homo commodus.* 合衆的人 Hŏ̆ tchōng tỷ jên. ‖ — de lettres. *Familiaritas per epistolas.* 書信往來 Choū sín ouāng laỷ. ‖ — illicite. *Commercium illicitum.* 私合 Sē hŏ̆, ou 苟合 Keòu hŏ̆. ‖ — illicite entre hommes. *Inter homines.* 私交 Sē kiāo. ‖ — charnel. *Commercium libidīnis.* 男女搆精 Lân niù keŏu tsīh. ‖ Avoir un mauvais — avec quelqu'un. *Malum consortium cum aliquo habēre.* 同他行邪淫 Tōng tǎ hīn siĕ̆ ỳn.
COMMERCER, v. n. *Negotiāri.* 做生意 Tsoú sēn ý.

COMMÈRE, s. f. *Famigeratrix, icis, f.* 愛談閒的話 Gaý tản hiên tỷ hoá.

COMMETTRE, v. a. *Delinquĕre.* 犯罪 Fán tsoúy. ‖ — un crime. *Scelus committĕre.* 犯大罪 Fán tá tsoúy. ‖ — confier. *Alic. mandat. dăre.* 命○吩附 Mín. Fēn foú. ‖ — deux personnes. *Duos inter se committĕre.* 刁唆 Tiāo sō.

COMMIS, s. m. *Discipulus, i, m.* 徒弟 Tŏu tỷ.

COMMIS, part. (fait). *Patratus.* 犯的 Fán tỷ.

COMMISÉRATION, s. f. *Commiseratio, onis, f.* 仁慈 Jên tsé.

COMMISSAIRE, s. m. (juge). *Recuperator, oris, m.* 代審官 Taý chèn koūan. ‖ — du commerce. *Commercŭ præpositus.* 崇文門副史 Tsōng ouên mên foú sé. ‖ — des vivres. *Annonæ præfectus.* 糧道 Leāng táo. ‖ — d'armée *Militaris curator.* 兵馬司吏目 Pīn mà sē lý moǔ. ‖ — de police du quartier. *Urban. quæsitor.* 地保 Tý paò. ‖ — impérial. *Imperialis legatus.* 欽差 Kīn tchāy.

COMMISSION, s. m. *Mandatum, i, n.* 本分 Pên fén, ou 公幹 Kōng kán. ‖ Donner — de. *De re mandata dăre.* 托人做事 Tō jên tsoú sé. ‖ Recevoir une —. *Negotium suscipĕre.* 受託 Cheóu tǒ. ‖ Se charger d'une —. *Provinciam suscipĕre.* 領職 Lìn tchě. ‖ S'acquitter d'une —. *Mandata exsequi.* 遵命 Tsēn mín. ‖ — (pouvoir temporaire). *Potestas delegata.* 請人代理 Tsĭn jên taý lỷ.

COMMISSIONNAIRE, s. m. *Institor, oris, m,* 買辦 Maý pán.

COMMODE, adj. *Aptus.* 合式的○方便○便益 Hŏ ché tỷ. Fāng pién. Pién ỳ.

COMMODE, s. f. (armoire). *Armarium, ŭ. n,* 衣櫃 Ȳ koúy.

COMMODITÉ, s. f. *Opportunitas, atis, f.* 合式 Hŏ ché, ou 方便 Fāng pién. ‖ A la première —. *Prima occasione.* 只要有方便 Tchě yaó yeŏu fāng pién. ‖ — de la vie. *Vitæ commoditates.* 肉身的便益 Joǔ chēn tỷ pién ỳ. ‖ Qui aime ses —. *Sibi indulgens.* 愛肉身的便益 Gaý joǔ chēn tỷ pién ỳ. ‖ — (temps convenable). *Occasio opportuna.* 機會 Kȳ hoúy, ou 合式的時候 Hŏ ché tỷ chē heóu. ‖ — . *Latrinæ.* 茅房 Maŏ fâng.

COMMODORE, s. m. *Classis dux.* 水師副將 Choǔy sē foǔ tsiáng.

COMMOTION, s. f. *Commotio, onis, f.* 動 Tŏng.

COMMUER, v. a. *Commutāre.* 換 Houán, ou 改 Kày.

COMMUN, E, adj. *Communis.* 公的 Kōng tỷ. ‖ Bruit —. *Rumor celebratus.* 衆人說 Tchóng jên chŏ. ‖ Faire en —. *Societatem habēre.* 打夥 Tà hŏ. ‖ Vivre en —. *Simul vivĕre.* 同鍋喫飯 Tông kō tchě fán. ‖ Vivre sur le —. *Aliena vivĕre.* 喫混頓 Tchě houén tén. ‖ Puits —. *Puteus communis.* 義井 Ngý tsìn. ‖ École —. *Schola communis.* 義學 Ngý hiŏ. ‖ Le — des hommes. *Plerique hominum.* 多人 Tō jên. ‖ — public. *Maxima pars.* 衆人的 Tchóng jên tỷ. ‖ —. *Vulgus.* 百姓 Pě sín. ‖ — ordinaire. *Usitatus.* 平常 Pín chǎng. ‖ Élève —. *Alumnus mediocris.* 平常的學生 Pín chǎng tỷ hiŏ sēn. ‖ Au dessus du —. *Eximius alumnus.* 出衆的學生 Tchǒu tchóng tỷ hiŏ sēn.

COMMUNAUTÉ, s. f. *Communitas, atis, f.* 會 Hoúy. ‖ — de biens. *Bonorum —.* 修院 Sieōu ouán. ‖ — religieuse. *Bonorum spiritualium communio.* 通功 Tōng kōng. ‖ — (école). *Schola —.* 學堂 Hiŏ táng.

COMMUNE, s. f. *Civitas, atis, f.* — 城人 Ȳ tchên jên. ‖ Maison —. *Publicæ ædes.* 議事廳 Ný sé tǐn.

COMMUNÉMENT, adv. *Vulgō.* 平常 Pín chǎng.

COMMUNICABLE, adj. *Contagiosus.* 惹人的 Jě jên tỷ, ou 招的病 Tchaŏ tỷ pín.

COMMUNICATIF, adj. *Obvius.* 容易會的 Yông ý hoúy tỷ.

COMMUNICATION, s. f. *Communicatio meritorum.* 相通功 Siāng tōng kōng. ‖ — mal. *Contagio.* 惹人的病 Jě jên tỷ pín. ‖ — de maison à maison. *Domorum pervius inter se usus.* 後路 Heóu loú. ‖ —, commerce, relation. *Consuetudo.* 來往 Laý ouǎng. ‖ En avoir avec quelqu'un. *Cum aliq. consuetudinem habēre.* 會人 Hoúy jên.

COMMUNIER, v. a. SS. *Eucharistiam alicui impertiri.* 送聖體 Sóng chén tỷ. ‖ La recevoir. S. *Synaxim suscipĕre.* 領聖體 Lìn chén tỷ. ‖ — mal. *Temerē eam accipĕre.* 冐領聖體 Máo lìn chén tỷ.

COMMUNION, *Communio, onis, f.* 通功 Tōng kōng. ‖ — (Sainte Eucharistie). SS. *Eucharistia.* 聖體 Chén tỷ.

COMMUNIQUER, v. a. *Participem facĕre.* 同分 Tōng fēn. ‖ — ses desseins. *Consilia alic. patefacĕre.* 對別人說自的主意 Toúy pič jên chŏ tsé kỷ tỷ tchoǔ ý. ‖ — (avoir relation). *Aliq. adire.* 會人 Hoúy jên. ‖ Se — . *Aperire se alic.* 過心腹 Kŏ sīn foǔ.

COMPACTE, adj. *Spissus.* 密的 Mý tỷ, ou 實的 Chě tỷ.

COMPAGNE, s. f. *Comes thalami.* 內逸 Loúy piēn.

COMPAGNIE, s. f. *Conventus, ūs, m.* 一會 Ȳ hoúy jên. ‖ — de marchands. *Societas.* 客幫 Kě pāng, ou 會司 Hoúy sē. ‖ — (société). — *societas.* 會 Hoúy. ‖ — d'assurance. *Sponsionis societas.* 保險公司 Paŏ hién kōng sē. ‖ Fuire les mauvaises —. *Malas societates fugĕre.* 躲避惡黨 Tò pý ngŏ táng. ‖ Les fréquenter. *Cum malis societat. habēre.* 與匪人來往 Yù feý jên laý ouǎng. ‖ —. *Comitāri.* 招呼 Tchaō foū. Tenir — à quelqu'un. *Cum aliquo versāri.* 招呼人 Tchaō foū jên. ‖ Être en —. *Habēre hospitem.* 有客 Yeŏu kě. ‖ Faire — jusqu'à la porte. *Deducĕre usque ad januam.* 送客 Sóng kě. ‖ —. *Ordo.* 隊伍 Tchoúy où. ‖ — militaire. *Militaris.* 一隊兵丁 Ȳ tchoúy pīn tīn

**COMPAGNON**, s. m. *Comes, itis, m.* 夥計 Hò ký. ‖ — d'école. *Condiscipulus, i, n.* 同窓 Tŏng tsăng. ‖ — de jeu. *Collusor* —. 玩友 Ouân yeòu. ‖ — de charge. — *collega.* 同事的人 Tŏng sé tỷ jên.

**COMPARABLE**, adj. *Comparabilis.* 可比的 Kŏ pỷ tỷ. ‖ Non —. *Non* —. 比不得的 Pỷ poŭ tě tỷ, ou 不如 Poŭ joŭ.

**COMPARAISON**, s. f. *Comparatio, onis, f.* 比方 Pỷ-făng. ‖ Par —. *Comparativé.* 用比方 Yóng pỷ-făng. ‖ Sans —. *Sine comparatione.* 比不得 Pỷ poŭ tě. ‖ En —. *Præ* —. 相比 Siāng pỷ.

**COMPARATIF**, adj. *Comparativus.* 更比的 Kén pỷ tỷ.

**COMPARER**, v. a. *Conferre aliq. cum aliq.* 相比 Siāng pỷ. ‖ — (employer une comparaison). ‖ —. *Uti similitudine.* 說比喻 Chŏ pỷ yú. ‖ — lequel est le plus habile des deux. *Conferre quem ex duobus vincit alium.* 比高矮 Pỷ kaō gaỷ.

**COMPARAÎTRE**, v. n. *In jus venire.* 聽審 Tín chêu.

**COMPARTIMENT**, s. m. *Area horti.* 一塊園子 Ў kouày yuên tsè, ou 隔子 Kě tsè.

**COMPAS**, s. m. *Circinus, i, m.* 圓尺 Yuên tchě. ‖ Les vingt-quatre points du —. 二十四向 Eúl chě sé hiáng. ‖ — de mer, ou boussole. *Pyxis nautica* —. 羅經 Lŏ kīn.

**COMPASSER**, v. n. *Dimetiri.* 畫圓圈 Hoá yuên kiŭen. ‖ — (régler son temps). *Horas curis partiri.* 定時候 Tín chě heoú.

**COMPASSION**, s. f. *Miseratio, onis, f.* 哀憐 Gaỷ liên. ‖ Toucher de —. *Movére misericord.* 動人心 Tóng jên sīn. ‖ Digne de —. *Miserandus.* 可憐的 Kŏ liên tỷ. ‖ Avoir — de. *Alic. misereri.* 可憐 Kŏ liên.

**COMPATIBILITÉ**, s. f. *Convenientia.* 相同 Siāng tŏng, ou 相對 Siāng toúy.

**COMPATIR**, v. n. *Commoveri.* 可憐 Kŏ liên. ‖ —. *Indulgére.* 寬恕人 Koūan choŭ jên, ou 有仁慈的 Yeòu jên tsě tỷ.

**COMPATISSANT**, adj. *Clemens.* 仁慈人 Jên tsě jên.

**COMPATRIOTE**, s. m. *Concivis, is, m.* 本方人 Pèn fāng jên, ou 同鄉人 Tŏng hiāng jên.

**COMPENSER**, v. a. *Pensáre aliq.* 折 Tsě. 報答 Paó tă. ‖ — les mauvaises actions avec les bonnes. *Malos actus cum bonis pensáre.* 將功折罪 Tsiāng kōng tsě tsoúy.

**COMPÉTENCE**, s. f. *Legit. potest.* 歸于 Koūy yŭ. ‖ Cela n'est pas de ma —. *Hoc non versatur in meo foro.* 不歸我管 Poŭ koūy ngŏ koùan.

**COMPÉTENT, E**, adj. *Idoneus.* 合式的 Hŏ ché tỷ. ‖ Juge —. *Legitimus judex.* 清官 Tsīn koūan. ‖ Age —. *Legitima ætas.* 正當年 Tchén tāng niên.

**COMPÉTITEUR**, s. m. *Competitor, oris, m.* 候闕的 Heóu kiuě tỷ, ou 對頭的 Toúy teŏu tỷ.

**COMPILATION**, s. f. *Collectanea, orum, n.* 雜書 Tsǎ choŭ.

**COMPILER**, v. a. *Compiláre.* 纂書 Tsoúan choŭ, ou 湊合書 Tseoŭ hŏ choŭ.

**COMPLAIRE**, v. n. *Obsequi alis.* 合人的意 Hŏ jên tỷ ý, ou 依從Ў tsŏng. ‖ — en tout. *Alic. omnia assentiri.* 樣樣都依他 Yáng yáng toū ý tă. ‖ Se — en soi. *Sibi complacére.* 得意自已 Tě ý tsé kỷ.

**COMPLAISANCE**, s. f. *Obsequium, ii, n.* 愛情 Gaý tsīn. ‖ Basse —. *Assentatio.* 奉承 Fóng tchên. ‖ — trop grande d'un père. *Inepta lenitas patris.* 護短 Hoú toàn.

**COMPLAISANT, E**, adj. *Officiosus.* 溫和的 Oūen hŏ tỷ, ou 有愛情的 Yeòu gaý tsīn tỷ. ‖ — (flatteur). *Assentator.* 奉情的人 Fóng tsīn tỷ jên.

**COMPLÉMENT**, s. m. *Complementum, i, n.* 補 Pŏu, ou 添全了的 Tīen tsŭen leaò tỷ.

**COMPLET, ÈTE**, adj. *Completus.* 滿的 Màn tỷ, ou 全的 Tsŭen tỷ. ‖ Le sens n'est pas —. *Nondum absolutus est sensus.* 意思不全 Ý sě poŭ tsŭen. ‖ La somme n'est pas —. *Summa non est completa.* 銀子少了 Ўn tsè chaò leào.

**COMPLÉTER**, v. a. *Complére.* 完 Oûan.

**COMPLEXE**, adj. *Multiplex.* 繁瑣 Fân sò, ou 進退兩難的 Tsín toúy leâng lân tỷ. ‖ Question —. 進退兩難的 Tsín toúy leâng lân tỷ.

**COMPLEXION**, s. f. *Corporis habitus.* 面色 Mièn sě. 本性 Pèn sín. 氣質 Ký tchě. ‖ Forte —. *Robustá habitudine donatus.* 氣體強 Ký tỷ kiâng. ‖ Faible —. *Debilis habitus esse.* 氣體弱 Ký tỷ jŏ.

**COMPLICATION**, s. f., v. g. *Morborum complexio.* 幾夾病 Ký kiǎ pín. ‖ — de crimes. *Scelerum congeries.* 罪惡多端 Tsoúy ngŏ tō toàn.

**COMPLICE**, s. m. *Socius, i, m.* 同犯 Tŏng fán. ‖ Dénoncer ses —. *Prodére socios.* 咬同犯的人 Kiaŏ tŏng fán tỷ jên. ‖ — qui est dans le secret des voleurs *Latronum secretus socius.* 紅黑都通 Hông hě toū.

**COMPLIES**, s. f. *Completorium, ii, n.* 晚課經 Oùan kò kīn.

**COMPLIMENT**, s. m. *Verba officiosa.* 讚美的話 Tsán-meỷ tỷ hoá. ‖ — de félicitation. *Gratulatio.* 慶賀 Kín hó. ‖ Porter les — de quelqu'un. *Nuntiáre salutem.* 問候 Oúen heóu. ‖ — de doléance. *Doloris significatio.* 弔 Tiaó. ‖ Ne faites pas de —. *Noli esse tàm officiosus.* 不用大禮 Poŭ yóng tá lỷ.

**COMPLIMENTER**, v. a. *Gratulári.* 恭喜 Kōng hỷ. 問侯 Oúen heóu. 請安 Tsǐn gān, ‖ — le de ma part. *Congratuláre illum pro me.* 拜上他 Paý cháng tă, ou 上覆他 Cháng foŭ tă.

**COMPLIMENTEUR**, s. m. *Laudator nimius*. 過餘奉承 Kó yû fóng tchěn.

**COMPLIQUÉ, ÉE**, adj. *Implicatus*. 繁雜的事 Fǎn tsǎ tỹ sé. ‖ Maladie —. *Multiplex morbus*. 雜的病 Tsǎ tỹ pín.

**COMPLOT**, s. m. *Conjuratio, onis, f*. 謀叛 Mǒng pǎn. ‖ Par —. *Ex pacto*. 同意 Tǒng ý.

**COMPLOTER**, v. a. *Conjurāre*. 謀叛 Mǒng pǎn. ‖ — la mort de quelqu'un. *Necem alicuj. moliri*. 謀殺人 Mǒng chǎ jěn.

**COMPONCTION**, s. f. *Contritio, onis, f*. 痛悔 Tǒnghoǔy.

**COMPORTER**, v. a. *Ferre*. 當 Tǎng. ‖ Autant que le — la faiblesse humaine. *In quantum sinit humana fragilitas*. 論人的衰弱 Lén jěn tỹ choǎy jǒ. ‖ Se —. *Agĕre, se gerĕre*. 做事 Tsoú sé, ou 爲人 Oǔy jěn. ‖ Se — en honnête homme. *Præbēre se justum*. 爲好人 Oúy haò jěn. ‖ Se — à l'égard de quelqu'un. *Benè agēre ergā aliquem*. 待得好 Taý tě haò.

**COMPOSER**, v. a. *Componĕre*. 參 Tsǎn. ‖ — une planche de caractères mobiles. *Typos in tabellā ordināre*. 逗一篇鉛字 Teoú ỹ piěn yuěn tsé. ‖ La dissoudre. *Typorum tabellam dissolvĕre*. 折一篇鉛字 Tsě ỹ piěn yuěn tsé. ‖ — en prose. *Solutā oratione scribĕre*. 做文章 Tsoú oǔen tchǎng. ‖ — en vers. *Versibus scribĕre*. 做詩 Tsoú chē. ‖ — son air. *Vultum fingĕre*. 裝摸做樣 Tchoǔang moǔ tsoú yáng. ‖ — (se rendre). *Subjicĕre se*. 投降 Teǔn kiáng, ou 定約 Tín yǒ.

**COMPOSITEUR**, s. m. *Conciliator, oris, m*. 講好和的 Kiàng haò hô tỹ. ‖ — (qui assemble les caractères). *Typorum dispositor*. 逗鉛字的人 Teoú yuěn tsé tỹ jěn.

**COMPOSITION**, s. f. *Compositio, onis, f*. 參 Tsǎn. ‖ —. *Conventum*. 約定 Yǒ tín. ‖ Homme de —. *Facilis indoles*. 好說話 Haò chǒ hoá. ‖ — (thème d'examen). *Thema*. 題目 Tỹ moǔ. ‖ Faire sa —. 做文章 Tsoú oǔen tchǎng. ‖ Chaque composition est ordinairement divisée en huit parties. 八股 Pǎ koǔ. ‖ Acheter une — faite. *Thema ab aliis factum emĕre*. 請槍手 Tsǐn tsiǎng cheoǔ. ‖ Faire la — d'un autre. *Thema aliorum facĕre*. 當槍手 Tǎng tsiǎng cheoǔ. ‖ Recevoir sa —. *Thema suscipĕre*. 領題 Lǐn tỹ. ‖ Donner la —. *Thema præscribĕre*. 出題 Tchoǔ tỹ. ‖ La présenter à l'examinateur. *Thema offerre*. 交卷 Kiaō kiuěn. ‖ Vendeur de —. *Qui pro aliis clàm themata facit*. 槍手 Tsiǎng cheoǔ. ‖ Chambre des composants. *Cubiculum candidatorum*. 考棚 Kào pǒng. ‖ — des caractères mobiles. *Dispositio characterum fusilium*. 逗鉛字 Teoú yuěn tsé.

**COMPOSTEUR**, s. m. *Tabella, æ, f*. 字比子 Tsé pỹ tsè, ou 槍字架 Kiěn tsé kiá.

**COMPOTE**, s. f. *Conditura. æ, f*. 糖果 Tǎng kǒ. ‖ Yeux en —. *Oculi liventes*. 眼睛傷了的 Yèn tsǐh chǎng leaò tỹ. ‖ Viande en —. *Caro nimis elixa*. 肉羹氾 狠了 Joǔ tchoǔ pǎ hěn leaò.

**COMPRADOR**, s. m. *Procurator, oris, m*. 買辦 Maỳ páu.

**COMPRÉHENSIBLE**, adj. *Facilis intellectu*. 易洞的 ý tóng tỹ, ou 洞得的 Tóng tě tỹ.

**COMPRÉHENSION**, s. f. *Perceptio, onis, f*. 洞得 Tóng tě.

**COMPRENDRE**, v. a. *Complecti*. 包含 Paō hán. ‖ Dieu — tout. *Deus omnia complectitur*. 天主包含萬物 Tiēn Tchoǔ paō hán ouán oǔ. ‖ Ce vice — tous les autres. *In hoc vitio nihil mali non inest*. 萬過由此 過來 Ouán kó yeǒu tsé kó laỹ. ‖ Cela est — dans le traité. *Hoc fœderi adscriptum est*. 這个在和約 內有 Tchě kó tsaý hô loúy yeǒu. ‖ — (concevoir). — *percipĕre*. 洞得 Tóng-tě.

**COMPRESSE**, s. f. *Peniculum, i, n*. 包傷布 Paō chǎng poú.

**COMPRESSION**, s. f. *Compressio, onis, f*. 壓 Yǎ.

**COMPRIMER**, v. a. *Comprimĕre*. 壓 Yǎ. ‖ — la révolte. *Seditionem exstinguĕre*. 平叛 Pǐh pǎn. ‖ — sa haine. *Odium comprimĕre*. 押伏恨人的心 Yǎ foǔ hěn jěn tỹ sīn.

**COMPRIS, E**, part. *Inclusus*. 在裏頭 Tsaý lỹ teoǔ. ‖ — (conçu). *Perceptus*. 洞得的 Tóng tě tỹ.

**COMPROMETTRE**, v. n. *Compromittĕre*. 托付與人 Tǒ foǔ yù jěn. ‖ — le nom de quelqu'un. *Abuti nomine alic*. 借人的名色 Tsiě jěn tỹ mǐn sě. ‖ Se —. *In discrim. venire*. 自招禍 Tsé tchaō hó.

**COMPROMIS**, s. m. *Compromissum, i, n*. 私和公事 Sē hô kōng sé, ou 憑人斷 Pǐh jěn touán.

**COMPTABILITÉ**, s. f. *Munus redd. rationem*. 有本分 算賬 Yeǒu pěn fén souán tchǎng.

**COMPTANT**, adj. (argent). *Pecunia præsens*. 現錢 Hiěn tsiěn. ‖ Payer —. *Pecuniam præsentem solvĕre*. 開現錢 Kāy hiěn tsiěn.

**COMPTE**, s. m. *Numerus, i, m*. 數目 Soú moǔ. ‖ — rond. *Exactus numerus*. 整數目 Tchěn soú moǔ. ‖ Le n'y est pas. *Numerus incompletus*. 賬不合 Tchǎng poǔ hô. ‖ — (calcul). *Supputatio*. 算 Souán. ‖ Tenir —. *Rationem habēre de —*. 掛賬 Kouá tchǎng. ‖ Rendre —. — *reddĕre*. 算賬 Souán tchǎng. ‖ Clore un —. *Conficĕre*. 算清楚 Souán tsǐh tsoǔ. ‖ Recevoir un à —. *De ratione partem accip*. 收一分 Cheōu ỹ fén. ‖ Livre de — courant. *Adversaria quotidiana*. 流水 賬簿 Liêou choǔy tchǎng poú. ‖ — (grand livre). *Adversaria generalia*. 總眼簿 Tsǒng tchǎng poú. ‖ Entendre, son —. *Ad suum callēre*. 會找錢 Hoúy tchaò tsiěn. ‖ Il en a pour son —. *Habet, captus est*.

殻他的 Keóu tă' ty̆. ‖ Prendre sur son —. *In se recipère.* 自己承當 Tsé ky̆ tchên tāng. ‖ On jase sur votre —. *De te multus est sermo.* 談你的人多 Tán ngy̆ ty̆ jên tō. ‖ — (prix). *Pretium.* 價錢 Kiá tsi̊en. ‖ Il vend à meilleur —. *Viliori pretio vendit.* 更賣得相因 Kén máy tö̆ siāng y̆n. ‖ —, cas, estime. *Numerus.* 衆 Koúy, ou 上算 Cháng souán. ‖ Ne faire nul — de quelqu'un. *Parùm facère aliq.* 看不起他 Kǎn poŭ ky̆' tǎ'. ‖ Être loin de —. *Ratione longè distāre.* 差得遠 Tchả' tö̆ yuên. ‖ A ce — là. *Si res ita est.* 若是這樣 Jŏ ché tché yáng. ‖ Au bout du —. *Ad summum.* 至少 Tché chaò.

COMPTER, v. a. *Numerāre.* 數 Soú. ‖ — avec la machine chinoise. *Abaco uti.* 打算盤 Tả souán păn. ‖ — sur ses doigts. *Digitis computāre.* 夾指算 Kiǎ tchè souán, ou 屈指算 Kiŏu tchè souán. ‖ — quelqu'un pour rien. *Aliq. parvi pendère.* 藐視人 Maó ché jên. ‖ — sur quelqu'un. *Fidère se alic.* 靠人 Káo jên. ‖ Je — partir sous peu. *Spero me brevi profecturum fore.* 我想不久起身 Ngò siàng poŭ kieòu ky̆' chên.

COMPTOIR s. m. *Mensa, œ, f.* 櫃台 Koúy tǎy.

COMPULSER, v. a. *Scrutāri.* 訪 Fàng.

COMPUT, s. m. *Computum, i, n.* 歷代年表 Ly̆ tǎy nién piǎo.

COMTE, s. m. *Comes, itis, m.* 伯 Pě'.

COMTÉ, s. m. *Comitatus, ùs, m.* 伯爵田 ○ 伯爵食邑 Pě' tsiŏ tiên. Pě' tsiŏ chĕ' y̆.

CONCASSER, v. a. *Conterère.* 椿爛 Tchōng lán.

CONCAVE, adj. *Concavus.* 凹的 Ouá ty̆.

CONCAVITÉ, s. f. *Concavitas, atis, f.* 凹處 Ouâ tchòu.

CONCÉDER, v. a. *Concedère.* 許 Hiù.

CONCENTRER, v. a. *Cogère in medium.* 放在中 Fáng tsǎy tchōng, ou 聚集 Tsiú tsy̆. ‖ — sa colère. *Iram coquère.* 懷怒 Houây loú. ‖ Se —. *Se domi continère.* 坐在屋裏 Tsŏ tsǎy où ly̆. ‖ — (réfléchir profondément). *Seriò cogitāre.* 專想 Tchōuan siàng.

CONCEPTION, s. f. *Conceptio, onis, f.* 懷胎 Houây tǎy. ‖ Signes de —. *Signa conceptionis.* 受胎証據 Cheóu tǎy tchên kiú. ‖ — (faculté de concevoir). *Mens.* 明悟 Mĭn oú. ‖ — vive. *Mentis acies.* 明悟大 Mĭn oú tá. ‖ — dure. *Mens obtusa.* 明悟淺 Mĭn oú tsiěn.

CONCERNER, v. a. *Pertinère ad.* 歸于 Koūy yū. ‖ Cela ne vous — pas. *Hoc non ad te —.* 不干你的事 Poŭ kān ngy̆ ty̆ sé.

CONCERT, s. m. *Concentus, ùs, m.* 和音 Hō y̆n. ‖ — (union). *Concordia.* 同心合意 Tŏng sīn hŏ y̆. ‖ De —. *Communi consensu.* 貴人的意 Tchóng jên ty̆ y̆. ‖ Agir de —. *De consensu agère.* 依衆人的意做事 Y̆ tohóng jên ty̆ y̆ tsoú sé.

CONCERTER, v. a. *Deliberāre.* 商量 Chāng leǎng. ‖ Se —. *Invicem —.* 商量 Chāng leǎng.

CONCESSION, s. f. *Cessio, gratia.* 退一步 Toúy y̆ poú. 讓 Jáng. 恩 Gēn. ‖ —. *Licentia.* 准 Tchùn. 依 Y̆. ‖ Par concession de l'Empereur. *Ex imper. edicto.* 奉旨 Fóng tchè.

CONCEVABLE, adj. *Facile intellectu.* 用易通得的 Yóng y̆ tóng tö̆' ty̆.

CONCEVOIR, v. a. *Concipère.* 受孕 Cheóu joúen. ‖ Empêcher de —. *Conceptum prohibère.* 打胎 Tả tǎy. ‖ —. *Intelligère, intellectus.* 洞得 Tóng tö̆'. ‖ — de la haine. *Odium fovère.* 起懷恨 Ky̆' houây hén. ‖ — de grands desseins. *Magna molìri.* 謀大事 Môung tá sé.

CONCIERGE, s. m. *Ostiarius, ii, m.* 禁子 Kĭn tsè.

CONCILE, s. m. *Concilium, ii, n.* 主敎會同 Tchoù kiaó houǎy tŏng. ‖ — général. *Concil. generale.* 公會同 Kōng koúy tŏng. ‖ — provincial. *Concil. provinciale.* 一省的會 Y̆ sěn ty̆ houǎy. ‖ Assembler un —. — *indicère.* 聚會 Tsiú houǎy. ‖ Tenir un —. — *habère.* 有會 Yeòu houǎy. ‖ Dissoudre le —. — *dimittère.* 散會 Sán houǎy. ‖ Session d'un —. *Sessio —.* 坐論 Tsŏ' lén. ‖ Décrets du —. *Decreta —.* 聖會定規 Chén houǎy tín koūy.

CONCILIANT, E, adj. *Concors.* 和睦的 Hŏ moŭ ty̆.

CONCILIER, v. a. *Conciliāre.* 勸人和睦 Kiŭen jên hŏ moŭ. ‖ Se — la bienveillance. *Sibi benevolentiam conciliāre.* 得人心 Tö̆' jên sīn, ou 討好 Tǎo haò.

CONCIS, E, adj. *Concisus.* 短的 Toùan ty̆.

CONCITOYEN, s. m. *Concivis.* 本城人 Pěn tchêng jên.

CONCLAVE, s. m. *Cardinalium consessus.* 宗牧宰相會同 Tsōng moŭ tsǎy siāng houǎy tŏng.

CONCLUANT, E, adj. *Aptus ad proband.* 真憑據 Tchēn p̆ing kiú. ‖ Raison —. *Probatio inexpugnabilis.* 辯得是 Pién tö̆' ché, ou 說得合理 Chŏ tö̆' hŏ ly̆.

CONCLURE, v. a. *Concludère.* 完 Ouán, ou 成工 Tchên kōng. ‖ — une affaire. *Rem expedire.* 完事 Oûan sé. ‖ — un traité. *Fœdus sancire.* 定和約 Tín hŏ yŏ. ‖ — un mariage. *Matrim. inire.* 定婚 Tín hōen. ‖ — (statuer). *Consilium capère.* 打主意 Tả tchòu y̆. ‖ —. *Concludère.* 總說 Tsóng chŏ. ‖ Il faut — *Ad finem veniendum erit.* 總要說 Tsóng yáo chŏ.

CONCLUSION, s. f. *Conclusio, onis, f.* 總言 Tsóng yên. ‖ — (conséquence). *Conclusio.* 奪量情由 Tö̆' leâng tsîn yeôu.

CONCOMITANT, E, adj. *Concomitans.* 同伴 Tŏng pán.

CONCORDANCE, s. f. *Convenientia, œ, f.* 相合 Siāng hŏ. ‖ — (accord des mots). *Verborum structura.* 言語相合 Yēn yū siāng hŏ.

CONCORDAT, s. m. *Pactum, i, n.* 和同 Hô tóng.
CONCORDE, s. f. *Concordia, æ, f.* 和睦 Hô moŭ.
CONCORDER, v. a. *Concordāre.* 和睦 Hô moŭ, ou 相對 Siāng toúy.
CONCOURIR, v. a. *Concurrěre.* 同心作事 Tóng sīn tsó sé, ou 相幫 Siāng pāng. ‖ — (arriver ensemble). *Simul advenīre.* 撞着 Póng tchŏ. ‖ — pour le prix. *De præmio concertāre.* 爭賞 Tsēn chàng. ‖ — pour la même charge. *Ambīre idem munus.* 爭闕 Tsēn kiuĕ.
CONCOURS, s. m. *Concursus, ûs, m.* 人多 Jên tō. ‖ Il y a grand —. *Undique fit —.* 人山人海 Jên chān jên haỷ. ‖ — (rencontre du soleil et de la lune). *Solis et lunæ concursus.* 月日相逢 Jĕ yuĕ siāng fóng. ‖ — pour une œuvre. *Adjutorium.* 同行 Tóng hîn, ou 相依 Siāng y̆. ‖ — pour les grades littéraires. *Examen —.* 考試 Kào ché.
CONCRET, adj. *Concretus.* 密的 Mỷ tỷ, ou 稠的 Tcheŏu tỷ.
CONCUBINAGE, s. m. *Concubinatus, ûs, m.* 有妻妾的 Yeŏu tsỷ tsiĕ tỷ. ‖ — d'un homme marié. *Pellicatus.* 討妾的 Tǎo tsiĕ tỷ.
CONCUBINE, s. f. *Concubina, æ, f.* 妾 Tsiĕ. ‖ Votre — (avec politesse). 令寵 Lìn lòng. ‖ Prendre une —. *Ducěre concubinam.* 娶二房 Tsíu eùl fāng, ou 説小 Chŏ siaŏ. ‖ — impériale. *Imper. concubina.* 妃 Feỷ, ou 嬪 Pīn.
CONCUPISCENCE, s. f. *Concupiscentia, æ, f.* 私慾 Sē yŏu. ‖ Feu de la —. *Corporis faces.* 慾火 Yŏu hŏ. ‖ Fomenter la —. *Fovēre concupisc.* 養慾火 Yàng yŏu hŏ. ‖ La réprimer. *Reprimēre —.* 勉私慾 Kĕ sē yŏu.
CONCURRENT, E, s. m. *Æmulus, i, m.* 爭先的 Tsēn siēn tỷ. ‖ — à une charge. *Competitor.* 候闕 Heóu kiuĕ.
CONCUSSION, s. f. *Repetundæ, arum, f.* 勒索 Kĕ sŏ, ou 剝民財 Pŏ mîn tsáỷ. ‖ Faire la —. *Teneri repetundarum.* 剝民財 Pŏ mîn tsáỷ, ou 侵挪情幣 Tsín lŏ tsín pỷ. ‖ Être accusé de —. *Repetundarum reus.* 貪官被告 Tān koūan pỷ kaó.

CONDAMNABLE, adj. *Damnandus.* 可責罰的 Kŏ tsĕ fă tỷ.
CONDAMNATION, s. f. *Damnatio, onis, f.* 定案 Tín gán. ‖ Passer —. *Peccasse se fateri.* 認錯 Jén tsŏ.
CONDAMNER, v. a. *Damnāre.* 定案 Tín gán. ‖ — à l'amende. *Ad mulctam —.* 罰銀 Fă tsiên. ‖ — à la prison. *Ad carcerem —.* 罰下牢 Fă hiá laô. ‖ — à la cangue. *Ad cangam damnāre.* 柳 Kiā. ‖ — à l'exil local. *Exsilio temporali plect.* 本省充軍 Pĕn sèn tchŏng kiūn. ‖ — à l'exil perpétuel. *Exsilio perpetuo plect.*

永遠充軍 Yùn yuên tchŏng kiūn. ‖ — à mort (avec sursis d'exécution). 斬監候 Tchàn kiēn heóu. ‖ — (sans sursis). 斬立決 Tchàn lỷ kiuĕ. ‖ — (blâmer). *Vituperāre.* 責罰 Tsĕ fă. ‖ — une porte. *Januæ usum prohibēre.* 釘死門 Tín sè mên, ou 閉一道門 Pỷ y̆ taó mên. ‖ Se —. *Erratum agnoscěre.* 認錯 Jén tsŏ.
CONDENSER, v. a. *Densāre.* 點 Tiēn, ou 作稠 Tsó tcheŏu. ‖ Se —. *Densāri.* 凝 Lîn.
CONDESCENDANCE, s. f. *Obsequium, ii, n.* 讓 Jáng. ‖ — excessive. *Nimium —.* 讓得狠 Jáng tĕ hèn.
CONDESCENDRE, v. a. *Obsequi.* 允 Yùn, ou 依 y̆. ‖ — jusqu'à (v. g. parlant des supérieurs). 降臨 Kiáng lîn.
CONDISCIPLE, s. m. *Condiscipulus, i, m.* 同堂窓友 Tóng tâng tsōng yeŏu.
CONDITION, s. f. *Natales, ium, m.* 出身 Tchŏu chēn. ‖ — élevée. *Clari —.* 出身高 Tchŏu chēn kaō. ‖ — basse. *Humiles —.* 出身低 Tchŏu chēn tỷ, ou 小戶人家 Siaŏ foú jên kiā. ‖ Épouser une personne de — égale à la sienne. 門戶相當 Mên foú siāng tāng. ‖ —. *Status.* 勢位 Ché oúy. ‖ Vivre selon sa —. *Juxtà conditionem vivěre.* 照各人身分度生 Tchaó kŏ jên chēn fên toú sēn. ‖ — (clause). *Conditio.* 約定 Yŏ tín. ‖ Mettre pour —. *Conditionem ferre.* 許約 Hiù yŏ. ‖ Y acquiescer. *Stāre —.* 依約 Y̆ yŏ. ‖ Les rejeter. *Respuěre —.* 不允約 Poŭ yùn yŏ. ‖ — sine quâ non. 不得不 Poŭ tĕ poŭ y̆. ‖ A —que. *Eâ lege ut.* 若是 Jŏ ché. ‖ Sous —. *Sub hâc lege quod.* 設若 Chĕ jŏ.
CONDITIONNÉ, ÉE, adj. *Idoneus.* 合式 Hô ché.
CONDITIONNEL, LE, adj. *Conditionalis.* 活動的 Hŏ tŏng tỷ.
CONDITIONNER, v. a. *Aptāre.* 合式 Hô ché.
CONDOLÉANCE, s. f. *Condolor, oris, m.* 憐憫 Liên mĭn. ‖ Compliment de —, selon les mœurs chinoises. 弔 Tiaó. ‖ Jour où ces compliments commencent. 開弔之日 Kāỷ tiaó tchē jĕ.
CONDUCTEUR, s. m. *Conductor, oris, m.* 頭子 Teôu tsè, ou 引路 Y̆n loú.
CONDUIRE, v. a. *Deducěre.* 引 Y̆n. ‖ — un aveugle par la main. *Cœcum manu ducěre.* 牽瞎子 Kiēn hiă tsè. ‖ — un vaisseau. *Navem gubernāre.* 掌舵 Tchàng tó. ‖ — les fidèles. *Regěre christicolas.* 管敎友 Koŭan kiaó yeŏu. ‖ — quelqu'un. *Deducěre aliq.* 送人 Sóng jên. ‖ — quelqu'un des yeux. *Ex oculis deducěre.* 目送 Moŭ sóng. ‖ — une affaire. *Rem curāre.* 管一宗事 Koŭan y̆ tsōng sé. ‖ Se — Bené agěre. 做得好 Tsoú tĕ haŏ. ‖ Se — par les avis de quelqu'un. *Consilia sequi.* 聽人的話 Tín jên tỷ hoá.

**CONDUIT**, s. m. *Canalis, is, m.* 溝 Keōu. ‖ Un —. *Unus* —. 一條溝 Ý tiáo keōu. ‖ Sauf —. *Salvus ductus.* 腰裡 Yāo páy. ‖ — de l'urine. 腎莖 Chén hēn.

**CONDUITE**, s. f. *Deductio, onis, f.* 送 Sóng. ‖ — d'une affaire. *Negotii gubernat.* 管事 Koùan sé. ‖ —. *Vitæ ratio.* 行為 Hín oŭy. ‖ Sa — est édifiante. 他的行為好 Tā' tỷ hín oŭy haò. ‖ —. *Prudentia.* 賢智 Hiēn tché. ‖ Manquer de —. *Consilio defici.* 無賢智 Oŭ hiēn tché. ‖ Homme sans —. *Temerarius.* 冒失人 Maó chě jēn.

**CONDYLE**, s. m. *Condylus, i, m.* 骨頭皺出來一點 Koŭ teŏu koŭ tchŏu laý ỷ tiēn.

**CÔNE**, s. m. *Conus, i, m.* 尖圓體 Tsiēn yuēn tỷ.

**CONFECTIONNER**, v. a. *Conficere.* 做完 Tsoŭ oŭan.

**CONFÉDÉRATION**, s. f. *Fœdus, eris, n.* 結約 Kiě yŏ. ‖ La violer —. *Violare* —. 犯約 Fán yŏ.

**CONFÉDÉRER** (SE). v. r. *Fœdus inire.* 打結約 Tà kiě yŏ.

**CONFÉRER**, v. a. *Comparare.* 相比 Siāng pỷ, ou 對 Toúy. ‖ — avec quelqu'un. *Cum alic. colloqui.* 相談 Siāg tán, ou 商量 Chāng leáng. ‖ — (accorder). *Concedere.* 施 Chě. ‖ — une indulgence. *Indulgentiam largiri.* 頒恩赦 Sóng gēn ché. ‖ — la grâce divine. *Gratiam conferre.* 賦聖寵 Foú chén tchŏng. ‖ — (conférence). *De re conferre.* 商量 Chāng leáng. ‖ — les sacrements. *Sacramenta ministrare.* 付跛跡 Foú pỷ tsỷ. ‖ — sur les choses pieuses. *De rebus piis colloqui.* 講靈魂的事 Kiàng lím houēn tỷ sé.

**CONFESSER**, v. a. *Confiteri.* 認 Jén. ‖ — sa faute. *Culpam agnoscere.* 認錯 Jén tsŏ. ‖ — la vérité. *Verum profiteri.* 照實說 Tcháo chě chŏ. ‖ — dans les tourments. *Confess. exprimere in torment.* 招供 Tchāo kóng. ‖ — sa foi. *Se esse christianum profiteri.* 認他是天主教人 Jén tā ché Tiēn Tchoŭ-kiaó. ‖ — (ouïr les confessions). *Confessiones suscipere.* 聽告解 Tín kaó kiáy. ‖ Se —. *Confiteri se.* 辦告解 Pán kaó kiáy. ‖ Se — chaque mois. *Singulis mensibus confiteri.* 每月辦告解 Meỷ yǔe pán kaó kiáy. ‖ Se — pieusement, dévotement. *Piè confiteri.* 恰當告解 Kiă táng kaó kiáy. ‖ Se — mal. *Indevoté* —. 冒告解 Maó kaó kiáy.

**CONFESSEUR**, s. m. *A confessionibus.* 聽告解的 Tín kaó kiáy tỷ. ‖ — pontife. *Confess. pontifex.* 認侶鑒牧 Jén lù kién moŭ. ‖ — non pontife. *Confess. non pontifex.* 認侶信輩 Jén lù sín peý.

**CONFESSION**, s. f. *Confessio, onis, f.* 認錯 Jén tsŏ. ‖ — de ses péchés. *Confessio peccatorum.* 告罪 Kaó tsoúy. ‖ — auriculaire. *Auricularis confessio.* 私告解 Sē kaó kiáy. ‖ — générale. *Generalis* —. 總告解 Tsòng kaó kiáy. ‖ — annuelle. *Annualis* —. 一年的告解 Ý niēn tỷ kaó kiáy. ‖ — publique. *Publica* —. 贓堂 Hàn tǎng. ‖ — nulle. *Nulla* —. 虛告解 Hīn kaó kiáy. ‖ — sacrilége. *Sacrilega* —. 冒告解 Maó kaó kiáy. ‖ Finir sa — (ou être absous). *Absolutionem accipere.* 得罪敘 Tě tsoúy ché.

**CONFESSIONNAL**, s. m. *Tribunal pœnitentiæ.* 聽告解坐案 Tín kaó kiáy tsó gán.

**CONFIANCE**, s. f. *Fiducia, æ, f.* 靠望 Káo·oúang. ‖ — en soi. *Sui fiducia.* 靠自巳 Káo tsé kỷ. ‖ Manquer de —. *Diffidere.* 失望 Chě oúang. ‖ Personne de —. *Homo fidus.* 可信的人 Kò sín tỷ jēn. ‖ Avoir la — de quelqu'un. *Alicujus fiduciâ frui.* 有人信實 Yeŏu jēn sín ché.

**CONFIDENCE**, s. f. *Secretum commissum.* 托密事 Tŏ' mỷ sé. ‖ Faire —. *Rem cum aliq. communicare.* 托密事 Tŏ' mỷ sé.

**CONFIDENT**, s. m. *Consilii particeps.* 知巳的 Tchē kỷ tỷ, ou

**CONFIER**, v. a. *Rem alic. committere.* 托付人 Tŏ' foú jēn. ‖ — un secret. *Arcana* —. 托人密事 Tŏ' jēn mỷ sé. ‖ — une affaire à quelqu'un. *Rem alicui committere.* 托人管 Tŏ' jēn koùan. ‖ Se — en quelqu'un. *Credere alic.* 信人 Sín jēn.

**CONFINER**, v. n. *Confinis esse.* 近 Kín, ou 挨倒 Gaỷ taò. ‖ La Chine — au Thibet. *Sinæ Thibetum confiniunt.* 中國挨倒西藏 Tchōng kouě gaỷ taò sỷ tsáng. ‖ — (reléguer). *Amandare.* 充軍 Tchōng kiūn.

**CONFINS**, s. m. *Confinia, ium, n.* 交界 Kiāo kiaý. ‖ Entrer sur les —. *Confinia ingredi.* 入交界 Joŭ kiāo kiaý.

**CONFIRE**, v. a. *Poma condire.* 製果子 Tché kò tsè. ‖ — avec du sucre. *Saccharo* —. 糖製 Táng tché. ‖ — avec du sel. *Sale* —. 酸醃 Yēn yēn. ‖ — avec du vinaigre. *Aceto* —. 醋泡 Tsoŭ páo.

**CONFIRMATION**, s. f. *Corroboratio, onis, f.* 堅固 Kiēn koú. ‖ Cela a besoin de —. *Hoc confirmatione indiget* —. 要憑據 Yáo pín kíu. ‖ — (sacrement). *Sacramentum confirmationis.* 付堅振 Foú kiēn tchén. ‖ Donner la —. *Confirmare.* 付堅振 Foú kiēn tchén. ‖ Recevoir la —. *Suscipere confirmat.* 領堅振 Lìn kiēn tchén.

**CONFIRMER**, v. a. *Firmare.* 堅固 Kién koú. ‖ — quelqu'un dans son idée. *In suâ opin. aliq. roborare.* 長人的志 Tchàng jēn tỷ tché. ‖ Être — dans son poste. *Provinciam alicuj. prorogare.* 復了任 Foŭ leaò jēn. ‖ — sa promesse. *Fidem firmare.* 再三許 Tsaý sān hiù.

**CONFISEUR**, s. m. *Bellariorum conditor.* 糕餅匠 Kaō pīn tsiáng.

**CONFISQUER**, v. a. *Confiscare.* 拿嚙稅的 Là mân choúy tỷ. ‖ — au profit du trésor impérial. 入官 Joŭ koūan

CONFITURES, s. f. *Conditurœ, arum, f.* 糖果子 Tăng kŏ tsè.

CONFLIT, s. m. *Conflictus, ús, m.* 交手 Kiaŏ cheòu. 爭鬪 Tsēn teóu. 相鬪 Siāng teóu. ‖ — de juridiction. *Jurisdictionis conflictio.* 爭競 Tsēn kìn. ‖ — des vents. *Ventorum turbo.* 相對風 Siāng toúy fōng.

CONFLUENT, s. m. *Confluens, tis, m.* 河交處 Hô kiāo chŏu.

CONFONDRE, v. a. *Confundĕre.* 亂 Louán. ‖ — (se tromper). *Errāre.* 錯 Tsŏ. ‖ — une personne avec une autre. *Alterum pro altero accipĕre.* 認錯了人 Jēn tsŏ leào jĕn. ‖ — *Alicui pudorem incutĕre.* 傷他的臉 Chāng tā' tý' liĕn. ‖ Vos louanges me —. *Laudibus me oneras.* 過奬我 Kŏ yù ngò. ‖ Se — en politesse. *Certāre officiis.* 講禮得狠 Kiàng lỳ tĕ' hĕn. ‖ Se — en excuses. *Excusationes accumulāre.* 推諉得多 Toūy oúy tĕ' tō.

CONFORME, adj. *Congruens.* 相似的 Siāng sé tý'. ‖ Sa mort fut — à sa vie. *Mors á vita non fuit dissimilis.* 生死相合 Sēn sè siāng hŏ. ‖ Préceptes — à la nature. *Conjuncta naturœ prœcepta* 合近人情 Lín kín jēn tsĭn. ‖ Vie — à la règle. 守規矩 Cheŏu koúy kiù.

CONFORMER, v. a. *Accommodāre.* 做合式 Tsoŭ hŏ ché. ‖ Se — à la volonté de quelqu'un. *Se conformāre ad nut. alic.* 順別人的意 Chouén piĕ' jēn ý'. ‖ Se — à la volonté divine. *Parēre voluntati divinæ.* 全合天主聖意 Tsuĕn hŏ Tiēn-Tchoù chén ý.

CONFORMITÉ, s. f. *Convenientia, œ, f.* 像○相似 Siáng. Siāng sé. ‖ — de sentiments. *Opinionum consensus.* 同意 Tŏng ý. ‖ — de mœurs. *Morum congruentia.* 風俗相同 Fōng siŏu siāng tŏng.

CONFORTER, v. a. *Corroborāre.* 堅固 Kiēn koú, ou 壯力 Tchoāng lý.

CONFRÈRE, s. m. *Sodalis, is, m.* 同會的 Tŏng hoúy tý'. ‖ — (collègue). *Collega, œ, m.* 同事的 Tŏng sé tý'.

CONFRÉRIE, s. f. *Sodalitas, atis, f.* 會 Hoúy. ‖ En établir une. *Stabilire* —. 立會 Lỳ' hoúy. ‖ Y entrer. *Ingredi.* 入會 Joŭ hoúy.

CONFRONTER, v. a. *Componĕre.* 察考 Tchă' kaò. ‖ — (comparer). *Comparāre.* 相比 Siāng pỳ, ou 對Toúy. ‖ — les témoins. *Testes opponēre.* 對証 Toúy tchén.

CONFUS, E, adj. *Confusus.* 亂的 Louán tý', ou 雜亂的 Tsă' louán tý'. ‖ Papiers confus. *Papyri permixti.* 亂紙 Louán tchè. ‖ Bruit confus. *Vagus rumor.* 不定的信 Poŭ tín tý' sín. ‖ — (embrouillé). *Res intricata.* 不明白的 Poŭ mĭn pĕ' tý'. ‖ —. *Rubore suffusus.* 害羞的 Haý sieŏu tý'.

CONFUSION, s. f. *Confusio, onis, f.* 亂 Louán. ‖ Mettre tout en —. *Turbāre.* 亂○顚倒 Louán. Tiēn taó. ‖ Couvrir quelqu'un de —. *Pudore conficĕre.* 掃臉 Saŏ liĕn. ‖ Je le dis à ma —. *In dedecus meum dico.* 我害羞說 Ngŏ haý sieōu chŏ.

CONGÉ, s. m. *Missio, onis, f.* 俞 Mín. ‖ Donner — à un soldat. *Missionem militi dāre.* 准兵告假 Tchoùn pīn kaó kià. ‖ Demander —. — *petĕre.* 告假 Kaó kià. ‖ Donner — aux élèves. *Vacatio.* 放學 Fáng hiŏ. ‖ Demander ce —. *Vacationem efflagitāre.* 求放學 Kieóu fáng hiŏ. ‖ Demander le — militaire. *Missionem rogāre.* 告假 Kaó kià. ‖ Jours de —. *Feriæ scholarum.* 放學的日子 Fáng hiŏ tý' jĕ tsè. ‖ Prendre — de quelqu'un. *Valedicĕre alic.* 辭別 Tsě' piĕ'. ‖ Prendre congé sans permission. *A scholâ abesse sine licentiâ.* 自已放學 Tsé kỳ' fáng hiŏ.

CONGÉDIER, v. a. *Dimittĕre.* 打發去 Tă' fă' kíu. ‖ — un serviteur. *Famulum* —. 打發長年同去 Tă' fă' tchǎng niēn hoúy kíu. ‖ — une assemblée. *Cœtum.* —. 散會 Sán hoúy. ‖ — une année. *Exercitum* —. 放兵回去 Fáng pīn hoúy kíu.

CONGELER, v. a. *Congelāre.* 冷○凝 Lín. Lĕn. ‖ Se —. *Congelōri.* 凝 Lín.

CONGLUTINER, v. a. *Glutināre.* 粘 Tchān, ou 貼 Tīe.

CONGRATULER, v. a. *Gratulāri.* 恭喜 Kōng hỳ.

CONGRATULATION, s. f. *Gratulatio, onis, f.* 恭賀 Kōng hŏ.

CONGRÉGATION, s. f. *Sodalitium, ü, n.* 會 Hoúy. ‖ — pieuse. *Pia sodalitas.* 聖會 Chén hoúy. ‖ — des Missions-Étrangères de Paris. *Societas missionum ad exteros.* 在外國傳聖敎之發會 Tsaý ouáy koŭ' tchoūn chén kiáo tchē fă' hoúy. ‖ Sacrée — de la Propagande. *S. C. de Propagandâ fide.* 傳敎聖部 Tchoūn chén kiáo poú. ‖ S. — des Rits. *S. C. Rituum sacrorum.* 聖敎禮部 Chén kiáo lỳ' poú. ‖ S. — des Indulgences. *S. C. Indulgentiarum.* 恩赦聖部 Gēn chè chén poú. ‖ S. — de l'Index. *S. C. Indicis.* 司經局 Sē kīn kiŏu. ‖ S. — de l'Office. *S. C. S. Officii.* 釋疑部 Chĕ' ngý' poú. ‖ Préfet de l'une de ces —. *prœfectus.* 尙書 Cháng chóu.

CONGRÈS, s. m. *Congressus, ús, m.* 商議 Chāng ný'. ‖ Convoquer un —. *Convocāre.* 進人商議 Tsìn jēn chāng ný'. ‖ Le congédier. 商議了各人散 Chāng ný' leào kŏ jēn sán.

CONGRU, E, adj. *Congruus.* 合式的 Hŏ chĕ' tý'. ‖ Réponse —. *Ad rem respons.* 答應得對 Tă' ýn tĕ' toúy. ‖ Pension —. *Conveniens pensio.* 僅句用的養廉 Kĭn keŏu yóng tý' yàng liĕn. ‖ Portion —. *Congrua portio.* 均勻的分例 Kiūn yún tý' fēn lý'. ‖ Qualité —. *Dos conveniens.* 妥當德行 Tŏ' tāng tĕ' hĭn.

CONIQUE, adj. *Conifer.* 圓尖的 Yuĕn tsiēn tý'.

CONJECTURER, v. a. *Conjicĕre.* 猜 Tsāý, ou 估量 Koù leâng. ‖ — mal. *Oberrare à* —. 猜不着 Tsāý poŭ tchŏ.
CONJOINDRE, v. a. *Connubio jungĕre.* 定婚 Tín houĕn. ‖ — ensemble. *Conjungĕre.* 相連 Siāng liên.
CONJOINTEMENT, adv. *Simul.* 一齊 Ỷ tsý, ou 協力的 Hiĕ lý tý.
CONJOINTS, s. m. *Conjuncti, orum, m.* 夫婦 Foū foŭ.
CONJONCTIF, VE, adj. *Connexivus.* 結連的 Kiĕ liên tý.
CONJONCTION, s. f. *Conjugium, ii, n.* 婚配 Houēn péy. ‖ — (rencontre). — *occursus.* 相撞 Siāng tchoŭāng. ‖ — de la lune et du soleil. *Solis lunæque occursus.* 日月交會 Jĕ yuĕ kiaō hoúy, ou 月朔 Yuĕ sŏ. ‖ — (particule du discours. *Conjunctio, onis, f.* 聯句 Liên kíu.
CONJONCTURE, s. f. *Rerum concursus.* 過着 Yú tchŏ. ‖ Il arrive des —. *Fit ut* —. 多回有 Tō hoúy yeoŭ. ‖ Parler selon la —. *Loqui ad præs. statum.* 看事說話 Kăn sé chŏ hoá. ‖ Profiter de ces —. *Opportunitate uti.* 趁幾會 Tchĕn ký hoúy. ‖ Dans ces —. *Intereà.* 那時 Lá chê. ‖ — favorable. *Opportuna occasio.* 便時 Pién chê, ou 好幾會 Haŏ ký hoúy.
CONJUGAISON, s. f. *Conjugatio, onis, f.* 言參 Yên tsăn.
CONJUGAL, E, adj. *Conjugalis.* 夫婦的 Foū foŭ tý. ‖ Lien —. *Vinculum* —. 婚姻之約 Houēn yn tchê yŏ. ‖ Foi —. *Fides* —. 夫婦之信 Foū foŭ tchê sín. ‖ Amour —. *Amor* —. 夫婦之情 Foū foŭ tchê tsín. ‖ Violer la foi —. *Fidem conjug. violare.* 失夫婦之信 Chĕ foū foŭ tchê sín.
CONJUGUER, v. a. *Verbum declinare.* 參言 Tsăn yên.
CONJURÉ, s. m. *Conjuratus, i, m.* 結黨的 Kiĕ táng tý.
CONJURER, v. a. *Obtestari.* 懇求 Kĕn kiéou. ‖ — le diable. *Diabolum* —. 驅魔 Kīu mô. ‖ — l'orage. *Procellam vitare.* 防暴風 Fâng paó fōng. ‖ — contre l'Etat. *Conjurare.* 謀叛 Môu pán.
CONNAISSANCE, s. f. *Notitia, æ, f.* 認得 Jén tĕ. ‖ — de la vérité. *Veri perspicientia.* 認真實 Jén tchēn chĕ. ‖ — de l'avenir. *Futuri præsensio.* 曉得後來的事 Hiaò tĕ heóu lây tý sé. ‖ Parvenir à la — de Dieu. *Dei cognit. capĕre.* 得認識天主 Tĕ jén chĕ Tiēn-Tchoù. ‖ N'avoir nulle — de quelque chose. *Non esse sibi notum.* 全不知 Tsiûen poŭ tchĕ. ‖ Perdre —. *Mente labi.* 明悟昏亂 Mîn où houēn louán. ‖ Faire — avec quelqu'un. *Alicui occurrĕre.* 同他來往 Tông tā̆ lay ouāng. ‖ Ceux de nos —. *Noti, orum.* 相熟的人 Siāng choŭ tý jên. ‖ Prendre — d'une affaire. *Rem examinare.* 察看一宗事 Tchă̆ kăn ý tsōng sé. ‖ Le malade a perdu —. *Æger mentis compos non est.* 病人糊塗了 Pîn jên hoŭ toŭ leaò. ‖ — érudition). *Eruditio.* 學問 Hiŏ ouén.

CONNAISSEMENT, s. m. *Declaratio, onis, f.* 收票 Cheōu piaŏ. ‖ — de marchandise. 貨單 Hó tán.
CONNAISSEUR, s. m. *Rei peritus.* 會 Hoúy, ou 熟 Choŭ.
CONNAÎTRE, v. a. *Noscĕre.* 認得 Jén tĕ. ‖ — quelqu'un à fond. *Intùs et in cute* —. 曉得他的心腹事 Hiaò tĕ tā̆ tý sín foŭ sé. ‖ — de nom. *Noscĕre nomine.* 知其名 Tchē ký mîn. ‖ — de visage. *De facie* —. 面熟的人 ○ 面善 Mién choŭ tý jên. Mién chán. ‖ — de réputation. *Famâ* —. 聽有人說 Tīn yeoŭ jên chŏ, ou 我曉得 Ngŏ hiaò tĕ, ou 久聞大名 Kiéou ouên tá mîn. ‖ — à fond une chose. *Rem callēre.* 熟一件事 Choŭ ý kién sé. ‖ — quelqu'un à son air et ses traits. *Vultu genus noscĕre.* 見面便知 Kién mién pién tchĕ. ‖ — d'une affaire. *Audire de re.* 察考一宗事 Tchă̆ kaò ý tsōng sé. ‖ Faire —. *Notificare.* 報信 Paó sín. ‖ Faire — quelqu'un. *Aliq. producĕre.* 抬舉人 Tâý kiù jên. ‖ Se faire —. *Se aperire.* 過心腹 Kó sīn choŭ. ‖ Se —. *In re inclarescĕre.* 大出名 Tá tchŏŭ mîn. ‖ Se —. *Se noscĕre.* 認得自已 Jén tĕ tsé ký. ‖ Se —. *Esse amici* —. 與人相好 Yŭ jên siāng haŏ. ‖ Se — en homme. *Homines cognoscĕre.* 知人 Tchē jên.
CONNEXION, s. f. *Connexio, onis, f.* 相連 Siāng liên, ou 合 Hŏ.
CONNIVENCE, s. f. *Conniventia, æ, f.* 同犯 Tông fán.
CONNU, E, adj. *Notus.* 認得的 Jén tĕ tý. ‖ — de tous. *Apprimè* —. 人人都知道 Jên jên toū tchē taó. ou 無人不識 Oû jên poŭ chĕ. ‖ Lieu —. *Locus notus.* 熟地方 Choŭ tý fāng.
CONQUÉRANT, s. m. *Victor, oris, m.* 得勝的 Tĕ chēn tý.
CONQUÉRIR, v. a. *Subjicĕre.* 服下 Foŭ hiá, ou 占 Tchán. ‖ — une province. *Provinciam* —. 服一省 Foŭ ý sĕn. ‖ — les cœurs. *Devincire animos.* 得人心 Tĕ jên sīn.
CONQUÊTE, s. f. *Victoria, æ, f.* 得勝 Tĕ chēn, ou 攻服了的 Kōng foŭ leaò tý.
CONSACRER, v. a, *Dedicare.* 奉獻 Fóng hién. ‖ — un temple. *Templum* —. 聖經堂 Chén kīn tâng. ‖ — les espèces. *Species consecrare.* 祝聖餅酒 Choŭ chén pĭn tsieóu. ‖ C'est un usage —. *Mos invaluit.* 出了風俗 Tchŏŭ leaò fōng sioŭ. ‖ — son temps à l'étude. *Studio incumbĕre.* 讀書 Toŭ choū. ‖ Se — à Dieu. *Deo vovēre se.* 許願奉事天主 Hīu yuén fóng sé Tiēn-Tchoù.
CONSANGUIN, adj. *Consanguineus.* 親戚的 Tsīn tsý tý. ‖ — de l'Empereur. *Imperatoris* —. 宗室 Tsōng chĕ. ‖ — de l'Impératrice. *Imp.* —. 覺羅 Kiŏ lŏ. Degrés de —. *Gradus consang.* 輩 Péý.

CON                                                             CON   99

CONSCIENCE, s. f. *Conscientia, œ, f.* 良心 Leáng sīn. ‖
— droite. *Recta* —. 正理良心 Tchēn lỹ leáng sīn. ‖
— erronée. *Erronea* —. 錯良心 Tsŏ' leáng sīn. ‖
— scrupuleuse. *Scrupulosa* —. 過餘憚心 Kó yû tān
sīn. ‖ — relâchée. *Laxa* —. 放肆的良心 Fáng sé
tỹ leáng sīn. ‖ — certaine. *Certa* —. 堅定的良心
Kiēn tín tỹ leáng sīn. ‖ — douteuse. *Dubia* —. 疑惑
的良心 Ngỹ houây tỹ leáng sīn. ‖ — probable. *Probabilis* —. 有憑據的良心 Yeŏu pîn kíu tỹ leáng
sīn. ‖ — improbable. *Improbabilis* —. 無憑據的
良心 Oŭ pîn kíu tỹ leáng sīn. ‖ Remords de —. *Remorsus* —. 良心責偹○愧 Leáng sīn tsě pý.
Koúy. ‖ Sans —, ou contre la —. *Sine ullá religione.*
莫良心 Mŏ leáng sīn. ‖ Examiner sa —. *Consc. discutěre.* 察考良心 Tchă' kào leáng sīn. ‖ Blesser
sa —. — *læděre.* 傷良心 Chāng leáng sīn, ou
背良心 Peý leáng sīn. ‖ Consulter sa —. *— scrutāri.* 問良心 Oúen leáng sīn. ‖ N'avoir pas la —
tranquille. *Remordet conscientia.* 良心不平和 Leáng
sīn poŭ pîn hô, ou 良心不安然 Leáng sīn poŭ gān
jân. ‖ Prendre sa — et la mettre derrière soi. *Conscientiam non sequi.* 把良心放在背上 Pà leáng sīn
fáng tsaý peý cháng. ‖ — (scrupule). *Religio.* 過餘
憚心 Kó yû tān sīn. ‖ Il y a — à faire cela. *Religios.
est id facěre.* 怕傷良心 Pă' chāng leáng sīn. ‖ En —,
*Bonâ fide.* 良心過得 Leáng sīn kó tě'.

CONSCIENCIEUX, SE, adj. *Vir relig.* 怕傷良心的人
Pă' chāng leáng sīn tỹ jên.

CONSCRIT, s. m. *Conscriptus, i, m.* 新兵 Sīn pīn.

CONSÉCRATION, s. f. *Consecratio, onis, f.* 祝 Choŭ. 獻
Hién.

CONSÉCUTIF, VE, adj. *Continuus.* 不斷的 Poŭ toúan tỹ.
一連 Ỹ liên. 相繼 Siāng toúan. ‖ Trois jours —.
*Tres dies continui.* 三天不斷 Sān tiēn poŭ toúan.

CONSEIL, s. m. *Consilium, ü, n.* 勸 Kiŭen. ‖ Donner
un —. *Alic. — daře.* 勸人 Kiŭen jên. ‖ Demander —.
*Aliq. consultāre.* 請人指點 Tsīn jên tchě tién. ‖
Suivre les —. *Consiliis parěre.* 聽人勸 Tīn jên kiŭen.
‖ Être le conseil de quelqu'un. *Consiliis regěre aliq.*
勸人 Kiŭen jên. ‖ Donner — et ne pas savoir se
conduire soi-même. *Foris sapěre, sibi non posse auxiliari.* 會顧別人不會顧自已 Hoúy koú piĕ' jên
poŭ hoúy koú tsé kỹ.

CONSEIL, s. m. *Consilium.* 商量 Chāng leáng. ‖ Tenir —
— *inire.* 商量 Chāng leáng. ‖ — privé de la Chine.
內閣 Loúy kŏ'. ‖ — privé de l'Empereur. 軍機處
Kiūn kỹ tchóu. ‖ — privé de la guerre. 軍機大臣
Kiūn kỹ tá tchên.

CONSEILLER, v. a. *Consiliarius, i, m.* 勸的人 Kiŭen tỹ
jên. ‖ — des mandarins civils. 師爺 Sē yê. ‖ — des

mandarins militaires. 稿爺 Kaŏ yê. ‖ — suprême de
l'Empire. 閣老 Kŏ' laŏ. ‖ — d'État. 侍郎 Ché
láng. ‖ Les sept — de l'Empereur. *Septem consiliarii
imp.* 轉邸 Fóu pỹ.

CONSENTEMENT, s. m. *Consensus, us, m.* 依 Ȳ. 准
Tchùn. 許 Hiù. ‖ — (accord). *Conventio.* 約定 Yŏ
tín.

CONSENTIR, v. n. *Assentīri.* 允 Yùn. 許 Hiù. 情願
Tsín yûen. ‖ — tous. *Omnes assentiunt.* 衆人依允
Tchóng jên ȳ yùn. ‖ Ne pas —. *Non approbāre.* 不依
Poŭ ȳ. ‖ — en remuant la tête. 點頭 Tién teŏu.
‖ — en remuant la tête. 搖頭 Yáo teŏu. ‖ — de
suite. 當時允 Tāng chě yùn.

CONSÉQUENCE, s. f. *Conclusio, onis, f.* 所以 Sŏ ỹ.
故此 Koú tsé. 推論之理 Toúy lén tchě lỹ. ‖
Tirer une —. *Aliq. concluděre.* 所以 Sŏ ỹ. ‖ — d'un
acte. *Consequentia.* 關係 Koūan hỹ, ou 相干
Siāng kān. ‖ La chose tire à —. *Res momenti est.*
是大事 Ché tá sé. ‖ Cela est sans —. *Res nullius est
momenti.* 不相干 Poŭ siāng kān. ‖ — (poids). *Pondus.* 要緊的 Yáo kín tỹ. ‖ De nulle —. *Sine momento.* 不要緊的 Poŭ yáo kín tỹ, ou 無相干
Oŭ siāng kān. ‖ Homme de —. *Vir auctoritate gravis.*
有勢力的人 Yeŏu ché lỹ tỹ jên.

CONSÉQUENT, E, adj. *Sibi constans.* 言行相合 Yên hín
siāng hô.

CONSERVATION, s. f. *Conservatio, onis, f.* 保存 Paŏ
tsên.

CONSERVATOIRE, s. m. *Gymnasium, ü, n.* 六藝學館
Loŭ lý hiŏ koùan.

CONSERVER, v. a. *Servāre.* 保守 Paŏ cheŏu. ‖ — des
fruits. *Fructus conděre.* 臧果子 Tsáng kŏ tsě'. ‖
— sa santé. *Valetudin. defenděre.* 保養身體 Paŏ
yáng chēn tỹ. ‖ Se —. *Non corrumpi.* 不壞 Poŭ
houáy. ‖ — *Curāre valetudinem.* 保重 Paŏ tchóng.

CONSERVES, s. f. *Res conditæ.* 乾菜 Kān tsáy. ‖ Espèces
de —. 鹹菜 Hân tsaý, ou 醬菜 Tsiáng tsaý. ‖
— (lunettes). *Conspicilium speciale.* 茶鏡 Tchă' kín.

CONSIDÉRABLE, adj. *Conspicuus.* 出名的 Tchŏu mîn
tỹ. ‖ — par sa science. *Doctrinâ clarus.* 才學出名的
Tsáy hiŏ tchŏu mîn tỹ. ‖ Affaire —. *Res momenti.*
大事 Tá sé. ‖ Une partie —. *Pleraque pars.* 大半
Tá pán.

CONSIDÉRANT, s. m. *Judicii ratio.* 因爲 Ȳn oúy.

CONSIDÉRATION, s. f. *Attentio, onis, f.* 專心 Tchoūan
sīn, ou 用心 Yóng sīn. ‖ Sans —. *Sine attentione.* 不專心 Poŭ tchoūan sīn. ‖ Pour bien des —.
*Multis de causis.* 緣故多 Yûen koú tō. ‖ Chose de
nulle —. *Nullius momenti res.* 不要緊的事 Poŭ yáo
kīn tỹ sé. ‖ Être en grande — chez quelqu'un. *Magni*

*esse apud aliquem.* 有人簿敬他 Yeòu jên tsēn kín tā'. ‖ Avoir beaucoup de — pour quelqu'un. *Magni facěre.* 貴重 Koúy tchóng. ‖ A ma —. *Meápte causâ.* 特焉我 Tě oúy ngò.

CONSIDÉRER, v. a. *Considerāre.* 看 Kǎn, ou 想 Siàng. ‖ Sans — son âge. *Nullā ætatis habitā ratione.* 不看他的年紀 Poû kǎn tā' tỷ niên ký.

CONSIGNE, s. f. *Mandata excubitori data.* 喑號 Gán haó.

CONSIGNER, v. a. *Deponěre.* 寄托 Ký tǒ'. ‖ — (donner la consigne). *Mandata excubitoribus daře.* 交喑號 Kiāo gǎn haó. ‖ — à quelqu'un sa porte. *Domum interdicěre.* 不許他進屋 Poû hiù tā' tsín oǔ.

CONSISTANCE, s. f. *Coagulatio, onis, f.* 凝 Lín. ‖ — (stabilité). Esprit sans —. *Mobile ingenium.* 心不定 Sīn poû tín. ‖ Ce bruit prend —. *Rumor invalescit.* 說的人更多 Chǒ tỷ jên kèn tō.

CONSISTER, v. n. *Versāri.* 在 Tsaý, ou 歸于 Koūy yù.

CONSISTOIRE, s. m. *Consistorium, i, n.* 宗牧議事廳 Tsōng moū ný sé tīh. ‖ — public. *Publicum* —. 宗牧公議 Tsōng moū kōng ný. ‖ — privé. *Privatum* —. 宗牧私議 Tsōng moū sē ný. ‖ Tenir un —. *Cogěre* —. 宗牧議事 Tsōng moū ný sé.

CONSOLATEUR, s. m. *Consolator, oris, m.* 安慰的人 Gān oúy tỷ jên.

CONSOLATION, s. f. *Verba solatoria.* 安慰的話 Gān oúy tỷ hoá. ‖ Je n'ai aucune —. *Nullo solatio fruor.* 我沒有什麼倚靠 Ngò mô yeòu chè mǒ ý kaó.

CONSOLER, v. a. *Consolāre.* 安慰 Gān oúy.

CONSOLIDER, v. a. *Stabilire.* 安穩 Gān oùen.

CONSOMMATION, s. f. *Consumptio, onis, f.* 用 Yóng. ‖ Faire grande — de tabac. *Tabaco plurimo uti.* 喫烟多 Tchě yēn tō. ‖ — d'un travail. *Perfectio operis.* 完工夫 Oûan kōng foû. ‖ A la — des siècles. *In fine sæculorum.* 世界窮末之時 Ché kiaý kiông mǒ tchě chě.

CONSOMMÉ, s. m. *Juscul. carnis.* 肉湯 Joù tǎng.

CONSOMMÉ, ÉE, adj. *Perfectus.* 全的 Tsuèn tỷ. ‖ Vertu —. *Perfect. virtus.* 全備的德行 Tsuèn pý tỷ tě hín. ‖ — en science. *Scientiâ altissimâ pollens.* 博學的人 Pǒ hiǒ tỷ jên.

CONSOMMER, v. a. *Usu absuměre.* 用完 Yóng oûan, ou 作成 Tsó tchên. ‖ — les saintes Espèces. *Sumere S. Species.* 領聖體的模樣 Lìn chén tỷ tỷ moû yáng. ‖ — de la viande. *Carnes decoquěre.* 蒸肉 Tchēn joù. ‖ — le mariage. *Matrimonii jure uti.* 交媾 Kiāo keoû.

CONSOMPTION, s. f. *Lenta tabes.* 癆病 Laô pín. ‖ Être malade de —. *Consumptione confici.* 得癆病 Tě laô pín.

CONSONNANCE, s. f. *Consonantia, æ, f.* 音調 Ȳn tiaó, ou 和聲 Hò chēn.

CONSONNE, s. f. *Consonans, tis, f.* 無音之字 Oû ȳn tchě tsé.

CONSORTS, s. m. *Socii.* 夥計 Hǒ ký. ‖ — (époux). *Sponsi.* 夫媾 Foū foú. ‖ — (complice). 同犯 Tòng fán.

CONSPIRER, v. a. *Conspirāre.* 結黨 Kiě táng. ‖ — la mort de quelqu'un. *Necem alicuj. moliri.* 謀殺人 Moû chǎ jên.

CONSPUER, v. a. *Conspuěre.* 吐口水 Toù keoù choùy, ou 輕慢 Kīh mán.

CONSTAMMENT, adv. *Constanter.* 恒心 Hên sīn. ‖ —. *Indesinenter.* 常常 Chǎng chǎng. ‖ —. *Certò.* 一定 Ý tín.

CONSTANT, E, adj. *Constans.* 恒心 Hên sīn. ‖ — (persévérant). *Tenax.* 不改主意的 Poû kaỷ tchoǔ ý tỷ ‖ Bruit —. *Fama obtinet.* 衆人說 Tchóng jên chǒ.

CONSTATER, v. a. *Pro vero probāre.* 証一宗事 Tchén ỷ tsōng sé.

CONSTELLATION, s. f. *Sidus, eris, n.* 星宿 Sīn sioù. ‖ — favorable. *Commodum* —. 吉星 Ký sīn. ‖ — maligne. *Maleficium* —. 凶星 Hiōng sīn.

CONSTER, v. n. *Constare.* 知道 Tchē taó.

CONSTERNATION, s. f. *Pavor, oris, m.* 害怕 Haý pǎ. ‖ Chacun est dans la —. *Terror habet mentes.* 衆人怕 Tchóng jên pǎ.

CONSTERNER, v. a. *Consternāre.* 害人 Haý jên.

CONSTIPÉ, ÉE, adj. *Alvi adstricti homo.* 大便不通 Tá piên poū tǒng.

CONSTIPER, v. a. ‖ Ces légumes —. *Olera ventrem adstringunt.* 這些萊服肚子 Tchě sỷ tsaỷ tcháng toǔ tsě.

CONSTITUÉ, ÉE, adj. *Statutus.* 定了的 Tín leaò tỷ. ‖ Autorités — du lieu. *Præsentes præfecti.* 現任官 Hién jén koūan.

CONSTITUER, v. a. *Constituěre.* 立 Lỳ, ou 定 Tín. ‖ L'âme et le corps — l'homme. *Homo constat corpore et animā.* 人具靈魂肉身 Jên kiú lîm houên joù chēn. ‖ — de l'argent en rente. *Fœnori argentum creděre.* 放賬取利 Fáng tcháng tsiù lý. ‖ — quelqu'un en dignité. *Evehěre ad honores.* 陞官 Chēn koūan. ‖ — une dot. *Dotem collocāre.* 嫁奩 Kiá liên.

CONSTITUTION, s. f. *Status, ûs, m.* 光景 Koūang kủ. ‖ — (complexion). *Corporis habitus.* 元氣 Yuên ký, ou 體格 Tỷ kě. ‖ — (lois). *Leges* —. 國法 Koǔ fǎ. ‖ — de rente. *Fœnus.* 放賬取利 Fáng tcháng tsiù lý.

CONSTRUIRE, v. a. *Exstruěre.* 修 Sieoū. 立 Lỳ. 造 Tsaó. ‖ — un pont. *Pontem facěre.* 修礄 Sieoū kiaó. ‖ — une maison. *Domum ædificāre.* 修房子 Sieoū fâng tsè.

CONSUBSTANTIEL, LE, adj. *Consubstantialis.* 同體的 Tòng tỷ tỷ.

**CONSUL**, s. m. *Consul.* 領事 Lìn sé. ‖ Sous —. *Vice* —. 副領事 Foú lìn sé.

**CONSULAT**. s. m. *Domus consulis.* 領事公舘 Lìn sé kõng kouàn.

**CONSULTER**, v. a. *Consulĕre.* 問人 Ouén jên. ‖ — son intérêt. *Suum lucrum quærĕre.* 圖自巳的利益 Toú tsé kỳ lỳ ỳ. ‖ — son miroir. *Speculum consulĕre.* 照鏡子 Tcháo kín tsè. ‖ — sur une maladie. *De morbo* —. 問病 Ouén pín. ‖ Le faire, le malade absent. *Oraculum consulĕre.* 隔山取藥 Kĕ̆ chān tsi̊u yŏ. ‖ — un oracle. *Oraculum consulĕre.* 問神 Ouén chên. ‖ —. *Deliberāre.* 商量 Chāng leǎng.

**CONSUMER**, v. a. *Absumĕre.* 用完 Yóng ouân, ou 滅 Miĕ̆. ‖ — son bien en débauches. *Luxuriosè bona diffundĕre.* 浪費家業 Láng feỳ kiā niĕ̆. ‖ — le temps en bagatelles. *Frustrà tempus terĕre.* 空過時候 Kóng kó chē heóu. ‖ — son corps. *Attenuāre corpus.* 尅苦肉身 Kĕ̆ koŭu joŭ chên. ‖ — sa vie. *Vitam impendĕre.* 喪命 Sáng mìn. ‖ Se — de chagrin. *Mœrore confici.* 憔悴 Tsi̊ao soŭy.

**CONTACT**, s. m. *Contactus, ûs, m.* 摸 Mó. ‖ — contagieux. — *contagiosus.* 惹人的 Jĕ jên tỳ.

**CONTAGIEUX, SE**, adj. *Contagiosus.* 惹人的 Jĕ jên tỳ. ‖ Exemple —. *Perniciosum exemplum.* 誘感人的表樣 Yeóu-kàn jên tỳ piǎo yáng.

**CONTAGION**, s. f. *Contagium, ii, n.* 惹人的病 Jĕ jên tỳ pín. ‖. *Mos mala.* 不好的風俗 Poŭ haŏ tỳ fōng siŏu. ‖ — (peste). *Lues.* 瘟疫 Ouēn yǐ.

**CONTE**, s. m. *Commentum, i, n.* 假姑事 Kiă koú sé. ‖ — en l'air. *Fabula.* 閒話 Hién hóa. ‖ Faire un —. *referre.* 談假故事 Tǎn kiă koú sé.

**CONTEMPLATION**, s. f. *Consideratio, onis, f.* 專心想 Tchoūan sīn siǎng.

**CONTEMPLER**, v. a. *Contemplāri.* 深想 Chēn siàng. ‖ — par l'esprit. — *mente.* 心內想 Sīn loúy siàng.

**CONTEMPORAIN, E**, adj. *Æqualis.* 時年的 Chē niên tỳ. ou 同年的 Tōng niên tỳ.

**CONTENANCE**, s. f. *Capacitas, atis, f.* 寬 Koūan. ‖ De la —. de 10 livres. 裝得十斤 Tchoūang tĕ̆ chĕ̆ kīn. ‖ —(maintien). — *vultus.* 體格 Tỳ kĕ̆, ou 臉面 Lièn mién. ‖ Changer de —. *Vultum mutāri.* 辦臉 Pién lièn, ou 面貌 Mièn máo. ‖ Perdre —. *Non est ei color.* 臉紅 Lièn hông, ou 始勤終怠 Chĕ̆ kín tchōng taỳ.

**CONTENIR** v. a. *Continēre.* 包含 Paō hân. ‖ Le monde —tout. *Omnia continet mundus.* 世界包含萬物 Ché kiáy paō hân ouân ǒu. ‖ — le fleuve. *Flumen aggere extrudĕre.* 堵河水 Toŭ hô choŭy. ‖ — sa colère. *Iram decoquĕre.* 忍怒 Jèn loŭ. ‖ — ses passions. *Cupidi-*

*tates coercēre.* 克私欲 Kĕ̆ sē̆ yoŭ. ‖ Se —. *Se cohibēre.* 管自巳 Kouàn tsé kỳ.

**CONTENT, E**, adj. *Contentus.* 喜歡 Hỳ houān, ou 心滿意足 Sīn màn ý tsiŏu. ‖ L'homme n'est jamais —. *Homo numquàm contentus est.* 人心不足 Jên sīn poŭ tsiŏu, ou 得隴望蜀 Tĕ̆ lòng ouáng choŭ. ‖ — de soi. *Sibi plaudēre.* 自足 Tsé tsiŏu.

**CONTENTER**, v. a. *Alic. placēre.* 兜人喜歡 Teōu jên hỳ houān. ‖ — chacun. *Probāre se omnibus.* 合衆人的意 Hŏ tchóng jên tỳ ý. ‖ — son maître. — *magistro.* 合師傅的意 Hŏ sē̆ foú tỳ ý. ‖ — ses créanciers. *Credit. placāre.* 還賬 Houân tcháng. ‖ — sa faim. *Famem explēre.* 充饑 Tchōng kỳ. ‖ Se —. *Esse contentus.* 不望 Poŭ ouáng, ou 自足 Tsé tsiŏu. ‖ Se — d'une excuse de quelqu'un. *Excusationes alicuj. accipĕre.* 信人推諉 Sín jên toŭy ouỳ.

**CONTENTION**, s. f. *Controversia, æ. f.* 爭辯 Tsēn pién. ‖ Être en —. *Disputāre de aliq. re.* 爭辯一件事 Tsēn pién ỳ kién sé. ‖ — d'esprit. *Acre studium.* 專心得狠 Tchoūan sīn tĕ̆ hèn, ou 費心 Feỳ sīn.

**CONTENU**, s. m. v. g. (d'une lettre). *Summa epist.* 信上的事 Sín chán tỳ sé.

**CONTER**, v. a. *Narrāre.* 談 Tǎn, ou 說 Chŏ. ‖ — pour tuer le temps à la chinoise. 擺龍門陣混時候 Paỳ lóng mên tchén houén chē heóu.

**CONTESTER**, v. a. *Disceptāre.* 辯論 Pién lén. ‖ — avec chaleur. *Pugnaciùs loqui.* 盡力爭論 Tsín lỳ tsēn lén. ‖ — sur des bagatelles. *De lanâ caprinâ rixāri.* 爲小事爭論 Oueỳ siǎo sé tsēn lén.

**CONTEXTE**, s. m. *Contextus, ûs, m.* 上下文理 Cháng hiá oûen lỳ.

**CONTIGU, Ë**, adj. *Contiguus.* 近的 Kín tỳ, ou 相連的 Siāng lién tỳ.

**CONTINENCE**, s. f. *Continentia, æ, f.* 貞潔 Tchēn kiĕ̆. ‖ Garder la —. *Servāre.* 守貞潔 Cheòu tchēn kiĕ̆. ‖ Vivre avec —. *Continenter vivĕre.* 貞潔度生 Tchēn kiĕ̆ toú sēn. ‖ — d'une veuve. *Viduæ castitas,* 守節 Cheóu tsiĕ̆.

**CONTINENT**, s. m. *Continens terra.* 旱地 Hán tỳ, ou 陸 Loŭ.

**CONTINGENT, E**, adj. *Fortuitus.* 偶然 Geòu jân, ou 不定 Poŭ tín. ‖ — (part). *Rata pars.* 一分 Ỳ fén.

**CONTINU, E**, adj. *Continuus.* 相連的 Siāng lién tỳ. ou 不斷的 Poŭ toúan tỳ.

**CONTINUEL, LE**, adj. *Continuus.* 不斷 Poŭ toúan. 時時 Chē chē. 常常 Cháng cháng.

**CONTINUER**, v. a. *Pergĕre.* 接倒做 Tsiĕ̆ taò tsoú. ‖ — son chemin. *Iter* —. 接倒走 Tsiĕ̆ taò tseòu. ‖ — son genre de vie. *Idem vitæ genus agĕre.* 不改

行爲 Poŭ kaỳ hìn oúy. ‖ La pluie —. *Non remittit pluvia.* 雨不佳 Yù poŭ tchoú.

CONTORSION, s. f. *Distortio, onis, f.* 扭 Nieòu. ‖ — de bouche. *Ora detorquēre.* 歪嘴 Ouãy tsoùy.

CONTOUR, s. m. *Ambitus, ûs, m.* 週圍 Tcheōu oúy.

CONTOURNER, v. a. *Obvertĕre.* 走繞路 Tseòu jaò loú.

CONTRACTER, v. a. *Pactum inire.* 打和約 Tà hô yŏ. ‖ — une dette. *Ære alieno obrui.* 拉賬 Lā tcháng. ‖ — amitié. *Amicitiam contrahĕre.* 新相與 Sīn siāng yù. ‖ — une maladie. *Morbum concipĕre.* 染病 Jàn pín. ‖ — alliance. *Affinitatem jungĕre.* 結親 Kiĕ tsīn. ‖ — une habitude. *Consuetud. ducĕre.* 慣習 Koúan sỳ.

CONTRACTION, s. f. *Contractio, onis, f.* 縮 Sŏu. ‖ — de nerfs. — *nervorum.* 縮筋 Sŏu kīn.

CONTRADICTION, s. f. *Contentio, onis, f.* 相反說 Siāng fàn chŏ. ‖ Ces paroles impliquent —. *Verba pugnant.* 相反的話 Siāng fàn tỳ hoá. ‖ Essuyer des —. *Adversarium invenire.* 有人相反他 Yeòu jèn siāng fàn tă.

CONTRAINDRE, v. a. *Cogĕre.* 强勉 Kiāng miĕn. ‖ — son style. *Angusté scribĕre.* 寫短些 Siĕ toùan sỳ. ‖ Se —. *Se reprimĕre.* 克自已 Kĕ tsé kỳ.

CONTRAIRE, adj. *Adversarius.* 不同 Poŭ tŏng, ou 逆的 Ngỳ tỳ. ‖ Être d'un avis —. *Aliter sentire.* 意思不同 Ý sē poŭ tŏng. ‖ — (nuisible). *Nocens.* 有害的 Yeòu haỳ tỳ. ‖ — à la santé. *Insalubris.* 害肉身的 Haý joŭ chēn tỳ. ‖ Avoir le vent —. *Vento reflante rejici.* 風不順 Fōng poŭ choúen. ‖ — à la justice. *Justitiœ oppositum.* 不公道 Poŭ kōng taó. ‖ — à la raison. *Rationi repugnans.* 不合理 Poŭ hô lỳ. ‖ — à la nature. *Naturœ contrarium.* 不合天性 Poŭ hô tiēn sín. ‖ — aux lois. *Legibus oppositum.* 逆例 Oúy lý. ‖ Dire le contraire de ce qu'on avait dit. *Secùs dicĕre ac nunc.* 前話不合如今的話 Tsiēn hoá poŭ hô joù kīn tỳ hoá. ‖ Au —. *E contrà.* 不是 Poŭ ché, ou 掉轉 Tiáo tchoùan.

CONTRARIANT, E, adj. *Molestus.* 囉唆的 Lō sō tỳ.

CONTRARIER, v. a. *Contradicĕre.* 相反說 Siāng fàn chŏ. ‖ — les projets de quelqu'un. *Consilia perrumpĕre.* 敗謀 Paý mŏng.

CONTRARIÉTÉ, s. f. *Discrepantia, œ, f.* 不合 Poŭ hô, ou 阻擋 Tsoù tàng. ‖ — d'avis. *Animi dissensio.* 意思不合 Ý sē poŭ hô. ‖ — (obstacle). *Obstaculum.* 阻擋 Tsoù tàng.

CONTRASTE, s. m. *Discors, dis.* 兩下比較 Leàng hiá pỳ kiaò, ou 欵式 Koŭan ché.

CONTRASTER, v. a. *Discrepāre.* 不合 Poŭ hô.

CONTRAT, s. m. *Pactum; i, m.* 和約 Hô-yŏ, ou 約契 Yŏ kỳ. ‖ — de vente. *Venditionis* —. 賣約 Maỳ yŏ. ‖ Anciens —. *Antiquœ tabulœ.* 老契 Laò kỳ. ‖ — d'achat. *Emptionis* —. 買書 Maỳ yŏ. ‖ — de mariage. *Matrimonii* —. 婚書 Hoūen choū, ou 紅書 Hōng choū. ‖ — d'oppignération. *Oppignerationis* —. 當契 Táng kỳ. ‖ Écrire un —. *Pact. facĕre.* 寫和約 Siĕ hô yŏ. ‖ Être témoin du —. *Testis esse* —. 見証人 Kién tchén jēn. ‖ Être caution du —. *Vas esse* —. 憑中 Pīn tchōng. ‖ Écritures du —. *Scripta* —. 約契 Yŏ-kỳ. ‖ L'observer. *Servāre pactum.* 守約契 Cheòu yŏ-kỳ. ‖ Le violer. *Violāre* —. 犯約契 Fán yŏ-kỳ.

CONTRAVENTION, s. f. *Legis violatio.* 犯法 Fán fă, ou 不遵王法 Poŭ tsēn oūang fă.

CONTRE, prép. *Contrà.* 反 Fàn. 向 Hiáng. 對 Toúy. ‖ Il y a du pour et du —. *Rationes inter se configunt.* 有好處也有不好處 Yeòu haò tchòu yé yeòu poŭ haò tchòu. ‖ — son gré. *Invité.* 不情愿 Poŭ tsín yuén, ou 沒奈何 Mŏ laý hô. ‖ — mon attente. *Prœter spem.* 我想不到 Ngŏ siàng poŭ taó. ‖ Tout —. *Omninò propé.* 矣到 Gaỳ taó.

CONTRE-AMIRAL, s. m. *Classis tertius prœfectus.* 水副將 Choùy foú tsiáng.

CONTRE-BALANCER, v. a. *Compensāre.* 對平 Toúy pín. 折 Tsĕ. 補 Poŭ.

CONTREBANDE, s. f. *Merces interdictœ.* 私貨 Sē hó. ‖ La faire. *Merces vetitas invehĕre.* 做走私生意 Tsoú tseòu sē sēn ý, ou 販私貨 Fán sē hó.

CONTRECARRER, v. r. *Repugnāre.* 相反 Siāng fàn.

CONTRE-CŒUR, s. m. *Gravaté.* 沒奈何 Mŏ laý hô, ou 不情愿 Poŭ tsín yuén.

CONTRE-COUP, s. m. *Repercussus, ûs, m.* 撞回轉來 Tchŏng hoùy tchoùan laỳ.

CONTREDIRE, v. a. *Alic. contradicĕre.* 相反說 Siāng fàn chŏ. ‖ — se. *Pugnant hœc inter se.* 話不相合 Hoá poŭ siāng hô.

CONTREDIT, s. m. ‖ Sans —. *Sine controversiá.* 一定的 Ý tín tỳ.

CONTRÉE, s. f. *Regio, onis, f.* 地方 Tý fāng.

CONTREFAIRE, v. a. *Effingĕre.* 假裝 Kià tchoūang. ‖ — l'endormi. *Somnum mentiri.* 裝睡 Tchoūang choúy. ‖ le malade. *Ægrum simulāre.* 裝病 Tchoūang pín. ‖ — la marche de quelqu'un. *Incessum alicuj. exprimĕre.* 裝人走路 Tchoūang jēn tseòu loú. ‖ — l'écriture de quelqu'un. *Litteras alicuj. assimulāre.* 學人筆法 Hiŏ jēn pỳ fă.

CONTREFAIT, E, adj. *Deformis.* 醜的 Tcheòu tỳ.

CONTRE-JOUR, s. m. *Adversum lumen.* 背着亮 Peý tchŏ leáng.

CONTRE-LETTRE, s. f. *Contrascriptum.* 私文 Sē oūen.

CONTRE-MANDER, v. a. *Revocāre mandat.* 退命 Toúy mín.

CONTRE-MARCHE, s. f. ‖ Faire une —. *Iter convertĕre.* 走別條路 Tseòu piĕ˙ tiǎo lóu.

CONTRE-ORDRE, s. m. *Contrarium mandatum.* 改前命 Kaỳ tsiēn mín.

CONTRE-PIED, *Contrarium, i, n.* 相反的 Siāng fàn tỷ. ‖ Prendre le —. *Transire in diversum.* 做事頗倒 Tsoú sé tiēn tào.

CONTRE-POIDS, s. m. *Libramen, inis, n.* 秤錘 Tchèn tchoúy. ‖ — d'une romaine. *Æquipondium.* 秤砣 Tchèn tǒ.

CONTRE-POIL, s. m. *Capill. advers.* 倒頭髪 Tào teǒu fǎ.

CONTRE-POISON, s. m. *Antidotus, i, m.* 解毒藥 Kiày toǔ yǒ.

CONTRE-SENS, s. m. *Sensus contrarius.* 相反的意思 Siāng fàn tỷ ý sē. ‖ A —. *Præposteré.* 頗倒 Tiēn taò.

CONTRE-SIGNER, v. a. *Subsignāre.* 畫押 Hoá yǎ.

CONTRE-TEMPS, s. m. *Alien. tempus.* 時候不合 Chē heóu poǔ hǒ, ou 不是時候 Poǔ ché chē heóu. ‖ Venir à —. *Non convenienti tempore advenire.* 來得不逗頭 Laỳ tě poǔ teóu teǒu.

CONTREVENIR, v. n. *Violāre.* 相反 Siāng fàn, ou 背 Péy. ‖ — aux lois. *Leges infringĕre.* 犯法 Fán fǎ.

CONTREVENT, s. m. *Exter. fenestr. tab.* 外膆門 Ouáy tsǎng mén.

CONTRIBUABLE, adj. *Qui solv. tributa.* 上粮的人 Cháng leǎng tỷ jên.

CONTRIBUER, v. a. *Contribuĕre.* 逗錢 Teóu tsiên, ou 出分子 Tchǒu fén tsě. ‖ — à une bonne œuvre. *Adjuvāre bonum opus.* 帮做善事 Pāng tsoú chán sě.

CONTRIBUTION, s. f. *Vectigal, is, n.* 税 Choúy, ou 粮 Leǎng. ‖ Recueillir les —. *Colligĕre.* 収税 Cheōu choúy.

CONTRISTER, v. a. *Contristāre.* 兜人憂氣 Teōu jên yeōu kỳ. ‖ Se —. *Mœrore affici.* 憂悶 Yeōu mén.

CONTRITION, s. f. *Contritio, onis, f.* 痛悔 Tǒng hoùy. ‖ — parfaite. — *perfecta.* 成全痛悔 Tchén tsuén tǒng hoùy, ou 上等痛悔 Cháng tèn tǒng hoùy. ‖ — imparfaite. — *imperfecta.* 不全痛悔 Poǔ tchén tsuén tǒng hoùy, ou 下等痛悔 Hiá tèn tǒng hoùy. ‖ Qualités de la vraie —. 上等痛悔的憑據 Cháng tèn tǒng hoùy tỷ pǐn kiú. ‖ Elle doit être intérieure. — *Interior.* 内的 Loúy tỷ. ‖ — souveraine. *Summa.* 至大 Tché tá. ‖ — surnaturelle. *Supernaturalis.* 超性的 Tchāo sín tỷ. ‖ — universelle. *Universa.* 一總的 Ў tsóng tỷ.

CONTRÔLE, s. m. *Sigillum præfect.* 官府的印 Kouān fòu tỷ ýn.

CONTRÔLER, v. a. *Referre in libro cogn.* 上刑 Cháng-tsě. ‖ — (blâmer). *Carpĕre.* 責偖 Tsě pý. ‖ — (vérifier). *Scrutāri.* 察考 Tchǎ kào.

CONTROVERSE, s. f. *Controversia, æ, f.* 辯論 Piěn lén. ‖ Sans —. *Sine —.* 無疑 Oū ngý.

CONTROUVER, v. a. *Fingĕre.* 謀 Mǒng. ‖ — un crime. *Crimen contexĕre.* 誣頼人 Oū laý jên. ‖ — un mensonge. *Mendacia componĕre.* 說謊 Chǒ houǎng.

CONTUMACE, s. f. *Contumacia, æ, f.* 不聽審 Poǔ tín chèn. ‖ —. *Inobediens.* 條人 Kiáng jên, ou 抗心 Kiáng sīn.

CONTUSION, s. f. *Contusio, onis, f.* 傷黒了 Chāng hě leāo.

CONVAINCANT, E, adj. *Probans.* 有憑據的 Yeǒu pǐn kiú tỷ, ou 好服人的憑據 Haǒ foù jên tỷ pǐn kiú. ‖ Preuve —. *Ratio probans.* 証 Tchén.

CONVAINCRE, v. a. *Convincĕre.* 辯倒 Piěn tào, ou 有人爲証 Yeǒu jên oúy tchén. ‖ — (obliger à se rendre). 辯服了 Piěn foù leāo. ‖ — quelqu'un par ses paroles. *Sua confessione jugulāre.* 將他的話証他 Tsiāng tā tỷ hoá tchén tā. ‖ — quelqu'un de vol. *Furti convincĕre.* 証他盜偷 Tchén tā tǎo táo. ‖ — quelqu'un de mensonge. *Mendacii convincĕre.* 白人的謊 Pě jên tỷ hoǎng. ‖ Se —. *Probāre.* 試出來 Ché tchǒu laỳ. ‖ — à ne pouvoir répondre. *Non habēre responsum.* 杜住他的嘴 Toù tchoú tā tỷ tsoùy.

CONVALESCENCE, s. f. *Convalescentia, æ, f.* 沒有復原 Môu yeǒu foù yuēn.

CONVENABLE, adj. *Conveniens.* 合式的 Hǒ chě tỷ, ou 合理的 Hǒ lỳ tỷ.

CONVENANCE, s. f. *Cohærentia, æ, f.* 合理 Hǒ lỳ. ‖ — (bienséance). *Decorum.* 合禮 Hǒ lỳ. ‖ Il n'y a pas de — à agir ainsi. *Hoc non decet.* 這樣做不合理 Tchě yáng tsoú poǔ hǒ lỳ. ‖ Avoir un tact des —. *Scire urbanitatem.* 禮信熟不失格 Lỳ sín choù poǔ chě kě.

CONVENIR, v. a. *Convenīre.* 合式 Hǒ chě, ou 合理 Hǒ lỳ. ‖ — à merveille. *Apté cadēre.* 恰恰合式 Kiā kiā hǒ chě. ‖ Cela ne — pas. *Hoc fieri nequit.* 使不得 Chě poǔ tě. ‖ —. *Consentīre.* 講成 Kiàng tchén, ou 依 Ў. ‖ — avec quelqu'un du prix. *De pretio convenīre.* 講成價錢 Kiàng tchén kiá tsiēn. ‖ — d'un jour. *Diem designāre.* 定日子 Tín jě tsě. ‖ — (reconnaître, avouer). *Agnoscĕre.* 認 Jén.

CONVENTION, s. f. *Conventum, i, n.* 約 Yǒ, ou 合同 Hǒ tǒng. ‖ Faire une —. *Fenīre —.* 打約 Tà yǒ. ‖ Garder la —. *Servāre —.* 守約 Cheǒu yǒ. ‖ La violer. *Violāre.* 犯約 Fán yǒ.

CONVENU, E, adj. *Pacta conventa.* 所講成的 Sò kiàng tchén tỷ, ou 拱向 Kòng hiáng.

CONVERGER, v. n. *Vergĕre ad.* 都歸一處 Toū koūy ỷ tchǒu.

**CONVERS**, s. m. *Frater famulans.* 修院長工 Sieōu ouán tchāng kŏng.

**CONVERSATION**, s. f. *Conversatio, onis, f.* 同人說話 Tŏng jên chŏ hoá. ‖ Être en —. *Cum aliq. conferre.* 同他說話 Tŏng tā́ chŏ hoá. ‖ Avoir une belle —. *Acuto sermone enitēre.* 說話有趣 Chŏ hoá yeòu tsiū. ‖ Entrer en —. *Ordiri sermonem.* 起頭說話 Ky̆ teòu chŏ hoá. ‖ La — tombe. *Friget sermo.* 話莫神氣 Hoá mô chên ky̆. ‖ Être le sujet des —. *Sermoni ansas dăre.* 有人說他 Yeòu jên chŏ tā́.

**CONVERSER**, v. n. *Colloqui.* 同人說話 Tŏng jên chŏ hoá.

**CONVERSION**, s. f. *Mutatio, onis, f.* 改 Kaỷ, ou 變化 Pién hoá. ‖ — de vie. *Morum emendatio.* 囘頭 Hoúy teŏu.

**CONVERTIR**, v. a. *Mutāre.* 改變 Kaỷ pién. ‖ — quelqu'un. *Ad frugem meliorem reducĕre.* 囘頭人 Hoúy teŏu jên. ‖ — les infidèles. *Infideles ad fidem adducĕre.* 囘頭外教人 Hoúy teŏu ouáy kiáo jên. ‖ Se —. *Mutari in melius.* 自己囘頭 Tsé ky̆ hoúy teŏu. ‖ Se — du péché à la grâce. *Obtinēre veniam peccatorum.* 得罪赦 Tĕ tsouý chŏ. ‖ — de l'hérésie à la foi. *Hæresim abjurāre.* 棄絕裂教 Ky̆ tsuĕ liĕ kiáo. ‖ Se — de l'infidélité à la foi catholique. *Amplecti fidem christianam.* 奉天主教 Fóng Tiēn-Tchoù kiáo.

**CONVEXE**, adj. *Convexus.* 發拱 Fā̆ kŏng, ou 凸 Ouā̆.

**CONVICTION**, s. f. *Certitudo, inis, f.* 知道一定 Tchē taó y̆ tín. ‖ Avoir la — de quelque chose. *Minimé dubitāre.* 曉得一定 Hiào tĕ y̆ tín.

**CONVIER**, v. a. *Invitāre ad refectionem.* 請人喫飯 Tsı̆n jên tchĕ fán.

**CONVIVE**, s. m. *Conviva, æ, m.* 同喫酒的 Tŏng tchĕ tsioòu ty̆, ou 請的客 Tsı̆n ty̆ kĕ.

**CONVOI**, s. m. *Exsequiæ, arum, f.* 喪事 Sāng sé. ‖ Suivre un —. *— cohonestāre.* 送喪 Sóng sāng. ‖ — de guerre. *Commeatus.* 兵粮 Pīn leâng, ou 押粮 Yā̆ leâng. ‖ Le conduire. *Subvehěre.* 載兵粮 Tsáy pīn leâng.

**CONVOITER**, v. a. *Appetĕre.* 貪想 Tā̆n siàng. ‖ — le bien d'autrui. *Aliena.* 貪他人財物 Tā̆n tā́ jên tsáy oŭ.

**CONVOITISE**, s. f. *Cupiditas, atis, f.* 貪想 Tā̆n siàng, ou 貪心 Tā̆n sīn.

**CONVOLER**, v. n. *Matrimonium iterāre.* ‖ S'il s'agit d'un homme, on dit : 再娶親 Tsáy tsiù tsı̄n. ‖ S'il s'agit d'une femme, on dit : 改家 Kaỷ kiā, ou 出家 Tchŏu kiā. ‖ On dit par politesse à un homme remarié : 續絃 Siŭ lién.

**CONVOQUER**, v. a. *Convocāre.* 請會 Tsı̆n hoúy.

**CONVULSION**, s. f. *Convulsio, onis, f.* 筋動 Kīn tŏng.

**COOPÉRATEUR**, s. m. *Adjutor, oris, m.* 相幫的人 Siāng pāng ty̆ jên.

**COOPÉRATION**, s. f. *Cooperatio, onis, f.* 相幫 Siāng pāng, ou 出力 Tchŏu lỳ. ‖ Refuser sa —. *Recusāre.* 推諉 Toūy ouy̆.

**COOPÉRER**, v. a. *Adjuvāre.* 同行 Tŏng hîn, ou 扶助 Foû tsóu. ‖ — directement. *Directé.* 近扶助 Kı̀n foû tsóu. ‖ — indirectement. *Indirecté.* 遠扶助 Yuĕn foû tsóu.

**COORDONNER**, v. a. *Ordināre.* 安排 Gān paý.

**COPEAU**, s. m. *Assula, æ, f.* ‖ — de rabot. 鉋花 Paó hoā. ‖ — de hache. 木渣片 Moŭ tchā pién.

**COPIE**, s. f. *Exemplar, aris, n.* 抄本 Tchaō pèn. ‖ — d'un document. *Documenti.* 稿子 Káo tsĕ. ‖ — originale. *Autographum.* 原稿 Yuên kaó.

**COPIER**, v. a. *Exscribĕre.* 謄抄本 Tên tchaō pèn. ‖ — quelqu'un. *Imitāri aliquem.* 效法人 Hiáo fā̆ jên. ‖ — un tableau. *Picturam exprimĕre.* 蒙像 Mông siáng.

**COPIEUX, SE**, adj. *Copiosus.* 多多的 Tō tō ty̆.

**COPISTE**, s. m. *Librarius, i, m.* 謄書的人 Tên choū ty̆ jên.

**COQ**, s. m. *Gallus, i, m.* 雄雞 Hiông ky̆. ‖ — châtré. *— castratus.* 鐬雞 Siuén ky̆. ‖ — de combat chinois. 雄雞打采 Hiông ky̆ tà tsaý. ‖ — du village. *Vir loci princeps.* 一方首人 Ȳ fāng cheōu jên. ‖ — de montre. 擺盖 Paỷ kaý.

**COQ-A-L'ÂNE**, s. m. *Sermo dissolutus.* 無頭尾的話 Oū teôu ouy̆ ty̆ hoá, ou 糊說 Hoû chŏ.

**COQUE**, s. f. *Putamen, inis, n.* 殼 Kŏ. ‖ — de navire. *Navis corpus.* 船身 Tchoûan chēn. ‖ — d'œuf. *Ovi testa.* 蛋殼 Tán kŏ. ‖ — de noix. *Nucis putamen.* 核桃殼 Hĕ taó kŏ.

**COQUELUCHE**, s. f. *Tussis, is, f.* 暖 Kĕ.

**COQUELUCHON**, s. m. *Cuculus, i, m.* 大風帽 Tá fōng maó.

**COQUEMAR**, s. m. *Cucuma, æ, f.* 開水壺 Kāy choùy foû.

**COQUETER**, v. n. *Amatorus nugis ludĕre.* 愛說笑 Gaý chŏ siáo. ‖ — (en parlant des hommes). *Mulieribus palpāri.* 調戲婦人 Tiáo hy̆ foú jên. ‖ — (en parlant des femmes). *Venāri viros.* 調戲男人 Tiáo hy̆ lân jên.

**COQUETTE**, s. f. *Placendi studiosa.* 妖嬈 Yaō jaō.

**COQUILLE**, s. f. *Concha, æ, f.* 海螺 Haỷ lŏ, ou 海蚌 Haỷ pán. ‖ Rentrer dans sa —. *Consilium deserĕre.* 退回 Toúy houý. ‖ Vendre ses —. *Se suaq. venditāre.* 誇貨好 Koūa hŏ haŏ.

**COQUIN**, s. m. *Nebulo, onis, m.* 光棍 Koūang kouèn, ou 痞匪 Py̆ feỳ.

**COQUINERIE**, s. f. *Indignum opus.* 光棍的事 Koüang kouén tỷ sé.

**COR**, s. m. *Cornu, indécl., n.* 簫 Siāo. ‖ — de chasse. *Venationis cornu.* 號筒 Haó tŏng. ‖ Un —. *Unum* —. 一枝簫 Ý tchê siāo. ‖ Sonner du —. *Cornu canĕre.* 吹簫 Tchoŭy siāo. ‖ — (durillon aux pieds). *Gemursa, æ, f.* 脚上乾胼 Kiŏ cháng kān piĕn, ou 雞眼 Kȳ yèn.

**CORAIL**, s. m. *Corallium, i, n.* 珊瑚 Chān foû. ‖ — artificiel. *Artificiale* —. 長家寶 Tchǎng kiā paò, ou 波羅隱 Pŏ lŏ tsŏng.

**CORBEILLE**, s. f. *Sporta, cista.* 籃子 Lân tsè, ou 攬箕 Tsŏ'kỷ. ‖ Espèces de —. *Species* —. 籮兜 Lŏ teŏu. 笈子 Leŏu tsè. 笘子 Tén tsè.

**CORBILLARD**, s. m. *Funebris currus.* 槥 Choŭen, ou 柩車 Kieòu tchèy.

**CORDE**, s. f. *Funis, is, m.* 索子 Sŏ tsè. ‖ Une — *Unus* —. 一根索子 Ý kēn sŏ tsè. ‖ — de navire chinois. — *nauticus.* 牽縴 Kiēn tān. ‖ — à lever les fardeaux. *Fun. ductarius.* 篾攬 Miĕ lán. ‖ — à boyeau. *Nervia, orum, n.* 絃 Hiĕn. ‖ — d'un arc. *Nervus.* 弓弦 Kōng hiên. ‖ — envoyée par l'Empereur aux dignitaires qui doivent se pendre avec. 賜帛 功臣罪絞 Tsé pĕ kōng tchén tsoŭy kiào. ‖ Avoir deux — à son arc. *Duplici spe uti.* 有兩條路 Yeŏu leǎng tiǎo loú. ‖ Ne pas toucher une —. *Tacēre de aliquâ re.* 不提那宗事 Poŭ tỷ lá tsōng sé. ‖ Supplice de la —. *Laqueus.* 絞刑 Kiǎo hîn. ‖ Filer sa —. *Digna cruce peccāre.* 招禍 Tchāo hó. ‖ Mériter la —. *Ultimis suppliciis dignus.* 可吊死的 Kŏ tiáo sè tỷ. ‖ Cela montre la —. *Patet fraus.* 計策不高 Kỷ tsĕ poŭ kaō. ‖ — d'un instrument de musique. *Fides* —. 絃 Hiên. ‖ Mettre des — à un instrument. 拴絃 Choăng hiĕn. ‖ Les bander. *Tendĕre.* 上絃 Cháng hiên. ‖ — à danser. *Funis* —. 跳繩 Tiǎo chuĕn. ‖ Danser sur la —. *Per funem extensum ire.* 跳在繩上 Tiǎo tsáy chuĕn cháng. ‖ — de trois cordons. *Funiculus triplex.* 三合繩子 Sān hŏ chuĕn tsè. ‖ — de quatre cordons. *Quadruplex.* 四合繩子 Sé hŏ chuĕn tsè. ‖ Faire des —. *Funes facĕre.* 打繩子 Tà chuĕn tsè.

**CORDEAU**, s. m. *Resticula, linea.* 墨線 Mĕ siĕn. ‖ Dresser au —. *Ad lineam ducĕre.* 畫墨 Hoá mĕ.

**CORDER**, v. a. *Fun. torquĕre.* 打索子 Tà sŏ tsè. ‖ — du tabac. *Tabacum* —. 吊烟 Tiáo yēn. ‖ Se — en parlant des raves. 蘿蔔空心 Lŏ poú kōng sīn. ‖ Se — (devenir coriace). *Obdurescĕre.* 有了筋 Yeŏu leaŏ kīn.

**CORDIAL**, E, adj. *Cordi utilis.* 定心藥 Tín sīn yŏ. ‖ —. *Ex animo.* 專心 Tchoān sīn, ou 甘心 Kān sīn. ‖ —. (affectueux). *Affectuosus.* 心服人 Sīn foŭ jēn.

**CORDON**, s. m. *Funiculus, i, m.* 小繩子 Siào chūen tsè. 帶子 Taý tsè. ‖ — (marque de dignité). *Insignia sinica.* 頂子 Tǐn tsè, ou 翎子 Lîn tsè. ‖ — ombilical. *Umbilicalis* —. 肚臍腸 Toú tsỷ tcháng.

**CORDONNIER**, s. m. *Sutor, oris, m.* 做鞋的人 Tsoú hây tỷ jēn.

**CORÉE**, s. f. *Corea, æ, f.* 高麗國 Kaō lỷ kouĕ, ou 朝鮮國 Tchǎo siēn kouĕ.

**CORIACE**, adj. *Durus.* 硬的 Gēn tỷ.

**CORNÉE**, s. f. *Cornea.* 眼外睛 Yèn ouáy tsīn, ou 白眼珠 Pĕ yèn tchoū.

**CORNE**, s. f. *Cornu, indécl.* 角 Kŏ. ‖ Une —. *Unum* —. 一枝角 Ý tchê kŏ.

**CORNEMUSE**, s. f. *Utriculus symphoniacus.* 風笛 Fōng tỷ, ou 六笙 Loŭ sēn. ‖ Donner de ses —. *Cornu ferire.* 打一角 Tà ý kŏ.

**CORNER**, v. n. *Cornu canĕre.* 吹角 Tchoŭy kŏ. ‖ Les oreilles me —. *Tinniunt aures.* 耳鳴 Eŭl mîn. ‖ Les oreilles lui —. *Aures teretes non habet.* 聽不清楚 Tīn poŭ tsīn tsoŭ. ‖ — une nouvelle. *Vulgāre muntium.* 傳信 Tchŏuan sîn.

**CORNET**, s. m. *Cornu, indécl.* 小簫 Siào siāo. ‖ — de papier. *Papyri cucullus.* 紙包 Tchĕ paō.

**CORNICHE**, s. f. *Corona, æ, f.* 柱頂子 Tchoú tǐn tsè. ‖ — de plafond. *Lacunaris* —. 花板脚 Hoā pàn kiŏ.

**CORNICHON**, s. m. *Cucumer, eris, m.* 黃瓜 Houâng koūa.

**COROLLAIRE**, s. m. *Consectarium, ii, n.* 以來 ỷ laý, ou 總約 Tsŏng yŏ. ‖ —. *Corollarium.* 奴尾的話 Cheōu oùy tỷ hoá.

**CORPORAL**, s. m. *Corporale, is, n.* 聖布 Chén poŭ.

**CORPORATION**, s. f. *Corpus, societas.* 會 Hoúy. ‖ — des arts et métiers chinois. *Artium consociatio.* 手藝人 的會 Cheòu nỷ jēn tỷ hoúy.

**CORPOREL, LE**, adj. *Corporalis.* 有體的 Yeòu tỷ tỷ, ou 有形像 Yeòu hîn siáng.

**CORPS**, s. m. *Corpus, oris, n.* 肉身 Joŭ chēn. ‖ — bien fait. — *bené constitutum.* 體格好 Tỷ kĕ haò. ‖ — mal fait. — *malé constitutum.* 面貌醜 Miĕn maó tcheŏu. ‖ Pencher le —. *Inclināre corpus.* 彎腰 Oūan yāo. ‖ Prendre du corps. *In corpus ire.* 胖 Páng. ‖ Qui n'a que son —. *Omnibus inops.* 單身 Tān chēn. (Voir le mot *Lieu* pour quelques parties du corps sans noms propres.) ‖ Répondre de quelqu'un — pour —. ‖ *Vas fieri pro aliquo.* 保人 Paŏ jēn. ‖ A son — défendant. *Invité.* 莫奈何 Mŏ laý hŏ. ‖ Avoir le diable au —. *Improbæ indolis esse.* 一肚子的鬼 ў toú tsè tў koùy. ‖ — sans âme. *Truncus esse.* 無知的人 Où tchē tў jên, ou 痴人 Tchē' jên. ‖ Gardes du —. *Corporis stipatores.* 御前侍衞 Yú tsiên ché oúy. ‖ — (société). *Societas.* 會 Hoúy. ‖ Recevoir dans un —. *Cooptāre in.* 准入會 Tchùn joŭ hoúy. ‖ Chasser d'un —. *Ejicēre.* 革出會 Kĕ' tchoŭ hoúy. ‖ — d'armée. *Exercitus.* 一群兵 Ў kiŭn pīn, ou 一陣兵 ў tchén pīn. ‖ — de logis. *Ædes.* 正房子 Tchēn fâng tsè. ‖ — de garde. *Excubiæ, arum.* 巡兵篷 Siûn pīn pông. ‖ — (vigueur). *Robur.* 力 Lў. ‖ Vin sans —. *Vinum leve.* 淡酒 Tán tsieòu. ‖ Étoffe qui a du —. *Pannus crassus.* 厚布 Heóu poú.

**CORPULENCE**, s. f. *Corporatio, onis, f.* 身體大 Chēn tў tá. ‖ — (embonpoint). *Corpulentia.* 胖 Pâng.

**CORPUSCULE**, s. m. *Atomus, i, f.* 細灰 Sў hoúy, ou 埃 Gāy.

**CORRECT**, E, adj. *Emendatus.* 正的 Tchēn tў, ou 無錯的 Où tsŏ' tў. ‖ Parler d'une manière —. *Pure loqui.* 話說得正 Hoá chŏ tĕ' tchēn.

**CORRECTION**, s. f. *Correctio, onis, f.* 改 Kaỳ. ‖ — de mœurs. *Morum emendatio.* 改風俗 Kaỳ fōng sioŭ. ‖ — fraternelle. *benevola objurgatio.* 善勸 Chán kiŭen. ‖ — (peine). *Pœna.* 罰 Fă.

**CORRÉLATIF, IVE**, adj. *Correlativus.* 相合的 Siāng hŏ tў. ‖ Termes —. *Verba correlativa.* 對面字 Toúy mién tsé.

**CORRESPONDANCE**, s. f. *Mutua consensio.* 相應 Siāng ўn, ou 合式 Hŏ ché. ‖ — de goûts. *Voluntatum consensio.* 意思相同 Ý sē siāng tông. ‖ — épistolaire. *Litterarum commercium.* 互相通信 Foú siāng tōng sín.

**CORRESPONDRE**, v. n., v. g. à l'affection de quelqu'un. *Alteri in amore respondēre.* 以愛還愛以情還情 Ў gaỳ hoûan gaỳ ў tsîn hoûan tsîn. ‖ La fin ne — pas au commencement. *Non congruunt extrema primis.* 始終不— Chè tchōng poŭ ў. ‖ Ne pas — à la grâce. *Gratiæ divinæ infidelis esse.* 辜負天主的恩 Koú foú Tiēn-Tchoŭ tў gēn. ‖ Se —. *Respondēre.* 相應 Siāng ўn, ou 相合 Siāng hŏ.

**CORRIDOR**, s. m. *Usus pervius.* 後路 Heóu loú, ou 夾道 Kiă taó.

**CORRIGER**, v. a. *Emendāre.* 改 Kaỳ. ‖ — les défauts naturels. *Indolem —.* 改本性 Kaỳ pèn síng. ‖ — un écrit. *Scriptum corrigēre.* 改末 Kaỳ mŏ. ‖ — quelqu'un. *Aliq. punīre.* 責罰人 Tsĕ' fă jên. ‖ Se —. *Converti.* 自已改過 Tsé kў kaỳ kó.

**CORROBORER**, v. a. *Roborāre.* 堅固 Kiēn koú.

**CORRODER**, v. a. *Corrodēre.* 嚙 Niĕ.

**CORROMPRE**, v. a. *Corrumpēre.* 壞 Hoúay. ‖ — les mœurs. *Mores —.* 壞敗風俗 Hoúay paý fōng sioŭ. ‖ — un juge. *Fidem judic. labefactāre.* 進水 Tsín choùy. ‖ Juge qui ne se laisse pas —. *Judex incorruptibilis.* 清官 Tsīn koūan. ‖ — une femme. *Mulierem corrumpēre.* 姦婦人 Kiēn foú jên. ‖ Se —. *Putrescēre.* 朽爛 Hieóu lán. ‖ Se —. *Corrumpi.* 壞自已 Hoúay paý tsé kў.

**CORROYER**, v. a. *Corium subigēre.* 消皮子 Siaō pў' tsè. ‖ — le fer. *Ferrum — tundendo.* 打紅鐵 Tă hông tiĕ'. ‖ — le bois. *Lignum tundēre.* 出材料 Tchoŭ tsaỳ leaó. ‖ — le mortier. *Arenatum subigēre.* 和三合土 Hô sān hŏ toŭ.

**CORRUPTEUR**, s. m. *Corruptor, oris, m.* 壞敗的人 Hoúay paý tў jên.

**CORRUPTION**, s. f. *Corruptio, onis, f.* 朽爛 Hieóu lán. ‖ — de mœurs. *Morum —.* 壞敗風俗 Hoúay paý fōng sioŭ.

**CORSAIRE**, s. m. *Pirata, æ, m.* 海賊 Haỳ tsĕ'.

**CORTÉGE**, s. m. *Comitatus, ùs, m.* 送人的 Sóng jên tў. ‖ Faire —. *Comitāri.* 送人 Sóng jên.

**CORVÉE**, s. f. *Tributi pars.* 當差 Tāng tchaỳ. ‖ Faire une —. *Inane opus facēre.* 做空活路 Tsoú kóng hô loú. ‖ C'est une —. *Operæ pretium nullum est.* 費力得狠 Feỳ lў tĕ' hèn.

**CORVETTE**, s. f. *Speculatoria navis.* 快船 Koúaỳ tchoūan.

**CORYPHÉE**, s. m. *Coryphæus, i, m.* 頭一個 Teoú ў kó, ou 敎頭 Kiaó teoú.

**CORYZA**, s. m. *Coryza, æ, f.* 傷風 Chāng fōng, ou 流鼻涕 Lieóu pў' tў.

**COSÉCANTE**, s. f. (t. mathém.) 餘割線 Yû kŏ sién.

**COSINUS**, s. m. (t. mathém.) 餘弦 Yû hién.

**COSMÉTIQUE**, s. m. ‖ — pour la figure. 玉容肥皂 Yŭ yông feỳ tsaó.

**COSMOGONIE**, s. f. *Cosmogonia, æ, f.* 論世界的理 Lén ché kiaỳ tў lў.

**COSMOGRAPHIE**, s. f. *Cosmographia, æ, f.* 天下誌書 Tiēn hiá tché choū.

**COSMOPOLITE**, s. m. *Vagus, i, m.* 遊蕩的人 Yeôu táng tў jên, ou 跑江湖的 Paò kiāng hoû tў.

**COSSE**, s. f. *Siliqua, æ, f.* 荳殼 Teoú kŏ'.

**COSSER**, v. n. *Arietāre.* 打撞頭 Tă pông teoú.

**COSSU, E**, adj. *Dives, itis.* 發財 Fă tsaỳ.

**COSTUME**, s. m. *Insignia, orum, n.* 衣帽 Ў maó. ‖ — militaire. *Militaria —.* 軍裝 Kiūn tchoūang. ‖ — d'un mandarin. *Præfecti —.* 補服 Poù foú. ‖ — de comédien. *Comœdi —.* 戲子行頭 Hý tsè hîn teoú.

**COTE**, s. f. *Nota, æ, f.* 號 Haó, ou 碼子 Mà tsè.

**CÔTE,** s. f. *Costa.* 肋骨 Lě koŭ. ‖ Marcher — à —. *Latus lateri conserĕre.* 排起走 Paý kỷ tseòu. ‖ Serrer — à —. *Urgĕre aliq.* 催人 Tsoŭy jên. ‖ Rire à se tenir les —. *Risu distendĕre.* 肚皮都笑痛了 Toú pỷ toŭ siaó tóng leaò. ‖ — (extraction). *Genus.* 族 Tsoŭ. ‖ Nous sommes tous de la — d'Adam. *Omnibus una est natura.* 四海之內皆兄弟般也 Sé haỷ tchē loúy kiaý hiŏng tý yě. ‖ — de montagne. *Clivus.* 山坡子 Chān pŏ̓ tsè. ‖ — de mer. *Ora maritima.* 海邊山 Haý piēn chān.

**CÔTÉ,** s. m. *Latus, eris, n.* 邊 Piēn. ‖ Être assis aux — de quelqu'un. *Ad latus sedĕre.* 坐在側邊 Tsŏ́ tsaý tsē̓ piēn. ‖ Il est sur le —. *Ejus res labant.* 他的事業不好 Tă ̓tỷ sé niĕ̓ poŭ haò. ‖ — (contrée). *Regio.* 方 Fāng. ‖ Avoir cinq —. *Habĕre quinque facies.* 有五方 Yeòu où fāng. ‖ De ce — ci. *Hic.* 這方 Tchĕ̓ fāng. ‖ De ce — là. *Illic.* 那方 Lá fāng. ‖ A —. *Propè.* 不遠 Poŭ̓ yùen. ‖ De chaque —. 兩邊 Leăng piēn. ‖ De ce — (de biais). *Obliquè.* 邪 Sié, ou 歪 Ouaý. ‖ Regarder de —. *Despicĕre.* 輕賤 Kīn tsién. ‖ Regarder de tous —. *Limis intueri.* 四下裹看 Sé hiá lỷ kǎn. ‖ Ne pencher ni d'un — ni d'un autre. *Neutrò inclinăre.* 兩邊都不管 Leăng piēn toŭ poŭ koŭan. ‖ Laisser de —. *Non curăre.* 不管 Poŭ koŭan. ‖ La raison est de mon —. *Stat à me ratio.* 我有理 Ngó yeòu lỷ. ‖ — (ligne). *Genus, eris, n.* 族 Tsoŭ. ‖ — paternel. *Cognati.* 父族 Foú tsoŭ. ‖ — maternel. *Agnati.* 母族 Moŭ̓ tsoŭ.

**CÔTELETTE,** s. f. *Costa porcina.* 猪肋骨 Tchoū lě̓ koŭ.

**COTE-PART,** s. f. *Symbolum, i, n.* 分子 Fēn tsè. ‖ Donner sa —. *Symbolum dăre.* 出分子 Tchoŭ fēn tsè.

**COTER,** v. a. *Notăre.* 打記號 Tă kỷ haó.

**COTERIE,** s. f. *Sodalitium, ii, n.* 夥子 Hŏ tsè.

**COTISATION,** s. f. *Eranus, i, m.* 湊錢 Teoŭ tsiéň.

**COTISER,** v. a. *Indicĕre.* 分賬 Fēn tcháng. ‖ Se — *Pecunias in commune conferre.* 湊錢 Teoŭ tsiéň, ou 出分子 Tchoŭ fēn tsè.

**COTON,** s. m. *Gossypium, ii, n.* 棉花 Miēn hoā. ‖ Une balle de —. *Una sarcina.* 一包 Ỷ paó. ‖ Filer le —. *Nēre.* 紡棉花 Fáng miēn hoā. ‖ Carder le —. *Carminăre.* 彈棉花 Tán miēn hoā. ‖ Extraire le —. *Extrahĕre.* 絞棉花 Kiaò miēn hoā.

**CÔTOYER,** v. a. *Littus radĕre.* 挨河邊行船 Gaý hŏ piēn hín tchoŭán.

**COTTE,** s. f. *Crocotta, æ, f.* 裙子 Kiŭn tsè. ‖ — d'armes. *Sagum.* 鐵甲 Tiě̓ kiă̓. ‖ — de mailles. *Lorica hamis conserta.* 鎖子甲 Sò̓ tsè kiă̓.

**COU,** s. m. *Collum, i, n.* 頸子 Kin tsè. ‖ Devant du —. *Fauces.* 咽喉 Ýn heòu. ‖ Derrière du —. *Cervix.* 後膊 Heóu laò. ‖ Sauter au — de quelqu'un. *Alicuy.*

*in amplexum ruĕre.* 抱人 Paó jên. ‖ Couper le —. *Præcidĕre caput.* 砍頭 Kăn teoŭ. ‖ Se couper le —. *Jugulăre se.* 抹頸子 Mŏ̓ kīn tsè. ‖ Prendre ses jambes à son —. *Fugĕre.* 跑 Pǎo. ‖ — de bouteilles. *Lagena collum.* 瓶頸 Pín kīn.

**COUARD, E,** adj. *Ignavus.* 無志氣的人 Où tché kỷ tỷ jên.

**COUCHANT,** adj. *Occidens.* 西方 Sỷ fāng. ‖ Faire le chien —. *Palpări.* 奉承 Fóng tchén, ou 鎦肥 Tiēn feỷ.

**COUCHE,** s. f. *Lectus, i, m.* 牀 Tchoŭáng. ‖ Une —. *Unus* —. 一間牀 Ỷ kiēn tchoŭáng. ‖ —. *Partus.* 生 Sēn, ou 坐月 Tsó yuē̓. ‖ Femme en —. *Puerpera.* 月母子 Yuē̓ moù tsè, ou 產婆 Tchán foú. ‖ Relever de —. *A puerperio egredi.* 滿月 Mǎn yuē̓. ‖ Fausse —. *Abortus.* 小產 Siaò tchán. ‖ — de couleur. *Color inductus.* 一道顏色 Ỷ taó yēn sě̓, ou 一層顏色 Ỷ tsēn yēn sě̓. ‖ — de dorure. *Aurea crusta.* 一道金 Ỷ taó kīn. ‖ Mettre deux — de mortier. *Ponĕre arenati duas crustas.* 上兩層石灰 Cháng leăng tsēn chě̓ hoŭy.

**COUCHER,** v. a. *In lecto ponĕre puerum.* 放娃娃睡 Fáng ouâ ouâ choúy. ‖ — (renverser). *Sternĕre humi.* 打倒人 Tă taò jên. ‖ — (étendre par terre). *Extendĕre super terram.* 放倒 Fáng tào. ‖ — sur le carreau. *Occidĕre.* 殺人 Chă̓ jên. ‖ La pluie a — le riz. *Procubuĕre imbribus oryzæ.* 雨淋倒秧子 Yù lín taò yāng tsè. ‖ La chaleur a — les légumes. *Procubuĕre calore olera.* 菜晒揭了 Tsaý chaý yēn leaò. ‖ — (dormir). *Alicubi cubăre.* 睡 Choúy. ‖ — sur le dos. — *supīnus.* 仰起睡 Niăng kỷ choúy. ‖ — sur le ventre. — *pronus.* 仆起睡 Pŏ̓u kỷ choúy. ‖ — sur le côté. *In latera.* 側起睡 Tsě̓ kỷ choúy. ‖ — à l'air. *Sub Jove.* 露天堨露夜 Loú tiēn pá kó yé. ‖ — dehors. *Foris —.* 在外頭歇 Tsaý ouaý teŏu hiě̓. ‖ — en joue. *Igniarium dirigĕre.* 沖着人 Tchóng tchŏ̓ jên. ‖ — (au moral). 想着人 Siàng tchŏ̓ jên. ‖ Se —. *Cubile inire.* 睡 Choúy. ‖ Le soleil se —. *Labat jam sol.* 太陽落西了 Taý yáng lŏ sỷ leaò. ‖ Se — à terre. *Humi procumbĕre.* 睡在地下 Choúy tsaý tỷ hiá.

**COUDE,** s. m. *Cubitus, i, m.* 肘 Tcheòu. ‖ S'appuyer sur le —. *Cubito inniti.* 撐倒 Tchàng tào. ‖ Le creux de l'avant —. *Brach.* 腕 Ouán. ‖ — (angle). *Angulus.* 角 Kŏ̓. ‖ Faire un —. *Circuire.* 繞走 Jaò tseòu. ‖ Le — du pied. *Curvatura pedis.* 眼腳 Yěn kiŏ̓.

**COUDÉE,** s. f. *Cubitus, i, m.* 一尺五寸 Ỷ tchě̓ où tsén. ‖ Avoir ses — franches. *Esse suæ tutelæ.* 隨自己 Soŭy tsé kỷ.

**COUDOYER,** v. a. *Cubito pulsăre.* 手肘打人 Cheòu koŭy tă̓ jên, ou 打一膀子 Tă̓ ỷ pŏ̓ tsè.

COUDRE, v. a. *Suĕre.* 縫 Fông. ‖ — dedans. *Insuĕre.* 縫在內 Fông tsáy loúy. ‖ — par devant. *Præsuĕre.* 縫在前 Fông tsáy tsiĕn. ‖ — par dessous. *Subsuĕre.* 縫下邊 Fông hiá piēn. ‖ — un cahier. *Codicem suĕre.* 釘一本書 Tīn ỷ pĕn choŭ. ‖ Fil à —. *Acia, æ, f.* 一節線 Ỷ tsiĕ sién. ‖ On ne sait quelle pièce y —. *Nullum remedium inveniri potest.* 無法可施 Où fǎ kò chĕ̆.

COUENNE, s. f. *Tergilla, æ, f.* 猪皮 Tchoū pỳ.

COULAMMENT, adv. *Fluidé.* 不住 Poŭ tchoú, ou 不斷 Poŭ touán. ‖ Parler —. *Facilé loqui —.* 說話不住 Chŏ hoá poŭ tchoú. ‖ Écrire —. *Recté scribĕre.* 寫字不住 Sié tsé poŭ tchoú.

COULANT, E, adj. *Fluens.* 流的 Lieoŭ tỷ. ‖ Nœud —. *Nodus curvax.* 活套 Hŏ táo. ‖ — en affaire. *Facilis negotio.* 好商量 Haò chāng leâng.

COULER, v. a. *Fluĕre.* 流 Lieoŭ. ‖ Ce fleuve — dans la mer. *Flumen ad mare profluit.* 這河水歸于海 Tché hô choŭy koŭy yù hay̆. ‖ La sueur lui — de tout le corps. *Manat sudor é toto corpore.* 一身汗出 Ỷ chēn hân tchoŭ. ‖ Ce vase —. *Vas diffluit.* 這壺漏 Tché foû leoú. ‖ — des mains. *E manibus labi.* 滑落 Hoă lŏ. ‖ La vigne a —. *Defluxit uva.* 葡萄落花了 Pŏu táo lŏ hoă leào. ‖ La barque a — à fond. *Navis obruta fuit.* 船沉了 Tchoŭan tchĕn leào. ‖ — un navire à fond. *Submergĕre navim.* 打沉了船 Tă tchĕn leào tchoŭan. ‖ Le temps — vite. *Citó elabitur tempus.* 時候過得快 Chĕ heoú kŏ tĕ́ koŭay. ‖ — légèrement sur quelque chose. *Leviter attingĕre.* 不深講 Poŭ chēn kiăng. ‖ — un liquide. *Excolăre.* 濾 Loúy. ‖ — de l'argent. *Fundĕre argentum.* 鑄銀子 Taó ȳn tsĕ. ‖ — quelqu'un, le ruiner. *Opes alic. evertĕre.* 壞人的門面 Hoŭay jĕn tỳ mên mién. ‖ — habilement sa main dans la poche de quelqu'un. *Cauté manum in peram insinuăre.* 偷得伶俐 Teoŭ tĕ́ lîn lỳ. ‖ Se —. *Nocēre sibi.* 上當 Cháng táng.

COULEUR, s. f, *Color, oris, m.* 顏色 Yēn sĕ̆. ‖ Matière de la —. *Materia —.* 顏料 Yēn leáo. ‖ Les cinq — chinoises. 五色 Où sĕ̆ : 青 Tsīn. 紅 Hông. 黑 Hĕ̆. 白 Pĕ̆. 藍 Lân. ‖ — vive. *Color vivus.* 鮮亮 Siēn leâng. ‖ Délayer les —. *Diluĕre.* 搋顏色 Gay̆ yĕn sĕ̆, ou 磨顏色 Mŏ yĕn sĕ̆. ‖ Mélanger les —. *Miscēre.* 對顏色 Toŭy yĕn sĕ̆. ‖ Appliquer les —, ou mettre en —. *ponĕre —.* 上顏色 Cháng yĕn sĕ̆. ‖ Oter la —. *Auferre —.* 退顏色 Toŭy yĕn sĕ̆. ‖ Adoucir une —. *Temperăre —.* 虹染顏色 Hōng jăn yĕn sĕ̆. ‖ Changer les —. *Mutăre —.* 換顏色 Hoŭán yĕn sĕ̆. ‖ Couleur obscure. *Color surdus.* 敗之色 Paý tchĕ̆ sĕ̆. ‖ Perdre sa —. *Perdĕre —.* 敗色 Paý sĕ̆. ‖ Qui tire sur une —. *Ad color. accedens.* 代 Taý, ou 發 Fă v. g. sur le blanc. 發白 Fă pĕ̆. ‖ — du visage. *Faciei color.* 臉色 Liĕn sĕ̆. ‖ Changer de —. *Mutări vultum.* 變臉色 Pién liĕn sĕ̆. ‖ Pâles — des femmes. *Icterus.* 紅白帶 Hông pĕ̆ táy. ‖ — (prétexte). *Prætextus.* 推故 Toŭy koú.

COULIS, s. m. *Succus carnis.* 膏 Kaō. ‖ Vent —. *Spirans per rimas.* 壁風 Pỳ fōng, ou 賊風 Tsĕ̆ fōng.

COULISSE, s. f. *Canalis, is, m.* 槽子 Tsaō tsĕ̆. ‖ Châssis à —. *Cataracta —.* 有槽子的窓戶 Yeoŭ tsaō tsĕ̆ tỳ tsāng foŭ.

COUP, s. m. *Ictus, ûs, m.* 打一下子 Tă ỷ hiá tsĕ̆. ‖ — violent. *Validus —.* 打得重 Tă tĕ̆ tchông. ‖ — faible. *Invalidus —.* 打得輕 Tă tĕ̆ kīn. ‖ — paré. *Declinatus —.* 躲開 Tŏ kăy. ‖ Recevoir un —. *Ictum accipĕre.* 挃打 Gay̆ tă. ‖ Donner un —. — *impingĕre.* 打 Tă. ‖ Tuer d'un — de bâton. *Baculo aliquem conficĕre.* 用棍打死 Yóng koŭen tă sè. ‖ Rouer quelqu'un de —. *Crebro ictu aliq. tundĕre.* 打一頓 Tă ỷ tén, ou 打死無論 Tă sè oû lén. ‖ En venir aux —. 下手打架 Hiá cheoŭ tă kiá. ‖ Fuir un —. *Evitare —.* 躲 Tŏ. ‖ — de bâton. *Ictus baculi.* 棍打 Koŭen tă ‖ — de poing. *Pugno impellĕre.* 拳打 Kiŭen tă. ‖ Pousser à — de poing. *Pugno impellĕre.* 敦一拳 Tén ỷ kiŭen. ‖ — de pied. *Calcis ictus.* 踢 Tỳ. ‖ En donner un. *Calce petĕre.* 踢脚 Tỳ kiŏ. ‖ — de dent. *Morsus.* 咬 Niào. ‖ — de dent (au fig.). *Convicium.* 話傷人 Hoá chāng jēn. ‖ — (blessure, plaie) *Plaga —.* 傷 Chāng. ‖ Percé de —. *Plagis confossus.* 受了多少的傷 Cheoŭ leáo tŏ chaò tỳ chāng. ‖ Couper d'un —. *Uno ictu præcidĕre.* 刀砍下來 Ỷ taō kăn hiá lay̆. ‖ Donner un — mortel. *Ad mortem percutĕre.* 至命傷 Tché mîn chāng. ‖ — de sang. *Sanguin. effusio.* 出血 Tchoŭ hiuĕ̆. ‖ — de vent. *Ventor. verbera.* 一股風 Ỷ koù fōng. ‖ — de foudre. *Fulminis ictus.* 雷打 Louý tă. ‖ — de soleil. *Solis inflamm.* 太陽辣 Táy-yâng lă. ‖ — d'œil. *Oculorum conjectus.* 看一眼 Kăn ỷ yèn. ‖ — de pinceau chinois. *Lineæ ductus.* 一盡 ỷ hoá. ‖ — de cloche. *Campanæ pulsus.* 搖一下 Yâo ỷ hiá. ‖ — de filet *Bolus.* 打一網 Tă ỷ oŭang. ‖ — de dés. *Tesserarum jactus.* 擲骰子 Tché ỷ teoŭ tsĕ̆. ‖ — de maître. *Artis opus.* 上等的法子 Cháng tén tỳ fă tsĕ̆. ‖ Donner — dans l'eau. *Auras verberăre.* 枉然做 Oŭang jăn tsoú. ‖ Donner le — de grâce. *Aliq. occidĕre.* 一下結果性命 Ỷ hiá kié kò sín mín. ‖ Donner le — de grâce (au fig.). 敗人家產 Paý jēn kiā tchăn. ‖ Donner un coup de main. *Adjuvăre aliquem.* 帮忙人 Pāng mâng jēn. ‖ — (action). *Factum.* 大事 Tá sé. ‖ Faire un mauvais —. *Scelus edĕre.* 作大惡 Tsó tá ngŏ. ‖ Il a fait le —. *Crimen edidit.*

作惡之首 Tsó ngŏ tchē cheòu.‖ Faire un — de tête. Contumaciter agĕre. 固執做 Koú tchě tsoú.‖ Manquer son — en tirant. Scopum non attingĕre. 對不準 Toúy poŭ tchùn.‖ Manquer son —. A scopo aberrāre. 不得志 Poŭ tĕ́ tché.‖ Être sûr de son —. Certó proposito obtinēre. 一定得志 Y̆ tín tĕ̆ y̆.‖ Faire d'une pierre deux —. Duos parietes de eádem fideliá dealbāre. 一舉兩得 Y̆ kiù leàng tĕ̆.‖ Boire à petits —. Parvis haustib. lib. 慢慢喫 Mán mán hŏ.‖ Boire — sur —. Sine intermissione —. 不斷 Poŭ toúan.‖ A tous —. Assidué. 常斷 Cháng cháng.‖ A — sûr. Certô. 一定 y̆ tin, ou 不錯 Poŭ tsŏ́.‖ Après —. Seriùs. 一後 y̆ heòu. 晏 Gán. 遲 Tchĕ́.‖ Tout à —. Repenté. 忽然 Foŭ jân.‖ Tout d'un —. Simul, uná. 一弦 Y̆ tsy̆́.‖ Encore un —. Iterùm. 又 Yeóu. 再 Tsày. 還 Houân.‖ — sur —. Iterùm ac sæpiùs. 一二再 Y̆ eùl tsáy.

**COUPABLE**, adj. Reus, sons. 犯人 Fán jên, ou 罪人 Tsoúy jên.‖ Être —. Esse —. 犯人 Fán jên.‖ Ne pas se sentir —. Culpá vacāre. 良心無愧 Leâng sīn oū koúy.

**COUPE**, s. f. Patera, crater. 盃子 Peý tsè.‖ — des fleurs. Florum —. 花苞 Hoā paō.‖ — gorge. Locus cædibus infamis. 賊窩 Tsĕ̆ oūo.‖ — jarret. Sicarius. 打杠子的 Tá kàng tsè tý.

**COUPELLE**, s. f. Catinus, i, m. 銀窩子 Y̆n oūo tsè, ou 罐子 Koûan tsè.‖ Affiner à la —. Excoquĕre catino. 用罐子 Yóng kouàn tsè, ou 傾銀子 Kʹiū y̆n tsè.‖ Passer à la —. Perpendĕre diligenter. 仔細察 Tsè sý tchā́.

**COUPER**, v. a. Secāre. 砍 Kăn.‖ — un arbre. Arborem præcidĕre. 砍樹子 Kăn choù tsè.‖ — le sorgho. Secāre holcum. 砍高粱 Kăn kāo leâng.‖ — une forêt. Sylvam cædĕre. 砍樹林 Kăn choú līn.‖ — de la paille. Secāre paleam. 砍草 Kăn tsaò.‖ Se couteau — bien. Acutus culter. 快刀 Koúay taō.‖ — menu. Minutatim concidĕre. 剁 Tò.‖ — en fil menu. Offellatim cædĕre. 切絲子 Tsiĕ̆ sē tsè.‖ — en tranche. Minuta segmine secāre. 切片子 Tsiĕ̆ piĕ́n tsè.‖ — la tête à quelqu'un. Capite plectĕre. 砍頭 Kăn teôu.‖ — le blé. Tritic. secāre. 割麥子 Kŏ mĕ̆ tsè.‖ — de l'argent. Argentum secāre. 剪銀了 Tsiĕ́n y̆n tsè.‖ — les ongles du pied. Ungues pedis resecāre. 修脚指甲 Sieōu kiŏ̆ tchĕ kià.‖ — la corne du pied des chevaux. Ungulas secāre. 打蹄子 Tà tý tsè.‖ — un habit. Vestem —. 裁衣裳 Tsāy y̆ cháng.‖ — l'herbe sous les pieds de quelqu'un. Spem alic. præcidĕre. 占先 Tchán siēn.‖ — les routes. Viam occludĕre. 塞路 Sĕ́ loú.‖ — les passages. Viam —. 斷路 Toúan loú.‖ — bras et jambes

à quelqu'un. Nocēre multum alic. 攔人的路 Lân jên tý loú.‖ — la parole. Verba præcidĕre alic. 叱斷他的話 Tchắ toúan tā́ tý́ hoá.‖ — court. Paucis absolvĕre. 略說 Liŏ̆ chŏ.‖ — les cartes. Folia dividĕre. 洗牌 Sy̆ páy.‖ — un cheval. Equum castrāre. 騸馬 Chán mà.‖ Se — le doigt. Digit. cultr. lædĕre. 割手指 Kŏ cheòu tchè.‖ Se — la main. Vulnerāre manum. 剌了手 Tsé leāo cheòu.‖ Se — en parlant. Pugnantia loqui. 說相反的話 Chŏ siāng fàn tý́ hoá, ou 說話不對 Chŏ hoá poŭ toúy.‖ Se — la gorge. Jugulāre se. 抹脖了 Mŏ pó tsè.

**COUPERET**, s. m. Securicula, æ, f. 菜刀 Tsáy tāo.

**COUPEUR DE BOURSES**, s. m. Sicarius, i, m. 剪絡的 Tsièn lieòu tý́.

**COUPLE**, s. f. Par, aris, n. 雙 Y̆ choūang, ou 一對 Y̆ toúy.‖ — de bœufs. Boum jugum. 一對牛 Y̆ toúy nieōu.‖ — de pigeons. Columb. par. 一對鴿子 Y̆ toúy kŏ́ tsè.‖ — —. Conjuges. 夫婦 Foū foú.

**COUPLET**, s. m. Strophe, es, f. 一首詩 Y̆ cheōu chē, ou 一段聖詠 Y̆ toúan chēn yùn.‖ — de deux lignes. 聯對 Lién toúy.‖ — de quatre lignes. 二行詩 Èùl hîn chē.‖ — de huit lignes. 律詩 Liú chē.

**COUPOLE**, s. f. Tholus, i, m. 倒盌之屋蓋 Taō oúan tchē oū kaý.

**COUPON**, s. m. Reliq. panni secat. 剩的布頭子 Chén tý́ poù teòu tsè, ou 碎材料 Soúy tsăy leáo.

**COUPURE**, s. f. Incisio, onis, f. 割破 Kŏ.

**COUR**. s. f. Area, æ, f. 埔子 Pá tsè.‖ — intérieure des bâtiments. Cavædium. 天井壩 Tiēn tsìn pá.‖ —. Aula regia. 皇殿 Houâng tiĕ́n.‖ Aller à la —. Aulam petĕre. 上朝去 Cháng tcháo kiú.‖ Y vivre. In aulá versāri. 居皇宮 Kiū hoūang kōng.‖ Être bien en —. Gratiosus esse in aulá. 有寵于君 Yeŏu tchōng yû kiūn.‖ La —. Regius comitatus. 朝 Tchāo, ou 萬歲的御前 Ouán soúy tý́ yú tsiēn.‖ —. Cultus. 尊敬 Tsēn kín.‖ Faire sa — à quelqu'un. Aucupāri fav. alic. 奉承人 Fóng tchêng jên, ou 套人的愛 Táo jên tý́ gáy.‖ — céleste. Cælestis cœtus. 天朝 Tiēn tchāo.‖ —. Curia. 大堂 Tá tâng.‖ — de justice. Justitia —. 大理寺卿 Tá lý ché kín.‖ — d'appel ou cassation. Appellationis —. 大理寺卿 Tá lý ché kín.‖ — des Référendaires. 通政司 Tōng tchén sē.‖ — des sacrifices. Sacrificiorum —. 太常寺 Táy châng chè.‖ — des Censeurs impériaux ou grands informateurs. Censorum —. 都察院 Toū tchá́ oúan.

**COURAGE**, s. m. Fortitudo, inis, f. 膽子 Tàn tsè, ou 剛勇 Kāng yòng.‖ Avoir du —. Esse celso anim. 有胆量 Yeòu tàn leâng.‖ Perdre —. Animo deficĕre.

灰心 Hoūy sīn. ou 心虛 Sīn hiū. ‖ Prendre —. *Anim. erigĕre.* 立志 Lỹ tché. ‖ Ranimer le —. *Anim. incendĕre.* 加胆力 Kiā tàn lỹ. ‖ — (affection, sentiment). *Audacia —.* 敢 Kàn. ‖ —! *Euge, macté anim.* 不怕 Poū pá, ou 好 Haò.

COURANT, E, adj. *Currens.* 流的 Lieòu tỹ. ‖ Année. *Annus vertens.* 本年 Pèn niēn. ‖ Mois —. *Mensis vertens.* 本月 Pèn yuĕ.

COURANT, s. m. *Fluens aqua.* 水流 Choùy lieōu. ‖ Suivre le —. *Aquæ.* 順水走 Chuén choùy tseòu. ‖ — du marché. *Fori annona.* 市 Ché. ‖ Suivre le —. *Mores sequi.* 隨風俗 Soūy fōng sioŭ. ‖ En —, *Cursim.* 快快的 Kouáy kouáy tỹ.

COURANTE, s. f. *Cursus ventris.* 肚子瀉 Toú tsè sié. ‖ L'avoir. *Habēre —.* 肚子瀉了 Toú tsè sié leào.

COURBATU, E, adj. *Lassatus.* 偃得狠 Loúy tĕ hèn.

COURBE, adj. *Curvus.* 彎的 Oūan tỹ.

COURBER, v. a. *Curvāre.* 彎 Oūan. ‖ — les arbustes, branches dans les branches, selon la coutume des Chinois. 盤花 Pán hoā. ‖ — la tête. *Inclināre caput.* 俯首 Foù cheòu, ou 低頭 Tỹ teòu. ‖ Se —. *Inclināre se.* — par respect. *Incurvāri.* 彎腰 Oūan yāo. ‖ Se —. *Incurvāri.* 鞠躬 Kioŭ kōng. ‖ Se — devant quelqu'un. *Alic. se summittere.* 伏下于人 Foù hiá yū jēn.

COURBETTE, s. f. *Falsum obsequium.* 阜躬屈巳 Pỹ kōng kiŏu kỹ.

COURBURE, s. f. *Flexura, æ, f.* 彎子 Oūan tsè.

COUREUR, s. m. *Erro, onis, m.* 飄流人 Piaò lieōu jēn. ‖ — pour les messages pressés. *Celeripes.* 跑快信 Paò koŭay sín. ‖ —. *Exploratores.* 探子 Tàn tsè.

COUREUSE, s. f. *Prostibulum, i, n.* 嫖子 Piaó tsè.

COURGE, s. m. *Cucurbita, æ, f.* 瓜 Koūa. (Voir l'Appendice des plantes.)

COURIR, v. n. *Currĕre.* 跑 Paò. ‖ Cours vite. *Cito curre.* 你飛跑 Ngỹ fēy paò. ‖ — vers quelqu'un. *Alic. contendĕre.* 跑到人前 Paò taó jēn tsiēn. ‖ — devant. *Præcurrĕre.* 先跑 Siēn paò. ‖ — au devant. *Alic. occurrĕre.* 遇着人 Yú tchŏ jēn. ‖ — aux armes. *Ad arma currĕre.* 忙拿兵器 Màng lá pīn kỹ. ‖ — en foule. *Concurrĕre.* 亂跑 Loŭan paò. ‖ — ensemble. *Simul currĕre.* 一齊跑 Ỹ tsỹ paò. ‖ — après le mandarinat. *Ambire præfecturam.* 貪功名 Tān kōng mín. ‖— dě cóté et d'autre (çà et là). *Vagāri.* 遊 Yeōu, ou 這裏跑那裏跑 Chè lỹ paò lá lỹ paò. ‖ — sur quelqu'un. *Persequi aliq.* 追人 Tchoūy jēn. ‖ — les mers. *Pontum pererrāre.* 飄海 Piaò haỹ. ‖ — à la mer. *Fluĕre ad mare.* 歸海 Koūy haỹ. ‖ Le temps — vite. *Labitur cito tempus.* 時候過得快 Chē heóu kó tĕ kouáy. ‖ A la lune intercalaire, l'usure ne —. pas. *In annis lunæ intercalaris, usura consistit.* 閏月不犯利

Joūen yūe poū cheóu lỹ. ‖ Il — des maladies. *Grassantur morbi.* 瘟疫更延寬了 Oūen yŏu kén yēn koūan leào. ‖ Le bruit —. *Fama vagatur.* 有人説 Yeòu jēn chŏ. ‖ Faire — des bruits. *Rumores spargĕre.* 造謠言 Tsaò yaò yēn. ‖ — après les diners. *Mensarum assecla.* 喫混頓 Tchĕ hoūen tén. ‖ — sa cinquantième année. *Quinq. annum agĕre.* 滿五十歲 Màn où chĕ soúy. ‖ Monnaie qui —. *Moneta in usu.* 通行的錢 Tōng hin tỹ tsiēn.

COURONNE, s. f. *Corona, æ, f.* 冠 Koūan. ‖ — de fleurs. *Florum —.* 花冠 Hoā koūan. ‖ Porter une —. *— deferre.* 戴 Táy. ‖ — (diadème). *Regium insigne.* 戴皇帽 Táy hoúang maó. ‖ Ornement qui pend la — chinoise. 晃旋 Miēn lieōu. ‖ Se disputer la —. *— ambigĕre.* 爭江山 Tsēn kiāng chān. ‖ Abdiquer la —. *Regiā potestate abdicāre.* 讓國 Jáng kouĕ. ‖ — des dames chinoises. *Matronarum corona.* 一項鳳冠 Ỹ tìn fóng koūan. ‖ — cléricale. *Tonsura.* 削一團髮 Siō ỹ toūan fă. ‖ — du martyre. *Martyrii palma.* 致命之標 Tché mín tchē piāo.

COURONNEMENT, s. m. *Coronatio, onis, f.* 給人帶冠 Kiĕ jēn táy koūan. ‖ — du roi. *Regis —.* 國王登級 Kouĕ ouáng tēn kỹ. ‖ Mettre le — à un ouvrage. *Perficĕre opus.* 做完 Tsoú oūan. ‖ — en architecture. *Coronis.* 頂子 Tìn tsè.

COURONNER, v. a. *Coronāre.* 與人加冠 Yŭ jēn kiā koūan. ‖ — un roi. *Regem —.* 立帝 Lỹ tỹ. ‖ — son ouvrage. *Perficĕre opus.* 完工 Oúan kōng. ‖ Les têtes —. *Reges.* 帝王 Tỹ ouáng.

COURRIER, s. m. *Cursor, oris, m.* 跑信的人 Paò sín tỹ jēn. ‖ — impérial. *Vereda regius.* 驛使 Ý chè. ‖ — mandarinal. *Mandarinalis —.* 跑驛馬 Paò ỹ mà. ‖ Directeur des —. *Director —.* 驛丞 Ý tchén.

COURROIE, s. f. *Corrigia, æ, f.* 皮帶子 Pỹ táy tsè. ‖ — que l'on passe autour du cou du cheval. 攀胸 Pān hiōng. ‖ Faire du cuir d'autrui large —. *De alieno corio ludĕre.* 用別人的大方 Yóng piĕ jēn tỹ tá fāng. ‖ Tenir fortement la — de son pouvoir. 用自巳的手緊 Yóng tsé kỹ tỹ chèou kìn. ‖ Étendre la —. *Ultrā potestatem ire.* 過分 Kó fén.

COURROUCER, v. a. *Movēre iram.* 惹怒 Jĕ loú. ‖ Se —. *Irasci.* 發怒 Fă loú. ‖ La mer est —. *Fervet mare.* 海水揚波 Haỹ choùy yáng pō.

COURROUX, s. m. *Ira, æ, f.* 忿怒 Fén loú.

COURS, s. m. *Cursus, ūs, m.* 動 Tóng. ‖ — des astres. *Astror. conversio.* 星轉 Sīu tchoùan. ‖ — du soleil. *Solis cursus.* 太陽轉 Táy yáng tchoùan. ‖ — d'une rivière. *Fluminis cursus.* 水流 Choùy lieōu. ‖ Détourner le — d'une rivière. *Iter fluminis præcidĕre.* 閗佳河往別處裏流 Tchă tchoú hō ouáng piĕ tchŏu lỹ lieōu. ‖ — de la vie. *Vitæ cursus.* 一平生 Ỹ pīn sēr.

ou 一輩子 Y péy tsè. ‖ — de ventre. *Alvi profluvium.* 肚瀉 Toú sié. ‖ — des études. *Studiōrum currĭcul.* 一班書 Y pān chōu. ‖ — de la nature. *Naturæ cursus.* 陰陽運動 Yn yâng yún tóng. ‖ Donner à ses larmes. *Lacrym. fundĕre.* 大哭 Tá kǒu. ‖ Ce livre a du —. *Iste liber in manibus omnium est.* 這本書看的人多 Tché pèn chōu kǎn tỷ jên tŏ. ‖ Monnaie qui a —. *Moneta quæ in usu est.* 通行的錢 Tōng hín tỷ tsièn. ‖ Marchandise qui a —. *Merx vendibĭlis.* 同行的貨 Tōng hín tỷ hó. ‖ —. *publica inambulatio.* 官廠棋 Kouān tchǎng pá.

COURSE, s. f. *Cursus, ús, m.* 跑 Y pǎo. ‖ — à cheval. *Equitatio.* 跑馬 Pǎo mà. ‖ Se sauver à la —. *Fugĕre.* 逃跑 Tǎo pǎo. ‖ Achever sa —. *Spatium decurrĕre.* 走完 Tseòu ouân. ‖ —. *Incursio.* 擄搶 Loù tsiǎng. ‖ Faire des —. *Incursiones facĕre.* 擄搶 Loù tsiǎng. ‖ Achever la — de la vie. *Vitæ stadium perficĕre.* 終身 Tchōng chēn.

COURSIER, s. m. *Animosus equus.* 會跑的馬 Hoúy pǎo tỷ mà.

COURT, E, adj. *Brevis.* 短的 Touàn tỷ. ‖ Chemin —. *Via brevior.* 近路 Kín loú. ‖ La vie est —. — *est vita.* 生命短 Sēn mín touàn. ‖ Nuit —. *Nox contractior.* 夜短 Yé touàn. ‖ Être —. *Breve dicĕre.* 略說 Liǒ chǒ. ‖ Avoir la vue —. *Parum prospicĕre.* (Au propre). 看不遠 Kǎn poǔ yuèn. (Au figuré). 慮不遠 Liú poǔ yuèn. ‖ S'arrêter tout —. *Illico consistĕre.* 貼住 Tchán tchoú. ‖ Rester —. *Obmutescĕre.* 莫話說 Mŏ hoá chǒ. ‖ Renvoyer —. *Non annuĕre.* 不准 Poǔ tchùn. ‖ Tenir à quelqu'un la bride —. *Arctè habēre.* 管得緊 Kouàn tě kǐn. ‖ Le plus — sera de. *Expeditius erit.* 更好做這個 Kén haò tsoú tché kó. ‖ Tirer au — bâton avec quelqu'un. *Jus integr. exigĕre.* 不讓一點 Poǔ jáng y tièn. ‖ Tout —. *Præcisè.* 全全的 Tsuén tsuén tỷ.

COURTAGE, s. m. *Proxenĕtæ munus.* 中人的事 Tchōng jên tỷ sé.

COURTIER, s. m. *Proxenēta, æ, m.* 中人 Tchōng jên. ‖ — pour les mariages. *Pronubus.* 媒人 Mêy jên.

COURTINE, s. f. *Velum lecti.* 帳子 Tchǎng tsè. ‖ Une —. *Unum —.* 一籠帳子 Y lŏng tchǎng tsè.

COURTISAN, s. m. *Aulicus, i, m.* 侍衛 Ché oúy. 廷臣 Tín tchên, ou 御前 Yú tsièn. ‖ Bon —. *Gratiosus —.* 忠臣 Tchōng tchên. ‖ Mauvais —. *Malus —.* 奸臣 Kiēn tchên.

COURTISANE, s. f. *Meretrix, icis, f.* 娼婦 Tchǎng foú.

COURTISER, v. a. *Ambire.* 奉承 Fóng tchên.

COURTOIS, E, adj. *Urbanus.* 有禮信的 Yeǒu lỷ sín tỷ.

COURU, E, adj. *Quæsitus.* 找了的 Tchaò leào tỷ. ‖ Remède —. *Remedium* —. 這藥用得多 Tché yŏ yóng tě tō. ‖ Théâtre —. *Frequentissim. theatrum.* 看戲的人多 Kǎn hý tỷ jên tō.

COUSIN, s. m. *Consobrīnus, i, m.*
1° Enfant du frère aîné de son père. 堂弟兄 Tǎng tỷ hiōng.
2° Enfant du frère cadet de son père. 堂弟兄 Tǎng tỷ hiōng.
3° Enfant de la sœur aînée de son père. 婊弟兄 Piaò tỷ hiōng.
4° Enfant de la sœur cadette de son père. 婊弟兄 Piaò tỷ hiōng.
5° Enfant du frère aîné de sa mère. 老婊 Laò piaò.
6° Enfant du frère cadet de sa mère. 老婊 Laò piaò.
7° Enfant de la sœur aînée de sa mère. 姨婊弟兄 Y piaò tỷ hiōng.
8° Enfant de la sœur cadette de sa mère. 姨婊弟兄 Y piaò tỷ hiōng.

COUSIN, s. m. *Culex, icis, m.* 蚊子 Oûen-tsè. ‖ Petit —. *Culicŭlus.* 墨蚊子 Mě oûen-tsè. ‖ Ces — m'ont mordu. *Culices punxerunt me.* 蚊子咬了我 Mě oûen-tsè gaò leào ngǒ. ‖ Les chasser par la fumée. *Fumo eos fugāre.* 焩蚊子 Tsieǒu mě oûen.

COUSINE, s. f. *Consobrīna, æ, f,*
1° Enfant du frère aîné de son père. 堂姊妹 Tǎng tsiè mey.
2° Enfant du frère cadet de son père. 堂姊妹 Tǎng tsiè mey.
3° Enfant de la sœur aînée de son père. 婊姊妹 Piaò tsiè mey.
4° Enfant de la sœur cadette de son père. 婊姊妹 Piaò tsiè mey.
5° Enfant du frère aîné de sa mère. 婊姊妹 Piaò tsiè mey.
6° Enfant du frère cadet de sa mère. 婊姊妹 Piaò tsiè mey.
7° Enfant de la sœur aînée de sa mère. 姨婊姊妹 Y piaò tsiè mey.
8° Enfant de la sœur cadette de sa mère. 姨婊姊妹 Y piaò tsiè mey.

COUSSIN, s. m. *Pulvīnus, i, m.* 褥子 Joù tsè. ‖ —(oreiller). *Cervical.* 枕頭 Tchèn teǒu. ‖ — de canapé. — *bisellii.* 靠枕 Kaó tchèn.

COUSU, adj. (v. g. d'argent). 發財 Fǎ tsǎy, ou 縫上的 Fóng cháng tỷ. ‖ Finesses — de fil blanc. 倒尖不禿 Taò tsiēn poǔ tǒu.

COUTEAU, s. m. *Culter, tri, m.* 刀 Taō. ‖ Un —. *Unus —.* 一把刀 Y pà taō. ‖ — qui se plie. 摺擔刀子 Tsě tiè taō tsè. ‖ Manche du —. 刀把子 Taō pà tsè. ‖ Lame du —. 刀頭 Taō teŏu. ‖ Dos du —. 刀背 Taō péy. ‖ — tranchant. — acutus. 刀刅 Taō tchoăng. ‖ — émoussé. — obtusus. 刀鈍 Taō tén. ‖ — effilé. — tenuis. 刀快子 Taō kouăy leào. ‖ — des tailleurs chinois. Sartorum sinens. 皮刀 Pý taō. ‖ — pour polir, à deux manches. Duplici manubrio. 錡子 Ý tsè. ‖ — pour couper l'herbe menu au bétail. 鄉馬刀 Tchă mà taō. ‖ Aiguiser un —. Acuĕre —. 磨刀 Mò taō. ‖ Ébrécher un —. 傲鈇刀口 Gaó kiuĕ taō keŏu. ‖ Donner un coup de —. Cultro vulnerăre. 提刀傷人 Tý taō chāng jĕn. ‖ En être à — tiré. Sese mutuò odisse. 有殺父之仇 Yeòu chă foú tchĕ tcheŏu.

COUTELAS, s. m. Acinaces, is, m. 腰刀 Yāo taō.
COUTER, v. n. Constăre. 值 Tchĕ. ‖ Ne rien —. Non —. 不值 Poŭ tchĕ. ‖ — cent taëls. Constare centum taelibus. 值得一百銀子 Tchĕ tĕ ý pĕ ỳn tsè. ‖ — cher. Carò constat. 價錢貴 Kiá tsiĕn koúy. ‖ Les champs ne rien. Jacet agror. pretium. 田相因了 Tiĕn siāng ỳn leào. ‖ Il en — d'être savant. Multo sudore acquiritur scientia. 要得功名須用工夫 Yáo tĕ ỳ koŭng mín siū yóng kōng foŭ. ‖ Cela — beaucoup, c.-à-d. donne de la peine. Multæ operæ hoc pretium est. 爲這個事我費了多少的力 Oúy tchĕ kó sé ngò feý leào tò chào tý lỳ. ‖ Cela ne — rien, c.-à-d. est facile. Hoc facile est. 這個是容易 Tchĕ kó sé yòng ý.
COUTIL, s. m. Tela grossa. 粗麻布 Tsŏu mă poú.
COUTRE, s. m. Dentale, vomer. 鏵口 Hoâ keŏu.
COUTUME, s. f. Mos sæculi. 規矩 Koŭy kiù, ou 風俗 Fōng siou. ‖ Suivre la —. Mores servăre. 隨風俗 Soŭy fōng siou. ‖ Avoir — Solĕre. 平常這樣 Pín chăng tchĕ yăng. ‖ Comme c'est la —. Ut mos est. 猶如平常 Yeòu joŭ pín chăng. ‖ Selon la —. De more. 按規矩 Ngàn koŭy kiú. ‖ Cela n'est pas la —. Res discedit à more. 莫得這個規矩 Mò tĕ tchĕ kó koŭy kiú. ‖ Changer la —. Immutăre. 斷一個規矩 Touán ý kó koŭy kiù, ou 改風俗 Kaỳ fōng siou. ‖ 立規矩 Lỳ koŭy kiù. ‖ Introduire une — introducĕre. 興一宗事 Hīn ý tsōng sé. ‖ Plus joyeux que de —. Præter solitum lætus. 比平常更喜歡 Pỳ pín chăng kén hỳ hoŭan. ‖ Passer en —. Fieri mos. 慢慢的成了規矩 Mán mán tý tchĕn leào koŭy kiù. ‖ Ancienne —. Antiquus mos. 老規矩 Laò koŭy kiù. ‖ C'est la —. Est mos. 有這個規矩 Yeòu tchĕ kó koŭy kiù.
COUTURE, s. f. Sutura, æ, f. 衣骨 Ý koŭ, ou 線縫 Siĕn fōng. ‖ Abattre les —. Suturas tundĕre. 熨 Oùy (ou) Yùn. ‖ Défaire une —. Dissolvĕre. 拆一條線縫 Tsĕ ý tiào siĕn fōng. ‖ A plate —. Host. debellăre. 勦滅賊子 Tsiaŏ miĕ tsĕ tsè.

COUTURIER, s. m. Sartor, oris, m. 裁縫 Tsăy fōng.
COUVAIN, s. m. Apum ova in cellis deposita. 蜜蜂窩 Mỳ fōng oūo.
COUVENT, s. m. Cænobium, ii, n. 修院 Sieōu oúan. ‖ — de bonzes. 廟 Miáo, ou 寺 Ché. ‖ — de bonzesses. 尼姑菴 Nỳ koū ngān.
COUVÉE, s. f. Una ovorum incubatio. —窩 Ý oūo.
COUVER, v. a. Incubăre ova. 抱蛋 Paó tán. ‖ — des yeux. In oculis gerĕre. 專看 Tcheōuan kăn. ‖ — un projet. Odium fovĕre. 懷恨 Hoŭay hén. —. ‖ Être caché. Latere. (V. g. feu sous la cendre). 甕倒的火 Ōng taò tý hò.

La poule couve de 20 à 24 jours; la dinde couve 32 jours; l'oie couve 31 jours; la pintade couve 28 jours; le pigeon couve 18 jours; le faisan couve 24 jours; le paon couve 30 jours.

COUVERCLE, s. m. Operculum, i, n. 盖子 Kaý tsè.
COUVERT, E, adj. Operculatus. 盖了的 Káy leào tý. ‖ — (sombre). Nubilosus. 有雲的 Yeòu yŭn tý. ‖ Ciel —. Cælum subnubilum. 陰天 Ỳn tiĕn. ‖ Temps —. Cælum triste. 天氣不明 Tiĕn kỳ poŭ mín. ‖ Homme —. Homo absconditus. 心深的人 Sīn chĕn tỳ jĕn. ‖ Parler à mots —. Rem obscurè jacĕre. 說陰謎話 Chŏ ỳn tăn hoá, ou 用市 Yóng ché.
COUVERT, s. m. Domús fastigium. 房子頂 Fāng tsè tìn. ‖ Donner le — à quelqu'un. Aliquem suscipĕre. 接待人 Tsiĕ táy jĕn, ou 留住 Lieōu tchóu. ‖ —. Mensæ supellex. 席上東西 Sỳ cháng tōng sỳ. ‖ Un —, c.-à-d. les bâtonnets chinois. Paxilli. 一雙快子 Ý choūang kouáy tsè. ‖ Mettre le —. Mensam instruĕre. 擺席 Paỳ sỳ. ‖ Ajouter un —. Paxillos addĕre. 添一雙快子 Tiĕn ý choūang kouáy tsè. ‖ A —. Tutò. 穩 Ouĕn. ‖ Se mettre à — des soupçons. Extrà culpam ponĕre se. 避嫌疑 Pý hiĕn nỳ. ‖ Se mettre à — du vent. Ventum vităre. 避風 Pý fōng.
COUVERTURE, s. f. Tegumen, inis, n. 盖的東西 Káy tý tōng sý. ‖ — de lit. Stragulum. 鋪盖 Poū káy, ou 被盖 Pý káy. ‖ L'étendre. Sternĕre —. 鋪鋪盖 Poū poū káy, ou 一床被盖 Ý tchoūăng pý káy. ‖ — de livre. Styla, æ. 書匣 Choū hiă. ‖ — lettre. Involucr. epistol. 信封 Sín fōng. ‖ — de maison. Tectum —. 房頂 Fāng tìn. ‖ — (prétexte). Prætextus —. 推諉 Toŭy oùy, ou 推故 Toŭy koú.
COUVI, adj. Ovum incubatu corruptum. 寡蛋 Koŭa tán.
COUVRE-CHEF, s. m. Rica, æ, f. 斗笠 Teŏu lỳ.
COUVRE-FEU, s. m. Foci operculum. 放醒炮 Fáng sīn paò, ou 定更 Tín kĕn.

COUVREUR, s. m. *Ædium tector.* 泥水匠 Ngỷ choùy tsiáng.

COUVRIR, v. a. *Tegĕre.* 蓋 Káy. ‖ — une maison. *Tegulis domum munire.* 蓋房子 Káy fâng tsè. ‖ — le feu. *Ignem cinere obruĕre.* (Si on brûle du bois). 壅火 Ông hò. (Si on brûle de la houille). 封火 Fõng hò. ‖ — un vase. *Vas cooperire.* 蓋罇子 Káy tân tsè. ‖ — quelque chose avec la main. *Manu aliq. obtegĕre.* 揞東西 Gàn tõng sỹ. ‖ — de honte. *Pudorem incutĕre.* 羞人 Sieõu jên. ‖ — un crime. *Scelus velare.* 隱惡 Yn ngŏ. ‖ — sa faute d'une excuse. *Culpam nomine prætexĕre.* 推罪 Toúy tsoúy. ‖ Se —. *Caput petaso operire.* 戴斗笠 Táy teõu lỵ, ou 戴帽子 Táy máo tsè. ‖ Se — de fourrures. *Pellibus frigus arcēre.* 穿皮衣 Tchoũan pỷ ỹ. ‖ Se — d'infamie. *Dedecus admittĕre.* 傷臉 Chãng liên. ‖ Le temps se —. *Obnubilatur cœlum.* 天黑 Tiên hĕ.

CRACHAT, s. m. *Sputum, i, n.* 口水 Keõu choùy.

CRACHER, v. a. *Spuĕre.* 吐口水 Tõu keŏu choùy. ‖ — le sang. *Sanguinem —.* 吐血 Tõu hiuĕ. ‖ — sur quelqu'un. *In aliq. spuĕre.* 吐他的口水 Tõu tã tỹ keŏu choùy. ‖ C'est son père tout —. *Ille patrissat.* 他像父 Tã siáng foú.

CRACHOIR, s. m. *Sputorium, ii, n.* 痰盒子 Tán hô tsè.

CRAIE, s. f. *Creta, æ, f.* 滑石 Hoá chě.

CRAINDRE, v. a. *Timēre.* 怕 Pã. ‖ Il n'y a rien à —. *Nihil timendum est.* 全不可怕 Tsũen poũ kò pã. ‖ — pour son salut. *De salute pertimescĕre.* 怕失落靈魂 Pã sĕ lŏ lîm houên. ‖ — le péché plus que tous les maux. *Magis timēre peccatum quàm omnia mala.* 怕罪在萬禍之上 Pã tsoúy tsáy ouán hô tchẽ cháng. ‖ Se faire —. *Incutĕre metum alic.* 嚇人 Hĕ jên.

CRAINTE, s. f. *Timor, oris, m.* 害怕 Háy pã.

CRAMOISI, E, adj. *Rubidus.* 大紅色 Tá hõng sẽ.

CRAMPE, s. f. *Contractio, onis, f.* 痲木子 Mã moũ tsè, ou 抽筋症 Tcheõu kĩn tchên. ‖ L'avoir au pied. *Pedes contrahuntur.* 脚痲了 Kiŏ mã leào.

CRAMPONNER, v. a. *Fibulare.* 扣緊 Keõu kĩn. ‖ Avoir l'âme —. *Diù vivĕre.* 壽長 Chéou tcháng.

CRAMPON, s. m. *Ferrea fibula.* 鈎子 Keõu tsè.

CRAN, s. m. *Crena, æ, f.* 割缺 Kŏ kiuĕ, ou 一道渠 Ỹ táo kiũ.

CRÂNE, s. m. *Calva, æ, f.* 腦骨 Laò koũ. ‖ Sommet du — ou *sinciput.* 巔頂 Tiên tĩn. ‖ Postérieur du — ou *occiput.* 枕骨 Tchên koũ. ‖ Antérieur du — *Anterior pars.* 命心 Mĩn sĩn.

CRAPAUD, s. m. *Bufo, onis, m.* 蝦蟆 Hiã mâ.

CRAPULER, v. n. *Perpotare.* 灌酒 Kouán tsieòu.

CRAPULEUX, SE, adj. *Ganeo, onis, m.* 酒醉鬼 Tsieòu tsoùy koùy.

CRAQUELIN, s. m. *Crustulum, i, n.* 麻花 Mâ hoā.

CRAQUER, v. n. *Crepare.* 打響聲 Tã hiàng chēn. ‖ Faire — ses dents. *Dentibus —.* 牙齒响 Yá tchẽ hiàng. ‖ Faire — ses doigts. *Digitis crepitare.* 曲指頭 Kiõù tchẽ teõu, ou 捏指頭 Oũo tchẽ teõu ‖ —. *Hâbler.* 說謊 Chŏ houàng.

CRASSE, s. f. *Sordes, ium, f.* 渥濁 Oũ tchŏ. ‖ — de fer. *Scobis.* 鉄渣子 Tiě tchā tsè. ‖ — de la tête. *Furfures.* 風癬 Fõng siên. ‖ — du corps. *Sordes —.* 汗泥 Hán ngỷ. ‖ — d'huile. *Amurca.* 油脚子 Yeõu kiŏ tsè. ‖ — des dents. *Dentium —.* 牙花 Yā hoā. ‖ — (avarice). *Avaritia.* 細嗇 Sỷ sĕ, ou 悋嗇 Lîn sĕ. ‖ Avoir encore la — du collège. *Experientiâ adhuc rudis esse.* 不通世情 Poũ tõng chế tsîn. ‖ Ignorance —. *Supina ignor.* 懶惰不知 Làn tó poũ tchē.

CRASSEUX, SE, adj. *Sordidus.* 渥濁的 Oũ tchŏ tỷ. ‖ Très —. *Sordidissimus.* 邋遢人 Lâ tã jên.

CRAVACHE, s. f. *Flagellum, i, n.* 馬鞭 Mà piên.

CRAVATE, s. f. *Collarium, ii, n.* 衣領 Ỹ lĩn. 頸巾 Kĩn kīn. ‖ Une —. *Unum —.* 一條 Ỹ tiáo.

CRAYON, s. m. *Graphium, ii, n.* 鉛筆 Yuên pỷ.

CRAYONNER, v. a. *Grapho delineare.* 用鉛筆畫 Yóng yuên pỷ hoá. ‖ — (esquisser). *Speciem delineare.* 畫樣子 Hoá yáng tsè, ou 畫稿子 Hoá káo tsè.

CRÉANCE, s. f. *Mandatum, i, n.* 命 Mín. ‖ Lettre de —. *Litteræ testimoniales.* 文憑 Ouên pîn. ‖ Lettre de — d'un ambassadeur. *Litteræ legati.* 諸侯命主 Tchoū heóu mín koúy. ‖ —. *Fides.* 信 Sín. ‖ — (dette). *Creditum.* 賬 Tcháng.

CRÉANCIER, s. m. *Creditor, oris, m.* 賬主 Tcháng tchoù. ‖ Satisfaire un —. *Solvĕre debit.* 還賬 Houán tcháng.

CRÉATEUR, s. m. *Creator, oris, m.* 造物主 Tsáo oũ tchoù. ‖ — (inventeur de quelque chose). *Auctor.* 做主 Chẽ tchoù.

CRÉATION, s. f. *Creatio, onis, f.* 造成 Tsáo tchên. ‖ Depuis la — du monde. *Ab œvo condito.* 從開闢 Tsõng kãy pỷ.

CRÉATURE, s. f. *Res creata.* 受造的 Cheóu tsáo tỷ. ‖ Les —. *Creaturæ intelligentes.* 人 Jên. ‖ — inintelligentes (animaux). *Animalia.* 牲口 Sēn keõu.

CRÉCELLE, s. f. *Crepitaculum, i, n.* 木魚 Moù yû, ou 梆子 Páng tsè. ‖ Agiter la —. *Agitare.* 敲木魚 Kāo moũ yû.

CRÈCHE, s. f. *Præsepe, is, n.* 馬槽 Mà tsáo.

CRÉDENCE, s. f. *Anclabris, is, f.* 小桌子 Siào tchŏ-tsè. ‖ — de salon chinois. — *sinensis.* 靠桌 Káo tchŏ, ou 茶几 Tchâ kỷ.

CRÉDIT, s. m. *Fides, ei, f.* 忠信 Tchõng sín. ‖ Vendre à —. *Absenti pecun. vendĕre.* 賒賬賣 Chẽ tcháng máy. ‖ Prendre à —. *Absque pecuniam emĕre.* 賒貸 Chẽ hŏ. ‖ On ne fait plus —. *Fides concidit.* 求現不賒 Tsiôu hiên poũ chē.

Kieŏu hién poŭ chĕ. ‖ —. *Gratia, pondus.* 權 Kuĕn, ou 有人佩服 Yeòu jên péy foŭ. ‖ Être en —. *Valère auctoritate.* 有人信實 Yeòu jên sín chĕ. ‖ N'avoir nul —. *Esse sine potentiâ.* 無人信服 Oŭ jên sín foŭ, ou 失了信 Chĕ leào sín. ‖ Lettres de —. *Litteræ testimoniales.* 文牒 Ouên tiĕ.

CRÉDITER, v. a. *Impens. et expens. notāre.* 掛賬 Koúa tcháng.

CRÉDULE, adj. *Credulus.* 耳躱軟 Eùl tō jouàn, ou 肯信人 Kèn sín jên.

CRÉER, v. a. *Creāre.* 修 Sieōu, ou 起 Kỷ. ‖ — de rien. *Ex nihilo creāre.* 造成 Tsào tchên. ‖ — un cardinal. *Cardinalem facĕre.* 聖宗牧宰相 Chén tsōng moŭ tsày siáng. ‖ — un mandarin. *Præfectum eligĕre.* 保人得官 Paò jên tĕ̆ koŭan.

CRÈME, s. f. *Cremor, oris, m.* 牛爛油 Niêou lày yeòu, ou 奶皮 Lày pỷ.

CRÉNEAU, s. m. (de muraille). *Pinna, æ. f.* 城躱口 Tchên tò keŏu. ‖ En faire. *Pinnas aperīre.* 礧城躱 Loùy tchêu tò.

CRÊPE, s. m. *Pannus crispus.* 縐綢 Hoù tchóng.

CRÊPER, v. a. *Crispāre.* 搓線 Tsō̆ sién.

CRÉPIR, v. a. *Trullissāre.* 拂泥巴 Foŭ ngỷ pā.

CRÉPUSCULE, s. m. *Crepusculum, i, n.* ‖ — du matin. *Matutin.* 昧辰 Méy chên. ‖ — du soir. *Vespertin.* 黃昏時候 Houáng houên chê heŏu.

CRÊTE, s. f. *Crista, æ, f.* 鷄冠 Kỷ koŭan. ‖ Lever la —. *subrigĕre* (au figuré). 自高 Tsé̆ kao. ‖ Rabaisser la — à quelqu'un. *Tundĕre alicuj. superb.* 押他的驕傲 Yă tă̆ tỷ kiāo gaô. ‖ — d'une montagne. *Vertex.* 山頂 Chān tìn.

CREUSER, v. a. *Excavāre.* 挖 Ouă. ‖ — plus avant. *Altiùs —.* 挖深點 Ouă chên tièn. ‖ — un puits. *Puteum —.* 開井 Kăy tsìn. ‖ — un fossé. *Fossam defodĕre.* 挖一个坑 Ouă ỷ kó̆ kên. ‖ — sa fosse. *Fata sua præcipitāre.* 做短命事 Tsoú toùan mín sé̆. ‖ —. *Scrutāri.* 察考 Tchă̆ kào. ‖ — dans la vie de quelqu'un. *Vitam alic. inspicĕre.* 察人的行爲 Tchă̆ jên tỷ hìn oŭy.

CREUSET, s. m. *Catillus, i, m.* 銀窩 Ŷn oūo. ‖ — (épreuve). *Experimentum.* 試 Ché. ‖ Passer au — de la douleur. *Dolorem experīri.* 受過苦 Cheòu kó̆ koù.

CREUX, SE, adj. *Cavus.* 凹的 Oūa tỷ. ‖ Ventre —. *Venter vacuus.* 肚子餓 Toú tsè̆ oúo. ‖ Noix —. *Cassa nux.* 空榛桃 Kōng hĕ̆ táo. ‖ Cerveau —. *Inanis vertex.* 無明悟 Oú mín oú. ‖ — de la main. *Vola, æ, f.* 手心 Cheòu sīn. ‖ — de l'oreille. *Aurium caverna.* 耳躱眼 Eùl tò yèn. ‖ — de l'estomac. *Stomachi cava.* 胸窩 Biōng oūo. ‖ — de l'œil. *Oculi recessus.* 眼腔 Yèn kiáng.

CREVASSE, s. f. *Rima, æ, f.* 縫子 Fóng tsè̆. ‖ — d'un vase. *Rima vasis.* 罅 Hiă. ‖ — aux pieds, aux mains. *Rhagadia, orum, n.* 凍裂 Tóng liĕ̆. ‖ — aux lèvres. *Labiorum fissuræ.* 口唇裂 Keŏu choŭen liĕ̆.

CREVASSER (SE), v. a. *Rimas agĕre.* 開縫 Kăy fóng.

CRÈVE-CŒUR, s. m. *Cordolium, ii, n.* 憂氣 Yeōu kỷ.

CREVER, v. a. *Rumpĕre.* 打斷 Tă̆ toŭan. ‖ — les yeux. *Oculos fodĕre.* 揷眼睛 Tchă̆ yèn tsīn, ou 剜人的眼睛 Oūan jên tỷ yèn tsīn. ‖ La tumeur —. *Pustula rumpitur.* 瘡穿了 Tchoūang tchoŭan leào. ‖ Cela les yeux. *Hoc patens est.* 這個明白的 Tchĕ kó̆ mîn pĕ̆ tỷ. ‖ — (éclater). *Dissilīre.* 炸 Tchá. ‖ Le canon —. *Dissiluit tormenti.* 炮炸了 Paò tchá leào. ‖ — de rire. *Risu solvi.* 笑死 Siaó sè̆. ‖ Manger à —. *Ventrem distendĕre.* 喫飽 Tchĕ̆ paò.

CRI, s. m. *Clamor, oris, m.* 喊 Hàn. ‖ Jeter un —. *edĕre.* 喊 Hàn. ‖ — des enfants. *Vagitus.* 娃娃叫 Ouă ouă kiaó. ‖ — de douleur. *Fletus —.* 哭 Koŭ. ‖ — public. *Publicus rumor.* 謠言 Yaô-yên. ‖ — pour appeler les poules. 咻 Tcheōu, ou 哇 Tchoù. ‖ — pour appeler les porcs. 嚧 Loŭ.

CRIAILLER, v. n. *Blaterāre.* 亂吵 Loŭan tcheào.

CRIANT, E, adj. *Acerbissimus.* 狠 Hèn.

CRIARD, E, adj. *Clamosus.* 愛叫喊 Gaý kiaó hàn. ‖ Dette —. *Parva nomina.* 零碎賬 Lîn soúy tcháng.

CRIBLE, s. m. *Criblum, i, n.* 篩子 Chaỷ-tsè̆.

CRIBLER, v. a. *Cribrare.* 篩 Chaỷ. ‖ — de coups. *Vulneribus tundĕre.* 打人 Tă̆ jên. ‖ — d'épigrammes. *Maledictis proscindĕre.* 說陰談話傷人 Chŏ̆ ȳn tân hoá chāng jên.

CRIBLURE, s. f. *Apluda, æ, f.* 粃秕 Pỷ foŭ.

CRIER, v. n. *Clamāre.* 喊 Hàn, ou 叫 Kiáo. ‖ — à haute voix. *Altâ voce.* 大聲叫 Tá chên kiáo. ‖ — (parler haut). *Altâ voce loqui.* 高聲說 Kāo chên chŏ̆. ‖ — à tue-tête. *Clamose vocāre.* 咽脖子叫 Ȳn tchŏ̆ pŏ̆ tsè̆ kiáo. ‖ — au secours. *Clamāre auxilium.* 叫人幫助 Kiáo jên pāng tsoú. ‖ — au feu. — *aquam.* 叫人救火 Kiáo jên kieòu hŏ̆. ‖ — au meurtre. — *cædem.* 叫殺了人 Kiáo chă̆ leào jên. ‖ — contre quelqu'un. *Conviciis sectāri.* 報怨人 Paó yuén. ‖ Cela fera —. *Hoc multos offendet.* 多人不喜歡 Tō jên poŭ hỷ hoūan. ‖ Cela — vengeance. *Id pœnas poscit.* 天地不容 Tiēn tý poŭ yông. ‖ — des légumes. *Olera clamitāre.* 呼賣菜 Hoū máy tsaỷ.

CRIME, s. m. *Crimen.* 罪 Tsoúy. ‖ — honteux. *Flagitium.* 大罪 Tá tsoúy. ‖ Faire un —. *Scelus admittĕre.* 犯大罪 Fán tá tsoúy. ‖ Se laver d'un —. *diluĕre.* 辯明寃枉 Pién mîn yūen oùang. ‖ Avoir part à un —. *Sceleri implicāri.* 同犯 Tŏng fân. ‖ Être l'auteur d'un —. *Auctor esse* —. 首犯 Cheòu fân. ‖ Accuser quelqu'un d'un —. *Accusāre aliq. crimĭne.* 告人作惡 Kaó jên tsó ngŏ. ‖ — capital. — *capitale.* 死罪 Sè tsoúy.

Le Code chinois compte dix crimes capitaux :
十惡 Chĕ ngŏ.

| | | |
|---|---|---|
| 1° Révolte. | 謀反 | Moŭng fân. |
| 2° Brigandage. | 謀反大逆 | Moŭng fân tá ngŷ. |
| 3° Désertion. | 謀叛 | Moŭng pán. |
| 4° Parricide. | 忤逆 | Où ngŷ. |
| 5° Massacre. | 逋逃 | Poŭ taó. |
| 6° Sacrilége. | 大不敬 | Tá poŭ kín. |
| 7° Défaut de piété filiale. | 不孝 | Poŭ hiáo. |
| 8° Insubordination. | 不義 | Poŭ ngŷ. |
| 9° Discorde. | 不睦 | Poŭ moŭ. |
| 10° Inceste. | 內亂 | Loúy louán. |

**CRIMINEL, LE,** adj. (Qui a rapport au crime). Cause —. *Causa criminalis.* 惡事 Ngŏ sé. 大惡 Tá ngŏ. 死罪 Sè tsoúy. ‖ Mener une vie honteuse et —. *Vitam turpem et nocentem ducĕre.* 無惡不爲 Où ngŏ poŭ oúy. ‖ Lieutenant —. *Causarum capit. prætor.* 按察司 Gán tchâ sē. ‖ Président de la Cour à Pékin. *Quæsitor criminum.* 刑部尙書 Hîn poú châng chōu.

**CRIMINEL,** s. m. (Qui a commis un crime). *Sons, nocens.* 犯人 Fán jên, ou 罪人 Tsoúy jên.

**CRIN,** s. m. *Juba, æ, f.* 鬃毛 Tsōng maŏ. ‖ Un —. Una —. 一根鬃毛 Y̆ kēn tsōng maŏ.

**CRINIÈRE,** s. f. *Juba, æ, f.* 馬鬃 Mà tsōng.

**CRIQUET,** s. m. *Equulus, i, m.* 駑馬 Loŭ mà, ou 矮馬 Gày mà.

**CRISE,** s. f. *Crisis, is, f.* 病轉 Pín tchoûan. ‖ Jour de —. *Criticus dies.* 病變之日 Pín pién tchē jĕ. ‖ financière. *Argentaria jamjam dissolutura esse.* 不久要倒號 Poŭ kieòu yáo tào haó.

**CRISPATION,** s. f. *Crispatio, onis, f.* 扯筋 Tchĕ kīn.

**CRISTAL,** s. m. *Crystallum, i, n.* 水晶 Choŭy tsīn. ‖ — pur, sans points. *Acenteta, orum.* 無瑕之晶 Où hiâ tchē tsīn. ‖ — blanc. — *album.* 白石銀 Pĕ chĕ ŷn. ‖ — bleuâtre. — *subcœruleum.* 紫石英 Tsè chĕ ŷn.

**CRISTALLISER (SE),** v. n. *In crystallum cogi.* 變爲水晶 Pién oŭy choŭy tsīn.

**CRITERIUM,** s. m. (mot lat.). 試方法 Ché fāng fă.

**CRITIQUE,** adj. ‖ Jour —. *Criticus dies.* 凶日 Hiōng jĕ. ‖ —. *Lubricus, anceps.* 凶險的 Hiōng hièn tŷ.

**CRITIQUE,** s. m. *Censor, oris, m.* 訂書人 Tín choŭ jên,
ou 批書人 Pỳ choŭ jên. ‖ Avoir un esprit —. *Obtrectator* —. 愛怪人 Gaý kouáy jên. ‖ Juste —. *Censura justa.* 評得有理 Pín tĕ̀ yeòu lỳ.

**CRITIQUER,** v. a. *Carpĕre aliq.* 責備 Tsĕ́ pý. ‖ — un livre. *Librum vellicāre.* 評書 Pín choŭ.

**CROASSER,** v. n. *Crocīre.* 烏鴉叫 Niáo yà kiáo.

**CROC,** s. m. *Uncus, i, m.* 鈎子 Keōu tsè. ‖ — de batelier. *Contus, i.* 撐鈎 Laŏ keōu. ‖ — de boucher. — *tanii.* 連環 Liên hoân. ‖ Le procès est au —. *Lis insidet.* 官司停了 Kouān sē tín leào. ‖ Donner-le — en jambe à quelqu'un. *Aliq. deturbāre.* 打倒人 Tà tào jên, ou 鐐腳 Leào kiŏ. ‖ — (supplanter). *Munus alicui præripĕre.* 先占鉄 Siēn tchán kiuĕ́.

**CROCHET,** s. m. *Hamus, i, m.* 釣魚鈎 Tiáo yû keōu. ‖ — en bois pour suspendre. *Ligneus* —. 錫鈎 Leóu keōu.

**CROCHETEUR,** s. m. *Bajulus, i, m.* 腳夫子 Kiŏ foŭ tsè.

**CROCHU, E,** adj. *Hamatus.* 彎的 Ouān tŷ.

**CROIRE,** v. a. *Credĕre.* 信 Sín. ‖ — et ne pas —. *Leviter credĕre.* 倒信不信 Tào sín poŭ sín. ‖ Faire — à quelqu'un. *Alicui suadēre.* 勸信了 Kiuên sín leào. ‖ — (penser). *Existimāre.* 想 Siàng. ‖ — aux songes. *Somnuis credĕre.* 信夢 Sín móng. ‖ — (suivre les conseils). *Audire consilia.* 聽人的話 Tín jên tŷ hoá. ‖ Se — quelque chose. *Putāre se esse aliquid.* 想自大自高 Siàng tsé tá tsé kaō. Se — perdu. *Sibi desperāre.* 失望 Chĕ ouáng, ou 灰心 Hoūy sīn.

**CROISADE,** s. f. *Pium bellum.* 征賊贖聖地 Tchēn tsĕ́ choŭ chén tý́. ‖ Faire une —. *S.S. militiæ nomen dăre.* 打聖仗 Tà chén tcháng.

**CROISÉ,** s. m. *Pii belli miles.* 打聖仗的兵 Tà chén tcháng tŷ pīn. ‖ Étoffe —. *Pannus textus.* 線布 Sién poŭ. ‖ Chemin —. *Transversa via.* 十字道 Chĕ tsè táo.

**CROISÉE,** s. f. *Fenestra, æ, f.* 牕子 Tsāng tsè. ‖ Une —. Una —. 一摺牕子 Y̆ toŭ tsāng tsè.

**CROISER,** v. a. *Decussāre.* 抄手 Tchaō cheòu, ou 叉手 Tchâ cheòu. ‖ — les bras. *Brachia* —. 抄手 Tchaō cheòu. ‖ — les jambes. *Crura.* 蹺腳 Kiāo kiŏ. ‖ Rester les bras —. *Otio indulgēre.* 空閒 Kōng hièn. ‖ — quelqu'un en tout. *Alic. adversāri.* 相反人 Siāng fàn jên. ‖ — un écrit. *Scriptum cancellāre.* 塗了 Toû. ‖ — quelqu'un en route. *Non occurrĕre alic.* 錯過 Tsŏ́ kó. ‖ — les mers. *Maria perlustrāre.* 巡海船 Siûn haỳ tchoûan. ‖ Ces chemins se —. *Viæ sese intersecant.* 叉路 Tchâ loú.

**CROISILLON,** s. m. *Crucis brachium.* 十字的橫木 Chĕ tsè tỳ́ hông mŏu.

**CROISSANT,** s. m. *Luna bicornis.* 上浣 Cháng hoàn. ‖

Empire du —. *Turcarum imperium.* 回子國 Hoûy tsè kouĕ.

CROÎTRE, v. n. *Augēre.* 長 Tcháng, ou 長大 Tcháng tá. ‖ — en grosseur. *Ad plenitudin. crescĕre.* 長滿 Tcháng màn. ‖ — (en parlant des plantes). 生起來 Sēn ký laỷ. ‖ — (largeur). *Diffundi ramis.* 長寬 Tcháng konān. ‖ — en vertu. *Vitutes augēre.* 加德行 Kiā tĕ hĭn. ‖ La maladie —. *Morbus crescit.* 病加了 Pín kiā leào. ‖ Laisser — sa barbe. *Promittĕre barbam.* 不剃鬍子 Poŭ tỷ hoŭ tsè. ‖ Le bruit —. *Fama invalescit.* 說的人更多 Chŏ tỷ jēn kén tō.

CROIX, s. f. *Crux, ucis,* f. 十字 Chĕ tsĕ. ‖ Signe de la —. *Signum* —. 聖號 Chén haŏ. ‖ Le faire. *Signum crucis facĕre.* 畫聖號 Hoá chén haŏ. ‖ Le faire en bénissant. — *benedicendo.* 降福 Kiáng foŭ. ‖ — (gibet). *Patibulum.* 刑法 Hín fă. ‖ Mettre en —. *Cruci affigĕre.* 釘于十字架 Tín yū chĕ tsĕ kiá. ‖ — (affliction). *Ærumna.* 患難 Hoân lán, ou 苦 Kŏu. ‖ Être la — de quelqu'un. *Aliq. mœrore afficĕre.* 苦人 Kŏu jēn. ‖ — de Saint-André. *Decussis.* 邪十字 Siĕ chĕ tsè. ‖ Porter sa —. *Crucem deferre.* 背負十字架 Peỷ foŭ chĕ tsé kiá.

CROQUER, v. a. *Crepitantia edĕre.* 歞棚 Yào lân, ou 嚙硬東西 Tchŏ gēn tōng-sỷ.

CROQUIS, s. m. *Adumbratio, onis,* f. 畫影子 Hoá ỷn tsè.

CROSSE, s. f. *Baculus pastoralis.* 權棍 Kiŭen kouèn. ‖ — de bonze. *Bonziorum.* 九連鐶 Kieŏu lièn hoân.

CROSSER, v. a. *Malè hab. aliq.* 打頭子 Tà teŏu tsè.

CROTTE, s. f. *Cœnum, i, n.* 泥 Ngỳ. ‖ — de chèvre. *Baccæ caprinæ.* 羊屎 Yáng chè. ‖ — de rat. *Muscerda, æ,* f. 老鼠屎 Lào choŭ chè. ‖ — de lapin. — *cuniculi.* 望月沙 Ouáng yuĕ chā, ou 兔屎 Tŏu chè. ‖ — de vers à soie. — *bombycum.* 蠶沙 Tsǎn-chā.

CROTTER, v. a. *Luto inficĕre vestes suas.* 衫子上濺泥巴 Chán tsè cháng tsiēn ngỳ pā.

CROULER, v. n. *Corruĕre.* 倒 Tào.

CROUP, s. m. *Species morbi.* 哮喧 Hiāo kiā.

CROUPE, s. f. *Equi tergum.* 馬背 Mà peỷ.

CROUPIÈRE, s. f. *Postilena, æ,* f. 馬屁韀 Mà pỷ tsiĕou.

CROUPION, s. m. *Uropygium, ii, n.* 尾骨 Ouỷ koŭ, ou 尻 Kāo. ‖ — des oiseaux. — *avium.* 尻 Kāo.

CROUPIR, v. n. *Stagnēre.* 不流 poŭ lieōu. ‖ — dans la misère. *Miseriā confici.* 窮得狠 Kiŏng tĕ hèn. ‖ — dans l'oisiveté. *Otio torpēre.* 像懶蛇一樣 Siàng laỷ chĕ ỷ yáng.

CROÛTE, s. f. *Crusta, æ,* f. 餅殼 Pĭn kŏ. ‖ — d'une plaie. *Scabitudo.* 瘡疤 Tchoǎng pā. ‖ — dessus du pain. *Attaragus.* 餅項殼 Pĭn tĭn kŏ.

CROYABLE, adj. *Credibilis.* 可信的 Kŏ sín tỷ. ‖ Cela est plus —. *Id propiùs fidem est.* 多半有 Tō pán yeòu.

CROYANCE, s. f. *Opinio, onis,* f. 意見 Ý kién, ou 意思 Ý sē. ‖ — (foi) vertu théologale. *Fides.* 信德 Sín tĕ ‖ Contre la — générale. *Præter omnium exspectationem.* 負中人的望 Fóu tchōng jēn tỷ ouáng.

CRU, s. m. *Fundus, i, m.* 本田產 Pèn tièn tchǎn. ‖ Ceci est de mon —. *Istud est ex proventu meo.* 是我的本田出來的 Ché ngò tỷ tièn pèn tchŏŭ laỷ tỷ.

CRU, E, adj. *Crudus.* 生的 Sēn tỷ. ‖ A demi —. *Semi-* 半生半熟 Pán sēn pán choŭ. ‖ Fruit —. *Crudus fructus.* 生果子 Sēn kŏ tsè. ‖ Soie —. *Sericum non maceratum.* 生絲 Sēn sē. ‖ Monter un cheval à —. *Equitare equo non ephippiato.* 騎滑背 Kỷ hoá peỷ.

CRUAUTÉ, s. f. *Crudelitas, atis,* f. 殘暴的 Tsǎn paŏ tỷ. ‖ Frapper avec —. *Crudeliter percutĕre.* 打得重 Tà tĕ tchŏng. ‖ Action cruelle. *Facinus.* 惡事 Ngŏ sé.

CRUCHE, s. f. *Hydria, æ,* f. 水桶 Choùy tòng. ‖ C'est une —. *Stipes.* 蠢人 Tchŏun jēn.

CRUCIFIER, v. a. *Crucifigĕre.* 釘在十字架上 Tín tsaỷ chĕ tsĕ kiá cháng.

CRUCIFIX, s. m. *Crucifixus, i, m.* 苦像 Kŏu siáng. ‖ Bénir un —. *Benedicĕre.* 聖苦像 Chén kŏu siáng. ‖ Vénérer le —. *Colĕre.* 拜苦像 Paỷ kŏu siáng.

CRUDITÉ, s. f. *Cruditas, atis,* f. 生 Sēn.

CRUE, s. f. *Auctus.* 長 Tcháng. ‖ — des eaux. *Flumin.* —. 水漲了 Choùy tcháng leào. ‖ — des impôts. *Tribut.* —. 加糧 Kiā leáng.

CRUEL, LE, adj. *Sævus.* 惡的 Ngŏ tỷ. ‖ Être — envers quelqu'un. *Durè aliq. habēre.* 待得嚴 Taỷ tĕ nièn.

CRYPTE, s. f. *Crypta, æ,* f. 地坑 Tý kēn.

CUBE, s. m. *Cubus, i, m.* 平面正方體 Pín mién tchēn fāng tỷ. 面見方 Mién kién fāng. 六方 Loŭ fāng. ‖ — des nombres. — *numerorum.* 立方 Lỷ fāng.

CUEILLETTE, s. f. *Frag. perceptio.* 收糧食 Cheōu leáng chĕ.

CUEILLIR, v. a. *Decerpĕre.* 摘 Tsĕ. ‖ — des fleurs. *Flores* —. 摘花 Tsĕ hoā. ‖ — des fruits. *Fructus* —. 摘果子 Tsĕ kŏ tsè.

CUILLÈRE, s. f. *Cochlear, aris, n.* 瓢子 Piaŏ tsè.

CUIR, s. m. *Corium, ii, n.* 皮子 Pỷ tsè. ‖ Un —. *Unum* —. 一張皮子 Ỷ tchāng pỷ tsè. ‖ — qui pend aux côtés de la selle. *Ganthus.* 韂皮 Tchǎn pỷ. ‖ Entre — et chair. *Intercutis.* 皮裏肉外 Pỷ lỷ joŭ ouáy. ‖ Apprêter des —. *Coria perficĕre.* 消消子 Siāo pỷ tsè.

CUI　　　　　　　　　　　　　　　CYC

**CUIRASSE**, s. f. *Lorica, æ, f.* 甲 Kiă. ‖ La revètir. — *induĕre*. 穿甲 Tchoŭan kiă.
**CUIRE**, v. a. *Coquĕre*. 煑 Tchoù.‖ — dans l'eau. *In aquâ*. 煑 Tchoù. ‖ — beaucoup. *Elixare*. 煑熟 Tchoù choŭ. ‖ — dans le beurre. *In butyro* —. 煎 Tsiēn. ‖ — peu. — *parùm coquĕre*. 煑生 Tchoù sēn. ‖ — dans l'huile. *In oleo* —. 炸 Tchá. ‖ — en marmelade. *Excoquĕre*. 煑爛 Tchoù lán. ‖ — tout à fait. *Percoquĕre*. 煑㶸 Tchoù pā. ‖ — jusqu'à réduction de moitié. *Ad medias coquĕre*. 煑化一半 Tchoù hoá ý pán. ‖ — (causer de la cuisson). *Urĕre*. 惡癢 Ngŏ yáng. ‖ Les cuisses me —. *Pruriunt crura*. 腿子惡癢惡熱 Toŭy tsè ngŏ yáng ngŏ jĕ. ‖ Il vous en — un jour. *Pœnitebit te*. 你要實悔 Ngỳ yaó chĕ hoùy.
**CUISINE**, s. f. *Culina, æ, f.* 廚房 Tchoŭ fâng. ‖ Faire la —. *Parāre dapes*. 辦菜 Pán tsáy. ‖ Inspecteur des — impériales. *Inspector* —. 光祿寺 Koūang lŏu sé. Les Chinois ont des traités de cuisine; voyez, entre autres, l'ouvrage 隨園食單 Soŭy yuên chĕ tān.
**CUISINIER**, s. m. *Coquus, i, m.* 火房 Hŏ fâng, ou 廚子 Tchoŭ tsè. ‖ — en chef. — *dux*. 廚師 Tchoŭ sē.
**CUISSE**, s. f. *Femur, oris, n.* 大腿 Tá toŭy, ou 胯 Koŭa.
**CUISSON**, s. f. *Coctura, æ, f.* 煑 Tchoù. ‖ — (douleur). *Urijo*. 惡癢 Ngŏ yáng.
**CUIVRE**, s. m. *Cuprum, i, n.* 銅 Tŏng.
**CUL**, s. m. *Nates, um, f.* 股臀 Koŭ pý. ‖ —-de-sac. *Angiportus*. 禿頭巷 Tŏ teôu háng. ‖ — d'une bouteille. *Fundus lagenæ*. 瓶底 Pîn tý.
**CULASSE**, s. f. *Tormenti posterior pars*. 炮的庇子 Páo tý pý tsè.
**CULBUTER**, v. a. *Sternĕre aliq*. 打倒人 Tă tào jên. ‖ — quelqu'un, le ruiner. *Fortunis aliq. evertĕre*. 敗人家業 Páy jên kiă niĕ. ‖ — (tomber en faisant la culbute). *Pronum in cap. volvi*. 立羊骨椿 Lý yâng koŭ tchoŭn. ‖ Il a —. *Fortunis eversus est*. 他倒了號 Tă tào leāo haó.
**CULOT**, s. m. *Novissimus pullus*. 悬悬 Tsày tsày, ou 兒 Eùl. ‖ — d'une famille. *Natu minimus*. 老幺 Laŏ yào.
**CULOTTE**, s. f. *Femoralia, ium, n.* 小衣 Siào y̌. ‖ Une — *Unum* —. 一條小衣 Y̌ tiáo siáo y̌.
**CULTE**, s. m. *Cultus, ùs, m.* 外面恭敬 Oŭay miên kōng kín. ‖ Rendre à Dieu le —. *Deo cultum exhibēre*. 恭敬天主 Kōng kín Tiēn-Tchoŭ.
**CULTIVATEUR**, s. m. *Agricola, æ, m.* 農夫 Lông foŭ.
**CULTIVÉ, ÉE**, adj. *Cultus*. 種的土地 Tchŏng tý̌ toŭ tý̌. ‖ Non —. *Incultus*. 荒的 Hoāng tý̌.
**CULTIVER**, v. a. *Colĕre*. 耕 Kēn. ‖ — (polir). *Polīre*. 操煉明悟 Tsaŏ liên mîn oú.
**CUMULER**, v. a. *Cumulāre*. 堆 Toŭy.
**CUPIDE**, adj. *Cupidus*. 貪財的 Tān tsáy tý̌.

**CURABLE**, adj. *Sanabilis*. 醫得的 Y̌ tě̌ tý̌.
**CURATEUR**, s. m. *Curator, oris, m.* 收孤兒的 Cheōu koū eŭl tý̌.
**CURE**, s. f. *Curatio, onis, f.* 醫病 Y̌ pín.
**CURE**, s. f. *Parochia, æ, f.* 一堂敎友 Y̌ tâng kiáo yeoŭ.
**CURÉ**, s. m. *Parochus, i, m.* 本堂神父 Pèn tâng chên foú.
**CURE-DENT**, s. m. *Dentiscalpium, ii, n.* 牙籤 Yâ tsiēn. ‖ Un —. *Unum* —. 一付牙籤 Y̌ foú yâ tsiēn. ‖ S'en servir. *Dentes mundāre*. 剔牙 Tý̌ yâ.
**CURÉE**, s. f. *Præda, æ, f.* 搶 Tsiāng.
**CURE-OREILLE**, s. m. *Auriscalpium, ii, n.* 挖耳 Oŭa eùl. ‖ Un —. *Unum* —. 一枝挖耳 Y̌ tchē oŭa eùl.
**CURER**, v. a. *Purgāre*. 擦 Tsă. ‖ — les dents. *Levāre dentes*. 籤牙齒 Tsiēn yâ tchĕ, ou 剔牙 Tý̌ yâ. ‖ — les oreilles. *Aures mundāre*. 取耳 Tsiŭ eùl. ‖ — les latrines. *Purgāre latrinas*. 舀糞 Yaŏ fén. ‖ — un puits. *Puteum* —. 淘井 Taô tsin.
**CURIEUX, SE**, adj. *Curiosus*. 管閒事的 Koŭan hiên sé tý̌. ‖ — (digne d'être vu). *Visendus*. 好看 Haŏ kán, ou 有看長 Yeoŭ kán tchâng.
**CURIOSITÉ**, s. f. *Curiositas, atis, f.* 管閒事 Koŭan hiên sé. ‖ Exciter la —. *Provocāre* —. 兜人看 Teōu jên kán.
**CUSTODE**, s. f. *Pyxis, idis, f.* 聖體盒子 Chén tý̌ hŏ tsè.
**CUVE**, s. f. *Labrum, i, n.* 大缸子 Tá kāng tsè.
**CUVER**, v. n. *Fervēre*. 熱 Jĕ. ‖ — son vin. *Despumāre vinum*. 酒後睡熟 Tsieôu heôu choúy choŭ ou 發酒瘋 Fă tsieòu fông.
**CUVETTE**, s. f. *Labellum, i, n.* 洗臉盆 Sý̌ liên pêu.
**CYCLE**, s. m. *Cyclus, i.* 甲子 Kiă tsè, ou 十幹 Chĕ kán.

Les Chinois ont un cycle de 60 ans. Ce cycle est une combinaison des heures temporaires, au nombre de 10, qu'ils appellent 十干 Chĕ kān (dix troncs), et des heures horaires, au nombre de 12, qu'ils nomment 十枝 Chĕ tchē (douze branches). Les premières sont répétées six fois, les secondes cinq fois. On applique aussi les caractères de ce cycle aux années, aux lunaisons, aux jours de l'année. En Chine, on donne à ce cycle le nom de 文 Oûen (composition), ou celui de 六十花甲子 Loŭ chĕ hoā kiă tsè (soixante fleurs). La période d'un cycle se dit 一元 Y̌ yûen. On attribue communément l'invention de ce cycle à 太撓 Taý yào, ministre de l'Empereur 黃帝 Hoâng tý̌. Il commença à être employé la 61e année de son règne, laquelle répond à l'an 2637 av. J. C. Le 8 février 1863, on commençait le cycle pour la 76e fois. Les Chinois ayant la plupart l'habitude de désigner leur âge par les années de ce cycle, il est très-utile de le retenir par cœur.

## CYCLE DE 60 ANS.

| | | | | | | | |
|---|---|---|---|---|---|---|---|
| 1° | 甲子 | Kiă tsè. | Année 1864. | 31° | 甲午 | Kiă où. | Année 1894. |
| 2° | 乙丑 | Y̆ tcheŏu. | — 1865. | 32° | 乙未 | Y̆ oúy. | — 1895. |
| 3° | 丙寅 | Pĭn chĕn. | — 1866. | 33° | 丙申 | Pĭn chĕn. | — 1896. |
| 4° | 丁卯 | Tīn maò. | — 1867. | 34° | 丁酉 | Tīn yeòu. | — 1897. |
| 5° | 戊辰 | Oú chĕn. | — 1868. | 35° | 戊戌 | Oú sioŭ. | — 1898. |
| 6° | 己巳 | Ký tsé. | — 1869. | 36° | 己亥 | Ký haý. | — 1899. |
| 7° | 庚午 | Kĕn où. | — 1870. | 37° | 庚子 | Kĕn tsè. | — 1900. |
| 8° | 辛未 | Sīn oúy. | — 1871. | 38° | 辛丑 | Sīn tcheŏu. | — 1901. |
| 9° | 任申 | Jĕn chĕn. | — 1872. | 39° | 任寅 | Jĕn ŷn. | — 1902. |
| 10° | 癸酉 | Koùy yeòu. | — 1873. | 40° | 癸卯 | Koùy maò. | — 1903. |
| 11° | 甲戌 | Kiă sioŭ. | — 1874. | 41° | 甲辰 | Kiă chĕn. | — 1904. |
| 12° | 乙亥 | Y̆ haý. | — 1875. | 42° | 乙巳 | Y̆ tsé. | — 1905. |
| 13° | 丙子 | Pĭn tsè. | — 1876. | 43° | 丙午 | Pĭn où. | — 1906. |
| 14° | 丁丑 | Tīn tcheŏu. | — 1877. | 44° | 丁未 | Tīn oúy. | — 1907. |
| 15° | 戊寅 | Oú ŷn. | — 1878. | 45° | 戊申 | Oú chĕn. | — 1908. |
| 16° | 己卯 | Ký maò. | — 1879. | 46° | 己酉 | Ký yeòu. | — 1909. |
| 17° | 庚辰 | Kĕn chĕn. | — 1880. | 47° | 庚戌 | Kĕn sioŭ. | — 1910. |
| 18° | 辛巳 | Sīn tsé. | — 1881. | 48° | 辛亥 | Sīn haý. | — 1911. |
| 19° | 任午 | Jĕn où. | — 1882. | 49° | 任子 | Jĕn tsè. | — 1912. |
| 20° | 癸未 | Koùy oúy. | — 1883. | 50° | 癸丑 | Koùy tcheŏu. | — 1913. |
| 21° | 甲申 | Kiă chĕn. | — 1884. | 51° | 甲寅 | Kiă ŷn. | — 1914. |
| 22° | 乙酉 | Y̆ yeòu. | — 1885. | 52° | 乙卯 | Y̆ maò. | — 1915. |
| 23° | 丙戌 | Pĭn sioŭ. | — 1886. | 53° | 丙辰 | Pĭn chĕn. | — 1916. |
| 24° | 丁亥 | Tīn haý. | — 1887. | 54° | 丁巳 | Tīn tsé. | — 1917. |
| 25° | 戊子 | Oú tsè. | — 1888. | 55° | 戊午 | Oú où. | — 1918. |
| 26° | 己丑 | Ký tcheŏu. | — 1889. | 56° | 己未 | Ký oúy. | — 1919. |
| 27° | 庚寅 | Kĕn ŷn. | — 1890. | 57° | 庚申 | Kĕn chĕn. | — 1920. |
| 28° | 辛卯 | Sīn maò. | — 1891. | 58° | 辛酉 | Sīn yeòu. | — 1921. |
| 29° | 任辰 | Jĕn chĕn. | — 1892. | 59° | 任戌 | Jĕn sioŭ. | — 1922. |
| 30° | 癸巳 | Koùy tsé. | — 1893. | 60° | 癸亥 | Koùy haý. | — 1923. |

CYGNE, s. m. *Cycnus, i, m.* 天津 Tiēn tsín.
CYLINDRE, s. m. *Cylindrus, i, m.* 長圓體 Tcháng yŭen tỷ.
CYMBALE, s. f. *Cymbalum, i, n.* 鑼 Lô. ǁ Jouer des —. Quatère —. 打鑼 Tă lô.

CYNIQUE, s. m. *Impudens.* 不害羞的 Poŭ haý sieŏu tỷ.
CYNOSURE, s. f. *Cynosura, æ, f.* 北極之星 Pĕ kỷ tchē sīn.
CYSTITE, s. f. *Cystitis.* 膀胱熱 Páng kouàng jŏ.

**DACTYLE**, s. m. *Dactylus, i, m.* 三音 Sān yīn.

**DAGUE**, s. f. *Pugio, onis, f.* 腰刀子 Yāo taō tsè, ou 順刀 Chuèn tāo.

**DAIGNER**, v. n. *Dignāri.* 堪得 Kān tě. ‖ — m'écouter. *Ne abnuas audire me.* 請聽 Tsìn tīn. ‖ — venir. *Veli venire.* 請來 Tsìn laý.

**DAIS**, s. m. *Umbella, æ, f.* 天篷 Tiēn pòng.

**DALLE**, s. f. *Tabella lapidea.* 石板 Chě pàn.

**DALMATIQUE**, s. f. *Dalmatica, æ, f.* 五品外套 où pīn ouáy taó.

**DALOT**, s. m. *Canaliculus, i, m.* 火仙門 Hò sién mên.

**DAM**, s. m. *Damnum, i, m.* 害 Háy. ‖ Peine du —. *Pœna —.* 永遠的苦 Yùn yuèn tý kǒu.

**DAMAS**, s. m. *Pannus bombycinus.* 花緞 Hoā toúan, ou 大彩緞 Tá tsǎy toúan.

**DAME**, s. f. *Domina, æ, f.* 娘 Niàng (plus honorifique : 娘娘 Niàng niàng ; encore plus honorifique : 太娘娘 Tá niâng niâng.). ‖ — d'atours. *Reginæ ornatrix.* 宮娥 Kōng ngŏ. ‖ Vieille —. *Vetula.* 奶奶 Laỷ laỷ, ou 老太太 Laò táy táy.

**DAMER**, v. a. ‖ — le pion à quelqu'un. *Supplant. aliq.* 超過人多 Tchǎo kó jên tō.

**DAMNATION**, s. f. *Damnatio, onis, f.* 永遠的苦 Yùn yuèn tý kǒu.

**DAMNÉ, ÉE**, adj. *Damnatus.* 下地獄的人 Hiá tý yǒu tý jên. ‖ Être l'âme — de quelqu'un. *Alicuj. per fas et nefas inservire.* 全服人管 Tsuěn foù jên koùan.

**DAMNER**, v. a. *Damnāre.* 罰下地獄 Fă hiá tý yǒu. ‖ Se —. *Animam perdĕre.* 失落靈魂 Chě lŏ lîn hoûen.

**DANDIN**, s. m. *Levis.* 貼佾子 Tchàn lĭn tsè.

**DANDINER**, v. a. *Labrāre corpus.* 車搖大擺 Tchěy yaô tá paỷ.

**DANGER**, s. m. *Periculum, i, n.* 凶險 Hiōng hièn. ‖ Être en —. *In — versāri.* 受凶險 Cheóu hiōng hièn. ‖ Être hors de —. *In tuto esse.* 脫凶險 Tŏ hiōng hièn. ‖ Écarter le —. *— depellĕre.* 退凶險 Toúy hiōng hièn. ‖ S'exposer au —. *Periculo se objicĕre.* 自投

凶險 Tsé teŏu hiōng hièn. ‖ Il y a du — des deux côtés. *Utrinque periculum adest.* 進退兩難 Tsín toúy leàng lân.

**DANOIS**, s. m. *Danus, i, m.* 黃旗人 Hoâng kỳ jên.

**DANS**, prép. *In, intrā.* 內 Loúy. 一頭 Ý teŏu. 一裏 Ý lỳ. ‖ — la ville. *In urbe.* 城一頭 Tchên ý teŏu, ou 城裏 Tchên lỳ. ‖ — peu. *Brevi.* 不久 Poú kieŏu, ou 就 Tsieóu. ‖ — trois jours. *Post tres dies.* 過了三天 Kó leào sān tiēn.

**DANSE**, s. f. *Chorea, æ, f.* 跳舞 Tiaó où.

**DANSER**, v. a. *Saltāre.* 跳 Tiaó. ‖ — sur la corde. *Per extensum funem ire.* 跳繩子 Tiaó chuên tsè. ‖ Faire — quelqu'un. *Molestāre aliq.* 囉唆人 Lō sō jên.

**DARD**, s. m. *Telum, i, n.* 箭 Tsién, ou 短鎗 Toùan tsiāng. ‖ Lancer un —. *Telum projicĕre.* 射一條箭 Chè ý tiaô tsién. ‖ — des insectes. *Aculeus.* 蜇 Tchĕ.

**DARTRE**, s. f. *Impetigo, inis, f.* 癬 Sièn.

**DATE**, s. f. *Dies epistolæ adscriptus.* 限期 Hièn kỳ. 日號 Jě haó. 日子 Jě tsè.

**DATIF**, s. m. *Dativus, i, m.* 與韻 Yù yùn, ou 與誰 Yù choùy.

**DAUBE**, s. f. *Elixa caro.* 炖的肉 Tén tý joù.

**DAUBER**, v. a. *Pugnis contundĕre.* 以拳打人 Ý kuēn tà jên.

**DAUPHIN**, s. m. *Delphinus, i.* 太子 Taý tsè.

**DAUPHINE**, s. f. *Delphina, æ, f.* 公主 Kōng tchoù.

**DAVANTAGE**, adv. *Magis, plus.* 餘多 Yù tō. 多點 Tō tiēn. 多些 Tō sỳ. ‖ Il a soixante ans et —. *Annos natus est magis sexaginta.* 他有六十多歲數 Tā' yeŏu loù chě tō soúy sóu. ‖ Je n'en donnerai pas —. *Daturus non sum amplĭus.* 我不出多點 Ngŏ poù tchŏu tō tiēn. ‖ — (en outre, de, plus). *Prætereā.* 另外 Lín ouáy.

**DE**, prép. qui répond au génitif. Il s'exprime en chinois, par 的 Tỳ, qui se place après le mot. Ex. Le visage de l'homme. *Hominis facies.* 人的臉 Jên tỳ liēn. Souvent, on n'exprime pas le génitif parce que le sens est assez clair pour éviter toute équivoque.

## 420 — DE — DEB

**DE**, exprimant la matière dont une chose est faite, s'exprime aussi par 的 Tỷ, ex. Statue de pierre. *Statua lapid.* 石頭的像 Chĕ teŏu tỷ siáng.

**DE**, marquant l'instrument, s'exprime soit par le mot 用 Yóng (employer), soit par 以 Ỳ, ex. Battre de verges. *Virgis cædĕre.* 用棍打人 Yóng kouèn tà jên. Littéralement, employer, prendre des verges, frapper quelqu'un.

**DE**, marquant la cause, s'exprime soit par 因爲 Ỳn oúy, soit par 待爲 Tĕ oúy, ex.: De colère il ne put parler. *Præ irâ ipsè loqui non potuit.* 因爲他發忿怒說不得話 Ỳn oúy tá fă fên loú chŏ poŭ tĕ hoá.

**DE**, marquant le temps, s'exprime le plus ordinairement soit par 一 Ỳ répété, ex. Croître de jour. *In dies crescĕre.* 一天一天長 Ỳ tiĕn ỳ tiĕn tcháng, soit par 每 Meỳ, ex. De cinq jours en cinq jours. 每五天 Meỳ où tiĕn, soit par 時候 Chĕ heóu. ‖ De nuit. *Nocte.* 夜的時候 Yé tỷ chê heóu.

**DÉ**, s. m. *Digitale, is, n.* 抵針 Tỷ tchĕn. ‖ — à jouer. *Talus, i.* 骰子 Koŭ tsé. ‖ Agiter les —. *Agitāre talos.* 搖骰子 Yâo koŭ tsé. ‖ Jouer aux —. *Jacĕre talos.* 擲骰子 Tché koŭ tsé. ‖ Jeu de —. *Talor. ludus.* 擲骰子 Tché koŭ tsé. ‖ Cornet de —. *Pyrgus, i, m.* 搖骰碗 Yâo koŭ ouán. ‖ Celui qui les agite. *Tesserarius.* 當寶官 Tāng paò kouān. ‖ Le — est jeté. *Alea jacta est.* 就是算得 Tsiéou ché souán tĕ, ou 有了 Yeŏu leáo.

**DÉBALLER**, v. a. *Aperire capsas merc.* 開貨箱 Kāy hó siāng.

**DÉBANDADE**, s. f. *Confusio, onis, f.* 亂 Louán.

**DÉBANDER**, v. a. *Solvĕre fasciam.* 解傷布 Kiày chăng poú. ‖ — un arc. *Laxāre urcum.* 放弛 Fáng hiŭen. ‖ Se —. *Palāri.* 亂跑 Loúan pâo.

**DÉBARDER**, v. a. *Navem exonerāre.* 出載 Tchŏu tsaý.

**DÉBARQUER**, v. a. *Exire de navi.* 下船 Hiá tchoŭan.

**DÉBARRASSER**, v. a. *Expedire vias.* 開路 Kāy loú. ‖ — quelqu'un. *Alic. —.* 帮人解難 Pāng jên kiày lán. ‖ Se — d'un embarras. *Se —.* 脫難 Tŏ lán. ‖ Se — de quelqu'un qui ennuie. *Molestum expedire.* 退囉唆的人 Toŭy lō sŏ tỷ jên. ‖ Ne pouvoir se — de quelqu'un qui traîne tout en longueur et ne finit rien (prov). *Ab aliquo homine non posse expedire se.* 藕斷絲不斷 Geŏu touán sē poŭ touán.

**DÉBARRER**, v. a. *Repagula à foribus laxāre.* 下門閂 Hiá mên káng.

**DÉBATER**, v. a. *Clitellas demĕre.* 下馱子 Hiá tĕ tsé.

**DÉBATTRE**, v. a. *Agitāre.* 辯論 Piĕn lén. ‖ — une affaire. *Rem executĕre.* 辯論一宗事 Piĕn lén ỳ tsōng sé. ‖ — un compte. *Rationem executĕre.* 清賬 Tsīn tcháng. ‖ Se —. *Corpus agitāre.* 跳舞 Tiáo oŭ.

**DÉBAUCHE**, s. f. *Helluatio, onis, f.* 貪饕 Tăn tāo. ‖ —. *Licentior vita.* 放縱私慾 Fáng tsóng sē yoŭ. ‖ Homme perdu de —. *Perditus moribus.* 酒色之徒 Tsieóu sĕ tchē tŏu, ou 不正經 Poŭ tchēn kīn.

**DÉBAUCHER**, v. a. *Corrumpĕre aliq.* 敗壞人 Houáy páy jên. ‖ — une fille. *Virginem —,* 姦童女 Kiēn tŏng niŭ. ‖ — un serviteur. *Famul. —.* 壞敗傭人 Houáy páy yōng jên. ‖ — un écolier. *Ad alium mag. allicĕre.* 刁人的徒弟 Tiāo jên tỷ tŏu tỷ. ‖ Se —. *Corrumpi.* 壞自已 Houáy tsé kỳ, ou 放肆 Fáng sé.

**DÉBILE**, adj. *Debilis.* 衰弱的 Chouáy jŏ kỳ. ‖ Vue —. *Oculi infimi.* 眼睛鈍 Yĕn tsīn tén. ‖ Esprit —. *Ingenii parvitas.* 明悟鈍 Mîn oú tén.

**DÉBILLARDER**, v. a. *Deformāre.* 副材料 Piĕn tsăy leáo.

**DÉBIT**, s. m. *Venditio facilis.* 賣 Máy. ‖ Avoir un grand —. *Magna —.* 賣得多 Máy tĕ tō. ‖ — oratoire. *Dicendi celeritas.* 口才好 Keŏu tsăy haò.

**DÉBITER**, v. a. *Minutim vendĕre.* 零賣 Lîn máy. ‖ — une nouvelle. *Rumores spargĕre.* 造謠言 Tsáo yâo yên. ‖ Se —. *Vendi.* 買的人多 Máy tỷ jên tō.

**DÉBITEUR**, s. m. *Debitor, oris, m.* 該賬的 Kāy tcháng tỷ. ‖ — solvable. *Bonum nomen.* 能還賬的 Lên houân tcháng tỷ. ‖ — insolvable. *Malum —.* 不能還賬的 Poŭ lên houân tcháng tỷ.

**DÉBLATÉRER**, v. n *Deblaterāre.* 小氣 Siáo kỳ.

**DÉBLAYER**, v. a. *Purgāre.* 掃 Saò.

**DÉBLOQUER**, v. a. *Urbem liberāre.* 救城 Kiéou tchên.

**DÉBOIRE**, s. m. *Molestia, æ, f.* 憂氣 Yeŏu kỳ. ‖ Avoir de grands —. *magnas pati.* 大憂氣 Tá yeŏu kỳ. ‖ Donner du déboire à quelqu'un. *Molest. alic. afferre.* 兜人憂氣 Teŏu jên yeŏu kỳ.

**DÉBOITER**, v. a. *Os è sede movēre.* 閃斷 Chàn touán.

**DÉBONDONNER**, v. a. *Obturam. auferre.* 拔桴梓 Pă tseŏu tseŏu.

**DÉBONNAIRE**, adj. *Lenior.* 懦弱人 Joán jŏ jên.

**DÉBORDÉ**, ÉE, adj. *Effusus.* 流在外頭 Liéou tsáy ouáy teŏu, ou 漲的 Tchāng tỷ. ‖ Vie —. *Lasciva vita.* 無所不爲 Oŭ sò poŭ oúy, ou 放肆 Fáng sé.

**DÉBORDER**, v. a. *Limbum auferre.* 取衣褊 Tsiŭ ỳ piĕn. ‖ Le fleuve a —. *Flumen diffusum est.* 河水淹 Hŏ choūy gān. ‖ Se — en injures. *Conviciis insectāri.* 大凌辱人 Tá lîn joŭ jên. ‖ — en avant (saillir). *Prominēre.* 出邊 Tchŏu piĕn, ou 出頭 Tchŏu teŏu.

**DÉBOUCHÉ**, s. m. *Via, medius.* 方法 Fāng fă, ou 路 Loú. ‖ Avoir un —. *Habēre medium.* 有方法 Yeŏu fāng fă.

**DÉBOUCHER**, v. a. *Retinēre.* 取桴梓 Tsiŭ tsoŭ tsoŭ.

**DÉBOUCLER**, v. a. *Diffibulāre.* 解套套 Kiày táo táo.

DÉBOURSER, v. a. *Impendĕre.* 用 Yóng, ou 費銀子 Feỷ ỷn tsè.
DEBOUT, adv. *Stans.* 站 Tchán. ‖ — (levez-vous)! *Age, surge.* 站起來 Tchán kỷ laỷ.
DÉBOUTER, v. a. *Rejicĕre petitorem.* 斷他莫理 Toúan tă' mô lỷ.
DÉBOUTONNER, v. a. *Vestem laxāre.* 解鈕子 Kiàỳ nieŏu tsè. ‖ Rire à ventre —. *Risu solvi.* 大笑 Tá siáo. ‖ Se —. *Aperire vestes.* 寬衣服 Koŭan ỷ foŭ. ‖ Se —. *Aperire mentem.* 說心腹事 Chŏ sīn foŭ sé.
DÉBRAILLER (SE), v. n. *Vestes exuĕre.* 披衣服 Pỷ ỷ foŭ.
DÉBRIDER, v. a. *Frenum solvĕre.* 解絡頭 Kiaỷ lŏ teŏu.
DÉBRIS, s. m. *Rudera, um, n.* 毁壞之物 Hoùy houáy tchē oŭ.
DÉBROUILLER, v. a. *Extricāre.* 理伸 Lỷ chēn, ou 分解 Fēn kiaỷ.
DÉBUSQUER, v. a. *E loco dejicĕre.* 踏營 Tă' ỷn. ‖ — quelqu'un de son appel. *Petitorem actione suá sulmovēre.* 斷他莫理 Toúan tă' mô iỷ.
DÉBUT, s. m. *Initium, ii, n.* 起頭 Kỷ teŏu. ‖ — d'un discours. *Dicendi initium.* 開言 Kāy yēn.
DEÇÀ, adv. *Citrà.* 這邊 Tchĕ piēn, ou 這裏 Tchĕ lỷ. ‖ — le fleuve. — *flumen.* 河這裏 Hŏ tchĕ piēn.
DÉCACHETER, v. a. *Resignāre.* 折開 Tsĕ kăỷ₃
DÉCADENCE, s. f. *Ruina, æ, f.* 倒了 Taò leăo. ‖ Maison en —. *Inclinata domus.* 房子要倒 Fâng tsè yáo taò. ‖ Fortune en —. *Fortuna dilap.* 家業要倒 Kiā niĕ yáo taò.
DÉCALOGUE, s. m. *Decalogus, i, m.* 天主十誡 Tiēn Tchoù chĕ kiáỷ. ‖ Deux tables du —. *Duæ tabulæ —.* 誡板兩塊 Kiáỷ păn leăng koŭaỷ. ‖ Réciter le —. *Recitāre —.* 念十誡 Nién chĕ kiáỷ. ‖ Garder le —. *Servāre —.* 守十誡 Cheŏu chĕ kiáỷ. ‖ Violer le —. *Violāre —.* 犯十誡 Fán chĕ kiáỷ.
DÉCAMPER, v. n. *Castra movēre.* 拔營 Pă' ỷn. ‖ — (fuir). *Fugĕre.* 逃 Taò. ‖ —. *Milites fugiunt.* 兵敗走 Pīn paỷ tseŏu. ‖ — sans payer. *Fugá creditores eludĕre.* 躱賬 Tŏ tcháng.
DÉCANAT, s. m. *Decanatus, ûs, m.* 聖會十長 Chén hoúy chĕ tchàng.
DÉCANTER, v. a. *Decapulāre.* 撒酒 Piĕ' tsieŏu.
DÉCAPITER, v. a. *Aliq. capite plectĕre.* 殺 Chă', ou 砍頭 Kăn teŏu.
DÉCÉDER, v. a. *Mori.* 死 Sĕ, ou 去世 Kiŭ ché.
DÉCELER, v. a. *Patefacĕre.* 指點 Tchĕ tièn. ‖ — un secret. *Secretum aperire.* 說隱事 Chŏ ỷn sé. ‖ — un coupable. *Reum prodĕre.* 告犯人 Kaó fán jēn.

DÉCEMBRE, s. m. *December, ris, m.* 洋十二月 Yâng chĕ eùl yuĕ'.
DÉCENCE, s. f. *Decorum, i, n.* 合禮 Hŏ lỷ, ou 體面 Tỷ mién. ‖ Contre la —. *Indecenter.* 不合理 Poŭ hŏ lỷ.
DÉCEPTION, s. f. *Dolus, i, m.* 詭計 Koùy kỷ.
DÉCERNER, v. a. *Decernĕre.* 定 Tín, ou 命 Mín. ‖ — les récompenses. *Præmia —.* 定賞 Tín chàng. ‖ — des peines. *Pœnas sancire.* 定罰 Tín fă'. ‖ — des honneurs à quelqu'un. *Honores alic. decernēre.* 慶賀 Kîn hó.
DÉCÈS, s. m. *Obitus, ûs, m.* 過世 Kó ché, ou 死 Sè.
DÉCEVOIR, v. a. *Fallĕre.* 哄 Hòng. ‖ Être —. *Deceptionem subire.* 受了哄 Cheóu leăo hòng.
DÉCHAÎNER, v. a. *Solvĕre.* 解鍊子 Kiaỷ lién tsè. ‖ — un chien. *Laxāre canem.* 放狗去 Fáng keòu kiŭ'. ‖ Se — contre quelqu'un. *Maledictis insequi.* 辱罵人 Joŭ má jēn, ou 說人家的是非 Chŏ jēn kiā tỷ chŏ féy.
DÉCHARGE, s. f. *Exoneratio, onis, f.* 放担子 Fáng tán tsè. ‖ — (soulagement d'impôt). *Tributi immunitas.* 減錢量 Kièn tsiēn leăng. ‖ Témoins à —. *Testes defendentes.* 被告保人 Pỷ kaó paò jēn. ‖ Témoins à charge. *Testes accusantes.* 原告 Yûen kaó. ‖ — (quittance). *Acceptilatio.* 收票 Cheōu piáo. ‖ — de coups. *Fustuarium.* 打 Tà. ‖ — d'artillerie. *Tormentorum emissio.* 放一排炮 Fáng ỷ paỷ páo.
DÉCHARGER, v. a. *Exonerāre.* 下駄子 Hiá tŏ' tsè. ‖ — d'un emploi. *Aliquem munere levāre.* 罷職 Pá tchĕ. ‖ — sa colère sur quelqu'un. *Iram effundĕre in aliq.* 冒火人 Maó hò jēn. ‖ Se — d'un fardeau. *Onus deponĕre.* 放担子 Fáng tán tsè. ‖ Se — dans la mer. *In mare influĕre.* 流入海 Lieŏu joŭ haỷ.
DÉCHARMER, v. a. *Fascinationem amovēre.* 退邪法 Toúy siĕ' fă'.
DÉCHARNÉ, ÉE, adj. *Macilentus.* 瘦的 Seóu tỷ.
DÉCHARNER, v. a. *Carnes auferre.* 剔肉 Tỷ joŭ.
DÉCHAUSSER (SE), v. a. *Excalceāre.* 脫鞋 Tŏ' haỷ. ‖ — un arbre. *Ablaqueāre arborem.* 稷樹子 Yeŏu choŭ tsè.
DÉCHÉANCE, s. f. *Juris amissio.* 輪理 Choŭ lỷ.
DÉCHET, s. m. *Imminutio, onis, f.* 折秤 Tsĕ' tchĕn, 鉄少 Kiuĕ' chào.
DÉCHIFFRER, v. a. *Rem enodāre.* 解難事 Kiaỷ lăn sé.
DÉCHIQUETER, v. a. *Concidĕre.* 切 Tsiĕ.
DÉCHIREMENT, s. m. ‖ — de cœur. *Animi angor.* 憂悶 Yeōu mén.
DÉCHIRER, v. a. *Lacerāre.* 扯爛 Tchĕ lán. ‖ — son habit. *Vestem —.* 扯爛衣服 Tchĕ lán ỷ foŭ. ‖

DEC

— quelqu'un par ses médisances. *Famam lacerāre.* 壞人名聲 Houáy jên mîn chēn.

**DÉCHOIR**, v. n. *Concidĕre.* 衰敗 Chouāy paý. ‖ — de son crédit. *Auctoritate dejici.* 勢力衰敗 Ché lỷ choāy paý. ‖ — de sa fortune. 富貴衰敗了 Foù koúy choāy paý leaò.

**DÉCIDÉMENT**, adv. *Absolutè.* 全全 Tsuên tsuên.

**DÉCIDER**, v. a. *Statuĕre.* 定 Tín. 限 Hán (ou) Hién. ‖ — un différend. — *controversiam.* 審斷 Chèn toúan. ‖ Cela est —. *Res statuta est.* 事情定了 Sé tsín tín leaò.

**DÉCIMAL, E**, adj. *Decimalis.* 十進之數 Ché tsín tchē soú.

**DÉCIME**, s. m. *Decĭmus, i, m.* 十分之一 Ché fēn tchē ỷ.

**DÉCIMER**, v. a. *Decimāre.* 十中取一 Ché tchōng tsiŭ ỷ, ou 十分一分 Ché fēn ỷ fēn.

**DÉCIMES**, s. m. *Decĭmæ, arum, f.* 厘金 Lý kīn. ‖ Lever les —. — *colligĕre.* 抽厘金 Tcheoū lỷ kīn.

**DÉCINTRER**, v. a. *Arcus ligneos subducĕre.* 折橋架子 Tsé kiaŏ kiá tsè.

**DÉCISIF, VE**, adj. *Statutus.* 定了的 Tín leaò tỷ. ‖ Combat —. *Decretoria pugna.* 決戰 Kiuĕ tchán. ‖ Point d'une cause. *Causæ cardo.* 更要緊的事 Kén yaó kǐn tỷ sé. ‖ Homme trop —. *Vir decretorius.* 火貌人 Tá maó jên.

**DÉCISION**, s. f. *Decisio, onis, f.* 解 Kiày, ou 定 Tín. ‖ Donner une —. *Difficultatem enodāre.* 解一端道理 Kiày ỷ toúan taó lý, ou 一件難事 ỷ kién lân sé. ‖ Chacun s'en tient à —. *Omnes decisioni se submittunt.* 他定了無有一個人不服 Tá tín leaò où yeòu ỷ kó jên poǔ foǔ.

**DÉCLAMER**, v. a. *Declamāre.* 大聲隐 Tá chēn tién. ‖ — contre quelqu'un. — *contra aliq.* 凌辱人 Lîn joù jên. ‖ — les vices. *In vitia perorāre.* 遭踏過失 Tsaó tá kó ché.

**DÉCLARATION**, s. f. (devant le juge). *Denuntiatio, onis, f.* 口供 Keŏu hòng, ou 見証的話 Kién tchén tỷ hoá.

**DÉCLARER**, v. a. *Manifestāre.* 講明 Kiàng mîn. ‖ — son opinion. *Opinion. suam aperire.* 講明自己的意 Kiàng mîn tsé kỷ tỷ ỷ. ‖ — sa haine. *Odium patefacĕre.* 明恨 Mîn hén. ‖ — ses complices. *Socios prodĕre.* 咬同犯 Gaò tông fán. ‖ — la guerre. *Bellum indicĕre.* 下戰書 Hiá tcháng choū. ‖ — quelqu'un innocent. *Reum absolvĕre.* 斷他無罪 Toúan tá où tsoúy. ‖ Se — à quelqu'un. *Alicui se aperire.* 過心腹 Kó sīn foŭ. ‖ Se — pour quelqu'un. *Partes alic. amplecti.* 投順一邊 Teóu choúen ỷ piēn. ‖ Se — insolvable. *Bona ejurāre.* 倒號 Taò haó.

**DÉCLIN**, s. m. *Declivitas, atis, f.* 敗 Paý ‖ Sur le — du

DEC

jour. *Die decrescente.* 黃昏的時候 Hoâng houên tỷ chê heóu.

**DÉCLINAISON**, s. f. (manière de décliner les mots). *Declinatio, onis, f.* 名彖辦 Mîn tsaý pién. ‖ — des astres. *Astror. flexiones.* 星宿隔地遠 Sīn sioŭ kĕ̀ tỷ yuèn.

**DÉCLINER**, v. a. *Declināre.* 参名 Tsǎn mîn. ‖ — un mot. *Vocem declināre.* 参名一句 Tsǎn mîn ỷ kiú. ‖ — son nom. *Nomen declarāre.* 通姓名 Tōng mîn sín. ‖ La lune —. *Luna decrescit.* 月缺 Yuĕ̀ kiuĕ̀. ‖ Le jour —. *Dies labat.* 日子短 Jĕ̀ tsè toûan, ou 日子落了 Jĕ̀ tsè lŏ leaò. ‖ Sa fortune —. *Inclīnat fortuna.* 家業敗 Kiā niĕ paý. ‖ L'Empire —. *Senescit imperium.* 江山敗 Kiāng chān paý. ‖ Ses forces —. *Decĭdunt vires.* 氣力衰敗 Ký lỷ chouāy paý.

**DÉCLIVITÉ**, s. f. *Declivitas, atis, f.* 下坡 Hiá pŏ́, ou 山下 Chān hiá.

**DÉCLORE**, v. a. *Recludĕre.* 折籬笆 Tsé lỷ pā.

**DÉCLOUER**, v. a. *Refigĕre.* 拔釘子 Pá́ tín tsè.

**DÉCOCHER**, v. a. *Sagittāre.* 射箭 Ché tsién. ‖ — ses traits (au fig.). *Lingua tela projicĕre.* 說話傷人 Chŏ hoá chāng jên.

**DÉCOCTION**, s. f. *Decoctum, i, n.* 熬藥 Gaò yŏ.

**DÉCOIFFER (SE)**, v. n. *Pileum auferre.* 揭帽子 Kiĕ maó tsè.

**DÉCOLLER**, v. a. *Deglutināre.* 折開 Tsé kaý. ‖ — la tête. *Caput abscindĕre.* 斬首 Tchàn cheôu, ou 砍頭 Kǎn teôu.

**DÉCOLLETER**, v. a. *Pectus nudāre.* 晾胸堂 Liáng hiông tâng.

**DÉCOLORER**, v. a. *Decolorāre.* 退色 Toúy sĕ̀. ‖ Se —. *Colorem amittĕre.* 變色 Pién sĕ̀.

**DÉCOMBRER**, v. a. *Solum eruderāre.* 平屋基 Pîh où kỷ.

**DÉCOMPOSER**, v. a. *Dissolvĕre.* 分別 Fēn piĕ́, ou 化 Hoá.

**DÉCOMPTER**, v. a. *Deducĕre.* 抽一分 Tcheoū ỷ fén.

**DÉCONCERTER**, v. a. *Frangĕre consilia.* 敗謀 Paý móng ‖ — quelqu'un (le troubler). *Turbāre aliq.* 昏亂人 Hoūen loúan jên. ‖ Se —. *Mente turbāri.* 心亂 Sīn loúan, ou 主意不定 Tchoù ý poú tín.

**DÉCONFIRE**, v. a. *Percellĕre.* 剿滅 Kiaŏ miĕ̀. ‖ Être tout —. *Non habēre vultum.* 無臉面 Où lièn mién.

**DÉCONSEILLER**, v. a. *Dissuadēre.* 勸人不做 Kiuèn jên poǔ tsoú.

**DÉCONTENANCÉ**, s. m. *Perturbatus.* 害羞的 Haý sieòu tỷ. ‖ — (sans politesse). *Rusticus.* 無禮信 Où lỷ sín.

**DÉCORATION**, s. f. (Voir le mot *Insigne*.)

**DÉCORER**, v. a. *Ornāre.* 裝飾 Tchoūang ché

DÉCORUM, s. n. *Decorum, i, n.* 合禮貌 Hô lỳ maó. ‖ Garder le —. *Decorum tenēre.* 守禮信 Cheòu lỳ sín.

DÉCOUCHER, v. n. *Abnoctāre.* 在外頭歇 Tsaý ouáy teōu hiĕ.

DÉCOUDRE, v. a. *Dissuĕre.* 折縫子 Tsĕ' fòng tsè.

DÉCOULER, v. n. *Effluĕre.* 滴 Tỳ. ‖ — (émaner). *Emanāre.* 從 Tsŏng, ou 由 Yeòu. ‖ Tout — de Dieu. *Omnia à Deo derivantur.* 都是從天主來的 Toū ché tsŏng Tiēn-Tchoù laỳ tỷ.

DÉCOUPER, v. a. *Minutim concidĕre.* 剮 Tó, ou 細切 Sý tsiĕ'. ‖ — une poule. *Gallinam concidĕre.* 碎雞 Soúy kỵ̄.

DECOURAGER, v. a. *Frangĕre animum.* 淡人心 Tán jēn sīn, ou 沒精神的 Moŭ tsīn chēn tỷ. ‖ Se —. *Spem amittĕre.* 失望 Chĕ oúang, ou 灰心 Hoūy sīn.

DÉCOUVERT, E, adj. *Detectus.* 揭開的 Kiĕ kāy tỷ. ‖ A visage —. *Apertè.* 明明 Mìn mìn. ‖ — (nu). *Nudatus.* 光身子 Koūang chēn tsè. ‖ Être — (sans bonnet). *Aperto capite.* 不戴帽子 Poŭ taỳ maó tsè. ‖ — (trouvé). *Inventus.* 得了的 Tĕ' leào tỷ. ‖ Se montrer à —. *Se totum patefacĕre.* 正大光明 Tchēn tá koūang mín.

DÉCOUVERTE, s. f. *Inventio, onis f.* 先想 Siēn siàng, ou 㑉作 Chè tsó. ‖ Faire une —. *Aliq. invenīre.* 先想㑉作 Siēn siàng, Chè tsó. ‖ Envoyer à la —. *Mittĕre aliq. explorator.* 放探子 Fáng tàn tsè.

DÉCOUVRIR, v. a. *Detegĕre.* 開 Káy. ‖ — (révéler) un crime. *Crimen patefacĕre.* 揚惡 Yâng ngŏ. ‖ — son secret. *Secretum produre.* 說心腹事 Chŏ' sīn foŭ sé. ‖ — de loin. *Procul vidēre.* 遠看 Yüèn kân. ‖ — une mine d'or. *Auri fodinam detegĕre.* 找得一个金廠 Tchaŏ tĕ' ỳ kŏ kīn tchăng. ‖ un art. *Artem extundĕre.* 興起 Hīn kỵ̄. ‖ Se — la tête. *Pileolum auferre.* 揭帽子 Kiĕ maó tsè. ‖ — à quelqu'un. *Alicui se aperire.* 過心腹 Kó sīn foŭ.

DÉCRASSER, v. a. *Sordes eluĕre.* 揩乾凈 Kiaý kān tsín. ‖ — quelqu'un. *Aliquem excolĕre.* 教的人禮 Kiáo jēn tỷ lỳ.

DÉCRÉDITER, v. a. *Nocĕre alic.* 壞名聲 Houáy mìn chēn. ‖ Se —. *Famam amittĕre.* 失聲名 Chĕ' chēn mín.

DÉCRÉPIT, E, adj. *Senio confectus.* 老邁 Laò mày, ou 老頭子 Laò teōu tsè.

DÉCRÉPITUDE, s. f. *Extrema senectus.* 老裏了 Laò chouày leào.

DÉCRET, s. m. *Decretum, i, n.* 告示 Kaó ché. ‖ Donner un —. *Decretum edicĕre.* 出告示 Tchōu kaó ché. ‖ Afficher un —. *Decretum appendĕre.* 貼告示 Tiĕ' kaó ché. (Voyez le mot *Édit.*)

DÉCRÉTER, v. a. *Decernĕre.* 定 Tín. ‖ — une prise de corps. *Alic. comprehensionem statuĕre.* 出火簽拿人 Tchōu hŏ tsiēn lã jēn.

DÉCRIÉ, s. m. *Sine famâ.* 無名聲 Oū mín chēn.

DÉCRIER, v. a. *Calumniāri.* 誣賴人 Oū laý jēn. ‖ Être —. *Infamiâ notāri.* 名聲壞了 Mín chēn hoaý leào.

DÉCRIRE, v. a. *Describĕre.* 講得寬 Kiàng tĕ' koūan. ‖ — (peindre). *Delineare.* 畫影子 Hoá ỷn tsè.

DÉCROCHER, v. a. *Ex unco expedīre.* 取下來 Tsiŭ hiá laỳ.

DÉCROÎTRE, v. a. *Decrescĕre.* 減少 Kièn chaŏ. ‖ Les jours —. *Decrescunt dies.* 天氣短 Tiēn kỵ̄ touàn.

DÉCROTTER, v. a. *Lutum auferre.* 刷泥漿 Choūa ngỷ tsiáng.

DÉÇU, E, adj. *Deceptus.* 受哄 Cheóu hòng, ou 上當 Cháng táng.

DÉCUPLER, v. a. *Decupl. facĕre.* 加十倍 Kiā chĕ' peý.

DÉCURIE, s. f. *Decuria, æ, f.* 十名兵 Chĕ' mín pīn.

DÉDAIGNER, v. a. *Dedignāri.* 點不侗 Tièn poŭ cháng. ‖ — les présents. *munera.* 嫌棄禮物 Hiēn kỵ̄ lỳ oŭ. ‖ — les prières. *Non annuĕre.* 不允 Poŭ yùn.

DÉDALE, s. m. *Labyrinthus, i, m.* 囫處 Yeōu tchoŭ, ou 理不伸 Lỳ poŭ tchēn.

DEDANS, adv. *Intus, intrà.* 在內 Tsaý loúy. ‖ Par —. *Intrinsecùs.* 內 Loúy. ‖ Au — du corps. *In corpore.* 身一頭 Chēn ỷ teōu. ‖ Par — et par dehors. *Interiùs et exteriùs.* 內外 Loúy ouáy. ‖ Donner — (dans le but). *Scopum attingĕre.* 中了 Tchòng leào. ‖ Donner — (croire). *Decipi.* 信 Sín. ‖ Donner — (dans le panneau). *Decipi.* 受了他的圈套 Cheóu leào tā' tỷ kiuēn táo. ‖ Le —, c.-à-d. l'âme. *Interior anima.* 心裏 Sīn lỳ.

DÉDIER, v. a. *Consecrāre.* 聖 Chén. ‖ — un temple. *Templum —.* 聖經堂 Chén kīn táng. ‖ — un livre. *Dedicāre librum.* 奉獻一本書 Fóng hién ỷ pĕn choū.

DÉDIRE, v. a. *Contradicĕre.* 敢約 Paý yŏ, ou 失約 Chĕ' yŏ. ‖ Se —. *Revocare se, verba retractāre.* 改口 Kaỳ keŏu. ‖ — d'un marché. *Emptionem revocāre.* 退貨 Toúy hó.

DÉDIT, s. m. *Retractatio, onis, f.* 改口 Kaỳ keŏu.

DÉDOMMAGER, v. a. *Resarcīre.* 補害 Poŭ háy.

DÉDORER, v. a. *Aurum auferre.* 退金 Toúy kīn. ‖ Se —. — *amittĕre.* 金脫了 Kīn tŏ' leào.

DÉDOUBLER, v. a. *Pannum eximĕre.* 折裏子 Tsĕ' lỳ tsè.

DÉDUIRE, v. a. *Deducĕre.* 除 Tchoŭ, ou 扣下 Keóu hiá. ‖ — (raconter). *Exponĕre.* 講 Kiàng. ‖ — une conséquence. *Consequentiam deducĕre.* 所以 Sò ỳ, ou 推引 Choŭy ỳn.

DÉESSE, s. f. *Dea, æ, f.* 女神 Niù chên.

DÉFÂCHER (SE), v. r. *Defervescĕre.* 息怒 Sỳ loú.

DÉFAILLANCE, s. f. *Defectio virum.* 缺 Kiuĕ. 軟弱 Joàn jŏ. 失魂 Chĕ houên. ‖ Tomber en —. *Animo linquá.* 昏 Houên, ou 發迷 Fă mỳ.

DÉFAIRE, v. a. *Diffingĕre.* 折 Tsĕ. ‖ Il est plus aisé de —, que de faire. *Facilius est apta dissolvĕre, quàm dissipata connectĕre.* 敗之易, 成之難 Páy tchĕ ỳ, tchên tchē lân. ‖ — une toile. *Telam retexĕre.* 折布 Tsĕ poú. ‖ — un mariage. *Matrim. dissolvĕre.* 折婚姻 Tsĕ houên yn. ‖ — un paquet. *Involucrum aperire.* 打開行李 Tà kăy hìn lý. ‖ — les ennemis. *Hostes profligāre* 敗敵 Páy tỳ. ‖ Se — de quelqu'un. *De medio tollĕre.* 殺人 Chă jên. ‖ Se — de quelque chose. *Aliq. amovēre.* 打發人去 Tà fă jên kiŭ. ‖ Se — de ses marchandises. *Merces extrudĕre.* 賣貨 Máy hó. ‖ Se — d'une charge. *Præfecturam deponĕre.* 辭官 Tsĕ kouān. ‖ Se — d'une habitude. *A pravâ consuetudine recedĕre.* 丟毛病 Tiēou maŏ pín.

DÉFAITE, s. f. *Clades, is, f.* 敗 Páy. ‖ Essuyer une —. *Cladem accipĕre.* 敗 Páy. ‖ — (excuse). *Excusatio* —. 推故 Toŭy koú. ‖ User de —. *Uti causis.* 推故 Toŭy koú. ‖ — (invention adroite). *Fraus.* 詭計 Koŭy ký.

DÉFALQUER, v. a. *Deducĕre.* 少缺 Chaò kiuĕ. 除一分 Tchoŭ ỳ fén. 扣下 Keoú hiá.

DÉFAUT, s. m. *Vitium, ii, n.* 過失 Kó chĕ. ‖ — naturel. *Natura* —. 生成過失 Sēn tchên kó chĕ. ‖ Corriger ses —. *Emendare se.* 改過失 Kaỳ kó chĕ. ‖ Faire — *Vadimonium deserĕre.* 不聽審 Poù tín chèn. ‖ Au — de. — *loco.* 若沒有 Jŏ moŭ yeòu.

DÉFAVEUR, s. f. *Gratiæ imminutio.* 失寵 Chĕ tchŏng.

DÉFECTION, s. f. *Defectio, onis, f.* 背 Peý.

DÉFECTUEUX, SE. adj. *Vitiosus.* 不全的 Poù tsuên tỳ.

DÉFECTUOSITÉ, s. f. *Mendum, i, n.* 過失 Kó chĕ, ou 錯 Tsŏ.

DÉFENDANT, part. *Repugnanter.* 莫奈何 Mŏ láy hô.

DÉFENDRE, v. a. *Defendĕre.* 顧 Koú. ‖ — (prohiber). *Prohibēre.* 禁革 Kín kĕ. ‖ — de tuer les animaux. 禁屠 Kín toŭ. ‖ — à quelqu'un de parler. *Plura loqui impedire.* 不許人說話 Poù hiù jên chŏ hoá. ‖ Se — d'une accusation. *Purgare se.* 洗罪 Sỳ tsoúy. ‖ — une cause. *Causam agĕre.* 保 Paò, ou 顧 Koú.

DÉFENSE, s. f. ‖ — (protection). *Præsidium.* 保護 Paò foú. ‖ — (fortification). *Arcis propugnatio.* 炮臺 Pāo tăy. ‖ — (prohibition). *Interdictio.* 禁止 Kín tchĕ. ‖ Faire —. *Prohibēre.* 禁止 Kín tchĕ. ‖ Lever une —.

*Permittĕre.* 開禁 Kāy kín. ‖ — d'un sanglier. *Apri dentes.* 長牙 Tchāng yă.

DÉFENSIVE, s. f. ‖ S'y tenir. *Paratum esse ad resistendum.* 預備人打 Fáng pý jên tà.

DÉFÉRENCE, s. f. *Reverentia, æ, f.* 尊敬 Tsēn kín. ‖ En avoir pour quelqu'un. *Rever. ad. aliquem adhibēre.* 尊敬人 Tsēn kín jên.

DÉFÉRER, v. a. *Decernĕre.* 定奪 Tín tŏ. ‖ — le prix. *Præmium* —. 定賞 Tín chàng. ‖ — au sentiment de quelqu'un. *Alic. assentiri.* 順人的意 Chouén jên tỳ ỳ.

DÉFERRER, v. a. *Ferrum detrahĕre.* 取鐵 Tsiŭ tiĕ. ‖ — (embarrasser quelqu'un). *Mente dejicĕre.* 迷人 Mý jên. ‖ Se —. *Soleas amittĕre.* 脫馬掌 Tŏ mà tchàng.

DÉFICIT, s. m. (terme latin). 少 Chào, ou 決 Kiuĕ.

DÉFIER, v. a. *Provocare.* 惹 Jĕ. ‖ Se — de quelqu'un. *Diffidĕre alic.* 疑人 Nỳ jên. ‖ Se — les uns des autres. *Inter se suspicāri.* 相疑 Siāng nỳ. ‖ Se — de soi. *Sui diffidentia.* 不靠自己 Poù káo tsé kỳ.

DÉFIGURER, v. a. *Deformāre.* 變醜 Pién tcheŏu.

DÉFILÉ, s. m. *Angustæ, arum, f.* 關 Kouān, ou 窄口 Tsĕ keŏu.

DÉFILER, v. a. *Filum educĕre.* 抽線 Tcheŏu sién. ‖ — (aller). *Per angustias iter habēre.* 走窄口 Tseòu tsĕ keŏu. ‖ — de la toile. *Telam filatim distrahĕre.* 折布 Tsĕ poú. ‖ — son chapelet. *Fusé dicĕre.* 講得長 Kiàng tĕ tchàng. ‖ Se —. *Disrumpi.* 折斷 Tsĕ toúan.

DÉFINIR, v. a. *Definire.* 定 Tín. ‖ — (expliquer). *Explicāre.* 解明 Kiày mín.

DÉFINITION, s. f. *Definitio, onis, f.* 解說 Kiày chŏ, ou 分明 Fēn mín.

DÉFINITIVEMENT, adv. *Demùm.* 定了 Tín leào, ou 全 Tsuên.

DÉFLEURIR, v. a. *Deflorescĕre.* 花謝了 Hoā sié leào, ou 花卸了 Hoā sỳ leào.

DÉFLORER, v. a. *Virginem violāre.* 壞閨女 Hoáy koúy niù.

DÉFONCER, v. a. *Funditus detrahĕre.* 取底子 Tsiŭ tỳ tsĕ. ‖ — un terrain. *Terram fodĕre.* 挖土 Ouă tŏu.

DÉFRAYER, v. a. *Sumptus solvĕre.* 帮用費 Pāng yóng féy. ‖ — la compagnie. *Cœtum exhilarāre.* 說趣話 Chŏ tsíu hoá.

DÉFRICHER, v. a. *Agrum extricāre.* 開荒土 Kăy houāng tŏu. ‖ — une affaire. *Rem enodāre.* 解難事 Kiày lân sé.

DÉFROQUER, v. a. *Ad sæcul. redire.* 還俗 Houán siŏu.

DÉFUNT, s. m. *Defunctus, i, m.* 死的 Sè tỳ. 故 Koú. 囚人 Ouāng jên. ‖ —mon père. *Defunctus pater.* 先父 Siēn fou. Tablette des —. *Tabella defunctorum.* 靈牌 Lȋm păy. ‖ Commémoration des — à la septième lune.

DEG · DEH

*Gentilium defunct. commemoratio in septimā Lunā.* 做道塲 Tsoú taó tchăng, ou 超度凵魂 Tchaŏ toú ouăng houên.

DÉGAGÉ, ÉE, adj. ‖ — (libre). *Vacans.* 無事 Où sé. 得工 Tĕ̆ kōng. 得閒 Tĕ̆ hiên. ‖ — du mont-de-piété. *Pignore liberato.* 贖了當 Choŭ leào táng.

DÉGAGER, v. a. *Pignus liberāre.* 贖當 Choŭ táng. ‖ — ses écrits du Mont-de-piété. *Scripta repignerāre.* 取當 Tsiŭ táng. ‖ — sa parole, en la violant. *Fidem liberāre.* 改口 Kaỹ kĕŏu ; en l'observant 滿愿 Màn yuén. ‖ — une ville assiégée. *Urbem solvĕre obsidione.* 救城 Kiéou tchên, ou 解圍 Kiày ouỹ. ‖ Se — du danger. *È periculo expedire se.* 脫難事 Tŏ̆ lán sé.

DÉGAINER, v. a. *Ensem educĕre.* 拔出劍 Pă tchŏu kién.

DÉGARNIR, v. a. *Nudāre.* 取開 Tsiŭ kăy.

DÉGAT, s. m. *Vastatio, onis, f.* 搶 Tsiăng. ‖ Faire de grands —. *Vastāre omnia.* 亂搶 Louán tsiăng. ‖ L'orage a fait des —. *Procella vastavit segetes.* 雹子打壞粮食 Pŏ tsè tà houáy leăng chĕ.

DÉGELER, v. a. *Glaciem solvĕre.* 化冷冰 Hoá lèn pīn. ‖ Il va—. *Gelu se remittit.* 冷冰要化 Lèn pīn yáo hoá.

DÉGÉNÉRER, v. n. *Degenerāre.* 變種 Pién tchŏng. ‖ Personne —. *Degener.* 不肖的 Poŭ siào tỹ.

DÉGORGER, v. a. (ouvrir un passage). *Expurgāre.* 開路 Kăy loú. ‖ Se — (vomir). *Evomĕre.* 嘔 Geŏu, ou 吻 Kiŭn. ‖ — dans la mer. *In mare fluĕre.* 河水歸海 Hô chouỹ kouỹ hày.

DÉGOURDIR, v. a. *Torporem alicuj. excutĕre.* (Au figuré.) 打醒 Tà sìn. ‖ — (au prop.) 散痲 Săn mâ. ‖ — l'eau. *Aquam tepefacĕre.* 熱溫水 Jĕ̆ ouên choŭy. ‖ — quelqu'un. *Educāre aliq.* 教禮信 Kiáo lỹ sín. ‖ Se —. *Fieri magis expers.* 明白一些 Mín pĕ̆ ỹ sỹ.

DÉGOÛT, s. m. *Fastidium, ii, n.* 厭惡 Yén oú. ‖ Avoir du — pour l'étude. *A studio abhorrēre.* 不愛讀書 Poŭ gaỹ toŭ choŭ. ‖ La monotonie engendre le —. *Similitudo satietatis est mater.* 常做一樣厭惡人 Chăng tsoú ỹ yăng yén oú jên. ‖ Vaincre le —. *Fastid. vincĕre.* 強勉做 Kiăng miên tsoŭ.

DÉGOÛTANT, E, adj. *Fastidiosus.* 厭惡的 Yén oú tỹ. ‖ Homme —. *Sordidus.* 污穢的 Où ouỹ tỹ, ou 邋遢人 Lă tă jên.

DÉGOÛTER, v. a. (donner le dégoût). *Fastidium alic. afferre.* 兜人厭惡 Teōu jên yén oú. ‖ Se —. *Tædēre.* 厭惡 Yén oú.

DÉGOUTTANT, E, adj. (qui tombe goutte à goutte). *Stillans.* 一滴一滴流 Ỹ tỹ ỹ tỹ lieŏu.

DÉGOUTTER, v. a. *Stillāre.* 滴一滴流 Tỹ ỹ tỹ lieŏu. ‖ La chandelle —. *Candela fluit.* 蠟流 Lă lieŏu. ‖ Eau qui — dans une grotte. 嚴漿水 Niên tsiáng choŭy. ‖ Eau qui — dans une maison. 屋簷水 Où yên choŭy.

DÉGRADER, v. a. ‖ — un mandarin. *Mandarinum deponĕre.* 貶官 Piĕn kouān, ou 革職 Kĕ̆ tchĕ̆. ‖ — en partie un mandarin. *Aliquot gradibus deponĕre.* 降級 Kiàng kỹ. ‖ — une maison. *Domui detrimento. afferre.* 損壞房屋 Sèn houáy făng où. ‖ Se —. *Se abjicĕre.* 不惜品 Poŭ sỹ pỉn.

DÉGRAISSER, v. a. *Adipes detrahĕre.* 取油 Tsiŭ yeŏu. ‖ — un habit. *Purgāre vestes.* 洗衣服上的油 Sỹ ỹ foŭ chăng tỹ yeŏu.

DEGRÉ, s. m. *Gradus scalæ.* 梯桄 Tỹ kouăng. ‖ Un — de parenté. *Gradus consanguin.* 輩 Ỹ peỹ. ‖ — de latitude. *Latudin.* 偏度 Piĕn toú, ou 緯度 Oŭy toú. ‖ — de longitude. *Longitudin.* 經度 Kīn toú. ‖ Un — égale 60 Fēn. 一度定爲六十分 Ỹ toú tín oŭy loŭ chĕ̆ fēn. ‖ Un Fen égale 60 Cháo. 一分定爲六十秒 Ỹ fēn tín oŭy loŭ chĕ̆ cháo. ‖ Un Chao égale 60 Ouy. 一秒定爲六十微 Ỹ chaó tín oŭy loŭ chĕ̆ ouy. ‖ Un Ouy égale 60 Siĕn. 一微定爲六十纖 Ỹ chaó tín oŭy loŭ chĕ̆ siēn. ‖ — de chaleur. *Gradus caloris.* 熱度 Jĕ̆ toú. ‖ — de froid. *Frigoris.* 冷度 Lèn toú. ‖ Il y a dix — de chaleur. *Sunt decem grad. caloris.* 熱到有十度 Jĕ̆ taó yeŏu chĕ̆ toú. ‖ Combien y a-t-il de — de chaleur? *Quot sunt grad. caloris?* 到了幾度了 Taó leào kỹ toú leào. ‖ — d'escalier tournant. *Scalæ vertentis.* 螺螄臺階子 Lô sĕ̆ tăy kiày tsè. ‖ — d'honneur. *Honoris gradus.* 級 Kỹ, ou 品 Pỉn. ‖ — (par gradation). *Gradatim.* 漸漸的 Tsién tsién tỹ. ‖ — littéraire. (Voir au mot Grade.) ‖ — d'affinité. (Voir ce mot.)

DÉGRISER, v. a. *Ebrietatem solvĕre.* 醒酒 Sĭn tsieŏu.

DÉGROSSIR, v. a. ‖ — le marbre. *Marmor deformāre.* 琢玉 Tchŏ yŭ. ‖ — quelqu'un. *Edocēre aliq. urbanit.* 教人禮信 Kiáo jên lỹ sín.

DÉGUERPIR, v. a. *Cedĕre possessione.* 讓 Jáng. ‖ —. *Exire de loco.* 躲 Tŏ, ou 出去 Tchŏu kiú.

DÉGUISER, v. a. *Veste alien. induĕre aliq.* 變行裝 Piĕn hîn tchouāng. ‖ — quelque chose. *Occultāre.* 裝假 Tchoāng kià. ‖ — la vérité. *Verum tegĕre.* 不說真 Poŭ chŏ tchēn. ‖ — son nom. *Nomen celāre.* 埋名 隱姓 Măy mîn ỳn sín. ‖ Se —. *Naturam suam tegĕre.* 改裝 Kaỹ tchouāng, ou 扮作 Pán tchă.

DÉGUSTER, v. a. *Gustāre.* 甞 Chăng.

DÉHARNACHER, v. a. *Equum desternĕre.* 揭鞍子 Kiĕ gān tsè.

DEHORS, adv. *Foris.* 門外 Mên ouáy, ou 外頭 Ouáy teŏu. ‖ Sortir —. *Exire foras.* 出外 Tchŏu ouáy. ‖ Mettre —. *For. extrudĕre.* 趕出門 Kàn tchŏu mên. ‖ Homme de —. *Extraneus.* 外國的人 Ouáy kouĕ̆ tỹ jên. ‖ En —. *Extrà.* 外面 Ouáy mién. ‖ Au —

外頭 Ouáy teŏu. ‖ Avancer au —. *Proeminēre.* 出來 Tchŏu laỷ.

**DEHORS**, s. m. *Species, iei, f.* 樣子 Yáng tsè. ‖ Sauver les —. *Decorum servāre.* 不現醜 Poŭ hién tcheŏu.

**DÉIFIER**, v. a. *Deificāre.* 封神 Fōng chên.

**DÉISME**, s. m. *Fides in Deum.* 信有一个天主 Sín yeŏu ỷ kó Tiēn-Tchoù.

**DÉJÀ**, adv. *Jam, jàm nunc.* 了 Leăo, ou 個 Kó. ‖ J'ai — mangé. *Jam manducavi.* 我喫了 Ngŏ tchĕ' leăo. ‖ Il est — venu. *Jàm pervenit.* 他來了 Tă' lay leăo.

**DÉJEÛNER**, v. n. *Jentāre.* 喫早飯 Tchĕ' tsaò fán.

**DÉJOINDRE**, v. a. *Disjungĕre.* 裂 Liĕ. ‖ Se —. *Disjungi.* 裂開 Liê kăỷ. ‖ Cette cloison s'est —. *Hoc septum disjunctum est.* 板子現了縫 Pàn tsè hién leăo fóng.

**DÉJOUER**, v. a. *Consilia frangĕre.* 敗謀 Paỷ mŏng.

**DELÀ**, adv. *Ultrà.* 那邊 Là piên. ‖ —. prép. *Trans.* 那邊 — de la mer. *Transmarinus.* 海那邊 Haỷ là piên. ‖ Au — de toute croyance. *Suprà fidem.* 信不來 Sín poŭ laỷ. ‖ Au — de toute mesure. *Suprà modum.* 過餘 Kó yû. ‖ —. *Hinc, fit.* 從此 Tsŏng tsè, ou 所以 Sŏ ỷ.

**DÉLABRER**, v. a. *Lacerāre.* 扯 Tchĕ'. ‖ — un habit. *Vestem —.* 扯爛衣服 Tchĕ' lán ỷ foŭ. ‖ Santé —. *Infirma valetudo.* 氣力裏敗 Kỷ' lỷ chouáy paỷ. ‖ Affaires —. *Res eversa.* 家務在敗 Kiā oú tsaỷ paỷ. ‖ Se —. *In pejus ruĕre.* 更不好 Kén poŭ haŏ.

**DÉLACER**, v. a. *Laxāre.* 放繩子 Fáng chouên tsè, ou 解套子 Kiàỷ táo tsè.

**DÉLAI**, s. m. *Mora, æ, f.* 緩 Hoŭan, ou 就擱 Tān kŏ. ‖ Sans —. *Sine —.* 當時 Táng chê. ‖ Laissez là tout —. *Rumpe —.* 不就擱 Poŭ tān kó. ‖ De — en —. *Res in diem ex die dilata.* 一天就擱一天 Ỷ tiên tān kŏ ỷ tiên. ‖ L'affaire ne souffre aucun —. *Res moram non patitur.* 這事就擱不得 Tchĕ' sé tān kŏ poŭ tĕ'.

**DÉLAISSER**, v. a. *Derelinquĕre.* 丟 Tieŏu, ou 不管 Poŭ kouàn. ‖ Mes amis me —. *Amici derelinquunt me.* 朋友不認我 Pêng yeŏu poŭ jén ngŏ.

**DÉLASSER**, v. a. *Corpus reficĕre.* 歇氣 Hiĕ kỷ'. ‖ — son esprit. *Animum laxāre.* 放心 Fáng sîn. ‖ Se — des fatigues. *Ex labore se —.* 犒勞 Kăo laŏ.

**DÉLATEUR**, s. m. *Delator, oris, m.* 告人的 Káo jên tỷ.

**DÉLAYER**, v. a. *Diluĕre.* 化 Hoá. ‖ — de l'encre. *Atramentum diluĕre.* 捱墨 Gaỷ mĕ' (ou) Yaỷ mĕ'. ‖ — dans du vin. — *vino.* 用酒泡化 Yóng tsieŏu páo hoá.

**DÉLECTATION**, s. f. *Delectatio, onis, f.* 樂 Lŏ, ou 歡喜 Hoŭan hỷ. ‖ — morose. — *morosa.* 故意留不好的念頭 Koú ỷ lieŏu poŭ haŏ tỷ nién teŏu.

**DÉLECTER (SE)**, *Delectāri.* 喜歡 Hỷ hoŭan.

**DÉLÉGUÉ, ÉE**, adj. *Delegatus.* 代官 Taỷ kouān, ou 差人 Tcháỷ jên.

**DÉLÉGUÉ**, s. m. *Præfectus.* 委員 Oúy yŭen.

**DÉLÉGUER**, v. a. *Ad alium deligāre.* 打發人 Tà fă jên. ‖ — une dette. *In aliq. nomen transcribĕre.* 拉賬等後人還 Lā tcháng tèn heóu jên hoŭan.

**DÉLÉTÈRE**, adj. *Nocuus.* 害人的 Haỷ jên tỷ.

**DÉLIBÉRÉ, ÉE**, adj. *Deliberatus.* 定了的 Tín leăo tỷ. ‖ De propos —. *Datá operá.* 故意 Koú ỷ, ou 待意 Tĕ' ỷ.

**DÉLIBÉRER**, v. a. *Consultāre.* 商量 Chāng leăng.

**DÉLICAT, E**, adj. *Delicatus.* 斯文的 Sē oŭen tỷ. ‖ Santé —. *Tenui valetudine.* 身體單薄 Chēn tỷ' tān pŏ. ‖ Sommeil —. *Somnus suspensus.* 膤睡輕 Kŏ' chouý kīn. ‖ Table —. *Mensa exq. cibis.* 體面酒席 Tỷ' mién tsieŏu sỷ'. ‖ Palais —. *Eruditum palatum.* 嘗得倒昧 Châng tĕ' taò oúy. ‖ Odorat —. *Sagaces nares.* 鼻子尖 Pỷ tsè tsiēn. ‖ Ouïe —. *Liquid. aures.* 耳躲尖 Eŭl tŏ tsiēn. ‖ Esprit —. *Ingenium subtile.* 伶利 Lîn lỷ. ‖ — (difficile). *Difficilis.* 難的 Lán tỷ. ‖ L'affaire est —. *Res multi consilii.* 事情難肴 Sé tsîn lán oúy. ‖ Témoin peu —. *Testis modicæ fidei.* 見証不忠 Kién tchén poŭ tchōng. ‖ Homme —. *Fastidiosus.* 難得將就 Lán tĕ' tsiāng tsieóu.

**DÉLICATER**, v. a. *Curāre molliter.* 慣壞娃娃 Koŭan houáy oŭa oŭa.

**DÉLICATESSE**, s. f. *Mollities, ei, f.* 柔軟 Jeŏu joŭan. ‖ —. *Sagacitas.* 精伶 Tsīn lîn. ‖ — d'un ouvrage. *Operis tenuitas.* 精巧 Tsīn kiaŏ. ‖ — Vivre avec —. *Molliter vivĕre.* 過得快活 Kó tĕ' kouáy hŏ. ‖ — de conscience. *Cauta conscientia.* 怕傷良心 Pă' chāng leăng sīn.

**DÉLICE**, s. m. *Voluptas, atis, f.* 福樂 Foŭ lŏ. ‖ Cela fait mes —. *Hoc in deliciis habeo.* 我喜歡那一件事 Ngŏ hỷ houăn là ỷ kién sé. ‖ Nager dans les —. *Volupt. diffluĕre.* 受福 Cheóu foŭ. ‖ Faire les — de quelqu'un. *In deliciis esse alic.* 兜他喜歡 Teōu tă' hỷ houăn.

**DÉLICIEUX, SE**, adj. *Exquisitus.* 有趣 Yeŏu tsiŭ'. ‖ Lieu —. *Locus amænus.* 美處 Meỷ tchŏu. ‖ Viande —. *Caro suavis.* 美味的肉 Meỷ oúy tỷ jeŭ.

**DÉLIÉ, ÉE**, adj. (menu). *Tenuis.* 細的 Sỷ tỷ. ‖ — (mince). *Subtilis.* 薄的 Pŏ tỷ. ‖ Esprit —. *Acutum ingenium.* 明悟尖 Mîn oú tsiēn, ou 伶利人 Lîn lỷ jên. ‖ Langue —. *Prompta lingua.* 口才好 Keŏu tsáỷ haŏ.

**DÉLIER**, v. a. *Solvĕre.* 解開 Kiaỷ kăỷ. ‖ — un nœud. *Nodum —.* 解結 Kiaỷ kiĕ. ‖ — (absoudre). *Absolvĕre.* 赦 Chĕ', ou 寬恕 Koŭan choŭ. ‖ La corde se —. *Funis solvitur.* 繩子散了 Chouên tsè sán leăo.

**DÉLINQUANT**, s. m. *Noxius.* 犯人 Fán jên.

DÉLIRE, s. m. *Delīrǎum, ǐi, n.* 糊說 Hoû chŏ. ‖ Être en —. *Mente labi.* 打糊說 Tǎ hoû chŏ.

DELIRIUM TREMENS, s. m. 中酒累腦 Tchōng tsieòu loúy laò.

DÉLIT, s. m. *Delictum, i, n.* 罪 Tsoúy. ‖ Pris en flagrant —. *In scelere deprehens.* 撞着他犯罪 Tchoŭang tchŏ tǎ' fán tsoúy.

DÉLIVRER, v. a. *Liberāre.* 救 Kieóu. ‖ — d'un tribut. *A tributo vindicāre.* 免税 Mièn choúy. ‖ — (accoucher). *Mulierem partu levāre.* 接生 Tsiĕ sēn. ‖ — (adjuger). *In manus addicĕre.* 斷 Toúan. ‖ Se —. *Expedīre se.* 脫身 Tŏ' chēn, ou 逃 Taò. ‖ — (accoucher). *Parĕre.* 身娩 Chēn mièn, ou 坐月 Tsó yuĕ'. ‖ — les rations aux soldats. *Militibus cibaria distribuĕre.* 關餉 Kouān hiàng.

DÉLOGER, v. a. *Ejicĕre.* 趕出去 Kàn tchŏu kiŭ. ‖ — (changer de logis). *Migrāre.* 搬家 Pān kiā ‖ — (décamper). *Castra movēre.* 拔營 Pă' yn. ‖ — (s'en aller). *Abīre.* 出去 Tchŏu kiŭ. ‖ — l'ennemi. *Hostem expellĕre.* 退賊 Toúy tsĕ'. ‖ — sans trompette. *Silentio discedĕre.* 偷去 Teôu kiŭ.

DÉLOYAUTÉ, s. f. *Infidelitas, atis, f.* 失心 Chĕ' sīn, ou 無良心 Oǔ leâng sīn.

DÉLUGE, s. m. *Diluvium, ǐi, n.* 洪水 Hông choùy. ‖ — de larmes. *Vis lacrymarum.* 大哭 Tá kŏu. ‖ — de maux. *Inundatio malorum.* 大患難 Tá houán lán.

DÉMAGOGUE, s. m. *Dux partium.* 頭子 Teôu tsĕ.

DEMAIN, adv. *Cras.* 明天 Mîn tiēn. ‖ — matin. *Cras mané.* 明天早晨 Mîn tiēn tsaò chēn. ‖ — soir. — *vesperé.* 明晚上 Mîn oùan cháng. ‖ Après —. *Perendiè.* 後天 Heóu tiēn. ‖ Renvoyer quelqu'un à —. *Aliq. in crastin. differre.* 緩一天 Hoùan y tiēn.

DÉMANCHER, v. a. *Manubrium auferre.* 抖欄子 Teŏu pá tsĕ. ‖ Se —. *È — exsilīre.* 欄欄脫了 Pá pá tŏ' leaò. ‖ Cette affaire se —. *Res non bené se habet.* 龍頭蛇尾 Lông teŏu chĕ' oùy.

DEMANDER, v. a. *Petĕre.* 求 Kieóu, ou 要 Yaó. ‖ — avec instances. *Instanter petĕre.* 懇求 Kĕn kieóu. ‖ — du secours. *Auxilium petĕre.* 請人幫忙 Tsìn jēn pāng māng. ‖ — grâce. *Veniam —.* 求寬恕 Kieóu koŭan choú. ‖ — l'avis de quelqu'un. *Sententiam alic. rogāre.* 問人的意見 Oúen jēn tỳ ý kièn. ‖ — (interroger). *Interrogāre.* 問 Oúen. ‖ — quelqu'un. *Aliquem quærĕre.* 找人 Tchaò jēn. ‖ — en justice. *Petĕre.* 告狀 Kaó tchoúang. ‖ — sa vie. *Victum quærĭtāre.* 討飯 Taò fán. ‖ — Comme la chose le —. *Ut res postulat.* 理當 Lỳ tāng. ‖ — l'état de la santé. *De valetud. alicuj. quærĕre.* 問好 Oúen hào, ou 請安 Tsìn gān. ‖ Ne — pas mieux. *Utinam.* 巴不得 Pā poŭ tŏ'.

DÉMANGER, v. n. *Prurīre.* 癢 Yàng. ‖ La tête me —. *Caput —.* 腦膛癢 Laò kŏ' yàng. ‖ Plus on gratte plus il —. *Quò plus prurit eò magis scabet.* 越搔越癢 Yuĕ' tchoă yuĕ' yàng. ‖ Il lui — de médire. *Gestit alios carpĕre.* 他愛壞名聲 Tǎ' gaý houáy mîn chēn.

DÉMANTELER, v. a. *Mœnia diruĕre.* 折城墙 Tsĕ' tchĕn tsiâng. ‖ — la mâchoire. *Maxillam labefactāre.* 壞下巴 Houáy hiá pā.

DÉMANTIBULER, v. a. *Frangĕre.* 打牙巴 Tǎ yă pā.

DÉMARCATION, s. f. *Limitatio, onis, f.* 界石 Kiáy chĕ'.

DÉMARCHE, s. f. *Incessus, ús, m.* 行步 Hîn poú. ‖ — lente. — *mollis.* 摩捗 Mô sŏ. ‖ — fière. — *arrogans.* 高高昂昂的行 Kaō kaō ngâng ngâng tỳ hîn, ou 搖擺 Yâo pày. ‖ —. *Agendi ratio.* 行爲 Hîn oûy. ‖ — dangereuse. *Periculosa —.* 凶險的事 Hiōng hièn tỳ sé. ‖ Faire de fausses —. *Rem incautè agĕre.* 不小心 Poŭ siaò sīn. ‖ Faire des — pour être préfet. *Ad præfect. petitionem aggredi.* 打幹做官 Tǎ kán tsoú koŭan.

DÉMARQUER, v. a. *Notam demĕre.* 塗記號 Toŭ ký haó.

DÉMARRER, v. a. *Navem solvĕre.* 開船 Kāy tchoŭan.

DÉMASQUER, v. a. *Alic. personam detahĕre.* 顯出來 Hièn tchŏu laỳ. ‖ — quelqu'un. *Occulta alic. pandĕre.* 顯他的奸計 Hièn tă' tỳ kiēn ký. ‖ Se —. *Larvam deponĕre.* 露了脚 Loú leaò kiŏ.

DÉMÂTÉ, part. *Malo fracto.* 桅斷了 Oûy toúan leaò.

DÉMÂTER, v. a. *Malum frangĕre.* 打斷桅杆 Tǎ toúan oûy kān.

DÉMÊLÉ, s. m. *Contentio, onis, f.* 口嘴 Kĕoù tsoùy. ‖ Avoir un —. *Cum aliq. rixāri.* 同人講嘴 Tông jēn kiāng tsoùy. ‖ Le vider. *Rem componĕre.* 定了 Tín leaò. ‖ Apaiser un —. *Controvers. sedāre.* 勸和 Kiŭen hô.

DÉMÊLER, v. a. *Extricāre.* 分伸 Fēn chēn. ‖ — des cheveux. *Pectine capill. deducĕre.* 理頭髮 Lỳ teoû fă. ‖ — (discerner). *Distinguĕre.* 分別 Fēn piĕ'. ‖ le vrai du faux. *Vera a falsis dijudicāre.* 分眞假 Fēn tchēn kiă. ‖ — une affaire. *Negot. explicāre.* 解明 Kiày mîn. ‖ Se — se expedīre. 脫事難 Tŏ lân sé, ou 卸甲 Yú kiă.

DÉMÊLOIR, s. m. *Gurgillus, i, m.* 梳子 Soū tsĕ. ‖ Un —. *Unus —.* 一把梳子 Y pă soū tsĕ.

DÉMEMBRER, v. a. *Distrahĕre.* 離開 Lỳ káy. ‖ — une province. *Provinciam —.* 分一省 Fēn ў sèn. ‖ — (supplice chinois). *Membratim discerpĕre.* 剮碎 Koŭă soúy.

DÉMÉNAGER, v. n. a. *Migrāre.* 搬家 Pān kiā.

DÉMENCE, s. f. *Dementia, æ, f.* 瘋 Fōng. ‖ Tomber en —. *Mente capi.* 瘋了 Fōng leaò.

DÉMENER (SE), v. r. *Vehem. agitāri.* 慌張 Hoāng tchāng.

DÉMENTIR, v. a. *Mendacii arguĕre*. 直白 Tchĕ pĕ, ou 對証 Toúy tchén. ‖ Les actes — les paroles. *Facta cum dictis pugnant*. 言行不合 Yên hín poŭ hŏ. ‖ Se —. *Pugnantia loqui*. 言行不合 Yên hín poŭ hŏ. ‖ Ne se — en rien. *Recti tenax*. 恒心 Hên sīn.

DÉMÉRITER, v. n. *Demerēri*. 失寵 Chĕ tchŏng.

DÉMESURÉ, ÉE, adj. *Immensus*. 大得狠 Tá tĕ hên, ou 過餘 Kó yû.

DÉMETTRE (SE), v. a. *Luxāre membrum*. 銼骨頭 Tsŏ koŭ teŏu. ‖ — un bras. *Brachium*. 扭手膀 Nieŏu cheŏu páng. ‖ — un pied. *Pedem —*. 扭脚 Nieŏu kiŏ. ‖ — de sa charge. *Magistratu abire*. 辭官 Tsĕ' kouān. ‖ — de sa charge à raison d'âge. 告老囘家 Káo lào hoŭy kiā. ‖ — de sa charge à raison de maladie. 告病 Káo pín.

DÉMEUBLER, v. a. *Supellect. auferre*. 搬家具 Pān kiā kíu.

DEMEURANT, E, adj. *In loco manens*. 在某處坐 Tsáy mòng tchŏu tsŏ. ‖ Au — (adv. *Cæterim*). 另外 Lín ouáy.

DEMEURE, s. f. *Sedes, domus*. 房子 Fâng tsè. ‖ — d'un grand. *Magnatis*. 府 Fŏu.

DEMEURER, v. a. *Habitāre*. 坐 Tsó, ou 住 Tchóu. ‖ — à la ville. *In urbe manēre*. 城內坐 Tchên loúy tsó. ‖ — à la campagne. *Ruri habitāre*. 鄉下坐 Hiāng hiá tsó. ‖ — trois jours à l'ancre. *Triduum ad anchoras stāre*. 三天莫有開船 Sān tiên mŏ yeŏu kăy tchoŭan. ‖ —. *Mane, ne abeas*. 不要去 Poŭ yáo kíu. ‖ — trop. *Moram facĕre*. 就擱 Tān kŏ. ‖ La maison lui est — en partage. *Obtigit illi domus*. 分家他得房子 Fēn kiā tă' tĕ fâng tsè. ‖ — maître du champ de bataille. *Vincĕre*. 得勝 Tĕ' chên. ‖ — sur son appétit. *Famem non explēre*. 沒有喫飽 Moŭ yeŏu tchĕ' paŏ. ‖ — court. *Hærēre loquendo*. 啞口無言 Yă keŏu oŭ yên. ‖ — interdit. *Attonitus*. 驚訝 Kīn yâ. ‖ En — là. *Rem non urgēre*. 可以 Kŏ ў, ou 罷了 Keŏu leào. ‖ Il — deux mille hommes sur le champ de bataille. *Duo millia desiderata sunt*. 伐死了兩千人 Ў tchángse leàoleàng tsiên jên. ‖ — dans son opinion. *In suâ opin. stāre*. 不改主意 Poŭ kày tchoŭ ў. ‖ — d'accord. *Confiteri*. 認 Jén.

DEMI, E, adj. *Dimidius*. 一半 Ў pán. ‖ Un et —. *Unus cum dimidio*. 一個半 Ў kó pán. ‖ Une — heure. *Semihora*. 半點鐘 Pán tiên tchōng. ‖ Un — jour. *Semidies*. 半天 Pán tiên. ‖ Entendre à — mot. *Ex paucis plura intelligĕre*. 聞一知二 Ouên ў tchē eŭì. ‖ Un — mois. *Semi-mensis*. 半個月 Pán kó yuĕ'. ‖ Un mois et —. *Unus mensis cum dimidio*. 一個半月 Ў kó pán yuĕ'. ‖ Dire les choses à — mot. *Non omnia dicĕre*. 說一半 Chŏ ў pán. ‖ Un — savant. *Semi-*

*doctus*. 知一不知二 Tchē ў poŭ tchē eŭì. ‖ Ne faire qu'à —. *Molliter agĕre*. 慢怠做事 Hiáy táy tsoŭ sé. ‖ A — mort. *Semi-mortuus*. 半死半活 Pán sè pán hŏ.

DÉMIS, E, adj. *Luxatus*. 骨節銼了的 Koŭ tsiĕ' tsŏ leào tў. ‖ — de sa charge. *Depositus*. 罷了職的 Pá leào tchĕ tў.

DÉMISSION, s. f. *Abdicatio, onis, f*. 辭官 Tsĕ' kouān. ‖ Donner sa —. *Abdicāre*. 辭官 Tsĕ' kouān.

DÉMOCRATIE, s. f. *Populare regnum*. 無王國 Oŭ ouâng kouĕ'.

DEMOISELLE, s. f. *Virgo, inis, f*. 姑 Koū, ou 童女 Tŏng nìu. ‖ — à l'usage des paveurs. *Fistuca*. 旁響子 Kiuén biàng tsè.

DÉMOLIR, v. a. *Destruĕre*. 折 Tsĕ'.

DÉMON, s. m. *Dæmon, onis, m*. 鬼 Koŭy. ‖ — aérien. *Dæmon aerius*. 精怪 Tsīn kouáy. ‖ Le chasser. *Expellĕre*. 退麽鬼 Toŭy mŏ koŭy ‖ C'est un —. *Inquietus puer*. 橫娃娃 Houên ouâ ouâ.

DÉMONIAQUE, s. m. *Dæmoniacus*. 負魔的 Foú mŏ tў.

DÉMONTER, v. a. *Equitem dejicĕre*. 打人落馬 Tà jên lŏ mà. ‖ — (voler). On l'a —. *Latrocinium passus est*. 賊搶了他 Tsĕ' tsiăng leào tă'. ‖ — une montre. *Dissolvĕre horlogium*. 折鐘 Tsĕ' tchōng. ‖ — un lit. *Lectum —*. 折床 Tsĕ' tchoŭang. ‖ — quelqu'un. *Perturbāre aliq*. 亂人心 Loúan jên sīn. ‖ Avoir la tête —. *Sanæ mentis non esse*. 有點失性 Yeŏu tiên chĕ' sín. ‖ Se —. *Dissolvi*. 折得的 Tsĕ' tĕ' tў.

DÉMONSTRATION, s. f. *Significatio, onis, f*. ‖ — de joie. *Gaudii*. 喜歡的憑據 Hў houān tў pîn kiù.

DÉMONTRER, v. a. *Demonstrāre*. 辯明 Pién mín. ‖ — les propriétés des remèdes. *Vim remediorum declarāre*. 講藥性 Kiàng. yŏ sín. ‖ — (convaincre). *Suadēre alicui*. 辯服人 Pién foŭ jên. ‖ — en classe. *Palàm disserĕre*. 講書 Kiàng choŭ.

DÉMORDRE, v. n. *Mutāre consilium*. 改主意 Kaў tchoŭ ў. ‖ Ne pas —. *Mordicus tenēre*. 固執已意 Koú tchĕ kў ў. ‖ — (lâcher prise). *A proposito deflectĕre*. 讓 Jáng.

DÉNATTER, v. a. *Crines solvĕre*. 折辮子 Tsĕ' pién tsè.

DÉNATURÉ, ÉE, adj. *Inhumanus*. 無良心的人 Oŭ leâng sín tў jên, ou 莫人性 Mŏ jên sín. ‖ Fils —. *Filius impius*. 無孝的兒子 Oŭ hiáo tў eŭl tsè.

DÉNATURER, v. a. *Mutāre*. 改變 Kaў pién.

DÉNI, s. m. (de justice). *Juris denegatio*. 不肯斷他有理 Poŭ kĕn touán tă' yeŏu lў. ‖ — d'obéissance. *Imperii detrectatio*. 不聽命 Poŭ tīn mín.

DeNICHER, v. a. *Aves nido detrahĕre*. 捉窩內的雀 Tchŏ oūo loúy tў tsiŏ. ‖ — (faire sortir quelqu'un). *Loco* ejicĕre. 趕出去 Kàn tchŏu kiŭ̆. ‖ — (fuir). Evadĕre. 逃 Táo.

DÉNIER, v. a. Negāre. 不認 Poŭ jén. ‖ — par signe de main. Manu —. 搖手 Yáo cheòu. ‖ — par signe de tête. Nutu —. 搖頭 Yáo teŏu.

DENIER, s. m. Denarius. 銅錢 Tŏng tsién. (Voir le mot Sapèque). ‖ Un —. Unus —. 一文銅錢 Y̆ ouén tŏng tsién. ‖ — publics. Pecunia publica. 庫銀 Kŏu ŷn.

DÉNIGRER, v. a. Famæ nocēre. 壞人各聲 Houáy jên mìn chên.

DÉNOMBREMENT, s. m. Enumeratio, onis, f. 數 Soŭ. ‖ — des habitants. Recensio. 點人 Tièn jên, ou 點甲保名 Tièn kiă paò mîn. ‖ — des biens. Censum bonorum habēre. 量財帛 Leáng tsây pĕ̆.

DÉNOMMER, v. a. Nuncupāre. 定名 Tín mîn.

DÉNONCER, v. a. Denuntiāre. 說明 Chŏ mîn. ‖ — la guerre. Bellum indicĕre. 下彈書 Hiá tchán choŭ. ‖ — un mandarin. Præfectum accusāre. 告官 Káo kouān.

DÉNONCIATEUR, s. m. Delator, oris, m. 原告 Yuên káo.

DÉNOTER, v. a. Denotāre. 打記號 Tă ký háo, ou 表意 Piăo ý.

DÉNOÛMENT, s, m. Solutio, onis, f. 完 Ouán, ou 解開 Kiày kăy. ‖ — d'une comédie. Comœdiæ —. 歸根 Koúy kēn.

DÉNOUER, v. a. Nodum solvĕre. 解結 Kiày kiĕ̆. ‖ Se —. Adolescĕre. 長大 Tchàng tá.

DENRÉE, s. f. Annona, æ, f. 粮米 Leáng mỷ, ou 貨物 Hó oŭ.

DENSE, adj. Densus. 密的 Mỳ tỷ, ou 稠的 Tcheòu tỷ.

DENTAL, adj. Dentalis. 牙的 Yă tỷ. ‖ Son —. Sonus —. 牙音 Yă ŷn.

DENT, s. f. Dens, tis, f. 牙齒 Yă tchĕ̆. ‖ Une —. Una —. 一瓣牙齒 Y̆ pán yă tchĕ̆. ‖ — incisives ou de devant, au nombre de huit. — incisores, — primores. 門牙 Mên yă. ‖ — canines, au nombre de quatre. — canini. 虎牙 Hoŭ yă. ‖ — molaires, au nombre de vingt. Molares —. 大牙 Tá yă, ou 槽牙 Tsáo yă. ‖ Alvéole des —. Sedes —. 牙床子 Yă tchoăng tsè. ‖ — qui avancent. Brochi. 鮑牙 Páo yă. ‖ — qui branle. Labans —. 牙齒勤 Yă tchĕ̆ tóng. ‖ Racine des —. — radices. 牙根 Yă kēn. ‖ Faire des —. Dentire. 生牙齒 Sēn yă tchĕ̆. ‖ Perdre des —. Dentes cadunt. 落牙齒 Lŏ yă tchĕ̆. ‖ Couper avec les —. Dentibus secāre. 咬傷 Yăo chāng. ‖ Laver les —. Lavāre —. 洗牙齒 Sỳ yă tchĕ̆. ‖ Se curer les —. Dentes mundāre. 剔牙 Tý yă. ‖ Agacer les —. Irritāre —. 噤牙齒 Kín yă tchĕ̆. ‖ Arracher les —. Dentes evellĕre. 拔牙 Pă̆ yă. ‖ Déchirer à belles —. Carpĕre aliq. 訕謗人 Chán páng jên. ‖ Avoir les

— longues. Jejunus esse dentibus. 餓 Oúo. ‖ Grincer les —. Dentibus frendĕre. 切齒 Tsiĕ̆ tchĕ̆. ‖ Avoir une — contre quelqu'un. Iratus esse alic. 憂他 Yeŏu tă̆. ‖ Montrer les — à quelqu'un. Cornua obvertĕre. 敢 Tỷ, ou 不依 Poŭ ỷ. ‖ Être sur les —. Confici, mori. 差不多要死 Tchā̆ poŭ tō yáo sè ou 偏得狠 Loúy tĕ̆ hèn. ‖ — d'un peigne. Pectinis —. 梳齒 Soū tchĕ̆. ‖ — de moulin. Moletrinæ —. 車一輪 Tchēy ỷ lên. ‖ — de scie. Securis —. 鋸齒 Kíu tchĕ̆. ‖ Les aiguiser. Dentes acuĕre. 鎈鋸子 Tsō kíu tsè.

DENTELLE, s. f. Textum denticulatum. 紗 Chā.

DÉNUÉ, ÉE, adj. (d'argent). Pecuniā inops. 無有銀子 Oŭ yeŏu ŷn tsè. ‖ — de politesse. Humanit. inops. 無禮信 Oŭ lỷ sín.

DÉPAREILLER, v. a. Paria disjungĕre. 隔 Kĕ̆, ou 方的不對 Fāng tỷ poŭ toúy.

DÉPARER, v. a. Ornatu nudāre. 攺排設 Cheŏu paỷ ché.

DÉPART, s. m. Profectus, ús, m. 起身 Kỷ chēn. ‖ Être sur son —. Jam jam discessurus. 要起身 Yáo kỷ chēn.

DÉPARTEMENT, s. m. Partitio, onis, f. 分別 Fēn piĕ̆. ‖ — (office). Munus. 職分 Tchĕ̆ fēn. ‖ — des impôts. Vectigalium descriptio. 粮房 Leáng fâng. ‖ — de la guerre. Rei bellicæ administratio. 兵房 Pīn fâng. ‖ Cela est de mon —. Hoc me spectat. 這事歸于我 Tchĕ̆ sé koŭy yu ngŏ. ‖ — (territoire). Præfectura —. 一府屬地 Ỷ foù choŭ tý.

DÉPARTIR, v. a. Distribuĕre. 分 Fēn. ‖ Se — d'une chose. A re desistĕre. 讓 Jáng. ‖ — de son droit. Jure cedĕre. 讓理 Jáng lỷ. ‖ — d'un marché. Abire emptione. 退貨 Toúy hó. ‖ — de ses habitudes. A consuetudine recedĕre. 改規矩 Kaỷ koŭy kíu.

DÉPASSER, v. a. Antecedĕre. 在前走 Tsaỳ tsién tseòu. ‖ — quelqu'un à la course. Cursu transire. 跑過人 Păo kó jên. ‖ — les bornes. Modum transire. 過餘 Kó yû.

DÉPAYSER, v. a. Ad ext. loca mittĕre. 發在外國 Fă̆ tsaý ouáy kouĕ̆. ‖ Être —. Ubi sit ignorāre. 地方不熟 Tý fāng poŭ choŭ. ‖ — (donner le change). Ludificāre aliquem. 哄人 Hòng jên.

DÉPECER, v. a. Discerpĕre. 剁 Tó, ou 折開 Tsĕ̆ kāy.

DÉPÊCHE, s. f. Litt. publica. 公信 Kōng sín. ‖ — privée. Litt. privata. 快信 Kouáy sín.

DÉPÊCHER, v. a. Absolvĕre. 快做 Kouáy tsoú. ‖ — un courrier. Nuntium mittĕre. 打快發信 Tă fă̆ kouáy sín. ‖ Se —. Properāre. 快做 Kouáy tsoú.

DÉPEINDRE, v. a. Depingĕre. 畫樣子 Hoá yáng tsè, ou 講明 Kiàng mîn. ‖ — la vie de quelqu'un. Vitam alic. —. 寫人的行實 Siĕ̆ jên tỷ hîn ché.

17

DÉPENDANCE, s. f. *Obnoxia conditio.* 在人手下 Tsaý jên cheòu hiá. ‖ Être dans la —. *Esse sub arbitrio alicuj.* 在人手下 Tsaý jên cheòu hiá. ‖ — (appendice). Le corps est une — de l'âme. *Ab animâ pendet corpus.* 靈魂爲本肉身爲末 Lîm hoûen oûy pèn joŭ chên oûy mŏ.

DÉPENDRE, v. a. *Suspensa solvĕre.* 吊下來 Tiaó hiá laỷ. ‖ — (être sous le pouvoir de quelqu'un). *Alteri obnoxius esse.* 在人權下 Tsaý jên kiŭen hiá, ou 屬人管 Choŭ jên koùan. ‖ Cela — de vous. *Hoc à te pendet.* 這个事在隨你 Tchĕ kó sé tsaý soŭy ngỷ.

DÉPENS, s. m. *Sumptus, ûs, m.* 用費 Yóng feỷ. ‖ A mes —. *Meis impensis.* 用我的 Yóng ngò tỷ. ‖ —. *Expensæ litis.* 打官司的錢 Tà koūan sē tỷ tsiĕn. ‖ — (dommage). *Damnum.* 害 Haý. ‖ Faire ses affaires aux — des autres. *Ex alterius incommodis sua comparāre.* 害人利己 Haý jên lý kỷ.

DÉPENSE, s. f. *Sumptus, ûs, m.* 用費 Yóng feỷ. ‖ Faire beaucoup de —. *Multum impendĕre.* 用得多 Yóng tĕ tŏ. ‖ Diminuer la —. *Sumpt. minuĕre.* 減損銀錢 Kiĕn sèn ỷn tsiĕn. ‖ Allouer la —. *Designāre impensa.* 定用費 Tín yóng feỷ.

DÉPENSE, s. f. *Penarium, ii, n.* 發房 Fă fâng.

DÉPENSIER, s. m. *Impendiosus.* 用得多的 Yóng tĕ tŏ tỷ. ‖ — (économe). *Procurator.* 當家 Tāng kiā.

DÉPÉRIR, v. a. *In pejus ruĕre.* 更不好 Kén poŭ haò, ou 壤 Hoáy.

DÉPÊTRER, v. a. *Expedīre.* 脫 Tŏ, ou 免 Miĕn. ‖ Se —. *Se —.* 脫身 Tŏ miĕn.

DÉPEUPLER, v. a. *Vastāre.* 擄搶 Loù tsiāng.

DÉPISTER, v. a. *Investig. reperīre.* 追跡 Tchoŭy tsỷ.

DÉPIT, s. m. *Stomachus, i, m.* 憂氣 Yeōu kỷ. ‖ Faire par —. *Facĕre cum stomacho.* 氣頭上做 Kỷ teŏu cháng tsoŭ. ‖ En — de vous. *Te nolente.* 不管你肯不肯 Poŭ koùan ngỷ kĕn poŭ kĕn. ‖ En — du bon sens. *Repugnante ratione.* 狠不合理 Hèn poŭ hŏ lỷ. ‖ Éclater de —. *Stomacho disrumpi.* 報怨 Paó yúen.

DÉPITER (SE), v. r. *Indignāri.* 昌火 Maó hò. ‖ — contre quelqu'un. *Alicui indignāri.* 兜人生氣 Teōu jên sēn kỷ.

DÉPLACÉ, ÉE, adj. *Loco motus.* 移開了 Ỷ kấy leảo. ‖ — (inconvenant). *Non idoneus.* 不合式 Poŭ hŏ ché. ‖ Propos —. *Dictum absonum.* 不合理的話 Poŭ hŏ lỷ tỷ hoá.

DÉPLACER, v. a. *Dimovēre.* 移開 Ỷ kấy.

DÉPLAIRE, v. n. *Displicēre.* 不合人 Poŭ hŏ jên, ou 不中意 Poŭ tchōng ý. ‖ Le jeu lui —. *Ei ludus —.* 他不愛耍 Tā poŭ gaý choà. ‖ Ne vous en —. *Pace tua dicam.* 不必生氣 Poŭ pỷ sēn kỷ, ou 你莫多心我說 Ngỷ mŏ tō sīn ngò chŏ.

DÉPLAISIR, s. m. *Molestia, æ, f.* 憂悶 Yeōu mén. ‖ Causer du —. *Molest. exhibēre.* 兜人心不服 Teōu jên sīn poŭ foŭ ou 兜人憂氣 Teōu jên yeōu kỷ. ‖ Avoir du —. *Habēre —.* 生氣 Sēn kỷ, ou 他憂氣 Tā yeōu kỷ.

DÉPLANTER, v. a. *Explantāre.* 栽在別處 Tsaỷ tsaý piĕ tchŏu.

DÉPLIER, v. a. *Explicāre.* 牽開 Kiēn kấy. ‖ — des marchandises. *Merces expl.* 開貨包子 Kấy hó paō tsĕ.

DÉPLISSER, v. a. *Erugāre.* 熨伸 Yún chēn.

DÉPLORABLE, adj. *Deplorandus.* 可惜 Kŏ sỷ ou 可憐 Kŏ liên.

DÉPLORER, v. a. *Deplorāre.* 可憐 Kŏ liên. ‖ — la mort de quelqu'un. *Mortem deflēre.* 哭喪 Kŏŭ sāng.

DÉPLOYER, v. a. *Explicāre.* 張開 Tchāng kấy. ‖ — les ailes. *Alas —.* 展翅 Tchàn tché. ‖ — les voiles. *Vela —.* 掛蓬 Koá pŏng. ‖ A — déployée. *Passis velis.* 滿蓬 Màn pŏng. ‖ — son esprit. *Ingenĭum prodĕre.* 逞尖 Tchĕn tsiēn, ou 逞能 Tchĕn lên.

DÉPLUMER, v. a. *Pennas eripĕre.* 扯毛 Tchĕ maŏ.

DE PLUS, *Insuper, præterea.* 另外 Lín ouáy, ou 還有 Hoân yeòu.

DÉPONENT, adj. *Deponens.* 被參行用 Pỷ tsān hîn yóng.

DÉPORTER, v. a. *Deportāre.* 充軍 Tchōng kiūn.

DÉPOSANT, s. m. *Testis.* 証人 Tchén jên.

DÉPOSER, v. a. — un mandarin. *Præfectum deponēre.* 貶官 Piĕn koūan, ou 革職 Kĕ tchĕ. ‖ — (quitter). — une charge. *Magistratum ejuāre.* 辭官 Tsẽ koūan. ‖ — les armes. *Arma deponĕre.* 投降 Teŏu kiáng. ‖ — toute humanité. *Omnem humanitatem abjicĕre.* 滅天理 Miĕ tiēn lỷ. ‖ — chez quelqu'un de l'argent. *Pecuniam apud aliq. deponĕre.* 寄銀錢 Ký ỷn tsiĕn. ‖ — en justice. *Testificāri.* 出口供 Tchŏu keŏu kóng, ou 做干証 Tsoú kān tchén. ‖ — (former un dépôt). *Fæces deponĕre.* 有脚滓 Yeŏu kiŏ tsè. ‖ — un fardeau. *Onus deponĕre.* 放担子 Fáng tān tsè.

DÉPOSITAIRE, s. m. *Sequester, tri, m.* 受託的人 Cheòu tō tỷ jên.

DÉPOSITION, s. f. *Degradatio, spoliatio.* 降級 Kiáng kỷ. ‖ — (témoignage). *Testimonium.* 証 Tchén. ‖ — du coupable chinois. 口供 Keŏu kóng. ‖ Il la signe, en Chine : 招狀 Tchaō tchoúang.

DÉPÔT, s. m. *Depositum, i, n.* 寄的東西 Ký tỷ tōng sỷ. ‖ Faire un —. *Apud al. deponēre.* 寄東西 Ký tōng sỷ. ‖ Recevoir un —. *Dep. suscipĕre.* 掌寄 Tchàng ký. ‖ Rendre un —. *— reddĕre.* 交寄的東西

Kiaŏ kỷ tỷ tōng sỷ. ‖ Nier un —. — negāre. 不懇
Poŭ jén. ‖ — (gage). Pignus. 當頭 Táng teoŭ. ‖
— (abcès). Abscessus. 腫 Tchŏng. ‖ — (sédiment).
Fœx. 渣滓 Tchā tsè.

DÉPOUILLE, s. f. Exuviæ, arum, f. 皮子 Pỷ tsè. ‖
— mortelle. Cadaver. 屍 Chē. ‖ — (proie). Præda.
擄搶之物 Loŭ tsiāng tchē oŭ.

DÉPOUILLER, v. a. Nudāre. 脫人的衣服 Tŏ jĕn tỷ ỷ
foŭ. ‖ — un lapin. Cuniculi pellem detrahĕre. 剮兔皮
Koŭa toŭ pỷ. ‖ — toute humanité. Humanitatem omnem
exuĕre. 滅天理 Miĕ tiēn lỷ. ‖ Se —. Corpus nudāre.
脫衣服 Tŏ ỷ-foŭ.

DÉPOURVU, E, adj. Inops. 窮 Kiŏng, ou 無有 Oŭ
yeoŭ. ‖ — de conseil. Consilii inops. 莫主意 Mŏ tchoŭ
ỷ. ‖ — d'amis. Amicis orbus. 無朋友 Oŭ pŏng yeoŭ. ‖
— de tout. Ab omnibus rebus imparatus. 窮乏 Kiŏng
fă. ‖ — de jugement. Prudentiæ inanissim. 無賢智
Oŭ hiēn tchĕ. ‖ Au —. Ex improviso. 忽然 Foŭ-jān.
‖ Prendre quelqu'un au —. Imparatum aggredi. 他不
知道 Tă poŭ tchē taŏ, ou 沒有預偹 Moŭ yeoŭ
yú pỷ.

DÉPRAVATION, s. m. Depravatio, onis, f. 壞 Houáy. ‖
— de mœurs. Morum. 壞風俗 Houáy fōng sioŭ. ‖
— de goût littéraire. Judicii corruptela. 不識好文章
Poŭ chĕ haŏ oŭen tchāng.

DÉPRAVER, v. a. Corrumpĕre. 壞 Houáy. ‖ Naturel —.
Prava natura. 壞了的本性 Houáy leaŏ tỷ pĕn
sín.

DÉPRÉCIER, v. a. Deprimĕre. 踏價錢 Tă kiá tsiĕn.

DÉPRIMER, v. a. Deprimĕre. 遭踏 Tsaŏ tă.

DEPUIS, prép. Ex. 從 Tsŏng. ‖ — ce jour-là. Ex illā die.
從那一天 Tsŏng là ỷ tiēn. ‖ — la création. Ab orbe
condito. 從開闢 Tsŏng kāy pỷ. ‖ — la création de
l'Empire. Ex Imp. condito. 從開闢中國 Tsŏng kāy
pỷ tchōng kouĕ. ‖ — l'enfance. A puero. 從小 Tsŏng
siaŏ. ‖ Il est mort — dix ans. A decem annis è vità cessit.
死了十年 Sè leaŏ chĕ niēn. ‖ — le 1ᵉʳ dimanche de
l'Avent jusqu'aux Rois les noces sont interdites. Nuptia-
rum solemnia ab adventu ad Epiphaniam prohibentur.
從將臨主日起至三王來朝止嚴禁婚姻酒席
Tsŏng tsiāng lìn tchoŭ jĕ kỷ tchĕ sān ouāng laỷ tchaŏ
tchĕ niēn kín hoŭen ỷn tsieoŭ sỷ. ‖ On ne l'a pas
vu —. Ab eo tempore non comparuit. 從那時不在了
Tsŏng lá chĕ poŭ tsaỷ leaŏ. ‖ — peu. Proximé. 不久
Poŭ kieoŭ. ‖ — quand? Quam dudum? 有好久 Yeoŭ
haŏ kieoŭ. ‖ — longtemps. Jam —. 多久 Tō kieoŭ.

DÉPURER, v. a. Defæcāre. 去渣 Kiŭ tchā.

DÉPUTÉ, s. m. (en général.) 代辦 Taỷ piĕn. ‖ —. Lega-
tus regalis. 欽差 Kiū tcháỷ.

DÉPUTER, v. a. Legāre. 打發 Tă fă.

DÉRACINER, v. a. Eradicāre. 拔根 Pă kēn. ‖ — les
mauvaises herbes. Erad. herbas. 除草 Tchoŭ tsaŏ.
‖ — les vices. Vitia exstirpāre. 改過失 Kaỷ kó
chĕ.

DÉRAISONNABLE, adj. Ratione aversus. 不通理的 Poŭ
tōng lỷ tỷ. ‖ Amour —. 偏愛 Piēn gaỷ.

DÉRAISONNER, v. a. Loqui ineptè. 說不合理的話
Chŏ poŭ hŏ lỷ tỷ hoá. ‖ Être —. Rationi non parĕre.
合不理 Poŭ hŏ lỷ.

DÉRANGÉ, ÉE, adj. Dissolutus. 無規矩的 Oŭ koŭy
kiù tỷ.

DÉRANGER, v. a. Pervertĕre. 亂 Loúan. ‖ — les objets.
Res turbāre. 亂事 Loúan sé. ‖ — les projets. Consilia
perturbāre. 敗謀 Paỷ mŏng. ‖ Avoir l'estomac —.
Stomachus solutior. 胃口不合 Oúy keŏu poŭ hŏ. ‖
Avoir l'esprit —. Devius animus. 明悟亂 Mĭn oú
loúan.

DÉRÉGLÉ, ÉE, adj. Effrenatus, dissolutus. 放肆的人 Fáng
sè tỷ jĕn. ‖ Passions —. Effrenata cupiditas. 私欲 Sē
yŏu. ‖ —, c.-à-d. sans ordre. Inordinatus. 無次序
Oŭ tsé siú.

DÉRÉGLEMENT, s. m. Dissolutio, onis, f. 無規矩 Oŭ
koŭy kiù, ou 過分 Kó fēn.

DÉRÉGLER, v. a. Turbāre. 亂 Loúan. ‖ L'horloge se —.
Non rectè ambulat horolog. 鐘走不一 Tchōng tseoŭ
poŭ ỷ. ‖ Le temps se —. ‖ Discurrit tempus. 天氣
變了 Tiēn kỷ piĕn leaŏ. ‖ Son pouls se —. Inæquale
pulsat vena. 脉亂了 Mŏ loúan leaŏ. ‖ Avoir des
mœurs —. Perditis esse moribus. 行為不好 Hìn
oŭy poŭ haŏ.

DÉRIDER, v. a. Erugāre. 熨平 Yŭn pĭu. ‖ — (ôter les
plis). Erugāre. 去摺子 Kiŭ tsĕ tsè, ou 去縐紋
Kiŭ tsŏng oŭen. ‖ — le front. Erugare frontem alicujus.
兜人喜歡 Teōu jĕn hỷ hoŭan.

DÉRISION, s. f. Irrisio, onis, f. 欺笑 Kỷ siaŏ. ‖ Tour-
ner en —. Aliq. deridĕre. 欺笑人 Kỷ siaŏ jĕn.
Être tourné en —. Irrisui esse. 受欺笑 Cheóu kỷ
siaŏ. ‖ Faire par —. Per deridiculè facĕre. 做事笑人
Tsoŭ sé siaŏ jĕn. ‖ En — du bon sens. Contrà rationem.
全不合理 Tsŭen poŭ hŏ lỷ.

DÉRIVER, v. a. Derivāre. 所從 Sŏ tsŏng, ou 原來
Yuēn laỷ. ‖ — des eaux. Aquas —. 引水 Ỷn choŭy.
‖ Le mal — de là. Indè mali labes. 風俗從此壞了
Fōng sioŭ tsŏng tsè houáy leaŏ.

DERME, s. m. Cutis, is, f. 網皮 Oŭang pỷ.

DERNIER, ÈRE, adj. Ultimus. 在尾的 Tsaỷ oŭy tỷ. ‖
— jour de la vie. — vitæ dies. 死期 Sè kỷ. ‖ Rendre
les — devoirs à un mourant. Alic. suprema solvĕre.
扶助臨終 Foŭ tsoŭ lìn tchōng. ‖ Rendre les — de-
voirs à un parent mort. Parentāre —. 與親出殯

Yù tsīn tchŏu pĭn. ‖ Mettre la — main à un ouvrage. *Operi manum extrem. admovēre.* 完全工夫 Oûan tsŏen kōng foŭ. ‖ Au — mot, cent taëls. *Habe tibi centum taelia.* 要一百銀子莫得少的 Yáo ў pě ȳn tsè mŏ tě chaò tỷ. ‖ L'année —. *Elapso anno.* 年去 Kiǔ nièn. ‖ Du — ridicule. *Admod. ridiculus.* 狠兜人笑 Hèn teŏu jèn siáo. ‖ Les — de la ville. *Plebecula —.* 小戶人家 Siào hoú jèn kiā. ‖ En lieu. *Novissime.* 纔 Tsáy, ou 終 Tchōng. ‖ Pour la — fois. *Supremò.* 這一囘煞角 Tchě ў hoûy châ kŏ. ‖ N'avoir jamais le —. *Cedĕre nescìus.* 不會讓 Poŭ hoúy jáng.

**DERNIÈREMENT**, adv. *Nuperrimè.* 纔 Tsáy, ou 不久 Poŭ kieŏu.

**DÉROBÉ, ÉE**, adj. *Subreptus.* 暗偷的 Gán teŏu tỷ. ‖ Heures —. *Subcisiva tempora.* 偷空的時候 Teŏu kóng tỷ chē heóu. ‖ Escalier —. *Occultæ scalæ.* 暗梯子 Gán tỷ tsè.

**DÉROBÉE (À LA)**, loc. adv. *Clàm.* 偷悄 Tsiăo tsiăo, ou 暗暗的 Ngán ngán tỷ. ‖ Voir à la —. *Furtim aspicĕre.* 偷看 Teŏu kán.

**DÉROBER**, v. a. *Furāri.* 偷 Teŏu. ‖ — de l'argent à son père. *Patris pecuniam —.* 拿父母的銀子 Lá foú moù tỷ ȳn tsè. ‖ Se — au châtiment. *Pœnam fugĕre.* 逃刑 Táo hìn. ‖ Se — à la poursuite. *Insequentem vitāre.* 避人追趕 Pý jèn tchoŭy kàn.

**DÉROGER**, v. n. *Derogāre.* 改 Kaỷ, ou 免 Mièn.

**DÉROUILLER**, v. a. *Rubig. auferre.* 擦銹 Tchǎ sieŏu. ‖ — quelqu'un. *Edocēre aliq.* 敎禮信 Kiáo lỷ sín. ‖ Se —. *Ruris squalor. detergĕre.* 學見識 Hiŏ kién chě.

**DÉROULER**, v. a. *Evolvĕre.* 打開 Tà kǎy.

**DÉROUTE**, s. f. *Clades, is, f.* 敗 Paý. ‖ Mettre en —. *Hostes fundĕre.* 敗賊子 Paý tsè tsè. ‖ Ses affaires sont en —. *Fortuna eversa est.* 生意要倒 Sēn ў yáo taò. ‖ Mettre en — quelqu'un. *Alic. linguam occludĕre.* 問窮他 Oúen kiōng tǎ.

**DÉROUTER**, v. a. *A rectá viâ avertĕre.* 壞敗人 Houáy paý jèn. ‖ — les projets de quelqu'un. *Consilia evertĕre.* 敗人之謀 Paý jèn tchē mōng.

**DERRIÈRE**, prép. *Post.* 後頭 Heóu teŏu. ‖ — le mur. *Post parietem.* 在壁後 Tsaý pý heóu. ‖ Les mains — le dos. *Retortis tergo brachiis.* 背搂 Peý tsièn. ‖ Laisser quelqu'un loin — soi. *Superāre aliq.* 跑過人 Pǎo kó jèn.

**DERRIÈRE**, adv. *Ponè, retrò.* 後 Heóu. ‖ Regarder par —. *Respicĕre.* 囘頭看 Hoŭy teŏu kán. ‖ Parler mal de quelqu'un par —. *Clanculùm alicui detrahĕre.* 背地 說人的是非 Peý tý chŏ jèn tỷ ché féy. ‖ Marcher par —. *Vestigia ponè legĕre.* 跟隨 Kēn soŭy.

**DERRIÈRE**, s. m. *Tergum, i, n.* 背 Peý. ‖ — du théâtre. *Postcœnium.* 采樓 Tsǎy leóu. ‖ Porte de —. *Posticum.* 後門 Heóu mēn. ‖ — (les fesses). *Nates.* 股 Koù.

**DÈS**, prép. Dès la naissance. *Ab ortu.* 從生 Tsōng sēn. — la première lune. *A primá lunâ.* 從正月 Tsōng tchēn yuě. ‖ — à présent. *Nunc.* 如今 Joŭ kīn. ‖ — à présent je veux me convertir. *Nunc volo converti.* 我從今要改過 Ngò tsōng kīn yáo kaỷ kó. ‖ — lors il voulait. *Jam tùm furabatur.* 從那時他就在偷 Tsōng lá chē tǎ tsieóu tsáy teŏu. ‖ — que j'ai reçu la lettre. *Ut recepi epistolam.* 我一接了信 Ngò ў tsiě leào sín. ‖ — que. *Siquidem.* 因爲 Ȳn oúy.

**DÉSABUSER**, v. a. *Ab errore avertĕre.* 解惑 Kiăy houáy. ‖ Se —. *Errorem deponĕre.* 知道錯了 Tchē táo tsŏ leào. ‖ Être — des vanités du monde. *Abhorrēre à vanitatibus mundi.* 看薄世俗 Kán pŏ ché sioŭ.

**DÉSACCORD**, s. m. *Vox discordans.* 聲音不合 Chēn ȳn poŭ hŏ.

**DÉSACCOUTUMER**, v. a. *Consuetud. abducĕre.* 改規矩 Kaỷ koŭy kiù. ‖ Être —, ou se —. *A re desuefieri.* 改規矩 Kaỷ koŭy kiù.

**DÉSAGRÉABLE**, adj. *Injucundus.* 不中意 Poŭ tchóng ý tỷ. ‖ — au goût. *Insuavis.* 不好噢 Poŭ hào tchě. ‖ — à l'odorat. *Malè olens.* 氣味不好 Kỷ oúy poŭ hào. ‖ — à l'oreille. *Absonus.* 不好聽 Poŭ hào tín. ‖ —. *Molestus.* 囉唆的 Lŏ sō tỷ jèn.

**DÉSAGRÉMENT**, s. m. *Molestia, æ, f.* 囉唆 Lŏ sō.

**DÉSALTÉRER**, v. a. *Sitim sedāre.* 止渴 Tchè kŏ.

**DÉSANCRER**, v. a. *Anchor. solvĕre.* 收錨 Cheōu maŏ.

**DÉSAPPOINTEMENT**, s. m. *Deceptio, onis, f.* 失意 Chě ý, ou 失志 Chě tché.

**DÉSAPPOINTER**, v. a. *Stipend. auferre.* 罰俸 Fǎ fóng. ‖ — (molester). *Vexāre.* 磋磨 Tsō mŏ. ‖ Être —. *Decipi.* 失其本望 Chě kỷ pèn oúang, ou 受磋磨 Cheóu tsō mŏ.

**DÉSAPPROPRIER (SE)**, v. p. *Sua repudiāre.* 讓理 Jáng lỷ.

**DÉSAPPROUVER**, v. a. *Improbāre.* 說不好 Chŏ poŭ haò. ‖ 點不佾 Tièn poŭ cháng. ‖ 不合人意 Poŭ hŏ jēn ý.

**DÉSARÇONNER**, v. a. *Equitem excutĕre.* 抽下馬來 Tcheōu hiá mà laý.

**DÉSARMER**, v. a. *Arma detrahĕre.* 收軍器 Cheōu kiūn kỷ. ‖ — la colère de quelqu'un. *Iram sedāre.* 息怒 Sỷ loú. ‖ — (se rendre). *Arma ponĕre.* 投降 Teŏu kiáng. ‖ Être —. *Sine armis esse.* 無軍器 Oŭ kiūn kỷ.

**DÉSARROI**, s. m. *Perturbatio, onis, f.* 搞亂 Kaŏ louán. ‖ Cette famille est en —. *Hæc familia eversa est.* 這一 家纔敗 Tchě ў kiā tsáy paý.

**DÉSASTRE**, s. m. *Calamitas, atis, f.* 患難 Houán lán. ‖ Essuyer un —. *Affligi —.* 受患難 Cheóu houán lán.

DÉSATTELER, v. a. *Disjungĕre equos.* 綳馬 Siĕ mà.

DÉSAVANTAGE, s. m. *Damnum, i, n.* 害 Haý, ou 虧 koúy. ‖ A notre —. *Nostro incomm.* 我們喫虧 Ngò mên tchĕ̊ koúy. ‖ Parler au — de quelqu'un. *Famœ alic. detrahĕre.* 壞人名聲 Hoúay jên mìn chēn.

DÉSAVANTAGEUX, SE, adj. *Incommodus.* 不方便 Poŭ fāng pién. ‖ Concevoir une opinion — de quelqu'un. *De aliquo non benè sentire.* 冒判人 Máo pán jên. ‖ A des conditions —. *Iniquis conditionibus.* 喫虧 Tchĕ̊ koúy.

DÉSAVEUGLER, v. a. *Errorem excutĕre.* 提醒 Tý̆ sìn, ou 解惑 Kiày houày.

DÉSAVOUER, v. a. *Denegāre.* 不認 Poŭ jén. ‖ — un ordre, un mandat. *Mandatum —.* 不認他命了 Poŭ jén tā̆ mín leào.

DESCENDANCE, s. f. *Propago, inis, f.* 後代 Heóu táy.

DESCENDANTS, s. m. *Posteri, orum, m.* 後人 Heóu jên. ‖ — de la famille impériale. *Regales —.* 金枝玉葉 Kīn tchĕ yù yĕ̆.

DESCENDRE, v. n. *Descendĕre.* 下 Hiá. ‖ — de cheval. *Ex equo —.* 下馬 Hiá mà. ‖ — une chose. *Detrahĕre aliq.* 拿下來 Lâ hiá laỷ. ‖ Le mal — au ventre. *In ventr. desc. morbus.* 病入胸懷 Pín joŭ hiōng houày. ‖ Sa chevelure — jusqu'au talon. *Coma ad calceos descendit.* 頭髮吊齊脚 Teŏ̊u fă̆ tiáo tsý̆ kiŏ̊. ‖ — dans un pays. *Irrumpĕre in.* 殺奔外國 Chă̆ pên ouáy kouĕ̊. ‖ — tirer son origine. *Originem ducĕre.* 原來 Yuên laỷ. ‖ — de Confucius. *A Confucio genus —.* 他是孔子的後人 Tā̆ chĕ kòng tsĕ tỷ̆ heóu jên. ‖ — l'escalier. *Gradib. descend.* 下梯子 Hiá tý̆ tsĕ̆. ‖ L'Empereur — du trône. *Thronum imper. relinquit.* 皇帝降了寶座 Hoâng tý̆ kiáng leào paò tsó.

DESCENTE, s. f. *Hernia, œ, f.* 病氣 Chán ký̆.

DÉSEMPARER, v. a. *Locum deserĕre.* 丢一个地方 Tiēou ỷ kó tý̆ fāng. ‖ Sans —. *Sine interruptione.* 不斷 Poŭ toúan.

DÉSENCHANTER, v. a. *Incantamentum solvĕre.* 破邪法 Pó̆ siĕ̊ fă̆.

DÉSENFLER, v. n. *Detumescĕre.* 消腫 Siāo tchòng.

DÉSENIVRER, v. a. *Ebrietatem discutĕre.* 醒酒 Sìn tsieŏ̊u.

DÉSENNUYER, v. a. *Tœdium levāre.* 散悶 Sán mén. ‖ Se —. *Animum relaxāre.* 放心 Fàng sīn.

DÉSERT, s. m. *Desertum, i, n.* 壙野 Kouáng yĕ̆.

DÉSERTER, v. a. *De loco migrāre.* 搬家 Pān kiā. ‖ —. *Fugĕre.* 逃 Tâo. ‖ — à l'ennemi. *Transfugĕre.* 投敵 Teŏ̊u tý̆.

DÉSESPÉRÉ, ÉE, adj. *Feré perditus.* ‖ — (irrémédiable). *Absque remedio.* 了不得 Leào poŭ tĕ̊. ‖ — (furieux). *Amens.* 狂猛 Kouâng móng.

DÉSESPÉRER, v. a. *Spem perdĕre.* 失望 Chĕ̊ ouáng. ‖ — de ses affaires. *Diffidĕre rebus suis.* 生意莫得望頭 Sēn ý̆ mŏ̊ tĕ̊ ouáng teŏ̊u. ‖ — quelqu'un. *Aliq. desper. afficĕre.* 兜人失望 Tēou jên chĕ̊ ouáng. ‖ — d'un malade. *Salutem œgri desperāre.* 病人無救 Pín jên oû kiéou.

DÉSESPOIR, s. m. *Desperatio, onis, f.* 失望 Chĕ̊ ouáng ‖ Être au — de. *Ægré ferre.* 難當 Lân tāng.

DÉSHABILLER (SE), v. r. *Vestes deponĕre.* 脫衣服 Tŏ̊ ỷ foŭ.

DÉSHONNÊTE, adj. *Fœdus, turpis.* 不合理 Poŭ hŏ̊ lỷ. ‖ Paroles —. *Inhonesta verba.* 邪淫的話 Siĕ̊ ўn tỷ̆ hoá, ou 醜話 Tcheŏ̊u hoá.

DÉSHONNEUR, s. m. *Dedecus, oris, n.* 醜事 Tcheŏu sé. ‖ En causer. *Dedecore afficĕre.* 傷臉 Chāng lièn.

DÉSHONORER, v. a. *Ignomin. afficĕre.* 壞人名聲 Hoúay jên mìn chēn. ‖ — sa famille. *Labem in fam. linquĕre.* 敗門風 Páy mên fōng, ou 壞門面 Hoúay mên mién. ‖ — une fille. *Stuprum virgini inferre.* 強姦童女 Kiâng kiēn tòng niù. ‖ Se —. *Dedecus admittĕre.* 壞自己的門面 Hoúay tsé ký̆ tỷ̆ mên mién.

DÉSIGNÉ, ÉE, part. *Statutus.* 定了的 Tín leào tỷ̆.

DÉSIGNER, v. a. *Designāre.* 打記 Tà ký̆. ‖ — chacun en particulier. *Singulos notāre.* 點人 Tièn jên. ‖ — du doigt. *Digito designāre.* 指 Tchĕ̊.

DÉSINFECTER, v. a. *Purgāre.* 除殯氣 Tchŏ̊u tcheŏ̊u ký̆.

DÉSINTÉRESSÉ, ÉE, adj. *A lucro aversus.* 無私 Oû sē, ou 無我 Oû ngŏ̊. ‖ Être —. *Suis commodis nullatenùs inservire.* 無私 Oû sē, ou 無我 Oû ngŏ̊. ‖ Juge —. *Judex incorruptus.* 清廉的官 Tsīn liên tỷ̆ kouān, ou 不受賄的官 Poŭ cheóu hoúy tỷ̆ kouān. ‖ Agir d'une manière —. *Nihil utilitate suá metiri.* 做事不圖己利 Tsóu sé poŭ toû ký̆ lỷ̆.

DÉSIRER, v. a. *Cupĕre.* 願 Yuén, ou 貪想 Tān siàng. ‖ — le bien d'autrui. *Aliena appetĕre.* 貪他人之物 Tān tā̆ jên tchĕ oŭ. ‖ — les honneurs. *Honores —.* 貪功名 Tān kōng mîn. ‖ — la mort prématurée de quelqu'un. *Maturam alicuj. mortem optāre.* 願人早死 Yuén jên tsào sè. ‖ Avoir tout ce qu'on —. *Votorum omnium esse compos.* 萬事如意 Ouán sé joŭ ý̆.

DÉSISTER (SE), v. pron. *Negotium deponĕre.* 丢主意 Tiēou tchoù ý̆, ou 不做 Poŭ tsóu. ‖ — de son projet. *A cœpto desistĕre.* 丢主意 Tiēou tchoù ý̆.

DÈS LORS, adv. *Ex eo tempore.* 從那時 Tsóng lá chê, ou 就 Tsiéou.

DÉSOBÉISSANCE, s. f. *Inobedientia, œ, f.* 不聽命 Poŭ tín mín.

DÉSOBÉIR, v. a. *Inobedire.* 不聽命 Poŭ tín mín.

DÉSOBLIGER, v. a. *Aliq. offendĕre.* 得罪人 Tĕ̊ tsoúy jên.

DÉSOCCUPÉ, ÉE, adj. *Otiosus.* 空閒的 Kóng hiên tỷ.
DÉSŒUVRÉ, ÉE, adj. *Otiosus.* 空閒的 Kóng hiên tỷ.
DÉSOLANT, E, adj. *Acerbus.* 不吉的 Poŭ kỷ tỷ.
DÉSOLER, v. a. *Vastāre.* 搶 Tsiǎng. || — . *Aliq. mœrore afficĕre.* 兜人憂氣 Teŏu jên yeŏu kỷ. || Être —. *Esse affectus.* 憂氣 Yeŏu kỷ. || Être — (ravagé). *Vastāri.* 搶了的地亢 Tsiǎng leaò tỷ tỷ háng. || Se —. *Affici mœrore.* 憂氣 Yeŏu kỷ, ou 哭 Koŭ.
DÉSOPILER, v. a. *Obstantia pellĕre.* 消氣 Siao kỷ.
DÉSORDONNÉ, ÉE, adj. *Inordinatus.* 亂的 Loùan tỷ. || —. *Moribus dissolutus.* 放肆 Fáng sé.
DÉSORDRE, s. m. *Confusio, onis, f.* 亂亂的 Loùan loùan tỷ. || Armée en —. *Acies inordinata.* 散敗的軍 Sán páy tỷ kiūn. || Mettre en —. *Turbāre omnia.* 亂事 Loùan sé, ou 顛倒 Tiēn taò. || Vivre dans le —. *Impurè vivĕre.* 放縱私慾 Fáng tsóng sē yŏu. || Livré à tous les —. *Omnibus vitiis deditus.* 無所不爲 Oŭ sò poŭ oŭy. || Cacher ses —. *Flagitia occultāre.* 隱惡 Ỷn ngó. || Le vin est la source de bien des —. *Dat vinum ad culpam causas.* 多少的罪從酒來 Tō chaò tỷ tsoúy tsŏng tsieòu laý.
DÉSORIENTER, v. a. *Turbāre aliq.* 顛倒人 Tiēn taò jên. || Être —. *Turbatus esse.* 顛倒人 Tiēn taò jên, ou 無路 Oŭ loú.
DÉSORMAIS, adv. *Posthāc.* 後來 Heóu laý
DÉSOSSER, v. a. *Exossāre.* 取骨 Tsiŭ koŭ, ou 提骨頭 Tỷ koŭ teŏu.
DÉSOURDIR, v. a. *Redordiri.* 退線 Toúy sién.
DESPOTIQUE, adj. *Imperiosus.* 橫人 Houên jên, ou 不屬管 Poŭ choŭ kouàn.
DESSAISIR (SE), v. r. *A se amittĕre.* 讓 Jáng. || — en faveur de quelqu'un. *Alic. re cedĕre.* 讓與人 Jáng yù jên.
DESSALER, v. a. *Salsa aquā macerāre.* 退鹽 Toúy yên. || — les viandes. *Salsas carnes aquā macerāre.* 洗肉上的鹽 Sỷ joŭ cháng tỷ yên.
DESSANGLER, v. a. *Equi cingulam solvĕre.* 鬆肚帶 Sōng toú táy.
DESSÉCHER, v. a. *Exsiccāre.* 晒乾 Cháy kān. || Les veilles — le corps. *Attenuant corpus vigiliœ nocturnœ.* 遨夜虧人 Gaò yé koúy jên. || Homme —. *Macie torridus.* 瘦得狠 Seóu tĕ hên. || Se —. *Arescĕre.* 乾 Kān. || — de douleur. *Dolore tabescĕre.* 痛瘦了 Tŏng seóu leaò.
DESSEIN, s. m. *Consilium, ii, n.* 主意 Tchoŭ ý, ou 意思 Ý sē. || Former un —. *Capĕre —.* 立主意 Lỷ tchoŭ ý, ou 打主意 Tà tchoŭ ý. || Avoir de grands —. *Magna moliri.* 大謀事 Mŏng tá sé, ou 度量大 Toú leáng tá. || Cacher son —. *Occultāre consilia.* 不說自已的主意 Poŭ chŏ tsé kỷ tỷ tchoŭ

ý. || Pénétrer les —. *Mentem alic. introspicĕre.* 猜人的主意 Tsāý jên tỷ tchoŭ ý. || Les éventer. *Detegĕre consilia aliorum.* 露人的 Loú jên tỷ. || Les arrêter. *Obsistĕre consil.* 敗人之謀 Páy jên tchē mŏng. || Les prévenir. *Antevenīre —.* 先謀 Siēn mŏng. || Les renverser. *Confringĕre.* 敗人之謀 Páy jên tchē mŏng. || Changer de —. *Mutāre.* 改主意 Kaỷ tchoŭ ý. || Quitter un —. *Omittĕre.* 改主意 Kaỷ tchoŭ ý. || A —. *Data operā.* 故意 Koú ý, ou 特意 Tĕ ý. || Sans —. *Inconsultò.* 沒有安心 Moŭ yeŏu gān sīn. || A quel —? *Cur?* 麼甚意思 Chén mò ý sē. || — (projet, idée). *Cogitatio.* 想 Siàng.

DESSELLER, v. a. *Detrahĕre sellam.* 下馬鞍 Hiá mà gān.

DESSERRE, s. f. *Tenax esse.* 手緊 Cheòu kìn.

DESSERRER, v. a. *Relaxāre.* 放鬆 Fáng sōng. || N'oser — les dents. *Non audēre prof. verb.* 不敢說話 Poŭ kàn chŏ hoá.

DESSERT, s. m. *Bellaria, orum, n.* —. *More sinico.* 上席果品 Cháng sỷ kò pìn. || —. *More europœo.* 飯後果品 Fán heóu kò pìn.

DESSERVIR, v. a. *Mensas auferre.* 徹席 Tchĕ sỷ. || — quelqu'un. *Officia malā conferre.* 害人 Háy jên. || — auprès du mandarin. *Abalienāre volunt. præf.* 進纔言 Tsín tsăy yên. || — la table. *Tollĕre mensam.* 收席 Cheōu sỷ.

DESSILLER, v. a. *Aperire oculos alic.* 開眼睛 Kāy yên tsīn. || — (au figuré). *Errorem eripĕre alic.* 提醒 Tỷ sìn.

DESSIN, s. m. *Graphis, idos, f.* 畵藝 Hoá lý. || — en gros (modèle). *Generalis adumbratio.* 畵樣子 Hoá yáng tsè, ou 稿子 Káo tsè.

DESSINER, v. a. *Delineāre.* 畵稿子 Hoá káo tsè.

DESSOLER, v. a. *Equo soleam pedis demĕre.* 去馬蹄子 Kiŭ mà tỷ tsè.

DESSOUDÉ, part. *Solutus ferrumine.* 釬口開了 Hán keŏu kăy leaò.

DESSOUDER, v. a. *Ferrumin. dissolvĕre.* 退釬 Toúy hán, ou 開釬口 Kăy hán keŏu.

DESSOUS, adv. *Infrà.* 底下 Tỷ hiá. || Creuser par —. *Suffodĕre.* 挖底下 Oŭa tỷ hiá. || Lier par —. *Subligāre.* 綑下邊 Koŭen hiá piēn. || Mettre tout sans dessus —. *Turbāre omnia.* 顛倒 Tiēn taò.

DESSOUS, prép. *Subter, infrà.* 下頭 Hiá teŏu. || Regarder quelqu'un comme au — de soi. *Judicāre infrà se. Inferior discedĕre.* 想他在我下 Siàng tā tsăy ngò hiá. || Avoir le —. 敗 Páy, ou 輸 Choū.

DESSUS, adv. *Suprà.* 上頭 Cháng teŏu.

DESSUS, prép. *Super.* 上 Cháng. || En —. *Suprà.* 上頭 Cháng teŏu. || Être à table au — de quelqu'un.

*Suprà aliq. accumbĕre.* 坐上席 Tsó cháng sỹ̆. ‖ Prendre le —. *Superiùs sedēre.* 上坐 Cháng tsó. ‖ Aù — des autres. *Aliìs superior esse.* 勝過人 Chēn kó jēn. ‖ Cela est au — de l'intelligence. *Hoc superat captum.* 人的明悟想不到 Jēn tỳ mìn oú siàng poŭ tào. ‖ Se mettre au — des affronts. *Injurias despuĕre.* 不怕凌辱 Poŭ pǎ lìn joŭ. ‖ Se croire au — des autres. *Neminem præ se ducĕre.* 目中無人 Moŭ tchōng oū jēn. ‖ La chose est au — de mes forces. *Res superat vires.* 超過力量 Tchaō kó lỳ leáng. ‖ Sans — dessous. *Confusè.* 混亂 Hoĕn louán. ‖ Là — Intereà. 時那 Lá chê. ‖ Ci —. *Suprà* —. 先 Siēn. ‖ Par — tout. *Præsertìm.* 頭一宗 Toŭ ỳ tsōng. ‖ Par — (outre). *Prætereà* —. 另外 Lín ouáy. ‖ Le — d'une lettre. *Epist. inscriptio.* 書信封號 Choū sìn fōng haó. ‖ Avoir le —. *Superāre alios.* 勝過人 Chēn kó jēn. ‖ Le — 上面 Cháng mién.

**DESTIN,** s. m. *Fatum, i, n.* 天命 Tiēn mín, ou 運氣 Yùn kỳ. ‖ — malheureux. — *miserĕre.* 薄命 Pǒ mín. ‖ Tout vient de lui : vie, mort, honneurs, richesses. Prov. *A fato omnia veniunt.* 生死有命；富貴在天 Sēn sè yeoù mín; foú koúy tsáy tiēn.

**DESTINATION,** s. f. *Destinatio, onis, f.* 定的本分 Tín tỳ pèn fén. ‖ La donner à quelqu'un. *Mittĕre aliq. in loco designato.* 定他走謀方地 Tín tā' tseoù móng tỳ fāng.

**DESTINÉE,** s. f. *Fatum, i, n.* 天命 Tiēn mín, ou 志向 Tchè hiáng. ‖ Plaindre sa —. *queri* 怨天 Yuèn tiēn. ‖ Faire sa —. *Fato concedĕre.* 死 Sè.

**DESTINER,** v. a. *Destināre.* 定 Tín. ‖ —. *Consil. inire.* 打主意 Tà tchoŭ ý.

**DESTITUÉ, ÉE,** adj. et part. *Privatus.* 沒有 Mô yeoù. ‖ — de tout secours. *Ab omni auxilio destitutus.* 無靠望處 Oū kaó ouáng tchoŭ.

**DESTITUER,** v. a. *Deponĕre.* 貶職 Pièn tchē. 革官 Kĕ kouān.

**DESTRUCTION,** s. f. *Exitium, ii, n.* 毀 Hoùy, ou 折 tsĕ. ‖ Méditer la — de la ville. *De urbis interitu cogitāre.* 謀殺人 Móng chǎ jēn.

**DÉSUÉTUDE,** s. f. *Desuetudo, ĭnis, f.* 不行 Poŭ hîn. ‖ Tomber en —. *Obsolescĕre.* 不行 Poŭ hîn.

**DÉSUNIR,** v. a. *Disjungĕre.* 打開 Tà kāy, ou 折 Tsĕ. ‖ — des amis. *Amicitias* —. 刁唆朋友 Tiāo-sō pông yeoù.

**DÉTACHEMENT,** s. m. *A re alienus.* 不貪 Poŭ tān. ‖ — des biens. *Animus à bonis alienus* —. 不貪世物 Poŭ tān chè oŭ. ‖ — de soldats. *Lecta militum manus.* — 隊兵 Ỳ toúy pīn.

**DÉTACHER,** v. a. *Solvĕre.* 解 Kiày, ou 放下 Fáng hiá. ‖ — quelqu'un d'une opinion. *Opin. evellĕre.* 勸人改

主意 Kiuĕn jēn kày tchoù ý. ‖ Se — du monde. *Mundo renuntiāre.* 棄世俗 Ký ché sioŭ. ‖ Se — de quelqu'un. *Animum ab amore alicuj. avocāre.* 失和氣 Chĕ-hô kỳ. ‖ Se — et tomber. *Exsolvi et cadĕre.* 脫了落下來 Tŏ leào lŏ hiá laỳ.

**DÉTACHER,** v. a. *Maculas eluĕre.* 洗污穢 Sỳ oū oúy.

**DÉTAIL,** s. m. *Res in specie.* 零榉 Lín soùy. ‖ Vendre en —. *Res singillatim vendităre.* 零賣 Lín maý. ‖ — (les particularités). *Res singulæ.* 一件二件 Ỳ kién eùl kién. ‖ En —. *Singulatìm.* 一各一名 Ỳ kó ỳ kŏ, ou 細細的 Sý sý tỳ. ‖ Dire en —. *Particulatìm dicĕre.* 細細的說 Sý sý tỳ chŏ. ‖ Sans —. *Summatim.* 一共 Ỳ kóng. ‖ Interroger en —. *Minut. interrogāre.* 下細問 Hiá sý oúen. ‖ Revoir un compte en —. *Singula recensēre.* 各算各 Kó soúan kó.

**DÉTALER,** v. a. *Merces colligĕre.* 收貨物 Cheōu hó oŭ. ‖ — (fuire). *Fugĕre.* 跑去 Pǎo kiŭ.

**DÉTEINDRE,** v. a. *Decolorāre.* 退色 Toŭy sĕ. ‖ Se —. *Colorem amittĕre.* 敗色 Paý sĕ.

**DÉTENDRE,** v. a. *Remittĕre.* 放下 Fáng hiá, ou 鬆 Sóng. ‖ — un arc. — *arcum.* 放弓 Fáng kōng. ‖ — son esprit. *Animum laxāre.* 放心 Fáng sīn.

**DÉTENIR,** v. a. *Retinēre aliena.* 不還他人之物 Poŭ hoūan tā' jēn tchē oŭ. ‖ — quelqu'un en prison. *In carcĕre servāre.* 收人在監一頭 Cheōu jēn tsáy kiēn ỳ teōu, ou 監禁 Kiēn kín.

**DÉTENTE,** s. f. *Lingula, æ.* 火起了 Hŏ kỳ leào.

**DÉTÉRIORER,** v. a. *Deterius facĕre.* 更不好 Kén poŭ haò, ou 壞 Houáy.

**DÉTERMINATION,** s. f. *Propositum, i, n.* 定了主意 Tín leào tchoù ý.

**DÉTERMINÉ, ÉE,** adj. *Statutus.* 定了 Tín leào. ‖ Temps —. *Statutum tempus.* 定了的時侯 Tín leào tỳ chē heóu. ‖ — (hardi). *Audax.* 膽子大的人 Tàn tsè tá tỳ jēn.

**DÉTERMINER,** v. a. *Statuĕre.* 定 Tín. ‖ — (faire un dessein). *Propositum inire.* 立志 Lỳ tchē. ‖ — une règle. *Regulam* —. 定規矩 Tín koūy kiù. ‖ — quelqu'un ébranlé déjà. *Labantem impellĕre.* 佑倒他肯 Koù taò tā' kĕn. ‖ — (destiner à). *Assignāre.* 定為 Tín oúy. ‖ Se —. *Consilium inire.* 打主意 Tà tchoŭ ý. ‖ Homme qui se — difficilement. *Hæsitans.* 莫主張的人 Mŏ tchoù tchāng tỳ jēn. ‖ Un —. *Audax.* 大胆人 Tá tàn jēn.

**DÉTERRER,** v. a. *È terrâ eruĕre.* 挖起來 Oūa kỳ laý. ‖ — quelque chose de caché. *Aliq. invenīre.* 撿東西 Kièn tōng sỳ.

**DÉTESTABLE,** adj. *Detestabilis.* 可恨的 Kŏ hén tỳ.

**DÉTESTER,** v. a. *Detestāri.* 恨 Hén. ‖ — ses péchés. — *peccata.* 恨罪 Hén tsoúy.

DÉTONER, v. n. *Detonāre.* 打響 Tà hiàng.
DÉTONNER, v. n. *A tono discedĕre.* 不合韻 Poŭ hŏ yùn.
DÉTORDRE, v. a. *Intorta detorquĕre.* 回㯢 Hoŭy sién.
DÉTOUR. s. m. *Anfractus, ûs, m.* 彎子 Oūan tsè. ǁ Faire un —. *A via deflectĕre.* 走繞路 Tseòu jâo loú. — (prétexte). *Prætextus.* 推諉 Toŭy oùy. ǁ User de —. *Uti circuitione.* 推故 Toŭy koú.
DÉTOURNER, v. a. *Avertĕre.* 掉開 Tiǎo kǎy, ou 反過來 Fàn kó laỹ. ǁ — quelqu'un du chemin. *Extrá viam deducĕre.* 指錯路 Tchè tsŏ loú. ǁ — un habit. *Invertĕre vestem.* 翻個衣服 Fān kó ў foŭ. ǁ — les yeux. *Oculos reflectĕre.* 掉開眼睛 Tiǎo kǎy yèn tsīn. ǁ — un coup. *Ictum vitāre.* 避打 Pý tà. ǁ Que Dieu — ce malheur! *Quod Deus avertat!* 巴不得天主免這一事 Pā poŭ tĕ Tiēn Tchòu mièn tchĕ kó sé. ǁ — les deniers publics. *Pecun. public. in se derivāre.* 肥家入己 Feỹ kiā joŭ kỹ. ǁ — la conversation. *Sermon. alió transferre.* 改話 Kaỹ hoá. ǁ — quelqu'un du vice. *Admonēre aliq.* 勸人改過 Kŭen jên kaỹ kó. ǁ — quelqu'un de l'étude. *Avertĕre à studio.* 勸人不讀書 Kiŭen jên poŭ toŭ choū. ǁ — son esprit. *Alió cogitāre.* 想別的 Siàng piĕ tỹ. ǁ — quelqu'un de son projet. — *á proposito.* 勸人改主意 Kŭen jên kaỹ tchoù ý. ǁ Se — du chemin. *A via deflectĕre.* 走繞路 Tseòu jaŏ loú, ou 不直走 Poŭ tchĕ tseòu. ǁ Chemin —. *Devium iter.* 繞路 Jaŏ loú.
DÉTRACTEUR, s. m. *Obtrectator, oris, m.* 毀謗的人 Hoŭy páng tỹ jên.
DÉTRACTION, s. m. *Obtrectatio, onis, f.* 說人的是非 Chŏ jên tỹ chĕ fēy, ou 訕謗人 Chán páng jên.
DÉTRAQUER, v. a. *Turbāre.* 亂 Loŭan. ǁ La montre est —. *Horolog. malè procedit.* 表走不— Piǎo tseòu poŭ ў. ǁ — quelqu'un. *Ad nequitiam adducĕre.* 敗壞人 Paỹ houáy jên. ǁ Se —. *Moribus prolabi.* 起頭壞 Kỹ teŏu houáy. ǁ Esprit —. *Ingenium interversum.* 失性的 Chĕ sín tỹ.
DÉTREMPER, v. a. *Colliquefacĕre.* 泡 Páo. ǁ — (rendre liquide). *Liquidum facĕre.* 泡化 Páo hoá. ǁ — des couleurs. *Colores* —. 調顏色 Tiǎo yèn sĕ. ǁ — la chaux. *Calcem aquá macerāre.* 發石灰 Fǎ chĕ hoŭy.
DÉTRESSE, s. f. *Angustia, æ, f.* 患難 Hoŭan lán. ǁ Cri de — d'une ville assiégée. *Urbis obsessæ angustia.* 告急 Káo kỹ.
DÉTRIMENT, s. m. *Damnum, i, n.* 害 Haỹ, ou 蔚 Koŭy. ǁ En recevoir. — *pati.* 喫蔚 Tchĕ koŭy.
DÉTROIT, s. m. *Fretum, i, n.* 海山峽 Haỹ chān hiă. ǁ — des montagnes. *Montium fauces.* 山口 Chān keŏu.
DÉTROMPER, v. a. *Ab errore liberāre.* 提醒人 Tỹ sĭn jên. ǁ Se —. *Errorem deponĕre.* 認錯 Jén tsŏ.

DÉTRÔNER, v. a. *Regem expellĕre.* 奪國王的位 Tŏ koŭĕ oŭang tỹ oŭў, ou 逼走皇上 Pў tseòu hoŭang cháng.
DÉTROUSSER, v. a. *Demittĕre.* 放下 Fáng hiá. ǁ — sa robe. *Vestem deponĕre.* 放衣服 Fáng ў foŭ. ǁ — les passants. *Viatores spoliāre.* 打却過客 Tà lĕ kó kĕ.
DÉTRUIRE, v. a. *Destruĕre.* 折 Tsĕ. ǁ — une maison. *Domum evertĕre.* 折房子 Tsĕ fâng-tsè. ǁ — (ruiner). *Evertĕre.* 毀 Hoŭy. ǁ — une ville. *Urbem* —. 毀城 Hoŭy tchĕn. ǁ Vouloir — la religion. *Ruinam religionis moliri.* 要滅聖教 Yáo miĕ chén kiaó. ǁ Se —. *Perīre.* 壞 Houáy.
DETTE, s. f. *Debitum, t, n.* 賑 Tcháng, ou 債 Tchaў. ǁ Contracter des —. *Esse in alieno.* 拉賑 Lā tcháng. ǁ Recueillir une —. *Debita consectāri.* 収賑 Cheŏu tcháng. ǁ Poursuivre une —. *Urgēre nomen.* 催人還賑 Tsoŭỹ jên hoŭan tcháng. ǁ Être accablé de —. *Ære alieno obrui.* 揹賑 Peỹ tcháng. ǁ Faire remise des —. *Debit. remittĕre.* 讓賑 Jáng tcháng. ǁ Se charger des — de quelqu'un. *Æs alienum suscipĕre.* 保人的賑 Pào jên tỹ tcháng. ǁ Payer ses — *Æs alien. solvĕre.* 還賑 Hoŭan tcháng. ǁ Le fils paye les — du père; celui-ci ne connaît pas celles du fils. (Prov.) 父債子還子債父不知 Foŭ tchaỹ tsè hoŭan, tsè tchaỹ foŭ poŭ tchē.
DEUIL, s. m. *Luctus, ûs, m.* 喪 Sāng. ǁ Être en —. *Esse in* —. 居喪 Kiū sāng. ǁ — mandarinal. *Præfectorum* —. 丁憂 Tīn yeōu. ǁ — général. — *publicus.* 國服 Koŭĕ foŭ. ǁ Habits de —. *Vestes luctus.* 孝服 Hiáo foŭ. ǁ Prendre le —. *Lugubria induĕre.* 穿孝衣 Tchoūan hiáo ў. ǁ Quitter le —. — *deponĕre.* 脫孝衣 Tŏ hiáo ў. ǁ Mener le —. *Funebr. pompam ducĕre.* 送喪 Sóng sāng. ǁ — (affliction). *Tristitia* —. 患難 Hoŭan lán.
DEUTO-SULFATE DE CUIVRE, s. m. 胆礬 Tàn fân.
DEUX, adj. *Duo.* 二 Eùl. 兩個 Leàng kó. — 對 ў toŭў. ǁ — à deux. *Bini.* 兩个兩个的 Leàng kó leàng kó tỹ, ou — 對一對的 ў toŭў ў toŭў tỹ. ǁ Aucun des —. *Neuter.* 兩个都不 Leàng kó toū poŭ. ǁ Tous —. *Ambo.* 兩个 Leàng kó. ǁ Lequel des —. *Uter.* 兩个中那一个 Leàng kó tchōng là ў kó. ǁ L'un des —. *Alteruter.* 兩个中一个 Leàng kó tchōng ў kó. ǁ N'importe lequel des —. *Uterlibet.* 不論那一个 Poŭ lén là ў kó. ǁ Qui que ce soit des —. *Utercumque.* 兩个中不論那一个 Leàng kó tchōng poŭ lén là ў kó. ǁ Qui de nous —. *Quis nostrûm.* 你我 Ngỹ ngŏ. ǁ Qui des —. *Uterlibet.* 兩个中隨便那一个 Leàng kó tchōng soŭў pién là ў kó. ǁ Des — côtés. *Ex utraq. parte.*

兩邊 Leǎng piēn. ‖ — fois. Bis. 兩回 Leàng hoùy. ‖ De — jours l'un. Alternis diebus —. 隔一天 Kě ỷ tiěn. ‖ De — en — jours. Altero quoque die —. 二天隔一天 Eùl tiēn kě ỷ tiěn. ‖ — fois autant. Bis tantùm. 加兩倍 Kiā leàng peý.

DEUXIÈME, adj. Secundus. 第二 Tý eúl. ‖ Labourer un champ pour la deuxième fois. Agrum iterāre. 犂二犂 Lý eùl lý.

DÉVALISER, v. a. Spoliāre. 打刧過客 Tǎ lě kó kě.

DEVANCER, v. a. Antecedēre. 先去 Siēn kiǔ, ou 先走 Siēn tseòu. ‖ — de deux jours. — biduō. 前兩天去 Tsiēn leàng tiēn kiǔ. ‖ — l'arrivée de quelqu'un. Præced. aliq. 先蹟 Siēn lòng.

DEVANCIER, s. m. Decessor, oris, m. 前任官 Tsiēn jén koūan.

DEVANT, s. m. Pars anterior. 前面 Tsiēn miěn. ‖ Le — de la tête. Facies —. 臉 Liěn. ‖ Le — d'une maison. — domûs. 房面 Fàng miěn.

DEVANT, adv. Anté. 前 Tsiēn, ou 先 Siēn. ‖ — les yeux. Palàm. 在面前 Tsaý miěn tsiěn. ‖ Marcher —. Præivē. 前去 Tsiēn kiǔ. ‖ Se mettre — quelqu'un en tournant le dos. Alic. tergum vertěre. 背着人 Peý tchǒ jên. ‖ Un peu —. Paulo antè. 前不遠 Tsiēn poǔ yùen. ‖ — vous. In conspectu tuo. 你跟前 Ngý kèn tsiěn, ou 你當面 Ngỳ tāng miěn. ‖ Au —. Obviam. 迎 Ýn. ‖ — Dieu. Coràm Deo. 天主台前 Tiēn-Tchoù taỷ tsiěn, ou 天主跟前 Tiēn-Tchoù kén tsiěn. ‖ — les yeux. Coràm oculis. 現前 Yěn tsiěn. ‖ Avoir de l'argent — soi. Sepositam habēre pecuniam. 有現成的銀子 Yeòu hiěn tchěn tỷ ẏn tsè. ‖ Aller au — de quelqu'un. Obviāre alic. —. 接人去 Tsiē jēn kiǔ. ‖ — d'autel. Antependium. 圍臺 Oūy taỷ. ‖ — de table. 桌圍 Tchǒ oūy.

DÉVASTATION, s. f. Vastatio, onis, f. 搶 Tsiǎng.

DÉVELOPPEMENT, s. m. Explicatio, onis, f. 講 Kiàng kiǎy. ‖ — (extension). Incrementum. 長 Tchàng.

DÉVELOPPER, v. a. Explicāre. 講 Kiàng. 解 Kiǎy. 打開 Tà kǎy. ‖ — une difficulté. Diffic. —. 解難事 Kiaỷ lán sé. ‖ Se —. Sese explicāre. 長寬 Tchǎng koūan.

DEVENIR, v. n. Evadēre. 成 Tchén. ‖ — un saint. — sanctus. 成聖人 Tchén chén jēn. ‖ — mandarin. Obtinēre præfecturam. 得了官 Tě leǎo koūan. ‖ — Fieri. 成 Tchén. ‖ — grand. Augēre. 長大 Tchǎng tǎ. ‖ — vieux. Senescěre. 老 Laǒ. ‖ Qu'est-il —? 他在那裏去了 Tǎ tsaý là lỷ kiǔ leǎo.

DÉVERGONDÉ, ÉE, adj. Impudens. 不害羞的 Poù haỷ sieōu tỷ.

DÉVERGONDER (SE), v. a. Os perfricāri. 不知羞 Poù tchē sieōu.

DEVERS, prép. Versùs. 向 Hiáng. ‖ — soi. Apud se. 在手上 Tsaý cheòu cháng.

DÉVERSER, v. a. Inclināre. 偏 Piěn. ‖ — le mépris sur quelqu'un. Aliq. in contemptum adducēre. 輕賤人 Kīh tsiēn jén.

DÉVIATION, s. f. Aberratio, onis, f. 錯 Tsǒ.

DÉVIDER, v. n. In orbem glomerāre. 挽線團 Oùan siēn toàn. ‖ — la soie écrue. Bombyces glomerāre. 絡絲 Lǒ sé.

DÉVIDOIR, s. m. Rhombus, i, m. 絡車子 Lǒ tchěỷ tsè. 線車子 Siěn tchěỷ tsè. 筠子 Kouàỷ tsè. ‖ Un —. Unus —. 一架線車子 Ỷ kiá siěn tchěỷ tsè.

DÉVIER, v. n. Aberrāre. 錯路 Tsǒ loú.

DEVIN, s. m. Vates, is, m. 算命人 Soán mìn jēn, ou 卜課的人 Poǔ kó tỷ jēn. ‖ Consulter le —. — adhibēre. 問卜 Ouén poù.

DEVINER, v. a. Divināre. 算命 Soán mín. ‖ — une énigme. Ænigma aperīre. 猜謎子 Tsaỷ mỷ tsè. ‖ — combien cela coûte. Quanti aliq. constet conjicēre. 你想 Ngỳ siàng, ou 你猜那 Ngỳ tsaỷ là ỷ tsōng tỷ tōng sỷ kiá tsiēn. 一宗的東西價錢 ‖ — par conjecture. Conjicias. 估量 Koú leàng, ou 猜 Tsaỷ.

DEVIS, s. m. Confabulatio, onis, f. 同說話 Tōng chǒ houá. ‖ — d'un bâtiment. Ratio sumptuum. 預算用費 Yú soúan yóng feỷ.

DEVISE, s. f. Allegoria, æ, f. 比喻 Pỷ yú, ou 謎 Mý.

DÉVOIEMENT, s. m. Fluxus ventris. 肚子過 Toú tsè kó. Avoir le —. Alvum citam habēre. 肚子過 Toú tsè kó.

DÉVOILER, v. a. Detrahēre velum. 収簾子 Cheōu liēn tsè. ‖ — un complot. Conjurationem prodēre. 招供同犯 Tchāo kóng tōng fán. ‖ — un crime. Scelus retegēre. 揚惡 Yàng ngǒ.

DEVOIR, s. m. Officium, ü. n. 本分 Pěn fén. ‖ Remplir son —. Munere fungi. 滿本分 Màn pěn fén, ou 盡本分 Tsín pěn fén. ‖ Manquer à son —. Munus deserēre. 決本分 Kiǔe pěn fén. ‖ Tenir dans le —. In officio continēre. 管得緊 Koǔan tě kǐn. ‖ Se mettre en — de. Se accingěre ad. 預俻 Yú pỷ. ‖ — d'un écolier. — pensum. 上的書 Cháng tỷ choū. ‖ — (civilités). Officia —. 恭喜 Kōng hỷ. ‖ Les rendre à quelqu'un. —. 恭喜 Kōng hỷ.

DEVOIR CONJUGAL, Debitum conjugale. ‖ Style élégant : 房帷之事 Fàng oūy tchě sé. ‖ Style vulgaire : 合歡 Hǒ houān. 交歡 Kiāo houān. 行房 Hǐn fàng. 男女媾精 Lǎn niǔ keōu tsǐh. 交精 Kiāo tsǐh. ‖ Le premier acte conjugal de la part de la femme se dit : 初次破身 Tsoū tsé pǒ chēn. ‖ Demander le — conjugal. Debitum petēre. 求歡 Kieóu houān. ‖ Le rendre. — annuěre petenti. 肯 Kěn. ‖ Le refuser.

138  DEV  DIE

— negāre. 不肯 Poŭ kĕn. ‖ Le rendre à la manière d'Onan. Onani modo illud reddĕre. 交獸不過脉 Kiāo houān poŭ kó mĕ.

DEVOIR, v. a. Debēre pecuniam. 該賬 Kāy tcháng. ‖ Je suis pauvre, mais je ne — rien. Meo sum pauper in ære. 窮得乾淨 Kiŏng tĕ̌ kān tsín. ‖ On me —. Habeo in nominibus. 他該我 Tā' kāy ngò. ‖ — (falloir). Debēre. 該當 Kāy tāng. ‖ Vous — faire cela. Debes facĕre hoc. 你該當要做 Ngỳ kāy tāng yáo tsoú. ‖ On doit l'avertir. Monendus est. 該勸他 Kāy kiuĕn tă̌. ‖ Devoir beaucoup à quelqu'un. Alic. maximam debēre gratiam. 該報答他 Kāy paó tă̌ tă̌.

DÉVOLU, s. m. (jeter son — sur quelque chose). Rem voto petĕre. 覇占 Pá tchán.

DÉVORER, v. a. Vorāre. 吞 Tēn. ‖ — avec avidité. Avidē —. 一口吞下 Ỳ keŏu tēn hiá. ‖ — (consumer). Consumĕre. 用完 Yóng ouán. ‖ La faim le —. Fame urgetur. 他餓得狠 Tā' oúo tĕ̌ hèn. ‖ — des yeux quelque chose. Oculos repascĕre. 眼睛餓 Yèn tsīh oúo. ‖ — son bien. Bona devorāre. 浪費家業 Láng feỳ kiā niè.

DÉVOT, E, adj. Pius. 熱心的 Jĕ sīn tỳ.

DÉVOTION, s. f. Pietas, atis, f. 熱切 Jĕ tsiĕ̌. ‖ Faire ses —. Suscipĕre S.S. Eucharistiam. 領聖體 Lĭn chén tỳ. ‖ Être à la — de quelqu'un. Addictus esse alic. 親熱人 Tsīn jĕ jĕn.

DÉVOUÉ, ÉE, adj. Addictus. 親熱人 Tsīn jĕ jĕn.

DÉVOUER, v. a. Devovēre. 獻 Hién. ‖ — à quelqu'un. Alicui vovēre. 獻于人 Hién yū jĕn. ‖ Se — pour quelqu'un. Jugulum ostentare pro alio. 爲人昌命 Oûy jĕn tcháng mìn. ‖ Se —. Alic. se. 獻自已 Hién tsé kỳ.

DÉVOUEMENT, s. m. Devotio, onis, f. 順人 Chuén jĕn, ou 信人 Sín jĕn.

DÉVOYER, v. a. A viā deducĕre. 指錯路 Tchè tsŏ' loú.

DEXTÉRITÉ, s. f. Solertia, æ, f. 巧 Kiăo. ‖ — d'esprit. Calliditas. 會 Hoúy.

DEXTRE, s. f. Dextra, æ, f. 右手 Yeòu cheŏu.

DIABÈTE, s. m. Diabetes, æ, m. 發尿淋 Fă chē lìn, ou 溺太多昧變甜 Jŏ taỳ tŏ oúy pién tiēn.

DIABLE, s. m. Diabolus, i, m. 魔鬼 Mô koùy. ‖ Donner à tous les —. Diras imprecāri. 咒人 Tcheóu jĕn. ‖ Avoir le — au corps. Intemperiīs agitāri. — 肚子的鬼 Ỳ toú tsè tỳ koùy. ‖ Tirer le — par la queue. Vix se sustentāre. 日用艱難 Jĕ yóng kiēn lán.

DIABLE, s. m. (jeu chinois). Sinensis ludus. 提篁 Tỳ houáng. ‖ Y jouer. Ludĕre. 扯提篁 Tchĕ̌ tỳ houáng.

DIABLERIE, s. f. Incantamentum, i, n. 邪法 Siĕ̌ fă.

DIABOLIQUES (ARTS). Infernæ artes. 妖術 Yào choŭ.

DIACONAT, s. m. Diaconatus, ûs, m. 第六神品 Tý loù chên pĭn.

DIACRE, s. m. Diaconus, i, m. 領六神品的人 Lĭn loù chên pĭn tỳ jĕn.

DIADÈME, s. m. Diadema, atis, n. 皇帽 Hoúang máo. ‖ Ornements du — chinois. 冕旒 Miĕn lieóu.

DIAGONALE, s. f. Linea diagon. 斜紋 Siĕ̌ oûen.

DIAGRAMME, s. m. — de Foŭ hỳ. 八卦 Pă koúa.

DIALECTE, s. m. Dialectus, i, f. 一省的腔口 Ỳ sèn tỳ kiāng keŏu. 土話 Toŭ hoá. 土音 Toŭ ȳn.

DIALOGUE, s. m. Dialogus, i, m. 一問一答 Ỳ oúen ỳ tă̌.

DIAMANT, s. m. Adamas, antis, m. 金鋼石 Kīn kāng chĕ̌.

DIAMÉTRALEMENT OPPOSÉ. 正對 Tchèn toúy.

DIAMÈTRE, s. m. Diametros, i, f. 圖中橫綠 Kiŭen tchōng hoûen sién, ou 圓徑 Hoûan kĭn. ‖ Trois fois le — fait la circonférence. 圓三徑一 Yuên sān kīn ỳ.

DIAPASON, s. m. Diapason, n. ind. 笙 Sēn, ou 八音器 Pă ȳn kỳ.

DIAPHANE, adj. Translucens. 透光的 Teŏu koŭang tỳ.

DIAPHORÉTIQUE, adj. 出汗的藥 Tchŏu hán tỳ yŏ.

DIAPHRAGME, s. m. Diaphragma, atis, n. 膈者 Kĕ̌ tchĕ̌.

DIARRHÉE, s. f. Ventris cursus. 肚子瀉 Toú tsè sié. ‖ Avoir la —. Habēre. 肚子瀉 Toú tsè sié. ‖ L'arrêter. Alvum cohibēre. 止瀉 Tchĕ̌ sié.

DICTAMEN, s. m. Vox conscientiæ. 愧 Koúy. ‖ Suivre le —. Sequi —. 循天理 Siûn tiēn lỳ. ‖ Lui résister. Obniti —. 逆天理 Ngỳ tiēn lỳ.

DICTATEUR, s. m. Dictator, oris, m. 通國總鄉約 Tōng koŭe tsòng hiāng yŏ.

DICTÉE, s. f. Dictata, orum, n. 一个人說一个人寫 Ỳ kó jĕn chŏ' ỳ kó jĕn siĕ.

DICTER, v. a. Dictāre. 一个人說一个人寫 Ỳ kó jĕn chŏ' ỳ kó jĕn siĕ. ‖ — (prescrire). Præscribĕre. 定 Tín. ‖ — des conditions. Condition. ferre. 定約 Tín yŏ. ‖ La raison —. Ratio dictitat. 理當如此 Lỳ tōng joŭ tsè.

DICTION, s. f. Dictio, onis, f. 文法 Oûen fă. ‖ — élégante. — elegans. 文章 Oûen tchāng.

DICTIONNAIRE, s. m. Dictionarium, ii, n. 字典 Tsé tiĕn. 字彙 Tsé loúy (ou) Tsé hoúy. (Voyez à l'Appendice n° V la note sur les principaux Dictionnaires chinois.)

DICTON, s. m. Proverbium, ii, n. 俗話 Sioŭ hoá. ‖ — (jeu). Jocus. 笑 Siáo.

DIÈTE, s. f. Diæta, æ, f. 忌食 Ký chĕ̌, ou 戒口 Kiáy keŏu. ‖ La prescrire —. Jubēre —. 命人忌食 Mĭn jĕn ký chĕ̌. ‖ — d'aliments gras. Abstinentia carnis. 忌油 Ký yeŏu. ‖ La garder. Servāre —. 忌油 Ký yeŏu. ‖ — (assemblée). Cœtus. 會同 Hoúy tông.

DIEU, s. m. Deus, i, m. 天主 Tiēn-Tchoù. ‖ Le vrai —. Verus —. 眞實的主 Tchēn chĕ̌ tỳ Tchoù. ‖ — est partout. Ubique est Deus. 天主處處都在 Tiēn-

Tchoù tchŏu tchŏu toŭ tsaý, ou 天主無所不在 Tiĕn-Tchoù oŭ sŏ poŭ tsaý. ∥ — le veuille! *Utinam! Pā poŭ tĕ̆.* 巴不得 ∥ — aidant. *Deo juvante.* 天主相幫 Tiĕn-Tchoù siāng pāng. ∥ — merci. *Dei beneficio.* 天主的恩 Tiĕn-Tchoù tý gēn. ∥ S'il plaît à —. *Si Deo placet.* 若是合天主聖意 Jŏ ché hŏ Tiĕn-Tchoù chén ý. ∥ — vous bénisse. *Sospitet te Deus.* 天主保佑你 Tiĕn-Tchoù paŏ yeŏu ngý, ∥ Faire de son ventre un —. *Ventri servire.* 貪口腹 Tān keŏu foŭ. ∥ Bon —. 呀亞 Ah! yà.

DIEUX, s. m. *Dii, Deorum, m.* 假神 Kiă chēn. (Voir *Idoles.*) ∥ Mettre au rang des —. *In numero Deorum reponĕre.* 封神 Fōng chēn. ∥ — de la terre. *Terrarum Domini.* 帝王 Tý oŭang.

DIFFAMER, v. a. *Obtrectāri.* 誹謗人 Feý páng jēn. ∥ Être — à jamais. *Ignomin. perpet. inuri.* 莫得臉面了 Mŏ tĕ̆ liĕn miĕn leaò.

DIFFÉRÉ, ÉE, part. *Suspensus.* 遲了的 Tchĕ̆ leaò tý. ∥ — de quelques jours. *Aliq. diebus productus.* 遲了幾天 Tchĕ̆ leaò kỹ tiēn. ∥ Ce qui est — n'est pas perdu. *Dilatum negotium non est perditum* —. 遲了日子遲不了東西 Tchĕ̆ leaò jĕ tsè tchĕ̆ poŭ leaò tōng sỹ.

DIFFÉRENCE, s. f. *Differentia, œ, f.* 分別 Fēn piĕ̆, ou 不同 Poŭ tŏng. ∥ Il y a bien de la —. *Multum discrepat.* 差得遠 Tchā tĕ̆ yuĕn. ∥ Sans —. *Nullo discrimine.* 無分別 Oŭ fēn piĕ̆, ou 不論 Poŭ lén. ∥ Faire la —. *Discrimen facĕre.* 分別 Fēn piĕ̆.

DIFFÉREND, s. m. *Rixa, œ, f.* 口嘴 Keŏu tsoŭy. ∥ Vider un —. *Controv. sedāre.* 分爭定了 Fēn tsēn tín leaò, ou 勸和 Kiŭen hŏ.

DIFFÉRENT, E, adj. *Dissimilis.* 不像 Poŭ siáng. ∥ 不一樣 Poŭ ỹ yáng.

DIFFÉRER, v. a. *Differre.* 緩 Hoŭan. ∥ — de jour en jour. *In dies.* 一天緩一天 Ỹ tiēn hoŭan ỹ tiēn. ∥ — son départ. *Profect.* —. 擔擱起身 Tān kŏ kỹ chēn. ∥ — le jugement. *Comperendināre reum.* 捱倒不審 Gaý taò poŭ chēn. ∥ Sans —. *Abjectā morā.* 就 Tsieŏu, 當時 Tāng chĕ. 立刻 Lỹ kĕ̆. ∥ *Absimilis esse.* 不像 Poŭ siáng. 不同 Poŭ tŏng. 不對 Poŭ toŭy.

DIFFICILE, adj. *Difficilis.* 難做的 Lán tsoŭ tý. ∥ — à faire. *Factu* —. 難作 Lán tsŏ. ∥ — à vivre. *Morosus.* — 不合羣的 Poŭ hŏ tchŏng tý. ∥ Les commencements sont —. *Initia difficilia sunt.* 起頭難 Kỹ teŏu lán. ∥ Le français est —. *Lingua gallica difficilis est.* 法國話難學 Fă koŭĕ hoá lán hiŏ̆. ∥ — à croire. *Vix credibilis.* 難得信 Lán tĕ̆ sín. ∥ — à contenter. *Morosus.* 難如他的意 Lán joŭ tā' tý ý.

DIFFICULTÉ, s. f. *Difficultas, atis,* f. 難 Lán. ∥ Faire sans la plus petite —. *Nullo negotio.* 不費吹灰之力 Poŭ feý tchoŭy hoŭy tchē lỹ. ∥ Lever la —. *Rem expedire.* 解難 Kiaỹ lán. ∥ Avoir des — avec quelqu'un. *Dissidēre.* 意思不合 Ý sē poŭ hŏ. ∥ —. *Ardua quæstio.* 難斷之事 Lán toŭan tchē sé. ∥ Proposer une —. *ponĕre.* 請人斷難事 Tsĭn jēn toŭan lán sé. ∥ Chercher une — où il n'y en a pas. *Quærĕre nodum in scirpo.* 鷄蛋一頭挑骨頭 Kỹ tán ỹ teŏu tiaŏ kŏu teŏu. ∥ La résoudre —. *Nodum explic.* 解說難事 Kiaỹ chŏ̆ lán sé. ∥ Sans —. *Nullo negotio.* 容易 Yŏng ý, ou 不費力 Poŭ feý lỹ.

DIFFORMITÉ, s. f. *Deformitas, atis,* f. 醜 Tcheŏu.

DIFFUS, E, adj. *Prolixus.* 話多 Hoá tō.

DIGÉRER, v. a. *Digerĕre.* 化食 Hoá chĕ̆. ∥ — les aliments. *Cibos* —. 化食 Hoá chĕ̆. ∥ Ne pouvoir — une injure. *Injuriam ægrè ferre.* 當不得凌辱 Tāng poŭ tĕ̆ lín joŭ. ∥ — (mettre en ordre). *Componĕre.* 安排 Gān pày. ∥ Mal —. *Sine ordine.* 沒有次序 Mŏ yeŏu tsé síu.

DIGESTE, s. m. *Digesta, orum, n.* 律書註釋 Liŭ choū tchoú chĕ̆.

DIGESTIF, VE, adj. *Digestu facilis.* 容易消化的 Yŏng ý siāo hoá tý.

DIGESTION, s. f. *Digestio, onis, f.* 消化食 Siāo hoá chĕ̆. ∥ La — ne se fait pas. *Digestio difficilis est.* 不消化 Poŭ siāo hoá. ∥ Trois moyens aident à la digestion, savoir: 1° Le mouvement péristaltique de l'estomac — 運動匀轉合消化 ỹ, yŭn tŏng kiŭn tchoŭan lín siāo hoá. 2° La sécrétion du suc gastrique. 二生津液消化食物 Eul, sēn liŭ yé siāo hoá chĕ̆ oŭ. 3° La chaleur naturelle de l'estomac. 三本熱消化食物 San, pèn jĕ̆ siāo hoá chĕ̆ oŭ. ∥ Les liquides sont absorbés par les petits vaisseaux. 水先吸入微絲管 Choŭy siēn hỹ joŭ oŭy sēn koŭan. ∥ Le reste est changé en chyme. 餘在胃中化爲麻 Yŭ tsaý oŭy tchōng hoá oŭy mā. ∥ Le pylore se relâche et ce chyme entre dans le duodénum. 幽門開麻入小腸 Yeōu mēn kaỹ mā joŭ siāo tchāng.

DIGNE, adj. *Dignus.* 堪 Kān. ∥ — d'être aimé. *Amore dignus.* 可愛的 Kŏ gaý tý. ∥ — de châtiment. *Pœnā dignus.* 該罰的 Kāy fă tý. ∥ — de mort. *Morte dignus.* —. 該死的 Kāy sè tý. ∥ Pas — d'être mandarin. *Indignus officio præfecti.* 作不得官 Tsoŭ poŭ tĕ̆ koŭan. ∥ — de compassion. *Dignus miseratione.* 可憐 Kŏ liēn.

DIGNITÉ, s. f. *Dignitas, atis,* f. 位 Oŭy. 任 Jén. 品級 Pĭn-kỹ. 爵位 Tsiŏ̆ oŭy. ∥ Parvenir aux —. *Ad honores pervenire.* 得功名 Tĕ̆ kōng mĭn. ∥ Élever aux —. *Evehĕre ad* —. 陞官 Chēn koŭan. ∥ Être augmenté en —.

*Dignit. augeri.* 加級 Kiā kỹ. ‖ — (achetée). *Empta* —. 捐班 Kiuēn pān. ‖ Être diminué en —. *Mínui* —. 降級 Kiáng kỹ. ‖ Perdre ses —. *Dignit. amittĕre.* 罷職 Pá tchĕ. ‖ Avilir sa —. *Dignit. non servāre.* 不惜品 Poŭ sỹ pĭn. ‖ — (gravité). *Gravitas.* 至誠 Tché tchén, ou 老誠 Laò tchén.

DIGRESSION, s. f. *Digressio, onis. f.* 打野話 Tà yè hoá. ‖ Faire une —. *A prop. digredi.* 打野話 Tà yè hoá.

DIGUE, s. f. *Agger, eris, m.* 堆 Toūy. 坎 Kăn. 隄 Tỹ. ‖ Faire une —. — *jacĕre.* 砌坎子 Tsỹ kăn tsè.

DILAPIDER, v. a. *Dilapidāre.* 扯爛 Tchĕ lán.

DILATER, v. a. *Relaxāre.* 張開 Tchāng kāy. ‖ — son cœur. *Animum effundĕre.* 過心腹 Kó sīn foŭ.

DILEMME, s. m. *Dilemma, atis, n.* 角辯 Kŏ pién, ou 兩樣必有一 Leàng yáng pỹ yeòu ỹ.

DILIGENCE, s. f. *Celeritas, atis, f.* 快 Kouáy. ‖ User de —. — *adhibēre.* 快做 Kouáy tsoú. ‖ En toute —. *Quàm celerrimè.* 快做 Kouáy tsoú. ‖ —. *Diligentia.* 用心 Yóng sīn. 小心 Siào sīn. 經管 Kīn kouàn. ‖ Faire avec —. — *adhibēre.* 下細做 Hiá sý tsoú.

DILIGENCE, s. f. (voiture publique). *Angaria, æ, f.* 公車子 Kōng tchēy tsè.

DIMANCHE, s. m. *Dies dominica.* 主日 Tchoù jĕ, ou 禮拜日子 Lỹ páy jĕ tsè. ‖ Garder le —. *Servāre* —. 守主日 Cheoŭ tchoù jĕ. ‖ Violer le —. — *Violāre*. 犯主日 Fán tchoù jĕ.

Ces expressions sont purement chrétiennes. Les Infidèles chinois comptent par les jours du mois. Les anciens livres sacrés de la Chine montrent qu'ils ont connu autrefois le septième jour du repos. La trace en a disparu complètement des mœurs publiques.

DIME, s. f. *Decima, æ, f.* 什一 Chĕ ỹ, ou 厘金 Lỹ kīn. ‖ Lever la —. — *colligĕre.* 収厘金 Cheōu lỹ kīn. ‖ Payer la —. — *solvĕre.* 上厘金 Cháng lỹ kīn.

DIMENSION, s. m. *Demensio, onis, f.* 長寬 Tchāng koūan, ou 尺寸 Tché tsén. ‖ Prendre ses —. *Cautè præcavēre.* 預防 Yú fāng, ou 小心 Siào sīn.

DIMINUER, v. a. *Minuĕre.* 減少 Kiĕn chaò. ‖ — le prix. *Pretia submittĕre.* 減價 Kiĕn kiá, ou 跌價 Tiĕ kiá. ‖ — son bien. *Bona* —. 家財少了 Kiā tsáy chaò leào. ‖ — les impôts. *Vectigal. temperāre.* 減糧 Kiĕn leāng. ‖ La fièvre —. *Mínuit febris.* 擺子輕了 Paỹ tsè kīn leào. ‖ Ses forces —. *Vires decedunt.* 氣力裏了 kỹ lỹ choūay leào. ‖ Le jour —. *Decrescit dies.* 天氣短了 Tiēn kỹ toŭan leào. ‖ Se —. *Mínui.* 小了 Siào leào.

DIMISSOIRE, s. m. *Dimis. litteræ.* 奉宗牧旨在省外領

神品 Fóng kiĕn moŭ tchè tsáy ouáng sèn lĭn chēn pĭn.

DÎNER, ou É. s. m. *Prandium, ii, n.* 午飯 Où fán. ‖ Prendre le —. *Sumĕre prandium.* 喫午飯 Tchĕ̆ oŭ fán. ‖ Apprêter le —. *Parāre.* 羮午飯 Tchoŭ oŭ fán. ‖ Donner à —. *In prandio suscipĕre.* 請人喫午飯 Tsĭn jēn tchĕ̆ oŭ fán. ‖ Inviter à —. *Ad prand. invitāre.* 請人喫午飯 Tsĭn jēn tchĕ̆ oŭ fán.

DIOCÈSE, s. m. *Diœcesis, is, f.* 主敎屬地 Tchoù kiáo choŭ tỹ.

DIPHTHONGUE, s. f. *Diphthongus, i, f.* 二字連呼成一音 Eùl tsé liēn hoū tchēn ỹ ỹn.

DIPLÔME, s. m. (de bachelier). *Baccalaurei diploma.* 秀才執照 Siéou tsáy tchē tcháo. ‖ — de docteur. *Doctoris.* 紳 Chēn. ‖ — public. — *publicum.* 簡牒 Kién tiĕ̆. ‖ — de l'Empereur à ses sujets. *Edicta imperatoris.* 聖旨 Chén tchĕ. 上諭 Cháng yú. 龍票 Lŏng piáo. ‖ — en général. *Diploma.* 文憑 Ouēn pĭn.

DIPLOMATE, s. m. *Vir publicus.* 管公事的人 Kouàn kŏng sé tỹ jēn.

DIRE, v. a. *Dicĕre.* 說 Chŏ. 講 Kiàng. 談 Tăn. ‖ — son avis. *Mentem suam aperīre.* 說自已的意思 Chŏ tsé kỹ tỹ ỹ sē. ‖ — tout ce qui vient à la bouche. *Quidquid in buccam venit garrīre.* 隨口說 Soŭy keŏu chŏ. ‖ — tantôt une chose, tantôt une autre. *Tergiversāri.* 說東說西 Chŏ tōng chŏ sỹ. ‖ Ne valoir pas la peine d'être dit. *Merœ nugœ.* 不消說 Poŭ siaŏ chŏ. ‖ — par cœur. *Memoriter dicĕre.* 背書 Peỹ choū. ‖ Cela va sans —. *Hoc non dicitur.* 不消說 Poŭ siaŏ chŏ. ‖ Se soucier du qu'en dira-t-on. *Curāre de judicio aliorum.* 怕別人說 Pá piĕ̆ jēn chŏ. ‖ Ne pas s'en soucier. *Non curāre* —. 不怕別人說 Poŭ pá piĕ̆ jēn chŏ. ‖ Ne savoir qu'en —. *Nescīre quid sentīre.* 我加實不的 Ngŏ kiā chĕ poŭ tỹ. ‖ Cela ne — rien. *Ad nihil hœc.* 不相干 Poŭ siāng kān. ‖ — à l'oreille. *Ad aurem dicĕre.* 對耳躲說 Toúy eùl tŏ chŏ. ‖ L'un dit oui, l'autre non. *Alter ait, alter negat.* 一個說是一個說不是 ỹ kó chŏ ché, ỹ kó chŏ poŭ ché. ‖ On —. *Tradunt, aiunt.* 有人說 Yeòu jēn chŏ. ‖ On le —. *Rumor est.* 有人說 Yeòu jēn chŏ. ‖ Chacun le —. *Omnes dicunt.* 人人都說 Jēn jēn toū chŏ. ‖ On dirait qu'il y a là quelqu'un. *Forsán aliquis adest.* 彷彿有幾个人 Fāng foŭ yeòu kỹ kŏ jēn. ‖ C'est-à—. *Hoc est.* 就是 Tsiéou ché. ‖ Qu'est-ce à —? *Quid sibi vult hoc?* 有甚麼意思 Yeòu chén mô ỹ sē. ‖ Pour ainsi —. *Quasi.* 依我說 ỹ ngŏ chŏ. ‖ En — à quelqu'un. *Injuriam inferre.* 凌辱人 Lĭn joŭ jēn.

DIRECT, E, adj. *Directus.* 直的 Tchĕ tỹ.

**DIRECTEUR**, s. m. *Rector, oris, m.* 管事的人 Koùan sé tỷ jên. ‖ — de conscience. *Confessarius.* 指靈魂的路 Tchè lǐm hoûen tỷ loú.

**DIRECTION**, s. f. *Directio, onis, f.* 管 Koùan. 指向 Tchè hiáng. 教訓 Kiáo hiún. ‖ Avoir la — de quelque chose. *Rebus gerend. præesse.* 管事 Koùan sé. ‖ Se mettre sous la —. *Ad ductum alic. se applicáre.* 受人管 Cheóu jên koùan.

**DIRIGER**, v. a. *Dirigĕre.* 經理 Kīn lỷ. ‖ — quelqu'un. *Aliq. —.* 帮人出主意 Pāng jên tchoù tchoù ý. ‖ — son intention. *Intentionem —.* 成自已的意 Tchên tsé kỷ tỷ ý.

**DIRIMANT, E**, adj. *Dirimens.* 折的 Tsě tỷ. ‖ Empêchement — de mariage. *Impedim. —.* 折婚姻之阻 Tsě hoûen ȳn tchē tsoù.

**DISCERNEMENT**, s. m. *Judicium, ii, n.* 明悟 Mǐn oú, ou 見識 Kién chě. ‖ Sans —. *Sine —.* 莫明悟 Mǒ mǐn oú.

**DISCERNER**, v. a. *Discernĕre.* 分別 Fēn piě. ‖ — le vrai du faux. *Verum à falso —.* 分眞假 Fēn tchēn kià.

**DISCIPLE**, s. m. *Discipulus, i, m.* 徒弟 Toú tý, ou 門人 Mên jên. ‖ Être — de quelqu'un. 學徒弟 Hiǒ toú tý. 投師 Teoú sē. 拜門 Paý mên.

**DISCIPLINE**, s. f. *Disciplina, æ, f.* 規矩 Koūy kiù. ‖ Une règle de —. *Regula —.* 一條規矩 Ý tiǎo koūy kiù. ‖ Relâchement de la —. *Discipl. labens.* 壞規矩 Hoúay koūy kiù. ‖ — militaire. *Militaris —.* 軍法 Kiūn fǎ. ‖ — (fouet). *Flagellum.* 鞭 Piēn. ‖ Se donner la —. *Flagellis cædĕre se.* 打鞭子 Tà piēn tsè.

**DISCIPLINER**, v. a. *Instituĕre.* 教訓 Kiáo hiún.

**DISCONTINUER**, v. a. *Intermittĕre.* 斷 Toúan, ou 歇 Hiě. ‖ Sans —. *Sine intermissione.* 不斷 Poù toúan, ou 常常 Chǎng chǎng. ‖ La pluie a —. *Imber concidit.* 雨住了 Yù tchoú leào.

**DISCONVENIR**, v. n. *Discrepāre.* 意思不合 Ý sē poù hǒ, ou 不對 Poù toúy. ‖ Personne n'en —. *Id in confesso est.* 人人都伏 Jên jên toū foù.

**DISCORDANCE**, s. f. *Discrepantia, æ, f.* 不同 Poù tǒng.

**DISCORDE**, s. f. *Discordia, æ, f.* 不和 Poù hǒ, ou 不同心 Poù tǒng sīn. ‖ Semer la —. *Seminâre —.* 刁唆 Tiāo sō. ‖ Apaiser la —. *Sedáre —.* 勸人和睦 Kǜen jên hǒ moù.

**DISCOURIR**, v. n. *Disserĕre.* 講 Kiàng, ou 說話 Chǒ hoá. ‖ — à tort et à travers. *Temerè effutire.* 亂講 Loúan kiàng.

**DISCOURS**, s. m. *Sermo, onis, m.* 話 Hoá. ‖ — poli. *Accuratus —.* 一篇文章 Ý piēn oûen tchāng. ‖ — improvisé. *Extemporal. orat.* 隨口講的 Soúy keoù kiàng tỷ. ‖ — trop long. *Prolixior —.* 講得長 Kiàng tě tchǎng. ‖ Faire un beau —. *Eleg. hab. serm.*

講得文雅 Kiàng tě oûen yà. ‖ Faire un — émouvant. *Moventem hab. conc.* 講得動心 Kiàng tě tǒng sīn. ‖ Changer de —. *Interrump. orat.* 改話 Kaỷ hoá.

**DISCRÉDIT**, s. m. *Fidei lapsus.* 莫名器 Mǒ mǐn kỷ. ‖ Tomber en —. *Fiduciam aliorum perdĕre.* 莫名器 Mǒ mǐn kỷ.

**DISCRÉDITER**, v. a. *Fidem minuĕre.* 譏誇人 Tsǎn páng jên.

**DISCRET**, adj. *Consideratus.* 謹言的人 Kǐn yèn tỷ jên.

**DISCRÉTION**, s. f. *Prudentia, æ, f.* 賢智 Hiên tchě, ou 小心 Siào sīn. ‖ Age de —. *Ætas rationis capax.* 洞事的年紀 Tóng sé tỷ niên kỷ. ‖ A votre —. *Ad arbitrium tuum.* 隨你做 Soúy ngỷ tsoú. ‖ Se rendre à —. *Victori se permittĕre.* 投順 Teoú choúen.

**DISCULPER**, v. a. *Culpâ purgâre.* 斷人無罪 Toúan jên oû tsoúy. ‖ Se —. *Se —.* 洗冤 Sỷ yūen.

**DISCUSSION**, s. f. *Examen diligens.* 細察 Sỷ tchǎ.

**DISCUTER**, v. a. *Perpendĕre.* 察考 Tchǎ kào. ‖ — une affaire. *Rem —.* 察考一宗事 Tchǎ kào ỷ tsōng sé. ‖ —. *Rixâri.* 嘴講 Kiàng tsoùy.

**DISERT, E**, adj. *Facundus.* 有口才的 Yeoù keoù tsaỷ tỷ.

**DISETTE**, s. f. *Penuria, æ, f.* 窮乏 Kiǒng fǎ, ou 少 Chào. ‖ — de vivres. *Annona.* 饑荒 Kỷ hoūang. ‖ Année de —. *Annus fertilis.* 荒年 Hoūang niên. ‖ Être dans la —. *Omnibus indigère.* 窮乾了 Kiǒng kān leào.

**DISEUR**, s. m. *Fabulator, oris, m.* 愛說話的 Gaỷ chǒ hoá tỷ. ‖ — de bonne aventure. *Conjector.* 算命人 Soúan mín jên.

**DISGRÂCE**, s. f. *Offensa, æ, f.* 失寵 Chě tchòng. ‖ Être en —. *In offensam cadĕre.* 失了寵 Chě leào tchòng. ‖ — (infortune). *Calamitas.* 災難 Tsaỷ lán.

**DISGRACIER**, v. a. *Ab aulâ removēre.* 退朝 Toùy tchǎo.

**DISGRACIEUX**, adj. *Injucundus.* 不如意的 Poù joù ý tỷ.

**DISLOCATION**, s. f. *Ossium luxatio.* 跌出骨 Tiě tchoù koù.

**DISLOQUÉ, ÉE**, adj. *Luxatus.* 骨節鏟開 Koù tsiě tsǒ kaỷ.

**DISPARAÎTRE**, v. n. *Evanescĕre.* 散 Sán, ou 不見 Poù kién. ‖ La poule a —. *Gallina disparuit.* 雞不在了 Kỷ poù tsaỷ leào. ‖ — avec les rebelles. *Cum rebellibus disparĕre.* 下落 Hiá lǒ. ‖ Avoir des nouvelles de ceux qui ont ainsi —. 有了着落 Yeoù leào tchǒ lǒ. ‖ — (faire banqueroute). *Foro cedĕre.* 倒號 Taò haó.

**DISPARATE**, s. f. *Inæqualitas, atis, f.* 不相似 Poù siāng sé, ou 不相對 Poù siāng toúy.

**DISPARITÉ**, s. f. *Disparitas, atis, f.* 不相同 Poù siāng. ou 有分別 Yeoù fēn piě.

**DISPENDIEUX, SE**, adj. *Sumptuosus.* 貴的 Koúy tỷ.
**DISPENSE**, s. f. *Dispensatio, onis, f.* 免 Miĕn. ‖ Demander —. *Petĕre* —. ‖ Accorder —. *Concedĕre* —. 免 Miĕn. ‖ Cela est sans —. *Non conceditur dispensat.* 免不得 Miĕn poŭ tĕ̆. ‖ — de mariage. *Matrim.* —. 免婚姻阻革 Miĕn hoŭen ȳn tsoù kĕ̆. ‖ — de sa promesse. *Voti* —. 免還愿 Miĕn hoŭan yúen. ‖ — de son serment. *Jusjurand.* —. 不須賭咒 Poŭ siū tŏu tcheóu. ‖ — de parler. *Silentium permittĕre.* 許人不說 Hiŭ jĕn poŭ chŏ.
**DISPERSER**, v. a. *Dispergĕre.* 散 Sán. ‖ — les ennemis. *Rebelles dissipāre.* 敗散賊子 Páy sán tsĕ̆ tsè. ‖ Se —. *In diversa ire.* 散 Sán.
**DISPONIBLE**, adj. *Cujus usus patet.* 空的 Kŏng tỷ.
**DISPOS**, adj. *Agilis.* 輕快的 Kīn kouáy tỷ.
**DISPOSÉ, ÉE**, adj. *Affectus.* 順的 Choŭen tỷ. ‖ Être bien — envers quelqu'un. *In aliq. benè animatus.* 好意 Haŏ ý. ‖ Être mal — envers quelqu'un. *In aliq. mali* —. 歹意 Taỷ ý.
**DISPOSER**, v. a. *Ordināre.* 安排 Gān pày. ‖ — une armée. *Aciem instruĕre.* 排陣 Pày tchén. ‖ — à tout événement. *Ad omnem eventum disponĕre.* 預防後事 Yú fāng heóu sé. ‖ — quelqu'un à la mort. *Moriturum verbis confirm.* 扶助臨終 Foŭ tsoú līn tchōng. ‖ —. *Statuĕre.* 定 Tín. ‖ — de son bien. *Bona statuĕre.* 分家 Fēn kiā. ‖ Dieu a — de lui. *Vivĕre desiit.* 天主收他的靈魂 Tiēn-Tchoù cheōu tā̆ tỷ līm hoŭen. ‖ L'homme propose, Dieu —. ‖ *Homo proponit, Deus disponit.* 謀事在人成事在天 Mŏng sé tsaý jēn, tchén sé tsaý Tiēn. ‖ Se — à. *Accingĕre se ad.* 預備自已 Yú pý tsé kỷ. ‖ Se — à partir. *Ad profect.* 預備起身 Yú pý kỷ chēn.
**DISPOSITIF**, s. m. *Judicatum, i, n.* 案 Gán.
**DISPOSITION**, s. f. *Dispositio, onis, f.* 安排 Gān pày. ‖ — (pouvoir). — *potestas.* 權 Kiűen. ‖ Avoir à sa —. *In sui potest. habĕre.* 手上有 Cheŏu cháng yeòu. ‖ Laisser à la — de quelqu'un. *Ad libit. alicuj. relinquĕre.* 隨便他做 Soúy pién tā̆ tsoú. ‖ — (inclination). *Animi status.* 意向 Ý hiáng, ou 心 Sīn. ‖ — naturelle. *性情* Sín tsíh, ou 生來的志向 Sēn laý tỷ tché hiáng. ‖ — au bien. *Ad bonum propensio.* 生來向善 Sēn laý hiáng chán. ‖ — (état de l'âme) *Mentis status.* 靈魂的預備 Līm hoŭen tỷ yú pý. ‖ Être en joyeuse —. *Alacri esse animo.* 心寬 Sīn koŭan. ‖ —(dessein). *Consilium.* 主意 Tchoù ý. ‖ Être en — de partir. *Hodiè jàm esse profecturus.* 有意起身 Yeòu ý kỷ chēn. ‖ —(état de la santé). *Valetudo.* 身安 Chēn gān. ‖ Être en bonne —. *Bonâ valetud. frui.* 平安 Pīh gān. ‖ — de l'air. *Cœli ratio.* 天理 Tiēn lỷ. ‖ — à la pluie. *Impendens pluvia.* 天要下雨 Tiēn yáo hiá yù.

**DISPROPORTION**, s. f. *Inæqualitas, atis, f.* 不合 Poŭ hŏ, ou 不相對 Poŭ siāng toúy.
**DISPROPORTIONNER**, v. a. *Inconv. jungĕre.* 不均平 Poŭ kiūn pīh. ‖ — la peine au crime. *Non rependĕre pœnas sceleribus.* 罰不稱罪 Fă̆ poŭ tchēn tsoúy.
**DISPUTE**, s. f. *Rixa, æ, f.* 口嘴 Keŏu tsoùy, ou 爭論 Tsēn lén.
**DISPUTER**, v. a. *Contendĕre.* 爭論 Tsēn lén. ‖ — la préséance. *In content. honor. venire.* 爭上位 Tsēn cháng oúy. ‖ — la couronne. *Regni certam. ambigĕre.* 爭江山 Tsēn kiāng chān. ‖ —(contester). *Contendĕre.* 辯論 Pién lén. ‖ — une question. *Rem agitāre.* 辯論一宗事 Pién lén ỷ tsōng sé. ‖ Se —. *Cum aliquo rixāri.* 口嘴 Keŏu tsoùy.
**DISQUE**, s. m. *Discus, i, m.* 飄石 Piāo chĕ̆. ‖ — du soleil *Solis orbis.* 月輪 Yuĕ̆ lēn.
**DISSEMBLANCE**, s. f. *Dissimilitudo, inis, f.* 不像 Poŭ siáng, ou 不同 Poŭ tŏng.
**DISSÉMINER**, v. a. *Dissemināre.* 散 Sán.
**DISSENSION**, s. f. *Dissidium, ii, n.* 不和 Poŭ hŏ. ‖ Être en —. *Inter se discordāre.* 不和 Poŭ hŏ.
**DISSÉQUER**, v. a. *Incidĕre.* 剝 Tŏ, ou 割 Kŏ̆. ‖ — les viandes. *Carnes concidĕre.* 剝肉 Tŏ joù.
**DISSERTATION**, s. f. *Dissertatio, onis, f.* 文詞 Ŏuen sĕ̆, ou 辯論 Pién lén.
**DISSERTER**, v. a. *Disserĕre.* 爭論 Tsēn lén.
**DISSIDENT**, s. m. *Dissidens.* 不同敎 Poŭ tŏng kiáo.
**DISSIMULER**, v. a. *Dissimulāre.* 假裝 Kià tchoūang. ‖ — sa joie. *Gaudium* —. 暗地喜歡 Gán tý hỷ hoūan. ‖ Avoir un cœur —. *Involutum habēre cor.* 陰心 Ȳn sīn. ‖ Se —. *Sibi aliq. celāre.* 不知道 Poŭ tchĕ̆ táo.
**DISSIPER**, v. a. *Dispergĕre.* 打散 Tà sán. ‖ — l'ennemi. *Hostes dissipāre.* 敗散賊匪 Páy sán tsĕ̆ feỷ. ‖ — la sédition. *Sedit. exstinguĕre.* 平反 Pīh fàn. ‖ — l'ennui. *Tœdium discutĕre.* 散悶 Sán mén. ‖ — la crainte. *Metum expellĕre.* 寬心 Koūan sīn. ‖ — le chagrin. *Tristitiam* —. 解悶 Kiày mén. ‖ — son bien. *Bona dissipĕre.* 敗家業 Páy kiā niĕ̆, ou 化費 Hoá feý, ‖ Avoir le cœur —. *Aberrāre mente.* 心不在 Sīn poŭ tsáy. ‖ Mener une vie —. *Vitam licentior. ducĕre.* 縱私慾 Tsóng sē yŏu. ‖ — (guérir). *Morbum sanāre.* 治 Tché. ‖ Se —. *Dilabi.* 散 Sán. ‖ Se — (au fig.) *Vagāri animo.* 心亂 Sīn loŭan, ou 心不在 Sīn poŭ tsáy.
**DISSOLU, E**, adj. *Dissolutus.* 放肆的 Fáng sé tỷ. ‖ Mener une vie —. *Luxur. affluĕre.* 縱私慾 Tsóng sē yŏu.
**DISSOLUTION**, s. f. *Dissolutio, onis, f.* 折 Tsĕ̆, ou 化 Hoá. ‖ — de mœurs. *Morum* —. 放肆 Fáng sé. ‖ — de parties. *Partium* —. 化開 Hoá kaỷ.

**DISSONANCE**, s. f. *Dissonum.* 音不和 Yn poŭ hò.
**DISSOUDRE**, v. a. *Dissolvĕre.* 化 Hoá. || — un mariage. *Solv. matrim.* 折婚姻 Tsế hoūen ȳn. || — une société. *Societat. dirimĕre.* 爛會 Lán hoúy. || — une amitié. *Amicit. solvĕre.* 失和氣 Chě hò kỷ. || Se —. *Dissolvi.* 化 Hoá.
**DISSUADER**, v. a. *Dehortāri.* 勸不做 Kiŭen poŭ tsoú. || — par la crainte. *Deterrēre aliq.* 嚇退人 Hě toúy jên.
**DISTANCE**, s. f. *Spatium, ü, n.* 隔 Kě. 遠 Yuèn. 離 Lý. || A dix pas de —. *Decem pedibus distantes.* 隔十步 Kě chě poú. || De — en —. *Certis spatiis inter se mixtis.* 從一處到一處 Tsŏng ỳ tchoŭ taó ỳ tchoŭ. || Quelle — y a-t-il d'ici à la ville? *Ex hoc loco ad civitatem quanam est distantia?* 這裏倒城一頭有好多路 Tchě lỳ taó tchên ỳ teoŭ yeoŭ haò tō loú, ou 幾里路 Kỷ lỳ loú, ou 好多遠 Haò tō yuèn.
**DISTENDRE**, v. a. *Distendĕre.* 拼緊 Piến kìn.
**DISTILLER**, v. a. *Distillāre.* 烤汁水 Kào tchě choùy. || — du vin chinois. *Vinum* —. 烤酒 Kào tsiēou. || — des fleurs. *Flores* —. 做露水 Tsoú loŭ choùy. || — sa rage sur quelqu'un. *Iram in aliq. evomĕre.* 冒火人 Maó hò jên. || —. *Exstillāre.* 出油 Tchoŭ yeoú. || Cet arbre — de la gomme. *Hæc arbor gummi stillat.* 這一棵樹上流膠 Tchě ỳ kēn choŭ cháng lieoŭ kiāo.
**DISTINCT, E**, adj. *Diversus.* 不同 Poŭ tŏng. || Voix —. *Vox clara.* 聲音明 Chēn ȳn mīn.
**DISTINCTIF**, adj. *Proprius.* 本的 Pēn tỷ.
**DISTINCTION**, s. f. *Distinctio, onis, f.* 分開 Fēn kāy || — *Discrimen.* 分別 Fēn piě. || Oter toute —. *removĕre.* 配做一樣 Pếy tsoú ỳ yáng. || Sans — *Nullo discrimine.* 不論那一個 Poŭ lén lá ỳ kó, ou 無分別 Oŭ fēn piě. ||— des personnes. *Præ aliis suscipĕre.* 不拘 Poŭ kiŭ. || Sans faire — des personnes. *Discrimine omni remoto.* 奉人情 Fŏng jên tsîn. || Traiter avec —. *Honore quod. afficĕre.* 款待人 Koŭan táy jên. || Personne de —. *Insignis homo.* 出名的人 Tchoŭ mīn tỷ jên.
**DISTINGUÉ, ÉE**, adj. *Clarus, insignis.* 非常的 Fēy cháng tỷ.
**DISTINGUER**, v. a. *Discernĕre.* 分別 Fēn piě. || - le bien du mal. — *bonum à malo.* 分善惡 Fēn chán ngŏ. || Se —. *Se vulgo excerpĕre.* 出名 Tchoŭ mīn.
**DISTIQUE**, s. m. *Distichum, i, n.* 對子 Toúy tsè.
**DISTRACTION**, s. f. *Animi evagatio, onis, f.* 心亂 Sīn loŭán. || — volontaire. *Voluntaria.* —. 故意心亂 Koú ỳ sīn loŭan. || En avoir. *Evagāri.* 心亂 Sīn loŭán. || Les repousser. *Coercēre* —. 押伏雜念 Yǎ foŭ tsǎ nién. || Les entretenir. *Fovēre* —. 留不好的念頭 Lieoŭ poŭ haò tỷ niến teoŭ.

**DISTRAIRE**, v. a. *Distrahĕre.* 除開 Tchoŭ kāy. || —quelque chose d'une somme. *Aliq. de summa distrahĕre.* 除一分 Tchoŭ ỳ fēn. || — les deniers publics. *Pec. public. avertĕre.* 侵奪民財 Tsín tō mín tsấy. || — quelqu'un. *Aliq. à re avocāre.* 散人的心 Sán jên tỷ sīn. || Se —. *Mentem laxāre.* 放心 Fáng sīn.
**DISTRIBUER**, v. a. *Dispertiri.* 分于 Fēn yū, ou 賜 Tsế. || à quelqu'un. *Alicui dispertiri.* 分于人 Fēn yū jēn. || — également. *Æque dividĕre.* 平分 Pín fēn. || — de l'argent aux juges. *Judic. pec. largiri.* 進水 Tsín choùy. || — (disposer). *Disponĕre.* 安排 Gān pày.
**DISTRICT**, s. m. *Districtus, ūs, m.* 一塘地方 Ỳ tāng tỷ fāng, ou 縣邑宰 Hién ỳ tsaỷ.
**DIT, E**, adj. *Dictus.* 說過的 Chǒ kó tỷ. || Que cela est bien —. *Acute dictum.* 狠說得好 Hèn chǒ tě haò. || Aussitôt — aussitôt fait. *Dictum, factum.* 一說就做了 chǒ tsiéou tsoú leào, ou 片言旣成 Piến yēn kỷ tchén.
**DIURÉTIQUE**, adj. *Diureticus.* 利水之藥 Lý choùy tchē yŏ, ou 利小便 Lý siaǒ pién.
**DIURNAL**, s. m. *Diurnale.* 小日課書 Siào jě kǒ choū.
**DIVAGUER**, v. a. *Vagāri.* 打野話 Tà yě hoá.
**DIVERS, E**, adj. *Varius.* 雜的 Tsǎ tỷ. 別的 Piě tỷ. 不同的 Poŭ tŏng tỷ.
**DIVERSIFIER**, v. a. *Variāre.* 做雜樣子 Tsoú tsǎ yáng tsè. || — ses études. *Studia intermiscēre.* 叄讀 Tsān toŭ.
**DIVERSION**, s. f. *Distractio, onis, f.* 離開 Lý kāy. || Faire — à sa douleur. *A mœrore animum abducĕre.* 散悶 Sán mén. || — dans la conversation. *Sermon. alio convertĕre.* 提說別的話 Tý chǒ piě tỷ hoá. || — à ses ennuis. *A dolore aberr.* 混騁侯 Hoŭen chě heoŭ.
**DIVERSITÉ**, s. f. *Diversitas, atis, f.* 不同 Poŭ tŏng, ou 雜樣子 Tsǎ yáng tsè. || — de mœurs. *Morum* —. 風俗不同 Fōng siǒu poŭ tŏng.
**DIVERTIR**, v. a. *Recreāre.* 兜人喜歡 Teōu jên hỷ houān. || — les autres à ses dépens. *Haberi ludibrio.* 兜人恥笑 Teōu jên tchě siaò. || — les fonds publics. *Public. pecuniam avertĕre.* 漁奪百姓 Yŭ tō pě sín. || Se — honnêtement. *Se liberaliter oblectāre.* 要得正 Choǎa tě tchēn.
**DIVERTISSANT**, adj. *Jucundus.* 有趣的 Yeoŭ tsiǔ tỷ.
**DIVERTISSEMENT**, s. m. *Oblectamentum, i, n.* 玩耍 Oŭan choùa.
**DIVIDENDE**, s. m. *Dividendum.* 均催 Kiūn tān.
**DIVIN, E**, adj. *Divinus.* 天上的 Tiēn cháng tỷ. || — (excellent). *Mirabile.* 奇妙的 Kỷ miaó tỷ.
**DIVINATION**, s. f. *Divinatio, onis, f.* 算命的法子 Soúan mín tỷ fǎ tsè. || — par la baguette chinoise. *Rhabdomantia.* 打卦 Tà koúa.

**DIVINISER**, v. a. *Divín. proclamāre.* 封神 Fōng chēn.

**DIVINITÉ**, s. f. ‖ — (essence divine). *Essentia divina.* 神牲 Chên sín. ‖ — (le vrai Dieu). *Deus, i, m.* 眞神 Tchên chên. ‖ Les —. *Numina.* 邪神 Siĕ chên. (Voir au mot *Idoles* le nom des divinités du Paganisme chinois.)

**DIVISÉ, ÉE**, adj. et part. *Divisus.* 分的 Fēn tỹ. ‖ — en deux. *Bipartitus.* 分了兩分 Fēn leào leàng fén. ‖ — en quatre. *Quadripartitus.* 分了四分 Fēn leào sé fén. ‖ En combien de parties est — le Symbole des Apôtres? *Quot partes continet Symbolum Apostolorum?* 信經分幾分 Sín kīn fēn kỹ fén? ‖ — (désunis). Citoyens —. *Cives discordantes.* 本方人不合 Pēn fāng jên poŭ hô.

**DIVISER**, v. a. *Dividĕre.* 分 Fēn. ‖ — les biens. *Bona* —. 分家 Fēn kiā. ‖ — en deux. *Bipartire.* 分兩股 Fēn leàng koŭ. ‖ — en deux également. *Æqué bipartire.* 平別 Pīn fēn. ‖ — des amis. *Amicos abjungĕre.* 刁唆朋友 Tiāo sō pŏng yeoŭ.

**DIVISION**, s. f. *Partitio, onis, f.* 分 Fēn. ‖ —. *Dissensio.* 不和 Poŭ hô. ‖ — d'armée. *Corpus exercitûs.* 一隊兵 Ý toúy pīn. ‖ — (règle d'arithmétique), par un chiffre. *Per unum divisorem* —. 歸法 Koūy fă. ‖ —, par plusieurs chiffres. *Per plures divisores* —. 除法 Tchoù fă.

**DIVORCE**, s. m. *Divortium, ii, n.* 休妻 Hieōu tsỹ, ou 出妻 Tchoū tsỹ. ‖ Faire —. *Uxorem repudiāre.* 休妻 Hieōu tsỹ. ‖ Faire — avec le plaisir. *Volupt. renunt.* 棄絕邪樂 Ky̆ tsiuĕ siĕ lŏ. ‖ Faire — avec le bon sens. *A sanitate alienus esse.* 意思不正 Ý sē poŭ tchên.

La loi chinoise autorise la répudiation de la femme par le mari, d'abord pour crime d'adultère, ensuite pour l'une ou l'autre des sept causes suivantes : 1° La stérilité. 無子 Oŭ tsè. 2° L'impudicité. 淫泆 Ŷn y̆. 3° La désobéissance grave envers les parents de son mari. 不事舅姑 Poŭ sé kieòu koū. 4° La propension à la médisance. 多言 Tō yên. 5° Le penchant au vol. 盜竊 Taó tsiĕ. 6° Le caractère jaloux. 妬忌 Toù ky̆. 7° Une maladie incurable. 惡疾 Ngŏ tsỹ.

Mais, si l'on peut opposer à ces causes de divorce, l'une ou l'autre des raisons suivantes : 1° que la femme a porté le deuil de trois ans pour les parents de son mari; 2° que la famille de la femme est devenue riche de pauvre qu'elle était auparavant; 3° qu'elle n'a plus de parents pour la recevoir, le divorce ne pourrait plus avoir lieu. Le mari, qui, dans ces cas-là, aurait renvoyé sa femme, serait obligé de la reprendre et subirait la peine de quatre-vingts coups de rotin. En renvoyant sa femme, le mari lui donne un billet de divorce, 休帖 Hiĕou tiĕ.

La loi chinoise rend même, dans quelques cas, le divorce obligatoire. Ainsi la femme qui a violé le lit nuptial par un adultère, ou qui a commis un délit qui exige la séparation du mari, doit être renvoyée. Sinon, le mari serait passible de châtiment. Si un mari refuse de consentir au divorce et que sa femme abandonne sa maison, elle sera punie de cent coups de rotin et son mari pourra la vendre à celui qui voudra l'acheter.

**DIVULGUER**, v. a. *Divulgāre.* 傳揚 Tchoŭan yâng. ‖ — un secret. *Secretum prodire.* 漏密事 Leóu my̆ sé. ‖ — un dessein. *Consilium* —. 說主意 Chŏ tchoù ý. ‖ — publiquement les défauts de quelqu'un. *Revelāre vitia alior.* 說人的過失 Chŏ jên tỹ kó chĕ. ‖ — en secret. *Clàm.* 背地講人家的長短 Péy tỹ kiàng jên kiā tỹ tchǎng toùan. ‖ — une rumeur. *Rumorem evulgāre.* 傳謠言 Tchoŭan yâo yên.

**DIX**, adj. *Decem.* 十 Chĕ. ‖ — fois. *Decies.* 十囘 Chĕ hoŭy. ‖ — fois autant. *Decies tantum.* 加十倍 Kiā chĕ péy. ‖ — hommes. *Decem homines.* 十个人 Chĕ kó jên. ‖ Il y a — ans que je suis venu. *A decem annis veni.* 我來了十年 Ngò laỹ leào chĕ niên. ‖ Espace de — ans. *Decennium.* 十年 Chĕ niên.

**DIXIÈME**, adj. *Decimus.* 第十 Tý chĕ. ‖ — partie. — *pars.* 十分之一 Chĕ fén tchĕ ỹ.

**DIZAINE**, s. f. *Denarius.* 十個 Chĕ kó.

**DIZENIER**, s. m. *Decurio, onis, m.* 十長 Chĕ tchàng.

**DOCILE**, adj. *Docilis.* 受教的 Cheóu kiáo tỹ. ‖ Enfant —. *Lenis puer.* 受教的童子 Cheóu kiáo tỹ tŏng tsè. ‖ Se montrer —. *Docilem se præbēre.* 聽命 tín mîn.

**DOCILITÉ**, s. f. *Docilitas, atis, f.* 聽教訓 Tĭh kiáo hiún.

**DOCTE**, adj. *Doctus.* 有學問的 Yeoŭ hiŏ ouén tỹ.

**DOCTEUR**, s. m. *Doctor, oris, m.* 進士 Tsín sé, ou 翰林 Hán lîn. ‖ —. *In utroque jure sinico.* 文武雙全 Ouên où choŭang tsuên. ‖ — de l'Église. 聖學士 Chén hiŏ sé.

**DOCTORAT**, s. m. *Doctoratus, ûs, m.* 翰林的位 Hán lîn tỹ oúy.

**DOCTRINE**, s. m. *Doctrina, æ, f.* 道理 Taó lỹ. ‖ Apprendre la —. — *discĕre.* 學道理 Hiŏ taó lỹ. ‖ La savoir bien. *Bené callēre.* 道理熟 Taó lỹ choŭ. ‖ Ne pas la savoir. *Ignorāre* —. 不曉得道理 Poŭ hiào tĕ taó lỹ. ‖ Comprendre la —. *Capĕre* —. 明白 Mîn pĕ. ‖ Renoncer à la vraie doctrine. 違經 Oŭy kīn, ou 背古 Péy koŭ.

**DOCUMENT**, s. m. *Documentum, i, n.* 憑據 Pīn kíu. ‖ — officiel. *Edictum.* 文書 Ouên choū.

**DODU, E**, adj. *Corpulentus.* 胖的 Pāng tỷ, ou 肥的 Fêy tỷ.

**DOGMATISER**, v. a. *Errores docēre.* 傳左道 Tchoǔan tsò táo.

**DOGME**, s. m. *Dogma, atis, n.* 當信道理 Tāng sín taó lỷ. ‖ Croire un —. *Credĕre —.* 信當信道理 Sín tāng sín taó lỷ.

**DOIGT**, s. m. *Digitus, i, m.* 指頭 Tchè teóu. ‖ Petit —. *Minim. vel auricul.* 小指 Siào tchè. ‖ — annulaire. *Annul. —.* 四指 Sé tchè. 無名指 Où mìn tchè. 曲指 Kiŏu tchè. ‖ — du milieu. *medius.* 中指 Tchōng tchè, ou 將指 Siáng tchè. ‖ Espace entre le pouce et le —. *Spatium inter pollicem et indicem.* 手拱 Cheòu kòng. ‖ — (index). *Index.* 二指 Eùl tchè, ou 食指 Chě tchè. ‖ Ongle des —. *Unguis —.* 指甲 Tchè kiă. ‖ — (pouce). *Pollex.* 大指 Tá tchè, ou 巨指 Kíu tchè. ‖ Bout du —. *Extremus —.* 指頭 Tchè tīn. ‖ Savoir sur le bout du —. *Rem ad ung. callēre.* 熟一宗事 Choŭ ỷ tsōng sé. ‖ Compter sur les —. *Digitis computāre.* 夾指算 Kiă tchè souán. ‖ Donner sur les — à quelqu'un. *Obliquè perstringĕre.* 責備人 Tsě pý jên. ‖ Montrer au —. *Digito indicāre.* 指人 Tchè jên. ‖ Avoir les — crochus. *Ad furtum propensus.* 手不乾淨 Cheòu poŭ kān tsín. ‖ Il s'en mordra les —. *Id eum pœnitebit.* 他要實悔 Tā yáo chě hoŭy. ‖ Être à deux — de la mort. *Mors valdè imminet.* 差不多要死 Tchā poŭ tō yáo sè. ‖ Être ensemble comme les deux — de la main. *Conjunctiss. vivĕre.* 相和得狠 Siāng hô tě hèn. ‖ Faire toucher au —. *Rem antè oculos ponĕre.* 説明明白白 Chŏ mín mín pě pě. ‖ Mettre le — dessus. *Acu rem tangĕre.* 猜得準 Tsāy tě tchoùen. ‖ Le — de Dieu. *Divinum numen.* 天主的聖意 Tiēn Tchoù tỷ chén ý. ‖ Un — de vin. *Exiguum vini.* 一點點酒 Ỷ tiēn tiēn tsieŏu.

**DOLÉANCE**, s. f. *Questus, ús, m.* 報怨的話 Paó yuèn tỷ hoá.

**DOLENT, E**, adj. *Tristis.* 憂愁的 Yeōu tseóu tỷ.

**DOLER**, v. a. *Dolāre.* 鉋 Paó.

**DOLIC DE CHINE**, *Dolichos.* 薑豆 Kiāng teóu.

**DOLOIR**, s. m. *Dolabra, æ, f.* 鉋子 Paó tsè. ‖ Un —. *Una —.* 一打鉋子 Ỷ tà paó tsè.

**DOM**, s. m. *Domnus, i, m.* 老爺 Laò yê.

**DOMAINE**, s. m. *Dominium, ü, n.* 管業 Koùan niě. ‖ Avoir le — sur une chose. *Proprius esse rei dominus.* 本主人 Pèn Tchoù jên. ‖ Cela est du — de la science. *Hoc ad scientiam pertinet.* 是才學的人的事 Ché tsǎy hiŏ tỷ jên tỷ sé. ‖ — vacant, faute d'héritier. *Caduca bona.* 入官的物 Joŭ koūan tỷ oŭ.

**DÔME**, s. m. *Concam. fastigium, ü, n.* 凸頂 Oūa tìn, ou 圓塔 Yuên tă.

**DOMESTIQUE**, adj. *Domesticus.* 家內的 Kiā loúy tỷ. ‖ Affaires —. *Res familiares.* 家內的事 Kiā loúy tỷ sé. ‖ Dissension —. *Domestica dissens.* 家內不和 Kiā loúy poŭ hô. ‖ Animal —. *Animal —.* 牲口 Sēn kěou.

**DOMESTIQUE**, s. m. *Famulus, i, m.* 傭人 Yòng jên, ou 長年 Tchǎng niên. ‖ — à la journée. *In die conductus.* 做零工 Tsoú lìn kōng. ‖ — au mois. *In mense —.* 月活 Yuě hô. ‖ — à l'année. *In anno conduct.* 長年 Tchǎng niên. ‖ — de l'Empereur. *Imperat. fam.* 覲習 Kién sỷ.

**DOMICILE**, s. m. *Domicilium, ü, n.* 坐處 Tsó tchǒu. ‖ Où est son —? *Ubinam est ejus domicilium?* 他在那里坐 Tā tsaý là lỷ tsó.

**DOMICILIER (SE)**, v. r. (prendre un domicile). *Sedem stabilem eligĕre.* 定坐處 Tín tsó tchǒu.

**DOMINANT, E**, adj. *Dominans.* 高的 Kaō tỷ. ‖ Lieu —. *Altior locus.* 高地方 Kaō tý fāng. ‖ Esprit —. *Imperiosus animus.* 大貌人 Tá maó jên.

**DOMINATEUR**, s. m. *Dominator, oris, m.* 掌管的 Tchàng koùan tỷ.

**DOMINATION**, s. f. *Dominatio, onis, f.* 權 Kiǔen. ‖ Exercer sa —. *Imperio uti.* 管 Koùan. ‖ Étendre sa —. *— dilatāre.* 開國 Kāy kouě.

**DOMINER**, v. a. *Domināri.* 管 Koùan. ‖ — ses passions. *Coercēre libid. suas.* 約束私慾 Yŏ choǔ sè yoŭ.

**DOMINO**, s. m. (jeu). *Ludus, i, m.* 骨牌 Koŭ pây. ‖ Un jeu de —. *Unus ludus.* 一付骨牌 Ỷ foú koŭ pây. ‖ Un —. *Unus —.* 一塊 Ỷ koǔay.

**DOMMAGE**, s. m. *Damnum, i. n.* 害 Háy, ou 虧 Koŭy. ‖ Causer du —. *— alic. afferre.* 害人 Háy jên. ‖ Éprouver du —. *— accipĕre.* 受害 Chéou háy. ‖ Éprouver du — et n'oser l'avouer. *Damnum pati nec illud fateri.* 喂啞巴虧 Tchě yà pā koúy. ‖ Réparer le —. *Reparāre —.* 補害 Poǔ háy. ‖ C'est — que. *Dolendum est.* 可惜 Kǒ sỷ.

**DOMPTER**, v. a. *Domāre.* 餵家 Oūy kiā, ou 獒馴 Yàng hiǔn. ‖ — ses passions. *Cupid. fren.* 押伏偏情 Yă foŭ piēn tsín. ‖ — un cheval. *Equum. dom.* 調馬 Tiāo mà.

**DON**, s. m. *Donum, i, n.* 禮物 Lỷ oǔ. ‖ Faire un —. *Dono dāre.* 送人 Sóng jên. ‖ Recevoir un —. *Don. accipĕre.* 受禮物 Chéou lỷ oǔ. ‖ Être vaincu en —. *Donis vinci.* 他送的禮重 Tā sóng tỷ lỷ kèn tchóng. ‖ — naturel. *Munus natur.* 生來的好處 Sēn laỷ tỷ haò tchǒu. ‖ — (aptitude). *Dos.* 才能 Tsǎy lên. ‖ Avoir le — de la parole. *Dicendi facult. potiri.* 有口才 Yeǒu keǒu tsǎy. ‖ Avoir le — des larmes. *Ad arbitrium flere.* 容易哭 Yòng ý koŭ. ‖ ‖ — (grâce divine). *Gratia.* 天主恩寵 Tiĕn Tchoù gēn tchŏng.

Les sept — du Saint Esprit. *Septem dona Spiritùs Sancti.* 聖神七恩 Chén chēn tsý gēn, savoir :

1° Don de sagesse. 賢智 Hiĕn tchě.
2° Don d'entendement. 明達 Mín tă.
3° Don de conseil. 謀策 Mŏng tsĕ.
4° Don de force. 剛勇 Kāng yòng.
5° Don de science. 知覺 Tchē kiŏ.
6° Don de piété. 孝敬 Hiaó kín.
7° Don de crainte. 畏怕 Oúy pă.

**DONATEUR**, s. m. *Benefactor, oris, m.* 恩主 Gēn tchoù.

**DONC**, conj. *Ergò, igitur.* 故此 Koú tsé. 所以 Sò ý.

**DONJON**, s. m. *Arcis vertex.* 炮臺頂 Páo tăy tĭn.

**DONNÉE**, s. f. *Indicium, ii, n.* 憑據 Pĭn kiú.

**DONNER**, v. a. *Donàre.* 送 Sóng, ou 給 Kiĕ. ‖ — en gage. *Dăre pignori.* 交當頭 Kiāo táng teŏu. ‖ — en pur don. *Dono dăre.* 白白送 Pĕ̌ pĕ sóng. ‖ — pour le prix coûtant. *Tantidem emptam rem tradĕre.* 買幾多賣幾多 Mǎy ký tō mǎy ký tō. ‖ — en main propre. *Propriis manibus.* 親手交 Tsīn cheŏu kiāo. ‖ Je vous le — pour le plus savant de la ville. *Hunc civitatis doctissim. perhibeo.* 城內他是一个才子我曉得 Tchēn loúy tā' chĕ ý kó tsăy tsè ngò hiaŏ tĕ̌. ‖ — des siéges. *Sellam admovēre.* 請人坐 Tsĭn jēn tsŏ. ‖ — la main à quelqu'un. *Alic. nubĕre.* 収親 Cheŏu tsīn, ou 娶妻 Tsiǔ tsý. ‖ — les mains. *Alicui manus dăre.* 服人 Fóu jēn. ‖ — des gages à quelqu'un. *Mercede conducĕre.* 請工程 Tsĭn kŏng tchēn. ‖ Je n'en — pas dix sapèques. *Hoc decem sap. non emam.* 我十文都不出 Ngò chĕ oŭen toŭ poŭ tchŏŭ. ‖ — du chagrin à quelqu'un. *Alic. mœr. afferre.* 兜人憂氣 Teōu jēn yeoŭ ký. ‖ — sa confiance à quelqu'un. *Alic. confid.* 靠人 Káo jēn. ‖ Il n'est pas — à tous d'avoir du talent. *Non omnib. datum est hab. ingen.* 人有賢愚天之所定 Jēn yeŏu hiēn yû, tiēn tchē sŏ tín. ‖ — les torts à quelqu'un. *In aliq. culp. conferre.* 怪人 Koŭay jēn. ‖ Ne savoir où — de la tête. *Quò se vertĕre nescire.* 打不起主意 Tă poŭ ký tchoŭ ý. ‖ — au but. *Scopum attingĕre.* 沖把子 Tchóng pà tsè. ‖ — de la tête contre un mur. *Caput parieti impíng.* 撞着壁頭 Póng tchŏ pý teoŭ. ‖ Le soleil m'a — à la tête. *Caput à sole dolet.* 臘臘晒痛了 Laó kŏ chǎý tŏng leăo. ‖ — dans le panneau. *In laq. cadĕre.* 受哄 Cheŏu hòng. ‖ — à quelqu'un. *Alic. se dedĕre.* 親熱人 Tsīn jĕ̌ jēn. ‖ Cette maison — à l'Orient. *Domus ad Orientem sita est.* 這一廂房子向東方 Tchĕ ý siāng fâng tsè hiáng tōng fāng. ‖ Se — garde de. *Cavēre.* 小心 Siaŏ sīn, ou 防備 Fâng pý. ‖ Se — du bon temps. *Genio indulg.* 遊手好閒 Yeŏu cheŏu haò hiēn ‖ — pour savant. *Se doctum profiteri.* 自稱才子 Tsé tchēn tsǎý tsè.

**DONNEUR**, s. m. *Dator, oris, m.* 恩人 Gēn jēn. ‖ Qui n'est pas grand —. *Minimé largitor.* 手緊得狠 Cheŏu kīn tĕ̌ hĕn.

**DONT**, pron. relat. *Quā, æ, od,* s'exprime ordinairement en chinois par 所 Sò. Plus souvent il ne s'exprime pas, la phrase chinoise ne se construisant pas comme en français. ‖ Le livre — nous parlons. *Liber de quo sermo est.* 我們所說的書 Ngò mēn sò chŏ tý choŭ.

**DORÉ, ÉE**, adj. *Deauratus.* 鍍金的 Toú kīn tý.

**DORÉNAVANT**, adv. *Deinceps.* 以後 Ỳ heóu, ou 從今以後 Tsŏng kīn ý heóu.

**DORER**, v. a. *Deaurāre.* 鍍金 Toú kīn. ‖ — à l'huile. *Sinico oleo deaur.* 貼金 Tchán kīn.

**DORLOTER**, v. a. *Molliter habēre.* 慣勢 Koŭan ché, ou 嬌養 Kiāo yàng. ‖ Se —. *Sibi indulgēre.* 將就自己 Tsiāng tsieŏu tsè ký.

**DORMANT, E**, adj. ‖ Eau —. *Aqua reses.* 死水 Sè choŭy. ‖ En —. *Per somnum.* 睡着時候 Choŭy tchŏ chĕ heóu.

**DORMIR**, v. n. *Dormire.* 睡 Choŭy. ‖ — de fatigue. *Præ fatigatione —.* 朦睡 Kŏ choŭy. ‖ — sur le dos. *Supinus —.* 仰起睡 Niàng ký choŭy. ‖ — sur le ventre. *Super ventrem —.* 仆起睡 Pŏu ký choŭy. ‖ — sur le côté. *Super latus —.* 側起睡 Tsĕ̌ ký choŭy. ‖ — étendu. *Extensus —.* 伸起睡 Tchēn ký choŭy. ‖ — à croupetons. *Collectis genibus —.* 卷起睡 Kiŭen ký choŭy. ‖ — un seul sommeil. *Unum somnum —.* 一覺睡到天亮 Ý kiáo choŭy taó tiēn leáng. ‖ Ne pas — de la nuit. *Noctem insomn. ducĕre.* 一夜睡不着 Ý yĕ̌ choŭy poŭ tchŏ. ‖ Faire semblant de —. *Somnum mentiri.* 裝睡 Tchoūang choŭy. ‖ — à son aise. *Somno se explēre.* 睡着安靜 Choŭy tchŏ ngān tsīn. ‖ — à demi. *Leviter —.* 半醒半睡 Pán sìn pán choŭy. ‖ Cet argent —. *Hoc argentum nihil reddit.* 銀子空ỳn tsè kóng. ‖ Laisser dormir une affaire. *In re cessāre.* 不催 Poŭ tsoŭy, ou 不忙 Poŭ máng.

**DORMITIF**, adj. *Bormitorium.* 兜朦睡的 Teōu kŏ̌ choŭy tý.

**DORTOIR**, s. m. *Dormitorium, ii, n.* 臥房 Oŭo fâng.

**DORURE**, s. f. *Auratura, æ, f.* 鍍金 Toú kīn, ou 上的金 Cháng tý kīn.

**DOS**, s. m. *Dorsum, i, n.* 背 Peý, ou 背後 Peý heóu. ‖ Épine du —. *Spina —.* 背脊 Peý tsý. ‖ Avoir les mains attachées sur le —. *Manus in tergum rejectas habēre.* 搯手 Tsiēn cheŏu. ‖ Partie du — entre les épaules. 脚 Kiă. ‖ Tourner le —. *Terga dāre.* 跑跑 Păo, ou 敗走 Paý tseòu. ‖ —. *Aliq. deserĕre.* 丢人 Tieōu jĕn. ‖ Avoir quelqu'un à —. *Aliq. infensum habēre.* 某人是他的警 Mòng jĕn ché tā tỷ tcheŏu. ‖ Se mettre quelqu'un à —. *Anim. alicuj. à se avertĕre.* 失人的愛情 Ché jĕn tỷ gáy tsíh. ‖ Faire le gros —. *Sese efferre.* 誇獎自己 Koūa tsiàng tsé kỷ. ‖ Mettre sur le — de quelqu'un. *Culp. in aliq. transferre.* 怪人 Koúay jĕn. ‖ — d'une chaise. *Sellæ dorsum.* 椅背 Ỷ peý.

DOSE, s. f. *Quantitas, atis, f.* —服 Ỷ foŭ, ou 分兩 Fĕn leāng. ‖ Avoir une forte — d'amour-propre. *Amorem sui habēre.* 愛自巳 Gaý tsé kỷ. ‖ — de médecine. *Medicam. modus.* —服藥 Ỷ foŭ yŏ.

DOSSIER, s. m. *Scamni dorsum.* 椅子靠背 Ỷ tsè káo peý.

DOT, s. f. *Dos, otis, f.* 嫁奩 Kiá lién. ‖ Préparer la — d'une fiancée. *Sponsæ dotem parāre.* 辦嫁裝 Pán kiá tchoŭang.

DOTER, v. a. *Dotāre.* 培嫁 Pèy kiá.

DOUANE, s. f. *Telonium, ii, n.* 稅關 Choúy koūan. ‖ Une —. *Unum —.* 一道稅 Ỷ taó choúy. ‖ Payer les droits de —. *Telonii jura solvĕre.* 上稅 Cháng choúy. ‖ Frauder la —. *non solv.* 漏稅 Leóu choúy. ‖ Être pris à la —. *Telonium fraudans deprehendi.* 漏稅被拿 Leóu choúy pý lā. ‖ — pour examiner les voyageurs. *Pro viatoribus.* 關口緊 Koūan keŏu kĭn. ‖ Juge de la —. *Telonii dux.* 稅關監督 koūan kién toŭ. ‖ Official de la —. *Officialis —.* 稅關上的人 Choúy koūan cháng tỷ jĕn. ‖ Garde de la —. *Custos —.* 三爺 Sān yĕ.

DOUANIER, s. m. *Portitor, oris, m.* 水關坐稅的人 Choúy koūan tsó choúy tỷ jĕn.

DOUBE DE MONTRE, *Tcheŏu yèn.* ‖ S'adapter à la —. *Dentes dentibus sese insertāre.* 喫齒 Tchĕ tchĕ.

DOUBLE, adj. *Duplex.* 雙的 Choūang tỷ. ‖ Le —. *Duplum.* 多一半 Tō ỷ pán. ‖ Mots —. *Ambigua verba.* 雙關的話 Choūang koūan tỷ hoá. ‖ Esprit —. *Multiplex ingenium.* 詭詐的人 Koùy tchá tỷ jĕn. ‖ Payer le —. *Duplum solvĕre.* 開兩倍 Kāý leāng peý. ‖ Plié en —. *In se replicatus.* 雙摺的布 Choūang tsé tỷ poŭ. ‖ — d'un écrit. *Apographum.* 謄的 Tĕn tỷ. ‖ — (en parlant des nombres). *Duplicatus.* 加倍的 Kiā peý tỷ. ‖ — d'un habit. *Vestis duplicata.* 夾衣裳 Kiă ỷ chāng.

DOUBLER, v. a. *Duplicāre.* 加兩倍 Kiā leàng peý. ‖ — ses biens. *Bona —.* 加兩倍財帛 Kiā leàng peý tsaý pĕ. ‖ — un habit. *Vesti pannum alterum subsuĕre.* 袂衣服 Kiă ỷ foŭ. ‖ — le pas. *Accelerāre gressum.* 趕步 Kàn poú.

DOUBLURE, s. f. *Assutus pannus.* 裏子 Lỷ tsè. ‖ Mettre

une — à un habit. *Pann. assuĕre.* 上裏子 Cháng lỷ tsè. ‖ La changer. — *mutāre.* 換裏子 Hoūan lỷ tsè.

DOUCEMENT, adv. *Dulciter.* 歡歡喜喜的 Hoūan hoūan hỷ hỷ tỷ. ‖ —. *Leviter.* 輕 Kĭh. ‖ — Tacité. 晤地 Gán tỷ. ‖ — (lentement). *Lento gressu.* 慢慢的 Mán mán tỷ. ‖ Marcher —. *Lentè ire.* 輕輕走 Kĭh kĭh tseŏu. ‖ Vivre —. *Jucundè vivĕre.* 日子快活 Jĕ tsè koŭáy hô.

DOUCEUR, s. f. *Dulcedo, inis, f.* 甜 Tién. ‖ — des parfums. *Suavit. odorum.* 好香 Hào hiāng. ‖ — de la voix. *Vocis lenitas.* 聲音嫩 Chēn yn lén. ‖ — de la saison. *Cœli temperies.* 天氣好 Tiēn kỷ haò. ‖ Dire des —. *Blanda loqui.* 奉承人 Fŏng tchĕn jĕn, ou 調戲 Tiaō hý. ‖ — (friandises). *Cupediæ.* 糖食 Tăng chĕ. ‖ — de la vie. *Vitæ commoditates.* 肉身的快樂 Joŭ chĕn tỷ koŭáy lŏ, ou 世上的福 Ché cháng tỷ foŭ. ‖ En jouir. *Frui —.* 有肉身的快樂 Yeŏu joŭ chĕn tỷ koŭáy lŏ. ‖ (indulgence). *Humanitas.* 仁慈 Jĕn tsĕ. ‖ User de —. *Clementiā uti ergā aliq.* 仁慈待人 Jĕn tsĕ taý jĕn.

DOUCINE, s. f. *Cymatium, ii, n.* 線 Sién.

DOUÉ, ÉE, adj. *Præditus.* 有 Yeŏu. ‖ — de belles qualités. *Omni laude cumulatus.* 樣樣的好處他都有 Yáng yáng tỷ hào tchŏu tā toū yeŏu. ‖ — d'une beauté rare. — *eximiā formā.* 品格美得狠 Pĭn kĕ meý tĕ hèn.

DOUER, v. a. *Dotāre.* 定奉祿 Tín fŏng loú.

DOUILLET, s. m. *Mollis homo.* 斯文人 Sē oūen jĕn.

DOULEUR, s. f. *Dolor, oris, m.* 痛 Tŏng. ‖ — de tête. *Capite dolere.* 頭痛 Teŏu tŏng. ‖ — d'entrailles. *Laborāre intestinis.* 肚子痛 Toú tsè tŏng. ‖ — de l'enfantement. *Labores Lucinæ.* 生子之痛 Sēn tsè tchē tŏng. ‖ — de goutte. *Podagræ dolor.* 痰火腳病 Tăn hŏ kiŏ pín. ‖ Supporter la —. *Ferre dolorem.* 忍苦 Jĕn kŏu. ‖ Causer de la — à quelqu'un. *Dolore afficĕre.* 苦人 Kŏu jĕn. ‖ Éprouver une —. *Dolorem experiri.* 受大苦 Cheóu tá kŏu.

DOULOUREUX, SE, adj. *Acerbus.* 苦的 Kŏu tỷ. ‖ — (chagrinant). *Dolendus.* 囉唆的 Lō sō tỷ, ou 累的 Loúy tỷ.

DOUTE, s. m. *Dubium, ii, n.* 猜疑 Tsāý ngỷ. ‖ Être en —. *Dubitare.* 疑 Ngỷ. ‖ Mettre en —, révoquer en —. *In dub. revocāre.* 疑惑 Ngỷ hoŭáy. ‖ Inspirer du —. *Dubitat. alic. injicĕre.* 兜人犯疑 Teōu jĕn fán ngỷ. ‖ Cela ne fait pas de —. *Hoc dubium non est.* 是一定 Chĕ ỷ tín. ‖ Il est hors de —. *Non est dubium.* 是一定 Chĕ ỷ tín. ‖ Sans —. *Sine dubio.* 一定 Ỷ tín, ou 可然 Kŏ ján.

DOUTER, v. a. *Dubitāre.* 生疑 Sēn ngỷ. ‖ Savoir à n'en pas douter. *Rem compertam habēre.* 曉得一定 Hiaŏ tĕ

148 DOU DRO

ў́ tín. ‖ On a — si: *Dubium fuit an.* 有疑 Yeòu ngŷ, ou 定不得 Tín poŭ tĕ̆. ‖ Se —. *Suspicāri.* 猜得 Tsāy ngŷ.

DOUVE, s. f. *Dolii lamina.* 桶板 Tŏng pàn.

DOUX, CE, adj. *Dulcis, ce.* 甜的 Tièn tŷ. ‖ Voix —. *Vox lenis.* 美音 Meў ўn. ‖ — au toucher. *Tactu lenis.* 柔軟 Jeòu joán. ‖ Hiver —. *Clemens hiems.* 冬天温和 Tōng tièn ouĕn hô. ‖ Vent —. *Lenis ventus.* 凉風 Leàng fōng. ‖ Esprit —. — *animus.* 心純良 Sīn chūen leāng, ou 良善 Leāng chán. ‖ Parents trop —. *Parentes indulgentes.* 慈熟的父母 Tsĕ̆ choŭ tŷ foú moù. ‖ — (galant). *Comis.* 好色的 Haó sĕ̆ tŷ. ‖ Faire les yeux —. *Comibus oculis amorem sibi allicĕre.* 眉來眼去 Mẙ laў yèn kiŭ̆.

DOUZAINE, s. m. *Duodecim.* 十二个 Chĕ̆ eùl kó.

DOUZE, adj. num. *Duodecim.* 十二 Chĕ̆ eùl. ‖ — fois *Decies.* 二十回 Chĕ̆ eùl hoůy.

DOUZIÈME, adj. *Duodecimus.* 第十二 Tŷ chĕ̆ eúl.

DOYEN, s. m. *Decanus.* 聖會年十長 Chén hoúy nièn chĕ̆ tchàng.

DRAGÉE, s. f. *Dulcia, orum, n.* 五仁糖 Où jèn tāng.

DRAGEON, s. m. *Surculus, i, m.* 寄生枝 Ký sēn tchĕ̆.

DRAGON, s. m. *Draco, onis, m.* 龍 Lóng. ‖ Cet enfant est un vrai —. *Procax puer.* 橫娃娃 Houèn oūa oūa.

DRAME, s. m. *Drama, atis, n.* 戲曲 Hẙ kiŏu.
Le drame chinois est attribué à l'Empereur 元宗 Yuèn tsōng, de la dynastie des Táng, vers l'an 740. Il lui donna le nom de 傳奇 Foú ký. Les Sóng lui donnèrent celui qu'il porte encore de 奇曲 Ký kiŏu. Quatre espèces : Tragique. 悲 Peŷ. ‖ Comique. 歡 Hoūan. ‖ Propre à la Chine. 離 Lŷ. ‖ Idem. 合 Hô.

DRAP, s. m. *Pannus.* 哈喇 Kā-lă̆, ou 呢 Ngŷ. ‖ Une pièce de —. *Unum ornamen.* 一板哈喇 Ў pàn Kā lă̆ ‖ Être dans de beaux —. *In lubrico versāri.* 爲難 Oúў lán.

DRAPEAU, s. m. *Vexillum, i, n.* 旗 Ký. ‖ Un —. *Unum —.* 一手旗 Ў cheòu kẙ. ‖ Porter le —. *Deferre vexillum.* 打旗子 Tă kẙ tsè. ‖ Être sous les —. *Sub signis esse.* 當兵 Tāng pīn. (Voir le mot *Etendard*.)

DRAPER, v. a. *Tegĕre panno.* 用布蓋 Yóng poú káy. ‖ — (réprimander). *Aliq. carpĕre.* 話傷人 Hoá chāng jēn.

DRESSER, v. a. *Erigĕre.* 立 Lŷ. ‖ — la crinière. — *jubam.* 鬃毛立起來 Tsōng maŏ lẙ kẙ laў. ‖ Le cheval — les oreilles. *Micat auribus equus.* 馬立耳躲 Mà lẙ eùl tŏ. ‖ Cela fait — les cheveux sur la tête. *Ad hoc rigent capilli.* 頭髮嚇立起 Teŏu fă hĕ̆ lẙ kẙ. ‖ — une tente. *Statuĕre tabernacul.* 釘帳蓬 Tín tchàng pŏng. ‖ — un compte. *Rationes inire.* 算賬 Souán tcháng. ‖ — un enfant. *Puerum instituĕre.* 敎訓娃娃 Kiaó
hiún oūa oūa. ‖ — (rendre droit). *Corrigĕre.* 直 Tchĕ̆, ou 做直 Tsoú tchĕ̆. ‖ — (instruire). *Instituĕre.* 敎 Kiáo. ‖ — un cheval. *Equum domāre.* 敎調馬 Kiáo tiaŏ mà. ‖ Le cheval se —. *Tollit se arrectum equus.* 馬跕起來 Mà tchán kẙ laў. ‖ Se —. *Erigĕre se.* 立起來 Lẙ kẙ laў.

DROGUE, s. f. *Aroma, atis, n.* 香油 Hiāng yeŏu, ou 藥 Yŏ. ‖ — (chose de peu de valeur). *Res vilis pretii.* 小事 Siào sé.

DROGUER (SE), v. r. *Medicinam adhibĕre.* 喫藥 Tchĕ̆ yŏ.

DROGUISTE, s. m. *Pharmacopola, æ, m.* 開藥舖的 Kāy yŏ pŏu tẙ.

DROIT, E, adj. *Rectus.* 直的 Tchĕ̆ tŷ. ‖ Cela n'est pas —. *Hoc non est rectum.* 這個不直 Tchĕ̆ kó poŭ tchĕ̆. ‖ Ligne —. *Linea —.* 直墨 Tchĕ̆ mĕ̆. ‖ En — ligne. *Directā lineā.* 直直的 Tchĕ̆ tchĕ̆ tŷ. ‖ Esprit —. *Rectus animus.* 正直人 Tchèn tchĕ̆ jēn. ‖ Conscience —. *Recta conscientia.* 良心正 Leāng sīn tchēn. ‖ — . *Neutro inclinatus.* 正 Tchèn, ‖ —. *Stans.* 站 Tchán. ‖ Tenez-vous —. *Sta rectus.* 站起 Tchán kẙ. ‖ — (opposé à gauche). *Dexter.* 右 Yeòu. ‖ La main droite. *Dextera —.* 手右 Cheòu. ‖ Du côté droit. *Dextrorsim.* 右邊 Yeóu piēn. ‖ Prenez sur la droite. *Ad dextram ito.* 走右邊 Tseŏu yeòu piēn. ‖ Aller tout — à Pékin. *Rectā via Pekinum petĕre.* 直到北京 Tchĕ̆ taó Pĕ̆ kīn.

DROIT, s. m. *Jus, æquum.* 公道 Kōng taó, ou 理 Lẙ. ‖ Avoir —. *Habēre jus.* 有理 Yeòu lẙ. ‖ Dans la rigueur du —. *Summo jure.* 全全不讓 Tsŭen tsŭen poŭ jáng. ‖ A bon —. *Jurē, meritō.* 公道 Kōng taó. ‖ Contre tout —. *Præter æquum.* 全無理 Tsŭen oŭ lẙ. ‖ — (ce qui appartient à la justice). *Jus, uris.* 律倒 Liú lẙ. ‖ — *Jus.* 理 Lẙ. ‖ — des gens. *Jys gentium.* 公法 Kōng fă̆, ou 萬國之約 Tchóng kouĕ tchĕ̆ yŏ. ‖ — naturel. — *naturæ.* 本性之理 Pĕn sín tchĕ̆ lẙ, ou 性法 Sín fă̆. ‖ — civil. *Jus civile.* 國法 Kouĕ́ fă̆, ou 律列 Liú lẙ. ‖ — divin. — *divinum.* 天理 Tièn lẙ. ‖ — canonique. — *canonicum.* 聖會之理 Chén hoúy tchĕ̆ lẙ. ‖ — humain. — *humanum.* 人理 Jēn lẙ. ‖ — (prétention). *Jus.* 理 Lẙ. ‖ Soutenir son —. *Jus persequi.* 不讓理 Poŭ jáng lẙ, ou 催認 Tsoǔy kŏng. ‖ Se relâcher de ses —. *De jure cedĕre.* 讓自己的理 Jáng tsé kẙ tẙ lẙ. ‖ — de donner son suffrage. *Jus suffragii.* 保舉之理 Paŏ kiù tchĕ̆ lẙ. ‖ — (autorité). *Jus.* 權 Kiŭen. ‖ Il n'a pas ce —. *Hác potestate non potitur.* 他沒有那个權 Tă̆ mŏ yeòu lá kó kiŭen. ‖ Avoir — de vie et de mort. *Vitæ ac necis potestat. habēre.* 有掌生死之權 Yeòu thàng sēn sè tchĕ̆ kiŭen. ‖ — (titre). *Titulus —.* 約契 Yŏ ký. ‖ Il a des — à ce champ.

*Ager iste ejus est.* 這一槐田是他的 Tchě ў koŭay tièn ché tǎ tў. ‖ — (imposition). — *vectigal.* 稅 Choúy. ‖ Le payer. *Solvěre* —. 上稅 Cháng choúy. ‖ Imposer des — sur le vin. *Vino imponěre vectigal.* 定酒上稅 Tín tsièou cháng choúy.

**DROITE**, s. f. *Dextera.* 右手 Yeoú cheòu.

**DROITEMENT**, adv. *Ex æquo et bono.* 忠心 Tchōng sīn. ‖ Agir —. *Fucum non facěre.* 老實做不哄人 Laò chě tsoú, poŭ hòng jên.

**DROITURE**, s. f. *Æquitas, atis, f.* 公道 Kōng taó, ou 良心 Leâng sīn. ‖ — d'intention. *Recta intentio.* 正心 Tchên sīn.

**DRÔLE**, adj. *Lepidus.* 愛說笑的 Gáy chŏ siáo tў. ‖ Mauvais —. *Nequam homo.* 匪人 Feў jên, ou 光棍 Kouāng kouén.

**DRÔLERIE**, s. f. *Vernilitas, atis, f.* 笑話 Siáo hoá.

**DRU, E**, adj. *Densus.* 密的 Mў tў.

**DU**, art., signe du génitif, se rend en chinois par 的 Tў. Souvent il ne s'exprime pas à cause de la clarté du sens.

**DÛ**, s. m. (dette). *Debitum, i, n.* 債 Tcháy, ou 賬 Tcháng. ‖ — (devoir). *Officium.* 本分 Pèn-fén.

**DUBITATIF, IVE**, adj. *Dubitativus.* 疑惑的 Ngý hoăy tў.

**DUBITATION**, s. f. *Dubitatio simulata.* 裝疑惑 Tchōang ngў hoăy.

**DUC**, s. m. *Dux, ucis, m.* 公 Kōng.

**DUCHÉ**, s. m. *Ducatus.* 公爵 Kōng tsiŏ, ou 公國 Kōng kouě.

**DUCTILITÉ**, s. f. *Ductilitas, atis, f.* 扯得長 Tchě tě tchâng.

**DUEL**, s. m. *Certamen singulăre.* 二人對戰 Eùl jên toúy tcháng.

**DÛMENT**, adv. *Ut par est.* 恰當 Kiă táng, ou 堪得 Kăn tě. ‖ — dans les formes. *Rité.* 恰當 Kiă táng.

**DUNE**, s. f. *Agger arenosus.* 沙堆 Chā toŭy.

**DUPE**, s. f. *Credulus, i, m.* 耳軟 Eùl tō joùan. ‖ Prendre pour —. *Aliq. ludificări.* 套哄人 Táo hòng jên. ‖ Être pris pour —. *Credulitate capi.* 受哄 Cheóu hòng.

**DUPERIE**, s. f. *Fraus, dis, f.* 詭計 Koŭy ký.

**DUPLICATA**, s. m. *Secundum exemplar.* 謄兩張 Těn leâng tchāng.

**DUPLICITÉ**, s. f. *Duplicitas, atis, f.* 不忠心 Poŭ tchōng sīn.

**DUR, E**, adj. *Durus.* 硬的 Gěn tў. ‖ Devenir —. *Durescěre.* 硬了 gěn leăo. ‖ Œuf — *Ovum duratum.* 羹的硬蛋 Tchoù tў gěn tán. ‖ Ventre —. *Alvus dura.* 大便不通 Tá pién poŭ tōng. ‖ Oreille —. *Surdaster.* 有點聾 Yeòu tièn lōng. ‖ Tête — . *Tardum ingenium.* 明悟鈍 Mîn où tén. ‖ Être — envers quelqu'un. *Duré tract. aliq.* 管得緊 Kouàn tě kìn.

Mener une vie —. *Austeram vitam ducěre.* 過苦日子 Koŭ kŏu jĕ tsè. ‖ La — terre. — *terra.* 地下 Tў hiá.

**DURABLE**, adj. *Durabilis.* 長久的 Tchâng kieòu tў, ou 用得久 Yóng tě kieòu.

**DURANT**, prép. *Per.* 在 Tsáy. ‖ — deux jours. — *biduum.* 兩天 Leăng tièn. ‖ — tout le jour. *Totâ die.* 一天到黑 ў tièn taó hě. ‖ — tout l'été. *Per totam æstatem.* 一夏 ў hiá. ‖ — qu'il vivait. *Dùm viveret.* 他在的時候 Tǎ tsáy tў chě heón.

**DURCIR**, v. n. *Duräre.* 做硬 Tsóu gěn. ‖ Devenir —. *Durescěre.* 硬了 Gěn leăo.

**DURE**, s. f. *Nuda humus.* 地下 Tў hiá. ‖ Coucher sur la —. *Solo recubăre.* 睡在地下 Choúy tsáy tў hiá.

**DUREMENT**, adv. *Duré.* 硬的 Gěn tў. ‖ — (rudement). *Asperé.* 利害 Lý háy. ‖ Traiter —. *Acerbé tractăre aliquem.* 管得緊 Koùan tě kìn.

**DURÉE**, s. f. *Spatium, ü, n.* 時候 Chě heóu. ‖ — de la vie. *Ætatis spatium.* 一輩子 Ў peў tsè. ‖ Longue —. *Longum.* 多久 Tō kieòu. ‖ Eternelle —. *Perennitas.* 永遠的 Yùn yuèn tў.

**DURE-MÈRE**, s. f. *Dura mater.* 腦盖 Laò kaў, ou 腦之外胞膜 Laò tchě ouáy páo mó.

**DURER**, v. n. *Duräre.* 經 Kīn, ou 不斷 Poŭ touán. ‖ — (traîner en longueur). *In longum ducěre.* 擋擱 Tān kŏ. ‖ Faire vie qui —. *In posterum prospicěre.* 保養身體 Paò yàng chēn tў. ‖ Faire —. *Trahěre in longum.* 擋擱 Tān kŏ. ‖ Faire — la guerre. *Bellum trahěre.* 綏戰 Hoùan tcháng. ‖ Le temps me —. *Tardé procedit tempus.* 時候長 Chě heóu tchâng, ou 我煩悶 Ngŏ fân mén. ‖ —. *Esse ad usum firmus.* 經事 Kīn sé. ‖ Ce drap — beaucoup. *Hæc tela diù durat.* 這布經事 Tchě poú kìn sé. ‖ — (résister). *Duräre.* 久坐 Kieòu tsó. ‖ Ne pouvoir — chez son. *Domi duräre non posse.* 在家久坐不得 Tsáy kiā kieòu tsó poŭ tě.

**DURETÉ**, s. f. *Duritia, æ, f.* 硬 Gěn. ‖ Reprendre avec —. *Inclementer arguěre.* 重責 Tchóng tsě. ‖ Refuser avec —. *Edurè negăre.* 明明傷臉 Mín mìn chāng lièn. ‖ Dire des —. *Verbis gravioribus appellăre.* 欺侮人 Kў où jên.

**DURILLON**, s. m. *Callum, i, n.* 乾胼 Kān kièn.

**DUVET**, s. m. *Avium pluma.* 絨毛 Jōng maò. ‖ — (poil follet). *Lanugo.* 胎髮 Taў fǎ. ‖ —. — *verendorum.* 陰毛 Ўn maò.

**DYNASTIE**, s. f. *Dynastia, æ, f.* 一朝 Ў tchǎo. ‖ Renverser une —. *Evertěre.* 占江山 Tohán kiāng chān, ou 奪社稷 Tō ché tsў. ‖ Changer de —. *Mutăre.* — 換朝 Hoùan tchǎo. ‖ Fondateur d'une —. *Fundator.* 創立君 Tchoǎng lў kiūn.

Les Chinois comptent jusqu'à ce jour vingt-deux dynasties. (*Voir le Tableau ci-contre*.)

## Tableau des Dynasties impériales chinoises.

| ORDRE. | NOMS CHINOIS. | | NOMBRE D'EMPEREURS. | DURÉE. | COMMENCEMENT. | FIN. |
|---|---|---|---|---|---|---|
| 1° | 夏 | Hiá. | 17 | 458 | 2205 av. J. C. | 1797 av. J. C. |
| 2° | 商○殷 | Chăng. Yn. | 28 | 644 | 1783 — | 1137 — |
| 3° | 周 | Tcheŏu. | 35 | 873 | 1137 — | 256 — |
| 4° | 秦 | Tsín. | 4 | 43 | 255 — | 206 — |
| 5° | 前漢 | Tsièn hán. | 13 | 426 | 202 — | 240 apr. J. C. |
| 6° | 後漢 | Heóu hán. | 14 | 44 | 25 apr. J. C. | 264 — |
| 7° | 晋 | Tsín. | 15 | 155 | 265 — | 419 — |
| 8° | 宋 | Sóng. | 8 | 59 | 420 — | 477 — |
| 9° | 齊 | Tsỹ. | 5 | 23 | 479 — | 501 — |
| 10° | 梁 | Leâng. | 4 | 55 | 502 — | 556 — |
| 11° | 陳 | Tchén. | 5 | 33 | 557 — | 580 — |
| 12° | 隋 | Soŭy. | 3 | 29 | 581 — | 617 — |
| 13° | 唐 | Tăng. | 20 | 289 | 618 — | 905 — |
| 14° | 後梁 | Heóu leâng. | 2 | 16 | 907 — | 921 — |
| 15° | 後唐 | Heóu tăng. | 4 | 13 | 923 — | 934 — |
| 16° | 後秦 | Heóu tsín. | 2 | 11 | 936 — | 944 — |
| 17° | 後漢 | Heóu hán. | 2 | 2 | 947 — | 948 — |
| 18° | 後周 | Heóu tcheŏu. | 3 | 2 | 951 — | 954 — |
| 19° | 宋 | Sóng. | 18 | 319 | 960 — | 1279 — |
| 20° | 元 | Yûen. | 9 | 89 | 1260 — | 1367 — |
| 21° | 明 | Mín. | 16 | 236 | 1368 — | 1644 — |
| 22° | 清 | Tsīn. | 8 | — | 1644 — | |

**DYSSENTERIE**, s. f. *Dysenteria*. 痢疾 Lý tsỹ. ‖ L'avoir Uri —. 害痢疾 Haý lý tsỹ. ‖ L'arrêter. *Cohibere* —. 止痢疾 Tchè lý tsỹ.

**DYSPNÉE**, s. f. *Dyspnœa, œ, f.* 喘促 Tchoŭan tsoŭ.
**DYSURIE**, s. f. *Dysuria, œ, f.* 小便澀 Siào pién sĕ

EAU                                   EBR                    151

EAU, s. f. *Aqua, œ, f.* 水 Choùy. ‖ — naturelle. — *nativa*, 清水 Tsîn choùy. ‖ — de mer. — *marina*. 海水 Haỷ choùy. ‖ — de puits. — *putealis*. 井水 Tsĭn choùy. ‖ — de rivière. — *fluminis*. 河水 Hồ choùy. ‖ — courante. — *fluens*. 流水 Lieồu choùy. ‖ — salée. — *salsa*. 鹹水 Hân choùy. ‖ — fraîche. — *frigida*. 凉水 Leâng choùy. ‖ — douce. — *dulcis*. 甜水 Tiền choùy. ‖ — fade. — *insulsa*. 淡水 Tán choùy. ‖ — trouble. — *turbida*. 渾水 Houền choùy. ‖ — bourbeuse. — *lutosa*. 汜水 Ngỷ choùy. ‖ — distillée. — *exstillata*. 濾水 Loù choùy, ou 蒸水 Pên choùy. ‖ — de rose. — *ex rosis*. 玫瑰水 Meỷ koúy choùy. ‖ — dormante. — *reses*. 死水 Sè choùy. ‖ — vive. — *viva*. 活水 Hồ choùy. ‖ — tiède. — *tepida*. 温水 Ouền choùy. ‖ — bouillante. — *ebulliens*. 開水 Kảy choùy, ou 滾水 Kouền choùy. ‖ Conduit d'—. *Aquæ ductus*. 水溝 Choùy keồu. ‖ Jet d'—. *Aqua saliens*. 激水 Kỷ choùy. ‖ Chute d'—. *Aquarum lapsus*. 下灘的水 Hiá tản tỷ choùy. ‖ Porteurs d'—. *Aquatores*. 挑水的人 Tiào choùy tỷ jên. ‖ — bénite. — *benedicta*. 聖水 Chén choùy. ‖ En faire. *Benedicere aq*. 聖聖水 Chén chén choùy. ‖ En prendre. *Uti aquá ben*. 點聖水 Tièn chén choùy. ‖ En donner au peuple. *Lustrare populum*. 洒聖水 Sà chén choùy. ‖ — bénite des Bonzes. 符水 Foù choùy. ‖ — bénite des Taó sé. 法水 Fả choùy. ‖ — bénite de cour. *Phalerata verba*. 花言巧語 Hoâ yên kiảo yú. ‖ En donner. *Vanis promissis lactare*. 好話 哄人 Haò hoá hòng jên. ‖ Donneur d'— bénite. *Largus promissis*. 客易許 Yòng ỷ hiù. ‖ — qui dégoutte dans une grotte. *deguttans in spelunca*. 巖漿水 Niên tsiáng choùy. ‖ — qui dégoutte dans une maison. — *in domo*. 屋簷水 Oủ yên choùy. ‖ — minérales. *Aquæ metallicæ*. 温水 Ouền choùy. ‖ Aller à l'—. *Ad aquas venire*. 温水塘洗澡 Ouền choùy tầng sỷ tsaò. ‖ — (pluie). *Pluvia*. 雨 Yù. ‖ Le temps est à l'—. *Imber imminet*. 要下雨 Yáo hiá yù. ‖ Le navire fait —. *Navis undam accipit*. 水進了船

Choùy tsín leào tchoůan. ‖ — (sueur). *Sudor*. 汗水 Hán choùy. ‖ Être tout en —. *Sudore manare*. 流汗水 Lieồu hán choùy. ‖ — (urine). *Urina*. 尿 Niáo. ‖ Épancher de l'—. *Mingere*. 解小手 Kiàỷ siào cheồu. ‖ — de vie. *Vinum forte*. 燒酒 Chaô tsieồu. ‖ — de potasse. 鹼水 Kièn choùy. ‖ Faire venir l'— à la bouche. *Salivam alic. movere*. 兜人貪想 Teồu jên tản siàng. ‖ Suer sang et —. *Totis viribus eniti*. 費力得很 Feỷ lỷ tẻ hèn. ‖ Revenir sur l'—. *Opes reficere*. 家業又與起來 Kiā niể yeòu hỉn kỷ laỷ. ‖ Les — sont basses. *Deficiens crumena est*. 手中空乏 Cheồu tchōng kồng fả. ‖ Nager entre deux —. *Præstare se medium partibus*. 兩邊都不爲向 Leâng piên toủ poủ oúy hiáng. ‖ Se jeter dans l'—. *Intrá aquas sese projicere*. 投水 Teồu choùy, ou 投河 Teồu hồ. ‖ Passer l'—. *Flumen trajicere*. 過河 Kó hồ. ‖ Passer l'— à la nage. *Flumen natando transire*. 浮水 過河 Foủ choùy kó hồ. ‖ A fleur d'—. *Ad summam aquam*. 水浮頭 Choùy feồu teồu tỷ.

ÉBAHIR (S'), v. r. *Obtupescere*. 驚訝 Kin yá.

ÉBATS, s. m. (les prendre). *Dare se lætitiæ*. 大獸大樂 Tá hoủan tá lỏ.

ÉBAUCHE, s. f. *Adumbratio, onis, f*. 描影子 Miáo yn tsè.

ÉBAUCHER, v. a. *Adumbrare*. 畵稿子 Hoá kaò tsè.

ÉBÈNE, s. f. *Ebenum, i, n*. 烏木 Oū moủ.

ÉBLOUIR, v. a. *Oculos perstringere*. 晃眼睛 Houáng yèn tsîn. ‖ — (tromper). *Fucum facere alic*. 套哄人 Táo hòng jên.

ÉBLOUISSEMENT, s. m. *Caligo, inis, f*. 眼睛霧 Yèn tsîn loủ.

ÉBOULEMENT, s. m. *Ruina, æ, f*. 摧倒 Toủỷ taò.

ÉBOULER (S'), v. n. *Collabi*. 倒 Taò.

ÉBOURGEONNER, v. a. *Pampinare*. 刈葡萄 Ý poủ tảo.

ÉBRANCHER, v. a. *Interlucare*. 修樹枝 Sieồu choủ tchē.

ÉBRANLEMENT, s. m. *Concussio*. 打 Tà.

ÉBRANLÉ, ÉE, part. *Commotus.* 打動了的 Tà tóng leào tẏ.

ÉBRANLER, v. a. *Labefactāre.* 搖 Yâo, ou 打敨 Tà páy. ∥ — les dents. *Dentes —.* 牙齒動 Yâ tchě tóng. ∥ Être —. *Animo debilitāri.* 胆子小了 Tản tsè siào leào. ∥ — la piété de quelqu'un. *Pietatem —.* 損人的熱切 Sèn jên tẏ jě tsiě. ∥ — quelqu'un, le décider un peu. *Aliquatenŭs suadēre.* 他都像肯 Tà toŭ siáng kěn. ∥ Se laisser —. *Commovēri.* 他都像肯 Tà toŭ siáng kěn.

ÉBRÉCHER, v. a. *Aciem effringĕre.* 缺刀口 Kiůe tao keòu.

ÉBRUITER, v. a. *Palàm facĕre.* 揚話出去 Yâng hoá tchoū kiủ. ∥ Prenez garde que cela ne s'—. *Cave ne res in vulg. veniat.* 小心怕人曉得 Siào sīn pá jên hiào tě.

ÉBULLITION, s. f. *Ebullītio, onis, f.* 開 Kấy.

ÉCAILLE, s. f. *Squama, æ, f.* 魚鱗 Yǔ lĭn, ou 甲 Kiǎ. ∥ — de tortue. *Testudin. cortex.* 龜板 Koŭy pàn.

ÉCAILLER, v. a. *Desquamāre.* 打甲 Tà kiǎ, ou 去鱗 Kiů lĭn. ∥ S'—. *Squamatim excidēre.* 自己裂開 Tsé kẏ liě kấy.

ÉCALE, s. m. (de noix). *Nucis cortex.* 核桃殼 Hě tâo kỏ. ∥ — de pois. *Pisorum putamen.* 豌豆殼 Ouān teòu kỏ.

ÉCALER, v. a. *Decorticāre.* 撥殼 Pǒ kỏ.

ÉCARLATE, s. f. *Coccineus color.* 朱紅色 Tchoū hông sě.

ÉCARQUILLER, v. a. *Aperīre.* 開 Kấy. ∥ — les yeux. *Hiscĕre oculis.* 在眼前 Tsáy yèn tsiên:

ÉCART, s. m. *Libido, inis, f.* 私慾 Sē yoǔ ∥ Faire des —. — *sequi.* 縱私慾 Tsóng sē yǒu. ∥ A l'—. *Seorsum.* 悄悄 Tsiāo tsiào. ∥ Se retirer à l'—. *Secedĕre.* 至背處去 Tché péy tchòu kiǔ, ou 避靜 Py tsín. ∥ Mettre à l'—. *Seponĕre.* 私積 Sē tsẏ'. ∥ — au jeu. *Folia separata.* 冷牌 Lèn pấy.

ÉCARTÉ, ÉE, adj. ∥ Chemin —. *Devium iter.* 繞路 Jaò loù.

ÉCARTELER, v. a. *In diversa distrahĕre.* 四半分開 Sé pán fēn kấy, ou 砍八大塊 Kǎn pá tá koůay.

ÉCARTER, v. a. *Removēre.* 推開 Toǔy kấy. ∥ — la foule. *Turbam submovēre.* 推開 Toǔy kấy. ∥ — (disperser). *Dispergĕre.* 分散 Fēn sán. ∥ — quelqu'un des affaires. *Aliq. — à rebus public.* 革出公事 Kě tchòu kōng sé. ∥ — les jambes. *Crura distendĕre.* 開腿 Kấy toǔy. ∥ — les soupçons. *Suspiciones dimovēre.* 破疑 Pǒ ngý. ∥ — au jeu de cartes. *Folia seponĕre.* 放冷牌 Fáng lèn pấy. ∥ S'—. *Discedĕre à viā.* 走繞路 Tseòu jaò loù. ∥ Être — de son sujet. *A proposito digredi.* 打野話 Tà yè hoá, ou 差了題目 Tchā' leào tẏ' moǔ.

ÉCERVELÉ, ÉE, adj. *Inconsultus.* 莫腦髓的 Mǒ laò soùy tẏ, ou 糊塗 Hôu tǒu.

ÉCHAFAUD, s. m. *Tabulatio, onis, f.* 站板 Tchán pàn, ou 架子 Kiá tsè.

ÉCHAFAUDER, v. a. *Tabulata exstruĕre.* 架樓梯 Kiá leōu tẏ.

ÉCHALAS, s. m. *Palus, i, m.* 挿條 Tchā' tiảo. ∥ Mettre des —. *Palāre.* 釘挿條 Tīn tchā' tiảo.

ÉCHANCRER, v. a. *Emargināre.* 剪圓 Tsiên yuên.

ÉCHANGE, s. m. *Permutatio, onis, f.* 換 Houán. 掉 Tiáo. 交易 Kiāo ý. ∥ Lettre d'— national. *Cambium.* 銀票 Ŷn piǎo. ∥ En —. *Vice versā.* 相還 Siāng hoůan.

ÉCHANGER, v. a. *Permutāre.* 換東西 Houán tōng sẏ'. ∥ — des injures. *Mutuò se maledic.* 相罵 Siāng má.

ÉCHANSON, s. m. *Pincerna, æ, m.* 司酒 Sē tsiêou tẏ.

ÉCHANTILLON, s. m. *Specimen, inis, n.* 樣子 Yáng tsè.

ÉCHAPPATOIRE, s. m. *Diverticulum, i, n.* 推故 Toǔy koǔ, ou 遮蓋 Tchē kấy.

ÉCHAPPER, v. a. *Vitāre.* 躲避 Tǒ pẏ'. ∥ — la peine. *Pœnam —.* 避罰 Pẏ' fǎ. ∥ — (fuir). *Evadĕre.* 跑 Pǎo. ∥ — d'un danger. *È periculo evadĕre.* 脫凶險 Tǒ hiōng hièn. ∥ — de maladie. *È morbo.* 脫病 Tǒ pín. ∥ Laisser — une occasion. *Occasion. dumittĕre.* 失幾會 Chě kẏ hoúy. ∥ Laisser — des mains. 散手週了 Sǎ cheòu tchēou leào. ∥ La patience m'—. *Vix tenēre me possum.* 難得忍 Lán tě jèn. ∥ Ce mot m'est —. *Excidit ex ore hoc verbum.* 我大意說了 Ngǒ tǎ ẏ chǒ leào. ∥ La mémoire m'—. *Excidit memoria.* 我忘去了 Ngǒ ouàng kiǔ leào. ∥ S'—. *Fugĕre.* 逃 Tâo. ∥ S'— de prison. *A custod. evadĕre.* 偷出監 Teōu tchòu kiēn. ∥ S'—. *Sui compos non esse.* 不服氣 Poǔ foù kẏ'.

ÉCHARDE, s. f. *Aculeus, i, m.* 尖尖 Tsiēn tsiēn, ou 刺 Tsẏ'.

ÉCHARPE, s. f. *Fascia, æ, f.* 帶子 Tấy tsè. ∥ Une —. *Una —.* 一根帶子 Ў kēn tấy tsè.

ÉCHASSES, s. f. *Grallæ, arum, f.* 高蹺 Kāo kiǎo, ou 駁腳戲 Pǒ kiǒ hý. ∥ Aller sur des —. *Grallis incedĕre.* 跐高蹺 Tchấy kāo kiǎo.

ÉCHAUDÉ, s. m. *Crustulum, i, n.* 餞子 Sàn tsè, ou 䬪子 Pěn tsè.

ÉCHAUDER, v. a. *Aqua calida perfundĕre.* 燙 Tǎng. ∥ — un cochon. — *porcum.* 退猪 Toǔy tchōu. ∥ — une volaille. — *gallinam.* 退雞 Toǔy kẏ. ∥ Chat — craint l'eau froide. (Prov.) *Malè mulctatus suo periculo sapit.* 上一回當淘一回乖 Cháng ẏ hoủy táng tâo ẏ hoủy kouāy.

ÉCHAUDER (S'), v. n. *Damnum pati.* 上當 Cháng táng.

ÉCHAUFFANT, E, adj. *Excalfactorius.* 提火的 Tý' hò tỷ̆.

ÉCHAUFFER, v. a. *Calefacěre.* 燒熱 Chaŏ jě̊. ‖ — les esprits. *Animos accenděre.* 加胆力 Kiā tàn lý̆. ‖ — quelqu'un. *Alic. stomach. mověre.* 惹怒 Jě̊ loú. ‖ S'—. *Calefieri.* 熱 Jě̊. ‖ S'—. *Irasci.* 發怒 Fă loú. ‖ S'— en parlant. *Calēre.* 說得展勁 Chŏ tě̊ tchàn kín.

ÉCHAUFFOURÉE, s. f. *Res inconsultè facta.* 冒失的事 Maŏ chě̊ tỷ̆ sé.

ÉCHAUGUETTE, s. f. *Specula, œ, f.* 哨樓 Chaŏ leôu.

ÉCHÉANCE, s. f. *Dies pecuniæ.* 比期 Pỷ̆ ký̆.

ÉCHEC, s. m. *Clades, is, f.* 敗 Paý̆, ou 虧 Koúy̆. ‖ Éprouver un —. *Clad. accipěre.* 打敗 Tà paý̆, ou 喫虧 Tchě̊ koúy̆. ‖ Tenir l'ennemi en —. *Hostibus imminuěre.* 挨倒敵人 Gaȳ taò tý̆ jên. ‖ Tenir quelqu'un en —. *Suspensum detiněre.* 使他二心不定 Chě̊ tā' eùl sīn poŭ tín. ‖ — (jeu). *Latrunculus.* 棋子 Ký̆ tsè, ou 相棋 Siáng ký̆. ‖ Pièces du jeu d'—. *Latrones, un, m.* 棋子 Ký̆ tsè. ‖ Cases où on les place. *Mandra, œ, f.* 棋位 Ký̆ oúy̆. ‖ Nom de l'inventeur de ce jeu. 武王 Où oûang. ‖ Table du jeu. *Alveus lusorius.* 棋盤 Ký̆ pân. ‖ Table du milieu du jeu. 河 Hô. ‖ Pion du jeu. 奕棋子 Ȳ ký̆ tsè. ‖ Pions rouges. *Scrupul. rub.* 紅 Hông. ‖ Pions noirs. — *nigr.* 黑 Hě̊. ‖ Carré de la table du jeu. 四方封 Sé fāng hoá. ‖ Habile à ce jeu. *Peritus lusor.* 會下棋 Hoúy̆ hiá ký̆. ‖ Inhabile. 不會下棋 Poŭ hoúy̆ hiá ký̆. ‖ Jouer aux —. 下棋 Hiá ký̆. ‖ Jouer un coup. 走一步 Tseòu ý̆ poú. ‖ Jouer une partie. 下一盤棋 Hiá ý̆ pán ký̆. ‖ Donner échec et mat. *Ad incitas redigěre.* 圍死老王 Oûy̆ sè laò oûang. ‖ Prendre un pion. 喫一个 Tchě̊ ý̆ kó. ‖ En prendre un entre deux. 内中要喫一个 Loúy̆ tchōng yaò tchě̊ ý̆ kó. ‖ Gare au roi! 要顧將軍 Yaó koú tsiāng kiūn. ‖ Espoir de le sauver. 有解 Yeòu kiaý̆. ‖ Sans espoir. 無解 Oû kiaý̆. ‖ Le roi est presque pris. 照死了 Tchaó sè leaò. ‖ Faire échec au roi. 將軍 Tsiāng kiūn. ‖ Jouer une autre partie. 再下一盤 Tsaý̆ hiá ý̆ pân. ‖ Remettre en ordre les pions. 擺起 Paý̆ ký̆. ‖ Jouer aux —. *Latrunc. luděre.* 下棋 Hiá ký̆. ‖ Gagner une partie. *Latrunculis vincěre.* 贏棋 Ȳn ký̆. ‖ La perdre. *Vinci.* 輸棋 Choū ký̆. ‖ Finir une partie. *Finire lud.* 殘棋 Tsân ký̆. ‖ Le grand jeu d'échecs, inventé par 堯王 Yaô oûang se nomme: 圍棋 Oûy̆ ký̆.

ÉCHELLE, s. f. *Scala, œ, f.* 梯子 Tý̆ tsè. ‖ Une —. *Una —.* 一乘梯子 Ȳ chén tý̆ tsè. ‖ Degré de l'—. *Gradus —.* 梯桄 Tý̆ koūang. ‖ Monter à l'—. *Scalam ascenděre.* 上梯子 Cháng tý̆ tsè. ‖ Descendre l'—. *Scal. descenděre.* 下梯子 Hiá tý̆ tsè. ‖ — double. *Scala duplex.* 樓梯橙 Leôu tý̆ tchén. ‖ — fermante. *Scala quæ plicari potest* —. 合得蹋的梯子 Hô tě̊ lông tý̆ leôu tý̆. ‖ Appliquer une —. *Ad murum admov.* 靠着墙梯搭的子 Káo tchŏ tsiâng tā tý̆ tsè. ‖ Après cela, tirons l'—. *Ita ut nihil suprà.* 目中無人 Moŭ tchōng où jên.

ÉCHELON, s. m. *Gradus, ús, m.* 梯等 Tý̆ tèn. ‖ — (moyen). *Via.* 方法 Fāng fá.

ÉCHELONNER, v. a. *In gradus disponěre.* 安等級 Gān tèn ký̆.

ÉCHEVEAU, s. m. *Filum convolutum.* 一圍線 Ȳ toûan sién.

ÉCHINE. s. f. *Spina dorsi.* 背脊 Peý̆ tsý̆, ou 腰 Yāo. ‖ Rompre l'—. *Delumbāre.* 斷腰 Toúan yaō.

ÉCHINER, v. a. *Spinam dorsi rumpěre.* 打斷背脊 Tà toúan peý̆ tsý̆. ‖ —. *Delumbāre.* 打一頓 Tà ý̆ tén.

ÉCHIQUIER, s. m. *Lusorius alvus.* 棋盤 Ký̆ pân.

ÉCHO, s. m. *Echo, ind.* 應聲 Ȳn chēn. ‖ L'— répète son nom. *Echo nomen refert.* 應山 Ȳn chān.

ÉCHOIR, v. n. *Obtingěre.* 抽得 Tcheōu tě̊. ‖ Le cas —. *Si incidit casus.* 遇着 Yú tchŏ. ‖ Le terme est —. 到了日子 Taó leaò jě̊ tsè.

ÉCHOUER, v. n. *Ad scopulum impingěre.* 船撞石頭 Tchoûan tchoûang chě̊ teôu. ‖ —. *In vado hærēre* (fig.). 事情不順 Sé tsîn poŭ choúen.

ÉCLABOUSSER, v. a. *Luto aspergěre.* 酒泥漿 Sà ný̆ tsiāng, ou 擺起泥 Chàn ký̆ ngý̆.

ÉCLAIR, s. m. *Fulgur, uris, n.* 火閃 Hŏ chàn. ‖ Il fait des —. *Fulgurat.* 打火閃 Tà hŏ chàn. ‖ Il fait des — de tous côtés. 滿天是閃 Màn tiēn chě̊ chàn. ‖ — d'espérance. *Spes aliqua.* 有點望頭 Yeòu tièu oûang teôu.

ÉCLAIRCIR, v. a. *In splend. dāre.* 擦亮 Tsā' leáng. ‖ — une liqueur. *Liquorem diluěre.* 濾 Lú, ou 澄 Tchén. ‖ —. *Limpida facta est aqua.* 水清了 Choûy̆ tsīn leaò. ‖ — une affaire. *Rem enodāre.* 辯明一件事 Pién mîn ý̆ kién sé. ‖ — (polir). *Polire.* 擦乾淨 Tsā' kān tsín, ou 磨光 Mô koūang. ‖ — les plants. *Olera disrarāre.* 勻菜 Kiūn tsaý̆. ‖ Le ciel s'—. *Disserenascěre.* 天晴了 Tiēn tsîn leaò, ou 天高亮 Tiēn kaō leáng. ‖ S'—. *Rem examināre.* 察考一件事 Tchā' kào ý̆ kién sé.

ÉCLAIRCISSEMENT, s. m. *Explanatio, onis, f.* 解說 Kiaý̆ chŏ. ‖ Demander des —. *Ut res enodetur petěre.* 請人解說 Tsìn jên kiaý̆ chŏ.

ÉCLAIRÉ, ÉE, adj. *Illuminatus.* 明亮的 Mîn leáng tý̆. ‖ — (instruit). *Expertus.* 見識大的 Kién chě̊ tá tý̆.

20

ÉCLAIRER, v. a. *Illustrāre.* 發光 Fǎ koūang. ‖ — quelqu'un en portant une lumière. *Alic. lumen præferre.* 照亮 Tcháo leáng. ‖ — la conduite de quelqu'un. *Alic. advigilāre.* 照看他 Tcháo kǎn tǎ. ‖ — (faire des éclairs). *Fulgurāre.* 打火閃 Tǎ hǒ chǎn.

ÉCLAIREUR, s. m. *Explorator, oris,* m. 探子 Tǎn tsè.

ÉCLAT, s. m. *Fragmen, inis,* n. 塊 Koǔǎy. ‖ — de bois. *Schidiæ, arum, f.* 柴 Tcháy. ‖ — de pierre. *Assulæ, arum, f.* 一塊石 Ỹ koǔǎy chě. ‖ — de voix. *Vocis sonus.* 出聲 Tchǒu chēn.‖— de rire. *Cachinnus.* 大笑 Tá siáo. ‖ Faire de l'—. *Divulgāre rem.* 洩露密事 Siě loǔ mỹ sé. ‖ — de l'or. *Fulgor auri.* 金子發亮 Kīn tsè fǎ leáng. ‖ Avoir de l'—. *Splendēre.* 發光 Fǎ koūang. ‖ — (pompe). *Pompa.* 體面 Tỹ mién. ‖ Faire — dans le monde. *Famam habēre.* 有名 Yeǒu mín.

ÉCLATANT, E, adj. *Clarus.* 發亮的 Fǎ leáng tỹ. ‖ Mérite —. *Eximia virtus.* 大德行 Tá tě hín.

ÉCLATER, v. n. *Dissilīre.* 破幾塊 Pǒ kỹ koǔǎy. ‖ Ce bois s'est —. *Lignum in schidias —.* 木頭裂口 Moǔ teǒu liě keǒn. ‖ Le canon —. *Dissiluit tormentum.* 炮炸了 Páo tchá leáo. ‖ — en injures. *In aliq. inveni.* 唇人 Tǎ lín joǔ jēn. ‖ — (devenir public). *In confesso fieri.* 人人都知道 Jēn jēn toū tchē taó. ‖ Si cela vient à —. *Si id patefit.* 若是有人曉得 Jǒ ché yeǒu jēn hiaò tě. ‖ Faire — sa joie. *Gaudio diffluēre.* 顯大歡心 Hièn tá hoūan sīn. ‖ Faire — sa douleur. *Dolorem promēre.* 顯大憂愁 Hièn tá yeǒu tseǒu. ‖ —. *Splendēre.* 發光 Fǎ koūang.

ÉCLIPSE, s. f. *Eclipsis, is, f.* 蝕 Chě. ‖ Le commencement d'une —. *Principium —.* 初虧 Tsǒu koǔỹ. ‖ La fin. *Finis —.* 復圓 Foǔ yûen. ‖ — totale. *Integra —.* 內壤 Loǔy jáng. ‖ — partielle. *Partialis —.* 外壤 Oǔǎy jáng. ‖ De combien est l'—? *Quanta est sideris diminutio?* 幾分食 Kỹ fén chě. ‖ D'une partie. *Unius partis.* 食了一分 Chě leáo ỹ fén. ‖ De quatre parties. *Quatuor partium.* 食了四分 Chě leáo sé fén. ‖ — de soleil. *Solis —.* 日蝕 Jě chě. ‖ — de lune. *Lunæ —.* 月蝕 Yuě chě. ‖ Supputer une —. *Supputāre —.* 算日月蝕 Soǔan jě yuě chě. (Voir à l'Appendice n° VI la manière de supputer les *Éclipses*.)

ÉCLIPSER, v. a. — quelqu'un. *Obscurāre aliq.* 蝕 Chě. ou 明虧 Mín koǔỹ. ‖ S'—. *Deficēre.* Le soleil s'—. *Def. sol.* 散 Sán. ou 日月失光 Jě yuě chě koūang. ‖ —. *Evanescēre.* 散 Sán.

ÉCLIPTIQUE, s. f. *Eclipticus.* 日月蝕帶 Jě yuě chě taý. ou 日月中線 Jě yuě tchōng sién. ‖ — (marche annuelle du soleil, qu'il fait chaque année). L'écliptique est désignée aussi sous le nom de 黃道 Hoâng taó. ou 中線 Tchōng sién (Chemin jaune, ou Fil du milieu), parce que c'est la route que parcourt le soleil en passant par les douze signes du Zodiaque. 黃道乃太陽絡歲經行所周歷之路 Hoâng taó laỹ taỹ yâng lǒ soǔy kīn hín sò tcheǒu lỹ tchē loǔ. Cette route croise l'Équateur comme deux anneaux appliqués ensemble; une moitié sort vers le sud de l'Équateur, l'autre vers le nord. 此道斜絡於赤道如兩環相攙半出赤道南半出赤道北 Tsé taó siě lǒ yū tchē taó joǔ leâng hoân siang tiě pǎn tchoū tchē taó lán, pǎn tchoū tchē taó pě. Il est divisé en quatre parties : 四象限 Sé siāng hén, chacune contient 90 degrés. Les 360 degrés, divisés par les 12 heures, sont nommés 官 Koūan. 以十二辰分之爲官 divisés en 12 périodes de temps, on leur donne le nom de 宮 Kong; divisés en 24 époques, on leur donne le nom de 節氣 Tsiě kỹ. 二十四分之爲節氣 ou termes de 15 jours chacun; divisés en 72, on leur donne le nom de périodes de 5 jours chacun. 七十二分爲時候 Tsỹ chě eǔl fēn oǔy chě heóu.

ÉCLORE, v. n. *Excludi.* 出 Tchǒu. ‖ — (en parlant des fleurs). *Dehiscēre.* 花開 Hoā kāy. ‖ — des œufs. *Exire ex ovo.* 抱出蛋 Páo tchǒu tán. ‖ Faire — des œufs de poule. *Pullos ex ovis excludēre.* 抱出小鷄兒 Páo tchǒu siào kỹ eǔl. ‖ — au jour. *Prodīre.* 生 Sēn.

ÉCLUSE, s. f. *Moles, is, f.* 堆 Toūy. ‖ 坎 Kǎn. 水閘 Choǔy tchǎ. 水攔 Choǔy pá.

ÉCOLE, s. f. *Schola, æ, f.* 學堂 Hiǒ táng. ‖ Maître d'—. *Ludi magister.* 教書先生 Kiaó choū siēn sēn. ‖ — publique. *— publica.* 書院 Choū oúan. ou 義學 Ngỹ hiǒ. ‖ — privée. *Privata —.* 散館 Sán koǔǎn. ‖ — militaire. *Militaris —.* 演武廳 Yěn oǔ tín. ‖ Camarade d'—. *Condiscipulus.* 同窓 Tông tsāng. ‖ Tenir une —. *Scholam profitēri.* 立學堂 Lỹ hiǒ táng. ‖ Ouvrir l'—. *Scholam incipēre.* 上學 Cháng hiǒ. ‖ Donner vacance. *Vacationem concedēre.* 散學 Fáng hiǒ. ‖ Fermer l'école pour les grandes vacances. *Scholam pro feriis dimittēre.* 下學 Hiá hiǒ. ‖ Faire l'— buissonnière. *— fraudāre.* 逃學 Taó hiǒ. ‖ Être à bonne —. *Optimum habēre ductorem.* 有好表樣 Yeǒu haǒ piāo yáng.

ÉCOLIER, s. m. *Alumnus, i, m.* 學生 Hiǒ sēn. ‖ — très-fort. — *capax.* 上等學生 Cháng těn hiǒ sēn. ‖ — médiocre. — *mediocris.* 中等學生 Tchōng těn hiǒ sēn. ‖ — faible. — *incapax.* 下等學生 Hiá těn hiǒ sēn.

ÉCONDUIRE, v. a. *Rem alic. negāre.* 推却 Toūy kiǒ.

ÉCONOME, adj. *Parcus.* 節用的 Tsiě yóng tỹ.

ÉCONOME, s. m. *Procurator, oris, m.* 當家 Tāng kiā. ou

管賬 Kouàn tcháng. ‖ — royal. *Regius* —. 內府總管 Loúy foù tsòng kouàn, ou 光祿寺 Kouāng loû ché. ‖ Mauvais —. *Malé curāre.* 不會當家 Poù houý tāng kiā. ‖ L'— seul connaît le prix des choses; ceux qui ont des fils apprécient plus les bienfaits des parents. (Prov. chin.) 當家縒知鹽米貴養子方知父母恩 Tāng kiā tsǎy tchē yen mỹ koúy, Yàng tsè fāng tchē foú moù gēn.

ÉCONOMIE, s. f. *Parcitas, atis, f.* 節用 Tsiě yóng. ‖ Vivre avec —. *Parcé vivĕre.* 過得淡泊 Kó tě tán pŏ, ou 節用 Tsiě yóng.

ÉCONOMISER, v. a. *Parcé uti.* 節用 Tsiě yóng.

ÉCOPE, s. f. *Ascopa, æ, f.* 㧒殼 Koû kŏ. ‖ Puiser l'eau avec l'—. 打潮 Tà tchāo.

ÉCORCE, s. f. *Cortex, icis, f.* 殼 Kŏ. ‖ — d'arbres. *Arboris induviæ.* 樹皮 Choú pỹ. ‖ — d'orange. *Mali aurei* —. 橙皮 Tsēn pỹ. ‖ — de riz. *Oryzæ* —. 糠 Kāng. ‖ — intérieure. *Liber.* 內皮 Loúy pỹ. ‖ — (apparence). *Species.* 皮面 Pỹ mién. ‖ Oter l'—. *Corticem evellĕre.* 剝皮 Pŏ pỹ. ‖ S'arrêter à l'— de. *Superficiem vidēre.* 只看皮面 Tchě kǎn pỹ mièn.

ÉCORCER, v. a. *Decorticāre.* 剝樹皮 Pŏ choú pỹ.

ÉCORCHER, v. a. *Pellem auferre.* 剝皮 Pŏ pỹ. ‖ — les oreilles. *Aures extundĕre.* 驚耳躱 Kīn eùl tŏ. ‖ — en frottant. — *fricando.* 繒 Tsēn. ‖ — en battant. — *pugnando.* 崩 Pōng. ‖ — en égratignant. *Cutem evellendo.* 搰剝了 Tchōa pŏ leào. ‖ — une langue. *Barbaré loqui.* 說不清楚 Chŏ poǔ tsīn tsoù. ‖ — quelqu'un par le prix. *Vendĕre caré.* 熬價錢 Gāo kiá tsièn.

ÉCORCHURE, s. f. *Cutis revulsio.* 搰的 Tchōa tỹ.

ÉCORNER, v. a. *Angulos retundĕre.* 圓角 Yuēn kŏ.

ÉCORNIFLER, v. a. *Cœnas captāre.* 喫混頓 Tchě houén tén.

ÉCOSSER, v. a. *Siliquâ exuĕre.* 剝豆殼 Pŏ teoú kŏ, ou 皮子 Pỹ tsè.

ÉCOT, s. m. *Symbola, æ, f.* 一股賬 Ỹ koù tcháng, ou 分子 Fēn tsè. ‖ Se réunir pour payer l'—. *Simul symbolam solvĕre.* 儹賬 Hoúy tcháng. ‖ Acclamer l'—. *Repetĕre.* — 報賬 Paó tcháng.

ÉCOUER, v. a. *Canis caudam mutilāre.* 砍狗尾 Kǎn keòu oùy.

ÉCOULER, v. a. *Effluĕre.* 流 Lieòu. ‖ S'—. *labi, abīre.* 流 Lieòu, ou 過 Kó. ‖ Le temps s'—. *Fluit tempus.* 時候過 Chē heoú kó.

ÉCOURTER, v. a. *Decurtāre.* 切短 Tsiě toùan.

ÉCOUTES, s. f. *Auscupium, ii, n.* 打聽 Tà tín.

ÉCOUTER, v. a. *Audīre.* 聽 Tín. ‖ — avec attention. — *attenté.* 專心聽 Tchōuan sīn tín. ‖ — aux portes. *Ad fores auscultāre.* 門外聽 Mēn ouáy tín. ‖ — ses conseils. *Consiliis parēre.* 聽人勸 Tīn jèn kiüèn. ‖ — quelqu'un. *Alic. vacāre.* 許人會 Hiù jèn hoúy. ‖ — son ressentiment. *Iræ indulgēre.* 報仇 Paó tcheoŭ. ‖ — sa conscience. *Conscient. sequi.* 憑瓦心做事 Pīh leāng sīn tsoú sé, ou 憑天理做事 Pīh tiēn lỹ tsoú sé. ‖ S'— trop. *Sibi indulgēre.* 過餘將就肉身 Kó yù tsiāng tsieóu joù chēn.

ÉCOUTILLE, s. f. *Fororum navalium tabulæ.* 船口 Tchoŭan keòu, ou 船門 Tchoŭan mēn.

ÉCOUVILLON, s. m. *Scopa, æ, f.* 抹窰布 Mǎ yāo poú.

ÉCRAN, s. m. *Umbella, æ, f.* 扇子 Chán tsè.

ÉCRASER, v. a. *Obterĕre.* 舂 Tchōng, ou 厭 Yǎ. ‖ — par morceaux. *Minutim obterēre.* 厭破了 Yǎ pŏ leào. ‖ — un serpent. *Serp. effligēre.* 打蛇 Tà chě. ‖ La foudre l'a —. *Elidit eum tonitru.* 雷脾了他 Loúy pỹ leào tā. ‖ — en dormant un enfant. *In somno puerum opprimēre.* 睡着時候厭嬰孩 Choúy tchŏ chě heóu, yǎ sè ȳn hāiy.

ÉCRÉMER, v. a. *Lactis spumam tollēre.* 起奶子皮 Kỹ laỹ tsè pỹ.

ÉCRIER (S'), v. r. *Exclamāre.* 叫喊 Kiáo hán. ‖ — en soupirant. — *ingemiscendo.* 默息 Tǎn sỹ.

ÉCRIN, s. m. *Scrinium, ii, n.* 首飾箱 Cheòu ché siāng, ou 匣子 Hiā tsè.

ÉCRIRE, v. a. *Scribĕre.* 寫 Siě. ‖ — en gros caractères. *Magnos charact.* 寫大字 Siě tá tsé. ‖ — très-fin. *Subtiliter* —. 寫小字 Siě siào tsé. ‖ — de haut en bas, à la mode chinoise. *Modo sinico* —. 豎寫 Chóu siè. ‖ — en travers, à la mode européenne. *Modo europæo* —. 桁寫 Hēn siè. ‖ — fort serré. *Spissé* —. 寫得密 Siè tě mỹ. ‖ — à quelqu'un une lettre. *Alic. scribĕre.* 寫人寫書信 Siè jèn siè chōu sín. ‖ — à quelqu'un une réponse. *Responsum* —. 寫囘信 Siè hoúy sín. ‖ — par la poste. *Publico tabell. litter. dāre.* 交信行寄書 Kiāo sín hāng kỹ choū. ‖ —. *Propriá manu.* 親筆寫 Tsīn pỹ siè. ‖ — par occasion. *Occas. uti ad scrib.* 過便寫信 Yú pién siè sín. ‖ — à cheval. *Violent. conqueri.* 氣頭上寫信 Kỹ teóu cháng siè sín.

ÉCRITS, s. m. *Scripta, orum, n.* 書 Choū. ‖ — sous seing privé. *Chirographum.* 契約 Yŏ kỹ. ‖ — de partage des biens. — *partitionis bonorum.* 分關 Fēn koūan.

ÉCRITEAU, s. m. *Titulus, i, m.* 飛子 Feỹ tsè. 告白 Kaó pě. ‖ 招牌 Tchāo pǎy. ‖ En mettre un. *Suspendĕre* —. 出告白 Tchŏu kaó pě. ‖ — de maison à louer. 報子 Paó tsè.

ÉCRITOIRE, s. f. *Atramentarium europæum.* 墨盒 Mě hŏ. ‖ — chinoise ou palette à délayer l'encre. 硯臺 Yén tǎy. ‖ — pour les pinceaux. — *pro penicillis ponendis.*

筆池 Pý tchē. ǁ — pour appuyer les pinceaux.
筆架 Pý kiá.

ÉCRITURE, s. f. Scriptura, œ, f. 寫字 Siè tsè. ǁ Les quatre espèces d'écriture en usage. 四體書 Sé tý choū : 1° 正 Tchēn ; 2° 草 Tsǎo ; 3° 隸 Lý ; 4° 篆 Tchoŭan. ǁ — courante. Vulgò —. 八分書 Pǎ fēn choū. ǁ Inventeur de l'écriture chinoise : 蒼頡 Tsāng Kié. ǁ Faute d'—. Menda —. 寫錯 Siè tsŏ, ou 白字 Pě tsé. ǁ — (main). Manus. 筆法 Pý fǎ. ǁ — de femme. Mulieris —. 女人的手筆 Niù jēn tý cheòu pý. ǁ Votre — ressemble à la sienne. Manus tua similis est illius —. 你的字像他的字 Ngý tý tsé siáng tā tý tsé. ǁ L'— sainte. Scriptura sacra. 聖經 Chén kīn. ǁ — (pièces d'un procès. Tabulœ. 呈子 Tchěn tsè.

ÉCRIVAIN, s. m. Magister scribendi. 敎字先生 Kiáo tsé siēn sēn. ǁ — (scribe). Tabularius. 代筆 Taý pý. ou 書辦 Chōu pán. ǁ — (auteur). Auctor. 著書人 Tchoú choū jēn. ǁ Bel —. Eloquens —. 才子書 Tsaý tsè choū. ǁ — élégant. Elegans —. 文法的 Oūen fǎ tý.

ÉCROU, s. m. Cochleæ receptaculum. 螺螄眼 Lǒ sē yèn. ǁ —. Incarcerat. instrumentum. 火簽 Hǒ tsiēn.

ÉCROUELLES, s. f. Struma, œ, f. 瘰癧 Loúy lỳ. ǁ Les avoir. Habēre —. 生瘰癧 Sēn loúy lỳ.

ÉCROULER (S'), v. r. Corruēre. 倒 Taò, ou 跌 Tiĕ.

ÉCRU, E, adj. Crudus. 生的 Sēn tý.

ECTROPIUM (terme méd.). 眼盖向則翻轉 Yèn kaý hiáng tsě fān tchoùan.

ÉCU, s. m. Scutum, i, n. 藤牌 Tēn paý. ǁ — (monnaie). Nummus. 花錢 Hoā tsiēn. ǁ Un —. Unus —. 一圓 Y̌ yuēn, ou 一塊 Y̌ koǔay. ǁ Demi- —. Dimidius. 半圓 Pán yŏen.

ÉCUEIL, s. m. Scopulus, i, m. 石巖 Chě niēn, ou 石灘 Chě tān. ǁ — de sable. Arena —. 沙灘 Chā tān. ǁ Donner contre un —. offendēre. 撞石灘 Tchoǔang chě tān. ǁ Se briser contre un —. Ad- allidi. 崩石灘 Pōng chě tān, ou 打爛船 Tǎ lán tchoŭan.

ÉCUELLE, s. f. Scutella, œ, f. 碗 Oŭan. ǁ — commune. Crassa —. 粗碗 Tsōu oŭan. ǁ — fine. — subtilis. 細碗 Sý oŭan. ǁ Dix —. 一付碗 Y̌ foú oŭan.

ÉCULER, v. a. — ses souliers. Calceos deprimēre. 撒拉鞋子 Sǎ lǎ haý tsè.

ÉCUME, s. f. Spuma, œ, f. 泡子 Pǎo tsè. ǁ — de mer. 海水的沫子 Haý choùy tý mô tsè.

ÉCUMER, v. n. Spumāre. 出泡子 Tchǒu pǎo tsè. ǁ — (ôter l'écume). Despumāre. 打泡子 Tǎ pǎo tsè.

ÉCUMOIRE, s. f. Multiforum cochlear. 漏瓢 Leóu piǎo. ǁ Une —. Unum —. 一把漏瓢 Y̌ pà leóu piǎo.

ÉCURER, v. a. Mundāre. 擦乾淨 Tsǎ kān tsín.

ÉCUREUIL, s. m. Sciurus, i, n. 貂鼠 Tiāo choù.

ÉCURIE, s. f. Stabulum, i, n. 馬圈 Mà kiŭen.

ÉCUSSON, s. m. Scutum gentilitium. 記號 Ký haó.

ÉCUSSONNER, v. a. Emplastrāre. 壓接樹枝 Yǎ tsiē choú tchē.

ÉCUYER, s. m. Armiger, eri, m. 戴軍器的 Taý kiūn ký tý.

ÉDENTER, v. a. Edentāre. 敲落齒牙 Kāo lŏ yǎ tchē.

ÉDIFIANT, E, adj. Exempl. utilis. 引人爲善的 Yn jēn oŭy chán tý. ǁ —. De homine. 立好表樣的 Lý haò piǎo yáng tý.

ÉDIFICATION, s. f. Ædificatio, onis, f. 立 Lý, ou 修 Sieōu. ǁ — (bon exemple). Bonum exemplum. 好表樣 Haò piǎo yáng. ǁ Donner l'—. Dāre —. 立好表樣 Lý haò piǎo yáng.

ÉDIFICE, s. m. Ædificium, ii, n. 大房子 Tá fāng tsè. ǁ Un —. Unum —. 一向大房子 Y̌ hiáng tá fāng tsè. ǁ Élever un —. — erigēre. 修房子 Sieōu fāng tsè.

ÉDIFIER, v. a. Exstruēre. 立 Lý, ou 修 Sieōu. ǁ — par son exemple. Præbēre exemplum bonum. 立好表樣 Lý haò piǎo yáng.

ÉDILE, s. m. Ædilis, is, m. 鄉約 Hiāng yŏ.

ÉDIT, s. m. Edictum præfectorum. 告示 Kaŏ ché. ǁ Faire un —. — edicēre. 出告示 Tchǒu kaó ché. 制 Tché est l'— qui annonce les dispositions prises pour les grandes cérémonies. 詔 Tchaó est l'— usité à l'égard des mandarins. 誥 Kaó est l'— au peuple. 勅 Tchě est l'— pour la collation des rangs et des titres de dignités. 龍票 Lōng piaó est l'— extraordinaire de l'Empereur et l'un des plus solennels. 奉旨 Fóng tchè est l'— ordinaire. 上諭 Cháng yú est l'— au peuple, surtout pour l'exhorter. 奉委 Fóng oúy : Les préfets inférieurs recevant un ordre du supérieur. 奉札 Fóng tchǎ : Les autorités municipales recevant un ordre du mandarin. 奉使 Fóng chè : Idem.

ÉDITION, s. f. Editio, onis. 著書 Tchoú choù, ou 刊刻書 Kān kě choŭ. ǁ Première —. Prima —. 新刊之書 Sīn kān tchē choù. ǁ Deuxième —. Secunda —. 重刊刻之書 Tchóng kān kě tchē choŭ.

ÉDUCATION, s. f. Educatio, onis, f. 敎訓 Kiáo hiún. ǁ Faire l'—. Educāre —. 敎訓 Kiáo hiún. ǁ Négliger l'—. Negligēre —. 不敎訓 Poŭ kiáo hiún. ǁ N'avoir pas d'—. Sine urbanitate esse. 沒有禮信的人 Mô yeòu lý sín tý jēn, ou 粗鹵的人 Tsōu lòu tý jēn.

ÉDUQUÉ, ÉE, adj. Institutus. 受了敎訓 Cheóu leào kiáo. ǁ Bien —. Liberaliter institutus. 大雅之林 Tá yǎ tchē lín.

ÉFAUFILER, v. a. Retexēre. 折布 Tsě poú.

EFFACER, v. a. *Expungĕre*. 消 Siaō. ‖ Caractère effacé. *Character oblitteratus*. 字跡落挨 Sé tsý lŏ yāy. ‖ — en rayant avec la plume. *Oblitterāre*. 塗 Tōu. ‖ — en raclant. *Radĕre*. 刮 Koŭa. ‖ — de sa mémoire. *Effluĕre é mem*. 全全忘記 Tsŭen tsŭen oŭang ký. ‖ — ses fautes par la pénitence. *Pœnitentiá culpas suas redimĕre*. 補贖罪 Poŭ choŭ tsoúy.

EFFAÇURE, s. f. *Litura, æ, f*. 塗了的 Tōu leào tý.

EFFARÉ, ÉE, adj. *Trepidus*. 臉青面黑 Liĕn tsīn mién hĕ̆.

EFFAROUCHER, v. a. *Efferāre*. 嚇人 Hĕ̆ jēn. ‖ S'—. *Expavescĕre*. 怕 Pă̆.

EFFECTIF, VE, adj. *Verus*. 真的 Tchēn tý, ou 實在的 Chĕ̆ tsáy tý.

EFFECTIVEMENT, adv. *Reverá*. 果然 Kŏ jàn, ou 實在 Chĕ̆ tsaý.

EFFECTUER, v. a. *Perficĕre*. 做成 Tsoù tchĕ̆n, ou 完 Oŭan. ‖ — sa promesse. *Promissis stāre*. 不食言 Poŭ chĕ̆ yēn.

EFFÉMINÉ, ÉE, adj. *Effeminatus*. 男不男女不女 Lān poŭ lān niù poŭ niù. ‖ Être —. *Mollitiá fluĕre*. 男不男女不女 Lān poŭ lān niù poŭ niù.

EFFÉMINER, v. a. *Enervāre*. 嬌養 Kiāo yàng.

EFFERVESCENCE, s. f. *Fervor, oris, m*. 在開 Tsaý kāy, ou 滾起來 Koŭen ký laỳ.

EFFET, s. m. *Effectus, ùs, m*. 效驗 Hiáo nién. ‖ Avoir son —. *habēre*. 有效驗 Yeòu hiáo nién, ou 成果 Tchēn kò. ‖ Ce remède a produit de l'—. *Remedium vim exercuit*. 藥有效 Yŏ yeòu hiáo. ‖ Pas d'— sans cause. *Sine causá nullus*. 無因則無果 Oŭ yīn tsĕ̆ oŭ kò. 無風水不浪 Oŭ fōng choŭy poŭ láng. 無針不引線 Oŭ tchēn poŭ yīn sién. 水不渡船 Choŭy poŭ toú tchoŭ'an. 水有源頭樹有根 Choŭy yeòu yŭen teŏu choŭy yeòu kĕn. ‖ — naturel. *Naturalis*. 當然的事 Tāng jàn tý sé. ‖ En —, adv. *Reverá*. 果然 Kŏ jàn.

EFFETS, s. m. *Bona*. 財帛 Tsaý pĕ̆.

EFFEUILLER, v. a. *Frondes stringĕre*. 摘葉子 Tý yĕ̆ tsè. ‖ — en glissant la main le long de la branche. *Manu leviter detrahĕre*. 樺樹葉子 Liŭ choŭ yĕ̆ tsè. ‖ S'—. *Frondibus exui*. 落葉子 Lŏ yĕ̆ tsè.

EFFICACE, adj. *Efficax*. 有效 Yeòu hiáo tý, ou 其效如神 Ký hiáo poŭ chēn.

EFFICIENT, E, adj. *Efficiens*. 有效驗的 Yeòu hiáo nién tý. ‖ Cause —. *Causa —*. 造者 Tsáo tchĕ̆.

EFFIGIE, s. f. *Effigies, iei, f*. 樣子 Yáng tsè.

EFFILÉ, ÉE, adj. *Gracilis*. 薄的 Pŏ tý.

EFFILER, v. a. *Retexĕre*. 折 Tsĕ̆, ou 絲開 Sē kāy. ‖ S'—. *Distrahi filatim*. 有發頭 Poŭ fă teŏu.

EFFLEURER, v. a. *Stringĕre*. 輕輕刮 Kīn kīn koŭa. ‖ — une matière. *Rem leviter attingĕre*. 皮面上講過 Pý mién cháng kiàng kó.

EFFONDRER, v. a. *Effringĕre*. 破 Pŏ̆. ‖ — un poisson. 破魚 Pŏ̆ yù.

EFFONDRILLES, s. f. *Fæces, is, f*. 渣滓 Tchā tsè. ‖ — du vin. *Vini —*. 酒渣滓 Tsieŏu tchā tsè. ‖ — de l'huile. 油脚滓 Yeòu kiŏ tsè.

EFFORCER (S'), v. r. *Conāri*. 盡力 Tsín lỳ, ou 用力 Yóng lỳ.

EFFORT, s. m. *Conatus, ùs, m*. 盡力 Tsín lỳ. ‖ Faire tous ses —. *Omni ope niti*. 竭力做 Kiĕ̆ lỳ tsoú. ‖ Faire les derniers —. *Summa opum vi niti*. 用盡心力 Yóng tsín sīn lỳ. ‖ Faire d'un commun —. *Unanimi nisu agĕre*. 同心同力做 Tōng sīn tōng lỳ tsoú. ‖ Sans —. *Facilé*. 不用力 Poŭ yóng lỳ.

EFFRAYER, v. a. *Terrēre*. 驚嚇人 Kīn hĕ̆ jēn. ‖ S'—. *Expavescĕre*. 受了驚 Chéou leào kīn, ou 怕 Pă̆.

EFFRÉNÉ, ÉE, adj. *Effrenus*. 莫管頭的 Mŏ koŭan teŏu tý, ou 放肆的人 Fáng sē tý jēn.

EFFRITER, v. a. *Solum exhaurire*. 把田種枯了 Pà tiēn tchōng kōu tsè.

EFFROI, s. m. *Terror, oris, m*. 害怕 Haý pă̆. ‖ Semer l'—. *Terrore complĕre*. 譊嚇人 Hiá hĕ̆ jēn.

EFFRONTÉ, ÉE, adj. *Impudens*. 不害羞的 Poŭ haý sieōu tý.

EFFROYABLE, adj. *Horrificus*. 嚇人的 Hĕ̆ jēn tý, ou 利害的 Lý haý tý. ‖ Excessif. *Nimius*. 過餘 Kó yù, ou 過分 Kó fén. ‖ Faire une dépense —. *Sumptu extrá modum prodire*. 用得多 Yóng tĕ̆ lo.

EFFUSION, s. f. *Effusio, onis, f*. 到 Taó, ou 流出來 Lieŏu tchŏu laý. ‖ — de cœur. *Animi —*. 過心腹 Kó sīn foŭ.

ÉGAL, E, adj. *Æqualis*, par. 一樣的 Ý yáng tý. ‖ Poids —. *Æquipondium*. 一樣重 Ý yáng tchóng. ‖ Homme sans —. *Extrá omnes positus*. 非常的人 Feȳ chàng tý jēn, ou 比不上的 Pý poŭ chàng tý. ‖ — en dignité. *Ejusdem dignitatis*. 同等 Tōng tèn, ou 相品 Siāng pĭ̆n. ‖ Esprit —. *Animus æqualis*. 常遠的人 Chàng yŭen tý jēn. ‖ Ne pas souffrir d'—. *Æqualit. exuĕre*. 好勝 Haó chēn, ou 好居人上 Haó kiù jēn cháng. ‖ D'— à —. *Ex pari, ex æquo*. 平班人 Pĭ̆n pān jēn. ‖ Faire les parts —. *Æqualit partiri*. 分均平 Fēn kiŭn pĭ̆n. ‖ — à lui-même. *Sibi constans*. 恒心人 Hēn sīn jēn. ‖ Cela m'est —. *Hæc me non tangunt*. 不論 Poŭ lén, ou 隨便 Soŭy pién. ‖ — (uni). *Planus*. 平的 Pĭ̆n tý. ‖ Terrain —. *locus*. 平地 Pĭ̆n tý. ‖ Rendre —. *Complanāre*. 做平

158   EGA                        ELE

Tsóu pĭh. ‖ A l'— de. *Perindè ac si.* 猶如 Yeŏu joŭ.

ÉGALEMENT, adv. *Æqualiter.* 亦然 Ў jân. 公平 Kŏng pĭh. 一樣的 Ў yáng tỷ. 一般的 Ў pān tỷ. ‖ Rendre — justice. *Jus omnib. exercēre.* 一樣斷法 Ў yáng touán fă.

ÉGALER, v. a. *Æquāre.* 做平 Tsoú pĭh. ‖ — un sol. *Solum exæquāre.* 平地 Pĭn tỷ. ‖ La mort — tous les hommes. *Pares facit mors homines.* 眼睛一閉 Yèn tsīu ў pý, ou 萬事休 Ouán sé hiĕou. ‖ Être —. *Æqualis esse.* 相對 Siāng toúy. ‖ — quelqu'un. *Aliq. æquiparāre.* 比得倒他 Pỷ tĕ taò tă. ‖ S'—. *Se cum aliq. æquāre.* 比自己 Pỷ tsé kỷ.

ÉGALITÉ, s. f. *Æqualitas, atis, f.* 公平 Kŏng pĭh, ou 一樣的 Ў yáng tỷ. ‖ — d'âme. *Æquanimitas.* 心平和 Sīn pĭn hŏ.

ÉGARD, s. m. *Ratio, respectus.* 看人 Kăn jên. ‖ Avoir — à quelqu'un. *Respect. al. hab.* 看在他面上 Kăn tsáy tă'mién cháng. ‖ Avoir — au bien public. *In medium consulère.* 顧大衆 Koú tá tchóng. ‖ — (déférence). *Observantia.* 尊敬 Tsēn kín. ‖ Avoir des — pour quelqu'un. *Cautiús cum alic. agĕre.* 尊敬人 Tsēn kín jên. ‖ A l'— de. *Ergā, quoad.* 論 Lén. ‖ A cet — il a tort. *Ex eà re in culpa est.* 這个事他莫理 Tchĕ' kó sé tă' mŏ lý. ‖ Eu — au temps. *Prout mores sunt.* 照如今的風俗 Tchaó joŭ kīn tỷ fōng siŏu. ‖ Eu — à son âge. *Pro ration. ætatis ejus.* 特爲他的年紀 Tĕ' oúy tă' tỷ niên ký.

ÉGARÉ, ÉE, adj. *Devius.* 錯路的 Tsŏ' loú tỷ. ‖ Esprit —. *Animus —.* (Distrait.) 心不在 Sīn poŭ tsáy. ‖ — (fou). 瘋了 Fōng leào. ‖ — (perdu par distraction). *Penè in perditis esse.* 丟了的 Tiēou leào tỷ.

ÉGAREMENT, s. m. *Erratio, onis, f.* 錯 Tsŏ'. ‖ — (démence). *Amentia.* 瘋 Fōng. ‖ — (crime). *Flagitium.* 罪惡 Tsoúy ngŏ. ‖ Revenir de ses —. *Rectum iter repetĕre.* 回顚 Hoúy teŏu.

ÉGARER, v. a. *A viâ deducĕre.* 使錯路 Chĕ tsŏ' loú. ‖ — quelqu'un de la vérité. *In errorem inducĕre.* 惑人 Houáy jên. ‖ — une chose. *Per oblivionem amittĕre.* 忘記了 Ouáng ký leào, ou 放大意了 Fáng tá ý leào. ‖ S'—. *De viâ declinâre.* 錯路 Tsŏ' loú. ‖ — de son sujet. *Aberrâre.* 打野話 Tă yĕ hoá. ‖ —. *Delirâre.* 打糊說 Tă hoŭ chŏ.

ÉGAYER, v. a. *Hilarâre.* 兜人喜歡 Teōu jên hỷ houān. ‖ S'—. *Oblectâre se.* 放心 Fáng sīn, ou 自娛 Tsé oú.

ÉGLISE, s. f. *Ecclesia, æ, f.* 聖教會 Chén kiáo hoúy. ‖ Les trois degrés de l'— catholique. *Tres gradus.* 聖教會三等 Chén kiáo hoúy sān tēn. ‖ 1° militante. *Militans.* 當兵的會 Tāng pīn tỷ hoúy;

2° souffrante. *Patiens.* 受苦的會 Chéou kŏu tỷ houy; 3° triomphante. *Triumphans.* 得勝的會 Tĕ' chên tỷ hoúy. ‖ — (temple). *Templum.* 經堂 Kīn táng. ‖ Bâtir une —. *Ædificâre.* 修經堂 Siēou kīn táng.

ÉGOÏSTE, s. m. *Sui unius amator.* 愛自已 Gáy tsé kỷ, ou 只知有已不知有人 Tchĕ tchĕ yeŏu kỷ poŭ tchĕ yeŏu jên. ‖ Ne l'être pas. *Non esse sui amator.* 無私心 Oŭ sē sīn.

ÉGORGER, v. a. *Jugulâre.* 抹脖子 Mŏ pŏ tsĕ.

ÉGORGER (S'), v. r. *Sese jugulâre.* 自己抹脖子 Tsé kỷ mŏ pŏ tsĕ.

ÉGOSILLER, v. r. *Clamâre.* 喊嘎了聲 Hàn hiă leào chēn.

ÉGOUT, s. m. *Cloaca, æ, f.* 陰溝 Ўn keōu. ‖ Un —. *Una —.* 一條陰溝 Ў tiáo ўn keōu. ‖ — couvert. *Cooperta.* 暗陳溝 Ngán ўn keōu.

ÉGOUTTER, v. n. *Exstillâre.* 滴 Tỷ. ‖ Faire —. *Exprimĕre humorem.* 搾汁 Tsỷ tchĕ'.

ÉGOUTTOIR, s. m. *Tabula ad siccandum apta.* 槽板 Tsăo pàn.

ÉGRATIGNER, v. a. *Alicui unguem imprimĕre.* 抓人 Tchaò jên, ou 搯皮子 Tchŏa pỷ tsĕ.

ÉGRENER, v. a. *Grana excudĕre.* 打種子 Tă tchòng tsĕ.

ÉGRUGER, v. a. *Infriâre.* 碾爲末 Niĕn oŭy mŏ.

ÉGYPTE, s. f. *Ægyptus, i, f.* 厄日多國 Gĕ' jĕ tŏ kouĕ'.

ÉHONTÉ, ÉE, adj. *Impudens.* 不害羞的 Poŭ haý siēou tỷ.

ÉIAI (Exclamation). *Heus.* 放心 Fáng sīn, ou 不怕 Poŭ pă'.

ÉLABORER, v. a. *Elaborâre.* 做成 Tsoú tchĕn.

ÉLAGUER, v. a. *Interputâre.* 修樹枝 Siēou choú tchĕ.

ÉLAN, s. m. *Impetus, ùs, m.* 忽攻 Hoŭ kōng.

ÉLANCÉ, ÉE, adj. *Gracilis.* 叉長叉薄的 Yeóu tcháng yeóu pô' tỷ.

ÉLANCER (S'), v. n. *Irrumpĕre.* 出 Tchŏ'u, ou 擁 Yòng.

ÉLARGIR, v. a. *Laxâre.* 扯寬 Tchĕ' koŭan, ou 搉開 Tàn kăy. ‖ — un prisonnier. *Captivum dimittĕre.* 放出牢 Fáng tchŏ'u laŏ.

ÉLASTICITÉ, s. f. *Renixus.* 緊鬆的 Kĭn sōng tỷ. ‖ Cordon —. *Funis elasticus.* 緊鬆帶 Kĭn sōng taý.

ÉLECTION, s. f. *Electio, onis, f.* 擇 Tsĕ', ou 選的事 Sĭuèn tỷ sé.

ÉLECTRICITÉ, s. f. *Electrum, i, n.* 閃電通氣 Chàn tién tōng ký.

ÉLÉGANCE, s. f. *Elegantia, æ, f.* 文章 Ouēn tchāng. ‖ — de mœurs. *Urbanitas.* 大禮信 Tá lỷ sín. ‖ — de parures. *Cultús eleg.* 穿體面 Tchoŭan tỷ mién.

ÉLÉGANT, E, adj. *Elegans.* 體面的 Tỷ mién tỷ. ‖ Manières —. *Habitus eleg.* 品格體面 Pĭn kĕ' tỷ mién.

∥ Style —. *Stylum eleg.* 高文 Kaō oûen, ou 深文 Chēn oûen.

ÉLÉGIE, s. f. *Elegia, æ, f.* 孝歌 Hiáo kō.

ÉLÉMENT, s. m. *Elementum, i, n.* 初學 Tsoū hiŏ, ou 元行 Yuên hîn. ∥ — d'une science. *Scientiæ rudim.* 根子 Kēn tsè. 起頭 Kỷ teŏu. 初學 Tsoū hiŏ. ∥ Les cinq — chinois. 五行 Où hîn, savoir : 金 Kīn, l'or; 木 Moŭ, le bois; 水 Choŭy, l'eau; 火 hŏ, le feu; 土 Toŭ, la terre. ∥ Être dans son —. *In re acquiescěre.* 喜歡一宗事 Hỷ hoūan ỷ tsōng sé.

ÉLÉVATION, s. f. *Altitudo, inis, f.* 擧 Kiù. ∥ — d'âme. *Animi —.* 歸向天主 Koūy hiáng Tiēn Tchoŭ.

ÉLÈVE, s. m. *Alumnus, i, m.* 徒弟 Toû tỷ, ou 學生 Hiŏ sēn. ∥ — très-fort. — *capax.* 上頭學生 Cháng teŏu hiŏ sēn. ∥ — ordinaire. — *mediocris.* 不在人上 不在人下 Poŭ tsaỷ jên cháng poŭ tsaỷ jên hiá. ∥ — faible. → *incapax.* 下等學生 Hiá tèn hiŏ sēn. ∥ — en un art, un métier. *Discipulus.* 徒弟 Toû tỷ.

ÉLEVER, v. a. *Levāre.* 擧 Kiù, ou 拿起來 Lă kỷ laỷ. ∥ — les yeux. *Oculos erigěre.* 擧目 Kiù moŭ. ∥ — la voix. *Vocem intenděre.* 高聲說 Kaō chēn chŏ. ∥ — quelqu'un au ciel. *Laudibus aliq. attollěre.* 誇上天 Koūa cháng tiēn. ∥ — aux honneurs. *Ad honor. eveněre.* 保擧人 Paŏ kiù jên. ∥ — son âme à Dieu. *Ad Deum mente evolāre.* 擧心向主 Kiù sīn hiáng tchoŭ. ∥ — le cœur de quelqu'un. *Animum erigěre.* 加人胆力 Kiā jên tàn lỷ. ∥ — une maison. *Domum —.* 立房子 Lỷ fâng tsè. ∥ — (nourrir). *Nutrīre.* 養活 Yàng hŏ. ∥ — des chiens. *Catulos instituěre.* 餵狗 Oúy keòu. ∥ — (éduquer). *Educēre.* 敎訓 Kiáo hiûn. ∥ — bien ses enfants. *Filios recté instituěre.* 善敎訓兒女 Chán kiáo hiûn eûl niù. ∥ S'— en croissant. *In altit. assurgěre.* 長大 Tchàng tá. ∥ — (monter). *Ascenděre.* 上去 Cháng kiù. ∥ Une tempête s'—. *Tempest. oritur.* 起暴風 Kỷ paó fōng. ∥ S'— aux charges. *Ad honor. ascenděre.* 陞官 Chēn koūan. ∥ — (s'enorgueillir). *Superbīre.* 驕傲 Kiāo gaó. ∥ — contre quelqu'un. *In aliq. insurgěre.* 欺侮人 Kỷ où jên.

ÉLIGIBLE, adj. *Qui potest eligi.* 可選的 Kŏ siùen tỷ.

ÉLIRE, v. a. *Eligěre.* 選 Siùen.

ÉLISION, s. f. (d'une syllabe). *Contractio syllabæ.* 此音低 Tsè yīn tỷ.

ÉLITE, s. f. *Delectus, ûs, m.* 頭一等的 Teŏu ỷ tèn tỷ. 上等的 Cháng tèn tỷ. 擇選的 Tsiĕ siùen tỷ. ∥ — des troupes. *Selecti milites.* 精兵 Tsīh pīn.

ELLE, pron. *Illa.* 他 Tā.

ELLES, pron. *Illæ.* 他們 Tā mên.

ELLIPSE, s. f. *Ellipsis, is, f.* 簡截 Kièn tsiĕ. ∥ — (géom.). 揢圓 Tŏ yuên, ou 蛋樣 Tán yáng.

ELLIPTIQUE, adj. *Ellipticus.* 雞蛋形 Kỷ tán hîn, ou 長條的 Tchàng tiáo tỷ.

ÉLOCUTION, s. f. *Elocutio, onis, f.* 說話的樣子 Chŏ hoá tỷ yáng tsè.

ÉLOGE, s. m. *Elogium, ii, n.* 讚譽 Tsán yú. ∥ Donner de grands —. *Aliq. laudibus efferre.* 過讚擧人 Kó tsán yú jên.

ÉLOIGNÉ, E, adj. *Remotus.* 遠的 Yuèn tỷ. ∥ — de la ville de vingt lys. *Ab urbe distans viginti stadiis.* 隔城二十里 Kĕ tchên eûl chĕ lỷ. ∥ — de soupçonner. *A suspicione abhorrěre.* 全不疑 Tsûen poŭ ngỷ. ∥ — de son sujet. *A themate disceděre.* 離遠了題目 Lỷ yuèn leào tỷ moŭ. ∥ — des affaires. *Remotus à reb. publ.* 不管公事 Poŭ koùan kōng sé.

ÉLOIGNEMENT, s. m. *Distantia, æ, f.* 隔 Kĕ. ∥ — (départ). *Discessus.* 起身 Kỷ chēn. ∥ — subit. — *subitus.* 忽然起身 Foŭ-jân kỷ chēn. ∥ — (absence). *Absentia.* 不在 Poŭ tsaỷ. ∥ — (aversion). *Odium.* 恨 Hén, ou 厭 Yén.

ÉLOIGNER, v. a. *Removēre.* 趕退 Kàn toúy. ∥ — quelqu'un des affaires. *A negot. submovēre.* 不許人管公事 Poŭ hiù jên koùan kōng sé. ∥ — un malheur. *Malum avertěre.* 逃脫患難 Táo tŏ hoúan lán. ∥ — (reculer v. g. son départ). *Profectum differre.* 擦擱起身 Tān kŏ kỷ chēn. ∥ S'—. *E loco receděre.* 離 Lỷ, ou 遠去 Yuèn kiù. ∥ S'— de quelqu'un. *Ab aliq. disceděre.* 丢人 Tiēon jên.

ÉLOQUENCE, s. f. *Facundia, æ, f.* 口才 Keòu tsaỷ, ou 高文 Kaō oûen.

ÉLOQUENT, adj. *Eloquens.* 口才好的 Keòu tsaỷ haò tỷ.

ÉLUS, s. m. *Prædestinati, orum, m.* 預定的聖人 Yú tín tỷ chén jên.

ÉLUDER, v. a. *Eluděre.* 欺 Kỷ. 偷走 Teŏu tseòu. 推故 Toūy koù. ∥ — une difficulté. *Difficultatem eluděre.* 會躱難事 Hoúy tŏ lán sé. ∥ — la vigilance. *Custodiam frustrāre.* 躱倒做 Tŏ taò tsoú.

ÉLYSÉE, s. m. *Elyseum, ii, n.* 西天 Sỷ tiēn, ou 仙境 Siēn kín.

ÉLYTRE, s. m. (ailes supérieures des Coléoptères). *Elytra, orum, n.* 硬翼 Kén ỷ.

ÉMAIL, s. m. *Encaustum, i, n.* 法瑯 Fă lâng. ∥ Faire de l'—. — *coquěre.* 燒法瑯 Chaō fă lâng.

ÉMAILLER, v. a. *Pingěre.* 擺設 Paỷ chĕ, ou 畫法瑯 Hoá fă lâng.

ÉMANCIPER, v. a. *Emancipāre.* 分家 Fēn kiā. ∥ S'—. *Licentiûs facere.* 自爲主 Tsé oùy tchoù. 大胆做 Tá tàn tsoú. 放肆 Fáng sé.

ÉMANER, v. n. *Emanāre.* 流出來 Lieòu tchŏu laỷ. 從來 Tsông laỷ. 生出來 Sēn tchŏu laỷ.

EMBALLER, v. a. *Consarcināre.* 裝貨 Tchoúang hó ou 打抱 Tă paó.

EMBARGO, s. m. (le mettre). *È portu exitum prohibēre.* 封船 Fōng tchoǔan.

EMBARQUER, v. a. *Navi imponĕre.* 搬上船 Pān cháng tchoǔan. ‖ — quelqu'un dans une affaire. *Aliq. re implicāre.* 網倒他 Ouàng taò tā. ‖ S'—. *Navem ascendĕre.* 上船 Cháng tchoǔan.

EMBARRAS, s. m. *Impedimentum, i, n.* 阻擋 Tsoù táng. 難事 Lán sé. ‖ Mettre quelqu'un dans l'—. *Conjicĕre aliq. in tricas.* 生事於人 Sēn sé yū jēn. ‖ Se mettre dans l'—, *se in* —. 自入羅網 Tsé joù ló ouàng. ‖ — (sollicitude). *Sollicitudo.* 憚心 Tān sīn.

EMBARRASSANT, E, adj. *Incommodus.* 囉唆的 Lō sō tý, ou 煩 Fân. ‖ Question —. *Captiosa interrogatio.* 詭辯 Koùy pién.

EMBARRASSER, v. a. *Impedire.* 阻擋 Tsoù táng. ‖ Les chemins sont —. *Viæ impeditæ sunt.* 路不通 Loú poǔ tōng. ‖ — quelqu'un, le gêner. *Molestùre aliq.* 囉唆人 Lō sō jēn. ‖ — quelqu'un en disputant. *Disputationum laqueis irretire.* 問窮 Ouén kiōng. ‖ — (jeter dans le doute). *Anxium efficĕre.* 使人二心不定 Chè jēn eǔl sīn poǔ tín. ‖ Être —. *Sui anxius.* 打不起主意 Tà poù kỳ tchoù ý. ‖ Ne s'— de rien. *Nihil curāre.* 不管事 Poù koùan sé. ‖ Sa tête s'—. *Mens labat.* 明悟昏亂 Mîn oú houēn loúan.

EMBAUCHER, v. a. *Seducĕre.* 引誘 Yn yeoù, ou 煽惑人心 Chàn houày jēn sīn. ‖ — un ouvrier. *Furtivè opificem allicĕre.* 勾引匠人 Keōu yn tsiáng jēn.

EMBAUMER, v. a. *Condire defunctum.* 擦屍 Tchǎ chē, ou 敷香油 Foū hiāng yeoù. ‖ — (parfumer d'une odeur agréable). *Gratum odorem diffundĕre.* 出美番 Tchoǔ mèy hiāng. ‖ Ces fleurs — la chambre. *Flores istæ cubiculum suavi odore perfundunt.* 這些花聞得好 Tchě sỳ hoā ouén tě hào.

EMBÉGUINER, v. a. *Caput obnubĕre.* 包腦膛 Pao lào kǒ. ‖ S'— d'une opinion. *Opinionem mordicus tenēre.* 固執己意 Koǔ tchě kỳ ý.

EMBELLIR, v. a. *Ornāre.* 裝飾 Tchoūang ché. ‖ — une nouvelle. *Historiam adornāre.* 添假事 Tiēn kià sé.

EMBLÉE (D'), adv. *Statim.* 當時 Táng chě, ou 忽然 Hoū jân.

EMBLÈME, s. f. *Emblema, atis, n.* 表意 Piǎo ý, ou 對言 Toúy tsè.

EMBOÎTER, v. a. *Unum in aliud inserĕre.* 投鞘 Teoū lòng. 接上 Tsiě cháng. ‖ — des os. *Ossa inserĕre.* 骨節 Koǔ tsiě. ‖ Lieu où les os s'—. *Acetabula.* 骨髅 Koǔ fóng. ‖ Le trou où la chose s'—. *Foramen in quò res inseritur.* 笋眼 Sēn yèn. ‖ S'—. *Acetabulis committi.* 投鞘 Teoū lòng.

EMBONPOINT, s. m. *Obesitas, atis, f.* 身體胖 Chēn tỳ páng. ‖ Perdre son —. *Corpus amittĕre.* 瘦 Seoù. ‖ Recouvrer son —. *Vultum reficĕre.* 復原 Foù yuēn.

EMBOUCHER, v. a. *Tibiam inflāre.* 吹笛子 Tchoūy tỳ tsè. ‖ — quelqu'un. *Edocēre aliq.* 敎他說話 Kiáo tā chǒ hoá.

EMBOUCHURE, s. f. *Fluminis os.* 河口 Hô keoū.

EMBOURBER, v. a. *Cœno demergĕre.* 放在泥內 Fáng tsaý ngỳ loúy. ‖ S'—, *Cœno demergi.* 濺泥漿 Tsién ngỳ tsiáng.

EMBRANCHEMENT, s. m. *Via bifurcata.* 岔路 Tchǎ loú.

EMBRASER, v. a. *Succendĕre.* 燒紅 Chaō hông. ‖ S'—. *Ignescĕre.* 燃 Jân.

EMBRASSER, v. a. *Amplecti.* 懷抱 Hoáy paó. ‖ — la vertu. *Virtutem* —. 好善 Haó chán, ou 進德 Tsín tě. ‖ — la religion. *Catholic. fidem* —. 奉敎 Fóng kiáo. ‖ — un métier. *Artem discĕre.* 學手藝 Hiǒ cheoù nỳ. ‖ — le parti de quelqu'un en disputant. *Partes alicuj. amplecti.* 投順一邊 Teoū chouén ỳ piēn. ‖ — beaucoup d'affaires. *Se implicāre in negotüs.* 事情繁雜 Sé tsîn fân tsǎ. ‖ S'—. *Mutuò se amplecti.* 相抱 Siāng paó.

EMBRASURE, s. f. *Fenestra, æ, f.* 膧眼 Tsāng yèn. ‖ — de canon. *Torment. foramen.* 炮眼 Pǎo yèn. ‖ — d'une porte. *Latera obliquata.* 門方 Mên fāng.

EMBROCHER, v. a. *Veru transfigĕre.* 穿肉 Tchoūan joǔ. 揷肉 Tchǎ joǔ. 釵肉 Tchǎ joǔ.

EMBROUILLER, v. a. *Permiscēre.* 雜亂 Tsǎ loúan. ‖ S'—. *Se implicāre dicendo.* 說話莫得次序 Chǒ hoá mǒ tě tsě síu.

EMBRYON, s. m. *Fœtus, ùs, m.* 姙 Jouén. 初胎 Tsoū taỳ. 胞女 Paō niù. 胚 pěy.

EMBÛCHES, s. f. *Insidiæ, arum, f.* 計謀 Ký mông. ‖ En dresser à quelqu'un. — *parāre.* 設計 Chě ký. ‖ Avoir recours aux —. *Insidias adhibēre.* 用計 Yóng ký. ‖ Échapper aux —. *Ex insidiis eripi.* 不受他的籠 Poǔ cheoú tā tý lông.

EMBUSCADE, s. f. *Insidiæ, arum, f.* 埋伏 Maý foǔ. ‖ Être en —. *Obsidēre.* 埋伏 Maý foǔ. ‖ Mettre en —. *Aliq. collocāre.* 安伏兵 Gān foū pīn. ‖ Tomber dans une —. *In insid. delab.* 受計 Cheoú ký. ‖ Une —. *Insidiatores milites.* 休兵 Foū pīn.

ÉMERI, s. m. *Smyris, idis, f.* 鐵鏽 Tiě sieōu, ou 寶砂 Pào chā.

ÉMÉRITE, s. m. *Emeritus.* 告老還鄉 Kaó lào houân hiāng.

ÉMERVEILLER, v. a. *Mirationem movēre.* 兜人奇異 Teōu jēn ký ý. ‖ S'—. *Rem mirāri.* 驚訝 Kīn yǎ.

ÉMÉTIQUE, s. m. *Vomitorium, ii, n.* 嘔藥 Geoù yǒ, ou 翻胃藥 Fān oúy yǒ.

ÉMETTRE, v. a. *In lucem emittere*. 發 Fă. ‖ — un avis. *Opinionem profiteri*. 説主意 Chŏ tchoù ý.
ÉMEUTE, s. f. *Seditio, onis, f.* 反 Fàn. ‖ Exciter une —. — *movere*. 造反 Tsâo fàn. ‖ Apaiser une —. — *sedare*. 平反 Pʽin fàn.
ÉMIER, v. a. *Friare*. 摺碎 Nỹ soúy, ou 磨碎 Mŏ soúy.
ÉMIGRER, v. a. *Migrare*. 搬家 Pān kiā. ‖ Si on le fait forcément, à cause du danger, on dit : 逃難 Tâo lán.
ÉMINENCE, s. *Clivus, i, m.* 高坵 Kāo toŭy. ‖ — (excellence). *Præstans*. 出衆 Tchŏu tchóng. ‖ — (dignité). *Dignitas*. 大人 Tá jēn, ou 大老爺 Tá laŏ yĕ.
ÉMINENT, E, adj. *Excelsus*. 高的 Kāo tỹ. ‖ Génie —. *Ingenium eximium*. 聰明的人 Tsóng mín tỹ jēn.
ÉMISSAIRE, s. m. *Explorator, oris, m.* 探子 Tăn tsè.
EMMAILLOTTER, v. a. *Puerum pannis obvolvere*. 包娃娃 Paó oŭa oŭa.
EMMANCHER, v. a. *Manubrio instruere*. 投橛子 Teŏu pá tsè.
EMMÊLÉ, ÉE, adj. *Intricatus*. 亂的 Loŭan tỹ.
EMMÉNAGOGUE, s. m. (terme méd.). 訵經 Tcheŏu kīn.
EMMENER, v. a. *Abducere*. 帶人去 Táy jēn kiŭ, ou 引開 Ỹn kăy. ‖ — avec soi. *Secum avehere*. 引人路去 Ỹn jēn ỹ loú kiŭ.
EMMIELLER, v. a. *Allicere verbis*. 拱蜂蜜 Mŏ fōng mỹ, ou 巧言引誘 Kiăo yēn ỹn yeŏu.
ÉMOI, s. f. *Animi motus*. 心動 Sīn tóng. ‖ Être tout en —. *Commotus*. 噢 - 驚 Tchĕ ỹ kīn.
ÉMOLLIENT, E, adj. *Mitigatorius*. 温藥 Ouēn yŏ.
ÉMOLUMENT, s. m. *Emolumentum, i, n.* 利 Lý. ‖ — des mandarins. *Præfectorum*. 俸祿 Fóng loŭ. ‖ — des maîtres d'école. *Magistrorum*. 學金 Hiŏ kīn. ‖ — des médecins. *Medicorum*. 脉禮 Mĕ'ỉỹ. ‖ — des ouvriers. *Operariorum*. 工錢 Kōng tsiēn.
ÉMONDER, v. a. *Interlucare*. 修樹枝 Sieŏu choŭ tchē.
ÉMOTION, s. f. *Emotio, onis, f.* 動 Tóng, ou 害怕 Haý pă. ‖ — de l'âme. *Animi motus*. 心動 Sīn tóng.
ÉMOUCHOIR, s. m. *Muscarium, ii, n.* 蚊刷 Ouēn choă. ‖ Un —. *Unum —.* 一把蚊刷 Ỹ pà oŭen choă.
ÉMOUDRE, v. a. *Exacuere*. 磨 Mŏ.
ÉMOULU, E, adj. *Acutus*. 尖的 Tsiēn tỹ, ou 快的 Koŭay tỹ.
ÉMOUSSER, v. a. *Aciem obtundere*. 捲刀口 Kiŭen taŏ keŏu, ou 鈍刀子 Tén taŏ tsè. ‖ — l'esprit. *Ingenium —.* 昏明悟 Hoūen mín oú. ‖ S'—. *Retundi*. 鈍了 Tén leaŏ. ‖ La pointe est —. *Acies retusa est*. 壞了刀尖 Houáy leaŏ tāo tsiēn. ‖ Être —. *Hebere*. 昏迷 Hoūen mỹ.
ÉMOUVOIR, v. a. *Commovere*. 打動 Tà tóng. ‖ — les cœurs. *Animos —.* 打動人心 Tà tóng jēn sīn.

— quelqu'un de pitié. *Misereri. alic. comm*. 兜人憐憫 Teŏu jēn liēn mǐn. ‖ S'—. *Moveri*. 動 Tóng. ‖ Ne s'— de rien. *Nullâ re commoveri*. 都不動他的心 Toū pŏu tóng tă tỹ sīn.
EMPAILLER, v. a. *Paleâ instruere*. 裝雀皮 Tchoūang tsiŏ pỹ. ‖ — un oiseau. *Avem paleâ implere*. 裝雀皮 Tchoūang tsiŏ pỹ.
EMPAN, s. m. *Dodrans, tis, m.* 一扠 Ỹ tchă.
EMPAQUETER, v. a. *Volvere in fasciculum*. 包 Paō. 裹 Kŏ.
EMPARER (S'), v. r. *Potiri*. 覇占 Pá tchán. ‖ S'— du bien d'autrui. *Aliena invadere*. 占他人之物 Tchán tă' jēn tchē oŭ. ‖ La peur s'— de tous. *Invadit omnes timor*. 衆人嚇倒 Tchóng jēn hĕ taŏ.
EMPAUMER, v. a. *Inescare*. 引誘 Ỹn yeŏu.
EMPÊCHÉ, ÉE, adj. *Impeditus*. 不得空 Poŭ tĕ' kóng, ou 不得閒 Poŭ tĕ' hiēn.
EMPÊCHEMENT, s. m. *Impedimentum, i, n.* 阻擋 Tsoŭ táng. ‖ — de mariage. *Matrimonii —.* 婚姻阻革 Hoūen ỹn tchē kĕ'. ‖ — dirimant. *Dirimens —.* 禁折婚姻 Kín tsē' hoūen ỹn. ‖ — prohibant. *Prohibens —.* 禁革婚姻 Kín kĕ' koūen ỹn. ‖ Donner la dispense d'un —. *Dispensare super —.* 免婚姻阻革 Miĕn hoūen ỹn tsoŭ kĕ'. ‖ Lever un —. *Removere impedim*. 退阻革 Toŭy tsoŭ kĕ'.

Les empêchements dirimants du mariage des catholiques. 禁折婚姻之阻 Kín tsē' hoūen ỹn tchē tsoŭ.

| 1° | 錯位 | Tsŏ' oúy. | L'erreur sur la personne. |
|---|---|---|---|
| 2° | 地位 | Tý oúy. | L'erreur sur la condition. |
| 3° | 内親 | Loúy tsīh. | La consanguinité. |
| 4° | 神親 | Chēn tsīh. | La parenté spirituelle. |
| 5° | 姦惡 | Kiēn ngŏ. | Le crime. |
| 6° | 異教 | Ý Kiáo. | La disparité de culte. |
| 7° | 押逼 | Yă pĕ. | La coaction. |
| 8° | 先婚 | Siēn hoūen. | Le lien. |
| 9° | 禮宜 | Lý nỹ. | L'honnêteté publique. |
| 10° | 年記 | Niēn ký. | L'âge. |
| 11° | 外親 | Ouáy tsīh. | L'affinité. |
| 12° | 却擅 | Kiĕ' tsiáng. | Le rapt. |
| 13° | 無能 | Oŭ lēn. | L'impuissance. |
| 14° | 痴蠢 | Tchē' tchoŭn. | La folie. |

A l'exemple de l'Église catholique, la loi chinoise a deux sortes d'empêchements au mariage. Ainsi le mariage n'est jamais autorisé entre les gens du même nom ( 同姓 Tŏng sín ), fussent-ils à trente degrés de parenté. Le mariage est également défendu entre parents au quatrième degré, par un autre mariage. La

21

loi regarde comme incestueux et punit comme tels, les mariages qui seraient contractés avec des sœurs, filles de la même mère, quoique nées de pères différents, ou avec les belles-filles d'un premier mari. Sous ce rapport, on le voit, la loi civile de Chine est plus sévère que la loi chrétienne. Les autres empêchements prohibants sont, par exemple, de se marier dans le temps du deuil de ses parents, de le faire avec des personnes réputées infâmes, etc., etc. Les mandarins ne peuvent prendre pour femme une jeune personne du district qu'ils gouvernent, etc.

**EMPÊCHER**, v. a. *Impedire.* 阻擋 Tsoŭ táng. ‖ — quelqu'un de faire. *Aliquem prohibēre a re.* 不許人做 Poŭ hiŭ jên tsoú. ‖ — de partir. *Profect. impedire.* 不許人起身 Poŭ hiŭ jên kỷ chên. ‖ — d'entrer. *Introitu —.* 不許人進 Poŭ hiŭ jên tsín. ‖ — de dormir. *Somnum impedire.* 吵瞓瞓 Tchaŏ kŏ choúy. ‖ — des bruits de courir. *Sermones reprimēre.* 滅謠言 Miĕ yaŏ yên. ‖ S'— de rire. *Risum tenēre.* 忍住笑 Jên tchoú siaó.

**EMPEIGNE**, s. f. *Calcei obstragulum, i, n.* 鞋翰 Haỷ ông.

**EMPEREUR**, s. m. *Imperator, oris, m.* 皇帝 Hoûang tỷ, ou 皇上 Hoûang cháng. ‖ L'— est mort. *E vitâ cessit —.* 皇上晏駕 Hoûang cháng yén kiá ‖ L'— père. *Antiquus —.* 太上皇 Táy cháng hoûang. ‖ L'—, a pris la fuite. *Fugæ se mandavit —.* 天子蒙塵 Tiên tsè mông tchên. ‖ L'— de Chine, en parlant de lui, dit : 朕 Tchén. ‖ En présence des étrangers, il dit : 寡人 Koà jên. ‖ L'—, dans les temps calamiteux, emploie cette expression : 孤 Koŭ. ‖ En parlant de l'— on dit en Chine : 聖上 Chén cháng, ou 主上 Tchoŭ cháng. ‖ En adressant la parole à l'— de Chine, on emploie l'une ou l'autre des trois expressions suivantes, qui répondent à nos mots : *Sire, Votre Majesté.* 萬歲 Oúan soúy, ou 陛上 Pỷ cháng, ou 上 Cháng. (*Voir à l'Appendice, n° VII, les noms de tous les Empereurs de Chine, selon l'ordre des dynasties, avec les changements de noms des années de leur règne.*)

**EMPESER**, v. a. *Amylo imbuēre.* 上漿 Cháng tsiàng.

**EMPESTÉ, ÉE**, adj. *Putridus.* 殠得狠 Tcheoú tĕ hên.

**EMPESTER**, v. a. (causer la peste). *Peste inficēre.* 招瘟病 Tchaŏ ouên pín.

**EMPÊTRER**, v. a. *Intricāre.* 糰 Tchán. ‖ — quelqu'un. *Negotium facessēre alic.* 連累人 Liên loúy jên. ‖ — un cheval. *Equi pedem intricāre.* 絆馬 Pán mà. ‖ S'—. *Intricāri.* 事務羈倒 Sé oú tcháŏ taŏ.

**EMPHASE**, s. f. *Verborum pompa, æ, f.* 大話 Tá hoá, ou 誇口 Koŭa keŏu.

**EMPHYTÉOSE**, s. f. *Emphyteusis, is, f.* 典地 Tiĕn tỷ, ou 質地 Tchĕ tỷ.

**EMPIÉTER**, v. a. *Invadēre.* 占 Tchán. ou 僭越 Tsiên yŭe. ‖ — sur le champ voisin. *In aliena invadēre.* 占田土 Tchán tiên tŏu. ‖ — sur l'emploi de quelqu'un. *Partes alienas sibi sumēre.* 過分 Kó fén, ou 不安分 Poŭ gân fén. ‖ — sur la rue. *In viam invadēre.* 侵占街道 Tsín tchán kāy taó.

**EMPILER**, v. a. *Struēre.* 堆起來 Toūy kỷ laý.

**EMPIRE**, s. m. *Imperium, ii, n.* 國 Kouĕ. ‖ Étendre l'—. — *extendēre.* 開地方 Kāy tỷ fāng. ‖ L'— est en révolte. *Discordia civilis viget in imperio.* 國家亂 Kouĕ kiā loúan. ‖ — (pouvoir). *Potestas.* 權 Kiŭen. ‖ En avoir sur quelqu'un. *In aliq. imperium habēre.* 服得下人 Foŭ tĕ hiá jên. ‖ Être sous l'— de ses passions. *Sequi passiones.* 縱私慾 Tsóng sē yŏu. ‖ — (durée du règne). *Imperium.* 國號 Kouĕ haó. ‖ Sous l'— de Tông tchè. 同治年間 Tông tché niên kiēn, ou 同治坐天下的時候 Tông tchè tsó tiên hiá tỷ chê heóu.

**EMPIRER**, v. a. *In pejus ruēre.* 更不好 Kén poŭ haŏ, ou 更壞 Kén houáy. ‖ La maladie —. *Ingravescit morbus.* 病重了 Pín tchóng leaŏ.

**EMPIRIQUE**, s. m. *Empiricus.* 試驗的太夫 Ché nién tỷ taý foŭ.

**EMPLACEMENT**, s. m. *Solum, i, n.* 地基 Tý kỷ.

**EMPLÂTRE**, s. m. *Emplastrum, i, n.* 膏藥 Kaō yŏ. ‖ Un —. *Unum —.* 一張膏藥 Ỷ tchāng kaō yŏ. ‖ Appliquer un —. — *imponēre.* 貼膏藥 Tiĕ kaō yŏ. ‖ Lever un —. *Auferre —.* 揭膏藥 Kiĕ kaō yŏ. ‖ — (homme peu capable). *Homo incapax.* 不中用的 Poŭ tchōng yóng tỷ.

**EMPLETTE**, s. m. *Emptio, onis, f.* 買的東西 Maỷ tỷ tông sỷ. ‖ Faire une —. — *facēre.* 買東西 Maỷ tông sỷ.

**EMPLIR**, v. a. (Voir le mot *Remplir.*)

**EMPLOI**, s. m. *Usus, ûs, m.* 用 Yóng. ‖ Faire un bon —. *Benè uti.* 善用 Chán yóng. ‖ — (office). *Officium.* 職 Tchĕ, ou 任 Jén. ‖ Donner un — à quelqu'un. *Provinciam alicui dăre.* 交職 Kiaō tchĕ. ‖ Accepter un —. — *suscipēre.* 領職 Lĭn tchĕ. ‖ Ne pas l'exercer. *Non exercēre.* 休職 Hieōu tchĕ. ‖ Être sans —. *A munere vacāre.* 無職 Oŭ tchĕ. ‖ En avoir un. *Habēre provinc.* 做官 Tsoú koŭan.

**EMPLOYER**, v. a. *Uti, adhibēre.* 用 Yóng. ‖ — son temps. *Tempus adhibēre.* 用時候 Yóng chê heóu. ‖ Le bien —. *Benè uti tempore.* 善用時候 Chán yóng chê heóu. ‖ — son temps à lire. *Temp. lectione traducēre.* 看書過日子 Kán choŭ kó jĕ tsè. ‖ — un temps à faire des visites. *Tempus salutat. dăre.* 一天

到黑拜客 Ỹ tiēn taó hĕ´ paý kĕ. ‖ — tous ses soins. *Omnem curam adhibēre.* 專務 Tchoūan oú. ‖ — le vert et le sec. *Omnes advocāre vires.* 千方百計 Tsiēn fāng pĕ ký. ‖ S'— pour quelqu'un. *Aliq. adjuvāre.* 帮忙人 Pāng mâng jên.

EMPLUMER (S'), v. r. *Plumis involvi.* 生毛 Sēn maô. ‖ — (s'enrichir). *Auctior fieri.* 發財 Fă tsâý.

EMPOCHER, v. a. *In crumenam condēre.* 放入袋 Fáng joŭ taý.

EMPOIGNER, v. a. *Manu prehendēre.* 手拿 Cheòu là.

EMPOIS, s. m. *Amylum, i, n.* 粉漿子 Fèn tsiàng tsè.

EMPOISONNER, v. a. *Veneno aliquid infícere.* 放毒藥 Fáng toŭ yŏ. ‖ — quelqu'un. *Aliq. veneno necāre.* 用毒藥殺人 Yóng toŭ yŏ chă jên. ‖ Mourir —. *Veneno necāri.* 毒藥殞死 Toŭ yŏ laò sè. ‖ — une source. *Fontes corrumpēre.* 放毒入井 Fáng toŭ joŭ tsìn. ‖ — les mœurs. *Mores* —. 傷風俗 Chāng fōng sioŭ. ‖ Langue —. *Ling. mordax.* 愛說 譏誚話的人 Gaý chŏ ký siáo hoá tý jēn. ‖ Louanges —. *Insidiosæ laudes.* 毒話 Toŭ hoá. ‖ — les actes des autres. *In pejus detorquēre.* 冒審斷 Maó chèn toúan. ‖ Cœur —. *Cor depravatum.* 毒心 Toŭ sīn. ‖ —. *Fetēre.* 殠 Tcheóu. ‖ S'—. *Venenum bibēre.* 喫毒藥 Tchĕ´ toŭ yŏ.

EMPOISSONNER, v. a. *Pisces serēre.* 放魚子 Fáng yŭ tsè, ou 魚種 Yû tchòng.

EMPORTEMENT, s. m. *Anim. motus.* 發怒 Fă loú. ‖ Réprimer les —. *Coercēre.* 息怒 Sý loú.

EMPORTER, v. a. *E loco asportāre.* 取 Tsiŭ, ou 拿去 Lâ kiŭ´. ‖ — une place. *Oppidum expugnāre.* 攻破城 Kōng pŏ tchê'n. ‖ La peste a — beaucoup de monde. *Multi peste consumpti sunt.* 多人害瘟疫死了 Tō jên haý oūen yŏu sè leào. ‖ Une colique l'a —. *Ileo mortuus est.* 肚子撑疼死了 Toŭ tsè lăn tông sè leào. ‖ — les suffrages. *Animos ad sentent. adducēre.* 得人心 Tĕ´ jên sīn. ‖ — (peser plus). *Plus ponderāre.* 重狠了 Tchóng hèn leào. ‖ L'— sur quelqu'un. *Alic. præstāre.* 超過人 Tchaŏ kó jên. ‖ Se laisser — aux vices. *Cupiditatibus vinci.* 放肆 Fáng sé. ‖ S'—. *Irasci.* 冒火 Mào hŏ.

EMPOURPRÉ, adj. ‖ — de sang. *Sanguine tinctus.* 血染的 Hiuĕ´ jàn tý.

EMPREINDRE, v. a. *Imprimēre.* 印 Ýn, ou 打印 Tă ý n.

EMPREINTE, s. f. *Nota, æ, f.* 記 Ký, ou 迹 Tsý´. ‖ — d'un cachet. *Sigilli character.* 印 Ýn. ‖ — de la main. *Manús* —. 手印 Cheòu ýn. ‖ — du pied. *Vestigium pedis.* 脚模 Kiŏ moŭ.

EMPRESSÉ, ÉE, adj. *Ardens.* 輕快的 Kīn koŭay tý. ‖ —. *Ardelio.* 多事的 Tō sé tý.

EMPRESSEMENT, s. m. *Diligentia, æ, f.* 勤快 Kîn koŭaý, ou 性急 Sîn ký.

EMPRESSER (S'), v. r. *Satagēre.* 盡力做 Tsîn lý tsóu, ou 忙忙做 Mâng mâng tsóu.

EMPRISONNER, v. a. *In carcerem detrudēre.* 丟監 Tieōu kien, ou 入監 Jŏu kien.

EMPRUNT, s. m. *Mutuatio, onis, f.* 借的銀子 Tsiĕ´ tý ỳn tsè.

EMPRUNTER, v. a. *Mutuāri.* 借 Tsiĕ´. ‖ — de l'argent. *Pecuniam* —. 借銀子 Tsiĕ´ ỳn tsè. ‖ — de l'un pour payer l'autre. *Versuram facēre.* 拉賬還賬 Lă tchảng hoân tchảng. ‖ — le nom de quelqu'un. *Nomen alic. interponēre.* 借人的名色 Tsiĕ´ jên tý mîn sĕ´, ou 冒名 Máo mìn. ‖ — du secours. *Auxilium implorāre.* 借救兵 Tsiĕ´ kieóu pīn. ‖ Vertu —. *Falsa virtus.* 假德行 Kià tĕ´ hín.

EMPYRÉE, s. f. *Cœlum empyræum.* 常晴天 Chẳng tsīu tiēn.

ÉMU, adj. *Corde motus.* 動了的心 Tóng leaò tý sīn.

ÉMULATION, s. f. *Æmulatio, onis, f.* 爭先 Tsēn siēn, ou 鼓舞 Koù où. ‖ En donner à quelqu'un. *Provocāre* —. 兜人爭先 Teōu jên tsēn siēn.

ÉMULE, s. m. *Æmulus, i, m.* 對手 Toúy cheòu, ou 對頭 Toúy teóu.

EN, prép. (marquant le lieu). *In.* 在 Tsáy. ‖ Se promener — son jardin. *In horto deambulāre.* 在園內遊走 Tsáy yuên loúy yeòu tseòu. ‖ — son cœur. *In corde.* 在心內 Tsáy sīn loúy. ‖ — sa maison. *Domi.* 在家 Tsáy kiā, ou 家裹 Kià lý. ‖ — (marquant le temps). Dieu a créé le monde — six jours. *Deus creavit mundum intrâ sex dies.* 六天內天主造了世界 Loŭ tiēōu loúy Tiēn-Tchoù tsaó leaò chĕ´ kiáy. ‖ — (marquant la matière). *Calice — argent. Ex argento calix.* 銀聖爵 ỳn chén tsiŏ. ‖ — (marquant la manière). Traiter quelqu'un — cheval. *Durè tractāre aliq.* 待人無禮 Taý jên oŭ lý. ‖ — (marquant le motif). 因爲 Ỳn oúy, ou 待爲 Tĕ´ oúy. ‖ — haine de lui. *In odium illius.* 特爲 恨他 Tĕ´ oúy hén tă´. ‖ — ma faveur. *Mei gratiâ.* 特爲我 Tĕ´ oúy ngŏ. ‖ — (avec un participe). 時候 Chê heóu. Causer — mangeant. *Manducando loqui.* 喫飯時候說話 Tchĕ´ fán chê heóu chŏ hoá. ‖ Causer — lisant. *Legendo confabulāri.* 看書時後說話 Kản chōu chê heóu chŏ hoá. ‖ — fou. *Sicut stultus.* 如瘋子一樣 Joú fōng tsè ý yáng. ‖ — lâche. *Sicut ignavus.* 如小胆子的一樣 Joú siaŏ tản tsè tý ý yáng. ‖ — songe. *Per somnium.* 做夢的時候 Tsoú móng tý chê heóu.

ENCADRER, v. a. *In margine includēre.* 俠像 Kiĕn siáng ‖ — à la mode chinoise sur papier. 裱像 Piảo siáng.

ENCAGER, v. a. *In caveam includēre.* 關雀 Koūan tsiŏ.

— (mettre en prison). *In carcerem detrudĕre.* 丟監 Tieōu kiĕn.

ENCAN, s. m. *Auctio, onis, f.* 謠喝賣 Yào hŏ maý, ou 打瓜賣 Tà koŭa maý. ‖ Acheter à l'—. 爭買 Tsēn maỳ.

ENCEINDRE, v. a. *Cingĕre.* 週圍 Tcheōu oûy.

ENCEINTE, s. f. *Prægnans.* 孕婦 Jouén foú. ‖ Être —. *Partum ferre.* 有喜的婦人 Yeòu hỳ tỳ foú jĕn.

ENCEINTE, s. m. *Circuitus, ús, m.* —週圍 Y̌ tcheōu oûy.

ENCENS, s. m. *Thus, uris, n.* 乳香 Joù hiāng. ‖ Grain d'—. *Thuris mica.* 乳香顆 Joù hiāng kŏ. ‖ Brûler l'—. *Thus incendĕre.* 燒乳香 Chāo joù hiāng. ‖ Prodiguer l'— (fig.). *Laudib. tollĕre.* 讚美過天 Tsán meỳ kó tiĕn. ‖ Aimer l'—. *Laudes ambire.* 愛高帽子 Gaý kaō maó tsè.

ENCENSER, v. a. *Suffire.* 獻香 Hién hiāng, ou 雲香 Yûn hiāng. ‖ — quelqu'un. *Alic. blandiri.* 讚美上天 Tsán meỳ cháng tiĕn. ‖ S'—. *De se prædicare.* 誇奬自己 Koŭa tsiàng tsé kỳ.

ENCENSOIR, s. m. *Thuribulum, i, n.* 吊爐 Tiáo loú. ‖ Donner de l'— par le nez. *Pudorem lædĕre laudibus.* 當面讚美 Tāng mién tsán meỳ.

ENCHAÎNER, v. a. *Ligare.* 鍊子套人 Lién tsè táo jĕn, ou 鎖上人 Sò cháng jĕn. ‖ — ensemble. *Concatenare.* 接連 Tsiĕ lién. ‖ — les cœurs. *Animos sibi devincire.* 得人心 Tĕ́ jĕn sīn.

ENCHANTEMENT, s. m. *Fascinatio, onis, f.* 邪法 Siĕ fă. ‖ Papier d'—. 符祝 Foû choù. ‖ Rompre un —. *Solvĕre —.* 破邪法 Pŏ sié fă.

ENCHANTER, v. a. *Fascinare.* 用邪法迷人 Yóng siĕ fă mỳ jĕn. ‖ Breuvage —. *Venenata potio.* 麻藥 Mă yŏ. ‖ — ses auditeurs. *Auditorum mirationem movēre.* 兜人驚訝 Teōu jĕn kīn yá. ‖ Être — de quelqu'un. 喜歡 Hỳ hoūan.

ENCHÂSSER, v. a. *Includĕre.* 包 Pāo. ‖ — (mettre dans une châsse). 放入盒子 Fáng joù hŏ tsè.

ENCHÈRE, s. f. *Licitatio, onis, f.* 爭買 Tsēn maỳ. ‖ Mettre l'—. *Licit. facĕre.* 爭買 Tsēn maỳ. ‖ Mettre la dernière —. *Licitatione vincĕre.* 更出大價 Kén tchoŭ tá kiá. ‖ Payer la folle —. *Temeritatis pœnas dăre.* 上當 Cháng táng, ou 喫虧 Tchĕ́ koúy.

ENCHÉRIR, v. a. *Licitari.* 爭買 Tsēn maỳ. ‖ — (surpasser). *Superare.* 超過人 Tchaō kó jĕn. ‖ — (expliquer mieux). *Elegantius dicĕre.* 神說 Chĕn chŏ. ‖ — (devenir plus cher). *Pretium augēre.* 更貴 Kén koúy. ‖ Les vivres —. *Annona fit carior.* 糧米更貴 Leâng mỳ kén koúy.

ENCLAVER, v. a. *Inserĕre.* 放在內 Fáng tsáy loúy. ‖ — (enclore). *Includĕre.* 圍籬笆 Oûy lỳ pā.

ENCLIN, E, adj. *Proclivis.* 向 Hiáng. ‖ 好 Háo. ‖ 貪 Tān. ‖ — au bien. *Ad bonum.* 愛德 Gáy tĕ́. ‖ — à la colère. *Pronus ad iram.* 容易冒火 Yŏng ý maó hŏ.

ENCLORE, v. a. *Includĕre.* 打籬笆 Tà lỳ pā.

ENCLOS, s. m. *Septum, i, n.* 籬笆 Lỳ pā.

ENCLOUER, v. a. ‖ — un canon. *Tormentum obstruĕre.* 釘炮門 Tīn paō mén. ‖ — un cheval. *Equi pedem clavo impedire.* 挿壞了蹄子的馬 Tchă̄ houáy leáo tỳ tsè tỳ mà.

ENCLUME, s. f. *Incus, udis, f.* 鐵墩 Tiĕ tēn. ‖ 框 Hiĕ. ‖ 砧子 Tchĕn tsè. ‖ — des orfèvres. *Auruficum —.* 銀砧 Yn tchĕn. ‖ Battre l'—. *tundĕre.* 搥 Tchoúy, ou 打 Tà. ‖ Être entre le marteau et l'—. *Undique premi.* 進退兩難 Tsín toúy leáng lán.

ENCOIGNURE, s. f. *Angulus, i, m.* 角 Kŏ.

ENCOLURE, s. f. *Species, ei.* 樣子 Yáng tsè.

ENCOMBRER, v. a. *Obstruĕre.* 攔阻 Lân tsoù.

ENCONTRE, s. m. ‖ Aller à l'—. *Obsistĕre.* 阻擋 Tsoù tàng. ‖ — heureuse. *Occursus felix.* 好機合 Haò kỳ hoúy, ou 造化 Tsaó hoá. ‖ — malheureuse. *Occur. infelix.* 不順當的事 Poú chuén táng tỳ sé.

ENCORE, adv. *Adhuc.* 還 Houân. ‖ Pas —. *Nondum.* 未曾 Oúy tsĕn. ‖ — (outre) cela). *Insuper.* 另外 Lín ouáy. ‖ — une fois. *Iterum.* 又 Yeóu, ou 再 Tsáy. ‖ — (non-seulement, mais). *Non solum.* 不單單 Poú tān tān. ‖ — s. v. *At, enim, si.* 若 Jŏ. ‖ — que. *Quanquam.* 雖然 Siû-jân.

ENCOURAGER, v. a. *Animos dăre.* 勸 Kiuén. ‖ S'—. *Se hortari invicem.* 相勸 Siāng kiuén.

ENCOURIR, v. a. *Incurrĕre.* 遭 Tĕ́. ‖ — du danger. *Periculum —.* 有危險 Yeòu oûy hiĕn. ‖ — la haine de quelqu'un. *In odium incidĕre.* 兜人恨 Teōu jĕn hén. ‖ — l'amende. *Mulctam subire.* 犯法出錢 Fán fă tchoŭ tsiĕn.

ENCRASSER, v. a. *Sordidare.* 污穢 Oū-oúy. ‖ S'—. *Sordescĕre.* 鼠齷 Oū tchŏ.

ENCRE, s. f. *Atramentum, i, n.* 墨 Mĕ́. ‖ — peu noire. *Subnigrum —.* 墨淡 Mĕ́ tán. ‖ Un bâton d'—. *Unum frustum.* 錠墨 Y̌ tín mĕ́. ‖ Faire de l'—. *Conficĕre —.* 做墨 Tsoú mĕ́. ‖ Délayer de l'—. *Diluĕre —.* 搌墊 Gaỳ mĕ́.

ENCRIER, s. m. *Atramentarium, ii, n.* 墨盒 Mĕ́ hŏ, ou 墨筒 Mĕ́ tŏng. ‖ — chinois. *Sinense —.* 墨盤 Mĕ́ pân, ou 硯臺 Yén taý.

ENCYCLIQUE, adj. ‖ — du Pape. *Circularis epistola.* 宗牧詔書 Tsōng moŭ tchaó choŭ.

ENCYCLOPÉDIE, s, f. Encyclopædia, æ, f. 博物誌 Pô où tché. ‖ —. chinoise. —. sinensis. 三才圖會 Sān tsǎy toû hoúy.

L'Empereur 康熙 Kāng hȳ a fait imprimer en 139 volumes une — qui a le titre de : 淵鑑類函 Yuēn kién loúy hán. Les Chinois sont peut-être le peuple le plus riche en grandes encyclopédies. (Voir à l'Appendice n° VIII, une notice sur les principales encyclopédies.)

ENDETTER, v. r. (faire contracter des dettes). Ære alieno aliq. gravāre. 使人拉賬 Chè jèn lā tcháng. ‖ S'—. Debita contrahĕre. 拉賬 Lā tcháng.

ENDÉVER, v. n Furĕre. 大不歡喜 Tá poŭ hȳ hoūan. ‖ Faire — quelqu'un. Aliq. urĕre. 嚛唕人 Lō tsáo jèn.

ENDIABLÉ. ÉE, adj. Furens. 附魔 Foù mô, ou 暴虐 Paó niô.

ENDOMMAGER, v. a. Nocĕre. 害 Haý.

ENDORMIR, v. a. Sopīre. 兜䐉睡 Teōu kŏ choúy. ‖ — par une fumigation chinoise. Speciali fumo. 放迷烟 Fáng mȳ yēn. ‖ — (tromper). Decipĕre. 巧言哄人 Kiǎo yēn hŏng jēn. ‖ S'—. Somno se dāre. 睡 Choúy. ‖ — sur une affaire. Negot. otiose gerĕre. 不把事放在心上 Poŭ pà sè fáng tsaý sīn cháng. ‖ — dans le vice. Vitio tabescĕre. 死不改 Sè poŭ kǎy.

ENDOSSER, v. a. Induĕre. 穿 Tchoūan. ‖ — sa signature. Nomen inscribĕre. 畫押 Hoá yā.

ENDROIT, s. m. Locus, i, m. 地方 Tý fāng. ‖ En quel — sommes-nous? Ubi terrarum sumus? 我們在那裏 Ngò mēn tsaý là lȳ? ‖ En quel — que ce soit. Ubi ubi gentium. 不論在那裏 Poŭ lén tsaý là lȳ. ‖ Dans un autre — (avec ou sans mouvement). Alibi, aliò. 在別處 Tsaý piĕ tchoŭ. ‖ Ils sont du même —. Ejusdem loci sunt. 他們是一處 Tā mēn chě ȳ tchoŭ. ou 一個地方的人 ȳ kó tý fāng tȳ jēn. ‖ Par quel — ? Quâ parte? 那一邊 Là ȳ piēn. ‖ — (opposé à envers). Facies exterior. 正面子 Tchēn mién tsè.

ENDUIRE, v. a. Illinĕre. 上 Cháng, ou 拂 Foù.

ENDUIT, s. m. Trullissatio, onis, f. 三合土 Sān hô tŏu.

ENDURANT, E, adj. Patiens. 忍耐的 Jèn laý tȳ.

ENDURCIR, v. a. Indurāre. 硬 Gèn. ‖ — (fortifier). Corroborāre. 壯力 Tchoúang lȳ. ‖ S'—. Durescĕre. 硬了 Gēn leāo. ‖ S'— dans le mal. In malo perseverāre. 固執于惡 Koú tchĕ yū ngŏ. ‖ S'— dans ses idées. Opinioni mordicùs tenēre. 固執巳意 Koú tchĕ kȳ ý.

ENDURCISSEMENT, s. m. Durities, iei, f. 硬 Gēn, ou 昏迷 Hoūen mȳ.

ENDURER, v. a. Ferre. 當 Tāng, ou 受 Cheóu. ‖ — patiemment. Patienter —. 忍耐 Jèn laý, ou 忍受 Jèn cheóu.

ÉNERGIE, s. f. Vis, is, f. 力 Lȳ, ou 精神 Tsīn chēn. ‖ Parler avec —. Vehementer loqui. 說話展勁 Chŏ hoá tchǎn kín. ‖ — d'esprit. Firmitas. 恒心 Hēn sīn.

ÉNERGUMÈNE, s. m. Obsessus à diabolo. 附魔的人 Foù mô tȳ jēn.

ÉNERVÉ, ÉE, adj. Enervatus. 襄弱 Choūay jŏ.

ÉNERVER, v. a. Debilitāre. 敗力 Paý lȳ.

ENFANCE, s. f. Infantia, æ, f. 孩時 Hiaȳ chè. ‖ Dès l'—. A puero. 從小 Tsŏng siào. ‖ Tomber en —. Repuerascĕre. 老還小 Lào hoūan siào, ou 老少年 Lào chaò nién. ‖ C'est une —. Puerile est. 娃娃事 Oūa oūa sé. ‖ — du monde. Origo mundi. 開關 Kāy pȳ.

ENFANT, s. m. (en parlant d'un garçon). Puer. 男娃娃 Nān oūa oūa. ‖ — (en parlant d'une fille). Puella. 女娃娃 Niù oūa oūa. ‖ Lorsque j'étais —. Me puero. 我小的時候 Ngò siaò tȳ chě heóu. ‖ Avoir un —. Liberum suscipĕre. 得一个娃娃 Tĕ ȳ kó oūa oūa. ‖ Être en travail d'—. Parturīre. 臨產作難 Lìn tchǎn tsó lán. ‖ Sans —. Progenie orbatus. 無後的 Oū heóu tȳ. ‖ Quel — vous est né? Qualis infans natus est? (Les quatre expressions suivantes par lesquelles on s'informe du sexe d'un enfant nouveau-né sont fort polies. La première veut dire littéralement : Est-ce un fils de mandarin? On donne à ceux-ci le nom de kōng tsè. L'autre veut dire : Est-ce mille livres d'or pesant? La troisième veut dire : Sera-ce un homme comblé des dons de la fortune, des honneurs? Mais toutes ces formules ne peuvent s'appliquer qu'à la naissance d'un garçon). 是公子 Chě kōng tsè. 或是千金 Houáy chě tsiēn kīn. 是讀書的 Chě toū choū tȳ. 或是綉花的 Houáy chě hieóu hoā tȳ. ‖ — trouvé. Puer expositus. 揀的娃娃 Kiěn tȳ oūa oūa. ‖ — illégitime. Insitivus puer. 私種 Sē tchòng, ou 雜種的兒 Tsă tchòng tȳ eúl.

ENFANTER, v. a. Parĕre. 生 Sēn, ou 產 Tchǎn. ‖ Ne pouvoir —. Non posse parturīre. 不下懷 Poŭ hiá houáy. ‖ — un livre. Librum edĕre. 著書 Tchoú choū.

ENFARINER, v. a. Farinā conspergĕre. 撒灰麪 Sà hoūy mién. ‖ Être — d'une science. Leviter eruditus. 淺學 Tsiěn hiŏ.

ENFER, s. m. Infernus, i, m. 地獄 Tý yoù. ‖ Souffrir en —. Ad inferos pœnas dāre. 受永遠的苦 Cheóu yùn yuèn tȳ kŏu. ‖ Aller en —. Ad inf. detrudi. 下地獄 Hiá tȳ yoù. ‖ Peines de l'—. Pœnæ. 永遠的苦 Yuèn yuèn tȳ kŏu. ‖ — des païens. Paganorum —. 陰司 Ȳn sē, ou 陰間 Ȳn kién. ‖ Les dix dieux de l'— chinois. Decem Dii inferorum sinen-

*sium.* 十帝閻君 Chĕ tý niĕn kiün. ‖ — (lieu ingrat). *Locus ingratus —.* 不喜歡的地方 Poŭ hỷ hoūan tỷ tý fāng. ‖ — (bruit). *Tumultus.* 吵鬧 Tchaò laó.

ENFERMER, v. a. *Includĕre.* 關 Koūan, ou 放在內 Fáng tsaý loúy. ‖ —. *Sepŭre.* 打籬笆 Tà lỷ pā. ‖ —. *Complecti.* 包含 Paō hán.

ENFILADE, s. f. *Series, i, f.* 一排 Ỷ paý, ou 一串 Ỷ tchoŭan.

ENFILER, v. a. *Inserĕre.* 穿 Tchoŭan. ‖ — des sapèques. *Sapecas —.* 穿錢 Tchoŭan tsiĕn.

ENFIN, adv. *Denuim.* 到後來 Taó heóu laỷ, ou 終久 Tchōng kieòu.

ENFLAMMER, v. a. *Inflammāre.* 燒 Chaō. ‖ — la colère. *Provocāre iras.* 惹怒 Jĕ loú. ‖ S'—. *Ignescĕre.* 燃 Ján. ‖ S'— d'amour. *Amore ardēre.* 愛得狠 Gaý tĕ hĕn.

ENFLER, v. a. *Inflāre.* 腫 Tchòng. ‖ — en soufflant. — *Sufflando.* 吹 Tchoŭy. ‖ — la dépense. *Rationes falsas inferre.* 報慌賬 Paó hoùang tcháng. ‖ —: *Superbum facĕre.* 兜人犯驕傲 Teōu jĕn fán kiaō gaó. ‖ S'—. *Tumĕre.* 腫了 Tchòng leaó. ‖ S'—. *Superbīre.* 驕傲 Kiaō gaó.

ENFLURE, s. f. *Tumor.* 腫 Tchòng. ‖ — des jambes. *Tama, æ, f.* 腳腫 Kiŏ tchòng.

ENFONCER, v. a. *Figĕre.* 插 Tchă. ‖ — dans l'eau. *Demergĕre.* 沉 Tchĕn. ‖ — un clou. *Clavum adigĕre.* 釘釘子 Tín tīn tsĕ. ‖ — une porte. *Fores effringĕre.* 打破一道門 Tà pŏ ỷ taó mĕn. ‖ S'—. *Desidĕre.* 落下去 Lŏ hiá kiŭ. ‖ S'— dans l'étude. *Se litteris abdĕre.* 專書 Tchoūan choū.

ENFONCEMENT, s. m. ‖ — de perspective. 前陰 Tsiĕn ỷn.

ENFOUIR, v. a. *Terrâ obruĕre.* 窖 Kiaó. 埋 Maý. 壅 Ōng. ‖ — ses talents. *Naturæ dotes occultāre..* 有才不用 Yeóu tsaý poŭ yóng.

ENFOURNER, v. a. *In furnum condĕre.* 入窑 Joŭ yaō. ‖ —. *Male incipĕre.* 起頭得不好 Kỷ teóu tŏ poŭ haŏ.

ENFREINDRE, v. a. *Violāre.* 犯法 Fán fă, ou 背法 Peý fă.

ENFUIR (S'), v. r. *Fugĕre.* 逃 Taó, ou 跑 Paŏ. ‖ — de prison. *E cust. evadĕre.* 逃出監 Taó tchoŭ kiĕn. ‖ — par dessus en bouillant. *Ebulliendo effundi.* 滾出去 Hoĕn tchoŭ kiŭ. ‖ — (couler par quelque endroit). *Perfluĕre.* 漏出去 Leóu tchoŭ kiŭ.

ENFUMER, v. a. *Infumāre.* 燒烟熁人 Chaō yĕn tsieŏu jĕn. ‖ — les ruches. *Ad alvearia fumum apponĕre.* 熁蜂子 Tsieŏu fōng tsĕ. ‖ — de la viande. *Carnes —.* 燻肉 Hiún joŭ.

ENGAGEANT, E, adj. *Alliciens.* 引誘的 Ỷn yeòu tỷ.

ENGAGEMENT, s. m. *Promissum, i, n.* 許的話 Hiù tỷ hoá. ‖ — d'objets. *Oppigneratio.* 當的東西 Táng tỷ tōng sỷ.

ENGAGER, v. a. *Oppignerāre.* 當 Táng. ‖ — ses livres. *Libros —.* 當書 Táng choū. ‖ — un champ. *Agrum —.* 當田 Táng tiĕn. ‖ — sa parole. *Fidem dāre.* 許 Hiù. ‖ —. *Inducĕre.* 引人 Ỷn jĕn. ‖ — le combat. *Prælium conserĕre.* 交戰 Kiaō tcháng.

ENGAÎNER, v. a. *In vaginâ condĕre.* 投刀入鞘 Teŏu taō joù siáo.

ENGEANCE, s. f. *Genus, eris, n.* 類 Loúy. ‖ Maudite —. *Vitiosa progenies.* 鄙夫 Pỷ foū.

ENGELURE, s. f. *Pernio, onis, m.* 關了 Pỷ leaò. ‖ En avoir aux mains. 關了手 Pỷ leaò cheŏu. ‖ — aux pieds. 關了腳 Pỷ leaò kiŏ.

ENGENDRER, v. a. *Generāre.* 生 Sēn, ou 分娩 Fĕn miĕn. ‖ — une maladie. *Morbum efficĕre.* 生病 pín. ‖ — une querelle. *Rixas serĕre.* 刁唆 Tiaō sō. ‖ Il n'— pas la mélancolie. *Hilari est animo.* 喜喜的本性 Hỷ hỷ tỷ pèn sín. ‖ S'—. *Gigni.* 生出來 Sēn tchoŭ laý.

ENGLOUTIR, v. a. *Vorāre.* 吞 Tēn. ‖ — son bien. *Bona absumĕre.* 滇費家業 Láng feý kiā niĕ.

ENGLUER, v. a. *Visco oblinĕre.* 倄粘竿子 Pỷ nién kān tsĕ. ‖ S'—. *Visco inhærescĕre.* 沾在粘竿子上 Tchán tsáy nién kān tsĕ cháng.

ENGOUEMENT, s. m. *Admiratio, onis, f.* 驚訝 Kīn yá.

ENGOUER, v. a. *Fauces obstruĕre.* 哽喉 Kĕn heŏu. ‖ S'—. *Insulse mirāri.* 無故驚訝 Oŭ koú kīn yá.

ENGOUFFRER (S'), v. r. *Hauriri gurgite.* 墜入深坑 Tchoúy joù chēn kēn.

ENGOURDIR, v. a. *Torporem afferre.* 硬 Gĕn, ou 麻木 Má moŭ. ‖ Le froid — le corps. *Adstringit frigus membra.* 他冷硬了 Tā' lĕn gĕn leaò.

ENGRAIS, s. m. *Stercus, oris, n.* 糞 Fĕn.

ENGRAISSER, v. a. *Opimāre.* 養肥 Yàng feỷ. ‖ — les cochons. *Sues pinguefacĕre.* 養肥豬 Yàng feý tchoū. ‖ — de la volaille. *Volatilia —.* 喂肥鷄 Ouỷ feỷ kỷ. ‖ — les champs. *Agros stercorāre.* 糞田 Fĕn tiĕn, ou 上糞 Cháng fĕn. ‖ — (en parlant de l'homme). 胖 Páng. ‖ — (en parlant de l'animal). *Pinguescĕre.* 肥 Feỷ. ‖ — un habit. *Adipe inficĕre vestem.* 油了衣裳 Yeóu leaò ỷ cháng.

ENGRENER, v. a. *Moletrinæ ingerĕre.* 上風籖 Cháng fōng pò. ‖ — bien une affaire. *Bene rem auspicāri.* 起頭得好 Kỷ teóu tŏ haò. ‖ S'— (en parlant de roues). *Dentes dentibus sese inserĕre.* 車動車 Tchēy tóng tchēy.

ENHARDIR, v. a. *Animos addĕre.* 壯人胆力 Tchoúang

ENI ENR 467

jên tàn lỷ. ‖ S'—. — suos. 大胆 Tá tàn, ou 勉力 Miên lỷ.

ÉNIGME, s. f. Ænigma, atis, n. 謎子 Mý tsè. ‖ Parler en —. — loqui. 說謎子 Chŏ mý tsè. ‖ Expliquer une —. Aperire —. 破謎子 Pŏ mý tsè.

ENIVRER, v. a. Inebriäre. 醉人 Tsoúy jên. ‖ — de louanges. Facĕre laudibus ebrium. 誇奬人 Koŭa tsiàng jên. ‖ S'—. Inebriäri. 醉 Tsoúy.

ENJAMBER, v. a. Crura distendĕre. 跳過去 Tiăo kŏ kiŭ, ou 跨過去 Koŭa kŏ kiŭ. ‖ — sur ses voisins. Aliena invad. 私下移界石 Sē hiá ý kiáy chĕ.

ENJEU, s. m. Pignus, oris, n. 飄錢 Piăo tsiên, ou 柱子 Tchóu tsè.

ENJOINDRE, v. a. Rem injungĕre. 命 Mín, ou 吩咐 Fén fŏu.

ENJOLER, v. a. Phaleratis verbis ducĕre. 好話哄人 Haŏ hoá hòng jên. ‖ Se laisser —. Blandis verbis credĕre. 受人哄騙 Cheóu jên hòng piên.

ENJOLIVER, v. a. Ornāre. 裝飾 Tchoūang ché.

ENJOUÉ, ÉE, adj. Jocosus. 愛說笑的 Gaý chŏ siaó tỷ. ‖ Humeur —. Indoles lepida. 爽快的性 Choŭang koŭaý tỷ sīn. ‖ Air —. Vultus jocosus. 爽快的樣子 Choŭang koŭaý tỷ yáng tsè.

ENLACER, v. a. Laquis irretire. 套 Taó.

ENLEVER, v. a. Rapĕre. 搶 Tsiăng. ‖ — une fille. Rapĕre virginem. 刼搶童女 Lĕ tsiăng tóng niŭ. ‖ — l'honneur à une fille. Virg. pudicit. auferre. 姦童女 Kiên tóng niŭ. ‖ — une place. Urbem expugnāre. 破城 Pŏ tchên. ‖ — une tache. Maculas cluĕre. 洗得脫 Sỷ tĕ tŏ. ‖ Ne pouvoir l'—. Non posse cluĕre. 洗不脫 Sỷ pŏu tŏ. ‖ — lever en haut. Attollĕre. 拿上擧 Lá cháng kiŭ. ‖ — la peau. Cutem detrahĕre. 剐皮子 Koà pỷ tsè. ‖ — (ravir). Mirationem movēre. 兜人驚訝 Teōu jên kīn yá.

ENLUMINER, v. a. Coloribus illustrāre. 畵彩 Hoá tsăy. ‖ Le vin l'a —. Ardescit vino vultus. 臉醉紅了 Liên tsoúy hòng leaò.

ENNEMI, s. m. Inimicus, i, m. 仇人 Tcheóu jên. ‖ — mortel. Infensus —. 死心仇人 Sè sīn tcheóu jên. ‖ — déclaré. Apertus —. 明明的 Mìn mìn tỷ. ‖ Se faire des —. Inimicitias sibi conflāre. 結冤仇 Kiĕ yuên tcheóu. ‖ Rendre —. Discordias seminare. 刁唆 Tiāo sō. ‖ Pardonner à ses —. Condonāre. 寬恕仇人 Koŭan choŭ tcheóu jên. ‖ S'en venger. Ulcisci —. 報仇 Paó tcheóu. ‖ — nuisible. Nocivus. 有害的 Yeŏu haý tỷ. ‖ — de l'étude. A studio abhorrens. 不愛讀書 Pŏu gaý tŏu choū. ‖ — de l'État. Imperii inimicus. 敵國 Tỷ koŭĕ. ‖ Les défaire. Hostes debellāre. 敗敵國 Paý tỷ koŭĕ. ‖ Se rendre à eux. Subjicĕre

se —. 降了 Kiàng leaò. ‖ En —. Sicut inimicus. 如仇人 Joŭ tcheóu jên.

ENNOBLIR, v. a. Rei nomen facĕre. 揚名聲 Yâng mìn chēn. ‖ — quelqu'un. In nobilium numerum referre. 封贈子 Fōng tsên tsè. 加贈子 Kiā tsên tsè. ‖ — quelqu'un. In nobilium numerum referre. 賜爵 Tsé tsiŏ.

ENNUI, s. m. Tædium, ii, n. 厭惡 Yén oú, 憂悶 Yeōu mén. ‖ Dissiper l'—. Auferre. 解悶 Kiàymén.

ENNUYER, v. a. Tædio afferre. 兜人厭煩 Teōu jên yén fân. ‖ S'—. Tædio capi. 厭煩 Yén fân.

ENNUYEUX, SE, adj. Molestus. 囉唣的人 Lō tsaó tỷ jên.

ÉNONCER, v. a. Enuntiāre. 指 Tchè. ‖ S'—. Eloqui clarè. 說明 Chŏ mîn.

ENORGUEILLIR, v. a. Animos inflāre. 兜人犯驕傲 Teōu jên fán kiāo gaó. ‖ S'—. Superbire. 驕傲 Kiāo gaó.

ÉNORME, adj. Immanis. 大得狠 Tá tĕ hèn, ou 過餘 Kŏ yù. ‖ Crime —. Scelus enorme. 大罪 Tá tsoúy.

ÉNORMÉMENT, adv. Extrà modum. 過餘 Kŏ yù.

ENQUÉRIR (S'), v. r. Inquirĕre. 問 Ouén, ou 找 Tchaò.

ENQUÊTE, s. f. Inquisitio, onis, f. 審 Chèn ouén.

ENRACINÉ, ÉE, adj. Fixus radic. 有根的 Yeŏu kēn tỷ. ‖ Vice —. Adultum vitium. 老毛病 Laò maŏ pín.

ENRACINER (S'), v. r. Radices agĕre. 發根 Fă kēn. ‖ Ce mal s'—. Invalescit morbus. 病沉重了 Pín tchêu tchóng leaò. ‖ La coutume s'—. Consuetudo inveteravit. 興得早 Hīn tĕ tsaò.

ENRAGÉ, ÉE, adj. Rabidus. 瘋的 Fōng tỷ. ‖ — (en furie). Ira incensus. 發怒 Fă loú.

ENRAGER, v. n. Rabidus fieri. 發瘋 Fă fōng. ‖ — (avoir dépit). Ægrè pati. 難當得狠 Lán tāng tĕ hèn. ‖ Faire — quelqu'un. Aliq. cruciāre. 磨折 Mô tsĕ, ou 囉唣人 Lō tsaó jên.

ENRAYER, v. a. (une roue). Sufflaminare. 別住車輪 Piĕ tchoú tchēy lén.

ENRÉGIMENTER, v. a. In legionem cooptāre. 招兵 Tchāo pīn.

ENREGISTRER, v. a. Notāre. 打記號 Tà ký haó, ou 掛賬 Koŭa tcháng. ‖ — un nom. Nomen adscribĕre. 記名 Ký mìn. ‖ — un acte. Acta consignāre. 存案 Tsên ngán.

ENRHUMER (S'), v. r. Gravedinem contrahĕre. 傷風 Chāng fōng, ou 傷寒 Chāng hân.

ENRICHIR, v. a. Ditāre. 使人 Chè jên, ou 帮人發財 Pāng jên fă tsăy. 起家 Ký kiā. ‖ S'—. Ditescĕre. 發財 Fă tsăy, ou 富了 Foù leaò. ‖ S'— justement. Honestè —. 發公道財 Fă kōng taó tsăy. ‖ S'— injustement. Injustè —. 發冤枉財 Fă yuên oùang tsăy.

ENRÔLER, v. a. Milites conscribĕre. 招兵 Tchāo pīn. ‖

S'—. *Militiæ nomen dăre.* 投軍 Teŏu kiŭn, ou 去當兵 Kiǔ' tāng pīn.

**ENROUER**, v. a. *Raucum efficěre.* 嗄聲 Há chēn. ‖ S'—. *Raucus fieri.* 嗄聲 Há chēn, ou 啞了桑子 Yǎ leào sāng tsè. ‖ S'— à force de pleurer. *Ad ravim flēre.* 哭的失了音 Koǔ tỷ chè leào ȳn.

**ENSACHER**, v. a. *Saccis ingerěre.* 裝口袋 Tchōang keŏu taý.

**ENSANGLANTER**, v. a. *Cruentāre.* 染血 Jàn hiuĕ, ou 沾血 Tchán hiuĕ.

**ENSEIGNE**, s. f. *Signum, i, n.* 憑據 Pín-kiú. ‖ — de marchand. *Mercatoris —.* 號 Haó, ou 招牌 Tchāo páỷ. ‖ — de guerre. *Vexillum.* 旗 Kỷ. (Voir Bannière.) ‖ — du général. *Ducis —.* 纛 Toŭ. ‖ — (qui porte le drapeau). *Signifer.* 旗手 Kỷ-cheòu. ‖ — de vaisseau. *Navis dux inferior.* 水兵把總 Choùy pīn pà tsŏng.

**ENSEIGNEMENT**, s. m. *Documentum, i, n.* 敎訓的話 Kiáo hiŭn tỷ hoá. ‖ Recevoir les —. *Suscipěre —.* 領敎 Lǐn kiáo, ou 受敎 Cheóu kiáo.

**ENSEIGNER**, v. a. *Docēre.* 敎 Kiáo. ‖ — à lire. *Ad legendum.* 敎書 Kiáo Choū. ‖ — la philosophie. *— philosoph.* 敎格物 Kiáo kĕ oŭ. ‖ — un art. *— artem.* 敎手藝 Kiáo cheòu ý. ‖ — le chemin. *Viam indicāre.* 指路 Tchè loú. ‖ Toute science doit être —. *Homo nihil scit sine doctrinā.* 天下之事非敎無成 Tiēn hiá tchē sé feý kiáo oū tchēn. ‖ (donner un indice). *Indicāre —.* 指引 Tchè ȳn.

**ENSEMBLE**, adv. *Simul.* 一齊 Ý tsý. ‖ Aller —. *Simul ambulāre.* 一齊走 Ý tsý tseŏu. ‖ Être bien —. *Inter se concordāre.* 相好 Siāng haò. ‖ Ces choses vont mal —. *Istæ res invicem discrepant.* 事情不合 Sé tsǐh poŭ hô. ‖ — de sons. *Concentus.* 和音 Hô ȳn.

**ENSEMENCER**, v. a. *Serěre.* 撒種子 Sà tchòng tsè.

**ENSERRER**, v. a. *Reconděre.* 収 Cheōu.

**ENSEVELIR**, v. a. *Induěre mortuum.* 裝屍 Tchoūang chē. ‖ — (donner la sépulture). *Sepelīre.* 埋 Maý. ‖ — dans l'oubli. *Oblivione obruěre.* 忘却了 Ouàng kiŭ leào, ou 不記得 Poŭ ký tĕ' leào.

**ENSORCELER**, v. a. *Fascināre.* 念呪迷心 Nién tcheóu mý jēn, ou 拉人心 Lā jēn sīn.

**ENSUITE**, adv. *Deindè.* 然後 Jàn heóu, ou 過後 Kó heóu.

**ENSUIVRE (S')**, v. n. *Sequi.* 從 Tsòng, ou 以來 Ý laỷ. ‖ Il — de là que. *Indè sequitur.* 從此以後 Tsòng tsé ỷ heóu.

**ENTACHÉ, ÉE**, adj. (d'un vice). *Vitio contaminatus.* 有毛病 Yeŏu maó pín, ou 壞了 Houáy leào.

**ENTAILLE**, s. f. *Incisio, onis, f.* 割鉄 Kŏ kiuĕ, ou 笋子 Sēn tsè.

**ENTAMER**, v. a. *Descāre.* 扯爛 Tchĕ lán. ‖ — une causerie. *Orationem ordiri.* 開口 Kāỷ keŏu. ‖ Se laisser —. *De jure detrahi pati.* 讓人 Jáng jēn. ‖ Se laisser —. *Pati ut alii mentem videant.* 心事露了 Sīn sé loú leào.

**EN TANT QUE**, adv. *Quatenus, prout.* 論 Lén.

**ENTASSER**, v. a. *Accumulāre.* 堆起來 Toūy kỷ laỷ. ‖ — crime sur crime. *Scelus scelere cumulāre.* 罪上加罪 Tsoúy cháng kiā tsoúy.

**ENTE**, s. f. *Insitum, i, n.* 接樹子 Tsiĕ choú tchĕ. (Voir Greffe.)

**ENTENDEMENT**, s. m. *Mens, entis, f.* 明悟 Mǐn oú. ‖ Cela passe l'—. *Hoc superat captum humān.* 洞不來 Tóng poŭ laỷ. ‖ — (sens). *Judicium.* 意思 Ý sè.

**ENTENDRE**, v. a. *Audīre.* 聽見 Tín kién. ‖ — bien. *Liquidè —.* 聽得清楚 Tín tĕ' tsīn tsŏu. ‖ Ne pas bien —. *Surdaster esse.* 耳鰾背 Eùl tò peý. ‖ — tout de travers. *Malè audīre.* 聽錯 Tín tsó. ‖ — dire à quelqu'un. *Rem ex aliq. audīre.* 聽別人說 Tín piĕ' jēn chŏ. ‖ — (concevoir). *Concipěre.* 通得 Tōng tĕ. ‖ — le chinois. *Sinicam linguam intelligěre.* 洞得中國話 Tóng tĕ' tchōng kouĕ' hoá. ‖ Donner à —. *Rem significāre.* 指 Tchè. ‖ — bien ses intérêts. *Ad quæstum callēre.* 會顧自己 Hoúy koú tsé kỷ. ‖ — raison. *Rationem sequi.* 依理 Ý lỷ. ‖ — (vouloir que). *Velle, jubēre.* 要 Yáo, ou 命 Mín. ‖ S'— avec quelqu'un. *Cum aliquo conjunctè vivěre.* 相好 Siāng haò. ‖ S'— avec les rebelles. *Cum rebellibus consociāri.* 私通賊子 Sē tōng tsĕ' tsè.

**ENTENDU, E**, adj. *Peritus.* 會 Hoúy, ou 有見識 Yeŏu kién tchĕ. ‖ Bien — que. *Haud dubiè.* 一定的 Ý tín tỷ, ou 不必說 Poŭ pỷ chŏ.

**ENTENTE**, s. f. (mot à double —). *Verbum ambiguum.* 雙關二意的話 Choūang kouān eùl ý tỷ hoá, ou 活動的話 Hô tóng tỷ hóa.

**ENTER**, v. a. *Inserěre.* 接樹子 Tsiĕ choú· tsè. (Voir Greffer.)

**ENTÉRITE**, s. f. *Enteritis.* 脹熱 Tcháng jĕ.

**ENTERREMENT**, s. m. *Exsequiæ, arum, f.* 喪事 Sáng sé. ‖ Assister à l'—. *— prosequi.* 送喪 Sóng sáng.

**ENTERRER**, v. a. *Humāre.* 埋人 Maý jēn. ‖ — vif. *Vivum terrā —.* 活埋 Hô maý. ‖ — (enfouir). *Terrā obruěre.* 窖 Kiáo. ‖ — un secret. *Secretum servāre.* 不漏密事 Poŭ leóu mỷ sé.

**ENTÊTÉ, ÉE**, adj. *Contumax.* 固執 Koú-tchĕ'. ‖ — de son mérite. *Sui plenus.* 自滿 Tsé màn, ou 自大 Tsé tá. ‖ Être — de quelqu'un. *In oculis ferre.* 心上人 Sīn cháng jēn, ou 點得上他 Tiĕn tĕ' cháng tā. ‖ Être — de la probité de quelqu'un. *Nimis alic. creděre.* 固執信服人 Koú tchĕ sín foŭ jēn.

**ENTÊTER**, v. a. *Caput tentāre.* 打腦膛 Tă laò kŏ̌. ǁ Le vin l'a —. *Ictum fuit vino ejus caput.* 酒打了他的腦膛 Tsieòu tà leaò tă' tў̆ laò kŏ̌. ǁ S'—. *Opinioni mordicùs hærēre.* 固執已意 Koú tchĕ kў̆ ý.

**ENTHOUSIASME**, s. m. *Nimia admiratio.* 奸詐 Kiĕu tchă, ou 狠心 Hĕn sīn.

**ENTHOUSIASMER**, v. a. *Movēre admirat.* 兜人驚訝 Teōu jĕn kīn yà.

**ENTICHÉ, ÉE**, adj. *Contumax.* 固執 Koú tchĕ.

**ENTIER, ÈRE**, adj. *Integer.* 全的 Tsuĕn tў̆. ǁ Une année —. — *annus.* 耿耿一年 Kĕn kĕn ў̆ niĕn. ǁ Une nuit —. *Nox integra.* 一晚到亮 Ў̆ ouàn taó leáng. ¶ Tout — à quelque chose. *Totus in re.* 專務 Tchoūan oú. ǁ Cheval —. *Mas equus.* 騷馬 Saō mà. ǁ — dans son opinion. *Propositi tenax.* 執意的 Tchĕ ý tў̆.

**ENTIÈREMENT**, adv. *Planè.* 全全的 Tsŭen tsŭen tў̆.

**ENTONNER**, v. a. *Infundĕre.* 倒 Taò. ǁ Il — bien. *Exsorbet.* 酒量好 Tsieòu leáng haò. ǁ — le chant. *Cantum præcinēre.* 伶頭唱 Līn teóu tchăng. ǁ — les prières. *Exordiri preces.* 啟經 Kў̆ kīn.

**ENTOMOLOGIE**, s. f. *Entomologia, æ, f.* 蟲部 Tchóng poú.

L'entomologie chinoise est divisée : 1° en 卵生 Lăng sēn, insectes produits par les œufs; 2° en 花生 Hoā sēn, insectes produits par métamorphose ; 3° 濕生 Chĕ sēn, insectes produits par l'humidité.

**ENTONNOIR**, s. m. *Infundibulum, i, n.* 酒漏子 Tsieòu leoù tsè.

**ENTORSE**, s. f. *Distorsio, onis, f.* 骨節銼 Koŭ tsiĕ' tsŏ̌, ou 扭脚 Nieòu kiŏ̌. ǁ — à un nerf. *Nervi —.* 撐的筋 Līn tў̆ kīn. ǁ Se faire une — à un nerf. *Articulum extorquēre.* 閃脚銼 Chàn kiŏ̌ tsŏ̌. ǁ Se faire une — à une jambe. 扭腿 Nieòu toú̆ў. ǁ Donner une — à un passage. *In alium sensum detorquēre.* 解不正 Kiày poŭ tchĕn.

**ENTORTILLER**, v. a. *Involvĕre.* 彎起 Ouān kў̆. ǁ — ses paroles. *Verba —.* 彎彎曲曲的答應 Ouān ouān kiŏu kiŏu tў̆ tă ýn. ǁ — autour du bras. 趣在肱膊上 Tchăn tsáy kĕ pŏ̌ cháng teóu. ǁ S'—. *Se —.* 裹 Kŏ̌.

**ENTOUR (A L')**, adv. *Circà.* 週圍 Tcheōu oúy. ǁ Aller à l'—. *Circuire.* 週圍走 Tcheōu oúy tseōu.

**ENTOURER**, v. a. *Cingĕre.* 圍起來 Oúy kў̆ laý. ǁ — quelqu'un. *Aliq. circumsistĕre.* 圍倒人 Oúy taò jĕn. ǁ Être — de dangers. *Periculis circumvolutus esse.* 上不上下不下 Cháng poŭ cháng, hiá poŭ hiá, ou 進退兩難 Tsín toúў leàng lán.

**ENTOURS**, s. m. *Circumjecta, orum, n.* 週 Ў̆ tcheōu.

ǁ — de quelqu'un. *Ejus familiares.* 家內的人 Kiā loúy tў̆ jĕn.

**ENTR'ACTE**, s. m. *Inter actus.* 歇臺 Hiĕ tăý.

**ENTRAIDER (S')**, v. r. *Mutuò se juvāre.* 相帮 Siāng pāng.

**ENTRAILLES**, s. f. *Viscera, um, n.* 腸子 Tcháng tsè. ǁ — de la terre. *Terræ —.* 地心 Tў̆ sīn. ǁ N'avoir pas d'—. *Cor ferreum habēre.* 鐵石人 Tiĕ' chĕ jĕn.

**ENTRAÎNER**, v. a. *Abripĕre.* 搶去 Tsiăng kiŭ̆', ou 拉扯 Lā tchĕ'. ǁ — à la révolte. *Trahĕre aliq. ad defection.* 引人反 Ŷn jĕn fàn. ǁ Être — par la passion. *Cupiditate rapi.* 隨慾不隨理 Soúý yŏu poŭ soúý lў̆. ǁ — (avoir pour conséquence). *Secum trahĕre.* 從此有 Tsóng tsé yeòu, ou 因而 Ўīn eúl.

**ENTRAVER**, v. a. *Impedire.* 阻擋 Tsoù táng.

**ENTRAVES**, s. f. *Compedes, um, f.* 脚鐐 Kiŏ̌ leaò. ǁ — pour les mains. *Manicæ —.* 手鐐子 Cheòu káo tsè. ǁ — (empêchement). *Obstacula.* 阻擋 Tsoù táng,

**ENTRE**, prép. *Inter, in.* 在中 Tsaý tchōng, ou 中間 Tchōng-kiēn. ǁ — toutes les religions. *Omnes inter religiones.* 衆教之中 Tchóng kiáo tchē tchōng. ǁ — les hommes. *Inter homines.* 人間 Jĕn kiĕn. ǁ Confucius — autres. *Ex. gratiā Confucius.* 比如孔子 Pў̆ joú kòng tsè. ǁ Confucius brille — tous. *Inter cæteros Confucius unus excellit omnes.* 自生民以來惟有孔子 Tsé sēn mìn ў̆ laý oúý yeòu kòng tsè. ǁ Remettre — les mains de quelqu'un. *Alic. tradĕre.* 親手交 Tsīn cheōu kiāo. Tous les mots qui sont précédés de la prép. française *entre* se rendent en chinois par 相 Siāng, ajouté avant le substantif ou le verbe chinois. C'est pour cela que nous omettons, pour cause de brièveté, bon nombre de mots dans cette série.

**ENTRE-CHOQUER (S')**, v. r. *Inter se collidi.* 相撞爛 siāng tchóng làn.

**ENTRE-DÉCHIRER (S')**, v. r. *Sibi invicem maledicēre.* 相罵 Siāng má.

**ENTRE-DEUX**, s. m. *Intervallum, i, n.* 中間裏 Tchōng kiēn lў̆.

**ENTRE-DIFFAMER (S')**, v. r. *Diffamāre se invicem.* 相咒罵 Siāng tcheóu má.

**ENTRE-DONNER (S')**, v. r. *Sibi mutuò dāre.* 相送 Siāng sóng.

**ENTRÉE**, s. f. *Aditus, ùs, m.* 進去 Tsín kiŭ̆', ou 進來 Tsín laý. ǁ — de la maison. *Anticum.* 廳房 Tīn fāng. ǁ — du port. *Portús os.* 挨倒馬頭 Gaý taò mà teōu. ǁ — (accès). *Aditus —.* 會 Hoúý. ǁ Avoir ses — auprès du roi. *Coràm rege admitti.* 朝見皇上 Tchaō kién hoăng cháng. ǁ Faire son — en ville. *Urbem ingredi.* 進城 Tsín tchĕn. ǁ A l'— de l'été. *Initio æstatis.* 初夏 Tsoū hiá. ǁ A l'— de la nuit. *Primā* nocte. 黃昏的時候 Hoāng hoūen tỹ chē heóu. ‖ — (principe). *Principium.* 起頭 Kỳ teŏu. ‖ — d'un discours. *Exordium.* 開口講 Kāy kĕŏu kiàng. ‖ L'— en matière est difficile. *Difficile est causam ingredi.* 難於啟齒 Lán yū kỳ tchě. ‖ — de table. *Primæ dapes.* 點心 Tiēn sīn. ‖ — (droit). *Vectigal.* 稅 Choúy.

ENTREFAITES, s. f. ‖ Sur ces —. *Intereà.* 那時 Lâ chē, ou 那个時候 Là kó chē heóu.

ENTRE-HAÏR (S'), v. r. *Mutuò se odisse.* 相恨 Siāng hén.

ENTRELACER, v. a. *Implicāre.* 辮 Pién, ou 纏 Tchǎn. ‖ Le serpent l'—. *Serpens eum torquebat.* 蛇纏了他 Chě tchǎn leào tā.

ENTRE-LARDER, v. a. *Lardo infigěre.* 貫肉 Kouǎn joŭ. ‖ — un discours. *Miscēre.* 說雜事 Chŏ tsǎ sé, ou 這樣那樣的說些 Tchě yáng lá yáng tỹ chŏ sỹ.

ENTREMÊLER, v. a. *Intermiscēre.* 雜 Tsǎ. ‖ S'—. *Negotio se immiscēre.* 管閒事 Koùan hièn sé.

ENTREMETS, s. m. *Media fercula.* 當中上的菜 Tāng tchōng cháng tỹ tsǎy.

ENTREMETTEUR, s. m. *Sequester.* 中人 Tchōng jēn. ‖ — de mariage. *Proxeneta.* 媒人 Meỹ jēn. ‖ — de commerce illicite. *Commercii illiciti —.* 官媒 Kouān meỹ.

ENTREMETTRE (S'), v. r. *Studia poněre.* 做中人 Tsoú tchōng jēn, ou 用中人 Yóng tchōng jēn. ‖ — quelqu'un pour une affaire. *Adjuvāre aliq.* 帮忙 Pāng māng.

ENTREMISE, s. f. *Opera, æ, f.* 中人 Tchōng jēn.

ENTREPOSER, v. a. *Deponěre.* 寄放 Kỳ fáng.

ENTREPÔT, s. m. *Depositorium, ii, n.* 行 Hāng.

ENTREPRENANT, E, adj. *Temerarius.* 大胆的人 Tá tàn tỹ jēn, ou 胃失的 Maó chě tỹ.

ENTREPRENDRE, v. a. *Moliri.* 打主意 Tà choù ý. ‖ — une tâche. *Munus suscipěre.* 領本分 Lǐn pèn fén. ‖ — au-dessus de ses forces. *Majora viribus audēre.* 心大狠 Sīn tá hèn. ‖ — à prix fait. *Pretio condito —.* 包做 Paō tsoú. ‖ — quelqu'un. *Aliquem jurgio adoriri.* 找人吵嚷 Tchǎo jēn tchǎo yàng. ‖ — sur les fonctions de quelqu'un. *Alicuj. munus usurpāre.* 占別人之職 Tchán piě jēn tchě tchě.

ENTREPRENEUR, s. m. *Susceptor, oris, m.* 包攬人 Paō lán jēn, ou 掌壘師 Tchàng mě sē.

ENTREPRISE, s. f. *Consilium, ii, n.* 主意 Tchoù-ý. ‖ C'est une grande —. *Magni operis est.* 大事 Tá sé. ‖ — (commencement). *Cœptum.* 起頭的 Kỳ teŏu tỹ. ‖ Persister dans son —. *In incepto manēre.* 不丟主意 Poù tieōu tchoù ý. ‖ Achever son —. *— peragěre.*

滿志 Màn tchě. ‖ L'abandonner. *Ab incepto desistěre.* 丟工夫 Tieōu kōng foū. ‖ — (attaque). *Obsessio.* 攻城 Kōng tchěn. ‖ — (ouvrage à forfait). *Redemptio.* 包工夫 Paō kōng foū. ‖ Faire à l'—. *Opus rediměre.* 包工夫做 Paō kōng foū tsoú.

ENTRER, v. n. *Ingredi.* 進 Tsín. ‖ Cela ne peut —. *Hoc ingredi non potest.* 進不去 Tsín poù kiú. ‖ Entrez! *Intra.* 請進 Tsìn tsín. ‖— en foule. *Turmatim ingredi.* 擁進 Yŏng tsín. ‖ L'eau — dans la barque. *Aquam navis accipit.* 船進了水 Tchoūan tsín leào choùy. ‖ Inviter à —. *Rogāre aliq. ut intret.* 進人來 Tsín jēn laỹ. ‖ — dans une affaire. *Negotio se implicāre.* 管事 Kouàn sé. ‖ — dans une conjuration. *Conjur. socius fieri.* 投反賊 Teŏu fàn tsě. ‖ — dans la religion. *Amplecti relig. christian.* 奉天主敎 Fóng Tiēn-Tchoù kiáo. ‖ — dans une confrérie. *Sociět. ingred.* 入會 Joù hoúy. ‖ — dans une charge. *Magistrat. inīre.* 上任 Cháng juén. ‖ — dans une famille. *Per nuptias in famil. inseri.* 出嫁 Tchŏu kiá. ‖ — en conversation. *Sermonem instituēre.* 起頭說話 Kỳ teŏu chŏ hoá. ‖ — dans les vues de quelqu'un. *Alicuj. mentem sequi.* 隨人的意思 Soúy jēn tỹ ý sē. ‖ — en matière. *Rem ordiri.* 起頭說話 Kỳ teŏu chŏ hoá. ‖ — dans le détail. *Minutim dicěre.* 細細的說 Sỳ sý tỹ chŏ. ‖ — dans sa quarantième année. *Quadragesimum annum attingěre.* 滿四十歲 Màn sé chě soúy. ‖ — en dispute. *Cum aliq. disputat. ingredi.* 起頭爭 Kỳ teŏu tsēn. ‖ — dans l'esprit, c.-à-d. concevoir. *Capěre.* 通得來 Tōng tě laỹ. ‖ — en accommodement. *De pace colloqui.* 講和 Kiàng hô. ‖ — en colère. *Irasci.* 發怒 Fǎ loú. ‖ — en défiance. *Subdiffiděre.* 生疑 Sēn ngỹ. ‖ Cela ne peut — dans mon esprit. *Hoc capěre non valeo.* 我想不來 Ngŏ siàng poù laỹ. ‖ Il — dans cet habit 4 Tche 1/2 de toile. *Hæc vestis requirit 4 Tche cum dim. telarum.* 這件衣服要四尺五寸布 Tchě ý kién ỹ foū yáo sé tchě oú tsēn poú.

ENTRETENIR, v. a. (conserver). *Tuěri.* 顧 Koú, ou 存 Tsēn. ‖ — les chemins. *Vias reficěre.* 補路 Pŏu loú. ‖ — une maison. *Domum sartam habēre.* 整房子 Tchèn fàng tsě. ‖ — le feu. *Ignem fovēre.* 添炭 Tiēn tán. ‖ — l'amitié. *Amicitiam tueri.* 顧朋情 Koú pŏng tsín. ‖ — la discorde. *Contentiones fovēre.* 懷恨 Hoúay hén. ‖ — quelqu'un. *Aliq. alěre.* 養人 Yàng jēn. ‖ — le prêtre. *Parochum alěre.* 供養神父 Kōng yàng chēn foú. ‖ — quelqu'un. *Cum alio colloqui.* 同人說話 Tōng jēn chŏ hoá. ‖ S'— de quelqu'un. *De aliq. sermon. habēre.* 說別人 Chŏ piě jēn. ‖ S'— de quelque pensée. *Secum considerāre.* 想一想 Siàng ỹ siàng. ‖ — de mauvaises pensées. *Immorāri*

ENT          EPA          171

*inhonestis cogitationibus*. 留不好的念頭 Lieòu poŭ haò tý nién teóu.

ENTRETIEN, s. m. *Cura, æ, f.* 經管 Kīn koùan. ‖ — (discours). *Colloquium*. 談論 Tán lén. ‖ Il est le sujet de tous les —. *Ille in ore et sermone omnium est*. 衆人都說他 Tchóng jên toŭ chō tā̆. ‖ — (dépense). *Impensa*. 用費 Yóng feý.

ENTREVOIR, v. a. *Præsentire*. 預先料定 Yù siēn leáo tín. ‖ — (voir à demi). *Obscurè videre*. 影影超 Ỷn ỷn tchaō.

ENTREVOUS, s. m. *Interlignium, i, n.* 雨柱之中 Yù tchoú tchē tchōng.

ENTREVUE, s. f. *Colloquium, ii, n.* 相會 Siāng hoúy, ou 同說話 Tŏng chŏ hoá.

ENTR'OUVRIR, v. a. *Tenui rimā diducĕre*. 開一半 Kăy ỷ pán. ‖ S'—. (se fendre). *Hiāre*. 裂開 Liĕ kăy. ‖ La barque s'—. *Dehiscit cymba*. 船漏 Tchoŭan leóu. ‖ Les fleurs s'—. *Flores se explicant*. 花開了 Hoā kăy leào.

ENTROPIUM, s. m. (terme de méd.). 眼盖向內翻轉 Yèn kaý hiáng loúy fān tchoùan.

ÉNUMÉRER, v. a. *Recensēre*. 一條一條的數 Ỷ tiào ỷ tiào tý soú.

ENVAHIR, v. a. *Invadĕre*. 覇占 Pá tchán. ‖ — un royaume. *Regnum* —. 爭江山 Tsēn kiāng chān. ‖ — le trône. *Thronum* —. 篡位 Tsoùan oúy.

ENVELOPPE, s. f. *Involucrum, i, n.* 包子 Paō tsĕ. ‖ — de grains. *Gluma*. 五穀殼 Où koŭ kŏ. ‖ — de blé. *Frum. vaginula*. 麥殼 Mĕ kŏ. ‖ de fève. *Valvulus*. 豆殼 Teóu kŏ. ‖ — de noix. *Nucis operiment*. 核桃殼 Hĕ tào kŏ. ‖ — de châtaigne. *Echinus*. 板栗殼 Pàn lỷ kŏ. ‖ — de livre. *Involucrum libr*. 書套子 Choū taò tsĕ. ‖ — des bambous, qui les préserve de l'air. *Pellis arundin*. 筍籜 Sèn tŏ̆. ‖ — de lettre. *Epist. involucr*. 信封 Sín fōng.

ENVELOPPÉ, ÉE, adj. *Obvolutus*. 包的 Paō tý. ‖ — Esprit —. *Cor tectum*. 隱心 Ỷn sīn. ‖ — par les rebelles. *Rebellibus circumfusus*. 賊子圍倒他 Tsĕ̂ tsè oŭy taò tā̆.

ENVELOPPER, v. a. *Obvolvĕre*. 包 Paō, ou 裹 Kŏ. ‖ — ses paroles. *Involv. verba*. 說轉彎抹角的話 Chŏ tchoùan oūan mŏ kŏ tý hoá. ‖ — les rebelles. *Rebelles circumfundĕre*. 圍倒賊子 Oūy taò tsĕ̂ tsè. ‖ S'— la tête. *Caput obnubĕre*. 包頭 Paō teóu. ‖ S'— dans sa couverture. *In stragulo se obvolvĕre*. 用舖盖裹起 poú kaý kŏ kỷ.

ENVENIMER, v. a. *Veneno inficĕre*. 放毒藥 Fáng toŭ yŏ. ‖ — les actes de quelqu'un. *Acta detorquēre*. 說人的意思不好 Chŏ jên tý ý sē poŭ haò. ‖ — l'esprit de quelqu'un. *Animum exasperāre*. 惹人發怒 Jĕ jên fā loú.

ENVERS, s. m. *Aversa facies*. 裏子 Lỷ tsè. ‖ Mettre un habit à l'—. *Invertĕre vestem*. 反穿衣 Fàn tchoŭan ȳ. ‖ A l'—. *Rem inv*. 顛倒事情 Tiēn taò sé tsín.

ENVERS, prép. *Ergà*. 向 Hiáng. ‖ Devoirs — Dieu. *Officia ergà Deum*. 向天主的本分 Hiáng Tiēn-Tchoū tỷ pèn fén. ‖ Devoirs — le prochain. — *proximum*. 向人的本分 Hiáng jên tỷ pèn fén.

ENVI (À L'), adv. *Certatim*. 爭先 Tsēn siēu.

ENVIE, s. f. *Invidia, æ, f.* 妬忌 Tsỳ toú. ‖ Crever d'—. — *disrumpi*. 生大妬忌 Sēn tá tsỳ toú. ‖ Exciter l'—. *Invid. movēre*. 兜人妬忌 Teōu jên tsỳ toú. ‖ Sur dix femmes, neuf sont dévorées par l'—. *Intrà decem mulieres, novem invidiā uruntur*. (Prov. chin.) 十個女人九個妬 Chĕ kó niŭ jên, kieŏu kó toú. ‖ — (désir). *Studium*. 貪 Tān. ‖ Avoir — de lire. *Legendi —*. 貪看書 Tān kăn choū. ‖ Avoir — de vomir. *Nauseāre*. 想嘔 Siàng ngeòu. ‖ — de naissance. *Nævus*. 黑點 Hĕ tièn, ou 斑點 Pān tièn.

ENVIER, v. a. *Invidēre*. 妬忌 Tsỳ toú. ‖ — (désirer). *Cupĕre*. 貪想 Tān-siàng.

ENVIEUX, SE, adj. *Invidus*. 妬忌的人 Tsỳ toŭ tỷ jên.

ENVIRON, prép. *Circà*. 差不多 Tchā̆ poŭ tō̆.

ENVIRONS, s. m. *Vicina, orum, n.* 近處 Kín tchŏù.

ENVIRONNER, v. a. ‖ — quelqu'un. *Circumdāre aliq*. 圍人 Oūy jên.

ENVISAGER, v. a. *Intueri*. 對面看 Toúy mién kăn. ‖ — en esprit. *Animo* —. 思想 Sē siàng.

ENVOI, s. m. *Missio, onis, f.* 打發 Tà fā̆.

ENVOLER (S'), v. r. *Evolāre*. 飛去 Feỷ kiŭ̆.

ENVOYÉ, s. m. *Legatus, i, m.* 欽差 Kīn tchāy, ou 天使 Tiēn chè. ‖ — (courrier de nouvelles). *Nuntius*. 報信人 Paó sín jên.

ENVOYER, v. a. *Mittĕre*. 打發 Tà fā̆. ‖ — en exil. *In exsil. pulsāre*. 充軍 Tchōng kiūn, ou 刺配 Tsĕ̆ peý. ‖ — un présent. *Munus* —. 送禮 Sóng lỷ. ‖ — une lettre. *Epist. mittĕre*. 發書信 Fā̆ choū sín. ‖ — quelqu'un sous main. *Clàm mittĕre*. 背地打發一個人 Peý tý tà fā̆ ỷ kó jên. ‖ — quérir quelqu'un. *Aliq. arcessĕre*. 打發人叫他來 Tà fā̆ jên kiáo tā̆ laý.

ÉPACTE, s. f. *Epacta, æ, f.* 閏餘成歲 Jún yû tchên soúy.

ÉPAIS, SE, adj. *Spissus*. 密的 Mý tý, ou 厚的 Heòu tỷ. ‖ Mur —. *Crassus murus*. 厚墻 Heòu tsiāng. ‖ Esprit —. *Crassum ingenium*. 厚道人 Heòu taó jên. ‖ Air —. *Concretus aer*. 濁氣 Tchŏ̆ ký. ‖ Brouillard —. *Densæ tenebræ*. 厚霧 Heòu oú.

ÉPAISSEUR, s. f. *Crassitudo, inis, f.* 厚薄 Heòu pŏ̆.

ÉPAISSIR, v. a. *Densāre*. 點 Tièn. ‖ S'—. *Densāri*. 凝 Ỷn

ÉPAMPRER, v. a. *Pampināre.* 修葡萄 Sieōu pŏu tăo.

ÉPANCHER, v. a. *Effundĕre.* 倒 Taŏ. ‖ — son cœur. *Animum —.* 過心腹 Kó sīn foŭ. ‖ — sa colère sur quelqu'un. *Evomĕre iram in al.* 胃火人 Maó hò jên. ‖ S'—. *Effluĕre.* 流 Lieŏu.

ÉPANOUIR, v. a. *Explicāre.* 開了 Kăy leào. ‖ La fleur est —. *Flos aperta est.* 花開了 Hoā kăy leào. ‖ — la rate. *Lætāri.* 兜人喜歡 Teōu jên hỳ hoūan. ‖ Le cœur s'—. *Hilarescit frons.* 心開了 Sīn kăy leào. ‖ S'—. *Dehiscĕre.* 開 Kăy.

ÉPARGNE, s. f. *Parcimonia, æ, f.* 節用 Tsiĕ' yóng.

ÉPARGNER, v. a. *Parcĕ uti.* 節用 Tsiĕ yóng, ou 儉用 Kién yóng. ‖ — sa peine. *Operæ parcĕre.* 怕費力 Pà feý lỳ.

ÉPARPILLER, v. a. *Dispergĕre.* 亂散 Loán sán.

ÉPARS, E, adj. *Dispersus.* 散的 Sán tỳ. ‖ Cheveux —. *Capilli —.* 披頭散髮 Pý teŏu sán fă.

ÉPAULE, s. f. *Humerus, i, m.* 肩臂 Kiēn pý. ‖ Le milieu des —. *Pars media —.* 背心 Péy sīn. ‖ La partie du bras adhérente aux —. *Pars brachii humeris adhærens.* 肩膊 Kiēn pŏ. ‖ Porter un fardeau sur ses —. *Onus ferre.* 挑担子 Tiăo tán-tsè. ‖ Porter quelqu'un sur ses —. *Esse oneri alic.* 囉唆人 Lō sō jên. ‖ Faire hausser les —. *Risum movēre.* 兜人欺笑 Teōu jên ký siáo. ‖ Regarder par dessus l'—. *Aliq. despicĕre.* 藐視人 Maó hién jên. ‖ Prêter l'— à quelqu'un. *Aliq. juvāre.* 帮忙人 Pāng máng jên. ‖ Il n'a pas les — assez fortes. *Impar est oneri.* 他做不成 Tā tsoú poŭ tchên.

ÉPAULER, v. a. (quelqu'un). *Adjuvāre aliquem.* 帮助人 Pāng tsoú jên.

ÉPAULETTE, s. m. *Humerale, is. n.* 洋披肩 Yáng pý kiēn, ou 肩號服 Kiēn háo foŭ.

ÉPÉE, s. m. *Ensis, gladius.* 劍 Kién. ‖ Pointe de l'—. *Mucro.* 刀尖 Taō tsiēn. ‖ Fil de l'—. *Acies.* 刀口 Taō keŏu. ‖ Donner un coup d'—. *Gladio ferire.* 用刀傷人 Yóng taō chāng jên. ‖ Mettre l'— dans le fourreau. *In vagin. repon.* 投刀入鞘 Teōu taō joŭ siáo. ‖ Passer tout au fil de l'—. *Omnes trucidāre —.* 鷄犬都不留 Ký kiŭen tōu poŭ lieŏu. ‖ Prendre le parti de l'—. *Militiam colĕre.* 當兵 Tāng pīn.

ÉPELER, v. a. *Litteras appellāre.* 連字 Lién tsé.

ÉPERDU, E, adj. *Consternatus.* 害怕 Haý pă'. ‖—(étonné). *Attonitus.* 驚訝 Kīn yá.

ÉPERDUMENT, adv. *Perdité.* 邪 Siĕ, ou 私 Sē. ‖ Aimer —. *Amāre —.* 害想思病 Haý siāng sē pín.

ÉPERON, s. m. *Calcar, aris, n.* 馬距 Mà kiú. ‖ — d'un coq. *Calcar.* 鷄距爪 Ký kiú tchào.

ÉPHÉMÈRE, adj. *Diurnus.* 一天的 Ў tiēn tý. ‖ De courte durée. *Fugitivus.* 不長久的 Poŭ tchāng kieŏu tý.

Les joies du monde sont bien —. *Incerta et caduca sunt gaudia mundi.* 世上的福不長久 Ché cháng tý foŭ poŭ tchāng kieŏu.

ÉPI, s. m. *Spica, æ, f.* 穗子 Soúy tsè, ou 吊子 Tiáo tsè. ‖ — plein. *Plena —.* 實穗子 Chĕ soúy tsè. ‖ — vide. — *vacua.* 空穗子 Kōng soúy tsè. ‖ Enveloppe de l'—. *Vagina.* 殼 Kŏ'. ‖ Barbe de l'—. *Arista.* 麥鬚 Mĕ' siū. ‖ Monter en —. *Spicāri.* 出 Tchŏu, ou 現吊 Hién tiáo.

ÉPICER, v. a. *Condire.* 放香料 Fáng hiāng leào.

ÉPICES, s. m. *Aroma, atis, n.* 香油 Hiāng yeŏu.

ÉPIDÉMIE, s. f. *Epidemia, æ, f.* 瘟病 Ouēn pín.

ÉPIDERME, s. f. *Cuticula, æ, f.* 膝 Tsoúy. 薄皮 Pŏ pý, 浮皮 Feŏu pý.

ÉPIER, v. a. *Speculāri.* 出吊 Tchŏu tiáo. ‖ — l'occasion. *Tempus aucupāri.* 找機會 Tchaò ký hoúy.

ÉPIGASTRE, s. m. *Epigaster, tri, m.* 小肚子 Siào tóu-tsè.

ÉPIGLOTTE, s. f. *Epiglossis, is, f.* 吸門中之葉 Hý mên tchōng tchē yĕ'.

ÉPIGRAMME, s. f. *Epigramma, atis, n.* 傷人的話 Chāng jên tý hoá.

ÉPIGRAPHE, s. f. *Inscriptio, onis, f.* 匾 Piên.

ÉPIKIE, s f. *Æquitas, atis, f.* 權變 Kiuĕn pién.

ÉPILEPSIE, s. f. *Epilepsia, æ, f.* 母猪瘋 Moŭ tchoū fōng.

ÉPILOGUE, s. m. *Epilogus, i, m.* 煞言 Chă yên, ou 總言 Tsóng yên.

ÉPILOGUER, v. a. *Obtrectāre.* 遭蹈 Tsaō tă.

ÉPINE, s. f. *Spina, æ, f.* 次 Tsĕ'. ‖ Être sur les —. *Anxio animo esse.* 憚心得狠 Tān sīn tĕ' hèn. ‖ Se tirer une — du pied. *Angustus se lib.* 脫難 Tŏ' lán. ‖ Se planter une — au doigt. *Digito figēre spinam.* 手錐了刺 Cheŏu tchoúy leào tsĕ'. ‖ L'arracher. *Auferre —.* 挑刺 Tiăo tsĕ'. ‖ — du dos. *Spina dorsi.* 背脊 Péy tsý. ‖ Chaque nœud des vingt — du dos se nomme : 鎚 Tchoúy. ‖ Extrémité de l'— dorsale. *Extremum —.* 瞳骨 Tchoùang koŭ.

ÉPINGLE, s. f. *Acicula, æ, f.* 銅針 Tŏng tchēn. ‖ Tirer son — du jeu. *Incolumem se expedire.* 不上當 Poŭ cháng táng. ‖ Tiré à quatre —. *Nimius exquisit.* 過愛打扮 Kó gaý tà pán. ‖ — (récompense, étrennes). *Accessio, — munuscul.* 外水 Ouáy choúy.

ÉPIPHANIE, s. f. *Epiphania, æ, f.* 三王來朝 Sān ouáng laý tchăo.

ÉPISCOPAT, s. f. *Episcopatus, ūs, m.* 主敎職 Tchoù kiáo tchĕ. ‖ Être élevé à l'—. *Ad episcop. evehi.* 陞主敎 Chēn tchoù kiáo.

ÉPISODE, s. f. *Fabula advent.* 吟隊題旨 Ўn yún tý tchĕ.

ÉPITAPHE, s. f. *Epitaphium, ii, n.* 墳上碑文 Fên cháng pēy oūen. ‖ En mettre une. *Ponĕre —.* 立碑 Lý pēy.

Voici, comme modèle et comme souvenir, l'épitaphe chinoise qu'on lit sur le tombeau de saint François-Xavier dans l'île de Sancian.

**TRADUCTION.**

Le Docteur François-Xavier, de la Compagnie de Jésus, est monté au Ciel, d'une ma-

明 Mín. 　大 Tá.
嘉 Kiā.
崇 Tsŏng. 眞 Tchĕ. 靖 Tsín. 沙 Chā. 耶 Yĕ.
禎 Tchēn. 蹟 Tsў. 三 Sān. 未 Oúy. 穌 Soū.
十 Chĕ. 十 Chĕ. 爾 Eùl. 會 Hoúy.
二 Eùl. 一 Ў. 於 Yû. 士 Sé.
年 Niên. 年 Niên. 泰 Tsíh.
己 Kў. 壬 Jên. 西 Sў.
卯 Maŏ. 子 Tsè. 聖 Chén.
衆 Tchóng. 之 Tchĕ. 人 Jên.
會 Hoúy. 冬 Tōng. 範 Fán.
友 Yeòu. 升 Chēn. 濟 Tsў.
立 Lў. 天 Tiēn. 各 Kŏ.
碑 Pắy.

nière glorieuse, dans l'hiver de l'an 31 du règne de l'Empereur Kiā-Tsín, et du cycle l'année dite Jên tsè (1552). En la 12ᵉ année de l'Empereur Tsŏng tchēn, et du cycle l'année dite Kў maŏ, tous ses amis de la même Compagnie lui ont élevé ce monument.

Voici un autre modèle d'épitaphe chinoise, très en vogue dans la Chine. Dans le distique de ce monument, c'est le défunt qui est censé adresser la parole à sa postérité.

**TRADUCTION.**

Ceci est le monument dans lequel repose Oûang oûen lîn,

城 Tchén. 佳 Kiá. 氏 Ché. 王 Oûang.
大 Tá. 清 Tsíh.
清 Tsíh. 故 Koú.
同 Tōng. 惟 Oúy. 王 Oûang. 不 Poŭ.
治 Tchĕ. 圖 Toŭ. 文 Oûen. 求 Kieŏu.
元 Yûen. 子 Tsè. 林 Lîn. 黄 Hoâng.
年 Niên. 孫 Sēn. 次 Tsé. 金 Kīn.
陸 Loŭ. 和 Hô. 子 Tsè. 多 Tŏ.
月 Yuĕ. 孝 Hiáo. 玉 Yŭ. 富 Foŭ.
式 Eùl. 賢 Hiên. 貴 Koúy. 貴 Koúy.
拾 Chĕ. 之 Tchè.
日 Jĕ. 墓 Mō.
立 Lў.

surnommé Yû koúy. Il ne demande pas, pour ses descendants, les richesses, le bonheur et les dignités, mais il leur souhaite vivement l'union, la piété filiale et la prudence.

Ce monument a été érigé la 1ʳᵉ année, au 6ᵉ mois, 20ᵉ jour du règne de Tŏng tchĕ, de la grande dynastie Tsíh.

ÉPITE, s. m. *Epitum, i, n.* 楔子 Siŭe tsè.
ÉPITHÈTE, s. f. *Epithetum, i, n.* 字號 Tsé haó.
ÉPITOME, s. m. *Epitome, es, f.* 始初 Chè tsŏu, ou 總約 Tsóng yŏ.
ÉPÎTRE, s. f. *Epistola, œ, f.* 書信 Chŏu sín. ‖ Une —. *Una —*. 一封書信 Ў fōng choŭ sín.
ÉPIZOOTIE, s. f. *Morbus, i, m.* 六畜瘟 Loŭ hiŏu ouēn.
ÉPLUCHER, v. a. *Purgāre olera.* 擇菜 Tsĕ́ tsaý. ‖ — le compte. *Rationem excutěre.* 分算清楚 Fēn soúan tsín tsŏu.
ÉPONGE, s. f. *Spongia, œ, f.* 海花 Haỳ hoā. ‖ Une —. *Una —*. 一圑海花 Ў toŭan baỳ hoā. ‖ Passer l'— sur. *Expungěre.* 塗 Tŏu, ou 忘記 Ouāng ký.
ÉPOQUE, s. f. *Epocha, œ, f.* 年號 Niēn haó, ou 期程 Kỳ tchên. ‖ A cette —. *Hoc tempore.* 那時 Lá chê. ‖ Faire —. *Memoriam relinquěre.* 傳流名聲 Tchoŭan liĕou mīn chēn.
ÉPOUMONER (S'), v. a. *Fatigāre se.* 僂 Loúy.
ÉPOUSE, s. f. *Uxor, oris, f.* 妻子 Tsý́ tsè. ‖ Le mari nomme par urbanité son — du nom de : 賢妻 Hiēn tsý́, qui veut dire : sage, prudente —. ‖ Celle-ci nomme son époux du nom de : 夫 Foū, ou 哥 Kō. ‖ Au dehors, le mari, parlant d'elle, dit, par modestie : 敝內 Pý́ loúy. 拙荊 Tchoŭ kīn. 內人 Loúy jēn. ‖ — légitime. *Uxor legitima* 正房 Tchēn fāng. ‖ — secondaire. *Uxor secundaria.* 偏房 Piēn fāng. ‖ En parlant à quelqu'un de son épouse, on lui dit, par urbanité : votre respectable épouse, votre intelligente et sagace épouse. 尊婦人 Tsēn foú jēn, ou 令正 Līn tchēn. ‖ Si la femme est mariée en secondes noces, on lui donne le titre de : 繼妻 Ký́ tsý́. ‖ — secondaire ou concubine. *— concubina.* 姜 Tsiē, ou 小婆子 Siào pŏ́ tsè.
ÉPOUSER, v. a. *Uxorem ducěre.* 娶妻 Tsíu tsý́. ‖ —. *Viro nuběre.* 嫁 Kiá. ‖ — un parti. *Partibus favēre.* 投降一邊 Teŏu kiáng ў piēn.
ÉPOUSSETER, v. a. *Pulverem excutěre.* 刷衣裳 Choă̆ ў chăng. ‖ Si c'est avec le plumeau, on dit : 担 Tán.
ÉPOUSSETTE, s. f. *Scopula, œ, f.* 刷子 Choă̆ tsè, ou 筈子 Tchĕ́ tsè.
ÉPOUVANTAIL, s. m. *Terriculum, i, n.* Par ex. les démons, les esprits. 妖精 Yào tsīh, ou 魑魅 Tchĕ́ meý.
ÉPOUVANTE, s. f. *Terror, oris,* 害怕 Haý pắ, ou 驚駭 Kīn hĕ́. ‖ Jeter l'— *Terrorem incutěre.* 嚇人 Hĕ́ jēn. ‖ Dissiper l'— de quelqu'un. — *alic. excutěre.* 寬他的心 Koŭan tắ tý́ sīn. ‖ Être dans l'—. *Exterritus esse.* 大驚怕 Tá kīn pắ.
ÉPOUX, s. m. *Conjuges, um, m.* 夫婦 Foū foú. ‖ — (mari). *Conjux.* 丈夫 Tchāng fōu.
ÉPRENDRE (S'), v. r. *Capi amore.* 貪戀 Tān liēn.
ÉPREUVE, s. f. *Experimentum, i, n.* 試 Chě́. ‖ Vertu à toute —. *Virtus probata.* 煉過的德行 Liēn kó tý́ tĕ́ hín. ‖ Juge à l'—. *Incorruptus judex.* 不受賄的官 Poŭ cheóu houý tý́ kouān. ‖ — d'imprimerie. *Libri excusi primum exemplum.* 刷書樣子 Choă̆ choū yáng tsè, ou 書稿 Choū káo.
ÉPROUVER, v. a. *Probāre.* 試 Chě́. ‖ — un remède. *Remedium —*. 試藥 Ché yŏ́. ‖ — de la joie. *Gaud. experiri.* 喜歡 Hỳ houān. ‖ — la fidélité de quelqu'un. *Alic. fidem probāre.* 試人的心 Chě́ jēn tý́ sīn.
ÉPUISEMENT, s. m. *Virium defectio.* 軟弱 Joàn jŏ̆, ou 沒力量 Mŏ̆ lý́ leāng.
ÉPUISER, v. a. *Exhaurīre.* 用完 Yóng ouān, ou 倒盡 Tào tsín. ‖ — ses forces. *Vires —.* 盡用氣力 Yóng tsín ký́ lý́. ‖ — sa bourse. *Crumenam —.* 用完銀錢 Yóng oŭan ў̆n tsiĕ́u. ‖ — la patience de quelqu'un. *Patient. evincěre.* 磨折人 Mŏ́ tsĕ́ jēn, ou 囉唆人 Lŏ́ sō jēn. ‖ — une matière. *Materiam penitius tractāre.* 講完 Kiāng ouān. ‖ Forces —. *Vires exhaustæ.* 氣力用完了 Ký́ lý́ yóng ouān leào.
ÉPURER, v. a. *Purgāre.* 去渣滓 Kíŭ tchā tsè, ou 打乾淨 Tà kăn tsín. ‖ — l'huile. *Oleum defæcāre.* 澄油 Tchēn yĕ́u. ‖ — les mœurs. *Limāre mores.* 化風俗 Hoá fōng siŏ́u. ‖ S'—. *Defæcāri.* 澄清 Tchēn tsīu.
ÉQUARRIR, v. a. *Quadrāre.* 做四方 Tsoú sé fāng.
ÉQUATEUR, s. m. *Circulus æquinoctialis.* 中線 Tchōng siēn. 中帶 Tchōng taý́. 赤道 Tchĕ́ taó.

L'équateur est appelé Tchĕ́ taó, parce que le grand cercle de la sphère est également éloigné des deux pôles du monde et que, lorsque le soleil y est arrivé, les jours sont égaux aux nuits.

L'équateur est divisé en 360 degrés. 赤道週圍列三百六十度. 30 degrés font un 宮 Kōng. Chaque degré se divise en période de 12 heures 每度分十二時. Chaque période d'heures en 8 Kĕ́ ou quarts d'heures. 一時分八刻 Quand le soleil est à l'équateur, les jours et les nuits sont égaux. 太陽赤道則天下共得晝夜平 Taý́ yāng taó tsĕ́ tchĕ́ tiēn hiá hōng tĕ́ tcheoū yé pín.

ÉQUATION, s. f. *Æquamentum, i, n.* 均平 Kiūn pín. ‖ — géométrique. *Æquamentum.* 方程 Fāng tchēn.
ÉQUERRE, s. f. *Norma, œ, f.* 魯班尺 Loú pān tchĕ́. ‖ Une —. *Una —*. 一把尺 Ў pà tchĕ́. ‖ Dresser à l'—. *Ad — dirigěre.* 比 Pý́. 量 Leáng. 度 Toú.
ÉQUILATÉRAL, adj. *Æquilateralis.* 邊同長 Piēn tŏng tchăng.
ÉQUILIBRE, s. m. *Æquilibrium, i, n.* 均平 Kiūn pín. ‖ Garder l'—. *In neutram partem movēri.* 兩邊都不爲護 Leăng piēn toū poŭ oúy foú.

ÉQUINOXE, s. f. *Æquinoctium, i, n.* 晝夜均平 Tcheóu yé kiūn pĭn. ‖ — du printemps. *Veris* —. 立春 Lỳ tchoūn. ‖ — d'automne. *Autumni* —. 立秋 Lỳ tsieōu.

ÉQUINOXIAUX (COLURES), s. m. 赤道 Tchĕ taó. ‖ L'Équinoxe est la place du cercle qui divise le ciel en deux parts, également distinctes des pôles, étant directement opposées l'une à l'autre : 從二極正對當中平分天體爲兩半其中分之一圖處是爲赤道 Tsōng eùl kỳ tchén toúy tāng tchōng pĭn fēn tiĕn tỳ oûy leàng pán kỳ tchōng fēn tchĕ ў oûy tchóu ché oûy tchĕ taó. ‖ Ligne —. 平分晝夜的黃道 Pĭn fēn tcheōu yé tỳ hoāng taó.

ÉQUIPAGE, s. m. *Instrumentum, i, n.* 家具 Kiā kiú. ‖ — (vêtement). *Habitus.* 衣服 Ў foŭ. ‖ Misérable —. *Vestis misera.* 衣服縷襤 Ў foŭ leôu lân. ‖ — de navire. *Navalis turba.* 水兵 Choûy pīn.

ÉQUIPÉE, s. f. *Inepta molitio.* 亂做 Loúan tsoú, ou 亂搞 Loúan kaò.

ÉQUIPER, v. a. *Instruĕre.* 辦事 Pán sé.

ÉQUIPOLLENCE, s. f. *Vis æqualis.* 一樣 Ў yáng, ou 一班 Ў pān.

ÉQUITABLE, adj. *Æquus.* 公道的 Kōng taó tỳ. ‖ Être — envers quelqu'un. *Alteri æquum esse.* 待人公平 Taý jĕn kōng pĭn. ‖ Demande —. *Justa petitio.* 求得在理 Kieóu tĕ tsaý lỳ.

ÉQUIVALENT, E, adj. *Pretium æquale.* 一樣價的 Ў yáng kiá tỳ. ‖ Payer l'—. *Tantumdem reponĕre.* 還原價 Hoân yûen kiá.

ÉQUIVALOIR, v. n. *Æquivalĕre.* 一樣價 Ў yáng kiá, ou 是一個樣 Ché ў kó yáng. ‖ — à deux. *Duobus* —. 當得兩个 Tāng tĕ leàng kó.

ÉQUIVOQUE, adj. *Anceps.* 二心不定 Eùl sīn poŭ tín ‖ Fidélité —. *Ambigua fides.* 心事可疑 Sīn sé kò ng̀y.

ÉQUIVOQUE, s. f. *Ambiguum, i, n.* 雙關的話 Choūang koūan tỳ hoá. ‖ User d'—. *Uti ambiguis verbis.* 說雙關的話 Chŏ choūang koūan tỳ hoá.

ÈRE, s. f. *Æra, æ, f.* 年號 Niĕn haó. (*L'ère des Chinois date de l'an 2637 av. J.-C.*)

ERGOT, s. m. *Calcar, aris, n.* 距爪 Kiú tchaò. ‖ —. *Radius galli.* 雞蹄 Kỳ tý. ‖ S'élever sur ses —. *Jactāre se.* 自誇 Tsé koŭa.

ERGOT, v. g. du maïs. 煙包 Yēn paó.

ERGOTER, v. a. *Cavillāri.* 推得不合理 Toûy tĕ poŭ hô lỳ.

ÉRIGER, v. a. *Erigĕre.* 立 Lỳ, ou 修 Sieōu. ‖ — un temple. *Templum erigĕre.* 修經堂 Sieōu kīn tāng.

ERMITE, s. m. *Eremita, æ, m.* 獨修 Toŭ sieōu.

ERRATA, s. m. *Menda, orum, n.* 錯 Tsŏ.

ERRER, v. n. (se tromper). *Errāre.* 錯了 Tsŏ leào. ‖ — (aller çà et là). *Vagāri.* 飄流 Piāo lieôu.

ERREUR, s. f. *Error, oris, m.* 錯 Tsŏ. ‖ Tomber dans l'—. *Errāre.* 錯 Tsŏ. ‖ Jeter quelqu'un dans l'—. *In errorem inducĕre.* 引人想錯 Ўn jĕn siàng tsŏ. ‖ Tirer quelqu'un de l'—. *Errores alic. expellĕre.* 提醒 Tỳ sĭn. ‖ — en calcul. *Falsa supputatio.* 算錯 Soŭan tsŏ. ‖ — de vie. *Vita devia.* 放肆 Fáng sé. ‖ Revenir de ses —. *Convertĕre se.* 回頭 Hoûy teôu.

ERRONÉ, ÉE, adj. ‖ Opinion —. *Opinio erronea.* 錯的意思 Tsŏ tỳ ý sē.

ÉRUDIT, s. m. *Eruditus.* 有才學的 Yeòu tsaý hiŏ tỳ.

ÉRYSIPÈLE, s. m. *Erysipelas, atis, n.* 瘟腿 Tān toŭy.

ESCABEAU, s. m. *Scabellum, i, n.* 机子 Kỳ tsè. ‖ — pour les pieds. — *pedum.* 脚橙 Kiŏ tēn.

ESCADRE, s. f. *Classis, is, f.* 一幫船 Ў pāng tchoŭan.

ESCADRON, s. m. *Equitum turma.* 一隊馬兵 Ў tchoúy mà pīn.

ESCALADER, v. a. *Ad muros ascendĕre.* 用樓梯上城 Yóng leôu tỳ cháng tchĕn.

ESCALIER, s. m. *Scala, æ, f.* 梯子 Tỳ tsè. ‖ — (degrés). *Gradus.* 梯桄 Tỳ koūang. ‖ Monter l'—. *Gradus ascendĕre.* 上梯子 Cháng tỳ tsè. ‖ Descendre l'—. — *descendĕre.* 下梯子 Hiá tỳ tsè.

ESCAMOTER, v. a. (voler adroitement). *Suppilāre.* 偷 Teōu, ou 摸起去 Mō kỳ kiŭ. ‖ — (faire disparaître habilement). *Rem peritè versāre.* 耍把戲 Choà pà hý.

ESCAPADE, s. f. *Fuga, æ, f.* 逃 Tǎo.

ESCARMOUCHE, s. f. *Levis pugna.* 小仗 Siào tcháng.

ESCARPOLETTE, s. f. *Funis suspensus.* 鞦韆 Tsiēn tsieōu. ‖ Y jouer. *Oscillāre se.* 打鞦韆 Tà tsiēn tsieōu.

ESCIENT, s. m. *Datâ operâ.* 故意 Koú ý.

ESCLANDRE, s. m. *Famosa res.* 不要說出去 Poŭ yáo chŏ tchoŭ kiŭ.

ESCLAVE, s. m. *Servus, i, m.* 爲奴 Oûy loû, ou 無自主 Oû tsé tchoŭ. ‖ Être —. *Servituti addictus esse.* 爲奴 Oûy loû. ‖ Marchand d'—. *Venalitiarius, ii, m.* 忘八 Oûang pă, ou 惡媒 Ngŏ meý. Les marchands d'esclaves sont ainsi appelés parce qu'aucun des huit caractères suivants ne peut leur être appliqué. 孝 Hiáo, piété; 弟 Tý, déférence fraternelle; 忠 Tchōng, confiance; 信 Sín, fidélité; 禮 Lỳ, politesse; 義 Ngý, justice; 廉 Liĕn, probité; 恥 Tchĕ, pudeur. ‖ Renvoyer un —. *Liberāre.* 放奴 Fáng loû. ‖ — de ses passions. *Cupid. servire.* 順私慾 Choúen sē yŏu.

ESCOMPTER, v. a. *Deducĕre.* 扣 Keóu, ou 除 Tchoú.

ESCORTE, s. f. *Comitatus, ûs, m.* 護衛 Foú oúy. ‖ — militaire. 解子 Kiày tsè.

**ESCORTER**, v. a. *Comitāri*. 護送 Foŭ sóng. ‖ — un criminel. *Reum deducĕre*. 送犯人 Sóng fán jên.

**ESCOUADE**, s. f. *Manus mīlitum*. 一群兵 Ý kiŭn pīn.

**ESCRIME**, s. f. *Ars ludicra*. 耍刀 Choă taō, ou 打拳 Tă kiŭen. ‖ Maître d'—. *Lanista*. 舞刀 Foŭ taō. ‖ Faire de l'—. *Rudibus ludĕre*. 耍刀 Choă taō.

**ESCRIMER (S')**, v. r. (s'efforcer). *Conāri*. 用力 Yóng lý.

**ESCROQUER**, v. a. *Decipĕre*. 敲索 Kāo sô.

**ESPACE**, s. f. *Spatium, ii, n*. 隔 Kĕ. ‖ —. *In genere*. 虛空清淨 Hiŭ kóng tsīh tsín. ‖ Dans l'—. *Per inane*. 空中 Kóng tchōng. ‖ — de lieu. *Loci*. 地方 Tý fāng. ‖ — de temps. *Temporis* —. 時候 Chĕ heóu. ‖ — (durée) de la vie. *Vitæ* —. 輩子 Peý tsè.

**ESPAGNE**, s. f. *Hispania, æ, f*. 大呂宋國 Tá liù sóng kouĕ.

**ESPÈCE**, s. f. *Species, ei, f*. 樣子 Yáng tsè, ou 類 Loúy. ‖ — humaine. *Genus human*. 人類 Jên loúy. ‖ — eucharistiques. *Species eucharisticæ*. 聖體模樣 Chén tý moŭ yáng, ou 形像 Hîn siáng. ‖ De toute —. *Cujusq. generis*. 各樣的 Kŏ yáng tý.

**ESPÈCES**, s. f. *Nummi, orum, m*. 錢 Tsiên.

**ESPÉRANCE**, s. f. *Spes, ei, f*. 望 Ouáng. ‖ Contre toute —. *Præter*. 望外 Ouáng ouáy. 無望 Où ouáng. 意外 Ý ouáy. ‖ Au-delà de toute —. *Suprà. omnem* —. 有望頭 Yeòu ouáng teŏu. ‖ Avoir grande —. *Magnā in spe esse*. 有大望 Yeòu tá ouáng. ‖ Renoncer à l'— de, ou perdre —. *Spem amittĕre*. 失望 Chĕ ouáng. ‖ Tromper l'— de quelqu'un. *Spem fallĕre*. 負人之望 Foú jên tchē ouáng. ‖ Vertu d'—. *Spei virtus*. 望德 Ouáng tĕ. ‖ En faire un acte. *Actum spei elicĕre*. 發望德 Fă ouáng tĕ.

**ESPÉRER**, v. a. *Sperāre*. 望 Ouáng. ‖ — en quelqu'un. *In aliq. innīti*. 靠人 Káo jên.

**ESPIÈGLE**, adj. *Alacer*. 輕狂 Kīn koŭang, ou 弄詭的 Lóng koùy tý.

**ESPION**, s. m. *Explorator, oris, m*. 探子 Tán tsè, ou 奸細 Kiēn sý.

**ESPIONNER**, v. a. *Speculāri*. 打探 Tă tán.

**ESPLANADE**, s. f. *Planities, ei, f*. 大塌子 Tá pá tsè.

**ESPRIT**, s. m. *Spiritus, ûs, m*. 神 Chên, ou 無形之體 Oŭ hîn tchē tý. ‖ Le Saint-—. *Sanctus*. 聖神 Chén chên. ‖ Les dons du Saint-—. *Dona Spiritus Sancti*. 聖神七恩 Chén chên tsý gēn. ‖ Les douze fruits du Saint-—. *Fructus*—. 十二神實 Chĕ eùl chên chĕ. Purs —. *Meri spiritus*. 純神 Chuên chên. ‖ — bienheureux. *Beatæ mentes*. 聖人 Chén jên. ‖ Le malin —. *Malus genius*. 邪神 Siĕ chên, ou 魔魂 Mô koúy. ‖ — (âme de l'homme). *Anima*. 靈魂 Lîm

hoûen. ‖ Rendre l'—. *Animam agĕre*. 靈魂出竅 Lîm hoûen tchŏu kiăo. 落氣 Lŏ ký, ou 斷氣 Touán ký. ‖ — (faculté). *Animus*. 明悟 Mîn oú. ‖ — vif. *Alacer*. 伶俐 Lîn lý. ‖ Avoir de l'—. *Ingenio potīri*. 伶俐 Lîn lý. ‖ Appliquer son — à quelque chose. *Alic. rei navāre*. 專務 Tchoūan oú. ‖ — lourd. *Ingenium crassum*. 本人 Pèn jên, ou 愚人 Yû jên. ‖ Se mettre dans l'—. *Animum inducĕre*. 懷 Houây, ou 想 Siàng. ‖ Mettre bien quelqu'un dans l'— d'un autre. *Aliq. in gratiā apud alium ponĕre*. 使人貴重人 Chè jên koùy tchóng jên. ‖ Voir en —. *Animo vidēre*. 心內看見 Sīn loúy kăn kién. ‖ Relâcher son —. *Animum relaxāre*. 放心 Fáng sīn. ‖ Perdre l'—. *Amens esse*. 瘋 Fōng. ‖ Troubler l'— de quelqu'un. *Mentem alic. turbāre*. 害人瘋 Haý jên fōng. ‖ — (bon sens). *Judicium*. 明斷 Mîn touán. ‖ Avoir l'— juste. *Rectè judicāre*. 明悟正 Mîn oú tchēn. ‖ Avoir l'— vif. *Eximius* —. 聰明 Tsōng mîn, ou 精伶 Tsīh lîn. ‖ Avoir l'— lourd. *Hebes esse*. 蠢 Tchoŭn. ‖ — (caractère). *Indoles*. 本性 Pèn sín. ‖ Homme d'un — morose. *Morosus*. 固頭的 Koú teŏu tý. ‖ Aigrir l'— de quelqu'un. *Animum exasperāre*. 惹人冒火 Jŏ jên maó hò. ‖ — divin. *Spiritus divinus*. 天神 Tiēn chên. ‖ — prophétique. — *propheticus*. 蒙天主默照 Mông Tiēn-Tchoù mĕ tchăo. ‖ Avoir l'— des affaires. *Rerum intelligens*. 生來洞事 Sēn laý tóng sé. ‖ — (sens, volonté). *Sensus*. 意思 Ý sē, ou 主意 Tchoù ý. ‖ — vitaux. *Spiritus*. 元氣 Yûn ký. ‖ — follets. *Lemures*. 鬼 Koùy. ‖ — de vin. *Vini spiritus*. 頭氣酒 Teŏu ký tsieòu, ou 接口酒 Tsiĕ keòu tsieòu.

Outre les divinités proprement dites, les Chinois infidèles honorent des esprits ou génies particuliers. Nous pensons avec le P. de Prémare, sinologue très-distingué, que c'est là un vestige de la tradition des anges, par lesquels Dieu gouverne l'univers, conservée chez tous les peuples du monde, même dans l'idolâtrie.

Esprit présidant à la génération. 社 Chĕ.
— de l'automne. 白帝 Pĕ tý.
— de l'hiver. 黑帝 Hĕ tý.
— du printemps. 青帝 Tsīn tý.
— de l'été. 赤帝 Tchĕ tý.
— de la terre. 土地 Toŭ tý.
— de la mer. 海若 馮夷 Haý jŏ. fông ý.
— des fleuves. 河伯 Hô pĕ.
— de l'eau. 汯冥 Hiuên mîn.
— du feu. 火神 祝融 Hò chên. Choŭ yông.
— du foyer. 灶神 Tsáo chên.
— de la sécheresse. 魃 Pă.
— de la pluie. 電 ○ 雨師神 Tsý. Yù sē chên.

— tutélaire de chaque ville. 城隍 Tchên hoûang.
— du milieu des maisons. 中霤 Tchōng lieòu.
— des songes. 楳 Ché.
— des fleurs. 女夷 Niù ỳ.
— de la sépulture. 開路神君 Kāy loú chên kiūn.
— du typhon. 風神 Fōng chên.
— des eaux. 天吳 o 瀆神 Tiēn oû. Toŭ chên.
— de la neige. 雪六 Siuĕ loŭ.
— des morts. 魂 o 神位 Hoên. Chên oúy.

**ESQUINANCIE**, s. f. *Angìna, æ, f.* 喉癰 Heôu yōng.
**ESQUISSE**, s. f. *Adumbratio, onis, f.* 稿子 Kaó tsè.
**ESQUISSER**, v. a. *Informāre.* 描影子 Miaô ỳn tsè, ou 畫稿子 Hoá kaó tsè.
**ESQUIVER**, v. a. *Declināre.* 躱避 Tò pý. ‖ S'—. *Suffugĕre.* 逃走 Taó tseòu. ‖ Faire — quelqu'un. *Alic. fugam aperire.* 勸人逃走 Kiuĕn jên taó tseòu.
**ESSAI**, s. m. *Tentamentum, i, n.* 試 Ché, ou 草樣 Tsaò yáng. ‖ Coup d'—. *Rudimentum.* 試一下 Ché ỳ hiá.
**ESSAIM**, s. m. *Examen, ìnis, n.* 蜂勒子 Fōng lĕ tsè. ‖ Un —. *Unum —.* 羣 Ỳ kiŭn. ‖ — (troupe). *Caterva, æ, f.* 羣 Kiŭn.
**ESSAYER**, v. a. *Experīri.* 試 Ché.
**ESSENCE**, s. f. *Essentia, æ, f.* 精 Tsīn. 本體 Pĕn tỷ. 原質 Yûen tchĕ. ‖ L'— de la religion est de. *Religioni hoc peculiāre est.* 這是聖敎的大本 Tchĕ ché chén kiáo tỷ tá pĕn. ‖ — de thé. *Thei essentia.* 茶膏 Tchâ kaō. ‖ — d'huile. *Olei —.* 淨油 Tsìn yeòu. ‖ — de safran. *Croci —.* 紅花膏 Hông hoā kaō. ‖ — de couleur verte. 綠膏 Loû kaō. ‖ — de bois de sapin. 蘇木膏 Soŭ moŭ kaō. ‖ — de Keòu kỷ (枸杞) 裏蛋 Kò tán.
**ESSENTIEL**, **LE**, adj. *Præcipuus.* 要緊的 Yáo kìn tỷ. 大相干 Tá siāng kān. 頭一宗的 Teôu ỳ tsōng tỷ. ‖ L'— est de. *Præcipuum est.* 要緊的 Yáo kìn tỷ.
**ESSIEU**, s. m. *Axis, is, f.* 車心 Tchēy sīn, ou 車軸 Tchēy tý tcheŭ. ‖
**ESSOR**, s. m. *Volatus, ús, m.* 空中飛 Kóng tchōng feỷ. ‖ Prendre l'— (au propre). *Volāre.* 飛 Feỷ. ‖ — (au figuré). *Sibi liberiüs indulgēre.* 放肆 Fáng sé. ‖ Donner l'— à un oiseau. *Avem emittĕre.* 放雀 Fáng tsiò.
**ESSORER**, v. a. *Exponēre in cœlo patenti.* 凉乾 Leáng kān.
**ESSOUFFLER** (S'), v. r. *Anhelitum ducĕre.* 喘氣 Tchöan kỷ.
**ESSUIE-MAIN**, s. m. *Mantile, is, n.* 手帕 Cheòu pá.
**ESSUYER**, v. a. *Detergēre.* 揩 Kāy. 擦 Tsă. 抹 Mă. ‖ — un reproche. *Objurgāri.* 受責俗 Cheòu tsĕ pý. ‖

— la table. *Mensam tergĕre.* 抹桌子 Mă tchŏ tsè. ‖
— les mains. *Manus sibi —.* 揩手 Kāy cheòu.
**EST**, s. m. *Oriens, tis, m.* 東方 Tōng fāng.
**EST-CE QUE**, etc. *Numquid?* 爲何 Oûy hô.
**ESTACADE**, s. f. *Palatio, onis, f.* 河關 Hô koūan. ‖ — pour l'eau des champs chinois. 堰 Yèn.
**ESTAFETTE**, s. f. *Nuntius, i, m.* 跑快信的 Paŏ koŭay sín tỷ.
**ESTAMPE**, s. f. *Imago excusa.* 印的像 Ỳn tỷ siàng.
**ESTAMPER**, v. a. *Imag. excudēre.* 雕像 Tiāo siàng.
**ESTAMPILLER**, v. a. *Sigillum imprimĕre.* 打圖章 Tà tôu tchāng.
**ESTIMABLE**, adj. *Æstimabilis.* 可貴重的 Kò koúy tchóng tỷ.
**ESTIME**, s. f. *Bona existimatio, onis, f.* 貴重 Koúy tchóng, ou 名聲 Mìn chēn. ‖ Jouir de l'—. *Frui —.* 有名聲 Yeòu mìn chēn. ‖ Acquérir l'—. *In se conciliāre animum.* 得名聲 Tĕ mìn chēn. ‖ Avoir une haute — de quelqu'un. *Magnificĕre aliq.* 貴重人 Koúy tchóng jên. ‖ A mon —. *Meo judicio.* 我想 Ngŏ siàng.
**ESTIMER**, v. a. *Pretium constituĕre.* 量價錢 Leáng kiá tsièn, ou 佔價錢 Koú kiá tsiēn. ‖ — le double de la valeur. *Dimidio carius.* 佔價多一連 Koú kiá tō ỳ pān. ‖ — la dépense d'une maison à bâtir. *Pretium ædificandæ domus conjicĕre.* 料估 Leào koú. ‖ — (faire cas). *Æstimāre.* 貴重 Koúy tchóng. ‖ Être — de chacun. 衆人 貴重他 Tchóng jên koúy tchóng tă. ‖ —. *Arbitrāri.* 想 Siàng. ‖ S'—. *Se magni facĕre.* 自大 Tsé tá.
**ESTOC**, s. m. *Acies, ei, f.* 刀尖 Taō tsiēn. ‖ D'— et de taille. *Punctim et cæsim.* 刀挿刀砍 Taō tchā taō kăn.
**ESTOMAC**, s. m. *Stomachus, i, m.* 胃口 Oúy keòu. ‖ Creux de l'—. *Foramen —.* 心口 Sīn keòu. ‖ Avoir un bon —. *— valēre.* 胃口强 Oúy keòu kiâng. ‖ — des oiseaux. *Avium —.* 肝 Tchĕ. ‖ Avoir mal à l'—. *— laborāre.* 胸口痛 Hiōng keòu tóng.
**ESTRADE**, s. f. *Suggestus, ús, m.* 高座 Kāo tsó. ‖ — pour un lit. *Pro lecto —.* 炕 Káng.
**ESTROPIER**, v. a. *Mutilāre.* 折傷人的肢體 Tsĕ chāng jēn tỷ tchē tỷ.
**ET**, conj *Et. Etiam. Atque.* Dans le langage parlé chinois, cette conjonction s'exprime rarement. Si on l'emploie, c'est surtout le mot chinois Yeóu dont on se sert. 也 Yĕ. 同 Tông. 合 Hô. 又 Yeóu. — Ỳ. ‖ Les grands — les petits. 大小 Tá siào. ‖ Hommes — femmes. 男女 Lân niù. ‖ Jeunes — vieux. 老幼 Lao tsoŭ.
**ÉTABLE**, s. f. *Stabulum, i, n.* 圈 Kiuĕn. ‖ — à bœuf. *Bubile —.* 牛圈 Nieòu kiuĕn. ‖ — à brebis. *Ovile —.* 羊圈 Yâng kiuĕn. ‖ — à chèvre. *Caprile —.* 山羊圈 Chān yâng kiuĕn. ‖ — à porc. *Suile —.* 猪圈 Tchoū kiuĕn.

ÉTABLI, s. m. *Tabulatum, i, n.* 馬凳 Mà tén.
ÉTABLIR, v. a. *Stabilīre.* 定 Tín, ou 立 Lỹ. ‖ — sa demeure. *Sedem —.* 定坐處 Tín tsó tchoù. ‖ — une règle. *Regulam decernĕre.* 立規矩 Lỹ koǔy kiù. ‖ — des peines. *Pœnas sancīre.* 立罰 Lỹ fá. ‖ — quelqu'un roi. *Regem constituĕre.* 立帝 Lỹ tỹ. ‖ — sa fille. *Filiam nubĕre.* 嫁女 Kiá niù. ‖ — (prouver). *Probāre.* 證 Tchén. ‖ S'— en quelque lieu. *Dicāre se in aliq. loco.* 定在某地方坐 Tín tsaý mòng tỹ fāng tsó. ‖ S'—. *Uxorem ducĕre.* 接親 Tsiĕ tsīn.
ÉTABLISSEMENT, s. m. *Schola, æ, f.* 學館 Hiŏ koùan. ‖ — (état, poste). *Status vitæ.* 手藝 Cheòu nỹ.
ÉTAGE, s. m. *Contignatio, onis, f.* 樓 Leôu. ‖ Un —. *Una —.* 一層樓 Ỹ tsēn leôu. ‖ — du haut. *Superior —.* 上樓 Cháng leôu. ‖ — du bas. *Inferior —.* 下樓 Hiá leôu. ‖ Homme de bas —. *Genus humile.* 下賤人 Hiá tsién jên.
ÉTAGÈRE, s. f. *Loculamentum, i, n.* 架子 Kiá tsè. ‖ — à livres. — *pro libris.* 書架子 Choū kiá tsè.
ÉTAI, s. m. *Fultura, æ, f.* 撐子 Tchāng tsè.
ÉTAIN, s. m. *Stannum, i, n.* 錫 Sỹ. ‖ — en feuille. — *bracteatum.* 錫箔 Sỹ pŏ.
ÉTAL, s. m. *Mensa lanionia.* 案桌 Gán tchŏ.
ÉTALER, v. a. *Merces exponĕre.* 擺貨 Paỹ hó. ‖ — sa science. *Jactāre erudit.* 誇才 Koǔa tsaỹ.
ÉTALON, s. m. *Admissarius equus.* 騷馬 Saō mà. ‖ — (poids-modèle). *Abaculi, orum, m.* 官碼子 Koūan mà tsè.
ÉTALONNER, v. a. *Pondus æquāre.* 做準 Tsoú tchùn.
ÉTAMINE, s. f. *Tela subtilis.* 細布 Sỹ poú. ‖ Passer à l'—. *Cilicio colāre.* 用布濾 Yóng poú liú. ‖ — des plantes. *Stamina, um, n.* 花蕊 Hoā joǔy, ou 花鬚 Hoā siū.
ÉTANCHER, v. a. *Sistĕre.* 止 Tchè. ‖ — la soif. *Sitim sedāre.* 止渴 Tchè kŏ.
ÉTANÇONNER, v. a. *Fulcīre.* 撐 Tchàng.
ÉTANG, s. m. *Stagnum, i, n.* 水塘 Choǔy tâng. ‖ Un —. *Unum —.* 一口水塘 Ỹ keoù choùy tâng. ‖ Construire un —. *Effodĕre.* 開一口水塘 Kaỹ ỹ keoù choùy tâng. ‖ Le remplir. *Implēre.* 填一口水塘 Tiên ỹ keoù choùy tâng.
ÉTAPE, s. f. *Cibaria, orum, n.* 兵粮 Pīn leâng. ‖ — (relai de poste. *Veredus.* 驛馬 Ỹ mà. ‖ — (un jour de chemin). *Una dies itineris.* 一站路 Ỹ tchán loú.
ÉTAT, s. m. *Status, ús, m.* 光景 Koūang kǐn. ‖ — des affaires. — *rerum.* 光景 Koūang kǐn, ou 局面 Kiŏu mién. ‖ En quel — est l'affaire? *In quo statu res est?* 事情是怎麼樣 Sé tsǐn ché tsèn mô yáng? ‖ Quel est l'— de votre santé? *Quomodò valēs?* 平不

平安 Pǐh poŭ pǐn gān. 好否 Haò feoù? ‖ Quel est l'— de votre santé (à un égal ou à un inférieur)? *Quomodò valēs?* 身上好不好 Chēn cháng haò poŭ haò. ‖ — (à un supérieur). *Superiori.* 平不平安 Pǐh poŭ pǐn gān, ou 請大人的安 Tsǐn tá jēn tỹ ngān. ‖ — de vie. *Vitæ genus.* 手藝 Cheòu nỹ. ‖ Être dans un — satisfaisant. *Prægnans esse.* 懷孕 Houây jouèn, ou 有喜 Yeòu hỹ. ‖ En prendre un. *Artem profiteri.* 擇一行手藝 Tsĕ ỹ hâng cheòu nỹ. ‖ Changer d'—. — *mutāre.* 改手藝 Kaỹ cheòu nỹ. ‖ Suivre l'— militaire. *Militiam cap.* 當兵 Tāng pīn, ou 喫粮 Tchĕ leâng. ‖ — (devoir). *Officium.* 本分 Pĕn fén. ‖ Passer les bornes de son —. *Ultrà īre.* 過分 Kó fēn. ‖ Être content de son —. *Suā sorte contentus.* 安分 Gān fēn. ‖ — (comices). *Comitia.* 會同 Houỹ tóng, ou 會議 Houỹ ngỹ. ‖ Les tenir. — *habēre.* 聚會 Tsiú houỹ. ‖ Lieu où ils se tiennent. *Comitium.* 議事廳 Nỹ sé tīn. ‖ — (train). *Cultus.* 用費 Yóng feỹ. ‖ Tenir grand —. *Sumptus ingentes facĕre.* 用費大 Yóng feỹ tá. ‖ — (Empire). — *regnum.* 國 Kouĕ. ‖ Homme d'—. 君相 Kiūn siāng. ‖ Coup d'—. *Facinus momenti.* 要緊的事 Yáo kǐn tỹ sé. ‖ Être en —. *Pro imperio.* 預備了 Yú pỹ leào. ‖ Se mettre en —. *Præparāre se.* 預備 Yú pỹ. ‖ Se mettre en — de partir. *Profectum parāre.* 預備起身 Yú pỹ kỹ chēn. ‖ Conseil d'—. *Sanctius concilium.* 內閣 Loúy kŏ. ‖ Crime d'—. *Majest. crimen.* 謀反 Môug fàn, ou 大逆 Tá nỹ. ‖ — (liste). *Catalogus.* 單子 Tān tsè. ‖ Faire un —. *Scribĕre.* 寫單子 Siè tán tsè. ‖ — de la dépense. *Expensi ratio.* 賬單 Tcháng tān. ‖ — (estime). ‖ Faire — de quelqu'un. *Magnificĕre.* 貴重 Koǔy tchóng. ‖ Être en — de grâce. *Habēre gratiam sanctificantem.* 有聖靈魂的恩 Yeòu chén lǐm hoùen tỹ gēn.
ÉTAU, s. m. *Pluteus, i, m.* 蚨蝶鉗子 Foŭ tiĕ kiēn tsè, ou 鈉子 Lâ tsè.
ÉTAYER, v. a. *Fulcīre.* 撐起來 Tchàng kỹ laỹ. ‖ S'— sur quelqu'un. *Inniti.* 靠人 Káo jēn.
ET CÆTERA (mot lat.). Et le reste. 云云 Yûn yûn.
ÉTÉ, s. m. *Æstas, atis, f.* 夏天 Hiá tiēn. ‖ Commencement de l'—. *Principium.* 立夏 Lỹ hiá. ‖ En —. *Æstate.* 夏天時候 Hiá tiēn chê heóu. ‖ Au fort de l'—. — *summā.* 伏天 Foŭ tiēn. ‖ Passer l'— à la campagne. *Ruri æstivāre.* 下鄉避暑 Hiá hiāng pý choù. ‖ — de la Saint-Martin. *Æstas producta.* 小陽春 Siào yâng tchoūn.
ÉTEIGNOIR, s. m. *Cucullus, i, m.* 滅燭的籠籠 Miĕ tchoŭ tỹ lông lông.
ÉTEINDRE, v. a. *Exstinguĕre.* 打熄 Tà sỹ. ‖ — le feu. *Ignem —.* 打熄火 Tà sỹ hŏ. ‖ — un incendie. *In-*

cendúum —. 救火 Kieóu hò. || — les cierges. *Cereos* —. 吹蠟 Tchoúy lă. || — les inimitiés. *Inimicit.* —. 勸人取和 Kiuén jên tsiŭ hò. || — une rente. *Debitum solvĕre.* 開清 Kāy tsīn. || La lampe s'—. *Occidit lucerna.* 燈熄了 Tēn sў leào.

ÉTEINT, E, adj. *Exstinctus.* 死的 Sè tў, ou 卒 Tsiŏu. || Lampe —. *Exstincta lucerna.* 吹了的燈 Tchoúy leào tў tēn. || Cette famille est —. *Illius familiæ nomen occidit.* 那家人絕了 Lá kiā jên tsiuè leào.

ÉTENDARD, s. m. *Vexillum, i, n.* 旗子 Kў tsè. || Le suspendre. *Erigĕre* —. 扯旗子 Tchè kў tsè. || Lever l'— de la révolte. *Rebellāre.* 造反 Tsaó fǎn. || Suivre l'— de quelqu'un. *Alic. partes amplecti.* 投順人 Teóu choúen jên. || — religieux. *Sacrum vexillum.* 旗旛 Kў fān. || — de l'Empereur. *Imperat. vexillum.* 大纛 Tá toŭ.

Les huit — des Tartares mantchous : 八旗 Pă kў. Tous sont enrôlés sous l'une ou l'autre de ces bannières.

1°  正黃旗  Tchèn hoūang kў.
2°  鑲黃旗  Jáng hoūang kў.
3°  止紅旗  Tchén hông kў.
4°  鑲紅旗  Jáng hông kў.
5°  正白旗  Tchén pĕ kў.
6°  鑲白旗  Jáng pĕ kў.
7°  正藍旗  Tchén lân kў.
8°  鑲藍旗  Jáng lân kў.

ÉTENDRE, v. a. *Extendĕre.* 攤開 Tān kāy. || — un onguent. *Unguentum* —. 攤膏藥 Tān kaó yŏ. || — du miel sur du pain. *Melle panem illinire.* 攤蜂蜜在餅子上 Tān fōng mŏ tsaý pìn tsè cháng. || — la main. *Extendĕre manum.* 長手 Tchàng cheòu, ou 伸手 Chēn cheòu. || — sur la table. *Super mensam* —. 舖在桌子上 Pŏŭ tsaý tchŏ tsè cháng. || — la religion. *Fidem christianam propagāre.* 傳敎 Tchŏan kiáo. || — son éventail. *Aperīre flabellum* 打開扇子 Tǎ kāy chàn tsè. || — les ailes. *Alas extendĕre.* 申開翅旁 Chēn kāy tchĕ páng. || — un tapis. *Tapetem sternĕre.* 舖毡子 Pŏŭ tchān tsè. || — quelqu'un par terre. *Hum! aliq. sternĕre.* 打倒人 Tǎ taò jên. || — la pâte. *Farinam ext.* 擀麵 Kàn mién. || — une maison. *Domum explicāre.* 接房子 Tsiĕ fáng tsè. || — ses vues dans l'avenir. *Curas extendĕre.* 憚心後事 Tān sīn heóu sé. || S'—. *Explicāre se.* 發開 Fǎ kāy. || La contagion s'—. *Serpit contagium.* 瘟病延寬了 Ouēn pín yên koūan leào. || Votre pouvoir ne s'— pas jusque-là. *Id potest. tuam superat.* 這事你管不下 Tchĕ sé ngỳ kouàn

poŭ hiá. || S'— sur un sujet. *De re fusè dicĕre.* 講得長 Kiàng tĕ tchǎng. || S'— par terre. *Humi se sternĕre.* 匍匐 Poŭ foŭ. || S'— en bâillant. *Pandiculāri.* 伸懶腰 Chēn làn yāo. || S'— comme une tache d'huile. *Diffundi.* 隱開了 Ŷn kāy leào.

ÉTENDU, E, part. || — en large. *Extensus.* 開寬了 Kāy koūan leào. || — long. *Protensus* —. 開長了 Kāy tchǎng leào. || — (allongé) v. g. parlant d'une toile. *Extensus.* 拉開了的 Lā kāy leào tў.

ÉTENDUE, s. f. *Amplitudo, inis, f.* 寬 Koūan. || — en large. *Latitudo.* 寬 Koūan. || — en longueur. *Longitudo.* 長 Tchǎng. || — de lieu. *Spatium.* 寬 Koūan. || — de temps. — *temporis.* 時候 Chê heóu. || — d'esprit. *Ingenii amplitudo.* 明悟大 Mīn oú tá.

ÉTERNEL, LE, adj. *Æternus.* 永遠的 Yùn yuèn tў. || L'—. *Deus.* 天主 Tiēn-Tchoù. || Parleur —. *Esse perenni loquacitate.* 說不鮫角 Chŏ poŭ chǎ kŏ. || — (qui dure longtemps). *Durabilis.* 長久的 Tchǎng kieóu tў.

ÉTERNISER, v. a. *Immortalitatem dāre.* 長生 Tchǎng sēn.

ÉTERNITÉ, s. f. *Æternitas, atis, f.* 永遠 Yùn yuèn. || Dieu est de toute —. *Deus æternus est.* 天主無始無終 Tiēn-Tchoù oŭ chè oŭ tchōng.

ÉTERNUER, v. n. *Sternutāre.* 打噴嚏 Tǎ fén tў.

ÉTHER, s. m. *Æther, is, m.* 火氣 Hŏ kў, ou 天空 Tiēn kōng. || — (air subtil). *Aer subtilis.* 精氣 Tsīn kў.

ÉTINCELER, v. a. *Fulgĕre.* 出火飛 Tchŏu hŏ feў.

ÉTINCELLE, s. f. *Scintilla, æ, f.* 火飛 Hŏ feў.

ÉTIOLER, v. r. *Gracilescĕre.* 蔫 Yén, ou 萎 Oúy.

ÉTISIE, s. f. *Hecticæ, es, f.* 癆病 Laó pín. 瘵 Tchaý.

ÉTIQUE, s. m. *Febri tabescens.* 害癆病 Haý tcháy pín.

ÉTIQUETER, v. a. *Notāre.* 打記號 Tǎ kỳ haò.

ÉTIQUETTE, s. f. *Inscriptio, onis, f.* 飛子 Feў tsè. || — sur des bouteilles. *Pittacium.* 瓶上飛子 Pín cháng feў tsè. || — de cour. *Aularum ritus.* 朝禮 Tchaó lỳ, ou 禮信 Lỳ sín.

ÉTOFFE, s. f. *Pannus, i, m.* 布 Poú. || — de soie. *Sericus.* 緞子 Touán tsè. || Une —. *Unus* —. 一疋布 Ў pў poú. || Gens de même —. *Ejusdem farinæ.* 一牢的 Ў laò tў. || Fabrique d'—. *Telarum officina.* 布機房 Poú kў fáng.

ÉTOILE, s. f. *Stella, æ, f.* 星 Sīn. || Une —. *Una stella.* 一粒 Ў lỳ. || — fixes. *Fixæ* —. 經星 Kīn sīn, ou 景星 Kǐn sīn. || — errantes. — *errantes.* 緯星 Oúy sīn, ou 流星 Lieôu sīn. || — du matin. — *matutina.* 曉星 Hiaò sīn. || — polaire. *Stella polaris.* 北星 Pĕ sīn. || — du berger. — *pastoris.* 明星 Mīn sīn. (Voir à l'Appendice n° IX les noms des Constellations et des Étoiles). || Né sous une heureuse —. *Dextro sidere natus.* 生期好 Sēn kў haò. || A la belle —. *Sub dio* —.

露天 Loú tiēn. ‖ Coucher à la belle —. *Sub dio cubāre*. 露天垷歇 Loú tiēn pá hiĕ.

ÉTOLE, s. f. *Stola, æ, f.* 領帶 Lǐn taý. ‖ Droit d'—. *Reditus extraord. sacerdotis*. 鐸德外養廉 Tŏ tĕ ouáy yàng liēn.

ÉTONNANT, E, adj. *Mirus.* 奇妙的 Ký miáo tý, ou 古怪的 Koù kouáy. ‖ Il n'est pas —. *Hoc minimé mirum est.* 不希奇 Poŭ hỹ ký.

ÉTONNÉ, ÉE, adj. *Stupefactus.* 驚訝的 Kīn yá tý. ‖ Être —. *Stupēre.* 驚訝 Kīn yá. ‖ Regarder d'un air —. *Attonitus intueri.* 驚看 Kīn kǎn, ou 張眉露眼的看 Tchāng meý loú yèn tý kǎn.

ÉTONNER, v. a. *Mirationem movēre.* 兜人驚訝 Teōu jēn kīn yá. ‖ S'—. *Mirāri.* 驚訝 Kīn yá. ‖ Chacun s'—. *Omnes stupent.* 衆人奇異 Tchóng jēn ký ý.

ÉTOUFFANT, E, adj. *Air —. Grave tempus.* 天氣憂熱 Tiēn ký yeōu jĕ, ou 閉氣的 Pý ký tý. ‖ Chaleur —. *Calor æstuans.* 熱得氣都不出得 Jĕ tĕ ký toū tchōu poŭ tĕ.

ÉTOUFFER, v. a. *Suffocāre.* 閉氣 Pý ký. ‖ — à cause de la fumée. *Propter fumum.* 熰死 Tsieóu sè. ‖ — à cause du manger qui reste au gosier. *Propter cibum faucibus inhærentem.* 陸死 Kiéng sè. ‖ — ses plaintes. *Gemitum premĕre.* 忍氣吞聲 Jĕn ký tēn chēn. ‖ — les remords de sa conscience. *Comprim. conscient.* 喪良心 Sáng leāng sīn. ‖ — dans l'eau. *Suffocāre in aquā.* 淹殺 Yēn chă. ‖ — un enfant en dormant. *In somno opprimĕre puerum.* 厭死嬰孩 Yă sè ỹn hiāy. ‖ — un bruit. *Rumorem sedāre.* 滅謠言 Miĕ yáo yēn. ‖ — une sédition. *Seditionem —.* 平亂 Pǐn louán. ‖ — la voix de la nature. *Miĕ tiēn lý.* ‖ — de chaleur. *Æstuāre.* 熱得狠 Jĕ tĕ hèn. ‖ — de rire. *Risu dissolvi.* 笑倒 Siáo taò.

ÉTOUPE, s. f. *Stupa, æ, f.* 粗麻 Tsoū mâ. ‖ Mettre le feu aux —. *Oleum camino addĕre.* 火上添油 Hŏ cháng tiēn yeōu, ou 潵油救火 Pŏ yeōu kiéou hŏ.

ÉTOURDERIE, s. f. *Inconsiderantia, æ, f.* 糊事的塗 Hoū toū tý sĕ, ou 冒失 Maó chĕ.

ÉTOURDI, s. m. *Inconsultus.* 不下細 Poŭ hiá sý. ‖ Croire en —. *Temerè credĕre.* 亂信話 Loúan sín hoá. ‖ S'avancer en —. *Incons. promittĕre.* 亂許 Loúan hiù. ‖ Parler en —. *Res effutīre.* 說話不想 Chŏ hoá poŭ siàng. ‖ (effrayé). *Attonitus.* 驚慌的 Kīn sīn tý.

ÉTOURDIR, v. a. *Aures obtundĕre.* 傷耳躲 Chāng eùl tŏ. ‖ — la douleur. *Dolorem soporāre.* 止痛 Tchè tŏng. ‖ — la viande (cuire à demi). *Leviter coquĕre.* 煑半生半熟 Tchoù pán sēn pán choŭ. ‖ S'—. *Fucum sibi facĕre.* 自欺 Tsé ý.

ÉTOURDISSEMENT, s. m. *Vertigo, inis, f.* 昏迷 Houēn mý, ou 頭運 Teóu yún.

ÉTRANGE, adj. *Insolitus.* 非常的 Feỹ cháng tý, ou 古怪 Koù kouáy. ‖ Trouver —. *Mirāri.* 見怪 Kiēn kouáy.

ÉTRANGER, ÈRE, adj. *Advena, æ, m.* 遠方人 Yuèn fāng jēn. ‖ Aller en pays —. *Peregré abīre.* 出外方 Tchŏu ouáy fāng. ‖ Qui vient de pays —. *Exoticus.* 外國的 Ouáy kouĕ tý. ‖ — (qui n'est point parent). *Alienus.* 無親 Oū tsīn, ou 外人 Ouáy jēn. ‖ —. *Externus.* 做成的 Tsoú tchēn tý.

ÉTRANGLER, v. a. *Strangulāre.* 絞人 Kiào jēn. ‖ — à un poteau. *Patibulo —.* 絞 Kiào. ‖ S'—. *Examināre se.* 自縊 Tsé ý.

ÊTRE, v. aux. *Esse.* 在 Tsaý. ‖ — à la maison. *Domi esse.* 在家裏 Tsaý kiā lý, ou 在室頭 Tsaý oŭ teōu. ‖ — en ville. *In urbe.* 在城內 Tsaý tchēn loúy. ‖ On ne sait où il —. *Ignoratur ubi sit.* 不知他在那裏 Poŭ tchē tā tsaý lá lý. ‖ — un peu mieux. *Meliùs habēre.* 略好了些 Liŏ haò leào sý. ‖ — pour Confucius. *Esse à Confucio.* 我從孔子 Ngŏ tsōng kòng tsè. ‖ — en paix. *In pace versāri.* 和睦 Hŏ moŭ. ‖ La chose — ainsi. *Sic res se habet.* 事情是這樣 Sé tsīn ché tchĕ yáng. ‖ Vous —, c'est cela. *Rem tangis.* 就是 Tsieóu ché, ou 是了 Ché leào. ‖ Soit, j'y consens. *Esto.* 可以 Kò ỹ, ou 算得 Souán tĕ. ‖ — bien avec quelqu'un. *Conjuncté vivĕre cum aliq.* 同他相熱 Tōng tā siāng choŭ. ‖ En — pour les frais. *Sufferre sumptus.* 認用費 Jén yóng feý. ‖ Vous y —. *Rem conjicis.* 正是 Tchēn ché, ou 猜得不差 Tsaý tĕ poŭ tchă. ‖ Ce remède — bon pour la dyssenterie. *Hoc remedium valet pro dysenteriā.* 這藥可以止痢 Tchĕ yŏ kò ỹ tchè lý. ‖ — tout entier à ses intérêts. *In lucro totus esse.* 貪想找錢 Tān siāng tchaò tsiēn. ‖ Il — des gens qui. *Sunt qui.* 有些人 Yeŏu sý jēn. ‖ Soyez le bienvenu. *Salvum te venisse gaudeo.* 稀行 Hỹ hín, ou 稀客 Hỹ kĕ. ‖ C'est votre affaire. *Est tuum vidēre.* 是你的事 Ché tý sý. ‖ Ce livre — à lui. *Ejus est liber.* 是他的書 Ché tā tý choŭ. ‖ N'— rien à quelqu'un. *Alienus est alicui.* 無親戚 Oū tsīn tsỹ.

ÊTRE, s. m. *Res, ei, f.* 本質 Pēn tchĕ. ‖ — divin. *Numen.* 天主 Tiēn Choŭ. ‖ — créés. *Creatæ res.* 受造的 Cheóu tsáo tý. ‖ Donner l'—. *Creāre.* 造 Tsáo.

ÉTRÉCIR, v. a. *Coangustāre.* 追逼 Tchoūy pý. ‖ S'—. *Coarctāri.* 做短 Tsoú toŭan.

ÉTREINDRE, v. a. *Stringĕre.* 緊緊 Kouēn kǐn. ‖ Qui trop embrasse, mal —. (Prov.) *Difficile est continēre quod capĕre non possis.* 心大不得 Sīn tá poŭ tĕ.

ÉTRENNE, s. f. *Strena, æ, f.* 新年禮物 Sīn niēn lý oŭ. ‖ — (dons). *Munus speciale.* 外水 Ouáy choùy. ‖

— d'un marchand. *Vendendi primordium.* 開張賣的 銀子 Kāy tchāng maý tỷ ŷn tsè.

ÉTRENNER, v. a. *Prior emĕre.* 開張買 Kāy tchāng maý. ‖ — une robe. *Novā uti togā.* 穿新衣 Tchoŭan sīn ȳ.

ÉTRIER, v. a. *Stapea, æ, f.* 馬鐙 Mà tén. ‖ Passer le pied dans l'—. *Ponĕre pedem in.* 登鐙 Tēn tén. ‖ Faire perdre les — à quelqu'un. *Aliq. ex equo dejicĕre.* 打下馬來 Tà hiá mà lây. ‖ Avoir le pied dans l'—. *Jám profecturus esse.* 就要起身 Tsieóu yáo kỷ chēn. ‖ Être ferme sur ses —. *Propositi tenax esse.* 不改主意 Poŭ kaỷ tchoù ý.

ÉTRILLE, s. f. *Strigilis, is, f.* 馬刮子 Mà koŭa tsè.

ÉTRILLER, v. a. *Defricāre equum.* 刮馬 Koŭa mà. ‖ — quelqu'un. *Aliq. cædĕre.* 打人 Tà jên.

ÉTRIVIÈRE, s. f. *Lorum, i, n.* 馬鐙 Mà tén. ‖ — (fouet). *Scutica.* 鞭 Piēn. ‖ Donner —. *— cædĕre.* 鞭打人 Piēn tà jên.

ÉTROIT, E, adj. *Arctus.* 窄的 Tsě tỷ. ‖ Chemin —. *Via —.* 窄路 Tsě loú. ‖ Esprit —. *Animus angustus.* 心無度量 Sīn oŭ toŭ leáng, ou 明悟淺 Mîn oŭ tsiên. ‖ Amitié —. *Arcta amicitia.* 膠漆之交 Kiāo tsỷ tchē kiāo. ‖ Conscience —. *Arcta conscientia.* 怕傷良心 Pà chāng leâng sīn. ‖ Tenir quelqu'un à l'—. *Angustē tenēre aliq.* 管得緊 Koŭan tě kìn. ‖ Être à l'—. *Parcē vivĕre.* 銀錢窄逼 ŷn tsiên tsě pỷ.

ÉTUDE, s. f. *Studium, ii, n.* 讀書 Toŭ choū. ‖ Homme d'—. *Studio deditus.* 讀書的人 Toŭ choū tỷ jên. ‖ S'adonner à l'—. *Studio se dăre.* 讀書 Toŭ choū. ‖ Interrompre l'—. *Studia interrumpĕre.* 丟書 Tieōu choū. ‖ Qui a fini ses —. *Emensus curriculum studiorum.* 讀完書 Toŭ ouân choū. ‖ — (connaissances acquises). *Litteræ.* 才學 Tsaý hiŏ. ‖ Avoir de l'—. *Ornāri litteris.* 有才學 Yeŏu tsaý hiŏ. ‖ — (soin à faire une chose). *Studium, cura.* 務 Oú. ‖ La bonne chère est toute son —. *Ventri solion servit.* 一門貪嗉 Ý mên tān tchě. ‖ Cabinet d'—. *Musæum.* 書房 Choū fâng.

ÉTUDIANT, E, s. m., f. *Discipulus, i, m.* 學生 Hiŏ sēn.

ÉTUDIÉ, ÉE, adj. *Elaboratus.* 做得好 Tsoú tě haŏ. ‖ — (affecté). *Affectatus.* 裝模做樣 Tchoūang mô tsoú yáng.

ÉTUDIER, v. n. *Studēre.* 讀書 Toŭ choū. ‖ — avec ardeur. *Avidē —.* 專心讀書 Tchoūan sīn toŭ choū. ‖ — avec négligence. *Oscitanter —.* 懶懶惰惰的讀 Làn làn tŏ tŏ tỷ toŭ. ‖ — pendant huit ans. *Per octo annos studio navāre.* 讀八學 Toŭ pà hiŏ. ‖ Plus on —, plus on sait que l'on ignore. (Prov. chin.) *Eō plus quis studet, eō magis se ignorāre confitetur.* 學然後知

不足 Hiŏ jân heóu tchē poŭ tsioŭ. ‖ Passez trois jours sans —, les paroles n'ont plus de sel. (Prov. chin.) *Qui tribus diebus libros relinquit, ejus verba sapore carent.* 三日不讀書語言無味 Sān jě poŭ toŭ choū yú yên oŭ oúy. ‖ — la théologie. *Theologiæ studēre.* 讀公義 Toŭ kōng ngý. ‖ — quelqu'un. *Aliq. observāre.* 照人 Tchâo jên. ‖ S'— à plaire. *Studēre obsequi.* 全全將就人 Tsŭen tsŭen tsiāng tsieóu jên.

ÉTUI, s. m. *Theca, æ, f.* 盒子 Hŏ tsè. ‖ — de parapluie. 傘籠子 Sàn lŏng tsè. ‖ — d'éventail. 扇插子 Chán tchǎ tsè. ‖ — à peigne. 梳子套 Soū tsè táo. ‖ — de lunettes. 眼鏡盒子 Yèn kín hŏ tsè. ‖ — de chapeau. 帽盒子 Maŏ hŏ tsè. ‖ — de balance. 戥殼子 Tèn kŏ tsè. ‖ — à aiguilles. 針筒 Tchēn tŏng.

ÉTUVE, s. f. *Thermæ, arum, f.* 湯泉 Tāng tsuèn. ‖ — chinoise pour chauffer les chambres. 地炕 Tỷ kāng.

ÉTYMOLOGIE, s. f. *Etymologia, æ, f.* 話根 Hoá kēn, ou 字偷 Tsé lén.

EUCHARISTIE, s. f. SS. *Eucharistia, æ, f.* 聖體 Chén Tỷ. ‖ La recevoir. *— suscipĕre.* 領聖體 Lìn chén Tỷ. ‖ L'adorer. *— adorāre.* 朝拜聖體 Tchâo paý chén Tỷ. ‖ Conserver l'—. *— servāre.* 供聖體 Kŏng chén Tỷ. ‖ Donner l'—. *— distribuĕre.* 送聖體 Sóng chén Tỷ.

EUNUQUE, s. m. *Spado, onis, m.* 老公 Laŏ kōng. 太監 Taý-kièn. 宦宮 Hoán koūan. 閹人 Yēn jên.

EUPHONIE, s. f. *Euphonia, æ, f.* 音韻 Hô ŷn.

EUROPE, s. f. *Europa, æ, f.* 歐羅巴 Geōu lô pā, ou 大西洋 Tá sỷ yâng.

EUROPÉEN, s. m. *Europæus, i, m.* 西洋人 Sỷ yâng jên.

ÉVACUER, v. a. *Evacuāre.* 做空 Tsoú kŏng. ‖ — une place. *Deserĕre arcem.* 退砲臺上的兵 Toúy paŏ taý cháng tỷ pīn. ‖ *Alvum laxāre.* 出恭 Tchoŭ kōng.

ÉVADER, v. a. *Evadĕre.* 逃走 Tâo tseòu. ‖ — quelqu'un. *Aliq. —.* 私放犯人 Sē fáng fán jên. ‖ S'— de prison. *E custodiā evadĕre.* 逃出監 Tâo tchoŭ kiēn.

ÉVAGATION, s. f. *Evagatio, onis, f.* 心亂 Sīn loúan, ou 心不在 Sīn poŭ tsaý.

ÉVALUER, v. a. *Æstimāre.* 定價 Tín kiá, ou 估價錢 Koŭ kiá tsièn.

ÉVANGÉLISER, v. a. *Prædicāre.* 傳聖教 Tchoŭan chén kiáo.

ÉVANGÉLISTE, s. m. *Evangelista, æ, m.* 聖史 Chén ché.

ÉVANGILE, s. m. *Evangelium, ii, n.* 福音 Foŭ ŷn, qui veut dire bonne nouvelle. Plus communément, on emploie le mot 新經 Sīn kīn (nouveau livre sacré), qui est mieux compris que l'expression Foŭ ŷn. ‖ Prêcher l'—. *Evangelium nuntiāre.* 傳福音 Tchoŭan foŭ ŷn. ‖ Croire à l'—. *Credĕre Evangel.* 信福音 Sín foŭ-ŷn. ‖ Livre des —. *Líber Evangel.* 福音 Foŭ ŷn, ou 新聖經 Sīn chén kīn.

ÉVANOUIR (S'), v. r. (tomber en défaillance). *Animo linqui.* 運倒 Yún taò. ‖ — (disparaître tout-à-coup). *Evanescĕre.* 散 Sán, ou 不見了 Poŭ kién leào. ‖ Ces bruits s'—. *Rumores evanescunt.* 謠言息了 Yâo yên sỷ leào.

ÉVANOUISSEMENT, s. m. *Deliquium*, *ii*, n. 失魂 Chĕ hoŭen.

ÉVAPORÉ, ÉE, adj. *In vapore solutus.* 散了的 Sán leào tỷ. ‖ — (inconsidéré). *Levis animo.* 糊塗 Hoû toŭ, ou 恍忽的人 Hoàng foù tỷ jên.

ÉVAPORER (S'), v. r. *Evanescĕre.* 散 Sán.

ÉVASÉ, ÉE, adj. *Os largum habens.* 張口 Tchāng keŏu.

ÉVASER, v. a. *Os diducĕre.* 張口 Tchāng keŏu.

ÉVÊCHÉ, s. m. *Diœcesis, is,* f. 主教所轄 Tchoù kiáo sò hiă. ‖ — (dignité épiscopale). *Episcopatus.* 主教之職 Tchoù kiáo tchē tchĕ. ‖ — (palais de l'évêque). *Palatium.* 主教公館 Tchoù kiáo kōng koŭan.

ÉVEIL, s. m. *Monitum, i,* n. 提醒 Tỷ sĭn. ‖ Donner l'—. *Admonēre.* 提醒人 Tỷ sĭn jên.

ÉVEILLÉ, ÉE, adj. *Alacer.* 性急的人 Sín kỷ tỷ jên. ‖ — à somno. *Expergefactus.* 醒了的 Sĭn leào tỷ. ‖ Être —. *Acris ingenii esse.* 性急 Sín kỷ.

ÉVEILLER, v. a. *E somno excitāre.* 喊醒人 Hàn sĭn jên. ‖ S'— en sursaut. *Subito expergisci.* 驚醒 Kīn sĭn. ‖ — de bon matin. *Maturè —.* 醒得早 Sĭn tĕ tsaò. ‖ Ne pas s'— de toute la nuit. *Noctem perpetem dormire.* 一晚到亮不醒 Ỷ oŭan taó leáng poŭ sĭn.

ÉVÉNEMENT, s. m. *Eventus, ûs,* m. 偶然的事 Ngeòu jân tỷ sé, ou 將來的事 Tsiāng laỷ tỷ sé. ‖ — heureux. *Felix —.* 順的事 Chuén tỷ sé. ‖ A tout —. *Utcumquê accideriṭ.* 不論有什麽事 Poŭ lén yeòu ché mó sé. ‖ S'y préparer. *Confirmāre se ad omnia.* 預防後事 Yú fâng heóu sé.

ÉVENTAIL, s. m. *Flabellum, i,* n. 扇子 Chān tsè. ‖ Un —. *Unum —.* 一把扇子 Ỷ pà chān tsè. ‖ — en papier. 紙扇 Tchĕ chān. ‖ — en papier huilé noir. 杭扇 Hâng chān. ‖ — en feuille de bananier. 芭蕉扇 Pā tsiaō chān. ‖ — en jonc tressé. 草扇 Tsaŏ chān. ‖ — en plume d'oiseau. 鶯毛扇 Ô maŏ chān. ‖ — en rond. 圓扇 Yûen chān. ‖ — carré. 方扇 Fāng chān. ‖ de Canton. 廣扇 Koŭang chān. ‖ Carcasse de l'—. 扇骨子 Chān koŭ tsè. ‖ Papier seul de l'—. 扇葉子 Chān yĕ tsè. ‖ Fermer son —. *Plicāre flabellum.* 摺扇 Tsĕ chān tsè.

ÉVENTÉ, ÉE, adj. *In aere expositus.* 晾乾的 Leáng kān tỷ. ‖ — (évaporé). *Ventosus.* 出了氣的 Tchoŭ leào kỷ tỷ. ‖ — (divulgué). *Secretum vulgatum.* 密事漏淹了 Mỷ sé leŏu siuĕ leào. ‖ — (d'une mine). *Fodinā apertā.* 破了的地洞 Pŏ leào tỷ tỷ tóng.

ÉVENTER, v. a. (faire du vent). *Ventilāre.* 搧 Chán, ou 晾乾 Leáng kān. ‖ — la mine. *Aperīre dolum.* 解結 Kiaỷ kiê. ‖ — (divulguer). *Patefacĕre.* 露出來 Loŭ tchoŭ laỷ. ‖ S'—. *Evanescĕre.* 出氣 Tchoŭ kỷ. ‖ — la mèche. *Consilium detegĕre.* 破計策 Pŏ kỷ tsè.

ÉVENTRER, v. a. *Exenterāre.* 取腸子 Tsiŭ tchâng tsè.

ÉVENTUEL, LE, adj. *Fortuïtus.* 偶然的 Geòu jân tỷ.

ÉVÊQUE, s. m. *Episcopus.* 主教 Tchoù kiáo. ‖ Devenir —. *Elegi in Episcopat.* 陞主教 Chēn tchoù kiáo.

ÉVERTUER (S'), v. r. *In re navāre.* 竭力 Hiĕ lỷ, ou 出力 Tchoŭ lỷ.

ÉVIDEMMENT, adv. *Evidenter.* 果然 Kò jân, ou 明明白白的 Mîn mîn pĕ pĕ tỷ.

ÉVIDENCE, s. f. *Evidentia, œ,* f. 明明 Mîn mîn tỷ sé. ‖ Mettre en —. *Rem palàm facĕre.* 顯明 Hiĕn mîn.

ÉVIDENT, E, adj. *Clarus.* 明的 Mîn tỷ.

ÉVITER, v. a. *Vitāre.* 躲避 Tò pỷ, ou 免 Miĕn. ‖ — une faute. *Malum fugĕre.* 躲避罪惡 Tò pỷ tsoúy ngŏ. ‖ — la pluie. *Pluviam vitāre.* 避雨 Pỷ yù. ‖ — un coup. *Ictum declināre.* 避打 Pỷ tà. ‖ — quelqu'un. *Aliq. fugĕre.* 躲避人 Tò pỷ jên. ‖ On ne peut — la mort. *Mors vitāri nequit.* 人人免不得要死 Jên jên miĕn poŭ tĕ yáo sè.

ÉVOLUTION, s. f. *Exercitatio militaris.* 操演 Tsaō yèn. ‖ Faire les —. *Decurrĕre in armis.* 下操 Hiá tsaō, ou 演武 Yèn où.

ÉVOQUER, v. a. *Evocāre.* 喊出來 Hàn tchoŭ laỷ. ‖ — les esprits. *Manes elicĕre.* 占機 Kỷ kỷ.

EX, prép. qui répond à ci-devant. Elle s'exprime en chinois par Tsiēn, ou 先 Siēn. ‖ Par ex. : un ex-mandarin. *Vir mandarinalis.* 先任官 Siēn jên koŭan.

EXACT, E, adj. *Diligens.* 勤快的 Kĭn koŭaỷ tỷ. ‖ — a remplir ses devoirs. *Officii —.* 勤滿本分 Kĭn màn pèn fén. ‖ Compte —. *Quadrans ratio.* 賬清楚 Tcháng tsīn tsŏu. ‖ — (sans erreur). *Sine errore.* 無錯 Où tsŏ.

EXACTION, s. f. *Exactio, onis,* f. 橫征 Hoŭang tchēn, ou 催錢粮 Tsoŭy tsiên leâng.

EXACTITUDE, s. f. *Diligentia, œ,* f. 小心 Siào sīn. 勤快 Kĭn koŭaỷ. 不差 Poŭ tchā. ‖ — à sa parole. *Constantia in promissis.* 不食言 Poŭ chĕ yên. ‖ Avec —. *Accuratè.* 恰 Kiă.

EXAGÉRÉ, ÉE, adj. *Nimius, excessivus.* 過餘的 Kó yû tỷ.

EXAGÉRER, v. a. *Exagerāre.* 添假話 Tiēn kià hoá, ou 說的大了 Chŏ tỷ tá leào. ‖ Ne pas —. *Verba non augēre.* 說的不大 Chŏ tỷ poŭ tá. ‖ — une faute.

*Crimen acerbāre.* 加起人的過失 Kiā ký jên tý kŏ chĕ.

**EXALTATION,** s. f. (élévation d'un Pape au Souverain Pontificat). *Exaltatio Summi Pontificis.* 立敎宗 Lý kiáo tsŏng. ‖ — de la Sainte Croix. *S. Crucis —.* 聖十字架之榮 Chén chĕ tsé kiá tchĕ yûn. ‖ — dans les idées. *Ferventior animi impetus.* 心高氣傲 Sīn kaŏ ký gaŏ.

**EXALTER,** v. a. *Laudibus efferre.* 誇上天 Koŭa cháng tiēn. ‖ S' — (se louer). *De se prædicāre.* 誇自已 Koŭa tsé ký.

**EXAMEN,** s. m. *Examen, inis, n.* 察考 Tchă' kào. ‖ — de conscience. *Sui recognitio.* 省察 Sĕn tchă'. ‖ — général. *Generale —.* 總省察 Tsŏng sĕn tchă'. ‖ — particulier. *Particulare —.* 私省察 Sē sĕn tchă'. ‖ Le faire. *Sese recognoscĕre.* 省察 Sĕn tchă'. ‖ Après un mûr. *Re diù ponderatá.* 細察之後 Sý tchă' tchĕ heóu. ‖ — des lettrés. *Litteratorum examina.* 考試 Kào ché. ‖ Un —. *Unum —.* 一科試 Ý kŏ ché. ‖ — annuel. *Annuale —.* 歲考 Soúy kào. ‖ — triennal. *Triennale —.* 大考 Tá kào. ‖ — des licenciés. 科塲 Kŏ tchâng. ‖ — des docteurs. *Doctorum —.* 鄉試 Hiāng ché, ou 會試 Hoúy ché. ‖ Thème donné aux —. *Thema —.* 卷子 Kiuĕn tsĕ. ‖ Palais des —. *Palatium —.* 貢院 Kóng oŭan. ‖ Aller aux —. *Ire ad exam.* 去考 Kiŭ kào. ‖ Entrer dans la cellule des —. *Cubiculum ex. ingredi.* 進塲 Tsīn tchâng. ‖ En sortir. *Redire ex —.* 出塲 Tchŏu tchâng. ‖ Aller frauduleusement aux — dans un autre ressort que le sien. *In extraneo districtù subire exam.* 考冒學 Kào maó hiŏ.

**EXAMINATEUR,** s. m. *Examinator, oris, m.* 學臺 Hiŏ tăy.

**EXAMINER,** v. a. *Ponderāre, perpendĕre.* 察考 Tchă' kào. ‖ — en détail. *Singula —.* 一樣一樣的察 Ý yáng ý yáng tý tchă'. ‖ — à fond. *Rem ex omnib. partib. pertentāre.* 仔細察考 Tsĕ sý tchă' kào. ‖ — un livre. *Librum recognoscĕre.* 校正書 Kiáo tchēn choū. ‖ — un criminel. *Reum interrogāre.* 審問 Chĕn oŭen. ‖ — un procès. *Litem cognoscĕre.* 察案情 Tchă' gán tsîn. ‖ — un compte. *Ration. expendĕre.* 察賬簿 Tchă' tchâng póu. ‖ — des marchandises. *Merces examin.* 聆貨 Niēn hó. ‖ — un accusé. *Reum interrogāre.* 審犯人 Chĕn fán jên.

**EXASPÉRER,** v. a. *Exasperāre.* 激怒 Ký loú, ou 惹怒 Jĕ loú.

**EXAUCER,** v. a. *Preces audīre.* 乘允 Tchoŭy yùn, ou 許 Hiù.

**EXCAVER,** v. a. *Excavāre.* 挖 Oŭa'.

**EXCÉDANT, E,** adj. *Reliquum.* 餘剩 Yû chén. ‖ Somme —.

*Residua pecunia.* 餘剩的銀子 Yû chén tý ŷn tsĕ. ‖ — (terme mathém.). 盈 Ŷn.

**EXCÉDER,** v. a. *Excedĕre.* 過 Kŏ. 超越 Tchaŏ yuĕ. 勝 Chên. ‖ La dépense — la recette. *Sumptus superant reditus.* 用得多賺得少 Yŏng tĕ tō kiĕn tĕ chaŏ. ‖ — le poids de cinq livres. *Excedĕre quinque libris.* 多五斤 Tō oŭ kīn. ‖ — son pouvoir. *Auctorit. —.* 過分 Kŏ fén, ou 過餘 Kŏ yû. ‖ — quelqu'un. *Malè habēre aliq.* 囉唣人 Lô tsaó jên. ‖ S' —. *Fatiscĕre labore.* 勞碌 Laô loú.

**EXCELLENCE,** s. f. *Excellentia, æ.* 大人 Tá jên.

**EXCELLENT, E,** adj. *Excellens.* 出等的 Tchŏu tĕn tý. ‖ — esprit. *Præstans ingenium.* 精伶 Tsīn lǐn, ou 心腸好 Sīn tchâng haŏ.

**EXCELLER,** v. a. *In re excellĕre.* 超過 Tchaŏ kŏ, ou 勝過 Chén kŏ. 出衆 Tchŏu tchóng.

**EXCENTRIQUE,** adj. *Extraordinarius.* 快性 Koŭáy sín.

**EXCEPTÉ,** prép. *Excepto.* 除開 Tchŏu kă'y, ou 不在內 Poŭ tsáy loúy. ‖ Tous, — lui. *Omnes præter eum.* 除了他衆人 Tchŏu leaò tā tchóng jên. ‖ — les jours de dimanche. *Citrà dies dominicas.* 除主日之外 Tchŏu tchoŭ jĕ tchĕ oŭáy.

**EXCEPTER,** v. a. *Excipĕre.* 除 Tchŏu. 扣 Keóu. 不算 Poŭ soŭán.

**EXCEPTION,** s. f. *Exceptio, onis, f.* 除 Tchŏu. ‖ Sans —. *Sine —.* 不分別 Poŭ fēn piĕ, ou 一把連 Ý pà liēn.

**EXCÈS,** s. m. *Excessus.* 太多 Taý tō, ou 過節 Kŏ tsiĕ. ‖ — dans les paroles. *Immoderatio verborum.* 話過餘多 Hoá kŏ yû tō. ‖ — dans le manger. *Potùs —.* 飲食過度 Ŷn chĕ kŏ toú. ‖ Se jeter dans l' —. *Modum transire.* 過度 Kŏ toú. ‖ Éviter l' —. *Modum retinēre.* 不過節 Poŭ kŏ tsiĕ. ‖ A l' —. *Effusè.* 過餘 Kŏ yû. ‖ — de vic. *Licentior vita.* 放肆 Fáng sé. ‖ — (violence). — *vis.* 强勉 Kiāng miĕn.

**EXCESSIF, VE,** adj. *Nimius.* 太多 Taý tō, ou 過餘 Kŏ yû. ‖ Chaleur —. *Ingens calor.* 過餘熱 Kŏ yû jĕ. ‖ Froid —. *Frigus immodicum.* 過餘冷 Kŏ yû lĕn.

**EXCITER,** v. a. *Concitāre.* 惹 Jĕ. ‖ Ces légumes — la soif. *Olera ista sitim faciunt.* 喫這些菜發渴 Tchĕ' tchĕ' sý tsaý fă' kŏ'. ‖ — l'appétit. *Palatum acuēre.* 開胃口 Kă'y keŏu oúy. ‖ — le vomissement. *Vomitum movēre.* 兜人嘔 Teōu jên geòu. ‖ — à la révolte. *Ad rebell. incitāre.* 惹反 Jĕ fàn. ‖ — la curiosité. *Curiositatem movēre.* 兜人看 Teōu jên kàn. ‖ S' —. *Adhortāri se mutuò.* 相勸 Siāng kiŭen.

**EXCLAMATION,** s. f. *Exclamatio, onis, f.* 喊 Hàn. ‖ — en soupirant. *Suspirando —.* 歎息 Tán sý. ‖ Faire une —. *Exclamāre.* 喊 Hàn.

**EXCLURE**, v. a. *Excludĕre.* 革出 Kĕ́ tchŏu. ‖ — quelqu'un d'une charge. *A munere —.* 革職 Kĕ́ tchĕ́. ‖ — (excepter). *Excipĕre.* 除 Tchŏu, ou 扣除 Keóu tchŏu, ou 不算 Poŭ souán.

**EXCLUSION**, s. f. *Repulsa, æ, f.* 不許 Poŭ hiù. 不依 Poŭ ў. 傷臉 Chāng liĕn. ‖ — d'une école. *Expulsio è scholâ.* 趕出學堂 Kàn tchoù hiŏ tăng. ‖ Cas d'—. *Casus expulsionis.* 一條趕出學堂的規矩 ў tiăo kàn tchoù hiŏ tăng tў koŭy kiù. ‖ — (exception). *Exceptio.* 除 Tchŏu, ou 扣 Keóu.

**EXCOMMUNICATION**, s. f. *Excommunicatio, onis, f.* 棄絕 Kў́ tsiuĕ́. ‖ — majeure. *Major —.* 宗牧逐出聖會 Tsōng moŭ tchoŭ tchŏu chén hoúy. ‖ —. *Latæ sententiæ.* 立受棄絕 Lў́ cheóu kў́ tsiuĕ́. ‖ —. *Ferenda sententiæ.* 候棄絕 Heóu kў́ tsiuĕ́. ‖ Lever l'—. *Absolvĕre ab —.* 復收入聖會 Foŭ cheóu joŭ chén hoúy.

**EXCORIER**, v. a. *Excorticăre.* 剮皮 Koŭa pў́.

**EXCRÉMENT**, s. m. *Excrementum, i, n.* 糞 Fén.

**EXCROISSANCE**, s. f. *Sarcoma, atis, n.* 肉包 Joŭ paŏ.

**EXCURSION**, s. f. *Excursio, onis, f.* 攻 Kōng, ou 亂跑 Loŭan păŏ. ‖ — (digression). *Digressio.* 打野話 Tà yĕ houá.

**EXCUSE**, s. f. *Excusatio, onis, f.* 推諉 Toŭў oùy. ‖ N'avoir aucune —. *Nullam — habēre.* 莫得推諉 Mŏ tĕ́ toŭў oùy. ‖ Alléguer une —. *— afferre.* 推諉 Toŭў oùy. ‖ Recevoir une —. *— accipĕre.* 信人推諉 Sín jên toŭў oùy. ‖ Je vous fais mes —. *Me, quæso, excusatum habeas.* 辛勿見過 Hīn oŭ kién kó.

**EXCUSER**, v. a. *Excusăre.* 推罪 Toŭў tsoúy. ‖ S'— sur son âge pour une invitation. *Ætatis excusatione uti.* 推老不去 Toŭў laŏ poŭ kiŭ́. ‖ — une faute. *Culpam excusăre.* 贊人推罪 Tў́ jên toŭў tsoúy. ‖ S'— d'aller à un repas. *Urbaniter invitationem deprecări.* 辭謝酒席 Tsĕ́ sié tsioŏu sў́. ‖ — un défaut. *Vitium —.* 贊他遮蓋 Tў́ tắ tchĕ́ kaў́. ‖ S'— sur sa maladie. *Morbi excusat. uti.* 推辭有病 Toŭў tsĕ́ yeŏu pín.

**EXEAT**, s. m. *Exeundi copia.* 許在外省看教友 Hiù tsaў́ ouáy sèn kăn kiáo yeŏu.

**EXÉCRABLE**, adj. *Exsecrabilis.* 可恨 Kŏ hén tў́.

**EXÉCRER**, v. a. *Exsecrări.* 恨得傷心 Hén tĕ́ chāng sīn.

**EXÉCUTER**, v. a. *Exsequi.* 做完 Tsoú oŭan. ‖ — les ordres. *Mandata —.* 聽命 Tīn mín. ‖ — ses projets. *Consilia implēre.* 滿主意 Mǎn tchoŭ ў́. ‖ — un criminel. *Necăre aliq.* 斬犯人 Tchăn fán jên. ‖ — un débiteur. *Debitoris bona pignerări.* 抄人的家 Tchāo jên tў́ kiā.

**EXÉCUTEUR**, s. m. *Carnifex, icis, m.* 劊子手 Sén tsè cheŏu.

**EXÉCUTION**, s. f. *Exsecutio, onis, f.* 做 Tsoú, ou 行 Hīn.

‖ Homme d'—. *Vir efficax.* 伶俐的人 Līn lў́ tў́ jên. ‖ Lieu d'—. *Campus supplicii.* 市曹 Chĕ tsaŏ, ou 法塲 Fă̆ tchǎng. ‖ Mettre à —. *Implēre consilia.* 下手 Hiá cheŏu, ou 動手 Tóng cheŏu.

**EXEMPLAIRE**, s. m. *Exemplar, aris, n.* 樣子 Yáng tsè. ‖ Un — (copie). *Unum.* 一篇 Ў piĕn. ‖ — (ouvrage entier). *Unum opus.* 一部書 Ў poú choū. ‖ — (brouillon). *Exemplum primum.* 底子 Tў́ tsè, ou 稿子 Kaŏ tsè. ‖ Premier —. *Primum exempl.* 原本 Yŭen pèn.

**EXEMPLAIRE**, adj. *Conspicuus.* 出等的 Tchŏu tèn tў́. ‖ Vie —. *Vir singul. exempl.* 表樣好的人 Piăo yáng haŏ tў́ jên. ‖ Faire un châtiment —. *Exemplum facĕre.* 罰人爲例 Fắ jên oúy lý.

**EXEMPLE**, s. m. *Exemplum, i, n.* 表樣 Piăo yáng. ‖ Donner bon —. *Aliis esse exemplo.* 立好表樣 Lў́ haŏ piăo yáng. ‖ Donner mauvais —. *Pessimum — ducĕre.* 壞表樣 Hoŭay piăo yáng. ‖ Prendre — sur quelqu'un. *Imitări aliq.* 效法人 Hiáo fắ jên. ‖ Proposer quelqu'un pour —. *Propon. ex. ad imit.* 立人爲表樣 Lў́ jên oúy piăo yáng. ‖ Faire un —. *Exemplum facĕre.* 罰一个人爲戒別人 Fắ ў kó jên oúy kiáy piĕ́ jên. ‖ — (comparaison). *Comparatio.* 比方 Pў́ fāng, ou 比如 Pў́ joū. ‖ Apporter un —. *Afferre exemplum.* 比 Pў́. ‖ Par —. *Verbi gratia.* 比方 Pў́ fāng. ‖ — d'un maitre d'écriture chinoise. 字帖 Tsĕ́ tiĕ.

**EXEMPTER**, v. a. *Eximĕre.* 免 Miĕn. ‖ — des impôts. *A tributis eximĕre.* 免稅 Miĕn choúy. ‖ — d'un office. *Ab officio præfecti —.* 淮辭官 Tchoùn tsĕ́ kouān.

**EXERCER**, v. a. *Exercēre.* 教 Kiáo. ‖ — des écoliers. *— discipulos.* 教學生 Kiáo hiŏ sēn. ‖ — des soldats. *Milites —.* 操練兵卒 Tsāo liĕn pīn tsiŏu. ‖ — sa mémoire. *Memoriam colĕre.* 操練記含 Tsāo liĕn kў́ hân. ‖ — la patience de quelqu'un. *Experiri pat.* 囉𠻘人 Lŏ tsaŏ jên. ‖ — son droit. *Jure uti suo.* 不讓人 Poŭ jáng jên. ‖ — un métier. *Artem tractăre.* 做手藝 Tsoú cheŏu ný. ‖ — une charge. *Munus gerĕre.* 辦公事 Pán kōng sé. ‖ — l'hospitalité. *Hospital. sectări.* 接客 Tsiĕ́ kĕ́. ‖ — sa libéralité. *Liberalit. exercēre.* 顯大方 Hiĕn tá fāng. ‖ — sa haine. *Odium —.* 恨人 Hén jên. ‖ S'— *Exercēre se.* 操習 Tsāo sў́. ‖ S'— à jouer de la flûte. *Ad canend. tibiâ se exerc.* 學吹笛 Hiŏ tchoúy tў́.

**EXERCICE**, s. m. *Exercitium, ii, n.* 操習 Tsāo sў́. ‖ Faire un peu d'—. *Modicis exercitationibus uti.* 操習一點點 Tsāo sў́ ў tiĕn tiĕn. ‖ — d'une charge. *Muneris functio.* 滿本分 Mǎn pèn fén. ‖ — de piété. *Pia exercitia.* 熱切的工夫 Jĕ́ tsiĕ́ tў́ kōng foū. ‖ Les faire. *Facĕre illa.* 做熱切的工夫 Tsoú jĕ́ tsiĕ́ tў́ kōng foū. ‖ — spirituels (retraite). *Exercitia sacra.* 神工 Chên kōng ‖ Les faire. *Ea peragĕre.* 做神工

Tsoú chên kōng. ‖ — littéraire. *Ex. litterarum.* 攻書 Kōng choū. ‖ Faire l' — militaire. *Decurrēre in armis.* 下操 Hiá tsǎo, ou 演武 Yèn où. ‖ Lieu où on les fait. *Campus exercitat.* 校場 Kiáo tchǎng. ‖ — militaire. *Militaris —.* 武藝 Où nỷ. ‖ — de cavalerie. 跑馬 Pǎo mà. ‖ — d'archer. 矢箭 Chè tsién. ‖ — d'épée. 舞刀 Où taō. ‖ — de lance. 演鎗 Yèn tsiǎng. ‖ — de bâton. 打棍 Tà koùen.

EXERGUE, s. m. *Inscriptio, onis, f.* 銘 Mìn.

EXHALER, v. a. *Exhalāre.* 出氣 Tchǒu kỷ. ‖ — une odeur. *Odores —.* 香 Hiāng. ‖ — les vapeurs du vin. *Crapulam —-ils.* 殠酒 Tcheǒu tsieòu. ‖ — sa colère sur. *In aliq. erumpere.* 胃火人 Maó hò jên. ‖ S' —. *In vapores solvi.* 散 Sán. ‖ S' — en menaces. *In minas abīre.* 譃嚇人 Hoū hě jên.

EXHAUSSER, v. a. *Altiùs exstruĕre.* 舉高些 Kiù kaō sỷ.

EXHIBER, v. a. *Exhibēre.* 顯 Hièn, ou 出 Tchǒu.

EXHORTER, v. a. *Hortāri.* 勸 Kiùen. ‖ — quelqu'un longtemps. *Diù adhortāri.* 勸他一陣 Kiùen tā' ỷ. tchén. ‖ — d'une manière qui touche. *Movēre hortando.* 打動人心 Tà tóng jên sīn.

EXIGEANT, E, adj. *Exactor, oris, m.* 難得將就的 Lán tě tsiāng tsieóu tỷ.

EXIGER, v. a. *Exigĕre.* 討 Tǎo. ‖ — les impôts. *Vectigalia exigĕre.* 催粮 Tsoùy leáng. ‖ Le temps l'—. *Id tempus postulat.* 隨方俗方 Soùy fāng siòu fāng, ou 積麻入筐 Tsỷ mâ joù kiāng.

EXIGU, E, adj. *Exiguus.* 細微的 Sỷ oùy tỷ.

EXIL, s. m. *Exsilium, ii. n.* 充軍 Tchōng kiūn. ‖ Être en —. *In — esse.* 充軍在外 Tchōng kiūn tsaý ouáy. ‖ Revenir d'—. *In patr. reduci.* 充軍回來 Tchōng kiūn hoùy laỷ.

La loi chinoise punit de l'exil de trois manières : 1° elle condamne à l'exil dans la propre province ; 2° dans une autre province de l'Empire ; 3° dans la province d'Y-ly, hors de l'Empire. Ce dernier exil est ordinairement à perpétuité. Dans les circonstances solennelles, l'Empereur accorde des amnisties aux exilés.

EXILER, v. a. *Exsulāre.* 充軍 Tchōng kiūn.

EXISTANT, E, adj. *Esse.* 在的 Tsaý tỷ.

EXISTER, v. a. *Esse.* 在 Tsaý, ou 有 Yeòu. ‖ Vos parents —-ils? *Parentes ne supersunt?* 你的父母在 不在 Ngỷ tỷ foù moù tsaý poù tsaý. ‖ Dieu — par lui-même. *Ex se Deus est.* 天主是自有的 Tiēn Tchoù ché tsé yeòu tỷ.

EXORBITANT, E, adj. *Nimius.* 太多 Taý tō. 過餘的 Kó yù tỷ. 過分 Kó fēn tỷ. ‖ Faire une dépense —. *Multùm impendĕre.* 用多狠 Yóng tō hèn.

EXORCISER, v. a. *Exorcizāre.* 驅魔 Kiū mǒ.

EXORCISTE, s. m. *Exorcista, æ, m.* 有除魔的權 Yeòu tchǒu mǒ tỷ kiǔen.

EXORDE, s. m. *Exordium, ii, n.* 起頭講 Kỷ teǒu kiàng.

EXOTIQUE, adj. *Exoticus.* 外國的 Ouáy kouě tỷ.

EXPANSIF, VE, adj. *Dilatabilis.* 擴得寬的 Tán tě koūan tỷ. ‖ Homme —. *Effusus animus.* 過心腹的人 Kó sīn foù tỷ fòu jên.

EXSPECTATIVE, s. f. *Exspectatio, onis, f.* 等 Tèn. ‖ Être en — d'une place. *Munus exspectāre.* 後補 Heóu pòu.

EXPÉDIENT, E, adj. ‖ Il est —. *Expedit.* 有益 Yeòu ỷ.

EXPÉDIENT, s. m. (moyen). *Via, modus.* 方法 Fāng fǎ, ou 路 Loù. ‖ Trouver un —. *Invenīre modum.* 得方法 Tě fāng fǎ. ‖ Essayer un —. *Tentāre viam.* 試 Ché. ‖ Mettre en œuvre tous les —. *Adhibēre omnes modos.* 千方百計 Tsiēn fāng pě kỷ. ‖ Chercher un —. *Quærĕre —.* 找一个方法 Tchaò ỷ kó fāng fǎ. ‖ Il est —. *Oportet.* 該當 Kaý tāng.

EXPÉDIER, v. a. *Ciĕo conficĕre.* 快做 Kouáy tsoù. ‖ — une affaire. *Rem properāre.* 快完一宗事 Kouáy ouān ỷ tsōng sé, ou — quelqu'un. *Aliq. expedīre.* 帮人完事 Pāng jên ouān sé. ‖ — un ordre. *Mandatum —.* 命 Mín. 盼附 Fēn foù. 下扎 Hiá tchǎ'. ‖ — courrier sur courrier. *Mittĕre nuntios atque alios.* 陸續打發人送信 Loù siòu tà fǎ jên sóng sín. ‖ — quelqu'un. *Aliq. breviter perimĕre.* 用慢藥毒死人 Yóng mán yǒ toù sè jên.

EXPÉDITION, s. f. *Expedita rerum ratio.* 快做 Kouáy tsoú. ‖ Faire une — militaire. *Exercitum in expedit. ducĕre.* 攻打 Kōng tà.

EXPÉRIENCE, s. f. *Experientia, æ, f.* 見識 Kién chě, ou 試驗 Ché nién. ‖ Avoir l' —. *Habēre —.* 老手 Laò cheòu, ou 有見識 Yeòu kién chě. ‖ Sans —. 新手 Sīn cheòu.

EXPÉRIMENTER, v. a. *Experīri.* 試 Ché.

EXPERT, E, adj. *Sciens.* 知道 Tchē taó. ‖ Prendre un —. *Adhib. mediatorem.* 請中人 Tsìn tchōng jên.

EXPIER, v. n. *Expiāre.* 補贖 Pǒu choǔ. ‖ — un crime. *Scelus —.* 補贖罪 Pǒu choǔ tsoúy.

EXPIRER, v. a. *Spiritum emittĕre, mori.* 死 Sè, ou 喘氣 tchoùan kỷ, ou 落氣 Lǒ kỷ. ‖ La trêve —. *Exeunt induciæ.* 停戰期滿了 Tín tcháng kỷ màn leào. ‖ Le temps est —. *Exactis temporibus.* 時候過了 Ché heóu kó leào. ‖ Le billet ést —. *Tempus advenīre solvendi.* 還賬比期來了 Hoūan tcháng pỷ kỷ laỷ leào.

EXPLICATION, s. f. *Expositio, onis, f.* 解說 Kiàys chǒ.

EXPLICITE, adj. *Explicitus.* 明的 Mín tỷ.

EXPLIQUER, v. a. *Explanāre.* 解說 Kiàys chǒ. ‖ — sa pensée. *Mentem —.* 講明己意 Kiàng mín kỷ ý. ‖ — à la lettre. *Ad litteram —.* 逐字講 Tchoū tsé kiàng. ‖ — un passage par un autre. *Sensum textûs alic. per alium explicāre.* 借書講書 Tsié choŭ kiàng choŭ. ‖ S'—. *Mentem aperīre.* 說自己的意思 Chŏ tsé kỷ tỷ ý sē.

**EXPLOIT**, s. m. *Facinus, oris, n.* 大事 Tá sé.

**EXPLOITER**, v. a. *Colĕre terram.* 耕 Kēn. ‖ — une forêt. *Sylvam cædĕre.* 砍樹林 Kăn choŭ lín.

**EXPLOSION**, s. f. *Eruptio, ōnis, f.* 冒出 Maó tchŏu. ‖ — de colère. *Irarum æstus.* 大怒 Tá loù. ‖ — de poudre. *Pulveris —.* 火藥轟了 Hŏ yŏ hōng leăo.

**EXPORTER**, v. a. *Exportāre.* 運出 Yún tchŏu, ou 搬出去 Pān tchŏu kiŭ. ‖ — une marchandise. *Merces —.* 出口貨 Tchŏu keŏu hó.

**EXPOSER**, v. a. *Exponĕre.* 擺在眼前 Paỳ tsaý yèn tsiēn. ‖ — en public. *In publico —.* 擺在外頭 Paỳ tsaý oŭaý teŏu. ‖ — à l'air. *Exponĕre.* 晾 Leáng. ‖ — au soleil. *In sole —.* 晒 Cháy. ‖ — en vente. *Præconi subjicĕre.* 擺出來賣 Paỳ tchŏu laỳ maý. ‖ — un enfant. *Puerum exponĕre.* 丟娃娃 Tieōu oŭa oŭa. ‖ — un fait. *Rem narrāre.* 細談 Sý tán. ‖ — sa vie. *Caput objicĕre.* 不顧性命 Poŭ koú sín mín. ‖ S'— aux dangers. *Pericula adīre.* 自投凶險 Tsé teŏu hiōng hièn. ‖ —, le corps d'un condamné à mort, après l'exécution. *Cadaver rei —.* 肆尸 Sé chē, ou 肆陳 Sé tchēn. ‖ S'— à la risée. *Derisui esse.* 兜人恥笑 Teōu jèn tchě siáo. ‖ Maison bien —. *Domus aprica.* 房子的坐向好 Fáng tsè tỷ tsó hiáng haò.

**EXPRÈS, ESSE**, adj. *Certus.* 一定的 Ý tín tỷ. ‖ En termes —. *His ipsis verbis.* 明明的 Mín mín tỷ.

**EXPRÈS**, s. m. *Nuntius, ii, m.* 報信人 Paó sín jèn. ‖ Envoyer un —. *Certum — mittĕre.* 發人送快信 Fă jèn sóng koŭaỳ sín.

**EXPRÈS**, adv. *Datâ operâ.* 待意 Tě ý, ou 故意 Koú ý. ‖ Dire —. *Dicĕre —.* 故意說 Koú ý chŏ.

**EXPRESSÉMENT**, adv. *Expressis verbis.* 明明 Mín mín. ‖ — (nommément). *Nominātim.* 指名 Tchě mín.

**EXPRESSION**, s. f. *Elocutio, ōnis, f.* 辭詞 Tsě tsé. ‖ 話說出來 Chŏ tchoŭ laỳ. ‖ L'— est la même, le sens diffère. *Verbum idem, sensus differt.* 辭同意異 Tsé tóng ý ý. ‖ — noble. *Elegans.* 說得文雅 Chŏ tĕ oŭēn yă. ‖ — grossière. *Abjecta —.* 說得鹵莽 Chŏ tĕ loù máng.

**EX-PRÉTEUR**, s. m. *Ex prætore.* 前任總督 Tsiēn jén tsŏng toŭ.

**EXPRIMER**, v. a. (tirer le suc en pressant). *Eliciĕre.* 擠汁水 Tsý tchě choùy. ‖ — en tordant. — *contorquendo.* 扭乾 Nieŏu kān. ‖ — (énoncer sa pensée). *Proferre.* 說出 Chŏ tchoŭ. ‖ — clairement sa pensée. *Mentem aperīre.* 表明心事 Piăo mín sīn sé. ‖ S'— clairement. *Clarè —.* 說明明白白的話 Chŏ mín mìn pě pě tỷ hoá.

**EXPROPRIER**, v. a. *Dominio spoliāre.* 掳搶 Loŭ tsiăng.

**EXPULSER**, v. a. *Expellĕre.* 趕出 Kàn tchŏu.

**EXQUIS, E**, adj. *Exquisitus.* 美好的 Meỳ haŏ tỷ, ou 非凡 Feỳ fân. ‖ Fruits —. *Fructus —.* 好果子 Haŏ kŏ tsè. ‖ Mets —. *Dapes —.* 好餚饌 Haŏ hiáo tchoúan.

**EXTASE**, s. f. *Ecstasis, is, f.* 魂不附體 Hoŭen poŭ foŭ tỷ, ou 目瞪口呆 Moŭ tchén keŏu tchě. ‖ Avoir une —. *In ecstas. rapi.* 魂不附身 Hoŭen poŭ foŭ chēn, ou 魂不附體 Hoŭen poŭ foŭ tỷ.

**EXTASIER (S')**, v. n. *Mirāri.* 驚訝 Kīn yă. ‖ Il n'y a pas de quoi s'—. *Nihil est quod mirēris.* 不稀奇 Poŭ hỷ kỷ.

**EXTATIQUE**, adj. *Sæpè raptus in ecstasi.* 常魂不附體 Cháng hoŭen poŭ foŭ tỷ.

**EXTÉNUER**, v. a. *Extenuāre.* 弱 Jŏ. ‖ Être —. *Macie confectus.* 瘦 Seóu. ‖ — un crime. *Crimen minuĕre.* 減罪 Miě tsoúy.

**EXTÉRIEUR, E**, adj. *Externus.* 外的 Oŭaý tỷ.

**EXTÉRIEUR**, s. m. *Facies rei.* 外皮 Oŭaý pỷ, ou 皮面 Pỷ mién. ‖ — (visage). *Vultus.* 面容 Mién yōng. ‖ Avoir l'— d'un étranger. *Speciem extranei præ se ferre.* 不像本方人 Poŭ siáng pĕn fāng jēn. ‖ A l'—. *Extrinsecùs.* 在外 Tsaý oŭaý.

**EXTERMINER**, v. a. *Delēre.* 消滅 Siaō miě. ‖ — un peuple. *Gentem —.* 勦滅百姓 Tsiaŏ miě pě sín. ‖ — un vice. *Vitium recidĕre.* 斷絕罪根 Toŭán tsiuĕ tsoúy kēn.

**EXTERNE**, adj. *Externus.* 外的 Oŭaý tỷ.

**EXTINCTION**, s. f. *Exstinctio, ōnis, f.* 滅 Miě. ‖ — de voix. *Vocis amissio.* 啞聲 Há chēn. ‖ — d'une rente. *Pensionis abolitio.* 還清 Hoŭan tsīn.

**EXTIRPER**, v. a. *Exstirpāre.* 拔根 Pă kēn. ‖ — une hérésie. *Hæresim evellĕre.* 滅裂教 Miě liě kiáo. ‖ — une habitude. *Consuetudĭnem —.* 改毛病 Kaỳ maŏ pín.

**EXTORQUER**, v. a. *Extorquēre.* 搶索 Kŏ sŏ, ou 討 Tăo. ‖ — de l'argent. *Pecuniam —.* 搶索銀子 Kŏ sŏ ỳn tsè. ‖ — un aveu. *Confessionem —.* 拷問 Kăo oŭen. ‖ — le consentement. *Consensum —.* 強勉人依允 Kiáng mièn jēn ỳ yŭn.

**EXTRACTION**, s. f. (action d'extraire). *Expressio, ōnis, f.* 擠 Tsỷ. ‖ — (race, origine). *Genus.* 本 Pèn, ou 根 Kēn. ‖ — noble. *Nobile genus.* 出身高 Tchŏu chēn kaŏ. ‖ — basse. *Humile —.* 出身低 Tchŏu chēn tỷ.

**EXTRAIRE**, v. a. *Exprimĕre.* 擠 Tsỷ. ‖ — une mine. *Aperīre fodīnam.* 開 Kaý, ou 挖 Oŭă. ‖ — du charbon. *Carbones extrahĕre.* 挖煤炭 Oŭă meý tán.

**EXTRAIT**, s. m. *Extractum, i, n.* 膏 Kaō.

**EXTRAORDINAIRE**, adj. *Extraordinarius.* 非常的 Feỳ cháng tỷ, ou 非同小可 Feỳ tóng siaŏ kŏ. ‖ Pouvoir —. *Potestas —.* 格外的權 Kĕ oŭaý tỷ kiŭén.

Mérite —. *Eximium meritum.* 非常之功 Feÿ chằng tchē kōng.

**EXTRAVAGANCE**, s. f. *Ineptiæ, arum, f.* 糊說 Hoû chŏ. 
**EXTRAVAGUER**, v. n. *Delirāre.* 打糊說 Tà hoû chŏ. 
**EXTRÊME**, adj. *Summus.* 至大的 Tché tá tyˇ. ∥ — en tout. *Nimius in omnibus.* 過餘的 Kó yû tyˇ. ∥ — (extrémité). *Extrema.* 兩邊 Leằng piēn, ou 兩頭 Leằng teôu. 
**EXTRÊME-ONCTION**, s. f. *Extremæ Unctionis Sacramentum.* 終傅跴跡 Tchōng foû pyˇ tsyˇ. ∥ La recevoir. *Suscipěre —.* 領終傅跴跡 Lĭn tchōng foû pyˇ tsyˇ. ∥ La donner. *Perungěre.* 付終油 Foû tchōng yeôu. 
**EXTRÉMITÉ**, s. f. *Extremitas, atis, f.* 尾 Oùy. ∥ 尖 Tsiēn. 稍 Chaŏ. ∥ Les deux —. *Duo extrema.* 兩頭 Leàng teôu. ∥ — d'un pays. *Loci confinia.* 疆界 Kiāng kiáy. ∥ Être à l'—. *Jamjam moriturus esse.* 臨終 Lĭn tchōng, ou 差不多要死 Tchǎ' poŭ tŏ yáo sè. ∥ — (dernière nécessité). *Angustiæ.* 患難 Hoúan lán, ou 狠難 Hèn lán. ∥ Réduit à l'—. *In — urgēri.* 患難窘迫 Hoúan lán kiŏng pě. ∥ Attendre la dernière —. *Extrema experiri.* 等到臨時 Těn taó lĭn chê. ∥ —. *Ultima.* 傷了心 Chāng leào sĭn. ∥ Se porter aux —. *Ultima audēre.* 以爛為爛 ỷ lán oůy lán. 
**EXTRINSÈQUE**, adj. *Extrinsecùs.* 外面的 Oúay mién tyˇ. 
**EXULCÉRER**, v. a. *Exulcerāre.* 生瘡 Sēn tchoŭang. 
**EXULTER**, v. a. *Exultāre.* 喜歡 Hyˇ hoŭan. 
**EX-VOTO**, s. m. *Votiva tabella.* 還愿禮 Hoûan yúeu lyˇ.

**FABLE**, s. f. *Fabula, æ, f.* 借假事 Tsiĕ kià sé. 喻言 Yù yên. 假故事 Kià koû sé. 白話 Pě hoá. ∥ Raconter des —. *narrāre.* 說假故事 Chŏ kià koû sé, ou 擺故事 Paỷ koû sé. ∥ Être la — de la ville. *In totâ urbe insignem cantāri.* 一城人笑他 ỷ tchéng jên siáo tā. 
**FABRICANT**, s. m. *Fabricator, oris, m.* 匠人 Tsiáng jên. ∥ — de fausses nouvelles. *— rumorum.* 造謠言的人 Tsaó yáo yên tyˇ jên. ∥ — de fausse monnaie. *Sapecarum adulterator.* 鑄私錢的人 Tcheóu sē tsiēn tyˇ jên. 
**FABRIQUE**, s. f. (travail). *Opus, eris, n.* 工夫 Kōng foû. — (lieu où l'on fabrique). *Officina.* 舖子 Poú tsè. ∥ — (revenus de la paroisse). *Reditus alic. templi.* 本堂常數 Pěn tằng chằng soú. ∥ Être de même —. *Idem esse.* 都是一牢的 Toû chéỷ laŏ tyˇ. 
**FABRIQUER**, v. a. *Fabricāre.* 做 Tsoú. ∥ — de la toile. *Telam texěre.* 織布 Tchē poú. 
**FABULEUX, SE**, adj. *Falsus.* 假的 Kià tyˇ. 
**FAÇADE**, s. f. *Facies domùs.* 房正面子 Fâng tchén miên tsè. 
**FACE**, s. f. *Facies, ci, f.* 面 Mién. ∥ En —. *Corám.* 當面 Tāng mién, ou 對面 Toúy mién. ∥ Regarder en —. *Aliq. contrà aspicěre.* 對面看 Toúy mién kǎn. ∥ Reprocher en —. *Corám exprobāre.* 對面責 Toúy mién tsě. ∥ N'avoir plus de — (expression chinoise pour dire que quelqu'un s'est déshonoré). *Sibi infamiam inurěre.* 莫得臉 Mô tě liěn. ∥ Résister en —. *Præsenti obsistěre.* 當面敵鬥 Tāng mién tyˇ teóu. ∥ Se regarder — à —. *Inter se aspicěre.* 對面看 Toúy mién kǎn. ∥ Les choses ont changé de —. *Nunc alia est ratio rerum.* 事情開了 Sé tsĭn kǎy leào. ∥ Faire volte-— aux ennemis. *Ad hostes transire.* 投賊 Teóu tsě. ∥ — d'une maison. *Frons domùs.* 房面子 Fâng mién tsè. ∥ — des choses. *Status rerum.* 光景 Koūang kĭn. ∥ Changer la — des affaires. *Commutāre res.* 事情變了 Sé tsĭn pién leào. 
**FACÉTIE**, s. f. *Facetiæ, arum, f.* 趣話 Tsiǔ hoá. 
**FACÉTIEUX, SE**, adj. *Facetus.* 說趣話的 Chŏ tsiǔ hoá tyˇ. ∥ Être —. *Facetias dicěre.* 說趣話 Chŏ tsiǔ hoá. ∥ Faire le —. *Cavillāri.* 說笑 Chŏ siáo. 
**FACETTE**, s. f. *Latusculum, i, n.* 稜子 Lèn tsè. 
**FÂCHER**, v. a. *Molestāre.* 嘮嗼人 Lǒ sŏ jên. ∥ Être — de. *Dolēre; ægrè ferre.* 難當 Lán tāng, ou 憂悶 Yeōu mén. ∥ — (mettre en colère). *Movēre iram.* 惹人發怒 Jě jên fă loú. ∥ Être — contre quelqu'un. *Alic. esse iratus.* 冒火人 Maó hŏ jên. ∥ Se — de. (se chagriner) *Dolēre.* 憂悶 Yeōu mén.

‖ Se — (se mettre en colère). *Irasci.* 發怒 Fă loú.

**FÂCHEUX, SE,** adj. *Molestus.* 囉唆 Lŏ sō tỷ. ‖ Accident —. *Acerbus casus.* 凶事 Hiŏng sé, ou 不吉的事 Poŭ kỷ tỷ sé. ‖ Cela est —. *Dolendum est.* 可惜了 Kò sỷ leào. ‖ Affaire —. *Invisa negotia.* 不順遂的事 Poŭ chuén choŭ tỷ sé.

**FACILE,** adj. *Facilis.* 容易的 Yŏng ý tỷ. ‖ — à croire. — *creditu.* 容易信的 Yŏng ý sín tỷ. ‖ — à dire. *Dictu.* 容易說 Yŏng ý chŏ. ‖ Naturel —. *Indoles commoda.* 本性溫柔 Pèn sín ouēn jeòu. ‖ — (condescendant). *Indulgens.* 順性的人 Chuén sín tỷ jên. ‖ — (indulgent). *Benignus.* 仁慈的 Jên tsé tỷ.

**FACILITÉ,** s. f. *Facilitas, atis, f.* 容易的 Yŏng ý tỷ. ‖ — à parler. *Dicendi facultas.* 口才 Keŏu tsăy. ‖ —. *Nimia indulgentia.* 過餘仁慈 Kó yû jên tsé. ‖ Avoir de la —. *Naturali donāri ingenio.* 才行 Tsăy hîn, ou 伶俐 Lîn lý.

**FACILITER,** v. a. *Facilem reddĕre.* 做容易 Tsoú yŏng ý. ‖ — la fuite. *Fugam dāre alic.* 放他走 Fáng tā tsoŭ.

**FAÇON,** s. f. *Modus, i, m.* 樣子 Yáng tsè. ‖ — d'agir. *Ratio agendi.* 行爲擧動 Hîn oŭy kiù tóng. ‖ — de vivre. *Vitæ ratio.* 行爲 Hîn oŭy. ‖ En nulle —. *Nullo modo.* 總不 Tsŏng poŭ. ‖ En aucune —. *Nullo modo.* 使不得 Chè poŭ tĕ, ou 十分使不得 Chĕ fén chè poŭ tĕ. ‖ De plusieurs —. *Pluribus modis.* 幾樣 Kỷ yáng. ‖ D'une autre —. *Alius modi.* 別樣 Piĕ yáng. ‖ En quelque —. *Quodammodŏ.* 有个樣子 Yeòu kó yáng tsè. ‖ De quelle —. *Quomodo?* 怎樣 Tsèn yáng. ‖ De quelque — que ce soit. *Quoquo modo.* 不論那樣 Poŭ lén là yáng, ou 不論甚麼樣 Poŭ lén chén mô yáng. ‖ De — que. *Adeŏ ut.* 這樣 Tchĕ yáng. ‖ De cette —. *Hoc modo.* 這樣 Tchĕ yáng. ‖ A la — des hommes. *Humano modo.* 人樣 Jên yáng. ‖ D'une — étrange. *Mirum in modum.* 稀奇 Hý kỷ. ‖ — (travail de l'artisan). *Opera —.* 工夫 Kōng foŭ. ‖ La — surpasse le fond. *Opus materiam superat.* 工夫高過材料 Kōng foŭ kaō kó tsăy leáo. ‖ — (labour donné à la terre). *Cultura.* 耕 Kēn. ‖ Première —. *Prima —.* 犁板田 Lỷ pàn tiên. ‖ Deuxième —. *Iteratio.* 犁二犁 Lỷ eul lỷ. ‖ — (forme, figure). *Habitus, forma.* 品格 Pĭn kĕ. ‖ Avoir bonne —. *Eximia formā esse.* 品格好 Pĭn kĕ haò. ‖ — (manières). *Ratio agendi.* 作事 Tsó sé, ou 爲人 Oŭy jên. ‖ Changer de —. *Mutāre mores.* 改規矩 Kaỷ koŭy kiù. ‖ — (cérémonie). *Urbanitas.* 禮信 Lỷ sín. ‖ Faire des —. *Agĕre parùm familiariter.* 假意推 Kiă ý toŭy, ou 過餘虛謙 Kó yû hiū kiên. ‖ Sans —. *Liberè.*

不用大禮 Poŭ yóng tá lỷ. ‖ Agir sans —. *Liberiùs se gerĕre.* 洒落 Sà lŏ, ou 一請就來 Ỷ tsìn tsieóu laỷ.

**FACOND, E,** adj. *Facundus.* 有口才 Yeòu keŏu tsăy.

**FAÇONNER,** v. a. *Rem informāre.* 做樣子 Tsoú yáng tsè. ‖ — quelqu'un. *Erudire aliquem.* 敎人 Kiáo jên.

**FAC-SIMILE,** s. m. *Exemplar originali simile.* 模字 Moŭ tsé, ou 蒙寫下來的字 Mōng siè hiá laỷ tỷ tsé. ‖ Faire un —. *Facĕre exempl.* 打模字 Tà moŭ tsé.

**FACTEUR,** s. m. *Opifex, icis, m.* 匠人 Tsiáng jên. ‖ — de lettres. *Tabellarius.* 送信的人 Sóng sín tỷ jên.

**FACTIEUX, SE,** adj. *Factiosus.* 結黨 Kiĕ tàng.

**FACTION,** s. f. *Factio, onis, f.* 結黨 Kiĕ tàng. ‖ S'engager dans une —. *Parti favēre.* 入賊黨 Joŭ tsĕ tàng. ‖ Être chef de —. *Dux esse —.* 頭子 Teŏu tsè, ou 爲首 Oŭy cheŏu. ‖ — (fonction d'un soldat en sentinelle). *Statio, excubiæ.* 巡察 Siûn tchằ. ‖ Être en —. *Esse in statione.* 巡察 Siûn tchằ, ou 看守 Kăn cheóu.

**FACTORERIE,** s. f. *Institorum sedes.* 行 Hàng. ‖ — européennes. *Institorum europ. sedes.* 洋行 Yáng hàng.

**FACTOTUM,** s. m. *Ardelio, onis, m.* 多事的人 Tō sé tỷ jên.

**FACTURE,** s. f. *Mercium index.* 貨單子 Hó tān tsè.

**FACULTÉ,** s. f. *Facultas, atis, f.* 理 Lỷ, ou 才能 Tsăy nîng. ‖ Les trois — de l'âme. *Tres animæ facultates.* 靈魂三司 Lîm hoûen sān sē. ‖ — (biens). *Bona.* 家業 Kiā niĕ.

**FADAISE,** s. f. *Nugæ, arum, f.* 小事 Siào sé. ‖ Dire des —. *Nugas effutīre.* 說空話 Chŏ kŏng hoá.

**FADE,** adj. *Saporis expers.* 無味 Oŭ oúy, ou 淡的 Tán tỷ. ‖ Vin —. *Vinum sine sapore.* 淡酒 Tán tsieòu. ‖ Homme —. *Fatuus homo.* 莫趣的人 Mŏ tsiŭ tỷ jen. ‖ Raillerie —. *Inficetiæ.* 莫趣的話 Mŏ tsiŭ tỷ hoá.

**FADEUR,** s. f. *Insulsitas, atis, f.* 無味 Oŭ oúy. ‖ Parler avec —. *Putidè dicĕre.* 說無味道的話 Chŏ oŭ oúy taó tỷ hoá.

**FAGOT,** s. m. *Fascis, is, m.* 一細柴 Ỷ koŭen tchăy. ‖ Compter des —. *Nugas dicĕre.* 說空話 Chŏ kŏng hoá.

**FAGOUE,** s. f. *Glandula, æ, f.* 嗉 Soŭ. ‖ — des bœufs. — *bubularis.* 嗉帶 Soú taỷ.

**FAIBLE,** adj. *Debilis.* 軟弱 Joùan jŏ. ‖ Santé —. *Tenuis valetudo.* 體弱 Tỷ jŏ. ‖ Vue —. *Oculor. debilitas.* 眼睛鈍 Yèn tsīn tén. ‖ Esprit —. *Imbecillis animus.* 明悟淺 Mîn oú tsièn. ‖ Chacun a son —. *Quisque*

FAI          FAI          189

*aliq. parte est imbellis.* 各有各的毛病 Kŏ yeòu kŏ tỷ maŏ pín. ‖ — penchant pour quelqu'un. *Nimia in aliq. indulgentia.* 偏愛 Piēn gaý.

**FAIBLESSE**, s. f. *Imbecillitas, atis, f.* 衰弱 Chouāy jŏ. ‖ — de caractère. — *animi.* 本性軟弱 Pèn sín joùan jŏ. ‖ Tomber en —. *Animo linqui.* 頭運心昏 Teòu yún sīn hoūen.

**FAÏENCE**, s. f. *Vas fictile.* 土器 Toǔ kỷ.

**FAILLIBLE**, adj. *Errori obnoxius.* 能錯的 Lên tsŏ tỷ.

**FAILLIR**, v. n. *Errāre.* 錯 Tsŏ. ‖ — en parlant. — *loquendo.* 說錯 Chŏ tsŏ. ‖ Le cœur lui —. *Defuit illi animus.* 他的心虛了 Tā' tỷ sīn hiū leào. ‖ — tuer quelqu'un). *Parùm abfuit quin aliq. occiderit.* 差不多殺了他 Tchā' poŭ tō chă leào tā'. ‖ — (faire faillite). *Bonam copiam ejurāre.* 倒號 Taò haó. ‖ — (tomber). *Propè casurus.* 幾呼跌了 Kỷ hoū tiē' leào.

**FAILLITE**, s. f. *Bonorum ejuratio.* 倒號 Taò haó, ou 倒行 Taò hâng. ‖ Faire —. *Solvendo non esse parem.* 倒號 Taò haó. ‖ — frauduleuse. *Fraudulenter* —. 假裝倒號 Kià tchoāng taò haó.

**FAIM**, s. f. *Fames, is, f.* 餓 Oúo. ‖ Avoir —. *Esurīre.* 餓 Oúo. ‖ Mourir de —. *Fame confici.* 餓死 Oúo sè. ‖ Apaiser sa —. *Famem levāre.* 止飢 Tchè kỷ. ‖ Assouvir sa —. — *explēre.* 喫飽 Tchĕ paŏ. ‖ Endurer la —. — *ferre.* 受飢 Cheóu kỷ. ‖ Faire mourir quelqu'un de —. *Fame necāre.* 餓死人 Oúo sè jēn, ou 餓殺人 Oúo chă jēn. ‖ Se laisser mourir de —. *Se* — *jugulāre.* 自巳餓死 Tsé kỷ oúo sè. ‖ Avoir — des richesses. *Auri sacra fames.* 貪財 Tān tsáy.

**FAÎNE**, s. f. *Nux fagina.* 青掆子 Tsīn kāng tsè.

**FAINÉANT, E**, adj. *Desidiosus.* 懶的 Làn tỷ. ‖ Être —. *Languēre desidiā.* 懶人 Làn jēn. ‖ Devenir —. *Desidiæ se dedēre.* 懶 Làn.

**FAIRE**, v. a. *Creāre.* 造 Tsáo, ou 做 Tsoú. ‖ — de rien. *Creāre.* 從無造成 Tsŏng oŭ tsaó tchén. ‖ — des enfants. *Liberos procreāre.* 傳生 Tchoân sēn. ‖ — des œufs. *Ova parĕre.* 下蛋 Hiá tán. ‖ — ses petits. *Fœtum edĕre.* 下 Hiá, ou 下息 Hiá tsày. ‖ — (composer). *Componĕre, conficĕre.* 修 Sieōu. ‖ — un ouvrage. *Opus facĕre.* 做工夫 Tsoú kōng foū. ‖ — des vers. *Versus facĕre.* 做詩 Tsoú chē. ‖ — un pont. *Pontem facĕre.* 修橋 Sieōu kiaŏ. ‖ — une maison. *Domum construĕre.* 修房子 Sieōu fâng tsè. ‖ — un habit. *Vestem conficĕre.* 縫衣服 Fông ỷ foŭ. ‖ — une épée. *Gladium fabricāre.* 打劍 Tà kién. ‖ — un tableau. *Tabulam pingĕre.* 畫像 Hoá siâng. ‖ — de la toile. *Telam texĕre.* 織布 Tchĕ poú. ‖ — une lettre. *Epistolam scribĕre.* 寫書信 Siè choū sín. ‖ — le triste. *Fingĕre tristem* —. 裝憂悶 Tchoāng yeōu mén. ‖ — une nouvelle. *Nuntium fingĕre.* 造謠言 Tsaó

yâo yên. ‖ L'araignée — sa toile. *Aranea telam conficit.* 蜘蛛牽綢 Tchĕ' tchoū kiēn oùang. ‖ — (opérer, exécuter). *Agĕre, conficĕre.* 做 Tsoú. ‖ Cela ne — rien. *Hoc non refert.* 這個不相干 Tchĕ' kó poŭ siāng kān. ‖ — un miracle. *Miraculum patrāre.* 顯聖跡 Hièn chén tsỷ. ‖ — du bruit. *Sonitum edĕre.* 打響 Tà hiâng. ‖ — le malade. *Fingĕre morbum.* 裝假有病 Kià tchoāng yeòu pín. ‖ — sa besogne. *Pensum conficĕre.* 滿本分 Màn pèn fēn. ‖ — son devoir. *Munus implēre.* 滿本分 Màn pèn fēn. ‖ — au-dessus de ses forces. *Majora tentāre.* 心大 Sīn tá. ‖ — une faute. *Errāre.* 錯 Tsŏ. ‖ — une faute. *Peccāre.* 犯罪 Fán tsoúy. ‖ — du bien à quelqu'un. *De aliq. benè merēri.* 厚待人 Heòu taý jēn. ‖ J'en — mon affaire. *Id in me recipio.* 是我的事 Ché ngŏ tỷ sé, ou 那個事歸於我 Lá kó sé koūy yù ngŏ. ‖ — du mal à quelqu'un. *Malè alicui facĕre.* 剋薄人 Kŏ' pŏ jēn. ‖ — violence à quelqu'un. *Cogĕre aliq.* 强勉人 Kiâng mièn jēn. ‖ — une promenade. *In horto ambulāre.* 在園子走耍 Tsaý yûen tsè tseòu choà. ‖ — (conclure, terminer). *Efficĕre.* 做完 Tsoú oûan. ‖ — la paix. *Pacem facĕre.* 取合 Tsiǔ hŏ. ‖ — l'épreuve. *Experīri.* 試 Ché. ‖ — (agir en général). *Facĕre.* 做 Tsoú. ‖ Que — -vous? *Quid agis?* 你做甚麼 Ngỷ tsoú chén mŏ. ‖ — comme vous voudrez. — *pro libitu.* 隨便做 Soùy pién tsoú. ‖ N'avoir rien à —. *Vacuus esse.* 得空 Tĕ' kōng, ou 得閒 Tĕ' hiên. ‖ Ne savoir que —. *Quid agendum nescīre.* 打不起主意 Tà poŭ kỷ tchoù ý. ‖ — (user, disposer). *Impendĕre.* 用 Yóng. ‖ — beaucoup de dépenses. *Multum impendĕre.* 用得多 Yóng tĕ' tō. ‖ — (acquérir, amasser). *Acquirĕre.* 得 Tĕ'. ‖ — beaucoup d'argent. *Acq. argentum.* 得多少的銀子 Tĕ' tō chaŏ tỷ ỷn tsè. ‖ — fortune. *Ditescĕre.* 發財 Fă tsaý. ‖ — (être cause, porter à). *Suadēre, impellĕre.* 勤 Kiûen, ou 兜 Teōu. ‖ — pleurer. *Lacrymas ciēre.* 兜人哭 Teōu jēn koŭ. ‖ — faire. *Jubēre.* 命 Kiũen ou 吩附 Fēn foú. ‖ — en sorte que. *Curāre.* 管 Koùan. ‖ — le Ciel! *Faxit Deus, ut.* 巴不得 Pā poŭ tĕ'. ‖ Il — beau temps. *Cœlum serenum est.* 天氣好 Tiēn kỷ haŏ. ‖ Il — chaud. *Viget calor.* 天氣熱 Tiēn kỷ jĕ'. ‖ Le soleil — son tour en 365 jours. *Sol conversionem conficit intrā 365 dies.* 太陽一轉走三百六十五天 Táy yâng ỷ tchoùan tseòu sān pĕ' loǔ chĕ' oŭ tiēn. ‖ —. *Aptāre.* 做合式 Tsoú hŏ ché. ‖ — un lit. *Lectum sternĕre.* 鋪床 Pŏu tchoŭang. ‖ — la barbe. *Radĕre barbam.* 剃鬍 Tỷ hoŭ tsè. ‖ — une chambre. *Cubiculum componĕre.* 排設房屋 Paý chĕ' fâng oŭ. ‖ — le bec à quelqu'un. *Loquelam aliq. informāre.* 敎他說話 Kiaó tā' chŏ hoá. ‖ Ne — que manger. *Semper manducāre.* 不住口的喫 Poŭ tchoú keòu tỷ tchĕ'.

Il ne — que d'arriver. *Vix advenit.* 他纔來 Tá tsaý laý. ‖ Ne — que sortir. *Nuper discedëre.* 纔走了 Tsaý tseòu leào. ‖ Que — de cela? *Ad quid adhibëre hoc?* 這個有什麽用處 Tché kó yeòu ché mò yóng tchóu. ‖ Se —. *Id fieri potest.* 使得 Chè tě, ou 可以 Kǒ ỷ. ‖ Se — vieux. *Senescëre.* 老 Laò. ‖ Se —. *Maturescëre.* 黃 Hoûang. ‖ Se — (s'accoutumer). *Rei assuescëre.* 慣習 Koûan sỳ.

**FAISABLE**, adj. *Licitus.* 使得的 Chè tě tỷ. 可以的 Kò ỷ tỷ. 做得的 Tsoú tě tỷ.

**FAISANDÉ, ÉE**, adj. (s'il s'agit des animaux sauvages). *Si de animal. sylvestr.* 山臭 Chān tcheóu. ‖ — (des poissons). *De piscibus.* 鰻臭 Sīn tcheóu. ‖ — (de la viande). *De carne.* 膵臭 Saō tcheóu. ‖ — (du pain). *De pane.* 煤臭 Meý tcheóu.

**FAISANDER (SE)**, v. n. *Carnis ferinæ odorem trahëre.* 有點山殤 Yeòu tièn chān tcheóu.

**FAISCEAU**, s. m. *Fascis, is, m.* 一包 Ỷ paō, ou 一紺 Ỷ kouèn.

**FAIT, E**, adj. *Effectus.* 做完的 Tsoú oûan tỷ. ‖ C'est — de moi. *Disperii.* 我罷了 Ngǒ pá leào, ou 吾命休矣 Oû mín hieòu yè. ‖ Voilà qui est —. *Factum volo.* 可以 Kò ỷ. ‖ Ce soulier est — pour mon pied. *Calceus pedi convenit.* 這鞋子合我的脚 Tché haý tsè hò ngò tỷ kiǒ. ‖ Je suis ainsi —. *Sic sum.* 是我的本性 Ché ngò tỷ pèn sín. ‖ — au travail. *Labori assuetus.* 慣習做活路 Koûan sỳ tsoú hǒ loú.

**FAIT**, s. m. *Factum, i, n.* 事情 Sé tsīn, ou 行實 Hīn ché. ‖ Exposer le —. *Rem exponëre.* 講事 Kiàng sé. ‖ Esprit bien —. *Subactum ingenium.* 寬弘的人 Koûan hông tỷ jên. ‖ Venir au —. *Ad rem venïre.* 直說出來 Tchě chǒ tchóu laý. ‖ Bien — (bonne mine). *Egregiæ formæ.* 人品好 Jên pǐn haò. ‖ Voies de —. *Violentia.* 强勉 Kiǎng mièn. ‖ Prendre sur le —. *Manifestò tenëre.* 過人作 Yú jên tsó —. 逢見做 Póng kièn tsoú. ‖ Être au —. *Callëre.* 熟 Choǔ. ‖ Prendre — et cause pour quelqu'un. *Patrocinium suscipëre.* 當保人 Tāng paò jên. ‖ Être sûr de son —. *Certò scire.* 曉得一定 Hiaò tě ỷ tín. ‖ Poser en —. *Pro certo affirmäre.* 敢保 Kàn pào. ‖ Entendre son —. *Ad questum callëre.* 會找錢 Hoúy tchaò tsièn. ‖ Tout à —. *Penitùs.* 全全 Tsúen tsúen. ‖ De —. *Reverá.* 果然 Kò jân.

**FAÎTAGE**, s. m. *Culmen, inis, n.* 中梁 Tchōng leâng.

**FAÎTE**, s. m. *Culmen domùs.* 房頂 Fâng tǐn. ‖ — des honneurs. *Fastig. honor.* 得大功名 Tě tá kōng mîn. ‖ En être précipité. *De cœlo detrahi.* 罷職 Pá tchǒ.

**FAIX**, s. m. *Pondus, eris, n.* 担子 Tán tsè. ‖ Plier sous le —. *Oneri succumbëre.* 担子壓倒 Tán tsè yǎ taò.

**FALLACIEUX, SE**, adj. *Fraudulentus.* 哄騙人的 Hòng piên jên tỷ.

**FALLOIR**, v. imp. *Necesse esse, oportëre.* 該當 Kaý tāng, ou 定要 Tín yáo. ‖ Comme il —. *Ut par est.* 理當 Lỷ tāng. ‖ S'en — beaucoup. *Plurimùm abest.* 隔得遠 Kě tě yùen. ‖ S'en — peu. *Parùm abfuit quin moreretur.* 幾乎死了 Ký foù sè leào. ‖ Il — se taire. *Non oportet loqui.* 不要說 Poú yáo chǒ. ‖ Il s'en — 5 taëls de la somme. *Desunt quinque taelia.* 少八兩 Chào pǎ leâng.

**FALOT**, s. m. *Laterna, æ, f.* 大燈籠 Tá tēn lông.

**FALSIFIER**, v. a. *Adulteräre.* 參假 Tsān kià. ‖ — un écrit. *Scriptum depraväre.* 寫假契 Siè kià ký. ‖ — l'huile. *Oleum —.* 攙假油 Tchān kià yeòu.

**FAMEUX, SE**, adj. *Famosus.* 出名的 Tchǒu m.n tỷ.

**FAMILIARISER (SE)**, v. r. *Familiaris esse.* 相熟不講禮 Siāng choǔ poǔ kiàng lỷ. ‖ — (en mauv. part). *Libidinis commercium.* 私交 Sē kiaō.

**FAMILIARITÉ**, s. f. *Familiaritas, atis, f.* 相熟的事 Siāng choǔ tỷ sé.

**FAMILIER, ÈRE**, adj. *Familiaris.* 相熟 Siāng choǔ. ‖ Être —. *Esse alicui familiaris.* 合他相熟 Hǒ tá siāng choǔ.

**FAMILIÈREMENT**, adv. *Familiariter.* 不用禮 Poǔ yóng lỷ, ou 相熟的樣子 Siāng chōn tỷ yáng tsè.

**FAMILLE**, s. f. *Familia.* 一家 Ỷ kiā. ‖ Père de —. *Pater —.* 家長 Kiā tchàng. ‖ Mère de —. *Mater —.* 主母 Tchoù moù. ‖ Être de bonne —. *Nobili loco natus.* 大家人戶的 Tá kiā jên foú tỷ. ‖ Perpétuer la —. *Familiam continuäre.* 傳續 Tchoûan soǔ. ‖ Le faire en adoptant des héritiers hors de sa famille. 傳嗣 Tchoûan sé. ‖ Détruire toute une famille par châtiment légal. Ce qui a lieu en Chine, par ordre du gouvernement, à l'égard des rebelles ou célèbres malfaiteurs. *Delëre aliquam familiam.* 誅滅九族 Tchoū miě kieòu tsoǔ.

**FAMINE**, s. f. *Fames, is, f.* 餓 Oúo. ‖ Année de —. *Annus sterilis.* 荒年 Hoûang nièn.

**FANAL**, s. m. *Pharus, i. m.* 烟燈 Yēn tēn, ou 燈臺 Tēn taý, 天燈 Tiēn tēn. 一照天燈 Ỷ tcháo tiēn tēn.

**FANATIQUE**, adj. *Fanaticus.* 過餘熱烈 Kó yû jě liě, ou 跳神婆 Tiaǒ chēn pǒ.

**FANER (SE)**, v. r. *Marcescëre.* 黃 Hoûang, ou 綿了 Niên leào.

**FANFARON**, s. m. *Thraso, onis, m.* 誇口的 Koûa keǒu tỷ.

FAN  FAU  191

il Faire le —. *De se prædicāre.* 誇自己 Koǔa tsé kỳ.

**FANGE**, s. f. *Lutum, i, n.* 泥 Ngỳ. ‖ Être dans la —. *In luto esse.* 陷在泥內 Hán tsaý ngỳ loúy. ‖ — du vice. *Vitiorum gurges.* 罪汚 Tsoúy oū.

**FANON**, s. m. *Palear, aris, n.* 嗉帶 Soú taỳ. ‖ — des bœufs. *Boum —.* 胡牛 Hoû nieôu. ‖ — de la mitre. *Fasciæ.* 飄帶 Piǎo táy.

**FANTAISIE**, s. f. *Arbitrium, ii, n.* 怪意 Koúay ý. 妄想 Ouáng siàng. 毛病 Maô pín. ‖ Vivre à sa —. *Ad vivĕre.* 隨便自己做 Soûy pién tsé kỳ tsoú. ‖ Chacun a sa —. *Cuique libido est.* 各有所好 Kŏ yeòu sô háo. ‖ Agir par —. *Libidine agĕre.* 隨偏情 Soûy pién tsīn.

**FANTASQUE**, adj. *Morosus.* 古怪本性 Koù koúay pèn sín.

**FANTASSIN**, s. m. *Pedes, itis, m.* 步兵 Poú pīn.

**FANTASTIQUE**, adj. *Fictus.* 假的 Kià tỳ.

**FANTÔME**, s. m. *Spectrum, i, n.* 古怪 Koù koúay, ou 妖氣 Yào kỳ.

**FAQUIN**, s. m. *Fatuus.* 花花公子 Hoā hoā kōng tsè, ou 愛排塲 Gáy pày tchǎng.

**FARCE**, s. f. *Farcimen, inis, n.* 碎肉 Soúy joū. ‖ — (comédie bouffonne). *Mimi.* 把戲 Pà hý.

**FARCEUR**, s. m. *Mimus, i, m.* 戲子 Hý tsè.

**FARCIN**, s. m. *Scabies, ei, f.* 癩瘡 Laý tchoāng.

**FARCIR**, v. a. *Infarcīre.* 貫肉 Koǔan joū. ‖ Se — de viandes. *Carnib. se ingurgitāre.* 狠喫虎喫的樣子 Lǎng tchě̆ hoù tchě̆ tỳ yáng tsè.

**FARD**, s. m. *Fucus, i, m.* 鉛粉 Yùen fèn, ou 臙脂 Yén tchě̆. ‖ — (feinte). *Simulatio.* 假裝 Kià tchoāng.

**FARDEAU**, s. m. *Onus, eris, n.* 担子 Tán tsè. ‖ Porter un —. *Ferre —.* 挑担子 Tiāo tán tsè. ‖ Décharger un —. *Deponĕre.* 放担子 Fáng tán tsè.

**FARDER**, v. a. *Fuco se illinĭre.* (En blanc). 抹粉 Mŏ fèn. ‖ (En rouge). 擦臙 Tchǎ yēn. ‖ — (fig.). *Simulāre.* 假裝 Kià tchoāng

**FARINE**, s. f. *Farina, æ, f.* 麥麪 Mě̆ mién. ‖ — fine. *Pollen —.* 細麪 Sý mién, ou 上麪 Cháng mién. ‖ — grossière. *Crassa —.* 粗麪 Tsoū mién. ‖ Faire de la —. *Facĕre —.* 磨麥麪 Mô mě̆ mién. ‖ — de nénuphar. *Nymphææ —.* 藕粉 Geòu fèn. ‖ — de Gîn ko, ou Saliburie. 白合粉 Pě̆ hŏ fèn. ‖ Gens de même —. *Ejusdem farinæ homines.* 一類的人 Ỳ loúy tỳ jēn.

**FAROUCHE**, adj. *Ferus.* 野的 Yè tỳ, ou 惡的 Ngŏ tỳ. ‖ Homme —. *Homo asper.* 粗莽人 Tsoū màng jēn. ‖ Vertu —. *Austera virtus.* 大尅苦 Tá kě̆ koù.

**FASCINER**, v. a. *Fascināre.* 用邪法迷人 Yóng siě̆ fǎ

mỳ jēn. ‖ — (éblouir, tromper). *Oculos decipĕre.* 哄人 Hòng jēn, ou 瞞人 Mân jēn.

**FASHIONABLE**, adj. *Eleganter comptus.* 愛打扮過餘 Gaý tà pàn kŏ yú.

**FASTE**, s. m. *Fastus, ûs, m.* 體面 Tỳ mién, ou 排塲 Pày tchǎng.

**FASTES**, s. m. *Pasti, orum, m.* (Calendrier des païens.) 黃倒 Hoûang lỳ. ‖ — des chrétiens. 瞻禮單 Tchān lỳ tān. ‖ — du royaume. — *Imperii.* 史書 Chě̆ choū.

**FASTIDIEUX, SE**, adj. *Molestus.* 厭人 Yén jēn. ‖ Être —. *Fastidium movēre.* 厭人 Yén jēn.

**FAT**, adj. *Fatuus.* 本人 Pèn jēn, ou 虛誇 Hiū koūa.

**FATAL, E**, adj. *Fatalis.* 凶事 Hiōng sé, ou 利害 Lý háy. ‖ —. *Funestus.* 凶的 Hiōng tỳ. ‖ Jour —. *Dies —.* 凶日 Hiōng jě̆.

**FATALITÉ**, s. f. *Fatum, i, n.* 有天命 Yeòu Tiēn mìn, ou 運氣 Yún kỳ.

**FATIGANT, E**, adj. *Operosus.* 僗人的 Loúy jēn tỳ. ‖ — (qui est à charge). *Molestus —.* 難爲人 Lán oǔy jēn. ‖ Métier —. *Ars operosa.* 手藝苦 Cheòu nỳ koù.

**FATIGUE**, s. f. (travail fatigant). *Labor, oris, m.* 難工夫 Lán kōng foú, ou 費力的活路 Feỳ lỳ tỳ hŏ loú. ‖ — (lassitude). *Fatigatio.* 僗 Loúy. ‖ Éprouver de la —. *Fatigatus esse.* 僗了 Loúy leào.

**FATIGUER**, v. a. *Fatigāre.* 僗人 Loúy jēn, ou 囉唆 Lō sō. ‖ — (vexer). *Exercēre.* 難爲人 Lán oǔy jēn, ou 苦人 Koù jēn. ‖ —. *Sudāre labore.* 費力 Feỳ lỳ.

**FATRAS**, s. m. *Farrago, inis, f.* 事繁雜 Sé fân tsǎ. ‖ — de paroles. *Profluentia verborum.* 話多 Hoá tō.

**FAUBOURG**, s. m. *Suburbium, ii, n.* 城外 Tchêñ oúay, ou 關廂 Koūan siāng.

**FAUCHER**, v. a. *Desecāre.* 割草 Kŏ tsǎo.

**FAUCILLE**, s. f. *Falcula, æ, f.* 鐮刀 Lién taō.

**FAUFILER**, v. a. *Præsuĕre.* 串面 Tchoǔan kỳ. ‖ Se —. *Curāre de alienis.* 管閒事 Koǔan hién sé.

**FAUSSE-COUCHE**, s. f. *Abortus, ûs, m.* 小産 Siào tchǎn.

**FAUSSE-PORTE**, s. f. *Secreta janua.* 假門 Kià mēn.

**FAUSSER**, v. a. *Violāre.* 犯 Fán. ‖ — sa foi. *Fidem fallĕre.* 食言 Chě̆ yēn. ‖ — son serment. *Pejerāre.* 背盟 Peỳ mîn.

**FAUSSET**, s. m. *Vox acuta.* 尖聲 Tsiēn chēn. 嬌聲 Kiāo chēn. 青俐 Tsīn lỳ.

**FAUSSETÉ**, s. f. (hypocrisie). *Hypocrisis, is, f.* 詐僞 Tchǎ oúy. ‖ — (chose fausse). *Palsum —.* 假事 Kià sé. ‖ Dire des —. *Mentiri.* 說白話 Chŏ pě̆ hoá. ‖ Dire des — sur quelqu'un. *De aliquo multa mentiri.* 覡賴人 Oū laý jēn.

**FAUTE**, s. f. *Delictum, i, n.* 罪 Tsoúy. ‖ — de langue. *Lapsus linguæ.* 落一句話 Lŏ ỷ kiú hoá. ‖ — de plume. — *calami.* 落一个字 Lŏ ỷ kó tsé, ou 寫白字 Siě pĕ tsé. ‖ — par erreur. *Erratum.* 無知之錯 Oŭ tchē tchĕ tsŏ́. ‖ — volontaire. *Culpa.* 故意犯 Koú ý fán. ‖ — par méprise. *Error.* 錯 Tsŏ́. ‖ Faire beaucoup de —. *In multis errare.* 錯得多 Tsŏ́ tŏ́ tŏ̆. ‖ Être en —. *Esse in noxâ.* 錯 Tsŏ́. ‖ La reconnaître. *Agnoscēre culpam.* 認錯 Jén tsŏ́. ‖ Prendre sur soi une —. *Rei culp. suscipĕre.* 算我錯了 Soúan ngò tsŏ́ leào. ‖ Jeter la — sur quelqu'un. *Culpam in altero conferre.* 怪人 Koúay jĕn. ‖ C'est ma faute. *Culpa in me residet.* 算我錯 Soúan ngò tsŏ́. ‖ — de langue. *Linguæ vitium.* 說不正 Chŏ poŭ tchĕn, ou 錯 Tsŏ́. ‖ Faire une — de langue. *Vitiosè loqui.* 說錯 Chŏ tsŏ́. ‖ N'en pas faire. 說得正 Chŏ tĕ tchĕn. ‖ Effacer une —. *Liturāre mendum.* 塗錯 Toŭ tsŏ́. ‖ — de langue. *Lapsus linguæ.* 說錯 Chŏ tsŏ́, ou 失言 Chĕ yĕn. ‖ — (manque, disette). *Penuria.* 沒有 Mô yeŏu. 無 Oŭ. 缺少 Kiuĕ chaŏ. 少 Chaŏ. ‖ — de conseil. *Consilio —.* 無主意 Oŭ tchoŭ ý. ‖ — d'argent. *Inopia argenti.* 少錢 Oŭ tsiĕn. ‖ Sans —. *Sine dubio.* 一定 Ý tín.

**FAUTEUIL**, s. m. *Longa sedes.* 靠椅 Káo ỳ. ‖ — à bras. *Sedes brachiata.* 圈手椅 Kiuĕn cheŏu ỳ. ‖ — sans bras. — *non brachiata.* 橙掛椅 Tēn koúa ỳ.

**FAUTEUR**, s. m. *Fautor, oris, m.* 頭兒 Teŏu eŭl, ou 為首 Oŭy cheŏu.

**FAUTIF, VE**, adj. *Errori obnoxius.* 有錯的 Yeŏu tsŏ́ tỷ.

**FAUVE**, adj. *Falvus.* 黑紅 Hĕ hông.

**FAUX**, s. f. *Falx, cis, f.* 鐮刀 Liēn taō, ou 劉鐮 Pŏu liēn. ‖ Une —. *Una —.* 一把鐮刀 Ỷ pà liēn taō.

**FAUX, SSE**, adj. *Falsus.* 假的 Kià tỷ. ‖ — témoignage. — *testimonium.* 妄証 Oúang tchén. ‖ — bruit. — *rumor.* 假信 Kià sín. 虚信 Hiū sín. ‖ — Dieux. — *Dii.* 假神 Kià chén. ‖ — espoir. — *spes.* 虚望 Hiū oúang. ‖ — poids. *Iniquum pondus.* 假秤 Kià tchĕn. ‖ — dévotion. *Pietas mendax.* 假熱切 Kià jĕ tsiĕ. ‖ — couche. *Abortus.* 小產 Siaŏ tchăn. ‖ — frère. *Suorum proditor.* 假朋友 Kià pŏng yeŏu. ‖ — larmes. *Fals. lacrymæ.* 裝假哭 Kià tchoŭang kŏu. ‖ — accords. *Modi discordes.* 聲音不和 Chēn ȳn poŭ hŏ. ‖ Esprit —. *Absurdum ingenium.* 明悟顛倒 Mín oú tiēn taŏ. ‖ — frais. *Frustratæ expensæ.* 零用 Lín yóng. ‖ Chanter —. *Absurdè canĕre.* 唱得不好 Tchăng tĕ poŭ haŏ. ‖ Accuser à —. *Falsŏ incusāre.* 妄証人 Oŭang tchén jĕn. ‖ — en écriture. *Nominis alicuj. usurpatio.* 偸人名字 Teŏu jĕn mĭn tsé. ‖ — jour. *Oppositum lumen.* 不順亮 Poŭ chúen leáng, ou 背倒亮 Peý taó leáng.

**FAUX**, s. m. *Falsus.* 假事 Kià sé. ‖ Discerner le vrai d'avec le —. *Vera et falsa dijudicāre.* 分正假 Fēn tchēn kià. ‖ A —. *Falsŏ.* 假事 Kià sé. ‖ — (sans effet. *Incassum.* 枉然 Oùang jân.

**FAUX-BOND**, s. m. *Creditores fraudāre.* 躲賬 Tŏ tcháng. ‖ — à l'amitié. *Amicis desse.* 交友不信 Kiāo yeŏu poŭ sín. ‖ — à l'honneur. *Pudorem solvĕre.* 不害羞 Poŭ haý sieōu.

**FAUX-FUYANT**, s. m. *Prætextus, ùs, m.* 推故 Toŭy koú.

**FAUX-MONNAYEUR**, s. m. *Adult. monetæ.* 鑄私錢 Tchoú sē tsiĕn.

**FAVEUR**, s. f. *Favor, gratia, æ, f.* 恩 Gēn. ‖ Faire une —. *Beneficium tribuĕre.* 施恩 Chē gēn. ‖ Recevoir une —. — *accipĕre.* 受恩 Cheŏu gēn. ‖ Reconnaître une —. *Ben. gratiam referre.* 報恩 Paó gēn. ‖ Chercher la — de quelqu'un. *Gratiam alicuj. aucupāri.* 求人情 Kieŏu jĕn tsín. ‖ — du peuple. *Popularis aura.* 民心 mĭn sīn. ‖ L'avoir. 得民心 Tĕ mĭn sīn. ‖ Ne pas l'avoir. 不達民情 Poŭ tă mĭn tsín. ‖ En — de. *Alicui gratiâ.* 看他面上 Kăn tă mién cháng. ‖ A la — de la nuit. *Favente nocte.* 趁黑 Tchĕn hĕ. ‖ Ecouter avec —. *Benignè audīre.* 垂允 Tchoŭy yún. ‖ — (ruban étroit). *Tæniola.* 短欄杆 Toŭan lân kān.

**FAVORABLE**, adj. *Secundus.* 順的 Chuén tỷ. ‖ — à quelqu'un. *Alicui propitius.* 顧人 Koú jĕn. ‖ Avoir le vent —. *Habēre ventum secund.* 風順 Fōng chuén. ‖ Courant —. *Secundus amnis.* 順流 Chuén lieōu. ‖ Climat peu —. *Invidum cælum.* 水土不合 Choŭy tŏu poŭ hŏ.

**FAVORI**, adj. *Gratiosus.* 可愛的 Kò gaý tỷ. ‖ — (barbe sur les joues). *Barba infrà aures.* 絡腮鬍 Lŏ saý hoŭ.

**FAVORISER**, v. a. *Alic. favēre.* 顧 Koú, ou 重愛 Tchóng gaý. ‖ — un parti. *Studēre partibus.* 顧一邊 Koú ỷ piēn. ‖ — les désordres de quelqu'un. *In peccato esse adj.* 護短 Foú toùan.

**FÉBRIFUGE**, adj. *Febrifugium, ii, n.* 擺子藥 Paỷ tsè yŏ.

**FÈCES**, s. f. *Fex, ecis, f.* 渣滓 Tchā tsè.

**FÉCOND**, adj. (en parlant de la terre). *Fertilis.* 地長莊家好 Tý tchăng tchoāng kiā.

**FÉCONDER**, v. a. *Fæcundāre.* 肥 Feý. ‖ — les terres. 糞田 Fén tién.

**FÉCULE**, s. f. *Fæculentia, æ, f.* 渣渣 Tchā tchā. ‖ — de pomme de terre. *Ex malo terrestri.* 洋芋粉 Yâng yú fĕn.

**FÉDÉRALISER (SE)**, v. r. *Fæderāri.* 打和同 Tà hŏ tŏng.

**FÉDÉRÉ**, s. m. *Fæderatus.* 同夥 Tŏng hŏ.

**FÉE**, s. f. *Dea.* 女神 Niù chén.

**FEINDRE**, v. a. *Fingĕre.* 裝 Tchoŭang. ‖ — une maladie. *Morbum simulāre.* 裝病 Tchoŭang pín. ‖ — quelqu'un. *Fingĕre aliq.* 裝人 Tchoŭang jĕn. ‖ — la gaieté. *Gaudia vultu simulāre.* 外面喜歡 Ouáy mién hỳ houān.

**FÊLER**, v. a. *Findĕre.* 打碎 Tà hiá. ‖ Avoir la tête —. *Nonnihil delirāre.* 有點點瘋 Yeŏu tiĕn tiĕn fōng.

**FÉLICITATION**, s. f. *Gratulatio, onis, f.* 恭喜 Kōng hỳ, ou 大喜 Tá hỳ. 恭賀 Kōng hó.

**FÉLICITÉ**, s. f. *Felicitas, atis, f.* 福 Foŭ. ‖ — éternelle. *Æterna —.* 永福 Yŭn foŭ. ‖ En jouir. *Frui æternā —.* 享永福 Hiàng yŭn foŭ. ‖ Les cinq — chinoises : 五福 Où foŭ. Savoir : 妻 Tsỳ, une femme. 財 Tsáy, des richesses. 子 Tsè, des enfants. 祿 Loŭ, des revenus. 壽 Cheóu, une longue vie.

**FÉLICITER**, v. a. *Gratulāri.* 恭喜 Kōng hỳ, ou 恭賀 Kōng hó. ‖ — de la part de quelqu'un. *Alterius nomine.* 某人拜上你 Mòng jên paý cháng ngỳ. ‖ Se —. *Sibi gratulāri.* 自滿 Tsé màn.

**FÉLON**, adj. *Rebellis.* 奸臣 Kiēn tchēn, 死罪 Sè tsoŭy.

**FÉLONIE**, s. f. *Rebellio, onis, f.* 反 Fàn.

**FÊLURE**, s. f. *Scissura, æ, f.* 碬 Hiá.

**FEMELLE**, s. f. *Femina.* 母 Moŭ. ‖ — des animaux. *Animalium —.* 牝 Pìn. ‖ — des oiseaux. *Avium —.* 雌 Tsē.

**FÉMININ, E**, adj. *Femininus.* 牝的 Pìn tỳ. ‖ Genre —. *Genus —.* 女類 Niù loúy, ou 陰類 Yn loúy.

**FEMME**, s. f. *Mulier, eris, f.* 女人 Niù jên. ‖ — accomplie. — *lectissima.* 賢婦 Hiên foŭ. ‖ — légitime. *Legitima.* 正房 Tchēn fâng. ‖ — illégitime. *Illegitima.* 偏房 Piēn fâng. ‖ Prendre —. *Uxorem ducĕre.* 接親 Tsiē tsīn, ou 安家 Gān kiā. ‖ — légitime de l'Empereur de Chine. 皇后 Hoâng heóu, ou 正宮 Tchēn kōng. La deuxième — de l'Empereur. 東后 Tōng heóu. La troisième —. 西后 Sȳ heóu. Les autres portent le nom de : 孃孃 Niâng niâng, ou 妃嬪 Feý pìn. ‖ Votre —, par urbanité on dit : 令婦 Lìn foŭ. ‖ Ma —, par modestie, on dit : 敝婦 Pý foŭ. ‖ Être mené par sa —. *Uxorius.* 服婦人管 Foŭ foŭ-jên kouàn. ‖ Répudier sa —. *Nuntium uxori dimittĕre.* 休婦 Hieōu foŭ, ou 出妻 tchōu tsȳ. ‖ Conte de —. *Anilis fabula.* 空話 Kōng hoá. ‖ Sage —. *Obstetrix.* 接生婆 Tsiē sēn pô. ‖ — de chambre. *Famula.* 丫頭 Yā teŏu. ‖ — de maison publique. *Meretrix.* 嫖子 Piáo tsè, ou 娼婦 Tchāng foŭ. Elles portent encore les noms suivants selon les localités : 娼妓 Tchāng kỳ. 夜娼 Yé tchāng. 土排 Toù taó. 陽歇脚 Yâng kō kiŏ. (*Voir le mot Lieux*, pour tout ce qui se rapporte à la fréquentation des maisons publiques ou de joie.) ‖ — de maison publique qui abandonne le métier de la prostitution et se marie. 投貢

Teŏu leâng. ‖ Louer une — de mauvaise vie. *Conducĕre meretr.* 包堂客 Paō tâng kĕ. ‖ Nom du salaire de ces prostituées. 𠮿頭 Tchên teŏu.

**FÉMUR**, s. m. *Femur.* 大腿骨 Tá toŭy koŭ.

**FENDRE**, v. a. *Findĕre.* 破 Pô. ‖ — en deux. *In duas partes.* 破兩塊 Pô leâng koŭay. ‖ — du bois. *Lignum —.* 劃柴 Hoä tchâý, ou 劈柴 Pỳ tchâý. ‖ — la tête à quelqu'un. *Caput abscindĕre.* 砍頭 Kàn teŏu. ‖ — l'air. *Aerem perrumpĕre.* 騰雲一樣快 Tên yŭn ỳ yáng kouáy. ‖ — la foule. *Turbam amovēre.* 推開人群 Toūy kāy jên kiûn. ‖ Se —. *Dehiscit terra.* 裂開 Liĕ kâý. ‖ La terre se —. *Dehiscit terra.* 地裂長口 Tý liĕ tchâng keŏu. ‖ La terre se — par la chaleur. *Æstu terra inhiat.* 地晒裂了 Tý chaý liĕ leâo.

**FENÊTRE**, s. f. *Fenestra, æ, f.* 牕子 Tsăng tsè. ‖ — à barreaux simples. *Clathris simplicibus —.* 牛肋牕 Nieōu lĕ tsăng. ‖ — à deux battants. *Valvata —.* 關牕 Koūan tsāng. ‖ — à un seul battant. — *simplex.* 吊牕 Tiáo tsâng. ‖ Bois de la —. *Lignum —.* 牕檔 Tsăng tsè. ‖ Ouvrir la —. *Aperire —.* 開牕子 Kāý tsăng tsè. ‖ Bord de la —. *Ora —.* 牕戶臺 Tsāng hoû tâý. ‖ Fermer la —. *Claudĕre —.* 關牕子 Koūan tsăng tsè. ‖ La — ne ferme pas juste. *Janua non strictè clauditur.* 牕子關不蹐 Tsăng tsè koūan poŭ lòng. ‖ Regarder par la —. *E — prospectāre.* 牕眼裏看 Tsăng yèn lỳ kân. ‖ Jeter l'argent par la —. *Egurgitāre argentum.* 亂用銀錢 Loúan yóng ŷn tsiên.

**FENTE**, s. f. *Rima, æ, f.* 縫 Fóng. — d'une porte. — *rimula.* 門縫 Mên fóng. ‖ — d'une muraille. *Fissura —.* 裂子 Liĕ tsè. ‖ — *Rima vasis*, 罅 Hiá.

**FER**, s. m. *Ferrum, i, n.* 鐵 Tiĕ. ‖ — rouge. — *ardens.* 燒紅的鐵 Chāo hông tỳ tiĕ. ‖ — fondu. *Solutum.* 鑄的鐵 Tchoú tỳ tiĕ. ‖ Mine de fer. *Ferraria.* 鐵廠 Tiĕ tchăng. ‖ Forge de fer. — *fabrica.* 鐵匠舖 Tiĕ tsiáng poŭ. ‖ Oxyde de —. *Rubigo.* 鐵銹 Tiĕ sieóu. ‖ Étincelles du —. *Stricturæ.* 鐵屎 Tiĕ chè. ‖ Chauffer le —. — *acuĕre.* 燒鐵 Chaō tiĕ. ‖ Battre le —. *Tundĕre.* 打鐵 Tà tiĕ. ‖ Le plonger dans l'eau. — *ponĕre in aq.* 退火 Toŭý hò. ‖ Battre le — quand il est chaud. *Dùm calet hoc agitur.* 乘機做事 Chên kȳ tsoú sé. ‖ Avoir un corps de —. *Robustus esse.* 身體強 Chēn tỳ kiâng. ‖ Avoir un cœur de —. *Ferreus esse.* 鐵石心腸 Tiĕ chê sīn tchâng. ‖ — à repasser. *Calamistrum.* 熨斗 Yŭn teŏu. ‖ — à cheval. *Equi solea.* 馬掌 Mà tchâng. ‖ Tomber les quatre — en l'air. *Sus deque cadĕre.* 倒一交 Taò ỳ kiāo. — (liens). *Vincula.* 索子 Sŏ tsè, ou 鍊子 Liên tsè. ‖ Être aux —. *In vinculis esse.* 帶鍊子 Taý liên tsè. ‖ Mettre aux —. *Alic. vincula indĕre.* 鍊子套人 Liên tsè taó jên.

25

jēn. ‖ Les — aux mains. *Manibus catenas gerĕre.* 上手鈕 Cháng cheòu nieòu. ‖ — aux pieds. *Pedibus —.* 上脚鐐 Cháng kiŏ leāo. ‖ Rompre ses —. *Rumpĕre vincula.* 扭斷鍊子 Nieòu toùan liĕn tsè.

**FER-BLANC**, s. m. *Ferrea lamina alba.* 白洋鐵 Pĕ yāng tiĕ.

**FÉRIE**, s. f. *Feria, æ, f.* 瞻禮日 Tchān lỳ jĕ, ou 停工日子 Tīng kōng jĕ tsè.

**FÉRIR**, v. a. (frapper). *Percutĕre.* 打 Tà. ‖ Emporter une place sans coup —. *Sine ullâ pugnâ urbem capĕre.* 馬到成功 Mà taò tchĕn kōng.

**FERME**, s. f. *Villa, æ, f.* 庄子 Tchoūang tsè. ‖ — (bail, ou louage). *Locatio.* 佃與人 Tién yù jēn. ‖ Donner à —. *Locāre.* 佃與人 Tién yù jēn. ‖ Prendre à —. *Conducĕre.* 佃別人的 Tién piĕ jēn tỳ.

**FERME**, adj. *Firmus.* 穩的 Oùen tỳ. ‖ Rendre —. *Firmāre.* 做穩 Tsoú oùen. ‖ Esprit —. *Animus constans.* 心穩 Sīn oùen. ‖ — dans son opinion. *Consilii tenax.* 執意 Tchĕ ý. ‖ Parler —. *Confidenter loqui.* 說一定 Chŏ ỳ tín.

**FERMENT**, s. m. *Fermentum, i, n.* 酵 Kiáo.

**FERMENTATION**, s. f. *Fermentatio, onis, f.* 發 Fă. ‖ — des esprits. *Animorum agitatio.* 百姓鬧鬨 Pĕ sín hóng laŏ.

**FERMENTER**, v. a. *Fermentāri.* 發 Fă.

**FERMER**, v. a. *Claudĕre.* 關 Koūan. ‖ — en dedans. *Intùs obserāre.* 關裏頭 Koūan lỳ teŏu. ‖ — au dehors. *Foris —.* 關外頭 Koūan ouáy teŏu. ‖ — la porte. *Fores claudĕre.* 關門 Koūan mēn. ‖ — au verrou. *Pessulis claudĕre.* 上門閂 Cháng mēn choāng. ‖ — à clef. *Serà —.* 鎖門 Sŏ mēn. ‖ — une lettre. *Epistol. complicāre.* 封書信 Fōng choū sín. ‖ — un lieu de murs. *Muris cingĕre.* 打墻圍倒 Tà tsiāng oûy taò. ‖ — le chemin aux rebelles. *Rebellibus iter obstruĕre.* 阻賊子的路 Tsoŭ tsĕ tsè tỳ loú. ‖ — la main. *Manum comprimĕre.* 捲手 Kiŭen cheòu. ‖ — la bouche. *Os —.* 閉口 Pý keŏu. ‖ — la bouche à quelqu'un. *Linguam occludĕre.* 封他的口 Fōng tā tỳ keŏu. ‖ — les yeux. *Oculos claudĕre.* 閉眼睛 Pý yèn tsīn. ‖ Le sommeil — les yeux. *Oculos operit sopor.* 瞌睡來了眼睛澁 Kŏ choúy laý leāo yèn tsīn sĕ. ‖ — les yeux sur quelque chose. *In re connivēre.* 睜隻眼閉隻眼 Tsēn tchĕ yĕn pý tchĕ yĕn. ‖ — les yeux à un mourant. *Morienti oculos premĕre.* 送路終 Sóng lù tchōng. ‖ — l'oreille à la médisance. *Non audīre detrectationes.* 不聽人塤各聲 Poŭ tīn jēn hoúay mĭn chēn. ‖ La plaie se —. *Vulnus siccatur.* 瘡生口 Tchoūang sēn keŏu. ‖ Cette porte —. *Rectè clauditur janua.* 門關得䟙 Mēn koūan tĕ lŏng.

**FERMETÉ**, s. f. *Firmitas, atis, f.* 穩 Oùen. ‖ — d'âme.

*Animi —.* 恒心 Hēn sīn, ou 剛勇的 Kāng yòng tỳ. ‖ Supporter avec —. *Æquo animo ferre.* 忍當 Jĕn táng.

**FERMIER**, s. m. *Villicus, i, m.* 佃戶 Tién foú. ‖ — de l'État. *Publicanus.* 包稅的人 Paō choúy tỳ jēn.

**FÉROCE**, adj. *Ferox.* 惡的 Ngŏ tỳ.

**FERRAILLE**, s. f. *Scruta, orum, n.* 破銅爛鐵 Pŏ tóng lán tiĕ.

**FERRER**, v. a. *Ferro munīre.* 釘鐵皮 Tīn tiĕ pý. ‖ — un cheval. *Equum calceāre.* 釘馬掌 Tīn mà tchàng. ‖ — la mule (au fig.). *Calceāre mulam.* 侵喫 Tsīn tchĕ. ‖ Être — sur un sujet. *Percallēre.* 精通 Tsīn tōng.

**FERRURE**, s. f. *Ferramenta, orum, n.* 鐵器 Tiĕ kỳ.

**FERTILE**, adj. *Fertilis.* 地肥 Tý feý, ou 出種的 Tchŏu tchòng tỳ. ‖ Année —. *Annus fertilis.* 豐年 Fōng niĕn.

**FERTILISER**, v. a. *Uberāre terras.* 糞田 Fĕn tiĕn.

**FÉRULE**, s. m. *Ferula, æ, f.* 板子 Pàn tsè. ‖ Donner des —. *cædĕre.* 打板子 Tà pàn tsè. ‖ Être sous la — de quelqu'un. *Subjici alic.* 受人管 Cheóu jēn koùan.

**FERVENT**, E, adj. *Fervidus.* 熱心的人 Jĕ sīn tỳ jēn.

**FERVEUR**, s. f. *Fervor.* 銳氣 Joúy kỳ. ‖ 精神 Tsīn chēn. 熱心 Jĕ sīn.

**FESSE**, s. f. *Nates, ium, f.* 股 Koù.

**FESTIN**, s. m. *Convivium, ii, n.* 席 Sỳ. (Voir le mot *Repas.*) ‖ — impérial. — *imperiale.* 宴席 Yēn sỳ. ‖ — somptueux. *Conquisit.* 大酒席 Tá tsieòu sỳ. ‖ — de noces. *Nuptiale.* 喜酒 Hỳ tsieòu. ‖ Faire un —. *Conviv. agĕre.* 辦席 Pán sỳ. ‖ Préparer un —. *Conviv. parāre.* 辦席 Pán sỳ. ‖ Inviter à un —. *Invitāre ad —.* 請酒席 Tsǐn tsieòu sỳ. ‖ Assister à un —. — *inire.* 喫酒 Tchĕ tsieòu. ‖ Celui qui le donne. *Convivator.* 主人 Tchoù jēn. ‖ Celui qui y assiste. *Conviva.* 客 Kĕ.

**FESTON**, s. m. *Encarpus, i, m.* 花圈 Hoā kiŭen.

**FÊTE**, s. f. *Festum, i, n.* 瞻禮 Tchān lỳ. ‖ Jour de —. *Dies festus.* 瞻禮日 Tchān lỳ jĕ. ‖ — solennelle. *Solemne —.* 大瞻禮 Tá tchān lỳ. ‖ Célébrer la —. *Celebrāre —.* 辦瞻禮 Pán tchān lỳ. ‖ Garder les jours de —. *Servāre festa.* 守瞻禮 Cheòu tchān lỳ. ‖ Faire — à quelqu'un. *Benè tractāre aliq.* 待人狠厚 Táy jēn hĕn heòu. ‖ — (jour de naissance). *Genialis dies.* 生期 Sēn kỳ. ‖ Payer sa —. *Natalitia dăre.* 辦生期酒 Pán sēn kỳ tsieòu. ‖ Souhaiter la — à quelqu'un. *Gratulāri alic. de nativit.* 拜壽 Páy cheóu. ‖ Se faire — de. *Sibi de re gratulāri.* 得意 Tĕ ý, ou 歡喜 Koūan hỳ. ‖ Être en — six jours de suite. *Sex diebus habēre ferias.* 辦六天酒 Pán loù tiēn tsieòu.

FET

Nous donnons ici le tableau des principales fêtes catholiques chômées et non chômées, pour la commodité de ceux qui commencent l'étude de la langue chinoise.

1° Fête de la Circoncision de N.-S. J.-C.
耶穌受割割禮 Yê Soŭ cheóu kŏ sēn lỳ.
2° Fête de l'Épiphanie ou des trois Rois.
三王來朝 Sān ouâng laỷ tchaŏ.
3° Fête de la Chandeleur ou de la Purification de la T.-S. Vierge au temple.
聖母取潔 Chén moù tsiŭ kiě.
4° Fête de S. Joseph, premier patron de toute la Chine.
聖若瑟中國大主保 Chén Jŏ-sě tchōng kouě tá tchoù paŏ.
5° Fête de l'Annonciation de la T.-S. Vierge.
聖母領報 Chén moù lĭn paŏ.
6° Le dimanche de la Passion.
苦難主日 Koŭ lán Tchoù jě.
7° Le dimanche des Rameaux.
聖枝主日 Chén tchē Tchoù jě
8° Fête de la Compassion de la T.-S. Vierge.
聖母痛苦 Chén moù tông kŏu.
9° Fête de l'institution de la T.-S. Eucharistie.
耶穌建立聖體 Yê-Soŭ kién lỳ chén Tỳ.
10° Fête du S. jour de Pâques.
耶穌復活瞻禮 Yê Soŭ foŭ hô tchān lỳ.
11° Le dimanche de Quasimodo ou In Albis.
卸白主日 Sỳ pě tchoù jě.
12° Fête de l'Invention de la Sainte Croix.
尋獲十字架 Siûn hô chě tsé kiá.
13° Fête de l'Ascension de N.-S.
耶穌升天 Yê Soŭ chēn Tiēn.
14° Le dimanche de la Pentecôte.
聖神降臨瞻禮 Chén Chēn kiáng lĭn tchān lỳ.
15° Le dimanche de la SS. Trinité.
聖三主日 Chén sān Tchoù jě.
16° Solennité de la Fête-Dieu.
公聖體之日 Kōng chén Tỳ tchō jě.
17° Fête du Sacré-Cœur de Jésus.
耶穌聖心瞻禮 Yê-Soŭ chén sīn tchān lỳ.
18° Fête de S. Jean-Baptiste.
聖若翰洗者瞻禮 Chén Jŏ-hán sỳ tchě tchān lỳ.
19° Fête des SS. Pierre et Paul, Apôtres.
聖白多祿聖保祿二位宗徒瞻禮 Chén Pě-tŏ loŭ chén Paŏ-loŭ eùl oúy tsōng tôu tchān lỳ.
20° Fête de la Visitation de la T.-S. Vierge.
聖母往顧聖姊依撒伯 Chén moù ouàng koŭ chén foŭ Y-să-pě.
21° Fête du S. Scapulaire.
聖衣會瞻禮 Chén ỳ houý tchān lỳ.

FET 195

22° Fête de sainte Anne.
聖婦安納 Chén foŭ Gān-lă.
23° Fête de Notre-Dame des Neiges.
聖母雪地殿 Chén moù siuě tý tién.
24° Fête de la Transfiguration de Notre-Seigneur.
耶穌顯聖容 Yê-Soŭ hièn chén yông.
25° Fête de l'Assomption de la T.-S. Vierge.
聖母蒙召升天 Chén moù mông tchaŏ chēn Tiēn.
26° Fête de S. Joachim.
聖若亞敬瞻禮 Chén Jŏ yà kín tchān lỳ.
27° Fête du S. Cœur de Marie.
聖母聖心瞻禮 Chén moù chén sīn tchān lỳ.
28° Fête de la Nativité de la T.-S. Vierge.
聖母聖誕 Chén moù chén tán.
29° Fête de l'Exaltation de la Sainte Croix.
光榮十字聖架 Koūang yŭn chě tsé chén kiá.
30° Fête des Sept Douleurs de la T.-S. Vierge.
聖母七苦 Chén moù tsỳ kŏu.
31° Fête de S. Michel, archange.
聖彌厄爾大天神 Chén Mỳ-gě-eùl tá Tiēn-chēn.
32° Fête des SS. Anges gardiens.
獲守天神 Hoú cheóu Tiēn-chēn.
33° Fête de S. Rosaire.
玫瑰主日 Meỳ koúy tchoù jě.
34° Fête de tous les Saints.
諸聖瞻禮 Tchoū chén tchān lỳ.
35° Commémoration de tous les Fidèles trépassés.
追思諸已亡信輩 Tchoúy sē ỳ ouâng tchoŭ sín peý tchě.
36° Fête de la Présentation de la T.-S. Vierge.
聖母自獻 Chén moù tsé hièn.
37° Le premier dimanche de l'Avent.
將臨首主日 Tsiāng lĭn cheóu tchoù jě.
38° Fête de S. François Xavier.
聖方濟各沙勿略 Chén fāng tsỳ kó chā oŭ liŏ.
39° Fête de l'Immaculée Conception de la T.-S. Vierge.
聖母始孕母胎無原罪 Chén moù chě joùen moù tâỳ oŭ yuên tsoúy.
40° Fête de Noël.
耶穌聖誕 Yê Soŭ chén Tán.
41° Fête de S. Étienne, premier martyr.
聖斯德望首先致命 Chén sē tŏ ouáng cheóu siēn tché mín.
42° Fête de S. Jean, Apôtre et Évangéliste.
聖若望宗徒兼聖史 Chén Jŏ-ouáng tsōng toŭ kiēn chén ché.
43° Fête de S. Sylvestre, Pape.
聖西爾物斯德肋教皇 Chén Sỳ eùl oŭ sé tŏ lě, Kiáo hoâng.

Voici maintenant le tableau des principales fêtes civiles et religieuses des Infidèles chinois.

### JANVIER.

1° *Fête du Premier de l'an.* — On sait que nulle part ce jour ne se célèbre avec autant de pompe qu'en Chine. La description de ce jour solennel pour les Chinois est racontée dans un bon nombre d'ouvrages. Le matin de ce jour porte, par excellence, le nom de 元旦 Yûen tán.

2° *Le deuxième jour* est la fête de 執達 Tchĕ tă, célèbre guerrier, mis au rang des Dieux.

3° *Le sixième jour* est une fête bouddhiste en l'honneur de 定光 Tín koŭang.

4° *Le septième jour.* — Naissance de l'homme : 人日 Jēn jĕ. Cette fête semble un souvenir confus de la tradition biblique altérée, de la création du monde et de la célébration du sabbat.

5° *Le neuvième jour* est une fête des Taó sè ou disciples de Laò kiūn. C'est la naissance de l'une de leurs divinités, appelée : 玉黃上帝 Yŭ hoâng cháng tý.

6° *Le dixième jour.* — C'est la fête des cinq Lares domestiques. Comme gardiens de chaque maison et de chaque famille, on leur fait des offrandes et on implore leur protection. Ce qui a lieu aussi le dixième jour des quatre mois suivants.

7° Dès la nuit du *quinzième jour*, nuit appelée 元宵 Yûn siaŏ, commence la fête des Lanternes, qui est comme le second jour ou l'octave du nouvel an. Cette fête a quelque chose de plus bruyant et de plus solennel encore que le premier jour de l'an. On allume peut-être dans cette fête plus de deux cents millions de lanternes.

8° *Le dix-neuvième jour.* — Naissance d'un célèbre médecin du nom de Tchāng tchùn, dont les Taó sè ont fait un dieu. Depuis le matin jusqu'au soir, sa châsse est exposée dans toutes les pharmacies.

9° *Vingt-et-unième jour.* — On place derrière la porte de chaque appartement deux images représentant chacune un enfant. C'est comme une cérémonie expiatoire.

### MARS.

1° *Le premier jour de la deuxième lune.* — Fête des associations pécuniaires, que l'on organise et réorganise sur un nouveau pied. Ces associations sont fort répandues en Chine. Les unes sont fondées sur la justice, les autres sont réprouvées par la théologie catholique, comme étant usuraires. Ces associations fomentent prodigieusement les relations sociales entre les Chinois.

2° *Deuxième jour.* — Naissance des Dieux domestiques : 土地誕 Tŏu tý tán. Pendant ce jour, on joue sur les places publiques des drames, des comédies; le soir, on lance des feux d'artifice.

3° *Le troisième jour.* — Naissance de 文昌帝君 Ouēn tchāng tý kiūn. C'est le dieu de la littérature. Les lettrés lui rendent une espèce de culte. On place son image dans les temples de Confucius, dans les académies et les hôtels où se tiennent les examens publics des lettrés.

4° *Le sixième jour.* Naissance de 東花帝君 Tōng hoā tý kiūn, ou du souverain de la fleur orientale. C'est une divinité des Taó sè.

5° *Le treizième jour.* — Naissance de Hōng tchĕn, dieu de la mer du Sud. C'est surtout dans le midi de la Chine que son culte est en honneur.

6° *Le quinzième jour* est la naissance de Laò kiūn, fondateur de la secte des Taó sè.

7° *Le dix-neuvième jour* est la naissance de la déesse 觀音 Koūan ȳn, originaire du Su-tchuen.

### AVRIL.

1° *Le vingt-troisième jour de la deuxième lune* est la fête des Morts ou 清明 Tsīn mìn. Cette fête a lieu 105 jours après le solstice d'hiver, c.-à-d. le 5 avril. Tous les infidèles se rendent sur les tombeaux de famille, que l'on nettoie; puis, chacun y fait un sacrifice plus ou moins solennel. Le tout se termine par un repas assez joyeux.

2° *Le vingt-cinquième jour de la deuxième lune* est la naissance du père du souverain des Enfers. Son nom est Hiūen Tiĕn chén foŭ. C'est une fête des Taó sè.

3° *Le vingt-sixième jour* est la naissance du dieu des Enfers. C'est le Pluton des Chinois et la seconde divinité des Taó sè.

C'est vers cette époque qu'a lieu, en Chine, la cérémonie, vraiment grandiose dans son origine et sa fin, du Labourage. L'Empereur observe durant quelques jours les jeûnes chinois pour s'y préparer. Ces jeûnes consistent dans l'abstinence de certaines viandes, de certains légumes, dans l'observance de la chasteté conjugale et une plus grande retraite des affaires. Le jour fixé, l'Empereur se rend en grande pompe avec toute sa Cour au temple du Ciel, où il sacrifie au Cháng tý, en le suppliant d'accorder une heureuse année à son peuple. Puis il se rend à la campagne. Là, il trace, ensemence, de sa propre main, trois sillons. Les Princes de la Cour en font autant à l'égard de cinq sillons, et les grands ministres, de neuf sillons.

En automne, toutes ces espèces de céréales sont recueillies avec soin. L'Empereur se rend avec la même pompe au temple du Ciel et offre ces céréales au Cháng tý, en actions de grâces de ses bienfaits à l'égard de tout le peuple de l'Empire.

4° *Le quinzième jour de la troisième lune* est la naissance d'un célèbre médecin, auquel on offre des vœux et des prières. Son nom est Y̌ lĭn taý tý.

5° *Le dix-huitième jour de la troisième lune.* — C'est la fête de la déesse de la terre.

### MAI.

1° *Le vingtième jour de la troisième lune* est la fête de la Mère des Enfants : 子孫娘娘 Tsè sēn niâng niâng. Les femmes chinoises stériles lui offrent leurs vœux et leurs sacrifices.

2° *Le vingt-troisième jour de la troisième lune.* — C'est la fête de la Reine du Ciel : 天后 Tiēn heóu. Originaire de la province de Fou kien, son culte y est plus répandu que dans le reste de la Chine. Les matelots chinois l'ont adoptée pour leur patronne.

3° *Le huitième jour de la quatrième lune.* — C'est la fête d'un Bouddha du nom de Ka kia mou ny.

4° *Le dix-septième jour de la quatrième lune.* — C'est la naissance de 金花夫人 Kĭn hoā foū jên. Les femmes chinoises l'invoquent surtout lorsque leurs enfants sont atteints de la petite vérole.

5° *Le vingtième jour de la quatrième lune* est le jour consacré à la Patronne des aveugles qu'on nomme en chinois 眼光聖母 Yèn koūang chén moū.

### JUIN.

1° *Le vingt-huitième de la quatrième lune.* — C'est la fête du dieu de la médecine : 藥王 Yŏ ouâng.

2° *Le cinquième jour de la cinquième lune* est un grand jour de fête dans toute la Chine. On le nomme 端陽 Toūan yâng. Ce jour-là, on donne des repas, on prépare des mets spéciaux, entre autres des gâteaux de riz visqueux : Lŏ mỳ. Le grand divertissement consiste en joutes sur l'eau. On voit à cette époque, sur les fleuves de Chine, de longues barques étroites, qu'on nomme 龍船 Lông tchoūan, à cause de leur ressemblance avec les dragons.

3° *Le treizième jour* est la naissance du dieu 關帝 Koūan tý.

### JUILLET.

1° *Le sixième jour de la sixième lune* est un jour consacré à la reconnaissance au Ciel.

2° *Le treizième jour de la sixième lune* est la fête du Roi des Dragons : 龍王 Lông ouâng. Tous les marins lui rendent un culte spécial. Le même jour est aussi consacré au Patron des charpentiers et des maçons.

3° *Le dix-neuvième jour de la sixième lune* est la disparution de la Déesse Koūan ўn.

4° *Le vingt-troisième jour* est la nativité du feu du Dieu. Ce jour-là, on donne force spectacles dans les rues des villes et dans les campagnes.

### AOÛT.

1° *Le premier jour de la septième lune* est consacré aux Mânes. On fait des sacrifices, des libations, on brûle du papier monnaie.

2° *Le septième jour.* — C'est le jour où les infidèles croient que les Déesses des Sept Palais descendent sur la terre.

3° *Le quatorzième jour* est célèbre pour toutes les sociétés pécuniaires, dont les membres se voient, se réunissent et font des banquets.

4° *Le vingt-deuxième jour de la septième lune.* — C'est la fête du Dieu des richesses. C'est là le Plutus des Chinois : 財帛星君旦 Tsăy pĕ̄ sĭn kiūn tán

5° *Le vingt-quatrième jour de la septième lune* est le jour où les magistrats, représentant la personne de l'Empereur, offrent dans les temples un sacrifice au Dieu protecteur de la ville.

### SEPTEMBRE.

1° *Le trentième jour de la septième lune* est la fête de l'une des divinités du bouddhisme.

2° *Le premier jour de la huitième lune* est la fête des Moissons. Elle dure jusqu'au 15 du mois. On donne force spectacles dans les villes et les campagnes.

3° *Le deuxième jour de la huitième lune* est le jour consacré au culte du Dieu de l'agriculture.

4° *Le troisième jour de la huitième lune*, on honore spécialement le Dieu du foyer : 灶神 Tsáo chên.

5° *Le cinquième jour de la lune* est consacré au Dieu du tonnerre : 雷神 Loûy chên.

### OCTOBRE.

1° *Du premier au neuvième jour de la neuvième lune*, les Taó sè honorent les neuf Dieux de la Grande Ourse.

2° *Le neuvième jour de la neuvième lune*, on visite les tombeaux des ancêtres. C'est comme à la fête du Printemps. Les enfants chinois ne manquent pas, dès ce jour-là, de lancer des cerfs-volants.

3° Ce jour-là aussi, en souvenir des anciennes impératrices qui cultivaient la soie, l'Impératrice se rend dans un jardin et cueille des feuilles de mûrier.

### NOVEMBRE.

1° *Le quinzième jour de la dixième lune*, on célèbre la fête du Dieu qui préside à la petite vérole. Il se nomme Tcheôu chên liú sé.

2° *Le vingt-septième jour de la dixième lune* est le jour consacré aux Dieux qui président aux cinq montagnes sacrées de la Chine.

### DÉCEMBRE.

1° *Le quatrième jour de la onzième lune*, naissance de Confucius. Il reçoit, dans le temple des ancêtres, les hommages des lettrés et des dignitaires de l'Empire.

2° *Le seizième jour de cette lune* est la fête solennelle de la Déesse Koûan ȳn, originaire du Su tchuen. Son culte est universel en Chine.

3° *Le dix-septième jour de la onzième lune* est la fête du Bouddha vivant.

4° *Le huitième jour de la douzième lune* est une fête solennelle en l'honneur d'une divinité du bouddhisme. Ce même jour a lieu l'ouverture des chasses impériales.

**FÉTIDE**, adj. *Fetidus*. 臭的 Tcheoŭ tỷ.
**FÉTU**, s. m. *Festuca, æ, f.* 微草 Oûy tsaò.
**FEU**, s. m. *Ignis, is, m.* 火 Hò. ‖ Faire allumer du —. *Ignem facëre.* 打火 Tà hò, ou 弄火 Lóng hò. ‖ Entretenir le —. *Materiam — præbëre*. 上炭 Cháng tán, ou 添柴 Tiēn tcháy. ‖ Mettre devant le —. *Ad ignem apponëre*. 熇 Kaò. ‖ S'approcher du — *Ad — se applicäre*. 向火 Hiáng hò. ‖ Éteindre le —. — *exstinguëre*. 滅火 Miĕ hò. ‖ Rallumer le —. *Sospitem — suscitäre*. 催火 Tsoûy hò. ‖ Mettre le — à une maison. *Domui — injicëre*. 放火燒房子 Fáng kò chaò fâng tsè. ‖ Courir au —, ou arrêter le —. — *inhibëre*. 救火 Kieóu hò. ‖ Se jeter au —. *Projicëre se in —*. 投火 Teóu hò. ‖ Mettre à — et à sang. *Ferro et incendio vastäre*. 叉燒叉殺 Yeóu chaò yeóu chă. ‖ Pierre à —. *Pyrites*. 火石 Hò chĕ. ‖ Faire du —. *Elicëre — ex lapide*. 打火 Tà hò. ‖ — de joie. *Festivus ignis*. 烽火 Fōng hò, ou 煙烽 Yēn tēh. ‖ — de signaux. *Funalia*. 煙墩 Yēn toûy. ‖ — d'artifices. *Ludicra ignium spectacula*. 花筒 Hoā tŏng. ‖ — follet. *Ignis fatuus*. 鬼火 Koúy hò. ‖ Arme à —. *Sclopetus*. 火鎗 Hò tsiāng. ‖ Mettre les rebelles entre deux —. *Rebell. intra duo castra ponëre*. 圍困賊子 Oûy koŭen tsĕ tsè. ‖ Les — de l'été. *Calores æstatis*. 暑天 Choù tiēn. ‖ Le ciel est tout en —. *Micat æther*. 下照更 Hiá tchaó kēn. ‖ — (torche). *Fax, acis, f.* 火把 Hò pà. ‖ — du tonnere. *Fulmen*. 閃 Chàn. ‖ Jeter — et flamme. *Proflare iras*. 發大怒 Fă tá loú. ‖ Être tout de —. *Cum ardore incumbëre*. 一心專務 Ý sīn tchoăn oú. ‖ — (famille, maison). *Familia*. 戶 Hoú. ‖ Bourg de 80 —. *80 familiar. pagus*. 八十二戶村子 Pă chĕ eùl foú tsēn tsè.
**FEU, E**, adj. *Defunctus*. 囚者 Oûang tchĕ. ‖ — mon père. *Defunctus pater*. 顯考 Hièn kaò. ‖ — le roi. *Anterior rex*. 先帝 Siēn tý, ou 皇考 Hoâng kaò.
**FEUDATAIRE**, s. m. *Regnum tributarium*. 進貢之國 Tsín kóng tchē kouĕ.
**FEUILLAGE**, s. m. *Frondes, dium, f.* 葉子 Yĕ tsè.
**FEUILLE**, s. f. *Folium, ii, n.* 葉子 Yĕ tsè. ‖ Une —. *Unum —*. 一張葉子 Ý tcháng yĕ tsè. ‖ Pousser des —. *Frondescëre*. 發葉子 Fă yĕ tsè. ‖ — de fleur. *Folium*. 花瓣 Hoā pán, ou 花片 Hoā piĕn. ‖ — de papier. *Chartæ plagula*. 一張紙 Ý tcháng tchè. ‖ — tracée à la chinoise pour les lettres. 八行書 Pă hâng choū. ‖ — d'or. *Bractea*. 金箔 Kīn pŏ. ‖ — d'argent. *Bractea*. 銀箔 Ŷn pŏ. ‖ — d'étaim. *Bractea*. 錫箔 Sỷ pŏ. ‖ — de fer. *Ferri —*. 鐵葉 Tiĕ yĕ, ou 鐵扁 Tiĕ piĕn. ‖ — (journal). *Diarium*. 京報 Kīn paó.
**FEUILLET**, s. m. *Folium, ii, n.* 一篇書 Ý piēn choū.

**FEUILLETÉ**, s. m. (gâteau). *Foliacea placenta.* 油酥餅 Yeŏu soū pìn.

**FEUILLETER**, v. a. *Volvĕre librum.* 翻書 Fān choū.

**FEURRE**, s. m. *Stramen, inis,* n. 麥草 Mĕ tsǎo.

**FEUTRE**, s. m. *Subcoacta, orum,* n. 氈子 Tchān tsè. ‖ En faire. *Coactilia conficĕre.* 擀氈 Kàn tchān.

**FÈVE**, s. f. *Faba, æ, f.* 胡豆 Hoù teóu.

**FÉVRIER**, s. m. *Februarius, ii, m.* 洋二月 Yàng eùl yuĕ.

**FI!** interj. *Procul hinc!* 要不得 Yáo poŭ tĕ.

**FIACRE**, s. m. *Rheda, æ, f.* 雇的車子 Koú tỷ tcheỷ tsè.

**FIANÇAILLES**, s. f. *Sponsalia, ium, f.* 聘禮 Pìn lỳ. ‖ Jour des —. *Dies —.* 下聘日子 Hiá pìn jĕ tsè. ‖ Faire les —. *Facĕre —.* 下聘 Hiá pìn. ‖ Rompre les —. — *solvĕre.* 退聘禮 Toúy pìn lỳ. ‖ Donner les cadeaux des —. *Munera offerre.* 納采 Lă tsăy. ‖ Envoyer la convention des —. *Mittĕre scriptum.* 遞庚書 Tý kēn choū.

**FIANCÉ**, s. m. *Desponsus, i, m.* 許了人的 Hiù leǎo jēn tỷ. ‖ Chercher un — pour sa fille. *Quærĕre sponsum pro filiā.* 看人戶 Kăn jēn hoú.

**FIANCÉE**, s. f. *Sponsa, æ, f.* 許了的女 Hiù leǎo tỷ niù. ‖ Aller chercher la —. *Suscipĕre —.* 接親 Tsiē tsĭn.

**FIANCER**, v. a. *Sponsalia firmāre.* 定親 Tìn tsīn.

**FIBRE**, s. f. *Fibra, æ, f.* 肉絲 Joù sē. ‖ — (petite racine). *Fibræ.* 根鬚 Kēn siū.

**FIC**, s. m. *Ficus, i, m.* 肉包 Joù paō.

**FICELER**, v. a. *Ligāre funiculo.* 細 Kouĕn.

**FICHE**, s. f. *Fibula, æ, f.* 簽 Tsiēn. ‖ — (marque de jeu). *Tessera ludi.* 賭錢碼子 Toù tsiēn mǎ tsè.

**FICHER**, v. a. *Defigĕre.* 釘 Tīn. ‖ — un pieu. *Palum —.* 掃條 Tchǎ tiāo.

**FICTION**, s. f. *Fictio, onis, f.* 假的事情 Kiǎ tỷ sé tsǐn.

**FIDÈLE**, adj. *Fidelis.* 信 Tchōng sín. ‖ N'être pas — pour la main (expression chinoise pour indiquer le vol). *Propensus ad furtum —.* 手不乾淨 Cheǒu poŭ kān tsín, ou 三隻手 Sān tchĕ cheòu. ‖ — (exact). *Sincerus.* 親熱人 Tsīn jĕ jēn. ‖ — (exact). *Sincerus.* 實 Chĕ. ‖ Faire un récit —. *Res ut sunt actæ dicĕre.* 說實話 Chŏ chĕ hoá. ‖ Mémoire —. *Memoria tenax.* 記性好 Ký sín haŏ.

**FIDÈLES**, s. m. *Christiani, orum, m.* 天主教人 Tiēn-Tchoù-Kiáo jēn, ou 奉教人 Fóng Kiáo jēn. ‖ En s'adressant entre eux la parole, les chrétiens emploient l'expression de 敎友 Kiáo yeòu, qui veut dire : *Ami de religion.*

**FIDÉLITÉ**, s. f. *Fides, ei, f.* 忠信 Tchōng sín. ‖ Manquer de — à quelqu'un. *Deserĕre fidem alic.* 失信於人 Chē sín yû jēn. ‖ Garder la — conjugale. *Castâ fide torum servāre.* S'il s'agit de la femme on dit : 不偷男人 Poŭ teōu lán jēn. S'il s'agit de l'homme : 不在外頭嫖 Poŭ tsaý ouáy teōu piāo. ‖ La violer. *Violāre —.* 失身於外人 Chē chēn yū ouáy jēn.

**FIEF**, s. m. *Prædium mandarin.* 食邑 Chĕ ỷ.

**FIEFFÉ, ÉE**, adj. (qui est au suprême degré). *Supremus.* 至極 Tché kỷ. ‖ Menteur —. *Totus in mendacio.* 白話客 Pĕ hoá kĕ.

**FIEL**, s. m. *Fel, llis, n.* 胆 Tǎn. ‖ Bourse du —. *Bursa —.* 胆胞 Tǎn pāo. ‖ — (aigreur). *Amaritudo.* 固頭 Koú teōu, ou 恨 Hén. ‖ Être sans —. *Homo mansuetus.* 溫柔的人 Ouēn jeòu tỷ jēn.

**FIENTE**, s. f. *Stercus, oris, n.* 屎 Chè. ‖ — de bœuf. *Bolbitum.* 牛屎 Nieòu chè. ‖ — de porc. *Succerda.* 猪屎 Tchoū chè.

**FIER**, v. a. (confier). *Committĕre.* 託付 Tŏ foú. ‖ Se — *Alicui fidĕre.* 信人 Sín jēn. ‖ Homme auquel on ne peut se —. *Cui fides non tuta est.* 經不得的人 Tchān poŭ tĕ tỷ jēn.

**FIER, ÈRE**, adj. *Arrogans.* 高傲 Kāo gáo.

**FIERTÉ**, s. f. *Superbia, æ, f.* 倨傲 Kiú gáo. ‖ Parler avec —. *Superbĕ loqui.* 說大話 Chŏ tá hoá.

**FIÈVRE**, s. f. *Febris, is, f.* 擺子 Paỷ tsè, ou 熱病 Jĕ pín. ‖ — continue. — *assidua.* 不斷的擺子 Poŭ toúan tỷ paỷ tsè. ‖ — intermittente. *Intermittens —.* 隔日擺子 Kĕ jĕ paỷ tsè. ‖ — tierce. *Tertiana —.* 隔一天的 Kĕ ỷ tiēn tỷ. ‖ — quarte. *Quartana —.* 隔兩天的 Kĕ leǎng tiēn tỷ. ‖ — réglée. *Stata —.* 對時的 Toúy chě tỷ. ‖ Accès de —. *Accessio —.* 一瑒 Ỷ tchǎng. ‖ Frisson de la —. *Horror —.* 抖 Teǒu. ‖ Ardeur de la —. *Æstus.* 燒 Chaō. ‖ Avoir la —. *Febricitāre.* 打擺子 Tǎ paỷ tsè. ‖ Durée de la —. — *spatium.* 打擺子時侯 Tǎ paỷ tsè heóu. ‖ Retour de la —. *Reversio febris.* 擺子反了 Paỷ tsè fǎn leǎo. ‖ Arrêter la —. *Arcēre —.* 革擺子 Kĕ paỷ tsè.

**FIFRE**, s. m. *Fistula, æ, f.* 洋笛 Yàng tỷ, ou 関笛 Hóng tỷ.

**FIGÉ, ÉE**, adj. *Concretus.* 凝 Ỷn.

**FIGER (SE)**, v. r. *Coagulāri.* 凝 Ỷn.

**FIGUE**, s. f. *Ficus, us, f.* 無花果 Oū hoā kò. ‖ Faire la — à quelqu'un. *Provocāre aliq.* 惹人 Jĕ jēn.

**FIGURATIF, VE**, adj. *Figurativus.* 表意的 Piǎo ỷ tỷ.

**FIGURE**, s. f. *Figura, æ, f.* 樣子 Yáng tsè. ‖ Sous la — humaine. *Humanā sub imagine.* 借人形像 Tsiĕ jēn hìn siàng. ‖ Connaître de —. *Figuram tantùm nosse.* 面熟 Mién choǔ, ou 面善 Mién chán. ‖ — agréable.

Venusta facies. 面顏好 Mién yên haò. ‖ — (symbole). Figura. 表意 Piaŏ ý. ‖ — de rhétorique. Rhetoricæ —. 筆法 Pỹ fă. (Voir le mot Diagramme.) ‖ Faire — dans le monde. Famam habēre. 出名 Tchŏu mìn. ‖ Parler par —. Allegoricè loqui. 用比方 Yóng pỹ fāng.

FIGURÉ, ÉE, adj. Figuratus. 表意的 Piaŏ ý tỹ. ‖ Dans le sens —. In sensu —. 比方 Pỹ fāng.

FIGURER, v. a. Figurāre. 表意 Piaŏ ý, ou 做樣子 Tsoú yáng tsè. ‖ — (représenter comme symbole). Significāre. 指 Tchè. ‖ — dans le monde. Esse in vitâ splendidum. 出名的奢葦 Tchŏu mìn tỹ chĕ hoă. ‖ Se —. Animo effingĕre. 想 Siàng.

FIL, s. m. Filum, i, n. Non retors. 劈 Pỹ. Retors. 線 Sién. ‖ — de chanvre. Cannabis —. 麻線 Mâ sién. ‖ — de coton. Gossypii —. 棉線 Miên sién. ‖ — de soie. Serici —. 絲線 Sē sién. ‖ — d'or. Lentum aurum. 金線 Kīn sién. ‖ — de soie tordue. Torsi serici —. 衣線 Y̆ sién. ‖ — de soie non tordue. Serici non torsi. 花線 Hoā sién. ‖ — de fer. 鉄絲 Tiĕ sē. ‖ — d'archal. Auricalchum. 銅絲 Tŏng sē. ‖ — à —. Filatim. 一根一根 Y̆ kēn ý̆ kēn. ‖ Donner du — à retordre. Facessĕre res alic. 生事於人 Sēn sé yû jên. ‖ — des plantes. Fibra. 絲 Sē. ‖ — d'araignée. Araneæ. 蜘蛛絲 Tchē tchoū sē. ‖ — (cordeau). Línea. 墨線 Mĕ sién. ‖ — de l'eau. Aqua profluens. 流水 Lieòu choùy. ‖ Aller au — de l'eau. Prono flumine ferri. 順流水下 Chuén lieòu choùy hiá. ‖ — de l'épée. Acies. 刀口 Taō keŏu. ‖ Passer au — de l'épée. 刺 Tsé, ou 全殺 Tsuén chă. ‖ — du discours. Orat. filum. 頭緒 Teŏu siú. ‖ Reprendre le — du discours. Ad propositum revertēre. 接頭緒 Tsiĕ teŏu siú. ‖ Tourner le — d'un écheveau. Glomerāre filum. 找看線頭 Tchaŏ kău sién teŏu.

FILAMENT, s. m. Fibra, æ, f. 絲 Sē.

FILATURE, s. f. Officina fabrilis. 機房 Kỹ fāng.

FILE, s. f. Ordo, inis, m. 次序 Tsé siú. ‖ Une —. Unus —. 一行 Y̆ hâng. 一排 Y̆ paý. 一隊 Y̆ toúy. Une — de soldats. 隊兵 Y̆ toúy pīn.

FILER, v. a. Nēre. 紡 Fàng. ‖ — du coton. Gossypium —. 紡棉花 Fàng miên hoā. ‖ — sa corde. Digna cruce peccāre. 自招刑罰 Tsé tchaō hîn fă. ‖ — de la bougie. Filum xylinum ceratum ducĕre. 膠蠟把子 Kiāo lă pà tsè. ‖ — (aller à la file). Longo ordine incedēre. 接倒去 Tsiĕ taò kiŭ, ou 一路一路去 Y̆ loú ý̆ loú kiŭ. ‖ — doux. Tunēre. 怕說 Pă chŏ, ou 不敢出聲 Poŭ kàn tchŏu chēn.

FILET, s. m. Retia, um, n. 線 Sién, ou 網 Ouàng. ‖ Coup de —. — jactus. 網 Y̆ ouàng. ‖ Jeter les —. Jacĕre. 撒網 Să ouàng, ou 打網 Tà ouàng. ‖ Être pris dans les —. Includi retib. 落入網 Lŏ joŭ ouàng. ‖ S'en échapper. Ex. retib. aufugĕre. 躱網 Tŏ ouàng. ‖ Retirer le —. Adducĕre. 収網 Cheōu ouàng. ‖ — pour la chasse. Retia. 套雀的網 Taó tsiŏ tỹ ouàng. ‖ Un —. Unum —. 一舗網 Y̆ poú ouàng. ‖ Tendre des —. Extendĕre. 撑網 Kiĕn ouàng. ‖ Tomber dans le — de quelqu'un. Insidias non fugĕre. 受哄 Cheóu hòng. ‖ Un — de vinaigre. Exiguum aceti. 一滴 Y̆ tý, ou 一點點醋 Y̆ tièn tièn tsoú. ‖ — d'eau. Exigua aqua. 一滴水 Y̆ tý choùy. ‖ — de la langue. Vinculum linguæ. 舌頭低丁的筋 Chĕ teŏu tỹ hiá tỹ kīn.

FILIATION, s. f. Genus, eris, n. 支派 Tchĕ paý, ou 族輩 Tsoŭ péy.

FILIÈRE, s. f. Lamina multiforis ductoria. 囉腳板 Lŏ sē pàn, ou 銅絲鉸子 Tŏng sē kouèn tsè.

FILLE, s. f. Filia, æ, f. 女 Niù (terme général de fille). 閨女 Kouý niù (fille non fiancée). 姑孃 Koū niâng (terme honorifique, qui répond à mademoiselle). ‖ — aînée. 大閨女 Tá kouý niù. ‖ Deuxième —. 二閨女 Eùl kouý niù. ‖ Troisième —. 三閨女 Sān kouý niù. ‖ — cadette. 小閨女 Siaò kouý niù. ‖ — de l'Empereur. 公主 Kōng tchoù. ‖ — des princes. 哥哥 Kō kō. ‖ — adoptive. 抱的閨女 Paŏ tỹ kouý niù. ‖ — Puella. 閨女 Kouý tchoù, ou 童女 Tŏng niù. ‖ — (domestique, esclave). Ancilla. 丫頭 Yă teŏu. ‖ Les petites — en général. Puellæ. 女娃娃 Niù oūa oūa. ‖ — publique, ou de mauvaise vie. Meretrix, ou scortum. (Voyez les mots Femmes et Lieux.)

| | |
|---|---|
| Petite- —. Neptis. (Par rapport au grand-père et à la grand'mère paternels.) | 孫女 Sēn niù. |
| —. (Par rapport au grand-père et à la grand'mère maternels.) | 外孫女 Ouáy sēn niù. |
| —. Proneptis. (Fille du petit-fils ou de la petite-fille paternels.) | 侄孫女 Tchĕ sēn niù. |
| —. Abneptis. (Fille du petit-fils ou de la petite-fille maternels.) | 外侄孫女 Ouáy tchĕ sēn niù. |
| Belle- —. Nurus. (Femme du fils.) | 媳婦 Sý foú. |
| —. Privigna. (Fille d'un autre lit.) | 隨娘女 Soúy niâng niù. |
| —. Pronurus. (Femme du petit-fils.) | 孫媳婦 Sēn sý foú. |

**FILLEUL**, s. m. *Filius spiritualis.* 代子 Taý tsĕ.
**FILLEULE**, s. f. *Filia spiritualis.* 代女 Taý niù.
**FILOSELLE**, s. f. *Crassa bombyx.* 粗生絲 Tsoū sēn sē.
**FILOU**, s. m. *Graphicus fur.* 飛賊 Feў tsĕ̆.
**FILOUTER**, v. a. *Suppilāre.* 剪綹 Tsièn lieòu.
**FILS**, s. m. *Filius, ii, m.* 兒子 Eùl tsĕ. ‖ — unique. *Unicus —.* 獨兒 Toŭ eùl. ‖ — naturel. — *nothus.* 私娃娃 Sē oūa oūa. ‖ — aîné. *Major natu.* 大兒子 Tá eùl tsĕ, ou 老大 Laò tá. ‖ Le second. *Secundus.* 二個 Eùl kó, ou 老二 Laò eùl. ‖ Le troisième. 三個 Sān kó, ou 三老 Laò sān. Et ainsi de suite pour les autres fils. Lorsque les parents appellent leurs enfants en Chine, c'est ou par leur petit nom, ou plus communément en les désignant par ordre de leur naissance, comme dans les exemples ci-dessus. ‖ Livrer son — au mandarin pour le punir. *Præfecto tradĕre filium.* 首兒子 Cheòu eùl tsĕ. Votre —; par urbanité, on dit : 令郎 Lìn làng, ou 令公郎 Lìn kōng làng. ‖ — adoptif. *Filius adoptivus.* 義子 Ngў tsĕ. ‖ — héritier de l'Empereur. 太子 Taý tsĕ.

Petit — (enfant du fils). *Nepos.* 孫子 Sēn tsĕ.
— (fils du petit-fils). *Pronepos.* 曾孫 Sēn sēn.
— (petit-fils du petit-fils). *Abnepos.* 玄孫 Hiūen sēn.
Beau — (mari de la fille, gendre). *Gener.* 女壻 Niù sý.
— (mari de la petite-fille). *Progener.* 孫女壻 Sēn niù sý.
— (fils d'un autre lit). *Privignus.* 隨娘兒 Soúy niàng eùl.

**FILTRE**, s. m. *Colum, i, n.* 濾布 Liú poú.
**FILTRER**, v. a. *Excolāre.* 濾 Liú.
**FIN**, s. m. *Finis, is, m.* 末 Mó. 向 Hiáng. 意思 Ý sē. — des maux. *Laborum meta.* 患難盡頭 Houān lán tsín teŏu. ‖ Mettre — à sa vie. *Occidĕre se.* Par le fer, 自到 Tsé kīn. En avalant de l'or, 吞金 Tēn kīn. En s'étranglant, 自縊 Tsé ý. En avalant de l'opium, 吞洋煙 Tēn yāng yēn. Mettre — à quelque chose. *Finire aliq.* 做完 Tsoú ouān. ‖ Souffrir sans —. *In æternum pati.* 苦不煞角 Kŏu poŭ chă kŏ. ‖ Faire une — honteuse. *Indecorē mori.* 死得慘 Sĕ tĕ̆ tsàn. ‖ Ne pas savoir la — d'un procès. *Nescire exitum litis.* 不知官司怎樣下台 Poŭ tchē kōūan sē tsèn yáng hiá tăў. ‖ A la — du monde. *Supremo mundi tempore.* 世界窮末 Ché kiáў kiòng mó. ‖ Les quatre — dernières. *Quatuor novissima.* 四末 Sé mó. ‖ Arriver à ses —. *Consilia implĕre.* 得意 Tĕ̆ ý. ‖ Obtenir sa dernière —. *Obtinĕre vitam æternam.* 得常生 Tĕ̆ chàng sēn. ‖ A la —. *Demùm.* 臨了 Lîn tsè. Cette expression s'emploie rarement dans le sens du mot français. Les Chinois ont d'autres manières de rendre cette idée.

**FIN, E**, adj. *Tenuis.* 細的 sý tў. ‖ — porcelaine. *Porcellana.* 精細磁 Tsīn sý tsĕ̆. ‖ Drap —. *Pannus —.* 細布 Sý poú. ‖ Goût —. *Acutum palatum.* 會嘗味道 Hoúy chāng oúy taó. ‖ Esprit —. *Acre ingenium.* 精伶 Tsīn lîn. ‖ Raillerie —. *Atticus sal.* 笑得趣 Siáo tĕ̆ tsiŭ̀. ‖ — (rusé). *Callidus.* 奸詐的 Kiēn tchá tў, ou 計巧的 Ký kiăo tў. ‖ Plus — qu'un autre. *Callidit. superāre aliq.* 比他奸詐 Pў tā kiēn tchá. ‖ En voulant attraper les plus — on y est pris. *Configĕre cornicum oculos.* 打虎不着反被虎傷 Tà hoŭ poŭ tchŏ făn pў hoŭ chāng. ‖ Or —. *Purum aurum.* 淨金子 Tsín kīn tsĕ.

**FINAL, E**, adj. *Finalis.* 末的 Mô tў, ou 後頭的 Heòu teŏu tў. ‖ Cause —. *Propositum.* 向 Hiáng, ou 主意 Tchoù ý.

**FINANCER**, v. a. *Argent. suppeditāre.* 出銀子 Tchŏu ŷn tsè.

**FINANCES**, s. f. *Ærarium, ii, n.* 庫 Kŏu, ou 銀子 ўn tsè. ‖ Receveur général des —, ou intendant général des —. *Rei ærariæ præfectus.* 布政司 Poú tchén sē. ‖ Administrer les —. *Gerĕre —.* 管庫 Kōūan kŏu.

**FINASSER**, v. a. *Vulpinari.* 到尖不禿 Taó tsiēn poŭ toŭ.

**FINAUD, E**, adj. *Subdolus.* 詭詐的 Koùy tchá tў.

**FINESSE**, s. f. *Tenuitas, atis, f.* 細 Sý. ‖ — d'esprit. *Acumen ingenii.* 明悟尖 Mîn oú tsiēn. ‖ — (ruse). *Dolus.* 計巧 Ký kiăo. ‖ Inventer une —. *Excogitāre dolum.* 設計 Chĕ ký. ‖ Entendre — à tout. *Nihil candidè accipĕre.* 心多 Sīn tō, ou 疑心重 Ngў sīn tchóng. ‖ Ne pas chercher —. *Agĕre pingui Minervā.* 不用巧 Poŭ yóng kiăo. ‖ — cousues de fil blanc. *Inanes doli.* 到尖不禿 Taó tsiēn poŭ toŭ. ‖ S'y prendre avec —. *Rem astu tractāre.* 巧辦 Kiăo pán.

**FINI, E**, adj. (borné). *Perfectus.* 有限的 Yeòu hièn tў. ‖ — (achevé). 完了的 Ouān leào tў.

**FINIR**, v. a. *Finire.* 做完 Tsoú ouān. ‖ — une affaire. *Negot. absolvĕre.* 完事 Ouān sé. ‖ — une lettre. *Epist. concludĕre.* 寫完信 Siè ouān sín. ‖ — la guerre. *Bellum cessāre.* 畢戰 Pў tchán. ‖ — un discours. *Finem dicendi facĕre.* 講完 Kiàng ouān. ‖ Ne pouvoir — avec quelqu'un qui lambine. *Cum lento homine rem absolv. non posse.* (Exp. chin.) 藕斷絲不斷 Ngeòu touán sē poŭ touán.

**FIOLE**, s. f. *Ampulla, æ, f.* 小瓶子 Siăo pîh tsè.

**FIRMAMENT**, s. m. *Firmamentum, i, n.* 蒼天 Tsāng tiēn.

**FISC,** s. m. *Fiscus, i, m.* 公庫 Kōng koŭ. ‖ Officier du —. *Fisco præfectus.* 御史 Yú chè, ou 欽命巡察 Kīh mín siûn tchǎ'.

**FISTULE,** s. f. *Fistula, æ, f.* 瘡眼 Tchoŭang yèn, ou 不歛口的瘡 Poŭ lién keoŭ tỷ tchoŭang.

**FIXE,** adj. *Fixus.* 穩當 Ouèn tāng, ou 釘了的 Tīn leào tỷ. ‖ Regard —. *Fixus oculorum obtutus.* 注目 Tchoŭ moŭ. ‖ Prix —. *Certum pretium.* 定了的價錢 Tín leào tỷ kiá tsiēn.

**FIXER,** v. a. *Stabilire.* 定 Tín, ou 做穩當 Tsoŭ ouèn tāng. ‖ Fixer les regards de quelqu'un. *Oculos convertere ad se.* 兜人看 Teoū jèn kǎn. ‖ — ses regards sur. *Ocul. defigere.* 看 Kǎn. ‖ — l'amende. *Mulctam indicēre.* 罰出錢 Fǎ tchoŭ tsiēn. ‖ — à une idée. *Seriò cogitāre.* 一心想 Y̌ sīn siàng.

**FLACON,** s. m. *Lagena, æ, f.* 瓶子 Pi'n tsè.

**FLAGELLER,** v. a. *Flagellāre.* 鞭打 Piēn tà.

**FLAGEOLET,** s. m. *Fistula, æ, f.* 簫 Siāo. ‖ Un —. *Una —.* 一枝簫 Y̌ tchē siāo.

**FLAGORNER,** v. a. *Blandiri.* 諂 Tchǎn, ou 奉承 Fóng tchên.

**FLAIRER,** v. a. *Olfacĕre.* 聞 Ouén.

**FLAIREUR,** s. m. *Parasitus, i, m.* 混嗅的人 Hoèn tchè tỷ jèn.

**FLAMBEAU,** s. m. *Fax, acis, f.* 火把 Hò pà. ‖ — (chandelle). *Candela.* 臘燭 Lǎ tchoŭ.

**FLAMBÉ, ÉE,** adj. *Eversus.* 燒過的 Chāo kó tỷ.

**FLAMBER,** v. a. *Ustulāre.* 燒 Chāo.

**FLAMBOYER,** v. a. *Coruscāre.* 發光 Fǎ kouāng.

**FLAMME,** s. f. *Flamma, æ, f.* 火炎 Hò yèn, ou 火焰 Hò yén. ‖ — d'amour. *Flamma.* 慾火 Yóu hò. ‖ Jeter feu et —. *Exardescĕre in aliq.* 發大怒 Fǎ tá loú.

**FLANC,** s. m. (partie des côtés). *Latus, eris, n.* 肋旁 Lě páng. ‖ — (pris dans le sens de bord). *Ora —.* 邊 Piēn. ‖ Se battre les —. *Omni ope conāri.* 盡力 Tsín lỷ. ‖ — (ventre). *Uterus.* 母胎 Moŭ tāy. ‖ Prêter le —. *Ansam dāre.* 自招 Tsé tchāo, ou 兜 Teōu. ‖ — d'un navire. *Navis costa.* 船舷 Tchoŭan hièn. ‖ — d'un bataillon. *Ala.* 哨兵 Y̌ tsiáo pīn.

**FLANELLE,** s. f. *Laneus pannus.* 小絨 Siào jōng, ou 白呢 Pě ngỷ.

**FLANQUER,** v. a. *Munīre.* 保護 Paò hoú. ‖ — un soufflet. *Alapam impingĕre.* 打嘴掌 Tà tsoŭy tchàng.

**FLASQUE,** adj. *Flaccidus.* 軟弱 Joàn jŏ, ou 柔弱的 Jeóu joàn tỷ.

**FLATTER,** v. a. *Adulāri.* 諂媚 Tchǎn meỷ. ‖ — avec la main, v. g. un chat. *Palpāri.* 抹 Mǎ. ‖ — en remuant la queue, v. g. comme font les chiens. *Caudam agitāre.* 擺尾 Paỷ ouỷ. ‖ Se —. *Sibi blandiri.* 自滿 Tsé màn.

**FLATTERIE,** s. f. *Adulatio, onis, f.* 諂媚 Tchǎn-meỷ. ‖ Aimer la —. *oblectāri.* 愛人諂媚他 Gaỷ jèn tchǎn meỷ tǎ'. ‖ Obtenir par —. *Adulando obtinēre.* 諂媚得的 Tchǎn meỷ tě tỷ. ‖ — (paroles doucereuses). *Blanda verba.* 甜言 Tièn yèn.

**FLATUOSITÉ,** s. f. *Inflationes, um, f.* 肚裏生氣 Tóu lỷ sēn kỷ. ‖ Les dissiper. — *discutĕre.* 消氣 Siāo kỷ.

**FLÉAU,** s. m. *Flagellum, i, n.* 連枷 Lièn kiā. ‖ Battre le blé avec le —. *Frumentum flagellāre.* 打麥子 Tà mě tsè. ‖ — d'une balance. *Scapus.* 天平梁 Tiēn pîn leǎng, ou 戥幹 Tèn kán. ‖ Les deux bouts des —. *Capita.* 戥頭 Tèn teoú, ou 戥巔 Tèn tiēn. ‖ — (châtiment). *Calamitas.* 患難 Hoân lán. ‖ — du ciel. *Cœli.* 天災 Tiēn tsaȳ. ‖ Être le — de sa famille. *Familiam acerbāre.* 兒子不成器 Eúl tsè poŭ tchên kỷ.

**FLÈCHE,** s. f. *Sagitta, æ, f.* 箭 Tsién. ‖ Une —. *Una —.* 一枝箭 Y̌ tchē tsién. L'inventeur des — se nomme : 牟夷 Meoû ý. ‖ Lancer des —. — *emittĕre.* 射箭 Chè tsién. ‖ Percer quelqu'un de —. *Configĕre.* 射人 Chè jèn. ‖ Ne savoir de quel bois faire — (prov.). *Spe et arte destitui.* 無法各施上天無路下地無門 Oū fǎ kǒ chē cháng Tiēn, oū loú biá Tỷ oū mên.

**FLÉCHIR,** v. a. *Genuflectĕre.* 跪 Koúy. ‖ — les deux genoux. *Genua —.* 跪 Koùy. ‖ — la colère de Dieu. *Placāre iram div.* 息天主義怒 Sý Tiēn Tchoŭ ngý loú. ‖ — (céder). *Cedĕre.* 讓 Jáng. ‖ Tout — sous lui. *Auctorit. ejus cedunt omnia.* 衆人服他 Tchóng jên foŭ tǎ'.

**FLÉTRIR,** v. a. *Nitorem infuscāre.* 退光 Toúy koŭang. ‖ — la réputation de quelqu'un. *Famam atterĕre.* 壞人名聲 Hoúay jèn mín chēn. ‖ Se —. *Marcēre.* 黄子 Hoâng leào.

**FLÉTRISSURE,** s. f. (altération des fleurs). *Marcor, oris, m.* 黄 Hoâng. ‖ — (ignominie). *Labes.* 羞辱 Sieōu joŭ. ‖ La supporter sans rougir. *Infamiam ferre sine rubore.* 不顧臉皮 Poŭ koú lièn pỷ. ‖ Effacer une —. *Ex infamiâ se lavāre.* 洗名聲 Sỷ mîn chēn.

**FLEUR,** s. f. *Flos, oris, m.* 花 Hoā. ‖ Une —. *Unus —.* 一朶花 Y̌ tò hoā. ‖ — naturelle. — *naturalis.* 眞花 Tchē hoā. ‖ — simple. — *simplex.* 單花 Tān hoā. ‖ — double. — *duplex.* 雙花 Choāng hoā. ‖ — artificielle. — *artificialis.* 制作的花 Tché tsó tỷ hoā. ‖ — en moelle d'*Aralia papyrifera*, vulgairement dit en France : *papier de riz.* 通草花 Tōng tsǎo hoā. ‖ — en plume d'oiseau. — *ex avium pennis.* 翠花 Tsoúy hoā. ‖ — en soie brodée. 絨花 Jōng hoā. ‖ Guirlande de —. *Florea serta.* 花圈 Hoā kiuēn. ‖ Couronne de —. *Corona florea.* 花圈 Hoā toŭan. ‖ Être en —. *Florēre.* 開了花 Kāỷ leào hoā. ‖ Ouvrir sa —. *Flor. aperire.* 開花 Kāỷ hoā, ou 出花 Tchoū hoā.

‖ Perdre sa —. *Deflorescĕre*. 花謝 Hoā sié, ou 花落 Hoā lŏ. ‖ Cueillir une —. *Decerpĕre*. 拆花 Tsĕ hoā. 摘花 Tÿ hoā. 採花 Tsaỹ hoā. ‖ Calice des —. *Calix* —. 花房 Hoā fāng. ‖ Coupe des —. *Cupa* —. 花衣 Hoā ỹ. ‖ Bouton des —. *Gemma*. 花姑都 Hoā koū toū. ‖ Les pétales. *Folia* —. 花瓣 Hoā pàn. ‖ — de l'âge. *Ætatis flos*. 青年 Tsíń niên, ou 青春 Tsíń tchŏun. ‖ Mourir à la — de l'âge. *Intrà juventam rapi*. 殀 Yào. ‖ Avoir la — de quelque chose. *Primitias habēre*. 占先 Tchán siēn. ‖ — de farine. *Pollen*. 頭麪 Teǒu mién. ‖ — de vinaigre. *Mycoderma aceti*. 白蘗 Pĕ mŏng. 花 Hoā. 醋母子 Tsoú moù tsĕ. ‖ — de nitre. *Aphronitrum*. 淨硝 Tsín siaŏ. ‖ — des femmes (maladie). *Albus fluor*. 紅帶 Hóng taỹ, ou 白帶 Pŏ taỹ. ‖ — de la noblesse. *Nobilitatis flos*. 上等人 Cháng tèn jēn, ou 縉紳 Tsín chēn. ‖ — de rhétorique. *Orationis flosculi*. 筆法 Pỹ fă. ‖ A — de terre. *Ad soli superficiem*. 與地基一樣平 Yù tỹ kỹ ỹ yáng pín, ou 平地面 Pín tỹ mién.

FLEURETTES, s. f. *Blanditiæ, arum, f.* 諂媚 Tchăn meỹ, ou 調戲 Tiáo hý. ‖ Conter des —. — *dicĕre*. 諂媚 Tchăn meỹ.

FLEURIR, v. a. *Florescĕre*. 開花 Kaỹ hoā, ou 發花 Fă hoā. ‖ — (être en vogue). *Florēre, vigēre*. 出名 Tchŏu mín.

FLEUVE, s. m. *Fluvius, ii, m.* 河 Hŏ. ‖ Un —. *Unus* —. 一條河 Ỹ tiáo hŏ. ‖ Le rivage. *Ripa*. 河岸 Hŏ gán. ‖ L'embouchure. *Ostium*. 河口 Hŏ keǒu. ‖ — lent. *lentus*. 河水平 Hŏ choùy pín. ‖ — rapide. — *rapidus*. 河水陡 Hŏ choùy teǒu. ‖ — impétueux. — *impetuosus*. 河水陡 Hŏ choùy teǒu. ‖ — dangereux. — *periculosus*. 河水凶 Hŏ choùy hiŏng. ‖ — à cascade. *Desiliens*. 灘口 Tăn keǒu. ‖ Les trois grands — de la Chine. *Tria præcipua flumina Sinarum*. 南江 Lán kiāng. 中江 Tchōng kiāng. 北江 Pĕ kiāng. ‖ Descendre un —. *Secundo amne ire*. 下水 Hiá choùy. ‖ Remonter un —. *Adverso* —. 上水 Cháng choùy.

FLEXIBLE, adj. *Flexibilis*. 彎得的 Ouān tĕ tỹ, ou 軟的 Joùan tỹ. ‖ Esprit —. *Animus mansuetus*. 受敎的 Cheóu kiáo tỹ. ‖ — (doux). *Docibilis*. 受敎的 Cheóu kiáo tỹ.

FLIBUSTIER, s. m. *Pirata, æ, m.* 海賊 Haỹ tsĕ.

FLOCON, s. m. *Floccus, i, m.* 團 Ỹ toûan. ‖ — de coton. *Gossyp. glomus*. 一團棉花 Ỹ toûan mién hoā.

FLOT, s. m. *Fluctus, ùs, m.* 波浪 Pŏ láng. ‖ Être à —. *Innatāre*. 浮 Feǒu. ‖ Agité des —. *Fluctibus jactāri*. 波浪蕩船 Pŏ láng táng tchoûan. ‖ — de gens. *Fluctus hominum*. 人山人海 Jēn chān jēn haỹ. ‖ Pleurer à grands —. *Profundēre vim lacrym*. 大哭 Tá koŭ. ‖ — (agitation). *Procellæ*. 暴風 Paó fōng.

FLOTTE, s. f. *Classis, is, f.* 一幇船 Ỹ pāng tchoûan. ‖ Équiper une —. — *ornāre*. 俻一幇船 Pỹ ỹ pāng tchoûan. ‖ Commander une —. — *regĕre*. 管一幇船 Koŭan ỹ pāng tchoûan.

FLOTTER, v. a. *Fluctuāre*. 浮水 Feǒu choùy, ou 漂 Piāo. ‖ — çà et là. — *hùc et illùc*. 飄 Piāo. ‖ — (hésiter). *Hæsitāre*. 無主意 Où tchoù ý.

FLUET, adj. *Delicatus*. 體弱的 Tỹ jŏ tỹ.

FLUIDE, adj. *Fluidus*. 稀流的 Hỹ lieǒu tỹ.

FLÛTE, s. f. *Tibia, æ, f.* 笛子 Tỹ tsĕ. ‖ Trou bouché de la — chinoise. 笛膜 Tỹ moŭ. ‖ Jouer de la —. — *canĕre*. 吹笛子 Tchoūỹ tỹ tsĕ. ‖ Ajuster ses —. *Omnia adhibēre*. 千方百計 Tsiēn fāng pŏ ký. ‖ Ce qui vient de la — s'en retourne au tambour (prov.), c.-à-d. Biens mal acquis ne profitent jamais. *Malè parta, malè dilabuntur*. 不義之財易散 Poŭ ngý tchē tsaỹ ý paỹ.

FLUX, s. m. *Maris æstus, ùs, m.* 海潮 Haỹ tchăo. ‖ — du matin. 早潮 Tsaò tchăo. ‖ — du soir. 晚潮 Oùan tchăo. ‖ Il y a —. *Æstus ascendit*. 潮漲了 Tchăo tchāng leăo. ‖ Il y a reflux. *Æstus recessit*. 潮退了 Tchăo toúỹ leăo. ‖ — de ventre. *Alvi profluvium*. 肚瀉 Toú sié. ‖ L'avoir. *Alvum habēre liq*. 肚瀉 Toú sié. ‖ L'arrêter. — *cohibēre*. 止瀉 Tchè sié. ‖ — de sang. *Sanguinis profluv*. 吐血 Tŏu hiuĕ. ‖ L'arrêter. *Inhibēre* —. 止血 Tchè hiuĕ. ‖ — de semence. *Seminis humani profl*. 濁症 Tchŏ tchēn, ou 流精 Lieǒu tsīn. ‖ — de paroles. *Profluentia verborum*. 話多 Hoá tō.

FLUXION, s. f. *Fluxio, onis, f.* 腫 Tchŏng. ‖ — sur les yeux. *Suffusio*. 眼醫 Yèn ỹ.

FŒTUS, s. m. *Fœtus, ùs, m.* 胎 Taỹ. 胚 Peỹ. 胎成形 Taỹ tchĕn hīng.

FOI, s. f. (croyance relig.). *Fides, ei, f.* 信德 Sín tĕ. ‖ — divine. *Supernaturalis fides*. 超性信德 Tchăo sín sín tĕ. ‖ — naturelle (humaine). — *humana*. 本性的信德 Pèn sín tỹ sín tĕ. ‖ — vive. *Viva* —. 活信德 Hŏ sín tĕ. ‖ — morte. *Mortua* —. 死信德 Sè sín tĕ. ‖ Article de —. *Articulus* —. 當信之端 Tāng sín tchē toūan. ‖ Avoir la —. *Habēre fidem*. 有信德 Yeŏu sín tĕ. ‖ La — ne vient pas. *Fides non venit*. 信不來 Sín poŭ laỹ. ‖ Faire un acte de —. *Elicĕre actum* —. 發信德 Fă sín tĕ. ‖ — (fidélité). *Fides*. 忠信 Tchōng sín ‖ Mauvaise —. *Mala* —. 不忠信 Poŭ tchōng sín. ‖ Engager sa —. *Verbum dāre*. 許 Hiù. ‖ Garder sa —. — *servāre*. 不食言 Poŭ chĕ yēn, ou 不失言 Poŭ chĕ yēn. ‖ Violer sa —. — *violāre*. 食言 Chĕ yēn. ‖ Ajouter — à quelqu'un. *Alic. credĕre*. 信人 Sín jēn. ‖ De bonne —.

*Sincerè.* 老實 Laŏ chĕ. ‖ Faire —. *Fidem facĕre.* 證 Tchén. ‖ — conjugale. *Maritalis fides.* 夫婦相信 Foŭ-foŭ siāng sín.

**FOIE**, s. m. *Jecur, oris, n.* 肝 Kān. ‖ Un —. *Unum —.* 一籠肝 Y̆ lóng kān.

**FOIN**, s. m. *Fœnum, i, n.* 乾草 Kān tsăo. ‖ A défaut de —, on mange de la paille (Prov.) *Non prout volo, sed prout possum ago.* 不得魚也要得鰕 Poŭ tĕ̕ yŭ yĕ yáo tĕ̕ hiâ.

**FOIRE**, s. f. *Nundinæ, arum, f.* 場 Tchăng. ‖ Lieu où se tient la —. *Emporium, ü, n.* 街 Kaў. ‖ Aller à la —. *Nundinări.* 去趕場 Kiŭ kàn tchăng. ‖ Revenir de la —. *Redire ex —.* 趕場回來 Kàn tchăng hoŭy laў. ‖ Ouvrir la —. *Incipĕre.* 開場 Kāy tchăng. ‖ S'entendre comme larron en — (prov.). *Congruĕre in omnibus.* 耗子䟴知耗子路 Haó tsè tsăy tchĕ haó tsè loŭ. ‖ — (cours de ventre). *Cursus ventris.* 稀屎 Hў chè, ou 肚瀉 Toŭ sié. ‖ L'avoir. *Habēre —.* 拉稀屎 Lā bў chè, ou 肚瀉了 Toú sié leăo.

**FOIS**, s. f. ‖ Une —. *Semel.* 一囘 Y̆ hoŭy, ou 一次 Y̆ tsé. ‖ Dix —. *Decies.* 十囘 Chĕ hoŭy. ‖ La première —. *Primā vice.* 頭一囘 Teŏu ў hoŭy. ‖ Pour la première —. *Primùm.* 初囘 Tsoū hoŭy. ‖ Une — seulement. *Semel omnino.* 止一囘 Tchĕ ў hoŭy. ‖ Une — pour toutes. — *et in perpetuum.* 單單這一囘 Tān tān tchĕ ў hoŭy. ‖ Une — l'an. *Semel in anno.* 一年一囘 Y̆ niēn ў hoŭy. ‖ Une — autant. *Alterum tantum.* 多一倍 Tō ў peў, ou 加一倍 Kiā ў peў. ‖ A la —. *Simul.* 一齊 Y̆ tsў. ‖ Deux — plus grand. *Bis tantum.* 加兩倍 Kiā leàng peў. ‖ Parler tous à la —. *Simul loqui.* 一齊說 Y̆ tsў chŏ. ‖ Une autre —. *Aliàs.* 二囘 Eùl hoŭy. ‖ Autrefois. *Quandoque.* 前頭 Tsiēn teŏu. ‖ Quelquefois. *Aliquoties.* 有時候 Yeŏu chĕ heŏu. ‖ Parfois. *Subindè.* 有時 Yeŏu chè. ‖ Pour cette —. *Pro hāc vice.* 這一次 Tchĕ ў tsé, ou 一囘 Y̆ hoŭy. ‖ Bien des —. *Sæpissimè.* 多囘 Tō hoŭy. ‖ Tant de —. *Toties.* 這樣多囘 Tchĕ yáng tō hoŭy. ‖ Toutes les — que. *Quotiēscunque.* 囘囘 Hoŭy hoŭy, ou 每次 Meў tsé.

**FOISON** (A), adv. *Uberrimè.* 多多的 Tō tō tў. ‖ A —. *Affatim.* 狠多 Hèn tō.

**FOL, LE**, adj. *Insanus.* 瘋人 Fōng jēn. ‖ — amour. — *amor.* 私愛 Sē gaў, ou 淫心 Yn sīn. ‖ — espoir. *Vana spes.* 虛望 Hiū ouáng. ‖ — dépenses. *Sumptus ingentes.* 浪費 Làng feў.

**FOLÂTRER**, v. a. *Lascivīre.* 說笑 Chŏ siáo.

**FOLIE**, s. f. *Dementia, æ, f.* 瘋 Fōng, ou 呆 Yaў. ‖ Aimer à la —. *Insanē amāre.* 邪愛 Sié gaў. ‖ — (sottises). *Facetiæ.* 糊塗的 Hoŭ toŭ tў. ‖ Dire des —.

*Fluĕre facetiis.* 說話莫得頭緒 Chŏ hoá mŏ tĕ̕ teŏu siú.

**FOLLET, TE**, adj. (poil). *Lanugo.* 細毛 Sў maŏ, ou 秋毫 Tsieŏu haŏ. ‖ Esprits —. *Lemures.* 小神子 Siăo chēn tsè, ou 鬼怊 Koùy hoŭen.

**FOMENTER**, v. a. *Fovēre.* 養 Yàng. ‖ — la guerre. *Bellum alĕre.* 殺賊不除根 Chă tsĕ̕ poŭ tchŏu kēn, ou 招惹打仗 Tchaō jĕ̕ tă tcháng. ‖ — une maladie. *Morbum —.* 捱倒不醫 Gaў taò poŭ ў.

**FONCTION**, s. f. *Munus, eris, n.* 本分 Pèn-fén. ‖ S'acquitter de ses —. *obīre.* 滿本分 Màn pèn-fén. ‖ Reprendre sa —. *Repetĕre præfect.* 復職 Foŭ tchĕ.

**FONCTIONNAIRE**, s. m. *Præfectus, i, m.* 現任官 Hién jén koūan.

**FOND**, s. m. *Fundus, i, m.* 底 Tў. ‖ Sans —. *Non habens —.* 無底 Oŭ tў. ‖ — du cœur. *Intimum cor.* 心底 Sīn tў. ‖ — du vase à riz. 額算 Tsén pў. ‖ Jusqu'au —. *Usque ad imum.* 到底 Taó tў. ‖ — d'une écuelle. *Scutellæ fundus.* 碗斗 Oùan teŏu. ‖ Bas- —. *Ima loca.* 水淺 Choùy tsién. ‖ — d'une grotte. *Intima spelunca.* 硐底 Tóng tў. ‖ — de la mer. *Vadum.* 海底 Haў tý. ‖ — de cale. *Infimum navis tabulatum.* 船倉 Tchoŭan tsāng. ‖ Aller au — de l'eau. *Ad vadum labi.* 沉下水 Tchĕn hiá choùy. ‖ Couler à —. *In profundum demergĕre.* 沉下去 Tchĕn hiá kiŭ̕. ‖ De — en comble. *Penitùs.* 全全 Tsŭen tsŭen. ‖ De son —. *Ex naturā suā.* 本來 Pèn laў. ‖ Détruire de — en comble. *Penitùs evertĕre.* 除滅 Tchŏu miĕ̕. ‖ Ruiner quelqu'un de — en comble. *Deturbāre aliq. fortunis.* 傾他的家產 Kīn tă tў kiā tchăn. ‖ Entrer dans le — d'une affaire. *Rem penitùs excutĕre.* 搜求 Seŏu kieŏu. ‖ Au —, il a de l'esprit. *Reverā ingenio valet.* 果然他是聰明 Kŏ jān tă chĕ tsōng mīn. ‖ — du cœur. *Imum pectus.* 心內 Sīn noùy. ‖ Lire au — du cœur. *Animum perspect. habēre.* 看透人心 Kèn teŏu jēn sīn. ‖ —. *Vallis.* 山口 Chān keŏu, ou 山谷 Chān kiŏu. ‖ La ville est dans un —. *Urbs in valle posita est.* 城在兩山之中 Tchĕn tsaў leàng chān tchĕ tchōng. ‖ — (appui, soutien). *Fiducia.* 靠望 Káo ouáng. ‖ Faire — sur quelqu'un. *Confidĕre in aliq.* 靠人 Kaó jēn. ‖ A —. *Omninò.* plané. 全全 Tsŭen tsŭen. ‖ Savoir à —. *Rem percallēre.* 熟一宗事 Choŭ ў tsōng sé.

**FONDAMENTAL, E**, adj. *Præcipuum, necessarium.* 要緊的事 Yáo kìn tў sé.

**FONDANT, E**, adj. *Liquescens.* 易化得 Y̆ hoá tĕ̕.

**FONDATEUR**, s. m. (de ville). *Fundator urbis.* 修城的人 Sieōu tchēn tў jēn. ‖ — de dynastie. *Alicuj. dynastiæ.* 創立君 Tchoăng lý kiūn. ‖ — d'ordre. *Relig. discipl. conditor.* 立修院的人 Lў sieōu yuēn tў jēn.

FONDEMENT, s. m. Fundamentum, i, n. 石脚 Chě kiŏ. 基 Kỹ. 根 Kēn.‖ Creuser les —. - fodĕre. 挖地基 Oŭa tỷ kỹ. ‖ Jeter les —. Agĕre —. 安石脚 Gān chě kiŏ. ‖ — (base, principe). Radix, causa. 根由 Kēn yeôu. ‖ — de la paix. Pacis —. 太平之本 Taỷ pî'n tchē pèn. ‖ — (cause). Causa. 緣故 Yûen koú.‖ Sans —. Absque fundam. 無故 Oŭ koŭ. ‖ Se fâcher sans —. Sine causâ irasci. 平白冒火 Pî'n pě maŏ hŏ. ‖ — (extrémité du rectum). Sedes. 屁股 Pỷ koŭ.
FONDER, v. a. Fundamentum agĕre. 立 Lỷ, ou 造 Tsaŏ. ‖ — une église. Templum erigĕre. 立經堂 Lỷ kīn táng. ‖ — une règle. Regulam stabilire. 立規矩 Lỷ koŭy kiŭ. ‖ — ses espérances sur. In aliq. re spem ponĕre. 望一宗事 Oúan ỷ tsōng sé. ‖ — un asile d'enfants. Pro pueris asylum instituĕre. 育嬰修堂 Sieōu yoŭ ỷn táng. ‖ — un couvent. Monasterium. 立修院 Lỷ sieōu oúan. ‖ Être — en droit. Æquo niti. 有理 Yeôu lỷ.‖ Se — sur quelqu'un. Inniti aliq. 靠人 Kaô jēn.
FONDERIE, s. f. Metallor. officina. 五金舖 Oŭ kīn poú.
FONDEUR, s. m. Conflator, oris, m. 銀匠 Ỹn siáng.
FONDRE, v. a. Liquefacĕre. 化 Hoá. ‖ L'argent — entre ses mains. Illius largitione pecunia interit. 他的手鬆得狠 Tā tỷ cheôu sōng tě hèn. ‖ — (s'affaisser). Deprimi. 落下去 Lŏ hiá kiŭ'. ‖ — en larmes. Effuse lacrymari. 流淚如雨 Lieōu loúy joŭ yŭ. ‖ — sur quelqu'un. In aliq. ruĕre. 攻擊人 Kōng kỹ jēn. ‖ Se —. Liquescĕre. 化開 Hoá kāy.
FONDRIÈRE, s. f. Vorago, inis, f. 坑 Kēn. ‖ Terre pleine de boue. Lama. 隰地 Chě tỷ.
FONDRILLES, s. f. Sedimentum, i, n. 渣渣 Tchā tchā, ou 渣子 Tỷ tsè.
FONDS, s. m. Ager, ri, m. 田 Tiēn. ‖ Acheter un —. — emĕre. 買田 Maỷ tiēn. ‖ — (argent). Pecunia præsens. 現銀子 Hién ỹn tsè. ‖ N'avoir pas de —. Indig. avg. 無銀錢 Oŭ ỹn tsè. ‖ Placer à — perdus. Pecun. abal. collocăre. 和根爛 Hŏ kēn lán. ‖ N'avoir pas de —. Ignarus esse. 淺學 Tsién hiŏ', ou 飄皮曉得點 Piaō pỷ hiaŏ tě tiēn. ‖ — de boutique. 貨物 Hŏ oŭ.
FONTAINE, s. f. Fons, tis, m. 井 Tsīn. ‖ Une —. Unus —. 一口井 Ỹ keoŭ tsīn.
FONTE, s. f. Fusura, æ, f. 化的東西 Hoá tỷ tōng sỹ. ‖ — de cloche. Campanæ conflatio. 鑄鐘 Tchoú tchōng. ‖ — des neiges. Solutæ nives. 雪化了 Siuĕ hoá leaō.
FONTS BAPTISMAUX, s. m. Fontes lustrales. 付洗之泉 Foú sỷ tchē tsŭen. ‖ Tenir sur les —. Esse —, c.-à-d., être parrain. Esse patrinus. 當代父 Táng taỷ foú. ‖ Être marraine. Esse matrina. 當代母 Táng taỷ moù.
FOR, s. m. (intérieur). Forum internum. 內 Loúy.

FORAIN, adj. Extraneus. 外來的 Onáy laỷ tỷ.
FORBAN, s. m. Pirata, æ, m. 海賊 Haỷ tsĕ.
FORCE, s. f. Robur, vires. 力量 Lỷ leâng, ou 氣力 Kỹ lỷ. ‖ N'avoir pas de —. — carĕre. 無氣力 Oŭ kỹ lỷ. ‖ Prendre des —. Corroborare se. 壯力 Tchoúang lỷ. ‖ De toutes ses —. Omni ope. 盡力量 Tsîn lỷ leâng. ‖ — (vertu). Fortitudo. 剛勇之德 Kāng yòng tchē tĕ. ‖ — d'esprit. Animi firmitas. 心穩 Sīn oŭen. ‖ — d'esprit. Ingenii acies. 明悟大 Mîn où tá. ‖ Cela passe mes —. Id vires superat. 這個超過我的力量 Tchě kó tchaō kó ngò tỷ lỷ leâng. ‖ Employer toutes ses —. Omni operâ niti. 用力 Yóng lỷ. ‖ — (violence). Vis. 強勉 Kiâng mièn. ‖ User de —. Vim adhibĕre. 強勉 Kiâng mièn. ‖ Repousser la — par la —. Vim vi repellĕre. 以強驅強 Ỷ kiâng kiū kiâng. ‖ Il m'est — de faire. Non sponte ago. 我莫奈何做 Ngò mŏ laỷ hŏ tsoú. ‖ — (solidité), v. g. d'un drap. Firmitas panni. 布經事 Poú kīn sé. ‖ — d'une poutre. Tigni —. 梁大 Leâng tá. ‖ — (énergie). Vis. — du style. — dictionis. 筆力 Pỷ lỷ. ‖ Argument sans —. Sine fundam. ratio. 這話說來沒甚理 Tchě hoá chŏ laỷ yě mŏ lỷ. ‖ Parler avec —. Vehementer loqui. 說得展勁 Chŏ tě tchàn kín. ‖ Avoir — de loi. Pro lege valĕre. 當得常法 Táng tě chàng fă. ‖ — (troupes). Copia. 兵 Pīn. ‖ Avoir de grandes —. Copias plurim. hab. 人馬多 Jēn mà tō. ‖ — (vertu, efficacité). Vis, efficacia. 效驗 Hiaó nién, ou 有利 Ỷ lí. ‖ — du poison. Veneni vis. 毒藥利害 Toŭ yŏ lỷ haỷ. ‖ — du vin. Vini vires. 酒狠 Tsieôu hèn. ‖ — (quantité). Copia. 多 Tō. ‖ — argent. Copia argenti. 銀子多 Ỹn tsè tō. ‖ — présents. Uberiora dona. 大禮物 Tá lỷ oŭ. ‖ — promesses. Promissis onerare. 許多多 Hiù tě tō. ‖ À — de prières. Multis precibus. 說了多同幾得了 Chŏ leaō tō hoùy tsăỷ tě leaō. ‖ À toute —. Quâcunque viâ. 總要 Tsōng yaó, ou 定要 Tín yaó.
FORCÉMENT, adv. Per vim. 奈何不得 Laỷ hó poŭ tě'.
FORCENÉ, ÉE, adj. Vesanus. 瘋的 Fōng tỷ.
FORCER, v. a. Cogĕre. 強勉 Kiâng mièn. ‖ — une porte. Fores effringĕre. 打破門 Tà pŏ mēn. ‖ — un cheval. Equo itia perrumpĕre. 僵馬 Louỷ mà. ‖ — la main à quelqu'un. Vi cogĕre. 強勉人 Kiâng mièn jēn.
FORET, s. m. Terebella. 鑽頭 Tsouàn teoŭ.
FORÊT, s. f. Silva, æ, f. 樹林 Choú lîn.
FORFAIT, s. m. Scelus, eris, n. 大罪 Tá tsouỷ. ‖ — (marché). Redemptio. 包工 Paō kōng.
FORFANTERIE, s. f. Vaniloquentia, æ, f. 誇獎的話 Koŭa tsiàng tỷ hoà.
FORGE, s. f. Fabrica ferraria. 鉄匠舖 Tiĕ tsiáng poú.
FORGER, v. a. Cudĕre. 打鉄 Tà tiĕ. ‖ — un mensonge. Mendacium astruĕre. 說白話 Chŏ pě hoá. ‖ — une

accusation. *In aliq. crimen conflāre.* 假粧告牀 Kià tchoāng káo tchouāng. ‖ — une nouvelle. *Fingĕre nuntium.* 造謠言 Tsáo yáo yên. ‖ En — on devient forgeron. (Prov.) *Fabricando fabri fimus.* 一囘生二囘熟 Ý hoŭy sēn eùl hoŭy choŭ.

FORMALISER (SE), v. r. *Offendi.* 肚量窄 Toú leâng tsè, ou 小氣 Siáo kỳ. ‖ Ne pas se — aisément. *Non cum offensione aliq. accipĕre.* 肚量大 Toú leâng tá.

FORMALITÉ, s. f. *Formula, æ, f.* 款 Koŭan, ou 禮 Lỳ. ‖ Selon les —. *Rité.* 恰當 Kiă táng. ‖ Garder les —. *Formulas sequi.* 依規矩 Ý koŭy kiù. ‖ Les violer. — *excidĕre.* 不守規矩 Poŭ cheŏu koŭy kiù.

FORMAT, s. m. *Libri dimensio.* 書長短 Choū tchâng touàn. ‖ — in-folio. *Non plicato folio.* 單篇 Tān piēn. ‖ — in-4°. *Folio quadruplicato.* 四摺的書 Sé tsĕ tỳ choŭ. ‖ — in-8. *Folio octuplicato.* 八摺的書 Pă tsĕ tỳ choŭ.

FORME, s. f. *Forma, æ, f.* 樣子 Yáng tsè. ‖ Sous — humaine. *In figurā hominis.* 借人形像 Tsiĕ jên hîn siàng. ‖ Le Saint-Esprit descendit sous la — d'une colombe. *Spiritus Sanctus descendit sub specie columbæ.* 聖神借白鴿之形降臨 Chén chên tsiĕ pĕ kŏ tchē hîn kiáng lîn. ‖ Par — de jeu. *Ludi causā.* 爲要 Oùy choă. ‖ — (règle). *Regula.* 規矩 Koŭy kiú. ‖ Sans — de procès. *Indictā causā.* 不問情由 Poŭ ouén tsîn yeŏu. ‖ Pour la —. *Negligenter.* 不用心 Poŭ yóng sīn, ou 大大意意的 Tá tá ý ý tỳ. ‖ — de souliers. *Calopodium.* 鞋檀頭 Haý kiuén teŏu.

FORMEL, LE, adj. (termes). *Expressa verba.* 明白的話 Mîn pĕ tỳ hoá.

FORMER, v. a. *Formāre.* 做樣子 Tsoŭ yáng tsè. ‖ — un triangle. *Triangulum facĕre.* 畫三尖角 Hoá sān tsiēn kŏ. ‖ — à la vertu. *Virtute imbuĕre.* 敎人立德 Kiáo jên lỳ tĕ. ‖ — un projet. *Consilium capĕre.* 打主意 Tà tchoŭy ý. ‖ Se — un dessein. *Molīri.* 想一宗事 Siàng ỳ tsōng sé. ‖ Se — dans la coque. *Animantur ova.* 蛋在變 Tán tsaý piên. ‖ Se — l'idée d'une chose. *Animo rem fingĕre.* 想 Siàng. ‖ Se —. *Erudīri.* 有見識 Yeŏu kién tchĕ. ‖ Se — sur quelqu'un. *Alterius in mores se formāre.* 效法人 Hiáo fă jên, ou 學人 Hiŏ jên.

FORMIDABLE, adj. *Formidolosus.* 可怕的 Kŏ pă tỳ.

FORMOSE (ILE DE). *Formosa insula.* 臺灣 Taý ouān.

FORMULAIRE, s. m. *Formulæ codex.* 規條冊 Koŭy tiáo tsĕ.

FORMULE, s. f. *Formula, æ, f.* 樣子 Yáng tsè.

FORNICATEUR, s. m. *Fornicator, oris, m.* 姦夫 Kiēn foū.

FORNICATRICE, s. f. *Fornicatrix, icis, f.* 淫婦 Ŷn foú.

FORNIQUER, v. a. *Fornicāre.* 姦淫 Kiēn ŷn. ‖ — avec une personne qui ne consent pas. *Cum reluctante muliere —.* 强姦 Kiăng kiēn. ‖ — avec une personne qui consent. *Cum consentiente —.* 調姦 Tiáo kiēn. ‖ — dans une maison publique. L'action elle-même du crime se désigne par ces mots : 關門 Koūan mên.

FORS, prép. *Præter.* 除外 Tchoŭ ouáy.

FORT, E, adj. *Robustus.* 强壯的 Kiăng tchoūang tỳ. ‖ — à porter un fardeau. *Oneri ferendo par esse.* 挑得担子 Tiăo tĕ tán tsè. ‖ Cela est trop — pour vous. *Vires tuas id superat.* 你挑不起 Ngỳ tiăo poŭ kỳ. ‖ — en cavalerie. *Equitatu firmus.* 會騎馬 Hoŭy kỳ mà. ‖ — de son innocence. *Innoc. fretus.* 心中無愧 Sīn tchōng oŭ koŭy. ‖ — solide. *Firmus.* 牢 Laò, ou 經事 Kīn sé. ‖ Toile —. *Tela —.* 布經事 Poŭ kīn sé. ‖ Voix —. *Plena vox.* 好嗓子 Hao sàng tsè. ‖ — bien. *Optimé.* 狠好 Kèn haŏ. ‖ Haleine —. *Oris gravitas.* 口㗅 Keŏu tcheŏu. ‖ — peu. *Perpaulùm.* 狠小 Kèn siaŏ. ‖ Vent —. *Vehemens ventus.* 風大 Fōng tá. ‖ Paroles —. *Gravia verba.* 利害的話 Lý haý tỳ hoá. ‖ Preuve —. *Solidum argum.* 大證見 Tá tchén kién. ‖ A plus — raison. *Multò magis.* 越更 Yuĕ kén, ou 越發 Kén fă. ‖ A combien plus — raison. *Quantò plùs.* 更多 Kén tō. ‖ — en philosophie. *Callĕre phil.* 精通格物 Tsīn tōng kĕ oŭ. ‖ — Esprit —. *Animus fortis.* 狠人 Hèn jên. ‖ Esprit —. *Religioni illudens.* 不孝的 Poŭ hiáo tỳ. ‖ Se faire — pour quelqu'un. *Spondēre pro aliq.* 做保人 Tsoŭ paŏ jên.

FORT, s. m. *Castellum, i, n.* 砲臺 Paó taý. ‖ Prendre un —. *expugnāre.* 打破寨子 Tà paó tchaý tsè. ‖ — de l'été. *Adulta æstus.* 正當暑熱 Tchēn tāng choŭ jĕ. ‖ — de la maladie. *In summo morbo.* 病重時候 Pín tchóng chē heóu. ‖ C'est là son —. *In hoc ipse percallet.* 他熟這宗事 Tă choŭ tchĕ tsōng sé. ‖ — irrité. *Iratus vehementer.* 發大怒 Fă tá loú.

FORTERESSE, s. f. *Arx, cis. f,* 城堡 Tchên pào, ou 砲臺 Pào taý.

FORTIFIANT, TE, adj. *Quod corroborat.* 補藥 Poŭ yŏ.

FORTIFICATION, s. f. *Munimen.* 堅固 Kiēn koú.

FORTIFIER, v. a. *Firmāre.* 堅固 Kiēn koú. ‖ — son camp. *Castra munīre.* 修整寨營 Sieōu tohén tchaý ŷn. ‖ — quelqu'un. *Corroborāre.* 加力量 Kiā lỳ leâng. ‖ — son corps. *Corroborāre se.* 養力 Yàng lỳ. ‖ Se — dans son dessein. *Se in consilio firmāre.* 恆心不改 Hên sīn poŭ kàý.

FORTUIT, E, adj. *Fortuitus.* 偶然的 Ngeòu jân tỳ.

FORTUNE, s. f. *Fortuna, æ, f.* 運氣 Yún kỳ, ou 命 Mín. ‖ Bonne —. *Secunda —.* 運氣好 Yún kỳ haŏ ou 好命 Hao mín. ‖ Mauvaise —. *Adversa —.* 運氣不好 Yún kỳ poŭ hào, ou 命薄 Mín pŏ. ‖ Diseur de bonne —. *Hariolus.* 算命 Souán mín. ‖ Diseur de bonne — par l'inspection de la face. 看相 Kăn siāng. ‖ Diseur de bonne — par les

Koúa de Foŭ hỹ. 卜課 Poŭ kǒ. ‖ Discur de bonne — par les caractères. 擇字 Tsě tsé. ‖ Avoir les faveurs de la —. *Fortunæ donis cumulāri.* 運氣好 Yún kỹ haò. ‖ — (biens, richesses). *Divitiæ, bona.* 財帛 Tsǎy pě. ‖ Faire sa —. *Ditescĕre.* 發財 Fǎ tsǎy. ‖ Revers de —. *Adversa fortuna.* 不造化的事 Poŭ tsaó hoá tỹ sé. ‖ Haute —. *Summa* —. 大富 Tá foŭ. ‖ En déchoir. *È fortunā descıscĕre.* 丢了大富 Tieōn leào tá foŭ.

FOSSE, s. f. *Fovea, æ, f.* 坑子 Kěn tsè. ‖ Faire une —. *Foveam fodĕre.* 挖坑子 Oŭa kěn tsè. ‖ Sur le bord de la —. *Mediā jàm morte teneri.* 要死得狠 Yáo sè tě hèn.

FOSSETTE, s. f. *Gelasinus, i, m.* 酒窩 Tsieòu oŭo.

FOU, s. m. *Amens.* 瘋 Fōng. ‖ Être —. *Insanīre.* 瘋了 Fōng leào. ‖ — d'amour. *Amore perditus.* 愛得狠 Gaỹ tě hèn. ‖ — d'une femme. *Amore deperire.* 害相思 Haỹ siāng sē. ‖ Rendre —. *Ad insan. redıgĕre.* 迷人 Mỹ jēn.

FOUDRE, s. f. *Fulmen, inis, n.* 雷火 Loŭy hò. ‖ La gronde. *Strepit tonitru.* 雷響 Loŭy hiàng. ‖ Coup de —. *—ictus.* 打一炸雷 Tà ỹ tchá loŭy. ‖ Frappé de la —. *—percussus.* 雷打的 Loŭy tà tỹ. ‖ La— l'a écrasé. *Fulmīnis ictu periit.* 雷打死了他 Loŭy tà sè leào tă.

FOUDROYER, v. a. *Fulmĭne percutĕre.* 雷打 Loŭy tà. ‖ — une ville. *Urbem tormentis quatĕre.* 用炮攻城 Yóng páo kōng tchén. ‖ — par ses paroles. *Verbis fulmĭnāre.* 説話説嚇人 Chŏ hoá hoŭ hě jēn.

FOUET, s. m. *Flagellum, i, n.* 鞭子 Piēn tsè. ‖ Un — *Unum* —. 一把 Ỹ pà. ‖ Donner le —. *cædĕre.* 鞭打 Piēn tà. ‖ Donner cent coups de —. *Centum ictibus cædĕre.* 打一百下 Tà ỹ pě hiá. ‖ Recevoir le —. *—cædi.* 捱打 Yaỹ (ou) Gaỹ tà.

FOUETTER, v. c. — *cædĕre.* 打人 Tà jēn. ‖ — jusqu'au sang. *Sanguĭnem virgis elicĕre.* 打出血來 Tà chŏu hiuĕ laỹ. ‖ Le vent — dans la figure. *Faciem verberat ventus.* 風割臉 Fōng kŏ liēn.

FOUGUE, s. f. *Impetus, ús, m.* 暴操的性 Paó tsǎo tỹ sín, ou 擎 Kỹ. ‖ La — s'est calmée. *Resedit ira.* 怒息了 Loú sỹ leào. ‖ Arrêter la — de quelqu'un. *Imp. alic. reprimĕre.* 壓暴操 Yǎ paó tsǎo.

FOUGUEUX, SE, adj. *Impetuosus homo.* 暴心的人 Paó sín tỹ jēn. ‖ Cheval —. *Equus asper.* 毛馬 Māo mà.

FOUILLER, v. a. *Fodĕre.* 挖 Oŭa. ‖ — quelqu'un. *Alıq. scrutāri.* 搜驗人 Seōu nién jēn.

FOULARD, s. m. *Mantile sericum.* 綢子 Tcheōu tsè.

FOULE, s. f. *Turba, æ, f.* 群 Kiűn. ‖ En —. *Catervatim.* 擁齊 Yōng tsỹ. ‖ Fendre la —. *Turbam summovēre.* 從人叢中鑽過 Tsōng jēn tsōng tohōng tsoúan kó.

‖ Sortir en —. *Turbatim exīre.* 擁齊出去 Yòng tsỹ tchŏu kiú. ‖ Écarter la —. *Arcēre.* 推開 一條路 Toŭy kaỹ ỹ tiāo loŭ. ‖ Se tirer de la —. *Se a vulgo secernĕre.* 得志 Tě tché. ‖ Aller en — à la comédie. *Profuse ad comœdiam tendĕre.* 一堆一堆的 去看戲 Ỹ toŭy ỹ toŭy tỹ kiǔ kěn hỹ.

FOULER, v. a. *Premĕre.* 壓 Yǎ. ‖ — aux pieds. *Conculcāre.* 踏 Tǎ. ‖ — un nerf. *Nervum oblidĕre.* 扭筋 Nieòu kĭn. ‖ — la croix. *Crucem conculcāre.* 踏十字 Tǎ chě tsé, ou 踩十字 Tchaỹ chě tsé. ‖ — la toile. *Telum densāre.* 踩布 Tchaỹ poú. ‖ — le peuple. *Populum vexāre.* 窮征橫歛 Kiōng tchēn hōng liēn.

FOULON, s. m. *Fullo, onis, m.* 布碾子 Poú nièn tsè.

FOULURE, s. f. *Nervi contusio.* 壓的傷 Yǎ tỹ chāng.

FOUR, s. m. *Clibanus, i, m.* 窰子 Yaò tsè. ‖ Chauffer le —. *Calefacĕre* —. 燒窰子 Chāo yào tsè. ‖ Mettre au —. *Ponĕre in* —. 入窰子 Joŭ yao tsè. ‖ — à chaux. *Calcaria fornax.* 石灰窰 Chě hoŭy yáo.

FOURBE, adj. *Vafer, fra.* 奸詐的 Kiēn tchá tỹ.

FOURBERIE, s. f. *Dolus, i, m.* 計詭 Koùy kỹ.

FOURBIR, v. a. *Tergĕre.* 揩 Kiaỹ, ou 抹 Mǎ.

FOURCHE, s. f. *Furca, æ, f.* 釵子 Tchā tsè.

FOURCHER, v. n. *Findi bifariàm.* 破兩塊 Pó leàng koúay, ou 劈 Pỹ. ‖ La langue lui a —. *Lingua titubāre.* 説不出來 Chŏ poŭ tchŏu laỹ, ou 錯了 Tsŏ leào.

FOURCHETTE, s. f. *Fuscina, æ, f.* 釵子 Tchā tsè.

FOURGON, s. m. *Carruca, æ, f.* 兵車 Pĭn tchēỹ. ‖ — pour remuer la braise. *Rutabulum.* 火鈎 Hŏ keōu.

FOURMILIÈRE, s. f. *Formicarum cubile.* 螞蟻窩 Mǎ yè oŭo.

FOURMILLER, v. a. *Abundāre.* 有多 Yeòu tō, ou 豐 Fōng. ‖ — de monde. *Ingens numerus.* 人擁多 Jēn yòng tsỹ. ‖ — (picoter). *Formicāre.* 瘂木癢 moŭ. ‖ — de vers. *Scatēre vermibus.* 蛆周密 Tsiū tcheōu mỹ.

FOURNAISE, s. f. *Fornax, acis, f.* 窰子 Yaò tsè.

FOURNEAU, s. m. *Fornacula, æ, f.* 爐子 Loŭ tsè. ‖ — de cuisine. *Focus.* 灶 Tsǎo.

FOURNÉE, s. f. *Coctura, æ, f.* 一窰 Ỹ yáo.

FOURNIR, v. a. *Suppeditāre.* 供 Kōng. ‖ La terre — des aliments. *Terra cibos* —. 土出粮食 Toŭ tchŏu leāng chě.

FOURNITURE, s. f. *Instructus, ús, m.* 粮食 Leāng chě.

FOURRAGE, s. m. *Pabulum, i, n.* 草料 Tsǎo leào. ‖ Aller au —. *Pabulatum prodire.* 割草去 Kǒ tsǎo kiǔ.

POURRÉ, ÉE, adj. *Insertus.* 在內 Tsáy loúy. ‖ — de peaux. *Villosus.* 有毛的 Yeòu maò tý. ‖ — (touffu). *Densus.* 密的 Mỳ tý. ‖ Paix —. *Simulata pax.* 假和睦 Kià hô moŭ. ‖ Donner un coup —. *Cæca petitio.* 暗箭 Gán tsién.

FOURREAU, s. m. *Vagina, æ, f.* 鞘 Siáo. ‖ Tirer du —. *É — educěre.* 拔劍 Pă kién. ‖ Remettre au —. *In — reconděre.* 投劍入鞘 Teŏu kién joŭ siáo. ‖ La lame use le —. *Mediocris intellectus.* 明悟淺 Mîn oú tsién. ‖ — (étui). *Involucrum.* 套 Taó.

FOURRER, v. a. *Pellibus instruěre.* 掛皮衣 Koúa pỳ ỳ. ‖ — dedans. *Immittěre.* 裝 Tchoâng. ‖ Se — contre le froid. *Pelles induěre.* 穿皮衣 Tchoŭan pỳ ỳ. ‖ — quelqu'un dans une affaire. *Negotio implicāre aliq.* 拖累人管 Ché loùy jên koùan.

FOURRURE, s. f. *Pellis, is, f.* 皮皂 Pỳ tsaò.

FOURVOYER, v. a. (tromper quelqu'un ou en abuser). *A via deducěre.* 哄人 Hòng jên, ou 壞敗人 Hoúay páy jên. ‖ Se — (se tromper de route, s'abuser). *Errāre.* 錯路 Tsŏ loú, ou 自欺 Tsé kỳ.

FOYER, s. m. *Focus, i, m.* 灶 Tsaó. ‖ Combattre pour les —. *Pro focis pugnāre.* 爲國家出力 Oúy koueŭ kiā tchoū lỳ. ‖ Esprit du —. *Genius foci.* 灶神 Tsaó chên. ‖ — de la maladie. *Sedes morbi.* 病根 Pín kên.

FRACAS, s. m. *Fragor, oris, m.* 響 Hiàng. ‖ Tomber avec —. *Cum — ruěre.* 大響一聲倒了 Tá hiàng ỳ chên taò leào. ‖ — (tumulte). *Tumultus.* 吵鬧 Tchǎo laó. ‖ Quel —! *Qualis —!* 吵鬧得狠 Tchǎo laó tě hěn.

FRACASSER, v. a. *Frangěre.* 打破 Tà pŏ.

FRACTION, s. f. *Fractura, æ, f.* 破 Pŏ. ‖ — de calcul. *Particulæ numerorum.* 零銘 Lîn soú.

FRAGILE, adj. *Fragilis.* 用易壞的 Yóng ý hoúay tý. ‖ Gloire —. *Fluxa gloria.* 不長久的名聲 Poŭ tcháng kieòu tỳ mîn chên.

FRAGMENT, s. m. *Fragmentum, i, n.* 零碎 Lîn soùy. 一塊 Ỳ koúay. 一片 Ỳ pién.

FRAI, s. m. *Piscium coitio.* 魚會 Yû hoúy. 魚春 Yû tchoūn. ‖ —(petits poissons). *Pisciculi.* 小魚 Siaò yû.

FRAÎCHEMENT, adv. *Recens.* 新有的 Sīn yeòu tỳ, ou 不久 Poŭ kieòu.

FRAÎCHEUR, s. m. *Frigus, oris, n.* 凉快 Leáng koúay. ‖ Prendre la —. *— captāre.* 乘涼 Tchěn leáng. ‖ — des couleurs. 鮮色 Siēn sě.

FRAIS, ÎCHE, adj. *Frigidus.* 凉的 Leáng tý. ‖ Matinées —. *Matutin. —.* 早晨凉快 Tsaò chên leáng koúay. ‖ Eau —. *Aqua recens.* 凉水 Leáng choùy. ‖ Vin —. *Vinum —.* 凉酒 Leáng tsieòu. ‖ Œuf —. *Recens ovum.* 新鮮蛋 Sīn siēn tán. ‖ Pain —. *Panis recens.* 新鵝頭 Sīn mién teŏu. ‖ Chercher le —. *Frigus captāre.* 乘涼 Tchěn leáng.

FRAIS, s. m. *Sumptus, ùs, m.* 用費 Yóng feý. ‖ Faire des —. *Sumptus facěre.* 用費 Yóng feý. ‖ Mettre quelqu'un en —. *Alic. esse sumptui.* 費了事 Feý leáo sě. ‖ A grands —. *Magno sumptu.* 費得多 Yóng tě tō. ‖ A mes —. *Meis —.* 我自巳的錢 Ngò tsé kỳ tỳ tsiên. ‖ Aux — du public. *Publico —.* 國家用費 Koueŭ kiā yóng feý.

FRANC, CHE, adj. *Liber.* 免了的 Mièn leáo tý. ‖ — de dettes. *Ære alieno solutus.* 不該賬的 Poŭ kaỳ tcháng tý. ‖ — de tout souci. *Curā liber.* 無事的 Oû sé tý jên. ‖ Homme —. *Candidus homo.* 直氣人 Tchě kỳ jên. ‖ — plaisanterie. *Meræ nugæ.* 只爲說笑 Tchě oúy chŏ siáo. ‖ — (entier). Trois jours —. *Tres dies integri.* 耿耿三天 Kěn kěn sān tién.

FRANÇAIS, s. m. *Gallus, i, m.* 法國人 Fă koueŭ jên. ‖ Parler — (litter.). *Gallicè loqui.* 說法國話 Chŏ fă koueŭ hoá. ‖ — (figuré, s'exprimer clairement). *Clarè dicěre.* 說明白 Chŏ mîn pě.

FRANCE, s. f. *Gallia, æ, f.* 大法國 Tá fă koueŭ.

FRANCHEMENT, adv. *Audacter.* 大胆 Tá tàn. ‖ — *Sincerè.* 老實 Laò chě. ‖ —. *Clarè.* 明明 Mîn mîn.

FRANCHIR, v. a. *Transilīre.* 跳過去 Tiǎo kó kiŭ. ‖ — un fossé. *Fossam —.* 跳過坑 Tiǎo kó kēn. ‖ — un fleuve. *Flumen transgredi.* 過河 Kó hô. ‖ — les obstacles. *Obstacula rumpěre.* 退阻擋 Toúy tsoù táng. ‖ — les bornes. *Modum transire.* 過節 Kó tsiě, ou 過餘 Kó yû.

FRANCHISE, s. f. *Ingenuitas, atis, f.* 老實 Laò chě. ‖ Parler avec —. *Sincerè loqui.* 老實說 Laò chě chŏ. ‖ — (privilége). *Privilegium.* 免 Mièn, ou 恩 Gēn.

FRANC-MAÇONNERIE, s. f. *Societas secreta.* Il existe en Chine une foule de sociétés secrètes, les unes dans un but semi-philanthropique, les autres dans un but politique. Le Gouvernement chinois poursuit sévèrement ces sociétés dès qu'elles montrent leur action au dehors. Souvent, en effet, elles ont suscité des troubles civils très-graves et très-déplorables. Ainsi la société du Nénuphar blanc, 白蓮敎 Pě liên kiáo; la société du Nénuphar azuré, 青蓮敎 Tsīn liên kiáo; la société de la Fleur blanche, 白花敎 Pě hoā kiáo; la société de la Lampe, 燈花敎 Tēn hoā kiáo; la société de la Droiture céleste, 天理會 Tiēn lỳ hoúy; la société du Ciel et de la Terre, 天地會 Tiēn tý hoúy; les Trois Sociétés réunies, 三合會 Sān hô hoúy; etc., etc. Dans la société connue sous le nom de 嚴相擺把 Niên siāng paỳ pá, les membres jurent de se défendre *per fas et nefas,* même dans les actions les plus mauvaises. Cette société-là est fort dangereuse, parce qu'elle soustrait à l'action de la justice chinoise une foule de malfaiteurs habiles et audacieux. — La Société asiatique de Batavia a publié, dans le XXXII° volume de ses Annales (année 1866), un travail fort remarquable de M. Gustave Schegel sur la société 天地會 Ce volume a paru à Batavia chez Lange et Cⁿ.

FRANGE, s. f. *Fimbria, æ, f.* 彩鬚 Tsaỳ siù. ‖ Espèces de —. 帽纓子 Maó yn tsè. 腰帶鬚子 Yaō taý siū tsè. 繞鬚 Choà siū.

FRAPPANT, E, adj. *Movens.* 打動的 Tà tóng tỷ. ‖ Portrait —. *Verissima imago.* 眞容 Tchēn yòng.

FRAPPER, v. a. *Percutere.* 打 Tà. ‖ — de la hache. *Securi —.* 用斧打 Yóng foù tà. ‖ — de verges. *Virgis —.* 打板子 Tà pàn tsè. ‖ — (émouvoir). *Movēre.* 打動 Tà tóng. ‖ — les sapèques. *Sapecas cudēre.* 鑄錢 Tchoú tsiên. ‖ — des mains. *Manibus plaudēre.* 拍手 Pě cheòu. ‖ — du pied contre la terre. *Pedem supplodēre.* 踢脚 Tỷ kiǒ. ‖ — à la porte. *Januam pulsare.* 敲門 Kiǎo mên, ou 叩門 Keòu mên. ‖ Se — la poitrine. *Pectus tundēre.* 撫心 Foù sīn, ou 搖胸 Tchoúy hiōng. ‖ Se — la tête contre le mur. *Caput muro impingēre.* 撞着墻 Póng tchǒ tsiáng.

FRASQUE, s. f. *Dolus, i. m.* 哄人耍 Hòng jên choà.

FRATERNISER, v. a. *Amicitiam jungēre.* 結交 Kiě kiāo, ou 相合 Siāng hǒ.

FRAUDER, v. a. *Fraudem facēre.* 設計 Chě kỷ, ou 哄騙人 Hòng piěn jên.

FRAYÉ, E, adj. *Trita via.* 大路 Tá loú.

FRAYER, v. a. *Viam aperire.* 先開路 Siēn kǎỳ loú. ‖ le chemin, c.-à-d. donner l'exemple. *Prœbere exemplum.* 立表樣 Lỷ piǎo yáng. ‖ — (en parlant des poissons). *Mutuò affricari.* 魚交 Yu kiāo 魚摔子 Yù choǎy tsè. 魚下子 Yù hiá tsè. ‖ — (se convenir). *Congruěre cum aliq.* 相合 Siāng hǒ.

FRAYEUR, s. f. *Timor, oris, m.* 害怕 Haý pǎ. ‖ Inspirer la —. — *incutere.* 嚇人 Hě jên. ‖ Dissiper la —. — *abstergere.* 叫他不怕 Kiáo tǎ poù pǎ.

FREDAINE, s. f. *Lascivia, æ, f.* 放肆 Fáng sé.

FREDONNER, v. a. *Modulari tremulē.* 小聲唱 Siao chēn tchǒng.

FRÉGATE, s. f. *Navigium, ii, n.* 兵船 Pīn tchoǔan.

FREIN, s. m. *Frenum, i, n.* 絡頭 Lǒ teòu. ‖ Mettre le —. *Frenos adhibere.* 上絡頭 Cháng lǒ teòu. ‖ Ronger son —. *Tacitā irā æstuāre.* 心內冒火 Sīn loúy maó hǒ. ‖ Homme sans —. *Dissolutus homo.* 放肆的人 Fáng sé tỷ jên.

FRELATER, v. a. *Adulterare.* 蘸 Tsàn, ou 泰假 Tsān kià. ‖ — l'huile. *Oleum —.* 泰假油 Tsān kià yeòu. ‖ — du vin. *Vinum —.* 酒裏蘸水 Tsieòu lỷ tsàn choúy.

FRÊLE, adj. *Fragilis.* 易壞的 Ý houáy tỷ. ‖ Santé —. *Infirma valetudo.* 身體弱 Chēn tỷ jǒ.

FRELUQUET, s. m. *Delicatus.* 斯文的 Sē ouēn tỷ.

FRÉMIR, v. a. (commencer à bouillir). *Fremere.* 水響 Choùy hiàng. ‖ — (être ému). *Horrescere.* 駭 Hiày, ou 怕 Pǎ.

FRÉNÉSIE, s. f. *Phrenesis, is, f.* 瘋狂 Fōng koǔang.

FRÉQUENT, E, adj. *Frequens.* 多回 Tō houý, ou 常常的 Cháng cháng tỷ.

FRÉQUENTATION, s. f. *Consuetudo, inis, f.* 相熟 Siāng choù, ou 往來 Ouàng laý.

FRÉQUENTER, v. a. *Frequentare.* 常會人 Cháng houý jên. ‖ — les méchants. *Malos —.* 常會匪人 Cháng houý feỳ jên. ‖ — les mauvaises maisons. *Scortari.* 走花街 Tseòu hoā kaỳ. Littéralement : aller dans les quartiers fleuris.

FRÈRE, s. m. *Frater, tris, m.* 弟兄 Tý hiōng. ‖ — de père et mère. — *germanus.* 親弟兄 Tsīh tý hiōng. ‖ — de père seul. *ex eodem patre.* 同天不同地 Tōng tiēn poū tōng tỷ. ‖ — de mère seule. *Ex eâdem matre.* 同地不同天 Tōng tỷ poū tōng tiēn. ‖ — aîné. *Major natu.* 哥哥 Kō kō. ‖ — cadet. *Minor natu.* 兄弟 Hiōng tý. ‖ Propre —. *Frat. germanus.* 親弟兄 Tsīh tý hiōng. ‖ — jumeaux. *Gemini fratres.* 一對雙 Ý toúy choāng. ‖ Faux —. *Falsus frater.* 朋友不忠 Pǒng yeòu poū tchōng.

FRESQUE, s. f. *Picturæ super tectoria.* 壁上的畫 Pỷ cháng tỷ hoá. ‖ Peindre à —. — *pingere.* 壁上畫花 Pỷ cháng hoá hoā.

FRET, s. m. *Navis conductio, onis, f.* 水脚價 Choùy kiǒ kiá, ou 船錢 Tchoǔan tsiên.

FRÉTER, v. a. *Navem conducere.* 寫船 Siě tchoǔan, ou 雇寫 Koú siě. ‖ — (équiper). — *instruere.* 辦船上的東西 Pán tchoǔan cháng tỷ tōng sỹ.

FRÉTILLER, v. n. *Lascivire.* 搖擺 Yáo paỳ.

FRETIN, s. m. (menu poisson). *Pisciculi.* 小魚 Siào yû. ‖ — (chose de peu de valeur). *Nugæ.* 小事 Siào sè.

FRIAND, E, adj. *Delicatus.* 喫口頭的人 Tchě keǒu teǒu tỷ jên. ‖ —. *Esca exquisita.* 美味 Meỷ oúy.

FRIANDISE, s. f. *Cupediæ, arum, f.* 糖食 Táng chě.

FRICASSER, v. a. *Carnem frigere.* 炒煎 Tchǎo tsiēn.

FRICHE, s. f. *Solum incultum.* 荒地 Hoāng tỷ.

FRICTIONNER, v. a. *Fricare.* 擦 Tchǎ.

FRIGIDITÉ, s. f. (impuissance pour engendrer). *Impotentia, æ, f.* Celle de l'homme se dit : 無能 Oú lên. ‖ —. Celle de la femme se dit : 石胎 Chě taỷ.

FRIMAS, s. m. *Pruina, æ, f.* 白露 Pě loú, ou 霜 Choāng.

FRIME, s. f. *Simulatio, onis, f.* 裝 Tchoūang.

FRINGUER, v. a. *Irrorare.* 噴水 Fén choùy. ‖ — (sautiller). *Saltare.* 跳 Tiáo.

**FRIPERIE**, s. f. *Antiq. vestium officina.* 古衣舖 Koù ỹ poú.
**FRIPON**, s. m. *Æruscator, oris, m.* 把飾客 Pà hiáo kĕ, ou 會欺騙 Hoúy ký piēn.
**FRIRE**, v. a. *Assāre.* 炒 Tchǎo, ou 煎 Tsiēn. ‖ — à l'huile. *In oleo —.* 煎肉 Tsiēn joŭ.
**FRISER**, v. a. *Crispāre.* 扭 Nieŏu, ou 鬈 Kiuén. ‖ — les cheveux. *Capillos —.* 鬈頭髮 Kiuén teŏu fă. ‖ — une chose (deviner de très-près). *Feré conjicĕre.* 猜一牛 Tsāy ỹ pán.
**FRISSON**, s. m. *Horror, oris, m.* 悚慄 Sòng lỹ.
**FRITURE**, s. f. *Frixura, æ, f.* 煎的東西 Tsiēn tỹ tōng sỹ.
**FRIVOLITÉ**, s. f. *Futilitas, atis, f.* 無益 Oū ý.
**FROC**, s. m. *Cucullus, i, m.* 大風帽 Tá fōng maŏ. ‖ Jeter le — aux orties, c.-à-d. abandonner la vie religieuse. *Repetĕre mundum.* 還俗 Houán sioŭ.
**FROID**, s. m. *Frigus.* 冷 Lèn. ‖ — vif. *l'enetrabile —.* 大冷 Tá lèn. ‖ Avoir —. *Frigĕre.* 受冷 Cheóu lèn. ‖ Il fait —. *Frigus est.* 冷 Lèn. ‖ Être transi de —. *Frigore astringi.* 冷得狠 Lèn tĕ hèn. ‖ Se garantir du —. *Pellibus uti.* 穿皮衣 Tchoǎn pỹ ỹ.
**FROID, E**, adj. *Frigidum.* ‖ Homme —. *Cor frigidum.* 大貌人 Tá maŏ jên. ‖ De sang- —. *Sedatĕ.* 冷心淡腸 Lèn sīn tán tchǎng.
**FROIDEMENT**, adv. *Frigidĕ.* 全不改面色 Tsuĕn poŭ kaỹ mién sĕ. ‖ Recevoir —. *Parùm amicé excipĕre.* 待得冷落 Taỹ tĕ lèn lŏ.
**FROIDEUR**, s. f. *Severitas, atis, f.* 嚴 Niēn. ‖ Montrer de la — pour une affaire. *Re modicé tangi.* 懈怠 Hiày tây, ou 不用心理事 Poŭ yóng sīn lỹ sé.
**FROISSER**, v. a. (meurtrir quelqu'un). *Elidĕre.* 打傷人 Tà chāng jēn. ‖ — quelqu'un, c.-à-d. l'offenser. *Offendĕre.* 得罪人 Tĕ tsoúy jēn. ‖ — entre les mains. *Manibus fricăre.* 揉 Jeŏu.
**FROMAGE**, s. m. *Caseus, i, m.* 奶餅 Laỹ pìn. ‖ Faire un —. — *figurāre.* 傲奶餅 Tsoú laỹ pìn. ‖ — chinois, ordinaire et frais, de haricots. 嫩豆腐 Lén teóu foŭ. ‖ — chinois, sec en pain. 豆腐乾 Teóu foù kān. ‖ — chinois, avec du sang. 血豆腐 Hiuĕ teóu foŭ. ‖ — chinois, pourri, délices des Chinois. 滷豆腐 Loŭ teóu foŭ, ou 紅豆腐 Hóng teóu foŭ. ‖ Coaguler ce — chinois. *Sin. caseum formāre.* 點豆腐 Tiēn teóu foŭ. ‖ Peau de ce —. *Pellis —.* 腐衣 Foù ỹ. ‖ Résidu de la confection. *Reliqua —.* 豆渣 Teóu tchǎ.
**FROMENT**, s. m. *Frumentum, i, n.* 麥子 Mĕ tsĕ. ‖ Semer le — à la manière chinoise. *Semināre modo sinico.* 點麥子 Tiēn mĕ tsĕ. ‖ Recueillir le —. *Colligĕre frum.* 收麥子 Cheóu mĕ tsĕ. ‖ Battre le —. *Tundĕre.* 打麥子 Tà mĕ tsĕ. ‖ Espèces de —. *Species.* 大麥 Tá mĕ, ou 小麥 Siǎo mĕ.
**FRONCER**, v. a. *Contrahĕre.* 摺 Tsĕ. ‖ Être —. *Rugatus* 

*esse.* 有摺子 Yeŏu tsĕ tsè. ‖ — la bouche. *Os contrahĕre.* 澁口 Sĕ keŏu. ‖ — le sourcil. *Frontem —.* 額頭皺 Gĕ teóu tseŏu.
**FRONDE**, s. f. *Funda, æ, f.* 皮鳳 Pỹ fōng, ou 拋石繩 Pāo chĕ chuén. ‖ Bras de la —. *Funale.* 皮鳳繩 Pỹ fōng chuén. ‖ S'en servir. *Fundam torquēre.* 打皮鳳 Tà pỹ fōng.
**FRONDER**, v. a. *Fundam torquēre.* 打皮鳳 Tà pỹ fōng. ‖ — (dire du mal de quelqu'un). *Carpĕre aliq.* 誹謗 Feỹ páng.
**FRONT**, s. m. *Frons, tis, f.* 額 Gĕ. ‖ — serein. *Serena.* 笑臉 Siáo lién. ‖ — sévère. *Severa.* 嚴像 Niēn siàng. ‖ — ridé. *Contracta.* 愁臉 Tseŏu lién. ‖ — sans pudeur. *Inverecunda.* 厚臉 Heŏu lién. ‖ Le milieu du —. *Media —.* 天中 Tiēn tchōng. ‖ L'espace entre les sourcils. *Spatium inter cilia.* 司空 Sē kōng. ‖ L'espace sur les paupières. — *inter palpebras.* 方廣 Fāng koùang. ‖ Avoir le — de. *Audēre.* 敢 Kàn. ‖ N'avoir plus de —. *Perfricāre frontem.* 無臉的 Oŭ lién tỹ, ou 不知害羞 Poŭ tchē haỹ sieŏu. ‖ De —. *Junctis frontibus.* 接踵 Tsiĕ tchŏng. ‖ Dix hommes de —. *Decem homines junct. frontibus.* 十個人一對 Chĕ kó jên ỹ toúy.
**FRONTIÈRE**, s. m. *Fines, ium, m. f.* 界 Kiáy.
**FRONTISPICE**, s. m. *Frons ædificii.* 簷 Yēn. ‖ — d'un livre. *Libri —.* 書額 Choū gĕ, ou 書首圖 Choū cheóu tôu.
**FRONTON**, s. m. *Fastigium, ii, n.* 金字房 Kīn tsé fāng, ou 亭子 Tin tsè.
**FROTTER**, v. a. *Fricāre.* 擦 Tchǎ. ‖ — du linge en le lavant. *Lavando —.* 搓衣服 Tsŏ ỹ foù. ‖ — les allumettes chimiques. 擦自來火 Tchǎ tsé laỹ hŏ. ‖ — un habit maculé. *Vestem excutĕre.* 搓衣服上泥 Tsŏ ỹ foù cháng ngỹ. ‖ — quelqu'un. *Malè habēre.* 打人 Tà jên. ‖ Se — les dents. *Dentes fricăre.* 洗牙齒 Sỹ yâ tchĕ. ‖ Se — les yeux. *Oculos detergĕre.* 擦眼睛 Tsŏu yēn tsīn. ‖ Se — les mains. *Manus —.* 搓手 cheŏu. ‖ Se — à quelqu'un. *Lacessĕre.* 惹人 Jŏ jên.
**FRUCTIFIER**, v. a. *Fructus edĕre.* 結果子 Kiĕ kŏ tsè.
**FRUCTUEUX, SE**, adj. (fertile). *Fertilis.* 出種的 Tchŏu tchòng tỹ. ‖ — (utile). *Utilis.* 有利益的 Yeŏu lý ỹ tỹ.
**FRUGAL, E**, adj. *Frugalis.* 淡泊的 Tán pŏ tỹ. ‖ Mener une vie —. *Sobriè vivĕre.* 過得淡泊 Kó tĕ tán pŏ.
**FRUIT**, s. m. *Fructus, ús, m.* 果子 Kŏ tsè. ‖ — de la terre. *Fruges.* 糧食 Leâng chĕ. ‖ — des arbres. *Poma, fructus.* 果子 Kŏ tsè. ‖ Abattre les —. *Excutĕre —.* 搖果子 Yâo kŏ tsè. ‖ Porter des —. *Fructus ferre.* 結果子 Kiĕ kŏ tsè. ‖ — non mûrs.

FRU　　　　　　　　FUS　　　　　　211

— non maturi. 生果子 Sēn kò tsè. ‖ — pourris.
— putridi. 爛果子 Lán kò tsè. ‖ — desséchés.
—siccati. 乾果子 Kān kò tsè. ‖ — confits. — conditi.
糖果子 Tāng kò tsè. ‖ Les douze — du Saint-Esprit.
Fructus Sancti Spiritùs. 十二神寶 Chĕ eùl chên
chĕ. Savoir : La Charité, 愛德 Gaý tĕ´; la Joie spiri-
tuelle, 神樂 Chên lŏ; la Paix, 平和 Pʻíh hô; la
Patience, 忍耐 Jèn laỳ; la Clémence, 仁慈 Jên
tsĕ´; la Bonté, 美善 Meỳ chán; la Longanimité,
恒容 Hên yòng; la Douceur, 純良 Chuên leâng;
la Foi, 忠信 Tchōng sín; la Modestie, 端莊 Toūan
tchoāng; la Frugalité, 淡海 Tán pŏ; la Chasteté,
貞潔 Tchēn kiĕ. ‖ —(enfant dans le sein de sa mère).
Fetus mulieris. 胚 Pēy, ou 胎 Tāy. ‖ — de la vache.
Vaccœ. — 犢子 Tŏu tsè. ‖ — de la chienne. — canis.
惠子 Tsaỳ tsè. ‖ — de la brebis. Ovis —. 羔子
Kāo tsè. ‖ Faire périr son —. Sibi partum abigère.
打胎 Tà tāy. ‖ — (utilité). Utilitas. 利益 Lý ý. ‖
Tirer du — de. Fructum carpĕre è. 有利益 Yeòu lý ý.
FRUSTRER, v. a. Fraudăre. 哄人 Hŏng jên. ‖ — ses
créanciers. — creditores. 哄賬主 Hŏng tcháng tchoù.
‖ Être —. De spe delusus esse. 失望 Chĕ ouáng, ou
不順意 Poŭ chuén ỳ. ‖ — l'attente de quelqu'un.
Spem alicuj. fallĕre. 負人之望 Foú jên tchê ouáng.
FUIR, v. n. Fugĕre. 逃 Táo. ‖ — le travail. — laborem.
避勞 Pý laò. ‖ — à toutes jambes. In fugam ruĕre.
跑 Pǎo. ‖ — (couler). Diffluĕre. 漏 Leóu. ‖ — par
la tangente. Causas innectĕre. 用遶彎了 Yóng jaò
ouān tsǎ. ‖ Faire —. Fugĕre aliq. 打敗 Tǎ paý.
FUITE, s. f. Fuga, œ, f. 逃走 Táo tseòu. ‖ L'Empereur
a pris la —. Imperator aufugit. 天子蒙塵 Tiēn tsè
mŏng tchǎn.
FULMINER, v. a. Fulminăre. 定罰 Tín fǎ, ou 出 Tchŏu.
‖ — une excommunication. — excommunicationem. 棄絕
Ký tsuĕ´. ‖. In iram invehi. 發大怒 Fǎ tá loú.
FUMÉ, ÉE, adj. Fumosus. 煙過的 Yēn kó tý. ‖ An-
douille —. Hilla infumata. 煙過的鑲腸 Yēn kó tý
jáng tchǎng. ‖ Jambon —. Perna —. 煙過的火腿
Yēn kó tý hŏ toŭy. ‖ Terre —. Stercoratus ager. 糞過
的田 Fén kó tý tiên.
FUMÉE, s. f. Fumus, i, m. 煙子 Yēn tsè. ‖ — de l'eau.
水氣 Choùy ký. ‖ Il n'y a pas de — sans feu. (Prov.).
Flamma fumo est propior. Voici trois proverbes chinois
qui rendent le proverbe français. On choisira l'un d'eux :
無風水不浪 Oū fōng choùy poŭ láng. Littérale-
ment : Sans vent l'eau n'a pas de vagues. ‖ 手不摸
紅紅不染手 Cheòu poŭ mô hông, hông poŭ jàn
cheòu. Littéralement : Si la main ne touche pas de cou-
leur rouge, le rouge ne teint pas la main. ‖ 麻雀飛
過有影子 Mà tsiŏ feý kó yeòu ỳn tsè. Littérale-

ment : En s'envolant, le moineau laisse la trace de son
passsage. ‖ S'en aller en —. Evanescĕre. 散 Sáu. ‖ Se
repaître de —. Spes inanes pascĕre. 虛望 Hiū ouáng. ‖
Noir de —. Fuligo. 煙子 Yēn tsè.
FUMER, v. a. Fumăre. 出煙 Tchŏu yēn. ‖ — (boucaner).
Fumo siccăre. 燻 Hiūn, ou 臘肉 Lǎ joŭ. ‖ —. Rem
fumo siccăre. 燔 Tsieōu. ‖ — le tabac. Tabacum hau-
rire. 吸煙 Hý yēn, vulgairement : 喫煙 Tchĕ´ yēn.
‖ — l'opium. Fumigăre opium. 吸鴉煙 Hý yā yēn.
(Voir le mot Opium.) ‖ — les champs. Stercorăre agros.
糞田 Fén tiên.
FUMET, s. m. Nidor, oris, m. 氣 Ký.
FUMEUR, s. m. — d'opium. Fumigator opii. 吸鴉煙 Hý
yā yēn. ‖ Grand —. Magnus fumigator. 煙鬼 Yēn koúy.
FUMIER, s. m. Stercus, oris, n. 糞 Fén. ‖ Porter le —.
Deferre —. 挑糞 Tiāo fén. ‖ Étendre le —. Spar-
gĕre —. 撒糞 Sān fén. ‖ Ramasser le —. Colligĕre —.
撿糞 Kiĕn fén.
FUMIGATION, s. f. Suffitus, ûs, m. 燻 Hiūn.
FUNAMBULE, s. m. Funambulus, i, m. 踩索蹻的 Tchǎy
sŏ kiaò tý.
FUNÈBRE, adj. Funebris. 喪事的 Sáng sé tý. ‖
Pompe —. Exsequiarum pompa. 喪事 Sáng sé. ‖
Oraison —. Funebris oratio. 祭文 Tsý ouēn.
FUNÉRAILLES, s. f. Exsequiœ, arum, f. 喪事 Sáng sé. ‖
Célébrer les —. Justa solvĕre alic. 辦喪事 Pán sáng
sé. ‖ Assister aux —. Comitări. 送喪 Sóng sáng. ‖
Chanter aux —. Neniāri. 哭喪 Koŭ sáng.
FUNESTE, adj. Funestus. 患難的事 Hoūan lán tý sé.
FURET, s. m. Qui scrutatur omnia. 管閑事的人 Koŭan
hiên sé tý jên.
FURETER, v. a. Scrutāri. 管閑事 Koŭan hiên sé.
FUREUR, s. f. Furor, oris, m. 怒 Loú, ou 發氣 Fǎ ký.
Être en —. Furări. 發氣 Fǎ ký. ‖ Aimer à la —.
Amore insanīre. 過愛 Kó gaý.
FURIE, s. f. Furor, oris, m. 大怒 Tá loú. ‖ Entrer en —.
Furias concipĕre. 大怒生起來 Tá loù sēn ký laỳ. ‖
Mettre en —. Furiăre. 兇人胃火 Teōu jên maó hò
La — des vents. Ventorum vis. 風暴 Páo fōng.
FURIEUX, SE, adj. Furens. 胃火的人 Maó hò tý jên. ‖
—. Mente captus. 瘋 Fōng.
FURONCLE, s. m. Furunculus, i, m. 火結瘩 Hŏ kiĕ
tchoŭang.
FURTIF, VE, adj. Furtivus. 私下 Sē hiá, ou 悄悄的
Tsiǎo tsiǎo tý.
FURTIVEMENT, adv. Clàm. 背後 Peý heóu, ou 背地
Peý tý.
FUSEAU, s. m. Fusus, i, m. 錠子 Tǐn tsè, ou 撚線的傢絡
Niĕn sién tý tŏ lŏ. ‖ Un —. Unus —. 一枝錠子 Ý tchē
tīh tsè. ‖ Tourner le —. — torquĕre. 紡棉 Fàng miên.

212　　FUS　　　　　　　　　　GAG

**FUSÉE**, s. f. *Filum volutum fuso.* 樞着線的染絡 Tchẵn tchŏ sién tỷ tŏ lŏ. ‖ Démêler la —. *Negot. expli- cāre.* 辨明一宗事 Pién mín ỷ tsōng sé. ‖ — de poudre. *Tubus pulvere fartus.* 花筒 Hoā tŏng. ‖ — volante. *Ignitus volatilis.* 起水 Kỷ hò. ‖ Jeter des —. *Ignitos volatiles mittĕre.* 放花筒 Fáng hoā tŏng. ‖ Faire des —. *Conficĕre* —. 築花筒 Tchoŭ hoā tŏng. ‖ — de montre (terme d'horlog.). 鬧 Tchă. 倒鬧 Taò tchă. 千斤鬧 Tsiēn kīn tchă.

**FUSIL**, s. m. *Sclopetus, i, m.* 火鎗 Hŏ tsiăng. ‖ Un —. *Unus* —. 一門鎗 Ý mên tsiăng.

**FUSION**, s. f. *Fusura, æ, f.* 化 Hoá, ou 鑄 Tchóu.

**FUSTIGER**, v. a. *Virgis cædĕre.* 打板子 Tă pàn tsè.

**FÛT**, s. m. *Hastile, is, n.* 鎗桿 Tsiāng kàn. ‖ — de colonne. *Columnæ scapus.* 柱桶 Tchoù tŏng. ‖ — (tonneau). *Dolium.* 酒桶 Tsieòu tŏng.

**FUTÉ, ÉE**, adj. *Callidus.* 奸詐的 Kiēn tchá tỷ.

**FUTILE**, adj. *Futilis.* 小事 Siaò sé.

**FUTUR, E**, adj. *Futurus.* 將來的 Tsiāng laỷ tỷ, ou 後來的 Heóu laỷ tỷ. ‖ — des verbes. *Futur. tempus.* 將來的時 Tsiāng laỷ tỷ chē.

**FUYARD, E**, adj. *Fugiens.* 逃的 Taò tỷ. ‖ Poursuivre les —. *Fugientibus instāre.* 追逃 Tchoūy taò. ‖ — (soldats fuyants). *Fugientes milites.* 殘兵 Tsiēn pīn.

**GABARE**, s. f. *Corbita, æ, f.* 船 Tchoŭ'an.

**GABELER**, v. a. *Salem insolāre.* 晒鹽 Chaý yên.

**GABELLE**, s. f. *Salarium tributum.* 鹽課 Yên kŏ'. ‖ Frauder la —. *Non solvĕre* —. 瞞鹽稅 Mân yên choúy.

**GÂCHER**, v. a. *Aquā diluĕre.* 發石灰 Fă chĕ hoŭy. ‖ — une besogne. *Citò opus absolvĕre.* 做得粗 Tsoú tĕ tsoŭ.

**GÂCHIS**, s. m. *Aqua lutosa.* 混水 Hoùen choùy. ‖ Quel —! *Quàm implicatum negotium!* 實在淘氣 Chĕ tsaý taò kỷ.

**GAGE**, s. m. *Pignus, oris, n.* 當頭 Táng teŏu. ‖ Mettre en —. *Rem oppignerāre.* 當 Táng. ‖ Vendre un —. — vendĕre. 賣當票 Maý táng piaò. ‖ Retirer un —. — liberāre. 取當 Tsiŭ táng. ‖ — (marque). *Nota.* 憑據 Pín kiú. ‖ Donner des — d'amitié. *Pignus amoris dare.* 表朋情 Piaò pŏng tsíń. ‖ — (gageure). *Sponsio.* 飄錢 Piaò tsiēn. ‖ Mettre en —. *Spondēre.* 飄 Piaò. ‖ — (salaire). *Merces.* (Voir le mot *Honoraire*.) 工錢 Kōng tsiēn. ‖ Prendre quelqu'un à —. *Mercede conducĕre.* 雇工 Koú kōng.

**GAGER**, v. a. *Spondēre.* 飄 Piaò, ou 打賭 Tă toù. ‖ Gageons. *Sponsio stat.* 我們飄起 Ngŏ mên piaò kỷ, ou 我們賭 Ngŏ mên toù. ‖ Gagner en —. *Sponsione vincĕre.* 贏 Ýn. ‖ Perdre en —. *Sponsione vinci.* 輸 Choū.

**GAGEURE**, s. f. *Sponsio, onis, f.* 估膽 Koŭ piaò.

**GAGNER**, v. a. *Lucrāri.* 得勝 Tĕ' chèn, ou 賺錢 Tchân tsién. ‖ — des sapèques. — *sapeccas.* 賺錢 Tchân tsién. ‖ — légitimement. *Justè lucrāri.* 賺公道錢 Tchán kōng taó tsiēn. ‖ Savoir les moyens de —. *Vias pecuniæ nosse.* 會找錢 Hoúy tchaò tsiēn. ‖ — au jeu dix taëls. *Decem taelia acq. ludo.* 贏十兩銀子 Ýn. chĕ leàng ỷn tsè. ‖ — la bataille. *Prælio vincĕre.* 得勝 Tĕ' chèn. ‖ — son procès. *Causam* —. 贏官司 Ýn koŭan sē. ‖ — un pari. *Sponsione* —. 估贏了 Koŭ ỷn leào. ‖ — une maladie. *Morbo corripi.* 招病 Tchaó pín. ‖ — les cœurs de tous. *Omnium sibi concil. corda.* 得人心 Tĕ' jên sīn. ‖ — à force d'instances. *Instando evincĕre.* 厚起臉要 Heòu kỷ liēn yaó. ‖ — sur soi. *Animo imperāre.* 克己 Kĕ' kỷ. ‖ — quelqu'un à son parti. *In suas adducĕre partes.* 歸服人 Koūy foŭ jên. ‖ — quelqu'un à prix d'argent. *Pretio delinīre.* 買活人 Maỷ hŏ jên. ‖ — du temps. *Tempus ducĕre.* 擔擱時候 Tān kŏ chē heóu. ‖ — la rive à la nage. *Ad littus adnatāre.* 浮上岸 Feòu cháng gán. ‖ — les champs. *Fugĕre.* 逃 Taó. ‖ — un lieu. *Locum petĕre.* 到某地方 Taó mòng tý fāng. ‖ — du terrain. *Progredi.* 進 Tsín. ‖ La poste —. *Serpit contagio.* 瘟疫正行 Oūen yŭ tchēn hín. ‖ Le feu — le toit. *Flamma ad tectum serpit.* 火上了頂 Hŏ cháng leào tin.

GAI, E, adj. *Hilaris.* 喜歡的 Hỳ hoũan tỷ. ‖ Visage —. *Frons* —. 喜容 Hỳ yōng. ‖ Cesser d'être — comme hier. *Hilaritatem pristinam amittĕre.* 莫得前日喜歡 Mò tĕ̆ tsiēn jĕ̀ hỳ hoũan.

GAIETÉ, s. f. *Hilaritas, atis, f.* 喜歡 Hỳ hoũan. ‖ De — de cœur. *Datá operá.* 故意 Koú ý.

GAILLARD, E, adj. *Lascivus.* 好說笑的 Haó chŏ̆ siáo tỷ. ‖ — (qui est entre deux vins). *Ebriolus.* 半醉的 Pán tsoúy tỷ.

GAIN, s. m. *Lucrum, i, n.* 利錢 Lý tsiēn, ou 利息 Lý sỷ. ‖ Avide de —. *Quæstuosus homo.* 貪利的 Tān lý tỷ. ‖ N'avoir en vue que le —. *Omnia ad lucr. revocāre.* 總想找錢 Tsóng siàng tchaò tsiēn. ‖ Avoir — de cause. *Causam vincĕre.* 贏官司 Ŷn kouān sē. ‖ Donner — de cause. *Causam alic. adjudicāre.* 斷他有理 Toúan tā̆ yeòu lỳ. ‖ — (revenant bon). *Reliqua quæstuosa.* 出息 Tchŏ̆u sỷ.

GAINE, s. f. *Vagina, æ, f.* 刀鞘 Taō siáo.

GALA, s. m. *Epulæ, arum, f.* 大酒席 Tá tsieòu sỷ. ‖ — de cour. *Regales* —. 御宴 Yú yén. ‖ Le servir. *Dăre* —. 進膳 Tsín chán.

GALANT, E, adj. *Vir probus.* 善人 Chán jēn. ‖ — (civil). *Urbanus homo.* 君子 Kiūn tsè̆. ‖ — (enjoué). *Ingeniosus.* 有趣味的人 Yeòu tsiú̆ oúy tỷ jēn. ‖ —. *Mulierum assentator.* 好色的 Haó sè̆ tỷ. ‖ Billet —. *Amatoria schedula.* 私交的信 Sē kiāo tỷ sín.

GALBANUM, s. m. Espèce de gomme. 楓脂香 Fōng tchè hiāng.

GALE, s. f. *Scabies, ei, f.* 疥瘡 Kān tchouāng. ‖ Avoir la —. *Scabie corrodi.* 生疥瘡 Sēn kān tchouāng. ‖ Contracter la —. *Scabiem contrahĕre.* 惹來的疥 Jĕ̆ laý tỷ kān tchouāng. ‖ La donner à quelqu'un. *Scabiem affricare aliis.* 疥瘡過人 Kān tchouāng kó jēn.

GALÈRE, s. f. *Biremis, is, f.* 大船 Tá tchoūan. ‖ — (peine). *Pœna.* 刑罰 Hìn fã̆. ‖ Condamner aux —. *Ad remum damnāre.* 丢監 Tieōu kiēn. ‖ Quelle —! *Quantus labor!* 好費力 Haò feý lý!

GALERIE, s. f. *Porticus, ús, m.* 過道 Kó taó, ou 樓臺 Leōu tãý.

GALETAS. s. m. *Sordida casa.* 草房 Tsaò fãng.

GALIMATIAS, s. m. *Voces inopes rerum.* 無頭尾的話 Oũ teõu oúy tỷ hoá.

GALOCHE, s. f. *Gallicæ, arum, f.* 木履 Moù lỳ.

GALON, s. m. *Limbus, i, m.* 襤杆 Lān kán.

GALOP, s. m. *Equi cursus.* 馬跑 Mà pão. ‖ Aller au —. *Equo citato īre.* 騎馬跑 Kỹ mà pão. ‖ S'en aller au grand — (c.-à-d. approcher de la mort). *Ad mortem properāre.* 不久要死 Poù kieòu yaó sò̆.

GAMBADE, s. f. *Saltatio, onis, f.* 跳 Tiào.

GAMELLE, s. s. *Camella, æ, f.* 木碗 Moù ouãn.

GAMME, s. f. *Musicum diagramma, atis, n.* 音樂譜 Ȳn lŏ̆ poù.

GANACHE, s. f. *Mala inferior equi.* 馬下口皮 Mà hiá keŏ̆u pỹ. ‖ — (homme inutile). *Stipes.* 不中用的人 Poù tchōng yóng tỷ jēn.

GANGRÈNE, s. f. *Gangræna, æ, f.* 爛瘍 Lán ý.

GANGRENER (SE), v. r. *Corrumpi.* 害爛瘍 Haý lán ý.

GANSE, s. f. *Ansula, æ, f.* 扭絆子 Nieòu pán tsè̆, ou 辦線 Pién siēn.

GANT, s. m. *Chirotheca, æ, f.* 手籠 Cheòu lòng, ou 五指套 Où tchè̆ taó.

GARANT, s. m. *Sponsor, oris, m.* 保人 Paò jēn. ‖ Être — pour quelqu'un. *Pro alio esse.* 做保人 Tsoú paò jēn.

GARANTIE, s. f. *Auctoritas, atis, f.* 担承 Tàn tchēn. ‖ Promettre —. *Damni infect. promittĕre.* 担承別人 Tàn tchēn piĕ̆ jēn.

GARANTIR, v. a. *Damni infect. promittĕre.* 担承別人 Tàn tchēn piĕ̆ jēn. ‖ — (assurer). *Affirmāre.* 說是一定 Chŏ̆ ché ý tín. ‖ — (défendre). *Tueri.* 顧 Koú. ‖ Se — du froid. *Propulsāre frigus.* 遮塞 Tchē̆ hān. ‖ — d'un péril. *Periculum propellĕre.* 脱凶險 Tŏ̆ hiōng hiĕ̆u.

GARÇON, s. m. *Mas, aris, m.* 男子 Lān tsè̆. ‖ Accoucher d'un —. *Marem parĕre.* 生男娃娃 Sēn lān ouã ouã. ‖ — (célibataire). *Cœlebs.* 未曾接親 Oúy tsēn tiē̆ tsīn, ou 未娶的 Oúy tsiŭ tỷ. ‖ — (serviteur). *Famulus.* 僕 Poù. ‖ — de boutique. *Discipulus.* 徒弟 Toũ tỳ. ‖ — d'hôtel, in lui parlant, on lui dit : 老幺 Laò yāo, ou 小二哥 Siào eùl kō.

GARDE, s. f. *Conservatio, onis, f.* 存留 Tsēn lieõu. ‖ Être de —. *Vetustatem pati.* 留得 Lieõu tè̆. ‖ —. *Custodia, munus servandi.* 存守 Tsēn cheòu. ‖ Donner la — d'une ville. *Urbem custod. tradĕre.* 托人守城 Tŏ̆ jēn cheòu tchēn. ‖ — (sentinelle). *Excubiæ.* 防存 Fãng cheòu. ‖ —. *Agĕre* —. 防守 Fãng cheòu. ‖ Être de — la nuit. *Vigilias agĕre.* 巡更 Siũn kēn. ‖ Être de — à la porte. *Pro portis excubāre.* 看門 Kàn mēn. ‖ Monter la —. *In stat. succedĕre.* 坐卡 Tsó kà, ou 防守 Fãng cheòu. ‖ Relever de la —. *Vigilias deducĕre.* 輪流防守 Lēn lieõu fãng cheòu. ‖ Corps de —. *Statio.* 巡兵蓬 Siūn pīn põng. ‖ — du Corps de l'Empereur. *Custodia.* 護衛軍 Hoù oúy kiūn, ou 御林軍 Yú lỉn kiūn. ‖ —. *Cura.* 管 Kouàn. ‖ Prendre — à. *Rem advertĕre.* 用心 Yóng sīn. 覺得 Kiŏ̆ tè̆. 小心 Siào sīn. ‖ Prenez — de tomber. *Cave ne cadas.* 小心看你跌下去 Siào sīn kàn ngỳ tiĕ̆ hiá kiŭ̆. ‖ Sans y prendre —. *Incauté.* 不想 Poù siàng. 不小心 Poù siào sīn. 冒失 maó chè̆. ‖ Se donner — de quelqu'un.

# GAR — GEL

*Ab aliq. cavēre.* 小心 Siáo sĭn. ‖ — d'une épée. *Capulus.* 刀䩨 Taō koŭ, ou 擋手 Táng cheòu. ‖ Se tenir sur ses —. *Animo excubāre.* 預防 Yú fáng.

**GARDE-DES-SCEAUX**, s. m. *Summus justitiæ præses.* 六料掌印 Loŭ kŏ́ tchàng yn.

**GARDE-FOU**, s. m. ‖ — en pierre. *Lorica.* 石欄杆 Chĕ lân kān. ‖ — en bois. *Repagula.* 木欄杆 Moŭ lân kān.

**GARDE-MANGER**, s. m. *Cella penaria, æ, f.* 食盒子 Chĕ hŏ tsè, ou 廚櫃 Tchòu koúy.

**GARDER**, v. a. *Servāre.* 存 Tsén. ‖ Ce vase — de l'odeur. *Odorem servat vas.* 瓶子還有氣 Pĭ́h tsè hoân yeòu ký. ‖ — le souvenir de quelqu'un. *Alic. memoriam servāre.* 記得人 Ký tĕ́ jèn. ‖ — pour un autre temps. *In aliud tempus reservāre.* 留到後來 Lieòu taó heóu laý. ‖ — des troupeaux. *Pecudes servāre.* 放牲口 Fáng sēn keòu. ‖ — un malade. *Ægro assidēre.* 看守病人 Kān cheòu pín jèn. ‖ — sa parole. *Fidem retinēre.* 不食言 Poŭ chĕ́ yén. ‖ — les lois. *Leges servāre.* 守法度 Cheòu fă toú. ‖ — les mesures. *Modum —.* 安分 Gān fén. ‖ — la politesse. *Decorum —.* 守禮 Cheòu lý̆. ‖ — sa dignité. *Dignit. tueri.* 惜品 Sý̆ pĭn. ‖ — son caractère. *Sibi constāre.* 不改主意 Poŭ kaý tchoù ý̆. ‖ — le lit. *Lectum tenēre.* 不起床 Poŭ ky̆ tchoŭáng. ‖ Dieu nous — de ce malheur! *Hoc Deus avertat malum.* 天主免我們受那个患難 Tiēn Tchoù mièn ngŏ mên cheòu lá kó houán lán. ‖ Se — (pouvoir être conservé). *Annos ferre.* 留得 Lieòu tĕ́. ‖ Se — de. *Cavēre.* 小心 Siáo sĭn. 不要 Poŭ yaó. 防備 Fâng pý̆.

**GARDE NATIONALE CHINOISE**, *Armati cives.* 團 Toŭ́an. ‖ Chef de cette —. *Duces.* 團首 Toŭ́an cheòu. ‖ La convoquer. *Cogēre.* 齊團 Tsý̆ toŭ́an. ‖ La passer en revue. *Visitāre.* 點團 Tièn toŭ́an.

**GARDE-ROBE**, s. f. *Vestiarium, ii, n.* 衣櫃 Y̆ koúy. ‖ — (latrine particulière). *Sella familiaris.* 圊桶 Oúy tŏng.

**GARDIEN**, s. m. *Custos, odis. m.* 看守 Kān cheòu.

**GARE** ‖ impér. *Cave, etc.* 擋擋 Tchoŭáng tchoŭáng, ou 開路 Kāy loú.

**GARER (SE)**, v. r. *Cavēre.* 小心 Siáo sĭn.

**GARGARISER (SE)**, v. r. *Guttur gargarizāre.* 漱口 Seóu keòu, ou 嗽口 Sŏu keòu.

**GARGOUILLER**, v. n. *Aquam lut. movēre.* 噴泥 Kóng ngý̆.

**GARGOUILLIS**, s. m. *Stillicidii strepitus.* 滴水響 Tý̆ choùy hiàng.

**GARNEMENT**, s. m. *Nebulo, onis, m.* 光棍 Kouāng kouèn, ou 痞子 Pý̆ tsè.

**GARNIR**, v. a. *Instruĕre.* 辦 Pán, ou 排設家伙 Páy chĕ́ kiā hŏ. ‖ — une maison. *Domum —.* 辦家具 Pán kiā kiú. ‖ Avoir la bourse bien —. *Habēre marsupium nummis plenum.* 他的銀子多 Tā́ tý̆ ŷn tsè tŏ.

**GARNISON**, s. f. *Præsidium, ii, n.* 守城兵 Cheòu tchén pīn. ‖ Soldat de —. *Custodes milites.* 防守兵 Fâng cheòu pīn. ‖ Être en —. *Agitāre.* 當守城兵 Táng cheòu tchén pīn. ‖ Mettre en — dans une place. *Urbem præsidio munīre.* 添設兵丁 Tiēn chĕ́ pīn tīng.

**GARNITURE**, s. f. *Ornamentum, i, n.* 裝飾 Tchoŭang chĕ́. ‖ — d'autel. *Altaris ornatus.* 祭台簷子 Tsý̆ tâÿ yèn tsè. ‖ — de lit. *Lecti.* 帳簷 Tcháng yèn.

**GARROTTER**, v. a. *Vinculis ligāre.* 綑綁 Koŭèn pàng.

**GASCON**, s. m. *Thraso, onis, m.* 大話的人 Tá hoá tý̆ jèn, ou 哄人的話 Hòng jèn tý̆ hoá.

**GASPILLER**, v. a. *Obligurīre.* 浪費 Láng feý̆.

**GASTRALGIE**, s. f. *Gastralgia, æ.* 胃痛不消化 Oúy tŏng poŭ siāo hoá.

**GASTRITE**, s. f. *Gastrita, æ, f.* 胃炎 Oúy yén.

**GÂTEAU**, s. m. *Placenta, æ, f.* 糕餅 Kaō pĭn.

**GÂTER**, v. a. *Corrumpĕre.* 壞 Houáy. ‖ — un enfant. *Puerum mollius habēre.* 慣壞 Koŭán houáy. ‖ — les mœurs. *Mores corrumpĕre.* 敗壞風俗 Paý̆ houáy fōng sioŭ. ‖ — sa cause. *Causam pejorem facĕre.* 先有理自己弄輸了 Siēn yeòu lý̆ tsé ký̆ lŏng choū leào. ‖ — son habit. *Vestem inquināre.* 打髒衣服 Tà tchoŭāng ý̆ foŭ, ou 打膪衣服 Tà tsān ý̆ foŭ. ‖ — (nuire). *Nocēre.* 害 Háy̆. ‖ Se —. *Corrumpi.* 朽 Hieòu. ‖ Se —. *Depravāri.* 壞 Houáy.

**GAUCHE**, adj. *Sinister.* 左 Tsŏ. ‖ Côté —. *Læva.* 左邊 Tsŏ piēn. ‖ (maladroit). *Inexpers.* 不會 Poŭ hoúy. ‖ A —. *Ad lævam.* 走左邊 Tseòu tsŏ piēn. ‖ Prendre une chose à —. *Præpostere agĕre.* 顛倒 Tiēn taŏ.

**GAUCHER**, s. m. *Qui lævā utitur.* 慣用左手 Koŭán yóng tsŏ cheòu.

**GAUFRE**, s. f. (rayon de miel). *Favus.* 蜂勒 Fōng lĕ́. ‖ — (pièce de pâtisserie). *Collyra.* 捲餅 Kuèn pĭn, ou 薄脆餅 Pŏ tsoúy̆ pĭn.

**GAUSSER**, v. a. *Irridēre.* 欺笑人 Ky̆ siáo jèn.

**GAZ**, s. m. ‖ — naturel, fort commun en Chine. *火井 Hŏ tsĭn.

**GAZE**, s. f. *Pannus subtilis.* 紗 Chā. ‖ — moirée. *Undulatus.* 皺雲紗 Hiàng yûn chā. ‖ — glacée. *Nitidus.* 亮紗 Leâng chā.

**GAZETTE**, s. f. *Diarium, ii, n.* 京報 Kīn paó.

**GAZON**, s. m. *Cespes, itis, m.* 草皮 Tsaŏ pý̆.

**GAZOUILLER**, v. a. *Garrīre.* 鳴叫 Mîn, ou 嗓 Tsào. ‖ Le ruisseau —. *Fluvius murmur edit.* 水響 Choŭy̆ hiàng. ‖ — (en parlant des ruisseaux). *Susurrum levem edĕre.* 流水響 Lieòu choùy hiàng.

**GÉANT**, s. m. *Gigas, antis, f.* 高人 Kaō jèn, ou 高長子 Kaō tchâng tsè.

**GÉLATINE**, s. f. *Gelata substantia.* 膠 Kiaō.

GELÉE, s. f. *Gelu, n. indécl.* 冰 Pīn, ou 冷 Lěn. ‖ — blanche. *Pruina.* 霜 Choūang. ‖ — de viande. *Jus concretum.* 肉凍 Joŭ tóng. ‖ Exposer la toile à la —. *Ad pruin. telam exponěre.* 凍綠布 Tóng loŭ poŭ.

GELER, v. imp. ‖ Il —. *Gelat.* 冷 Lěn. ‖ — (avoir grand froid). *Algère.* 冷了 Lěu leào.

GÉMIR, v. a. *Gemère.* 苦 Kŏu, ou 歎 Tăn.

GÉMISSEMENT, s. m. *Gemitus, ûs, m.* 歎氣 Tăn kýˇ.

GÊNANT, E, adj. *Molestus.* 囉唣的 Lŏ tsaó jěn, ou 不方便 Poŭ fāng pién.

GENCIVE, s. f. *Gingiva, œ, f.* 牙齦 Yá ŷn, ou 牙化 Yá hóa.

GENDARME, s. m. *Miles, itis, m.* 察街的兵 Tchă kaý týˇ pīn.

GENDARMER (SE), v. r. *Stomachāri.* 爲小事冒火 Oúy siào sé maó hò.

GENDRE, s. m. *Gener, eri, m.* 女壻 Niù sýˇ. ‖ — du fils ou de la fille. *Progener.* 孫女壻 Sēn niù sýˇ. ‖ — de l'Empereur. *Imperatoris —.* 駙馬 Foú mà. ‖ — d'un prince impérial. *Principis —.* 郡馬 Kiún mà. ‖ — d'un *Regulus.* 額夫 Gĕ foŭ. ‖ Se marier —, c.-à-d. aller demeurer chez sa belle-mère. 上門 Cháng měn.

GÊNE, s. f. *Quæstio, onis, f.* 拷 Kaŏ. ‖ Appliquer à la —. *Ad — dăre.* 拷打犯人 Kaŏ tă fán jěn. ‖ — (contrainte). *Molestia.* 患 Hoán, ou 苦楚 Koù tsŏu. ‖ Vivre dans la —. *Duram vitam agère.* 受窮 Cheóu kiŏng.

GÊNÉ, E, adj. (pour le local). *Angustus in domo.* 房子窄 Fāng tsĕ tsĕˇ. ‖ — (inquiet). *Anxius.* 憚心 Tán sīn. ‖ — dans une pénurie passagère d'argent. *Inopiā versāri.* 銀錢圖窄 Yn tsiĕn pién tsĕˇ.

GÉNÉALOGIE, s. f. *Stirpium series, ei, f.* 族譜 Tsoŭ pŏu, ou 家乘 Kiā tchén. ‖ — impériale. — *imperialis.* 玉牒 Yŭ tiĕˇ. (*Voir à l'Appendice n° X l'Arbre généalogique pour les degrés de parenté.*)

GÊNER, v. a. (empêcher). *Impedīre.* 阻擋 Tsoŭ táng. ‖ Ce soulier me —. *Calceus pedem urit.* 鞋子打脚 Haý tsĕ tă kiŏ. ‖ — quelqu'un (le molester). *Atiq. vexāre.* 囉唣人 Lŏ tsaó jěn.

GÉNÉRAL, E, adj. *Universalis.* 總的 Tsóng týˇ, ou 公的 Kōng týˇ. ‖ En —. *In universum.* 一總 Y loúy týˇ. ‖ Tous les hommes en —. *Universi homines.* 人人 Jěn jěn. ‖ Parler en —. *Generatim loqui.* 總說 Tsóng chŏˇ.

GÉNÉRAL, s. m. *Dux, ucis, m.* 首人 Cheóu jěn. ‖ — en chef. 元帥 Yŭn sē, ou 節度使 Tsiĕˇ toú chĕ. ‖ — de division. 都統 Toū tŏng, ou 將軍 Tsiāng kiūn. ‖ — de brigade. 副都統 Foŭ toū tŏng, ou 總兵 Tsŏng pīn. ‖ — d'un ordre religieux. *Ordinis religiosi præfectus.* 院長 Oúan tcháng.

GÉNÉRALE, s. f. *Pulsatio tympani.* 號令 Haŏ lïn. ‖ Battre la —. *Ad arma vocāre.* 鳴金 Mīn kīn.

GÉNÉRALEMENT, adv. *Generatim.* 總 Tsóng, ou 大槩 Tá kaý. ‖ — parlant. — *loquendo.* 總說 Tsóng chŏˇ.

GÉNÉRALISER, v. a. *Rem gener. considerāre.* 總說 Tsóng chŏˇ.

GÉNÉRALISSIME, s. m. *Dux ducum.* 元帥 Yŭen sē, ou 節度使 Tsiĕˇ toú chĕ.

GÉNÉRALITÉ, s. f. *Vulgus.* 衆人 Tchóng jěn, ou 公衆 Kōng tchóng.

GÉNÉRATION, s. f. *Progenies, ei, f.* 代 Taý, ou 歷代 Lýˇ taý. ‖ Une —. *Una —.* 一代 Y taý. ‖ Une même —. *Coævi.* 一代人 Y taý jěn. ‖ Enseigner de — en —. *De gener. in gen. docēre.* 歷代傳下來的 Lýˇ taý tchoŭan hiá laý týˇ. ‖ Parties de la — (pour l'homme). *Verenda, virilia.* ‖ — (pour la femme). *Muliebria.* (*Voir le mot Partie.*)

Les quatre espèces de — selon l'histoire naturelle de Chine.

1° Ovipare. 卵生 Lâng sēn.
2° Sexipare. 胎生 Taý sēn.
3° Scissipare. 濕生 Chĕ sēn.
4° Gemmipare. 花生 Hoā sēn.

GÉNÉREUX, SE, adj. *Munificus.* 大方的 Tá fāng týˇ. ‖ — (cœur noble). *Magnanimus.* 寬仁的人 Koūan jěn týˇ jěn. ‖ — en paroles, mais non en dons. *Largus solùm in verbis.* 說大話使小錢 Chŏ tá hóa chě siaŏ tsiĕn. ‖ — (courageux). *Fortis.* 大胆子的人 Tá tăn tsĕ týˇ jěn.

GÉNÉRIQUE, adj. *Quod ad genus pertin.* 總的 Tsóng týˇ. ou 一類的 Y loúy týˇ.

GÉNIE, s. m. *Genius, ii, m.* 小神子 Siaò chěn tsĕ. (Voir le mot *Esprit.*) ‖ — (caractère). *Indoles.* 本性 Pěn sín. ‖ Chacun a son —. *Sua cuique indoles.* 各人本性不同 Kŏ jěn pěn sín poŭ tŏng. ‖ — (talent naturel). *Ingenium naturale.* 生成的伶巧 Sēn tchěn týˇ lïn kiaŏ. ‖ Avoir le — des affaires. *Naturali peritiā donatus ad gerend. res.* 生來曉事 Sēn laý hiaò sé. ‖ Avoir un vaste —. *Ingenio capitali præditus esse.* 精俗 Tsīn lïn.

GÉNISSE, s. f. *Juvenca, œ, f.* 牸牛 Tsoù nieóu.

GÉNITIF, s. m. *Genitivus, i, m.* 的韻 Týˇ yŭn, ou 誰的 Choŭy týˇ.

GENOU, s. m. *Genu, n. ind.* 膝 Sýˇ. ‖ Jointure postérieure du —. *Junctura genu.* 膝彎 Sýˇ oūan. ‖ Se mettre à —. *Genuflectère.* 跪 Koŭy. ‖ Se mettre à — convenablement. 跪端正 Koŭy toūan tchěn. ‖ Mettre un — en terre pour saluer. *Unum genu flectère.*

打前 Tà tsiēn. ‖ Se jeter aux genoux. *Ad genua se provolvere.* 佝匍 Poŭ foŭ.

GENRE, s. m. *Genus, eris, n.* 宗 Tsōng. 類 Loúy. 樣 Yáng. 種 Tchòng. ‖ — humain. — *human.* 人類 Jên loúy. ‖ — masculin. *Genus masculin.* 男類 Lân loúy. ‖ — féminin. — *femin.* 女類 Niŭ loúy. ‖ — neutre. — *neutrum.* 無類 Où loúy. ‖ — de vie. *Vitæ genus.* 職業 Tchĕ niĕ.

GENS, s. m. *Homines, um, m.* 人 Jên, ou 人家 Jên kiā. ‖ Certaines —. *Quidam.* 某人 Mŏng jên. ‖ — de bien. *Probi homines.* 好人 Haò jên. ‖ Il y a des — qui. *Sunt qui.* 有些人 Yeŏu sȳ jên. ‖ Petites —. *Plebecula.* 下等人 Hiá tèn jên. ‖ Nos —. *Domestica.* 本家的人 Pên kiā tý jên. ‖ — de lettres. *Litterati.* 儒 Joû. ‖ — de guerre. *Milites.* 兵人 Pīn jên.

GENTIL, s. m. *Gentilis, is, m. f.* 外教人 Oúay kiáo jên. ‖ Prêcher aux —. — *evangelizare.* 講道理勸外教人 Kiàng taó lỳ kiŭen oúay kiáo jên. ‖ Convertir les —. — *convertere.* 引外教人奉教 Ỳn oúay kiáo jên fóng kiáo.

GENTIL, LE, adj. (joli). *Venustus.* 美的 Meỳ tỳ, ou 好看的 Haŏ kǎn tý. ‖ — (plaisant). *Lepidus.* 有趣味的 Yeŏu tsiŭ oúy tý.

GENTILHOMME, s. m. *Vir nobilis.* 貴人 Koúy jên, ou 朝內人 Tchaŏ loúy jên.

GÉNUFLEXION, s. f. *Genuflectio, onis f.* 一跪 Ỳ koùy, ou 打前 Tà tsiēn. ‖ La faire. *Genuflectere.* 跪 Koùy.

GÉODÉSIE, s. f. *Geodesia, æ, f.* 量地之法 Leáng tý tchĕ fǎ.

GÉOGRAPHIE, s. f. *Geographia, æ, f.* 地理 Tý lỳ. 圖地法子 Toú tý fǎ tsè.

GEOLIER, s. m. *Custos, dis, m., f.* 禁子 Kín tsè.

GÉOMANCIE, s. f. *Geomantia, æ, f.* 風水法 Fōng choùy fǎ.

GÉOMÉTRIE, s. f. *Geometria, æ, f.* 幾何原本 Kỳ hô yuên moŭ, ou 量地之法 Leáng tý tchĕ fǎ. 弧角 Hoû kŏ.

GERBE, s. f. *Fascis, is, m.* 一綑 Ỳ koŭen.

GERCER (SE), v. n. *Rimas agëre.* 裂開 Liĕ kǎy.

GERÇURE, s. f. *Rima, æ, f.* 凍了口子 Tàng leào keŏu tsè, ou 鏬口 Hiá keŏu. ‖ — des lèvres. *Labiorum fissuræ.* 口皮裂 Keŏu pý liĕ.

GÉRER, v. a. *Gerěre.* 理 Lỳ, ou 管 Koùan. ‖ — les affaires de quelqu'un. — *negotia alic.* 理別人的事 Lỳ piĕ jên tý sé.

GERMAIN, E, adj. *Germanus.* ‖ Frères —, c.-à-d. nés du même père et de la même mère. *Germani fratres.* 親弟兄 Tsīn tý hiōng. ‖ Cousins —, c.-à-d. nés des deux frères. *Fratres patrueles.* 叔伯弟兄 Choŭ pĕ tý

hiōng. ‖ Cousins —, c.-à-d. nés des sœurs de la mère. *Fratres matrueles.* 表弟兄 Piaŏ tý hiōng. ‖ Cousins —, nés des deux sœurs. *Consobrini.* 當弟兄 Táng tý hiōng.

GERME, s. m. *Germen, inis, n.* 芽子 Yá tsè. ‖ — de haricot. 豆芽 Teoú yá. ‖ — bambou. 冬笋 Tōng sēn. ‖ — de frêne puant. 椿尖 Tchoūn tsiēn. ‖ — d'un œuf. — *ovi umbilicus.* 雞蛋莪 Kȳ tán jōng. ‖ — (semence, cause principale). *Causa, radix.* 根 Kēn. ‖ — de discorde. *Discordiæ causa.* 不睦之由 Poŭ moŭ tchĕ yeôu.

GERMER, v. a. *Germinare.* 發芽 Fǎ yá. ‖ Faire — le riz avant de le semer. 漚穀種 Geòu koŭ tchòng.

GÉRONDIF, s. m. *Gerundium, ii, n.* 言成體用 Yên tchén tý yóng.

GÉSIER, s. m. *Ventriculus, i, m.* 雞胭子 Kȳ kiùn tsè, ou 肫肝 Tchén kān.

GESTATION, s. f. *Gestatio, onis, f.* 受孕 Cheóu joùen.

La durée de la gestation est de trente jours pour le lièvre et le lapin; de six à sept semaines pour les rats; de cinquante six jours pour la chatte; de soixante-trois jours pour la chienne; de soixante-douze jours pour la louve; de cent dix jours pour la lionne; de quatre mois pour la truie et le sanglier; de cinq mois pour la brebis, la chèvre, la gazelle, le chamois; de huit mois pour les cerfs, les singes, etc.; de neuf mois pour la vache; de onze mois pour l'ânesse, la jument, le chameau, le rhinocéros, l'éléphant.

GESTE, s. m. *Gestus, ús, m.* 手脚狠 Cheòu kiŏ hèn, ou 形客 Hín yŏng. ‖ Faire des —. — *agëre.* 鼓舞 Kŏŭ ou, ou 搖脚擺手 Yaò kiŏ paỳ cheôu. ‖ — de tête. *Nutus.* 點頭 Tièn teŏu.

GESTION, v. g. d'une affaire. *Gestio, nis, f.* 辦理事 Pán lỳ sé.

GIBET, s. m. *Patibulum, i, n.* 刑架 Hín kiá, ou 吊死人的架 Tiaó sè jên tý kiá. ‖ Attacher au —. — *affigěre.* 釘在刑架上 Tín tsáy hín kiá cháng.

GIBIER, s. m. *Venatio, onis, f.* 獵得之物 Lỳ tĕ tchĕ où.

GIBOULÉE, s. f. *Nimbus, i, m.* 雨 Yù, ou 過雲 Kó yûn.

GIGOT, s. m. *Vervecis coxa, æ, f.* 羊火腿 Yâng hô toùy, ou 羊肶 Yâng pý.

GIGOTTER. v. n. *Crura jactare.* 跌脚拌掌 Tiĕ kiŏ pán tchàng.

GILET, s. m. *Brevis subucula, æ, f.* 小襖 Siaŏ ngaŏ.

GIRON, s. m. *Gremium, ii, n.* 懷 Hoûay. ‖ Entrer dans le — de l'Église. *Fidem cathol. amplecti.* 進聖教 Tsín chén kiáo.

**GIROUETTE**, s. f. *Bractea versatilis*. 風翿 Fōng tsēn. ‖ — (instable de sentiments). *Versatilis homo*. 風信旗人 Fōng sín ḱỷ jên, ou 莫主張的人 Mô tchoù tchāng ṫỷ jên.

**GÎT**, v. n. *Jacet*. ‖ Ici — un tel. *Hic — talis homo*. 某人埋了在這裏 Mòng jên maỷ leào tsáy tchě ḷỷ. ‖ Tout espoir — en lui. *In illo omnis sita est spes*. 衆人望他 Tchóng jên ouáng tá.

**GÎTE**, s. m. *Diversorium, ii, n.* 站房 Tchán fâng.

**GIVRE**, s. f. *Pruina, œ, f.* 冰丁 Pīn tīn.

**GLACE**, s. f. *Glacies, ei, f.* 冰 Pīn. ‖ La — fond. — *liquefit.* 冰化 Pīn hoá. ‖ Rompre la —, c.-à-d. frayer le chemin. *In periculum prior adire*. 先到凶處 Siēn taó hiōng tchoù. ‖ Être ferré à —, c.-à-d. savoir une chose à fond. *Rem percallere*. 熟 Choú, ou 精通 Tsīn tōng. ‖ Boire à la —. *Gelata bibere*. 歓冰凉的酒 Hô pīn leâng ṫỷ tsieòu. ‖ — (miroir). *Speculum*. 鏡 Kín. ‖ Consulter sa —. — *consulere*. 照鏡子 Tcháo kín tsè. ‖ — (liqueurs glacées). *Liquores congelati*. 冰膏 Pīn kaō. ‖ En prendre. *Manducare hos liquores*. 喫冰膏 Tchě' pīn kaō.

**GLACER**, v. a. *Congelare*. 凍了 Tóng leaò, ou 凝 Lîn. ‖ Sa vue me —. *In ejus visu inhorresco*. 他的樣子駭我 Tá ṫỷ yâng tsè hě ngò. ‖ — une étoffe. *Nitorem telœ inducere*. 染粉 Tchoù fên. ‖ Être —. *Esse severus facie*. 嚴貌 Niên maó. ‖ Se —. *Glaciari*. 凍了 Tóng leaò, ou 凝 Lîn.

**GLACIÈRE**, s. f. *Officina pro glacie*. 冰窖 Pīn kiáo, ou 冷窨 ?.

**GLACIS**, s. f. *Declivitas, atis, f.* 城坡子 Tchên pǒ tsè.

**GLAÇON**, s. m. *Glaciei frustum*. 一塊冰 Ỷ koǔay pīn.

**GLADIATEUR**, s. m. *Gladiator, oris, m.* 舞刀人 Où taó jên, ou 打把戯 Tá pá hí.

**GLAIRE**, s. f. *Glarea, œ, f.* 白漿 Pě' tân. ‖ — d'œuf. *Ovi album*. 雞蛋青子 Ḱỷ tán tsīn tsè.

**GLAIVE**, s. m. *Gladius, ii, m.* 劍 Kién.

Espèces de glaives militaires :

屈刀 Kioǔ taó.  巴尖刀 Pā tsiēn taó.
偃月刀 Yèn yuě' taó.  鳳嘴刀 Fóng tsoúy taó.
戟刀 Tsīn taó.  筆刀 Pỷ' taó.

**GLAND**, s. m. (fruit du chêne). *Glans, andis, f.* 青桐子 Tsīn kâng tsè. ‖ — de terre (nom vulgaire de l'arachide). 花生 Hōa sēn. ‖ — (passementerie en forme de — de chêne). 子子 Tsè tsè. ‖ — (extrémité du pénis de l'homme et du clitoris de la femme). (Voir le mot *Partie*.)

**GLANDE**, s. f. *Glandula, œ, f.* 喉包 Heóu paō. ‖ — parotide. 牙餃下核 Yâ kiào hiá hě'. ‖ — salivaire. 口水核 Keǒu choùy hě'. ‖ — linguale. 舌水核 Chě' choùy hě'. ‖ — lacrymale. 眼淚核 Yèn loúy hě'.

‖ — mésentériques. 腸膜核粒 Tchâng mó hě' ḷỷ. ‖ — lymphatiques du cou. 頸核粒 Kīn hě' ḷỷ. ‖ — parotides. 耳下生水之核 Eùl hiá sēn choùy tchē' hě'. ‖ — sous-maxillaires. 牙床骨下生水之核 Yâ tchoǎng koù hiá sēn choùy tchē' hě'. ‖ — sublinguales. 舌辰生水之核 Chě' chuēn sēn choùy tchē' hě'.

**GLANER**, v. a. *Spicas derel. colligere*. 拾麥子 Kièn mě' tsè. ‖ —. *Parva lucra facere*. 做小生意 Tsoú siaò sēn ý.

**GLAUCOME**, s. m. *Glaucoma, atis, n.* 眼珠變綠 Yèn tchoū pién loǔ.

**GLISSANT, E**, adj. *Lubricus*. 滑的 Hoǎ ṫỷ. ‖ Être —. *Esse —.* 發滑 Fā hoǎ.

**GLISSER**, v. a. *Labi*. 跌 Tiě', ou 滑倒 Hoǎ taò. ‖ — sur la glace pour jouer. 冰上打滑倒 Pīn châng tà hoǎ taò. ‖ — sur une chose. *Leviter dicere.* 略略說 Liǒ liǒ chǒ'. ‖ — (échapper des mains). *È manibus labi*. 失手 Chě' cheòu, ou 滑落下去 Hoǎ lǒ hiá kiǔ'. ‖ — (insinuer doucement). *Rem in sermone inserere*. 假意試人 Kià ý ché jên, ou 套他的口氣 Taó tá ṫỷ keǒu ḱỷ.

**GLOBE**, s. m. *Globus, i, m.* 球子 Kieǒu tsè. ‖ — du soleil. *Solis —.* 日輪 Jě' lén. ‖ — de la lune. *Lunœ —.* 月輪 Yuě' lén. ‖ — terrestre. *Globus terrestris*. 地球 Ṫỷ kieǒu, ou 琿璣 Siuēn ḱỷ. ‖ — céleste. *Cœlestis —.* 天球 Tiēn kiêou.

**GLOBULE**, s. m. (insigne chinois), c.-à-d. bouton qui se place sur le bonnet chinois (voir le mot *Insigne*). 頂子 Tīn tsè.

**GLOIRE**, s. f. *Gloria, œ, f.* 榮光 Yûn koǔang, ou 大名 Tá mîn. ‖ Acquérir de la —. — *acquirere*. 得名聲 Tě' mîn chēn. ‖ Chercher à acquérir de la —. *Quærere famam*. 求名 Kieôu mîn. ‖ Faire — de quelque chose. *De re gloriari*. 誇一宗事 Koǔa ý tsōng sé. ‖ Rendre — à Dieu. *Honorem Deo solvere*. 歸榮于天主 Koūy yûn yù Tiēn-Tchoù. ‖ Gloire au Père, au Fils et au Saint-Esprit. *Gloria Patri et Filio et Spiritui Sancto*. 榮應歸父及子及聖神 Yûn ȳn koūy foú ḱỷ tsé ḱỷ chén chên. ‖ — céleste. *Cœlitum felicitas*. 永福 Yùn foù. ‖ — (couronne lumineuse). 圓光 Yuên koūang.

**GLORIEUX, SE**, adj. *Superbus*. 倨傲的 Kiù gáo ṫỷ. ‖ — (honorable de mourir pour la patrie). 爲國陣亡是體面事 Oúy koǔ' tchén oûang ché ṫỷ mién sé. ‖ — illustre. *Clarus*. 有體面 Yeòu ṫỷ mién. ‖ Les quatre qualités des corps — après la résurrection. *Quatuor dotes corporum post resurrect.* 身四恩 Chēn sé gēn. Savoir : 1° 光明 Koūang mîn, la gloire; 2° 輕快 Kīn koǎy, l'agilité; 3° 無礙 Où ngǎy, la subtilité; 4° 無傷 Où chāng, l'impassibilité.

**GLORIFIER**, v. a. *Laudem Deo tribuere*. 讚美天主 Tsán meỳ Tiēn-Tchoù. ‖ Se —. *Gloriāri*. 自誇 Tsé koŭa.

**GLOSER**, v. a. *Explanāre*. 解註 Tchoú kiaỳ. ‖ — (critiquer). *Carpĕre*. 誹謗 Feỳ páng.

**GLOTTE**, s. f. *Glottis, idis, f.* 喉管 Heŏu koŭan.

**GLOUSSER**, v. a. *Glocitāre*. 雞鳴 Kỳ mìn.

**GLOUTON**, s. m. *Helluo, onis, m.* 酒囊飯袋 Tsieòu lâng fàn táy.

**GLU**, s. f. *Viscus, i, m.* 黏膏 Niên kaō (ou) kiaō. ‖ L'oiseau se prit à la —. *In visco inhœsit avis.* 雀站了黏膏 Tsiŏ tchán leào niên kaō.

**GLUANT, E**, adj. *Viscosus*. 粘的 Niên tỳ.

**GNOMON**, s. m. *Gnomon, onis, m.* 暑表 Koúy piăŏ.

**GOBELET**, s. m. *Poculum, i, n.* 爵盃 Tsiŏ peỳ. ‖ Jouer aux —. *Prœstigiāri*. 玩戲法 Ouán hý fă.

**GOBER**, v. a. *Vorāre*. 一口吞下去 Ỳ keoŭ tēn hiá kiŭ. ‖ — l'hameçon (se laisser duper). *Hamum —*. 受哄 Cheóu hòng, ou 上鈎 Cháng keŏu. ‖ — (croire facilement). *Facilè credĕre*. 容易信 Yòng ý sín. ‖ — quelqu'un. *Imparatum capĕre*. 攻人不俻 Kōng jēn poŭ pý.

**GOBI (DÉSERT DE)**, au Nord-Ouest de la Chine. 沙漠 Chā mó.

**GOËLETTE**, s. f. *Duobus velis navis*. 兩蓬之船 Leàng pŏng tchē tchoŭan, ou 兩桅三板 Leàng oúy sān pàn.

**GOGO (À)** adv. *Nimis multum*. 狠多 Hèn tō.

**GOGUENARD**, adj. *Facetus*. 愛笑人的 Gáy siáo jēn tỳ.

**GOGUETTES**, s. f. *Jocosè dicta*. 笑話 Siáo hóa.

**GOINFRER**, v. a. *Helluāri*. 貪饕 Tān táo.

**GOÎTRE**, s. m. *Bronchocele, es, f.* 膆 Ỳn. 胞頸 Pā kĭn. 鵝嗉 Oué heŏu. 喉瘇 Heŏu pý.

**GOLFE**, s. m. *Sinus, ūs, m.* 海灣 Haỳ oūan. 海隅 Haỳ yú. 海套 Haỳ táo.

**GOMME**, s. f. *Gummis, is, f.* 樹油 Choú yeŏu. ‖ — arabique. 芸香 Yûn hiāng. ‖ — gutte. 藤黃 Tên hoûang.

**GOMMER**, v. a. *Gummi illinĕre*. 上膠 Cháng kiāo.

**GOND**, s. m. *Cardo, inis, m.* 門斗 Mên teŏu. ‖ Sortir des — (au propre). 出頭 Tchŏu teŏu. ‖ — (au fig., se fâcher). *Irasci*. 發怒 Fă loú.

**GONFALON**, s. m. *S. vexillum*. 神旗 Chên kỳ. ‖ Un — Unum —. 一手旗 Ỳ cheŏu kỳ.

**GONFLER**, v. a. *Tumefacĕre*. 腫 Tchŏng. ‖ Se —. *Intumescĕre*. 腫 Tchŏng.

**GONG-GONG** (instrument de musique chinoise). 火鑼 Tá lò.

**GONORRHÉE**, s. f. *Gonorrhœa, œ, f.* 遺精 Ý tsīn. 跑陽 Paŏ yâng. 流白濁 Lieòu pě tchŏ.

**GORDIEN**, adj. (nœud) *Nodus inenodabilis*. 解不開的 Kiàỳ poŭ kăy tỳ.

**GORGE**, s. f. *Fauces, ium, f.* 脖子 Pŏ tsè, ou 喉頭 Heŏu. ‖ Tenir quelqu'un à la —. *Faucibus premĕre*. 夾脖子 Kiă pŏ tsè. ‖ Avoir la — sèche. *Arent fauces*. 喉乾 Heŏu kān. ‖ Couper la —. (Au figuré). *Spem omnem auferre*. 絕人之望 Tsiuĕ jēn tchē ouáng. ‖ —. (Au propre). *Jugulāre aliq*. 抹脖子 Mŏ pŏ tsè. ‖ Chose demeurée à la —. *Faucibus res inhœrens*. 喉嚨夾住了 Heŏu lông kiă tchoú leào. ‖ En mourir. *Suffocatus mori*. 夾死了 Kiă sè leào, ou 咽死 Ỳn sè. ‖ Mettre le pied sur la —. *Vexāre*. 欺壓人 Kỳ yă jēn. ‖ — de montagne. *Angustiœ*. 山谷 Chān kioŭ, ou 山口 Chàn keŏu.

**GORGÉE**, s. f. *Haustus, ûs, m.* 一嗑 Ỳ hô, ou 一口 Ỳ keŏu.

**GORGER (SE)**, v. r. *Vino obrui*. 飲酒多過 Ỳn tsieòu kó tō.

**GOSIER**, s. m. *Guttur, uris, m.* 喉嚨 Heŏu lông. ‖ Avoir un os de poisson au —. *Os piscis faucibus inhœret*. 魚骨鯁喉 Yû koŭ kén heŏu.

**GOUDRON**, s. m. *Pix nautica*. 松膠 Sóng kiāo, ou 巴麻油 Pā mâ yeŏu.

**GOUGE**, s. f. (outil). *Scalpri species*. 捲鑿 Kiŭen tsŏ.

**GOUFFRE**, s. m. *Gurges, itis, m.* 淵 Yuēn. ‖ C'est un —, c.-à-d. un grand dissipateur. *Vorago patrimonii*. 浪子 Lâng tsè.

**GOULOT**, s. m. *Amphorœ cervix*. 瓶頸 Pǐh kĭn.

**GOULU, E**, adj. *Vorax*. 狠喫虎食的 Lâng tchĕ' hoù chĕ' tỳ.

**GOUPILLE**, s. f. *Acicula, œ, f.* 鎖釘子 Siāo tīn tsè, ou 小釘子 Siăo tīn tsè.

**GOUPILLON**, s. m. *Aspergillum, i, n.* 聖水刷子 Chén choŭy choă tsè.

**GOURDE**, s. f. *Cucurbita, œ, f.* 葫蘆 Hoû loû.

**GOURMAND, E**, adj. *Vorax*. 好喫 Haó tchĕ'.

**GOURMANDER**, v. a. *Increpāre*. 責備 Tsĕ' py.

**GOURME**, s. f. *Crassior pituita*. 痰 Tán.

**GOURMET**, s. m. *Vini prœgustator, oris, m.* 會嘗酒 Hoŭy châng tsieòu.

**GOUSSE**, s. f. *Siliqua, œ, f.* 豆殼 Teóu kŏ'. ‖ — d'ail. *Allii stica*. 一瓣蒜 Ỳ pán souán.

**GOUSSET**, s. m. (creux de l'aisselle). *Axilla, œ, f.* 胛孔 Kiă kòng. ‖ — (poche). *Marsupium*. 荷包 Hŏ paŏ.

**GOÛT**, s. m. *Gustus, ûs, m.* 味道 Oúy taó. ‖ — fin. *Eruditum palatum*. 趣的天堂 Tsiŭ tỳ tiēn tâng. ‖ — Prendre —. *Vorax*. 愛喫 Gáy tchĕ'. ‖ Réveiller le — *excitāre*. 開口胃 Kăỳ keŏu oúy. ‖ N'avoir — à rien. *Cibos fastidīre*. 不愛喫 Poŭ gáy tchĕ'. ‖ — (penchant). *Judicium*. 向 Hiáng, ou 專務 Tchoūan oú. ‖ Cela est de mon —. *Id probo*. 合我的意 Hŏ ngŏ tỳ ý. ‖ A mon —. *Meo judicio*. 我想 Ngŏ siàng. ‖ — (inclination). *Studium*. 好 Haó. ‖ Avoir du — pour la musique. *Musicam appetĕre.* 好樂 Haó lŏ. ‖ Chacun suit son —. *Suo studio quisque ducitur.* 各人所好不同 Kŏ jên sò haó poŭ tóng.

GOÛTER, v. a. *Gustāre.* 嘗 Châng. ‖ — le vin. *Vinum —.* 嘗酒 Châng tsieòu. ‖ — (essayer). *Experīri.* 試 Ché. ‖ — un dessein. *Consilium tentāre.* 點佔這个主意 Tiên cháng tchê kó tchoù ý. ‖ — bien quelqu'un. *De aliquo gaudēre.* 喜歡這个人 Hỷ hoŭan tchê kó jên.

GOÛTER, ou GOÛTÉ, s. m. *Merenda, æ, f.* 點心 Tiên sĭn. ‖ Avant déjeûner. *Antĕ jentaculum.* 過早 Kó tsaŏ. ‖ — avant souper. *Antĕ cœnam.* 消夜 Siāo yé.

GOUTTE, s. f. *Gutta, æ f.* 一滴 Ў tý. ‖ — à goutte. *Guttatim.* 一滴一滴 Ў tỷ tỷ tỷ. ‖ Tomber à —. *Stillāre.* 滴打 Tỷ tà. ‖ — (point du tout). *Omnino non.* 總不 Tsŏng poŭ. ‖ N'y voir —. *non vidēre.* 全不明白 Tsŭen poŭ mîn pĕ̆. ‖ Ne voir —. *Cœcutire.* 瞎 Hiă.

GOUTTE, s. f. *Arthritis, dis, f.* 筋骨瘋 Kīn koŭ fông, ou 痰火脚 Tán hŏ kiŏ. ‖ — sereine. (Voir Amaurose). ‖ — aux mains. — *manibus.* 手瘋 Cheòu fông. ‖ — aux pieds. — *pedibus.* 脚瘋 Kiŏ fông.

GOUTTIÈRE, s. f. *Colliquiæ, arum, f.* 梘 Kiĕn, ou 水溝 Choŭy tsaŏ. ‖ — des toits. *Stillicidium.* 瓦溝 Ouà keŏu.

GOUVERNAIL, s. m. *Gubernaculum, i, n.* 舵 Tó. ‖ Tenir le —. *Clavum tenēre.* 掌舵 Tchàng tó.

GOUVERNEMENT, s. m. *Gubernatio, onis, f.* 理公務 Lỷ kŏng oú. ‖ Prendre le — de l'État. *Rem publ. capessĕre.* 理國政 Lỷ koŭĕ tchên. ‖ Sous le — de Tóng tchè. *Imperante* Tŏng tchè. 同治王在位之時 Tóng tchè oŭăng tsaý ouý tchê chè. ‖ Ceux qui régissent. *Rei publ. administratores.* 六部尙書 Loù poŭ cháng choŭ. ‖ Province soumise au pouvoir d'un —. *Præfectura, provincia.* 官職 Koŭān tchĕ. ‖ Donner le — d'une province. *Provinciæ præficĕre.* 派一省的總督 Paỷ ў sèn tý tsŏng toŭ. ‖ En prendre possession. *Ad — accedĕre.* 上任 Chàng juén, ou 接印 Tsiĕ ýn. ‖ Le quitter. *Provinciâ decedĕre.* 辭官 Tsê̆ koŭan.

GOUVERNER, v. r. *Regĕre.* 管 Koŭan. ‖ Dieu — le monde. *Omnia regit Deus.* 天主掌管萬物 Tiēn-Tchoŭ tchàng koŭān oŭán oŭ. ‖ — bien sa barque. *Res benè gerĕre.* 會管家物 Hoúy koŭan kiă oŭ. ‖ — quelqu'un. *Auctoritate valēre apud.* 有臂膊 Yeòu pỷ pŏ. ‖ — l'esprit de quelqu'un. *Alic. animum regĕre.* 服得下人 Foŭ tĕ̆ hiá jên. ‖ Se — à sa mode. *Animo uti.* 隨意做 Soŭy ý tsoú.

GOUVERNEUR, s. m. *Provinciæ præses.* 總督 Tsŏng toŭ. ‖ — du prince impérial. *Principis præceptor.* 太子太師 Taý tsĕ taý sĕ.

GRABAT, s. m. *Lectus, i, m.* 牀子 Tchoŭang tsĕ, ou 一間牀 Ў kiĕn tchoŭang. ‖ Être sur le —. *Lecto tenēri.* 害病 Haý pìn.

GRÂCE, s. f. (divine). *Adjument. gratia.* 神恩 Chên gēn, ou 聖寵 Chén tchŏng. ‖ — générale. *Communis.* 公恩 Kōng gēn. ‖ — privée. *Particularis.* 私恩 Sē gēn. ‖ — temporelle. *Temporalis.* 暫時的恩 Tchán chē tỷ gēn. ‖ — intérieure. *Interior.* 內恩 Loúy gēn. ‖ — extérieure. *Exterior.* 外恩 Oŭaý gēn. ‖ — nécessaire. *Necessaria.* 當用的恩 Tāng yóng tý gēn. ‖ — sanctifiante, ou actuelle. *Actualis.* 聖靈魂的恩 Chén lĭm hoŭên tý gēn. ‖ Être en état de —. *Esse in statu gratiæ.* 有聖靈魂的恩 Yeòu chén lĭm hoŭên tý gēn. ‖ Par la — de Dieu. *Dei gratiâ.* 天主保佑 Tiēn-Tchoŭ paò yeòu. ‖ Avec la — de Dieu. *Deo juvante.* 倚靠天主 Ý kaó Tiēn-Tchoŭ. ‖ — (bon air). *Lepor, venustas.* 品格好 Pĭn kĕ̆ haò, ou 美 Meỷ. ‖ Plaisanter avec —. *In jocando lepidus esse.* 說得趣 Chŏ tĕ̆ tsíu. ‖ Avoir bonne —. *Venustus esse.* 人才好 Jên tsaý haò. ‖ Discours qui a de la —. *Venustus sermo.* 有趣的話 Yeòu tsiŭ tỷ hoá. ‖ Avec —. *Venusto modo.* 趣味的樣子 Tsiŭ oúy tý yáng tsĕ. ‖ Sans —. *Rusticitas.* 齒莽 Loŭ màng. ‖ De mauvaise —. *Invenustè.* 莫奈何 Mŏ laý hŏ. ‖ — (faveur volontaire). *Beneficium.* 恩 Gēn. ‖ Accorder une —. *Benefic. dăre.* 施恩 Chĕ gēn. ‖ Faire — à quelqu'un. *Alic. remittĕre.* 寬恕 Koŭan choŭ. ‖ De —. *Amabo te, quæso.* 請你 Tsĭn ngỷ, ou 求 Kieŏu. ‖ — (pardon). *Venia.* 寬恕 Koŭan choŭ. ‖ 饒 Jaŏ. 赦 Chĕ ‖ Demander — pour quelqu'un. *Pro aliq. veniam petĕre.* 求饒 Kieŏu jaŏ, ou 請你寬恕他 Tsĭn ngỷ koŭan choŭ tă. ‖ Accorder à quelqu'un. *Veniam dăre.* 饒人 Jaŏ jên, ou 寬恕他 Koŭăn choŭ tă. ‖ — (remercîments). *Grates.* 多謝 Tō sié. ‖ Rendre —. *Gratias agĕre.* 多謝 Tō sié, ou 謝恩 Sié gēn. ‖ Les bonnes —. *Benevolentia.* 恩愛 Gēn gaý. ‖ Avoir les bonnes — de quelqu'un. *Esse gratiosus apud aliq.* 同他相好 Tŏng tă' siāng haò, ou 得人的情愛 Tĕ̆ jên tý tsĭn gáy. ‖ Perdre les bonnes — de quelqu'un. *In offens. alic. incurrĕre.* 失和 Chĕ̆ hŏ.

GRÂCE! GRÂCE! (c.-à-d. Pardon! pardon!). *Venia! venia!* 饒我 Jaŏ ngŏ.

GRACIEUSETÉ, s. f. *Venustas.* 美 Meỷ, ou 禮信 Lỷ sín.

GRACIEUX, SE, adj. *Comis.* 有趣 Yeòu tsiŭ̆. ‖ — (poli). *Urbanus.* 有禮信 Yeòu lỷ sín.

GRADE, s. m. *Gradus, ús, m.* 品級 Pĭn kỷ. ‖ Élever en —. *Elevāre in dign.* 加級 Kiă kỷ. ‖ Abaisser en —. *Dignit. minuĕre.* 降級 Kiăng kỷ. ‖ Obtenir le — de bachelier. *Diploma baccalaurei —.* 入學 Joŭ hiŏ. ‖ Obtenir

le —- de licencié. — licentiati. 中犖 Tchóng kiù. ||
Obtenir le — de docteur. Doctoris —; 點翰 Tiĕn hán.
(Voir le mot *Bachelier* pour les différents grades littéraires en Chine.)

**GRADUÉ**, s. m. *Litteratus*. 白丁 Pĕ́ tīn, ou 紳士 Chēn sé. || Non —. *Non graduatus.* 白人 Pĕ́ jên, ou 白下 Pĕ́ hiá.

**GRADUELLEMENT**, adv. *Gradatim.* 層一層的 Tsēn y̆ tsēn ty̆.

**GRADUER**, v. a. *Ad gradum aliq. efferre*. 陞官 Chēn kouān. || —. *Gradus distribuĕre*. 分優劣 Fēn yeōu hiĕ, ou 給人錢程 Kiĕ́ jên tsiĕn tchén.

**GRAIN**, s. m. *Granum oryzæ*. 一粒 y̆ ly̆. || — (céréales). *Granum*. 一縠 Y̆ kŏ. || Un —. *Unum —.* 一粒 Y̆ ly̆. || — de raisin. *Acinum.* 一顆葡萄 Y̆ kŏ pŏu táŏ. || — vide ou sans fruit. *Vacuum.* 穮殼 Yê kŏ. || — d'orange. *mali aurei*. 橘核 Kiŭ hĕ́. || — de courge plein. — *cucurbitæ.* 瓜子飽米 Koūa tsé paò my̆. || — de courge non plein. *Vacuum cucurbit*. 瓜子不飽米 Koūa tsé poŭ paò my̆. || — de sel. *Salis mica.* 鹽沙子 Yên chā tsé. || — de perle. *Margaritæ* —. 珠 Tchoū. || — d'encens. *Thuris* —. 乳香顆顆 Joù hiāng kŏ̆ kŏ̆. || — de sable. *Arenula*. 一顆砂 Y̆ kŏ chā. || Les six espèces de — chinois. 六穀 Loŭ koŭ. 稻 Táŏ. 梁 Leâng. 粟 Choŭ. 麥 Mĕ̆. 黍 Choŭ. 稷 Tsy̆.

**GRAINE**, s. f. *Semen*, *inis*, n. 種子 Tchòng tsé.

**GRAISSE**, s. f. *Adeps, ipis*, m. 油 Yeōu, ou 脂 Tchē̄. || Chargé de —. *Obesus.* 肥的 Feý ty̆. Ce mot ne se dit que par rapport aux animaux. S'il s'agissait de l'homme, on dirait 胖的 Páng ty̆. || — de porc. *Axungia.* 猪油 Tchoū yeōu. || La fondre. *Liquescere.* 熬猪油 Gaŏ tchoū yeōu. || — autour des entrailles des animaux. — *circà viscera.* 脚油 Kiŏ́ yeōu. || — qui existe aux côtés du porc. — *circà latera.* 邊油 Piēn yeōu.

**GRAISSER**, v. a. *Adipe ungĕre.* 抹油 Mŏ yeōu. || — la patte au Mên-cháng du Prétoire. *Pecuniâ corrumpĕre* Mênc-háng. 門包 Mên paō, ou 撼官 Tsāng kouān.

**GRAMMAIRE**, s. f. (art qui traite des règles générales du langage). *Grammatica, æ, f.* 文䂓 Ouên koŭy. || — (livre qui renferme ces règles). 文書 Ouên choū.

**GRAMMAIRIEN**, s. m. *Grammaticus, i, m.* 敎文法的先生 Kiáo ouên fă̆ ty̆ siēn sēn.

**GRAND, E**, adj. *Magnus.* 大的 Tá ty̆. || Plus —. *Major.* 更大 Kén tá, ou 大一些 Tá y̆ sy̆. || Très —. *Maximus.* 最大的 Tsoúy tá ty̆, ou 大得狠 Tá tĕ̆ hèn. || Devenir —. *Adolescĕre.* 長大 Tchàng tá. || La plus — partie. *Pleraque pars.* 多半 Tō pán. || — nombre de vaisseaux. *Vis ingens navium.* 大帮船 Tá pāng tchoŭan. || Ce n'est pas — chose. *Parùm est.* 不相干 Poŭ siāng kăn, ou 是小事 Ché siào sé. || — merci. 多謝 Tō sié. || — (illustre). *Clarum nomen.* 大名聲 Tá m̊n chēn. || Un —. *Vir præcipuus.* 大人 Tá jên. || Les —. *Proceres.* 紳士 Chēn sé.

**GRANDEUR**, s. f. *Amplitudo, inis, f.* 寬大 Kouān tá. || — du monde. — *mundi.* 天地之大 Tiēn ty̆ tchē̆ tá. || — d'âme. *Animi sublim.* 心寬 Sīn kouān. || — humaines. *Humana fastigia.* 高位 Kaō oŭy. 爵祿 Tsiŏ loŭ. 功名 Kōng m̊n. || Parvenir au faîte des —. *Honorib. ampliss. decorāri.* 得功名 Tĕ̆ kōng m̊n. || Votre —. *Tua amplitudo.* 大人 Tá jên. || Votre —, à un prince. 王爺 Ouâng yê.

**GRANDIR**, v. n. *Grandescĕre.* 長大 Tchâng tá. || — en science et en sagesse. *In scientiâ et virtute crescĕre.* 賢知才學都長 Hiên tchē̆ tsăy hiŏ̆ toū tchâng

**GRAND'MÈRE**, s. f. *Avia, æ, f.*

| | | |
|---|---|---|
| — (mère de son père). | 祖母 | Tsoù moù. |
| — paterna. | 婆 | Pŏ́. |
| — (mère de sa mère). | 外婆 | Ouáy pŏ́. |
| — materna. | 家婆 | Kiā pŏ́. |

**GRAND-PÈRE**, s. m. *Avus, i, m.*

| | | |
|---|---|---|
| — (père de son père). | 祖父 | Tsoù foú. |
| — paternus. | 公 | Kōng. |
| — (père de sa mère). | 外公 | Ouáy kōng. |
| — maternus. | 家公 | Kiā kōng. |

**GRANIT**, s. m. *Sienites, æ, m.* 鹹水石 Hán choŭy chĕ̆, ou 花水石 Hoā choŭy chĕ̆.

**GRANGE**, s. f. *Horreum, i, n.* 倉 Tsiāng. || Une —. *Unum —.* 一間倉 Y̆ kiēn tsiāng.

**GRANULATION**, s. f. *Granulatio, onis, f.* 肉芽 Joŭ yă̆.

**GRAPPE**, s. f. (de raisin). *Racemus, i, m.* 一團 Y̆ toŭan. || Mordre à la —. *Hamum vorāre.* 上當 Cháng táng, ou 受籠 Cheóu lōng.

**GRAPPILLER**, v. n. (faire un petit bénéfice). *Parvum lucrum facĕre.* 做小生意 Tsoú siào sēn y.

**GRAPPIN**, s. m. *Uncus, i. m.* 鈎子 Keōu tsé. || Jeter le — sur quelqu'un. *Capĕre aliq.* 捉人 Tchŏ jên.

**GRAS, SE**, adj. *Pinguis.* 肥的 Feý ty̆. || — (en parlant des hommes). 胖 Páng. || — (en parlant des animaux. 肥 Feý. || Devenir —. *Pinguescĕre.* 胖 Páng, ou 肥 Feý. || Jour —. *Dies quo vesci licet carne.* 喫得葷的日子 Tchē̆ tĕ̆ houēn ty̆ jē̆ tsé. || Manger —. *Vesci carne.* 喫葷 Tchē̆ houēn. || Donner — à ses ouvriers. *Operariis carnes apponĕre.* 根長年打牙祭 Kēn tchâng niên tă̆ yâ tsý. || Le — de la jambe. *Sura.* 腿 Toŭy. || Le — des viandes. *Adipata.* 肥肉

G R A                  G R E           221

Feỷ joŭ. ‖ Dormir là — matinée. *Totum mane dormire.* 睡一早晨 Choúy ỷ tsaò chên.

GRAS-DOUBLE, s. m. *Omentum, i, n.* 千層肚 Tsiēn tsēn toŭ, ou 脂臁 Tchĕ soŭy.

GRASSEYER, v. n. *Blæso sono verba reddĕre.* 結結疤疤說話 Kiĕ kiĕ pā pā chŏ hoá, ou 障糊說話 Hân hoŭ chŏ hoá.

GRATTELLE, s. f. *Impetigo, inis, f.* 疥瘡 Kiáy tchouăng.

GRATIFIER, v. a. *De re gratificāri.* 送禮物 Sóng lỷ oŭ, ou 施恩 Chĕ gēn.

GRATIN, s. m. *Pultis crassamen, inis, n.* 鍋粑 Kō pā.

GRATIS, adv. *Gratis.* 無故 Oŭ koú. 從然 Tsōng jân. 白白 Pĕ pĕ. ‖ Travailler —. — *laborāre.* 白白做活路 Pĕ pĕ tsoú hŏ loú. ‖ — (sans fondement). *Sine fundamento.* 無憑據 Oŭ pín kiú.

GRATITUDE, s. f. *Gratitudo, inis, f.* 報恩的心 Paó gēn tỷ sīn. ‖ En avoir. *Animum grat. præbēre.* 報恩 Paó gūn.

GRATTER, v. a. *Scabĕre.* 撾癢 Tchoŭa yàng. ‖ —. *Radĕre.* 刮 Koúa. ‖ Se — la tête. *Caput scabĕre.* 搔頭癢 Saō teŏu yàng.

GRATUIT, E, adj. *Gratuitus.* 白送的 Pĕ sóng tỷ.

GRAVE, adj. *Gravis.* 重的 Tchóng tỷ. ‖ — (sérieux). *Gravis.* 嚴貌 Nièn maó, ou 端方 Toŭan fāng. ‖ Prendre un air —. *Sever. adhibēre.* 拿架子 Lă kiá tsè. ‖ Parler de choses —. *De rebus seriis loqui.* 講大事 Kiàng tá sé. ‖ — maladie. *Gravis morbus.* 重病 Tchóng pín. ‖ Affaire —. *Res momenti.* 大事 Tá sé.

GRAVÉ, ÉE, adj. *Sculptus.* 雕的 Tiāo tỷ. ‖ Le caractère du baptême est — dans l'âme. 洗滌聖號印刻了在靈愧上 Sỷ tỷ chén haó ýn kĕ leāo tsáy līm houĕn cháng.

GRAVELLE, s. f. *Calculus, i, m.* 淋疾 Lìn tchén, ou 砂淋 Chā lìn.

GRAVER, v. a. *Sculpĕre.* 雕 Tiāo. ‖ — en relief. *Ectypa —.* 雕刻 Tiāo kŏ. ‖ — dans son esprit. *In animo infigĕre.* 懷想 Hoŭay siàng, ou 印刻在心內 Ýn kĕ tsáy sīn loŭy.

GRAVEUR, s. m. *Sculptor, oris, m.* 雕匠人 Tiāo tsiáng jēn.

GRAVIR, v. a. n. *Ascensu superāre.* 往上 Ouàng cháng. ‖ — sur un arbre. *Arborem conscendĕre.* 爬樹子 Pá choú tsè. ‖ — une montagne. — *montem.* 上坡 Cháng pō.

GRAVITÉ, s. f. *Gravitas, atis, f.* 誠重 Tchĕn tchóng. ‖ — (réserve) *Modestia.* 端方 Toŭan fāng, ou 一是一二是二 Ỳ ché ỳ eùl ché eùl. ‖ Garder sa —. — *servāre.* 惜品 Sỷ pìn. ‖ Parler avec —. *Cum pondere loqui.* 端方說話 Toŭan fāng chŏ hoá. ‖ — d'une affaire. *Res momenti.* 事情大 Sé tsìn tá.

GRAVURE, s. f. *Cœlatura, æ, f.* 雕匠藝 Tiāo tsiáng nỷ.

GRÉ, s. m. *Arbitrium, ii, n.* 隨意 Soŭy ỷ. ‖ De bon —. *Sponte.* 甘心 Kān sīn, ou 情愿 Tsʻu yuén. ‖ De mauvais —. *Invīte.* 不甘心 Poŭ kān sīn, ou 不得已 Poŭ tĕ ỷ. ‖ De gré à —. *Ex mutuo consensu.* 都情愿 Tōu tsín yuén. ou 兩邊歡喜 Leăng piēn hỷ hoŭan. ‖ Bon — mal —. *Velit nolit.* 隨他肯不肯 Soŭy tā kĕn poŭ kĕn, ou 莫奈何 Mŏ laỷ hŏ. ‖ Au — de quelqu'un. *Ex alt. voluntate.* 順從他 Chuén tsōng tā. ‖ Savoir bon — de quelque chose. *Alic. gratias agĕre.* 感恩 Kàn gēn.

GREDIN, s. m. *Nebulo, onis, m.* 匪人 Feỷ jēn.

GREFFE, s. m. (dépôt des actes publics). *Forense tabularium.* 存案房 Tsén gán fàng.

GREFFE, s. f. *Insitum, surculus, i, m.* 插條枝 Tchă tiāo tchē.

GREFFER, v. a. *Inserĕre.* 接 Tsiĕ.

Les sept manières de — des Chinois :

1° greffer en fente.      身接 Chēn tsiĕ.
2°   — sur racine.      根接 Kēn tsiĕ.
3°   — sur écorce.      皮接 Pỷ tsiĕ.
4°   — sur branche.      枝接 Tchē tsiĕ.
5°   — en écusson. *Inoculāre.* 壓接 Yá tsiĕ.
6°   — en flûte.      搭接 Tǐ tsiĕ.
7°   — en échange.      換接 Houán tsiĕ.

GREFFIER, s. m. *Scriba, æ, m.* 代書 Taỷ choū, ou 代筆 Taỷ pỷ.

GRÉGE, adj. (soie). *Crudus.* 生絲 Sēn sē.

GRÈGUES, s. f. *Braccæ, arum, f.* 褲子 Kŏu tsè. ‖ Mettre de l'argent dans ses —. *Ditescĕre.* 發橫財 Fă houĕn tsáy. ‖ Baisser ses —. (c.-à-d. mourir). *Mori.* 死 Sè. ‖ Tirer ses — (c.-à-d. prendre la fuite). *Fugam capessĕre.* 逃 Táo.

GRÊLE, s. f. *Grando, inis, f.* 雹子 Pŏ tsè. ‖ La — tombe. *Grandinat.* 下雹子 Hiá pŏ tsè. ‖ Avoir la —. *Variolosus.* 蔴子 Mā tsè.

GRÊLON, s. m. *Major grandinis globulus.* 雹一粒 Pŏ ỷ lỷ.

GRELOT, s. m. *Crepitaculum. i, n.* 串鈴 Tchoŭan lìn.

GRELOTER, v, n. *Frigore quati.* 冷得顫 Lèn tĕ tchán.

GRENIER, s. m. *Horreum, i, n.* 倉 Tsăng.

Il y a en Chine cinq espèces de greniers publics, établis dès la plus haute antiquité, par le gouvernement chinois.

1° Grenier pour maintenir l'égalité du prix.     賑貧倉 Tcháng pǐn tsăng.

2° Grenier de prévoyance.    預備倉 Yú pỷ tsăng.

222　　GRE　　　　　　　　　　GRO

3° Grenier des bannières tartares. 旗倉 Kỷ tsăng.

4° Grenier consacré au Génie des productions. 祀倉 Ché tsăng.

5° Grenier consacré au Génie des cultes et rites. 義倉 Ngý tsăng.

GRENOUILLE, s. f. *Rana, æ, f.* 田雞 Tiĕn kỹ. ǁ Les prendre. *Eas capĕre.* 捉田雞 Tchŏ tiĕn kỹ. ǁ Les écorcher. *Cutem extrahĕre.* 剮田雞 Koŭa tiĕn kỹ.

GRÈS, s. m. *Silex, icis, m.* 紅礪石 Hông lỹ chĕ.

GRÉSIL, s. m. *Minima grando.* 雪米 Siuĕ mỹ. ǁ Le — tombe. *Cadit —.* 落雪米 Lŏ siuĕ mỹ.

GRÈVE, s. f. (des ouvriers). *Opus suspensum.* 做過長 Tsoŭ kó tchăng, ou 打別 Tà piĕ. ǁ Se mettre en —. *Opus interrumpĕre.* 做過長 Tsoŭ kó tchăng.

GREVER, v. a. *Gravāre.* 煩 Fân. ǁ — le peuple. — *populum tributis onerāre.* 厚歛於民 Heŏu liên yû mîn.

GRIEF, ÈVE, adj. *Atrox.* 大 Tá, ou 重 Tchóng. ǁ — maladie. *Gravis morbus.* 重病 Tchóng pín.

GRIEF, s. m. *Damnum, i, n.* 害 Haý. ǁ — (sujet de plainte). *Querela.* 報怨 Paó yuén.

GRIFFE, s. f. *Unguis, is, m.* 爪 Tchaŏ.

GRIFFER, v. a. *Unguibus arripĕre.* 抓 Tchaŏ, ou 捉 Tchŏ.

GRIFFONNER, v. a. *Litteras pravé formāre.* 亂寫 Loúan siĕ.

GRIGNOTER, v. n. *Dente paulatim rodĕre.* 尖起牙巴嚙 Tsiĕn kỹ yá pā tchĕ.

GRIL, s. m. *Craticula, æ, f.* 鉄釵 Tiĕ tchă. ǁ Être sur le —. *Dolēre.* 大苦 Tá kŏu.

GRILLAGE, s. m. *Clathrum, i, n.* 欄杆 Lân kăn.

GRILLER, v. a. *Assāre.* 燒肉 Chaŏ joŭ. ǁ — (mettre une grille). *Clathrāre.* 安欄杆 Gān lân kăn.

GRIMACE, s. f. *Oris contorsio.* 歪嘴 Ouāy tsoùy. ǁ Faire des —. *Os distorquēre.* 歪嘴 Ouāy tsoùy. ǁ Faire la — à quelqu'un. *Ingraté excipĕre.* 貌視人 Maó ché jên. ǁ — (feinte). *Simulatio.* 假裝 Kià tchoūang. ǁ Pleurer par —. *Simulaté flēre.* 裝哭 Tchoūang kŏu.

GRIMPER, v. a. *Adrepĕre.* 跋上 Pă cháng. ǁ — sur un arbre. *Super arborem —.* 跋樹 Pă choú.

GRINCER, v. a. *Frendĕre.* 切齒 Tsiĕ tchĕ.

GRIPPE, s. f. *Animi libido.* 好惡不常 Haó où poù chăng. ǁ Prendre quelqu'un en —. *Odium in aliq. concipĕre.* 好惡不常人 Haó où poù chăng jên. ǁ — (maladie). *Morbus.* 時行傷風傳染 Chê hîn chāng fōng tchoūan jàn.

GRIS, SE, adj. *Cinereus.* 淡青 Tán tsīn, ou 灰色 Hoūy sĕ. ǁ Devenir —. *Canescĕre.* 發白 Fă pĕ. ǁ Cheveux —. 

*Cani.* 頒白 Pān pĕ. ǁ —. *Ebriolus.* 半醒牛醉 Pán sîn pán tsoúy. ǁ — de souris. *Murinus —.* 古銅色 Koŭ tóng sĕ. ǁ — de fer. *Ferreus —.* 鉄色 Tiĕ sĕ.

GRISÂTRE, adj. *Leucophæus.* 像灰色 Siáng hoùy sĕ.

GRISER, v. a. *Ebrium facĕre.* 醉人 Tsoúy jên. ǁ Se —. *fieri.* 醉 Tsoúy.

GRISETTE, s. f. *Meretrix, icis, f.* 惡婦 Ngŏ foú.

GRISONNER, v. *Canescĕre.* 發白 Fă pĕ.

GRIVELER, v. n. *Paulùm depeculāri.* 侵嘍銀錢 Tsîn tchĕ ŷn tsiên. ǁ — sur le public. *Public. pecun. avertĕre.* 侵嘍 Tsîn tchĕ.

GRIVOIS, E, adj. *Procax.* 放肆 Fáng sé, ou 口臊的人 Keŏu saó tỹ jên.

GROGNARD, s. m. *Morosus.* 固頭人 Koú teŏu jên.

GROGNER, v. n. Crier comme un pourceau. *Grunnure.* 猪叫 Tchoū kiáo. ǁ — (murmurer). 報怨 Paó yuén.

GROIN, s. m. *Rostrum, i, n.* 猪嘴 Tchoū tsoùy.

GROMMELER, v. n. *Mutire.* 小聲報怨 Siào chēn paó yuén.

GRONDER, v. n. (murmurer). *Murmurāre.* 小聲報怨 Siào chēn paó yuén. ǁ — (faire du bruit). *Strepĕre.* 大響 Tá hiàng. ǁ Le tonnerre —. *Tonitru —.* 打雷 Tà loŭy. ǁ — (réprimander). *Increpāre.* 責備 Tsĕ pý.

GROS, SE, adj. *Crassus.* 厚的 Heŏu tỹ. ǁ — homme. *Homo crassus.* 胖人 Pàng jên. ǁ — lettre. *Magna littera.* 大字 Tá tsé. ǁ — livre. *Crassus liber.* 厚書 Heŏu choū. ǁ — Femme —. *Gravida mulier.* 孕婦 Juèn foú. ǁ — intérêt. *Grande fenus.* 大利錢 Tá lý tsiên. ǁ Jouer — jeu. *Multam pecun. in lud. conferre.* 大賭 Tá toù. ǁ — (épais). *Crassus.* 厚的 Heŏu tỹ. ǁ — drap. *Pannus —.* 厚布 Heŏu poú. ǁ La mer est —. *Fervet mare.* 海起波浪 Haỷ kỹ pō láng. ǁ Faire le — dos. *Turgescĕre.* 逞能 Tchĕn lên. ǁ Avoir le cœur —. *Cor dolore cumulatur.* 大憂愁 Tá yeŏu tseŏu. ǁ Le — de l'affaire. *Negotii summa.* 一總事 Ỹ tsòng sé. ǁ Dire une chose en —. *Summatim dicĕre.* 總說 Tsòng chŏ. ǁ Acheter en —. *Aversione emĕre.* 躉買 Tèn maỷ.

GROSSESSE, s. f. *Prægnatio, onis, f.* 受孕 Cheŏu juèn, ou 懷胎 Hoŭay taỷ.

GROSSEUR, s. f. *Crassitudo, inis, f.* 寬 Koūan. ǁ — (tumeur). *Tumor.* 腫 Tchŏng.

GROSSIER, ÈRE, adj. *Crassus.* 粗的 Tsoū tỹ. ǁ Traits —. *Illepida facies.* 貌醜 Maó tcheŏu. ǁ Esprit —. *Pingue ingenium.* 明悟鈍 Mîn où tén. ǁ Travail —. *Opus crassé factum.* 粗工 Tsoū kōng. ǁ Homme —. *Inurbanus.* 粗鹵人 Tsoū loù jên. ǁ Faute —. *Gravis culpa.* 大過 Tá kó.

GROSSIÈRETÉ, s. f. (de mœurs). *Rustici mores.* 粗 Tsoŭ. ǁ — (injures). *Convicia.* 凌辱 Lîn joŭ.

GROSSIR, v. a. *Crassius facĕre.* 加 Kiā, ou 重 Tchóng. ‖ — (augmenter). *Augēre.* 加 Kiā. ‖ Cette lunette — les objets. *Conspicilum res —.* 這個眼鏡顯大 Tchĕ kó yèn kín hièn tá. ‖ — un récit. *Inflatiùs narrāre.* 加話 Kiā hoá. ‖ La rivière a —. *Crevit amnis.* 河水漲 Hŏ choùy tchàng.

GROTESQUE, adj. *Ridiculus.* 可笑的 Kŏ siáo tỳ, ou 古怪 Koù kouáy.

GROTTE, s. f. *Specus, ûs, m.* 硐 Tóng.

GROUILLER, v. a. *Scatēre.* 蛆成堆堆 Tsiū̆ tchén toūy toūy, ou 蛆跋上跋下 Tsiū̆ pă cháng pă hiá.

GROUPER, v. a. *Simul conjungĕre.* 連 Liēn.

GRUAU, s. m. *Polenta, œ, f.* 大麥半飯 Tá mĕ̆ pán fán.

GRUE, s. f. *Grus, uis, f.* 千斤架子 Tsiēn kīn kiá tsè.

GRUGER, v. a. *Dentibus terĕre.* 嚼 Yĕ (ou) Niĕ. ‖ — quelqu'un. *Vorāre aliq.* 剽混頓 Tchĕ̆ hoùen tén.

GRUMEAU, s. m. *Grumus, i, m.* 一塊 Ў koŭay, ou 一國 Ў toŭan. ‖ — de sang. 血凝 Hiuĕ̆ ỳn.

GUÉ, s. m. *Vadum, i, n.* 淺水 Tsièn choùy. ‖ Passer à —. *Vado flum. transire.* 過淺水 Kó tsièn choùy.

GUENILLE, s. f. *Lacer pannus.* 爛布 Lán poú.

GUÈRE, adv. *Parùm.* 少 Chào, ou 不多 Poŭ tŏ. ‖ Il ne va — à la ville. *Rarò in urbem commeat.* 不常進城 Poŭ tăng tsín tchén. ‖ Il ne s'en faut —. *Parùm abest.* 隔不遠 Kĕ̆ poŭ yùen. ‖ Il n'y a — que lui. *Solus ferè est qui.* 差不多只有他一个人 Tchă poŭ tŏ tchĕ yeoŭ tā̆ ȳ kó jèn.

GUÉRIDON, s. m. *Mensa uniùs pedis.* 獨人桌子 Toŭ kiŏ̆ tchŏ̆ tsè.

GUÉRIR, v. a. *Sanāre.* 醫 Ȳ. ‖ Se —. 醫 Ȳ, ou 養病 Yàng pín. ‖ Se — d'une habitude. *Emendāre se à consuetudine.* 改毛病 Kaỳ maŏ pín.

GUÉRISSABLE, adj. *Sanabilis.* 醫得到 Ȳ tĕ̆ taó.

GUÉRITE, s. f. *Specula, œ, f.* 城上兵篷 Tchĕn cháng pīn pŏng, ou 望臺 Oúang tāỳ.

GUERRE, s. f. *Bellum, i, n.* 戰 Tchán. ‖ — civile. — *civile.* 國內亂 Koŭĕ̆ loúy loúan. ‖ Qui est habile à la —. *Peritus belli.* 會打仗 Hoúy tă̆ tcháng. ‖ Déclarer la —. — *indicĕre.* 下戰書 Hiá tchán choū. ‖ Commencer la —. — *incipĕre.* 交仗 Kiaō tcháng. ‖ Exciter la —. — *Excitāre.* 招惹打仗 Tchaō jĕ̆ tă̆ tcháng. ‖ Faire la —. — *gerĕre.* 打仗 Tă̆ tcháng. ‖ Finir la —. — *conficĕre.* 停戰 Tín tcháng. ‖ Aller à la —. *Abīre militatum.* 當兵 Tāng pīn, ou 剽粮 Tchŏ̆ leāng. ‖ Misères de la —. *Calamitates —.* 干戈之苦 Kān kŏ tchĕ̆ koù. ‖ Faire la — à sa cupidité. *Cupiditatibus obniti.* 押伏私慾 Yă̆ foŭ sē yŏu. ‖ Faire la — à quelqu'un. *Aliq. lacessĕre.* 惹人 Jĕ̆ jèn.

GUERRIER, s. m. *Bellator, oris, m.* 會戰的人 Hoúy tchán tỳ jèn.

GUET, s. m. *Excubiœ, arum, f.* 打更 Tă̆ kēn, ou 巡兵 Sún pīn. ‖ Être au —. *In speculis esse.* 打更 Tă̆ kēn. ‖ Mot du —. *Tessera.* 營中暗號 Ȳn tchōng gán haó. ‖ Le donner. — *dāre.* 傳暗號 Tchoŭan gán haó. ‖ Le demander. — *rogāre.* 問暗號 Oúen gán haó. ‖ Avoir l'œil au —. *Cautè attendĕre.* 防儉 Fāng pý.

GUET-APENS, s. m. *Insidiœ, arum, f.* 埋伏 Maý foŭ.

GUÊTRE, s. f. *Pero, onis, m.* 障坭 Tchāng nỳ.

GUETTER, v. a. *Speculāri.* 探 Tán, ou 偷看 Teōu kán.

GUEULE, s. f. *Os, oris, n.* 口 Keŏu.

GUEUSER, v. a. *Mendicāre.* 討飯 Taŏ fán, ou 化飯 Hoá fán.

GUEUX, SE, adj. *Mendicus.* 乞丐子 Ký̆ kiáy tsè. ‖ —. *Nebulo.* 匪癆 Pý̆ feỳ, ou 潑皮 Pŏ̆ pý̆.

GUICHET, s. m. *Ostiolum, i, n.* 柵門 Tsĕ̆ mēn.

GUIDE, s. m. *Dux.* 夫頭 Foū teoū, ou 引路的人 Ỳn loú tỳ jèn. ‖ Servir de — à quelqu'un. *Aliq. ducĕre.* 引路 Ỳn loú.

GUIDER, v. a. *Ducĕre.* 引 Ỳn. ‖ —. *Consiliis —.* 勸人 Kiŭen jèn. ‖ Si un aveugle en mène un autre aveugle et que tous deux ne tombent pas dans une fosse, ce sera certainement une chose étonnante. (Prov. chin.) 兩瞽相扶不陷井阱則奇行也 Leāng koù siāng foŭ poŭ hán tsìn tsìn, tsĕ̆ ký̆ hìn yĕ̆.

GUIDES, s. f. pl. (rênes). *Habenœ, arum, f.* 繮繩 Kiāng chuēn.

GUIGNER, v. n. *Limulis ocul. intuēri.* 眇眼 Maŏ yèn, ou 斜視 Sié ché. ‖ — une charge. *Munus appetĕre.* 貪功名 Tān kōng mīn.

GUIGNON, s. m. *Adversa fortuna.* 不吉的事 Poŭ ký̆ tỳ sé. ‖ Être en — uti. *事情不順遂* Sé tsìn poŭ chúen siù.

GUINDER (SE), v. r. *Niti.* 費心 Feý sīn.

GUIRLANDE, s. f. *Sertum, i, n.* 花圈 Hoā kiuēn.

GUISE, s. f. *Modus, i, m.* 樣子 Yáng tsè. ‖ — (fantaisie). *Arbitrium.* 怪意 Koúay ý̆. ‖ Vivre à sa —. *Ad — vivĕre.* 隨意做 Soúy ý̆ tsoú. ‖ En — de pain. *Pro pane.* 當麪頭一樣 Tāng mièn teoū ý̆ yáng.

GUITARE, s. f. *Cithara, œ, f.* 琴 Kīn, ou 弦子 Hièn tsè. On dit que l'Empereur 神農 Chēn lóng en est l'inventeur. ‖ Jouer de la —. *Pulsāre.* 彈弦子 Tán hièn tsè.

GYMNASE, s. m. *Gymnasium, ii, n.* 學館 Hiŏ̆ koŭan.

GYPSE, s. m. *Gypsum, i, n.* 盡石 Hoá chĕ̆, ou 石羔 Chĕ̆ kaō.

# H

**HA!** exclam. *Ah!* 亞呀 Ah! yá.

**HABILE**, adj. *Peritus.* 會的 Hoúy tỳ. ‖ — à tout. *Ad omnia aptus.* 行行會 Hâng hâng hoúy. ‖ — dans les ouvrages manuels. *In operibus manualibus* —. 老脚手 Laŏ kiŏ cheŏu. ‖ — (savant). *Doctus.* 博學 Pŏ hiŏ. ‖ Examiner lequel est le plus —. *Examinăre peritiorem.* 分高矮 Fēn kaō gaỳ. ‖ — qui a droit. *Jus habens.* 有理 Yeŏu lỳ.

**HABILETÉ**, s. f. *Solertia, æ, f.* 巧 Kiăo, ou 會 Hoúy. 才能 Tsăy lên, ou 能幹 Lên kān.

**HABILLER**, v. a. *Vestire aliq.* 穿人穿衣服 Pāng jên tchouăn ȳ foŭ. ‖ — un mort. *Mortuum vestire.* 裝歛 Tchoāng liên. ‖ — (faire les habits). *Vestes conficěre alicuj.* 縫衣服 Fŏng ȳ foŭ. ‖ Ce vêtement — bien. *Hæc vestis optimé decet.* 衣服合身 Ȳ foŭ hŏ chēn. ‖ — du poisson (le vider). *Pisces purgăre.* 取魚腸肚 Tsiŭ yŭ tchâng toù. ‖ S'—. *Induĕre vestem.* 穿衣服 Tchoāng ȳ foŭ. ‖ S'— sans mettre les manches de son habit. *Vestem super humeros projicěre.* 拔衣服 Pȳ ȳ foŭ.

**HABIT**, s. m. *Vestis, is, f.* 衣服 Ȳ foŭ, ou 衣裳 Ȳ châng. (*Voir plus bas la liste des Habits chinois.*) ‖ Un —. *Una* —. 一件衣服 Ȳ kién ȳ foŭ. ‖ — neuf. *Nova* —. 新衣 Sīn ȳ. ‖ — usé. *obsoleta.* 舊衣 Kieŏu ȳ, ou 古衣 Koù ȳ. ‖ — commun. *communis.* 平常的衣服 Pĭn châng tỳ ȳ foŭ. ‖ — riche. *pretiosa.* 貴服 Koúy ȳ foŭ. ‖ — de deuil. *anthracina.* 孝衣 Hiáo ȳ, ou 喪服 Sāng foŭ. ‖ Faire un —. *Vestem conficěre.* 縫衣服 Fŏng ȳ foŭ. ‖ — de mandarin. *Præfecti* —. 朝衣 Tchǎo ȳ. 蟒袍 Màng pǎo, ou 龍服 Lông foŭ. ‖ — simple. 單衣 Tān ȳ. ‖ — double. 夾衣 Kiă ȳ. ‖ — de lettré. 藍衫 Lân chān. ‖ 藍裳 Kiă chā, ou 偏衫 Piēn chān. ‖ — ouaté. 襖子 Gaŏ tsè. ‖ — doublé de peau. 皮衣服 Pȳ ȳ foŭ. ‖ Mettre un —. *Vestem induĕre.* 穿衣服 Tchouǎn ȳ foŭ. ‖ Changer d'—. *immutāre.* 換衣服 Hoŭan ȳ foŭ. ‖ Déchirer son —. *lacerāre.* 扯爛衣服 Tchě lán

ȳ foŭ. ‖ Raccommoder son —. *resarcīre.* 補衣服 Poŭ ȳ foŭ. ‖ Prendre l'— religieux, soit d'homme, soit de femme. *Mundo renuntiāre.* 出家 Tchŏu kiā, ou 上山修行 Cháng chān sieōu hín. ‖ L'— ne fait pas le moine. *Ne crede colori.* 毋以容貌取人 Oŭ ȳ yŏng máo tsiŭ jên. 人不可貌相 Jên poŭ kò máo siāng. 海不可斗量 Haỳ poŭ kò teŏu leáng.

Nous groupons, sous un même article, les noms des vêtements chinois, parce qu'ils ne peuvent se traduire dans nos langues d'Europe, leur forme étant propre à la Chine.

Les Chinois attribuent l'invention des habits à 軒轅古帝 Hiuēn yuên koù tý.

### I. *Espèces de coiffures des hommes.*

1° Bonnet de cérémonie, qui se porte durant la saison de l'hiver. 冬帽 Tōng máo.

2° Bonnet de cérémonie, pour la saison d'été. 凉帽 Leâng máo.

3° Autre bonnet de cérémonie. 幃帽 Oŭy máo.

4° Bonnet en feutre pour l'hiver. On ne se présente jamais en société avec cette coiffure. 毡帽 Tchán máo.

Voici les principales espèces de ce bonnet.

1° 單毡帽 Tān tchán máo, c.-à-d. simple.
2° 夾毡帽 Kiă tchán máo, c.-à-d. double.
3° 緣邊毡帽 Loŭ piēn tchán máo, c.-à-d. à bords violets.
4° 朝金毡帽 Tchǎo kīn tchán máo, c.-à-d. bordé de fils d'or.
5° 毡阿子 Tchán oŭo tsè.

5° Capuchon chinois. *Cucullus.* 風帽 Fōng máo.
6° Le même, forme plus ample. 雪帽 Siuĕ máo.

## II. Espèces de cols.

Col chinois ou vêtement pour le cou. 衣領 Ȳ lĭn. Sa couleur et son genre varient suivant la saison de l'année et l'âge de ceux qui en font usage. Voici les principales espèces :

- 1° 皮領 Pý lĭn, c.-à-d. en fourrure.
- 2° 獺領 Tă lĭn, c.-à-d. en castor.
- 3° 紗領 Chā lĭn, c.-à-d. en satin.
- 4° 絨領 Jŏng lĭn, c.-à-d. en velours.
- 5° 軟領 Joàn lĭn, c.-à-d. doux au toucher.
- 6° 秋領 Tsieŏu lĭn, c.-à-d. d'automne.

### III. Espèces de camails.

1° Camail chinois, en général. 禡袿子 Mà koúa tsè.

Formes particulières :

- 1° 金雞袿 Kīn kȳ koúa.
- 2° 臥龍帶 Oúo lŏng táy.
- 3° 鷹鷟㯱 Ȳn tchŏ pàng.
- 4° 背袿 Peỳ koúa.
- 5° 大袿子 Tá koúa tsè.
- 6° 站領禡袿子 Tchán lĭn mà koúa tsè, c.-à-d. avec collet fixe.

2° Camail propre aux soldats chinois. 號袿子 Háo koúa tsè. Chacune de ces espèces de camails peut être simple, double, ouatée, ou en fourrure. Dans ce cas, on ajoute l'adjectif chinois qui désigne ces mots-là.

### IV. Espèces de toges ou robes chinoises.

- 1° Robe, en général. 衫子 Chān tsè.
- 2° Robe simple, sans doublure. 單衫子 Tān chān tsè.
- 3° Robe avec doublure. 夾衫子 Kiă chān tsè.
- 4° Robe ouatée. 襖子 Ngaò tsè.
- 5° Robe en fourrure. 皮衫子 Pý chān tsè.
- 6° Robe fendue pour les cérémonies. 開衩袍 Kāy tchă pǎo.
- 7° Robe spéciale à forme arrondie. 裹裹圓 Kò kò yŭen.
- 8° Robe dont la moitié inférieure seule est en soie. 羅汗衫 Lŏ hán chān.
- 9° Grande robe de cérémonie. 袍子 Pǎo tsè.
- 10° Robe courte, qui se porte sous les vêtements, en hiver. 褰身子 Koŭen chēn tsè.
- 11° Robe courte. 招衫 Tāy chān.
- 12° Robe des bonzes. Nom générique. 袈裟 Kiā chā.

### V. Espèces de gilets.

- 1° Gilet simple, sans poches. 背心 Peý sīn.
- 2° Gilet avec poches latérales. 過山襯子 Kó chān lŏng tsè.

### VI. Chemises chinoises.

- 1° 汗衣 Hán ȳ.
- 2° 汗衫 Hán chān.
- 3° 汗袿 Hán koúa.

La manière de les fermer sur le devant est de deux sortes, l'une dite : 對頸 Toúy kĭn ; l'autre 琵琶頸 Pý pā' kĭn.

### VII. Caleçons chinois.

小衣 Siaò ȳ, ou 中衣 Tchōng ȳ.

### VIII. Pantalons chinois.

- 1° 套褲 Táo koŭ.
- 2° 綿褲 Mĭen koŭ.
- 3° 皮褲 Pý koŭ.
- 4° 夾褲 Kiă koŭ.

Les pans de ces espèces sont entièrement séparés.

- 5° 騎馬褲 Ký mà koú. Forme européenne.

### IX. Bas. — Souliers.

(Voyez chacun de ces mots en leur lieu.)

### X. Vêtements et ornements des dames chinoises.

- 1° Bonnet de cérémonie. 鳳冠 Fŏng koŭan.
- 2° Aiguille de tête. 簪子 Tsán tsè.
- 3° Autre espèce. 挖耳 Oŭa eùl.
- 4° Pendants d'oreilles. 耳環 Eùl hoŭan.
- 5° Voile de tête. 盖頭帕 Kaỳ teŏu pă.
- 6° Grand camail de cérémonie. 套子 Táo tsè.
- 7° Robe spéciale. 披肩 Pý kĭen.
- 8° Robe plus longue de cérémonie. 裙子 Kiŭn tsè.

9° Espèce de pantalon. 褲腿 Koŭ toŭy.
10° Idem. 胯腿 Pàng toŭy.
11° Galons pour envelopper les pieds.
　　　　　　　　　脚帶 Kiŏ táy.
12° Les autres vêtements des dames portent les mêmes noms que ceux des hommes, bien qu'ils aient une forme spéciale.

### XI. Vêtements de mandarins.

1° Les insignes de leurs dignités sont les mêmes pour tous quant à la forme générale. Ainsi ils ont tous le globule, le collier, le rational, mais variés selon l'un ou l'autre des dix-huit rangs de la hiérarchie mandarinale. Leurs vêtements portent les noms génériques ci-dessus, excepté les robes suivantes :

2° Robe à manches spéciales. 馬蹄袖 Mà tý sieòu.
3° Robe spéciale. 蟒袍 Màng pǎo.

### XII. Habits de deuil.

1° Habit de deuil, en général. 孝衣 Hiáo ў, ou 喪衣 Sáng ў.
2° Habits de neuf mois de deuil. 大功 Tá kōng.
3° Habits de cinq — 小功 Siaò kŏng.
4° Habits de trois — 緦麻 Sē mâ.
5° Habits qu'on porte à partir de l'anniversaire d'un défunt. 練衣 Lién ў.
6° Dans le deuil appelé 斬衰 Tchàn tsoŭy, les rites exigent qu'on n'emploie que de la toile grossière de chanvre pour ses vêtements, sans coudre les lisières. 用至粗麻布不縫下邊 Yóng tché tsoŭ mâ poú poŭ fōng hiá piēn.
7° Dans le deuil dit 齊衰 Tsý tsoŭy, on emploie un chanvre spécial et l'on borde les lisières. 用稍粗麻布縫下邊 Yóng sáo tsoŭ mâ poú fōng hiá piēn.
8° Dans le deuil dit 大功 Tá kōng, on emploie de la toile de chanvre grossièrement préparée. 用粗熟麻布 Yóng tsoŭ choŭ mâ poú.
9° Dans le deuil dit 小功 Siaò kŏng, on emploie un genre spécial de toile. 用稍粗熟麻布 Yóng sǎo tsoŭ choŭ poú.
10° Dans le deuil dit 緦麻 Sē mâ, on emploie le genre de toile désigné ici : 用稍細熟麻布 Yóng sáo sў choŭ poú.

11° 孝帕 Hiaò pá. Mouchoir de deuil.
12° 哭仗 Koŭ tcháng. Bâton de douleur.
13° 孝鞋 Hiáo haў. Souliers blancs de deuil.

La durée du deuil est fixée par les rites les plus anciens de la Chine à trois ans. La coutume moderne l'a réduite à vingt-sept mois. L'usage de la soie, dans les vêtements, est prohibé durant toute la durée du deuil.

HABITANT, s. m. Incola, æ, f. 本地人 Pèn tý jěn. ‖ — d'une ville. Civis. 城內人 Tchěn loúy jěn. ‖ — de la campagne. Paganus. 鄉下人 Hiáng kiá jěn.
HABITATION, s. f. Domus, ús, f. 房子 Fâng tsé.
HABITER, v. a. Habitāre. 坐 Tsó, ou 居 Kiū.
HABITUDE, s. f. Consuetudo, ĭnis, f. 慣習 Koúan sў. ‖ Se faire une —. — contrahěre. 慣習 Koúan sў. ‖ L' — est une seconde nature. Consuetudo naturæ vim obtinet. 習慣成自然 Sў koúan tchěn tsé jân. ‖ Se défaire d'une mauvaise —. Mores prav. emendāre. 改毛病 Kaў maò pín. ‖ Avoir l' —. Consuetus esse. 慣習 Koúan sў. ‖ — (coutume). Mos. 規矩 Koŭy kiŭ, ou 風俗 Fōng sioŭ.
HABITUDINAIRE, s. m. Consuetus. 有慣習的毛病 Yeòu koúan sў tý maò pín.
HABITUEL, LE, adj. Solitus. 平常的 Pîh chǎng tý. ‖ Grâce —. Gratia habitualis. 聖靈魂的恩 Chén lîm hoûen tý gēn.
HABITUER (S'), v. r. Assuefīeri. 教熟 Kiáo choŭ, ou 慣習 Koúan sў.
HABLER, v. n. Gloriose mentīri. 說白話 Chŏ pě hóa, ou 說大話 Chŏ tá hoá.
HACHE, s. f. Securis, is, f. 斧頭 Foù teŏu. ‖ Une —. Una —. 一把斧頭 ў pà foù teŏu. ‖ — pour dégrossir le bois. Securis specialis. 錛鋤 Pēn tsoŭ. ‖ — à double fer. — duplex. 越斧 Yuě foù.
HACHE-PAILLE, s. m. 劉刀 Tchá tao.
HACHER, v. a. Minūtim secāre. 切 Tsiě. ‖ — de la viande. Carnes concidĕre. 切肉 Tsiě joù. ‖ Se faire — pour quelque chose. Mordicus asseverāre. 一力承當 ў lў tchěn tāng.
HACHIS, s. m. Minutal, lis, n. 碎肉 Soúy joù.
HACHOIR, s. m. Mensa culinæ. 菜板 Tsày pàn.
HAGARD, E, adj. Trux. 猛 Mòng, ou 利害 Lý háy. ‖ Avoir l'œil —. Aspectu truculentus. 立眉立眼 Lў mў lў yèn.
HAIE, s. f. Sepes, is, f. 籬笆 Lý pā. ‖ — vive. — viva. 活籬笆 Hô lý pā. ‖ — morte. — mortua. 釘的籬笆 Tīn tý lý pā. ‖ Entourer d'une —. Sepire. 打籬笆 Tà lý pā.

HAILLON, s. m. *Panniculus, i, m.* 爛布 Lân poú, ou 爛衣服 Lân ỹ foǔ.

HAI-NAN (ÎLE DE), dépendante de la province de Canton. 海南 Hày nân, ou 瓊州 Kiŏng tcheōu.

HAINE, s. f. *Odium.* 恨 Hén. ‖ — extrême. — *immane.* 深恨 Chēn hén. ‖ — mortelle. — *capitale.* 死心恨 Sè sīn hén. ‖ — ouverte. — *apertum.* 明明恨 Mîn mîn hén. ‖ — secrète. — *secretum.* 暗地恨 Gán tý hén. ‖ Attirer la — de quelqu'un. *Alic. odium concitāre.* 兜人恨 Teōu jên hén. ‖ Oublier sa —. — *deponēre.* 先恨他如今不恨了 Siēn chén tā' joǔ kín poǔ hén leào. ‖ En — de lui. *In odium ejus.* 因爲恨他 Ўn oǔy hén tā'.

HAÏ, E, adj. *Exosus.* 兜人恨的 Teōu jên hén tý. ‖ Être — de chacun. — *omnibus.* 衆人恨他 Tchóng jên hén tā'.

HAÏR, v. a. *Odisse.* 恨 Hén. ‖ Se — mutuellement. *Mutuò se odisse.* 相恨 Siāng hén. ‖ Faire — un autre. *Odium in alt. commovēre.* 唆弄 Tiāo lóng. ‖ — (avoir de l'aversion pour une ville). *Aliquam urbem non amāre.* 不愛進城 Poǔ gaý tsín tchêń.

HAIRE, s. f. *Cilicium, ii, n.* 長苦衣 Tchàng koǔ ỹ.

HAÏSSABLE, adj. *Odiosus.* 可恨的 Kò hén tý.

HÂLE, s. m. *Solis œstus.* 晒黃 Chaý hoûang, ou 晒黑 Cháy hě'.

HALEINE, s. f. *Halitus, ùs, m.* 氣 Ký. ‖ Avoir l' — forte. *Fœtet os.* 出氣殠 Tchŏu ký tcheóu. ‖ Avoir l' — du vin. *Vinum redolēre.* 殠酒 Tcheóu tsieòu. ‖ Prendre — . *Spiritum ducēre.* 歇氣 Hiĕ ký. ‖ Rendre son — . — *reddēre.* 喘氣 Tchoŭan ký. ‖ Retenir son — . — *continēre.* 不喘氣 Poǔ tchoŭan ký. ‖ Tout d'une — . *Uno spiritu.* 一口氣 Y̌ keōu ký, ou 不歇 Poǔ hiē. ‖ Être hors d' — . *Anhelāre.* 喘氣 Tchoŭan ký, ou 氣出不贏 Ký tchŏu poǔ ŷn. ‖ Tenir en —. *Suspensum tenēre.* 使他進退兩難 Chè tā' tsín toǔy leāng lân, ou 等他上不上下不下 Tèn tā' cháng poǔ cháng hiá poǔ hiá.

HÂLER, v. a. *Trahēre navem.* 拉船 Lā tchoǔan. ‖ — les chiens après quelqu'un. *Canes excitāre.* 嗾狗咬人 Tsoù keōu gaò jên.

HALLE, s. f. *Forum, i, n.* 街 Kaỹ. ‖ Dire une injure de —. *Convicüs turpib. insequi.* 撒野 Sà yè, ou 撒村 Sà tsēn.

HALLEBARDE, s. f. *Hasta, œ, f.* 月亮釵 Yuĕ' leáng tchā'.

HALO, s. m. *Halo, onis, m.* 紅霞 Hông hià. 太陽院 Taý yâng oúan. 太陽暈 Taý yâng yún. 日雲圈 Jě' yûn kiuên.

HALTE, s. f. *Mora, œ, f.* 歇 Hiě, ou 停 Tîh. ‖ Faire une —. *Subsistēre.* 歇氣 Hiě ký.

HALTE! exclam. *Sta!* 站倒 Tchán taò, ou 等一下 Tèn ỹ hiá.

HAMAC, s. m. *Pensilis lectus.* 吊床 Tiáo tchouǎng.

HAMEAU, s. m. *Viculus, i, m.* 村子 Tsēn tsè.

HAMEÇON, s. m. *Hamus, i, m.* 魚鈎子 Yû keōu tsè. ‖ Pêcher à l' —. *Hamo piscāri.* 鈎魚 Keōu yū. ‖ Mordre à l' — (au propre). *Hamum vorāre.* 吞釣 Tēn keōu. ‖ (au fig.). — *decipi.* 上釣 Cháng keōu. 受哄 Cheóu hòng. 上當 Cháng táng. ‖ Amorcer l' —. *Escâ hamum instruĕre.* 鈎魚的食 Tiāo yû tý chě'.

HAMPE, s. f. *Hastile, is, n.* 欛子 Pá tsè.

HANCHE, s. f. *Coxa, œ, f.* 脇 Hiě'. 腰 Kiŏu. 臀 Tĕń.

HANGARD, s. m. *Appendix, icis, f.* 廈子 Choùa tsè.

HANTER, v. a. *Frequentāre.* 往來 Oǔang laý, ou 會人 Hoúy jên. ‖ — les mauvaises compagnies. *Malorum in famil. esse.* 交接匪類 Kiāo tsiě' feý loúy. ‖ — les mauvais lieux. *Scortāri.* 走花街 Tseòu hoā kaỹ, ou 嫖 Piāo.

HAPPER, v. a. *Ore capĕre.* 喲 Yú.

HARANGUE, s. f. *Concio, onis, f.* 文詞 Ouên tsě'. ‖ Faire une —. — *habēre.* 講道 Kiàng taó. ‖ — au peuple. *Ad populum concion. habēre.* 講約 Kiàng yŏ.

HARAS, s. m. *Stabulum eq. admissar.* 騷馬圈 Saō mà kiuên. ‖ Chevaux du —. *Equi admiss.* 騷馬 Saō mà.

HARASSER, v. a. *Fatigāre.* 煩 Fân, ou 累人 Loúy jên. ‖ Être —. *Fatigāri.* 儽 Loúy.

HARCELER, v. a. *Lacessĕre.* 惹 Jě', ou 囉唆人 Lō sō jên.

HARDES, s. f. *Sarcinæ, arum, f.* 衣物 Y̌ oǔ, ou 行禮 Hîn iỳ. ‖ Ramasser ses —. *Convasāre.* 扱衣物 Cheōu y̌ oǔ.

HARDI, E, adj. *Fortis.* 有勇的 Yeòu yòng tý. ‖ Tu es bien — ! *Abundas audaciâ.* 你胆子大 Ngý tàn tsé tá. ‖ — (audacieux). *Audax.* 大胆人 Tá tàn jên. ‖ — (effronté). *Impudens.* 不害羞的 Poǔ haý sieōu tý, ou 厚臉皮 Heòu liēn pý.

HARDIESSE, s. f. *Audacia, œ, f.* 大胆子 Tá tàn tsè. ‖ Avoir la — de. *Audēre.* 敢 Kàn.

HARGNEUX, SE, adj. *Morosus.* 固頭 Koú teŏu.

HARICOT, s. m. *Phaseolus, i, m.* 荳 Teóu. ‖ Espèces : 四季豆 Sé ký teóu. 黃豆 Hoâng teóu. 黑豆 Hě' teóu. 綠豆 Loù teóu. 青皮豆 Tsîh pý teóu. 胡豆 Hoû teóu. 刀豆 Taō teóu.

HARMONIE, s. f. *Harmonia, œ, f.* 和音 Hô ỹn. ‖ Faire une —. *Concentum facĕre.* 做樂 Tsóu yŏ.

HARNACHER, v. a. *Equum sternĕre.* 佩馬 Peý mà.

HARNAIS, s. m. *Armatura, œ, f.* 軍器 Kiūn ký. ‖ Endosser le —. *Militiæ nomen dāre.* 當兵 Tāng pīn. 入營 Joǔ ŷn. 喫粮 Tchě' leâng. ‖ Blanchir sous le —. *In armis senescĕre.* 一輩子喫粮 Y̌ peý tsè tchě' leâng. ‖ — (équipage du cheval). *Equi stratus.* 軟韉 Gàn tchǎn.

**HARPE**, s. f. *Harpa, œ.* 琴 Kǐn, ou 月琴 Yuě kǐn. ‖ Jouer de la —. *Pulsāre* —.

**HARPIE**, s. f. *Improba mulier.* 潑婦 Pǒ foú.

**HARPIN**, s. m. *Contus, ı, m.* 船撈鈎 Tchoǔan laò keōu.

**HART**, s. m. *Laqueus, ı, m.* 吊頸繩 Tiáo kǐn chûen.

**HASARD**, s. m. *Casus, ús, m.* 偶然的事 Geòu jân tỷ sé. ‖ Par —. *Casu.* 偶然 Geòu jân. ‖ Arrivé par —. *Fortuitus.* 偶然有的 Geòu jân yeòu tỷ. ‖ A tout —. *Utcunque erit.* 不論有甚麼事 Poǔ lén yeòu chén mǒ sé. ‖ Au —. *Temerè.* 不小心 Poǔ siào sīn, ou 冒失 Maó chĕ. ‖ Laisser faire le —. *Fortunæ se tradĕre.* 隨命 Soúy mìn, ou 等時運 Těn chê yún. ‖ — (péril). *Periculum.* 危險 Oúy hièn. ‖ Courir le —. *Esse in* —. 有危險 Yeòu oùy hièn. ‖ Acheter de —. *Benè emĕre.* 撞着買得相因 Pŏng tchŏ maỷ tĕ siāng ȳn.

**HASARDER**, v. a. *Fortunæ committĕre.* 隨命 Soúy mìn. ‖ — sa vie. *Vitæ periculum adire.* 拚命 Pīn mín, ou 不僅命 Poǔ kóu mìn. ‖ — son argent au jeu. *Pecun. aleæ tradĕre.* 飄銀子 Piaō ȳn tsě. ‖ Se —. *Aleam adire.* 隨命 Soúy mín.

**HÂTE**, s. f. *Festinatio, onis, f.* 快 Koǔay, ou 忙 Mâng. ‖ Avoir —. *Urgēri.* 快 Koǔay, ou 忙 Mâng. ‖ A la —. *Properè.* 快快 Koǔay koǔay. ‖ Trop à la —. *Nimiùm festinanter.* 太快 Táy koǔaỷ.

**HÂTER**, v. a. *Accelerāre.* 催促 Tsoǔy tsoǔ. ‖ — la mort de quelqu'un. *Maturāre mortem alic.* 減壽 Kièn cheóu. ‖ — (faire rôtir). *Citò agĕre.* 快做 Koǔaỷ tsoǔ. ‖ — sa mort. *Mortem accelerāre.* 減自已的壽 Kièn tsé kỷ tỷ cheóu. ‖ — son retour. *Reditum festināre.* 早囘來 Tsaò houỷ laỷ. ‖ — le pas. *Gradum accelerāre.* 快點走 Koǔay tièn tseŏu. ‖ — (exciter quelqu'un). *Stimulāre aliq.* 催人 Tsoǔy jên. ‖ — faire mûrir de bonne heure des fruits). *Fructus præcoquĕre.* 早催子黃 Tsaò tsoǔỷ kŏ tsě houāng. ‖ Se —. *Festināre.* 快 Koǔay, ou 忙 Mâng. ‖ Se — de partir. *Properāre profectum.* 快起身 Koǔay kỷ chēn. ‖ —-vous. *Festina, move te ociùs.* 你快些 Nỷ koǔay sỷ.

**HÂTIF, VE**, adj. *Præcox.* 先黃的 Siēn houāng tỷ, ou 早的 Tsaò tỷ. ‖ Esprit —. *Ingenium* —. 明悟開得早 Mín oú kǎy tĕ tsaò.

**HAUSSER**, v. a. *Tollĕre.* 舉 Kiù, ou 起來 Kỷ laỷ. ‖ — (dresser). *Erigere.* 立起來 Lỷ kỷ laỷ. ‖ — une maison. *Domum extollĕre.* 升棨房子 Chēn tsiēn fâng tsě. ‖ — les épaules. *Allev. humeros.* 聳肩 Hiè kiēn. ‖ — le prix. *Pretium augēre.* 添價 Tiēn kiá. ‖ — la voix. *Vocem attollĕre.* 高聲說 Kaō chēn chŏ. ‖ La rivière —. *Crescit fluvius.* 河水漲 Hŏ choùy tchâng. ‖ Se — sur les pieds. *In digitos erigi.*

貼起腳 Tién kỷ kiŏ. ‖ Le temps se —, *Disserenat.* 天要晴 Tiēn yáo tsín.

**HAUT, E**, adj. *Altus.* 高的 Kaō tỷ. ‖ Un peu plus —. *Altiùs.* 更高 Kén kaō. ‖ Un peu moins —. *Demissiùs.* 更矮 Kén gaỷ. ‖ Marcher la tête —. *Elato capite ire.* 架子大 Kiá tsě tá, ou 大搖大擺 Tá yâo tá paỷ. ‖ Le soleil est déjà —. *Jam sol altus est.* 太陽好高了 Táy yâng haò kaō leaò. ‖ — de cinq pieds quinque. 五尺高 Où tchě kaō. ‖ — mer. *Altum mare.* 海中間 Haỷ tchōng kiēn. ‖ Tenir le — bout de la table. *Primo loco sedēre.* 坐上席 Tsó cháng sỷ. ‖ La mer est —. *Fervet mare.* 海起大浪 Haỷ kỷ tá láng. ‖ L'argent est —. *Pecunia cara.* 錢貴 Tsiên koúy. ‖ A — voix. *Elatà voce.* 大聲 Tá chēn. ‖ — (sublime). *Excelsus.* 出等的 Tchǒu těn tỷ. ‖ — fortune. *Excitata fortuna.* 大發財 Tá fā tsaỷ. ‖ — naissance. *Clarum genus.* 出身高 Tchǒu chēn kaō. ‖ En —. *Suprà.* 上頭 Cháng teŏu.

**HAUT**, s. m. *Cacumen, inis, n.* 頂 Tìn. ‖ Tomber de son —. *Attonitus hærēre.* 驚訝 Kīn yá, ou *De plano cadēre.* 跌仆 Tiĕ poǔ. ‖ Qui a cinq pieds de —. 有五尺高 Yeŏu où tchě kaō. ‖ Du — en bas. *Ex alto ad inf.* 從上到下 Tsōng cháng taó hiá. ‖ Regarder de — en bas. *Despectāre.* 輕慢人 Kīn mán jên. ‖ Le prendre bien —. *Elatiùs loqui.* 說大話 Chǒ tá hoá, ou 小氣 Siào kỷ. ‖ Inspiré d'en —. *Afflatus divino numine.* 受默示 Cheóu mŏ ché.

**HAUTAIN, E**, adj. *Arrogans.* 傲的 Gaó tỷ.

**HAUTBOIS**, s. m. *Major tibia, æ, f.* 簫 Siāo, ou 長笛 Tchâng tỷ. Inventé par 漢邱中 Hán kiéou tchōng.

**HAUTEMENT**, adv. *Superbè.* 傲的 Gaó tỷ. ‖ — (tout haut). *Altà voce, alte.* 高聲 Kaō chēn. ‖ — (ouvertement). *Apertè.* 明明 Mín mín. ‖ — (librement). *Liberè.* 不怕 Poǔ pá.

**HAUTEUR**, s. f. *Altitudo, inis, f.* 高 Kaō. ‖ Avoir dix pieds de —. *Decem pedes altitudinis habēre.* 一丈高 Ỷ tchâng kaō. ‖ — (éminence). *Tumulus.* 堆 Toúy. ou 堡 Paò. ‖ — (fierté). *Superbia.* 傲 Gaó ‖ Parler avec —. *Superbè loqui.* 說話的氣派大 Chǒ hoá tỷ kỷ paỷ tá.

**HAUT-MAL**, s. m. *Morbus comitialis.* 母猪瘋 Moù tchoū fōng.

**HÂVE**, adj. *Macie confectus.* 瘦 Seóu.

**HÉBERGER**, v. a. *Excipĕre aliq.* 待客 Taỷ kĕ.

**HÉBÉTÉ, ÉE**, adj. *Hebes.* 痴 Tchē, ou 呆 Tchē.

**HÉBÉTER**, v. a. *Extundĕre mentem.* 迷惑人 Mỷ houāy jên. ‖ — par un remède chinois. 孏風人 Laó fōng jên.

**HÉLAS!** interj. *Heu!* 嗚呼 Oū hoū, ou 可憐 Kò lién. Pousser des —. *Suspiria edere.* 嘆 Tấn.

**HÉLIX**, s. m. *Auris pars superior.* 耳輪 Eùl lén.

**HÉMISPHÈRE**, s. f. *Hemisphærium, ii, n.* 半地球 Pán tý kieôu.

**HÉMISTICHE**, s. m. *Hemistichium, ii, n.* 半行詩 Pán hín chē.

**HÉMORRAGIE**, s. f. *Sanguinis profluvium, ii, n.* 吐血 Tòu hiuĕ.

**HÉMORROÏDES**, s. f. *Hemorrhoides, dum, f.* 痔瘡 Tchĕ tchoŭáng. ‖ — internes. 內痔 Loúy tohé. ‖ — externes. 外痔 Ouáy tché. ‖ — blanches. 牛奶痔 Nieôu tý tché. ‖ — qui coulent. 血㵄痔 Hiuĕ tsièn tché.

**HENNIR**, v. n. *Hinnire.* 馬嘶 Mà sỹ.

**HÉPATIQUE**, adj. *Hepaticus.* 肝熱 Kán jĕ.

**HÉRAUT**, s. m. *Præco, onis, m.* 傳牌 Tchoŭan paỷ.

**HERBE**, s. f. *Herba, æ, f.* 草 Tsǎo. ‖ Un brin d'—. *Herbula.* 一根草 Ỳ kĕn tsǎo. ‖ Couper l'—. *Præcidere.* 割草 Kŏ tsǎo. ‖ Arracher l'—. *Sarculare.* 耰 Yeóu. ‖ Couper l'— sous les pieds de quelqu'un, c.-à-d. le supplanter. *Alicuj. spem præcidere.* 絕人之望 Tsiuŏ jén tchĕ ouáng. ‖ Manger son pré en —. *Reditus præconsumere.* 砍穀花 Kǎn koŭ hoǎ, ou 賣空倉 Maý kŏng tsǎng.

**HERBORISER**, v. a. *Medicas herbas colligere.* 找藥菜 Tchǎo yŏ tsáy.

**HÉRÉDITAIRE**, adj. *Hæreditarius.* 父母傳下來的 Foú moù tchoŭan hiá laỷ tỷ. ‖ Maladies —. *Morbi —.* 父母傳下來的病 Foú moù tchoŭan hiá laỷ tỷ pín. ‖ Descendants d'une dignité —. *— dignitatis.* 世襲 Chê sỷ. ‖ Souverain —. 繼體君 Ký tỷ kiūn. ‖ Recevoir un privilége —. *Privilegium — accipere.* 承襲了 Tchĕn sỷ leǎo. ‖ Les descendants de Confucius ont reçu à perpétuité le privilége — de ducs. 孔夫子後裔也襲衍聖公 Kòng foū tsè heoŭ ý yé sỷ yèn chén kōng.

**HÉRÉDITÉ**, s. f. *Hæreditas, atis, f.* 家業 Kiā niĕ.

**HÉRÉSIARQUE**, s. m. *Hæresiarcha, æ, m.* 裂教頭 Liĕ kiáo teoŭ.

**HÉRÉSIE**, s. f. *Hæresis, is, f.* 裂教 Liĕ kiáo.

**HÉRISSER**, v. a. *Arrigere.* 立毛 Lỷ maô. ‖ — ses plumes. *Pennas —.* 立起毛來 Lỷ kỷ maó laỷ.

**HÉRITAGE**, s. m. *Hæreditas, atis, f.* 祖傳之田 Tsoŭ tchoŭan tchē tién.

**HÉRITIER**, s. m. *Hæres, edis, m.* 後嗣 Heoú sé, 親受家業的人 Tsīn cheoú kiā niĕ tỷ jén. ‖ Faire quelqu'un —. *— instituere.* 立嗣 Lỷ sé. ‖ — universel. — *ex asse.* 總親受的 Tsŏng tsīn cheoú tỷ.

**HÉRITER**, v. a. *Hæredit. adire.* 受業 Cheoún niĕ.

**HERMAPHRODITE**, s. m. *Androgynus, i, m.* 陰陽人 Ỳn yáng jén, ou 半男半女 Pán lán pán niù.

**HERMÉTIQUEMENT**, adv. ‖ — fermé. *Hermeticè clausum.* 蓋密氣不外遊 Káy mỷ kỷ poù ouáy yeôu.

**HERMITE**, s. m. *Eremita, æ, m.* 隱修人 Ỳn sieōu jén.

**HERNIE**, s. f. *Hernia, æ, f.* 小腸氣 Siǎo tchǎng kỷ, ou 小腸疝 Siǎo tchǎng chán. ‖ — scrotale. *Scrotalis.* 邪墜入腎囊 Sié soúy joŭ hién láng. ‖ — fémorale. *Femoralis.* 直墜入大腿 Tchén soúy joŭ tá toŭỷ. ‖ — umbilicale. *Umbilicalis.* 墜至臍 Soúy tchĕ tsỷ.

**HÉROÏNE**, s. f. *Heroïna, æ, f.* 烈女 Liĕ niù.

**HÉROÏQUE**, adj. *Heroïcus.* 大德行的事 Tá tĕ hín tỷ sé.

**HÉROS**, s. m. *Heros, ois, m.* 烈漢 Liĕ hán, ou 大丈夫 Tá tchǎng foū.

**HERSE**, s. f. *Occa, æ, f.* 耙子 Pá tsè.

**HERSER**, v. a. *Occare.* 耙田 Pá tién.

**HÉSITER**, v. a. *Hæsitare.* 躊躇 Tcheoŭ tchoŭ, ou 三心二意 Sān sīn eùl ý. ‖ Sans —. *Haud cunctanter.* 當時 Táng chĕ.

**HÉTÉROCLITE**, adj. *Heteroclitus.* 古怪人 Koù koúay jén.

**HÉTÉRODOXE**, adj. *Heterodoxus.* 相反正道 Siāng fàn tchēn taó.

**HÉTÉROGÈNE**, adj. *Dissimilis.* 不同 Poù tŏng.

**HEUR**, s. m. *Bona fortuna.* 順事 Chúen sé. ‖ Il n'y a qu'— et malheur dans le monde. *Sors omnia versat.* 大理術環 Tién lỷ siūn hoŭan.

**HEURE**, s. f. *Hora, æ, f.* 點鐘 Tièn tchōng. ‖ Une demi- —. *Dimidia hora.* 半點鐘 Pán tièn tchōng. ‖ Un quart d'—. *Quadrans.* 一刻鐘 Ỳ kĕ tchōng. ‖ En une —. *In horâ.* 一鐘點 Ỳ tièn tchōng. ‖ Durer une —. *Durare horam.* 一點鐘 Ỳ tièn tchōng. ‖ L'— a sonné. *Audita est una hora.* 打一點鐘 Tà ỷ tièn tchōng. ‖ L'huile a duré une —. *Oleum sufficit pro una.* 燈油管得一點鐘 Tēn yeôu koŭan tĕ ỷ tièn tchōng. ‖ Quelle — est-il? *Quota hora est?* 有幾點鐘 Yeòu kỷ tièn tchōng. (*Voir plus loin pour la division des Heures chinoises.*) ‖ — (temps). *Tempus.* 時候 Chĕ heóu. ‖ Passer les — à lire. *Consumere horas legendo.* 看書過日子 Kǎn choū kó jĕ tsè. ‖ Passer de mauvaises —. *Angi animo.* 愛悶 Yeòu mén. ‖ Trouver les — longues. *Horarum exspectatione angi.* 日子長 Jĕ tsè tchǎng, ou 難得過 Lán tĕ kó. ‖ Sur l'—. *Extemplò.* 立刻 Lỷ kĕ. ‖ Tout à l'—. *Mox.* 不久 Poù kieôu. ‖ A l'— convenable. *In tempore opportuno.* 合式的時候 Hŏ ché tỷ chĕ heóu. ‖ D'— en —. 一个時候一个時候的 Ỳ kó chĕ heóu ỷ kó chĕ heóu tỷ. ‖ La dernière —. *Suprema hora.* 死的時候 Sè tỷ chĕ heóu. ‖ Être à sa dernière —. *Esse in ultimis.* 纔死得狠 Tsáy sè tĕ hèn. ‖ A toute —. *Omnibus horis.* 時時刻刻 Chĕ chĕ kĕ kĕ. ‖ De meilleure —. *Maturius.* 早一些 Tsaò ỷ sȳ. ‖ De trop bonne —.

*Maturé.* 推早 Toúy tsaò. ‖ Il est l'— de se coucher. *Somni est hora.* 睡的時候來了 Choúy tỷ chê heóu laỷ leào. ‖ Prendre l'— de quelqu'un. *Horam petĕre.* 問那个時候得空 Oúen lá kó chê heôu tŏ kŏng. ‖ Prendre les— de quelqu'un. *Aucupāri tempus alic.* 擔擱別人 Tān kŏ piĕ jên. ‖ Donner une — fixe. *Horam statuĕre.* 定時候 Tín chê heóu. ‖ A la bonne —. *Féliciter.* 幸喜 Hin hỷ, ou 罷了正時 Pá leào tchēn chê.

Les Chinois divisent le jour en 12 heures : 時辰 Chê chēn. Chaque heure a son commencement : 本 Pèn; son milieu : 中 Tchōng; sa fin : 末 Mó. Une heure chinoise en vaut deux des nôtres. Ce cycle de 12 heures temporaires porte, à volonté, l'un ou l'autre des trois noms suivants :

十二枝 Chě eùl tchē.
十二辰 Chě eùl chēn.
十二子 Chě eùl tsè.

Ce cycle est depuis les temps anciens un cycle particulier de 12 ans. On s'en sert aussi pour exprimer les 12 lunaisons de l'année et les 12 signes célestes. Chaque heure chinoise se divise en huit parties : 刻 Kě; ce sont nos quarts d'heure. Chaque partie de l'heure se divise en 15 minutes : 分 Fén; chaque minute se divise en secondes : 秒 Miăo. Le jour civil porte le même nom que le jour naturel et le soleil lui-même : 日 Jě.

Voici les noms des 12 heures du jour chinois :

| CYCLE HORAIRE DE DOUZE HEURES. | | HEURES CORRESPONDANTES. | | NOMS VULGAIRES. | | | NOMS ASTRONOMIQUES. |
|---|---|---|---|---|---|---|---|
| 1° | 子 Tsè. | De 11 h. du soir à 1 h. du matin. | Printemps. | 鼠 | Choū. | Rat. | Verseau. |
| 2° | 丑 Tcheŏu. | De 1 h. du matin à 3 h. — | | 牛 | Nieôu. | Bœuf. | Poissons. |
| 3° | 寅 Ŷn. | De 3 h. — à 5 h. — | | 虎 | Hoù. | Tigre. | Bélier. |
| 4° | 卯 Maò. | De 5 h. — à 7 h. — | Été. | 兎 | Toù. | Lapin. | Taureau. |
| 5° | 辰 Chên. | De 7 h. — à 9 h. — | | 龍 | Lông. | Dragon. | Gémeaux. |
| 6° | 巳 Sé. | De 9 h. — à 11 h. — | | 蛇 | Chě. | Serpent. | Cancer. |
| 7° | 午 Où. | De 11 h. — à 1 h. du soir. | Automne. | 馬 | Mà. | Cheval. | Lion. |
| 8° | 未 Oúy. | De 1 h. du soir à 3 h. — | | 羊 | Yàng. | Chèvre. | Vierge. |
| 9° | 申 Chēn. | De 3 h. — à 5 h. — | | 猴 | Heóu. | Singe. | Livre. |
| 10° | 酉 Yeòu. | De 5 h. — à 7 h. — | Hiver. | 雞 | Kỷ. | Coq. | Scorpion. |
| 11° | 戌 Sioŭ. | De 7 h. — à 9 h. — | | 犬 | Hoù. | Chien. | Sagittaire. |
| 12° | 亥 Haý. | De 9 h. — à 11 h. — | Printemps. | 猪 | Tchoū. | Porc. | Capricorne. |

Ainsi :

11 h. 1/4 du soir — 子時初 Tsè chê tsoū.
11 h. 1/2 — 子時二刻 Tsè chê eùl kě.
11 h. 3/4 — 子時三刻 Tsè chê sān kě.
Minuit. 子時正 Tsè chê tchēn.
Minuit 1/4. 子時正一刻 Tsè chê tchēn ỷ kě.
Minuit 1/2. 子時正二刻 Tsè chê tchēn eùl kě.
Minuit 3/4. 子時正三刻 Tsè chê tchēn sān kě.

Fin. 子時末 Tsè chê mó.
Ainsi de suite.

Les Chinois ont encore un cycle de dix jours, auquel ils donnent le nom de 十幹 Chě kān. Savoir : 甲 Kiă, 乙 ỷ, 丙 Pĭn, 丁 Tĭn, 戊 Où, 己 Kỷ, 庚 Ken, 辛 Sĭn, 壬 Jén, 癸 Koùy. Ce cycle, combiné avec le précédent, forme le grand cycle de 60 ans.

En Chine, chaque période de cinq jours porte le nom de 候 Heóu. Comme l'année est de 360 jours, il y a 72 Heóu dans un an

HEURES, s. f. *Libellus precum.* 日課書 Jŏ kŏ choŭ. ‖ — canoniales. *Horæ canonicæ.* 日課 Jŏ kŏ.

HEUREUX, SE, adj. *Beatus.* 福人 Foŭ jên. ‖ Être le plus — des hommes. *Digito cœlum attingĕre.* 萬事順遂 Ouán sé chŭen siŭ. ‖ Soyez —. *Sit tibi bene ac beaté.* 發財 Fă tsaý. 恭喜 Kōng hỷ. 納福 Là foŭ. (Ces trois expressions sont aussi, en Chine, une manière de saluer en abordant quelqu'un. Elles répondent à notre mot français : *Bonjour.*) ‖ L'affaire a eu un — succès. *Res prosperè successit.* 事情成了 Sé tsïh tchên leăo. ‖ Présage —. *Bonum omen.* 吉兆 Kỷ tchăo. ‖ Prince d' — mémoire. *Felicis recordat. princeps.* 先賢王 Siēn hiên ouâng.

HEURTER, v. a. *Offendĕre.* 撞 Tchoáng, ou 觸 Tchoŭ. ‖ — la raison. *Rationi adversāri.* 不合理 Poŭ hŏ lỷ. ‖ — contre le mur. *Caput parieti impingĕre.* 撞着壁頭 Pŏng tchŏ pỷ teoŭ. ‖ — à la porte. *Fores pulsāre.* 拍門 Pĕ' mên. ‖ Se —. *Concurrĕre.* 撞 Pŏng.

HIDEUX, SE, adj. *Horridus.* 醜的 Tcheoŭ tỷ.

HIE, s. f. *Pistuca, æ, f.* 築牆杵 Tchoŭ tsiâng tchoŭ.

HIER, adv. *Heri.* 昨天 Tsŏ tiên. ‖ — matin. *Heri mane.* 昨早晨 Tsŏ tsaŏ chên. ‖ — soir. *Heri vesperé.* 昨晚 Tsŏ ouàn. ‖ Avant- —. *Nudius tertius.* 前天 Tsiên tiên. ‖ — j'ai prévu cela. *Jàm heri prævidi hoc.* 我昨天就曉得 Ngŏ tsŏ tiên tsieoŭ hiăo tĕ'.

HIÉRARCHIE, s. f. *Hierarchia, æ, f.* 品級 Pĭn kỷ. ‖ — des anges. *神品* Chên pĭn. ‖ — des saints ordres. 品級 Pĭn kỷ. ‖ — des mandarins. 官品 Kouān pĭn.

HIÉROGLYPHE, s. m. *Symbolum hieroglyphicum.* 取意的字 Tsiŭ ý tỷ tsé.

HILARITÉ, s. f. *Hilaritas, atis, f.* 歡喜 Hỷ hoûan. ‖ Exciter l'—. — *provocāre.* 兜人歡喜 Teōu jên hoûan hỷ.

HISSER, v. a. *Extollĕre.* 舉 Kiù. ‖ — les voiles. *Vela expandĕre.* 扯 Tchĕ, ou 掛逐 Koúa pŏng.

HISTOIRE, s. f. *Historia, æ, f.* 故事 Koú sé. ‖ — générale. *Hist. general.* 綱鑑 Kāng kién. ‖ — naturelle. — *naturalis.* 本草綱目 Pèn tsăo kāng moŭ. ‖ Écrire l'—. *Hist. tractāre.* 記綠綱鑑 Ký loŭ kāng kién. ‖ On lit dans l'—. *Memoriæ proditum est.* 書上有 Choū cháng yeŏu. ‖ — (récit). *Narratio.* 講 Kiàng. ‖ Bien conter une —. *Suavissimè narrāre.* 講得入耳 Kiàng tĕ' joŭ eŭl. ‖ Conter les — de chacun. *Opprobria vulgāre.* 講人的長短 Kiàng jên tỷ tchâng toûan. ‖ Voilà bien de —. *Comitatis affectio.* 太講禮得狠 Táy kiàng lỷ tĕ' hèn.

HISTORIEN, s. m. *Historiæ scriptor.* 史官 Chè kouān. ‖ — impérial. *Scriptor imp.* 御史 Yú chè. (*Voir à l'Appendice n° XI la liste des plus célèbres historiens de la Chine.*)

HISTORIQUE, adj. *Historicus.* 記綠的 Ký loŭ tỷ.

HIVER, s. m. *Hiems, emis, f.* 冬 Tōng. ‖ Rude —. *Improba —.* 嚴冬 Niên tōng. ‖ Doux —. *Mitis —.* 冬天溫和 Tōng tiên ouēn hŏ.

HOCHER, v. a. *Quatĕre.* 搖 Yáo, ou 擺 Paỷ. ‖ — la tête. *Caput —.* 擺頭 Paỷ teoŭ, ou 點頭 Tièn teoŭ. ‖ — le mors à quelqu'un. *Stimulos addĕre.* 提醒人 Tý sĭn jên.

HOLÀ ! interj. *Satis est!* 殺了 Keóu leăo. ‖ Mettre le — (empêcher). *Impedīre.* 阻擋 Tsoù tàng. ‖ — (apaiser). *Rixam sedāre.* 勸人取和 Kiuĕn jên tsiŭ hŏ.

HOLLANDAIS, s. m. *Hollandus, i, m.* 荷蘭人 Hŏ lân jên.

HOLOCAUSTE, s. m. *Holocaustum, i, n.* 祭品 Tsý pĭn.

HOMÉLIE, s. f. *Homilia, æ, f.* 經解 Kīn kiaỷ.

HOMICIDE, s. m. *Homicidium, ii, n.* 殺人的罪 Chă jên tỷ tsoúy, ou 命案 Mín gán. ‖ En commettre un. — *patrāre.* 殺人 Chă jên.

HOMICIDE, s. m. *Homicida, æ, m.* 兇手 Hiōng cheòu.

HOMMAGE, s. m. *Obsequium, ü, n.* 尊敬 Tsēn kín. ‖ Rendre — à quelqu'un. *Alic. reverentiam adhibēre.* 尊敬人 Tsēn kín jên. ‖ — (civilités). *Officia.* 禮信 Lỷ sín. ‖ Présenter ses — à quelqu'un. *Aliquem officiis prosequi.* 禀安 Pĭn gān. 拜上 Paý cháng. 致意 Tché ý. ‖ Présentez-lui mes —. *Hunc à me velim salvāre jubeas.* 替我你拜上他 Tỷ ngŏ ngỷ paý chàng tă', ou 致意 Tché ý. ‖ Il vous présente ses —. *Ipse plurimam tibi salutem dicit.* 他拜上你 Tă' paý chàng ngỷ.

HOMME, s. m. *Homo, inis, m.* 人 Jên. ‖ Tous les —. *Omnes homines.* 人人 Jên jên. ‖ Les — (en général). *Homines.* 世上的人 Ché cháng nỷ jên. ‖ L'—. *Vir.* 男人 Lân jên. ‖ — de bien. *Vir bonus.* 善人 Chán jên. ‖ Méchant —. *Nequam homo.* 惡人 Ngŏ jên. ‖ — de condition. *Nobilis vir.* 貴人 Koúy jên. ‖ — de cœur. *Maximi animi homo.* 大丈夫 Tá tcháng foū, ou 英雄 Ȳn hiông. ‖ — sans sentiments. *sine animo.* 小人 Siào jên, ou 心地窄 Sīn tý tsĕ'. ‖ C'est là votre —. *Nemo tibi aptior.* 此人爲你合式 Tsé jên oúy ngỷ hŏ ché. ‖ Trouver son —. *Nancisci adversarium parem.* 强中更有强中手 Kiâng tchōng kén yeòu kiâng tchōng cheòu.

HOMOGÈNE, adj. *Congener.* 內類的 Loúy loúy tỷ, ou 相對的 Siāng toúy tỷ.

HOMONYME, adj. *Homonymus.* 同姓 Tōng sín.

HONG-KONG (île dépendante de la province de Canton, cédée aujourd'hui par la Chine aux Anglais). 香港 Hiāng-kăng.

HONGRER, v. a. *Equum castrāre.* 劇馬 Chán mà.

HONNÊTE, adj. *Honestus.* 合理的 Hŏ lỷ tỷ, ou 端方的 Toūan fāng tỷ. ‖ Famille —. *Familia.* 中等人家 Tchōng tèn jên kiā. ‖ Vivre en — homme. *Honestè vivĕre.* 爲人正天 Oúy jên tchên tá. ‖ S'enrichir par des voies —. *Honestè ditāre.* 發公道財 Fă kōng taó tsaý.

‖ — (chaste). *Castus.* 潔淨的 Kiĕ tsín tỷ. ‖ Femme très-—. *Pudens mulier.* 潔婦 Kiĕ foú. ‖ — (poli). *Urbanus.* 有禮信的 Yeŏu lỷ sín tỷ. ‖ Être très-—. *Urban. eminēre.* 禮信大的 Lỷ sín tá tỷ. ‖ — (modéré). *Prix —. Pretium justum.* 價錢合式 Kiá tsiēn hŏ ché.

HONNÊTETÉ, s. f. *Honestas, atis,* f. 合禮 Hŏ lỷ. ‖ —. *Pudor.* 潔淨 Kiĕ tsín. ‖ —. *Humanitas.* 禮信 Lỷ sín. ‖ — réciproque. *Officiorum mutuatio.* 遜讓 Sóng jáng. ‖ Faire des —. *Esse in aliq. officiosus.* 用禮待人 Yóng lỷ tấy jên. ‖ Se faire à l'envie des —. *Civiliter contendere.* 讓讓 Kiēn jáng. ‖ — munuscule. *Parvum donum.* 薄禮 Pŏ lỷ. ‖ Faire une — à quelqu'un. *Alic. donum offerre —.* 送禮物 Sóng lỷ oŭ.

HONNEUR, s. m. *Probitas, atis,* f. 善 Chán. ‖ Homme d'—. *Vir probus.* 善人 Chán jên, ou 好人 Haŏ jên. ‖ Homme sans —. *Homo sine honore.* 沒臉的人 Mŏ liên tỷ jên. ‖ Se faire un point d'— de. *Putāre aliquā in re honorem agi.* 想是體面事 Siàng ché tỷ miên sé. ‖ — (pudeur). *Pudicitia.* 潔淨 Kiĕ tsín. ‖ Ravir l'— à une fille. *Pudicitiam eripere virgini.* 姦童女 Kiēn tŏng niŭ. ‖ — (réputation). *Fama.* 名聲 Mīn chēn. ‖ Acquérir de l'—. *Famam adipisci.* 得名聲 Tĕ mīn chēn. ‖ Flétrir l'— de quelqu'un. *Dedecorāre aliq.* 壞名聲 Hoŭáy mīn chēn. ‖ Mourir au champ d'—. *In acie fortiter decumbēre.* 陣凸 Tchén ouàng. ‖ Faire — à ses affaires. *Nunquàm dies nominum proferre.* 還清 Hoŭan tsīn. ‖ Tenir à —. *Verecundia, æ, f. Magnificum ducēre.* 想有體面 Siàng yeŏu tỷ miên, ou 貴重 Koúy tchóng. ‖ Être en —. *In gloriâ esse.* 大有名 Yeŏu tá mīn. ‖ — (respect). *Reverentia.* 尊敬 Tsēn kín. ‖ Par —. *Honoris causâ.* 為尊敬他 Oúy tsēn kín tấ. ‖ Faire beaucoup d'— à quelqu'un. *Impense colere aliq.* 尊重他得狠 Tsēn tchóng tấ tĕ hèn. ‖ Réparer l'—. *Reparāre famam.* 賠補 Peý poŭ. ‖ Faire les — d'une maison. *Comiter excipere.* 接客 Tsiĕ kĕ. ‖ Point d'—. *Existimatio.* 臉面 Liĕn mién. ‖ Le disputer. *De honore contendere.* 爭尊貴 Tsēn tsēn koúy. ‖ — (rang, dignité). *Honor.* 功名 Kōng mīn. ‖ Parvenir aux —. *Ad honores ascendēre.* 得功名 Tĕ kōng mīn. ‖ Élever aux —. *Honorib. decorāre.* 抬舉人做官 Tấy kiŭ jên tsoŭ koŭan.

HONNIR, v. a. *Pudorem incutere.* 傷臉 Chāng liên, ou 羞人 Sieōu jên.

HONORABLE, adj. *Honorabilis.* 可敬的 Kŏ kín tỷ. ‖ Action —. *Clarum facinus.* 大事 Tá sé. ‖ Mort —. *mors.* 盡忠 Tsín tchōng. 盡孝 Tsín hiáo. 盡節 Tsín tsiĕ.

HONORAIRE, s. m. *Honorarium, ii. n.* 工錢 Kōng tsiên. ‖ — du mandarin. *Præfecti —.* 俸祿 Fóng loŭ. ‖ — du maître d'école. *Minervale.* 學金 Hiŏ kīn. ‖ — du soldat. *Militis stipendium.* 錢糧 Tsiên leâng. ‖ — de messe. *Missæ honor.* 彌撒錢 Mý sǎ tsiên. ‖ — du précepteur. *Præceptoris —.* 學金 Hiŏ kīn, ou 脩金 Sieōu kīn. ‖ — du médecin. *Medici —.* 脉禮 Mŏ lỷ. 謝禮 Sié lỷ. 謝步 Sié poú. ‖ — du lettré. *Litterati —.* 廩給 Lǐn kỷ. ‖ — de l'écrivain. *Scribæ —.* 筆資 Pỷ tsē. ‖ — impérial, accordé aux lettrés chinois. *Gratulatio imperialis.* 廩穀 Lǐn loŭ, ou 廩膳 Lǐn tshán.

Ce revenu annuel, accordé aux premiers bacheliers de chaque classe, est de quarante taëls, pour ceux des villes de premier ordre; de trente taëls, pour ceux des villes de second ordre; de onze taëls, pour ceux des villes de troisième ordre. Ces bacheliers-là portent, pour ce motif, le titre de 廩生 Lǐn sēn, c.-à-d. de *bacheliers pensionnés.*

HONORÉ, E, adj. *Honoratus.* ‖ — Monsieur. *Honorabilis vir.* 尊駕 Tsēn kiá. 貴駕 Koúy kiá. 大駕 Tá kiá.

HONORER, v. a. *Honorāre.* 尊敬 Tsēn kín. ‖ — ses parents. *Parentes —.* 孝敬父母 Hiáo kín foú moŭ. ‖ — les funérailles de quelqu'un. *Exsequias cohonestāre.* 送喪 Sóng sáng. ‖ quelqu'un de sa confiance. *Alic. fidem habēre.* 信人 Sín jên.

HONORIFIQUE, adj. (titre). *Honorifica jura.* 令名 Lǐn mǐn.

HONTE, s. f. *Verecundia, æ, f.* 害羞 Haý sieōu. ‖ Rougir de —. *Pudore affici.* 害羞 Haý sieōu. ‖ Faire — à quelqu'un. *Alic. pudorem incutere.* 羞人 Sieōu jên, ou 傷臉 Chāng liên. ‖ Avoir — de le dire. *Non audēre dicēre.* 不敢說 Poŭ kán chŏ. ‖ Avoir perdu toute —. *Frontem perfricāre.* 厚臉 Heŏu liên. ‖ Finir sa vie avec —. *Cum dedecore mori.* 死得無各 Sè tĕ oŭ mǐn. ‖ A sa —. *In dedecus sui.* 他沒有臉 Tấ mŏ yeŏu liên.

HÔPITAL, s. m. *Xenodochium, ii, n.* 養濟院 Yàng tsý oŭán. ‖ Prendre la route de l'—. *Properāre ad mendicitatem.* 窮下來 Kiŏng hiá laỷ. (Voir le mot *Hospice.*)

HOQUET, s. m. *Singultus, ūs, m.* 打噎 Tà ý. 打噎 Tà kĕ. 癱哽 Hiên kèn. ‖ Avoir le —. *Singulture.* 癱哽 Hiên kèn, ou 批隔 Tchĕ kĕ.

HORDE, s. f. *Turba errantium.* 一群強賊 Ý kiŭn kiâng tsĕ.

HORIZONTAL, E, adj. *Horizontalis.* 橫 Houâng.

HORIZON, s. m. *Horizon, ontis, m.* 地面 Tý miên. 天平 Tiēn pǐh. 天周涯 Tiēn tcheōu yâ. 天邊 Tiēn piēn.

HORLOGE, s. f. *Horologium.* 天平 Tiēn pǐh, ou 鐘 Tchōng. ‖ Une —. *Unum —.* 一架鐘 Ý kiá tchōng.

| — solaire. *Solarium* —. 日晷 Jĕ koùy. ‖ — sonnant. 自鳴鐘 Tsé mîn tchōng. ‖ — à répétition. 問鐘 Ouén tchōng. ‖ — de sable. 沙漏 Chā leóu. ‖ — à ressort. 擺鐘 Paỳ tchōng. ‖ — à réveil. 鬧鐘 Laó tchōng, ou 醒鐘 Sĭn tchōng. ‖ — à musique. 樂鐘 Lŏ tchōng. ‖ — à avant-quart. 報刻前響鐘 Paó kĕ̆ tsiĕn hiàng tchōng. ‖ — de sable. *Ex arenâ.* 沙鐘 Chā tchōng. ‖ L'— est arrêtée. *Silet horolog.* 鐘停了 Tchōng tĭn leào. ‖ L'— va mal. *Aberrat* —. 鐘亂走 Tchōng loúan tseòu. ‖ L'— avance. *Citô ambulat.* 鐘走得快了 Tchōng tseòu tĕ̆ koúay leào. ‖ L'— retarde. *Lentius* —. 鐘走慢了 Tchōng tseòu mán leào. ‖ Monter l'—. *Libramen retrahēre.* 上鐘 Cháng tchōng, ou 上絃 Cháng hièn. ‖ Nettoyer l'—. *Mundāre* —. 擦鐘 Tchā̌ tchōng. ‖ Démonter l'—. *Dissolvēre* —. 拆鐘 Tsĕ̆ tchōng. ‖ Battant de l'—. *Tudicula.* 擺 Paỳ. ‖ Roues de l'—. *Rotæ* —. 車 Tchēy. ‖ ˇ Cadran de l'—. *Facies.* 磁面 Tsĕ̆' miĕn. ‖ Aiguilles de l'—. *Acus* —. 針 Tchēn.

**HORLOGER**, s. m. *Horologii opifex.* 鐘表匠 Tchōng piào tsiáng.

**HORMIS**, prép. *Præter.* 除開 Tchŏu kāy.

**HOROSCOPE**, s. m. *Natalitia prædicta, orum*, n. 生時觀星 Sēn chê koūan sīn. ‖ Tireur d'—. *Chaldæus.* 算命 Soúan mín. ‖ Tirer l'— de quelqu'un. *Ex die natali prædicēre.* 生時占吉凶 Sēn chê tchān kỹ biōng.

**HORREUR**, s. f. *Horror, oris*, m. 駭 Hĕ̆. ‖ Ètre saisi d'—. *Horrescĕre.* 駭 Hĕ̆. ‖ Faire —. *Horrorem incutĕre.* 嚇人 Hĕ̆' jên. ‖ Avoir — de le dire. *Horrescĕre referens.* 怕說 Pă̂ chŏ̆. ‖ Avoir — de quelqu'un. *Detestāri aliq.* 恨人 Hén jên. ‖ Dire des — à quelqu'un. *Maledicta alic. dicĕre.* 罵人 Má jên.

**HORRIBLE**, adj. *Horribilis.* 嚇人的 Hĕ̆' jên tỹ. ‖ Crime —. *Facinus immane.* 迷天大罪 Mỹ tiēn tá tsoúy. ‖ Faire une dépense —. *Sumptum ing. facĕre.* 費得多 Feỹ tĕ̆' tō.

**HORRIBLEMENT**, adv. *Extrà modum.* 過度 Kó toú, ou 過餘 Kó yû. ‖ — laid. *Insignis ad deformit.* 醜得狠 Tcheŏ̆u tĕ̆' hèn.

**HORS**, prép. *Extrà.* 外 Ouáy. ‖ — de la ville. — *urbem.* 城外 Tchên ouáy. ‖ — de la maison. — *domum.* 門外 Mên ouáy. ‖ — de danger. —. — *periculum.* 凶險過了 Hiōng hièn kó leào. ‖ — de soi. *Sui non compos.* 心亂 Sĭn loúan. ‖ — de saison. *Intempestivus.* 不合時 Poŭ hô chê̆. ‖ — de prix. *Cariss. pretio.* 最貴 Tsoúy koúy.

**HOSPICE**, s. m. *Hospitium, ii*, n. 客房 Kĕ̆' fâng. ‖ — pour les enfants orphelins. 育嬰堂 Yoŭ ȳn tâng. ‖ — pour les veuves. 㐌節堂 Cháng tsiĕ̆' tâng. ‖ — pour les pauvres. 孤老院 Koū laò ouán. ‖ — pour les pèlerins. 棲流所 Tsỹ lieóu sò.

Ces différents hospices existent depuis un temps immémorial en Chine, fondés par les Empereurs et entretenus aux frais de l'État.

**HOSPITALITÉ**, s. f. *Hospitalitas, atis*, f. 接客的德行 Tsiĕ̆ kĕ̆' tỹ tĕ̆' hín. ‖ Exercer l'—. *Hospitio excipĕre.* 接客 Tsiĕ̆ kĕ̆'.

**HOSTIE**, s. f. *Hostia, æ*, f. 犧牲 Hȳ-sēn. ‖ Pain pour l'Eucharistie. *Panis Eucharist.* 麪餅 Miĕn pìn. ‖ Faire —. *Hos panes conficĕre.* 打麪餅 Tă miĕn pìn.

**HOSTILITÉ**, s. f. *Hostilitas, atis*, f. 戰 Tchán. ‖ Exercer des —. *Hostilia facĕre.* 打仗 Tă̌ tcháng. ‖ Les commencer. — *incipĕre.* 動手交戰 Tóng cheòu kiāo tchán.

**HÔTE**, s. m. *Suscipiens hospit.* 接客的人 Tsiĕ̆ kĕ̆' tỹ jên. ‖ — (qui est logé). *Hospes.* 客 Kĕ̆'. ‖ — (maître d'hôtel). *Caupo.* 主人 Tchoù jên, ou 老板 Laò pàn. ‖ Manger à table d'—. *Cœnāre pro symbolo.* 喫頓飯 Tchĕ̆' tén fán.

**HÔTEL**, s. m. *Ædes, is*, f. 大房子 Tá fâng tsĕ̆. ‖ — de ville. *Ædilitatis palatium.* 公局 Kōng kiòu. ‖ — -Dieu. *Xenodochium* —. 養病院 Yàng pín yuén. ‖ — mandarinal. *Ædes præfecti.* 公館 Kōng koùan.

**HÔTELLERIE**, s. f. *Diversorium, ii*, n. 站房 Tchán fâng. ‖ — sur les routes pour les soldats. *Pro militibus* —. 塘房 Tâng fâng. ‖ Aller à l'—. *Ad — diversāri.* 歇站房 Hiĕ̆ tchán fâng. ‖ Frais d'—. — *sumptus.* 號錢 Haó tsiên.

**HOTTE**, s. f. *Sporta, æ*, f. 背筍 Peỳ teòu.

**HOUILLE**, s. f. *Carbo fossilis.* 煤炭 Mêy tán.

**HOUPPE**, s. f. *Apex, icis*, m. 帽纓子 Maó ȳn tsĕ̆.

**HOUPPELANDE**, s. f. *Pænula, æ*, f. 雨衣 Yù ỹ.

**HOUSPILLER**, v. a. *Conviciāri.* 凌辱 Lîn joŭ.

**HOUSSE**, s. f. *Stragulum, i*, n. 被盖 Pỹ kaỹ. ‖ — de cheval. *Equi stratum.* 馬褥 Mà joù.

**HOUSSER**, v. a. *Detergēre.* 刷 Choă, ou 担 Tán.

**HOYAU**, s. m. *Pastinum, i*, n. 二齒 Eùl tchĕ̆.

**HUER**, v. a. *Exsibilāre.* 譏誚人 Kỹ siáo jên.

**HUILE**, s. f. *Oleum, i*, n. 油 Yeòu. ‖ — pure. *Purum* —. 净油 Tsîn yeòu. ‖ — fausse. *Falsum.* 假油 Kiá yeòu. ‖ Vases à —. *Seriæ, arum.* 油壺 Yeòu hoŭ. ‖ Faire de l'—. *Oleum exprimĕre.* 打油 Tă̌ yeòu. ‖ Restes des matières à — (résidu de la lampe). 油縄 Yeòu koù. ‖ Mettre de l'— dans la lampe. 上油 Cháng yeòu. ‖ Jeter l'— sur le feu. *Oleum camino addĕre.* 澄油救火 Pŏ̆' yeòu kieóu hò. ‖ Les saintes —. *Sacra olea.* 聖油 Chén yeòu. ‖ Les consacrer. *Ea consecrāre.* 聖 Chén.

Les Chinois extraient de l'huile d'une foule de plantes végétales. Ils ont l'huile de moutarde, de sésame, de noix, d'arachide, de camelia inodore, d'elæoccoca vernicia ou **Tóng choú**, qui peut servir même à la peinture des tableaux sur toile; ils ont, en outre, l'huile de pétrole fort abondante en plusieurs provinces.

**HUIS**, s. m. (porte). *Ostĭum, ĭi, n.* 門 Mên. ‖ — clos. *Clam.* 暗地 Gán tý, ou 悄悄 Tsiāo tsiāo.

**HUISSIER**, s. m. *Apparitor, oris, m.* 門工 Mên kōng.

**HUIT**, adj. *Octo.* 八個 Pă kó. ‖ — cents. *Octingenti.* 八百 Pă pĕ̆. ‖ — fois, *Octies.* 八回 Pă hoúy.

**HUITAINE**, s. f. *Octo dierum spatium.* 八天 Pă tiēn. ‖ Dans la —. *Intrà octo dies.* 八天內 Pă tiēn loúy.

**HUMAIN, E**, adj. *Humanus.* 人的 Jēn tý. ‖ Le genre —. *— genus.* 人類 Jēn loúy. ‖ L'esprit —. *— ingenium.* 人性 Jēn sín. ‖ — (sensible). *Humanus.* 仁人 Jēn jēn. ‖ — envers les pauvres. *— ergà pauperes.* 哀憐窮人 Gaȳ liên kiŏng jên. ‖ — (poli). *Urbanus.* 有禮信的 Yeŏu lỳ sín tý.

**HUMAINEMENT**, adv. *More humano.* 論人的力 Lén jên tý lỳ. ‖ — parlant, faire son possible. *Quanta vis humana esse sinit facĕre.* 依人的力量做事 Y̆ jên tý lỳ leáng tsoú sé.

**HUMANISER**, v. a. *Emollire.* 化惡爲善 Hoá ngŏ oûy chán. ‖ S'—. *Mitior fieri.* 改脾氣 Kaȳ pý ký̆.

**HUMANITÉ**, s. f. *Humanitas, atis, f.* 人性 Jēn sín. ‖ Se dépouiller de toute —. *Omnem humanitatem exuĕre.* 滅天理 Miĕ̆ tiēn lý. ‖ Payer son tribut à l'—, c.-à-d. se tromper. *Errare.* 無人不錯 Oû jên poŭ tsŏ̆. ‖ Payer son tribut à l'humanité, c.-à-d. mourir. *Mori.* 死 Sè. ‖ — (belles-lettres). *Litteræ.* 文章 Ouên tchāng. ‖ Bien posséder ses —. *Human. polit. peritus.* 會做文章 Hoúy tsoú ouên tchāng.

**HUMBLE**, adj. *Humĭlis.* 謙卑 Kiēn peý. ‖ Être — *Esse —.* 謙卑 Kiēn peý. ‖ D'une naissance —. *Humĭli loco natus.* 出身寒微 Tchŏ̆u chēn hân oûy. ‖ Prier d'une façon —. *Submissè deprecāri.* 虔求 Kiên kieŏ̆u.

**HUMECTER**, v. a. *Humectāre.* 打濕 Tă chĕ̆. ‖ — en mettant dans un lieu humide. 浸濕 Tsín chĕ̆. ‖ S'—. *Humescĕre.* 濕 Chĕ̆.

**HUMER**, v. a. *Sorbēre.* 歃 Hŏ.

**HUMERUS**, s. m. 上臂骨 Cháng pý koŭ.

**HUMEUR**, s. f. *Humor, oris, m.* 塞 Hân. 黃水 Hoûang choúy. 濕氣 Chĕ̆ ký̆. ‖ Avoir beaucoup d'—. *Biliosus esse.* 濕氣重 Chĕ̆ ký̆ tchóng. ‖ — (disposition d'esprit). *Naturæ habitus.* 性情 Sín tsîn, ou 脾氣 Pý̆ ký̆. ‖ Être de bonne —. *Festivus.* 歡喜的 Hoūan hý̆ tý. ‖ Être de mauvaise —. *Tetricus.* 固頭 Koú teŏ̆u. ‖ Mettre quelqu'un de mauvaise —. *Alic. movēre stomachum.* 惹人發怒 Jĕ̆ jên fă loú. ‖ Changer d'—.

*Indĕre novum ingenium.* 改本性 Kaȳ pèn sín. ‖ Prendre sur son —. *Cogĕre se.* 克巳 Kĕ̆ ký̆. ‖ Suivre l'— de quelqu'un. *Sequi alios.* 從人 Tsŏng jên. ‖ — (fantaisie). *Libido.* 怪意 Koúay ý.

**HUMIDE**, adj. *Humĭdus.* 濕的 Chĕ̆ tý.

**HUMILIANT, E**, adj. *Humilians.* 賤的 Tsién tý̆. ‖ Métier —. *Ars —.* 下賤手藝 Hiá tsién cheŏu ný̆. ‖ Pauvreté —. *Turpis egestas.* 擒得受窮 Kiên tĕ̆ cheŏu kiŏng.

**HUMILIATION**, s. f. *Sui demissio.* 下賤 Hiá tsién. ‖ Dévorer des —. *Tacitè pati humiliationes.* 忍受凌辱 Jèn cheŏu lîn joû.

**HUMILIER**, v. a. *Deprimĕre aliq.* 傷臉 Chāng liên. ‖ S'—. *Humiliāre se.* 自謙 Tsé kiên.

**HUMILITÉ**, s. f. *Humilitas, atis, f.* 謙卑 Kiēn peý.

**HUPPE**, s. f. *Upupa, æ, f.* 冠子 Koūan tsè.

**HUPPÉ, ÉE**, adj. *Cristatus.* 有冠子的 Yeŏu koūan tsè tý̆. ‖ — (au fig., c.-à-d. célèbre). *Insignis.* 出名的 Tchŏ̆u mîn tý. ‖ —, c.-à-d. habile. *Peritus.* 會的 Hoúy tý.

**HURLER**, v. a. *Ululāre.* 狼叫 Lâng kiáo.

**HURLUBERLU**, s. m. *Inconsideratus.* 冒失的 Máo chĕ̆ tý̆.

**HUTTE**, s. f. *Casa, æ, f.* 草房 Tsăo fâng.

**HYDRAULIQUE**, adj. 水法的 Choŭy fă tý̆.

**HYDROCÈLE**, s. f. *Hydrocele, es, f.* 卵脬水脹 Lăng foú choŭy tcháng, ou 腎囊永疝 Hièn lâng choŭy chán.

**HYDROCHLORATE DE SOUDE**, s. m. *Sal, is, m.* 鹽 Yên.

**HYDROMANCIE**, s. f. *Hydromantia, æ, f.* 用水算命 Yóng choŭy soŭan mîn.

**HYDROGÈNE**, s. m. 輕氣 Kīn ký̆. ‖ — bi-carbonisé. 煤炭氣 Meý̆ tán ký̆.

**HYDROPHOBE**, s. m. *Hydrophobus.* 狂犬咬冷人癲 Ouâng hoû niăo lèn jên tiēn, ou 懼水的 Kíu choùy tý̆.

**HYDROPISIE**, s. f. *Hydropisis, is, f.* 蠱脹病 Koù tcháng pîn. ‖ — enkystée ou ovarique. 子宮核水脹 Tsè kŏng kĕ̆ choúy tcháng.

**HYMNE**, s. m., f. *Hymnus, i, m.* 聖韻 Chén yún.

**HYPERBOLE**, s. f. *Hyperbole, es, f.* 加話 Kiā hoá. ‖ User d'—. *Exaggerāre verba.* 加話 Kiā hoá.

**HYPOCONDRE**, s. m. *Tetricus homo.* 愁人 Tseŏu jên. ou 心悶人 Sīn mén jên.

**HYPOCRISIE**, s. f. *Hypocrisis, is, f.* 詐僞 Tchá oúy.

**HYPOCRITE**, s. m. *Hypocrita, æ, m.* 詐僞人 Tchá oúy jên.

**HYPOTÉNUSE**, s. f. 弦 Hiên.

**HYPOTHÈQUE**, s. f. *Hypotheca, æ, f.* 出典 Tchŏ̆u tièn, ou 當的東西 Táng tý̆ tōng sý̆. 典主 Tièn choŭ. ‖ Mettre aux — chinoises. *Oppignerāre.* 當 Táng.

**HYPOTHÈSE**, s. f. *Hypothesis, is, f.* 此喻 Pý̆ yú. ‖ En faire une. *Supponĕre.* 此 Pý̆, ou 假如 Kiă joŭ.

# I

ICI, adv. *Hic.* 這裏 Tché lỳ. ‖ D'—. *Hujus loci.* 這裏的 Tché lỳ tỷ. ‖ Cet homme est d'—. *Hujus loci homo.* 本地方的人 Pèn tý fāng tỷ jēn. ‖ Jusqu'—. *Usque ad.* 至到 Tché táo, ou 到如今 Táo joŭ kīn. ‖ D'— à deux jours. *Post biduum.* 兩天後 Leàng tiēn heóu.

ICHTHYOLOGIE, s. f. *Ichthyologia, æ, f.* 鱗魚論 Līn yú lén.

ICI-BAS, adv. *In mundo.* 世上 Ché cháng.

IDÉAL, E. adj. *In animo informatus.* 心內想的 Sīn loúy siàng tỷ. ‖ — chimérique. *Quod solum in mente est.* 空虛的 Kōng hiū tỷ.

IDÉE, s. f. *Idea, æ, f.* 意思 Ý sē, ou 念頭 Nién teŏu. ‖ — claire. *Clara —.* 明白的念頭 Mīn pě tỷ nién teŏu. ‖ — confuse. *Confusa —.* 不明白的念頭 Poŭ mīn pě tỷ nién teŏu. ‖ Se faire une — de quelque chose. *Rem sibi fingere.* 心內想的 Sīn loúy siàng tỷ. ‖ Avoir des — justes. *De omnibus recté judicare.* 想得正 Siàng tě tchēn. ‖ Donner une fausse —. *Judicium adulterare.* 辦不正 Pién poŭ tchēn. ‖ Avoir une haute — de quelqu'un. *Plurimi facere.* 貴重人 Koúy tchóng jēn. ‖ N'avoir pas l'— de quelqu'un. *Ex animo excidere.* 忘記 Ouàng ký.

IDEM (mot latin). 同上 Tōng cháng, ou 亦然 Y̆ jēn.

IDENTIFIER, v. a. *In unum et id. redigere.* 歸— Koūy y̆.

IDENTIQUE, adj. *Unus et idem.* 一樣 Y̆ yáng. ou 不二 Poŭ eùl. 相同 Siāng tōng.

IDES, s. f. *Idus.* 洋五七十月十五日 Yâng où tsỷ chě yuě chě où jě, ou 餘月十三日 Yû yuě chě sān jě.

IDIOME, s. m. *Idioma, atis, n.* 土談 Tŏu tán.

IDIOT, adj. *Stupidus.* 体人 Pèn jēn, ou 愚蠢 Yû tchoŭen.

IDOLÂTRE, s. m. *Idololatra, æ, m.* 敬菩薩的人 Kín poŭ să tỷ jēn. ‖ —. *Gentilis.* 外教人 Ouáy kiáo jēn. ‖ Prêcher aux —. *Prædicare.* 勸外敎人奉敎 Kiŭen ouáy kiáo jēn fóng kiáo. ‖ Convertir les —. *Convertere —.* 囘頭外敎人 Hoúy teŏu ouáy kiáo jēn.

IDOLÂTRER, v. a. 愛得狠 Gáy tě hèn.

IDOLÂTRIE, s. f. *Idololatria, æ, f.* 敬菩薩 Kín poŭ să. ‖ La combattre. 辦破異端 Pién pŏ ý-touān. ‖ La détruire. 消滅異端 Siāō miě ý touān.

IDOLE, s. f. *Idolum, i, n.* 菩薩 Poŭ să. ‖ Adorer les —. — *adorare.* 敬菩薩 Kín poŭ să. ‖ Être l'— de quelqu'un. *Gestare in oculis.* 是他的心上人 Ché tā tỷ sīn cháng jēn. ‖ Être l'— de ses parents. *Perditè à parentibus amari.* 是他的寶貝 Ché tā tỷ paò peý.

Principales Idoles de la Chine. *Præcipua Sinarum idola.*

| | | | |
|---|---|---|---|
| 1° | Idole des lettrés. | 文昌 | Oŭen tchāng. |
| 2° | — des médecins. | 藥王 | Yŏ ouāng. |
| 3° | — des soldats. | 關帝 | Koūan tý. |
| 4° | — des prétoriens. | 蕭曹 | Siāō tsāō. |
| 5° | — des satellites. | 秦三 | Tsīn sān. |
| 6° | — des marins. | 晏公 | Yén kōng. |
| 7° | — des marchands. | 財神 | Tsáy chēn. |
| 8° | — des charpentiers. | 魯班 | Loù pān. |
| 9° | — des tailleurs. | 軒轅 | Hiuēn yûen. |
| 10° | — des cordonniers. | 孫寶 | Sēn pīn. |
| 11° | — des forgerons. | 老君 | Laò kiūn. |
| 12° | — des barbiers. | 羅祖 | Lô tsoù. |
| 13° | — des bouchers. | 張飛 | Tchāng feȳ. |
| 14° | — des marchands de vin. | 杜康 | Toú kāng. |
| 15° | — des papetiers. | 蔡翁 | Tsáy ōng. |
| 16° | — des teinturiers. | 梅葛 | Meý kŏ. |
| 17° | — des femmes de mauvaise vie. | 管仲 | Koŭan tchóng. |
| 18° | — des portes. | 胡敬德 神荼 玉壘 | Hoú kín tě. Tsīn choŭ paò. Chēn tchă. Yŭ loúy. |

| | | | |
|---|---|---|---|
| 19° | Idole des fleuves. | 龍王 | Lông ouâng. |
| 20° | — des monts. | 山王 | Chān ouâng. |
| 21° | — du Su-tchuen. | 川主 | Tchoūan tchoù. |
| 22° | — du Kiàng sỹ. | 許眞君 | Hiù tchēn kiūn. |
| 23° | — du Hoû Kouàng. | 禹王 | Yù ouâng. |
| 24° | — de la foudre. | 閃神 | Chàn chên. |
| 25° | — du tonnerre. | 雷神 | Loŭy chên. |
| 26° | — de la secte Foŭ. | 佛 | Foŭ. |
| 27° | — des femmes. | 觀音 | Kouān yn. |
| 28° | autres Divinités. | 三官 | Sān kouan. |
| 29° | | 靈官 | Lîm kouan. |
| 30° | — des Enfers. | 閻王 | Niên ouâng. |

IGNARE, adj. *Ignarus.* 無知的 Oŭ tchē tỷ, ou 不知書的 Poŭ tchē choŭ tỷ.

IGNOBLE, adj. *Ignobilis.* 卑賤的 Peỷ tsién tỷ.

IGNOMINIE, s. f. *Infamia, æ, f.* 辱 Joŭ, ou 無名 Oŭ mîn, ‖ Couvrir d'—. — *afficere.* 凌辱人 Lîn joŭ jên.

IGNOMINIEUX, SE, *Infamis.* 卑賤的 Peỷ tsién tỷ, ou 無臉的 Oŭ liēn tỷ.

IGNORANCE, s. f. *Ignorantia, æ, f.* 無知 Oŭ tchē. ‖ — vincible. 可勝的不知 Kŏ chên tỷ poŭ tchē. ‖ — invincible. 不可勝的不知 Poŭ kŏ chén tỷ poŭ tchē. ‖ — antérieure. 意先的不知 Ý siēn tỷ poŭ tchē. ‖ — postérieure. 意後的不知 Ý heóu tỷ poŭ tchē. ‖ — du droit. 不知法 Poŭ tchē fă. ‖ — du fait. 不知犯的 Poŭ tchē fán tỷ. ‖ — droite. 純不知 Chuên poŭ tchē. ‖ — erronée. 錯不知 Tsŏ poŭ tchē. ‖ — crasse. 懶惰的不知 Làn tó tỷ poŭ tchē. ‖ — involontaire. 故意不知 Koú ý poŭ tchē.

IGNORANT, E, adj. *Indoctus.* 愚人 Yû jên. ‖ — (non lettré) 莫有讀個書 Mŏ yeóu toŭ kŏ choū. ‖ — (qui ne sait pas). 不知道的 Poŭ tchē táo tỷ. ‖ — faire l'—. *Fingere se nescire.* 假作不知 Kiă tsŏ poŭ tchē.

IGNORÉ, ÉE, adj. *Ignotus.* 無名聲 Oŭ mîn chēn tỷ.

IGNORER, v. a. *Ignorare.* 不識 Poŭ chĕ. 不曉得 Poŭ hiăo tĕ. 不知道 Poŭ tchē táo. ‖ Je n'— pas que. *Non sum inscius.* 我曉得明白 Ngŏ hiăo tĕ mîn pĕ.

IL, pron. pers. sing. 他 Tā́. ‖ Où est-—? *Ubinam est?* 他在那裏 Tā́ tsăy là lỷ. ‖ ILS, pron. pers. plur. 他們 Tā́ mên.

Dès que ce pronom cesse d'être personnel, il ne s'exprime plus en chinois.

ILE, s. f. *Insula, æ, f.* 海島 Haỷ taò.

ILLÉGAL, E, adj. *Vetitus.* 不合例的 Poŭ hŏ lỷ tỷ, ou 犯法的 Fán fă tỷ. ‖ Châtiment —. 冤枉罰人 Yüen ouâng fă jên.

ILLÉGITIME, adj. *Illegitimus.* 不正經的 Poŭ tchēn kīn tỷ, ou 不如法的 Poŭ joŭ fă tỷ. ‖ Enfants —. *Insitivi liberi.* 私娃娃 Sē ouā ouā.

ILLETTRÉ, s. m. *Illitteratus.* 不識字的 Poŭ chĕ tsé tỷ.

ILLICITE, adj. *Illicitus.* 禁革的 Kín kŏ tỷ. 非理 Feỷ lỷ. 犯禁的 Fán kín tỷ. 使不得的 Chĕ poŭ tĕ tỷ.

ILLIMITÉ, ÉE, adj. *Sine terminis.* 無限的 Oŭ hán (hién) tỷ. ‖ Pouvoir —. 全權 Tsuên kiuên.

ILLISIBLE, adj. *Quod legi non potest.* 念不得的 Nién poŭ tĕ tỷ, ou 寫不明的 Siè poŭ mîn tỷ.

ILLUMINATION, s. f. *Illustratio, onis, f.* 發光 Fă kouâng. ‖ — avec lanternes. 慶燈 Kín tēn.

ILLUMINER, v. a. *Illuminare.* 照 Tchaó. ‖ — quelqu'un. *Lumen alic. afferre.* 照人心 Tchaó jên sīn.

ILLUSION, s. f. *Vana imago.* 自哄 Tsé hòng, ou 糊想錯 Hoû siàng tsŏ. ‖ Se faire —. *Errore illudi.* 自欺 Tsé kỷ.

ILLUSOIRE, adj. *Captiosus.* 哄人的 Hòng jên tỷ. ‖ — (vain). *Irritus.* 虛的 Hiū tỷ.

ILLUSTRATION, s. f. *Gentis decus, oris, n.* 族表 Tsoŭ piào.

ILLUSTRE, adj. *Illustris.* 出名的 Tchŏu mîn tỷ.

ILLUSTRER. v. a. *Illustrāre.* 顯名 Hiēn mîn. ‖ S'—. *Inclarescere.* 出各 Tchŏu mîn.

ILY, s. m. (district d'une province de la Tartarie chinoise, dans laquelle on exile les condamnés). 伊犁 Y lỷ.

IMAGE, s. f. *Imago, inis, f.* 像 Siáng. ‖ Une —. *Una —.* 一張像 Ỷ tchāng siáng. ‖ — coloriée. *Color. picta.* 顏色畫條 Yen sĕ hóa tiáo. ‖ — en noir. — *nigra.* 水墨畫 Choŭy mĕ hóa. ‖ Se faire une — de quelqu'un. *Animo fingere.* 心內想 Sīn loŭy siàng. ‖ Cartonner une — à la chinoise. 裱像 Piaò siáng.

IMAGINAIRE, adj. *Imaginarius.* 單是心內想 Tān ché sīn loŭy siàng, ou 沒有的事 Mŏ yeòu tỷ sé.

IMAGINATION, s. f. *Imaginatio, onis, f.* 想 Siàng. ‖ —. *Inanis persuasio.* 虛想 Hiū siàng, ou 怪意 Kouáy ý.

IMAGINER, v. a. *Fingere.* 作想 Tsŏ siàng. ‖ —. *Excogitāre.* 作想 Tsŏ siàng, ou 心內想 Sīn loŭy siàng. ‖ S'—. *Falsŏ putāre.* 妄想 Ouáng siàng.

IMBÉCILE. adj. *Imbecillis.* 糊塗 Hoû toŭ. 愚人 Yû jên. 体人 Pèn jên.

IMBIBER, v. a. *Imbuĕre.* 浸 Tsîh, ou 泡 Pǎo.

IMBU, E, adj. *Imbutus.* 沾染 Tchán jàn, ou 灌滿人的心 Kouàn màn jên tỷ sīn. ‖ — d'une erreur. *Errore —.* 從左道 Tsŏng tsŏ táo. ‖ — de bonnes maximes. 受正教 Cheóu tchēn kiáo.

IMITER, v. a. *Imitāri.* 效法 Hiáo fă. ‖ — quelqu'un. *Aliquem —.* 效法人 Hiáo fă jên. ‖ — un modèle. — *exemplar.* 照樣子 Tchaó yáng tsè. ‖ — l'écriture de quelqu'un. *Script. alic. imitāri.* 學人的筆法 Hiŏ jên tỷ pỷ fă.

IMMACULÉ, E, adj. *Intemeratus.* 無污 Oŭ´oŭ, ou 無過 Oŭ kó. ǁ — Conception de la B. V. Marie. *Immaculata Conceptio Deiparæ.* 聖母無原罪始胎 Chén moŭ oŭ yuên tsoúy chè tāy.

IMMANQUABLE, adj. *Certus.* 一定的 Ỷ tín tỷ.

IMMATRICULER, v. a. *Nomen alic. in album referre.* 冊子上點名子 Tsě tsè cháng tiên mìn tsè.

IMMARCESCIBLE, adj. *Immarcescibilis.* 不能壞的 Poŭ lên houáy tỷ.

IMMATÉRIEL, LE, adj. *Materiæ expers.* 無形無像的 Oŭ hìn oŭ siáng tỷ.

IMMÉDIAT, E, adj. *Proximus.* 近的 Kín tỷ. 相連 Siāng liên. 就 Tsieóu. 當時 Tāng chě. 目下 Moŭ hiá.

IMMÉDIATEMENT, adv. *Proximé.* 立刻 Lỷ kě, ou 一連 Ỷ liên. ǁ Suivre quelqu'un —. *Aliq. subsequi.* 脚跟脚的走 Kiŏ kēn kiŏ tỷ tseòu. ǁ Apprendre — de quelqu'un. *Ex aliquo met accipere.* 親耳聽說 Tsīn eùl tín chŏ. ǁ — après les fêtes. *Statim post festos dies.* 瞻禮後當時 Tchān lỷ heóu tāng chě.

IMMÉMORIAL, E, adj. *Immemorialis.* 人所未記知 Jên sò oúy ký tchě.

IMMENSE, adj. *Immensus.* 無限的 Oŭ hién tỷ. ǁ Travaux —. *Labores.* 大工夫 Tá kōng foŭ.

IMMENSÉMENT, adv. *Immensim.* 狠 Hèn, ou 大得狠 Tá tě hèn, ou 多 Tō, ou 多得狠 Tō tě hèn.

IMMENSITÉ, s. f. *Immensitas, atis, f.* 寬大 Kouān tá.

IMMERSION, s. f. *Immersio, onis, f.* 沉 Tchěn, ou 進 Tsín.

IMMEUBLES, s. m. *Immobiles res.* 家業 Kiā niě.

IMMINENT, E, adj. *Imminens.* 將到的 Tsiāng taó tỷ, ou 隔近的 Kě kín tỷ. ǁ Danger —. *Imminens periculum.* 眼前的凶險 Yèn tsiên tỷ hiōng hièn.

IMMISCER (S'), v. r. *Immiscēre se.* 管閑事 Kouàn hiên sé, ou 多事 Tō sé.

IMMOBILE, adj. *Immobilis.* 不可動的 Poŭ kò tóng tỷ. ǁ Demeurer —. *Stāre.* 站立不動 Tchán lỷ poŭ tóng. ǁ — (inébranlable). *Inconcussus.* 恒心不改生意 Hên sīn poŭ kaỷ tchoù ý.

IMMODÉRÉ, E, adj. *Nimius.* 過餘的 Kó yǔ tỷ, ou 太過 Táy kó.

IMMODESTIE, s. f. *Immodestia, æ, f.* 不端莊 Poŭ touān tchoūang.

IMMOLER, v. a. *Mactāre victimas.* 獻祭 Hién tsỷ. ǁ — tout à son intérêt. *Omnia rebus suis posthabēre.* 害人利己 Haý jên lý kỷ.

IMMONDE, adj. *Immundus.* 污穢的 Oŭ oúy tỷ.

IMMONDICES, s. f. *Sordes, ium, f.* 污穢 Oŭ oúy, ou 垢 Keóu.

IMMORAL, E, adj. *Moribus non congruens.* 不善 Poŭ chán. 不合理的 Poŭ hŏ lỷ tỷ.

IMMORTALISER (S'), v. r. *Immortalitatem consequi.* 流名後世 Lieóu mìn heóu ché.

IMMORTALITÉ, s. f. *Æterna vita.* 常生 Chǎng sēn. ǁ En jouir. *Frui —.* 得常生 Tě chǎng sēn. ǁ Obtenir l'— dans le sens des païens. 成仙 Tchén siēn.

IMMORTEL, LE, adj. *Immortalis.* 永遠的 Yùn yuên tỷ. ǁ Les cinq —. *Quinque Dii.* 五仙 Où siēn. 天 Tiēn. 地 Tý. 山 Chān. 水 Choùy. 魂 Houên.

IMMORTIFIÉ, E, adj. *Sibi nimis indulgens.* 不尅巳 Poŭ kě kỷ.

IMMUABLE, adj. *Immutabilis.* 不變的 Poŭ pién tỷ.

IMPAIR, adj. *Impar.* 單數 Tān soú, ou 單的 Tān tỷ. ǁ Nombre —. *Numerus —.* 單數目 Tān soú moǔ, ou 細細的 Sỷ sỷ tỷ.

IMPALPABLE, adj. *Intactilis.* 摸不得的 Mó poŭ tě tỷ.

IMPARFAIT, E, adj. *Imperfectus.* 不全的 Poŭ tsuên tỷ.

IMPARTIAL, E, adj. *Omnibus æquus.* 不偏愛 Poŭ piēn gaý.

IMPASSE, s. f. *Angiportus, ūs, m.* 禿頭巷 Tŏu teǒu háng.

IMPASSIBLE, adj. *Dolori non obnoxius.* 受不得苦 Cheóu poŭ tě koǔ.

IMPATIENCE, s. f. *Impatientia, æ, f.* 不忍耐 Poŭ jèn laý. ǁ — (colère). *Iracundia.* 愛發怒 Gaý fă loú. ǁ — (désir). *Cupiditas.* 貪想 Tān siàng. ǁ Désirer avec —. *Sitienter exspectāre.* 望得狠 Ouáng tě hèn. ǁ Attendre avec —. *Angi exspectatione.* 望得狠 Ouáng tě hèn.

IMPATIENT, E, adj. *Impatiens.* 不忍耐的 Poŭ jèn laý tỷ. ǁ Impatient des remontrances. *Monitis asper.* 不愛聽勸 Poŭ gaý tín kiuèn.

IMPATIENTER, v. a. *Patientiam excutere.* 惹人發怒 Jě jên fǎ loú. ǁ S'— *rumpere.* 發怒 Fǎ loú.

IMPÉNÉTRABLE, adj. *Impenetrabilis.* 透不過的 Teŏu poŭ kó tỷ. ǁ Secret —. *Occultiss. secretum.* 打聽不倒的事 Tà tín poŭ taó tỷ sé.

IMPÉNITENCE, s. f. *Impœnitentia, æ, f.* 不回頭 Poŭ hoúy teǒu. ǁ Mourir dans l'—. *In — mori.* 臨死不回頭 Lìn sè poŭ hoúy teǒu.

IMPÉRATIF, VE, adj. *Imperiosus.* 大貌人 Tá maó jên, ou 說一喝二的人 Hoū ỷ hŏ eùl tỷ jên. ǁ — (mode des verbes). *Modus imperativus.* 命言 Mín yên.

IMPÉRATRICE, s. f. *Imperatrix, icis, f.* 皇后 Houáng heóu. ǁ L'—est morte. *— évitā cessit.* 皇后駕崩 Houáng heóu kiá pēn. ǁ L'— mère. *Imper. mater.* 皇太后 Houáng táy heóu. ǁ L'— aïeule. *Imp. avia.* 太后 Táy heóu.

IMPERCEPTIBLE, adj. *Tenuissimus.* 微紗的 Oǔy miào tỷ, ou 看不見的 Kǎn poŭ kién tỷ. ǁ Accroissement —. *Increment. tenue.* 不見長的 Poŭ kién tchǎng tỷ.

IMPERFECTION, s. f. *Defectus, ūs, m.* 過失 Kó chě.

IMPÉRIAL, E, adj. *Imperatorius.* 御的 Yŭ tỷ. En Chine, cette épithète s'ajoute à toutes les choses ou objets qui concernent le service de l'Empereur. ‖ Faveur —. *Gratia* —. 天恩 Tiĕn gēn.

IMPÉRIEUX, SE, adj. *Imperiosus.* 大貌人 Tá maó jên, ou 性硬 Sín gēn.

IMPÉRITIE, s. f. *Imperitia, æ, f.* 不會 Poŭ hoúy.

IMPERMÉABLE, adj. *Non permeabilis.* 不透的 Poŭ teŏu tỷ.

IMPERTINENCE, s. f. *Insulsitas, atis, f.* 不合禮信的 Poŭ hŏ lỳ sín tỷ. ‖ Dire des —. *Protervé dicĕre.* 打糊說 Tà hoŭ chŏ.

IMPERTINENT, E, adj. *Protervus, impertinens.* 無禮信的 Oŭ lỳ sín tỷ, ou 嘴习的人 Tsoŭy tiāo tỷ jên.

IMPERTURBABLE, adj. *Inconcussus.* 不能亂的 Poŭ lên loŭan tỷ.

IMPÉTRER, v. a. *Impetrāre.* 求 Kieóu.

IMPÉTUEUX, SE, adj. *Acer.* 狠 Hèn, ou 性急的 Sín kỷ tỷ.

IMPÉTUOSITÉ, s. f. *Impetus, ûs, m.* 性急 Sín kỷ. ‖ La pluie tombe avec —. *Imbribus immens. cœlum ruit.* 下暴雨 Hiá paó yù.

IMPIE, adj. *Impius.* 喪心 Sāng sīn, ou 不孝敬的 Poŭ hiáo kín tỷ. ‖ Faire des choses —. *Impié agĕre.* 不孝 Poŭ hiáo.

IMPITOYABLE, adj. *Inclemens.* 不可憐 Poŭ kŏ lièn, ou 不仁慈 Poŭ jên tsĕ.

IMPLACABLE, adj. *Implacabilis.* 不允和 Poŭ yùn hô.

IMPLICITE, adj. *Implicitus.* 在內的 Tsaý loúy tỷ.

IMPLICITEMENT, adv. *Implicité.* 意在言外 Ỳ tsaý yèn ouáy, ou 一共 Ỳ kóng.

IMPLIQUER, v. a. *Implicāre.* 連累 Liên loùy. ‖ — contradiction. *Secum pugnāre.* 相反 Siāng fàn.

IMPLORER, v. a. *Implorāre.* 求 Kieóu. ‖ — du secours. *Opem petĕre.* 請人帮忙 Tsǐn jên pāng máng.

IMPOLI, E, adj. *Rusticus.* 粗鹵的 Tsoŭ loŭ tỷ.

IMPORTANCE, s. f. *Momentum rei.* 大事 Tá sé, ou 要緊 Yáo kìn. ‖ Attacher de l'— à quelque chose. *Habēre rem in mom.* 要緊 Yáo kìn. ‖ Faire l'homme d'—. *Se magnif. facĕre.* 貴重 Koúy tchóng. ‖ Gronder d'—. *Vehementer objurgāre.* 重責 Tchóng tsĕ.

IMPORTANT, E, adj. *Momenti.* 要緊的 Yáo kìn tỷ. ‖ Il est fort —. *Magni interest.* 要緊得狠 Yáo kìn tĕ hèn. ‖ L'— est de. *Caput est.* 頭宗事 Teoŭ tsōng sé.

IMPORTATION, s. f. *Mercium illatio.* 入口貨 Joŭ keŏu hŏ.

IMPORTER, v. a. *Importāre, invehĕre.* 背 Peý, ou 版 Pàn.

IMPORTER, v. n. *Interesse, referre.* 是大事 Ché tá sé. 要緊 Yáo kìn. 相干 Siāng kān. ‖ Qu'— ? *Quid indé ?* 進口 Tsín keŏu. 有甚麼要緊 Yeŏu chén mô yáo kìn.

IMPORTUN, E, adj. *Gravis.* 囉唆的 Lŏ sō tỷ. ‖ Être —. *Esse molestus.* 囉唆人 Lŏ tsaó jên.

IMPORTUNER, v. a. *Vexāre.* 囉唆人 Lŏ tsaó jên. ‖ Les mouches —. *Muscæ* —. 蚊子囉唆人 Ouên tsè lŏ sō jên.

IMPOSANT, E, adj. *Augustus.* 兜人尊重 Teŏu jên tsēn tchóng.

IMPOSER, v. a. *Imponĕre.* 放在上 Fáng tsaý cháng. ‖ — les mains. *Manus* —. 放手在上 Fáng cheŏu tsaý cháng. ‖ — un nom. *Nomen indĕre.* 取名字 Tsiŭ mìn tsĕ. ‖ — un travail. *Laborem injungĕre.* 定工夫 Tín kōng foŭ, ou 派活路 Paý hŏ loú. ‖ — silence. *Silentium imperāre.* 不許說話 Poŭ hiu chŏ hoá. ou 閉人的口 Pý jên tỷ keŏu. ‖ En —. *Alic. fucum facĕre.* 哄騙人 Hòng piēn jên. ‖ — du respect. *Reverent. incutĕre.* 使人尊敬 Chè jên tsēn kín. ‖ En —. *Alicua verba dāre.* 哄人 Hòng jên.

IMPOSITION, s. f. *Vectigal, is, n.* 税 Choúy.

IMPOSSIBLE, adj. *Impossibilis.* 做不得的 Tsoŭ poŭ tĕ tỷ, ou 做不下來 Tsoú poŭ hiá laỳ. ‖ Faire l'—. *Omni ope niti.* 千方百計 Tsiēn fāng pĕ ký.

IMPOSTEUR, s. m. *Deceptor, oris, m.* 蠱惑的 Koŭ houăy tỷ, ou 哄人的 Hòng jên tỷ.

IMPOSTURE, s. f. *Fraus, dolus.* 詭計 Koùy ký.

IMPÔT, s. m. *Tributum, i, n.* 粮 Leáng. ‖ — pour les frais militaires. — *propter exercitum.* 協濟軍需 Hiĕ tsý kiün siü. ‖ Hôtel où l'on fixe l'— dit lỷ kiuēn. 厘損總局 Lỷ kiuēn tsōng kioŭ. ‖ — des maisons et marchés. — *domuum et emporiorum.* 房市損 Fáng ché kiuēn. ‖ — sur les marchands. *Portorium.* 税 Choúy. ‖ Payer l'—. *Vectig. pendĕre.* 上税 Cháng choúy. ‖ Lever un —. — *exigĕre.* 收税 Cheōu choúy. ‖ — arbitraire. — *non debitum.* 損輸 Kiuēn choŭ. ‖ Frauder un —. — *fraudāre.* 瞞税 Mân choúy. ‖ — foncier. *Solarium.* 地賦 Tý foú. ‖ — personnel. *Personale.* 丁賦 Tīn foú. ‖ — mixte. *Mixtum.* 雜賦 Tsă foú. ‖ — proportionnel. *Æquum.* 城賦 Tchén foú. ‖ Ouvrir le jour où l'on paye les —. *Diem assignāre.* 開徵 Kāy tchēn. ‖ Refuser de payer l'—. — *excutĕre.* 不上税 Poŭ cháng choúy. ‖ Abolir un —. — *abrogāre.* 除税 Tchŏu choúy.

IMPOTENT, E, adj. *Impotens.* 殘廢人 Tsán feý jên, ou 六根不全 Loŭ kēn poŭ tsuên.

IMPRATICABLE, adj. *Impossibilis.* 不能做的 Poŭ lên tsoŭ tỷ. ‖ Conseil —. *Consilium* —. 滿不得的主意 Màn poŭ tĕ tỷ tchoŭ ý. ‖ Chemin —. *Impervia via.* 走不得的路 Tseŏu poŭ tĕ tỷ loú.

IMPRÉCATION, s. f. *Exsecratio, onis, f.* 咒 Tcheóu. ‖ En faire. *Exsecrāri.* 咒 Tcheóu.

IMPRÉGNER, v. a. *Imbuĕre.* 浸 Tsín.

IMPRESSION, s. f. *Nota impressa.* 印 Ýn. ‖ — obscure. *Obscura* —. 字跡模糊 Tsé tsў mô hoû. ‖ — d'un livre. *Libri impressio.* 刷書 Choŭ choŭ. ‖ Faire — sur quelqu'un. *Movēre animos.* 動人的心 Tóng jên tў sīn. ‖ Donner une — défavorable de quelqu'un. *Malam opinion. de aliq. injicĕre.* 令人疑惑他 Lĭn jên nў houáy tā.

IMPRÉVOYANCE, s. f. *Improescientia, œ, f.* 只顧眼前 Tchè koú yèn tsiên.

IMPRÉVOYANT, E, adj. *Improvidus.* 不留後 Poŭ lieŏu heóu.

IMPRÉVU, E, adj. *Improvisus.* 偶然的 Geòu jân tў.

IMPRIMER, v. a. *Imprimĕre.* 刻 Kě. ‖ — un livre. — *librum.* 刻書 Kě choŭ. ‖ Table sur laquelle on — en Chine. *Tabella lignea.* 書板 Choŭ pàn. ‖ — avec un fer chaud. *Inurĕre.* 打火印 Tà hò ýn. ‖ — dans l'esprit. *In animum defigĕre.* 印刻在心內 Ýn kě tsaý sīn loúy. ‖ — la crainte. *Pavorem injicĕre.* 嚇人 Hě jên.

IMPRIMERIE, s. f. *Typographia, œ, f.* 刻字舖 Kě tsé poŭ. ‖ Auteur de l'— tabulaire chinoise, l'an 220. 張仲景 Tchāng tchōng kĭn. ‖ Chef de l'—. *Dux officinœ.* 馮道 Fōng taó.

IMPROBABLE, adj. *Minùs probabilis.* 多半無 Tō pán oŭ, ou 十分有二分 Chě fén yeòu eŭl fén.

IMPROBATION, s. f. *Improbatio, onis, f.* 不中 Poŭ tchóng, ou 不依 Poŭ ў.

IMPROPRE, adj. *Improprius.* 不當 Poŭ tāng. 不合式的 Poŭ hô ché tў. 不相宜 Poŭ siāng nў.

IMPROMPTU, s. m. *In promptu.* 一時的 Ў chê tў.

IMPROUVER, v. a. *Improbāre.* 不中 Poŭ tchóng, ou 點不何 Tièn poŭ cháng.

IMPROVISER, v. a. *Ex improviso facĕre.* 不思而作 Poŭ sē eŭl tsó.

IMPROVISTE (A L'), adv. *Subitò.* 忽然 Foŭ jân.

IMPRUDENCE, s. f. *Imprudentia, œ, f.* 冒失 Máo chě, ou 不賢智 Poŭ hiên tché.

IMPUBÈRE, s. m. *Impuber.* 童年 Tōng niên, ou 未曾覆身 Oúy tsēn fă chēn.

IMPUDENCE, s. f. *Impudentia, œ, f.* 厚臉 Heòu liên, ou 不知羞 Poŭ tchē sieŏu.

IMPUDICITÉ, s. f. *Impudicitia, œ, f.* 邪淫 Siě ŷn, ou 不潔淨 Poŭ kiě tsín.

IMPUISSANCE, s. f. *Impotentia, œ, f.* 不能 Poŭ lên. ‖ — physique. 肉身的阻擋 Joŭ chēn tў tsoŭ tàng. ‖ — morale. 有故不能 Yeòu koú poŭ lên. ‖ — absolue. 全無能 Tsûen oŭ lên. ‖ — relative. 二人中一个不能 Eŭl jên tchōng ў kó poŭ lên. ‖ — antécédente. 婚配前無能 Hoūen péy tchên oŭ lên. ‖ — conséquente. 婚配後無能 Hoūen péy heóu oŭ lên. ‖ — naturelle. 生成無能 Sēn chên oŭ lên.

— accidentelle. 偶然無能 Geòu jân oŭ lên. ‖ — perpétuelle. 平生無能 Pĭn sēn oŭ lên. ‖ — temporaire. 一時無能 Ў chê oŭ lên.

IMPUISSANT, E, adj. *Impotens.* 不能 Poŭ lên. ‖ — à engendrer. *Ad procreandum* —. 不能生 Poŭ lên sēn. ‖ — à témoigner sa gratitude. *Gratum animum sufficienter exprimĕre non valens.* 不能報恩 Poŭ lên paó gēn.

IMPULSIF, VE, adj. *Impulsivus.* 動心的 Tóng sīn tў.

IMPULSION, s. f. *Impulsus, ús, m.* 血氣之動 Hiuě kў tchē tóng. 推 Toūy. 使 Chě. 逼迫 Pў pě.

IMPUNI, E, adj. *Impunitus.* 沒有受罰的 Mŏ yeòu cheóu fă tў. ‖ Laisser le crime —. *Scelus inultum relinquĕre.* 有罪不罰 Yeòu tsoúy poŭ fă.

IMPUNITÉ, s. f. *Impunitas, atis, f.* 王法無用了 Oūang fă oŭ yóng leào.

IMPUR, E, adj. *Immundus.* 不潔的 Poŭ kiě tў, ou 昏濁的 Hoūen tchŏ tў. ‖ —. *Obscenus.* 醜陋的 Tcheŏu leóu tў. ‖ Chanter des vers —. *Obscena cantāre.* 唱淫歌 Tchàng ŷn kō.

IMPURETÉ, s. f. *Scoria, œ, f.* 渣渣 Tchā tchā, ou 脚脚 Kiŏ kiŏ. ‖ — (faute contre la pureté). *Impuritas.* 邪淫 Siě ŷn. ‖ En commettre. *Impurit. suscipĕre.* 犯邪淫 Fán siě ŷn.

IMPUTER, v. a. *Alic. tribuĕre.* 怪人 Koúay jên, ou 埋怨人 Maý yuén jên. ‖ — la faute à. *Culpam derivāre in.* 歸過於人 Koūy kó yū jên.

INABORDABLE, adj. *Aditu difficilis.* 會不得的 Hoúy poŭ tě tў.

INACCESSIBLE, adj. *Quò adīri non potest.* 會不得的 Hoúy poŭ tě tў. ‖ — (inflexible). *Constans in consilio.* 恒心的 Hên sīn tў.

INACTION, s. f. *Cessatio, onis, f.* 無爲無思 Oŭ oúy oŭ sē.

INADMISSIBLE, adj. *Rejiciendus.* 不可信的 Poŭ kŏ sín tў.

INADVERTANCE, s. f. *Imprudentia, œ, f.* 不知覺 Poŭ tchē kiŏ. ‖ Faire par —. *Incautè facĕre.* 不小心做 Poŭ siào sīn tsoú.

INALLIABLE, adj. *Insociabilis.* 不相生 Poŭ siāng sēn.

INALTÉRABLE, adj. *Incorruptibilis.* 不能壞的 Poŭ lên houáy tў.

INAMOVIBLE, adj. *Stabilis.* 不動的 Poŭ tóng tў, ou 不換的 Poŭ hoúan tў.

INANIMÉ, E, adj. *Inanimatus.* 不活的 Poŭ hŏ tў, ou 無靈的 Oŭ lĭm tў.

INANITION, s. f. *Inanitas, atis, f.* 無氣力 Oŭ kў lў. ‖ Tomber d'—. *Inediā cadĕre.* 無精神 Oŭ tsīn chên.

INAPPLICATION, s. f. *Indiligentia, œ, f.* 懈怠 Hiaý taý.

INAPPLIQUÉ, ÉE, adj. *Parùm attentus.* 不務 Poŭ oú, ou 不專心 Poŭ tchoūan sīn.

INARTICULÉ, adj. (cri) *Inarticulatus.* 口氣 Keŏu kў, ou 口聲 Keŏu chēn.

**INATTENDU, E**, adj. *Inopinatus.* 忽然來的 Foŭ jân laỹ tỹ.
**INAUGURER**, v. a. *Inaugurāre.* 聖 Chén, ou 立 Lỹ.
**INCALCULABLE**, adj. *Innumerabilis.* 無數的 Oŭ soú tỹ.
**INCANDESCENT**, E, adj. *Incandescens.* 燒紅的 Chaō hŏng tỹ.
**INCANTATION**, s. f. *Incantatio, onis, f.* 邪法 Siĕ́ fă̆.
**INCAPABLE**, adj. *Non idoneus.* 不會 Poŭ hoúy, ou 無才 Oŭ tsăy. ‖ — de s'entendre. *Ad consensum inhabilis.* 不合羣 Poŭ hŏ tchóng. ‖ — (ignorant). *Ignarus.* 不知 Poŭ tchē, ou 不能彀 Poŭ lên keóu.
**INCAPACITÉ**, s. f. *Imperitia, œ, f.* 不會 Poŭ hoúy. ‖ — pour les affaires. *Negot. inscitia.* 外行 Ouáy hîn.
**INCARCÉRER**, v. a. *In carcerem conjicĕre.* 丟監 Teōu kiēn.
**INCARNATION**, s. f. *Incarnatio, onis, f.* 降生 Kiáng sēn.
**INCARNER (S')**, v. n. *Natur. hum. indŭĕre.* 降生 Kiáng sēn. ‖ S'— en parlant des esprits des infidèles (superstition qui consiste à faire écrire par un pinceau un caractère que l'on interprète ensuite). 下乩 Hiá kỹ.
**INCARTADE**, s. f. *Contumelia, œ, f.* 凌辱 Lîn joŭ. ‖ — (brusquerie). *Fervidus impetus.* 性急 Sín kỹ, ou 性躁 Sín tsaó.
**INCENDIAIRE**, s. m. *Incendiarius, ii, m.* 放火的人 Fáng hŏ tỹ jên.
**INCENDIE**, s. m. *Incendium, ii, n.* 失火 Chĕ́ hŏ. ‖ Celui chez qui il commence. 火頭 Hŏ teōu. ‖ Allumer un —. — *facĕre.* 燒房子 Chaō fâng tsè. ‖ L'éteindre. — *exstinguĕre.* 救火 Kieóu hŏ.
**INCERTAIN, E**, adj. *Dubius.* 不定的 Poŭ tín tỹ. ‖ Fidélité —. *Dubia fides.* 到忠不忠 Taó tchōng poŭ tchōng. ‖ — dans ses résolutions. *Consilii incertus.* 主意不定 Tchoŭ ý poŭ tín. ‖ Flotter — . *Incertus pendēre.* 三心二意 Sān sīn eùl ý. ‖ Je suis — de ce que je dois faire. *Quid agam nescio.* 打不起主意 Tă̌ poŭ kỹ tchoŭ ý.
**INCERTITUDE**, s. f. *Dubitatio, onis, f.* 二心不定 Eúl sīn poŭ tín. ‖ Être dans l'—. *Incertus pendĕre.* 躊躇不決 Tcheóu tchŏu poŭ kiuĕ́. ‖ Tenir dans l'—. *Suspensum tenēre.* 使他二心不定 Chè tā́ eùl sīn poŭ tín. ‖ Lever toute —. *Omnem dubit. tollĕre.* 釋疑 Chĕ́ nỹ.
**INCESSANT, E**, adj. *Assiduus.* 時時刻刻 Chê chê kĕ̆ kĕ̆, ou 不歇 Poŭ hiĕ̆.
**INCESSAMMENT**, adv. *Illicò.* 當時 Táng chê, ou 不斷 Poŭ toúan.
**INCESTE**, s. m. *Incestus, ús, m.* 奸親 Kiēn tsīn.
**INCIDENT, E**, adj. *Incidens.* 另外的 Lín ouáy tỹ, ou 偶然的事 Geòu jân tỹ sé.
**INCIDENTER**, v. n. *Lites ex litibus serĕre.* 搵索 Kŏ̆ sŏ.
**INCISER**, v. a. *Cutem incidĕre.* 割 Kŏ̆.
**INCITER**, v. a. *Impellĕre.* 惹 Jĕ. ‖ 打動 Tă̌ tóng. 催人 Tsoŭy jên.

**INCIVIL, E**, adj. *Rusticus.* 無禮信的 Oŭ lỹ sín tỹ. ‖ —. *Agrestis.* 不合禮的 Poŭ hŏ lỹ tỹ.
**INCLINAISON**, s. f. *Inclinatio, onis, f.* 偏 Piēn. 斜 Siĕ́. 歪 Ouáy.
**INCLINATION**, s. f. *Inclinatio capitis.* 埋頭 Maý teŏu. 俯首 Fóu cheŏu. ‖ — petite. *Parva.* 點頭 Tièn teŏu. ‖ — médiocre. *Mediocris.* 打拱 Tă̌ kòng. ‖ — profonde. *Profunda.* 作揖 Tsŏ́ ý. ‖ — très-profonde, dans les rites. *Profundiss.* 鞠躬 Kioŭ kōng. ‖ Faire une —. *Inclināre caput.* 打拱 Tă̌ kòng. ‖ — (penchant). *Proclivitas.* 偏 Piēn. 向 Hiáng. ‖ 心所慕 Sīn sŏ mó. 心向 Sīn hiáng. ‖ — à la vertu. *Pronus ad bonum.* 向善 Hiáng chán, ou 本來好 Pèn laỹ haŏ. ‖ — au vice. *Ad malum.* 向惡 Hiáng ngŏ. ‖ Suivre son —. *Animo obsequi.* 順偏情 Chúen piēn tsîn. ‖ Par —. *Sponté.* 自巳 Tsé kỹ. ‖ Contre son —. *Invito animo.* 莫奈何 Mŏ laỹ hŏ. ‖ — (propension). *Propensa voluntas.* 愛情 Gaý tsîn. ‖ — pour quelqu'un. *Ergà aliq. propenso esse. animo.* 喜歡他 Hỹ houān tā.
**INCLINER**, v. a. *Inflectĕre.* 偏倒 Piēn taò. ‖ — la tête. *Caput.* 低首 Tỹ cheòu, ou 點頭 Tièn teŏu. ‖ — le corps. *Corpus* —. 灣腰 Ouān yaō. ‖ — vers un parti. *Ad partem* —. 投順一邊 Teŏu chúen ỹ piēn. ‖ S'—. *Corpus inclināre.* 鞠躬 Kioŭ kōng.
**INCLUS, E**, adj. *Inclusus.* 在內的 Tsaý loúy tỹ.
**INCLUSIVEMENT**, adv. 在內 Tsaý loúy.
**INCOGNITO**, adv. *Clanculùm.* 悄悄 Tsiaŏ tsiaŏ.
**INCOHÉRENT, E**, adj. *Non cohærens.* 不合 Poŭ hŏ, ou 不對 Poŭ toúy. ‖ Paroles —. *Verba non coeuntia.* 狂言 ou 亂謊 Loúan kiâng.
**INCOMMODE**, adj. *Molestus.* 囉唣的 Lŏ tsaó tỹ. 不便的 Poŭ pién tỹ, ou 不方便的 Poŭ fāng pién tỹ.
**INCOMMODÉ**, adj. *Morbo tentatus.* 身上不好 Chēn cháng poŭ haò.
**INCOMMODER**, v. a. *Alic. esse gravis.* 煩 Fân. ‖ Ce vin m'a —. *Vinum nocuit mihi.* 我噢了這酒不當安逸 Ngŏ tchĕ́ leaò tchĕ́ tsieòu poŭ táng gān ý.
**INCOMMODITÉ**, s. f. *Incommodum, i, n.* 不便 Poŭ pién ‖ —. *Invaletudo.* 不安逸 Poŭ gān ý.
**INCOMPÉTENCE**, s. f. *Non legitima potestas.* 管不着 Koùan poŭ tchŏ.
**INCONDUITE**, s. f. *Incuria, œ, f.* 不管 Poŭ koùan. ‖ —. *Vita licentior.* 放肆 Fáng sé.
**INCONGRU, E**, adj. *Incongruens.* 不合理 Poŭ hŏ lỹ. ‖ —. *Inurbanus.* 無禮信的 Oŭ lỹ sín tỹ.
**INCONSÉQUENCE**, s. f. *Inconsequentia, œ, f.* 不合 Poŭ hŏ. ‖ Conduite pleine d'—. *Actibus verba non congruentia.* 言行不合 Yên hîn poŭ hŏ.

**INCONSIDÉRÉ, ÉE**, adj. *Imprudens.* 不賢智 Poŭ hiên tché. 胃失 Máo chĕ. 糊塗 Hoŭ toŭ.

**INCONSOLABLE**, adj. *Inconsolabilis.* 安慰不得的 Gān oúy poŭ tĕ́ tў.

**INCONSTANCE**, s. f. *Inconstantia, æ, f.* 心裏不定 Sīn lў poŭ tín.

**INCONTINENCE**, s. f. *Incontinentia, æ, f.* 無節制 Oŭ tsiĕ́ tché. ‖ — d'urine. *Urinæ.* 流尿 Lieòu niáo, ou 夜間了來尿 Yé kiēn laў leáo niáo.

**INCONTINENT, E**, adj. *Incontinens.* 不守節 Poŭ cheóu tsiĕ́.

**INCONTINENT**, adv. (aussitôt). *Statim.* 就 Tsieóu, ou 立刻 Lў kĕ́, ou 當時 Táng chê.

**INCONVÉNIENT**, s. m. *Incommodum, i, n.* 不方便 Poŭ fāng piēn.

**INCORPORER (S')**, v. r. *Coaptari.* 進入 Tsín joŭ. ‖ — dans une société. — *in aliq. societate.* 入會 Joŭ hoúy. ‖ — dans un régiment. *Legioni adscribi.* 入營 Joŭ yûn.

**INCORRIGIBLE**, adj. *Inemendabilis.* 改不得的 Kaў poŭ tĕ́ tў.

**INCORRUPTIBLE**, adj. *Corruptionis exspers.* 朽不得的 Hieòu poŭ tĕ́ tў, ou 不能壞的 Poŭ lên houáy tў. ‖ Juge —. *Integer judex.* 賄不得的官 Houў poŭ tĕ́ tў kouān.

**INCRÉDULE**, adj. (qui ne croit pas). *Incredulus.* 不信的人 Poŭ sín tў jên. ‖ — (qui n'honore pas la Divinité). 不敬神 Poŭ kín chên.

**INCRÉÉ, ÉE**, adj. *Increatus.* 自有的 Tsé yeòu tў, ou 不受造的 Poŭ cheóu tsáo tў.

**INCROYABLE**, adj. ‖ Chose —. *Incredibilis res.* 信不得的事 Sín poŭ tĕ́ tў sé. ‖ — (excessif). — *nimius.* 狠的 Hèn tў, ou 大得狠 Tá tĕ́ hèn.

**INCRUSTER**, v. a. *Crustare.* 嵌 Kiēn.

**INCUBATION**, s. f. *Incubatio, onis. f.* 抱 Páo. (Voir *Couver.*)

**INCUBE**, s. m. *Incubus, i, m.* 夢魔 Móng yèn.

**INCULPER**, v. a. *Culpæ arguere.* 責人過失 Tsĕ́ jên kó chĕ́.

**INCULQUER**, v. a. *Inculcāre.* 叮嚀 Tīn lĭn.

**INCULTE**, adj. *Incultus.* 荒的 Hoūang tў. ‖ Esprit —. *Rude ingenium.* 無見識的 Oŭ kiēn chĕ́ tў.

**INCURABLE**, adj. *Ÿ 醫不得的 Ÿ poŭ tĕ́ tў.

**INCURIE**, s. f. *Incuria, æ, f.* 不管事 Poŭ koùan sé.

**INCURSION**, s. f. *Incursio, onis, f.* 搶搊 Tsiăng loŭ.

**INDE**, s. f. *India, æ, f.* 天竺國 Tiēn tchoŭ kouĕ́, ou 印都國 Ўn toŭ konĕ́.

**INDÉCENT, E**, adj. *Indecorus.* 不便 Poŭ piēn tў, ou 失禮的 Chĕ́ lў tў.

**INDÉCIS, E**, adj. *Incertus.* 心不定 Sīn poŭ tín. ‖ Affaire —. *Negotium —.* 事情不定 Sé tsĭn poŭ tín, Procès —. *Lis adhuc sub judice.* 官司莫有審斷 Kouān sē mŏ yeòu chēn toŭan.

**INDÉFINI, E**, adj. *Indefinitus.* 無限的 Oŭ hán (hién) tў, ou 無了期 Oŭ leáo kў.

**INDÉLÉBILE**, adj. *Indelebilis.* 不滅的 Poŭ miĕ́ tў, ou 不脫的 Poŭ tŏ́ tў. ‖ Tache —. *Macula —.* 洗不脫的污 Sў poŭ tŏ́ tў oū.

**INDEMNISER**, v. a. *Damnum resarcire.* 補害 Poŭ́ háy, ou 賠 Péy.

**INDÉPENDAMMENT**, adv. *Præter.* 格外 Kĕ́ ouáy, ou 不相干 Poŭ siāng kān.

**INDÉPENDANCE**, s. f. *Libertas, atis, f.* 自主 Tsé tchoŭ. ‖ Vivre dans l'—. *Ad suum vivere arbitrium.* 隨便自巳 Soûy piēn tsé kў.

**INDÉTERMINÉ, É**, adj. *Anceps.* 心不定 Sīn poŭ tín.

**INDEX**, s. m. *Index, icis, m.* 目錄 Moŭ loŭ. ‖ Mettre un livre à l'—. *Librum prohibēre.* 禁書 Kín choū. ‖ — (doigt). *Digitus index.* 食指 Chĕ́ tchê.

**INDICATIF**, s. m. *Indicativus modus.* 指 Tchê.

**INDICE**, s. f. *Indicium, ii, n.* 記號 Kў háo, ou 憑據 Pîh kiú.

**INDICIBLE**, adj. *Ineffabilis.* 說不出來的 Chŏ́ poŭ tchoŭ laў tў.

**INDICTION**, s. f. *Indictio, onis, f.* 十五年的 Chĕ́ où niēn tў.

**INDIENNE**, s. f. *Tela catagrapha.* 花洋布 Hoā yâng poú.

**INDIFFÉREMMENT**, adv. *Indiscriminatim.* 不定 Poŭ tín. 不論 Poŭ lén. 不拘 Poŭ kiū.

**INDIFFÉRENCE**, s. f. *Indifferentia, æ, f.* 兩邊都不管 Leăng piēn toū poŭ koùan, ou 不相干 Poŭ siāng kān. ‖ Avoir de l'— pour quelqu'un. *Non esse propensus ad aliq.* 冷冷落落的 Lèn lèn lŏ́ lŏ́ tў, ou 也不愛也不恨 Yè poŭ gáy yè poŭ hén. ‖ —. *Animus minùs propensus.* 淡心 Tán sīn. ‖ Être dans l'—. *De hoc non curāre.* 不管事 Poŭ koùan sé.

**INDIGENCE**, s. f. *Indigentia, æ, f.* 貧乏 Pĭh fắ. ‖ Être dans l'—. *Egēre omnibus.* 受窮 Cheóu kiŏ́ng.

**INDIGÈNE**, s. m. *Indigena, æ, m.* 本方人 Pèn fāng jên.

**INDIGENT, E**, adj. *Inops.* 窮人 Kiŏ́ng jên.

**INDIGESTE**, adj. *Crudus.* 不消化的 Poŭ siaŏ hóa tў. ‖ — (sans ordre). *Inordinatus.* 無次序的 Oŭ tsé siú tў.

**INDIGNATION**, s. f. *Indignatio, onis, f.* 不服 Poŭ foŭ, ou 難忍 Lán jèn. ‖ Exciter l'—. — *movēre.* 兜人不服 Teōu jên poŭ foŭ. ‖ S'attirer l'—. *In se — convertere.* 兜人胃火 Teōu jên máo hŏ.

**INDIGNE**, adj. *Indignus.* 不堪的 Poŭ kān tў.

**INDIGNER**, v. a. *Stomachum al. movēre.* 惹怒 Jĕ́ loŭ́. ‖ S'—. *Indignari.* 發怒 Fắ loŭ́.

INDIGO, s. m. *Indicum, i, n.* 黃靛花 Hoŭang tién hoă. 青黛 Tsīn táy. 土靛 Toŭ tién. 茶藍 Tchă lân.

INDIQUER, v. a. *Indicāre.* 指 Tchĕ. ‖ — la route. — *viam.* 指路 Tchĕ loú. ‖ — le jour. *Diem indicēre.* 立日期 Lỳ jĕ kỳ.

INDIRECT, E, adj. *Obliquus.* 不正 Poŭ tchēn. 彎的 Oūan tỳ. 曲的 Kiŏu tỳ. ‖ Dire d'une manière —. — *dicēre.* 指東說西 Tchĕ tōng chŏ sỳ, ou 不正說 Poŭ tchēn chŏ. ‖ Accusation —. *Accusatio secreta.* 暗告 Gán káo.

INDISCIPLINABLE, adj. *Intractabilis.* 不能守規矩 Poŭ lên cheòu koŭy kiŭ, ou 胃失的 Maó chĕ tỳ.

INDISCRET, ÈTE, adj. *Inconsultus.* 不守口的人 Poŭ cheòu keŏu tỳ jên, ou 不小心 Poŭ siào sīn. ‖ Paroles —. *Incauta verba.* 胃失的話 Maó chĕ tỳ hóa.

INDISPENSABLE, adj. *Necessarius.* 免不得的 Mièn poŭ tĕ tỳ, ou 要緊的 Yáo kìn tỳ.

INDISPOSÉ, ÉE, adj. *Être —.* *Incommod. valetudine esse.* 不安逸 Poŭ gān ỳ, ou 不爽快 Poŭ choŭang koŭay. ‖ — (aigri) Être — contre quelqu'un. *Ab aliq. alienus.* 不喜歡他 Poŭ hỳ hoūan tă.

INDISPOSER, v. a. *Ab aliq. alienāre.* 顛撥人 Tiēn pŏ jên, ou 離間人 Lỳ biēn jên.

INDISPOSITION, s. f. *Invaletudo, inis, f.* 不安逸 Poŭ gān ỳ.

INDISSOLUBLE, adj. *Indissolubilis.* 不能化的 Poŭ lên hoă tỳ.

INDISTINCT, E, adj. *Indistinctus.* 不分開的 Poŭ fén kāy tỳ.

INDIVIDU, s. m. *Individuum.* 各 Kŏ. 自 Tsé. 單 Tān. 身子 Chēn tsè.

INDOCILE, adj. *Indocilis.* 不受敎的 Poŭ cheóu kiáo tỳ. ‖ Enfant —. *Puer monitis asper.* 俸娃娃 Kiáng oūa oūa.

INDOLENCE, s. f. *Socordia, æ, f.* 懈怠 Hiáy taỳ.

INDU, E, adj. *Intempestivus.* 不合時 Poŭ hŏ chē.

INDUBITABLE, adj. *Indubitabilis.* 果然 Kŏ jân, ou 一定的 Ỳ tín tỳ.

INDUCTION, s. f. *Inductio, onis, f.* 引進 Ỳn tsín. ‖ Faire à l'— de quelqu'un. *Persuasu alicuj. facēre.* 別人勸他做的 Piĕ jên kiŭen tă tsóu tỳ. ‖ — par raisonnement. 推論 Toūy lén.

INDUIRE, v. a. *Inducēre.* 令 Lín. 使 Chè. 引人 Ỳn jên. 勸人 Kiŭen jên. ‖ — au mal. *In malum —.* 引人作惡 Ỳn jên tsó ngŏ.

INDULGENCE, s. f. *Indulgentia, æ, f.* 慈悲 Tsĕ peỳ. ‖ — mal entendue des parents. *Inepta lenitas parentum.* 護短 Foú toŭan, ou 姑息兒子 Koū sỳ eùl tsè. ‖ Traiter quelqu'un avec —. *Aliq. clementer habēre.* 待得慈 Táy tĕ tsĕ. ‖ — spirituelle que l'Église accorde. 恩赦 Gēn chĕ. ‖ — plénière. 全恩赦 Tsŭen gēn chĕ. ‖ — partielle. 不全恩赦 Poŭ tsŭen gēn chĕ. ‖ — personnelle. 私恩赦 Sē gēn chĕ. ‖ — locale. 一處恩赦 Ỳ tchoŭ gēn chĕ. ‖ — perpétuelle. 永恩赦 Yùn gēn chĕ. ‖ — temporaire. 暫恩赦 Tchán gēn chĕ. ‖ Accorder une —. 頒恩赦 Pān gēn chĕ. ‖ Gagner une —. 得恩赦 Tĕ gēn chĕ. ‖ L'appliquer aux âmes du purgatoire. 讓恩赦與煉靈 Jáng gēn chĕ yù liên līm. ‖ — de bonne mort. 臨終大赦 Līn tchōng tá chĕ. ‖ — du chemin de la croix. 苦路恩赦 Koŭ loŭ gēn chĕ.

INDULGENT, E, adj. *Clemens.* 慈悲的 Tsĕ peỳ tỳ.

INDULT, s. m. *Indultum, i, n.* 宗牧皇恩 Tsōng moŭ hoŭang gēn. ‖ Obtenir un —. *Obtinēre —.* 蒙宗牧皇恩 Mōng tsōng moŭ hoŭang gēn. ‖ Le fulminer. *Vulgāre —.* 頒示宗牧上諭 Pān chĕ tsōng moŭ cháng yú.

INDUSTRIE, s. f. *Industria, æ, f.* 巧 Kiăo. 才能 Tsáy lên. 能幹 Lên kān. ‖ Travailler avec —. *Solerter laborāre.* 做得巧 Tsóu tĕ kiăo. ‖ Vivre d'—. *Artibus vivēre.* 手藝營生 Cheòu nỳ yûn sēn. ‖ Chevalier d'—. *Marte suo vivens.* 偷來喫 Teōu laỳ tchĕ.

INÉBRANLABLE, adj. *Inconcussus.* 穩的 Oŭen tỳ. ‖ —. *Constans.* 恆心 Hên sīn. ‖ dans ses désirs. *Prop. tenax.* 恆心滿意思 Hên sīn màn ý sē. ‖ Résolution —. *Consilii —.* 恆心 Hên sīn, ou 穩當的主意 Oŭen táng tỳ tchoù ý.

INEFFABLE, adj. *Ineffabilis.* 無言可言的 Oū yên kŏ yên tỳ.

INEFFAÇABLE, adj. *Indelebilis.* 不滅的 Poŭ miĕ tỳ. ‖ Tache d'huile —. *Macula æterna.* 洗不脫的油 Sỳ poŭ tŏ tỳ yeŏu.

INEFFICACE, adj. *Inefficax.* 無效的 Oū hiáo tỳ.

INÉGAL, E, adj. *Inæqualis.* 不平的 Poŭ pîn tỳ. ‖ Esprit —. *Mobilis —.* 無恒心 Oū hên sīn. ‖ Coupé d'une façon —. *Dispari modi præcisus.* 七長八短 Tsỳ tchăng pă toŭan, ou 七高八低 Tsỳ kaō pă tỳ.

INÉLÈGANT, E, adj. *Incomptus.* 粗的 Tsōu tỳ, ou 不雅 Poŭ yà.

INÉNARRABLE, adj. *Inenarrabilis.* 說不出來的 Chŏ poŭ tchoū laỳ tỳ.

INEPTE, adj. *Inhabilis.* 不會的 Poŭ hoúy tỳ. ‖ — *Absurdus.* 不合理 Poŭ hŏ lỳ.

INÉPUISABLE, adj. *Inexhaustus.* 無盡的 Oū tsín tỳ.

INERTE, adj. *Iners.* 不動的 Poŭ tóng tỳ.

INÉRUDIT, E, adj. *Ineruditus.* 不識字的 Poŭ chĕ tsé tỳ.

INESPÉRÉ, ÉE, *Insperatus.* 不想的 Poŭ siàng tyˇ, ou 偶然的 Geòu jân tyˇ.

INÉVITABLE, adj. *Inevitabilis.* 免 Mièn, ou 躲不得的 Tŏ poŭ tĕ´ tyˇ. 無奈何的 Oŭ laŷ hô tyˇ.

INEXPÉRIENCE, s. f. *Imprudentia, œ, f.* 無見識 Oŭ kién chĕ´.

INEXPUGNABLE, adj. *Inexpugnabilis.* 破不倒的 Pŏ´ poŭ taŏ tyˇ.

INEXTRICABLE, adj. *Inextricabilis.* 分不開的 Fēn poŭ kăy tyˇ.

INFAILLIBLE, adj. *Erroris expers.* 不能錯的 Poŭ lên tsŏ´ tyˇ.∥ — (qui ne peut manquer d'arriver). *Certò futurus.* 一定有的 Yˇ tín yeòu tyˇ.

INFAMANT, E, *Probrosus.* 卑賤的 Peŷ tsién tyˇ.

INFAME, adj. *Infamis.* 無名的 Oŭ mìn tyˇ.∥ Action —. *Turpe factum.* 醜事 Tcheŏu sé.∥ Vers —. *Fœda carmina.* 淫詞 Ŷn tsĕ´.

INFAMIE, s. f. *Infamia, œ, f.* 賤 Tsién, ou 辱 Joŭ.∥ Couvrir quelqu'un d'—. *afficĕre.* 傷人的臉 Chāng jên tyˇ lièn.∥ Se couvrir d'—. *Se dedecorāre flagitiŭs.* 壞自己的面門 Hoŭaŷ tsé kyˇ tyˇ mién mèn.

INFANT, s. m. *Infans, tis, m.* 太子 Táy tsè.

INFANTE, s. f. — 公主 Kōng tchoŭ.

INFANTERIE, s. f. *Peditatus, ùs, m.* 步兵 Póu pīn.

INFANTICIDE, s. m. *Infanticida, œ, f.* 殺嬰孩 Chă´ ŷn hiaŷ.∥ — des petites filles dans l'eau. 溺女 Niĕ niŭ.

INFATIGABLE, adj. *Indefessus.* 不能倦的 Poŭ lên loúy tyˇ.

INFATUER, v. a. *Rei studium injicĕre.* 熱人的心 Jĕ´ jên tyˇ sīn.∥ Être — do quelqu'un. *Cœco aliq. studio amplecti.* 戀戀不捨 Lién lién poŭ chè.∥ S'— d'une opinion. *Opinionem penitus animo imbibĕre.* 執意 Tchĕ´ ý.

INFÉCOND, E, adj. *Sterilis.* 不出種的 Poŭ tchŏu tchòng tyˇ.∥ Femme —. *Mulier —.* 石胎 Chĕ´ tăy.∥ Terre —. *Terra —.* 荒地 Hoūang tí.

INFECT, E, adj. *Fetidus.* 殠的 Tcheŏu tyˇ.

INFECTER, v. a. *Tetro odore inficĕre.* 殠 Tcheŏu.∥ L'air est —. *Aer est pestilens.* 氣殠 Kyˇ tcheŏu.∥ — (corrompre). *Corrumpĕre.* 敗壞 Páy houáy.∥ — un jeune homme. — *juvenem.* 敗壞少年人 Páy houáy chaò nièn jên.

INFÉLICITÉ, s. f. *Infelicitas, atis, f.* 災 Tsaŷ, ou 禍 Hŏ´.

INFÉRER, v. a. *Inferre.* 所以有 Sŏ´ ý yeòu.∥ 推論 Toŭý lén.∥ 推想 Toŭý siàng.

INFÉRIEUR, E, adj. *Inferior.* 在下的 Tsáy hiá tyˇ, ou 下等 Hiá tèn.∥ Être — à quelqu'un. *Alic. cedĕre.* 在人之下 Tsáy jên tchĕ hiá.∥ Vertu —. *Virtus*

*infer*. 德不及他 Tĕ´ poŭ kyˇ tă´.∥ Un —. *Plebeius.* 下人 Hiá jên.∥ Se reconnaître —. *Se imparem profteri.* 認自己不及 Jén tsé kyˇ poŭ kyˇ.

INFERNAL, E, adj. *Infernalis.* 地獄的 Tyˇ yŏu tyˇ.∥ Pierre —. *Causticus lapis.* 地獄石 Tyˇ yŏu chĕ´.

INFESTER, v. a. *Infestāre.* 搶 Tsiǎng, ou 刼 Lĕ´.

INFIDÈLE, adj. *Infidus.* 不忠信 Poŭ tchōng sín.∥ Ami —. *Amicus —.* 不忠信的朋友 Poŭ tchōng sīn tyˇ pŏng yeòu.∥ Mémoire —. *Labans memoria.* 記性不穩 Kyˇ sín poŭ oŭen.∥ — pour la main. *Pronus ad furtum.* 手不乾凈 Cheòu poŭ kān tsín.

INFIDÈLES, s. m. *Gentiles, pagani.* 外教人 Ouáy kiáo jên.∥ Prêcher aux —. *Gentilibus prædicāre.* 勸外教人奉教 Kiuèn ouáy kiáo jên fóng kiáo.∥ Amener les — à entendre la doctrine. *Adducĕre — ad doctrinam audiend.* 引外教人聽道理 Ŷn ouáy kiáo jên tĭ´h táo lyˇ.∥ Convertir un —. *Convertĕre unum gentilem.* 回頭一个外教人 Hoŭy teŏu ý kó ouáy kiáo jên.∥ Scandaliser un —. *Scandalum dāre gentili.* 在外教人面前攘表樣 Tsáy ouáy kiáo jên mién tsièn houáy piaŏ yáng.∥ Imiter les —. *Imitāri gentiles.* 學外教人的行爲 Hiŏ´ ouáy kiáo jên tyˇ hìn oŭy.∥ Aider les — dans les superstitions. *Adjuvāre in superst.* 帮外教人做異端 Pāng ouáy kiáo jên tsoŭ ý toŭan.∥ Plaider avec un —. *Litem cum gentili habēre.* 同外教人打官司 Tŏng ouáy kiáo jên tă koŭan sē.

INFIDÉLITÉ, s. f. *Paganismus, i, m.* 外教 Ouáy kiáo.∥ Y être. *In — versāri.* 在聖教外 Tsáy chén kiáo ouáy.∥ Vouloir y demeurer. *Nolle — deserĕre.* 故意不奉教 Koú ý poŭ fóng kiáo.∥ Combattre l'—. *Superstitiones debellāre.* 抵排異端 Tyˇ páy ý toŭan.∥ Rejeter l'—. *Infidelitatem respuĕre.* 奉教 Fóng kiáo.∥ — (perfidie). *Perfidia.* 不忠信 Poŭ tchōng sín.∥ Raconter avec —. *Mentiri.* 說謊 Chŏ´ houāng.

INFILTRER (S'), v. a. *Se insinuāre.* 透 Teŏu, ou 自已找起來 Tsé kyˇ tchaŏ kyˇ laŷ.

INFIME, adj. *Infimus.* 下賤的 Hiá tsién tyˇ.

INFINI, E, adj. *Infinitus.* 無限的 Oŭ hién tyˇ.∥ 無量 Oŭ leáng o. 無數目 Oŭ soú moŭ.∥ — innombrable. *Innumerus.* 無數的 Oŭ soú tyˇ.∥ S'étendre à l'—. *In infinit. abire.* 說不完 Chŏ´ poŭ oŭan.

INFINIMENT, adv. *Infinité.* 狠 Hèn, ou 無盡的 Oŭ tsín tyˇ.

INFINITÉ, s. f. *Infinitas, atis, f.* 無限 Oŭ hién, ou 無量的 Oŭ leáng tyˇ.∥ — de gens. *Plurimi.* 無數人 Oŭ soú jên.

INFINITIF, s. m. *Infinitivus.* 無定言 Oŭ tín yên.

INFIRME, s. m. *Infirmus, i, m.* 病人 Pín jên.

## INF

**INFIRMER**, v. a. *Rescindĕre.* 拆 Tsĕ̆.
**INFIRMERIE**, s. f. *Valetudinarium, ii, n.* 病院 Pín ouán.
**INFIRMITÉ**, s. f. *Infirmitas, atis, f.* 不安逸 Poŭ gān y̆.
**INFLAMMATION**, s. f. *Inflammatio, onis, f.* 腫 Tchòng, ou 發熱 Fă jĕ̆. ‖ — des yeux. *Oculorum tumor.* 害火眼 Háy hŏ yèn. ‖ — d'estomac. 胃炎 Oúy yén. ‖ — du foic. 肝炎 Kán yén. ‖ — de l'utérus. 子宮炎 Tsè Kōng yén. ‖ — du larynx. 氣管出聲處生炎 Ky̆ koŭan tchŏu chēn tchŏu sēn yèn.
**INFLEXION**, s. f. *Vocis flexus, us, m.* 變音 Pién y̆n.
**INFLIGER**, v. a. *Pœnam irrogāre.* 定罰 Tín fă̆.
**INFLUENCE**, s. f. *Siderum vis.* 星宿之力 Sīn sioŭ tchē ly̆, ou 星照臨下物 Sīn tchaó līn hiá oŭ. ‖ Avoir — sur quelqu'un. *Auctoritate valēre apud aliq.* 能服人 Lēn foŭ jēn. ‖ Ne pas céder à des —. 莫得人服得倒他 Mô yĕ̆ jēn foŭ tĕ̆ taò tă̆. ‖ Par son —. *Sud auctoritate.* 是他的力 Ché tă̆ ty̆ ly̆.
**INFORMER**, v. a. *Quærĕre.* 訪 Fàng, ou 報信 Paó sín. ‖ — contre quelqu'un. *Quæstionem habēre.* 告人 Kaó jēn. ‖ Requérir qu'on —. *postulāre.* 請人訪 Tsĭn jēn fàng. ‖ — quelqu'un d'une chose. *De re monēre.* 報真 Paó sín. ‖ — l'Empereur par un placet. *Imperatori libellum offerre.* 奏 Tseóu. 上本 Cháng pèn. ‖ S'— dé. *De re inquirĕre.* 問 Ouén, ou 察考 Tchă̆ kào.
**INFORTUNE**, s. f. *Infortunium, ii, n.* 凶事 Hiōng sé, ou 患難 Hoúan lán.
**INFORTUNÉ, E**, adj. *Infelix.* 苦人 Kŏu jèn, ou 遭逆人 Tsaō niĕ̆ jēn.
**INFRACTEUR**, s. f. *Violator, oris, m.* 犯法的 Fán fă̆ ty̆. ‖ — du traité. *Fœdifragus.* 犯和約的 Fán hô yŏ ty̆.
**INFRUCTUEUX, SE**, adj. *Infructuosus.* 無利益的 Oŭ ly̆ y̆ ty̆.
**INFUS, E**, adj. *Divine infusus.* 從天上來的 Tsŏng tiēn cháng lay̆ ty̆, ou 賦給的 Foŭ kiĕ̆ ty̆.
**INFUSER**, v. a. *Liquore diluĕre.* 泡 Paó.
**INFUSION**, s. f. *Infusio, onis. f.* 沖水泡 Tchóng choŭy paó.
**INGAMBE**, adj. *Alacer.* 快的 Koŭay̆ ty̆.
**INGÉNIER (S')**, v. r. *Excogitāre.* 細想 Sý siàng.
**INGÉNIEUX, SE**, adj. *Acutus.* 妙的 Miáo ty̆, ou 巧計的 Kiăo ky̆ ty̆. ‖ Homme —. *Ingenio valens.* 大才能的 Tá tsăy̆ lēn ty̆. ‖ — à tromper. *Ad fraudem callidus.* 會哄人的 Hoŭy̆ hòng jēn ty̆.
**INGÉNU, E**, adj. *Candidus.* 老實的 Laò chĕ̆ ty̆.
**INGÉRER (S')**, v. r. *Se rei immiscēre.* 多事 Tō sé, ou 自專 Tsé tchoūan.

## INN

**INGRAT, E**, adj. *Ingratus.* 無情的 Oŭ tsīn ty̆, ou 辜負 Koū foŭ. ‖ Terrain —. *Solum sterile.* 荒地 Houāng ty̆. ‖ Travail —. *Incassus labor.* 無益的活路 Oŭ y̆ ty̆ hô loŭ.
**INGRÉDIENT**, s. m. *Remedii materia.* 藥料 Yŏ leào.
**INHABILE**, adj. *Inhabilis.* 不會的 Poŭ hoŭy̆ ty̆, ou 不才行 Poŭ tsăy̆ hĭn.
**INHABILETÉ**, s. f. *Incapacitas, atis, f.* 不會 Poŭ hoŭy.
**INHÉRENT, E**, adj. *Inhærens.* 自然 Tsé jân, ou 離不開的 Ly̆ poŭ kăy̆ ty̆.
**INHIBITION**, s. f. *Inhibitum, i, n.* 禁革 Kín kĕ̆.
**INHOSPITALIER, E**, adj. *Inhospitalis.* 不接客的 Poŭ tsiĕ̆ kĕ̆ ty̆. ‖ Maison —. *Domus —.* 不歇客的人戶 Poŭ hiĕ̆ kĕ̆ ty̆ jēn foŭ.
**INHUMAIN, E**, adj. *Inhumanus.* 暴虐的 Paó niŏ̆ ty̆.
**INHUMANITÉ**, s. f. *Inhumanitas, atis, f.* 無人情的事 Oŭ jēn tsīn ty̆ sé.
**INHUMER**, v. a. *Humāre.* 埋 May̆.
**INIMITIÉ**, s. f. *Inimicitia, æ, f.* 仇恨 Tcheóu hén. ‖ — cachée. *Tacita —.* 心內恨人 Sīn loúy̆ hén jēn. ‖ S'attirer l'— de quelqu'un. *In se alicuj. odium conciliāre.* 兜人恨他 Teōu jēn hén tă̆.
**INIQUE**, adj. *Iniquus.* 不公道的 Poŭ kōng taó ty̆.
**INITIALE**, s. f. *Majuscula littera.* 大字頭 Tá tsé teōu.
**INITIATIVE**, s. f. *Jus eligendi aut dicendi prior.* 得占先 Tĕ̆ tchán siēn. ‖ Prendre l'— pour un avis. *Sentent. primatum tenēre.* 先說主意 Siēn chŏ tchoŭ y̆.
**INITIER**, v. a. *Sacris initiāre.* 敎初學的道理 Kiáo tsōu hiŏ ty̆ taó ly̆, ou 引入門 Y̆n joŭ mēn.
**INJECTER**, v. a. *Injicĕre.* 打水鎗 Tă choŭy̆ tsiāng. ‖ — de l'eau, par fraude, dans la viande. 打水肉 Tă choŭy̆ joŭ.
**INJONCTION**, s. f. *Jussum, i, n.* 命 Mín.
**INJURE**, s. f. *Probrum, i, n.* 凌辱 Līn joŭ. ‖ Accabler d'—. *Injuriis lacessĕre.* 大凌辱 Tá līn joŭ. ‖ A qui se dira plus d'—. *Maledictis inter se certāre.* 相罵 Siāng má. ‖ — de l'air. *Sub dio.* 天氣不和 Tiēn ky̆ poŭ hô. ‖ — de la fortune. *Fortunæ tela.* 運氣不好 Yún ky̆ poŭ haò.
**INJUSTE**, adj. *Injustus.* 不公道的 Poŭ kōng taó ty̆. ‖ Être —. *Esse —.* 背良心 Péy̆ leáng sīn, ou 不公道 Poŭ kōng taó. ‖ Être — en affectant de belles paroles, ou une vie réglée. 打把飾 Tă pă ché, ou 打露水 Tă loŭ choŭy̆.
**INNÉ, E**, adj. *Innatus.* 本性的 Pèn sín ty̆.
**INNOCENCE**, s. f. *Innocentia, æ, f.* 無罪 Oŭ tsoúy̆. ‖ Conserver son —. *Servāre —.* 莫有犯死罪 Mô yeóu fán sè tsoúy̆. ‖ Avoir l'— baptismale. *Innocentiam bapt. servāre.* 領洗後沒有犯死罪 Lĭn sy̆ heóu moŭ yeóu fán sè tsoúy̆. ‖ Age d'—. *Simplices anni.*

孩童之時 Hiáy tŏng tchē chě. ‖ — (simplicité). Simplicitas. 過餘老實 Kó yû laò chě.

INNOCENT, E, adj. Innocens. 無罪的 Où tsoúy tỷ. ‖ Vie —. Vita integra. 平生無罪 Pḯn sēn où tsoúy. ‖ Ame —. Casta mens. 潔淨的耳心 Kiĕ tsín tỷ lỷ leâng sīn. ‖ Ruse —. Pia fraus. 哄人耍 Hòng jên choà. ‖ — (qui n'est pas coupable). Sceleris insons. 無罪的 Où tsoúy tỷ. ‖ Condamner un —. — damnare. 屈死無辜 Kiŏu sè où koū. ‖ Déclarer —. Aliq. à culpâ absolvere. 放無罪的人 Fáng où tsoúy tỷ jên.

INNOMBRABLE, adj. Innumerabilis. 無數的 Où soú tỷ.

INNOVATION, s. f. Immutatio, onis, f. 改 Kaỷ, ou 立新事 Lỷ sīn sé.

INNOVER, v. n. Nova inducere. 新設的事 Sīn chĕ tỷ sé, ou 改風俗 Kaỷ fōng siŏu.

INOCCUPÉ, ÉE, adj. Otiosus. 空閒的 Kóng hiên tỷ.

INODORE, adj. Inodorus. 不香的 Poù hiāng tỷ.

INOFFENSIF, VE, adj. Innocuus. 害不得的 Haỷ poù tĕ tỷ.

INONDER, v. a. Inundare. 水淹了 Choùy gán leào.

INOPINÉ, ÉE, adj. Inopinatus. 偶然的 Geòu jân tỷ.

INOUÏ, E, adj. Inauditus. 未聞的 Oúy ouén tỷ.

IMPROMPTU, s. m. Subitanea res. 偶然的事 Geòu jân tỷ sé. ‖ Faire un —. Ex tempore dicere. 隨口說 Soûy keŏu chŏ.

INQUIET, ÈTE, adj. Anxius. 憚心的 Tān sīn tỷ, ou 不安的 Poù gān tỷ. ‖ — (remuant). Inquies. 不停息的 Poù tḯn sỷ tỷ.

INQUIÉTANT, E, adj. Molestosus. 囉唆的 Lō sō tỷ.

INQUIÉTER, v. a. Angere. 兜人憚心 Teōu jên tān sīn. ‖ S'—. Animo angi. 憚心 Tān sīn. ‖ S'— à tort, soi-même. Sine causâ angi. 無故憚心 Où koú tān sīn.

INQUISITION, s. f. Inquisitio, onis, f. 察考 Tchằ kào. ‖ Tribunal de l'—. Tribunal —. 按察敎部 Gán tchằ kiáo poú.

INSATIABLE, adj. Insatiabilis. 不滿的 Poù màn tỷ. ‖ — (au figuré). 喫不飽的 Tchĕ poù pào tỷ.

INSCRIPTION, s. f. Inscriptio, onis, f. 飛子 Feỷ tsè, ou 牌扁 Paỷ piēn.

INSCRIRE, v. a. Inscribere. 寫 Siĕ. ‖ — les noms. Nomina inscribere. 掛名字 Koúa mḯn tsé.

INSECTE, s. m. Insectum, i, n. 虫子 Tchŏng tsè.

INSENSÉ, ÉE, adj. Insanus. 欻子 Gaỷ tsè, ou 痴人 Tchē jên.

INSENSIBLE, adj. Sine sensu. 不知覺 Poù tchē kiŏ. 心硬 Sīn gēn. 不動心的 Poù tóng sīn tỷ. ‖ — au froid. Frigoris patiens. 不覺冷 Poù kiŏ lèn. ‖ — aux prières. Precibus immansuetus. 求不准 Kieŏu poù tchùen. ‖ —. Sub sensu non cadens. 希夷 Hỷ ỷ.

INSENSIBLEMENT, adj. Sensim, paulatim. 慢慢的 Mán mán tỷ.

INSÉPARABLE, adj. Quod sejungi non potest. 離不開的 Lỷ poù kāy tỷ.

INSÉRER, v. a. Inserere. 放在內 Fáng tsáy loúy. ‖ — une clause pénale dans un traité. In fœdere clausulam pœnalem ponere. 犯和約者受某罰 Fán hồ yŏ tchè cheóu mòng fằ.

INSIDIEUX, SE, adj. Insidiosus. 有詭計的 Yeòu koùy kỷ tỷ.

INSIGNE, adj. Insignis. 非常的 Feỷ chăng tỷ. ‖ Piété —. Spectata pietas. 大德行 Tá tĕ hḯn.

INSIGNE, s. m. (marque de noblesse). Insignia gentilitia. 旌 Chēn, étendard particulier que les Dignitaires peuvent seuls employer ; 頂戴 Tīn taỷ, globule du bonnet chinois.

Les insignes du costume civil des dignitaires chinois sont :

1° Le globule. 頂子 Tīn tsè.

2° La plume de paon. 翎子 Lḯn tsè.
翎管 Lḯn koùan.

3° Le collier ou chapelet de perle. 朝珠 Tchằo tchoū

4° Le rational. 補服 Poù foù.

5° La ceinture. 鉤帶 Keōu taỷ.

Quant aux globules, qui se portent sur le bonnet de cérémonie, ils varient selon la dignité. Le mandarinat chinois se divise en neuf rangs (品 Pḯn). Chaque rang se divise en deux classes. Il y a donc dix-huit classes de mandarins. (Voir à l'Appendice n° XII la liste du personnel qui compose ces neuf rangs ou dix-huit classes de mandarins.)

| | | |
|---|---|---|
| 1er rang. | 1re classe. — Pierre précieuse rouge, 紅寶石頂 Hōng paò chĕ tḯn. | |
| | 2e classe. — Globule de corail. 珊瑚 Chān hoû. | |
| 2e rang. | 1re classe. — Pierre précieuse rouge, inférieure. 紅寶石頂 Hōng paò chĕ tḯn. | |
| | 2e classe. — Globule de corail, ciselé en forme de fleur. 花珊瑚 Hoā chān hoû. | |
| 3e rang. | 1re classe. — Pierre sphérique bleue. 藍寶石頂 Lân paò chĕ tḯn. | |
| | 2e classe. — La même, de moindre dimension. | |
| 4e rang. | 1re classe. — Pierre précieuse en bleu obscur. 晴藍寶石頂 Gán lân paò chĕ tḯn. | |
| | 2e classe. — La même, plus petite. | |

| | |
|---|---|
| 5ᵉ rang. | 1ʳᵉ classe. — Pierre en cristal de roche ou de verre brillant. 水晶及明玻璃頂 Choùy tsĭn kỹ min pŏ' lỹ tĭn. |
| | 2ᵉ classe. — La même, plus petite. |
| 6ᵉ rang. | 1ʳᵉ classe. — Pierre précieuse inférieure et verre mat. 硨磲及捏玻璃頂 Tcheỹ kiû kỹ hoâng pŏ' lỹ tĭn. |
| | 2ᵉ classe. — La même, plus petite. |
| 7ᵉ rang. | 1ʳᵉ classe. — Globule d'or, en forme de fleur. 花金頂 Hoâ kĭn tĭn. |
| | 2ᵉ classe. — Globule en pierre blanche obscure. 唁白石頂 Gán pŏ chĕ tĭn. |
| 8ᵉ rang. | 1ʳᵉ et 2ᵉ classe. — Les mêmes, de moindre dimension. |
| 9ᵉ rang. | 1ʳᵉ classe. — Globule en cuivre doré. |
| | 2ᵉ classe. — Le même, plus petit. |

**INSIGNIFIANT, E**, adj. *Insulsus*. 細小 Sỹ siaò, ou 不算 Poŭ soúan.

**INSINUER**, v. a. *Insinuāre*. 暑提 Liŏ tỹ, ou 似露不露 Sé loú poŭ loú. ∥ — son venin. *Venenum inspirāre*. 放毒藥 Fáng toŭ yŏ. ∥ S'—. *Se insinuāre in animo*. 得人心 Tĕ' jĕn sĭn.

**INSIPIDE**, adj. *Fatuus*. 淡 Tán, ou 無味的 Oŭ oúy tỹ. ∥ Mots —. *Cibi sine sapore*. 飲食無味 Yn chĕ oŭ oúy. ∥ Mot —. *Sine sale verbum*. 話不入耳 Hoá poŭ joŭ eŭl.

**INSISTER**, v. n. *Urgēre*. 催 Tsoŭy, ou 懇求 Kĕn kiĕoú. ∥ —. *Pluribus verbis premĕre*. 再三再四說 Tsaý sān tsaý sé chŏ.

**INSOLENCE**, s. f. *Protervia, æ, f*. 傲性的 Gaó sín tỹ, ou 無禮信的 Oŭ lỹ sín tỹ. ∥ Réprimer l'—. *reprimĕre*. 押人的驕傲 Yă jĕn tỹ kiāo gaó. ∥ Parler avec —. *Protervé loqui*. 嘴刁 Tsoŭy tiāo. ∥ — (injure). *Probrum*. 凌辱 Lĭn joŭ. ∥ Dire des —. *Probra dicĕre*. 凌辱人 Lĭn joŭ jĕn.

**INSOLITE**, adj. *Insolitus*. 非常的 Feỹ chǎng tỹ.

**INSOLVABLE**, adj. *Solvendo impar*. 倒了行 Taò leào hâng.

**INSOMNIE**, s. f. *Insomnia, æ, f*. 睡不得 Choúy poŭ tĕ', ou 睡不着 Choúy poŭ tchŏ. ∥ Avoir des —. *Vigiliā noct. premi*. 睡不得 Choúy poŭ tĕ'.

**INSOUCIANT, E**, adj. *Omni curā vacuus*. 不管事的 Poŭ koùan sé tỹ.

**INSPECTER**, v. a. *Inspicĕre*. 察考 Tchǎ kào. ∥ — un cadavre de tué. *Occisum inspectāre*. 驗屍 Nién chē.

**INSPECTEUR**, s. m. *Inspector, oris, m*. 察考的人 Tchǎ kào tỹ jĕn. ∥ — officiel des cadavres de gens tués. 仵作 Où tsó. ∥ — des rivières. 總督 Tsòng toŭ. ∥ — des fleuves. 河督 Hŏ toŭ. 總河 Tsòng hŏ. ∥ — des routes. 河道 Hŏ taó.

— des chaussées. 河閘所官 Hŏ tchă sŏ koùan. ∥ — des montagnes. 分巡道 Fēn siûn taó. ∥ — des canaux. 總漕 Tsòng tsāo. ∥ — des routes publiques. 督運 Toŭ yún. 粮道 Leâng taó. ∥ — de métropole. 守道 Cheòu taó.

**INSPECTION**, s. f. *Inspectio, onis, f*. 看 Kǎn. ∥ — impériale. *Imperialis —*. 御覽 Yú làn. ∥ Faire l'— des soldats. *Milites inspectāre*. 點兵 Tièn pīn.

**INSPIRATION**, s. f. *Inspiratio, onis, f*. 呼吸 Hoū hỹ. ∥ —. *Impulsus*. 勸 Kiuĕn. ∥ Suivre son —. *sequi*. 隨意 Soùy ý. ∥ — divine. *Divinus afflatus*. 默示的事 Mĕ chĕ' tỹ sé.

**INSPIRER**, v. a. *Inspirāre*. 呼吸 Hoū hỹ. ∥ —. *Mentem injicĕre*. 勸人做 Kiuĕn jĕn tsoú, ou 捉醒 Tỹ' sĭn. ∥ — de l'amour à quelqu'un. *Amorem sui conjicĕre*. 兜人愛 Teōu jĕn gaý. ∥ — de la haine. *In alic. odium venire*. 兜人恨 Teōu jĕn hĕn. ∥ Être — de Dieu. *Divino spiritu afflāri*. 受天主默示 Cheóu Tiēn Tchoù mĕ' ché.

**INSTABILITÉ**, s. f. *Instabilitas, atis, f*. 不長久的 Poŭ tchâng kieòu tỹ.

**INSTALLER**, v. a. *In munere constituĕre*. 交印 Kiāo ýn. ∥ Être —. *Magistrat. inire*. 上任 Cháng juén.

**INSTANCE**, s. f. *Efflagitatio, onis, f*. 懇求 Kĕn kieòu, ou 不止 Poú tchĕ. ∥ A mes —. *Meis —*. 我懇求 Ngŏ kĕn kieòu. ∥ Demander avec —. *Enixé petĕre*. 懇求 Kĕn kieòu. ∥ — en justice. *Dica, æ, f*. 呈詞 Tchĕn tsé. ∥ En faire une. *— scribĕre*. 寫呈詞 Siĕ tchĕn tsé.

**INSTANT**, s. m. *Momentum, i, n*. 時刻 Chĕ kĕ'. ∥ Un —, pendant un —, pour un —. *Aliquantisper*. 不多時 Poŭ tō chĕ. ∥ En un —. *Puncto temporis*. 頃刻 Kĕ'. ∥ A l'—. *Actutum, confestim*. 當時 Táng chĕ, ou 立刻 Lỹ kĕ'. ∥ A chaque —. *Singulis momentis*. 時時刻刻 Chĕ chĕ kĕ' kĕ'.

**INSTAR (A L')**, adv. *More*. 猶如 Yeŏu joŭ.

**INSTIGATION**, s. f. *Impulsus, ûs, m*. 催逼 Tsoŭy pỹ, ou 勾引 Keōu ỳn.

**INSTILLER**, v. a. *Instillāre*. 滴流在內 Tỹ lieôu tsaý loúy.

**INSTINCT**, s. m. *Instinctus, ûs, m*. 自然 Tsé jân, ou 本來知覺的性 Pĕn laý tchē kiŏ tỹ sín.

**INSTITUER**, v. a. *Instituĕre*. 立 Lỹ, ou 定 Tín. ∥ — des jeux. *Ludos —*. 請戲子 Tsĭn hý tsĕ. ∥ — (installer). *Sigilla tradĕre*. 交印 Kiāo ýn.

**INSTITUT**, s. m. *Institutum, i, n*. 修會 Sieōu hoúy. ∥ — impérial. *— imperiale*. 翰林院 Hán lĭn ouán.

**INSTITUTEUR**, s. m. *Præceptor, oris, m*. 敎書先生 Kiáo choù siēn sēn.

**INSTITUTION**, s. f. *Schola, æ, f*. 學堂 Hiŏ tâng.

**INSTRUCTIF, VE**, adj. *Præceptorum plenus*. 好道理 Haò taó lỹ, ou 金玉之言 Kĭn yŭ tchē yĕn. ∥ Dire des

## INS

choses —. *Dicĕre vitæ idonea.* 說金玉之言 Chŏ kīn yŭ tchē yên.

**INSTRUCTION**, s. f. *Institutio, onis, f.* 教訓 Kiáo hiún. ‖ — acquise. *Parta cognitio.* 才學 Tsāy hiŏ. ‖ Avoir beaucoup d'—. *Doctrīnis versatus.* 學問好 Hiŏ ouén haò. ‖ — (conseils). *Consilia.* 勸 Kiüèn. ‖ Je lui ai donné mes —. *Mandata tradidi.* 我命了 Ngŏ mín leào. ‖ — (ordre). *Mandata.* 命 Mín. ‖ Donner des —. *Mandata secreta dăre.* 暗使 Gán chĕ. ‖ Fidèle aux —reçues. — *prosequi.* 全聽命 Tsuèn tíh mín.

**INSTRUIRE**, v. a. *Edocēre.* 教 Kiáo. ‖ — ses enfants dans les lettres. *Doctrīn. pueros imbuēre.* 敎兒子讀書 Kiáo eûl tsè toŭ choū. ‖ — dans la doctrine. *Eos doctrīn. docēre.* 敎兒子的道理 Kiáo eûl tsè tyʹ laó lý. ‖ Se faire —. *Invitāre magistrum.* 請人敎兒子 Tsĭn jên kiáo eûl tsè. ‖ — (informer). *Commonēre.* 報信 Paó sín. ‖ — un procès. *Litem instruĕre.* 察案情 Tchăʹ gán tsíh. ‖ S'—. *Litteras discĕre.* 學 Hiŏ, ou 讀書 Toŭ choū.

**INSTRUIT**, adj. *Eruditus.* 有才學的 Yeòu tsáy hiŏ týʹ. ‖ — (averti). *Monitus.* 勸了的 Kiuèn leào týʹ.

**INSTRUMENT**, s. m. *Instrumentum, i, n.* 器具 Kýʹ kiú. ‖ — de menuisier. — *fabr.* 木匠器具 Moŭ tsiáng kýʹ kiú. ‖ — (moyen pour réussir). *Medium.* 方法 Fāng fă. ‖ — de musique. *Musicæ instrum.* 樂器 Lŏ kýʹ. (Pour les instruments de musique, voir ce dernier mot.)

**INSU**, s. m. *Inscius.* 不知道 Poŭ tchē táo, ou 背後 Péy heóu.

**INSUBORDONNÉ**, E, adj. *Contumax.* 不聽命 Poŭ tíh mín.

**INSUFFISANT**, E, adj. *Non sufficiens.* 不彀 Poŭ keóu.

**INSULAIRE**, s. m. *Insulæ incola.* 海島的人 Haỳ taó týʹ jên.

**INSULTE**, s. f. *Ludibrium, ii, n.* 凌辱 Lìn joŭ. ‖ Recevoir une —. *Injuriam suscipĕre.* 受凌辱 Cheóu lìn joŭ. ‖ Donner une —. — *dăre.* 凌辱人 Lìn joŭ jên.

**INSUPPORTABLE**, adj. *Intolerabilis.* 當不得的 Táng poŭ tĕʹ týʹ.

**INSURGÉS**, s. m. *Rebelles, ium, m.* 反賊 Fàn tsĕ́.

**INSURMONTABLE**, adj. *Insuperabilis.* 勝不過的 Chên poŭ kó týʹ. ‖ Difficulté —. *Res difficilis.* 難事 Lán sé.

**INSURRECTION**, s. f. *Insurrectio, onis, f.* 反 Fàn.

**INTACT**, E, adj. *Intactus.* 全的 Tsuèn týʹ.

**INTÈGRE**, adj. *Integer.* 全的 Tsuèn týʹ. 耿的 Kèn týʹ. 公道的 Kōng taó týʹ. ‖ Juge —. *Judex incorruptus.* 不受賄的官 Poŭ cheóu houỳ týʹ koūan. ‖ —. *Plenus in omn. partibus.* 全的 Tsuèn týʹ.

**INTELLIGENCE**, s, f. *Pura mens.* 純神 Chuén chên. ‖ — (faculté). *Intellectus.* 明悟 Mīn oú. ‖ Choses qui passent l'—. *Majora.* — 洞不來的 Tóng poŭ laý týʹ. ‖ Selon mon —. *Pro captu meo.* 照我的明悟 Tchaó ngŏ týʹ mīn oú. ‖ —. *Notitia rerum.* 知道 Tchē táo.

## INT

ou 見識 Kién chĕ. ‖ Avoir l'— des affaires. *In rebus gerend. esse peritus.* 有見識 Yeòu kién chĕ. ‖ —. *Concordia.* 和睦 Hô moŭ. ‖ Être en bonne — avec quelqu'un. *Conjuncté vivĕre.* 與人相好 Yù jên siāng haò. ‖ Semer la mauvaise —. *Discord. semināre.* 刁唆 Tiāo sō. ‖ — commerce. *Clandestinum commercium.* 私交 Sē kiāo. ‖ Être tous d'— pour perdre quelqu'un. *Omnes de pernicie alicuj. conjurāre.* 同謀殺人 Tông mông chăʹ jên. ‖ Avoir des — avec les rebelles. *Conjung. comm. cum rebellibus.* 私通賊子 Sē tōng tsĕ́ tsĕ́.

**INTELLIGENT**, E, adj. *Intelligens.* 有靈覺的悟 Yeòu lìm kiŏ týʹ oú, ou 有明悟的 Yeòu mīn oú týʹ. ‖ Parler d'une façon —. *Dilucidè loqui.* 明說 Mīn chŏ. ‖ Expliquer d'une façon —. *Enucleatè explicāre.* 明解 Mīn kiày.

**INTEMPÉRANCE**, s. f. *Intemperantia, æ, f.* 不節 Poŭ tsiĕ́. ‖ —. *In cibo et potu.* 貪饕 Tān taō. ‖ — de langue. *Linguæ petulantia.* 話多 Hoá tō.

**INTEMPÉRIE**, s. f. *Intemperies, ci, f.* 天氣不和 Tiēn kýʹ poŭ hô.

**INTENDANCE**, s. f. *Præfectura, æ, f.* 官職 Koūan tchĕ́. ‖ — *Præfecti ædes.* 衙門 Yâ mên.

**INTENDANT**, s. m. *Prætor, oris, m.* 總督 Tsòng toŭ. ‖ — général. — *generalis.* 九門提督 Kieòu mên týʹ toŭ. ‖ — des finances. *Ærariæ rei præfectus.* 布政司 Poŭ tchén sē. ‖ — de justice. *Procurat. justitiæ.* 按察司 Gán tchăʹ sē. ‖ — (administrateur des biens d'une famille). *Procurator.* 當家 Tāng kiā. ‖ Être l'— de quelqu'un. *Negotia procurāre.* 管別人的事 Koūan piĕʹ jên týʹ sé.

**INTENSE**, adj. *Intensivus.* 狠 Hèn, ou 密的 Mỳ týʹ.

**INTENTER**, v. a. (un procès). *Litem inferre.* 打官司 Tà koūan sē.

**INTENTION**, s. f. *Mens, animus.* 意思 Ýʹ sé, ou 志向 Tché hiáng. ‖ Avoir —. *In animo habēre.* 有意 Yeòu ý. ‖ Bonne —. *Bona intentio.* 善意 Chán ý. ‖ — actuelle. *Actualis.* 現時的意 Hién chē týʹ ý. ‖ — virtuelle. *Virtualis.* 算得在內 Soúan tĕʹ tsaý loúy, ou 借意 Tsiĕ́ ý. ‖ — habituelle. *Habitualis.* 先現時的意 Siēn hién chē týʹ ý. ‖ Avoir bonne —. *Hab. bon. animum.* 有善意 Yeòu chán ý. ‖ Quelle est votre —? *Quæ est vestra intentio* (aux supérieurs)? 未知尊意如何 Oŭy tchē tsēn ý joŭ hô. ‖ — (aux égaux). 不知意下如何 Poŭ tchē ngỳ ý hiá joŭ hô. ‖ Changer d'—. *Consilium mutāre.* 改主意 Kaỳ tchoù ý.

**INTERCALAIRE**, adj. *Intercalaris.* 閏的 Juén týʹ.

**INTERCALER**, v. a. *Intercalāre.* 加 Kiā, ou 閏 Juén.

**INTERCÉDER**, v. a. *Intercedĕre.* 轉達 Tchoŭan tă, ou 說請 Chŏ tsĭn.

**INTERCEPTER**, v. a. *Intercipĕre.* 阻攔 Tsoŭ lân. ‖ — un

édit. *Edictum* —. 把他的文書壓了 Pà tǎ tỷ ouēn choū yǎ leào.

INTERDIRE, v. a. *Interdicĕre*. 禁革 Kín kě̆. ǁ — la viande. *Carnes prohibēre*. 不許喫肉 Poŭ hiù tchě̆ jǒu. ǁ — un mandarin. *Præfectum à munere removēre*. 停任 Tíh jén, ou 革職 Kě̆ tchě̆. ǁ — un prêtre. *Sacerdotem ab officio arcēre*. 革職 Kě̆ tchě̆, ou 鐸德 Tǒ tě̆. ǁ — un chrétien. *Christianum à templo removēre*. 戒進天主堂 Kiày tsín Tiēn Tchoù tǎng.

INTÉRESSANT, E, adj. *Quod delectat*. 排得好聽 Paỳ tě̆ haò tíh. ǁ Cela est fort —. *Hoc plurimum delectat*. 排得好聽 Paỳ tě̆ haò tíh. ǁ Homme —. *Æstimatione dignus*. 可尊敬的人 Kǒ tsēn kíh tỷ jên. ǁ Nouvelle —. *Nuntius ponderis*. 喜信 Hỷ sín. ǁ Livre —. *Delectabilis liber*. 這書有味道 Tchě̆ choū yeòu oúy taó.

INTÉRESSÉ, E, adj. *Cujus interest*. 歸于 Koūy yū, ou 與他相干 Yŭ tǎ' siāng kān. ǁ Il y est —. *Ejus refert*. 歸于他 Koūy yū tǎ'. ǁ — dans une affaire. *Lucri in partem venīre*. 有股分 Yeŏu koù fén. ǁ Être —. *Lucro servire*. 專利 Tchoŭan lý, ou 利己的 Lý kỷ tý. ǁ Présents —. *Viscata munera*. 賄賂 Hoùy loú.

INTÉRESSER, v. a. *Aliq. in lucro consort. facĕre*. 派一股 賬與他 Pǎy ỷ koù tchǎng yù tǎ'. ǁ — le jeu. *Lucri illecebrā ludum excitāre*. 飄錢 Piāo tsiên. ǁ Cela m'—. *Hoc me tangit*. 是我的事 Ché ngǒ tỷ sé. ǁ — les esprits. *Movēre animos*. 打動人心 Tǎ tóng jên sīn. ǁ S'— pour quelqu'un. *Alic. rationibus inservīre*. 為護人 Oúy foú jên.

INTÉRÊT, s. m. *Commodum, i, n.* 便益 Piên ý. ǁ Ne songer qu'à ses —. *Suis — solùm attendĕre*. 單圖己利 Tān tŏu kỷ lý. ǁ Mettre quelqu'un dans ses —. *Aliq. ad causam adjungĕre*. 請包告 Tsīn paō kaó. ǁ — (ce que rapporte un capital). *Usura*. 利錢 Lý tsiên. ǁ — à un pour cent par an. *Usura unciaria*. 周年一分利 Tcheōu niên ỷ fén lý. ǁ — à deux pour cent par an. — *sextans*. 周年二分利 Tcheōu niên eùl fén lý. ǁ — à trois pour cent par an. — *quadrans*. 周年三分利 Tcheōu niên sān fén lý. ǁ — à quatre pour cent par an. — *triens*. 周年四分利 Tcheōu niên sé fén lý. ǁ — à cinq pour cent par an. — *quincunx*. 周年正分利 Tcheōu niên où fén lý. ǁ — à huit pour cent par an. — *dodrans*. 周年八分利 Tcheōu niên pǎ fén lý. ǁ — à trente pour cent par an. 每月加三分利 Meỷ yuě̆ kiā sān fén lý. ǁ Prêter sans —. *Sine fœnore credĕre*. 白借銀子 Pě̆ tsié ỳn tsè̆. ǁ Prêter à gros —. *Fœnore aliq. trucidāre*. 取大利 Tsiǔ tá lý. ǁ — de l'intérêt. *Anatocismus*. 利上加利 Lý cháng kiā lý. ǁ Payer l'—. *Usuram præstāre*. 開利錢 Kāy lý tsiên. ǁ — ne courent pas. *Usuræ consistunt*. 無利錢 Oú lý tsiên. ǁ Les laisser. *Reliquāri*. 不開利錢 Poŭ kāy lý tsiên.

INTÉRIEUR, E, adj. *Interior*. 裏的 Lỷ tỷ, ou 內的 Loúy tỷ. ǁ — de l'âme. *Animæ* —. 心內的 Sīn loúy tỷ.

INTERJECTION, s. f. *Interjectio, onis, f.* 歎詞 Tán tsě̆.

INTERJETER, v. a. *Ad superiorem provocāre*. 告上狀 Kaó cháng tchoŭáng, ou 上控 Cháng kŏng.

INTERLIGNE, s. m. *Spatium inter duas lineas*. 兩墨之中 Leăng mě̆ tchē tchōng. ǁ Écrire en —. *Interscribĕre*. 照隔子寫 Tchaó kě̆ tsè̆ siè.

INTERMÈDE, s. m. *Intermedii ludi*. 戲臺 Hié táy.

INTERMÉDIAIRE, adj. *Intermedius*. 中間的 Tchōng kiēn tỷ. ǁ — (conciliateur). *Mediator*. 中人 Tchōng jên.

INTERMISSION, s. f. *Intermissio, onis, f.* 不連 Poŭ liên, ou 斷 Toùan. ǁ Sans —. *Indesinenter*. 不斷 Poŭ toùan.

INTERMITTENT, E, adj. *Intermissus*. 隔 Kě̆. ǁ Fièvre —. *Febris quæ intermittit*. 隔日一發的擺子 Kě̆ jě̆ ỷ fā tỷ paỷ tsè̆.

INTERNE, adj. *Interior*. 在內的 Tsáy loúy tỷ.

INTERPELLATION, s. f. *Interpellatio, onis, f.* 吩咐答應 Fēn fóu tǎ ýn. ǁ — canonique. — *canonica*. 問他願不願前配 Ouén tā' yuén poŭ yuén tsiên peỷ. ǁ La faire. *Eam facĕre*. 問他願不願前配 Ouén tā' yuén poŭ yuén tsiên peỷ.

INTERPOLÉ, ÉE, adj. *Interpolatus*. 不連的 Poŭ liên tỷ.

INTERPOLER, v. a. *Interpolāre*. 添言 Tiēn yên.

INTERPOSER, v. a. *Interponĕre*. 放在中 Fáng tsǎy tchōng. ǁ — son autorité. — *suam auctoritatem*. 做中人 Tsóu tchōng jên.

INTERPRÈTE, s. m. *Interpres, etis, m.* 通事 Tōng sé. ǁ Être —. *Esse* —. 當通事 Tāng tōng sé. ǁ — d'une cour de justice. *Curiæ just.* 傳供 Tchoŭan kōng. ǁ — de songes. *Somnium conjector*. 圓夢 Yuên mông. ǁ Soyez l'— de ma gratitude auprès de lui. *Velim ei gratiam meam significes*. 請你替我道謝他 Tsīn ngỷ tý ngǒ táo sié tǎ'.

INTERPRÉTER, v. a. *Explanāre*. 解 Kiaỷ. ǁ — Confucius. *Libros Confucii explanāre*. 解孔子的書 Kiaỷ kǒng tsè̆ tỷ choū. ǁ — en bonne part. *In bonam partem accipĕre*. 朝好的邊說 Tchaŏ haò tỷ piēn chǒ. ǁ — en mauvaise part. *Perversè accipĕre*. 朝鄙的邊說 Tchaŏ pỷ tỷ piēn chǒ.

INTERRÈGNE, s. m. *Interregnum, i, n.* 朝代停止 Tchaó táy tíh tchè̆.

INTERROGATOIRE, s. m. *Quæstio, onis, f.* 審問 Chèn oúen.

INTERROGER, v. a. *Interrogāre*. 問 Ouén. ǁ — sa conscience. *Conscientiam excutĕre*. 問良心 Ouén leăng sīn.

INTERROMPRE, v. a. *Interrumpĕre*. 隔斷 Kě̆ toùan, ou 間斷 Kiēn toùan. ǁ S'— l'un l'autre. *Alter alteri obstrepĕre*. 你一句我一句的講 Ngỷ ỷ kiú ngǒ ỷ kiú tỷ kiàng.∥ — un ouvrage. *Opus intermittĕre.* 停工 Tín kōng. ∥ — quelqu'un qui parle. *Loquentem interpellăre.* 接嘴 Tsiĕ tsoùy. ∥ — son sommeil. *Somnum —.* 叱膳睡 Tsă kŏ' choúy.

INTERRUPTION, s. f. *Interpellatio, onis, f.* 停 Tín. ∥ — (discontinuation). *Intermissio.* 斷 Toúan. ∥ Sans —. *Sine —.* 不斷 Poŭ toúan.

INTERSTICE, s. m. *Interstitium, ii, n.* 中間的時候 Tchōng kiēn tỷ chē heôu.

INTERVALLE, s. m. *Intervallum loci.* 隔遠近 Kĕ' yùen kín. ∥ —. *temporis.* 隔之時 Kĕ' tchē chē. ∥ Par —. *Ex intervallo.* 或時 Hoŭay chē, ou 一下 ỹ hiá.

INTERVENIR, v. n. (se mêler des affaires d'autrui). *Intervenire.* 管閒事 Koŭan hièn sé. ∥ — (survenir). *Advenire.* 又有來 Yeoú yeoù laỹ.

INTERVERTIR, v. a. *Intervertĕre.* 顛倒 Tiēn taò.

INTESTIN, E, adj. *Intestinus.* 內的 Loúy tỷ.

INTESTINS, s. m. *Intestina, orum, n.* 五臟 Où tsăng, ou 心肝脾肺腎 Sīn kān pỷ féy chén.

INTIME, adj. *Intimus.* 內的 Loúy tỷ. ∥ Ami —. *Ex animo amicus.* 知心朋友 Tchē sīn pŏng yeòu, ou 手足朋友 Cheòu tsiŏ pŏng yeoù.

INTIMEMENT, adv. *Intimé.* 內的 Loúy tỷ. ∥ Je suis — convaincu. *Mihi persuasissimum est.* 我曉得一定 Ngŏ hiào tĕ' ỹ tín.

INTIMER, v. a. *Denuntiăre.* 告 Káo, ou 報明 Páo mín. ∥ — un ordre. — *mandatum.* 吩咐 Fēn foú, ou 傳命 Tchoŭan mín. ∥ — un ordre de l'Empereur. — *imperatoris.* 宣詔 Siūen tcháo. ∥ — une assemblée. *Cœtum indicĕre.* 集會 Tsý' hoúy.

INTIMIDER, v. a. *Terrorem injicĕre.* 驚嚇人 Kīn hĕ' jēn.

INTIMITÉ, s. f. *Intimitas, atis, f.* 朋情 Pŏng tsín.

INTITULÉ, s. m. *Inscriptio, onis, f.* 號 Háo, ou 飛子 Feỹ tsè.

INTITULER, v. a. *Inscribĕre.* 取名 Tsiŭ mín.

INTOLÉRANCE, s. f. *Intolerantia, œ, f.* 當不得 Tāng poŭ tĕ'.

INTONATION, s. f. *Modulatus, ùs, m.* 啟韻 Kỷ yún, ou 領唱 Lìn tchăng.

INTRADUISIBLE, adj. *Quod verti nequit.* 翻不得的 Fān poŭ tĕ' tỷ.

INTRAITABLE, adj. *Asper.* 不合羣的 Poŭ hŏ tchóng tỷ.

INTRÉPIDE, adj. *Impavidus.* 大胆的 Tá tàn tỷ.

INTRIGANT, E, adj. *Dolis instructus.* 多事的人 Tō sé tỷ jēn.

INTRIGUE, s. f. *Occultœ artes.* 密謀 Mỷ mŏng, ou 暗計 Gán ký. ∥ Nouer une —. *Dolos nectĕre.* 設計 Chĕ' ký. ∥ Rompre une —. — *solvĕre.* 敢設 Pày chĕ'. ∥ — d'une comédie. *Nodus.* 戲上的計謀 Hý cháng tỷ ký mòng.

INTRIGUER, v. a. *Anxium tenēre.* 兜人憚心 Teōu jēn tān sīn. ∥ — (faire des intrigues). *Dolos nectĕre.* 設計 Chĕ' ký. ∥ S'— (se donner de la peine). *Multa movēre.* 費力 Féy lỷ.

INTRINSÈQUE, adj. *Intrinsecus.* 內的 Loúy tỷ, ou 本質 Pèn chĕ'.

INTRODUCTEUR, s. m. *Admissionalis, is, m.* 傳司 Tchoŭan sē.

INTRODUIRE, v. a. *Introducĕre.* 引進 Ỷn tsín. ∥ — une coutume. *Morem —.* 興風俗 Hīn fōng sioŭ. ∥ S'—. *Sese insinuăre.* 多事 Tō sé, ou 管閒事 Koŭan hièn sé.

INTRONISER, v. a. *In regno collocăre.* 立帝 Lỷ tý.

INTROUVABLE, adj. *Quod reperiri non potest.* 找不到的 Tchào poŭ taò tỷ.

INTRUS, E, adj. *Intrusus.* 冒充官職 Máo tchōng koŭan chĕ'.

INTRUSION, s. f. *Obreptio, onis, f.* 偷進去 Teōu tsín kíu.

INTUITION, s. f. *Dei intuitus, ùs, m.* 明見天主 Mín kién Tiēn Tchoù.

INUSITÉ, ÉE, adj. *Inusitatus.* 不用的 Poŭ yóng tỷ, ou 不行的 Poŭ hín tỷ.

INUTILE, adj. *Inutilis.* 無用的 Oŭ yóng tỷ. ∥ Peine —. *Labor —.* 無益的活路 Oŭ ỳ hŏ loŭ. ∥ Travail —. *Opus —.* 無益的工夫 Oŭ ỳ tỷ kōng foŭ. ∥ Homme —. *Homo —.* 不中用的人 Poŭ tchōng yóng tỷ jēn.

INVALIDE, adj. *Invalidus.* 無力的 Oŭ lỷ tỷ. ∥ —. *Irritus, nullus.* 虛的 Hiū tỷ, ou 不如法的 Poŭ joŭ fă' tỷ. ∥ — (infirme). *Infirmus.* 未復元 Oúy foŭ yûen.

INVALIDER, v. a. *Nullum facĕre.* 廢 Féy, ou 減 Kièn.

INVARIABLE, adj. *Immutabilis.* 改不得的 Kaỷ poŭ tĕ' tỷ.

INVASION, s. f. *Occupatio, onis, m.* 搶 Tsiăng, ou 掠 Liŏ.

INVECTIVE, s. f. *Convicium, ii, n.* 凌辱 Lín joŭ. ∥ Dire des —. *Dicĕre probra.* 凌辱人 Lín joŭ jēn.

INVENTAIRE, s. m. *Index, icis, m.* 目錄 Moŭ loŭ, ou 單子 Tān tsè.

INVENTER, v. a. *Invenīre.* 想出來 Siàng tchoŭ laỷ. ∥ — (forger). *Fingĕre.* 假裝 Kià tchoŭang.

INVENTEUR, s. m. *Inventor, oris, m.* 先想出來的人 Siēn siàng tchoŭ laỷ tỷ jēn, ou 始作者 Chè tsŏ tchĕ'.

INVENTION, s. f. *Inventio, onis, f.* 先想出來的事 Siēn siàng tchoŭ laỷ tỷ sé. ∥ — (ruse). *Dolus.* 計謀 Ký mòng.

INVERSE, adj. *Inversus.* 顛倒的 Tiēn taò tỷ.

INVESTIR, v. a. *Cingĕre.* 圍 Oŭy. ∥ — quelqu'un dans

ses fonctions (en Chine, c'est livrer les sceaux). *In offic. inducĕre.* 交印 Kiaō ýn.

**INVÉTÉRÉ, ÉE,** adj. *Inveteratus.* 老的 Laǒ tý, ou 舊的 Kieǒu tý.

**INVÉTÉRER (S'),** v. a. *Inveterāre.* 老 Laǒ.

**INVINCIBLE,** adj. *Invictus.* 勝不過的 Chēn poǔ kó tý. ǁ Preuve —. — *probatio.* 一定的憑據 Y̆ tín tý pǐh kíu.

**INVITATION (CARTE D'),** s. f. 請帖 Tsı̌n tiě.

**INVITER,** v. a. *Invitāre.* 請 Tsı̌n. ǁ — à dîner. *Ad prandium* —. 請喫晌午 Tsı̌n tchě cháo où. ǁ — quelqu'un à entrer. *Rogāre aliq. ut intret.* 請進 Tsı̌n tsı́n. ǁ — quelqu'un à boire. — *ad bibendum.* 請酒 Tsı̌n tsieòu. ǁ — à se reposer le soir (ou manière de souhaiter le bonsoir en Chine). 請安心 Tsı̌n gān sı̄n.

**INVOLONTAIRE,** adj. *Non voluntarius.* 不覺 Poǔ kiǒ, ou 不情願的 Poǔ tsı̌n yuén tý.

**INVOQUER,** v. a. *Invocāre.* 懇求 Kěn kieóu. ǁ — les saints noms de Jésus, Marie, Joseph. 呼喊耶穌瑪利亞若瑟聖名 Hoū hàn Yē soū Mà lý yā Jǒ sě chén mı́n.

**INVRAISEMBLABLE,** adj. *Non verisimilis.* 多半莫得 Tō pán mǒ tě.

**INVULNÉRABLE,** adj. *Invulnerabilis.* 不能受傷的 Poǔ lēn cheóu chāng tý.

**IRASCIBLE,** adj. *Irritabilis.* 容易發怒的 Yōng ý fǎ loú tý.

**IRIS,** s. m. *Arcus cœlestis.* 天虹 Tiēn hōng.

**IRONIE,** s. f. *Ironia, æ, f.* 譏誚 Ký siáo.

**IRRADIATION,** s. f. *Irradiatio, onis, f.* 發輝 Fǎ hoūy.

**IRRÉCUSABLE** , adj. *Non recusandus.* 推誘不得的 Toǔy oùy poǔ tě tý.

**IRRÉFRAGABLE,** adj. *Certissimum.* 一定的 Y̆ tín tý.

**IRRÉGULARITÉ,** s. f. *Perturbatio, onis, f.* 亂 Loúan, ou 無規矩 Oū koūy kiù. ǁ — du pouls. *Pulsus inæqualis.* 脈亂 Páy loúan. ǁ — des mœurs. *Morum depravatio.* 傷風敗俗 Chāng fōng páy sioǔ. ǁ — canonique. *Irregularitas canon.* 入不得神品 Joǔ poǔ tě chēn pı̌n.

**IRRÉGULIER, ÈRE,** adj. *Abnormis.* 不如法的 Poǔ joǔ fǎ tý, ou 出規 Tchoǔ koūy. ǁ —. *Qui ad S. ordines admitti nequit.* 入不得神品 Joǔ poǔ tě chēn pı̌n.

**IRRÉMÉDIABLE,** adj. *Immedicabilis.* 了不得 Leǎo poǔ tě, ou 無法子 Oū fǎ tsě.

**IRRÉLIGIEUX, SE,** adj. *Irreligiosus.* 不敬神 Poǔ kín chēn, ou 不孝 Poǔ hiáo.

**IRRÉPROCHABLE,** adj. *Reprehens. carens.* 無過的 Oū kóty.

**IRRÉSOLU, E,** adj. *Incertus.* 不定的 Poǔ tín tý. ǁ — en tout. *Omninò fluctuans.* 張花賓 Tchāng hoā chě. 打不起主意 Tǎ poǔ ký tchoǔ ý.

**IRRÉVOCABLE,** adj. *Irrevocabilis.* 不反口 Poǔ fǎn keǒu, ou 改不得的 Kày poǔ tě tý.

**IRRIGATION,** s. f. *Irrigatio, onis, f.* 灌溉 Koúan ký.

**IRRITABLE,** adj. *Irritabilis.* 容易冒火的 Yōng ý maó hǒ tý.

**IRRITER,** v. a. *Stomachum movēre.* 惹人冒火 Jě jēn maó hǒ. ǁ Ces choses — la soif. *Sitim accendunt ista.* 喫這東西口渴 Tchě tchě tōng sȳ keǒu kǒ. ǁ — les esprits. *Animos exulcerāre.* 惹人發怒 Jě jēn fǎ loú.

**IRRUPTION,** s. f. *Irruptio, onis, f.* 擄搶 Loù tsiǎng. ǁ Faire —. *Irrumpěre in.* 擄掠 Loù liǒ.

**ISCHION,** s. m. 樑骨 Kién koù, ou 坐骨 Tsǒ koù.

**ISOLÉ, E,** adj. *Sejunctus.* 分開的 Fēn kāy tý, ou 獨 Toù. ǁ Vivre —. *Vitam — ducěre.* 避世俗 Pý chě sioù.

**ISSU, E,** adj. *Oriundus.* 生的 Sēn tý. ǁ — de parents nobles. — *parentibus nobilibus* —. 出身高 Tchoǔ chēn kaō. ǁ — de parents pauvres. — *pauperib.* 出身塞微 Tchoǔ chēn hān oūy. ǁ — de sang royal. *Regiá stirpe ortus.* 皇親 Hoūang tsı̄n, ou 金枝玉葉 Kı̄n tchē yǔ yě.

**ISSUE,** s. f. *Exitus, ús, m.* 出路 Tchoǔ loú. ǁ Fermer les —. *Abitus sepīre.* 塞路 Sě loú. ǁ A l'— du dîner. *Statim à prandio.* 放了碗 Fáng leǎo oǔan. ǁ — (évenement). *Res.* 事 Sé. ǁ Avoir une heureuse —. *Felicem exitum habēre.* 結果得好 Kiě kǒ tě haǒ.

**ISTHME,** s. m. *Isthmus, i, m.* 隔海山 Kě haỳ chān. 徑㳉 Kín tchoū. 微末地 Oūy mǒ tý.

**ITALIE,** s. f. *Italia, æ, f.* 依大利亞國 Y̆-tá lý-yà kouě.

**ITEM,** adv. *Item.* 又 Yeóu, ou 亦然 Ý jān.

**ITINÉRAIRE,** s. m. *Itinerarium, ii, n.* 路引 Loú ýn.

**IVOIRE,** s. m. *Ebur, boris, n.* 象牙 Siáng yǎ.

**IVRAIE,** s. f. *Lolium, ii, n.* 稗子 Paý tsě. ǁ Arracher l'—. — *evellěre.* 扯稗子 Tchě paý tsě.

**IVRE,** adj. *Ebrius.* 醉酒的人 Tsoúy tsieòu tý jēn. ǁ A demi —. *Semiebrius.* 半醉半醒 Pán tsoúy pán sı̌n. ǁ — par habitude. *Ex consuetudine* —. 酒鬼 Tsieǒu koúy, ou 醉仙 Tsoúy siēn. ǁ Rendre —. *Inebriāre.* 灌醉人 Koúan tsoúy jēn. ǁ Marcher en homme —. *Gressu ebrio inceděre.* 打趔趄 Tǎ tsoúan tsoúan, ou 蹉蛇 Tsǒ tǒ. ǁ Être — d'amour. *Amore insanīre.* 慾火旺 Yǒu hǒ oúang. ǁ Être — d'orgueil. *Superbiá inflāri.* 犯大驕傲 Fán tá kiāo gaó.

**IVRESSE,** s. f. *Ebrietas, atis, f.* 醉 Tsoúy. ǁ Dissiper l'—. — *solvěre.* 醒酒 Sı̌n tsieòu. ǁ — de l'amour. *Amoris œstus.* 熱愛 Jě gaý.

**IVROGNE,** adj. *Ebriosus.* 愛醉酒 Gaý tsoúy tsieòu tý. ǁ — fieffé. *Fortis potator.* 醉仙 Tsoúy siēn.

**IVROGNERIE,** s. f. *Ebriositas, atis, f.* 愛醉酒 Gaý tsoúy tsieòu. ǁ Pour se corriger de l'—, il faut considérer l'état d'un ivrogne. (Prov.) 要得戒酒法醒眼看醉人 Yáo tě kiàý tsieòu fǎ sı̌n yěn kǎn tsoúy jēn.

# J

**JABLE**, s. m. *Crena, æ, f.* 漕子 Tsǎo tsè.
**JABOT**, s. m. *Ingluvies, ei, f.* 嗉子 Soú tsè
**JABOTER**, v. n. *Garrīre.* 亂說 Loúan chŏ.
**JACHÈRE**, s. f. *Vervactum, i, n.* 空土 Kŏng toŭ.
**JACTANCE**, s. f. *Jactantia, æ, f.* 誇獎 Koŭa tsiàng.
**JACULATOIRE**, adj. *Fervĭdus.* 熱的 Jĕ tỹ. ‖ Oraison —. — *oratio.* 摹心向主 Kiu sīn hiáng tchoù.
**JADIS**, adv. *Olim.* 前頭 Tsiēn teŏu, ou 當初 Tāng tsŏu.
**JAILLIR**, v. n. *Salīre.* 湧出來 Yòng tchǒu laỹ, ou 涓出 Kiuēn tohŏu.
**JALONNER**, v. a. *Perticas ad metationem defigĕre.* 挿一根條 Tchǎ' ỹ kēn tiáo.
**JALOUSIE**, s. f. *Invidia, æ, f.* 嫉妒 Tsỹ toú. ‖ Entrer en —. *Habēre* —. 生嫉妒 Sēn tsỹ toú. ‖ Exciter la —. *provocāre.* 兜人嫉妒 Teōu jēn tsỹ toú. ‖ — (rivalité). *Rivalĭtas.* 鼓舞 Koŭ où, ou 爭 Tsēn. ‖ Sur dix femmes, neuf sont jalouses. (Prov.) 十个婦人九个妒 Chě kó foú jēn kieŏu kó toŭ. ‖ — de fenêtre. *Transenna.* 臁簾子 Tsāng liēn tsè, ou 交臁 Kiāo tsǎng.
**JALOUX, SE**, adj. *Invidiōsus.* 嫉妒的人 Tsỹ toú tỹ jēn, ‖ — de la réputation. *Famæ curiōsus.* 圖名聲 Toú mīn chēn. ‖ — de ses droits. *De jure non cedens.* 不讓理 Poŭ jáng lỹ.
**JAMAIS**, adv. *Nunquam.* 總不 Tsŏng poŭ. ‖ — (sans négation). *Unquam.* 或 Houây, ou 有時 Yeŏu chè. ‖ Autant que —. *Ut cum maxĭme.* 最 Tsoúy. ‖ Soyons plus amis que —. *Conjunctiōres sīmus quam adhuc fuĭmus.* 我們該比前頭更相好 Ngŏ mēn kaỹ pỹ tsiēn teŏu kén siāng haŏ. ‖ — je ne le ferai plus. *Amplĭus non faciam.* 我再不做 Ngŏ tsaỹ poŭ tsoú. ‖ A —. *In æternum.* 永遠 Yùn yuèn.
**JAMBAGE**, s. m. (de porte). *Postis, is, m.* 門樞 Mēn tchoŭ.
**JAMBE**, s. f. *Crus, uris, n.* 腿 Toŭy, ou 脚骭骨 Kiŏ kàn koŭ. ‖ L'os antérieur de la —. *Tibia.* 脚骭 Kiŏ kàn. ‖ L'os postérieur de la —. *Sura.* 脚肚 Kiŏ toŭ.
‖ Le gras de la —. *Sura.* 腿 Toŭy. ‖ — tordue. *Distorta crura.* 彎脚 Ouān kiŏ. ‖ Écarter les —. *Varicāre.* 伸脚 Chēn kiŏ, ou 交脛行 Kiāo kĭn hīn. ‖ Courir à toutes —. *Se in pedes dāre.* 跑 Pǎo.
**JAMBON**, s. m. *Perna, æ, f.* 火腿 Hŏ toŭy. ‖ Désosser un —. *Extahĕre ossa.* 剮火腿骨 Tỹ hŏ toŭy koŭ. ‖ Le couper par tranche. *Per partes secāre.* 切成片子 Tsiĕ' tchĕn piēn tsè.
**JANVIER**, s. m. *Januarĭus, ii, m.* 西洋正月 Sỹ yàng tchēn yuĕ.
**JAPON**, s. m. *Japonia, æ, f.* 日本國 Jĕ pèn kouĕ.
**JAPPER**, v. a. *Latrāre.* 吠 Feỹ, ou 狗叫 Keŏu kiáo.
**JARDIN**, s. m. *Hortus, i, m.* 園子 Yuēn tsè. ‖ — potager. — *olitorĭus.* 菜園 Tsǎy yuēn. ‖ — de fleurs. — *florum.* 花園 Hoā yuēn. ‖ — bien tenu. — *diligens.* 種得好的園子 Tchòng tĕ haŏ tỹ yuēn tsè. ‖ Faire le —. *Hortum colĕre.* 做園子 Tsoú yuēn tsè. ‖ Jeter des pierres dans le — de quelqu'un. (Prov.) *Oblĭque alĭq. perstringĕre.* 指冬瓜駡葫蘆 Tchè tōng koūa má hoŭ loŭ.
**JARDINIER**, s. m. *Horticultor, oris, m.* 種園人 Tchòng yuēn jēn. ‖ -fleuriste. *Florum cultor.* 花二匠 Hoā eùl tsiáng.
**JARGON**, s. m. *Proletarĭus sermo.* 粗鹵的話 Tsoū loù tỹ hoá.
**JARRE**, s. f. *Hydria, æ, f.* 缸子 Kāng tsè. ‖ Une —. *Una* —. 一口缸子 Ỹ keŏu kāng tsè.
**JARRET**, s. m. *Poples, itis, m.* 腿彎 Toŭy ouān. ‖ Plier le —. — *flectĕre.* 屈膝 Kioŭ sỹ.
**JARRETIÈRE**, s. f. *Periscelis, ĭdis, f.* 襪帶 Oūa taỹ. ‖ Nouer ses —. — *nectĕre.* 綑襪帶 Koŭen oūa taỹ. ‖ La — se dénoue. *Solvitur —.* 襪帶散了 Oūa taỹ sàn leǎo. ‖ Perdre sa —. — *perdĕre.* 落襪帶 Lŏ oūa taỹ.
**JASER**, v. n. (causer). *Garrīre.* 排龍門陣 Paỹ lòng mēn tchén. ‖ — (révéler un secret). *Effutīre temĕre.* 露密事 Loú mỹ sé.
**JATTE**, s. f. *Gabata, æ, f.* 木碗 Moŭ ouàn.

JAUNÂTRE, adj. *Subflavus.* 淡黃 Tán houâng, ou 發黃 Fă houâng.
JAUNE, adj. *Flavus.* 黃的 Houâng tỷ̆. ‖ Espèces de — : — d'or. 黃金 Kīn houâng. 淡黃 Tán houâng. — d'abricot. 杏黃 Hiú houâng. 秋葵 Tsieŏu koŭy. 泥金 Ngỷ kīn. 緗色 Siāng sĕ̀.
JAUNE, s. m. ‖ — d'œuf. *Ovi vitellus.* 蛋黃 Tán houâng.
JAUNIR, v. n. *Flavēre.* 成黃 Tchĕ̌n houâng, ou 染黃 Jǎn houâng.
JAUNISSE, s. f. *Icterus, regius morbus.* 黃疸 Houâng tsiŭ, ou 黃疸 Houâng tchén.
JAVA (ILE DE). 爪哇 Tchaŏ oŭa.
JAVELINE, s. f. *Hasta, œ, f.* 短鎗 Toùan tsiǎng. ‖ Une —. *Una.* 一把鎗 Ỷ pà tsiǎng.
JAVELOT, s. m. *Spiculum, i, n.* 鎗尖子 Tsiāng tsiēn tsè.
JÉSUS, s. m. *Jesus.* 耶穌 Yê-Soū. ‖ —-Christ. *Jesus Christus.* 耶穌基斯督 Yê-Soū Kỷ Sē toŭ. ‖ Notre-Seigneur Jésus-Christ. *D. N. J. C.* 吾主耶穌基斯督 Où Tchoù Yê-Soū Kỷ Sē toŭ.
JET, s. m. *Jactus, ûs, m.* 擴 Jáng, ou 打抛一下 Tà pǎo ỷ hiá. ‖ — de filet. *Jactus.* 散一網 Sà ỷ ouàng. ‖ — d'eau. *Aqua saliens.* 水法 Choŭy fă. ‖ Acheter le — d'un coup de filet. — *emēre.* 買一網魚 Maỷ ỷ ouàng yù. ‖ Écrire d'un seul —. *Uno spiritu scribēre.* 一揮而就 Ỷ houy euŏ tsieŏu. ‖ D'un — faire deux coups. 一舉兩得 Ỷ kiù leàng tĕ̀.
JETÉE, s. f. *Moles, is, f.* 垜 Toŭy. ‖ Faire une —. *Molem jacĕre.* 積堆 Tsỷ toŭy.
JETER, v. a. *Jacĕre.* 擲 Tchê, ou 擴打 Jáng tà. ‖ — des pierres. *Lapides* —. 投石打人 Teŏu chê tà jěn. ‖ — une flèche. *Tela torquēre.* 射箭 Chê tsiēn. ‖ — en haut. *In sublime jacĕre.* 抛上去 Pǎo cháng kiŭ. ‖ — en bas. *Dejicĕre.* 丟下去 Tieōu hiá kiŭ. ‖ — en arrière. *Rejicĕre.* 朝後丟 Tchǎo heŏu tieōu. ‖ — çà et là. *Disjicĕre.* 亂丟 Loùan tieōu. ‖ — quelqu'un à terre. *Ad terram affligēre.* 打倒人 Tà taŏ jěn. ‖ — quelqu'un dehors de chez soi. *Ejicĕre aliq.* 赶出去 Kàn tchŏu kiŭ. ‖ — les fondements. *Fundamenta jacĕre.* 安石脚 Gān chê kiŏ. ‖ — (pousser). 長起來 Tchàng kỷ laỷ. ‖ — racine. *Radices agĕre.* 發根 Fă kēn. ‖ — une maison à terre (en cas d'incendie). 拉倒房子 Lā taŏ fâng tsè. ‖ — (hors ce cas). 拆倒房子 Tsē̌ taŏ fâng tsè. ‖ — beaucoup de bois. *Sarmentis silvescēre.* 發椏枝多 Fă yā tchē tō. ‖ — des rayons. *Radios emittĕre.* 發光 Fă koūang. ‖ — les yeux de tous côtés. *Per cuncta oculos ferre.* 看人 Kǎn jěn. ‖ — de l'eau bénite. *Aspergĕre aquam benedictam.* 洒聖水 Sǎ chén choùy. ‖ — l'épou-

vante. *Terrorem injicĕre.* 嚇人 Hě̀ jěn. ‖ — des larmes. *Flēre.* 下淚 Hiá loúy. ‖ — quelqu'un dans l'embarras. *In tricas conjicĕre aliq.* 與人生事 Yù jěn sēn sé. ‖ — le sort. *Sortes projicĕre.* 問卦 Ouén koúa. ‖ — la faute sur quelqu'un. *Culpam derivāre in aliq.* 怪人 Koúay jěn. ‖ — dans le désespoir. *In desperationem adducĕre.* 兜人失望 Teōu jěn chĕ̌ ouǎng. ‖ — (suppurer). *Suppurāre.* 流膿 Lieôu lóng. ‖ — (en parlant des abeilles qui essaiment). *Examina condĕre.* 蜂子分桶 Fōng tsè fēn tòng. ‖ — de la poudre aux yeux. *Alic. fucum facĕre.* 哄人 Hòng jěn. ‖ — à la tête de quelqu'un. *Aliq. non petenti offerre.* 找起送人 Tchaŏ kỷ sóng jěn, ou 自已送去 Tsé kỷ sóng kiŭ. ‖ Se — sur quelqu'un. *Irruĕre in aliq.* 攻 Kōng. ‖ Se — dans le feu. *In ignem conjicĕre se.* 投火 Teŏu hŏ. ‖ Se — dans un parti. *Partes amplecti.* 投一邊 Teŏu ỷ piēn. ‖ Se — à la traverse. *Rei se interponĕre.* 多事 Tō sé, ou 管閒事 Koǔan hiěn sé. ‖ Se — dans un danger. *In pericul. se projicĕre.* 兜凶險 Teōu hiōng hiěn. ‖ Se — (couler, se rendre). *Influĕre.* 流入 Lieôu joŭ.
JETON, s. m. *Calculus, i, m.* 算子 Soùan tsè.
JEU, s. m. *Ludus, i. m.* 耍 Choǎ, ou 玩 Oǔan.
— de hasard. *Alea.* 賭錢 Toù tsiĕn.
— de petits échecs. *Latrunculus.* 棋子 Kỷ tsè.
(Voir le mot *Échec.*)
— de grands échecs. 圍棋 Oǔy kỷ̆.
— de dés. *Aleœ.* 擲骰子 Tchè toĕ̌ tsè.
— de cartes. *Foliorum lud.* 牌 Paỷ.
Un — de cartes. *Unus* —. 一副紙牌 Ỷ foú tchè paỷ.
— de domino. 骨牌 Koǔ paỷ.
— de casse-tête. 七巧圖 Tsỷ̆ kiǎo toŭ.
— de paume. *Pilæ* —. 綉毬 Sieŏu kioū.
— de pile. 韆 Tsiēn.
— d'escarpolette. *Oscillationis* —. 打韆鞦 Tà tsiēn tsieŏu.
— de colin-maillard. *Andabatarum* —. 蒙瞎貓 Mông hiā miaŏ.
— de diable. 提篁 Tỷ̆ houâng. 扯提篁 Tchĕ̌ tỷ̆ houâng.
— de la mourre. *Micationis* —. 嘩拳 Hoâ kiůen. Y jouer. *Micāre digitis.* 猜子 Tsaỷ tsè.
— de mérelle. *Novem scruporum ludus.* 拘子 Tỷ̆ tsè.
Autres — chinois. 蛇抱蛋 Chĕ̌ pǎo tán. 老鷹捉雞 Laŏ yn tchŏ kỷ̆.

Maison de —. *Domus lusoria.* 賭局 Tŏŭ kioŭ. ‖ Gagner au —. *Vincĕre.* 贏 Ýn. ‖ Perdre au —. *Vinci.* 輸 Choŭ. ‖ Mettre au —. *In ludum deponĕre.* 飄 Piāo. ‖ Tromper au —. *Eludĕre.* 玩耍時哄騙人 Ouán choà chê hòng piên jên. ‖ Jouer gros —. *Mult. pecuniam alcœ credĕre.* 飄得多 Piāo tĕ̆ tŏ. ‖ Avoir la passion du —. *Ludo tenĕri.* 好耍得狠 Háo choà tĕ̆ hèn. ‖ Quitter le —. *A lusu secedĕre.* 不耍 Poŭ choà. ‖ Cacher son —. *Consilia dissimulāre.* 隱主意 Ỳn tchoù ý. ‖ Mettre quelqu'un en —. *Negotio inscientem inserĕre.* 牽連人 Kiēn liên jên. ‖ Faire voir beau —. *Probé depexos dăre.* 報仇 Páo tcheŏu. ‖ 一 (badinage). *Jocus.* 笑話 Siáo hóa. ‖ Par manière de —. *Joci causā.* 說笑 Chŏ siáo. ‖ — de mots. *Sales.* 出雙關二意對子 Tchŏu choūang koūan eùl ý toúy tsè. (Voyez le mot *Logogriphes.*) ‖ En faire. *Sales exhibĕre.* 出雙關二意對子 Tchŏu choūang koūan eùl ý toúy tsè.

**JEUDI**, s. m. *Dies Jovis.* 瞻禮五 Tchān lỳ oŭ.

**JEÛN (À)**, adj. *Jejunus.* 空肚 Kŏng toú.

**JEUNE**, adj. *Junior.* 少年 Chào niên. ‖ — enfant. *Puer tener.* 童子 Tŏng tsè. ‖ Le plus — des frères. *Natu minor.* 更小的 Kén siao tỳ. ‖ Mourir —. *Præripi morte.* 殀 Yáo, ou 短命 Toùan mín.

**JEÛNE**, s. m. *Jejunium, ii, n.* 齋 Tchāy. ‖ Le grand —. *Magnum —.* 大齋 Tá tchây. ‖ Garder le —. *Servāre.* 守齋 Cheŏu tchây. ‖ Rompre le —. *Frangĕre.* 不守齋 Poŭ cheŏu tchây. ‖ Dispenser du —. *Dispensāre.* 免齋 Miĕn tchây. ‖ — païen, ou abstinence de viande. *Abstin. carnis.* 禁屠 Kín toū.

**JEUNESSE**, s. f. *Juventus, utis, f.* 青年的時候 Tsīn niên tỳ chê heóu, ou 幼年 Tsoù niên. ‖ Dès sa —. *A juventute.* 從小 Tsŏng siaò.

**JEUX**, s. m. *Spectacula, orum, n.* 戲 Hý. ‖ En faire. *Celebrāre —.* 唱戲 Tchàng hý. ‖ Y assister. *Adesse —.* 看戲 Kàn hý.

**JOIE**, s. f. *Gaudium, ii, n.* 喜歡 Hỳ-houān. ‖ Être dans la —. *Gaudēre.* 喜歡 Hỳ houān. ‖ Cacher sa —. *Celāre —.* 心內歡喜 Sīn loúy houān hỳ. ‖ Partager la — de quelqu'un. *Alic. gaudio gaudēre.* 樂人之樂 Lŏ jên tchē lŏ. ‖ Avec —. *Gaudenter.* 歡天喜地 Houān tiēn hỳ tỳ.

**JOIGNANT**, E, adj. *Continens.* 連的 Liên tỳ. ‖ Maison — celle d'un autre. *Domus contigua.* 連倒的房子 Liên taò tỳ fāng tsè.

**JOIGNANT**, prép. *Propè, juxtà.* 近的 Kín tỳ, ou 挨到 Gaý taò.

**JOINDRE**, v. a. *Jungĕre.* 相結 Siāng kiĕ. ‖ — les mains. *Manus —.* 合掌 Hŏ tchàng, ou 逢起手 Pŏng kỳ

cheŏu. ‖ Cette porte — bien. *Fores connivent.* 這扇門合縫 Tchĕ chán mên hŏ fóng. ‖ Ces montagnes se —. *Montes committuntur.* 二山相連 Eúl chān siāng liên. ‖ Ces deux fleuves se —. *Duo flumina confluunt.* 兩河交 Leàng hŏ kiaŏ. ‖ Se — à quelqu'un. *Alicui se adjungĕre.* 投順一邊 Teŏu chúen ỳ piēn. ‖ Il se — à cela. *Accedit quod.* 另外 Lín ouáy.

**JOINT**, s. m. *Junctura, æ, f.* 骨節 Koŭ tsiĕ. ‖ Trouver le —. *Rei mollis aditus reperire.* 得更好的方法 Tĕ̆ kĕn haò tỳ fāng fă. ‖ — du bras et de l'épaule. *Armus.* 肩膀 Kiēn pàng. ‖ — (unis ensemble). 接連的 Tsiĕ liên tỳ.

**JOLI**, E, adj. *Lepidus.* 美的 Meỳ tỳ, ou 好看的 Haò kàn tỳ.

**JONCHER**, v. a. *Spargĕre.* 鋪 Pŏu.

**JONCTION**, s. f. *Junctio, onis, f.* 節 Tsiĕ, ou 接頭 Tsiĕ teŏu. ‖ — de deux rivières. 兩河逢在某地方 Leàng hŏ pŏng tsáy mŏng tỳ fāng.

**JONGLEUR**, s. m. *Circulator, oris, m.* 耍把戲的 Choà pà hý tỳ.

**JONQUE**, s. f. *Cymba, æ, f.* 白艍船 Pĕ̆ tsāo tchoŭan.

**JOUE**, s. f. *Gena, æ, f.* 臉 Liĕn, ou 腮 Saỳ. ‖ Os apparent des —, ou proéminence molaire. *— ossa.* 腮骨 Kiĕ̆n koŭ. ‖ Creux des —. *Foramen —.* 頤 Ý. ‖ Donner sur la —. *Faciem fricāre.* 打耳巴子 Tà eùl pā tsè.

**JOUER**, v. n. *Ludĕre.* 耍 Choà. ‖ — du clavecin. *Organum pulsāre.* 拊琴 Foŭ kĭn. ‖ — du luth. *Citharizāre.* 彈絲子 Tán hiên tsè. ‖ — de la flûte. *Fidibus canĕre.* 吹笛 Tchoŭy tý. ‖ — pour le plaisir. *Animi, non lucri causā —.* 賭耍 Toŭ choà, ou 賭玩 Toŭ ouán. ‖ — trois contre trois. *Tres tribus colludĕre.* 三个三个一邊耍 Sān kó sān hó ỳ piên choà. ‖ — quitte ou double. *Ita ludĕre ut nihil victor, victus duplum solvat.* 贏了吹灰輸了再欠 Ýn leaò tchoŭy hoūy choŭ leào tsáy kiĕn. ‖ — de son reste. *Aleam omnem jacĕre.* 一賓賭完 Ý paò toù ouán. ‖ — de malheur. *Adversa aleā uti.* 手不順 Cheŏu poŭ chúen. ‖ — au plus fin. *Dolo contendĕre.* 比智謀 Pỳ tché móng. ‖ — à se faire pendre. *Digna cruce peccāre.* 犯死罪 Fán sè tsoúy. ‖ — toutes sortes de ressorts. *Omnia periclitāri.* 用千方百計 Yóng tsiēn fāng pĕ̆ ký. ‖ — (se réjouir). *Oblectāri.* 玩耍 Ouán choà. ‖ — la comédie. *Comœdias agĕre.* 唱戲 Tchàng hý. ‖ Y — son rôle. *Suas partes bené agĕre.* 扮得好 Pán tĕ̆ haò. ‖ — un rôle. *Personam agĕre.* 裝人 Tchoūang jên. ‖ — quelqu'un. *Aliq. ludificāri.* 欺誚人 Kỳ siáo jên. ‖ Se —. *Per* ludum facĕre. 爲耍 Oŭy choà. ‖ Se — à quelqu'un. Provocāre. 惹人 Jĕ´ jên.

**JOUET**, s. m. Crepundia, orum, n. 玩物 Ouán où. ‖ Servir de —. Ludibrio´ habēri. 兜人笑 Teoū jên siáo.

**JOUEUR**, s. m. Lusor, oris, m. 賭錢人 Toŭ tsiên jên. ‖ Grands —. Famosi —. 流神 Lieoŭ chên, ou 痞子 Pỹ tsè. ‖ — de farces. Mima. 把戲 Pà hý.

**JOUFFLU, E**, adj. Bucculentus. 臉膨的人 Liên pâng tỹ jên.

**JOUG**, s. m. Jugum, i, n. 軛 Gĕ´, ou 枷担 Kiā tán. ‖ Mettre sous le —. Jungĕre boves. 鴛牛 Kiá nieōu. ‖ Oter le —. Disjungĕre —. 揭枷担 Kiĕ kiā tán. ‖ — (servitude). Servitus. 爲奴 Oŭy loŭ. ‖ Subir le —. Jugum subire. 爲奴 Oŭy loŭ. ‖ Secouer le —. — repellĕre. 脫奴 Tŏ´ loŭ.

**JOUJOU**, s. m. Crepundia, orum, n. 玩物 Ouán où.

**JOUIR**, v. n. Frui. 得 Tĕ´, ou 享 Hiàng. ‖ — des plaisirs. Voluptatibus frui. 享福 Hiàng foŭ. ‖ — d'une bonne santé. Integrâ esse valetud. 得安逸 Tĕ´ gān ỹ.

**JOUISSANCE**, s. f. Possessio, onis, f. 得 Tĕ´. ‖ — (avantage). Commodum. 利 Lý. ‖ — (usufruit). Ususfructus. 使用 Chè yóng.

**JOUR**, s. m. Lux, dies. 日子 Jĕ´ tsè, ou 天 Tiēn. ‖ Avant le —. Antè lucem. 天不亮 Tiēn poŭ leáng. ‖ Il fait —. Lucet. 天明 Tiēn mín. ‖ Le point du —. Diluculum. 昧爽時 Meỹ chouàng chê. ‖ Le milieu du —. Meridies. 正午 Tchēn où. ‖ Les longs —. Dies longiores. 天長 Tiēn tchấng. ‖ Les courts —. — breviores. 天短 Tiēn toùan. ‖ En plein —. Luce, palàm. 大天白日 Tá tiēn pẽ´ jĕ, ou 白日清光 Pĕ´ jĕ tsīn kouāng. ‖ Le déclin du —. Inclinatus dies. 太陽偏西 Táy yàng piēn sỹ. ‖ Demi-—. Dimidius —. 半天 Pán tiēn. ‖ — (espace de vingt-quatre heures). Dies. 一日 Ỹ jĕ, ou 一天 Ỹ tiēn. (Voir le mot Heure, pour la division du jour chinois). ‖ En trois —. — triduo. 三日 Sān jĕ. ‖ Trois — après. Post diem tertium. 三日後 Sān jĕ heoŭ. ‖ Il n'y a plus de —. Decidit —. 黑子 Hĕ´ leào. ‖ Dans peu de —. Intrâ paucos dies. 不幾天 Poŭ kỹ tiēn. ‖ De —. Diu. 白日 Pĕ´ jĕ. ‖ Chaque —. Singulis diebus. 天天 Tiēn tiēn, ou 日日 Jĕ´ jĕ. ‖ Tous les —. Quotidiè. 天天 Tiēn tiēn. ‖ — et nuit. Diu et noctu. 晝夜 Tcheóu yé. ‖ Différer de — en —. De die in diem ducĕre. 一天綏一天 Ỹ tiēn hoùan ỹ tiēn. ‖ De — en — il s'enrichit. De die in diem ditescit. 一日比一日他更發財 Ỹ jĕ pỹ ỹ jĕ tā´ kén fā´ tsấy. ‖ Vivre au — le —. In diem vivĕre. 找一天喫一天 Tchaò ỹ tiēn tchẽ´ ỹ tiēn. ‖ Donner le bonjour. Salutem nuntiŭre. 問安 Ouén gān. ‖ Souhaiter le bonjour. Salvus sis. 恭喜 Kōng hỹ. ‖ Un —. Quâdam die. 有一天

Yeòu ỹ tiēn. ‖ — (quelquefois). Aliquando. 有時 Yeòu chê. ‖ De nos —. Ævo nostro. 現今 Hién kīn. ‖ Avancer les — de quelqu'un. Maturāre mortem alicuj. 拆人的壽 Tsĕ´ jên tỹ cheóu. ‖ — de fête. Festus dies. 慶期 Kín kỹ. ‖ — ouvrier. Profestus —. 做活路的日子 Tsoú hô loú tỹ jĕ tsè. ‖ — de palais. Justitia —. 坐堂日子 Tsó tấng jĕ tsè. ‖ — de vacation. Festus dies. 封印日子 Fōng ýn jĕ tsè. ‖ — de vacance. Scholar. feriæ. 放學的日子 Fáng hiŏ tỹ jĕ tsè. ‖ — de naissance. Dies natalis. 生期日子 Sēn kỹ jĕ tsè. ‖ Traiter ses amis le — de sa naissance. Natalitia agĕre. 做生期酒 Tsoú sēn kỹ tsieòu. ‖ — des noces. Dies nuptialis. 喜酒日子 Hỹ tsieòu jĕ tsè. ‖ — des morts. Anniv. defunctorum. 追思巳巳日子 Tchoūy sē ỹ ouàng jĕ tsè. ‖ — (temps du soleil). Dies. 日子 Jĕ´ tsè. ‖ Les — courts. Brev. dies. 天氣短 Tiēn kỹ´ toùan. ‖ — pairs. Dies pares. 雙日子 Choūang jĕ tsè. ‖ Les grands —. Æstivi —. 天氣長 Tiēn kỹ´ tchấng. ‖ — impairs. Impares —. 單日子 Tān jĕ tsè. ‖ — (lumière). Lumen. 亮 Leáng. ‖ Prendre — au midi. A meridiê lumina capit domus. 臉子向南 Tsấng tsè hiáng lân. ‖ Avoir le — dans cette position. Clarè vidēre. 順亮 Chúen leáng. ‖ Ne l'avoir pas. In hoc situ non benè vidēre. 不順亮 Poŭ chúen leáng. ‖ Empêcher le — à quelqu'un. Lumen alic. impedire. 遮亮 Tchē leáng. ‖ Mettre un livre au —. Librum vulgāre. 著書 Tchoú choū. ‖ On voit le — à travers cette cloison. Per septa lumen apparet. 間壁照得見 Kièn pỹ tchaó tĕ´ kién leáng.

**JOURNAL**, s. m. (livre de compte). Adversaria, orum, n. 賬簿 Tcháng poù. ‖ —. Diarium. 公信 Kōng sín, ou 京報 Kīn paó. ‖ Lire le —. Legĕre. 看京報 Kán kīn pào.

**JOURNALIER**, s. m. Quotid. operarius. 做零工的人 Tsoú lîn kōng tỹ jên, ou 每日有的 Meỹ jĕ yeòu tỹ.

**JOURNÉE**, s. f. Dies, ei, f. 日子 Jĕ´ tsè. ‖ Une — de travail. Una dies operis. 一天的工夫 Ỹ tiēn tỹ kōng foū. ‖ Louer à la —. Diurna mercede conducĕre. 請零工 Tsǐn lín kōng. ‖ Travailler à la —. Per diem laborāre. 論工做活路 Lén kóng tsoú hô loú. ‖ — de chemin. Dies itineris. 一站路 Ỹ tchán loú. ‖ Faire de bonnes —. Justa itinera facĕre. 挨站走 Gán tchán tseòu. ‖ Doubler les —. Duplicāre —. 趕站 Kàn tchán, ou 加站 Kiā tchán. ‖ Combien de — d'ici à la capitale? 這裏到省城要幾天 Tchĕ´ lỹ taó sèn tchên yáo kỹ tiēn.

**JOUTER**, v. a. Pugnāre. 戰玩 Tchán ouán. ‖ — sur l'eau. Naumachiam committĕre. 滑龍船 Koŭ lông tchoŭan. ‖ — (en disputant). Contendĕre verbis. 爭論 Tsēn lén.

**JOVIAL, E,** adj. *Festivus.* 喜歡的 Hỷ hoūan tỷ.
**JOYAUX,** s. m. *Gemmeus ornatus.* 寶石 Paò chẽ.
**JOYEUSETÉ,** s. f. *Acutè dictum.* 趣話 Tsíu hoá.
**JOYEUX, SE,** adj. *Lætus.* 喜歡的 Hỷ hoūan tỷ. ‖ Être —. *Gaudēre.* 喜歡的 Hỷ hoūan tỷ.
**JUBILÉ,** s. m. *Jubilæus, i, m.* 大赦之年 Tá chẽ tchē niēn. ‖ Donner le —. *Publicāre* —. 定大赦 Tín tá chẽ. ‖ Gagner le —. *Lucrāri indulg.* 得大赦 Tẽ tá chẽ.
**JUCHER,** v. n. *Insidēre.* 棲 Tsỷ.
**JUCHOIR,** s. m. *Cubīle, is, n.* 鷄棲木 Kỷ tsỷ moū.
**JUDICIEUX, SE,** adj. *Prudens.* 賢智的 Hiēn tchẽ tỷ, ou 會安排的 Hoúy gān pày tỷ.
**JUGE,** s. m. *Judex, icis, m.* 正堂官 Tchēn tầng koūan. ‖ — incorruptible. — *integer.* 清官 Tsīh koūan, ou 不受賄的官 Poū cheóu hoùy tỷ koūan. ‖ —. vénal. *Nummarius.* 受賄的官 Cheóu hoùy tỷ koūan, ou 貪官 Tān koūan. ‖ — criminel. *Rerum capit. prætor.* 按察司 Gán tchả sē. ‖ — délégué. *Recuperator.* 代審官 Tay chèn koūan, ou 縣丞 Hién tchēn. ‖ Prendre quelqu'un pour —. *Judicem sumēre.* 請中人 Tsīn tchōng jên. ‖ Les dix — de l'enfer. *Decem — inferni sinensis.* 十嚴閻羅 Chẽ tién niēn lỏ. ‖ — de paix. — *pacis.* 鄉約 Hiáng yỏ, ou 地保 Tỷ paò.
**JUGÉ, E,** adj. *Judicatus.* 審了的 Chèn leào tỷ, ou 斷了的 Toúan leào tỷ. ‖ Ce procès n'est pas encore —. *Adhuc sub judice lis est.* 官有莫司審斷 Koūan sẽ mō yeòu chèn toúan.
**JUGEMENT,** s. m. *Mens, judicium, ii, n.* 明悟 Mǐn oú. ‖ Homme sans —. *Vir nullius judicii.* 無明悟的人 Oū mǐn oú tỷ jên. ‖ Avoir le —. peu solide. *Judicio minùs firmo præditus.* 明悟淺 Mǐn oú tsiēn. ‖ Il perdit le —. *Mens eum destituit.* 明悟昏亂 Mǐn oú houēn loúan. ‖ — (opinion). *Sententia.* 意思 Ý sē. ‖ Porter un — sur. *De re existimāre.* 料一宗事 Leáo ỷ tsōng sé. ‖ Suspendre son —. *Judic. cohibēre.* 不斷 Poū toúan. ‖ S'en rapporter au — de quelqu'un. *Judicio alt. stāre.* 依別人斷 Ỷ piể jên toúan. ‖ — (sentence). *Judicium.* 案 Gán. ‖ — de Dieu. 審判 Chèn pán. ‖ — général. 公審判 Kōng chèn pán. ‖ — particulier. 私審判 Sē chèn pán. ‖ Subir ce —. 過審判 Kó chèn pán. ‖ — de mandarin. 案 Gán. ‖ Appeler en —. *In jus vocāre.* 告狀 Kaó tchoáng. ‖ Rendre un —. *Judicāre.* 聽審 Tín chèn. ‖ Y acquiescer. — *annuēre.* 服案 Foū gán. ‖ Ne vouloir pas y acquiescer. *Judicatum negāre.* 告上狀 Kaó cháng tchoáng, c.-à-d. En appeler à une autorité supérieure. ‖ Afficher le — d'un condamné. 斬條 Tchán tiaó.
**JUGER,** v. a. *Judicāre.* 審斷 Chèn toúan. ‖ — comme arbitre. *Prout arbiter.* 依中人斷 Ỷ tchōng jên

toúan. ‖ — mal quelqu'un. *De aliq. corruptè judic.* 疑惑人 Nỷ hoūay jên. ‖ — d'un autre par soi. *Animum alterius ex animo suo judicāre.* 將心比心 Tsiāng sīn pỷ sīn. ‖ —. *Censēre.* 想 Siàng. ‖ Si vous le — à propos. *Si placet.* 若是可以 Jỏ chẽ kỏ ỷ. ‖ — (conjecturer. *Conjicēre.* 猜 Tsāy.
**JUIF, VE,** adj. *Judæus, i. m.* 如達國人 Joū tă koủe jên.
**JUGULAIRE,** adj. ‖ Veine —. *Juguli vena.* 膵子裹的血管子 Sáng tsè lỷ tỷ hiuě koūan tsè.
**JUILLET,** s. m. *Julius, i, m.* 洋七月 Yâng tsỷ yuě.
**JUIN,** s. m. *Junius, ii, m.* 洋六月 Yâng loù yuě.
**JUMEAU, LLE,** adj. *Gemellus.* 一對雙 Ỷ toúy choūang. Accoucher de deux —. *Geminum partum edēre.* 生一雙 Sēn ỷ choūang.
**JUMENT,** s. f. *Equa, æ, f.* 騍馬 Kố mà.
**JUPE,** s. f. *Tunica, æ, f.* 裙子 Kiủn tsè.
**JUPITER,** s. m. *Planetæ nomen.* 木星 Moũ sīh, ou 歲星 Soúy sīh.
**JURÉ, E,** adj. (ennemi —). *Infensus inimicus.* 大仇人 Tá tcheóu jên.
**JURÉ,** s. m. — chinois, c.-à-d. médiateur d'une affaire. 鄉約 Hiāng yỏ, ou 保正 Paò tchēn.
**JUREMENT,** s. m. *Juramentum, i, n.* 咒 Tcheóu. ‖ —. *Imprecatio.* 褻瀆 Siuě toù. ‖ — (paroles grossières). *Impia verba.* 腌陋的話 Tcheōu leóu tỷ hoá.
**JURER,** v. a. *Jurāre.* 賭咒 Toù tcheóu. ‖ — vrai. *Verarāre.* 發虛誓 Fă hīu chě. ‖ — avec adresse. *Solerter* —. 賭巧咒 Toù kiào tcheóu. ‖ — par le ciel. *Per Deos.* 呼天發誓 Hoū tiēn fă chě. ‖ Faire — quelqu'un. *Aliq. jurej. adigēre.* 强人發誓 Kiāng jên fă chě. ‖ — fidélité. *Fidem suam obstringēre.* 許匠 Hìu sīn. ‖ — la perte de quelqu'un. *Conjurāre de aliq.* 同謀殺人 Tồng mōng chả jên. ‖ Sc — amitié. *More gentilium per fas et nefas fidem promittēre.* 結黨 Kiế tàng. ‖ 喫血酒 Tchē hiuě tsieǒu. ‖ 拈香拜把 Niēn hiāng paỷ pà. ‖ — (blasphémer). *Blasphemāre.* 褻瀆 Siuě toù. ‖ Cela —. *Hoc non congruit.* 這个不合 Tchẽ kỏ poū hồ.
**JURIDICTION,** s. f. *Jurisdictio, onis, f.* 權 Kiùen, ou 轄 Hiả. ‖ — (tribunal). *Forum.* 大堂 Tá tầng. ‖ — (ressort). *Ditio.* 属地 Choũ tỷ. ‖ Cette affaire est de ma —. *Res sortitur in meo foro.* 這事算我的 Tchẽ sé soúan ngồ tỷ.
**JURISCONSULTE,** s. m. *Jurisperitus, i, m.* 書辦 Choū pán, ou 訟師 Kóng sē.
**JURISPRUDENCE,** s. f. *Jurisprudentia, æ, f.* 熟律 Choũ liủ.
**JUS,** s. m. *Succus, i, m.* 汁 Tchẽ. ‖ — de citron. — *citrei.* 酸柑汁 Soūan kān tchẽ. ‖ Exprimer le —. *Exprimēre* —. 擠 Tsỷ.

**JUSQUE**, prép. *Usque.* 到 Táo, ou 至 Tché. ‖ — à Canton. 到廣東 Táo Koùang tōng. ‖ — à ce point. *Usque adeò.* 到此 Táo tsè. ‖ — alors. *Ad illud tempus.* 到此時 Táo tsè ché. ‖ — à ce que. *Donec.* 至到 Tché táo. ‖ Tous — à un. 一把連 Ў pà liên, ou 都不少一个 Toū poŭ chaò ў kó.

**JUSTE**, adj. *Justus.* 公道的 Kōng táo tў. ‖ Cela est —. *Hoc — est.* 這个公道 Tché kó kōng táo. ‖ Esprit —. *Rectum ingenium.* 明悟正 Mîn où tchén. ‖ Balance —. *Æqua lanx.* 公義秤 Kōng ný tchén. ‖ Mesure —. *Justa mensura.* 公義尺 Kōng ný tché. ‖ Prix —. *Pretium justum.* 合式的價錢 Hò ché tў kiá tsiên.

**JUSTE**, adv. *Adamussim.* 恰當 Kiă táng, ou 合法 Hò fă. ‖ Parler —. *Aptè loqui.* 説得合式 Chŏ tĕ hò ché. ‖ Chanter —. *Ad harmoniam canĕre.* 唱得合法 Tchăng tĕ hò fă. ‖ Deviner —. *Rem acu tangĕre.* 猜得不差 Tsāy tĕ poŭ tchă. ‖ Au —. *Certò.* 一定 Ў tín.

**JUSTEMENT**, adv. *Justè.* 公道的 Kōng táo tў. ‖ —. *Tum maximè.* 剛剛合式 Kāng kāng hò ché. ‖ Arriver — à temps. *In tempore advenire.* 來得逗頭 Laў tĕ teóu teóu. ‖ —, vous y ĉtes. *Scilicet.* 就是 Tsieóu ché.

**JUSTESSE**, s. f. (proportion). *Convenientia, œ, f.* 合式 Hò ché.

**JUSTICE**, s. f. *Justitia, œ, f.* 公義 Kōng ný. ‖ — (équité). *Æquitas.* 理 Lў. ‖ La faveur l'emporte sur la —. *Jus gratiá inflectitur.* 依情不依理 Ў tsíń poŭ ў lў. ‖ — (sentence). *Judicium.* 案 Gán. ‖ Rendre la —. *Jus dicĕre.* 斷案 Toúan gán. ‖ Vendre la —. *Venalem jurisd. habēre.* 受賄 Cheóu hoùy. ‖ Violer la —. *Violāre.* 做不公道的事 Tsóu poŭ kōng táo tў sé. ‖ Demander —. *Jus persequi.* 辯明冤枉 Piên mîn yüen ouàng. ‖ Obtenir —. *Obtinēre jus suum.* 贏官司 Ŷn koŭan sē. ‖ Citer en —. *In jus vocūre.* 告人 Káo jén. ‖ Rendre — à quelqu'un. *Alic. merita agnoscĕre.* 依理斷 Ў lў toúan. ‖ Se faire —. *Injurias suas persequi.* 報氣 Páo ký, ou 雪恥 Siuĕ tché. ‖ Se faire —. *Se ipsum damnāre.* 認錯 Jén tsŏ. ‖ — (magistrats). *Judices.* 官 Koŭan. ‖ Mettre aux mains de la —. *Judicibus tradĕre.* 送犯人 Sóng fán jên. ‖ — (peine). *Pœna.* 刑罰 Hîn fă. ‖ Faire — de quelqu'un. *Pœnas repetĕre.* 罰 Fă. ‖ —. *Ditio.* 權 Kiűen. ‖ Haute- —. *Suprema jurisdictio.* 刑部 Hîn poú.

**JUSTIFICATIF, VE**, adj. *Ad prob. idoneus.* 可爲憑的 Kŏ oúy pîn tў.

**JUSTIFICATION**, s. f. *Criminis depulsio.* 告白 Káo pĕ, ou 辯白 Piên pĕ.

**JUSTIFIER**, v. a. *Culpá liberāre.* 斷人無罪 Toúan jên où tsoúy. ‖ —. *Aliquid probāre.* 證 Tchén. ‖ Se —. *Crimen diluĕre.* 辯明冤枉 Piên mîn yüen ouàng.

**JUVÉNILE**, adj. *Juvenīlis.* 年少的 Niên chaò tў.

# K

**KALÉIDOSCOPE**, s. m. *Kaleidoscopus, i, m.* 千花鏡 Tsiên hoā kín.

**KAO-LIN**, s. m. (matière première pour faire de la porcelaine). 高嶺石 Kaō lĭn ché.

**KAN**, s. m. *Dux Tartarorum.* 滿官 Mân koŭan.

**KILOGRAMME**, s. f. *Mille gram. pondus.* 兩斤 Leàng kĭn.

**KILOMÈTRE**, s. m. *Kilometrum, i, n.* 二十里 Eùl ché lў.

**KIOSQUE**, s. m. *Hortense tentorium.* 亭子 Tîh tsè. ‖ — dans les champs. *In agris* —. 闊 Kŏ. ‖ — sur les portes de ville. 譙樓 Tsiâo leôu.

**KIRIELLE**, s. f. *Longa series.* ‖ Dire à quelqu'un une — d'injures. *Alic. probra dicĕre.* 打糊説 Tà hoû chŏ.

**KNOUT**, s. m. *Flagellatio, onis, f.* 打條子 Tà tiâo tsè.

**KO-KO-NOR**, s. m. (nom d'un pays situé entre la Chine et le Thibet). 庫庫腦兒 Koŭ koŭ laò eùl.

**LA**, article féminin, ne s'exprime pas en chinois.
**LA**, pron. relat., se rend par 他 Tā, lorsqu'on l'exprime en chinois.
**LÀ**, adv. *Hic.* 這裏 Tchè lỳ. ǁ Est-ce — cet homme? *Est-ne hic homo?* 是不是他 Ché poŭ chĕ tā'. ǁ — (alors). *Tunc temporis.* 那時 Lá chê. ǁ — dessus. *Intereà.* 那時 Lá chê. ǁ — au-dessus. *Super hoc.* 上頭 Cháng teŏu.ǁ — là. *Mediocriter.* 中等 Tchōng tèn, ou 不上不下 Poŭ cháng poŭ hiá.
**LABEUR**, s. m. *Opus, eris, n.* 工夫 Kōng foŭ.
**LABIAL, E**, adj. *Labialis.* 唇的 Chuên tỳ. ǁ Son —. *Sonus —.* 唇音 Chuên yn.
**LABILE**, adj. ǁ Mémoire —. 記性不牢 Ký sín poŭ laô.
**LABORIEUX, SE**, adj. *Laboriosus.* 勞苦的 Laô koŭ' tỳ. ǁ Méticr —. *Operosa ars.* 手藝苦 Cheòu ný koŭ'.
**LABOUR**, s. m. *Aratio, onis, f.* 犁的事 Lý tỳ sé. ǁ Premier —. *Cultio.* 犁板田 Lỳ pàn tiên. ǁ Second —. *Iteratio.* 二犁 Eùl lỳ, ou 杪 Tcháo.
**LABOURAGE**, s. m. *Agricultura, œ, f.* 耕田 Kēn tiên.
**LABOURER**, v. a. *Arāre.* 犁 Lỳ.
**LABOUREUR**, s. m. *Agricola, œ, m.* 農夫 Lōng foŭ.
**LABYRINTHE**, s. m. *Labyrinthus, i, m.* 淵 Yuên, ou 幽密之處 Yeŏu mỳ tchē tchoŭ. ǁ Se jeter dans un —. *In periculum se conjicĕre.* 入羅網 Joŭ lô ouàng.
**LAC**, s. m. *Lacus, ús, m.* 池 Tchĕ', ou 湖 Hoû. ǁ Les cinq grands — chinois, 五湖 Où hoû : 長塘 Tchǎng tǎng. 太湖 Táy hoû. 射貴 Ché koúy.
**LACER**, v. a. *Adstringĕre.* 網 Koŭen.
**LACÉRER**, v. a. *Lacerāre.* 撕 Sē, ou 拆破 Tsĕ pố. ǁ — une promesse. *Promissum violāre.* 食言 Chĕ' yĕn.
**LACET**, s. m. (cordon de soie ou de fil). *Ligula, œ, f.* 繩子 Chûen tsè. ǁ — pour prendre les oiseaux et les animaux). *Laqueus.* 套 Táo. ǁ Donner dans les —. *In laqueum incidĕre.* 上套 Cháng táo, ou 入套 Joŭ táo.

**LÂCHE**, adj. *Remissus.* 鬆的 Sōng tỳ. ǁ La chaleur rend —. *Corpus effeminat calor.* 天氣熱悶倦人 Tiēn kỳ jĕ mén kiúen jên. ǁ — (indolent). *Segnis.* 慳悆 Hiáy táy. ǁ — (sans cœur, sans honneur). *Ignavus.* 無志氣的人 Oû tchê kỳ' tỳ jên.
**LÂCHER**, v. a. *Relaxāre.* 放鬆 Fáng sōng. ǁ — un arc. *Arcum —.* 下弦 Hiá hiuên. ǁ — (laisser aller). *Dimittĕre.* 放 Fáng. ǁ — un oiseau. *Avim —.* 放雀子 Fáng tsiŏ tsè. ǁ — prise. *E manibus amittĕre.* 失手 Chĕ cheòu, ou 落下去 Lŏ hiá kiú'. ǁ Faire — prise. *Extorquĕre.* 手中拖去 Cheòu tchōng tŏ' kiú'. ǁ — les chiens sur quelqu'un. *Canes emittĕre.* 嗾狗 Chŏ keŏu. ǁ — un vent. *Ventris flatum emittĕre.* 放屁 Fáng pỳ. ǁ — unc vesse. *Suppedĕre.* 打悄悄屁 Tà tsiăo tsiăo fáng pỳ. ǁ — de l'eau, c.-à-d. faire les petites nécessités. *Mingĕre.* 解小手 Kiaỳ siaŏ cheòu. ǁ — un mot. *Vocem mittĕre.* 說出來一句 Chŏ tchŏu laỳ ỳ kiú. ǁ Un mot lâché ne revient plus. (Prov.) *Vox emissa non revertitur.* 一言既出駟馬難追 Ỳ yên ký tchŏu sé mà lán tchoúy. ǁ — pied, c.-à-d. fuir. *In fugam se dăre.* 逃走 Táo tseŏu. ǁ — la main, c.-à-d. céder de son droit. *De suo jure remittĕre.* 讓 Jáng.
**LÂCHETÉ**, s. f. *Ignavia, œ, f.* 虛弱 Hiū jŏ, ou 無志氣 Oû tché kỳ'. ǁ *Factum turpe.* 醜事 Tcheŏu sé. ǁ —. *Segnities.* 懈悆 Hiáy táy.
**LACONIQUE**, adj. *Laconicus.* 短切的 Toùan tsiĕ' tỳ, ou 畧的 Liŏ tỳ.
**LACTÉ, ÉE**, adj. *Lacteus.* 奶色的 Laỳ sĕ' tỳ. ǁ Voie —. *Via lactea.* 天河 Tiēn hô.
**LACUNE**, s. f. *Vacuus locus.* 空地 Kōng tý, ou 缺少 Kiuĕ' chaò.
**LADRE**, adj. *Leprosus.* 癩的 Laý tsè. ǁ — (avare). *Sordidus.* 慳客 Kiēn lín. 手緊 Cheòu kǐn. 密賀子 Mỳ pý tsè.
**LAID, E**, adj. *Deformis, fœdus.* 醜的 Tcheŏu tỳ. ǁ — (déshonnête). *Inhonestus.* 醜的 Tcheŏu tỳ.
**LAINE**, s. f. *Lana, œ, f.* 羊毛 Yâng maô. ǁ — crue.

LAI                           LAN

*Rudis* —. 生毛 Sēn maŏ. ‖ — cardée. *Pectita* —. 熟毛 Choŭ maŏ. ‖ Filer la —. *Nēre* —. 紡毛 Fàng maŏ.

LAÏQUE, s. m. *Laicus*. 在俗的人 Tsáy sioŭ tў jēn.

LAISSE, s. f. *Lorum, i, n*. 繩套 Chuēn táo. ‖ Mener quelqu'un en —. *Strictè regēre aliq.* 管得緊 Koŭan tě kìn.

LAISSER, v. a. (abandonner). *Linquēre*. 丟 Tieŏu. ‖ — les affaires. *A negot. abstinēre*. 不管事 Poŭ koŭan sé. ‖ — une entreprise. *Conatu desistēre*. 丟主意 Tieŏu tchoŭ ý. ‖ — en dépôt chez quelqu'un. *Rem deponēre*. 寄東西 Ký tōng sў. ‖ — (ne pas emporter). *Non auferre*. 留 Lieŏu. ‖ — sous silence. *Silentio præterīre*. 不說 Poŭ chŏ. ‖ Ne pas — de lire tout le jour. *Totâ die legēre*. 一天讀到黑的書 Ў tiēn toŭ táo hě tў choŭ. ‖ — (permettre). *Sinēre, pati.* 許 Hiù. ‖ — venir. *Sinēre ut veniat*. 許他來 Hiù tā laў. ‖ — -moi aller. *Sine me abīre*. 等我去 Tèn ngŏ kiù. ‖ — -moi aller, sans me reconduire. *Sine ut abeam; parce me deducēre*. 留 Lieŏu poú. ‖ — dire. *Non curāre de verbis aliorum*. 緊他說 Kìn tā' chŏ. ‖ — échapper l'occasion. *Occasionem amittēre*. 失機會 Chě kў hoúy.

LAIT, s. m. *Lac, actis, n*. 奶 Laў. ‖ — caillé. 浧 Laŏ. ‖ Vase où l'on trait le —. *Mulctrale*. 奶瓶子 Laў pǐn tsè. ‖ Pot au —. *Sinum*, i. 奶瓶子 Laў pǐn tsè. ‖ Traire le —. *Mulgēre lac*. 擠奶 Tsў laў. ‖ Dents de —. *Primi dentes*. 嫩牙齒 Lén yá tchě. ‖ Frère de —. *Collactaneus*. 同母兄弟 Tōng moŭ hiōng tý. ‖ Sœur de —. *Collactanea*. 同母姊妹 Tōng moŭ tsè meў. ‖ Sucer l'erreur avec le —. *A teneris errore imbui*. 從小錯了路 Tsōng siaŏ tsŏ' leaŏ loú.

LAITE, LAITANCE, s. f. *Lactes, ium, s. f.; lactea pulpa*. 魚春 Yû tchoŭn. 魚的脂油 Yû tў chē yeŏu, ou 魚白汁 Yû pě' tchě'.

LAITON, s. m. *Orichalcum, i, n*. 銅絲 Tōng sē.

LAMBEAU, s. m. *Segmen, inis, n*. 一塊爛布 Ў koŭaў lán poú.

LAMBIN, E, adj. *Lentus*. 慢的 Mán tў, ou 摩抄的 Mŏ sō tў.

LAMBRIS, s. m. *Lacunar, aris, n*. 花壁 Hoā pў.

LAMBRISSER, v. a. *Lacunāre*. 上花板 Cháng hoā pàn.

LAME, s. f. *Lamina, æ, f*. 刀鐵 Taō tiě. ‖ — d'or. *Bractea*. 金箔 Kīn pŏ. ‖ —. *Fluctus, unda*. 海濱 Haў láng.

LAMENTABLE, adj. *Lamentabilis*. 可哀惜的 Kǒ gaў sў tў.

LAMENTATION, s. f. *Lamentatio, onis, f*. 哀惜 Gaў sў. ‖ — des funérailles. *Lessus, i, m*. 哭喪 Koŭ sáng.

LAMENTER (SE), v. r. *Lamentāri*. 哀哭 Gaў koŭ.

LAMPAS, s. m. *Pannus sinensis*. 天花緞 Tá hoā toŭan.

LAMPE, s. f. *Lompas, adis, f*. 燈 Tēn. ‖ Pied de —. 燈盞台 Tēn tchàn taў. ‖ Écuelle de —. 燈碗 Tēn oŭan. ‖ Broche pour la mèche. 撥燈棍 Pŏ tēn koúen. ‖ Mèche de —. *Ellychnium*. 燈草 Tēn tsaŏ. ‖ Allumer la —. *Accendēre*. 點燈 Tièn tēn. ‖ Mettre de l'huile dans la —. *Oleum instillāre*. 上油 Cháng yeŏu. ‖ La — s'est éteinte. *Lampadis lumen exstinguitur*. 燈熄了 Tēn sў leaŏ. ‖ La — se meurt. 燈要熄 Tēn yáo sў. ‖ — d'église. 滿堂紅 Màn táng hóng, ou 海燈 Haў tēn.

LANCE, s. f. *Lancea, æ, f*. 鎗 Tsiāng. ‖ Une — *Una* —. 一把鎗 Ў pà tsiāng. ‖ Percer avec la —. *perforāre*. 刺一鎗 Tsé ў tsiāng. ‖ Un soldat perça avec la — le cœur de N.-S. J.-C. *Unus militum lanceâ latus J. C. aperuit*. 兵中一人以鎗穿主聖心 Pīn tchōng ў jēn ў tsiāng tchoŭan tchoŭ chén sīn.

LANCER, v. a. (un dard). *Telum jacēre*. 射箭 Chě tsién. ‖ — un cheval. *Equum excitāre*. 跑馬 Pǎo mà. ‖ — une raillerie. *Convicia fundēre*. 欺誚 Kў siáo. ‖— des regards affreux. *Torvis oculis intueri*. 眼嚇人 Yèn hě jēn. ‖ Se —. *Irruēre*. 攻打人 Kōng tà jēn.

LANCINANT, E. adj. *Acutus dolor*. 如針錐一樣痛 Joú tchēn tchoúy ў yáng tǒng.

LANDE, s. f. *Sabulatum, i, n*. 荒地 Hoŭang tý.

LANGAGE, s. m. *Lingua, æ, f*. 話 Hoá. ‖ — populaire. *Plebeia* —. 土話 Tŏu hoá. ‖ — de femme. *Muliebris* —. 婦人話 Foú jēn hoá. ‖ Avoir un — pur. *Purè eloqui* 說得正 Chŏ tě' tchēn.

LANGES, s. m. *Fasciæ, arum, f*. 襁褓 Kiāng paŏ.

LANGOUREUX, SE, adj. *Languens*. 倦乏 Kiuén fá. ‖ Faire le — auprès des femmes. *Apud mulieres molles effutīre blanditias*. 調戲婦女 Tiáo hý foú niù.

LANGUE, s. f. *Lingua, æ, f*. 舌子 Chě' tsè. ‖ Bout de la —. *Extremum*. 舌尖 Chě' tsiēn. ‖ Papilles de la —. 舌面尖粒 Chě' mién tsiēn lў. ‖ Le frein ou filet de la —. 舌底筋帶 Chě' tў kīn taў. ‖ Coup de —. *Linguæ verbera*. 傷人的話 Chāng jēn tў hoá. ‖ Mauvaise —. *amara*. 傷人的話 Chāng jēn tў hoá. ‖ Tirer la —. *ejicēre*. 伸舌頭 Chēn chě' teŏu. ‖ — bien pendue. *Acuta* —. 口才 Keŏu tsaў. ‖ Une aune de —. *Decipi*. 受哄 Cheŏu hòng. ‖ Être maître de sa —. *Linguæ imperāre*. 守口 Cheŏu keŏu. ‖ — (langage). *Sermo, lingua*. 話 Hoá. ‖ — maternelle. *Materna*. 本方話 Pěn fāng hoá, ou 鄉談 Hiāng tàn. ‖ — mandarine. — *communis*. 官話 Koūan hoá. ‖ Savoir la —. *Scīre* —. 曉得話 Hiaŏ tě' hoá.

LANGUETTE, s. f. *Trutina, æ, f*. 挺簧 Tǐn hoŭâng.

**LANGUIR**, v. n. *Languēre.* 無力 Oŭ lỹ, ou 軟 Joùan. ‖ — dans la misère. *In calamit. tabescĕre.* 背時不醒 Peỹ chĕ poŭ sĭn. ‖ La conversation —. *Friget sermo.* 話說冷了 Hoá chŏ lĕn leào.

**LANGUISSANT**, E, adj. *Languidus.* 弱的 Jŏ tỹ, ou 無力的 Oŭ lỹ tỹ.

**LANIÈRE**, s. f. *Lorum, i, n.* 繩索 Chuĕn sŏ.

**LANTERNE**, s. f. *Laterna, œ, f.* 灯籠 Tēn lòng. ‖ — en verre. 玻璃灯 Pŏ' lỹ tēn. ‖ — en corne de buffle. 琉璃灯 Lieôu lỹ tēn. ‖ — en gaze. 紗灯 Chā tēn. ‖ — en soie rouge. 宮灯 Kōng tēn. ‖ — en forme d'éventail. 扇子灯 Chán tsĕ tēn. ‖ — qui s'applique au mur. 巴壁灯 Pā pỹ tēn. ‖ — à pied, devant la porte. 高脚灯 Kaō kiŏ tēn. ‖ — magique. — *magica.* 西洋鏡 Sỹ yàng kín. ‖ Fête des —. *Festum —.* 元宵節 Yuĕn siāo tsiĕ. Cette fête se célèbre, chaque année, avec une pompe très-grande, le quinzième jour de la première lune. La tradition rapporte que cette fête vient de l'Impératrice 蘇妲巳 Soŭ tă kỹ, qui faisait éclairer son palais la nuit comme le jour. C'est cette même Impératrice qui introduisit la bizarre coutume, encore existante aujourd'hui, de rétrécir les pieds des femmes chinoises. ‖ Plier sa —. 收燈籠 Cheŏu tēn lóng. — *Nugæ.* 小事 Siaŏ sé.

**LANTERNER**, v. a. *Ire ad ineptias.* 做耍 Tsoú choà.

**LAPER**, v. a. *Lambĕre.* 餂 Tiĕn.

**LAPIDER**, v. a. *Lapidāre.* 投石打人 Teŏu chĕ tă jĕn.

**LAPS**, s. m. *Temporis decursus, ûs, m.* 時候 Chĕ heóu.

**LAQUAIS**, s. m. *Pedisequus, i, m.* 跟隨 Kēn soŭy, ou 跟班 Kēn pān.

**LAQUE**, s. m. *Lacca, œ, f.* 漆 Tsỹ.

**LARCIN**, s. m. *Furtum, i, n.* 偷盗 Teōu taó. ‖ — (chose dérobée). *Res furtiva.* 偷的東西 Teōu tỹ tōng sỹ. 贓 Tsāng. 黑貨 Hĕ hó.

**LARD**, s. m. *Lardum, i, n.* 肺 Feỹ. ‖ Faire du —, c.-à-d. dormir toute la matinée. *Longum matut. dormīre.* 睡早晨 Choúy ỹ tsaò chĕn.

**LARDER**, v. a. *Lardo infigĕre.* 肺內貫肉 Feỹ loúy koŭan joù.

**LARDOIRE**, s. f. *Acus, ûs, m.* 肉針 Joù tchēn.

**LARDON**, s. m. *Sanna, œ, f.* 趣話 Tsiŭ hoá. ‖ Donner un —. *Vellicāre.* 話傷人 Hoá chāng jĕn.

**LARE**, s. m. *Lar, is, m.* 家神 Kiā chĕn, ou 木主 Moŭ tchoŭ. 灶神 Tsaó chēn.

**LARGE**, adj. *Latus.* 寬的 Koūan tỹ. ‖ Morale —. *Disciplīna labens.* 規矩鬆 Koūy kiŭ sōng. ‖ Conscience —. *Minimé relig. conscientia.* 放肆的瓦心 Fáng sĕ tỹ leǎng sīn. ‖ Prendre le —. *In altum navigāre.* 海中行船 Haỹ tchōng hīn tchoŭan. ‖ Prendre le —. c.-à-d. fuir. — *fugĕre.* 逃 Taó. ‖ — (libéral) *Generosus.*

大方的人 Tá fāng tỹ jĕn. ‖ Être au —. *Affluĕre copiis.* 發財 Fă tsáy.

**LARGESSE**, s. f. *Largitio, onis, f.* 大方 Tá fāng. ‖ Faire des —. *In aliq. lib. uti.* 大方待人 Tá fāng taỹ jĕn.

**LARGEUR**, s. f. *Latitudo, inis, f.* 寬 Koūan.

**LARME**, s. f. *Lacryma, œ, f.* 淚 Loúy. ‖ Fausses —. *Falsœ —.* 假哭 Kià kŏu. ‖ Verser des —. *fundĕre.* 流淚 Lieôu loúy. ‖ Retenir ses —. *continēre.* 含淚不哭 Hán loúy poŭ kŏu. ‖ Arracher des — à quelqu'un. — *excīre.* 兜人哭 Teōu jĕn kŏu. ‖ Rire aux —. *Cachinnāri.* 大笑 Tá siáo, ou 笑死 Siáo sè. ‖ (suc). *Gutta.* 滴 Tỹ.

**LARRON**, s. m. *Fur, uris, m.* 強盗 Kiăng taó. ‖ L'occasion fait le —. *Quod promptum, invītat furantem.* 見財起意 Kién tsáy kỹ ỹ.

**LARVE**, s. f. *Larva, œ, f.* 出虫 Tchŏu tchŏng.

**LARYNX**, s. m. *Larynx, yngis, m.* 喉管 Heŏu koŭan.

**LARYNGITE**, s. f. (Voyez *Inflammation*).

**LAS, SE**, adj. *Lassus.* 困乏的 Koŭen fă tỹ, ou 僵的 Loúy tỹ. ‖ Être —. *Fatigātus.* 僵的 Loúy tỹ. ‖ Être — de vivre. *Tædet vitæ.* 願死 Yuĕn sè.

**LASCIF, VE**, adj. *Lascīvus.* 好圖饒的 Haŏ toú lŏ tỹ.

**LASSANT, E**, adj. *Laboriosus.* 僵人的 Loúy jĕn tỹ. ‖ —. *Molestus.* 囉唆的 Lŏ sō tỹ.

**LASSER**, v. a. *Fatigāre.* 僵 Loúy. ‖ — (ennuyer). *Tædium afferre.* 煩人 Fán jĕn. ‖ Se —. *Lassāri.* 僵 Loúy.

**LATÉRAL, E**, adj. *Lateralis.* 一邊的 Ỹ piēn tỹ, ou 旁的 Páng tỹ.

**LATIN, E**, adj. *Latīnus.* ‖ Langue —. *Lingua latina.* 辣定話 Lă tín hoá.

**LATITUDE**, s. f. *Latitudo, inis, f.* 寬 Koūan. ‖ — géographique. — *geographica.* 緯度 Oŭy toú, ou 北極出地多少 Pĕ kỹ tchŏu tỹ tŏ chaó. ‖ Le Su tchuen est à 30° de —. 四川離黃道三十度 Sé tchoūan lỹ houáng taó sān chĕ toú. ‖ — 30° nord. 北極出地三十度 Pĕ kỹ tchŏu tỹ sān chĕ toú.

**LATRIE**, s. f. *Latria, œ, f.* 敬眞神 Kín tchĕn chĕn.

**LATRINES**, s. f. *Latrina, œ, f.* 毛房 Maŏ fáng. ‖ Vider les —. *Purgāre —.* 㡠糞 Yào fĕn.

**LATTE**, s. f. *Ambrices, cum, f.* 椆子 Kŏ tsĕ.

**LAUDES**, s. f. *Laudes, um, f.* 讚美經 Tsán meỹ kīn.

**LAVER**, v. a. *Lavāre.* 洗 Sỹ. ‖ Se — les mains. *Manus.* 洗手 Sỹ cheŏu. ‖ Se — la bouche. *Os —.* 漱口 Soú keŏu. ‖ Essuyer ses mains. *Tergĕre manus.* 揩手 Kiăy cheŏu. ‖ Je m'en — les mains. *Exsors sum.* 我無分 Ngŏ oŭ fĕn. ‖ Se — d'un crime. *Peccatum lavāre.* 洗寃 Sỹ yuēn. ‖ Se — d'une accusation. *Crimen diluĕre.* 洗罪各 Sỹ tsoúy mĭu.

**LEAO-TŌNG** (Province de la Tartarie Chinoise). 遼東 Leào tōng.

**LÈCHE**, s. f. *Offula, æ, f.* 薄片 Pŏ piĕn.
**LÉCHER**, v. a. *Lambĕre.* 餂 Tiĕn.
**LEÇON**, s. f. *Documentum, i, n.* 教訓 Kiáo hiún. ‖ Donner des —. *Præcepta tradĕre.* 教訓 Kiáo hiún. ‖ Profiter des —. *Audīre* —. 聽敎 Tīn kiáo. ‖ — (tâche d'écolier). *Pensum.* 先生上的書 Siēn sēn cháng tў choū, ou 工課 Kōng kó. ‖ Savoir sa —. *Scīre* —. 背得熟 Péy tĕ̆ choū. ‖ Réciter sa —. 背書 Péy choū. ‖ Faire trois fautes en la récitation. 背錯三句 Péy tsŏ̆ sān kíu. ‖ — de l'office divin. *Lectio officii divīni.* 一節經 Ў tsié kīn.

**LECTURE**, s. f. *Lectio, onis, f.* 看書 Kǎn choū. ‖ — à haute voix. *Recitatio.* 大聲念書 Tá chēn nién choū. ‖ Faire une —. *Legĕre.* 看書 Kǎn choū. ‖ Aimer la —. *Libros amāre.* 愛看書 Gáy kǎn choū.

**LÉGAL, E**, adj. *Legalis.* 依律 Ў liŭ.
**LÉGALISER**, v. a. *Testimonium auctoritate publicá firmāre.* 增補律例 Tsēn pŏu liŭ lў, ou 打印 Tà ýn.
**LÉGAT**, s. m. *Legatus, i, m.* 宗牧欽差 Tsōng moŭ kīh tchǎy. ‖ — *à latere.* 宗牧全樻欽差 Tsōng moŭ tsŭen kiuĕn kīh tchǎy. ‖ Envoyer un —. *Leg. mittĕre.* 使 Chè.
**LÉGATION**, s. f. *Legatio, onis, f.* 奉使 Fóng chè. ‖ — (palais de la légation). 欽差公館 Kīh tchǎy kōng kouān.
**LÉGENDE**, s. f. *Vita S. S.* 聖人行實 Chén jēn hín chĕ̆. ‖ —. *Numismatum inscriptio.* 聖牌上的字 Chén péy cháng tў tsé.
**LÉGER, ÈRE**, adj. *Levis.* 輕的 Kīh tў. ‖ Blessure —. *Leve vulnus.* 小傷 Siaŏ chāng. ‖ Mets —. *Ad coquend. facilis.* 容易消化的東西 Yŏng ý siao hóa tў tōng sȳ. ‖ —. *Habilis.* 輕快的 Kīh kouǎy tў. ‖ Aller d'un pas —. *Levi gradu incedĕre.* 走得快 Tseŏu tĕ̆ kouǎy. ‖ — (volage). *Levis.* 恍蕩子弟 Hoŭang táng tsè tў. ‖ — (mince). *Tenuis.* 薄的 Pŏ̆ tў. ‖ Faute —. *Leve peccatum.* 小罪 Siaŏ tsoúy. ‖ Sommeil —. *Suspensus somnus.* 膁睡小 Kŏ̆ choúy siaŏ. ‖ A la —. *Temeré.* 不小心 Poŭ siaŏ sīn. ‖ Croire à la —. *Credulus esse.* 肯信話的 Kĕn sín hóa tў.
**LÉGÈREMENT**, adj. *Leviter.* 輕忽 Kīh foŭ. ‖ Passer sur quelque chose. 略說 Liŏ̆ chŏ̆. ‖ — (négligemment). *Negligenter.* 不用心 Poŭ yóng sīn.
**LÉGÈRETÉ**, s. f. *Levitas, atis, f.* 輕 Kīh. ‖ — *Inconsiderantia.* 不小心 Poŭ siaŏ sīn.
**LÉGION**, s. f. *Legio, onis, f.* 一群兵 Ў kiŭen pīn.
**LÉGISLATEUR**, s. m. *Celui qui a fait les lois chinoises.* 定律的人 Tín liŭ tў jēn. 蕭何 Siāo hŏ, ou 曹參 Tsáo tchǎn. (200 av. J.-C.)
**LÉGISLATION**, s. f. *Corpus juris.* 律壹 Liŭ choū.
**LÉGISTE**. (Voir *Jurisconsulte*.)
**LÉGITIMATION**, s. f. *Legitimatio, onis, f.* 立庶 Lў choá.

**LÉGITIME**, adj. *Legitimus.* 如法的 Joŭ fǎ tў. ‖ Enfant —. *Filius* —. 嫡子 Tў tsè. ‖ Enfant illégitime. 庶子 Choú tsè.
**LEGS**, s. m. *Legatum, i, n.* 遺業 Ў niĕ.
**LÉGUER**, v. a. *Legāre.* 遺留 Ў lieŏu.
**LÉGUME**, s. m. *Olus, eris, n.* 菜 Tsáy. ‖ Semer les —. *Semināre* —. 種菜 Tchòng tsáy. ‖ Planter les —. *Plantāre* —. 栽菜 Tsaȳ tsáy. ‖ Sarcler les —. *Sarrīre* —. 櫌菜 Yeŏu tsáy. ‖ Arroser les —. *Irrigāre* —. 淋菜 Līn tsáy. ‖ Rechausser les —. *Terram accumulāre.* 壅菜 Yōng tsáy. ‖ Couper les —. *Prœcidĕre* —. 砍菜 Kǎn tsáy. ‖ Préparer les —. *Parāre* —. 辦菜 Pán tsáy. ‖ La chaleur a couché les —. *Calore procubuĕre olera.* 菜晒驚了 Tsáy chaý yēn leaŏ.
**LENDEMAIN**, s. m. *Posterus dies.* 後天 Heóu tiēn, ou 弟二天 Tý eùl tiēn. ‖ Différer au —. *In crastin. differre.* 延日子 Yēn jĕ̆ tsè.
**LENT, E**, adj. *Lentus.* 慢的 Mán tў. ‖ Plus —. *Lentior.* 更慢 Kén mán. ‖ Très —. *Lentissimé.* 最慢 Tsoúy mán. ‖ Moins —. *Minus lenté.* 不當慢 Poŭ táng mán. ‖ — à parler. *Tardiloquus.* 口鈍 Keŏu tén. ‖ Avoir l'esprit —. *Tardo ingenio esse.* 明悟鈍 Mīn oú tén.
**LENTE**, s. f. *Lens, endis.* 蟣子 Kў tsè.
**LENTEUR**, s. m. *Lentitudo, inis, f.* 做事慢 Tsoú sé mán.
**LENTILLE**, s. f. légume. *Lens, tis, f.* 飯豆 Fán teoŭ. ‖ — (tache rousse sur la peau). *Lentigo, inis, f.* 痣 Tché. ‖ — (verre). *Lenticul. vitrum.* 火鏡 Hŏ kín. ‖ — convexe. *Convexa.* 凸鏡 Tŏ̆ kín. ‖ — concave. *Concava.* 凹鏡 Ouā kín.
**LÈPRE**, s. f. *Lepra, æ, f.* 癩子 Láy tsè. ‖ Avoir la —. *Leprosus esse.* 生癩子 Sēn láy tsè. ‖ Rongé par la —. *Leprá affectus.* 渾身是癩 Hoŭen chēn chĕ láy.
**LEQUEL**, pron. relat. *Qui.* 那一个 Là ў kó. ‖ — (en parlant de deux). *Uter.* 二人中那一个 Eùl jēn tchōng là ў kó.
**LÈSE**, adj. *Adversans.* 相反的 Siāng fǎn tў. ‖ — majesté. *Perduellio.* 大逆 Tá nў.
**LÉSER**, v. a. *Lædĕre.* 害人 Háy jēn.
**LÉSINE**, s. f. *Sordes, ium, f.* 一毛不拔的人 Ў maŏ poŭ pǎ tў jēn.
**LÉSINER**, v. a. *Parcé uti.* 手緊 Cheŏu kĭn.
**LÉSION**, s. f. *Læsio, onis, f.* 害 Háy.
**LESSIVE**, s. f. *Lixivia, æ, f.* 鹼水 Kiēn choúy. ‖ Faire la —. — *facĕre.* 用鹼水洗衣服 Yóng kiēn choúy sў ў foŭ.
**LEST**, s. m. *Saburra, æ, f.* 鎭船石 Tchén tchoŭan chĕ̆.
**LESTE**, adj. *Alacer.* 輕快的 Kīh kouǎy tў. ‖ —. *Industrius.* 伶巧的 Līn kiaŏ tў. ‖ — dans ses propos. *Parùm verecundus.* 輕浮的人 Kīh foŭ tў jēn.
**LÉTHARGIE**, s. f. *Lethargia, æ, f.* 運病 Yún pín. ‖ — (nonchalance). *Desidia.* 懈怠 Hiáy táy.

**LETTRE**, s. f. *Littera, æ, f.* 字 Tsé. (Voir le mot *Caractère*.) ‖ Trait des —. *Ductus* —. 畫 Hóa. ‖ Auteur des — chinoises : 蒼頡 Tsāng kỳ, ministre de l'Empereur 黃帝 Houâng tý. ‖ Sens littéral des —. *Sensus litteralis.* 字義 Tsé ngý. ‖ A la —. *Ad verbum.* 照字 Tchaó tsé. ‖ Obéir à la —. *obedire.* 聽命 點不差 Tīn mín ỷ tièn poŭ tchā̆. ‖ Prendre au pied de la —. *Rem ad verbum, non ad mentem dicentis accipere.* 挨倒死碼子做 Gán taò sè mà tsè tsoú. ‖ —(ce qu'on écrit à quelqu'un). *Epistola.* 書信 Choū-sín. ‖ Une —. *Una* —. 一封書信 Ỳ fōng choū-sín. ‖ — cachetée. *Obsignata.* 封了的信 Fōng leaò tý sín. ‖ Plier une —. *Plicāre* —. 摺書信 Tchĕ choū sín. ‖ Remettre une — à quelqu'un. *Tradere* —. 交信 Kiaō sín. ‖ Remettre une — en main propre. 親手交信 Tsīn cheŏu kiaō sín. ‖ Intercepter une —. *Intercipere* —. 壓別人的信 Yă piĕ jēn tý sín. ‖ Ouvrir une — des autres. 私拆別人的信 Sē tsĕ piĕ jēn tý sín. ‖ Papier à —. *Papyrus.* 八行書 Pă hâng choŭ. ‖ — de recommandation. *Litt. commendatitiæ.* 薦舉人的信 Tsièn kŭ jēn tý sín. ‖ — d'amour. — *amatoriæ.* 私交的信 Sē kiaō tý sín. ‖ — patentes. *Diploma.* 票 Piaó. ‖ — de change. *Argentaria syngrapha.* 對票 Toúy piaó. ‖ — de faire part pour annoncer la mort. — *ad nuntiandam mortem.* 煉靈單 Lién lỉm tān. ‖ — pour annoncer la naissance. — *ad nuntiand. nativitatem.* 報喜 Paó hỷ.

**LETTRÉ, ÉE**, adj. *Litteratus.* 讀書生 Toŭ choū sēn. ‖ — chinois ou bachelier. 秀才 Sieoú tsáý. ‖ — turbulent, qui aime les procès. 矜棍 Kīn kouén.

**LETTRES, SCIENCES**, *Humanitas, atis, f.* 文墨 Ouēn mĕ̆. ‖ Homme de —. *Studiis opt. expolitus.* 好書人 Haó choŭ jēn. ‖ S'adonner aux —. *Studiis se dāre.* 好書 Haó choŭ.

**LEUCOME**, s. m. *Leucoma, atis, n.* 眼膜 Yĕn mô.

**LEUCORRHÉE**, s. f. *Leucorrhœa, æ, f.* 流白帶 Lieóu pĕ taý.

**LEUR**, adj. poss. *Ille, a, ud.* 他們的 Tā-mên tý. Leur se rapportant au sujet du verbe s'exprime en latin par *Suus, a, um.* et en chinois par 他們 Tā-mên.

**LEURRE**, s. m. *Illicium, ii, n.* 引誘 Ỳn yeoŭ. ‖ —. *Illecebra.* 引誘 Ỳn yeoŭ.

**LEVAIN**, s. m. *Fermentum, i, n.* 酵頭 Kiaó teŏu. ‖ — du vin. *Vini* —. 曲子 Kiŏu tsè. ‖ — du mal. *Mali irritamenta.* 罪惡之媒 Tsoúy ngŏ tchĕ mông.

**LEVANT**, s. m. *Oriens, tis, m.* 東方 Tōng fāng.

**LEVANTINE**, s. f. *Pannus serici non floridus.* 斜紋絲緞 Siê ouĕn sē touán.

**LEVÉE**, s. f. *Moles, is, f.* 堆 Toūy. ‖ — d'argent. *Argent. collectio.* 収銀子 Cheōu ỳn tsè. ‖ — de soldats. *Militum delectus.* 招兵 Tchaō pīn. ‖ — au jeu. *Fol lus.*

*fasciculus.* 堤 Tý. ‖ Faire une —. 打一堤 Tă ỷ tý. ou 喫一塊牌 Tchĕ̆ ỷ kouáy páy.

**LEVER**, v. a. *Tollere.* 舉 Kiù, ou 拿舉來 Lâ kiù laý. ‖ — la main. *Manum* —. 舉手打人 Kiù cheŏu tă jēn. ‖ — la main sur quelqu'un. *Ictus intentāre.* 打人 Tà jēn. ‖ — les yeux. *Oculos erigere.* 舉目 Kiù moŭ. ‖ — les scellés. *Sigilla solvere.* 揭封皮 Kiĕ̆ fōng pý. ‖ Faire — quelqu'un. *È lecto excitāre.* 叫醒人 Kiáo sīn jēn. ‖ — les doutes. *Omne dubium tollere.* 解惑 Kiàý houâý. ‖ — le masque. *Personam deponere.* 露脚 Loŭ kiŏ, ou 漏踩 Leoú tỷ. ‖ Se lever. *Erigère se.* 站起 Tchán kỷ. ‖ Se — (sortir du lit). *Surgere.* 起床 Kỷ tchoŭang. ‖ Se — de table. *A mensā* —. 下席 Hiá sỷ. ‖ Se — par honneur. *Assurgère alic.* 站起 Tchán kỷ. ‖ Se —. *Surgere è lecto.* 起床 Kỷ tchoŭang. ‖ Se — pour les petits besoins. *Causâ necessitatis.* 起夜 Kỷ yé. ‖ Le soleil se —. *Sol oritur.* 太陽出來 Táy yàng tchoŭ laý. ‖ La graine. *Semen germinat.* 種發芽 Tchŏng fā yă. ‖ La pâte —. *Farina intumescit.* 麪發了 Mién fā leaò.

**LEVER**, s. m. *Egressus è lecto.* 下了床 Hiá leaò tchoŭang. ‖ — de l'Empereur (y assister). *Imperatori surgenti adesse.* 引見 Ỳn kién, ou 召見 Tchaó kién.

**LEVIER**, s. m. *Vectis, is, m.* 扁担 Pièn tán. ‖ — de maçon. *Cæmentarii* —. 撬担 Tsièn tán.

**LÈVRE**, s. f. *Labrum, i, n.* 口皮 Keŏu pý, ou 唇 Chuên. ‖ — de dessus. 上口皮 Cháng keŏu pý. ‖ — de dessous. 下口皮 Hiá keŏu pý. ‖ Partie centrale sur la —. *Pars media.* 人中 Jēn tchōng. ‖ Goûter du bout des —. *Summo ore gustāre.* 輕輕嘗 Kīn kīn cháng. ‖ Avoir le nom sur les —. *Nomen versatur in labris primoribus.* 名字在口邊來了說不出來 Mín tsè tsaý keŏu piēn laý leaò chŏ poŭ tchŏŭ laý. ‖ Avoir le cœur sur les —. *Apertus ac simplex esse.* 口白心白 Keŏu pĕ sīn pĕ.

**LIAISON**, s. f. *Unio, conjunctio, onis, f.* 結 Kiĕ. 相連 Siāng lién. ‖ 接連 Tsiĕ lién. ‖ — des os. *Ossium com missuræ.* 骨節 Koŭ tsiĕ. ‖ Discours sans —. *Orat. in cohærens.* 莫頭緒的話 Mŏ teŏu siú tý hoá. ‖ —(amitié). *Amicitia.* 朋情 Pŏng tsín. ‖ Avoir une étroite —. *Conjunctissimè vivère.* 至交 Tché kiāo.

**LIANT, E**, adj. *Flexibilis.* 軟的 Jouàn tý. ‖ — (affable). *Comis.* 合衆的人 Hŏ tchóng tý jēn.

**LIASSE**, s. f. *Fasciculus, i, m.* 綑 Ỳ kouĕ̆n, ou 一包 Ỳ pāo.

**LIBATION**, s. f. *Libatio, onis, f.* 獻酒 Hién tsieòu, ou 灌地降神 Koŭan tý kiáng chēn. ‖ En faire. *Facère* —. 灌地降神 Koŭan tý kiáng chēn.

**LIBELLE**, s. m. *Libellus, i, m.* 無名帖 Oŭ mīn tiĕ̆. ‖ Semer des —. *Spargère.* 散無名帖 Sán oŭ mīn tiĕ̆

**LIBER**, s. m. *Liber, ri, m.* 樹皮 Choú pý.

**LIBÉRAL, E**, adj. *Liberalis.* 大方的 Tá fāng tỷ. ‖ — du bien d'autrùi et avare du sien (prov.). *Ex alieno ludĕre.* 用別人的大方用自己的手緊 Yóng piĕ jên tý tá fāng yóng tsé ký tý cheŏu kĭn. ‖ Arts —. *Artes liberales.* 六藝 Loŭ ný.

**LIBÉRALITÉ**, s. f. *Liberalĭtas, atis, f.* 大方 Tá fāng.

**LIBÉRER**, v. a. *Ære alienāre.* 開賬 Kǎy tcháng. ‖ Se —. *Ære al. se liberāre.* 還賬 Hoûan tcháng.

**LIBERTÉ**, s. f. *Libertas, atis, f.* 主張 Tchoù tchǎng, ou 自主 Tsé tchoù. ‖ Donner la — de faire. *Permittĕre alicui.* 許人做 Hiù jên tsoú. ‖ Avoir sa —. *Esse sui juris.* 不受管 Poŭ cheoù koùan. ‖ Mettre en —. *De carcĕre educĕre.* 釋囚 Chě hieŏu, ou 放人 Fáng jên. ‖ Prendre la — d'écrire à quelqu'un. *Audēre scribĕre alic.* 敢陳 Kàn tchên. ‖ Donner la — à l'Église. *Libertatem Ecclesiæ concedĕre.* 許聖教大行 Hiù chén kiáo tá hĭn.

**LIBERTIN, E**, adj. *Irreligiosus.* 不敬神的 Poŭ kín chên tý. ‖ — (débauché). *Perditus moribus.* 放肆的人 Fáng sé tý jên.

**LIBRAIRE**, s. m. *Librarius, ii, m.* 開書舖的人 Kǎy choŭ póu tý jên.

**LIBRAIRIE**, s. f. *Res libraria, æ, f.* 書房 Choŭ fâng. ‖ — impériale. *Imperialis —.* 弘文館 Hông ouên kòuan. ‖ Catalogue des quatre — impériales. 欽定四庫全書總目 Kĭn tín sé kŏŭ tsuên choŭ tsòng moŭ.

**LIBRE**, adj. *Liber.* 有自主的 Yeŏu tsé tchoù tý. ‖ — de ses actes. *Sui juris.* 不受管的 Poŭ cheoù koùan tý. ‖ — (non employé). *Vacuus.* 空的 Kŏng tý. ‖ La marmite est-elle —? *Olla vacatne?* 鍋空不空 Kō kŏng poŭ kŏng. ‖ Avez-vous des chandeliers —. *Candelabra vacantne?* 蠟台空不空 Lâ tǎy kŏng poŭ kŏng. ‖ Êtes-vous —? *Vacasne?* 你空不空 Ngỷ kŏng poŭ kŏng. ‖ Avoir l'esprit —. *Soluto animo esse.* 心閒的人 Sīn hiên tý jên, ou 心裏平安 Sīn lý pîn gān. ‖ Ventre —. *Tenera alvus.* 肚子過 Toŭ tsè kó. ‖ — (licencieux). *Obscenus.* 放肆的 Fáng sé tý, ou 醜的 Tcheŏu tý.

**LICE**, s. f. *Curriculum, i, n.* 跑馬塲 Pǎo mà tcháng. ‖ Entrer en —. *In — venīre.* 打仗 Tà tcháng.

**LICENCE**, s. f. *Facultas, venia.* 許 Hiù, ou 命 mín. ‖ —, *Licentia.* 放肆 Fáng sé. ‖ Se donner trop de —. *Sibi indulgēre.* 過餘將就自己 Kó yú tsiāng tsieŏu tsé ký. ‖ —. *Licentia, gradus.* 擧人之職 Kiù jên tchē tchě. ‖ Être en —. *Stadium licentiæ decurrĕre.* 下料塲 Hiá kŏ tcháng.

**LICENCIÉ**, s. m. *Licentiatus, i, m.* 擧人 Kiù jên. ‖ Le premier des —. *Prior —.* 解元 Kiǎy yuên.

**LICENCIER**, v. a. *Copias dimittĕre.* 發兵回去 Fǎ pīn

hoŭy kiŭ. ‖ Se —. *Licentiùs audēre.* 行爲放肆 Hín oŭy fáng sé.

**LICENCIEUX, SE**, adj. *Dissolutus.* 放肆的人 Fáng sé tý jên.

**LICITATION**, s. f. *Licitatio, onis, f.* 爭買 Tsēn maỷ.

**LICITE**, adj. *Licĭtus.* 可以的 Kŏ ỷ tý, ou 使得的 Chě tě tý.

**LICOL**, s. m. *Capistrum, i, n.* 籠頭 Lông teŏu. ‖ Mettre le —. *Equum capistrāre.* 上籠頭 Cháng lông teŏu.

**LIE**, s. f. *Fœx, œcis. f.* 渣渣 Tchā tchā. ‖ — de l'huile. *Amurca.* 油脚滓 Yeŏu kiŏ tsè. ‖ Oter la —. *Defœcāre.* 濾油脚滓 Liú yeŏu kiŏ tsè. ‖ — du peuple. *Plebecula.* 下賤人 Hiá tsién jên.

**LIEN**, s. m. *Vinculum, i, n.* 繩索 Chuên sŏ. ‖ — conjugal. *Conjugale —.* 夫婦之約 Foŭ foú tchē yŏ.

**LIER**, v. a. *Ligāre.* 綑 Kouěn. ‖ — quelqu'un. *Vincire aliq.* 綑人 Kouěn jên. ‖ — la langue. *Vocem præcludĕre.* 不許開口 Poŭ hiù kǎy keŏu. ‖ — amitié. *Amicit. instituĕre.* 結交 Kiě kiāo. ‖ Être très- —. *Esse conjunctissimi.* 深交 Chēn kiāo. ‖ — conversation. *In colloq. venīre.* 同談叔 Tông tán siú. ‖ Se —. *Colligāri.* 結 Kiě, ou 相連 Siāng lién. ‖ Se — les mains. *Se obligāre.* 許 Hiù.

**LIEU**, s. m. *Locus, i, m.* 地方 Tý fāng, ou 所 Sŏ. ‖ En ce —. *Hic —.* 這裏 Tohě ly. ‖ —. *Illic.* 那裏 Lá lý. ‖ En tout —. *Ubicumque terrarum.* 處處 Tchŏŭ tchŏu. ‖ En aucun —. *Nullibi.* 莫得 —. Mŏ tě ỷ tchŏu. ‖ En tou —. *Ubiqué.* 到處 Taó tchŏu. ‖ Être sur les —. *Adesse.* 在 Tsáy. ‖ En quel — est Dieu? *Ubinam est Deus?* 天主在那腰 Tiēn-Tchoù tsaỷ lá lỷ. ‖ Il n'est aucun — où Dieu ne soit. *Ubique est Deus.* 天主無所不在 Tiēn-Tchoù oŭ sò poŭ tsaỷ. ‖ En premier —. *Primum.* 頭一件 Teŏu ỷ kién, ou 頭一總 Teŏu ỷ tsŏng. ‖ — où s'unissent les parties inférieures et supérieures du corps. 腰胯 Yāo koŭa. ‖ — sous les côtes où il n'y a pas d'os. 胘 ỷ. ‖ Prendre quelqu'un au — d'un autre. *Alic. alterum suggerĕre.* 認錯人 Jén tsŏ jên. ‖ — (naissance). *Genus.* 出身 Tchŏu chên. ‖ Issu de bas —. *Humil. loco ortus.* 出身微賤 Tchŏu chên oŭy tsién. ‖ Issu de haut —. *Nobili —.* 出身貴 Tchŏu chên koúy. ‖ N'avoir ni feu ni —. *Inops et laris et fundi.* 無坐處 —. *Spei est.* 有望頭 Yeŏu ouáng teŏu, ou 有望處 Yeŏu ouáng tchŏu. ‖ Donner — de douter. *Locum suspic. dăre.* 兜人犯疑 Teŏu jên fán nỷ. ‖ — commun. *Latrina.* 毛房 Maŏ fâng. ‖ Au — d'agir, vous parlez. *Loqueris cùm agĕre deberes.* 說是說做是做 Chŏ ché chŏ tsoú ché tsoú.

LIEU (mauvais), c.-à-d. — de débauche, maison de joie. *Lupanar, aris*, n. 花街 Hoā kaỷ, c.-à-d. quartier fleuri, ou 花林 Hoā lĭn, c.-à-d. forêt de fleurs. ‖ Nom spécial de la place où sont ces lieux dans les villes. 翠館 Tsoúy koùan. ‖ La maîtresse ou propriétaire d'une de ces maisons. 牽頭娿 Kiēn teŏu pŏ̆. ‖ Nom de ces femmes de mauvaise vie. 嫖子 Piāo tsè. ‖ Nom du salaire qu'elles reçoivent des visiteurs. 趯頭 Tchên teŏu. ‖ Nom donné aux femmes qui achètent des jeunes filles pour ces maisons. 鬼子 Koúy tsè. ‖ Nom donné aux hommes qui font ce métier. 人販子 Jên fàn tsè. ‖ Ouvrir une de ces maisons. 開堂子 Kāy tāng tsè. ‖ Fréquenter ces mauvais —. 走花街 Tseòu hoā kaỷ, ou 鬧娼 Laó tchāng. ‖ Inviter quelqu'un à les fréquenter. 請人鬧娼 Tsĭn jên laó tchāng. ‖ Y conduire quelqu'un. 引人鬧娼 Ỷn jên laó tchāng. ‖ Nom que les visiteurs donnent aux femmes de ces —. 情郎 Tsĭh láng. ‖ Nom que les femmes de ces — donnent aux visiteurs. 情妹 Tsĭh mèy, ou 殺才 Chā tsăy. ‖ Nom qu'on donne à ceux qui fréquentent ces —. 嫖之徒 Piāo tchè toŭ. ‖ Manière propre d'exprimer le péché de fornication qu'on y commet. 關門 Koūan mên.

LIEU PUBLIC, s. f. *Forum, i*, n. 街 Kaỷ. ‖ — (café chinois). 茶館 Tchă koùan.

LIEUE, s. f. *Leuca sinica*. 里 Lỷ. ‖ La — chinoise est de trois cent soixante pas. ‖ Faire quatre-vingt-dix — par jour. 一天走九十里 Ỷ tiēn tseòu kieòu chě lỷ. ‖ Combien y a-t-il de — d'ici à la ville? 到城裏有多路少 Taó tchên lỷ yeòu tō chaō loú.

LIEUTENANT, s. m. *Legatus militaris*. 署印武官 Choú ỷn où koūan. ‖ — colonel. *Subtribunus*. 參將 Tchān tsiàng, ou 遊擊 Yeòu kỷ. ‖ — de vaisseau. — *navalis*. 二馬欸 Eùl hò, ou 都司 Toū sē. ‖ Le troisième. — *tertius*. 三馬欸 Sān hò. ‖ — -général de province. *Prætor*. 總督 Tsòng toŭ. ‖ — criminel. *Crimin. quæsitor*. 按察司 Gán tchă̆ sē. ‖ — de police. *Prætor urbanus*. 汎官 Fán koūan. ‖ — -visiteur de province. *Provinc. visitator*. 巡撫 Siûn foù.

LIGATURE, s. f. *Fascia, æ, f*. 索子 Sŏ̆ tsè. ‖ — de sapèques. *Ligatura*. 一條錢 Ỷ tiaó tsiên.

LIGNE, s. f. *Linea, æ, f*. 一路 Ỷ loú, ou 一條線 Ỷ tiaó sién. ‖ — droite. — *recta*. 直畫 Tchě loú. ‖ — courbe. *Curvata*. 曲畫 Kioŭ hoá.‖— perpendiculaire. *Ad perpendic. ducta*. 吊畫線 Tiaó mě̆ sién. ‖ — géométrique. — *geometr*. 一線 Ỷ sién, ou 一道 Ỷ taó. ‖ — (trait de plume, pinceau). 畫墨 Hoá mě̆, ou 畫一道 Hoá ỷ taó. ‖ — de la main. *Incisuræ*. 掌紋 Tchàng ouên. ‖ — d'écriture. *Versus*. 一行字 Ỷ hâng tsé. ‖ — (cordeau). *Línea, amussis*. 一道墨 Ỷ taó mě̆. ‖ Manche de la — à pêcher. *Arundo, linea*. 釣竿 Tiaó kān.‖ Fil de la —. *Filum* —. 釣絲 Tiaó sē. ‖ — dormante. — *reposita*. 發竿 Fă̆ kān. ‖ La jeter. *Projicěre* —. 釣魚 Tiaó yŭ. ‖ — d'entrailles des vers à soie qui ne paraît pas dans l'eau. 蠶筋 Tsăn kĭn. ‖ Pêcher à la —. *Prædŏri calamo pisces*. 釣魚 Tiaó yŭ. ‖ — équinoxiale. ‖ *Circul. æquinox*. 赤道 Tchě̆ taó. ‖ — droite qui coupe une partie du méridien entre les tropiques. *Lacotomus, i, m*. 橫午線 Hoâng où sién. ‖ — de bataille. *Acies*. 一隆兵 Ỷ toúy pīn. ‖ — de parenté. *Cognationis linea*. 一輩 Ỷ peỷ. ‖ — droite. *Recta* —. 正宗 Tchēn tsōng ‖ — collatérale. *Collateralis* —. 傍枝 Pâng tchē. ‖ — de compte. *Ratio*. 賬 Tcháng. ‖ Mettre en — de compte. *In rationes inducěre*. 算賬 Souán tcháng. ‖ Mettre à la — en écrivant par urbanité. 抬頭 Tăy teŏu.

LIGNÉE, s. f. *Proles, is, f*. 子孫 Tsè sēn, ou 後人 Heóu jên. ‖ Avoir —. *Producěre sobolem*. 有後 Yeòu heóu.

LIGUE, s. f. *Fœdus, eris, n*. 結約 Kiě̆ yŏ̆, ‖ Faire une —. *Fœdus ferire*. 打結約 Tă̆ kiě̆ yŏ̆. ‖ — secrète des Chinois. 拈香拜把 Niēn hiāng páy pà. ‖ Rompre une —. — *frangěre*. 背約 Peỷ yŏ̆. ‖ Ceux qui ont formé une —. *Fœderati*. 打和約的 Tă̆ hô yŏ̆ tỷ.

LIGUER (SE),v. r. *Fœdus inire*. 打結約 Tă̆ kiě̆ yŏ̆.

LIMACE, s. f. *Archimedis cochlea, æ, f*. 水龍車 Choùy lóng tchěy.

LIMAILLE, s. f. *Scobis, is, f*. 鐵末 Tiě̆ mŏ̆.

LIMBES, s. m. *Limbi, orum, m*. 古聖所 Koù chén sò̆.

LIME, s. f. *Lima, scobina, æ, f*. 銼子 Tsŏ̆ tsè.

LIMER, v. a. *Limāre*. 銼 Tsŏ̆.

LIMITE, s. f. *Limites, um, m*. 界 Kiáy. ‖ Étendre les — du royaume. *Propag. fines imperii*. 開國 Kăy kouě̆. ‖ Passer les —. *Extra modum íre*. 過分 Kó fén.

LIMITER, v. a. *Terminare*. 安界石 Gān kiáy chě̆.

LIMITROPHE adj. *Finitimus*. 交界 Kiāo kiáy.

LIMON, s. m. *Limus, i, m*. 泥 Ngỷ. ‖ — (citron). *Malum limonum*. 酸柑 Soūan kān.

LIMPIDE, adj. *Limpidus*. 清的 Tsīn tỷ.

LINCEUL, s. m. *Lecti linteum*. 帳子 Tcháng tsè. ‖ — Sindon, onis, f. 殮屍布 Lién chē poú.

LINÉAMENT, s. m. *Lineamentum, i, n*. 肉紋 Joù ouên.

LINGE, s. m. *Linteum, i, n*. 布 Poú.

LINGOT, s. m. (argent comme on l'emploie en Chine). *Argenti massula*. 一塊銀子 Ỷ koúay ỷn tsè. ‖ — (s'il est rond). 一元 Ỷ yuên. ‖ — (s'il ne l'est pas). 一塊 Ў kouăy. ‖ — de cinq taëls. 中錠 Tchōng tín. ‖ — de cinquante taëls. 一平 Ў pín, ou 一封 Ў fōng.

LINGOTIÈRE, s. f. *Forma, æ, f.* 銀窩 Yn oūo.

LINITIF, VE, adj. *Líniens.* 止疼的 Tchĕ tóng tỹ, ou 安慰的 Gān oúy tỹ.

LINTEAU, s. m. *Superlimināre, is, n.* 門領 Mên gĕ. 楣梠 Méy lĭn. 門楣 Mên méy.

LION, s. m. *Leo, onis, m.* 獅子 Sē tsè. ‖ C'est un vrai —. *Vér animis leo.* 狠人 Hèn jên. ‖ Coudre la peau du — et celle du renard. 智勇雙全 Tché yòng choŭang tsŭen.

LIPPÉE, s. f. *Mensa gratuita.* 下桌 Hiá tchŏ.

LIQUÉFIER, v. a. *Liquāre.* 化 Hóa. ‖ Se —. *Liquări.* 化 Hóa.

LIQUEUR, s. f. *Liquor, oris, m.* 汁 Tchĕ.

LIQUIDE, adj. *Liquidus.* 流的 Lieôu tỹ, ou 清的 Tsĭn tỹ.

LIQUIDER, v. a. *Expedīre rationes.* 算清 Soúan tsĭn. ‖ — ses dettes. *Nomina sua —.* 還賬 Hoúan tcháng.

LIRE, v. a. *Legĕre.* 看書 Kăn choŭ. ‖ d'un bout à l'autre. *Translegĕre.* 看完 Kăn oŭan. ‖ — à haute voix. *Recitāre.* 念書 Nién choŭ. ‖ Dieu lit dans le fond des cœurs. *Deus intima perscrutatur.* 天主看透人心 Tiēn Tchoŭ kăn teôu jên sīn. ‖ — dans l'avenir. 預料 Yú leáo. ‖ On lit dans la sainte Écriture. 聖經上說 Chén kīn cháng chŏ.

LISÉRÉ, s. m. *Resticula, æ, f.* 邊 Piēn. ‖ Placer un —. *Suĕre —.* 緣邊 Yuên piēn.

LISIÈRE, s. f. *Limbus, i, m.* 衣襴 Ў piĕn. ‖ — d'un champ. *Ora agri.* 田坎 Tiên kăn. ‖ —. *Fascia.* 帶子 Táy tsè.

LISSE, adj. *Levigātus.* 平的 Pĭn tỹ, ou 光的 Koŭang tỹ.

LISTE, s. f. *Catalogus, i, m.* 單子 Tān tsè. ‖ Un —. *Unus —.* 一張單子 Ў tchāng tān tsè.

LIT, s. m. *Lectus, i, m.* 牀 Tchoŭang. ‖ Un —. *Unus —.* 一間牀 Ў kién tchoŭang. ‖ Planches des deux bords du —. *Sponda, æ, f.* 牀面方 Tchoŭang mién fāng. ‖ Pieds du —. *Fulcrum.* 牀腳 Tchoŭang kiŏ. ‖ Colonne du —. *Lecti columella.* 牀柱 Tchoŭang tchoú. ‖ Ciel du —. *Lecti tegmen.* 牀頂板 Tchoŭang tĭn pàn. ‖ Bois de —. *Lignum.* 床楋 Tchoŭang pĭn. ‖ — de camp. *— castrensis.* 平牀 Pĭn tchoŭang. ‖ Être au —. *Cubāre.* 睡 Choúy. ‖ Garder le — (malade). *In lecto jacēre.* 書病 Háy pĭn, ou 倒牀 Taò tchoŭang. ‖ Faire le —. *Lectum sternĕre.* 鋪牀 Pŏu tchoŭang. ‖ Sortir du —. *E lecto surgĕre.* 下牀 Hiá tchoŭang. ‖ Comme on fait son — on se

couche (prov.). 各人修各人得 Kŏ jên sieōu kŏ jên tĕ. ‖ — (mariage). *Conjugium.* 婚配 Hoūen pĕy. ‖ Enfant du premier —. *Ex primá conjuge filius.* 前娘兒 Tsiên leâng eûl. ‖ Enfant du deuxième —. 後娘 Heóu leâng eûl. ‖ — de rivière. *Alveus.* 漕 Tsāo. ‖ Sortir de son —. *Extrá alv. exíre.* 出漕 Tchŏu tsǎo. ‖ — de justice. *Tribunal.* 大堂 Tá tâng. ‖ — de pierre. *Coria, orum.* 一層一層的石頭 Ў tsên ỹ tsên tỹ chĕ teôu.

LITANIES, s. f. *Litaniæ, arum, f.* 禱文 Taò oûen. ‖ Réciter les —. *Eas recitāre.* 念禱文 Nién taò oûen. ‖ Quelles —! *Quot verba!* 話多 Hóa tō, ou 長篇古文 Tchâng piēn koù oûen.

LITIÈRE, s. f. *Lectica, æ, f.* 轎子 Kiáo tsè. ‖ Une —. *Una —.* 一乘轎子 Ў tchên kiáo tsè. ‖ Aller en —. *Vehi sellá.* 坐轎 Tsó kiáo. (Voir le mot Chaise.) ‖ — des chevaux. *Stramentum.* 欄草 Lân tsǎo, ou 圈草 Kiuĕn tsǎo. ‖ Faire la —. *— Substernĕre.* 擺 Pày, ou 鋪 Pŏu. ‖ Être sur la —. *Lecto detineri.* 不起床 Poŭ kỹ tchoŭang. ‖ Faire — de son bien. *Fortunas effundĕre.* 敗家 Páy kiā.

LITIGE, s. f. *Lis, itis, f.* 官司 Koūan sē. ‖ L'affaire est en —. *Sub judice lis est.* 官司沒有審 Koūan sē moŭ yeòu chèn.

LITTÉRAL, E, adj. *Litteralis.* 字義 Tsé nỹ, ou 本意思 Pĕn ý sē. ‖ Explication —. *Explicatio —.* 解字義 Kiaỳ tsé nỹ.

LITTÉRATURE, s. f. *Litteratura, æ, f.* 古文 Koù oûen, ou 學文 Hiŏ oûen. ‖ La bien posséder. *Versári in litteris.* 書理好 Choū lỹ haò.

LITURGIE, s. f. *Liturgia, æ, f.* 禮節 Lỹ tsiĕ.

LIVIDE, adj. *Lividus.* 青的 Tsīn tỹ. ‖ Devenir —. *Livescĕre.* 臉青 Liĕn tsīn.

LIVRAISON, s. f. *Traditio mercium.* 交貨 Oūen hó. ‖ — de livre. *Pars libri.* 一卷書 Ў kiuén choū. ‖ Paraître par —. *Per partes publicāre.* 一卷一卷的書著 Ў kiuén ỹ kiuén tỹ choū tchoú.

LIVRE, s. m. *Liber, ri, m.* 書 Choū. ‖ Un —. *Unus —.* 一本書 Ў pĕn choū. ‖ Couverture d'un —. *Libri tegmen.* 書殼子 Choū kŏ tsè. ‖ Reliure d'un —. *Libri coagmentatio.* 釘書 Tĭn choū. ‖ — doré sur tranche. *In secturá ext. deauratus.* 金邊書 Kīn piēn choū. ‖ — (partie d'un ouvrage). — premier. *Primus liber.* 一卷書 Ў kiuén choū. ‖ Faire un —. *Librum componĕre.* 著書 Tchoú choú. ‖ Publier un —. *— edicĕre.* 著書 Tchoú choú. ‖ Dévorer un —. *Librum avidè legĕre.* 用心看書 Yóng sīn kăn choū. ‖ Feuilleter un —. *— pervolvĕre.* 略看書 Liŏ kăn choū. ‖ Pâlir sur un —. *Studiis immorāri.* 好書 Haó choū. ‖

## LIV — LOI

Relier un —. *Compingĕre* —. 裝書 Tchoūang choŭ. ‖ Le dorer. *Deaurāre* —. 書邊上貼金 Choū piēn cháng tiĕ kīn. ‖ Le sculpter. *Sculpĕre* —. 刻書 Kĕ choŭ. ‖ L'imprimer. *Imprimĕre* —. 刷書 Choă choŭ. ‖ Arranger les feuilles. *Folia disponĕre*. 齊書 Tsý choŭ. ‖ Le coudre. — *suĕre*. 釘書 Tín choŭ. ‖ Parler comme un —. *Docté loqui*. 抛文 Pǎo ouên, ou 說得文法 Chŏ tĕ' ouên fă. ‖ — de marchand. — *adversaria*. 賬簿 Tcháng póu. ‖ — de dépense courante. 流賬簿 Lieóu tcháng póu. ‖ — de recette. 進賬簿 Tsín tcháng póu. ‖ Grand —. 總賬簿 Tsòng tcháng póu. ‖ Tenir bien ses — de compte. *Exactè rationes notāre*. 掛得清楚 Koúa tĕ' tsīn tsoŭ. ‖ — sacrés. *Libri sacri*. 聖經 Chén kīn. ‖ Les cinq — sacrés des Chinois. 五經 Oŭ kīn, 詩經 Chē kīn, 書經 Choū kīn, 易經 Ý kīn, 禮經 Lỳ kīn, 春秋 Tchoūn tsieōu. ‖ Les quatre — classiques. 四書 Sé choŭ. ‖ On dit en Chine de ceux qui ne savent que les — et rien des choses du monde : 書呆子 Choū gáy tsè, ou 迂夫子 Yū foū tsè.

**LIVRE**, s. f. (poids de seize onces). *Libra, æ, f.* 斤 Kīn. La livre chinoise pèse six cent dix-sept grammes.

**LIVRÉE**, s. f. *Famularis vestis*. 皂隸的衣服 Tsaó lỳ tỳ ý foŭ.

**LIVRER**, v. a. *Tradĕre*. 交 Kiāo. ‖ — par trahison. *Prodĕre*. 賣伏 Maý foú. ‖ — un secret. *Secretum vulgāre*. 漏密事 Leóu mỳ sé. ‖ Se — au plaisir. *Voluptati se dăre*. 縱慾 Tsóng yoŭ. ‖ Se — à l'étude. *Studio navāre*. 專務書 Tchoūan oŭ choŭ.

**LOBE**, s. m. (bout de l'oreille). *Imula oricilla*. 耳垂 Eŭl tchoŭy, ou 耳珠 Eŭl tchoū. ‖ — latéral du cerveau. *Lateralis* —. 小腦枝 Siǎo laŏ tchē.

**LOCAL**, s. m. *Locorum status*. 地勢 Tý ché. ‖ Usage —. *Communis usus*. 土俗 Toŭ siŏu.

**LOCATAIRE**, s. m. *Inquilinus, i, m.* 佃戶 Tién foŭ.

**LOCUTION**, s. f. *Locutio, onis, f.* 說話的樣子 Chŏ hoá tỳ yáng tsè.

**LODIER**, s. m. *Lodix, icis, f.* 厚舖蓋 Heóu pŏu kaý.

**LOFER**, v. n. (terme de marine). 鬆舵 Sōng tó.

**LOGARITHME**, s. m. *Logarithmus, i, m.* 對數勝微 Toúy soú chén oùy.

**LOGEMENT**, s. m. *Habitatio, onis, f.* 坐處 Tsó tchoŭ. ‖ — spacieux. *Spaciosa* —. 房子寬 Fáng tsè kouăn. ‖ Prendre — chez quelqu'un. *Habitāre apud aliq*. 在他屋頭坐 Tsaý tǎ' oū teŏu tsó.

**LOGER**, v. n. *Habitāre*. 坐 Tsó. ‖ — à l'étroit. — *contracté*. 坐處窄 Tsó tchoŭ tsé'. ‖ — à l'hôtel. *Ad cauponam divertĕre*. 歇站房 Hiĕ tchán fáng. ‖ — chez un ami. *Ad amicum* —. 在朋友屋的歇 Tsaý pŏng yeŏu oū tỳ hiĕ.

**LOGER**, v. a. (donner l'hospitalité). *Hospitio suscipĕre*. 接客 Tsiĕ kĕ'. ‖ — les soldats. *Suscip. milites*. 站兵 Tchán pīn. ‖ — en garni. *Instructas sedes locāre*. 佃房子 Tién fáng tsè. ‖ — (tenir hôtel). *Diversorium aperīre*. 開站房 Kāy tchán fáng. ‖ — une idée dans sa tête. *Mordicùs opinioni tenēre*. 執意 Tchĕ ý. ‖ Se —. *Sedem sibi constituĕre*. 擇坐處 Tsĕ' tsó tchoŭ.

**LOGIQUE**, s. f. *Logica, æ, f.* 格物 Kĕ' oū.

**LOGIS**, s. m. *Domus, ùs, f.* 房子 Fáng tsè. ‖ Demeurer au —. *Domi manēre*. 在屋 Tsaý oū. ‖ Sortir du —. *Domo egredi*. 出門 Tchoū mên. ‖ Changer de —. *Migrāre*. 搬家 Pān kiā. ‖ Corps de —. *Ædis membrum*. 廂房 Siāng fáng.

**LOGOGRIPHE**, s. m. *Logogryphus, i, m.* 字謎 Tsé mỳ, ou 啞謎 Yà mỳ.

La langue chinoise se prête admirablement aux jeux que nous appelons charades, logogriphes, etc. On trouve, en Chine, des livres fort curieux sur ces matières. Les savants se livrent en société à ces jeux de mots innocents et souvent très-piquants d'intérêt. En voici deux ou trois exemples ordinaires. 1° Quel est le caractère qui renferme quatre fois celui de la bouche, plus une fois celui de la croix? 何字有四个口字一个十字? Réponse. Ce caractère est 圖 Toú. 2° quel est le caractère qui renferme quatre fois celui de croix et une fois celui de bouche? 何字有四个十字一个口字. Réponse. Ce caractère est 畢 Pý.

**LOI**, s. f. *Lex, egis, f.* 法度 Fă toú, ou 規誡 Koūy kiáy. ‖ Une —. *Una* —. 一條律 Ý tiāo liŭ. ‖ Auteur des — chinoises. 蕭何 Siāo hô, ou 漢時人 Hán chē jên. ‖ — civile. *Lex civilis*. 國法 Koŭ fă. ‖ — naturelle. *Naturalis* —. 良心法度 Leáng sīn fă toú. ‖ — divine. *Divina* —. 天主誡命 Tiēn-Tchoŭ kiáy mín. ‖ — canonique. *Canonica* —. 聖會規矩 Chén hoúy koūy kiŭ. ‖ — martiale. *militaris*. 軍法 Kiūn fă. ‖ Faire une —. *Legem condĕre*. 立法度 Lỳ fă toú. ‖ Un vieux proverbe dit : En fait de lois, il faut en établir de sévères; en fait d'application des lois, il faut user d'indulgence. 古語云立法不可不嚴行法不可不恕 Koŭ yú yûn ; Lỳ fă poŭ kŏ poŭ niên, hīn fă poŭ kŏ poŭ choŭ. ‖ Publier une —. *proferre*. 出示 Tchoū ché. ‖ Garder les —. *servāre*. 守法 Cheŏu fă. ‖ Violer toutes les — divines et humaines. *Jura div. et humana pervertĕre*. 無所不爲 Oū sŏ poŭ oŭy. ‖ Mettre hors la —. *Legis præsidium alic. denegāre*. 官司出入人罪 Kouān sū tchoū joŭ jên tsoúy. ‖ Abroger une —. *Abrogāre* —. 削一條例 Siŭe ý tiáo lý. ‖ Corriger les —. *Emendāre* —. 改條例 Kaỳ tiáo lý. ‖ Interpréter favorablement les —. *Legem interpre-*

tatione lenire. 從寬斷案 Tsŏng kouān touán gán. ‖ S'en tenir aux termes de la —. Stáre legibus. 照律辦 Tchaó liŭ pán. ‖ Cela a force de —. Hoc pro lege valet. 可以為法 Kŏ ỳ oŭy fă. ‖ Faire la — à quelqu'un. Astringĕre aliq. 約束人 Yŏ choŭ jēn. ‖ — de la politesse. Humanitatis leges. 禮信的規矩 Lỳ sín tỳ koŭy kiŭ. ‖ — de la poésie. Versuum leges. 詩法 Chē fă.

LOIN, adv. Longé. 遠 Yuèn. ‖ Très- —. Longissimé. 遠得狠 Yuèn tĕ́ hèn. ‖ Il y a un peu —. Longum sane iter. 遠路 Yuèn loú. ‖ Y a-t-il loin d'ici? Quàm longé est hinc? 隔這裏好遠 Kĕ́ tchē lỳ haŏ yuèn. ‖ La mort n'est pas —. In propinquo est mors. 活不長 Hŏ poŭ tchǎng. ‖ Il n'ira pas —. In præcipiti est. 命不久 Mìn poŭ kieòu. ‖ Il ira —. Fortunas provehet. 將來他要發財 Tsiāng laỳ tā yáo fā tsaỳ. ‖ Venir de —. E longinquo venire. 來得遠 Laỳ tĕ́ yuèn. ‖ Regarder de —. Procul aspectáre. 遠看 Yuèn kǎn. ‖ Revenir de —. Summum pericul. evadĕre. 脫大凶險 Tŏ́ tā hiōng hièn. ‖ Voir venir de —. Sermonem ac mentem alicuj. præsentire. 開口便知 Kāy keŏu piēn tchē. ‖ Planter de — en —. Raré conserĕre. 稀稀的栽 Hȳ hȳ tỳ tsāy. ‖ Pousser les choses trop —. Exaggeráre. 添話 Tiēn hoá. ‖ Il ne le portera pas —. Hoc non diú inultum remanebit. 不久他要悔 Poŭ kieòu tā yáo hoùy. ‖ Ne voir pas plus — que le bout de son nez (prov.). Nihil vidēre nisi quod est anté pedes. 火燒眉毛只顧眼前 Hŏ chaŏ mȳ́ maó tchḗ koú yèn tsiēn. ‖ — de. Non solùm. 不但 Poŭ tán.

LOINTAIN, E, adj. Remotus. 遠的 Yuèn tỳ́.

LOISIBLE, adj. Licitus. 可以 Kŏ ỳ.

LOISIR, s. m. Otium, ii, n. 空閒 Kōng hièn. ‖ Avoir du —. Vacáre. 得空 Tĕ́ kōng. ‖ Heures de —. Horæ subsecivæ. 空閒時候 Kōng hièn chē heóu. ‖ A votre —. Tuo commodo. 你空閒的時候 Nỳ kōng hièn tỳ́ chē heóu.

LOMBES, s. m. Lumbi, orum, m. 腰肢 Yāo tchē.

LONG, UE, adj. Longus. 長的 Tchǎng tỳ́. ‖ Chemin un peu —. Longulum iter. 長路 Tchǎng loú. ‖ Cheveux —. Prolixi capilli. 長髮 Tchǎng fă. ‖ Barbe —. Longa barba. 長鬚 Tchǎng siū. ‖ Suivre le plus — chemin. Longius iter seligĕre. 走遠路 Tseòu jaò loú. ‖ En savoir —. Emunctæ naris esse. 奸詐 Kiēn tchá. ‖ Trouver le temps —. Tempus durat. 時候長 Chē heóu tchǎng. ‖ Syllabe —. Syllaba producta. 長音之字 Tchǎng ȳn tchē tsé́. ‖ — à agir. Cunctator. 摩杪的 Mŏ sō tỳ́. ‖ Être — à venir. Morári. 擔擱 Tān kŏ́. ‖ Avoir dix pieds de —. Decem pedes longit. habēre. 有一丈長 Yeòu ỳ tchǎng tchǎng. ‖ Fendre en —. 長起破 Tchǎng kỳ́ pŏ́. ‖ Le — de la mer. Secundùm mare. 海邊 Haỳ piēn. ‖ Le — du rivage. Juxtà

ripam. 河邊子上 Hŏ piēn tsḗ chǎng. ‖ Tout le — du jour. Totá die. 一天到黑 Ỳ tiēn táo hĕ́. ‖ Traiter au —. Fusé dicĕre. 講得長 Kiāng tĕ́ tchǎng. ‖ Connaitre de — main. A longo temp. nosse. 早就曉得 Tsaŏ tsieóu hiaŏ tĕ́. ‖ A la —. Paulatim. 慢慢 Mán-mán. ‖ — (lent). Lentus. 性慢的 Sín mán tỳ́.

LONGTEMPS, adv. Diù. 多久 Tō kieŏu. ‖ Depuis —. Jàm pridem. 有好多 Yeòu haò tō. ‖ Il n'y a pas — qu'il est parti. Nuper profectus est. 他纔走不久 Tā tsaỳ tseòu poŭ kieŏu.

LONGANIMITÉ. s. f. Longanimitas, atis, f. 仁慈 Jēn tsé́.

LONGER, v. a. Secundùm ripam incedĕre. 順河走 Chuén hŏ tseòu.

LONGITUDE, s. f. (distance d'un lieu au premier méridien). Longitudo, inis, f. 經度 Kīn toú. ‖ A 20° de — Nord. Viginti gradibus distans à septentrione. 往東有二十里 Ouǎng tōng yeòu eúl chḗ lỳ́, ou 經度有二十个 Kīn toú yeòu eúl chḗ kó́.

LONGUEUR, s. f. Longinquitas, atis, f. 長 Tchǎng. ‖ Tromper la — du chemin en causant. 混時候 Hoúen chē heóu. ‖ — du cou. Colli proceritas. 長頸 Tchǎng kìn. ‖ Tirer les choses en —. Procrastináre. 擔擱 Tān kŏ́.

LOQUET, s. m. Pessulus, i, m. 門門 Mēn choŭan.

LORGNER, v. a. Limis oculis aspicĕre. 斜視 Siē chḗ. ‖ — une charge. Ambire munus. 候缺 Heóu kiuĕ́. ‖ — une femme. Pravis oculis mulierem aspicĕre. 偸看婦人 Teōu kǎn foú jēn.

LORGNETTE, s. f. Conspicillum, i, n. 千里鏡 Tsiēn lỳ́ kín.

LORS DE, prép. Cum. 那時 Lá chḗ. ‖ Dès —. Ex tunc. 從那時 Tsŏng lá chḗ, ou 就 Tsieóu.

LORSQUE, conj, Cum. 那時 Lá chḗ. ‖ — j'étais jeune. Me juvene. 我小的時候 Ngŏ siaò tỳ́ chē heóu.

LOSANGE, s. f. Rhombus, i, m. 斜方 Siē fāng.

LOT, s. m. Pars, tis, f. 一分 Ỳ fēn. ‖ — d'un terrain. Pars agri. 屯田 Tēn tiēn.

LOTERIE, s. f. Alea, æ, f. 白鴿票 Pĕ́ līn piaŏ.

LOUABLE, adj. Laudabilis. 可讚美的 Kŏ́ tsán meỳ tỳ́.

LOUAGE, s. m. Locatio, onis, f. 佃 Tién. ‖ Cheval de —. Conductus equus. 僱的馬 Koú tỳ́ mà.

LOUANGE, s. f. Laus, dis, f. 讚美 Tsán meỳ. ‖ Qui aime les —. Laudum amator. 愛高帽子 Gaỳ kaō maó tsḗ.

LOUER, v. a. Laudáre. 讚美 Tsán meỳ. ‖ — beaucoup. 過餘讚美 Kó yū́ tsán meỳ. ‖ — bassement. Serviliter. 諂媚 Tchǎn meỳ, ou 奉承 Fóng tchén. ‖ — en face. Coràm. 當面讚美 Tāng miēn tsán meỳ.

LOUCHE, adj. Strabo, onis, m. 眇眼 Miaŏ yèn. ‖ Être —. Distortis oculis esse. 眼睛眇 Yèn tsīn miaŏ. ‖ Phrase —. Ambigué dictum. 不明白的話 Poŭ mìn pĕ́ tỳ́ hoá. ‖ Il y a du — dans sa conduite. Non rectà et apertá viâ procedit. 他做事不明不白 Tă tsóu sé poŭ mîn poŭ pĕ̆.

LOUER, v. a. Locāre. 佃 Tiên.

LOUP, s. m. Lupus, i, m. 豺狼 Tchấy lâng. ‖ Entre chien et —. Dubiá luce. ‖ — (matin). 天纔發白 Tiēn tsấy fă pĕ̆.‖ — (soir). 黃昏時候 Houâng houên chê heóu. ‖ A pas de —. Suspenso pede. 貼起脚走 Tchán kỷ kiŏ tseòu. ‖ Revêtir la peau de l'agneau, avoir le cœur du — (prov.). 外披羊皮內臟狼心 Ouáy pỷ yâng pỷ, loúy tsắng lâng sīn. ‖ Donner la brebis à garder au — (prov.). Ovem lupo committĕre. 肉包子打狗 Joŭ paō tsè tă keòu.

LOUPE, s. f. Ganglion, ii, n. 脹瘤 Tchấng lieôu.

LOURD, E, adj. Gravis. 重的 Tchóng tỷ. ‖ — besogne. — arduus labor. 活路重 Hô loú tchóng ‖ Esprit —. Obtusum ingenium. 明悟淺 Mîn oú tsiēn, ou 本人 Pên jên.

LOURDAUD, s. m. Bardus. 粗鹵人 Tsōu loù jên.

LOURDEUR, s. f. Gravedo, inis, f. 重 Tchóng.

LOURDISE, s. f. Stoliditas, atis, f. 本人 Pên jên.

LOUVOYER, v. n. Huc ac illuc deflectĕre. 走橈路 Tseòu jaô loú. 不正直 Poŭ tchēn tchĕ̆. 打獎 Tă tsiāng.

LOYAUTÉ, s. f. Probitas, atis, f. 公道 Kōng taó, ou 忠心 Tchōng sīn.

LOYER, s. m. Locationis pretium, ii, n. 佃錢 Tiên tsiên. ‖ — cher. Cari pretii. 大佃錢 Tá tiên tsiên. ‖ — (salaire). Merces. 工錢 Kōng tsiên.

LUBIE, s. f. Libido, inis, f. 怪意 Kouáy ý. ‖ Avoir des —. — habēre. 有怪意 Yeòu kouáy ý.

LUBRICITÉ, s. f. Proterva libido. 圖樂的事 Tôu lŏ tỷ sé, ou 淫慾 Ŷn yoŭ.

LUCARNE, s. f. Fenestra in tecto. 天臆子 Tiēn tsăng tsè.

LUCIFER, s. m. Dux dæmonum. 鬼頭 Kouy teôu. ‖ — (étoile du point du jour). Stella. 曉星 Hiaô sīn.

LUCIDE, adj. Lucidus. 清的 Tsīn tỷ.

LUCRATIF, VE, adj. Quæstuosus. 有利的 Yeòu lý tỷ. ‖ Métier —. Ars —. 找錢的手藝 Tchaò tsiên tỷ cheòu ný. ‖ Mandarinat —. Præfectura —. 缺口好 Kiŭĕ keòu haò, ou 闕口好 Kouān keòu haò.

LUCRE, s. m. Lucrum, i, n. 利 Lý.

LUETTE, s. f. Uva, æ, f. 喉包 Heôu paō, ou 小舌 Siaò chĕ̆.

LUEUR, s. f. Sublustris. 不當亮 Poŭ táng oáng. ‖ — (apparence). Species. 樣子 Yáng tsè. ‖ Ne jeter qu'une —. Languidiùs refulgēre. 到死不活的亮 Taó sè poŭ hô tỷ leáng. ‖ Avoir une — d'espérance. Modicam spem habēre. 有點望 Yeòu tiên ouáng.

LUGUBRE, adj. Lugubris. 憂的 Yeōu tỷ. ‖ Habits —. Luctûs vestes. 喪服 Sáng foŭ.

LUIRE, v. n. Elucēre. 發光 Fă kouāng.

LUMBAGO, s. m. Renum dolor. 腰骨痛 Yāo koŭ tóng.

LUMIÈRE, s. f. Lumen, inis, n. 亮 Leáng. ‖ — naturelle. Naturalis. 性光 Sín kouāng, ou 天膻 Tiēn tsāng. ‖ — (bougie ou chandelle allumée). 燃燭 Jân tchŏŭ. ‖ Approcher la —. Lumen admovēre. 照亮 Tchaó leáng. ‖ Perdre la —, c.-à-d. la vue. Lumina amittĕre. 瞎 Hiă. ‖ — (vie). Vita. 生命 Sēn mín. ‖ Venir à la —. In lucem suscipi. 命 Sēn. ‖ Jouir de la —. Vivĕre. 活 Hô. ‖ Perdre la —. Mori. 死 Sè. ‖ — (connaissance). Eruditio. 才學 Tsấy hiŏ. ‖ Avoir de grandes —. Præclará eruditione esse. 有大才 Yeòu tá tsấy. ‖ Suivre ses —. Sibi obtemperāre. 靠自巳 Káo tsé kỷ. Confucius est la — de la Chine. Lux doctrinarum sinensium est Confucius. 自生民以來惟有孔子 Tsé sēn mîn ỷ laý oúy yeòu kŏng tsè. ‖ — d'un canon. Foramen tormenti. 火門 Hò mên. ‖ — d'un télescope. Ocellus. 千里鏡門 Tsiēn lỷ kín mên.

LUMIGNON, s. m. Ellychnium, ii, n. 灯心 Tēn sīn.

LUMINAIRE, s. m. Funales cerei. 照靈燈 Tchaó lîm tēn.

LUNAISON, s. f. Lunæ cursus, ûs, m. 一月之久 Ỷ yuĕ̆ tchē kieòu.

LUNATIQUE, adj. Lunaticus. 對月病 Toúy yuĕ̆ pín.

LUNDI, s. m. Lunæ dies. 瞻禮二 Tchān lỷ eúl.

LUNE, s. f. Luna, æ, f. 月 Yuĕ̆, ou 太陰 Táy ŷn. ‖ Nouvelle —. Nova, nascens, prima. 月初 Yuĕ̆ tsōu, ou 新月 Sīn yuĕ̆. ‖ — croissante. — crescens. 月上弦 Yuĕ̆ cháng hiên. ‖ Pleine —, ou pleno orbe. 月滿 Yuĕ̆ mắn, ou 月望 Yuĕ̆ ouáng. ‖ Dernier quartier. — descrescens. 月盡 Yuĕ̆ tsín. ‖ Déclin de la —. Senescens —. 月缺 Yuĕ̆ kiŭĕ. ‖ — croissante. — crescens. 月溢初七 Yuĕ̆ ỷ tsōu tsỷ. ‖ — décroissante. decrescens. 月虧二十二 Yuĕ̆ koúy eúl chĕ̆ eúl. ‖ Lever de la —. ortus. 月亮起 Yuĕ̆ leáng kỷ. ‖ Coucher de la —. obitus. 月亮落 Yuĕ̆ leáng lŏ. ‖ Le premier jour de la — se dit : 朔 Sŏ. ‖ Le quinzième jour de la — se dit : 望 ouáng. ‖ Le trentième jour de la —. 晦 Hoúy. ‖ Conjonction de la —. L. intermenstrua silens. 月朔 Yuĕ̆ sŏ. ‖ — de trente jours. Major —. 月大 Yuĕ̆ tá. ‖ — de vingt-neuf jours. Cavus mensis. 月小 Yuĕ̆ siaò. ‖ Jours impairs de la —. Dies impares. 剛日 Kāng yuĕ̆. ‖ La — brille. Nitescit luna. 有月亮 Yeòu yuĕ̆ leáng. ‖ Il n'y a pas de —. Silet —. 月黑頭 Yuĕ̆ hĕ̆ teôu, ou 莫得月亮 Mŏ tĕ̆ yuĕ̆ leáng. ‖ Au clair de la —. Per lunam. 月下 Yuĕ̆ hiá. ‖ — intercalaire des Chinois. 閏月 Juén yuĕ̆. ‖ — (fantaisie). Morositas. 怪意 Kouáy ý. ‖ Prendre la — avec les dents (prov.). Majora viribus audēre. 螞蟻搬泰山 Mă ý ṕōn tấy chān. ‖ Demi—, c.-à-d. fortification. Lunatum propugnaculum. 壁城子 Ōng tchên tsè, ou 月城 Yuĕ̆ tchên.

Les Chinois, dans les temps les plus reculés de leur monarchie, se servaient de mois solaires. Ils les ont abandonnés ensuite pour employer des mois lunaires. Chaque lune se divise en trois parties. Ils nomment les dix premiers jours 上浣 Cháng hoàn; les dix autres 中浣 Tchōng hoàn; les derniers 上浣 Hiá hoàn. Le mois chinois porte le nom de lune. Trois mois lunaires seulement portent, dans l'usage vulgaire, un nom particulier, savoir : la première lune, que l'on nomme 正月 Tchēn yuĕ, c.-à-d. Lune droite, vraie ou réglée. La onzième se nomme 東月 Tōng yuĕ, c.-à-d. Lune d'hiver. La douzième s'appelle 蠟月 Lă yuĕ, c.-à-d. Lune des insectes ou de la cire. Les autres portent le nom générique de seconde, troisième lune, etc.

Les Chinois comptent leurs lunaisons par le nombre de jours qui s'écoulent depuis le moment de la conjonction de la lune avec le soleil jusqu'au moment de la conjonction suivante. Ce nombre de jours étant inégal, ils ont fait des lunaisons de 29 et de 30 jours. Douze lunaisons font l'année commune, et treize lunaisons leur année embolismique. Ils ont imaginé un cycle de 19 ans, durant lequel ils intercalent sept fois une lune supplémentaire destinée à compenser les jours en retard. Cette lune intercalaire se nomme en chinois 閏月 Juén yuĕ. Le mois auquel on l'adjoint est censé n'en faire qu'un seul avec cette lune. Si la lune intercalaire est fixée, par ex., au troisième mois, on dira 閏三月 Juén sān yuĕ, c.-à-d. la troisième lune intercalaire. Ces années-là, aux mois doubles, on ne paye les intérêts d'argent placé, les locations, etc., que comme si la lune était simple.

Dans les années qui doivent recevoir une lune intercalaire, on choisit la lune durant laquelle le soleil n'entre dans aucun signe du zodiaque. Telle est la règle qui détermine le placement de la lune intercalaire. (Voir le mot An.)

Voici l'ordre des années du cycle de dix-neuf ans, qui reçoivent cette lune :

| | | | |
|---|---|---|---|
| 1re année. | 12 mois. | | |
| 2e — | 12 — | | |
| 3e — | 13 — | 1re fois. | |
| 4e — | 12 — | | |
| 5e — | 13 — | 2e fois. | |
| 6e — | 12 — | | |
| 7e — | 12 — | | |
| 8e — | 13 — | 3e fois. | |
| 9e — | 12 — | | |
| 10e année. | 13 mois. | 4e fois. | |
| 11e — | 12 — | | |
| 12e — | 12 — | | |
| 13e — | 13 — | 5e fois. | |
| 14e — | 12 — | | |
| 15e — | 13 — | 6e fois. | |
| 16e — | 12 — | | |
| 17e — | 12 — | | |
| 18e — | 13 — | 7e fois. | |
| 19e — | 12 — | | |

Dans les lettres et les écrits publics, les lunes ont souvent des noms spéciaux. Nous consignons ici les principaux.

| | | | |
|---|---|---|---|
| Printemps. | 1re lune. | 孟春月 | Móng tchoūn yuĕ. |
| | | 孟陬 | Móng tseōu. |
| | 2e — | 仲春月 | Tchōng tchoūn yuĕ. |
| | 3e — | 季春月 | Ký tchoūn yuĕ. |
| Été. | 4e — | 除月 | Tchŏu yuĕ. |
| | | 宗夏月 | Móng hiá yuĕ. |
| | 5e — | 仲夏月 | Tchóng hiá yuĕ. |
| | | 狕生寅 | Joūy pìn. |
| | 6e — | 季夏月 | Ký hiá yuĕ. |
| Automne. | 7e — | 孟秋月 | Móng tsieōu yuĕ. |
| | | 相月 | Siāng yuĕ. |
| | 8e — | 仲秋月 | Tchóng tsieōu yuĕ. |
| | 9e — | 季秋月 | Ký tsieōu yuĕ. |
| Hiver. | 10e — | 孟冬月 | Móng tōng yuĕ. |
| | | 瓦月 | Leáng yuĕ. |
| | 11e — | 仲冬月 | Tchōng tōng yuĕ. |
| | | 暘月 | Tchāng yuĕ. |
| | 12e — | 季冬月 | Ký tōng yuĕ. |

**LUNETTE**, s. f. *Conspicillum, i, n.* 眼鏡 Yĕn kín. ‖ — pour les vieux. — *seniorum.* 老光 Laŏ koūang. ‖ — pour les jeunes. — *juvenum.* 少光 Chaŏ koūang. ‖ Porter des —. *Deferre —.* 戴眼鏡 Taý yĕn kín. ‖ Monture de —. 眼鏡圈子 Yĕn kín kiăng tsĕ. ‖ Ces — ne me vont pas. 這眼鏡不合我的眼睛 Tchĕ yĕn kín poŭ hô ngŏ tỷ yĕn tsīn. ‖ — d'approche. *Tubulatum.* 千里鏡 Tsiēn lỳ kín. ‖ — des oiseaux. *Avium stomachios.* 鷄胸骨 Ký hiōng kŏu.

**LUSTRE**, s. m. *Nitor, oris, m.* 光 Kouāng, ou 亮 Leáng. ‖ En donner. — *inducere.* 擦亮 Tchă leáng. ‖ — (espace de cinq ans. *Lustrum.* 五年之久 Où niēn tchĕ kieŏu.

**LUT**, s. m. *Lutum, i, n.* 泥 Ngỳ.

**LUTH**, s. m. *Cithara, æ, f.* 琴 Kîh, ou 琵琶 Pý pā. ‖ Monter un —. *Barbiton tendĕre.* 調和 Tiào hô. ou 琵琶 Pý pā. ‖ Jouer du —. *Pulsāre —.* 彈瑟 Tán kîh.

**LUTINS**, s. m. *Lemures, ûum, m.* 小神子 Siào chên tsè. — (enfant bruyant). *Turbulentus puer.* 遷翻娃娃 Tsièn fān ouā ouā.

**LUTRIN**, s. m. *Pluteus, i, m.* 書架子 Choū kiá tsè.

**LUTTE**, s. f. *Luctatio, onis, f.* 比武 Pý où, ou 爭鬭 Tsēn teóu. ‖ Lieu de la —. *Palæstra.* 較戰 Kiāo tchán.

**LUTTER**, v. a. *Luctāri.* 演武 Yèn où.

**LUXATION**, s. f. *Luxatio, onis, f.* 扭了筋 Nieòu leào kīn. ‖ — de l'épaule. 肩臂骨交節脫 Kien pý koŭ kiao tsiĕ tŏ. ‖ — du coude. 肘交節脫 Foú kiao tsiĕ tŏ. ‖ — du poignet. 手腕交節脫 Cheòu ouàn kiao tsiĕ tŏ. ‖ — de la cheville du pied. 腿足交節脫 Toùy tsiò kiao tsiĕ tŏ. ‖ — de la rotule. 膝蓋脫 Sý kaý tŏ.

**LUXE**, s. m. *Luxus, ûs, m.* 體面 Tý mién. ‖ Vivre avec —. *Luxu fluĕre.* 過得快活 Kó tĕ kouáy hô.

**LUXURE**, s. f. *Luxuria, æ, f.* 圖樂 Toŭ lŏ.

**LUXURIEUX**, adj. *Luxuriosus.* 貪花浪子 Tān hoā láng tsè.

**LYCÉE**, s. m. *Lyceum, i, n.* 㸑館 Kiù kouàn.

**LYMPHATIQUE**, adj. ‖ Vaisseaux —, ou absorbants. *Lymphatici ductus.* 吸液各管 Hý yĕ kó kouàn. ‖ — du mésentère. 腸膜吸液各管 Tchāng mò hý yĕ kó kouàn.

**LYNX**, s. m. *Lynx, cis, m.* 野狗 Yĕ keòu.

**LYRE**, s. m. *Lyra, æ, f.* 七弦琴 Tsý hièn kîh. (伏羲 Foŭ hý en est l'inventeur.) ‖ En jouer. *Movēre —.* 彈七弦琴 Tán tsý hièn kîh. ‖ Anc à la — (prov.). *Asinus ad —.* 對牛彈琴 Toúy nieôu tán kîh. ‖ — (constellation). *Constellatio.* 織女星 Tchĕ niù sīh.

**MA**, pron. poss. f. 我的 Ngò tý.

**MACAO**, s. m., ville de Chine, dans l'île de ce nom, cédée aux Portugais. 澳門 Gaò mên.

**MACÉRATION**, s. f. *Maceratio, onis, f.* 尅苦 Kĕ koŭ.

**MACÉRER**, v. a. *Corpus attenuāre.* 尅苦肉身 Kĕ koŭ joŭ chēn. ‖ — dans un liquide. *Conficĕre.* 泡 Páo, ou 水浸爛 Choùy tsín lân.

**MÂCHEFER**, s. m. *Ferri scoria, æ, f.* 鐵尿 Tiĕ chè.

**MÂCHELIÈRE**, adj. ‖ Dent —. *Dens molaris.* 大牙 Tá yâ.

**MÂCHER**, v. a. *Mandĕre.* 嚼 Tsiŏ. ‖ — à quelqu'un les morceaux. *Labor. confect. committĕre.* 帮忙人 Pāng máng jên. ‖ Ne pas le — à quelqu'un. *Aperté dicĕre.* 直說 Tchĕ chŏ.

**MACHIAVÉLISME**, s. m. *Dolus, i, m.* 詭計 Koùy ký.

**MACHINAL, E**, adj. *Involuntarius.* 不知覺 Poŭ tchē kiŏ.

**MACHINE**, s. f. *Machina, æ, f.* 架子 Kiá tsè. ‖ — (fraude). *Dolus.* 詭計 Koùy ký. ‖ — (stupide). *Truncus.* 蠢 Tchoŭn, ou 体猪 Tý tchoū. ‖ — à compter des Chinois. *Abacus.* 算盤 Soŭan pân. (Voir le mot *Abaque*.) Inventeur de cette — : 隸首 Lỳ cheòu, ministre de l'Empereur, 黃帝 Hoŭang tý. ‖ Étudier cette —. 學算盤 Hiŏ soŭan pân. ‖ Se tromper d'un cran. 打錯一檔 Tà tsŏ ý kiăo. ‖ Être habile à s'en servir. 算盤熟 Soŭan pân choŭ.

**MACHINER**, v. a. *Moliri.* 謀 Môung. ‖ — un crime. *Crimen —.* 謀惡事 Môung ngŏ sé.

**MÂCHOIRE**, s. f. *Maxilla, æ, f.* 腮 Saý, ou 牙揀骨 Yâ tchă koŭ. ‖ Jouer de la —. *Avidé comedĕre.* 強食 Kiăng chĕ. ‖ — pesante. *Os tardum.* 說話体的人 Chŏ hoá pèn tý jên. ‖ — stupide. *Truncus.* 痴人 Tchē jên.

**MÂCHURER**, v. a. *Fuligine obliniāre.* 上煙子 Cháng yēn tsè.

**MAÇON**, s. m. *Ædium structor.* 泥水匠 Ngý choùy tsiáng. ‖ Francs- —. (Voir le mot *Franc-Maçon*.)

**MAÇONNERIE**, s. f. *Cæmentum, i, n.* 土墻 Toŭ tsiáng.

**MACULER**, v. a. *Commaculāre.* 污穢 Oū oúy.

**MADAME**, s. f. *Regina augusta.* 娘娘 Niâng niâng. ‖ — (femme d'un *regulus*). 夫金 Foũ kĭn. ‖ — (titre de politesse). *Domina.* 大娘 Tá niâng. ‖ — (si elle est âgée). 婆婆 Pŏ̆ pŏ̆.

**MADEMOISELLE**, s. f. *Domina, æ, f.* 小姐 Siào tsiĕ, ou 闺女 Koúy niù.

**MADRÉ, ÉE**, adj. *Vafer.* 奸詐的 Kiēn tchá tỷ.

**MADRIER**, s. m. *Crassior tabula.* 地脚方 Tỷ kiŏ fāng.

**MADRURE**, s. f. *Venæ undatim crispatæ.* 木上紋路 Moŭ cháng ouên loŭ. ‖ — sur la peau d'un animal. *Maculæ.* 瑾 Pān.

**MAGASIN**, s. m. *Apotheca, æ, f.* 舖子 Pŏu tsè. ‖ Ouvrir un —. *Aperire —.* 開舖子 Kãy pŏu tsè. ‖ Enseigne de — chinois. 號 Háo, ou 招牌 Tchāo pãy.

**MAGE**, s. m. *Magus, i, m.* 大賢 Tá hiên, ou 星士 Sĭn sé.

**MAGICIEN**, s. m. *Magus, i, m.* 算命 Soúan mín.

**MAGICIENNE**, s. f. *Saga, æ, f.* 女巫 Niù oū, ou 端婆 Toūan pŏ̆.

**MAGIE**, s. f. *Magia, æ, f.* 邪法 Siê fă, ou 術法 Choù fă.

**MAGISTER**, s. m. *Magister, tri, m.* 敎書先生 Kiáo choū siēn sēn.

**MAGISTRAT**, s. m. *Præfectus, i, m.* 官 Koūan.

**MAGISTRATURE**, s. f. *Præfectura, æ, f.* 官職 Koūan tchĕ. ‖ Entrer dans la —. *In præfect. venire.* 入流 Joŭ lieŏu. ‖ La quitter. *Abdicare.* 辭官 Tsĕ̆ koūan. ‖ — municipale. Elle se compose de chefs de sections : 保甲 Paŏ kiă, qui ont soin de faire mettre aux portes l'écriteau appelé : 門牌 Mēn pãy. Dix familles forment un Pãy, ou rôle ; chaque Pãy a un chef : 頭 Teŏu ; dix Pãy font un 甲 Kiă, ou décurie ; chaque Kiă a un ancien : 長 Tchāng, à sa tête ; dix Kiă font un 保 Paò, ou centurie ; chaque Paò a un chef appelé 鎭 Tchén.

**MAGNANIME**, adj. *Magnanimus.* 慷慨 Kāng kãy, ou 大方 Tá fāng.

**MAGNIFICENCE**, s. f. *Magnificentia, æ, f.* 慷慨 Kāng kãy, ou 大方 Tá fāng.

**MAGNIFIQUE**, adj. *Magnificus.* 體面的 Tỷ mién tỷ. ‖ Trop —. *Extrà modum magnificentiâ prodire.* 過餘排場 Kó yû pày tchâng. ‖ Promesses —. *Magnificæ pollicitationes.* 滿口應酬 Màn keŏu ýn tcheŏu.

**MAHOMÉTAN**, s. m. *Mahumetis sectator.* 回子 Hoúy tsè, ou 敎門人 Kiáo mēn jên.

**MAI**, s. m. *Maius, i, m.* 洋五月 Yâng où yuĕ.

**MAIE**, s. f. *Mactra, æ, f.* 揉麫槽 Jeŏu mién tsáo.

**MAIGRE**, adj. *Macer.* 瘦的 Seóu tỷ. ‖ — en parlant des personnes. *Macilentus.* 瘦 Seóu. ‖ — en parlant des animaux. *Strigosus.* 瘦 Seóu. ‖ Devenir —. *Fieri —.*

瘦 Seóu. ‖ — discours. *Exilis oratio.* 無味的道理 Oū oúy tỷ taŏ lỷ. ‖ — en parlant des terres. *Macer.* 荒土 Houāng tŏu. ‖ — (abstinence). *Abstinentia.* 忌油 Ký yeŏu. ‖ Faire —. *Servare —.* 忌油 Ký yeŏu. ‖ — chère. *Aridus victus.* 過得淡泊 Kó tĕ̆ tán pŏ̆. ‖ Faire — chère. *Parcè vivere.* 過得淡泊 Kó tĕ̆ tán pŏ̆.

**MAILLE**, s. f. (tache sur la prunelle de l'œil). *Argema, atis, n.* 網眼子 Ouàng yèn tsè. ‖ Cotte de —. *Lorica hamis conserta.* 鉄甲 Tiĕ̆ kiă.

**MAILLET**, s. m. *Malleus, i, m.* 響子 Hiàng tsè.

**MAILLOT**, s. m. *Fasciæ, arum, f.* 襁褓 Kiàng paŏ.

**MAIN**, s. f. *Manus.* 手 Cheŏu. ‖ Une —. *Una —.* 一隻手 Ў tchĕ cheŏu. ‖ — droite. *Dextra —.* 右手 Yeóu cheŏu. ‖ — gauche. *Sinistra.* 左手 Tsŏ cheŏu. ‖ A —. droite. *Ad dextr. partem.* 右手 Yeóu piēn. ‖ Dessus de la —. *Pars super. —.* 手背 Cheŏu pĕy. ‖ Le creux, paume de la —. *Vola.* 手心 Cheŏu sīn. ‖ Lignes de la —. *Lineamenta.* 手紋 Cheŏu ouên. ‖ Jointures de la —. *Juncturæ —.* 手骨節 Cheŏu koū tsiĕ. ‖ Revers de la —. *Manus aversa.* 手背 Cheŏu pĕy. ‖ Avoir en —. *In manu habere.* 在手上 Tsaý cheŏu cháng. ‖ Ouvrir la —. *Manum remittere.* 伸手 Chēn cheŏu. ‖ Lever la —. *Levare —.* 舉手 Kiù cheŏu. ‖ Fermer la —. *— contrahere.* 捲手 Kiuēn cheŏu. ‖ Joindre les —. *Jungere —.* 合掌 Hŏ tchàng. ‖ Faire signe de la —. *Manus significare.* 指 Tchĕ. ‖ Battre des —. *Manus complodere.* 拍掌 Pĕ̆ tchàng. ‖ Mettre la — sur quelqu'un. *Appreh. aliq.* 捉人 Tchŏ jên. ‖ Écrire de sa propre —. *Propriâ manu scribere.* 親筆寫 Tsīn pỷ siĕ. ‖ Couvrir sa face de ses —. *Vultum manibus celare.* 手蒙臉 Cheŏu mòng liĕn. ‖ Mettre la — devant la lumière pour que le vent ne l'éteigne pas. *Oppositâ manu lumen ab aurâ defendere.* 手蒙亮 Cheŏu mòng leâng. ‖ Aller les — vides. *Ire vacuis manibus.* 空手走 Kōng cheŏu tseŏu. ‖ Donner en — propre. *In manum tradere.* 親手交 Tsīn cheŏu kiāo. ‖ Acheté de deuxième —. *Ex revenditore emptus.* 二把手上買的 Eùl pà cheŏu cháng maỷ tỷ. ‖ Échapper des —. *De manibus amittere.* 手上滑下去 Cheŏu cháng hoă hiá kiŭ. ‖ Tendre la —. *Assem rogare.* 討 Taŏ. ‖ — (pouvoir). *Potestas.* 權 Kiuên. ‖ Avoir sous la — quelqu'un. *Regere ac versare aliq.* 管人 Koùan jên. ‖ Avoir sous la — des gens qu'on peut convoquer de suite. *Pro libitu addictos cogere posse —.* 呼得動人 Hoū tĕ̆ tóng jên. ‖ Prendre en — la cause de quelqu'un. *Causam suscip.* 保人 Paŏ jên. ‖ Tenir la — à une chose. *Curâre ut.* 管 Koùan. ‖ Donner la — à quelque chose. *Rei favere.* 顧一容事 Koú ў̆ tsōng sé. ‖ Baiser les — à quelqu'un en saluant. *Osculari manus alic.*

MAI        MAJ    271

請安 Tsïn gān. ‖ J'y donne les —. *Hoc mihi placet.*
我許 Ngò hiù. ‖ — (travail). *Opus.* 工夫 Kōng foū. ‖ Mettre la — à l'œuvre. *Manum operi admovēre.* 起工 Kў kōng, ou 下手 Hiá cheòu. ‖ Cela est de — de maître. *Fabrè factum.* 做得精緻 Tsoú tě tsīn tchě, ‖ — (violence). *Violentia.* 大胆的 Tá tàn tў. ‖ Homme de —. *Dextrâ audēre.* 大胆的 Tá tàn tў. ‖ Venir aux —. *Manus conservāre.* 交戰 Kiāo tcháng. ‖ Faire — basse sur tous. *Omnes occidēre.* 斬盡殺絕 Tchàn tsín chă tsiuĕ. ‖ Coup de —. *Audax facinus.* 险事 Hiěn sé. ‖ Prêter — forte. *Adjuv. alios.* 帮忙 Pāng máng. ‖ Faire sa — (c.-à-d. retenir pour soi quelque chose). *Versāre pecun. non ex fide.* 喫雷 Tchĕ loŭy. ‖ Prévoir de longue —. *Longè antè vidēre.* 早曉得 Tsaò hiào tě. ‖ Avertir sous —. *Submonēre.* 手逸有 Cheòu piēn yeòu. ‖ — (tierce). *Sequester.* 寄 Ký. ‖ Y mettre la —. *Apud — deponēre.* 寄 Ký. ‖ — (écriture). *Manus.* 笔 Pў. ‖ Avoir une belle —. *Eleganter scribēre.* 他的字好 Tā' tў tsé haò. ‖ — de papier. *Chartarum scapus.* 一刀紙 Ў taō tchě, ou 一合紙 Ў hŏ tchě.

MAINLEVÉE, s. f. (permission obtenue en justice). *Vindiciarum addictio.* 火签 Hŏ tsiěn. ‖ En obtenir une. *Postulāre.* 領火签 Lĭn hŏ tsiěn.

MAINT, E, adj. *Multi.* 多 Tō.

MAINTES FOIS, adv. *Sæpè.* 多回 Tō.hoŭy.

MAINTENANT, adv. *Nunc.* 如今 Joŭ-kīn. ‖ Dès —. *Ex hoc nunc.* 此時 Tsě chě, ou 如今 Joŭ kīn.

MAINTENIR, v. a. *Tueri.* 顧 Koú. ‖ — la paix. *Paci consulēre.* 保和 Paò hŏ. ‖ — sa renommée. *Famam tueri.* 顧名聲 Koú mín chēn. ‖ — (affirmer). *Asserēre.* 説一定 Chŏ ў tín. ‖ Se — en santé. *Valetud. sustentāre.* 保重 Paò tchóng. ‖ Se — dans les bornes. *Modum servāre.* 不過分 Poŭ kŏ fén.

MAINTIEN, s. m. *Corporis habitus, ûs, m.* 品格 Pĭn kě.

MAIRE, s. m. *Præfectus urbis.* 鄉約 Hiāng yŏ, ou 保正 Paò tchěn.

MAIS, conj. *Verùm.* 果然 Kŏ jān, 但 Tán. 到底 Taò tў.

MAISON, s. f. *Domus, ûs, f.* 房子 Fāng tsè. ‖ Une —. *Una —. Una linea —.* 一向房子 Ў hiáng fāng tsè. ‖ Une bande de —. *Una linea —.* 一座房子 Ў tsó fāng tsè. ‖ — à cinq cours. *Una linea —.* 五重堂 Où tchóng tāng. ‖ — superbe. *Elegans —.* 體面房子 Tў mién fāng tsè. ‖ — basse. *Demissa —.* 矮房子 Gaў fāng tsè. ‖ Bâtir une —. *Erigēre —.* 修房子 Sieòu fāng tsè. ‖ Réparer une —. *Reparāre —.* 整房子 Tchěn fāng tsè. ‖ — (famille). *Familia.* 家 Kiā. ‖ Les affaires de la —. *Res domesticæ.* 家屋事 Kiā où sé. ‖ Faire une bonne —. *Rem facēre.* 發財 Fă tsaў. ‖ Faire — neuve. *Novāre fami-*

*liam.* 換長年 Hoŭan tchāng niēn. ‖ Être de bonne —. *Claro ortu esse.* 出身富貴 Tchŏu chēn foŭ koúy. ‖ — de plaisance. *Voluptuaria domus.* 夏房 Choà fāng. ‖ — de ville. *Civiles consilii ædes.* 局 Kioŭ. ‖ Petites —. *Amentium valetudinarium.* 瘋子院 Fōng tsè ouán. ‖ — de joie. *Lupanar.* 娼舍 Tchāng chě. (Voir le mot *Lieu.*)

MAÎTRE, s. m. *Herus, i, m.* 主人 Tchoù jěn. ‖ — (monsieur). *Dominus.* 大爺 Tá yě. ‖ Se rendre —. *Potīri.* 得 Tě. ‖ Se rendre — de l'esprit de quelqu'un. *Alic. animum occupāre.* 得人心 Tě jěn sīn. ‖ Toutes choses ont leur —. *Omnia dominum habent.* 物各有主 Oŭ kŏ yeòu tchoù. ‖ Être son —. *Sui juris esse.* 不受管 Poŭ cheòu kouàn. ‖ — de ses passions. *Cupidit. imperāre.* 約束私慾 Yŏ choú sē yoŭ. ‖ — d'école. *Ludi magister.* 教書先生 Kiáo choū siēn sēn. ‖ — d'armes. *Lanista.* 教師 Kiáo sē. ‖ — d'art. *Artis magister.* 師傅 Sē foú. ‖ — de cérémonie. *Cæremoniæ —.* 叫禮 Kiáo lў. ‖ — de chœur de chant. *Chori dux.* 領士 Lĭn kin sé. ‖ Grand — des eaux. *Præfectus fluviorum.* 總河 Tsòng hŏ. ‖ Grand — des vivres. *Palatii magister.* 總漕 Tsòng tsāo. ‖ — d'hôtel. 店主人 Tiēn tchoù jěn. ‖ — de barque. 船老板 Tchoŭān laò pàn. ‖ — (savant). *Doctor.* 有學問的 Yeòu hiŏ ouén tў. ‖ — fripon. *Insignitèr improbus.* 大惡人 Tá ngŏ jěn. ‖ Petits —. *Trossuli.* 輕浮子弟 Kĭn foŭ tsè tў.

MAÎTRESSE, s. f. *Hera, æ, f.* 主母 Tchoù moù. ‖ — (madame). *Domina.* 大娘 Tá niāng. ‖ — d'école. *Magistra.* 女先生 Niù siēn sēn. ‖ — (amante). *Amasia.* 淫婦 Ȳn foú.

MAÎTRISER, v. a. *Domināri.* 管 Kouàn.

MAJESTÉ, s. f. ‖ — de Dieu. *Majestas divina.* 天主威嚴 Tiēn-Tchoù oūy niēn. ‖ — (en parlant des rois). *Majestas.* 聖上 Chén cháng. 主上 Tchoù cháng. ‖ Sa —. *Sua —.* 萬歲 Ouán soúy. 上 Cháng. ‖ — Votre. *Vestra —.* 陛下 Peў hiá. ‖ — grandeur). *Dignitas.* 高位 Kaō oúy. ‖ — du visage. *Oris dignitas.* 品格好 Pĭn kě haò.

MAJESTUEUX, SE, adj. *Augustus.* 有威嚴的 Yeòu oūy niēn tў.

MAJEUR, E, adj. *Major.* 更大 Kén tá. ‖ — (âge pour contracter). *Esse sui juris.* 成人 Tchěn jěn, ou 大人 Tá jěn.

MAJOR, s. m. (officier de guerre). *Major militaris.* 都司 Toū sē, ou 都府 Toū foù. ‖ — de navire. *navalis.* 参將 Tchān tsiáng. ‖ — général. *Major generalis.* 協領 Hiě lĭn, ou 軍協 Kiūn hiě.

MAJORITÉ, s. f. *Major numerus.* 多半 Tō pán.

MAJORDOME, s. m. *Domùs procurator.* 掌家 Tchàng kiā.

**MAJUSCULE**, s. f. *Littera majuscula*. Les Chinois n'en ont pas. Au lieu des majuscules que nous employons, par respect, pour les noms des personnes honorables, les Chinois laissent un vide de deux ou trois caractères, ou bien ils écrivent au haut de la page, en dépassant de deux ou trois caractères les lignes ordinaires. Cela se désigne en Chinois par ces expressions : 抬頭字 Tấy teôu tsé, ou 抬寫 Tấy siè, ou 頞 Tín.

**MAL**, s. m. *Malum, i, n.* 惡 Ngŏ. 凶 Hiöng. 不好 Poŭ haŏ. ‖ Faire le —. *Malé agĕre.* 作惡 Tsŏ ngŏ, ou 作不好 Tsŏ poŭ haŏ. ‖ Le bien et le —. *Bonum ac malum.* 好歹 Haŏ tay̆. ‖ — (douleur). *Dolor.* 痛 Tŏng. ‖ Avoir — à la tête. *Dolēre capite.* 頭痛 Teŏu tŏng. ‖ Faire — à quelqu'un. *Dolorem movēre.* 兜人憂氣 Teŏu jên geôu ky̆. ‖ — (maladie). *Morbus.* 病 Pín. ‖ — caduc. *Comitialis morbus.* 母猪瘋 Moŭ tchoū fŏng. ‖ Y tomber. *Habēre —.* 害母猪瘋 Hay̆ moŭ tchoū fŏng. ‖ — d'enfant. *Puerperium.* 月病 Yuĕ pín. ‖ L'avoir. *Utero laborāre.* 害月病 Hay̆ yuĕ pín. ‖ — de mer. *Nausea.* 海中運船 Hay̆ tchōng yún tchoŭan, ‖ — du pays. *Patriæ desiderium.* 思鄉病 Sē hiāng pín, ou 想家 Siàng kiā. ‖ — (dommage). *Damnum.* 害 Hay̆. ‖ Faire du — à quelqu'un. *Nocēre alic.* 害人 Hay̆ jên. ‖ Souhaiter du — à quelqu'un. *Malé precāri.* 咒人 Tcheóu jên. ‖ Dire du — de quelqu'un. *Alic. maledicĕre.* 說人的過失 Chŏ jên ty̆ kó chĕ. ‖ Rendre le — pour le bien. *Pro bono malum reddĕre.* 以惡報恩 Y̆ ngŏ paó gēn. ‖ Croire au —. *Malevolis credĕre verbis.* 信是非 Sín ché fey̆. ‖ — (inconvénient). *Incommodum.* 不便 Poŭ pién.

**MAL**, adv. *Malé.* 不好 Poŭ haŏ. ‖ Se porter —. *Malé se habēre.* 不安逸 Poŭ gān y̆. ‖ Se trouver —. *Animo delinqui.* 有運病 Yeòu yún pín. ‖ L'affaire tourne —. *Res malé se habet.* 事情不好 Sé tsíh poŭ haŏ. ‖ Faire — ses affaires. *Res malé gerĕre.* 生意不好 Sēn y̆ poŭ haŏ. ‖ Parler — de quelqu'un. *Malos de aliq. sermones habēre.* 說人的長短 Chŏ jên ty̆ tchāng touàn. ‖ Être — avec quelqu'un. *Dissidēre.* 與人不和 Yù jên poŭ hŏ. ‖ Mettre — quelqu'un dans l'esprit d'un autre. *Voluntatem alic. ab alio alienāre.* 刁唆人 Tiaō sŏ jên.

**MALADE**, adj. *Ægrotus.* 病人 Pín jên. ‖ Être —. *Ægrotāre.* 害病 Hay̆-pín. ‖ Retomber —. *In morb. rursùs incidĕre.* 病反 Pín fàn. ‖ Rendre —. *Morbum alic. afferre.* 使人病了 Chĕ jên pín leaŏ.

**MALADIE**, s. f. *Morbus, i, m.* 病 Pín. ‖ — chronique. *Chronicus.* 古疾 Koù tsy̆. ‖ La — augmente. *Ingravescit morbus.* 病成重 Pín tchên tchóng. ‖ Gagner une —. 得病 Tĕ pín. ‖ Guérir une —. *Morbum sanāre.* 醫病 Y̆ pín. ‖ Avoir la — du jeu. *Ludis tenĕri.* 貪耍得狠 Tấn choà tĕ hèn.

**MALADRESSE**, s. f. *Insolertia, æ, f.* 不會 Poŭ hoúy.

**MALAISE**, s. m. ‖ — de la santé. *Incommoda valetudo.* 不安逸 Poŭ gān y̆. ‖ — de la fortune. *Rei famil. angustia.* 難過日子 Lán kó jĕ tsè.

**MALAISÉ, ÉE**, adj. *Arduus.* 難的 Lán ty̆. ‖ —. *Cui res desunt.* 銀錢緊迫 Y̆n tsièn kĭn pĕ.

**MAL À PROPOS**, adv. *Præposteré.* 不合時 Poŭ hŏ chĕ.

**MALAVISÉ, ÉE**, adj. *Inconsultus.* 胃失 Máo chĕ, ou 不小心的 Poŭ siaò sīn ty̆.

**MAL BÂTI, E**, adj. *Inelegans.* 生得不好 Sēn tĕ poŭ hào. ‖ *Incompositus.* 粗的 Tsōu ty̆.

**MÂLE**, s. m. *Mas, aris, m.* 男 Lân, ou 雄 Hiŏng. ‖ — et femelle. *Mas ac femina.* 男母 Lân moù. ‖ — des animaux. 公的 Kōng ty̆. ‖ — (ferme, vigoureux). *Virilis.* 勇的 Yŏng ty̆. ‖ Esprit —. *Firmus animus.* 剛勇的人 Kāng yŏng ty̆ jên.

**MALÉDICTION**, s. f. *Maledictio, onis, f.* 罵 Má. ‖ Dire des —. *Mala precāri.* 咒罵人 Tcheóu má jên.

Nous consignons ici quelques-unes des principales malédictions chinoises, qu'il est utile de connaître. Les lois chinoises sont fort sévères contre ceux qui maudissent. Elles punissent de mort celui qui les emploient à l'égard de ses parents. Rien n'est plus sensible à un Chinois qu'une malédiction.

| | | |
|---|---|---|
| 1° | 你不是人 | Ngỳ poŭ ché jên. Vous n'êtes pas un homme. |
| 2° | 你莫良心 | Ngỳ mŏ leâng sīn. Vous n'avez pas de conscience. |
| 3° | 打糊說 | Tà hoù chŏ. Vous parlez en insensé. |

Les autres ne peuvent décemment se traduire en français.

| | | |
|---|---|---|
| 4° | 放屁 | Fáng py̆. |
| 5° | 雜種 | Tsă tchŏng. |
| 6° | 嫖子養的 | Piaŏ tsè yàng ty̆. |
| 7° | 莫家教的 | Mŏ kiā kiáo ty̆. |
| 8° | 天誅地滅的 | Tiēn tchoū ty̆ miĕ ty̆. |
| 9° | 男盜女昌 | Lân táo niù tchāng ty̆. |
| 10° | 死兒絕女的 | Sè eùl tsiuĕ niù ty̆. |
| 11° | 絕子絕孫的 | Tsiuĕ tsè tsiuĕ sēn ty̆. |
| 12° | 天報的 | Tiēn páo ty̆. |
| 13° | 忘八 | Ouâng pă. |
| 14° | 忘八蛋 | Ouâng pă tán. |
| 15° | 操你媽的屁 | Tsāo ngỳ mā ty̆ py̆. |
| 16° | 值得一个卵子 | Tchĕ tĕ y̆ kó loùan tsè. |

**MALÉFICE**, s. m. *Maleficium, ii, n.* 邪法 Siĕ fă. ‖ Donner un —. *Fascināre.* 用邪法 Yóng siĕ fă.

**MALENCONTRE**, s. f. *Infestus casus.* 不吉的事 Poŭ kў tў sé.

**MALENTENDU**, s. m. *Error, oris, m.* 聽錯 Tīn tsŏ'.

**MAL-ÊTRE**, s. m. *Cæca invaletudo, ĭnis, f.* 不安逸 Poŭ gān ў.

**MALFAISANT, E**, adj. *Nocivus.* 有害的 Yeòu haў tў.

**MALGRÉ**, adv. *Invité.* 莫奈何 Mŏ laў hó. ‖ Retenir quelqu'un — lui. *Invitum retinēre.* 强勉留人 Kiâng miĕn lieóu jên. ‖ Faire bon gré —. *Facĕre nolens volens.* 他肯不肯都要做 Tă' kĕn poŭ kĕn toŭ yáo tsóu. ‖ — (quoique). *Quamvis.* 雖然 Siū jân.

**MALHABILE**, adj. *Imperitus.* 不會 Poŭ hoúў.

**MALHEUR**, s. m. *Calamitas, atis, f.* 患難 Hoúan lán, ou 禍 Hó. ‖ Supporter le —. *Casus adv. ferre.* 受患難 Cheóu hoúan lán. ‖ Un — ne vient jamais seul. (Prov.) *Aliud ex alio malum.* 禍無重至禍不單行 Foŭ oŭ tchóng tchĕ, hó poŭ tān hìn. ‖ Je plains votre —. *Casum tuum miserĕor.* 我可憐你 Ngŏ kò lién ngў. ‖ A quelque chose malheur est bon. *Detrimentum in bonum vertitur.* 上當一囘二囘熟 Cháng táng ў houў eùl houў choŭ. ‖ —! *Væ!* 禍哉 Hó tsaў, ou 天報的 Tiēn páo tў.

**MALHEUREUX, SE**, adj. *Miser.* 受難的 Cheóu lán tў. ‖ Être fort —. *Miserüs premi.* 遭逆 Tsáo niĕ. ‖ Que je suis —! *Me miserum!* 可憐我 Kò lién ngŏ. ‖ Devenir —. *In miseriam incidĕre.* 受窮 Cheóu kiŏng. ‖ — au jeu. *Aleā adv. uti.* 輸 Choū. ‖ Jour —. *Dies nefastus.* 凶日 Hiōng jĕ. ‖ — (vil, abject). *Vilis, ignobilis.* 賤人 Tsién jên. ‖ — (méchant, scélérat). *Nefarius homo.* 惡人 Ngŏ jên, ou 匪徒 Feў tŏu.

**MALHONNÊTE**, adj. *Inhonestus.* 醜陋的 Tcheŏu leóu tў. ‖ (incivil). *Inurbanus.* 無禮信的 Oŭ lў sín tў.

**MALICE**, s. f. *Nequitia, æ, f.* 惡 Ngŏ, ou 歪心 Ouaў sīn. ‖ — (fraude pour rire). *Jocosa fallacia.* 哄人要 Hòng jên choà. ‖ En faire une. *Ludificāri jocosē.* 哄人要 Hòng jên choà. ‖ — (mot malin). *Maligné dictum.* 惡言 Ngŏ yên.

**MALIGNITÉ**, s. f. *Malitia, æ, f.* 惡 Ngŏ. ‖ — (qualité nuisible). *Noxia natura.* 有毒的 Yeòu toŭ tў, ou 害人的 Haў jên tў. ‖ — de l'air. *Cœli malitia.* 天氣不和 Tiēn kў poŭ hó.

**MALIN, GNE**, adj. *Malitiosus.* 害人的 Haў jên tў. ‖ Le — esprit. *Diabolus.* 魔鬼 Mŏ koùў. ‖ C'est un —. *Callidus, malevolus homo.* 狡猾 Kiaŏ koŭ. ‖ — (nuisible). *Noxius.* 害的 Haў tў.

**MALINTENTIONNÉ, ÉE**, adj. *Malevolus.* 意思不好的 Ý sē poŭ haò tў.

**MALLE**, s. f. *Capsa, æ, f.* 箱子 Siāng tsè. ‖ Une —. 一口箱子 Ў keŏu siāng tsè. ‖ — en cuir. *Ex corio —.* 皮箱 Pў siāng. ‖ — en tsong. 樱箱 Tsōng siāng.

**MALLÉOLE**, s. f. *Malleolus, i, m.* 脚螺蛳骨 Kiŏ lŏ sē koŭ.

**MALMENER**, v. a. *Aliq. male habēre.* 待得不好 Taў tĕ poŭ haò, ou 磋磨 Tsŏ' mŏ.

**MALOTRU, E**, adj. *Inconcinnus.* 粗莽人 Tsoū màn jên. ‖ — (vil, abject). *Abjectus.* 賤人 Tsién jên.

**MALPLAISANT, E**, adj. *Insuavis.* 不合衆的 Poŭ hó tchóng tў.

**MALPROPRE**, adj. *Sordidus.* 邋遢人 Lă tă' jên.

**MALSAIN, E**, adj. *Morbidus.* 有病的 Yeòu pín tў, ou 生病的 Sēn pín tў.

**MALSÉANT, E**, adj. *Indecens.* 不合禮的 Poŭ hó lў tў.

**MALSONNANT, E**, adj. *Sanæ doctrinæ absonus.* 不合正道 Poŭ hó tchēn táo.

**MALTOTE**, s. f. *Exactio tributi indebiti.* 胃収粮 Máo cheŏu leâng.

**MALTRAITER**, v. a. *Malē habēre.* 簡慢人 Kièn mán jên. ‖ — de paroles. *Verbis vexāre.* 凌辱人 Lín joŭ jên. ‖ — de coups. *Ictibus —.* 打人 Tà jên. ‖ — (faire tort). *Nocēre.* 害人 Haў jên.

**MALVEILLANT, E**, adj. *Malevolus.* 意思不好 Ý sē poŭ haò.

**MALVERSATION**, s. f. *Concussio, ōnis, f.* 侵奥銀錢 Tsín tchĕ' ўn tsién.

**MAMAN**, s. f. *Mater, tris, f.* 媽 Mā.

**MAMELLE**, s. f. *Mamma, æ, f.* 奶頭 Laў teŏu. ‖ Présenter la —. *Ubera admovēre.* 喂奶 Oúў laў.

Le nombre des mamelles est toujours en rapport avec le nombre des petits que les femelles peuvent mettre bas. La chatte en a huit; la chienne, la truie, le lapin, dix; la femelle du rat, douze; l'agouti, quatorze, etc.

**MAMELON**, s. m. *Papilla, æ, f.* 奶子 Laў tsè. ‖ — (monticule). *Tumulus.* 小山 Siaŏ chān.

**MANANT**, s. m. *Rusticus, i, m.* 粗鹵人 Tsoū loù jên.

**MANCHE**, s. m. *Manubrium, ii, n.* 欛 Pá. ‖ — de charrue. *Stiva.* 犁欛 Lў pá. ‖ — de couteau. *Capulus.* 刀欛 Taō pá.

**MANCHE**, s. f. ‖ — d'habit. *Manica.* 袖子 Sieóu tsè. ‖ Changer les —. *Mutāre.* 換袖子 Hoúan sieóu tsè. ‖ Les retrousser. *Colligĕre —.* 找袖子 Tchaò sieóu tsè, ou 挽衣袖 Oùan ў sieóu. ‖ — à rebords, qui peuvent couvrir les mains. *Chirĭdota.* 馬蹄袖 Mà tў sieóu.

**MANCHETTE**, s. f. *Limbus, i. m.* 套袖 Taò sieóu, ou 馬蹄袖 Mà tў sieóu.

**MANCHOT, E**, adj. *Mancus.* 鈌一隻手的 Kiuĕ' ў tohē cheŏu tў.

MANDARIN, s. m. *Mandarinus, præfectus, i, m.* 官 Kouān. ‖ Un —. *Unus* —. 一員官 Ý yuên kouān. ‖ Bon —. *Integer* —. 清官 Tsīn kouān. ‖ — cupide. *Cupidus* —. 貪官 Tān kouān. ‖ Aspirer à être —. *Ambire præfect.* 貪想做官 Tān siàng tsoú kouān. ‖ Entrer dans le stage. *Candidatus esse.* 入流 Joǔ lieôu. ‖ Être nommé, mais sans poste assigné. *Res gerĕre.* 有職無鉄 Yeòu tchě oŭ kiuě̆. ‖ Prendre possession de son poste de —. 上任 Cháng juén. ‖ Mettre en possession son successeur, c.-à-d. livrer les sceaux. 交印 Kiāo yn. ‖ Quitter sa charge de —. 辭官 Tsě̆ kouān. ‖ La quitter pour cause de deuil à cause de la mort des parents. 丁憂 Tīn yeōu. ‖ Être élevé d'un degré en grade. 加一級 Kiā ý ký. ‖ Être abaissé de deux degrés. 級二降 Kiáng eùl ký. ‖ Être cassé de sa charge de —. 貶 Piěn, ou 革職 Kě̆ tchě̆. ‖ Devenir — par achat de charge. 捐官 Kiuēn kouān. ‖ — des palais. 府寺 Fou sè. (*Voir, à l'Appendice n° XII, le tableau des mandarins de l'Empire chinois.*)

MANDAT, s. m. *Delegatio, onis, f.* 誠命 Kiáy mín. ‖ Avoir le — de quelqu'un. *Ab aliq. delegari.* 請人代理 Tsīn jên taý lý. ‖ — (ordre d'amener). *Compreh. jussus.* 火簽 Hò tsiēn, ou 票子 Piáo tsè.

MANDEMENT, s. m. *Mandatum, i, n.* 命 Mìn. ‖ — d'évêque. *Episcopi —.* 勸示 Kiuèn ché.

MANDER, v. a. *Accersĕre.* 招來 Tchāo laý. ‖ — (annoncer une nouvelle. *Significare nuntium.* 報信 Paó sín.

MANDIBULE, s. f. *Maxilla, æ, f.* 牙挿骨 Yâ tchǎ̆ koǔ.

MANÉGE, s. m. *Ars domandi equos.* 馬道子 Mà taó tsè, ou 押馬 Yâ mà. ‖ Faire le —. *Exercitat. facĕre.* 教馬 Kiáo mà. ‖ — (ruse). *Dolus.* 詭計 Koùy ký.

MÂNES, s. m. *Manes, ium, m.* 魄 Pě̆, ou 閻王 Niên ouâng.

MANGEABLE, adj. *Edulis, e.* 喫得的 Tchě̆ tě̆ tý.

MANGEOIRE, s. f. *Præsepe, is, n.* 馬槽 Mà tsâo.

MANGER, v. a. *Edĕre.* 喫 Tchě̆. (L'usage est d'employer cette expression même pour certains liquides que l'on prend, tels que boire le thé, le vin, fumer le tabac. Ainsi l'on dit : 喫茶 Tchě̆ tchǎ̆, pour boire le thé ; 喫酒 Tchě̆ tsieôu, pour boire le vin ; 喫烟 Tchě̆ yēn, pour fumer le tabac. ‖ — avec excès. *Onerare se cibo.* 喫飽 Tchě̆ paǒ, ou 肚脹 Toú tchǎng. ‖ — gras. *Carnes —.* 喫葷的 Tchě̆ houēn tý. ‖ Avoir envie de —. *Esurire.* 餓 Oûo. ‖ — maigre. *Carnibus abstinēre.* 喫蔬的 Tchě̆ soū tý. ‖ S'abstenir de —. *Cibo abstinēre.* 忌飲食 Ký yn chě̆. ‖ Inviter, donner à —. *Ad epulas vocare.* 請來喫酒 Tsīn laý tchě̆ tsieòu. ‖ — tout son bien. *Vorare patrimonium.* 敗家業 Paý kiā niě̆. ‖ La rouille le fer. *Ferrum exedit rubigo.* 鐵銹爛 Tiě̆ sieóu lán. ‖ — ses mots. *Voces glutire.* 說不眞 Chǒ̆ poǔ tchēn. ‖ — des yeux. *Rem spe devorare.* 眼睛餓

Yèn tsīn oúo. ‖ Cela ne se — pas. *Id ad cibos non admittitur.* 喫不得的 Tchě̆ poǔ tě̆ tý.

MANIABLE, adj. *Flexibilis.* 軟的 Jouàn tý.

MANIE, s. f. *Furor, oris, m.* 狂 Kouâng. 瘋 Fōng. 偏情 Piēn tsîn. 怪意 Kouáy ý.

MANIER, v. a. *Manu tractare.* 摸 Mò. ‖ — les affaires. *Res gerĕre.* 管事 Kouàn sé. ‖ — les armes. *Arma tractare.* 武藝好 Où ný haò. ‖ — habilement la parole. *Peritus dicendi.* 口才好 Keòu tsâý haò. ‖ — les esprits. *Animos regĕre.* 管人 Kouàn jên.

MANIÈRE, s. f. *Modus, i, m.* 樣子 Yáng tsè. ‖ De différentes —. *Variis modis.* 幾樣的 Ký yáng tsè. ‖ En aucune —. *Nullo modo.* 總不 Tsóng poǔ. ‖ De toutes —. *Omnibus —.* 樣樣 Yáng yáng. ‖ D'une autre —. *Alio modo.* 別樣 Piě̆ yáng. ‖ De quelle —. *Quali modo?* 怎莫樣 Tsèn mô yáng. ‖ De quelque — que ce soit. *Qualibet ratione.* 不拘怎樣 Poǔ kiū tsèn yáng. ‖ Essayer de mille —. *Omni arte uti.* 千方百計 Tsiēn fāng pě̆ ký. ‖ Par — de dire. *Ut sic loquar.* 依我說 Ý ngò chǒ̆. ‖ Par — d'acquit. *Oscitanter, levi brachio.* 懶懶惰惰的 Làn làn tó tó tý. ‖ Vivre à sa —. *Suo modo vivĕre.* 隨意做 Soúy ý tsoú. ‖ —. *Ingenium, mores.* 意思 Ý sè. ‖ — rustiques. — *rustici.* 醜風俗 Tcheòu fōng sioû. ‖ — de gens. *Sunt qui.* 有些人 Yeòu sý jên.

MANIÉRÉ, E, adj. *Nimis compositus.* 過餘打扮 Kó yû tà pán.

MANIFESTE, adj. *Manifestus.* 明的 Mîn tý, ou 明白的 Mîn pě̆ tý.

MANIFESTER, v. a. *Vulgare.* 彰揚 Tchāng yâng.

MANIGANCER, v. a. *Dolos nectĕre.* 設計 Chě̆ ký.

MANILLES, s. f. *Manicæ, arum, f.* 柚子 Sieóu tsè.

MANIPULE, s. m. *Manipulus, i, m.* 手帶 Cheòu taý.

MANIQUE, s. f. *Manica, æ, f.* 手籠 Cheòu lông.

MANIVELLE, s. f. (versatile). *Manubrium, ii, n.* 欂檣 Pâ pâ.

MANNE, s. f. *Manna, æ, f.* 饅納 Mán lâ. ‖ — (panier). *Cista, æ, f.* 篮子 Lân tsè.

MANNEQUIN, s. m. *Statua viminea.* 紙人 Tchě̆ jên, ou 燈影 Tēn yn. ‖ — (homme inconstant). *Vir versatilis.* 易反易覆的人 Ý fàn ý foǔ tý jên.

MANŒUVRE, s. m. *Operarius, ii, m.* 下力的人 Hiá lý tý jên.

MANŒUVRE, s. f. (cordage de vaisseau) *Funes nautici.* 牽纜 Kiēn lán. ‖ — (exercice des troupes). *Militum exercitatio.* 操兵 Tsāo pīn, ou 演武 Yèn où. ‖ — (ruse). *Ars.* 詭計 Koùy ký.

MANQUEMENT, s. m. *Culpa, æ, f.* 過失 Kó chě̆. ‖ Par —. *Ex inconsiderantia.* 不小心 Poǔ siào sīn.

MANQUER, v. n. *Delinquĕre.* 錯 Tsǒ̆, ou 犯罪 Fán tsoúy. ‖ — (tomber). *Cadĕre.* 落下 Lǒ̆ hiá. ‖ — (être sans force). *Deficĕre.* 無力 Oû lý. ‖ Les jambes lui —.

MAN    MAR    275

Genua illi succedunt. 無脚力 Oǔ kiǒ lỳ. ‖ Les forces et non le courage lui —. Non animus sed vires deficiunt. 有意無力 Yeòu ý oǔ lỳ, ou 想得到做不到 Siàng tě taó tsoǔ poǔ taó. ‖ La mémoire lui —. Memoria ei deficit. 他忘記了 Tā ouàng ký leào. ‖ —. Deesse. 莫有 Mò yeòu. 不彀 Poǔ keóu. 缺少 Kiuě chaò. ‖ Il manque quatre Tsiěn, trois Fén. 少四錢三分 Chaò sé tsiěn sän fén. ‖ — au festin. Convivio deesse. 不去喫酒 Poǔ kiǔ tchě tsieòu. ‖ —. Carére. 無有 Oǔ yeòu. ‖ — d'argent. Pecuniá vacáre. 無銀錢 Oǔ ýn tsiěn, ou 銀錢不彀 Ýn tsiěn poǔ keóu. ‖ — de forces. Virib. deficěre. 無氣力 Oǔ ký lỳ. ‖ — d'occupation. Negotiis vacuus. 無工夫 Oǔ kōng foū. ‖ — de tout. Omnibus egére. 一點都莫得 Ý tiēn toū mô tě. ‖ — à ses amis. Amicos deserěre. 丟朋友 Tieōu pǒng yeòu. ‖ — à son devoir. Officium prætermittěre. 缺本分 Kiuě pèn fén. ‖ — à sa parole. Fidem violáre. 食言 Chě yén, ou 失言 Chě yén. ‖ Il a — de tomber. Propé cecidit. 幾乎跌了 Kỳ foū tiě leào. ‖ — (faire faillite). Foro cedére. 倒號 Taò haó. ‖ — quelqu'un. Absentem adire. 會不看人 Hoúy poǔ kǎn jēn. ‖ — une occasion. Occasionem amittěre. 失機會 Chě ký hoúy. ‖ — son coup. Cœptis deficěre. 不滿意 Poǔ mǎn ý.

MANSUÉTUDE, s. f. Mansuetudo, inis, f. 純良 Chûen leâng.

MAND-CHOURIE, contrée boréale de Chine, patrie de la dynastie tartare, qui gouverne aujourd'hui la Chine. Elle forme à présent une province de l'Empire (Voir le mot Province). 滿洲省 Mǎn tcheòu sèn.

MANTEAU, s. m. Pallium, ii, n. 雨衣 Yǔ ý. ‖ —. Species, larva. 樣子 Yáng tsè. ‖ Emprunter le — de la piété. Fùgěre pietatem. 假裝熱切 Kià tchouāng ẓě tsiě.

MANUEL, E, adj. Manualis. 手上的 Cheòu chǎng tý.

MANUFACTURE, s. f. Opificium, ii, n. 匠人舖 Tsiáng jên poǔ.

MANUSCRIT, s. m. Manuscriptus liber. 稿 Kaǒ, ou 謄的書 Těn tý choū. ‖ Copier un —. Transcribére. 謄書 Těn choū.

MAPPEMONDE, s. f. Mappa generalis. 萬國輿圖 Ouán kouě yû toǔ.

MAQUIGNON, s. m. Proxeneta, æ, m. 中人 Tchōng jên, ou 馬販子 Mà fán tsè.

MARAIS, s. m. Palus, i, m. 堰塘 Yén tâng.

MARASME, s. m. Macies, ei, f. 憔悴黃瘦 Tsiaó tsoǔy houâng seóu.

MARATRE, s. f. Noverca, æ, f. 後母 Heóu moù.

MARAUD, s. m. Balatro, onis, m. 匪人 Feỳ jên.

MARAUDER, v. n. Prædatum ire. 私偷 Sē teóu.

MARBRE, s. m. Marmor, oris, n. 花斑石 Hoā paò chě.

MARC, s. m. Magma, atis, n. 渣滓 Tchā tsè. ‖ — de raisin. Vinacea. 酒脚滓 Tsieòu kiǒ tsè. ‖ — (poids). Bes. 八兩 Pǎ leâng.

MARCHAND, s. m. Mercator, oris, m. 買賣人 Maỳ maý jên. ‖ Être —. Negotiári. 做買賣 Tsoú maỳ maý.

MARCHANDER, v. a. De pretio contendére. 講價錢 Kiàng kiá tsiên. ‖ — (hésiter). Hæsitáre. 心裏沒有定 Sīn lỳ moǔ yeòu tín, ou 躊躇 Tcheòu tchòu. ‖ Sans —. Haud cunctanter. 當時 Táng chě, ou 就 Tsieóu.

MARCHANDISE, s. f. Merx, cis, f. 貨物 Hó oǔ. ‖ Faire valoir sa —. Suas merces ostentáre. 誇貨好 Koǔa hó haò. ‖ Habile à connaitre les —. Peritus ad dignosc. merces. 眼睛識貨 Yěn tsīn chě hó.

MARCHE, s. f. Gradus, ùs, m. 等 Těn, ou 高矮 Kaō gaỳ. ‖ —. Via, iter. 路 Loú. ‖ Un jour de —. Una dies itineris. 一站路 Ý tchán loú. ‖ Se mettre en —. Iter ingredi. 起身 Ký chēn. ‖ Combien de journées de —? Quot dierum via? 幾天路 Kỳ tiēn loú. ‖ A — forcée. Magno itinere. 趕站 Kàn tchán. ‖ Fausse —. Simulata profectio. 裝起身 Tchouāng ký chēn. ‖ — (pompe). Pompa. 體面 Tỳ mién. ‖ — (air militaire). Bellica modulatio. 凱歌 Kaỳ kō.

MARCHÉ, s. m. Forum, i, n. 市 Chě. ‖ — aux bœufs. Boarium. 牛市 Nieóu chě. ‖ — aux chevaux. — equorum. 馬市 Mà chě. ‖ — au riz. Macellum. 米市 Mỳ chě. ‖ —. Mercatus. 街 Kaỳ. ‖ Aller au —. Forum frequentáre. 趕塲 Kàn tchâng. 上街 Cháng kaý. ‖ En revenir. E foro redire. 塲上同來 Tchâng cháng hoûy laỳ. ‖ Ouvrir le — après le nouvel an. 開塲 Kaỳ tchâng. ‖ — fréquenté. Fervens —. 塲鬧熱 Tchâng laó ẓě. ‖ — tiède. Tepidum —. 塲冷淡 Tchâng lèn tán. ‖ Jour du —. Dies —. 趕塲日子 Kàn tchâng jě tsè. ‖ — (prix). Pretium. 價錢 Kiá tsiên. ‖ Vendre à bon —. Parvo pretio vendĕre. 便益賣 Pién ý maý, ou 相因賣 Siāng ýn maý. ‖ Acheter à bon —. Vili — emére. 買得相因 Maỳ tě siāng ýn, ou 買得便益 Maỳ tě pién ý. ‖ Faire un mauvais — Decipi emptione. 上當 Cháng táng. ‖ Faire un mauvais — et n'oser l'avouer. 喫啞巴虧 Tchě yà pā koúy. ‖ Défaire un — dont on se repent. Solvére conventum. 翻悔 Fān hoùy. ‖ Avoir bon — de quelqu'un. Facilé vincére aliq. 容易勝過 Yông ý chén kó. ‖ En être quitte à bon —. Levi damno se expedire (littéral). 幸喜折不多 Hín hỳ tchě poǔ tō. — (Au figuré). 幸喜離脱了 Hín hỳ lý tǒ leào.

MARCHEPIED, s. m. Scabellum, i, n. 脚踏凳 Kiǒ tǎ těn.

MARCHER, v. n. Ambuláre. 走 Tseòu. ‖ — à pied. Iter pedibus agére. 走 Tseòu. ‖ —. Lento gradu —. 不快不慢的走 Poǔ kouaý poǔ mán tý tseòu. ‖ — au même pas. Eodem gradu —. 依脚步走 Ȳ kiǒ poǔ tseòu. ‖ — à reculons. — aversim ire. 退起走

Toúy kỷ tseòu. ‖ — sur quelqu'un, c.-à-d. lui faire opposition. *Pede premĕre.* 相反人 Siāng fǎn jên. ‖ L'affaire ne — pas. *Non progreditur res.* 事情不行 Sé tsĭn poǔ hĭn.

**MARCOTTE**, s. f. *Propago, inis, f.* 挿條 Tchǎ' tiǎo.
**MARDELLE**, s. f. *Putei margo.* 井坎 Tsĭn kǎn.
**MARDI**, s. m. *Dies martis.* 瞻禮三 Tchān lỷ sān.
**MARÉCAGE**, s. m. *Locus paludosus.* 草塘 Tsǎo tǎng.
**MARÉCAGEUX, SE**, adj. *Paludosus.* 泥地 Ngỷ tỷ.
**MARÉCHAL**, s. m. *Solearum equin. faber.* 釘馬掌的人 Tín mà tchàng tỷ jên.

Ses instruments chinois sont :
1° le brochoir. { 公鎚 Kōng tchoǔy.
{ 毋鎚 Moù tchoǔy.
2° le rogne-pied. 削刀 Siuĕ taō.
3° la machine à suspendre le cheval. 馬椿 Mà tchoǔen.

**MARÉE**, s. f. *Æstus, ùs, m.* 海潮 Haỷ tchǎo. ‖ — du matin. *Matutin.* —. 旱潮 Tsaò tchǎo. ‖ — du soir. *Vespertin.* —. 晚潮 Ouǎn tchǎo. ‖ — favorable. *Secundus* —. 潮順 Tchǎo chuén. ‖ La — se retire. 潮纔退 Tchǎo tsǎy toúy. ‖ Contre —. *Adversus* —. 潮遡 Tchǎo nỷ. ‖ Venir comme — en carême. *Opportuno tempore advenire.* 來得合時 Laỷ tě' hô chê.
**MARGE**, s. f. *Margo, inis, f.* 邊子 Piēn tsè. ‖ — de livre. *Libri* —. 書傍邊 Choū páng piēn.
**MARGELLE**. s. f. *Putei margo.* 石井口 Chě tsìn keǒu.
**MARGUILLIER**, s. m. *Æditinus, i, m.* 首士 Cheòu sé.
**MARI**, s. m. *Maritus, i, m.* 丈夫 Tchǎng foǔ. ‖ — des sœurs de sa femme. *Uxoris sororum* —. 袊兄弟 Kīn hiōng tỷ.
**MARIAGE**, s. m. *Matrimonium, ii, n.* 婚姻 Hoūen ȳn. ‖ — secret. *Secretum* —. 私婚 Sě houēn. ‖ — civil. *Civile* —. 正大婚姻 Tchēn tá houēn ȳn. ‖ — religieux. *Religiosum* —. 鐸德面前成婚 Tǒ' tě' mién tsiēn tchēn houēn. ‖ — morganatique. *Morganaticum* —. 門戶不相當 Mēn foú poǔ siāng tāng. ‖ Contrat de —. *Nuptialis pactio.* 婚書 Houēn choū. ‖ Dot de l'épouse. *Dos sponsæ.* 嫁奩 Kiá liên. ‖ Écrire le contrat. *Scribere contractum.* 寫婚書 Siè houēn choū. ‖ Solennité du —. *Solemnitas* —. 喜酒 Hỷ tsieòu. ‖ Faire un premier —. *Primum* — *contrahĕre.* 結髮 Kiě' fǎ. ‖ Faire un deuxième — pour les hommes, on dit :. 再娶 Tsaý tsíu. ‖ Faire un deuxième — pour une femme, on dit :. 再醮 Tsaý tsiáo. ‖ Promettre sa fille en —. *Filiam promittĕre.* 許配女 Hiù pěy niù. ‖ La donner. — *tradĕre.* 嫁女 Kiá niù. ‖ Demander une fille en —. *Petĕre manum alic. filiæ.* 求親 Kieòu tsīn. ‖ Faire un beau —. *Bonas nuptias facĕre.* 嫁好人戶 Kiá haò jên foú. ‖ Fixer le jour du —. *Nuptias in diem constituĕre.* 看期 Kǎn kỷ. ‖ Bénir un —. *Benedicĕre.* 降福婚姻 Kiáng foǔ houēn ȳn.

**MARIÉ**, adj. *Nuptus.* 娶了親的 Tsiú leào tsĭn tỷ, ou 婚配了的 Hoūen pěy leào tỷ.
**MARIÉE**, adj. *Nupta.* 嫁了人夫 Kiā leào jēn foú.
**MARIER**, v. a. *Matrimonio jungĕre.* 開親 Kāy tsīn. ‖ Se —, d'un homme on dit : 娶親 Tsiú tsīn. ‖ Se —, d'une femme on dit : 出嫁 Tchoū' kiá. ‖ — son fils. *Filium nubĕre.* 娶媳婦 Tsiú sỷ foú. ‖ — sa fille. 聘閨女 Pìn koùy niù. ‖ Se — avec une personne de même condition que soi. *Cum ejusdem conditionis person. nubĕre.* 門戶相當 Mēn foú siāng tāng. ‖ Se — (gendre). 上門 Cháng mēn. ‖ Se — (bru). 出姓 Tchǒu sín. ‖ — deux choses. *Conjungĕre res.* 結 Kiě'.
**MARINE**, s. f. *Nautica res.* 海上的事 Haỷ chǎng tỷ sé. ‖ Forces —. *Res* —. 船帮 Tchoǔan pāng.
**MARIN**, s. m. *Nauta, æ, m.* 水手 Choǔy cheòu.
**MARMITE**, s. f. *Cacabus, i, m.; olla, æ, f.* 鍋 Kō.
**MARMELADE**, s. f. *Pulmentum, i, n.* 糕 Kaō.
**MARMOTTER**, v. n. *Mutire.* 報怨 Paó-yuén. ‖ — (maronner). *Mussitāre.* 應嘴 Ȳn tsoùy.
**MARNE**, s. f. *Marna, æ, f.* 黏泥 Niēn ngỷ.
**MAROTTE**, s. f. *Prava consuetudo.* 脾氣 Pỷ kỷ, ou 毛病 Maó pín. ‖ Chacun a sa —. *Sua cuique libido est.* 各有各的脾氣 Kǒ' yeòu kǒ' tỷ pỷ kỷ.
**MARQUANT, E**, adj. *Clarus.* 出名 Tchoǔ' mĭn tỷ.
**MARQUE**, s. f. *Signum, i, n.* 記號 Kỷ haó, ou 馬子 Mà tsè. ‖ Mettre une —. *Notam apponĕre.* 打記號 Tà kỷ háo. ‖ — de bienveillance. *Pignus benevolentiæ.* 相愛的憑據 Siāng gaý tỷ pǐn kiú. ‖ En donner. — *Præbēre.* 表情 Piǎo tsĭn. ‖ Homme de —. *Clarus vir.* 出名的人 Tchoǔ mĭn tỷ jên. ‖ — de naissance. *Nævi.* 疤疤 Pā pā. ‖ — d'une plaie. *Cicatrix.* 傷痕 Chāng hên. ‖ — de petite vérole. *Variolæ* —. 癥子 Mà tsè. ‖ — des coups. *Vibices.* 打紅了 Tà hông leào, ou 打青了 Tà tsīn leào. ‖ — (fer chaud). *Stigma.* 火印 Hǒ ȳn. 炮烙 Pǎo lǒ.
**MARQUER**, v. a. *Notāre.* 打記 Tà kỷ, ou 打點 Tà tiēn. ‖ — (déclarer). *Declarāre.* 指 Tchě, ou 示 Ché. ‖ — (faire sensation). *Eminēre.* 出名 Tchoǔ mĭn, ou 出等 Tchoǔ tén.
**MARQUETER**, v. a. *Variāre.* 衛磁瓦 Hān tsě' ouǎ, ou 癥紋 Pàn ouēn.
**MARQUIS**, s. m. *Marchio, onis, m.* 侯 Heóu.
**MARQUISAT**, s. m. *Marchionatus, ùs, m.* 侯食邑 Heóu chě' ỷ.
**MARRAINE**, s. f. *Matrina, æ, f.* 代母 Taỷ moù.
**MARRI, E**, adj. *Dolens.* 悔 Hoùy, ou 憂的 Yeōu tỷ.
**MARS**, s. m. *Stellæ nomen.* 火星 Hǒ sīn.
**MARTEAU**, s. m. *Malleus, i, m.* 釘鎚 Tīn tchoǔy. ‖ — des tailleurs de pierre. 手鎚 Cheòu tchoǔy.
**MARTELER**, v. a. *Tundĕre.* 搖 Tchoǔy.

**MARTYR**, s. m. (dans le sens chrétien). 致命 Tché mín. ‖ — (dans le sens des infidèles). ‖ — de fidélité envers l'Empereur. 盡忠 Tsín tchōng. ‖ — envers ses parents. 盡孝 Tsín hiáo. ‖ — pour la chasteté. 盡節 Tsín tsié.

**MARTYRE**, s. m. *Martyrium, ii, n.* 捨命 Chè mín. ‖ Subire le —. *Subire* —. 致命 Tché mín. ‖ — (douleur vive). *Cruciatus.* 苦 Kŏu.

**MARTYRISER**, v. a. *Martyrio afficĕre.* 殺天主教人 Chǎ Tiēn-Tchoù kiáo jên.

**MARTYROLOGE**, s. m. *Martyrologium, ii, n.* 致命冊籍 Tché mín tsĕ tsý.

**MASCARADE**, s. f. *Larvatorum ludicra turba.* 一群戴戲臉殼的 Y kiŭn táy hý liĕn kŏ' tý.

**MASCULIN, E**, adj. *Masculinus.* 男的 Lân tý. 公 Kōng. 雄 Hiông. ‖ Genre —. *Genus* —. 男類 Lân loúy, ou 陽類 Yâng loúy.

**MASQUE**, s. m. *Larva, æ, f.* 戲臉殼 Hý liĕn kŏ'. ‖ Se promener avec un —. *Personatus ambulāre.* 戴臉殼走 Táy liĕn kŏ' tseŏu. ‖ Sous le — de la vertu. *Sub specie virtutis.* 裝德行 Tchoūang tĕ' hîn. ‖ Lever le —. *Personam deponĕre.* 漏蹄 Leóu tý.

**MASQUER**, v. a. *Alic. personam indĕre.* 帮別人戴臉殼 Pāng piĕ' jên táy liĕn kŏ'.

**MASSACRER**, v. a. *Trucidāre.* 殺戮 Chǎ loŭ.

**MASSE**, s. f. *Massa, æ, f.* 堆 Toūy. ‖ — (monceau). *Acervus.* 堆 Toūy. ‖ — de farine. *Farinæ* —. 一團麪 Y toŭan miên. ‖ — de farine levée. *Farinæ fermentat.* —. 發過的麪 Fǎ kó tý miên. ‖ — de sapèques. *Acervus sapecarum.* 一堆散錢 Y toūy sán tsiên.

**MASSIF, VE**, adj. *Solidus.* 實心的 Chĕ' sīn tý. ‖ Homme —. *Crassus homo.* 粗鹵人 Tsōu loù jên.

**MASSIF**, s. m. *Densa sylva.* 深林 Chēn lîn.

**MASSUE**, s. f. *Clava, æ, f.* 有節子的棍 Yeŏu tsiĕ tsĕ tý koùen.

**MASTIC**, s. m. *Signinum, i, n.* 桐油灰 Tōng yeŏu hoūy.

**MASTURBATION**, s. f. *Masturbatio, onis, f.* 手色 Cheŏu sĕ. ‖ Faire ce péché. *Polluĕre se.* 犯手色 Fán cheŏu sĕ. ou 打手銃 Tǎ cheŏu tchông.

**MASURE**, s. f. *Parietinæ, arum, f.* 倒房子 Taò fâng tsè.

**MAT**, s. m. (au jeu d'échecs). 將軍 Tsiāng kiūn. ‖ Donner échec et —. 圍死老王 Oûy sè laò ouâng.

**MÂT**, s. m. *Malus, i, m.* 桅杆 Oûy kān, ou 船桅 Tchoûan oûy. ‖ Grand —. 大桅 Tá oûy. ‖ — de misaine. 頭桅 Teôu oûy. ‖ — d'artimon. 尾桅 Oûy oûy. ‖ — de cocagne chinois. 估膽 Koù piào.

**MAT, E**, adj. *Rudis.* 粗的 Tsōu tý, ou 沒有光 Mŏ yeŏu koūang.

**MATELAS**, s. m. *Culcita, f.* 褥子 Joŭ tsè. ‖ Un —. *Una* —. 一床褥子 Y tchoāng joŭ tsè.

**MATELOT**, s. m. *Nauta, æ, m.* 水手 Choŭy cheŏu.

**MATELOTE**, s. f. *Conditura piscium.* 魚雜膾 Yû tsă koúy.

**MATER**, v. a. *Corpus macerāre.* 尅苦肉身 Kĕ'-kŏu joŭ-chēn. ‖ — quelqu'un. *Deprimĕre aliq.* 傷人的臉 Chāng jên tý liĕn.

**MÂTER**, v. a. ‖ — un vaisseau. *Navem instruĕre.* 立桅子 Lý oûy tsè.

**MATÉRIAUX**, s. m. *Materia, æ, f.* 材料 Tsâ'y leáo.

**MATÉRIEL, LE**, adj. *Corporalis.* 有體質的 Yeŏu tý tchĕ' tý. ‖ — (peu intelligent). *Hebes.* 蠢人 Tchoŭen jên.

**MATÉRIELLEMENT**, adv. ‖ — parlant. *Mat. loquendo.* 按本質 Gán pèn tchĕ', ou 照字眼 Tchaó tsé yèn.

**MATERNEL, LE**, adj. *Maternus.* 母的 Moù tý.

**MATHÉMATIQUES**, *Mathematica, æ, f.* 算法 Soúan fǎ.

**MATIÈRE**, s. f. *Materia, æ, f.* 材料 Tsâ'y leáo. ‖ — (substance). *Substantia.* 體 Tý, ou 質 Tchĕ'. ‖ — (sujet). *Argumentum.* 題目 Tý moŭ. ‖ Entrer en —. *In causam ingredi.* 開言 Kāy yên. ‖ — (cause). *Causa.* 緣由 Yûen yeŏu. ‖ — du péché. *Materia peccati.* 本行之質 Pèn hîn tchĕ tchĕ'. ‖ — grave. 大事情 Tá sé tsîn. ‖ — légère. 小事情 Siaò sé tsîn. ‖ Fournir — à l'envi. *Ansam invidiæ dăre.* 兜人媄妒 Teōu jên tsý toŭ. ‖ — (pus). *Pus, uris.* 膿 Lông.

**MATIN**, s. m. *Mane.* 早晨 Tsaò chên. ‖ Dès le —. *Ex mané.* 一早 Y tsaò. ‖ Bien —. *Bené* —. 清早 Tsîn tsaò. ‖ Tous les —. *Quotidié* —. 天天早晨 Tiēn tiēn tsaò chên. ‖ L'étoile du —. 明星 Mîn sīn.

**MATINÉE**, s. f. *Matutinum, i, n.* 上牛天 Cháng pán tiēn, ou 上午 Cháng oŭ.

**MATINES**, s. f. (office de l'Église). *Matutinæ, arum, f. pl.* 夜課經 Yé kŏ' kīn.

**MATINIÈRE**, adj. *Stella matut.* 曉星 Hiaò sīn.

**MATOIS, SE**, adj. *Astutus.* 奸詐的 Kiēn tchá tý.

**MATOU**, s. m. *Mascula feles.* 男猫 Lân maò.

**MATRICE**, s. f. *Uterus.* (Voyez Uterus.) 母胎 Moù tāy. ‖ — (modèle). *Archetypum.* 模樣 Moù yáng. 本 Pèn. 根原 Kēn yûen.

**MATRICULE**, s. f. *Catalogus, i, m.* 單子 Tān tsè.

**MATRONE**, s. f. (sage-femme). *Obstetrix, icis, f.* 接生婆 Tsiĕ sēn pô'. ‖ — (grande dame). *Matrona.* 娘娘 Niâng niâng.

**MATURITÉ**, s. f. *Maturitas, atis, f.* 黃 Hoûang, ou 熟 Choŭ.

**MAUDIRE**, v. a. *Maledicĕre.* 罵 Má. ‖ — beaucoup quelqu'un. *Diu alicui* —. 罵他一頓 Má tǎ y tén. (Voir Malédiction.)

**MAUGRÉER**, v. a. *Conqueri.* 報怨 Paó yúen.

**MAUSOLÉE**, s. m. *Mausoleum, i, n.* 墳 Fên. ‖ Un —. *Unum* —. 一所墳 Y sò' fên.

**MAUSSADE**, adj. *Insulsus.* 黑臉懂嘴 Hĕ̆ liĕn tòng tsoùy.

**MAUVAIS, E**, adj. *Improbus.* 惡的 Ngŏ tỷ. ‖ — foi. *Mala fides.* 不忠信 Poŭ tchōng sín. ‖ — vie. *Licentior vita.* 行爲放肆 Hĭn oŭy fáng sé. ‖ — santé. *Infima valetudo.* 不安逸 Poŭ gān ỷ. ‖ — présage. *Sinistrum omen.* 凶兆 Hiōng tcháo. ‖ — temps. *Tempus incommodum.* 天氣不湊巧 Tiĕn kỷ poŭ tseŏu kiăŏ. ‖ — mœurs, ou coutume générale. 風俗不好 Fōng sioŭ poŭ hào. ‖ — mœurs, en parlant de quelqu'un. 行爲不好 Hĭn oŭy poŭ hào. ‖ — habit. *Vilis vestis.* 舊 Kieòu, ou 爛衣服 Lán ỷ foŭ. ‖ — chemin. *Via deterrima.* 路滑得狠 Loŭ hoă tĕ̆ hĕn, ou 路難得狠 Loŭ lán tĕ̆ hĕn. ‖ Avoir une — opinion de quelqu'un. *Malè judicāre aliq.* 想別人不好 Siàng piĕ̆ jĕn poŭ hào. ‖ Sentir —. *Malè olēre.* 臭 Tcheŏu. ‖ Trouver —. *Rem improbāre.* 難當 Lán tāng. ‖ — (avec une négation), assez bon, passable. Cela n'est pas —. *Hoc non omninò rejiciendum est.* 可得到 Kŏ tĕ̆ taó, ou 差不多要得 Tchā poŭ tŏ yáo tĕ̆.

**MAXIME**, s. f. *Sententia, æ, f.* 意見 Ý kiĕn, ou 格言 Kĕ̆ yĕn.

**MÉCANIQUE**, adj. *Mechanicus.* 手的 Cheòu tỷ. ‖ — (art). *Ars mechanica.* 手藝 Cheòu ný.

**MÉCHANCETÉ**, s. f. *Pravitas, atis, f.* 不善 Poŭ chán. ‖ — (action méchante). 惡事 Ngŏ sé.

**MÉCHANT, E**, adj. *Malus homo.* 惡人 Ngŏ jĕn. ‖ — (scélérat). *Malus.* 惡的 Ngŏ tỷ.

**MÈCHE**, s. f. *Ellychnium, ii, n.* 燈心 Tēn sīn. ‖ Partie de la lampe qui la porte. *Myxus.* 灯碗 Tēn oŭan. ‖ — à canon. *Ignarium.* 火鐮 Hŏ liĕn. ‖ Éventer la —. *Insidias detegēre.* 失漏機關 Chĕ̆ leóu kỷ koŭan.

**MÉCOMPTE**, s. m. *Error, oris, m.* 算錯 Soŭan tsŏ̆. ‖ — dans son espoir. *Spe falli.* 處望 Hiŭ oŭang.

**MÉCONNAÎTRE**, v. a. *Non agnoscĕre.* 不認 Poŭ jĕn. ‖ — les dons. *Donis abuti.* 辜負 Koŭ foŭ, ou 背 Péy.

**MÉCONTENT, E**, adj. *Non contentus.* 不喜歡 Poŭ hỷ hoŭan. ‖ — de soi. *Sibi displicēre.* 報怨自己 Paó yuĕn tsé kỷ. ‖ — de son sort. 不安分 Poŭ gān fĕn.

**MÉCONTENTER**, v. a. *Aliq. offendĕre.* 得罪人 Tĕ̆ tsoúy jĕn.

**MÉCRÉANT**, s. m. *Incredulus.* 無孝的人 Oŭ hiáo tỷ jĕn.

**MÉDAILLE**, s. f. *Numisma, atis, n.* 聖牌 Chén-páy. ‖ Revers de la — (litt.). 聖牌背 Chén-páy péy.

**MÉDECIN**, s. m. *Medicus, i, m.* 醫生 Ỷ sēn. ‖ Exercer la profession de —. *Medicinam exercēre.* 行醫 Hĭn ỷ.

‖ Inviter un —. *Invitāre medicum.* 請醫生 Tsĭn ỷ sēn. ‖ Payer le — par visite. 開脈禮 Kāy mĕ̆ lỷ. ‖ Payer le — à volonté. 送謝禮 Sóng sié lỷ. ‖ Catalogue du —. 藥單子 Yŏ tān tsè.

**MÉDECINE**, s. f. *Ars medica.* 醫理 Ỷ-lỷ. ‖ L'inventeur de la — chinoise est : 神農 Chĕn lòng. ‖ Étudier la —. *Medicinæ studēre.* 學醫理 Hiŏ ỷ lỷ. ‖ Fort en —. *Peritus medicus.* 醫理好 Ỷ lỷ haò.

Livres de médecine chinoise les plus célèbres :

1° 仲景張機  Tchōng kìn tchāng kỷ.
2° 守眞劉元素  Cheòu tchĕ liĕon yuĕn soŭ.
3° 東垣李眈  Tōng tán kỷ káo.
4° 丹溪朱震亨  Tán kỷ tchoŭ tchĕn chuĕn.

**MÉDECINE** (potion). *Potio, onis. f.* 一付藥 Ỷ foŭ yŏ. ‖ Une seule —. *Una —.* 一味藥 Ỷ oúy yŏ. ‖ Conduit de la —. *Ductus.* 藥引 Yŏ ỷn. ‖ Prendre une —. *Sumĕre.* 喫藥 Tchĕ̆ yŏ. ‖ Cuire une —. *Parāre —.* 熬藥 Gaŏ yŏ. ‖ La prendre à trois reprises. 喫三便 Tchĕ̆ sān piĕn.

**MÉDIAT, E**, adj. *Mediatus.* 在中間勸和 Tsaý tchōng kiĕn kiuĕn hŏ.

**MÉDIATEUR**, s. m. *Mediator.* 中人 Tchōng jĕn. ‖ — de mariage. *Proxeneta, pronubus.* 媒人 Meý jĕn. ‖ Être ce —. 做媒 Tsoŭ meý. ‖ Choisir un —. 請媒 Tsĭn meý.

**MÉDICAMENTER**, v. a. *Alic. mederi.* 醫病 Ỷ pín.

**MÉDIOCRE**, adj. *Mediocris.* 中等的 Tchōng tĕn tỷ. ‖ Élève —. *Alumnus —.* 不在人上不在人下的學生 Poŭ tsaý jĕn cháng poŭ tsaý hiá tỷ hiŏ sēn.

**MÉDIRE**, v. n. *Detrahēre.* 壞人名聲 Hoŭay jĕn mìn chĕn.

**MÉDISANCE**, s. f. *Detractio, onis, f.* 道人是非 Táo jĕn ché feỷ. 道人長短 Táo jĕn tchăng toŭan. 說人過失 Chŏ jĕn kŏ chĕ̆. 說人好歹 Chŏ jĕn haò taỷ. 誹謗人 Feỷ páng jĕn.

**MÉDISANT, E**, adj. *Maledicus.* 愛說別人的不好 Gaý chŏ piĕ̆ jĕn tỷ poŭ hào. ‖ Langue —. *Lingua nocens.* 舌子不好 Chĕ̆ tsè poŭ hào.

**MÉDITATION**, s. f. *Meditatio, onis, f.* 默想 Mĕ̆ siàng. ‖ Thème de la —. *Argum. meditat.* 默想題目 Mĕ̆-siàng tỷ moŭ.

**MÉDITER**, v. a. *Meditāri.* 默想 Mĕ̆ siàng. ‖ — (faire un dessein). *Consilium inire.* 打主意 Tă tchoŭ ý. ‖ — de grands projets. *Magna meditāri.* 謀大事 Móng tá sé. ‖ — une révolte. *Rebellionem moliri.* 謀反 Móng fàn.

MÉDITERRANÉE, s. f. *Medit. mare.* 地中海 Tý tchōng haỹ.

MÉFIANT, E, adj. *Suspicax.* 疑心重的 Nỹ sīn tchóng tỷ.

MÉFIER (SE), v. n. *Diffidĕre.* 疑惑 Nỹ houây. ‖ — de soi. 不靠自巳 Poŭ káo tsé kỷ.

MÉGARDE, s. f. *Inadvertentia, æ, f.* 不覺 Poŭ kiŏ, ou 大意 Tá ý. ‖ Faire une faute par —. *Imprud. peccāre.* 大意錯 Tá ý tsŏ.

MÉGIE, s. f. *Ars alutaria.* 消皮子 Siāo pỷ tsè.

MEILLEUR, E, adj. (comparatif de bon). *Melĭor.* 更好 Kén haò. ‖ Un peu —. 好些 Haò sỹ.

MÉLANCOLIE, s. f. *Tristitia, æ, f.* 憂愁 Yeōu tseóu.

MÉLANGE, s. m. *Mistura.* 雜物 Tsă oŭ, ou 七東八西 Tsỷ tōng pă sỹ.

MÊLER, v. a. *Miscēre.* 雜 Tsă. ‖ — les couleurs. *Colores nectĕre.* 對顏料 Toúy yēn leáo. ‖ — les cartes. *Folia lus.* — 洗牌 Sỷ páỹ. ‖ — les affaires. *Omnia turbāre.* — 亂事 Louán sé. ‖ Ne me — pas dans cette affaire. *Ne me admisceas in hoc negotio.* 不要牽連我 Poŭ yáo kiēn liēn ngŏ. ‖ Se — d'une affaire. *Rei se interponĕre.* 管一宗事 Koŭan ỷ tsōng sé.

MÉLODIE, s. f. *Melodia, æ, f.* 和韻的曲調 Hô yún tỷ kiŏu tiăo.

MEMBRANE, s. f. *Membrana, æ, f.* 皮扇 Pỷ foú, ou 膜 Mŏ. ‖ — du cerveau. *Cerebri* —. 腦胞三層 Laò pāo sān tsēn. ‖ — synoviale. 交節來膜 Kiāo tsiĕ laỹ mŏ.

MEMBRE, s. m. *Membrum, i, n.* 肢體 Tchē tỷ. ‖ Tous les —. *Omnia.* 四肢百體 Sé tchē pĕ tỷ. ‖ — viril. *Virile.* — 下身 Hiá chēn. 小便 Siaò pién. 下陰 Hiá ỹn. 幾巴 Kỷ pā. 陽物 Yăng oŭ. Ces deux derniers termes sont bas, il faut éviter de les employer (Voir le mot *Parties*). ‖ — d'un conseil. 會同之員 Hoúy tòng tchē yûen.

MEMBRURE, s. f. *Assis crassior.* 厚方子 Heòu fāng tsè.

MÊME, adv. *Idem.* — 樣 ỷ yáng. ‖ Ceci est presque la — chose que cela. *Hoc ferè idem est ac illud.* 彼此相同 Pỷ tsĕ siāng tŏng. ‖ Être du — avis. *Id. et unum sentīre.* — 樣的意見 Ỷ yáng tỷ ý kién. ‖ N'être plus le —. *Mores novos habēre.* 改本性 Kaỷ pĕn sín. ‖ En — temps. *Eodem tempore.* 同時 Tŏng chē. ‖ Moi —. *Egomet.* 我自巳 Ngŏ tsé kỷ. ‖ Lui —. *Ipsemet.* 他自巳 Tā tsé kỷ.

MÊME, conj. *Etiam.* 亦 Ỷ, ou 叉 Yeóu. ‖ De — que. *Sic, item.* 如同 Joŭ tŏng. ‖ De —. *Ita, item.* 亦然 Ỷ ján. ‖ Quand —. *Etiamsi.* 雖然 Siū jân. ‖ Être à — de faire. *Posse facĕre.* 做得成 Tsoú tĕ tchén.

MÉMOIRE, s. f. *Memoria, æ, f.* 記合 Ký hân, ou 記性 Ký sín. ‖ — fidèle. *Fidelis* —. 記合好 Ký hân haò. ‖ Ma — s'en va. — *occidit.* 記合衰了 Ký hân chouāy leào. ‖ Cela m'échappe de la —. *Id è mem. excidit.* 忘了這件事 Ouāng leào tchĕ kién sé.

MÉMOIRE, s. m. (écrit). *Memorialis.* 單子 Tān tsè. ‖ Présenter un — à l'Empereur. 呈本章 Tchén pĕn tchāng, ou 上本 Cháng pĕn. ‖ Présenter un — aux mandarins. 遞詳文 Tỷ siâng oûen. ‖ —. *Commentaria, orum.* 行實 Hîn chĕ. ‖ Écrire ses —. *Rerum suarum commentarios scribĕre.* 寫行實 Siĕ hîn chĕ.

MÉMORABLE, adj. ‖ Chose —. *Res insignis.* 大事 Tá sé.

MENAÇANT, E, adj. *Minax.* 嚇人的 Hĕ jên tỷ.

MENACER, v. a. *Mināri.* 說嚇人 Hoù hĕ jên. ‖ — de tuer quelqu'un. — *alic. mortem.* 嚇殺人 Hĕ chă jên. ‖ Être — de la pluie. *Pluvia impendet.* 要下雨 Yaó hiá yù. ‖ Cette maison — ruine. *Ruinosa est domus.* 房子要倒 Fāng tsè yaó taò. ‖ Craindre celui qui —. *Minar. horrēre.* 怕人說嚇 Pà jên hoù hĕ.

MÉNAGEMENT, s. m. (égard, considération). *Ratio, onis, f.* 人情 Jên tsîn. ‖ N'en avoir pas pour quelqu'un. *Nullam alicuj. rationem habēre.* 都不奉人情 Toū poŭ fóng jên tsîn.

MÉNAGE, s. m. *Res familiaris.* 家内的事 Kiā loúy tỷ sé. ‖ Conduire le —. — *invigilāre.* 料理家務 Leáo lỷ kiā oŭ. ‖ Faire bon —. *Conjuncté inter se vivĕre.* 相好至切 Siāng haò tchĕ tsiĕ. ‖ Faire mauvais —. *Inter se dissidēre.* 不和 Poŭ hô. ‖ Faire le —. *Domum disponĕre.* 打掃房屋 Tă saò fâng oŭ, ou 收拾房屋 Cheóu chĕ fâng oŭ.

MÉNAGER, v. a. *Impensœ parcĕre.* 切用 Tsiĕ yóng. ‖ — sa santé. *Valetudini indulgēre.* 保重 Paò tchóng, ou 小心保身子 Siăo sīn păo chēn tsè. ‖ — le temps. *Tempori parcĕre.* 善用時候 Chán yóng chē heóu. ‖ — les paroles. *Parcùs loqui.* 不多言 Poŭ tō yên. ‖ — les personnes. *Benignè tractāre.* 寬待人 Kouān taỷ jên. ‖ — sa réputation. *Famœ consulĕre.* 顧名聲 Koú mîn chēn. ‖ — une intrigue. *Fallaciam fingĕre.* 謀設計 Mông ché ký. ‖ Ne — personne. *Nullum respect. habēre.* 不奉人情 Poŭ fóng jên tsîn. ‖ — les couleurs. *Scitè colores temperāre.* 調顏色 Tiăo yēn sĕ. ‖ Se —. *Sibi parcĕre.* 怕費力 Pă feỷ lỷ. ‖ Se — entre deux partis. *Se medium præstāre.* 兩邊都不顧 Leăng piēn toŭ poŭ koú.

MÉNAGER, ÈRE, adj. *Parcus.* 會減省的 Houỷ kièn sèn tỷ. ‖ — du sien, large de celui des autres. (Prov.) *De alieno negligens, de suo diligens.* 用别的大方用自己的心痛 Yóng piĕ tỷ tá fāng yóng tsé kỷ tỷ sīn tóng.

MÉNAGERIE, s. f. *Domus animantium.* 養獸所 Yàng cheóu sò.

**MENDIANT**, s. m. *Mendicus, i, m.* 丐子 Kiáy tsè, ou 乞兒 Kỷ eûl.

**MENDIER**, v. a. (demander l'aumône). *Mendicāre.* 化飯 Hoá fán, ou 討口 Tǎo keǒu ‖ — la faveur. *Gratiam aucupāre.* 諂美 Tchán mèy.

**MENÉE**, s. f. *Clandestīn. consilium.* 密謀 Mỷ mông.

**MENER**, v. a. *Ducĕre.* 引 Ỷn. ‖ — par la main. — *manu.* 牽人 Kiĕn jên. ‖ — quelqu'un rudement. *Durè tractāre.* 管得嚴 Kouǎn tẻ nién. ‖ Où — ce chemin? *Quò hæc ducit via?* 這條路到那去 Tchế tiǎo loú taó là kiǔ. ‖ — paître les moutons. *Pascĕre oves.* 放羊子 Fáng yâng tsè. ‖ — (régire). *Regĕre.* 管 Kouǎn. ‖ Se laisser —. *Ad nutum aliōr. circumferri.* 受人管 Cheóu jên kouǎn. ‖ Je vais le — comme il faut. *Illum probè agitabo.* 我要他認得我 Ngò yaó tǎ' jén tẻ ngò. ‖ — une vie mondaine. *Amāre mundum.* 隨風俗 Soúy fông sioǔ. ‖ — une vie sainte. *Vitam piam ducĕre.* 立好表樣 Lỷ haò piǎo yáng.

**MENEUR**, s. m. (qui conduit par la main). *Deductor, oris, m.* 牽人的 Kiĕn jên tỷ. ‖ — (chef de parti). *Factionis dux.* 頭子 Teǒu tsě.

**MÉNORRHAGIE**, s. f. (terme de médecine). 血山崩 Hiuě chān pōng.

**MENOTTES**, s. f. *Manicæ, arum, f.* 手枷 Cheǒu tcheǒu. ‖ Porter les —. *Manicis vinci.* 帶手枷 Taý cheǒu tcheǒu. ‖ Les mettre à quelqu'un. *Manicis aliq. alligāre.* 上手枷 Cháng cheǒu tcheǒu.

**MENSONGE**, s. m. *Mendacium, ii, n.* 白話 Pě hoá, ou 謊 Houàng. ‖ — joyeux. *Jocosum —.* 笑白話 Siáo pě hoá. ‖ — officieux. *Honestum —.* 推故的白話 Toúy koǔ tỷ pě hoá. ‖ — pernicieux. *Perniciosum —.* 害人的白話 Haý jên tỷ pě hoá. ‖ Fabriquer un —. *Mentīri.* 駕雲 Kiá yûn. ‖ dit 謊 Chǒ pě. ‖ 扯謊 Tchẻ houàng. ‖ Convaincre quelqu'un d'un —. *Convincĕre aliq. mendacio.* 直白 Tchě pě.

**MENSONGER, ÈRE**, adj. *Fallax.* 假的 Kià tỷ. ‖ Paroles —. *Verba mendacia.* 哄人的話 Hòng jên tỷ hoá.

**MENSTRUES**, s. f. *Menstrua, orum, n.* 經水 Kīn choǔy. 月經 Yuě kīn. 月水 Yuě choǔy. ‖ Leur irrégularité. 月經妄行 Yuě kīn ouáng hīn. ‖ Leur obstruction. 經不得出 Kīn poǔ tẻ tcheǒu. ‖ Leur absence. 無經 Oû kīn. ‖ Leur suppression. 經停閒 Kīn tîn hién.

**MENTAL, E**, adj. *Mentalis.* 心內的 Sīn loúy tỷ. ‖ Oraison —. *Oratio mentalis.* 默念經 Mě' nién kīn.

**MENTEUR**, s, m. *Mendax.* 愛說白話 Gaý chǒ pě hoá. ‖ — fieffé. *Famosus —.* 白話客 Pě hoá kě.

**MENTION**, s. f. *Mentio, onis, f.* 記念 Ký nién. ‖ Faire — de quelque chose. *Mentionem facĕre.* 記念 Ký nién. ‖ La loi en fait une — expresse. *Lex nominatim excipit.*

律上有這一條 Liǔ cháng yeǒu tchế ỷ tiǎo. ‖ Faire une — honorable pour les mandarins. 紀錄 Ký loǔ.

**MENTIR**, v. n. *Mentīri.* 說謊 Chǒ houàng, ou 說白話 Chǒ pě hoá. ‖ Sans —. *Verè.* 不說謊 Poǔ chǒ houàng. ‖ Si je — que le ciel me punisse. *Si verum non dico, puniat me cœlum.* 若有一句謊話天打雷劈 Jǒ yeǒu ỷ kiú houàng hoá Tiēn tǎ loúy pỷ, ou 天誅地滅 Tiēn tchoū tý miě.

**MENTON**, s. m. *Mentum.* 下巴 Hiá pā. ‖ Trou au-dessus du —. 地角 Tý kǒ.

**MENTOR**, s. m. *Consiliarius, ii, m.* 頭領 Teǒu lǐn, ou 領袖 Lǐn sieǒu.

**MENU, E**, adj. *Minutus.* 碎的 Soúy tỷ. ‖ — objets. — *parvæ res.* 零碎東西 Lîn soúy tōng -ĕỷ. ‖ — (mince). *Exilis, tenuis.* 簿的 Pǒ tỷ. ‖ Caractère —. *Littera parva.* 小字 Siào tsě. ‖ — peuple. *Plebecula.* 賤人 Tsièn jên.

**MENUISIER**, s. m. *Faber lignarius, m.* 木匠 Moǔ tsiáng.

**MÉPHITIQUE**. adj. *Mephiticus.* 燠氣 Tcheǒu ký.

**MÉPRENDRE (SE)**, v. r. *Falli.* 錯 Tsǒ.

**MÉPRIS**, s. m. *Contemptus, us, m.* 輕慢 Kīh mán. ‖ Être dans le —. *Contemptui esse.* 輕慢受 Cheǒu kīn mán.

**MÉPRISABLE**, adj. *Aspernandus.* 可輕慢的 Kǒ kīn mán tỷ. ‖ Homme —. *Abjectus homo.* 賤人 Tsièn jên.

**MÉPRISE**, s. f. *Error, oris, m.* 錯 Tsǒ. ‖ Par —. *Per errorem.* 有錯 Yeǒu tsǒ.

**MÉPRISER**, v. a. *Despicĕre.* 輕慢 Kīh mán. ‖ — l'argent. *Parvi facĕre argentum.* 看薄銀財 Kǎn pǒ ỷn tsǎy. ‖ Se —. *Humiliter de se sentīre.* 自謙 Tsé kién.

**MER**, s. f. *Mare, is, n.* 海 Haỷ. ‖ — calme. 海平 Haỷ pîn. ‖ — agitée. 海揚波 Haỷ yâng pō. ‖ Haute —. 海中 Haỷ tchōng. ‖ Côtes de la mer. 海邊 Haỷ piēn. ‖ Aller sur —. *Iter per mare facĕre.* 航海 Hâng haỷ, ou 過海 Kǒ haỷ. ‖ Mal de —. *Nausea.* 運船 Yún tchoûan.

**MERCENAIRE**, s. m. *Mercenarius, ii, m.* 利徒 Lỷ toû.

**MERCERIE**, s. f. *Minutæ merces.* 雜貨 Tsǎ hǒ.

**MERCI**, s. f. *Venia, æ, f.* 寬恕 Kouān choú. ‖ Crier —. *Poscĕre —.* 施恩 Chē gēn. ‖ Se rendre à —. *Victori se permittĕre.* 投降 Teǒu kiáng.

**MERCI**, s. m. *Gratia, æ, f.* 恩 Gēn. ‖ Grand —. *Ago —.* 多謝你 Tō sié ngỷ. Si c'est pour un service rendu, on dit : 難為你 Lán oǔy ngỷ. ‖ Dieu —. *Deo juvante.* 天主的恩 Tiēn-Tchoú tỷ gēn, ou 感主天謝的恩 Kàn sié Tiēn-Tchoù tỷ gēn.

**MERCREDI**, s. m. *Mercurii dies.* 瞻禮四 Tchān lỷ sé.

**MERCURE**, s. m. *Argentum vivum.* 水銀 Choǔy-ỷn.

MERCURIALE, s. f. *Objurgatio, onis, f.* 責備 Tsĕ̆-pý. ‖ En donner une. *Objurgāre.* 責備 Tsĕ̆-pý. ‖ En recevoir une. *Objurgāri.* 受責備 Cheóu tsĕ̆-pý.

MERDE, s. f. *Excrementum, i, n.* 屎 Chè, ou 糞 Fén.

MÈRE, s. f. *Mater, tris, f.* 母親 Moù tsïn.

— première femme. { 主母 Tchoù moù. / 嫡母 Tỹ moù.

— deuxième femme. { 庶母 Choú moù. / 次母 Tsé moù.

Mère défunte. { 介先母 Lïn siēn mòu. / 介妣 Lìn pỹ.

Grand' — paternelle. *Avia paterna.* { 祖母 Tsòu moù. / 婆婆 Pŏ́ pŏ́.

Grand' — maternelle. *materna.* { 外祖母 Ouáy tsòu moù. / 外婆 Ouáy pŏ́.

Arrière grand' — *Abavia.* 曾祖母 Tsĕ̄n tsoù moù.

Belle-—(mère de son mari). { 婆婆 Pŏ́ pŏ́. / *Socrus. Mater mariti.* 姑 Koü.

Belle-—(mère de sa femme). *Mater uxoris.* 丈母 Tcháng moù.

Belle-—(à l'égard d'un enfant d'un autre lit). *Noverca.* 後母 Heóu moù.

‖ L'oisiveté est la — de tous les vices. *Otiositas mater est omnium vitiorum.* 懶惰是衆罪之根 Làn tó ché tchóng tsoúy tchē kēn. ‖ — -perle. 雲母 Yún mòu. 珠母殼 Tchoū moù kŏ̆. 珍珠螺 Tchēn tchoū lŏ. ‖ — -goutte de vinaigre. 酷母子 Tsŏ́u moù tsè.

MERELLE, s. f. *Ludus novem scrupulorum.* 扚子 Tỹ tsè.

MÉRIDIEN, s. m. *Meridianus circulus.* 阡 Tsiēn. 谷 Koŭ. Où kiuēn. 地中圈 Tý tchōng kiuēn. ‖ Ligne du —. *Linea.* 午線 Où siēn.

MÉRIDIENNE, s. f. (repos après midi). *Meridiatio, onis, f.* 午後歇氣 Où heóu hiĕ̆ ký.

MÉRINOS, s. m. *Tela ovina.* 羽斜 Yù sié.

MÉRITE, s. m. *Virtus, dotes.* 才能 Tsáy lên. ‖ Homme de —. *Vir maximi pretii.* 大才能 Tá tsáy lên. ‖ — (ce qui rend digne de récompense ou de peine). *Meritum.* 功勞 Kōng laŏ. ‖ Avoir, acquérir des —. *Merita adipisci.* 得功勞 Tĕ̆ kōng laŏ. ‖ Donner à chacun selon son —. *Pro dignit. cuique tribuĕre.* 照功行賞 Tcháo kōng hĭn chàng. ‖ Punir quelqu'un selon son —. *Pro crimine punire.* 罰人按他的罪 Fă jēn gán tă tỹ tsoúy.

MÉRITER, v. a. *Mereri.* 堪 Kăn. ‖ — son malheur. *Dignus miseriâ suâ.* 該受窮 Kăy cheóu kiŏ́ng. ‖ Sans l'avoir—. *Immerenter.* 寃枉受罰 Yuēn ouàng cheóu fă.

‖ Bien — de quelqu'un. *Benè mereri de aliq.* 大有功于人 Tá yeòu kōng yŭ jēn.

MERVEILLE, s. f. *Res mira.* 奇事 Kỹ sé. ‖ Promettre monts et —. *Maria et montes polliceri.* 滿口答應 Màn keŏu tă ýn. ‖ A —. *Benè.* 好 Haŏ. ‖ C'est — si on ne le prend pas. *Mirum est nisi capitur.* 難得躲脫 Lán tĕ̆ tŏ tŏ̆.

MERVEILLEUX, SE, adj. *Mirandus.* 奇妙的 Kỹ miáo tỹ.

MÉSALLIANCE, s. f. *Impar connubium.* 門戶不相當 Mēn foú poŭ siāng tāng. ‖ Faire une —. *Impar connub. contrahĕre.* 門戶不相當 Mēn foú poŭ siāng tāng.

MÉSAVENTURE, s. f. *Infelix casus.* 凶事 Hiōng sé.

MÉSESTIMER, v. a. *Parvi facĕre.* 輕賤 Kĭn tsiēn.

MÉSINTELLIGENCE, s. f. *Discordia, œ, f.* 不和睦 Poŭ hŏ moù. ‖ Être en —. *Cum aliq. dissidĕre.* 與人不和 Yù jēn poŭ hŏ.

MESQUIN, E, adj. *Sordidus in omnibus.* 心地圖窄 Sīn tý piēn tsĕ̆.

MESSAGE, s. m. *Mandatum, i, n.* 命 Mín. ‖ En porter un —. *Nuntium ferre.* 報信 Paó sín.

MESSAGER, s. m. *Tabellarius, ii, m.* 送信的人 Sóng sín tỹ jēn.

MESSAGERIE, s. f. *Tabellariorum domus.* 信行 Sín háng. ‖ — pour les palanquins. 轎舖子 Kiáo pŏ̆u tsè.

MESSE, s. f. *Missa, œ, f.* 彌撒 Mỹ-să. ‖ Une —. *Una —.* 一台彌撒 Ỹ tăy mỹ-să. ‖ Grand' —. *Cum cantu —.* 大彌撒 Tá mỹ-să. ‖ — de requiem. 安所彌撒 Gān-sò mỹ-să. ‖ Célébrer la sainte —. *Sacrum facĕre.* 做彌撒 Tsoú mỹ-să. ‖ Servir la sainte —. *— ministrāre.* 副彌撒 Foŭ mỹ să. ‖ Assister à la sainte —. *— audire.* 聽彌撒 Tín mỹ-să.

MESSÉANT, E, adj. *Indecens.* 不合理 Poŭ hŏ lỹ.

MESSIE, s. m. *Messias, œ, m.* 救世主 Kieóu ché tchoù.

MESURE, s. f. *Mensura, œ, f.* 斗 Teŏu. ‖ — comble. *— cumulata.* 尖斗 Tsiēn teŏu. ‖ Prendre — d'un habit. *Metiri corpus.* 量體裁衣 Leáng tý tsăý ȳ. ‖ — (cadence). *Numerus.* 詩韻 Chē yún. ‖ — (précaution). *Consilium.* 主意 Tchoù ý. ‖ Prendre ses —. *Cavēre.* 打主意 Tă tchoù ý, ou 小心 Siaŏ sīn. ‖ Les prendre mal. *Malè cavēre.* 不小心 Poŭ siaŏ sīn. ‖ — (modération). *Modus.* 分 Fén, ou 節 Tsiĕ̆. ‖ Avec —. *Moderatè.* 用心 Yóng sīn. 小心 Siaŏ sīn. 不過分 Poŭ kó fén. ‖ Garder la —. *Modum retinēre.* 安分 Gān fén, ou 不過節 Poŭ kó tsiĕ̆. ‖ Outre —. *Suprà modum.* 太過 Táy kó. 過分 Kó fén. 過節 Kó tsiĕ̆. ‖ On les tuait à — qu'ils venaient. *Ut quisque venerat cum occidebant.* 一來就殺 Ỹ laý tsieóu chă. ‖ Battre la —. *Cantum moderāri.* 打板 Tă pàn.

## Tableau des Poids et Mesures chinois.

Les mesures et les poids chinois sont compris sous ces quatre termes génériques : 律 Liŭ, fistule; 量 Leáng, mesure cubique ou sèche; 度 Toŭ, mesure de longueur, et 衡 Hên, poids. L'ancien chalumeau musical, nommé : 黃鐘 Hoâng tchŏng, a été la base des mesures, des poids et des nombres chinois. Ce chalumeau a servi à déterminer les longueurs, le diamètre, les mesures et les poids par le nombre de grains de blé qu'il contenait. On remarquera que les mesures chinoises sont toutes décimales de quelque dénominateur. Ainsi, un pied, 一尺 Ў tchĕ, est la décimale d'un 丈 Tcháng, parce que le Tcháng renferme dix pieds; un pouce, 一寸 Ў tsĕn, est la décimale d'un pied; un Fén ou une ligne est la décimale d'un pouce; un Lў, 一釐 Ў lў, est la décimale d'un Fén, etc., etc. Notre système décimal français n'était donc pas une invention nouvelle, comme bon nombre de personnes l'ont cru.

### I. Mesures de longueur depuis le 引 Ỳn, et au-dessous. 度法引以下 Toŭ fă ỳn ỹ hiá.

| | | | | | |
|---|---|---|---|---|---|
| 1° | 引 | Ỳn. Cette mesure vaut dix toises chinoises, ou 31 mètres 500. | 12° | 沙 | Chā. |
| 2° | 丈 | Tcháng. Cette mesure ou toise vaut dix pieds chinois, c.-à-d. 3 mètres 150. | 13° | 壓 | Tchĕn. |
| | | | 14° | 埃 | Gaỹ. |
| 3° | 尺 | Tchĕ. Le Tchĕ est le pied chinois, qui équivaut à 315 millimètres. | 15° | 渺 | Miaò. |
| | | | 16° | 漠 | Mŏ. |
| 4° | 寸 | Tsĕn. Ceci est la dixième partie du pied. | 17° | 摸糊 | Mŏ hoû. |
| 5° | 分 | Fēn. Cette mesure est la ligne chinoise. | 18° | 逡巡 | Tsen siûn. |
| 6° | 釐 | Lў. | 19° | 須臾 | Siū yû. |
| 7° | 毫 | Háo. Cette mesure et les suivantes ne sont pas employées dans l'usage ordinaire de la vie. | 20° | 瞬息 | Chúen sỹ. |
| | | | 21° | 彈指 | Tăn tchĕ. |
| | | | 22° | 刹那 | Chā là. |
| 8° | 絲 | Sē. | 23° | 六德 | Loŭ tĕ. |
| 9° | 忽 | Hoû. | 24° | 虛空 | Hiū kŏng. |
| 10° | 微 | Oûy. | 25° | 清淨 | Tsĭn. |
| 11° | 纖 | Tsiĕn. | 26° | | Le vide. |

### II. Mesures de capacité depuis le Che ou Tan et au-dessus. 量法石以上 Leáng fă chĕ ỳ cháng.

1° Le grain de millet est la base. 一粒之粟爲粟 Ў lỹ tchĕ choŭ oûy choŭ.
2° 六粟爲一圭 Loŭ choŭ oûy ỹ koúy. Dix grains font la mesure Koúy.
3° 十圭爲一撮 Chĕ koúy oûy ỹ tsoúy. Dix Koúy font un Tsoúy.
4° 十撮爲一抄 Chĕ tsoúy oûy ỹ tchāo. Dix Tsoúy font un Tchāo.
5° 十抄爲一勺 Chĕ tchāo oûy ỹ tchŏ. Dix Tchāo font un Tchŏ.
6° 十勺爲一龠 Chĕ tchŏ oûy ỹ yŏ. Dix Tchŏ font un yŏ, ou 1,200 grains.
7° 十龠爲一合 Chĕ yŏ oûy ỹ hô. Dix Yŏ font un Hô, ou 12,000 grains.
8° 十合爲一升 Chĕ hô oûy ỹ chēn. Dix Hô font un picotin, ou 120,000 grains.
9° 十升爲一斗 Chĕ chēn oûy ỹ teòu. Dix Chēn font un Teòu, ou boisseau.
10° 十斗爲一石 Chĕ teòu oûy ỹ chĕ. Dix boisseaux font un Chĕ ou hémine, du poids de 120 livres chinoises.

### III. *Poids chinois.*

1° Un pepin de grain fait un 黍 Choŭ, ou grain de millet.
2° 十黍爲一纍 Chĕ choŭ oúy y̌ loúy. Dix grains font un Loúy.
3° 十纍爲一銖 Chĕ loúy oúy y̌ tchoŭ. Dix Loúy font un Tchoŭ.
4° 二十四銖爲一兩 Eùl chĕ sé tchoŭ oúy y̌ leàng. Vingt-quatre Tchoŭ font une once chinoise.
5° 十六兩爲一斤 Chĕ loŭ leàng oúy y̌ kīn. Seize onces font une livre.
6° 二斤爲一引 Eùl kīn oúy y̌ y̌n. Deux livres font un Y̌n.
7° 三十斤爲一鈞 Sān chĕ kīn oúy y̌ kouān. Trente livres font un Kouan.
8° 一百斤爲一擔 Y̌ pĕ kīn oúy y̌ tán. Cent livres font un Tan.
9° 一百二十斤爲一石 Y̌ pĕ eùl chĕ kīn oúy y̌ chĕ. Cent vingt livres font une hémine.

Pour peser l'argent, on se sert à présent des poids suivants.

一忽爲十絲 Y̌ hoù oúy chĕ sē.
十絲爲一毫 Chĕ sē oúy y̌ háo.
十毫爲一釐 Chĕ háo oúy y̌ ly̌, c.-à-d. 0ᵐ,376.
十釐爲一分 Chĕ ly̌ oúy y̌ fén, ou 0ᵐ,3758.
十分爲一錢 Chĕ fén oúy y̌ tsiĕn, ou 3ᵉʳ,7580.
十錢爲一兩 Chĕ tsiĕn oúy y̌ leàng, c.-à-d. l'once, ou taël, c.-à-d. 37ᵉʳ,58.
十六兩爲一斤 Chĕ loŭ leàng oúy y̌ kīn, c.-à-d. 601ᵉʳ,28.

### IV. *Mesures carrées.*

1° 一分爲二十四步 Y̌ fén oúy eùl chĕ sé poú, c.-à-d. vingt-quatre pas carrés.
2° 二百四十步爲一畝 Eùl pĕ sé chĕ poú oúy y̌ mòng, c.-à-d. deux cent quarante pas carrés font un arpent.
   L'arpent est un carré de 24 mètres 975, ou 623 mètres carrés 75.
3° Cent arpents font un 頃 Kīn, ou environ six hectares.

### V. *Distances géographiques.* 爲分別土地遠近 Oŭy fēn piĕ tŏu tý yuèn kín.

半寸爲一厘 Pán tsĕn oúy y̌ ly̌.
五寸爲一分 Où tsĕn oúy y̌ fén.
五尺爲一步 Où tchĕ oúy y̌ poú. Le Poú ou pas chinois est de 1 mètre 575.
Trois cent soixante pas font un 里 Ly̌, ou lieue chinoise, c.-à-d. 567 mètres; deux cent cinquante Ly̌ font un degré : 度 Toú.

### VI. *Calculs astronomiques.* 歷法 Ly̌ fă.

Un 宮 Kōng égale 30 degrés ou 度 Toú. Le Toú ou degré égale 113,400 mètres.
Un 度 égale 60 分 Fén.
Un 分 = 60 秒 Cháo.
Un 秒 = 60 微 Oúy.

Un 微 égale 60 纖 Tsiēn
Un 纖 = 60 忽 Hoù.
Un 忽 = 60 芒 Mòng.
Un 芒 = 60 塵 Tchén.

VII. Pour la numération des quantités, voir le mot Nombre.

MESURER, v. a. *Metiri.* 量 Leáng. ‖ — des yeux. *Oculis* —. 察看 Tchă kẵn. ‖ — du riz. *Admetiri oryzam.* 搯米 Ýn mỳ. ‖ — ses paroles. *Cauté loqui.* 小心說話 Siaŏ sĭn chŏ hoá. ‖ — les autres à son aune. 將心比心 Tsiāng sĭn pỳ sĭn. ‖ Se — avec quelqu'un. *Congredi.* 與人交手 Yù jên kiaŏ cheòu. ‖ Se — à quelqu'un. *Se æquare aliis.* 將他比自己 Tsiāng tả pỳ tsé kỳ.

MÉTACARPE, s. f. (terme anat.). 掌骨 Tchàng koŭ.

MÉTAL, s. m. *Metallum, i, n.* 礦五金 Kouàng où kīn. ‖ Purifier les —. *Purgāre* —. 煉金 Lién kīn.

MÉTAMORPHOSE, s. f. *Metamorphosis, eos, f.* 改變 Kaỳ pién, ou 變化 Pién hoá. ‖ Subir une —. *Commutāri.* 改變 Kaỳ pién.

MÉTAPHORE, s. f. *Metaphora, æ, f.* 借喻 Tsié yú.

MÉTAPHYSIQUE, s. f. *Metaphysica, æ, f.* 天地鬼神之論 Tiēn tý koùy ơhên tchê lén, ou 窮究物理 Kiōng kieóu où lỳ.

MÉTATARSE, s. m. (terme anat.). 脚掌前後骨 Kiŏ tchàng tsiên heóu koŭ.

MÉTAYER, s. m. *Villicus, i, m.* 佃戶 Tién foú.

MÉTEMPSYCOSE, s. f. *Metempsychosis, is, f.* 輪廻 Lên hoŭy, ou 投胎 Teŏu taỳ.

MÉTÉORE, s. m. *Meteorum, i, n.* 流星 Lieôu sīn. 景星 Kĭn sīn. 空中變化 Kóng tchōng pién hoá.

MÉTHODE, s. f. *Methodus, i, f.* 方法 Fāng fă.

MÉTIER, s. m. *Ars, tis, f.* 手藝 Cheòu nỳ. ‖ Apprendre un —. *ediscĕre.* 學手藝 Hiŏ cheòu nỳ. ‖ Exercer un —. *exercēre.* 做手藝 Tsoú cheòu nỳ. ‖ Ne pas savoir son —. *Imperitus esse artis suæ.* 手藝不精 Cheòu nỳ poŭ tsīn. ‖ A chacun son —. *Quisque curet de suis* —. 隔行如隔山 Kẽ hâng joù kẽ chān. ‖ Chacun parle de son — (prov.). *Tractant fabrilia fabri.* 秀才談書屠戶談猪 Sieóu tsaý tản choŭ tôu foú tản tchoū. ‖ Avoir un travail sur le —. *Opus in manibus habēre.* 起了工 Kỳ leảo kōng. ‖ —. *Fabrilis machina.* 機子 Kỳ tsè. ‖ Mettre sur le —. *Super machinam opus disponĕre.* 牽經 Kiēn kīn, ou 上絣子 Cháng pīh tsè. ‖ En retirer. 下貨 Hiá hó.

MÉTONYMIE, s. f. *Metonymia, æ, f.* 換近義之言法 Houản kín nỳ tchê yên fă.

MÈTRE, s. m. (mesure du vers). *Metrum versuum.* 韻 Yún. ‖ — de longueur. *Metrum.* 三尺零二寸 Sān tchẽ lín eủl tsên.

MÉTROPOLE, s. f. *Metropolis, is, f.* 省城 Sèn tchên.

METS, s. m. *Cibi, orum, m.* 飲食 Ýn chě, ou 菜 Tsaý. ‖ Combien de —? *Quot fercula?* 幾樣的菜 Kỳ yảng tỳ tsaý. ‖ — qui ont été servis sur la table de l'Empereur. 克食 Kẽ chě.

METTRE, v. a. *Collocāre.* 放 Fáng. ‖ — dessus. *Superpo-* nĕre. 放在上 Fáng tsaý cháng. ‖ — dedans. *Indĕre.* 放在内 Fáng tsaý loúy. ‖ — quelqu'un à la place d'un autre. *In alt. locum sufficĕre.* 安人填位 Gān jên tiên oúy. ‖ — la main à l'œuvre. *Manum operi admovēre.* 起工 Kỳ kōng, ou 動工 Tóng kōng. ‖ — bas les armes. *Arma ponĕre.* 投降 Teŏu kiáng. ‖ — bas, en parlant des animaux. *Parĕre.* 下悪 Hiá tsaỳ. ‖ — du sien. *De suo impendĕre.* 用自己的 Yóng tsé kỳ tỳ. ‖ — à prix la tête de quelqu'un. *Alic. sang. addicĕre.* 出賞銀捉人 Tchŏu chàng ỳn tchŏ jên. ‖ Dieu a — six jours à créer le monde. *Deus creavit mundum intrà sex dies.* 天主用了六天造成萬物 Tiēn-Tchoù yóng leảo loù tiên tsảo tchên onán oŭ. ‖ — un avis en avant. *Rem in medium ponĕre.* 出主意 Tchŏu tchoù ý. ‖ — en fait. *Rem pro certo ponĕre.* 說是一定 Chŏ chế ỳ tín. ‖ — en crédit. *Commendāre.* 薦舉 Tsién kiù. ‖ Se — en route. *Dăre se in viam.* 起身 Kỳ chēn, ou 上路 Cháng loú. ‖ Se — tout à une chose. *Alicui incumbĕre.* 專一件事 Tchoūan ỳ kién sé. ‖ Se — bien avec quelqu'un. *Sibi aliq. conciliāre.* 與人相交 Yù jên siāng kiaō. ‖ Se — en quatre. *Omni ope niti.* 盡力 Tsín lỳ. ‖ Se — fort bien. *Optimé vestiri.* 穿得體面 Tchoŭan tẽ tỳ mién.

MEUBLE, s. m. *Supellex, ectilis, f.* 器具 Kỳ kiú. ‖ Garnir de — une maison. *Domum instruĕre.* 排設房屋 Paý chẽ fâng oũ.

MEUGLER, v. n. *Mugire.* 牛叫 Nieôu kiáo.

MEULE, s. f. *Mola, æ, f.* 磨子 Mó tsè. ‖ — à eau. *Aquaria.* 水碾 Choùy nièn. ‖ — à bras. *Trusatilis* —. 手磨 Cheòu mó. ‖ Tourner la —. *Versāre.* 推磨 Toūy mó. ‖ — d'émouleur. *Cos.* 磨石 Mó ohě. ‖ — (tas). *Acervus.* 堆 Toūy. ‖ — de paille de riz. 上草樹 Cháng tsaŏ chóu.

MEURTRE, s. m. *Homicidium, ii, n.* 殺人 Chă jên, ou 命案 Mín gán. ‖ Faire un —. *Cædem patrāre.* 殺人 Chă jên. ‖ C'est un —. *Damnum est.* 可惜 Kŏ sỳ.

MEURTRIR, v. a. *Sugillāre.* 傷 Chāng.

MEURTRIÈRE, s. f. *Oculus, i, m.* 城牆燥口 Tchên tsiâng tŏ keŏu.

MEURTRISSURE, s. f. *Contusio, onis, f.* 傷 Chāng. ‖ — (où le sang devient noir). 打死了血 Tă sè leảo hiuě.

MEUTE, s. f. *Turba, æ, f.* 一羣 Ỳ kiửn.

MI, part. *Medius.* — 半 Ỳ pán. ‖ — plein. *Semiplenus.* 裝一半 Tchouāng ỳ pán. ‖ — chemin. *Media via.* 半路 Pán loú. ‖ — mois. *Media luna.* 月半 Yuě pán.

MIASMES, s. m. *Corruptus aeris tractus, ùs, m.* 瘴氣 Tcheŏu kỳ.

MIAULER, v. n. *Felinum clamorem edĕre.* 猫叫 Maŏ kiáo.

**MICROSCOPE**, s. m. *Microscopium, ii, n.* 顯微鏡 Hièn oûy kín.

**MIDI**, s. m. *Meridies, ei, m.* 午時 Où chê. 太陽當頂 Táy yâng tāng tǐn. 影子圜了 Yn tsè touǎn leào. ‖ — juste. *Ipsá —.* 正午 Tchēn où. ‖ A —. *Meridie.* 午時 Où chê. ‖ Avant —. *Antè —.* 上午 Cháng où. ‖ — approche. *Appetit meridies.* 隔午時不遠 Kĕ où chê poǔ yuèn. ‖ — passé. *Inclinat —.* 午時 Où chê, ou 午後 Où heóu. ‖ Après —. *Post —.* 下半天 Hiá pán tiēn, ou 太陽偏了 Táy yâng piēn leào. ‖ N'y voir goutte en plein —. *In sole caligare.* 疑惑一件明白的事 Nỷ houây ỷ kién mǐn pĕ tỷ sé. ‖ Chercher — à quatorze heures. (Prov.) *Nodum in scirpo quærere.* 緣木求魚 Yuèn moǔ kieôu yû. ‖ Le —. *Australis regio.* 西方 Sỷ fāng.

**MIE**, s. f. *Mica, æ, f.* 餅心 Pǐn sīn, ou 屑 Chĕ.

**MIEL**, s. m. *Mel, lis, n.* 蜂蜜 Fōng mỷ. ‖ Rayon de —. *Favus.* 蜂勒 Fōng lĕ. ‖ Faire du —. *Mellificāre.* 做蜂蜜 Tsoǔ fōng mỷ. ‖ Recueillir le —. *Mel colligĕre.* 割蜂糖 Kŏ fōng tāng. ‖ Fumer les abeilles en leur enlevant le —. *Apes fumigāre.* 熉蜂子 Tsieôu fōng tsè. ‖ Couler le —. *Exprimĕre —.* 濾黃蠟 Liù houáng lǎ.

**MIEUX**, adv. *Melius.* 更好 Kén haò. ‖ Beaucoup —. *Multò —.* 好得多 Haò tĕ tō. ‖ Se porter —. *Melius se habēre.* 更好 Kén haò. ‖ Ne demander pas —. *Nihil antiquius habēre.* 巴不得 Pā poǔ tĕ. ‖ Tant —. *Tantò melius.* 更好 Kèn haò. ‖ A qui mieux —. *Certatim.* 爭先 Tsēn siēn.

**MIGNARDER**, v. a. *Pueris indulgēre.* 護短 Foù (ou Hoù) touǎn.

**MIGNON, NE**, adj. *Venustus.* 美的 Meỷ tỷ. ‖ —. *Elegans.* 好看的 Haò kǎn tỷ.

**MIGRAINE**, s. f. *Hemicranium, ii, n.* 半頭痛 Pán teôu tóng.

**MIJOTER**, v. a. *Lentè coquĕre.* 温火煑 Ouēn hò tchoù.

**MIL**, adj. numéral. *Mille.* 千 Tsiēn.

**MILICE**, s. f. *Militia, æ, f.* 戰法 Tchán fǎ. ‖ — (troupe). *Copiæ.* 當兵 Tāng pīn.

**MILIEU**, s. m. *Medium, ii, n.* 中間 Tchōng kién. ‖ Être au —. *Esse in medio.* 在中間 Tsaỷ tchōng kién. ‖ — du jour. *Mediā die.* 上午 Cháng où. ‖ — de la nuit. *Mediā nocte.* 半夜 Pán yé. ‖ Prendre par le — du corps. *Medium al. arripĕre.* 抱着腰 Paó tchŏ yaō. ‖ Garder un juste —. *— servāre.* 合乎中 Hŏ hoû tchōng, ou 不過度 Poǔ kó toù.

**MILITAIRE**, adj. *Militaris.* 兵的 Pīn tỷ. ‖ Discipline —. *Disciplina —.* 軍法 Kiūn fǎ.

**MILITAIRE**, s. m. *Miles, itis, m.* 兵 Pīn.

**MILITANT, E**, adj. ‖ Église —. 當兵的會 Tāng pīn tỷ houý.

**MILITER**, v. n. *Esse utile.* 為人有益 Oúy jèn yeòu ỷ.

**MILLE**, adj. *Mille.* 一千 Ỷ tsiēn.

**MILLET**, s. m. *Milium, ii, n.* 小米 Siào mỷ.

**MILLIARD**, s. m. *Milliés mille millia.* 一千萬 Ỷ tsiēn ouán.

**MILLION**, s. m. *Mille millia.* 一百萬 Ỷ pĕ ouán.

**MIMIQUE**, adj. *Mimicus.* 效戲 Hiáo hý.

**MINAUDER**, v. n. *Corde appetĕre, ore recusāre.* 心想口推 Sīn siàng keôu toúy.

**MINCE**, adj. *Exilis, tenuis.* 薄的 Pŏ tỷ. ‖ Repas —. *Brevis cœna.* 韮酌 Kieòu tchŏ. ‖ Savoir —. *Trivialis scientia.* 學問淺 Hiŏ ouén tsièn.

**MINE**, s. f. *Facies, ei, f.* 臉面 Lièn mién. ‖ Avoir bonne —. *Formā esse honestā.* 人品好 Jèn pǐn haò. ‖ Il faut se défier de la —. (Prov.) *Fronti nulla fides.* 凡人不可貌相 Fân jèn poǔ kŏ maó siāng. ‖ Faire bonne — à quelqu'un. *Ore benigno excipĕre.* 欵待得好 Kouǎn taỷ tĕ haò. ‖ Faire la —. *Frontem contralhĕre.* 愁眉愁眼 Tseôu meỷ tseôu yèn. ‖ Faire des —. *Os distorquĕre.* 歪嘴 Ouáy tsoùy. ‖ — Cæremonias facĕre. 心想口推 Sīn siàng keôu toúy.

**MINE**, s. f. *Fodina, æ, f.* 廠 Tchàng, ou 礦 Koùang. ‖ Découvrir une —. *— invenīre.* 找得廠 Tchaò tĕ tchǎng. ‖ Exploiter une —. *— aperīre.* 挖廠 Ouá tchǎng. ‖ — (cavité souterraine). *Suffossio, cuniculus.* 地硐 Tý tóng. ‖ Faire une —. *— agĕre.* 打硐 Tǎ tóng, ou 挖硐 Ouá tóng.

**MINER**, v. a. *Conficĕre.* 折 Tchĕ, ou 消滅 Siāo miĕ. ‖ — les forces. *Vires absumĕre.* 敗氣力 Paý ký lỷ.

**MINÉRAL, E**, adj. *Metallicus.* 礦的 Koùang tỷ, ou 五行的 Où hǐn tỷ. ‖ Eaux —. *Aquæ —.* 湯水 Tāng choùy.

**MINÉRALOGIE**, s. f. *Mineralogia, æ, f.* 石論 Chĕ lén.

**MINEUR, E**, adj. *Pupillus, i, m.* 少年 Chaò niēn tỷ, ou 孤子 Koū tsè. ‖ —. *Minor.* 小的 Siào tỷ.

**MINIATURE**, s. f. *Minutula pictura, æ, f.* 小景 Siào yn.

**MINIME**, adj. *Minimus.* 最小的 Tsoúy siào tỷ.
**MINISTÈRE**, s. m. *Officium, ii,* n. 本分 Pèn fèn, ou 任 Jén. ‖ Par votre —. *Te juvante.* 有你幫忙 Yeòu ngỳ pāng mâng. ‖ Département d'un —. *Rerum administratio.* 部 Y̆ poú. ‖ Les ministères en général. *Regni adm. concessus.* 宰相 Tsaỳ siāng.

Il y a en Chine, depuis un temps immémorial, six grands Ministères ou Tribunaux, dont l'organisation intérieure est remarquable et pourrait servir de modèle à bon nombre de Puissances occidentales, qui regardent la Chine comme un pays barbare. Voici les noms de ces ministères :

*I. Ministère des comptes et des offices :* 吏部 Lý poú.
Ce ministère compte quatre bureaux ou 囚清吏司 Sé tsīn lỳ sē. Savoir :

1° Celui du Mouvement personnel. { 文選清吏司 Oùen siùen tsīn lỳ sē.
2° Celui des Informations. { 老功清吏司 Kaò kōng tsīn lỳ sē.
3° Celui du Personnel. { 稽勳清吏司 Kў hiūn tsīn lỳ sē.
4° Celui des Titres et diplômes. { 驗封清吏司 Nién fōng tsīn lỳ sē.

*II. Ministère des Finances :* 戶部 Hoú poú.
Ce ministère comprend douze bureaux, qui sont répartis dans douze provinces de l'Empire.

*III. Ministère des Rits :* 禮部 Lỳ poú.
Ce ministère a quatre bureaux, savoir :

1° Celui du Cérémonial. { 儀制清吏司 Nỳ tché tsīn lỳ sē.
2° Celui des Sacrifices. { 祠祭清吏司 Tsē tsý tsīn lỳ sē.
3° Celui des Hôtes. { 主客清吏司 Tchoù kě tsīn lỳ sē.
4° Celui des Repas et Festins. { 精膳清吏司 Tsīn chàn tsīn lỳ sē.

*IV. Ministère de la Guerre :* 兵部 Pīn poú.
Ce ministère compte aussi quatre bureaux, savoir :

1° Celui du Mouvement militaire. { 武選清吏司 Où siuèn tsīn lỳ sē.
2° Celui des Positions militaires. { 職方清吏司 Chě fāng tsīn lỳ sē.
3° Celui des Chars et des chevaux. { 車駕清吏司 Tchēy kiá tsīn lỳ sē.
4° Celui des Provisions et fournitures militaires. { 武庫清吏司 Où tchěy tsīn lỳ sē.

*V. Ministère des Travaux publics :* 工部 Kōng poú.
Ce ministère compte quatre divisions :

1° Division des Bâtiments, Édifices publics. { 營繕清吏司 Ỳn chán tsīn lỳ sē.
2° Division des Instruments et objets d'art. { 虞衡清吏司 Yû hên tsīn lỳ sē.
3° Division des Ponts et chaussées. { 都水清吏司 Toū choùy tsīn lỳ sē.
4° Division des Champs militaires. { 屯田清吏司 Tén tièn tsīn lỳ sē.

*VI. Ministère de la Justice :* 刑部 Hîn poú.
Ce ministère comprend vingt-deux divisions, tant en Chine qu'en Tartarie.

On compte, en outre, trois autres ministères, dont l'un a pris une importance fort grande, depuis les traités européens avec la Chine.

*I. Ministère de la Maison impériale :* 宗人府 Tsōng jên foù.
Il a pour but la direction des membres de la famille impériale, lesquels sont fort nombreux en Chine.

*II. Ministère des Affaires étrangères, ou des Colonies étrangères :* 理藩院 Lỳ fân yùen.
Ce ministère comprend les six bureaux suivants :

1° Bureau des Affaires de la tribu de la Mongolie intérieure. { 旗籍清吏司 Kỳ tsỳ tsīn lỳ sē.
2° Bureau des Émoluments, des réunions, etc., des chefs de la même tribu. { 王會清吏司 Oûang hoûy tsīn lỳ sē.
3° Bureau des Affaires des populations et des chefs de la Mongolie extérieure. { 典屬清吏司 Tièn tsīn lỳ sē.
4° Bureau des Affaires des Lamas de la Mongolie extérieure et des tribus de la contrée. { 柔遠清吏司 Jeòu yùen tsīn lỳ sē.
5° Bureau des Tribus étrangères mahométanes, mongoles, etc., dans la Tartarie indépendante. { 徠遠清吏司 Laý yùen tsīn lỳ sē.
6° Bureau des Affaires judiciaires de chaque tribu mongole extérieure. { 理刑清吏司 Lỳ hîn tsīn lỳ sē.

*III. Ministère de la Musique :* 樂部 Yŏ poú.

MINISTRE, s. m. *Publicarum rerum administrator.* 宰相 Tsaỳ siāng, ou 大臣 Tá tchến. ‖ — d'État. 大學士 Tá hiŏ sé. 閣老 Kŏ laò. 丞相 Tchén siāng. ‖ — de la guerre. 兵部尙書 Pīn poú cháng choū. ‖ — plénipotentiaire d'une Cour. 全權大臣 Tsửen kiửen tá tchến. ‖ — des prêtres. 副奈 Foú taý. ‖ — des mandarins. 跟班 Kēn pān. ‖ — des conseillers de préfecture. 三爺 Sān yè. ‖ — des autels. 鐸德 Tŏ' tĕ'. ‖ — des sacrements. 付秘跡的 Foú pỳ tsỳ tý.

MINORÉ, s. m. *Qui suscepit quartum ordinem sacrum.* 領四品的 Lǐn sé pìn tý.

MINORITÉ, s. f *Minoritas, atis,* f. 少年 Cháo niēn.

MINUIT, s. m. *Media nox.* 半夜 Pán yé.

MINUTE, s. f. *Minutum, i, n.* 一分時候 Ỳ fén chē heóu. ‖ Division de la —. 分 Fén. 秒 Miào. 微 Oûy. 纎 Siēn. 忽 Foŭ. 芒 Máng. 塵 Tchén. ‖ — d'un acte. *Prima præscriptio.* 約契稿子 Yŏ ký kaó tsè. ‖ — (brouillon). *Adversaria.* 稿子 Kaó tsè. ‖ — (moment). *Temporis punctum.* 一刻時候 Ý kĕ' chē heóu. ‖ A chaque —. *Quolibet minuto.* 時時刻刻 Chē chē kĕ' kĕ'.

MINUTIE, s. f. *Res exilis.* 小事 Siaŏ sé.

MIRACLE, s. m. *Miraculum, i, n.* 聖跡 Chén tsý. ‖ Faire des —. *Patrare.* 顯聖跡 Hièn chén tsý. ‖ C'est un — de vous voir ici! *Quàm rarus hospes!* 稀客 Hý kĕ'.

MIRE, s. f. *Scopus, i, m.* 靶子 Pà tsè, ou 終向 Tchōng hiáng. ‖ C'est son point de —. 所謀 Sŏ móng, ou 他望的事 Tǎ' ouáng tý sé.

MIRER, v. a. *Collimare.* 睄準 Siao tchoùen. ‖ Se —. *Se in speculum considerare.* 照鏡子 Tchaó kín tsè.

MIROIR, s. m. *Speculum, i, n.* 鏡子 Kín tsè. ‖ Un — Unum —. 一面鏡子 Ý mién kín tsè. ‖ Se regarder au —. *Aspicere speculum.* 照鏡子 Tchaó kín tsè. ‖ — ardent. *Ardens —.* 火鏡 Hŏ kín. ‖ — déshonnête. *Speculum inhonestum.* 春宮鏡子 Tchōun kōng kín tsè.

MISANTHROPE, s. m. *Osor hominum.* 恨人的人 Hén jén tý jén, ou 不願人的 Poú koú jén tý.

MISE, s. f. (enjeu). *Expensum, i, n.* 飄的錢 Piaŏ tý tsiēn. ‖ — (enchère). *Licitatio.* 爭買 Tsēn maý. ‖ — Ce vous dites n'est plus de —. *Quæ affers, rationi non consentanea sunt.* 你說遲了 Ngý chŏ tchĕ' leaò. ‖ — (usage). *Mos.* 行 Hín. ‖ Sa — est fort négligée. *Obsoletus est ejus vestitus.* 他不愛打扮 Tǎ' poŭ gaý tà pán.

MISÉRABLE, adj. *Miserabilis.* 可憐的 Kŏ liēn tý, ou 遭遇的 Tsaō nỳ tý. ‖ Être —. *In miseriâ esse.* 窮受苦 Cheóu kiŏng koŭ. ‖ C'est un —. *Homo nequam.* 賤人 Tsién jén.

MISÈRE, s. f. *Miseria, æ, f.* 患難 Houân-lán, ou 窮苦 Kiŏng koŭ. ‖ Collier de —. *Assiduus labor.* 勞苦不斷 Laō koŭ poŭ touàn.

MISÉRICORDE, s. f. *Misericordia, æ, f.* 仁慈 Jén tsé', ou 寬恕 Kouān choú. ‖ Faire —. *Veniam dare.* 寬恕人 Kouān choú jén. ‖ Demander —. *petere.* 求寬恕 Kieoŭ kouān choú. ‖ A tout péché —. *Venià dignus quisquis delicto dolet.* 悔罪必得赦 Hoùy tsoúy pỳ tĕ' chĕ'.

MISÉRICORDE! MISÉRICORDE! *Venia!* 饒我 Jaó ngò, ou 施恩 Chē' gēn.

MISSEL, s. m. *Missale, is, n.* 彌撒經本 Mỳ-sä kīn pèn.

MISSION, s. f. *Mandatum, i, n.* 差使 Tchāy chè. ‖ Donner une —. *Legare.* 差人 Tchāy jén. ‖ Recevoir une —. *suscipere.* 奉命 Fóng mìn. ‖ — (pouvoir de prêcher). *Munus prædicandi.* 傳敎之權 Tchouân kiáo tchē kiưến. ‖ — exercices spirit. *Exercitia spiritualia.* 神工 Chén kōng. ‖ Les donner. *Dirigere —.* 理神工 Lỳ chén kōng.

MISSIONNAIRE, s. m. *Missionarius, ii, m.* 傳敎士 Tchouân kiáo sé.

MISSIVE, s. f. *Epistola, æ, f.* 書信 Choū sín.

MITE, s. f. *Vermiculus, i, m.* 蛆 Tsoú.

MITIGER, v. a. *Mitigare.* 安慰 Gān oúy.

MITONNER, v. a. *Lente coquere.* 温火煑 Ouēn hŏ tchoù. ‖ — quelqu'un. *Blandiri alic.* 諂媚人 Tchán meý jén. ‖ — une affaire. *Paulat. gerere rem.* 慢慢安排 Mán mán gān paỳ.

MITOYEN, NE, adj. ‖ Mur —. *Paries intergerinus.* 公衆的墙 Kōng tchóng tý tsiāng, ou 隔壁 Kĕ' pý.

MITRE, s. f. *Mitra, æ, f.* 高帽子 Kaō maó tsè. ‖ Fanon de la —. *Fasciæ.* 標帶 Piaō taý.

MIXTE, adj. *Mixtus.* 雜的 Tsä' tè.

MIXTIONNER, v. a. *Miscere.* 雜 Tsä'.

MOBILE, adj. *Mobilis.* 動的 Tóng tý. ‖ Esprit —. *Levis animus.* 不恒心 Poŭ hén sīn.

MOBILE, s. m. *Rei causa.* 根 Kēn, ou 緣由 Yuēn yeoŭ.

MODE, s. m. *Modus, i, m.* 樣子 Yáng tsè, ou 法 Fǎ'. ‖ — (terme de grammaire). 時候 Chē heóu.

MODE, s. f. *Mos, usus, ûs.* 時興 Chē hìn, ou 樣了 Yáng tsè. ‖ Suivre la —. *Morem sequa.* 依風俗 Ȳ fōng sioŭ. ‖ La — passe. *Obsolevit mos.* 如今不興 Joŭ kīn poŭ hín. ‖ C'est la —. *Ita nunc mos viget.* 如今興 Joŭ kīn hín. ‖ Rétablir une —. *Morem referre.* 還古 Houán koù. ‖ A la vieille —. *Obsoletè* 依古 Ȳ koù. ‖ Vivre à sa —. *Arbitrio suo vivere.* 隨自己 Soúy tsé' kỳ'. ‖ Chaque pays, chaque —. (Prov.) *Suæ quisque genti mos est.* 百里不同風千里不同俗 Pĕ' lỳ poŭ tóng fōng, tsiēn lỳ poŭ tóng sioŭ, ou 各人各見 Kŏ' jén kŏ' kién.

**MODÈLE**, s. m. *Exemplar, aris, n.* 樣子 Yáng tsè, ou 模子 Moŭ tsè. ‖ Conforme au —. *Similis* —. 照樣子 Tcháo yáng tsè. ‖ Prendre quelqu'un pour —. 選人爲法 Suèn jên oŭy fă. ‖ Servir de —. *Alic. esse cœmplo.* 爲人立表 Oŭy jên lỷ piăo.

**MODELER**, v. a. *Formam facĕre.* 做樣子 Tsoŭ yáng tsè. ‖ Se —. *Imitāri.* 效法 Hiáo fă.

**MODÉRATION**, s. f. *Moderatio, onis, f.* 節度 Tsiĕ toŭ. ‖ Garder la —. *In re* — *adhibēre.* 守節制 Cheòu tsiĕ tché, ou 不過分 Poŭ kó fén. ‖ User sans —. *Uti sine moderat.* 太用得多 Taỷ yóng tĕ tō.

**MODÉRÉ, E**, adj. *Moderatus.* 不過度 Poŭ kó toú. ‖ Chaleur —. *Calor temperatus.* 涼快 Leáng koŭẏ. ‖ Dépenses —. *Modici sumptus.* 用費輕 Yóng feỷ kĭh.

**MODÉRER**, v. a. *Moderāri.* 節 Tsiĕ. ‖ — sa dépense. *Temperāre sumptus.* 節用 Tsiĕ yóng. ‖ — sa colère. — *iracundiam.* 押伏怒怒 Yă foŭ fén loŭ, ou 忍氣 Jèn kỷ. ‖ Se —. *Imperāre sibi.* 約束自巳 Yŏ choŭ tsé kỷ. ‖ Le froid se —. *Frigus se remittit.* 不當冷了 Poŭ táng lèn leào.

**MODERNE**, adj. *Recens.* 新的 Sīn tỷ.

**MODESTIE**, s. f. *Modestia, æ, f.* 端莊 Toūan tchoūang. ‖ — (pudeur). *Pudor.* 恥 Tchĕ.

**MODICITÉ**, s. f. *Modicitas, atis, f.* 少 Chào.

**MODIFIER**, v. a. *Formam mutāre.* 改樣子 Kaỷ yáng tsè. ou 改一些 Kaỷ ỷ sỷ.

**MODIQUE**, adj. *Modicus.* 少的 Chào tỷ, ou 不多 poŭ tō.

**MODULER**, v. a. *Modulāri.* 和韻唱 Hô yún tchăng.

**MOELLE**, s. f. *Medulla, æ, f.* 骨髓 Kŏŭ soùy. ‖ — d'arbre. *Arboris* —. 木心 Moŭ sīn. ‖ — allongée, ou protubérance annulaire (terme d'anatomie). 大腦小腦之蒂卽髓頭 Tá laò siào laò tchē tỷ tsiĕ soùy teōu. ‖ — épinière. *Spinæ* —. 脊髓 Tsỷ koŭ soùy.

**MOELLEUX, SE**, adj. *Medullosus.* 有骨髓的 Yeòu koŭ soùy tỷ. ‖ Voix —. *Vox suavis.* 聲音嫩 Chēn ỳn lén. ‖ Étoffe —. *Mollis pannus.* 細布 Sỷ poú.

**MŒURS**, s. f. *Mores, um, m.* 風俗 Fōng sioŭ. ‖ Corrompre les —. *Corrumpĕre* —. 敗風俗 Paỷ fōng sioŭ.

**MOI**, pron. *Ego.* 我 Ngŏ, ou 咱 Hô. ‖ Est-ce —? *Egone?* 是不是我 Ché poŭ ché ngŏ. ‖ Dites- —. *Dic mihi.* 你對我說 Nỷ toúy ngŏ chŏ. ‖ — -même. *Egomet.* 我自巳 Ngŏ tsé kỷ.

Les formules suivantes sont fort usitées dans la Chine et sont employées à la troisième personne.

— (Empereur). { 朕 Tchén.
寡人 Koùa jèn.
孤家 Koū kiā.
不穀 Poŭ koŭ.

— (Gouverneur d'une ville de troisième ordre). } 本縣 Pèn hién.
— de deuxième ordre. 本州 Pèn tcheōu.
— de premier ordre. 本府 Pèn foù.
— (un Tartare parlant à l'Empereur). } 奴才 Loŭ tsaỷ.
— (un Chinois parlant à l'Empereur). } 臣 Tchén.
— (un supérieur). { 我 Ngŏ.
余 Yû.
— (un inférieur). { 小的 Siào tỷ.
僕 Poŭ.
愚 Yû.
弟 Tỷ.
在下 Tsaỷ hiá.
不才 Poŭ tsaỷ.
— (un négociant). { 商 Chāng.
客 Kĕ.
— (un étranger). 遠的 Yuèn jên.
— (un vieillard). { 老夫 Laò foū.
老漢 Laò hán.
— (une femme). 老身 Laò chēn.
— (un disciple). 門生 Mên sēn.
— (ceux qui remplissent un métier fort commun). } 卑職 Pỷ tchĕ.
— (bonze). 貧僧 Pín sēn.
— (Táo sé). 小道 Siào taó.

Par modestie, en parlant de soi, on dit en Chine: 愚人 Yû jên, c.-à-d. — homme stupide; ou 罪人 Tsoúy jên, c.-à-d. — homme pécheur. ou 僕 Poŭ, c.-à-d. — homme esclave.

**MOINDRE**, adj. *Minor.* 更小 Kén siào. ‖ Beaucoup —. *Multò* —. 小得多 Siào tĕ tō. ‖ Le — des deux. *Amborum minor.* 二人中更小的 Eùl jên tchōng kén siào tỷ.

**MOINE**, s. m. *Monachus, i, m.* 隱修人 Ỳn sieōu jên. ‖ —. *Habitus monachum non facit.* 人不可貌相 Jên poŭ kò maó siāng.

**MOINEAU**, s. m. *Passer, eris, m.* 麻雀 Mâ tsiŏ. ‖ Tirer sa poudre aux —. *Ludĕre operam.* 枉然做 Ouàng jân tsoú.

**MOINS**, (comparatif de peu). *Minùs.* 少些 Chào sỷ. ‖ Un peu —. *Paulò minùs.* 少一些 Chào ỷ sỷ. ‖ Vendre — cher que lui. *Minori vendit quam ille.* 他更賣得便益 Tă kén maỷ tĕ piēn ỳ. ‖ Coûter moitié —. *Dimidio constāre.* 少一半價錢 Chào ỷ pán kiá tsiên.

Ni plus ni —. *Nec plùs nec minùs.* 不多不少 Poŭ tō poŭ chaò. ‖ Plutôt — que trop. *Potiùs intrà quàm extrà modum.* 越少越好 Yuĕ chaò yuĕ haò. ‖ Un peu — de cent taëls. 一百銀子少一些 Ў pĕ ўn tsè chaò ў sỹ. ‖ En — de rien. *Puncto temporis.* 頃刻 Kĭh kĕ. ‖ Pas le — du monde. *Nullatenùs.* 全不 Tsuĕn poŭ. ‖ Au —. *Saltem.* 至少 Tchè chaò.

MOIRE, s. f. *Undatus pannus.* 起雲的布 Kў yûn tў poú.

MOIS, s. m. *Mensis, is, m.* 月 Yuĕ. (Voir le mot *Lune.*)

MOISI, E, adj. *Mucor, oris, m.* 媒 Meў. ‖ Cela sent le —. *Id mucorem olet.* 媒煨 Meў tcheóu.

MOISIR, v. n. *Mucescĕre.* 生煤 Sēn meў.

MOISSON, s. f. *Messis, is, f.* 粮食 Leâng chĕ. ‖ Ramasser la —. *Colligĕre.* 収粮食 Cheōu leâng chĕ.

MOITEUR, s. f. *Uvor, oris, m.* 濕的 Chĕ tў. ‖ Être en —. *Humescĕre.* 濕了 Chĕ leào.

MOITIÉ, S. f. *Dimidium, ii, n.* 一半 Ў pán. ‖ Réduire de —. *Ad—decoquĕre.* 化一半 Hoá ў pán. ‖ La — du mois. *Dimidiatus mensis.* 半月 Pán yuĕ. ‖ Être de — avec quelqu'un. *Societ. inire.* 打夥 Tă hŏ. ‖ Dire à —. *Non totum dicĕre.* 說一半 Chŏ ў pán. ‖ Taire à —. *Tacĕre unam partem.* 瞞一半 Mân ў pán. ‖ — mort. *Semimortuus.* 半死半活 Pán sè pán hŏ, ou 到死不活 Taó sè poŭ hŏ. ‖ — (épouse). *Conjux.* 妻 Tsў.

MOLAIRE, adj. *Dent. Dens molaris.* 槽牙 Tsaó yâ.

MOLE, s. m. *Moles, is, f,* 堆 Toūy.

MOLÉCULE, s. f. *Molecula, æ, f.* 微紗 Oúy miào.

MOLESTER, v. a. *Gravis esse alicui.* 囉唆人 Lō sō jên.

MOLLESSE, s. f. *Mollitia, æ, f.* 軟弱 Jouàn jŏ, ou 無精神 Oŭ tsīn chên. ‖ — (délicatesse). *Mollities.* 斯文的 Sē ouên tў. ‖ Tomber dans la —. *In moll. cadĕre.* 斯文了 Sē ouên leào. ‖ — (faiblesse de caractère). *Animi mollitia.* 懦弱 Ló jŏ. ‖ Faire avec —. *Molliter agĕre.* 懈怠做事 Hiáy taỳ tsoú sé.

MOLLET, E, adj. *Mollior.* 細嫩的 Sỳ lén tў.

MOLLET, s. m. *Sura, æ, f.* 脚肚 Kiŏ toù.

MOLLIR, v. n. *Molliri.* 軟弱 Jouàn jŏ, ou 無力 Oŭ lỳ. ‖ —. *Labāre animo.* 不恒心 Poŭ hên sīn.

MOMENT, s. m. *Momentum, i, n.* 時刻 Chĕ kĕ. ‖ — favorable. *Opportun. tempus.* 機會 Kў hoúy. ‖ Saisir le —. *Tempus arripĕre.* 趁機會 Tchén kў hoúy. ‖ Il n'y a pas un — à perdre. *Non est mora libera nobis.* 擔擱不得 Tān kŏ poŭ tĕ. ‖ Dans un —. *Mox.* 不久 Poŭ kieòu, ou 當時 Táng chĕ. ‖ A tout —. *Singulis mom.* 時時刻刻 Chĕ chĕ kĕ kĕ.

MOMERIE, s. f. *Simulatio, onis, f.* 假裝 Kià tchouāng.

MONARCHIE, s. f. *Monarchia, æ, f.* 國 Kouĕ, ou 家權 Kiā kiuên.

MONARQUE, s. m. *Rex, egis, m.* 國王 Kouĕ ouâng.

MONASTÈRE, s. m. *Monasterium, ii, n.* 修院 Sieōu-ouán. ‖ — de bouddhiste. 寺 Sé. ‖ — de Tao sé. 觀 Koń. ‖ Chef de —. 方丈 Fāng tchâng. ‖ Procureur de —. 當家 Tāng kiā. ‖ Hôtelier de —. 知客士 Tchē kĕ sé. ‖ Entrer dans un —. 出家 Tchŏu kiā. ‖ Le quitter. 還俗 Houân sioŭ.

MONCEAU, s. m. *Acervus.* 堆 Ў toūy, ou 一稞 Y tò. ‖ Mettre en —. *Acervāre.* 堆 Toūy.

MONDAIN, E, adj. *Mundanus.* 世俗人 Ché sioŭ jên.

MONDE. s. m. *Mundus, i, m.* 世界 Ché kiaў. 天下 Tiēn hiá. ‖ 六合 Loŭ hŏ. ‖ Tout le —. *Universus.* 普天下 Pŏu tiēn hiá. ‖ Dans tout le —. *In toto orbe.* 普天下 Pŏu tiēn hiá. ‖ Depuis le commencement du —. *A condito avo.* 從開闢 Tsŏng kaỳ pỹ. ‖ A la fin du —. *In fine mundi.* 世界窮末 Ché kiaў kiŏng mŏ. ‖ Venir au —. *Nasci.* 生 Sēn. ‖ Être au —. *Vivĕre.* 在世上 Tsaỳ ché cháng. ‖ Mettre au —. *Procreāre.* 傳生 Tchouân sēn. ‖ N'être plus de ce —. *Vixisse.* 過世了 Kŏ ché leào. ‖ Courir le —. *Vagāri.* 飄流 Piāo lieòu. ‖ — (hommes). *Homines.* 人 Jên. ‖ Tout le —. *Omnes —.* 人人 Jên jên. ‖ Versé dans les affaires du —. *Peritus in negotiis.* 洞世情 Tòng ché tsǐh. ‖ Beaucoup de —. *Multi.* 人多 Jên tō. ‖ Pousser quelqu'un dans le —. *Aliq. producĕre.* 保舉人 Paò kiù jên. ‖ S'avancer dans le —. *Ad honores provehi.* 得頂戴 Tĕ tĭn taỳ. ‖ Le grand —. *Proceres.* 後人 Heóu jên. ‖ Le beau —. *Flos hominum.* 君子 Kiún tsè. ‖ Le — savant. *Viri litterati.* 讀書人 Toŭ choū jên.

MONDER, v. a. *Purgāre.* 擦 Tohă.

MONTGOLFIÈRE, s. f. *Follis pugillatorius.* 火燈 Hŏ tēn.

MONITEUR, s. m. *Monitor, oris, m.* 勸人的 Kiŭen jên tў.

MONITOIRE. s. m. *Admonitio canonica.* 提醒將受柴絕者 Tў sĭn tsiāng cheóu kў tsiuĕ tchĕ.

MONNAIE, s. f. *Moneta, æ, f.* 錢 Tsiên. ‖ Hôtel des —. *Ædes.* 錢局 Tsiên kioŭ. ‖ Faire de la fausse —. *Falsas sapeccas cudĕre.* 鑄私錢 Tchoŭ sē tsiên. ‖ Payer en même —. *Par pari referre.* 以情還情 Ў tsǐh hoûan tsǐh, ou 一禮一答 Ў lỳ ў tă.

Les Chinois n'ont qu'une espèce de monnaie, celle de cuivre dite vulgairement sapèques. (Voir ce dernier mot.) Chez eux, l'argent n'est pas monnaie. Ils ne l'emploient qu'en lingot et l'argent n'a que sa valeur réelle. Il n'est monnaie qu'en tant qu'il est le signe universel d'une certaine valeur. Il a cours à raison de son poids et de son karat.

Les Chinois divisent le titre de l'argent en 100 parties. Pŭr et sans aucun alliage, l'argent se nomme : Ouên ẏn. Celui qui contient 99 parties d'argent et 1 partie d'alliage est appelé Kieòu kieòu. S'il contient 98 et 2 d'alliage, on le nomme : Kieòu pă, et ainsi de suite. L'or n'est jamais employé dans le commerce ordinaire en Chine.

**MONOPOLE**, s. m. *Monopolium, ii, n.* 包攬 Paō lân, ou 賣獨市 Maý toŭ ché.

**MONOPOLEUR**, s. m. *Qui monopolium exercet.* 包攬生意的人 Paō lân sēn ẏ tỷ jēn.

**MONOPOLISER**, v. a. 包攬 Paō lân. ‖ Se liguer pour —. *Societat. inire.* 聯口把持 Liên hâng pà ché.

**MONOSYLLABE**, s. m. *Monosyllabum, i, n.* 一音之言 Ў ẏn tchē yēn.

**MONOTONIE**, s. f. *Eadem vitæ ratio.* 不變樣 Poŭ piēn yáng. ‖ —. *Sonus uniformitas, atis, f.* 不換音 Poŭ hoúan ẏn.

**MONSEIGNEUR**, s. m. *Illustriss Dominus.* 大老爺 Tá laò yê. (Voir *Altesse*.)

**MONSIEUR**, s. m. *Dominus, i, m.* 爺 Yê. (Voir le mot *Titre*.)

**MONSTRE**, s. m. *Monstrum, i, n.* 古怪 Koŭ kouáy. ‖ — de cruauté. *Humanitatis expers.* 大暴虐 Tá paó lŏ. ‖ — de débauche. *Luxuriæ prorsùs deditus.* 色中餓鬼 Sĕ tchōng ońo koùy.

**MONT**, s. m. *Mons, tis, m.* 山 Chān. ‖ Promettre — et merveille. *Mirabilia promittère.* 滿口許 Màn keŏu hiù.

**MONTAGNE**, s. f. *Mons, tis, m.* 山 Chān. ‖ — pelée. *Nudus —.* 死山 Sè chān. ‖ Le sommet. 山頂子 Chān tǐn tsè. ‖ Le pied. 山根子 Chān kēn tsè.

Les Chinois ont cinq montagnes sacrées : 五嶽 Où yŏ :

1° *Montagne de l'Est*, ou 泰山 Taý chān, dans la province du Chān tōng, près de la ville de 泰安州 Táy gān tcheōu. On y fait à la deuxième lune le sacrifice réglé par l'Empereur 舜 Chún, pour demander au Ciel de veiller sur la semence confiée à la terre et qui commence à germer.

2° *Montagne du Sud* : 恒山 Hên chān, dans le Hoŭ kouàng, près de 荆州府 Kīh tcheŏu foù. On y fait le sacrifice solennel, à la cinquième lune, pour demander qu'une chaleur bénigne se répande sur la terre afin de développer sa vertu fécondante.

3° *Montagne de l'Ouest* : 華山 Hoā chān, dans la province du Hô-nân. On y fait le sacrifice, à la huitième lune, pour obtenir que les insectes, la sécheresse ou la pluie ne soient pas un obstacle à la bonne moisson.

4° *Montagne du Nord* : 衡山 Hên chān, dans le Kiāng nân. On y fait le sacrifice à la douzième lune, pour remercier le 上帝 Cháng tý, ou Seigneur du Ciel, des bienfaits de l'année et en demander de nouveaux pour l'année suivante.

5° *Montagne du Milieu* : 嵩山 Sóng chān, dans la province du Hô nân. Depuis 伏羲 Foŭ hỷ jusqu'à 黃帝 Hoàng tý, on offrait les sacrifices à volonté. Ce dernier assigna les quatre monts qui peuvent représenter les quatre parties du monde.

**MONTANT**, s. m. ‖ — d'une échelle. *Arrectaria, orum, n.* 梯柱 Tý tchoú. ‖ — du vin. *Vini vis.* 酒力 Tsieōu lỷ. ‖ — d'un compte. *Summa* 一共 Ў kóng.

**MONT-DE-PIÉTÉ**, s. m. *Fœnerationis domus.* 當鋪 Táng poú. ‖ Y mettre. *Oppignerāre.* 當東西 Táng tōng sẏ. ‖ Billet qu'on y reçoit. *Chirographum.* 票子 Piáo tsè. ‖ Retirer ses effets du —. *Colligère res oppigneratas.* 取當 Tsiŭ táng. ‖ Vendre son billet à d'autres. 賣當票 Maý táng piáo.

**MONTE**, s. f. *Equina admissura, æ, f.* 馬交 Mà kiaō.

**MONTÉE**, s. f. *Clivus, i, m.* 級 Kỷ. ‖ — (degré). *Gradus antè domum.* 堦 Kiaỷ (ou Kaỷ).

**MONTER**, v. a. *Ascendère.* 上 Cháng, ou 升 Chēn. ‖ — une montagne. *Montem —.* 上坡 Cháng pŏ. ‖ Ce cheval ne se laisse pas —. *Sessorem recusat iste equus.* 馬不受騎 Mà poŭ cheòu ký. ‖ — à cheval. *Equum ascendère.* 上馬 Cháng mà. ‖ — une toile. *Stamine telam intendère.* 牽布 Kiēn poú. ‖ — en graine. *In semen exire.* 發苔 Fă taý. ‖ — à la tête. *Caput tenture.* 打膪臘 Tà laò kŏ. ‖ Le prix —. *Ingravescit annona.* 米糧起價 Mỷ leâng kỷ kiá. ‖ — en rampant. *Rependo —.* 爬上 Pá cháng. ‖ Cela — à vingt-cinq taëls. 共值二十五兩 Kóng tchê eùl chê où leàng. ‖ — en barque. *Navem —.* 上般 Cháng tchoŭan. ‖ — la tête à quelqu'un. *Animum alic. accendère.* 慫人 Tsóng jēn. ‖ — au Ciel. *Cœlum ascendère.* 升天 Chēn tiēn. ‖ — une machine. *Machin. componère.* 投架子 Teŏu kiá tsè. ‖ Se — à cent. taëls. *Requiruntur centum taëla.* 一共要一百兩 Ў kóng yáo ỷ pĕ leàng.

**MONTRE**, s. f. *Specimen.* 樣子 Yáng tsè. ‖ — de thé. 茶辦 Tchă pán. ‖ Selon la —. 照樣 Tchaó yáng, ou 對樣 Toúy yáng. ‖ —. *Species.* 樣子 Yáng tsè. ‖ Faire — de son esprit. *Ingen. ostentāre.* 誇才 Koŭa tsăy. 逞能 Tchěn lên. ‖ 顯手叚 Hièn cheòu toŭan. ‖ — (horloge de main). *Manuale horologium.* 表 Piào. ‖ — à savonnette. 馬表 Mà piào. ‖ — à répétition. 問表 Ouén piào, ou 推報表 Toúy páo piào. ‖ Bouton de la —. 表柄 Piào pĭn. ‖ Le pousser. 抵 Tỷ, ou 推 Toúy. ‖ Cadran de —, 磁面 Tsĕ mién. ‖

MON　　　　　　　　　　MOR　　　　　　291

Aiguille de —. 表針 Piào tchēn. ‖ Boîte de —. 表套 Piào táo. ‖ Roues d'une —. *Rotæ* —. 表車 Piào tchēy. ‖ Ressort d'une —. *Elaterium* —. 發條 Fă tiāo. ‖ Vis d'une —. *Cochlea* —. 螺蛳釘 Lŏ sē tīn. ‖ Clef de —. *Clavis* —. 鑰匙 Yŏ chě. ‖ Canon de clef de —. *Clavis tubulus*. 鑰匙嘴 Yŏ chě tsoùy. ‖ Remonter la —. *Libramento motum reddĕre*. 上表 Cháng piào. ‖ L'avancer. *Libram. celeriorem motum reddĕre*. 尅針 Păn tchēn. ‖ La retarder. *Libram. lentiorem motum reddĕre*. 留表 Lieòu piào. ‖ La — ne va plus. *Stat horolog*. 表停了 Piào tīn leào. ‖ La décrasser. *Mundāre horolog*. 擦表 Tchă piào. ‖ La réparer. *Reficĕre* —. 整表 Tchĕn piào.

MONTRER, v. a. *Ostendĕre*. 指 Tchè. ‖ — au doigt. *Digito* —. 指 Tchè. ‖ Se faire — au doigt. *Ludibrio esse*. 受人欺笑 Cheóu jēn kỷ siáo. ‖ — sa joie. *Gaudium declarāre*. 顯喜歡 Hièn hỷ hoūan. ‖ — les talons. *Terga dăre*. 逃 Táo, ou 敗走 Paý tseòu. ‖ — les dents à quelqu'un. *Cornua obvertĕre*. 切齒 Tsiĕ' tchĕ'. ‖ — la corde, c.-à-d. sa pauvreté. *Inopiam suam nudāre*. 告窮 Kaó kiŏng. ‖ Se —. *In publico versāri*. 出外 Tchoū ouáy.

MONTURE, s. f. *Jumentum, i, n*. 騾馬 Kŏ' mà.

MONUMENT, s. m. *Monumentum, i, n*. 牌坊 Păy fāng. ‖ — (sépulcre). *Sepulchrum*. 墳 Fēn. ‖ — (gage). *Pignus*. 憑據 Pín kiú.

MOQUER (SE), v. r. *Irridēre*. 欺笑 Ký siáo. ‖ Se faire —. *Esse ludibrio*. 受欺笑 Cheóu ký siáo. ‖ Se — des menaces. *Minas negligĕre*. 不怕人諕嚇 Poŭ pă jēn hoù hĕ. ‖ Je m'en —. *Nihil me movet*. 我不怕 Ngŏ poŭ pă. ‖ Vous vous —. *Rides, ludis*. 你說笑的 Ngỷ chŏ siáo tỷ.

MOQUERIE, s. f. *Irrisio, ōnis, f*. 欺笑 Ký siáo. ‖ — avec grimace. *Sanna*. 嗝嘴 Hŏ tsoùy. ‖ — par derrière le dos. — *postica*. 背地笑 Peý tý siáo.

MORAILLES, s. f. (tenailles pour tenir un cheval vicieux). *Lupi, orum, m*. 馬夾嘴 Mà kiă tsoùy.

MORAL, E, adj. (qui regarde les mœurs). *Moralis*. 風俗的事 Fōng sioŭ tỷ sé.

MORALE, s. f. *Moralis doctrina*. 勸世文 Kiuèn ché ouēn. 行善的規矩 Hīn oùy tỷ kouỷ kiù. ‖ 性理 Sín lỳ. ‖ Règle de —. 行為的規矩 Hīn oùy tỷ koùy kiù. ‖ — sévère. 嚴規矩 Niēn koùy kiù. ‖ — relâchée. 規矩鬆 Koŭy kiù sōng. ‖ Livre de —. 勸世文書 Kiuèn ché ouēn choū.

MORALEMENT, adv. — parlant. 大槩 Tá kĕý, ou 照常理 Tchaó chăng lỳ, ou 按性理 Gán síń lỳ. ‖ — certain. 十分有八分 Chĕ' fēn yeòu pă fēn, ou 十分有八分得成 Chĕ' fēn yeòu pă fēn tŏ' tchēn.

MORALITÉ, s. f. *Moralitas, atis, f*. 修身 Sieōu chēn, ou 行善之道 Hīn chán tchĕ taó.

MORALISER, v. a. *Mores informāre*. 勸世行善 Kuèn ché hīn chán.

MORBIFIQUE, adj. *Morbificus*. 生病的 Sēn pín tỷ.

MORCEAU, s. m. *Frustum, i, n*. 一塊 Ỷ kouáy. ‖ Par —. 一塊一塊的 Ỷ kouáy ỷ kouáy tỷ. ‖ — de pain. 一塊餅子 Ỷ kouáy pìn tsè. ‖ — de viande. 一塊肉 Ỷ kouáy joŭ. ‖ Par petits —. *Minutatim*. 碎渣 Soúy tchā. ‖ Chercher les bons —. *Pulpamenta quærĕre*. 圖噢喳 Toŭ tchĕ' hŏ. ‖ Couper un criminel par —. 剮碎犯人 Kouá soúy fán jēn.

MORDANT, E, adj. *Gustu mordax*. 辣的 Lă tỷ. ‖ — (satirique). *Mordax*. 利口的人 Lỳ keŏu tỷ jēn. ‖ — pour l'or. *Acer*. 上金的底子 Cháng kīn tỷ tỷ tsè.

MORDICUS, adv. (avec ténacité). *Mordicus*. 固執 Koú tchĕ.

MORDRE, v. a. *Mordēre*. 咬 Gaŏ. ‖ — à l'hameçon. *Hamum vorāre*. 吞鉤 Tēn keōu. ‖ — quelqu'un, c.-à-d. parler mal de lui. *Iniquo dente mordēre*. 遭踏 Tsaō tă', ou 說壞人的話 Chŏ chāng jēn tỷ hoá. ‖ S'en — les pouces. *Pœnitēre*. 寶悔 Chĕ hoùy.

MORFONDRE (SE), v. r. (attendre longtemps). *Diù exspectāre*. 等多久 Tèn tō kieòu. ‖ — (se fatiguer). 費力 Feý lỷ.

MORGUE, s. f. (contenance fière). *Fastidium, ii, n*. 大貌 Tá maŏ. ‖ Faire la —. *Vultu — præferre*. 顯大貌 Hièn tá maŏ.

MORIBOND, E, adj. *Moribundus*. 臨危的 Lín oùy tỷ, ou 要死的 Yáo sè tỷ.

MORIGÉNÉ, ÉE, adj. *Morigerus*. 好行為 Haŏ hīn oùy.

MORIGÉNER, v. a. *Informāre mores*. 化風俗 Hoá fōng sioŭ.

MORNE, adj. *Tristis*. 憂悶的 Yeōu mén tỷ. ‖ Visage —. *Severus vultus*. 憂愁之面 Yeōu tseóu tchē mién. ‖ Silence —. *Mœstum silentium*. 憂愁不愛說話 Yeōu tseóu poŭ gaý chŏ hoá.

MOROSE, adj. *Morosus*. 固頭 Koú teŏu.

MORS, s. m. *Frenum, i, n*. 馬銜 Mà hán, ou 雀口 Tsiŏ keŏu.

MORSURE, s. f. *Morsus, ūs. m*. 咬 Gaŏ. ‖ — de serpent. *Serpentis* —. 蛇咬 Chĕ gaŏ.

MORT, s. f. *Mors, tis, f*. 死 Sè. ‖ — naturelle. *Naturalis*. 自然死 Tsé ȷán sè. ‖ — violente. *Violenta* —. 凶死 Hiōng sè. ‖ — glorieuse. *Gloriosa* —. 盡忠 Tsín tchōng. ‖ — subite. *Subitanea* —. 忽然死 Hoū jān sè, ou 速囚 Sioŭ ouáng. ‖ — pour un autre. *Mors vicaria*. 替人死 Tỷ jēn sè. ‖ — prématurée.

292 MOR MOT

*Præmatura* —. 短命死 Toúàn mín sè. ‖ — de l'Empereur de Chine. 皇帝崩駕 Hoâng tý pēn kiá. ‖ — d'un duc. *Ducis mors.* 公侯薨 Kŏng heōu hōng. ‖ Heure de la —. *Hora mortis.* 死時 Sè chē. ‖ Article de la —. *Punctum mortis.* 臨死 Lîn sè. ‖ A l'article de la —. *In horâ* —. 臨死的時 Lîn sè tý chē. ‖ Être voisin de la —. *A sepulchro non longè abesse.* 要死得狠 Yaó sè tĕ hèn. ‖ Avancer sa —. *Mortem anticipare.* 催死 Tsoúy sè. ‖ Avancer celle de quelqu'un. — *alic. properāre.* 催人死 Tsoúy jên sè. ‖ Avancer celle de l'Empereur. 弑君 Chē kiūn. ‖ Avancer celle de son père. 弑父 Chē foú. ‖ Se donner la —. *Occidĕre se.* 自刎 Tsé kīn. 自刎 Tsé ouèn. 自縊 Tsé ў. 吞金 Tēn kīn. ‖ Se la donner par ordre de l'Empereur de Chine. 自盡 Tsé tsín. ‖ Mettre à —. *Aliq. occidĕre.* 殺人 Chă jên. ‖ Condamner à —. *Damnāre ad mortem.* 定死案 Tín sè gán. ‖ Désirer la —. *Desiderāre* —. 願死 Yuén sè. ‖ Faire une belle —. 善死 Chán sè, ou 死得好 Sè tĕ haò. ‖ Habiller pour la —. 裝歛 Tchoāng liên.

**MORT, E,** adj. *Mortuus.* 死的 Sè tý, ou 故 Koú. ‖ Corps —. *Cadaver.* 屍 Chē. ‖ Membres —. *Abalienata membra.* 六根不全 Loŭ kēn poŭ tsuên, ou 殘廢人 Tsán feý jên. ‖ Tu es plus — que vif. *Exanimi quàm spiranti propior.* 你算得二世人 Ngý soúàn tĕ eúl ché jên. ‖ Je veux être — si telle chose est. *Moriar si res sic se habeat.* 若有此事我死在這裏 Jŏ yeŏu tsè sé ngò sè tsaý tchē lý. ‖ Couleur —. *Evanidus color.* 顏色敗了 Yên sĕ paý leao. ‖ Eau —. *Aqua reses.* 死水 Sè choùy. ‖ Bois —. *Aridum lignum.* 乾柴 Kān chăy, ou 枯木 Koū moŭ. ‖ Chair —. *Caro emortua.* 死肉 Sè joú. ‖ Argent —. *Otiosa pecunia.* 空銀子 Kŏng ýn tsè.

**MORT**, s. m. *Cadaver, eris, n.* 屍 Chē. ‖ Le jour des —. *Dies defunctorum.* 囚者週年 Ouàng tchĕ tcheōu niên. ‖ Pleurer les —. *Plorāre* —. 哭喪 Koŭ sáng. ‖ Visiter les tombes des —. *Visitāre tumulos* —. 上墳 Cháng fên. ‖ Aider les —. *Juvāre defunct.* 扶助煉靈 Foú tsoú liên lîm.

**MORTAISE**, s. f. *Cavus, i, m.* 榫頭 Tchoùen teŏu, ou 榫眼 Tchoùen yèn.

**MORTALITÉ**, s. f. *Mortalitas, atis, f.* 要死 Yaó sè. ‖ — (peste). *Lues.* 瘟病 Ouēn pín. (*Voir à l'Appendice n° XIII, le tableau de la Mortalité.*)

**MORTEL, E,** adj. *Mortalis.* 會死的 Hoúy sè tý, ou 要死的 Yaó sè tý. ‖ Blessure —. *Lethale vulnus.* 致死的傷 Tché sè tý chāng. ‖ Maladie —. *Mortif. morbus.* 死症 Sè tchén. ‖ Ennemi —. *Capitalis inimicus.* 大仇人 Tá tcheóu jên. ‖ Chagrin —. *Acerbus dolor.* 大憂悶 Tá yeōu mén. ‖ Ennui —. *Grave*

*tædium.* 厭惡得狠 Yén oú tĕ hèn. ‖ Péché —. *Lethale peccatum.* 死罪 Sè tsoúy.

**MORTEL**, s. m. *Mortalis.* 人 Jên. ‖ Tous les —. *Mortales.* 人人 Jên jên.

**MORTELLEMENT**, adv. *Lethaliter.* 重 Tchóng. 大 Tá. 死傷 Sè chāng. ‖ Blesser —. *Mortifer. vulnus infigĕre.* 傷命 Chāng mín. ‖ Pécher —. *Mortale peccat. admittĕre.* 犯大罪 Fán tá tsoúy. ‖ Offenser —. *Aliq. injuriâ afficĕre.* 得罪人 Tĕ tsoúy jên.

**MORTE-SAISON**, s. f. *Vacationes operum.* 閒空時候 Hiên kŏng chē heóu.

**MORTIER**, s. m. *Arenatum, i, n.* 三合土 Sān hŏ toŭ. ‖ Faire du —. *Arenat. conficĕre.* 和三合土 Hŏ sān hŏ toŭ. ‖ — (vase pour piler). *Mortarium.* 擂鉢 Loúy pŏ. ‖ — (pièce d'artillerie). — *jaculatorium.* 西瓜砲 Sý koā paŏ, ou 中天炮 Tchōng tiēn paŏ.

**MORTIFIANT, E,** adj. *Acerbus.* 囉唆的 Lŏ sō tý. ‖ Dire des choses —. *Acerbè incessĕre.* 傷人的臉 Chāng jên tý liên.

**MORTIFICATION**, s. f. (vertu chrétienne). *Mortificatio, onis, f.* 尅苦德行 Kĕ koŭ tĕ hîn. ‖ — (déplaisir). *Ærumna.* 憂氣 Yeōu ký. ‖ Cela me donne une grande —. *Hoc mihi molestissimum est.* 我難當那一件事 Ngò lán táng lá ў kién sé. ‖ — (réprimande). *Objurgatio.* 責備 Tsĕ pý.

**MORTIFIÉ, ÉE,** adj. (macéré). *Maceratus.* 泡了的 Paŏ leao tý. ‖ — (qui commande à ses passions). *Cupiditatum moderator.* 愛壓伏私欲 Gaý yă foŭ sè yoŭ.

**MORTIFIER**, v. a. *Macerāre carnem.* 泡肉 Paŏ joŭ. ‖ — (humilier). *Alic. dolorem inurĕre.* 兜人憂氣 Teōu jên geóu ký. ‖ — son corps. *Corpus conterĕre.* 尅苦肉身 Kĕ koŭ joŭ chēn. ‖ — quelqu'un. *Objurgāre aliq.* 責備人 Tsĕ pý jên. ‖ Être —. *Molestiam vorāre.* 憂氣 Geóu ký. ‖ Se —. *Corpus attenuāre.* 尅苦自己 Kĕ koŭ tsé kў. ‖ Se —, c.-à-d. — ses passions. *Cupiditates coercēre.* 壓伏私欲 Yă foŭ sè yoŭ.

**MORT-IVRE**, adj. *Vino obrutus.* 醉死了 Tsoúy sè leao.

**MORT-NÉ**, adj. *In utero exstinctus.* 胎中死的 Taý tchōng sè tý.

**MORVE**, s. f. *Mucus, i, m.* 馬鼻涕 Mà pý tý, ou 鼻汀 Pý tín.

**MOSAÏQUE**, s. f. *Tessellatum opus.* 銜磁瓦 Hân tsĕ ouà.

**MOSQUÉE**, s. f. *Fanum mahumetanorum.* 回廟 Hoúy miaó.

**MOT**, s. m. *Verbum, i, n.* 話 Hoá. ‖ Un —. *Unum* —. 一句話 ў kiú hoá. ‖ — à double sens. *Ambiguum verbum.* 雙關二意的話 Chouāng kouān eùl ý tý hoá. ‖ Mot pour —. *De verbo ad verbum.* 一句一句

ў kiú ў kiú. ‖ Peser la valeur des —. *Verb. pondera examinăre.* 想了幾說 Siàng leào tsăy chŏ. ‖ Traduire — à mot. *Verbum é verbo exprĭmĕre.* 一句一句的翻 ў kiú ў kiú tў fān. ‖ Laisser échapper un —. *—' emittĕre.* 說一句 Chŏ ў kiú. ‖ Ne dire — de quelque chose. *Tacēre de al. re.* 不出聲 Poŭ tchŏu chēn. ‖ On n'en dit —. *De istā re silētur.* 無人說 Oŭ jên chŏ. ‖ Je n'ose dire —. *Non audeo dicĕre.* 我不敢說 Ngò poŭ kàn chŏ. ‖ N'avoir pas un — à dire. *Obmutescĕre.* 全不出聲 Tsuên poŭ tchŏu chēn. ‖ N'avoir pas un — à dire, c.-à-d. ne savoir que répliquer. 無話說 Oŭ hoá chŏ. ‖ Je veux vous dire un —. *Paucis te volo.* 我要說一句話 Ngò yaó chŏ ў kiú hoá. ‖ Entendre à demi-—. *Dimĭd. intellĭgĕre.* 聞一知二 Ouén ў tchē eùl. ‖ Dire à — couverts. *Sermone tecto dicĕre.* 不直說 Poŭ tchē chŏ. ‖ Dire beaucoup en peu de —. *Multa paucis complecti.* 一言括盡 ў yên kŏ tsín. ‖ En peu de —. *Breviter.* 不用話多 Poŭ yóng hoá tō. ‖ Se fâcher pour un —. *Pro uno verbo irasci.* 爲一句話冒火 Oúy ў kiú hoá maó hŏ. ‖ Bon —. *Acutum verbum.* 趣話 Tsiŭ hoá. ‖ Prendre au —. *Condit. arripĕre.* 要幾多就還幾多 Yaó kў tō tsieóu houàn kў tō, ou 就依他說 Tsieóu ў tă' chŏ. ‖ — du guet. *Tessera, signum.* 暗號 Gán haó. ‖ Donner le —. *dăre.* 遞暗號 Tў gán haó. ‖ Avoir le —. *Consilii particeps.* 同謀 Tŏng móng.

**MOTEUR**, s. m. *Motor, oris, m.* 出頭的 Tchŏu teŏu tў'. ‖ — d'une montre. 發條 Fă-tiāo.

**MOTIF**, s. m. *Causa, æ, f.* 緣由 Yuên yeóu. ‖ Pour quel —? *Quā de causā?* 爲什麽緣故 Oúy ché mŏ yuén koú.

**MOTION**, s. f. *Motio, onis, f.* 動 Tŏng. ‖ — (proposition). *Sententia.* 意見 ў kién, ou 意思 ў sē. ‖ Faire une —. *Sentent. suam afferre.* 說自己的思意 Chŏ tsé kў tў sē.

**MOTTE**, s. f. *Gleba, æ, f.* 土塊 Tŏu kouáy. ‖ Rompre les —. *— frangĕre.* 碎土塊 Soúy tŏu kouáy.

**MOTU-PROPRIO**, (terme latin). 私自 Sē tsé, ou 上諭 Cháng yú.

**MOU**, **OLLE**, adj. *Mollis.* 軟弱 Jouàn jŏ. ‖ Mener une vie —. *Molliter vivĕre.* 過得快活 Kó tě houáy hŏ.

**MOUCHARD**, s. m. *Conspicillo, onis, m.* 探子 Tăn tsè.

**MOUCHE**, s. f. *Musca, æ, f.* 蒼蠅 Tsāng ўn. ‖ Chasser les —. *— abigĕre.* 打蒼蠅 Tà tsāng ўn. ‖ Prendre la —, c.-à-d. se fâcher pour peu de chose. *Sine causā effervescĕre.* 小氣 Siaó kў. ‖ Quelle — l'a piqué? *Quem aculeum sensit?* 爲何小氣 Oúy hŏ siao kў. ‖ — volante (maladie). *Muscæ volitantes.* 腰花 Láng hoā.

**MOUCHER**, v. a. *Emungĕre.* 揩鼻子 Hīn pў tsè. ‖ — la chandelle. *Ellychnium resecāre.* 挾蠟花 Kiă lă hoā. ‖ Se —. *Se emungĕre.* 揩鼻子 Hīn pў tsè. ‖ Ne pas se — du pied. *Emunctæ naris homo.* 乖得狠 Kouáy tě hèn.

**MOUCHETURE**, s. f. (celle du léopard). *Oculi maculărum.* 員黑點 Yuên hě tiên.

**MOUCHOIR**, s. m. *Linteolum, i, n.* 手巾 Cheŏu kīn. ‖ Un —. *Unum —.* 一塊手巾 ў kouáy cheòu kīn.

**MOUDRE**, v. a. *Molĕre.* 碾 Nièn.

**MOUE**, s. f. *Sanna, æ, f.* 黑臉 Hě'liĕn.

**MOUKDEN**, s. f. (ville de la Mantchourie). 盛京 Chēn kīn.

**MOUILLER**, v. a. *Madefacĕre.* 打濕 Tà chě. ‖ —. *Levĭter, aspergĕre.* 噴水 Fén choŭy. ‖ — les c en parlant. 夾舌子 Kiă chě tsè. ‖ — (jeter l'ancre dans un port). *Anchoram mittĕre.* 下錨 Hiá maō.

**MOULE**, s. m. *Forma, typus.* 樣子 Yáng tsè, ou 模子 Moŭ tsè.

**MOULER**, v. a. *Fundĕre.* 做樣子 Tsoú yáng tsè.

**MOULIN**, s. m. *Moletrina ex lapide.* 磨子 Mô tsè. ‖ — à bras. *Ex ligno trusatilis.* 手磨 Cheŏu mô. ‖ — à eau. *Aquā trusatilis.* 水磑 Choŭy nièn. ‖ — à l'huile. *Trapetus.* 油柞 Yeŏu tchá. ‖ Faire venir l'eau au —. *Pecun. in domum derivāre.* 會找錢 Hoúy tchaŏ tsiên.

**MOULINET**, s. m. *Baculum rotāre.* 打棍頭 Tà kēn teŏu.

**MOULURE**, s. f. *Torus, i, m.* 雕花 Tiāo hoā.

**MOURRE**, s. f. (y jouer). *Micāre digitis.* 壓指頭 Yă tchě teŏu, ou 嘩拳 Hoá kiuên.

**MOURIR**, v. n. *Mori.* 死 Sè. ‖ 過世 Kó ché. ‖ 去世 Kiú ché. ‖ *Pater meus defunctus est.* 家父去世了 Kiā foú kiú ché leào. ‖ — subitement. *Subitò mori.* 忽死 Hoŭ sè. ‖ — de mort violente. *Necāri.* 卒死 Tsoŭ sè. ‖ — empoisonné. *Veneno mori.* 中毒死 Tchóng toŭ sè. ‖ — de faim. *Absumi fame.* 餓死 Oúo sè. ‖ Faire — quelqu'un de faim. *Fame necāre aliq.* 餓死人 Ouó sè jên. ‖ — entre la première et la septième année d'âge. 無服殤 Oŭ foú tcháng. ‖ — entre huit et onze ans. 下殤 Hoá tcháng. ‖ Entre douze et quinze ans. 中殤 Tchōng tcháng. ‖ Entre seize et vingt ans. 長殤 Tchăng tcháng. ‖ — de douleur. *Dolore mori.* 氣死 Kў sè, ou 苦死 Koŭ sè. ‖ — de rire. 笑死 Siaó sè. ‖ — d'envie. *Invidiā absumi.* 嫉妒得狠 Tsў toŭ tě hèn. ‖ — sur le champ de bataille. *In acie cadĕre.* 陣亾 Tchén ouàng. ‖ N'être pas près de —. *Longé a sepulchro.* 他還不得死 Tă' houàn poŭ tě sè. ‖ L'Empereur est —. *E vitā cessit Imperator.* 皇帝崩 Hoáng tў pēn, ou 晏駕 Yén kiá. ‖ Se —. *Animam exhalāre.* 死 Sè. ‖ Faire —. *Necāre.* 殺人 Chă jên.

**MOUSSE**, s. f. *Muscus, i, m.* 青苔 Tsīn tăy. ‖ — (écume). *Spuma.* 泡子 Paó tsè.

**MOUSSELINE**, s. f. *Nebula linea, æ, f.* 纈緊裟布 Tsoú kiā chā poú.

**MOUSSER**, v. n. *Spumas agĕre.* 吐泡子 Tŏu pǎo tsè.

**MOUSSON**, s. f. *Venti annuales in mari Indiarum.* 熏風 Hiŏng fōng.

**MOUSTACHE**, s. f. *Sup. labri barba.* 口上鬍子 Keŏu cháng hoû tsè. ‖ Retrousser sa —. *Barbam subrigĕre.* 理鬍子 Lý hoû tsè. ‖ A leur —. *In conspectu eorum.* 當面 Tāng mién.

**MOUSTIQUAIRE**, s. m. *Cortina, æ, f.* 帳子 Tcháng tsè. ‖ Un —. *Una* —. 籠帳子 Y̌ lóng tcháng tsè.

**MOUSTIQUE**, s. m. *Culex, icis, m.* 蚊子 Ouên tsè. ‖ Petit —. *Parvus* —. 墨蚊 Mě ouên. ‖ Chasser les — avec la fumée. 熁蚊子 Tsieŏu ouên tsè.

**MOÛT**, s. m. *Mustum, i, n.* 未發的酒 Oúy fǎ tý tsieŏu.

**MOUTARDE**, s. f. *Sinapis, is, f.* 芥末 Kiáy mŏ. ‖ S'amuser à la —, c.-à-d. perdre le temps. *Nugari.* 空過時候 Kŏng kó chê heôu. ‖ La — lui monte au nez (littéral). 芥末沖鼻子 Kiáy mŏ tchōng pý tsè. ‖ — (moral), c.-à-d. se fâcher. 起火 Ký hŏ. ‖ C'est — après dîner. *Res præpostera.* 顛倒的事 Tiēn taò tý sé.

**MOUTARDIER**, s. m. *Sinapis urceolus, i, m.* 芥末櫻 Kiaý mŏ yn.

**MOUTON**, s. m. *Vervex, ecis, m.* 剮羊 Chán yâng. ‖ Un —. *Unus* —. 一隻羊 Y̌ tchē yâng. ‖ C'est un —, c.-à-d. un homme fort doux. *Mansuetus homo.* 純瓦的人 Chouên leâng tý jên. ‖ Revenir à ses —. *Redire ad propositum.* 接住說 Tsiē tchoû chŏ. ‖ Faire comme les —, c.-à-d. suivre l'exemple des autres. *Facĕre sicut alii.* 照別人做 Tchaò piē jên tsóu. ‖ — (pour enfoncer les pieux). *Fistuca.* 響子 Hiàng tsè, ou 杵 Tchŏu. ‖ Enfoncer à coup de —. *Fistucāre.* 響柱頭 Hiàng tchoú teŏu.

**MOUTONNER**, v. n. *Spumescĕre.* 水打濺濃 Choùy tá tsiēn tsiēn.

**MOUVANT, E**, adj. *Movens.* 不穩的 Poǔ ouên tý.

**MOUVEMENT**, s. m. *Motus, ûs, m.* 動 Tóng. 行 Hîn. 作 Tsó. ‖ Un —. *Unus* —. 一動 Y̌ tóng. ‖ Mettre en —. *Motum dare.* 動 Tóng. ‖ De son propre —. *Sponte.* 自己 Tsé ký, ou 甘心 Kān sīn. ‖ Premier —. *Primus motus.* 陡然的念頭 Teŏu jân tý niēn teŏu. ‖ Se mettre en —. *Iter aggredi.* 起身 Ký chēn. ‖ Se donner bien du —. *Plurimùm moliri.* 動脚 動手 Tóng kio tóng cheŏu. ‖ Se donner bien du — pour ne rien faire. *Multa agendo nihil agĕre.* 慌張做 不成事 Houāng tchāng tsoú poǔ tchēn sé. ‖ — du ciel. 天運動 Tiēn yùn tóng. ‖ — droit. 直動 Tchê tóng. ‖ — oblique. 邪動 Siê tóng. ‖ — contraire. 反動 Fǎn tóng. ‖ — réfléchi. 回動 Hoûy tóng.

‖ — (ressort). *Elaterium.* 發條 Fǎ tiaŏ. ‖ Le — est brisé. *Fractum est* —. 發條斷了 Fǎ tiaŏ touán leaò.

**MOUVOIR**, v. a. *Movēre.* 搖動 Yâo tóng. ‖ Se —. *Moveri.* 搖 Yâo.

**MOXA**, s. m. *Combustio, onis, f.* 燒灯火 Chāo těn hŏ.

**MOYEN**, adj. *Mediocris.* 中等 Tchōng tèn. ‖ —. *Medius.* 中等的 Tchōng tèn tý.

**MOYEN**, s. m. *Via, æ, f.* 方法 Fāng fǎ. ‖ Chercher le —. *Rationem inire.* 想方 Siàng fāng. ‖ Employer tous les — possibles. *Cœlum movēre.* 千方百計 Tsiēn fāng pě ký. ‖ Savoir les — d'acquérir de l'argent. 會找錢 Hoûy tchaŏ tsiên. ‖ Il y a — d'en venir à bout. *Est unde hæc fiant.* 有方法 Yeŏu fāng fǎ. ‖ — (preuve). *Probatio.* 憑據 Pîn kiû. ‖ — (biens). *Bona.* 財帛 Tsǎy pě.

**MOYENNANT**, adv. — la grâce de Dieu. 若是天主 有恩 Jŏ ché Tiēn-Tchoù yeòu gēn.

**MOYEU**, s. m. *Modiolus, i, m.* 車心 Tchěy sīn. ‖ — (jaune d'œuf). *Vitellus.* 雞蛋黃 Ký tán houâng.

**MUCILAGE**, s. f. *Viscosa substantia.* 黏的東西 Niên tý tōng sȳ.

**MUCILAGINEUX, SE**, adj. *Viscosus.* 柔滑草 Jeôu koǔ tsaŏ.

**MUCOSITÉ**, s. f. *Mucor, oris, m.* 津液 Tsīn y̌.

**MUE**, s. f. *Defluvium, ii, n.* 換毛 Houán maŏ. ‖ — du cerf. *Cornuum mutatio.* 換角 Houán kŏ. ‖ — du serpent. *Vernatio.* 脫皮 Tŏ pý, ou 蛇脫皮 Chě tŏ pý. ‖ Sa dépouille. *Anguis spolium.* 脫皮 Tŏ pý. ‖ — de volaille. 雞罩 Ký tchaò.

**MUER**, v. n. *Defluvium pati.* 換毛 Houán maŏ. ‖ Sa voix —. *Vox mutatur.* 聲音變了 Chēn yn piên leaò.

**MUET, ETTE**, adj. *Mutus.* 啞的 Yà tý. ‖ Sourd —. *Surdus.* —. 啞巴 Yà Pā. ‖ N'être pas —, c.-à-d. être promptement capable de répondre. *In responso promptus.* 有話答應 Yeòu hoá tǎ ýn, ou 隨問隨答 Soûy ouên soûy tǎ.

**MUGIR**, v. n. *Mugire.* 牛叫 Nieôu kiaó. ‖ — (des flots). *Fluctuum fremitus.* 水響 Choùy hiàng.

**MUGUETER**, v. a. (c.-à-d. faire le galant). *Mulieribus indulgēre.* 貪野花 Tān yě hoā. ‖ — une charge. *Ambire præfecturam.* 想做官 Siàng tsoú kouān.

**MULE**, s. f. *Mula, æ, f.* 母騾子 Moù tŏ tsè. ‖ Ferrer la —, c.-à-d. faire de petits profits illicites. *Fraudāre.* 奧雷 Tchě loûy (c.-à-d. manger le tonnerre). ‖ — (pantoufle). *Crepida.* 鞋子 Haý tsè.

**MULTIPLE**, adj. *Multiplex.* 有多 Yeòu tō.

**MULTIPLICATION**, s. f. *Multiplicatio, onis, f.* 加 Kiā. ‖ — par un seul chiffre se nomme 因 Yn. ‖ — (arithmétique). 乘法 Tchên fǎ. ‖ Table de —. *Tabula multiplicationis.* 九九合數 Kieŏu kieòu hŏ soú. Voir ci-contre la *Table de multiplication chinoise.*

## Table de Multiplication chinoise.

| 1× | 2× | 3× | 4× | 5× | 6× | 7× | 8× | 9× |
|---|---|---|---|---|---|---|---|---|
| 一 Ў.<br>一 Ў.<br>如 Joŭ.<br>一 Ў. | 一 Ў.<br>二 Eùl.<br>如 Joŭ.<br>二 Eùl. | 一 Ў.<br>三 Sān.<br>如 Joŭ.<br>三 Sān. | 一 Ў.<br>四 Sé.<br>如 Joŭ.<br>四 Sé. | 一 Ў.<br>五 Où.<br>如 Joŭ.<br>五 Où. | 一 Ў.<br>六 Loŭ.<br>如 Joŭ.<br>六 Loŭ. | 一 Ў.<br>七 Tsў.<br>如 Joŭ.<br>七 Tsў. | 一 Ў.<br>八 Pă.<br>如 Joŭ.<br>八 Pă. | 一 Ў.<br>九 Kieòu.<br>如 Joŭ.<br>九 Kieòu. |
| | 二 Eùl.<br>二 Eùl.<br>如 Joŭ.<br>四 Sé. | 二 Eùl.<br>三 Sān.<br>如 Joŭ.<br>六 Loŭ. | 二 Eùl.<br>四 Sé.<br>如 Joŭ.<br>八 Pă. | 二 Eùl.<br>五 Où.<br>得 Tĕ.<br>一 Ў.<br>十 Chĕ. | 二 Eùl.<br>六 Loŭ.<br>一 Ў.<br>十 Chĕ.<br>二 Eùl. | 二 Eùl.<br>七 Tsў.<br>一 Ў.<br>十 Chĕ.<br>四 Sé. | 二 Eùl.<br>八 Pă.<br>一 Ў.<br>十 Chĕ.<br>六 Loŭ. | 二 Eùl.<br>九 Kieòu.<br>一 Ў.<br>十 Chĕ.<br>八 Pă. |
| | | 三 Sān.<br>三 Sān.<br>如 Joŭ.<br>九 Kieòu. | 三 Sān.<br>四 Sé.<br>一 Ў.<br>十 Chĕ.<br>二 Eùl. | 三 Sān.<br>五 Où.<br>一 Ў.<br>十 Chĕ.<br>五 Où. | 三 Sān.<br>六 Loŭ.<br>一 Ў.<br>十 Chĕ.<br>八 Pă. | 三 Sān.<br>七 Tsў.<br>二 Eùl.<br>十 Chĕ.<br>一 Ў. | 三 Sān.<br>八 Pă.<br>二 Eùl.<br>十 Chĕ.<br>四 Sé. | 三 Sān.<br>九 Kieòu.<br>二 Eùl.<br>十 Chĕ.<br>七 Tsў. |
| | | | 四 Sé.<br>四 Sé.<br>一 Ў.<br>十 Chĕ.<br>六 Loŭ. | 四 Sé.<br>五 Où.<br>得 Tĕ.<br>二 Eùl.<br>十 Chĕ. | 四 Sé.<br>六 Loŭ.<br>二 Eùl.<br>十 Chĕ.<br>四 Sé. | 四 Sé.<br>七 Tsў.<br>二 Eùl.<br>十 Chĕ.<br>八 Pă. | 四 Sé.<br>八 Pă.<br>三 Sān.<br>十 Chĕ.<br>二 Eùl. | 四 Sé.<br>九 Kieòu.<br>三 Sān.<br>十 Chĕ.<br>六 Loŭ. |
| | | | | 五 Où.<br>五 Où.<br>二 Eùl.<br>十 Chĕ.<br>五 Où. | 五 Où.<br>六 Loŭ.<br>三 Sān.<br>十 Chĕ. | 五 Où.<br>七 Tsў.<br>三 Sān.<br>十 Chĕ.<br>五 Où. | 五 Où.<br>八 Pă.<br>得 Tĕ.<br>四 Sé.<br>十 Chĕ. | 五 Où.<br>九 Kieòu.<br>四 Sé.<br>十 Chĕ.<br>五 Où. |
| | | | | | 六 Loŭ.<br>六 Loŭ.<br>三 Sān.<br>十 Chĕ.<br>六 Loŭ. | 六 Loŭ.<br>七 Tsў.<br>四 Sé.<br>十 Chĕ.<br>二 Eùl. | 六 Loŭ.<br>八 Pă.<br>四 Sé.<br>十 Chĕ.<br>八 Pă. | 六 Loŭ.<br>九 Kieòu.<br>五 Où.<br>十 Chĕ.<br>四 Sé. |
| | | | | | | 七 Tsў.<br>七 Tsў.<br>四 Sé.<br>十 Chĕ.<br>九 Kieòu. | 七 Tsў.<br>八 Pă.<br>五 Où.<br>十 Chĕ.<br>六 Loŭ. | 七 Tsў.<br>九 Kieòu.<br>六 Loŭ.<br>十 Chĕ.<br>三 Sān. |
| | | | | | | | 八 Pă.<br>八 Pă.<br>六 Loŭ.<br>十 Chĕ.<br>四 Sé. | 八 Pă.<br>九 Kieòu.<br>七 Tsў.<br>十 Chĕ.<br>二 Eùl. |
| | | | | | | | | 九 Kieòu.<br>九 Kieòu.<br>八 Pă.<br>十 Chĕ.<br>一 Ў. |

**MULTIPLIER**, v. a. *Multiplicāre*. 加 Kiā, ou 倍 Peý. ‖ — l'un par l'autre. *Numerum in se —.* 相乘 Siāng tchēn. ‖ Trois multipliés par trois font neuf. 三三見九 Sān sān kién kieòu. ‖ Se —, c.-à-d. produire son semblable. *Sobolescĕre*. 傳生得多 Tchoúan sēn tĕ̆ tŏ.

**MULTITUDE**, s. f. *Copia, æ, f.* 多 Tō. ‖ La —. *Vulgus*. 百姓 Pĕ̆ sín.

**MUNICIPALITÉ**, s. f. *Municipalis jurisdictio, onis, f.* 鄉約的 Hiāng yŏ tý. ‖ Corps de la —. *Municip. rectores*. 鄉約 Hiāng yŏ. ‖ Lieu où elle se réunit. — *curia*. 公局 Kōng kioŭ. (Voir le mot *Magistrature*.)

**MUNIFICENCE**, s. f. *Munificentia, æ, f.* 恩惠 Gēn hoúy.

**MUNIR**, v. a. *Munīre*. 堅固 Kiēn koú. ‖ — une place. *Munitionibus urbem firmāre*. 修炮台報城 Sieōu páo tăy paó tchĕn. ‖ Se — contre le froid. *A frigore se defendĕre*. 防冷 Fàng lèn. ‖ Se — de courage. *Animum obfirmāre*. 加自已的胆力 Kiā tsé ký tý tàn lý.

**MUNITION**, s. f. *Apparatus, ûs, m.* 兵器 Pīn ký, ou 軍需 Kiūn siŭ.

**MUR**, s. m. *Murus, i, m.* 墻 Tsiáng. ‖ Un —. *Unus —.* 一堵墻 Y̆ toù tsiáng. ‖ — de ville. *Mœnia*. 城墻 Tchĕn tsiáng. ‖ — de pierre. 石墻 Chĕ̆ tsiáng. ‖ — de brique. *Lateritius —.* 甎墻 Tchoūan tsiáng. ‖ — de terre. 土墻 Toŭ tsiáng. ‖ Battre la terre d'un mur. *Terram tundĕre*. 築墻 Tchoŭ tsiáng. ‖ Ériger un —. *Erigĕre murum*. 修墻 Sieōu tsiáng. ‖ Ériger un — en pierres brutes. 砌毛坎子 Tsoúy maŏ kăn tsĕ. ‖ Le — incline. *Inclinat murus*. 墻偏了 Tsiāng piĕn leăo. ‖ Le — est tombé. *Cecidit —.* 墻倒了 Tsiāng tào leăo. ‖ — que les Chinois érigent devant la porte principale de leur maison. 照壁 Tcháo pý. ‖ Se donner la tête contre un mur (au fig.), c.-à-d. essayer l'impossible. *Impossibilia tentāre*. 蚊蜗負山 Ouēn joúy foú chān.

**MÛR, E**, adj. *Maturus*. 黃的 Houáng tý. ‖ Courge bien —. 老南瓜 Laŏ lân koūa. ‖ — avant la saison. *Præmaturus*. 先黃 Siēn houáng. ‖ Apostème —. *Vomica matura*. 瘩要穿 Tchoŭang yáo tchoūan.

**MURAILLE (GRANDE) DE LA CHINE**. 萬里長城 Ouán lý tchăng tchĕn. Elle commence à l'extrémité nord-ouest de l'Empire, près de la ville de Sŏ tchĕn et s'étend jusqu'au golfe du Leăo tōng ou de Pŏ̆ haý, et forme une ligne de six cents lieues. Elle a dix pieds d'épaisseur. Dans le principe, de nombreuses forteresses la défendaient partout. Aujourd'hui, cette muraille célèbre est en ruine en une foule d'endroits. Elle est l'œuvre du célèbre Empereur 秦始皇帝 Tsĭn chè houáng tý, qui la termina l'an 244 av. J.-C. Sa hauteur était de 20 à 25 pieds, et sa largeur telle que cinq à six cavaliers pouvaient y passer de front.

**MURER**, v. a. *Muro cingĕre*. 築墻圍倒 Tchoŭ tsiāng oŭy taò.

**MÛRIR**, v. a. *Maturāre*. 黃 Houáng. ‖ — (devenir mùr). *Maturescĕre*. 黃 Houáng. ‖ — une affaire. *De aliq. negotio diù cogitāre*. 仔細想過纔做 Tsĕ̆ sý siàng kó tsăy tsóu.

**MURMURE**, s. m. (bruit sourd). *Murmuratio, onis, f.* 鬧 Láo. ‖ — (plainte, querelle). *Querela*. 報怨 Páo yúen.

**MUSARD, E**, adj. *Cessans*. 摩抄的人 Mō sō tý jên, ou 手腳慢 Cheòu kiŏ mán.

**MUSC**, s. m. *Moschus, i, m.* 麝香 Chĕ̆ hiāng.

**MUSCLE**. s. m. *Musculus, i, m.* 肉筋 Joŭ kēn, ou 肌肉 Ký joŭ.

**MUSEAU**, s. m. *Rostrum, i, n.* 嘴 Tsoúy.

**MUSÉE**, s. m. *Museum, i, n.* 書房 Choū fàng.

**MUSELIÈRE**, s. f. *Piscella, æ, f.* 籠頭 Lòng teŏu.

**MUSICIEN**, s. m. *Musicus, i, m.* 會樂的 Hoúy yŏ tý, ou 伶人 Lîn jên.

**MUSIQUE**, s. f. *Musica, æ, f.* 音樂 Y̆n yŏ. ‖ Inventeur de la — chinoise : 伶倫 Lîn lén, qui vivait au temps de 黃帝 Houâng tý. ‖ Maître de —. *Doctor —.* 掌鼓板 Tchàng koú pàn. ‖ Instrument de —. 樂器 Yŏ ký. ‖ Une pièce de —. *Una pars.* 一成樂 Y̆ tchĕn yŏ. ‖ Notes de la —. *Notæ —.* 韻點 Yún tièn. ‖ Concert de —. *Concentus*. 音樂 Y̆n yŏ. ‖ Aimer la —. *Delectāri —.* 好樂 Háo yŏ. ‖ Chanter en —. *Modulaté canĕre*. 和樂音唱 Hô yŏ y̆n tcháng. (Voir à l'Appendice n° XIV une notice sur la Musique des Chinois et sur les instruments ci-dessous énumérés.)

NOMS DES PRINCIPAUX

### INSTRUMENTS DE MUSIQUE CHINOIS

*Instruments à percussion.*

1° 大鼓 Tá koú. Tambour.
2° 戰鼓 Tchán koú. Tambour des batailles.
3° 羲鼓 Fân koú. Tambour de basque.
4° Quatre espèces de tambours antiques :
晉 Tsĭn. 鼖 Pý. 鼙 Tsý̆. 鼛 Kaō.

| | | |
|---|---|---|
| 5° | 觖鼓 | Lǎ koú. Tambour conducteur. |
| 6° | 蘇鼓 | Soū-koú. Tambour de Soū tcheōu. |
| 7° | 楹鼓 | Ýn koú. Tambour à colonne. |
| 8° | 路鼓 | Loú koú. Tambour double. |
| 9° | 椛鼓 | Páng koú. |
| 10° | 鼗頭鼓 | Mân teǒu koú. |
| 11° | 腰鼓頭 | Yaō pý koú. |
| 12° | 懷鼓 | Hoáy pý. |
| 13° | 靈鼓 | Lim pý. Tambourin. |
| 14° | 手鼓 | Cheòu pý. Tambourin. |
| 15° | 提鼓 | Tý koú. Tambourin de cavalier. |
| 16° | 土鼓 | Toù koú. Tambourin de fantassin. |
| 17° | 魚鼓 | Yû koú. Tambourin de poisson. |
| 18° | 大鑼 | Tá lô. Tam-tam, ou Gong chinois. |
| 19° | 鑼卑 | Pý lô. Petit Gong. |
| 20° | 銅鼓 | Tông koú. Gong-tambour. |
| 21° | 鐘 | Tchōng. Cloche. |
| 22° | 鐸 | Tě. Campanule. |
| 23° | 天球 | Tiēn kieǒu. |
| 24° | 扶板 | Foú pàn. Castagnettes à trois pièces. |
| 25° | 卜魚 | Poú yû. Poisson bouddhiste. |
| 26° | 拍板 | Pě pàn. |
| 27° | 木魚 | Moù yû. |

*Instruments à cordes.*

| | | |
|---|---|---|
| 1° | 竹銅鼓 | Tchoŭ tông koú. Guitare en bambou. |
| 2° | 月琴 | Yuě kîn. Guitare de lune. |
| 3° | 琵琶 | Pý pā. Espèce de luth. |
| 4° | 响笛 | Hiàng tý. Chalumeau. |
| 5° | 二絃 | Eùl hièn. Instruments à deux cordes. |
| 6° | 三絃 | Sān hièn. Violon à trois cordes. |
| 7° | 琴 | Kîn. Luth. |
| 8° | 空侯 | Kōng heóu. |
| 9° | 箏 | Tsēn. Instrument à treize cordes. |

*Instruments à vent.*

| | | |
|---|---|---|
| 1° | 銅角 | Tông kǒ. |
| 2° | 喇叭 | Lǎ pă. Chalumeau funéraire. |
| 3° | 札角 | Chǎ kǒ. Clarinette. |
| 4° | 號筒 | Háo tông. Trombone. |
| 5° | 畫角 | Hóa kǒ. Cor horaire. |
| 6° | 鎖吶 | Sǎ lǎ. Clarinette. |
| 7° | 笳 | Kiā. Flageolet fait avec des feuilles de roseaux. |
| 8° | 銀雞 | Ŷn kỹ. Sifflet. |
| 9° | 豎笛 | Làn tỹ. Clarinette. |
| 10° | 海螺 | Haỳ lô. Conque. |
| 11° | 笛 | Tý. Flûte. |
| 12° | 竽 | Yū. Flûte à vingt-six tuyaux. |
| 13° | 篴 | Yǒ. Fifre à trois trous. |
| 14° | 律 | Liŭ pour les six Ŷn et les six Yâng ou à douze 管 Kouàn, tubes. |
| 15° | 簫 | Siaō. Double chalumeau. |
| 16° | 風琴 | Fōng kîn. Petit orgue. |
| 17° | 小笙 | Siào sēn. Petit orgue rond à treize tuyaux. |
| 18° | 大笙 | Tá sēn. Petit orgue rond à dix-neuf tuyaux. |
| 19° | 啼琴 | Tỹ kîn. |

MUSQUER, v. a. *Moscho inodorāre.* 放麝香 Fáng ché hiāng. ‖ Paroles musquées. *Blanditiæ.* 奉承的話 Fóng tchén tỹ hóa.

MUTATION, s. f. *Mutatio, onis, f.* 改變 Kaỳ pién.

MUTILER, v. a. *Mutilāre.* 割 Kǒ, ou 砍一肢 Kǎn ỹ tchě. ‖ — les oreilles. *Auribus — aliq.* 割耳躲 Kǒ eùl tô. ‖ — (châtrer). *Evirāre.* 劓 Chán. (Voir le mot *Châtrer.*)

MUTIN, E, adj. *Indocilis.* 不受教的 Poü cheóu kiáo tỹ. ‖ Enfant —. *Puer —.* 俸娃娃 Kiáng ōüa ōüa. ‖ — (séditieux). *Seditiosus.* 愛作亂的 Gáy tsó loúan tỹ.

MUTINER (SE), v. r. *Tumultuāri.* 造反 Tsáo fàn. ‖ — (se mettre en colère). *Irasci.* 冒火 Máo hǒ. ‖ — (murmurer). *Mussitāre.* 報怨 Páo yuén.

MUTUEL, LE, adj. *Mutuus.* 相的 Siāng tỹ. ‖ Haine —. *Mutuum odium.* 相恨 Siāng hén. ‖ Exhortation —. *Mutua adhortatio.* 相勸 Siāng kiuēn.

MYOPE, s. m. *Myops, is, m.* 近視眼 Kín ché yèn.

MYRIADE, s. f. *Myrias, adis, f.* —萬 Ỹ ouán.

MYRRHE, s. f. *Myrrha, æ. f.* 沒藥 Moü-yǒ.

MYSTÈRE, s. m. *Mysterium, ii, n.* 奥理 Gáo lỹ. ‖ Célébrer les saints —. *Sacra agēre.* 做彌撒 Tsoú mỹ sâ. ‖ Faire — d'une chose. *Rem tacēre.* 不說 Poü chǒ.

MYSTIFIER, v. a. *Decipēre.* 哄 Hòng.

MYSTIQUE, adj. *Figurativus.* 表意的 Piaò ỹ tỹ.

MYTHOLOGIE, s. f. *Mythologia, æ, f.* 假神故事 Kiǎ chēn koú sé.

# N

**NABOT**, s. m. *Pumilio, onis, m.* 矮人 Gaỳ jēn.
**NACRE**, s. f. (mère perle). *Concha margarifera.* 雲母殻 Yūn moù kŏ.
**NADIR**, s. m. (terme astron.) 地天頂 Tý tá tiēn tĭn.
**NAGEOIRE**, s. f. *Pinna, æ, f.* 魚翅 Yû tchĕ. ‖ — dorsale épineuse. *Dorsi spinosa* —, 鰭鱗 Tchĕ lĭn.
**NAGER**, v. n. *Natāre.* 浮 Foû (ou Feôu). ‖ Habile à —. *Peritus ad* —. 會浮水 Hoúy foû choùy. ‖ — entre deux eaux, c.-à-d. se ménager entre deux partis. *Medium se gerĕre.* 兩邊都不顧 Leàng piēn toū poû koú. ‖ — en grandes eaux, c.-à-d. être dans l'abondance. *Omnibus diffluĕre.* 樣樣都有 Yáng yáng toū yeòu.
**NAGUÈRE**, adv. *Nuper.* 繼 Tsăy, ou 不多久 Poû tŏ kieòu.
**NAÏF, VE**, adj. *Simplex.* 老實 Laò-chĕ.
**NAIN, E**, s. m. f. *Pumilio, onis, m.* 矮人 Gaỳ jēn. ‖ Arbre — à la mode chinoise. 古樹 Koù choú. ‖ Le rendre ainsi. 屈古樹 Kiuĕ koù choú.
**NAISSANCE**, s. f. *Ortus, ûs, m.* 生 Sēn, ou 誕 Tán. ‖ Jour de —. *Dies natalis.* 生期 Sēn kỳ. ‖ Jour de — pour le peuple. 誕誕 Cheòu tán. ‖ Jour de — pour les supérieurs. 千秋 Tsiēn tsieòu. ‖ Extrait de —. *Libri genealog. excerptio.* 庚帖 Kēn tiĕ. ‖ Célébrer son jour de —. *Diem natalem agĕre.* 做生期酒 Tsoú sēn kỳ tsieòu.‖ Saluer la — de quelqu'un. *Gratulāri alic. diem nativitatis.* 拜壽 Paý cheòu. ‖ Offrir un cadeau de —. *Munus offerre.* 送壽帳 Sóng cheòu tcháng. ‖ Lieu de —. *Locus* —. 生的地方 Sēn tỳ tý fāng. ‖ — médiocre. *Ortus mediocris.* 中等人家生的 Tchōng tēn jēn kiā sēn tỳ. ‖ — illustre. *Ortus illustris.* 出身高 Tchŏu chēn kaŏ. ‖ — basse. *Ortus plebeianus.* 出身寒微 Tchŏu chēn hân oûy.
**NAÎTRE**, v. n. *Nasci.* 生 Sēn, ou 出世 Tchŏu ché. ‖ — (s'il s'agit d'une plante). *Exire.* 發芽 Fá yâ, ou 生起來 Sēn kỳ laỳ. ‖ — (s'il s'agit d'un animal). 下 Hiá. ‖ Faire — l'idée. *Aliq. in cogitat. inducĕre.* 提醒人想 Tý sĭn jēn siàng.

**NAÏVETÉ**. s. f. *Sinceritas, atis, f.* 老實 Laò chĕ. ‖ —. *Inepta simplicitas.* 愚蠢 Yû tchoŭen.
**NANTIR**, v. a. *Pignus dăre.* 丟當頭 Tieōu táng teôu. ‖ Se —. *Occupāre rem.* 覇占 Pá tchán.
**NAPHTE**, s. f. *Naphta, æ. f.* 水不滅之膠 Choùy poû miĕ tchē kiāo.
**NAPPE**, s. f. *Mappa, æ, f.* 桌布 Tchŏ poú. ‖ Mettre la —. *Mensam linteo sternĕre.* 鋪桌布 Poū tchŏ poú. ‖ — d'eau. *Textiles aquæ.* 一股水流下來 Ỳ koù choùy lieôu hiá laỳ.
**NARCOTIQUE**, adj. *Soporifer.* 止病令寐 Tchĕ pín lĭn meỳ.
**NARGUER**, v. a. *Despicĕre.* 輕賤 Kĭn tsién.
**NARINE**, s. f. *Naris, is, f.* 鼻孔 Pý kŏng. ‖ Aspirer par les — une poudre. 嗒藥麩 Hioŭ yŏ mién.
**NARRER**, v. a. *Narrāre.* 講 Kiàng.
**NASEAUX**, s. m. *Nares, ium, f.* 獸鼻孔 Cheóu pý kŏng.
**NASILLER**, v. n. *De nare loqui.* 鰮鼻子 Hóng pý tsè.
**NASSE**, s. f. *Nassa, æ, f.* 筌 Tsuēn. ‖ — (piège). *Laqueus.* 圈套 Kiuēn táo. ‖ Il est dans la —. *Captus est.* 入圈套 Joû kiuēn táo.
**NATIF, VE**, adj. ‖ — de Pékin. *Natus in Pekino.* 生在北京 Sēn tsaỳ Pĕ Kīn. ‖ Pays —. *Patriæ solum.* 家鄉 Kiā hiāng.
**NATION**, s. f. *Gens, tis, f.* 一國人 Ỳ kouĕ jēn, ou 一民 Ỳ mĭn.
**NATIONAL, E**, adj. *Nationalis.* 國家的 Kouĕ kiā tỳ.
**NATIVITÉ**, s. f. *Nativitas, atis, f.* 生期 Sēn kỳ. ‖ — de N. S. J. C. 耶穌聖誕 Yē Soū chén tán.
**NATTE**, s. f. *Storea, æ, f.* 席子 Sỳ tsè. ‖ Une —. *Una* —. 一鋪席子 Ỳ poū sỳ tsè. ‖ Jonc des —. 蒲草席 Poû tsăo sỳ. ‖ Grosse — en paille. 草薦 Tsăo tsién. ‖ Faire des —. *Nectĕre* —. 打席子 Tà sỳ tsè.
**NATURALISER**, v. a. *Aliquem jure civis donāre.* 入官名 Joû kouān mĭn, ou 化外人 Hoá ouáy jēn.
**NATURALISÉ, ÉE**, adj. *Qui jus civium adeptus est.* 化外的人 Hoá ouáy tỳ jēn.

**NATURALISTE**, s. m. *Rerum naturalium investigator, oris,* m. 格物者 Kě oŭ tchĕ.

**NATURE**, s. f. *Natura, æ,* f. 天地 Tiēn týˇ. 萬物 Ouán oŭ. 陰陽 yn yâng. 太極 Táy ký. ‖ *Cours de la —. Cursus*. 運氣轉流 Yún ký tchouàn lieòu. ‖ Aller contre la —. *Adversári —.* 拂性 Foŭ sín. ‖ L'habitude devient une seconde —. 習久成性 Sý kieòu tchēn sín. ‖ Observer la —. *Naturæ studēre*. 格物 Kě oŭ. ‖ Contre les lois de la —. 反常 Fàn cháng, ou 悖逆陰陽 Peý nyˇ yn yâng. ‖ Chercher les lois de la —. 深思性命之理 Chēn sē sín mín tchē lýˇ. ‖ La — est la même partout (prov.). 處處老鴉一般黑 Tchóu tchóu laò yǎˇ yˇ pān hěˇ. ‖ — (propriété). *Dos*. 才能 Tsáy lên. ‖ — divine. 天主的德能 Tiēn-Tchoù týˇ tě lên. ‖ Cela est dans la —. *Humanum est.* 是本性的事 Ché pèn sín týˇ sé. ‖ Payer le tribut à la —. *Fato cedēre*. 死 Sè. ‖ C'est ma — *Ingenium est meum*. 是我的本性 Ché ngò týˇ pèn sín. ‖ — du sol. *Soli ingenium*. 地土 Týˇ tǒu. ‖ — des plantes. *Herbarum virtus*. 草性 Tsăo sín. ‖ — des affaires. *Status*. 光景 Kouâng-kĭn. ‖ Quelque chose de cette —. *Ejus gener. aliquid*. 這一樣的東西 Tchě ýˇ yáng týˇ tōng sý.

**NATUREL, LE**, adj. *Naturalis*. 天性的 Tiēn sín týˇ. 本性的 Pèn sín týˇ. 天然的 Tiēn jân týˇ. ‖ — (ce qui est simple). *Simplex*. 老實的 Laò chě týˇ. ‖ Cela n'est pas —. *Id naturæ repugnat*. 背性的 Peý sín týˇ. ‖ — (pur, non mélangé). *Merus*. 淨的 Tsín týˇ. ‖ — (sans contraste). *Non fucatus*. 正的 Tchēn týˇ. 真的 Tchēn týˇ. 自然的 Tsé jân týˇ. ‖ Fils —, c.-à-d. opposé à adoptif. *Natur. filius proprius*. 親兒子 Tsīn eŭl tsè. ‖ Fils —, c.-à-d. opposé à légitime. *Nothus*. 野子 Yè tsè, ou 雜種 Tsǎ tchòng. ‖ Parties —. *Naturalia*. (Voir le mot *Parties*.)

**NATUREL**, s. m. *Indoles, is,* f. 本性 Pèn-sín. ‖ — d'un pays. *Indigena*. 本方人 Pèn fāng jên.

**NATURELLEMENT**, adv. *Naturaliter*. 自然而然 Tsé jân eŭl jân.

**NAUFRAGE**, s. m. *Naufragium, ii,* n. 翻船 Fān tchouán. ‖ Faire —. *Pati —.* 翻船 Fān tchouán. ‖ Y périr. *Perire —.* 翻船死 Fān tchouán sè.

**NAULAGE**, s. m. *Naulum, i,* n. 船錢 Tchouán tsiên.

**NAUMACHIE**, s. f. *Naumachia sinensis*. 水戰 Chouý tchán.

**NAUSÉE**, s. f. *Nausea, æ,* f. 厭惡 Yén oŭ.

**NAUTONIER**, s. m. *Nauta, æ,* m. 水手 Chouý cheòu.

**NAVETTE**, s. f. *Radius, ii,* m. 梭子 Sō-tsè. ‖ — où l'on met l'encens. *Cymbium*. 乳香盒子 Joŭ hiāng hǒ tsè. ‖ Faire la —, c.-à-d. aller et revenir d'où l'on vient. *Cursitāre*. 走去走來 Tseŏu kiěˇ tseòu laýˇ.

**NAVIGUER**, v. n. *Navigāre*. 行船 Hín tchouân.

**NAVIRE**, s. m. *Navis, is,* f. 船 Tchouán. ‖ — à voile. 風船 Fōng tchouán. ‖ — à vapeur. 火船 Hò tchouán. ‖ — (croisière). 巡船 Siûn tchouán.

**NAVRER**, v. a. *Dolore afficěre*. 兜人憂氣 Teōu jên yeōu ký.

**NE**, part. négative accompagnée ordinairement de *pas* ou *point*. *Non, haud*. 不 Poŭ. ‖ — pas savoir. 不知道 Poŭ tchē taò. ‖ — suivi de que, le — s'exprime souvent par 單單 Tān tān. Il — songe qu'à se sauver. 單單想跑 Tān tān siàng pǎo. ‖ *Ne*, devant ces mots : personne, nul, aucun, jamais, s'exprime par 無有 Oŭ yeòu. Personne — l'ignore. 無有一人不知道 Oŭ yeòu ýˇ jên poŭ tchē taò. ‖ *Ne*, devant un impératif ou un subjonctif, s'exprime ordinairement par 不要 Poŭ yáo. — le dites pas. *Ne dicas*. 不要說 Poŭ yáo chŏ.

**NÉ, ÉE**, part. *Natus*. 生的 Sēn týˇ. ‖ — avant terme. *Ante tempus*. 小產 Siăo tchán. ‖ — après la mort du père. *Posthumus*. 遺腹之子 Ý foŭ tchē tsè. ‖ — à, ou pour, c.-à-d. apte à. *Idoneus, aptus*. 生來會 Sēn laý hoúy. ‖ — pour les lettres. *Litteris natus*. 生來好書 Sēn laý hǎo choū. ‖ Ame bien —. *Indoles liberalis*. 性情好 Sín tsīn haò.

**NÉANMOINS**, conj. *Nihilominùs*. 到底 Taó týˇ.

**NÉANT**, s. m. *Nihil*. 無 Oŭ, ou 全無 Tsuên oŭ. ‖ Le —. *Vacuum*. 空 Kōng. ‖ Sortir du —. *exire*. 從無而有 Tsōng oŭ eŭl yeŏu. ‖ Y rentrer. *Ad — reinciděre*. 自有而無 Tsé yeŏu eŭl oŭ. ‖ — des choses humaines. *Mortalium vanitas*. 世上的虛事 Ché cháng týˇ hiū sé. ‖ Homme de —. *Homo vilis*. 不中用的人 Poŭ tchōng yóng týˇ jên, ou 小人 Siăo jên. ‖ Mettre une procédure au —. *Actionem rescinděre*. 斷он無理 Touán tǎˇ oŭ lýˇ.

**NÉBULEUX, SE**, adj. *Nebulosus*. 有雲的 Yeŏu yûn týˇ. ‖ Jour —. *Dies —.* 天昏黑 Tiēn houēn hěˇ.

**NÉCESSAIRE**, adj. *Necessarius*. 要緊 Yaó kĭn. ‖ Il n'est pas —, que je dise. *Non est necesse ut dicam*. 不消說 Poŭ siāo chŏ.

**NÉCESSAIRE**, s. m. (c.-à-d. ce qu'il faut pour vivre). *Vitæ necessitates*. 日用 Jě yóng. ‖ Les avoir. — *habēre*. 殼用 Keŏu yóng. ‖ En manquer. *Necessariis indigēre*. 不殼用 Poŭ keŏu yóng. ‖ Se refuser le —. *Fraudāre, se victu suo*. 節用 Tsiě yóng.

**NÉCESSAIREMENT**, adv. *Necessariò*. 必定 Pýˇ tín, ou 不得已 Poŭ těˇ yˇ.

**NÉCESSITÉ**, s. f. (chose nécessaire). *Necessitas, atis,* f. 要緊 Yáo kĭn. ‖ — absolue. *Absoluta —.* 全要緊 Tsuên yaó kĭn, ou 免不得 Mièn poŭ těˇ. ‖ — (morale). *Necessit. moralis*. 十分有八分 Chě fén yeŏu pā fén. ‖ Sans —. *Supervacuò*. 不要緊 Poŭ yáo kĭn.

| De toute —. *Necessariò*. 一定 Ў tín, ou 全全 Tsuĕn tsuĕn. || La — m'y contraint. *Necessitas me cogit*. 不得已 Poŭ tĕˇ ỳ. || — (indigence). *Inopia*. 窮乏 Kiȏng fã. || Être dans la —. — *premi*. 受窮 Cheóu kiȏng. || —(besoins naturels). *Naturæ requisita*. || Faire les grandes —. *Alvum purgāre*. 解大手 Kiày tá cheòu. 出恭 Tchoū kŏng. 走動 Tseòu tóng. || Faire les petites —. *Mingěre*. 解小手 Kiày siào cheòu.

**NÉCROLOGE**, s. m. *Necrologium, ii, n*. 囚者數目 Ouảng tchĕˇ soú moŭ.

**NÉCROMANCIE**, s. f. *Necromantia, æ*. f. 祭文 Tsý ouĕn.

**NEF**, s. f. || Grande —. *Pars prior tèmpli*. 正堂 Tchên tãng. || Petite —. 東堂 Tōng tãng, ou 西堂 Sȳ tãng.

**NÉGATIF, VE**, adj. *Negativus*. 不認 Poŭ jén. 不允 Poŭ yùn. 不依 Poŭ ỳ. || Précepte —. *Præceptum* —. 禁戒之命 Kín kiáy tchĕˇ mín.

**NÉGLIGENCE**, s. f. *Negligentia, æ*, f. 懈怠 Hiáy taỳ. 大意 Tá ý. 不用心 Poŭ yóng sīn. || Faire avec —. *Levi brachio agěre*. 懈怠做 Hiáy taỳ tsoú.

**NÉGLIGER**, v. a. *Negligěre*. 懈怠 Hiáy taỳ, ou 不管 Poŭ kouản. || — ses affaires. *Negotia sua* —. 不管事 Poŭ kouản sé. || — quelqu'un, c.-à-d., le voir rarement. *Raro adire*. 少會人 Chào hoúy jên. || Se — dans ses devoirs. *Deesse officiis*. 鈌本分 Kiŭe pèn fén. || Se — dans sa mise. *Munditiæ incuriosus esse*. 不愛打扮 Poŭ gaý tà pán.

**NÉGOCE**, s. m. *Mercatura, æ*, f. 買賣 Maỳ maý.

**NÉGOCIANT**, s. m. *Negotiator, oris, m*. 買賣人 Maỳ maý jên.

**NÉGOCIER**, v. n. *Mercat. agěre*. 做買賣 Tsoú maỳ maý. || — une affaire. *Rem* —. 講成 Kiảng tchển, ou 落價 Lŏˇ kiá. || — un mariage. *Nuptias motivi*. 開親 Kaý tsīn. || — un traité. *Fœdus sancire*. 打和約 Tà hô yŏˇ.

**NÈGRE**, s. m. *Nigrita, æ, m*. 黑人 Hĕˇ jên.

**NEIGE**, s. f. *Nix, ivis, f*. 雪花 Siuĕˇ hoā. || Flocon de —. *Flocculus niveus*. 雪花 Siuĕˇ hoā. || La — couvre la terre. — *cooperit terram*. 滿堦都是雪 Mản pá toū chĕˇ siuĕˇ. || Il y a bien un pied de —. 雪填一尺 Siuĕˇ tién ỳ tchĕˇ. || La — fond. *Tabescit nix*. 雪化 Siuĕˇ hoá. || La — tombe. *Ningit*. 落雪 Lŏˇ siuĕˇ.

**NÉNUPHAR**, s. m. *Nymphæa, æ*, f. 藕蓮 Geòu liên. || Feuille de —. 荷葉 Hô yĕˇ. || Fruit du —. *Fructus*. —. 蓮米 Liên mỳ.

**NÉOPHYTE**, s. m. *Neophytus, i, m*. 新教友 Sīn kiáo yeóu.

**NÉPHRÉTIQUE**, s. f. *Renum morbus*. 腰疼 Yāo tông.

**NÉPOTISME**, s. m. *Nimius suorum amor*. 偏向親戚 Piên hiáng tsīn taỳ.

**NERF**, s. m. *Nervus, i, m*. 筋 Kīn. || — qui soutiennent le cœur. *Cordis* —. 心絲 Sīn sē. || L'argent est le — de la guerre. *Nervi belli pecunia*. 非錢不行 Feȳ tsiên poŭ hín. || Se fouler un —. *Nervum sibi oblidēre*. 扭了筋 Nieòu leảo kīn.

Nerfs encéphaliques ou crâniens, au nombre de douze paires. 左右腦氣筋十二對 Tsó yeóu laò kỳ tsiĕˇ chĕˇ eùl toúy.

1re paire. *Nerf olfactif*. 第一對八鼻孔司鎮 Tỳ ỳ toúy joŭ pý kŏng sē hiéou.

2e — *Nerf optique*. 對二第入眼司見 Tỳ eùl toúy joŭ yèn sē kién.

3e — *Nerf moteur-oculaire commun*. 第三對運眼上胞 Tỳ sān toúy yùn yèn cháng pāo.

4e — *Nerf pathétique*. 第四對運轉眼肉 Tỳ sé toúy yùn tchoùan yèn joŭ.

5e — *Nerf trifacial*. 第五對入頭面司知覺 Tỳ où toúy joŭ teŏu mién sē tchē kiŏˇ.

6e — *Nerf moteur-oculaire externe*. 第六對入眼直肉 Tỳ loŭ toúy joŭ yèn tchĕˇ joŭ.

7e — *Nerf facial*. 第七對入頭面司運動 Tỳ tsỳ toúy joŭ teŏu mién sē yún tóng.

8e — *Nerf auditif* ou *acoustique*. 第八對入耳司聽 Tỳ pă toúy joŭ eùl sē tín.

9e — *Nerf glosso-pharyngien*. 第九對入舌司味 Tỳ kieòu toúy joŭ chĕˇ sē oúy.

10e — *Nerf pneumogastrique*. 第十對入心肺胃 Tỳ chĕˇ toúy joŭ sīn féy oúy.

11e — *Nerf spinal*. 第十一對連頸筋 Tỳ chĕˇ ỳ toúy yún kīn tsiĕˇ.

12e — *Nerf hypoglosse*. 第十二對運動舌 Tỳ chĕˇ eùl toúy yún tòng chĕˇ.

Nerfs spinaux ou rachidiens (sont au nombre de 31). 左右髓筋三十一對 Tsó yeòu soúy kīn sān chĕˇ ỳ toúy.

Nerf grand sympathique. 臟腑百節筋 Tsāng foŭ pĕˇ tsiĕˇ kīn.

**NÉROLI**, s. m. *Mali aurei oleum, i, n*. 柑子花油 Kān tsè hoā yeŏu.

**NERVEUX, SE**, adj. *Nervosus*. 有筋的 Yeòu kīn tỳ. || — (robuste). *Robustus*. 剛勇的 Kāng yòng tỳ.

**NET, TE**, adj. *Mundus*. 潔凈 Kiĕˇ tsín tỳ, ou 乾凈的 Kān tsín tỳ. || — (brillant). *Nitens*. 發白 Fă pĕˇ. || Être —. *Nitēre*. 發白 Fă pĕˇ, ou 無過 Oŭ kó.

‖ Expression —. *Nitidum verbum*. 正話 Tchēn hóa.
‖ Faire maison —. *Famulos remittěre*. 放長年 Fáng tchǎng niēn. ‖ Avoir la conscience —. *Vitæ integerrimæ esse*. 眞心無愧 Leāng sīn oŭ koúy.

**NET**, adv. *Aperté*. 明的 Mǐn tỷ. ‖ Reprocher —. *Claré objurgāre*. 明明責偹 Mǐn mǐn tsě pý. ‖ Mettre au —. *Transcriběre*. 謄精 Těn tsǐn.

**NETTETÉ**, s. f. *Munditia, æ, f*. 潔净 Kiě tsǐn. ‖ Parler avec —. *Lucidè loqui*. 說得清楚 Chǒ tě tsǐn tsoù.

**NETTOYER**, v. a. *Purgāre*. 揩 Kāy, ou 擦 Tchǎ.

**NEUF**, adj. num. *Novem*. 九 Kieòu. ‖ — fois. *Noviés*. 九回 Kieòu hoúy.

**NEUF, VE**, adj. *Novus*. 新的 Sīn tỷ. ‖ —. *Inexspers*. 不會的 Poǔ hoúy tỷ, ou 冇見識 Oŭ kién chě.

**NEUTRALISER**, v. a. *Irritum facěre*. 斷 Toùan, ou 折 Tsě.

**NEUTRALITÉ**, s. f. *Neutralitas, atis, f*. 兩邊都不顧 Leāng piēn toŭ poŭ koú. ‖ Garder la —. *Neutri favēre*. 袖手傍觀 Sieóu cheòu páng koūan.

**NEUTRE**, adj. *Medius*. 袖手傍觀 Sieóu cheòu páng koūan. ‖ Rester —. *Medium se gerěre*. 袖手傍觀 Sieóu cheòu páng koūan. ‖ Genre —. *Neutrum genus*. 無類 Oŭ loúy.

**NEUVAINE**, s. f. *Novendiales preces*. 九天祈禱 Kieòu tiēn kỷ taó.

**NEVEU**, s. m. *Nepos, otis, m*.
— (enfant du frère aîné). 姪子 Tchě tsè.
— (enfant du frère cadet). 姪子 Tchě tsè.
— (enfant de la sœur aînée). 外姪 Oúay tchě.
— (enfant de la sœur cadette). 外姪 Oúay tchě.
— (enfants des sœurs de sa femme). 姨姪 Ý tchě.
— (enfants des frères de son mari). 姪子 Tchě tsè.
— (enfants des sœurs de son mari). 外甥 Oúay sēn.
— (enfants de ses sœurs). 姨 Ý.

Nos —. *Nepotes*. 我們的後人 Ngò mên tỷ heóu jēn.

**NÉVRALGIE**, s. f. *Nevralgia, æ, f*. 腦氣筋痛 Laò kỷ kīn tóng. ‖ — du cœur. 心腦筋痛 Sīn laò kīn tóng. ‖ — d'estomac. 胃腦筋痛 Oúy laò kīn tóng.

**NEZ**, s. m. *Nasus, i, m*. 鼻子 Pý tsè. ‖ Racine du —. 山根 Chān kēn. ‖ Paroi du —. 鼻梁 Pý leāng. ‖ Bout du —. *Nasi acumen*. 鼻準 Pý tchoŭen. ‖ Le cartilage du —. 鼻脆骨 Pý oŭy koŭ. ‖ Raie au-dessous du —. 人中 Jēn tchōng. ‖ Trou du —. 鼻孔 Pý kǒng. ‖ Espace entre les yeux. 印堂 Ýn táng. ‖ Longueur du —. 鼻梁 Pý leāng. ‖ —. aquilin. *Aquilinus* —. 鈎鼻 Keōu pý. ‖ — aplati. *Nasus aduncus*. 彎鼻 Oūan pý. ‖ — pointu. — *acutus*. 尖鼻 Tsiēn pý. ‖ — épaté. — *simus*. 矮鼻 Ngaỷ pý. ‖ — camus. — *resimus*. 凹鼻 Oúa pý. ‖ — bosselé. — *tuberosus*. 凸鼻 Koúa pý. ‖ — difforme. — *pravus*. 外鼻 Oúay pý. Parler du —. *Circà nares voces eliděre*. 齆鼻 Hóng pý. ‖ Avoir le — bouché. *Nasum obturatum habēre*. 鼻子鯱了 Pý tsè kieǒu leaò. ‖ Montrer son —. *Venīre in publicum*. 出外 Tchǒu oúay. ‖ Mon — coule. *Fluit nasus*. 流涕鼻涕 Lieòu tsǐn pý tý. ‖ Donner sur le —. a quelqu'un. *Colaphum incutěre*. 打嘴掌 Tà tsoùy tchǎng. ‖ Mettre le — à tout. *Curāre de alienis*. 管閒事 Koūan hiēn sé. ‖ Mener par le —. *Hominem regěre*. 使人 Chě jēn. ‖ Tirer les vers du —. Alic. *arcana elicěre*. 探他的口氣 Tàn tǎ tỷ keǒu kỷ. ‖ Jeter au —. *Clarè dicěre*. 明說 Mǐn chǒ. ‖ Prendre une poudre par le —. *Resorbēre*. 嗜 Hioŭ. ‖ Se casser le —, c.-à-d., ne pas deviner. *A conjecturá aberrāre*. 猜不准 Tsāy poŭ tchoùen. ‖ Avoir bon —. *Sagax esse*. 精伶 Tsīn līn. ‖ Ne pas voir plus loin que le bout du —. *Id solùm vidēre quod est anté pedes*. 顧頭不顧尾 Koú teóu poŭ koú oùy. ‖ Percer le — des bœufs. *Nares boum perforāre*. 穿牛鼻 Tchoūan nieòu pý. ‖ Corde qu'on y passe. *Funis nasum alligans*. 牛鼻拳 Nieōu pý kiuēn.

**NI**, conj. *Nec, neque*. 又不 Yeòu poŭ. ‖ — plus ni moins. *Nec plùs nec minùs*. 不多不少 Jēn tō poŭ chaò.

**NIABLE**, adj. *Negandus*. 認不得的 Jén poŭ tě tỷ.

**NIAIS, E**, adj. *Stolidus*. 蠢人 Tchoŭen jēn.

**NIAISERIE**, s. f. *Ineptiæ, arum, f*. 小事 Siaò sé. ‖ Dire des —. *Nugas garrīre*. 說空話 Chǒ kōng hoá.

**NICHE**, s. f. *Loculamentum, i, n*. 神龕 Chēn kān. ‖ — (jeu ou fraude innocente). *Ludus*. 欺哄人 Kỷ hòng jēn. ‖ En faire à quelqu'un. *Aliq. deluděre*. 哄人耍 Hōng jēn choà.

**NICHÉE**, s. f. *Pullatio, onis, f*. 一抱 Ý paó.

**NICHER**, v. n. *Nidificāre*. 做窩 Tsoú oūo.

**NID**, s. m. *Nidus, i, m*. 窩 Oūo. ‖ Faire son —. *Nidificāre*. 做窩 Tsoú oūo. ‖ — d'hirondelle, ou salangane. 燕窩 Yén oūo.

**NIÈCE**, s. f. *Neptis, is, f*.
— (fille de ses frères). 姪女 Tchě niù.
— (fille de ses sœurs). 外姪女 Oúay tchě niù.
— (fille des sœurs de sa femme). 姨致女 Ý tchě nià.
— (fille des frères du mari). 姪女 Tchě niù.
— (fille des sœurs du mari). 矮姪女 Piaò tchě niù.

**NIER**, v. a. *Negāre*. 不認 Poǔ jén. ‖ — avec serment. *Abjurāre*. 賭咒不認 Toŭ tcheóu poŭ jén. ‖ — la foi. *Fidem* —. 背敎 Pey kiaó.

## NIG — NOM

**NIGAUD, E,** adj. *Ineptus.* 愚痴 Yû tchě.
**NILLE,** s. f. *Viticula, æ, f.* 葡萄鬚 Póu tão siū.
**NIMBE,** s. m. *Nimbus, i, m.* 雲圈 Yūn kiüěn.
**NIQUE,** s. f. *Sanna, æ, f.* 欺笑 Kỹ siáo.
**NIVEAU,** s. m. *Libella, æ, f.* 水平 Choùy pǐn. ‖ Mettre de —. *Collocăre ad* —. 做平 Tsoú pǐn. ‖ Être de —. *Esse ad libram.* 平 Pǐn. ‖ Être au — de. *Æquo jure esse.* 比得人 Pỷ tě jěn.
**NIVELER,** v. a. *Ad libellam redigĕre.* 安平 Gān pǐn.
**NOBILIAIRE,** s. m. *Nobilium index.* 族譜 Tsoǔ poǔ.
**NOBLE,** adj. *Nobilis.* 貴人 Koúy jěn. ‖ —. *Præstans.* 出名的 Tchōu mǐn tỷ. ‖ Air —. *Fama nobilis.* 品格 體面 Pǐn kě tỷ mién. ‖ Cœur —. *Excelsa mens.* 氣量大 Kỳ leáng tá, ou 大方 Tá fāng.
**NOBLESSE,** s. f. *Nobilitas, atis, f.* 富豪 Foǔ haò. (Voir le mot *Privilége.*)
**NOCE,** s. f. *Nuptiæ, arum. f.* 婚姻 Houēn ȳn. ‖ Festin des —. *Nuptialis cœna.* 婚筵 Houēn yěn. ‖ Habits de —. *Maritalis vestis.* 喜衣 Hỷ ȳ. ‖ Présents de —. *Nuptialia dona.* 拜錢 Paý tsiēn. ‖ Épouser en premières, deuxièmes noces. *Primis, secundis, tertiis nuptiis alligări.* 結髮 Kiě fǎ. 再娶 Tsaý tsiǔ. 再醮 Tsaý siáo. ‖ Fixer le jour des —. *Diem nupt. designăre.* 擇日娶親 Tsě jě tsiǔ tsǐn. ‖ Célébrer ce jour. *Nuptias celebrāre.* 接親 Tsiē tsǐn. ‖ Faire de grandes —. *Splendidas nuptias* —. 做喜酒 Tsoú hỷ tsieǒu. ‖ Depuis le jour des Cendres jusqu'à Quasimodo les noces sont défendues. 自聖灰禮儀起至卻白主日禁革婚姻酒席 Tsé chén hoūy lỷ nỷ kỷ tché sié pě tchoù jě kín kě hoūen ȳn tsieòu sỹ.
**NOCTAMBULE,** s. m. *Noctivagus.* 夜遊神 Yé yeòu chēn.
**NOCTURNE,** s. m. (partie de l'office divin). *Nocturnum officii tempus.* 一節經 Ỵ tsiě kīn.
**NOËL,** s. m. *Natalis D. N. J. C.* 耶穌聖誕 Yě Soū chén tán.
**NŒUD,** s. m. *Nodus, i, m.* 結子 Kiě tsè, ou 乾鞳 Kě tǎ. ‖ — serré. *Strictus* —. 結子緊 Kiě tsè kǐn, ou 乾鞳緊 Kě tǎ kǐn. ‖ — coulant. — *cŭrrax.* 套 Táo. ‖ — des os. *Ossium* —. 骨節 Koǔ tsiě. ‖ — des doigts. *Articulorum* —. 指節 Tchě tsiě. ‖ — dans un arbre. *Nodus.* 木頭乾縺 Moǔ teòu hě tǎ. ‖ — des roseaux. *Geniculum* —. 草節子 Tsǎo tsiě tsè. ‖ — des bambous. *Arundinum* —. 竹節子 Tchoǔ tsiě tsè. ‖ Faire un —. *Nodum connectĕre.* 打結子 Tǎ kiě tsè. ‖ Défaire un —. *Nodum expedīre.* 解乾鞳 Kiaỷ kě tǎ. ‖ — de l'amitié. *Amic. vinculum.* 朋情 Pǒng tsǐn. ‖ Le rompre. *Solvĕre* —. 失朋情 Chě pǒng tsǐn. ‖ — d'une affaire. *Difficilis nodus.* 難處 Lán tchoǔ.

Le couper. *Solvĕre difficultatem.* 解難 Kiaỷ lán. ‖ — d'une pièce de théâtre. *Fabulæ nodus.* 幺台 Yāo taỷ, ou 収頭 Cheōu teǒu.
**NOIR, E,** adj. *Ater, niger.* 黑的 Hě tỷ. ‖ Nuit —. *Nox atra.* 黑夜 Hě yé. ‖ — de coups. *Suggillatis.* 打青了 Tǎ tsǐn leào. ‖ Ame —. *Scelerata mens.* 黑心腸 Hě tsǐn tchǎng. ‖ Homme —. *Tristis homo.* 固頭的人 Koú teǒu tỷ jěn.
**NOIR,** s. m. *Niger color.* 黑色 Hě sě. ‖ Teindre en —. *Nigro col. inficĕre.* 染黑 Jàn hě. ‖ — de fumée. *Fuligo.* 煙子 Yēn tsè, ou 百草霜 Pě tsǎo choūang.
**NOIRÂTRE,** adj. *Subniger.* 代黑 Taỷ hě.
**NOIRCEUR,** s. f. *Nigror, oris, m.* 黑色 Hě sě. ‖ — de blessure. *Livor.* 死血 Sè hiuě. ‖ — d'un crime. *Atrocitas sceleris.* 大惡 Tá ngě.
**NOIRCIR,** v. a. *Nigro colore inficĕre.* 染黑 Jàn hě. ‖ — la réputation de quelqu'un. *Alic. infamiam inurĕre.* 壞人名聲 Houáy jěn mǐn ohēn. ‖ — (devenir noir). *Nigrescĕre.* 成黑 Tchěn hě.
**NOISE,** s. f. *Rixa, æ, f.* 口嘴 Keǒu tsoùy. ‖ Chercher — à quelqu'un. *Causam jurgii quærĕre.* 找人吵架 Tchǎo jěn tchaò kiá.
**NOIX,** s. f. *Nux, ucis, f.* 核桃 Hě tǎo. ‖ —. vide. *Vacua* —. 空核桃 Kǒng hě tǎo. ‖ — gâteé. *Corrupta* —. 油核桃 Yeōu hě tǎo. ‖ Coque de la —. *putamen.* 核桃殼 Hě tǎo kǒ. ‖ Les deux parties de la —. *Carinæ.* 核桃瓣 Hě tǎo pán (ou piěn). ‖ Noyau de la —. *Nucleus.* 核桃米 Hě tǎo mỷ. ‖ Casser une — *frangĕre.* 敲核桃 Kāo hě tǎo.
**NOM,** s. m. *Nomen patronymicum.* Les Chinois ne portent pas de noms, comme nous l'entendons dans le langage européen. Un nom (*vocabulum*) se dit en chinois 名子 Mǐn tsè, et cette expression s'applique, en Chine, à tous les êtres animés ou inanimés, excepté à l'homme. Il y a, dans la langue chinoise, deux caractères spécialement affectés à exprimer notre idée de nom patronymique. Le premier est 姓 Sín (tronc, racine, source, origine), et désigne particulièrement toute la ligne droite des ancêtres; le second est 氏 Chě, et s'emploie, *dans l'usage ordinaire*, pour exprimer les lignes collatérales : 旁支 Páng tchē. Ainsi les Chinois n'ont pas de noms, mais des 姓 Sín, ce qui est plus noble pour l'homme. Nos noms de famille européens ne peuvent donc se traduire en chinois. On ne pourrait le faire qu'en choisissant deux ou trois caractères dont le son réuni imiterait celui du nom européen. Traduits de la sorte, ces noms ne sont pas compris en Chine. La tribu qui, après la dispersion des peuples, depuis les plaines du Sennaar, est venue se fixer en Chine et former cet

Empire ne comptait probablement qu'un nombre restreint de familles. Car la collection de leurs Sín réunis portait le nom de *Livre des cent familles* : 百家姓 Pě kiā sín. Bien que le nombre de ces Sín se soit élevé à plus de quatre cents, on lui conserve encore le même titre aujourd'hui. Toutes les familles de l'Empire chinois, qui compte aujourd'hui (1869) plus de quatre cents millions d'habitants, portent l'un ou l'autre des Sín de ce petit livre, que tous les enfants chinois apprennent par cœur. La plupart des caractères de ce livre sont employés dans le langage parlé ou écrit et expriment des idées, comme tous les caractères chinois. Mais, employés comme signes distinctifs des familles, il ne vient pas plus à la pensée d'un Chinois de songer au sens intrinsèque du caractère distinctif de sa famille qu'à nous, Européens, de trouver un sens dans nos noms de famille. 姓 Sín. ‖ Quel est votre —? *Qui vocaris?* (Formules polies.) 貴姓 Koúy sín. 尊姓 Tsēn sín. 高姓 Kao sín. 請教 Tsīn kiáo. Littéralement, ces formules interrogatives veulent dire : Votre *noble* nom, votre *respectable* nom, votre nom *élevé*. En outre, elles sont toujours, par urbanité, à la troisième personne. Mais un supérieur s'adressant à un inférieur, ou un égal à son égal, n'emploiera pas les formules précédentes, mais les suivantes : (Formules vulgaires.) 你姓甚麽 Ngỳ sín chén mô? 你姓那樣 Ngỳ sín là yáng? 你姓煞子 Ngỳ sín chă tsè? Un Chinois répond, par modestie : 小的 Siaŏ tỳ, 賤姓某 Tsién sín mòng, ou 我姓某 Ngŏ sín mòng. Ce qui veut dire : *Moi, le tout petit, mon vil nom est un tel*. ‖ Être du même — chinois. 同姓 Tŏng sín. ‖ Changer de —. *Nomen mutare*. 改姓 Kaỳ sín. ‖ Changer de — se cacher. 冒名 Máo mìn. ‖ Décliner son —. *Nomen suum eloqui*. 通姓名 Tŏng sín mìn. ‖ Écrire le nom de quelqu'un sur un catalogue. *Inscribere nomen*. 上名 Chảng mìn, ou 掛名 Koúa mìn. ‖ Faux —. *Lusorium nomen*. 假姓 Kià sín. ‖ — d'école en Chine. 學名 Hiŏ mìn. ‖ Le choisir. 取學名 Tsiǔ hiŏ mìn. (*Voir à l'Appendice n° XV la liste de tous les noms patronymiques des habitants de la Chine.*) ‖ — des choses. *Vocabulum*. 名字 Mìn tsé. ‖ Connaître de —. *Nomen tantum scire*. 只聞其名不見其人 Tchè ouén kỳ mìn pŭ kién kỳ jên. ‖ Agir au — de quelqu'un. *Alt. nomine agère*. 爲別人做事 Oúy piĕ jên tsoú sé. ‖ — (réputation). *Fama*. 名聲 Mìn chēn. ‖ Avoir un grand —. *Famâ eminère*. 有大名聲 Yeŏu tá mìn chēn.

**NOMBRE**, s. m. *Numerus, i, m*. 數目 Soú moŭ. ‖ — pair. 雙數 Choūang soú. ‖ — impair. 單數 Tān soú. ‖ — juste. *ad amussim*. 整 Tchēn. ‖ Compléter un —. — explère. 滿數 Màn soú. ‖ Grand —. *Plurimi*. 多

Tō. ‖ Petit —. *Parvus* —. 少 Chaò. ‖ — de fois. *Multoties*. 多囘 Tō hoùy. ‖ Sans —. *Innumerabilis*. 無數的 Oú soú tỳ. ‖ Être au nombre de —. *Esse in numero*. 在內的 Tsaý loúy tỳ. ‖ — (cadence). *Numerus*. 韻脚 Yún kiŏ. ‖ — singulier. 少數 Chaò soú. ‖ — pluriel. 多數 Tō soú.

### NOMS DE NOMBRE.

Les Chinois se servent du système décimal depuis bien des siècles. Ils ont trois formes usuelles pour écrire les noms de nombre. La première est la forme courante, ordinaire. La deuxième est la plus élégante et ne s'emploie guère que dans les livres, les écrits de contrat, etc. La troisième n'est guère en usage que dans le commerce. (Nous ne donnons ici que les dix premiers caractères de ces deux dernières formes.)

| | | | | |
|---|---|---|---|---|
| Un. | 一 | 壹 | 丨 | Y̌. |
| Deux. | 二 | 貳 | 刂 | Eùl. |
| Trois. | 三 | 叁 | 川 | Sān. |
| Quatre. | 四 | 肆 | 乂 | Sé. |
| Cinq. | 五 | 伍 | 夕 | Où. |
| Six. | 六 | 陸 | 亠 | Loŭ. |
| Sept. | 七 | 柒 | 亠 | Tsỳ. |
| Huit. | 八 | 捌 | 亖 | Pă. |
| Neuf. | 九 | 玖 | 攵 | Kieòu. |
| Dix. | 十 | 拾 | 十 | Chě. |
| Onze. | 十一 | | | Chě ỳ. |
| Douze. | 十二 | | | Chě eùl. |
| Treize. | 十三 | | | Chě sān. |
| Quatorze. | 十四 | | | Chě sé. |
| Quinze. | 十五 | | | Chě où. |
| Seize. | 十六 | | | Chě loŭ. |
| Dix-sept. | 十七 | | | Chě tsỳ. |
| Dix-huit. | 十八 | | | Chě pă. |
| Dix-neuf. | 十九 | | | Chě kieòu. |
| Vingt. | 二十 | | | Eùl chě. |
| Vingt-et-un. | 二十一 | | | Eùl chě ỳ. |
| Vingt-deux. | 二十二 | | | Eùl chě eùl. |
| Trente. | 三十 | | | Sān chě. |
| Quarante. | 四十 | | | Sé chě. |
| Cinquante. | 五十 | | | Où chě. |
| Soixante. | 六十 | | | Loŭ chě. |
| Soixante-dix. | 七十 | | | Tsỳ chě. |
| Quatre-vingts. | 八十 | | | Pă chě. |
| Quatre-vingt-dix. | 九十 | | | Kieòu chě. |
| Cent. | 百 | | | Pě. |
| Un cent. | 一百 | | | Y̌. pě. |
| Deux cents. | 二百 | | | Eùl pě. |
| Mille. | 千 | | | Tsiēn. |

| | | |
|---|---|---|
| Un mille. | 一千 | Y̌ tsiĕn. |
| Deux mille. | 二千 | Eùl tsiĕn. |
| Dix mille. | 萬 | Ouán. |
| Vingt mille. | 二萬 | Eùl ouán. |

L'expression — 萬 Y̌ ouán est fort en usage en Chine pour exprimer un grand nombre de fois indéterminé. — Les nombres suivants ne sont guère employés que dans les livres, les calculs astronomiques.

| | | |
|---|---|---|
| Cent mille. | 億 | Ý. |
| Million. | 兆 | Tcháo. |
| Dix millions. | 京 | Kīn. |
| Cent millions. | 秭 | Ty. |
| Billion. | 補 | Pŏu. |
| Dix billions. | 壤 | Jáng. |
| Cent billions. | 溝 | Keòu. |
| Trillion. | 澗 | Kién. |
| Dix trillions. | 止 | Tchè. |
| Cent trillions. | 載 | Tsaý. |

**NOMBREUX, SE**, adj. *Numerosus*. 多的 Tō tý.
**NOMBRIL**, s. m. *Umbilicus, i, m.* 肚臍 Toú tsý. ‖ Trou du —. 肚臍眼 Toú tsý yèn. ‖ Cordon du —. 臍帶 Tsý taý.
**NOMINATIF**, s. m. *Nominativus casus*. 稱韻 Tchēn yún.
**NOMINATION**, s. f. *Electio, onis, f.* 招選 Tchaō siuèn, ou 提名 Tý mìn. ‖ Devoir à quelqu'un sa —. 某人保擧他 Mŏng jên paò kiù tă̓.
**NOMMÉ**, adj. ‖ A point —. *Auspicatò*. 合式 Hô ché. ‖ A jour —. *Die statutà*. 定的日子 Tín tý jĕ tsè.
**NOMMER**, v. a. *Rei nomen imponĕre*. 取名 Tsiŭ mǐn. ‖ — quelqu'un. *Aliq. nomināre*. 稱呼人 Tchēn hoū jên. ‖ Comment vous — -vous? *Quod tibi nomen?* 貴姓 Koúy sín. 大名 Tá mìn. 你姓甚麼 Ngý sín chén mŏ. ‖ — (élever en dignité). *Nomināre*. 陞官 Chēn koūan.
**NON**, part. *Non.* 不 Poù. ‖ — pas même. *Ne quidem.* 都不 Toū poŭ. ‖ — seulement, mais encore. 不但 Poŭ tán. ‖ —, pas encore. *Necdum.* 未曾 Oúy tsĕn.
**NONCE**, s. m. *S. Pontificis legatus.* 敎宗欽差 Kiáo tsōng kīn tchāy.
**NONCHALANCE**, s. f. *Incuria, æ, f.* 懈怠 Hiáy taý. ‖ Faire avec —. *Molliter agĕre.* 懈怠做 Hiáy taý tsoú.
**NONE**, s. f. *Nona officii divini.* 申初經 Chēn tsōu kīn.
**NONES**, s. f. pl. *Nonæ, arum, f.* 洋三五七十月初七 Yàng tān où tý chĕ yuĕ tsoū tsý, ou 餘月初五 Yû yuĕ tsōu où.
**NONOBSTANT**, prép. *Nihilominùs.* 雖然 Siū jân.
**NONPAREIL**, adj. *Eximius.* 出等的 Tchōŭ tèn tý.
**NORD**, s. m. *Septentrio, onis, m.* 北方 Pĕ fāng.
**NORIA**, s. f. *Pompa sinensis.* 水車 Choùy tchēy.

**NOTABLE**, adj. *Notabilis.* 出等的 Tchōŭ tèn tý, ou 非常的 Feý chāng tý.
**NOTABLES**, s. m. *Proceres, um, m.* 首人 Cheòu jên.
**NOTAIRE**, s. m. *Tabellio, onis, m.* 主稿的書吏 Tchoù kaò tý choū lý.
**NOTE**, s. f. *Nota, æ, f.* 記號 Ký haó. ‖ — (remarques). *Adnotationes.* 註解 Tchoú kiày. ‖ En mettre à un livre. *Librum adnotāre.* 註書 Tchoú choù. ‖ — de musique. 韻點 Yún tièn. (Voir le mot *Musique* à l'Appendice). ‖ Changer de —(littéral). 換韻 Houán yún. ‖ —(figuré), c.-à-d. changer de dessein. 改主意 Kaý tchoù ý.
**NOTER**, v. a. *Censurāre.* 打記號 Tà ký haó. ‖ — (remarquer). *Advertĕre.* 覺得 Kiŏ tĕ. ‖ — des airs. *Cantica notis excipĕre.* 點平仄 Tièn pín tsĕ.
**NOTICE**, s. f. *Libri summarium.* 略說 Liŏ chŏ. ‖ — sur quelqu'un. *Biographia.* 一人行實 Y̌ jên hîn chĕ.
**NOTIFIER**, v. a. *Significāre.* 報信 Paó sín.
**NOTION**, s. f. *Notio, onis, f.* 想 Siàng, ou 意思 Ý sĕ. ‖ Avoir une — confuse. *Non clarè percipĕre.* 洞不明 Tóng poŭ mîn. ‖ Avoir une — exacte. *Clarè intelligĕre.* 洞得明白 Tóng tĕ mîn pĕ.
**NOTORIÉTÉ**, s. f. *Vulgata res.* 衆人知道的 Tchóng jên tchē taó tý. ‖ — publique. 衆人知道的 Tohóng jên tchē taó tý.
**NOTRE**, pr. poss. (qui est à nous). *Noster, tra, trum.* 我們的 Ngò mên tý.
**NOUE**, s. f. *Caniculatus later, eris, m.* 拱瓦 Kóng ouà.
**NOUER**, v. a. *Nodum nectĕre.* 打乾轡 Tà kĕ̓ tă. ‖ — ses cheveux. *Comas cogĕre.* 辮頭髮 Pién teŏu fă. ‖ Se — (en parlant des fruits), (littéralement : la fleur tombe et le fruit se fait). *In fruct. concrescĕre.* 花謝結子 Hoā siè kiĕ tsè, ou 坐下菓子了 Tsó hiá kò tsè leào. ‖ Se — (en parlant des épis). *In spicam exire.* 種子上坐下粒了 Tchòng tsè cháng tsó hiá lý leào.
**NOURRICE**, s. f. *Nutrix, icis, f.* 養母 Yàng moù. ‖ Mettre en —. *Puero nutricem adducĕre.* 雇奶母 Koú laỳ moù.
**NOURRICIER**, s. m. *Nutritor, oris, m.* 撫養之父 Foù yàng tchē foú.
**NOURRIR**, v. a. *Alĕre.* 養活 Yàng hŏ. ‖ — (en parlant des animaux). *Si de animalibus agitur.* 餵 Oúy. ‖ Lui seul — toute la famille. *Ipse solus totam familiam sustentat.* 一家人靠他喫飯 Y̌ kiā jên káo tā̓ tchĕ̓ fán. ‖ — (éduquer). — *educāre.* 敎訓 Kiáo hiún. ‖ — dans la piété. *Pietate imbuĕre.* 敎人熱切 Kiáo jên jĕ̓ tsiĕ̓. ‖ — une maladie. *Morbum alĕre.* 養病 Yàng pín. ‖ — la guerre. *Bellum fovĕre.* 保存仗 Paò tsĕn tcháng. ‖ Se —. *Re vesci.* 喫東西 Tchĕ̓ tōng sȳ. ‖ Se — mal. *Malè vesci.* 喫得淡薄 Tchĕ̓ tĕ̓ tán pô.
**NOURRITURE**, s. f. *Cibus, i, m.* 粮食 Leâng chĕ̓. ‖ Prendre de la —. — *capĕre.* 喫飲食 Tchĕ̓ ỳn chĕ̓. ‖

En prendre trop. Se — *ingurgitāre.* 喫飽狠 Tchĕ paò hèn. ‖ L'étude est la — de l'esprit. *Mens alitur discendo.* 讀書長人見識 Toŭ choū tchàng jên kién chĕ. ‖ — de l'âme. *Animæ pabulum.* 靈魂之粮 Lîm houên tchĕ leâng. ‖ L'Eucharistie est la — des âmes. *Animas pascit Eucharistia.* 聖體養活靈魂 Chén tỷ yàng hŏ lîm houên. ‖ — (éducation). 教訓 Kiáo hiún.‖ — des chevaux. 馬料 Mà leáo. ‖ — des porcs. 猪㨅 Tchoū chaò.

NOUVEAU, ELLE, adj. *Novus.* 新的 Sīn tỷ. ‖ Vin —. *Novum vinum.* 嫩酒 Lén tsieòu.‖ —né. *Recens natus.* 纔生的 Tsaŷ sēn tỷ. ‖ — marié. — *maritus.* 接纔親的 Tsiĕ tsaŷ tsīn tỷ. ‖ — venu. *Advena.* 纔來的 Tsaŷ laỷ tỷ. ‖ Quoi de —? *Quid novi?* 有甚麼事 Yeŏu chên mŏ sé.‖ — (sans expérience). *Inexpers, rudis.* 不會 Poŭ houý, ou 無見識 Oŭ kién chĕ. ‖ De —. *Iterùm.* 又 Yeòu, ou 再 Tsaý.

NOUVEAUTÉ, s. f. *Novitas, atis, f.* 新事 Sīn sé.

NOUVELLE, s. f. *Nuntius, ü, m.* 信 Sín. ‖ — qui court. *Rumor vagus.* 謠言 Yaŏ yên. ‖ Forger des —. *Nuntios fingēre.* 造謠言 Tsaó yaŏ yên. ‖ C'est la première — *Nunc primùm id audio.* 我纔聽說 Ngŏ tsaỷ tīn chŏ. ‖ Porter une bonne —. *Læta nuntiāre.* 報吉信 Paó kỷ sín. ‖ Vous aurez de mes — (dans le sens d'une menace). *Non impuné feres.* 你慢慢看 Ngỷ mán mán kắn.

NOVEMBRE, s. m. *November, ris, m.* 洋十一月 Yâng chĕ ỷ yuĕ.

NOVICE, s. m. *Novitius, ii, m.* 初學 Tsŏu hiŏ. ‖ — (sans expérience). *Inexpers.* 不會 Poŭ houý, ou 外行 Ouáy hîn.

NOVICIAT, s. m. *Probationis tempus.* 初學的時候 Tsŏu hiŏ tỷ chê heóu.

NOYAU, s. m. *Nucleus, i, m.* 果仁 Kŏ jên. ‖ — (os). Os. 核 Hĕ.

NOYER, v. a. *Mergěre.* 沉水 Tchên choùy. ‖ Se —. *Mergi.* 落水淹死 Lŏ choùy gān sè. ‖ Se —. *Voluntarié —.* 投水 Teŏu choùy, ou 跳水死 Tiáo choùy sè. ‖ — dans la débauche. *Immerg. se volupt.* 縱慾 Tsóng yoŭ, ou 荒淫 Houâng ỷn.

NU, E, adj. *Nudus.* 赤身的 Tchĕ chēn tỷ.‖ Mettre quelqu'un tout —. *Nudāre aliq.* 剝人的衣服 Pŏ jên tỷ ý foŭ. ‖Aller — pieds. *Nudis pedibus incedĕre.* 赤脚走 Tchĕ kiŏ tseòu. ‖ Être —. *Pannis vestitus.* 穿糙襤的 Tchoūan leŏu lân tỷ.

NUAGE, s. m. *Nubes, is, f.* 雲 Yûn ‖ Un —. *Una —.* 一朶雲 Ý tŏ yûn. ‖ Un — cache le soleil. 烏雲遮太陽 Oū yûn tchĕ táy yâng. ‖ Les — marchent vite. 雲飛跑 Yûn feỷ pǎo. ‖ Le vent chasse les —. *Ventus agitat nubila.* 風吹雲散 Fōng tchoūy yûn sán. ‖ Le ciel est couvert de —. 天昏黑 Tiēn houên hĕ.‖ — de poussière. *Nubes pulveris.* 風塵 Fōng tchên.‖ — (souci). *Sollicitudo.* 攢心 Tān sīn, ou 憂悶 Yeŏu mén.

NUANCER, v. a. *Colores temperāre.* 對顔料 Toúy yên leáo.

NUBILE, adj. *Nubilis ætas.* 婚配的年紀 Houēn pĕy tỷ niên kỷ.

NUDITÉ, s. f. *Nudatum corpus.* 赤身 Tchĕ chēn.

NUE, s. f. *Nubes, is, f.* 雲 Yûn. ‖ Une —. *Una —.* 一朶雲 Ý tŏ yûn. ‖ Élever aux —. *Ad cœlum tollĕre.* 誇上天 Koūa châng tiēn. ‖ Tomber des —. *Re stupēre.* 大驚 Tá kīn. ‖ Se perdre dans les —. *Inania captāre.* 虛望 Hiü ouáng.

NUÉE, s. f. *Nubes, is, f.* 雲 Yûn. ‖ — d'hommes. *Magna copia.* 人山人海 Jên haỷ jên chān.

NUIRE, v. n. *Nocēre.* 害 Haý. ‖ — à la réputation de quelqu'un. *Famæ —.* 壞名聲 Houáy mîn chēn. ‖ Se —. *Sibi invicem nocēre.* 害自已 Haý tsé kỷ.

NUIT, s. f. *Nox, octis, f.* 夜 Yé. ‖ Pendant la —. *In nocte.* 夜裏 Yé lỷ. ‖ Toute la —. *Totâ nocte.* 一夜 Ý yé. ‖ — noire. *Nox atra.* 黑夜 Hĕ yé. ‖ La — approche. *Nox appetit.* 天晚 Tiēn ouàn. ‖ Au commencement de la —. *Primâ nocte.* 挨黑的時候 Gaȳ hĕ tỷ chĕ heóu. ‖ Au milieu de la —. *Mediâ —.* 半夜 Pán yé. ‖ Bien avant dans la —. *Provectâ —.* 半夜過後 Pán yé kó heóu. ‖ De —. *Noctu, per noctem.* 夜間 Yé kiēn. ‖ Les — sont courtes. *Noctes breves sunt.* 夜短 Yé touǎn. ‖ Faire du jour la —. *Quiescĕre die.* 將日作夜 Tsiāng jĕ tsó yé, ou 顛倒陰陽 Tiēn taò ȳn yâng. ‖ Faire de la — le jour. *Vigilāre nocte.* 將夜作日 Tsiāng yé tsó jĕ. ‖ Passer la — sans dormir. *Noctem insomnem ducēre.* 遨夜 Gaŏ yé. ‖ Jouer toute la —. *Ludum nocti æquāre.* 耍一夜 Choà ỷ yé.

NUL, LE, adj. *Nullus.* 無 Oŭ, ou 莫有 Mŏ yeòu. ‖ — autre. *Nemo alter.* 無別人 Oŭ piĕ jên, ou 莫有別的 Mŏ yeòu piĕ tỷ. ‖ Rendre —. *Irritum facēre.* 敗 Paý.‖ — (invalide). *Nullius ponderis.* 無用 Oŭ yóng, ou 不中用 Poŭ tchōng yóng. ‖ Homme —. *Homo nullius pretii.* 無用人 Oŭ yóng jên, ou 賤人 Tsién jên.

NULLEMENT, adv. *Minimé.* 使不得 Chè poŭ tĕ, ou 總不 Tsòng poŭ.

NULLE PART, adv. *Nusquàm.* 無一處 Oŭ ỷ tchóu.

NULLITÉ, s. f. *Vitium, ii, n.* 無用 Oŭ yóng, ou 無能 Oŭ lên. ‖ Faire preuve de —. *Se incapacem præbēre.* 可見他不會 Kŏ kién tǎ poŭ houý, ou 失格 Chĕ kĕ.

NUMÉRAIRE, adj. *Præsens pecunia.* 現銀 Hién ŷn.

NUMÉRATION, s. f. *Numeratio, onis, f.* 數 Soú.

NUMÉRO, s. m. *Nota arithmetica.* 碼子 Mà tsè.

NUMÉROTER, v. a. *Numeris notāre.* 打記號 Tà kỷ haó.

NUQUE, s. f. *Fossa, æ, f.* 後頸窩 Heóu kìn ouō.

NUTRITIF, VE, adj. *Alibilis.* 養得活的 Yàng tĕ hŏ tỷ.

NYMPHE, s, m. *Chrysalis, idis, f.* 繭虫 Tiĕn tchông.

**OBÉDIENCE**, s. f. *Commeatus, ús, m.* 移修院的命 ỷ sieòu ouán tỷ mín. ‖ — (licence). *Licentia.* 度牌 Toú páy.

**OBÉIR**, v. n. *Obedire.* 聽命 Tîn mín. ‖ — à Dieu. *Deo —.* 聽天主的命 Tîn Tiēn-Tchoù tỷ mín. ‖ — à la lettre et non pas à l'esprit de la loi. *Ad verba obed. et non ad mentem.* 守死規矩 Cheòu sè koūy kiù. ‖ — (plier). *Flecti.* 挫彎 Tsiĕ ouán.

**OBÉISSANCE**, s. f. *Obedientia, æ. f.* 聽命 Tîn mín. ‖ Être sous l'—. *Alterius sub potestate esse.* 在人手下 Tsaý jên cheòu hiá.

**OBÉRÉ, ÉE**, adj. *Obæratus.* 拉賬的人 Lā tcháng tỷ jên.

**OBÉRER, (S')**, v. r. *Ære alieno obrui.* 拉賬 Lā tcháng.

**OBÉSITÉ**, s. f. *Obesitas, atis, f.* 胖 Páng.

**OBJECTER**, v. a. *Objicĕre.* 相反 Siāng fán, ou 答對 Tă toúy.

**OBJECTION**, s. f. *Objectio, onis, f.* 不依 Poŭ ỳ. 對答 Toúy tă. 窒碍 Chĕ gaỳ. ‖ Répondre à une —. *Objecta diluĕre.* 抵排 Tỷ páy. ‖ Aller au-devant d'une —. *Id q. objici potest occupăre.* 先解其難 Siēn kiaỳ kỷ′ lán.

**OBJET**, s. m. (chose). *Objectum, i, n.* 東西 Tōng sỳ, ou 物 Oŭ. ‖ Un —. *Unum —.* 一伴東西 Ỳ kién tōng sỳ. ‖ Petits —. *Minuta —.* 零碎的東西 Līn soúy tỷ tōng sỳ. ‖ — des sens. *Quæ sub sensus cadunt.* 有形之物 Yeòu hîn tchē oŭ. ‖ — de la vue. *Quæ oculis percipiuntur.* 看得見的 Kán tĕ kién tỷ. ‖ — de l'ouïe. *Quæ aures feriunt.* 聽得見的 Tîn tĕ kién tỷ. ‖ — du toucher. *Quæ sub tactum cadunt.* 摸得倒的 Mō tĕ taò tỷ. ‖ — de l'odorat. *Quæ odoratu sentiuntur.* 聞得倒的 Ouén tĕ taò tỷ. ‖ — du goût. *Quæ sapore —.* 嘗得倒的 Cháng tĕ taò tỷ. ‖ — de la confiance. *Fide dignus.* 可信的 Kŏ sín tỷ. ‖ — de l'amour. *Amoris materia.* 可愛的 Kŏ gaý tỷ. ‖ — (fin qu'on se propose). *Propositum.* 志向 Tchĕ hiáng. ‖ Avoir pour —. *Habēre pro —.* 歸于 Koūy yū.

**OBJURGATION**, s. f. *Objurgatio, onis, f.* 責徭 Tsĕ pý.

**OBLATION**, s. f. *Oblatio, onis, f.* 献 Hién.

**OBLIGATION**, s. f. *Obligatio, onis, f.* 許的事 Hiù tỷ só. ‖ — verbale. *Verbis contracta.* 口許 Keòu hiù. ‖ — par écrit. *Scripto —.* 約契 Yŏ kỷ′. ‖ — (devoir). *Munus, officium.* 本分 Pèn fén. ‖ S'en acquitter. *Munus obire.* 滿本分 Màn pèn fén. ‖ Y manquer. *Muneri deficĕre.* 缺本分 Kiuĕ pèn fén. ‖ — (engagement qui naît des services reçus). *Gratiæ debitio.* 得人的恩 Tĕ jên tỷ gēn. ‖ Avoir des — à quelqu'un. *Alteri obstrictum esse.* 該報答人 Kaȳ paó tă jên.

**OBLIGATOIRE** (forcé), adj. *Vim obligationis habens.* 該守的 Kaȳ cheòu tỷ.

**OBLIGÉ**, part. *Coactus.* 逼迫 Pỷ pĕ′, ou 莫奈何 Mŏ laý hô. ‖ — à concéder. *Coactus ad concedend.* 不得已許了 Poŭ tĕ ỳ hiù leào. ‖ Je vous suis bien —. *Gratias plurimas!* 我有心 Ngŏ yeòu sīn, ou 多謝你 Tō sié ngỷ.

**OBLIGEANT, E**, adj. *Officiosus.* 有愛情的 Yeòu gaý tsîn tỷ.

**OBLIGER**, v. a. *Obligāre.* 强勉 Kiăng miēn, ou 逼迫 Pỷ pĕ′. ‖ Le traité nous —. *Ligat nos fœdus.* 和約管倒我們 Hô yŏ koùan taò ngŏ mēn. ‖ — quelqu'un. *Adstringĕre aliq.* 强勉 Kiăng miēn. ‖ Être — de faire. *Coactus facĕre.* 有本分做 Yeòu pèn fén tsoú. ‖ — *de aliquo bene merēri.* 大有功于人 Tá yeòu kōng yū jên. ‖ — des ingrats. *Officium male ponĕre.* 枉然顧他 Ouàng jân koú tă′. ‖ S'—. *Se obligāre.* 許 Hiù.

**OBLIQUE**, adj. *Obliquus.* 偏的 Piēn tỷ. 不正 Poŭ tchén. 歪的 Ouaȳ tỷ. ‖ — (plein de ruses). *Subdolus.* 奸詐的 Kiēn tchá tỷ.

**OBLITÉRER**, v. a. (effacer). *Obliterāre.* 塗 Toú.

**OBLONG, GUE**, adj. *Oblongus.* 長條的 Tchăng tiaò tỷ. 長方 Tchăng fāng.

**OBOLE**, s. f. *Obolus, i, m.* 錢 Tsién.

**OBREPTICE**, adj. *Dolose obtentus.* 瞞騙得的 Mân pién tĕ tỷ.

**OBSCÈNE**, adj. *Obscenus.* 污穢的 Oū oúy tỷ. || Paroles —. *Verba* —. 醜陋的話 Tcheǒu leóu tỷ hóa.
**OBSCUR, E**, adj. *Obscurus.* 不明的 Poŭ mĭn tỷ. || Temps —. *Cœlum* —. 天氣昏黑 Tiēn ký houēn hĕ̆. || Mener une vie —. *Famâ obscurâ recondi.* 莫名聲 Mŏ mìn chēn.
**OBSCURCIR**, v. a. *Obscurāre.* 霧 Loú. || S'—. *Obscurāri.* 天黑 Tiēn hĕ̆.
**OBSCURITÉ**, s. f. *Obscuritas, atis, f.* 暗 Gán, ou 不明 Poŭ mĭn. || L'— se répand sur la terre. *Terras caligo involvit.* 霧露沉沉 Oú loú tchĕ̆n tchĕ̆n, ou 天昏 Tiēn houēn. || Tirer quelqu'un de l'—. *Ex humili loco ad honores promovēre.* 保舉人 Paŏ kiù jēn. || Sortir de l'—. *Evehi ad honores.* 先賤後貴 Siēn tsién heóu koúy, ou 一步登天 Ỷ poú tēn tiēn.
**OBSÉDER**, v. a. *Lateri adhærēre.* 死皮賴股的求 Sè pỷ laý koù tỷ kieŏu.
**OBSÈQUES**, s. f. *Exsequiæ, arum, f.* 喪 Sāng. || Faire les — de quelqu'un. *Funus facĕre.* 辦喪事 Pán sāng sĕ̆. || Y assister. *Alicuj. fun. cohonestāre.* 送喪 Sóng sāng.
**OBSÉQUIEUX, SE**, adj. *Obsequiosus.* 恭順的 Kōng chuén tỷ, ou 奉承人的 Fóng tchĕ̆n jēn tỷ.
**OBSERVANCE**, s. f. *Legis observatio.* 守法 Cheòu fă̆, ou 守誡命 Cheòu kiáy mín.
**OBSERVATEUR**, s. m. *Observator, oris, m.* 守法的 Cheòu fă̆ tỷ. || — de sa parole. *Relig. fidem servans.* 不食言的 Poŭ chĕ̆ yēn tỷ. || Avoir un esprit —. *Nihil eum prætĕrit.* 下細得狠 Hiá sý tĕ̆ hĕ̆n.
**OBSERVATION**, s. f. *Notatio, onis, f.* 註解 Tchoú kiaỷ. || — des traités. *Fœderum exsecutio.* 守和約 Cheòu hŏ yŏ.
**OBSERVATOIRE**, s. m. *Sideralis specula, æ, f.* 靈臺 Līm tăy, ou 觀星象 Kouān sīh siáng. || Tour de l'—. *Turris speculatoria.* 觀象臺 Kouān siáng tăy.
**OBSERVER**, v. a. *Observāre.* 守 Cheòu, ou 點伺 Tiēn cháng. || — les astres. *Sidera considerāre.* 看星宿 Kán sīh sioŭ. || — les commandements de Dieu. *Dei mandata servāre.* 守天主十誡 Cheòu Tiēh-Tchoù chĕ̆ kiaỷ. || — quelqu'un. *Aliq. speculāri.* 察人 Tchă̆ jēn. || — (observer). *Adnotāre.* 打記號 Tă̆ ký haŏ. || Cette loi ne s'— plus. 這條律不行了 Tchĕ̆ tiaŏ liŭ poŭ hín leaŏ. || S'—, veiller sur soi. *Se circumspicĕre.* 小心 Siaŏ sīn.
**OBSESSION**, s. f. *Obsessio, onis, f.* 附魔 Foú mŏ.
**OBSTACLE**, s. m. *Obstaculum, i, n.* 阻革 Tsoù kĕ̆. || Mettre —. *Afferre* —. 阻 Tsoù. || Lever les —. *Impedim. eluctāri.* 退阻革 Toúy tsoù kĕ̆.
**OBSTINATION**, s. f. *Obstinatio, onis, f.* 固執 Koú tchĕ̆.
**OBSTINER (S')**, v. r. *Obstināre se.* 執意 Tchĕ̆ ý.

**OBSTRUCTION**, s. f. *Obstructio, onis, f.* 停滯 Tíh tchĕ̆.
**OBSTRUER**, v. a. *Obstruĕre.* 阻塞 Tsoù sĕ̆.
**OBTENIR**, v. a. *Obtinēre.* 得 Tĕ̆. || — le but. *Finem assequi.* 得意 Tĕ̆ ý.
**OBTUS, SE**, adj. *Obtusus.* 鈍的 Tén tỷ.
**OBUS**, s. m. *Globulus pulveris.* 西瓜砲 Sỹ koūa paŏ. || Lancer un —. *Projicĕre.* 放西瓜砲 Fáng sỹ koūa paŏ.
**OBVIER**, v. n. *Malo occurrĕre.* 防害 Fáng haý.
**OCCASION**, s. f. *Occasio, onis, f.* 方便 Fāng pién, ou 機會 Kỹ hoúy. || — prochaine. *Proxima* —. 近方便 Kín fāng pién. || — éloignée. *Remota* —. 遠方便 Yuĕ̆n fāng pién. || — absolue de pécher. *Absoluta peccandi.* 衆人的方便 Tchóng jēn tỷ fāng pién. || — relative. *Relativa* —. 一人的方便 Ỷ jēn tỷ fāng pién. || Saisir l'—. *Occas. cupĕre.* 趁機會 Tchĕ̆n ký hoúy. || Perdre l'—. — *amittĕre.* 失機會 Chĕ̆ ký hoúy. || Si l'— se présente. *Si occasio fuerit.* 若有方便 Jŏ yeoù fāng pién. || — (cause, motif). *Causa.* 緣由 Yuĕ̆n yeòu. || L'— fait le larron (prov.). *Quod promptum est facit furem.* 見財起意 Kién tsaỷ ký ý. || — (combat). *Dimicatio.* 打仗 Tă̆ tcháng.
**OCCASIONNER**, v. a. *Ansam præbēre.* 招惹 Tchaō jĕ̆, ou 找 Tchaŏ. || Cela a — le choléra. *Id pestem movit.* 瘟疫從此來 Ouēn yŏ̆ tsōng tsè̆ laý.
**OCCIDENT**, s. m. *Occidens, tis, m.* 西方 Sỹ fāng.
**OCCIPUT**, s. m. *Occiput, itis, n.* 後腦 Heóu laŏ, ou 後枕骨 Heóu tchĕ̆n koŭ.
**OCCULTE**, adj. *Occultus.* 隱藏的 Ỷn tsăng tỷ. || D'une façon —. *Occultè.* 悄悄的 Tsiaŏ tsiaŏ tỷ.
**OCCUPANT**, adj. || Cela est au premier —. *Est id primò occupanti.* 先到爲君 Siēn taŏ oūy kiūn.
**OCCUPATION**, s. f. *Occupatio, onis, f.* 事 Sĕ̆, ou 工夫 Kōng foū. || Ne pas manquer d'—. *Non desunt occup.* 不得空 Poŭ tĕ̆ kŏ̆ng. || Mes — augmentent de jour en jour. *De die in diem crescunt opera.* 事情更多 Sĕ̆ tsīn kén tō. || Être sans —. *Negotiis vacuus.* 得空 Tĕ̆ kŏ̆ng. || Se reposer de ses —. *Relaxāre se.* 放心 Fáng sīn.
**OCCUPER**, v. a. *Occupāre.* 先占 Siēn tchán. 得 Tĕ̆. 坐 Tsŏ. || Ce dictionnaire — tout mon temps. *Totum tempus in dictionario confic. absumitur.* 我的工夫都是爲這本字彙 Ngŏ tỷ kōng foū toū chĕ̆ ouý tchĕ̆ pĕ̆n tsĕ̆ loúy. || Ce meuble — trop de place. *Arcæ latiori spatio opus est.* 這櫃子占地方得狠 Tchĕ̆ koúy tsè̆ tchán tỷ fāng tĕ̆ hĕ̆n. || — (se saisir). *Occupāre.* 覇占 Pá tchán. || — (une maison). *Habitāre.* 坐房子 Tsŏ fāng tsè̆. || — dix ouvriers. *Opus decem operariis præbēre.* 請十个人做 Tsĭn chĕ̆ kó jĕ̆n tsoú. || S'—. *Rei operam dăre.* 專務 Tchoūan oú.
**OCCURRENCE**, s. f. *Casus, ùs, m.* 偶然 Geòu jăn, ou

308  OCE  ŒU

遇着 Yú tchŏ. ‖ Dans cette —. *In hoc casu.* 那時節 Lá chĕ tsiĕ, ou 遇這樣的事 Yú tché yáng tỷ sé.

OCÉAN, s. m. *Oceanus, i, m.* 大海 Tá haỷ.

OCRE, s. m. *Ochra, æ, f.* 赭石 Tchĕ chĕ.

OCTAVE, s. f. *Octava, æ, f.* 八日之久 Pă jĕ tchē kieòu. ‖ Jour octaval. — *dies.* 第八日 Tý pă jĕ. ‖ — (terme de musique). 八音 Pă yn, ou 過八律復其音 Kó pă liŭ foŭ kỷ yn.

OCTOBRE, s. m. *October, ris, m.* 洋十月 Yáng chĕ yuĕ.

OCTOGONE, adj. *Octogonus.* 八角的 Pă kŏ tỷ.

OCTROI, s. m. *Concessio, onis, f.* 許 Hiŭ. ‖ Maison de l'—. *Vectigalium domus.* 稅廳 Choúy tīn.

OCULAIRE, adj. *Testis oculatus.* 親眼見的 Tsīn yèn kién tỷ.

ODE, s. f. *Oda, æ, f.* 一首詩 Ў cheòu chĕ.

ODEUR, s. f. *Odor, oris, m.* 氣 Kỳ. ‖ Bonne —. *Fragrantia.* 香氣 Hiāng kỳ. ‖ Mauvaise —. *insuavis.* 臭氣 Tcheŏu kỳ. ‖ Être sans —. *Inodorus.* 無氣味的 Où kỳ oúy tỷ. ‖ Répandre une bonne —. *Jucundè olēre.* 香得好 Hiāng tĕ haŏ. ‖ N'en avoir pas. *Inodorus esse.* 不香 Poŭ hiāng. ‖ Répandre une mauvaise —. *Fœtēre.* 臭 Tcheŏu. ‖ — (renommée). *Fama.* 名聲 Mīn chēn. ‖ Mourir en — de sainteté. *In odore sanctitatis mori.* 善終 Chán tchōng. ‖ N'être pas en grande — de sainteté. 無名 Où mīn.

ODIEUX, SE, adj. *Odiosus.* 可恨的 Kŏ hén tỷ. ‖ Se rendre —. *Exosus esse.* 兜人恨 Teŏu jèn hén.

ODORAT, s. m. *Odoratus, ús, m.* 鼻聞 Pỷ oúen, ou 鼻管 Pỷ koùan. ‖ — fin. *Acuta nares.* 鼻子尖 Pỷ tsĕ tsiēn. ‖ Blesser l'—. *Nares offendēre.* 殠人 Tcheoú jèn, ou 難聞 Lán ouén.

ŒCUMÉNIQUE, adj. *Generalis.* 公的 Kōng tỷ.

ŒIL, s. m. *Oculus, i, m.* 眼睛 Yèn tsīn, ou 眼目 Yèn moŭ. ‖ Un —. *Unus —.* 一隻 Ў tchĕ. ‖ Le coin de l'—. *Oculi angulus.* 眼角 Yèn kŏ. ‖ Le blanc de l'—. — *album.* 眼白 Yèn pĕ. ‖ La prunelle de l'—. — *pupilla.* 眼珠 Yèn tchoū. ‖ La pupille. *Pupilla.* 瞳人 Tōng jēn. ‖ — perçant. *Acutus oculus.* 眼睛尖 Yèn tsīn tsiēn. ‖ En un clin d'—. *Puncto temporis.* 貶个眼睛 Piĕn kŏ yèn tsīn. ‖ Voir d'un — sec. *Siccis oculis vidēre.* 硬起心腸看 Gén kỳ sīn tchǎng kǎn. ‖ Chacun a les — sur vous. *Oculi omnium in te.* 衆人看你 Tchōng jĕn kǎn ngỳ. ‖ Avoir l'— sur ses élèves. *Alumnos diligentiùs servāre.* 照倒學生 Tchaó taò hiŏ sēn. ‖ Voir de bon —. *Æquis ocul. aspicēre.* 待得好 Taỳ tĕ haŏ. ‖ Fermer les —. *Oculos claudēre.* 閉眼睛 Pỷ yèn tsīn. ‖ Dévorer des —. *Oculis devorāre.* 看一頓 Kǎn ў tén. ‖ Cela saute aux —. *Id in omn. oculos in-*

*currit.* 這是明事 Tchĕ ché mīn sé. ‖ Le bambou croît à vue d'—. *In dies crescit arundo.* 笋子一天一天長起來了 Sèn tsĕ ỷ tiēn ỷ tiēn tchàng kỷ laỷ leào. ‖ Avoir plus grands — que grand ventre. (Prov.) 眼大肚脾小 Yèn tá toú pỷ siào. ‖ Aimer quelqu'un comme ses —. 愛得狠 Gaỳ tĕ hèn. ‖ — de fleur. *Oculus, gemma.* 花包 Hoā paō. ‖ —-de-bœuf. *Fenestr. orbiculata.* 圓牕 Yuēn tsǎng. ‖ Partie supérieure de l'—. 咽喉 Yn heóu. ‖ Le passage de l'—. 喉嚨 Heóu lóng.

ŒILLADE, s. f. *Oculor. conjectus, ús, m.* 眉來眼去 Mỳ laỷ yèn kiŭ. ‖ S'en jeter. *Inter se furtim aspicēre.* 眉來眼去 Mỳ laỷ yèn kiŭ.

ŒSOPHAGE, s. m. *Œsophagus, i, m.* 硬喉膈 Gén heôu kĕ, ou 胃管通食 Oúy koùan tōng chĕ. ‖ Spasme d'—. 噎膈病 Ў kĕ pín.

ŒUF, s. m. *Ovum, i, n.* 蛋 Tán. ‖ Œufs frais. — *apala.* 新鮮蛋 Sīn siēn tán. ‖ — passé. — *vetus.* 陳蛋 Tchĕn tán. ‖ — pourri naturellement. 殠蛋 Tcheoú tán. ‖ — couvé. 寡蛋 Koùa tán. ‖ — salé. 鹽蛋 Yēn tán. ‖ — pourri artificiellement, à la manière chinoise. 皮蛋 Pỷ tán. ‖ Coque d'—. *Ovi putamen.* 蛋殼 Tán kŏ. ‖ Jaune de l'—. *Vitellus.* 蛋黃 Tán houáng. ‖ Blanc de l'—. *Ovi album.* 蛋白 Tán pĕ, ou 蛋精 Tán tsīn. ‖ Germe de l'—. *Ovi umbilicus.* 蛋羢 Tán jóng. ‖ Faire des —. *Ova edēre.* 生蛋 Sēn tán. ‖ Couver des —. 抱蛋 Paó tán. ‖ — fécondé. 有公雞生的蛋 Yeŏu kōng kỳ sēn tỷ tán. ‖ Prendre les — dans le nid des oiseaux. 取雀蛋 Tsiŭ tsiŏ tán. ‖ — à la coque. 湯蛋 Tāng tán. ‖ — fricassé. 炒雞蛋 Tchaŏ kỳ tán. ‖ — non fécondé. *Urinum ovum.* 寡蛋 Koùa tán. ‖ — au miroir, ou pochés. 荷包蛋 Hô paō tán. ‖ — battus, ou omelette. 調蛋 Tiaó tán. ‖ — au bain-Marie. 蒸蛋 Tchēn tán. ‖ — de mouche. 蒼繩白渣 Tsāng yn pĕ tchā. ‖ — de tortue. 忘八蛋 Ouáng pă tán. ‖ — de fourmi. 螞蟻蛋 Mà ỷ tán. ‖ — de poux. 蝨子 Kỳ tsĕ. ‖ — de poissons. 鯤 Koùen, ou 魚春 Yû tchoūn. ‖ — de grenouilles. 科斗 Kŏ teòu, ou 魚子 Yû tsĕ. ‖ — de ver à soie. 蠶種 Tsǎn tchōng.

ŒUVRE, s. f. *Opus, eris, n.* 工夫 Kōng foŭ. ‖ — libérale. 用明悟的工夫 Yóng mīn où tỷ kōng foŭ. ‖ — servile. 手上的工夫 Cheŏu chǎng tỷ kōng foŭ. ‖ — commune. 平常的工夫 Pín chǎng tỷ kōng foŭ. ‖ Mettre la main à l'—. *Manum operi admovēre.* 起工 Kỷ kōng, ou 動手 Tóng cheŏu. ‖ Mettre en —. *Adhibēre.* 用 Yóng. ‖ Mettre tout en — pour réussir. *Omnes nervos contendere.* 千方百計 Tsiēn fāng pĕ kỳ. ‖ — de Confucius. 孔子的書 Kōng tsĕ tỷ choū.

‖ —. *Factum, facinus.* 事 Sé. ‖ Bonnes —. 善功 Chán kōng. ‖ — méritoires. 有功勞的事 Yeòu kōng laŏ tỷ sé. ‖ — naturelles. 本性的功 Pèn sín tỷ kōng. ‖ — surnaturelles. 超性的善功 Tchaō sín tỷ chán kōng. ‖ Traiter chacun selon ses —. *Sua cuique merita rependère.* 照功行賞 Tchaó kōng hīn chàng. ‖ Les quatorze — de miséricorde chrétienne. 神哀矜之行 Chēn gaỹ kīn tchē hǐn. ‖ Les bonnes — chinoises dites : 荒政 Houāng tchén et 保息之政 Paò sỷ tchē tchén. ‖ Hors d'—. *Fercula additita.* 碟子 Tiĕ tsè, ou 盤子 Pǎn tsè. ‖ Hors d'—. *Extrá thema verba.* 野話 Yĕ hoá.

*Les sept bonnes œuvres corporelles des Chrétiens.*

1° 食飢者 Chĕ kỹ tchĕ. Nourrir ceux qui ont faim.
2° 飲渴者 Ỷn kŏ tchĕ. Offrir à boire à ceux qui ont soif.
3° 衣裸者 Ỹ ló tchĕ. Vêtir ceux qui sont nus.
4° 顧病人及囹圄者 Koú pín jēn kỹ lín yù tchĕ. Visiter les malades et les prisonniers.
5° 舍旅者 Chĕ liù tchĕ. Recevoir les pèlerins.
6° 贖擄者 Choŭ loù tchĕ. Racheter les captifs.
7° 葬死者 Tsǎng sè tchĕ. Ensevelir les morts.

*Les sept bonnes œuvres spirituelles des Chrétiens.*

1° 教訓愚蒙者 Kiáo hiún y ûmōng tchĕ. Instruire les ignorants.
2° 責有過失者 Tsĕ yeòu kó chĕ tchĕ. Donner des avis à ceux qui pèchent.
3° 安慰憂患者 Gān oúy yeōu hoúan tchĕ. Consoler les affligés.
4° 以善策提者 Ỷ chán tsĕ tỷ tchĕ. Donner à tous le bon exemple.
5° 寬恕人之弱行 Koūan choú jēn tchĕ jŏ hǐn. Pardonner aux faibles.
6° 眞赦侮我者 Tchēn ché où ngŏ tchĕ. Pardonner à ceux qui nous offensent.
7° 爲生死者並諸仇人虔心祈禱 Oúy sēn sè tchĕ pín tchoū tcheŏu jēn kiēn sīn kỷ taò. Prier pour tous les hommes et pour nos ennemis en particulier.

Les Chinois infidèles ont deux espèces de bonnes œuvres. Les unes se nomment 荒政 Hoāng tchén; les autres 保息之政 Paò sỷ tchē tchén.

*Voici les premières :*

1° 激災 Kieŏu tsaỹ. Secourir les populations qui ont souffert des inondations.
2° 極飢 Kỷ kỹ. Secourir les populations qui ont souffert de la sécheresse ou des longues pluies.
3° 平糶 Pín yáo. Acheter, à plus haut prix, du riz aux époques où il est à vil prix, et le revendre, à plus bas prix, quand il devient plus cher, en faveur des pauvres.
4° 貸粟 Hó choŭ. Prêter, sans intérêt, le riz de l'État aux populations qui ont souffert de la sécheresse.
5° 蠲賦 Toŭ foŭ. Diminuer les impôts aux populations qui ont éprouvé des calamités.
6° 緩徵 Hoùan tchēn. Retarder l'époque de la levée des impôts.
7° 通商 Tōng chāng. Faire venir d'un autre lieu du riz pour les localités qui en manquent, en diminuant le tribut imposé aux marchands de riz.
8° 勸輸 Kiŭen choŭ. Récompenser, par une charge de préfecture, les riches qui font de grandes aumônes.
9° 嚴奏報之期 Niēn tseóu paó tchē kỷ. Récompense aux mandarins qui annoncent à temps à l'Empereur les époques de famine.
10° 辨災傷之等 Pán tsaỹ chāng tsè tèn. Récompense à ceux qui examinent les causes et degrés de la famine.
11° 興土工 Hīn tŏu kōng. Commencer des bonnes œuvres aux époques de famine.
12° 反流亡 Fàn lieŏu ouāng. Retenir, dans leur patrie, les populations affamées, en leur procurant des vivres, et en faisant revenir ceux qui ont émigré pour cause de famine, en leur procurant du viatique.

*Voici les deuxièmes Œuvres, dites :*
保息之政 Paò sỷ tchē tchén.

1° 賜復 Tsé foŭ. Remettre pour un an tout l'impôt foncier de l'Empire.
2° 免科 Mièn kō. Accorder à quelques provinces la remise des impôts.

3° 除役 Tchŏu yŏu. Dispenser le peuple des travaux publics.

4° 振熒獨 Tchén kiŏng toŭ. Nourrir, dans les hospices dits : 養濟院 Yàng tsý oúan, les pauvres dénués de tout secours.

5° 養幼孤 Yàng yeóu koŭ. Entretenir, dans les asiles dits : 青嬰堂 Yoŭ ȳn tǎng, les enfants abandonnés.

6° 收羈窮 Cheōu kỷ kiŏng. Faire l'aumône de riz et de sapèques aux pauvres pèlerins réunis dans l'asile réservé à cet usage.

7° 安節孝 Gān tsiĕ hiáo. Faire l'aumône aux pauvres veuves qui veulent garder la viduité.

8° 邮薄宦 Sỷ pŏ hoúan. Secourir les mandarins dégradés et de retour chez eux, en leur fournissant des vivres convenablement et leur donnant les honneurs de la sépulture.

9° 矜罪囚 Kīn tsoúy tsieŏu. Fournir aux prisonniers du riz, du sel, des légumes et des habits en hiver.

10° 撫難夷 Foŭ lán ỷ. Secourir les naufragés, en leur fournissant des vivres et leur procurant un navire.

**OFFENSER**, v. a. *Offendĕre*. 得罪 Tĕ̆ tsoúy. ‖ — grandement. *Multùm* —. 大凌辱 Tá lín joŭ. ‖ — Dieu. *Deum offendĕre*. 得罪天主 Tĕ̆ tsoúy Tiēn Tchoŭ. ‖ — les oreilles chastes. *Pudicas aures lædĕre*. 說醜陋話 Chŏ tcheŏu leóu hoá. ‖ S'—, c.-à-d. se choquer. *Offendi*. 小氣 Siaŏ kỷ.

**OFFERTOIRE**, s. m. *Offertorium, ii, n*. 獻餅酒 Hién pìn tsieŏu.

**OFFICE**, s. m. *Officium, ii, n*. 恩 Gēn. ‖ Rendre un bon —. *Adjuvāre alios*. 幫忙人 Pāng máng jĕn. ‖ — (devoir). *Munus*. 本分 Pèn-fén. ‖ Faire son —. *Munus obīre*. 滿本分 Màn pèn-fén. ‖ Entrer en —. *Præfecturam ingredi*. 上任 Cháng juén. ‖ — divin, ou chose sacrée. *Res divīna, sacrum*. 聖事 Chén sé. ‖ Faire l'— divin. *Sacrum agĕre*. 獻聖祭 Hién chén tsý. ‖ Y assister. *Adesse* —. 聽彌撒 Tīn mỷ sǎ. ‖ — divin. *Preces diurnæ*. 日課 Jĕ̆ kŏ̆. ‖ Réciter l'—. *Recitāre officium*. 念日課 Nién jĕ̆ kŏ̆. ‖ — (lieu où l'on dépose les mets). *Cella vasaria*. 食物房 Chĕ̆ oŭ fāng.

**OFFICIAL**, s. m *Officialis*. 掌教內務司 Tchàng kiáo loúy oŭ sē.

**OFFICIEL, LE**, adj. *Certus*. 公的 Kōng tỷ, ou 一定的 Ỷ tín tỷ.

**OFFICIER**, s. m. *Dux, ucis, m*. 首人 Cheòu jĕn.

**OFFICIEUX, SE**, adj. *Officiosus*. 有愛情的 Yeòu gáy tsíu tỷ.

**OFFRANDE**, s. f. *Donum Deo*. 禮物 Lỷ oŭ.

**OFFRANT, E**, adj. *Licitans*. 爭買 Tsēn maỷ. ‖ Adjuger au plus —. *Ei qui plùs licetur addicĕre*. 那个出價多賣與那个 Lá kó tchŏu kiá tō maỷ yù lá kó.

**OFFRE**, s. f. *Oblata res, ei, f*. 送 Sóng. ‖ Accepter une —. *Accipĕre* —. 受 Cheóu, ou 允 Yùn.

**OFFRIR**, v. a. *Offerre*. 送 Sóng. ‖ — un cadeau. *Munus* —. 送禮物 Sóng lỷ oŭ.

**OFFUSQUER**, v. a. *Visum impedīre*. 遮他的亮 Tchĕ̆ tá tỷ leáng. ‖ — la raison. *Menti tenebras offundĕre*. 不合理 Poŭ hŏ lỷ. ‖ — (déplaire). *Displicēre*. 不中人意 Poŭ tchóng jĕn ỷ.

**OINDRE**, v. a. *Ungĕre*. 擦 Tchǎ̆.

**OING**, s. m. *Axungia, æ, f*. 猪油 Tchoū yeŏu. ‖ Fondre l'—. *Liquefacĕre* —. 蒸猪油 Gaô tchoū yeŏu.

**OISEAU**, s. m. *Avis, is, f*. 雀 Tsiŏ̆. (*Voir l'Appendice*.) ‖ Prendre un —. *Capĕre* —. 捉雀子 Tchŏ tsiŏ̆ tsĕ̆. ‖ Nourrir un —. *Nutrīre* —. 餵雀子 Oúy tsiŏ̆ tsĕ̆. ‖ Le tuer. *Occidĕre* —. 殺雀子 Chǎ̆ tsiŏ̆ tsĕ̆. ‖ Le déplumer. *Pennas auferre*. 撏雀子 Hiuēn tsiŏ̆ tsĕ̆.

**OISEUX, SE**, adj. *Otiosus*. 空閒的 Kōng hién tỷ. ‖ Parole —. *Verbum* —. 空話 Kōng hoá.

**OISIF, VE**, adj. (fainéant). *Otiosus*. 懈怠的 Hiáy táy tỷ. ‖ Être — (être inoccupé). *Otiosus esse*. 得閒息 Tĕ̆ hién táy. ‖ Argent —. *pecunia*. 空銀子 Kōng ȳn tsĕ̆.

**OMBILICAL**, adj. ‖ Cordon —. *Umbilicatus funis*. 臍帶 Tsỷ táy.

**OMBRAGE**, s. m. *Umbra, æ, f*. 影子 Ȳn tsĕ̆. ‖ Donner de l'—. *Opacāre*. 有影子 Yeŏu ȳn tsĕ̆. ‖ — (soupçon). *Suspicio*. 疑惑 Nỷ houảy. ‖ Porter — à quelqu'un. — *movēre*. 兜人犯疑 Teōu jĕn fán nỷ.

**OMBRAGEUX, SE**, adj. *Pavidus equus*. 馬驚 Mà kīn. ‖ — (soupçonneux). *Suspicax*. 疑心重的 Nỷ sīn tchóng tỷ.

**OMBRE**, s. f. *Umbra, æ, f*. 影子 Ȳn tsĕ̆. ‖ —. *Noctis*. 黑暗 Hĕ̆ gán. ‖ Faire — à quelqu'un. *Suspic. movēre*. 令人犯疑 Lín jĕn fán nỷ. ‖ — des arbres. *Umbra*. 樹影 Choú ȳn. ‖ Chercher l'—. *Captāre* —. 涼影 Hiĕ̆ leǎng. ‖ — (prétexte). *Prætextus*. 借的話 Taié tỷ hoá. ‖ — (apparence). *Species*. 樣子 Yáng tsĕ̆. ‖ — d'utilité. *Aliq. species utilitatis*. 一點點利益 Ỷ tièn tièn lỷ ỷ. ‖ N'avoir pas l'— du sens commun. *Planè carēre sensu communi*. 全不合理 Tsuén poŭ hŏ lỷ. ‖ — en peinture. *Umbræ*. 陰陽 Ȳn yàng. ‖ —. *Manes*. 鬼 Koùy.

OMBRELLE, s. f. *Umbella mandarinalis.* 日罩子 Jě tcháo tsè. ‖ — offerte au mandarin par reconnaissance. 萬名傘 Ouán mìn sàn.

OMBRER, v. a. *Umbras opponĕre.* 畫陰陽 Hóa ȳn yáng.

OMETTRE, s. f. *Omittĕre.* 铁少 Kiuě chaò, ‖ — (ne pas dire). *Tacēre.* 不說 Poŭ chŏ.

OMELETTE, s. f. *Ovorum intrita, æ, f.* 挑的雞蛋 Tiáo tỷ kỷ tán.

OMNIPOTENCE, s. f. *Omnipotentia, æ, f.* 全能 Tsŭen lên.

OMOPLATES, s. f. *Omoplatæ, arum, f.* 𩨂骨 Kŏŭ, ou 飯匙骨 Fàn chě koŭ.

ON, pron. indéfini, se tourne souvent en chinois par : il y en a qui. ‖ — dit. *Aiunt.* 有人說 Yeòu jên chŏ. ‖ — voit des gens qui. *Sunt qui.* 有些人 Yeòu sỹ jên. ‖ — ne doit pas rougir d'avouer sa faute. *Non erubescendum est confiteri culpam.* 不要害羞認罪 Poŭ yáo háy sieŏu jén tsoúy.

ONANISME, s. m. *Onanismus, i, m.* 交媾走精 Kiaō keŏú tseòu tsĭn. ‖ Faire ce péché. *Modo Onan. peccāre.* 交媾走精 Kiaō keŏú tseòu tsĭn, ou 弄陰失精 Lông ȳn chě tsĭn.

ONCE, s. f. *Uncia, æ, f.* 兩 Leàng, laquelle vaut 37 grammes 58 milligr.

| L'once se divise en 10 Tsiěn. | 十錢 | Chě tsiěn. |
| Le Tsiěn — en 10 Fén. | 十分 | Chě fén. |
| Le Fén — en 10 Lỷ. | 十厘 | Chě lỷ. |
| Le Lỷ — en 10 Háo. | 十毫 | Chě haŏ. |

On va rarement au-delà dans la pratique.

ONCLE, s. m.
— (frère aîné du père). *Patruus.* 伯爺 Pě yě.
— (frère cadet du père). 叔爺 Choŭ yě.
— (mari de la sœur aînée du père). } 姑爺 Koū yě.
— (mari de la sœur cadette du père).
— (frère de sa mère). *Avunculus.* 舅爺 Kieòu yě.
— (maris des sœurs de sa mère). 姨爹 Ȳ yě.

ONCTION, s. f. (action d'oindre). *Unctio, onis, f.* 擦 Tchǎ. ‖ — (qui est capable d'émouvoir). *Sensus movens.* 能動 Lên tóng tỷ. ‖ Avoir beaucoup d' — en prêchant. *Hortando movēre corda.* 傳道理動人的心 Tchouán taó lỷ tóng jên tỷ sĭn. ‖ Ce livre a de l' —. *Hic liber sapore plenus est.* 這本書有味道 Tchě pèn choŭ yeŏu oúy táo.

ONDE, s. f. *Unda, æ, f.* 波浪 Pō láng.

ONDÉE, s. f. *Nimbus, i, m.* — 陣雨 Ȳ tchěn yù.

ONDOYER, v. a. *Undāre.* 起波浪 Kỷ pō láng. ‖ — (baptiser sans les cérémonies un enfant). *Absque solemni ritu baptizāre.* 無禮付洗 Oŭ lỷ foú sỷ.

ONDULATION, s. f. *Tremula agitatio.* 水浪 Choùy láng.

ONÉREUX, SE, adj. *Onerosus.* 重的 Tchóng tỷ, ou 囉唆的 Lō sō tỷ. ‖ Contrat —. *Contractus —.* 打夥上了當 Tá hŏ cháng leaò táng.

ONGLE, s. m. *Unguis, is, m.* 指甲 Tchě kiǎ. ‖ Bout des —. *Unguium acies.* 指甲尖尖 Tchě kiǎ tsiēn tsiēn. ‖ Laisser croître ses — à la mode chinoise. *Non rescecāre ungues.* 蓄指甲 Hioŭ tchě kiǎ. ‖ Les couper. *Ungues secāre.* 剪指甲 Tsiēn tchě kiǎ. ‖ Nettoyer ses —. *Mundāre —.* 把指甲洗乾凈 Pà tchě kiǎ sỷ kān tsín. ‖ Rogner les — à quelqu'un *Alic. pennas incidĕre.* 斷他羽翼 Toúan tā yỷ yù. ‖ S'en prendre à quelqu'un qui a bec et — pour se défendre. *Dente petĕre remorsurum.* 銅鍋遇着鐵刷把 Tông kŏ yú tchŏ tiě choǎ pā.

ONGUENT, s. m. *Unguentum, i, n.* 膏油 Kaō yeŏu.

OPAQUE, adj. *Opacus.* 密的 Mỷ tỷ, ou 不透亮的 Poŭ teŏu leáng tỷ.

OPÉRA, s. m. *Fabula, æ, f.* 曲本 Kioŭ pèn.

OPÉRATION, s. f. *Operatio, onis, f.* 行為 Hìn oúy. ‖ — chirurgicale. *Chirurgicalis —.* 割 Kŏ, ou 剜 Ouān. ‖ — naturelle. *Alvum purgāre.* 出恭 Tchŏŭ kōng.

OPÉRER, v. a. *Facēre.* 行 Hìn, ou 做 Tsoú. ‖ — un miracle. *Miraculum —.* 顯聖跡 Hiēn chén tsý. ‖ Ce remède a —. *Valuit remedium.* 藥有效 Yŏ yeòu hiáo.

OPHTHALMIE, s. f. *Ophthalmia, æ, f.* 火眼 Hŏ yèn. 眼煊 Yèn tchěn. 目赤目膜 Moŭ tchě moŭ mŏ. ‖ — aiguë. 新患眼 Sīn houán yèn. ‖ — chronique. 遠年患眼 Yuèn niên houán yèn. ‖ — purulente. 眼膠 Yèn kiaō. ‖ — rhumatismale. 瘰癧眼疾 Loŭy lỷ yèn tsý. ‖ — scrofuleuse. 眼風病 Yèn fōng pín. ‖ — gonorrhéale. 色眼 Sě yèn.

OPILATION, s. f. *Obstructio, onis, f.* 停滯住 Tìn tchě tchoù.

OPILER, v. a. *Obstruĕre.* 塞 Sě.

OPINER, v. a. *Sententiam dicĕre.* 說主意 Chŏ tchoù ý. ‖ — du bonnet. *Sequi alios.* 依人說 Ȳ jên chŏ.

OPINIÂTRE, adj. *Pertinax.* 固執的 Koú tchě tỷ. ‖ Combat —. *Acris pugna.* 大戰 Tá tchán. ‖ Être — à son opinion. *Sententia suæ pervicax esse.* 執意 Tchě ý.

OPINIÂTRER (S'), v. *Animum obfirmāre.* 執意 Tchě ý.

OPINION, s. f. *Opinio, onis, f.* 意見 Ý kién. ‖ Donner son —. *Sententiam dicĕre.* 說自己的意思 Chŏ tsé kỷ tỷ ý sē. ‖ En changer. — *mutāre.* 改主意 Kaỷ tchoù ý. ‖ Y demeurer. *In — manēre.* 恒心 Hên sīn. ‖ Amener quelqu'un à son —. *In suam — aliq. addu-cĕre.* 引人順自己的意 Ȳn jên chuén tsé kỷ tỷ ý. ‖ Selon mon —. *Me judice.* 我想 Ngŏ siàng. ‖ — (croyance). *Opinio.* 意思 Ý sē. ‖ — différente. *Discrepans —.* 意見不同 Ý sē poŭ tông. ‖ — erronée. *Erronea* —. 想錯 Siàng tsŏ́. ‖ — (estime). *Judicium*. 審斷 Chèn touán. ‖ Avoir une fausse — de quelqu'un. *Fals. opin. de aliq. habēre.* 冒斷審人 Maò chèn touán jên. ‖ Tromper l'— qu'on avait sur soi. *Exspectationem sui non sustinēre.* 負人之望 Foú jên tchē ouáng. ‖ La surpasser. *Vincēre opinionem.* 過人所望 Kó jên sŏ ouáng. ‖ Avoir bonne — de soi. *De se benè sentīre.* 自滿 Tsé màn, ou 自賞 Tsé kouý.

OPIUM, s. m. *Opium, ii, n.* 鴉片煙 Yā piēn yên. ‖ — cru. 生煙 Sēn yên. ‖ — cuit. 熟煙 Choú yên. ‖ Cuire l'—. 熬煙 Gaô yên. ‖ Le purifier. 濾煙 Liú yên. ‖ Le fumer. 喫煙 Tchĕ́ yên. ‖ Fumer la première coction. 喫頭道煙 Tchĕ́ teóu taó yên. ‖ Fumer la deuxième coction. 喫二道煙 Tchĕ́ eùl taó yên. ‖ Désir de fumer. 煙癮 Yên ỳn. ‖ Ce désir est venu. 煙癮發了 Yên ỳn fă leào. ‖ Pipe à fumer l'—. 煙槍 Yên tsiāng. ‖ Broche pour rôtir l'—. 籤子 Tsiēn tsè. ‖ Sédiment de l'—. 煙屎 Yên chè. ‖ Hôtellerie à —. 煙館 Yên kouàn.

OPPIGNÉRER, v. a. *Oppignerāre.* 當 Táng. ‖ — un champ. *Agrum* —. 當田 Táng tiên. ‖ — (écrire le contrat). *Contractum — scribēre.* 寫當契 Siè táng ký́. ‖ Le rompre. *Frangēre* —. 換約契 Hoúan yŏ ký́. ‖ Sous- —. *Suboppignerāre.* 賣當票 Maý́ táng piāo.

OPPORTUN, E, adj. *Opportunus.* 合式的 Hŏ chĕ́ tý́.

OPPOSÉ, ÉE, adj. *Adversus.* 相對的 Siāng toúy tý́. ‖ Rive —. *Ripa* —. 對河坎 Toúy hŏ kǎn. ‖ Dire des choses —. *Pugnantia dicēre.* 說相反的話 Chŏ siāng fān tý́ hoá.

OPPOSER, v. a. *Opponēre.* 阻擋 Tsoù táng. ‖ — la force à la force. *Vim vi repellēre.* 以強驅強 Ỳ kiāng kiǔ kiáng. ‖ — une chose. *Objicēre.* 對 Toúy, ou 說相難人 Chŏ hoá lán jên. ‖ S'— aux desseins de quelqu'un. *Consiliis obsistēre.* 敢謀 Paý́ móng.

OPPOSITE (A L'), adv. *Ex adverso.* 相對 Siāng toúy, ou 對面 Toúy miên.

OPPOSITION, s. f. *Objectus, ūs, m.* 阻擋 Tsoù táng. ‖ — (contrariété). *Repugnantia.* 不相合 Poù siāng hŏ. ‖ Former — à une procédure. 告狀 Kaó tchoúáng.

OPPRESSER, v. a. *Obstruēre, opprimēre.* 塞 Sĕ́, ou 欺負人 Ký́ foú jên.

OPPRESSION, s. f. *Suffocatio, onis, f.* 蹩氣 Pý́ ký́. ‖ — d'estomac. *Stomachi* —. 發喘 Fă tchoàn. ‖ Mourir d'—. *Suffocatione mori.* 壓死 Yă sè. ‖ —. *Oppressio.* 壓 Yă.

OPPRIMER, v. a. *Opprimēre.* 壓 Yă.

OPPROBRE, s. m. *Dedecus, oris, n.* 凌辱 Lîn joŭ. ‖ Être l'— de sa famille. 辱沒家聲 Joŭ moŭ kiā chēn, ou 玷辱祖宗 Tiên joŭ tsoù tsōng.

OPTER, v. a. *Eligēre.* 選 Siuèn.

OPTION, s. f. *Optio, onis, f.* 選 Siuèn. ‖ Donner l'—. *Optionem permittĕre.* 隨人選 Soúy jên siuèn.

OPTIQUE, s. f. *Optice, es, f.* 眼看之覬 Yèn kǎn tchē koúy. ‖ Nerf —. *Nervus opticus.* 眼膜 Yèn mŏ. 服總筋 Foŭ tsòng kīn, ou 目系 Moŭ sê.

OPULENT, E, adj. *Opulentus.* 發財的 Fă tsáý tý́.

OR, s. m. *Aurum, i, n.* 金子 Kīn tsè. ‖ — pur. *Merum* —. 淨金子 Tsín kīn tsè. ‖ L'— pur ne craint pas le feu. (Prov.) 真金不怕火 Tchēn kīn poŭ pă hŏ. ‖ — en feuille. 金箔 Kīn pŏ́. ‖ — en lingot. 一塊金子 Ỳ́ kouáý kīn tsè. ‖ — en poudre. 水金 Choùy kīn. ‖ Drap d'—. 金布 Kīn poŭ. ‖ Chercher l'—. 淘金 Taó kīn. ‖ Le couler. 傾金子 Kīh kīn tsè.

ORACLE, s. m. *Oraculum, i, n.* 說先兆 Chŏ siēn tchaó. ‖ Consulter l'—. — *consulēre.* 占 Tchān. 卜 Pŏu. 問吉凶 Ouén ký́ hiōng. ‖ Rendre un —. — *edēre.* 應兆 Ýn tchaó. ‖ Être l'— du lieu. *Omnes loci credunt ei.* 本方衆人俱服他 Pèn fāng tchóng jên peý́ foŭ tā́.

ORAGE, s. m. *Turbo, inis, m.* 暴風 Paó fōng. ‖ L'— se lève. *Mīnatur* —. 要起暴風 Yáo ký́ paó fōng.

ORAISON, s. f. ‖ — funèbre. *Laudatio funebris.* 祭文 Tsý́ ouên, ou 填上碑文 Fên cháng peý́ ouên. ‖ ‖ — (prière). *Precatio, preces.* 祈禱 Ký́ taò. ‖ — vocale. *Vocalis* —. 口經 Keòu kīn. ‖ — mentale. 默想 Mĕ́-siàng. ‖ Faire —, c.-à-d. méditer. *Meditāri.* 默想 Mĕ́ siàng.

ORANGE, s. f. *Malum aureum.* 柑子 Kān-tsè. ‖ Un grain d'—. 子 Tsè, ou 核 Hĕ́. ‖ Peau d'—. 青皮 Tsīn pý́. ‖ Un quartier d'—. 一瓣 Ỳ́ pán.

ORATEUR, s. m. *Orator, oris, m.* 鄉約 Hiāng yŏ, ou 辯士 Piên sé.

ORATOIRE, s. m. *Sacellum, i, n.* 小經堂 Siào kīn táng.

ORBITE, s. f. *Orbita, æ, f.* 星週道 Sīh tcheōu taó, ou 星輪 Sīh lên. ‖ L'orbite de la lune est distante du centre de la terre de 482,522 lieues. 月輪天離地心四十八萬二千五百二十二里 Yuĕ́ lên Tiēn lý ský́ sín sé chĕ́ pă ouán eùl taiēn où pĕ́ eùl sĕ́ eùl lý. ‖ — de l'œil. 眼眶 Yèn koúáng (ou kiáng).

ORCHESTRE, s. m. *Orchestra, æ, f.* 一陣樂 Ỳ́ tchên yŏ.

ORDINAIRE, adj. *Solitus.* 平常的 Pîn chǎng tý́. ‖ Travail —. *Labor quotidianus.* 平常的活路 Pîn chǎng tý́ hŏ loú. ‖ Capacité —. *Ingenium commune.* 中等的明悟 Tchōng tèn tý́ mîn oú. ‖ A mon —. *Meo more.* 我平常這樣做 Ngò pîn chǎng tchĕ́ yáng tsoú. ‖ Contre l'—. *Præter morem.* 不合風俗 Poù hŏ fōng sioŭ. ‖ L'—. *Episcopus proprius.* 本省主教 Pèn sèn tchoù kiáo.

ORDINATION, s. f. *Ordinatio, onis, f.* 付神品 Foú chên pìn.

**ORDONNANCE**, s. f. *Ordo, inis, m.* 次序 Tsé siú, ou 安排 Gān pày. ǁ — (édit). *Edictum.* 告示 Kaó ché. ǁ Faire une —. *Rem edict. sancire.* 出告示 Tchŏu kaó ché. ǁ — du médecin. *Placita.* 藥單子 Yŏ tān tsè.

**ORDONNER**, v. a. *Disponĕre.* 安排 Gān pày. ǁ — (publier un édit). *Rem edicĕre.* 出告示 Tchŏu kaó ché. ǁ — (commander). *Jubĕre.* 命 Mìn, ou 吩付 Fēn-foú. ǁ Le Ciel en a — autrement. *Diis aliter visum est.* 天命不然 Tiēn mín poŭ jân. ǁ — un prêtre. *Sacerdotem instituĕre.* 付神品 Foú chên pĭn.

**ORDRE**, s. m. *Ordo, inis, m.* 次序 Tsé siú, ou 安排 Gān pày. ǁ Mettre en —. *In ordine disponĕre.* 安排 Gān pày. ǁ Faire avec —. *Ordine facĕre atiq.* 依次做 Ў tsé tsoú. ǁ Homme sans —. *Homo in re fam. dissolutus.* 無規矩的人 Oŭ koŭy kiù tỷ jên. ǁ Sans —. *Confusé.* 亂 Loúan, ou 無規矩 Oŭ koŭy kiù. ǁ (rang des mandarins). 品級 Pĭn kỷ. ǁ Y entrer. 入流 Joŭ lieŏu. ǁ Le quitter. 辭官 Tsé koūan. ǁ — sacré. *Sacer ordo.* 神品 Chên pĭn. ǁ Les recevoir. *S. ordines suscipĕre.* 領神品 Lĭn chên pĭn. ǁ Les conférer. *S. — conferre.* 付神品 Foú chên pĭn. ǁ — (commandement). *Mandatum.* 命 Mín, ou 示 Ché. ǁ — impérial. 上旨 Cháng tchè, ou 聖旨 Chén tchè. 上諭 Cháng yú. ǁ L'observer. 奉旨 Fóng tchè. ǁ Falsifier un —. *Adulterāre.* 詐傳詔旨 Tchà tchoúan tcháo tchè. ǁ Par — du vice-roi. 有總督示 Yeŏu tsŏng toŭ mín ché. ǁ Par — écrit. *Mandatum scriptum.* 票子 Piaò tsè. ǁ Par — verbal. — *verbale.* 面諭 Mién yú. ǁ — de prise. *Capiendi —.* 出票 Tchŏu piaò. ǁ — social. *Socialis ordo.* 人論 Jên lén. ǁ Contre-—. *Revocatio mandati.* 改命 Kaỷ mín. ǁ Attendre les — à la Cour. 侯旨 Heóu tchè. ǁ Attendre les — chez un supérieur. 侯令 Heóu lín. ǁ Donner des —. *Rem jubere.* 命 Mín. ǁ Les exécuter. *Mandata exsequi.* 聽命 Tĭn mín. ǁ Prendre les —. *Excipere —.* 請命 Tsĭn mín.

**ORDURE**, s. f. *Excrementum, i, n.* 渣滓 Tchā tsè. ǁ — (balayures). *Purgamenta.* 掃的渣滓 Saò tỷ tchā tsè. ǁ — (paroles obscènes). *Verba obscena.* 醜陋的話 Tcheŏu leóu tỷ hoá.

**OREILLE**, s. f. *Auris, is, f.* 耳躲 Eùl tŏ. ǁ Le haut de —. 耳邊 Eùl piēn. ǁ Le bout de —. 耳垂 Eùl tchoúy. ǁ Large lobe de l'—. 耳外輪廓 Eùl ouáy lén kŏ. ǁ Petit lobe de l'—. 耳垂 Eùl tchoúy. ǁ Le cartilage de l'—. 耳輪脆骨 Eùl lén oúy koŭ. ǁ Conduit auditif. 耳外孔 Eùl ouáy kŏng, ou 竅 Kiaó. ǁ Le tympan. 耳中竅 Eùl tchōng kiaó. ǁ Membrane du tympan. 耳中竅膜卽內皮 Eùl tchōng kiaó mŏ tsié loúy pỷ. ǁ Trompe d'Eustache. 中竅通喉氣管 Tchōng kiaó tōng heŏu kỷ koŭan. ǁ L'— interne ou vestibule. 耳內竅 Eùl loúy kiaó. ǁ Canaux semicirculaires. 內竅半圈骨管 Loúy kiaó pán kiuĕn koŭ koŭan. ǁ Canal spiral ou limaçon. 螺紋骨 Loúy kiāo koŭ. ǁ Le trou de l'—. 耳躲眼 eùl tŏ yĕn. ǁ Avoir l'— dure. *Parim audire.* 有一點聾 Yeŏu ỷ tièn lōng. ǁ Avoir l'— facile. *Facilé credĕre.* 耳躲軟 Eùl tŏ jouàn. ǁ Avoir l'— subtile. 耳躲尖 Eùl tŏ tsiēn. ǁ Flatter l'—. *Blandiri.* 諂媚 Tchăn-meý. ǁ Les — me tintent. *Mihi tinniunt aures.* 耳躲響 Eùl tŏ hiàng, ou 鳴 Mín. ǁ Nettoyer l'—. *Mundāre —.* 看耳 Kăn eùl. ǁ Couper l'—. *Prœcidĕre —.* 割耳躲 Kŏ eùl tŏ. ǁ Tirer l'—. *Vellicāre —.* 揪耳躲 Tsieŏu eùl tŏ. ǁ Rebattre les — de quelqu'un. *Eadem repetĕre.* 打重話 Tà tchŏng hoá. ǁ Se faire tirer l'—. *Coactus agĕre.* 莫奈何做 Mŏ laý hô tsoú. ǁ Dormir sur les deux —. *In utramque aurem dormĭre.* 萬年寬 Ouán niēn koūan. ǁ Perforer l'—. *Perforāre —.* 穿耳躲 Tchoŭan eùl tŏ. ǁ Entrer par une — et sortir par l'autre. *Omnia credĕre rimosis auribus.* 這隻耳躲進那邊耳躲出 Tchĕ tchĕ eùl tŏ tsín lá piēn eùl tŏ tchŏu. ǁ Échauffer les —. *Bilem movēre.* 惹人發怒 Jĕ jên fā loù. ǁ Avoir l'— du prince. *Apud princip. esse gratiosus.* 有寵于君 Yeŏu tchŏng yŭ kiūn. ǁ — de soulier. *Calcei ansa.* 鞋絆絆 Haý pân pân.

**OREILLER**, s. m. *Pulvinar, aris, n.* 枕頭 Tchĕn teŏu.

**ORFÉVRE**, s. m. *Aurifex, icis, m.* 銀匠 Ўn tsiáng.

**ORGANE**, s. m. *Organum, i, n.* 本力 Pĕn lỷ, ou 扶助 Foú tsoú. ǁ — de la voix. *Vocis —.* 聲音 Chēn ўn. ǁ Par mon —. *Me adjuvante.* 有我相幫 Yeŏu ngŏ siāng pāng. ǁ — sexuel des fleurs. 花蕊 Hoā joúy. ǁ Les — ou cinq sens. 五官 Où koŭan. ǁ Les — génitaux. (Voir le mot *Parties naturelles.*)

**ORGANISER**, v. a. *Apté componĕre.* 安排 Gān paỳ

**ORGANSIN**, s. m. *Tortilis bombyx.* 武錦 Où kĭn.

**ORGUE**, s. m. *Organum, i, n.* 風琴 Fōng kĭh. ǁ Soufflet d'—. *Folles, ium.* 風箱 Fōng siāng.

**ORGUEIL**, s. m. *Superbia, œ, f.* 驕傲 Kiāo gaó. ǁ Avoir de l'—. *Superbīre.* 有驕傲 Yeŏu kiāo gaó. ǁ Pécher par —. *Peccāre per —.* 犯驕傲 Fán kiāo gaó. ǁ Montrer de l'— dans la fortune. *Superbum se in fortuná præbēre.* 有世福就大樣 Yeŏu ché foŭ tsieóu tá yáng. ǁ Rabattre l'— de quelqu'un. *Contundĕre alicuj. —.* 押伏人的驕傲 Yă foŭ jên tỷ kiāo gaó.

**ORGUEILLEUX, SE**, adj. *Superbus.* 驕傲人 Kiāo gaó jên.

**ORIENT**, s. m. *Oriens, tis, m.* 東方 Tōng fāng.

**ORIENTALISTE**, s. m. *Orient. ling. peritus.* 熟東方的話 Choŭ tōng fāng tỷ hoá.

**ORIENTER**, v. a. *Ad orientem vertĕre.* 向東方 Hiáng tōng fāng. ǁ S'—. *Se —.* 下細想 Hiá sỷ siàng.

ORIFICE, s. m. *Ostium, ii, n.* 門 Mên. 口 Keŏu. 孔 Kŏng. 眼 Yŏn. ‖ Grand —. 麥口罐 Tchā keŏu kouán. ‖ Petit —. 穿口鑪 Tsĕ keŏu kouán.

ORIGINAIRE, adj. *Oriundus.* 原來是 Yuên laỹ ché. ‖ — du Su tchuen. 原來是四川人 Yuên laỹ ché sé tchoûan jên.

ORIGINAIREMENT, adv. *Ab ortu.* 本來 Pèn laỹ.

ORIGINAL, s. m. *Exemplar, aris, n.* 樣子 Yáng tsè, ou 稿子 Kǎo tsè, ‖ — (bizarre). *Ingenio varius.* 古怪人 Koù konáy jên.

ORIGINAL, E, adj. *Primigenus.* 本的 Pèn tỹ. ‖ Esprit —. *Non vulgaris homo.* 不合市的人 Poŭ hô ché tỹ jên. ‖ Copie —. *Primum exemplar.* 正稿 Tchên kaó.

ORIGINE, s. f. *Origo, inis, f.* 本 Pèn, ou 根源 Kēn yuēn. ‖ — de ses maux. *Malorum radix.* 患難之根 Houán lán tchē kēn. ‖ — (principe, naissance). *Ortus.* 從 Tsŏng, ou 由 Yeôu. ‖ Tirer son — de Confucius. *Ex Confucio oriri.* 孔子之後 Kŏng tsè tchē heóu. ‖ — (pays de naissance). D' — française. *Oriundus ex Gallia.* 原是發國人 Yuên ché fǎ kouĕ jên.

ORIGINEL, LE, adj. *Ingenitus.* 生的 Sēn tỹ, ou 原的 Yuên tỹ. ‖ Péché —. *Peccatum originale.* 原罪 Yuên tsoúy.

ORION, s. m. (nom d'étoile). 參星 Tsān sīn.

ORNEMENT, s. m. *Ornamentum, i, n.* 飾 Ché. ‖ Sans —. *Naturalis.* 本來的 Pèn laỹ tỹ. ‖ — des femmes. — *muliebre.* 首飾 Cheôu ché. ‖ — sacré. *Orn. sacrum.* 祭衣 Tsẏ ỹ. ‖ Broder un —. *Acupingĕre.* 繡祭衣 Sieóu tsẏ ỹ. ‖ — du discours. *Concionis* —. 文 Ouên.

ORNER, v. a. *Ornāre.* 裝飾 Tchouāng ché, ou 打扮 Tǎ pán. ‖ — l'autel, — *ornáre.* 鋪祭台 Poŭ tsẏ tây.

ORNIÈRE, s. f. *Orbita, æ, f.* 車轍 Tchèy tchĕ. ‖ Suivre l'—(littéral). *Orbitæ vestigiis inhærēre.* 依轍走 Ȳ tchĕ tseóu. ‖ — (au figuré), c.-à-d. suivre les autres. *Sequi alios.* 照樣做 Tchaó yáng tsoú.

ORPHELIN, s. m. *Pupillus, i, m.* 孤子 Koū tsè.

ORPHELINAT, s. m. *Orphanotrophium, ii, n.* 孤兒院 Koū eùl ouán.

ORTEIL, s. m. *Pedis digitus, i, m.* 脚大指 Kiǒ tá tchè, ou 脚趾 Kiǒ tchè.

ORTHODOXE, adj. *Orthodoxus.* 合正道的 Hô tchên taó tỹ.

ORTHOGRAPHE, s. f. *Orthographia, æ, f.* 寫正字法 Siĕ tchēn tsẏ fǎ.

OS, s. m. *Os, ssis, n.* 骨頭 Koŭ teŏu. ‖ — occipital. 杭骨 Hâng koŭ. ‖ — pariétal. 頂骨 Gĕ koŭ. ‖ — temporal. 耳門骨 Eùl mên koŭ. ‖ — sphénoïdal. 蝴蝶骨 Hoŭ tiĕ koŭ. ‖ — ethmoïdal. 鼻中上水泡骨 Pẏ tchōng cháng choùy paò koŭ. ‖ — nasal. 鼻梁骨 Pẏ leáng koŭ. ‖ — de la mâchoire supérieure. 上牙床骨 Cháng yǎ tchouāng koŭ. ‖ — de la mâchoire inférieure. 下牙床骨 Hiá yǎ tchouāng koŭ. ‖ — des cuisses. 胯骨 Kouǎ. ‖ — lacrymal. 淚管骨 Loñy kouán koŭ. ‖ — hyoïde ou lingual. 舌根骨 Chĕ kēn koŭ. ‖ — du bras ou huméms. 上臂骨 Cháng pỹ koŭ. ‖ — de l'avant-bras. 正肘骨 Tchēn tcheóu koŭ. ‖ — radius. 轉肘骨 Tchoàn tcheòn koŭ. ‖ — carpus. 腕骨 Ouàn koŭ. ‖ — innommé. 胯骨 Kouǎ koŭ. ‖ — pubis. 橫交骨 Houáng kiāo koŭ. ‖ Décharner les —. *Ossa exuĕre.* 剝骨頭 Tỹ koŭ teŏu.

OSCILLER, v. a. *Oscillāre.* 擺 Pày.

OSER, v. n. *Audēre.* 敢 Kǎn.

OSSEMENTS, s. m. *Ossa, ium, n.* 骨頭 Koŭ teŏu.

OSSUAIRE, s. m. *Ossuarium, ii, n.* 白骨塔 Pĕ koŭ tǎ.

OSTENSOIR, s. m. *Ostensorium, ii, n.* 供聖體盒子 Kóng chén tỹ hô tsè.

OSTRACISME, s. m. *Ostracismus, i, m.* 流徙十年 Lieóu toŭ chĕ niên.

OTAGE, s. m. *Obses, idis, m.* 當頭 Táng teŏu. ‖ Donner des —. *Dăre obsides.* 交當頭 Kiāo táng teŏu. ‖ Prendre des —. *Fidei obsides accipĕre.* 収當頭 Cheóu táng teŏu.

OTER, v. a. *Amovēre.* 取 Tsiŭ, ou 拿去 Lâ kiŭ. ‖ — son chapeau à quelqu'un. *Salutāre aliq.* 拜人 Paý jên, ou 作揖 Tsó ỹ. ‖ — une somme de. *Detrahĕre.* 除 Tchôu. ‖ — l'honneur à une fille. *Pudicitiam eripĕre virg.* 奸童女 Kiên tōng niù. ‖ S'— de devant quelqu'un. *Se alicuj. conspectu eripĕre.* 躲開 Tŏ kǎy. ‖ S'— de l'esprit. *Cogitationem ex animo expell.* 丟開這个念頭 Tieōu kǎy tchĕ kó niên teŏu.

OTORRHÉE, s. f. (terme de méd.). *Otorrhœa.* 生耳聹 Sēn eŭl tsīn.

OU, conj. *Vel.* 或 Houăy. ‖ Plus — moins. *Plus minusve.* 或多或少 Houăy tō houăy chaò.

OÙ, adv. (de lieu). *Ubi.* 那裏 Lǎ lỹ. ‖ — est-il? *Ubi est?* 他在那裏 Tǎ tsaý là lỹ. ‖ — vas-tu? *Quò vadis?* 你到那裏去 Ngỹ taó là lỹ kiŭ. ‖ D'— venez-vous? *Undè gentium?* 你在那裏來 Nỹ tsaý là lỹ laý. ‖ Partout — il passe. *Quàcunque transit.* 不論他走那裏 Poŭ lén tǎ tseòu là lỹ.

OUAILLE, s. f. *Ovis, is, f.* 羊子 Yâng tsè.

OUATER, v. a. *Gossipio interfarcire.* 緷絲棉花 Tchouāng sē miên hoǎ.

OUBLI, s. m. *Oblivio, onis, f.* 忘記 Ouàng kỹ. ‖ Mettre en —. *Oblivisci.* 忘記 Ouàng kỹ.

OUBLIER, v. a. *Oblivisci.* 忘記 Ouàng kỹ. ‖ S'—. *Sibi non consulĕre.* 不顧自己 Poŭ koú tsé kỹ. ‖ S'—. *Officio suo deesse.* 缺本分 Kiŭe pèn fén. ‖ S'—. *Sibi non constāre.* 言行不合 Yên hîn poŭ hô. ‖ S'—. *Reverentiam exuĕre.* 不尊敬 Poŭ tsēn kín. ‖ S'—. *Sui compos non esse.* 管不住自己 Kouàn poŭ tchoú tsé kỹ.

OUEST, .. m. *Occidens, tis*, m. 西方 Sỹ fāng.
OUI, adv. (particule affirmative). *Etiam, ità.* 是 Chó. 亦 ỷ. 也 Yè. ||—, certes. *Imò certé.* 一定 Ỷ tín, ou 定然 Tín jàn. || Il dît tantôt — tantôt non. *Modò ait modò negat.* 前言不符後語 Tsiēn yên poù foù heóu ỷ.
OUÏ-DIRE, s. m. *Auditio, onis,* f. 聽人説 Tín jên chỏ. || Savoir par —. *Scire ex famâ.* 有人説他曉得 Yeòu jên chỏ tả hiào tẻ, ou 聞知 Ouén tohē.
OUÏE, s. f. *Auditus, ùs*, m. 聽 Tín. 聞官 Ouén kouān. 耳官 Eùl kouān. || Avoir l' — dure. *Esse surdaster.* 耳躱有點背 Eùl tō yeòu tièn peỷ. || Avoir l' — excellente. *Liquidiss. audire.* 耳躱尖 Eùl tō tsiēn. || Perdre l'—. *Obsurdescère.* 耳躱聾 Eùl tō lōng.
OUÏES, s. f. *Branchiæ, arum,* f. 魚鰓 Yû saỷ.
OUÏR, v. a. *Audire.* 聽 Tín.
OURAGAN, s. m. *Procella, æ,* f. 暴風 Paó fōng.
OURDIR, v. a. *Ordiri.* 梳線 Soū sién. || — une trahison. *Rebellionem machinari.* 謀反 Mông fàn.
OURLER, v. a. *Marginàre.* 掩邊 Yén pièn. || — une robe. *Togam —.* 襴衫子 Pièn chān tsẻ.
OURSE, s. f. (constellation). *Ursa.* 斗星 Teòu sīn. (Voir le mot *Étoile* à l'Appendice).
OUTIL, s. m. *Instrumentum, i, n.* 器具 Kỷ kiú.
OUTRAGE, s. m. *Convicium, ii, n.* 凌辱 Lín joù.
OUTRAGER, v. a. *Convicio lædère.* 凌辱人 Lín joù jên.
OUTRANCE (A), adv. *Plus satis.* 過餘 Kó yû, ou 過度 Kó toú. || Se battre à —. *Sine missione pugnàre.* 大戰 Tá tohàn. || Persécuter à —. *Mirum in modum persequi.* 過餘追逼人 Kó yû tchoūy pỷ jên.
OUTRE, s. f. *Uter, tris,* m. 皮水桶 Pỷ choūy tóng.
OUTRE, prép. *Ultrà, trans.* 格外 Kẻ ouáy, ou 另外 Lín ouáy. || — -mer. *Transmarinus.* 海外 Haỷ ouáy tỷ. || — cela. *Præterea.* 另外 Lín ouáy. || — mesure. *Suprà modum.* 太多 Taỷ tō, ou 太過 Taỷ kó. || Passer —. *Ultrà progredi.* 過分 Kó fén. || Percer d'— en —. *Trajicère.* 穿透 Tchouàn teóu.
OUTRÉ, ÉE, adj. *Nimius.* 過餘 Kó yû tỷ. || Zèle —. *Zelum —.* 過餘熱愛 Kó yû jỏ gaỷ. || — de colère. *Irâ ardens.* 過餘冒火 Kó yû maó hỏ. || — de douleur. *Dolore pressus.* 苦得狠 Kỏu tẻ hèn. || Conscience —. *Exaggerata conscientia.* 放肆的良心 Fáng sẻ tỷ leāng sīn.
OUTRE-MESURE, adv. *Præter modum.* 過餘 Kó yû.
OUTRE-PASSER, v. a. *Fines transgredi.* 過界 Kó kiáy. || — ses pouvoirs. *Potestat. —.* 越分 Yuẻ fén.
OUTRER, v. a. *Excedère modum.* 過節 Kó tsiẻ, ou 過話 Kó fén. || — en causant. *Res dicendo augère.* 添話 Tiēn hoá. || — quelqu'un. *Animum alic. exacerbàre.* 兜人冒火 Teōu jên maó hỏ.
OUVERT, E, adj. *Patens, apertus.* 明的 Mín tỷ. || Ville —.

*Urbs sine mœnibus.* 無墙的城 Où tsiǎng tỷ tchēn. || A force —. *Ex aperto.* 明明却搶 Mín mín kiẻ tsǎng. || Tenir table —. *Venientes cœnæ adhibère.* 不離客 Poù lỷ kẻ. || — (franc, sincère). *Candidus.* 忠心 Tchōng sīn, ou 老實 Laỏ chẻ. || A cœur —. *Aperto ore.* 吐心 Toù sīn. || Parler à cœur —. *Ex animo loqui.* 説真心話 Chỏ tchēn sīn hoá. || Recevoir à bras —. *Fusè suscipère.* 接待得好 Tsiẻ taỷ tẻ haỏ.
OUVERTEMENT, adv. *Ex animo.* 實心實意 Chẻ sīn chẻ ỷ. || —. *Palàm.* 明明 Mín mín, ou 當倒衆人 Tāng taỏ tchóng jēn.
OUVERTURE, s. f. *Apertio, onis,* f. 開 Kāy. || — (entrée). *Aditus.* 口 Keòu. 戶 Hoú. 眼 Yèn. || — (entrée, passage). *Aditus.* 口子 Keòu tsẻ. || — (commencement). *Principium.* 起頭 Kỷ teòu. || — des sceaux. *Fines vacationis.* 開印 Kāy yn. || Avoir de l'— pour les sciences. *Scientiis aptus esse.* 有才學 Yeòu tsaỷ hiỏ. || —. *Rima.* 縫 Fông. || — d'un instrument musical. 孔 Kōng. || — de cœur. *Animi candor.* 實意 Chẻ ỷ. || — d'un vase. *Vasis —.* 窬 Kiaó.
OUVRABLE, adj. || Jour —. *Dies profestus.* 做工日子 Tsoú kōng jẻ tsẻ.
OUVRAGE, s. m. *Opus, eris, n.* 工夫 Kōng foū. || Finir son —. *Finire —.* 完工夫 Ouán kōng foū. || — (livre). *Liber.* || Un — . *Unus —.* (S'il n'y a qu'un volume). 一本書 Ỷ pèn choū. || Un — (s'il y en a plusieurs). 部書 Ỷ poú choū.
OUVRIER, s. m. *Opifex, icis,* m. 匠人 Tsiáng jên.
OUVRIR, v. a. *Aperire.* 開 Kāy, ou 折 Tsẻ. || — la bouche. *Os aperire.* 參口 Tchā keòu. || — les yeux. *Oculos —.* 敲眼 Kỷ yèn. || — une lettre. *Litteras —.* 折書信 Tsẻ choū sín. || — une école. *Scholam —.* 立學堂 Lỷ hiỏ tâng. || — les yeux, c.-à-d. reconnaître sa faute. *Errorem agnoscère.* 眼睛睜開了 Yèn tsīn tsēn kāy leào. || — son cœur à quelqu'un. *Sensus suos aperire.* 説心腹話 Chỏ sīn foù hoá. || — un avis. *Sentent. indicàre.* 先説巳意 Siēn chỏ kỷ ỷ. || — la conversation. *De re sermonem inferre.* 開口 Kāy keòu. || — la scène. *Prænum in scenam venire.* 表白 Piaò pẻ. || — une mine de charbon. *Fodinam carbonum aperire.* 挖煤炭 Ouā meỷ tán. || S'— (se fendre). *Dehiscère.* 裂開 Liẻ kāy. || S'— à quelqu'un. *Animum alic. aperire.* 説真心話 Chỏ tchēn sīn hoá.
OUVROIR, s. m. *Officina, æ,* f. 匠人舗 Tsiáng jên poú.
OVALE, adj. *Ovatus.* 鵝卵樣子 Óuo lǎng yáng tsẻ. 不方不圓 Poù fāng poù yuēn. 蛋樣子 Tán yáng tsẻ.
OVATION, s. f. *Ovatio, onis,* f. 恭喜 Kōng hỷ. || Recevoir une —. *Ovàre.* 受賀 Cheóu hó.
OVIPARE, adj. *Oviparus.* 生蛋的 Sēn tán tỷ, ou 扁毛 Pièn maó.

# P

**PACAGE**, s. m. *Pascuum, i, n.* 草塲 Tsǎo tchǎng. ‖ — commun. — commune. 官地 Koūan tý.

**PACIFICATION**, s. f. *Pacificatio, onis, f.* 相和了 Siāng hô leào.

**PACIFIER**, v. a. *Pacificāre.* 平息 Pĭn sý. ‖ — un différend. *Rem ad conc. adducĕre.* 講和 Kiāng hô, ou 勸人取和 Kiŭen jēn tsiŭ hô.

**PACIFIQUE**, adj. *Pacificus.* 愛和睦的 Gáy hô moŭ tý.

**PACTE**, s. m. *Pactum, i, n.* 和同 Hô tŏng. ‖ Faire un —. — *agĕre.* 打和同 Tǎ hô tŏng.

**PAGANISME**, s. m. *Paganismus, i, m.* 外敎 Ouáy kiáo.

**PAGE**, s. m. (valet). *Sequester, ri, m.* 跟班 Kēn pān, ou 馬牌子 Mà pǎy tsè.

**PAGE**, s. f. *Pagina, æ, f.* 一篇 Ў piēn.

**PAGODE**, s. f. *Fanum, i. n.* 廟 Miáo, ou 寺 Ché. (Voir le mot *Temple.*)

**PAÏEN**, s. m. *Paganus, i, m.* 外敎人 Ouáy kiáo jēn.

**PAILLARD, E**, adj. *Libidinosus.* 好色的 Báo sě tý.

**PAILLASSE**, s. f. *Culcita, æ, f.* 草褥子 Tsǎo joŭ tsè.

**PAILLE**, s. f. *Palea, æ, f.* 草 Tsǎo. ‖ Une —. *Una* —. 一根草 Ў kēn tsǎo. ‖ Maison de —. *Tugurium.* 草房 Tsǎo fâng. ‖ Monceau de —. *Acervus* —. 草操 Tsǎo tŏ. ‖ — Homme de —. *Nomen commodatum.* 借人的名號 Tsié jēn tý mĭn haó. ‖ Rompre la — avec quelqu'un ( se brouiller ). *Amicitiam dissuĕre.* 失和 Chě hô. ‖ Tirer à la courte —. *Per paleam sortes ducĕre.* 撏 Tsán.

**PAILLETTE**, s. f. *Bracteola, æ, f.* 金錢 Kīn tsiēn.

**PAIN**, s. m. *Panis, is, m.* 麫餅 Mién pĭn. ‖ — frais. *Recens* —. 新鮮餅 Sīn siēn pĭn. ‖ — vieux. *Vetus* —. 陳餅子 Tchēn pĭn tsè. ‖ Morceau de —. *Panis frustum.* 一塊餅子 Ў kouǎy pĭn tsè. ‖ Manger son sec. *Nihil ad panem adhibĕre.* 喫白飯 Tchě pě fán. ‖ Mendier son —. *Panem mendicāre.* 討飯喫 Taǒ fán tchě. ‖ Faire du —. — *fingĕre.* 搦麪 Joŭa mién. ‖ Donner du — à quelqu'un. *Aliq. sustentāre.* 養活人 Yàng hô jēn. ‖ Faire passer le goût du —. *Strangulāre* 

*aliq.* 斬人 Tchàn jēn. ‖ — (chinois, plat, non fermenté). 鍋魁 Kō koŭy. ‖ — de la cinquième lune (défendus ce jour-là aux chrétiens). 糉子 Tsŏng tsè. ‖ — des mahométans. 囘餅 Hoŭy pĭn. ‖ Autres espèces de pain chinois. 餛飩 Hoŭen tén, ou 米麪 Mỳ toŭan. ‖ — massa. *Massa.* 一塊 Ў kouǎy, ou 一操 Ў tŏ. ‖ — de trouile (pour les animaux et pour engrais). 油魁 Yeŏu kŏu, ou 油杷 Yeŏu pā.

**PAIR**, adj. (égal). *Par.* 一樣的 Ў yáng tý, ou 相似 Siāng sé. ‖ Jouer à — ou impair. *Par impar ludĕre.* 猜單雙 Tsǎy tān chouāng. ‖ De —, adv. *Ex æquo.* 平輩 Pĭn Peý. ‖ Aller de — avec quelqu'un. *Æquāre aliq.* 同品的 Tŏng pĭn tý. ‖ Vivre de — et compagnon. *Cum aliq. exæquāre.* 如膠似漆 Joŭ kiāo sé sý.

**PAIRE**, s. f. *Par.* 一對 Ў toúy, ou 一雙 Ў chouāng. ‖ C'est une autre — de manches. *Res longè alia est.* 事情不同 Sé tsĭn poŭ tŏng.

**PAISIBLE**, adj. *Pacificus.* 愛和睦的 Gáy hô moŭ tý.

**PAITRE**, v. a. *Pascĕre anim.* 放 Fáng, ou 牧 Moŭ. ‖ Mener — le bétail. *Ad pastum ducĕre.* 放牲口 Fáng sēn keŏu. ‖ Se — de chimères. *Spes inanes pascĕre.* 虛望 Hiū ouáng.

**PAIX**, s. f. *Pax, acis, f.* 平和 Pĭn hô. ‖ — fausse. *Falsa* —. 假和 Kià hô. ‖ Faire la —. *Pacem componĕre.* 打和 Tǎ hô, ou 取和 Tsiŭ hô. ‖ Demander la —. — *poscĕre.* 求和 Kieŏu hô. ‖ Entretenir la —. — *servāre.* 保和 Paò hô. ‖ Rompre la —. — *violāre.* 失和 Chě hô. ‖ Être en — avec quelqu'un. *Concorditer vivĕre.* 與人和睦 Yù jēn hô moŭ. ‖ Rétablir la —. *Pacem reducĕre.* 又取和 Yeóu tsiŭ hô. ‖ — de l'âme. *Pax cordis.* 良心平和 Leāng sīn pĭn hô. ‖ — avec Dieu. *Bonâ frui conscientiâ corám Deo.* 良心與天主平和 Leāng sīn yù Tiēn Tchoù pĭn hô. ‖ Il n'y a ni — ni trêve pour les impies. *Sollicitudo vexat impios.* 小人長慼慼 Siaò jēn tchǎng tsý tsý. ‖ Que la — soit avec vous! *Pax vobis!* 平和於你們 Pĭn hô yū ngỳ mēn. ‖ — (silence)! *Sileatur!* 不要說話 Poŭ yáo chǒ hoá.

**PALAIS**, s. m. *Palatium, ii, n.* 殿 Tiĕn. ‖ — de justice. *Forum, curia.* 大堂 Tá tăng. ‖ — impérial chinois. 皇朝 Houâng tchâó, ou 皇殿 Houâng tiĕn. ‖ — impérial d'été, à la campagne. 圓明園 Yuĕn mîn yuĕn. ‖ Aller au —. *Palatium petĕre.* 朝裏去 Tchāò lỳ kiŭ. ‖ Gens du —. *Aulici.* 朝裏的人 Tchāò lỳ tỳ jĕn.‖ — de la bouche. *Palatum.* 天堂 Tiĕn tăng. ‖ Blaser le —. *Exsurdāre* —. 敗口胃 Pàý keŏu oúy.
**PALAN**, s. m. *Funes ductarii.* 纜索 Làn sŏ.
**PALANQUIN**, s. m. *Sella, œ, f.* 轎子 Kiáò tsĕ. (Voir le mot *Chaise.*) ‖ Un —. *Una* —. 一乘轎子 Y̆ tchĕn kiáò tsĕ.
**PALE**, s. f. ‖ — de calice. *Pala, œ, f.* 盖聖爵方板 Kaý chén tsiŏ fāng pàn.
**PÂLE**, adj. *Pallidus.* 青的 Tsīn tỳ. ‖ Devenir —. *Pallescĕre.* 青 Tsīn. ‖ — couleurs. *Arquatus morbus.* 白帶 Pĕ̆ taý.
**PALEFRENIER**, s. m. *Agaso, onis, m.* 馬夫 Mà foū.
**PALET**, s. m. *Discus, i, m.* 薄石 Pŏ̆ chĕ̆. ‖ Jouer au —. *Disco ludĕre.* 打瓢石 Tà piáò chĕ̆.
**PALETTE**, s. f. *Orbiculus pictorum.* 顏料盤子 Yĕn leáò pàn tsĕ.
**PALIER**, s. m. *Diazoma, atis, n.* 擱子 Pá tsĕ.
**PALINODIE**, s. f. *Palinodia, œ, f.* 改口 Kaỳ keŏu.
**PÂLIR**, v. n. *Pallescĕre.* 臉青 Liĕn tsīn.
**PALISSADE**, s. f. *Septum, i, n.* 籬笆 Lỳ pā.
**PALLIER**, v. a. *Tegĕre.* 遮盖 Tchē kaý.
**PALLIUM**, s. m. *Pallium, ii, n.* 大主教文憑服 Tá tchoù kiáò ouĕn pĭ̆h foŭ.
**PALME** (mesure), s. m. *Palmus, i, m.* 六寸 Loŭ tsĕŭn.
**PALPABLE**, adj. *Tractatibilis.* 摸得的 Mō tĕ̆ tỳ. ‖ — (évident). *Perspicuus.* 明的 Mĭn tỳ.
**PALPER**, v. a. *Palpāre.* 摸 Mō.
**PALPITER**, v. n. *Palpitāre.* 跳 Tiáo.
**PÂMER**, v. n. *Animo linqui.* 運倒 Yŭn tào. ‖ — de joie. *Gaudio* —. 大喜 Tá hỳ.
**PÂMOISON**, s. f. *Animi defectio, onis, f.* 運 Yŭn, ou 昏 Houēn.
**PAMPHLET**, s. m. *Libellus, i, m.* 無名帖 Oŭ mîn tiĕ̆.
**PAN**, s. m. *Muri pars.* 一堵墻 Y̆ toŭ tsiāng. ‖ — d'habit qui composent les habits chinois. *Vestium sinus :*

一塊襟 Y̆ kouàý kīn. 小襟 Siàò kīn.
大襟 Tá kīn. 擺襟 Paỳ kīn.
眞襟 Tchē kīn.

**PANADE**, s. f. *Puls, ultis, f.* 餑餑湯 Pĕ̆n pĕ̆n tāng.
**PANARIS**, s. m. *Paronychia, œ, f.* 疔瘡 Tīn tchouāng.
**PANCARTE**, s. f. *Tabula publicè affixa.* 告白 Kaò pĕ̆.
**PANCRÉAS**, s. m. (terme d'anat.). 甜肉 Tiĕn joŭ.
**PANÉGYRIQUE**, s. m. *Laus, dis, f.* 誄文 Loúy ouĕn.

**PANIER**, s. m. *Sporta, œ, f.* 籃子 Lân tsĕ. ‖ Oreilles de —. *Ansœ.* 耳子 Eùl tsĕ.
**PANIQUE**, adj. (terreur). *Subitus timor.* 虛 Hiū, ou 忽然驚怕 Foŭ jân kīn pá.
**PANNEAU**, s. m. *Tympanum, i, n.* 鼓 Koŭ. ‖ — (piége). *Laqueus.* 套 Táo. ‖ Donner dans le —. *Cadĕre in retia.* 落套套 Lŏ táo táo. ‖ — de lambris. *Tympanum.* 一面板子 Y̆ miĕn pàn tsĕ.
**PANSE**, s. f. *Alvus, i, f.* 肚子 Toŭ tsĕ.
**PANSER**, v. a. *Mederi.* 醫 Y̆.
**PANSU**, adj. *Ventrosus.* 肚子大的 Toŭ tsĕ tá tỳ.
**PANTALON**, s. m. *Femorale, is, n.* 小衣 Siàò y̆, ou 中衣 Tchōng y̆. ‖ Un —. *Unum* —. 一條小衣 Y̆ tiáo siàò y̆. ‖ Le dessus du —. 褲腰 Koŭ yāò. ‖ Le milieu. 褲襠 Koŭ tāng. ‖ Le pan du bas du —. 褲脚 Koŭ kiŏ̆. ‖ — qui se lie autour de la jambe. 騎馬褲 Kỳ mà koŭ.
**PANTELER**, v. n. *Anhelāre.* 喘氣 Tchouàn kỳ.
**PANTHÉON**, s. m. *Pantheon, ei, n.* 超衆詞 Tchâò tchóng tsĕ, ou 諸神廟 Tchoū chĕn miáò.
**PANTOMIME**, s. f. *Pantomimia, œ, f.* 打手式的 Tà cheòu chĕ tỳ.
**PANTOUFLE**, s. f. *Crepida, œ, f.* 靸鞋 Sà hāy.
**PAPA**, s. m. *Papas, œ, m.* 爹 Tiĕ̄.
**PAPE**, s. m. *Summus Pontifex.* 宗牧 Tsōng moŭ, ou 教宗 Kiáò tsōng. ‖ Le — Pie IX. 宗牧必約弟九位 Tsōng moŭ Pỳ-yŏ̆ tý kieòu oúy.
**PAPIER**, s. m. *Papyrus, i, f.* 紙 Tchĕ̆. ‖ Une feuille de —. *Unum folium* —. 一張 Y̆ tchāng. ‖ Une rame. 一刀 Y̆ tāo. ‖ Inventeur du — chinois : 蔡倫 Tsàý lên. ‖ — (vulgairement dit en Europe, de riz ou d'*aralia papyrifera*). 通草紙 Tōng tsàò tchĕ̆. ‖ — buvard. *Bibula.* 草紙 Tsàò tchĕ̆. ‖ — de bambou (simple). 單皮紙 Tān pỳ tchĕ̆. ‖ — (double). 夾皮紙 Kià pỳ tchĕ̆. ‖ — à lettre chinois. 八行書 Pă̆ hâng choū, ou 潔光紙 Kiĕ̆ houāng tchĕ̆. ‖ — marbré. 花紙 Hoā tchĕ̆. ‖ — monnaie, pour les superstitions. 錢紙 Tsiên tchĕ̆. ‖ — d'or, pour les superstitions. 金銀錠 Kīn y̆n tén. ‖ — glacé. 蠟紙 Lă̆ tchĕ̆. ‖ — non écrit. 光紙 Kouāng tchĕ̆. ‖ — pour les procédures légales. 卷宗 Kiuĕn tsōng. ‖ Faire du —. 做紙 Tsoŭ tchĕ̆. ‖ Reste de — pour la chaux. 紙絎 Tchĕ̆ kīn. ‖ Ramasser, par superstition, les — écrits délaissés dans les rues. 収紙絎 Cheōu tchĕ̆ kīn, 収字紙 Cheōu tsĕ tchĕ̆.
**PAPIERS**, s. m. (généalogie chinoise). 族譜 Tsoŭ peŭ. ‖ Être bien dans les — de quelqu'un. *Esse in gratiâ ap. aliq.* 有臂膊 Yeòu peý pŏ̆. ‖ Y être mal. *Non esse gratiosus alic.* 無臂膊 Oū peý pŏ̆. ‖ Rayez cela de vos —. *Id oblivioni trade.* 不要望他 Poŭ yáo ouáng tā.

PAPILLON, s. m. *Papilio, onis, m.* 蝴蝶 Hoû tiĕ. ‖ Attraper un —. *Capĕre* —. 餔蝴蝶 Poŭ hoû tiĕ. ‖ Le manquer. 餔楼 Poŭ houâng.

PÂQUE, s. f. *Pascha, atis, n.* 復活瞻禮 Foŭ hŏ tchân lỳ. ‖ Faire ses —. *S. Euch. suscipĕre.* 復活時領聖體 foŭ hŏ chĕ lĭn chén tỳ.

PAQUEBOT, s. m. *Navis tabellaria.* 信船 Sín tchouân.

PAQUET, s. m. *Fascis, is, f.* 一包 Ў paō. ‖ — roulé. 一卷 Ў kiuĕn. ‖ Faire son —. *Sarcinas colligĕre.* 收拾行李 Cheôu ŏhĕ hìn ký.

PAR, prép. *Per.* ‖ J'ai passé par Tchŏng kín. *Transivi per* Tchŏng kín. 我過重慶 Ngŏ kó tchŏng kín. ‖ — terre et par mer. *Terrā marique.* 旱路海路 Hán loù hày loû. ‖ — quelque lieu que ce soit. *Quâcunque.* 不論那裏 Poŭ lén là lỳ. ‖ — où l'on voudra. *Quâlibet.* 不論那條路 Poŭ lén là tiaō loû. ‖ — ci par là. *Passim.* 處處 Tchoû tchoû. ‖ — envie. *Propter invidiam.* 因嫉妒 Ўn tsý tôǔ. ‖ — flatterie. *Assentatoriē.* 爲奉承他 Oúy fóng tchên tā. ‖ — la pluie. *Dûm plueret.* 下雨時候 Hiá ỳ chĕ heôu. ‖ — le temps qui court. *Ut nunc vivitur.* 依如今的風俗 Ў joù kĭn tỳ fōng sioû.

PARADE, s. f. *Pompa, æ, f.* 華彩 Hoâ tsaý, ou 華美 Hoâ meỳ. ‖ Faire — de quelque chose. *Ostentāre.* 顯點 Hiĕn tiĕn, ou 逞 Tchĕn.

PARADIS, s. m. *Cœlum, i, n.* 天堂 Tiĕn tâng. ‖ Aller en —. *Obtinĕre —.* 升天堂 Chĕn tiĕn tâng. ‖ — terrestre. *Paradisus terrestris.* 地堂 Tý tâng.

PARADOXE, s. m. *Paradoxum, i, n.* 古怪的意思 Koŭ kouáy tỳ ỳ sē.

PARAFE ou PARAPHE, s. f. *Chirographi signum, i, n.* 畫的押 Hoá tỳ yà.

PARAFER, v. a. *Chirograph. signum apponĕre.* 賬簿上打印 Tchàng poŭ châng tà ýn.

PARAGRAPHE, s. m. *Paragraphus, i, m.* 一節 Ў tsiĕ. 一冏 Ў hoŭy. — 叚 Ў touân.

PARALLAXE, s. f. (terme d'astr.). 蒙氣 Mông ký.

PARALLÈLE, s. m. *Collatio, onis, f.* 比一比 Pỳ ỳ pỳ. ‖ On ne peut faire ce —. *Comparatio fieri nequit.* 比不得 Pỳ poŭ tĕ.

PARALLÉLOGRAMME, s. m. *Parallelogrammus, i, m.* 兩等邊斜方刑 Leâng tén piĕn siĕ fâng hĭn.

PARALOGISME, s. m. *Paralogismus, i, m.* 不貼的話 Poŭ tiĕ tỳ hoá, ou 千行之圖 Tsiĕn hín tchĕ tóŭ.

PARALYSER, v. a. *Inane facĕre.* 癱肢體 Touán tchĕ tỳ.

PARALYSIE, s. f. *Paralysis, is, f.* 瘋癱病 Fōng tân pín. — de la moitié du corps. 上下截癱 Châng hiá tsiĕ tân.

PARAPET, s. m. *Lorica, æ, f.* 欄杆 Lân kân. 雉堞 Tchĕ tiĕ.

PARAPHRASER, v. a. *Explanāre.* 註解 Tchoù kiàỳ, ou 廣解 Kouâng kiàỳ.

PARAPLUIE, s. m. *Umbella, æ, f.* 傘 Sàn. ‖ Un —. Una —. 一把傘 Ў pà sàn. ‖ — rouge porté devant les mandarins. 繖 Sièn.

PARASITE, s. m. *Parasitus, i, m.* 興混頓的人 Tchŏ houén tén tỳ jên, où 寄生 Ký sēn.

PARAVENT, s. m. *Objectaculum contra ventum.* 屏風 Pĭn fōng.

PARASOL, s. m. *Umbella, æ, f.* 涼傘 Leâng sàn.

PARC, s. m. *Septum, i, n.* 羅圈 Lỳ pâ. ‖ — pour les daims. 鹿圃 Loù yeôu.

PARCELLE, s. f. *Particula, æ, f.* 零碎的 Lĭn sôuy tỳ, ou 小塊子 Siào kouâý tsè.

PARCE QUE, conj. *Quia.* 因爲 Ўn oûy.

PARCHEMIN, s. m. *Membrana, æ, f.* 熟羊皮紙 Choŭ yâng pỳ tchĕ.

PARCIMONIE, s. f. *Parcimonia, æ, f.* 節用 Tsiĕ yóng.

PARCOURIR, v. a. *Lustrāre, percurrĕre.* 遊 Yeôu. ‖ — un royaume. *Regnum —.* 遊一國 Yeôu ỳ kouĕ. ‖ — un livre. *Leviter legĕre.* 一處看一點 Ў tchoù kân ỳ tiĕn.

PARDON, s. m. *Venia, æ, f.* 寬恕 Kouân choû. ‖ Demander —. *petĕre.* 求寬恕 Kiêôu kouân choû. ‖ Accorder le —. *dāre.* 寬恕人 Kouân choû jên. ‖ Obtenir son —. *obtinĕre.* 得寬恕 Tĕ kouân choû. ‖ Pardon! pardon! *Venia! venia!* 施恩 Chĕ gēn, ou 饒 Jaô.

PARDONNER, v. a. *Ignoscĕre.* 寬恕 Kouân choû.

PAREIL, LE, adj. *Par.* 相似 Siâng sé, ou 一樣的 Ў yâng tỳ. ‖ Rendre la —. *Par pari referre.* 情理相還 Tsîn lỳ siâng houân, ou 以情還情 Ў tsîn houân tsîn. ‖ N'avoir pas son —. *Neminem parem habēre.* 無比的 Oû pý tỳ. ‖ Vos —. *Pares.* (Dans un bon sens). 你的平班人 Ngỳ tỳ pĭn pân jên. ‖ — (dans un mauvais sens). 像你一流人 Siâng ngỳ ỳ lieôu jên.

PARÉLIE, s. m. *Parelion, ii, n.* 日晒雲之像 Jĕ pìn yûn tchĕ siâng.

PAREMENT, s. m. *Ornatus, ûs, m.* 飾 Chĕ. ‖ — d'autel. *Aræ vestitus.* 篰子 Yên tsè.

PARENTÉ, s. f. *Propinquitas, atis, f.* 親的 Tsĭn tỳ. ‖ — (du côté paternel). 父族 Foǔ tsiôu. ‖ — (du côté maternel). 母族 Moŭ tsiôu. ‖ — (du côté de sa femme). 妻族 Tsý tsiôu. ‖ Toute la —. *Omnes propinqui.* 一族人 Ў tsiôu jên. ‖ — proche. *proxima.* 嫡親 Tý tsĭn. ‖ Être lié par la —. *Sanguine conjunctum esse.* 有親戚 Yeôu tsĭn tsỳ. ‖ — éloignée. *Remota.* 遠親 Yuĕn tsĭn. ‖ Degrés de —. *Gradus —.* 輩 Peý. ‖ — sèche chinoise. 乾親 Kân tsĭn. C'est une espèce d'adoption propre à la Chine.

Père (dans ce genre). 保爺 Paò yê.
Mère — 保娘 Paò niâng.
Fils — 乾兒子 Kân eúl tsè.
Fille — 乾姑娘 Kân koū niâng.

‖ Saluer son père au moment de l'adoption. 拜寄人 Péy ký jên.

PARENTHÈSE, s. f. *Parenthesis, is, f.* 文中插入之詞 Ouên tchōng tchă joŭ tchē tsḗ. ou 小註 Siaò tchoù.
PARER, v. a. *Ornăre.* 擺設 Paỷ chĕ̆. ‖ — (éviter) p. ex. un coup. *Ictum fugĕre.* 躱打 Tŏ tà. ‖ Se —. *Se comĕre.* 打扮 Tà pán. ‖ Seŭ — du froid. *Se à frigore munire.* 避寒 Pỷ hân, ou 遮冷 Tchē lèn.
PARESSE, s. f. *Pigritia, æ, f.* 懶惰 Làn tó.
PARFAIRE, v. a. *Perficĕre.* 做完 Tsoŭ ouân.
PARFAIT, E, adj. *Perfectus.* 成全的 Tchên tsuên tỷ. ‖ Infiniment —. *Infinité —.* 全備無缺的 Tsuên pý oŭ kiuĕ̆ tỷ. ‖ Nul n'est — ici-bas. *Nullus perfectus in hoc mundo.* 人誰無過 Jên choŭy oŭ kó.
PARFAITEMENT, adv. *Perfecté.* 全好 Tsuên haò.
PARFUM, s. m. *Odor, oris, m.* 香 Hiāng. ‖ — à l'usage des femmes. 檀香油 Tán hiāng yeòu, ou 丁香油 Tīn hiāng yeòu. ‖ Brûler des —. *Thymiamata comburĕre.* 燒香 Chaō hiāng.
PARFUMER, v. a. *Rem inodorāre.* 薰 Hiūn.
PARHÉLIE, s. f. *Parhelia, æ, f.* 日重見 Jŏ tchóng kién.
PARI, s. m. *Sponsio, onis, f.* 估賭 Koŭ piaò. ‖ Offrir un —. *Sponsione lacessĕre.* 賭人 Toŭ jên. ‖ Gagner son —. *Sponsione vincĕre.* 贏 Ŷn. ‖ Perdre son —. — *vinci.* 輸 Choū.
PARITÉ, s. f. *Paritas, atis, f.* 可比的 Kŏ pỷ tỷ. ‖ Sans —. *Sine —.* 比不得 Pỷ poŭ tĕ̆.
PARJURE, s. m. *Perjurium, ii, n.* 虛誓 Hiū ché. ‖ Faire un —. *Pejerāre.* 發虛誓 Fà hiū ché.
PARLEMENT, s. m. *Supremus pacis justitiæ senatus.* 刑部 Hîn poŭ.
PARLEMENTER, v. n. *In colloquium venire.* 講和 Kiàng hŏ, ou 商量 Chāng leâng.
PARLER, v. a. *Loqui.* 說 Chŏ. ‖ — haut. *Altâ voce.* 大聲說 Tá chēn chŏ. ‖ — bas. *Demissâ voce —.* 小聲說 Siaò chên chŏ. ‖ — à l'oreille. *Ad aurem —.* 附耳低言 Foŭ eùl tỷ yên. ‖ — tous ensemble. *Simul —.* 一齊說 Ŷ tsỳ chŏ. ‖ — bien. *Pure loqui.* 話說得正 Hoá chŏ tĕ̆ tchên. ‖ Ne se — pas. *Invicem non loqui.* 不說話 Poŭ chŏ hoá. ‖ On — de vous (en mauv. part). *In sermonem venis.* 有人說你 Yeòu jên chŏ ngỷ. ‖ Faire — de soi. *Dăre sermonis ansas.* 兜人說閒話 Teōu jên chŏ hiên hoá.
PARLEUR, s. m. *Loquax, acis, m.* 話多的人 Hoá tō tỷ jên.
PARLOIR, s. m. *Exhedraùm, ü, n.* 客房 Kĕ̆ fâng.
PARMI, prép. *Inter.* 在內 Tsaỷ loúy, ou 中 Tchōng.
PARODIE, s. f. *Parodia, æ, f.* 敩諸人的戲 Ký siaò jên tỷ hý.
PAROI, s. f. *Paries, etis, f.* 墼 Pỷ. ‖ — d'un vase. *Vasis interna latera.* 瓶內邊 Pȋn loúy piēn.
PAROISSE, s. f. *Parochia, æ, f.* 一堂敎友 Ŷ tâng kiáo

yeòu. ‖ Église de —. *Eccles. parochial.* 本方經堂 Pèn fāng kīn tâng. ‖ Messe de —. *Missa parochial.* 本堂彌撒 Pèn tâng mỷ să.
PAROISSIEN, s. m. *Curialis, is, m.* 本方敎友 Pèn fāng kiáo yeòu.
PARAÎTRE, v. n. *Apparĕre.* 顯 Hièn. ‖ Il ne — pas. *Non comparet.* 他不在了 Tā pŏu tsaỷ leào. ‖ N'oser — devant quelqu'un. *Alic. ora erubescĕre.* 不好意思會人 Poŭ haò ý sē houý jên. ‖ — sous la figure d'un enfant. *Specie pueri videri.* 借孩童之形 Tsié hâỷ tông tchē hȋn. ‖ — homme de bien. *Videri bonus.* 許善 Tchá chán. ‖ Cela me — ainsi. *Res sic mihi videtur.* 我想是這樣 Ngŏ siàng chĕ tchĕ yàng. ‖ Faire — son esprit. *Ingenium declarāre.* 逞能 Tchèn lên.
PAROLE, s. f. *Verbum, i, n.* 話 Hoá. ‖ Une —. *Unum —.* 一句話 Ŷ kiú hoá. ‖ Ne pas dire une —. *Ne unum quidem verbum dicĕre.* 一句話都不說 Ŷ kiú hoá toū poŭ chŏ. ‖ Perdre la —. *Linguâ usum perdĕre.* 失聲 Chĕ̆ chēn. ‖ — notable. *Aureum dictum.* 箴言 Tchēn yên. ‖ Donner sa —. *Obligāre se.* 許 Hiù. ‖ Garder sa —. *Fidem servāre.* 不食言 Poŭ chŏ yên. ‖ Y manquer. — *violāre.* 食言 Chĕ̆ yên. ‖ Donner, selon une coutume chinoise, sa —, devant témoins, qu'on ne fera plus une même faute : 甘伏字 Kān foŭ tsé́. ‖ Faire un écrit pour cela, devant ces témoins : 寫甘伏 Siĕ kān foŭ. ‖ Homme sans —. *Fide nulla est.* 信不得的人 Sín poŭ tĕ̆ tỷ jên. ‖ Homme de deux —. *Homo ambiguus.* 快刀打豆腐 Kouáy taō tà teŏu foŭ. ‖ Prendre la —. *Sermonem suscipĕre.* 開口 Kāỷ keŏu. ‖ Couper la —. *Alic. interloqui.* 斷人說話 Touán jên chŏ hoá. ‖ Je sais l'air, mais j'ai oublié les —. *Numeros memini, si verba tenerem.* 記得韻記不得詩 Ký tĕ̆ yún ký poŭ tĕ̆ chē. ‖ Dire des paroles inutiles. *Verba inutilia proferre.* 說閒話 Chŏ hiên hoá. ‖ 說空話 Chŏ kōng hoá. ‖ 說無益的話 Chŏ oŭ ý tỷ hoá. ‖ Se prendre de —. *Verbis rixāri.* 講嘴 Kiàng tsoùy. ‖ Tromper par de belles —. *Aureis dictis inescare.* 哄騙人 Hòng piĕn jên.
PAROXYSME, s. m. *Paroxysmus, i, m.* 病沉重 Pín tchên tchóng.
PARQUET, s. m. *Forum, i, n.* 大堂 Tá tâng. ‖ Les gens du —. *Prætoriani.* 衙門人 Yâ mên jên, ou 跟官人 Kēn kouān jên.
PARRAIN, s. m. *Patrinus, i, m.* 代父 Taỷ foŭ. ‖ Les — et les marraines contractent alliance avec leurs filleuls et les parents de ceux-ci. 代父代母與代子代女有神親 Taỷ foŭ taỷ moŭ yù taỷ tsè̆ taỷ niù yeòu chên tsīn. ‖ Être —. *Fieri patrinus.* 當代父 Tāng taỷ foŭ.
PARRICIDE, s. m. *Parricida, æ, m.* 弑父 Ché foŭ.

**PARSEMER**, v. a. *Spargĕre*. 撒 Să.
**PART**, s. f. *Pars, tis, f.* 一分 Ý fēn, ou 一股 Ý koù. ‖ Donner à chacun sa —. *Viritim dividĕre*. 每人分一股 Meý jēn fēn ý koù. ‖ Faire les — égales. *Ex æquo —*. 分均平 Fēn kiūn pîn. ‖ Fournir sa —. *Partem offerre*. 出分子 Tchoŭ fén tsè. ‖ Avoir sa —. *Habēre —*. 得一分 Tĕ ý fén. ‖ En combien de — se divise...? 分幾分 Fēn ký fén. ‖ Part se dit aussi : 股 Koù, ou 端 Touān. ‖ Faire — de sa joie. *Aliq. particip. gaud. facĕre*. 與人同喜 Yù jēn tóng hý. ‖ Prendre — à la tristesse de quelqu'un. *Alic. dolorem dolēre*. 與人同苦 Yù jēn tóng kŏŭ. ‖ Lettre de faire — pour la naissance de quelqu'un. *Per epistolas nativitatem alicuj. nuntiāre*. 報喜 Paó hý. ‖ Avoir — à une affaire. *Partem habēre in re*. 有分 Yeoù fén. ‖ Saluez-le de ma —. *Meo nomine saluta eum*. 帮我拜上他 Pāng ngò paý cháng tā, ou 你請他的安 Ngý tsĭn tā' tý gān. ‖ Savoir de bonne —. *Certò scire*. 曉得一定 Hiaŏ tĕ ý tín. ‖ De toutes —. *Undique*. 從處處 Tsóng tchoŭ tchoŭ. ‖ Quelque —. *Alicubi*. 有處 Yeoù tchoŭ. ‖ De — et d'autre. *Utrinque*. 兩邊 Leăng piēn. ‖ Tirer à —. *Seducĕre aliq*. 喊在一邊 Hàn tsaý ý piēn. ‖ Faire bande à —. *Se ab aliĭs segregāre*. 獨辦 Toŭ pán. ‖ Raillerie à —. *Semoto joco*. 不說笑 Poŭ chŏ siaó.
**PARTAGE**, s. f. *Divisio, onis, f.* 分 Fén.
**PARTAGER**, v. a. *Partiri*. 分 Fēn, ou 派 Paý. ‖ — inégalement. *Inæqualiter —*. 分不均平 Fēn poŭ kiūn pîn. ‖ Cette opinion — l'École. *Hæc quæstio scindit doctores*. 學士議論不一 Hiŏ sé ný lén poŭ ý. ‖ Le chemin se — en deux. *Via se findit in duas partes*. 路分兩條 Loú fēn leăng tiaó.
**PARTANT**, adv. *Ideò*. 所以 Sŏ ý.
**PARTENAIRE**, s. m. *Socius, ii, m.* 夥計 Hŏ ký, ou 合伴 Hŏ pán.
**PARTI**, s. m. *Partes, ium, f.* 黨 Tăng. ‖ Chef de —. *Factionis dux*. 一黨之首 Ý tăng tchē cheoŭ. ‖ Être du — de quelqu'un. *Esse ab aliquo*. 投順一邊 Teoŭ chúen ý piēn. ‖ Attirer dans son —. *Alliciendo adducĕre*. 粘人入夥 Kiŭen jēn joŭ hŏ. ‖ — (dessein, projet). *Consilium*. 主意 Tchoù ý. ‖ Prendre un —. *Consil. capĕre*. 打主意 Tă tchoù ý. ‖ Ne savoir quel — prendre. *Animo pendēre*. 打不起主意 Tă poŭ ký tchoù ý. ‖ Trouver un bon —, c.-à-d. faire un bon mariage. *Honorabile connubium facĕre*. 嫁好人戶 Kiá haò jēn hoŭ. ‖ — (genre de vie). *Vitæ genus*. 手藝 Cheoŭ ný. ‖ Prendre le — des armes. 當兵 Tāng pīn. ‖ Prendre le — de la robe. 入流 Joŭ lieoŭ. ‖ Prendre le — de l'Église. 領神品 Lĭn chēn pĭn.
**PARTIAL, E**, adj. *Partium fautor*. 偏愛的人 Piēn gaý tý jēn. 不公的 Poŭ kōng tý. 偏情的人 Piēn tsīn tý jēn. ‖ Être —. *Partibus studēre*. 愛偏 Piēn gaý, ou 不公平 Poŭ kōng pîn.
**PARTICIPATION**, s. f. *Communio, onis, f.* 同事 Tŏng sé, 相通 Siāng tōng. ‖ Sans ma —. *Me insciente*. 我不知道 Ngò poŭ tchē taó.
**PARTICIPE**, s. m. *Participium, ii, n.* 分語 Fēn yù.
**PARTICIPER**, v. a. *Esse particeps*. 有分子 Yeoù fén tsè.
**PARTICULARITÉ**, s. f. *Rei adjunctum, i, n.* 情由 Tsīn yeóu.
**PARTICULARISER**, v. a. *Sigillatim referre*. 一節一節的講 Ý tsiĕ ý tsiĕ tý kiăng.
**PARTICULE**. s. f. *Particula, æ, f.* 虛字 Hiū tsé, ou 助語 Tsoŭ yù. Voici les sept — chinoises : 之 Tchē, 乎 Hoū, 也 Yè, 者 Tchĕ, 矣 Yè, 焉 Yiēn, 哉 Tsaý. ‖ — initiative. 起語虛字 Ký yù hiū tsé. ‖ — digressive. 轉語虛字 Tchouàn yù hiū tsé. ‖ — finale. 結語虛字 Kiĕ yù hiū tsé. ‖ — conjonctive. 接語虛字 Tsiĕ yù hiū tsé. ‖ — pausative. 歇語虛字 Hiĕ yù hiū tsé.

Les Chinois ont un proverbe qui dit :

Celui-là est bachelier, qui sait faire la juste distinction entre les sept particules chinoises. *俗語云* Sioŭ yù yūn, *之乎者也矣焉哉* Tchē hoū tchĕ yè ý yēn tsaý, *七字能分是秀才* Tsý tsé lēn fēn chē sieóu tsăý.

**PARTICULIER, ÈRE**, adj. *Proprius*. 本的 Pèn tý. ‖ —. *Singularis*. 私的 Sē tý. ‖ — (terme philos.). *Particularis*. 節目 Tsiĕ moŭ. ‖ Défaut — à la vieillesse. 老人本性的過失 Laò jēn pèn sín tý kó chĕ. ‖ — (homme qui n'est pas dans les affaires publiques). *Homo privatus*. 不管公事的人 Poŭ kouàn kōng sé tý jēn. ‖ En —. *Seorsim*. 私下 Sē hiá, ou 在旁邊 Tsaý ý páng piēn. ‖ Tirer en —. *Seorsim ducĕre*. 拉人一邊 Lă jēn ý piēn, ou 住邊 Tchoŭ piēn. ‖ Parler en —. *Secreta dicĕre*. 說私方話 Chŏ sē fāng hoá.
**PARTICULIÈREMENT**, adv. *Mirum in modum*. 希奇 Hý ký. ‖ —. *Nominatim*. 提名提字 Tý mĭn tý tsé. ‖ — (principalement). *Potissimùm*. 頭一宗 Teoŭ ý tsōng, ou 第一 Tý ý.
**PARTIE**, s. f. *Portio, onis, f.* 一分子 Ý fén tsè, ou 股 Koù. ‖ La plus grande — des hommes. *Plerique hominum*. 多半人 Tō pán jēn. ‖ — adversaire. *Adversarius*. 相反的 Siāng fàn tý. ‖ Avoir affaire à forte —. *Nancisci valentem adversarium*. 過着敵手 Yú tchŏ tý cheoŭ. ‖ Les — sont d'accord. *Litigantes conveniunt*. 講和了 Kiăng hŏ leaò. ‖ Prendre à —.

## PAR — PAS

*Litem intendĕre.* 告人 Kaó jên. ‖ — de jeu. *Ludi certatio.* 同耍 Tồng choà. ‖ Faire une —. *Ludĕre.* 同耍 Tồng choà. ‖ La gagner. *Vincĕre.* 贏 Ŷn. ‖ La perdre. *Vinci.* 輸 Choū. ‖ — nobles (cœur, foie). *Vitalia.* 五臟 Où tsăng.

PARTIES NATURELLES (chez l'homme). *Virilia, verenda.* Expressions polies, qui ne blessent point la décence. 下身 Hiá chēn, ou 下陰 Hiá ŷn, ou 陽物 Yâng où, ou encore 玉莖 Yŭ hēn. 靈柯 Lîn kō. On évitera d'employer les expressions suivantes en usage dans la basse société chinoise : 雞巴 Kȳ pā. 卵子 Loàn tsè. 㞗 Kieòu. 那話 Lá hoá. ‖ —. Le gland du pénis chez l'homme se dit : 龜頭 Koúy teôu, ou 陽物頂 Yâng où tìn. ‖ Celui des animaux se dit : 鞭 Pién. ‖ Chez la femme. *Muliebria.* 堂門 Tăng mên. 陰門 Ŷn mên. 陰戶 Ŷn hoú. 子宮 Tsè kōng.

PARTIR, v. n. *Proficisci.* 起身 Kȳ chēn. ‖ Je partirai dans trois jours. *Post tres dies —.* 三天內我起身 Sān tiēn loúy ngò kȳ chēn. ‖ L'oiseau est —. *Evolavit avis.* 雀雀飛了 Tsiŏ tsiŏ feȳ leào. ‖ La bonde est —. *Erupit obturamentum.* 桽桽出來了 Tsŏu tsŏu tchōu laȳ leào. ‖ Cela — de vous. *Auctor tu es in his.* 做這些事是你領頭 Tsoù tchĕ sȳ sé ché ngȳ lĭn teôu.

PARTISAN, s. m. *Stud. defensor, oris, m.* 投順一邊 Teôu chuén ȳ piēn.

PARTOUT, adv. *Ubique.* 處處 Tchoù tchoù. ‖ Dieu est —. *Ubique est Deus.* 天主處處都在 Tiēn-Tchoù tchoù tchoù toū tsáy.

PARURE, s. f. *Ornatus, ûs, m.* ‖ — de l'homme. 衣冠 Ȳ kouān. ‖ — de la femme. 首飾 Cheôu ché.

PARVENIR, v. n. *Pervenire.* 到 Taó, ou 得 Tĕ. ‖ Votre lettre m'est —. *Litt. tuas accepi.* 接了你的信 Tsiĕ leào ngȳ tȳ sín. ‖ — à l'Empire. *Ad honores.* 得天下 Tĕ Tiēn hiá. ‖ — aux honneurs. *Ad honores.* 得官職 Tĕ kouān tchĕ.

PARVENU, s. m. *Repentinus homo.* 陡然富貴 Teôu jân foù koúy, ou 一步登天 Ȳ poù tēn tiēn.

PAS, conj. *Non.* 不 Poŭ, ou 沒有 Moŭ yeòu. ‖ — encore. *Nondùm.* 未嘗 Oúy tsĕn. ‖ — un mot de plus. *Satis verborum.* 話彀了 Hoá keóu leào.

PAS, s. m. *Passus, ûs, m.* 一步 Ȳ poú. ‖ Trois cent soixante pas font un 里 Lȳ, ou lieue chinoise. ‖ Hâter le —. *Gradum accelerāre.* 快走 Kouáy tseòu. ‖ Aller au petit pas. *Tardo pede ire.* 慢慢走 Mán mán tseòu. ‖ Aller — à pas. *Pedetentim —.* 一步一步走 Ȳ poú ȳ poú tseòu. ‖ Aller à — comptés. *Composité —.* 一步一步的走 Ȳ poú ȳ poú tȳ tseòu. ‖ J'y vais de ce —. *Statim vado.* 我就去 Ngò tsieóu kiŭ. ‖ Aller sur les — de quelqu'un. *Imitāri —.* 學人 Hiŏ jên. ‖ Revenir sur ses —. *Redire.* 回來 Hoûy laȳ. ‖ Reculer d'un —. *Uno passu —.* 退一步 Tóuy ȳ poú. ‖ De ce —. *Hic et nunc.* 如今 Joû kīn, ou 此時 Tsè chê. ‖ Perdre ses —. 枉然做 Ouàng jân tsoú. ‖ Aller au —. 走得勻淨 Tseòu tĕ tchŏ tsín. ‖ Faire un faux —. (Au propre). 幾乎跌了 Kȳ hoû tiĕ leào. ‖ —. (Au figuré). 錯 Tsŏ. ‖ Mauvais —. *Periculum.* Mauvais —. 難事 Lán sé, ou 凶險 Hiōng hièn. ‖ Être en mauvais —. 爲難 Oûy lán, ou 受凶險 Cheóu hiōng hièn. ‖ S'en tirer. *E vado emergĕre.* 脫難 Tŏ lán. ‖ Disputer le — à quelqu'un. *De honore contendĕre.* 爭位 Tsēn oúy. ‖ Céder le —. *Primas deferre.* 讓位 Jáng oúy.

PASQUINADE, s. f. *Mordax carmen.* 揭帖 Kiĕ tiĕ, ou 譏刺之詩 Kȳ tsé tchē chē.

PASSABLE, adj. *Tolerabilis.* 使得的 Chè tĕ tȳ, ou 可以 Kò ȳ. ‖ Cela est —. *Tolerabile est.* 過去得可夠了 Kó kiŭ tĕ. ‖ Élève —. *Alumnus mediocris.* 不在人上不在人下的學生 Poŭ tsaȳ jên cháng poŭ tsaȳ jên hiá tȳ hiŏ sēn.

PASSAGE, s. m. *Transitus, ûs, m.* 過去的地方 Kó kiŭ tȳ tȳ fāng. ‖ Fermer un —. *Iter occludĕre.* 塞路 Sŏ loú. ‖ Céder le —. *Via alic. decedĕre.* 讓路 Jáng loú. ‖ Garder les —. *Itinera insidēre.* 把守口路 Pà cheòu keòu loú. ‖ — d'un livre. *Auctoris locus.* 書上的一句 Choū cháng tȳ ȳ kiŭ. ‖ Citer un — d'auteur. 提書 Tȳ choū, ou 引書 Ȳn choū.

PASSAGER, s. m. *Vector, oris, m.* 趕船人 Kàn tchoŭan jên.

PASSAGER, ÈRE, adj. *Fugax, cis.* 不長久的 Poŭ tchâng kieòu tȳ.

PASSANT, s. m. *Viator, oris, m.* 走路的人 Tseòu loú tȳ jên.

PASSAVANT, s. m. *Commeatus, ûs, m.* 照票 Tcháo piáo, ou 封皮 Fōng pȳ. ‖ — (la liste annonçant les marchandises). 報單 Paó tān.

PASSÉ, ÉE, adj. *Præteritus.* 過了 Kó leào, ou 過去了 Kó kiŭ leào. ‖ L'an —. 過年 Kiŭ niên. ‖ Au temps —. 古時 Koù chē. ‖ Couleur —. 對了的色 Toúy leào tȳ sĕ. ‖ Une fleur —. 謝了的花 Siè leào tȳ hoā. ‖ — de mode. 不興 Poŭ hīn.

PASSE-DROIT, s. m. *Privilegium, ii, n.* 恩免 Gēn miên.

PASSE-PASSE, s. m. *Præstigiæ, arum, f.* 把戲 Pà hȳ. ‖ —. *Callida fraus.* 詭計 Koùy kȳ.

PASSE-PARTOUT, s. m. *Clavis multis foribus apta* —. 公鑰匙 Kōng yŏ ché.

PASSE-PORT, s. m. *Commeatus, ûs, m.* 路票 Loú piáo.

PASSER, v. n. *Transire.* 過 Kó. ‖ — du côté des ennemis. *Transire ad hostes.* 投賊 Teôu tsĕ. ‖ — par la rue. *Per forum —.* 走一條街 Tseòu ȳ tiáo kaȳ. ‖

— (couler). *Fluĕre.* 流 Lieòu, ou 過 Kó. ‖ Le Kiāng — à Tchóng Kĭu. 羊子江由重慶府過 Yâng tsè kiāng yeòu tchŏng kĭn foù kó. ‖ — son chemin. *Viam sequi.* 走路 Tseòu loú. ‖ — outre. *Transire.* 過 Kó. ‖ — devant. *Anteire.* 先去 Siēn kiŭ, ou 前頭走 Tsiên teŏu tseòu. ‖ La pluie —. *Imber desŭt.* 雨住了 Yù tchoú leào. ‖ La chaleur —. *Frangit se calor.* 熱過了 Jĕ kó leào. ‖ Il vient de —. *Jam e vivis cessit.* 纔死了 Tsây sè leào. ‖ L'Empire de Chine a — aux Tartares. *Imperium Sinarum ad Tartaros transiit.* 韃子占了中國 Tă tsè tchán leào tchōng kouĕ. ‖ Cela peut —. *Hoc est tolerabile.* 可以 Kŏ ỷ, ou 使得 Chè tĕ. ‖ — au jeu. *Aleā abstinĕre.* 我不逗 Ngŏ poŭ teóu. ‖ — pour avare. *Avarus habĕri.* 有名的慳吝 Yeòu mîn tỷ kiēn lín. ‖ En — par où il veut. *Ad arbitrium ejus facĕre.* 將就別人 Tsiāng tsieóu piĕ jên. ‖ — rapidement sur un sujet. *Breviter dicĕre.* 略說 Liŏ chŏ. ‖ — par tous les grades. *Per omnes gr. transire.* 一級一級的陞上去 Ỷ kỷ ỷ kỷ tỷ chēn cháng kiŭ. ‖ — de mode. *Obsolescĕre.* 興過了 Hĭn kó leào. ‖ — une faute à quelqu'un. *Veniam indulgēre.* 寬恕人 Kouān choŭ jên. ‖ Ne rien — à quelqu'un. *Nihil indulgēre.* 不讓一點 Poŭ jáng ỷ tiĕn. ‖ — condamnation. *Victas manus dăre.* 認錯 Jén tsŏ. ‖ — quelqu'un de la tête. *Collo tenŭs supereminēre.* 高一个腦膛 Kāo ỷ kó laò kŏ. ‖ — les bornes. *Modum transire.* 過分 Kó fén, ou 過節 Kó tsiĕ. ‖ Cela me — *Id non capio.* 我洞不來 Ngŏ tông poŭ laý. ‖ — la rivière. *Flumen transire.* 過河 Kó hó. ‖ — la mer. *Mare* —. 過海 Kó haỷ. ‖ — du fil dans l'aiguille. *Filum acu inserĕre.* 穿針 Tchouān tchēn. ‖ — en sautant. *Saltando* —. 跳過去 Tiào kó kiŭ. ‖ — du vin à la chausse. *Excolāre vinum.* 濾酒 Liú tsieòu. ‖ — de la farine. *Farinam incernĕre.* 篩麵 Chaỷ mién. ‖ — la main sur sa barbe. *Barbam manu deducĕre.* 抹鬍子 Mŏ hoŭ tsè, ou 捻鬚 Liĕn siū. ‖ — sous silence. *Tacĕre.* 不說 Poŭ chŏ. ‖ — un contrat. *Pactus inire.* 打和約 Tă hŏ yŏ. ‖ — (cribler). *Incernĕre.* 篩 Chaỷ. ‖ — le temps à étudier. *Consumĕre tempus studendo.* 一天到黑讀書 Ỷ tiēn tao hŏ toŭ choū. ‖ — le temps à ne rien faire. *Otiosam vitam ducĕre.* 空過日子 Kōng kó jĕ tsè. ‖ Cela est — en coutume. *Mos invaluit.* 成了規矩 Tchên leào koŭy kiù. ‖ Cette couleur —. *Color evanescit.* 顏色敗了 Yên sĕ paý leào. ‖ Se — (se faner). *Deperire.* 謝了 Siè leào.

**PASSE-TEMPS**, s. m. *Oblectatio, onis, f.* 耍 Choà.
**PASSIBLE**, adj. *Doloris capax.* 能受苦的 Lên cheóu koŭ tỷ.
**PASSIF, VE**, adj. *Passurus.* 受體的 Cheóu tỷ tỷ. ‖ Verbe —. *Verbum passivum.* 受祕言 Cheóu pỷ yên. ‖ Dette —. *Æs alienum.* 債 Toháy.

**PASSION**, s. f. (mouvement). *Passio, onis, f.* 動 Tóng, ou 情 Tsîh. ‖ Exciter les —. — *movēre.* 動慾 Tóng yoŭ. ‖ — (cupidité). *Libido, cupido.* 愛欲 Gaý yoŭ. ‖ 愛情 Gaý tsîh. 私慾 Sē yoŭ. ‖ Se livrer à ses —. *Cupidit. servire.* 縱慾 Tsóng yoŭ. ‖ Y résister. — *coercēre.* 絕慾 Tsiuĕ yoŭ. ‖ Avoir la — de l'étude. *Studio tenēri.* 愛書 Gaý choŭ. ‖ — de N.-S. J.-C. *Acerbi Christi cruciatus.* 耶穌苦難 Yê Soŭ koŭ lán.
**PASSIONNÉ, ÉE**, adj. *Rei studio incensus.* 火性的人 Hŏ sín tỷ jên, ou 順私慾的人 Chuén sē yoŭ tỷ jên. ‖ — pour l'étude. *Studii avidus.* 好讀書的 Haó toŭ choū tỷ. ‖ Être — pour une femme. *Mulierem amore ardēre.* 貪想一个婦人 Tăn siàng ỷ kó foŭ jên.
**PASSIONNÉMENT**, adv. *Vehementer.* 多 Tō, ou 多得狠 Tō tĕ hèn.
**PASSIONNER (SE)**, v. r. ‖ — pour une chose. *Rem vehementer exoptāre.* 貪想得狠一宗事 Tăn siàng tĕ hèn ỷ tsōng sé.
**PASSOIRE**, s. f. *Colum, i, n.* 漏瓢 Leóu piāo. 瀘帕 Leóu pă.
**PASTEUR**, s. m. *Pastor, oris, m.* 牧童 Moŭ tôngỷ. ‖ — (Prêtre ayant charge d'âme). *Parochus.* 靈牧 Lîm moŭ. ‖ — (le propre). *Proprius parochus.* 本方靈牧 Pên fāng lîm moŭ.
**PATAUD, E**, adj. *Rusticus.* 体人 Tỷ jên, ou 蠢人 Tchoŭn jên.
**PÂTE**, s. f. *Farina subacta.* 水活麫 Choŭy hô mién. ‖ Faire la —. *Farinam subigĕre.* 活麫 Hô mién. ‖ Homme de bonne —. *Comis homo.* 合衆的人 Hŏ tchông tỷ jên. ‖ Mettre la main à la —, c.-à-d. aider pour sa part. *Pro suā parte juvāre.* 帮忙人 Pāng mâng jên.
**PÂTÉ**, s. m. *Caro siligineā crustā inclusa.* 肉凍包子 Joŭ tóng paŏ tsè. ‖ — simple chinois. 包子 Paŏ tsè. ‖ 傅油包子 Foú yeôu paŏ tsè. ‖ — à la viande. 肉包子 Joŭ paŏ tsè. ‖ — au sucre. 糖包子 Tâng paŏ tsè, ou 抄手 Tchāo cheóu.
**PATELIN**, s. m. *Palpator, oris, m.* 諂媚的人 Tchăn meý tỷ jên.
**PATÈNE**, s. f. *Patena, æ, f.* 聖盤 Chén pǎn.
**PATENTE**, s. f. *Argentarium chirographum.* 印票 Ýn piāo. ‖ — impériale. *Diploma imperiale.* 刺書 Tsĕ choū. ‖ — de marchand. *Mercatorium tributum.* 入行 Joŭ hâng.
**PATERNITÉ**, s. f. *Paternitas, atis, f.* 爲父 Oŭy foú.
**PÂTEUX, SE**, adj. *Viscosus.* 黏的 Niên tỷ.
**PATHÉTIQUE** , adj. ‖ Discours —. *Concio commovens.* 能動的話 Lên tóng tỷ hóa.
**PATIBULAIRE**, adj. ‖ Mine —. *Improba facies.* 怪眉怪眼的 Kouáy mỷ kouáy yèn tỷ.
**PATIENCE**, s. f. *Patientia, æ, f.* 忍耐 Jèn-laý. ‖ Souffrir

avec —. *Patienter sustinēre.* 忍當 Jèn tāng. ‖ Prendre en —. — *ferre.* 忍當 Jèn tāng. ‖ Ayez un peu de —. *Paulisper mane.* 你忍耐些 Ngy̆ jèn laỷ sỷ. ‖ Exercer la — de quelqu'un. *Alicuj. tentāre patient.* 操忍耐 Tsǎo jèn laỷ. ‖ Pousser à bout la — de quelqu'un. — *evincěre.* 惹他忍不過了 Jě tā' jèn poǔ kó leǎo. ‖ Perdre —. *Patientiam rumpěre.* 忍不過 Jèn poǔ kó. ‖ Abuser de la — de quelqu'un. *Patient. abuti.* 過餘嚷唆人 Kó yû lô sŏ jèn.

PATIENT, E, adj. *Tolerans.* 忍耐的 Jèn laỷ tỷ.

PATIENT, s. m. (criminel). *Sons.* 犯人 Fán jèn.

PATIN, s. m. (pour glisser). *Calopodium, ii. n.* 氷鞋 Pīn haỷ.

PATINER, v. n. *Calopodio glaciem decurrěre.* 跑氷鞋 Pǎo pīn haỷ.

PÂTIR, v. n. *Pati.* 受菩 Cheóu kŏu.

PÂTISSERIE, s. f. *Bellaria, orum, n.* 糖食 Tǎng chě.

*Principales pâtisseries chinoises :*

| | | |
|---|---|---|
| 橘餅 | Kioŭ pìn. | Pamplemousses confites. |
| 糖棗 | Tǎng tsaò. | Jujubes confites. |
| 瓜片 | Koūa piên. | Courges confites. |
| 桃粘 | Tǎo niên. | |
| 薑粘 | Teōu niên. | |
| 雞蛋糕 | Ky̆ tán kaò. | Gâteaux de Savoie. |
| 盒子糕 | Hŏ tsè kaò. | |
| 月餅 | Yuě pìn. | |
| 雲片糕 | Yûn piên kaò. | |
| 玫瑰糕 | Meỷ koúy kaò. | |
| 芙蓉糕 | Foû yŏng kaò. | |
| 雞骨糖 | Ky̆ koǔ tǎng. | |
| 薑片 | Kiāng piên. | Gingembre confit. |
| 綠豆糕 | Loŭ teóu kaò. | |
| 喜沙餅子 | Hỷ chā pìn tsè. | |
| 寸筋糖 | Tsēn tsīn tǎng. | |
| 痲丸 | Mâ yûen. | Craquelins. |
| 油蘇餅 | Yeóu soū pìn. | |
| 桃核蘇 | Hě tǎo soū. | Nougat. |
| 白油蘇 | Pě yeòu soū. | |
| 桃片 | Tǎo piên. | Pêches confites. |
| 回餅 | Hoúy pìn. | Pain sucré des mahométans. |
| 喜餅 | Hỷ pìn. | Pain spécial des jours de réjouissance. |

PÂTISSIER, s. m. *Pistorius, ii, m.* 開京果舖的人 Kāy kīn kŏ poŭ tỷ jèn.

PATOIS, s. m. *Plebeius sermo.* 土話 Tǒu hóa, ou 鄉談 Hiāng tǎn.

PATRIARCHE, s. m. *Patriarcha, æ, m.* 聖祖 Chén tsoù.

PATRIE, s. f. *Patria, æ, f.* 本國 Pèn kouě, ou 家鄉 Kiā hiāng. ‖ Mourir pour la —. *Vitam pro — profundĕre.* 盡忠 Tsín tchōng.

PATRIMOINE, s. m. *Patrimonium, ii, n.* 家業 Kiā niě.

PATRIOTIQUES (soldats). *Fortes milites.* 義兵 Nỷ pīn.

PATRON, s. m. *Patronus, i, m.* 主保 Tchoǔ paò. ‖ — d'un vaisseau. *Navarchus.* 船板主 Tchoŭan pàn tchoù. ‖ — (modèle). *Exemplar.* 樣子 Yáng tsè. ‖ — (maître en un art). 師傅 Sē foú.

PATRONNER, v. a. *Patrocināri.* 保護 Paò hoú, ou 相幫 Siāng pāng.

PATRONYMIQUE, adj. *Patronymicus.* 同姓的 Tŏng sín tỷ.

PATROUILLE, s. f. *Excubiæ, arum, f.* 巡更 Siûn kēn, ou 守夜的兵 Cheòu yé tỷ pīn. ‖ Faire la —. — *agěre.* 打更 Tà kēn.

PATROUILLER, v. n. *Excubias agěre.* 打更 Tà kēn. ‖ — (agiter l'eau bourbeuse). *Lutum agitāre.* 隕泥 Kŏng ný.

PATTE, s. f. *Pes, edis, m.* 脚 Kiŏ. ‖ — des bœufs, chevaux, porcs, brebis. 蹄子 Tỷ tsè. ‖ — des chiens, chats, poules. 脚 Kiŏ. ‖ Donner un coup de — *Pede ferire.* 抓 Tchaò. ‖ Faire la — de velours. *Sub dolě blandūri.* 口甘心辣 Keŏu kān sīn lǎ.

PÂTURE, s. f. *Pabulum, i, n.* 草場 Tsǎo tchǎng.

PAUME, s. f. *Vola, æ, f.* 手心 Cheòu sīn.

PAUME (jeu), s. m. *Ludus pilæ.* 綉球 Sieóu kieŏu. ‖ Balle de —. *Pila.* 綉球 Sieóu kieŏu. ‖ Y jouer. 打綉球 Tà sieóu kieŏu. ‖ — chinoise. 打毽子 Tà tsièn tsè.

PAUPIÈRE, s. f. *Palpebra, æ, f.* 眼皮 Yèn pỷ, ou 眼胞 Yèn pāo. ‖ Ne pas fermer la —. *Somnum oculis non vidēre.* 一夜睡不覺 Ý yé choúy poǔ tchŏ.

PAUSE, s. f. *Pausa, æ, f.* 歇一下 Hiě ỷ hiá. ‖ Faire une — en lisant. *Spiritum suspendĕre legendo.* 看書歇氣 Kǎn choū hiě kỷ.

PAUVRE, adj. *Egens, pauper.* 窮人 Kiŏng jèn. ‖ — vieille. *Paupercula anus.* 窮婆子 Kiŏng pŏ tsè. ‖ — (mendiant). *Mendicus.* 叫化子 Kiáo hóa tsè. ‖ — honteux. 不好意思討周濟 Poǔ haò ỷ sē tǎo tcheòu tsỷ.

PAUVRETÉ, s. f. *Paupertas, atis, f.* 窮 Kiŏng. ‖ Tomber dans la —. *Facultatibus labi.* 窮 Kiŏng. ‖ Dire des —. *Garrire nugas.* 說空話 Chō kŏng hóa.

PAVANER (SE), v. n. *Superbè incedĕre.* 揚揚得意 Yâng yâng tě ỷ, ou 大搖大擺 Tá yâo tá paỷ.

PAVÉ, s. m. *Pavimentum, i, n.* 街石 Kaỷ chě. ‖ Céder le —. *De viā cedĕre.* 讓路 Jáng loú. ‖ Disputer le haut du —. *De primo loco contendĕre.* 不讓路 Poǔ jáng loú. ‖ Battre le —. *Vagāri.* 遊玩 Yeôu ouán. ‖ Être sur le —. *Inops laris et fundi.* 無坐處 Oû tsŏ tchoù.

**PAVER**, v. a. *Pavimentum struĕre.* 安石板 Gān chĕ pàn.

**PAVILLON**, s. m. *Tentorium, ii, n.* 帳篷 Tcháng pŏng. ‖ — du lit. *Conopeum.* 帳子 Tcháng tsè, ou 帳簷 Tcháng yèn. ‖ — de Tin tsè. 亭子 Tíh tsè. ‖ — de navire. *Vexillum.* 船上旗 Tchouǎn cháng kỳ. ‖ — sur les portes des villes chinoises. 譙樓 Tsiáo leôu. ‖ Arborer le —. — *efferre.* 立旗 Lỳ kỳ. ‖ Le baisser. *Demittĕre* —. 收旗 Cheōu kỳ. ‖ Baisser —, c.-à-d. céder aux autres. *Fasces submittĕre.* 讓位 Jáng oúy.

**PAVOT**, s. m. *Papaver, eris, n.* 萬壽菓 Ouán cheóu kò. ‖ Couper les — pour avoir le suc d'opium. 割鴉片煙 Kŏ yā piĕn yèn.

**PAYE**, s. f. *Stipendium, ii, n.* 糧餉 Leáng hiàng. ‖ La donner. — *numerāre.* 關餉 Kouān hiàng. ‖ La retenir. — *militum fraudāre.* 侵噢兵餉 Tsīh tchĕ́ pīn hiàng. ‖ Avoir cent soldats inscrits et n'en porter que quatre-vingts. 有八十名兵報一百 Yeôu pā chĕ mīn pīn paô ў pĕ.

**PAYEMENT**, s. m. *Æris solutio, onis, f.* 開賬 Kāy tcháng. ‖ Faire un — en trois termes. *Tribus vicibus se ære alieno liberāre.* 三囘還完 Sān hoúy houān ouān. ‖ Recevoir en — quelque chose. *Rem in solutum accipĕre.* 收一股 Cheōu ў koù. ‖ — des ouvriers. *Merces.* 工錢 Kōng tsiĕn.

**PAYER**, v. a. ‖ — le salaire. *Mercedem solvĕre.* 開工錢 Kāy kōng tsiĕn. ‖ — ses dettes. — *debita.* 還賬 Houān tcháng. ‖ N'avoir pas de quoi les —. *Solvendo non esse.* 還不起賬 Houān poù kỳ tcháng. ‖ — comptant. *Præsentem pecun. solvĕre.* 現銀買 Hiĕn ўn maỳ. ‖ — à terme. *Ad diem respondĕre.* 對期開賬 Toúy kỳ kāy tcháng. ‖ — avant terme. 先開 Siēn kāy. ‖ — le principal et l'intérêt. *Fenus et sortem dāre.* 本利還情 Pĕn lý houān tsīh. ‖ — sa part de dépenses. *In partem impensæ venire.* 各開各 Kŏ kāy kŏ. ‖ — quelqu'un de ses peines. *Mercedem laboris solvĕre.* 開工錢 Kāy kōng tsiĕn. ‖ — quelqu'un de belles paroles. *Docta dicta pro datis dāre.* 光是口還 Kouāng chĕ keôu houān. ‖ — de sa personne. *Caput objicĕre periculis.* 胃凶險 Maô hiōng hiĕn. ‖ — le tribut à la nature. *Fato concedĕre.* 死 Sè. ‖ — en même monnaie. *Par pari referre.* 以情還情 Ў tsīh houān tsīh. ‖ — d'ingratitude. *Beneficia oblivione rependĕre.* 忘恩 gēn. ‖ — les violons, c.-à-d. faire quelque chose dont les autres retirent tout le profit (prov.). *Suo periculo res aliorum curāre.* 猫翻甑子狗來喫 Maô fān tsén tsè keòu laý tchĕ. ‖ Se — soi-même. *Suum sibi sumĕre.* 取貨折賬 Tsiù hó tsĕ tcháng. ‖ Se — d'excuses. *Excusationes accipĕre.* 信推諉的話 Sín toúy oùy tỳ hoá.

**PAYS**, s. m. *Regio, onis, f.* 地方 Tỳ fāng. ‖ Le —. *Patria.* 本地方 Pĕn tỳ fāng. ‖ Courir le —. *Vagāri.* 遍遊 Piĕn yeôu. ‖ Les coutumes du —. *Patrii ritus.* 本國風俗 Pĕn kouĕ́ fōng sioú. ‖ Les naturels du —. *Indigenæ.* 本方人 Pĕn fāng jĕn. ‖ De quel — êtes-vous? *Unde estis?* 貴處 Koúy tchôu, ou 你是那裏人 Ngỳ chĕ là lỳ jĕn. ‖ Être du même —. *Concivis.* 同鄉人 Tōng hiáng jĕn. ‖ Faire voir du — à quelqu'un. *Aliq. negot. impedīre.* 囉唆人 Lō sō jĕn.

**PAYSAGE**, s. m. *Spatium regionis.* 山川景 Chān tchouān kín. 山水畫 Chān chouỳ hoá. 美境 Meỳ kín.

**PAYSAN**, s. m. (homme de la campagne). *Ruricola, æ, m.* 鄉裏人 Hiāng lỳ jĕn. ‖ — (impoli). *Rusticus.* 鹵莽人 Loù màng jĕn.

**PÉAGE**, s. m. *Portorium, ii, n.* 買路錢 Maỳ loú tsiĕn.

**PEAU**, s. f. *Pellis, is, f.* 皮子 Pý tsè. ‖ Apprêter des —. *Coria concinnāre.* 消皮子 Siāo pý tsè. ‖ S'habiller de —. *Pelles induĕre.* 穿皮衣 Tchouān pý ў. ‖ Vendre la peau avant d'avoir tué l'animal. (Prov.) 賣空倉 Maý kōng tsāng.

**PECCADILLE**, s. f. *Leve delictum, i, n.* 小罪 Siaò tsoúy.

**PÉCHÉ**, s. m. *Peccatum, i, n.* 罪 Tsoúy. ‖ — véniel. *Veniale* —. 死罪 Siaò tsoúy. ‖ — mortel. *Mortale* —. 小罪 Sè tsoúy, ou 大罪 Tá tsoúy. ‖ — originel. *Originale* —. 原罪 Yuĕn tsoúy. ‖ — actuel. *Actuale* —. 本罪 Pĕn tsoúy. ‖ — capital. *Capitale* —. 罪宗 Tsoúy tsōng.

**PÉCHER**, v. a. *Peccāre.* 犯罪 Fán tsoúy. ‖ — gravement. 犯大罪 Fán tá tsoúy. ‖ — par malice. 姑意犯罪 Koū ý fán tsoúy. ‖ — sciemment. 明知犯罪 Mīn tchĕ fán tsoúy. ‖ — par inadvertance. 不覺犯罪 Poù kiŏ fán tsoúy. ‖ — beaucoup. 犯罪多端 Fán tsoúy tō touān.

**PÊCHER**, v. a. *Piscāri.* 打魚 Tà yû. ‖ — à la ligne. *Hamo* —. 釣魚 Keóu yû. ‖ — au filet. *Retibus* —. 網魚 Ouǎng yû. ‖ — par le poison. *Veneno* —. 殘魚 Laó yû. ‖ — en eau trouble, c.-à-d. profiter du désordre pour faire des profits. *Aliorum ruinam sibi in quæstum vertĕre.* 渾水裏頭捉魚 Houĕn choúy lý teôu tchŏ yû.

**PÉCHEUR**, s. m. *Peccator, oris, m.* 罪人 Tsoúy jĕn.

**PECTORAL**, s. m. *Pectorale, is, n.* 古鐸德補子 Koù tŏ tĕ́ poù tsè. (Voir le mot *Rational*).

**PÉCULAT**, s. m. *Peculatus, ûs, m.* 侵噢庫銀 Tsīn tchĕ́ koù ўn. ‖ Être accusé de —. *Accusāri* —. 告人侵噢庫銀 Kaó jĕn tsīn tchĕ́ koù ўn.

**PÉCULE**, s. m. *Peculium, ii, n.* 湊的銀子 Tseôu tỳ ўn tsè.

**PÉDAGOGUE**, s. m. *Pædagogus, i, m.* 教書先生 Kiáo choū siēn sēn.

**PÉDANTERIE**, s. f. *Vana jactatio.* 亂誇 Loúan koǔa.

**PÉDÉRASTIE**, s. f. *Pæderastia, æ, f.* 鬧小旦 Láo siaò tán, ou 姦幼童 Kiēn yeoú tóng.

**PÉDONCULE**, s. m. *Pedunculus, i, m.* 蒂 Tý.

**PEIGNE**, s. m. *Pecten, inis, m.* 篦子 Pý tsè. ‖ — de tisserand.

**PEIGNER**, v. a. *Pectěre.* 篦 Pý. ‖ — à rebrousse-poil. 倒篦 Taò pý. ‖ Se faire —. *Alter. capill. pectěre.* 請人篦頭 Tsìn jēn pý teoǔ.

**PEIGNOIR**, s. m. *Pecten, inis, m.* 梳子 Soū tsè.

**PEIGNURE**, s. f. *Furfures, um, m.* 梳落的頭髮 Soū lŏ tý teoǔ fă, ou 頭垢 Teoǔ keoǔ.

**PEINDRE**, v. a. *Pingěre.* 畫 Hóa. ‖ — à l'huile. *Oleo —.* 油畫 Yeoū hóa. ‖ — en racontant. *Perfectè narrāre.* 講得活靈活現 Kiàng tĕ hŏ lĭm hŏ hién. ‖ Se —. *Os fucāre.* 擦脂抹粉 Tchă yēn mó fèn.

**PEINE**, s. f. *Pœna, æ, f.* 罰 Fă. ‖ Augmenter la —. *Augěre —.* 加罰 Kiā fă. ‖ Diminuer la —. *Minuěre —.* 減罰 Kièn fă. ‖ Sous — de mort. *Sub — capitali.* 要命 Yáo mín. ‖ — d'esprit. *Angor.* 憚心 Tăn sīn. ‖ Faire de la —. *Molestiam alic. exhibēre.* 兜人憂氣 Teoū jēn yeoū ký. ‖ S'en faire soi-même. *Sibi ipsi sollicit. exstruěre.* 自討憂氣 Tsé taò yeoū ký. ‖ — (souci). *Cura —.* 憚心 Tăn sīn. ‖ Être en — de quelqu'un. *Sollicitari aliq.* 替人憚心 Tý jēn tān sīn. ‖ Ne pas se mettre en — de quelque chose. *Id non curāre.* 不管 Poŭ koùan. ‖ Être en — de ce qu'on doit faire. *Consilii ambiguus esse.* 主意不定 Tchoù ý poŭ tín. ‖ Épargner sa —. *Operæ parcěre.* 怕費力 Pă feý lý. ‖ Prendre beaucoup de — pour. *In re insudāre.* 費力 Feý lý. ‖ Perdre sa —. *Operam perděre.* 白做 Pĕ tsoú, ou 枉然做 Ouăng jàn tsoú. ‖ Avec —. *Difficilè.* 難得 Lán tĕ. ‖ Sans —. *Haud gravatè.* 容易 Yóng ý. ‖ Avoir de la — à. *In re sudāre.* 費力 Feý lý.

**PEINE (À)**, adv. ‖ A — arrivé, il mourut. *Vix advenerat, mortuus est.* 剛剛纔臨就死了 Kāng kāng tsaý lóng tsieoú sè leaò. ‖ A — trouverez-vous un homme fidèle. *Fidelem haud fermé invenias virum.* 一个忠信 人差不多都見不得 Ý kó tchōng sín jēn tchă poŭ tō toū kién poŭ tĕ.

**PEINE (À)**, conjonct. *Vix.* ‖ A — fut-il arrivé, qu'il tomba malade. *Vix advenerat, cùm in morbum incidit.* 他纔 臨當時他害臨病 Tă tsaý lóng, táng chĕ tă haý leaò pín.

**PEINÉ, ÉE**, adj. *Mœstus.* 憂悶 Yeoū mén tý.

**PEINER**, v. a. *Molestiam afferre.* 兜人憂氣 Teoū jēn geoū ký, ou 煩惱人 Fán laò jēn.

**PEINTRE**, s. m. *Pictor, oris, m.* 畫師 Hóa sē.

**PEINTURE**, s. f. *Pictura, æ, f.* 畫條 Hoá tiǎo. ‖ Une —. *Una —.* 一軸畫 Ý tchoū tiǎo. ‖ — déshonnête. 春宮畫 Tchoūn kōng hoá.

**PÊLE-MÊLE**, adv. *Confusé.* 雜亂 Tsă loúan.

**PELER**, v. a. *Pilos auferre.* 擤毛 Siuēn maŏ. ‖ — un porc. 刮猪 Koǔa tchoū. ‖ — des fruits. 削果皮 Siuĕ kŏ pý.

**PÈLERINAGE**, s. m. *Pia peregrinatio, onis, f.* 朝聖地 Tchǎo chén tý.

**PELLE**, s. m. ‖ — à feu. *Batillum, i, n.* 火鏟 Hŏ tchoǔan. ‖ — à marmite. *—* 鍋鏟 Kō tchoǔan. ‖ Puiser des légumes avec une —. 鏟一鏟菜 Tchoǔan ý tchoǔan tsaý.

**PELLETÉE**, s. f. *Plenum batillum.* 鏟一鏟 Tchoǔan ý tchoǔan.

**PELLETERIE**, s. f. *Pelles, ium, f.* 皮子 Pý tsè.

**PELOTE**, s. f. *Globulus, i, m.* 線球 Sién kieoŭ, ou 針墊 Tchēn pý.

**PELOTONNER**, v. a. *Glomerāre.* 挽線團 Ouǎn sién toúan.

**PELOUSE**, s. f. *Campus, i, m.* 草坪 Tsaŏ pá.

**PELURE**, s. f. *Cutis derupta.* 果皮 Kŏ pý.

**PELVIEN**, s. m. *Pelvis.* 下焦 Hiá tsiāo, ou 尻骨盤 Kāo koū pǎn. ‖ Bassin — des femmes. 婦人尻骨盤 Foú jēn kaō koū pǎn.

**PÉNATES**, s. f. *Penates, tium ou tum, m.* 家神 Kiā chēn. ‖ Regagner ses —. *Patriam repetěre.* 回家 Hoúy kiā.

**PENAUD, E**, adj. *Rubore suffusus.* 害羞的 Haý sieōu tý.

**PENCHANT**, s. m. *Declivitas, atis, f.* 偏 Piēn. ‖ L'Empire est sur le —. *Imperium labat.* 天下不安 Tiēn hiá poŭ gān, ou 江山不穩 Kiāng chān poŭ ouěn. ‖ — (ruine). *Ruina.* 捌 Pěn (ou Pēn). ‖ — (inclination). *Propensio.* 偏 Piēn, ou 向 Hiáng. ‖ Corriger ses — vicieux. *Pravam indolem emendāre.* 改本性 Kaý pèn sín. ‖ Suivre son —. *Morem animo gerěre.* 隨本性 Soúy pèn sín.

**PENCHER**, v. a. *Inclināre.* 偏 Piēn. ‖ — le corps. *Corpus —.* 鞠躬 Kioū kōng. ‖ — la tête. *Caput —.* 埋頭 Maý teoū. ‖ La balance —. *Lanx vergit.* 戥子 旺了 Tèn tsè ouáng leaò. ‖ Ne — ni d'un côté ni d'un autre. *Ad neutram inclināre.* 兩邊都不顧 Leǎng piēn toū poŭ koú.

**PENDANT, E**, adj. *Pendens.* 懸掛起的 Hiuēn koúa ký tý. ‖ Procès —. *Lis sub judice.* 沒有斷的官司 Moŭ yeoū toúan tý kouān sē.

**PENDANT**, s. m. ‖ — d'oreille. *Inauris, is, f.* 耳環 Eǔl houān.

**PENDANT**, prép. (durant ce temps). *Per id tempus.* 那時 Lá chē. ‖ — l'été. *Per æstatem.* 夏天的時候 Hiá tiēn tý chē heóu. ‖ — que. *Dùm.* 時那 Lá chē.

326 PEN  PER

PENDARD, s. m. *Furcifer.* 惡人 Ngŏ jên, ou 匪人 Feỳ jên.
PENDILLER, v. n. *Pendère.* 懸起 Hiuên kỳ.
PENDRE, v. a. *Suspendère.* 掛 Kouá. ǁ — quelqu'un au gibet. *Patibulo affigère.* 絞人 Kiáo jên, ou 吊人 Tiáo jên. ǁ — (être suspendu). *Pendère.* 懸 Hiuên. ǁ La roupie lui — au nez. *Pendet stiria naso.* 鼻涕吊起 Pỳ tỳ tiáo kỳ. ǁ Se —. *Suspendère se.* 上吊 Cháng tiáo. ǁ Se — par vengeance (mœurs chinoises), devant la porte de son ennemi. 吊死騙人 Tiáo sè piên jên. ǁ Ordre donné par l'Empereur de Chine de se —. 罪盒 Tsoúy hô.
PENDULE, s. m. (horloge). *Horologium, ii, n.* 鐘擺 Tchōng paỳ, ou 鐘鉈 Tchōng tŏ.
PENDULE, s. f. *Pendulum, i, n.* 掛擺 Paỳ koúa.
PÈNE, s. m. *Pessulus, i, m.* 門閂 Mên chouán.
PÉNÉTRANT, E, adj. *Permeans.* 透的 Teóu tỳ, ou 精的 Tsīn tỳ. ǁ Froid —. *Frigus —.* 冷透骨 Lên teóu koŭ. ǁ Esprit —. *Acre ingenium.* 精伶 Tsīn lín.
PÉNÉTRATION, s. f. *Sagacitas, atis, f.* 伶俐 Lín lý.
PÉNÉTRER, v. a. *Penetrāre.* 透 Teóu, ou 深進去 Chēn tsín kiê. ǁ Ce musc — les habits. *Moschus transit in vestes.* 麝香透了衣服 Ché hiāng teóu leáo ȳ foŭ. ǁ Dieu — le cœur. *Deus intima scrutatur.* 天主看透人心 Tiēn-Tchoŭ kán teóu jên sīn. ǁ — (comprendre). *Capère.* 通得 Tōng tě. ǁ Cela me — le cœur. *Hoc acerbat me.* 這事苦我得狠 Tchě sě kŏu ngŏ tě hèn. ǁ — dans l'avenir. *De futuro conjicère.* 預料後事 Yú leáo heóu sé.
PÉNIBLE, adj. *Arduus.* 難為的 Lán oŭy tỳ, ou 難做得的 Lán tsoú tě tỳ.
PÉNINSULE, s. f. *Peninsula, æ, f.* 海內一塊地 Haỳ loúy ȳ kouáy tý.
PÉNITENCE, s. f. *Dolor, oris, m.* 痛 Tōng. ǁ — (douleur de ses fautes). *Pœnitentia.* 痛悔 Tōng hoùy. ǁ Faire —. *Pœnas dāre.* 補贖 Poŭ choŭ. ǁ — sacramentelle. *Pœna piacularis.* 補贖聖事 Poŭ choŭ kîn. ǁ En imposer une. *Injungère —.* 定補贖 Tín poŭ choŭ. ǁ La remplir. *Implère —.* 滿補贖 Mǎn poŭ choŭ. ǁ Sacrement de —. *Sacramentum —.* 告解跤跡 Káo kiày pỳ tsỳ. ǁ Le recevoir. *Illud suscipère.* 辦告解 Pán kaó kiày. ǁ L'administrer. — *ministrāre.* 聽告解 Tín kaó kiày.
PÉNITENT, E, adj. *Pœnitens.* 悔罪的人 Hoùy tsoúy tỳ jên. ǁ Psaumes —. *Psalmi pœnit.* 悔罪聖詠 Hoùy tsoúy chén yùn.
PENNE, s. f. *Penna, æ, f.* 羽 Yù, ou 大毛 Tá maŏ.
PENSÉE, s. f. *Cogitatio, onis, f.* 想 Siàng, ou 意念 Ý nién. ǁ Dire sa —. *Sensus exprimère.* 講自巳的意思 Kiàng tsé kỳ tỳ ý sē. ǁ L'expliquer. — *explicāre.* 講自巳的意思 Kiàng tsé kỳ tỳ ý sē. ǁ Toute bonne — vient de Dieu. *Nulla sine Deo mens bona est.* 好念頭都是從天主來的 Haŏ nién teŏu toū ché tsŏng Tiēn-Tchoŭ laỳ tỳ. ǁ S'arrêter à de mauvaises —. *Libidinose cogitāre.* 留不好的念頭 Lieóu poŭ haŏ tỳ nién teŏu. ǁ Avoir une heureuse —. *Lepidè —.* 想得好 Siàng tě haŏ. ǁ — ingénieuse. *Acutè cogitatum.* 想得奇妙 Siàng tě kỳ miáo.
PENSER, v. a. *Cogitāre.* 想 Siàng. ǁ — sérieusement à quelque chose. *Ad aliq. animum intendère.* 仔細想 Tsé sỳ siàng. ǁ Sans y —. *Non cogitatò.* 不覺 Poǔ kiŏ, ou 不小心 Poŭ siào sīn. ǁ — à vous! *Caveas!* 小心 Siào sīn. ǁ Donner à — à quelqu'un. *Alic. scrupulum injicère.* 兜人生疑 Teōu jên sēn nỳ. ǁ Dire ce qu'on —. *Mentem aperìre.* 說自巳的意思 Chŏ tsé kỳ tỳ ý sē. ǁ Le cacher. *Dissimulāre.* 不說自巳的意思 Poǔ chŏ tsé kỳ ý sē. ǁ Il a — tomber. *Parùm abfuit quin caderet.* 他差不多倒了 Tǎ tchā poǔ tō taò leaŏ.
PENSION, s. f. ǁ — d'un élève. *Alumni pensio.* 學金 Hiŏ kīn, ou 修金 Sieōu kīn. ǁ — à l'hôtel. 口糧錢 Keŏu gán tsiēn. ǁ — des mandarins. 俸祿 Fóng loŭ. ǁ — du gouverneur. 皇錫 Houáng sỳ. ǁ — que les enfants font quelquefois en Chine aux parents. 養老田 Yàng laŏ tién. ǁ — (école). *Pædagogium.* 學館 Hiŏ kouàn. ǁ Mettre en —. *Puerum alend. et doc. tradère.* 送兒去讀書 Sóng eŭl tsè kiě toŭ choŭ.
PENSUM, s. m. *Pensum, i, n.* 先生上的書 Siēn sēn cháng tỳ choŭ.
PENTE, s. f. *Declivitas, atis, f.* 偏 Piēn, ou 向 Hiáng. ǁ — (propension). *Proclivitas.* 偏 Piēn, ou 向 Hiáng. ǁ — de montagne. *Montis —.* 山坡 Chān pō. ǁ Avoir une — au mal. *Ad malum proclivus.* 向惡 Hiáng ngŏ.
PENTECÔTE, s. f. *Pentecoste, es, f.* 聖神降臨瞻禮 Chén chên kiáng lín tchān lỳ.
PÉNURIE, s. f. *Penuria, æ, f.* 窮乏 Kiŏng fă.
PEPIN, s. m. *Granum, i, n.* 果內子 Kŏ loúy tsè lsè. ǁ — de courge plein. 瓜子飽米 Kouā tsè paò mỳ. ǁ — non plein. 瓜子不飽米 Kouā tsè poŭ paò mỳ. ǁ — d'orange. 橘核 Kioŭ hě. ǁ — de raisin. 葡萄子子 Poŭ taŏ tsè tsè.
PÉPINIÈRE, s. f. *Plantarium, ii, n.* 秧地 Yāng tỳ.
PERÇANT, E, adj. *Acutus.* 狠 Hèn. ǁ Froid —. *Frigus acre.* 冷透骨 Lên teóu koŭ. ǁ Vue —. *Visus acerrim.* 眼睛尖 Yèn tsīn tsiēn. ǁ Voix —. *Vox acuta.* 聲氣尖 Chēn kỳ tsiēn.
PERCEPTEUR, s. m. *Tributorum coactor, oris, m.* 稅官 Choúy kouān.
PERCER, v. a. *Forāre.* 鑽 Tsouàn. ǁ — une apostume. *Vomicam secāre.* 鍼瘡 Tchēn tchouāng. ǁ — un ton-

neau. *Dolium pertundĕre.* 鑽桶 Tsouàn tŏng. ‖ — à jour. *Transforāre.* 鑽透 Tsouàn teóu. ‖ — l'âme de douleur. *Dolore afficĕre.* 兜人憂氣 Teōu jên geōu kỷ. ‖ Les Juifs ont — le côté de N.-S. J.-C. *Latus J. C. transfoderunt Judæi.* 如答國人鎗穿主筋 Joŭ tă kouĕ jên tsiang tchouăn tchoù lĕ. ‖ — J'avenir. *Futurum prospicĕre.* 預知未來 Yú tchē oúy laỷ. ‖ Les dents —. *Nascuntur dentes.* 生牙齒 Sēn yâ tchè. ‖ La pustule a —. *Rupta est pustula.* 瘡穿了 Tchouăng tchouăn leào.

PERCEVOIR, v. a. *Percipĕre.* 得 Tĕ, ou 受 Cheóu.
PERCHE, s. f. *Pertica, æ, f.* 一條木 Ỹ tiáo moù.
PERCHER (SE), v. n. *Insidĕre.* 站 Tohán.
PERCLUS, E, adj. *Captus membris.* 殘廢人 Tsăn feỷ jên.
PERÇOIR, s. m. *Terebra, æ, f.* 鑽子 Tsouàn tsè.
PERDITION, s. f. *Perditio, onis, f.* 胃用 Maō yóng. ‖ Voie de —. *Via mala quæ ducit ad inferos.* 下地獄 的路 Hiá tỷ yŏu tỷ loú. ‖ Suivre la voie de —. *Viam malam sequi.* 走地獄的路 Tseōu tỷ yŏu tỷ loú. ‖ En retirer quelqu'un. *A malà viâ revocāre aliq.* 囘頭人 Hoúy teóu jên.
PERDRE, v. a. *Perdĕre, amittĕre.* 失落 Chĕ lŏ. ‖ — ses biens. *Fortunis everti.* 敗家業 Paỷ kiā niĕ. ‖ — son capital. *Sortem —.* 失本 Chĕ pèn. ‖ — espérance. *Desperāre.* 失望 Chĕ ouáng. ‖ — au jeu. *Adversā aleā uti.* 輸 Choū. ‖ — la vie. *Vitam —.* 死 Sè. ‖ — de vue. *E conspectu amittĕre.* 看不見 Kàn poŭ kién. ‖ — quelqu'un. *Exitium alic. afferre.* 壞敗人 Houáy pỷ jên. ‖ — un jeune homme. *Corrumpĕre juvenem.* 壞敗幼年 Houáy pỷ yeòn niēn. ‖ — par trop de complaisance. *Nimis benignē tractāre.* 慣壞兒子 Koúan houáy eûl tsè. ‖ Se —. *A viā errāre.* 錯路 Tsŏ loú. ‖ Cette coutume se —. *Exolevit hic mos.* 這個規矩不行了 Tchĕ kó koŭy kiù poŭ hîn leào. ‖ Se —. *In perniciem ruĕre.* 自招禍 Tsé tchaō hó.
PERDU, E, adj. *Amissus.* ‖ Ma calotte est —. *Pileolus est amissus.* 小帽子失落了 Siaò maó tsè chĕ lŏ leào. ‖ Procès —. *Causa victa.* 官司輸了 Koūan sē choū leào. ‖ Aux heures —. *Cùm est otium.* 得空的時候 Tĕ kŏng tỷ chē heóu. ‖ Peine —. *Labor cassus.* 白白的 Pĕ pĕ tỷ, ou 不中用 Poŭ tchōng yóng. ‖ — (ruiné). *Fortunis eversus.* 倒了號的人 Taò leào háo tỷ jên. ‖ Femme —. *Impura muliercula.* 娼女 Tchāng niù. ‖ Je suis —. *Perii.* 我罷了 Ngò pá leào.
PÈRE, s. m. *Pater, tris, m.* 父親 Foù tsīn.
Grand- —. (du côté pat.). *Avus.* { 祖父 Tsoù foú. ou 公 Kōng.
Grand- —. (du côté maternel). 外公 Ouáy kōng.
Père du grand- —. { (du côté pat.). *Proavus.* 曾祖父 Tsēn tsoù foú.
{ (du côté mat.). 外曾祖父 Ouáy tsēn tsoù foú.
Père de ce dernier. { (côté pat.). *Abavus.* 高祖父 Kaō tsoù foú.
{ (côté mat.). 外高祖父 Ouáy kaō tsoù foú.
‖ — de famille. — *familiàs.* 當家人 Tāng kiā jên. ‖ Les enfants chinois, parlant à leur —, disent : 爹 Tiē, qui répond à notre mot : Papa. ‖ S'il est mort, on dit : 先父 Siēn foú. ‖ Parlant à quelqu'un de son père, on dit : 家父 Kiā foú. ‖ N'avoir ni — ni mère. *Orbatus est.* 孤哀子 Koū gaỷ tsè. ‖ Devenir —. *Obtinĕre infantem.* 爲父 Ouỷ foú, ou 當老子 Tāng laò tsè. ‖ Tenir de son —, c.-à-d. lui ressembler. *Patrissāre.* 像父 Siáng foú. ‖ Nos —. *Patres.* 祖人 Tsoù jên. ‖ — spirituel, ou prêtre. *Rĕverendus.* 鐸德 Tŏ tĕ. ‖ On dit en lui parlant : 神父 Chên foú. ‖ Un —. *Unus —.* 一位神父 Ỹ oúy chên foú. ‖ Recevoir le —. *Suscipĕre.* 接神父 Tsiē chên foú. ‖ Le traiter. *Tractāre.* 待神父 Taỷ chên foú. ‖ Le reconduire. *Reducĕre —.* 送神父 Sóng chên foú.
PÉREMPTOIRE, adj. ‖ Raison —. *Argumentum forte.* 駁不動的理 Pŏ poŭ tóng tỷ lỷ.
PERFECTION, s. f. *Perfectio, onis, f.* 完 Ouân. ‖ —. *Eximia dos.* 德能 Tĕ lên. ‖ — divines. *Divinæ —.* 天主的德能 Tiēn-Tchoù tỷ tĕ lên. ‖ En —. *Perfectissimē.* 狠好 Hèn haò. ‖ Être parvenu à la —. *Ad summam virtutem venisse.* 全備的德行 Tsŭen pỷ tỷ tĕ hîn.
PERFECTIONNER, v. a. *Perficĕre.* 做完 Tsoú ouân. ‖ Se —. *Melior fieri.* 進于德 Tsín yŭ tĕ.
PERFIDE, adj. *Perfidus.* 不忠信的 Poŭ tchōng sín tỷ.
PÉRICARDE, s. m. *Pericardium, ii, n.* 包絡 Pāo lŏ, ou 心包炎 Sīn pāo tán.
PÉRICLITER, v. n. *In discr. venire.* 有凶險 Yeòu hiōng hièn.
PÉRIL, s. m. *Periculum, i, n.* 凶險 Hiōng hièn. ‖ Être en —. *In — versāri.* 有凶險 Yeòu hiōng hièn, ou 受凶險 Cheóu hiōng hièn. ‖ Il y a du — des deux côtés. *Hác lupus, hùc canis urget.* 進退兩難 Tsín toŭy loâng lân. ‖ Au — de ma vie. *Capitis periculo.* 拾命 Chĕ mín. ‖ Se mettre en —. *In discrimen capit. venire.* 自投凶險 Tsé teóu hiōng hièn.
PÉRILLEUX, SE, adj. *Periculosus.* 凶險的 Hiōng hièn tỷ.
PÉRIMER, v. n. *Usucapione deperire.* 過期 Kó kỷ.

**PÉRINÉE.** s. m. *Perinæum, i. n.* 胯 Koŭa.
**PÉRIODE.** s. f. *Periodus temporis.* 返囘時 Fàn hoŭy chê. ∥ — chinoise (espace de soixante ans). 一輪甲子 Y̆ lên kiă tsè. ∥ — (phrase). *Periodus.* 一句話 Y̆ kiú hóa.
**PÉRIODIQUE**, adj. *Periodicus.* 輪轉的 Lên tchouàn ty̆.
**PÉRIOSTE**, s. m. *Periostum, i, n.* 骨衣 Koŭ y̆.
**PÉRIPHRASE**, s. f. *Circumlocutio, onis, f.* 假借的話 Kià tsié ty̆ hoá.
**PÉRIR**, v. n. *Perire.* 死 Sè. ∥ — de faim. *Fame —.* 餓死 Ouó sè. ∥ — de misère. *Miseriá —.* 遭逆死 Tsaó ny̆ sè.
**PÉRISSABLE**, adj. *Caducus.* 不長久的 Poŭ tchăng kieòu ty̆.
**PÉRISTYLE**, s. m. *Peristylum, i, n.* 環枉廡 Houàn tchoú oŭ, ou 遊廊 Yeóu làng.
**PÉRITOINE**, s. m. *Peritonium, ii, n.* 肚腹胞膜炎 Toŭ foŭ pâo mô yên.
**PERLE**, s. f. *Margarita, æ, f.* 珍珠 Tchēn tchōu, ou 寳貝 Pào péy. ∥ — -mère. 珍珠母 Tchēn tchoŭ moŭ. ∥ Semer des — devant les pourceaux. (Prov.) 對驢拊琴 Toúy liû foù kîn.
**PERMANENT, E**, adj. *Stabilis.* 恒久的 Hên kieŏu ty̆.
**PERMÉABLE**, adj. *Permeabilis.* 浸水的 Tsín chouy ty̆. ∥ — à l'air. *Aere —.* 透氣 Teŏu ky̆.
**PERMETTRE**, v. a. *Permittěre.* 許 Hiù. 依 Y̆. 准 Tchoùn. ∥ Cela est —. *Hoc licitum est.* 可以的 Kŏ y̆ ty̆. ∥ Si mes occupations le — j'irai vous voir. *Si otium mihi erit, visitabo te.* 若是得空我來會你 Jŏ chè tŏ kŏng ngŏ lay̆ houéy ngy̆. ∥ Se — de. *Audēre.* 敢 Kàn.
**PERMISSION**, s. f. *Venia, æ, f.* 命 Mín, ou 許 Hiù. ∥ Demander la —. *Petěre —.* 求命 Kieóu mín. ∥ Donner la —. *Concedere.* 許 Hiù. ∥ Demander la — de s'absenter. *Discedendi veniam petěre.* 告假 Kào kiá. ∥ L'obtenir. *Obtiněre —.* 准假 Tchoùn kiá. ∥ Obtenir la —. *Obtiněre —.* 得命 Tĕ mín. ∥ Avec la — de monsieur. 請老爺 Tsĭn laò yê.
**PERMUTER**, v. a. *Permutăre.* 掉 Tiào.
**PERNICIEUX, SE**, adj. *Perniciosus.* 害的 Haý ty̆.
**PÉRORAISON**, s. f. *Peroratio, onis, f.* 話尾 Hoá ouy.
**PERPENDICULAIRE**, adj. *Ad perpend. exactus.* 吊下來的 Tiáo hiá lay̆ ty̆. ∥ Ligne —. *Cathetus, i, m.* 吊的墨 Tiáo ty̆ mŏ, ou 垂綫 Tchoúy siên. ∥ On appelle ainsi une ligne droite qui croise une autre ligne droite à angles égaux : 凡畫一直綫交於別綫其所成之角若直此綫謂之垂綫 Fǎn hoá y̆ tchĕ siên kiāo yū piĕ siên ky̆ sò tchên tchĕ kŏ jŏ tchĕ tsè siên oúy tchĕ tchoúy siên. ∥ Abaisser une —. *Demittěre lineam.* 作垂綫 Tsó tchoúy siên. ∥ Lever une —. *Ducěre —.* 立垂綫 Ly̆ tchoúy siên.
**PERPÉTUEL, LE**, adj. *Perpetuus.* 永遠的 Yùn yuèn ty̆.

**PERPÉTUER**, v. a. *Perpetuăre.* 做穩 Tsoŭ ouèn. ∥ — sa race. *Propagāri.* 傳生 Tchouàn sēn. ∥ Se —. *Perpetuāri.* 傳生 Tchouǎn sēn. ∥ Se — dans une charge. *Continuāre magistratum.* 做原任官 Tsoŭ yuèn jén kouān.
**PERPÉTUITÉ**, s. f. *Perpetuitas, atis, f.* 常常 Chǎng chǎng, ou 永遠 Yùn yuèn. ∥ A —. *In æternum.* 常常 Chǎng chǎng, ou 永遠 Yùn yuèn.
**PERPLEXE**, adj., **PERPLEXITÉ**, s. f. *Perplexitas, atis, f.* 反覆不定 Fàn hoù poŭ tín. ∥ Être dans la —. *Hærēre.* 打不起主意 Tà poŭ ky̆ tchoŭ y̆. ∥ Y jeter quelqu'un. *Alic. dubitat. afferre.* 令人生疑 Lín jên sēn ny̆.
**PERQUISITION**, s. f. *Perquisitio, onis, f.* 找 Tchaò, ou 察考 Tchă kào.
**PERRUQUIER**, s. m. *Tonsor, oris, m.* 待詔 Taý tchaó.
**PERSÉCUTER**, v. a. *Persequi.* 磋磨 Tsŏ mô, ou 追逼 Tchoŭy py̆. ∥ — la religion. *Religionem —.* 打風波 Tà fōng pō.
**PERSÉVÉRER**, v. a. *Perseverăre.* 恒容 Hên yŏng, ou 恒心 Hên sīn. ∥ — jusqu'à la mort. *Usqué ad mortem.* 至死不變 Tchě sè poŭ pién. ∥ — dans son avis. *In sententiá —.* 不改主意 Poŭ kaỷ tchoù y̆, ou 恒心 Hên sīn.
**PERSIENNE**, s. f. *Clathrus persicus.* 牕籬子 Tsāng liên tsè, ou 交牕 Kiāo tsǎng.
**PERSIFLER**, v. a. *Illudēre.* 戱笑 Ky̆ siaó.
**PERSISTER**, v. a. *Perstare.* 恒心 Hên sīn. ∥ — dans son sentiment. *In sententiá —.* 恒執意不改 Hên tchĕ y̆ poŭ kaỷ.
**PERSONNAGE**, s. m. *Vir, iri, m.* 大丈夫 Tá tchǎng foū, ou 大人 Tá jên. ∥ — de distinction. *Vir clarus.* 出名人 Tchoŭ mìn jên. ∥ — (rôle). *Persona.* 脚色 Kiŏ sě. ∥ Jouer le — du roi. *Regis gerěre —.* 裝皇帝 Tchouāng houǎng ty̆. ∥ Faire bien son —. *Personam optimé gerěre.* 裝扮的好 Tchouǎng pàn ty̆ hào.
**PERSONNALITÉ**, s. f. *Personalitas, atis, f.* 指名褒貶人 Tchĕ mìn paō pièn jên, ou 凌辱 Lín joŭ.
**PERSONNE**, s. f. *Persona, æ, f.* 一位 Y̆ oúy. ∥ En — *Per se ipsum.* 自已 Tsé ky̆. ∥ — de mérite. *Vir conspicuus.* 有德的人 Yeòu tě ty̆ jên. ∥ — privée. *Homo privatus.* 閒人 Hiên jên. ∥ Un seul Dieu en trois —. *Unus Deus in tribus personis.* 天主一禮三位 Tiēn-Tchoù y̆ ty̆ sān oúy. ∥ Venir en —. *Ipsemet venire.* 親身來 Tsīn chēn lay̆. ∥ Quelque — que ce soit. *Quilibet.* 不論那个 Poŭ lén là kó. ∥ Avoir égard aux —. *Respicěre personam.* 論人 Lén jên, ou 看人 Kǎn jên. ∥ S'assurer de la — de quelqu'un. *Alic. manum injicěre.* 捉拿人 Tchŏ là jên. ∥ Avoir soin de sa —. *Dilig. curāre de sc.* 將息自已 Tsiāng sỷ tsé ky̆. ∥ Être enchanté de sa —. *In seipso oblectāri.* 得意自已

PER . PET 329

Tŏ ý tsé kỷ. ∥ Être embarrassé de sa —. *Sui anxius.* 三心二意 Sān sīn eùl ý. ∥ — (quelqu'un). *Aliquis.* 有人 Yeòu jên. ∥ — (avec une négation). *Nemo.* 無人 Où jên.

PERSONNEL, LE, *Proprius.* 本的 Pèn tỷ, ou 自己的 Tsé kỷ tỷ. ∥ — (amateur de soi). *Sui amans.* 單顧自己 Tān koŭ tsé kỷ.

PERSPECTIVE, s. f. *Prospectus, ûs, m.* 景敝 Kĭn chĕ. ∥ — (science). *Optice.* 綫法 Sién fă. ∥ — (attente). *Exspectatio.* 等候 Tèn heóu.

PERSPICACITÉ, s. f. *Perspicacia, æ, f.* 精伶 Tsīn lĭn.

PERSUADER, v. a. *Suadēre.* 勸 Kiuèn. ∥ Se —. *Sibi.* 想 Siàng.

PERTE, s. f. *Damnum, i, n.* 害 Háy. ∥ Faire une —. — *pati.* 受害 Cheóu háy. 上當 Cháng táng. 喫虧 Tchĕ koŭy. ∥ Faire une — et n'oser l'avouer. *Non confiteri damnum passum.* 上當 Cháng táng, ou 喫虧 Tchĕ koŭy. ∥ Causer une —. *Damnum afferre.* 害人 Háy jên. ∥ La réparer. — *resarcire.* 補害 Poŭ háy. ∥ — de la vue. *Cæcitas.* 瞎 Hiă. ∥ — de la raison. *Amentia.* 瘋 Fōng. ∥ — au jeu. *Damna aleatoria.* 輸 Choū. ∥ — d'une bataille. *Clades —.* 敗 Pày. ∥ Quelle — ! *Quale damnum!* 可惜 Kŏ sỷ. ∥ Courir à sa —. *Ad interit. ruĕre.* 找死 Tchào sè. ∥ Travailler en pure —. *In vanum laborāre.* 枉然做 Ouàng jân tsoú. ∥ A — de vue. *Ultra visum.* 看不到頭 Kán poŭ táo teóu. ∥ Raisonner à —. *Quidlibet garrire.* 亂談 Louán tân.

PERTINENT, E, adj. *Idoneus.* 合式的 Hŏ chĕ tỷ. 可以 Kŏ ỷ. 使得 Chè tĕ.

PERTURBATION, s. f. *Perturbatio, onis, f.* 亂 Louán. ∥ Jeter la —. *Turbāre.* 亂 Louán.

PERVERS, E, adj. *Perversus.* 行爲壞敗的人 Hìn oŭy houáy páy tỷ jên.

PERVERTIR, v. a. *Corrumpĕre.* 壞敗 Houáy páy. ∥ Se —. *In pejus ruĕre.* 壞自己 Houáy tsé kỷ.

PESAMMENT, adv. *Tardè.* 慢 Mán. ∥ Marcher —, — *incedĕre.* 慢慢走 Mán mán tseòu.

PESANT, E, adj. *Gravis.* 重的 Tchóng tỷ. ∥ Esprit —. *Tardum ingenium.* 明悟鈍 Mĭn où tén.

PESER, v. a. *Expendĕre.* 量 Leáng, ou 稱 Tchēn. ∥ — de la viande. 稱肉 Tchēn joù. ∥ — du charbon. 過煤炭 Kó meỷ tán. ∥ — de l'argent. 比銀子 Pỷ ỷn tsè, ou 稱銀子 Tchēn ỷn tsè. ∥ — exactement. *Exactè —.* 稱 — Tchēn ỷ. ∥ — les raisons de quelqu'un. *Rationes ponderāre.* 察看有理無理 Tchă kău yeòu lỷ où lỷ. ∥ — ses paroles. *Verba moderāri.* 想了纔說 Siàng leào tsáy chŏ. ∥ Cela — beaucoup. *Id ponderat multum.* 重得狠 Tchóng tĕ hèn. ∥ — à quelqu'un. *Gravis esse alic.* 煩人 Fán jên, ou 偪人 Loúy jên.

PESTE, s. f. *Pestis, is, f.* 瘟疫 Ouēn yoŭ. ∥ Avoir la —. *Peste percelli.* 害瘟疫 Háy ouēn yoŭ. ∥ En mourir. *Peste interimi.* 害瘟病死 Háy ouēn pín sè. ∥ La donner. — *afferre.* 戴瘟病來 Táy ouēn pín laỷ. ∥ La — est finie. *Abiit —.* 瘟病散了 Ouēn pín sán leào.

PESTER, v. n. *Debacchāri.* 冒火 Máo hŏ, ou 報怨人 Páo yuén jên.

PESTILENCE, s. f. *Pestilentia, æ, f.* 疫氣 Yoŭ kỷ. ∥ — (mauvaise doctrine), au figuré. 左道 Tsŏ táo.

PET, s. m. *Ventris crepitus, ûs, m.* 屁 Pỷ. ∥ Faire un —. — *edĕre.* 放屁 Fáng pỷ.

PÉTARD, s. m. *Pyloclastrum, i, n.* 火炮 Hŏ pào, ou 火爆 Hŏ páo. ∥ En brûler. *Comburĕre —.* 放火炮 Fáng hŏ pào. ∥ Un rouleau de —. *Fascis —.* 一封火炮 Ỷ fōng hŏ pào.

PÉTALE, s. m. *Floris folium, ii, n.* 花瓣 Hoā pán.

PÉTILLER, v. a. *Crepitāre.* 出火飛 Tchŏu hŏ feỷ. ∥ —. *Micāre in ird.* 紅眉毛綠眼睛 Hông mỷ maō loŭ yèn tsīn. ∥ — d'esprit. *Ingenio valēre.* 聰明 Tsōng mĭn.

PÉTIOLE, s. f. *Petiolus, i, m.* 梗 Kén.

PETIT, E, adj. *Parvus.* 小的 Siào tỷ. ∥ Un — nombre. *Parvus numerus.* 少 Chaò, ou 不多 Poŭ tō. ∥ — esprit. *Ing. tardum.* 明悟淺 Mĭn où tsièn. ∥ Fort —. *Perexiguus.* 小得狠 Siào tĕ hèn. ∥ à petit. *Paulatim.* 慢慢的 Mán mán tỷ. ∥ — peuple. *Plebecula.* 賤人 Tsièn jên.

PETIT, s. m. *Pullus, i, m.* 恩恩 Tsaỷ tsaỷ, ou 兒 Eûl. ∥ Faire ses —. *Fetum edĕre.* 下恩恩 Hiá tsaỷ tsaỷ, ou 下兒 Hiá eûl.

PETITE-FILLE, s. f.

— (enfant de son fils). *Neptis, is, f.* 孫女 Sēn niù.

— (enfant de sa fille). { 外孫女 Ouáy sēn niù.

Arrière- — (enfant du petit-fils). *Proneptis.* { 曾孫女 Tsēn sēn niù.

Arrière- — (enfant de la petite-fille). { 外曾孫女 Ouáy tsēn sēn niù.

Arrière- — de l'enfant du petit-fils. *Abneptis.* { 玄孫女 Hiuên sēn niù.

Arrière- — de l'enfant de la petite-fille. { 外玄孫女 Ouáy hiuên sēn niù.

PETITESSE, s. f. *Tenuitas, atis, f.* 小 Siào. ∥ — de cœur *Cordis abjectio.* 無情的 Où tsĭn tỷ. ∥ — d'esprit *Animi demissio.* 明悟鈍 Mĭn où tén.

42

**PETIT-FILS**, s. m.

— (enfant de son fils). *Nepos, otis, m.* 孫子 Sēn tsè.

— (enfant de sa fille). 外孫子 Ouáy sēn tsè.

Arrière- — (enfant du petit-fils). *Pronepos.* 曾孫子 Tsēn sēn tsè.

Arrière- — (enfant de la petite-fille). *Pronepos.* 外孫子 Ouáy sēn tsè.

Arrière- — de l'enfant du petit-fils. *Abnepos.* 玄曾子 Hiuēn sēn tsè.

Arrière- — de l'enfant de la petite-fille. *Abnepos.* 外玄曾子 Ouáy hiuēn sēn tsè.

**PÉTITION**, s. f. *Petitio, onis, f.* 哀懇呈子 Gaȳ kěn tchén tsè, ou 禀帖 Pǐn tiě. || — à l'Empereur. 奏摺 Tseóu tsě, ou 表章 Piaò tchāng. || Offrir une — au mandarin. 遞呈子 Tý tchén tsè, ou 傳帖 Tchoúan tiě.

**PÉTRIFIER (SE)**, v. n. *Petrificāri.* 變成石頭 Pién tchén ché teóu.

**PÉTRIN**, s. m. *Mactra, æ, f.* 搦麪槽 Joūa mién tsāo.

**PÉTRIR**, v. a. *Pinsĕre.* 搦麪 Joūa mién, ou 活麪 Hô mién. || Être — d'orgueil. *Superbiā tumescĕre.* 大驕傲 Tá kiaō gaó.

**PÉTULANCE**, s. f. *Petulantia, æ, f.* 輕狂 Kīu kouǎng.

**PEU**, adv. *Parùm.* 小 Chaǒ, ou 不多 Poǔ tō. || Un —. *Unum —.* 一點點 Y̌ tiēn tiēn. || Très —. *Paululùm.* 小得狠 Chaǒ tě hěn. || Avoir — d'intelligence. *Pusillùm intelligĕre.* 明悟賤 Mǐn oú tsiēn. || Depuis — de jours. *Nupĕrrimĕ.* 不幾天 Poǔ ký tiēn. || Vivre — de jours. *Parùm diù vivĕre.* 活得不多久 Hô tě poǔ tō kieóu. || En — de mots. *Breviter.* 話少 Hoá chaò. || Dire — de chose. *Brevi dicĕre.* 少說 Chaò chǒ. || A — de frais. *Exiguo sumptu.* 不用多 Poǔ yóng tō. || Pour — de chose. *Levi de causà.* 爲小事 Oùy siaò sé. || — sage. *Parùm sapiens.* 賢智不大 Hiēn tché poǔ tá. || S'en falloir — que. *Parùm abesse.* 差不多 Tchǎ poǔ tō. || A — près. *Cǐrciter.* 差不多 Tchǎ poǔ tō. || — auparavant. *Paulò antè.* 前頭不多久 Tsiēn teóu poǔ tō kieóu. || Tant soit —. *Paulisper.* 一點 Y̌ tiēn tiēn. || Un — d'eau. *Parùm aquæ.* 一點水 Y̌ tiēn choǔy. || Un — plus. *Paulò plùs.* 多一點 Tō y̌ tiēn. || Un — moins. *Paulò minùs.* 少一點 Chaò y̌ tiēn. || Un — mordant. *Aliquatenùs mordax.* 一點練 Y̌ tiēn tiēn lǎ. || Un — aigre. — *acidum.* 一點酸 Y̌ tiēn tiēn souān. || Dans —. *Mox.* 不久 Poǐ

kieóu. || A — près. *Fermé.* 差不多 Tchǎ poǔ tō. || — d'hommes. *Pauci.* 人少 Jěn chaò.

**PEU À PEU**, adv. *Sensìm.* 慢慢 Mán mán.

**PEUPLADE**, s. f. *Colonia, æ, f.* 一種人 Y̌ tchòng jěn.

**PEUPLE**, s. m. *Populus, i, m.* 民 Mǐn, ou 百姓 Pě sín. || Être bien vu du —. *Cor populi habēre.* 得民心 Tě mǐn sīn.

**PEUPLER**, v. a. *Incolas inferre.* 移民 Y̌ mǐn. || — un étang. *Pisces in stagnum mittĕre.* 放魚在塘內 Fáng yù tsaý táng loúy. || — (multiplier). *Sobolescĕre.* 傳生 Tchoúan sēn.

**PEUR**, s. f. *Metus, ūs, m.* 怕 Pǎ. || Avoir —. *Timēre.* 害怕 Haý pǎ. || Faire — à quelqu'un. *Aliq. perterrēre.* 嚇人 Hě jěn. || De — du châtiment. *Pœnæ metu.* 怕受罰 Pǎ cheóu fǎ.

**PEUT-ÊTRE**, adv. *Fortè.* 恐防 Kǒng fáng.

**PHALANGE**, s. f. *Phalanx, angis, f.* 一群人 Y̌ kiǔn jěn. || — du doigt. *Digiti —.* 指節 Tchě tsiě, ou 指骨 Tchě koǔ.

**PHARE**, s. m. *Pharus, i, m.* 天燈 Tiēn tēn. || Un —. *Unus —.* 一照天燈 Y̌ tchaó tiēn tēn.

**PHARISIEN**, s. m. *Pharisæus, i, m.* 詐僞人 Tchá oúy jěn.

**PHARMACIE**, s. f. *Pharmacopolium, ü, n.* 藥舖 Yǒ poú.

**PHARYNX**, s. m. *Pharynx, yngis, m.* 食喉 Chě heóu, ou 喉嚨 Chě lóng.

**PHÉNOMÈNE**, s. m. *Ostentum, i, n.* 奇事 Ký sé.

**PHILANTHROPE**, s. m. *Philanthropus, i, m.* 仁義人 Jěn ný jěn.

**PHILOLOGUE**, s. m. *Philologus, i, m.* 愛學文字 Gaý hiǒ ouén tsé.

**PHILOSOPHIE**, s. f. *Philosophia, æ, f.* 格物 Kě oǔ. || L'étudier. *Studēre —.* 讀格物 Toǔ kě oǔ.

**PHILTRE**, s. m. *Poculum amatorium.* 壯陽藥 Tchoúang yáng yǒ. || Boire des — pour se faire aimer des femmes. *Uxoria bibĕre.* 引妻愛之藥 Yn tsȳ gaý tchē yǒ.

**PHLEGME**, s. m. *Pituita, æ, f.* 痰 Tán, ou 鼻涕 Pý tý. || Homme d'un grand —. *Sut compos.* 心內平和 Sīn loúy pín hô.

**PHLEGMATIQUE**, adj. *Naturà lentus.* 慢性的人 Mán sín tý jěn.

**PHONÉTIQUE**, s. f. *Phonetica, æ, f.* 助語詞 Tsoú yù tsé.

**PHOSPHORE**, s. m. *Phosphorus, i, m.* 自來火 Tsé laý hǒ.

**PHRASE**, s. f. *Phrasis, is, f.* 成話 Tchén hoá.

**PHTHISIE**, s. f. *Phthisis, is, f.* 癆病 Laó pín.

**PHYSIONOMIE**, s. f. *Facies, ei, f.* 相臉 Siāng lién, ou 面 Mién.

**PHYSIQUE**, adj. *Physicus.* 本性的 Pěn sín tý, ou 眞實的 Tchén ché tý.

**PHYSIQUEMENT**, adv. ǁ — parlant. *Physicè loquendo.* 自然而然 Tsé jân eûl jân.
**PIAFFER**, v. n. *Infulāri.* 驕傲 Kiaō gaó. ǁ — (frapper la terre du pied). *Terram calce quatĕre.* 馬跑坭 Má pô nỷ.
**PIAILLER**, v. n. *Gannire.* 叫喊 Kiáo hàn.
**PIA-MATER** (terme d'anatomie). 腦漿脆膜 Laò tsiāng oùy mô.
**PIANO-FORTÉ**, s. m. 箏 Tsēn. ǁ En jouer. 拼 Foù.
**PIASTRE**, s. f. *Nummus argenteus.* 花錢 Hoā tsiēn.
**PIC**, s. m. *Abruptum fastigium.* 陡的 Teòu tỷ.
**PICOTER**, v. a. *Vellicāre.* 揪 Tsieōu. ǁ La jambe —. 脚瘷 Kiŏ mâ. ǁ Le poivre blanc —. 花椒瘷人 Hoā tsiaō mâ jên.
**PICOTIN**, s. m. *Modiolus, i, m.* 一升 Ỹ chēn.
**PIÈCE**, s. f. *Pars, tis, f.* 分 Ỹ fén, ou 一塊 Ỹ koúẩy ǁ — de toile. *Telæ frustum.* 一塊布 koủay poú. ǁ — entière de toile. 正布 Ỹ pỹ poú. ǁ Mettre en —. *Conscindĕre.* 扯爛 Tchě lán. ǁ S'en aller en —. *Per partes dissolvi.* 一幅一幅的爛 ỷ foủ ỷ foủ tỷ lán. ǁ Homme tout d'une —. *Homo rigidus.* 倖人 Kiáng jên, ou 執意不改 Tchě ý poủ kaỷ. ǁ Emporter la —. *Facetiis irridēre.* 欺誚人 Kỷ siaó jên, ou 燒人 Chaō jên. ǁ — (canon) de campagne. 陸路砲 Loú loú pǎo. ǁ — de procès. *Instrum, litis.* 呈子 Tchên tsè. ǁ — de vers. *Carmen.* 一首詩 Ỹ cheōu chē. ǁ — de comédie. *Actus.* 一軸戲 Ỹ tchŏu hý. ǁ En jouer une. 唱一軸戲 Tohāng ỷ tchŏu hý. ǁ — *Fallacia, dolus.* 哄人耍 Hòng jên choà. ǁ La — (chacun). *Singuli.* 个个 Kó kó, ou 人人 Jên jên.
**PIED**, s. m. *Pes, edis, m.* 脚 Kiŏ. ǁ Dessus du —. *Pars superior.* 脚背 Kiŏ peỷ. ǁ Dessous du —. *Pedis planta.* 脚心 Kiŏ sīn. ǁ Cou-de- —. 脚掌 Kiŏ tchàng. ǁ Talon du —. 脚後跟 Kiŏ heóu kēn. ǁ — du cheval. 馬蹄子 Mà tỷ tsè. ǁ — du bœuf. 牛蹄子 Nieōu tỷ tsè. ǁ — des oiseaux. 爪子 Tchaò tsè. ǁ — du coq. 趬子 Choǎ tsè. ǁ Coup de —. *Calx.* 踢一脚 Tỹ ỹ kiŏ. ǁ En donner un. *Pede impetĕre.* 踢 Tỹ. ǁ En recevoir un. *Calcem-accipĕre.* 挓一脚 Gaỷ ỹ kiŏ. ǁ Fouler aux —. *Proterĕre.* 踏 Tǎ. ǁ Lier les — des femmes chinoises. 纏脚 Tchán kiŏ. ǁ Nom de l'impératrice de Chine qui a introduit cette bizarre coutume : 蘇妲己 Soū tǎ kỷ, femme de l'empereur 太丁 Taỷ tīn, vingt-huitième de la deuxième dynastie dite 周 Tcheōu. ǁ Bandelettes pour lier les —. 裹脚 Kŏ kiŏ. ǁ — (espèces) : 脚帶 Kiŏ taỷ. 脚籠 Kiŏ lòng. 脚鈴 Kiŏ līn. ǁ Aller à —. *Pedibus ire.* 走路 Tseòu loú. ǁ Ne pouvoir se tenir sur ses — *in terrà insistĕre.* 站不起 Tchán poủ kỷ. ǁ Se tenir sur un —. *Uno pede stāre.* 一隻脚站 Ỹ tchě kiŏ tchán.

ǁ Avoir bon —. *Pede valēre.* 會走路 Hoúy tseòu loú. ǁ Frapper du — la terre. 踢脚 Tỹ kiŏ. ǁ Lâcher —. *Cedĕre.* 讓 Jáng. ǁ Être sur — toute la nuit. *Noctem insomnem ducĕre.* 遨夜 Gaō yé. ǁ Avoir un — dans la fosse. *Funeri propior.* 牛節鑽了土 ʻ Pán tsiě tsouán leǎo toū. ǁ — d'une muraille. 墙脚 Tsiāng kiŏ. ǁ — d'une montagne. *Montis radices.* 山脚 Chān kiŏ. ǁ — d'un arbre. 樹根子 Choú kēn tsè. ǁ — (mesure chinoise). *Mensura sinica* (315 millimètres). 一尺 Ỹ tchě. ǁ Demi- —. 五寸 Où tsén. ǁ Dix —. 一丈 Ỹ tcháng. ǁ Haut de cinq —. 五尺高 Où tchě kaō. ǁ — de vers. *Pes carmĭnum.* 韻脚 Yún kiŏ. ǁ — de deux brèves, v. g. Dǎ. *Periambus, i, m.* 二低音 Eûl tỷ yn.
**PIÉDESTAL**, s. m. *Stylobata, æ, m.* 桂石鏧 Tchoú chě tēn. ǁ — des vases de fleurs dans les jardins chinois. 花鏧 Hoā tēn.
**PIÉGE**, s. m. *Laqueus, i, m.* 套子 Táo tsè. ǁ — (quatre de chiffre). 排子 Pày tsè. ǁ Tendre un —. — *tendĕre.* 安套套 Gān táo táo, ou 下套 Hiá taó. ǁ Donner dans le —. *In laqueos cadĕre.* 落網 Lŏ ouàng. ǁ Se prendre à son —. (Prov.) *Asciam suis cruribus impingĕre.* 搬石頭打脚背 Pān chě teòu tà kiŏ peỷ.
**PIE-MÈRE**, s. m. *Pia-mater.* 腦之内脆膜 Laò tchě loúy paô mô.
**PIERRE**, s. m. *Lapis, is, m.* 石頭 Chě teòu. ǁ Une —. *Unus —.* 一塊 Ỹ kouǎy. ǁ Jeter des — à quelqu'un. *Lapidib. impetĕre.* 用石頭打人 Yóng chě teòu tà jên. ǁ Tirer la —. *Lapides cædĕre.* 開石頭 Kaỷ chě teòu. ǁ — à aiguiser. *Cos.* 磨石 Kó chě ǁ — à fusil. *Pyrites.* 火石 Hò chě. ǁ — d'aimant. *Magnes lapis.* 吸鐵石 Hiě tiě chě. ǁ — . *Cœur de* —. *Homo siliceus.* 鐵石人 Tiě chě jên, ou 硬心人 Gēn sīn jên. ǁ Faire d'une — deux coups. (Prov.). *Dealbāre duos parietes de eâdem fideliâ.* 一舉兩得 Ỹ kiù leàng tě. ǁ Jeter des — dans le jardin de quelqu'un. (Prov.) *Obliquè perstringĕrc aliq.* 指東瓜罵葫蘆 Tchè tōng koūa má hôu loú. ǁ Faire pleurer des —. (Prov.) *Cogĕre lapides ad fletum.* 說得石漢開口 Chở tě chě hán kảy keōu, ou 道破坭人點頭 Táo pǒ nỷ jên tiên teòu. ǁ — (maladie). *Calculus.* 石瘷 Chě lín. ǁ L'avoir. *Calculo laborāre.* 有石瘷 Yeòu chě lín. ǁ — ponce. *Pumex.* 浮石 Feòu chě. ǁ — précieuse. *Lapis pretiosus.* 寶石 Paò chě. ǁ — de touche. *Obryza.* 考金石 Kào kīn chě.
**PIÉTÉ**, s. f. *Pietas, atis, f.* 孝敬 Hiáo kín, ou 熱切 Jě tsiě. ǁ Avoir de la —. *Habēre —.* 有孝敬 Yeòu kiáo kín, ou 有熱切 Yeòu jě tsiě.
**PIÉTINER**, v. n. *Terram ferire.* 踢脚 Tỹ kiŏ.
**PIÈTRE**, adj. *Vilis.* 賤的 Tsién tỷ.

**PIEU**, s. m. *Palus, i, m.* 挿條 Tchă' tiăo. ‖ Enfoncer un —. *Figĕre* —. 釘挿條 Tīn tchă' tiăo. ‖ L'arracher. *Evellĕre* —. 拔挿條 Pă tchă' tiăo. ‖ — au rivage pour attacher les navires. 椿概 Tchoāng kioŭ.

**PIGEON**, s. m. *Columba, æ, f.* 鴿子 Kŏ tsè. ‖ — voleur. 拐鴿子 Kouăy kŏ tsè. ‖ — portant un sifflet aux pattes. 鴿子尾上綁哨筒 Kŏ tsè oùy cháng pàng siaŏ tŏng.

**PIGEONNIER**, s. m. *Columbarium, ii, n.* 鴿籠 Kŏ lŏng.

**PIGNON**, s. m. *Culmen, inis, n.* 房頂 Fàng tĭn.

**PILASTRES**, s. m. ‖ — plats. *Antæ, arum, f.* 門圈 Mēn kiāng.

**PILAU**, s. m. *Condita jure oryza.* 飯和羹 Fán hŏ tchēn.

**PILE**, s. f. *Strues, is, f.* 堆 Toŭy, ou 壘 Loŭy. ‖ Une —. *Una* —. 一層 Ў tsēn.

**PILER**, v. a. *Pinsĕre.* 擂 Loúy, ou 搗 Tăo.

**PILIER**, s. m. *Columna, æ, f.* 柱頭 Tchoú teŏu. ‖ Un —. *Una* —. 一根柱頭 Ў kēn tchoú teŏu. ‖ — de l'État (fig.). 國家柱石 Kouĕ kiā tchoú chĕ, ou 國家梁棟 Kouĕ kiā leàng tŏng.

**PILLER**, v. a. *Diripĕre.* 搶掠 Tsiàng liù. ‖ — les temples. *Fana expilāre.* 掠廟宇 Liù miáo yù. ‖ — un auteur. *A scriptore furāri.* 偸襲先賢的話 Teŏu sў siēn hiēn tў hoá.

**PILON**, s. m. *Pilum, i, n.* 擂棒 Loúy pàng, ou 舂杵 Tchōng tchoú.

**PILORI**, s. m. *Cippus, i, m.* 刑架 Hĭn kiá.

**PILOTE**, s. m. *Nauclerus, i, m.* 掌舵的 Tchàng tó tў, ou 太公 Táy kōng.

**PILOTER**, v. a. *Palos infigĕre.* 釘挿條 Tīn tchă' tiăo.

**PILULE**, s. f. *Pilula, æ, f.* 丸藥 Ouán (ou Yuēn) yŏ. ‖ Avaler la —. *Devorāre aliq.* 莫奈何嚥 Mŏ láy hŏ tchĕ.

**PIMPANT, E**, adj. *Lauté vestitus.* 穿得體面 Tchoŭan tĕ tў mién.

**PINACLE**, s. m. *Fastigium, ii, n.* 房頂 Fàng tĭn, ou 塔尖 Tă tsiēn. ‖ Être sur le —. *Elevatus ad honores.* 得高位 Tĕ kaō oúy. ‖ Y mettre quelqu'un. *Elevāre ad honores.* 誇上天 Koŭa cháng tiēn.

**PINCEAU**, s. m. *Penicillus, i, m.* 翰筆 Hán pў. ‖ Un —. *Unus* —. 一枝筆 Ў tchē pў. ‖ Inventeur du — : 王倫 Ouāng lēn. ‖ Bois du —. *Caulis* —. 筆幹 Pў kán. ‖ Pointe du —. *Cuspis* —. 筆毛 Pў maŏ. ‖ Bien tenir le —. *Apté deferre* —. 筆捉得好 Pў tchŏ tĕ haŏ.

**PINCÉE**, s. f. *Trium digitorum captus, ús, m.* 一把 Ў pà, ou 一攞 Ў tchŏ.

**PINCE-MAILLE**, s. m. *Sordidus.* 客嗇的人 Lĭn sĕ tў jēn.

**PINCER**, v. a. *Vellicāre.* 揪 Tsieŏu. ‖ — les oreilles. — *aures.* 揪耳躲 Tsieŏu eùl tŏ. ‖ — quelqu'un. *Capĕre aliq.* 捉人 Tchŏ jēn. ‖ — un instrument. *Pulsāre* —. 接琴 Gán kĭn.

**PINCETTE**, s. f. *Forceps, ipis, f.* 火鉗 Hŏ tsiēn. ‖ Une —. *Unus* —. 一把火鉗 Ў pà hŏ tsiēn. ‖ — des écrevisses. *Denticulatæ* —. 夾子 Kiă tsè. ‖ — des femmes chinoises pour tirer l'aiguille. *Acús* —. 針鉗 Tchēn tsiēn. ‖ — des crabes. *Cancrorum forcipes.* 蟹螯 Hiáy ngáo.

**PIOCHE**, s. f. *Ligo, onis, m.* 鋤頭 Tsoú teŏu. ‖ Une —. *Unus* —. 一把鋤頭 Ў pà tsoú teŏu.

**PIOCHER**, v. a. *Ligone fodĕre.* 挖土 Ouă' toŭ.

**PION**, s. m. *Pedes, itis, m.* 兵 Pīn, ou 卒 Tsoŭ. ‖ — du jeu d'échec. *Latrunculorum* —. 某子 Kў tsè.

**PIPE**, s. f. *Pipa, æ, f.* 烟袋 Yēn táy. ‖ Une —. *Una* —. 一根烟袋 Ў kēn yēn táy. ‖ Tuyau de la —. *Tubus* —. 烟袋幹 Yēn táy kán. ‖ Fatte du tuyau. *Os* —. 烟袋嘴 Yēn táy tsoùy. ‖ Bas du tuyau. *Pars inferior.* 烟袋斗 Yēn táy teŏu. ‖ Foyer du tuyau de la —. *Focus.* 烟袋鍋 Yēn táy kó. ‖ — culottée. *Fumosa* —. 烟袋燻熟了 Yēn táy tchĕ' choŭ leăo. ‖ Charger sa —. *Ponĕre tabacum in* —. 裝烟 Tchouāng yēn. ‖ L'allumer. *Accendĕre tabacum.* 燒烟 Chaō yēn. ‖ Nettoyer sa —. *Mundāre* —. 磕烟灰 Kŏ yēn hoŭy. ‖ Ma — est bouchée. *Obturata est pipa.* 烟袋塞了 Yēn táy sŏ leăo.

**PIPER**, v. a. *Emungĕre.* 哄人 Hŏng jēn. ‖ — les dés. *Tesseras adulterāre.* 做假骰子 Tsoú kià teŏu tsè.

**PIQUANT, E**, adj. *Spinosus.* 尖的 Tsiēn tў. ‖ — au goût. *Acutus.* 辣的 Lă tў. ‖ Paroles —. *Verba mordacia.* 傷人的話 Chāng jēn tў hoá.

**PIQUE**, s. f. *Hasta, æ, f.* 鎗 Tsiāng, ou 矛 Miáo. ‖ — (altercation). *Rixa.* 口嘴 Keŏu tsoùy.

**PIQUE-NIQUE**, s. m. *Cæna collativa.* 平夥 Pĭn hŏ. ‖ En faire un. *Symbolum dāre.* 打平夥 Tă pĭn hŏ, ou 衆人出分 Tchóng jēn tchoŭ fén.

**PIQUER**, v. a. *Pungĕre.* 錐 Tsoùy, ou 刺 Tsĕ. ‖ — les bœufs. *Stimulāre boves.* 牛打 Tă nieŏu. ‖ — les tables. *Mensas assectāri.* 喫混頓 Tchĕ' houén tén. ‖ — quelqu'un. *Offendĕre aliq.* 得罪人 Tĕ tsoúy jēn. ‖ — une robe. *Togam acu pungĕre.* 衲衣服 Hàng ў foŭ. ‖ — l'attention. *Attentionem excitāre.* 兜人聽 Teŏu jēn tĭn. ‖ Se —. *Pungi.* 被刺錐 Pў tsĕ tchoúy. ‖ Se — la main. *Manum sauciāre.* 刺錐手 Tsĕ tchoúy cheŏu. ‖ Se — de quelque chose. *Re offendi.* 小氣 Siaŏ kў. ‖ Se — d'esprit. *Affectāre ingenium.* 逞能 Tchĕn lēn.

**PIQUET**, s. m. *Paxillus, i, m.* 挿條 Tchă' tiăo.

**PIQÛRE**, s. f. *Punctus, ús, m.* 錐 Tchoúy. ‖ — d'abeille. *Aculeatus ictus.* 螫的 Tchĕ tў.

PIRATE, s. m. *Pirata, æ, m.* 海賊 Haỹ tsĕ̀. ‖ Faire ce métier. *Mare infestum habēre.* 當海賊 Tāng haỹ tsĕ̀.
PIRE, adj. *Pejor.* 更不好 Kén poŭ haŏ.
PIROUETTER, v. a. *In gyrum se movēre.* 轉 Tchouàn, ou 過來 Kó laỹ.
PIS, s. m. (tétine de l'animal). *Mamma, æ, f.* 嫺子 Laỹ tsè.
PIS, comp. de l'adv. mal. *Pejus.* 更不好 Kén poŭ haŏ. ‖ De mal en —. *In pejus.* 一天比一天不好 Ỹ tièn pỹ ỹ tièn poŭ haŏ.
PISCINE, s. f. *Piscina, æ. f.* 池 Tchĕ́.
PISÉ, s. m. *Murus terreus.* 土墻 Tŏu tsiāng.
PISSAT, s. m. *Urína, æ, f.* 小便 Siào pién.
PISSER, v. a. *Mingēre.* (Terme honnête.) 解小手 Kiàỹ siào cheòu. ‖ — (terme bas à éviter). 阿尿 Oŏó niáo. ‖ — au lit. *Commingēre lectum.* 來尿 Laỹ niáo.
PISTE, s. f. *Vestigium, i, n.* 脚跡 Kiŏ tsỹ. ‖ Suivre à la —. *Vestigia premēre.* 照脚跡追 Tchaó kiŏ tsỹ tchoŭy.
PISTIL, s. m. *Plantæ filum.* 花蒂 Hoā tý, ou 蕊 Joúy.
PISTOLET, s. m. *Brevis sclopetus, i, m.* 火鎗 Hŏ tsiāng. ‖ Un —. *Unus —.* 一門火鎗 Ỹ mên hŏ tsiāng.
PITANCE, s. f. *Obsonium. i, n.* 菜 Tsaý.
PITIÉ, s. f. *Miseratio, onis, f.* 可憐 Kŏ lièn. ‖ Inspirer de la —. — *movēre.* 兜人憐憫 Teōu jèn lièn mĭn. ‖ Avoir — de quelqu'un. *Miserēri.* 憐憫人 Lièn mĭn jèn. ‖Regarder en —. *Despectāre.* 輕賤人 Kĭh tsién jèn.
PITTORESQUE, adj. *Curiosus visu.* 古怪的 Koŭ kouáý tý.
PITUITE, s. f. *Pituita, æ, f.* 鼻涕 Pý tý.
PIVOT, s. m. *Cardo, inis, m.* 門斗 Mên teòu. ‖ — de montre. *Horologii manualis —.* 軸頭 Tcheŏu teŏu.
PLACARD, s. m. *Famosus libellus, i. m.* 無名帖 Oŭ mĭn tiĕ̀.
PLACE, s. f. *Locus, i, m.* 地方 Tý fāng. ‖ — vide. *Vacuus —.* 空地方 Kōng tý fāng. ‖ Changer de —. — *mutāre.* 展開 Tchàn kaỹ. ‖Céder sa — à quelqu'un. *Suà sede cedēre.* 讓座 Jáng tsó. ‖ Faire faire —. *Turbam semovēre.* 推開一條路 Toŭỹ kaỹ ỹ tiáo loú. ‖ Avoir la première —. *Princip. locum tenēre.* 坐首位 Tsó cheŏu oúy. ‖ — (sol). *Solum.* 地基 Tý kỹ. ‖ — publique. *Forum.* 街 Kaỹ. ‖ Une —. *Unum —.* 一條街 Ỹ tiáo kaỹ. ‖ — d'armes. *Arx.* 較塲 Kiáo tchǎng. ‖ — (charge publique). *Munuc.* 任 Jén. ‖ Briguer une —. *Ambīre —.* 貪官職 Tán kouān tchĕ́. ‖ Mettre en —. *Elevāre ad præf.* 陞官 Piēn kouān. ‖ Perdre sa —. — *Dignitate spoliāri.* 貶官 Piĕn kouān.
PLACENTA, s. m. (terme de méd.). 胎衣 Taý ỹ, ou 胎盤 Taý pǎn.
PLACER, v. a. *Ponēre.* 放 Fáng. ‖ — quelque chose dans son habit à la chinoise. 揣在懷裏 Tchoŭỹ tsaý houáỹ lỹ. ‖ — quelque chose dans sa manche. 縮在衣袖裏 Sŏ tsaý ỹ sieŏu lỹ. ‖ — quelqu'un. *Provehēre aliq.* 保擧人 Paŏ kiŭ jên. ‖ — sa fille. *Filiam nuptui dāre.* 嫁女 Kiá niù. ‖ — de l'argent. *Fœnori locāre.* 放債 Fáng tchaý. ‖ — quelqu'un dans la nécessité. *In necessit. aliq. redigēre.* 强勉人 Kiǎng mièn jên.
PLACET, s. m. *Libellus Imperatori.* 衷懇呈子 Gaỹ kĕn tchén tsè.
PLAFOND, s. m. *Lacunar, aris, n.* 天花 Tiēn hoā, ou 望板 Ouáng pàn.
PLAGE, s. f. *Regio, onis, f.* 地方 Tý fāng. ‖ — (rivage). *Littus.* 河邊 Hŏ piēn.
PLAGIAIRE, s. m. *Plagiarius, ii, m.* 偷襲他人文詞 Teōu sỹ tǎ jèn ouén tsĕ́.
PLAIDER, v. n. *Litigāre.* 打官司 Tà kouān sē.
PLAIDOYER, s. m. *Causæ dictio, onis, f.* 狀子 Tchouáng tsè.
PLAIE, s. f. *Vulnus, eris, n.* 傷 Chāng. ‖ Faire une —. — *imponēre.* 傷人 Chāng jên. ‖ Recevoir une —. *Vulnerāri.* 受傷 Cheóu chāng. ‖ La — se ferme. *Cicatricem ducit vulnus.* 瘡扤口 Tchoāng cheōu keŏu. ‖ Bander une —. *Vulnus obligāre.* 包傷 Paō chāng. ‖ — (douleur). *Dolor.* 痛 Tŏng, ou 苦 Kŏu. ‖ Rouvrir une —. *Dolorem renovāre.* 復傷 Foŭ chāng.
PLAIN, E, adj. *Planus.* 平的 Pĭh tý.
PLAINDRE, v. a. *Dolēre.* 可憐 Kŏ lièn. ‖ Se —. *Gemēre.* 哭 Koŭ, ou 可憐人 Kŏ lièn jên. ‖ Se — de quelqu'un. *De aliq. conqueri.* 報怨人 Paó yuén jên. ‖ Se — à quelqu'un. *Alic. de alio conqueri.* 對別人報怨 Toúy piĕ jèn paó yuén. ‖ — sa peine. *Parcēre operæ.* 怕致力 Pà feỹ lỹ.
PLAINE, s. f. *Campus, i, m.* 墦子 Pá tsè, ou 一面平地 Ỹ mién pĭh tý.
PLAINTE, s. f. (gémissement). *Gemitus, ùs, m.* 嘆 Hán. ‖ — (mécontentement). *Querimonia.* 報怨 Paó yuén. ‖ — (accusation). *Accusatio.* 告 Kaó.
PLAIRE, v. n. *Placēre.* 中人意 Tchóng jèn ỹ, ou 合人的心 Hŏ jèn tỹ sīn. ‖ Comme il vous —. *Ut lubebit.* 隨便你 Soŭy pién ngỹ. ‖ Plùt à Dieu! *Utinam!* 巴幸不得 Pā hín poŭ tĕ́. ‖ Cela me —. *Hoc me juvat.* 我喜歡那一宗事 Ngŏ hỹ houān lá ỹ tsōng sé. ‖ Se —. *Delectāri de aliq. re.* 喜歡 Hỹ houān. ‖ Se —, c.-à-d. être content de soi. *Sibi placēre.* 自滿 Tsé màn.
PLAISANCE, s. f. *Locus amœnus.* 青秀的地方 Tsĭh sieŏu tý tý fāng.
PLAISANT, E, adj. *Lepidus.* 有趣的 Yeòu tsiŭ́ tý. ‖ Faire le —. *Cavillāri.* 兜人笑 Teŏu jèn siáo.
PLAISANTER, v. a. et n. *Jocāri.* 説趣話 Chŏ tsiŭ́ hoá. ‖ — (railler). *Irridēre.* 猍笑 Kỹ siáo.

## PLA — PLE

**PLAISANTERIE**, s. f. *Jocus, i, m.* 欺笑的話 Kỷ siáo tỷ hoá. ‖ — à part. *Remoto joco.* 不要說笑 Poŭ yáo chŏ siáo. ‖ Ceci passe la —. *Id transit —.* 過餘笑狠 Kó yû siáo hèn.

**PLAISIR**, s. m. *Voluptas, atis, f.* 樂 Lŏ, ou 喜歡 Hỷ houān. ‖ Être transporté de —. *Gaudio efferri.* 大喜 Tá hỷ. ‖ Causer du —. *Delectation. afferre.* 兜人喜歡 Teōu jên hỷ houān. ‖ — des sens. *Libidines.* 肉身的快樂 Joŭ chēn tỷ kouắy lŏ. ‖ Menus- —. *Mercedula pro ludis.* 零用錢 Lìn yóng tsién. ‖ A votre bon —. *Pro libitu tuo.* 隨便 Soŭy pién, ou 隨意 Soŭy ý. ‖ — (volonté). *Intentio.* 意見 Ý kién. ‖ — (office). *Officium.* 愛情 Gắy tsïn. ‖ Faire — à quelqu'un. *Alic. officium præstare.* 有情意在他跟前 Yeòu tsïn ý tsaỷ tá kěn tsiēn. ‖ Conte fait à —. *Commentum.* 假故事 Kià koú sé.

**PLAN**, s. m. *Forma, æ, f.* 樣子 Yáng tsè. ‖ Lever le — d'une ville. *Formam civitatis delineare.* 畫城的圖形 Hóa tchéñ tỷ tŏu hìn. ‖ Plan de vie. *Regula vitæ.* 規矩 Koŭy kiù. ‖ En suivre un. *Sequi —.* 守規矩 Cheòu koŭy kiù. ‖ S'en tracer un —. *Genus vitæ constituere.* 定一條規矩 Tín ỷ tiáo koŭy kiù.

**PLANCHE**, s. f. *Tabula, æ, f.* 木板子 Moŭ pàn tsè. ‖ Une —. *Una —.* 一塊板子 Ỷ kouắy pàn tsè. ‖ Faire des —. *Secare.* 鑽板子 Kẩy pàn tsè. ‖ — épaisses. 方子 Fāng tsè. ‖ — minces. 薄板子 Pŏ pàn tsè. ‖ Faire la —, c.-à-d. frayer le chemin. *Aditum patefacere.* 開路 Kāy loú. ‖ — de graveur chinois pour sculpter les caractères. 書板 Choū pàn. ‖ — double, pour deux couleurs. 套板 Táo pán. ‖ — de jardin. *Area, pulvinus, i, m.* 一塊園子 Ỷ kouắy yuên tsè.

**PLANCHÉIER**, v. a. *Contabulare, assare.* 鎮地樓 Tchén tỷ leŏu.

**PLANÇON**, s. m. *Talea, æ, f.* 柳樹條 Lieòu choú tiấo.

**PLANE**, s. m. *Dolabra, æ, f.* 鉋子 Paó tsè.

**PLANER**, v. a. *Dolare.* 鉋 Paó. ‖ — en l'air. *Sublimiora verba effari.* 講高妙的事 Kiàng kaō miáo tỷ sé.

**PLANÈTE**, s. f. *Planeta, æ, m.* 辰星 Chên sïn.

Les Chinois comptent onze planètes : 十一曜 Chĕ ỷ yáo. Savoir :

1° 太陽星 Táy yáng sïn. Le soleil.
2° 太陰星 Táy ỹn sïn. La lune.
3° 羅睺星 Lô heôu sïn.
4° 計都星 Kỷ toū sïn.
5° 紫煞星 Tsè gaô sïn.
6° 日孛星 Jĕ pŏu sïn.
7° 木星 Moŭ sïn. Jupiter.
8° 金星 Kïn sïn. Vénus.
9° 火星 Hŏ sïn. Mars.
10° 水星 Choŭy sïn. Mercure.
11° 土星 Tŏu sïn. Saturne.

**PLANT**, s. m. *Plantarium, ii, n.* 小樹子 Siaŏ choû tsè.

**PLANTE**, s. f. *Planta, æ, f.* 苗 Miaô. ‖ — médicinale. *Medicinalis —.* 一味藥 Ỷ oúy yŏ. ‖ — du pied. *Planta pedis.* 脚肝 Kiŏ kàn.

**PLANTER**, v. a. *Serere, plantare.* 栽 Tsaỷ. ‖ — (enfoncer). *Figere.* 釘 Tïn. ‖ — la foi. *Fidem prior prædicare.* 開教友 Kāy kiáo yeòu.

**PLANURES**, s. f. *Schidiæ, iarum, f.* 鉋花 Paô hoā.

**PLAQUE**, s. f. *Lamina, æ, f.* ‖ Une —. *Una —.* 一塊 Ỷ kouắy, ou 一張 Ỷ tchắng. ‖ — de cuivre. *Cuprea —.* 一塊銅 Ỷ kouắy tòng. ‖ — de plomb. *Plumbea —.* 一塊鉛 Ỷ kouắy yuên.

**PLAT, E**, adj. *Planus.* 平的 Pïn tỷ. ‖ — (vil, abject). *Abjectus.* 賤的 Tsién tỷ.

**PLAT**, s. m. *Catinus, i, m.* 碟 Tiĕ, ou 盤子 Pán tsè. ‖ Un —. *Unus —.* 一隻 Ỷ tchĕ. ‖ — d'une balance. *Lanx —.* 戲盤 Tèn pán. ‖ — d'une épée. *Gladii plana pars.* 刀面 Taō mién.

**PLATINE**, s. m. *Platinum, i, n.* 火偈 Hŏ kiĕ.

**PLATITUDE**, s. f. *Abjectio, onis, f.* 不入耳的話 Poŭ joŭ eùl tỷ hoá.

**PLÂTRE**, s. m. *Gypsum, i, n.* 白坭 Pĕ nỷ. ‖ Mettre du —. *Gypsare.* 拂白坭 Foû pĕ nỷ.

**PLAUSIBLE**, adj. *Verisimilis.* 似是 Sé ché, ou 像眞的 Siáng tchēn tỷ.

**PLÉBÉIEN**, s. m. *Plebeius.* 百姓的 Pĕ sín tỷ.

**PLÉIADE**, s. f. *Pleiades, um, f.* 昴星 Gân sïn.

**PLEIN, E**, adj. *Plenus.* 滿的 Màn tỷ. ‖ En — jour. *Pleno die.* 白天 Pĕ tien. ‖ — de soi. *Sui plenus.* 自滿 Tsé màn. ‖ — d'une chose. *Totus in re esse.* 專務 Tchoūan oú. ‖ — (en parlant des animaux) *Prægnans.* 有胎的 Yeòu tāy tỷ, ou 有窩 Yeòu oūo. ‖ De son — gré. *Sponte.* 甘心 Kān sïn, ou 情願 Tsïn yuén.

**PLEINEMENT**, adv. *Omninò.* 全的 Tsŭen tỷ.

**PLÉNITUDE**, s. f. *Plenitudo, inis, f.* 充滿 Tchōng màn.

**PLÉNIPOTENTIAIRE**, s. m. *Cum summá potestate legatus, i, m.* 全權大臣 Tsŭen kiŭen tá tchēn.

**PLÉONASME**, s. m. *Pleonasmus, i, m.* 衍文 Yēn oūen.

**PLEURER**, v. n. *Flere.* 哭 Koū. ‖ — la mort de quelqu'un. *Mortuum —.* 哭人死 Koū jên sè. ‖ Faire —. *Fletum movere.* 兜人哭 Teōu jên kōu. ‖ Le bois —. *Delacrymat lignum.* 柴出水 Tchấy tchŏu choŭy, ou 出油 Tchŏu yeŏu.

PLEURÉSIE, s. f. *Pleuritis, tidis, f.* 肺膜熱 Féy mó jĕ̓, ou 血攻心病 Hiuĕ̓ kōng sīn pín.

PLEURNICHER, v. n. *Lacrymas fingĕre.* 裝哭 Tchoūang kŏu.

PLEURS, s. m. *Lacrymæ, arum, f.* 淚 Loúy. ‖ Verser des —. — *fundĕre.* 流淚 Lieoū loúy. ‖ — de la fiancée à son départ. *Nenia.* 哭嫁 Kŏu kiá. ‖ — des obsèques. *Nenia.* 哭喪 Kŏu sāng.

PLEUVOIR, v. n. *Pluĕre.* 下雨 Hiá yù. ‖ Il va —. *Imber imminet.* 要落罪 Yáo lŏ yù. ‖ — à verse. *Magna pluvia cadit.* 下大雨 Hiá tá yù. ‖ — une pluie fine. 下毛毛雨 Hiá maŏ maŏ yù.

PLI, s. m. *Sinus, ùs, m.* 摺子 Tsĕ̓ tsè. ‖ — double. *Duplex.* 織 Tchĕ̓. ‖ Avoir des —. *Rugāre.* 皺 Tsóng. ‖ Prendre son —. *Assuefieri.* 慣 Kouán.

PLIABLE, adj. *Flexibilis.* 能彎的 Lên ouān tỳ.

PLIER, v. a. *Plicāre.* 摺 Tsĕ̓. ‖ — bagage. *Res colligĕre.* 収拾東西 Cheōu chĕ̓ tōng sỳ. ‖ — une lettre. *Epist. obsignāre.* 摺書信 Tsĕ̓ choū sín. ‖ — son caractère. *Mores flectĕre.* 改本性 Kaÿ pèn sín. ‖ — (en parlant d'une poutre). *Pandāri.* 壓彎 Yén ouān. ‖ — (courber). *Incurvāri.* 彎 Ouān. ‖ — (céder). *Cedĕre.* 讓 jáng.

PLISSER, v. a. *Corrugāre.* 打摺 Tà tsĕ̓.

PLOMB, s. m. *Plumbum, i, n.* 鉛 Yuēn. ‖ — (soude). *Liquidum.* 吊墜 Tiáo choúy. ‖ — pour aligner. *Ad æquandum —.* 線 Sién. ‖ Mettre à —. *Ad perpendiculum exigĕre.* 平 Pín. ‖ A —. *Directè.* 正 Tchēn. ‖ Le soleil donne à —. *Insistit capiti sol ardens.* 太陽當頂辣 Táy yáng tāng tùn là.

PLOMBER, v. a. *Plumbāre.* 用鉛包 Yóng yuēn paŏ. ‖ — une caisse à la douane, à la mode chinoise. 封皮 Fōng pỳ. *稅*上打印 Choúy cháng tà ýn.

PLONGER, v. a. *Mergĕre.* 沉 Tchĕ̓n. ‖ — dans l'eau un fer chaud. *Ferrum calidum in aquâ —.* 焠水 Tsoúy choúy. ‖ — quelqu'un dans la douleur. *Dolore aliq. afficĕre.* 兇人憂氣 Teōu jên geóu kỳ́. ‖ Se — dans la débauche. *Ingurgitāre se in flagitiis.* 縱慾 Tsóng yoŭ.

PLUIE, s, f. *Pluvia, æ, f.* 雨 Yù. ‖ Grosse —. *Magna —.* 大雨 Tá yù. ‖ — fine. *Tenuis.* 淋雨 Lîn yù. ‖ Une —. *Una —.* 一陣雨 Ў tchén yù. ‖ La — tombe. *Cadit —.* 下雨 Hiá yù. ‖ La — continue. *Non cessat —.* 雨不住 Yù poŭ tchoú. ‖ La — cesse. *Desŭt —.* 雨住了 Yù tchoú leaò. ‖ Le temps est à la —. *Imminet —.* 要下雨 Yáo hiá yù.

PLUMAGE, s. m. *Plumæ, arum, f.* 毛 Maŏ.

PLUMAIL, s. m. *Plumea scopula, æ, f.* 毛笤 Maŏ tiáo.

PLUME, s. f. *Pluma, æ, f.* 毛 Maŏ. ‖ Une —. *Una —.* 一根毛 Ў kēn maŏ. ‖ — de paon. *Pavonis —.* 孔雀翎 Kŏng tsiŏ lîn. ‖ — (marque de dignité).

翎子 Lîn tsè. ‖ Perdre ses —. *Cadunt —.* 脫毛 Tŏ̓ maŏ. ‖ Oter les —. *Evellĕre —.* 撏毛 Siên maŏ.

PLUME, s. f. (pour écrire). *Calamus europæus.* 毛筆 Maŏ pỳ́. ‖ — chinoise ou pinceau. — *sinensis.* 筆 Pỳ́. (Voir *Pinceau.*)

PLUMER, v. a. *Plumas detrahĕre.* 扯毛 Tchĕ̓ maŏ, ou 拔毛 Pă̓ maŏ. ‖ Refaire une volaille sur le feu. 燎毛 Leăo maŏ. ‖ — à l'eau chaude. *In aquâ calidâ.* 退毛 Toúy maŏ. ‖ — quelqu'un. *Emungĕre aliq.* 拘價錢 Gaò kiá tsiēn.

PLUPART (LA), s. f. *Plerique.* 多半 Tō pán. ‖ La — du temps. *Sæpissimè.* 多问 Tō hoúy.

PLURALITÉ, s. f. *Major pars.* 大半 Tá pán, ou 多半 Tō pán.

PLURIEL, LE, adj. (terme gram.). *Pluralis numerus.* 多數 Tō soú.

PLURIEL, s. m. *Pluralis.* Pour faire le — en chinois, on ajoute au substantif l'affixe 們 Mên. Par ex. Moi, 我 Ngŏ. Nous, 我們 Ngŏ mên.

PLUS, adv. *Plùs.* 更多 Kén tō. ‖ — d'argent. *Plùs argenti.* 銀子多點 Ŷn tsè tō tiēn, ou 銀子不殼 Ŷn tsè poŭ keóu. ‖ — d'eau. *Plùs aquæ.* 水多點 Choúy tō tiēn. ‖ Un peu —. *Paulò plùs.* 多一些 Tō ỳ sỳ́. ‖ — de cinq. *Quinquè et amplius.* 不止五个 Poŭ tchè où kó. ‖ — qu'il ne faut. *Plus quàm decet.* 太多 Táy tō. ‖ Il ne peut — s'en aller. *Jàm abīre nequit.* 去不得了 Kiŭ̓ poŭ tĕ̓ leaò. ‖ N'avoir — d'espoir. *Nullam spem habēre.* 無望了 Où ouáng leaò. ‖ Il n'est —. *Vixit.* 過世了 Kó chè leaò. ‖ — sage. *Sapientior.* 更賢智 Kén hiēn tchĕ̓. ‖ — il y en a et mieux. *Eò plus eò meliùs.* 越多越好 Yuĕ̓ tō yuĕ̓ haò. ‖ — *Paulò plùs.* 多點 Tō tiēn. ‖ De —. *Præterea.* 另外 Lîn ouáy, ou 還有 Houán yeòu. ‖ — ou moins. *Plùs minusve.* 或多或少 Houáy tō houáy chaò.

PLUSIEURS, adj. *Plures, ium, m.* 更多 Kén tō. ‖ — fois. *Sæpè.* 多问 Tō hoúy.

PLUTÔT, adv. *Priùs.* 更先早 Kén siēn tsaò. ‖ Au — *Quàm primùm.* 早些 Tsaò sỳ́. ‖ Le — sera le mieux. 越早越好 Yuĕ̓ tsaò yuĕ̓ haò. ‖ Mourir — que de pécher. *Mori potiùs quàm peccāre.* 寕死不犯罪 Lîn sè poŭ fán tsoúy.

PNEUMONIE, s. f. *Pneumonia, æ, f.* 瘰疾 Laò tsỳ́, ou 肺本體炎 Féy pèn tỳ́ yēn.

POCHE, s. f. *Perula, æ, f.* 荷包 Hŏ paŏ. ‖ — (sac). *Saccus.* 口袋 Keŏu taý. ‖ — (jabot). *Ingluvies.* 嗉子 Soú tsè.

POCHER, v. a. ‖ — les yeux. *Oculos contundĕre.* 打瞎 眼睛 Tà hiă̓ yèn tsīn.

PODAGRE, adj. *Podager.* 脚瘋 Kiŏ fōng.

**POÊLE**, s. m. *Sartago, inis, f.* 煎鍋 Tsién kō, ou 构子 Cháo tsè. ‖ — pour chauffer. *Vaporarium.* 地炕 Tý kǎng. ‖ — (drap mortuaire). *Palla sepulchralis.* 喪罩 Sāng tchaó, ou 白翰 Pě' hán.

**POÊME**, s. m. *Poema, atis, n.* 詩 Chē. ‖ Réciter un —. *Recitare* —. 歌詩 Kō chē.

Les six espèces de — chinois : 六義 Loŭ ný. Savoir :

1° 風詩 Fōng chē. Ce genre contient les principes des anciens sages sur l'ordre social.

2° 雅詩 Yà chē. Ce sont des maximes pour la postérité.

3° 頌詩 Sóng chē. Ce sont les louanges des défunts.

4° 賦詩 Foù chē. C'est un exposé des vertus et des vices.

5° 比詩 Pỳ chē. Ce sont des satires par allusion.

6° 興詩 Hìn chē. Ce sont des allusions figurées.

Les Chinois ont, en outre, une espèce de poème lyrique, dont le nom est 牧童詩 Moŭ tōng chē.

**POÉSIE**, s. f. *Poesis, is, f.* 詩法 Chē fǎ.
**POÈTE**, s. m. *Poeta, æ, m.* 詩人 Chē jên.
**POIDS**, s. m. *Pondus, eris, n.* 鍾子 Tchoŭy tsè. ‖ Faux —. *Falsum* —. 假秤 Kià tchên ‖ Acheter au —. *Pondere emère.* 過秤買 Kó tchên maỳ. ‖ Faire avec — et mesure. *Cum ratione agère.* 下細做 Hiá sý tsoú. ‖ — dont on se sert pour peser. (*Pour tous les différents poids chinois, voir le mot Mesure*). ‖ — (fardeau). *Onus.* 担子 Tán tsè. ‖ — (crédit sur quelqu'un). *Auctoritas.* 聽他的話 Tìn tā' tý' hoá, ou 服得倒他 Foŭ tě taò tā'.

**POIGNARD**, s. m. *Pugio, onis, m.* 腰刀 Yaō taō. ‖ Donner un coup de —. *Pugionem alic. intentare.* 用腰刀殺人 Yóng yaō taō chǎ jên. ‖ Donner un coup de — (au figuré). *Dolore afficère aliq.* 兜人憂氣 Teōu jên geóu ký'.

**POIGNÉE**, s. f. *Manipulus, i, m.* 一把 Ý pà. ‖ — d'épée. *Capulus.* 刀欛 Taō pá. ‖ Une — de gens. *Parva manus hominum.* 不多幾個人 Poŭ tō ký' kó jên.

**POIGNET**, s. m. *Carpus, i, m.* 手頸 Cheŏu kìn. 腕 Ouàn. 手彎子 Cheŏu ouān tsè.

**POIL**, s. m. *Pilus, i, m.* 毛 Maô. ‖ Un —. *Unus* —. 一根毛 Ý kēn maô. ‖ — des paupières. *Cilium.* 眼眨毛 Yèn tchǎ maô. ‖ — des narines. *Vibrissæ, arum.* 鼻孔之毛 Pý' kōng tchē maô. ‖ — des sourcils. *Supercilium.* 眉毛 Mý' maô. ‖ — de puberté. *Pubertatis* —. 下身毛際 Hiá chēn maó tsý'. ‖ — follet. *Lanugo.* 羢 Jōng. ‖ — du menton. *Menti* —. 塞毛 Hān maô. ‖ — du corps. *Pili.* 塞毛 Hān maô.

‖ Monter un cheval à —. *Equitare sine strato.* 騎厰馬 Ký' tchàng mà.

**POINÇON**, s. m. *Scapellum, i, n.* 雕刀 Tiaō taō. ‖ — des orfévres. 銀花鏨 Ŷn hoā tsō̌.

**POINDRE**, v. a. *Pungère.* 錐 Tchoŭy. ‖ — (faire jour). *Dilucescère.* 天明 Tiēn mìn, ou 發白 Fǎ pě̌. ‖ — (en parlant des herbes naissantes). *Enasci.* 發芽 Fǎ yâ.

**POING**, s. m. *Pugnus, i, m.* 拳頭 Kiuên teŏu. ‖ Fermer le —. *Facère* —. 挶拳 Niě kiuên. 打拳 Tǎ kiuên. 打把勢 Tǎ pà chě̌. ‖ Donner un coup de —. *Alic. pugn. impingère.* 用拳打人 Yóng kiuên tà jên.

**POINT**, s. m. *Punctum, i, n.* 一點 Ý tiěn. ‖ — géométrique. *Geometric.* —. 點 Tiěn. ‖ — d'aiguille. *Fili unus ductus.* 一針脚 Ý tchēn kiǒ. ‖ — de côté. *Lateris dolor.* 偏氣痛 Piēn ký' tòng, ou 膀胱氣痛 Pǎng kouāng ký' tòng. ‖ — du jour. *Diluculum.* 天明 Tiēn mìn, ou 曉 Hiaò. ‖ —. *Status rerum.* 光景 Kouāng kìn. ‖ — de foi. *Articulus fidei.* 一端當信道理 Ý touān tāng sín taó lý'. ‖ De — en point. *Singillatim.* 端一端的 Touān ý' touān tý'. ‖ — d'un chapitre. *Capitis* —. 一節 Ý' tsiě̌. ‖ — (dixième de la ligne chinoise). 一分長 Ý fēn tchǎng. ‖ — principal. *Rei caput.* 頭一宗事 Teŏu ý' tsōng sé. ‖ De — en point. *Ad amussim.* 恰恰 Kiǎ kiǎ. ‖ Les six — cardinaux. *Sex præcipua* —. 六合 Loŭ hô. ‖ — d'honneur. *Honoris causa.* 顧自巳的臉 Koú tsé̌ ký' tý' liěn. ‖ De tout —. *Omninò.* 全全 Tsuên tsuên. ‖ Au dernier —. *Summoperè.* 狠 Hèn. ‖ Tout à —. *Opportunè.* 合式 Hô ché̌. ‖ A — nommé. *Designato momento.* 定的時候 Tín tý' chē heóu. ‖ Sur le —. *Statim.* 就 Tsieóu. ‖ Le — du jour. *Diluculum.* 清早 Tsīn tsaò.

**POINT**, adv. *Non.* 不 Poŭ.

**POINTE**, s. f. *Acumen, inis, n.* 尖尖 Tsiēn tsiēn. ‖ — de l'aiguille. *Acus apex.* 針尖 Tchēn tsiēn. ‖ — d'une montagne. *Montis* —. 山頂子 Chān tìn tsè. ‖ Se terminer en —. *In acumen desinère.* 尖的 Tsiēn tý'. ‖ Émousser la —. *Aciem hebetàre.* 捲口 Kiuěn keŏu. ‖ — (saveur). *Mordax.* 辣的味 Lǎ tý' oúy. ‖ — (bon mot). *Acutè dictum.* 趣笑 Tsiǔ siaó. ‖ Poursuivre sa —. *Cœptum pergère.* 往前進 Ouàng tsiên tsín. ‖ Pousser la —. *Urgère consilium.* 不丟主意 Poŭ tieōu tchoŭ ý'.

**POINTER**, v. a. *Mucrone ferìre.* 剌 Tsě̌. ‖ — le canon. *Tormenta in loc. dirigère.* 暗胞 Siāo paō.

**POINTILLER**, v. n. *Cavillàri.* 爲小事爭論 Oúy siāo sé tsēn lén.

**POISON**, s. m. *Venenum, i, n.* 毒藥 Toŭ' yǒ. ‖ Boire du —. — *bibère.* 喫毒藥 Tchē̌ toŭ yǒ. ‖ Tuer par le —. — *occidère.* 毒死人 Toŭ sè̌ jên.

**POISSON**, s. m. *Piscis, is, m.* 魚 Yû. ‖ Un —. *Unus* —.

一尾 Y̆ oùy, ou 一條魚 Y̆ tiāo yû. (Voir à l'Appendice les noms des poissons). ‖ Écailler le —. Squammas eximĕre. 打甲 Tă kiă. ‖ Habiller le —. Purgăre —. 破魚 Pŏ yû.

POITRINE, s. f. Pectus, oris, n. 胸膛 Hiōng tăng. ‖ Avoir mal à la —. Dolĕre —. 胸口痛 Hiōng keŏu tóng.

POIVRE, s. m. Piper, eris, n. 椒椒 Hoû tsiāo. ‖ — blanc. Album —. 花椒 Hoā tsiāo. ‖ Mettre du —. Pĭpere condĭre. 放椒麵 Fáng tsiāo mién.

POIX, s. f. Pix, icis, f. 松香 Sōng hiāng, ou 黃香 Hoûang hiāng. ‖ Enduire de —. Pice induĕre. 上腔 Cháng kiāo.

POLAIRE, adj. Polaris. 北方的 Pĕ fāng tỷ. ‖ Étoile —. Stella —. 北斗星 Pĕ teòu sīn. ‖ Cercle —. Circulus —. 北極線 Pĕ kỷ sién.

PÔLE, s. m. Polus, i, m. 天極 Tiēn kỷ. ‖ — de l'équateur. Æquinoct. —. 赤極 Tchĕ kỷ. ‖ — arctique. Boreus. 北極 Pĕ kỷ. ‖ — de l'écliptique. Eclipticī —. 黃極 Hoâng kỷ. ‖ — antarctique. Meridianus. 南極 Lân kỷ. ‖ Élévation du —. Altitudo —. 極出地 Kỷ tchŏu tỷ.

POLÉMIQUE, adj. Polemicus. 辯論 Pién lén.

POLI, E, adj. Politus. 平的 Pîh tỷ. ‖ — (luisant). Lucens. 光的 Kouāng tỷ. ‖ Discours —. Polĭta oratio. 文章 Ouên tchāng. ‖ —. Comis. 有愛情的 Yeŏu gaý tsîh tỷ, ou 仁義的 Jên nỷ tỷ.

POLI, s. m. (lustre). Nitor, oris, m. 光 Kouāng.

POLICE, s. f. Regimen, inis, n. 巡查 Siûn cheôu, ou 矩規 Koŭy kiù. ‖ Faire la —. Vias civitatis circuĕre. 巡城 Siûn tchên. ‖ Préfet de —. Urbanus prætor. 專城汎 Tchoūan tchên sín.

POLIR, v. a. Polĭre. 磨 Mô, ou 擦亮 Tchă leáng.

POLISSON, NE, adj. Nequam. 匪人 Feỷ jên.

POLISSONNER, v. n. Inepté cavillări. 做不合理的事 Tsoú poû hŏ lỷ tỷ sé.

POLITESSE, s. f. Urbanitas, atis, f. 禮信 Lỷ sín. ‖ — du langage. Concionis —. 交話 Ouên hoá. ‖ Briller par sa —. Urbanit. eminĕre. 禮信大 Lỷ sín tá.

POLITIQUE, s. f. Politica, æ, f. 國政 Kouĕ tchén.

POLLEN, s. m. (terme de botan.). 花之粉 Hoā tchē fén.

POLLUER, v. a. Polluĕre. 污穢 Oū oúy.

POLLUTION, s. f. (faute contre la pureté). Pollutio, onis, f. 手色 Cheŏu sĕ, ou 弄陰失精 Lóng yâng chĕ tsîh. ‖ En faire une. Polluĕre se. 犯手色 Fán cheŏu sĕ, ou 打手銃 Tă cheŏu tchŏng. ‖ — nocturne. Nocturna —. 夢遺 Móng ỷ, ou 夢中失精 Móng tchông chĕ tsîh.

POLTRON, NE, adj. Ignavus. 懦弱 Ouàn jŏ, ou 胆小 Tàn siào.

POLYANDRIE, s. f. Polyandria, æ, f. 一婦幾夫 Y̆ foú kỷ foū.

POLYGAMIE, s. f. Polygamia, æ, f. 有妻妾的 Yeŏu tsỷ tsiĕ tỷ.

POLYPE, s. m. Polypus ozœna. 瘤 Lieôu. 鼻中瘜肉 Pỷ tchōng tchĕ joû. 鼻蛇 Pỷ chĕ. ‖ — marin à vinaigre. (Envoyé, pour la première fois, en France, par l'Auteur de ce Dictionnaire). 明腹魚 Mîn foû yû. 海蛇 Haỷ tchá. 醋螺子 Tsoû lŏ tsĕ.

POMMADE, s. f. Unguentum, i, n. 膏油 Kaō yeôu.

POMME, s. f. Malum, i, n. 蘋果 Pîh kŏ. ‖ — de discorde. Discordiæ semen. 爭怨之由 Tsēn fén tchē yeôu. ‖ — d'Adam. Larynx. 喉欖 Heôu lán, ou 喉包 Heôu paō.

POMMER, v. n. Globāre. 成圓 Tchên tchoûan, ou 收心 Cheōu sīn.

POMMETTES, s. f. Globulus, i, m. 頰 Kiă, ou 臉骨 Kiĕn koû.

POMPE, s. f. Pompa, æ, f. 體面 Tỷ mién. ‖ — du monde. Mundi —. 虛臉面 Hiū lién mién. ‖ Y renoncer. Abrenuntiāre —. 棄絕虛臉面 Kỷ tsiuĕ hiū lién mién. ‖ — à eau. Antlia europ. 搭筒 Tsý tóng, ou 水銃 Choŭy tchông. ‖ — chinoise ou neria. 水龍車 Choŭy lông tchēy.

POMPER, v. a. ‖ — de l'eau. Antlĭa aquam haurĭre. 擠水 Tsỷ choŭy.

POMPON, s. m. Flosculus, i, m. 彩鬚 Tsaỷ siū.

PONCE, s. f. Pumex, icis, m. 浮石 Feôu chĕ.

PONCTUALITÉ, s. f. Diligentia, æ, f. 忻勤 Hīn kîh, ou 應時 Ȳn chĕ.

PONCTUATION, s. f. Interpunctio, onis, f. 圈 Kiuĕn, ou 點書 Tiĕn choū. ‖ La mettre. Interpungĕre. 圈 Kiuĕn, ou 點書 Tiĕn choū.

PONDRE, v. a. Ova edĕre. 生蛋 Sēn tán.

PONT, s. m. Pons, tis, m. 礄 Kiáo. ‖ Un —. Unus —. 一座礄 Y̆ tsó kiáo. ‖ — du navire. Tabulatum. 船面 Tchoûan mién, ou 艙板 Tsāng pàn. ‖ — à douze arches. 十二硐的礄 Chĕ eúl tông tỷ kiáo. ‖ Kiosques à l'entrée de — chinois. 礄上牌坊 Kiáo cháng paỷ fāng, ou ‖ — levis. Arrectarius —. 吊橋 Tiáo kiáo. ‖ Faire un —. Construĕre —. 修礄 Sieōu kiáo.

PONTIFE, s. m. Pontifex, icis, m. 監牧 Kién moŭ, ou 主教 Tchoŭ kiáo. ‖ Souverain —. Summus —. 宗牧 Tsōng moŭ. 教宗 Kiáo tsōng, ou 教皇 Kiáo hoûang.

PONTIFICAL, s. m. Rituum liber. 禮規書 Lỷ koŭy choū.

POPULACE, s. f. Plebecula, æ, f. 小民 Siào mîn, ou 下流 Hiá lieôu.

POPULAIRE, adj. Popularis. 百姓的 Pĕ sín tỷ. ‖ Bruit —. Rumor —. 謠言 Yaô yên. ‖ Être —. Auræ homo. 得民心 Tĕ mîn sín.

POPULATION, s. f. Incolarum numerus. 煙戶 Yēn hoû, ou 煙口 Yēn keŏu. ‖ Rôle de la —. Recensio. 戶口冊 Hoú keŏu tsĕ. (Voir au mot Province celle de la Chine).

43

PORC, s. m. *Porcus, i, m.* 猪 Tchoŭ. ‖ Un —. *Unus* —. 一條猪 Ỹ tiăo tchoŭ, ou 一對猪 Ỹ toúy tchoŭ. ‖ — entier, ou mâle. *Verres.* 牙猪 Yă tchoŭ. ‖ — châtré. *Maialis.* 刹猪 Yēn tchoŭ. ‖ — femelle. *Sus.* 母猪 Moù tchoŭ. ‖ Nourrir un —. *Nutrire* —. 餵猪 Oúy tchoŭ. ‖ Châtrer un — mâle. - *Marem castrare.* 割猪 Kŏ tchoŭ. ‖ Châtrer une femelle. *Suem* —. 改母猪 Kaỹ moù tchoŭ. ‖ Tuer un —. *Occidere* —. 殺猪 Chă tchoŭ.

PORCELAINE, s. f. *Porcellanæ, arum, f.* 磁 Tsĕ'. ‖ — craquelée. 碎磁 Soúy tsĕ'. ‖ 青夾磁 Tsīn kiă tsĕ'. Porcelaine à couleurs transparentes, c.-à-d. si le vase renferme un liquide quelconque, on le croit chargé de peintures. Le liquide enlevé, on ne voit qu'un vase blanc.

La porcelaine est ainsi appelée à cause de sa surface lisse, qui la rend semblable à la coquille de Vénus, dite en latin : *Porcellana*. Elle est connue en Chine dès le premier siècle de J.-C., et fut importée en Europe par les Portugais en 1518.

PORCHE, s. m. *Vestibulum, i, n.* 廳 Tín, ou 大門口 Tá mên keŏu.

PORE, s. m. *Meatus, ùs, m.* 毛眼 Maŏ yēn, ou 毛孔 Maŏ kŏng.

POREUX, SE, adj. *Foram. pervius.* 毛眼的 Maŏ yēn tỹ.

PORT, s. m. *Portus, ùs, m.* 碼頭 Mă teŏu. ‖ — franc. *Telonio immunis* —. 無稅館 Oú choúy kouàn. ‖ Entrer au —. *Appellere* —. 朧碼頭 Lóng mă teŏu. ‖ Sortir du —. *Solvere navem.* 開船 Kāy tchouăn.

PORT, s. m. (transport). *Vectura, æ, f.* 脚價 Kiŏ kiá. ‖ — (maintien). *Habitus.* 品格 Pĭn kĕ'.

PORTAIL, s. m. *Frons, tis, f.* 屋簷 Oū yēn, ou 門面 Mên miên.

PORTANT, adj. ‖ L'un —. l'autre. *Exæquatis omnibus.* 背扯 Peỹ tchĕ. ‖ A bout —. *Cominus.* 近得狠 Kín tĕ' hĕn.

PORTE, s. f. *Porta, æ, f.* 門 Mēn. ‖ Une —. *Una* —. 一道門 Ỹ táo mên. ‖ — latérale. *Lateralis* —. 角門 Kŏ mên. ‖ — de l'appartement des femmes. 閨門 Koúy mên. ‖ Si la porte a double battant. *Valvæ.* 兩扇門 Leăng chán mên. ‖ — cochère. 大朝門 Tá tchāo mên. ‖ Que chacun balaye la neige devant sa porte et ne songe pas à la gelée qui est chez son voisin. (Prov.) 各人自掃門前雪莫管他人屋上霜 Kŏ jēn tsé saŏ mên tsién siuĕ', mŏ kouàn tă jēn oū cháng chouāng. ‖ Fermer la —. *Claudere* —. 關門 Kouān mên. ‖ Ouvrir la —. *Aperire* —. 開門 Kāy mên. ‖ Frapper à la —. *Tundere* —. 敲門 Kăo mên, ou 拍門 Pĕ' mên. ‖ Fermer la — à quelqu'un. *Aliq. domo prohibere.* 不許人進屋 Poŭ hiù jēn tsín oū. ‖ Mettre à la —. *Ejicere foras.* 趕出去 Kàn tchŏu kiŭ'.

PORTE-BALLE, s. m. *Onustus sarcinâ institor, oris, m.* 賣雜貨的 Maý tsă hŏ tỹ.

PORTÉ, ÉE, adj. *Fultus.* 掌了的 Tchàng leăo tỹ. ‖ Nouvelle — de la mort de quelqu'un. *Nuntius de morte alicujus.* 有信某人死了 Yeŏu sín mòng jēn sè leăo. ‖ Peine —. *Lata pœna.* 定了的罰 Tín leăo tỹ fă. ‖ — (enclin à). *Pronus ad* —. 向 Hiáng. ‖ — au bien. *Ad bonum* —. 向善 Hiáng chán.

PORTE-DRAPEAU, s. m. *Signifer, eri, m.* 旗手 Kỹ cheŏu. ‖ — de la révolte. *Dux rebellionis.* 反頭 Fàn teŏu.

PORTÉE, s. f. (en parlant des animaux). *Partus, ùs, m.* 保春 Paŏ tchoūn, ou 叉春 Cheōu tchoūn. ‖ Une —. *Unus* —. 一胎 Ỹ tāy. ‖ — (distance). *Distantia.* 隔 Kĕ'. ‖ — d'un trait. *Teli jactus.* 一箭遠 Ỹ tsién yuèn. ‖ — du canon. *Tormenti.* 一炮之路 Ỹ pāo tchē loú. ‖ — (capacité). *Captus.* 明悟 Mīn où. Se mettre à la —. *Ad intellectum descendere.* 看人說話 Kăn jēn chŏ hoá.

PORTE-FAIX, s. m. *Bajulus, i, m.* 夫子 Foū tsè.

PORTEFEUILLE, s. m. *Scrinium, ii, n.* 護書 Hoú cheŏu, ou 書夾 Choū kiă.

PORTER, v. a. (soutenir). *Ferre.* 抬 Tăy. 挑 Tiāo. 挃 Peý. ‖ — un fardeau, seul. *Onus sustinere.* 挑 Tiāo. ‖ — un fardeau, à deux. 抬 Tăy. ‖ — un fardeau, sur le dos. 挃 Peý. ‖ — un fardeau, sur la tête. 頂 Tĭn. ‖ — sur soi. *Super se.* 身上抬 Chēn cháng tăy. ‖ — une lettre. *Litteras deferre.* 帶書信 Taý choū sín. ‖ — les armes. *Sub signis esse.* 當兵 Tāng pīn, ou 興粮 Tchĕ' leăng. ‖ — de la soie. *Bombycinâ veste uti.* 穿綢衫 Tchouān tcheōu chán. ‖ — loin sa réputation. *Nomen latè extendere.* 出大名聲 Tchŏu tá mīn chēn. ‖ — le coup mortel. *Exitium ferre.* 打死人 Tà sè jēn. ‖ — la parole. *Verba proferre.* 說話 Chŏ hoá. ‖ — la guerre. *Bellum indicere.* 下戰書 Biá tchán choū. ‖ — la santé. *Alicui propinare.* 請酒 Tsìn tsieŏu. ‖ — un jugement. *Sententiam ferre.* 審斷 Chèn toúan. ‖ — témoignage. *Affirmare.* 証 Tchén. ‖ Cet édit — expressément que. *Edictum cavet ut.* 告示上明明有 Kaó ché cháng mīn mīn yeŏu. ‖ — patiemment. *Æquo animo ferre.* 忍受 Jèn cheŏu. ‖ — la peine. *Pœnam ferre.* 受罰 Cheŏu fă. ‖ — quelqu'un pour candidat. *Aliq. patrocinari.* 薦學人 Tsién kiù jēn. ‖ — secours. *Auxilium ferre.* 帮忙人 Pāng máng jēn. ‖ — (engager à). *Excitare ad.* 勸人 Kiŭen jēn. ‖ — à la vertu. *Impellere ad virtutem.* 勸人立德 Kiŭen jēn lỹ tĕ'. ‖ — (produire). *Ferre.* 生 Sēn, ou 出 Tchŏu. ‖ La Chine — beaucoup de fruits. *Sinæ ferunt plurimos fructus.* 中國出多少的菓子 Tchōng kouĕ' tchŏu tō chaŏ tỹ kŏ tsè.

‖ — un défi. *Provocāre.* 惹人 Jǒ jèn. ‖ — quelqu'un aux nues. *Laudibus aliq. extollĕre.* 誇上天 Koǔa cháng tiēn. ‖ — malheur à quelqu'un. *Alic. esse exitio.* 喪氣人 Sáng kỷ jèn. ‖ Se — au bien. *Ad bonum inclināre.* 向善 Hiáng chán. ‖ Se — bien. *Bellé se habēre.* 平安 Pǐn gān, ou 好 Haǒ. ‖ Comment vous — -vous? *Quomodò vales?* 平不平安 Pǐn poǔ pǐn gān, ou 身上好不好 Chēn cháng haǒ poǔ haǒ.

PORTEUR, s. m. ‖ — de chaises. *Lecticarius, ii, m.* 轎夫 Kiáo foŭ. ‖ — d'eau. *Aquæ bajulator.* 挑水的 Tiaō choǔy tỷ. ‖ — de nouvelles. *Nuntius.* 報信人 Paó sín jèn. ‖ Chef de la société des — chinois. *Dux portitorum.* 夫頭 Foū teoū.

PORTE-VOIX, s. m. *Buccina sonum transmittens.* 响筒 Hiáng tŏng.

PORTIER, s. m. *Janitor, oris, m.* 看門人 Kǎn mēn jèn.

PORTION, s. f. *Portio, onis, f.* 一分 Y fén.

PORTIQUE, s. m. *Porticus, ús, f.* 廊 Lâng, ou 一座 Y tsó.

PORTRAIT, s. m. *Effigies, ei, f.* 像 Siáng, ou 喜容 Hỷ yŏng. ‖ Faire un — au naturel. *Genuinam imaginem exprimĕre.* 畫眞像容 Hoá tchēn siáng yŏng. ‖ Faire le — de quelqu'un. *Aliq. verbis depingĕre.* 說人的好處 Chǒ jěn tỷ haǒ tchoǔ. ‖ C'est le — de son père. *Regenerat patrem.* 他像父 Ta' siáng foǔ.

POSÉ, E, adj. ‖ — le cas. *Positus quod.* 若是 Jǒ ché, ou 設或 Chě houǎy. ‖ — (grave, rassis). *Placidus.* 平和的 Pǐn hô tỷ.

POSER, v. a. *Ponĕre.* 放 Fáng. ‖ — sur la table. *Super mensam —.* 放在桌子上 Fáng tsaý tchǒ tsè cháng. ‖ — les armes. *Arma deponĕre.* 放軍器 Fáng kiūn kỷ. ‖ — les armes, c.-à-d. se rendre au vainqueur. *Suljucĕre se.* 投降 Teoú kiáng. ‖ — un fait. *Rem zsseverāre.* 說是一定 Chǒ ché ý tín. ‖ Posons que. *Sit itá.* 算得 Souán tě.

POSITIF, IVE, adj. *Certus.* 一定的 Y tin tỷ, ou 眞的 Tchēn tỷ. ‖ — des adjectifs. *Absolutum.* 平等的 Pǐn tèn tỷ.

POSITION, s. f. *Situs, ús, m.* 地勢 Tý ché. ‖ — des affaires. *Status rerum.* 光景 Kouāng kǐn.

POSITIVEMENT, adv. *Reverà.* 果然 Kǒ jân. ‖ 眞實 Tchēn chě, 明明的 Mǐn mǐn tỷ.

POSSÉDÉ, ÉE, adj. *Possessus à diabolo.* 附魔 Foú mô.

POSSÉDER, v. a. *Possidēre.* 有 Yeòu, ou 得 Tě. ‖ — une affaire à fond. *Rem percallēre.* 精通 Tsīn tŏng, ou 熟 Choú. ‖ Se —. *Sui esse compos.* 忍氣 Jěn kỷ.

POSSESSION, s. f. *Possessio, onis, f.* 得 Tě. ‖ — (biens de famille). *Bona, fundi.* 家財 Kiā tsaý. ‖ Prendre de sa charge. *Magistratum inire.* 上任 Cháng jén.

POSSIBLE, adj. *Possibilis.* 做得的 Tsoú tě tỷ, ou 可得的 Kǒ tě tỷ. ‖ Autant que cela est —. *Pro viribus.* 盡力量 Tsín lỷ leáng. ‖ Faire son —. *Omni ope niti.* 盡力做 Tsín lỷ tsoú.

POSTE, s. m. *Statio, onis, f.* 汛地 Sín tý. ‖ Quitter son —. *De statione decedĕre.* 離汛地 Lỷ sín tý. ‖ — (charge publique). *Munus.* 職任 Chě jén.

POSTE, s. f. *Veredorum stabulum, i, n.* 驛馬房 Y mǎ fâng. ‖ — aux lettres. *Epist. diribitorium.* 信行 Sín hâng. ‖ Cheval de —. *Veredus.* 文書馬 Oên choū mǎ.

POSTER, v. a. *Milites collocāre.* 安巡兵 Gān siūn pīn. ‖ Se —. *Occupāre locum.* 占地方 Tchán tý fāng.

POSTÉRIEUR, E, adj. *Posterior.* 後頭的 Heóu teǒu tỷ.

POSTÉRITÉ, s. f. *Posteritas, atis, f.* 後人 Heóu jēn. ‖ Avoir une nombreuse —. *Numerosam — habēre.* 後人多 Heóu jèn tō. ‖ La propager. *Traduce.* 傳續 Tchoaǹn souǐ. ‖ La propager en adoptant un étranger. 傳似 Tchouán sé. ‖ Sans —. *Progenie orbatus.* 無後 Oú heóu.

POSTHUME, adj. *Posthumus.* 遺腹之子 Y foú tchē tsè.

POSTICHE, adj. *Adscitus.* 假的 Kiǎ tỷ.

POSTILLON, s. m. *Veredarius, ii, m.* 馬夫 Mǎ foū. ‖ — (pour les édits). *Gubernii —.* 跑文書 Paǒ ouên choū.

POST-SCRIPTUM, v. g. *Epistolæ.* 叉及 Yeóu kỷ, ou 贅筆 Tchoúy pỷ.

POSTULANT, s. m. *Candidatus ad præfect.* 候鉄 Heóu kiuě. ‖ — d'un couvent. *Monasterii —.* 候入院 Heóu joǔ ouán.

POSTULER, v. a. *Postulāre.* 求 Kieǒu, ou 貪 Tǎn.

POSTURE, s. f. *Habitus, ús, m.* 品格 Pǐn kě.

POT, s. m. *Vas, is, n.* 罐 Kouán, ou 器 Kỷ. ‖ — de chambre. *Matula.* 夜壺 Yé hoú, ou 夜起 Yé kỷ. ‖ — -pourri (ragoût de diverses choses). *Satura.* 雜膾 Tsá hoúy. ‖ — -pourri (ouvrages ou mélanges). *Farrago.* 雜書 Tsá choū.

POTAGE, s. m. *Jus, uris, n.* 羹 Kēn, ou 雜膾湯 Tsá hoúy táng.

POTAGER, s. m. *Hortus olitorius.* 菜園 Tsáy yuēn.

POTEAU, s. m. *Palus, i, m.* 挿條 Tchǎ tiaō.

POTENCE, s. f. *Patibulum, i, n.* 刑架 Hǐn kiá, ou 吊子 Tiáo tsè.

POTIER, s. m. *Figulus, i, n.* 土匠 Toǔ tsiáng.

POTION, s. f. *Potio, onis, f.* 一付藥 Y foú yǒ.

POU, s. m. *Pediculus, i, m.* 虱子 Sě tsè. ‖ Prendre les —. *Capĕre —.* 捉虱子 Tchǒ sě tsè. ‖ Tuer les —. *Occidĕre —.* 掐虱子 Kiǎ sě tsè.

POUCE, s. m. *Pollex, icis, m.* 大指 Tá tchě. ‖ Serrer les —, c.-à-d. arracher la vérité par force. *Confessionem* per vim extorquēre. 拷問 Kào ouên. ǁ S'en mordre les —. Pœnitēre. 實悔 Chě hoŭy. ǁ Jouer du —. Præsenti pecuniā solvēre. 開現錢 Kāy hién tsiēn. ǁ — (mesure qui a 24 millimètres et demi). Mensura. 一寸 Y̆ tsēn.

POUDRE, s. f. Pulvis, eris, m. 灰 Hoūy. ǁ Réduire en —. In pulv. resolvēre. 成麵 Tchěn mién. ǁ — à se farder. Cerussa. 鉛粉 Yuēn fěn. ǁ — de senteur. Pulvis odoratus. 香粉 Hiāng fěn. ǁ — à canon. Nitratus —. 火藥 Hò yǒ. ǁ En faire. Conficĕre. 造火藥 Tsaó hò yǒ. ǁ Brûler sa — aux moineaux. In vanum laborāre. 枉然做 Ouàng jăn tsoú. ǁ Jeter de la — aux yeux. Deciperĕ. 哄人 Hòng jěn.

POUDRIÈRE, s. f. Locus ubi confic. pulvis. 火藥局 Hò yǒ kiŏu, ou 藥拍子 Yǒ pô (ou pě̆) tsè.

POUILLEUX, s. m. Pediculosus. 遭逆的人 Tsaò niě ty̆ jěn.

POULAIN, s. m. Pullus, i, m. 馬兒 Mà eŭl. ǁ — d'un an. 犏 Houān. ǁ — de deux ans. 駒 Keōu. ǁ — de trois ans. 騑 Féy.

POULE, s. f. Gallina, æ, f. 母雞 Moŭ ky̆. ǁ Une —. Una —. 一隻 Y̆ tchě. ǁ — du Su-tchuen, qui vomit la soie. 吐綬雞 Tŏu cheŏu ky̆.

POULET, s. m. Pullus, i, m. 雞 Ky̆.

POULIE, s. f. Trochlea, æ. f. 天轅子 Tiěn kouèn tsè. 櫨 Loŭ. 滑車 Hoǎ tchěy.

POULPE, s. f. Pulpa, æ, f. 菓子肉 Kǒ tsè joŭ.

POULS, s. m. Pulsus, ûs, m. 脈 Mě̆. ǁ — vif. Acceleratus —. 脉急 Mě̆ ky̆, ou 數 Soú. ǁ — lent. Lentus —. 脉遲 Mě̆ tchě, ou 綬 Houàn. ǁ Région du —. Locus —. 脉步 Mě̆ poú. ǁ Os près du —. 高骨 Kaō koŭ. ǁ Tâter le —. Tentāre —. 看脉 Kǎn mě̆.

POUMON, s. m. Pulmo, onis, m. 肺 Fěy.

POUPE, s. f. Puppis, is, f. 船尾 Tchouán oùy. ǁ Avoir le vent en —. Secundo vento ferri. 得風順 Tě fōng chuén. ǁ — (au figuré). Prosperà fortunā uti. 事情順遂 Sé tsĭn chuén siú.

POUPÉE, s. f. Pupa, æ, f. 傀儡 Koùy loúy.

POUR, prépos. (au lieu de). Pro. 爲 Oúy, ou 替 Ty̆. ǁ Mot — mot. De verbo ad verbum. 一言一言 Y̆ yěn y̆ yěn. ǁ — (à cause de). Pro —. — si peu de chose. Pro tam parvā re. 爲這樣小事 Oúy tchě̆ yáng siao sé. ǁ Tu seras puni — avoir menti. Eo quòd mentitus fueris, pœnam sustinebis. 因爲你說白話要受罰 Y̆n oúy ngỳ chŏ pě̆ hoá yáo cheóu fă̆. ǁ — (en considération de). Causà. — lui. Causā illius. 待爲他 Tě̆ oúy tā̆. ǁ — (marquant la fin ou l'intention, est presque toujours omis en chinois). — ne pas dire. Ne dicam. 我不說 Ngò poŭ chŏ. ǁ — rire. Causā ludi. 爲耍 Oùy choǎ. ǁ — (comme si). Censeri. 算得 Soúan tě̆.

— toujours. In perpetuùm. 永遠 Yùn yuěn. ǁ — lors. Tùm. 那時 Lá chě. ǁ — quel motif? Quā de causā? 爲什麼緣故 Oúy ché mô yuên koú? ǁ Il dit le — le contre. Ait et negat. 叉他說是叉他說不是 Yeóu tǎ̆ chŏ ché, yeóu tǎ̆ chŏ poŭ ché. ǁ — quoi que ce soit. Nullā de causā. 無故 Où koú.

POURBOIRE, s. m. Ultrà symbolum. 腦勞 Kaō laò.

POURCEAU, s. m. Porcus, i, m. 猪 Tchoū.

POURPARLER, s. m. Colloquium, ii, n. 談敘 Tǎn síu, ou 商量 Chāng leāng.

POURPRE, s. m. Purpura, æ, f. 朱紅 Tchoū hōng. ǁ — royale. Regalis purp. 龍袍 Lōng paó. ǁ Avoir la — romaine. Cardinali dignitate potiri. 有紅衣職 Yeòu hōng y̆ tchě̆.

POURQUOI, conj. Cur? Quarè? 爲何 Oúy hô, ou 爲什麼緣故 Oúy ché mô yuên koú. ǁ C'est —. Ideò. 所以 Sò-y̆.

POURRI, s. m. Caries, ei, f. 朽爛 Hieòu lán. ǁ Sentir le —. Id cariem olet. 臭 Tcheóu.

POURRIR, v. n. Putrēre. 腐 Foù, ou 爛 Lán.

POURSUIVRE, v. a. Insequi. 追趕 Tchoūy kǎn. ǁ — en justice. Judicio. 告人 Kaó jěn. ǁ — son droit. Jus persequi. 不讓 Poŭ jáng. ǁ — son chemin. Iter —. 走完 Tseŏu ouân.

POURTANT, conj. Attamen. 到底 Taó ty̆.

POURTOUR, s. m. Circuitus, ûs, m. 週 Tcheōu.

POURVOI, s. m. ǁ — en grâce à l'Empereur. Gratiam Imperat. impetrāre. 參奏 Tsān tseóu. ǁ — en révision. 陳情 Tchěn tsíh.

POURVOIR, v. n. Providēre. 預防 Yú fâng. ǁ — une fille. Filiam nubĕre. 嫁得好人戶 Kiá tě̆ haò jěn hoú. ǁ Se — en justice. Jus suum experiri. 告人 Kaó jěn.

POURVOYEUR, s. m. Procurator, oris, m. 當家 Tāng kiā.

POURVU, E, adj. Munitus. 有 Yeòu.

POURVU QUE, conj. Dùm. 只要 Tchě̆ yaó.

POUSSE, s. f. Ilium, ii, n. 喘氣 Tchoǔan ky̆. ǁ Avoir la —. — ducēre. 喘氣 Tchoǔan ky̆. ǁ — (jet des arbres). Germen. 芽 Yǎ. ǁ — de thé à neige. 雪茶 Siuě̆ tchǎ. ǁ — de bambou apte à manger. 笋 Siŭn, ou 笋子 Sěn tsè.

POUSSER, v. a. Impellĕre. 趕 Kàn, ou 推 Toūy. ǁ — devant soi. Præ se pellĕre. 推開 Toūy kǎy. ǁ — quelqu'un dehors. Aliq. extrudĕre. 退趕 Kàn toúy. ǁ — une botte. Petitionem conjicĕre. 找人打架 Tchaò jěn tǎ kiá. ǁ — un cri. Clamorem edĕre. 喊 Hàn. ǁ — quelqu'un aux honneurs. Aliq. ad hon. promovēre. 保舉人 Paò kiù jěn. ǁ — quelqu'un à bout. Ad stomachum provocāre. 惹人發怒 Jě̆ jěn fǎ̆ loú. ǁ — la raillerie trop loin. Extrā jocum progredi. 過餘笑 Kó yŭ siáo. ‖ — une porte. *Januam impellĕre.* 推門 Toŭy mên. ‖ — quelqu'un. *Concitāre.* 勸 Kiuĕn, ou 惹 Jĕ. ‖ — à la roue. *Adjuvāre.* 帮人 Pāng jên. ‖ — (germer). *Germināre.* 發芽 Fă yă, ou 發花包 Fă hoā paŏ. ‖ — des feuilles. *Frondescĕre.* 發葉子 Fă yĕ tsè. ‖ Ses dents —. *Oriuntur dentes.* 生牙齒 Sên yă tchè.

POUSSIÈRE, s. f. *Pulvis, eris, m.* 灰 Hoŭy. ‖ Secouer la —. *Pulv. excutĕre.* 抖灰 Teŏu hoŭy. ‖ Faire de la —. *Pulverem movēre.* 起灰 Kў hoŭy. ‖ Se couvrir de —. *Pulv. colligĕre.* 上灰 Cháng hoŭy, ou 耙灰 Pā hoŭy. ‖ Tirer quelqu'un de la —. *E pulvere excitāre.* 提拔人 Tў pă jên.

POUSSIF, VE, adj. *Ilia ducens.* 發喘的 Fă tchoŭan tў.

POUTRE, s. f. *Trabs, is, f.* 梁 Leâng. ‖ Une —. *Una —.* 一根梁 Ў kên leâng.

POUVOIR, v. n. *Posse.* 能 Lên. ‖ Entreprendre plus qu'on ne —. *Majora viribus audēre.* 心大 Sīn tá. ‖ Avoir du — sur quelqu'un. *Valēre apud aliq.* 有臂膊 Yeŏu pў pŏ, ou 別人信他 Piĕ jên sín tā. ‖ N'en — plus. *Deficĕre.* 僵得狠 Loŭy tĕ hèn. ‖ Il se —. *Evenire potest.* 能彀有 Lên keŏu yeŏu.

POUVOIR, s. m. *Potestas, atis, f.* 權 Kiuĕn. ‖ Cela est en votre —. *Hoc in manibus tuis est.* 這个在你 Tchĕ kó tsaў ngў. ‖ De tout son —. *Pro virili parte.* 盡力 Tsín lў. ‖ Donner — de faire. *Facult. faciendi dāre.* 准做 Tchuèn tsoú. ‖ Avoir en mains le —. *Penes eum esse potestas.* 隨他做 Soŭy tā tsoú.

PRAIRIE, s. f. *Pratum, i, n.* 草壩 Tsăo pá.

PRALINE, s. f. *Amygdala condita.* 桃粘 Tâo niên.

PRATICABLE, adj. *Pervius.* 做得的 Tsoú tĕ tў.

PRATICIEN, s. m. *Peritus.* 會的 Hoŭy tў.

PRATIQUE, s. f. *Usus, ús, m.* 會 Hoŭy. ‖ — de piété. *Exercitia pietatis.* 神工 Chên kōng.

PRATIQUER, v. n. *Exercēre.* 做 Tsoú. ‖ — un art. *Artem —.* 做手藝 Tsoú cheŏu nў. ‖ — la vertu. *Virtutem sectari.* 行善 Hîn chán. ‖ — la médecine. *Medic. —.* 行醫 Hîn ў. ‖ — quelqu'un. *Frequentāre aliq.* 會人 Hoŭy jên. ‖ Cela ne se — plus. *Id obsolevit.* 如今不行了 Joú kīn poŭ hîn leào. ‖ — une fenêtre dans le mur. *Fenestram aperīre.* 開牕戶 Kāy tsăng tsè. ‖ Se —. *Factitāri.* 常有 Chăng yeŏu.

PRÉ, s. m. *Pratum, i, n.* 小草垻 Siào tsăo pá. ‖ Manger son — en herbe. (Prov.) 砍穀花 Kăn koŭ hoā.

PRÉALABLE, adj. *Prius.* 先要 Siēn yáo.

PRÉAMBULE, s. m. *Præfatio, onis, f.* 小引 Siào yn, ou 序 Siú.

PRÉCAIRE, adj. *Precarius.* 不長久的 Poŭ tchâng kieŏu tў.

PRÉCAUTION, *Provisio, onis, f.* 小心 Siào sīn, ou 預防 Yú fâng. ‖ En prendre. *Cavēre.* 小心 Siào sīn, ou 預防 Yú fâng.

PRÉCAUTIONNER, v. a. *Defendĕre.* 防顧 Fâng koú. ‖ Se —. *Providēre.* 預防 Yú fâng.

PRÉCÉDENT, E, adj. *Præcedens.* 先的 Siēn tў. ‖ Année —. *Superior annus.* 前年 Tsiên niên, ou 去年 Kiŭ niên.

PRÉCÉDER, v. a. *Anteire.* 前去 Tsiên kiŭ. ‖ —. *Ante esse.* 在前 Tsaў tsiên.

PRÉCEPTE, s. m. *Præceptum, i, n.* 誡命 Kiáy mín, ou 規矩 Koŭy kiù. ‖ Donner des —. *Jubēre.* 命 Mín. 示 Ché. 吩咐 Fēn foú.

PRÉCEPTEUR, s. m. *Præceptor, oris, m.* 敎書先生 Kiáo choū siēn sên. ‖ — particulier. 西賓 Sў pīn. ‖ — du prince impérial. 太子太師 Táy tsè táy sē.

PRÉCESSION, s. f. ‖ — des équinoxes. *Equinoct. præcessio.* 歲差 Soúy tchāy.

PRÊCHER, v. a. *Prædicāre.* 傳敎 Tchoŭan kiáo.

PRÉCIEUX, SE, adj. *Pretiosus.* 貴的 Koúy tў. ‖ Ce qui vient de loin est —. (Prov.) *Extraneæ res raræ sunt.* 出省爲貴 Tchoŭ sèn oŭy koúy.

PRÉCIPICE, s. m. *Præcipitium, ii, n.* 陡處 Teŏu tchoú. ‖ Être sur le bord du —. *Ad præcip. accedĕre.* 有凶險 Yeŏu hiōng hièn.

PRÉCIPITATION, s. f. *Celeritas, atis, f.* 忙忙的 Mâng mâng tў, ou 快快 Koŭaў koŭaў. ‖ — (étourderie). *Inconsiderantia.* 輕狂 Kīn koŭâng.

PRÉCIPITER, v. a. *Aliq. dejicĕre.* 打倒人 Tà taò jên. ‖ — quelqu'un dans les embarras. *Negotia alic. suscitāre.* 生事與人 Sēn sé yŭ jên. ‖ — le pas. *Gradum accelerāre.* 快走 Koŭaў tseŏu. ‖ Se — dans la rivière. *Præcipitāre se in flumen.* 跳水 Tiáo choŭy, ou 投水 Teŏu choŭy. ‖ Se —, c.-à-d. se hâter. *Festināre.* 快做 Koŭaў tsoú.

PRÉCIS, s. m. *Summa rei.* 總 Tsŏng, ou 略 Liŏ.

PRÉCIS, E, adj. *Constitutus.* 定了的 Tín leào tў. ‖ Au jour —. *Die statuto.* 定的日期 Tín tў jĕ kў. ‖ — (juste). *Exacté.* 恰恰 Kiă kiă, ou 不多不少 Poŭ tō poŭ chaò. ‖ A deux heures —. *Hora ipsā secundā.* 恰恰兩點鐘 Kiă kiă leâng tièn tchōng. ‖ En termes —. *Circumscripté.* 明明 Mîn mîn. ‖ — (concis). *Concisus.* 切的 Tsiĕ tў, ou 略 Liŏ.

PRÉCOCE, adj. *Præcox.* 先黃 Siēn hoâng. ‖ Fruits —. *Fructus —.* 先黃的果子 Siēn hoâng tў kò niên. Esprit —. *Mens —.* 明悟開得早 Mîn oú kăy tĕ tsaŏ. ‖ Mort —. *Mors præmatura.* 死得早 Sè tĕ tsaŏ.

PRÉCONISER, v. a. *Laudāre.* 讚美 Tsán meў. ‖ — un évêque. *Episcopum jurisdictione investīre.* 宗牧使主敎上任 Tsōng moŭ chè tchoŭ kiáo cháng jén.

PRÉCURSEUR, s. m. *Præcursor, oris, m.* 先行 Siēn hīn.
PRÉDÉCESSEUR, s. m. *Decessor, oris, m.* 前任官 Tsiēn jén kouān.
PRÉDESTINÉ, ÉE, adj. *Prædestinatus.* 預定爲 Tsiēn tín oúy, ou 預先揀的 Yú siēn kièn tỷ.
PRÉDICATEUR, s. m. *Prædicator, oris, m.* 傳敎士 Tchouǎn kiáo sé.
PRÉDICTION, s. f. *Prædictio, onis, f.* 預言 Yú yèn.
PRÉDILECTION, s. f. *Præcipuus amor.* 愛 Gaý. ‖ En avoir pour ses enfants. *Suos filios anté omnes diligĕre.* 偏愛 Piēn gaý.
PRÉDIRE, v. a. *Prædicĕre.* 預言 Yú yèn. ‖ Les prophètes ont — la venue de J.-C. *Prophetæ adventum J.-C. prænuntiarunt.* 先知預言了耶穌 Siēn tchě yú yèn leào Yê Soū.
PRÉDOMINANT, E, adj. *Præpotens.* 頭一宗的 Teǒu ỷ tsōng tỷ.
PRÉDOMINER, v. a. *Prævalēre.* 勝 Chēn, ou 超 Tchǎo.
PRÉÉMINENCE, s. f. *Præstantia, æ, f.* 超出 Tchǎo tchoū. ‖ Avoir la —. *Præeminēre.* 超出 Tchǎo tchoū. ‖ La disputer. *De principatu contendĕre.* 爭位 Tsēn oúy.
PRÉEXISTER, v. n. *Præexistĕre.* 在前 Tsaý tsiēn.
PRÉFACE, s. f. *Præfatio, onis, f.* 小引 Siào ỷn, ‖ — de la messe. *Missæ.* 彌撒序經 Mỷ sǎ siú kīn.
PRÉFECTURE, s. f. (dignité). *Præfectura, æ, f.* 府職 Foù tchě. ‖ — (lieu). *Jurisdictio. locus.* 府 Ỷ foù. ‖ — (hôtel). *Domus.* 府衙門 Foù yâ mên.
PRÉFÉRENCE, s. f. *Priores partes.* 在先 Tsaý siēn, ou 前半 Tsiēn pán. ‖ Donner la — à quelqu'un. *Primas alic. deferre.* 放在先 Fáng tsaý siēn. ‖ Avoir de la — pour quelqu'un. *Aliq. pluris facĕre quàm alios.* 厚一个薄一个 Heòu ỷ kó pǒ ỷ kó. ‖ Sans —. *Ex æquo.* 不奉情 Poǔ fóng tsín, ou 公平 Kōng pín.
PRÉFÉRER, v. a. *Anteponĕre.* 放在先 Fáng tsaý siēn. ‖ — la mort à l'infamie. *Mortem infamiæ.* 寧死不受辱 Lìn sè poǔ cheóu joǔ. ‖ — le monde à Dieu. *Deo mundum anteponĕre.* 把世俗放在天主先 Pà ché sioǔ fáng tsaý Tiēn-Tchoù siēn. ‖ Se — à un autre. *Aliis se honore —.* 把自已看得大 Pà tsé kỷ kǎn tě tá.
PRÉFET, s. m. *Præfectus, i, m.* 官 Kouān. ‖ Un —. *Unus —.* 一員官 Ỷ yuēn kouān. (Voir le tableau des Mandarins à l'Appendice.)
PRÉJUDICE, s. f. *Damnum, i, n.* 害 Haý. ‖ Causer du —. *Afferre —.* 害人 Haý jēn. ‖ Recevoir du —. *Suscipĕre —.* 受害 Cheóu haý. ‖ Sans — de. *Salvo jure.* 格外的 Kě ouáy tỷ.
PRÉJUDICIER, v. a. *Nocēre.* 害人 Haý jēn. ‖ — à la santé. *Vexāre valetudin.* 傷身體 Chāng chēn tỷ. ‖ — à la réputation. *Famam violāre.* 壞名聲 Houáy mìn chēn.

PRÉJUGÉ, s. m. *Præjudicatum, i, n.* 先斷的事 Siēn touán tỷ sé. ‖ Sans —. *Sine —.* 虛心 Hiū sīn.
PRÉJUGER, v. a. *Præjudicāre.* 先斷 Siēn touán. ou 預先想 Yú siēn siàng.
PRÉLAT, s. m. *Præsul, is, m.* 主教 Tchoù kiáo.
PRÉLEVER, v. a. *Deducĕre.* 除 Tchǒu.
PRÉLIMINAIRE, adj. *Antecedens.* 小引 Siào ỷn.
PRÉLUDE, s. m. *Præludium, ii, n.* 小引 Siào ỷn, ou 序 Siú.
PRÉLUDER, v. a. *Præludĕre.* 起頭 Kỷ teǒu.
PRÉMATURÉ, ÉE, adj. *Præmaturus.* 先黃 Siēn houâng. ‖ Fruit —. *Fructus —.* 先黃的果子 Siēn houâng tỷ kò tsè.
PRÉMÉDITER, v. a. *Præmeditāri.* 預想 Yú siàng.
PRÉMICES, s. f. *Primitiæ, arum, f.* 新糧 Sīn leâng.
PREMIER, ÈRE, adj. *Primus.* 第一 Tý ỷ. ‖ En — lieu. *Primò.* 頭一宗 Teǒu ỷ tsóng. ‖ Parler le —. *Priori loco dicĕre.* 先說 Siēn chǒ. ‖ — (le plus considérable). *Priores.* 首人 Cheòu jēn. ‖ Se croire le —. *Neminem post se putāre.* 目中無人 Moù tchōng oǔ jēn.
PREMIÈREMENT, adv. *Primùm.* 先 Siēn.
PRÉMISSES, s. f. *Propositio et assumptio, onis, f.* 講究 Kiàng kieóu.
PRÉMUNIR, v. a. *Præmunire.* 防顧 Fâng koú. ‖ Se — contre le froid. *Frigus vitāre.* 防冷 Fâng lèn, ou 禦寒 Yú hân. ‖ Se — contre le mal. *Morbo occurrĕre.* 防病 Fâng pín.
PRENDRE, v. a. *Prehendĕre.* 捉 Tchǒ, ou 拿 Lâ. ‖ — d'une main. *Unâ manu.* 一隻手拿了 Ỷ tchě cheòu lâ. ‖ — quelqu'un par la main. *Manu aliq. —.* 捉住手 Tchǒ cheòu. ‖ — quelqu'un au collet. *In aliq. manus injicĕre.* 封他的領 Fōng tā' tỷ lìn. ‖ — avec les dents. *Mordicus arripĕre.* 咬住 Kiaò tchoú. ‖ — le bien d'autrui. *Aliena furāri.* 奪人之財 Tǒ jēn tchě tsáy, ou 偸道別人的東西 Teōu taó piě jēn tỷ tōng sỷ. ‖ — les armes. *Arma capĕre.* 提刀 Tỷ taō. ‖ — un métier. *Artem amplecti.* 學手藝 Hiǒ cheòu ný. ‖ — l'épée. *Militiam capĕre.* 當兵 Tāng pīn. ‖ — la soutane. *Mundo renuntiāre.* 修道 Sieōu taó, ou 出家 Tchoū kiā. ‖ — le voile. *Virginitatem vovēre.* 許願守貞 Hiù yuén cheòu tchēn. ‖ — le parti de quelqu'un. *Partes alic. sequi.* 投一邊 Teóu ỷ piēn. ‖ — son parti. *Sibi consil. statuēre.* 打主意 Tà tchoù ý. ‖ — femme. *Uxorem ducĕre.* 接親 Tsiě tsīn. ou 安家 Gān kiā. ‖ — patience. *Durāre.* 忍耐 Jěn laý. ‖ — du repos. *Se quieti dăre.* 歇息 Hiě sỷ, ou 放心 Fáng sīn. ‖ — terre. *In portum invehi.* 臨馬頭 Lòng mǎ teǒu. ‖ — une place. *Oppidum expugnāre.* 破城 Pǒ tchên. ‖ — à partie. *Alic. litem intendĕre.* 告人 Kaó jēn. ‖

— son repas. *Cibum capĕre.* 喫東西 Tchě' tōng sý. ‖ Passer deux jours sans rien —. *Biduum cibo se abstinēre.* 過兩天都不喫東西 Kó leàng tiēn toū poŭ tchě' tōng sý. ‖ Faire — de la nourriture, v. g., à un enfant à la mamelle. 餵奶 Oúy laỳ. ‖ — (exiger un prix). Combien prenez-vous par jour? *Per dies quanti exigis?* 一天要好多錢 Ў tiēn yáo haò tō tsièn. ‖ — un bain. *Balneo uti.* 洗澡 Sỳ tsaò. ‖ — une médecine. *Potionem sorbēre.* 喫藥 Tchě' yŏ. ‖ — de l'eau bénite. *Aquā benedictā uti.* 點聖水 Tièn chén choùy. ‖ — une pincée de riz. 拈一撮米 Nièn ỳ tchŏ' mỳ. ‖ — quelque chose avec les doigts, v. g., un papillon. 捉飛蛾 Tchŏ' feỳ oūo. ‖ — de l'eau avec la paume de la main. 一隻手捧水喫 Ў tchě cheòu pŏng choùy tchě'. ‖ — quelque chose avec le pouce et l'index. 兩个指頭拈 Leàng kó tchè teòu nièn. ‖ — quelque chose avec la main étendue. 撮一撮米 Tsŏ' ỳ tchŏ' mỳ. ‖ — une pleine poignée. 抓一把米 Tchaō ỳ pà mỳ. ‖ — (contracter une maladie). *Morbum contrahĕre.* 害病 Haỳ pín, ou 得病 Tě' pín. ‖ — la fièvre. *Febri corripi.* 打擺子 Tà paỳ tsè. ‖ — courage. *Animum erigĕre.* 立志 Lỳ tché. ‖ — pitié de quelqu'un. *Aliq. misereri.* 憐憫人 Lièn mìn jēn. ‖ Il est pris (il en tient). *In laq. cecidit.* 他入了套 Tā' joŭ leaò taó. ‖ — congé de quelqu'un. *Alic. valedicĕre.* 辭別人 Tsě' piě' jēn. ‖ — un air triste. *Os mœste flectĕre.* 面有憂色 Mièn yeòu yeòu sě'. ‖ — quelque chose à cœur. *Studio alic. incumbĕre.* 專務 Tchoūan oú. ‖ — grand soin. *Omni dilig. curāre.* 專心管 Tchoūan sīn koūan. ‖ Je — cela sur moi. *Id in me recipio.* 是我的事 Ché ngŏ tỳ sé'. ‖ — à, c.-à-d. se vaincre. *Animum vincĕre.* 克苦自己 Kě' koŭ tsé kỳ. ‖ Prenons que je n'aie rien dit. *Finge nihil à me dictum esse.* 算我莫有説一句 Soúan ngŏ mŏ yeòu chŏ ỳ kiú. ‖ — sur le fait. *Delicti manifestum tenēre.* 擒着人作惡 Tchoŭang tchŏ jēn tsŏ ngŏ'. ‖ — feu (litt.). *Ignem concipĕre.* 火燃起來 Hŏ jàn kỳ laỳ. ‖ — (au fig.). *Irasci.* 胃火 Maó hŏ, ou 起火 Kỳ hŏ. ‖ — occasion de tuer. *Occidendi occasionem captāre.* 趁方便殺人 Tchén fāng pién chă jēn. ‖ — quelqu'un par ses paroles. *Verbis propriis aliq. captāre.* 接人的話 Tsiě' jēn tỳ hoá. ‖ — sur soi une affaire. *In se suscipĕre.* 算我的 Soúan ngŏ tỳ. ‖ — Dieu à témoin. *Deum invocāre.* 呼天主爲証 Hoū Tièn- Tchoù oúy tchén. ‖ — quelqu'un au mot. *Uti alic. conditione.* 隨話答話 Soŏy hoá tă hoá. ‖ — la peine de faire. *Non gravari facĕre.* 不怕費力 Poŭ pă' feỳ lỳ. ‖ — quelque chose en bien. *Rectè putāre.* 朝好的邊想 Tchāo hào tỳ piēn siàng. ‖ — à gauche. *In sinistram ire.* 走左邊 Tseòu tsŏ piēn. ‖ — racine. *Radices agĕre.* 發根 Fă kēn.

‖ — (s'épaissir). *Coagulāri.* 凝 Lín. ‖ Se — la main dans la porte. *Intra januam manum obterĕre.* 夾倒手 Kiă taò cheòu. ‖ Se laisser — à la louange. *Assentatione capi.* 喜歡別人謹美 Hỳ hoūan piě' jēn tsán meỳ. ‖ S'en — à quelqu'un. *Aliq. accusāre.* 怪人 Koúay jēn. ‖ S'en —, c.-à-d. provoquer quelqu'un. *Aliq. lacessĕre.* 惹人 Jě' jēn. ‖ S'y — adroitement. *Astutè agĕre.* 奸詐做事 Kiēn tchá tsoú sé.

**PRÉNOM,** s. m. *Prænomen, inis, n.* 小名 Siào mìn, v. g. 學名 Hiŏ mìn.

Les Chinois ont trois espèces de prénoms : 1° Il y a le petit nom : 小名 Siào mìn, que l'on appelle encore nom d'école : 學名 Hiŏ mìn, ou 書名 Choū mìn. Les membres seuls de la famille, les amis intimes, peuvent appeler quelqu'un par ce nom. 2° Les familles chinoises ont, en général, un cycle de famille appelé 字輩 Tsé peỳ; il se compose d'une phrase de dix, douze, quinze caractères et plus. Soit pour exemple le suivant :

| | | | |
|---|---|---|---|
| 1° 金 Kīn. | | 5° 德 Tě'. | |
| 2° 全 Tsoūen. | | 6° 沛 Peỳ. | |
| 3° 道 Táo. | | 7° 遐 Hiâ. | |
| 4° 遠 Yuèn. | | 8° 齡 Lín. | |

Voici l'usage de ce cycle : 1° Il sert à connaitre si deux familles du même nom (同姓 Tŏng sín), ont une souche commune. Ainsi, deux Chinois du nom de Ouâng se rencontrent; si leur cycle est le même, leur souche est commune; bien qu'ils ne puissent dire de prime abord à quel degré ils sont éloignés l'un de l'autre. En comptant, ils trouvent de suite le degré de parenté. 2° Ce cycle sert à désigner successivement, en une famille, le prénom de ses membres et leur degré respectif. Ainsi, le père se nommera v. g. 王金 Ouâng kīn, ainsi que tous ses frères; les fils : 王全 Ouâng tsoūen, ainsi que tous leurs cousins germains et ainsi de suite. On recommence ce cycle sans interruption. On ajoute d'ordinaire au caractère du cycle un autre caractère qui puisse former avec celui du cycle un sens. 3° Les Chinois ont encore un autre prénom, qui porte le nom de 號 Háo. On l'emploie surtout dans les relations extérieures. En écrivant à quelqu'un, on ne peut le désigner que par son 姓 Sín et par son 號 Háo.

**PRÉOCCUPATION,** s. f. *Animus præoccup.* 心不空 Sīn poŭ kóng. ‖ N'avoir pas de —. *Animo præjud. liber* esse. 虛心 Hiû sīn. ‖ Juger sans —. *Omnia ex veritate æstimāre.* 看理不看人 Kān lý poŭ kān jèn.

PRÉOCCUPÉ, ÉE, adj. (prévenu d'une opinion). *Opinione imbutus.* 不虛心 Poŭ hiû sīn. ‖ — (fortement occupé d'une chose). *In aliq. cogitatione defixus.* 心不在 Sīn poŭ tsaý.

PRÉOCCUPER (SE), v. a. *Sollicitāri.* 憚心 Tān sīn.

PRÉPARATIF, s. m. *Apparatus, ûs, m.* 預辦 Yú pán.

PRÉPARATION, s. f. *Præparatio, onis, f.* 預俻 Yú pý. ‖ — prochaine. *Proxima —.* 近預俻 Kín yú pý. ‖ — éloignée. *Remota —.* 遠預俻 Yuèn yú pý. ‖ Parler sans —. *Imparatus loqui.* 隨口說 Soúy keŏu chŏ.

PRÉPARÉ, ÉE, adj. *Paratus.* 預俻了的 Yú pý leào tý. ‖ Repas —. *Apparatum convivium.* 辦了的席 Pán leào tý sý.

PRÉPARER, v. a. *Parāre.* 預俻 Yú pý. ‖ — un repas. *Convivium —.* 辦席 Pán sý. ‖ — une médecine. *Potionem —.* 熬藥 Gaŏ yŏ. ‖ Se —. *Accingĕre se.* 預俻 Yú pý, ou 找扢 Tchaŏ chă. ‖ Se —, c.-à-d. méditer ce qu'on veut dire. *Meditāri —.* 預想 Yú siàng.

PRÉPOSER, v. a. ‖ — quelqu'un à une affaire. *Aliquem rei præficĕre.* 定人管 Tín jèn koùan.

PRÉPOSITION, s. f. *Præpositio, onis, f.* 先文 Siēn ouèn.

PRÉPUCE, s. m. *Præputium, ii, n.* 腎頭頂 Chén teŏu tìn. 陽物頂 Yàng oŭ tìn. 人陽物尖頭之皮 Jèn yàng oŭ tsiēn teŏu tchē pý.

PRÉROGATIVE, s. f. (droit d'élection). *Prærogativa, æ, f.* 先保擧 Siēn paò kiù. 獨恩 Toŭ gēn. 格外之恩 Kĕ ouáy tchē gēn.

PRÈS, prép. *Propè.* 近 Kín. ‖ De —. *De proximo.* 近 Kín, ou 不遠 Poŭ yuèn. ‖ — du fleuve. *Propè flumen.* 近河 Kín hô, ou 挨河 Gaý hô. ‖ — de la maison. *Propè domum.* 挨倒房子 Gaý taò fâng tsè. ‖ Regarder de —. *Rem propè intueri.* 專看 Tchoūan kān. ‖ Y regarder de —. *Scrupulosè scrutāri.* 仔細想 Tsè sý siàng. ‖ Cela me touche de —. *Hoc ad rem meam attinet.* 是我的事 Ché ngò tý sè. ‖ N'y pas regarder de si —. *Non strictè observāre.* 沒有把事放在心上 Mŏ yeòu pà sé fâng tsaý sīn chàng. ‖ Il y a — de deux ans. *Propè duos annos.* 差不多兩年 Tchă poŭ tō leāng nièn. ‖ Être — de mourir. *Jam fermè moriens.* 要死得狠 Yáo sè tĕ hèn. ‖ A peu —. *Fermè.* 差不多 Tchă poŭ tō. ‖ A cela —. *Hoc unum si excipias.* 除 Tchoŭ. ‖ A beaucoup —. *Longè —.* 隔得遠 Kĕ tĕ yuèn.

PRÉSAGE, s. m. *Præsagium, ii, n.* 先兆 Siēn tcháo. ‖

Tirer un —. *Præsumĕre.* 猜 Tsāy, ou 占 Tchān. ‖ Heureux —. *Bonum omen.* 吉兆 Ký tcháo. ‖ Malheureux —. *Malum —.* 凶兆 Hiōng tcháo.

PRÉSAGER, v. p. *Prænuntiāre.* 預報 Yú páo. ‖ Cela — des malheurs. *Hoc — mala.* 預報大災 Yú páo tá tsāy.

PRESBYTE, s. m. *Qui nisi remota non cernit.* 近視眼 Kín ché yèn.

PRESBYTÈRE, s. m. *Parochi domus, ûs, f.* 本堂公舘 Pèn tâng kōng koùan.

PRESCIENCE, s. f. *Præsciēntia, æ, f.* 先知 Siēn tchē.

PRESCRIRE, v. a. *Usu capĕre.* 先到爲君 Siēn taó oúy kiūn. ‖ — (donner un ordre). *Jubēre.* 吩附 Fēn foú, ou 命 Mín. ‖ Se — une règle. *Regulam sibi statuĕre.* 爲自已定規矩 Oúy tsé ký tín koŭy kiù.

PRÉSÉANCE, s. f. *Jus sedendi antè.* 上座 Cháng tsó. ‖ Avoir la —. *Prior sedēre.* 首座 Cheòu tsó.

PRÉSENCE, s. f. *Præsentia, æ, f.* 在 Tsaý. ‖ En —. *Corâm.* 當面 Tāng mién. ‖ En — de Dieu. *Corâm Deo.* 在天主面前 Tsaý Tiēn-Tchoù mién tsièn. ‖ Jouir de la —. *Conspectu frui.* 見面 Kién mién. ‖ Louer quelqu'un en sa —. *Corâm laudāre.* 當面讚美 Tāng mién tsán meý. ‖ — d'esprit. *Animi præsentia.* 心在 Sīn tsaý. ‖ En avoir. *Præsenti esse animo.* 心在 Sīn tsaý. ‖ Ceux qui sont en — de l'Empereur. 御前 Yú tsièn. ‖ Y être admis. 引見 Yn kién.

PRÉSENT, E, adj. *Præsens.* 在 Tsaý. ‖ Être —. *Adesse.* 在 Tsaý. ‖ Lui —. *Ipso adstante.* 在他面前 Tsaý tă mién tsièn. ‖ — mandarin. *Hodiernus præfectus.* 本縣 Pèn hién. ‖ — dynastie. *Præsens dynastia.* 本朝 Pèn tcháo. ‖ — jour. — *dies.* 本日 Pèn jĕ. ‖ A —. *Nunc.* 如今 Joŭ-kīn. ‖ Jusqu'à —. *Usquè modò.* 到如今 Taó joŭ kīn.

PRÉSENT, s. m. *Donum, i, n.* 禮物 Lý oŭ. ‖ — à l'Empereur. *Tributum Imperatori.* 可以進貢 Kò ỳ tsín kóng. ‖ — de reconnaissance. *Antidorum.* 謝禮 Sié lý. ‖ — fait aux partants. 餞行 Tsièn hîn. ‖ — fait à la naissance de quelqu'un. 壽儀 Cheòu nỳ. ‖ — fait au mariage de la fille de quelqu'un. 奩儀 Lièn nỳ. ‖ — fait à la mort de quelqu'un. 奠儀 Tién nỳ. ‖ — fait aux fêtes païennes. 節敬 Tsiĕ kín. ‖ — qui plait à celui qui le reçoit. 中意的禮 Tchōng ý tý lý. ‖ Faire un —. *Munus offerre.* 送禮 Sóng lý. ‖ Refuser un —. *Munera recusāre.* 辭禮 Tsè lý. ‖ Accepter un — avec politesse. 領謝 Lìn sié. ‖ Accepter un — avec reconnaissance. 拜領 Paý lìn.

PRÉSENTATION, s. f. *Oblatio, onis, f.* 送 Sóng. ‖ — de la B. V. M. au Temple. *Præsentatio B. V. M.* 聖母自獻 Chén moù tsé hién.

PRÉSENTEMENT, adv. *Jam, nunc.* 如今 Joŭ kīn, ou 此時 Tsè chê.

PRÉSENTER, v. a. *Offerre.* 送 Sóng. ‖ — du thé, avec politesse. 奉茶 Fóng tchǎ. ‖ — un placet. *Libellum offerre.* 上本 Cháng pèn, ou 遞呈子 Tý tchěn tsè. ‖ — la bataille. *Prœlium denuntiare.* 排陣打仗 Pày tchén tà tcháng. ‖ — quelqu'un. *Aliq. commendare.* 保舉人 Paò kiù jên. ‖ L'affaire — de grandes difficultés. *Res difficilis est.* 事難 Sé lán. ‖ Se — à quelqu'un. *Adire aliq.* 會人 Hoúy jên. ‖ Si l'occasion se —. *Si se dederit occasio.* 若有方便 Jŏ yeòu fāng pién.

PRÉSERVATIF, s. m. (remède). *Antidotum, i, n.* 解毒藥 Kiày toŭ yŏ. ‖ — que l'on porte sur soi. *Amuletum.* 押邪之物 Yă siĕ tchē oŭ.

PRÉSERVER, v. a. *Tueri.* 保存 Paŏ tsěn. ‖ Mon ange m'a — des dangers. *Custodivit me Angelus.* 護守天神保我于凶險 Foú cheòu tiěn chēn paò ngŏ yū hiŏng hièn. ‖ Que Dieu nous en —. *Quod avertat Deus!* 天主免我們得那个事 Tiēn-Tchoù miĕn ngŏ-mên, ou 巴不得莫得那个事 Pā poŭ tě mô tě lá kó sé.

PRÉSIDENT, s. m. *Præses, idis, m.* 為首 Oùy cheòu, ou 官 Kouān. ‖ — des grands Tribunaux ou Ministères de Pékin. 尙書 Cháng choŭ. (Voir le mot *Ministère*.)

PRÉSIDER, v. a. *Præsidere.* 管 Kouǎn, ou 總理 Tsŏng lý. ‖ — une assemblée. *Cœtui præesse.* 為會首 Oùy hoúy cheòu. ‖ Dieu — à la conduite de l'univers. *Res humanas regit ac moderatur Deus.* 天主保存張管世上的事 Tiēn-Tchoù paò tsěn tchàng kouàn ché cháng tý sé.

PRÉSOMPTIF, IVE, adj. ‖ Héritier — du trône. *Hæres throni proximus.* 太子 Taý tsè.

PRÉSOMPTION, s. f. *Conjectura, œ, f.* 猜 Tsāy. ‖ — de soi. *Sui nimia fiducia.* 靠自已 Káo tsé kỳ, ou 自恃 Tsé ché.

PRÉSOMPTUEUX, SE, adj. *Sibi præfidens.* 靠自已的人 Káo tsé kỳ tý jên.

PRESQUE, adv. *Fere.* 差不多 Tchā̆ poŭ tō.

PRESQU'ÎLE, s. f. *Peninsula, œ, f.* 海內一掛地 Haỳ loúy ý kouá tý.

PRESSANT, E, adj. (qui presse, insiste). *Acrius instans.* 催的 Tsoŭy tý. ‖ Vous êtes trop —. *Vehemens es nimis.* 你忙得狠 Ngỳ máng tě hèn, ou 不要緊得狠 Poŭ yaò tsoŭy tě hèn. ‖ — *Instans.* 急的 Kỳ tý, ou 忙事 Máng sé. ‖ Affaire —. *Res urgens.* 事情忙 Sé tsín máng.

PRESSE, s. f. *Turba, œ, f.* 人群 Jên kiŭn. ‖ Une grande —. *Magna* —. 多多的人 Tō tō tý jên. ‖ Fendre la —. *semovere.* 走人叢中過 Tseòu jên tsoúy tchóng kó. ‖ — à imprimer. *Prœlum.* 夾板 Kiă pǎn. ‖ Mettre sous —. *Prœlo subjicere.* 印書 Ýn choŭ, ou 刷書 Choă choŭ.

PRESSÉ, ÉE, adj. *Festinus.* 快的 Kouáy tý. ‖ Je suis très—. *Valdé sum occupatus.* 我忙得狠 Ngŏ máng tě hèn. ‖ Être — (tourmenté) de faim. *Fame exstimulāri.* 餓得狠 Oŭo tě hèn. ‖ — de la soif. *Siti ardēre.* 口渴得狠 Keŏu kŏ tě hèn.

PRESSEMENT, s. m. ‖ — de l'air. *Æris compressio, onis, f.* 擠的氣 Tsý tý ký.

PRESSENTIMENT, s. m. *Præsensio, onis, f.* 心兆 Sīn tiāo, ou 先覺 Siēn kiŏ.

PRESSENTIR, v. a. *Præsentire.* 先覺 Siēn kiŏ, ou 猜 Tsāy. ‖ — quelqu'un, c.-à-d. sonder quelqu'un. *Tentare aliq.* 試人 Ché jên.

PRESSER, v. a. *Premère.* 細緊 Koŭen kǐn. ‖ — le suc. *Succum exprimère.* 擠汁 Tsý tché. ‖ —. *Comprimère.* 壓 Yă. ‖ Cela ne peut se —. *Id comprimi nequit.* 壓不得 Yă poŭ tě. ‖ — quelqu'un. *Instare.* 催人 tsoŭy jên. ‖ — un argument. *Argum. premère.* 追問 Tchoŭy ouén. ‖ — les coutures. *Ferro calido coœquare suturas.* 熨衣服 Yún ý foŭ. ‖ — le pas. *Gressum accelerare.* 快一些走 Kouáy ý sỳ tseòu. ‖ — le travail. *Instare operi.* 催工 Tsoŭy kōng, ou 快做 Kouáy tsoú. ‖ Le temps —. *Tempus urget.* 時候忙 Chě heóu máng. ‖ Rien ne —. *Nihil* —. 不忙 Poŭ máng. ‖ — (demander avec instances). *Efflagitare.* 懇求 Kěn kieóu. ‖ Être — de la soif. *Siti ardēre.* 口渴得狠 Keŏu kŏ tě hèn. ‖ Se —. *Festinare.* 快做 Kouáy tsoú, ou 忙 Máng.

PRESSOIR, s. m. *Torcular, aris, n.* 柞 Tchá. ‖ — à huile. *Trapetus.* 油柞 Yeŏu tchá.

PRESTANCE, s. f. *Corporis dignitas.* 體格 Tý kě.

PRESTATION, s. f. ‖ — de serment. *Sacramenti præstatio.* 賭咒 Toù tcheòu.

PRESTE, adj. *Alacer.* 快的 Kouáy tý.

PRESTIGES, s. m. *Prestigiœ, arum, f.* 巧言 Kiǎo yěn, ou 邪法 Siě fǎ.

PRÉSUMER, v. a. *Conjicēre.* 猜 Tsāy, ‖ — de soi. *Sibi nimis confidère.* 自大 Tsé tá, ou 自恃 Tsé ché.

PRÉSURE, s. f. *Coagulum, i, n.* 點豆腐的東西 Tiěn teóu foù tý sōng sý.

PRÊT, s. m. *Mutuum, i, n.* 借 Tsiè. ‖ — gratis. *Sine fenore.* 白借 Pě tsiè.

PRÊT, E, adj. *Paratus.* 預備了的 Yú pý leáo tý.

PRÉTENDANT, s. m. *Candidatus.* 候缺的官 Heóu kiŭe tý kouān.

PRÉTENDRE, v. a. *Contendère.* 爭論 Tsēn lén. ‖ — (vouloir). *Velle.* 夏 Yaò. ‖ — (cause d'ignorance). *Ignor.*

*prætendĕre.* 推故不知 Toúy koú poŭ tchē. ‖ — que. *Contendĕre.* 說是一定 Chŏ ché y̆ tín. ‖ — à de grandes choses. *Magna moliri.* 肚量大 Toú leáng tá. ‖ — à une préfecture. *Præf. ambire.* 候缺 Heóu kiŭe, ou 貪官職 Tān konān tchē.

**PRÉTENDU, E,** adj. *Creditus.* 假的 Kià ty̆, ou 算得的 Souán tĕ' ty̆. ‖ — droit. *Jus falsum.* 假理 Kià lỳ

**PRÊTE-NOM,** s. m. *Nomen mutuatum.* 借人的名字 Tsiĕ' jên ty̆ mìn tsé.

**PRÉTENTION,** s. f. *Magna consilia.* 心大 Sīn tá. ‖ — (espoir). *Spes.* 望 Ouáng. ‖ Avoir de grandes —. *Grandia præsumĕre.* 心大 Sīn tá.

**PRÊTER,** v. a. *Commodāre.* 借與人 Tsiĕ' yù jên. ‖ — à intérêt. *Fœnore —.* 放賬 Fáng tcháng. ‖ — secours. *Opem ferre.* 幫忙 Pāng mâng. ‖ — serment. *Sacramentum dicĕre.* 賭咒 Toŭ tcheóu. ‖ — le flanc. *Ansam dāre.* 兜 Teōu, ou 招 Tchaō. ‖ Se — aux désirs de quelqu'un. *Alterius voluntati parĕre.* 中人意 Tchóng jên ý. ‖ — (s'étendre). *Produci.* 攤開 Tān kāy.

**PRÉTÉRIT,** s. m! *Præteritum, i, n.* 過時 Kó chē. En général, le prétérit se marque en chinois par l'un ou l'autre de ces affixes, 了 Leaò, 過 Kó, 的 Ty̆. Ex. J'aime, 我愛 Ngŏ gaý. J'ai aimé, 我愛了 Ngŏ gaý leaò. Je dis, 我說 Ngŏ chŏ. J'ai dit, 我說過 Ngŏ chŏ kó.

**PRÊTEUR, EUSE,** adj. (qui prête). *Mutuator.* 借與人的 Tsiĕ' yù jên ty̆, ou 放賬的 Fáng tcháng ty̆.

**PRÉTEXTE,** s. f. (robe des jeunes Romains). *Prætexta, æ, f.* 長衫子 Tcháng chán tsè.

**PRÉTEXTE,** s. m. *Prætextus, ŭs, m.* 推故 Toúy koú. ‖ — spécieux. *Speciosus —.* 信得過的推故 Sín tŏ' kó ty̆ toúy koú.

**PRÉTEXTER,** v. a. *Prætexĕre.* 推故 Toúy koú, ou 託 Tŏ. ‖ — son âge. *Ætatem —.* 推老 Toúy laò.

**PRÉTOIRE,** s. m. (nom générique donné en Chine au palais de tous les fonctionnaires civils ou militaires). *Prætorium, ii, n.* 衙門 Yâ-mên. ‖ Un —. *Unum —.* 一道衙門 Y̆ taó yâ mên. ‖ Aller au —. *Petĕre —.* 上衙門 Cháng yâ-mên.

**PRÊTRE,** s. m. *Sacerdos, tis, m.* 鐸德 Tŏ tĕ', ou 靈牧 Lîm moŭ. ‖ Devenir —. *Sacerdotio initiāri.* 升鐸德 Chēn tŏ' tĕ'.

**PRÊTRISE,** s. f. (caractère de prêtre). *Sacerdotium, ii, n.* 鐸德之職 Tŏ tĕ' tchē chĕ'.

**PREUVE,** s. f. *Probatio, onis, f.* 憑據 Pîn kiú. ‖ — de bienveillance. *Benevolent. pignus.* 天愛情 Tá gaý tsīn.

**PRÉVALOIR,** v. n. *Prævalēre.* 出衆 Tchŏu tchóng. ‖ Se — de sa science. *De scientiâ gloriāri.* 自恃其才 Tsé ché ky̆ tsáy. ‖ Se — de sa naissance. *In ortu suo se ostentāre.* 誇富 Koūa foú.

**PRÉVARICATEUR,** s. m. (qui trahit ses devoirs). *Prævaricator, oris, m.* 鈌本分的人 Kuĕ' pèn fén ty̆ jên. ‖ — (qui transgresse les lois). *Legis violator.* 不守法的 Poŭ cheòu fă ty̆, ou 犯法的 Fán fă ty̆.

**PRÉVARICATION,** s. f. *Prævaricatio, onis, f.* 罪 Tsoúy. ‖ En commettre. *Prævaricāri.* 犯罪 Fán tsoúy.

**PRÉVARIQUER,** v. a. *Prævaricāri.* 犯 Fán.

**PRÉVENANCE,** s. f. *Obsequium, ii, n.* 尊敬 Tsēn kín.

**PRÉVENANT, E,** adj. *Cui non deest obvia comitas.* 有愛情的 Yeòu gaý tsīn ty̆.

**PRÉVENIR,** v. a. *Prævertĕre.* 先走 Siēn tseòu. ‖ — les projets de quelqu'un. *— consilia.* 敗謀 Paý môug. ‖ — quelqu'un contre un autre. *Ab alio aliq. abalienāre.* 刁唆 Tiāo sō. ‖ — quelqu'un d'une chose. *Certiorem facĕre.* 報信 Paó sín.

**PRÉVENTION,** s. f. *Præjud. opinio.* 偏私見 Piēn sē kién.

**PRÉVENU, UE,** adj. ‖ — par la mort. *Morte interceptus.* 先死了 Siēn sè leaò. ‖ — (informé). *Certior factus.* 得了的信 Tŏ' leaò ty̆ sín. ‖ — (accusé). *Sceleris reus.* 犯人 Fán jên.

**PRÉVISION,** s. f. *Providentia, æ, f.* 預防 Yú fâng. ‖ Au-delà de mes —. *Ultrà quòd prævideram.* 莫有想過 Mŏ yeòu siàng kó.

**PRÉVOIR,** v. a. *Providēre.* 預知 Yú tchē. ‖ — sa mort. *Mortem prænuntiāre.* 預知死期 Yú tchē sè ky̆.

**PRÉVOYANCE,** s. f. *Providentia, æ, f.* 預知 Yú tchē. ‖ Sans —. *Incauté.* 不小心 Poŭ siào sīn, ou 不防備 Poŭ fâng pý́.

**PRÉVU, E,** adj. ‖ Qu'on n'a pas —. *Improvisus.* 偶然的 Geòu jân ty̆. ‖ Sans qu'on l'ait —. *Ex improviso.* 莫有想的事 Mŏ yeòu siàng ty̆ sé.

**PRIAPISME,** s. m. *Priapismus, i, m.* 陽物硬 Yâng oŭ gēn.

**PRIE-DIEU,** s. m. *Pluteus, i, m.* 跪凳 Koúy tén.

**PRIER,** v. a. *Orāre.* 祈禱 Ky̆ taò, ou 念經 Nién kīn. ‖ — Dieu. *Deum precāri.* 祈求天主 Ky̆ kieŏu Tiēn Tchoù. ‖ Il faut toujours. —. *Oportet semper orāre.* 要常常祈禱 Yaó cháng cháng ky̆ taò. ‖ — quelqu'un de faire. *Rogāre aliq. ut faciat.* 請人做 Tsìn jên tsoú. ‖ Je vous — de me permettre. *Sinas, quæso.* 求你許 Kieŏu ngỳ hiù, ou 請你 Tsìn ngỳ. ‖ Se faire —. *Precibus resistĕre.* 推 Toúy, ou 不允 Poŭ yùn. ‖ —, dans le sens d'inviter, se rend en chinois par 請 Tsìn. ‖ — à souper. *Ad cœnam vocāre.* 請人消夜 Tsìn jên siāo yé.

**PRIÈRE,** s. f. *Oratio, onis, f.* 祈禱 Ky̆ taò. ‖ — vocale. *Vocalis —.* 口經 Keŏu kīn. ‖ — mentale. *Men-*

talis —. 心經 Sīn kīn. ‖ — publique. Publica —. 同公念經 Tóng kōng nién kīn, ou 公禱 Kōng taó. ‖ Fixer des — publiques. 定公禱 Tín kōng taó. ‖ — fervente. Fervida oratio. 熱切的經 Jě tsiě tỷ kīn. ‖ — tiède. Tepida —. 冷淡的經 Lèn tán tỷ kīn. ‖ — pour les morts que font les infidèles. 道場 Taó tchǎng. ‖ Faire des — pour la paix. Pacem exposcěre. 求太平 Kieǒu táy pǐn, ou 求和 Kieǒu hô.

PRIEUR, s. m. Prior, oris, m. 院長 Ouàn tchàng, ou 修道院長 Sieōu taò ouán tchàng.

PRIEURE, s. f. Mulier superior. 女長 Niù tchàng.

PRIMAT, s. m. Primas, atis, m. 一國大主教 Ỹ kouě tá tchoù kiáo.

PRIMAUTÉ, s. m. Primatus, ús, m. 第一級 Tý ỹ kỷ, ou 第一位 Tý ỹ oúy.

PRIME, s. f. (première heure de l'office). Prima hora. 晨經 Chén kīn.

PRIMER, v. a. Præstāre. 超出 Tchǎo tchoǔ.

PRIMITIF, IVE, adj. Primitivus. 根原的 Kēn yuén tỷ. ‖ Mots —. Nativa verba. 原字 Yuén tsé.

PRINCE, s. m. Princeps, ipis, m. 儲君 Tchoū kiūn. (Voir le mot Altesse). ‖ — héritier du trône. Princeps regni hæres. 太子 Taý tsè.

PRINCE (au vocatif), ou V. A. I. 殿下 Tién hiá. ‖ — feudataire. Princeps vassalis. 儲侯 Tchoū heóu. ‖ Le — est mort. Princeps obiit. 太子薨 Taý tsè hōng.

PRINCESSE, s. f. Princeps femina.

— (filles de l'Empereur, en général). 皇女 Hoàng niù.
— (filles de l'épouse légitime de l'Empereur). 固倫公主 Koú lén kōng tchoù.
— (filles des concubines de l'Empereur). 和領公主 Hô lǐn kōng tchoù.
— (sœur de l'Empereur). 長公主 Tchàng kōng tchoù.
— (tante de l'Empereur). 大長公主 Tá tchàng kōng tchoù.
— (filles des princes ayant rang de Tsīn ouàng). 郡主 Kiūn tchoù.
— (filles des princes ayant rang de Kiūn ouàng). 縣主 Hién tchoù.
— (filles des princes ayant rang de Peý lě). 郡君 Kiūn kiūn.
— (filles des princes ayant rang de Peý tse). 縣君 Hién kiūn.
— (filles des princes ayant rang de Tchén kouě kōng ou de Poù kouě kōng). 鄉君 Hiāng kiūn.

Les cinq derniers titres sont aussi accordés aux princesses de la branche collatérale. Toutes celles qui ne portent pas un de ces titres sont désignées par le nom de filles de la famille impériale, 宗女 Tsōng niù.

PRINCIPAL, E, adj. Præcipuus. 第一宗 Tý ỹ tsōng. ‖ Les — d'une ville. Proceres. 首人 Cheòu jén. ‖

PRINCIPAL, s. m. Collegii dux. 學長 Hiǒ tchàng. ‖ — (chose capitale). Sors. 本錢 Pèn tsièn. ‖ — d'une chose. Rei caput. 頭一宗事 Teǒu ỹ tsōng sé.

PRINCIPAUTÉ, s. f. Principatus, ús, m. 王位 Ouàng oúy. ‖ — (territoire). Princípis ditio. 王封邑 Ouàng fōng ỳ.

PRINCIPE, s. m. Origo, inis, f. 根由 Kēn yeōu. ‖ — (maxime). Adagium. 俗語 Sioú yù. ‖ — de la vie. Vitæ origo. 精氣 Tsīh kỳ. ‖ — (règle). Regula. 理 Lỳ, ou 規矩 Kouȳ kiù. ‖ — (opinion). Sententia. 略道 Liǒ táo, ou 略理 Liǒ lỳ.

PRINTEMPS, s. m. Ver, eris, n. 春 Tchoūn. ‖ Au commencement du —. Ineunte —. 立春 Lỳ tchoūn. ‖ Du —. Veris. 春天的 Tchoūn tiēn tỷ.

PRIORITÉ, s. f. Antecessio, onis, f. 頭一个 Teǒu ỳ kó.

PRIS, adj. Res furata. 拿了去的東西 Lâ leaò kiù tỷ tōng sỷ. ‖ — (caillé). Concretus. 鱗了的 Lǐn leaò tỷ. ‖ — (attrapé). Captus. 入了套的 Joù leaò taó tỷ. ‖ — (d'un oiseau). Laqueo —. 入了圈套 Joù leaò kiuēn taó. ‖ — (d'un poisson). Captus. 落了網 Lǒ leaò ouàng.

PRISE, s. f. Captura, æ, f. 捉的東西 Tchǒ tỷ tōng sỷ. ‖ Lâcher —. Rem dimittěre. 脫 Fáng. 放 Tǒ. 撒手 Sā cheòu. ‖ Être aux — avec quelqu'un. Manum conserere. 吵架 Tchǎo kiá, ou 打架 Tà kiá. ‖ — (proie). Præda. 搶的東西 Tsiǎng tỷ tōng sỷ, ou 獵得之物 Liě tě tchē oú. ‖ — (pincée) de tabac. Tabaci una sumptio. 拈一點鼻烟 Niēn ỳ tièn pỳ yēn. ‖ —. Ansa. 隙 Leào. ‖ Donner — aux reproches. Objurgationi ansam dāre. 兜人遭踏 Teōu jén tsaō tǎ.

PRISER, v. a. (juger). Æstimāre. 貴重 Koúy tchóng. ‖ — quelqu'un (l'estimer). Pluris facěre. 貴重人 Koúy tchóng jén. ‖ — du tabac en poudre. 嗜鼻烟 Hiǒu pỳ yēn.

PRISME, s. m. *Prisma, atis, n.* 三稜鏡 Sān lên kín, ou 三辦體 Sān pán tỷ.
PRISON, s. f. *Carcer, eris, m.* 監 Kiēn. ‖ Mettre en —. *In — conjicěre.* 丟監 Tieōu kiēn. ‖ Sortir de —. *È cust. emittěre.* 出監 Tchŏu kiēn. ‖ S'évader de —. *— fugěre.* 越獄 Yuĕ yoŭ.
PRIVATION, s. f. *Privatio, onis, f.* 沒有了 Mô yeòu leào. ‖ — de la vue. *Luminis depulsio.* 瞎了的 Hiā leào tỷ. ‖ — de la liberté. *Ademptio libertatis.* 無主張 Oŭ tchoù tchāng.
PRIVAUTÉ, s. f. *Familiaritas, atis, f.* 偏愛 Piēn gaý, ou 相熟 Siāng choŭ.
PRIVÉ, ÉE, adj. *Orbatus.* 無 Oŭ. ‖ —. *Privatus.* 本的 Pèn tỷ. ‖ — de raison. *Ratione destitutus.* 瘋 Fōng. ‖ De son autorité —. *Privato nomine.* 自專 Tsé tchouān.
PRIVÉMENT, adv. *Privatim.* 私的 Sē tỷ. ‖ — (familièrement). *Quam familiariter.* 相熟的 Siāng choŭ tỷ.
PRIVER, v. a. *Auferre.* 奪 Tŏ. ‖ Se — de plaisir. *A volupt. abstinēre.* 尅苦自已 Kĕ kŏu tsé kỳ.
PRIVILÉGE, s. m. *Privilegium, ii, n.* 私恩 Sē gēn. ‖ Accorder un —. *Concedēre.* 賜私恩 Tsé sē gēn.

Il y a, en Chine, une espèce de noblesse accordée par l'Empereur. Elle se divise en huit classes; elle est accordée selon les genres de mérites que l'on veut récompenser. Ces huit classes portent en chinois le nom de 八議 Pă nỷ, c.-à-d. *Huit régles* ou *Priviléges*.

1<sup>re</sup> *classe.* 議親 Nỷ tsīn. Les membres de la famille impériale peuvent seuls recevoir les priviléges et faveurs de ce grade ou rang de noblesse. Il y a un ministère spécial pour régler tout ce qui s'y rapporte. Il porte le nom de ministère de la maison impériale : **Tsōng jên foŭ**.

2<sup>e</sup> *classe.* 議故 Nỷ koŭ. Privilége des longs services dans de hautes fonctions publiques. Cette classe comprend les anciens et fidèles serviteurs du trône, qui, dans la durée de leurs services, ont reçu des distinctions remarquables.

3<sup>e</sup> *classe.* 議功 Nỷ kōng. Privilége des actions honorables, utiles au pays, telles surtout que les actes éclatants des généraux ou des braves militaires. Cette classe comprend tous ceux qui se sont distingués d'une manière éclatante, soit dans la guerre, soit dans la paix; de même ceux qui auraient étendu les frontières de l'Empire. On conserve sur des tables de marbre le souvenir de ces actions éclatantes.

4<sup>e</sup> *classe.* 議賢 Nỷ hién. Privilége d'une sagesse extraordinaire, qui s'est rendue utile à la société. Sous ce rang, on comprend tous les hommes dont la vertu éminente a exercé une véritable influence sur les mœurs publiques et sur la direction du Gouvernement.

5<sup>e</sup> *classe.* 議能 Nỷ lên. Privilége des grands talents manifestés, soit dans la carrière civile, soit dans la carrière militaire. Les hommes de grands talents, propres à diriger les armées ou à gérer les affaires de l'État, dans les premières charges publiques, forment le personnel de cette classe.

6<sup>e</sup> *classe.* 議勤 Nỷ kín. Privilége de ceux qui ont montré du zèle et de l'assiduité dans l'accomplissement des devoirs publics. Elle comprend tous ceux dont le zèle, l'assiduité ne se sont jamais démentis dans l'accomplissement de leur charge publique.

7<sup>e</sup> *classe.* 議貴 Nỷ koúy. Privilége du rang occupé dans l'État. Cette catégorie comprend d'abord ceux qui occupent les premiers postes dans la hiérarchie mandarinale; puis ceux qui occupent, dans le second rang, des emplois civils ou militaires; enfin, ceux qui, n'étant que du troisième rang, ont un commandement civil ou militaire qui les place au-dessus de ceux du second rang.

8<sup>e</sup> *classe.* 議賓 Nỷ pīn. Privilége d'être né d'un père qui s'est distingué par une haute sagesse, ou qui a rendu des services éminents à l'État, ou enfin à des membres des dynasties précédentes. Ce dernier privilége ne s'étend qu'à la seconde et rarement à la troisième génération.

Tous ceux qui jouissent de ces priviléges ont, en outre, celui de jouir d'une espèce d'inviolabilité. Ils sont soustraits à l'action des tribunaux ordinaires. Il faut un ordre exprès de l'Empereur pour les juger. (Voir le mot *Titre*.)

**PRIVILÉGIÉES** (classes). *Privilegiis donati*. 應議 Yn ný.
**PRIX**, s. m. (valeur d'une chose). *Pretium, ii, n.* 價錢 Kiá tsiên. ‖ — élevé. *Altum*. 價錢高 Kiá tsiên kaō. ‖ — bas. *Demissum* —. 價錢矮 Kiá tsiên gaỳ, ou 相因 Siāng yn. ‖ Le — a augmenté. *Crevit* —. 價錢起了 Kiá tsiên ký leào. ‖ Dites votre dernier —. *Indica* — *minimum*. 你說實價 Ngỳ chŏ chĕ kiá. ‖ Vendre à vil —. *Vili pretio vendĕre*. 賣得相因 Maý tĕ siāng yn. ‖ Acheter à tout —. *Quoquo pretio emĕre*. 不論貴價買 Poŭ lén koúy kiá maỳ. ‖ Corrompre un juge à — d'argent. *Judices corrumpĕre*. 進水 Tsín choùy. ‖ Attacher un grand — à. *Æstimāre pluris*. 貴重 Koúy tchóng, ou 看得重 Kăn tĕ tchóng. ‖ A — fait. *Statuto pretio*. 一定的價錢 Y tín tý kiá tsiên, ou 不二價 Poŭ eŭl kiá. ‖ Au — courant. *Currens* —. 市價 Poú kiá. ‖ — (récompense). *Præmium*. 賞 Chàng. ‖ Donner un —. — *donāre*. 賞 Chàng. ‖ Remporter le —. *Vincĕre*. 得勝 Tĕ' chên. ‖ — d'une victoire. *Niceteria, orum*. 勝之賞 Chên tchē chàng. ‖ Au — de. *Præ* —. Il est bien au — de nous. *Præ nobis beatus est.* 他比我們好些 Tā' pỳ ngŏ mên haŏ sỳ.

**PROBABILITÉ**, s. f. *Probabilitas, atis, f.* 十分有九分 Chĕ fén yeŏu kieŏu fén, ou 多半有 Tō pán yeŏu. ‖ Sur dix —, il y en a neuf qu'il mourra. *Intra decem casus, novem sunt quod ipse morietur*. 多半他要死 Tō pán tă' yáo sè. ‖ Sur dix —, il y en huit que cela est vrai. *Intra decem casus, octo sunt quod id verum sit.* 十股有八股是眞的 Chĕ koŭ yeŏu pă koŭ ché tchēn tý.

**PROBATION**, s. f. *Probatio, onis, f.* 初學的時候 Tsōu hiŏ tý chē heóu.

**PROBE**, adj. *Probus*. 善的 Chán tý.

**PROBLÈME**, s. m. *Problema, atis, n.* 密理 Mý' lý. ‖ — géométrique. 幾何之分 Ký hŏ tchē fén.

**PROBOSCIDE**, s. f. *Proboscis, m.* 象拔 Siàng pă.

**PROCÉDÉ**, s. m. *Ratio, onis, f.* 理 Lý, ou 行事 Hîn sé. ‖ User de bons — envers quelqu'un. 待得好 Taý tĕ haŏ. ‖ — (moyen). *Medius*. 方法 Fāng fă.

**PROCÉDER**, v. a. *Oriri ex* —. 生 Sēn, ou 出 Tchŏŭ. ‖ — (agir). *Agĕre*. 行 Hîn, ou 作 Tsó. ‖ — bien envers quelqu'un. *Bené agĕre cum aliq*. 待得厚 Taý tĕ heóu.

**PROCÉDURE**, s. f. *Actiones, um, f.* 呈子 Tchên tsè. ‖ Instruire la —. *Accusat. instruĕre*. 看呈子 Kăn tchên tsè.

**PROCÈS**, s. m. *Lis, itis, f.* 官司 Koūan sē. ‖ Avoir un —. — *litigāre*. 打官司 Tà koūan sē. ‖ Intenter un — à quelqu'un. *Accusāre aliq.* 告人打官司 Kaó jēn tà koūan sē. ‖ L'arranger. — *componĕre*. 和官司 Hŏ koūan sē. ‖ Le gagner. *Causam obtinĕre*. 蠃官司 Yn koūan sē. ‖ Le perdre. — *perdĕre*. 輸官司 Choū koūan sē.

**PROCÈS-VERBAL**, s. m. *Rei gestæ acta, orum, n.* 呈子 Tchên tsè.

**PROCESSION**, s. f. *Supplicatio, onis, f.* 迎神 Yn chên. ‖ — des bonzes. *Bonziorum* —. 行香 Hîn hiāng. ‖ Faire une — (sens païen). *In sensu gentilium*. 迎神 Yn chên. ‖ Faire une — (sens chrétien). *Circuire vias*. 遊街 Yeŏu kaý.

**PROCHAIN**, s. m. *Proximus*. 他人 Tā' jên. ‖ Aimer son — comme soi. *Amāre proximum sicut seipsum*. 愛人如己 Gaý jên joŭ ký. ‖ Ne faites pas au — ce que vous ne voulez pas qu'on vous fasse à vous-même. *Ne feceris aliis quod non vis tibi fieri*. 己所不欲無施于人 Ký sò poŭ yoŭ ou chĕ yŭ jên. ‖ Parler mal de son —. *De altero obloqui*. 說別人的是非 Chŏ piĕ' jên tý ché feý.

**PROCHAIN, E**, adj. *Proximus*. 近的 Kín tý. ‖ Remettre à l'an —. *In annum sequentem transferre*. 綏到二年 Houān taó eŭl niên.

**PROCHAINEMENT**, adv. *Proximò*. 不久 Poŭ kieŏu.

**PROCHE**, adj. *Proximus*. 近的 Kín tý. ‖ — (voisin). *Vicinus*. 鄰里人 Lîn lỳ jên. ‖ — (parent). *Affinis*. 親戚 Tsīn tsý.

**PROCHE**, prép. *Propè*. 近 Kín. ‖ Être tout à —. *Propè esse*. 近得狠 Kín tĕ hèn.

**PROCLAMATION**, s. f. *Edictum, i, n.* 告示 Kaó chè. ‖ — impériale. *Imperiale* —. 詔 Tcháo.

**PROCLAMER**, v. a. *Proclamāre*. 傳 Tchoūan.

**PROCURATION**, s. f. *Delegatio, onis, f.* 代管 Taý koūan, ou 畫押 Hoá yà.

**PROCURER**, v. a. *Præbēre*. 兜 Teōu. ‖ — la paix. *Pacem conciliāre*. 勸人耴和 Kiŭen jên tsīu hŏ.

**PROCUREUR**, s. m. (pourvoyeur d'une maison). *Procurator, oris, m.* 當家 Tāng kiā. ‖ Être le — d'un autre. *Alterius negotia gerĕre*. 代人管事 Taý jên koūan sé.

**PROCUREUR**, s. m. ‖ — Impérial. *Imperialis procurator*. 案察司 Gān tchă' sē.

**PRODIGE**, s. m. *Prodigium, ii, n.* 奇事 Ký sé.

**PRODIGUE**, adj. *Prodigus*. 浪子 Láng tsè.

**PRODIGUER**, v. a. *Profundĕre*. 浪費 Láng feý. ‖ — son argent. *Pecunias* —. 浪費銀錢 Láng feý yn tsiên.

**PRODUCTION**, s. f. (action de produire). *Procreatio, onis, f.* 生 Sēn, ou 產 Tchàn. ‖ — (chose produite par les animaux). 下胎 Hiá taý. ‖ — de la terre. *Fruges*. 土產 Toŭ tchàn, ou 出 Tchŏŭ. (*Voir ci-après le Tableau des principales Productions de la Chine.*)

## TABLEAU DES PRINCIPALES PRODUCTIONS DE LA CHINE.

### MÉTAUX.

| | | | | | |
|---|---|---|---|---|---|
| Acier. | Bismuth. | Cuivre jaune. | Fer. | Or. | Zinc. |
| Antimoine. | Cobalt. | Cuivre rouge. | Manganèse. | Plomb. | |
| Argent. | Cuivre blanc. | Étain. | Mercure. | Toutenague. | |

### MINÉRAUX.

| | | | | | |
|---|---|---|---|---|---|
| Agathe. | Émeraude. | Mica métalloïde. | Pierre fausse. | Quartz-cornaline. | Soude. |
| Aimant. | Grenats. | — pailleté. | — infernale. | — améthyste. | Soufre. |
| Alun. | Hématite. | — verdâtre. | — aux cinq couleurs, du Su-tchuen. | — clair. | Spath. |
| Ambres (divers). | Houille. | — vert. | | — enfumé. | Stalactite. |
| Améthyste. | Hyacinthe. | Minium. | | — hyalin. | Stéatite. |
| Amphibole. | Jade. | Naphte. | Pierre de mouton blanc. | — jaunâtre. | Succin. |
| Asbète. | Jaspe. | Nitre. | | — pierre. | Talc. |
| Basalte. | Jayet. | Ocre. | Pierre onctueuse du Su-tchuen. | Quartz rose. | Topaze. |
| Bélemnite. | Lapis-arménien. | Onyx. | | Realgar. | Tubie. |
| Béryl. | Lapis-Lazuli. | Orpiment. | Pierre ponce. | Rubis. | Vermillon. |
| Blende. | Lave. | Pagodite-isab. | Pierre onctueuse du Koùang-sy. | Salpêtre. | Vert de Chine. |
| Borax. | Magnésie. | Pétrole. | | Saphir. | — de gris. |
| Calamine. | Marbre. | Pétunse. | Pierre précieuse. | Sarcocolle. | Vitriol. |
| Calcédoine. | Marcassite. | Pierre d'azur. | — de rivière. | Sardius. | — bleu. |
| Chrysolithe. | Mère-perle. | Pierre de bœuf jaune. | — de serpent. | Schiste coticule. | — de Chypre. |
| Cinabre. | Mica argentin. | | — de tonnerre. | — micacé. | — calcaire. |
| Corindon. | — brun. | Pierre calcaire. | | Sel ammoniac. | — romain. |
| Cornaline. | — en feuille. | — césalite. | Pierre de touche. | — gemme. | Wolla stonite. |
| Couperoses (div.). | — friable. | — à chaux. | — qui repousse le fer. | — de Glauber. | — fibreuse. |
| Cristal de roche. | — gris-vert. | — à fleur de pêcher. | | Sélénite. | |
| Dendrites. | — jaune doré. | | Porphyre. | Serpentine. | |
| Diamant. | — laminaire. | — à fusil. | Quartz-agate. | Silice. | |

### ANIMAUX.

| | | | | | |
|---|---|---|---|---|---|
| Ane. | Chamois. | Ecureuil de Sibérie. | Hémione. | Martre. | Rhinocéros. |
| Antilope. | Chat. | | Hermine. | — zibeline. | Sanglier. |
| Argali. | Cheval. | Ecureuil-Pernyi. | Hyène. | Mouton. | Singe. |
| Belette. | Chèvre. | — rayé. | Lapin. | Musc. | Tapir. |
| Biche. | — jaune. | — cendré de terre. | Léopard. | Orang-outang. | Taupe. |
| Blaireau. | Chevreuil. | | Licorne. | Ours. | Tigre. |
| Bœuf. | Chien. | Elan. | Lièvre. | Pangolin. | Yack. |
| Buffle. | Corsac. | Eléphant. | Lion. | Panthère. | Zèbre. |
| Campagnol. | Daim. | Gazelle. | Loir. | Polatouche. | Zébu. |
| Castor. | Dromadaire. | Gerboise. | Loup. | Porc-épic. | Zibeline. |
| Cerf. | Ecureuil. | Girafe. | Loutre. | Rat. | |
| Chameau. | — volant. | Hérisson. | Marmotte. | Renard. | |

### OISEAUX.

| | | | | | |
|---|---|---|---|---|---|
| Aigle. | Coccothrauste vulgaire. | Faisan bleu. | Hirondelle. | Nérite. | Poule de feu. |
| Aigrette. | | — des neiges. | — de mer. | Nycticorax. | — dorée du Su-tchuen. |
| Alouette. | Coq d'Inde. | — varié. | Hoche-queue. | Oie. | |
| Alphanet. | Corbeau. | — médaillon. | Jacana. | Oréocincla. | Pratincola ferrea. |
| Autruche. | Cormoran. | — tartare. | Jaseur. | Ortolan. | Pyrrha saturata. |
| Bartavelle. | Corneille. | Faucon. | Hypsipète. | Outarde. | Rossignol. |
| Bécasse. | Coucou. | Freux. | Loriot. | Paon. | Rouge-gorge de Chine. |
| Bec-fin. | Crécerelle. | Friquet. | Loxia himal. | Perdrix. | |
| Bouvreuil. | Crossoptilon. | Geai. | Martin. | Perroquet. | Sansonnet. |
| Bruant. | Cygne. | Glaréole. | — pêcheur. | Pic-vert. | Sittelle. |
| Caille. | Drongo. | Gobe-mouche. | Martinet. | Pic-pernyi. | Tourterelle. |
| Canard. | Emberiza. | Grimpereau. | Merle. | Pie. | Tragopan. |
| Cardinal. | Epervier. | Grive. | Mésange. | Pigeon. | Verdier. |
| Choucas de Daourie. | Eulophe. | Gros-bec. | Milan. | Pingouin. | |
| | Faisan. | Grue. | Moineau. | Pinson. | |
| Chouette. | — doré. | Heron. | Mycérobas. | Poule. | |
| Cigogne. | — argenté. | Hibou. | Nectarinia Dabryi. | — de sable. | |

## POISSONS.

| | | | | | |
|---|---|---|---|---|---|
| Able. | Caranx. | Garope. | Morue. | Raie électrique. | Spare. |
| Alose. | Carpe. | Germon. | Muge. | Rémora. | Squale. |
| Aiguille de mer. | Chaétodon. | Girelle. | Mulet. | Requin. | Surmulet. |
| Ambasse. | Chien de mer. | Gobie. | Murène. | Rouget. | Syngnathe. |
| Anarrhique. | Clupe. | Hareng. | Myliobate. | Sardine. | Taénoïde. |
| Anchois. | Coffre. | Holocentre. | Octopus. | Sargue. | Tanche. |
| Ange. | Cuirassier. | Holothurie. | Pagel. | Saumon. | Thon. |
| Anguille. | Cyprin doré. | Joues cuirassées. | Perche. | Sauteur. | Torpille. |
| Astérie. | Dauphin. | Ketsdon. | Plie. | Scare. | Trichiure. |
| Baleine. | Denté. | Labre. | Poisson impérial. | Sciène. | Trigle. |
| Barbeau. | Echène. | Lamproie. | — à trois satellites. | Scyris. | Truite. |
| Baudroie. | Epée de mer. | Limande. | | Serrans. | Turbot. |
| Blennie. | Eperlan. | Maquereau. | Poisson-enfant. | Silure. | |
| Bogues. | Espadon. | Marsouin. | — de farine. | Scorpène. | |
| Brochet. | Esturgeon. | Mégalope. | Raie. | Sole. | |

## ARBRES.

| | | | | | |
|---|---|---|---|---|---|
| Arbre à cire blanche. | Arequier. | Cèdre. | Gainier. | Mûrier à papier. | Pommier. |
| Arbre à huile. | Augia. | Celtis muku. | Gayac. | Muscadier. | Prêle. |
| — à suif. | Bambou. | Chalef. | Ginko. | Néflier. | Prunier. |
| — à vernis. | Bananier. | Chêne. | Gledstchia. | Noisetier. | Salisburia. |
| — de fer. | Bois d'aigle. | Citronnier. | Grenadier. | Noyer. | Sandal. |
| — de rose. | — d'Inde. | Cognassier. | Hibiscus. | Olea fragrans. | Sapin. |
| — au coton. | — des Moluques. | Coudrier. | Hovenia dulcis. | Oranger. | Saule. |
| — à pain. | | Cyprès. | If. | Orme. | — pleureur. |
| — à savon. | Bombax ceyba. | Distylium racemosum. | Ilex. | Palma-Christi. | Sreblus cordatus. |
| Acacia. | Bouleau. | | Jacobée. | Palmier. | Sterculier. |
| Æsculus turbinata. | Broussonetie. | Dryandria cordifolia. | Jacquier. | Pandanus odor. | Sumac. |
| | Buis. | | Jatropha. | Papayer. | Sureau. |
| Ailanthe. | Cabonigro. | Ebénier. | Jujubier. | Pêcher. | Troëne. |
| Albergier. | Cactier. | Erable. | Laurelle. | Peuplier. | Yeuse. |
| Alisier. | Camphrier. | Fagarier. | Laurier. | Pin. | |
| Aloès. | Calamus draco. | — du Japon. | Longanier. | Platane. | |
| Arbousier. | Cannelier. | Figuier. | Magnolier. | Poirier. | |
| | Cassia fistula. | Frêne. | Mûrier. | Poivrier. | |

## CÉRÉALES.

| | | | | | |
|---|---|---|---|---|---|
| Avoine. | Maïs. | Riz (var.). | Sorgho. | | |
| Blé. | Millet. | Seigle. | | | |

## FRUITS.

| | | | | | |
|---|---|---|---|---|---|
| Ananas. | Banane. | Cocotier. | Jujubier. | Macre. | Papayer. |
| Arbouse. | Bergamotes. | Congo. | Jacquier. | Main de Bouddha. | Piaqueminier. |
| Arachide. | Bétel. | Dimocarpus lytche. | Ginko. | Mangue. | Prune de la belle femme. |
| Arèque. | Bibacier. | | Grenadier. | Muscadier. | |
| Badamier. | Cachou. | Dimocarpus longan. | Groseille. | Orange. | Quisqualis indica. |
| Badiane. | Châtaigne d'eau. | | Hovenia. | Pamplemousse. | Trapa bicornis. |

## FLEURS.

| | | | | | |
|---|---|---|---|---|---|
| Aglaia odorata. | Calycanthe. | Eleagné. | Jacobée. | Narcisse. | Primevère. |
| Alkékenge. | — précoce. | Enkianthus. | Jalep. | Nardosmia jap. | Renoncule. |
| Amarante. | Camellia simple. | Frangipane. | Jasmin. | Nénuphar. | Rhododendrum. |
| Astère de Chine. | — odorant. | Gainier. | Jonquille. | Œillet. | Roses (div.). |
| Balsamines. | Cardiandra. | Gardénie. | Kaempferies. | Olea fragr. | Salisburie. |
| Bauhinie. | Célosie. | Giroflée. | Kethmies variées. | Pas-d'âne. | Scabieuse. |
| Belle-de-jour. | Chimonanthe. | Globba nutans. | Lagerstrémie. | Passe-fleur. | Sensitive. |
| — de-nuit. | Chloranthe. | Hamamelis sin. | Lilas. | Passerine. | Strumea. |
| — du-Pérou. | Chrysanthème. | Hémérocalle. | Lis (var.). | Passiflore. | Tulipe. |
| Berbéris. | Crucianella. | Hortensia. | Liseron. | Pivoine. | Tecoma grandif. |
| Bignonie. | Cyanella. | Hyacinthe. | Lychnide. | Plectonia sin. | |
| Blétie. | Datura metel. | Iris. | Magnolia. | Plumeria alba. | |

## PRODUITS DIVERS.

| | | | | | |
|---|---|---|---|---|---|
| Carthame. | Laque de Chine. | Opium. | Pétrole. | Sang-dragon. | Thés (var.). |
| Célèbre Jén-sēn. | Minéraux nombreux. | Papier de bambou. | Porcelaine. | Soie du ver du chêne. | Vert de Chine. |
| Cire végétale. | | | Safran. | | |
| Encre de Chine. | Musc. | Papier dit de riz. | Soie du ver du mûrier. | Toile de l'ortie blanche. | |
| Essence de thé. | Objets en ivoire. | Pelleteries. | | | |

PRODUIRE, v. a. *Parĕre.* 生 Sēn. ‖ Cette province — du sel. *Hæc provincia salem producit.* 這省出鹽 Tchĕ sèn tchŏu yĕn. ‖ — du dégoût. *Fastidium movēre.* 兜人厭 Teōu jên yén. ‖ — quelqu'un pour un emploi. *Hominem producĕre.* 保舉人 Paŏ kiù jên. ‖ — (mettre au jour). *In lucem proferre.* 箸 Tchoú. ‖ Se —. *In publicum prodire.* 出門 Tchŏu mên, ou 出外 Tchŏu ouáy.

PRODUIT, s. m. *Reditus, ûs, m.* 利息 Lý sỳ. ‖ — du sol. *Soli —.* 土產 Toŭ tchăn.

PROÉMINENT, E, adj. *Proeminens.* 出外的 Tchŏu ouáy tỳ, ou 出頭 Tchŏu teŏu.

PROFANATEUR, s. m. *Sacrilegus.* 冒用的 Maŏ yóng tỳ.

PROFANATION, s. f. *Violatio, onis, f.* 冒用 Maŏ yóng, ou 遭踏 Tsaŏ tă. ‖ — des sacrements. *Sacramentorum —.* 冒領聖跡 Maŏ lĭn pỳ tsỳ. ‖ — du saint nom de Dieu. *S. nominis Dei —.* 褻瀆天主聖名 Siuĕ toŭ Tiēn-Tchoù chén mǐn.

PROFANE, adj. *Profanus.* 世俗的 Ché sioŭ tỳ.

PROFANER, v. a. *Violāre.* 冒用 Maŏ yóng, ou 褻瀆 Siuĕ toŭ.

PROFÉRER, v. a. *Efferre.* 說 Chŏ.

PROFESSER, v. a. *Profiteri.* 認 Jén. ‖ — du respect pour quelqu'un. *Colĕre aliq.* 尊敬人 Tsēn kín jên. ‖ — un art. *Artem profiteri.* 做手藝 Tsoú cheòu nỳ.

PROFÈS, s. m. *Solemnibus votis adstrictus.* 許了三絕的願 Hiù leào sān tsuĕ tỳ yuén. ‖ 受戒 Cheòu kiáy. 得恭 Tĕ tchăn.

PROFESSEUR, s. m. (qui enseigne les lettres). *Professor, oris, m.* 敎書的先生 Kiáo choū tỳ siēn sēn. ‖ — qui enseigne un art. *Magister.* 師傅 Sē foú.

PROFESSION, s. f. *Professio, onis, f.* 認 Jén. ‖ — de foi. *Fidei —.* 顯信德 Hiĕn sín tĕ. ‖ Faire — d'impiété. *Se impium profiteri.* 不敬神 Poŭ kín chên. ‖ Faire — religieuse. *Mundo renuntiāre.* 許三絕 Hiù sān tsuĕ, ou 出家 Tchŏu kiā. ‖ — (art). *Ars.* 手藝 Cheòu nỳ. ‖ Exercer une —. *Artem profiteri.* 做手藝 Tsoú cheòu nỳ.

PROFIL, s. m. *Obliqua imago.* 半邊畫的臉 Pán piēn hoá tỳ liĕn.

PROFIT, s. m. *Lucrum, i, n.* 利 Lý. ‖ Mettre à —. *Lucro apponĕre.* 得利 Tĕ lỳ. ‖ Faire des —. *Lucrāri.* 得利 Tĕ lỳ. ‖ — (progrès). *Progressus.* 進 Tsín.

PROFITABLE, adj. *Fructuosus.* 有利的 Yeŏu lý ỳ tỳ. ‖ Être —. *Alicui prodesse.* 有利的 Yeŏu lý ỳ tỳ.

PROFITER, v. n. *Prodesse.* 有利益 Yeŏu lý ỳ. ‖ — dans la vertu. *Progredi in virtut.* 進于德 Tsín yū tĕ. ‖ — (croître). *Crescĕre.* 長 Tchăng. ‖ Faire — son argent. *In fænore ponĕre.* 放賬 Fáng tcháng.

PROFOND, E, adj. *Altus.* 高 Kaŏ, ou 深 Chēn. ‖ Silence —. *Alt. silent.* 靜默 Tsín mĕ.

PROFONDEUR, s. f. *Altitudo, inis, f.* 深 Chēn.

PROFUSION, s. f. *Profusio, onis, f.* 浪費 Láng feỳ. ‖ Vivre avec —. *Effusius vivĕre.* 大吃大用 Tá tchĕ tá yóng.

PROGRAMME, s. m. *Programma, atis, n.* 題目 Tỳ moŭ.

PROGRÈS, s. m. *Progressus, ûs, m.* 前進 Tsiĕn tsín. ‖ Faire des — dans la vertu. *Ad virtutem progredi.* 進于德 Tsín yū tĕ. ‖ Le mal fait des —. *Morbus invalescit.* 病加了 Pín kiā leào.

PROHIBÉ, ÉE, adj. *Vetitus.* 禁革的 Kín kĕ tỳ. ‖ Marchandise —. *Merces.* 禁革的貨物 Kín kĕ tỳ hó oŭ.

PROHIBER, v. a. *Vetāre.* 禁革 Kín kĕ.

PROIE, s. f. *Præda, æ, f.* 搶奪之物 Tsiăng tŏ tchē oŭ.

PROJET, s. m. *Consilium, ii, n.* 意思 Ý sē, ou 主意 Tchoù ý. ‖ Faire un —. *Consilium inire.* 打主意 Tà tchoù ý. ‖ L'exécuter. — *exsequi.* 行主意 Hín tchoù ý. ‖ En changer. — *mutāre.* 改主意 Kaỳ tchoù ý.

PROLAPSUS RECTI (terme de méd.). 脫肛之症 Tŏ kāng tchē tchén.

PROLÉGOMÈNES, s. m. pl. *Prolegomena, orum, n.* 小引 Siaŏ ỳn.

PROLIFIQUE, adj. *Generandi vim habens.* 能生的 Lĕn sēn tỳ.

PROLIXE, adj. *Prolixus.* 長言 Tchăng yĕn, ou 寬的 Kouān tỳ.

PROLOGUE, s. m. *Prologus, i, m.* 序 Siú, ou 小引 Siaŏ ỳn.

PROLONGER, v. a. *Producĕre.* 綏 Hoùan.

PROMENER, v. a. *Deambulatum ducĕre.* 引人走耍 Ỳn jên tseòu choà. ‖ — son esprit. *Perlustrāre animo.* 想前想後 Siàng tsiĕn siàng heóu. ‖ — ses yeux de tous côtés. *Undique circumsp.* 前後看 Tsiĕn heóu kăn. ‖ Se —. *Ambulāre.* 走耍 Tseòu choà.

PROMENOIR, s. m. *Ambulacrum, i, n.* 走廊 Tseòu lăng.

PROMESSE, s. f. *Promissum, i, n.* 許 Hiù. ‖ Acquitter sa —. *solvĕre.* 滿所許的 Màn sò hiù tỳ. ‖ Y manquer. *Violāre.* 食言 Chĕ yĕn. ‖ On croit difficilement celui qui fait aisément des —. *Facilè promittenti fides rara.* 輕諾者必寡信 Kīn lŏ tchĕ pỳ koùa sín. ‖ — (écrit). *Chirographum.* 約契 Yŏ kỳ. ‖ — de mariage. *Matrimonii contractus.* 婚書 Houĕn choŭ.

PROMETTRE, v. a. *Promittĕre.* 許 Hiù. ‖ — monts et merveilles. — *montes auri.* 滿口許 Màn keŏu hiù. ‖ — sa fille en mariage. *Filiam despondēre.* 許女 Hiù niù. ‖ Tenir ce qu'on —. *Exspectationem sustinēre.* 不負人望 Poŭ foù jĕn ouáng. ‖ Se —. *Sperāre.* 望 Ouáng.

PROMONTOIRE, s. m. *Promontorium, ii, n.* 入海山丘 Joŭ haỳ chān kieŏu, ou 地形凸入海中 Tỳ hín tŏ joŭ haỳ tchōng.

PROMOUVOIR, v. a. *Promovēre.* 陞官 Chēn kouān, ou 加品級 Kiā pìn kỳ.

PROMOTION, s. f. *Promotio, onis, f.* 舉薦人 Kiù tsièn jĕn.

PROMPT, E, adj. *Celer.* 快的 Koùay tỳ. ‖ — colère. *Irascibilis.* 容易發怒 Yŏng ý fă loŭ.

PROMPTEMENT, adv. *Citò.* 快 Koùay.

PROMULGUER, v. a. *Promulgāre.* 宣示 Siuēn ché.

PRÔNE, s. f. *Concio, onis, f.* 傳教 Tchouán kiáo.

PRÔNER, v. a. *Laudāre.* 讚美 Tsán meỳ.

PRÔNEUR, s. m. (qui loue avec excès). *Laudum praeco, onis, m.* 俸承人 Fóng tchĕn jĕn.

PRONOM, s. m. *Pronomen, inis, n.* 替名 Tỳ mìn.

PRONONCER, v. a. *Pronuntiāre.* 報名 Paó mìn. ‖ — un discours. *Concionem habēre.* 講道理 Kiàng taó :ỳ. ‖ — un arrêt. *Sentent. ferre.* 斷案 Touán gán. ‖ — son arrêt. *Suâ confess. judicāri.* 認錯 Jén tsŏ.

PRONONCIATION, s. f. *Pronuntiatio, onis, f.* 口音 Keŏu yū. 言詞 Yēn tsè. 口氣 Keŏu kỳ.

PRONOSTIC, s. m. *Signum, i, n.* 瑞應 Choúy ýn, ou 先兆 Siēn tchaó. ‖ Faire des —. *Portendēre.* 占 Tchān, ou 卜 Pŏu. ‖ Avoir de bons —. *Bona omina obtinēre.* 有吉兆 Yeŏu kỳ tchaó, ou 八字好 Pă tsé haŏ. ‖ Avoir de mauvais —. *Malum omen obtinēre.* 凶兆 Hiōng tchaó, ou 八字不好 Pă tsé poŭ haŏ.

Les Chinois font aussi, à certaines époques, des pronostics sur le temps. Nous en donnons ici quelques-uns pour exemples.

1° 立春晴明少雲歲熟 Lỳ tchoŭn tsín mìn chaó yŭn soúy choŭ.

Si, au printemps, à l'époque du Tsīn mìn, on voit peu de nuages, l'année sera bonne.

2° 立春赤雲在東方主春旱 Lỳ tchoŭn tchĕ yŭn tsaý tōng fāng tchoù tchoŭn hán.

Si, le jour du printemps, on aperçoit à l'Orient des nuées sèches, l'automne sera sec.

3° 立春赤雲在南方主夏旱 Lỳ tchoŭn tchĕ yŭn tsaý lán fāng tchoù hiá hán.

Si, le jour du printemps, on voit du côté du Midi des nuages secs, l'été sera sec.

4° 春分日有青雲年豐 Tchoŭn fēn jĕ yeŏu tsīn yŭn niēn fōng.

Si, le jour de l'équinoxe d'automne, on voit des nuages azurés, l'année sera abondante.

5° 春分日有霜主旱 Tchoŭn fēn jĕ yeŏu chouāng tchoù hán.

Si, le jour de l'équinoxe d'automne, il y a de la gelée blanche, l'automne sera sec.

6° 清明日喜晴雨則百果損 Tsīh mìn jĕ hỳ tsīn yù tsĕ pĕ kŏ sĕn.

Si, le beau jour du Tsīh mìn, on a la pluie, tous les fruits sont perdus.

7° 穀雨前一日有霜主歲旱 Koŭ yù tsiĕn ý jĕ yeŏu chouāng tchoù soúy hán.

Si, la veille du jour du signe Koŭ yù, il y a gelée blanche, l'année sera sèche.

8° 立夏日天晴主旱 Lỳ hiá jĕ tiēn tsīn tchoù hán.

Si le jour de l'équinoxe d'été est serein, l'été sera sec.

9° 小滿有雨主歲大熟 Siaŏ màn yeŏu yù tchoù soúy tá choŭ.

Si, au Siaŏ màn, il tombe de l'eau, l'année sera fertile.

10° 芒種天晴主歲稔 Māng tchòng tiēn tsīn tchoù soúy yĕn.

Si, au Mang tchong, le ciel est serein, tout arrivera à maturité.

11° 端午大晴主水 Toūan où tá tsīn tchoù choŭy.

Si, au moment du midi du Toūan yâng, il fait serein, on aura de grandes pluies.

12° 端午月無光主旱有火災 Toūan oŭ yuě oŭ koūang tchoù hán hŏ tsaў.

Si, au moment du midi du Toūan yâng, la lune n'est pas claire, l'année sera sèche et accompagnée d'incendies et de calamités.

13° 冬至日天晴主年內多雨 Tōng tchē jě tiĕn tsīn tchoù niên loúy tō yù.

Si, le jour de l'équinoxe d'hiver, le ciel est serein, l'année sera bien pluvieuse.

14° 十二月內有日月蝕主來年火災 Chě eŭl yuě loúy yeoù jě yuě chě tchoù laў niên hŏ tsaў.

Si, dans la dernière lune, il y a éclipse, l'année suivante sera pleine de calamités.

PROPAGATION, s. f. *Propagatio, onis, f.* 傳生 Tchoùǎn sēn. ∥ — de la foi. — *fĭdei.* 廣揚聖敎 Koūàng yâng chén kiáo.

PROPAGER, v. a. *Augëre.* 傳 Tchoùǎn, ou 加 Kiā. ∥ — un bruit. *Rumorem spargĕre.* 傳謠言 Tchoùǎn yâo yên. ∥ Se —. *Crescĕre.* 長 Tchǎng. ∥ Le mal se —. *Crescit malum.* 風俗越更壞寬了 Fōng sioù yuě kén houáy kouān leǎo.

PROPENSION, s. f. *Prŏpensio, onis, f.* 偏向 Piēn hiáng, ou 所好 Sò hǎo.

PROPHÈTE, s. m. *Propheta, æ, m.* 先知的人 Siēn tchē tў jên.

PROPHÉTISER, v. a. *Vaticinǎri.* 預言 Yú yên.

PROPICE, adj. *Propĭtius.* 順遂的 Chúen siú tў. ∥ Vent —. *Ventus secundus.* 順風 Chúen fōng.

PROPITIATION, s. f. *Propitiatio, onis, f.* 息怒之祭 Sў loú tchē tsaў.

PROPORTION, s. f. *Convenientia, æ, f.* 相配 Siāng pě̆y. 合式 Hŏ chě. 比較 Pў kiáo.

PROPORTION (À), adv. *Pro ratâ parte.* 均分 Kiūn fén.

PROPORTIONNÉ, ÉE, adj. *Aptus.* 相對的 Siāng toúy tў. 合式的 Hŏ chě tў. 相附麗 Siāng foú lў. ∥ Peine — à la faute. *Pœna par noxæ.* 合罪的罰 Hŏ tsoúy tў fǎ.

PROPORTIONNER, v. a. *Accommodāre.* 做合式 Tsoú hŏ chě. ∥ — la récompense au travail. *Pro ratione laboris mercedem tribuĕre.* 接工夫賞人 Gàn kōng foū chàng jên, ou 對一對 Toúy ў toúy.

PROPOS, s. m. *Dictum, i, n.* 說的話 Chŏ tў hóa. ∥ Un —. *Unum —.* 一句話 Ў kiú hoá. ∥ — contre quelqu'un. *De aliq. contumeliosus sermo.* 傷人的話 Chāng jên tў hóa. ∥ A tout —. *Nunquàm non.* 常常 Chǎng chǎng. ∥ Parler à tout —. *Crebrò usurpāre.* 重說 tchóng chŏ. ∥ — (projet). *Consilium.* 主意 Tchoù ў. ∥ Avoir le ferme —. *Firmāre.* 拿定主意 Lâ tín tchoù ў. ∥ De — délibéré. *Consultò.* 特意 Tě̆ ў, ou 故意 Koú ў. ∥ Venir bien à —. *Opportun. advenire.* 來得合時 Laў tě̆ hŏ chě. ∥ A —. *Aptè.* 合式 Hŏ chě. ∥ Il est à —. *Expedit.* 有益 Yeŏu ў. ∥ Je juge plus à —. *Sapientiùs puto.* 我想更好 Ngŏ siâng kén hǎo. ∥ Mais à quel —? *Cur ista?* 爲何 Oùy hô.

PROPOSER, v. a. *Proponĕre.* 說出來 Chŏ tchoŭ laў, ou 開口 Kāy keŏu. ∥ — quelqu'un pour un emploi. *Aliq. ad munus designāre.* 薦舉人 Tsién kiù jên. ∥ — quelqu'un pour modèle. — *ad exempl. propon.* 立人 爲師 Lў jên oùy sē. ∥ — une récompense. *Præmium —.* 許賞 Hiù chàng. ∥ — du secours. *Auxilium offerre.* 許來幫忙 Hiù laў pāng mâng. ∥ Se —. *Animo destināre.* 打主意 Tà tchoù ў. ∥ L'homme —, Dieu dispose. (Prov.) *Homo proponit, Deus disponit.* 謀事在人成事在天 Môu sé tsaў jên tchên sé tsaў tiēn. ∥ Se — un autre pour modèle. *Exemplum in aliq. sibi proponĕre.* 定效法某人 Tín hiáo fǎ mŏu jên.

PROPOSITION, s. f. *Propositio, onis, f.* 話 Hoá. 一句 ў kiú. 一條 Ў tiâo. ∥ Faire des — de paix. *Pacis conditionem offerre.* 說和 Chŏ hô.

PROPRE, adj. (qui appartient exclusivement). *Meus, a, um.* 我的 Ngŏ tў, ou 本的 Pěn tў. ∥ Ses —. *Sui famil.* 本家的人 Pěn kiā tў jên. ∥ De son — mouvement. *Sponte.* 自巳 Tsé̆ kў, ou 甘心 Kān sīn. ∥ De sa main. *Propriâ manu.* 親手 Tsīn cheŏu. ∥ Amour —. *Amor proprius.* 愛自巳 Gaý tsé̆ kў. ∥ De ses yeux. *—.* 親眼 Tsīn yèn. ∥ — (qui convient particulièrement à). *Idoneus.* 合式 Hŏ chě. ∥ En — personne. *Ipsemet.* 親身 Tsīn chēn. ∥ Mot —. *Propr. verbum.* 本話 Pěn hoá. ∥ Temps — à. *Aptum tempus.* 合時 Hŏ chě. ∥ — (net). *Mundus, nitidus.* 乾淨的 Kān tsín tў. ∥ — (bien ajusté). *Comptus, elegans.* 體面的 Tў mién tў. ∥ Le — de la religion. *Proprium religionis.* 聖敎大本 Chén kiáo tá pèn.

PROPREMENT, adv. (en termes propres). *Propriè.* 明明的 Mîn mîn tў. ∥ — (nettement). *Mundè.* 潔白的 Kiě̆ pě̆ tў.

**PROPRES**, se dit des biens dont on hérite. ‖ Les — paternels. *Bona paterna.* 家業 Kiā niě.

**PROPRET, TE**, adj. (qui porte la propreté jusqu'à la recherche). 愛打扮的 Gaý tà pàn tý, ou 過餘潔白 Kó yû kiě pě.

**PROPRETÉ**, s. f. *Munditia, æ, f.* 潔淨 Kiě tsín. ‖ — trop grande. *Eleg. exquisitior.* 過餘潔白 Kó yû kiě pě.

**PROPRIÉTAIRE**, s. m. *Rei dominus, i, m.* 物主 Oŭ tchoù, ou 本人 Pèn jèn.

**PROPRIÉTÉ**, s. f. *Dominium, ii, n.* 本地 Pèn tý. ‖ — (qualité particulière). *Virtus, dos.* 本性 Pèn sín, ou 德能 Tě lèn, ou 好處 Haò tchŭ.

**PRORATA (AU)**, adv. *Pro ratâ parte.* 均平 Kiūn pǐh.

**PROROGER**, v. a. *Prorogāre.* 擔擱 Tān kǒ, ou 綏日子 Houàn jě tsè.

**PROSAÏQUE**, adj. *Prosaicus.* 平文 Pǐn ouên, ou 平常的 Pǐh chǎng tý.

**PROSCRIRE**, v. a. *Proscribĕre.* 冒定案 Maó tín gán. ‖ — quelqu'un, c.-à-d. l'envoyer en exil. *Exsulare aliq.* 充軍 Tchōng kiūn. ‖ — un usage. *Morem delēre.* 改風俗 Kaý fōng siŭ.

**PROSE**, s. f. *Prosa, æ, f.* 文 Ouên, ou 文詞 Ouên tsè.

**PROSÉLYTE**, s. m. *Proselytus, i, m.* 新敎友 Sīn kiáo yeŏu.

**PROSÉLYTISME**, s. m. *Proselytismus, i, m.* 熱烈 Jě liě. ‖ Faire du —. *Habēre zelum propag.* 顯大熱烈 Hièn tá jě liě.

**PROSODIE**, s. f. *Prosodia, æ, f.* 詩法 Chē fǎ. 韻學 Yún hiŏ. 平仄聲規 Pǐh tsě chēn koŭy.

**PROSOPOPÉE**, s. f. *Prosopopœia, æ, f.* 使物言 Chě oŭ yên.

**PROSPECTUS**, s. m. *Programma, atis, n.* 飛子 Feý tsè.

**PROSPÈRE**, adj. *Prosper.* 順遂的 Chuén siŭ tý.

**PROSPÉRER**, v. a. *Dext. fort. uti.* 順遂 Chuén siŭ. ‖ Tout lui —. *Omnia ei prosperè succedunt.* 樣樣都順遂 Yáng yáng toū chuén siŭ.

**PROSTATE** (terme de médecine). 膀胱蒂 Páng kouáng tý.

**PROSTERNER (SE)**, v. r. *Se prosternĕre.* 跪 Koùy. ‖ — la face contre terre. *Pronum corpus humum abjicĕre.* 匍匐在地 Pŏu foŭ tsaý tý.

**PROSTITUÉE**, s. f. *Meretrix, icis, f.* 嫖子 Piáo tsè, ou 娼婦 Tchāng foú.

**PROSTITUER**, v. a. *Prostituĕre.* 壞敗人 Paý houáy jèn. ‖ Se —. *Corpus vulgò publicāre.* 壞敗自己 Paý houáy tsè ký. ‖ Se — (en parlant d'une femme qui se livre à cette vie honteuse) 賣娼 Maý tchāng. ‖ —, c.-à-d. fréquenter les maisons de joie. *Scortāri.* 走花街 Tseŏu hoā kāy, ou 走門戶 Tseŏu mên hoú. (Voir le mot *Lieux*.)

**PROSTRATION**, s. f. *Virium defectus, ús, m.* 無氣力 Oŭ ký lý.

**PROTECTEUR**, s. m. *Protector, oris, m.* 保人 Paò jên. ‖ Être le — de quelqu'un. *Protegĕre aliq.* 做保人 Tsoú paò jèn.

**PROTÉGÉ**, s. m. *Cliens, tis, m.* 受麼的人 Cheóu ŷn tý jèn.

**PROTECTION**, s. f. *Præsidium, ii, n.* 扶助 Foŭ tsoú. ‖ Se mettre sous la — de quelqu'un. *In fidem alicuj. se permittĕre.* 靠人 Kaó jèn. ‖ Avoir des — à la Cour. *In aulâ patronos habēre.* 有臂膊 Yeŏu pý pŏ.

**PROTÉGER**, v. a. *Tueri.* 保 Paò.

**PROTESTER**, v. a. *Profitēri.* 辯明不服 Pién mǐn poŭ foŭ.

**PROTOCOLE**, s. m. *Formularum codex, icis, m.* 買賣約式 Maý maý yǒ chě.

**PROTO-SULFATE DE FER**, s. m. 綠礬 Loŭ fán.

**PROTO-SULFATE DE ZINC**, s. m. 白礬 Pě fán.

**PROTOXYDE DE CHAUX**, s. m. 石灰 Chě hoūy.

**PROUE**, s. f. *Prora, æ, f.* 船尾 Tchouǎn oùy.

**PROUESSE**, s. f. *Audax facinus.* 大事 Tá sé, ou 大話 Tá hoá.

**PROUVER**, v. a. *Probāre.* 證 Tchén.

**PROVENIR**, v. n. *Oriri.* 出 Tchŏu.

**PROVERBE**, s. m. *Proverbium, ii, n.* 俗語 Siŏu hoá. ‖ Parler en —. *Proverbiis uti.* 說俗語 Chŏ siŏu hoá. ‖ Cela est passé en —. *Hoc in consuetudinem proverbii venit.* 這一句成了俗語 Tchě ý kiŭ tchên leào siŏu yŭ. ‖ Il y a un — qui dit. *Adest proverbium hoc.* 有俗話 Yeŏu siŏu hoá. (*Voir notre Recueil des Proverbes chinois*, publié à Paris, en 1869.)

**PROVIDENCE**, s. f. *Providentia, æ, f.* 天道 Tiēn taó, ou 掌管 Tchāng kouǎn. ‖ La — ne l'a pas voulu. *Deo aliter visum.* 天主變化了 Tiēn Tchoŭ pién hoá leào.

**PROVIN**, s. m, *Propago, inis, f.* 挿的樹枝 Tchǎ tý choú tchě.

**PROVINCE**, s. f. *Provincia.* 省 Sèn. ‖ Capitale de la —. *Urbs metropolis.* 省城 Sèn tchên.

Sous la dynastie des 明 Mǐn, la Chine comptait quinze provinces. L'Empereur Kāng hý en éleva le nombre à dix-huit. En y ajoutant les trois provinces de Tartarie, pays d'origine de la dynastie actuelle, l'Empereur de Chine compte aujourd'hui vingt-et-une provinces sous son sceptre. (*Voyez le tableau ci-après*).

# TABLEAU DES PROVINCES

| NOMS ACTUELS DES PROVINCES. | NOMS ANCIENS DES PROVINCES en usage dans les écrits. | NOM DE LA CAPITALE DE LA PROVINCE. | POPULATION de chaque province en 1812. | NOMBRE DE VILLES du 1er ordre. 府 Foù. | du 2e ordre. 州 Tcheòu. | du 3e ordre. 縣 Hien. | MOUVANCES DIRECTES. | MOUVANCES INDIRECTES. |
|---|---|---|---|---|---|---|---|---|
| 1° 直隸 Tchě-Lỹ. | 幽 Yeòu, ou 燕 Yēn. | 順天府 Chuén Tiēn foù. | 27,990,871 | 11 | 19 | 124 | » | 6 |
| 2° 山東 Chān-Tōng. | 齊 Tsỹ, ou 魯 Loŭ. | 濟南府 Tsý lân foù. | 28,958,764 | 10 | 9 | 96 | » | 2 |
| 3° 山西 Chān-Sỹ. | 晉 Tsín, ou 趙 Tcháo. | 太原府 Taý yuén foù. | 14,004,210 | 9 | 6 | 85 | » | 10 |
| 4° 陝西 Chén-Sỹ. | 豳 Pīn, ou 關中 Kouān tchōng. | 西安府 Sỹ-gān foù. | 10,207,236 | 7 | 5 | 73 | » | 5 |
| 5° 甘肅 Kān-Sieòu. | » | 蘭州府 Lân tcheòu foù. | 15,193,125 | 9 | 7 | 57 | » | 6 |
| 6° 河南 Hô-Nân. | 兗 Yĕn, ou 豫 Yú. | 開封府 Kaý fōng foù. | 23,037,171 | 9 | 6 | 97 | » | 4 |
| 7° 江蘇 Kiāng-Soū. | 金陵 Kīn lín. | 江寧府 Kiāng lîn foù. | 37,843,501 | 8 | 3 | 62 | 1 | 3 |
| 8° 安徽 Gān-Hoúy. | | 安慶府 Gān kín foù. | 34,168,059 | 8 | 4 | 50 | | 5 |
| 9° 江西 Kiāng-Sỹ. | 吳西 Oû sỹ. | 南昌府 Lân tchāng foù. | 23,046,999 | 13 | 1 | 75 | » | 4 |
| 10° 浙江 Tchě-Kiāng. | 越 Yuě. | 杭州府 Hán tcheòu foú. | 26,256,784 | 11 | 1 | 76 | » | 0 |
| 11° 福建 Foǔ-Kién. | 七閩 Tsỹ-mín. | 福州府 Foŭ-tcheòu foù. | 14,777,410 | 10 | 0 | 62 | » | 2 |
| 12° 湖南 Hoû-Nân. | 三楚 Sān tsoŭ. | 長沙府 Tchāng chā foù. | 18,652,507 | 9 | 3 | 64 | 3 | 4 |
| 13° 湖北 Hoû-Pě. | | 武昌府 Où tchāng foù. | 27,370,098 | 10 | 7 | 60 | | 1 |
| 14° 廣東 Kouàng-Tóng. | 粵東 Gāo-tōng. | 廣州府 Kouàng tcheòu foù. | 19,174,030 | 9 | 7 | 79 | 2 | 4 |
| 15° 廣西 Kouàng-Sỹ. | 粵西 Gāo-sỹ. | 桂林府 Koúy lîn foù. | 7,313,895 | 11 | 16 | 47 | » | 1 |
| 16° 四川 Su-Tchuen. | 蜀 Choǔ. | 成都府 Tchén toŭ foù. | 21,435,678 | 10 | 11 | 111 | 6 | 8 |
| 17° 雲南 Yûn-Nân. | 滇 Tiēn. | 雲南府 Yûn-nân foù. | 5,561,320 | 14 | 27 | 39 | 3 | 4 |
| 18° 貴州 Koúy-Tcheòu. | 黔 Kién. | 貴陽府 Koúy-yâng foù. | 5,288,219 | 12 | 13 | 34 | 3 | 1 |
| | | | 360,279,897 | 182 | 145 | 1,321 | 18 | 67 |
| 19° 遼東 Leào-Tōng. | » | 盛京 Chên-Kīn. | » | » | » | » | » | » |
| 20° 滿州 Mantchóurie. | » | » | » | » | » | » | » | » |
| 21° 蒙古 Mongolie. | » | » | » | » | » | » | » | » |

# DE L'EMPIRE CHINOIS. 357

| NOMBRE de Tín. | Longueur du Nord au Midi. | Longueur de l'Orient à l'Occid. | MILLES CARRÉS. | ACRES. | REVENUS SUR LES | REVENUS EN RIZ. | TOTAUX. | AUTRES CHOSES CÉLÈBRES DE LA CHINE. | |
|---|---|---|---|---|---|---|---|---|---|
| 3 | 1,828 | 1,228 | 50,949 | 37,727,360 | 1° terres. 2,520,000 taëls. 2° sel. 437,000 — 3° divers. 985,000 — | | 3,942,000 taëls. | Fleuves navigables et lacs. | 1,472 |
| 0 | 810 | 1,040 | 65,104 | 41,666,560 | 1° terres. 3,440,000 — 2° sel. 130,000 — 3° divers. 2,774,000 — | 350,000 tán. | 6,344,000 — | Ponts célèbres. | 331 |
| 3 | 1,620 | 880 | 55,268 | 35,371,520 | 1° terres. 3,100,000 — 2° sel. 520,000 — 3° divers. 2,693,000 — | » | 6,313,000 — | Montagnes remarquables. | 2,099 |
| 5 | 2,426 | 936 | 134,008 | 98,565,120 | 1° terres. 1,660,000 — 2° divers. 1,382,000 — | » | 3,042,000 — | Tours et arcs de triomphe. | 1,159 |
| 7 | 2,400 | 2,120 | | | 1° terres. 300,000 — 2° 3° divers. 263,000 — | 220,000 — | 563,000 — | Bibliothèques très-riches. | 272 |
| 0 | 1,120 | 1,190 | 65,104 | 41,666,560 | 1° terres. 3,200,000 — 2° 3° divers. 2,451,000 — | 221,000 — | 5,651,000 — | Temples des Ancêtres. | 709 |
| 2 | 4,700 | 1,630 | 92,961 | 59,495,040 | 1° terres. 5,200,000 — 2° sel. 2,100,000 — 3° divers. 4,433,000 — | 1,431,000 — | 11,733,000 — | Mausolées célèbres. | 688 |
| 0 | | | | | 1° terres. 1,900,100 — 3° divers. 1,844,000 — | 795,000 — | 3,744,000 — | Hommes illustres. | 3,636 |
| 2 | 1,800 | 970 | 71,176 | 46,192,640 | 1° 2° 3° | » | | Femmes célèbres. | 208 |
| 1 | 1,280 | 880 | 39,150 | 25,056,000 | 1° terres. 3,100,000 — 2° sel. 520,000 — 3° divers. 2,236,000 — | 780,000 — | 5,856,000 — | Palais publics. | 32,199 |
| 3 | 980 | 930 | 53,480 | 34,227,200 | 1° terres. 1,100,000 — 2° sel. 87,000 — 3° divers. 154,000 — | » | 2,341,000 — | Temples bouddhistes célèbres. | 480 |
| 0 | 1,450 | 1,420 | | | 1° terres. 1,310,000 — 2° sel. 605,800 — 3° divers. 605,800 — | 400,000 — | 1,905,000 — | Forteresses du 1er ordre, dites 關 Kouān. | 627 |
| 0 | 680 | 2,440 | 144,770 | 92,652,800 | 1° terres. 1,300,000 — 2° sel. 3° divers. 791,000 — | 96,000 — | 2,091,000 — | Forteresses du 2° ordre, dites 衛 Oúy. | 567 |
| 3 | 1,800 | 2,500 | 79,456 | 50,851,840 | 1° terres. 1,420,000 — 2° sel. 50,000 — 3° divers. 723,000 — | » | 2,193,000 — | Forteresses du 3° ordre, dites 宿 Siou. | 311 |
| 3 | 2,960 | 2,810 | 78,250 | 50,080,000 | 1° terres. 420,000 — 2° sel. 50,000 — 3° divers. 324,000 — | 500,000 — | 794,000 — | Forteresses du 4° ordre, dites 鎮 Tchén. | 300 |
| 3 | 3,200 | 700 | 166,800 | 106,752,000 | 1° terres. 640,000 — 2° 3° divers. 328,000 — | » | 968,000 — | Forteresses du 5° ordre, dites 堡 Pǒu. | 150 |
| 5 | 1,150 | 2,510 | 107,969 | 69,100,160 | 1° terres. 2° sel. 210,000 — 3° divers. | 227,000 — | 210,000 — | Forteresses du 6° ordre, dites 鋪 Pǒu. | 100 |
| 5 | 770 | 1,900 | 64,554 | 44,314,560 | 1° terres. 120,000 — 2° sel. 10,000 — 3° divers. 55,000 — | » | 185,000 — | Forteresses du 7° ordre, dites 寨 Tcháy. | 306 |
| 45 | » | » | » | » | » | » | » | Catholiques en Chine en 1860. | 580,000 |
| » | » | » | » | » | » | » | » | | |
| » | » | » | » | » | » | » | » | | |
| » | » | » | » | » | » | » | » | | |

**PROVINCIAL**, s. m. *Provincialis, is, m.* 一省的方丈 Ý sèn tý fāng tcháng.

**PROVISEUR**, s. m. *Gymnasiarcha, æ, m.* 學堂長上 Hiŏ tăng tchàng cháng. ‖ — (qui pourvoit aux besoins d'une maison, etc.). *Procurator.* 當家 Tāng-kiā.

**PROVISION**, s. f. *Comparatio rerum ad vitam necessar.* 辦粮 Pán leâng. ‖ — d'un office. *Muneris collatio.* 交印 Kiaō ýn.

**PROVOQUER**, v. a. *Lacessĕre.* 惹人 Jĕ jên. ‖ — à boire. *Vino invitāre.* 勸酒 Kiuĕn tsieòu. ‖ — la colère de quelqu'un. *Ad iram excitāre.* 兜人冒火 Teōu jên máo hò.

**PROXÉNÈTE**, s. m. (entremetteur). *Proxcneta, æ, m.* — d'affaires. 中人 Tchōng jên. ‖ — de mariage. 媒人 Meý jên.

**PROXIMITÉ**, s. f. *Vicinitas, atis, f.* 近 Kín. ‖ — de sang. *Propinquitas.* 親戚 Tsīn tsý.

**PRUDENCE**, s. f. *Prudentia, æ, f.* 賢智 Hiên tchê.

**PRUNELLE**, s. f. ‖ — de l'œil. *Pupilla, æ, f.* 眼珠 Yĕn tchoŭ.

**PRURIT**, s. m. *Pruritus, ús, m.* 癢 Yàng.

**PSAUME**, s. m. *Psalmus, i, m.* 墨韻 Chén yún.

**PSEUDONYME**, adj. *Pseudonymus.* 隱姓 Ýn sín, ou 理名 Maý mìn.

**PSORIASIS** (terme de méd.). 種癬 Tchòng siĕn.

**PSYCHOLOGIE**, s. f. *Psychologia, æ, f.* 靈性學 Līm sín hiŏ.

**PTÉRYGION**, s. f. (maladie de l'œil). *Pterygium.* 老肉 扳睛 Laò joŭ pān tsīn.

**PUANT, E** adj. *Fetídus.* 㚢的 Tcheoŭ tý. ‖ Devenir —. *Putescĕre.* 㚢 Tcheoŭ.

**PUBERTÉ**, s. f. *Pubertas, atis, f.* 發身的時候 Fă chēn tý chê heóu. ‖ Y arriver. *Pubescĕre.* 成丁 Tchên tīn.

**PUBÈRE**, adj. (expression chinoise pour les deux sexes). *Puber.* 冠笄之年 Koūan ký tchē niên.

**PUBLIC, QUE**, adj. *Publicus.* 公的 Kōng tý. ‖ Trésor —. *Ærarium* —. 公庫 Kōng koŭ. ‖ Service —. *Usus* —. 公幹 Kōng kán. ‖ Avoir part aux affaires —. *In rebus publ. versări.* 管公事 Kouàn kōng sé. ‖ Chemin —. *Via publica.* 大路 Tá loú. ‖ Fille —. *Meretrix.* 娼婦 Tchāng foú. ‖ Chose —. *Res divulgata.* 明事 Mîn sé.

**PUBLIC**, s. m. *Populus, i, m.* 百姓 Pĕ sín. ‖ En —. *Coram omnibus.* 當倒衆人 Tāng taò tchóng jên.

**PUBLICAIN**, s. m. *Publicanus, i, m.* 叔税的 Cheōu choúy tý.

**PUBLIER**, v. a. *Divulgāre.* 傳宣 Tchouăn siuĕn. ‖ — un ordre. *Mandatum* —. 出示 Tchŏu ché. ‖ — un livre. *Librum edĕre.* 著書 Tchoŭ choū. ‖ — un secret. *Secretum vulgāre.* 漏密事 Leóu mý sé.

**PUCE**, s. f. *Pulex, icis, m.* 蛤蚤 Kĕ tsaò. ‖ Prendre les —. *Capĕre* —. 捉蛤蚤 Tchŏ kĕ tsaò. ‖ Les tuer. *Occidĕre* —. 夾蛤蚤 Kiă kĕ tsaò. ‖ Mettre la — à l'oreille. *Scrupul. injicĕre.* 打草驚蛇 Tà tsăo kīn ché.

**PUDEUR**, s. f. *Pudor, oris, m.* 羞 Sieōu. ‖ Sans —. *Inverecundus.* 不害羞 Poŭ haý sieōu.

**PUDICITÉ**, s. f. *Pudor, oris, m.* 潔淨 Kič tsín.

**PUER**, v. n. *Male olĕre.* 㚢 Tcheoŭ.

**PUÉRIL, E**, adj. *Puerilis.* 孩童的 Hiaý tōng tý.

**PUÎNÉ, E**, adj. *Natu minor.* 老二 Laò euĺ.

**PUIS**, adv. *Deindé.* 以後 ý heóu.

**PUISER**, v. a. ‖ — de l'eau. *Haurire aquam.* 舀水 Yaò choúy, ou 汲水 Ký choúy. ‖ — une cuillerée de bouillon. 舀一瓢湯 Yaò ý piáo tāng. ‖ — une cuillerée de légumes. 鏟一鏟菜 Tchàn ý tchàn tsaý.

**PUISQUE**, conj. *Quoniam.* 因爲 Ýn oúy.

**PUISSANCE**, s. f. *Potestas, atis, f.* 能 Lên, ou 權 Kiuên. ‖ Être sous la — de quelqu'un. *Esse in — alic.* 在人權下 Tsaý jên kiuên hiá. ‖ Les —. *Reges.* 皇上 Hoŭang cháng, ou 帝王 Tý ouâng.

**PUISSANT, E**, adj. *Potens.* 能的 Lên tý. ‖ — (efficace). *Efficax.* 有效驗的 Yeóu hiáo niên tý.

**PUITS**, s. m. *Puteus, i, m.* 水井 Choùy tsìn. (Celui qui les a creusés le premier est 伯益 Pĕ-ý.) ‖ — de feu. *Unus* —. 一口井 Ý keŏu tsìn. ‖ — de feu. *Ignitus* —. 火井 Hŏ tsìn. ‖ Creuser un —. *fodĕre.* 挖井 Oūa tsìn. ‖ Se jeter dans un —. *In puteum projicĕre se.* 投井 Teŏu tsìn. ‖ Nettoyer un —. *mundāre* —. 淘井 Tāo pān tsìn.

**PULLULER**, v. n. *Pullulāre.* 發芽 Fă yâ.

**PULPE**, s. f. *Pulpa, æ, f.* 濕果肉 Chĕ kò joŭ.

**PULSATION**, s. f. *Pulsatio, onis, f.* 跳 Tiáo. ‖ — de cœur. *Cordis* —. 必跳 Sīn tiáo.

**PULVÉRISER**, v. a. *In pulv. reducĕre.* 㔾爲末 Niĕn oúy mŏ.

**PUNAISE**, s. f. *Cimex, icis, m.* 臭虫 Tcheóu tchŏng. ‖ Les prendre. *Capĕre* —. 捉臭虫 Tchŏ tcheóu tchŏng. ‖ Les tuer. *Occidĕre* —. 搯臭虫 Tāo tcheóu tchŏng.

**PUNIR**, v. a. *Punire.* 罰 Fă. ‖ — gravement. *Graviter* —. 重罰 Tchóng fă.

**PUPILLE**, s. m. *Pupillus, i, m.* 孤兒 Koū euĺ. ‖ — de l'œil. *Oculi pupilla.* 眼珠 Yĕn tchoŭ.

**PUPITRE**, s. m. *Pluteus, i, m.* 書架子 Choū kiá tsè.

**PUR, E**, adj. *Merus.* 淨的 Tsín tý. ‖ Esprit —. *spiritus.* 純神 Chuên chên. ‖ Plaisir —. *Sincera volupt.* 正樂 Tchĕn lŏ. ‖ Vie —. *Vita casta.* 好行爲 Haò hîn oúy.

**PURETÉ**, s. f. *Munditia, æ, f.* 潔淨 Kič tsín. ‖ — de l'air. *Serenitas.* 天晴 Tiĕn tsĭn. ‖ — de l'eau. *Aqua limpiditas.* 水清 Choùy tsĭn. ‖ — d'intention. *Recta*

## PUR — QUA

mens. 善意 Chán ý. ‖ — (chasteté). Castitas. 貞潔 Tchēn kiě. ‖ Vivre avec —. Integrè vivěre. 不犯貞潔 Poŭ fán tchēn kiě.

**PURGATIF, VE**, adj. Purgans. 下藥 Hiá yŏ.

**PURGATIF**, s. m. Purgatio, onis, f. 瀉藥 Sié yŏ.

**PURGATOIRE**, s. m. Purgatorium, ii, n. 煉獄 Lién yŏ. ‖ Les âmes du —. Animæ —. 煉靈 Lién lîm. ‖ Peines du —. Pœnæ —. 煉獄的苦 Lién yŏ tỷ kŏu. ‖ Aller en —. Descenděre in —. 下煉獄 Hiá lién yŏ. ‖ En sortir. Exire de —. 脫免煉刑 Tŏ' miēn lién hîn. ‖ Aider les âmes du —. Adjuvāre animas —. 扶助靈煉 Foŭ tsoú lién lîm.

**PURGER (SE)**, v. a. (prendre médecine). Purgāre. 喫下藥 Tchě' hiá yŏ. ‖ — les métaux. Metalla —. 煉五金 Lién où kīn. ‖ Se — d'un crime. Crimen diluěre. 自白 Tsé pě'.

**PURIFICATION**, s. f. Purificatio, onis, f. 洗罪 Sỷ. ‖ Fête de la — de la B. V. M. Festum Purificationis B. V. M. 聖母取潔 Chén Moù tsiŭ kiě.

**PURIFICATOIRE**, s. m. Purificatorium, ii, n. 聖爵布 Chén tsiŏ poú.

**PURIFIER**, v. a. Purgāre. 洗净 Sỷ tsín.

**PUS**, s. m. Pus, uris, n. 膿 Lóng. ‖ Le — sort. — erumpit. 出膿 Tchŏu lông.

**PUSILLANIME**, adj. Pusillanimus. 小胆的 Siaŏ tàn tỷ.

**PUSTULE**, s. f. Pustula, æ, f. 小瘡 Siaŏ tchoŭang. ‖ — de la peau. Pellis —. 皮生膿脆 Pỷ sēn lông paŏ.

**PUTATIF, IVE**, adj. Creditus. 頂名的 Tĭn mín tỷ.

**PUTRÉFIER**, v. a. Putrefacěre. 朽爛 Hieŏu lán.

**PUTRIDE**, adj. Putridus. 爛的 Lán tỷ.

**PYGMÉE**, s. m. Pygmæus, æi, m. 矮人 Gaỳ jēn.

**PYLORE**, s. m. Pylorus, i, m. 幽門 Yeŏu mēn.

**PYRAMIDE**, s. f. Pyramis, idis, f. 高搭 Kaŏ tă', ou 尖搨體 Tsiēn pán tỷ.

**PYTHIE**, s. f. Pythia, æ, f. 女神 Niù chēn.

**PYTHONISSE**, s. f. Pythonissa, æ, f. 算命婆 Souán mín pŏ'.

**QUADRATURE**, s. f. Quadratio, onis, f. 四方的 Sé fāng tỷ.

**QUADRER** (orthographe actuelle : CADRER), v. n. Congruěre. 合式 Hŏ chě', ou 對 Toúy. ‖ Sa conduite ne — pas avec sa doctrine. Vita doctrinæ non respondet. 他的言行不合 Tă' tỷ yēn hîn poŭ hŏ.

**QUADRIENNAL, E**, adj. Quadriennis. 每四年的 Meỳ sé niēn tỷ.

**QUADRIGE**, s. m. Quadrigæ, arum, f. 四馬車 Sé mà tchēy.

**QUADRILATÈRE**, adj. Quadrilaterus. 日字形 Jě' tsé hîn.

**QUADRUPÈDE**, s. m. Quadrupes, edis, m. 四脚的 Sé kiŏ tỷ.

**QUADRUPLE**, adj. Quadruplus. 四倍的 Sé péy tỷ.

**QUADRUPLER**, v. a. Quadruplicāri. 加四倍 Kiā sé péy.

**QUAI**, s. m. Crepido, inis, f. 河邊的路 Hô piēn tỷ loú.

**QUALIFIER**, v. a. Titulum tribuěre. 取名 Tsiŭ mín, ou 稱呼 Tchēn hoū.

**QUALITÉ**, s. f. Qualitas, atis, f. 等 Tén. 才能 Tsaỳ lén. 樣子 Yáng tsè. ‖ Première —. 上等 Cháng tén. ‖ Deuxième —. 中等 Tchōng tén. ‖ Troisième —. 下等 Hiá tén. ‖ — des plantes. Natura plantarum. 草性 Tsaŏ sín. ‖ — des marchandises. Mercium virtus. 貨的好歹 Hŏ tỷ haŏ taỷ. ‖ — de l'esprit. Ingenii facultas. 良知良能 Leâng tchē leâng lén. ‖ Avoir toutes les —. Dotibus omnibus pollēre. 齊才 Tsỷ tsaỳ. ‖ En — de. Tanquam. 當 Tāng.

**QUALITÉS**, s. f. (titres d'honneur). Tituli, orum, n. (Voir le mot Titre).

**QUAND**, adv. Quandò. 那時 Lá chě. ‖ — j'étais jeune. Me juvene. 我年青時候 Ngŏ niên tsîn chě heóu. ‖ — viendra-t-il? Quando veniet? 他那个時候來 Tă' là kó chě heóu laỳ. ‖ Jusques à —? Usquequò? 到那時 Táo là chě. ‖ — (quoique). Licet. 雖然 Siū jân.

**QUANT**, adv. (pour ce qui est de). *Quoad.* 爲 Oûy, ou 偷 Lén.

**QUANTIÈME**, adj. *Quotus.* 第幾 Tý kỳ. ǁ Quel — avons-nous? *Quotus hodiè mensis dies?* 今天初幾 Kīn tiēn tsŏu kỳ. Cette formule s'emploie jusqu'au dixième jour du mois inclusivement. A partir de ce jour, en demandant le quantième, on dira : 今天十幾 Kīn tiēn chě kỳ, jusqu'au vingtième jour. Ensuite, on dira 二十幾 Eàl chě kỳ.

**QUANTITÉ**, s. f. *Quantitas, atis, f.* 多少 Tō chaò, ou 輕重 Kīn tchóng. ǁ En égale —. *Æquâ parte.* 均平 Kiūn pǐh. ǁ — (multitude). *Multi.* 多少 Tō chaò. ǁ — de navires. *Vis ingens navium.* 船多 Tchouǎn tō. ǁ — de gens. *Complures.* 多人 Tō jēn. ǁ — des vers. *Versuum quantitas.* 韻脚 Yún kiŏ. ǁ En grande —. *Plurimi.* 多得狠 Tō tě hèn.

**QUARANTAINE**, s. f. *Quadraginta.* 四十 Sé chě. ǁ La sainte —. *Quadragesima, æ, f.* 四十八天嚴齋 Sé chě pǎ tiēn niēn tcháy. ǁ — (contre la peste). *Quadragcni dies.* 等驗瘟疫所 Těn niēn ouēn joû sò.

**QUARANTE**, adj. *Quadraginta.* 四十 Sé chě.

**QUART**, s. m. *Quarta pars.* 四分之一 Sé fén tchě ỷ. ǁ Un — d'heure. *Horæ quadrans.* 一刻 Ỷ kě. ǁ Être de —. *Custos esse.* 改班 Kaỳ pān. ǁ Finir le —. *Stationem alic. tradĕre.* 下改班 Hiá kaỳ pān. ǁ Médire du tiers et du —. *In omnes maledicĕre.* 个个都遭蹋 Kó kó toū tsaō tǎ.

**QUARTIER**, s. m. *Quarta pars.* —分 Ỷ fén, ou 四分 sé fén. ǁ Premier — de lune. 上弦 Cháng hiēn. ǁ Deuxième — de lune. 中弦 Tchōng hiēn. ǁ Troisième — de lune. 下弦 Hiá hiēn. ǁ — d'orange. 一瓣柑子 Ỷ pán kān tsè. ǁ — (pays). *Regio.* 地方 Tý fāng. ǁ Demander —. *Vitam pacisci.* 投降 Teŏu kiáng, ou 求饒 Kieŏu jaó. ǁ Ne faire aucun —. 都殺了一个都不饒 Toū chǎ leaò ỷ kó toū poŭ jaó.

**QUASI**, adv. *Ferè.* 差不多 Tchá' poŭ tō.

**QUATRE**, adj. *Quatuor.* 四 Sé. ǁ Quatre fois autant. *Quadruplex.* 加四倍 Kiā sé peý. ǁ Se mettre en quatre. *Omni ope niti.* 盡力 Tsín lỳ. ǁ Faire le diable à —. *Bacchāri.* 大怒 Tá loú.

**QUATRE-TEMPS**, s. m. *Quator anni tempora.* 四時 Sé chě, ou 四季 Sé ký. Savoir : 春 Tchoūn, le printemps ; 夏 Hiá, l'été ; 秋 Tsieŏu, l'automne ; 冬 Tōng, l'hiver.

**QUE**, pron. relat. indéc. Se met pour lequel. En chinois, il se rend ordinairement par 所 Sò. ǁ Dieu — je révère. *Deus quem vereor.* 我所慶的主 Ngò sò kín tý Tchoŭ.

**QUE**, interrog. *Quid?* Qu'est-ce? *Quid est?* 是甚麽 Ché chén mô? ǁ — dites-vous là? *Quid dicis?* 你說甚麽話 Ngỳ chŏ chén mô hoá.

**QUE**, admiratif. *Quàm!* — j'espère! *Quàm spero!* 我望得狠 Ngò ouáng tě hèn.

**QUE** (de désir). *Quàm!* — n'ai-je le temps de! *Cur non vaco ut.* 巴不得我得空 Pā poŭ tě ngò tě kóng.

**QUE** (d'exclamation). Combien suis-je malheureux! *Me miserum!* 我這樣燥遊 Ngò tchě yáng tsaō niě. ǁ — c'est étonnant! *Quàm mirum!* 這纔奇 Tchě tsáy kỳ.

**QUE** (impératif). Qu'on ne parle pas. *Sileatur.* 不要說話 Poŭ yáo chŏ hoá.

**QUE** (après un comparatif). *Quàm.* Il est plus hardi — prudent. *Audacior quàm prudentior est.* 他的胆子比他的賢智更大 Tā' tỳ tàn tsè pỳ tā' tỳ hiēn tchě kén tá' ou 大些 Tá sỳ.

**QUE** (après les verbes). Il ne fait — d'arriver. *Nuper advenit.* 他纔到 Tā' tsáy taó, ou 纔蹓 Tsáy lòng.

**QUEL, LE**, adj. *Qualis.* 甚麼 Chén mô, ou 那樣的 Là yáng tỳ. ǁ De — pays êtes-vous? *Cujas es tu?* 貴處 Koúy tchŏu. ǁ — heure est-il? *Quota hora est!* 有幾點鐘 Yeŏu kỳ tiēn tchōng. ǁ A — intention? *Quo fine?* 何意 Hô ý. ǁ En — temps? *Quandò?* 那个時候 Là kó chě heóu. ǁ — que soit. *Qualiscunque.* 不拘那樣 Poŭ kiū là yáng. ǁ — audace! *Quanta audacia!* 好大胆 Haó tá tàn. ǁ — qu'il soit. *Quicunque.* 不論那個 Poŭ lén là kó.

**QUELCONQUE**, adj. *Quicunque.* 不論那個 Poŭ lén là kó.

**QUELQUE**, adj. *Aliquis.* 有些 Yeŏu sỳ. ǁ Il y a — personnes. *Sunt aliquot.* 有西人 Yeŏu sỳ jēn. ǁ — (pour un nombre indéterminé). *Aliquot.* 幾 Kỳ. ǁ Il y a — années. *Sunt aliquot anni.* 有幾年 Yeŏu kỳ niēn.

**QUELQUE** (signifiant quel que soit le). — chose qu'il arrive. *Quidquid advenerit.* 有不倫甚麼事 Yeŏu poŭ lén chén mô sé. ǁ — façon que ce soit. *Quocunque.* 不倫那樣 Poŭ lén là yáng. ǁ — peu. *Aliquantulùm.* 些微 Sỳ oûy, ou 一點點 Ỷ tiēn tiēn.

**QUELQUE**, empl. adv. *Quamvis.* 雖然 Siū jān.

**QUELQUE** (environ). *Fermè.* 差不多 Tchá' poŭ tō.

**QUELQUEFOIS**, adv. (de fois à autre). *Quandòque.* 有時 Yeŏu chě.

**QUELQU'UN, E**, adj. *Aliquis.* 有人 Yeŏu jēn.

**QUENOUILLE**, s. f. *Colus, ûs, m.* 紡錘 Fàng tchoŭy, ou 線竿 Sién kān.

**QUERELLE**, s. f. *Rixa, æ, f.* 口嘴 Keŏu tsoùy. ǁ Chercher —. *causam inferre* 找人吵嘴 Tchaò jēn

QUE　　　　　　QUO　　　　361

tchăo tsoùy. ‖ Faire une — d'Allemand. 借故告人 Tsiĕ koú kaó jên. ‖ Être en —. *Esse in rixâ.* 吵嘴 Tchăo tsoùy.
QUERELLER (SE), v. n. *Inter se dissidēre.* 角逆 Kŏ nië.
QUÉRIR, v. a. *Advocāre.* 喊人 Hàn jên. ‖ — le médecin. *Medicum —.* 請醫生 Tsĭn ў sēn.
QUESTEUR, s. m. *Quæstor, oris, m.* 布政司 Poú tchén sē.
QUESTION, s. f. *Quæstio, onis, f.* 問 Ouén. ‖ Faire une —. *Interrogāre.* 問 Ouén. ‖ Accabler de —. *Multa rogitāre.* 追問 Tchoŭy ouén. ‖ — de droit. *De jure —.* 照律 Tchaó liŭ. ‖ — de fait. *De facto —.* 照事 Tchaó sé. ‖ — de mots. *Verborum —.* 辯字義 Pién tsé nў. ‖ Se tenir dans la —. *In themate stāre.* 不打野話 Poŭ tà yĕ hoá. ‖ En sortir. *De them. exīre.* 打野話 Tà yĕ hoá. ‖ — (supplice). *Tormenta.* 夾棍 Kiă kouén. ‖ — pour les femmes. 撲子 Tsân tsĕ. ‖ Y appliquer. *Quærĕre tormenti.* 上夾棍 Cháng kiă kouén. ‖ Avouer tout à la —. *Enuntiāre commissa.* 苦打成招 Kŏu tà tchên tchaō, ou 招供 Tchāo kóng.
QUÊTE, s. f. *Collecta, æ, f.* 逗來濟貧的錢 Teóu laў tsў pĭn tў tsiēn. ‖ Faire la —. *Collect. facĕre.* 收錢 Cheōu tsiēn. ‖ Les Taó sé faisant la —. 道人化緣 Taó jên hoá yuên. ‖ Les bonzes faisant la —. 和尙化齋 Hŏ cháng hoá tchăy.
QUEUE, s. f. *Cauda, æ, f.* 尾 Oùy. ‖ Couper le bout de la —. *Caudam castrāre.* 欻尾 Kăn oùy. ‖ — de fleurs. *Petiolus.* 花蒂 Hoā tý. ‖ — de poisson. 魛 Mŏ. ‖ — d'aronde. *Subscus, udis, f.* 木釘 Moŭ tīn, ou 交指 Kiāo tchĕ. ‖ (Quant à la natte ou cadenette chinoise, que l'on nomme vulgairement queue, voyez le mot *Chevelure*). ‖ Remuer la —. *Caudam agitāre.* 搖尾把 Yaŏ oùy pà. ‖ Ses paroles n'ont ni — ni tête. *Nec pes nec caput ejus sermonis apparet.* 他的話沒頭緒 Tā tў hóa mô teŏu siŭ.
QUI, pr. rel. *Qui.* 那个 Lá kó. ‖ Quisquis es. 不論你是那个 Poŭ lén ngў ché là kó. ‖ — (interrogatif). *Qui?* 是那個 Ché là kó. ‖ — des deux. *Uter.* 二人中是那一個 Eŭl jên tchōng ché là ў kó.
QUIA. ‖ Être à —. *Non habēre quod respondeat.* 莫得話答應 Mô tĕ hóa tă ýn.
QUICONQUE, pr. *Quicunque.* 不論那個 Poŭ lén là kó.
QUIDAM, s. m. *Quidam.* 某人 Mòng jên.
QUIÉTUDE, s. f. *Quies, etis, f.* 平安 Pĭn-gān.
QUILLE, s. f. ‖ — de navire. *Carĭna, æ, f.* 船底骨 Tchouǎn tў koŭ, ou 船存 Tchouǎn tsў. ‖ Notre jeu de — est inconnu en Chine.

QUINCAILLERIE, s. f. *Minutæ merces.* 零碎貨物 Lĭn soúy hó oŭ.
QUINCONCE, s. m. *Quincunx.* 海棠樣 Haў táng yáng.
QUINQUAGÉNAIRE, adj. *Quinquaginta annos natus.* 有五十歲 Yeòu oŭ chĕ soúy.
QUINQUENNAL, LE, adj. *Quinquennalis.* 每五年的 Meў oŭ niên tў.
QUINTAL, s. m. (cent livres). *Centumpondo.* 一百斤 Ў pĕ kīn.
QUINTE, s. f. *Libido, inis, f.* 私慾 Sē yŏu, ou 怪意 Koŭay ý.
QUINTESSENCE, s. f. *Succus, i, m.* 汁 Tchĕ, ou 漿 Tsiāng.
QUINZE, adj. num. *Quindecim.* 十五 Chĕ oŭ.
QUINZIÈME, adj. *Decimus quintus.* 第十五 Tý chĕ oŭ.
QUIPROQUO, s. m. *Error, oris, m.* 錯 Tsŏ.
QUITTANCE, s. f. *Apocha, æ, f.* 完飛 Ouân feў, ou 収票 Cheōu piāo. 領狀 Lĭn tchouáng. ‖ La donner. *Scribĕre.* 打完飛 Tà ouân feў, ou 寫収票 Siĕ cheōu piāo.
QUITTE, adj. *Solutus.* 脫了的 Tŏ leăo tў. ‖ Tenir —. *Condonāre debitum.* 讓賬 Jáng tcháng. ‖ Être —. *Exsolvisse.* 兩淸 Leăng tsīn. ‖ Jouer — ou double. *Ut cum altero paria ant duplicia fiant ludĕre.* 贏了吹灰輸了再欠 Ýn leăo tchoŭy hoŭy choŭ leăo tsaў kiên.
QUITTER, v. a. *Deserĕre.* 丟 Tieōu, ou 離 Lў. ‖ — son pays. *Cedĕre ė patriâ.* 離家 Lў kiā, ou 出門 Tchŏu mên. ‖ — sa femme. *Remittĕre uxorem.* 離妻子 Lў tsў tsĕ. ‖ — le chemin. *È viâ decidĕre.* 走路遶 Tseŏu loú pién. ‖ — ses habits mauvais. *Prav. consuet. relinq.* 改毛病 Kaў maŏ pín. ‖ — son poste. *E stat. decedĕre.* 逃兵 Taŏ pīn. ‖ — son sentiment. *Sent. deserĕre.* 改主意 Kaў tchoŭ ý. ‖ — ses habits. *Exuĕre vestes.* 脫衣服 Tŏ ў foŭ. ‖ — un débiteur. *Condonāre debitori.* 免債 Miĕn tcháy.
QUOI, pron. relat. S'exprime communément en chinois par 所 Sŏ. ‖ Ce à — je me plais. *Res quâ delector.* 我所好 Ngŏ sŏ haó.
QUOI, pris substantivement. ‖ — qu'il en coûte. *Quantilibet.* 不倫那个價錢 Poŭ lén lá kó kiá tsiēn. ‖ A — pensez-vous? *Quid cogitas?* 你有什麽意思 Ngў yeòu ché mô ý sē.
QUOIQUE, conj. *Licet.* 雖然 Siū jân.
QUOLIBET, s. m. *Jocus, i, m.* 笑談 Siáo tán, ou 無趣的話 Oŭ tsiŭ tў hóa.
QUOTE, adj. *Rata pars.* 均分 Kiūn fén. ‖ Payer sa — part. *In partem impensæ venire.* 各人開 Kó jên kaў.
QUOTIDIEN, NE, adj. *Quotidianus.* 每日的 Meў jĕ tў.
QUOTITÉ, s. f. *Quota pars.* 一分 Ў fén, ou 一股 Ў koŭ

46

RABÂCHER, v. a. *Eadem repetĕre.* 重說 Tchŏng chŏ.
RABAIS, s. m. *Deductio, onis, f.* 跌價 Tiĕ kiá. ‖ Donner un ouvrage au —. *Opus minoris licitanti adjudicāre.* 那个相因包是那个做 Lá kó siāng y̆n paŏ ché lá kó tsoú.
RABAISSER, v. a. *Demittĕre.* 放矮些 Fáng gaỳ sȳ. ‖ — (diminuer). *Diminuĕre.* 減少 Kièn chaŏ. ‖ — le prix. *Pretium —.* 減價 Kièn kiá. ‖ — (déprécier). *Deprimĕre.* 遭蹋 Tsaŏ tă.
RABATTRE, v. a. *Deprimĕre.* 放矮 Fáng gaỳ. ‖ — les coutures. *Suturas coœquāre.* 熨衣服 Yún (ou Oúy) ȳ foŭ. ‖ — (diminuer) d'une somme. *Deducĕre.* 除 Tchoŭ. ‖ — le caquet. *Loquacitatem inhibēre.* 閉人的口 Pý jên tý̆ keŏu. ‖ Se — sur une autre chose. *Alia proferre.* 講別樣 Kiàng piĕ' yáng.
RABÊTIR, v. a. *Hebetem reddĕre.* 昏迷人 Houên my̆ jên.
RABOT, s. m. *Runcina, œ, f.* 鉋子 Páo tsè. ‖ — fin pour polir. 光鉋 Kouāng páo. ‖ — pour les rainures. 漕鉋 Tsaŏ páo. ‖ Autres espèces. — 線鉋 Sién páo. 邊鉋 Piēn páo. 喬鉋 Kiaó páo.
RABOTEUX, SE, adj. *Asper.* 不平的 Poŭ pĭn tỳ.
RABOUGRI, E, adj. *Retortus.* 彎的 Ouān tỳ.
RACAILLE, s. f. *Plebis fex.* 下賤人 Hiá tsién jên.
RACCOMMODER, v. a. *Reficĕre.* 補 Poŭ. ‖ — un habit. *Vestem —.* 補衣服 Poŭ y̆ foŭ. ‖ — des amis. *Reconciliāre amicos.* 和睦朋友 Hô moŭ pŏng yeŏu. ‖ — la porcelaine. *Fractam porcellanam glutinĭre.* 鉅磁 Kiú tsĕ̆. ‖ Se — avec quelqu'un. *In gratiam redīre.* 取和 Tsiŭ̆ hô.
RACCOURCI, s. m. *Epitome, es, f.* 略 Liŏ.
RACCOURCIR, v. a. *Resecāre.* 斷一些 Touán y̆ sȳ, ou 短 Touàn.
RACE, s. f. *Proles, is, f.* 後人 Heóu jên. ‖ — (famille). *Familia.* 一家人 Y̆ kiā jên. ‖ Toute la — a péri. *Tota familia consumpta est.* 全家死絕 Tsuên kiā sè tsinĕ̆. ‖ — des animaux. *Animantium —.* 牲口的類 Sēn keŏu tý̆ loúy. ‖ — (postérité). *Genus.* 子孫 Tsè

sēn, ou 後代 Heóu táy. ‖ Perpétuer la —. *Propagāre —.* 傳生類 Tchouân sēn loúy. ‖ — noble. *Nobilis progenies.* 出身高 Tchŏu chēn kaŏ.
RACHETER, v. a. *Redimĕre.* 贖回 Choŭ hoúy. ‖ — (compenser). *Pensāre.* 補 Poù, ou 賠禮 Péy lỳ. ‖ — une chose engagée. *Pignus redimĕre.* 贖當的東西 Choŭ táng tỳ tōng sȳ.
RACINE, s. f. *Radix, icis, f.* 根 Kēn. ‖ La — multipliée par elle-même donne le carré : 根自乘得平方 Kēn tsé tchên tŏ' pĭn fāng. ‖ — et carré. 根數 Kēn soú. ‖ Prendre —. — agĕre. 生根 Sēn kēn. ‖ Arracher les —. — *evellĕre.* 拔根 Pă' kēn.
RACLER, v. a. *Radĕre.* 刮 Kouă. ‖ — des peaux. 削皮 Siáo pý.
RACLOIR, s. m. *Radula, œ, f.* ou *Hostorium, ii, n.* 斗檔子 Teŏu tăng tsè, ou 斗刮 Teŏu kouă.
RACONTER, v. a. *Narrāre.* 談 Tăn, ou 講 Kiàng. ‖ — une histoire. *Historiam —.* 談故事 Tăn koú sé.
RACORNIR, v. a. *Durāre.* 硬 Gēn, ou 縐了 Tsóng leào.
RADE, s. f. *Vadosa ora.* 碼頭 Mà teŏu.
RADEAU, s. m. *Ratis.* 筏子 Pă' tsè.
RADICAL, E, adj. *Radicalis.* 根本的 Kēn pèn tỳ.
RADICAUX, s. p. *Radicalia verba.* 字部 Tsé-poú.

On entend, par ce mot, tous les caractères chinois qui ont été adoptés comme chefs de familles ou de clefs et sous lesquels on a groupé l'ensemble de tous les signes de la langue chinoise. Ces radicaux ou clefs, au nombre de deux cent quatorze, ont été heureusement mis en usage pour la première fois vers l'an 1616 par le savant docteur Meỳ tán. Auparavant la recherche d'un caractère chinois dans les dictionnaires offrait de grandes difficultés. (*Voyez notre Grammaire en tête de ce Dictionnaire.*)

RADIEUX, SE, adj. *Radians.* 發亮的 Fă leáng tỳ.
RADIUS, s. m. (os, terme d'anat.). 輔肘骨 Foŭ tcheŏu koŭ, ou 臂骨條 Pý koŭ tiáo.

RADOTER, v. a. *Delirāre.* 打糊說 Tà hoù chŏ.
RADOUBER, v. a. *Reficĕre.* 補船 Poù tchouán.
RADOUCIR, v. a. *Mitigāre.* 息 sỳ. ‖ — quelqu'un. *Alic. iram.* 勸人息怒 Kiuèn jén sỳ loú. ‖ Le froid se —. *Mitescit frigus.* 寒退了些 Hán toúy leào sỳ. ‖ Se —. *Iram deponĕre.* 息怒 Sỳ loú.
RAFALE, s. f. *Vehemens pluvia, æ, f.* 一陣風雨 Ỳ tchén fōng yù.
RAFFERMIR, v. a. *Firmāre.* 堅固 Kiēn koú. ‖ — sa santé. *Valetudinem.* 保養 Paò yàng. ‖ Se — *Animum —.* 定志 Tín tché.
RAFFINÉ, a. s. *Repurgatus.* 清了的 Tsīn leào tỳ. ‖ — (rusé). *Callidus.* 伶巧 Liń kiào.
RAFFINER, v. a. *Excoquĕre.* 漂 Piāo, ou 煉 Lién. ‖ — le sucre. *Sacch. excolāre.* 漂糖 Piāo tāng, ou 清糖 Tsīn tāng. ‖ — sur quelque chose. *Minuté scrutāri.* 過餘下細 Kó yû hiá sý.
RAFFOLER, v. a. *Cupiditate incendi.* 過餘愛 Kó yû gaý.
RAFLE, s. f. *Scapus, i, m.* 葡萄蒂 Poú taó tý, ‖ — au jeu. *Vulturius.* 投標 Teóu piáo, ou 打八進 Tà pă tsín.
RAFRAICHIR, v. a. *Refrigerāre.* 涼 Leáng. ‖ — la mémoire à quelqu'un. *Rei memoriam reficĕre.* 提醒 Tỳ sìn. ‖ —. *Vires recreāre.* 補氣力 Poù kỳ lỳ, ou 壯力 Tchoúng lỳ. ‖ Le vent se —. *Ventus increbrescit.* 風涼快 Fōng leáng kouáy.
RAFRAICHISSANT, E, adj. *Refrigeratorius.* 涼的 Leáng tỳ.
RAFRAICHISSEMENT, s. m. *Refrigeratio, onis, f.* 涼 Leáng. ‖ Prendre un —. *Cœnulam sumĕre.* 喫點心 Tchĕ tièn sīn.
RAGE, s. f. *Rabies, ei, f.* 瘋 Fōng. ‖ Frémir de —. *Frendĕre.* 大怒 Tá loú. ‖ Aimer à la —. *Perditè amāre.* 相思 Siāng sē.
RAGOÛT, s. m. *Conditura, æ, f.* 香料 Hiāng leáo.
RAGOÛTER, v. a. *Excitāre appetitum.* 開口胃 Kāy keòu oúy.
RAIE, s. f. *Linea, æ, f.* 墨線 Mĕ sién. ‖ Tirer une —. *ducĕre.* 畫墨 Hoá mĕ.
RAILLER, v. a. *Irridēre.* 欺笑 Kỳ siáo. ‖ — à outrance. *Ultrà modum.* 過餘欺笑 Kó yû kỳ siáo. ‖ — avec grâce. *Lepidè —.* 笑人有趣 Siáo jén yeòu tsiŭ.
RAILLERIE, s. f. *Jocatio, onis, f.* 談笑 Tán siáo. ‖ — piquante. *Mordax —.* 笑人傷他 Siáo jén chāng tă. ‖ Supporter la —. *Sufferre —.* 大量 Tá leáng. ‖ — à part. *Semoto joco.* 不說笑 Poú chŏ siáo.
RAINURE, s. f. *Incisura, æ, f.* 母榫 Moù sēn.
RAISIN, s. m, *Uva, æ, f.* 葡萄 Poú taó tsĕ. ‖ Pepin de —. 葡萄子 Poú taó tsè. ‖ Grain de —. 一顆葡萄 Ỳ kò poú taó. ‖ Grappe de —. 一團葡萄 Ỳ touán poú taó. ‖ Rafle de —. 葡萄蒂 Poú taó tý.

La graine de raisin a été importée en Chine par le célèbre général Tchăng kién, envoyé, l'an 126 avant J.-C., en Occident. Il parcourut l'Afghanistan ou royaume de Caboul et le Nord de l'Inde.

RAISON, s. f. *Ratio, onis, f.* 理 Lỳ. ‖ Usage de —. *Usus —.* 有明悟 Yeòu mîn oú. ‖ Doué de —. *Ratione prædit.* 開明悟的 Kāy mîn oú tỳ. ‖ Avoir —. *Jus habēre.* 有理 Yeòu lỳ. ‖ Perdre la —. *Mentem amittĕre.* 瘋 Fōng. ‖ Entendre —. *Æquum dicĕre.* 依理 Ȳ lỳ. ‖ Se rendre à la —. *Sequi rationem.* 依理 Ȳ lỳ. ‖ Mettre quelqu'un à la —. *Aliq. inoff. retinĕre.* 指錯 Tchè tsŏ. ‖ Demander — d'une injure. *De injuriâ experiri.* 講理 Kiàng lỳ. ‖ Rendre — de. *Rationem reddĕre.* 算賬 Souán tcháng. ‖ — (preuve). *Argumentum.* 憑據 Pîń kiú. ‖ — (motif). *Causa.* 緣故 Yuēn koú. ‖ Donner — à quelqu'un. *Jus alic. tribuĕre.* 斷他有理 Touán tă yeòu lỳ. ‖ Prouver par de bonnes —. *Validis ration. probāre.* 說得有理 Chŏ tĕ yeòu lỳ. ‖ Alléguer — pour sa santé. *Valetudinis excusat. uti.* 托病 Tŏ pín. ‖ A plus forte —. *Quantò magis.* 越發 Yuĕ fă. ‖ Pour quelle —? *Cur?* 爲何 Oúy hŏ, ou 爲甚麼緣故 Oúy chén mŏ yuén koú. ‖ Tirer — d'une injure. *Injuriam persequi.* 報仇 Paó tcheoú. ‖ Pour de bonnes —. *Justis de causis.* 有緣故 Yeòu yuēn koú. ‖ Sans —. *Sine causâ.* 無故 Oû koú.
RAISONNABLE, adj. *Rationabilis.* 有理的 Yeòu lỳ tỳ. ‖ Le devenir à ses dépens. (Prov.) *Damno suo sapiens fieri.* 上一回當淘一回乖 Cháng ỳ hoúy táng taó ỳ hoúy kouáy. ‖ Être très—. *Æqui servantissimus.* 大公道人 Tá kōng tào jén. ‖ Il n'est pas —. *Non est æquum.* 不公道 Poû kōng táo. ‖ Animal —. *Animal rationab.* 有理性 Yeòu lỳ sēn.
RAISONNEMENT, s. m. *Ratio, onis, f.* 測量 Tsŏ leáng. ‖ — (argument). *Argumentum.* 理 Lỳ. ‖ Faire un —. *Argumentum instituĕre.* 辯理 Pién lỳ.
RAISONNER, v. n. *Ratione uti.* 推論 Toúy lén. ‖ — de travers. *Aliena loqui.* 說不合理 Chŏ poû hŏ lỳ. ‖ — (s'excuser). *Causāri.* 推故 Toúy koú.
RAJEUNIR, v. n. *Juventutem restituĕre.* 還小 Houán siaò. ‖ — (redevenir jeune). *Juvenescĕre.* 還小 Houán siaò.
RAJUSTER, v. a. *Reficĕre.* 整 Tchĕn, ou 補 Pòu. ‖ — quelqu'un, c.-à-d. réconcilier avec quelqu'un. *Reconciliāre.* 勸人和 Kiuĕn jén tsiŭ hŏ.
RALENTIR, v. a. *Tardāre.* 綏 Hoùan, ou 擔攔 Tān kŏ. ‖ Se —. *Lentius agĕre.* 做事慢 Tsoú sé mán. ‖ La fièvre se —. *Remittitur febris.* 擺子退了 Pày tsè toúy leào.

**RALLIER**, v. a. *Colligĕre.* 聚 Tsiú. ‖ — les soldats. *Milites cogĕre.* 得兵 Tĕ́ pīn, ou 集兵 Tsý pīn.

**RALLUMER**, v. a. *Reaccendĕre.* 復燒 Foŭ chaŏ. ‖ La révolte s'est —. *Redintegratur rebellio.* 叉造反 Yeóu tsáo fàn.

**RAMAGE**, s. m. *Avium cantus, ûs, m.* 鳥鳴 Niaŏ mîn. ‖ — (branche d'arbres). *Frondentes rami.* 發芽的枝 Fă yâ tỷ tchĕ.

**RAMAIGRIR**, v. a. *Macie tenuâri.* 瘦 Seóu.

**RAMAS**, s. m. *Congeries, ei, f.* 堆 Toŭy, ou 雜的東西 Tsă tỷ tōng sỷ.

**RAMASSER**, v. a. *Cogĕre.* 堆積 Toŭy tsý, ou 集 Tsý. ‖ — quelque chose qui est à terre. *E terrâ colligĕre.* 拾起來 Kiĕn kỷ laý.

**RAME**, s. f. *Remus, i, m.* 橈 Jaŏ. ‖ Une —. *Unus —.* 一枝 Ỷ tchĕ jaŏ. ‖ Faire force de —. *Velis remisque navigâre.* 推橈 Toŭy jaŏ. ‖ — de papier. *Viginti papyri scapi.* 一刀紙 Ỷ taŏ tchĕ, ou 一包紙 Ỷ paŏ tchĕ. ‖ — (petite branche pour soutenir les pois). *Ramus.* 插條 Tchắ tiaŏ.

**RAMEAU**, s. m. *Ramus, i, m.* 枝 Tchĕ. ‖ Un —. *Unus —.* 一枝 Ỷ tchĕ. ‖ — généalogique. 宗枝 Tsōng tchĕ. ‖ Dimanche des —. *Palmarum Dominica.* 聖枝主日 Chén tchĕ tchoŭ jĕ.

**RAMENDER**, v. a. *Stercorâre.* 放糞 Fáng fén. ‖ Les vivres —, c.-à-d. descendent de prix. *Annona laxior fit.* 米價跌了 Mỷ kiá tiĕ́ leaò.

**RAMENER**, v. a. *Reducĕre.* 引回來 Ỷn hoŭy laỷ. ‖ — quelqu'un à son devoir. *Ad officium revocâre.* 勸人滿本分 Kiuèn jên mân pèn fén.

**RAMER**, v. a. *Remigâre.* 推橈 Toŭy jaŏ. ‖ — à rebours. *Remos inhibĕre.* 反推橈 Fàn toŭy jaŏ. ‖ —, les pois. *Pisa ramis palâre.* 插站條 Tchắ tchán tiaŏ.

**RAMIFIER (SE)**, v. r. *In ramos diffundi.* 發極枝 Fă yâ tchĕ, ou 生枚 Sēn tchă.

**RAMOLLIR**, v. a. *Emollîre.* 做軟 Tsoú jouàn. ‖ Se —. *Remolescĕre.* 軟了 Jouàn leaò.

**RAMONER**, v. a. *Fuligĭnem è camino detergĕre.* 掃烟筒 Saŏ yēn tông.

**RAMPANT, E**, adj. *Reptans.* 爬下 Pắ hiá. ‖ — (bas, lâche). *Abjectus.* 莫志氣 Mŏ tchê kỷ́.

**RAMPE**, s. f. *Graduum ordo, inis, m.* 等級 Tèn kỷ́. ‖ — (balustrade). *Clathri.* 欄杆 Lân kān.

**RAMPER**, v. a. *Repĕre.* 匍 Foŭ, ou 爬下 Pắ hiá. ‖ — devant quelqu'un. *Ad pedes alicuj. se abjicĕre.* 諂媚人 Tchăn mey jên.

**RANCE**, adj. *Rancĭdus.* 膙 Saŏ, ou 殰殠的 Meỷ tcheŏu tỷ.

**RANÇON**, s. f. *Redemptionis pretium.* 贖擄銀 Choŭ loù ỷn. ‖ Payer la —. *Redimĕre captivos.* 贖擄 Choŭ loù.

**RANÇONNER**, v. a. (faire payer cher). *Ultrà justum pretium petĕre.* 高抬價錢 Kaō tấy kiá tsiĕ́n.

**RANCUNE**, s. f. *Odium, ii, n.* 懷怨 Houáy yuén. ‖ Garder —. *Servâre.* 懷恨 Houáy hén.

**RANG**. s. m. *Ordo, inis, m.* 次序 Tsé siú. ‖ Se mettre en —. *Se in ord. disponĕre.* 排隊伍 Pày toúy où. ‖ — d'arbre. *Arborum ordines.* 一排樹子 Ỷ pày choŭ tsè, ou 一行樹子 Ỷ hâng choŭ tsè. ‖ — de soldats. *Militum —.* 行伍 Hâng où, ou 隊伍 Toúy où. ‖ — (dignité). *Honoris gradus.* 高位 Kaō oúy. ‖ Tenir le premier —. *Prima loca tenĕre.* 在首位 Tsáy cheòu oúy. ‖ Élever quelqu'un à — distingué. *Elevâre aliq.* 保舉人 Paŏ kiù jên. ‖ Soutenir son —. *Dignitatem tueri.* 稱職 Tchēn tchĕ. ‖ Être au-dessous de son —. *De statu dignitatis recedĕre.* 不稱職 Poŭ tchēn tchĕ. ‖ Mettre au — des dieux. *Deificâre.* 封神 Fōng chên. ‖ Être sur les — pour une place. *Esse in cursu ad honores.* 候鉄 Heóu kiŭe. ‖ Cinq rangs de noblesse. 五爵 Où tsiŏ.

**RANGÉE**, s. f. *Ordo, inis, m.* 一排 Ỷ pày.

**RANGER**, v. a. *Disponĕre.* 安排 Gān-pày. ‖ — la foule. *Semovĕre turbam.* 分開兩邊 Fēn kấy leâng piēn. ‖ — une armée en bataille. *Aciem ordinâre.* 排陣 Pày tchén. ‖ Se — à l'avis de quelqu'un. *Alter. sententiæ accedĕre.* 順人的意 Chuén jên tỷ́ ý. ‖ Se —. *È viâ decedĕre.* 躲開 Tŏ kấy, ou 讓路 Jáng loú.

**RANIMER**, v. a. *Ad vitam revocâre.* 復活人 Foŭ hŏ jên, ou 起死回生 Kỷ́ sè hoŭy sēn. ‖ — le feu. *Ignem excitâre.* 再點火 Tsaỷ tièn hŏ.

**RAPACE**, adj. *Rapax.* 好搶 Haŏ tsiâng.

**RAPATRIER**, v. a. *Ad concordiam adducĕre.* 勸人相和 Kiuèn jên siāng hŏ.

**RÂPER**, v. a. *Radĕre.* 銼 Tsŏ́.

**RAPETASSER**, v. a. *Vestes reconcinnâre.* 補衣服 Poù ỷ foŭ.

**RAPETISSER**, v. a. *Imminuĕre.* 切短 Tsiĕ́ touàn.

**RAPIDE**, adj. *Rapĭdus.* 陸的 Teóu tỷ́, ou 快的 Koúay tỷ.

**RAPIÉCER**, v. a. *Reficĕre.* 補 Poŭ.

**RAPINE**, s. f. *Rapina, æ, f.* 搶的東西 Tsiâng tỷ́ tōng sỷ.

**RAPPEL**, s. m. *Revocatio, onis, f.* 叫回來 Kiáo hoŭy laỷ. ‖ — d'exil. *Reditus ex exsil.* 赦犯 Chĕ́ fán.

**RAPPELER**, v. a. *Iterùm vocâre.* 叫回來 Kiáo hoŭy laỷ. ‖ — à la vie. *Ad vitam revocâre.* 復活 Foŭ hŏ.

**RAPPORT**, s. m. *Reditus, ûs, m.* 租利 Tsoŭ lý́, ou 利息 Lý́ sỷ́. ‖ — (récit). *Narratio.* 講的事 Kiàng tỷ́ sé. ‖ Faire un faux —. *Falsò deferre.* 講假事 Kiàng kià sé, ou 妄證人 Ouáng tchén jên. ‖ — (analogie). *Convenientia.* 相關 Siāng koūan. ‖

— (ressemblance). *Similitudo.* 像 Siáng, ou 彷彿 Fǎng foǔ. ‖ Par — à vous. *Tu verò.* 論你 Lén ngỹ. ‖ — à l'Empereur pour annoncer l'exécution de ses ordres. 告成 Káo tchén, ou 告竣 Káo tsiún. ‖ Faire des — qui sèment la discorde. *Aliq. ab alio criminari.* 刁唆 Tiaō sō.

**RAPPORTER**, v. a. *Referre.* 復放 Foǔ fáng. ‖ — (produire). *Producĕre.* 出 Tchoǔ. ‖ Cette terre — deux fois l'an. *Hic ager biferus est.* 這田一年出兩季庄稼 Tchế tiến ỹ nién tchoǔ leăng kỹ tchoāng kiā. ‖ — tout à son avantage. *Omnia utilitate suâ metiri.* 專圖己利 Tchoān tôu kỷ lỷ. ‖ — (raconter). *Narrāre.* 談一宗事 Tán ỹ tsōng sế. ‖ Se — (convenir). *Congruĕre.* 對 Toúy, ou 相合 Siāng hô. ‖ S'en — à quelqu'un. *Alicui credĕre.* 信人 Sín jên.

**RAPPORTEUR**, s. m. *Delator, oris, m.* 刁唆的人 Tiaō sō tỹ jên, ou 過話的人 Kó hoá tỹ jên.

**RAPPROCHEMENT**, s. m. *Reconciliatio, onis, f.* 取和 Tsiú hô.

**RAPPROCHER**, v. a. *Propiùs admovĕre.* 放挨倒 Fáng gaỹ tao. ‖ — quelqu'un d'un autre. *Reconciliāre aliq. cum altero.* 和睦人 Hô moǔ jên. ‖ — (comparer). *Comparāre.* 對 Toúy, ou 相比 Siāng pỹ.

**RAPT**, s. m. *Raptus, ùs, m.* 搶親 Tsiāng tsīn.

**RARE**, adj. *Rarus.* 稀少的 Hỹ chaò tỹ. ‖ —(peu dense). *Rarus.* 少的 Chaò tỹ.

**RARÉFIER**, v. a. *Rarefacĕre.* 少有 Chaò yeoŭ.

**RAREMENT**, adv. *Rarò.* 稀少 Hỹ chaò. ‖ Il arrive que. *Rarò fit ut.* 少有 Chaò yeoŭ.

**RARETÉ**, s. f. *Penuria, æ, f.* 不多 Poǔ tō, ou 缺乏 Kiuě fă. ‖ — (chose nouvelle). *Res nova.* 新事 Sīn sế. ‖ — (nouveautés). *Rara.* 稀奇物 Hỹ kỹ oǔ.

**RAS**, E, adj. *Rasus.* 前的短 Tsiến tỹ toüàn, ou 刮了的 Koüā leào tỹ. ‖ — campagne. *Nudum solum.* 光櫳子 Koüāng pá tsẽ.

**RASADE**, s. f. *Cyathus plenus.* 滿盃 Màn peỹ. ‖ Verser des —. *Vina coronāre.* 酙酒 Tchén tsieoŭ.

**RASER**, v. a. *Tondĕre.* 剃 Tỹ. ‖ Laver la tête pour —. 燙頭 Tăng teoǔ. ‖ Essuyer avec le linge. 揩臉 Kiáy lièn. ‖ Dénouer la tresse. 折辮 Tsẽ pién tsě. ‖ Peigner avec le grand peigne. 搜 Soū. ‖ Peigner avec le petit peigne. 梳 Pỹ. ‖ Refaire la tresse. 辮 Pién. ‖ Nettoyer les oreilles. 看耳 Kăn eŭl. ‖ Masser après avoir rasé. 捶背 Tchoǔy péy. ‖ — une deuxième fois. 修 Sieōu. ‖ Tresser les cheveux courts autour de la tête. 打涼辮 Tà leǎng pién. ‖ S'étendre sur l'escabeau en arrière. 睡倒修 Choǔy taò sieōu. ‖ S'étendre la tête inclinée sur l'escabeau. 埋倒修 Maỹ taò sieōu. ‖ S'étendre sur les reins. 提背寒 Tỹ péy hân. ‖ S'étendre sur les bras. 斑打 Pān tă. ‖

Porter une fausse queue. 搭假髮 Tă kià fă. ‖ Cordonnet de la queue. 辮線 Pién sién. ‖ Cordonnet blanc pour le temps de deuil. 麻 Mă, pour la première année du deuil; 白綿線 Pế mién sién, pour la deuxième année. ‖ — habilement. *Leviter* —. 剃得輕 Tỹ tế kīn. ‖ — durement. *Duriter* —. 剃得重 Tỹ tế tchóng. ‖ — en sens inverse. *Inverso sensu.* 倒修 Taò sieōu. ‖ Cheveux rasés. *Capilli rasi.* 淺草 Tsiến tsaò. ‖ — les poils follets des tempes et du cou. 修塞毛 Sieōu hân maô. ‖ Ne pas se raser en deuil. 禁頭 Kín teoǔ. ‖ — (démolir). *Excidĕre.* 折 Tsẽ. ‖ — les murs d'une ville. *Mœnia diruĕre.* 蹋城 Tă tchên. ‖ — la côte. *Oram legĕre.* 順河邊行船 Chúen hô piēn hín tchoǔan.

**RASOIR**, s. m. *Novacula, æ, f.* 剃刀 Tỹ taō. ‖ Les aiguiser. *Acuĕre* —. 磨剃刀 Mô tỹ taō. ‖ — aigu. *Acuta* —. 剃刀快 Tỹ taō koüǎy.

**RASSASIER**, v. a. *Satiāre.* 飽 Paò. ‖ — ses passions. *Famem explēre.* 縱慾 Tsóng yoù. ‖ Se —. 喫飽 Tchě paò.

**RASSEMBLER**, v. a. *Cogĕre.* 聚齊 Tsiú tsỹ. ‖ — la garde nationale. *Copias* —. 齊圑 Tsỹ toǔan.

**RASSEOIR**, v. a. *Ad se redire.* 心平定 Sīn pǐh tín. ‖ Se —. *Rursùs sedēre.* 又坐 Yeoú tsô.

**RASSÉRÉNER**, v. a. *Serenāre.* 天晴 Tiēn tsín.

**RASSIS**, E, adj. *Sedatus.* 平和的人 Pǐh hô tỹ jên.

**RASSURER**, v. a. *Firmāre.* 堅固 Kiēn koú. ‖ — quelqu'un. *Animos alic. reddĕre.* 壯胆力 Tchoǔang tàn lỹ.

**RASURE**, s. f. *Pultis crassamen, inis, n.* 鍋粑 Kō pā.

**RATATINER (SE)**, v. r. *Retorrescĕre.* 捲 Kiüen, ou 皺 Tsóng.

**RATE**, s. f. *Lien, enis, m.* 膣貼 Liēn tiě. ‖ Épanouir la —. *Gaudio perfundĕre.* 兜人喜歡 Teoū jên hỹ houān.

**RÂTEAU**, s. m. *Rastrum, i, n.* 耙子 Pǎ tsẽ. ‖ — de montre. *Horologii* —. 快慢輪 Koǔay mán lên.

**RÂTELER**, v. a. *Rastro eradĕre.* 刮 Koüā.

**RÂTELIER**, s. m. *Faliscæ, arum, f.* 馬槽 Mă tsaô. ‖ — de dents. *Dentium agmina.* 一路牙齒 Ỹ loú yā tchě, ou 牙床子 Yā tchoāng tsẽ.

**RATER**, v. a. *Non explodĕre.* 礙了門 Lǐn leào mên. ‖ L'affaire a —. *Propositum non assequi.* 做不靈 Tsoú poǔ lǐn.

**RATIER**, ÈRE, adj. *Morosus.* 固頭 Koú teoǔ.

**RATIÈRE**, s. f. *Muscipula, æ, f.* 木猫 Moŭ maô.

**RATIFIER**, v. a. *Comprobāre.* 允 Yùn, ou 依 Ỹ.

**RATION**, s. f. *Diarium, ii, n.* 粮餉 Leǎng hiàng. ‖ Doubler la —. *Duplicāre* —. 雙餉 Chouāng hiàng.

**RATIONAL**, s. m. (ornement que le grand-prêtre des Juifs portait sur la poitrine). *Rationale, is, n.* 古鐸德補子 Koù tŏ' tĕ' pòu tsè.

Nous donnons aussi le nom de rational à l'ornement en soie que les Mandarins chinois portent sur la poitrine et sur le dos. Cet ornement, qui est un des insignes de leur dignité, se nomme en chinois **Poù-tsè**. Chaque degré mandarinal a son rational propre.

*I. Mandarins civils et judiciaires.* 文官 Ouēn kouān.

| | |
|---|---|
| 1ᵉʳ degré. | Rational portant la figure d'une Cigogne. 鶴 Hŏ. |
| 2ᵉ — | Rational portant la figure du Faisan doré. 錦鷄 Kĭn kỷ. |
| 3ᵉ — | Rational portant la figure du Paon. 孔雀 Kŏng tsiŏ. |
| 4ᵉ — | Rational portant la figure de la Grue. 雁 Yèn. |
| 5ᵉ — | Rational portant la figure du Faisan blanc. 白鷳 Pĕ liēn. |
| 6ᵉ — | Rational portant la figure du Corbeau marin. 鷺 Loù. |
| 7ᵉ — | Rational portant la figure d'un Oiseau marin. 鸂鶒 Kỷ sioŭ. |
| 8ᵉ — | Rational portant la figure d'une Caille de mer. 鶴鶉 Hŏ chuēn. |
| 9ᵉ — | Rational portant la figure du Pic bleu. 練雀 Lièn tsiŏ. |

*II. Mandarins militaires.* 武官 Où kouān.

| | |
|---|---|
| 1ᵉʳ degré. | Rational portant la figure de la Licorne. 麒麟 Kỷ lĭn. |
| 2ᵉ — | Rational portant la figure du Lion. 獅 Sē. |
| 3ᵉ — | Rational portant la figure de la Panthère. 豹 Páo. |
| 4ᵉ — | Rational portant la figure du Tigre. 虎 Hoù. |
| 5ᵉ — | Rational portant la figure de l'Ours. 熊 Hiŏng. |
| 6ᵉ — | Rational portant la figure du petit Tigre. 彪 Piāo. |
| 7ᵉ et 8ᵉ — | Rational portant la figure du Rhinocéros. 犀牛 Sỷ nieòu. |
| 9ᵃ — | Rational portant la figure du Cheval marin. 海馬 Haỷ mà. |

**RATIONNEL, LE**, adj. *Rationabilis.* 有理的 Yeŏu lỷ tỷ.
**RATISSER**, v. a. *Radĕre.* 刮 Kouă.
**RATISSOIRE**, s. f. *Radula, æ, f.* 刮刀 Kouă taō.
**RATTACHER**, v. a. *Iterùm religăre.* 叉捆 Yeóu kouēn. ‖ Se — à quelqu'un. *Fav. alic. part.* 願一邊 Koú ỷ piēn.
**RATTRAPER**, v. a. *Consequi aliq.* 追上 Tchoŭy cháng. — (recouvrer). *Recuperăre.* 復得 Foŭ tĕ'. ‖ On ne m'y — plus. (Prov.) *Non mihi quisquam posthac illuserit.* 一回被蛇咬二回不擱草 Ý hoŭy pý chĕ' gaò eùl hoŭy poŭ tsouān tsăo.
**RATURE**, s. f. *Litura, æ, f.* 塗 Tŏu.
**RATURER**, v. a. *Expungĕre.* 塗 Tŏu.
**RAUQUE**, adj. *Raucus.* 嗄聲 Chà chēn.
**RAVAGE**, s. m. *Vastatio, ònis, f.* 搶 Tsiàng. ‖ L'inondation a fait du — dans les champs. *Agris vastitatem intulit inundatio.* 水淹壞了田 Choŭy yēn hoŭay leăo tiēn. ‖ La peste a fait des — dans la ville. *Pestis civitatem depopulata est.* 城內害瘟病死了多少人 Tchĕn loùy haỷ ouēn pín sè leăo tō chaó jēn.
**RAVALER**, v. a. *Deprimĕre.* 壓 Yă, ou 輕慢 Kĭh mán. ‖ Se —. *Se —.* 不惜品 Poŭ sỷ pĭn.
**RAVAUDER**, v. a. *Resarcire.* 補 Poù.
**RAVE**, s. f. *Rapa, æ, f.* 蘿蔔 Lô poŭ'. ‖ Vieille —. *Antiqua —.* 蘿蔔空心 Lô poŭ' kŏng sin, ou 蘿蔔上布 Lô poŭ' cháng poŭ.
**RAVIN**, s. m. *Lacuna, æ, f.* 消坑 Siaō kēn.
**RAVIR**, v. a. *Rapĕre.* 搶 Tsiăng. ‖ — le bien d'autrui. *Aliena —.* 搶奪人財物 Tsiăng tŏ jēn tsăỷ où. ‖ — une fille. *Virginem —.* 搶親 Tsiăng tsīn. ‖ — une femme et fuir avec elle. *Mulierem —.* 拐婦人 Koŭay foú jēn. ‖ — l'honneur. *Eripĕre pudicitiam.* 强姦 Kiăng kiēn. ‖ — à la fleur de l'âge. *Immaturà morte præcidĕre.* 短命死 Touàn mín sè. ‖ — de joie. *Excitāre gaudium.* 兜人喜歡 Teōu jēn hỷ hoŭan. ‖ — d'admiration. *Mirat. movēre.* 兜人奇異 Teōu jēn kỷ ỷ. ‖ ∧ —. *Mèro modo.* 奇怪 Kỷ koúy.
**RAVISER (SE)**, v. n. *Resipiscĕre.* 改主意 Kaỷ tchoù ỷ.
**RAVISSANT, E**, adj. *Mirificus.* 奇妙的 Kỷ miáo tỷ.
**RAVISSEMENT**, s. m. *Raptus, ùs, m.* 魂不附體 Houēn poŭ foú tỷ. ‖ — (joie). *Gaudium ingens.* 喜歡得狠 Hỷ hoùan tĕ' hèn.
**RAVISSEUR**, s. m. *Raptor, oris, m.* 强盜 Kiăng táo.
**RAVITAILLER**, v. a. *Auxiliări urbi obsessæ.* 送粮救城 Sŏng leăng kieóu tchĕn.
**RAVIVER**, v. a. (rendre plus vif.) *Acuēre.* 磨 Mŏ. ‖ — le feu. *Ignem adjuvāre.* 催火 Tsoŭy hò.
**RAYER**, v. a. *Expungĕre.* 塗 Tŏu.
**RAYON**, s. m. *Radius, i, m.* 毫光 Haô kouāng. ‖ Un —.

*Unus* —. 一道光 Y̌ táo kouāng. ‖ — du cercle. *Semidiametros*. 輻線 Foŭ sién. ‖ Tous les — du cercle sont égaux. 輻線之度俱相等 Foŭ sién tchē toú ký siāng tèn. ‖ — d'espoir. *Spei aura.* 有點望頭 Yeòu tièn ouáng teŏu. ‖ — de miel. *Favus.* 蜂勒子 Fōng lě tsè. ‖ — d'armoire. *Loculamenta.* 抽箱 Tcheŏu siāng. ‖ — (sillons tracés en labourant). *Sulculi.* 鏵溝 Hoŭa keŏu.

**RAYONNANT, E,** adj. *Radians.* 射光 Chě kouāng.
**RAYONNER,** v. n. *Radiāre.* 射光 Chě kouāng.
**RÉACTION,** s. f. *Repulsus, ùs, m.* 退囘 Toŭy hoŭy. ‖ — morale. *Mentalis* —. 反復 Fàn foŭ.
**RÉAGIR,** v. n. *Repercutěre.* 退囘 Toŭy hoŭy.
**RÉALISER,** v. a. *Rem actu perficěre.* 做完 Tsoú ouān. ‖ — les espérances. *Spem implěre.* 滿願 Màn yuén.
**RÉALITÉ,** s. f. *Veritas, atis, f.* 真實 Tchēn chě. ‖ En —. *Reverá.* 果然 Kò jàn.
**RÉBARBATIF, VE,** adj. *Morosus.* 固頭 Koú teŏu.
**REBATTRE,** v. a. ‖ — un matelas. *Culcitam renováre.* 彈過褥子 Tàn kó joù tsè. ‖ — le coton. *Gossypium* —. 再彈棉花 Tsày tàn miēn hoā. ‖ — la même chose. *Eadem repetěre.* 重說 Tchōng chŏ.
**REBELLE,** adj. *Rebellis.* 反賊 Fàn tsě. ‖ Dissiper les —. *Profligāre* —. 征剿賊子 Tchēn siāo tsě tsè. ‖ Esprit —. *Contumax indoles.* 俸的 Kiáng tý.
**RÉBELLION,** s. f. *Rebellio, onis, f.* 反 Fàn. ‖ Pousser à la —. *Incitāre ad* —. 惹反 Jě fàn. ‖ Comprimer la —. *Sedāre* —. 平反 Pí'n fàn.
**REBÉQUER (SE)** v. n. *Superbè refragari.* 不聽說 Poŭ tín chŏ.
**REBORD,** s. m. *Ora, œ, f.* 邊子 Piēn tsè. ‖ — d'une coupe. *Cyathi* —. 杯口 Peý keŏu.
**REBOURS,** s. m. *Pars inversa.* 背面 Peý mién. ‖ Au —. *Præposteré.* 顛倒 Tiēn tào. ‖ Marcher à —. *Ambulāre* —. 退走 Toŭy tseòu. ‖ Mettre un habit au —. *Inverso modo induěre.* 反穿衣 Fàn tchoūan ý. ‖ Parler tout au —. *Præpostera dicěre.* 反起說 Fàn ký chŏ. ‖ Prendre tout au —. *Res in pejus detorquěre.* 聽反了 Tín fàn leáo.
**REBROUSSER,** v. a. *Relegěre viam.* 囘來 Hoŭy laý. ‖ — les cheveux. *Capillos revolvěre.* 倒梳頭髮 Tào soŭ teŏu fă. ‖ A - -poil. *Adversis capillis.* 倒剃 Tào tý.
**REBUFFADE,** s. f. *Repulsa, œ, f.* 傷臉 Chāng lièn. ‖ En recevoir. *Pati* —. 傷臉 Chāng lièn.
**RÉBUS,** s. m. *Ænigma, atis, n.* 啞謎 Yà mý.
**REBUT,** s. m. *Despectus, ùs, m.* 輕慢 Kīn mán. ‖ Être le — de tous. *Esse despectui.* 受輕賤 Cheòu kīn tsièn. ‖ — (ce qui est rebuté). *Rejectaneus.* 殘貨 Tsàn hó.

**REBUTANT, E,** adj. *Odiosus.* 可恨的 Kŏ hén tý. ‖ Travail —. *Ingratus labor.* 厭人的工夫 Yén jèn tý kōng foū.
**REBUTER,** v. a. *Respuěre.* 不允 Poŭ yùn. ‖ — quelqu'un. *Deterrěre aliq. de re.* 勸人不做 Kiuèn jèn poŭ tsoú. ‖ — quelqu'un. *Fastidium mověre.* 兜人 厭煩 Teōu jèn yén fàn. ‖ Se —, c.-à-d. se choquer de. *Re offendi.* 小氣 Siaò ký.
**RÉCALCITRANT, E,** adj. *Contumax.* 俸的 Kiáng tý. ‖ — aux ordres. *Mandatis* —. 不聽命 Poŭ tín mín.
**RÉCAPITULER,** v. a. *In unum colligěre.* 總說 Tsóng chŏ.
**RECÉLER,** v. a. *Furem recipěre.* 窩賊受贓 Oūo tsě cheòu tsāng.
**RECÉLEUR,** s. m. *Furti receptor, oris, m.* 當窩家 Tāng oūo kiā.
**RÉCEMMENT,** adv. *Nuper.* 不久 Poŭ kieòu, ou 纔 Tsăy. ‖ Tout —. *Nuperrimè.* 剛纔 Kāng tsăy. ‖ — arrivé. *Ab itinere recens.* 纔來 Tsăy laý.
**RECENSEMENT,** s. m. *Recensio, onis, f.* 民籍 Mín tsiě.

Chaque année une liste de la population chinoise est envoyée au ministère des finances. Ce recensement se fait par feux : 煙戶 Yēn hoú. Les feux se divisent en douze classes :

| | | | |
|---|---|---|---|
| 1° | Feux du peuple. | 民戶 | Mín hoú. |
| 2° | — militaires. | 軍戶 | Kiūn hoú. |
| 3° | — d'artisans. | 匠戶 | Tsiáng hoú. |
| 4° | — de foyers. | 灶戶 | Tsaò hoú. |
| 5° | — de pêcheurs. | 漁戶 | Yú hoú. |
| 6° | — des musulmans. | 囘戶 | Hoúy hoú. |
| 7° | — des étrangers. | 藩戶 | Fān hoú. |
| 8° | — des Kiāng ou Thibétains. | 羌戶 | Kiāng hoú. |
| 9° | — des Miaô-tsè. | 猫戶 | Miaô hoú. |
| 10° | — des Yaô. | 猺戶 | Yaô hoú. |
| 11° | — des Lỳ ou noirs. | 犁戶 | Lỳ hoú. |
| 12° | — des Ý ou barbares. | 夷戶 | Ý hoú. |

**RECENSER,** v. a. *Recensěre.* 上冊 Cháng tsě. ‖ — (vérifier). *Explorāre.* 察考 Tchǎ kào.
**RÉCENT, E,** adj. *Novus.* 新的 Sīn tý.
**RÉCÉPISSÉ,** s. m. *Accepti chirographum, i, n.* 收票 Cheōu piāo.
**RÉCEPTACLE,** s. s. *Receptaculum, i, n.* ‖ — des voleurs. — *latronum.* 賊窩 Tsě oūo. ‖ — de tous les vices. *Flagitiorum diversorium.* 無所不為 Oŭ sò poŭ oúy.

**RÉCEPTION**, s. f. *Susceptio, onis, f.* 接 Tsiĕ. ǁ Faire une bonne —. *Benigno vultu suscipĕre.* 接得好 Tsiĕ tĕ haò. ǁ — que l'on fait aux mandarins. 辦站 Pán tchán.

**RECETTE**, s. f. *Pecuniæ collectio, onis, f.* 収糧銀 Cheōu leâng ŷn. ǁ — (ce qui est reçu). *Acceptum.* 収銀子 Cheōu ŷn tsè. ǁ Porter en —. *In — referre.* 掛來賑 Koûa laỳ tcháng. ǁ — et dépense. *Accepta et impensa.* 出入的銀子 Tchŏu joù tŷ ŷn tsè. ǁ — (remède). *Medicinæ compositio.* 藥方 Yŏ fāng.

**RECEVABLE**, adj. *Probabilis.* 可信的 Kŏ sín tŷ. ǁ Excuse —. *Prætextus admittendus.* 可信的推故 Kŏ sín tŷ toŭy koú.

**RECEVEUR**, s. m. *Coactor, oris, m.* 税官 Choúy kouān. ǁ — général. *Ærarius præfectus.* 布政司 Poú tchén sē.

**RECEVOIR**, v. a. *Accipĕre.* 得 Tĕ, ou 受 Cheóu. ǁ — un présent. — *munus.* 受禮 Cheóu lỳ, ou 収禮 Cheōu lỳ. — une lettre. — *litteras.* 得信 Tĕ sín. ǁ — une nouvelle. *Nuntium —.* 得信 Tĕ sín. ǁ — son traitement. — *annua.* 受祿 Cheóu loŭ. ǁ — le baptême. — *baptisma.* 領洗 Lĭn sỳ. ǁ — les saints ordres. *Sacerdotium suscipĕre.* 領神品 Lĭn chên pĭn. ǁ — une offre. *Conditionem accipĕre.* 允約 Yŭn yŏ. ǁ — une excuse. *Excusationem accipĕre.* 信推諉 Sín toŭy oùy. ǁ — du dommage. *Detrimentum pati.* 受害 Cheóu haỳ. ǁ — un affront. *Contumeliis affici.* 受凌辱 Cheóu lín joŏ. ǁ — à bras ouverts. *In sinu suscipĕre.* 接得好 Tsiĕ tĕ haò. ǁ — des visites. *Visitantes —.* 接客 Tsiĕ kĕ. ǁ Ne pas —, c.-à-d. ne pas donner audience. *Aditum alic. recusāre.* 不見面 Poŭ kién jên, ou 不會人 Poŭ hoúy jên. ǁ — dans une société. *In societ. cooptāre.* 收入會 Cheōu joŭ hoúy. ǁ — dans une charge. *In munĕre constituĕre.* 交印 Kiāo ýn. ǁ — de bonnes impressions. *Piam educationem suscipĕre.* 受好教訓 Cheóu haò kiáo hiún.

**RÉCHAUD**, s. m. *Foculus, i, m.* 火盆 Hŏ pên. ǁ Un —. *Unus —.* 一架火盆 Y̆ kiá hŏ pên. ǁ — pour les mains. *Manuum —.* 手炉 Cheŏu loŭ. ǁ — pour tenir les mets chauds. *Super ollam —.* 蒸籠 Tohēn lông.

**RÉCHAUFFER**, v. a. *Recalefacĕre.* 又燒 Yeóu chaō. ǁ — un mets. *Dapem —.* 燙熱 Tchoù jĕ. ǁ — les esprits. *Animos iterum accendĕre.* 壯力 Tchouáng lỳ. ǁ Se —. *Recalescĕre.* 向火 Hiáng hŏ.

**RECHERCHER**, v. a. *Rursus quærĕre.* 再找 Tsaỳ tchaò. ǁ — (faire une enquête). *Conquirĕre.* 察考 Tchă kào. ǁ — en mariage. *Petĕre filiam alicuj.* 求親 Kieóu tsīn. ǁ — la faveur de quelqu'un. *Gratiam alic. ambire.* 求人情 Kieóu jên tsîn. ǁ — les honneurs. *Honores ambire.* 貪官職 Tān kouān tchĕ. ǁ — les louanges. *Laudes appetĕre.* 圖人讚美 Toû jên tsán meỳ. ǁ Se

— dans la toilette. *Nimiam munditiam affectāre.* 過餘打扮 Kó yû tà pán. ǁ Se — dans la langue. *Affectāre elegant.* 抛文 Paō ouên.

**RECHIGNER**, v. a. *Frontem caperāre.* 大貌 Tá maó. ǁ En rechignant. *Invitè.* 莫奈何 Mŏ laỳ hô. ǁ Donner en —. *Benefic. impingĕre.* 强勉施 Kiăng miên chē.

**RECHUTE**, s. f. *Recidivus morbus.* 病反 Pín fàn. ǁ Avoir une —. *In morbum rursus incidĕre.* 病反了 Pín fàn leào. ǁ — dans une faute. *Eadem peccāre.* 復犯 Foŭ fàn.

**RÉCIDIF, VE**, adj. *Eadem peccans.* 復犯的 Foŭ fàn tŷ.

**RÉCIDIVER**, v. n. *Iterum delinquĕre.* 復犯 Foŭ fàn.

**RÉCIPROCITÉ**, s. f. *Mutuatio, onis, f.* 相 Siāng. ǁ — de services. *Officiorum —.* 相幇 Siāng pāng.

**RÉCIPROQUE**, adj. *Mutuus.* 互相的 Foŭ siāng tŷ. ǁ Rendre la —. *Mutuum rependĕre.* 以情還情 Ỳ tsîn houân tsîn.

**RÉCIPROQUEMENT**, adv. *Mutuò, invicem.* 互相 Foŭ siāng. ǁ Se haïr. *Mutuò se odisse.* 相恨 Siāng hén.

**RÉCIT**, s. m. *Narratio, onis, f.* 談 Tán, ou 講 Kiăng. ǁ Faire un —. *Narrāre.* 談 Tán, ou 講 Kiăng.

**RÉCITER**, v. a. *Narrāre.* 談 Tán, ou 講 Kiăng. ǁ — les prières. *Preces recitāre.* 念經 Nién kīn. ǁ — par cœur. *Memoriter recitāre.* 背書 Peỳ choū.

**RÉCLAMER**, v. a. *Inclamāre.* 不服 Poŭ foŭ, ou 不依 Poŭ ȳ. ǁ — (se plaindre). *Conqueri.* 報怨 Paó yuén. ǁ — (revendiquer). *Repetĕre.* 取囘 Tsiŭ hoúy. ǁ — (refuser). *Recusāre.* 不允 Poŭ yŭn.

**RECLUS**, s. m. *Solitarius.* 隱士 Ỳn sé.

**RÉCLUSION**, s. f. *Detentio, onis, f.* 監 Kiēn. ǁ — (demeure d'un solitaire). *Solitudo.* 壙野 Kouáng yè.

**RECOIN**, s. m. *Angulus, i, m.* 屋角 Oŭ kŏ.

**RÉCOLEMENT**, s. f. *Testium revocatio, onis, f.* 讚招伏 Tsán tchaō tchouáng.

**RÉCOLLECTION**, s. f. *Animi collectio, onis, f.* 収心 Cheōu sīn.

**RÉCOLTE**, s. f. *Frugum collectio, onis, f.* 収糧食 Cheōu leâng chĕ. ǁ Bonne —. *Ubera —.* 庄稼好 Tchouāng kiā haò. ǁ Serrer la —. *Fructus condĕre.* 収庄稼 Cheōu tchouāng kiā.

**RECOMMANDABLE**, adj. *Commendabilis.* 可讚美的 Kŏ tsán meỳ tŷ. ǁ Se rendre —. *Dignum laude se præbēre.* 傳自已的名 Tchouân tsé kỳ tŷ mĭn.

**RECOMMANDATION**, s. f. *Commendatio, onis, f.* 托付 Tŏ foú, ou 勸 Kiuén. ǁ Lettres de —. *Commend. litteræ.* 薦擧的信 Tsién kiù tŷ sín. ǁ Avoir en —. *Summo honore habēre.* 貴重 Koúy tchóng.

**RECOMMANDER**, v. a. *Commendāre.* 薦擧人 Tsién kiù jên. ǁ — (ordonner). *Jubēre.* 命 Mín, ou 吩咐 Fēn foú. ǁ — le secret. *Alic. silentium imponĕre.* 不許

開口 Poŭ hiù kāy keŏu. ‖ Se — à quelqu'un. Alic. se commendāre. 請保人 Tsǐn paò jên.

RÉCOMPENSE, s. f. Præmium, ii, n. 賞 Chàng. ‖ Obtenir une —. — consequi. 得賞 Tě chàng. ‖ Promettre une —. Mercede pacisci. 許賞 Hiù chàng. ‖ Sans —. Gratis. 無賞 Oŭ chàng, ou 白白的 Pě pě tý. ‖ Proportionner la — au mérite. Meritis mercedem pensāre. 照功行賞 Tchaó kōng hǐn chàng. ‖ — (salaire). Merces. 工錢 Kōng tsiěn. ‖ Sans —. Gratis. 白白 Pě pě. ‖ Le bien et le mal reçoivent toujours leur —. Seriùs ociùs bonum et malum mercedem accipiunt. 善惡到頭終有報 Chán ngò taó teŏu tchōng yeŏu paó.

RÉCOMPENSER, v. a. Remunerāre. 賞 Chàng. ‖ — les services. Opera —. 報恩 Paó gēn. ‖ — quelqu'un de ses pertes. Damna resarcire. 賞勞 Chàng laò.

RÉCONCILIER, v. a. Reconciliāre. 帮人和睦 Pāng jên hô moŭ. ‖ Se —. Cum aliq. in gratiam redire. 取和 Tsiŭ hô.

RECONDUIRE, v. a. Reducĕre. 送客 Sóng kě.

RÉCONFORTER, v. a. Vires corroborāre. 壯力 Tchouáng lỷ.

RECONNAISSANCE, s. f. Agnitio, onis, f. 認 Jén. ‖ — (sentiment des services reçus). Animus gratus. 報恩 Paó gēn. ‖ Mériter la —. Gratiam consequi. 當報 Tāng paó. ‖ Témoigner sa —. Alic. se grat. præbēre. 報恩 Paó gēn. ‖ — des lieux. Exploratio —. 察地勢 Tchǎ tý ché. ‖ — (obligation par écrit). Chirographum. 約契 Yŏ ký.

RECONNAÎTRE, v. a. Recognoscĕre. 認 Jén. ‖ — la perfidie de quelqu'un. Perfidum dignoscĕre. 看透他的奸心 Kǎn teŏu tǎ tý kien sīn. ‖ — sa faute. Culpam fateri. 認錯 Jén tsŏ. ‖ Ne pas — sa dette. Debitum negāre. 不認賬 Poŭ jén tchàng. ‖ Ne pas — un bienfait. Ingratum se præbēre. 辜負恩 Koū foŭ gēn, ou 背恩 Peý gēn. ‖ — un bienfait. Gratum se præbēre. 報恩 Paó gēn. ‖ — un bienfait par un bienfait. Beneficio beneficium rependĕre. 以恩報恩 Ỳ gēn paó gēn. ‖ Se — en un lieu, s'en remettre l'idée. Locum noscitāre. 彷彿認得那个地方 Fàng foŭ jén tě lá kó tý fāng. ‖ Se —, c.-à-d. reprendre ses esprits. Ad se redire. 收心 Cheōu sīn. ‖ Se —, c.-à-d. se convertir. Convertĕre se. 囬頭 Hoúy teŏu.

RECOQUILLER, v. a. In orbem convolvĕre. 捲 Kiŭen, ou 彎過來 Ouān kó laý. ‖ Se —. In orbem sinuāri. 捲 Kiŭen.

RECOURBER, v. a. Recurvāre. 捲 Kiŭen, ou 拷彎 Tsiě ouān.

RECOURIR, v. a. Ad aliq. confugĕre. 求人救 Kieōu jên kieóu.

RECOURS, s. m. Refugium, ii, n. 干城 Kān tchěn. ‖ Avoir — à quelqu'un. Auxilium alic. petĕre. 求救

Kieŏu kieoŭy. ‖ Avoir — à tous les remèdes. Omnia adhibēre remedia. 樣樣藥都用過 Yáng yáng yŏ toū yóng kó. ‖ — en grâce à l'Empereur. Gratiam ab Imperat. implorāre. 參奏 Tchǎn tseōu.

RECOUVRER, v. a. Recuperāre. 復得 Foŭ tě. ‖ — la santé. — sanitatem. 復原 Foŭ yuēn, ou 愈 Yŭ.

RECRÉER, v. a. Iterum creāre. 又做 Yeóu tsoú.

RÉCRÉER, v. n. ‖ — quelqu'un. Oblectāre aliq. 放心 Fáng sīn. ‖ Se —. Animum laxāre. 放心 Fáng sīn.

RÉCRIER (SE), v. r. Reclamāre. 不服 Poŭ foŭ.

RÉCRIMINER, v. n. Crimen crimine referre. 以惡報惡 Ỳ ngò paó ngò, ou 反告告的人 Fàn kaó kaó tý jên.

RECRUE, s. f. Novi milites. 新兵 Sīn pīn. ‖ Faire des —. Milites in supplem. legĕre. 招兵 Tchaō pīn.

RECTEUR, s. m. Rector, oris, m. 學堂長上 Hiŏ tǎng tchàng cháng.

RECTIFIER, v. a. Emendāre. 改正 Kaý tchén. ‖ — un compte. Rationes —. 清賬 Tsīn tcháng. ‖ — une erreur. Errorem corrigĕre. 改錯 Kaý tsŏ. ‖ — les mœurs. Mores emendāre. 改風俗 Kaý fōng sioŭ.

RECTITUDE, s. f. Æquitas, atis, f. 正直 Tchén tchě. ‖ — de cœur. Animus purus. 心正 Sīn tchěn. ‖ — d'intention. Mens recta. 善意 Chán ý.

RECTUM, s. m. (terme d'anat.). 直腸 Tchě tcháng. 大腸 Tá tcháng. ‖ — (passage fécal.) 穀道 Koŭ taó. ‖ Prolapsus du —. 脫肛之病 Tŏ káng tchě pīn.

REÇU, s. m. Cautio, onis, f. 收票 Cheōu piaò.

RECUEIL, s. m. Excerpta, orum, n. 摘下來的 Tý hiá laý tý.

RECUEILLEMENT, s. m. Animi applicatio, onis, f. 專心 Tchouān sīn. ‖ Être dans le —. Mentem in divinis habēre. 心靜 Sīn tsín.

RECUEILLIR, v. a. Colligĕre. 收 Cheōu. ‖ — quelqu'un chez soi. Excipĕre aliq. 接客 Tsiě kě, ou 留住下 Lieōu tchoú hiá. ‖ Se —. Colligĕre se. 收心 Cheōu sīn.

RECULÉ, ÉE, adj. Remotus. 遠的 Yuēn tý.

RECULER, v. a. Retroducĕre. 退 Toúy. ‖ — une affaire. Differre. 緩 Houàn. ‖ — (aller en arrière). Regredi. ‖ Ne pas —. A proposito non deflecti. 不打野話 Poŭ tà yě hoá.

RECULONS (À), adv. Recessim. ‖ Aller à —. Regredi. 退 Toúy, ou 倒走 Taó tseōu.

RÉCUPÉRER (SE), v. r. Damna resarcire. 取囬 Tsiŭ hoúy.

RÉDARGUER, v. a. Redarguĕre. 責偹 Tsě pý.

REDDITION, s. f. Urbis deditio, onis, f. 投降 Teōu kiáng, ou 城陷了 Tchén foŭ leào. ‖ — de compte. Rationes reddĕre. 算賬 Souán tcháng.

RÉDEMPTEUR, s. m. *Redemptor, oris, m.* 救世主 Kieóu ché tchoù.

RÉDEMPTION, s. f. *Redemptio, onis, f.* 救贖世上的人 Kieóu choŭ ché cháng tỷ jên.

REDEVABLE, adj. *Debitor.* 該賬的 Kaỷ tcháng tỷ, ou 受了人的恩 Cheóu leào jên tỷ gēn. ǁ Être — de la vie. *Vitam alic. debēre.* 得人救命之恩 Tĕ˘ jên kieóu mín tchē gēn. ǁ Être — de 100 taëls. *Centum taelia alic. debēre.* 開人的一百兩 Kaỷ jên tỷ ỷ pĕ˘ leàng.

REDEVANCE, s. f. *Annuum vectigal.* 每年之粮 Meỷ niên tchē leàng.

REDEVENIR, v. n. *Redire.* 回來 Hoùy laỷ. ǁ — malade. *In morbum reincidĕre.* 病反 Pín fàn.

REDEVOIR, v. a. *Reliquāri.* 還該 Houán kaỷ.

RÉDIGER, v. a. *Digerĕre.* 寫 Siĕ.

REDIRE, v. a. *Repetĕre.* 再說 Tsaỷ chŏ, ou 重說 Tchŏng chŏ. ǁ — (blâmer). *Culpāre.* 怪人 Kouảỷ jên.

REDOUBLER, v. a. *Duplicāre.* 加倍 Kiā peỷ. ǁ Les cris —. *Clamores ingeminant.* 更吵鬧 Kén tchăo laó. ǁ Le mal —. *Ingravescit morbus.* 病加重了 Pín kiā tchóng leào. ǁ — un habit. *Vestem assuĕre interiùs.* 換裏子 Honán lỷ tsè.

REDOUTABLE, adj. *Formidolosus.* 可怕的 Kŏ pă tỷ.

REDOUTE, s. f. *Arx, cis, f.* 保障 Paò tchāng.

REDOUTER, v. a. *Timēre.* 驚怕 Kīn pă.

REDRESSER, v. a. *Erigĕre.* 立起來 Lỷ kỷ laỷ, ou 正 tchēn. ǁ — celui qui s'égare. *In viam reducĕre.* 指路 Tchĕ loú. ǁ Se —. *Erigĕre se.* 立起 Lỷ kỷ.

RÉDUCTION, s. f. *Urbis expugnatio, onis, f.* 破城 Pŏ˘ tchên. ǁ — d'un liquide au tiers. *Liquoris ad tertiam coctio.* 三分化去一分 Sān fén hoá kiŭ˘ ỷ fén. ǁ — des impôts. *Immin. vectigalium.* 減粮 Kiĕn leàng.

RÉDUIRE, v. a. *Domāre.* 勝 Chên, ou 服下 Foŭ hiá. ǁ — les rebelles. *Rebelles —.* 征平 Tchēn pīn. 招安賊子 Tchāo gān tsĕ˘ tsè. 征服 Tchēn foŭ. ǁ — (obliger). *Cogĕre.* 强勉 Kiàng miên. ǁ — quelqu'un à l'extrémité. *Ad angustias reducĕre.* 逼人 Pỷ jên. ǁ — sa dépense. *Sumptum levāre.* 省用 Sèn yŏng. ǁ — un liquide au tiers. *Liquid. ad tertias decoquĕre.* 三分化兩分 Sān fén hoá leàng fén. ǁ — en cendres. *Ad cinerem amburĕre.* 爲末 Oúy mŏ˘. ǁ Cela se — à rien. *Id ad nihilum recidit.* 莫來頭 Mŏ laỷ teŏu.

RÉEL, LE, adj. *Verus.* 眞的 Tchēn tỷ.

REFAIRE, v. a. *Iterāre.* 又做 Yeóu tsoú. ǁ — la même route. *Rursùs iter relegĕre.* 走原路 Tseòu yuên loú. ǁ Si c'était à —. *Si mihi esset integrum.* 一回着蛇咬二面不經草 Ỷ hoùy tchŏ chĕ˘ gaò eúl hoùy poŭ tsān tsaò. ǁ Se —. *Vires reficĕre.* 補氣力 Poŭ kỷ lỷ.

RÉFECTION, s. f. *Refectio, onis, f.* 一頓飯 Ỷ tén fán. ǁ Prendre sa —. — *sumĕre.* 喫飯 Tchĕ˘ fán.

RÉFECTOIRE, s. m. *Cœnaculum, i, n.* 飯廳 Fán tīn.

RÉFÉRER, v. a. *Referre.* 裏 Pīn. ǁ — à Dieu ses actes. *Deo actus —.* 獻所行于天主 Hién sŏ hín yŭ Tiēn-Tchoù. ǁ — à quelqu'un ses maux. *Alic. mala sua —.* 自已受窮怪別人 Tsè kỷ cheóu kiŏng kouảỷ piĕ˘ jên. ǁ Se — à. *Pertinēre ad.* 歸于 Koúy yŭ.

REFERMER, v. a. *Iterùm claudĕre.* 又關 Yeóu kouān. ǁ La porte se —. *Janua claudĭtur.* 門閉了 Mên pỷ leào. ǁ La plaie se —. *Coalescit plaga.* 瘡生口 Tchouăng sēn keŏu.

RÉFLÉCHI, E, adj. *Repercussus.* 反照 Fàn tcháo. ǁ — (qui agit avec maturité). *Consideratus.* 覺得的 Kiŏ tĕ˘ tỷ. ǁ Crime —. *Scelus meditatum.* 故意犯的 Koú ỷ fàn tỷ.

RÉFLÉCHIR, v. a. *Radios reflectĕre.* 反照 Fàn tcháo. ǁ Sa faute — sur les siens. *In suos redundat culpa.* 敗壞門風 Paỷ houảỷ mên fōng. ǁ —. *Secum cogitāre.* 回想 Hoúy siàng, ou 追思 Tchoúy sē. ǁ — beaucoup. *Secum reputāre.* 想來想去 Siàng laỷ siàng kiŭ˘.

REFLÉTER, v. a. *Radios repercutĕre.* 反照 Fàn tcháo.

RÉFLEXION, s. f. *Meditatio, onis, f.* 想 Siàng. ǁ Faire des —. *Cogitāre.* 想 Siàng. ǁ Avec —. *Consultò.* 特意 Tĕ˘ ỷ.

REFLUER, v. a. *Refluĕre.* 倒流 Tào lieóu.

REFLUX, s. m. *Recessus, ùs, m.* 退潮 Toúy tcháo, ou 水退 Choùy toúy.

RÉFORMER, v. a. *Emendāre.* 改 Kaỷ. ǁ — les mœurs. *Mores —.* 改風俗 Kaỷ fōng sioŭ. ǁ — la conduite de quelqu'un. *Mores alic. —.* 回頭人 Hoúy teŏu jên. ǁ — les troupes. *Legionem exauctorāre.* 放兵回去 Fáng pīn hoùy kiŭ˘.

RÉFRÉNER, v. a. *Coercēre.* 禁戒 Kín kiáy.

RÉFRIGÉRANT, E, adj. *Frigerans.* 涼的 Leāng tỷ, ou 解熱 Kiáy jĕ.

REFROGNER (SE), v. r. *Frontem corrugāre.* 皺額 Tsóng gĕ˘.

REFROIDIR, v. a. *Refrigerāre.* 冷 Lèn. ǁ Se — (physiquement). *Frigescĕre.* 受冷 Cheóu lèn. ǁ Se — (moralement). *Ardorem remittĕre.* 冷淡 Lèn tán.

REFUGE, s. m. *Refugium, ii, n.* 干城 Kān tchên, ou 躱避之所 Tŏ pỷ tchē sŏ. ǁ Être le — de quelqu'un. *Aliq. tutāri.* 救人 Kieóu jên.

RÉFUGIÉ, É, adj. *Refugus.* 逃難的 Táo lán tỷ.

RÉFUGIER (SE), v. r. *Aliquò confugĕre.* 逃到一處 Táo táo ỷ tchóu. ǁ Se — sous l'égide de la B. V. M. *Sub præsidium B. V. M. —.* 托付聖母保存 Tŏ˘ foú chén Moŭ paò tsēn.

**REFUS**, s. m. *Repulsa, æ, f.* 不允 Poŭ yùn, ou 不許 Poŭ hiù. ‖ Essuyer un —. — *pati*. 求不允 Kieŏu poŭ yùn. ‖ Geste de —. *Renutus*. 搖頭 Yáo teŏu. ‖ Enfoncer un pieu jusqu'au —. 揷條揷緊 Tchă' tiăo tchă' kìn.

**REFUSER**, v. a. *Recusāre*. 不允 Poŭ yùn. ‖ — les honneurs. *Honores repudiāre*. 辭官 Tsě' kouân. ‖ — une charge. *Munus deprecāri*. 辭職 Tsě' tchě'. ‖ — une invitation. *Alic. ad cœnam renuntiāre*. 辭席 Tsě' sў̆. ‖ — d'obéir. *Alic. imperûm recusāre*. 不肯聽命 Poŭ kěn tĭ'n mín. ‖ — sa porte à quelqu'un. *Aliq. dom. prohibēre*. 免見 Miĕn kièn. ‖ Se — le nécessaire. *Se victu defraudāre*. 一文都捨不得 Ў ouên toŭ chě' poŭ tě'. ‖ Ne rien se —. *Nihil sibi* —. 將就自已 Tsiāng tsieŏu tsé' kў̆. ‖ Se — à tout accommodement. *Quamlibet conditionem respuěre*. 不肯取和 Poŭ kěn tsiĭ' hŏ.

**RÉFUTER**, v. a. *Refutāre*. 辯駁 Piěn pŏ.

**REGAGNER**, v. a. *Recuperāre*. 復得 Foŭ tě'. ‖ — son logis. *Domum repetēre*. 回家 Hoŭy kiâ.

**REGAIN**, s. m. *Fenum cordum, i, n.* 二道草 Eùl táo tsǎo.

**RÉGAL**, s. m. *Opipara cæna*. 大酒席 Tá tsieŏu sў̆, ou 飽食 Paŏ chě'. ‖ Donner un —. *Lautis epulis aliq. adhibēre*. 辦大酒席 Pân tá tsieŏu sў̆.

**REGARD**, s. m. *Aspectus, ûs, m.* 看 Kán. ‖ — impur entre deux personnes qui s'aiment. 眉來眼去 Mўlaŷ yèn kiŭ'. ‖ Du premier —. *Primo aspectu*. 一眼 Ў yèn.

**REGARDANT**, E. adj. *Parcior*. 節用的 Tsiĕ' yóng tў̆.

**REGARDER**, v. a. *Aspicěre*. 看 Kán. ‖ — et ne pas voir. *Aspicěre et non discernĕre*. 看不見 Kán poŭ kièn. ‖ — en face. *Adversum intuēri*. 對面看 Toúy miĕn kán. ‖ — en haut. *Suspicĕre*. 仰觀 Niàng kouân. ‖ — derrière soi. *Respicĕre*. 廻看 Hoŭy kán. ‖ — çà et là. *Circumspectāre*. 東瞧西看 Tōng tsiáo sў̆ kán. ‖ — de haut en bas. *Despicĕre*. 輕賤 Kĭ'n tsièn. ‖ — attentivement. *Seriò examināre*. 細看 Sў̆ kán. ‖ — comme un bonheur. *Faustum ducěre*. 以爲吉兆 Ў oŭy kў̆ tcháo. ‖ Ne — que soi. *Se unum attendĕre*. 目中無人 Moŭ tchōng oŭ jên. ‖ — de trop près. *Scrupulosiùs* —. 迂算 Yū souán. ‖ La maison — le midi. *Domus ad merid. vergit*. 房子向南 Fâng tsè hiáng nân. ‖ Cela me —. *Hoc ad me attinet*. 是我的事 Ché ngŏ tў̆ sé. ‖ Pour ce qui vous —. *Quod ad te* —. 論你的事 Lén ngў̆ tў̆ sé. ‖ Se — au miroir. *In speculo se intuēri*. 照鏡子 Tcháo kín tsè.

**RÉGENCE**, s. f. *Regni procuratio, onis, f.* 攝政 Chě' tchén.

**RÉGÉNÉRER**, v. a. *Regenerāre*. 作新 Tsoŭ sīn, ou 復生 Foŭ-sēn.

**RÉGENT**, s. m. *Regni procurator*. 攝政大臣 Chě' tchén tá tchén, ou 扶臣 Foŭ tchên. ‖ — (curé). *Proprius parochus*. 本堂神父 Pěn tâng chên foŭ. ‖ — (maître d'école). *Magister*. 敎書先生 Kiáo choū siēn-sēn.

**RÉGENTER**, v. a. *Dominări*. 治人 Tchè jên. ‖ — (instruire). *Docēre*. 敎人 Kiáo jên.

**RÉGICIDE**, s. m. *Regis occisio, onis, f.* 弒君 Ché kiūn.

**REGIMBER**, v. a. *Recalcitrāre*. 踢 Tў̆. ‖ Se — (ne pas obéir). *Non obedire*. 不聽命 Poŭ tĭ'n mín.

**RÉGIME**, s. m. *Victûs ratio*. 飲食一定的規矩 Ўn chě' ў tín tў̆ koŭy kiù. ‖ Suivre un —. *Quamdam victûs rationem sequi*. 守飲食的規矩戒口 Cheŏu ўn chě' tў̆ koŭy kiù kiáy keŏu.

**RÉGIMENT**, s. m. *Legio, onis, f.* 一隊兵 Ў toŭy pīn, ou 一枝兵 Ў tchē pīn.

**RÉGION**, s. f. *Regio, onis, f.* 一帶地方 Ў táy tў̆ fāng.

**RÉGIR**, v. a. *Regĕre*. 管 Kouàn.

**REGISTRE**, s. m. ‖ — de marchand. *Acta, orum, n.* 賬簿 Tcháng poŭ. ‖ — des naissances des princes chinois. 朱書 Tchoū choū. ‖ — de leur décès. 墨書 Mě' choū. ‖ — des actes ordinaires. 庚帖 Kén tiĕ'. ‖ Coucher sur ses —. *Notāre* —. 掛賬 Koúa tcháng.

**RÈGLE**, s. f. *Regula, æ, f.* 規矩 Koŭy kiù. ‖ Une —. *Una* —. 一條規矩 Ў tiáo koŭy kiù. ‖ Observer la —. *Regulam servāre*. 守規矩 Cheŏu koŭy kiù. ‖ La violer. — *infringĕre*. 犯規矩 Fán koŭy kiù. ‖ — (bon ordre). *Bonus ordo*. 規矩 Koŭy kiù, ou 次序 Tsé' siú. ‖ Mettre en — les comptes. *Rationes componĕre*. 算賬 Souán tcháng. ‖ C'est ma —. *Hæc est consuetudo*. 是我的規矩 Ché ngŏ tў̆ koŭy kiù. ‖ — (instrument). *Norma*. 尺 Tchě'. ‖ — des femmes. *Menstrua*. 月脛 Yuě' kīn. ‖ Avoir les —. *Pati* —. 行脛 Hîn kīn.

**RÈGLEMENT**, s. m. *Institutum, i, n.* 規矩 Koŭy kiù. ‖ — de vie. *Statuta vitæ regula*. 平生規矩 Pî'n sēn koŭy kiù.

**RÉGLER**, v. a. *Lineas ducĕre*. 畫墨 Hóa mě'. ‖ —. *Dirigĕre comp*. 安排 Gān páy. ‖ — sa maison. *Domum coercēre*. 安排家物 Gān páy kiā oŭ. ‖ — sa dépense. *Sumptui modum ponēre*. 定用費 Tín yóng féy. ‖ — une pendule. *Horol. libramentum aptāre*. 整鐘 Tchèn tchōng. ‖ — un différend. *Controversiam componĕre*. 講和 Kiàng hŏ. ‖ (faire des lignes au crayon sur le papier). *Lineas dirigĕre*. 打格子 Tà kě' tsè. ‖ Se — sur quelqu'un. *Imitāri aliq*. 效法人 Hiáo fǎ jên.

**RÉGNANT**, E, adj. ‖ Empereur —. *Hodiernus imperator*. 當今皇帝 Tāng kīn houâng tў̆.

**RÈGNE**, s. m. *Regnum, i, n.* 年號 Niên háo. ‖ Commencer son —. *Principatum inire* —. 登位 Tēn oúy. ‖ Sous les années dites : Táo koūang. 道光年間 Táo koūang niên kiēn.

En montant sur le trône, les Empereurs de la Chine prennent un nom de règne. Après leur mort, on leur donne deux sortes de nom, l'un est le 謚 Chè, qui énumère leurs principales qualités; l'autre est le nom de Temple 廟號 Miáo háo, sous lequel on inscrit le prince défunt sur la tablette de la famille régnante, laquelle est placée dans le temple des ancêtres. Chaque année, l'Empereur va saluer ces tablettes pour honorer ses ancêtres. Ce nom se rapporte donc à la parenté. En réalité, 同治 Tŏng tchè n'est pas un nom d'homme, mais d'années ou de règne servant à dater les événements, bien que vulgairement, en Chine même, on dise de l'Empereur actuellement régnant l'Empereur Tŏng-tchè. (*Voir*, à l'*Appendice*, le Tableau des Empereurs de Chine.)

**RÉGNER**, v. a. *Regnāre*. 坐天下 Tsó tiēn hiá. 坐朝廷 Tsó tchǎo tíñ. 爲君 Oúy-kiūn. ‖ Avoir — soixante ans. *Sexaginta annis regnāsse*. 坐位六十年 Tsó oúy loŭ chě niên. ‖ — sur les cœurs. *Animos devincīre*. 得人心 Tě jên sīn. ‖ — sur soi. *Sibi imperāre*. 尅巳 Kǒ̆ ky̌. ‖ Partout — l'effroi. *Ubíque pavor*. 四方恐懼 Sé fāng kŏng kiú.

**REGORGER**, v. a. *Abundāre*. 有多 Yeóu tō. ‖ — de richesses. *Divitiis affluĕre*. 大發財 Tá fā tsáy.

**REGRAT**, s. m. *Salis venditio*. 賣零鹽 Maý lín yên.

**REGRET**, s. m. *Desiderium, i, n.* 愁 Tcheóu. ‖ Quel —! *Quale damnum!* 可惜 Kǒ sy̌. ‖ — de ses fautes. *Dolor de peccatis suis*. 悔罪 Hoùy tsoúy. ‖ A —. *Ægré*. 不情願 Poŭ tsín yuên, ou 莫奈何 Mǒ láy hǒ.

**REGRETTABLE**, adj. *Lugendus*. 可憐的 Kǒ liên ty̌.

**REGRETTER**, v. a. *Desiderio affici*. 愁 Tseóu, ou 可惜 Kǒ sy̌. ‖ — quelqu'un qui est mort. *Mortuum deflēre*. 憂人之死 Yeōu jên tchē sè. ‖ Chacun le —. *Omnes eum desiderant*. 人人都想他 Jên jên toū siàng tǎ. ‖ Se faire —. *Sui desid. relinquĕre*. 丟想頭 Tieōu siàng teōu. ‖ — d'avoir fait cela. *Facti pœnitēre*. 悔不該做 Hoùy poŭ kaý tsoú.

**RÉGULARITÉ**, s. f. *Ordo, inis, m.* 次序 Tsé síu. ‖ — (discipline). *Disciplina*. 規矩 Koūy kiŭ.

**RÉGULIER, ÈRE**, adj. *Correctus*. 相合的 Siāng hǒ ty̌. ‖ — (religieux). *Religiosus*. 行爲端方 Hîn oúy toūan fāng, ou 虔切的 Kiên tsiě ty̌. ‖ — à sa parole. *Fidei observantissimus*. 不食言 Poŭ chě yên ty̌.

**RÉGULIÈREMENT**, adv. *Assidué*. 平常 Pîh chǎng, ou 恒 Hên. ‖ — parlant. *Plerùmque*. 多回 Tō hoúy. ‖ Vivre —. *Servāre vitæ regulam*. 受規矩 Cheóu koūy kiŭ.

**RÉHABILITER**, v. a. *Gradum reddĕre*. 復職 Foŭ tchě.

**REHAUSSER**, v. a. *Extollĕre altiùs*. 舉 Kiŭ. ‖ — une maison. *Domum educĕre*. 升房子 Chēn fâng tsè. ‖ — le prix. *Annonam incendĕre*. 抬價錢 Taý kiá tsiên. ‖ — le mérite. *Meritum extollĕre*. 誇奬人 Koūa siàng jên.

**REINE**, s. f. *Regina, æ, f.* 皇后 Houâng heóu. ‖ Les autres — secondaires. 妃嬪 Fēy pín. ‖ La —-mère. *Regina-mater*. 皇太后 Houâng táy heóu.

**REINS**, s. f. *Renes, um, m.* 腰 Yāo, ou 內腎 Loúy chén. ‖ Avoir mal aux —. *Dolēre renibus*. 腰痛 Yāo tŏng. ‖ Poursuivre l'épée dans les —. *Urgēre aliq.* 催逼人 Tsoūy py̌ jên. ‖ Avoir les — forts. *Sumptibus copias habēre*. 能用多 Lên yóng tō.

**RÉINTÉGRER**, v. a. *Alic. sua restituĕre*. 還東西 Houân tōng sy̌.

**RÉITÉRER**, v. a. *Iterāre*. 又做 Yeóu tsoú. 復 Foŭ. 再 Tsáy. ‖ — ce qu'on avait dit. *Denuò dicĕre*. 再三說 Tsáy sān chǒ.

**REJAILLIR**, v. a. *Absilīre*. 湧出 Yŏng tchoŭ. ‖ L'honneur — sur vous. *Laus tibi refertur*. 你也沾光 Ny̌ yè tchān koūang.

**REJETER**, v. a. *Rejicĕre*. 丟開 Tieōu kāy, ou 不要 Poŭ yáo. ‖ — la faute sur un autre. *Culp. in alt. dejicĕre*. 怪人 Koúay jên. ‖ — tout accommodement. *Conditionem omnem respuĕre*. 不肯取和 Poŭ kěn tsiŭ hǒ. ‖ — les prières. *Preces aversāri*. 不允 Poŭ yŭn. ‖ — par le pied. *Repullulāre*. 發嫩秧 Fā lén yāng.

**REJETON**, s. m. *Surculus, i, m.* 接枝 Tsiě tchē. 嫩秧 Lén yāng. 杪枝 Miáo tchē. ‖ — au pied. *Stolo, onis*. 嫩秧 Lén yāng. ‖ Pousser des —. *Fruticāre*. 發嫩秧 Fā lén yāng. ‖ — (postérité). *Soboles*. 後人 Heóu jên.

**REJOINDRE**, v. a. *Jungĕre denuò*. 又結 Yeóu kiě. ‖ — les morceaux cassés. *Fragmenta glutināre*. 結補鑲釬 Kiě poŭ jáng hán. ‖ . *Assequi aliq.* 追上 Tchoūy chǎng. ‖ La plaie se —. *Plaga coalescit*. 瘡生口 Tchouāng sēn keóu.

**RÉJOUIR**, v. a. *Hilarāre*. 兜人喜歡 Teōu jên by̌ houān. ‖ Se —. *Gaudēre*. 喜歡 Hy̌ houān. ‖ Se — du mal d'autrui. *Alien. malis voluptat. capēre*. 見人受害而歡喜 Kién jên cheóu háy eùl houân hy̌.

**RÉJOUISSANCE**, s. f. *Oblectatio, onis, f.* 快樂 Koŭay lŏ. ‖ — (fêtes publiques). *Festa publica*. 節氣 Tsiě ky̌. ‖ Faire des —. *Festa agĕre*. 辦節氣 Pán tsiě ky̌.

**RELÂCHÉ, É**, adj. *Moribus solutus*. 放肆的 Fáng só ty̌.

**RELÂCHE**, s. m. *Interruptio, onis, f.* 截斷 Tsǎy touán. ‖ sans —. *Sine —*. 不斷 Poŭ touán.

RELÂCHER, v. a. *Relaxāre.* 放鬆 Fáng sŏng. ‖ — une corde. *Funem retendēre.* 鬆繩子 Sŏng chuĕn tsè. ‖ Cela — le ventre. *Hoc alvum relaxat.* 這是下食的 Tchĕ chĕ hiá chĕ tý. ‖ — de son droit. *De jure cedēre.* 讓理 Jáng lý. ‖ — dans un port. *Portum appellēre.* 跐馬頭 Lŏng mà teŏu. ‖ Se —. *Remitti.* 鬆 Sŏng, ou 散 Sán. ‖ Le froid se —. *Frigus remitt.* 不當冷 Poŭ táng lèn. ‖ Sa vertu se —. *Virtus —.* 莫得前頭 熱切 Mŏ tĕ tsiĕn teŏu jĕ tsiĕ.

RELAIS, s. m. *Statio, onis, f.* 馬號 Mà háo, ou 馬驛 Mà ý.

RELAPS, s. m. *Relapsus, ús, m.* 復犯 Foŭ fán.

RELATER, v. a. *Referre.* 講 Kiàng.

RELATIF, VE. adj. *Relativus.* 跟本的 Koŭy pèn tý, ou 論比 Lén pỳ.

RELATION, s. f. *Relatio, onis, f.* 相合 Siāng hŏ. ‖ — (commerce). *Commercium.* 會 Hoúy. 相交 Siāng kiaō, ou 來往 Laý ouàng. ‖ — (récit). *Narratio.* 傳 Tchouǎn. 講 Kiàng. 談 Tán.

RELATIVEMENT, adv. *Habitá ratione.* 論 Lén, ou 看 Kǎn.

RELAYER, v. a. *Alternāre vices.* 輪流 Lén lieŏu. ‖ — (changer les chevaux). *Veredos mutāre.* 換馬 Honàn mà.

RELÉGUER, v. a. *Amandāre.* 充軍 Tchōng kiūn.

RELENT, s. m. *Rancor, oris, m.* 霉奥 Meý tcheòu.

RELEVAILLES, s. f. *Post partum egressus.* 滿月 Màn yuĕ.

RELEVÉ, E, adj. (piquant). *Acutus sapor.* 辛味 Hīn oúy. ‖ Mine —. *Præclara species.* 品格好 Pìn kĕ haŏ.

RELEVÉ, s. m. *Ratio, onis, f.* 賬 Tcháng.

RELEVÉE, s. f. *Tempus pomeridianum.* 下半天 Hiá pán tiēn.

RELEVER, v. a. *Erigēre.* 扶起來 Foŭ ký laý. ‖ — un mur. *Lapsum murum —.* 復修牆 Foŭ sieŏu tsiǎng. ‖ — le courage. *Animos addēre.* 壯胆力 Tchoúang tàn lý. ‖ — le toit. *Tectum erigēre.* 整房子 Tchĕn fáng tsè. ‖ — sa fortune. *Fortunam augēre.* 長財 Tchǎng tsǎy, ou 更發財 Kén fǎ tsǎy. ‖ — une action. *Factum laudāre.* 誇 Koūa. ‖ — la garde. *Vigilias deducēre.* 輪流守夜 Lén lieŏu cheòu yé. ‖ — quelqu'un (le réprimander). *Corripēre.* 責備 Tsĕ pý. ‖ — de maladie. *E morbo recreāri.* 復原 Foŭ yuèn. ‖ — de couches. *A puerperio recreāri.* 滿月 Màn yuĕ. ‖ La Corée — de la Chine. *Ab imp. Sinarum pendet Corea.* 高麗 服下中國 Kaō lý foŭ hiá tchōng kouĕ. ‖ Se —. *Exsurgēre.* 拔起來 Pǎ ký laý.

RELIEF, s. m. *Eminentia.* 稜龍 Lìn lóng. 鑑凸 Tsièn tŏ. 出頭的 Tchoŭ teŏu tý. ‖ Figure en —. *Statua eminens.* 彫刻的稜龍 Tiaō kĕ tý lìn lóng. ‖ — (éclat). *Fulgor.* 光 Kouāng. ‖ En donner à quelque chose. *Nitorem præbēre.* 擦亮 Tchǎ leáng.

RELIER, v. a. *Religāre.* 又綑 Yeóu kouĕn. ‖ — un livre. *Compingēre —.* 釘 Tīn, ou 裝書 Tchouāng choū. ‖ — un tonneau. *Dolium viēre.* 箍桶 Koū tŏng.

RELIGIEUX, SE, adj. *Pius.* 熱切的 Jĕ tsiĕ tý. ‖ — observateur de ses devoirs. *Omnis officii diligens.* 勤滿 本分的 Kín màn pèn fén tý. ‖ — observateur de sa parole. *Fidei observator.* 不食言 Poŭ chĕ yèn.

RELIGIEUX, s. m. *Monachus, i, m.* 修道人 Sieŏu taó jèn. ‖ Se faire —. *Fieri —.* 出家 Tchoŭ kiā. ‖ — à vie contemplative. *—.* 苦修人 Koŭ sieŏu jèn. ‖ — à vie active. 顯修人 Hièn sieŏu jèn.

RELIGIEUSEMENT, adv. *Religiosé.* 謹慎 Kìn tchĕn.

RELIGION, s. f. *Religio, onis, f.* 敎 Kiáo. ‖ — chrétienne. 天主敎 Tiēn-Tchoù kiáo. ‖ Son origine remonte à l'origine des temps, à la création du premier homme, époque de la première révélation divine. Vers l'an vulgaire 4004, une nouvelle révélation divine eut lieu en la personne sacrée de *Jésus-Christ*, fils de Dieu fait homme. La naissance du Rédempteur du genre humain s'est accomplie la troisième année de l'Empereur 哀帝 Gaý tý, le onzième de la dynastie des *Hán*. ‖ Bonne —. *Vera —.* 正敎 Tchĕn kiáo. ‖ — mauvaise. *Falsa —.* 邪敎 Siĕ kiáo. ‖ Embrasser une —. *Relig. aliq. amplecti.* 奉敎 Fóng kiáo. ‖ Abjurer une —. *Ejurāre relig.* 悖敎 Péy kiáo. ‖ Entrer en —. *Relig. vit. amplecti.* 出家 Tchoŭ kiā, ou 修行 Sieŏu hín. ‖ Tromper la — de quelqu'un. *Decipēre aliq.* 哄人 Hóng jèn. ‖ Prêcher la —. *Prædicāre religionem.* 傳敎 Tchouǎn kiáo.

Le Théisme a été très-probablement la religion publique de la Chine jusque vers le règne du célèbre 秦始皇帝 Tsín chè houǎng tý, fondateur de la quatrième dynastie chinoise, vers l'an 230 av. J.-C. Du moins, tous les monuments historiques les plus anciens et les plus authentiques portent à tirer cette induction.

Aujourd'hui trois grandes sectes religieuses se partagent la Chine, toutes trois reconnues officiellement par le Pouvoir civil.

La première et la plus importante comme doctrine morale est la secte des Lettrés, qui porte le nom de 儒敎 Joŭ kiáo. Elle regarde 孔子 Kŏng tsè, ou Confucius, comme son maître. Elle est censée la religion officielle de la Chine. L'Empereur en est comme le Souverain Pontife. C'est à ce titre qu'il se rend, plusieurs fois par an, dans le temple du Ciel, à Pĕ-kin, pour y faire les anciens sacrifices. La dynastie actuelle, bien que privément bouddhiste, continue les vieilles traditions rituelles de la Chine. Confucius vint au monde dans le bourg Tseou y, dont son père Choŭ leâng hĕ avait le commandement. C'est aujourd'hui la ville de 曲阜縣 Kiŏu feòu hién, dépendant de 兗州府 Yēn tcheōu foŭ, au Chān-tōng, qui formait alors une partie du royaume de 魯 Loŭ. Les historiens chinois fixent le jour de sa naissance au treizième jour de la onzième lune, l'an Ken tse, quarante-septième du cycle, la vingt-et-unième du règne de 靈王 Līm ouăng, le vingt-troisième Empereur de la dynastie Tcheōu, c.-à-d. en décembre 551 ans av. J.-C. Confucius était donc contemporain de Thalès et de Pythagore. Socrate parut peu après le Philosophe chinois, qui mourut dans sa patrie, à l'âge de soixante-treize ans, à la quatrième lune, la quarante-et-unième année de l'Empereur 敬王 Kín ouăng, le vingt-cinquième de la dynastie Tcheōu, c.-à-d. 477 ans av. J.-C.

La deuxième est la secte des sectateurs de la Raison, 道敎 Táo kiáo. Elle doit le jour à un contemporain de Confucius, qui porte le nom vulgaire de 老子 Laò tsè, ou 老君 Laò kiün. Ce philosophe vint au monde au Hoŭ kouăng, le quatorzième jour de la neuvième lune de la cinquante-quatrième année du vingt-neuvième cycle, sous le règne de 定王 Tín ouăng, de la dynastie Tcheōu, c.-à-d. l'an 457 av. J.-C. Sa doctrine est une espèce de mysticisme, que ses disciples ont ensuite singulièrement mélangé et altéré. Laò tsè mourut à l'âge de quatre-vingts ans.

La troisième secte est celle du Bouddhisme, introduite en Chine sous l'Empereur 明帝 Mīn tý, le dix-septième de la dynastie des Hán. Des députés qu'il avait envoyés dans l'Inde, pour y rechercher le *Saint d'Occident*, dont les anciens livres et la tradition présente annonçaient la prochaine apparition, n'ayant pas rencontré le *Saint*, en rapportèrent la doctrine bouddhiste. L'auteur de cette secte monstrueuse se nomme en chinois 釋迦 Chĕ kiā, et ses partisans portent le nom de 佛敎 Foŭ kiáo. On fixe la naissance de 佛 Foŭ à la seizième année du règne de 昭王 Tchaó ouăng, quatrième Empereur de la dynastie Tcheōu, vers l'an 1000 av. J.-C. On dit qu'il mourut la neuvième année du vingt-quatrième cycle, sous 穆王 Moŭ ouăng.

La doctrine de Laò tsè est toute dogmatique; celle des Lettrés est composée de maximes purement morales; celle de Foŭ consiste surtout en pratiques de culte extérieur. Celle-ci seule a des temples publics nommés vulgairement pagodes ou bonzeries.

**RELIQUAIRE**, s. m. *Theca, æ, f.* 聖骼盒子 Chén toŭ hŏ tsè.
**RELIQUES**, s. m. *Reliquiæ, arum, f.* 聖骼 Chén toŭ. ‖ — de la vraie croix. *Veræ crucis* —. 苦木聖骼 Kŏu moŭ chén toŭ.
**RELUIRE**, v. a. *Relucēre.* 發光 Fă kouāng.
**REMANIER**, v. a. *Reficĕre.* 補 Poŭ.
**REMARIER (SE)**, v. r. *Iterùm nubĕre.* Pour un homme veuf, on dit : 再娶 Tsáy tsiŭ́. 說二門 Chŏ eùl mên. 續咸 Soŭ hién. ‖ Pour une femme veuve, on dit : 再醮 Tsáy tsiáo, ou 出姓 Tchŏu sín.
**REMARQUABLE**, adj. *Insignis.* ‖ — (en parlant de quelqu'un). 出名的 Tchŏu mīn tý. ‖ — (en parlant des choses). 異 Ý. 非常的 Feý chăng tý. 好看的 Haò kân tý.
**REMARQUE**, s. f. *Notatio, onis, f.* 記號 Ký háo. ‖ Faire des —. *Adnotāre.* 打記號 Tă ký háo. ‖ — (en observant). *Observatio.* 知覺 Tchē kiŏ, ou 只見 Tchĕ kién.
**REMARQUER**, v. a. *Rursus notāre.* 又打記號 Yeoú tă ký háo. ‖ — (observer). *Animadvertĕre.* 覺得 Kiŏ tĕ. ‖ Se faire —. *Eminēre.* 出名 Tchŏu mīn.
**REMBARRER**, v. a. *Retundĕre.* 批評人 Pý pīh jên.
**REMBLAI**, s. m. *Advecta humus, f.* 新填的土 Sīn tién tý toŭ.
**REMBLAYER**, v. a. *Solum æquāre.* 填平 Tién pín.
**REMBOÎTER**, v. g. ‖ — un os. *Os in suam sedem collocāre.* 接骨 Tsiĕ́ koŭ.
**REMBOURRER**, v. a. *Infarcīre.* 又裝 Yeoú tchouāng.
**REMBOURSER**, v. a. *Restituĕre aliena.* 補還別人 Poŭ houân piĕ́ jên.
**REMÈDE**, s. m. *Medicīna, æ, f.* 藥 Yŏ. ‖ Un — simple. *Simplex* —. 一味藥 Ý ouý yŏ. ‖ Un — composé. *Multiplex* —. 服藥 Ý foŭ yŏ. ‖ — efficace. *Efficax* —. 妙藥 Miáo yŏ, ou 仙丹 Siēn tān. ‖ Prendre un —. *Medicīnam adhibēre.* 喫藥 Tchĕ yŏ. ‖ Cuire un —. *Coquĕre* —. 熬藥 Gaó yŏ. ‖ Le mal est sans —. *Nulla spes salūtis.* 無藥醫的病 Oŭ yŏ ý tý pín. ‖ Prendre un — par consultation, sans avoir été visité par le médecin. 隔山取藥 Kĕ́ chān tsiŭ́ yŏ. ‖ — (moyen). *Medius.* 方法 Fāng fă. ‖ Trouver un —. *Invenīre* —. 得法子 Tĕ́ fă tsè. ‖ Sans —. *Sine remedio.* 無法 Oŭ fă, ou 無賴 Oŭ laý. ‖ Affaire sans —. *Perdita res.* 挽囘不來 Ouán hoúy poŭ laý.
**REMÉDIER**, v. a. *Mederi.* 醫好 Ý haò. ‖ — (au moral). *Mediis uti.* 用法子 Yóng fă tsè.
**REMENER**, v. a. *Reducĕre aliq.* 送人 Sóng jên.
**REMERCIER**, v. a. *Gratias agĕre.* 謝恩 Siĕ́ gēn, ou 感恩 Kăn gēn. ‖ — pour un service rendu, on dira à quelqu'un : 難爲你 Lân oúy ngý.
**REMERCÎMENT**, s. m. *Gratiarum actio, onis, f.* 多謝 Tō siĕ́, ou 感謝 Kăn siĕ́.

RÉMÉRÉ, s. m. *Redemptionis jus.* 當 Táng. ‖ Faire ce contrat. *Contrahĕre sub pacto redemptionis.* 寫當契 Siĕ táng kỷ. ‖ Le dissoudre. *Dissolvĕre contractum.* 還當契 Houân táng kỷ.

REMETTRE, v. a. ‖ — une chose à l'endroit où elle était. *Rem in suo loco reponĕre.* 放在原處 Fáng tsaý yuên tchŏu. ‖ — quelqu'un dans son chemin (au propre). *Erranti viam monstrāre.* 指路 Tchĕ loú. ‖ — (au figuré). *Convertĕre aliquem.* 廻頭人 Hoúy teŏu jên. ‖ — quelqu'un à sa place. *Linguam alicuj. tundĕre.* 封口 Fŏng keŏu. ‖ — en usage. *In usum revocāre.* 再與 Tsaý hín. ‖ — bien des gens brouillés. *Alıq. in gratiam reducĕre.* 幫人取和 Pāng jên tsiŭ hŏ. ‖ — un esprit abattu. *Refocillāre animum.* 長人的胆子 Tchāng jên tỷ tàn tsĕ. ‖ — de la main à la main. *De manu ad manum tradĕre.* 親手交他本人 Tsīh cheŏu kiāo tā pèn jên. ‖ — un membre disloqué. *Luxatum membrum restituĕre.* 接骨 Tsiĕ koŭ. ‖ — une dette. *Debitum condonāre.* 免賬 Miĕn toháng, ou 讓 Jáng. ‖ — les péchés. *Peccata absolvĕre.* 赦罪 Ché tsoúy. ‖ — les intérêts. *Fenus condonāre.* 讓利錢 Jáng lý tsiên. ‖ — un impôt. 蠲租 Kiuĕn tsoú. ‖ — de jour en jour. *Procrastināre de die in diem.* 一天綬一天 Ỹ tiên houân ỹ tiên. ‖ — (pardonner). *Condonāre.* 饒赦 Jáo ché, ou 免 Miĕn. ‖ Se — quelqu'un. *Alic. vultum agnoscĕre.* 面熟 Miĕn chŏŭ, ou 記得 Ký tĕ. ‖ — d'une maladie. *A morbo convalescĕre.* 復原 Foŭ yuên. ‖ Se — de sa frayeur. *Ex timore se colligĕre.* 心定 Sīn tín. ‖ S'en — à quelqu'un. *Alicui fidĕre.* 托付人 Tŏ foú jên.

RÉMINISCENCE, s. f. *Recordatio, onis, f.* 記念 Ký nién.

REMISE, s. f. (délai). *Procrastinatio, onis, f.* 改日子 Kaý jĕ tsĕ, ou 遲綬 Tchĕ houân. ‖ — d'une dette. *Debiti donatio.* 免債 Miĕn toháng. ‖ — d'argent. *Argenti —.* 還銀子 Houân ỳn tsĕ. ‖ — pour les charrettes. *Carrorum statio.* 車房 Tchēy fâng. ‖ Sans —. *Absque morá.* 就 Tsieóu.

RÉMISSIBLE, adj. *Condonandus.* 可赦的 Kŏ ché tỷ.

RÉMISSION, s. f. *Venia, æ, f.* 寬恕 Kouān choú, ou 赦 Ché, ou 饒赦 Jáo ché. ‖ Obtenir —. *Obtinĕre —.* 得寬恕 Tĕ kouān choú.

REMONTER, v. a. *Rursus ascendĕre.* 又上去 Yeóu cháng kiŭ. ‖ —, v. g. vers sa source. *Refluĕre.* 退 Toúy. ‖ — le courant du fleuve. *Adversum flumen subīre.* 上水 Cháng choúy. ‖ — une horloge. *Horolog. h. motum reddĕre.* 上表 Cháng piào. ‖ — trois tours. 上三手 Cháng sān cheŏu. ‖ — des souliers, c.-à-d. mettre une autre semelle. *Calceos reficĕre.* 換鞋底 Houân haý tỷ.

REMONTRANCE, s. f. *Monitio, onis, f.* 勸人 Kiuĕn jên.

REMONTRER, v. a. *Admonēre.* 勸人 Kiuĕn jên, ou 提醒 Tý sín.

REMORDS, s. m. *Conscientiæ stimulus, i, m.* 愧 Koúy. 㝵心不平 Leâng sīn poŭ pîn. ‖ Avoir des — de conscience. *Remorsus experiri.* 有愧於心 Yeòu koúy yū sīn. ‖ Les écouter. *Motibus conscient. stimulantis obsequi.* 依㝵心 Ỹ leâng sīn. ‖ Les étouffer. *Animi conscientiam comprimĕre.* 不依㝵心 Poŭ ỹ leâng sīn.

REMORQUER, v. a. *Navem remulco trahĕre.* 拉船 Lă tchouân, ou 牽船 Kiĕn tchouân.

REMPART, s. m. *Mœnia, ium, n.* 城墻 Tchên tsiâng. ‖ Renverser les —. *dejicĕre.* 破城 Pŏ tchên. ‖ Les relever. *Erigĕre —.* 修城 Sieŏu tchên.

REMPLACER, v. a. *Sufficĕre.* 換 Houân. ‖ — le Tché hién ou sous-préfet. 換縣官 Houán hién kouān. ‖ —. *Vices alic. implēre.* 替 Tý, ou 代 Taý. ‖ —. *Rem re supplēre.* 補 Poŭ.

REMPLIR, v. a. *Replēre.* 滿 Màn, ou 充滿 Tchōng màn. ‖ ▪ Je monde de son nom. *Orbem suo nomine implēre.* 天下揚名 Tiĕn hiá yâng mîn. ‖ — un fossé. *Poveam —.* 填坑 Tiĕn kĕn. ‖ — le nombre. *Numerum complēre.* 滿數 Màn soŭ. ‖ — l'attente commune. *Exspectationem sui implēre.* 不負人望 Poŭ foú jên ouáng. ‖ — ses devoirs. *Munera obīre.* 滿本伢 Màn pèn fén. ‖ — une charge. *Munera obīre.* 滿本伢 Màn pèn fén. ‖ — un rôle. *Personam sustinēre.* 裝脚色 Tchouāng kiŏ sĕ. ‖ Se — de vin. *Se vino sepelire.* 灌醉 Kouán tsoúy.

REMPORTER, v. a. *Referre.* 又抬去 Yeóu taý kiŭ. ‖ — le prix. *Palmam ferre.* 得賞 Tĕ chàng. ‖ — la victoire. *Victoriam —.* 得勝 Tĕ chên.

REMUANT, E, adj. *Inquietus.* 恍漾 Houáng táng. ‖ — (brouillon). *Turbator.* 顛倒是非的人 Tiĕn taŏ ché feý tỷ jên.

REMUER, v. a. *Movēre.* 搖 Yâo, ou 動 Tóng. ‖ — la tête. *Caput —.* 搖首 Yaŏ cheŏu. ‖ — le riz au grenier. *Oryzam ventilāre.* 翻穀子 Fān koŭ tsĕ. ‖ — ciel et terre. *Cœlum terramq. movēre.* 千方百計 Tsiĕn fāng pĕ ký. ‖ — (toucher les cœurs). *Movēre corda.* 打動人心 Tă tóng jên sīn. ‖ — (susciter des troubles). *Turbāre.* 造反 Tsaŏ fàn. ‖ Se —. *Movēre se.* 動 Tóng. ‖ Se — beaucoup pour rien. *Multa agendo nihil agĕre.* 徒勞無益 Tŏu laô oŭ ỹ.

REMUGLE, s. m. *Rancor, oris, m.* 媒臭 Meý tcheŏu. ‖ Sentir le —. *Situm redolēre.* 媒臭 Meý tcheŏu.

RÉMUNÉRER, v. a. *Remunerāre.* 賞 Chàng.

RENAÎTRE, v. n. *Renasci.* 復生 Foŭ sēn. ‖ — à la grâce *Gratiam recuperāre.* 復得聖靈魂的恩 Foŭ tĕ chén lîm houên tỷ gēn.

RENARD, s. m. *Vulpes, is, f.* 狐狸 Foû lỳ. ‖ Fin —. *Vulpinus animus.* 奸詐人 Kiēn tchá jên. ‖ Agir en —. *Vulpinári.* 做得奸詐 Tsoú tĕ̆ kien tchá.

RENCHÉRIR, v. a. *Augēre pretium.* 長價錢 Tchàng kiá tsiến. ‖ Les denrées —. *Annona crescit.* 米粮價長了 Mỳ leâng kiá tchàng leào. ‖ — sur. *Insuper addēre.* 過餘 Kó yû.

RENCONTRE, s. f. *Occursus, ús, m.* 遇着 Yú tchŏ̆. ‖ Aller à la — de quelqu'un. *Alic. obviam ire.* 迎接人 Ŷn tsiĕ jên. ‖ Éviter la — de quelqu'un. *Alic. conspectum fugĕre.* 綞避人 Tŏ pý jên. ‖ — (chose qui arrive fortuitement). *Casus.* 偶然的事 Geòu jân tỳ sĕ. ‖ Par une heureuse —. *Auspicató.* 幸喜 Hín hỳ. ‖ — (choc). *Concursus.* 相撞 Siāng tchouàng. ‖ — des astres. *Siderum —.* 二星相過 Eùl sīn siāng yú.

RENCONTRER, v. a. *Obvium habēre.* 遇 Yú, ou 撞着 Tchouàng tchŏ̆. ‖ — une chose. *Rem invenire.* 撿東西 Kièn tōng sỳ. ‖ — bien. *Conjecturá consequi.* 猜准了 Tsāy tchuēn leào. ‖ Se —. *Invicem incurrĕre.* 遇着 Yú tchŏ̆. ‖ Il se — que. *Accidit ut.* 多囘有 Tō hoûy yeŏu.

RENDEZ-VOUS, s. m. *Dies, locus ad conv.* 約定日期 Yŏ tín jĕ̆ kỳ. ‖ Se donner —. *Præstituĕre locum alic.* 在某處相會 Tsáy mòng tchŏ̆u siāng hoúy. ‖ S'y rendre. *In locum — convenire.* 到約定的地方 Taó yŏ tín tỳ tý fāng. ‖ Y manquer. *E loco statuto abesse.* 至期不到 Tché kỳ pŏu taó.

RENDRE, v. a. *Restituĕre.* 還 Houân. ‖ — sa dette. *Solvĕre debitum.* 還賬 Houân tchâng. ‖ — à chacun le sien. *Suum cuique tribuĕre.* 各還各 Kó honân kó. ‖ — une lettre. *Litteras reddĕre.* 交信 Kiāo sín. ‖ — la visite à quelqu'un. *Aliq. invisĕre.* 拜會人 Paý hoúy jên. ‖ — à quelqu'un son salut. *Aliq. resalutāre.* 同拜 Hoúy paý. ‖ — ses devoirs à quelqu'un. *Alic. officia præstāre.* 拜望 Paý ouáng, ou 問候 Ouén heóu. ‖ — les derniers devoirs. *Alic. suprema solvĕre.* 送臨終 Sóng lín tchōng. ‖ — compte d'une chose. *Acta referre.* 算明 Souán mîn. ‖ — grâce. *Alic. gratias agĕre.* 謝恩 Siĕ gēn. ‖ — justice au mérite de quelqu'un. *Jure laudāre.* 拱服 Kòng foû. ‖ — service. *Alic. operam præbĕre.* 幫助人 Pāng tsoú jên. ‖ — un arrêt. *Judicium dāre.* 定案 Tín gán. ‖ — la liberté. *In libert. vindicāre.* 放 Fáng. ‖ — sage. *Sapient efficĕre.* 敎訓人 Kiáo hiún jên. ‖ — une odeur. *Odorem spargĕre.* 香 Hiāng. ‖ — clair. *Nitorem dāre.* 擦亮 Tchă̆ leáng. ‖ — (filtrer). *Excolāre.* 濾 Loúy. ‖ Ce champ — peu. *Ager iste parum fert.* 那一塊田不出種 Lá ý kouáy tiēn pŏu tchŏu tchŏng. ‖ Cet argent ne — rien. *Otiosa est pecunia.* 空銀子 Kōng ŷn tsĕ. ‖ — la place. *Urbem tradĕre.* 投降 Teŏu kiáng. ‖ — les armes. *Arma —.* 投降

Teŏu kiáng. ‖ — son diner. *Evomĕre prand.* 嘔 Geŏu. ‖ — (aller à la selle). *Alvum purgāre.* 出恭 Tchŏu kōng. ‖ — du sang. — *sanguinem evomĕre.* 吐血 Tŏu hiuĕ̆. ‖ — l'âme. *Animam efflāre.* 死 Sè, ou 斷氣 Touán kỳ. ‖ Se — auprès de quelqu'un. *Ad aliq. advolāre.* 會人 Hoúy jên. ‖ Ce fleuve se — à Pékin. 這條河流到北京 Tché tiaó hŏ lieóu taó Pĕ̆ kīn. ‖ Se —, c.-à-d. déposer les armes. *Arma tradĕre.* 投降 Teŏu kiáng, ou 服 Foû. ‖ Se — à la raison. *Rationi obtemperāre.* 依理 Ȳ lỳ. ‖ Se — au sentiment de quelqu'un. *Alic. sententiam sequi.* 隨人的意思 Soúy jên tỳ ý sĕ. ‖ Se — caution pour quelqu'un. *Spondēre pro.* 做保人 Tsoú paò jên. ‖ Se — considérable. *Vir summus evadĕre.* 出名 Tchŏu mîn.

RENÉGAT, s. m. *Apostata, æ, m.* 背敎的人 Peý kiáo tỳ jên.

RÊNES, s. f. *Habenæ, arum, f.* 韁繩 Kiāng chuên. ‖ Tenir les —. *Tenēre —.* 捉韁繩 Tchŏ̆ kiāng chuên. ‖ Les lâcher. *Remittĕre hab.* 放韁繩 Fáng kiāng chuên. ‖ Tenir les — de l'État. *Imperii clavum tenēre.* 理國政 Lỳ kouĕ̆ tchén.

RENFERMÉ, s. m. *Rancor, oris, m.* 霉臊 Meý tcheŏu. ‖ Sentir le —. *Situm redolēre.* 霉臊 Meý tcheŏu.

RENFERMER, v. a. *Includĕre.* 關 Kouān. ‖ — sa haine en son cœur. *Odium continēre.* 懷恨 Hoaây hén. ‖ — (contenir). *Includĕre.* 包含 Paō hân. ‖ Se — chez soi. *Domi se reducĕre.* 不出門 Pŏu tchŏu mên. ‖ Se — en soi. *Se introrsum reducĕre.* 口緊 Keŏu kín.

RENFLER, v. a. *Tumescĕre.* 腫 Tchŏng.

RENFORCER, v. a. *Confirmāre.* 堅固 Kiēn koú. ‖ — la garde. *Excubias multiplicāre.* 添兵 Tiēn pīn. ‖ — l'ordinaire, c.-à-d. ajouter au repas. *Solito melius cœnāre.* 添菜 Tiēn tsaý.

RENFORT, s. m. *Subsidium, ii, n.* 救兵 Kieóu pīn. ‖ En envoyer. — *mittĕre.* 發救兵 Fă̆ kieóu pīn.

RENGAÎNER, v. a. *Gladium in vag. recondĕre.* 投刀入鞘 Teŏu taō joù siáo.

RENGORGER (SE), v. r. *Magnificè incedĕre.* 自高自大 Tsé kaō tsé tá.

RENIER, v. a. ‖ — Diou. *Deum exsecrāri.* 不認天主 Poŭ jên Tiēn-Tchoù. ‖ — la foi. *Fidem ejurāre.* 悖敎 Peý kiáo. ‖ — une dette. *Debit. abjurāre.* 不認賬 Poŭ jên tcháng.

RENIFLER, v. a. *Resorbēre pituitam.* 嗤鼻涕 Hiōu pý tý.

RENOM, s. m. *Fama, æ, f.* 名聲 Mîn chēn.

RENOMMÉE, s. f. *Fama, æ, f.* 名聲 Mîn chēn. ‖ En acquérir. *Habēre nomen.* 有名聲 Yeŏu mîn chēn.

RENONCER, v. a. *Renuntiāre.* 丟 Tieōu. ‖ — à son droit. *De jure cedĕre.* 讓 Jáng. ‖ — à son projet. *Propositum abjicĕre.* 改主意 Kaý tchoù ý. ‖ — à une charge.

*Præfect. abdicāre.* 辭官 Tsĕ' kouān. ‖ — au vin. *A vino abstinēre.* 斷酒 Touán tsieoù. ‖ — à une profession. *Artem desinēre.* 丟手藝 Tieōu cheòu ný. ‖ — au monde. *Mundo nuntium remittĕre.* 棄絕世俗 Ký tsinĕ ché siŏn. ‖ — la foi. *Fidem ejurāre.* 悖教 Peý kiáo.

RENOUER, v. a. *Renodāre.* 又結 Yeóu kiĕ. ‖ — une affaire. *Negotium repetĕre.* 又 Yeóu, ou 再做 Tsaý tsoù.

RENOUVELER, v. a. *Renovāre.* 復新 Foù sīn. ‖ — son cœur. *Cor —.* 新心 Hīn sīn. ‖ — la douleur. *Dolorem —.* 又兜人憂氣 Yeóu teōu jēn geóu ký. ‖ — une alliance. *Fœdus —.* 又打和約 Yeóu tà hŏ yŏ.

RÉNOVATION, s. f. *Voti renovatio, onis, f.* 再新許願 Tsaý sīn biù yuén.

RENSEIGNEMENT, s. m. *Indicium, ii, n.* 訪問 Fàng ouén. ‖ En prendre sur quelqu'un. *De aliq. scrutāri.* 訪問別人 Fàng ouén piĕ' jēn.

RENTE, s. f. *Reditus, ûs, m.* 利息 Lý sỹ, ou 租銀 Tsoū ýn. ‖ Payer une — à quelqu'un. *Alic. vectigal pendĕre.* 擔租 Ýn tsoū. ‖ — annuelle. *Annualis —.* 每年租價 Meỹ niēn tsoū kiá. ‖ Vivre de ses —. *E suis reditibus vivĕre.* 喫利錢飯 Tchĕ' lý tsiēn fán.

RENTRÉE, s. f. ‖ — des tribunaux. *Forensis operæ instauratio.* 開印 Kāy ýn. ‖ — des classes. *Scholarum —.* 上學 Cháng hiŏ.

RENTRER, v. a. *Regredi.* 又進 Yeóu tsín. ‖ — dans sa charge. *Iterum munia obtinēre.* 復職 Foù tchĕ'. ‖ — dans ses droits. *In integrum restitui.* 占轉來 Tchán tchouàn laỹ. ‖ — dans son sujet. *Ad propositum reverti.* 且說 Tsiĕ' chŏ'. ‖ — dans la bonne voie. *Ad bonam frugem redire.* 回頭 Hoûy teóu. ‖ — en soi-même. *Ad se redire.* 回想 Hoûy siàng, ou 回心 Hoûy sīn.

RENVERSE (À LA), adv. *Resupino corpore.* 仰起 Niàng ký. ‖ Tomber à la —. *In caput ruĕre.* 仰倒 Niàng tào.

RENVERSER, v. a. *Dejicĕre.* 打倒 Tà tào. ‖ — une maison. *Domum evertĕre.* 折房子 Tsĕ' fàng tsè. ‖ — quelqu'un. *Aliq. equo dejicĕre.* 打下馬來 Tà hiá mà laỹ. ‖ — les desseins de quelqu'un. *Consilia deturbāre.* 敗謀 Paý môung. ‖ — quelqu'un du trône. *Solio aliq. —.* 奪位 Tŏ oúy. ‖ Avoir la tête —. *Caput turbatum hab.* 明悟昏 Mín oú houēn. ‖ Se —. *Invertĕre se.* 仰 Niàng.

RENVOYER, v. a. *Remittĕre.* 放 Fáng. ‖ — des présents. *Dona —.* 辭禮 Tsĕ' lý, ou 反璧 Fàn pý. ‖ — la balle. *Pilam —.* 拍鞭子 Pĕ' tsiēn tsè. ‖ — la lumière. *Radios reflectĕre.* 反照 Fàn tchaó. ‖ L'écho — le son. *Echo voces remittit.* 應聲 Ýn chēn. ‖ — content. *Cum bonâ gratiâ dimittĕre.* 打發得好 Tà fá tĕ' haŏ. ‖ — sa femme. *Uxorem repudiāre.* 出妻 Tchŏu tsỹ, ou 休妻 Hieōu tsỹ. ‖ — à un autre temps. *Differre.* 擱 Tān kŏ.

REPAIRE, s. m. *Latibulum, i, n.* 野地 Yè tý. ‖ — de voleurs. *Latron. —.* 强盜窩 Kiǎng taó oūo.

REPAÎTRE, v. a. *Cibum sumĕre.* 喫 Tchĕ'. ‖ —. *Pascĕre.* 餵 Oúy. ‖ Se — d'espoir. *Ali spe.* 虛望 Hiū ouáng.

RÉPANDRE, v. a. *Fundĕre.* 倒 Taò. ‖ — son sang. *Pro patriâ sanguinem —.* 盡忠 Tsín tchōng. ‖ — des larmes. *Lacrymas fundĕre.* 流淚 Lieōu loúy. ‖ — une odeur. *Odorem fundĕre.* 出香氣 Tchŏu hiāng ký. ‖ — de mauvaises doctrines. *Falsis doctr. imbuĕre.* 傳邪敎 Tchouán siĕ kiáo. ‖ — un bruit. *Rumorem spargĕre.* 造謠言 Tsaó yào yēn. ‖ Se — (couler). *Diffluĕre.* 流 Lieōu. ‖ Le fleuve se —. *Flumen —.* 水漲出來 Choùy tchàng tchŏu laỹ. ‖ Le bruit se —. *Serpit hic rumor.* 有人說 Yeŏu jēn chŏ'. ‖ Se — en invectives. *Injurias inferre.* 凌辱人 Lín joù jēn.

RÉPARABLE, adj. *Reparabilis.* 可補的 Kŏ poù tý.

RÉPARATION, s. f. *Reparatio, onis, f.* 修理 Sieōu lý. ‖ — d'honneur. *Læsi honoris satisfactio.* 補人的名聲 Poù jēn tý mín chēn. ‖ — publique ou amende honorable en public. *Cēnam —.* 誠堂 Hàn tàng.

RÉPARER, v. a. *Reficĕre.* 補 Poù. ‖ — une maison. *Domum —.* 整房子 Tchĕn fàng tsè. ‖ — les chemins. *Vias —.* 補路 Poù loù. ‖ — ses forces. *Vires —.* 補氣力 Poù ký lý. ‖ — une faute. *Culpam eluĕre.* 補贖罪 Poù choŭ tsoúy. ‖ — une perte (dommage causé). *Damnum resarcire.* 賠還 Peý houán.

REPARTIE, s. f. *Responsio, onis, f.* 答應 Tă ýn, ou 回信 Hoûy sín. ‖ — ingénieuse. *Acuta —.* 答應得趣 Tă ýn tĕ' tsiŭ.

RÉPARTIR, v. a. *Dividĕre.* 均分 Kiūn fēn.

RÉPARTIR, v. a. (répondre). *Respondēre.* 回話 Hoûy hóa.

REPAS, s. m. *Cibi sumptio, onis, f.* 飲食 Ýn chĕ'. ‖ Un —. *Una —.* 一頓 Ÿ tén. ‖ — à la naissance d'un enfant. *In nativitate infantis.* 齊客 Tsý kĕ'. ‖ Prendre son —. *Cibum sumĕre.* 喫飯 Tchĕ' fán. ‖ Préparer un —. *Parāre —.* 辦席 Pán sý. ‖ Inviter à un —. *Invitāre —.* 請客 Tsìn kĕ'. ‖ Durant le —. *Inter convivium.* 喫飯的時候 Tchĕ' fán tý chē heóu. ‖ Après le —. *Post refectionem.* 喫了飯 Tchĕ' leào fán. ‖ Offrir un —. *Cænam apponĕre.* 送席 Sóng sý. ‖ Servir un —. *Apponĕre —.* 擺席 Paý sý.

Voici les principales paroles d'urbanité proférées dans un repas chinois, et qu'il est très-utile de connaître.

48

L'hôte qui reçoit : Veuillez prendre la place du haut. 請上坐 Tsǐn cháng tsó, ou 請升上 Tsǐn chēn cháng. ‖ Veuillez monter encore. 請升上 Tsǐn chēn cháng. ‖ On vous invite à boire, ou le repas est servi. 請酒 Tsǐn tsieòu. ‖ Boire à la ronde. 喫一巡 Tchě ỷ siûn. ‖ On invite à boire deux verres. 敬雙盃 Kín choāng peỷ. ‖ On insiste : Encore un verre! 候一盃 Heóu ỷ péỷ. ‖ — Je ne saurais boire beaucoup. 量蠢 Leáng tchoǔn. ‖ — Vous le pouvez bien ; vous êtes fort. 量宏 Leáng hông. ‖ Vous cachez vos forces. 臧性 Tsǎng sín. ‖ — Excusez-moi, messieurs, le repas ne vaut rien. 莫得菜 Mô tě tsǎỷ. ‖ Veuillez vous mettre à votre aise. 酒脫些 Sá tě sỷ. ‖ Buvez tout le verre. 請乾 Tsǐn kán. ‖ Ma main se fatigue, dit avec grâce l'hôte, en offrant à boire aux convives. 提壺人手軟 Tỷ hoû jên cheòu jonǎn. ‖ Tout à l'heure nous ferons du Hoǎ kǔen. 喫過障拳 Tchě kó hoǎ kiǔen. ‖ Monsieur N... sera le régulateur du jeu. 當官 Tāng koūan. ‖ Passer à d'autres le tour du jeu. 交拳 Kiaō kiǔen. ‖ Passer à d'autres la direction du jeu. 交官 Kiaō kouān. ‖ Deviner juste. 猜子 Tsāỷ tsè. ‖ On a bu suffisamment. 酒榖了 Tsieòu keóu leào. ‖ Il faut établir une règle pour boire. 興酒令 Hīn tsieòu lǐn. ‖ Condamner un convive à boire un verre. 罰酒一盃 Fǎ tsieòu ỷ peỷ. ‖ Ce verre ne suffit pas. 只喫一盃不夠了 Tchě tchě ỷ peỷ poǔ kiǔen leào. ‖ Avant le riz, on boit trois verres. 見飯三盃 Kién fán sān peỷ. ‖ Messieurs, excusez-moi, je vous ai bien mal traités. 喫壞了飯 Tchě houáỷ leào fán. ‖ Les convives présentent avec grâce, des deux mains, les bâtonnets, à la fin du repas. 慢情 Mán tsín. ‖ Messieurs, veuillez passer au salon. 寬坐 Kouān tsó. ‖ Reconduits à leur départ, par le chef de la maison, les hôtes lui diront : 請轉 Tsǐn tchoùan. c.-à-d. veuillez ne pas venir plus loin.

**REPASSER**, v. a. *Iter relegĕre.* 走原路 Tseòu yuén loú. ‖ — un fleuve. *Flum. rursus transire.* 又過河 Yeóu kó hô. ‖ — un rasoir. *Acuĕre navacul.* 磨剃刀 Mô tỷ taō. ‖ — du linge (avec le fer chaud) 熨布 Yùn poú. ‖ — dans son esprit. *Mente revolvĕre.* 再想 Tsáỷ siàng.

**REPENTIR (SE)**, v. r. *Pœnitēre.* 悔 Hoùy. ‖ Se — trop tard. *Tardiùs* —. 悔遲了 Hoùy tchě leào.

**RÉPERCUTER**, v. a. *Repercutĕre.* 反照 Fǎn tcháo, ou 打包去 Tà paò kiǔ.

**RÉPERTOIRE**, s. m. *Repertorium, ii, n.* 單子 Tān tsè. ‖ — (carnet). *Adversaria.* 摺子 Tsě tsè.

**RÉPÉTER**, v. a. *Eadem dicĕre.* 復說 Foǔ chǒ. ‖ — de mémoire. *Mente recolĕre.* 背書 Peỷ choū.

**RÉPÉTITION**, s. f. ‖ — des mêmes choses. 重說 Tchǒng chǒ.

**RÉPIT**, s. m. *Dilatio, onis, f.* 綏 Hoùan. ‖ Donner du —. *Debitori tempus concedĕre.* 綏比期 Hoùan pỷ kỷ. ‖ — (relâche). *Remissio.* 歇 Hiě, ou 停止 Tín tchě. ‖ Donnez-moi un peu de —. *Sĭne ut paululùm quiescam.* 准歇一下 Tchùen hiě ỷ hiá.

**REPLET, ÈTE**, adj. *Obesus.* 肥的 Feỷ tỷ.

**REPLI**, s. m. *Ruga, æ, f.* 皺 Tsóng, ou 摺子 Tsě tsè. ‖ — de l'âme. *Animi recessus.* 心底 Sīn tỷ.

**REPLIER (SE)**, v. r. *Se in spiram colligĕre.* 蟠 Pǎn. ‖ —, c.-à-d. reculer. *Retro pedem ferre.* 退 Tsě. ‖ — sur soi. *In se animum reducĕre.* 仔細想 Tsě sỷ siàng.

**RÉPLIQUER**, v. a. *Respondēre.* 答應 Tǎ ỷn. ‖ Avoir toujours à —. *Habēre semper quod respondēre valeat.* 不服 Poǔ foǔ, ou 刁嘴 Tiaō tsoùy. ‖ — par écrit. *Rescribĕre.* 回信 Hoûy sín. ‖ Demeurer sans —. *Obmutescĕre.* 莫得話說 Mô tě hóa chǒ. ‖ — (ne pas se soumettre). *Obloqui.* 不服 Poǔ foǔ, ou 應嘴 Ỷn tsoùy.

**RÉPONDANT**, s. m. *Præs, dis, m.* 保人 Paò jên.

**RÉPONDRE**, v. a. *Respondēre.* 答應 Tǎ ỷn. ‖ — à une lettre. *Epistolæ rescribĕre.* 回信 Hoûy sín. ‖ — à son supérieur. *Responsitāre.* 應嘴 Ỷn tsoùy. ‖ — à l'attente générale. *Opinioni respondēre.* 不負人望 Poǔ foǔ jên ouáng. ‖ — (convenir). *Congruĕre.* 對 Toúy. ‖ Ses paroles ne — pas à sa conduite. *Non consonat moribus oratio.* 口是心非 Keǒu chě sīn feỷ. ‖ — pour quelqu'un. *Spondēre pro aliis.* 做保人 Tsoǔ paò jên.

**RÉPONSE**, s. f. *Responsum, i, n.* 答應 Tǎ ỷn. ‖ — par écrit. 回信 Hoûy sín. ‖ — verbale. 回話 Hoûy hóa. ‖ Faire —. *Respondēre.* 答應 Tǎ ỷn.

**REPOS**, s. m. *Requies, ei, f.* 平安 Pín gān, ou 歇工 Hiě kōng. 歇息 Hiě sỷ. ‖ Prendre du —. *Cessāre.* 歇氣 Hiě kỷ. ‖ *Esse quieto animo.* 心安 Sīn gān. ‖ Soyez en — là-dessus. *Ne sollicitēris.* 你放心 Ngỳ fáng sīn. ‖ Vivre en —. *Tranquill. vitæ sequi.* 無憂無慮 Oû yeōu oû lìu. ‖ N'avoir pas de —. *Nullam requiem habēre.* 一點空者沒有 Ỷ tiěn kōng toū mô yeòu. ‖ Prendre du —. *Dormire.* 睡 Choúy. ‖ Soyez en —. *Quietus esto.* 你放心 Ngỳ fáng sīn.

**REPOSER**, v. a. ‖ — l'esprit. *Animum tranquillāre.* 放心 Fáng sīn. ‖ — (dormir). *Dormire.* 睡 Choúy. ‖ — (en parlant des morts). *Jacēre.* Ici repose un tel. *Hic jacet talis.* 清故○○人之墓 Tsǐn koú ○ ○ jên tchě mó. ‖ — (être en jachère). *Arva quiescunt.* 荒田 Houāng tién. ‖ Veuillez vous —. *Quiesce paululùm.* 請安 Tsǐn gān. ‖ Se —. *Quiescĕre.* 歇息 Hiě sỷ. ‖ Inviter, le soir, un hôte à so —, c.-à-d. à se retirer dans sa chambre. 請安心 Tsǐn gān sīn. Cette locution répond

REP REQ

aussi à notre *bonsoir* français. ‖ Se — sur quelqu'un. *Alic. confidēre.* 付托人 Foŭ tŏ jên. ‖ Laisser — une liqueur. *Sinĕre liquorem sidĕre.* 澄清了 Tchêň tsiŭ leào.

REPOUSSER, v. a. *Repellĕre.* 推 Toŭy. ‖ — la balle. *Pilam retorquēre.* 拍鞾子 Pĕ' tsiên tsè. ‖ — quelqu'un. *Repellĕre aliq.* 不許人會 Poŭ hiù jên hoúy. ‖ — la force par la force. *Vim vi repellĕre.* 以强驅强 Ỳ kiāng kiŭ' kiăng. ‖ — (ne pas consentir). *Dedignāri.* 不依 Poŭ ỹ. ‖ — (germer de nouveau). *Repullulāre.* 發芽 Fā yă.

RÉPRÉHENSIBLE, adj. *Vituperabilis.* 可責偹的 Kŏ tsĕ' pý tý.

RÉPRÉHENSION, s. f. *Vituperatio, onis, f.* 責偹 Tsĕ' pý. ‖ Mériter une —. *In vituperationem venire.* 該受責偹 Kaỹ cheoú tsĕ' pý.

REPRENDRE, v. a. *Resumĕre.* 復取 Foŭ tsiŭ. ‖ — les armes. *Bellum —.* 又打仗 Yeóu tà tchǎng. ‖ — un fugitif. *Ex fugâ repreh.* 捕逃 Poú tǎo. ‖ — une ville. *Urbem recipĕre.* 復城 Foŭ tchên. ‖ — une chose vendue. *Redhibēre.* 退貨 Toŭy hó. ‖ — des forces. *Vires recuperāre.* 補起氣力 Poŭ kỷ kỷ lý. ‖ — le fil de son discours. *Ad propositum reverti.* 轉來說過 Tchouàn laỷ chŏ kó. ‖ — . *Reponĕre.* 對答 Toúy tă. ‖ — du service public. *Ministeria repetĕre.* 開復 Kaỷ foŭ. ‖ — (blàmer). *Vituperāre.* 責偹 Tsĕ' pý. ‖ Le mal —. *Morbus redit.* 病反 Pín fàn. ‖ Se —. *Se arguĕre.* 怪自己 Kouáy tsé kỳ.

REPRÉSAILLES, s. f. *Compensatio, onis, f.* 相還 Siāng houân, ou 報仇 Páo tcheoŭ. ‖ User de —. *Par pari referre.* 相還 Siāng houân.

REPRÉSENTANT, s. m. *Vices gerens.* 欽差 Kiŭ tchaỷ.

REPRÉSENTATION, s. f. *Scenæ spectacula, orum, n.* 戲 Hý. ‖ Y assister. *His adesse.* 看戲 Kǎň hý. ‖ — (appareil). *Apparatus.* 排塲 Paỳ tchăng. ‖ — (remontrance). *Admonitio.* 勸 Kiuên.

REPRÉSENTER, v. a. (manifester). *Exhibēre.* 顯 Hiên. ‖ — un compte. *Rationes —.* 對賬 Toúy tchăng. ‖ — (peindre). *Depingĕre.* 畫 Hóa. ‖ — vivement quelque chose. *Dicendo oculis subjicĕre.* 說得如畫 Chŏ tĕ' joŭ hóa. ‖ — une comédie. *Comædiam agĕre.* 唱戲 Tchàng hý. ‖ — un personnage. *Personam —.* 扮某脚 Pàn mŏng kiŏ. ‖ — (signifier). *Declarāre.* 說明 Chŏ mîn. ‖ — (être semblable). *Esse, censeri.* 彷彿 Fǎng foŭ. ‖ Se —. *Animo cernĕre.* 心想 Sīn siáng.

RÉPRIMANDER, v. a. *Objurgāre.* 責偹 Tsĕ' pý. ‖ Être —. 受責偹 Cheoú tsĕ' pý.

RÉPRIMER, v. a. *Reprimĕre.* 押伏 Yă foŭ. ‖ — ses passions. *Frenāre cupidit.* 押伏私慾 Yă foŭ sè yoŭ.

REPRISE, s. f. *Continuatio, onis, f.* 不斷 Poŭ touán.

RÉPROBATION, s. f. *Reprobatio, onis, f.* 罰下地獄 Fă hiá tý yoŭ.

REPROCHER, v. a. *Objurgāre.* 責偹 Tsĕ' pý. ‖ N'avoir rien à se —. *Esse sine culpâ.* 艮心無愧 Leâng sīn oŭ kŏuý.

REPRODUIRE, v. a. *Regenerāre.* 復生 Foŭ sēn. ‖ Ce miroir — l'image. *Reddit imagin. speculum.* 鏡子照得見 kín tsè tcháo tĕ' kién.

RÉPROUVÉ, E, adj. *Malus homo.* 惡人 Ngŏ jên. ‖ — (damné). *Damnatus.* 受永罰的 Cheoú yùn fă tý.

RÉPROUVER, v. a. *Reprobāre.* 不允 Poŭ yùn. ‖ — (condamner au supplice éternel). *Damnāre.* 罰下地獄 Fă hiá tý yoŭ.

REPTILE, s. m. *Reptile, is, n.* 胋踊 Koŭ yóng.

REPU, E, adj. *Repletus cibo.* 喫飽 Tchĕ' paò.

RÉPUBLIQUE, s. f. *Respublica, æ, f.* 合省國 Hŏ sèn kouĕ', ou 無王之國 Oŭ ouâng tchē kouĕ'.

RÉPUDIER, v. a. *Uxorem repudiāre.* 出妻 Tchŏu tsý, ou 休妻 Hieōu tsý.

RÉPUGNER, v. n. *Abhorrēre.* 不愛 Poŭ gaý. ‖ 不依 Poŭ ỹ. ‖ 不情願 Poŭ tsîn yuén. ‖ 不合心 Poŭ hŏ sīn. ‖ Cela me —. *Abhorreo —.* 我不愛 Ngŏ poŭ gaý. ‖ — . *Invitè.* 莫何奈 Mŏ laý hŏ. ‖ Cela à mon caractère. *Id indoli meæ alienum est.* 我生來只不得這樣的 Ngŏ sēn laỷ kién poŭ tĕ' tohĕ yâng tỷ. ‖ — (se contredire en paroles). *Sibi verbis contradicĕre.* 前言不符後語 Tsiên yên poŭ foŭ heóu yù.

RÉPULSION, s. f. — mutuelle. *Repulsus, ûs, m.* 相惡 Siāng oŭ.

RÉPUTATION, s. f. *Fama, æ, f.* 名聲 Mîn chên. ‖ Être en bonne —. *Benè audire.* 名聲好 Mîn chên haŏ. ‖ Acquérir de la —. *Fam. consequi.* 有名聲 Yeŏu mîn chên. ‖ La perdre. — *amittĕre.* 失落名聲 Chĕ' lŏ mîn chên. ‖ Blesser la — de quelqu'un. — *violāre.* 壞人的名聲 Houáy jên tý mîn chên. ‖ Courir après la —. — *captāre.* 求名 Kieŏu mîn. ‖ Avoir soin de sa —. *Famæ consulēre.* 保名譽 Paŏ mîn yù. ‖ Avoir la — d'un avare. *Habēri avarus.* 有名的堅客 Yeŏu mîn tý kiēn lín.

RÉPUTER, v. a. *Putāre.* 想 Siăng. ‖ Être — savant. *Habēri doctus.* 學問有名 Hiŏ ouén yeŏu mîn.

REQUÉRIR, v. a. *Petĕre.* 求 Kieŏu, ou 稟官 Pîn kouān.

REQUÊTE, s. f. *Petitio, onis, f.* 求 Kieŏu, ou 呈子 Tchên tsè. ‖ Une —. *Una —.* 一張呈子 Ý tchāng tchên tsè. ‖ La présenter. *Offerre —.* 上呈子 Cháng tchên tsè. ‖ *Meo rogatu.* 我求 Ngŏ kieŏu. ‖ —. *Libellus supplex.* 呈子 Tchên tsè, ou 稟帖 Pîn tiĕ'. ‖ Dresser une —. *Componĕre —.* 上哀稟 Cháng gaỷ pìn. ‖ Présenter une —. *Alic.* —

dăre. 遞呈子 Tỷ tchěn tsè. ‖ — à l'Empereur. 奏摺 Tcheóu tsĕ́.
REQUIEM (MESSE DE). 安所彌撒 Gān-sò mỹ să.
REQUIS, adj. Idoneus. 合式的 Hò chĕ tỷ.
RÉQUISITION, s. f. ‖ — pour l'année. 索軍需 Sŏ kiūn siū.
RESCINDER, v. a. Acta rescindĕre. 折 Tsĕ́.
RESCRIT, s. m. Rescriptum, i, n. ‖ — impérial. 御批示 Yú pĕy chĕ́. ‖ — (réponse par écrit). 回信 Hoùy sín.
RÉSEAU, s. m. Reticulum, i, n. 細網 Sý ouàng.
RÉSERVE, s. f. Sepositio, onis, f. 除 Tchôu. ‖ — (modestie). Modestia. 節 Tsiĕ́. ‖ — (circonspection). Circumspectio. 用心 Yóng sīn. ‖ Parler avec —. Cauté dicĕre. 小心說話 Siaò sīn chŏ hoá. ‖ Sans —. Immoderaté. 一總 Ỹ tsòng, ou 一把連 Ỹ pà liēn. ‖ A la —, de, adv. Præter. 除開 Tchôu kaỹ. ‖ Sans —. Sine ullâ exceptione. 一槩 Ỹ kaỹ.
RÉSERVÉ, E, adj. Modestus. 節儉的 Tsiĕ́ kièn tỷ. ‖ — dans la nourriture. Parcè comedens. 口細 Keŏu sý.
RÉSERVER, v. a. Reservāre. 除 Tchôu, ou 留下 Lieoû hiá. ‖ Se — d'en parler une autre fois. Animum servāre rem ulteriús tractandi. 慢慢再講 Mán mán tsáy kiàng.
RÉSERVOIR, s. m. Piscina, æ, f. 池 Tchĕ́. ‖ — de poissons. Vivarium. 魚池 Yû tchĕ́.
RÉSIDENCE, s. f. Assidua mansio, onis, f. 住所 Tchoù sò.
RÉSIDER, v. n. Commorāri. 居住 Kiū tchoú, ou 坐 Tsó.
RÉSIDU, s. m. Residuum, i, n. 渣渣 Tchā tchā, ou 脚脚 Kiŏ kiŏ.
RÉSIGNER, v. a. Demittĕre. 讓 Jáng. ‖ — ses fonctions. Munus transmittĕre. 辭職 Tsĕ́ tchĕ́. ‖ — le trône. — Thronum —. 退位 Toúy oúy. ‖ Se — (se soumettre). Sortem ferre. 忍耐 Jĕn láy. ‖ Se — à la volonté divine. Divinæ voluntati parēre. 隨天主安排 Soúy Tiēn-Tchoù gān pày.
RÉSILIER, v. a. Rescindĕre. 退 Toúy. ‖ — un contrat. Contractum — 退約 Toúy yŏ, ou 折鬮 Tsĕ́ hò. ‖ — un marché. Redhibēre. 退貨 Toúy hó.
RÉSINE, s. f. Resina, æ, f. 樹油 Choú yeōu.
RÉSIPISCENCE, s. f. Emendatio, onis, f. 悔改 Hoùy kaỹ.
RÉSISTER, v. n. Obniti. 逆 Nỹ, ou 阻 Tsoù. ‖ — à l'or. Corruptioni resistĕre. 不受賄 Poù cheóu hoúy. ‖ — à ses passions. Cupiditatibus responsāre. 遏慾 Hŏ yoù. ‖ — sous la dent. Palato responsāre. 合口胃 Hŏ keŏu oúy. ‖ — à la fatigue. Laboribus minimè frangi. 不怕苦 Poù pă kŏu. ‖ — à quelqu'un. Resistĕre al. 不依人 Poù ỹ jēn. ‖ — à la douleur. Dolori — 忍苦 Jĕn kŏu. ‖ — à un officier de justice. Præfecto reluctāri. 抗違 Káng oúy.
RÉSOLU, E, adj. et part. statutus. 一定的 Ỹ tín tỷ. ‖ Affaire —. Decretum est. 定了 Tín leào. ‖ — (conseil arrêté). Certus. 打定主意的 Tà tín tchoù ý tỷ.

— (constant). Constans. 恒心的 Hēn sīn tỷ. ‖ — (déterminé). Audax. 大胆的 Tá tàn tỷ.
RÉSOLUTION, s. f. Solutio, onis, f. 化 Hóa. ‖ — (cassation d'un acte). Rescissio. 折 Tsĕ́. ‖ — (projet). Propositum. 主意 Tchoù ý. ‖ Prendre la —. Consilium capĕre. 打主意 Tà tchoù ý. ‖ Changer de —. — mutāre. 改主意 Kaỹ tchoù ý. ‖ Persister dans sa —. In proposito manēre. 恒心 Hēn sīn. ‖ Ne savoir quelle — prendre. Consilii ambiguus esse. 打不起主意 Tà poŭ kỷ tchoù ý.
RÉSONNANCE, s. f. Resonantia, æ, f. 聲音應得長 Chēn ȳn ȳn tĕ́ tchâng.
RÉSONNER, v. n. Resonāre. 響 Hiàng.
RÉSOUDRE, v. a. Dissolvĕre. 化 Hóa. ‖ — un contrat. Contract. rescindĕre. 折約 Tsĕ́ yŏ. ‖ — une difficulté. Nodum expedīre. 解難 Kiaỹ lân. ‖ — un doute. Dubium tollĕre. 破疑 Pŏ́ nỹ. ‖ — (déterminer). Statuĕre. 定 Tín. ‖ — quelqu'un à —. Ad rem inducĕre. 勸人做 Kiuèn jēn tsoú. ‖ Se —. Resolvi. 化 Hóa. ‖ Se — (prendre une résolution). Statuĕre. 打主意 Tà tchoù ý.
RESPECT, s. m. Reverentia, æ, f. 尊敬 Tsēn kín. ‖ Inspirer du —. Parēre. 兜人敬 Teōu jēn kín. ‖ Sans —. Irrever. 無禮 Oû lỷ. ‖ Rendre des — à quelqu'un. Salutāre aliq. 問安 Ouén gān. 請安 Tsìn gān. 拜人 Páy jēn. 問侯 Ouén heóu. 拜侯 Páy heóu. ‖ — humain. Humanus respectus. 奉人情 Fóng jēn tsîn. ‖ Agir par —. Respectum hum. habēre. 奉人情做事 Fóng jēn tsîn tsoú sé. ‖ Parler sans —. Apertè mentem prodĕre. 說話不奉情 Chŏ hoá poŭ fóng tsîn.
RESPECTER, v. a. Venerāri. 尊敬 Tsēn kín. ‖ — un traité. Fœdus servāre. 守約 Cheòu yŏ. ‖ Se —. Decorum servāre. 不越理 Poŭ yuĕ́ lỷ.
RESPECTIVEMENT, adv. Invicem. 互相 Hoú siāng.
RESPIRATION, s. f. Respiratio, onis, f. — 呼 Ỹ hoū, ou 喘氣 Tchouăn kỷ.
RESPIRER, v. n. Respirāre. 出氣 Tchōu kỷ́, ou 呼吸 Hoū hỹ ‖ — difficilement. Ægrē —. 出不贏氣 Tchōu poŭ ýn kỷ. ‖ Tant que je —. Dùm vivam. 我在的時候 Ngò tsáy tỷ chē heóu. ‖ Tout ce qui —. Omnia animantia. 活物 Hŏ oŭ. ‖ — (prendre relâche). Quiescĕre. 歇息 Hiĕ sỷ. ‖ Ne — que le crime. Scelus anhelāre. 專于惡 Tchouān yū ngŏ̀. ‖ — un air d'antiquité. Redolēre antiquitatem. 文章彷古 Ouēn tchāng fàng koù.
RESPLENDIR, v. a. Splendēre. 發光 Fă kouāng.
RESPONSABLE, adj. Cui res præstanda est. 管下的 Kouàn hiá tỷ, ou 承當的 Tchèn tāng tỷ. ‖ Le Gouverneur est — devant l'Empereur. 總督是皇上管下的 Tsòng toù chĕ́ houâng châng kouàn hiá tỷ.

RES — RET 381

**RESPONSABILITÉ**, s. f. *Obligatio redd. rationem*. 担承事 Tán tchên sé.

**RESSEMBLANCE**, s. f. *Similitudo, inis, f*. 像 Siáng, ou 彷彿 Fǎng foŭ.

**RESSEMBLER**, v. a. *Esse similis*. 像 Siáng. ‖ — à son père. *Patrem ore referre*. 像父 Siáng foú. ‖ Tous les hommes se —. *Eadem est natura humana*. 人人有臉 Jên jên yeoŭ liên, ou 樹樹有皮 Choŭ choŭ yeoŭ pý.

**RESSENTIMENT**, s. m. *Injuriæ dolor, oris, m*. 受辱懷怨 Cheóu joŭ houây yuén. ou 怨氣 Yuén ký. ‖ Conserver du —. *Odium fovēre*. 懷恨 Houây hén, ou 包恨 Paō hén. ‖ Bannir tout —. *Dolori non parēre*. 寬恕 Kouān choú.

**RESSENTIR**, v. a. *Sentīre*. 覺得 Kiǒ tĕ́. ‖ — de la douleur. *Dolorem —*. 覺得痛 Kiǒ tĕ́ tóng. ‖ — la peine de quelqu'un. *alic. dolēre*. 憐恤人 Lién siŭ jên. ‖ Se — de, v. g. d'un reste de chute (litt.), de son éducation ou état (fig.). 雖然好了還有些不活動 Siū jân haǒ leaò houân yeoŭ sỹ poŭ hŏ tóng.

**RESSERRER**, v. a. *Stringĕre*. 絪緊 Kouēn kìn. ‖ — un discours. *Orat. contrahĕre*. 切言 Tsiĕ́ yên. ‖ — le ventre. *Alvum comprimĕre*. 止瀉 Tchē sié. ‖ Se — (se contracter). *Contrahi*. 縮 Soŭ. ‖ Se —, c.-à-d. diminuer sa dépense. *Impensam circumcidĕre*. 省用 Sèn yóng.

**RESSORT**, s. m. *Elaterium, ǔ, n*. 法條 ou 發條 Fǎ tiǎo. ‖ Le — se détend. *Distendĭtur —*. 發條伸 Fǎ tiǎo chên. ‖ Le — se resserre. *Tendĭtur —*. 發條縮 Fǎ tiǎo soŭ. ‖ Le — est brisé. *Fractum est —*. 發條斷了 Fǎ tiǎo touán leaò. ‖ — (artifice, machine). *Artificium*. 計策 Ký tsĕ́. ‖ Faire jouer beaucoup de —. *Omnia tentāre*. 設多端 Chĕ́ ký tŏ touán. ‖ — (juridiction). *Jurisdictio*. 属界 Choŭ kiáy. ‖ Cette ville est du — de Tchòng kín. 這個城是重慶所属 Tchĕ́ kó tchên chĕ́ tchóng kín sŏ choú. ‖ L'affaire est de mon —. *Hoc ad me spectat*. 是我的事 Ché ngŏ tý sé.

**RESSORTIR**, v. a. ‖ — de telle juridiction. *Tali foro convenire*. 属某地方管 Choŭ mòng tý fāng kouàn.

**RESSOURCE**, s. f. *Via, ratio, onis, f*. 方法 Fāng fǎ. ‖ Être perdu sans —. *Funditùs perire*. 無望了 Oŭ ouáng leaò. ‖ Il n'y a plus de —. *Nulla remanet spes*. 無奈何 Oŭ laý hŏ. ‖ Employer toutes les — pour. *Omni ope niti*. 盡力量 Tsín lý leáng. ‖ — (appui). *Præsidium*. 依靠 Ў kaó. ‖ Selon nos —. *Pro nostris opibus*. 照家務 Tchaó kiā oú.

**RESSOUVENIR (SE)**, v. r. *Recordāri*. 記得 Ký tĕ́.

**RESSUSCITER**, v. a. *Ad vitam revocāri*. 復活人 Foŭ hŏ jên. ‖ — par soi-même. *Ex suā virtute resuscitāre*. 自己復活 Tsé ký foŭ hŏ.

**RESTAURANT**, s. m. ‖ — à thé. *Caupona, æ, f*. 茶館 Tchǎ́ kouàn. ‖ — à farine. *Caupona*. 麵館 Mién kouàn.

**RESTAURER**, v. a. *Reficĕre*. 補 Poù, ou 復與 Foŭ hìn. ‖ — sa santé. *Valetudinem —*. 復元 Foŭ yuên.

**RESTE**, s. m. ‖ Le — des hommes. *Cæteri homines*. 餘人 Yŭ jên, ou 其餘 Ký yŭ. ‖ —. *Reliqua*. 餘 Yŭ. ‖ Écrire le —. *Quod superest scribĕre*. 寫完 Siĕ ouân. ‖ Jouir de son —. *Omnem aleam jacĕre*. 飄完 Piaō ouân. ‖ Argent de —. *Superfluens pecunia*. 餘剩的財 Yŭ chén tỹ tsaý. ‖ Au —. *Cæterùm*. 另外 Lín-ouáy. ‖ — *Reliquiæ, arum, f*. 剩的東西 Chén tỹ tōng sỹ. ‖ Les — (cendres) mortelles. *Cineres*. 屍 Chē.

**RESTER**, v. n. (être de reste). *Restāre*. 還有 Houân yeoŭ, ou 留 Lieoŭ. ‖ Il ne lui — rien. *Nihil habet reliqui*. 敗完 Paý ouân. ‖ Il me — à dire. *Superest ut dicam*. 還有話說 Houân yeoŭ hoá chŏ. ‖ — (demeurer). *Commorāri*. 坐 Tsó.

**RESTITUER**, v. a. *Restituĕre*. 補還 Poù houân.

**RESTREINDRE**, v. a. *Coarctāre*. 做短 Tsoŭ touân, ou 戒 Kiáy. ‖ — son train de vie. *Sumptus minuĕre*. 少用 Chaò yóng.

**RESTRICTION**, s. f. ‖ — mentale. *Reticentia*. 隱諱 Yn hoúy, ou 遮掩的話 Tchĕ́ yên tý hoá. ‖ User de —. *De industriā reticēre*. 遮盖 Tchĕ́ kaý, ou 說一半吞一半 Chŏ ў pán tên ў pán.

**RESTRINGENT, E**, adj. *Adstrictorius*. 不消化 Poù siaō hóa.

**RÉSULTATS**, s. m. *Effectus, ùs, m*. 關係 Kouān hý, ou 總言 Tsóng yên.

**RÉSULTER**, v. n. *Consequi*. 從此有 Tsóng tsè́ yeoŭ. ‖ Il — de là. *Hinc est —*. 從此有 Tsóng tsè́ yeoŭ.

**RÉSUMER**, v. a. *Breviùs repetĕre*. 切短 Tsiĕ́ touân.

**RÉSURRECTION**, s. f. *Resurrectio, onis, f*. 復活 Foŭ hŏ.

**RÉTABLIR**, v. a. *Restaurāre*. 復新 Foŭ sìn. ‖ — sa santé. *Sanitatem recuperāre*. 復原 Foŭ yuên. ‖ — ses forces. *Se reficĕre*. 補精神 Poù tsīn chên. ‖ — quelqu'un dans son poste. *Alic. pristinum officium reddĕre*. 復原職 Foŭ yuên tchĕ́. ‖ Se —. *Convalescĕre*. 復原職 Foŭ yuên tchĕ́.

**RETAILLE**, s. f. *Secamenta, orum, n*. 零碎東西 Lín soúy tōng sỹ.

**RETARDER**, v. a. *Morāri*. 遲緩 Tchĕ́ houàn. ‖ — son départ. *Discessum tardāre*. 攔擱起身 Tān kŏ ký chên. ‖ — quelqu'un. *Aliq. detinēre*. 留行 Lieoŭ hín. ‖ Sans —. *Sine morā*. 當時 Táng chĕ́.

**RETEINDRE**, v. a. *Denuò tingĕre*. 染過 Jàn kó.

**RETENIR**, v. a. *Retinēre*. 留 Lieoŭ. ‖ — le bien d'autrui. *Aliena —*. 存留他人之物 Tsēn lieoŭ tǎ́ jên tchḗ oŭ. ‖ — une partie de la solde. *Stipendia circumcidĕre*. 侵剋軍餉 Tsín tchĕ́ kiūn hiàng. ‖ — son haleine.

*Anhelitum continēre.* 不出氣 Poŭ tchoŭ ky̆. ‖ Son estomac ne — rien. *Stomachus cibum non continet.* 肚脾不住飲食 Toŭ py̆ poŭ tchoŭ y̆n chĕ. ‖ — son urine. *Urinam retinēre.* 忍住不解小手 Jĕn tchoŭ poŭ kiaỷ siaò cheŏu. ‖ — quelque chose sur une somme. *Deducĕre.* 除 Tchoŭ. ‖ — ce qu'on apprend par cœur. *Memoriter retinēre.* 記得 Ky̆ tĕ̆. ‖ — quelqu'un. *Morāri aliq.* 留人 Lieôu jên. ‖ — sa colère. *Iram continēre.* 忍氣 Jĕn ky̆.

RÉTENTION, s. f. ‖ — d'urine. *Stranguria, æ, f.* 小便不通 Siào pién poŭ tòng.

RETENTIR, v. a. *Resonāre.* 響 Hiàng.

RETENU, E, adj. *Moderatus.* 節儉的 Tsiĕ̀ kiĕn ty̆.

RETENUE, s. f. *Moderatio, onis, f.* 節儉 Tsiĕ̀ kiĕn. ‖ Avec —. *Moderaté.* 克已 Kò̆ ky̆. ‖ Sans —. *Immoderaté.* 不節制 Poŭ tsiĕ̀ tchè, ou 放肆 Fáng sé.

RÉTICENCE, s. f. *Reticentia, æ, f.* 臙譁 Ȳn hoŭy.

RÉTIF, VE, adj. *Inobsequens.* 倈 Kiáng. ‖ Cheval —. *Equus —.* 倈馬 Kiáng mà. ‖ Homme —. *Indocile ingenium.* 不聽命 Poŭ t'ĭn mín.

RÉTINE, s. f. *Tunica oculi.* 瞳人 Tŏng jĕn, ou 眼網 Yèn ouàng.

RETIRÉ, E, adj. *Solitarius.* 隱修人 Ȳn sieôu jên. ‖ Mener une vie —. *Vitam solitariam ducĕre.* 隱修 Ȳn sieôu. ‖ Lieu —. *Secessus.* 避靜地方 Py̆ tsín ty̆ fāng.

RETIRER, v. a. *Reducĕre.* 退 Toŭy, ou 得 Tĕ̆. ‖ — la main. *Manum retrahĕre.* 縮手 Soŭ cheŏu. ‖ — quelqu'un du vice. *E vitū cœno reducĕre.* 回頭人 Hoŭy teôu jên. ‖ — de ses terres. *Percipĕre ex agris.* 収庄稼 Cheŏu tchouāng kiā. ‖ — un gage. *Pignus recuperāre.* 取當 Tsiŭ táng. ‖ — du profit. *Lucrum facĕre.* 有利益 Yeòu ly̆ y̆. ‖ — sa parole. *Fidem mutāre.* 食言 Chĕ̆ yĕn. ‖ Se —, c.-à-d. se contracter. *Retrahĕre se.* 縮 Soŭ. ‖ Se —, c.-à-d. s'en aller. *Abīre.* 去 Kiĕ̆, ou 退 Toŭy. ‖ Se — des affaires. *A negot. se removēre.* 辭公事 Tsĕ̆ kōng sé. ‖ Se —, c.-à-d. aller dormir. *Cubitum īre.* 去睡 Kiĕ̆ choŭy. ‖ Se —. *Contrahi.* 綞了 Tsòng leaò, ou 縮 Soŭ.

RETOMBER, v. a. *Recidĕre.* 復落 Foŭ lŏ. ‖ — malade. *In morbum —.* 病反 Pín fàn. ‖ — dans une faute. *Eadem peccāre.* 復犯 Foŭ fàn. ‖ Que cela — sur moi. *Id recidat in me.* 算我的 Souán ngò ty̆.

RÉTORQUER, v. a. *Dicta repercutĕre.* 將他的話問他 Tsiāng tā ty̆ hŏa ouén tā.

RETORS, SE, adj. *Tortus.* 扭的 Nieòu ty̆. ‖ — (rusé). *Callidus.* 奸詐的 Kiĕn tchá ty̆.

RETOUCHER, v. a. *Rursum tangĕre.* 又摸 Yeóu mō. ‖ — des vers. *Versus incudi reddĕre.* 正詩 Tchĕn chē.

RETOUR, s. m. *Reditus, ús, m.* 回來 Hoŭy laỷ. ‖ Payer de — (en général). *Par pari referre.* 以情還情 Ỷ tsîn houàn tsîn. ‖ Payer de — (se venger). *Ulcisci.* 報仇 Páo tcheŏu. ‖ Payer de — (rendre le mal pour le bien). *Malum pro bono reddĕre.* 以惡報恩 Ỷ ngŏ páo gēn. ‖ Faire un — sur soi. *Se examināre.* 自省 Tsé sèn.

RETOURNER, v. a. *Invertĕre.* 翻 Fān. ‖ — quelqu'un. *A lic. sentent. mutāre.* 改人的主意 Kaỷ jĕn ty̆ tchoŏ y̆. ‖ — (revenir). *Redīre.* 同來 Hoŭy laỷ. ‖ — à son premier train de vie. *In eamdem viam revolvi.* 叉走原路 Yeóu tseòu yuēn loŭ. ‖ — à son sujet. *Ad propositum reverti.* 轉來說過 Tchouàn laỷ chŏ kó. ‖ — une robe. *Togam invertĕre.* 翻衣服 Fān y̆ foŭ. ‖ Se —. *Respicĕre.* 回看 Hoŭy kán. ‖ Se — d'un autre côté. *In aliam partem convertĕre se.* 轉過身子來 Tchouàn kó chēn tsè laỷ. ‖ S'en —. *Abīre.* 回去 Hoŭy kiŭ̆.

RÉTRACTER, v. a. *Retractāre.* 實悔 Chĕ̆ hoŭy, ou 又講 Yeóu kiàng. ‖ — sa parole. *Fidem —.* 食言 Chĕ̆ yĕn, ou 反口 Fàn keŏu.

RETRAITE, s. f. *Recessus, ús, m.* 回 Hoŭy. ‖ Sonner la —. *Receptui canĕre.* 定更炮 Tín kēn pâo, ou 打鑼收兵 Tà lŏ cheōu pīn. ‖ —. *Receptus.* 回來 Hoŭy laỷ. ‖ — des affaires. *Munerum vacatio.* 辭公事 Tsĕ̆ kōng sé. ‖ — (refuge). *Refugium.* 躲避之處 Tò-py̆ tchē tchŏu. ‖ Vivre dans la —. *Secretam vitam agĕre.* 避世俗 Py̆ ché sioŭ. ‖ — spirituelle. *Secessus spiritualis.* 神工 Chēn kŏng. ‖ La faire. *Eos peragĕre.* 做神工 Tsoú chēn kŏng.

RETRANCHEMENT, s. m. *Munimenta, orum, n.* 濠溝 Haô keōu. ‖ En faire à une ville. *Munīre civitatem.* 保城 Paò tchĕn.

RETRANCHER, v. a. *Detrahĕre.* 除 Tchŏu, ou 減 Kièn. ‖ — en coupant. *Resecāre.* 砍斷 Kàn touán. ‖ — de la paye. *Stipendium minuĕre.* 減軍餉 Kièn kiūn hiàng. ‖ — de l'Église. *Excommunicāre.* 棄絕人 Ky̆ tsuĕ̆ jên. ‖ — (fortifier). *Munīre.* 堅固 Kiēn koú. ‖ — un camp. *Castra munīre.* 護營 Hoú y̆n.

RÉTRÉCIR, v. a. *Contrahĕre.* 做短 Tsoú touàn. ‖ Se —. *Contrahi.* 縮 Soŭ.

RÉTRIBUTION, s. f. *Merces, edis, f.* 工錢 Kōng-tsiên, ou 報答 Páo tă.

RÉTROGRADER, v. n. *Retrò īre.* 退 Toŭy.

RETROUSSER, v. a. *Vestem colligĕre.* 找扎衣服 Tchaò tchā y̆ foŭ.

RETS, s. m. *Rete, is, n.* 綱 Ouàng. ‖ Les tendre. *Extendĕre retia.* 打網 Tà ouàng.

RÉUNION, s. f. *Conjunctio, onis, f.* 結 Kiĕ̆. ‖ — (assemblée). *Cœtus.* 會同 Hoŭy-tŏng.

RÉUNIR, v. a. *Coagmentāre.* 結 Kiĕ̆. ‖ — les parties fracturées. *Sejuncta et fracta —.* 鑲 Jāng. ‖ — les esprits.

*Disjunctos animos reconciliāre.* 和睦人 Hô moŭ jên. ∥ — *des troupes. Copias colligĕre.* 収兵 Cheōu pīn. ∥ Se —. *Coagmentāri.* 鑲 Jâng. ∥ Se — (en parlant des chairs). *Coalescĕre.* 生口 Sēn keŏu. ∥ Se —, c.-à-d. se rassembler. *Convenire.* 相會 Siāng hoúy.

RÉUSSIR, v. n. *Bonum exitum habēre.* 順遂 Chúen soúy. ∥ L'affaire a —. *Res succedit.* 順遂 Chúen soúy, ou 逗投 Teóu teŏu.

REVALIDER, v. a. *Validum efficĕre.* 補眞 Poù tchēn.

REVANCHE, s. f. *Iterata lusio, onis, f.* 再賭一回 Tsáy toù ў hoúy, ou 撈稍 Laô chaô. ∥ La donner à quelqu'un. *Alic. certamĭnis potestatem reddĕre.* 許人撈本 Hiù jên laô pèn, ou 要錢撈本 Choà tsiên laô pèn. ∥ —. *Par pari referre.* 相還 Siāng houân. ∥ Prendre sa — (se venger d'une injure). *Ulcisci.* 報仇 Páo tcheóu. ∥ En —. *Rursùs.* 又 Yeóu, ou 再 Tsáy.

RÊVASSER, v. n. *Somniis stimulāri.* 怪夢驚人 Kouáy móng kjên.

REVÊCHE, adj. *Acerbus.* 牛心 Nieôu sīn, ou 澁的 Sě' tў. ∥ — (opiniâtre). *Pertinax.* 固執 Koú tchě, ou 俸 Kiáng.

RÉVEIL, s. m. *Statim à somno.* 醒 Sĭn. ∥ Sonner le — au prétoire. *Matutĭn. torment. prætoriū explodĕre.* 放醒炮 Fâng sĭn páo. ∥ — matin. *Suscitabulum.* 醒鐘 Sĭn tchōng.

RÉVEILLER, v. a. *Expergefacĕre.* 喊醒 Hàn sĭn. ∥ — l'appétit. *Provocāre appetītum.* 開胃 Kāy oúy. ∥ Se —. *Somno excuti.* 醒 Sĭn.

RÉVEILLON, s. m. *Cœnacula nocturna.* 消夜 Siaō-yé.

RÉVÉLER, v. a. *Revelāre.* 默示 Mě' ché. ∥ — ses complices. *Socios —.* 供出同犯 Kōng tchoŭ tông fán. ∥ — un secret. *Pandĕre secretum.* 洩漏密事 Sié leóu mỹ sé.

REVENANT, E, adj. *Placens.* 合意的 Hô ỹ tў.

REVENANT-BON, s. m. *Reliqua quæstuosa.* 意外之財 ỹ ouáy tchē tsâỹ.

REVENANTS, s. m. *Lemŭres, um, m.* 小鬼 Siaô koùy.

REVENDIQUER, v. a. *Vindicāre pro suo.* 追自己得 Jén tsé kў te̊' ou 追囘 Toúy hoúy.

REVENDRE, v. a. *Revendĕre.* 買賣 Maỹ máy.

REVENIR, v. n. *Redire.* 囘來 Hoúy laў. ∥ —. *Ructus movēre.* 吐酸 Tŏu souân. ∥ — à son sujet. *Ad propos. redire.* 轉來講過 Tchouàn laў kiāng kó. ∥ En — toujours là. *Semper eò devolvitur.* 重説 Tchŏng chŏ. ∥ — à la charge. *Urgēre.* 催 Tsouy, ou 又開伏 Yeóu kăỹ tcháng. ∥ — sur son opinion. *Mutāre sentent.* 改主意 Kaỹ tchoù ỹ. ∥ — à soi. *Animum recipĕre.* 心定 Sīn tín, ou 迷醒了 Mỹ sĭn leào. ∥ — de ses égarments. *Emendāri.* 改過 Kaỹ kó. ∥ Cela lui de quelque manière. *Alii dicent ei.* 他會別人 曉得 Tā' hoúy piě' tā' jên hiaò tě'. ∥ Que m'en — -il? *Quid ad me?* 爲我有甚麼利益 Oúy ngŏ yeŏu chén

mô lỹ ỹ. ∥ Cela — au même. *Hæc eădem recidunt.* 都是一樣的 Toū ché ỹ yáng tў. ∥ Cet homme me —. *Placet, arridet mihi iste homo.* 那个人合我的意 Lá kó jên hô ngŏ tў ỹ.

REVENU, s. m. *Reditus, ús, m.* 租 Tsoū. ∥ — publics. *Publici —.* 税 Choúy, ∥ Les frauder. *Fraudāre —.* 漏税 Leóu choúy. ∥ — donné par l'Empereur aux bacheliers. *—.* 廩瞻 Lĭn chán. Savoir : 40 taëls pour ceux des villes de premier ordre; 30 taëls pour ceux des villes de deuxième ordre, et 20 taëls pour ceux des villes de troisième ordre. Ces bacheliers sont appelés : 廩生 Lĭn sēn.

RÊVER, v. a. *Somniāre.* 做夢 Tsoú móng, ou 夢見 Móng kién. ∥ — (radoter). *Insanīre.* 糊説 Hoû chŏ'. ∥ Je crois que tu —. *Puto te somniāre.* 我怕伙見了鬼子 Ngŏ pā' ngў kién leaò koùy tsề.

RÉVERBÉRER, v. a. *Reflectĕre.* 反照 Fàn tcháo.

RÉVÉRENCE, s. f. *Reverentia, œ, f.* 敬 Kín. ∥ Votre — V. R. 令正 Lĭn tchēn. ∥ — (mouvement pour saluer). *Salutatio.* 點頭 Tièn teŏu.

RÉVÉREND, E, adj. *Reverendus.* 老公公 Laò-kōng-kōng.

RÉVÉRER, v. a. *Reverēri.* 恭敬 Kōng kín.

RÊVERIE, s. f. *Delirium, ii, n.* 糊説 Hoû chŏ'. ∥ —. *Vigil. somnia.* 亂想 Louán siàng. ∥ — (action de penser). *Meditatio.* 想 Siàng.

REVERS, s. m. *Aversa pars.* 背 Péỹ, ou 反面 Fàn mién. ∥ — de la main. *Manus —.* 手背 Cheŏu péỹ. ∥ — du sabre. *Gladii aversa pars.* 刀背 Taō péỹ. ∥ — d'une médaille. *Numismatis —.* 璽牌背面 Chén pāỹ péỹ mién. ∥ Coups de —. *Adversa fortuna.* 天命無常 Tièn mĭn oŭ châng.

REVÊTIR, v. a. *Induĕre.* 穿 Tchouàn. ∥ — de blanc. *Lugubr. habit. vest.* 穿孝衣 Tchouàn hiaô ỹ.

RÊVEUR, s. m. *Multa revolvens.* 心多的人 Sīn tō tў jên. ∥ — (visionnaire). *Delirans.* 打糊説的人 Tà hoû chŏ' tў jên.

REVIRER, v. a. *Navem circumagĕre.* 掉轉船 Tiaó tchouàn tchouân.

REVISER, v. a. ∥ — un livre. *Librum examināre.* 参訂書 Tchàn tín choū, ou 校正 Kiaô tchên.

REVIVRE, v. n. *Reviviscĕre.* 復生 Foŭ sēn.

REVOIR, v. a. *Iterùm vidēre.* 又看 Yeóu kán. ∥ — un compte. *Ad calculos reverti.* 算過 Souán kó.

RÉVOLTANT, E, adj. *Odiosus.* 兜人恨的 Teōu jên hén tў.

RÉVOLTE, s. f. *Rebellio, onis, f.* 反 Fàn. ∥ Apaiser une —. *Sedāre —.* 平反 Pĭn fàn.

RÉVOLTER, v. a. *Excitāre seditionem.* 造反 Tsaó fàn. ∥ — (choquer). *Offendĕre.* 得罪人 Tě' tsoúy jên.

Se —. *Rebellionem agĕre.* 反 Fàn, ou 作亂 Tsó louán. ‖ Se — contre la raison. *Rationem postponĕre.* 不依理 Poŭ ў lỳ.

RÉVOLU, E, adj. *Expletus.* 過了的 Kó leào tỷ. ‖ Année —. *Anno expleto.* 過了一年 Kó leào ў niên.

RÉVOLUTION, s. f. *Astri conversio, onis, f.* 星宿輪運動 Sĭn sioŭ lên yún tóng. ‖ — de royaume. *Turbatio.* 換朝 Houàn tchǎo. ‖ La provoquer. *Suscitāre.* 造反 Tsáo fàn, ou 作亂 Tsó louán.

RÉVOQUER, v. a. (de son emploi). *Munus auferre.* 革職 Kĕ̆ tchĕ̆. ‖ — (annuler). *Irritum facĕre.* 折 Tchĕ̆ (ou Tsĕ̆). ‖ — sa promesse. *Promissum revocāre.* 改口 Kaỷ keŏu. ‖ — en doute. *In dubium —.* 疑惑 Nỷhouǎy. ‖ — un ordre. *Mandatum —.* 改命 Kaỷ mìn.

REVUE, s. f. *Revisio, onis, f.* 復察考 Foŭ tchǎ̆ kaò. ‖ — de sa vie. *Examen vitæ generale.* 總省察 Tsóng sèn tchǎ̆. ‖ — des troupes. *Copiarum recensio.* 亮兵 Leáng pīn. 點兵 Tièn pīn. 閲兵 Yŭĕ pīn.

REZ-DE-CHAUSSÉE, s. m. *Solum, i, n.* 下層 Hiá tsěn, ou 地臺板 Tỷ tǎy pàn.

RHÉTEUR, s. m. *Rhetor, oris, m.* 大博學 Tá pŏ̆ hiŏ̆.

RHÉTORIQUE, s. f. *Rhetorica, æ, f.* 文法 Ouên fǎ̆. ‖ Y perdre sa —. *Frustrà laborāre.* 枉然費力 Ouàng jân feỷ lỳ.

RHOMBE, s. m. (terme de géom.). 斜方 Siê fāng.

RHOMBOÏDE, s. f. ‖ — à deux côtés longs, deux côtés courts et les angles inégaux. 有兩邊線長兩邊線短而角度叉不等 Yeŏu leàng piēn siên tchǎng, leàng piēn siên touàn eŭl kŏ̆ toŭ yeŏu poŭ tên.

RHUM, s. m. *Aqua viva.* 甘蔗燒酒 Kān tchê chao tsieòu.

RHUMATISME, s. m. *Rheumatismus, i, m.* 風濕症 Fōng chĕ̆ tchén ou 骨節痠痛 Koŭ tsiĕ̆ tên tŏng.

RHUME, s. m. *Epiphora, æ, f.* 傷風 Chāng fōng. ‖ Avoir un —. *Tussim concoquĕre.* 傷風了 Chāng fōng leào.

RFYTHME, s. m. *Rhythmus, i, m.* 一首詩 ў cheòu chē, ou 對韻 Toúy yún.

RIANT, E, adj. *Hilarus.* 喜歡的 Hỷ hoūan tỷ. ‖ Avoir un air —. *Frontem exporrigĕre.* 和顏悅色 Hô yên yŭĕ sĕ̆.

RICANER, v. n. *Cachinnāri.* 微微欺笑 Oūy oūy kỷ siáo.

RIC-À-RIC, adv. *Summo jure.* 一點都不讓 Ў tièn toū poŭ jáng.

RICHE, adj. *Dives.* 發財人 Fǎ̆ tsāy jên. ‖ Être —. *Esse —.* 發財 Fǎ̆ tsāy. ‖ Devenir — par des voies injustes. *Malà ratione rem facĕre.* 發橫財 Fǎ̆ hoúen tsāy. ‖ Quand on est —, on a des parents à tous les degrés; quand on est pauvre, on n'est connu de personne. (Prov.) 有錢高三輩無錢輩輩低 Yeŏu

tsiên kaò sān peỷ, oŭ tsiên peỷ peỷ tỷ. ‖ — en vertu. *Virtute insignis.* 大德的人 Tá tĕ̆ tỷ jên. ‖ — (abondant). *Abundans.* 有多的 Yeŏu tō tỷ.

RICHESSES, s. f. *Divitiæ, arum, f.* 財帛 Tsāy-pĕ̆. ‖ Les préférer au salut. *Divitias saluti anteponĕre.* 把銀錢放在靈魂之先 Pà ўn tsiên fáng tsāy lĭm houên tchê siēn.

RICOCHET, s. m. *Lapilli super aquas projecti.* 潛子 Tsién tsè, ou 瓢石跳 Piǎo chĕ̆ tiǎo. ‖ En faire. *Lapillis aquas perstringĕre.* 打瓢石 Tà piǎo chĕ̆. ‖ Par —. *Fortuitò.* 偶然的 Geòu jân tỷ.

RIDE, s. f. *Ruga, æ, f.* 皺 Tsóng, ou 摺子 Tsĕ̆ tsè.

RIDEAU, s. m. *Velum, i, n.* 簾子 Liên tsè. ‖ — de lit. *Cortina, siparium.* 帳子 Tcháng tsè. ‖ Le tirer. *Demittĕre —.* 放帳子 Fáng tcháng tsè. ‖ Le tirer sur quelque chose (au fig.). *Tacēre.* 不説 Poŭ chŏ̆.

RIDER, v. a. *Rugare frontem.* 皺額 Tsóng gĕ̆. ‖ Se —. *Rugāre frontem.* 皺 Tsóng.

RIDICULE, adj. *Ridiculus.* 兜人笑的 Teōu jên siáo tỷ. ‖ Se rendre —. *Risui se dāre.* 兜人笑 Teōu jên siáo. ‖ Rendre quelqu'un —. *Aliq. deridēre.* 笑人 Siáo jên.

RIEN, s. m. *Nihilum.* 無 Oŭ. ‖ Créer de —. *Ex — creāre.* 從無造有 Tsóng oŭ tsáo yeŏu. ‖ — du tout. *Nihil prorsus.* 全無 Tsŭen oŭ. ‖ Si peu que —. *Quàm minimùm.* 至微 Tchê oūy. ‖ En moins de —. *Dicto citiùs.* 火速 Hŏ̆ sioŭ. ‖ Sans faire semblant de —. *Dissimulanter.* 悄悄 Tsiǎo tsiǎo. ‖ N'être bon à —. *Prorsùs inutile.* 全不中用 Tsŭen poŭ tchōng yóng. ‖ N'être bon à —. *Prorsùs inutilis.* 不中用的人 Poŭ tchōng yóng tỷ jên. ‖ Homme de —. *Abjectus homo.* 賤人 Tsién jên, ou 小人 Siǎo jên. ‖ Se réduire à —. *Ad nihil recidĕre.* 莫來頭 Mŏ̆ laỷ teŏu. ‖ Vendre pour —. *Vili vendĕre.* 相因賣 Siāng ўn maỷ. ‖ Des —. *Nugæ.* 小事 Siǎo sé. ‖ Diseur de —. *Inaniloquus.* 説空話的人 Chŏ̆ kōng hoá tỷ jên.

RIGIDE, adj. *Rigidus.* 硬的 Gén tỷ, ou 嚴的 Niên tỷ. ‖ — (austère). *Austerus.* 嚴的 Niên tỷ.

RIGOLE, s. f. *Incile, is, n.* 水溝 Choúy keōu. ‖ Faire des —. 開水溝 Kāy choúy keōu.

RIGORISTE, s. m. *Rigidus.* 過餘嚴的 Kó yû Niên lỷ.

RIGUEUR, s. f. *Acerbitas, atis, f.* 利害 Lỷ haỷ, ou 嚴厲 Niên lỷ. ‖ Traiter quelqu'un avec —. *Severè tractāre.* 管得緊 Kouàn tĕ̆ kìn. ‖ — du droit. *Summum jus.* 牙毫不讓 Fên haò poŭ jáng. ‖ En —. *Summum jus.* 按理 Gán lỷ.

RIME, s. f. *Rhythmus, i, m.* 韻脚 Yún kiŏ̆. ‖ N'y entendre ni — ni raison. *Neque bonum neque æquum noscĕre.* 他不通理 Tā poŭ tōng lỷ.

**RIMER**, v. n. *Versus facĕre*. 對勻 Toúy yún ou 做詩 Tsoú chĕ.

**RINCER**, v. a. *Eluĕre, tergĕre*. 涮 Choŭa. ∥ — sa bouche. *Os aquâ fovēre*. 漱口 Seòu keŏu.

**RIPAILLE**, s. f. (faire). *Comessāri*. 大筵宴 Tá yēn yén.

**RIPOPÉE**, s. f. *Vappa, æ, f.* (litt.) 餘酒 Yû tsieòu. ∥ — (moral.), chose peu importante. 不要緊的事 Poŭ yáo kın tỷ sé.

**RIPOSTER**, v. a. *Reponĕre*. 對說 Toúy chŏ.

**RIRE**, v. a. *Ridēre*. 笑 Siáo. ∥ Mourir de —. *Risu corruĕre*. 大笑 Tá siáo. ∥ — sous cape. *In sinu ridēre*. 陰倒笑 Ÿn taò siáo. ∥ — . *Risum movēre*. 兜人笑 Teŏu jēn siáo. ∥ — (plaire). *Arridēre*. 合意 Hŏ ý. ∥ Tout lui —. *Cadunt omnia prospera ei*. 百事順遂 Pĕ sé chuén soúy. ∥ — de quelqu'un. *Ridēre aliq.* 欺笑人 Kỷ siáo jēn. ∥ Sans —. *Seriö*. 實話 Chĕ hoá.

**RISÉE**, s. f. *Irrisio, onis, f.* 欺笑 Kỷ siáo. ∥ Être la — de quelqu'un. *Ludibrio esse alic*. 受人欺笑 Chéou jēn kỷ siáo.

**RISQUER**, v. a. *Fortunæ se committĕre*. 隨命 Soúy mín. ∥ — sa vie. *In discr. vitæ venīre*. 生命有險 Sēn mín yeòu hièn. ∥ A mes — et périls. *Periculo meo*. 有事算我的 Yeòu sé soúan ngŏ tỷ.

**RITE**, s. m. *Ritus, ùs, m*. 禮節 Lỷ tsiĕ. ∥ Connaître les —. *Scīre* —. 知禮 Tchĕ lỷ.

Les rites civils chinois sont compris, dans le code, sous les chefs suivants :

| | | |
|---|---|---|
| 1° Rites d'heureux auspices, au nombre de 123. | 吉禮 | Kỷ lỷ. |
| 2° Rites de joie, au nombre de 74. | 嘉禮 | Kiā lỷ. |
| 3° Rites militaires, au nombre de 18. | 軍禮 | Kiūn lỷ. |
| 4° Rites d'hospitalité, au nombre de 20. | 賓禮 | Pīn lỷ. |
| 5° Rites lugubres, au nombre de 15. | 凶禮 | Hiōng lỷ. |

**RITUEL**, s. m. *Rituale, is, n*. 禮規書 Lỷ koúy choū.
**RIVAGE**, s. m. *Ora, æ, f*. 河邊 Hŏ piēn.
**RIVAL**, s. m. *Æmulus, i, m*. 爭先的人 Tsēn siēn tỷ jēn.
**RIVALITÉ**, s. f. *Æmulatio, onis, f*. 爭 Tsēn, ou 角勝 Kŏ chēn.
**RIVALISER**, v. n. *Æmulāri*. 爭先 Tsēn siēn.
**RIVE**, s. f. *Ripa, æ, f*. 河邊 Hŏ piēn.
**RIVER**, v. a. ∥ — un clou. *Clavum retundĕre*. 捲釘子 Kiuèn tin tsè, ou 鉸釘 Kiāo tīn.
**RIVIÈRE**, s. f. *Fluvius, ii, m*. 河 Hŏ. ∥ Une —. *Unus* —. 一條河 Ÿ tiāo hŏ. ∥ — débordée —. *Extrà ripas* —. 河水漲 Hŏ choùy tcháng. ∥ Le lit d'une —. *Alveus* —. 河溝子 Hŏ keōu tsè. ∥ Le courant. *Cursus* —. 河流 Hŏ lieōu. ∥ Passer la —. *Trajicĕre* —. 過河 Kó hŏ. ∥ Trois idoles des —. 三水府 Sān choùy foŭ. ∥ Inspecteur des —. 河道 Hŏ taó. ∥ Laisser la — aux pêcheurs. (Prov.) *De alienis non curāre*. 隔行如隔山 Kŏ hâng joŭ kĕ' chān.

**RIZ**, s. m. *Oryza excorticata*. 米 Mỷ. ∥ — non écossé. 穀子 Koŭ tsè. ∥ — bien écossé. 熟米 Choŭ mỷ. ∥ — mal écossé. 糙米 Tsāo mỷ. ∥ Espèces de — : 粳穀 Gēn koŭ. ∥ 糯穀 Lŏ koŭ. ∥ 麻穀 Mâ koŭ. ∥ 白穀 Pĕ koŭ. ∥ 麻粘 Mâ tchān. ∥ — liquide. — *liquida*. 歸飯 Hỷ fán. ∥ — cuit dur. *Semicocta*. 乾飯 Kān fán. ∥ — presque cuit. 生粉子 Sēn fēn tsè. ∥ Faire macérer le — avant les semailles. 泡穀種 Pǎo koŭ tchòng. ∥ Le faire germer ensuite. 漚穀種 Geòu koŭ tchòng. ∥ Semer le —. *Semināre* —. 撒穀種 Sà koŭ tchòng. ∥ Arracher les plants. 扯秧子 Tchĕ yāng tsè. ∥ Planter ces plants. 栽秧子 Tsaỷ yāng tsè. ∥ Sarcler le —. *Sarrīre* —. 蔣秧子 Haŏ yāng tsè. ∥ Arroser les champs. *Irrigāre agrum*. 澆水 Kiāo choŭy. ∥ Couper le —. *Secāre oryzam*. 割穀子 Kŏ koŭ tsè. ∥ Battre le —. *Contundĕre* —. 打穀子 Tà koŭ tsè. ∥ Moissonner le —. *Metĕre* —. 收穀子 Cheōu koŭ tsè. ∥ Écosser le —. *Siliquâ exuĕre* —. 整米 Tchèn mỷ. ∥ Sécher le —. *Siccāre* —. 曬穀子 Chaỷ koŭ tsè. ∥ Vanner le —. *Ventilāre* —. 颺穀子 Yâng koŭ tsè. ∥ Mesurer le —. *Metīri* —. 撝穀子 Ÿn koŭ tsè. ∥ Rater le boisseau. 打斗 Tà teòu. ∥ Agiter le — en le cuisant. 攪飯 Kiàŏ fán. ∥ Oter le — de l'eau. 濾飯 Liŭ fán. ∥ Le mettre dans le vase. 蒸飯 Tchēn fán. ∥ Servir le —. *Apponĕre* —. 添飯 Tiēn fán. ∥ Moudre le —. *Molĕre* —. 碾米 Nièn mỷ. ∥ Laver le —. *Lavāre* —. 淘米 Tǎo mỷ. ∥ Cuire le —. *Coquĕre* —. 羮飯 Tchoù fán, ou 弄飯 Lóng fán. ∥ Eau dans laquelle le — est lavé. 淘米水 Tǎo mỷ choùy. ∥ Eau ou jus de — mi-cuit. 米湯 Mỷ tāng. ∥ Paille de —. *Palea*. 穀草 Koŭ tsǎo. ∥ Épi de —. *Spica* —. 穀穗 Koŭ soùy.

**ROBE**, s. f. *Toga, æ, f*. 衫子 Chān tsè. ∥ Une —. *Una* —. 一件 Ÿ kién. (Voir le mot *Habit*.) ∥ Gens de —. *Forenses homines*. 公人 Kōng jēn. ∥ Se mettre dans la —. *Ad actiones forenses se conferre*. 跟衙門 Kēn yâ mên.
**ROBINET**, s. m. *Epistomium, ii, n*. 引酒竿 Ÿn tsieòu kān.
**ROBUSTE**, adj. *Robustus*. 强壯的 Kiáng tchoúng tỷ.
**ROC**, s. m. *Saxum, i, n*. 大石 Tá chĕ. ∥ Un —. *Unum* —. 一塊石 Ÿ kouáy chĕ.

ROCHE, s. f. *Rupes, is, f.* 聲石 Pǎn chě, ou 巖 Gaý. ‖ Cœur de —. *Vir ferreus.* 心硬的人 Sĭn gěn tỷ jěn. ‖ Il y a quelque anguille sous la —. *Latet anguis in herbá.* 有點古怪 Yeòu tièn koù kouǎy.

ROCHER, s. m. *Rupes, is, f.* 石 Chě. ‖ Heurter contre un —. *Scopulum offendère.* 踢着石頭 Tỷ tchŏ chě teŏu. ‖ — artificiel des Chinois dans leurs jardins. 石山 Chě chān.

ROCHET, s. m. *Rochetum, i, n.* 短白衣 Touàn pě ỷ.

RÔDER, v. n. *Cursitāre.* 走耍 Tseòu choà. ‖ — pour s'amuser. 遊玩 Yeòu ouán.

RODOMONT, s. m. *Thraso, onis, m.* 白話客 Pě hoá kě. 大話客 Tá hoá kě. 搖搖擺擺 Yáo yáo pày pày.

ROGATIONS, s. f. (trois jours de prières publiques des chrétiens). *Rogationes, num, f.* 公禱 Kōng taò. ‖ Procession des — faite par les infidèles. *Ambarvalia.* 迎神 Ỳn chěn, ou 遊神 Yeŏu chěn.

Rogations des Païens :

1° Pour la paix. 打清醮 Tǎ tsīn tsiáo.
2° Contre la peste. 打瘟醮 Tǎ ouēn tsiáo.
3° Pour l'incendie. 打火醮 Tǎ hŏ tsiáo.
4° Pour la pluie. 打雨醮 Tǎ yù tsiáo.

ROGNER, v. a. *Resecāre.* 切短 Tsiě touàn. ‖ — ses ongles. *Ungues —.* 剪指甲 Tsièn tchě kiǎ. ‖ — les ailes à quelqu'un, c.-à-d. le supplanter. *Aliq. pennas incid.* 剪人眉毛 Tsièn jěn mỷ maó, ou 占先 Tchán sièn.

ROGNON, s. m. *Ren, enis, m.* 猪腰子 Tchōu yāo tsè.

ROGNURE, s. f. *Segmen, inis, n.* 餘渣 Yù tchā.

ROGUE, adj. *Arrogans.* 高傲人 Kaō gáo jěn.

ROI, s. m. *Rex, egis, m.* 王 Ouâng. ‖ Dieu est le suprême —. *Rex regum Deus.* 天主乃萬王之王 Tiēn-Tchoù laỷ ouán ouâng tchě ouâng. ‖ Élire un —. *Regem eligère.* 立帝 Lỷ tỷ. ‖ Détrôner un —. *Regem é trono detrudère.* 出國王 Tchoū kouě ouâng. ‖ Fête des —. *Epiphania.* 三王來朝 Sān ouâng laỷ tchǎo.

ROIDE, adj. *Rigidus.* 硬的 Gěn tỷ. ‖ — (tendu). *Tensus.* 絣緊的 Piēn kĭn tỷ. ‖ Tomber — mort. *Mortuus concidère.* 害急病死 Háy kỷ pín sè. ‖ — à monter. *Arduus.* 崎嶇的 Kỷ kiŭ tỷ. ‖ Homme —. *Inflexibilis.* 心腸硬的人 Sĭn tchâng gěn tỷ jěn.

ROIDIR, v. a. *Tendère brachium.* 伸手 Chēn cheŏu. ‖ Se —. *Rigescère.* 硬 Gěn.

RÔLE, s. m. *Album, i, n.* 單子 Tān tsè, ou 摺子 Tsě tsè. ‖ Effacer du —. *Albo aliq. eradère.* 塗 Tǒu, ou 拘 Keōu. ‖ — des contributions. *Civium recensio.* 民籍 Mĭn tsỷ. ‖ — (personnage qu'un acteur représente). *Persona.* 脚色 Kiŏ sě, ou 裝扮 Tchouāng

pán. ‖ Jouer le rôle d'une jeune fille dans une comédie. 小旦 Siaò tán. ‖ Jouer le rôle d'une vieille. 老旦 Laò tán. ‖ Jouer le — d'un jeune homme. 小生 Siaò sēn. ‖ Jouer le — d'un vieillard. 老生 Laò sēn. ‖ Jouer le — d'un guerrier. 花臉 Hoā lièn. ‖ Jouer le — d'un farceur. 醜脚 Tcheŏu kiŏ. ‖ Jouer un grand —. *Splendidam sustinère personam.* 名聲大 Mĭn chēn tá.

ROMAINE, s. f. *Statera, œ, f.* 戥 Těn, ou 秤 Tchēn.

ROMAN, s. m. *Fabula, œ, f.* 才子書 Tsâỷ tsè choū, ou 小說 Siaò chŏ.

Les Romans chinois, 才子 Tsâỷ tsè, sont en général des ouvrages de littérature. *Voici ceux du premier ordre:*

1° 左傳 Tsò tchouǎn, et 國語 Kouě yù, par Tsó ché, ou Tsó kieōu mǐn, dont le P. de Prémare a dit : *Cujus geminum opus tantoperé laudatur ob stylum antiquitatis sapore passim conspersum.* Cet auteur occupait une place dans le Tribunal de l'histoire sous la dynastie 周 Tcheōu. On a fait des deux ouvrages de cet auteur un *excerpta* pour les étudiants; il porte le titre de : 古文評註 Koù ouěn pĭn tchoú.

2° 南華經 Nân hoâ kīn, par Tchouāng tsè, disciple et ami de Laò tsè.

3° 史記 Sě kỷ, par Sé mǎ tsièn, surnommé l'Hérodote de la Chine. Cet historien naquit vers l'an 145 av. J.-C., à Lông měn.

4° 杜甫 Toú foù, poésies de Toú foù, ou Tsè meỷ. Cet auteur naquit vers le commencement du VIIIe siècle, à Siāng yâng, au Hoû kouâng. Il habita la capitale du Su-tchouen.

5° 李太白 Lỷ táy pě, poëte célèbre, qui vivait sous la dynastie Tâng.

6° 原道 Yuěn taó, ouvrage dans lequel l'auteur, Hán yù, invective contre le bouddhisme. L'auteur mourut l'an 827 de J.-C.

7° 柳宗原 Lieoù tsōng yuěn, poëte fameux, né au Chān sỷ.

8° 司馬光 Sě mǎ kouâng.

9° 王安石 Ouâng gān chě.

10° 歐陽修 Geōu yâng sieōu, ministre d'État sous le règne de Jěn tsōng et Ỳn tsōng. Il cultiva avec succès la poésie.

11° 蘇軾 Soū ché, né au Su-tchuen, à Meỷ tcheōu. Il écrivit l'histoire des premiers Empereurs de la dynastie Sóng.

12° 許恒 Hiù hên, naquit au Hô-nân.

13° 武正 Où-tchén, naquit au Kiāng-sȳ. Savant explicateur des Livres. Il fut canonisé à la mode chinoise. On lui décerna le titre de Ouên Chên.

*Œuvres plus modernes :*

1° 三國誌 Sān kouĕ tchế, par Lô kouān tchóng. Traduit en français par M. Théodore Pavie.

2° 好求傳 Háo kieŏu tchouān, ou *la Femme accomplie*. Traduit par M. Guillard d'Arcy, en 1842.

3° 玉嬌梨 Yú kiăo lỹ, ou *les deux Cousines*, traduit en français par Abel Rémusat. Mgr Arthur de Lionne, évêque de Rosalie, vic. apost. du Su-tchuen, recommandait fort ce roman. Il en avait fait une traduction littérale à l'usage des jeunes missionnaires.

4° 平山冷燕 Pĭh chān lèn yén, ou *les Deux Jeunes Filles lettrées*.

5° 水滸傳 Choŭy foŭ tchouān, histoire des rives du fleuve ; recommandé par le P. de Prémare, qui disait : *Sed ut secretus hujus libri sapor melius sentiatur emendus erit qualis ab ingenioso* Kin chen tan *fuit editus, cum notis quibus mirum auctoris artificium primus ipse detexit*.

6° 西廂記 Sȳ siāng kỹ, ou histoire du Pavillon occidental, traduit par M. S. Julien. Chef-d'œuvre de poésie lyrique des Chinois par Ouáng chế foŭ.

7° 琵琶記 Pỹ pā kỹ, ou l'histoire du Luth, par Kao tong kia, traduit par M. Bazin.

8° 三合劍 Sān hồ kién, ou *l'Art d'aimer*, traduit en anglais par M. Perring Thoms.

9° 平鬼傳 Pĭh koŭy tchouān. Récit de la victoire remportée sur les démons. Non traduit.

10° 白圭志 Pĕ koŭy tchế. Histoire du spectre de Jade. Non traduit.

Viennent ensuite les romans de deuxième ordre, appelés 小說 Siào chŏ. Il est bon d'étudier, de lire beaucoup tous les ouvrages qui portent ce nom, si l'on veut faire des progrès dans la langue chinoise.

ROMPRE. v. a. *Rumpĕre*. 斷 Toúan, ou 破 Pŏ. ‖ — les jambes à quelqu'un. *Crura alic. suffringĕre*. 打斷脚肝 Tà touán kiŏ kàn. ‖ — une porte. *Fores —*. 打破門 Tà pŏ mên. ‖ — un pont. *Pontem recidĕre*. 折斷橋 Tsĕ touán kiăo. ‖ Les pluies ont — la route. *Imbres abrupuerunt itinera*. 大雨冲斷了路 Tá yù tchŏng touán leào loú. ‖ — les oreilles. *Aures obtundĕre*.

傷耳躲 Chāng eùl tŏ. ‖ — quelqu'un aux affaires. *Exercēre aliq. in rebus*. 敎人管事 Kiáo jên kouān sé. ‖ — un marché. *Conventionem dissolvĕre*. 退貨 Toŭy hŏ.. ‖ — le jeune. *Jejunia solvĕre*. 犯齋期 Fán tchăy kỹ. ‖ — la paix. *Pacem dirimĕre*. 犯和約 Fán hô yŏ. ‖ — un mariage. *Matrimonium —*. 折婚 Tsĕ houēn. ‖ — les desseins de quelqu'un. *Consilia dissipāre*. 敗人的謀 Páy jên tỹ mŏng. ‖ — une assemblée. *Cœtum dimittĕre*. 散會 Sán hoúy. ‖ — la tête à quelqu'un. *Alic. aures obtundĕre*. 震人的腦膜 Tchén jên tỹ laò kŏ. ‖ — avec quelqu'un. *Amicitiam dissolvĕre alic*. —. 失和氣 Chĕ hô kỹ. ‖ A tout —. *Ad summum*. 狠多 Hèn tŏ, ou 至少 Tchế chaò. ‖ Se —. *Frangi*. 打爛 Tà lán. ‖ Se — aux affaires. *Conterĕre se negotiis*. 練熟世務 Lién choù chế oú. ‖ A bâtons —. *Interruptè*. 歇了又做 Hiĕ leào yeóu tsoú.

ROND, E, adj. *Rotundus*. 圓的 Yuēn tỹ. ‖ En —. *Orbiculatim*. 圓的 Yuēn tỹ, ou 團圈的 Touān touán tỹ. ‖ Homme —. *Homo apertus*. 厚道人 Heòu táo jên, ou 老實人 Laò chế jên. ‖ Compte —. *Summa integra*. 整 Tchĕn, ou 無零 Oŭ lîn.

ROND, s. m. *Circulus, i, m*. 圈 Kiuĕn. ‖ Tracer un —. *describĕre*. 畫圈 Hoá kiuēn.

RONDE, s. f. *Vigiliæ, arum, f*. 更 Kēn, ou 巡兵 Siûn pīn. ‖ Faire la —. *agĕre*. 打更 Tà kēn. ‖ Préfet qui fait la —. *Circuitor*. 察夜官 Tchă yế kouān. ‖ A la —. *Circulatim*. 走一週 Tseòu y tcheōu. ‖ Boire à la —. *bibĕre*. 飲一巡 Ỷn ỹ siûn. ‖ Verser à la —. *Vicissim effundĕre*. 斟酒 Tchēn tsieòu.

RONDEMENT, adv. *Sincerè*. 老實 Laò chế. ‖ Aller —. *Sine fuco agĕre*. 老老實實的做 Laò laò chế chế tỹ tsoú.

RONDEUR, s. f. *Rotunditas, atis, f*. 圓 Yuēn.

RONFLER. v. n. *Stertĕre*. 鼾睡 Hán choúy. ‖ Le canon —. *Reboat tormen.* 炮響 Pào hiàng.

RONGER, v. a. *Rodĕre*. 嚼 Tsǐo. ‖ — ses ongles. *Ungues —*. 咬指由 Gaò tchĕ kiă. ‖ — sa colère. *Ringi*. 畜怒 Hiŏu loú. ‖ Être — de soucis. *Curis absumi*. 憚心 Tān sīn. ‖ Se —. *Macerāre se curis*. 故無憚心 Où koú tān sīn.

ROSAIRE, s. m. *Rosarium, ii, n*. 念珠 Nién tchoū. ‖ Dire le —. *Recitāre —*. 念玫瑰 Nién meỹ koúy. ‖ — civil ou collier mandarinal. 朝珠 Tcháo tchoū.

ROSEAU, s. m. *Juncus, i, m*. 湖葦 Hoŭ oùy. ‖ — (homme faible). *Vir inconstans*. 不恒心的 Poŭ hên sīn tỹ. S'appuyer sur un —. *Caducâ spe niti*. 虛望 Hiū ouáng.

ROSÉE. s. f. *Ros, oris, m*. 露水 Loú choùy. ‖ La — tombe. *Rorat*. 有露水 Yeòu loú choùy.

ROSSE, s. f. *Strigosus equus*. 鄙馬 Pỹ mà.

ROSSER, v. a. *Tundĕre.* 打 Tă.

ROT, s. m. *Ructus, ùs, m.* 噎 Nỹ, ou 噫 Yĕ.

ROTER, v. n. *Eructāre.* 噎 Yĕ, ou 噫 Nỹ.

RÔTI, s. m. *Caro assata.* 煎肉 Tsiēn joŭ. 燒烤肉 Chāŏ kăŏ joŭ. 燒的 Chāŏ tỹ.

RÔTIR, v. a. *Torrēre.* 炒 Tchăŏ. ǁ — au soleil. *Ad solem* —. 晒 Chăý.

ROTULE, s. f. *Rotula, æ, f.* 臏 Piĕn. 骲 Pỹ. 膝蓋骨 Sỹ káy koŭ.

ROTURE, s. f. *Plebeia conditio, onis, f.* 下等人 Hiá tèn jên.

ROUCOULER, v. a. *Raucum murmur edĕre.* 鴿子叫 Kŏ tsè kiáo.

ROUE, s. f. *Rota, æ, f.* 車子 Tchēy tsè. ǁ Moyeu de la —. *Modiolus.* 車心 Tchēy sīn. ǁ Rais de la —. *Radius.* 車輪 Tchēy lên. ǁ — de fortune. *Fortunæ rota.* 天運循環 Tiēn yún siuēn houán. ǁ Pousser à la —, c.-à-d. aider. *Suppetias alicui venire.* 相幫人 Siāng pāng jên.

ROUÉ, ÉE, adj. *Callidus.* 奸詐 Kiēn tchá.

ROUER, v. a. *Contundĕre.* 重打 Tchŏng tă.

ROUGE, adj. *Ruber.* 紅的 Hông tỹ. ǁ Devenir —. *Rubescĕre.* 紅 Hông. ǁ Espèces de —. *品紅 Y pĭn hông.* 紫紅 Tchoŭ hông. 水紅 Choŭy hông. 二紅 Eúl hông. 桃紅 Tāŏ hông. 毛紅 Maŏ hông. 鴉藍 Yā lân.

ROUGE, s. m. (fard). *Minium, ii, n.* 臙脂 Yēn tchè ou 脂粉 Tchè fèn. ǁ Mettre du —. *Faciem pingĕre.* 擦臙脂 Tchă' yēn tchè. ǁ La pudeur fait monter le — au front. *Pudorem rubor sequitur.* 害羞臉紅 Haý sieōu lièn hông. ǁ — de vif argent. 銀硃 Ýn tchoū.

ROUGEOLE, s. f. *Pustulæ, arum, f.* 水痘子 Choŭy teoú tsè, ou 麻疹 Lîn tchén.

ROUGEUR, s. f. *Rubor, oris, m.* 紅色 Hông sĕ̀. ǁ — (boutons). *Papulæ.* 火結瘡 Hŏ kiĕ̀ tchouāng.

ROUGIR, v. a. *Colore rubro inficĕre.* 染紅 Jàn hông. ǁ — (de honte). *Rubescĕre.* 羞 Sieōu, ou 臉紅 Lièn hông. ǁ — d'une chose. *Erubescĕre.* 羞 Sieōu, ou 臉紅 Lièn hông. ǁ Faire — quelqu'un. *Pudorem alic. incutĕre.* 使人害羞 Chè jên haý sieōu. ǁ Paroles qui font —. *Verba rubore digna.* 羞人的話 Sieōu jên tỹ hoá.

ROUILLE, s. f. *Rubigo, inis, f.* 銹 Sieóu.

ROUILLER (SE), v. r. *Rubiginem ducĕre.* 上銹 Cháng sieóu. ǁ Se — l'esprit. *Ingenio torpēre.* 明悟鈍了 Mîn oú tén leáo.

ROUIR, v. a. *Macerāre.* 泡 Pāŏ.

ROULAGE, s. m. *Vectura, æ, f.* 販貨 Fán hó. ǁ Envoyer par le —. 交行發貨 Kiāo hâng fằ hó.

ROULEAU, s. m. ǁ — pour étendre la pâte. *Radius.* 擀麵筒 Kàn miĕ̀n tŏng, ou 麵棍 Miĕ̀n kouèn.

— de papier. 一刀紙 Ý taō tchè. ǁ — de papier pour fumer le tabac à eau. 火煤紙 Hŏ meỹ tchè. ǁ En faire. 搓火煤紙 Tchŏ' hŏ meỹ tchè.

ROULER, v. a. *Volvĕre.* 轅 Kouèn. ǁ — les yeux. *Oculos* —. 掉轉眼睛 Tiáo tchouàn yèn tsīn. ǁ — quelqu'un dans la boue. *Aliq. in luto* —. 推人落坭水 Toūy jên lŏ̀ nỹ choŭy. ǁ — dans son esprit. *Secum reputāre.* 細想 sý siàng. ǁ — (plier en rond). *Convolvĕre.* 捲 Kiuèn. ǁ — un dessein. *Consilia moliri.* 謀 Mông. ǁ Tout le soin de la famille — sur lui. *Solus ipse sustinet familiam.* 他一个人當家 Tă' ý kó jên tāng kiā. ǁ Se — dans le sable. *In arenâ volutāri.* 輾沙 Kouèn chā.

ROUPIE, s. f. *Stiria, æ, f.* 鼻涕 Pý tỹ. ǁ L'avoir. *Pendet* —. 流鼻涕 Lieōu pý tỹ.

ROUSSEUR, s. f. *Lenticulæ, arum, f.* 面癍 Miĕ̀n pān.

ROUSSI, s. m. *Odor panni combust.* 煴臭 Foŭ tcheŏu, ou 布煨 Poú tcheóu.

ROUTE, s. f. *Via, æ, f.* 路 Loú. ǁ Une —. *Una* —. 一條路 ỹ tiáo loú. ǁ Droite —. *Recta* —. 正路 Tchèn loú. ǁ — fréquentée. *Trita* —. 熟路 Choŭ loú. ǁ — détournée. *Remota* —. 繞路 Jaó loú. ǁ — impériale. *Imperialis* —. 御路 Yú loú. ǁ Se mettre en —. *Iter facĕre.* 起身 Kỹ chēn. ǁ Quitter sa —. *De viâ deflectĕre.* 錯路 Tsŏ̀ loú. ǁ Demander la —. *Viam quærĕre.* 問路 Ouén loú.

ROUTIER, s. m. *In re exercitatus.* 會的 Hoúy tỹ. ǁ Vieux —. *Magnus veterator.* 狡猾的 Kiăo koŭ tỹ.

ROUTINE, s. f. *Assiduus usus, ùs, m.* 慣習的規矩 Kouán sỹ tỹ koūy kiù.

ROUX, SSE, adj. *Rufus.* 紅黃的 Hông houâng tỹ.

ROYAL, E, adj. *Regius.* 御的 Yú tỹ. Épithète qui s'ajoute, en Chine, à tout ce qui sert à l'usage exclusif des Empereurs.

ROYAUME, s. m. *Regnum. i, n.* 國 Kouĕ̀. ǁ Tous les —. *Omnia* —. 萬國 Ouán kouĕ̀.

La Chine a formé, dans les temps anciens, un bon nombre de royaumes et de principautés feudataires. Ces royaumes étaient souvent en rivalité. La hardiesse de l'Empereur **Tsĭn Chè Houâng Tý** leur a porté un coup mortel. Ces principautés et ces royaumes ont presque tous disparu sous son action conquérante. Depuis l'ère chrétienne, la Chine des **Tsin** s'est démembrée deux ou trois fois, mais ces royaumes ont eu une courte durée. Sous la dynastie actuelle des **Tsin**, la Chine a vu son territoire s'agrandir par la réduction des **Miâo tsè**, des **Lŏ̀-lŏ̀** et la conquête du pays des Eleuths. (*Nous donnons ci-après les noms des principaux Royaumes anciens et ceux des principales Principautés feudataires.*)

## NOMS DES ANCIENS ROYAUMES DE LA CHINE ACTUELLE.

| | | | |
|---|---|---|---|
| 1° | 沙國 | Chā kouĕ. | Dans le département de Tchǎng tĕ̀ foù, province du Hô-nân. |
| 2° | 商國 | Chāng kouĕ. | Sous la 2ᵉ dynastie. Arrondissement de Kouý tĕ̀ foù, au Hô-nân. |
| 3° | 沈國 | Chèn kouĕ. | A l'époque du Tchoūn-tsieōu. Partie dans la province du Hô-nân. |
| 4° | 蜀國 | Choŭ kouĕ. | Les Hán y firent leur résidence dans la capitale actuelle du Su-tchuen. |
| 5° | 舒國 | Choū kouĕ. | A l'époque du Tchoūn-tsieōu. Province du Kiāng-nân. |
| 6° | 房子國 | Fâng tsè kouĕ. | Partie sur le Chān tōng et partie sur le Tchĕ lý. |
| 7° | 肥子國 | Fêy tsè kouĕ. | A l'époque du Tchoūn-tsieōu. Sur le Pĕ̀ tchĕ lý. |
| 8° | 安國 | Gān kouĕ. | Sous les Tsy du Nord. Sur le Pĕ̀ tchĕ lý. |
| 9° | 韓國 | Hán kouĕ. | Dans le Chèn sý méridional et le Hô-nân, du Vᵉ au IIIᵉ s. av. J.-C. |
| 10° | 項子國 | Hiáng tsè kouĕ. | Dans la province du Hô-nân. |
| 11° | 邢國 | Hîn-kouĕ. | Sous les Tcheōu. Province du Pĕ̀ tchĕ lý. |
| 12° | 許國 | Hiù kouĕ. | Sous les Tcheōu. Province du Hô-nân. |
| 13° | 弦國 | Hiên kouĕ. | A l'époque du Tchoūn-tsieōu. Province du Hoû kouàng. |
| 14° | 黃國 | Houâng kouĕ. | A l'époque du Tchoūn-tsieōu. Province du Hô-nân. |
| 15° | 燕國 | Yēn kouĕ | Province du Chān tōng. |
| 16° | 鄢國 | Yēn kouĕ. | Province du Pĕ̀ tchĕ lý. |
| 17° | 越國 | Yuĕ kouĕ. | Province du Hô-nân. |
| 18° | 鄆國 | Yún kouĕ. | Province du Tchè kiāng. |
| 19° | 任國 | Jén-kouĕ. | A l'époque du Tchoūn-tsieōu. Province du Hoû pĕ̀. |
| 20° | 莒子國 | Kiŭ tsè kouĕ. | Sous les Tcheōu. Province du Chān tōng. |
| 21° | 鼓子國 | Koŭ tsè kouĕ. | A l'époque du Tchoūn-tsieōu. Province du Pĕ̀ tchĕ lý. |
| 22° | 夔國 | Koúy kouĕ. | Dans la province de Hoû kouàng. |
| 23° | 南詔國 | Lân tchao kouĕ. | Sous les Tǎng. Province du Yûn-nân. |
| 24° | 萊子國 | Laŷ tsè kouĕ. | A l'époque du Tchoūn tsieōu. Chān tōng. |
| 25° | 梁國 | Leâng kouĕ. | Sous les Hán. Au Kiāng nân. |
| 26° | 黎國 | Lŷ kouĕ. | Dans la province du Chān sý. |
| 27° | 羅國 | Lô kouĕ. | Au Kiāng nân. |
| 28° | 盧國 | Loû kouĕ. | A l'époque du Tchoūn tsieōu. Partie méridionale du Chān tōng. |
| 29° | 魯國 | Loû kouĕ. | Province du Hoû-nân. |
| 30° | 牟子國 | Meôu tsè kouĕ. | A l'époque du Tchoūn-tsieōu. Province du Chān tōng. |
| 31° | 糜國 | Mŷ kouĕ. | Dans le Hoû-pĕ̀. |
| 32° | 吳國 | Oû kouĕ. | Sous les Tcheōu. Province du Kiāng-nân. |
| 33° | 無終國 | Oû tchōng kouĕ. | Province du Pĕ̀ tchĕ lý. |
| 34° | 魏國 | Oùy kouĕ. | Partie du Hô-nân et du Chān sý inférieur. |
| 35° | 巴國 | Pā kouĕ. | Partie orientale du Su-tchuen. |
| 36° | 僰國 | Pĕ̀ kouĕ. | Partie méridionale du Su-tchuen. |
| 37° | 彭國 | Pêṅ kouĕ. | Partie occidentale du Su-tchuen. |
| 38° | 豳國 | Pīn kouĕ. | Dans la province du Chèn-sý. |
| 39° | 濮國 | Pŏ kouĕ. | Au temps des Tcheōu. Partie orientale du Su-tchuen. |
| 40° | 襄國 | Siáng kouĕ. | Sous les Oúy. Province du Pĕ̀ tchĕ lý. |
| 41° | 宋國 | Sóng kouĕ. | Dans la province du Kiāng nân. |

| | | | |
|---|---|---|---|
| 42° | 邰國 | Táy kouě. | Dans la province du Chèn sỹ. |
| 43° | 鄭國 | Tăn kouě. | Dans la province du Chān tŏng. |
| 44° | 趙國 | Tcháo kouě. | Aux V° et IV° siècles av. J.-C. Chān sỹ et Pě tchě lỷ. |
| 45° | 鄭國 | Tchén kouě. | Dans le Hô-nân. |
| 46° | 鍾离國 | Tchŏng lỷ kouě. | Sous les Hán. Dans le Kiāng nân. |
| 47° | 祝國 | Tchoŭ kouě. | Dans le Chān tŏng. |
| 48° | 滇國 | Tiēn kouě. | Dans le Yûn nân. |
| 49° | 曹國 | Tsáo kouě. | Dans la province du Chān tŏng. |
| 50° | 蔡國 | Tsáy kouě. | Dans la province du Hô-nân. |
| 51° | 巢國 | Tsáo kouě. | Dans la province du Kiāng nân. |
| 52° | 齊國 | Tsỹ kouě. | A l'époque du Tchoūn tsieŏu. Partie occidentale du Chān tŏng. |
| 53° | 秦國 | Tsín kouě. | Très-ancien. Dans la province du Chèn sỹ. |
| 54° | 胙國 | Tsó kouě. | Dans la province du Hô-nân. |
| 55° | 楚國 | Tsŏu kouě. | A l'époque du Tchoŭn-tsieŏu. Partie dans le Tchè kiāng. |

## NOMS DES PRINCIPALES PRINCIPAUTÉS ANCIENNES DE LA CHINE.

| | | | |
|---|---|---|---|
| 1° Principauté de | 防風氏 | Fâng fōng ché. | Dans le Tchè kiāng. |
| 2° — de | 房 | Fâng. | Donné au fils de Yâo. Dans le Hoû-pě. |
| 3° — de | 封父 | Fōng foú. | Dans l'arrondissement de Fōng kieŏu, au Hô-nân. |
| 4° — de | 安 | Gān. | Dans le Pě tchě lỷ. |
| 5° — feudataire de | 韓 | Hán. | Au temps des Tcheŏu. Chèn-sỹ méridional. |
| 6° — feudataire de | 向 | Hiáng. | Sur le territoire de Hán-chān, au Kiāng nân. |
| 7° — de | 弦 | Hiên. | Sur le territoire de Kouāng tcheŏu, au Hô-nân. |
| 8° — feudataire de | 許 | Hiù. | Sur le territoire de Hiú tcheŏu, au Hô-nân. |
| 9° — de | 華 | Hoâ. | Sur le territoire de Sỹ gān foù, au Chèn sỹ. |
| 10° — de | 黃 | Houâng. | Sur le territoire de Kouāng tcheŏu, au Hô-nân. |
| 11° — de | 扈 | Hoû. | Sur le territoire de Hoú hién, au Chèn sỹ. |
| 12° — de | 郡 | Jŏ. | A l'époque du Tchoūn tsieŏu, au Hoû kouàng. |
| 13° — de | 芮 | Joúy. | Sur le territoire de Joúy tchěn, au Chān sỹ. |
| 14° — de | 應 | Ỷn. | Sur le territoire de Chě hién, au Hô-nân. |
| 15° — feudataire de | 鄘 | Yóng. | Établie par l'Empereur Où Ouâng, des Tcheŏu, au Hô-nân. |
| 16° — de | 耿 | Kèn. | Sur le territoire de Hô tsin, au Chān sỹ. |
| 17° — de | 紀 | Kỷ. | Sous les Tcheŏu, au Chān tŏng. |
| 18° — de | 曲 | Kiŏu. | Donnée par Ouēn heóu à son oncle, en 1745 av. J.-C. dans le royaume de Tsín. |
| 19° — feudataire de | 莒 | Kiú. | Sur le territoire de Kiú-tcheŏu, au Kān sieōu. |
| 20° — feudataire de | 葛 | Kŏ. | Sur le territoire de Lîn lîn, au Hô-nân. |
| 21° — de | 共 | Kóng. | Sur le territoire de Hoúy hién, au Hô-nân. |
| 22° — de | 郎 | Lâng. | Sur le territoire de Tsēn-nỷ foù, au Koúy tcheŏu. |
| 23° — de | 羅甸 | Lô-tiên. | Sous les Tâng et Sóng, au Koúy tcheŏu. |
| 24° — de | 魯 | Loû. | Sous les Tcheŏu. |
| 25° — de | 灤武 | Louán-où. | Sur le territoire de Louán tchén, au Pě tchě lỷ. |
| 26° — de | 虞 | Oû. | Sous les Tcheŏu. Sur le territoire de Gān ỷ. Résidence de Yû. |

| | | | |
|---|---|---|---|
| 27° Principauté de | 武庚 | Où kén. | Sous les Tcheōu, au Pĕ tchĕ lý. |
| 28° — | de 衛 | Oûy. | Conférée par Où ouâng, des Tcheōu, à son frère Kang chó. |
| 29° — | de 平原 | Pîn yuên. | Sur le territoire de Ou tchen, au Chān-tōng. |
| 30° — | de 宿 | Siŏu. | Sur le territoire de Sioŭ tcheōu, au Kiāng-nân. |
| 31° — | de 郇 | Siûn. | Sur le territoire de Y che, au Chān sỹ. |
| 32° — | de 隨 | Soûy. | Sur le territoire de Souy tcheōu, au Hoû kouāng. |
| 33° — | de 郯 | Tắn. | Sur le territoire de Haỹ-tcheōu, au Kiāng-nân. |
| 34° — | de 唐 | Tăng. | Sur le territoire de Tâng hién, au Pĕ tchĕ lý. |
| 35° — | de 陶唐 | Táo tăng. | Ancienne principauté de Yâo, au Chān sỹ. |
| 36° — | de 太康 | Taý kắng. | Sous les Hiá, au Hô-nân. |
| 37° — | de 鍾吾 | Tchōng où. | Sur le territoire de Sioŭ tsiĕn, au Kiāng-nân. |
| 38° — | de 祝 | Tchoŭ. | Sous les Tcheōu, au Chān tōng. |
| 39° — | feudataire de 蔡 | Tsáy. | Sur le territoire de Joŭ lîn foŭ, au Hô-nân. |
| 40° — | feudataire de 胙 | Tsó. | Dans le département de Taý gān foŭ, au Chān tōng. |
| 41° — | de 齊 | Tsý. | Conférée par Où-ouáng à Taý kōng, au Chān kōng. |
| 42° — | de 蔣 | Tsiàng. | Sur le territoire de Kouāng tcheoū, au Hô-nân. |

**ROYAUTÉ**, s. f. *Regalis potestas, atis, f.* 王位 Ouâng oúy ‖ Aspirer à la —. *Regnum appetěre.* 想做皇帝 Siàng tsoú houâng tý. ‖ La disputer à quelqu'un. *Ambigěre regni certamine.* 爭江山 Tsēn kiāng chān.

**RUADE**, s. f. *Calcitratus, ûs, m.* 踢一脚 Tỹ ỹ kiŏ.

**RUBAN**, s. m. *Vitta, æ, f.* 欄杆 Lân kān, ou 絲帶 Sē taý. ‖ Un —. *Una —.* 一道欄杆 Ỹ taó lân kān.

**RUBRIQUE**, s. f. *Rubrica, æ, f.* 紅花石 Hông hoā chĕ. ‖ — (règle liturgique). 禮規 Lỹ koŭy. ‖ — (ruse). *Dolus.* 計設 Ký chĕ.

**RUCHE**, s. f. *Alveus, i, m.* 蜂桶 Fōng tŏng. ‖ Châtrer une —. *Castrāre alvearia.* 割蜂蜜 Kŏ fōng tŏng.

**RUDE**, adj. *Asper, durus.* 粗的 Tsoŭ tý. ‖ Froid —. *Frigus —.* 嚴寒 Niên hân, ou 大冷 Tá lèn. ‖ Hiver —. *Hiems aspera.* 嚴冬 Niên tōng. ‖ Vie —. *Vita dura.* 苦命 Koŭ mín. ‖ Être — envers quelqu'un. *Duriùs aliq. habēre.* 待得嚴 Taý tĕ niên. ‖ Cela m'est bien —. *Hoc est acerbum.* 難得狠 Lân tĕ hèn.

**RUDESSE**, s. f. *Asperitas, atis, f.* 粗 Tsoŭ. ‖ — de caractère. 嚴厲的本性 Niên lý tý pèn sín. ‖ — de manières. 粗鹵的 Tsoŭ loŭ tý.

**RUDIMENT**, s. m. *Rudimentum, i, n.* 初學 Tsoŭ hiŏ. ‖ — (livre élémentaire de la langue latine). *Linguæ latinæ rudimenta.* 辣丁初學書 Lă tīn tsoŭ hiŏ choŭ.

**RUDOYER**, v. a. *Aliq. verbis vexāre.* 搓磨人 Tsŏ mô jên.

**RUE**, s. f. *Via, æ, f.* 街 Kaȳ, ou 路 Loú. ‖ Une —. *Una —.* 一條街 Ỹ tiáo kaȳ. ‖ — remplie de monde. *Via fervens.* 街鬧熱 Kaȳ laó jĕ. ‖ Cela court les —. *Hoc vetustate tritum est.* 人人知道 Jên jên tchē taó.

**RUELLER**, v. a. *Vitem semitāre.* 打溝溝栽 Tă keōu keōu tsăy.

**RUER**, v. n. *Calcitrāre.* 踢 Tỹ.

**RUGIR**, v. n. *Fremĕre.* 吼 Heŏu.

**RUINE**, s. f. *Ruina, æ, f.* 崩 Pēn, ou 倒壞 Taó houáy. ‖ Maison menaçant —. *Ædes ruinosa.* 房子要倒 Fâng tsè yaó taó. ‖ — de l'État. *Reipublicæ eversio.* 國滅 Kouĕ miĕ, ou 朝区 Tchâo ouàng. ‖ — de la fortune. *Fortunæ naufragium.* 家敗 Kiā paý.

**RUINER**, v. a. *Evertĕre.* 折 Tsĕ. ‖ — une maison. *Domum —.* 折房子 Tsĕ fâng tsè. ‖ — sa santé. *Valetudo perdita.* 傷身 Chāng chēn. ‖ — la réputation de quelqu'un. *Famam atterĕre.* 說人過失 Chŏ jên kŏ chĕ, ou 倒炉子 Taó loŭ tsè. ‖ — dans l'esprit d'un autre. *Anim. abaliēnare.* 離問人 Lý hiên jên, ou 刁唆 Tiāo sō. ‖ — les desseins de quelqu'un. *Consilia perimĕre.* 敗人謀 Paý jên mông. ‖ Il est —. *Bonis evolutus est.* 窮了 Kiông leào. ‖ Se —. *Bona dissipāre.* 敗家 Paý kiā.

**RUINEUX, SE**, adj. *Damnosus.* 要倒的 Yaó taó tý, ou 有害的 Yeŏu haý tý.

**RUISSEAU**, s. m. *Rivulus, i, m.* 河溝 Hô keōu. ‖ 澗 Kién. 山溪 Chān kỹ.

**RUISSELER**, v. n. *Manāre.* 流 Lieôu.

**RUMB**, s. m. — (de vent). ‖ Les huit —. 八刮 Pă koŭa.

**RUMEUR**, s. f. *Rumor, oris, m.* 諂言 Yáo yên. ‖ Semer des —. *Rumores spargĕre.* 造諂言 Tsáo yâo yên.

**RUMINER**, v. a. *Rumināre.* 同嚼 Hoúy tsiáo. 反草 Fàn tsaŏ. 倒嚼 Taó tsiáo. ‖ — une chose. *Secum recogitāre.* 細想 Sý siàng.

**RUPTURE**, s. f. *Fractura, æ, f.* 破 Pŏ. ‖ — (hernie). *Hernia.* 小腸氣 Siáo tchăng kỹ. ‖ — de la paix.

*Disjunctio.* 失和 Chě hŏ. ‖ — d'un traité. *Fœderis violatio.* 斷絕約定 Toùán tsiuě yŏ tín. ‖ — entre amis. *Amicitia rupta.* 失朋情 Chě pŏng tsín.

RUSE, s. f. *Astutia, æ, f.* 狡猾 Kiǎo koǔ. ‖ User de —. *— uti.* 用詐謀 Yóng tchá mǒng. ‖ Démêler les — de quelqu'un. *Exagitāre fallacias alic.* 識破計策 Chě pǒ ký tsě.

RUSÉ, ÉE. adj. *Callidus.* 奸詐的 Kiēn tchá tý. ‖ Être fort —. *Percallĭdus.* 一肚子的鬼 Ý toǔ tsè tý koǔy.

RUSTIQUE, adj. *Rusticus.* 鄉裏人 Hiāng lỳ jên. ‖ — (grossier). *Inurbanus.* 無禮信的人 Oǔ lỳ sín tý jên.

RUSTRE, adj. *Rusticus.* 無禮信的人 Oǔ lỳ sín tý jên.

RUT, s. m. *Ardor venereus.* Se dit des animaux. 思春 Sē tchoǔn. ‖ —. *Tentigo, inis.* Se dit des créatures. 淫熱氣 Ýn jě ký.

SA, féminin de l'adjectif possess. son. 他的 Tā' tý.

SABBAT, s. m. (ou samedi). *Sabbatum, i, n.* 瞻禮七 Tchān lỳ tsý. ‖ — (Littéralement jour de repos). 安息之日 Gān sý tchě jě. ‖ — (pour les mahométans). 禮拜日 Lỳ paý jě. ‖ — (tumulte). *Strepitus.* 吵鬧 Tchǎo laó.

SABLE, s. m. *Arena, æ, f.* 沙 Chā. ‖ — fin. 細沙 Sý chā. ‖ — d'or. 金沙 Kīn chā. ‖ Banc de —. *Arenariæ, arum, f.* 沙灘 Chā tān. ‖ Bâtir sur le —. *Caduca spe niti.* 作事不穩 Tsǒ sé poǔ ouēn, ou 虛脚 Hiū kiǒ.

SABLER, v. a. *Arená substernēre.* 滿到點沙 Màn taó tiēn chā.

SABLIER, s. m. *Horolog. arenat.* 沙鐘 Chā tchōng, ou 沙漏 Chā leóu.

SABORD, s. m. *Tormenti fenéstra, æ, f.* 砲門 Pâo mên, ou 砲眼 Pâo yèn.

SABOT, s. m. *Ligneus calceus.* 木鞋 Moǔ haý. ‖ — (toupie). *Turbo.* 耍輪 Choà lên. ‖ — d'un cheval. *Equi ungula.* 馬蹄子 Mà tý tsè. ‖ Faire tourner le —. *— versāre.* 放耍輪 Fáng choà lên. ‖ — du char. 扐 Lě.

SABRE, s. m. *Acinaces, cis, m.* 劍 Kièn.

SABRER, v. a. *Ferro conscindēre.* 劈 Pý. ‖ — une affaire. *Negot. citò accelerāre.* 快些做 Kouáy sȳ tsoú.

SAC, s. m. *Saccus, i, m.* 口袋 Keǒu taý. ‖ Voir le fond du —. *Rem penitùs introspicēre.* 一眼看穿 Ý yèn kěn tchouān. ‖ L'affaire est dans le —. *Res prosperatur.*

事情順遂 Sé tsín chuén oúy. ‖ — d'une ville. *Urbis vastatio.* 殺滅城裏的人 Chǎ miě tchén lỳ tý jên.

SACCADER, v. a. *Quatĕre.* 搖 Yâo.

SACCAGER, v. a. *Expilāre.* 搶 Tsiǎng.

SACERDOCE, s. m. *Sacerdotium, ii, n.* 神品 Chên pǐn, 鐸德職 Tǒ tě tchě. ‖ Y entrer. *Inire —.* 升鐸德 Chên tǒ tě. ‖ Donner le —. *Conferre —.* 付鐸德職 Foú tǒ tě tchě.

SACRE, s. m. *Inunctio, onis, f.* 聖 Chén, ou 立 Lỳ.

SACRÉ, ÉE, adj. *Sacratus.* 聖的 Chén tý. ‖ Chose —. 聖物 Chén oǔ.

SACREMENT, s. m. *Sacramentum, i, n.* 跽跡 Pỳ tsý. ‖ Établir les —. *Stabilire —.* 立跽跡 Lỳ pỳ tsý. ‖ Administrer les —. *Ministrāre —.* 付跽跡 Foú pỳ tsý. ‖ Les recevoir. *Suscipēre —.* 領跽跡 Lìn pỳ tsý. ‖ — des vivants. *Vivorum —.* 加恩的跽跡 Kiā gēn tý pỳ tsý. ‖ — des morts. *Mortuorum.* 赦罪的跽跡 Ché tsoúy tý pỳ tsý.

SACRER, v. a. *Sacrāre.* 聖 Chén. ‖ — un évêque. *Prœsulem consecrāre.* 聖一位主教 Chén ý oúy tchoù kiáo. ‖ — un temple. *Templum sacrāre.* 聖經堂 Chén kīn tâng.

SACRIFICE, s. m. *Sacrificium, ii, n.* 祭 Tsý. ‖ Offrir un —. *Rem divin. agēre.* 上祭 Cháng tsý. 獻祭 Hién tsý. 奉祭 Fóng tsý. ‖ Assister au —. *Divinis adesse.* 與祭 Yù tsý. ‖ — latreutique. *Latreuticum —.* 欽崇之祭 Kīn tsōng tchě tsý. ‖ — Eucharistique. *Eucharisticum —.* 酬神之祭 Tcheóu chên tchě tsý. ‖ — propitiatoire. *Propitiatorium —.* 禳災之祭

Jàng tsaÿ tchē tsý. ‖ — impétratoire. *Impetratorium* —.
求恩之祭 Kieóu gēn tchē tsý. ‖ Faire le — de quelqu'un. *Orbāre se.* 捨人 Ché jên.

Les sacrifices impériaux de la Chine sont compris sous les trois ordres suivants : 三等祭 Sān tèn tsý.

*Premier ordre.*

1° 圓丘 Yuên kieŏu.
2° 方澤 Fāng tsĕ.
3° 祈穀 Ký koŭ.
4° 雩祀 Yû sé.
5° 太廟 Táy miáo.
6° 社稷 Sé tsý.

*Deuxième ordre.*

1° 日 Jĕ. Au soleil.
2° 月 Yuĕ. A la lune.
3° 前代帝王 Tsiên taý tý ouâng. Aux rois des dynasties.
4° 先師孔子 Siēn sē kŏng tsè. Aux anciens sages, surtout Confucius.
5° 先農 Siēn lóng.
6° 先蠶 Siēn tsǎn.
7° 天神 Tiēn chên. Aux esprits inférieurs.
8° 地祇 Tý ký.
9° 太歲 Táy soúy.

*Troisième ordre.*

1° 先醫 Siēn ý. Aux anciens médecins.
2° 賢瓦 Siēn leâng. Aux anc. sages.
3° 昭忠 Tchaō tchōng. Aux anc. héros.

Quant aux sacrifices privés des infidèles chinois, ils sont en grand nombre. Nous en rapporterons seulement quelques-uns ici pour donner une idée générale de ces sacrifices.

1° 禫祭 Tǎn tsý. Sacrifice au défunt le 7ᵉ mois après la mort.
2° 禫祭 Tàn tsý. Sacrifice aux défunts le 27ᵉ mois après la mort, en déposant les habits du grand deuil.
3° 祔祭 Foú tsý. Sacrifice ordinaire aux défunts.
4° 祫祭 Hiá tsý. Sacrifice solennel, qui a lieu tous les trois ans et pour lequel on invite tous les proches parents.

5° 禳祭 Jáng tsý. Sacrifice pour demander la guérison des maladies et autres infirmités.
6° 禬祭 Hý tsý. Sacrifice pour éloigner les maux.
7° 禬祭 Koúy tsý. *Idem.*
8° 祓祭 Foŭ tsý. Sacrifice pour demander les biens.
9° 禜祭 Ýn tsý. Sacrifice déprécatoire.
10° 禖祭 Méy tsý. Sacrifice pour demander un héritier à l'Empereur.
11° 禡祭 Má tsý. Sacrifice avant la guerre au dieu Mars.
12° 祝祭 Tchoŭ tsý. Sacrifice à tous les esprits.
13° 禓祭 Tchá tsý. Sacrifice aux esprits à la fin de l'année.

SACRIFIER, v. a. *Sacrificāre.* 獻祭 Hién tsý. ‖ J.-C. a — sa vie pour le salut du monde. *J.-C. vitam obtulit pro mundi salute.* 耶穌獻自已爲救贖人 Yē Soū hién tsé ký oúy kieóu choŭ jên. ‖ — sa vie. *Se devovēre.* 致命 Tché mîn. ‖ — ses intérêts au bien public. *Suam salutem saluti comm. postponēre.* 顧衆不顧己 Koú tchóng poŭ koú ký. ‖ Se —. *Salutem aliorum suæ anteponēre.* 不顧己命 Poŭ koú ký mîn.

SACRILÉGE, s. m. *Sacrilegium, ii, n.* 犯聖 Fán chén. ‖ Faire un —. *Committēre sacrilegium.* 冒領跪跡 Maó lìn pý tsý.

SACRISTAIN, s. m. *Ædituus.* 聖堂首士 Chén tǎng cheŏu sé.

SACRISTIE, s. f. *Sacrarium, ii, n.* 寢 Tsín, ou 聖物所 Chén oŭ sò.

SACRUM, s. m. (terme de médecine). 尾龍骨 Oùy lóng koŭ, ou 尾骶骨 Oùy chē koŭ.

SAGACITÉ, s. f. *Sagacitas, atis, f.* 聰明 Tsōng mîn, ou 伶 Lìn.

SAGE, adj. *Sapiens.* 賢智 Hiên tché. ‖ Être — à ses dépens. *Periculo suo sapēre.* 上一囘當淘一囘乖 Cháng ý hoúy táng taó ý hoúy kouāy.

SAGE-FEMME, s. f. *Obstetrix, icis, f.* 接生婆 Tsiē sēn pŏ.

SAGESSE, s. f. *Sapientia, æ, f.* 賢智 Hiên tché.

SAGITTAIRE, s. m. (*Voir le mot Étoile à l'Appendice.*)

SAGOU, s. m. *Sagus, i, m.* 沙谷米 Chā koŭ mý.

SAIGNÉE, s. f. *Incile, is, m.* 放血 Fáng hiuĕ, ou 溝 Keōu.

SAIGNER, v. a. *Sanguinem detrahĕre.* 放血 Fáng hiuĕ. ‖ — la bourse de quelqu'un. *Crumenam alic. exenterāre.* 套哄人的銀錢 Taó hòng jên tý ýn tsiēn. ‖ — du nez. *Fluit illi sanguis.* 流鼻流 Lieôu pý lieôu. ‖ — (manquer de courage). *Animum despondēre.* 灰心 Hoūy sīn.

SAILLANT, adj. *Proeminens.* 出頭的 Tchoŭ teŏu tý.

**SAILLIE**, s. f. *Exstantia, æ, f.* 出頭的 Tchoŭ teŏu tỷ. ‖ — d'eau impétueuse. *Subsiliens aqua* —. 水湧出來 Choùy yòng tchoŭ laỷ. ‖ — (boutade d'esprit). *Animi motus.* 陡然之怒 Teŏu jân tchē loú. ‖ — d'esprit. *Sales.* 趣話 Tsiŭ hoá. ‖ — (monte des bœufs ou des chevaux). *Admissura.* 馬牛交 Mà nieŏu kiāo.

**SAILLIR**, v. a. *Salire.* 湧出 Yŏng tchŏu. ‖ — (en parlant du cheval). *Equus salit fæminam.* 馬答配 Mà tă pẻy.

**SAIN, E**, adj. *Sanus.* 平安的 Pín gān tỷ. ‖ Doctrine —, *Sana doctr.* 正道 Tchên taó. ‖ — (bon pour la santé). *Salutaris.* 不傷害人 Poŭ chāng háy jên. ‖ Air —. *Cælum salubr.* 天氣清和 Tiēn kỷ tsīn hô. ‖ — et sauf. *Salvus et incolumis.* 平安無事 Pín gān oŭ sé.

**SAINDOUX**, s. m. *Arvina, æ, f.* 猪油 Tchoŭ yeŏu.

**SAINT, E**, adj. *Sanctus.* 聖的 Chén tỷ. ‖ Lieu —. *Locus sacer.* 聖所 Chén sò. ‖ Ne savoir à quel — se rendre. 有寃無處訴 Yeoŭ yuēn oŭ tchŏu soú.

**SAINTETÉ**, s. f. *Sanctitas, atis, f.* 聖德 Chén tẻ.

**SAISIE**, s. f. *In bonis manús injectio, onis, f.* 入官 Joŭ kouān. ‖ — de tous les biens meubles. 找家 Tchaò kiā.

**SAISIR**, v. a. *Prehendere.* 捉拿 Tchŏ lá. ‖ — quelqu'un à la gorge. *Alic. fauces invadere.* 封喉 Fōng heóu. ‖ — quelqu'un à la chevelure. *Capillos alic. arripere.* 抓辮子 Tchoūa piên tsè. ‖ — quelqu'un. *Capere aliq.* 捉人 Tchŏ jên. ‖ Être — de crainte. *Metu percelli.* 害怕 Baý pẻ. ‖ Être — de maladie. *Morbo affici.* 得病 Tẻ pín. ‖ — *Comprehendere.* 明白 Mín pě, ou 透徹 Teŏu tchě.

**SAISON**, s. f. *Tempus, oris, n.* 季 Kỷ, ou 時 Chê. ‖ Changement de —. — *mutatio.* 換季 Houàn kỷ. ‖ Qui est de —. *Tempestivus.* 正是時候 Tchên ché chê heóu. ‖ Hors de —. *Intempestivus.* 不正時候 Poŭ tchên chê heóu. ‖ L'arrière-. — *Autumni flexus.* 末季 Mŏ kỷ. ‖ — favorable. *Tempestivus.* 合時 Hỏ chê.

Les quatre —. *Quatuor tempora.* 四季 Sé kỷ.

| Le 4 février. Printemps. | 立春 | Lỷ tchoūn. |
| Le 6 mai. Été. | 立夏 | Lỷ hiá. |
| Le 8 août. Automne. | 立秋 | Lỷ tsieŏu. |
| Le 9 novembre. Hiver. | 立冬 | Lỷ tōng. |

**SALADE**, s. f. *Acetaria, orum, n.* 酸菜 Souān tsáy.

**SALAIRE**, s. m. *Merces, edis. f.* 工錢 Kōng tsiên. (Voir le mot *Honoraire*.) ‖ Demander son —. *Mercedem poscere.* 討工錢 Taǒ kōng tsiên. ‖ Payer le —. *Solvere* —. 開工錢 Kāy kōng tsiên. ‖ Recevoir le — de son crime. *Pœnam suo dignam scelere suscipere.* 照罪受罰 Tchaó tsoúy cheóu fă.

**SALANGANE**, s. f. *Hirundinis nidus.* 燕窩 Yén oūo.

**SALARIER**, v. a. *Mercedem tribuere.* 開工錢 Kāy kōng tsiên.

**SALE**, adj. *Immundus.* 污的 Oū tỷ. ‖ — (obscène). *Obscœnus.* 醜陋的 Tcheŏu león tỷ. ‖ Pensée —. *Cogitatio impura.* —. 醜陋的念頭 Tcheŏu león tỷ nién teŏu, ou 邪念 Siê nién. ‖ S'y arrêter. *Immorari pravis cogit.* 留邪念在心 Lieŏu siê nién tsaý sīu.

**SALER**, v. a. *Sale condire.* 放鹽 Fáng yên.

**SALETÉ**, s. f. *Sordes, ium, f.* 湮濁 Oúy tchŏ, ‖ — (paroles obscènes). *Obscœna dicta.* 醜陋的話 Tcheŏu león tỷ hoá, ou 村話 Tsēn hoá.

**SALINE**, s. f. *Salinæ, arum, f.* 鹽井 Yên tsìn. ‖ Surintendant des —. 鹽運司 Yên yún sē.

**SALIÈRE**, s. f. *Salinum, i, n.* 鹽盒子 Yên hô-tsè.

**SALIR**, v. a. *Maculare.* 打髒 Tă tsāng. ‖ — ses mains. *Manus inficere.* 打髒手 Tă tsāng cheŏu. ‖ — la réputation de quelqu'un. *Famam inquinare.* 壞人名聲 Houáy jên mīn chēn.

**SALIVE**, s. f. *Saliva, æ, f.* 口水 Keŏu choùy.

**SALLE**, s. f. — à dormir. *Dormitorium, ii, n.* 臥房 Oúo fâng. ‖ — à manger. *Cœnaculum.* 飯廳 Fán tīn. ‖ — de réception. *Aula salutatoria.* 客堂 Kě tâng. ‖ — d'audience au prétoire. *Aula salutatoria.* 大堂 Tá tâng. 二堂 Eúl tâng. 花廳 Hoā tīh. ‖ — d'asile. *Asylum.* 普濟堂 Poŭ tsỷ tâng.

**SALMIGONDIS**, s. m. *Farrago, inis, f.* 雜事 Tsă sé, ou 雜膾 Tsă hoúy.

**SALOPE**, s. f. *Meretrix, icis, f.* 娼婦 Tchāng foú.

**SALUBRE**, adj. *Salubris.* 養人的 Yàng jên tỷ.

**SALUER**, v. a. *Salutare.* 拜人 Paý jên. ‖ Veuillez le — pour moi. *Dic à me salutem.* Si c'est à un supérieur. 禀安 Pín gān. ‖ — (si c'est à uu égal). 拜上 Paý cháng. ‖ — (si c'est à un inférieur). 上覇 Cháng feóu.

**SALUT**, s. m. *Salutatio, onis, f.* 拜 Paý. ‖ Petit — chinois avec les seules mains. 作揖 Tsŏ ỷ. ‖ — d'un genou. 跪一膝 Koúy ỷ sỷ. ‖ Grand — chinois ou prostration. 磕頭 Kŏ teŏu. ‖ Rendre à quelqu'un ses —. *Salut. reddere.* 囘拜 Houŷ paý, ou 還禮 Houân lỷ. ‖ — (félicité éternelle). *Salus æterna.* 永福 Yùn foŭ. ‖ Y travailler. *Animæ saluti incumbere.* 專務救靈魂 Tchouān oú kieóu līm houên. ‖ Faire son —. *Salvare animam.* 救自巳的靈魂 Kieoú tsé kỷ tỷ līm houên.

**SALUTAIRE**, adj. *Salutaris.* 養身的 Yàng chēn tỷ. ‖ Air —. *Aer* —. 水土好 Choùy tŏu haò.

**SALUTATION**, s. f. *Salutatio, onis, f.* 拜 Paý. 拱揖 Kòng ỷ. ‖ — angélique. — *angelica.* 聖母經 Chén moù kīn.

**SALVE**, s. f. *Tormentorum emissio, onis, f.* 放炮賀喜 Fáng pǎo hô hỷ.

**SAMEDI**, s. m. *Sabbatum, i, n.* 瞻禮七 Tchān lỹ tsỹ.
**SANCTIFIER**, v. a. *Sanctitatem impertire.* 聖 Chén. ‖ — le dimanche. *Rité dominicam colēre.* 恰當守主日 Kiă táng cheòu tchoù jĕ. ‖ — ses actions. *Deo actus referre.* 做事爲天主 Tsoú sé oúy Tiēn Tchoù. ‖ Se —. *Fieri sanctus.* 成聖人 Tchĕn chén jén.
**SANCTIONNER**, v. a. *Sancire.* 定賞罰 Tín chàng fă.
**SANCTUAIRE**, s. m. *Sanctuarìum, ii, n.* 聖所 Chén sŏ.
**SANG**, s. m. *Sanguis, inis, m.* 血 Hiuĕ. ‖ Le — coule. *Fluit —.* 流血 Lieòu hiuĕ. ‖ L'arrêter. *Cohibēre —.* 止血 Tchĕ hiuĕ. ‖ Le — lui monta au visage. *Erubuit.* 臉紅 Liĕn hóng. ‖ Suer — et eau. *In re desudāre.* 費力 Feý lỹ. ‖ Mettre tout à feu et à —. *Ferro et flam. vastāre.* 又燒又殺 Yeóu chaō yeóu chă. ‖ — (race), — royal. *Proles regia.* 皇上苗裔 Houáng cháng miăo ў. ‖ Être attaché par les liens du —. *Consanguineus esse.* 有親戚 Yeòu tsīn tsỹ.
**SANG-FROID**, s. m. ‖ Conserver son —. *Non turbāri.* 心穩 Sīn ouĕn, ou 心不亂 Sīn poŭ louán.
**SANGLANT, E**, adj. *Cruentus.* 流血的 Lieòu hiuĕ tỹ. ‖ Reproche —. *Gravis objurgatio.* 重責倨 Tchŏng tsĕ pý.
**SANGLE**, s. f. *Lorum, i, n.* 馬肚帶 Mà toú taý.
**SANGLOTER**, v. a. *Singultīre.* 哽咽 Kèn yēn.
**SANGSUE**, s. f. *Sanguisuga, æ, f.* 螞蝗 Mà houâng. ‖ — des deniers publics. (Se dit en Chine des mauvais mandarins.) (Prov.) 公人見錢蛤蠅見血 Kōng jén kién tsiēn tsăng ўn kién hiuĕ.
**SANGUINAIRE**, adj. *Cruoris amans.* 血望的人 Hiuĕ ouáng tỹ jén.
**SANS**, prép. *Sine.* 無 Oû. 沒 Mŏ. 不 Poŭ. ‖ — doute. *Absque dubio.* 一定 Ў tín, ou 自然 Tsé jân. ‖ — Bruit — fondement. *Rumor.* 無根的謠言 Oû kēn tỹ yâo yēn. ‖ — cela. *Secŭs.* 不然 Poŭ jân. ‖ — Agir — pitié. *Duré agēre.* 硬起心做 Gén kỹ sīn tsoŭ. ‖ — hésiter. *Absque dubitatione.* 當時 Táng chĕ.
**SANTÉ**, s. f. *Sanitas, atis, f.* 平安 Pīn gān. ‖ Avoir une bonne —. *Bené valēre.* 平安 Pīn gān. ‖ S'excuser sur sa —. *Excusat. valet. uti.* 推病 Toūy pín. ‖ Ménager sa —. *Valetud. servire.* 保養 Paŏ yàng. ‖ La négliger. *Valet. non —.* 不願身體 Poŭ koŭ chēn tỹ. ‖ Perdre la —. *Valet. amittēre.* 欠安 Kiĕn gān. ‖ Ruiner sa —. *Exhaurīre.* 傷自己的身子 Chāng tsé kỹ tỹ chēn tsĕ. ‖ Recouvrer sa —. *Recuperāre.* 身上好了 Chēn cháng haŏ leăo. ‖ Rendre la — à quelqu'un. *Sanit. reddēre.* 醫好 Ў haŏ. ‖ Boire à la — de quelqu'un. *Propināre.* 舉盃請酒 Kiù peý tsīn tsieòu. ‖ Porter la —. *Alic. propināre.* 請酒 Tsīn tsieòu.
**SAPÈQUE**, s. f. *Sapeca, æ, f.* 錢 Tsiēn. ‖ Une —. *Una —.* — 文錢 Ў ouēn tsiēn. ‖ Bonne —. 好錢 Haŏ tsiēn. ‖ ou 當錢 Táng tsiēn. ‖ Mauvaise —. 毛錢 Maŏ tsiēn. ‖ Une ligature de —. *Una ligatura —.* 一吊錢 Ў tiáo tsiēn. ‖ Enfiler des —. *Inserēre —.* 穿錢 Tchouān tsiēn. ‖ Changer des —. *Mutāre —.* 換錢 Houàn tsiēn. ‖ Acheter des —. *Emēre —.* 買錢 Maỹ tsiēn. ‖ Fabriquer des —. *Conflāre —.* 鑄錢 Tchoú tsiēn. ‖ Gagner des —. *Lucrāri —.* 趲錢 Tchán tsiēn. ‖ Jouer aux —. *Ludēre —.* 賭錢 Toù tsiēn. ‖ Prodiguer les —. *Perperàm uti.* 亂用錢 Louán yóng tsiēn. ‖ Ménager les —. *Parcēre —.* 用得緊 Yóng tĕ kĭn. ‖ Rendre les mauvaises —. *Permutāre malas sapecas.* 掉錢 Tiào tsiēn.

On pense que dès les temps de 禹 Yù, il y avait des sapèques. Mais on est plus assuré que, dès les temps de 武王 Oŭ-ouàng et de 正王 Tchĕn ouáng, son fils, on en fabriqua dans la forme actuelle. Les plus anciennes monnaies frappées, qui existent, ne vont pas au-delà de l'an 246 avant J.-C. Les Chinois leur donnaient jadis le nom de 泉 Tsuén (*eau de source, eau qui coule toujours*) et dans le sens figuré, espèce de métal qui passe de main en main. Puis le nom de 錢 Tsiēn a prévalu. Chaque sapèque doit peser un 錢 Tsiēn deux 分 Fēn. Dix sapèques, une once deux 錢 Tsiēn. Mille sapèques font une ligature. (Voir à l'Appendice n° XVI une note sur les Monnaies et Sapèques chinoises.)

**SAPER**, v. a. *Suffodēre.* 折石脚 Tsĕ chĕ kiŏ.
**SARCASME**, s. m. *Irrisio, onis, f.* 欺笑 Kỹ siáo. ‖ En lancer. *Irridēre.* 欺笑 Kỹ siáo.
**SARCLER**, v. a. *Sarrire.* ‖ — à la main. *Manu —.* 抲 Hieōu. ‖ — avec la houe. *Ligone —.* 穭 Yeōu.
**SARCOPHAGE**, s. m. *Sarcophagus, i, m.* 棺材 Kouān tsăỹ.
**SARMENT**, s. m. *Sarmentum, i, n.* 葡萄枝 Pŏu tâo tchĕ.
**SAS**, s. m. *Cribrum, i, n.* 篩子 Chaỹ tsĕ, ou 羅 Lŏ.
**SASSER**, v, a. *Incernēre.* 再篩 Tsaý chaỹ, ou 羅 Lŏ. ‖ — et ressasser. *Rem att. ponderāre.* 細想 Sý siàng.
**SATAN**, s. m. *Satan.* 鬼 Koùy.
**SATELLITE**, s. m. *Satelles, itis, m.* 差人 Tchăỹ jên. ‖ Chef des —. *Dux —.* 差頭 Tchăỹ teōu. ‖ — (étoile). *Stella.* 隨星 Soúy sīn.
**SATIÉTÉ**, s. f. *Satietas, atis, f.* 飽 Paŏ. ‖ Manger à —. *Ad — comedere.* 喫飽 Tchĕ paŏ. ‖ — (dégoût). *Fastid.* 厭惡 Yén où. ‖ Éprouver de la —. *Satiet. affici.* 厭惡 Yén où.
**SATIN**, s. m. *Sericus pannus densior.* ‖ — à cinq lisses. 綾 Lîn. ‖ — à huit lisses. 倭緞 Oùy touán.
**SATIRE**, s. f. *Satira, æ, f.* 諷詠 Fòng yún. ‖ Faire une —. *Carmine carpēre.* 譏評 Kỹ pín, ou 譏諷人 Kỹ fòng jên.

**SATISFACTION**, s. f. *Gaudium, ii, n.* 歡喜 Houân hỷ, ou 心足 Sīn tsioŭ. ‖ Éprouver une —. *Experiri —.* 歡喜 Houân hỷ. ‖ Donner —. *Gaudio aliq. afficēre.* 兜人喜歡 Teōu jên hỷ houān. ‖ — (réparation). *Excusatio.* 賠禮 Pêy lỷ. ‖ Donner —. *Satisfacēre alic.* 賠禮 Pêy lỷ. ‖ — (punition). *Pœna.* 補贖 Pŏu-chŏu. ‖ Faire —. *Noxam expiāre.* 補贖 Pŏu-chŏu.

**SATISFAIRE**, v. a. *Satisfacēre.* 兜人歡喜 Teōu jên hỷ houān. ‖ — sa passion. *Libid. explēre.* 縱慾 Tsóng yoŭ. ‖ — quelqu'un qu'on a offensé. *Injuriam reparāre.* 賠禮 Pêy lỷ. ‖ — ses créanciers. *Creditoribus satisfacēre.* 還賬 Houân tcháng.

**SATISFAIT, E**, adj. *Contentus.* 心足 Sīn tsioŭ. ‖ Le cœur de l'homme n'est jamais —. (Prov.) *Concupita nunquam adipiscitur homo.* Les Chinois disent : À peine a-t-on obtenu le district de Lóng qu'on désire celui de Chŏu. 人心不足得隴望蜀 Jên sīn poŭ tsioŭ, tĕ lŏng ouáng chŏu.

**SATURER**, v. a. *Saturāre.* 飽 Paò.

**SATURNE**, s. m. *Saturnus, i, m.* 土星 Tŏu sīn.

**SAUCE**, s. f. *Jus, uris, n.* 湯 Tāng.

**SAUCISSE**, s. f. *Botulus, i, m.* 肉慣腸 Joŭ kouán tchǎng.

**SAUF, VE**, adj. *Salvus.* 全的 Tsŭen tỷ, ou 平安的 Pîh gān tỷ. ‖ — (excepté). *Excepto.* 除 Tchŏu. ‖ — erreur. *Nisi error sit.* 若是不錯 Jŏ ché poŭ tsŏ.

**SAUF-CONDUIT**, s. m. *Commeatus, ûs, m.* 路票 Loŭ piáo.

**SAUGRENU, E**, adj. *Absurdus.* 不合理的 Poŭ hŏ lỷ tỷ.

**SAUMURE**, s. f. *Muria, æ, f.* 鹹水 Hân choŭy.

**SAUNAGE**, s. m. *Salis venditio, onis, f.* 賣鹽 Máy yên. ‖ Faux —. *Prohibita —.* 賣私鹽 Máy sē yên.

**SAUPOUDRER**, v. a. — du sel. *Sale aspergēre.* 放鹽 Fáng yên.

**SAURER**, v. a. *Fumo dessiccāre.* 炕乾 Káng kān.

**SAUT**, s. m. *Saltus, ûs, m.* 跳 Tiáo. ‖ Faire le —. *Cunctation. abjicēre.* 不猶豫 Poŭ yeòu yú.

**SAUTER**, v. a. *Salīre.* 跳 Tiáo. ‖ — par-dessus un mur. *Murum transire.* 跳墻 Tiáo tsiâng. ‖ — de joie. *Gaudio exsultāre.* 踴躍 Yòng yáo. ‖ — sur quelqu'un. *Invadēre.* 搋掠 Loù liŏ. ‖ — aux nues. *Irasci.* 發大怒 Fǎ tá loŭ. ‖ Cela — aux yeux. *Id est evidens.* 排在眼前的 Paỷ tsáy yên tsiên tỷ. ‖ Faire — à quelqu'un la cervelle. *Alic. cerebrum excutēre.* 用鎗殺人 Yóng tsiāng chǎ jên. ‖ Faire — quelqu'un. *De gradu dejicēre.* 黜 Tchŭu, ou 貶 Piên. ‖ — un fossé *Transilire fossam.* 跳過坑 Tiáo kó kēn. ‖ — une page. *Paginam omittēre.* 落一篇 Lŏ ỷ piēn.

**SAUVAGE**, adj. *Ferus.* 生的 Sēn tỷ, ou 野的 Yè tỷ. ‖ — (qui est impoli). *Agrestis.* 粗鹵的 Tsoŭ loù tỷ.

**SAUVAGES**, s. m. *Sylvicolæ, arum, m.* 野人 Yè jên.

**SAUVEGARDE**. s. f. *Tutela, æ, f.* 保守 Paò cheòu. ‖ Prendre sous sa —. *In fidem accipēre.* 保人 Paò jên. ‖ Se mettre sous la —. *Se — conferre.* 討保 Tǎo paò.

**SAUVER**, v. a. *Servāre.* 保存 Paò tsên, ou 救 Kieòu. ‖ — la vie à quelqu'un. *A morte revocāre.* 保 Paò, ou 救他的命 Kieóu tǎ' tỷ mín. ‖ — son honneur. *Pudicit. servāre.* 保名節 Paò mǐn tsiĕ. ‖ — son âme *Animam salvāre.* 救靈魂 Kieóu lǐm houên. ‖ — les apparences. *Honestâ specie tegēre.* 遮盖得好 Tchē káy tĕ haò. ‖ Se —. *Fugēre.* 逃 Tǎo. ‖ Se —. *Salvāre se.* 救靈魂 Kieóu lǐm houên.

**SAUVEUR**, s. m. (En parlant de N. S. J. C.). *Salvator, oris, m.* 救世主 Kieóu ché tchoù.

**SAVANT, E**, adj. *Doctus.* 會的 Houý tỷ, ou 有才學的 Yeòu tsǎy hiŏ tỷ.

**SAVEUR**, s. f. *Sapor, oris, m.* 味道 Oúy táo.

**SAVOIR**, v. a. *Noscēre.* 知道 Tchē táo, ou 曉得 Hiǎo tĕ'. ‖ — parce qu'on a vu. *Rem oculis tenēre.* 親眼見了 Tsīn yên kién leào. ‖ — par ouÿ-dire. *Rem auditione accipēre.* 親耳聽了 Tsīn euĕ tīn leào. ‖ Tout finit par se —. (Prov.) *Res occultæ illustrantur tandem.* 水消石現魚爛刺出 Choùy siaŏ chĕ hién yú lán tsĕ tchoŭ. ‖ — (être instruit). *Scire.* 聽說 Tīn chŏ. ‖ — la médecine. *Medicinam callēre.* 知醫理 Tchē y lỷ. ‖ — sa leçon. *Memoriter tenēre.* 背得書 Pêy tĕ' choŭ. ‖ — (être informé). *Audire.* 聽別人說 Tīn piĕ jên chŏ. ‖ — son monde. *Scire homines.* 識人 Chě jên. ‖ Faire —. *Certiorem facēre.* 報信 Páo sín.

**SAVOIR**, adv. *Scilicet.* 就是 Tsieóu ché.

**SAVOIR**, s. m. *Scientia, æ, f.* 學問 Hiŏ ouén.

**SAVOIR-FAIRE**, s. m. *Solertia, æ, f.* 恰巧 Liu kiǎo.

**SAVOIR-VIVRE**, s. m. *Urbanitas, atis, f.* 通世情的人 Tōng ché tsǐh tỷ jên.

**SAVON**, s. m. *Sapo, onis, m.* 鹻 Kiên.

**SAVONNER**, v. a. *Sapone lintea eluēre.* 用鹻洗 Yóng kièn sỷ. ‖ — quelqu'un. *Probè versāre aliq.* 重責 Tchŏng tsĕ', ou 打頭子 Tǎ teŏu tsè.

**SAVOURER**, v. a. *Gustāre.* 嘗 Chǎng.

**SCABREUX, SE**, adj. *Via ardua.* 難路 Lân loú. ‖ Affaire —. *Res spinosa.* 難事 Lân sé. ‖ Cheval —. *Equus recalcitrans.* 烈馬 Lỷ mà.

**SCANDALE**, s. m. *Scandalum, i, n.* 壞表樣 Houáy piaò yáng. ‖ — actif. *Activum —.* 行的壞表樣 Hín tỷ houáy piaò yáng. ‖ — passif. *Passivum —.* 受的壞表樣 Cheóu tỷ houáy piaò-yáng. ‖ — direct. *Directum —.* 真了的 Tchē leào tỷ. ‖ — indirect. *Indirectum —.* 不真的 Poŭ tchē tỷ. ‖ — des faibles. *Debilium —.* 虛弱的 Hiū jŏ tỷ. ‖ — pharisaïque. *Pharisaïcum —.* 法里叟的 Fǎ lỷ seŏu tỷ.

**SCANDALISER**, v. a. *Scandalum præbēre.* 壞表樣 Houáy piaò yáng.

**SCAPULAIRE**, s. m. *Scapulare, is, n.* 聖衣 Chén ȳ. ‖ Société du —. *Societas* —. 聖衣會 Chén ȳ hoúy. ‖ Y entrer. *Ingredi in societatem* —. 入聖衣會 Joŭ chén ȳ hoúy.

**SCEAU**, s. m. *Sigillum, i, n.* 印 Ýn. ‖ — de l'Empereur. 玉璽 Yú sȳ, ou 御寶 Yú paò. ‖ Mettre le —. *Sigill. apponère.* 盖印 Káy-ýn.

Les sceaux de l'Empereur de Chine sont déposés dans le palais de la Paix. Ils sont au nombre de vingt-cinq. Ceux des Princes sont d'or; ceux des Vice-rois et Mandarins de premier ordre sont d'argent.

御寶二十有五 Yú paò eùl chě yeòu où.

1. 大淸受命之寶以章皇序 Tá tsïh cheóu mín tchè paò ỳ tchāng houâng siú. Sceau de la grande dynastie qui reçoit le mandat de régner.
2. 皇帝奉天之寶以章奉若 Houâng tý fóng tien tchē paò ỳ tchāng fóng jŏ. Sceau par lequel l'auguste Souverain reçoit son autorité céleste.
3. 大淸嗣天子寶以章繼繩 Tá tsïh tsè̀ tien tsè paò ỳ tchāng ký chuēn. Sceau sous lequel la grande dynastie pure perpétue ses Empereurs.
4. 皇帝之寶以布詔敕 Houâng tý tchē paò ỳ poú tcháo chě. Grand sceau de l'auguste Souverain.
5. 皇帝之寶以肅法駕 Houâng tý tchē paò ỳ siēou fǎ kiá. Grand sceau de l'auguste Souverain.
6. 天子之寶以祀百神 Tien tsè tchē paò ỳ ký pě chēn. Sceau privé de l'Empereur.
7. 皇帝尊親之寶以薦徽號 Houâng tý tsēn tsīn tchē paò ỳ tsién hoūy háo. Sceau de l'honorable parenté de l'Empereur.
8. 皇帝親親之寶以展宗盟 Houâng tý tsīn tsīn tchē paò ỳ tchǎn tsōng mīn. Sceau des relations rapprochées de l'auguste Souverain.
9. 皇帝行寶以頒錫賚 Houâng tý hín paò ỳ sóng sȳ laỳ. Sceau pour les actes souverains.
10. 皇帝信寶以徵伐伍 Houâng tý sín paò ỳ tchēn tchaò où. Sceau des lettres de créance aux Souverains.
11. 天子行寶以册外妹 Tien tsè hín paò ỳ tsè oúy ỳ. Sceau des actes de l'Empereur.
12. 天子行寶以命殊方 Tien tsè sín paò ỳ mín choū fāng. Sceau des actes de créance du Souverain Empereur.
13. 敬天勤民之寶以飭觀吏 Kín tien kín mín tsè paò ỳ ché kín lý. Sceau par lequel le Ciel est honoré et le peuple appelé à être diligent.
14. 刺誥之寶以鈐誥勅 Tché káo tchē paò ỳ lìn káo tchě. Sceau des Édits et Proclamations.
15. 勅命之寶以諭臣僚 Tchě mín tchē paò ỳ yú tchēn leâo. Sceau des Mandats d'amener.
16. 垂訓之寶以揚國憲 Tchoúy hiún tchē paò ỳ yâng kouě̀ hièn. Sceau de l'Instruction publique.
17. 命德之寶以獎忠良 Mín tě̀ tchē paò ỳ tsiáng tchōng leâng. Sceau qui décrète les actes de vertus.
18. 欽文之寶以重文敎 Kīn ouēn tchē paò ỳ tchóng ouēn kiáo. Sceau du Journal de l'Empereur.
19. 表章經吏之寶以崇古訓 Piaò tchāng kīn lý tchē paò ỳ tsōng koù Siún. Sceau des manifestes des classiques et historiens.
20. 巡狩天下之寶以從省方 Siûn cheóu tien hiá tchē paò ỳ tsōng sèn fāng. Sceau des Patrouilles et Gardes de l'Empire.
21. 討罪安民之寶以張征伐 Taò pá gān mín tchē paò ỳ tchāng tchēn fǎ. Sceau des Causes criminelles.
22. 制駝六師之寶以整戒行 Tché lǒ loù sē tchē paò ỳ tchēn kiáy hín. Sceau des Affaires de guerre.
23. 勅正萬邦之寶以誥外國 Tchě̀ tchēn ouán pāng tchē paò ỳ káo ouáy kouě̀. Sceau des Décrets pour maintenir en ordre les peuples du dehors.
24. 勅正萬民之寶以誥四方 Tchě̀ tchēn ouán mín tchē paò ỳ káo sé̀ fāng. Sceau des Décrets pour maintenir en ordre tous les peuples.
25. 廣運之寶以謹封識 Kouàn yún tchē paò ỳ kiù fōng chě̀. Sceau des grandes Révolutions.

On distingue encore sur certaines pièces officielles chinoises les deux espèces de sceaux suivants :

1. 傳國璽綬 Tchouân kouě̀ sȳ cheóu. Sceau national qui annonce que le trône est transféré à un autre.
2. 旣受永昌 Káy cheóu yùn tchāng. Sceau qui confère un honneur immortel à celui qui le reçoit.

Le sceau ordinaire porte cette inscription : 萬幾宸翰之寶 Ouán kȳ tchén hán tchē paò.

**SCÉLÉRAT, E,** adj. *Scelestus.* 惡的 Ngŏ tỷ. ‖ — achevé. *Insignis* —. 光棍 Kouāng kouèn.

**SCELLER,** v. a. *Signāre.* 蓋印 Kaý ýn, ou 打圖章 Tă tôu tchāng.

**SCÈNE,** s. f. *Scena, æ, f.* 一軸戱 Y̆ tcheŏu hý. ‖ Devant de la —. *Proscenium.* 臺口 Tấy keŏu. ‖ Mettre en —. *In scenam inducĕre.* 唱戱 Tchāng-hý. ‖ Paraître sur la — du monde. *Nasci.* 出世 Tchŏu ché, ou 成人 Tchĕn-jēn. ‖ Faire une — à quelqu'un. *In aliquem invehi.* 打頭子 Tă teŏu tsè. ‖ Triste —. *Visu triste.* 難見的事 Lân kién tỷ sé.

**SCEPTIQUE,** adj. *Scepticus.* 不信神的 Poŭ sín chèn tỷ.

**SCEPTRE,** s. m. *Sceptrum, i, n.* 國柄 Kouě pìn, ou 如意 Joŭ ý.

**SCHISME,** s. m. *Schisma, atis, n.* 裂教 Liĕ kiáo. ‖ Chef de —. *Dux schism.* 裂教頭 Liĕ kiáo teŏu.

**SCIATIQUE,** s. f. *Ischias, adis, f.* 胯骨疼 Koŭa koŭ tổng, ou 臀下腳氣筋痛 Pý hiá laò kỷ kīn tổng.

**SCIE,** s. f. *Serra, æ, f.* 鋸子 Kiú tsè. ‖ Espèces de — chinoises : 橫鋸 Houên kiú. 撒鋸 Să kiú. 米齒鋸 Mỷ tchĕ kiú. ‖ Petite —. *Parva.* 手鋸 Cheŏu kiú. ‖ Bruit de la —. *Stridor.* 鋸子響 Kiú tsè hiāng. ‖ Aiguiser une —. *Acuĕre dentes* —. 銼 Tsŏ. ‖ Faire les dents de la —. *Cædĕre dentes* —. 開齒 Kāy tchĕ. ‖ Tendre une —. *Tendĕre* —. 喬亢鋸子 Kiáo kiú tsè.

**SCIENCE,** s. f. *Scientia, æ, f.* 才學 Tsấy hiŏ. ‖ — profonde. *Altissima* —. 大才學 Tá tsấy hiŏ. ‖ — du monde. *Experientia rerum.* 見識 Kién tchĕ.

**SCIER,** v. a. *Secāre.* 鋸斷 Kiú touán.

**SCINTILLER,** v. n. *Scintillāre.* 出火飛 Tchŏu hò feý.

**SCISSION,** s. f. *Scissio, onis, f.* 扯爛 Tchĕ lán. ‖ — d'opinion. *Dissidium.* 意思不合 Ý sē poŭ hô.

**SCIURE,** s. f. *Scobs, obis, f.* 鋸末 Kiú mŏ, ou 木揩 Moŭ siĕ.

**SCLÉROTIQUE,** ou **CORNÉE OPAQUE,** s. f. (terme d'anatomie). 眼白 Yèn pĕ.

**SCOLIE,** s. f. *Nota, æ, f.* 傍註 Pāng tchoú.

**SCORBUT,** s. m. *Scorbutum, i, n.* 身虛牙肉脚瘡泄血 Chēn hiû yâ joŭ kiŏ tchouāng chế hiuĕ. 走馬牙疳 Tseŏu mà yâ kān. 生疳 Sēn kán.

**SCRIBE,** s. m. *Scriba, æ, m.* 代筆 Táy pỷ.

**SCROFULES,** s. f. *Strumæ, arum, f.* 瘰癧 Loŭy-lỷ.

**SCROTUM,** s. m. *Scrotum, i, n.* 卵胞 Louàn paō, ou 外腎囊 Ouáy chèn láng.

**SCRUPULE,** s. m. *Scrupulus, i, m.* 瑣碎的心 Sò soúy tỷ sīn, ou 煩瑣狐疑之心 Fân sò tchaò ný tchĕ sīn. ‖ Se faire un —. *Relig. aliq. habēre.* 不放心 Poŭ fáng sīn. ‖ Avoir —. *Religioni habēre.* 不放心 Poŭ fáng sīn. ‖ Sans —. *Sine* —. 放心 Fáng sīn.

**SCRUPULEUX, SE,** adj. *Anxié religiosus.* 不放心 Poŭ fáng sīn, ou 心懷疑心 Sīn honáy ný sīn.

**SCRUTER,** v. a. *Exquirĕre.* 搜求 Seŏu kieŏu.

**SCRUTIN,** s. m. *Scrutinium, ii, m.* 攝閣 Niĕ kieŏu. ‖ Aller au —. *Suffragia ferre.* 攝閣 Niĕ kieŏu.

**SCULPTER,** v. a. *Sculpĕre.* 雕 Tiāo.

**SCURRILITÉ,** s. f. *Loquacitas, atis, f.* 空話 Kŏng hoá.

**SCYLLA,** s. m. — Tomber de Charybde en —. (Prov.) Littéralement en chinois : éviter la tanière du loup et tomber dans la gueule du tigre. 正離狠窩又逢虎口 Tchēn lỷ lâng ouŏ yeŏu fông hoŭ keŏu.

**SE,** pron. de la troisième personne. *Sui, sibi, se.* S'exprime communément en chinois par 自己 Tsé kỷ. ‖ Se loue. *Se ipse laudat.* 誇獎自己 Koŭa tsiàng tsé kỷ. ‖ Souvent aussi il ne s'exprime pas en chinois, parce que ce pronom se tourne autrement. V. g. Il se ménage. En chinois, on dit : il craint la peine. 他怕費力 Tă pă feý lỷ. ‖ Se devant les verbes neutres ou après ne s'exprime pas en chinois. Il — promène, en chinois il va le chemin. *Deambulat.* 他走路 Tă tseŏu loŭ. ‖ Il s'en va. En chinois, il part. 他走 Tă tseŏu. ‖ Pris impersonnellement, se s'exprime par *il y en a qui.* V. g. on se bat. *Pugnatur.* 有人打仗 Yeŏu jēn tă tohāng. ‖ Cela — dit. *Hoc narratur.* 有人說 Yeŏu jēn ohŏ.

**SÉANCE,** s. f. *Tempus sessionis.* 聚議期 Tsíu ný kỷ. ‖ Lever la —. *Cœtum dimittĕre.* 聚議後散 Tsíu ný heóu sán.

**SÉANT, E,** adj. *Decens.* 合理的 Hŏ lỷ tỷ. ‖ — (assis). *Sedens.* 坐的 Tsŏ tỷ.

**SEAU,** s. m. *Situlus, i, m.* 水桶 Choùy tŏng.

**SEC, ÈCHE,** adj. *Siccus.* 乾的 Kān tỷ. ‖ Yeux —. *Oculi sicci.* 無眼泪 Oû yèn loúy, ou 硬心 Gēn sīn. ‖ Raisins —. *Uvæ insolatæ.* 乾葡萄 Kān pŏu taô. ‖ — (maigre). *Macilentus.* 瘦的 Seóu tỷ. ‖ Discours —. *Oratio arida.* 無味的話 Oû oúy tỷ hoá. ‖ Manger son pain —. *Nihil ad panem adhibēre.* 喫白飯 Tchĕ pĕ fán.

**SÉCHER,** v. a. *Exsiccāre.* 乾 Kān. ‖ — au soleil. *ad solem.* 晒乾 Chaý kān. ‖ — au feu. — *ad ignem.* 烤乾 Kaŏ kān. ‖ — à l'air, ou à l'ombre. *Ad aerem siccāre.* 晾乾 Leáng kān. ‖ — de douleur. *Dolore tabescĕre.* 憂苦成疾 Yeŏu koŭ tchĕn tsỷ, ou 憔悴 Tsiáo tsoúy. ‖ Se —. *Exsiccāri.* 曬乾 Fă kān.

**SÉCHERESSE,** s. f. *Siccitas, atis, f.* 天塞 Tiēn hân. ‖ Année de —. *Annus sitiens.* 天乾之年 Tiēn kān tchĕ niên.

**SECOND, E,** adj. *Secundus.* 第二 Tỷ eùl.

**SECOND,** s. m. *Adjutor.* 佐貳 Tsŏ eùl. ‖ — d'un navire. *In navi* —. 伙長 Hò tcháng, ou 二伙長 Eùl hò tcháng. ‖ Prendre pour —. *Adjutorem sibi adlegĕre.* 選下堂官 Siuèn hiá tâng kouān.

# SEC      SEL

**SECONDE**, s. f. *Secunda, æ, f.* 抄 Chaò.
**SECONDER**, v. a. *Adjuvāre.* 幫忙人 Pāng mâng jên.
**SECONDINES**, s. f. *Secundinæ, arum, f.* 衣包 Y̌ pāo, ou 胎衣 Taý y̌.
**SECOUER**, v. a. *Quatĕre.* 搖 Yâo. ‖ — la tête. *Caput —.* 搖頭 Yâo teŏu. ‖ — un habit. *Vestem excutĕre.* 抖衣服 Teŏu y̌ foŭ. ‖ — un arbre. *Arborem agitāre.* 搖樹子 Yâo choŭ tsĕ. ‖ — quelqu'un. *Aliq. quatefacĕre.* 待得怎薄 Taý tĕ kĕ pô.
**SECOURIR**, v. a. *Auxiliāri.* 扶助 Foŭ tsoú. ‖ — une place assiégée. *Obsessæ urbi opitulāri.* 發救兵 Fǎ kieóu pīn.¹
**SECOURS**, s. m. *Auxilium, ii, n.* 扶助 Foŭ tsoú. ‖ Implorer du —. *implorāre.* 求助 Kieóu tsóu. ‖ Cri d'une ville assiégée implorant le —. 告急 Kaó ky̌.
**SECOUSSE**, s. f. *Concussio, onis, f.* 動 Tóng.
**SECRET**, E. adj. *Secretus.* 隱藏的 Yn tsǎng ty̌, ou 避靜的 Pý tsín ty̌. ‖ Menées —. *Cland. consilia.* 私謀 Sē mông, ou 暗計 Gán ky̌. ‖ Tenir une chose —. *Rem occultam habēre.* 不露密事 Poŭ loú my̌ sé.
**SECRET**, s. m. *Arcanum, i, n.* 密事 My̌ sé. ‖ Garder un —. — *servāre.* 不露密事 Poŭ loú my̌ sé. ‖ Confier un —. — *tradĕre.* 托密事 Tŏ my̌ sé. ‖ Publier un —. — *aperire.* 漏密事 Leóu my̌ sé. ‖ Tirer un —. *Alic. acarna elicĕre.* 討人的話 Taò jên ty̌ hoá. ‖ —. *Nova res.* 新事 Sīn sé, ou 法子 Fǎ tsě. ‖ En —. *Clam.* 悄悄 Tsiāo tsiāò.
**SECRÉTAIRE**, s. m. *Scriba, æ, m.* 代書 Taý choŭ. ‖ — du conseil. 主事 Tchoù sé. ‖ Deuxième — du conseil. 都事 Toū sé.
**SECRÈTEMENT**, adv. *Clàm, furtim.* 背後 Peý heóu, ou 背地 Peý ty̌.
**SÉCRÉTION**, s. f. *Secretio, onis, f.* 津液 Tsín yé.
**SECTAIRE**, s. m. *Sectarius, ii, m.* 裂敎 Liĕ kiáo, ou 左敎者 Tsò kiáo tchĕ.
**SECTATEUR**, s. m. *Assecla, æ, m.* 徒 Toŭ.
**SECTE**, s. f. *Secta, æ, f.* 敎 Kiáo. ‖ 私敎 Sē kiáo. 左道 Tsò taó. ‖ Chef de —. *Dux —.* 敎頭 Kiáo teŏu.
**SECTION**, s. f. *Sectio, onis, f.* 分 Fén. 節 Tsiĕ. — 章 Y̌ tchāng. — 一囘 Y̌ hoúy.
**SÉCULAIRE**, adj. *Secularis.* 世俗的 Ché siŏu ty̌, ou 六十年的 Loŭ ché niên ty̌.
**SÉCULARISER**, v. a. *Mundo reddĕre.* 還俗 Hoùan siŏu.
**SÉCULIER, ÈRE**, adj. *Laicus.* 世俗的人 Ché siŏu ty̌ jên. ‖ Habit —. *Vestis secularis.* 俗人衣服 Siŏu jên y̌ foŭ. ‖ Livrer quelqu'un au bras —. *Aliq. præfecto tradĕre.* 解送官 Kiaý sóng kouān.
**SÉCULIER**, s. m. *Laicus, i, m.* 世俗人 Ché siŏu jên.

**SÉCURITÉ**, s. f. *Securitas, atis, f.* 穩當 Ouĕn táng.
**SÉDATIF, VE**, adj. *Mitigativus.* 平火安心 Pīn hŏ gān sīn.
**SÉDENTAIRE**, adj. *Sedentarius.* 靜坐的人 Tsín tsó ty̌ jên.
**SÉDIMENT**, s. m. *Crassamen, inis, n.* 渣滓 Tchǎ tsĕ.
**SÉDITION**, s. f. *Seditio, onis, f.* 謀反 Môu fàn. ‖ Exciter une —. — *movēre.* 造反 Tsáo fàn. ‖ Fomenter une —. — *.colĕre.* 阿保賊子 Oūo paò tsĕ tsĕ. ‖ Éteindre une —. *Sedāre.* 平反 Pîn fàn.
**SÉDUCTEUR**, s. m. *Seductor, oris, m.* 壞人 Houáy jên.
**SÉDUIRE**, v. a. *Seducĕre.* 蠱惑人心 Koŭ houáy jên sīn. ‖ — (débaucher). *Corrumpĕre.* 壞人 Houáy paý jên. ‖ — une vierge. *Virg. pudic. attentāre.* 調戲 Tiáo hy̌. 姦童女 Kiēn tŏng niù. 煽戲 Chán hy̌. ‖ — des témoins. *Subornāre testes.* 買活人 Maý hŏ jên.
**SEGMENT**, s. m. ‖ Les — du cercle se nomment 弧 Hoŭ. 圍界之一段謂之弧 Yuên kiáy tchē y̌ touán oúy tchĕ hoŭ. ‖ Les côtés — du cercle. 弧線 Hoŭ siên. ‖ Les angles opposés — du cercle. 弧分相對之界角 Hoŭ fēn siāng touý tche kiáy kŏ.
**SEIGNEUR**, s. m. *Dominus, i, m.* 主 Tchoù. ‖ Notre- —. *Dominus Jesus.* 吾主耶穌 Où tchoù Yê-Sōu. ‖ — d'un lieu. *Comarchus.* 大人 Tá jên. ‖ — d'un Empire. *Optimates.* 紳士 Chēn sé.
**SEIN**, s. m. *Sinus, ús, m.* 懷 Houây. ‖ — (mamelles). *Mammæ.* 奶 Laỳ. ‖ Donner le — à un enfant. — *infanti præbēre.* 喂奶 Oúy laỳ. ‖ — (ventre). *Uterus.* 懷 Hoây. ‖ — de la terre. *Terræ viscera.* 地下 Tý hiá. ‖ — (milieu). *Medius.* 中間 Tchōng kiēn. ‖ Vivre au — des plaisirs. *Voluptatibus affluĕre.* 快樂 逍遙 Kouáy lŏ siāo yâo.
**SEING**, s. m. *Chirographum, i, n.* 畫押 Hoá yâ.
**SÉJOUR**, s. m. *Mansio, onis, f.* 坐處 Tsó tchoŭ. ‖ Fixer son — à Chā pīh pá (lieu où ce Dictionnaire a été composé,près de la ville de 重慶府 Tchông Kîn foŭ, au Su-Tchuen oriental). 在沙抨壩坐 Tsaý chā pīh pá tsó. ‖ — des bienheureux. *Sedes beatorum.* 天堂 Tiēn tâng. ‖ N'avoir point de —. *Certum domicilium non habēre.* 無坐處 Où tsó tchoŭ.
**SÉJOURNER**, v. a. *Commorāri.* 擔擱 Tān kŏ.
**SEL**, s. m. *Sal, is, n.* 鹽 Yên. ‖ Celui qui a découvert le — se nomme : 宿沙 Siŏu chā. ‖ — en poudre. 鹽麪 Yên mién. ‖ — en pain. 鹽塊子 Yên kouáy tsĕ. ‖ Grain de —. *Salis granum.* 鹽子 Yên tsĕ. ‖ Puits de —. *Salis fodina.* 鹽井 Yên chŏu. ‖ L'extraire. 扯鹽水 Tchĕ yên choùy. ‖ Le cuire. *Coquĕre —.* 鹽熬 Gaô yên. ‖ Moudre le —. *Molĕre —.* 春鹽 Tchōng yên. ‖ Le — fond. *Liquescit —.* 鹽化了 Yên hoá leáo. ‖ Mot plein de —. *Acutum verbum.* 趣笑的話 Tsiǔ siáo ty̌ hoá.

**SELLE**, s. f. (siége de bois). *Sella, æ, f.* 椅子 Ý tsè. ‖ — percée. — *familiaris*. 圍桶 Oûy tŏng. ‖ Aller à la —. *Alvum levāre*. 解手 Kiày cheòu. ‖ — de cheval. *Ephippium*. 馬鞍 Mà gān.

**SELLER**, v. a. *Sternĕre equum*. 佩馬 Péy mà.

**SELON**, prép. *Secundùm*. 依 Ý. 按 Gàn. 隨 Soûy. ‖ — la coutume. *Juxtà morem*. 依風俗 Ý fōng siŏn. ‖ — la raison. *Juxtà rationem*. 依理 Ý. lỳ. ‖ — que. *Pro ut*. 猶如 Yeòu joû.

**SEMAILLES**, s. f. *Sementis, is, f.* 撒種的時候 Sǎ tchòng tỷ chê heóu. ‖ Faire les —. *Facĕre* —. 撒種子 Sǎ tchòng tsè.

**SEMAINE**, s. f. *Hebdomas, adis, f.* Ce mot est inconnu aux Chinois infidèles, qui ne divisent pas le mois en semaines. Cette expression n'est actuellement comprise que des chrétiens. 一個主日內 Ý kó tchoù jě loúy.

**SEMBLABLE**, adj. *Similis*. 像的 Siáng tỷ. ‖ 一樣 Ý yáng. 似 Sé. 一般 Ý pān. ‖ — à soi. *Esse æquabilis*. 恒心 Hên sīn. ‖ Il n'y a rien de —. *Non est ista res*. 莫得那个事 Mò tě lá kó sé. ‖ N'avoir pas son —. *Parem non habēre*. 無比的 Oû pỳ tỷ.

**SEMBLANT**, s. m. *Simulatio, onis, f.* 假裝 Kià tchouāng. ‖ Faire — d'être malade. *Morbum simulāre*. 裝病 Tchouāng pín. ‖ Sans faire — de rien. *Dissimulanter*. 隱隱藏藏 Ỷn ỷn tsāng tsāng.

**SEMBLER**, v. n. *Habēri*. 像是 Siáng ché. ‖ Ce me —. *Mihi videtur*. 我想 Ngò siàng. ‖ Que vous en —? *Quid tibi videtur?* 你怎樣想 Ngỳ tsèn yáng siàng.

**SEMELLE**, s. f. *Solea, æ, f.* 鞋底 Haỷ tỷ. ‖ Remettre une —. *Addĕre novam* —. 換鞋底 Houàn haỷ tỷ.

**SEMENCE**, s. f. *Semen, inis, n.* 種子 Tchòng tsè. ‖ Jeter la —. *Spargĕre* —. 撒種子 Sǎ tchòng tsè. ‖ Couvrir de terre la —. *Terrâ semen cooperīre*. 穩種子 Yeŏu tchòng tsè. ‖ — de discorde. *Discordiæ* —. 仇恨的根由 Tcheôu hén tỷ kēn yeòu. ‖ — humaine. *Sperma*. 人精 Jên tsīn. ‖ — animale. *Semen animale*. 獸精 Cheóu tsīn.

**SEMER**, v. a. *Serĕre*. 種 Tchóng. ‖ — clair. *Disserĕre*. 稀稀撒 Hy hy sǎ. ‖ — dru. *Arctè serĕre*. 密密撒 Mỷ mỷ sǎ. ‖ — la discorde. *Discord. serĕre*. 刁唆 Tiāo sō. ‖ — des bruits. *Errores spargĕre*. 造謠言 Tsaó yāo yên.

**SEMESTRE**, s. m. *Semestre, is, n.* 六月之久 Loù yuě tchê kieòu.

**SÉMINAIRE**, s. m. *Seminarium, ii, n.* 學館 Hiŏ kouān.

**SEMIS**, s. m. *Plantarium, ii, n.* 秧地 Yāng tỷ.

**SEMONCER**, v. a. *Objurgāre*. 責倍 Tsě pý.

**SÉNAT**, s. m. *Senatus, ûs, m.* 會同 Hoúy tŏng, ou 內閣 Loúy kŏ. ‖ Assembler le —. *Cogĕre* —. 部院齊集 Poú ouàn tsỳ tsý.

**SÉNATEUR**, s. m. *Senator, oris, m.* 理事官 Lỳ sé kouān, ou 宰相 Tsaỷ siāng.

**SÉNATUS-CONSULTE**, s. m. *Senatus-consultum, i, n.* 內閣奉上諭 Loúy kŏ fóng cháng yú.

**SENS**, s. m. *Sensus, ûs, m.* 五官 Où kouān, ou 覺 Kiŏ. ‖ Les cinq — : 耳 Eùl. 目 Moù. 口 Keŏu. 鼻 Pý. 眉 Mý. ‖ Les sept — ou organes de la perception : 耳 Eùl. 目 Moù. 口 Keŏu. 鼻 Pý. 舌 Chě. 身 Chēn. 意 Ý. ‖ Tomber sous les —. *Sub sensum cadĕre*. 看得見 Kǎn tě kién tỷ. ‖ Frapper les —. *Movēre*. 勸邪情 Tóng siě tsín. ‖ Flatter les —. *Sens. voluptate mulcēre*. 循私慾 Siûn sē yoù. ‖ Perdre l'usage des —. *Amittĕre* —. 運倒 Yún tào. ‖ — (jugement). *Mens, judicium*. 意思 Ý sě. ‖ — commun. *Commune judicium*. 衆人想 Tchóng jên siàng. ‖ N'avoir pas le —. *Sensu communi carēre*. 不合衆 Poù hŏ tchóng. ‖ — (opposé à la folie). *Sanitas animi*. 心正 Sīn tchēn. ‖ Homme de —. *Homo sanus*. 君子 Kiūn tsè. ‖ N'avoir pas son bon —. *Mente captus esse*. 昏了 Houēn leǎo. ‖ Perdre le bon —. *A mente deseri*. 瘋 Fōng. ‖ — (opinion). *Sententia*. 意思 Ý sě. ‖ A mon —. *Meâ quidem sententiâ*. 我想 Ngò siàng. ‖ — (signification). *Significatio*. 意思 Ý sě. ‖ Mot à double —. *Verbum anceps*. 雙關二意的話 Chouāng kouān eùl ý tỷ hoá. ‖ — (situation). *Status*. 光景 Kouāng kĭn. ‖ Se tourner en tout sens. *In omnes facies se vertĕre*. 展轉 Tchàn tchouàn. ‖ Mettre tout — dessus dessous. *Omnia invertĕre*. 頗倒 Tiēn taò.

**SENSATION**, s. f. *Sensatio, onis, f.* 覺得 Kiŏ tě.

**SENSÉ, E**, adj. *Cordatus*. 賢智的人 Hiên tchě tỷ jēn. ‖ Homme —. *Vir magno consilio*. 賢人 Hiên jēn.

**SENSIBILITÉ**, s. f. *Mollitia, æ, f.* 知覺 Tchē kiŏ. ‖ — morale. *Sensus*. 仁義 Jēn ný. ‖ Abjurer toute —. *Omnem* — *repudiāre*. 滅天理 Miě tiēn lỳ.

**SENSIBLE**, adj. *Sensu præditus*. 覺得的 Kiŏ tě tỷ. ‖ — à la douleur. *Doloris impatiens*. 受不得苦的 Cheóu poù tě kŏu tỷ. ‖ — aux maux d'autrui. *Alior. vicem dolēre*. 憐恤人 Liên sỷ jēn. ‖ — (qui peut être vu). *Sensibilis*. 看得見的 Kǎn tě kién tỷ. ‖ Douleur —. *Ingens dolor*. 大苦 Tá kŏu. ‖ L'homme est —. *Homo facilè movetur*. 人非木石 Jên feỷ moù chě.

**SENSIBLEMENT**, adv. *Sub sensum cadens*. 看得見的 Kǎn tě kién tỷ. ‖ — (beaucoup). *Admodùm*. 狠 Hěn.

**SENSUALISTE**, s. m. *Voluptatibus deditus*. 酒色之徒 Tsieŏu sě tchě tôu.

**SENSUALITÉ**, s. f. *Sensualitas, atis, f.* 圖樂 Tôu lŏ.

**SENSUEL, LE**, adj. *Voluptarius*. 好邪樂的 Hǎo siě lŏ tỷ.

**SENTENCE**, s. f. *Sententia, æ, f.* - 案 Gán. ‖ Porter une —.

— *ferre.* 定案 Tín gán. ‖ Casser une —. *Judicatum rescindĕre.* 駁案 Pŏ gán. ‖ — (maxime). *Sententia.* 俗語 Sioŭ yù. ‖ Parler par —, *Loqui* —. 說俗語 Chŏ sioŭ yù.

SENTENTIEUX, SE, adj. *Sententiosus.* 諭語 Lén yù.

SENTEUR, s. f. *Odor, oris, m.* 氣 Kỳ. ‖ Mauvaise —. *Malus* —. 臭 Tcheŏu. ‖ Poudre de —. *Odores.* 香物 Hiāng oŭ.

SENTIER, s. m. *Semita, æ, f.* 小路 Siaò loŭ.

SENTIMENT, s. m. *Sensus, ûs, m.* 心 Sīn. 志 Tché. 意 Ỳ. ‖ Avoir des — bas. *Demissé sentire.* 莫志氣 Mŏ tché kỳ. ‖ Avoir perdu tout —. *Sensibus orbus esse.* 無知覺 Oŭ tchē kiŏ. ‖ — de reconnaissance. *Animus gratus.* 有情義 Yeòu tsín nỳ. ‖ — (opinion). *Sententia.* 意思 Ỳ sē. ‖ Dire son —. *Sententiam suam dicĕre.* 說自己的意思 Chŏ tsé kỳ tỳ ỳ sē. ‖ Changer de —. *De sent. discedĕre.* 改意思 Kaỳ ỳ sē. ‖ Y demeurer. *In — manère.* 不改意思 Poŭ kaỳ ỳ sē. ‖ Se rendre au — d'autrui. *Aliorum opinionem sequi.* 依別人的意見 Ỳ piĕ jên tỳ ỳ kién. ‖ Être du même —. *Esse ejusdem opinionis.* 合別人的意 Hŏ piĕ jên tỳ ỳ kién. ‖ Avoir de bons —. *Bonâ mente potiri.* 意思好 Ỳ sē haò.

SENTINE, s. f. *Sentina, æ, f.* 船底 Tchouán tỳ. ‖ — de vices. *Vitiorum gurges.* 無惡不作 Oŭ ngŏ poŭ tsŏ.

SENTINELLE, s. f. *Excubitor, oris, m.* 巡兵 Siún pīn. ‖ — de jour. 看門的 Kán mên tỳ. ‖ — de nuit. 守夜 Cheŏu yé.‖ Être en —. *Excubare.* 守夜 Cheŏu yé. ‖ Poser des —. *Excubit. ponĕre.* 派人守城 Paỳ jên cheŏu tchên. ‖ Les relever. *Vigilias deducĕre.* 換人守城 Houán jên cheŏu tchên.

SENTIR, v. a. *Sentire.* 覺得 Kiŏ tĕ. ‖ — la faim. *Famem* —. 餓 Oúo. ‖ — (flairer). *Olfacĕre.* 聞 Ouén. ‖ — de la joie. *Gaudium experiri.* 喜歡 Hỳ houān. ‖ Ne rien —. *Omnem humanitatem abjicĕre.* 喪良心 Sáng leâng sīn. ‖ — (concevoir). *Intelligĕre.* 明白 Mín pĕ. ‖ — sa faute. *Culpam agnoscĕre.* 認罪 Jén tsoúy. ‖ — (répandre une odeur). *Olēre.* 香 Hiāng. ‖ — mauvais. *Fœtēre.* 臭 Tcheŏu. ‖ — le vin. *Vinum redolēre.* 臭酒 Tcheŏu tsieòu. ‖ On ne — pas l'ail, si l'on n'en a pas mangé. (Prov.). *Qui non comedit allium, illud non obolet.* 手不摸紅紅不染手 Cheŏu poŭ mō hóng, hóng poŭ jàn cheòu. ‖ L'hiver se fait —. *Incipit hiems.* 隔冬天不遠 Kĕ tōng tiēn poŭ yuèn. ‖ Se — malade. *Morbum contrahĕre.* 不安逸 Poŭ gán ỳ. ‖ Se — coupable. *Sibi conscire.* 認錯 Jén tsŏ.

SÉPARER, v. a. *Separāre.* 分開 Fēn kaỳ. ‖ — ceux qui se battent. *Certamen dirimĕre.* 拖架 Tŏ kiá. ‖ Un fleuve — le Koúy-Tcheŏu du Kouāng-sỳ. 貴州廣西 隔一條河 Koúy tcheŏu Kouāng sỳ kĕ ỳ tiaò hŏ. ‖ Se —, c.-à-d. faire divorce. *Divortium facĕre.* De l'homme, on dit : 出妻 Tchōu tsỳ. De la femme, on dit : 丟丈夫 Tieōu tcháng foū. ‖ Le fleuve se —. *Amnis duo itinera aperit.* 河分兩岔 Hŏ fēn leáng tchá.

SEPT, adj. numéral. *Septem.* 七 Tsỳ.

SEPTANTE, adj. *Septuaginta.* 七十 Tsỳ ché.

SEPTEMBRE, s. m. *September, bris, m.* 洋九月 Yâng kieòu yuĕ.

SEPTENTRION, s. m. *Septentrio, onis, m.* 北方 Pĕ fāng.

SÉPULCRE, s. m. *Sepulchrum, i, n.* 墳 Fên. ‖ Un —. *Unum* —. 一所墳 Ỳ sò fên. ‖ — impérial. *Imperiale* —. 皇陵 Houâng lín. ‖ Mettre au —. *Condire sepulchro.* 埋 Maỳ. ‖ Élever un —. *Facĕre* —. 包墳 Paō fên.

SÉPULTURE, s. f. *Sepultura, æ, f.* 葬 Tsáng. ‖ Donner la —. *Sepelire.* 埋 Maỳ, ou 葬 Tsáng. ‖ — impériale. *Imperialis* —. 皇陵 Houâng lín. ‖ Être privé de —. *Sepult. carēre.* 拋屍露骨 Paò chē loŭ koŭ.

SÉQUELLE, s. f. *Grex, egis, m.* 群 Kiún.

SÉQUESTRER, v. a. *Rem sequestro ponĕre.* 寄無主之物 Kỳ oŭ tchoù tchē oŭ. ‖ — au profit du trésor. *Pro thesauro publico.* 抄家入官 Tchāo kiā joŭ kouān. ‖ Se —, c.-à-d. éviter la société. *Fugĕre homines.* 離別人 Lỳ piĕ jên.

SÉRAIL, s. m. *Gynæceum, i, n.* 宮閨 Kōng koŭy, ou 內宮 Loúy kōng.

SÉRANCER, v. a. *Pectinūre.* 派謙 Paỳ mâ.

SÉRAPHIN, s. m. *Seraphin.* 色辣 Sĕ là.

SEREIN, s. m. *Aura serotina.* 露 Loú. ‖ Le — tombe. — *cadit.* 有露水 Yeòu loú choùy.

SEREIN, E, adj. *Serenus.* 晴的 Tsín tỳ. ‖ Jour —. *Dies* —. 天晴 Tiēn tsín. ‖ Le ciel devient —. *Cælum serenat.* 天晴 Tiēn tsín. ‖ Visage —. *Facies tranquilla.* 喜色 Hỳ sĕ.

SERF, s. m. *Servus, i, m.* 奴 Loŭ, ou 家人 Kiā jên.

SERGENT, s. m. *Apparitor, oris, m.* 副爺 Foú yé. ‖ — d'une compagnie. *Centuriæ instructor.* 外委 Ouáy oúy.

SÉRIE, s. f. *Series, ei, f.* 等 Tèn. 類 Loúy. 品 Pìn. 次序 Tsé síu.

SÉRIEUX, s. m. (qui ne rit pas). *Severus.* 不笑 Poŭ siaó. ‖ Prendre son —. *Vultum severum induĕre.* 不笑 Poŭ siaó. ‖ Prendre au — une plaisanterie. *Pervertĕre serio quod joco dictum est.* 當真所人說的笑話 Tāng tchên sò jên chŏ tỳ siaó hoá.

SÉRIEUX, SE, adj. *Gravis.* 不笑的 Poŭ siaó tỳ. ‖ Affaire —. *Res momenti.* 大事 Tá sé.

SERINGUE, s. f. *Clyster, eris, m.* 氣筒 Kỳ tōng.

SERMENT, s. m. *Juramentum, i, n.* 咒 Tcheóu. ‖ Faire —. *Jurāre.* 賭咒 Toù tcheóu. ‖ Le violer.

SER   SEV

*Pejerāre.* 發虛誓 Fă hiū ché. ‖ Faire faire —. *Ad jusjurandum aliq. adigĕre.* 逼人賭咒 Pý jèn toù tcheóu. ‖ Faux —. *Perjurium.* 虛誓 Hiū ché.

**SERMON**, s. m. *Concio, onis, f.* 道理 Táo lỳ. ‖ — touchant. *Commovens* —. 動心的道理 Tóng sin tỳ táo lỳ. ‖ — sec. *Arida* —. 無味的道理 Où oúy tỳ táo lỳ. ‖ — sans fond. *Vacua* —. 淺淡的道理 Tsièn tán tỳ táo lỳ. ‖ — *ex abrupto.* 隨口說的道理 Soûy keòu chŏ tỳ táo lỳ. ‖ — profond. *Summa* —. 深奧的道理 Chēn gaó tỳ táo lỳ. ‖ Faire un —. *Concionem habēre.* 講道理 Kiăng táo lỳ. ‖ Entendre un —. *Audire* —. 聽道理 Tĭn táo lỳ.

**SERMONNER**, v. a. *Exhortāri.* 勸人 Kiuĕn jèn.

**SERPE**, s. f. *Falx, alcis, f.* 彎刀 Ouān tāo. ‖ Une —. *Una* —. 一把彎刀 Y pá ouān tāo.

**SERPENT**, s. m. *Serpens, tis, m.* 蛇 Chĕ. ‖ Un —. *Unus* —. 一條蛇 Y tiáo chĕ. ‖ Le — dépose sa peau. 蛇脫殼 Chĕ tŏ kŏ. ‖ Langue de —. *Amara lingua.* 愛傷人 的嘴 Gaý chāng jèn tỳ tsoùy.

**SERPENTER**, v. a. *Flexuoso cursu irc.* 繞走 Jaŏ tseòu, ou 蜿蜒走 Yuēn yèn tseòu.

**SERRES**, s. f. *Falculæ, arum, f.* 鋏子 Kiă tsè. ‖ — d'écrevisse. 蟹螯 Hiáy ngào.

**SERRÉ, ÉE**, adj. (avare). *Tenax.* 客嗇的 Lìn sĕ tỳ.

**SERRER**, v. a. *Stringĕre.* 細 Kouĕn. ‖ — la main. *Manum prehendĕre.* 捲手 Kiuĕn cheòu. ‖ Avoir le cœur —. *Dolore premi.* 憂悶 Yeōu mén. ‖ — quelqu'un. *Alic. instāre.* 催人 Tsouīy jèn. ‖ — (mettre de côté). *Reponĕre.* 湊錢 Tseóu tsièn.

**SERRURE**, s. f. *Sera, æ, f.* 鎖 Sŏ. ‖ Trou de la —. 鎖眼 Sŏ yèn, ou 一把鎖 Y pá sŏ.

**SERVANT**, s. m. *Minister, ri, m.* 跟班 Kēn pān.

**SERVANTE**, s. f. *Ancilla, æ, f.* 丫鬟 Yā houán. ‖ — (qui suit sa maîtresse). *Pedisequa.* 丫頭 Yā teŏu, ou 使女 Chĕ niù.

**SERVIABLE**, adj. *Officiosus.* 有愛情的 Yeòu gaý tsĭn tỳ.

**SERVICE**, s. m. *Famulatus, ús, m* 為備 Oúy yŏng. ‖ Être en —. *Famulāri.* 服事人 Foŭ sé jèn. ‖ Rendre peu de —. *Paululum operam præstāre.* 不當中用 Poŭ táng tchōng yóng. ‖ Offrir ses —. *Officium profiteri.* 自巳來幫忙 Tsé kỳ laý pāng máng. ‖ Rendre de mauvais —. *Alic. nocēre.* 害人 Haý jèn. ‖ Avoir vingt ans de — militaire. *A viginti annis esse sub signis.* 當兵二十年 Tāng pīn eùl chĕ nièn. ‖ Être au — militaire. *Militiam colĕre.* 當兵 Tāng pīn. ‖ Le quitter. — *ejurāre* —. 告假出營 Kaó kià tchoūy ýn. ‖ — de Dieu. *Dei servitium, i, n.* 服事天主 Foŭ sé Tiēn-Tchoù. ‖ Se consacrer au — de Dieu. *Deo se vovēre.* 許愿奉事天主 Hiù yuén fóng sé Tiēn-Tchoù. ‖ — divin. *Res sacra.* 聖祭 Chén tsý. ‖ Le célébrer. *Sacrum celebrāre.* 做彌撒 Tsoú mỳ să. ‖ Y assister. *Huic adesse.* 聽彌撒 Tĭn mỳ să. ‖ — funèbre. *Inferiæ.* 喪事 Sāng sé. ‖ Faire un — funèbre à quelqu'un. *Alic. rité parentāre.* 辦喪事 Pán sāng sé. ‖ — (vaisselle de porcelaine). *Porcellanea vasa.* 一套磁器 Y táo tsê kỳ.

**SERVIETTE**, s. f. *Mantile, is, n.* 手帕子 Cheòu pá tsè. ‖ Une —. *Unum* —. 一塊手帕子 Y kouáy cheòu pá tsè.

**SERVILE**, adj. *Abjectus.* 賤的 Tsièn tỳ.

**SERVIR**, v. a. *Servire.* 服事 Foŭ sé. ‖ — à table. *Mensæ ministrāre.* 候飯 Heóu fán. ‖ — à boire. *Pocula* —. 斟酒 Tchēn tsieòu. ‖ On a —. *Apposita est cœna.* 飯擺起了 Fán paỳ kỳ leăo. ‖ Rendre —. *Officia præbēre.* 幫忙人 Pāng máng jèn. ‖ — (porter les armes). *Militiam colēre.* 當兵 Tāng pīn, ou 喫糧 Tchĕ'leăng. ‖ — Dieu. *Deo servire.* 服事天斯 Foŭ sé Tiēn-Tchoù. ‖ — à l'autel. *Sacrif. ministrāre.* 副祭 Foŭ tsý. ‖ — à. *Esse usui ad.* — *Proficĕre.* 有利益 Yeòu lý ý. ‖ — de père. *Esse in loco patris.* 當父親 Tāng foú tsīn. ‖ Pouvoir —. *Valēre ad.* 有用處 Yeòu yóng tchoŭ. ‖ Pouvoir — beaucoup. *Prodesse multùm.* 有大用 Yeòu tá yóng. ‖ Ne — de rien. *Esse inutile.* 無用 Où yóng, ou 無利益 Où lý ý. ‖ Que — il? *Quid juvat?* 有甚麼利益 Yeòu chén mò lý ý. ‖ Se —. *Uti.* 用 Yóng, ou 使 Chè.

**SERVITEUR**, s. m. *Famulus, i, m.* 服事的人 Foŭ sé tỳ ou 奴 Loŭ.

**SERVITUDE**, s. f. *Servitus, utis, f.* 為奴 Oúy loù.

**SESSION**, s. f. *Consessús, ús, m.* 坐論 Tsó lén.

**SEUIL**, s. m. *Limen, inis, n.* 門坎 Mēn kăn. ‖ 門限 Mēn hièn tsè.

**SEUL, E**, adj. *Solus.* 獨的 Toŭ tỳ, ou 一個 Y kó. ‖ — à seul. *Solus cum solo.* 獨有一个 Toŭ yeoù ý kó. ‖ Un malheur ne vient jamais —. (Prov.) *Malæ res plurimas se alligant.* 禍不重來禍不單至 Foŭ poŭ tchōng laỳ hó poŭ tān tché. ‖ — (unique). *Unicus.* 獨的 Toŭ tỳ. ‖ Pas un —. *Ne unus quidem.* 一個都不 Y kó toŭ poŭ.

**SEULEMENT**, adv. *Duntaxat.* 單單 Tān tān, ou 光是 Kouāng ché.

**SÈVE**, s. f. *Succus, i, m.* 汁水 Tchĕ choūy, ou 樹液 Choú yé.

**SÉVÈRE**, adj. *Severus.* 嚴的 Nièn tỳ.

**SÉVÉRITÉ**, s. f. *Severitas, atis, f.* 嚴 Nièn.

**SÉVIR**, v. n. *In aliq. sævire.* 管得緊 Kouàn tĕ kĭn, ou 待得嚴 Taý tĕ nièn.

**SEVRER**, v. a. *Ablactāre.* 隔奶 Kĕ laỳ, ou 斷奶 Touán laỳ. ‖ Se — de plaisirs. *Volupt. abstinēre.* 絕慾 Tsiné yoú.

**SEXE**, s. m. *Sexus, ûs, m.* 類 Louý. ‖ — masculin. *Sexus masculinus.* 男類 Lân loúy. ‖ — féminin. *Sexus fem.* 女類 Niù loúy.

**SEXTANT**, s. m. (instr. d'astron.). 渾天儀 Honên tiēn ný, ou 量天尺 Leáng tiēn tchě.

**SEXTE**, s. f. (sixième heure de l'office divin). 午時經 Où chě kīn.

**SEXTUPLER**, v. a. *Sexiès duplicāre.* 加六倍 Kiā loù peý.

**SEXUEL, LE**, adj. Organe — des fleurs. *Florum stamina et stylus.* 蘂 Joúy.

**SI**, conjonct. conditionnelle. *Si.* 若 Jŏ. Il est presque toujours plus élégant et aussi clair de ne pas exprimer en chinois cette conjonction. Exemple : Si vous voulez, *si velis*, se tourne par : A votre bon plaisir. 隨便你 Soûy pién ngỳ. ‖ Si vous faites cela, prenez garde à vous. 你做小心 Ngỳ tsoú, siaò sīn. Littér. Vous faites, gare à vous. ‖ Dites-nous si le soleil est plus grand que la terre. *Responde sol majorne quàm terra sit.* Littéralement, on dira en chinois : Je vous le demande, lequel est le plus grand du soleil ou de la lune? 我問那个大些太陽月亮 Ngò ouén là kó tá sỳ táy yâng yuě léang. ‖ Que t'importe si je l'ai dit ou non? *Utrùm dixerim necne, quid tuâ interest?* Littéralement: Ne t'en mêle pas, que je l'aie dit ou nou. 不相干你不管我的話 Poŭ siāng kān, ngỳ poŭ kouân ngò tỷ hoá. ‖ — grand. *Tantus.* 這樣大 Tchě yáng tá. ‖ — petit. *Tantillus.* 這樣小 Tchě yáng siào. — (pour aussi). Il n'est pas si grand que vous. *Non est tàm altus quàm tu.* 比你他小些 Pỷ ngỷ tā siào sỷ. ‖ Comme —. *Quasi.* 猶如 Yeôu joû. ‖ — bien que, adv. (tellement). *Ità ut.* 這樣 Tchě yáng. ‖ — tant. 這樣 Tchě yáng.

**SIALAGOGUE**, s. m. (terme de médec.) 生口津 Sēn keŏu liŭ.

**SIAM**, s. m. (Royaume de). 暹羅國 Sién lô kouě.

**SIBYLLE**, s. f. *Sibylla, æ, f.* 仙女 Siēn niù.

**SIÈCLE**, s. m. (espace de trente ans chinois). *Sæculum, i, n.* 一世 Ý ché. ‖ — (époque). 世俗 Ché sioŭ. ‖ Notre —. *Ævum nostrum.* 今世 Kīn ché. ‖ Aimer le —. *Amāre mundum.* 愛世俗 Gáy ché sioŭ. ‖ Fuir le —. *Fugěre* —. 避世俗 Pỷ ché sioŭ. ‖ Renoncer au —. *Mundo renuntiāre.* 棄絕世俗 Kỷ tsiuě ché sioŭ, ou 出家 Tchŏu kiā. ‖ Y retourner. *Ad sæcularem vitam reverti.* 還俗 Houân sioŭ. ‖ Vivre comme le —. *Mores præsentes sequi.* 隨風俗 Soûy fōng sioŭ.

**SIED (IL)**, v. imp. *Decet.* 可以 Kŏ ỳ. ‖ Cet habit me — *Decet me hæc vestis.* 這一件衣服合我的身 Tchě ỷ kién ỷ foŭ hô ngò tỷ chēn.

**SIÉGE**, s. m. *Sedes, is, f.* 椅子 Ỷ tsě. ‖ Un —. *Una* —. 一把椅子 Ý pà ỷ tsě. ‖ — (tribunal). *Prætorium* —.

大堂 Tá tǎng. ‖ — de l'empire. *Imperii* —. 京城 Kīn tchên, ou 京都 Kīn toū. ‖ Le changer. *Transferre* —. 遷都 Tsiēn toū. ‖ — épiscopal. *Thronus episcopalis.* 主教坐位 Tchoù kiáo tsó oúy. ‖ — d'une ville. *Obsessio.* 圍 Ouý, ou 攻城的事 Kōng tchên tỷ sé. ‖ Mettre le —. *Obsidēre.* 圍 Ouý. ‖ Soutenir un —. *Obsess. ferre.* 被圍 Pý ouý. ‖ Lever le —. *Obsidione absistěre.* 解圍 Kiày ouý.

**SIEN, NE**, adj. *Suus.* 自己的 Tsé kỷ tỷ, ou 他的 Tā tỷ. ‖ Donner à chacun le sien. *Suum cuique tribuěre.* 各逞各 Kŏ houân kŏ. ‖ Les —. *Sui.* 他的人 Tā tỷ jên, ou 本家人 Pěn kiā jên.

**SIESTE**, s. f. *Meridiatio, onis, f.* 午後睡 Où heoŭ choúy.

**SIEUR**, s. m. (diminutif de monsieur). 爺 Yê.

**SIFFLER**, v. n. *Sibilāre.* 嘑 Hiū. ‖ Le vent —. *Ventus stridet.* 風吹得響 Fōng tchoŭy tě hiàng, ou 風嘑嘑 Fōng sỷ sỷ. ‖ — quelqu'un. *Aliq. exsibilāre.* 欺笑人 Kỷ siaó jên. ‖ — à quelqu'un *Aliq. adornāre.* 敎人答應 Kiáo jên tă ýn. ‖ — à un élève sa leçon. *Clam alumnum adjuvāre.* 抱膀子 Páo pàng tsě.

**SIFFLET**, s. m. *Fistula, æ, f.* 嘯子 Siáo tsě. ‖ Un —. *Una* —. 一箇嘯子 Ý kó siáo tsě.

**SIGNAL**, s. m. *Signum, i, n.* 號 Haó. ‖ Donner le —. *Dare* —. 出號令 Tchŏu haó lìn. ‖ Attendre le —. *Exspectāre* —. 等號令 Těn haó lìn. ‖ — du canon. *Tormenti* —. 鳴砲 Mîn páo. ‖ Feux —. *Ignes pronuntiativi.* 號火 Haó hò.

**SIGNALÉ, ÉE**, adj. *Nobilis.* 尊貴的 Tsēn kóuy tỷ. ‖ Service —. *Benef. amplissim.* 大愛情 Tá gáy tsîh.

**SIGNALER**, v. a. *Describěre.* 出號 Tchŏu haó. ‖ — un navire. *Nav. signis prænuntiāre.* 起號旗 Kỷ haó kỷ. ‖ — (annoncer une nouvelle). *Certiorem facěre.* 報信 Páo sín. ‖ — son courage. *Se virum præběre.* 顯威武 Hièn oūy où. ‖ Se —. *Nobilitāre se.* 揚名 Yâng mîn.

**SIGNATURE**, s. f. *Signatura, æ, f.* 畫押 Hóa yǎ. ‖ Contrefaire la —. *Imitāri alic.* 套別人的筆跡 Táo piě jên tỷ pỷ tsý.

**SIGNE**, s. m. *Signum, i, n.* 記號 Kỷ haó. ‖ Donner — de vie. *Vitam manifestāre.* 沒有斷氣 Moŭ yeôu toúan kỷ. ‖ — de pluie. *Pluv. præsagium.* 有雨的兆頭 Yeóu ỷu tỷ tchaó teóu. ‖ — de tête. *Nutus.* 點頭 Tièn teŏu. ‖ Faire — de la tête. *Adnutāre.* 點頭 Tièn teŏu. ‖ Faire — de la main. *Manu significāre.* 招手 Tchāo cheŏu. ‖ Parler par —. *Signis loqui.* 打手勢 Tà cheŏu ché. ‖ — de la croix. *crucis.* 聖號 Chén haó. ‖ Le faire. *exprimère* —.

畫聖號 Hoá chén hǎo. ǁ — (tache naturelle sur la peau). Nævus. 瘢 Pān, ou 疤 Pā. ǁ — (constellation). Sidus. 星宿 Sīn siǒu. ǁ — du zodiaque. (Voir ce mot.)

**SIGNER**, v. a. Subscribĕre. 畫花押 Hoá hoā yâ. ǁ — un certificat. Litter. commendatitius —. 畫薦信 Hoá tsién sín.

**SIGNET**, s. m. Indiculus, i, m. 書飄帶 Chōu piǎo táy.

**SIGNIFICATION**, s. f. Significatio, onis, f. (Sens des caractères.) 字義 Tsé ný. ǁ — (sens des mots). Verborum sensus. 話的意思 Hoá tỷ ý sē. ǁ Mot qui a une double —. Vox duplicem habens intellectum. 雙關二意的話 Chouāng kouān eùl ý tỷ hoá.

**SIGNIFIER**, v. a. Significāre. 解說 Kiǎy chǒ. ǁ — (notifier). Denuntiāre. 報信 Paó sín. ǁ Paroles qui ne — rien. Verba inania. 空話 Kōng hoá.

**SILENCE**, s. m. Silentium, ii, n. 不出聲 Poǔ tchǒu chēn, ou 不說話 Poǔ chǒ hoá. ǁ Garder le —. Silēre. 不出聲 Poǔ tchǒu chēn, ou 不說話 Poǔ chǒ hoá. ǁ Passer sous —. Silentio premĕre. 不出聲 Poǔ tchǒu chēn. ǁ Rompre le —. Silent. rumpĕre. 說出 Chǒ hoá. ǁ Imposer —. imperāre. 封嘴 Fōng tsoúy. ǁ Souffrir en —. Ferre aliquid silentio. 忍當 Jĕn tāng.

**SILIQUE**, s. f. Siliqua, æ, f. 荳殼 Teóu kǒ.

**SILLONNER**, v. a. (faire des sillons). Exarāre. 犂田 Lý tién.

**SIMAGRÉE**, s. f. Simulatio, onis, f. 裝 Tchouāng. ǁ En faire. Simulāre. 裝 Tchouāng.

**SIMILITUDE**, s. f. Collatio, onis, f. 像 Siáng.

**SIMONIE**, s. f. Simonia, æ, f. 賣聖物 Maý chén oǔ.

**SIMPLE**, adj. Simplex. (Droit.) 朴實的 Pǒu chě tỷ. ǁ — (sans ornement). Inornatus. 素淨的 Soú tsín tỷ. ǁ — citoyen. Modicus civis. 白丁 Pě tīn. ǁ — soldat. Gregarius miles. 兵卒 Pīn tsiǒu. ǁ — (franc, sincère). Apertus. 老實的 Laò chě tỷ. ǁ — (sans ornement). Naturalis. 本來的 Pèn laỷ tỷ. ǁ — (facile à tromper). Incallidus. 空子 Kōng tsè, ou 老實 Laò chě. ǁ — (non double). Simplex. 單 Tān tỷ.

**SIMPLEMENT**, adv. Tantùm. 單單 Tān tān. ǁ — (bonnement, naïvement). Candidè. 老實的 Laò chě tỷ.

**SIMPLES**, s. m. Simplicia, ium, n. 草藥 Tsǎo yǒ. ǁ Vertu des —. Herbarum vis. 藥性 Yǒ sín.

**SIMPLIFIER**, v. a. Simplificāre. 做短切 Tsoú touàn tsiě.

**SIMULACRE**, s. m. Simulacrum, i, n. 假像 Kiǎ siáng.

**SIMULER**, v. a. Fingĕre. 假裝 Kiǎ tchouāng.

**SIMULTANÉ, ÉE**, adj. Simultaneus. 一齊的 Ý tsỷ tỷ, ou 一路的 Ý loú tỷ.

**SINCÈRE**, adj. Sincerus. 老實 Laò chě.

**SINCIPUT**, s. m. Sinciput, itis, n. 腦頂 Laò tǐn.

**SINÉCURE**, s. f. Quæstuosum officium. 虛職 Hiū tchě. 坐設 Kóng chě. 食乾俸 Chě kān fóng.

**SINGE**, s. m. Simius, ii, m. 猴 Heôu. (Voir l'Appendice).

**SINGER**, v. a. Adumbrāre aliq. 裝人 Tchouāng jĕn.

**SINGERIE**, s. f. Lascivia, æ, f. 欺笑 Ký siáo. ǁ — (imitation gauche). Insulsa imitatio. 笑裝人 Siáo tchouāng jĕn.

**SINGULARISER (SE)**, v. r. A more omnium discedĕre. 不隨合人 Poù soúy hǒ jĕn, ou 不合衆 Poǔ hǒ tchóng.

**SINGULIER, ÈRE**, adj. Singularis. 格外的 Kě ouáy tỷ, ou 私的 Sē tỷ. ǁ — nombre. — numerus. 少數 Chaò soǔ, ou 單數 Tān soǔ. ǁ — (rare, excellent). Eximius. 非常的 Feỷ chǎng tỷ. ǁ —. Homo extraord. 非常的人 Feỷ chǎng tỷ jĕn. ǁ — (qui affecte de se faire remarquer). A communi usu abhorrens. 古怪人 Koù kouáy jĕn.

**SINGULIÈREMENT**, adv. Singulariter. 狠 Hèn, ou 多得狠 Tō tě hèn.

**SINISTRE**, adj. Sinister. 不吉的 Poǔ kỷ tỷ.

**SINON**, adv. Sòn minùs. 不然 Poǔ jān, ou 若不 Jǒ poǔ.

**SINOPLE**, s. m. Sinopis, is, f. 綠色 Loǔ sě.

**SINUEUX, E**, adj. Sinuosus. 彎曲 Ouān kiǒu.

**SINUS**, s. m. (terme de géom.) 正弦 Tchěn hiēn.

**SIPHON**, s. m. Siphon, onis, m. 水筒 Choǔy tǒng.

**SIRE**, s. m. Rex. 聖上 Chén cháng. 陛下 Pěỷ hiá. 萬歲 Ouán soúy.

**SIRÈNE**, s. f. Siren, enis, f. 海女 Haỷ niù.

**SITE**, s. m. Situs, ùs, m. 地勢 Tý ché.

**SITUATION**, s. f. ǁ — des affaires. Rerum status. 光景 Kouāng kǐn. ǁ Belle — d'un lieu. Loci situs pulcher. 境美 Meỷ kǐn, ou 地形好 Tý hǐn haǒ.

**SITUER**, v. a. Ponĕre. 放 Fáng.

**SIX**, adj. numér. Sex. 六 Loǔ.

**SIXIÈME**, adj. Sextus. 弟六 Tý loǔ. ǁ Pour la — fois. Sexties. 弟六回 Tý loǔ hoúy.

**SIXIÈMEMENT**, adv. Sextò. 弟六宗 Tý loǔ tsōng.

**SLOOP**, ou **SLOUPE**, s. m. Parva cymba, æ, f. 一椸三板 Ý oúy sān pàn.

**SOBRE**, adj. Sobrius. 節儉的 Tsiě kién tỷ. ǁ — en parole. Linguæ temperans. 寡言的人 Kouà yĕn tỷ jĕn. ǁ Être fort —. Parcè vivĕre. 用得減損 Yóng tě kièn sēn.

**SOBRIQUET**, s. m. Nomen ridiculum. 混名 Houén mǐn. ǁ Donner un — à quelqu'un. Imponĕre alic. 取混名 Tsiǔ houén mǐn.

**SOC**, s. m. Vomer, eris, m. 鏵口 Houá keǒu.

**SOCIABLE**, adj. Sociabilis. 合衆的 Hǒ tchóng tỷ.

**SOCIÉTÉ**, s. f. Societas, atis, f. 會 Hoúy. ǁ Troubler la —. Turbāre societatem. 作亂 Tsǒ louán.

— (liaison particulière). *Amicitiæ coujunctio.* 相交 Siāng kiāo. ‖ Lier —. *Societ. inire.* 相交 Siāng kiāo. ‖ —. *Associatio.* 會 Hoúy. ‖ — pécuniaire. *Societas pecuniaria.* 銀會 Ýn hoúy. ‖ Chef de ces —. *Dux* —. 會首 Hoúy cheòu. ‖ En former une. *Cogĕre* —. 打會 Tà hoùy. (*Voyez à l'Appendice n° XVII une notice sur les différentes Sociétés pécuniaires de Chine et les régles à suivre pour qu'elles soient licites et valides*). ‖ Jeter les sorts. *Sortes ducĕre*. 搖會 Yâo hoúy. ‖ — secrète des Chinois. 拈香拜把 Niēn hiāng paý pà. (Voir le mot *Francs-Maçons*).

**SOCLE**, s. m. *Basis, is, f.* 礎礎 Sàng tèn.

**SODA**, s. m. (terme de chimie: sel pur). 青鹽 Tsīn yên.

**SODOMIE**, s. f. *Sodomia, æ, f.* 鷄姦 Kỳ kiēn. 男色 Lân sĕ. 尾姦 Oùy kiēn. 邪魚色 Siĕ yû sĕ. 男風 Lân fōng.

**SŒUR**, s. f. *Soror, oris, f.* 姊妹 Tsè meý.

— aînée. *Major* —. 姉 Tsè, ou 姐 Tsiĕ.
— cadette. *Minor* —. 妹 Meý.
— de mère et de père. *Germana.* 親姊妹 Tsīn tsè meý.
— de père seulement. 前娘姊妹 Tsiēn leâng tsè meý.
— de mère seulement. 帶來的姊妹 Taý laý tỷ tsè meý.
— de l'Empereur. (Voir le mot *Princesse*). 長公主 Tchàng kōng tchoù.

**SOFA**, ou **SOPHA**, s. m. *Instructum pulvinis suggestum, i, n.* 平床 Pîn tchouâng, ou 竹床 Tchôu tchouâng.

**SOI**, pron. sing. de la troisième personne. *Sui.* 自已 Tsé kỷ. ‖ Être à —. *Esse sui arbitrii.* 無人管 Oû jên kouàn. 莫管頭 Mò kouàn teŏu. ‖ Maître de soi. *Sui compos esse.* 心不亂 Sīn poŭ louân. ‖ Revenir à — (se convertir). *Ad se redire.* 回頭 Hoùy teŏu. ‖ Revenir à — (se recueillir). 收 Cheōu sīn. ‖ Prendre garde à soi. *Sibi cavĕre.* 小心 Siào sīn. ‖ Penser à —. *Sibi consulĕre.* 顧自已 Koú tsé kỷ. ‖ Se tenir chez —. *Continĕre se domi.* 不出門 Pŏu tchŏu mên. ‖ Ne consulter que —. *Se ipsum audire.* 靠自已 Kaó tsé kỷ. ‖ Se défier de —. *Sibi diffidĕre.* 不靠自已 Poŭ kaó tsé kỷ. ‖ De — même. *Ultro.* 甘心情愿 Kān sīn tsîn yuên.

**SOI-DISANT**, E, adj. *Falsò habitus.* 裝的 Tchouāng tỷ, ou 算得 Souán tĕ tỷ.

**SOIE**, s. f. *Sericum, i, n.* 絲 Sē. ‖ Une balle de soie. 絲迯 Sē kiĕou. ‖ — écrue. *Crudum* —. 生絲 Sēn sĕ. ‖ Fabrique de —. 機房 Kỳ fâng. ‖ — préparée. *Coctum* —. 熟絲 Choú sĕ. ‖ Fil de —. *Filum sericeum.* 絲線 Sē sién. ‖ Fil de — simple. *Filum simplex.* 單線 Tān sién. ‖ Fil double. *Filum duplex.* 雙線 Choāng sién. ‖ Vers à — du mûrier. *Mori bombyx.* 桑樹蠶子 Sāng choú tsăn tsè. ‖ Vers à — du chêne. *Bombyx. Pernyi.* 青棡蠶子 Tsīn kāng tsăn tsè. ‖ Élever des vers à —. *Nutrire seric. vermes.* 餵蠶子 Oúy tsăn tsè. ‖ Cocons des vers à —. *Folliculi bombycum.* 蠒子 Kiĕn tsè. ‖ Œufs des vers à —. *Ova bombycum.* 蠶種子 Tsăn tchòng tsè. ‖ Enlever la — des cocons. *Glomerāre sericum.* 取絲 Tsiŭ sē. ‖ Dévider la —. *Glomerāre sericum.* 絡絲 Lô sē. ‖ Étendre la trame. *Subtemen effícĕre.* 牽經 Kiēn kīn. ‖ La brosser ou peigner. *Scopulā tergĕre.* 刷經 Choă kīn. ‖ Réunir les fils de —. *Contorquĕre sericum.* 打線 Tà sién. ‖ Tisser la —. *Texĕre* —. 織 Tchĕ. ‖ Faire des fleurs. *Flores facĕre.* 修 Sieōu. ‖ Amollir la toile de —. *Mollire* —. 練 Liên. ‖ La laver. *Lavāre* —. 洗 Sỷ. ‖ La plier *Plicāre* —. 綳 Pōng. ‖ La teindre. *Tingĕre* —. 染 Jàn.

**SOIF**, s. f. *Sitis, is, f.* 渴 Kŏ. ‖ Avoir grand —. *Siti ardēre.* 口渴得狠 Keŏu kŏ tĕ hèn. ‖ Supporter la — *Ferre* —. 口渴 Keŏu kŏ. ‖ Les Hàn-tsaý (ou légumes salés) provoquent la —. 醶了醶菜發渴 Tchĕ leăo hân tsaý fă kŏ. ‖ — de l'or. *Fames auri.* 貪財 Tān tsăý.

**SOIGNER**, v. a. *Curāre.* 經管 Kīn kouàn. ‖ — un malade. *Ægrotum* —. 顧病人 Koú pín jên.

**SOIGNEUX, SE**, adj. *Diligens.* 勤快的 Kîn kouáy tỷ.

**SOIN**, s. m. *Cura, æ, f.* 經管 Kīn kouàn. ‖ Avoir — de quelqu'un. *Aliq. curāre.* 經管人 Kīn kouàn jên. ‖ Avoir — de sa santé. *Valetudinem curāre.* 保重 Paŏ tchóng. ‖ — de sa petite personne. *Curāre cuticulam.* 斯文得狠 Sē ouên tĕ hèn. ‖ — de ses intérêts. *Suæ utilitati providēre.* 顧自已的利益 Koú tsé kỷ tỷ lý ỷ. ‖ Employer tous ses — à. *In rem omnes curas afferre.* 用力管事 Yóng lý kouàn sé. ‖ Donner à quelqu'un le — de. *Rem alterius curæ demandāre.* 託人管宗事 Tŏ jên kouàn ỷ tsōng sé. ‖ Qui a — des affaires d'autrui. *Procurator.* 當家 Tāng kiā. ‖ — (soucis). *Angores.* 多心 Tō sīn. ‖ (égards). *Obsequium.* 愛情 Gaý tsîn.

**SOIR**, s. m. *Vesperus, i, m.* 晚 Ouàn. ‖ Sur le —. *Sub vespere.* 晚上 Ouàn châng. ‖ Hier au —. *Heri* —. 昨晚上 Tsŏ ouàn châng. ‖ Jusqu'au —. *Usquè ad* —. 到晚上 Taó ouàn châng. ‖ Souhaiter le bon —. *Valedicĕre.* 請安心 Tsìn gān sīn.

**SOIRÉE**, s. f. *Vesp. tempus.* 晚間 Ouàn kiēn.

**SOIT**, conj. *Sive.* 或 Houŷ. ‖ —, j'y consens. *Esto, ita.* 算得 Souán tĕ, ou 可以 Kŏ ỷ.

**SOIXANTE**, adj. num. *Sexaginta.* 六十 Loù chĕ.

**SOIXANTIÈME**, adj. *Sexagesimus.* 第六十 Tý loù chĕ.

**SOL**, s. m. *Area, æ, f.* 地基 Tý kỷ, ou 平地 Pín tý ‖ —. *Solum.* 地 Tý.

**SOLAIRE**, adj. *Solaris.* 日子的 Jĕ tsè tý. ‖ Cadran —. *Solarium.* 日晷 Jĕ koùy.

**SOLDAT**, s. m. *Miles, itis, m.* 兵 Pīn. ‖ Un —. *Unum* —. 一名兵 Ý mìn pīn. ‖ — d'infanterie. *Pedes* —. 步兵 Poú pīn. ‖ — de cavalerie. *Eques* —. 馬兵 Mà pīn. ‖ — d'élite. *Lecti* —. 精兵 Tsīn pīn. ‖ Se faire —. *Militiæ nomen dáre.* 當兵 Tāng pīn.

Un savant sinologue, M. G. Pauthier, a pris la peine d'extraire d'un ouvrage officiel chinois le recensement de l'armée pour chaque Province de l'Empire. Ce recensement remonte à 1812. Nous le donnons ici :

| PROVINCES. | CAVALERIE. | INFANTERIE. |
|---|---|---|
| 1° Tchè lỷ. | 503 | 51,898 |
| 2° Chān-tōng. | 126 | 20,046 |
| 3° Chān-sỷ. | 156 | 23,578 |
| 4° Hŏ-nân. | 259 | 39,953 |
| 5° Kiāng-soū. | 115 | 23,635 |
| 6° Gān-hoúy. | 45 | 8,693 |
| 7° Kiāng-sỷ. | 68 | 17,770 |
| 8° Foŭ-kién. | 230 | 59,070 |
| 9° Tchè-kiāng. | 163 | 38,846 |
| 10° Hoū-pĕ. | 106 | 22,634 |
| 11° Hoū-nân. | 141 | 39,545 |
| 12° Chèn sỷ. | 264 | 42,096 |
| 13° Kān sieŏu. | 371 | 52,142 |
| 14° Su-tchuen. | 186 | 34,002 |
| 15° Kouàng tōng. | 77 | 68,923 |
| 16° Kouàng sỷ. | 81 | 25,327 |
| 17° Yûn-nân. | 219 | 42,543 |
| 18° Koúy-Tcheōu. | 197 | 48,230 |
| Totaux. | 3,327 | 661,533 |

**SOLDE**, s. f. *Stipendium, ii, n.* 粮 Leâng. ‖ Être à la —. *Stipendia suscipĕre.* 吃粮 Tchĕ leâng. ‖ Donner la —. — *numerāre.* 發粮餉 Fă leâng hiàng.

**SOLDER**, v. a. *Reliqua solvĕre.* 還清 Houân tsīh.

**SOLE**, s. f. (corne du pied du cheval). *Solea, æ, f.* 馬蹄 Mà tý.

**SOLEIL**, s. m. *Sol, is, m.* 太陽 Táy yâng, ou 日頭 Jĕ teŏu. ‖ Lever du —. *Ortus* —. 太陽出來 Táy yâng tchŏu laỷ. ‖ Coucher du —. *Occasus* —. 太陽落 Táy yâng lŏ, ou 日沉西 Jĕ tchĕn sỷ. ‖ Le — baisse. *Sol inclìnat se.* 太陽偏西 Táy yâng piĕn sỷ. ‖ Le — ne paraît pas. *Sol non apparet.* 太陽不出 Táy yâng poù tchŏu. ‖ Le — est brûlant. *Ardet* —. 太陽辣 Táy yâng là.

**SOLENNEL, LE**, adj. *Solemnis.* 鬧熱的 Láo jĕ tý, ou 用大禮 Yóng tá lỷ. 端肅 Touān siaŏ.

**SOLENNISER**, v. a. *Celebrāre.* 作慶 Tsŏ kíh, ou 慶賀 Kíh hŏ. ‖ — sa naissance. *Natalia dāre.* 做生期酒 Tsóu sēn kỷ tsieŏu, ou 慶生辰 Kíh sēn chēn. ‖ — celle de l'Empereur. *Imperatoris nat.* —. 慶賀萬壽 Kíh hŏ ouán cheóu.

**SOLFIER**, v. a. *Cantum incinĕre.* 學八音 Hiŏ pă ȳn.

**SOLIDAIRE**, adj. *Obligatio in solidum.* 担保 Tān paŏ.

**SOLIDE**, adj. *Solidus.* 穩的 Ouèn tý. ‖ — (ferme). *Firmus.* 穩的 Ouèn tý. ‖ — (véritable). *Verus, certus.* 眞的 Tchēn tý.

**SOLITAIRE**, adj. *Solitarius.* 獨修人 Toŭ sieŏu jēn. ‖ Ver —. *Tænia.* 蛔虫 Hoúy tchŏng, ou 饑虫 Oúo tchŏng.

**SOLITUDE**, s. f. *Solitudo, inis, f.* 靜處 Tsín tchŏu. ‖ Troubler la —. *Turbāre* —. 吵鬧人 Tchaŏ laŏ jēn. ‖ Vivre dans la —. *Solitudìni vitam mandāre.* 隱修 Ȳn sieŏu.

**SOLIVE**, s. f. *Tignum, i, n.* 托 Tŏ. ‖ — qui ferme l'arête du toit. *Trabs.* 梁 Leâng.

**SOLLICITER**, v. a. *Inducĕre.* 引誘 Ȳn yeòu. ‖ — quelqu'un au mal. *Ad malum — alìquem.* 誘感人 Yeòu kàn jēn. ‖ — une place. *Præf. ambíre.* 求官 Kieŏu koūan. ‖ — un juge. *Judicem corrumpĕre.* 進水 Tsín choúy.

**SOLLICITUDE**, s. f. *Sollicitudo, inis, f.* 憚心 Tān sīn. ‖ Déposer toute —. *Omnem curam deponĕre.* 不憚心 Poù tān sīn.

**SOLSTICE**, s. m. *Solstitium, ii, n.* 日至 Jĕ tchĕ. ‖ — d'été. 夏至 Hiá tchĕ. ‖ — d'hiver. 冬至 Tōng tchĕ.

Les deux points solstitiaux : 二至 Eùl tchĕ. La plus grande limite du midi de l'écliptique est distante de 23° 1/2 de l'équinoxe et marque le solstice d'hiver : 黃道最南之界在赤道緯度二十三度半爲冬至 Houâng táo tsoúy nân tchè kiáy tsaỷ tchĕ táo oúy toŭ eùl chĕ sān toū pán oúy tōng tchĕ. La plus grande limite du Nord marque le solstice d'été : 最北之界爲夏至 Tsoúy pĕ tchĕ kiaỷ oúy hiá tchĕ.

**SOLUBLE**, adj. *Solubìlis.* 能化的 Lên hoá tý, ou 能鎔的 Lên yông tý.

## SOL

**SOLUTION**, s. f. *Solutio, onis, f.* 化 Hoá. ‖ — d'une difficulté. *Rei difficilis enodatio.* 解難事 Kiaỷ lân sé.

**SOLVABLE**, adj. *Bonum nomen.* 還得起的 Houán tě kỷ tỷ.

**SOMBRE**, adj. *Obscurus.* 昏的 Houēn tỷ, ou 霧的 Oú tỷ. ‖ Temps —. *Aer nubilatus.* 天氣黑 Tiēn kỷ hě. ‖ Air —. *Tristis.* 愁貌 Tseóu máo.

**SOMBRER**, v. n. *Undis hauriri.* 船沉水 Tchoǔan tchēn choùy.

**SOMMAIRE**, adj. *Contractus.* 短的 Touàn tỷ. 一共 Ỷ kóng. — 總 Ỷ tsòng. ‖ Procès —. *Summaria rei expositio.* 簡短斷審 Kiēn touàn touán chèn, ou 大略審問 Tá liŏ chēn ouén.

**SOMMAIREMENT**, adv. *Summatim.* 大略 Tá liŏ.

**SOMMATION**, s. f. *Admonitio, onis, f.* 勸 Kiǔen, ou 問 Ouén.

**SOMME**, s. f. *Summa, æ, f.* 總 Tsòng, ou 略 Liŏ. ‖ Compter toute la —. *Pecun. pernumerāre.* 總算 Tsòng souán. ‖ Diminuer d'une —. *Deducĕre.* 除 Tchóu. ‖ — (charge). *Onus.* 擔子 Tán tsè. ‖ En —. *Summatim.* 一共 Ỷ kóng.

**SOMME**, s. f. (barque chinoise). *Magna cymba, æ, f.* 艚 Tsáo.

**SOMMEIL**, s. m. *Somnus, i, m.* 瞌睡 Kŏ choúy. ‖ Le — me gagne. *Accedit somnus.* 瞌睡在眼皮上來了 Kŏ choúy tsaỷ yèn pỷ cháng laỷ leáo. ‖ Porter au —. *Somnum excitāre.* 兜轕睡 Teōu kŏ choúy. ‖ Dormir d'un bon —. *Graviter dormire.* 睡得覺 Choúy tě tchŏ.

**SOMMEILLER**, v. n. *Dormitāre.* 睡不深 Choúy poŭ chēn.

**SOMMER**, v. a. *Denuntiāre.* 俞 Mín. ‖ — un débiteur. *Debitorem admonēre.* 催賬 Tsoūy tcháng.

**SOMMET**, s. m. *Vertex, icis, m.* 頂 Tìn.

**SOMNAMBULE**, s. m. *Noctambulus, i, m.* 夜遊神 Yé yeóu chèn.

**SOMPTUEUX, SE**, adj. *Sumptuosus.* 奢華的 Chē hoâ tỷ, ou 大費用 Tá feỷ yóng. ‖ Édifice —. *Domus —.* 大工程 Tá kōng tchên.

**SOMPTUOSITÉ**, s. f. *Luxus, ûs, m.* 排場 Pày tcháng, ou 體面 Tỷ mién.

**SON**, s. m. *Sonus, i, m.* 響 Hiàng. ‖ Rendre un —. *Sonum efficĕre.* 打響 Tà hiàng. ‖ — de la voix. *Vocis sonus.* 聲音 Chēn yn. ‖ — d'un objet tombant à l'eau. 潼的一聲落下水去了 Tòng tỷ ỷ chēn lŏ hiá choùy kiǔ leáo. ‖ — d'un objet se brisant. 璫的一聲打破了 Tāng tỷ ỷ chēn tà pŏ leáo. (*Voir l'article Harmonie imitative à la grammaire.*)

**SON**, s. m. *Furfur, uris, m.* 糠 Kāng. ‖ — de riz. 米糠 Mỷ kāng. ‖ — de blé. 麥麩子 Mě fōu tsè.

## SON

**SON, SA, SES**, adj. possessif. *Suus, a, um.* 巳 Kỷ. ‖ Si l'objet possesseur est exprimé dans la même proposition, en chinois. 自己 Tsé kỷ. ‖ Ne songer qu'à — utilité. *Omnia suâ causâ facĕre.* 單圖自巳的利益 Tān tōu tsé kỷ tỷ lỷ ỷ. ‖ N'aimer que soi. 單愛自巳 Tān gáy tsé kỷ. ‖ Quand l'objet possesseur n'est pas exprimé, il se rend en latin par les génitifs, *illius, ejus, hujus*, etc. En chinois, par 他的 Tā' tỷ. — ami est venu me trouver. *Ejus amicus adiit me.* 他的友朋會了我 Tā' tỷ pŏng yeóu houý leáo ngò.

**SONDE**, s. f. *Bolis, idis, f.* 吊鉈 Tiáo tó, ou 量水具 Leâng choùy kiú. ‖ — de chirurgien. 探子 Tán tsè.

**SONDER**, v. a. (reconnaître la profondeur de l'eau). *Vadum tentāre.* 試水深淺 Ché choùy chēn tsiěn. ‖ — quelqu'un, c.-à-d. chercher à pénétrer sa pensée. *Aliq. scrutari.* 試人的心 Ché jēn tỷ sīn, ou 探人 Tán jēn. ‖ Se —, c.-à-d. scruter sa pensée. *Perspicĕre se.* 試自巳 Ché tsé kỷ.

**SONGE**, s. m. *Somnium, ii, n.* 夢 Móng. ‖ Un —. *Unum —.* 一塲夢 Ỷ tchâng móng. ‖ — déshonnête. *Impurum —.* 邪夢 Siê móng, ou 春夢 Tchoūn móng. ‖ Avoir un — agréable. *Somnia læta vidēre.* 夢中歡喜 Móng tchōng houān hỷ. ‖ Avoir un — facheux. *Turbulento somnio agitari.* 夢見憂事 Móng kién yeōu sé. ‖ Croire aux —. *Credĕre —.* 信夢 Sín móng. ‖ Parler en —. *In somno loqui.* 說夢話 Chŏ móng hoá. ‖ Interpréter les —. *Interpretāri somnia.* 圓夢 Yuên móng.

**SONGE-CREUX**, s. m. *Inani cogitatione defixus.* 滿不倒的意事 Màn poŭ taò tỷ ỷ sé.

**SONGER**, v. a. *In somnis vidēre.* 夢見 Móng kién. ‖ — à. *De re cogitāre.* 想 Siàng. ‖ Sans y —. *Imprudenter.* 不覺 Poŭ kiŏ. ‖ Après y avoir —. *Cogitātō.* 特意 Tě ỷ, ou 故意 Koú ỷ. ‖ — à soi. *Sibi consulĕre.* 顧自巳 Koú tsé kỷ.

**SONNANT, E**, adj. *Resonans.* 響的 Hiàng tỷ. ‖ Proposition mal —. *A purâ fide recedens.* 不合正道的話 Poŭ hŏ tchēn taó tỷ hoá.

**SONNER**, v. a. *Sonitum edĕre.* 打響 Tà hiàng. ‖ — de la trompette. *Buccinam inflāre.* 吹箾 Tchoūy siāo. ‖ Faire — bien haut. *Verbis augēre.* 誇上天 Koǔa cháng tiēn. ‖ Faire — son mérite. *Magnificē se efferre.* 誇自巳的好 Koǔa tsé kỷ tỷ haò. ‖ Faire — les services rendus. *Officia in aliq. collata commemorāre.* 表自巳的恩情 Piào tsé kỷ ỷ gēn tsîn. ‖ L'heure —. *Pulsat horolog.* 鐘響 Tchōng hiàng. ‖ — les cloches. *Pulsāre campanam.* 撞鐘 Tchóng tchōng. ‖ — la charge. *Bellicum canĕre.* 撓旗交戰 Jaò kỷ kiāo tchán, ou 擂鼓進兵 Loúy̓ koù tsín pīn. ‖ — la retraite.

Recessum —. 嗚金収兵 Mín kīn cheŏu pīn. ‖ — quelqu'un, c.-à-d. l'appeler. Arcessère aliq. 喊人 Hàn jēn.
SONNETTE, s. f. Tintinnabulum, i, n. 鈴子 Lín tsè. ‖ Agiter la —. Agitàre —. 搖鈴子 Yáo lín tsè.
SONORE, adj. Sonorus. 好聽的音 Haò tín tỷ ȳn.
SOPHISME, s. m. Sophisma, atis, n. 假倫 Kià lèn. 似是而非之理 Sé ché eûl feỷ tchē lỷ. 詐言 Tchá yèn.
SOPHISTIQUER, v. a. Cavillàri. 說似是而非之理 Chŏ ché ché eûl feỷ tchē lỷ. ‖ — (altérer les marchandises). Adulteràre mercedes. 恭假 Tsān kià.
SORCELLERIE, s. f. Magica ars, tis, f. 邪法 Sié fă, ou 巫術 Où choŭ.
SORCIER, s. m. Magus, i, m. 端工 Touān kōng, ou 巫 Oū.
SORCIÈRE, s. f. Saga, æ, f. 術婆 Choú pŏ̆, ou 問婆 Ouèn Pŏ̆. ‖ — qui évoque les esprits. 師婆跳假神 Sē pŏ̆ tiáo kià chèn.
SORDIDE, adj. Sordidus. 汚的 Où tỷ, ou 賍的 Tsāng tỷ. ‖ — (avare). Avarus. 客嗇的 Lín sĕ tỷ.
SORNETTES, s. f. Nugæ, arum. 空話 Kōng hoá. ‖ En conter. Loqui —. Ridicula dicère. 糊說 Chŏ hièn hoá.
SORT, s. m. Fatum, i, n. 命 Mín. ‖ — prospère. Sors prospera. 好運氣 Haò yún kỷ. ‖ — (malheur). Adversa —. 運氣不好 Yún kỷ poŭ haò. ‖ — (mode de décider par le hasard). Sors. 闗 Keōu. ‖ Tirer au —. Sortes ducère. 攝圞 Niĕ keōu. 打卦 Tă kouá. 算卦 Souán kouá. 打籤 Tă tsièn. ‖ Obtenir par le —. Sorte obtinère. 打卦得了 Tă kouá tĕ̆ leaò, ou 來籤 Laỷ tsièn. ‖ Être content de son —. Suá sorte contentus. 安分守已 Gān fén cheòu kỷ. ‖ Perdre le — (le capital) et les arrérages. Fœnus et sortem perdère. 本利都折 Pèn lỷ toū chĕ.
SORTABLE, adj. Conveniens. 合式的 Hŏ chē tỷ.
SORTE, adj. Genus, eris, n. 等 Tèn. 類 Loúy. 樣子 Yáng tsè. ‖ Deux — d'animaux. 兩樣獸 Leàng yáng cheóu. ‖ — (condition). Conditio. 身分 Chēn fén. ‖ — (façon). Modus. 樣子 Yáng tsè. ‖ De cette —. Hoc modo. 這樣 Tchĕ yáng, ou 如此 Joū tsè. ‖ De toutes —. Omnibus —. 各樣的 Kŏ yáng tỷ. ‖ De — que. Adeó ut. 所以 Sŏ ỷ. 使 Chĕ. 令 Lín.
SORTIE, s. f. Exitus, ûs, m. 出來 Tchŏu kiĕ. ‖ — de la maison. E domo —. 出外頭來 Tchŏu ouáy teōu kiĕ. ‖ — du port. E portu —. 開船 Kāy tchouàn. ‖ — (que font les assiégés, irruption). Irruptio. 攻敵 Kōng tỷ. ‖ En faire une sur l'ennemi. 出城攻敵 Tchŏu tchèn kōng tỷ. ‖ Faire une — contre quelqu'un. Contrà aliq. irasci. 冒火人 Maó hŏ jēn.

SORTILÈGE, s. m. Veneficium, ii, n. 邪法 Sié fă, ou 妖術 Yāo choú.
SORTIR, v. n. Egredi. 出去 Tchŏu kiĕ. ‖ — du port. E portu —. 開船 Kāy tchouàn. ‖ Il n'est pas —. Domi est. 他在屋裏 Tă tsaỷ où lỷ. ‖ La rivière — de son lit. Se alveo effert flumen. 河水出邊 Hŏ choùy tchŏu piēn. ‖ Une odeur — de cette fleur. Olet flos. 花香 Hoā hiāng. ‖ La semence — de terre. 種子生起來了 Tchòng tsè sēn kỷ laỷ leaò. ‖ — Infimo loco nasci. 出身微賤 Tchŏu chēn oúy tsièn. ‖ — de charge. Magistratu abìre. 停任 Tín jèn. ‖ — de son sujet. A proposito discedère. 打野話 Tă yè hoá. ‖ — de ce monde. Mori. 去世 Kiĕ ché, ou 謝世 Sié ché. ‖ Faire —. Expellère. 趕出去 Kàn tchŏu kiĕ. ‖ — un cheval de l'écurie. 牽馬出來 Kiēn mà tchŏu laỷ.
SORTIR, v. a. Effectum habère. 有效 Yeòu hiáo.
SOT, TE, adj. Stultus. 愚人 Yû jēn. ‖ Parler d'une manière —. Absurdè dicère. 說不合理的話 Chŏ poŭ hŏ lỷ tỷ hoá.
SOTTISE, s. f. Stultitia, œ, f. 不合理 Poŭ hŏ lỷ. ‖ Dire des —. Ridicula dicère. 糊說 Hoú chŏ.
SOU, s. m. (monnaie). As, assis, m. 洋錢 Yáng tsièn.
SOUBASSEMENT, s. m. Basis, is, f. 柱礅 Tchoú tēn, ou 柱座子 Tchoú tsŏ tsè.
SOUBRESAUT, s. m. Subsultus, ûs, m. 跳 Tiáo, ou 悚懼 Sòng kiú.
SOUBRETTE, s, f. Ancilla, œ, f. 了鬟 Yā houán.
SOUBREVESTE, s. f. Non manicata vestis. 背心 Peỷ sīn, ou 坎肩子 Kàn kiēn tsè.
SOUCHE, s. f. Truncus, i, m. 椿 Tchouāng. ‖ — (stupide). Stupidus. 痴人 Tchē jēn. ‖ — (le premier d'une généalogie). Stirps. 祖宗 Tsoù tsōng.
SOUCI, s. m. Cura, æ, f. 憚心 Tán sīn. ‖ En avoir. Curis urgeri. 憚心 Tán sīn. ‖ En avoir au sujet d'un fils se conduisant mal. 淘氣 Táo kỷ. ‖ Donner du —. Curá aliq. afficère. 兜人憚心 Teōu jèn tān sīn. ‖ Homme sans —. Curarum expers. 不憚心的人 Poŭ tān sīn tỷ jēn.
SOUCIER (SE), v. r. Rem curàre. 管事 Kouàn sé.
SOUCIEUX, SE, adj. Anxius. 憚心的 Tān sīn tỷ.
SOUCOUPE, s. f. Scyphis suppositus orbis, is, m. 碟子 Tiĕ tsè, ou 小盤子 Siào pān tsè. ‖ — pour les tasses à thé. 茶船 Tchá tchouàn.
SOUDAIN, E, adj. Subitaneus. 當時 Tāng chē, ou 忽然的 Hoū jān tỷ. ‖ Mourir —. Subitó mori. 忽然死 Hoū jān sè.
SOUDE, s. f. Ferrumen, inis, n. 鹻 Hàn.
SOUDER, v. a. Ferrumináre. 銲 Hàn.

SOUDOYER, v. a. *Seducěre.* 套哄人 Táo hòng jên.
SOUDURE, s. f. *Ferrumen, ĭnis, n.* 旱物 Hán oŭ.
SOUFFLE, s. m. *Flatus, ŭs, m.* 吹 Tchoŭy. ‖ — (respiration). *Anhelĭtus.* 出氣 Tchoŭ kỷ. ‖ Retenir son —. *Anĭmam continēre.* 不出氣 Poŭ tchoŭ kỷ. ‖ N'avoir qu'un — de vie. *Paululùm adhuc spirāre.* 還沒有落氣 Houân mô yeôu lǒ kỷ. ‖ On n'entend pas un —. *Altum fit silentium.* 清清靜靜 Tsĭn tsĭn tsín tsín.
SOUFFLER, v. a. *Flāre.* 吹 Tchoŭy. ‖ — le feu. *Ignem sospitāre.* 砍火 Tchoŭy hŏ. ‖ — la chandelle. *Exstinguĕre candelam.* 吹臘燭 Tchoŭy lǎ tchŏu. ‖ — pour refroidir. *Ad refrigerandum —.* 吹涼燭 Tchoŭy leáng tchŏu. ‖ Il n'ose —. *Non audet queri.* 不敢報恐 Poŭ kàn paó yuén. ‖ — (respirer). *Anhelĭtum ducĕre.* 呼氣 kỷ. ‖ — le froid et le chaud. *Bilĭnguis esse.* 刁噯 Tiāo sŏ. ‖ — à l'oreille (dire un secret). *Secretum tradĕre.* 壓密說 Yâ mỷ chŏ. ‖ — un emploi à quelqu'un. 占先 Tchán siēn. ‖ — quelqu'un (lui suggérer). *Supplantāre aliq.* 提醒人 Tỷ sĭn jên.
SOUFFLET, s. m. *Pollis, is, m.* 風箱 Fōng siāng. ‖ Agiter le —. *Agitāre —.* 扯風箱 Tchě fōng siāng. ‖ — (coup du plat de la main). *Alapa.* 嘴掌 Tsoùy tchàng. ‖ En donner un. *Impingĕre —.* 打嘴掌 Tà tsoùy tchàng. ‖ En recevoir un. *Accipĕre —.* 捱耳巴 Gaỷ eŭl pā.
SOUFFRANCE, s. f. *Dolor, oris, m.* 疼痛 Těn tòng. ‖ Être dans la —. *Dolore premi.* 痛 Tòng. ‖ — (pauvreté). *Inopia.* 患難 Houán lán. ‖ Y être. *Pati —.* 受患難 Cheóu houán lán.
SOUFFRIR, v. a. *Pati.* 受 Cheóu, ou 當 Tāng. ‖ — avec patience. *Facilè —.* 忍耐 Jěn laỷ. ‖ Ne pouvoir — la douleur. *Dolori impatiens.* 受不得苦 Cheóu poŭ tě kŏu. ‖ — des yeux. *Oculis laborāre.* 眼睛痛 Yèn tsīn tŏng. ‖ — (être triste). *Dolēre —.* 憂悶 Yeōu mén. ‖ — (supporter). *Ferre.* 當 Tāng. ‖ Ne — pas de retard. 這事擔擱不得 Tchě sě tān kǒ poŭ tě. ‖ — que. *Sinĕre.* 許 Hiù, ou 依 Ý.
SOUFRE, s. m, *Sulphur, ŭris, n.* 硫黃 Lieôu houâng.
SOUFRER, v. a. *Sulphurāre.* 擦硫黃 Tchǎ lieôu houâng.
SOUHAIT, s. m. *Votum, is, n.* 願 Yuén, ou 想 Siàng. ‖ Faire des —. *Vota facĕre.* 封贈 Fōng tsén. ‖ Les voir accomplis. *Votis potiri.* 得意 Tě ý. ‖ A —. *Optatò.* 如意 Joŭ ý, ou 順意 Chuén ý.
SOUHAITER, v. a. *Cupĕre.* 貪想 Tān siàng. ‖ — la bonne année. *Annum omināri.* 拜年 Paý niên. ‖ — à quelqu'un le bonheur. *Fausta precāri.* 封贈人 Fōng tsén jên. ‖ Il est à — que. *Optabile est ut.* 惟願 Oŭy yuén.
SOUILLER, v. a. *Commaculāre.* 污 Oū. ‖ Se — de crimes. *Flagitüs se inquināre.* 犯罪多端 Fán tsoúy tō touān.

SOUILLURE, s. f. *Sordes, ium, f.* 污穢 Oū oúy. ‖ — de l'âme. *Animœ —.* 靈魂的污穢 Lĭm houên tỷ oū oúy.
SOÛL, E, adj. *Satur.* 飽的 Paò tỷ. ‖ Être — d'une chose. *Re satiāri.* 厭惡 Yén oú, ou 煩了 Fân leào.
SOÛL, s. m. ‖ Manger son —. *Usque ad saturitatem edĕre.* 喫飽 Tchě paò.
SOULAGER, v. a. *Adjuvāre aliq.* 幫忙 Pāng mâng. ‖ — les pauvres. *Pauperes —.* 濟貧 Tsỷ pîn. ‖ Se —, c.-à-d. se récréer. *Recreāre se.* 放心 Fáng sīn.
SOÛLER, v. a. *Inebriāre.* 醉人 Tsoúy jên. ‖ Se —. *Inebriāri.* 喫醉 Tchě tsoúy.
SOULEVER, v. a. *Levāre.* 擧 Kiù. ‖ — le peuple. *Seditionem movēre.* 惹百姓反 Jě pě sín fàn. ‖ Se —, c.-à-d. se révolter. *Rebellāre.* 反 Fàn. ‖ Le cœur me —. *Nauseo.* 我厭惡 Ngǒ yén oú.
SOULIER, s. m. *Calceus, i, m.* 鞋 Haỷ. ‖ Un —. *Unus —.* 一隻鞋 Ý tchě haỷ. ‖ Une paire de —. *Unum par —.* 一雙鞋 Ý chouāng haỷ. ‖ — trop grands. *Altiores calcei.* 鞋子大狼 Haỷ tsè tá bèn. ‖ — qui vont bien. *Apti calcei.* 鞋子合式 Haỷ tsè hŏ chě. ‖ Mettre ses —. *Calceos induĕre.* 穿鞋 Tchouān haỷ. ‖ Mettre ses — en pantoufle. *Ad instar solearum calceamenta induĕre.* 扱鞋子 Lǎ haỷ tsè, ou 撒拉鞋子 Sǎ lǎ haỷ tsè. ‖ Être blessé par ses —. *Calceis lœdi.* 鞋子打脚 Haỷ tsè tà kiǒ. ‖ Semelle des —. *Solea, œ, f.* 鞋底 Haỷ tỷ. ‖ Rebord des —. *Ora exstans.* 鞋幫 Haỷ pāng, ou 翰 Ōng. ‖ Coudre la semelle des —. 納鞋底 Lâ haỷ tỷ. ‖ Liséré des —. 鞋緣口布 Haỷ yuén keŏu poú. ‖ Doublure des —. 底面布 Tỷ mién poú. ‖ Monter les —. 上鞋子 Cháng haỷ tsè.

   Espèces de souliers chinois :

1° 單梁鞋 Tān leâng haỷ. Souliers qui ont une seule empeigne au milieu.
2° 雙梁鞋 Chouāng leâng haỷ. Souliers qui ont deux empeignes.
3° 朝鞋 Tcháo haỷ. Souliers qui n'en ont pas.
4° 圓鞋賓 Yuén paò haỷ. Souliers qui ont comme une bosse dessus.
5° 雲頭鞋 Yûn teôu haỷ. Souliers qui sont peints de nuées.
6° 蚨蝶鞋 Foŭ tiě haỷ. Souliers qui ont des papillons peints.
7° 廣涼鞋 Kouàng leâng haỷ. Souliers frais pour l'été.
8° 鑲鞋 Jáng haỷ. Souliers qui ont des fleurs partout.

9° 開口鞋 Kāy keòu haỷ. Souliers dont le dessus couvre le pied.
10° 快鞋 Kouâỷ haỷ. Souliers qui ont une attache ou oreille.
11° 釘鞋 Tin haỷ. Souliers ferrés pour la pluie.
12° 玉草鞋 Yŭ tsāo haỷ. Souliers en paille tressée.

SOUMETTRE, v. a. *Subigĕre*. 服下 Foŭ hiá, ou 克服 Kĕ̆ foŭ. ‖ Se — au jugement de quelqu'un. *Alic. judicio se submittĕre*. 請人斷 Tsĭn jên touán. ‖ So —. *Se submittĕre*. 順服別人 Chuén foŭ pié jên.

SOUMIS, E, adj. et part. *Obnoxius*. 在人手下的 Tsáy jên cheòu hiá tỷ. ‖ — aux lois. *Legĭbus* —. 守法的 Cheòu fă tỷ. ‖ — à la Chine. *Subjectus Imperio Sinarum*. 進貢的 Tsín kóng tỷ. ‖ — (obéissant). *Obediens*. 聽命的 Tĭn mín tỷ.

SOUMISSION, s. f. *Obsequium*, *ii*, *n*. 順從 Chuén tsōng. 服 Foŭ. 聽命 Tĭn mín. ‖ — à la volonté de Dieu. *Voluntati divinæ* —. 順天主聖意 Chuén Tiēn-Tchoù chén ý.

SOUPAPE, s. f. *Valvula*, *æ*, *f*. 眼皮子 Yèn pỷ tsè, ou 舌頭 Chĕ̆ teòu.

SOUPÇON, s. m. *Suspicio*, *onis*, *f*. 猜疑 Tsāy nỷ. ‖ Avoir des —. *Suspicāri*. 疑惑 Nỷ houéy. ‖ Exciter los —. *Suspic. movēre*. 兜人犯疑 Teōu jên fán nỷ. ‖ Les — tombent sur lui. *In eum susp. cadit*. 猜疑他 Tsāy nỷ tă̄. ‖ Concevoir des —. *Suspiciones habēre*. 猜疑 Tsāy nỷ. ‖ Se laver des —. *Suspiciones expurgāre*. 釋疑 Chĕ̆ nỷ.

SOUPE, s. f. *Offa*, *æ*, *f*. 餑餑湯 Pĕn pĕn tāng.

SOUPER, s. m. *Cœna*, *æ*, *f*. 夜飯 Yé fán.

SOUPER, v. a. *Cœnāre*. 喫夜飯 Tchĕ̆ yé fán. ‖ Inviter à —. *Ad — invitāre*. 請喫夜飯 Tsĭn tchĕ̆ yé fán.

SOUPIR, s. m. *Suspirium*, *ii*, *n*. 嘆 Tàn. ‖ Pousser des —. *Ducĕre*. 嘆氣 Tàn kỷ. ‖ Rendre le dernier —. *Animam efflare*. 斷氣 Touán kỷ. ‖ Recevoir le dernier —. *Alic. extremum spiritum excipĕre*. 送臨終 Sóng lín tchōng.

SOUPIRAIL, s. m. *Spiraculum*, *i*, *n*. 氣孔 Kỷ kŏng. ‖ — pour la fumée. *Æstuarium*. 烟筒 Yēn tŏng.

SOUPIRER, v. a. *Suspirāre*. 嘆氣 Tàn kỷ. ‖ — (ambitionner). *Ambīre*. 貪望 Tān ouáng.

SOUPLE, adj. *Flexibĭlis*. 軟的 Jouàn tỷ. ‖ — d'esprit. *Ingenii dexteritas*. 心靈 Sīn lĭm, ou 伶巧 Lĭn kiào. ‖ — (finesse). *Calliditas*. 奸詐 Kiēn tchá.

SOURCE, s. f. *Scaturigo*, *inis*, *f*. 出水孔 Tchŏu choŭy kŏng. ‖ — de rivière. *Fons*. 井 Tsĭn. ‖ — (origine). *Origo*. 根 Kēn. ‖ Prendre sa —. *Orīri*. 生 Sēn. ‖ Ouvrir une —. *Puteum aperīre*. 開水井 Kāy choŭy tsĭn.‖Fermer une —. *Obturāre*. 堪水井 Tiēn choŭy tsĭn. ‖ Puiser à une —. *E fonte haurīri*. 打水井 Tă̄ tsĭn choŭy, ou 汲水 Kỷ choŭy. ‖ Savoir de bonne —. *Certò scire*. 曉得一定 Hiào tĕ̆ ỷ tín.

SOURCIL, s. m. *Supercilium*, *ii*, *n*. 眉毛 Mỷ mào. ‖ Froncer le —. *Contrahĕre*. 眉頭皺 Mỷ teòu tsóng.

SOURD, E, adj. *Surdus*. 聾子 Lōng tsè. ‖ Être —. *Esse* —. 聾 Lōng. ‖ Faire le —. *Fingĕre* —. 裝聾 Tchōuang lōng. ‖ Bruit —. *Cæcum murmur*. 風聲 Fōng chēn, ou 悶聲 Mén chēn.

SOURDINE (à la), adv. *Clàm*. 悄悄 Tsiăo tsiăo, ou 晤悄的 Ngán tsiăo tỷ.

SOURICIÈRE, s. f. *Muscipulum*, *i*, *n*. 木猫 Moŭ mào.

SOURIRE, v. n. *Subridēre*. 微笑 Ouỷ siáo. ‖ — niaisement. *Ineptè*. 憨笑 Hān siáo. ‖ — à quelqu'un. *Alic.* —. 笑面待人 Siáo mién tăy jên. ‖ Cela me —. *Hoc arridet mihi*. 這一件事合我的意 Tchĕ̆ ỷ kién sé hŏ ngò tỷ ý.

SOURNOIS, E, adj. *Tectus homo*. 埋頭漢 Maý teŏu hán.

SOUS, prép. *Sub*. 下 Hiá, ou 底下 Tỷ hiá. ‖ — les drapeaux. *Sub signis esse*. 喫糧 Tchĕ̆ leâng. ‖ — condition. *Sub condit*. 若有 Jŏ yeóu.

SOUS-CARBONATE, s. m. ‖ — de plomb. 鉛粉 Yuēn fèn. ‖ — de soude. 硼沙 Pōng chā. ‖ — de potasse. 石灰 Chĕ̆ gáy.

SOUSCRIRE, v. a. *Subscribĕre*. 畫押 Hoá yă̄, ou 逗錢 Teóu tsiên. ‖ — (par écrit). *Nomen apponĕre*. 簽名 Tsiēn mĭn. ‖ — à. *Assentīre*. 許 Hiù, ou 依 Y. ‖ — en monnaie. *Præsenti pecuniâ* —. 捐實 Kiuēn tsè, ou 題名 Tỷ mĭn. ‖ — un acte. *Nomen scripto apponĕre*. 出名字 Tchŏu mĭn tsé, ou 畫押 Hoá yă̄.

SOUS-DIACRE, s. m. *Subdiaconus*, *i*, *m*. 五品生 Où p'ĭn sēn.

SOUS-ENTENDRE, v. a. *Subaudire*. 包含 Pāo hân, ou 不言而喻 Poŭ yên eŭl ýu.

SOUS-ENTENTE, s. f. *Effugium*, *ii*, *n*. 隱諱 Ỷn houỷ.

SOUS-LIEUTENANT, s. m. *Alter à subcenturione*. 千總 Tsiēn tsōng, ou 把總 Pă̄ tsŏng. ‖ — (de vaisseau). 外委 Ouáy oùy, ou 領外委 Gĕ̆ ouáy oùy.

SOUS-PRÉFET, s. m. *Subpræfectus*, *i*, *m*. 縣官 Hién kouān.

SOUS-SECRÉTAIRE, s. m. *Subscriba*, *æ*, *m*. 侍郎 Ché lâng.

SOUSSIGNER, v. a. *Subscribĕre*. 畫押 Hoá yă̄.

SOUSTRACTION, s. f. *Deductio*, *onis*, *f*. 取 Tsiŭ. ‖ — arithmétique. 减法 Kièn fă̄. 除法 Tchóu fă̄, ou 九除 Kieòu tchóu. ‖ Faire une —. 除 Tchóu.

SOUSTRAIRE, v. a. *Subripĕre*. 奪 Tŏ. ‖ Se —. *Se substrahĕre*. 抽身 Tcheōu chēn.

SOUTANE, s. f. *Vestis talaris*. 長衫子 Tchâng chān tsè.

SOUTENIR, v. a. *Fulcire*. 撐 Tchàng. ‖ — quelqu'un qui tombe. *Cadentem excipĕre*. 扶住 Foŭ tchoú. ‖ — le fardeau. *Onus sustinēre*. (Littér.) 挑担子 Tiāo tán tsè.

| SOU | SPI | 411 |

‖ (fig.). 當事 Tāng sé. ‖ — l'attente générale. Exspectationem omnium sustinēre. 不負人望 Poŭ foú jên ouáng. ‖ — sa conduite. — Sibi constāre. 行事不變 Hīn sé poŭ pién. ‖ Ma conscience me —. Conscientia confortat me. 我心中無愧 Ngŏ sīn tchōng oŭ koúy. ‖ — quelqu'un, c.-à-d. l'entretenir. Sustentāre aliq. 養育人 Yàng yŏu jên. ‖ — (protéger). Tueri. 顧人 Koú jên. ‖ — ses alliés. Socios defendĕre. 顧朋友 Koú pŏng yeòu. ‖ — le parti de quelqu'un. Partes tuēri. 顧一邊 Koú ў piēn. ‖ — son droit. Jus suum —. 不讓 Poŭ jáng. ‖ — une opinion. Opinionem —. 執意 Tchŏ ý. ‖ — (affirmer). Asserĕre. 說是一定 Chŏ ché ў tín. ‖ — l'adversité. Casus adv. ferre. 忍受患難 Jèn cheóu houán lán. ‖ Se —. Stāre. 站 Tchán. ‖ Se — sur un bâton. Baculo innĭti. 拄拐棍 Tchoŭ koùay kouèn. ‖ Sa conduite ne se — pas. Vita ejus non consonat. 門市敗了 Mên ché páy leào, ou 勢輝弱了 Ché yaó jŏ leào. ‖ Se —. Vires corp. reficĕre. 補氣力 Poù ký tў.

**SOUTERRAIN**, s. m. Hypogæum, i, n. 暗坑 Gán kēn, ou 地內 Tý loúy. ‖ — (voies secrètes pour arriver à un but). Occultæ artes. 私謀 Sē môug.

**SOUTIEN**, s. m. Fultura, æ, f. 撐子 Tchàng tsè, f. (protection). Præsidium, i, n. 保 Paò, ou 依靠 Ȳ káo. ‖ Être le — de quelqu'un. Alic. esse præsidio. 保人 Paò jên.

**SOUTIRER**, v. a. Decapulāre. 撒渣滓 Pў tchā tsè. ‖ — du vin. Vinum —. 換酒罈子 Houán tsieoù tân tsè. ‖ — de l'argent à quelqu'un. Pecuniā emungĕre aliq. 籠絡人的銀錢 Lóng lŏ jên tў ȳn tsiên.

**SOUVENANCE**, s. f. Memoria, æ, f. 記得 Ký tĕ̆.

**SOUVENIR** (Se), v. r. Recordāri. 記得 Ký tĕ̆. ‖ — d'un bienfait. Benefic. memor. servāre. 不忘恩 Poŭ ouâng gēn. 感恩 Kàn gēn. 報恩 Páo gēn.

**SOUVENIR**, s. m. Memoria, æ, f. 記念 Ký nién. ‖ Rappeler le —. Memoriam refricāre. 追思 Tchoúy sē. ‖ Perdre le —. Oblivisci. 忘記 Ouâng ký. ‖ — Signum. 遺念 ў nién.

**SOUVENT**, adv. Sæpe. 多囘 Tō hoùy, ou 常常 Chǎng cháng. ‖ Plus — Sæpius. 更多囘 Kén tō hoùy. ‖ Assez — Sæpiusculé. 多囘 Tō hoùy. ‖ Peu —. Minus sæpé. 稀少 Hȳ chaò. ‖ Le plus —. Plerùmque. 多半 Tō pán.

**SOUVERAIN, E**, adj. Summus. 至大 Tchè tá. 上 Cháng. 高 Kaō. ‖ — bien. Summum bonum. 至善 Tchè chán. **SOUVERAIN**, s. m. Prínceps, ipis, m. 皇上 Houáng cháng.

**SOUVERAINEMENT**, adv. Summé. 狠 Hèn.

**SOUVERAINETÉ**, s. f. Summa potestas. 全權 Tsüẻn kiűen, ou 王位 Ouáng oúy.

**SOYEUX, SE**, adj. Lenis. 細嫩的 Sý lén tў.

**SPACIEUX, SE**, adj. Spatiosus. 大寬的 Tá kouān tў.

**SPASME**, s. m. Spasmus, i, m. 蔴木 Mâ moŭ. ‖ — des nerfs. Nervorum —. 抽筋 Nieoŭ kīn.

**SPATULE**, s. f. Spatula, æ, f. 木杓 Moŭ tchŏ.

**SPÉCIAL, E**, adj. Specialis. 格外的 Kĕ̆ ouáy tў, ou 私的 Sē tў.

**SPÉCIEUX, SE**, adj. Speciosus. 似是而非的 Sé ché eŭì feý tў.

**SPÉCIFIER**, v. a. Distincté exprimēre. 指明 Tchŏ mīn.

**SPÉCIFIQUE**, s. m. Specificum remedium, ii, n. 妙方 Miaó fāng.

**SPÉCIMEN**, s. m. Specimen. 款式 Kouǎn chĕ̆.

**SPECTACLE**, s. m. Spectaculum, i, n. 戲 Hý. ‖ Donner un —. Edĕre —. 唱戲 Tchǎng hý. ‖ Servir de —. Aliis spectaculo esse. 兜人看 Teoū jên kân.

**SPECTRE**, s. m. Spectrum, i, n. 鬼怪 Koúy koúay, ou 醜形 Tcheǒu hīn. ‖ — (affreux à voir). Pallens homo. 像枯骨 Siáng kŏù koŭ, ou 瘦人 Seoú jên.

**SPÉCULER**, v. n. Speculāri. 預算後來生意 Yú souán heóu laỳ sēn ý. ‖ — sur les maux d'autrui. Rem suam ex malis public. facĕre. 乘米糧貴找錢 Chén mý leâng koúy tchaò tsiēn.

**SPERME**, s. m. Sperma, atis, n. 人精 Jên tsīh. 色水 Sĕ̆ choùy. 腎水 Chén choùy. ‖ Cordon spermatique. Funiculus —. 外腎精管血管 Ouáy chên tsīh kouān hiuĕ̆ kouān. ‖ Les vaisseaux spermatiques entrent dans l'urèthre. 精管由精囊入溺管 Tsīh kouān yeóu tsīh lâng joŭ niáo kouān.

**SPHÈRE**, s. f. Sphæra, æ, f. 圓球 Yuēn kieŏu. ‖ — armillaire. Armillaris. 渾天儀 Houēn tiēn nȳ, ou 璿璣 Kiuēn ký. ‖ — céleste. Cœlestis —. 天球 Tiēn kieŏu. ‖ Sortir de sa —. Modum transire. 過分 Kó fēn. ‖ —, c.-à-d. tenter au-dessus de ses forces. Majoris nido pennas extendĕre. 心大 Sīn tá, ou 出本地位 Tchŏu pên tý oúy.

**SPHÉRIQUE**, adj. Globosus. 圓的 Yuēn tў, ou 圓毬 Piēn kieŏu.

**SPIRALE** de montre, s. f. Spira, æ, f. 遊絲 Yeoŭ sē.

**SPIRITUALISER**, v. a. (extraire les substances spiritueuses). Defæcāre. ‖ — (s'il s'agit du vin). — pro vino. 烤 Kǎo. ‖ — (s'il s'agit du camphre). — pro camphorā. 升 Chēn.

**SPIRITUALITÉ**, s. f. Spiritualitas, atis, f. 無形 Oŭ hīn.

**SPIRITUEL, LE**, adj. Incorporalis. 無體的 Oŭ tў tў. ‖ —. Res animæ. 靈魂的事 Līm houēn tў sé. ‖ — (ingénieux). Ingeniosus. 心靈的人 Sīn līm tў jên, ou 精伶 Tsīn līn. ‖ — (fervent, dans le sens spirituel). Devotus. 熱切的 Jĕ̆ tsiĕ̆ tў.

**SPIRITUEUX**, s. m. pl. Spiritibus abundans. 有氣的 Yeoŭ ký tў.

**SPLEEN**, s. m. *Lenta tabes*. 憂氣病 Geoù kỳ pín.
**SPLENDEUR**, s. f. *Splendor, oris, m.* 光明 Kouāng mǐn. ‖ — (magnificence). *Magnificentia*. 光華 Kouāng hoâ, ou 體面 Tỳ mién. ‖ — (noblesse). *Nobilitas*. 富貴人家生的 Foù koùy jên kiā sēn tỳ, ou 有爵位的 Yeòu tsiŏ oúy tỳ.
**SPLENDIDE**, adj. *Splendidus*. 體面的 Tỳ mién tỳ.
**SPONGIEUX, SE**, adj. *Spongiosus*. 浸水的 Tsín choùy tỳ.
**SPONTANÉ, ÉE**, adj. *Spontaneus*. 心甘情願的 Sīn kān tsǐn yuén tỳ.
**SQUELETTE**, s. m. *Ossea forma, æ, f.* 骷髏像 Koù leóu siáng. 枯骨 Foŭ kŏu koŭ. 白骸 Pě hiây. ‖ C'est un vrai —. *Totus ossa pellisque est.* 像枯骨一樣 Siáng koŭ koŭ ỳ yáng.
**STABLE**, adj. *Stabilis*. 穩的 Ouèn tỳ. ‖ — (durable). *Firmus*. 長久的 Tchǎng kieoù tỳ.
**STADE**, s. f. (lieue, 360 pieds). *Leuca, æ, f.* 里 Lỳ.
**STAGNANT, E**, adj. *Stagnans*. 不流的 Poù lieòu tỳ. ‖ Affaires —. *Rerum cessatio*. 生意停了 Sēn ý tǐn leào.
**STALLE**, s. f. *Sedile, is, n.* 靠椅 Káo ỳ.
**STATION**, s. f. *Statio, onis, f.* 堂 Tǎng, ou 塘 Tǎng. ‖ — militaire. *Militaris* —. 汛地 Sín tý.
**STATIONNAIRE**, adj. *Immobilis*. 不動的 Poù tóng tỳ.
**STATISTIQUE**, s. f. *Recensio, onis, f.* 烟戶門牌 Yēn hoú mên pǎy. ‖ La dresser. *Facĕre* —. 點烟戶 Tièn yēn hoú.
**STATUAIRE**, s. f. *Ars statuaria*. 搠像之藝 Soù siáng tchē nỳ.
**STATUE**, s. f. *Statua, æ, f.* 石像 Chě siáng. ‖ Une —. *Una* —. 一座石像 Ỳ tsó chě siáng. ‖ — de bois des comédies. *Comediarum lignea* —. 傀儡 Koúy loùỳ. ‖ Muet comme une —. *Statuâ taciturnior*. 不出聲當木頭一樣 Poù tchǒu chên, tǎng moŭ teŏu ỳ yáng.
**STATUER**, v. a. *Statuĕre*. 定 Tín.
**STATURE**, s. f. *Statura, æ, f.* 品格 Pǐn kě. ‖ Grande —. *Alta* —. 身高 Chēn kaō.
**STATUT**, s. m. *Statutum, i, n.* 告示 Kaó ché. (*Voir les différentes espèces au mot Édit*.)
**STÉRILE**, adj. *Sterilis*. 荒的 Houāng tỳ. ‖ Terre —. *Humus* —. 荒田 Houāng tiên. ‖ Esprit —. *Ingenium infelix*. 下笨慢狠 Hiá pỳ mán hěn. ‖ Arbre —. *Arbor* —. 不結果的樹子 Poù kiě kŏ tỳ chóu tsè. ‖ Animal stérile. *Animal infecundum*. 不下愚的 Poù hiá tsày tỳ. ‖ Femme —. *Mulier sterilis*. 痂胎 Chě tǎy. ‖ Regrets —. *Inania desideria*. 悔後遲 Hoùy heoù tchě.
**STERNUM**, s. m. *Sternum, i, n.* 胸骨 Hiōng koŭ, ou 胯膛骨 Oúy tǎng koŭ.
**STIGMATE**, s. m. *Stigma, atis, n.* 五傷 Où chāng.

**STIMULANT**, s. m. (méd.) 補精神 Poù tsǐn chên.
**STIMULER**, v. a. *Stimulăre*. 催 Tsoŭy.
**STIPULATION**. s. f. *Stipulatio, onis, f.* 欵條 Kouǎn tiáo.
**STIPULER**, v. a. *Stipulăre*. 定約 Tín yŏ.
**STOÏQUE**, adj. *Austerus*. 嚴的 Niên tỳ, ou 無情人 Où tsǐn jên.
**STOMACHIQUE**, adj. *Stomacho aptus*. 開胃的 Kāy oúy tỳ, ou 暖胃 Louǎn oúy.
**STORE**, s. m. *Velum, i, n.* 簾子 Liên tsè.
**STRABISME**, s. m. *Strabonis morbus, i, m.* 眇眼 Miào yěn.
**STRANGURIE**, s. f. *Stranguria, æ, f.* 攏淋 Pǎy lǐn, ou 小便熱痛 Siaŏ pién jě tǒng.
**STAPHYLOME**, s. m. (terme de méd.). 凸眼珠 Tŏu yěn tchōu.
**STRATAGÈME**, s. m. *Stratagema, atis, n.* 詭計 Koùy kỳ. ‖ User de —. *Dolo uti*. 用詭計 Yŏng kouỳ kỳ.
**STRIBORD**, s. m. *Dextr. latus navis*. 船右邊 Tchouân yeóu piēn.
**STRICT, E**, adj. *Strictus*. 緊的 Kǐn tỳ, ou 恰合式的 Kiǎ hŏ chě tỳ.
**STROMBE**, s. f. (*Strombus*). 戒指螺 Kiáy tchě lŏ.
**STROPHE**, s. f. *Strophe, es, f.* 一叚詠 Ỳ touán yún.
**STRUCTURE**, s. f. *Structura, æ, f.* 修 Sieōu.
**STUDIEUX, SE**. adj. *Studiosus*. 好學的 Haŏ hiŏ tỳ.
**STUPÉFIER**, v. a. *Stupefacĕre*. 驚嚇 Kīn hě.
**STUPIDE**, adj. *Stupidus*. 愚的 Yû tỳ, ou 糊塗的 Hoû tŏu tỳ.
**STYLE**, s. m. *Stylus, i, m.* 文筆 Ouên pỳ. ‖ — oratoire. *Oratorius* —. 文章 Ouên tchāng. ‖ — sublime. *Sublimis* —. 深文 Chēn ouên, ou 高文 Kaō ouên. ‖ — forcé. *Contortus* —. 强文 Kiǎng ouên. ‖ — vif. *Vividus* —. 筆力雄壯 Pỳ lỳ hiōng tchouáng. ‖ — simple. *Simplex* —. 淺文 Tsiěn ouên. ‖ — moderne. *Modernus* —. 時文 Chê ouên. ‖ — antique. *Antiquus* —. 古文 Koù ouên. ‖ — clair. *Clarus* —. 文理透晰 Ouên lỳ teŏu tchě (ou Sỳ). ‖ — serré. *Spissus* —. 切文 Tsiě ouên.
**STYLÉ, ÉE**, adj. *Expers*. 會做的 Hoúy tsoú tỳ. ‖ — (exercé aux travaux manuels). *Manibus* —. 老脚手 Laŏ kiŏ cheoù.
**STYLET**, s. m. *Pugio, onis, m.* 腰刀 Yaō tāo.
**STYRAX**, s. m. (espèce de baume). 蘇荷油 Soŭ hŏ yeoû.
**SU, E**, adj. et part. *Notus*. 相知的 Siāng tchē tỳ. ‖ Au vu et — de chacun. *Luce ac palàm*. 明明的 Mǐn mǐn tỳ.
**SUAIRE**, s. m. *Sindon, onis, f.* 殮屍布 Liên chē poû.
**SUAVE**, adj. *Suavis*. 甜的 Tiên tỳ.
**SUBALTERNE**, adj. (inférieur). *Inferior*. 手下人 Chěou hiá jên.

SUBDÉLÉGUER, v. a. *Vices demandāre.* 着委 Tchŏ ouỷ.

SUBDIVISER, v. a. *Denuò dividĕre.* 再分 Tsaỷ fēn.

SUBIR, v. a. *Subire.* 在手下 Tsáy cheòu hiá. ‖ — la loi. *Legi se subjicĕre.* 伏法 Foŭ fă. ‖ — la peine. *Pœnas dăre.* 受罰 Cheoú fă. ‖ — un interrogatoire. *Ad interrog. respond.* 答應 Tă ýn, ou 回話 Houỷ hoá.

SUBIT, E, adj. *Subitus.* 忽然的 Foŭ jân tỷ.

SUBITEMENT, adv. *Subitò.* 忽然 Foŭ jân. ‖ Mourir —. *Subitò mori.* 忽然死 Foŭ jân sè.

SUBJONCTIF, s. m. *Subjunctivus, i, m.* 請言 Tsĭn yên.

SUBJUGUER, v. a. *Subigĕre.* 服下 Foŭ hiá. ‖ — les cœurs. *Animos sibi devincire.* 得人心 Tĕ jên sin.

SUBLIME, adj. *Sublimis.* 高的 Kaō tỷ, ou 文的 Ouên tỷ.

SUBMERGER, v. a. *Inundāre.* 水淹田地 Choùy yēn tiên tý. ‖ — (engloutir dans l'eau). *Submergĕre.* 沉下 Tchên hiá.

SUBORDINATION, s. f. *Rerum dispositio.* 大小的次序 Tá siào tỷ tsé siú. ‖ — (obéissance). *Obedientia.* 聽命 Tīn mín. ‖ Les — chinoises : 五倫 Où lên. 君臣 Kiūn tchên, entre le prince et le sujet; 父子 Foù foú, entre le père et le fils; 夫婦 Foū foú, entre les époux; 昆弟 Kouēn tỷ, entre les frères aînés et cadets; 朋友 Pŏng yeòu, entre les amis.

SUBORDONNER, v. a. *Res componĕre.* 安排 Gān pày.

SUBORNER, v. a. (porter à une action mauvaise). *Subornāre.* 引誘 Ỷn yeòu. ‖ — un témoin. *Testem —.* 買嚇人為証 Maỷ choŭ jên oúy tchên. ‖ — un juge. *Judicem donis —.* 進水 Tsín choùy. ‖ — une fille. *In stuprum virginem illicĕre.* 誘女犯姦 Yeòu niŭ fán kiēn.

SUBRÉCARGUE, s. m. *Procurator navis.* 班上 Pān cháng. 大班 Tá pān. 船客 Tchouân kĕ.

SUBREPTICE, adj. *Subreptus.* 哄騙得的 Hòng piēn tĕ tỷ.

SUBROGER, v. a. *Sufficĕre.* 替換 Tỷ houán.

SUBSIDE, s. m. *Subsidium, ü, n.* 扶助 Foŭ tsoú.

SUBSISTANCE, s. f. *Vitæ subsidia, orum, n.* 日用 Jĕ yóng, ou 用粮 Yóng leâng.

SUBSISTER, v. a. *Existĕre.* 在 Tsaỷ, ou 長久 Tchǎng kieòu. ‖ Avoir de la peine à —. *Vix se sustentāre.* 難過日子 Lân kó jĕ tsè.

SUBSTANCE, s. f. *Substantia, æ, f.* 體 Tỷ, ou 本質 Pèn tchĕ. ‖ Épuiser la — d'un champ. *Segetem defraudāre.* 枯田 Koŭ tiên. ‖ — sommaire. *Summa.* 略 Liŏ, ou 總 Tsòng. ‖ S'engraisser de la — du peuple. *Saginări sanguine civium.* 籠絡百姓的銀錢 Lŏng lŏ pĕ sín tỷ ŷn tsiên. ‖ En —. *Summatim.* — 總 Ỷ tsóng, ou 一共 Ỷ kóng.

SUBSTANTIEL, LE, adj. (qui concerne la substance). *Ad substantiam rei pertinens.* 體的 Tỷ tỷ. ‖ Ce qu'il y a de — dans les aliments. *Quod in cibis succi plenius est.* 養人的 Yàng jên tỷ.

SUBSTANTIF, s. m. *Substantivum, i, n.* 體名 Tỷ mín. ‖ Verbe —. *Verbum —.* 體言 Tỷ yên.

SUBSTITUER, v. a. *Substituĕre.* 替換 Tỷ houán.

SUBSTITUT, s. m. *Præcognitor regius.* 署印 Choŭ ýn.

SUBTERFUGE, s. m. *Subterfugium, ü, n.* 遮盖的話 Tchĕ kaỷ tỷ hoá.

SUBTIL, E, adj. *Subtilis.* 微的 Oúy tỷ, ou 細的 Sý tỷ. ‖ Ouïe —. *Acutæ aures.* 耳躲尖 Eŭl tō tsiēn. ‖ Palais —. *Palatum subtile.* 口味正 Keòu oúy tchên. ‖ Esprit —. *Acutum ingen.* 精伶的 Tsīn lîn tỷ. ‖ Invention —. *Inventum subtile.* 奇事 Kỷ sé. ‖ Venin —. *Rapidum venenum.* 毒藥利害 Toŭ yŏ lỷ haỷ. ‖ Mains —. *Manus furaces.* 手脚不乾凈 Cheòu kiŏ poŭ kān tsín.

SUBTILISER, v. a. (rendre plus subtil). *Extenuāre.* 劇海 Tsān pô. ‖ — (raffiner sur une chose). *Subtil. disputāre.* 辯得深奥 Pién tĕ chēn gaó.

SUBTILITÉ, s. f. *Subtilitas, atis, f.* 細膩 Sý lỷ, ou 明敏 Mîn mìn. ‖ — (ruse). *Calliditas.* 奸詐 Kiēn tchá.

SUBVENIR, v. a. *Subvenire.* 幫扶 Pāng foŭ. ‖ — à un pauvre. *Pauperi —.* 賑貧 Tcháng pîn. ‖ — (pourvoir à la dépense). *Sumptus suppeditāre.* 出用費 Tchŏu yóng feỷ.

SUBVENTION, s. f. *Subsidium pecuniarium.* 賑濟 Tcháng tsỷ.

SUBVERTIR, v. a. *Evertĕre.* 打倒 Tă taò.

SUC, s. m. *Succus, i, m.* 汁水 Tchĕ choùy. ‖ — gastrique. 胃津液 Oúy tsín yé. ‖ — pancréatique. 甜肉汁 Tiên joù tchĕ.

SUCCÉDER, v. n. *Succedĕre.* 接位 Tsiĕ oúy, ‖ — (réussir). *Succedĕre.* 順遂 Chuén siŭ, ou 得成 Tĕ tchêň. ‖ Se —. *Succedĕre.* 相接 Siāng tsiĕ. ‖ — au trône. *In thronum.* 繼續 Ký tòng, ou 嗣位 Tsé oúy.

SUCCÈS, s. m. *Eventus, ūs, m.* 順事 Chuén sé. ‖ — bon. *Prosper —.* 順事 Chuén sé. ‖ — mauvais. *Infelix —.* 逆事 Nỷ sé.

SUCCESSEUR, s. m. *Successor, oris, m.* 接位的 Tsiĕ oúy tỷ.

SUCCESSIF, VE, adj. *Continuus.* 不斷的 Poŭ touán tỷ, ou 相繼 Siāng ký.

SUCCESSION, s. f. *Series, ei, f.* 不斷的 Poŭ touán tỷ. ‖ — d'années. *Annorum —.* 歷年 Lỷ niên. ‖ — (héritage). *Hæreditas.* 家業 Kiā niĕ. ‖ En avoir une. *Hæreditatem accipĕre.* 受家業 Cheoú kiā niĕ. ‖ — de générations. *Generationum series.* 歷世 Lỷ ché.

**SUCCESSIVEMENT**, adv. *Per vices*. 互相 Foŭ siāng, ou 輪流 Lên lieôu.
**SUCCINCT**, E, adj. *Brevis*. 短的 Toŭan tў.
**SUCCINCTEMENT**, adv. *Breviter*. 略的 Liŏ tў. || *Dire* —. *Breviter dicĕre*. 略說 Liŏ chŏ.
**SUCCOMBER**, v. n. *Onere opprimi*. 壓倒 Yă tào. || — à la tentation. *Tentationi succumbĕre*. 勝不過誘感 Chên poŭ kó yeòu kàn. || — (être vaincu, c.-à-d. perdre courage). *Vinci*. (Fig.). 死心 Sè sīn, ou 失望 Chĕ ouáng.
**SUCCUBE**, s. m. *Succubus dæmon*. 狐狸精 Hoŭ lỳ tsīh.
**SUCCULENT**, E, adj. *Succi plenus*. 養人的 Yăng jên tў, ou 有味道的 Yeòu oúy taó tў.
**SUCER**, v. a. *Sugĕre*. 嗜 Tsīo. || — le sang. *Sanguinem* —. 咂 Tsă. || — quelqu'un. *Emungĕre aliq. argento*. 籠絡別人錢財 Lóng lŏ piĕ jên tsiên tsăy.
**SUCRE**, s. m. *Saccharum, i, n.* 糖 Tăng. || — brut. *Incoctum* —. 黃糖 Houáng tăng. || — raffiné. *Excoctum* —. 白糖 Pĕ tăng. || — en poudre. *In pulvere* —. 沙糖 Chā tăng. || — en pain. *Meta* —. 碗耳糖 Ouàn eùl táng. || — candi. *Pellucidum* —. 冰糖 Pīn tăng. || — de maïs. *Turcicum* —. 蔗糖 Mă tăng. || Faire du —. *Coquĕre*. 熬糖 Gaô tăng. || Le raffiner. *Purificāre*. 升糖 Chēn tăng.
**SUCRER**, v. a. *Condire saccharo*. 放糖 Făng tăng.
**SUCRERIE**, s. f. *Officina sacch.* 糖房 Tăng fâng. || — (douceur au sucre). — *bellaria*. 糖食 Tăng chĕ.
**SUD**, s. m. *Auster, tri, m.* 南方 Nân fāng.
**SUDORIFIQUE**, adj. *Sudatorius*. 發表之劑 Fă piào tchē tsў.
**SUÈDE**, s. f. || Royaume de —. *Suecia, æ, f.* 監旗國 Kiēn kў kouĕ.
**SUER**, v. n. *Sudāre*. 出汗 Tchŏu hán. || — à grosses gouttes. *Sudore manāre*. 流汗 Lieôu hán. || — du sang. *Sanguine sudāre*. 出汗血 Tchŏu hán hiuĕ. || — le crime. *Scelus anhelāre*. 無所不爲 Oŭ sò poŭ ouỳ. || — sang et eau. *Nervis omnib. contendĕre*. 費力 Feỳ lў.
**SUEUR**, s. f. *Sudor, oris, m.* 汗水 Hán chouỳ. || Essuyer la —. — *tergĕre*. 揩汗水 Kiăy hán chouỳ. || Arrêter la —. — *sistĕre*. 止汗 Tchè hán. || — des murailles. *Parietum aspergĭnes*. 回潮 Hoŭy tchâo.
**SUFFIRE**, v. n. *Sufficĕre*. 彀 Keoŭ. || — à un travail. *Suppeditāre operi*. 攪得贏 Kiào tĕ ўn. || Ne pouvoir y —. *Non posse* —. 攪不贏 Kiào poŭ ўn. || Cela —. *Hoc satis est*. 彀了 Keoŭ leào.
**SUFFISANCE**, s. f. *Copia, æ, f.* 有多 Yeoŭ tō, ou 彀了 Keoŭ leào. || — (vanité). *Arrogantia*. 自天 Tsé tá, ou 高傲 Kaō gaó. || Avoir de la —. *Arrogans esse*. 有驕傲 Yeoŭ kiaō gaó.

**SUFFISANT**, E, adj. *Sufficiens*. 彀的 Keoŭ tў, ou 可以的 Kŏ ў tў. || Faire le—. *Sui inflatus esse*. 自恃 Tsé chĕ. ou 自滿 Tsé màn. || Ce crime est plus que — pour le faire condamner. *Hoc scelus satis superque est ut damnetur*. 要斬他這一个罪就彀了 Yáo tchàn tā' tchĕ ў kó tsoúy tsieóu keóu leào.
**SUFFOQUER**, v. a. *Suffocāre*. 捫口 Mên keŏu. 哽死 Kèn sè. 厭殺 Yă chă. || — un enfant dans son lit. *Infantulum in lecto* —. 壓死嬰孩 Yă sè ўn hiăy. || — dans l'eau. *In aquā* —. 淹殺 Yèn chă. || — (passif). *Suffocāri*. 哽死 Kèn sè.
**SUFFRAGANT**, s. m. *Suffraganeus*. 下屬官 Hiá choŭ kouān.
**SUFFRAGE**, s. m. *Suffragium, ii, n.* 點卣 Tièn cháng, ou 保舉 Paò kiù. || Le donner. *Ferre* —. 保舉人 Paò kiù jên, ou 舉薦人 Kiù tsiēn jên. || Le refuser. *Non ferre* —. 不保舉人 Poŭ paò kiù jên. || Droit de le donner. *Jus* —. 保舉人之理 Paò kiù jên tchĕ lў.
**SUGGÉRER**, v. a. *Suadēre*. 勸 Kiuēn, ou 提醒 Tў sīn.
**SUGGESTION**, s. f. *Sollicitatio, onis, f.* 勾引 Keōu ўn, ou 迷惑 Mў houáy.
**SUICIDE**, s. m. *Sui ipsius occisio, onis, f.* 自殺 Tsé chă, ou 自盡 Tsé tsín.

Différents genres de suicide.

| | | |
|---|---|---|
| 1° | 自縊 | Tsé ў. S'étrangler. |
| 2° | 自刎 | Tsé ouàn. Se couper la gorge, ou vulgairement : 摩脖子 Mò pŏ tsè. |
| 3° | 服毒 | Foŭ toù. S'empoisonner. |
| 4° | 投水 | Teŏu chouỳ. Se noyer. |
| 5° | 喫鴉片煙 | Tchĕ yă piēn yēn. Manger de l'opium. |
| 6° | 喫金 | Tchĕ kīn. De l'or. |
| 7° | 自經 | Tsé kīn. Se suspendre. |
| 8° | 自縊 | Tsé ў. Id. |
| 9° | 自絞 | Tsé kiáo. Id. |

**SUIE**, s. f. *Fuligo, inis, f.* 煙子 Yēn tsè.
**SUIF**, s. m. *Sebum, i, n.* 膏 Kāo. || Arbre à —. *Styrax*. 臼木 Kieóu moŭ.
**SUINTER**, v. n. *Stillāre*. 出水珠 Tchŏu chouỳ tchoū.
**SUITE**, s. f. *Comitatus, ùs, m.* 伴送的人 Poŭ sóng tў jên, ou 跟隨 Kēn soúy. || — impériale. *Regius* —. 扈從 Tchè tsóng || — (ordre). *Ordo*. 次序 Tsé siú. || — d'arbres. *Arborum series*. 一排樹子 ў pây choŭ tsè. || — des temps. *Temporis decursus*. 歷代 Lў táy. || — (continuation). *Connexio*. 接連 Taiĕ liên. || Qui est de —. *Uno contextu*. 接連的 Teiĕ liên tў. || Cinq jours de —. *Per dies continuos*. 一連五天 Ў liên oŭ tiēn. || — (issue, succès). *Eventus*. 事情 Sé tsīh. || Voir les causes et leurs —. *Causas et consecut.*

## SUI　　　　　SUP　　413

*vidēre*. 知物之本末 Tchē oŭ tchē pèn mŏ. ‖ Tout de —. *Continuò*. 不斷 Poŭ touán, ou 當時 Táng chē. ‖ En—. *Deinceps*. 後 Heóu, ou 後頭 Heóu teŏu. ‖ Dans la —. *Posthæc*. 以後 Y̆ heóu. ‖ A la —. *Posteà*. 後 Heoú.

**SUIVANT**, prép. *Juxtà*. 依 Y̆. ‖ — la coutume. *Secundùm morem*. 依俗風 Y̆ fōng siōu. ‖ — que. *Prout*. 倫 Lén.

**SUIVANT, E**, adj. *Subsequens*. 隨後的 Soûy heoú ty̆. ‖ Jour —. *Dies* —. 第二天 Ty̆ eùl tiēn.

**SUIVANTE**, s. f. *Famula, æ, f*. 丫頭 Yā teŏu.

**SUIVI, E**, adj. *Comitatus*. 跟隨的 Kēn soûy ty̆. ‖ Discours —. *Oratio cohærens*. 有頭緒的話 Yeoù teŏu siú ty̆ hoá.

**SUIVRE**, v. a. *Sequi*. 隨 Soûy̆. ‖ — de loin. *Sequi magno intervallo*. 遠遠跟着走 Yuèn yuèn kēn tchŏ tseòu. ‖ La peine — de près le crime. *Culpam pœna premit comes*. 有罪必有罰 Yeoù tsoúy py̆ yeòu fă. ‖ — (imiter). *Imitāri*. 效法 Hiáo fă. ‖ — les anciens. *Antiq. prosequi*. 法古 Fă koù. ‖ — le parti de quelqu'un. *Alic. partes sequi*. 投一邊 Teoú y̆ piēn. ‖ — les conseils. *Consiliis parère*. 依人勸 Y̆ jēn kiuèn. ‖ — sa passion. *Cupiditati* —. 隨私慾 Soûy sē yŏu. ‖ — (succéder). *Subsequi*. 相連 Siāng liēn. ‖ Se —. *Sibi succedère*. 在下 Tsáy hiá.

**SUJETS**, s. m. pl. *Subjecti*. 百姓 Pĕ sìn. 民 Mín. 庶人 Choù jēn.

**SUJET, E**, adj. *Obnoxius*. 相繫 Siāng ky̆. ‖ — au vin. *Vino deditus*. 好酒的 Haò tsieòu ty̆. ‖ Être — de quelqu'un. *Alicui subjectus*. 在人手下 Tsáy jēn cheòu hiá.

**SUJET**, s. m. (cause, motif). *Causa, æ, f*. 緣故 Yuén koù. ‖ Donner un — de plaintes. *Querendi ansam dăre*. 兜人報怨 Teōu jēn paó yuén. ‖ Prendre —. *Causāri*. 推諉 Toŭy oúy. ‖ Avec —. *Meritò*. 有緣故 Yeòu yuén koú. ‖ Sans —. *Immeritò*. 無故 Où koú. ‖ Pour quoi —? *Quam ob causam*? 爲何 Oúy hô. ‖ — (matière). *Argumentum*. 題目 Ty̆ moù. ‖ S'écarter du —. *A proposito discedĕre*. 打野話 Tă yè hoá, ou 犯題 Fán ty̆. ‖ Y revenir. *Ad propos. redīre*. 再說 Tsáy chŏ, ou 且說 Tsiĕ chŏ. ‖ — (personne) distingué. *Vir eximius*. 君子 Kiūn tsè, ou 豪傑 Haó kiĕ.

**SUJÉTION**, s. f. *Subjectio, onis, f*. 在人手下 Tsáy jēn cheòu hiá. ‖ Être dans la —. *Sub imperio esse*. 在人手下 Tsáy jēn cheòu hiá. ‖ Tenir quelqu'un dans la —. *Severiore disciplinâ tenēre*. 管得緊 Kouàn tĕ kìn.

**SULFATE DE FER**, s. m. (terme de chimie : couperose verte). 綠礬 Loŭ fân.

**SUPERBE**, adj. *Superbus*. 驕傲的 Kiāo gaó ty̆. ‖ — (magnifique). *Magnificus*. 體面的 Ty̆ mién ty̆, ou 美的 Mèy ty̆.

**SUPERCHERIE**, s. f. *Fallacia, æ, f*. 詭計 Kouỷ ky̆. ‖ Faire une — à quelqu'un. *Dolum moliri*. 哄人 Hòng jēn. ‖ En être la dupe. *Dolum pati*. 受哄 Cheóu hòng.

**SUPERÉROGATION**, s. f. *Reliquum, i, n*. 餘剩 Yû chén.

**SUPERFICIE**, s. f. *Superficies, ei, f*. 面皮 Mién py̆, ou 浮面 Feôu mién. ‖ S'arrêter à la —. *In cortice rerum hærēre*. 單看皮面 Tān kán py̆ mién.

**SUPERFICIEL, LE**, adj. *Superficialis*. 外面的 Ouáy mién ty̆. ‖ Connaissance —. *Levis scientia*. 學問淺的 Hiŏ ouén tsièn ty̆.

**SUPERFLU, E**, adj. *Supervacuus*. 餘剩的 Yû chén ty̆. ‖ Ne rien dire de —. *Non esse nimius in verbis*. 言不虛發 Yên poŭ hiū fă, ou 不說空話 Poŭ chŏ kŏng hoá.

**SUPÉRIEUR, E**, adj. *Superior*. 在上的 Tsáy cháng ty̆. ‖ — en science. *Scientiâ præstans*. 才學更高 Tsáy hiŏ kén kaō. ‖ — en vertu. *Virtute* —. 德行更大 Tĕ hîn kén tá.

**SUPÉRIEUR**, s. m. *Superior, oris, m*. 長上 Tchàng cháng, ou 官長 Kouān tchàng. ‖ — d'un couvent d'hommes (des bonzes). 方丈 Fāng tchàng. ‖ — (des Táo). 觀主 Kouān tchŏu. ‖ De femmes. 尼姑 Ny̆ koū, ou 師姑 Sē koū.

**SUPÉRIORITÉ**, s. f. *Auctoritas, atis, f*. 權 Kiuên, ou 當長上 Tāng tchàng cháng. ‖ — (dignité). *Præpositi munus*. 任 Jèn. ‖ —. *Excellentia*. 出衆 Tchŏu tchóng.

**SUPERINTENDANT**, s. m. *Proregis adjutor, oris, m*. 主手的 Tchòu cheòu jēn, ou 代管 Táy kouàn.

**SUPERLATIF**, s. m. *Superlativus*. 加上的 Kiā cháng ty̆. Le — en tant que degré de comparaison s'exprime par les adjectifs ordinaires, auxquels on ajoute l'un des mots suivants : 至 Tché, 最 Tsoúy, 極 Ky̆, 得狠 Tĕ hèn.

**SUPERSTITIEUX, SE**, adj. *Superstitiosus*. 做異端的 Tsoú ý touān ty̆.

**SUPERSTITION**, s. f. *Superstitio, onis, f*. 異端 Ý touān.

**SUPIN**, s. m. — d'un verbe. *Supinum, i, n*. 通語 Tŏng yù, ou 倒句 Taò kiú.

**SUPPLANTER**, v. a. (donner le croc en jambe). *Supplantāre*. 打靠脚 Tă kaó kiŏ. ‖ — (prendre la place d'un autre). *Munus præripĕre*. 先占缺 Siēn tchán kiuĕ.

**SUPPLÉANT**, s. m. *Vices gerens*. 代位 Táy oúy, ou 署印 Choù ýn.

**SUPPLÉER**, v. a. *Supplēre*. 補 Poŭ. ‖ — les cérémonies. *Cæremonias* —. 補禮 Poŭ lỷ.

**SUPPLÉMENT**, s. m. *Complementum, i, n*. 後補 Heóu poŭ, ou 補缺 Poŭ kiuĕ.

**SUPPLIANT, E**, adj. *Supplex*. 懇求的 Kèn kieŏu ty̆.

**SUPPLICE**, s. m. *Supplicium, ii, n*. 刑罰 Hîn fă. ‖ Souffrir des —. *Suppl. perferre*. 受刑 Cheóu hîn. ‖ Être puni du dernier —. *Capite pœnas dăre.* 受斬刑 Cheóu tchàn hìn. ‖ Lieu du —. 法塲 Fă tchăng. ‖ Exposer le cadavre d'un supplicié. 肆陣 Sé tchén.

Les cinq supplices anciens dont il est question dans le 孝經 Hiáo kīn (ou livre sacré de la piété filiale) sont : 1° une marque au front; 2° l'amputation du nez; 3° celle du pied ou du nerf du jarret; 4° la castration; 5° la mort.

Instruments et genres de supplices chinois :

| | | | |
|---|---|---|---|
| 1° | 竹板子 | Tchoŭ pàn tsè. | Verges en bambous. |
| 2° | 皮掌子 | Pỹ tchàng tsè. | Bandelettes de cuir. |
| 3° | 枷 | Kiā. | La cangue. |
| 4° | 萬年枷 | Ouán niēn kiā. | La cangue perpétuelle. |
| 5° | 脚鐐 | Kiŏ leáo. | Les ceps. |
| 6° | 手鈕 | Cheòu nieòu. | Les menottes. |
| 7° | 站籠 | Tchán lòng. | La cage de suspension. |
| 8° | 夾棍 | Kiă kouèn. | Torture des pieds. |
| 9° | 拶指 | Tsán tchè. | Torture des mains. |
| 10° | 打板子 | Tà pàn tsè. | |
| 11° | 揪螺螄骨 | Tchoŭy lŏ sē koŭ. | La suspension. |
| 12° | 絞 | Kiăo. | La strangulation. |
| 13° | 斬 | Tchàn. | La décollation. |
| 14° | 凌遲 | Lìn tchě. | |
| 15° | 徒 | Toŭ. | L'exil en Chine. |
| 16° | 流 | Lieòu. | L'exil hors la Chine. |
| 17° | 杖 | Tchàng. | Le fouet. |
| 18° | 剮 | Koŭa. | Être découpé en morceaux. |
| 19° | 正典行 | Tchēn tièn hìn. | Pour les mandarins. |
| 20° | 腐刑 | Foŭ hìn. | Supplice de la castration. |
| 21° | 刖脚 | Yuĕ kiŏ. | Amputation d'une jambe. |
| 22° | 刵 | Eùl. | Amputation d'une oreille. |
| 23° | 劓 | Ý. | Amputation du nez. |
| 24° | 剠 | Kǐn. | Impression du fer chaud. |

SUPPLIER, v. a. *Supplicāre.* 懇求人 Kěn kieòu jên.
SUPPLIQUE, s. f. *Supplicatio, onis, f.* 懇呈 Kěn tchén. ‖ — à l'Empereur pour repousser une calomnie. 上民本伸寃 Cháng mǐn pèn chēn yuēn.
SUPPORT, s. m. *Fulcrum, i, n.* 撑子 Tchàng tsè.
SUPPORTER, v. a. *Sustinēre.* 受 Cheóu, ou 當 Tāng. ‖ Difficile à —. *Toleratu difficilis.* 難當 Lân tāng.
SUPPOSÉ, adj. (mis en la place d'un autre). *Suffectus.* 替換的 Tý houán tý. ‖ Crime —. *Imputatum crimen.* 誣賴的罪 Oū lay tý tsoŭy. ‖ Celui à qui on le —. *Falso accusatus.* 寃曲 Yuēn kiŏu.
SUPPOSER, v. a. *Supponēre.* 比如 Pỹ joŭ, ou 比方 Pỹ fāng. ‖ —, c.-à-d. conjecturer. *Conjicěre.* 猜 Tsāy. ‖ 慮 Toŭ. 估量 Koŭ leáng. ‖ Supposons que quelqu'un emprunte un capital de 200 taëls. 假如有人

借去本銀二百兩 Kiă joŭ yeòu jên tsiĕ kiŭ pèn ỹn eùl pě leàng. ‖ — un nom. *Nomen usurpāre.* 冒名 Maó mìn. ‖ — que. *Pone.* 若是 Jŏ ché.
SUPPOSITION, s. f. *Suppositio, onis, f.* 比 Pỹ. ‖ Faire une —. *Supponēre.* 設比喻 Chě pỹ yú.
SUPPÔT, s. m. *Fautor, oris, m.* 為首 Oŭy cheòu. ‖ — de la révolte. *Rebellionis* —. 反頭 Fàn teòu. ‖ — de l'enfer. *Inferni* —. 鬼王 Koŭy ouàng.
SUPPRIMER, v. a. *Suppriměre.* 滅 Kièn, ou 禁止 Kīn tchě. ‖ — une charge. *Munus abolēre.* 罷職 Pá tchě. ‖ — un impôt. *Tributum* —. 免糧 Mièn leàng. ‖ — (taire). *Tacēre.* 不說 Poŭ chŏ.
SUPPURER, v. n. *Suppurāre.* 流膿 Lieòu lông. ‖ L'abcès —. *Pus exit è vomicá.* 瘡流膿 Tchouăng lieòu lông.
SUPPUTER, v. a. *Supputāre.* 算 Souán.
SUPRÉMATIE, s. f. ‖ — (droit du Souverain Pontife). *Jus supremum summi Pontificis.* 宗牧之全權 Tsōng moŭ tchē tsuên kiuēn.
SUPRÊME, adj. *Supremus.* 至大 Tché tá, ou 至極 Tché kỹ.
SUR, prép. *Suprá.* 上 Cháng, ou 上頭 Cháng teòu.

Cette préposition 上 Cháng se place communément en chinois après le mot qu'elle précède en français, v. g. sur la main. 在手上 Tsaý cheòu cháng. Sur la table. 在桌子上 Tsaý tchŏ tsè cháng. Souvent aussi on ne l'exprime pas en chinois. Avoir vue sur la mer, sur la place, se tourne par regarder la mer, regarder la place, etc. 向海 Hiáng hày, 向街 Hiáng kāy.

Lorsque *sur* signifie tout proche, tout près, on l'exprime en chinois par ces derniers mots : attenant, joignant à : v. g. ville sur le Yâng tsè kiāng, on dira ville joignant, attenant au fleuve du Yâng tsè kiāng.

Lorsque *sur* signifie vers, environ, *sub*, *circá*, tantôt il ne s'exprime pas, v. g. sur la droite 右邊 Yeóu piēn, tantôt il s'exprime par 要 Yáo, ou par 差不多 Tchă poŭ tō. Ex. : Sur le minuit. *Mediá feré nocte.* 要來半夜 Yáo lay pán yé. Être sur son départ. *Parāre profectum.* 要起身 Yáo kỹ chēn.

Sur marquant la supériorité, l'avantage, l'excuse, ne s'exprime pas en chinois. S'excuser sur sa faute. *Excusāre valetud.* 退病 Toŭy pín. Je prends la chose sur moi. *Culpam præsto.* 是我的事 Ché ngŏ tỹ sé. ‖ Sur le champ. *Ex tempore.* 當時 Tāng chě. Sur ces entrefaites. *Interim.* 那時 Là chě.

SÛR, E, adj. *Certus.* 一定的 Ỹ tín tỹ. ‖ Donner comme —. *Pro certo dicěre aliq.* 說一定 Chŏ ỹ tín. ‖ L'affaire est —. *Res in tuto est.* 事情穩了 Sé tsǐn ouèn leào. ‖ A coup —. *Certò.* 一定 Ỹ tín.

Être — de quelqu'un. *Scire aliquem fide plenum.* 曉得一定他是忠心人 Hiào tě ў tín tā' ché tchóng sīn jên.‖Ne l'être pas. *Scire aliquem infidelem esse.* 曉得一定他不是忠心人 Hiào tě ў tín tā' poŭ ché tchóng sīn jên.‖Savoir d'une manière —. *Certò scire.* 曉得一定 Hiào tě ў tín.‖Lieu —. *Locus tutus.* 穩處 Ouèn tchôu. ‖— (fidèle). *Fidus.* 忠心 Tchōng sīn.‖Ami —. *Fidelis amicus.* 忠心朋友 Tchōng sīn pŏng yeòu.

SURABONDER, v. n. *Redundāre.* 豐盛 Fōng chén.

SURACHETER, v. a. (acheter plus cher que cela ne vaut). *Carùis emĕre.* 買貴得狠 May koŭy tě hèn.

SURANNÉ, ÉE, adj. *Exoletus.* 故舊的 Koù kiéou tў.‖Mode —. *Mos —.* 古規 Koŭ koŭy.

SURCHARGER, v. a. *Aliq. nimio onere premĕre.* 放得重 Fáng tě tchóng.‖— de travail. *Labore gravāre aliq.* 派重活路 Pȁy tchóng hô loú.

SURCROÎT. s. m. *Accessio, onis, f.* 再加 Tsaý kiā.

SURCROÎTRE, v. a. (augmenter le prix des denrées). *Annonam incendĕre.* 抬粮價 Táў leâng kiá.

SURDENT, s. f. (dent hors de rang). *Brochus dens.* 包牙 Paô yâ

SURDITÉ, s. f. *Surditas, atis, f.* 聾 Lông.

SUREMENT, adv. *Certo.* 一定 Ў tin.‖Cela arrivera —. *Id certò futurum est.* 後來一定有那个事 Heóu laў ў tín yeòu lá kó sé.

SURENCHÉRIR, v. a. *Liceri.* 爭買 Tsēn maў.

SURÉROGATION, s. f. *Opus quod quis ultro fit ultrà officium.* 無本分做的 Oú pèn fén tsoù tў. 多餘的 Tō yû tў. 不關巴事 Poù kouān kў sé.

SÛRETÉ, s. f. *Securitas, atis, f.* 穩當 Ouèn táng, ou 保護 Paò hoù.‖Songer à sa —. *Suæ saluti consulĕre.* 顧性命 Koú sín mín.‖En — de conscience. *Salvā religione.* 不傷良心 Poŭ chāng leâng sīn.‖— (caution). *Cautio.* 小心 Siào sīn, ou 保人 Paò jên. En prendre. *Sibi cautionem adhibĕre.* 謹防 Kĭn fâng, ou 請人保 Tsĭn jên paò.

SURFACE, s. f. *Superficies, ei, f.* 面子 Miēn tsé, ou 浮頭 Feôu teôu.

SURFAIRE, v. a. *Pluris æquo petĕre.* 高抬價錢 Kaō táў kiá tsiên.

SURGIR, v. n. (s'élever). *Surgĕre.* 長起來 Tchăng kў laў.

SURHUMAIN, E, adj. *Surhumanus.* 超性的 Tchaô sín tў.

SURINTENDANT, s. m. *Prorex, egis, m.* 總官 Tsòng kouān.‖— (fidèle). 主守的 Tchoù cheôu tў.‖監藍的 Kiēn lân tў.‖— du trésor. *Summus ærarii præfectus.* 庫大使 Koù tá ché.‖— des travaux. *Laborum —.* 督工 Toŭ kōng.

SURLENDEMAIN, s. m. *Tertius dies.* 後天 Heóu tiēn.

SURMONTER, v. a. *Superāre.* 超 Tchaô, ou 勝 Chēn.‖— sa colère. *Iram comprimĕre.* 忍氣 Jèn kў, ou 息怒 Sў loú.‖Un travail opiniâtre — tout. *Labor improbus vincit omnia.* 勤天下無難事 Ў kĭn tiēn hiá oŭ lân sé.‖Se —. *Vincĕre se.* 克巳 Kě kў.

SURNAGER, v. n. *Supernatāre.* 漂 Piaó, ou 浮水上頭 Feôu choŭy cháng teôu.

SURNATUREL, LE, adj. *Supernaturalis.* 超性的 Tchaô sín tў.‖Vertus —. *Virtutes —.* 超性的德 Tchaô sín tў tě.

SURNATURELLEMENT, adv. (selon l'ordre surnaturel). *Divinitùs.* 依信德之光 Ў sín tě tchē kouāng.‖Agir en tout —. *Omnia ex fidei motivo facĕre.* 做各樣的事依道信德之光 Tsoù kŏ yáng tў sé ў taó sín tě tchē kouāng, ou bien encore 做各樣的事爲天主的榮光 Tsoù kó yáng tў sé oùy Tiēn-Tchoù tў yûn kouāng.

SURNOM, s. m. *Agnomen, inis, n.* 字號 Tsé haó.

Le surnom est un titre que l'on reçoit en Chine, à l'âge de puberté, en prenant le bonnet civil. Il y a ordinairement une petite fête de famille à cette occasion-là. Ce titre se compose de deux caractères, qui forment un sens. C'est ce titre que l'on prend dans les écrits et actes extérieurs. (Pour plus de détails voir les mots Noms et Prénoms.)

SURNOMMER, v. a. — *imponĕre.* 與人取號 Yù jên tsiŭ haó.

SURPASSER, v. a. *Superāre.* 超 Tchaô.‖— ses condisciples. *Condiscipulos —.* 在學堂他超群 Tsaý hiŏ tâng tā' tchaô kiŭn.‖— l'attente générale. *Omnium expectationem —.* 超過人望 Tchaô kó jên ouáng.‖Se —, c.-à-d. se vaincre. *Se vincĕre.* 克巳 Kě kў.

SURPLIS, s. m. *Superpelliceum, i, n.* 短白衣 Touàn pĕ' ў.

SURPLUS, s. m. *Reliquum, i, n.* 餘物 Yû où.‖Au —. *Cæterùm.* 另外 Lín ouáў, ou 格外 Kě ouáў.

SURPRENANT, E, adj. *Mirus.* 奇妙的 Kў miáo tў.‖— (étrange). *Non communis.* 古怪 Koŭ kouáў.

SURPRENDRE, v. a.‖— quelqu'un dans un crime. *Deprehendĕre aliq. in crimine.* 撞着他作惡 Tchouáng tchŏ tā' tsŏ ngŏ.‖— (c.-à-d. venir sans être attendu. *Subitò venire.* 忽來 Hoŭ laў.‖Le jour le — *Lux eum oppressit.* 忽然天明 Hoŭ jân tiēn mín.‖— quelqu'un, c.-à-d. le tromper. *Aliq. decipĕre.* 哄人 Hōng jên.‖— (obtenir par ruse). *Dolo obtinĕre.* 哄得 Hōng tě.‖— (étonner). *Aliq. percellĕre.* 兜人驚訝 Teōu jên kīn yâ.

SURPRIS, E, adj. et part. (pris sur le fait). *Manifestò deprehensus.* 撞着了的 Tchouáng tchŏ leào tў.‖— par une maladie. *Morbo interceptus.* 忽然得病 Hoŭ jân tě pín.‖— (trompé). *Dolo circumventus.* 受了哄 Cheóu leào hòng.‖— (étonné). *Stupefactus.* 驚呼的 Kīn yâ tў.

**SURPRISE**, s. f. *Res inopinata.* 偶然的事 Geoù jân tỷ sé. ‖ — (erreur). *Error.* 錯 Tsŏ́. ‖ — (fraude). *Dolus.* 詭計 Koùy ký.

**SURSAUT**, s. m. *Subitus timor.* 忽然驚 Hoû jân kīn. ‖ S'éveiller en —. *Somno excuti.* 忽然驚醒 Hoû jân kīn sīn.

**SURSEOIR**, v. a. *Differre.* 緩 Houàn.

**SURSIS**, s. m. *Dilatio, onis, f.* 緩 Houàn. ‖ — pour l'exécution d'un condamné. *Dilatio sententiæ.* 監候 Kiēn heoú. ‖ Sans — pour l'exécution d'un condamné. *Sine dilatione —.* 立決 Lỷ kiuĕ.

**SURTOUT**, adv. *Maximè.* 頭一宗 Teŏu ỷ tsōng.

**SURVEILLER**, v. n. *Advigilāre.* 看守 Kǎ́n cheòu.

**SURVENDRE**, v. a. *Justo carius vendĕre.* 貴賣 Koúy máy.

**SURVENIR**, v. n. *Supervenīre.* 偶然來 Geoù jân laỷ, ou 遇着 Yú tchŏ.

**SURVIVANT, E**, adj. *Superstes.* 還在 Houàn tsáy.

**SURVIVRE**, v. n. *Superstes esse.* 還在 Houàn tsaỷ.

**SUS (EN)**, prép. *Insuper.* 另外 Lín ouáy, ou 格外 Kĕ́ ouáy.

**SUSCEPTIBLE**, adj. *Aptus.* 合式的 Hŏ chĕ́ tỷ, ou 能可 Lên kŏ́. ‖ — (facile à s'offenser). *Mollis ad offensionem.* 小氣人 Siaŏ ký jên.

**SUSCITER**, v. a. *Producĕre.* 生 Sēn. ‖ — à quelqu'un un ennemi. *Alic. odium aliorum conciliāre.* 刁唆 Tiāo sō. ‖ — à quelqu'un des embarras. *Negotia alic. facessĕre.* 與人生事 Yù jên sēn sé.

**SUSCRIPTION**, s. f. *Subscriptio, onis, f.* 書皮子 Choū pỷ tsé.

**SUSPECT, E**, adj. *Suspectus.* 兜人疑惑的 Teōu jên nỷ houây tỷ. ‖ Rendre —. *Ad suspicionem movēre.* 兜人疑惑 Teōu jên nỷ houây. ‖ So rendre —. *Ad suspicionem se movēre.* 兜人疑惑 Teōu jên nỷ houây.

**SUSPECTER**, v. a. *Suspicĕre.* 疑惑人 Nỷ houây jên.

**SUSPENDRE**, v. a. *Suspendĕre.* 掛 Kouá, ou 吊 Tiáo. ‖ — un habit à un croc. *Unco vestem —.* 掛衣服 Kouá ỷ foû. ‖ — la tête des condamnés. *Post mortem caput reorum suspendĕre.* 梟首示衆 Hiāo cheòu ché tchóng. ‖ — un jugement. *Causam ampliāre.* 緩案 Houàn gán. ‖ Suspendre quelqu'un de sa charge. *Munus ad tempus submittĕre.* 暫且革職 Tchàn tsiĕ kĕ́ tchĕ́.

**SUSPENDU, E**, adj. et part *Suspensus.* 掛的 Kouá tỷ. 吊的 Tiaŏ tỷ. 懸的 Hiuên tỷ. ‖ — (qui est incertain). *Incertus.* 無主意的 Oû tchoù ỷ tỷ. ‖ — de sa charge. *Ab officio interdictus.* 革了職的 Kĕ́ leaŏ tchĕ́ tỷ.

**SUSPENS**, adj. *Interdictus.* 革職的 Kĕ́ tchĕ́ tỷ. ‖ En —, adv. *In incerto.* 不定的 Poŭ tín tỷ. ‖ Tenir en —. *Suspensum detinēre.* 使他三心二意 Chè tā sān sīn eùl ỷ tỷ, ou 懸望 Hiuên ouáng. ‖ Être en —. *Sus-*

*penso esse animo.* 莫主意的 Mŏ tchoù ỷ tỷ. ‖ L'affaire est demeurée en —. *Lis adhùc est sub judice.* 莫有斷案 Mŏ yeòu touán gán.

**SUSPENSION**, s. f. ‖ — d'armes. *Induciæ, arum, f.* 停止打仗 Tín tchè tà tcháng. 疑惑 Nỷ houây.

**SUSPICION**, s, f. *Suspicio, onis, f.* 疑惑 Nỷ houây.

**SUSTENTER**, v. a. *Sustentāre.* 養 Yàng. ‖ — les pauvres. *Pauperes alĕre.* 養窮人 Yàng kiôńg jên.

**SUTURE**, s. f. (terme d'anat.). *Sutura, æ, f.* 交牙頭 Kiāo yà teŏu.

**SVELTE**, adj. *Tenuis.* 薄的 Pŏ́ tỷ.

**SYBARITE**, s. m. *Voluptuosus.* 好酒好色的人 Haŏ tsieòu haŏ sĕ́ tỷ jên.

**SYCOPHANTE**, s. m. *Delator, oris, m.* 誣賴的 Oū laỷ tỷ.

**SYLLABAIRE**, s. m. *Libellus ad usum litteras discentium.* 字母書 Tsé moù choū.

**SYLLABE**, s. f. *Syllaba, æ, f.* 一音 Ỷ ȳn. ‖ Rendre une — longue. *Syllabam producĕre.* 以一音讀高 Ỷ ỷ ȳn toû kaŏ. ‖ Rendre une — brève. *Syllabam breviāre.* 總低音 Tsŏng tỷ ȳn.

**SYLLOGISME**, s. m. *Syllogismus, i, m.* 辯法 Pién fǎ, ou 三角論 Sān kŏ lén.

**SYMBOLE**, s. m. *Effigies, ei, f.* 表意 Piaŏ ý. ‖ — de foi. *Fidei symbolum.* 信經 Sín kīn.

**SYMBOLISER**, v. a. *Inter se congruĕre.* 彷彿 Fâng foû.

**SYMÉTRIE**, s. f. *Symmetria, æ, f.* 相稱 Siāng tchĕ̄n.

**SYMPATHIE**, s. f. *Sympathia, æ, f.* 相映 Siāng yáng.

**SYMPATHISER**, v. a. *Congruĕre.* 本性相合 Pèn sín siāng hŏ.

**SYMPHONIE**, s. f. *Symphonia, æ, f.* 和音 Hŏ ȳn.

**SYMPHYSE**, s. f. (terme de médec.). ‖ — des os pubis. 骨盤橫骨交縫 Koǔ pǎn houáng koǔ kiāo fóng.

**SYMPTÔME**, s. m. (signe, maladie). *Casus, ús, m.* 病証 Pín tchén.

**SYNAGOGUE**, s. f. *Synagoga, æ, f.* 古教堂 Koù kiáo táng.

**SYNCOPE**, s. f. *Defectio, onis, f.* 運病 Yún pín. ‖ Tomber en —. *Linqui animo.* 得運嗓 Tĕ́ yún pín.

**SYNDÉRÈSE**, s. f. *Conscientia remorsus, ús, m.* 良心有愧 leâng sīn yeòu koûy.

**SYNODE**, s. m. *Synodus, i, f.* 會同 Houý tông. ‖ Tenir un —. *Cogĕre —.* 聚會同 Tsiú houý tông. ‖ Séance d'un —. *Sessio.* 坐論 Tsó lén.

**SYNONYME**, adj. *Synonymus.* 同義的字 Tông nỷ tỷ tsé.

**SYNOVIE**, s. f. *Vitrea mucilago, inis, f.* 夾膜脂膏 Kiǎ mŏ tchè kaŏ.

SYN                    TAB      419

**SYNTAXE**, s. f. *Syntaxis, is, f.* 文規 Ouên koŭy. ‖ — de convenance. *Convenientiæ* —. 相合的文規 Siâng hŏ tỷ ouên koŭy. ‖ — de régime. *Regiminis* —. 管話的文規 Kouàn hoá tỷ ouên koŭy.
**SYNTHÈSE**, s. f. *Synthesis, is, f.* 總 Tsòng, ou 結 kiĕ.
**SYPHILITIQUE** (maladie). 疔毒 Tin toŭ. ‖ Chancre ou premier ulcère. *Prius ulcus* —. 龜頭疔毒 Mòng teŏu tin toŭ. ‖ Bubons ou abcès de l'aisselle. *Axillæ tumor*. 魚口疔毒 Yû keŏu tin toŭ. ‖ Syphilis secondaire. *Tumor secundarius*. 疔毒延累各處 Tin toŭ tin loŭy kŏ tchoŭ. ‖ Fongus au testicule, ou excroissance dans cette maladie. 生腎外浮肉似芝茵 Sēn chēn ouáy feoŭ joŭ sé tchē ȳn.
**SYSTÈME**, s. m. *Systema, atis, n.* 意見 Ý kién. 圖 Toŭ. 計 Ký.

**TA**, féminin du pron. *Ton.* 你的 Ngỷ tỷ.
**TABAC**, s. m. *Tabacum, i, n.* 煙 Yēn. ‖ Feuille de —. *Folium* —. 煙葉 Yēn ye. ‖ Couper le — sur pied. *Præcidère*. 割煙 Kŏ yēn. ‖ Le sécher. *Siccare*. — 晒煙 Cháy yēn. ‖ L'exposer à la rosée. *Ad rorem exponère*. 煙露 Loŭ yēn. ‖ Le rouler pour le fumer. *Volvère folia* —. 裹煙 Kò yēn. ‖ Fumer du —. *Fumigare* —. 吸煙 Hoŭ yēn, ou vulgairement 喫煙 Tchĕ yēn. ‖ — trop sec. *Nimis siccum* —. 煙焦了 Yēn tsiāo leào. ‖ — trop humide pour brûler. *Nimis humidum* —. 煙潤狠了 Yēn jouén hèn leào. ‖ Priser du —. *Naribus uti*. 嗒鼻煙 Hioŭ pỷ yēn.
**TABELLION**, s. m. *Tabellio, onis, m.* 主稿的書史 Tchoŭ kaò tỷ chōu ché.
**TABERNACLE**, s. m. *Tabernaculum, i, n.* 聖龕 Chén kān.
**TABISER**, v. a. *Undantem pannum efficère*. 織雲紋 Tchē yûn ouên.
**TABLATURE**, s. f. *Delineata tabula, æ, f.* 畫墨 Hoá mĕ. ‖ Douner à quelqu'un de la —. *Alic. negot. facessère*. 生事與人 Sēn sé yù jên.
**TABLE**, s. f. *Mensa, æ, f.* 桌子 Tchŏ tsè. ‖ Une —. *Una* —. 一張 Ý tchāng. ‖ — des menuisiers. *Fabrorum* —. 馬櫈 Mà tén. ‖ — des bouchers. *Laniorum* —. 案桌 Gán tchŏ. ‖ — ronde. *Rotunda* —. 圓桌 Yuên tchŏ. ‖ — à un pied. *Unius pedis* —. 獨腳桌子 Toŭ kiŏ tchŏ tsè. ‖ Mettre la —. *Mensam apponère*. 擺席 Paỷ sý. ‖ La — est servie. *Apposita est* —. 擺起了 Paỷ kỷ leào. ‖ Servir à table. *Ministrare* —. 候人喫飯 Heóu jên tchĕ fán. ‖ Se mettre à —. *Mensæ accumbère*. 坐席 Tsó sỷ. ‖ Se lever de —. *A mensâ surgère*. 出席 Tchŏu sỷ, ou 下席 Hiá sỷ. ‖ Avoir la première place à —. *Primo loco sedère*. 坐上席 Tsó cháng sỷ. ‖ Tenir — ouverte. *Rectam cœnam dère*. 喜客 Hỷ kĕ. ‖ Courir les —. *Mensas ambire*. 愛喫混頓的 Gaỷ tchĕ houén tén tỷ. ‖ — d'un échiquier. *Abacus*. 棊盤 Kỷ pán. ‖ — rase. *Nuda tabula*. 光板 Kouāng pàn. ‖ — d'un livre. *Index*. 目錄 Moŭ loŭ.
**TABLEAU**, s. m. *Pictura, æ, f.* 畫條 Hoá tiáo. ‖ Un —. *Una* —. 一軸畫 Ý tchŏu hoá. ‖ Faire un —. *— pingère*. 畫 Hoá. ‖ — (catalogue). *Index*. 摺子 Tsĕ tsè. ‖ Mettre sur le —. *In album referre*. 上摺子 Cháng tsĕ tsè.
**TABLETTE**, s. f. *Tabella sinica*. 對子 Toúy tsè. ‖ Une —. *Una* —. 一隻 Ý tchŏ. ‖ Une paire de —. *Unum par* —. 一付 Ý foŭ. ‖ — des chrétiens, c.-à-d. signe de christianisme. *Christianorum* —. 主牌 Tchoŭ paỷ. ‖ — des païens, signe du paganisme. *Paganorum* —. 五字牌 Où tsé paỷ. ‖ — des défunts. *Defunctorum* —. 靈牌 Lîm paỷ, ou 神主 Chên tchoù. ‖ Lieu où les infidèles les conservent. 祠廟 Tsé miáo, ou Temple des ancêtres. 祠堂 Tsé tâng. ‖ Lieu où la famille impériale les garde. 几筵 Kỷ yên. ‖ Mettre la —. *Appendère* —. 貼主牌 Tiĕ tchoù paỷ ‖ La déchirer. *Auferre* —. 撕主牌 Sē tchoù paỷ. ‖ Mettre les — des colonnes. *Columnarum tabellas appendère*. 貼對子 Tiĕ toúy tsè. ‖ Les enlever. — *auferre*. 撕對子 Sē toúy tsè. ‖ — de deuil. *Luctús tabellæ*. 喪對 Sāng toúy. ‖ — des écoles pour indiquer les sorties. 出恭牌 Tchoŭ kōng paỷ.

# TABLETTE CHRÉTIENNE.

dite 主牌 Tchoù pǎy.

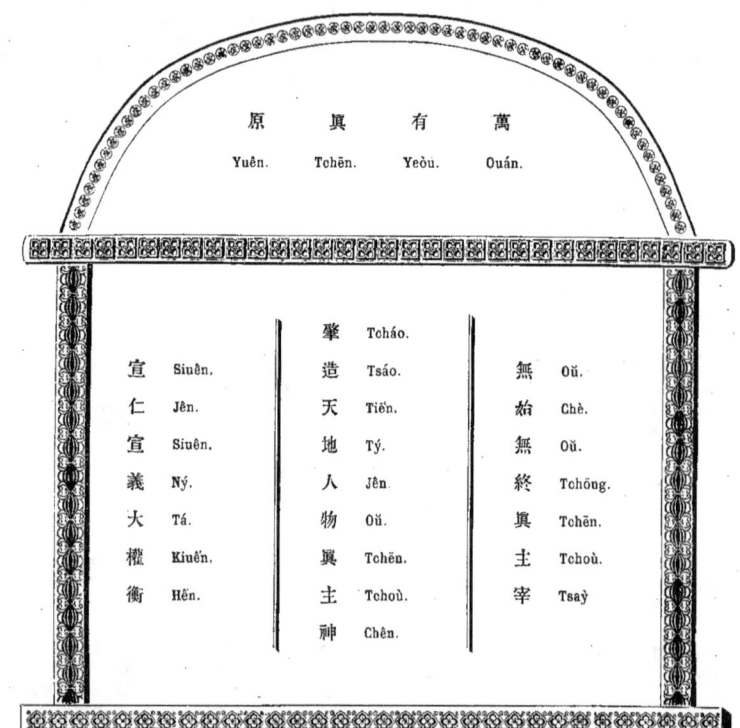

## Traduction.

Cette tablette a été rédigée par l'Empereur **Kāng hў**, qui la donna aux missionnaires de Pékin le 24 avril 1711, c.-à-d. le 7ᵉ jour de la 3ᵉ lune de la 50ᵉ année de son règne, à l'occasion d'une église que les missionnaires venaient de bâtir.

*A la véritable origine de toutes choses.*

*Au véritable Esprit Créateur du Ciel, de la Terre, des Hommes et des autres Créatures.*

Sans commencement, sans fin, il a produit toutes choses et les gouverne en véritable Seigneur.
Infiniment bon, juste, il éclaire, soutient, règle tout avec une suprême autorité et avec une souveraine justice

## TABLETTE PAÏENNE,

dite 五字牌 Où tsé pǎy.

憑 依 在 德
Pǐn. Y̌. Tsáy. Tě.

天 Tiēn.
地 Tý.
君 Kiūn
親 Tsǐn.
師 Sē.
位 Oúy.

**TRADUCTION.**

La vertu doit être le miroir de l'homme.

Au Ciel, à la Terre, à l'Empereur, aux Parents et aux Maîtres.

TABLIER, s. m. *Velum, i, n.* 圍腰 Ouý yaō.
TABOURET, s. m. *Subsellium, ii, n.* 脚踏凳 Kiǒ tǎ tēn. Un —. *Unum* —. 一把 Y̌ pà.
TACHE, s. f. *Macula, æ, f*, 污 Oū. ‖ Enlever les —. *Auferre* —. 洗污 Sý oū. ‖ Ne le pouvoir. *Non posse* —. 洗不脫 Sý poǔ tǒ'. ‖ — naturelle. *Nævus.* 瘢 Pān, ou 疤 Pā. ‖ — (faute). *Labes.* 過失 Kó chě. ‖ Vie sans —. *Vita integra.* 平生無過 Pǐn sēn oū kó.
TÂCHE, s. f. *Pensum, i, n.* 本分 Pěn fén. ‖ — d'un élève. *Alumni* —. 工課 Kōng kǒ'. ‖ Remplir sa —. *Munere fungi.* 滿本分 Mǎn pěn fén. ‖ Prendre à —. *Conāri.* 盡力做 Tsín lý tsóu.
TACHER, v. a. (salir). *Maculāre.* 打污 Tǎ oū.
TÂCHER, v. n. (faire ses efforts). *Conāri.* 盡力 Tsín lý.
TACITE, ad. *Tacitus.* 不明的 Poŭ mǐn tý.
TACITURNE, adj. *Taciturnus.* 悶煩人 Mén fān jēn. 不說多話的人 Poǔ chǒ tō hoá tý jēn. 寡言 Kouà yēn.
TACT, s. m. *Tactus, ûs, m.* 摸 Mǒ, ou 覺得 Kiǒ tě'. ‖ — fin. *Ingenium acut.* 天資明敏 Tiēn tsē mǐn mǐn.
TACTIQUE, s. f. *Tactica, æ, f.* 兵法 Pīn fǎ.

TAËL, s. m. Nom donné par les Portugais à l'once chinoise : 兩 Leàng. Cette once vaut 38 grammes, ou environ 7 fr. 50 à 80 c. de notre monnaie.
TAFFETAS, s. m. ‖ — fleuri. *Pannus tenuis ac floridus.* 畫花絹裙 Hoá hoā kiuen kiún. 帛 Pě'. 綢 Tcheǒu.
TAIE, s. f. *Albugo, inis, f.* 眼瘼 Yèn mǒ, ou 眼部翳 Yèn tchāng y̌. ‖ — d'oreiller. *Pulvinaris tegumen.* 枕頭袋子 Tchèn teǒu taý tsè.
TAILLADER, v. a. *Concidĕre.* 切 Tsiě'.
TAILLANT, s. m. *Acies, ei, f.* 鋒 Fōng.
TAILLE, s. f. *Cæsura. æ, f.* 刀口 Tāo keǒu. ‖ (impôt). *Tributum, i, n.* 粮 Leàng. ‖ — (stature). *Alta statura.* 身體高 Chēn tý kaō. ‖ — ramassée. *Demissa* —. 矮胖的 Gaỳ pǎn tý. ‖ — douce (image de). *Imago in ære tenui sculpta.* 銅板的細像 Tǒng pàn tý sý siáng.
TAILLER, v. a. *Resecāre.* 剪 Tsièn. ‖ — les arbres. *Arbores* —. 修樹子 Sieōu choúi tsě. ‖ — un habit. *Vestimentum* —. 裁衣裳 Tsaý y̌ cháng. ‖ — une plume. *Calamum aptāre.* 削鵝毛筆 Siuě' oūo maǒ pý. ‖ — la pierre. *Lapides secāre.* 鑽花石 Tsàn hoā chě.

**TAILLEUR**, s. m. *Sartor, oris, m.* 裁縫 Tsaý fông. ‖ — de pierre. *Lapicida.* 石匠 Chě tsiáng.

**TAILLOIR**, s. m. *Lignea lanx, cis, f.* 菜板 Tsaý pàn.

**TAIRE**, v. a. *Tacēre.* 不說 Poŭ chŏ. ‖ Faire — quelqu'un. *Silentium imponĕre.* 封嘴 Fông tsoùy. ‖ Se —. *Tacēre.* 不說 Poŭ chŏ.

**TALENT**, s. m. *Dos, otis, f.* 才能 Tsaý lên. ‖ — de la parole. *Locutionis* —. 口才好的 Keŏu tsaý haò tỷ.

**TALION**, s. m. *Talio, onis, f.* 抵償 Tỷ tchàng. 情理相還 Tsín lỷ siâng houân. 償命 Tchàng mín.

**TALISMAN**, s. m. *Signum, i, n.* 佩帶之物 Péy táy tchĕ oŭ. ‖ — que l'on met sur la colonne d'une maison neuve pour en préserver les Esprits mauvais que l'on adjure au nom d'un homme célèbre, qui est l'auteur de leur canonisation. 姜太公在此 Kiāng táy kōng tsè.

**TALOCHE**, s. f. *Colaphus, i, m.* 嘴掌 Tsoùy tchàng.

**TALON**, s. m. *Calx, cis, f.* 後跟 Heóu kēn. ‖ Os du —. 踝骨 Lŏ koŭ. ‖ Espace autour du —. *Spatium circa calcem.* 脛腳 Kiŏ kīn. ‖ Être sur les — de quelqu'un. *Ad latus alic. semper esse.* 不離在右 Poŭ lý tsò yeóu. ‖ Montrer les —, c.-à-d. fuir en lâche. *Terga vertĕre.* 敗走 Páy tseoù.

**TALONNER**, v. a. *Urgēre.* 催人 Tsoùy jên.

**TALUS**, s. m. *Declivitas, atis, f.* 漫坡 Mán pŏ.

**TAMBOUR**, s. m. *Tympanum, i, n.* 鼓 Koù. ‖ Battre le —. *Tundĕre* —. 擂鼓 Loúy koŭ. ‖ Mener quelqu'un — battant. *Duré tractāre aliq.* 我做是他看 Ngò tsoù chě tă kăn, ou 我要他認得 Ngò yáo tă jên tŏ.

**TAMIS**, s. m. *Cribrum, i, n.* 篩子 Chāy tsè.

**TAMISER**, v. a. *Incernĕre.* 羅篩 Lŏ chāy.

**TAMPON**, s. m. *Obturamentum, i, n.* 柈 Tsoŭ tsoŭ.

**TAM-TAM**, s. m. ‖ — chinois (instrument musical). *Sinicæ musicæ instrum.* 大鑼 Tá lŏ.

**TAN**, s. m. (écorce de chêne pilé) 硝皮 Siāo pý, ou 橡 Siáng.

**TANCER**, v. a. *Objurgāre.* 責偹 Tsĕ pý.

**TANDIS QUE**, conj. *Dum.* 那時 Lá chě.

**TANGAGE**, s. m. *Navis è puppi ad proram libratio, onis, f.* 艚一上一下 Tchouân ỷ châng ỷ hiá.

**TANGENTE**, s. f. (en général). 正切線 Tchēn tsiĕ siên. ‖ — du cercle. *Linea circulum tangens.* 圓之切線 Yuēn tchĕ tsiĕ siên.

**TANIÈRE**, s. f. *Latibulum, i, n.* 獸穴 Cheóu hiuĕ.

**TANNER**, v. a. *Coria parāre.* 消皮子 Siāo pý tsè.

**TANT**, adv. de quantité indéfinie ou de comparaison. Devant un substantif. *Tantus.* 這樣大 Tchě yáng tá, ou 多 Tō. Tant de biens. *Tantæ opes.* 這樣多少的財帛 Tchě yáng tō chaò tỷ tsăy pě, ‖ Tant de travail. *Tantus labor.* 這樣大活路 Tchě yáng tá hŏ loŭ. ‖ Le *que* français qui suit *tant* s'exprime souvent en chinois par *personne n'est qui.* v. g. Il a tant de vertus qu'il est aimé de tout le monde. *Tantá virtute valet ut ametur ab omnibus.* 他的德行這樣大無有人不愛他 Tă tỷ tě hìn tchě yáng tá oŭ yeòu jên poŭ gaý tă. ‖ *Tant* devant des noms de choses qui peuvent se compter. Tant de saints. *Tot sancti.* 這樣多少的聖人 Tchě yáng tō chaò tỷ chén jên. ‖ Tous tant que vous êtes de chrétiens. *Vos omnes christicolæ quotquot estis.* 你們那些敎友 Ngý mên là aý kiáo yeòu.

**TANT QUE**, (autant que). ‖ Tant que vous pourrez. *Pro viribus.* 盡力量 Tsín lỷ leáng. ‖ Tant bon que mauvais. *Bonum vel malum.* 不倫他好不好 Poŭ lén tă haò poŭ haò.

**TANT QUE**, conj. ‖ Tant que je vivrai, *Quandiù vixero.* 我在的時後 Ngò tsaý tỷ chě heóu.

**TANT**. ‖ Tant soit peu. *Parumper.* — 點點 Ỷ tièn tièn. ‖ Tant de fois. *Tàm sæpe.* 這樣多回 Tchě yáng tō hoùy. ‖ En tant que. 倫 Lén. N.-S. J.-C. est mort en tant qu'homme. *Prout homo J.-C. mortuus est.* 吾主耶穌倫他的人姓死了 Où Tchoù Yē-Soŭ, lén tă tỷ jên sín, sè leaò.

**TANTE**, s. f.

— (épouse du frère aîné de son père). *Amita.* } 伯娘 Pě niâng.

— (épouse du frère cadet de son père). } 叔娘 Choŭ niâng. 嬸嬸 Chèn chèn.

— (sœur aînée de son père). 孃孃 Niâng niâng.

— (sœur cadette de son père). 孃孃 Niâng niâng.

— (sœur aînée de sa mère). *Matertera.* } *si nupta.* 姨媽 Ỷ mă, *sinon.* 姨娘 Ỷ niâng

— (sœur cadette de sa mère). 姨媽 Ỷ mă.

— (épouse du frère aîné de sa mère). } 舅娘 Kieóu niâng.

— (épouse du frère cadet de sa mère). }

**TANTÔT**, avd. *Modò.* 不久 Poŭ kieòu, ou 纔 Tsăy. ‖ — (il y a peu de temps). *Brevi.* 不久 Poŭ kieòu. ‖ — répété. Il ‖ dit tantôt ceci, tantôt cela. *Modò ait hoc, modo illud.* 又他說這樣又他說樣別 Yeóu tă chŏ tchě yáng yeóu tă chŏ piĕ yáng. ‖ — l'un tantôt l'autre. *Alternis vicibus.* 輪流 Lên lieôu.

**TAPAGE**, s. m. *Tumultus, ùs, m.* 吵鬧 Tchǎo laŏ. ‖ Faire du —. *Tumultuāri.* 吵鬧 Tchǎo laŏ

TAPE, s. f. *Ictus, ùs, m.* 拍一下 Pŏ̆ y̆ hiá. ‖ En donner une. *Aliq. ferire.* 打一耳巴 Tà y̆ eŭl pā.

TAPINOIS (EN), adv. *Clàm.* 悄悄 Tsiaŏ tsiaŏ.

TAPIR (SE), v. n. *Occultare se.* 藏身 Tsăng chēn. 躱倒 Tŏ taò. 爬下 Pă hiá.

TAPIS, s. m. *Tapes, etis, m.* 毡子 Tchān tsè. ‖ Un —. *Unus —.* 一床毡子 Y̆ tchouāng tchān tsè. — de table. 桌毡 Tchŏ tchān. ‖ — de siége. 椅褥 Y̆ tă. — de lit. 毡子 Tchān tsè. ‖ Étendre le —. *Extendĕre —.* 鋪 Poŭ. ‖ Mettre sur le —. *De re sermon. inferre.* 講一宗事 Kiăng y̆ tsōng sé. ‖ Être sur le —. *Agitāri sermonibus.* 別人說他 Piě jēn chŏ tă'. ‖ Amuser le —. *Vana fabulāri.* 排龍門陣 Paý lōng mēn tchén.

TAPISSER, v. a. *Aulæis ornare.* 鋪毡子 Poŭ tchān tsè, ou 挂毡子 Koŭa tchān tsè.

TAPISSERIE, s. f. *Aulæum, i, n.* 花毡子 Hoā tchān tsè. ‖ Faire des —. *— conficĕre.* 擀毡 Kān tchān.

TAQUIN, E, adj. *Avarus.* 細嗇人 Sý sĕ jēn. ‖ — (chicaneur). *Rixosus.* 愛角逝的 Gaý kŏ ný ty̆.

TARABUSTER, v. a. *Aures tundĕre.* 囉哦鬼人 Lō tsaŏ jēn.

TARARE, s. f. *Cribrum, i, n.* 風簸 Fōng pó.

TARAUD, s. m. *Terebra, æ, f.* 螺螄鑽 Lŏ sē tsouàn.

TARD, adv. *Serò.* 遲 Tchĕ̌, ou 晏 Yén (ou Gán). ‖ Il se fait —. *Advesperascit.* 天晚了 Tiēn ouàn leaò. ‖ Venir bien —. *Serius venire.* 來得晏 Laý tĕ̆ gán. ‖ Tôt ou —. *Serius ociùsve.* 或早或遲 Houáy tsaŏ houáy tchĕ̌. ‖ C'est trop —. *Serò est.* 遲狠了 Tchĕ̌ hèn leaò.

TARDER, v. n. *Morāri.* 擔擱 Tān kŏ. ‖ Sans —. *Statim.* 當時 Táng chĕ̆, ou 立刻 Lý kĕ̆. ‖ Il me — de partir. *Cupio proficisci.* 我想起身得狠 Ngŏ siàng ky̆ chēn tĕ̆ kèn. ‖ Il me — de finir. *Utinàm finiverim!* 巴不得做了完 Pā poŭ tĕ̆ tsoŭ leaò ouān.

TARDIF, IVE, adj. *Tardus.* 遲的 Tchĕ̌ ty̆. ‖ — (lent). Esprit —. *Lentum ingenium.* 性慢的 Sín màn ty̆. ‖ Fruit —. *Fructus serissimus.* 晚熟的菓子 Ouàn chŏŭ ty̆ kŏ tsè.

TARE, s. f. (déchet). *Intertrimentum, i, n.* 折秤 Tsĕ̆ tchĕn. ‖ — (défaut). *Vitium.* 過失 Kó chĕ̆.

TARER, v. a. (causer du dommage). *Damnum afferre.* 害人 Haý jēn.

TARGETTE, s. f. *Pessulus, i, m.* 小門閂 Siaò mēn chouāng.

TARGUER (SE), v. r. *Jactāre se.* 誇奬 Koŭa tsiàng.

TARIÈRE, s. f. *Terebra, æ, f.* 鑽子 Tsouàn tsè.

TARIF, s. m. *Nummarius index, dicis, m.* 貨價單 Hó kiá tān, ou 則例 Tsĕ̆ lié.

TARIR, v. a. *Exhaurire.* 用盡 Yóng tsín, ou 乾了 Kān leaò. ‖ Ne pas — sur quelqu'un. *Sine fine laudāre.* 誇上天 Koŭa cháng tiēn. ‖ Le fleuve a —. *Exaruit flumen.* 河乾了 Hŏ kān leaò. ‖ Le puits a —. *Puteus —.* 井枯了 Tsìn kŏŭ leaò.

TARTARE, s. m. *Tartarus, i, m.* 達子 Tă tsè.

TARTARE, adj. ‖ Langue —. 清文 Tsīn ouēn, ou 蒙古話 Mōng koŭ hoá.

TAS, s. m. *Acervus.* 一堆 Y̆ toŭy. ‖ Mettre en —. *Acervāre.* 堆起來 Toŭy ky̆ laý.

TASSE, s. f. *Patera, æ, f.* 大盃 Tá peý. ‖ — à thé. 茶盃 Tchắ peý.

TÂTER, v. a. *Tentāre manu.* 摸 Mŏ. ‖ — le pouls. *Pulsum —.* 看脈 Kăn mĕ̆. ‖ — (goûter). *Degustāre.* 嘗 Cháng. ‖ — quelqu'un. *Explorāre aliq.* 試人 Chĕ jēn. Se —. *Se perspicĕre.* 試自已 Chĕ tsĕ̆ ky̆.

TÂTONNER, v. a. *Attrectāre.* 探尋 Tăn síūn. ‖ — avec un bâton la route. *Cum baculo viam prætentāre.* 棍棍試路 Kouén kouén chĕ loŭ. ‖ — (agir en hésitant). *Timidè agĕre.* 主意不定 Tchoŭ ý poŭ tín.

TÂTONS (À), adv. *Palpando.* 瞎摸 Hiā mŏ. ‖ Marcher à —. *Iter prætentāre.* 摸起走 Mŏ ky̆ tseŏu. ‖ Aller —. *Cautè procedĕre.* 小心做事 Siaò sīn tsoŭ sé.

TAUDIS, s. m. *Tugurium, ii, n.* 草房 Tsaŏ fāng.

TAUTOLOGIE, s. f. *Tautologia, æ, f.* 說來說去 Chŏ laý chŏ kiŭ, ou 重說 Tchŏng chŏ.

TAUX, s. m. *Æstimatio, onis, f.* 價錢 Kiá tsiēn. ‖ Mettre le —. *Rem indicāre.* 定價錢 Tín kiá tsiēn.

TAVERNE, s. f. *Caupona, æ, f.* 站房 Tchán fāng.

TAVELER, v. a. *Maculis variāre.* 點墨 Tièn mĕ̆.

TAVELURE, s. f. *Gutta, arum, f.* 花班色 Hoā pān sĕ̆.

TAXER, v. a. *Æstimāre.* 定價 Tín kiá. ‖ — un champ. *Agrum —.* 議田價 Ný tién kiá. ‖ — quelqu'un de négligence. *De negligentia aliq. arguĕre.* 責人懈怠 Tsĕ̆ jēn hiaý taý.

TE DEUM, s. m. (cantique en actions de grâces). 吾衆讚主 Où tchóng tsán tchoŭ. ‖ Le chanter en actions de grâces. *Cantāre —.* 唱吾衆讚主 Tcháng où tchóng tsán tchoŭ. ‖ Chant païen en actions de grâces. 奏凱 Tseŏu kaý.

TEIGNE, s. f. *Porrigo, inis, f.* 肥瘡 Feý tchouāng.

TEINDRE, v. a. *Tingĕre.* 染 Jàn.

TEINT, s. m. *Oris color, is, m.* 臉色 Liēn sĕ̆. ‖ — vermeil. — *diffusus sanguine.* 紅臉 Hōng liēn. ‖ — basané. *Adustior.* 油黑臉 Yeŏu hĕ̆ liēn. ‖ Conserver son —. *Colorem tueri.* 怕晒黑 Pá chaý hĕ̆. ‖ Le perdre. *Colorem perdĕre.* 晒黑了 Chaý hĕ̆ leaò.

TEINTURE, s. f. *Tinctura, æ, f.* 顔色 Yēn sĕ̆. ‖ — (métier). *Ars tinctoria.* 染匠藝 Jàn tsiáng ný. ‖ — . *Levis cognitio.* 學問淺 Hiŏ ouén tsièn.

TEINTURERIE, s. f. *Officina tinctoria.* 染房 Jàn fāng.

**TEL**, LE, adj. *Talis.* 這樣的 Tchĕ yáng tý. || — (un certain). *Quidam.* 某人 Mòng jên. || — (si grand). *Tantus.* 這樣大 Tchĕ yáng tá.

**TÉLÉGRAPHE**, s. m. (à la manière chinoise). *Telegraphum, i, n.* 鋒火 Fōng hò.

**TÉLESCOPE**, s. m. *Telescopium, ii, n.* 千里鏡 Tsiên lý kín.

**TELLEMENT**, adv. *Sic, ut.* 這樣大 Tchĕ yáng tá. || — (médiocrement). *Mediocriter.* 中等 Tchōng tèn. || Faire une chose tellement quellement. *Levi brachio agere.* 無心腸做 Oŭ sīn tchăng tsoú, ou 冷心淡腸 Lèn sīn tán tchăng.

**TÉMÉRAIRE**, adj. *Temerarius.* 胃失的 Maó chĕ tý.

**TÉMOIGNAGE**, s. m. *Testimonium, ii, n.* 証 Tchén. || Porter —. *Pro testim. dicĕre.* 做見証 Tsoú kién tchén. || Rendre un faux —. *Fals. testim. dicĕre.* 做假干証 Tsoú kiă kān tchén. || — (signe). 憑據 Pîn kiù. || Donner un — d'amitié. *Præbĕre —.* 票情 Piáo tsîn.

**TÉMOIGNER**, v. a. *Testificári.* 証 Tchén. || — de la crainte. *Timorem ostendĕre.* 外面都怕 Ouáy mién toŭ pă. || — de la reconnaissance. *Gratum animum præbĕre.* 報恩 Paó gēn.

**TÉMOIN**, s. m. *Testis ocularius.* 見証 Kién tchén. || — auriculaire. — *ouricul.* 對証 Toúy tchén. || Produire un —. *Testem adhibĕre.* 請見証 Tsīn kién tchén. || Sans —. *Remotis arbitris.* 無見証 Oŭ kién tchén.

**TEMPE**, s. f. *Tempus, oris, n.* 太陽穴 Táy yâng hiuĕ.

**TEMPÉRAMENT**, s. m. *Corporis habitus, ûs, m.* 身體 Chēn tý, ou 本性 Pèn sín. || Avoir un bon —. *Corpore bene constituto præditus esse.* 强壯 Kiâng tchouâng. || — (moyen, mode). *Medius.* 方法 Fāng fă.

**TEMPÉRANCE**, s. f. *Temperantia, æ, f.* 節儉 Tsiĕ kièn.

**TEMPÉRATURE**, s. f. *Temperies, ei, f.* 煖和 Loàn hŏ, ou 天氣 Tiēn ký.

**TEMPÉRER**, v. a. *Temperáre.* 調勻 Tiáo tchŏ.

**TEMPÊTE**, s. f. *Tempestas, atis, f.* 暴風 Paó fōng. || — populaire. *Turbatio.* 反亂 Fàn louán.

**TEMPÊTER**, v. n. *Debacchári.* 吵閙 Tchăo laó.

**TEMPLE**, s. m. (en général). *Edifice public consacré au vrai Dieu.* 經堂 Kīn tâng. || Bâtir un —. *Templum condĕre.* 修經堂 Sieōu kīn tâng. || Bénir un —. *Benedicĕre —.* 聖經堂 Chén kīn tâng. || — (dans le sens païen). *Templum, i, n.* 廟 Miáo. || — des bonzesses. 尼姑庵 Ný koū gān. || Visiter les —. 上廟 Cháng miáo, ou 朝山 Tchăo chān. || (Au figuré) nos corps sont les — du Saint-Esprit. *Corpora nostra templum sunt Spiritûs Sancti.* 我們是聖神的座位 Ngò mên chĕ Chén Chên tý tsó oúy.

Noms de quelques temples des Chinois infidèles.

1° Temple des ancêtres. 祠堂 Tsĕ tâng.
2° — des bouddhistes. 佛廟 Foŭ miáo.
3° — des disciples de Laò tsĕ. 道廟 Taó miáo.
4° — des lettrés. 文廟 Ouên miáo.
5° — des souverains de toutes les dynasties. 歷代王廟 Lý táy ouâng miáo.
6° — de la déesse Kouān-Ȳn. 觀音寺 Kouān ȳn chĕ.
7° — de Kouān tý miáo. 關帝廟 Kouān tý miáo.
8° — des héros de la patrie. 盡忠廟 Tsín tchōng miáo.
9° — des propitiations pour les céréales. 祈年殿 Ký' niên tièn.
10° — du très-sublime Ciel. 圜丘殿 Houân kieōu tién.
11° — des cinq céréales. 五穀廟 Où koŭ miáo.
12° — de la déesse des céréales. 后稷廟 Heoú ký miáo.

Chaque temple doit avoir les autels suivants :

1° Un autel au Génie de la terre. 社稷殿 Chĕ ký tién.
2° — au vent, à la pluie, au tonnerre, aux montagnes et aux rivières. 風雲雷雨山川殿 Fōng yûn loûy yù chān tchouān tién.
3° — au premier agriculteur. 神農 Chên lông.
4° — à la littérature. 文廟 Ouên miáo.
5° — aux anciens empereurs. 關帝廟 Kouān tý miáo.
6° — à la constellation de la grande Ourse. 文昌君帝廟 Ouên tchāng tý kiūn miáo.
7° — au génie des villes. 城隍廟 Tchêu houâng miáo.
8° — aux ministres d'État célèbres. 名官祠 Mîn kouān tsĕ.
9° — aux sages des villages. 鄉賢祠 Hiāng hiên tsĕ.
10° — aux modèles de piété, droiture, sincérité, fidélité. 忠義孝弟祠 Tchōng ý hiáo tý tsĕ.
11° — aux filles chastes, aux femmes pudiques. 烈女節婦祠 Liĕ niù tsiĕ foù tsĕ.

**TEMPORAIRE**, adj. *Temporarius.* 暫時的 Tchán chĕ tý.
**TEMPOREL**, LE, adj. *Profanus.* 世俗的 Chĕ siŏu tý. || — (qui dure peu). *Caducus.* 不長久的 Poŭ tchâng kieŏu, ou 暫時的 Tchán chĕ tý. || Le —. *Bona paterna.* 家業 Kiā niĕ.

TEMPORISER, v. n. *Cunctāri*. 遲緩 Tchě houàn.
TEMPS, s. m. *Tempus, oris, n*. 時候 Chě heóu. (Pour la division du temps chez les Chinois, voir les mots *Cycle* et *Heures*.) ‖ Le — emporte tout. *Omnia fert ætas*. 萬物隨時過 Ouán où souỷ chě kó. ‖ Brièveté du —. *Brevitas* —. 時候不長久 Chě heóu poŭ tchǎng kieòu. ‖ Consacrer son — à l'étude. *Omne temp. studio impendēre*. 光是讀書 Kouāng chě toŭ choū. ‖ Ménager le —. *Tempori parcēre*. 善用日子 Chán yóng jě tsè. ‖ Perdre le temps. — *terēre*. 空過時候 Kōng kó chě heóu. ‖ N'avoir pas le — de. *Otium non habēre*. 不得空 Poŭ tě kóng. ‖ — (retard). 緩 Houàn. ‖ En demander le —. *Dilation. petēre*. 求緩幾天 Kieóu houàn kỷ tiēn. ‖ Avec le —. *Paulatim*. 慢慢的 Mán mán tỷ. ‖ Gagner du —. *Tempus ducēre*. 擔擱 Tān kŏ, ou 延遲 Yēn tchě. ‖ Sans perdre de —. *Sine morā*. 當時 Táng chě. ‖ *Præfin. tempus*. 約定日期 Yŏ tín jě kỷ. ‖ Payer au —. *Ad diem solvēre*. 對期還賬 Toúy kỷ houàn tcháng. ‖ Tuer le —. *Fallēre*. 混時候 Houén chě heóu. ‖ — favorable. *Idoneum tempus*. 好機會 Haò kỷ hoúy. ‖ Il n'est plus —. *Serò est*. 遲了 Tchě leáo. ‖ — (siècle). *Seculum, i, n*. 世 Ché (espace de trente ans en Chine). ‖ De notre temps. *Nostris temporibus*. 今世 Kīn ché. ‖ S'accommoder au —. *Tempori parēre*. 隨俗 Soúy siŏu. ‖ *Cœli affectio*. 天氣 Tiēn kỷ. ‖ Beau —. *Cœlum serenum*. 天晴 Tiēn tsíň. ‖ — sombre. *Nubilus dies*. 天氣昏黑 Tiēn kỷ houēn hě. ‖ Si le — permet. *Si largitur tempus*. 若是得空 Jŏ ché tě kōng. ‖ A —. *Ad tempus*. 暫且 Tchán tsiè, ou 合時 Hŏ chě. ‖ Qui arrive à —. *Tempestivus*. 合時的 chě tỷ. ‖ Hors de —. *Intempest*. 不合時的 Poŭ hŏ chě tỷ. ‖ La plupart du —. *Plerùmque*. 平常 Pín cháng. ‖ Avant le —. *Præmature*. 早狠 Tsaò hèn. ‖ Long- —. *Diù*. 久 Kieòu. ‖ Avec le —. *Ætate procedente*. 慢慢 Mán mán. ‖ Depuis le —. *Ex hoc tempore*. 好久 Haò kieòu. ‖ De — en —. *Interdum*. 或時 Houáy chě, ou 要不要 Yáo poŭ yáo. ‖ De tout —. *Omni tempore*. 常常 Cháng cháng. ‖ Au même —. *Eodem tempore*. 同時 Tóng chě. ‖ A quelque — de là. *Post aliquantò*. 過後不久 Kó heóu poŭ kieòu. ‖ En même —. *Simul, unā*. — 齊 Ỷ tsỷ. ‖ En ce — -ci. *In hoc tempore*. 如今 Joŭ kīn. ‖ En ce — -là. *Illo tempore*. 那時 Lá chě. ‖ Du — des années *Tŏng tchě*. 同治的年間 Tóng tchě tỷ niēn kiēn.
TENABLE, adj. ‖ Position qui n'est pas — (à laquelle on ne peut suffire). *Munus cui vires non sufficiunt*. 攬不贏 Kiào poŭ ýn.
TENACE, adj. *Tenax*. 黏的 Niēn tỷ. ‖ —. *Avarus*. 客嗇的 Lín sě tỷ.

TENAILLE, s. f. *Forceps, cipis, f*. 鉗子 Kiēn tsè.
TENANCIER, s. m. *Fundi dominus, i, m*. 田客 Tiēn kě.
TENANT, s. m. *Fautor, oris, m*. 爲首 Ouỷ cheòu. ‖ — et aboutissant (au propre). *Vicini*. 界石 Kiáy chě. ‖ — (au figuré). 事情的來歷 Sé tsíň tỷ laỷ lỷ. ‖ Savoir les — et aboutissants d'une affaire. *Rem appromè callēre*. 熟一宗事 Choŭ ỷ tsōng sé.
TENDANCE, s. f. *Inclinatio, onis, f*. 偏向 Piēn hiáng, ou 歸于 Koūy yù.
TENDON, s. m. *Tendo, onis, m*. 腿筋 Toŭy kīn.
TENDRE, v. a. *Tendēre*. 伸 Chēn, ou 拉開 Lā kāy. ‖ — un arc. *Arcum* —. 拉弓 Lā kōng. ‖ — des filets. *Retia ponēre*. 牽開網 Kiēn kāy ouàng. ‖ — la main. *Porrigēre manum*. 伸手 Chēn cheòu. ‖ — son esprit. *Animum tendēre*. 專心 Tchouān sīn. ‖ — à. *Intendēre*. 酒 Yáo. ‖ — à ses fins. *Proposit. obtinēre*. 得意 Tě ý. ‖ — à de grandes choses. *Magna molìri*. 肚量大 Tán leáng tá.
TENDRE, adj. *Tener*. 嫩的 Lèn tỷ. ‖ Viande —. *Tenella caro*. 嫩肉 Lèn joŭ. ‖ — (délicat). *Delicatus*. 斯文人 Sē ouēn jēn. ‖ Cœur —. *Mollis animus*. 心慈的 Sīn tsě tỷ. ‖ Age —. *Tenella ætas*. 少年的 Chaó niēn tỷ.
TENDRON, s. m. *Coliculus, i, m*. 萌芽 Mōng yà. ‖ — de choux. *Cymæ, arum*. 白菜心 Pě tsáy sīn.
TENDU, E, adj. *Intentus*. 緊的 Kīn tỷ, ou 拉了的 Lā leào tỷ.
TÉNÈBRES, s. f. *Tenebræ, arum, f*. 黑暗 Hě gán. ‖ — de l'erreur. *Erroris* —. 邪道 Siè taó. ‖ Y être assis. 從左道 Tsŏng tsò taó.
TÉNESME, s. m. *Tenesmus, i, m*. 肚皮結 Toú pỷ kiě. 難出恭 Lán tchoŭ kōng. 痢疾裏急 Lỷ tchén lỷ kỷ.
TENEUR, s. f. ‖ — d'un écrit. *Libri tenor*. 信上說 Sín cháng chŏ. ‖ — de la loi. *Tenor legis*. 律例所命 Liù lỷ sŏ mín.
TENEUR, s. m. ‖ — de livres, dans une maison de commerce. 掌櫃 Tchàng koúy.
TENIR, v. a. *Tenēre*. 拿起 Lâ kỷ, ou 在手 Tsáy cheòu ‖ — beaucoup de place. *Spatiosum locum occupāre*. 占地方 Tchán tỷ fāng. ‖ Ce vase — dix litres de vin. 這把壺裝得三斤要 Tchè pà hoŭ tchouāng tě sān kīn tsieōu. ‖ — quelqu'un pour ami. *Habēre aliq. pro amico*. 如朋友相待 Joŭ póng yeòu siāng taỷ. ‖ — à honneur. *Æstimāre*. 貴重 Koúy tchóng. ‖ — la vie de quelqu'un. *Vitam ab alio tenēre*. 得人救命之恩 Tě jēn kieóu mín tchě gēn. ‖ — de son père. *Similitudinem patris referre*. 像父親 Siáng foú tsīn, ou 彷彿父親 Fǎng foŭ foú tsīn. ‖ — quelqu'un en prison. *In carcere asservāre*. 關在監內 Kouān tsaý kiēn loúy. ‖ — sa langue. *Linguam continēre*. 守口 Cheòu keŏu.

|| — la bride à quelqu'un. *Severè tractăre aliq.* 管得緊 Kouàn tĕ̀ kǐn. || — sa parole. *Fidem servāre.* 不食言 Poŭ chĕ yèn. || — un secret. *Secretum —.* 不漏密事 Poŭ leóu mỹ sé. || — un milieu. *Medium —.* 不過餘 Poŭ kó yù, ou 無過不及 Où kó poŭ kỹ. || — quelqu'un en suspens. *Suspens. tenēre.* 使他主意不定 Chè tā̀ tchoù ý poŭ tín. || — la main à. *Rei invigilāre.* 管一宗事 Kouàn ỹ tsōng sé. || — tête à quelqu'un. *Alic. obsistĕre.* 不依 Poŭ ỹ, ou 不服 Poŭ foù. || — des propos fâcheux. *Verbis malign. carpĕre.* 說話傷人 Chŏ hoá chāng jèn. || Faire — debout. *Rectum statuĕre.* 立正 Lỹ tchēn. || Cela tient bien. *Hoc firmiter hæret.* 穩了 Ouĕn leǎo, ou 不得倒 Poŭ tĕ̀ taŏ. || — à l'argent. *Pecuniæ avidus esse.* 手緊 Cheòu kǐn. || Cela me — au cœur. *Hoc mihi cordi est.* 我有意 Ngò yeòu ý. || — bon. *Consílio stāre.* 不改主意 Poŭ kàÿ tchoù ý, ou 定了主意 Tín leǎo tchoù ý. || Se — ensemble. *Cohærēre.* 黏 Nién, ou 連合 Lién hô. || Se — caché. *Abscondĕre se.* 藏身 Tsǎng chēn. || Se — sur ses gardes. *Cavēre.* 謹防 Kǐn fāng. || Se — proprement. *Munditer se habēre.* 穿得乾淨 Tchouǎn tĕ̀ kān tsín. || Ne savoir à quoi s'en —. *Hærēre animo.* 猶豫不決 Yeóu yú poŭ kiuè.

TENON, s. m. *Subscus, udis, f.* 榫頭 Tchuèn teŏu, ou 笋牙 Sèn yâ. || — à queue d'aronde. *Securicula, æ, f.* 樺頭 Tchuèn teŏu.

TENSION, s. f. *Tensio, onis, f.* 攤開 Tān kāÿ. || — d'esprit. *Animi contentio.* 費心 Feỹ sīn, ou 慮 Líu.

TENTATEUR, s. m. *Tentator, oris, m.* 誘感的人 Yeòu kàn tỹ jèn.

TENTATION, s. f. *Tentatio, onis, f.* 誘感 Yeòu kán. || En avoir. *Pati —.* 受誘感 Cheóu yeòu kán. || Les repousser. *Repellĕre —.* 退誘感 Toúy yeòu kàn. || S'y exposer. *Exponĕre se.* 自招誘感 Tsé tchāo yeòu kàn. || Y succomber. *Succumbĕre —.* 勝不過誘感 Chēn poŭ kó yeòu kàn. || — (envie, fantaisie). *Libido.* 怪意 Kouàÿ ý.

TENTATIVE, s. f. *Experimentum, i, n.* 試探 Ché tān.

TENTE, s. f. *Tentorium, ii, n.* 帳篷 Tchàng pŏ̀ng. || Dresser une —. *Ponĕre —.* 伸 Chēn, ou 撐帳篷 Tchāng tchàng pŏ̀ng.

TENTER, v. a. *Experiri.* 試 Ché. || — toutes les voies. *Omnes vias persequi.* 千方百計 Tsiēn fāng pĕ̀ kỹ. || — fortune. *Fortunæ se inserĕre.* 憑命擅 Pín mín tchouǎng. || — une femme. *Mulierem sollicitāre ad facinus.* 調戲婦人 Tiâo hý foú jèn. || Être — de. *Ardēre rei desid.* 貪想一件事 Tān siàng ỹ kién sé.

TENU, part. *Obligatus ad.* 有本分的 Yeòu pèn fén tỹ, ou 該做的 Kāÿ tsoú tỹ.

TENUE, s. f. *Corporis habitus, ús, m.* 品格 Pǐn kĕ̀.

— d'un concile. *Concilii celebratio.* 聖會商議 Chén hoúy chāng nỹ.

TERGIVERSER, v. n. *Tergiversāri.* 躊躇不定 Tcheóu tchoù poŭ tín, ou 說話遮掩 Chŏ hoá tchĕ̀ yèn.

TERME, s. m. *Finis, meta, æ, f.* 界 Kiáÿ, ou 完 Ouán. || Se tenir dans les — de la politesse. *Urbanitatis leges servāre.* 不失禮 Poŭ chĕ̀ lỹ. || Se tenir dans les — de son devoir. *Officii modum non transire.* 不過分 Poŭ kó fén. || — (temps fixe). *Tempus fixum.* 限期 Hán kỹ. || — (temps où une femme doit accoucher). *Maturus partus.* 小產的時候 Siǎo tchǎn tỹ chè heóu. || — d'une proposition. *Verbum.* 率 Soù. || Mener une entreprise à —. *Incœpta ad finem ducĕre.* 完事 Ouán sé. || — (mot). *Verbum.* 話 Hoá. || — propre. *Proprium verbum.* 本話 Pèn hoá. || En quels termes êtes-vous avec lui? 你同他有來往沒有 Ngỹ tóng tā̀ yeòu lāÿ ouàng moŭ yeòu.

TERMINAISON, s. f. *Verbi finis, m.* 一晉 Ỹ ỹn.

TERMINER, v. a. *Finire.* 完 Ouán. || — sa tâche. *Pensum absolvĕre.* 完工夫 Ouán kōng foū. || — un procès. *Litem dirimĕre.* 完官司 Ouán kouān sē.

TERNE, adj. *Decoloratus.* 顏色敗了的 Yèn sĕ̀ páy leǎo tỹ.

TERNIR, v. a. *Obscurāre.* 做黑 Tsoú hĕ̀. || — la réputation de quelqu'un. *Famæ labem inferre.* 毀謗人 Hoùy páng jèn. || Se ternir. *Infuscāri.* 敗色 Páy sĕ̀.

TERRAIN, s. m. *Solum, i, n.* 地 Tỹ. || Gagner du —. *Progredi.* 進 Tsín.

TERRASSE, s. f. *Agger, eris, m.* 堆 Toūy, ou 平臺 Pín táÿ. || — (toit d'une maison en plate forme). *Solarium.* 榭 Siè.

TERRASSER, v. a. *Prosternĕre.* 打倒 Tà táo.

TERRE, s. f. *Terra, æ, f.* 地 Tỹ. 土 Toŭ. 天下 Tiēn hiá. || Tomber à terre. *Cadĕre.* 跌倒 Tiĕ̀ tào. || Jeter à —. *Sternĕre aliq.* 打倒人 Tà tào jèn. || Voyager par —. *Iter facĕre.* 走旱路 Tseòu hàn loú. || Prendre —. *Appellĕre.* 到 Táo, ou 蹓馬頭 Lòng mà teŏu. || — labourée. *Arvum.* 熟田 Choú tièn. || — ensemencée. *Satum.* 秩田 Yàng tièn. || — en friche. *Solum derelict.* 荒田 Houāng tièn. || Mettre en —. *Abscondĕre intrà.* 栽 Tsāÿ. 埋 Mâÿ. 窖東西 Kiáo tōng sỹ. || La —. *Mundus.* 地 Tỹ, ou 天下 Tiēn hiá.

TERREAU, s. m. *Pinguis fimus.* 爛草 Làn tsǎo.

TERREUR, s. f. *Terror, oris, m.* 驚駭 Kīn hĕ̀. || — panique. — *subitus.* 枉自害怕 Ouàng tsé hâÿ pā̀. || En inspirer. — *incutĕre.* 嚇人 Hĕ̀ jèn.

TERRIBLE, adj. *Terribilis.* 可怕的 Kŏ̀ pā̀ tỹ.

TERRIBLEMENT, adv. *Admodum.* 狠 Hèn, ou 多 Tō.

TERRINE, s. f. *Cymbium, ii, n.* 鉢子 Pén tsè.

TERRITOIRE, s. m. *Territorium, ii, n.* 庄子 Tchouāng tsè, ou 属地 Choŭ tý.
TERROIR, s. m. *Solum, i, n.* 地 Tý.
TERTRE, s. m. *Tumulus, i, m.* 小山 Siào chān, ou 堆 Toŭy.
TESTACÉ, ÉE, adj. *Pisces testaceis operimentis induti.* 蚌属 Pàn choŭ.
TESTAMENT, s. m. *Testamentum, i, n.* 遺書 Ÿ choŭ. ‖ — impérial. *Imperiale —.* 遺詔 Ÿ tchào. ‖ L'Ancien — (livre sacré des chrétiens). *Antiquum —.* 古經 Koŭ kīn. ‖ Le Nouveau —. *Novum —.* 新經 Sīn kīn.
TESTER, v. a. *Testāri.* 寫遺書 Siè ý choŭ.
TESTICULE, s. f. *Testiculus, i, m.* 腎囊 Chén lâng. ‖ Membrane qui l'entoure. *Eorum membrana.* 腎胞膜 Chén páo mŏ. ‖ Glands des —. *Glanduli —.* 腎子 Chén tsè. ‖ Bourse des —. *Bursa —.* 囊包 Lâng pāo.
TÊT, s. m. *Fragmentum, i, n.* 瓦片 Ouà piēn.
TÉTANOS, s. m. *Tetanos, i, m.* 牙關緊閉 Yâ kouān kīn pý.
TÊTE, s. f. *Caput, itis, n.* 頭 Teŏu, ou 腦膅 Laò kŏ. ‖ Devant de la —. *Frons.* 額 Gŏ. ‖ *Vertex —.* 巔頂 Tiēn tǐn. ‖ — (fontanelle). *Fontes pulsatiles.* 顖門 Sín mên. ‖ — (os frontal). *Frontale os.* 額角 Gŏ kŏ. ‖ — (os pariétal). *Parietale —.* 頭角 Teŏu kŏ. ‖ — (os occipital). *Occipitale —.* 腦後根 Laò heóu kēn. ‖ Derrière de la —. *Occiput.* 後腦 Heóu laò. ‖ Baisser la —. *Caput inflectère.* 埋頭 Mây teŏu. ‖ Lever la —. *Caput tollère.* 抬頭 Tấy teŏu. ‖ Branler la —. *Quatère.* 擺腦膅 Laò kŏ. ‖ Hocher la —. *Quassàre.* 點頭 Tiēn teŏu. ‖ Tourner la —. *Vertère.* 掉頭 Tiáo teŏu. ‖ Se frapper la —. *Caput impingère.* 撞腦膅 Pŏng laò kŏ. ‖ — brûlée. *Ardens homo.* 光棍 Kouāng kouén.‖ Couper la —. *Præcidère.* 砍頭 Kǎn teŏu. ‖ Tenir —. *Obniti.* 不依 Poŭ ý, ou 抗 Kén. ‖ Payer de sa —. *Pœnas capite luère.* 受死罪 Cheóu sè tsóuy. ‖ Avoir soin de sa —. *Comas permulcère.* 梳粧打扮 Soū tchouāng tà pán. ‖ — (personne). *Caput.* 一口人 Ÿ keŏu jên. ‖ Par —. *Viritim.* 各人 Kŏ jên, ou 每人 Meỷ jên. ‖ Taxer par —. *Tributum in singul. imponère.* 照人丁收賦 Tcháo jên tīn cheóu foŭ.‖ Être à la — des affaires. *Præesse rebus publicis.* 管公事 Kouān kōng sé. ‖ Avoir toute sa —. *Mentis compos esse.* 心靜 Sīn tsín. ‖ Perdre la —. *Mente capi.* 瘋癲 Fōng tiēn. ‖ Avoir la — dure. *Tardè percipère.* 明悟鈍 Mín oú tén. ‖ Avoir des affaires par-dessus la —. *Negotiis obrui.* 事情多 Sé tsín tŏ. ‖ Ne savoir où donner de la —. *Nescire quò vertère se.* 打不起主意 Tà poŭ kỷ tchoŭ ý. ‖ Se rompre la — à. *In re desudàre.* 費力 Feý lý. ‖ Agir à sa —. *Ad arbitrium suum agère.* 隨意做 Souý ý tsoú. ‖ Mettre à prix la — de quelqu'un. *Alic. vitam addicère.* 出賞革捉人 Tchŏu chàng kẻ tchŏ jên. ‖ Avoir un — à —. *Colloquium habère.* 二人商諠 Eùl jên chāng leâng. ‖ Oter de la — de quelqu'un. *Alic. suadère ut consilium mutet.* 改人的主意 Kảy jên tỷ tchoù ý. ‖ Ses paroles n'ont ni queue ni —. 他的話莫頭緒 Tā tỷ hoá mŏ teŏu siú.
TETER, v. a. *Sugère.* 嗂 Tsiŏ, ou 喫奶 Tchě laỷ. ‖ Donner à teter. *Ubera præbère.* 喂奶 Oný laỷ.
TETIN, s. m. *Papilla, æ, f.* 奶頭 Laỷ teŏu.
TÊTU, E, adj. *Contumax.* 固執 Koú tchě.
TEXTE, s. m. *Textus, us, m.* 白文字 Pě ouén tsé.
TEXTUEL, LE, adj. *Textui consonus.* 白文字的 Pě ouén tsé tỷ, ou 照樣問話 Tcháo yáng hoŭy hoá.
THÉ, s. m. *Theum, i, n.* 茶 Tchǎ. L'usage du thé s'est répandu en Chine surtout sous la dynastie des 秦 Tsín. Il portait alors le nom de 茗 Mín. Selon plusieurs auteurs le mot thé serait *d'origine malaise*. ‖ Feuilles de —. *Folia —.* 茶葉 Tchǎ yě. ‖ Arbre à —. *Arbor —.* 茶樹 Tchǎ choŭ. ‖ Recueillir les feuilles de —. *Ea decerpère.* 採茶 Tsǎy tchǎ. ‖ Les sécher. *Siccàre —.* 晒茶 Chaý tchǎ. ‖ Infuser le —. *Infundère —.* 泡茶 Paò tchǎ. ‖ L'offrir à un hôte. *Offerre theum.* 奉茶 Fóng tchǎ, ou 獻茶 Hién tchǎ. ‖ Hôtel à —. *Thei caupona.* 茶館 Tchǎ kouán.

L'exportation du thé chinois a pris un développement fabuleux. On en jugera par les chiffres suivants, qui ne donnent que le compte-rendu de l'exportation anglaise.

| Année 1734 l'Angleterre a exporté | 632,374 livres. |
|---|---|
| — 1746 — — | 2,358,589 — |
| — 1758 — — | 4,203,394 — |
| — 1768 — — | 6,892,075 — |
| — 1785 — — | 10,856,578 — |
| — 1800 — — | 20,358,702 — |
| — 1833 — — | 31,829,649 — |
| — 1867 — — | 157,750,000 — |

(Pour les espèces de thé, voir à l'Appendice le mot *Thé*.)

THÉATRE, s. m. *Theatrum, i, n.* 戲台 Hý tǎy. ‖ Devant du —. *Proscenium.* 台口 Tǎy keŏu. ‖ Édifier un —. *Ædificàre —.* 搭台子 Tǎ tǎy tsè. ‖ Monter sur le —. *Prodire in scenam.* 上台子 Cháng tǎy tsè. ‖ Défendre le — par esprit d'abstinence. *Prohibēre comœdiam.* 罷戲 Pá hý. ‖ — de la guerre. *Belli theatrum.* 戰塲 Tchán tchǎng.

THÉIÈRE, s. f. *Cucumella, æ, f.* 小壺 Siào hoû.

THÈME, s. m. ‖ —(sujet d'un discours). *Argumentum, i, n.* 題目 Tý moǔ. ‖ — qu'on donne aux écoliers. *Thema alumnor.* 翻譯的書 Fān ý tý choǔ.

THÉOLOGAL, s. m. *Theologalis.* 敎公義的師爺 Kiáo kōng ný tý sē yě.

THÉOLOGIE, s. f. *Theologia, æ, f.* 公義 Kōng-ný. ‖ — dogmatique. *Dogmatica* —. 信理公義 Sín lý kōng ný. ‖ — morale. *Moralis* —. 行爲公義 Hín ouý kōng ný.

THÉORIE, s. f. *Theoria, æ, f.* 法則 Fǎ tsě.

THÉRIAQUE, s. f. *Theriaca, æ, f.* 解毒藥 Kiáy toǔ yǒ.

THERMES, s. m. pl. *Thermæ, arum, f.* 溫水盪子 Ouēn choùy tāng tsè.

THERMOMÈTRE, s. m. *Thermometrum, i, n.* 寒暑表 Hǎn choù piào.

THÉSAURISER, v. a. *Thesaurizāre.* 發財 Fǎ tsǎy.

THÈSE, s. f. *Thesis, is, f.* 題目 Tý moǔ. ‖ Sortir de la —. *A proposito aberrāre.* 犯題 Fán tý.

THORAX, s. m. *Thorax, acis, m.* 胞膛 Paó táng. 上焦 Cháng tsiāo. 膈肝 Koǔ kān.

TIARE, s. f. *Tiaras, æ, m.* 宗牧高帽 Tsōng moǔ kaō máo.

TIBIA, s. m. *Tibia, æ, f.* 脚肝骨 Kiǒ kàn koǔ, ou 小腿骨 Siào toǔy koǔ.

TIC, s. m. *Ridicula consuetudo, inis, f.* 怪牌氣 Kouǎy pý ký.

TIÈDE, adj. *Tepidus.* 溫的 Ouēn tý, ou 冷淡的 Lèn tàn tý. ‖ Rendre —. *Tepefacēre.* 做溫 Tsoú ouēn.

TIÉDEUR, s. f. *Tepiditas, atis, f.* 溫 Ouēn, ou 冷淡 Lèn tán. ‖ — spirituelle. *Spiritualis* —. 冷淡 Lèn tán. ‖ Y tomber. *Fieri tepidus.* 冷淡 Lèn tán. ‖ La secouer. *Excutēre tepidit.* 先冷淡後來熱切 Siēn lèn tán heoú lay jě tsiě.

TIÉDIR, v. n. *Tepescēre.* 冷 Lèn, ou 溫 Ouēn. ‖ — (se ralentir). *Defervescēre.* 冷 Lèn, ou 溫 Ouēn.

TIEN, NE, adj. poss. *Tuus.* 你的 Ngý tý.

TIERS, ERCE, adj. *Tertius.* 第三 Tý sān. ‖ — main. *Media manus.* 中人 Tchōng jēn. ‖ Mettre en main —. *Apud sequestrum ponēre.* 寄放 Ký fáng.

TIERS, s. m. *Tertia pars.* 三分之一 Sān fén tchē ý. ‖ Les deux —. *Ex tribus partibus duæ partes.* 三分有兩分 Sān fén yeoù leǎng fén. ‖ Prendre un — pour composer. *Mediatorem adhibēre.* 請人斷公道 Tsìn jēn touán kōng taó. ‖ Médire du — et du quart. *Omnibus detrahēre.* 塡衆人的名聲 Houáy tchóng jēn tý mìn chēn.

TIGE, s. f. *Stipes, itis, m.* 幹 Kàn, ou 楷子 Kiáy tsè. ‖ Monter en —. *Caulem emittēre.* 長臺 Tchàng tǎy, ou 發莖 Fǎ hēn. ‖ — de l'herbe. 莖 Hēn. ‖ — de bambou. 筍 Kó. ‖ — du bois. 枚 Mēy. ‖ — des fleurs. 花枝 Hoā tchē. ‖ — des graines. 蒿 Haō. ‖ — d'une famille. 家祖 Kiā tsoù, ou 祖宗 Tsoù tsōng, ‖ — de la famille impériale. 金枝玉葉 Kīn tchē yǔ yé. Littér.: Branche d'or, feuille de jade.

TILLER, v. a. *Decorticāre.* 剮麻 Kouà mâ.

TIMBALE, s. f. *Tympanum, i, n.* 鉢 Pòng.

TIMBRE, s. m. *Tintinnabulum, i, n.* 鈴子 Līn tsè. ‖ — d'horloge. *Horologii* —. 鐘碗 Tchōng ouàn. ‖ Avoir le — fêlé. *Cerebro laborāre.* 有些瘋 Yeoù sý fōng.

TIMIDE, adj. *Timidus.* 小胆的 Siào tàn tý.

TIMON, s. m. *Temo, onis, m.* 車簸子 Tchēy yēn tsè. 軏 Gě. 轅 Yuēn. ‖ Tenir le — des affaires. *Rerum clavum tenēre.* 管事 Kouàn sé.

TIMORÉ, ÉE, adj. *Timoratus.* 怕犯罪的 Pǎ fán tsoúy tý.

TINTAMARRE, s. m. *Tumultus, ùs, m.* 嘈鬧 Tsaó laó.

TINTEMENT, s. m. *Tinnitus, ùs, m.* 鈴音 Līn ȳn.

TINTER, v. n. *Tinnīre.* 搖鈴 Yáo līn, ou 敲鐘 Kaō tchōng. ‖ Les oreilles me —. *Tinniunt aures.* 耳鳴 Eùl mīn.

TINTOUIN, s. m. *Tinnitus, ùs, m.* 耳鳴 Eùl mīn.

TIRADE, s. f. *Tractus, ùs, m.* 一端 Ý touān.

TIRAILLER, v. n. *Molestāre.* 囉唣人 Lǒ tsaó jèn, ou 拉扯 Lā tchě.

TIRANTS, s. m. *Ductiles funiculi.* 荷包繫 Hǒ paō hý. ‖ — (pièce de bois). *Transtra.* 樓墊 Leôu tohèn.

TIRE, s. f. ‖ Faire tout d'une —. *Uno ductu facēre.* — 便做完 Ý piēn tsoú ouán. ‖ — d'aile. *Præpete volatu.* 一翅 Ý tchế.

TIRE-BOUCHON, s. m. *Terebella, æ, f.* 螺螄鑽 Lô sē tsouán.

TIRELIRE, s. f. *Cippus bonzionum.* 鉢 Pǒ.

TIRER, v. a. *Trahēre.* 拉扯 Lā tchě. ‖ — dehors. — *extrà.* 拉出來 Lā tchoǔ laý. ‖ — les oreilles. *Aures vellēre.* 揪耳躲 Tsieoū eùl tò. ‖ — quelqu'un à part pour lui parler. *Seorsùm ducēre.* 喊在一邊說話 Hàn tsaý ý piēn chǒ hóa. ‖ — de prison. *E carc. educēre.* 放出牢 Fáng tchoǔ kiēn. ‖ — d'erreur. *Alic. errorem dissipāre.* 提醒人 Tý sìn jēn. ‖ — quelqu'un de misère. *Ab inopiâ aliq. solvēre.* 救窮人 Kieoú kiŏng jēn. ‖ — les filets de l'eau. *Retia extrahēre.* 収網 Cheoù ouàng. ‖ — de l'eau d'un puits. *Haurire aquam è puteo.* 打井水 Tà tsìn choùy, ou 汲水 Ký choùy. ‖ — une épée du fourreau. *E vagīnā gladium educēre.* 拔劍 Pǎ kién. ‖ — le suc. *Succum exprimēre.*

擠汁水 Tsý tchĕ choùy. ‖ — du profit. *Lucrum percipĕre*. 得利益 Tĕ lý ý. ‖ — les larmes. *Lacrymas excutĕre*. 兜人哭 Teōu jên koŭ. ‖ — un navire. *Trahĕre navem*. 拉船 Lā tchouān. ‖ — de l'argent à quelqu'un. *Emungĕre alic. argento*. 打把飾 Tà pà chĕ. ‖ — les vers du nez. *Arcanum elicĕre*. 探出眞話 Tân tchŏu tchên hoá, ou 討人的話 Tào jên tỷ hoá. ‖ — vanité de sa science. *Scientiam suam venditāre*. 誇才 Koŭa tsáy. ‖ — raison d'une offense. *Injuriam persequi*. 要人賠禮 Yáo jên pêy lý. ‖ — au clair. *Excolāre*. 濾 Liŭ. ‖ — au clair (figuré). *Serio examināre*. 察明 Tchă mìn. ‖ — un portrait. *Effig. pingĕre*. 畫眞容 Hoá tchēn yŏng. ‖ — un livre. *Librum imprimĕre*. 刷書 Choă choū. ‖ — le canon. *Explodĕre torment*. 放炮 Fáng păo. ‖ — de l'arc. *Arcum extendĕre*. 拉弓 Lā kōng. ‖ — au blanc. *Collimāre*. 射操子 Ché tò tsè, ou 正對把子 Tchên toúy pà tsè. ‖ — à sa fin. c.-à-d. être près de la mort. *Morti propior esse*. 不久要死 Poŭ kieòu yáo sè. ‖ Le jour — à sa fin. *Vergit dies*.

要黑了 Yáo hĕ̆ leào. ‖ — sur le jaune. *In flavum desinĕre*. 像黃色 Siáng hoâng sĕ. ‖ Se — d'un mauvais pas. *Ex implicatis negotüs se expedire*. 脫難事 Tŏ̆ lân sé.
TIROIR, s. m. *Forulus, i, m*. 抽箱 Tcheōu siāng.
TISANE. s. f. *Ptisana, æ, f.* 水漿 Choŭy yŏ.
TISON, s. m. *Titio, onis, m.* 火柴頭 Hŏ tchăy teŏu. ‖ Être sur les —. *Apud carbones assidēre*. 心不安 Sīn poŭ gān. ‖ — de discorde. *Belli fax*. 刁唆人 Tiāo sŏ jên.
TISSER, v. a. *Texĕre*. 辮 Pién, ou 織 Tchĕ.
TISSERAND, s. m. *Textor, oris, m.* 機匠 Kỹ tsiáng.
TISSU. s. m. *Textum, i, n.* 織的 Tchĕ tỷ.
TITILLATION, s. f. *Titillatus, ūs, m.* 兜人笑 Teōu jên siáo.
TITRE, s. m. *Titulus, i, m.* 書名 Choū mìn. ‖ — (droit). *Jus*. 公道 Kŏng táo, ou 公理 Kŏng lý. ‖ A juste —. *Merito*. 公道的 Kŏng táo tỷ, ou 該當 Kaȳ tāng. ‖ — (papiers). *Chirographa*. 約契 Yŏ ký. ‖ — anciens. *Antiqua —.* 老約契 Lào yŏ ký.

Quant aux titres d'honneur (尊號 Tsēn haó), ils sont fort variés en Chine. Pour en donner une idée, nous allons les grouper sous quatre chefs différents.

### I. Titres donnés à la Famille Impériale.

1° A S. M. l'Empereur. 萬歲爺 Ouán soúy yê. 聖上 Chén cháng. 陛下 Peý hiá.
2° A S. M. l'Impératrice. 娘娘 Niâng niâng.
3° Au Frère de l'Empereur. 千歲 Tsiēn soúy, ou 殿下 Tién hiá.
4° Au Beau-Père de l'Empereur. 國丈 Kouĕ tcháng.
5° A la Belle-Mère de l'Empereur. 國太 Kouĕ Táy.
6° A la Fille de l'Empereur. 公主 Kŏng tchoŭ. (Voir le mot *Princesse*.)
7° Au Gendre de l'Empereur. 駙馬 Foŭ mà.
8° Au Beau-Frère de l'Empereur. 國舅 Kouĕ kieóu.
9° A la Mère de l'Empereur. 太后 Taý heóu.
10° Au Prince héritier. 千歲 Tsiēn soúy, ou 太子 Taý tsè.
11° Aux autres fils de l'Empereur. 公子 Kŏng tsè. (Voir le mot *Altesse* pour les degrés de ces Princes.)
12° L'Impératrice-Mère appelle l'Empereur du nom de 官家 Kouān kiā.

### II. Titres héréditaires, accordés par la Chambre du bureau des Titres.

Ces titres, au nombre de neuf, se subdivisent en 27 degrés différents.

1° 公 Kōng (3 degrés) ou Duc, Seigneur d'un pays de 10 lieues d'étendue.
2° 侯 Heóu (4 degrés) ou Marquis, Seigneur d'un pays de 7 lieues d'étendue.
3° 白 Pĕ (4 degrés) ou Comte, Seigneur d'un pays de 6 lieues d'étendue.
4° 子 Tsè (4 degrés) ou Vicomte, Seigneur d'un pays de 5 lieues d'étendue.
5° 男 Lân (4 degrés) ou Baron, Seigneur d'un pays de 3 lieues d'étendue.

6° 京之都尉 Kīn tchē toŭ oúy (4 degrés).
7° 畿都尉 Kȳ toŭ oúy (2 degrés).
8° 榮畿尉 Yŏng kȳ oúy (1 degré).
9° 安畿尉 Gān kȳ oúy (1 degré).
} Chevaliers.

### III. Titres donnés aux Mandarins.

1° Aux Mandarins supérieurs (Excellence). 大人 Tá jên.
2° Aux autres Mandarins (Monseigneur). 大老爺 Tá laŏ yĕ.
3° Aux fils des Mandarins. 少爺 Chaŏ yĕ.
4° Aux filles des Mandarins. 小姐 Siaò tsié.

Il y a une appellation particulière pour chaque classe du mandarinat, en usage, surtout, dans les invitations que l'on adresse aux Dignitaires chinois, ou sur la suscription des lettres qu'on leur écrit.

En voici l'énumération :

1er degré. Excellence au renom éclatant. 光祿大夫 Kouāng loŭ tá foū.
2° — — au renom glorieux. 榮祿大夫 Yŏng loŭ tá foū.
3° — — à l'administration méritoire. 資政大夫 Tsē tchén tá foū.
4° — — respectable. 通奉大夫 Tŏng fóng tá foū.
5° — Excellence jouissant d'une considération universelle. 通議大夫 Tŏng ný tá foū.
6° — — jouissant d'une considération médiocre. 中議大夫 Tchōng ný tá foū.
7° — — de modèle médiocre. 中憲大夫 Tchōng hién tá foū.
8° — — considérée à la cour. 朝議大夫 Tchaŏ ný tà foū.
9° — — dont la gestion inspire le respect. 奉政大夫 Fŏng tchén tá foū.
10° — — dont la droiture mérite le respect. 奉直大夫 Fŏng tchĕ tá foū.
11° — Honorable, d'une vertu droite. 承德郎 Tchén tĕ lâng.
12° — — de la classe des lettrés. 儒林郎 Joŭ lìn lâng.
13° — — de la classe des lettrés. 文林郎 Ouén lìn lâng et d'une considération convenable.
14° — — remplissant convenablement ses fonctions. 徵仕郎 Tchén sé lâng.
15° — — s'occupant avec soin de sa charge. 修職郎 Sieōu tchĕ lâng.
16° — — en second. 修職佐郎 Sieōu tchĕ tsò lâng.
17° — — susceptible d'avancer en grade. 登仕郎 Tēn sè lâng.
18° — — en second. 登仕佐郎 Tēn sè tsò lâng.

### IV. Titres donnés aux autres personnes.

1° Titres donnés, par respect, aux Évêques. 老公公 Laò kōng kōng, ou 老祖祖 Laò tsoù tsoù.
2° — — aux Prêtres. 公 Kōng. 爺 Yĕ. 神父 Chén foú.
3° — — à un vieillard. 老伯 Laò pĕ. 老耆年 Laò tsēn niên. 老倈 Laò seóu.
4° — — à un lettré. 先生 Siēn sēn, ou 相公 Siāng kōng.
5° — — à un magister. 先生 Siēn sēn, ou 老夫子 Laò foū tsè.
6° — — à un égal, par politesse. 大哥 Tá kŏ, ou 老兄 Laò hiông.
7° — — à un maître d'hôtel. 主人家 Tchoù jên kiā, ou 老板 Laò pàn.
8° — — à un maître de barque. 板主 Pàn tchoù.
9° — — aux patrons des arts et métiers. 師傅 Sē foú.

| TIT | TOM | 431 |

10° Titres donnés aux militaires. 將爺 Tsiàng yê.
11° — — aux bonzes. 當家 Tāng kiā.
12° — — aux femmes de conditions. 大嫂 Tá saò.
13° — — aux femmes égales. 大娘 Tá niâng.
14° — — aux vieilles femmes. 大婆 Tá pŏ̆.
15° — — aux vierges. 娘娘 Niāng niâng.

Parlant des défunts on dira :

Votre père défunt. 令尊翁 Lìn tsēn ouāng.
Votre mère défunte. 令堂 Lìn tâng.
Votre femme défunte. 令正夫人 Lìn tchēu foŭ jên.
Votre frère défunt. 令兄 Lìn hiōng, ou 令弟 Lìn tỷ.
Votre fils défunt. 令郎 Lìn lâng.
Votre fille défunte. 令愛 Lìn gaý.
Vos oncles défunts. 令伯 Lìn pĕ̆, ou 令叔 Lìn choŭ.

En parlant de soi devant les supérieurs, on se sert des formules suivantes, selon les occurrences :

*Moi, le tout petit,* 小的 Siào tỷ. *Moi, l'homme sans capacité,* 不才 Poŭ tsāy. *Moi, votre inférieur,* 在下 Tsaý hiá. *Moi, l'homme stupide,* 愚下 Yû hiá. *Moi, pécheur,* 罪人 Tsoúy jên. *Moi, l'homme esclave,* 僕 Poŭ.

TITUBER, v. a. *Titubāre.* 打趔趄 Tà tsouàn tsouàn.
TITULAIRE, s. m. *Hodiernus præfectus.* 現任官 Hién jén kouān.
TOAST, s. m. *Propinatio, onis, f.* 請酒 Tsĭn tsieŏu. ‖ En porter un. *Propināri.* 請酒 Tsĭn tsieŏu.
TOCSIN, s. m. (En Chine, l'équivalent du tocsin est le canon que l'on tire au prétoire.) ‖ — d'incendie. *Sonus campanæ citatissimus.* 放炮報火 Fáng pào paó hŏ.
TOI, pron. pers. *Tu.* 你 Ngỷ. ‖ De —. *Tui.* 你的 Ngỷ tỷ. ‖ A —. *Tibi.* 與你 Yù ngỷ. ‖ Avec —. *Tecum.* 同你 Tông ngỷ
TOILE, s. f. *Tela, œ, f.* 布 Poú. ‖ Une —. *Una* —. 一疋布 Ỷ pỷ poú. ‖ — d'araignée. *Araneæ* —. 蜘蛛網 Tchē tchoū ouàng, ou 蜘蛛絲 Tchē tchoū sē. ‖ Faire la —. *Texĕre.* 織布 Tchē poú. ‖ Blanchir la — nouvelle. *Dealbāre.* 漂白布 Piáo pĕ̆ poú. ‖ Exposer à la rosée la — verte. *Ad rorem cæruleam — exponĕre.* 凍綠布 Tóng loù poú. ‖ Espèces de —. 扣布 Keŏu poú. 線布 Sién poú. 單洋布 Tān yâng poú.' 蔴布 Mâ poú. 葛布 Kŏ̆ poú. 原色布 Yuên sĕ̆ poú. 無花布 Oû hoâ poú. 印花布 Ýn hoâ poú. 白色布 Pĕ̆ sĕ̆ poú. 斜紋布 Sié ouên poú.
TOILETTE, s. f. *Cultus, ûs, m.* 裝飾 Tchouāng chĕ̆. ‖ Faire la — des noces. *Nuptialia munda disponĕre.* 開臉 Kāy lièn, ou 上頭 Cháng teŏu, ou 粧扮 Tchouāng pàn.

TOISE, s. f. *Orgyia, œ, f.* 一丈 Ỷ tcháng. (Voir les mots Poids et Mesure.)
TOISER, v. a. *Metīri.* 量 Leâng.
TOISON, s. f. *Vellus, eris, n.* 羊皮 Yâng pỷ.
TOIT, s. m. *Tectum, i, n.* 頂 Tĭn. ‖ Couvrir le —. *Cooperīre —.* 蓋房子 Káy fâng tsè. ‖ Repiquer le —. *Reficĕre —.* 揵房子 Kièn fâng tsè. ‖ Dire sur les —. — *Divulgāre rem.* 傳揚 Tchouân yâng.
TÔLE, s. f. *Ferri bracteæ, arum, f.* 鑌鐵 Pīn tiĕ̆.
TOLÉRABLE, adj. *Tolerabilis.* 當得的 Tāng tĕ̆ tỷ. ‖ — (passable). *Tolerabilis.* 過得的 Kó tĕ̆ tỷ.
TOLÉRER, v. a. *Tolerāre.* 得 Tāng, ou 忍 Jĕn.
TOMBE, s. f. *Tumulus, i, m.* 墳 Fên.
TOMBEAU, s. m. *Tumulus, i, m.* 墳 Fên. ‖ Un —. *Unus* —. 一所墳 Ỷ sò fên. ‖ Élever un —. *Erigĕre —.* 修墳 Sieōu fên. ‖ Mettre au —. *Sepulcr. condĕre.* 埋 Mâу. ‖ Descendre au —. *Manes adīre.* 死 Sè. Les chinois païens disent aussi : aller voir le Dieu des enfers. 見閻王 Kién niên ouâng. ‖ Mener quelqu'un au —. *Alic. mortem afferre.* 氣死人 Kỷ sè jên. ‖ Tirer du —. *E morte eripĕre.* 救人性命 Kieóu jên sín mín. ‖ Visiter les —. *Visitāre —.* 上墳 Cháng fên. ‖ Époque de cette visite, vers le 5 avril. 清明上墳 Tsĭn mîn cháng fên.
Le sacrifice sur le tombeau des ancêtres se fait le 7ᵉ jour de la 7ᵉ lune.

TOMBER, v. a. *Cadĕre*. 跌倒 Tiĕ tào, ou 下去 Hiá kiŭ. ‖ — la tête la première. *In caput prolabi*. 瞰臚擔地纜下去 Laò kŏ tchouàng tý tsăy hiá kiŭ. ‖ — de cheval. *Ex equo cadĕre*. 落馬 Lŏ mà. ‖ — raide mort. *Subitò mori*. 忽然死 Hoŭ jân sè. ‖ — dans un piége. *In insid. devenire*. 落圈套 Lŏ kiŭĕn táo. ‖ — dans la misère. *In miseriam incidĕre*. 受窮 Cheóu kiŏng, ou 傾家破產 Kiŭn kiā pŏ tchàn. ‖ — dans une faute. *In culpam labi*. 犯罪 Fán tsoúy. ‖ — malade. *In morbum* —. 得病 Tĕ′ pín. ‖ — dans une erreur. *In errorem cadĕre*. 錯 Tsŏ′. ‖ — au pouvoir de quelqu'un. *In manus alic. incidĕre*. 落在入手下 Lŏ tsáy jên cheŏu hiá. ‖ — sur quelqu'un. *Aliq. invadĕre*. 抓倒人打 Tchào tào jên tà. ‖ — des nues. *Obstupescĕre*. 驚怪得狠 Kīn kouáy tŏ′ hèn, ou 目定口呆 Moŭ tín keŏn tsĕ′. ‖ — d'accord. *De re consentire*. 合意 Hŏ ý. ‖ Les fruits tombent. *Poma decidunt*. 果子落了 Kŏ tsè lŏ leào. ‖ Le tonnerre est — sur lui. *In eum cecidit tonitru*. 雷打他 Loúy tà tă′. ‖ Les soupçons — sur lui. *Omnes eum suspicantur*. 衆人疑他 Tchóng jên nŷ tă′. ‖ — en ruine. *Ruinam dare*. 爛倒 Làn taò.‖ Son crédit est —. *Auctoritas ejus cecidit*. 勢輝敗了 Ché yáo paý leào. ‖ Le vent tombe. *Cadit ventus*. 風停了 Fōng tĭn leào.

TOME, s. f. *Tomus, i, m.* 一本書 Y̆ pèn choŭ, ou 一卷書 Y̆ kiuĕn choū.

TON, s. m. *Tonus, i, m.* 聲音 Chēn ȳn. ‖ Un —. *Unus* —. 樂音 Yŏ ȳn. ‖ Un demi-ton. *Semitonus*. 半樂音 Pán yŏ ȳn. ‖ Les huit —. *Octo* —. 匏土革木金石絲竹 Páo toŭ kĕ′ moŭ kīn chĕ′ sē tchoū. ‖ Les cinq tons musicaux. 宮 Kōng, Fa; 商 Chāng, sol; 角 Kŏ, la; 徵 Tchĕ′, ut; 羽 Yú, ré. ‖ Hausser le —. *Sonum intendĕre*. 舉聲 Kiù chēn. ‖ Baisser le —. *demittĕre*. 低聲 Tȳ chēn. ‖ Changer de —. *Alios mores induĕre*. 改本性 Kaý pēn sín. ‖ Prendre des —. *Magnificè se efferre*. 自高自大 Tsé kaŏ tsé tá.

Ton labial. *Labialis* —. 唇音 Chuên ȳn; comme dans les sons des mots : 崩 Pēn, ou 斑 Pān.

Ton lingual. *Lingualis* —. 舌音 Chĕ′ ȳn; comme dans : 丁 Tīn, ou 當 Tāng.

Ton dental. *Dentalis* —. 齒音 Tchĕ′ ȳn; comme dans : 床 Tchouǎng, ou 切 Tsiĕ′.

Ton dental. *Dentalis* —. 牙音 Yá ȳn; comme dans : 輕 Kīn, ou 堅 Kiēn.

Ton guttural. *Gutturalis* —. 喉音 Heŏu ȳn; comme dans : 荒 Houāng, ou 歡 Houān.

Les cinq tons de la langue chinoise parlée sont :

1° Le ton uni 平聲 Pĭn chēn. Celui-ci se divise en deux, savoir le ton uni élevé : 上平 Cháng pĭn. C'est proprement le premier ton; il s'exprime sur les sons chinois, mis en caractères européens, par le signe ‾, qui se place sur la voyelle du mot, v. g. 媽 Mā (Mère).

2° Le ton uni bas 下平 Hiá pĭn. C'est le deuxième ton; il s'exprime par le signe ˆ, v. g. 麻 Mà (Chanvre).

3° Le ton ascendant 上聲 Cháng chēn. Il se rend par le signe ˋ, v. g. 馬 Mà (Cheval).

4° Le ton descendant 去聲 Kiŭ chēn. Il se rend par le signe ˊ, v. g. 罵 Má (Maudire).

5° Le ton élevé bref 入聲 Joŭ chēn. Il se rend par le signe ˘, v. g. 抹 Mă (Essuyer). (*Voir la Grammaire pour les détails*.)

TON, adj. possess. *Tuus, a, um*. 你的 Ngỳ tý.

TONDRE, v. a. *Tondĕre*. 剪毛 Tsiĕn maŏ.

TONQUIN, s. m. (Royaume du) 東京 Tōng kīn.

TONNEAU, s. m. *Dolium, ü, n.* 桶 Tŏng.

TONIQUE, adj. *Corroborans*. 補血力 Poŭ hiuĕ′ lý.

TONNER, v. n. et impers. *Tonare*. 打雷 Tà loúy.

TONNERRE, s. m. *Tonitru, n.* 雷 Loúy. ‖ Bruit du —. *Fragor*. 雷響 Loúy hiàng. ‖ Le — gronde. *Tonat*. 打雷 Tà loúy. ‖ Le — gronde au loin. *In longinquo reboat tonitru*. 雷響得遠 Loúy hiàng tĕ′ yuên.

TONSURE, s. f. *Tonsura, æ, f.* 剃頂髮禮 Tý′ tĭn fă′ lý. ‖ La recevoir. *Accipĕre* —. 剃頂髮 Tý′ tĭn fă.

TOPE, interj. *Esto*. 可以 Kŏ ỳ, ou 算得 Souán tĕ′.

TOPOGRAPHIE, s. f. *Topographia, æ, f*. 誌書 Tché choū, ou 地輿志 tý yù tché

TOQUE, s. f. *Pileus, i, m*. 帽子 Maó tsè.

TORCHE, s. f. *Fax, Tæda, æ, f.* 火把 Hŏ pà.

TORCHER, v. a. *Tergĕre*. 揩 Kiāy. ‖ — la table. *Mensam* —. 抹桌子 Mă tchŏ tsè.

TORCHON, s. m. *Peniculum, i, n.* 抹桌帕 Mă tchŏ pă′, ou 隨手 Soúy cheŏu.

TORCHIS, s. m. *Lutum paleatum, i, n*. 草紒 Tsaŏ kīn. ‖ — en papier, pour mêler à la chaux. *Papyraceum*. 紙紒 Tchè kīn.

TORDRE, v. a. *Torquĕre*. 扭 Nieŏu. ‖ — la bouche. *Os distorquĕre*. 扭嘴 Nieŏu tsoúy. ‖ — de la ficelle. *Funem* —. 搓線 Tchŏ siên.

TORPEUR, s. f. *Torpor, oris, m*. 癱病 Tăn pín.

TORRÉFIER, v. a. *Torrefacĕre*. 煎 Tsiēn, ou 炒 Tchaŏ.

TORRENT, s. m. *Torrens, tis, m.* 灘 Tăn, ou 水急流 Choŭy kỷ lieóu. ‖ — d'injures. *Injuriarum* —. 大淩辱 Tá lĭn joŭ. ‖ — de larmes. *Lacrymarum* —. 大哭 Tá koŭ, ou 淚如雨下 Loúy joŭ yù hiá.

**TORRIDE**, adj. ‖ Zone —. *Zona torrida.* 大暑熱圈道 Tá choù jĕ kiuĕn táo.

**TORS, SE**, adj. *Tortus.* 扭的 Nieòu tỷ. ou 歪的 Ouāy tỷ. ‖ Pouche —. *Os —.* 喎嘴 Hŏ tsoùy.

**TORT**, s. m. *Culpa, æ, f.* 無理 Oŭ lỳ, ou 錯 Tsŏ´. ‖ Avoir —. *Esse in culpa.* 無理 Oŭ lỳ. ‖ Rejeter les — sur quelqu'un. *Culpam alic. tribuĕre.* 怪人 Kouăy jên. ‖Réparer ses —. *Culpam sarcīre.* 補罪 Poù tsoúy, ou 賠禮 Peý lỳ. ‖ Avoir — de faire. *Iniquè agĕre.* 作不公道的事 Tsŏ poŭ kŏng táo tỷ sé. ‖ — (dommage). *Damnum.* 害 Háy, ou 虧 Koūy. ‖ Faire — à quelqu'un. *Nocēre.* 害人 Haý jên. ‖ Éprouver un —. *Damnum accipĕre.* 受害 Chéou háy. ‖ Se faire — à soi-même. *Sibi nocēre.* 害自己 Háy tsé kỷ.

**TORT (A)**, adv. *Injustè.* 不公道 Poŭ kŏng táo. 不該的 Poŭ kaȳ tỷ. ‖ 使不得 Chè poŭ tĕ´. ‖ Parler à — et à travers. *Temerè plura effutīre.* 亂說 Louán chŏ.

**TORTICOLIS**, s. m. *Colli rigor, oris, m.* 頸子睡挳了 Kĭn tsè choùy kiáng leào, ou 失枕 Chĕ´ tchĕn.

**TORTILLER**, v. a. *Circumplicāre.* 搓 Tsŏ´. ‖ — (chercher des détours). *Tergiversāri.* 主意不定 Tchoù ý poŭ tín.

**TORTU, E**, adj. *Tortus.* 歪的 Ouāy tỷ.

**TORTUEUX, SE**, adj. *Flexuosus.* 彎的 Ouān tỷ.

**TORTURE**, s. f. *Tormentum, i, n.* 夾棍 Kiă kouĕn.

**TORTURER**, v. a. *Torquēre.* 拷打人 Kaŏ tà jên, ou 用夾棍夾人 Yóng kiă kouĕn kiă jên. ‖ Être —. *In quæstionem dari.* 被人拷打 Pý jên kăo tà. ‖ Se — l'esprit. *Angi animo.* 費力 Feý lỳ, ou 憊心 Loúy sīn.

**TÔT**, adv. *Celeriter.* 快 Kouăy, ou 速 Siŏu. ‖ — (de bonne heure). *Maturè.* 早 Tsào. ‖ Bien —. *Mox.* 不久 Poŭ kieòu, ‖ — ou tard. *Seriùs ociùsve.* 早遲 不論 Tsào tchě poŭ lén. ‖ — ou tard Dieu punit. *Seriùs ociùsve Deus certò punit.* 天主早遲要罰 Tiēn-Tchoù tsao tchĕ´ yáo fă. ‖ Arriver assez —. *Satis tempori pervenīre.* 來得合時 Laý tĕ´ hŏ chĕ. ‖ Se lever trop —. *Maturiùs surgĕre.* 起來早狠 Kỷ laý tsào hĕn. ‖ Partir bien —. *Mox, brevi proficisci.* 起身 Poŭ kieòu kỷ chēn. ‖ Finir si — un travail. *Tam citò finīre.* 完得這樣快 Ouān tĕ´ tchě yáng kouăy. ‖ Aussi — qu'il m'eut vu. *Ut me vidit.* 他一看見我 Tă´ ỷ kăn kién ngŏ.

**TOTAL, E**, adj. *Totus.* 全的 Tsuĕn tỷ.

**TOTALITÉ**, s. f. *Universitas, atis, f.* 全 Tsuĕn´ tsuĕn, ou 一共 Ỷ kóng. ‖ Payer la —. *Solidum solvĕre.* 還情 Houán tsīn.

**TOUCHANT, E**, adj. *Movens.* 能打動 Lén tà tóng.

**TOUCHANT**, prépos. *De, circa.* 論 Lên. ‖ — (sur). *Super.* 上頭 Cháng teŏu.

**TOUCHE**, s. f. *Experimentum, i, n.* 試 Ché. ‖ Pierre de —. *Obryza.* 試金石 Ché kīn chě´. ‖ — d'orgue. 牌子 Paý tsè.

**TOUCHER**, v. a. *Tangĕre.* 摸 Mŏ. ‖ — une chose du bout des doigts. 尖起手摸 Tsiēn kỷ cheòu mŏ. ‖ — une chose au doigt. *Acu tangĕre rem.* 猜得不差 Tsaý tĕ´ poŭ tchă. ‖ — un instrument. *Fides movēre.* 彈琴 Tán kín. ‖ — une corde. *Nem tractāre.* 講一宗事 Kiàng ỷ tsōng sé. ‖ — de l'argent. *Argentum colligĕre.* 收銀子 Cheōu ỳn tsè. ‖ — (émouvoir). *Movēre.* 打動人心 Tà tóng jên sīn. ‖ — de compassion. *Misericord. movēre.* 兜人憐憫 Teōu jên lién mĭn. ‖ Cela vous —, c.-à-d. vous regarde. *Hoc ad te.* 是你的事 Ché ngỷ tỷ sé. ‖ — au but (au propre). *Destinat. ferīre.* 中耙子 Tchóng pà tsè. ‖ — (au figuré). *得意* Tĕ´ ý. ‖ — à la fin. *Finem assequi.* 得志 Tĕ´ tché. ‖ — au terme de la vie. *Metam vitæ attingĕre.* 要死得狠 Yáo sè tĕ´ hĕn. ‖ — de près à quelqu'un. *Alic. esse cognatus.* 有親 Yeòu tsīn. ‖ Cette maison nous —, c.-à-d. est contiguë de la nôtre. 這房子連倒我們的房子 Tchě fâng tsè lién tào ngŏ mên tỷ fâng tsè. ‖ — à une plaie. (au fig.) *Verum ulcus tangĕre.* 正正指著他痛處 Tch῀n tchēn tchè tchŏ tă´ tóng tchoŭ´. ‖ Cela — à la folie. *Id accedit ad stultitiam.* 像瘋子 Siáng fōng tsè. ‖ — (être tout proche). *Continuus esse.* 在近近 Tsáy kín kín.

**TOUCHER**, s. m. (sens du toucher). *Tactus, ūs, m.* 覺官 Kiŏ kouān, ou 摸 Mŏ.

**TOUFFE**, s. f. ‖ — d'arbres. *Locus densus arborum.* 一團樹子 Ỷ touán choŭ tsé. ‖ — de cheveux. *Cirri.* 圈髮 Kiuĕn fă.

**TOUFFU, E**, adj. *Spissus.* 密的 Mỷ tỷ.

**TOUJOURS**, adv. *Semper.* 常常 Cháng cháng. ‖ Pour —. *Ad omne tempus.* 永遠 Yùn-yuĕn. ‖ — au moins. *Saltem.* 至少 Tché chaò.

**TOUPET**, s. m. *Cirrus, i, m.* 童髻 Tŏ´ng ký. ‖ Quel —! *Quanta audacia!* 好大胆 Hào tá tàn.

**TOUPIE**, s. f. *Turbo, inis, m.* 耍輪 Choà lên. ‖ Y jouer. — *versāre.* 打耍輪 Tà choà lên.

**TOUR**, s. f. *Turris, is, f.* 塔 Tă´. ‖ Une —. *Una —.* 一座塔 Ỷ tsó tă´. ‖ — en fer où l'on brûle le papier monnaie. 化錢爐 Hoá tsiēn loŭ. ‖ — en fer où l'on brûle les papiers écrits ramassés par dévotion dans les rues. 惜字庫 Sỷ tsé koŭ´.

**TOUR**, s. m. *Circuitus, ūs, m.* 週 Tcheōu. ‖ — de promenade. *Una deambulatio.* 轉耍一下 Tchouán choà ỷ hiá. ‖ Faire un — à la ville. *Urbem invisĕre.* 進城下就同來 Tsín tcheng ý hiá tsieóu houý laý. ‖ — (circuit). — *Ambitus.* 一週 Ỷ tcheōu. ‖ Avoir dix pieds de circuit. *Denos pedes in orbem colligĕre.* 一週有一丈 Ỷ tcheōu yeòu ỷ tcháng. ‖ — de lit. *Conopeum.*

帳子 Tcháng tsè. ‖ — de force. *Fallaciæ et prestigiæ.*
把戲 Pà-hý. ‖ En un — de main. *Puncto temporis.*
項刻 Kĭn kĕ, ou 手覆反 Cheòu foŭ fàn. ‖ Jouer un —. *Ludificāri.* 哄人耍 Hòng jên choà. ‖ — de bâton (lucres clandestins et injustes). *Secreti quæstus.* 咒雷 Tchĕ loúy, ou 打頭 Tà teŏu. ‖ Donner un bon — à une affaire. *Rem dextré instruĕre.* 用心管事 Yóng sĭn kouàn sé. ‖ — (rang successif). *Ordo, vices.* 輪流 Lên lieôu. ‖ A son —. *Sud vice.* 他的輪子 Tă' tỷ lên tsè. ‖ — à —. *Vicissim.* 輪流 Lên lieôu. ‖ — de jeu d'échecs. *Ludi vices.* 一盤棊 Ý pǎn ký. ‖ — (machine à façonner le bois en rond). *Tornus.* 車刀 Tcheý tāo. 車床 Tcheý tchouāng. 輪車 Lên tcheý. 鏇床子 Siuèn tchouāng tsè.

TOURBE, s. f. *Plebecula, æ, f.* 愚民 Yû mîn.

TOURBILLON, s. m. *Turbo, ĭnis, m.* 暴風 Paó fōng. ‖ — des fleuves. *Vortex.* 水渾貌 Choŭy siuèn máo.

TOURILLON, s. m. *Turbinatus cardo, ĭnis, m.* 銃耳 Tōng eùl.

TOURMENT, s. m. *Cruciatus, ús, m.* 大痛 Tá tóng. ‖ — de la faim. *Fame cruciāri.* 餓得狠 Óuo tě hèn. ‖ — (supplice). *Supplicium.* 刑罰 Hîn fă. ‖ — d'esprit. *Angor animi.* 憚心 Tăn sĭn. ‖ Se forger des —. *Sibi struĕre —.* 白白的憂氣 Pĕ' pĕ' tỷ yeōu ký.

TOURMENTE, s. f. *Procella, æ, f.* 暴風 Paó fōng.

TOURMENTER, v. a. (causer de la peine). *Torquēre.* 囉唣人 Lô tsáo jên, ou 加苦 Kiā koŭ'. ‖ Être — par l'ambition. *Ambitione laborāre.* 貪功名 Tān kōng mîn. ‖ Se — (s'agiter). *Jactāre se.* 動脚動手 Tóng kiŏ tóng cheòu, ‖ Se — (se chagriner). *Angi animo.* 自已苦自已 Tsé ký koŭ' tsé ký, ou 憚心 Tān sĭn. ‖ Se — (en parlant du bois). *Torquēre se.* 捲 Kiuèn, ou 拱 Kóng.

TOURNAILLER, v. n. *Circumīre.* 走一週 Tseòu ý tcheòu.

TOURNANT, s. m. *Viæ flexus, ús, m.* 岔路 Tchá loú. ‖ — (endroit où l'eau tournoie). *Vortex.* 水漩 Choŭy siuèn.

TOURNEBROCHE, s. m. *Veru automatum.* 鐵釵 Tiĕ' tchă̄.

TOURNÉE, s. f. *Lustratio, ōnis, f.* 遊地方 Yeōu tý fāng. ‖ — mandarinale du vice-roi. 閱邊 Yuĕ' piēn.

TOURNÉ, ÉE, adj. *Versus.* 向 Hiáng, ou 朝 Tcháo.

TOURNER, v. a. *Versāre.* 翻 Fān, ou 轉過來 Tchouàn kó laý. ‖ — le cou. *Collum —.* 掉頭 Tiáo teŏu. ‖ — le dos. *Fugĕre.* 背臉 Peý lièn. ‖ — en rond. *Circuīre.* 轉 Tchouàn. ‖ — ses pensées vers l'argent. *Sese ad argentum convertĕre.* 想發財 Siàng fă tsaý. ‖ — une chose en plaisanterie. *Rem facĕre jocosam.* 欺笑 Ký siáo. ‖ — quelqu'un à volonté. *Alicujus ingenium regĕre.* 聽別人他的話 Tĭh piĕ' jên tý tỷ hoá. ‖ — (traduire) *Traducĕre.* 翻話 Fān hoá. ‖

— le chinois en français. 中國話翻發國話 Tchōng kouĕ' hoá fān fă kouĕ' hoá. ‖ — un habit. *Vestem invertĕre.* 翻衣服 Fān ý-foŭ. ‖ — (façonner au tour) *Torno facĕre.* 用車鏇東西 Yóng tcheý siuèn tōng sỹ. ‖ L'affaire — bien. *Benè succedit res.* 事情順 Sé tsîn chuén. ‖ — à gauche. *Ad sinistr. ĭre.* 走左邊 Tseòu tsŏ piēn. ‖ Se gâter. *Corrumpi.* 壞 Houáy, ou 酸 Souān. ‖ — à tout vent. *Mobilis esse animo.* 不恒心 Poŭ hên sĭn. ‖ — la tête. *Caput circumagĕre.* 掉腦膛 Tiáo laò kŏ. ‖ — la tête à quelqu'un. *Turbāre aliq.* 顛倒人的心 Tiēn taò jên tý sĭn. ‖ Se —. *Se vertĕre.* 轉身 Tchouàn chēn. ‖ Se — et retourner au lit. *In lecto sæpius vertĕre sc.* 一夜翻幾回身 Ý yé fān ký hoŭy chēn. ‖ Ne savoir où se —. *Quò se vertat nescire.* 打不起主意 Tà poŭ' ký tchoù ý. ‖ Se — au bien. *In melius mutāri.* 更好 Kén haò.

TOURNEVIS, s. m. *Instrumentum ad movendam cochleam.* 螺螄鑽 Lô sē tsouán, ou 螺螄撐 Lô sē lín.

TOURNOYER, v. n. *In gyros īre.* 走圈圈轉 Tseòu kiuên kiuên tchouàn. ‖ — (biaiser). *Tergiversāri.* 無一定的主意 Où ý tĭn tỷ tchoù ý.

TOURNURE, s. m. *Modus, i, m.* 樣子 Yáng tsè, ou 品格 Pĭn kĕ'. ‖ Avoir une bonne —. *Egregiā formā donāri.* 品格好 Pĭn kĕ' haò.

TOUSSAINT, s. f. *Festum omnium sanctorum.* 諸聖瞻禮 Tchoū chén tchān lý.

TOUSSER, v. a. *Tussīre.* 欬嗽 Kĕ' seóu.

TOUT, E, adj. *Totus.* 全 Tsuên, 都 Toū. 一把連 Ý pà lién. ‖ Dieu embrasse — l'univers. *Omnia complectitur Deus.* 天主包含萬物 Tiēn-Tchoù pāo hân ouán où. ‖ — sans exception. *Omnibus sine exceptione.* 一把連 Ý pà lién. ‖ Il a plu — la nuit. *Per totam noctem imber cecidit.* 一晚下到亮的雨 Ý ouàn hiá taó leáng tỷ yù. ‖ De — son cœur, de — son âme, de — son esprit, de — ses forces. 全心全靈全力全意 Tsuên sĭn tsuên lîm tsuên lý tsuên ý. ‖ De — ses forces. *Pro viribus.* 盡力 Tsín lý. ‖ — deux. *Ambo.* 兩个 Leàng kó. ‖ — (chaque). *Quisque.* 每人 Meý. jên. 人人 Jên jên. 个个 Kó-kó. ‖ — les jours. *Singulis diebus.* 天天 Tiēn tiēn. 每日 Meý jĕ'. 日日 Jĕ' jĕ'. ‖ — les hommes. *Omnes homines.* 人人 Jên jên. ‖ — la famille. *Tota familia.* 一家人 Ý kiā jên. ‖ C'est — un. *Idem est.* 不論 Poŭ' lén, ou 都是一樣 Toū ché ý yáng. ‖ — (quoique). *Quamvis.* 雖然 Siū jân. ‖ — au plus. *Ad summum.* 至多 Tchè tō, ‖ — savant qu'il est. *Quamvis doctus.* 雖然他是才子 Siū jân tă̄ ché tsaý tsè.

TOUT, s. m. *Totum.* 全全 Tsuên tsuên, ou 十分 Chĕ' fén. ‖ Diviser un —. *Rem dividĕre.* 分 Fēn. ‖ — (tous). *Omnes.* 人人 Jên jên, ou 衆 Tchóng. ‖ — (toutes choses). *Omnia.* 萬物 Ouán où. ‖ Dieu voit —. *Omnia videt Deus.* 天主無所不見 Tiēn-Tchoū où sŏ poŭ kién. ‖ Homme propre à —. *Aptus ad omnia.* 樣樣都會做 Yáng yáng toū hoúy tsoú. ‖ Le —. *Rei caput.* 頭一宗事 Teŏu ў tsōng sé.

TOUT, adv. *Omninò.* 全全 Tsuên tsuên. ‖ — de bon. *Seriò.* 用心 Yóng sīn. ‖ — à l'heure. *Jamjàm.* 不久 Poŭ kieòu. ‖ — à la fois. *Simul.* 一齊 Ў tsў. ‖ — à coup. *Subitò.* 忽然 Hoŭ jân. ‖ — à propos. *Peropportunè.* 合時 Hŏ chê. ‖ — malade qu'il est. *Quamvis sit æger.* 雖然他害病 Siū jân tā háy pín.

TOUTEFOIS, conj. *Attamen.* 到底 Taó-tў.

TOUX, s. f. *Tussis, is, f.* 咳 Kĕ.

TRACAS, s. m. *Tricæ, arum, f.* 難事 Lân sé. ‖ Être dans le —. *Negotiis implicari.* 事務多 Sé où tō. ‖ Causer du — à quelqu'un. *Negotia alic. facessere.* 生事與人 Sēn sé yù jên.

TRACE, s. f. *Vestigium, ii, n.* 脚跡 Kiŏ tsў. ‖ Suivre la — de quelqu'un. *Alic. vestigia tenēre.* (Physiq.). 跟脚跡追 Kēn kiŏ tsў tchoūy. ‖ (Moral.), c.-à-d. imiter quelqu'un. *Aliq. imitāri.* 效法人 Hiáo fă jên.

TRACER, v. a. *Delineāre.* 畫 Hoá. ‖ — un plan. *Formam —.* 畫樣子 Hoá yáng tsè. ‖ — le chemin. *Viam præmonstrāre.* 引道 Ўn taó. ‖ — une règle de vie. *Vitæ regulam præscribēre.* 定一條規矩 Tín ў tiāo koŭy kiù.

TRACHÉE-ARTÈRE, s. f. *Spiritus meatus.* 氣喉 Kў heŏu, ou 喉脈管 Heŏu mĕ kouân.

TRADITION, s. f. *Traditio, onis, f.* 傳言 Tchoŭăn yên. ‖ La — rapporte que. *Traditur.* 祖傳 Tsoŭ tchoŭăn.

TRADUCTEUR. s. m. *Interpres, etis, m.* 通事 Tōng sé.

TRADUIRE, v. a. *Transferre.* 翻話 Fān hoá. ‖ — devant la justice. *Aliq. in jus ducēre.* 告人 Kaó jên. ‖ — du français en chinois. *Gallica verba in sinica vertĕre.* 法國翻中國話 Fă kouĕ fān tchōng kouĕ hoá. ‖ — mot à mot. *De verbo ad verbum.* 一句一句的翻出來 Ў kiŭ ў kiŭ tў fān tchŏu lay. ‖ — selon le sens seulement. *Duntaxat juxtà sensum —.* 照意思翻 Tcháo ý sē fān.

TRAFIC, s. m. *Mercatura, æ, f.* 生意 Sēn ý. ‖ Faire le —. *Negotiāri.* 做生意 Tsoú sēn ý.

TRAFIQUER, v. n. *Mercaturam agĕre.* 做生意 Tsoú sēn ý. ‖ — de la justice. *Jus nundināri.* 進水 Tsín choŭy. ‖ — de sa conscience. *Conscientiam pretio vendĕre.* 做假干証 Tsoú kià kān tchén.

TRAGÉDIE, s. f. *Tragœdia, æ, f.* 苦情之戲 Koŭ tsíh tchê hў. 哭戲 Koŭ hý. ‖ — tragique. 悲 Peý. ‖ — comique. 歡 Kouān. ‖ Aparté de la —. 離 Lý. ‖ En chœur. 合 Hŏ.

TRAGIQUE, adj. *Tragicus.* 凶事 Hiōng sé. ‖ Finir d'une manière —. *Misero exitu perire.* 死于非命 Sè yù feў mín.

TRAHIR, v. a. *Prodĕre.* 負 Foú. 背人 Peý jên. 供人 Kóng jên. 賣人 Maý jên. ‖ — le secret. *Arcana —.* 漏密事 Leóu mў sé. ‖ — la foi jurée. *Fidem fallĕre.* 食言 Chĕ yên. ‖ — son devoir. *Officium prodĕre.* 缺本分 Kiuĕ pèn fén. ‖ — l'attente de quelqu'un. *Exspectationem alic. non sustinēre.* 負人望 Foú jên ouáng. ‖ Se —. *Sese prodĕre.* 露馬脚 Loú mà kiŏ, ou 露蹄 Loŭ tý.

TRAIN, s. m. *Gradus, ùs, m.* 步 Poú. ‖ Aller grand —. *Celeriter ire.* 走得快 Tseòu tĕ kouáy. ‖ Mener grand —. *Sumptu prodīre.* 大使大用 Tá chè tá yóng. ‖ Se mettre en —. *De. Accingĕre se.* 動手 Tóng cheòu. ‖ N'être pas en — de. *Non esse dispositus ad.* 不順 Poŭ chuén. ‖ Se mettre en —. *Lætitiæ indulgēre.* 喜歡 Hў houān. ‖ — de vie. *Vitæ regimen.* 矩動 樣子 Kiù tóng yáng tsè, ou 規矩 Koŭy kiù. ‖ En changer. *Mutāre —.* 改行 Kaў háng.

TRAÎNER, v. a. *Trahĕre.* 拉 Lā, ou 扯 Tchĕ. ‖ — quelqu'un en enfer. *Aliq. in infernum deducĕre.* 扯拉人下地獄 Lā tchĕ jên hiá tў yŏu. ‖ — les pieds en marchant. *Pedes trahĕre.* 拖脚 Tŏ kiŏ. ‖ — en longueur. *Producĕre.* 綬 Hoùan, ou 擔擱 Tān kŏ. ‖ L'habit — à terre. *Humum veste verrĕre.* 衣曳泥 Ў tchán nў. ‖ — (en parlant d'un malade). *Nec vivĕre nec mori.* 到死不活 Taó sè poŭ hŏ, ou 綿耧病 Miên tchăn pín. ‖ — (ne pas avancer). *Hærēre.* 擔延 Tān yên, ou 綿耧 Miên tchăn. ‖ Se — (marcher en rampant). *Reptāre.* 跛起走 Pă kў tseòu.

TRAIRE, v. a. *Mulgēre.* 擠奶 Tsў laў.

TRAIT, s. m. *Telum, i, n.* 箭 Tsién, ou 矢 Chè. ‖ Lancer des —. *Tela jacēre.* 射箭 Chĕ tsién. ‖ Lancer des — malins. *Mordaciter carpĕre.* 說話燒人 Chŏ hoá chaŏ jên. ‖ — de pinceau. *Linea, ductus calami.* 一筆 Ў hoá. ‖ Ce caractère a dix —. *Linea, ductus calami.* 這字有十畫 Tchĕ tsé yeòu chĕ hoá. ‖ — perpendiculaire. 一豎畫 Ў choŭ hoá. ‖ — horizontal. 一行畫 Ў hīn hoá. ‖ — du visage. *Lineamenta.* 面紋 Mién ouên. ‖ — (ce qu'on avale d'un coup). *Haustus.* 一嗑 Ў hŏ. ‖ Boire d'un —. *Uno haustu bibĕre.* 一嗑吞 Ў hŏ tēn. ‖ Boire à petits —. *Exiguis haustibus —.* 輕輕嗑 Kīn kīn hŏ. ‖ — (action). *Factum.* 大事 Tá sé, ou 行實 Hīn chĕ. ‖ Beau —. *Præclar. fac.* 大事 Tá sé. ‖ Un — d'histoire. *Historiæ factum.* 一件事 Ў kién sé, ou 一條事 Ў tiāo sé. ‖ — d'esprit. *Acutè dictum.* 趣話 Tsiŭ hoá. ‖ Avoir — à. *Spectāre.* 歸于 Koŭy yŭ.

TRAITABLE, adj. *Tractabilis.* 和氣的人 Hŏ kў tў jên.

**TRAITE**, s. f. *Viæ spatium, ii, n.* 路 Loú. ‖ Faire une longue —. *Longum iter facĕre.* 走遠路 Tseòu yuèn loú. ‖ — (exportation de marchandises). *Mercium exportatio.* 起貨 Ký hó. ‖ — ou vol de gens. *Subreptitius hominum raptus.* 拐去 Koaáy kiú. ‖ — des sauvages. 人販子 Jên fàn tsè. ‖ La faire. 賣人 Maý jên.

**TRAITÉ**, s. m. (ouvrage). *Tractatus, dissertatio.* 辯論的條子 Pién lén tỷ tiaŏ tsè. ‖ — (convention par serment entre deux pays). 兩國盟約 Leàng kouĕ mīn yŏ. ‖ Le violer. *Fœdus violāre.* 背盟 Peý mīn. ‖ — (pacte). *Pactum.* 和約 Hŏ yŏ. ‖ Faire un —. *inire.* 打和約 Tà hŏ yŏ. ‖ Le violer. *Violāre —.* 犯和約 Fán hŏ yŏ.

**TRAITÉ, ÉE**, adj. et part. (reçu). *Acceptus.* 接 Tsiĕ. ‖ — (bien). *Lauté —.* 接得好 Tsiĕ tĕ haŏ.

**TRAITEMENT**, s. m. (action de recevoir). *Susceptio.* 接 Tsiĕ. ‖ — de maladie. *Morbi curatio.* 經理毛病 Kīn lỷ maŏ pín. ‖ — (honoraire). 俸祿 Fóng loù. (Voir le mot *Honoraire.*)

**TRAITER**, v. a. (manière d'agir). *Aliq. suscipĕre.* 待 Taý. ‖ — quelqu'un sévèrement. *Severé tractāre.* 待得嚴 Taý tĕ yáe. ‖ — quelqu'un de voleur. *Furem aliq. vocāre.* 說他是强盗 Chŏ tā ché kiāng taó. ‖ — quelqu'un d'extravagant. 說他糊塗 Chŏ tā hoù toû. ‖ — (régaler). *Epulis excipĕre.* 酒飯待人 Tsieòu fán taý jên. ‖ Se bien —. *Lauté vivĕre.* 喫得好 Tchĕ tĕ haŏ. ‖ — un malade. *Alic. morbum curāre.* 醫病 Ý pín. ‖ — un sujet. *De re disserĕre.* 講一宗事 Kiàng ỷ tsōng sé. ‖ — (composer une affaire). *De re transigĕre.* 理事 Lỷ sé.

**TRAITEUR**, s. m. *Obsonator, oris , m.* 廚子 Tchoù tsè.

**TRAITRE**, s. m. *Perfidus.* 賣人的 Maý jên tỷ, ou 不忠心的 Poù tchōng sīn tỷ. ‖ Prendre en —. *Dolo adoriri.* 設計害人 Chĕ ký haý jên.

**TRAJET**, s. m. *Spatium viæ.* 一節路 Ý tsiĕ loú. ‖ Faire un long —. *à pied. Pedibus longum iter facĕre.* 走長路 Tseòu tchāng loú.

**TRAME**, s. f. *Subtemen, inis, n.* 緯線 Oúy sién. ‖ — (intrigue). *Machinatio.* 設計 Chĕ ký.

**TRAMER**, v. a. *Subtemen nēre.* 丟梭子 Tieōu sō tsè. ‖ — un complot. *Moliri.* 謀 Môug.

**TRAMONTANE**, s. f. *Aquilo, onis, m.* 南風 Lán fōng. ‖ Perdre la —. *Mente turbāri.* 心亂 Sīn louán.

**TRANCHANT, E**, adj. *Acutus.* 尖的 Tsiēn tỷ. ‖ Couleurs —. 雜色 Tsă sĕ. ‖ Ton —. *Decretoria vox.* 吩咐的話 Fēn foú tỷ hoá.

**TRANCHANT**, s. m. *Acies, ei, f.* 刀口 Taō keōu. ‖ Émousser le —. *Aciem hebetāre.* 捲刀口 Kiuèn taō keōu.

**TRANCHE**, s. f. *Offula, æ, f.* 片子 Piēn tsè. ‖ — de melon. *Peponis segmen.* 一塊西瓜 Ý kouáy sȳ koūa. ‖ — de rôti. 一塊燒烤肉 Ý kouáy chaō kaŏ joù. ‖ — d'un livre. 書逸 Choū piēn.

**TRANCHÉE**, s. f. *Incile, is, n.* 水溝 Choùy keōu. ‖ — des villes. *Fossa vallo munita.* 破城地道 Pŏ tchén tỷ taó. ‖ Ouvrir la —. *Fossas aperire.* 打地洞 Tà tỷ tóng. ‖ — (douleurs de ventre). *Torsiones ventris.* 絞腸痛 Kiaò tchāng tóng.

**TRANCHER**, v. a. *Abscindĕre.* 砍 Kǎn. ‖ — la tête. *Caput —.* 砍頭 Kǎn teōu. ‖ — la difficulté. *Nodum expedire.* 解難 Kiày lân. ‖ Pour — court. *Ut paucis absolvam.* 一句說清 Ý kiú chŏ tsīn.

**TRANQUILLE**, adj. *Tranquillus.* 靜的 Tsín tỷ.

**TRANQUILLISER**, v. a. *Sedāre.* 安慰人 Gān oúy jên. ‖ Se —. *Animum —.* 心平和 Sīn pīn hŏ.

**TRANSCENDANCE**, s. f. *Præstantia, æ, f.* 出等的 Tchōu tèn tỷ.

**TRANSCRIRE**, v. a. *Exscribĕre.* 謄 Tén, ou 抄寫 Tchaō siĕ.

**TRANSE**, s. f. *Angor, oris, m.* 憚心 Tān sīn.

**TRANSFÉRER**, v. a. *Transferre.* 移 Ý. ‖ — le siége de l'empire. *Sedem imperii —.* 遷都 Tsiēn toū.

**TRANSFIGURATION**, s. f. *Transfiguratio, onis, f.* 顯容 Hièn yóng. ‖ — de N.-S. J.-C. *Transfiguratio J.-C.* 耶穌顯聖容 Yê Soū hièn chén yóng.

**TRANSFORMER**, v. a. *Transformāre.* 改樣子 Kaỷ yáng tsè.

**TRANSFUGE**, s. m. *Transfuga, æ, m.* 逃兵 Taŏ pīn.

**TRANSFUSER**, v. a. *Transfundĕre.* 倒過 Taò kó.

**TRANSGRESSER**, v. a. *Transgredi.* 犯 Fán. ‖ — les lois. *Leges —.* 犯王法 Fán ouâng fǎ. ‖ — les ordres. *Mandota violāre.* 背命 Peý mín.

**TRANSI, E**, adj. *Frigore captus.* 冷得狠 Lèn tĕ hèn.

**TRANSACTION**, s. f. *Pactio, onis, f.* 和約 Hŏ yŏ.

**TRANSIGER**, v. n. *Cum aliq. pacisci.* 取和 Tsiŭ hŏ.

**TRANSITION**, s. f. *Transitio, onis, f.* 接連的話 Tsiĕ liên tỷ hoá, ou 由此過彼 Yeŏu tsè kó pỷ.

**TRANSITOIRE**, adj. *Transitorius.* 不久的 Poŭ kieòu tỷ.

**TRANSMETTRE**, v. a. *Transmittĕre.* 讓 Jáng. ‖ — un bon nom à sa postérité. *Bonam famam posteris —.* 流芳後世 Lieôu fāng heóu ché, ou 名標青史 Mīn piaō tsīn ché. ‖ — (laisser par tradition): *Tradĕre.* 傳 Tchouán.

**TRANSMIGRATION**, s. f. *Transmigratio, onis, f.* 搬家 Pān kiā. ‖ — des âmes. *Metempsychosis.* 輪廻 Lén hoŭy.

**TRANSPARENT, E**, adj. *Perlucidus.* 透光得的 Teóu kouāng tĕ tỷ, 照見得亮的 Tchaó tĕ kién leáng tỷ, 明透 Mīn teóu.

**TRANSPERCER**, v. a. *Transfodĕre.* 鑽穿 Tsouán tchouān.

**TRANSPIRER**, v. a. *Manāre*. 洩 Lieŏu, ou 透氣 Teóu kỷ. ‖ — dans le public. *In vulgus —*. 有人曉得 Yeŏu jên hiào tĕ̆.

**TRANSPLANTER**, v. a. *Transferre*. 移栽過 Ỷ tsāy kó. ‖ Se —. *Alio migrāre*. 搬家 Pān kiā.

**TRANSPORT**, s. m. *Exportatio, onis, f*. 拿東西 Lâ tŏng sỷ. ‖ Le prix du —. *Vecturæ pretium*. 腳價 Kiŏ kiá. ‖ — de colère. *Iræ impetus*. 怨起來 Loú kỷ laỷ. ‖ — de son droit. *Juris cessio*. 讓自己的理 Jáng tsé kỷ tỷ lỷ.

**TRANSPORTER**, v. a. *Transportāre*. 搬 Pān. ‖ — son droit. *Jus transferre*. 讓理 Jáng lỷ. ‖ Être — de joie. *Gaudio exsultāre*. 喜歡得狠 Hỷ hoûan tĕ̆ hèn. ‖ Se — chez quelqu'un. *Conferre se ad aliq*. 會人 Hoúy jên.

**TRANSPOSER**, v. a. *Invertēre*. 顛倒字 Tiēn taò tsé. ‖ — un mot. *Verbum invertĕre*. 倒話 Taò hoá.

**TRANSSUBSTANTIATION**, s. f. *Transsubstantiatio, onis, f*. 變體 Pién tỷ.

**TRANSVASER**, v. a. *Decapulāre*. 倒過 Taò kó.

**TRANSVERSAL, E**, adj. *Transversus*. 橫 Hoâng. ‖ Ligne —. *Linea —*. 橫綫 Hoâng sién. ‖ Écrire en lignes —. *Oblique scribĕre*. 打橫寫 Tă houâng siè.

**TRAPPE**, s. f. *Plagæ, arum, f. pl*. 圈套 Kiūen taó.

**TRAPU, E**, adj. *Brevis*. 矮的 Gaỷ tỷ.

**TRAQUER**, v. a. *Cingĕre*. 圍 Ouỷ.

**TRAVAIL**, s. m. *Labor, oris, m*. 活路 Hŏ loú, ou 工夫 Kōng foŭ.

Travaux principaux ou œuvres avant l'entreprise desquels les Chinois consultent superstitieusement l'astrologie judiciaire. L'almanach annuel donne l'indication des jours fastes et néfastes pour chacun de ces travaux. Il est bon de donner ici l'indication de quelques-uns de ces actes de la vie commune que ces pauvres infidèles n'osent entreprendre sans la précaution ci-dessus indiquée. Cela peut être très-utile à ceux qui ont des rapports personnels avec les Chinois.

| | |
|---|---|
| 興工 | Hīn kōng. Commencer un travail important. |
| 修造 | Sieŏu tsáo. Faire une bâtisse. |
| 上官赴任 | Cháng kouān foŭ jén. Prendre possession d'une place de mandarinat. |
| 出行 | Tchŏu hîn. Faire un voyage. |
| 結婚 | Kiĕ houên. Écrire un contrat de mariage. |
| 嫁娶 | Kiá tsiŭ. Célébrer le mariage. |
| 安葬 | Gān tsăng. Faire la sépulture. |
| 頒赦 | Sóng ché. Accorder une grâce. |
| 銓選 | Tsuên siuèn. Faire une élection. |
| 受封 | Cheóu fōng. Recueillir ses revenus. |
| 移居 | Ỷ kiū. Changer de domicile. |
| 納采 | Lâ tsăy. Recueillir les légumes. |
| 受賀 | Cheóu hó. Recevoir des marchandises. |
| 納財 | Lâ tsăy. Recueillir de l'argent. |
| 動土 | Tŏng tŏu. Travailler la terre. |
| 豎柱 | Joŭ tchoú. Élever les colonnes d'honneur. |
| 上梁 | Cháng leâng. Dresser les poutres. |
| 開張 | Kāy tchāng. Ouvrir le marché, après le nouvel an. |
| 種植 | Tchŏng tchĕ. Transplanter les légumes. |
| 施恩 | Chē gēn. Accorder une faveur. |
| 還愿 | Houân yuén. Accomplir son vœu. |
| 造橋 | Tsáo kiăo. Bâtir un pont. |
| 祭祀 | Taỷ chē. Offrir un sacrifice. |
| 求福 | Kieŏu foŭ. Demander la félicité. |
| 開倉 | Kāy tsăng. Ouvrir les greniers de provision. |
| 起倉庫 | Kỷ tsăng kŏu. En ériger. |
| 入學 | Joŭ hiŏ. Aller aux examens. |
| 交易 | Kiāo ý. Livrer les marchandises. |
| 進醫 | Tsín ý. Inviter le médecin. |
| 治病 | Tché pín. Traiter une maladie. |
| 服藥 | Foŭ yŏ. Prendre médecine. |
| 上疏 | Cháng soū. En appeler à un supérieur. |
| 陳策 | Tchên tsĕ̆. |
| 奏 | Tseòu. Offrir un placet. |
| 造床帳 | Tsáo tchouâng tchâng. |
| 修產室 | Sieŏu tchăn ché. Orner la chambre nuptiale. |
| 裁衣 | Tsăy ỷ. Coudre les vêtements. |
| 伐木 | Fă moŭ. Abattre des arbres. |
| 上船 | Cháng tchouân. Monter en barque. |
| 針炙 | Tchēn tchĕ. Préparer les viandes. |
| 入宅 | Joŭ tsaỷ. Prendre possession d'une demeure. |
| 立券 | Lỷ kiuèn. Faire un écrit important. |
| 合壽木 | Hŏ cheóu moŭ. |
| 立生攷 | Lỷ sēn fên. |
| 成婚 | Tchên houên. Célébrer le mariage. |
| 造酒醋 | Tsáo tsieŏu tsoŭ. Fabriquer du vin. |
| 合醬 | Hŏ tsiáng. Préparer les condiments dits : Hiáng. |

438 TRA — TRE

沐浴 Moŭ yoŭ. Se laver dans le bain.
剃頭 Tỷ teŏu. Se raser la tête.
掃舍宇 Saò ché yú. Nettoyer le faîte de la maison.
會親友 Hoúy tsȋn yeòu. Rendre visite à ses proches et amis.
開渠 Kầy kiŏu. Ouvrir des canaux.
穿井 Tchouản tsȋn. Ouvrir un puits.
平治道塗 Pȋn tché táo tŏu.

TRAVAILLER, v. a. *Laborāre.* 做活路 Tsoú hŏ loú. ‖ — à la journée. *Diurnâ mercede conduci.* 做零工 Tsoú lȋn kŏng. ‖ — en vain. *In vanum —.* 白做 Pĕ tsoú. ‖ — (en parlant de l'esprit). *Incumbĕre ad.* 專務 Tchouản oú. ‖ — (se déjeter). *Torquĕre se.* 捲 Kiŭen, ou 橋 Kiào. ‖ — (fermenter). *Ce vin —. Vinum fermentat.* 酒發來了 Tsièou fā laỷ leào. ‖ — le cuir. *Coria concinnāre.* 硝皮子 Siāo pỷ tsè. ‖ — quelqu'un (le fatiguer). *Aliq. vexāre.* 囉嘷人 Lŏ tsaó jȇn. ‖ Se — l'esprit, c.-à-d. s'inquiéter. *Angi animo.* 憚心 Tȃn sȋn.

TRAVÉE, s. f. *Intersignium, ii, n.* 二梁之中 Èul leȃng tchē tchŏng.

TRAVERS, s. m. ‖ — d'esprit. *Libido, inis, f.* 心私 Sē sȋn. ‖ En —. *Transversé.* 橫 Hoȗen. ‖ Mettre de —. *Obliqué ponĕre.* 斜方 Sié fȃng. ‖ De — (oblique). *Obliqué.* 偏 Piēn, ou 料 Sié. ‖ Regarder de —. *Torvo oculo intueri.* 斜起眼睛看人 Sié kỷ yèn tsȋn kản jȇn. ‖ A tort et à —. *Inconsideraté.* 亂 Loȃn. ‖ Faire les choses de travers. *Præposteré agĕre.* 顛倒 Tiēn taò. ‖ Parler à tort et à —. *Temeré effutire.* 亂說 Loȃn chŏ. ‖ Prendre les choses de —. *In malam partem interpretāri.* 想在一邊去 Siȃng tsaỷ ỷ piēn kiŭ. ‖ A travers la ville. *Per medium urbem.* 走城中過 Tseòu tchȇn tchŏng kó.

TRAVERSE, s. f. *Transversum iter, itineris, n.* 斜路 Sié loú. ou 小路 Siào loú. ‖ — (adversité). *Adversus casus.* 難事 Lȃn sè, ou 逆事 Nỷ sé. ‖ Chemin de —. *Transversum iter.* 捷路 Tsiĕ loú. ‖ Se jeter à la —. *Rei obstāre.* 不服 Poŭ foŭ. ‖ — (terme de marine). 船尾當 Tchouản oùy tȃng.

TRAVERSER, v. a. *Trajicĕre.* 過 kó. ‖ — un fleuve. *Fluvium —.* 過河 Kó hŏ. ‖ Ce trait a — le corps de cet homme. *Transfixit eum telum.* 箭穿那个人 Tsièn tchouản lá kó jȇn. ‖ — quelqu'un (lui résister). *Obsistĕre alic.* 阻擋 Tsoŭ tȃng, ou 不依 Poŭ ỷ.

TRAVERSIN, s. m. *Cervical, alis, n.* 枕頭 Tchȇn teŏu.

TRAVESTIR, v. a. *Personam alienam induĕre.* 改行裝 Kaỷ hȋn tchouȃng. ‖ Se —. *Alienam vestem induĕre.* 改行裝 Kaỷ hȋn tchouȃng.

TRAYON, s. m. *Papilla, æ, f.* 母牛奶頭 Moŭ nieòu laỷ teŏu.

TRÉBUCHER, v. n. (faire un faux pas). *Ad rem offendĕre.* 踢 Tỷ, ou 跌倒 Tiĕ taò. ‖ — (se tromper). *Per errorem labi.* 錯 Tsŏ.

TRÉBUCHET, s. m. *Aucipula, æ, f.* 關籠 Kouȃn lŏng. ‖ — (balance). *Trutina.* 小戥子 Siào tȇn tsè.

TREILLAGE, s. m. *Cancellatum opus, eris, n.* 欄杆 Lȃn kản.

TREILLE, s. f. *Pergula, æ, f.* 葡萄樹 Poŭ taò choŭ, ou 葡萄棚 Pŏu taò pŏng.

TREILLIS, s. *Cancelli, orum, m. pl.* 欄杆 Lȃn kản.

TREIZE, adj. num. *Tredecim.* 十三 Chĕ sȃn.

TREIZIÈME, adj. *Tertius decimus.* 弟十三 Tỷ chĕ sȃn.

TREMBLANT, E, adj. (qui a peur). *Tremens.* 害怕的 Haỷ pả tỷ.

TREMBLEMENT, s. m. *Tremor, oris, m.* 打戰 Tả tchản. ‖ — de terre. *Terræ motus.* 地動 Tỷ tóng.

TREMBLER, v. a. *Tremĕre.* 競顫 Kȋn tchản. ‖ Ses mains —. *Manus ejus contremiscunt.* 手顫他的 Cheòu tchản tả tỷ. ‖ Il — de tous ses membres. *Toto corpore contremiscit.* 他渾身打顫 Tả houȇn chȇn tả tchản. ‖ La terre —. *Intremit terra.* 地動了 Tỷ tóng leào. ‖ — de froid. *Frigore tremĕre.* 塞顫 Hản tchản. ‖ — (craindre). *Timēre.* 害怕 Haỷ pả. ‖ Faire — quelqu'un. *Timorem alic. incutĕre.* 嚇人 Hĕ jȇn.

TREMPE, s. f. *Temperatio, onis, f.* 加鋼 Kiā kȃng, ou 淦鋼 Chản kȃng. ‖ Donner la —. *Temperāre ferrum.* 加鋼 Kiā kȃng. ‖ Esprit d'une bonne —. *Acre ingenium.* 明悟大 Mȋn oú tả.

TREMPER, v. a. *Madefacĕre.* 打濕 Tả chĕ. ‖ Être — de sueur. *Sudore manāre.* 出大汗 Tchoŭ tả hản. — (macérer). *Macerāre.* 泡 Páo. ‖ — dans une crime. *Sceleris esse particeps.* 同謀犯罪 Tŏng mŏng fản tsoúy.

TRENTE, adj. num. *Triginta.* 三十 Sȃn chĕ. ‖ — fois. *Trigesies.* 三十回 Sȃn chĕ hoúy.

TRENTIÈME, adj. *Trigesimus.* 弟三十 Tỷ sȃn chĕ.

TRÉPAN, s. m. *Terebra, æ, f.* 鑽子 Tsouản tsè.

TRÉPASSÉS, s. m. *Defuncti, orum, m.* 去世的了 Kiú ché leào tỷ, ou 亡者 Ouȃng tchĕ.

TRÉPIED, s. m. *Tripus, odis, m.* 三脚鼎 Sȃn kiŏ tȋn.

TRÉPIGNER, v. a. *Tripudiāre.* 踢脚拌手 Tỷ kiŏ pản cheòu.

TRÈS, particule qui marque le degré superlatif. Elle se rend en chinois par 得狠 Tĕ hȇn, v. g. ancien, *Antiquus.* 古 Koŭ. Très-ancien. 古得狠 Koŭ tĕ hȇn.

TRÉSOR, s. m. *Thesaurus, i, m.* 庫 Koŭ. ‖ — public. *Ærarium.* 公庫 Kŏng koŭ.

TRÉSORERIE, s. f. (finances de l'État). 國銀 Kouĕ ỷn, ou 公銀 Kŏng ỷn. ‖ Secrétaire de la —. *Ærarium.* 書記 Choŭ kỷ.

**TRÉSORIER**, s. m. *Ærarius, ii, m.* 掌櫃 Tchàng koúy. ‖ — public. *Quæstor*. 布政司 Poú tchén sē. ‖ — de tribunal. *Prætorii* —. 部院司庫 Poú ouán sē koŭ.

**TRESSAILLIR**, v. n. *Exsilire*. 跳 Tiáo. ‖ — de joie. *Gaudio* —. 喜歡得狠 Hỷ houàn tĕ hèn, ou 大喜 Tá hỷ.

**TRESSE**, s. f. *Textus, ûs, m.* 織的 Tchĕ tỷ. ‖ — de cheveux, vulgairement natte ou cadenette des Chinois. *Cincinnus, i, m.* 辮子 Pién tsè.

**TRESSER**, v. a. *Implicare*. 辮 Pién.

**TRÊVE**, s. f. *Induciæ, arum, f. pl.* 停戰 Tíu tchán. ‖ Faire une —. *Facere* —. 停戰 Tíu tchán. ‖ La — expire. *Dies induciarum præterit*. 停戰期畢了 Tíu tchán kỷ pỷ leào. ‖ Mettre la tablette de la —. *Signum induciarum appendere*. 掛免戰牌 Koúa mièn tchán paỷ. ‖ Ne laisser ni paix ni — à quelqu'un. *Vehementer urgere aliq*. 追逼人 Tchoŭy pỷ jên. ‖ — de raillerie. *Aufer nugas*. 不要笑 Poŭ yáo siáo.

**TRIAGE**, s. m. *Selectio, onis, f.* 選的事 Siuèn tỷ sé. ‖ ‖ Faire le —. *Delectum facere*. 選 Siuèn.

**TRIANGLE**, s. m. *Triangulus, i, m.* 三角形 Sān kŏ hȋn, ou 三角尖 Sān kŏ tsiēn.

**TRIBU**, s. f. *Tribus, ûs, f.* 類的 Loúy tỷ. 支 Tchē. 派 Paỷ. 旗 Kỷ. ‖ Par —. *Tributim* —. 一旗一旗 Ȳ kỷ ỷ kỷ.

**TRIBULATION**, s. f. *Tribulatio, onis, f.* 患難 Houán lán. ‖ En être accablé. *Ærummis affici*. 受大患難 Cheóu tá houán lán.

**TRIBUNAL**, s. m. (Palais de la Justice). *Tribunal, alis, n.* 公堂 Kōng tāng, ou 衙門 Yâ mên. ‖ Fermer le — ou prétoire à la dernière lune chinoise, pour les vacances de la fin de l'année. 封印 Fōng ýn. ‖ L'ouvrir après le nouvel an. 開印 Kaỷ ýn. ‖ En appeler par écrit à un — supérieur. 詳文 Siâng ouên. ‖ Souverains —. 六部 Loŭ poú. (Voy. le mot *Ministère*.) ‖ Les — en général, au nombre de neuf. 九部 Kieòu poú. ‖ Leur réunion. 會儀 Hoúy ný. ‖ Scribe de —. 書辦 Choū pán. ‖ Délibération d'un —. 部文 Poú ouên. ‖ Président d'un — supérieur de Pékin. 尚書 Cháng choū. ‖ Ses conseillers. 侍郎 Ché lâng. ‖ Aller au —. 上衙門 Cháng yâ mên. ‖ — des mathématiques. 欽天監衙門 Kín tiēn lân yâ mên. ‖ — de la pénitence. 聽告解座案 Tín kaó kiáy tsó gán.

**TRIBUNE**, s. f. *Suggestum, i, n.* 講道搭 Kiàng taó tă. ‖ — pour la musique au prétoire. *Podium*. 鼓樓 Koù leôu, ou 號房 Haó fâng. ‖ — d'église. *Templi* —. 聖樓 Chén leôu.

**TRIBUT**, s. m. *Tributum, i, n.* 稅 Choúy. ‖ Imposer un —. *imponere*. 立稅 Lỷ choúy. ‖ Lever un — — *exigere*. 收稅 Cheóu choúy. ‖ Payer le —. — sol-

vere. 上稅 Cháng choúy, ou 上粮 Cháng leâng. ‖ Payer le — à la nature. *Mori*. 死 Sè. ‖ — d'un pays étranger. 貢 Kòng. ‖ Payer ce —. 進貢 Tsín kòng.

**TRIBUTAIRE**, adj. *Tributarius*. 進貢的 Tsín kóng tỷ.

**TRICHER**, v. n. *Decipere*. 賭得軟 Toù tĕ joùan.

**TRICHIASIS**, s. f. (terme de médecine). *Trichiasis, is, f.* 睫毛倒插 Tsiē mâo taò tchă.

**TRICOT**, s. m. *Fustis, is, m.* 大棍 Tá kouèn.

**TRICOTER**, v. a. *Texere*. 織 Tchĕ.

**TRIDENT**, s. m. *Tridens, tis, m.* 三釵 Sān tchă.

**TRIER**, v. a. *Seligere*. 擇 Tsé.

**TRIGONOMÉTRIE**, s. f. *Trigonometria, æ, f.* 度各線刑之里 Toú kó siēn hȋn tchē lỷ.

**TRINITÉ**, s. f. *Trinitas, atis, f.* 聖三 Chén sān, ou 三位一體 Sān oúy ỷ tỷ.

**TRINQUER**, v. n. *Propinare*. 請酒 Tsȋn tsieòu.

**TRIOMPHE**, s. m. *Triumphus, i, m.* ‖ — de l'armée revenant. *Arma victricia*. 凱軍 Kăy kiūn. ‖ Arc de —. *Arcus triumphalis*. 牌坊 Paỷ fāng. (Voy. le mot *Arc*.) ‖ Chant de —. 凱歌 Kaỷ kō.

**TRIOMPHER**, v. n. *Triumphum agere*. 奏凱 Tseóu kaỷ. ‖ — des obstacles. *Obices arcere*. 過難事 Kó lân sé ‖ — (tirer vanité de). *De re gloriari*. 誇奖 Koūa tsiàng.

**TRIPES**, s. f. (entrailles, en général). *Omasum, i, n.* 腸子 Tchâng tsè. ‖ — qui se mangent. *Exta*. 千層肚 Tsiēn tsên toù, ou 牛白葉 Nieóu pĕ yè.

**TRIPLE**, adj. *Triplex*. 三倍 Sān péy.

**TRIPLER**, v. a. *Triplicare*. 加三倍 Kiā sān péy.

**TRIPOTER**, v. n. (agir à tort et à travers). *Elutriare*. 亂做 Louán tsoú.

**TRISTE**, adj. *Tristis*. 憂愁的 Yeóu tseóu tỷ. ‖ — à mourir. *Usque ad mortem* —. 憂悶至死 Yeóu mén tché sè. ‖ — nouvelle. *Triste nuntium*. 凶信 Hiōng sín. ‖ Temps —. *Triste tempus*. 天氣不明 Tiēn kỷ poŭ mȋn.

**TRISTESSE**, s. f. *Tristitia, æ, f.* 憂愁 Yeōu tseóu. ‖ Causer de la —. *Mœrorem afferre*. 兜人憂氣 Teōu jên geóu kỷ. ‖ La dissiper. — *expellere*. 解憂 Kiăy yeóu.

**TRITURER**, v. a. *Terere*. 碾爲末 Nién ouỷ mŏ.

**TRIVIAL, E**, adj. *Trivialis*. 小事 Siáo sè, ou 平常的 Pȋn chăng tỷ.

**TROC**, s. m. (échange). *Permutatio, onis*. 掉的事 Tiáo tỷ sé. ‖ Faire un —. *Permutare*. 掉 Tiáo.

**TROGNE**, s. f. *Facies rubra*. 紅臉 Hông liên.

**TROMBE**, s. f. *Turbo, inis, m.* 暴風 Paó fōng.

**TROIS**, adj. num. *Tres*. 三 Sān. ‖ — fois. *Ter*. 三回 Sān hoŭy, ou 三次 Sān tsé.

**TROISIÈME**, adj. *Tertius*. 第三 Tý sān.

**TROMPE**, s. f. *Corniculum, i, n.* 號筒 Haó tŏng. ‖ — de l'éléphant. *Proboscis*. 象鼻 Siáng pỷ.

**TROMPER**, v. a. *Decipĕre.* 哄 Hòng. ‖ — l'attente. *Expect. fallĕre.* 負人之望 Foú jên tchē ouáng. ‖ — ses ennuis. *Curas fallĕre.* 散心 Sán sīn. ‖ Être —. *Deludi.* 受哄 Chéou hòng. ‖ Se —. *Falli.* 錯 Tsŏ. ‖ Se —. *Errāre.* 錯 Tsŏ. ‖ Se — dans ses conjectures. *Aberrāre à conjec.* 猜不准 Tsāy poŭ tchoŭn.

**TROMPERIE**, s. f. *Fallacia, æ, f.* 詭討 Koŭy ký, ou 哄 Hòng.

**TROMPETTE**, s. f. *Tuba, æ, f.* 號筒 Haó tŏng. ‖ Sonner de la —. *canĕre.* 吹號筒 Tchoŭy haó tŏng. ‖ Être bon cheval de —, c.-à-d. avoir de l'audace. *Audax esse.* 大胆人 Tá tàn jên.

**TRONC**, s. m. *Truncus, i, m.* 幹 Kán, ou 樁 Tchouāng. ‖ — de généalogie. *Stirps.* 祖宗 Tsoŭ tsōng. ‖ — d'église. *Arcula.* 錢櫃 Tsiên koúy.

**TRÔNE**, s. m. *Solium, ii, n.* 龍位 Lông oúy, ou 寶坐 Pào taó. ‖ Monter sur le —. 登龍位 Tēn lông oúy, ou 坐天下 Tsó tiēn hiá. ‖ S'emparer du —. *Regnum occupāre.* 奪江山 Tŏ kiāng chān.

**TRONQUER**, v. a. *Truncāre.* 切斷 Tsiĕ touán.

**TROP**, adv. *Nimis.* 多 Tŏ, ou 太 Taý. ‖ — d'eau. *— aquæ.* 水多狠 Chouy tŏ hèn. ‖ Un peu — . *Paulò nimium.* 多些 Tŏ sȳ. ‖ Ni — ni — peu. *Nec nimium nec parùm.* 不多不少 Poŭ tō poŭ chaò. ‖ Venir — souvent. *Nimis sæpè venīre.* 過餘來多囘了 Kó yû lay tŏ hoŭy leào. ‖ — tôt. *Justò citius.* 早狠 Tsaò hèn. ‖ Il venu trop tôt. *Maturiùs advenit.* 他早狠來了 Tā tsaò hèn laỷ leào. ‖ Venir — tard. *Seriùs venire.* 來得遲 Laý tĕ tchĕ. ‖ N'avoir pas — le temps. *Non tàm vacāre.* 不當得空 Poŭ táng tĕ kŏng. ‖ — grand. *Nimius.* 大狠 Tá hèn. ‖ — long. *Justo longior.* 長狠 Tchāng hèn. ‖ Homme — impérieux. *Homo imperiosus.* 大驕人 Tá maò jên.

**TROPE**, s. m. *Tropus, i, m.* 借用字 Tsié yóng tsé.

**TROPHÉE**, s. m. *Tropæum, i, n.* 牌坊 Pāy fāng. ‖ En ériger un. *Statuĕre —.* 立牌坊 Lỷ pāy fāng.

**TROPIQUE**, s. m. *Tropicus, i, m.* 至之道 Tché tchē taó.
 Tropique d'été. *Æstīvus —.* 夏至 Hiá tché.
 Tropique d'hiver. *Hiemalis —.* 冬至 Tōng tché.
 Tropique du Cancer. 夏至圖北帶 Hiá tché kiuĕn pĕ taý.
 Tropique du Capricorne. 冬至圖南帶 Tōng tché kiuĕn lân taý.

**TROQUER**, v. a. *Commutāre.* 掉換 Tiáo houán.

**TROT**, s. m. *Successoris equi gradus, ùs, m.* 抖花蹄 Teŏu hoā tỷ.

**TROTTER**, v. n. *Succutĕre.* 小跑 Siáo pǎo. ‖ — çà et là. *Concursāre.* 遊 Yeŏu.

**TROTTOIR**, s. m. *Viæ solis peditibus pars addicta.* 步道 Poú taó.

**TROU**, s. m. *Foramen, inis, n.* 孔 Kŏng, ou 眼 Yèn. ‖ Faire un —. *Terebrāre.* 鑽孔 Tsouán kŏng. ‖ — de taupe. *Talpæ cubile.* 地胡椒洞 Tỷ hoŭ tsiāo tóng, ou 犁鼠洞 Lỷ choŭ tóng. ‖ — de l'oreille. *Auris cavernula.* 耳躲眼 Eùl tŏ yèn. ‖ — de l'aiguille. *Acŭs.* 針鼻子 Tchēn pý tsĕ. ‖ — (bicoque). *Oppidulum.* 草房 Tsăo-fáng. ‖ — (gargote). *Cauponula.* 雞毛店 Kȳ maô tiên. ‖ Boucher un —. (littér.). *Obturāre —.* 塞眼 Sĕ yèn. ‖ — (fig), c.-à-d. payer une dette en partie. 開一分 Kāy ỷ fēn. ‖ Boire comme un —. *Vino se ingurgitāre.* 飲酒多 Ȳn tsieòu tò.

**TROUBLE**, adj. *Turbidus.* 混的 Kouén tỷ. ‖ Voir —. *Non. clarè discernĕre.* 眼睛昏 Yèn tsīn houèn. ‖ Pêcher en eau —. *Rem suam alieno incommodo facĕre.* 混水裏捉魚 Kouèn choŭy lỷ tchŏ yû.

**TROUBLE**, s. m. *Tumultus, ûs, m.* 閙 Laó. ‖ En causer — *facĕre.* 吵閙 Tchăo laó. ‖ — (émotion populaire). *Res turbulenta.* 百姓亂 Pĕ sín louán. ‖ Exciter des —. *Sedition. movēre.* 造反 Tsaó fàn. ‖ Les apaiser. *— sedāre.* 平反 Pîh fàn. ‖ — d'esprit. *Trepidatio.* 心跳 Sīn tiáo.

**TROUBLER**, v. a. *Turbāre.* 打渾 Tà houēn. ‖ — l'eau. *— aquam.* 打渾水 Tà houēn choŭy. ‖ — l'État. *Remp. agitāre.* 亂國 Louán kouĕ. ‖ — l'esprit de quelqu'un. *Mentem turbāre.* 昏迷人 Houēn mỷ jên. ‖ Se —. *Turbidus fieri.* 水渾 Choŭy houēn. ‖ Le ciel se —. *Cœlum obscurātur.* 天黑 Tiēn hĕ. ‖ Se —. *Conturbari.* 心亂 Sīn louán.

**TROUÉE**, s. f. *Apertio, onis, f.* 孔 Kŏng.

**TROUER**, v. a. *Forāre.* 鑽 Tsouán, ou 打眼 Tà yèn. ‖ Ma robe est —. *Pertusa est vestis.* 衣服有一个眼 Ȳ foŭ yeŏu ỷ kó yèn.

**TROUPE**, s. f. *Turba, æ, f.* 人群 Jên kiuĕn. ‖ En —. *Gregatim.* 一堆一堆的 Ȳ toŭy ỷ toŭy tỷ. ‖ — de comédiens. *Scenicorum grex.* 一班戲子 Ȳ pān hý tsĕ. ‖ — (corps militaire). *Copiæ.* 兵群 Pīn kiuĕn, ou 兵下 Pīn hiá. ‖ — d'infanterie. *Peditum caterva.* 步兵 Poú pīn. ‖ — de cavalerie. *Equitum turma.* 馬兵 Mà pīn. ‖ Lever des —. *Copias cogĕre.* 調兵 Tiáo pīn, ou 點兵 Tièn pīn.

**TROUPEAU**, s. m. *Pecus, oris, n.* 一群 Ỷ kiuĕn. ‖ Par —. *Gregatim.* 一細 Ỷ kiuĕn.

**TROUSSE**, s. f. *Fascis, is, m.* 一細 Ỷ kouèn. ‖ Être aux — de quelqu'un. *Instāre alic.* 不離左右 Poŭ lỷ tsŏ yeŏu, ou 追逼人 Tchoŭy pý jên.

**TROUSSEAU**, s. m. *Dos, tis, f.* 陪嫁的衣服 Peý kiá tỷ ỷ foŭ. ‖ — de clefs. *Clavium fasciculus.* 一把鑰匙 Ỷ pà yŏ chĕ.

TUE                                    TYR                         441

**TROUSSER**, v. a. *Vestem attollère.* 扎衣服 Tchâ ў foŭ. ‖ — (expédier promptement). *Citò expedire.* 做事快 Tsoú sé kouáy. ‖ Repas bien —. *Cœna lauta.* 大酒席 Tá tsieòu sỹ.

**TROUVER**, v. a. (rencontrer quelqu'un). *Invenire.* 遇着 Yú tchŏ. ‖ — un objet perdu. *Perditam rem invenire.* 撿東西 Kièn tōng tỹ. ‖ Ne pouvoir —. *Non invenire.* 找不到 Tchaŏ poŭ taŏ. ‖ — une occasion. *Occasionem reperire.* 找方便 Tchaŏ fāng pién. ‖ On trouve dans l'Écriture Sainte. *In S. Scripturâ invenitur.* 聖經上說 Chén kīn cháng chŏ. ‖ Aller. — quelqu'un. *Ad aliquem ire.* 去會人 Kiŭ hoúy jên. ‖ — un remède. *Remed. invenire.* 得一個好藥方 Tĕ ỹ kŏ haŏ yŏ fāng. ‖ Aisé à —. *Parabilis.* 用易找得到 Yóng ý tchaŏ tĕ taŏ. ‖ — (inventer). *Nova excogitare.* 創立 Tchonǎng lỹ. ‖ — (penser). *Existimare.* 想 Siàng. ‖ Comment — -vous cela? *Quid vobis videtur?* 你們是怎樣想 Ngỹ mên ché tsèn yáng siàng. ‖ — bon. *Approbare.* 依了, ou 合意 Hŏ ý. ‖ — mauvais. *Improbare.* 不依 Poŭ ỹ, ou 不喜歡 Poŭ hỹ houān. ‖ — mauvais ce qu'on mange. *Cibum fastid.* 不愛喫 Poŭ gáy tchĕ. ‖ — à redire. *Vituperare.* 責備 Tsĕ pý. ‖ Il se — en danger. *In periculo versatur.* 他在兇因 Tă tsaý hiōng hièn. ‖ Il se — en peine. *Anxiatur animo.* 他多心得狠 Tă tō sīn tĕ hèn. ‖ Se — en bonne santé. *Bené valère.* 平安 Pĭn gān. ‖ Il se — mieux. *Ipse meliùs se habet.* 他好了些 Tă haŏ leāo sỹ. ‖ Se — mal d'avoir fait une chose. *Pænitère se.* 實悔 Chĕ hoùy. ‖ On — des gens qui. *Sunt qui.* 有人 Yeòu jên. ‖ Il se — que. *Accidit.* 有 Yeòu ‖ Se — mal. *Morbo tentàri.* 害病 Haý pín.

**TRUCHEMAN**, s. m. *Interpres, etis, m.* 通事 Tōng sé. ‖ Servir de —. *Esse* —. 當通事 Tāng tōng sé. ‖ Parler par —. *Uti* —. 用通事 Yóng tōng sé.

**TRUELLE**, s. f. *Trulla, œ, f.* 泥掌 Nỹ tchàng. ‖ 刷子 Mĭn tsè. ‖ 楼子 Mân tsè. ‖ Une —. 一把泥掌 Ỹ pà nỹ tchàng.

**TRUIE**, s. f. *Scrofa, œ, f.* (Voy. *Porc.*)

**TU**, pron. *Tu.* 你 Ngỹ.

**TUANT, E** adj. *Gravis.* 囉唆的 Lŏ sō tỹ.

**TUBE**, s. m. *Tubus, i, m.* 筒 Tōng.

**TUER**, v. a. *Occidère.* 殺死 Chă sè. ‖ Menacer de —. *Mortem alic. minàri.* 嚇殺人 Hĕ chă jên. ‖ — son père. *Parricidio se inquinàre.* 弑父 Ché foŭ. ‖ — l'Empereur. *Regicidio se* —. 弑君 Ché kiūn. ‖ — (fatiguer). *Vexàre aliq.* 囉唆 Lŏ sō. ‖ — le temps. *Tempus fallère.* 混時候 Houèn chè heóu. ‖ Se — *Occidère se.* 自盡 Tsé taín. 自刎 Tsé ouàn. 自縊 Tsé ỹ. 吞金 Tēn kīn. (Voir le mot *Suicide.*). ‖ Se — de travail. *Labore frangi.* 做活路偏狠 Tsoŭ hŏ loŭ loúy hèn.

**TUF**, s. m. *Tofus, i, m.* 軟石 Joàn chĕ.

**TUILE**, s. f. *Tegula, œ, f.* 瓦 Ouà. ‖ Une —. *Una* —. 一塊瓦 Ỹ kouáy ouà. ‖ — plates. *Planæ* —. 平瓦 Pĭn ouà. ‖ — creuses. *Convexæ* —. 拱瓦 Kòng ouà. ‖ Faire des —. *Fingère* —. 做瓦 Tsoŭ ouà.

**TULLE**, s. m. *Ad instar retis tela, œ, f.* 漏紗 Leóu chā. 畫紗 Hoá chā. 綿紗 Tsōng chā.

**TUMÉFIER**, v. a. *Tumescère.* 腫起來 Tchòng kỹ laý.

**TUMEUR**, s. f. *Tumor, oris, m.* 腫 Tchòng.

**TUMULTE**, s. m. *Tumultus, ùs, m.* 鬧 Laó. ‖ Exciter du —. *facère.* 吵鬧 Tchaŏ laó. ‖ Apaiser le —. *Sedàre* —. 平亂 Pĭn laó.

**TUNIQUE**, s. f. *Tunica, œ, f.* 袍子 Paŏ tsè.

**TURBAN**, s. m. *Pileus turcicus.* 包頭布 Paŏ teŏu poú.

**TURBULENT**, adj. *Turbulentus.* 愛鬧的 Gaý laó tỹ. ‖ Esprit —. *Ingenium inquietum.* 心放蕩 Sīn fáng tàng.

**TURC**, s. m. *Turca, œ, m.* 回子 Hoŭy tsè. ‖ C'est un vrai —. *Homo verè crudelis.* 心硬的人 Sīn gén tỹ jên.

**TURLUPINER**, v. a. *Vexàre.* 聚辱 Tsiŭ siáo jên.

**TURPITUDE**, s. f. *Dedecus, oris, n.* 醜事 Tcheŏu sé.

**TUTÉLAIRE (ESPRIT)**, s. m. *Genii custodes.* 土地神 Toŭ tý chên, ou 門神 Mên chên.

**TUTELLE**, s. f. *Tutela, œ, f.* 保護 Paŏ hoú. ‖ Être en —. *Esse in* —. 受人管 Cheóu jên kouàn.

**TUTEUR**, s. m. *Tutor, oris, m.* 保人 Paŏ jên.

**TUTOYER**, v. a. *Familiariter aliq. compellàre.* 莫老少 Mŏ laŏ chaŏ.

**TUYAU**, s. m. *Canalis, is, m.* 溝 Keōu. ‖ — de plume. *Pennæ caulis.* 毛筒 Maŏ tōng. 翮 Kŏ. 毛管 Maŏ kouàn. ‖ — de cheminée. *Camini spiraculum.* 烟筒 Yēn tōng.

**TYMPAN**, s. m. (tambour de l'oreille). *Auricul. tympanum, i, n.* 耳膜 Eŭi mŏ. ‖ — de montre. *Horologii* —. 鐘碗 Tchōng ouán.

**TYMPANON**, s. m. *Instrum. musicæ.* 番琴 Fān kín.

**TYPE**, s. m. (modèle, forme). *Typus, i, m.* 樣子 Yáng tsè. ‖ — (caractères mobiles d'imprimerie). 活字 Hŏ pàn, ou 鉛字 Yuēn tsè. ‖ Une page de —. 活板 Hŏ pàn. L'empereur 乾隆 Kiēn lóng fit des caractères mobiles qu'il nomma 聚珍 Tsiú tchèn. (Voir l'ouvrage 四庫全書 Sé koú kín choŭ.)

**TYPHON**, s. m. *Turbo, inis, f.* 鬼彈 Koùy tān, ou 颶風 Kiú fōng.

**TYPOGRAPHIE**, s. f. *Typographia, œ, f.* 刻書藝 Kĕ choū ný.

**TYRAN**, s. m. *Tyrannus, i, m.* 虐王 Liŏ ouàng, ou 無道昏君 Oŭ taó hoūen kiūn.

**TYRANNIE**, s. f. *Tyrannia, œ, f.* 聚虐 Paŏ liŏ. ‖ Secouer la —. *Excutère jugum.* 除暴 Tchoŭ paó.

**TYRANNISER**, v. a. *Vexàre.* 虐民 Liŏ mín.

442 UBI                                     URB

**UBIQUITÉ**, s. m. *Ubiquitas, atis, f.* 無所不在 Oŭ sò poŭ tsáy.

**ULCÈRE**, s. m. *Ulcus, eris, n.* 瘡 Tchouăng. ‖ Couvert d'—. *Plenus ulceribus.* 瘡多的人 Tchouăng tō tỹ jên.

**ULCÉRER**, v. a. *Exulcerāre.* 生瘡 Sēn tchouăng. ‖ — quelqu'un, c.-à-d. le faire mettre en colère. *Aliquem —.* 惹人冒火 Jŏ jên maó hŏ. ‖ Conscience —. *Sauciata consc.* 良心有愧 Leǎng sīn yeòu koúy.

**ULTÉRIEUR**, E, adj. (qui est au delà). *Ulterior.* 那邊的 Lá piēn tỹ. (qui se fait après). 後來的 Heóu laỹ tỹ.

**ULTIMATUM**, s. m. (terme lat.) 限期 Hán kỹ.

**ULTRAMARINE (COULEUR)**, s. f. *Color ultramarīnus.* 佛青 Foŭ tsīn.

**UN, E**, adj. *Unus.* 一個 Ỹ kó. ‖ — mot. *Unum verbum.* 一句話 Ỹ kiú hoá. ‖ — seul. *Unus solus.* 單單 一個 Tān tān ỹ kó. ‖ — à —. *Sĭnguli.* 一個一个的 ỹ kó ỹ kó tỹ. ‖ — jour. *Quâddam die.* 有一天 Yeòu ỹ tiēu. ‖ — des quatre. *Ex quatuor unus.* 四个中一个 Sé kó tchōng ỹ kó. ‖ L'— ou l'autre. *Alteruter.* 兩个中不論那一个 Leǎng kó tchōng poŭ lén là ỹ kó. ‖ L'— et l'autre. *Uterque.* 兩个 Leǎng kó. ‖ Ni l'— ni l'autre. *Neuter.* 兩个都不 Leǎng kó toū poŭ. ‖ De deux jours l'—. *Altero quoque die.* 隔一天一天 Kŏ ỹ tiēn ỹ tiēn. ‖ Venir l'— après l'autre. *Per vices venire.* 陸續來 Loŭ soŭ laỹ. ‖ En — mot. *Uno verbo.* 一總 Ỹ tsǎng, ou 一共 Ỹ kóng. ‖ Pas —. *Nemo unus.* 都莫有 Toū mô yeòu, ou 一个都不得 Ỹ kó toū poŭ tĕ. ‖ Pas — ne croit. *Nemo credit.* 無有一个人信 Oŭ yeòu ỹ kó jên sín.

**UNANIME**, adj. *Unanĭmis.* 同心 Tŏng sīn, ou 相合 Siāng hŏ. ‖ D'un avis —. *Conjunctá mente.* 同心 Tŏng sīn.

**UNANIMITÉ**, s. f. *Unanĭmitas, atis, f.* 同心 Tŏng sīn.

**UNI, E**, adj. *Planus.* 平的 Pīn tỹ, ou 和連的 Hŏ liēn tỹ. ‖ Chemin —. *Via plana.* 平路 Pīn loŭ. ‖ — (poli). *Levatus.* 光鉋鉋過的 Koāng páo páo kó tỹ. ‖ Habit tout —. *Vestis simplex.* 素衣服 Soŭ ỹ foŭ.

**UNIFORME**, adj. *Consimĭlis.* 一樣的 Ỹ yáng tỹ, ou 均的 Kiūn tỹ. ‖ Être — dans ses discours. *Sibi consonans esse.* 不改口 Poŭ kaỹ keŏu. ‖ Mener une vie —. *Unis moribus vivĕre.* 守一樣的規矩 Cheòu ỹ yáng tỹ koŭy kiŭ.

**UNIFORME**, s. m. — milit. *Ornatus.* 兵衣 Pīn ỹ, ou 品服 Pĭn foŭ.

**UNION**, s. f. *Adhæsio, onis, f.* 結合 Kiĕ hŏ. ‖ — (concorde). *Consensio.* 和睦 Hŏ moŭ. ‖ — des volontés. *Volunt. consensio.* 合意 Hŏ ỹ. ‖ Vivre en bonne —. *Conjunctè vivĕre.* 與人相好 Yù jên siāng haò. ‖ Entretenir l'—. *Concordiam conglutināre.* 保和氣 Paŏ hŏ kỹ.

**UNIQUE**, adj. *Unĭcus.* 獨的 Toŭ tỹ. ‖ Fils —. *Filĭus —.* 獨兒 Toŭ eúl.

**UNIQUEMENT**, adv. *Unĭcè.* 獨獨 Toŭ toŭ, ou 單單 Tān tān. ‖ Aimer —. *Unĭcè amāre.* 愛得狠 Gaỹ tĕ hèn.

**UNIR**, v. a. *Æquāre.* 做平 Tsoú pĭn, ou 接連 Tsiĕ liên. ‖ — (joindre). *Conjungĕre.* 結合 Kiĕ hŏ. ‖ S'— à quelqu'un. *Amicitiâ conjungi.* 相交 Siāng kiāo. ‖ S'— Sociĕt. inire. 打夥 Tà hŏ. ‖ S'—. *Cum aliq. se conjungĕre.* 開親 Kaỹ tsīn.

**UNITÉ**, s. f. *Unĭtas, atis, f.* 不分 Poŭ fēn.

**UNIVERS**, s. m. *Orbis, is, m.* 普天下 Poŭ tiēn hiá, ou 十方 Chĕ fāng.

**UNIVERSEL, LE**, adj. *Universālis.* 總的 Tsŏng tỹ, ou 公的 Kōng tỹ. ‖ Homme —. *In omni scientiarum genere præstans.* 萬事曉 Ouán sé hiaŏ. ‖ Déluge —. *Diluvium generale.* 洪水 Hŏng choùy. ‖ Bruit —. *Rumor —.* 衆人說 Tchóng jên chŏ.

**UNIVERSITÉ**, s. f. *Universitas, atis, f.* 翰林院 Hán lín ouán. ‖ — de Chine. *Sinarum —.* 國子監 Kouĕ tsè kién.

**URBANITÉ**, s. f. *Urbanitas, atis, f.* 禮信 Lỹ sín, ou 禮貌 Lỹ maŏ.

Les Chinois ont une foule de livres sur l'urbanité. Ils attachent, avec raison, une grande importance aux formes polies dans les rapports sociaux. On peut dire que l'urbanité la plus délicate a pénétré tout le corps de cette grande nation. Le peuple lui-même en connaît et en pratique les règles avec une aisance merveilleuse. Les formes trop libres des Européens sont une des causes pour lesquelles les Chinois, tout en admettant la vaste intelligence des Occidentaux, n'ont pas cessé de les regarder comme des barbares et de leur donner ce titre soit dans les actes publics soit dans la conversation. Ne pouvant donner ici les règles de l'urbanité chinoise, nous allons rapporter quelques-unes des formules les plus communes de politesse dans le langage. En règle générale, lorsqu'on honore quelqu'un, on lui parle toujours à la troisième personne et l'on s'applique à s'humilier.

Rendre les devoirs de l'urbanité : 相待 Siāng taý. ‖ S'excuser poliment de ne pas savoir les rendre, de ne pas bien traiter ses hôtes : 相慢 Siāng mán. ‖ Se montrer poli. : 拜候 Paý heóu. ‖ Saluer quelqu'un : 問候 Ouén heóu.

| | | |
|---|---|---|
| Votre Révérence. *Tua Dominatio.* | 合正 | Lîn tchēu. |
| | 大駕 | Tá kiá. |
| Votre noble père. | 合尊 | Lîn tsēn. |
| Votre noble mère. | 合堂 | Lîn tsén. |
| Votre clémente mère. | 合慈 | Lîn tsê. |
| Votre noble fils. | 合郎 | Lîn lâng. |
| | 郎君 | Lâng kiūn. |
| | 貴芥 | Koúy kiáy. |
| Votre noble fille. | 合愛 | Lîn gaý. |
| Votre digne frère. | 合弟 | Chě tý. |
| Votre noble sœur. | 合姐 | Lîn tsiě. |
| Vos célèbres parents. | 合親 | Chě tsîn. |
| Votre noble oncle. | 合叔 | Lîn choū |
| Le père et le fils. | 喬子 | Kiǎo tsè. |
| Votre grande pensée. | 尊意 | Tsēn ý. |
| | 高見 | Kao kién. |
| Votre brillant jour de naissance. | 華誕 | Hoā tán. |
| Votre élégante lettre. | 華箋 | Hoā tsién. |
| | 華翰 | Hoā hán. |
| Quel est votre noble nom ? | 貴姓 | Koúy sín. |
| | 高姓 | Kao sín. |
| Quel est votre noble commerce ? | 貴幹 | Koúy kān. |

La règle générale pour les réponses aux paroles polies qui sont adressées est de choisir l'épithète opposée à celle de la question. Ainsi, on dira :

| | | |
|---|---|---|
| Mon vil nom est N... | 賤姓 | Tsién sín. |
| Mon pauvre pays est. | 弊國 | Pý koué. |

| | | |
|---|---|---|
| Ma misérable femme. | 弊房 | Pý fâng. |
| | 荊婦 | Kîn foú. |
| Mon indigne ami. | 弊友 | Pý yeòu. |
| Ma stupide opinion. | 愚見 | Yû kién. |
| Mon pauvre serviteur. | 小芥 | Siào kiaý |

URÈTRE. s. m. *Uretron, i, n.* 內腎溺管 Loúy chēn niáo kouàn. 溺孔 Niáo kòng. 小便腸 Siào pién tchǎng. 二尿道 Eùl niáo taó. ‖ — (pour les animaux). 陽物之馬口 Yâng oū tchē mà keòu.

URGENCE, s. f. *Necessitas, atis, f.* 要緊 Yaó kìn.

URINE, s. f. *Urina, æ, f.* 尿 Niaó, ou 小便 Siaò pién. ‖ Flux d'—. *Profluvium —.* 小便多 Siaò pién tō. ‖ Rétention d'—. *Stranguria.* 小便結 Siaò pién kiě.

URINER, v. a. *Mingere.* 解小手 Kiaý siaò cheòu. ‖ — (mot bas, en usage seulement dans la basse classe chinoise). 阿尿 Ouǒ niáo.

URNE, s. f. *Urna, æ, f.* 大花瓶 Tá hoā pîh. ‖ — de cheminée. *Caminu —.* 花瓶 Hoā pîh.

USAGE, s. m. *Usus, ûs, m.* 用處 Yóng tchoǔ. ‖ Propre à un —. *Aptus ad.* 好用 Haò yóng. ‖ Faire un bon —. *Bené uti.* 善用 Chán yóng. ‖ Mettre tout en —. *Omnia experiri.* 千方百計 Tsiēn fāng pě ký. ‖ — (pratique reçue). *Mos.* 風俗 Fōng siôu. ‖ C'est l'—. *Mos est.* 風俗是這橫 Fōng siǒu ché tchě yàng. ‖ Contre l'—. *Præter consuetudin.* 不合風俗 Poŭ hô fōng siǒu. ‖ Être dans l'—. *Solere.* 慣習 Kouán sý. ‖ Avoir l'— du monde. *Mundi experientiam habere.* 有見識 Yeǒu kién chě. ‖ — (exercice). — *Usus.* 熟手 Choŭ cheòu. ‖ Ce drap est d'un bon —. *Pannus solidè textus.* 這呢經事 Tchě ný kîn sé.

USER, v. n. *Uti.* 用 Yóng. ‖ — de patience. *Patientiá uti.* 忍耐 Jèn laý. ‖ — un habit. *Vestem usu terere.* 穿壞衣服 Tchouǎn houáy ý foū. ‖ Être — par le frottement. *Usu atteri.* 㕭了 Yú leào, ou 玊了 Yú leào. ‖ Mes forces sont —. *Vires deficiunt.* 氣力衰敗了 Ký lý chouáy paý leào.

USINE, s. f. *Officina ferraria.* 鐵匠舖 Tiě tsiáng poǔ.

USTENSILE, s. m. *Utensilia, lium, n.* 器具 Ký kiù

USUEL, LE, adj. *Usualis.* 常用的 Chǎng yóng tý.

USUFRUIT, s. m. *Ususfructus, ûs, m.* 利錢穀 Lý tsiēn koǔ.

USURE, s. f. *Usura, æ, f.* 利錢 Lý tsiēn. ‖ Faire l'—. *Fenus exercere.* 奴大利 Cheòu tá lý. ‖ — légale. 奴不犯法的利 Cheòu poù fán fǎ tý lý. (Voir le mot *Intérêt*.) ‖ —. *Res detrita.* 㕭了的 Yú leào tý, ou 玊了的 Yú leào tý.

USURIER, s. m. *Fœnerator, oris, m.* 扠大利的 Cheòu tá lý tỷ.

USURPER, v. a. *Invadĕre.* 占 Tchán. ‖ — la couronne. *Regnum occupare.* 奪社稷 Tŏ ché tsiĕ. ‖ — un titre. *Titulum falsò assumĕre.* 自稱 Tsé tchĕn.

UTÉRIN, E, adj. *Uterinus.* 同毋異父兄弟 Tŏng moù ý foú hiŏng tý, ou 同胞 Tŏng pāo.

UTÉRUS, s. m. (Terme d'anatomie.) ‖ L'orifice de l'—. 子宮之口 Tsé kŏng tchē keŏu. ‖ Sa cavité. 三角房 Sān kŏ fāng ‖ Le col de l'—. 子宮之頸 Tsé kŏng tchē kĭn. ‖ L'ouverture de la trompe de Fallope. 通子管之路 Tōng tsè kouàn tchē loú. ‖ Conduits de la trompe de Fallope. 子宮左右管 Tsé kong tsò yeóu kouàn. ‖ Ses ovaires. 子宮左右核 Tsé kŏng tsó yeóu hĕ̀. ‖ Les vésicules ovaires. 子核内楠珠 Tsé kĕ loúy tsïn tchoū. ‖ Ligaments de l'—. 子宮圓筋扁筋 Tsè kŏng yuén kĭn piēn kĭn.

UTILE, adj. *Utilis.* 有益的 Yeòu ý tý. ‖ Être — à quelque chose. *Esse alic.* —. 有用處 Yeòu yóng tchoŭ. ‖ Être — à quelqu'un. *Alic. perutilis esse.* 帮忙人 Pāng māng jēn.

UTILITÉ, s. f. *Utilitas, atis, f.* 利益 Lý ỳ, ou 好處 Haò tchoŭ. ‖ N'avoir en vue que son —. *Omnia suâ causâ facĕre.* 單圖已利 Tān toŭ kỳ lý. ‖ Être de quelque —. *Esse utilis.* 有利益 Yeòu lý ỳ.

UTOPIE, s. f. *Utopia, æ, f.* 虛論 Hiū lén.

# V

VAI *Esto, sit.* 可以 Kŏ ỳ, ou 算得 Souán tĕ̀.

VA, troisième personne du verbe aller. ‖ Il —. *It.* 他走 Tá' tseòu. ‖ Comment — l'affaire? *Quomodò res se habet?* 事情是怎麽樣 Sé tsïn ché tsèn mô yáng.

VA, deuxième personne de l'impératif du verbe aller. *I, ito.* 你走 Ngỳ tseòu, ou 你去 Ngỳ kiŭ.

VACANCE, s. f. *Vacatio præfecturæ.* 無官時侯 Où kouān chê kiuĕ̀, ou 空缺 Kŏng heóu. ‖ — des tribunaux. *Feriæ forenses.* 封印時侯 Fōng yń tý chê. ‖ — des écoles. *Scholarum* —. 放學之時 Fáng hiŏ tchē chê. ‖ Donner des —. *Vacationes dare.* 放學 Fáng hiŏ.

VACANT, E, adj. *Vacuus.* 空的 Kŏng tý.

VACARME, s. m. *Tumultus ús, m.* 吵鬧 Tchăo laó. ‖ Faire le —. *Turbas facĕre.* 吵鬧 Tchăo laó. ‖ — des enfants qui jouent. *Puerorum strepitus.* 嘈嘈 Tsăo chán.

VACATION, s. f. (métier, profession). *Ars, tis, f.* 手藝 Cheòu ný. ‖ — (honoraires). *Merces.* 工錢 Kōng tsiĕn. ‖ — (cessation des séances de justice). *Feriæ forenses.* 封印的時侯 Fōng yń tý chê heóu.

VACCIN, s. m. *Vaccinum virus, n.* 洋痘 Yâng teóu. ‖ Le placer. *Ponĕre* —. 放洋痘 Fáng yâng teóu. ‖ L'extraire de la vache. *Extrahĕre* —. 取牛奶痘 Tsiŭ niôu laỳ teóu.

VACILLANT, E, adj. *Vacillans.* 不穩的 Poŭ ouèn tý, ou 飄的 Piăo tý. ‖ Esprit —. *Anima anceps.* 莫主張 Mŏ tchoù tchāng.

VADE-MECUM, s. m. 抽珍 Sieóu tchén.

VAGABOND, E, adj. *Vagus.* 竄流的 Tchouăn lieòu tý.

VAGISSEMENT, s. m. *Vagitus, ús, m.* 嬰兒哭 Ȳn eŭl koŭ.

VAGUE, s. f. *Fluctus, ús, m.* 波浪 Pō láng. ‖ Être battu par les —. *Agitari fluctibus.* 船搖講 Tchouán yâo táng.

VAGUE, adj. indéfini. *Vagus.* 不定的 Poŭ tín tý. ‖ Être dans le —. *Inania persequi.* 主意不定 Tchoù ý poŭ tín. ‖ Bruit —. *Rumor vagus.* 虛信 Hiū sín. ‖ Parole —. *Verbum vacuum.* 虛信 Hiū sín.

VAGUEMENT, adv. *Latiori sensu.* 空 Kŏng.

VAILLANT, E, adj. *Strenuus.* 勇剛的 Kăng yòng tý.

VAIN, E, adj. *Vacuus.* 空的 Kŏng tý. ‖ 虛 Hiū. 無益的 Où ý tý. ‖ Homme —. *Vir ventosus.* 不中用的人 Poŭ tchōng yóng tý jēn, ou 自誇大的人 Tsé koŭà tá tý jēn. ‖ Espoir —. *Vana spes.* 虛望 Hiū ouáng. ‖ — (frivole, chimérique). *Futilis.* 虛的 Hiū tý. ‖ — crainte. *Inanis timor.* 無故怕 Où koú pằ. ‖ — efforts. *Irriti conatus.* 枉然費力 Ouáng jĕn feý lý. ‖ En —. *Inaniter.* 枉然 Ouáng jĕn, ou 白白 Pĕ̀ pĕ̀.

**VAINCRE**, v. a. *Vincĕre.* 勝 Chēn. ‖ — en science. *Scientiá superāre.* 才學高過人 Tsaÿ hiŏ kaō kó jēn. ‖ — ses passions. *Cupidit. domāre.* 克伏私慾 Kĕ̆ foŭ sĕ yoŭ. ‖ Se —. *Vincĕre se.* 克已 Kĕ̆ kỷ. ‖ Être — par les larmes de quelqu'un. *Alic. lacrymis movēri.* 看見人哭心內不忍 Kân kién jēn koŭ-sīn loúy poŭ jēn. ‖ Revenir vainqueur. *Victor redire.* 凱旋 Kaÿ siuēn.

**VAINEMENT**, adv. *Frustrá.* 枉然 Ouàng jân.

**VAISSEAU**, s. m. *Navis.* 船 Tchouán. ‖ — à voile. — *velis iens.* 風船 Fōng tchouán. ‖ — à vapeur. *Vapore* —. 火船 Hŏ tchouán. ‖ — qui tire 10 pieds d'eau. *Ad decem pedes in aquá mergens.* 船喫一丈水 Tchouán tchĕ̆ ў tcháng choùy. ‖ Construire un —. *Navem construĕre.* 修船 Sieōu tchouán. ‖ Lester un —. *Navem gravāre.* 鎮船 Tchén tchouán. ‖ Le couler à fond. *Submergĕre* —. 船沉水 Tchouán tchēn choùy. ‖ Monter sur un —. *Nav. ascendĕre.* 上船 Cháng tchouán. ‖ — (veine). *Vena, æ, f.* 血管 Huĕ̆ kouân.

**VAISSELLE**, s. f. *Vasa, orum, n. pl.* 碗盞 Ouàn tchàn. ‖ — de porcelaine. *Porcellana* —. 磁碗 Tsĕ̆ ouàn. ‖ — de terre. *Figulina* —. 土碗 Toŭ ouàn.

**VALABLE**, adj. *Idoneus.* 合式的 Hŏ chĕ̆ tỷ. ou 好的 Haò tỷ. ‖ Excuse —. *Justa excusatio.* 推得有理 Toúy tĕ̆ yeòu lỷ. ‖ Raison —. *Justa ratio.* 説得有理 Chŏ tĕ̆ yeòu lỷ.

**VALET**, s. m. *Famulus, i, m.* 跟隨 Kēn soùy.

**VALÉTUDINAIRE**, adj. *Valetudinarius.* 不安逸 Poŭ gān ỷ.

**VALEUR**, s. f. *Valor, virtus.* 剛勇 Kāng yòng. ‖ — (prix). *Pretium.* 眞價錢 Tchēn kiá tsién. ‖ De peu de —. *Vilis.* 賤的 Tsién ty. ‖ Apprécier à sa —. *Momento suo ponderāre.* 價錢估得合式 Kiá tsién koŭ tĕ̆ hŏ chĕ̆.

**VALIDE**, adj. *Validus.* 强壯的 Kiàng tchouāng tỷ. ‖ —. *Idoneus.* 如法的 Joŭ fă̆ tỷ. ou 合式的 Hŏ chĕ̆ tỷ.

**VALIDER**, v. a. *Ratum facĕre.* 補眞 Poŭ tchēn. ou 做妥當 Tsoú kiă̆ tāng.

**VALISE**, s. f. *Vidulus, i, m.* 荷包 Hŏ paŏ.

**VALLÉE**, s. f. *Vallis, is, f.* 山谷 Chān kioŭ.

**VALOIR**, v. n. *Valēre.* 値得 Tchĕ̆ tĕ̆. ‖ Valoir 100 taels. *Centum taelia.* — 値得一百銀子 Tchĕ̆ tĕ̆ ỷ pĕ̆ ўn tsè. ‖ — beaucoup. *Plurimum* —. 貴的 Kouỷ tỷ. ‖ — peu. *Parùm* —. 賣的賤 Maỷ tỷ tsién. ‖ Combien le teoù de riz? 幾多錢一斗米 Kỷ tō taèh ў teòu mỷ. ‖ Un vaut dix. 一个當十個 Ỷ kó tāng chĕ̆ kó. ‖ Cet habit ne — plus. *Vestis penitùs detrita est.* 這件衣服不得穿了 Tchĕ̆ kién ў foŭ tchouān poŭ tĕ̆ leàò. ‖ Cela ne — rien pour la santé. *Id valetudini nocibile est.* 害人的 Haỷ jēn tỷ. ‖ Vaille que — je

veux essayer. *Quo res cunque cadat volo tentāre.* 管他成不成我要試一下 Kouàn tă̆ tchēn poŭ tchēn ngò yaó chĕ̆ ў hiá. ‖ Mieux —. *Meliùs esse.* 更好 Kén haò. ‖ Faire — son champ. *Colĕre agrum.* 犁田 Lỷ tiēu. ‖ Faire — son argent. *In fenore ponĕre.* 放賬 Fáng tcháng. ‖ Se faire —. *Se extollĕre.* 誇自 Tsĕ̆ kouā.

**VAN**, s. m. *Vannus, i, m.* 風簸 Fōng pò.

**VANITÉ**, s. f. *Vanitas, atis, f.* 虛 Hiū, ou 假 Kià. ‖ Tirer — de sa beauté. *Præclará suá formá gloriāri.* 誇獎自巳的品格 Kouă̆ tsiàng tsĕ̆ kỷ tỷ p'ĭn kĕ̆.

**VANNE**, s. f. *Cataracta, æ, f.* 挿板 Tchă̆ pàn.

**VANNER**, v. a. *Ventilāre.* 簸 Pò, ou 颺 Yàng.

**VANNETTE**, s. f. *Vannus major, m.* 簸箕 Pò kỷ.

**VANTAIL**, s. m. *Valva, æ, f.* 扇門 Ỷ chán mēn.

**VANTER**, v. a. *Laudāre.* 讚美 Tsàn meỷ. ‖ Se —. *Se jactare.* 自誇 Tsĕ̆ kouā.

**VAPEUR**, s. m. *Vapor, oris, m.* 水氣 Choùy kỷ. ‖ Avoir des —. *Vapor. laborāre.* 憂氣 Geóu kỷ.

**VAQUER**, v. n. *Vacāre.* 得空 Tĕ̆ kŏng, ou 得閒 Tĕ̆ hiēn. ‖ Charge —. *Munus vacuum.* 無官之時 Oŭ kouān tchē chē. ‖ — (se reposer un peu). *Ab opere cessāre.* 歇息 Hiē sỷ. ‖ — s'appliquer à une chose). *Rei incumbĕre.* 專務 Tchouān oŭ.

**VARANDE**, s. f. *Xystus, i, m.* 吊腳樓 Tiáo kiŏ leŏu.

**VARIABLE**, adj. *Varius.* 不恒久的 Poŭ hēn kieòu tỷ. ‖ Esprit —. *Mobilis animus.* 不恒心 Poŭ hēn sīn.

**VARICE**, s. f. *Varix, icis, f.* 蠱之脉 Koŭ tchē mĕ̆.

**VARIER**, v. a. *Variāre.* 雜 Tsă̆. ‖ — (différer). *Discrepāre.* 改變 Kaỷ pién. ‖ Les opinions —. *Non constant sententiæ.* 意思不合 Ỷ sē poŭ hŏ. ‖ — d'opinion. *Sibi non constāre.* 不恒心 Poŭ hēn sīn, ou 改口 Kaỷ keòu.

**VARIÉTÉ**, s. f. *Varietas, atis, f.* 各色 Kŏ sĕ̆, ou 各樣 Kŏ yáng.

**VARLOPE**, s. f. *Runcina, æ, f.* 大鉋子 Tá paŏ tsè.

**VASE**, s. m. *Vas, is, n.* 器 Kỷ. ‖ — vernissé. *Vernice linitum.* 有釉的 Yeòu yeoŭ tỷ. ‖ — pour le vin chinois. *Vini cucuma.* 大酒缸 Tá tsieòu kāng. ‖ — à rebord pour l'eau des Hán tsaỷ. 自朴水 Tsĕ̆ poŭ choùy. ‖ — de nuit. *Matula, æ, f.* 夜起 Yé kỷ. 鴨子 Yă̆ tsè. 夜壼 Yé hoŭ. ‖ Un — de fleurs. *Florum* —. 一鉢花 Ỷ poŭ hoā.

**VASE**, s. f. *Limus, i, m.* 坭 Nỷ.

**VASSAL**, s. m. *Cliens, tis, m.* 下属的 Hiá choŭ tỷ.

**VASTE**, adj. *Amplus.* 寬的 Kouān tỷ. ‖ Esprit —. *Ingen. ingens.* 大明悟 Tá mîn où. ‖ Avoir de — desseins. *Magna metiri.* 諜大事 Mōng tá sé.

**VAU L'EAU (À)**, adv. *Secund. flum.* 順水 Chuén choùy. ‖ L'affaire est —. *Malé successit negotium.* 事眞得好下台 Sé mô tĕ̆ haò hiá taỷ.

**VAURIEN**, s. m. *Nebulo, onis*, m. 光棍 Kouāng kouen.
**VAUTRER (SE)**, v. pron. *Se volutāre*. 滾 Kouen. ‖ — dans le vice. *In flagitia se ingurgitāre*. 無所不爲 Où sò poŭ oŭy.
**VEAU**, s. m. *Vitulus, i, m.* 牛兒 Nieóu eŭl.
**VEDETTE**, s. f. *Excubitor, oris, m.* 巡兵 Siún pīn. ‖ — (tourelle d'un rempart). *Specula*. 巡兵房 Siún pīn fàng.
**VÉGÉTAL**, E, adj. *Vegetus*. 草木的 Tsaŏ moŭ tỳ, ou 生長的 Sēn tchàng tỳ.
**VÉGÉTATION**, s. f. *Vegetatio, onis, f.* 草木生長 Tsaŏ moŭ sēn tchàng.
**VÉGÉTAUX**, s. m. pl. *Vegeta semina*. 草木 Tsaŏ moŭ.
**VÉGÉTER**, v. n. *Insitā virtute ali*. 到死不活的 Taò sè poŭ hŏ tỳ.
**VÉHÉMENCE**, s. f. *Impetus, ûs, m.* ‖ Parler avec —. *Vi summā dicěre*. 說話有緊 Chŏ hoá yeòu kĭn.
**VÉHÉMENT**, E, adj. *Vehemens*. 狠 Hěn. 大的 Tá tỳ. 急緊 Kỳ kĭn.
**VÉHICULE**, s. m. *Currus, ûs, m.* 車子 Tchěy tsè. ‖ — de médecine chinoise. 藥引 Yŏ yĭn.
**VEILLE**, s. f. *Vigilia, æ, f.* 頭一天 Teŏu ỳ tiēn. ‖ — (privation de sommeil). *Vigilia*. 守夜 Cheòu yé. ‖ — d'une fête. *Festi vigilia*. 瞻禮前日 Tchān lỳ tsiēn jĕ. ‖ — (division de la nuit en Chine). 更 Kēn. La 1ʳᵉ —. 頭更天 Teŏu kēn tiēn. La 2ᵉ —. 二更天 Eúl kēn tiēn. ‖ Battre les —. 打更 Tà kēn.

Les Chinois divisent les veilles de la nuit en trois parties. Dans les villes et localités importantes, un homme parcourt les rues; durant la nuit, pour annoncer ces veilles ou heures de la nuit.

La première veille commence vers huit heures du soir.

La 1ʳᵉ s'annonce par un coup de gong ou tam-tam chinois. 更鑼 Kēn lô.

La 2ᵉ s'annonce par deux coups. 二更 Eúl kēn.

La 3ᵉ s'annonce par trois coups, etc.

**VEILLE** (application), s. f. *Lucubratio, onis, f.* 專務 Tchouān oú. ‖ — (jour qui précède). *Vigilia*. 頭一天 Teŏu ỳ tiēn. ‖ Je suis à la — de mon départ. *Proximum est ut proficiscar*. 不久我要起身 Poŭ kieòu ngŏ yáo kỳ chēn.
**VEILLER**, v. n. *Vigilāre*. 守夜 Cheòu yé. ‖ — toute la nuit. — *usque ad lucem*. 遨通夜 Ngáo tōng yé. ‖ — bien tard. *ad multam noctem*. 守到半夜 Cheòu taó pán yé. ‖ — à une chose. *Rem accurāre*. 料理一宗 Leáo lỳ ỳ tsōng sé. ‖ — sur soi. *Sibi cavēre*. 小心 Siào sīn. ‖ — sur quelqu'un. *Advigilāre alicui*. 防顧人 Fáng koú jēn. ‖ — un malade. *Ægroto*. 夜間守病人 Yé kiēn cheòu pín jēn.

**VEINE**, s. f. *Vena, æ, f.* 血脈 Hiuĕ mĕ, ou 血道 Hiuĕ táo. ‖ Ouvrir la —. *Incidĕre* —. 放血 Fáng hiuĕ. ‖ Le sang bout dans les —. *In venis æstuat sanguis*. 血脈潮 Hiuĕ mĕ tchaŏ. ‖ — du bois. *Ligni meatus*. 朳 Lỳ, ou 紋 Ouēn. ‖ — (cave supérieure). 上廻血總管 Cháng hoŭy hiuĕ tsŏng kouàn. ‖ — (cave inférieure). 下廻血總管 Hiá hoŭy hiuĕ tsŏng kouàn. ‖ — pulmonaire. 肺心廻血管 Mĕ sīn hiuĕ tsŏng kouàn. ‖ Valvule de la —. 廻血管之門 Hoŭy hiuĕ kouàn tchĕ mēn. ‖ — (tunique des vaisseaux du sang). 血管之體三層 Hiuĕ kouàn tchĕ tỳ sān tsēn. ‖ — d'eau. *Aquæ vena*. 地水脈 Tỳ choŭy mĕ ‖ — de terre. 層士 Tsēn toŭ. ‖ — des mines. 礦脈 Kouàng mĕ. ‖ — de terre. *Terræ* —. 層泥 Tsēn nỳ. ‖ — du verre, des tables, des instrum. de mathémat. 痕迹 Hēn tsỳ, ou 紋痕 Ouēn hēn. ‖ — poétique. *Vena*. 高興 Kaŏ hīn, ou 詩興 Chē hīn.
**VELLÉITÉ**, s. f. *Velleitas, atis, f.* 到要不要 Taŏ yáo poŭ yáo, ou 有心無腸 Yeòu sīn oú tchàng.
**VÉLOCITÉ**, s. f. *Velocitas, atis, f.* 快 Kouày.
**VELOURS**, s. m. *Pannus villosus*. 羢布 Jōng poŭ.
**VELU**, E, adj. *Pilosus*. 有毛的 Yeòu maŏ tỳ.
**VENAISON**, s. f. *Ferina caro*. 鹿肉 Loŭ joŭ.
**VÉNAL**, E, adj. *Venalis*. 賣得的 Máy tĕ tỳ. ‖ Ame —. *Anima* —. 受賄的 Cheóu hoŭy tỳ.
**VENANT**, adj. ‖ Allant et —. *Inter eundum*. 正遇 Tchēn yú. ‖ A tout —. *Obvio cuique*. 往來 Ouàng laỳ.
**VENDANGE**, s. f. *Vindemia, æ, f.* 收葡萄 Cheōu pŏn táo.
**VENDRE**, v. a. *Vendĕre*. 賣 Máy. ‖ Vendre en bloc. *Acervatim* —. 薹賣 Tén máy. ‖ — en gros. *Aversione* —. 抱攬賣 Paŏ lán máy, ou 一股腦賣 Ỳ koù laò máy. ‖ — en détail. *Singillatim* —. 零賣 Lĭn máy. ‖ — à vue d'œil. *Conjectu ocul*. —. 佶堆賣 Koù toŭy máy. ‖ — au poids. *Pondere* —. 論稱 Lén tchēn. ‖ — à la mesure. *Mensurā* —. 過搗 Kó ýn. ‖ — au nombre. *Numero* —. 論數 Lén soú. ‖ — à crédit. *Creditā pecuniā*. 賒與人 Chē yŭ jēn. ‖ — argent comptant. *Vendere numerato*. 現錢 Hién tsiĕn. ‖ — à vil prix. — *vili numerato*. 便益賣 Pién ỳ máy. ‖ — les dignités. *Dignitates* —. 賣官職 Máy kouān tchĕ. ‖ — sa foi. *Fidem pretio dare*. 喪瓦心 Sāng leáng sīn. ‖ — quelqu'un (le trahir). *Prodĕre aliquem*. 供出 Kōng tchoŭ, ou 出首告 Tchoŭ cheóu káo. ‖ Cela se — bien. *Id bené venum it*. 賣得好 Máy tĕ hǎo.
**VENDREDI**, s. m. *Dies Veneris*. 瞻禮六 Tchān lỳ loŭ.
**VÉNÉNEUX**, SE, adj. *Venenosus*. 有毒藥的 Yeòu toŭ yŏ tỳ.

**VÉNÉRABLE**, adj. *Venerabilis.* 可尊敬的 Kŏ tsēn kín tỷ.
**VÉNÉRATION**, s. f. *Veneratio, onis, f.* 尊敬 Tsēn kín. ‖ Être en —. *Veneration. movēre.* 令人尊敬 Lìn jên tsēn kín. ‖ En avoir pour quelqu'un. *Venerāri.* 尊敬人 Tsēn kín jên.
**VÉNÉRIEN, NE**, adj. *Venereus.* 痔瘡 Ché tchouāng, ou 淋濁瘡 Où tchŏ tchouāng. ‖ Mal — (si le mal affecte le membre viril). 瘍梅瘡 Yāng meỷ tchouāng. ‖ S'il affecte l'aisselle de la cuisse. 魚口 Yû keŏu. ‖ L'avoir. *Tali morbo affici.* 生魚口 Sēn yû keŏu.
**VENGEANCE**, s. f. *Vindicatio, onis, f.* 報仇 Paó tcheŏu. ‖ Tirer — d'une injure. *Injuriam ulcisci.* 報仇 Paó tcheŏu. ‖ Son crime crie —. *Scelus ejus vindictam clamat.* 天地不容之罪 Tiēn tý poù yông tchê tsoúỷ.
**VENGER**, v. a. *Ulcisci.* 報仇 Paó tcheŏu. ‖ — la mort de quelqu'un. *Mortem alicujus —.* 殺人報仇 Chă jên paó tcheŏu.
**VÉNIEL**, adj. *Venialis.* 可寬恕的 Kŏ koŭan choú tỷ. ‖ Péché —. *Peccatum —.* 小罪 Siaò tsoúỷ.
**VENIMEUX, SE**, adj. *Virulentus.* 有毒藥的 Yeòu toŭ yŏ tỷ. ‖ Langue —. *Suffusa veneno lingua.* 伶牙利齒 Lín yà lý tchĕ.
**VENIN**, s. m. *Venenum, t, n.* 毒藥 Toŭ yŏ. ‖ Jeter son — sur quelqu'un. *Iram in aliq. evomēre.* 辱罵人 Joŭ má jên.
**VENIR**, v. n. *Venire.* 來 Laỷ. ‖ — à pied. — *pedibus.* 走路 Tseŏu loŭ. ‖ — en palanquin. *Sella venire.* 坐轎子來 Tsó kiaó tsè laỷ. ‖ — en barque. *Cymbâ venīre.* 趕船來 Kàn tchouán laỷ. ‖ — à cheval. *Equo sedēre.* 騎馬來 Kỷ mà laỷ. ‖ — avec diligence. *Advolāre.* 快來 Kouáỷ laỷ. ‖ — à temps. *Tempore venīre.* 來得合時 Laỷ tĕ hŏ chê. ‖ — de bonne heure. *Maturé —.* 來得早 Laỷ tĕ tsaò. ‖ — tard. *Tardé —.* 來得晏 Laỷ tĕ gán. ‖ — après quelqu'un. *Post aliq. venīre.* 來得後 Laỷ tĕ heóu. ‖ Aller voir si quelqu'un —. *Aliquem provisēre.* 去接人 Kiù tsiĕ jên. ‖ D'où —-vous? *Undè venis?* 從那裏來 Tsóng là lỷ laỷ. ‖ Le voilà qui —. *En adest.* 他來了 Tā' laỷ leaó. ‖ Le bruit est — ici. *Rumor advenit.* 有人說 Yeòu jên chŏ. ‖ — à l'esprit. *In mentem —.* 想起 Siàng kỷ. ‖ Ne pas — à l'esprit. *Non cogitāre.* 想不到 Siàng poŭ taó. ‖ — au monde. *Nasci.* 生 Sēn. ‖ — au comble de ses souhaits. *Votorum esse compos.* 得意 Tĕ ý. ‖ — bien. *Crescĕre benè.* 長得好 Tcháng tĕ haŏ. ‖ D'où — que. *Cur?* 何為 Oúỷ hò? ‖ Tout lui — à bien. *Omnia illi succedunt.* 他的事樣樣順 Tā' tỷ sé yáng yáng chuén. ‖ — à bout de ses desseins. *Propositum assequi.* 滿意 Màn ý.

‖ — au fait. *Ad rem venīre.* 說正事 Chŏ tchēn sé. ‖ — au secours de quelqu'un. *Auxiliāri alic.* 來帮助 Laỷ pāng tsoú. ‖ En — aux mains. *Ad manus —.* 打架 Tă kiá, ou 交手 Kiāo cheòu. ‖ En — aux extrémités. *Ad extrema.* 以爛為爛 ỷ lân oúỷ lân. ‖ — goutte à goutte. *Stillāre.* 涕一涕 Tý ỷ tý. ‖ — de prier. *Modò orabam.* 我幾念經 Ngŏ tsaỷ nién kín. ‖ — de pêcher. *Piscatu redīre.* 釣魚同來 Tiáo yû hoúỷ laỷ. ‖ Faire — quelqu'un. *Aliq. accersēre.* 叫人來 Kiáo jên laỷ. ‖ Être le bien —. *Benè acceptus esse.* 來得好 Laỷ tĕ haŏ.
**VENT**, s. m. *Ventus, i, m.* 風 Fōng. ‖ Un coup de —. *Verbera.* 一股風 Ỷ koù fōng. ‖ — d'est. 東風 Tōng fōng. ‖ — d'ouest. 西風 Sỷ fōng. ‖ — du nord. 北風 Pĕ' fōng. ‖ — du sud. 南風 Lân fōng. ‖ — fort. 大風 Tá fōng. ‖ — doux. 涼風 Leáng fōng. ‖ Sifflement du —. *Stridor —.* 風吹颺颺的響 Fōng tchoùỷ hoŭ hoŭ tỷ hiàng. ‖ Il fait du —. *Ventus flat.* 有風 Yeòu fōng. ‖ Le — s'apaise. *Decidit vent.* 風停了 Fōng tîn leaò. ‖ Avoir le — en poupe. *Second. vent. habēre.* 船過順風 Tchouǎn yú chuén fōng. ‖ Tourner à tout —. *Mobilis animo.* 不恒心 Poǔ hên sīn. ‖ — (air agité par artifice). *Aura.* 涼風 Leáng fōng. ‖ Faire du — avec l'éventail. *Flabello ventulum facĕre.* 搧 Chán. ‖ Avoir — d'une chose. *Rem maudīre.* 有點風聲 Yeòu tièn fōng chēn. ‖ — (respiration). *Halitus.* 出氣 Tchoū kỷ. ‖ Retenir son —. *Continēre —.* 不出氣 Poŭ tchoū kỷ. ‖ — (flatuosité), air renfermé dans le corps. *Flatus.* 屁 Pỷ. ‖ Lâcher un —. *Ventris flatum edĕre.* 放屁 Fáng pỷ.
**VENTE**, s. f. *Venditio, onis, f.* 賣 Maỷ. ‖ Mettre en —. *Rem venalem ponĕre.* 出賣 Tchoū maỷ.
**VENTOUSE**, s. f. *Cucurbitula, æ, f.* 打火罐 Tă hŏ kouán. ‖ Appliquer les —. *— admovēre.* 打火罐 Tă hŏ kouán.
**VENTRE**, s. m. *Venter, tris, m.* 肚子 Toŭ tsè. ‖ — libre. *Fusus —.* 肚子好 Toŭ tsè haŏ. ‖ — constipé. *Contractus —.* 肚皮結 Toŭ pý kiĕ. ‖ — lâche. *Laxus —.* 肚子過 Toŭ tsè kó. ‖ Cours de —. *Alvi fluor.* 肚子過 Toŭ tsè kó. ‖ L'avoir. *Alvum liquid. habēre.* 肚子過 Toŭ tsè kó. ‖ Resserrer le —. *Alvum cohibēre.* 止瀉 Tchè sié. ‖ Lâcher le —. *Alvum solvēre.* 下肚子 Hiá toŭ tsè. ‖ Être esclave de son —. *Ventre duci.* 貪口腹 Tān keŏu foŭ. ‖ Avoir plus grands yeux que grand —. (Prov.) *Majora viribus tentāre.* 眼大肚皮小 Yèn tá toú pỷ siaò.
**VENTRICULE**, s. m. ‖ — du cerveau. *Cerebri cavernula.* 兩小房 Leàng siaò fáng.
**VENU**, part. ‖ Soyez le bien —. *Optatò advenis.* 稀客 Hý kĕ, ou 來得好 Laỷ tĕ haŏ.

VÉNUS, s. f. (planète). 金星 Kīn sīh.
VÊPRES, s. f. Vesperæ, arum, f. 暮課經 Moú kǒ kīn.
VER, s. m. Vermis, is, m. 虫 Tchóng. ‖ — de la viande en putréfaction. 蛆 Tsiū. ‖ — solitaire. Tænia. 痟 Hoúy. ‖ — des latrines. Latrinarum —. 五穀虫 Où koū tchŏng. ‖ — des intestins. Intestinorum —. 蠟虫 Niĕ tchŏng. ‖ — qui vit dans le fumier. 蜉虫 Tsaó tchŏng. ‖ — luisant. Cicindela. 亮火虫 Leáng hŏ tchŏng.‖ — qui naît dans le riz. 蚼蛷 Kiā maó.‖— de terre. Terræ. 蚯蟮 Kiŏu chán. ‖ — à soie (domestique). 家蠶 Kiā tsǎn, ou 桑蠶 Sāng tsǎn. ‖ — sauvage ou — à soie du chêne. Bombyx Pernyi. 野蠶 Yè tsǎn, ou 青櫚蠶 Tsīn kāng tsǎn. ‖ Être rongé des —. Vermibus vorari. 虫蚋 Tchŏng tchĕ, ou 虫打 Tchŏng tǎ. ‖ Les — se mettent aux habits. 衣服生虫子 Ỹ foŭ sēn tchŏng tsĕ. ‖ — de la conscience. Conscient. stimulus. 愧 Koúy. ‖ Tirer les — du nez. Arcana elicĕre. 討人的話 Taó jēn tỷ hoá. ‖ —, rongeurs. Edaces curæ. 大憚心 Tá tán sīn.
VERBAL, E, adj. Verbo prolatus. 口傳的 Keǒu tchouān tỷ. ‖ Promesse —. Verbo promissum. 口許的 Keǒu hiù tỷ. ‖ Ordre —. Verbo mandatum. 當面吩附的 Tāng miēn fēn foú tỷ, ou 面禀 Miĕn yú. ‖ Procès-—. Præscript. rei gestæ acta. 呈子 Tchén tsĕ.
VERBE, s. m. Verbum, i, n. 話 Hoá. ‖ — actif. Activum —. 行言 Hín yēn. ‖ — passif. Passivum —. 受被言 Cheǒu pý yēn. ‖ — déponent. Deponens —. 被參行用言 Pý tsān hín yóng yēn. ‖ — neutre. Neutrum —. 無言 Où yēn. ‖ — régulier. Regulare —. 有規之言 Yeǒu koúy tchē yēn. ‖ — irrégulier. Irregulare —. 無規之言 Où koúy tchē yēn. ‖ — impersonnel. Impersonale —. 無位之言 Où oúy tchē yēn. ‖ Conjuguer un —. Declināre —. 參言 Tsān yēn.
VERBIAGE, s. m. Profluvium verborum. 話多 Hoá tō.
VERDEUR, s. f. Asperitas, atis, f. 酸 Souān, ou 澀 Sĕ (ou Sēn). ‖ — de l'âge. Viridis ætas. 壯年 Tchouāng niēn.
VERDICT, s. m. Judicium, ii, n. 審擬 Chēn ngỷ.
VERDIR, v. n. Virescĕre. 變綠 Piēn loŭ.
VERDURE, s. f. Viriditas, atis, f. 青綠 Tsīn loŭ. ‖ Perdre sa —. amittĕre. 黃 Houáng.
VERGE, s. f. Virga, æ, f. 梃 Kouèn. ‖ — odorante. Thymiamata. 香 Hiāng. ‖ — pour sonder les marchandises. 鐵籖子 Tiĕ tsiēn tsĕ. ‖ — pour perforer les porcs. 挺杖 Tĭh tcháng. ‖ —. Virgæ. —把條子 Ỹ pá tiaó tsĕ. ‖ Fouetter avec des —. Virgis cædĕre. 打條子 Tá tiaó tsĕ.
VERGER, s. m. Pomarium, ii, n. 果園 Kŏ yuén.
VERGETER, v. a. Mundāre. 刷衣服 Choǎ ỹ foŭ.
VERGLAS, s. m. Gelicidium, ii, n. 冷冰 Lèn pīn.
VERGOGNE, s. f. Verecundia, æ, f. 羞愧 Sieōu koúy

VERGUE, s. f. Antenna, æ, f. 蓬竿 Pŏng kān.
VÉRIDIQUE, adj. Veridicus. 可信的 Kǒ sín tỷ.
VÉRIFIER, v. a. Verificāre. 試 Ché. 證 Tchén. 驗 Niĕu. ‖ L'événement — la prophétic. Eventu vaticinium probatum est. 預言符合 Yú yēn foŭ hŏ.
VÉRITABLE, adj. Verus. 真的 Tchēn tỷ.
VÉRITABLEMENT, adv. Sinceré. 真的 Tchēn tỷ, ou 老實 Laǒ chě.
VÉRITÉ, s. f. Veritas, atis, f. 真實 Tchēn chě. ‖ Dire la —. Verum loqui. 說眞話 Chŏ tchēn hoá. ‖ Nier la —. Verum inficiari. 說假話 Chŏ kiǎ hoá. ‖ Se rendre à la —. Veris concedĕre. 依正理 Ỹ tchēn lỷ. ‖ Arracher la —. Verum exprimĕre. 拷問眞情 Kaǒ ouén tchēn tsín. ‖ Dans le vin, la —. (Prov.) In vino veritas. 酒發心腹之言 Tsieǒu fǎ sīn foŭ tchē yēn. ‖ Dire à quelqu'un ses —. Sua alic. vitia objectāre. 指人的過失 Tchě jēn tỷ kǒ chě. ‖ En —. Profectò, sané. 一定ỹ tín. ‖ A la —. Reverá. 果然 Kǒ jān.
VERNEIL, LE, adj. Roseus. 桃紅色 Taǒ hōng sě. ‖ —(argent doré). Argent. inauratum. 金鍍銀的 Kīn toú ỹn tỷ.
VERMICELLE, s. m. Farina subacta vermis in modum tenuata. 乾粉 Kān fēn. 水粉 Choŭy fēn. 掛麪 Koúa miĕn. ‖ En faire. Conficĕre —. 扯掛麪 Tchĕ koúa miĕn.
VERMINE, s. f. Pediculus, i, m. 虱 Sě, ou 咬人的虫 Kiaó jēn tỷ tchŏng.
VERMOULER (SE), v. r. Vermiculāri. 虫咬 Tchŏng gào.
VERNIR, v. a. Vernice linīre. 上漆 Cháng tsỷ.
VERNIS, s. m. Vernicium, ii, n. ‖ — de Chine. 漆 Tsỷ. ‖ — cru. Non coctum. 生漆 Sēn tsỷ. ‖ — cuit. Coctum. 熟漆 Choŭ tsỷ. ‖ Cuire le —. Coquĕre —. 熬漆 Gaó tsỷ. ‖ Le poser. Illinīre —. 上漆 Cháng tsỷ.
VÉROLE, s. f. ‖ — (maladie boutonneuse). Variolæ, arum, f. 痘瘡 Teóu tchouāng. ‖ — (maladie vénérienne). Lues venerea. 瘍梅瘡 Yáng meỷ tchouāng. ‖ Avoir la petite —. Variolis laborāre. 出痘子 Tchoŭ teóu tsĕ. ‖ En être gravé. Variol. faciem multicavam habēre. 有瘢子 Yeǒu mâ tsĕ.

La petite vérole n'a commencé à être connue, en Chine, que sous la dynastie 周 Tcheōu, c'est-à-dire 1122 avant J.-C. L'innoculation, toute récente chez nous, était déjà en usage chez les Chinois sous le règne de 太明 Taý mīn de la dynastie des 宋 Sóng, de même que l'anesthésie ou art d'endormir, de chloroformer, qui ne nous est connue que depuis une vingtaine d'années.

Les ouvrages de médecine chinoise distinguent un bon nombre d'espèces de petite vérole, selon les parties du corps que cette maladie semble affecter plus spé-

VER    VES    449

cialement. Nous n'indiquerons ici que les quatre suivantes, d'après l'ouvrage 痘疹扼要 Teóu tchén gě yáo, que l'on pourra consulter.

1° Vérole qui affecte spécialement la tête. 蒙頭 Mông teǒu.

2° Vérole qui affecte le nez. 抱鼻 Paŏ pý.

3° Vérole qui ferme la bouche. 鎖口 Sò keǒu

4° Vérole qui entoure le cou. 鎖項 Sò biáng

**VERRAT**, s. m. *Verres, ris, m.* 牙猪 Yá tchoū.

**VERRE**, s. m. *Vitrum, i, n.* 玻璃 Pō' lý. ǁ Faire du —. *Conflare* —. 燒玻璃 Chaŏ pō' lý. ǁ Le couper en morceaux. *Frustr. concidēre.* 裁玻璃 Tsǎy pō'·lý. ǁ — à boire. *Scyphus, i, m., poculum, i, n.* 玻璃盃子 Pō' lý peý tsè.

**VERROU**, s. m. *Pessulus, 1, m.* 門閂 Mên chouán. ǁ Mettre le —. *Pessulis occludēre.* 撮門 Chouán mên. ǁ L'enlever. *Auferre* —. 抽門閂 Tcheǒu mên chouán. ǁ Mettre quelqu'un sous les —, c.-à-dire en prison. *In carcerem detrudēre.* 丢監 Tieōu kiēn.

**VERRUE**, s. f. *Verruca, œ, f.* 痣 Tché.

**VERS**, prépos. *Ad, versus.* Cette préposition s'exprime en chinois de plusieurs manières. Quelquefois aussi elle ne se rend pas en chinois. ǁ Tourné — la mer. *Vergens ad mare.* 向海 Hiáng hày. ǁ Aller — un autre endroit. *Alioversùm ive.* 走別處 Tseǒu piě tchoǔ. ǁ — le côté droit. *Ad dext. partem.* 右邊 Yeóu piēn. ǁ — le soir. *Propé vesper.* 晚上 Ouǎn cháng. ǁ — ce temps. *Circà istud tempus.* 那時 Lá chě. ǁ — les huit heures. *Circà octavam horam.* 差不多八點鐘 Tchā' poǔ tō pǎ tiēn tchōng.

**VERS**, s. m. *Carmen, versus, ûs, m.* 詩 Chē. ǁ Un — Unum —. 一首詩 Y cheǒu chē. ǁ — obscènes. *Obsceni* —. 淫詩 Yn chē. ǁ Faire des —. *Facĕre* —. 做詩 Tsoú chē.

**VERSATILE**, adj. *Mobilis.* 莫主張的 Mŏ tchoù tcháng tý. ou 三心二意的 Sān sīn eǔl ý tý.

**VERSE (À')**, adv. ǁ Il pleut —. *Magnà vi cadit imber.* 下大雨 Hiá tá yù.

**VERSÉ, ÉE**, adj. et part. *Exercitatus.* 會的 Hoúy tý, ou 熟的 Choǔ tý.

**VERSER**, v. a. *Fundĕre.* 倒 Taò. ǁ — du thé. *Theum* —. 倒茶 Taò tchǎ'. ǁ — du vin. *Vinum* —. 倒酒 Taò tsieóu. ǁ — du vin lorsqu'on est sur une barque, on dit : 傾酒 Kiūn tsieòu. ǁ — des larmes. *Lacrymas* —. 流淚 Lieóu loúy. ǁ — son sang pour la patrie. *Pro patriá sanguinem* —. 盡忠 Tsín tchōng. ǁ La pluie a — le riz. *Pluvia stravit segetes.* 雨淋倒糧食

Yù līn taò leāng chě. ǁ — le mépris sur quelqu'un. *In contemptum aliq. adducĕre.* 輕賤人 Kīn tsiēn jēn.

**VERSET**, s. m. *Psalmi versiculus.* 一叚聖詠 Y touán chén yùn. ǁ — (en général). *In genere.* — 節 Y tsiè.

**VERSIFIER**, v. a. *Versus facĕre.* 做詩 Tsoú chē, ou 弄月吟風 Lóng yuě līn fōng.

**VERSION**, s. f. *Versio, onis, f.* 翻譯的話 Fān ý tý hoá.

**VERT, E**, adj. *Viridis.* 綠的 Loǔ tý. ǁ Espèces de —. *Species* —. 翠綠 Tsoúy loù. 鴨蛋綠 Yá tán loǔ. 凍綠 Tōng loǔ. ǁ — (qui n'est pas sec). *Bois* —. *Viride* —. 生木頭 Sēn moǔ teǒu. ǁ Fruit —. *Immaturus fructus.* 生果子 Sēn kŏ tsè. ǁ Homme —. *Homo valens.* 强壯人 Kiáng tchouáng jēn. ǁ Réprimande. *Severa objurgatio.* 重責備 Tchōng tsě pý.

**VERT**, s. m. *Viridis color.* 綠色 Loǔ sě. ǁ Manger son bien en —. (Prov.) *Reditus præcomedĕre.* 砍穀花 Kǎn koǔ hoā. ǁ Employer le — et le sec. *Omnes conatus adhibēre.* 千方百計 Tsiēn fāng pě ký.

**VERTÈBRE**, s. f. *Vertebra, æ, f.* 背骨 Peý koǔ, ou 脊骨節 Tsý koǔ tsiě. ǁ — cervicale. *Cervicalis* —. 脊頸骨七節 Tsý kĭn koǔ tsý tsiě. ǁ — dorsale. *Dorsalis* —. 脊骨十二節 Tsý peý koǔ ché eǔl tsiě. ǁ — lombaire. *Renalis* —. 腰骨五節 Yāo koǔ où tsiě.

**VERTEMENT**, adv. *Acerbè.* 狠 Hěn. ǁ Tancer —. *Durè arguĕre.* 重重責倩 Tchōng tchōng tsě pý.

**VERTICAL**, adj. *Verticalis.* ǁ Ligne — droite. *Linea recta.* 直線 Tchě siēn. ǁ — (sur le Zénith). 在天頂上 Tsǎy tiēn tǐn cháng. ǁ — (angles opposés égaux). *Anguli oppositi æquales.* 對角相等 Toúy kǒ siāng tèn.

**VERTIGE**, s. m. *Vertigo, inis, f.* 運病 Yún pín.

**VERTIGO**, s. m. *Libido, inis, f.* 怪意 Koǔy ý, ou 頭暈眼花 Teǒu yún yèn hoā.

**VERTU**, s. f. *Virtus, tis, f.* 德行 Tě hín. ǁ — accomplic. *Perfecta.* 全備的德行 Tsuēn pý tě hín. ǁ Avancer dans la —. *In virtute progredi.* 進于德 Tsín yū tě. ǁ Y reculer. *Regredi* —. 退于德 Toǔy yū tě. ǁ — théologiques. — *theologicæ.* 向天主之德 Hiáng Tiēn-Tchoù tchě tě. ǁ — morales. *Morales* —. 治人之德 Tchě jēn tchě tě. ǁ — cardinales. *Cardinales* —. 樞德 Tchoū' tě. ǁ — (force, pouvoir). *Vis, efficacia.* 力 Lý, ou 效驗 Hiáo-nién. ǁ — des plantes. *Herbarum* —. 藥性 Yŏ sín. ǁ En —. *Ex* —. 因為 Yn-oúy. ǁ En — de quoi? *Quo nomine?* 為何 Oúy hŏ

**VERVE**, s. f. *Animi impetus, ûs, m.* 高興 Kāo hín, ou 幸頭 Hín teǒu, ǁ Être en —. *Impetu animi concitari.* 高興 Kāo hín.

**VÉSICULE**, s. f. *Vesicula, æ, f.* 皮包 Pý paō.

**VESSER**, v. n. *Suppedĕre.* 打悄悄屁 Tǎ tsiaǒ tsiaǒ pý.

VESSIE, s. f. *Vesica, æ, f.* 膀胱 Pāng kouāng, ou 尿脬 Niǎo paŏ, ‖ — du foie. 胆 Tàn. ‖ Enfler la —. *Insufflāre in* —. 吹猪尿脬 Tchoūy tchoū niáo paŏ.

VESTE, s. f. *Vestis, is, f.* 衣服 Ȳ foŭ. (Voir le mot *Habit*.)

VESTIAIRE, s. m. *Vestiarium, i, n.* 衣匱 Ȳ kouy.

VESTIBULE, s. m. *Vestibulum, i, n.* 廳房 Tīn fáng, ou 丹墀 Tān ché.

VESTIGE, s. m. *Vestigium, ii, n.* 脚跡 Kiŏ tsỷ. ‖ Suivre les —. (Littér.) *Vestigia sequi.* 跟倒脚跡追 Kēn taò kiŏ tsỷ tchoūy. ‖ — c.-à-d. imiter (au figuré). 效法 Hiaó fă.

VÊTEMENT, s. m. *Vestis, is, f.* 衣服 Ȳ foŭ. (Voir le mot *Habit*.) ‖ Quitter ses —. *Exuĕre* —. 脫衣服 Tŏ ȳ foŭ. ‖ Changer de —. *Mutāre* —. 換衣服 Houán ȳ foŭ. ‖ Déchirer ses —. *Lacerāre* —. 扯衣服 Tchĕ ȳ foŭ.

VÉTÉRAN, s. m. *Veteranus.* 老手 Laŏ cheŏu, ou 熟手 Choŭ cheŏu.

VÉTILLE, s. f. *Nugœ, arum, f.* 小事 Siào sé.

VÊTIR, v. a. *Vestīre.* 衣人 Ý jēn. ‖ Se —. *Vestes induĕre.* 穿衣 Tchouān ȳ. ‖ Se — à la mode. *Juxtà morem* —. 隨時穿衣服 Soŭy chê tchouān ȳ foŭ. ‖ — de soie. *Sericas vestes induĕre.* 穿綢緞 Tchouān tcheŏu touán.

VEUF, s. m. *Viduus, i, m.* 鰥 Kouān.

VEUVE, s. f. *Vidua, æ, f.* 寡婦 Kouà foŭ.

VEXER, v. a. *Vexāre.* 磋磨 Tsŏ mô.

VIANDE, s. f. *Caro, carnis, f.* 肉 Jòŭ. ‖ — de bœuf. 牛肉 Nieŏu jòŭ. ‖ — de porc. 猪肉 Tchoū jòŭ. ‖ — tendre. 嫩肉 Lèn jòŭ. ‖ — dure. 老猪肉 Laŏ tchoū jòŭ. ‖ — demi-crue. 半生半熟的肉 Pán sēn pán choŭ tỷ jòŭ. ‖ — brûlée. 煸肉 Piŏ jòŭ. ‖ Donner de la — à jour fixe aux ouvriers. 打牙祭 Tà yă tsỷ. ‖ Donner de la — à jour fixe aux porteurs. 打寬 Tà kouān. ‖ Donner de la — à jour fixe aux navigateurs. 臕勞 Kaó laò. ‖ — salée. *Tucetum.* 臈牛肉 Hán nieŏu jòŭ.

VIATIQUE, s. m. *Viaticum, i, n.* 路費 Loù feỷ, ou 盤纏 Pán tchán. ‖ Donner le —. *Prœbēre* —. 發盤纏 Fă pán tchán. ‖ Donner le saint —, c.-à-d. porter la communion aux malades. 送聖體 Sóng chén tỷ.

VIBRATION, s. f. *Vibratio, onis, f.* 擺 Paỷ.

VICAIRE, s. m. *Vicarius, ii, m.* 代位 Taỷ ouỷ. ‖ — de N.-S. J.-C. *Vicarius Christi.* 代耶穌的位 Taỷ Yē Soū tỷ ouỷ.

VICE, s, m. *Vitium, ii, n.* 過失 Kó chĕ. ‖ — naturel. *Nativum* —. 生成的毛病 Sēn tchēn tỷ maó pín. ‖ — enraciné. *Radicatum* —. 老毛病 Laò maò pín. ‖ — d'éducation. *Institutionis* —. 沾染的毛病 Tchán jàn tỷ maó pín. ‖ — de caractère. *Indolis* —.

本性的毛病 Pèn síu tỷ maò pín. ‖ Avoir tous les —. *Omnibus vitiis conglut.* 樣樣毛病都有 Yáng yáng maò pín toŭ yeŏu. ‖ Pousser au —. *Vitia irritāre.* 引誘人犯罪 Ȳn yeŏu jēn fán tsoúy. ‖ Détourner du —. *A vitiis avocāre.* 勸人改過 Kiuén jēn kaỷ kó. ‖ Les quatre grands — chinois. 酒 Tsieŏu, amour du vin; 色 Sĕ, — de la volupté; 財 Tsaỷ, — des richesses; 氣 Kỷ, — de la pompe.

VICE (ce qui remplace). 副 Foù.

VICE-ROI, s. m. *Prorex, egis, m.* 總督 Tsòng toŭ. 制臺 Tché taỷ. 巡府 Siùn foù.

VICE-AMIRAL, s. m. *Viceamiral, is, m.* 水總兵 Choŭy tsòng pīn.

VICE-VERSA. 依還 Ȳ houán. ‖ 仍然 Lây jân. 相左 Siāng tsŏ. 相反 Siāng fàn.

VICIEUX, SE, adj. *Vitiosus.* 有過失的 Yeŏu kó chĕ tỷ.

VICISSITUDE, s. f. *Vicissitudo, inis, f.* 循環 Chuén houán — *des choses humaines. Rerum hum.* —. 輿裏有循環 Hín choŭay yeŏu chuén houán.

VICOMTE, s. m. *Vicecomes, itis, m.* 子 Tsè.

VICOMTÉ, s. m. *Vicecomitatus, ûs, m.* 子爵位的 Tsè tsiŏ oúy tỷ.

VICTIME, s. f. *Victima, æ, f.* 祭品 Tsỷ pín, ou 犧牲 Hỷ sēn.

VICTOIRE, s. m. *Victoria, æ, f.* 得勝 Tĕ chēn. ‖ Annoncer la —. *Nuntiāre* —. 跑紅旗 Paŏ hóng kỷ, ou 捷報 Tsiĕ paó. ‖ La remporter. *Referre* —. 得勝 Tĕ chēn. ‖ — sur soi. *Vincĕre se.* 克巳 Kĕ kỷ.

VIDANGES, s. f. *Purgāre latrinas.* 舀 Yào.

VIDE, adj. *Vacuis.* 空的 Kōng tỷ. ‖ Ventre —. *Venter* —. 肚子餓 Toŭ tsè oūo. ‖ Tête —. *Mens* —. 明悟淺 Mín oŭ tsién. ‖ S'en aller à —. *Vacuis manibus abīre.* 空手去 Kōng cheŏu kiŭ.

VIDER, v. a. *Vacuāre.* 做空 Tsoŭ kōng. ‖ — la bourse. *Crumenam exenterāre.* 用完銀錢 Yóng ouán ȳn tsién. ‖ — un lapin, un poisson. 破兎子 Pŏ tŏu tsè. ‖ — la place. *E loco exire.* 出去 Tchoū kiŭ. ‖ — les latrines. *Latrīnas* —. 舀糞 Yào fén. ‖ — un différend. *Rem componĕre.* 取和 Tsiŭ hô.

VIE, s. f. *Vita, æ, f.* 生命 Sēn mín. ‖ Perdre la —. *Vitam amittĕre.* 丢命 Tieōu mín. ‖ Exposer sa —. *In vitœ discr. venīre.* 自投凶險 Tsé teŏu hiōng hièn. ‖ Craindre pour sa —. *De vitā metuĕre.* 怕死 Pà sè. ‖ Il y va de la —. *De vitā agitur.* 性命難保 Sēn mín lán paò. ‖ Entre la — et la mort. *Parìm distāre à morte.* 隔死不遠 Kĕ sè poŭ yuèn. ‖ Devoir la — à quelqu'un. *Vitam ab altero habēre.* 得人救命之恩 Tŏ jēn kieŏu mín tchē gēn. ‖ Rendre la — à quelqu'un. *Ad vitam revocāre.* 復活人 Foŭ hŏ jēn. ‖ Mettre à prix la — de quelqu'un. *Alic. sanguinem addicĕre*

出賞拿人 Tchŏu chàng là jên. ‖ La — est courte. Exigua est vita. 生命不長久 Sēn mín poŭ tchàng kieòu. ‖ Mener une — oisive. Otiosam ducěre —. 空過日子 Kóng kó jĕ tsè. ‖ Femme de mauvaise —. Meretrix. 娼婦 Tchāng foú. ‖ Demander sa —. Victum quærěre. 叫化 Kiáo hoá, ou 求周濟 Kieŏu tcheŏu tsý. ‖ La gagner en travaillant. Labore victum quærěre. 做活路找喫 Tsoú hŏ loú tchaŏ tchĕ. ‖ Il va vous faire une belle —. Probè te exagitabit. 他要重責你 Tă yáo tchŏng tsĕ ngý.

VIDUITÉ, s. f. Viduitas, atis, f. ‖ — de l'homme. Viri —. 守鰥 Cheòu kouàn. ‖ — de la femme. Mulieris —. 守寡 Cheòu koŭa.

VIEIL, LE, adj. Vetus. 舊的 Kieóu tý.

VIEILLARD, s. m. Senex, senis, m. 老人 Laŏ jên. ‖ — qui radote. Delirans —. 老顛子 Laŏ tiēn tsè.

VIEILLE, s. f. Vetula, æ, f. 老婦 Laŏ foú. ‖ — dame. Matrona —. 老婆婆 Laŏ pŏ pŏ.

VIEILLESSE, Senectus, utis, f. 老 Laŏ, ou 年老的時 Nién laŏ tý chĕ. ‖ Parvenir à la —. Senescĕre. 老 Lào. ‖ Être dans une grande —. Esse in summá —. 老得狠 Laŏ tĕ hèn. ‖ Respecter la —. Senes venerári. 敬老 Kín laŏ.

VIEILLIR, v. n. Senescĕre. 老了 Laŏ leaŏ. ‖ — dans les affaires. Negotiis insenescĕre. 管到老 Kouàn taó laŏ.

VIERGE, s. f. Virgo, ĭnis, f. 童貞女 Tóng tchēn niù. ‖ — (signe du zodiaque). Virgo, inis. 角宿 Kŏ siōn.

VIERGE, adj. Intactus. 無過的 Oŭ kó tý. ‖ Réputation —. Fama integerrima. 沒有壞過的門面 Mŏ yeòu houáy kó tý mên mién.

VIEUX, VIEILLE, adj. Senex. 舊的 Kieòu tý, ou 陳的 Tchén tý.

VIF, VE, adj. Vivus. 活的 Hŏ tý. ‖ Plus mort que —. Fermè mortuus. 差不多要死 Tchă poŭ tō yaŏ sè. ‖ Haie vive. Viva sepes. 活籬笆 Hŏ lý pā. ‖ Couleur —. Vividus color. 鮮亮的顏色 Sién leáng tý yên sĕ. ‖ Esprit —. Ingenium acre. 性急的人 Síu ký tý jên. ‖ Eau —. Aqua viva. 活水 Hŏ choùy. ‖ Air —. Aer purus. 氣清 Ký tsīn. ‖ Piquer au —. Graviter offendĕre. 大得罪人 Tá tĕ tsoúy jên.

VIF-ARGENT, s. m. Hydrargyrum, i, n. 水銀 Choùy ýn.

VIGILANCE, s. f. Vigilantia, æ, f. 經管 Kĭh kouàn. ‖ Avec —. Sedulò. 用心 Yóng sīn.

VIGILE, s. f. Vigilia, æ, f. 瞻禮前日 Tchān lý tsiēn jĕ.

VIGNE, s. f. Vitis, is, f. 葡萄樹 Poŭ taŏ choú. ‖ La — a coulé. Effluxit —. 花落葡萄不結實 Hoā lŏ poŭ taŏ poŭ kiĕ chĕ. ‖ Tailler la —. Vitem compescĕre. 股葡萄 Koŭ poŭ taŏ. ‖ Être dans les —. Ebrius esse. 醉 Tsoúy.

VIGOUREUX, SE, adject. Validus. 強壯的 Kiáng tchouáng tý.

VIGUEUR, s. f. Vigor, oris, m. 氣力 Ký lý.

VIL, E, adj. Abjectus. 卑的 Pý tý, ou 賤的 Tsién tý. ‖ — métier. Ars sordida. 下賤手藝 Hiá tsién cheòu ný.

VILAIN, E, adj. Insuavis. 醜的 Tcheòu tý. ‖ Chose —. Turpis res. 醜陋的事 Tcheòu leóu tý sé.

VILEBREQUIN, s. m. Terebra, æ, f. 鑽子 Tsouán tsè. ‖ S'en servir. Uti —. 扯鑽子 Tchĕ tsouán tsè.

VILENIE, s. f. Sordes, ium, f. pl. 污穢 Oū oúy.

VILLAGE, s. m. Pagus, i, m. 村子 Tsēn tsè. ‖ Chef de —. Dux —. 鄉樂 Hiāng yŏ.

VILLAGEOIS, s. m. Paganus. 鄉裏的人 Hiāng lý tý jên.

VILLE, s. f. Urbs, is, f. 城 Tchén. Il y a en Chine 160 villes du 1er ordre, ou Foŭ; 270 du 2e, ou Tcheŏu; 1,200 du 3e, ou Hién, et 300 autres villes murées. (Voir à l'Appendice, no XVIII, le Tableau alphabétique des villes de la Chine). ‖ — capitale de l'empire. Capitalis —. 京城 Kīn tchēn, ou 皇城 Houáng tchēn. ‖ — capitale de province. Metropolis —. 省城 Sèn tchēn. ‖ Changer la — capitale de l'empire. Sedem imperii transferre. 遷都 Tsiēn toū. ‖ Aller en —. Urbem petěre. 進城 Tsín tchēn. ‖ Attaquer une —. Impugnăre —. 攻城 Kōng tchēn. ‖ L'assiéger. — obsidēre. 圍城 Oŭy tchēn. ‖ La prendre. Capěre —. 破城 Pŏ tchēn.

VIN, s. m. Vinum, i, n. 酒 Tsieòu. ‖ Le — fut inventé sous l'empereur Yŭ par 儀狄 Ný tiĕ, ou 杜康 Toŭ kāng. ‖ — fort. Forte —. 燒酒 Chaō tsieòu. — doux. Dulce —. 甘酒 Kān tsieòu. ‖ — léger. — leve. 老酒 Laŏ tsieòu. ‖ Goûter du —. Gustāre —. 嘗酒 Chàng tsieòu. ‖ Boire trop de —. Vino larg. uti. 暢飲 Tchàng ỳn. ‖ Adonné au —. Vinosus. 好酒的 Haŏ tsieòu tý. ‖ Sentir le —. Vinum olēre. 酒臭 Tsieòu tcheòu. ‖ Dans le — la vérité. (Prov.) In vino veritas. 酒發心腹之言 Tsieòu fă sīn foŭ tchē yên. ‖ Entre deux —. Semiebrius. 酒中 Tsieòu tchōng.

VINAIGRE, s. m. Acetum, i, n. 醋 Tsoŭ. ‖ — fort. Forte —. 醋酸 Tsoŭ souān. ‖ Faire du —. Conficĕre —. 作醋 Tsoŭ. ‖ Polype à —. Polypus mapin. 醋蝶子 Tsoŭ lŏ tsè. ‖ Matière à —. Fermentum pro aceto. 醋母子 Tsoŭ moù tsè.

VINDICATIF, VE, adj. Ultor. 報仇的人 Paó tcheòu tý jên.

VINGT, adj. Viginti. 二十 Eùl chĕ. ‖ — fois. Vigesiés. 二十回 Eùl chĕ hoúy.

VINGTAINE, s. f. Viginti. 有二十 Yeŏu eùl chĕ.

VINGTIÈME, adj. Vigesimus. 弟二十 Tý eùl chĕ.

VIOL, s. m. *Stuprum, i, n.* 强姦 Kiǎng kiēn. ‖ — d'une fille non nubile. *Puellæ* —. 强姦弱女 Kiǎng kiēn jŏ niù. ‖ — d'une fille nubile. *Virginis* —. 强姦幼女 Kiǎng kiēn yeóu niù. ‖ — d'une femme mariée. *Mulieris* —. 强姦婦人 Kiǎng kiēn foú jēn.

VIOLATEUR, s. m. *Violator, oris, m.* 不守法的 Poŭ cheòu fǎ tỷ.

VIOLENCE, s. f. *Vis, is, f.* 强勉 Kiǎng miēn. ‖ — du vent. *Venti impetus.* 大風 Tá fōng. ‖ — du caractère. *Animi* —. 本性躁 Pèn sín tsǎo. ‖ User de —. *Vim inferre.* 强勉 Kiǎng miēn. ‖ Se faire —. *Se vincěre.* 克己 Kě kỷ.

VIOLENT, E, adj. *Vehemens.* 大 Tá, ou 狠 Hèn. ‖ — (homme emporté). *Homo violentus.* 大貌人 Tá maó jēn, ou 愛發怒的人 Gaý fǎ loú tỷ jēn.

VIOLENTER, v. a. (contraindre). *Alic. vim inferre.* 强勉 Kiǎng miēn jēn. ‖ J'ai été —. *Necessitate coactus feci.* 有人强勉我 Yeóu jēn kiǎng miēn ngŏ.

VIOLER, v. a. *Violāre.* 犯 Fán. ‖ — les lois divines. *leges div.* 犯天主誡命 Fán Tiēn-Tchoù kiáy mín. ‖ — sa foi. *Fidem follěre.* 食言 Chě yēn. ‖ — une fille. *Stuprum inferre.* 姦淫女 Kiēn tōng niù.

VIOLET, adj. *Violaceus.* 紫色 Tsè sě.

VIOLON, s. m. *Fides, ium, f. pl.* 三弦 Sān hiēn. ‖ En jouer. *Pulsāre.* 扯三弦 Tchě sān hiēn.

VIPÈRE, s. f. *Vipera, æ, f.* 毒蛇 Toŭ chě. ‖ Langue de —. *Amara lingua.* 嘴尖舌快 Tsoùy tsiēn chě kouǎy.

VIRER, v. n. *Circuire.* 圜 Yuēn. ‖ — de bord. *Navem circumagěre.* 掉船 Tiáo tchouǎn. ‖ — de bord (changer de parti). *Alterius parti favēre.* 投一邊 Teóu ỷ piēn.

VIRGINAL, E, adj. *Virginalis.* 童貞女的 Tōng tchēn niù tỷ.

VIRGINITÉ, s. f. *Virginitas, atis, f.* 貞潔 Tchēn kiě. ‖ La garder. *Servāre* —. 守貞 Cheòu tchēn. ‖ La perdre. *Perděre* —. 敗貞潔 Paý tchēn kiě. ‖ La ravir à quelqu'un. *Stuprum inferre.* 强姦 Kiǎng kiēn.

VIRGULE, s. f. *Virgula, æ, f.* 點 Tiēn, ou 讀 Teóu.

VIRIL, E, adj. *Virilis.* 男的 Lǎn tỷ. ‖ Age —. *Ætas* —. 壯年 Tchouǎng niēn. ‖ Courage —. *Animus* —. 剛勇 Kāng yòng. ‖ Membre —. (*Voyez Parties naturelles*).

VIRILITÉ, s. f. *Virilitas, atis, f.* 壯年 Tchouǎng niēn, ou 男勢 Lǎn chě. ‖ — (puissance d'engendrer). *Gignendi vis.* 能生產 Lēn sēn tchǎn. ‖ 生勢 Sēn chě. 男勢 Lǎn chě.

VIROLE, s. f. ‖ — de pipe. 靶 Koŭ. ‖ — de montre. 管套盤 Kouàn táo pǎn.

VIRTUEL, LE, adj. *Virtualis.* 算得在內 Souán tě tsaý loúy.

VIRULENT, E, adj. *Acerbus.* 狠 Hèn, ou 傷人的 Chāng jēn tỷ.

VIRUS, s. m. *Virus, n. indec.* 疔 Tīn.

VIS, s. f. *Cochlea, æ, f.* 螺螄釘 Lǒ sē tīn, ou 螺絲釘 Lǒ sē tīn.

VIS-A-VIS, prép. *Ex adverso.* 對面 Toúy miēn.

VISA, s. m. *Sigilli impressio, onis, f.* 盖印 Kaý ýn, ou 打圖章 Tà toŭ tchāng.

VISAGE, s. m. *Facies, ei, f.; vultus, ûs, m.* 面容 Miēn yōng, ou 臉面 Liēn miēn. ‖ Beau de —. *Insignis facie.* 面貌體面 Miēn máo tỷ miēn. ‖ Ressembler de — à quelqu'un. *Ore aliq. referre.* 面貌像人 Miēn máo siàng jēn. ‖ Connaître de —. *De facie noscěre.* 面熟 Miēn choù. ‖ — triste. *Tristis* —. 愁臉 Tseóu liēn, ou 眉頭不展 Meý toŏu poŭ tchǎn. ‖ Perdre le —. *Rubore digna patrāre.* 莫得臉面 Mŏ tě liēn miēn. ‖ Faire bon — à quelqu'un. *Aliq. honestè suscipěre.* 接得好 Tsiě tě haŏ.

VISCÈRE, s. f. *Viscus, eris, n.* 腸子 Tchǎng tsè, ou 臟腑 Tsāng foù. ‖ — abdominal. 膈下臟腑 Kě hiá tsǎng foù.

VISER, v. a. *Collimāre.* 瞄準頭 Tsiāo tchuēn teóu. ‖ — juste. *Exactè* —. 瞄準 Tsiāo tchuēn. ‖ — à la royauté. *Regnum appetěre.* 想奪江山 Siàng tŏ kiāng chān.

VISIBLE, adj. *Visibilis.* 有形的 Yeóu hín tỷ, ou 看得見 Kǎn tě kiēn tỷ. ‖ Être —. *Hodiè adiri posse.* 今天能觀會 Kīn tiēn lēn keóu hoúy. ‖ Vérité —. *Res perspicuè vera.* 明理 Mín lỷ, ou 明白的事 Mín pě tỷ sé.

VISIBLEMENT, adv. *Visibilis.* 看得見的 Kǎn tě kiēn tỷ. ‖ — (évidemment). *Palam.* 明明的 Mín mín tỷ, ou 一定的 Ỷ tín tỷ. ‖ Il se trompe —. *Apertè errat.* 一定他錯 Ỷ tín tā tsŏ.

VISION, s. f. *Aspectus, ûs, m.* 看見 Kǎn kiēn. ‖ — en dormant. *In somno viděre.* 怪夢 Kouǎy móng. ‖ Y croire. *Creděre somnus.* 信夢 Sín móng.

VISIONNAIRE, s. m. *Fanaticus.* 有假默照 Yeóu kià mě tcháo.

VISITATION, s. f. *Visitationis festum, i, n.* 聖母往顧瞻禮 Chén moù ouǎng koú tchān lỷ.

VISITE, s. f. *Salutatio, onis, f.* 拜望人 Paý ouáng jēn. 問候 Ouén heóu. 拜門 Paý mēn. ‖ — à l'Empereur. *Coràm Imp. admissio.* 陛見 Pý kiēn, ou 朝見 Tchāo kiēn. ‖ Rendre une — reçue. *Resalutāre.* 回拜 Hoúy paý. ‖ Ne pas les rendre. *Non resalutāre.* 失候 Chě heóu. ‖ Recevoir des —. *Visitantes suscipěre.* 有人拜望 Yeóu jēn paý ouáng, ou 接客 Tsiě kě. ‖ — d'adieu. 送行 Sóng hín. ‖ — à un supérieur. *Sup. salutatio.* 謁見 Yě kiēn.

VISITER. v. a. *Invisĕre*. 拜望 Paý ouáng. ‖ — un supérieur. *Superiorem —*. 謁見 Yĕ kién. ‖ L'Empereur — la province. *Imperator lustrat provinciam*. 皇上巡狩 Houáng cháng siûn cheòu.

VISITEUR, s. m. (qui rend visite). *Visitans, tis, m*. 客 Kĕ̀. ‖ Le recevoir. — *suscipĕre*. 接客 Tsiĕ kĕ̀. ‖ — (inspecteur). *Inspector*. 巡察 Siûn tchằ.

VISQUEUX, SE, adj. *Viscosus*. 黏的 Niên tỷ.

VITAL, E, adj. *Vitalis*. 關乎命的 Kouân hoû mín tỷ, ou 精的 Tsĭn tỷ.

VITE, adj. *Celer*. 快的 Kouaý tỷ.

VITE, adv. *Velociter*. 快 Kouaý. ‖ Plus —. *Velocius*. 快些 Kouaý sỷ. ‖ Très—. *Velocissimè*. 最快 Tsouý kouaý. ‖ Moins —. *Lentius*. 慢點 Mán tièn. ‖ Trop —. *Citò citius*. 快狠 Kouaý hèn. ‖ Allez moins —. *Lentius, quæso, agas*. 慢點做 Mán tièn tsoú. ‖ Où allez-vous si —? *Quò properas?* 你走那去這樣快 Ngỷ tseòu là kiŭ tchĕ yáng kouaý. ‖ Aller —. *Cito gradu ire*. 快去 Kouaý kiŭ.

VITRE, s. f. *Vitrea lamella, æ, f*. 玻璃片 Pŏ' lỵ piĕn.

VIVACE, adj. *Vivax*. 命長的 Mín tcháng tỷ.

VIVACITÉ, s. f. *Alacritas, atis, f*. 快 Kouaý. ‖ — d'esprit. *Ingenii vis*. 明悟快 Mín oú kouaý. ‖ — des couleurs. *Colorum splendor*. 華彩 Hoâ tsaý. ‖ — (emportements passagers). *Iræ breves impetus*. 容易發怒 Yóng ỷ fā loû, yóng ỷ loû pìh.

VIVANT, E, adj. *Vivens*. 活的 Hŏ tỷ. ‖ Créatures —. *Res animatæ*. 活物 Hŏ où. ‖ De son —. *Dùm viveret*. 他在的時候 Tā̀ tsaý tỷ chê heóu. ‖ Il n'y a âme — qui. *Nemo omnium est*. 無有一人 où yeòu ỷ jîn. ‖ Bon —. *Lætus homo*. 笑面的人 Siáo mién tỷ jên.

VIVAT! accl. *Vivat rex*. 萬歲 Ouán soúy.

VIVE (QUI)? *Ecquis adest?* 是那个 Ché là kó? ‖ Être sur le —. *Timère omnia*. 防备 Fáng pý.

VIVEMENT, adv. *Vehementer*. 狠 Hèn, ou 重 Tchóng.

VIVIER, s. m. *Piscina, æ, f*. 魚池 Yû tchĕ̀.

VIVIFIER, v. a. *Vires revocāre*. 回生 Hoúy sēn.

VIVIPARE, adj. *Viviparus*. 胎生的 Taý sēn tỷ.

VIVOTER, v. n. *Tenui victu vivĕre*. 過淡泊日子 Kó tán pŏ̀ jĕ tsè.

VIVRE, v. n. *Vivĕre*. 活 Hŏ, ou 在 Tsaý. ‖ — longtemps. *Diù —*. 壽高 Cheóu kaō. ‖ Il ne — pas longtemps. *Diù non vivet*. 活不久 Hŏ poû kieòu. ‖ Tant que je —. *Dùm spirabo*. 我在的時候 Ngŏ tsaý tỷ chê heóu. ‖ — de peu. *Parcè vivĕre*. 喫得淡薄 Tchĕ̀ tĕ̀ tán pŏ̀. ‖ — au jour le jour. *In diem —*. 天天找喫 Tiēn tiēn tchaō tchĕ̀. ‖ — splendidement. *Lautè —*. 過得快活 Kó tĕ̀ kouaý hŏ. ‖ Il fait cher —. *Arctior est annona*. 米糧貴 Mý leâng koúy. ‖ — malheureux. *In mærore jacĕre*. 窮苦過日 Kiôūng koû kó jĕ. — mal. *Turpiter vivĕre*. 不正經 Poû tchēn kīn. ‖ — bien avec quelqu'un. *Conjunctè —*. 相好 Siāng haŏ. ‖ Aisé à —. *Homo commodis moribus*. 合衆的人 Hŏ tchóng tỷ jên. ‖ Savoir —. *Mundi experientia*. 通世情 Tōng chê tsîn.

VIVRES, s. m. *Cibaria, orum, n*. 粮食 Leâng chĕ. ‖ Accaparer les —. *Annonam comprimĕre*. 屯粮食 Tûn leâng chĕ. ‖ Faire provision de —. *Comparāre —*. 備辦口糧 Pý pán keòu leâng. ‖ Couper les —. *Commeatum intercludĕre*. 絶粮道 Tsiuĕ̀ leâng taó.

VOCABULAIRE, s. m. *Vocabularium, ii, n*. 字彙 Tsé loúy.

VOCAL, E, adj. *Vocalis*. 口的 Keòu tỷ. ‖ Prière —. *Oratio —*. 口經 Keŏu kīn.

VOCATIF. s. m. *Vocativus, i, m*. 叫韻 Kiáo yún, ou 叫誰 Kiáo choŭy.

VOCATION, s. f. *Vocatio, onis, f*. 命 Mín. ‖ — spirituelle. *Spiritualis —*. 招選 Tchāo siuĕn. ‖ Y être fidèle. *Fideliter sequi —*. 滿招選 Mǎn tchāo siuĕn. ‖ La perdre. *Vocationi infidelis esse*. 失招選 Chĕ̀ tchāo siuĕn.

VOCIFÉRER, v. a. *Vociferāre*. 唎喊 Lă hán.

VŒU, s. m. *Votum, i, n*. 愿 Yuén. ‖ — simple. *Simplex —*. 私愿 Sē yuén. ‖ — solennel. *Solemne —*. 當堂許的愿 Tāng táng hiù tỷ yuén. ‖ — personnel. *Personale —*. 向人行愿 Hiáng jên hîn yuén. ‖ — réel. *Reale —*. 向物的愿 Hiáng où tỷ yuén. ‖ — temporaire. *Temporarium —*. 暫時的愿 Tchàn chê tỷ yuén. ‖ — perpétuel. *Perpetuum —*. 平生的愿 Pîn sēn tỷ yuén. ‖ — conditionnel. *Conditionale —*. 未定事的愿 Ouý tín sé tỷ yuén. ‖ — absolu. *Absolutum —*. 必定的愿 Pỷ tín tỷ yuén. ‖ — mixte. *Mixtum —*. 向行向物的愿 Hiáng hîn hiáng où tỷ yuén. ‖ Faire un —. *Vovère*. 許愿 Hiù yuén. ‖ Renouveler son —. *Renovāre —*. 重許愿 Tchóng hiù yuén. ‖ Être lié par un —. *Voto ligāri*. 許了愿 Hiù leaō yuén. ‖ Accomplir son —. *Votum solvère*. 還愿 Houân yuén. ‖ Y manquer. — *violāre*. 不還愿 Poû houân yuén. ‖ Faire des — pour. *Vota nuncupāre*. 封贈 Fōng tsé.

VOGUE, s. f. *Fama, æ, f*. 名聲 Mîn chēn. ‖ Être en —. *Esse in —*. 有名聲 Yeòu mîn chēn. ‖ — (mode). *Mos*. 時興 Chê hín, ou 行 Hîn.

VOGUER, v. n. *Navigāre*. 行船 Hîn tchouân. ‖ — la galère. *Alea jacta est*. 罷了 Pá leaō.

VOICI, prép. *En, eccè*. 在 Tsaý, ou 這裏 Tchĕ lý. ‖ Le —. *Hic ille*. 他來了 Tā̀ laý leaō. ‖ — quelqu'un. *Aliquis est*. 有人來 Yeòu jîn laý. ‖ Me —. *Adsum*. 有我, ou 我來了 Ngŏ laý leaō. ‖ — la pluie. *Pluvia imminet*. 雨來了 ỷù laý leaō.

VOIE, s. f. *Via, æ, f*. 路 Loû. ‖ Quitter la bonne —. *A rectà — declināre*. 錯路 Tsŏ̀ loû, ou 失正道

Chĕ tchēn táo. ‖ Y revenir. *Ad frugem redire.* 回頭
Hoúy-teŏu. ‖ Mettre quelqu'un sur la —. *Ducem se præ-
bēre.* 引路 Ỳn loú. ‖ — d'eau. (fente dans un navire).
船漏 Tchouán leóu, ou 船路 Tchouán loú. ‖ —.
*Modus.* 方法 Fāng fă. ‖ — de droit. *Jus.* 依理 Ў lỳ.
‖ — de fait. *Factum.* 覇強 Pá kiāng. ‖ Tenter une
autre —. *Alias vias persequi.* 用別樣方法 Yóng piĕ
yáng fāng fă. ‖ S'enrichir par des — justes. *Honesté
ditescĕre.* 發公道財 Fă kōng taó tsăy. ‖ — lactée.
*Via lactea.* 天河 Tiēn hô.

**VOILÀ**, prépos. *En, ecce.* 他在 Tă'tsaý. ‖ Le — qui arrive.
*En adventat.* 他來了 Tă'laỳ leăo. ‖ — qui va bien.
*Res optimé se habet.* 事情很好 Sé tsin hĕn haŏ.

**VOILE**, s. m. *Velum, i, n.* 簾子 Liēn tsĕ. ‖ — pour la
tête des femmes. *Nimbus, i, m.* 盖頭帕 Kaý teŏu pă.
‖ — de nouvelle mariée. *Flammeum.* 盖頭帕 Kaý
teŏu pă. ‖ Prendre le —. *Sacro nimbo vittiari.* 許童
貞愿 Hiù tông tchēn yuĕn. ‖ — (apparence, prétexte).
*Species, prætextus.* 推故 Toúy koú. ‖ Se couvrir du
— de la piété. *Sub specie pietatis facĕre aliq.* 裝熱切
Tchouāng jĕ tsiĕ.

**VOILE**, s. f. ‖ — de navire. *Velum, i, n.* 船蓬 Tchouán
pŏng, ou 帆 Fân. ‖ La grande —. *Maximum summi
mali velum.* 中桅下纜 Tchōng oùy hiá tsouán. ‖
Grand hunier. *Supparum.* 中桅二纜 Tchōng oùy
eùl tsouán. ‖ Grand perroquet. 中桅三纜 Tchōng
oùy sān tsouán. ‖ — de misaine. *Velum posticum.*
頭桅下纜 Teŏu oùy hiá tsouán. ‖ Grand cacatois.
中桅四纜 Tchōng oùy sé tsouán.‖ Hunier de misaine.
頭桅二纜 Teŏu oùy eùl tsouán. ‖ Cacatois de mi-
saine. 頭桅三纜 Teŏu oùy sān tsouán. ‖ Hunier
d'artimon. 尾桅二纜 Oùy oùy eùl tsouán. ‖ Per-
roquet d'artimon. 尾桅三纜 Oùy oùy sān tsouán.
‖ Faire —. *Vela facĕre.* 開船 Kāy tchouăn. ‖ Dé-
ployer les —. *Vela solvĕre.* 扯蓬 Tchĕ pŏng. ‖ Mettre
à la voile. — *facĕre.* 扯蓬 Tchĕ pŏng. ‖ Le vent
enfle les —. *Vela implentur.* 風吹蓬 Fōng tchoùy
pŏng. ‖ Aller à pleines — (voguer). *Plenis velis navigāre.*
滿風走 Mán fōng tseòu. ‖ Serrer les —. *Subducĕre.*
奴蓬 Cheōu pŏng. ‖ Les abattre. *Trahĕre —.* 下蓬
Hiá pŏng.

**VOILES**, s. m. c.-à-d. vaisseaux. *Naves.* 船 Tchouăn.

**VOILÉ, ÉE**, adj. et part. *Velatus.* 遮盖的 Tchĕ kaý tỳ.

**VOILER**, v. a. *Obvolvĕre.* 遮盖 Tchĕ káy. ‖ — la tête.
*Caput.* 盖頭 Kaý teŏu.

**VOIR**, v. a. *Vidēre.* 看見 Kăn kién. ‖ Regarder et ne
pas —. *Aspicĕre et non discernĕre.* 看不見 Kăn poŭ
kién. ‖ — fort clair. *Claré vidēre.* 看明白 Kăn mîn
pĕ. ‖ — à demi. *Cæcutire.* 看不明 Kăn poŭ mîn.
‖ — de ses propres yeux. *Propriis oculis —.* 親眼看 Tsīn

yèn kăn. ‖ Ne — goutte en plein midi. *Caligăre in sole.*
太陽晃眼睛 Taý yâng houàng yèn tsīn. ‖ — trou-
ble. *Per nebulam vidēre.* 眼睛昏 Yèn tsīn houēn. ‖
— de haut, c.-à-d. mépriser. *Despicĕre.* 輕賤 Kīn
tsién. ‖ Beau à —. *Ad aspectum præclarus.* 好看的
Haŏ kăn tỳ. ‖ Se — au miroir. *Speculum vidēre.* 照鏡子
Tcháo kín tsĕ. ‖ — (visiter). *Visĕre aliq.* 會人 Hoúy
jĕn. ‖ Aller — quelqu'un. *Adire aliquem.* 去會人
Kiù hoúy jĕn. ‖ Ne pas se —, c.-à-d. être mal ensemble.
因不和睦,不相會 Ўn poŭ hô moŭ, poŭ siāng
hoúy. ‖ — des yeux de l'esprit, apercevoir, juger. *In-
telligĕre —.* 通得 Tōng tĕ. ou 明白 Mîn pĕ. ‖
On —. *Videbitur.* 慢慢看 Mán mán kăn. ‖ Faire —.
*Rem ostendĕre.* 顯出來 Hiĕn tchoŭ laỳ. ‖ Se faire —.
*In conspectum se dăre.* 出來在外頭會人 Tchoŭ laỳ
tsaý ouáy teŏu hoúy jĕn. ‖ Vous n'avez rien à — la.
*Hæc res non ad te pertinet.* 你不要管 Ngỳ poŭ yaó
kouán. ‖ — si le vin est bon. *Censuram vini facĕre.*
嘗酒好不好 Châng tsieòu haŏ poŭ haŏ. ‖ Faire —
sa haine. *Odium exprimĕre.* 明明恨 Mîn mîn hén.

**VOIRE**, adv. ‖ — même. *Etiam.* 雖 Siū.

**VOIRIE**, s. f. *Cloaca, æ, f.* 渣渣坑 Tchā tchā kĕn.

**VOISIN**, s. m. *Vicinus, i, m.* 連的 Liēn tỳ.

**VOISIN, E**, adj. *Vicinus.* 近的 Kín tỳ.

**VOITURE**, s. f. *Currus, ùs, m.* 車 Tohēy. ‖ — pour le
transport de marchandises. *Vectura.* 攋貨物 Pān hô
où. ‖ La payer. *Pro vecturá solvĕre.* 開脚價 Kāy kiŏ
kiá.

**VOIX**, s. f. *Vox, ocis, f.* 聲音 Chēn-ўn. ‖ — de Stentor.
*聲氣大* Chēn kỳ tá. ‖ — douce. 聲音好聽 Chēn
ўn haŏ tîn. ‖ — rauque. 嗄聲 Há chēn. ‖ — fausse.
聲音不合 Chēn ўn poŭ hô. ‖ Élever la —. *Vocem
tollĕre.* 大聲說 Tá chēn chŏ. ‖ Baisser la —. *— de-
mittĕre.* 小聲說 Siào chēn chŏ. ‖ A haute —. *Altá
voce.* 高聲 Kaō chēn. ‖ — de la conscience. *Vox cons-
cientiæ.* 良心 Leâng sīn, ou 天理 Tiēn lỳ. ‖ — pu-
blique. *Fama.* 衆人說 Tohóng jĕn chŏ. ‖ — du
peuple. *Vox populi, vox Dei.* 民心卽天心 Mîn sīn
tsiĕ Tiēn sīn. ‖ De vive —. *Vivá voce.* 親口說 Tsīn
keŏu chŏ. ‖ Tout d'une —. *Unanimi voce.* 同心合意
Tông sīn hô ý. ‖ — du suffrage. *Suffragium.* 保舉
Paŏ kiù. ‖ Donner sa — à quelqu'un. *Alteri suffragāri.*
保舉某人 Paŏ kiù mòng jĕn. ‖ Avoir — au chapitre.
*Jus ferendi suffragium habēre.* 會議出意的理 Hoúy
ný tchoŭ ý tỳ lỳ.

**VOL**, s. m. *Volatus, ùs, m.* 飛 Feý.

**VOL**, s. m. ‖ — à main armée. *Latrocinium, ii, n.* 盗 Taó,
ou 刦搶 Lĕ' tsiăng. ‖ — secret. *Furtum, i, n.* 竊盗
Tsiĕ taó. ‖ Pris en délit de —. *In furto deprehensus.*
過人偷盗 Yú jĕn teŏu taó. ‖ Participer à un —.

## VOL — VOT — 455

*Particeps esse furti.* 與盜同夥 Yù taó tŏng hô. ‖ Conseiller un —. *Furtum alic. suadēre.* 勸人偸 Kiuĕn jên teóu. ‖ Receler un —. *Furta recipĕre.* 當窩家 Tāng oǔo kiā.

**VOLAGE**, adj. *Levis.* 不恒心 Poŭ hên sīn.

**VOLAILLE**, s. f. *Pecus, oris, n.* 肥畜 Feŷ hiŏu.

**VOLATIL, E**, adj. *Volatilis.* 散得快的 Sán tĕ̆ kouâŷ tŷ. 出氣的 Tchŏu ky̌ tŷ. 輕薄 Kīh pŏ.

**VOLATILISER**, v. a. *Attenuāre.* 升鍊 Chēn liên.

**VOLCAN**, s. m. *Igneus mons.* 火山 Hǒ chān. ‖ Être sur un — (fig.). *In pericul. versāri.* 凶險大 Hiōng hiĕn tá. ‖ Quel —! (Au fig.) *Quàm ardens ingenium!* 好剛的性子 Haŏ kāng tŷ sîn tsĕ̆.

**VOLÉE**, s. f. *Volatus, ûs, m.* 飛 Feŷ. ‖ — (bande d'oiseaux). *Avium grex.* 羣飛 Y̌ kiûn feŷ. ‖ — (rang) être de haute —. *Nobiliss. ortûs esse.* 名族 Mîn tsoú. ‖ A la —. *Subitò.* 忽然 Hoŭ jân. ‖ A la —. *Temerè.* 不小心 Poŭ siaŏ sīn.

**VOLER**, v. n. *Volāre.* 飛 Feŷ. ‖ — très-haut. 高飛 Kaō feŷ. ‖ — (aller vite). 走得快 Tseŏu tĕ̆ kouâŷ, ou 如飛一般 Joŭ feŷ y̌ pān. ‖ — trop haut, c.-à-d. tenter au-dessus de ses forces. *Majora viribus audēre.* 謀大事 Môug tá sé.

**VOLER**, v. a. *Furāri.* 偸 Teŏu. —. *Hac mulier — hominem.* (Figuré) 婦女偸人 Foú niù teŏu jên. ‖ Choses —. *Res furto ablatæ.* 賍 Tsāng.

**VOLET**, s. m. *Foricula, œ, f.* 窓檻 Tsāng lân.

**VOLEUR**, s. m. *Fur, uris, m.* 盜 Taó. ‖ — adroit. *Peritus —.* 飛賊 Feŷ tsĕ̆. ‖ — qui sait les entrées d'une maison. 熟脚强盜 Choŭ kiŏ kiāng taó. ‖ Chef de —. *Dux —.* 草口 Tsaŏ keŏu, ou 代王 Taý vâng. ‖ Le devenir. *Dux latr. fieri.* 落草爲王 Lŏ tsaŏ oǔy ouâng. ‖ Ses compagnons. 嘍囉 Leŏu lŏ. ‖ — de gens pour les vendre. 拐去 Kouaý kiŭ. ‖ — de routes. 打却 Tà lŏ.

**VOLIÈRE**, s. f. *Aviarium, ii, n.* 籠子 Lōng tsĕ̆.

**VOLONTAIRE**, adj. *Voluntarius.* 甘心 Kān sīn tŷ, ou 情願的 Tsîn yuén tŷ.

**VOLONTAIRE**, s. m. *Miles voluntarius, ii, m.* 召募兵 Tchaō mô pīn.

**VOLONTAIRE**, adj. (qui ne veut faire que sa volonté). *Obedientiæ impatiens.* 不愛聽命 Poŭ gaý tín mín, ou 固執的 Koú tchĕ̆ tŷ.

**VOLONTAIREMENT**, adv. *Spontè.* 甘情 Kān tsîh tŷ. 情願的 Tsîn yuén tŷ. 自己 Tsé ky̌.

**VOLONTÉ**, s. f. *Voluntas, atis, f.* 意 Ý. ‖ — changeante. *Mobilis animus.* 不恒心 Poŭ hên sīn. ‖ Changer de —. *Voluntatem immutāre.* 改主意 Kaŷ tchoŭ ý. ‖ Persister dans sa —. *In sent. manēre.* 不改主意 Poŭ kaŷ tchoŭ ý. ‖ Faire la — d'un autre. *Alterius impe-* *rium exsequi.* 依從別人的意事 Y̌ tsông piĕ jên tŷ ý sĕ̆. ‖ On laisse cela à ma —. *Id meo arbitrio traditur.* 是隨便我做不做 Ché soûŷ piên ngŏ tsoú poŭ tsoú. ‖ Contre ma —. *Me invito.* 沒奈何 Moŭ laŷ hô. ‖ Mauvaise — envers quelqu'un. *Mala volunt. in aliq.* 心腸不好 Sīn tchâng poŭ haǒ. ‖ Bonne — pour quelqu'un. *Benè velle alicui.* 願人好 Yuén jên haǒ. ‖ Mauvaise —. *Malè velle alicui.* 願人窮 Yuén jên kiông.

**VOLONTIERS**, adv. *Libenter.* 心甘情願 Sīn kān tsîn yuén.

**VOLTE**, s. m. *Circumactus, ûs, m.* 遊一遇 Yeŏu y̌ tcheōu. ‖ — face (passer à l'ennemi). 投降 Teŏu kiâng. ‖ — (changer d'avis). 改主意 Kaŷ tchoŭ ý.

**VOLTIGER**, v. n. *Volitāre.* 繞飛 Jaŏ feŷ. ‖ — au gré du vent. *Undāre.* 風吹來吹去 Fōng tchoûŷ laŷ tchoûŷ kiŭ. ‖ — çà et là. *Inerrāre.* 飄流 Piaō lieŏu. ‖ — de projets en projets. *Ambiguis consiliis versāri.* 三心二意 Sān sīn eŭl ý.

**VOLTIGEUR**, s. m. *Funambulus, i, m.* 踩索橋的人 Tchaŷ sŏ kiaŏ tŷ jên.

**VOLUBILITÉ**, s. f. ‖ — de langue. *Verborum præceps.* 嘴尖舌快 Tsoŭŷ tsiēn chĕ̆ kouâŷ. ‖ — (promptitudo). *Celeritas.* 快 Kouâŷ.

**VOLUME**, s. m. (étendue d'un espace). *Spatium, ii, n.* 厚 Heóu, ou 寬 Kouān. ‖ Réduire le —. *Rem contrahēre.* 化 Hoá, ou 切短 Tsiĕ̆ touàn. ‖ — (livre). *Liber, tomus.* ‖ Un —. *Unus —.* 一本書 Y̌ pĕn choŭ.

**VOLUMINEUX, SE**, adj. *Crassus, amplus.* 厚的 Heóu tŷ, ou 寬的 Kouān tŷ.

**VOLUPTÉ**, s. f. *Voluptas, atis, f.* 快樂 Kouâŷ lŏ. ‖ S'y livrer. *Sese dāre —.* 荒淫 Houāng ŷn. ‖ — de l'âme. *Jucunditas.* 喜歡 Hŷ houān.

**VOLUPTUEUX, SE**, adj. *Voluptuosus.* 好色的 Haŏ sĕ̆ tŷ. ‖ Très —. *Ultrà feminam voluptuosus.* 色中餓鬼 Sĕ̆ tchōng oǔo koŭy.

**VOMIR**, v. a. *Vomĕre.* 嘔 Geŏu, ou 吐 Toŭ. ‖ Avoir envie de —. *Nauseāre.* 打噁 Tà yuĕ̆, ou 發惡心 Fă ngŏ sīn. ‖ — feu et flammes. *Irasci.* 大怒 Tá loú.

**VOMISSEMENT**, s. m. *Vomitio, onis, f.* 嘔 Ngeŏu, ou 吐 Toŭ.

**VOMITIF**, s. m. *Vomitorium, ii, n.* 常山 Châng chān.

**VORACE**, adj. *Vorax.* 喫得粗鹵的 Tchĕ̆ tĕ̆ tsoū loù tŷ.

**VORACITÉ**, s. f. *Ingluvies, ei, f.* 貪餐 Tān tsān. 愛喫快狠 Gaŷ tchĕ̆ kouâŷ hĕn.

**VOS**, pluriel de votre. ‖ Au singulier. 你的 Ngý tŷ. ‖ Au pluriel. 你們的 Ngý mên tŷ.

**VOTANT**, s. m. *Suffragator, oris, m.* 保擧的人 Paŏ kiŭ tŷ jên.

**VOTE**, s. m. *Suffragium, ii, n.* 保舉的事 Paò kiù tỷ sé.
**VOTER**, v. n. *Suffrag. ferre.* 點佋 Tièn cháng.
**VOTIF, VE**, adj. *Votivus.* 許了的 Hiù leào tỷ.
**VOTRE**, pron. si l'on parle à un seul. 的你 Ngỷ tỷ. ‖ A plusieurs. 你們的 Ngỷ mên tỷ. ‖ Un des — ou de vos gens. *De tuis unus.* 你本家內人一个 Ngỷ pên kiā loúy jên ỷ kó.
**VOUER**, v. a. *Vovēre.* 許愿 Hiù yuén. ‖ Se —. *Se —.* 獻自巳 Hién tsé kỷ. ‖ Ne savoir à quel saint se —. *Incertus quem Divum invocare suis rebus.* 打不起主意 Tả poũ kỷ tchoũ ý.
**VOULOIR**, v. a, *Velle.* 肯 Kên. 要 Yáo. 愿 Yuén. ‖ Voulez-vous, oui ou non? *Vis nec-ne?* 你肯不肯 Ngỷ kên poũ kên, ou 你愿不愿 Ngỷ yuén poũ yuén. ‖ — et ne pas —. *Velle et nolle.* 到肯不肯 Táo kên poũ kên. ‖ Qu'il veuille ou non. *Velit, nolit.* 管他肯不肯 Kouản tả kên poũ kên. ‖ — (ordonner). *Jubēre.* 命 Mín, ou 吩咐 Fên foú. ‖ Je — savoir. *Cupio scire.* 我要曉得 Ngò yáo hiảo tẻ. ‖ — (consentir). *Assentiri.* 許 Hiù, ou 依 Ỷ. ‖ Je le — bien. *Sit itā sanè, volo.* 算得我依 Souán tỏ ngò ỷ. ‖ Voulez-vous me permettre? *Permittis-ne?* 你許不許 Ngỷ hiù poũ hiù. ‖ Dieu le —! *Deus itā faxit!* 巴不得天主允 Pā poũ tỏ Tièn Tchoũ yún. ‖ La nécessité le —. *Id vult necessitas.* 不得不以 Poũ tỏ poũ ỷ, ou 免不得 Mièn poũ tỏ. ‖ — tout pour soi. *Omnia sibi quœrēre.* 單圖自己的利益 Tān toũ tsé kỷ tỷ lỷ ỷ. ‖ Je — vous dire un mot. *Paucis te volo.* 我要你更說一句話 Ngò yáo kên ngỷ chỏ ỷ kiủ hoá. ‖ Je sais ce que vous —. *Teneo quid animi vestri sit.* 我曉得你的意思 Ngò hiảo tẻ ngỷ tỷ ý sẻ. ‖ Demander un prix. Qu'en veut-on? *Hoc quanti est?* 要好多錢 Yáo haỏ tỏ tsièn. ‖ — du bien à quelqu'un. *Alic. bené velle.* 愿人好 Yuén jên haỏ. ‖ A quelqu'un. *Odio habēre.* 恨人 Hén jên. ‖ En — à mort. *Capitali odio ab aliq. dissidēre.* 死心恨人 Sè sīn hén jên. ‖ Que veut cela? *Quid sibi hoc?* 是甚麼意思 Chế chén mỏ ỷ sẻ.
**VOULOIR (LE)**, s. m. (volonté). *Voluntas, atis, f.* 意思 Ỷ sẻ. ‖ Votre —. *Velle tuum.* 你的意思 Ngỷ tỷ ý sẻ.
**VOUS**, pron. pers. Si l'on parle à un seul 你 Ngỷ. ‖ A plusieurs. 你們 Ngỷ mên. En Chine, on ne tutoie que les égaux ou les inférieurs.
**VOÛTE**, s. f. *Camera, œ, f.* 捲硐 Kiủên tóng. ‖ Clef de —. *Conclusura.* 擔橋石 Tản kiảo chẻ. ‖ Faire une —. *Concamerāre.* 修捲硐 Sieōu kiủên tóng.
**VOÛTÉ, ÉE**, adj. *Incurvus homo.* 駝背子 Tỏ peỷ tsẻ.
**VOÛTER**, v. a. *Concamerāre.* 修捲硐 Sieōu kiủên tóng. ‖ Se —. *Annis incurvāri.* 背駝 Peỷ tỏ.
**VOYAGE**, s. m. *Iter, ineris, n.* 路 Loú. ‖ Faire un long —. *Longum iter facēre.* 出遠門 Tchỏu yuèn mên. ‖ Être

en —. *Esse in itinere.* 在路上 Tsaỷ loú cháng. ‖ Souhaiter bon —. *A beuntem votis prosequi.* 封贈 Fōng tsén. ‖ Cadeau de —. *Itiner. munus.* 送行 Sōng hín. ‖ Revenir de —. *Ex itin. redire.* 回來 Hoúy laỷ. ‖ Faire bien des —. *Concursāri.*
**VOYAGER**, v. n. *Iter facēre.* 行路 Hín loú. ‖ — à pied. *Pedibus —.* 走路 Tseòu loú. ‖ — à cheval. *Equitāre.* 騎馬 Kỷ mả. ‖ — en chaise. *Sellā iter facēre.* 坐轎 Tsỏ kiáo. ‖ — par eau. *Navigāre.* 坐船 Tsỏ tchouẩn. ‖ — par terre. *Iter terrā petēre.* 走旱路 Tseòu hán loú.
**VOYAGEUR**, s. m. *Viator, oris, m.* 走路的人 Tseòu loú tỷ jên.
**VOYELLE**, s. f. *Vocalis, is, f.* 有音之字 Yeòu ȳn tchē tsé.
**VRAI, E**, adj. *Verus.* 眞的 Tchên tỷ. ‖ Dire —. *Dicēre —.* 說眞話 Chỏ tchēn hoá. ‖ Il ne dit pas un mot de —. *Ne unum quidem verbum verum dicit.* 一句眞話都不說 Ỷ kiủ tchēn hoá toũ poũ chỏ. ‖ Est-il bien —? *Ita-ne?* 是不是眞的 Chế poũ chế tchēn tỷ. ‖ Savoir au —. *Certò scire.* 曉得一定 Hiảo tẻ ỷ tín. ‖ Il y a du — là-dedans. *Id partìm verum est.* 有點眞的 Yeòu tièn tchēn tỷ.
**VRAISEMBLANCE**, s. f. *Verisimilitudo, inis, f.* 像眞的 Siáng tchēn tỷ, ou 多半有 Tỏ pán yeòu.
**VRILLE**, s. f. *Terebella, œ, f.* 錐子 Tsoūy tsè.
**VRILLES**, s. f. pl. *Cirri, orum, m. pl.* 南瓜鬚 Nân kouā siū.
**VU**, s. m. ‖ Au — et su de tout le monde. *Propalām.* 當衆 Tāng tchóng.
**VU, E**, part. ‖ — son âge. *Ætatis habitā ratione.* 看他的年紀 Kản tả tỷ nièn kỷ. ‖ — que. *Quoniām.* 因爲 Ȳn-ouý.
**VUE**, s. f. *Visus, ús, f.* 眼目 Yèn moủ. ‖ Avoir la — myope. *Myops.* 近視眼 Kín ché yèn. ‖ Avoir la — presbyte. *Nonnisi remota cernēre.* 遠視眼 Yuèn ché yèn. ‖ Avoir bonne —. *Oculos acres habēre.* 眼睛尖 Yèn tsiū tsiēn. ‖ N'avoir guère bonne —. *Non tam bené vidēre.* 不當看見 Poũ táng kản kién. ‖ Éblouir la —. *Oculos perstringēre.* 晃眼睛 Houáng yèn tsīn. ‖ Perdre la —. *Visu deficēre.* 瞎 Hiả. ‖ — (regard). *Aspectus.* 看 Kản. ‖ Jeter la — sur. *Oculos conjicēre in.* 看人 Kản jên. ‖ Jeter la — de tous côtés. *Circumspicēre.* 東瞧西看 Tōng tsiảo sỷ kản. ‖ Perdre quelqu'un de —. *E conspectu amittēre.* 忽然不見 Hoū jân poũ kién. ‖ Garder à —. *Oculis custodire.* 看守人 Kản cheòu jên. ‖ Blesser la —. *Oculos offendēre.* 傷眼眼 Chāng yèn tsiū. ‖ Connaître de —. *De facie noscēre.* 面熟 Mién choủ. ‖ A première —. *Primo conjectu.* 一眼 Ỷ yèn, ou 外皮 Ouáy pỷ. ‖ A perte de —. *Ultrà visum.* 眼不能見 Yèn poũ lên kién. ‖ — oblique. *Obliquus aspectus.* 斜眼 Siẻ yèn. ‖ Cette maison a — sur la mer. *Mare*

VUL　　　　　　　　　ZOD　　　457

*prospectat hæc domus.* 這一間房子對着海 Tchĕ ý kién fâng tsè toúy tchŏ haý. ‖ A — de pays. *Inexplorato.* 大略 Tá liŏ. ‖ Mettre un tableau dans son point de vue. *In bono lumine collocàre picturam.* 放在現眼處 Fáng tsaý hién yèn tchŏu. ‖ Présenter une chose sous son vrai point de —. *Rem ut est exponere.* 眞實説 Tchēn chĕ chŏ. ‖ — (dessein). *Consilium.* 意思 Ý sē. ‖ Avoir en —. *Ad aliq. spectàre.* 想 Siàng, ou 謀 Môug. ‖ Faire en — de plaire à quelqu'un. *Cum mente placendi alic. agère.* 作事爲合人意 Tsó sé oùy hŏ jên ý. ‖ Seconder les — de quelqu'un. *Favère* 

*alic.* 幫忙人 Pāng mâng jên. ‖ Traverser les — de quelqu'un. *Consilia frangère.* 敗人謀 Paý jên móng. ‖ Avoir de grandes —. *Magna moliri.* 謀大事 Móng tá sé.
VULGAIRE, adj. *Vulgaris.* 平常的 Pîn châng tý.
VULGAIRE (LE), s. m. *Vulgus, i, m.* 百姓 Pĕ sín, ou 下流人 Hiá lieòu jên.
VULGAIREMENT, adv. *Vulgò.* 平常 Pîn châng.
VULNÉRABLE, adj. *Vulnerabilis.* 能受傷的 Lên cheóu chāng tý.
VULNÉRAIRE, s. m. *Ad vulnus valentes herbæ.* 醫傷草藥 Ȳ chāng tsăo yŏ.

ZÉLATEUR, s. m. *Studiosus.* 有熱愛的 Yeòu jĕ gaý tý.
ZÈLE, s. m. *Zelus, i, m.* 熱愛 Jĕ gaý. ‖ — pour la gloire de Dieu. *Pro gloriá Dei* —. 有熱愛廣揚天主榮光 Yeòu jĕ gaý konâng yâng Tiēn Tchoù yûn kouâng. ‖ — pour le salut des âmes. — *pro salute animarum.* 有熱愛救人靈魂 Yeòu jĕ gaý kieŏu jên lîm houên. ‖ — pour l'étude. — *in studio flagrans.* 好學 Haŏ hiŏ.
ZÉNITH, s. m. *Cœli vertex, icis, m.* 天頂 Tiēn tĭn, ou 天心 Tiēn sīn. ‖ Le — et le Nadir, et les quatre points du compas font les six points chinois : 上下四方謂之六合 Cháng hiá sé fāng oúy tchĕ loŭ hŏ.
ZÉPHYR, s. m. *Zephyrus, i, m.* 涼風 Leâng fōng.
ZÉRO, s. m. *Signum nullius numeri.* 加十的馬子 Kiā chĕ tý mà tsè, ou 圈圈 Kiuēn kiuēn. ‖ C'est un —. *Homo nullo numero.* 不中用的人 Poŭ tchōng yóng tý jên.
ZESTE, s. m. *Corticula mali aurei.* 柑子皮 Kān tsè pý. ‖ — de noix. 核桃皮 Hĕ tăo pý. ‖ N'en pas donner un —, *Illud non emère titivillitio.* 不値半文錢 Poŭ tchĕ pán ouên tsiên.
ZINC, s. m. *Zincum, i, n.* 白鉛 Pĕ yuên.
ZIGZAG, s. m. *Lineæ alternis vicibus angulatæ.* 篆行 Chuēn hîn.
ZIZANIE, s. f. *Zizania, æ, f.* 稗子 Paý tsè, ou 荞子 Sieòu tsè. ‖ Semer la —. *Serère.* — 刁唆 Tiāo sō.
ZODIAQUE, s. m. *Zodiacus, i, m.* 黃道 Houâng taó, ou 赤道 Tchĕ taó.

Les 12 signes du zodiaque : 十二宮 Chĕ eùl kōng.

1° Le Bélier. *Aries.* 降婁戍宮 Kiáng leòu oú kōng.
2° Le Taureau. *Taurus.* 大梁酉宮 Tá leâng yeòu kōng.
3° Les Gémeaux. *Gemini.* 實沈申宮 Chē tchên chēn kōng.
4° Le Cancer. *Cancer.* 鶉首未宮 Chuên cheòu oúy kōng.
5° Le Lion. *Leo.* 鶉火午宮 Chuên hŏ oú kōng.
6° La Vierge. *Virgo.* 鶉尾巳宮 Chuên oùy tsé kōng.
7° La Balance. *Libra.* 壽星辰宮 Cheóu sīn tchên kōng.
8° Le Scorpion. *Scorpius.* 大火卯宮 Tá hŏ maŏ kōng.
9° Le Sagittaire. *Sagittarius.* 析木寅宮 Sÿ moŭ ŷn kōng.
10° Le Capricorne. *Capricornus.* 星紀丑宮 Sīn kỹ tcheŏu kōng.
11° Le Verseau. *Aquarius.* 元枵子宮 Yuên kouây tsè kōng.
12° Les Poissons. *Pisces.* 娵訾亥宮 Tsiū tsō haý kōng.

L'Empereur 禹 Yù, fondateur de la dynastie 夏 Hiá, partagea le ciel en 28 signes, pour distinguer les différentes phases de la Lune. Ces signes portent le nom de 節氣 Tsiĕ kỷ, ou ordre du temps. Chaque signe chinois comprend 15 degrés de l'un de nos signes célestes. — Les Chinois suivent avec soin les phases de ce cycle, surtout pour les travaux de l'agriculture.

| | | | | Jours. | Heures. | Quarts. | Minutes. |
|---|---|---|---|---|---|---|---|
| | | PRINTEMPS. 春 Tchoūn. | | | | | |
| 15° Des Verseaux. | I. | 1° 立春 | Lỷ tchoūn. (Ouverture du printemps). 4 févr. | 14 | 9 | 1 | 8 |
| 1° Des Poissons. | | 2° 雨水 | Yù choùy. (Eau de pluie). 19 février. | 14 | 10 | 0 | 12 |
| 15° Des Poissons. | II. | 3° 驚虫 | Kín tchŏng. (Temps où les vers éclosent). 6 mars. | 14 | 11 | 2 | 9 |
| 1° Du Bélier. | | 4° 春分 | Tchoūn fēn. (Div. du printemps). 21 mars. | 15 | 0 | 6 | 2 |
| 15° Du Bélier. | III. | 5° 清明 | Tsīn mín. (Clarté limpide). 5 avril. | 15 | 2 | 3 | 10 |
| 1° Du Taureau. | | 6° 穀雨 | Koŭ yù. (Pluie forte). 20 avril. | 15 | 3 | 7 | 7 |
| | | ÉTÉ. 夏 Hiá. | | | | | |
| 15° Du Taureau. | IV. | 7° 立夏 | Lỷ hiá. Commencement de l'été. 6 mai. | 15 | 5 | 0 | 11 |
| 1° Des Gémeaux. | | 8° 小滿 | Siào màn. Petite plénitude. 21 mai. | 15 | 6 | 6 | 5 |
| 15° Des Gémeaux. | V. | 9° 芒種 | Máng tchòng. Semence des plantes. 5 juin. | 15 | 7 | 2 | 11 |
| 1° Du Cancer. | | 10° 夏至 | Hiá tché. Temps de l'été. 21 juin. | 15 | 8 | 4 | 5 |
| 15° Du Cancer. | VI. | 11° 小暑 | Siào choù. Petite chaleur. 6 juillet. | 15 | 8 | 6 | 9 |
| 1° Du Lion. | | 12° 大暑 | Tá choù. Grande chaleur. 23 juillet. | 15 | 8 | 5 | 7 |
| | | AUTOMNE. 秋 Tsieŏu. | | | | | |
| 15° Du Lion. | VII. | 13° 立秋 | Lỷ tsieŏu. Commencem. de l'automne. 8 août. | 15 | 8 | 0 | 14 |
| 1° De la Vierge. | | 14° 處暑 | Tchoǔ choù. Chaleur générale. 23 août. | 15 | 7 | 1 | 6 |
| 15° De la Vierge. | VIII. | 15° 白露 | Pŏ loŭ. Rosée blanche. 7 septembre. | 15 | 5 | 3 | 5 |
| 1° De la Balance. | | 16° 秋分 | Tsieŏu fēn. Division du printemps. 23 sept. | 15 | 4 | 3 | 7 |
| 15° De la Balance. | IX. | 17° 寒露 | Hân loŭ. Rosée froide. 8 octobre. | 15 | 2 | 6 | 9 |
| 1° Du Scorpion. | | 18° 霜降 | Chouāng kiáng. Descente de rosée. 23 oct. | 15 | 1 | 1 | 13 |
| | | HIVER. 冬 Tōng. | | | | | |
| 15° Du Scorpion. | X. | 19° 立冬 | Lỷ tōng. Principes de l'hiver. 8 novembre. | 14 | 11 | 5 | 11 |
| 1° Du Sagittaire. | | 20° 小雪 | Siào suĕ. Petite neige. 22 novembre. | 14 | 10 | 3 | 6 |
| 15° Du Sagittaire. | XI. | 21° 大雪 | Tá suĕ. Grande neige. 7 décembre. | 14 | 9 | 3 | 3 |
| 1° Du Capricorne. | | 22° 冬至 | Tōng tché. Temps d'hiver. 22 décembre. | 14 | 8 | 6 | » |
| 15° Du Capricorne. | XII. | 23° 小寒 | Siào hân. Petit froid. 5 janvier. | 14 | 8 | 4 | » |
| 1° Du Verseau. | | 24° 大寒 | Tá hân. Grand froid. 22 janvier. | 14 | 8 | 5 | 2 |
| | | TOTAUX. | | 351 | 158 | 82 | 172 |

ZONE, s. f. *Zona, æ, f.* 天黃道 Tiēn houâng taó, ou 圈道 Kiuên taó. ‖ On a divisé la surface du Globe en cinq — principales. La — torride 熱道 Jě taó s'étend depuis l'Équateur jusqu'à 23° 1/2 de latitude septentrionale, et de latitude méridionale, ayant ainsi en tout une largeur de 47 degrés. — La chaleur y est excessive. ‖ Les — tempérées sont au nombre de deux; l'une, dans l'hémisphère septentrional, comprend les pays situés entre le tropique du Cancer et le cercle polaire arctique et porte le nom de 北溫道 Pě ouēn taó; l'autre, située dans l'hémisphère austral, s'étend depuis le tropique du Capricorne jusqu'au cercle polaire antarctique et se nomme : 南溫道 Lân ouēn taó. Chaleur tempérée. ‖Les deux — glaciales sont comprises, l'une dans l'hémisphère septentrional, entre le cercle polaire arctique et le pôle nord; l'autre, dans l'hémisphère austral, entre le cercle polaire antarctique et le pôle sud; elles ont chacune une largeur de 23 degrés et demi. 寒道 Hân taó. Le froid y est excessif.

ZOOLOGIE, s. f. *Zoologia, æ, f.* 禽獸之論 Kîn cheóu tchē lén.

ZOOPHYTE, s. m. *Zoophyton, i, n.* 有草虫之二性 Yeǒu tsǎo tchŏng tchē eùl sín.

L'impression de ce DICTIONNAIRE a été commencée en mai 1868, et terminée en avril 1869.

DEO

SUMMO. OPTIMO. MAXIMO.

*Utinam* sermo Dei *citiùs* currat ac clarificetur ! ! !
(II. Thess. 3. 1.)

FIN

Paris — Typographie Adolphe Lainé, 19, rue des Saints-Pères.

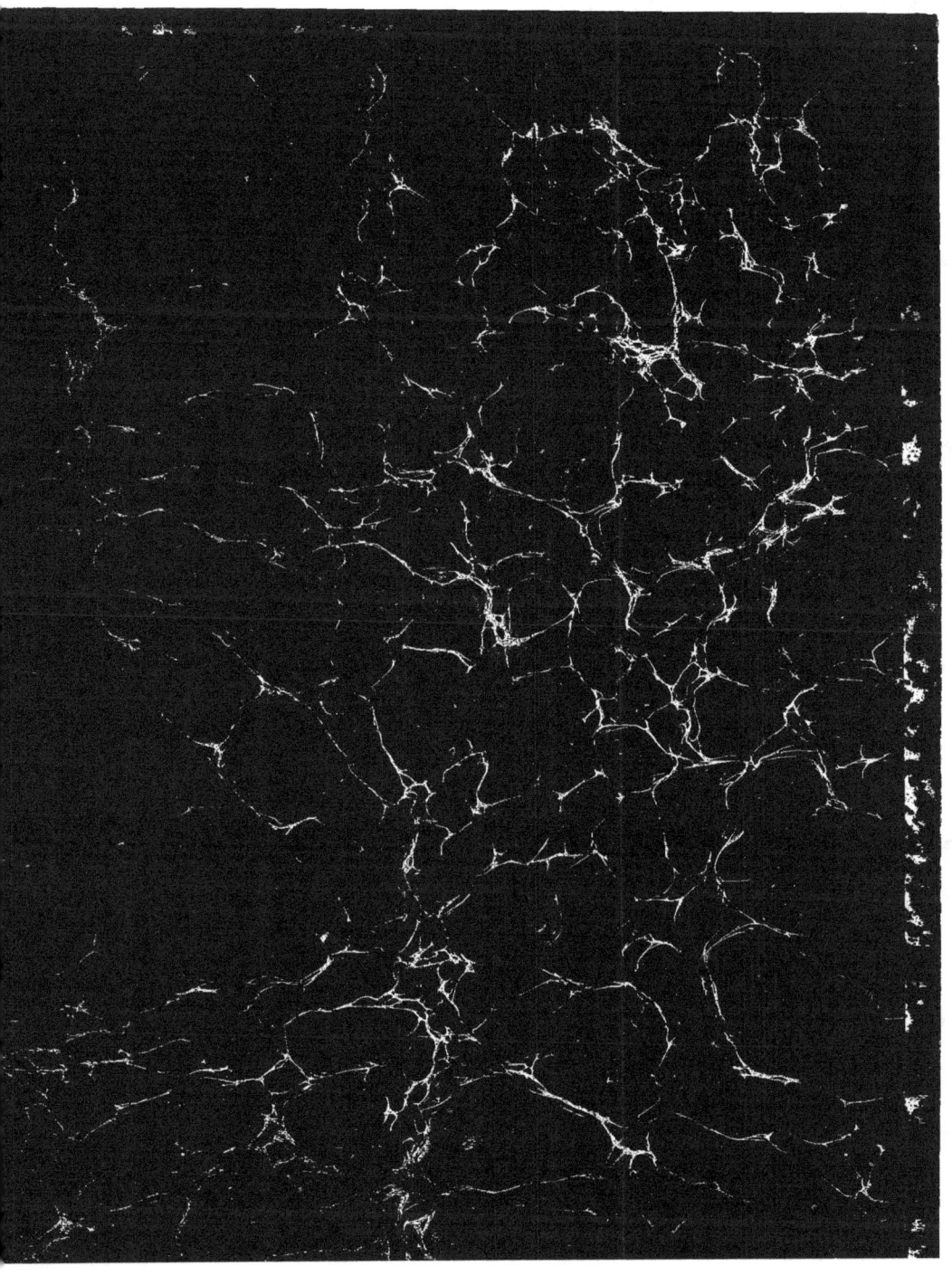

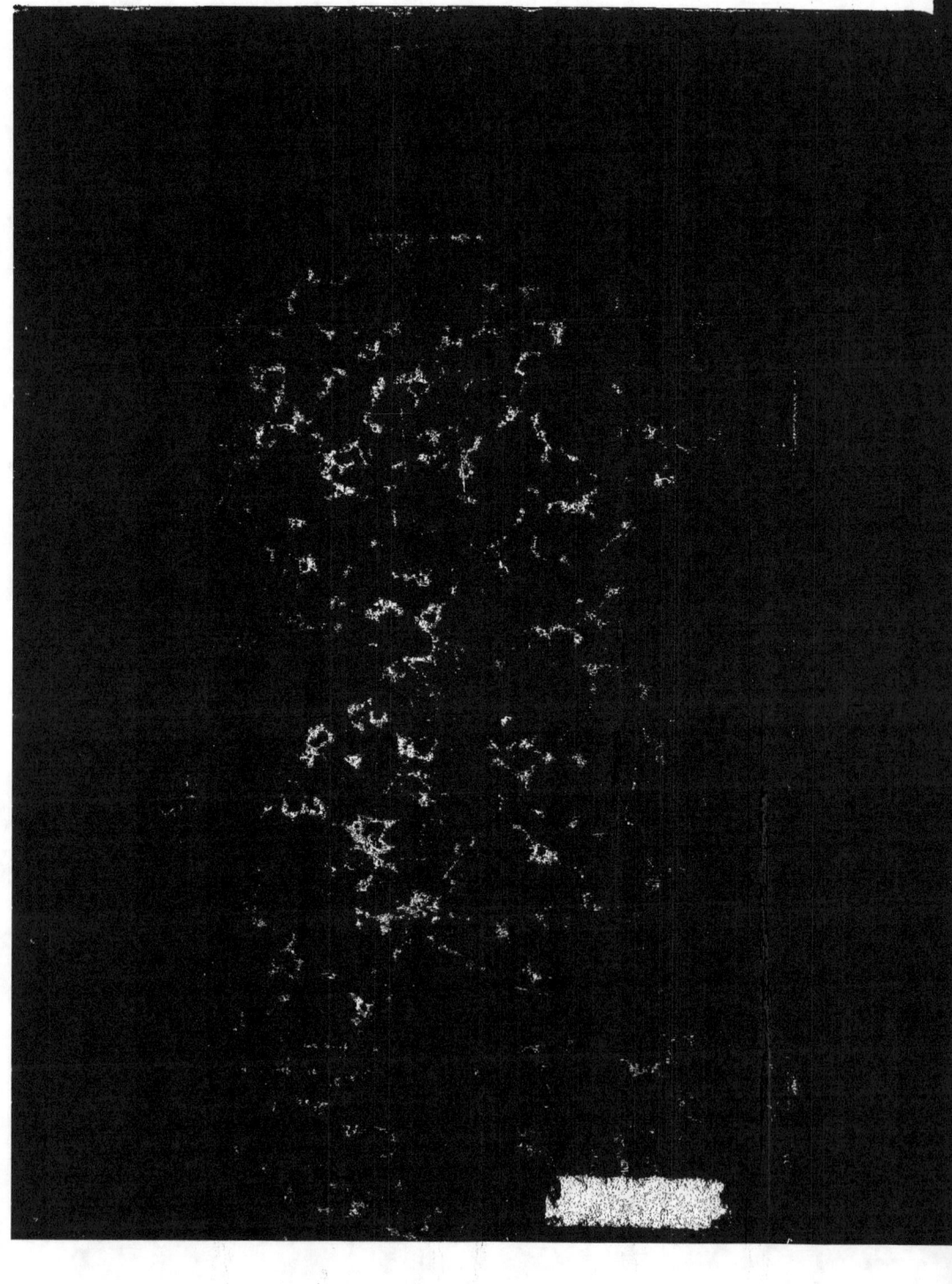

www.ingramcontent.com/pod-product-compliance
Lightning Source LLC
Chambersburg PA
CBHW060233230426
43664CB00011B/1635